1. Auflage

Volker Klinkmüller, Renate Loose,
Stefan Loose, A. & M. Markand

THAILAND

STEFAN LOOSE
TRAVEL HANDBÜCHER

Thailand

1 Bangkok

In der quirligen Metropole präsentiert sich das Land in seiner ganzen Vielfalt.
S. 133

Die Highlights

2 Erawan National Park

Die Wasserfälle eines der kleinsten Nationalparks laden zum Baden ein.
S. 255

3 Ayutthaya

Ruinen von Tempeln und Palästen zeugen von der Größe der einstigen Königsstadt. S. 263

4 Sukhothai

Die weitläufige Ruinenstadt und ihre ländliche Umgebung strahlen wohltuende Ruhe aus. S. 290

5 Chiang Mai

Die Lanna-Kultur verleiht der Stadt bei Festen wie im Alltag ein besonderes Flair. S. 326

6 Elefantencamp

Hautnahe Begegnungen mit den faszinierenden Dickhäutern sind in vielen Camps möglich. S. 367

7 Nan

Trotz der lebendigen Kunstszene und vielfältigen Umgebung kommen nur wenige Besucher hierher. S. 443

8 Khao Yai National Park

Jede Menge kleine und große Naturwunder erwarten die Besucher des ältesten Nationalparks von Thailand unweit von Bangkok. S. 467

9 Kong Chiam

Thailand entlang dem Ufer des Mekong zu bereisen ist von besonderem Reiz. Der Anblick des träge dahinfließenden, mächtigen Stroms ist Balsam für die Seele, wie im entlegenen Khong Chiam. S. 511

10 Chantaburi

Inmitten eines herrlichen Nationalparks aus hohen Bergen, dichten Wäldern und rauschenden Wasserfällen verbirgt sich die geheimnisvolle, unter Ausländern kaum bekannte Wallfahrtsstätte Khao Phra Baht. S. 543

11 Ko Kood

Die 52 Inseln des Ko Chang-Nationalparks verfügen alle über einen ganz eigenen, paradiesischen Reiz.
Ein echtes Juwel ist das bisher wenig besuchte Ko Kood. S. 575

12 Ko Pha Ngan

Feiern und faulenzen auf Thailands beliebtester Travellerinsel. Sportler fahren Rad, tauchen oder schulen beim Yoga Körper und Geist. S. 623

13 Ko Phayam

Einfache Hütten und noch recht einsame Strände locken auf die kleine Insel ganz im Norden der Andamanensee. S. 724

14 Tauchparadiese in der Andamanensee

Herrliche Unterwasserwelten liegen vor der Westküste. Weltklasse ist das Tauchrevier der Similan Islands. S. 728

15 Phuket-Stadt

Koloniales Flair und eine aufstrebende Kulturszene mit Kunst und Musik machen diese Stadt zu einem ganz besonderen Ort. S. 745

16 Bucht von Phang Nga

Die berühmten Karstfelsen locken mit Höhlen und traumhaften Naturerlebnissen. S. 791

17 **Ao Ton Sai**

Hier treffen sich Kletterer aus aller Welt. Fantastische Felsformationen ziehen Anfänger wie Fortgeschrittene an. S. 808

Inhalt

West-Thailand 225

Zentral-Thailand 259

Nord-Thailand 321

Der Nordosten 463

Bangkok
Pattaya
Chantaburi

Bangkok
Phetchaburi
Surat Thani
Songkhla

Bangkok
Ranong
Krabi

Themen

Reiseziele und Routen

Reiseziele

Was macht Thailand seit Jahrzehnten zum beliebtesten Reiseziel in ganz Südostasien – für Abenteuerlustige ebenso wie für Urlauber aller Altersgruppen? Es hat die Magie, in einer großen Vielfalt und Bandbreite alles in sich zu vereinen, was Erholung, Exotik und Abenteuer verspricht. Wahrscheinlich wirken Bilder vom türkisblauen Meer mit bunten Korallenriffen und strahlendem Sonnenschein an grauen, kalten Wintertagen besonders einladend. Badeorte an kilometerlangen Stränden mit komfortablen Spa-Resorts sowie kleine Buchten mit naturnahen, einfachen Bungalowanlagen versprechen Erholung pur bei jedem Budget. Zudem fasziniert eine fremde Kultur mit goldglänzenden buddhistischen Tempelanlagen, frisch zubereiteten, geschmackvollen Thai-Gerichten und vielfältigem Kunsthandwerk. In klimatisierten Konsumpalästen ebenso wie auf lebhaften Märkten macht es Spaß, in entspannter Atmosphäre das vielfältige, preisgünstige Angebot zu begutachten. Shopping wird groß geschrieben, und viele kehren aus Thailand mit einem extra Koffer zurück.

Die Bandbreite an Aktivitäten lässt kaum Wünsche offen. Aussichtspunkte, Höhlen und Wasserfälle in den Bergen, Wäldern und Nationalparks sind attraktive Ziele für Trekker, Fahrrad- und Motorradfahrer. Begegnungen mit Arbeitselefanten bleiben in lebhafter Erinnerung. Tauchen macht süchtig, und das vielfältige Angebot der Veranstalter stellt Anfänger wie Profis zufrieden. Nicht nur in Badeorten ist Wassersport möglich. Auf Bergflüssen werden Raftingtouren angeboten, und Mangrovenwälder können mit Kajaks erkundet werden. Wer den Adrenalin-Kick sucht, gleitet an Stahlseile gekettet über dschungelbedeckte Täler oder springt beim Bungee-Jumping in die Tiefe. Wer hingegen Ruhe sucht, kann sich zum Meditieren in ein Kloster zurückziehen. In Schulen wird Yoga und Reiki, Thai-Küche, Thai-Massage und Thai-Boxen unterrichtet.

Am Verkehrsknotenpunkt Bangkok kreuzen sich die Wege nach Laos, Kambodscha, Myanmar oder Vietnam. Nach einer anstrengenden Rundreise durch diese Länder kehrt man gern zurück und genießt das breite touristische Angebot Thailands. Andere kommen Jahr für Jahr wieder, um sich am vertrauten Strand zu bräunen oder sind sogar nach Thailand ausgewandert. Wer mobil ist, entdeckt immer neue, überaus lohnende Ziele zwischen der malaiischen Inselwelt im Süden und der abgelegenen Bergwelt im Norden.

Ein Thailand-Atlas listet in seinem Index fast 400 Wasserfälle, 150 Höhlen und 200 Naturschutzgebiete, ganz abgesehen von unzähligen Inseln, Stränden, Tempeln und anderen Attraktionen. Wir können in diesem Buch nur die interessantesten beschreiben. Es gibt also viel zu entdecken, auch über das Buch hinaus.

Die besten Souvenirmärkte

Suan Chatuchak in Bangkok: Der Wochenendmarkt ist der größte des Landes. S. 160

Sonntagsmarkt in Chiang Mai: Der abendliche Straßenmarkt steckt voller Musik und Überraschungen. S. 349

Nachtmarkt in Pai: Dieser Markt ist sicherlich der mit den interessantesten Menschen und hat manche schöne Dinge. S. 397

Die schönsten Feste

Landesweit – zum Mitmachen
Chinesisches Neujahr: Mit akrobatischen Drachen- und Löwentänzern durch die Straßen ziehen, am besten in Nakhon Sawan. S. 281
Loi Krathong: Beim Lichterfest kleine Boote mit Kerzen und Blumen auf Flüssen und Seen schwimmen lassen, am besten in Alt-Sukhothai. S. 298
Makha Bucha: Sich an diesem buddhistischen Feiertag einer Lichterprozession in einem der Tempel anschließen, am besten in Bangkok. S. 207
Silvester: Große, weiße Papierlampions langsam in den Himmel steigen lassen (viel schöner als Feuerwerk und Böller), am besten in Chiang Mai. S. 326

Regional – zum Zuschauen
Elephant Round-up in Surin, wenn Elefanten zum sportlichen Wettstreit antreten. S. 514
Pattaya International Music Festival, wenn drei Tage lang auf vielen Bühnen Gratis-Konzerte geboten werden. S. 532
Raketenfestival in Yasothon, wenn riesige Raketen in den Himmel steigen. S. 507
Vegetarierfest in Phuket, wenn Gläubige in Trance ihren Körper mit Haken und Speeren durchbohren. S. 752
Wachstempelfest in Sakon Nakhon, wenn Künstler Skulpturen aus Wachs formen. S. 506

Einiges davon findet sich in den eXTras, die unter 💻 www.stefan-loose.de und die entsprechende Nummer [0000] auch über das Handy gelesen werden können.

Urlaubsinseln und -strände

Ich will auf die Insel! Aber welche? Es gibt große und kleine, an der Andamanen- und Golfküste, zudem kilometerlange Strände auf beiden Seiten der Halbinsel und Richtung Kambodscha mit einsamen Resorts unter Kokospalmen und quirligen Badeorten. Ein Blick auf die Klimatabelle erleichtert die Wahl, denn wer möchte schon bei Dauerregen Urlaub machen? In den Wintermonaten von November bis April sind die klimatischen Voraussetzungen an der Ostküste am besten, ab Dezember auch an der Andamanenküste. Im Sommer sollte man hingegen sein Augenmerk lieber auf Ziele an der Golfküste lenken. Da Sonne, Strand und Meer erfahrungsgemäß die Trägheit fördern, wird kaum jemand auf die Idee kommen, jeden Tag eine andere Insel oder einen anderen Strand aufzusuchen. Der ideale Strand sollte demnach alles haben, was das Herz begehrt, aber auch nicht mehr. Was die einen als einen vergnüglichen Bestandteil ihres Urlaubs empfinden, bezeichnen andere als Rummel. Den einen ist der Strand zu abgelegen, den anderen zu touristisch – Gott sei Dank, denn würden wir alle das gleiche Ziel haben, wäre es schnell überfüllt.

An erster Stelle der Urlaubsziele stehen die beiden Inseln **Phuket** (S. 744) und **Ko Samui** (S. 658), die durch ihre Flughäfen für Mittelklasse- wie Jetset-Touristen schnell zu erreichen sind. Unter den vielen Stränden von unterschiedlichem Charakter entdecken auch Backpacker noch die eine oder andere nette Badebucht. Die meisten Anlagen sind jedoch Erlebniswelten für anspruchsvolle Urlauber, Wellness wird hier groß geschrieben. Bars und Restaurants jeglicher Ausrichtung lassen auch nach Sonnenuntergang keine Langeweile aufkommen.

Einige weitere Urlaubsziele sind ähnlich ausgerichtet: Ganz im Osten auf der dschungelbedeckten Insel **Ko Chang** (S. 553) gibt es alles von Luxusresorts für die einheimische High Society über große Familienhotels und kleine Anlagen für Individualisten bis zu einfachen Bambushütten an abgelegenen Stränden für junge Leute. **Pattaya** (S. 525), eine große Stadt an der Ostküste, ist für ihr reges Nachtleben berühmt, aber auch ein beliebter Überwinterungsort von Langzeiturlaubern.

Südlich von Bangkok in **Hua Hin** (S. 587) und **Cha-Am** (S. 584) verbringen zudem viele Nord- und Mitteleuropäer den Winter. Einige Resorts beeindrucken mit kaum zu überbietendem Luxus – schließlich ist Hua Hin der bevorzugte Badeort der Königsfamilie. An der Andamanenküste wurde **Khao Lak** (S. 737) nach dem Tsunami 2004 wieder aufgebaut. Alles ist neu und etwas größer geworden. Was blieb ist die Ausrichtung

Eine Übernachtung in Pfahlbauten – wie hier an der Südküste Ko Changs (Trat) – beschert stets romantische Reiseerlebnisse.

auf Gäste, die Ruhe suchen. Weiße Sandstrände umrahmt von steil aufragenden Kalkfelsen machen **Krabi** (S. 793) zu einem beliebten Fotomotiv und Urlaubsziel, wobei die nur mit dem Boot erreichbaren Buchten lockerer bebaut sind. Eine rasante touristische Entwicklung verzeichnet die Insel **Ko Lanta** (S. 830), deren Strände mittlerweile voll erschlossen sind. Auch die schöne Insel **Ko Hai** (S. 852) folgt diesem Trend.

Backpacker zieht es nicht nur zur Full Moon Party nach **Ko Pha Ngan** (S. 623). An den gut erschlossenen Stränden machen auch Familien Urlaub – von denen viele bereits auf der Insel waren, als es hier weder Elektrizität noch befestigte Straßen gab. Auch jene, die Yoga lernen wollen, zieht es vermehrt nach Pha Ngan. Nicht erst seit dem Film *The Beach* steht **Ko Phi Phi** (S. 822) bei Backpackern in der Beliebtheitsskala ganz oben. Der Bauboom nach dem Tsunami hat das Zentrum dieser wunderschönen Insel als Shopping- und Party-Meile wiederauferstehen lassen.

Tauchen ist auch bei Backpackern beliebt, und wer davon nicht genug haben kann, zieht am besten gleich nach **Ko Tao** (S. 609), das mit leicht erreichbaren Korallenriffen lockt. Auch weniger bekannte Inseln sind mittlerweile von der Traveller-Szene entdeckt worden, z. B. **Ko Bulon Lae** (S. 860), das „andere" **Ko Chang** (Provinz Ranong, S. 720), **Ko Jum** (S. 819), **Ko Kradan** (S. 856), **Ko Lipe** (S. 861), **Ko Phayam** (S. 724)

Die spannendsten Tauchreviere

Hin Daeng und **Hin Muang**: Die Unterwasserfelsen in der Andamanensee sind das Revier vieler Großfische. Tauchtouren starten im Winter von Phuket, Ko Lanta, Ko Hai und Ko Phi Phi. S. 745 und S. 833
Ko Phi Phi: Ein beliebtes Revier mit unterschiedlichen Anforderungen lädt ganzjährig zum Tauchen ein. S. 822
Ko Tao: Das beste Ziel für Anfänger hat die höchste Konzentration an Tauchschulen und leicht zugängliche Riffe mit vielen Korallenarten, Fischen und Schildkröten. Saison ist von Februar bis Oktober. S. 612/613
Ko Tarutao: Im Marine National Park nahe der malaysischen Grenze sind die Inseln Ko Adang und Ko Hin Ngam seltener besuchte, aber von November bis April gute Ziele. S. 866
Similan Islands: Die Inselgruppe in der Andamanensee zählt zu den besten Tauchrevieren der Welt mit Korallengärten in 10–40 m Tiefe und einer großen Artenvielfalt. Zu erreichen ab Phuket und Khao Lak. S. 729

und **Ko Siboya** (S. 819) an der Andamanenküste oder **Ko Kut** (S. 575), **Ko Mak** (S. 572) und **Ko Wai** (S. 571) nahe der kambodschanischen Grenze.

Andere kleinere Urlaubsziele werden vorwiegend von Einheimischen besucht. Auf der von Bangkok am schnellsten erreichbaren Insel **Ko Samet** (S. 536) und an den Stränden östlich von **Rayong** (S. 534) sowie zwischen **Prachuap Khiri Khan** (S. 596) und **Chumphon** (S. 602) sind die Bungalows vor allem an Wochenenden und Feiertagen belegt. Generell gilt: Je weiter man sich von den Flughäfen entfernt und je langwieriger die Anreise ist, umso ruhiger ist das Strandleben.

Einen Abstrich gilt es allerdings bei allen Zielen zu machen: Nahezu alle Badeorte sind erst in den vergangenen Jahrzehnten entstanden. Hier leben überwiegend Saisonarbeiter und Zugereiste. Wer einen Eindruck von der Thai-Kultur bekommen möchte, muss die Inselträgheit überwinden und sich auf den Weg ins Landesinnere und Richtung Norden machen.

Die schönsten Tempel

Wat Phra Keo in Bangkok: Der Königstempel ist an Prunk nicht zu überbieten. S. 134
Wat Phrathat Lampang Luang bei Lampang: Ein alter Tempel in ländlicher Umgebung voller Atmosphäre. S. 460
Wat Rong Khun bei Chiang Rai: Der ungewöhnlichste Tempel, noch im Bau und bereits ein Besuchermagnet. S. 423
Weitere beeindruckende größere und kleinere Tempel sind im ganzen Land zu finden.

Kulturelle Highlights

Allein die Megacity **Bangkok** (S. 133) ist eine eigene Reise wert – um auszugehen, zu shoppen und einige der schönsten Tempel Asiens zu besuchen. Der prächtige Königstempel Wat Phra Keo wetteifert mit glitzernden Shopping Malls, stimmungsvollen Gassen und dem breiten Chao Phraya um die Gunst der Besucher.

Wem die Millionenstadt zu voll ist, der kann die Umgebung erkunden: den Schwimmenden Markt von **Damnoen Saduak** (S. 226) oder **Amphawa** (S. 227), eine der größten Chedis des Landes in **Nakhon Pathom** (S. 234) oder **Kanchanaburi** (S. 236), durch das die „Eisenbahn des Todes" fährt. Wer sich für Kultur und Geschichte begeistern kann, wird an den Monumenten und Ruinen der einstigen Königsstädte **Ayutthaya** (S. 263) und **Sukhothai** (S. 290) sowie der ehemaligen Garnisonsstadt **Si Satchanalai** (S. 301) seine Freude haben, die zum Unesco-Weltkulturerbe gehören.

Der Norden hat kulturell wie landschaftlich einen ganz eigenen Charakter. Das Zentrum in der Bergwelt von Lanna ist **Chiang Mai** (S. 326), dessen glitzernde Tempel und kleine Gästehäuser ebenso attraktiv sind wie die vielfältigen Einkaufsmöglichkeiten in Handwerkerzentren und auf Märkten. Von hier aus bietet sich eine Rundreise durch die westliche Bergwelt rings um den **Doi Inthanon** (S. 371) mit einem längeren Aufenthalt in **Pai** (S. 390) oder **Mae Hong Son** (S. 376) an, zwei Bergorte, die sich gut als Ausgangspunkte für Besuche im Grenzgebiet zu Myanmar eignen. Während einer Tour durch den hohen Norden – das so genannte Goldene Dreieck – wandelt man in **Chiang Rai** (S. 416) und **Chiang Saen** (S. 431) auf den Spuren alter Königreiche, trifft Einwanderer aus jüngerer Zeit in chinesischen Orten wie **Mae Salong** (S. 412) oder in Dörfern der Bergvölker. Homestays und Gästehäuser sowie komfortable Resorts in landschaftlich schöner Umgebung laden zum Bleiben ein.

Freundliche Provinzstädte abseits der Touristenströme, wie **Nan** (S. 443), **Phrae** (S. 452) oder **Lampang** (S. 455), haben ihren eigenen Charme und Charakter. Sie überraschen nicht nur mit wunderschönen Tempeln, sondern auch mit einem interessanten Umland.

Wenige Reisende zieht es in den Nordosten, obwohl hier einige touristische Perlen liegen: die Khmer-Tempel in **Phimai** (S. 477) und **Phanom Rung** (S. 516) sowie die Ausgrabungsstätten in **Ban Chiang** (S. 490), die zu den ältesten und besten im Land zählen. Je nach politischer Lage kann man zudem den Khmer-Tempel **Khao Phra Viharn** (S. 513) jenseits der Grenze in Kambodscha besuchen.

Das tropische Klima hat vielen kulturellen Highlights in Süd-Thailand zugesetzt. So sind nur noch wenige Reste der über tausend Jahre alten Sri-Vijaya-Kultur in **Takua Pa** (S. 730) erhalten. Vielgestaltige, gut erhaltene Tempelanlagen stehen in **Phetchaburi** (S. 580), und die schönste Klosteranlage des Südens ist das Wat Mahathat in **Nakhon Si Thammarat** (S. 701).

Die interessantesten Museen

Dusit-Museen und das **Nationalmuseum** in Bangkok: Gleich mehrere Museen sind nötig, um die reiche Geschichte und Kultur Thailands gebührend zu würdigen. S. 158 und S. 139

Hall of Opium im Goldenen Dreieck: Hier wird mit moderner Technik die jahrtausendealte Geschichte des Opiums lebendig. S. 431

Historical Study Center in Ayutthaya: Auf anschauliche Art werden interessante Aspekte des untergegangenen Königreichs dargestellt. S. 265

Weitere interessante Museen: Museum mit Nang Yai-Schattenspielfiguren nahe Ratchaburi (S. 233), Hellfire Pass Memorial Museum bei Kanchanaburi (S. 250), Folk Museum in Phitsanulok (S. 283), Sbun Nga Textile Museum in Chiang Mai (S. 333), Oub Kham Museum in Chiang Rai (S. 417), Nationalmuseum in Nan (S. 443).

Dschungel und Elefanten

Auf Elefanten durch dichten Dschungel reiten – ist es nur ein Traum oder ein Bild, das man irgendwo gesehen und mit Thailand in Verbindung gebracht hat? Wie sieht es in der Realität aus?

Dschungel im Sinne von dichtem, tropischem Regenwald gibt es nur noch vereinzelt im Hinterland der malaiischen Halbinsel südlich von Chumphon und, dank hoher Niederschläge, im äußersten Zipfel der Ostküste nahe der kambodschanischen Grenze. Ansonsten dominieren Laub abwerfende Monsunwälder. Sie haben sich an die Trockenzeit angepasst, die wir als ideale Reisezeit in unseren Wintermonaten schätzen. Diese Wälder sind nicht so dicht und saftig-grün wie in den Tropen, aber durchaus reizvoll und abwechslungsreich. Am schönsten sind sie im Januar/Februar, wenn einige Bäume blühen und bei anderen die Laubfärbung einsetzt – Indian Summer in Thailand. Die hohen Teakbäume und viele andere verlieren danach ihr Laub, und die Hitzeperiode setzt ein. Dann sind die kühlen Bambushaine, die viele Wasserfälle im ganzen Land umgeben, ein idealer Platz. Die Wasserfälle selbst zeigen sich in dieser Jahreszeit allerdings nicht von ihrer besten Seite – sie sind naturgemäß während der Regenzeit am schönsten.

Thailand ist die Heimat der **Elefanten**, die auch in der Kultur des Landes als göttliche Wesen und Symbol der Monarchie einen hohen Stellenwert genießen. Dennoch ist es nur noch mit viel Glück möglich, sie in freier Wildbahn zu sehen – am ehesten im **Khao Yai National Park** (S. 467). Tausende von Arbeitselefanten, die seit Jahrhunderten von Spezialisten trainiert werden, waren bis zu Beginn der 1980er-Jahre in den Holzfällercamps tätig. Nach dem Holzeinschlagverbot arbeitslos geworden, finden sie nun ein Auskommen in Elefantencamps.

Die beste Einführung bietet das **National Elephant Institute** bei Lampang (S. 460), dem

Die beeindruckendsten Naturattraktionen

Berge

Doi Inthanon: Auf dem mit 2565 m höchsten Berg Thailands bietet sich die beste Aussicht von den Pagoden unterhalb des Gipfels. Auf Wanderwegen durch Rhododendron-Wälder können Vögel beobachtet werden. S. 371

Doi Tung: Der steil aufragende Berg an der birmanischen Grenze mit einem kleinen, alten Bergtempel ist durch den Palast der verstorbenen Königsmutter und die Gärten zu einem beliebten Ziel einheimischer Touristen geworden. S. 425

Phu Chi Fa an der Grenze zu Laos: Der Steilabfall bietet spektakuläre Aussichten über das Nachbarland. Thais kommen vor allem zum Sonnenaufgang an kalten Wintertagen hierher. Für Europäer lohnt das Baumblütenfest der Hmong im Februar einen Besuch. S. 440

Weitere Ziele für Bergsteiger: Chiang Dao (S. 404), Phu Kradung (S. 503).

Gärten

Mae Fah Luang: Der weitläufige Blumengarten am Doi Tung mit unterschiedlichen Themengärten ist ein Meisterwerk der Gartenarchitektur. S. 425

Doi Angkhang: Die Gärten des Königsprojekts überraschen mit ungewöhnlichen Blumen, Duftgärten und blühenden Bäumen. S. 407

Weitere interessante Gärten: Botanischer Garten in Chiang Mai (S. 326) und im Mae Sa Valley (S. 362), Gewächshäuser und Gärten am Pang Tong-Königspalast nördlich von Mae Hong Son (S. 383).

Heiße Quellen

Chae Son National Park: Nach einer Wanderung zum Wasserfall kann man in einer Badeanlage inmitten der Natur entspannen. S. 462

Pong Hot Springs: Ein Bad am Ufer des Menam Kok lässt sich gut mit einer Bootstour und einem Besuch im Elefantendorf verbinden. S. 423

Ranong: In der Stadt halten öffentliche Bäder und Thermalhotels ein vielfältiges Angebot bereit. S. 716

Weitere interessante heiße Quellen: Hin Dat Hot Springs zwischen Kanchanaburi und Sangkhlaburi (S. 253), Nong Khrok Hot Springs bei Prao (S. 406).

Höhlen

Hongs in der Phang Nga Bay: Mit dem Kajak lassen sich die Passagen und das erodierte Innere der pittoresken Kegelkarst-Inseln erkunden. S. 791

Khao Luang in Phetchaburi: Die schönste der buddhistischen Höhlen und Grotten wird mittags wunderschön ausgeleuchtet. S. 582

Tham Lot: Dem Fluss folgend führt ein Guide Besucher zu Fuß und auf einem Bambusfloß durch die unterirdische Landschaft. S. 389

Weitere Ziele für Höhlen-Freaks: Chiang Dao (S. 404), Chumphon (S. 602), Kanchanaburi (S. 236), Khun Yuam (S. 376), Krabi (S. 793), Phang Nga (S. 788), Phi Phi (S. 822), Ratchaburi (S. 230) und Soppong (S. 386).

Nationalparks

Erawan National Park: Das äußerst beliebte Ausflugsziel bei Kanchanaburi lässt sich gut mit dem Besuch anderer Attraktionen verbinden. Nach einer Wanderung durch den dichten Wald erfrischt ein Bad im Wasserfall. S. 255

Khao Sok National Park: Zwischen Takua Pa und Surat Thani kann man Dschungeltouren mit Guide oder auf eigene Faust unternehmen und ganz in der Nähe wohnen, paddeln und einen Stausee mit dem Boot oder unter Wasser erkunden. S. 732

Khao Yai National Park: In den Bergen nordöstlich von Bangkok erstreckt sich der älteste Nationalpark. Im Bergwald leben sogar noch wilde Elefanten, die man allerdings seltener zu Gesicht bekommt als Affen, Rotwild, Vögel und Schmetterlinge. S. 467

Weitere interessante Nationalparks: Ang Thong Marine National Park (S. 691), Doi Inthanon (S. 371), Kaeng Krachan (S. 584), Khao Sam Roi Yot (S. 595), Phu Kradung (S. 503) und Tarutao National Park (S. 865).

Wasserfälle

Erawan im gleichnamigen Nationalpark bei Kanchanaburi: Dieser Wasserfall ist von Bambuswäldern umgeben und ein schönes Badeziel. S.256

Haew Suwat im Khao Yai Nationalpark: Hier nahm bereits Leonardo di Caprio im Film *The Beach* ein erfrischendes Bad. S. 467

Ti-Lo-Su bei Umphang: Der größte Wasserfall im abgelegenen Grenzgebiet lohnt die lange, interessante Anreise. S. 320

Weitere Ziele für Wasserfall-Freaks: Chantaburi, Chom Thong, Doi Inthanon, Highway 12 östlich von Phitsanulok, Khun Yuam, Klong Lan National Park, Ko Chang, Ko Kood, Ko Samui, Lansang National Park, Mae Hong Son, Mae Sa Valley, Nan, Pai, Phayao, Phrae, Ramkhamhaeng National Park.

Die besten Aktivitäten

Tauchen und Schnorcheln: Selbst Anfänger können sich am vielfältigen Leben der wunderschönen Unterwasserwelt erfreuen und kommen von einer Schnorcheltour begeistert zurück. Am schönsten ist es vor den Surin-Inseln, Ko Tarutao, Ko Tao und Ko Phi Phi. Tauchbasen gibt es in Chumphon, Khao Lak, Krabi, Pattaya, Phuket, Ranong und Trang, auf der großen wie kleinen Ko Chang, auf Ko Hai, Ko Lanta, Ko Lipe, Ko Mak, Ko Pha Ngan, Ko Phayam, Ko Phi Phi, Ko Samui und vor allem Ko Tao. Dafür mindestens einen zusätzlichen Tag oder einen extra Urlaub einplanen.

Thai-Kochkurse: Sie sind das beste Souvenir, mit dem man sich und alle Freunde lange erfreuen kann und das kein Platz im Gepäck braucht. Dafür mindestens einen zusätzlichen Tag in Bangkok, Chiang Mai oder Kanchanaburi einplanen.

Trekking: Durch Wälder und Felder zu den Dörfern der Bergvölker wandern, ihre Kultur kennenlernen, sich mit dem Floß auf Bergflüssen treiben lassen und auf Elefanten reiten. Überwältigendes Angebot in Chiang Mai, individueller und näher an den Trekking-Gebieten in anderen Orten, wie Chiang Rai, Mae Hong Son, Mae Sariang, Pai und Soppong.

Weiteres im Kapitel Aktivitäten S. 78 und im regionalen Teil.

auch ein Krankenhaus und eine Forschungsstation angeschlossen sind. Von den vielen Camps, die kurze und längere Ausritte anbieten, blickt das **Chiang Dao Elephant Training Center** (S. 403) auf die längsten Erfahrungen zurück. Wer in Chiang Mai einen Ausflug inklusive Elefantenreiten bucht, wird zumeist gemeinsam mit vielen anderen eine kurze Runde um das Camp drehen. Manchen genügt sogar ein 5-Minuten-Ritt und das Beweisfoto. Elefantencamps gibt es vor allem im Norden, aber auch in der Nähe von Kanchanaburi, Khao Lak, auf Ko Chang, Ko Samui, in Pattaya, Pai und Phuket. Nicht überall bemüht man sich um eine artgerechte Haltung. Wer sich mit den Tieren beschäftigen möchte und auf einen Ausritt verzichten kann, ist im **Elephant Nature Park** (S. 404) nördlich von Chiang Mai richtig. Wer nicht nur ausreiten, sondern möglichst viel über Elefanten wissen möchte, absolviert am besten eine Mahout-Ausbildung bei **Elephant Special Tours** im Mae Wang-Tal am Doi Inthanon (S. 368).

Die schönsten Nationalparks und Naturlandschaften sind selten mit öffentlichen Verkehrsmitteln zu erreichen. Wer sich kein Fahrzeug mieten möchte, kann einige Ziele im Rahmen organisierter Touren auch in kleinen Gruppen besuchen. In den meisten Nationalparks wurden Gebiete in der Umgebung des Headquarters für Besucher erschlossen. Auf markierten Wegen kann man auf eigene Faust wandern oder mit einem Guide losziehen. Weitere Informationen auf S. 78 und unter 🖳 www.dnp.go.th. Auch außerhalb der Nationalparks werden vor allem im Norden Trekking-Touren in die Berge zu Dörfern der Bergvölker angeboten, s. S. 322.

Reiserouten

Drei Monate – ein Visum plus Verlängerung – reichen nicht aus, um alles in Thailand zu sehen, selbst wenn man täglich unterwegs ist. Auch nach Jahren intensiver Reisen entdecken wir jedes Mal wieder Neues und Interessantes. Bei diesem vielseitigen Angebot fällt es schwer, eine Auswahl zu treffen, wenn die Reise nur kurz ist.

Viele wollen zudem einige Tage abhängen oder eins der Nachbarländer besuchen, und so bleibt nur wenig Zeit für eine Reise durch das Land.

Am Anfang und Ende

Mit Jetlag und nach einem im Winter extremen Klimawechsel wird man einer quirligen Stadt wie Bangkok, einem anstrengenden Kulturprogramm oder langen Rundfahrten kaum etwas abgewinnen. Vieles spricht deshalb dafür, sich erst einmal für einige Tage am **Strand** zu erholen, denn nach einer Eingewöhnungsphase fällt es leichter, das Land zu entdecken. Die Infrastruktur der Badeorte, die in den vergangenen drei Jahrzehnten an den schönsten Stränden entstanden sind, ist auf Touristen eingestellt. Hier gibt es westliche wie lokale Restaurants, die meisten Menschen sprechen Englisch, und nach den ersten Ausflügen zum Strand ist man bereit, zunehmend größere Kreise zu ziehen. Wer nicht vorgebucht hat, wird bald, durch die Vielfalt des Angebots verführt, zum Inselhüpfer und wechselt nach einiger Zeit den Urlaubsort. Schließlich hat jeder Strand seinen eigenen Charakter. Es soll Leute geben, die Stränden nichts abgewinnen können. Für sie gibt es in den **Bergen** einige wunderschöne Gästehäuser und Resorts, die ebenso gut zum Abhängen taugen.

Die letzten Tage eignen sich hervorragend für einen Einkaufsbummel in **Bangkok**, dessen Highlight der Besuch des Suan Chatuchak Weekend Markets am Samstag oder Sonntag ist. Zudem steht dann der Königspalast mit dem Wat Phra Keo auf dem Programm, denn wer diese kulturellen Höhepunkte zu Beginn seiner Thailand-Reise ansteuert, wird vielleicht anderen Tempeln des Landes, die kaum weniger schön sind, nicht mehr so viel abgewinnen können. Also besser erst am Ende der Reise auf Kultur-Trip durch Bangkok gehen und den Abschied genussvoll mit einem Cocktail in einer der schicken Bars oder auf der lebhaften Khaosan Road feiern!

Die Zeit für eine Erkundungstour zwischen dem Erholungsurlaub und dem letzten Einkaufstrip kann je nach Interesse kurz oder auch etwas länger sein. Wer Land und Leute kennenlernen möchte, sollte frühzeitig aus den Urlaubswelten aufbrechen, denn Einheimische sind dort in der Minderheit.

Die tollsten Essensmärkte

Floating Market in Amphawa: ein kulinarischer schwimmender Markt am Wochenende mit vielen lokalen Spezialitäten. S. 227
Gourmet-Etage im Siam Paragon in Bangkok: in ihrer Vielfalt kaum zu überbieten. S. 155
Nachtmarkt am Nan River in Phitsanulok: die Attraktion hier sind Flying Vegetables. S. 286

Backpacker unterwegs

■ 2 bis 4 Wochen

Nach einem Badeurlaub auf **Ko Pha Ngan** (S. 623) im Sommer und **Ko Phi Phi** (S. 822) im Winter, oder auf der großen **Ko Chang** (S. 540), der kleinen **Ko Chang** (S. 720) oder **Ko Phayam** (S. 724), die besonders für Thailand-Anfänger geeignet sind, geht es nach **Bangkok** (S. 143) in die Khaosan Road, dem Dreh- und Angelpunkt aller Backpacker – ob mit Rucksack oder Rollkoffer unterwegs in Thailand. Es herrscht eine geschäftige Atmosphäre. Man genießt es, zu sehen und gesehen zu werden. Von hier aus bieten sich folgende Routen an:

Die Umgebung von Bangkok

Wenn nur noch ein paar Tage Zeit sind, hat man von Bangkok aus drei Optionen: Viele Ausflugsmöglichkeiten bietet **Kanchanaburi** (S. 236), wo man mit dem Fahrrad und Longtail Boat das Umland erkunden kann oder eine der vielen Tagestouren bucht, wobei der **Erawan National Park** (S. 255) den größten Zuspruch erfährt (2–4 Tage). Wer wenig Zeit hat, fährt mit dem Bus oder Zug nach **Ayutthaya** (S. 263), um sich die Tempel anzusehen (1–2 Tage). Zudem ist Pak Chong, das Eingangstor zum **Khao Yai National Park** (S. 467), mit dem Zug in wenigen Stunden zu erreichen (3–4 Tage). Diese Ziele lassen sich zu einer kleinen Rundreise verbinden, indem man den Bus über Suphanburi nach Ayutthaya nimmt und von dort nach Pak Chong, dem Eingangstor zum Khao Yai, fährt.

Von Bangkok in den Norden

In mindestens einer Woche ist es möglich, von Bangkok mit dem Zug nach einem Zwischenstopp in der Affenstadt **Lopburi** (S. 275) über **Phitsanulok** (S. 283) nach **Sukhothai** (S. 290) zu fahren, um sich die Ruinen der alten Königsstadt und anderer historischer Städte anzusehen sowie das ländliche Umland zu erkunden. Weiter geht es per Bahn nach **Lampang** (S. 455), eine wenig besuchte, aber überaus lohnende Provinzstadt. Nach einem Abstecher ins **Thai Elephant Conservation Center** (S. 460) endet die Tour in **Chiang Mai** (S. 326), wo man genügend Interessantes für eine weitere Woche vorfindet.

Wer mehr Zeit hat, fährt weiter nach **Pai** (S. 390), dem Backpackerzentrum mit einem Touch alternativer Thai-Kultur. Wem es dort zu voll ist, der braucht nur etwas weiter nach **Soppong** (S. 386) oder **Mae Hong Son** (S. 376) zu fahren oder kann sich gar in ein einsames Gästehaus in den Bergen zurückziehen.

Interessant ist eine weitere kleine Rundreise von Chiang Mai durch den hohen Norden. Mit dem Bus oder Songthaew geht es zuerst nach **Thaton** (S. 408), von dort mit dem Boot nach **Chiang Rai** (S. 416) und nach einem Abstecher zum Trekken in die Berge mit dem Bus zurück nach Chiang Mai.

Weiter nach Laos

Wer auf dem Landweg nach Laos fährt, kann über Houay Xai (Boot nach Luang Prabang) einreisen und einen netten Zwischenstopp in **Chiang Khong** (S. 435) und/oder **Chiang Saen** (S. 431) machen. Der zweite Weg über die Freundschaftsbrücke oder weiter westlich über die Namhueng-Brücke nach Vientiane lohnt ebenfalls einen Zwischenstopp diesseits der Grenze in **Nong Khai** (S. 491). Eine ungewöhnliche Route verläuft über **Nan** (S. 443). Weitere Grenzübergänge befinden sich in **Bung Kan, Nakhon Phanom** und **Mukdahan** (S. 505).

Die klassische Rundreise

- 2 bis 3 Wochen

Wer zum ersten Mal in Thailand ist und sich in kurzer Zeit einen Überblick verschaffen möchte, fährt von Bangkok nach **Chiang Mai** (S. 326), legt unterwegs in den alten Königsstädten **Ayutthaya** (S. 263) und **Sukhothai** (S. 290) einen Zwischenstopp ein, besucht bei Lampang das **Thai Elephant Conservation Center** (S. 460) und das **Wat Phrathat Lampang Luang** (S. 460). Für die Rückreise kann man eine andere Route weiter im Westen über **Kamphaeng Phet** (S. 304) und **Kanchanaburi** (S. 236) wählen und vielleicht sogar vor dem Abflug einen Abstecher nach **Pattaya** (S. 525) machen.

Wie reisen?

Überlandbusse fahren alle Städte des Landes an. Wer sich Backpackerbussen anvertraut, die bequemes Reisen von Guesthouse zu Guesthouse versprechen, sollte vorher die Warnungen lesen, s. S. 85 (A–Z, Minibusse), oder lieber gleich in den großen Bus oder Zug einsteigen.
Die **Eisenbahn** verkehrt sternförmig von Bangkok aus nach Chiang Mai im Norden, Nong Khai, Ubon und Aranyaprathet im Nordosten und sogar bis Butterworth (Penang) in Malaysia.
Es ist einfacher, als mancher denkt, mit dem **Auto** eine Rundfahrt zu unternehmen. Bei einigen Autovermietern ist es möglich, den Wagen auch in einem anderen Zielort abzugeben (dann auf *one way rental* achten!). Hat man sich an den Linksverkehr gewöhnt, stellt das Verkehrschaos der Hauptstadt das größte Hindernis dar. Dem entkommt, wer am internationalen Airport Suvarnabhumi startet und auf der mittlerweile komplett fertig gestellten Ring Road in einem großen Bogen um Bangkok herum fährt.
Auch mit dem **Motorrad** oder **Fahrrad** kann man dem Land näher kommen. Auf allen Inseln und in den Touristenzentren im Norden werden Motorräder vermietet. Fahrräder gibt es vor allem in der zentralen Tiefebene zu mieten. Für längere Touren bringt man aber besser ein eigenes mit.
Billigfluggesellschaften machen es möglich, an eine Reise durch Thailand einen Abstecher nach Kambodscha, Vietnam, Laos, Malaysia oder Myanmar anzuhängen. Auch zu diesen Ländern gibt es ein Loose Travel Handbuch.

Eine Woche im Norden macht es möglich, Ausflüge in die Berge zu unternehmen, zu trekken oder anderen Aktivitäten nachzugehen. Zudem bieten sich zwei Optionen für mehrtägige Rundreisen an: Beliebt ist die Rundfahrt von **Chiang Mai** über das Backpacker-Zentrum **Pai** (S. 390), das landschaftlich hübsch gelegene **Mae Hong Son** (S. 376) mit schönen birmanischen Tempeln und den **Doi Inthanon** (S. 371). Eine Alternative ist die Fahrt durch den hohen Norden über **Chiang Rai** (S. 416) ins touristisch vermarktete **Goldene Dreieck** am Mekong (S. 429).

Highlights im Nordosten

■ 1 bis 2 Wochen

Viel zu wenige Reisende entscheiden sich für eine Rundreise durch den interessanten Nordosten. Eine erlebnisreiche Tour sollte mit einer Wanderung im **Khao Yai National Park** (S. 467) beginnen. Anschließend empfiehlt sich von **Korat** (Nakorn Ratchasima, S. 472) aus ein Abstecher zum Khmer-Tempel in **Phimai** (S. 477) und für Liebhaber von Khmer-Ruinen weiter nach **Phanom Rung** (S. 516). Von Korat geht es weiter über **Udon Thani** (S. 485) zu den prähistorischen Ausgrabungsstätten von **Ban Chiang** (S. 490). Schließlich ist in **Nong Khai** (S. 491) der Mekong und damit die Grenze nach Laos erreicht.

Bevor man mit dem Zug oder Bus bequem nach Bangkok zurückkehrt, sollte man es nicht versäumen, auf schmalen Landstraßen am Ufer des Mekong entlang die abwechslungsreiche Flusslandschaft zu erkunden. Beliebt ist die fast 200 km lange, landschaftlich attraktive Strecke Richtung Westen ins geruhsame **Chiang Khan** (S. 497). Hier kann man den Mekong in Richtung Süden verlassen und sich bei einer Weinprobe in **Loei** (S. 500) vielleicht genug Mut antrinken, um auch noch den **Phu Kradung** (S. 503) zu besteigen.

Von Nong Khai in Richtung Osten gelangt man am Fluss entlang über **Nakhon Phanom** (S. 504) nach **Mukdahan** (S. 505) oder sogar bis **Ubon Ratchathani** (S. 506). Von hier sollte man vor der Rückkehr nach Bangkok per Bus oder

In den Gassen der Altstadt von Chiang Mai glitzern Chedis in der Sonne.

Flugzeug noch einen Abstecher in den abgelegenen, beschaulichen Mekong-Ort **Kong Chiam** (S. 511) unternehmen.

Entlang der Ostküste

■ 1 Woche

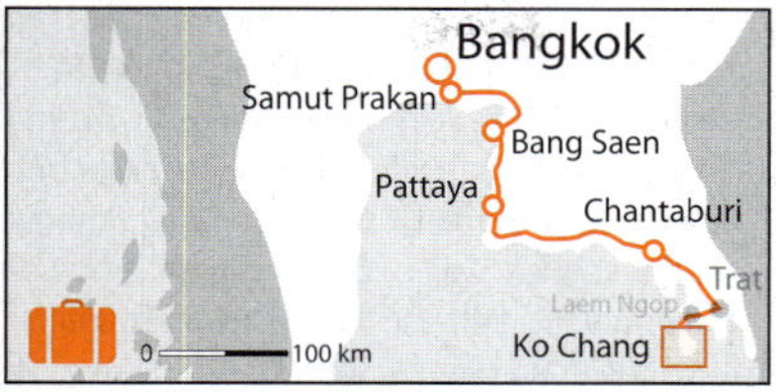

An der Ostküste liegen die schönsten Strände zum Relaxen auf **Ko Chang** (S. 553) und den umliegenden Inseln. Auf dem Weg von Bangkok hierher lohnt es, eine Übernachtung in der vietnamesisch geprägten Provinzstadt **Chantaburi** (S. 543) einzuplanen. Wer die Kontraste liebt, fährt auf dem Rückweg nach einer durchtanzten Nacht in **Pattaya** (S. 525) auf dem alten Sukhumvit Highway in den Thai-Badeort **Bang Saen** (S. 523) und nach einem Besuch des Freilichtmuseums Ancient City und/oder der Krokodilfarm in **Samut Prakan** (S. 520) weiter nach Bangkok oder zum nahe gelegenen Airport.

Rund um die Phang Nga Bay

■ 5 Tage bis 5 Wochen

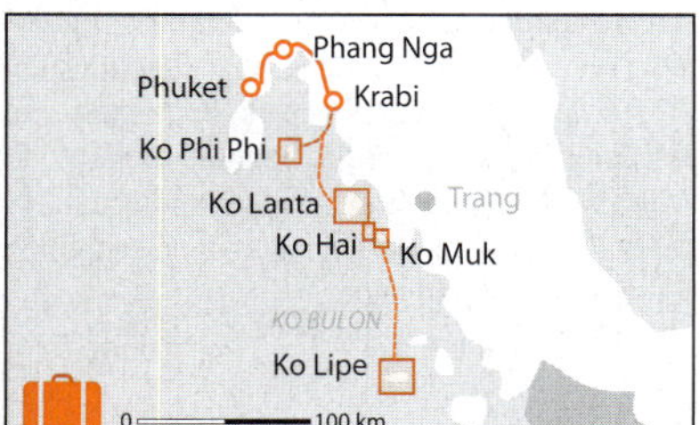

Die landschaftlich reizvollste Tour durch die Karstlandschaft im Süden führt von **Phuket** (S. 745) über **Phang Nga** (S. 788) mit einem Abstecher durch die Mangroven zum James-Bond-Felsen nach **Krabi** (S. 793), von wo aus viele Strände, Inseln und Höhlen erkundet werden können. Bequem ist ein Mietwagen oder Motorrad, aber auch mit dem Fahrrad besteht die Möglichkeit, auf Nebenstraßen zu fahren, interessante Zwischenstopps einzulegen und auf einer anderen Route zurückzukehren.

Wer die Rundfahrt mit öffentlichen Verkehrsmitteln unternimmt, kann auf der Rückreise die Fähren benutzen und einen Zwischenstopp auf **Ko Phi Phi** (S. 822) einlegen. Die Schönheit der Insel erschließt sich erst am Abend, wenn die Tagesausflügler heimkehren – deshalb mindestens eine, besser zwei Übernachtungen und eine Inselumrundung mit dem Longtail Boat einplanen.

Wem es gut gefällt, der kann einen größeren Bogen schlagen und **Ko Lanta** (S. 830) weiter im Süden mit in die Rundreise einbauen. Von dort geht es mit einem Schnellboot sogar noch weiter in den Süden über **Ko Hai** (S. 852) und **Ko Muk** (S. 854) nach **Ko Lipe** im Tarutao Marine National Park (S. 861) nahe der Grenze zu Malaysia.

Inselhüpfen am Isthmus von Kra

■ 2 bis 5 Wochen

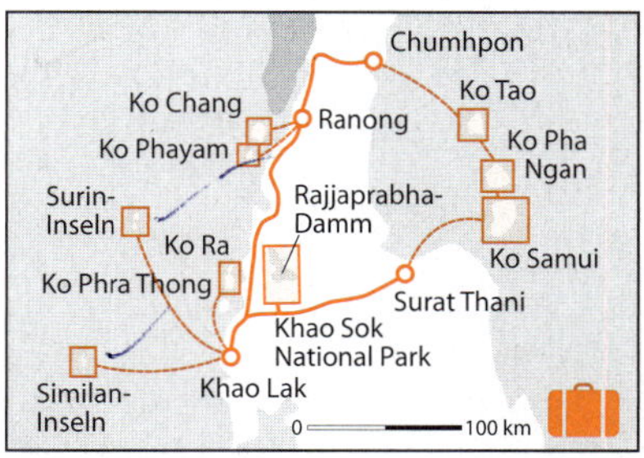

Die schmalste Stelle Thailands liegt südlich von Prachuap Khiri Khan, aber die schmalste Stelle der Halbinsel, der Isthmus von Kra, ist weiter im Süden bei **Chumphon** (S. 602), dem Hafen für Boote nach Ko Tao. Auf dem H4 fahren Busse an die Westküste in die vom Zinnboom geprägte Provinzstadt **Ranong** (S. 716) an der Grenze zu

Myanmar. Mit einem eigenen Fahrzeug ist die schmale Landstraße H4139 eine wesentlich interessantere Alternative. Von Ranong und dem Urlaubsort **Khao Lak** (S. 737) weiter südlich sowie einigen kleinen Häfen entlang der Strecke verlocken Fähren und Charterboote Taucher und Backpacker zum Inselhüpfen nach **Ko Chang** (S. 720), **Ko Phayam** (S. 724) sowie zu den **Surin-** (S. 728) und **Similan-Inseln** (S. 729). Zudem sind nette Abstecher ins Hinterland möglich, so in den herrlichen Dschungel des **Khao Sok National Parks** (S. 732) und zum **Rajjaprabha-Damm** (S. 734). Von dort kann man gleich zurück zur Golfküste nach **Surat Thani** (S. 692) fahren und nach **Ko Samui** (S. 658) oder **Ko Pha Ngan** (S. 623) übersetzen.

Entlang der Golfküste

■ 1 Woche

Wer in Bangkok früh aufbricht, hat die Gelegenheit, in **Damnoen Saduak** (S. 226) den Schwimmenden Markt zu besuchen, bevor es durch die idyllische Flusslandschaft über **Amphawa** (S. 227) weiter nach **Ratchaburi** (S. 230) geht. Hier wie in **Phetchaburi** (S. 580) weiter südlich sind buddhistische Höhlen und Tempel interessante Ausflugsziele. Nach einem Abstecher in den Nationalpark **Kaeng Krachan** (S. 584) geht es in den typisch thailändischen Badeort **Cha-Am** (S. 584). Wer einen ruhigen Strand bevorzugt, kann sich an der Küste zwischen **Prachuap Khiri Khan** (S. 596) und **Bang Saphan** (S. 601) umsehen. Sollte man dort nicht hängengeblieben sein, gibt es in **Nakhon Si Thammarat** (S. 701) noch einen großen, alten Tempel zu bestaunen.

Abseits der Touristenzentren

Genug von Touristenbussen der silbernen Flotte, Sehnsucht nach Am-Ende-der-Welt-Atmosphäre? Kein Problem: Der Nordosten ist groß, und selbst in anderen Regionen gibt es Reiseziele, in denen es garantiert keine anderen Touristen gibt. Am besten erreicht man sie mit einem eigenen Fahrzeug und folgt einfach den blauen Hinweisschildern zu touristischen Sehenswürdigkeiten, die in diesem Buch nicht beschrieben sind. Auch das GPS hat sich als hilfreich erwiesen, einige schöne Nebenstrecken entlang der großen Flüsse zu entdecken.

Die lokale Kultur und Lebensart erschließt sich vor allem in den Dörfern und Provinzstädten. Hier sind Farang, wie die Besucher aus dem Westen genannt werden, eine Seltenheit und werden manchmal sogar neugierig bestaunt. Wer nichts dagegen hat, auf den einen oder anderen Touristen zu treffen, findet in diesem Buch viele weitere Anregungen.

Klima und Reisezeit

Klima

Niemand plant einen Badeurlaub an der Nordseeküste im Dezember, doch viele vergessen, dass auch in Thailand Regen- und Trockenzeiten berücksichtigt werden sollten, obwohl die extremen klimatischen Schwankungen der letzten Jahre auch zu außergewöhnlichen Regenfällen und Hitzewellen geführt haben. Über das aktuelle Wetter informieren viele Thai- und Wetter-Websites sowie das Informationsministerium unter www.thaimet.tmd.go.th.

Die **Temperaturen** schwanken an der Küste im Verlauf des Tages meist zwischen 24 °C und 32 °C. Je näher der Äquator ist, umso geringer werden die Temperaturschwankungen. Hingegen klettern im kontinentaleren Klima von Nord-Thailand die Temperaturen vor der Regenzeit mittags auf über 38 °C an und können an klaren Nächten in den Bergen im November/Dezember bis auf den Gefrierpunkt sinken. Besonders die Küsten haben ihre eigenen Windsysteme und **Regenzeiten**. Normalerweise treten von Juli bis Oktober auch mehrere Regentage hintereinander auf. Dann kann an einem Tag mehr Regen fallen als in mehreren trüben europäischen Monaten. **Winde** bringen Regen, wenn sie vom Meer her kommen – kommen sie vom Festland, sind sie hingegen trocken. Von Mai bis Oktober liegt Thailand im Einflussbereich des Südwest-Monsuns, der dem Land ab Mai hohe Niederschläge beschert.

Von November bis Februar bringt der Nordostmonsun der Ostküste von Prachuap Khiri Khan bis nach Malaysia Regen. Hierdurch kommt es zu **drei Jahreszeiten**, die regional verschieden ausgeprägt sind:

Die kühle Jahreszeit (November bis Februar)

Am „kältesten" ist es im Dezember und Januar. In diesen Monaten schwankt die Temperatur in Bangkok zwischen 20 °C am Morgen und 30 °C

BANGKOK und Umgebung
Bangkok

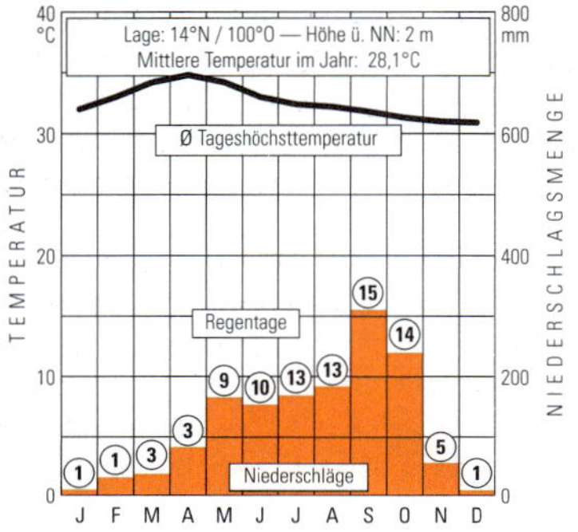

NORD-THAILAND
Chiang Mai

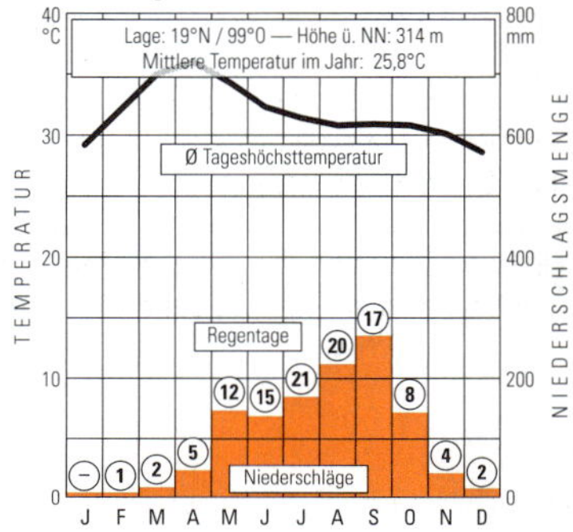

OSTKÜSTE
Chantaburi

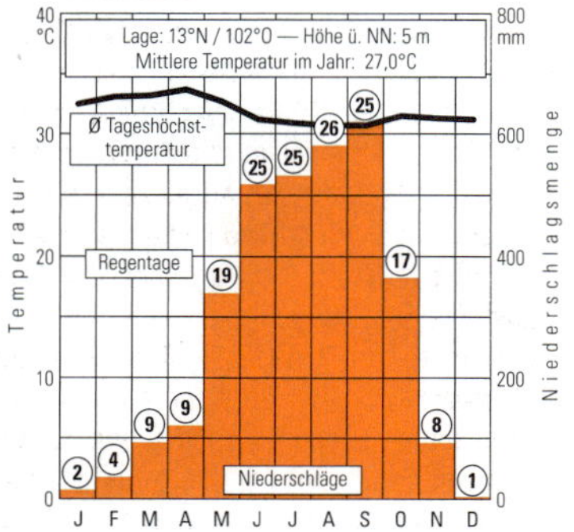

ZENTRAL-THAILAND
Phitsanulok

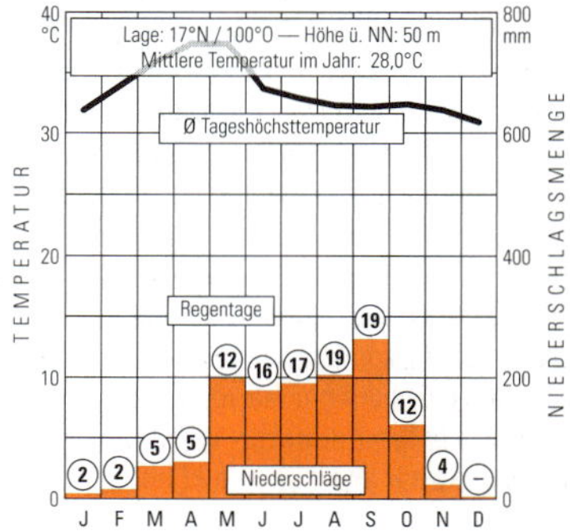

SÜD-THAILAND, Ostküste
Ko Samui

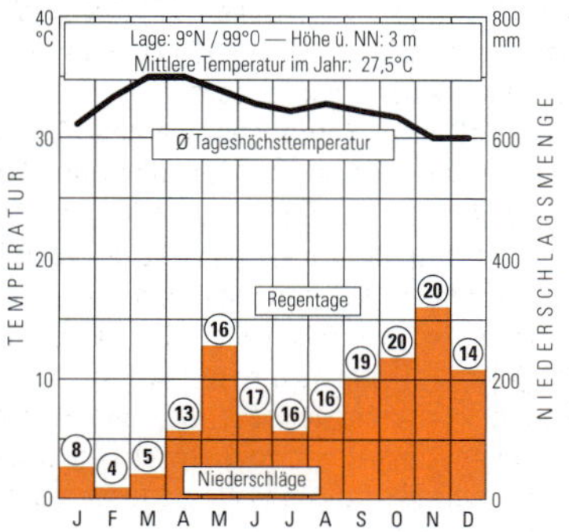

SÜD-THAILAND, Westküste
Phuket

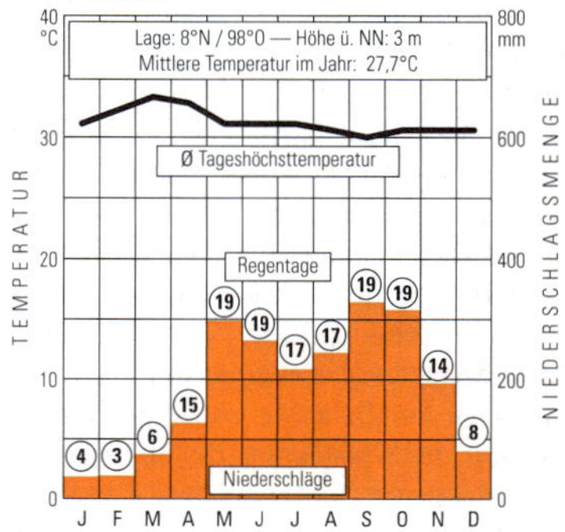

am Nachmittag. In Nord-Thailand beträgt sie unter 10 °C frühmorgens und 28 °C nachmittags. Im Süden gibt es geringere Temperaturschwankungen. In Nord-Thailand wirkt die Landschaft ab Februar kahl und unansehnlich. An der Westküste klingt im November die Regenzeit aus, sodass Urlauber von Dezember bis April mit viel Sonnenschein rechnen können. An der Golfküste südlich von Chumphon (Ko Samui, Ko Pha Ngan, Ko Tao) bringt zum Ende des Jahres der Nordostmonsun viel Regen.

Die heiße Jahreszeit (März bis Mai)

Die Temperaturen steigen ab Februar ständig an. Weitere Unannehmlichkeiten bescheren der Haze, dicke Luft durch Brandrodung in den Bergen, und eine Wasserknappheit, die sich vor allem in Bangkok bemerkbar macht. Mittagstemperaturen von über 40 °C im Schatten sind keine Seltenheit. Angenehm ist nur der Aufenthalt an der Küste bei maximal 34 °C im Schatten, wo in den traditionellen Badeorten Hochkonjunktur herrscht. Insgesamt ist der höher gelegene Norden kühler. Dennoch sollte man darauf achten, bei Haze die betroffenen Gebiete zu meiden und Trekking-Touren nur dort zu buchen, wo dichter Wald häufig vor der intensiven Sonneneinstrahlung schützt.

Die Regenzeit (Mai bis Oktober)

Der einsetzende Südwestmonsun bringt vom Indischen Ozean Niederschläge, vor allem für die Andamanenküste. Im Landesinneren regnet es wesentlich später und weniger. Die Niederschläge nehmen bis zum September/Oktober kontinuierlich zu. Dennoch kann es im Mai bereits zu Überschwemmungen kommen. Im Norden setzt die Regenzeit normalerweise erst Ende Juni ein, im Nordosten ist sie Ende September bereits vorbei. Von Juni bis August kann man den Norden, Nordosten und Zentral-Thailand bereisen, sofern sich die Regenfälle in Grenzen halten. Für einen Badeurlaub eignet sich der Golf von Thailand, während es an der Andamanenküste oft heftig regnet. Im September und Oktober fallen fast überall hohe Niederschläge. Wann die Regenzeit beginnt und wie lange sie dauert, ist schwer vorhersehbar. Es kann selbst Mitte November noch stark regnen, deshalb sind unsere Angaben durchschnittliche Werte.

In Folge der Erderwärmung scheint sich auch der Monsun zu verschieben. In den letzten Jahren kam und endete er manchmal später. Vielen Gebieten brachte er weniger Regen, suchte jedoch den tiefen Süden mitten in der Trockenzeit mit schweren Überschwemmungen heim.

Reisezeiten

Die ideale Reisezeit ist die **Trockenzeit** (Dezember bis März). Nur in Ko Samui und an der Ostküste regnet es im November und Dezember häufig. Am sichersten ist es, die Reise einen Monat nach dem Ende der Regenzeit zu beginnen.

Wegen der **Sommerhitze** sollte man die Monate April und Mai für Touren nach Nord- und Nordost-Thailand meiden.

Wichtig für die Planung der Reise sind auch die **Schulferien**. Während der europäischen Sommer- und Weihnachtsferien, wenn auch die internationalen Schulen in Thailand Ferien machen, herrscht Hochsaison. Die thailändischen Universitätsferien (Mitte März–Ende Mai und kürzer im Oktober/November) und Schulferien variieren (meist zwei Monate zwischen März und Mai sowie drei Wochen im Oktober). Während dieser Zeit sind viele Strände an der Küste und Nationalparks gut besucht.

Vor allem an **Feiertagen** wie dem Chinesischen Neujahr, dem Thai-Neujahr (*Songkran*, 13.–15. April), in der Zeit zwischen Weihnachten und dem 1. Januar und den Brückentagen bis zum nächsten Wochenende sind die Zimmer in Badeorten und Erholungsgebieten nicht nur ausgebucht, sondern häufig sogar überbucht. Die Preise steigen besonders am 1. Weihnachtsfeiertag und zu Silvester. Viele Bus- und Zugtickets sind ausverkauft, viele Hotels belegt und die Naturattraktionen überlaufen.

Reisekosten

Jeder hat sein persönliches Reisebudget und beim Geldausgeben verschiedene Prioritäten. Es ist natürlich viel einfacher, mit gut gefüllter Reisekasse unterwegs zu sein, aber auch mit schmalem Geldbeutel kann man viel unternehmen, denn das touristische Angebot an Unterkünften, Restaurants, Transportmitteln, Sport- und Einkaufsmöglichkeiten ist sehr breit gefächert. Manch einer genießt es, zwischen Bambushütte und 5-Sterne-Resort zu pendeln, mit dem lokalen Bus zu fahren und sich trotzdem für einen Ausflug ein Taxi zu gönnen, die Nudelsuppe am Straßenstand ebenso zu genießen wie den Hummer am Strand und bei einem Tauchkurs nicht rechnen zu müssen. Andere wollen so lange wie möglich mit ihrem Geld reisen und haben kein Problem damit, in Schlafsälen zu übernachten und auf den Märkten zu essen, mit nicht klimatisierten Bussen zu fahren und teure Touristenzentren zu meiden.

Generell ist das allgemeine **Preisniveau** in Bangkok, Phuket, Ko Samui und einigen Touristenzentren wesentlich höher als in der Provinz. Außerdem gibt es beachtliche regionale Unterschiede. So lebt es sich im Nordosten und Norden billiger als in vielen Regionen des Südens. In Chiang Mai, Chiang Rai, Pai und an abgelegenen Stränden kann man bei anspruchsloser Lebensführung mit 500 Baht am Tag auskommen, wenn das Zimmer geteilt wird. Darin sind allerdings Souvenirs, Touren, Mieten von Motorrädern oder Autos und Schlemmereien in Edelrestaurants sowie Alkoholika nicht enthalten.

Wenn der Urlaub etwas komfortabler sein soll, braucht man mindestens das Doppelte. In diesem Budget sind etwas bequemere Unterkünfte und Essen in Restaurants enthalten. Wer regelmäßig ein Bier oder einen Cocktail trinkt, fein essen geht oder Hotels mit Pool, Spas und anderen luxuriösen Einrichtungen genießen will, braucht noch viele Baht mehr. Da ein Zimmer für eine Person genauso viel kostet wie für zwei Personen, reist man zu zweit billiger. Unterkünfte im 4- und 5-Sterne-Bereich sind meist günstiger über Reiseveranstalter oder das Internet buchbar.

Lokale öffentliche Verkehrsmittel sind außerhalb der Urlaubsorte immer noch recht günstig. Auf Langstrecken zahlt man bei Bussen wie der Eisenbahn für zusätzliche Bequemlichkeit (Klimaanlage, Liegesitze, Essen) etwa das Doppelte. Viele Backpacker-Busse sind zwar billig, aber weder sonderlich bequem noch sicher.

Bei Eintrittsgeldern, vor allem für Nationalparks, aber auch in Thai-Restaurants gibt es manchmal erhebliche Unterschiede zwischen dem, was Ausländern und Einheimischen in Rechnung gestellt wird. Thai-Speisekarten sind oft wesentlich umfangreicher als die englischen, auf denen dann eigenartigerweise nur die teuren Gerichte übersetzt sind.

Was kostet wie viel?

Trinkwasser (1 l)	10–20 Baht
Softdrink (0,3 l)	10–30 Baht
Bier (0,6 l)	50–120 Baht
Nudelsuppe	20–40 Baht
Curry-Gericht	50–150 Baht
Benzin (1 l)	30 Baht
Taxifahrt (in Bangkok)	ab 35 Baht
Mietwagen pro Tag	1000–2000 Baht
Eintritt Nationalpark	überw. 200 Baht
Eintritt Nationalmuseum	100 Baht
Zimmer im Gästehaus	ab 200 Baht
Zimmer im Mittelklasse-Hotel	800–2000 Baht

Traveltipps von A bis Z

Anreise

Flüge aus Europa

Wer zum gewünschten Zeitpunkt möglichst billig fliegen will, sollte frühzeitig buchen. Die Preise ändern sich ständig – und dank der Benzinpreiserhöhungen und damit verbundenen Zuschläge leider meist nach oben. Zudem lasten die Airlines ihre Maschinen möglichst voll aus, sodass freie Plätze kurz vor dem Abflugtag kaum noch zu bekommen sind.

Zur Zeit der Recherche flogen für 500–1200 € (Hin- und Rückflug) europäische und asiatische Gesellschaften von Frankfurt, Düsseldorf, München und Wien nach Bangkok. Informationen zur Flugsicherheit dieser Airlines finden sich unter 💻 www.aerosecure.de.

Inlandflüge können bei Thai Airways als Anschlussflüge mitgebucht werden. Nicht zu empfehlen sind die „Open date tickets", da Flüge von und nach Thailand oft Monate im Voraus ausgebucht sind und für das Thailand-Visum ein bestätigter Rückflug verlangt wird.

Umweltbewusst fliegen

Kaum jemand, der nach Thailand reist, wird auf das Flugzeug verzichten können, obwohl die negativen Folgen dieser Reiseart für das Klima bekannt sind. Wenn man den Ausstoß schädlicher CO_2-Gase schon nicht ungeschehen machen kann, gibt es dennoch eine Möglichkeit, die Folgen zu mindern. Umweltbewusste Passagiere, denen der Klimaschutz am Herzen liegt, zahlen freiwillig einen Ausgleich für die durch die Reise verursachten Klimagase und unterstützen damit Energiesparprojekte in Indien und Brasilien, die nach strengen Kriterien überwacht werden.
Über die Homepage und den Emissionsrechner von **Atmosfair**, 💻 www.atmosfair.de, einer Initiative zum klimaneutralen Fliegen, ist das ganz einfach.

nachdenken • klimabewusst reisen
atmosfair

Thai Airways
60313 **Frankfurt**, Zeil 127
📞 069-9287 4444, 📠 9287 4333
80335 **München**, Bayerstr. 85A
📞 089-2420 7010, 💻 www.thaiair.com.
Bangkok Airways
60311 Frankfurt, Bethmannstr. 58
📞 069-1337 7565-6, 💻 www.bangkokair.com.

Weitere internationale Airlines, die Thailand anfliegen, siehe **eXTra [2590]**. Über gute Sitzplätze und weitere Details im Flieger informiert 💻 www.seatguru.com.

Auf dem Landweg

Seit Dezember 2008 wird bei der Einreise auf dem Landweg nach Thailand an allen Grenzübergängen nur noch eine Aufenthaltserlaubnis von 15 Tagen erteilt. Wer länger bleiben will, benötigt ein Visum, das bei einer konsularischen Vertretung Thailands im Ausland beantragt werden muss, s. S. 98 Aktuelles zur Visasituation siehe **eXTra [2670]**.

Aus / nach Malaysia

Grenzüberschreitende Züge fahren zwischen Bangkok und Butterworth, dem Fährhafen für Penang. Zudem schwärmt täglich eine Flotte von Minibussen aus den großen Städten und Tourismuszentren in Changlun/Sadao über die Grenze und lädt ihre Passagiere in Hat Yai um. Aus Sicherheitsgründen sind ihnen die großen Busse vorzuziehen, die vor allem zwischen Hat Yai und allen großen Städten der Malaiischen Halbinsel verkehren. Kaum genutzt werden die abgelegenen Grenzübergänge im Landesinneren. Aufgrund der politischen Unruhen in den grenznahen Provinzen Yala, Narathiwat und Pattani fahren nur noch wenige Touristen über Tak Bai oder Sungai Golok nach Kota Bharu an der Ostküste.

Bei der Einreise nach Malaysia wird eine dreimonatige Aufenthaltserlaubnis erteilt.

Aus / nach Kambodscha

Backpackerunterkünfte bieten preiswerte Busfahrten von Siem Reap und Phnom Penh meist über die Grenzübergänge Poipet/Aranyaprathet

Tipps für die ersten Schritte im Land

Leser haben uns gebeten, Tipps für die ersten Tage im Land an den Anfang des Buches zu stellen. Voilà, hier Warnungen für Bleichgesichter:

- Überall, wo sich Neuankömmlinge konzentrieren, in der Ankunftshalle am Airport oder Bahnhof (s. S. 221) oder am Königspalast (s. S. 134), sind Schlepper, Hostessen und selbst ernannte Guides nicht fern, die ein schnelles Geschäft wittern und überhöhte Preise verlangen.
- Deshalb: Keinem hilfsbereiten Taxi-/Tuk Tuk-Fahrer/Guide/Traveller glauben, der einem bei einer billigen Stadtrundfahrt für 20 Baht überzeugen will, dass man beim Edelstein-/Seidenhändler/Schneider einen günstigen Großeinkauf machen kann. Ein gut klingendes Angebot ist wahrscheinlich zu gut, um wahr zu sein (s. S. 51).
- Shoppingtouren auf das Ende der Reise verlegen, wenn man das Preisniveau kennt. Zudem spart man sich damit unnötige Schlepperei.
- Billiger und nicht weniger bequem als die angebotenen Limousinen am Airport in Bangkok sind Taxis mit Taxameter und noch günstiger die Busse bzw. der Skytrain (s. S. 212).
- Wer sich für die ersten Tage ein Hotel vorbucht, hat wenig Stress bei der Ankunft.
- Wer Thai-Essen nicht gewohnt ist, kann die ersten Tage „nicht scharf" *(mai pet)* bestellen und sich langsam steigern.
- Gepäck keinem Fremden anvertrauen, auch nicht dem Security-Personal am Airport.
- Wertsachen gehören vor allem bei Busfahrten nur ins Handgepäck.
- Insgesamt ist Thailand ein sehr sicheres Land, auf das man sich während der Reise beruhigt einlassen kann.

oder Cham Yeam/Hat Lek an, wo umgestiegen wird. Allerdings wartet jenseits der Grenze nicht immer ein Bus von gleichwertiger Qualität. Wer sicher gehen will, bucht nur bis zur Grenze und organisiert sich am Busbahnhof die Weiterfahrt. Von Anranyaprathet kann man sogar mit einem langsamen Zug weiter Richtung Bangkok zuckeln. Von Sihanoukville geht es mit dem Boot nach Koh Kong und mit dem Sammeltaxi oder Moto zum 12 km entfernten Grenzübergang Cham Yeam.

Bei der Einreise nach Kambodscha wird für US$20 ein „Visa on Arrival" für 30 Tage ausgestellt, das im Land einmalig um 30 Tage verlängert werden kann. Wer in Baht zahlt, muss mit einem sehr ungünstigen Wechselkurs rechnen.

Aus / nach Laos

Die Rennstrecke von der Khaosan Road in Bangkok nach Vientiane verläuft über Nong Khai. Wer sich den Backpackerbus ersparen möchte, kann mit bequemen staatlichen Bussen oder dem Zug auf der Freundschaftsbrücke über den Mekong via Nong Khai nach Bangkok fahren und vielleicht sogar einen Zwischenstopp im wenig bekannten Nordosten einlegen. Beliebt ist die Fahrt mit dem Boot auf dem Mekong von Luang Prabang nach Houay Xai, wo es über den Grenzfluss nach Chiang Khong und mit dem Bus weiter nach Chiang Rai oder gleich nach Chiang Mai geht. Weitere Grenzübergänge ermöglichen interessante Reisen jenseits der ausgetretenen Pfade.

Bei der Einreise nach Laos wird für US$30–35 ein „Visa on Arrival" für 30 Tage ausgestellt, das im Land einmalig um 30 Tage verlängert werden kann. Wer in Baht zahlt, muss mit einem sehr ungünstigen Wechselkurs rechnen. Einige neue Übergänge sind noch nicht mit Computer ausgestattet und können daher kein „Visa on Arrival" ausstellen.

Aus / nach Myanmar

Myanmar schottet sich ab, sodass das übliche Transportmittel aus dem Nachbarland das Flugzeug ist. Ein Ausreise auf dem Landweg ist nur mit Sondergenehmigung von Kengtung via Tachilek nach Mae Sai oder von Kaw Thaung mit dem Boot nach Ranong möglich.

Bei der Einreise nach Myanmar kann in der Regel nur das grenznahe Gebiet besucht werden. Für eine saubere US$10-Note wird ein 14-tägiges Visum ausgestellt.

Online buchen

In Online-Reisebüros kann man mit Kreditkarte fast alles buchen, was man zum Reisen braucht: Pauschal- wie Lastminute-Reisen, Kreuzfahrten, Flüge, Zimmer, Mietwagen und Veranstaltungstickets. Wer nicht nur über eine Hotline kommunizieren möchte, geht in ein Reisebüro mit Ansprechpartner. Flexible suchen auf Internetseiten von Veranstaltern, Hotels oder Airlines nach Lastminute-Angeboten oder Sondertarifen für Flüge, Hotelzimmer oder Tickets.

www.agoda.com
Mehrsprachige Buchungsmaschine mit Prämienpunktsystem.
www.asiatravel.com
Buchungsmaschine mit Schwerpunkt und Büros in Asien. Bezahlt wird im Hotel.
www.billig-flieger-vergleich.de
Die aktuell günstigen Flüge sind hier gelistet.
www.ebookers.de
Ableger eines britisch-amerikanischen Reiseportals und FTI Touristik.
www.expedia.de
Großes, 1999 gegründetes Online-Reiseportal.
www.hostelbookers.com
www.hostelworld.com
Hostels und preiswerte Unterkünfte mit englischsprachigen Bewertungen von Reisenden sowie Buchungsmöglichkeiten. Außerdem Podcasts zum Runterladen, Reiseinformationen und mehr.
www.hotelopia.de
Hotelbuchungsagentur der TUI mit 24-Stunden-Hotline.
www.kayak.com
Deutsche Suchmaschine für weltweite Reiseangebote im Netz.
www.lastminute.de
Angebote von fast allen Reiseanbietern.
www.latestays.com
Lastminute-Hotels von Asia Web Direct.
www.opodo.de
Hier bieten verschiedene europäische Fluggesellschaften günstig ihre Tickets an.
ratestogo.de
Ableger eines australischen Reiseportals mit Lastminute-Hotelbuchungen.
www.regit.com
Südostasiatisches Reiseportal mit Hotelinformationen.
www.travelchannel.de
Eines der ersten Reiseportale von Otto Freizeit und Touristik.
www.tripadvisor.de
Die deutschsprachige Website der größten internationalen Reiseplattform ist ein Tochterunternehmen von Expedia (**www.expedia.de**) und umfasst noch weitere Reise-Medien-Portale wie Hotel.de, Opodo, Venere und Hotels.com. Sie bietet die umfangreichste Hotelauswahl, einen Beliebtheitsindex, die Möglichkeit zum Preisvergleich verschiedener Anbieter, ein Forum sowie Bewertungen von Reisenden, die überwiegend auf Englisch geschrieben sind, und deren Fotos. Zudem kann man natürlich auch Flüge buchen und mehr.
www.weg.de
Angebote von fast allen Reiseanbietern.
Weitere Adressen in den regionalen Kapiteln dieses Buches.

Botschaften und Konsulate

Thailändische Botschaften und Konsulate

… in Europa

Botschaft in Deutschland:
12163 Berlin, Lepsiusstr. 64-66
030-7948 1117
7948 1118
www.thaiembassy.de
Mo–Fr 9–13 Uhr
Generalkonsulat:
60596 Frankfurt, Kennedyallee 109
069-698 680
6986 8228
Visa 069-6986 8205, 069-6986 8209
Mo–Fr 9–13 (tel. auch 14–17 Uhr)
Hier können Visa nur persönlich beantragt werden.

Honorargeneralkonsulate:
45130 Essen, Christopherstr. 18
📞 0201-9597 9334, 📠 9597 9445
🕒 Mo–Fr 9–12, Fr 14–17 Uhr
20099 Hamburg, An der Alster 85
📞 040-2483 9118, 📠 2483 9206
💻 www.thaikonsulathamburg.de
🕒 Mo–Fr 9–12 Uhr
80639 München, Prinzenstr. 13
📞 089-168 9788, 📠 1307 1180
🕒 Mo–Fr 9–12 Uhr
Honorarkonsulate:
70499 Stuttgart, Pforzheimer Str. 381
📞 0711-226 4844, 📠 226 4856
💻 www.thaikonsulat.de
🕒 Mo, Mi, Fr 12–14 Uhr

Botschaft in Österreich:
1180 Wien, Cottagegasse 48
📞 01-478 33350, 📠 478 2907
💻 www.thaivienna.at
🕒 Mo–Fr 9–12 Uhr
Konsulate:
5020 Salzburg, Koch-Sternfeld-Gasse 7
📞 0662-840 0200, 📠 840 0201
💻 www.thaiconsulate-salzburg.at
🕒 Mo–Fr 9–12 Uhr
6021 Innsbruck, Bozner Platz 2
📞 0512-580 461, 📠 577 250
🕒 Mo–Fr 8.30–12.30 Uhr
6850 Dornbirn, Riedgasse 44
📞 05572-256 146, 📠 255 614
🕒 Mo, Mi, Fr 9–12 Uhr

Botschaft in der Schweiz:
3095 Bern-Liebefell, Kirchstr. 56
📞 031-970 3030-34, 📠 970 3038-39
🕒 Mo–Fr 9–11.30 Uhr
Generalkonsulate:
8001 Zürich, Löwenstr. 42
📞 043-344 7000, 📠 344 7001
🕒 Mo–Fr 9.30–11.30 Uhr
💻 www.thai-consulate.ch
1211 Genf 13, 75 rue de Lyon
📞 022-311 0723, 📠 345 1208
🕒 Mo–Fr 9.15–11.45 Uhr
💻 www.thaiconsulate.ch
4010 Basel, Aeschenvorstadt 71
📞 061-206 4565, 📠 206 4546
🕒 Mo–Do 9–11.30 Uhr
💻 www.thai-consulatebasel.ch/

... in Asien

Generalkonsulat in Yunnan (VR China):
Kunming Hotel, 145 Dong Feng Dong Lu
Kunming, Yunnan
📞 0871-316 8916, 📠 316 6891
💻 www.thaiembassy.org/kunming

Generalkonsulat in Hongkong (VR China):
8th floor, Fairmont House
8 Cotton Tree Drive, Central
📞 2521 6481-5, 📠 2521 8629
💻 www.thai-consulate.org.hk/

Botschaft in Indien:
56-N Nyaya Marg, Chanakyapuri
New Delhi 110021
📞 011-2611 8103, 📠 2687 2029
💻 www.thaiemb.org.in
Konsulat:
Kolkata, 18-B Mandeville Gardens, Ballygunge
📞 033-2440 7836, 📠 2440 6251

Botschaft in Indonesien:
74 Jl. Imam Bonjol, Jakarta
📞 021-390 4052, 📠 310 7469

Botschaft in Kambodscha:
196 Preah Norodom Boulevard, Phnom Penh
📞 023-726 306, 📠 726 303
🕒 Mo–Fr 8.30–11 Uhr

Botschaft in Laos:
Unit 15 Bourichane Rd., Vientiane
Ban Phone Si Nuan
📞 021-453 916, 📠 415 336
🕒 Mo–Fr 9–11 Uhr

Botschaft in Malaysia:
Kuala Lumpur, 206 Jl. Ampang
📞 03-2148 8222, 📠 2148 6527
🕒 Mo–Fr 9.30–13 Uhr
Konsulate:
Penang, 1 Jl. Ayer Rajah,
Ecke Jl. Tungku Abdul Rahman
📞 04-226 8029
🕒 Mo–Fr 9–12 und 14–15 Uhr

Kota Bharu, 4426 Jl. Pengkalan Chepa
✆ 09-748 2545
⌚ So–Do 9–12 und 14–15.30 Uhr

Botschaft in Myanmar (Birma):
Yangon (Rangoon), 94 Pyay Rd.
Dagon Township
✆ 01-226 721, 📠 221 713
⌚ Mo–Fr 9–11.30 Uhr

Botschaft in Nepal:
167/4 Ward No. 3, Bansbari-Maharajgunj Rd.
Kathmandu
✆ 01-437 1410, 📠 437 1408
⌚ Mo–Fr 9.30–12.30 Uhr

Botschaft in Singapore:
370 Orchard Rd.
✆ 737 2158, 📠 732 0778
⌚ Mo–Fr 9.15–12 und 14–16.30 Uhr

Botschaft in Vietnam:
Hanoi, 63-65 Hoang Dieu St.
✆ 04-3823 5092-4, 📠 3823 5088
Konsulat:
77 Tran Quoc Thao St., District 3
Ho Chi Minh City
✆ 08-3932 7637-8, 📠 3932 6002
💻 www.thaiembassy.org/hochiminhcity

Botschaften und Konsulate in Thailand

Deutsche Botschaft
Bangkok 10120, 9 Sathon Tai Rd.
U-Bahnhof Lumpini
✆ 02-287 9000,
📠 2871776,
💻 www.german-embassy.or.th
Notfallnummer (meist nur zu den Dienstzeiten erreichbar) ✆ 01-845 6224
⌚ Mo–Fr 8.30–11.30
Visaanträge bis 10.30 Uhr
Deutsche Konsulate in Phuket s. S. 752 und Chiang Mai s. S. 354
Wer sich länger in Thailand aufhält, kann sich unter 💻 service.diplo.de/registrierungav registrieren lassen.

Botschaft von Österreich
Bangkok 10121, 14, Soi Nandha, off Soi 1 Sathorn Tai Rd.
✆ 02-303 6057-59, 📠 287 3925
💻 www.bmaa.gv.at
⌚ Mo–Fr 9–12 Uhr
Honorarkonsulate in Phuket s. S. 752 und Chiang Mai S. 354

Botschaft der Schweiz
Bangkok 10330, 35 North Wireless Rd.
✆ 02-253 0156-60, 📠 255 4481
💻 www.eda.admin.ch/bangkok
⌚ Mo–Fr 9–11.30 Uhr

Botschaft von Kambodscha
Bangkok 10330, 185 Rajdamri Rd.
✆ 02-254 6630, ✉ recbkk@hotmail.com
⌚ Mo–Fr 9–12.30 Uhr

Botschaft von Laos
Bangkok 10310
520, 502/1–3 Soi Ramkhamhaeng 39
Bangkapi.
✆ 02-5393 642, 📠 5393 827
💻 www.bkklaoembassy.com
⌚ Mo–Fr 8–12 und 13–16 Uhr

Botschaft von Myanmar (Birma)
Bangkok 10500, 132 Sathorn Nua Rd.
✆ 02-233 7250, 📠 236 6898
✉ mebkk@asianet.co.th
⌚ Mo–Fr 9–12 und 13–15 Uhr

Einkaufen

Nicht viele Länder der Welt können mit Thailand als Einkaufsparadies konkurrieren. Da ist vor allem Bangkok mit der größten Konzentration schicker **Einkaufspaläste**, eine kühle, von Toparchitekten und -designern gestaltete Welt aus Granit, Marmor, Messing und Edelstahl mit viel Glas, das auch weniger Wohlhabenden einen Blick in die Welt internationaler Modedesigner ermöglicht. Die Spitzenposition nimmt derzeit Siam Paragon ein. Auch Pattaya, Phuket, Chiang Mai und Hua Hin haben nachgezogen.

Selbst am Rand von Provinzstädten können Heimwehkranke in **Hypermärkten** wie Tesco Lotus, Big C oder Carrefour eine begrenzte Auswahl an Käse und Wurst von deutschen ausgewanderten Metzgern, Wein, Oliven und andere bekannte Köstlichkeiten bekommen. Auch Textilien, Drogeriewaren und Kleidung werden hier günstig zu Festpreisen verkauft. In Touristenzentren haben sich einige Geschäfte auf die Bedürfnisse der Ausländer eingestellt und führen ein breites Angebot an Importwaren – allerdings auch zu entsprechenden Preisen. Das eine oder andere Schnäppchen lässt sich in **Factory Outlets** machen, auf die große Schilder an einigen stark befahrenen Highways hinweisen, auch wenn viele Textilien eher in kleinen Größen angeboten werden und einiges nicht aus einheimischen Fabriken stammt.

Weit interessanter ist ein Bummel über die **Straßen-, Wochen- und Nachtmärkte**, die in teils gigantischen Dimensionen an mehreren tausend Ständen eine unüberschaubare Fülle an lokalen Produkten präsentieren. Traditionelle Blumen-, Lebensmittel- und Textilmärkte haben selbst in den Hochhausschluchten von Bangkok überlebt. Einige sind bei Tag, andere nur in der Nacht oder an bestimmten Tagen aktiv. Auf allen Märkten können sich Händler wie Besucher an zahlreichen Garküchen mit frisch zubereiteten Snacks und preiswerten Thai-Gerichten stärken.

Dank des Tourismus locken **Souvenirmärkte** mit einem Überangebot an lokalen Produkten: Textilien aus Baumwolle und Seide, Silberschmuck und Edelsteine, alte und neue Holzschnitzereien, Möbel und Dekoratives für Haus und Garten, Porzellan, Benjarong- und Sawankhalok-Keramik, Leder- und Lackarbeiten, Portraits am Straßenrand in Minutenschnelle oder nach Fotovorlagen gemalt, Buddhas aller Stilrichtungen auf Leinwand und Holz, Statuen geschnitzt, mit Einlegearbeiten dekoriert oder in Bronze gegossen und trotz gerichtlicher Strafandrohungen weiterhin Kopien internationaler Markenwaren, Uhren und DVDs mit den neuesten Blockbustern.

Überaus lohnend sind der Suan Chatuchak Weekend Market in Bangkok, der Samstagsmarkt in Chiang Rai, Sonntagsmarkt in Chiang Mai, Nachtmarkt in Pai und Hua Hin sowie die schwimmenden Märkte von Damnoen Saduak und Amphawa. Vor allem auf Souvenirmärkten wird gehandelt. Als guter Startpreis gilt etwa die Hälfte des eigentlichen Preises.

Vorsicht vor Schleppern!

In Bangkok lassen sich selbst achtsame Touristen von cleveren Schleppern zum **Kauf von Edelsteinen** überreden. Auf Ausflügen werden zum Beispiel Juweliergeschäfte mit Super-Sonderangeboten besucht. Auf anderem Wege versuchen es seriös wirkende, hilfsbereite Thais und sogar Farang. Sie sprechen Touristen auf dem Weg zu einer Sehenswürdigkeit an und geben vor, dass diese ausgerechnet heute geschlossen sei. Als Alternative bieten sie eine Tour an, bei der man nach einer Weile wieder in einem Laden endet. Es stimmt *nicht*, dass die Edelsteine in Deutschland zu vielfach teureren Preisen wieder verkauft werden können! In Wirklichkeit kauft man für weit überhöhte Preise **minderwertige Edelsteine**, für die sich in Europa kein Juwelier interessiert.

Misstrauen ist angebracht bei gesprächigen Tuk Tuk- und Taxifahrern, die einen günstigen Fahrpreis akzeptieren und unterwegs noch schnell an einem Juweliergeschäft, Seidenladen oder Schneider anhalten wollen. Sie versuchen meist nur eine Provision oder einen Benzingutschein abzugreifen.

Unter 💻 www.geocities.com/thaigemscam group/index.html bemüht sich eine Selbsthilfegruppe um Aufklärung und Hilfe von Opfern.

Bei einer Reise durch die nördlichen Landesteile bieten sich viele Gelegenheiten, traditionelles **Kunsthandwerk** in den Werkstätten selbst zu kaufen und den Produzenten bei der Arbeit zusehen. Die erste Adresse ist zweifellos Chiang Mai mit den umliegenden Kunsthandwerkszentren, die Dimensionen von ganzen Dörfern haben.

Auch in abgelegenen Orten werden originelle Mitbringsel mit Made-in-Thailand-Garantie hergestellt: Kuchen, getrocknete Früchte und andere Leckereien ebenso wie handgewebte Stoffe und sogar Schiffsmodelle. Von staatlicher Seite gefördert, haben sich die Dorfbewohner auf eine Produktpalette spezialisiert, die in Läden mit der Aufschrift **OTOP** *(one tambon one product)* vor allem an Touristenschwerpunkten und Raststätten entlang der Highways verkauft werden.

Was fehlt, sind deutschsprachige **Bücher**. Selbst englischsprachige Zeitschriften und Bücher sind außerhalb der Touristenzentren eine Rarität. Deshalb deckt man sich am besten in Bangkok, Chiang Mai, Chiang Rai, Pattaya oder Phuket Town ein. Gästehäuser und die umliegenden Secondhand-Buchläden sind zudem die einzige Möglichkeit, unterwegs eventuell noch einen aktuellen Loose-Reiseführer zu ergattern. Mehr darüber siehe eXTra [2671].

Vom Kauf von **Antiquitäten** und **Produkten aus geschützten Tieren** ist abzuraten. Nur solange sich Käufer dafür finden, werden Kultstätten geplündert, seltene Tiere gejagt und alte Erbstücke verkauft. Der Handel mit Antiquitäten ist in Thailand verboten. Alle Stücke, für die keine Exportgenehmigungen vorliegen oder die unter das Washingtoner Artenschutzabkommen fallen, werden vom Zoll beschlagnahmt (s. S. 100). Beschlagnahmt werden auch **nachgemachte Markenwaren** und illegale DVDs. Gefälscht wird so ziemlich alles, was Profit verspricht. Viele Produkte sind von schlechter Qualität, was besonders bei Medikamenten gefährlich sein kann.

Die **Erstattung der 7 % Mehrwertsteuer** *(VAT Refund for Tourists)* lohnt nur bei Einkäufen ab 20 000 Baht, da Bearbeitungs- und Bankgebühren abgezogen werden. Zudem muss für Einkäufe in diesem Umfang bei der Einreise im Heimatland die Mehrwertsteuer nachentrichtet werden.

Essen und Trinken

Über Jahrhunderte hat sich die thailändische Landesküche unter asiatischen, indischen und europäischen Einflüssen entwickelt. Die Bandbreite der Gerichte reicht von sehr scharf bis mild; im Allgemeinen sind die Thai-Speisen kräftig gewürzt.

Da die meisten Thai-Frauen berufstätig sind, speist die ganze Familie in der Regel außer Haus. Während Thais tagsüber leichte Suppen und kleine Snacks zu sich nehmen, kommt die eigentliche Hauptmahlzeit, die aus mehreren Gängen besteht, erst nach Sonnenuntergang auf den Tisch. Selbst Nachtschwärmer bekommen in Bars einen scharfen Snack aus benachbarten Garküchen geliefert.

Wer Wert auf Hygiene legt, kann sich mit einem Blick in die Küche vergewissern, ob diese einen sauberen Eindruck macht. Eine „Clean Food – Good Taste"-Kampagne, deren Schilder hier und da zu sehen sind, hat vor einigen Jahren Restaurants ausgezeichnet, deren Küchen den Reinheitstest bestanden haben.

Auch Einheimische kontrollieren die Rechnung, denn wer gut kocht, kann nicht unbedingt auch gut rechnen.

Restaurants

Gourmet- und 5-Sterne-Hotel-Restaurants nehmen preislich die Spitzenplätze ein, wobei die Kosten je nach Ausstattung, Lage und Qualität stark variieren. In Touristen- wie Einkaufszentren und Großstädten bedienen Filialen internationaler Fastfood-Ketten sowie westliche Restaurants auch Bedürfnisse nach Hamburgern, Pizza, Steaks und Eisbein. Allerdings muss man für Importwaren europäische Preise zahlen. Zu typischen Travellerunterkünften gehören einfache Restaurants, in denen Frühstück, Standardgerichte, Travellerfood und Getränke angeboten werden. Alle diese Restaurants haben (teils bebilderte) Speisekarten auf Englisch. Separate englische Karten in chinesischen und Thai-Restaurants in der Provinz listen manchmal nur einige bei Ausländern beliebte Gerichte und haben ab und an sogar höhere Preise als die Thai-Karte.

Ein **Thai-Gericht** mit Fleisch und Gemüse kostet in einem Standardrestaurant 60–100 Baht, Fisch und Seafood sind teurer. In Touristenorten und gehobenen Restaurants liegen die meisten Preise über 100 Baht. Der beliebte gebratene Reis mit Ei, Huhn, Schweinefleisch oder Krabben kostet in Travellerrestaurants 30–50 Baht.

Essenstände und Food Center

Auf den preiswerten Essenständen an Straßen, großen Plätzen oder Märkten kaufen auch viele Berufstätige auf dem Heimweg ein. Häufig werden die Gerichte frisch vor den hungrigen Augen der Käufer zubereitet und kosten selten über 30 Baht. In der Nähe gibt es fast immer Sitzplätze. In allen großen Einkaufszentren gibt es Food Courts, in denen über ganze Etagen Essenstände billige Menüs anbieten, die mit zuvor erworbenen Coupons oder Chipkarten bezahlt werden. Fertige Currys stehen in großen Töpfen in der Auslage, sodass man schnell seine Auswahl trifft. Ganz in der Nähe konkurrieren oft Restaurants und Cafés mit den Food Courts.

Coffeeshops

Wer hinter diesen Läden ein gemütliches Café mit leckerem Kuchen vermutet, wird enttäuscht. Kaffee und Kuchen sind nur in einer Bakery (Bäckerei), z. T. in Cafés oder in großen Hotels erhältlich. Der Coffeeshop hingegen ist ein großer klimatisierter Raum, der zugleich als Frühstücksraum, Restaurant und vor allem als Bar dient. Die dort herumsitzenden jungen Mädchen sind in den seltensten Fällen Hotelgäste, sondern vielmehr auf der Suche nach Kundschaft.

Bäckereien und Cafés

Tatsächliche Kaffeespezialitäten gibt es an Kaffeetheken und in Filialen internationaler und einheimischer Ketten, die sich in Einkaufs- und Touristenvierteln etabliert haben. Geschmack und Qualität des in den Bergen Nord-Thailands angebauten Arabica-Kaffees kann mit importierten Kaffeesorten durchaus mithalten. Die in schicken Cafés angebotenen Kuchen und Torten nach französischen, amerikanischen und deutschen Rezepten sind oft von wesentlich besserer Qualität als die süßen Zuckerteilchen in traditionellen Thai-Bäckereien.

Trinkgeld

Während in Hotels und Restaurants der **gehobenen Preisklasse** zum Rechnungsbetrag 10 % Bedienungsentgelt addiert wird, enthält die Rechnung in kleineren Restaurants kein Trinkgeld. Hier ist es üblich, bei gutem Service einige Baht vom Wechselgeld in der Kladde liegen zu lassen. In kleinen und Travellerrestaurants sind Trinkgelder nicht üblich.

Keine Speisekarte?

Fernab der Touristenansammlungen gibt es oft keine Speisekarte auf Englisch. Wenn die rohen Zutaten wie Fleisch, Fisch und Gemüse in einer Vitrine oder im Kühlschrank liegen, braucht man nur darauf zu deuten und das Wort für „gebraten" oder „gekocht" zu sagen (s. „Kleines Wörterbuch" S. 874). Oder man bestellt einfach das, was auf einem der Nachbartische lecker aussieht.

Löffel, Gabel und Stäbchen

In der Regel wird in Thailand mit **Löffel** (rechts) und **Gabel** (links) gegessen. Mit Hilfe der Gabel werden, entsprechend unserem Messer, die Speisen auf den Löffel geschoben. In ländlichen Regionen benutzt man hierfür die rechte Hand, da die linke als unrein gilt und das Essen nie berühren sollte.

Für Nudelsuppen werden **Stäbchen** *(chop sticks)* und ein kurzer Suppenlöffel gereicht, wobei mit den Stäbchen die Nudeln auf den Löffel geschoben werden. In chinesischen Restaurants werden auch die Reisgerichte mit Stäbchen gegessen. Touristen bekommen aber immer Gabel und Löffel gereicht.

Für ein typisches Thai-Essen sollte man in größerer Runde in ein Restaurant gehen und sich verschiedene Gerichte zusammenstellen lassen. Es ist üblich, dass alle Gerichte gleichzeitig und über den Tisch verteilt serviert werden und sich jeder nach Belieben bedient. Suppen zählen zum Hauptgericht und werden nicht vorher gegessen.

Gewürze

Gewürzt werden die Speisen vor allem mit Fischsoße und Glutamat (MSG). Zudem ist es vor allem bei Suppen üblich, nach dem Servieren

Vorsicht scharf!

Einige Speisen sind mit kleinen Chilis gewürzt. Achtung: Je kleiner die Chilis, desto schärfer sind sie. Wer nicht scharf essen will, deutet auf die Gerichte und fragt: **pät mai?** (Ist's scharf?). Lautet die Antwort **mai pät** (nicht scharf), kann nicht viel passieren. Ist die Antwort allerdings **pät pät**, muss man mit einer sehr scharfen Mahlzeit rechnen.
Ein Klassiker zum Würzen ist **prik nam plah**, eine salzige Fischsoße mit Knoblauch, Limonensaft und vielen klein geschnittenen Chilis. Sie wird in Touristenhochburgen durch Ketchup ersetzt und ist nur auf Nachfrage zu erhalten.

nachzuwürzen. Hierfür stehen auf den Tischen in der Regel Behälter mit Zucker, zerstoßenen und getrockneten roten Chilis sowie Chilis in Essig und Fischsoße.

Gerichte

Currys (gäng)

Diese gibt es in verschiedenen Zubereitungsarten, Geschmacksrichtungen und Schärfegraden:

Garih – ein gelbes, mildes indisches Curry.

Khiau wahn – extrem scharfes, grünes Curry, das zusätzlich Shrimp-Paste *(blachan)* und viele Chilis enthält.

Masaman – die gelbe einheimische Variante mit Knoblauch, Ingwer, Zitronengras, Koriander, Kardamom, Muskatnuss, Muskatblüte, Zimt, Nelken, Tamarinde, Limonen, Zucker, Kokosmilch, Kartoffeln und Chilis.

Phet – sehr scharfes rotes Curry *(gäng phet gai* = Hühnchencurry; *gäng ped* ist hingegen ein mildes Entengericht).

Panaeng – cremiges rotes Curry, das mit einer dicken Kokosmilchsoße zubereitet wird.

Fisch und Fleisch

Thailand ist für Fisch- und Seafood-Liebhaber ein wahres Paradies. Die Preise richten sich vor allem beim frischen Fisch nach dem Gewicht und liegen meist bei 40–60 Baht pro 100 g inklusive Zubereitung und Beilagen. Für edle Meeresgenüsse wie Hummer muss man auch in Thailand tief in die Tasche greifen: Für etwa 10 cm lange Langusten zahlt man mindestens 50 Baht und für einen mittelgroßen Hummer 1000 Baht. Deshalb sollte man sich vor dem Essen nach dem Preis von teurem Seafood erkundigen.

Fleisch gehört neben Gemüse zu jeder kompletten Mahlzeit, sodass es Vegetarier äußerst schwer haben.

Nudeln

Nudelgerichte sind zu jeder Tageszeit ein beliebter Snack. Sie werden sowohl auf Frühstücksbuffets als auch an Straßenständen verkauft.

Bah mie – gelbliche Weizenmehlnudeln, die es in verschiedensten Varianten gibt.

Gueh tiao – weiße, breite Reisnudeln, die gebraten und mit viel Soße oder in süßsauren Suppen mittags an Essenständen zubereitet werden.

Khanom chin – vor allem im Süden beliebtes Gericht, wobei verschiedene Beilagen wie Trockenfische, Gurken, Pickles, rohe und eingelegte Sojasprossen zum Verfeinern der Nudeln auf den Tisch gestellt werden. Extra bezahlen muss man nur ein gekochtes Ei *(khai)* als Beilage.

Khao soi – eingewanderte Moslems aus Yunnan machten im Norden diese leckere cremige Hühnersuppe populär. Ihre wesentlichen Bestandteile sind Curry, Kokosmilch, flache Eiernudeln und obendrauf knusprige Nudeln, dazu gibt´s eingelegten Kohl.

Phat thai – (gespr. *padd tai*) ein sehr beliebtes Gericht aus gebratenen Reisnudeln mit Tofu, Gemüse, Ei und Erdnüssen.

Reis

Grundnahrungsmittel der Thais ist Reis, **kao**. *Khin kao*, der allgemeine Begriff für „essen", lässt auf die Bedeutung von Reis in Thailand schließen.

Kao nieo – Klebreis *(sticky rice)* ist vor allem im Norden verbreitet und wird auch zu *som tam* (s. u. Salate) oder als Dessert, z. B. zu frischen Mangoscheiben, gegessen.

Kao phat – gebratener Reis (gespr. *kao pad*, engl. *fried rice*), das preiswerte Standardgericht vieler Traveller. Dieses Gericht gibt es z. B. als **kao phat gung** (mit Krabben), **kao phat gai** (mit Huhn) oder *american fried rice* (mit gebratenem Ei).

Kao plao – gekochter, körniger Reis *(plain rice)* wird als Beilage zu den meisten Gerichten gereicht.

Salate

Aus gesundheitlichen Erwägungen sollten Blattsalate nur dort gegessen werden, wo sie mit sauberem oder jodiertem Wasser gewaschen worden sind. In Thailand isst man fleischhaltige, scharfe Salate vor allem als Beilage zum Trinken, z. B.:

Nam tok – ein würziger Salat aus Fleischscheiben (zumeist Schwein oder Rind) und vielen frischen Kräutern, der mit gerösteten, zerstoßenen Reiskörnern bestreut wird.

Som tam – auch *papaya pok pok* genannt, die Nationalspeise im Nordosten: geraspelte grüne Papaya im Mörser zerstoßen mit salzigen, kleinen Krebsen oder Trockenfisch, Limone, Knoblauch, Fischsoße und vielen Chilis, bestreut mit Erdnüssen. Beliebte Beigabe zu Grillhähnchen.

Yam nüa – Salat aus Rindfleisch, verschiedenen Salaten, Korianderblättern, Minze, Knoblauch, Chilis und einer sauren Soße. Er ist so scharf, dass keine Bakterien überleben können.

Snacks

Die kleinen Mahlzeiten variieren je nach Region. Für Anfänger geeignet sind Klebreis mit Mango sowie gefüllte süße oder salzige Kuchen. OTOP-Läden führen eine Vielfalt abgepackter lokaler Spezialitäten. An Straßenständen werden leckere Snacks zubereitet, z. B.:

Gluei tord – gebratene Bananen.

Kanom dschiäb – ausgebackene Teigtaschen mit Fleisch- oder Krabbenfüllung.

Suppen

Hot pot – auch *steamboat* oder *thai-sukiyaki* genannt. Am Tisch werden in einer kochenden Brühe alle Zutaten gegart und mit Soßen verfeinert gegessen. Häufig zu finden in Einkaufszentren, aber auch auf einigen Nachtmärkten, wo man für einen festen Betrag so viel essen kann, wie man will.

Kao tom – Reissuppe mit Fleischeinlage, die zum Frühstück gegessen wird, z. B. mit Hühnchen *(kao tom gai)*.

Tom kha – würzige Thai-Suppe mit *kha*, einer Ingwerart, Zitronengras, Zitronenblättern, Chilis und anderen Zutaten und mit Kokosmilch verfeinert. Beliebt als *tom kha gai* (mit Hühnchen).

Tom yam – eine ähnliche saure Thai-Suppe mit Tamarinde, aber ohne Kokosmilch, die sauerscharf gewürzt ist. Beliebt als *tom yam gung* (mit Krabben).

Vegetarisch

Vegetarier haben es in Thailand nicht einfach, da zu den meisten Gerichten Fleisch oder Seafood gereicht wird. Nur an buddhistischen Feiertagen verzichten manche Thais auf ihre geliebten Proteine. Vor allem in Touristenzentren wächst aber die Zahl an vegetarischen Restaurants *(rahn ahahn mangsawirat)*. Traditionelle vegetarische Restaurants in der Nähe buddhistischer Tempel haben oft abends und am 15. jedes Monats geschlossen.

Früchte

Thailand ist ein Paradies für Liebhaber exotischer Früchte. Manche sind saisonal, andere das ganze Jahr über zu bekommen. Eine Spezialität im hohen Norden sind eingelegte Früchte.

A-ngun – Weintrauben, die vor allem in der Nähe des Khao Yai National Park wachsen. Saison von April bis September.

Chom-phu pa – Rosenapfel, knapp 5 cm große, glockenförmige, säuerliche Frucht mit grünlicher bis roter Schale. Saison von April bis Juni.

Durian – Zibetfrucht, Stachelfrucht oder Stinkfrucht genannt, gilt als Königin der Früchte und ist entsprechend teuer. Die grüne, stachlige Frucht mit einem penetranten Geruch wird am liebsten gleich am Verkaufsstand verzehrt und hat in Hotels und anderen öffentlichen Einrichtungen Hausverbot. Sie ist nur Mutigen zu empfehlen! Saison von April bis August.

Durian-khaek – Corossol oder Stachelannone, ähnlich einer kleinen Durian, aber mit angenehm duftendem, säuerlich cremigen Fruchtfleisch mit kleinen schwarzen Kernen.

Farang – Guave, die als „Fremde" bezeichnete grüne, apfelähnliche Frucht wird auch unreif mit Salz und Zucker genossen.

Kleines Wörterbuch

hungrig	*hiju*	หิว
durstig sein	*hiju nam*	หิวน้ำ
essen	*gin / tahn*	กิน/ทาน
essen gehen	*pai tahn ahahn*	ไปทานอาหาร
Ich mag ...	*pom / tschan tschoob*	ผม/ฉันชอบ
kein Fleisch	*mai sai nua*	ไม่ใส่เนื้อ
kein Seafood	*mai gin ahahn thale*	ไม่กินอาหารทะเล
Dasselbe noch einmal	*ao ik*	เอาอีก
Das Essen schmeckt gut!	*ahahn a-roi*	อาหารอร่อย
Die Rechnung, bitte!	*tschek bin khrap*	เช็คบิล
Ei	*khai*	ไข่
Eis	*nam käng*	น้ำแข็ง
Entenfleisch	*ped*	เป็ด
Fisch	*plah*	ปลา
Fischküchlein	*tord man plah*	ทอดมันปลา
Garnele, Krabben	*gung*	กุ้ง
gebraten	*tord*	ทอด
gebratener Reis	*kao phat*	ข้าวผัด
gegrillt	*yang*	ย่าง
gekocht	*tom*	ต้ม
gelbe Nudeln	*bah mie*	บะหมี่
Gemüse	*phak*	ผัก
getoastet	*ping*	ปิ้ง
heiß	*rohn*	ร้อน
Hühnerfleisch	*gai*	ไก่
Hummer	*gung gam gram*	กุ้งก้ามกราม
Kaffee	*gafä*	กาแฟ
kalt	*jen*	เย็น
Krebse	*puh*	ปู
Omelett	*khai dschiao*	ไข่เจียว
Pfannengemüse	*phat phak*	ผัดผัก
Reis	*kao*	ข้าว
Restaurant	*rahn ahahn*	ร้านอาหาร
Rindfleisch	*nüa*	เนื้อ
scharf	*pät*	เผ็ด
Schweinefleisch	*muh*	หมู
süß	*wahn*	หวาน
süßsauer	*prio-wahn*	เปรี้ยวหวาน
Tee	*tschah*	ชา
Tintenfisch	*plahmük*	ปลาหมึก
trinken	*dühm*	ดื่ม
vegetarisch	*mangsawirat*	มังสาวิรัต
vegetarische Kost	*ahahn jä*	อาหารเจ
vegetarisches Restaurant	*rahn ahahn mangsawirat*	ร้านอาหารมังสาวิรัต
Wasser	*nam*	น้ำ
weiße Nudeln	*göi tiao*	ก๋วยเตี๋ยว
weißer Reis	*kao plao*	ข้าวเปล่า

Gluei – Bananen, von denen es viele Sorten gibt, werden an Straßenständen gegrillt und gebacken, getrocknet und in Honig eingelegt oder als Chips verkauft.

Kha-nun – Jackbaumfrucht, eine riesige, grünlich gelbe Frucht mit runden Stacheln, die 30–90 cm lang und bis zu 40 kg schwer werden kann. Die festen, gelben, herausgelösten Fruchtsegmente werden in der Saison von Januar bis Mai auf Straßenmärkten verkauft.

Lamut – Sapodilla, die kleine, ovale, bräunliche Frucht schmeckt ähnlich einer reifen Birne und etwas süßsauer. Saison von Juli bis September.

Lam-yai – Longan, unter einer dünnen, braunen Schale verbirgt sich weißes, saftiges Fruchtfleisch, das etwas säuerlich schmeckt. Saison ist von Juni bis August im Norden.

Lin-chi – Litschipflaumen (Lychee) mit rötlicher, dünner, fester Schale wachsen in den Bergen im hohen Norden. Saison von April bis Juni.

Long-gong – Lansi (Duku, ähnlich: Langsat); Rispen mit kugeligen, gelblich braunen Früchten von ca. 3 cm Durchmesser. Unter einer dünnen, festen Haut liegt die weiße, säuerliche Frucht.

Ma-fuang – Sternfrucht (Karambole), eine ovale, saftig-säuerliche Frucht mit wachsähnlicher, gelblich grüner Schale, die geschnitten die Form eines Sterns hat.

Makham-wan – süße Tamarinde, große, bohnenförmige Frucht mit rötlich braunem, klebrigen Fruchtfleisch. Saison von Dezember bis Februar im Nordosten.

Malakor – Papaya, die ovale, orange-grüne, bis zu 40 cm lange Frucht schmeckt besonders gut mit Limonensaft beträufelt zum Frühstück.

Mamuang – Mango, wird in Thailand unreif mit dem säuerlichen, festen Fruchtfleisch zu einer scharfen Soße oder im reifen Zustand gegessen. Saison ist von März bis Juni.

Mangkut – Mangostanenfrucht, unter einer violetten, dicken, stark färbenden Schale liegen die weißen, etwas säuerlichen Segmente. Saison von Mai bis Oktober im Süden.

Maprao – Kokosnuss, gibt es vor allem an der Küste.

Ngoh – Rambutan (Zwillingspflaume), rote, tennisballgroße Frucht von haarigem Aussehen. Das weiße, konsistente Fruchtfleisch umgibt einen großen Kern. Saison ist von März bis September.

Noi-na – Zimtapfel, aus Südamerika stammende Frucht mit breiig-süßem Fruchtfleisch.

Phutsa – Jujube, kleine, runde und süße Frucht. Saison von August bis Februar im Osten.

Sapparot – Ananas, die beliebte Frucht gibt es in Restaurants wie an Straßenständen. Saison von April bis Juli und im Dezember/Januar rings um Hua Hin und nördlich von Chiang Mai.

Som – Orangen, von denen es an die 100 Sorten gibt, die teils wie Orangen, teils wie Mandarinen schmecken. Sie werden gern frisch gepresst und auf Eis gekühlt verkauft. Saison ist zwischen September und November.

Som-o – Pomelos, die größte der vielfältigen Zitrusfrüchte mit gelbem oder rötlichem Fruchtfleisch. Saison ist von Anfang August bis November.

Tenglai – Honigmelonen, sind ebenso wie Wassermelonen *(tengmo)* erfrischend und deshalb als Dessert beliebt.

Getränke

Alkoholische Getränke

Überall wird eine große Auswahl an kalten alkoholfreien Getränken angeboten. Beliebt und recht günstig sind die internationalen Softdrinks. Zudem gibt es Trinkwasser und Säfte. In Backpackerzentren sind frisch gepresste Fruchtsäfte auch ohne Eis zu bekommen, manchmal sogar in exotischen Varianten mit Ingwer oder Zitronengras.

Nam manau – Zitronen- oder Limonensaft, manchmal auch Limonade.

Nam maprao – die erfrischende, klare Milch junger Kokosnüsse, schmeckt gut gekühlt am besten.

Nam som – Orangensaft, wird ebenso wie Zitronensaft manchmal mit Salz gewürzt, was zwar dem Körper gut tut, doch vielen europäischen Gaumen nicht schmeckt. Wer die Säfte pur möchte, bestellt *mai glüa* (ohne Salz). Frisch gepresster Saft einheimischer Orangen wird öfter in kleinen Plastikflaschen auf Eis gekühlt angeboten.

Kaffee

Caféketten wie Doi Tung, Wawee und Doi Chaang haben die Kaffeekultur Thailands erfrischend belebt und für die Verbreitung italienischer Kaffeemaschinen gesorgt.

Gafä – das am weitesten verbreitete Heißgetränk wird traditionell mit süßer Kondensmilch und Pulverkaffee angerührt und hat keine Ähnlichkeit mit unserem Kaffee.

Gafä dam ron – Kaffee ohne Milch.

Gafä yen – Kaffee mit Eis.

Oh liang – süßer Eiskaffee mit Eiswürfel.

Tee

Tschah, Tee, besteht zumeist aus einem Teebeutel, getaucht in mehr oder weniger heißes Wasser. In westlich orientierten Cafés sind auch exotische Kräutertees auf dem Vormarsch.

Tschah ron – heißer schwarzer Tee, mit Milch und Zucker.

Tschah dam – Tee mit Zucker ohne Milch.

Tschah dam yen – Eistee mit Zucker (manchmal aus der Dose).

Tschah manau – Tee mit Zitrone (*manau* = Zitrone).

Nam tschah – dünner grüner Tee, wird in chinesischen Lokalen kostenlos zum Essen gereicht.

Wasser und Eis

Reisende sollten Wasser nicht aus der Leitung trinken. Trinkwasser wird in recyclebaren Plastikflaschen oder in Behältern in öffentlichen Gebäuden angeboten. Beim Kauf unbedingt auf einen versiegelten Verschluss achten. Wer Wert auf die Zufuhr von Mineralstoffen legt, kann Elektrolytpulver darin auflösen.

Die zerschlagenen Eisbrocken zum Kühlen von Getränken sind nicht immer hygienisch einwandfrei; bedenkenlos sind dagegen die glatten Eiszylinder.

Alkoholverkaufszeiten

Offiziell darf in Geschäften nur von 11–14 und 17–24 Uhr Alkohol jeglicher Art verkauft werden. Die meisten Supermärkte, wie z. B. 7-Eleven oder Family Mart, halten sich strikt an die gesetzlichen Vorgaben, sodass man um 00:01 Uhr kein Bier mehr kaufen kann.

Whisky und Bier

Weit verbreitet ist das **Singha-Bier**, ein Lagerbier mit 6 % Alkoholgehalt, das verhältnismäßig teuer ist. Immer beliebter sind die Lagerbiere Chang und Leo mit 6,4 % geworden, die im Vergleich zu anderen Biersorten sehr preiswert sind. Preiswert und beliebt ist auch **Archa Beer**. Touristen bevorzugen vor allem **Tiger** und **Heineken**. Manchmal gibt es auch **Erdinger Weißbier**.

Die thailändische Alkoholdroge Nummer eins ist **Thai-Whisky**, der wie akzeptabler Weinbrand schmeckt und zu allen Gelegenheiten aufgetischt wird. Wir empfehlen, ihn mit Wasser oder Cola zu verdünnen.

Feste und Feiertage

Während der Reiseplanung lohnt es einen Blick in den Kalender zu werfen, denn für einige der **großen Feste** sollte man schon einen Umweg oder einen extra Tag in Kauf nehmen. Im Internet sind die wichtigsten Feste auf 💻 www.tourismthailand.org/festival-event/ gelistet. Eine gute Website zu Festen in Thailand ist auch 💻 www.asien-feste.de.

Es gibt viele regionale Feste in Dörfern und Tempeln, die über mehrere Tage tausende von Menschen anlocken können. Gelbe buddhistische Fahnen am Straßenrand weisen oft auf ein **Tempelfest** in der Nähe hin. Neben religiösen Veranstaltungen und Umzügen werden auf einem **Jahrmarkt** allerlei Unterhaltsames sowie lokale Spezialitäten angeboten. Manchmal finden sogar Schönheits- und sportliche Wettbewerbe statt. Auf **lokalen Messen** *(fairs)* werden Produkte aus der Provinz präsentiert; Erntefeste und andere lokale Ereignisse sind immer ein guter Anlass für ein **Volksfest**. **Musik-**, **Film-**, **Verkaufsfestivals** und **Sportwettbewerbe** werden in Urlaubsgebieten veranstaltet, um den Tourismus zu fördern.

Alle Feste **buddhistischen Ursprungs** richten sich nach dem religiösen Kalender, der sich am Mondzyklus orientiert. Deshalb kann der Termin innerhalb von 29 Tagen variieren. Andere Feste fallen meist auf ein Wochenende. Die genauen

Termine gibt es in jedem Tourist Office oder im Internet.

Staatliche Feiertage orientieren sich am gregorianischen westlichen Kalender. Wie in England ist der Montag frei *(bank holiday)*, wenn der gesetzliche Feiertag auf ein Wochenende fällt. Auch freitags ist kaum jemand anzutreffen, wenn an den vorangegangenen Tagen gefeiert wurde. Dadurch gibt es viele lange Wochenenden, die die Thais für Ausflüge nutzen.

Vollmondtage siehe **eXTra [2672]**.

Januar / Februar

1.1. – Westliches Neujahr: Es wird ausgiebig bis zum folgenden Wochenende gefeiert.
Neumondtag zwischen 21.1. und 19.2. – Chinesisches Neujahr: Das dreitägige chinesische Neujahrsfest findet vor allem im Familienkreis statt, wird aber auch für Ausflüge genutzt. Näheres siehe **eXTra [2673]**.

März / April

Vollmondtag im März – Makha Bucha: Lichterprozessionen um die Tempel erinnern an Buddhas Predigt vor 1250 Zuhörern. Mönche und Gläubige umrunden am Abend mit Blumen und Kerzen in gefalteten Händen dreimal eine Stupa oder ein anderes Gebäude. Besonders sehenswert im Marmortempel von Bangkok.
6.4. – Chakri-Tag: Inthronisation des ersten Chakri-Königs und Begründers der Königsstadt Bangkok, Feier im Wat Phra Keo.
13.–15.4. – Thai-Neujahr: Bekannt als *songkran* oder Wasserfest. In der heißesten Zeit des Jahres bespritzen sich die Menschen auf den Straßen mit Wasser – manchmal mit Pumpguns, was nicht immer eine willkommene Erfrischung ist. Meiden sollte man Bangkok, wo man schon mal mit einer Dusche dreckigen Klong-Wassers rechnen muss. Buddhafiguren werden gebadet und älteren Familienmitgliedern durch zeremonielle Handwaschungen und Geschenke Hochachtung erwiesen. Höhepunkt ist in Chiang Mai ein Fest mit prunkvollen Veranstaltungen. Vom 6.–17.4. sind Ferien, und das ganze Land ist unterwegs.

Mai

5.5. – Krönungstag: Langes Wochenende aus Anlass der Krönung des heutigen Königs Bhumipol (Rama IX.) am 5.5.1950.
Vollmondtag im Mai – Visakha Bucha: Heiligstes buddhistisches Fest zur Feier der Geburt und Erleuchtung Buddhas und seines endgültigen Eintretens ins Nirvana. Abendliche Lichterprozessionen im Tempel, zentrale Feiern im Wat Phra Keo.
Mitte Mai – Königliche Zeremonie des Pflügens: Zeremonie brahmanischen Ursprungs, bei der ein Stellvertreter des Königs bei einer symbolischen Aussaat auf dem Sanam Luang in Bangkok um eine gute Ernte bittet. Zahlreiche Bauern aus dem ganzen Land reisen dafür in die Hauptstadt und versuchen ein Reiskorn zu ergattern, das der eigenen Saat untergemischt eine gute Ernte gewährleisten soll.

Juli / August

Vollmondtag im Juli – Asanha Bucha (Khao Phansa): Zur Erinnerung an die erste Predigt Buddhas in der Öffentlichkeit finden Prozessionen mit Blumen und Kerzen im Tempel statt. Am Tag nach Asanha Bucha beginnt die dreimonatige Fastenzeit Khao Phansa. Bis zum Ende der Regenzeit dürfen Mönche das Kloster nachts nicht verlassen. Traditionell lassen sich junge Männer während dieser Zeit für einige Wochen ordinieren.
12.8. – Geburtstag der Königin: Langes Wochenende zum Muttertag und Geburtstag der Königin, die seit 1950 First Lady in Thailand ist.

Oktober

Vollmondtag im Oktober – Thot Kathin (Ok Phansa): Nach dem Ende der Fastenzeit reisen die Thais in ihre Heimattempel, um den Mönchen neue Roben und Opfergaben zu überbringen.
23.10. – Chulalongkorn-Tag: Am langen Wochenende wird der Todestag von König Chulalongkorn (Rama V.) gefeiert, der das Land westlichen Einflüssen öffnete.

November / Dezember

Vollmondtag im November – Loi Krathong: Lichterfest am Ende der Regenzeit. Kleine Boote, die traditionell aus Bananenstrünken gefertigt sind, werden mit Kerzen, Räucherstäbchen und Blumen geschmückt, auf eine Reise über Flüsse, Seen und Klongs geschickt – eine Opfergabe an die Göttin des Wassers. Im Norden lässt man Heißluftballons *(yipeng)* in den Himmel steigen.
5.12. – Geburtstag des Königs: Paraden und Feiern in Bangkok sowie auf dem Land.
10.12. – Verfassungstag: Langes Wochenende.
31.12. – Silvester: Langes Wochenende.

Frauen unterwegs

Auf den ersten Blick scheint es, dass die Wirtschaft in Thailand von Frauen in Schwung gehalten wird. Sie dominieren den Dienstleistungsbereich und arbeiten selbst auf Baustellen. Die Entscheidungsträger in Politik und Wirtschaft sind allerdings Männer. Während in Mitteleuropa etwa jede zweite Frau berufstätig ist, liegt die **Frauenerwerbstätigenquote** in Thailand bei 86 % und ist damit Weltspitze. Garküchen, Ganztagsschulen und andere Dienstleistungen erleichtern berufstätigen Müttern das Leben. Abends gehen auch einheimische Frauen in Gruppen aus. Allein reisende Frauen können sich in diesem Umfeld unkompliziert bewegen.

Eine Touristin kann schnell Bekanntschaft mit **einheimischen Frauen** machen. Hierbei ist vor allem ein leichtes gegenseitiges Berühren am Arm üblich. Allerdings lassen sich einheimische Frauen solche Berührungen von fremden Männern nicht gefallen. Frauen, die sich durch Rauchen und Trinken „unfraulich" verhalten, werden in Städten und Touristenzentren toleriert. Traditionelles Handeln und Denken tritt hier in den Hintergrund. Trotzdem kommt für die meisten Thai-Frauen ein freizügiges Baden im Bikini am Strand nicht in Frage.

Auf dem Land sind die Ansichten wesentlich konventioneller. Frauen erregen Aufsehen, wenn sie mit lockeren Umgangsformen und allzu luftiger Kleidung nicht dem gängigen Bild von Ehefrau oder Mutter entsprechen. Auch in Tempeln und Klöstern sind sie noch lange nicht gleichberechtigt. Nonnen werden in einigen Klöstern zwar akzeptiert, haben aber längst nicht den Status der Mönche. Der Zutritt zum heiligen Bereich (Bot) einiger buddhistischer Tempelanlagen ist ihnen teils sogar verboten. Zudem dürfen Frauen keine buddhistischen Mönche berühren.

Geld

In ganz Thailand ist das einzige Zahlungsmittel der Baht. Bargeld gibt es an fast jedem Geldautomaten, auch am Flugplatz. US$ und Euro werden nicht akzeptiert, können aber an Wechselstuben und in Banken umgetauscht werden. Wegen zahlreicher im Umlauf befindlicher Fälschungen werden US$100-Noten häufig nicht akzeptiert, gleiches gilt für beschädigte Scheine. Wer die Landgrenze zu Laos oder Myanmar überschreitet, sollte für die entsprechenden Visagebühren unbeschädigte Dollarnoten mitnehmen. Empfehlenswert ist es, etwas Bargeld, die Bank- und Kreditkarte mitzunehmen.

Währung und Wechselkurs

Die Währungseinheit in Thailand ist der **Baht** mit 100 **Satang**. In Umlauf sind Banknoten zu 1000, 500, 100, 50 und 20 Baht sowie Münzen zu 10, 5, 2 (selten) und 1 Baht, die ab Ende 2009 durch neue Münzen ersetzt werden. Ebenfalls selten geworden sind 50 und 25 Satang-Münzen.

1 €	=	48,80 Baht
10 Baht	=	0,20 €
1 sFr	=	31,90 Baht
10 Baht	=	0,30 sFr
1 US$	=	33,90 Baht
10 Baht	=	0,30 US$

Aktuelle Wechselkurse unter
www.oanda.com/convert/classic

Banken

Banken sind an hohen Schildern mit den jeweiligen Logos erkennbar. Sie öffnen Montag bis Freitag außer feiertags von 8.30–15.30 Uhr. In Touristenzentren haben Wechselstuben *(currency exchange service)* täglich bis spät abends geöffnet. Notfalls wechseln Hotels zu schlechten Kursen. Geldautomaten sind weit verbreitet.

Bank- und Kreditkarten

Mit Bankkarte und Geheimzahl ist an fast allen Geldautomaten mit Maestro- bzw. Cirrus-Symbol Bargeld zu bekommen. Umgerechnet wird zum Briefkurs. Während dies bei einigen Banken im Heimatland kostenfrei ist, bezahlt man bei anderen pro Transaktion 3,50–8,50 €. Bei der Hausbank nachfragen lohnt sich! Kostenlos ist die Abhebung mit der Postbank Sparcard zehnmal jährlich an Visa/Plus-Automaten und bei der DKB Bank beliebig oft. Weiteres siehe 💻 www.weltweit-kostenlos-geld-abheben.de. Als Maximalbetrag gelten 20 000 Baht, etwa 400 Euro. Bei einigen Automaten ist er aus technischen Gründen geringer. Wer von Automaten vor einer geöffneten Bank abhebt, kann bei einem Problem gleich reklamieren. Vorsicht! In Thailand geben die Automaten zuerst das Geld und zuletzt die Karte, die man keinesfalls vergessen sollte.

Mit Kreditkarten kann man im oberen Preissegment bargeldlos bezahlen oder Bargeld abheben. Auszahlungs- und Akzeptanzstellen sowie Geldautomaten (ATM) sind in Thailand weit verbreitet und auf den Webseiten der Anbieter zu finden.

Nicht selten verlangen Geschäfte entgegen den Vertragsvereinbarungen die **Verkäufergebühr** (3–5 %) vom Kunden. In diesem Fall sollte man sich diesen Betrag auf der Rechnung extra ausweisen lassen und diesen später beim Kreditkartenunternehmen zurückfordern.

Verlust oder Diebstahl von Kreditkarten sind sofort zu melden, um Missbrauch zu verhindern. Bei Mietwagen oder Flügen, die mit der Karte bezahlt wurden, ist in der Regel eine automatische Unfallversicherung enthalten, bei einigen Karten sogar eine Mietwagen-Vollkaskoversicherung.

Augen auf beim Kreditkartenkauf

Die Kreditkarte sollte beim Bezahlen nicht aus den Augen gelassen werden, damit kein zweiter Kaufbeleg erstellt werden kann. Sie sollte auch in keinem Fall in Safes verwahrt werden, die für andere zugänglich sind. Schon viele Reisende mussten zu Hause bei dem Blick auf die Kontoauszüge feststellen, dass während ihrer Abwesenheit hemmungslos und ohne ihr Wissen eingekauft wurde.
Auch in Thailand werden vor allem in Internetcafés Telefonleitungen angezapft, um Daten von Transaktionen mit Kreditkarten zu erhalten. Wer sein Kreditkartenkonto im Blick hat, kann innerhalb einer begrenzten Zeit eine falsche Abbuchung reklamieren.

Informationen und Notrufnummern:
Sperrung von Geld- und Kreditkarten:
📞 +49-116 116, 💻 www.sperr-notruf.de
American Express: 📞 +49-69-979 720 00 (auch bei Verlust für Ersatzkarten zuständig), 💻 www.americanexpress.com/germany.
Maestro Card: 📞 +49-69-740 987, 💻 www.maestrokarte.de.
Bei Verlust: 📞 +49-1805 021 021.
Standorte von Geldautomaten unter 💻 www.maestrokarte.de/atm_locator.html.
MasterCard: 📞 +49-69-793 319 10.
Karte sperren: 📞 001-63 67 22 71 11 (international gebührenfrei), 💻 www.mastercard.com/de/.
Visa: Karte sperren: 📞 001-800-11-535-0660 (international gebührenfreies R-Gespräch), 💻 www.visa.de. Standorte der Geldautomaten unter 💻 visa.via.infonow.net/locator/global/.
Western Union, 📞 +49-353 66 979 1830 , 💻 www.westernunion.com.
Wird in Deutschland von allen Zweigstellen der Postbank angeboten.

Reiseschecks

Eine aussterbende Spezies sind Reiseschecks (Travellers Cheques), die gegen 1 % Provision bei jeder Bank erhältlich sind. **Euro-Reiseschecks** werden überall in Thailand gewechselt. Der Wechselkurs für Schecks ist dort zwar günstiger als für Bargeld, dafür wird aber eine Provision pro Scheck verlangt. Deshalb sind weniger Schecks mit einem höheren Wert zu empfehlen. Manche Banken wechseln nicht mehr als 300–500 Euro.

Bei Verlust oder Diebstahl werden die Schecks im nächsten Vertragsbüro ersetzt. Hierfür ist es wichtig, dass für den Nachweis die Kaufabrechnung und die eigentlichen Schecks getrennt voneinander aufbewahrt werden. Außerdem hilft eine Auflistung aller bisher eingelösten Schecks, da diese nicht ersetzt werden. Schecks von Thomas Cook werden in der entsprechenden Vertretung in Bangkok ersetzt, s. S. 208.

Gepäck und Ausrüstung

Der Rollkoffer hat den ideologischen Graben zwischen Rucksack und Koffer geschlossen, und so reist jeder mit dem Gepäck, das er mag. Letztendlich hängt es weitgehend von den Transportmitteln und Zielen ab, ob sich das eine oder andere als bequemer erweist. Die folgende Liste kann als Hilfe beim Packen dienen, ist aber keineswegs vollständig und kann nach individuellen Bedürfnissen ergänzt werden. Die mit * gekennzeichneten Gegenstände sind unterwegs preiswerter zu erwerben.

Kleidung

Ein Wickelrock (Sarong, Thai: *phasin)* eignet sich höchstens als Strandkleidung. In einer schicken Bar, auf einem Fest, bei einem formellen Essen, dem Besuch im Königspalast und in anderen königlichen Gebäuden oder Tempeln sollte man sich dem Umfeld entsprechend kleiden, s. S. 95.

Bei der Auswahl der Kleidung empfiehlt sich eine Kombination aus bequem und gut aussehend. Thais bewerten die Menschen weitaus mehr als in Europa nach ihrem Äußeren, und ein ungepflegtes Auftreten stößt auf Ablehnung.

Wäsche wird in Touristenzentren innerhalb von Stunden an fast jeder Ecke für wenig Geld gewaschen und gebügelt. Die Kosten für den *laundry service* in Gästehäusern und Hotels steht in direkter Relation zum Zimmerpreis.

Technik

Kaum jemand möchte unterwegs auf sein **Handy** verzichten: Tipps s. S. 81. Neuere Modelle ersetzen sogar **MP3-Player**, **PDA** und eventuell sogar die **Kamera** oder das **GPS.** Dank günstiger Gebühren und zahlreicher kostenloser Hotspots (in Thailand: WiFi) sind Surfen im Internet, Abrufen von Mails und die Speicherung digitaler Fotos einfach und preiswert. Mehr und mehr Reisende wollen auch auf einen **Laptop** nicht verzichten. Alle technischen Geräte benötigen Energie und daher **Akkus** sowie den unvermeidlichen Kabelsalat. Aufladbare Akkus sind besser als Batterien, da es diese nicht überall in guter Qualität gibt. Gängige Flachstecker passen in thailändische Steckdosen, sodass man in diesem Fall zumindest auf den **Adapter** verzichten kann.

Wertsachen

Geld, Pässe, Kreditkarten und Tickets lassen sich am besten in einem breiten, unauffälligen Hüftgurt nah am Körper aufbewahren. Sämtliche Papiere sind zusätzlich durch eine Plastikhülle zu schützen, da Schweiß zerstörerisch wirken kann. Taschen mit Kameras, Laptop und anderer Elektronik sollten möglichst nicht schon von außen auf den teuren Inhalt schließen lassen, also aus festem Material bestehen, gut verschließbar sein und Platz für weiteres Handgepäck bieten.

Zur Sicherheit

Alle **wichtigen Reisedokumente** zu Hause fotografieren oder scannen und an die eigene E-Mail-Adresse schicken, evtl. auch Geheimzahlen, Telefonnummern, Reisescheck-nummern, Medikamentennamen, Blutgruppe usw. So können diese im Notfall unterwegs abgerufen werden. Auch Fotos von aufgegebenen Gepäckstücken können bei Verlust des Fluggepäcks eine große Hilfe sein.

Gepäck-Check

Kleidung

- ☐ **Badekleidung** (für Frauen außerhalb der Touristenzentren einteiliger Badeanzug)
- ☐ **Badelatschen** (wegen Pilzgefahr beim Duschen!)
- ☐ **Hemden*** oder **Blusen***
- ☐ **Hosen** bzw. **Röcke** (die leicht sind und bequem sitzen sollten)
- ☐ **Jacke** (für An- und Abreise, Nächte in den Bergen und AC-Busse)
- ☐ **Kurze Hosen** (bei Männern bis zur Hälfte des Oberschenkels, bei Frauen bis zum Knie, Shorts nur am Strand)
- ☐ **Pullover**
- ☐ **Sandalen** (in die man leicht hinein- und herausschlüpfen kann)
- ☐ **Schuhe** (für Trekkingtouren reichen Turnschuhe meist aus)
- ☐ **Socken** (dichte, nicht allzu kurze Socken als Moskitoschutz für den Abend)
- ☐ **T-Shirts*** / **Polo-Shirts*** (mit Ärmel)
- ☐ **Unterwäsche**

Hygiene und Pflege

- ☐ **Feuchttücher** (zur Hygiene für unterwegs)
- ☐ **Kosmetika** / Hautpflegemittel
- ☐ **Nagelschere*** und Nagelfeile (nicht ins Handgepäck)
- ☐ **Nähzeug** (Zwirn, Nähseide, Nadeln, Sicherheitsnadeln)
- ☐ **Papiertaschentücher**
- ☐ **Plastiktüten*** (für schmutzige Wäsche und als Nässeschutz)
- ☐ **Rasierer** (für abgelegene Gebiete einen Nassrasierer)
- ☐ **Shampoo** / Haarpflegemittel
- ☐ **Tampons** (Nachschub bei 7-Eleven oder in Supermärkten)
- ☐ **Toilettenpapier*** (auf öffentlichen Toiletten oft nicht vorhanden)
- ☐ **Zahnbürste* / Zahnpasta***

Sonstiges

- ☐ **Notizbuch*** / Stifte*
- ☐ **Regenschirm** (keine Gummijacke wegen Wärmestau!)
- ☐ **Reiseapotheke** (s. S. 65)
- ☐ **Reiseführer, Landkarten**
- ☐ **Reiselektüre**
- ☐ **Reisewecker** (falls kein Handy)
- ☐ **Sonnenschutz**: Hut, Brille* (in unzerbrechlicher Box), Sonnencreme*
- ☐ **Taschenlampe***
- ☐ **Taschenmesser** (nicht ins Handgepäck)

Dokumente

- ☐ **Flugunterlagen**
- ☐ **Führerschein** (gültiger internationaler Führerschein)
- ☐ **Geld** (Bargeld, Bankkarte, Kreditkarte)
- ☐ **Impfpass**
- ☐ **Reisepass** (evtl. internationaler Studentenausweis, Personalausweis)

Wer in einfachen Unterkünften wohnen wird, braucht zudem

- ☐ **Handtücher*** (die schnell trocknen; in Hotels vorhanden)
- ☐ **Klebeband*** (fürs Packen, zum Abdämpfen allzu stark eingestellter Klimaanlagen und zum Verschließen von Löchern im Moskitonetz)
- ☐ **Kordel*** (als Wäscheleine oder zum Aufspannen des Moskitonetzes)
- ☐ **Moskitonetz***
- ☐ **Nägel*** (zum Befestigen des Moskitonetzes)
- ☐ **Plastikbürste*** (zum Reinigen von Wäsche und Schuhen)
- ☐ **Schlafsack** (Seiden- bzw. Leinenschlafsack oder zwei dünne Tücher, da es in billigen Hotels keine Decken gibt und Laken nicht häufig gewechselt werden)
- ☐ **Seife*** oder Waschlotion
- ☐ **Vorhängeschloss*** (und kleine Schlösser* fürs Gepäck)
- ☐ **Waschmittel** (in der Tube)

Gesundheit

Die gesundheitlichen Risiken sind in Thailand relativ gering. Wer ungeschältes Obst sowie nicht ausreichend gekochte bzw. gebratene Gerichte meidet und sich vor Mückenstichen schützt, braucht keine Angst vor Krankheiten zu haben. Näheres zu möglichen Krankheiten s. S. 885.

Auf jeden Fall sollte vor der Reise überprüft werden, ob der Schutz gegen Tetanus, Diphtherie und Kinderlähmung (Polio) noch besteht. Viele Reisemediziner raten außerdem zu **Impfungen** gegen Hepatitis A und Typhus. Ob noch weitere Impfungen nötig sind, etwa gegen Tollwut oder Hepatitis B, hängt von den besuchten Regionen, der Reiseart und -dauer und dem Gesundheitszustand des Reisenden ab.

Über notwendige Impfungen und die Art der Malariaprophylaxe sollte man sich unbedingt sechs bis acht Wochen vor Reiseantritt von einem Reisemediziner beraten lassen. Sämtliche Impfungen müssen mit Ort, Datum und Unterschrift des Arztes in einen **Internationalen Impfpass** eingetragen werden.

Reisemedizin im Internet

Wer sich vor dem Besuch beim Reisemediziner schon mal über die Gesundheitsrisiken kundig machen möchte, findet auf den folgenden Websites Informationen:

Auswärtiges Amt
www.auswaertiges-amt.de

Robert-Koch-Institut
www.rki.de

Centrum für Reisemedizin
www.crm.de

Deutsche Gesellschaft für Tropenmedizin
www.dtg.org

Dt. Ges. für Reise und Touristik-Medizin
www.drtm-online.de

Die Reisemedizin
www.die-reisemedizin.de

Reisemedizinische Beratung Freiburg
www.tropenmedizin.de

Tropeninstitut Hamburg
www.gesundes-reisen.de

Fit for Travel
www.fit-for-travel.de

Tropenmedizinische Institute

Deutschland

Berlin Spandauer Damm 130, Haus 10, 14050
✆ 030-301 166

Dresden Friedrichstr. 39, 01067
✆ 0351-4803 801

Düsseldorf Moorenstr. 5, 40225
✆ 0211-8117 031

Göttingen Werner-von-Siemens-Str. 10, 37077
✆ 0551-307 500

Hamburg Bernhard-Nocht-Str. 74, 20359
✆ 040-428 180

Heidelberg Im Neuenheimer Feld 324, 69120
✆ 06221-562 905

Leipzig Philipp-Rosenthal-Str. 27, 04129
✆ 0341-9894 505

München Leopoldstr. 5, 80802
✆ 089-2180 3517

Rostock Ernst-Heydemann-Str. 6, 18057
✆ 0381-4940

Tübingen Keplerstr. 15, 72074
✆ 07071-2982 365

Ulm Robert-Koch-Str. 8, 89081
✆ 0731-5024 427

Würzburg Salvatorstr. 7, 97074
✆ 0931-7912 825

Österreich

Wien Zimmermanngasse 1a, 1090
✆ 01-4038 343

Schweiz

Basel Socinstr. 57, 4051
✆ 061-2848 111.
Telefonische Auskunft vom Band unter
✆ 0900-573 010 (1,49 sFr./Min.)

Gesundheitstipps für die Reise

Essen

Am besten hält man sich an die alte Tropenregel: kochen, braten, schälen – oder lassen. Denn ein Großteil der Infektionen wird durch

☒ Vorschlag für eine Reiseapotheke

Von allen regelmäßig benötigten Medikamenten sollte man einen ausreichenden Vorrat mitnehmen. Nicht zu empfehlen sind Zäpfchen oder andere hitzeempfindliche Medikamente.

Basisausstattung
- ☐ Verbandzeug
- ☐ Fieberthermometer
- ☐ Ohrstöpsel
- ☐ Sonnenschutz mit UVA- und UVB-Filter
- ☐ Beipackzettel

Malaria
- ☐ ggf. Lariam* oder Malarone* als Standby-Therapie
- ☐ Mückenschutz (für Kinder: Zanzarin)

Schmerzen und Fieber
- ☐ Benuron, Dolormin (keine acetylsalicylsäurehaltigen Medikamente)
- ☐ Buscopan (bei krampfartigen Schmerzen)
- ☐ Aspirin-Granulate oder auch GeloMyrtol Forte (bei Erkältung)
- ☐ Antibiotika* gegen bakterielle Infektionen (in Absprache mit dem Arzt)

Magen- und Darmerkrankungen
- ☐ Imodium akut oder in Thailand erhältlich: Lomotil (gegen Durchfall)
- ☐ Elotrans (zur Rückführung von Mineralien; Kinder: Oralpädon-Pulver)
- ☐ Dulcolax-Dragees, Laxoberal-Tropfen (gegen Verstopfung)

Erkrankungen der Haut
- ☐ Desinfektionsmittel (Betaisodona-Lösung, Kodan-Tinktur)
- ☐ Nebacetin-Salbe RP (bei infizierten oder infektionsgefährdeten Wunden)
- ☐ Soventol-Gel, Azaron-Stift, Fenistil-Tropfen, Teldane-Tabletten (bei Juckreiz nach Insektenstichen oder allergischen Erkrankungen)
- ☐ Soventol Hydrocortison-Creme, Ebenol-Creme (bei starkem Juckreiz oder stärkerer Entzündung)
- ☐ Bepanthen (Wund- & Heilsalbe)
- ☐ Fungizid ratio, Canesten (bei Pilzinfektionen)
- ☐ Berberil, Yxin (Augentropfen bei Bindehautentzündungen)

Reisekrankheit
- ☐ Superpep-Kaugummis, Vomex

Bitte bei den Medikamenten Gegenanzeigen und Wechselwirkungen beachten und sich vom Arzt oder Apotheker beraten lassen.

** rezeptpflichtig in Deutschland*

unsauberes Essen übertragen. Wer kein ungeschältes Obst und keine rohen oder halb garen Speisen isst, hat seiner Gesundheit schon einen großen Dienst erwiesen. Keine aufgewärmten oder warm gehaltenen Speisen essen – wie oft an Essenständen angeboten. Am häufigsten holen sich Touristen einen Durchfall bei den im Trend liegenden Buffets. Wichtig ist auch die persönliche Hygiene, denn viele Krankheitserreger trägt man mit den eigenen Fingern zum Mund.

Wer unter **Durchfall** leidet, muss sich erst einmal Ruhe gönnen und den Flüssigkeits- und Salzverlust mit angereichertem Wasser ausgleichen. Abgepackte Elektrolyt-Lösungen gibt es in jeder Apotheke. Erkrankte sollten auf Gemüse und Obst verzichten und fette Speisen meiden. Mit viel Reis (gesalzen), ausreichend Wasser und ein wenig Medizin sind die meisten Durchfälle in den Griff zu kriegen. Spätestens nach drei bis fünf Tagen ohne Besserung sollten Erkrankte aber einen Arzt aufsuchen. Extrem dünner, weißlicher Stuhl deutet auf eine Cholera-Infektion hin, die unverzüglich behandelt werden muss.

Wasser

Generell gilt: Vorsicht mit Wasser. Auf keinen Fall sollte das Leitungswasser getrunken werden. In Flaschen abgefülltes **Trinkwasser** ist überall erhältlich (darauf achten, dass die Sicherheitsverschlüsse intakt sind).

Eis, das überall zu kalten Getränken gereicht wird, ist meist hygienisch sauber – im Zweifel besser ohne bestellen. Speiseeis sollte in Gebieten mit unregelmäßiger Stromversorgung gemieden werden, da bei angeschmolzenem Eis Salmonellengefahr besteht.

Klima

Sonne und Hitze machen Reisenden oft als erstes zu schaffen. Wer aus Europa ins tropische Asien reist, hat nicht selten eine Temperaturdifferenz von 20 °C und mehr zu verkraften. Deswegen ausreichend trinken, denn der Körper schwitzt gerade in den ersten Tagen sehr. Als Faustregel gilt: **3 l Flüssigkeit** pro Tag.

Wie überall in den Tropen ist die Sonnenstrahlung eine Gefahr. Je nach Typ braucht die Haut bis zu fünf Tage, um den Eigenschutz aufzubauen. **Sonnencreme mit hohem Lichtschutzfaktor** (15 und höher) und ein Basecap bieten zusätzlich Schutz.

Auch **Erkältungen** kommen häufiger vor, als man denkt, denn in der kühlen Jahreszeit wird es nach Sonnenuntergang schnell frisch. Dann hilft ein dünner Pullover – in den Bergen ein dicker. Nachts die Klimaanlage oder den Ventilator ausstellen!

Medizintourismus

Immer mehr Touristen lassen in Thailand Eingriffe vornehmen. Die großen internationalen Krankenhäuser gehören vom medizinischen Standard her zur Weltklasse. Vor allem die Plastische Chirurgie und Zahnmedizin erfreuen sich großer Beliebtheit, da die Behandlungen (für Füllungen, Kronen, Brücken, Implantate oder Bleichen) im europäischen Vergleich sehr preiswert sind. Das gilt ebenso für das Lasern von Augen oder Anfertigen von Brillen. Auch sonst stimmt das Preis-Leistungs-Verhältnis in nahezu allen Bereichen, die nicht von der heimischen Krankenkasse abgedeckt werden. Eine Zahnreinigung kostet maximal 1500 Baht und eine Porzellankrone etwa 10 000 Baht. Auch Angebote der traditionellen chinesischen und indischen Medizin wie Akupunktur und Ayurveda werden zunehmend von Reisenden in Anspruch genommen.
Weitere Informationen in einem umfangreichen Prospekt des Fremdenverkehrsamts in Frankfurt.

Medizinische Versorgung

Dank eines gut entwickelten Gesundheitswesens erreicht man in Thailand im Notfall von fast allen Orten aus schnell ein **Krankenhaus**. Bei ernsthaften Erkrankungen oder anstehenden Operation sollte man ein internationales privates Krankenhaus mit Englisch sprechendem Personal in Chiang Mai, Phuket oder Bangkok aufsuchen. Allerdings trägt der Patient die Kosten selbst und muss deshalb vor der Aufnahme die Kreditkarte zücken.

Staatliche Krankenhäuser sind zwar sauber und gut ausgestattet, ihr Standard entspricht jedoch oft nicht den europäischen Erwartungen. Abgesehen von einer geringen Aufnahmegebühr ist die Behandlung dafür kostenfrei. Medikamente müssen selbst bezahlt werden. Gesundheitszentren (Health Centers) oder Erste-Hilfe-Stationen in vielen Dörfern beschäftigen meist nur Krankenschwestern.

In absoluten Notfällen hilft die Botschaft weiter. Krankenhäuser sind im regionalen Teil des Buchs bei den entsprechenden Touristenorten unter „Medizinische Hilfe“ aufgeführt.

Informationen

Fremdenverkehrsämter und Websites liefern im Vorfeld der Reise diverse Informationen. Achtung: Gewisse Reisebüros in Thailand mit Namen T.A.T. haben absolut nichts mit dem staatlichen Fremdenverkehrsamt TAT zu tun!

Thailändisches Fremdenverkehrsbüro (TAT)

Deutschland und Österreich
60311 Frankfurt, Bethmannstr. 58
✆ 069-1381 390, 📠 13813 950
✉ info@thailandtourismus.de
💻 www.tourismthailand.org

🖳 www.thailandtourismus.de (allgemeine Infos auf Deutsch)
🖳 www.tatnews.org (News Room)

Schweiz

3012 Bern, Zähringerstr. 16
✆ 031-3003 088, 📠 3003 077
✉ info@tourismthailand.ch
🖳 www.tourismthailand.ch

Wer sich über die aktuelle Lage informieren will, kann auf den Websites der Außenministerien nachschlagen:
🖳 www.auswaertiges-amt.de
🖳 www.eda.admin.ch
🖳 www.bmaa.gv.at/
oder checkt die lokalen englischsprachigen Medien:
🖳 www.nationmultimedia.com/
🖳 www.bangkokpost.com/
oder stellt Fragen ins Forum:
🖳 www.stefan-loose.de
🖳 www.thailandqa.com

Allgemeine Infos auf Deutsch (d) und Englisch (e)

🖳 www.amazing-thailand.com (e)
🖳 www.baanthai.com (d)
🖳 www.easythailand.de (d)
🖳 www.khaosanroad.com (e)
🖳 www.passplanet.com/Thailand/ (e)
🖳 www.schoenes-thailand.de (d)
🖳 www.siam.de (d)
🖳 www.siam-info.de (d)
🖳 www.thailand-community.de (d)
🖳 www.thailandforvisitors.com (e)
🖳 www.thailand-interaktiv.de (d)
🖳 www.thailand-reisetipps.de (d)
🖳 www.thailandsworld.com (e)
🖳 www.thailandtip.de (d)
🖳 www.thaiminator.de (d)
🖳 www.thaipage.ch (d)
🖳 www.travelfish.org (e)

Hotelbuchung und mehr

🖳 www.asiatravel.com/thailand.html (e)
🖳 www.hostelbookers.com/hostels/thailand/ (e)
🖳 www.hotelsguidethailand.com (e)
🖳 www.hotelstravel.com/thailand.html (e)
🖳 www.hotelthailand.com (e)
🖳 www.sawadee.com (e)
🖳 www.welcomethai.com (e)
🖳 www.asiarooms.com (e)
🖳 www.agoda.de (d)

Weitere Adressen in den jeweiligen regionalen Kapiteln.

Internet und E-Mail

Auch im Urlaub möchte man seine E-Mails checken oder schreiben oder Fotos auf Internetplattformen wie Flickr, 🖳 www.flickr.com, laden. Günstige **Internetcafés** und Gästehäuser mit Internetanschluss sind weit verbreitet. Die Preise liegen in größeren Orten bei 1–2 Baht pro Minute. Auf Inseln, die kein Festnetz besitzen, kann man über Funktelefon ins Internet, was etwas mehr kostet. Nicht alle Computer sind gut gewartet, frei von Viren und ermöglichen einen schnellen Zugang. **Highspeed Hotspots** (in Thailand: WiFi) werden von zahlreichen Gästehäusern, Hotels, Cafés und sogar in Beach Bars und Tankstellen als Service kostenfrei angeboten. Teure Hotels verlangen oft eine Gebühr.

Jobben in Thailand

Einige Organisationen bieten die Möglichkeit, sich als **Volunteer** (Freiwilliger) sozial zu engagieren. Vor allem in den Flüchtlingslagern bei Mae Sot, bei den ethnischen Minoritäten in den Bergen im Norden und im armen Nordosten arbeiten junge Ausländer als Englischlehrer, Naturschützer oder in anderen Berufen. Keiner wird dafür bezahlt, die meisten müssen für die Vermittlung sogar zahlen.

Sicherlich bringt ein derartiger Auslandsaufenthalt viele interessante Erfahrungen und neue Perspektiven mit sich. Allerdings sollte man mindestens zwei bis drei Monate Zeit mitbringen und sich überlegen, ob man als Vertreter einer anderen Kultur von Nutzen ist oder vielleicht sogar Schaden anrichtet. Viele Freiwillige sind nicht gut ausgebildet und vermitteln nur rudimentäre Kenntnisse, stellen ihre eigenen Wertmaßstäbe über die ihrer Gastgeber und tragen so dazu bei, traditionelle Kulturen zu zerstören.

Wir freuen uns über Feedback im Internet unter eXTra [2675].

Kinder

Thailand eignet sich für einen Urlaub mit Kindern jeglichen Alters – egal ob die kleinen noch im Wagen liegen oder größere ihre Umgebung selbstständig erkunden, ob es die Eltern zu kulturellen Orten, den Stränden oder in die Berge zieht. Fast überall wird sich eine Familie wohlfühlen, denn Kinder sind in Thailand beliebt und immer dabei. Sie krabbeln durch Läden und Restaurants, werden von Eltern, Großeltern, Geschwistern und Freunden herumgetragen – die sich auch ausländischer Kinder gerne annehmen.

Reiseziele für Kinder

Kinder genießen vor allem die **Natur**. Es gibt Strände und Märkte, Blumen, leckere Früchte, Muscheln in allen Farben und Größen und Tiere. Besonders für die Älteren ist ein Besuch in den Werkstätten interessant, wo sie den Handwerkern und Künstlern bei der Arbeit zusehen können. Natürlich gibt es auch in Thailand **Zoos und Vergnügungsparks**, vor allem in Bangkok und Pattaya. Und immer wieder finden im ganzen Land **Tempelfeste** statt, auf denen es viel Plastikspielzeug zu kaufen gibt und Karussells zum Mitfahren einladen.

Anreise mit Kindern

Die Wahl der **Fluggesellschaft** entscheidet, wie entspannt die reisende Familie in Thailand ankommt. Für die ganz Kleinen *(infants* bis etwa 10 kg) empfiehlt sich das schwebende Kinderbettchen. Der dazugehörende Platz bietet auch den Erwachsenen mehr Beinfreiheit. Kindermenüs werden als erste ausgegeben. Wechselkleidung, Windeln und Babynahrung gehören ins Handgepäck. Die Behälter für Babynahrung dürfen auch entgegen der sonstigen Sicherheitsbestimmungen größer als 100 ml sein.

Bewährt haben sich aufstellbare Rückentragen oder ein Maxi Cosi. Beide leisten nicht nur beim Aufenthalt im Flughafen, im Flieger und beim Zu- und Aussteigen gute Dienste, sondern sind während der ganzen Reise hilfreich. Da Kinder unter zwei Jahren zwar 10–20 % eines regulären Tickets zahlen, ihnen aber kein eigener Sitzplatz zusteht, bleibt den Eltern nur die Hoffnung, dass der Flug nicht ausgebucht ist. Kinder zwischen zwei und zwölf Jahren zahlen für einen Platz etwas mehr als die Hälfte des Flugpreises.

Die etwa elfstündige Anreise mit dem Flugzeug, die **Zeitverschiebung** und die Klimaveränderung sind in den ersten Tagen etwas beschwerlich, doch bei ruhiger Herangehensweise gut zu meistern. Es ist empfehlenswert, sich nach der Ankunft ein ruhiges Zimmer zu nehmen und die ersten Tage keine großen Anstrengungen zu planen. Es ist aufregend genug, die nähere Umgebung zu erkunden, das fremde Essen zu probieren und die Menschen kennenzulernen.

Übernachtung mit Kindern

Viele Unterkünfte haben Familienzimmer, in denen eine vierköpfige Familie gut schlafen kann. Zudem gibt es Doppelbungalows oder nebeneinander liegende Hotelzimmer mit Verbindungstür, die sich für Familien mit älteren Kindern eignen. Auf Inseln werden größere Bungalows mit Terrasse, Küche, Badezimmer und ein bis zwei Zimmern vermietet („House for rent", z. B. auf Ko Samui und Ko Pha Ngan).

Gesundheitliche Risiken bei Kindern

Gerade in den ersten Tagen haben viele Kinder Probleme mit der **Hitze** und der feuchten Luft und neigen zu Hautausschlag, der sich in Form von roten Pusteln über den ganzen Körper ausbreitet. Wickelkinder haben besonders im Windelbereich damit zu kämpfen. Dagegen hilft das Talcum-Baby-Puder „New Born", das es in jeder Apotheke und vielen Supermärkten gibt. Das

Puder hilft auch gegen vermehrtes Schwitzen. Gegen Durst sollte in der Nacht viel zu trinken bereit stehen und in der Zeit des Jetlag vielleicht der eine oder andere Snack.

Keiner braucht sich vor Schmutz, **Krankheiten** und der fremden Sprache zu ängstigen! Kinder haben meist gute Abwehrkräfte, finden leicht Anschluss und regeln vieles nonverbal. Sie sehen schnell ein, dass sie sich öfter als zu Hause die Hände waschen müssen und weder Leitungswasser trinken noch ungeschältes Obst essen dürfen. Vor der Reise sollte jedes Kind gründlich untersucht werden und spätestens einen Monat vor der Abreise geimpft sein (einschließlich aller Kinderkrankheiten). Wenn sich das Kind verletzt, muss jede offene Wunde und jeder Kratzer desinfiziert werden. Dafür eignet sich am besten alkoholfreies, farbloses Desinfektionsspray, das nicht brennt, wie Octenisept (aus der heimischen Apotheke, denn in Thailand sind die Mittel eingefärbt, was eine Beurteilung der Wundheilung erschwert).

Gegen **Mücken** empfiehlt sich für Babys oder empfindliche Kleinkinder die in deutschen Apotheken erhältliche Bio-Lotion Zanzarin (etwa 7 €). Für die ganze Familie und Kinder ab zwei Jahren hat sich Autan Family bewährt. Empfehlenswert ist ein Moskitonetz, vor allem in den Strandbungalows. Meist sind diese vorhanden, wenn nicht, kann man sie günstig erstehen. Sollte doch mal eine Mücke zugestochen haben oder auch eine Prellung schmerzen, empfehlen erfahrene Thai-Mütter kühlenden Kräuterbalsam aus der Apotheke.

Reisen in Thailand mit Kindern

Das Reisen in Thailand ist einfach und gut organisiert. Kinder, die keinen eigenen Sitzplatz beanspruchen, unter vier Jahre alt sowie unter 1 m groß sind (Zug), reisen in **Bussen, Booten** und **Bahnen** generell umsonst. Zwischen vier und zwölf Jahren bzw. bei einer Größe bis 1,50 m zahlen sie den halben Preis. Dieser Preis beinhaltet, wenn man darauf besteht, einen Sitzplatz. In Zügen ohne Sitzplatzausgabe findet sich meist ein Platz für die Kleinen. Sobald aber ein Backpackerbus gebucht wird oder man in Zügen mit Sitzplatzausgabe reist, ist es ratsam, dem Kind einen eigenen Platz zu bezahlen.

Sinnvoll ist es, im Reisegepäck immer etwas Spielzeug bereit zu halten, auch ein MP3-Player mit Geschichten und Liedern hat sich auf längeren Strecken als Zeitvertreib bewährt. Auf jeder noch so kurzen Strecke sollte im Handgepäck immer etwas zu trinken, zu essen und ein Set Wechselgarderobe mitgenommen werden.

Essen für Kinder

Keine Probleme gibt es normalerweise mit dem Essen. Besonders in chinesischen Restaurants finden Kinder viel Leckeres auf der Karte. Hingegen sind einige Thai-Gerichte scharf, werden jedoch auf Nachfrage mild gewürzt. Kindgerecht sind das vegetarische **Nudelgericht** *pad thai* oder eine milde Reissuppe mit Huhn. In touristisch erschlossenen Orten werden in fast allen Restaurants Burger, Pommes und Spaghettigerichte zubereitet. Wenn das Kind noch zu klein zum Mitessen ist, findet sich meist ein Angestellter, ein Gast oder gleich eine ganz Gruppe, die sich des Babys annimmt und es unterhält, solange die Eltern essen. Als Mahlzeit für die ganz Kleinen kann man – außer in abgelegenen Orten – Fertig-Babymilch und **Babynahrung** kaufen. Es ist ratsam, die Packungsangaben sorgfältig zu lesen, denn vielfach wird genmanipulierter Mais beigegeben. Besser eignet sich natürlich auf Reisen Muttermilch. Lecker und nahrhaft sind Babybananen, die sich leicht zerdrücken lassen. Äpfel, Birnen, Karotten und Kartoffeln sind oft gespritzt, sodass sie auf jeden Fall geschält werden sollten. *Sticky rice (khao niau)* ist bei Kindern besonders beliebt und unterwegs gut zu essen. Viel Spaß macht ein Picknick, vor allem wenn man vorher alles gemeinsam auf dem Markt besorgt hat.

Als **Getränk** eignet sich frisches kühles Wasser. Für Abwechslung sorgen eine große Auswahl an 0,2-l-Tetra-Packungen oder kleine Flaschen mit Tee, Milch, Kakao, Saft oder Joghurt. Meist sind die Getränke sehr süß, doch setzt sich auch in Thailand immer mehr die Erkenntnis durch, dass zu viel Zucker schlecht für Zähne und Figur ist. Vermehrt werden daher Tees, Sojagetränke und Säfte ohne Zuckerzusatz angeboten. Generell sollte man Nahrungsmittel in Plastikdosen aufbewahren, denn nur so sind sie vor Ameisen und anderen Kleinsttieren sicher.

Gepäck für Kinder

Wegwerfwindeln gibt es fast überall, da sich die Ketten 7-Eleven, FamilyMart und Tesco/Lotus rasant über das ganze Land ausbreiten. Alle diese Läden führen Pampers, meist in sehr kleinen Packungen à drei bis vier Windeln. Beobachtet man thailändische Kinder, fällt auf, dass sie recht selten Windeln tragen. Es ist selbst im Restaurant kein Problem, wenn sich eine kleine Pfütze auf dem Boden bildet (diese wird schnell mit einem Lächeln weggewischt), und eingenässte Kleidung trocknet schnell oder kann durch mitgenommene Ersatzkleidung ersetzt werden.

Nicht vergessen!

- ☐ **Reisepass** (Kinder jeden Alters brauchen einen Reisepass)
- ☐ **Impfpass**
- ☐ **SOS-Anhänger** mit allen wichtigen Daten
- ☐ **Kleidung** – möglichst strapazierfähige, leichte Sachen
- ☐ **Babynahrung**
- ☐ **Fläschchen** für Säuglinge
- ☐ **Walkman** oder **MP3-Player**
- ☐ **Spiele** und **Bücher**
- ☐ **Fotos** von Daheimgebliebenen gegen Heimweh
- ☐ **Kuscheltier** (muss gehütet werden wie ein Augapfel, denn ein verloren gegangener Liebling kann allen den Rest der Reise verderben – reiseerprobte Kinder beugen vor, indem sie nur das zweitliebste Kuscheltier mitnehmen)
- ☐ **Sonnencreme** mit hohem Lichtschutzfaktor
- ☐ **Kopfbedeckung**

Sehr wichtig ist die **Einbeziehung der Kinder** bei der Planung und beim Kofferpacken. Am Familientisch kann man prima Bilder von Thailand betrachten und gemeinsam überlegen, was man sich anschauen möchte.

Maße und Elektrizität

1923 wurde in Thailand das **metrische System** eingeführt. Die Länge wird demnach überall in Meter und Kilometer angegeben, als Raummaß ist Liter gebräuchlich. Allein bei der Fläche stößt man auf eine ungewohnte Einheit, den Rai (1 Rai = 1600 Quadratmeter).

Die **Stromversorgung** in Thailand ist zuverlässig und basiert auf 220 V Wechselstrom und 50 Hz. Spannungsschwankungen treten kaum auf, sodass man Laptop, Handy, Kamera und andere elektronische Geräte ohne Probleme anschließen kann. Auf einigen Inseln und in abgelegenen Resorts wird der Strom von Generatoren erzeugt, die teils nur stundenweise in Betrieb sind. Europäische Flachstecker passen in thailändische Steckdosen. Adapter sind nur für alte Rundstecker erforderlich.

Medien

Der Fernseher gehört als Statussymbol zu fast jedem Haushalt. Trotz einer hohen Alphabetisierungsquote von über 90 % der Bevölkerung ist das Lesen von Zeitungen nicht so verbreitet wie das von Comics.

Fernsehen

Der Fernseher läuft immer und überall, sogar in Restaurants. Auch in preiswerten Thai-Hotels gehört zur Standardausstattung ein kleiner Apparat – selbst wenn der Empfang schlecht und die Programmauswahl begrenzt ist. Die staatlichen und kommerziellen kostenlosen **Thai-Sender** sind teils auch über Internet zu empfangen, 💻 www.thailivetv.com. Zum Pro-

Zeitungen und Fernsehen für deutschsprachige Touristen

In deutscher Sprache erscheinen wöchentlich bzw. monatlich

Der Farang (30 Baht, manchmal gratis), www.der-farang.com

Hallo Magazin (gratis), www.hallo-das-magazin.de

Pattaya Blatt (25 Baht), www.pattayablatt.com

Thai Fokus (gratis), www.thai-fokus.com

Thai Zeit (100 Baht), www.thaizeit.de

Tip - Zeitung für Thailand (gratis), www.thailandtip.de

Und auf Englisch:
Pattaya Mail (25 Baht), www.pattayamail.com

Chiang Mai Mail (25 Baht), www.chiangmai-mail.com

Phuket Gazette, www.phuketgazette.net

Deutsche Welle

Die Deutsche Welle strahlt ihr 24-stündiges Fernsehprogramm **DW TV** in Deutsch und Englisch aus und sendet Hörfunkprogramme über den Satelliten AsiaSat 3S. Einige Hotels speisen das Programm in das hoteleigene Netz ein. Alle ein bis zwei Stunden wird ein halbstündiges Nachrichtenjournal ausgestrahlt. Daneben laufen halbstündige Beiträge mit deutschlandbezogenen Themen. Mit einem guten Weltempfänger ist auch das Hörfunkprogramm der Deutschen Welle über Kurzwelle zu empfangen. Die aktuellen Frequenzen, die Programmvorschau und weitere Infos sind erhältlich bei der Deutschen Welle, 53113 Bonn, ✆ 0228-4290, www.dw-world.de.

gramm gehören japanische Zeichentrickfilme, chinesische Serien, Talk- und Spielshows sowie billig produzierte Soaps, die das Alltagsleben thematisieren. Ausländische Filme und Serien werden in Thai synchronisiert. NBT sendet vor allem Nachrichten aus Politik und Wirtschaft sowie Dokumentationen. Ähnlich wie bei den Presseorganen mussten auch einige kritische TV-Journalisten und Talkshow-Moderatoren ihren Arbeitsplatz räumen.

Im regionalen Teil dieses Buches sind Fernseher nur in dem Fall erwähnt, wenn zur Zeit der Recherche auch englischsprachiges **Kabel-TV** zu empfangen war. Angeboten werden u. a. Nachrichten von BBC, CNN, CNBC, Aljazeera und Fox, Musik von True Music, Channel [V] oder Majung TV, Filme von HBO, Cinemax oder True Film, Dokumentationen von National Geographic und Discovery und natürlich Sport. Auch anderssprachige Sender sind vertreten, darunter die Deutsche Welle, s. Kasten. Allerdings ist die Auswahl meist auf einige wenige Sender begrenzt. Wer auch auf Reisen Wert auf den Lieblingssender legt, sollte im Hotel danach fragen.

Presse

Der überwiegende Teil aller Presseorgane in Thailand erscheint im Großraum Bangkok. Die renommierten englischsprachigen Tageszeitungen, **The Nation** und **Bangkok Post** (30 Baht, die dicke Sonntagsausgabe 40 Baht), zeichnen sich durch eine kritische Berichterstattung aus. Zur Leserschaft gehören neben den zahlreichen in Thailand lebenden Ausländern vor allem Angehörige der westlich gebildeten Oberschicht. www.bangkokpost.net/ und www.nationmultimedia.com.

Die größten thaisprachigen Tageszeitungen mit Boulevardcharakter sind **Thai Rath** und **Daily News**, mit viel Werbung und großen Fotos.

Nationalparks und Reservate

Die letzten Reste der Wälder Thailands bedecken knapp 16 % der Landesfläche und werden in National und Forest Parks, Wildschutz- und

Nichtjagdgebieten geschützt. Wasserfälle, Höhlen, Aussichtspunkte und andere Picknickplätze in den Wäldern sind vor allem an Wochenenden und Feiertagen beliebte Ausflugsziele. Während der Woche kann man hingegen die Ruhe genießen. Man sollte vor allem im Norden keine tropischen Dschungelgebiete erwarten, s. „Flora und Fauna" S. 103.

Das Zentrum der Nationalparks bildet das Headquarter mit der Verwaltung und das Information Center mit einer Ausstellung über Sehenswürdigkeiten und Besonderheiten im Park. ⌚ 8.30–16.30 Uhr. Allerdings ist das meiste Informationsmaterial nur in Thai vorhanden, und selbst englisch sprechende Ranger sind selten anzutreffen. Das trifft auch auf die Guides zu, die Ausflüge und Touren zur Tierbeobachtung leiten.

Ausländer zahlen in den meisten Nationalparks 200 Baht **Eintritt**, Einheimische 40 Baht und Kinder die Hälfte. In weniger attraktiven Parks halbiert sich der Eintritt auf 100 Baht und in wenigen abgelegenen Parks ist der Eintritt sogar kostenlos. Man kann mit dem Ticket an einem Tag mehrere Parks besuchen, wobei der Preis für den teuersten zu zahlen ist. Manchmal ist vor 7 und nach 17 Uhr keiner mehr zum Abkassieren da.

Für die **Übernachtung** können in der Hälfte der Parks größere und kleinere Bungalows sowie Zelte vor Ort gebucht werden. Reservierungen im Internet unter 💻 www.dnp.go.th/parkreserve/reservations.asp?lg=2 sind bis zu 60 Tage im Voraus möglich. Allerdings ist der Zimmerpreis innerhalb von zwei Tagen bei der Krung Thai Bank einzuzahlen. Die Zimmer sind meist spartanisch, aber geräumig und kosten 600–2000 Baht. In den teuren Bungalows können bis zu zehn Personen übernachten.

Beschreibungen von 148 Parks (auf Englisch) unter 💻 www.dnp.go.th.

Öffnungszeiten

Geschäfte sind in der Regel von 8–21 Uhr geöffnet, Kaufhäuser erst ab 10 Uhr. Sonntags öffnen manche Läden etwas später. Auf den meisten Märkten herrscht dagegen schon vor Sonnenaufgang Hochbetrieb – wenn Obst und Gemüse noch frisch sind.

Ämter und Behörden öffnen Montag bis Freitag von 8.30–12 Uhr und 13–16.30 Uhr, wobei die Mittagspause variieren kann. Auch kurz vor Büroschluss ist gegebenenfalls keiner mehr ansprechbar.

Öffnungszeiten von **Banken** s. S. 61.

Post

Nach unseren Erfahrungen ist die Post zwischen Thailand und Europa recht zuverlässig. Nur bei einer privaten Postannahmestelle in Chiang Mai ist nach unseren Informationen ein Paket verloren gegangen.

Briefe, Karten und Dokumente

Urlaubsgrüße auf **Postkarten** erreichen den Empfänger per Luftpost in fünf bis sieben Tagen. Wichtige Post sollte man per **Einschreiben** *(registered mail)* oder mit **EMS** (Express Mail Service) versenden. Auch bei Briefen, die schnell ankommen sollen, lohnt sich der EMS-

Portogebühren

Von Thailand nach Europa	
Postkarte (Luftpost)	12 Baht
große Postkarte	15 Baht
Aerogramm	15 Baht
Brief bis 10 g (Luftpost)	24 Baht
EMS bis 250 g	950 Baht
bis 500 g	1050 Baht
bis 1 kg	1250 Baht
EMS-Gebühren innerhalb Thailands	
bis 20 g	15 Baht
bis 100 g	17 Baht
bis 250 g	20 Baht
bis 500 g	30 Baht

Paketgebühren nach Deutschland (in Baht)

Dauer	Land-/ Seeweg 8–12 Wochen	SAL 3–4 Wochen	Luftpost 1–2 Wochen	EMS (Paket) 3–5 Tage	DHL Express 3–5 Tage
1 kg	850	900	1100	1340	1730
2 kg	970	1180	1450	1750	2500
5 kg	1330	2020	2500	3100	3300
10 kg	1930	3420	4250	5000	4400
20 kg	3130	6220	7750	8800	5700 **(25 kg)**

Service im Hauptpostamt großer Städte; die „Express"-Post wird dagegen erst im Ankunftsland bevorzugt.

Päckchen, Pakete, Fracht

Thailand ist ein wahres Einkaufsparadies – es dauert also nicht lange, bis Rucksäcke und Koffer aus allen Nähten platzen und die Freigepäckgrenze beim Heimflug überschritten ist.

Viele große Postämter bieten einen **Packservice** an: Am Schalter werden Kartons unterschiedlicher Größe für 5–35 Baht angeboten, in denen hilfsbereite Postbeamte gegen eine geringe Gebühr alles fachmännisch verpacken. Die Zollerklärung müssen die Reisenden selbst ausfüllen. Was Zeit hat, kann auf dem Land- bzw. Seeweg gemächlich nach Hause fahren.

Soll die Fracht möglichst schnell und sicher nach Europa gelangen, ist der **Kurierdienst** EMS der Post oder DHL empfehlenswert. Die Paketgebühren nach Österreich und in die Schweiz sind zum Teil etwas niedriger.

Beim Kauf von großen Gegenständen übernimmt das Geschäft häufig den Versand nach Europa (immer auf einer exakten Quittung bestehen) oder man beauftragt selbst eine **Spedition**. Die Speditionskosten setzen sich aus Seefracht (bis zum jeweiligen Hafen) und Landfracht (Hafen bis Heimatort) zusammen, wobei Letzteres häufig ein Vielfaches der Seefracht beträgt.

Eine übergewichtige Kiste kann auch bei der **Luftfracht** als unbegleitetes Gepäckstück *(unaccompanied baggage)* aufgegeben werden. In diesem Fall schickt sie die Fluggesellschaft, bei der man das Ticket gebucht hat, mit der nächsten unausgebuchten Maschine nach. Die Fracht muss mindestens 4 Tage vor Abflug aufgegeben werden. Zuverlässig sind beispielsweise TNT Express, 💻 www.tnt.com, oder Schenker, 💻 www.schenker.co.th.

Post empfangen

Falls man keine feste Adresse hat, kann man Sendungen **postlagernd** an ein Postamt schicken lassen. Ein Brief muss folgendermaßen adressiert sein:

- Name (hervorgehoben!),
- Vorname (ohne Herr/Frau/Mr./Mrs.)
- General Post Office (G.P.O.)
- Poste Restante
- Stadt
- Thailand

Reisende mit Behinderungen

Nur wenige Einrichtungen sind explizit auf behinderte Gäste eingestellt. Selbst die Toiletten der Flughäfen sind nicht behindertengerecht. Trotzdem sind Rollstuhlfahrer mit und ohne Begleitung in Thailand unterwegs. Reisen organisiert u. a. RollOn Travel, 💻 www.rollontravel.de.

Bundesverband Selbsthilfe Körperbehinderte – Reiseservice
Altkrautheimer Str. 20, 74238 Krautheim
📞 06294-428 150, 📠 428 179
💻 www.reisen-ohne-barrieren.eu

Vermittelt Reiseassistenten, organisiert Reisen und hilft mit Ratschlägen.

Mobility International Schweiz
Froburgstr. 4, 4600 Olten
062-2068 835, 2068 839, www.mis-ch.ch
Informationen und Empfehlungen, Reiseführer für Behinderte, Touren und Austauschprogramme sowie ein Forum zum Informationsaustausch.

NatKo
Kirchfeld Str. 149, 40215 Düsseldorf
0211-3368 001, 3368 760, www.natko.de
Die Nationale Koordinationsstelle Tourismus für Alle unterstützt barrierefreies Reisen.

SATH, Society for the Advancement of Travelers with Handicaps
347 5th Ave, Suite 605, New York, NY 10016, USA
212-4477 284, www.sath.org
Gemeinnützige Organisation, die seit 1976 aktiv die Interessen behinderter Reisender verfolgt. Online-Reisemagazin.

Schwule und Lesben

Thais sind Homosexuellen gegenüber, ob männlich oder weiblich, sehr tolerant. Vor allem Schwule sind aus Servicebetrieben wie Hotels, Gaststätten und Bars nicht mehr wegzudenken. Die thailändischen Transvestiten, die sogenannten **Katoeys**, sind im Prostitutionsgewerbe wegen ihrer Gewaltbereitschaft und vielen kriminellen Delikten berüchtigt.

Sicherheit

Thailand gilt allgemein als sicheres Reiseland. Im Verhältnis zur großen Zahl an Touristen gibt es nur wenige Überfälle auf Ausländer, die jedoch umso publikumswirksamer in der Presse dargestellt werden. Wer trotz politischer Unruhen in die südlichen Provinzen Pattani, Yala und Narathiwat reisen will, sollte sich gut über die momentane Sicherheitslage informieren, z. B. beim Auswärtigen Amt, www.auswaertiges-amt.de.

Einbruch und Diebstahl

Insbesondere in Schlafsälen und Gästehäusern kann es hin und wieder zu Diebstählen kommen, nicht selten auch durch Mitreisende. Manchmal wird das Gepäck von unehrlichen Mitarbeitern durchwühlt oder Geld aus dem Safe gestohlen. Außerhalb der Hotels ist die Gefahr von Diebstählen an Orten mit vielen Touristen am größten: in überfüllten Bussen und auf Schiffen, an Stränden und nicht zuletzt in Travellerzentren.

Gepäck sollte nie unbeaufsichtigt sein, was in der Praxis für Alleinreisende kaum möglich ist. Dann ist die **Gepäckaufbewahrung** an Bahnhöfen eine billige und sichere Möglichkeit (was leider nicht für den Hauptbahnhof in Bangkok gilt). Auch im Reisebüro, bei dem man sein Ticket erworben hat, kann man in der Regel großes Gepäck bis zur Abfahrt verwahren. Tipp: Gepäck mit kleinen Vorhängeschlössern und einem leichten Fahrradschloss zusätzlich absichern. Gegenüber Reisebekanntschaften ist eine gesunde Skepsis angebracht.

Beim Reisen gehören **Wertsachen** ausschließlich ins Handgepäck. Handtaschen und Portemonnaies sind nur für Kleingeld geeignet, Scheine sind in Hosentaschen oder in doppelt gesicherten Brusttaschen sicherer aufgeho-

Im Notfall

Wenn etwas gestohlen wurde, muss die **Polizei** verständigt werden, denn die **Reisegepäckversicherung** zahlt nur bei Vorlage eines Polizeiprotokolls. In allen Touristenzentren findet man eine englisch sprechende Touristenpolizei als Ansprechpartner (meist in der Nähe der Tourist Information).
Die landeseinheitliche Nummer der **Touristenpolizei** lautet 1155.
Allerdings ist die Polizei bei Zwischenfällen mit westlichen Ausländern auch immer daran interessiert, etwas Geld zu verdienen. Man sollte keine gerechte Behandlung erwarten, denn oft wird die Entscheidung von finanziellen Zuwendungen abhängig gemacht, was der Willkür Tür und Tor öffnet.

ben. Unsicher sind dagegen dicke Bauch- oder Nierentaschen. Daypacks können leicht aus Fahrrad- und Mopedkörben gestohlen werden, auch während der Fahrt, was zu Unfällen führt. Abzuraten ist ebenso das offensichtliche Tragen von wertvollem Schmuck oder das Prahlen mit großen Geldbeträgen.

Tricks und Betrügereien

Zu den häufigsten Fällen gehören Betrügereien mit **Kreditkarten**, deren Informationen in falsche Hände geraten sind. Auch mit doppelten Abbuchungen in Restaurants und Geschäften werden Touristen über den Tisch gezogen (s. Kasten S. 61).

Andere Tricks werden vor allem in Bangkok angewandt: Touristen sollen mit scheinbar einmalig günstigen Angeboten von **Edelsteinen** zum „Geschäft ihres Lebens" verführt werden (s. Kasten S. 51). Und man sollte misstrauisch sein, wenn man von Unbekannten in ein privates Gespräch verwickelt wird, in dem es hauptsächlich um finanzielle Verhältnisse geht.

Taxifahrer, die überzogene Preise fordern, lässt man entweder gleich stehen oder versucht mit ihnen zu handeln. Manchmal haben die Fahrer kein Wechselgeld, was nicht immer den Tatsachen entspricht. Mit passendem Kleingeld beugt man dem leicht vor. Eine größere Rechnung im Restaurant kontrollieren auch Einheimische oft nach.

Am Busbahnhof wartende Fahrer behaupten oft, das gewünschte Hotel oder Gästehaus sei geschlossen/voll/abgebrannt ... und es gäbe ein viel besseres. Sicher ist, dass sie von diesem eine bessere Provision erhalten.

Sport und Aktivitäten

Wer sich aktiv betätigen möchte, findet in Thailand zahlreiche Möglichkeiten. An der Küste ist Wassersport aller Art möglich, und Berge und Nationalparks im Hinterland bieten sich für Trekkingtouren an. Auch mit dem Fahrrad oder Motorrad lassen sich auf Nebenstraßen reizvolle Gegenden erkunden. Mehr zu Fahrrädern und Motorrädern s. S. 88.

Doch damit sind die Möglichkeiten noch lange nicht erschöpft. Allein im Mae Sa Valley bei Chiang Mai kann man sich tagelang vergnügen: beim Bungy-Jumping oder ganz entspannt bei einer Wanderung durch Orchideen- und Botanische Gärten, beim Trekken zu Hmong-Dörfern und auf dem Rücken von Elefanten (s. S. 367), mit Mountainbikes oder Quads, den in Thailand ATV genannten Geländefahrzeugen. Schwindelfreie können in Krabi, auf Ko Phi Phi, Mae Sai und Soppong klettern oder sich östlich von Chiang Mai beim Flying Gibbon gut angeseilt durch die Wipfelregion des Waldes bewegen. Auch auf Ko Samui gibt es dieses Angebot. Über eines der breitesten und preiswertesten Angebote verfügt Pattaya – von sämtlichen Wassersportarten über eine enorme Auswahl von Golfplätzen und Go Cart-Bahnen bis zum Reiten und Bungy-Jumping oder Muay Thai Boxing.

Bootstouren

In den meisten Badeorten werden Bootsausflüge in die nähere Umgebung organisiert. Manche sind mit einem Sightseeing-Programm, andere mit Aktivitäten wie Fischen und Schnorcheln verbunden, und Baden kann man allemal. Wer Gleichgesinnte findet, kann sich auch ein Boot chartern und das Programm selbst bestimmen. Richtig romantisch wird es bei Sonnenuntergang *(sunset cruises)*. Die Inselwelt der Andamanensee und im Golf von Thailand eignen sich gut für Segeltörns.

Auch auf vielen Flüssen sind Bootsfahrten möglich. In vielen Orten kann man sich für einige Stunden ein Longtail Boat chartern. Regelmäßig verkehren Boote auf dem Mae Kok zwischen Thaton und Chiang Rai.

Mehr zu Bootsfahrten s. S. 86.

Golf und Tennis

Das Golfspiel ist ein Hobby der reicheren Thais, der Touristen und der ausländischen Geschäftsleute. Viele Golfplätze konzentrieren sich rings um Bangkok, Chiang Mai, Pattaya, Phuket und andere Touristenzentren. Passionierte Golfsportler fahren ins königliche Seebad Hua Hin, wo es die schönsten Plätze Thailands gibt. Viele Vereine nehmen Mitglieder auch für kurze Zeit auf, sodass selbst Touristen Golf spielen können. Das Fremdenverkehrsamt hat hierzu eine Broschüre herausgegeben. Informationen gibt's auch im Web unter www.golfasian.com und www.thaigolfer.com.

Tennisplätze und -kurse findet man z. T. in größeren Hotels. In einigen gibt es außerdem Trainingsoutfits für Kurzentschlossene.

Kochen

Kochschulen schießen wie Pilze aus dem Boden. Nach Bangkok, Kanchanaburi und Chiang Mai, wo sich allein in einer Gasse der Altstadt drei Schulen konzentrieren, gibt es sie nun in fast allen Touristenzentren. Sie wetteifern um die Gunst der Kunden mit der Anzahl der Gerichte und den Extras, wie Besuch auf einem Markt, Currypasten oder Getränke aus Thai-Kräutern zubereiten, Kochen am eigenen Herd, Gerichte nach Wunsch, persönliche Kurse beim Chefkoch … Anfängern macht ein lustiger Kurs, bei dem sie in einem Wok ein Thai-Omelette selbst zubereiten, mehr Spaß als ein professioneller Kurs im Gemüse schnitzen. Es ist gut, vor dem Buchen die Kochlehrer, die Küche und die maximale Anzahl an Teilnehmern zu kennen. Weitere Infos und Empfehlungen in den regionalen Kapiteln dieses Buches.

Meditieren

Wer tiefer in das Wesen der buddhistischen Religion eindringen will, kann Meditationskurse in Klöstern besuchen, die speziell auf die Vorkenntnisse und Bedürfnisse von Westlern eingehen. Kurse von unterschiedlicher Dauer werden von vielen Wats angeboten in Bangkok und Chiang Mai, vom Wat Khao Tham auf Ko Pha Ngan, vom Wat Suan Moke bei Chaiya und in der Nähe von Ubon Ratchathani (s. Meditationsklöster S. 126 im Kapitel „Land und Leute").

Muay Thai und Tai Chi

Die ganze Nation fiebert vor dem Fernseher mit, wenn die Champions im Thai-Boxen (Muay Thai) gegeneinander antreten. Auch andere Kampfsportarten sind beliebt, sodass 2009 erstmalig die Asian Martial Arts Games in neun verschiedenen Disziplinen in Thailand stattfinden.

Muay Thai wird in großen Stadien ebenso wie auf Volksfesten ausgetragen. Dabei wird nicht nur mit den Fäusten, sondern auch anderen Körperteilen zugeschlagen. Bei einer Live-Vorstellung ist das Publikum mindestes ebenso interessant wie der Kampf selbst, denn es wird heftig gewettet. Schulen, in denen Muay Thai unterrichtet wird, gibt es unter anderem in Chiang Mai und Bangkok. Die besten Kämpfe werden in den beiden großen Stadien in Bangkok ausgetragen.

Menschen aller Altersklassen praktizieren in den Parks morgens Tai Chi. Lernen und praktizieren kann man Tai Chi in Chiang Mai, Ko Pha Ngan und Ko Samui. Auf Pha Ngan gibt es gute Yoga-Retreats, wo man vom einfachen Anfängerkurs bis hin zur dreimonatigen Ausbildung Yoga lernen kann.

Paddeln und Rafting

Einige Veranstalter organisieren Kajak- und Raftingtouren. Von Phuket oder Krabi aus erkundet man mit Seekanus Mangrovenküsten, Tunnel und Lagunen der Karstfelsen in der Andamanensee.

Vorwiegend während und am Ende der Regenzeit werden abenteuerliche Fahrten auf Flüssen in den Bergen angeboten. Die Tour mit dem Kanu oder Schlauchboot auf dem Pai kann je nach Wasserverhältnissen ziemlich wild werden. Die landschaftlich eindrucksvollste Fahrt wird von Umphang auf dem Mae Klong angeboten. Weniger bekannte Alternativen sind Raftingtouren auf dem Nam Wa ab Nan und Keg im Thung Salaeng Luang National Park (Highway 12).

Takraw

Das Spiel mit dem Rattanball ist in Thailand sehr beliebt. Meist nehmen ein bis acht Spieler teil, die einander den Ball mit den Füßen zuspielen. Ausländer dürfen gern mitmachen. Allein das Zuschauen ist unterhaltsam: Echte Könner beeindrucken mit akrobatischen Sprüngen.

Tauchen und Schnorcheln

Freunde der Unterwasserwelt kommen in Thailand auf ihre Kosten. Ob Tauchen oder Schnorcheln – ein fremdes Universum voller bunter Fische, Korallen, Nacktschnecken und Seepferdchen erwartet jeden, der einen Blick unter die Wasseroberfläche wagt.

Allen Tauchgebieten gemein sind angenehme **Wassertemperaturen** um die 27 °C und Sichtweiten von durchschnittlich 10–15 m, zum Teil sogar bis zu 25 m. Ein Highlight ist die Begegnung mit einem bis zu 10 m langen Walhai, dem größten Fisch der Welt, der sich überwiegend von Plankton ernährt. Aber auch Haie, Rochen, Mantas, Muränen und Meeresschildkröten sowie die bunten Korallenfische und -gärten hinterlassen bleibende Eindrücke.

Viele Riffe liegen in Küstennähe und sind auch für Schnorchler interessant. Gute **Schnorchelgebiete** gibt es vor fast allen Touristeninseln und in den meisten Tauchgebieten.

Manche **Tauchgebiete** sind ganzjährig offen, in anderen schließen die Basen während der Regenzeit für ein paar Monate im Jahr. Nähere Informationen in den Regionalkapiteln.

Sicheres Tauchen

Von Michael Wendling

Die gewählte Tauchschule sollte einer international anerkannten Tauchorganisation wie PADI, SSI, NAUI oder CMAS angeschlossen sein. Am besten verlässt man sich auf sein Gefühl und lässt sich nicht von zu viel Glitzer beeindrucken. Wichtig ist die Frage nach Erster Hilfe und Notfallsauerstoff-Ausrüstung sowie Zugang zu einer Rekompressions-Kammer.

Anfänger

Bei der Auswahl der Tauchschule sollte man sich die Kursstruktur genau erklären lassen. Ein Open Water Diver-Kurs sollte etwa vier Tage dauern, damit auch der theoretische Teil der Ausbildung richtig durchgeführt wird (z. B. Video anschauen, Vortrag des Tauchlehrers, Ankreuztest und späteres wiederholtes Durchgehen der Prüfungsfragen. Jeder Tauchschüler sollte sein eigenes Kurs-Manual mit Tauchtabelle bekommen und auch behalten! Das leihweise Überlassen eines Lehrbuchs ist nicht mehr erlaubt. Wenn möglich, die Ausbildung in Deutsch machen. Die Teilnehmerzahl im Kurs sollte klein sein: Drei bis vier Schüler pro Tauchlehrer sind ok.

Zu klären ist, was in den Kurskosten enthalten ist: z. B. Leihgebühr für die Ausrüstung, Zertifizierungsgebühr oder Zusatzgebühren für Boots-Tauchgänge.

Bei einigen Organisationen (z. B. PADI) besteht die Möglichkeit einer Überweisung *(referral)* für den Fall, dass man den Kurs wegen Krankheit oder Schlechtwetter an der gewählten Tauchschule nicht beenden kann. Dann hat man ein Jahr Zeit, um den Kurs irgendwo anders zu beenden. Es empfiehlt sich auch, sich die Zertifizierungskarte des Tauchlehrers zeigen zu lassen, um zu prüfen, ob er überhaupt berechtigt ist, Tauchkurse durchzuführen. Schließlich sollte die Tauchschule eine Versicherung für Tauchschüler abgeschlossen haben.

Ausgebildete Taucher

Im Tauchshop umschauen: In welchem Zustand befindet sich die Leihausrüstung, wie wird sie aufbewahrt, gibt es Gelegenheit, die eigene Tauchausrüstung zu waschen und sicher zum Trocknen aufzubewahren?

Wichtige Fragen zu den Tauchgängen sind: Wie viele Taucher pro Tauchguide (nicht mehr als vier wäre gut)? Länge der Tauchgänge und Länge der Oberflächenpausen (mindestens eine Stunde – besser mehr)? Was ist im Preis des Tauchausflugs inbegriffen (Ausrüstungsmiete, Essen/Snacks, Softdrinks, Wasser usw.)?

Unangenehme Begegnungen

Gefahren lauern überall – im Straßenverkehr wie im Dschungel. Allerdings wird man einem Tiger kaum in freier Wildbahn begegnen. Alle Tiere hören Menschen schon von Weitem und verschwinden. Unangenehm können nur die kleineren Bewohner des tropischen Regenwaldes werden.

Blutegel sind recht harmlose, aber aggressive Tierchen, die im Dschungel vor allem während der Regenzeit auf Warmblüter warten und auch Menschen nicht verschmähen. Meist kriechen sie in Stiefel oder Schuhe, aber auch die Beine hinauf, saugen sich an der Haut fest und nehmen Blut auf. Dabei wird ein Enzym abgegeben, das die Blutgerinnung für eine Zeit stoppt. Erst wenn sie sich vollgesaugt haben, fallen sie ab. Vorbeugende Maßnahme: *leech socks* (dichte Stulpen, die keine Egel eindringen lassen, werden von Veranstaltern gestellt). Auch ein schnelleres Marschtempo reduziert das Risiko. Solange die Blutegel sich noch nicht festgesaugt haben, kann man sie wegschnipsen. Ansonsten sollten sie durch die Berührung mit ätherischen Ölen abgelöst und die blutenden Einstiche gut desinfiziert werden.

Giftschlangen beißen nur selten Menschen. Trotzdem gilt es, die Augen offen zu halten. Tritt man zufällig auf eine Schlange, fühlt sie sich angegriffen und wird zubeißen. Handelt es sich um eine Giftschlange, hängt die Menge des abgegebenen Giftes davon ab, wann sie zuletzt zugebissen hat. Im schlimmsten Fall hilft vielleicht noch eine rasche Serumbehandlung im nächsten Krankenhaus. Dafür ist es allerdings wichtig, die Schlangenart zu kennen.

Unterschätzt wird die Gefahr, die von Insekten wie **Wespen und Hornissen** ausgeht. Ihre Nester hängen an Bäumen oder Baumstümpfen und gleichen graubraunen Tonklumpen. Wer durch Zufall an ein Nest gestoßen ist, sollte so schnell wie möglich verschwinden, denn die Tiere greifen sofort an.

Gefährlich, aber nicht tödlich sind Bisse von **Skorpionen** oder **Tausendfüßlern**.

Auch unter Wasser lauern Gefahren: Zunehmend breiten sich Quallen aus, deren Berührung ebenso wie die mit Feuerkorallen brennende Hautreizungen verursacht. Rochen und Steinfische mit giftigen Stacheln sind nur schwer im sandigen Boden zu erkennen. Wenn sie sich attackiert fühlen, wehren sie sich, und das kann sehr schmerzhaft werden.

Trekking

Viele Nationalparks und die Bergwelt im Norden des Landes sind herrliche Trekkingziele. Einige Nationalparks kann man auf gut markierten Pfaden auf eigene Faust erwandern, so der Khao Yai National Park nordöstlich von Bangkok. Organisierte Touren im Norden beinhalten neben Wanderungen auch einen Ritt auf dem Rücken eines Elefanten und eine Floßfahrt.

Alle **Veranstalter und Guides** müssen bei der Tourismusbehörde registriert sein. Allein in Chiang Mai sind über 700 Agenturen registriert, von denen die meisten Touren nur vermitteln. In Kanchanaburi, Chiang Rai, Mae Hong Son, Pai und anderen Orten in den Bergen werden ebenfalls Treks angeboten. Dort ist die Auswahl nicht so groß, dafür die Anreise wesentlich kürzer, die Organisation individueller und die Gruppen sind kleiner. Die einfachste Art ist, sich in Gästehäusern in den Bergen einzuquartieren und von dort in aller Ruhe die Umgebung zu erkunden.

Die **Ausrüstung** für mehrtägige Treks sollte umfassen: Kleidung zum Wechseln, feste Schuhe, Sandalen, Sonnen- und Regenschutz, Mückenmittel, Toilettenartikel und Medikamente, Pflaster und Verbandszeug, Toilettenpapier, Taschenlampe, Wasserflasche, Kleingeld, Kreditkarten, Kopie des Reisepasses (Original im Safe des Hotels lassen), in der kühlen Jahreszeit, wenn es nachts in den Bergen kalt wird, einen Schlafsack oder Decken. Wertsachen sollte man nicht mitnehmen bzw. gut darauf aufpassen.

Und noch ein paar **Verhaltenstipps**: Es ist nicht sinnvoll, Süßigkeiten oder andere wertlose Geschenke an Dorfbewohner zu verteilen. Vielleicht hat der Guide bessere Ideen, was die Menschen brauchen können, z. B. Zahnpasta für Kinder.

Bei Übernachtungen in Dörfern muss man die Sitten und Gebräuche der Einheimischen achten, ihre Glaubensvorstellungen und Tabus. Fotografieren sollte man nur Menschen, die damit auch einverstanden sind, oder wenn man bereit ist, das geforderte Geld zu zahlen.

Die **beste Zeit zum Trekken** sind die kühlen Monate von November bis Februar. Von März bis Mai ist es sehr heiß, und danach regnet es. Im Dezember/Januar wird in den meisten Dörfern das Neujahrsfest, das größte und farbenprächtigste Fest des Jahres, mit Tänzen und Musik begangen. Im März/April, zur Zeit der Brandrodung, legt sich ein ständiger Dunstschleier über die Berge, der sich erst nach dem Einsetzen des Regens auflöst. Mit der ersten Ernte im August beginnen die Erntedankfeste, und im November endet nach dem Einbringen der Reisernte der Erntezyklus in den Bergen.

Fußgänger, die nachts auf meist unbeleuchteten Straßen oder Wegen unterwegs sind, sollten helle Kleidung tragen und wenn möglich eine Taschenlampe dabei haben. So ist man für die anderen Verkehrsteilnehmer besser sichtbar.

Wassersport

Thailand hat zwar eine lange Küste und viele Inseln, doch kann man nicht überall gefahrlos baden. Manche Gewässer in der Nähe von Industriezentren und Städten sind verschmutzt, und an vielen Strandabschnitten herrschen starke Strömungen. Dennoch gibt es sie, die Bilderbuchstrände, zumeist auf den Inseln. Schwimmen ist nur dort zu empfehlen, wo es erschlossene Strände gibt.

Hotels der mittleren bis oberen Preisklasse und Resorts an der Küste locken mit wahren Pool-Landschaften. Sogar einige Gästehäuser und Bungalowanlagen besitzen ein Schwimmbad. Manchmal steht es (gegen Eintritt) auch Gästen von außerhalb offen.

Wer die Wahl hat ...

Man sollte sich nicht zu einer Tour überreden lassen, sondern die Angebote vergleichen und sich bei zurückgekehrten Trekkern informieren. Für einen guten Trek braucht man zwei bis drei Tage Zeit. Die Gruppe sollte nicht mehr als zehn Teilnehmer umfassen. Selbst gute Wanderer sollten nicht allein in den Bergen trekken, vor allem nicht in der Grenzregion zu Myanmar (Birma).

Es ist hilfreich, den Guide vorher zu treffen und sich über seine Lizenz, Sprachkenntnisse und sein Wissen sowie die angebotenen Leistungen zu informieren (Dauer des Elefantenritts, der Floßtour, der Wanderzeiten, Art der Unterkunft, Verkehrsmittel und Mahlzeiten, Ausrüstung, Versicherung).

In den großen Strandresorts können sich Anfänger wie Fortgeschrittene auf Surfbrettern oder Wasserskiern austoben. Auch Jetskis und Wakeboards werden an Stränden vermietet. Badeurlauber sollten bei der Wahl des Hotels darauf achten, denn am Hauptstrand ist aufgrund der vielen Wassersportler Schwimmen nur in abgegrenzten Gebieten möglich ist.

Wellness

Thailand nennt sich selbst „The Wellness Capital of Asia", und wer möchte sich nicht im Urlaub mal so richtig verwöhnen lassen? Vor allem die 5-Sterne-Hotels tragen diesem Bedürfnis Rechnung und offerieren im luxuriösen Ambiente ihrer Spas Massagen und kosmetische Behandlungen.

Wer sich von bezaubernd klingenden Wellnesspaketen eines Luxus-Spas zu einem Erholungstag für Körper und Seele verführen lässt, sollte vorher einen Blick auf die Preisliste werfen. In einigen Spas kann das Halbtagsprogramm mit einer Rechnung enden, die höher ist als der Übernachtungspreis. Auch mit schmalem Geldbeutel muss man nicht auf eine Massage verzichten. Bei jedem Friseur erhält man eine erfrischende Kopfmassage und am Strand wie in vielen Massagesalons eine erholsame Fußreflexzonenmassage. Zudem werden für Frauen wie Männer Ganzkörpermassagen zu günstigen Preisen angeboten, die nichts mit sexuellen Liebesdiensten zu tun haben.

Allerdings ist Vorsicht geboten: In vielen Massagesalons arbeiten nur angelernte Kräfte. Da vor allem in Hinblick auf das Ambiente die Ansprüche sehr unterschiedlich sind, können wir nur schwer Empfehlungen geben. Fast 800 Spas, Massage-, Gesundheits- und Schönheitssalons sind vom thailändischen Gesundheitsministerium zertifiziert worden. Weitere Details finden sich auf www.thaitherapist.com, www.thaispa association.com und im eXTra [2763].

Thai lernen

In vielen Touristenzentren werden Thai-Sprachkurse angeboten. Wer einen längeren Kurs belegen möchte, informiert sich vorher bei:

American University Alumni Association (AUA)
179 Ratchdamri Rd., Bangkok, 02-252 7067, 252 8170, www.auathai.com. Intensivkurse auch in anderen Städten des Landes.

Berlitz
Silom Centre, 323 United Centre Bldg., 2nd Fl., Silom Rd., Bangkok, 02-231 3652, www.berlitz.co.th.

Nisa Thai Language School
27 Sathorn Tai (South) Rd., Bangkok, 02-671 3359-60, www.nisathailanguageschool.com/.

Viel Spaß macht ein **Crashkurs im Internet**, der neben Grundlagen die wichtigsten Worte vermittelt.

www.clickthai.de/_LEXIKON/lex.html (Online-Wörterbuch Deutsch–Thai und umgekehrt)

www.learningthai.com (Kostenlose Thai-Kurse und viele weitere Infos)

www.thaitrainer111.de/index-de.html (Trainingskurs zum Runterladen)

Ein kleines Wörterbuch findet man am Ende dieses Buches, S. 874.

Sprachkurse

Phuht thai nitnoi – ich spreche ein wenig Thai. Ein Grundwortschatz – vor allem die Zahlen – vermittelt zumindest dem Taxifahrer, dass man sich etwas auskennt. Wer viel unterwegs ist, wird allerdings schon bald feststellen, dass ein im Süden gelerntes Wort im Norden nicht unbedingt verstanden wird.

Die Schwierigkeit des Erlernens liegt zudem in der schwungvollen **Devanagari Thai-Schrift**. Sie wird seit dem 13. Jh. benutzt und basiert auf der von den Mon übermittelten Variante der südindischen Pali-Schrift.

Thai gehört zur sinotibetischen Sprachfamilie und ist wie Chinesisch eine einsilbige Tonsprache. In diesem gänzlich fremden Sprachmodell liegt die größte Schwierigkeit. Die Wortbedeutung richtet sich nach der Tonhöhe. In der Thai-Hochsprache existieren fünf **Tonhöhen**: steigend, fallend, hoch, mittel und niedrig. Darüber hinaus unterscheidet man in Nord-Thai (Lanna) sieben verschiedene Tonhöhen. In Zentral-Thailand ist die Sprache von vielen Khmer- und Pali-Worten geprägt. Im Süden werden malaiische Dialekte gesprochen.

Telefon

Das Telefonnetz in Thailand ist relativ zuverlässig, auch wenn es hin und wieder zu Überlastungen kommt. Die Preise sind für europäische Verhältnisse sehr günstig.

Festnetz

Von den roten Telefonzellen aus sind ausschließlich Ortsgespräche möglich, während man von den blauen auch nationale Gespräche führen kann. Die grünen Kartentelefonzellen stehen für Inlandsgespräche bereit und die gelben für Auslandsgespräche. Da mittlerweile fast jeder in Thailand ein Handy besitzt, gibt es immer weniger öffentliche Fernsprecher. Von diesen kosten Gespräche ab 5 Baht. Da sie häufig kaputt sind, lohnt der Kauf einer **Telefonkarte** nicht.

Bei einigen **Münztelefonen** muss, wenn sich der Gesprächspartner meldet, ein Knopf gedrückt werden, um das Gespräch freizuschalten. Bei Privatanschlüssen wird, selbst wenn niemand abhebt, bereits nach dem zweiten Rufzeichen eine Einheit berechnet.

Internationale Gespräche können von Fernsprechämtern *(telecommunication centers)*, privaten *oversea telephones*, mit internationalen Telefonkarten oder der Thaicard geführt werden. Wer weniger Wert auf Qualität liegt, telefoniert günstig übers Internet und natürlich übers Handy. Bei Fernsprechämtern, Telefonkarten und der Thaicard wird mit dem **internationalen Selbstwähldienst** im Block zu 6 Sekunden für ca. 5 Baht abgerechnet. Wer vom **Hotelzimmer** aus telefoniert, muss diesen Luxus teuer bezahlen.

Mobilfunk

In jedem 7-Eleven und Handyverkaufsstand können Prepaid-SIM-Karten der verschiedenen thailändischen Handygesellschaften gekauft werden. Aufgrund ihrer Netzabdeckung und Verbreitung sind allerdings die Happy-Card von der staatlichen Gesellschaft DTAC, 💻 www.happy.co.th/en, und die 1-2-Call Karte der größten Gesellschaft AIS am empfehlenswertesten. Die SIM-Karten kosten 100–300 Baht mit jeweils einem kleinen Guthaben.

Inlandsgespräche sind mit diesen Karten sehr günstig (meist ca. 1 Baht pro Min. und SMS). Es gibt regelmäßig Sonderangebote für bestimmte Zielgruppen und noch günstigere Minutenpreise zu bestimmten Nummern bzw. gewissen Tageszeiten oder nahzu kostenlose SMS-Preise. Des weiteren gibt es eine Vielzahl an interessanten Services, die auch für Touristen sehr hilfreich sein können.

Die folgenden Informationen beziehen sich auf die Happy-Card von DTAC, allerdings gibt es bei AIS auch vergleichbare Services und Angebote:

Um günstig nach Deutschland, Österreich oder in die Schweiz zu telefonieren sollte die 007, 008 oder 009 vor der eigentlichen Telefonnummer gewählt werden (z. B. 007-49-30-12345678). So kann man aus jedem Handynetz in Thailand für 7–9 Baht pro Min. ins deutsche Fest- und Mobilfunknetz (!!!) telefonieren und im Vergleich zu den horrenden Roaminggebühren der heimischen Anbieter viel Geld sparen. Der weltweite SMS-Versand schlägt mit 5 Baht pro SMS zu Buche.

Noch günstiger ist es, wenn man sich von den Daheimgebliebenen (vorausgesetzt sie besitzen noch einen Telekom-Telefonanschluss) per Call-By-Call zurückrufen lässt. Hier kann man z. Zt. ab 1,2 Cent pro Min. thailändische Mobiltelefone anrufen. Die aktuellen Preise erfährt man unter 💻 www.teltarif.de oder 💻 www.billigertelefonieren.de.

Ein weiteres interessantes Angebot besteht in den GPRS/EDGE-Datentarifen der zwei großen Anbieter. Nach der Buchung über die Kundenservice-Hotline, die zumindestens bei der Happy-Card (Nummer 1678) auch mit erstaunlich guten Englischkenntnissen aufwartet, kann man sich zwischen verschiedenen Stundenpaketen entscheiden. So kann man z.B. bei Happy ein

Wichtige Telefonnummern / Vorwahlen

Notruf (Polizei, nicht überall in der Provinz)	191
Notruf (Feuerwehr, nicht überall in der Provinz)	199
Tourist Service Line (nicht überall in der Provinz)	1155
Touristenpolizei	1699
Vermittelte Ferngespräche (innerhalb Thailands)	101
Vermittelte Ferngespräche (Ausland)	100
Informationen national	183
Informationen international	100
Internationaler Selbstwähldienst	001
Zeitansage	181
Vorwahl Deutschland	00149
Vorwahl Indonesien	00162
Vorwahl Malaysia	09
Vorwahl Niederlande	00131
Vorwahl Österreich	00143
Vorwahl Schweiz	00141

Von D, A und CH ist die Vorwahl nach Thailand 0066 + Ortsvorwahl ohne 0, z. B. Bangkok: 0066-2.

20 Stunden Paket für gerade einmal 100 Baht buchen, was deutlich günstiger und entspannter ist als das ständige Aufsuchen von Internetcafés. Die erforderlichen Einstellungen werden nach der Buchung automatisch an das Handy übermittelt. Nun kann jedes einigermaßen moderne Handy als Modem genutzt werden. Auch E-Mails und Webseiten können direkt über das Handy abgerufen werden. Die Anzahl der verbleibenden Inklusivminuten der Datenpakete kann man durch Wählen der Tastenkombination *101*4*9# erfahren.

Die Geschwindigkeit der Datenverbindung ist keinesfalls mit den UMTS-Geschwindigkeiten der europäischen Handynetzwerke vergleichbar, reicht aber allemal um seine E-Mails abzurufen oder die neuesten Nachrichten aus der Heimat zu lesen. In den großen Ballungszentren werden teilweise Übertragungsraten erreicht, die mit dem EDGE-Standard mit 20 KB pro Sek. deutlich über ISDN-Geschwindigkeit liegen. In weniger dicht besiedelten Gegenden steht allerdings nur GPRS, d. h. Modemgeschwindigkeit von ca. 5 KB pro Sek. zur Verfügung. Aber selbst dieses reicht für einfache Anwendungen, wie z. B. den Abruf der E-Mails über einen E-Mail-Client oder ähnliches aus.

Ohne die vorige Buchung eines Internetpaketes kostet eine Minute im Datenmodus nur 1 Baht, was zwar deutlich teurer als die Pakete ist, allerdings oftmals günstiger als die Preise der Internetcafés.

Ein weiteres interessantes Happy-Card Angebot besteht in der Bereitstellung eines Englisch-Thai Dolmetschers, der rund um die Uhr unter der *1021 erreicht werden kann. Bei möglichen Verständigungsproblemen kann dieser angerufen werden, um nach kurzer Erläuterung des Problems auf Englisch dieses dem nur thaisprechenden Gegenüber in der Landessprache zu erklären. Somit lassen sich eine Vielzahl von komplizierten Situationen deutlich erleichtern und entspannen.

Weiterhin bietet Happy die Möglichkeit durch die Tastenkombination *110*9# einen Kleinkredit von 30 Baht zu erhalten, was in Notsituationen schon mal die Möglichkeit bietet in die Heimat zu telefonieren oder Bekannte in Thailand zur erreichen, selbst wenn die Karte eigentlich kein Guthaben mehr aufweist. Die 30 Baht werden dann beim nächsten Aufladen mit dem Aufladungsbetrag verrechnet.

Den aktuellen Guthabenstand erfährt man, indem *101*9# in das Handy eingegeben und der Senden/Anrufen-Knopf betätigt wird.

Eine praktische, wenn auch etwas veraltete Sammelung von deutschsprachigen Informationen zum Thema erhält man unter 💻 www.bluewater.de/zips/internet-thailand.pdf.

Toiletten

Ein WC *(hong nahm)* gibt's fast überall im Land, vor allem in Tankstellen, Busbahnhöfen, Kaufhäusern und an Piers. In der Nähe von Restaurants und Essenständen teilen sich oft mehrere Läden eine Toilette. Diese sind überwiegend sauber und meist kostenlos oder kosten in Busbahnhöfen und Restaurants nur wenige Baht. Für edle öffentliche Toiletten mit Warmwasser, Seife und Musikbeschallung werden 5 Baht verlangt.

Die meisten Toiletten entsprechen westlichem Standard. Es gibt aber auch Hocktoiletten und Schöpfkellen statt Wasserspülung sowie WC-Duschen; dafür fehlen häufig Toilettenpapier und Seife. Das Papier sollte nicht in die Toilette gespült werden, sondern gehört in den dafür vorgesehen Eimer.

Transport

Flüge

Der Suvarnabhumi Airport von Bangkok, 💻 www.airportsuvarnabhumi.com, ist ein wichtiges Drehkreuz in Südostasien. Weitere internationale Flüge landen in Chiang Mai und Phuket. Anschlussflüge im Land können bei der nationalen Fluggesellschaft Thai Airways und privaten Anbietern gebucht werden. Da die **Flugpreise** variieren, lohnt es, frühzeitig nach Angeboten Ausschau zu halten. Flüge aller Gesellschaften können mit Kreditkarte günstig im **Internet** gebucht werden. Im Flugpreis ist die **Flughafensteuer** *(airport tax)* inbegriffen.

Air Asia (FD), 💻 www.airasia.com, die größte Billigfluggesellschaft, verbindet Bangkok mit Chiang Mai, Chiang Rai, Udon Thani und Ubon sowie Ranong, Phuket, Krabi, Surat Thani, Nakhon Si Thammarat, Hat Yai und Narathiwat. Weitere Flüge gibt's in die Nachbarländer. Gepäck, das aufgegeben wird, ist vorher im Internet anzumelden und kostet bis 15 kg 50 Baht, bis 20 kg 250 Baht und bis 25 kg 450 Baht. Tickets können nicht umgebucht werden, Essen und Getränke während des Flugs müssen bezahlt werden, es gibt keine reservierten Plätze.

Bangkok Airways (PG), 💻 www.bangkokair.com, fliegt mit Boeing 717 von Bangkok (*und Chiang Mai) nach Sukhothai, Chiang Mai, Ko Samui*, Phuket, Krabi und Trat sowie nach Ho Chi Minh City, Siem Reap*, Phnom Penh, Luang Prabang und nach China. Von Samui geht es zudem nach Singapur, Phuket, Krabi und Hongkong. Sie bieten in Kooperation mit Siem Reap Airways International und Lao Airlines einen „Discovery Airpass" an, bei dem man drei bis sechs Coupons für die meisten Inlandsflüge zu je US$60 und für die meisten Auslandsflüge zu je US$100 kaufen kann. Diese sind zwei Monate gültig.

Nok Air (DD), 💻 www.nokair.com, die Billigfluggesellschaft von Thai Airways, verkehrt von Bangkok nach Chiang Mai, Phuket, Nakhon Si Thammarat, Trang, Hat Yai und Udon Thani. Das Maximalgewicht beim Gepäck beträgt bei Nok Eco 15 kg, Nok Flexi 20 kg und Nok Plus 30 kg. In der billigsten Eco-Kategorie sind Umbuchungen teuer, in der Flexi- und Plus-Kategorie sind sie kostenlos; in der teuersten ist außerdem Verpflegung inbegriffen.

Orient Thai (one-two-go) (OX), 💻 www.fly12go.com. Nach einem Unfall in Phuket wurde die Airline mit Flugverbot für ihre McDonnell Douglas MD-80 belegt. Sie fliegt von Bangkok (DMK) nach Chiang Mai, Chiang Rai, Phitsanulok und Surathani, Phuket, Trang und Hat Yai. Es gibt feste Sitzplätze, während des Flugs kostenlos Essen und Getränke und 20 kg Freigepäck.

PB Air, 💻 www.pbair.com, ein weiterer Ableger von Thai, verkehrt mit ERJ 145 vor allem in den Nordosten (Buriram, Roi-Et, Sakhon Nakhon, Nakhon Phanom), nach Lampang und Nan. Essen, Getränke und 20 kg Gepäck sind kostenlos.

SGA (5E), 💻 www.sga.co.th, die Tochter von Nok Air und Thai, fliegt mit zwölfsitzigen Cessna 208B Grand Caravan von Chiang Mai nach Mae Hong Son, Chiang Rai und Pai sowie von Bangkok nach Hua Hin.

Thai Airways (TG), auf der deutschen Site 💻 www.thaiair.de und auf der internationalen 💻 www.thaiair.com sind alle wichtigen Infos zu finden, z. B. über den „Discover Thailand Airpass", Stopover-Programme, Meilen sammeln und natürlich die aktuellen Flugpläne. Zudem können Online-Buchungen vorgenommen werden. Bei internationalen Anschlussflügen empfiehlt es sich, auch den Zubringer mit Thai Airways zu buchen, da dann das Gepäck durchgecheckt werden kann und Umbuchungen bei Verspätungen unproblematischer sind. Die Airline fliegt elf Ziele in Thailand an und wird immer wieder für ihren guten Service und Komfort, auch in der Economy, ausgezeichnet.

Eisenbahn

Ein zuverlässiges, sicheres Verkehrsmittel ist die Eisenbahn der **State Railway of Thailand (SRT).** Das einspurige Streckennetz verläuft sternförmig von Bangkok aus in Richtung Norden, Nordosten, Osten, Süden und Westen. Die Züge sind bequem, aber langsamer als Busse. Sie unterscheiden sich in Komfort und Geschwindigkeit.

Aktuelle englischsprachige **Fahrpläne** werden kostenfrei an Bahnhofsschaltern ausgegeben. Die meisten Bummelzüge (ORD.) sind darin nicht aufgeführt. Unter dem **eXTra [1234]** werden Fahrpläne von uns regelmäßig aktualisiert. Nicht immer aktuell sind die Fahrpläne auf der Website der State Railway of Thailand, 💻 http://www.railway.co.th/English/Time_PDF.asp. Der Bahnhof von Bangkok ist erreichbar unter ✆ 02-223 7010, 223 7020. Weitere Infos unter 💻 www.amazing-thailand.com/SRT.html.

Fahrkarten

Mit dem Computerreservierungssystem kann man an größeren Bahnhöfen bis zu 60 Tage im

Voraus **Tickets kaufen**, was sich vor allem für Nachtzüge empfiehlt. Bei Stornierungen wird der halbe Fahrpreis erstattet. Wer am Bahnhof das Ticket kauft, hat seinen gewünschten Platz sicher und muss sich nicht auf ein möglicherweise windiges Reisebüro verlassen. Auch im Internet kann man mit Kreditkarte unter 💻 www.thairailwayticket.com/Default.aspx?language=1 für einige Strecken Tickets kaufen und sich am heimischen Computer ausdrucken. Auch Asia Discovery, 💻 www.asia-discovery.com/train.htm, besorgt Tickets gegen Vorkasse und eine Servicegebühr von 200 Baht. Für den Versand ins Ausland wird ein Aufschlag berechnet.

Ausländische Touristen können einen **Thailand Rail Pass** für 1500 Baht (ohne Zuschläge) oder für 3000 Baht (inkl. Schlafwagen und Zuschläge) kaufen. Dieser gilt 20 Tage für alle Züge und Abteile außer der 1. Klasse.

Im Zug

In klimatisierten Großraumwaggons der Sprinter und Express Diesel Railcars lassen sich die bequemen Sitze wie im Flugzeug zurückstellen. In nichtklimatisierten Zügen sind die Sitze manchmal etwas durchgesessen. Die Holzbänke in der 3. Klasse werden auf längeren Strecken zunehmend durch plastikbezogene, gepolsterte Bänke ersetzt. In den Wagen sind ausreichend Toiletten, Waschbecken und in einigen sogar Dusche vorhanden.

Zuschläge

- AC 2./3. Klasse 60–110 Baht je nach Zug, mit Essen + 50 Baht
- AC 2. Klasse Schlafwagen 120–140 Baht
- Express 150 Baht
- Rapid 50–110 Baht je nach Entfernung und Zug
- Bett im Schlafwagen 2. Klasse 100–150 Baht oben / 150–240 Baht unten
- Bett im Schlafwagen 1. Klasse 300 Baht oben / 500 Baht unten
- Special Express 170–190 Baht je nach Zug

Weitere Infos:
💻 www.railway.co.th/English/Supple.asp

Mittags und abends werden im Abteil Fertiggerichte serviert, die kein kulinarisches Erlebnis versprechen. Zwischen den Hauptmahlzeiten verkaufen das Zugpersonal und fliegende Händler Getränke und Imbisse. Preiswerter und unterhaltsamer ist es, im Speisewagen zu essen, den es allerdings nicht in allen Zügen gibt. Zudem kann man sich bei einem längeren Zwischenaufenthalt an Bahnhöfen mit einem Snack eindecken. Die Preise für Essen variieren je nach Zugklasse und sind im Rapid am günstigsten.

Schlafwagen

In der **1. Klasse** der klimatisierten Expresszüge bieten Zwei-Personen-Abteile die größte Privatsphäre. Außer den übereinander angeordneten Betten, von denen das obere tagsüber abgeklappt wird, gibt es einen kleinen Tisch und ein Waschbecken mit Spiegel sowie Bettwäsche. In der klimatisierten **2. Klasse** sind die Betten durch Vorhänge abgeteilt. Hier wird ebenfalls am Abend frische Bettwäsche verteilt. Nur gute Schläfer sollten sich ein Bett in der **nichtklimatisierten 2. Klasse** buchen, denn sie ist sehr laut. Sprinterzüge haben keine Schlafwagen. Nachts kann man das **Gepäck** mit einem Fahrradschloss anschließen und das Handgepäck mit Wertsachen nah am Körper verstauen.

Zugkategorien

Express Diesel Railcar (EXP. DRC., Sprinter): Der schnellste und teuerste Zug in den Nordosten mit bequemen Sitzplätzen.

Special Express (EXP. SP.): Haben klimatisierte und nichtklimatisierte Abteile der 1. und 2. Klasse sowie Schlafwagen. Der Internationale Express fährt bis Butterworth (Penang).

Express (EXP.): Abteile der Schnellzüge haben Sitze in der 2. und 3. Klasse sowie Schlafwagen. Klimatisiert sind nur Teile der 2. Klasse.

Rapid (RAP.): In den recht betagten Eilzügen mit Waggons der 2. und der 3. Klasse gibt es in der teils klimatisierten 2. Klasse auch Schlafwagen.

Ordinary (ORD.): Bummelzüge mit 3.-Klasse-Waggons, die immer anderen Zügen Platz machen müssen, sodass Verspätungen häufig sind.

Diesel Railcars (DRC.): Langsame Züge mit Holzbänken verkehren über Kanchanaburi nach

Nam Tok und nach Aranyaprathet, dem Grenzübergang nach Kambodscha.

Eastern & Oriental Express: Wer bereit ist, für die 2000 km lange Fahrt von Bangkok nach Singapur mindestens 1700 € auszugeben, kann den nostalgischen Eastern & Oriental Express im Stil von Somerset Maugham buchen. Er verkehrt ein Mal wöchentlich. Informationen und Buchungen unter 💻 www.orient-express.com/web/eoe/eoe_c1a_home.jsp.

Busse

Man hat die Wahl zwischen unterschiedlichen **Buskategorien** der staatlichen Gesellschaft Borisat Khon Song (kurz: Baw Kaw Saw oder englisch The Transport Company, 💻 www.transport.co.th, nur Thai) und privater Subunternehmer.

Billige lokale Busse empfehlen sich nur für Kurzstrecken, da sie unbequem sind und überall anhalten. Klimatisierte Busse mit weniger Sitzplätzen sind auf langen Strecken bequemer.

An **Bus Terminals** werden an einer verwirrenden Anzahl von Schaltern Bustickets zu verschiedenen Zielen verkauft, die nur auf Thai angeschrieben sind. Oft hilft ein englisch sprechender Angestellter an der Information. Ansonsten kann man einfach fragen und wird dann an jemanden weitergeleitet, der englisch spricht. Wer die Fahrtziele in Thai selbst entziffern will, kann die Ortsnamen in Thai im Anhang nachschlagen, s. S. 878. Vom Busbahnhof findet sich immer eine Möglichkeit, auch mitten in der Nacht, mit einem lokalen Bus, Taxi, Songthaew, Tuk Tuk oder Motorradtaxi ans Ziel zu kommen. An Busstopps in Touristenzentren sind allerdings häufig Fahrer anzutreffen, die Gäste zu Unterkünften fahren, die ihnen eine Provision zahlen.

Für AC-Busse erhält man Tickets ab drei Tage vor Abfahrt in den Büros und an den Bus Terminals. Wer Thai lesen kann, kann sie bei einigen Companies auch online buchen. In lokalen Bussen wird nach dem Einsteigen abkassiert. Die **Preise** sind staatlich festgelegt und wurden während der Recherche sogar gesenkt. Das kann sich jederzeit wieder ändern, sodass sie von den im Buch angegebenen, aufgerundeten Preisen abweichen können.

AC-Busse

Teils doppelstöckige klimatisierte Busse verkehren auf längeren Strecken zu festen Zeiten. Sie starten von staatlichen Bus Terminals oder Büros privater Bus-Companies. Wegen der Klimaanlage kann es nachts sehr kalt werden. In teureren Bussen werden Decken ausgeteilt.

Die billigeren orangenen **2. Klasse AC-Busse** mit 48–60 engeren Sitzen haben keine Toilette und sind langsamer, da sie überall halten. **1. Klasse AC-Busse** mit Toilette und etwa 40 Sitzen holen manchmal Passagiere auch vom Hotel ab. Für Getränke, kleinere Mahlzeiten sowie Unterhaltung mit DVDs ist während der Fahrt ab 200 km Länge gesorgt.

Die **VIP-Busse** mit 24–40 Sitzplätzen haben Toiletten und mehr Beinfreiheit. Sie legen unterwegs eine Essenspause ein, wobei das Essen im Preis inbegriffen ist. Auf Langstrecken haben sie zwei Fahrer, die sich abwechseln. Es lohnt sich, auf den Zusatz **VIP-32** (vier Sitzplätze pro Reihe) oder **VIP-24** (drei Sitzplätze pro Reihe) zu achten. Vor allem letztere sind sehr bequem. Sie eignen sich gut für Nachtfahrten, denn die Sitze lassen sich so weit wie im Flugzeug zurückstellen. Einige haben sogar einen in den Sitz eingebauten Bildschirm.

Minibusse

Zwischen zahlreichen Städten verkehren private 16-sitzige AC-Minibusse, auch Minivan oder Microvan genannt. Sie sammeln Passagiere vor Unterkünften und ihren Buchungs-Büros oder an verkehrsgünstig gelegenen Kreuzungen auf. Die Tickets sind etwas teurer als für AC-Busse. Ist der Bus voll, wird abgefahren. Staatliche Kleinbusse mit festen Abfahrtzeiten verkehren auf einigen Bergstecken.

Zahlreiche **Backpackerbusse** bedienen die Rennstrecken zwischen beliebten Zielen. Viele operieren ganz oder zumindest am Rand der Legalität. Einige haben keine Transportgenehmigung, sondern werden von den Passagieren „gechartert", die nicht immer versichert sind. Im Norden kommt es häufig zu Unfällen durch riskantes Fahren und im Süden zu Diebstählen von Wertsachen aus aufgegebenem Gepäck. Die Busse über Surat Thani auf die Inseln haben oft „Verspätung": Schlagzeilen in der Presse macht es erst, wenn ein ganzer Minibus schlafender Backpacker in den frühen Morgenstunden abseits des Highways vom Personal komplett ausgeraubt wurde. Einige Traveller fühlten sich bei diesen Touren abgezockt, da ihnen z. B. am Zielort eine Unterkunft oder eine Tour aufgedrängt wurde oder sie stundenlang auf den Anschlussbus warten mussten. Andere fanden es sehr bequem, abgeholt zu werden und sich damit die Fahrt zum Busbahnhof zu ersparen sowie das auf Touristen abgestellte Videoprogramm statt der ansonsten üblichen Horrorstreifen zu genießen. In einigen Hotels werden überteuerte Tickets für private VIP-Busse verkauft, die den Mehrpreis nicht lohnen. Wer sicher gehen will, fährt mit dem großen Bus und kauft das Ticket am Busbahnhof.

Non-AC-Busse

Nichtklimatisierte lokale Busse fahren nahezu jede Stadt des Landes an. Sie werden immer häufiger durch 2. Klasse AC-Busse ersetzt und sind mit ihrem engen Sitzabstand ein Gräuel. Wer Gepäck hat, muss sich dafür oft einen zweiten Sitzplatz kaufen oder etwas draufzahlen. Die Busse starten zu festen Zeiten an den Bus Terminals. In der Provinz fahren sie ab dem späten Nachmittag nur noch selten.

Sammeltaxis

In einigen Städten Süd-Thailands sind Sammeltaxis eine gute Alternative zum Bus. Sobald sechs Passagiere zum selben Ziel wollen, starten die alten Benz-Limousinen, die für unterschiedliche Richtungen verschiedene Startplätze haben. Sie sind etwa 50 % teurer als die weitaus langsameren Busse.

Boote

Selbst Bangkok lässt sich auf der „Mutter der Flüsse", dem Menam Chao Phraya, recht geruhsam durchqueren. Neben den beliebten **Expressbooten** und **Personenfähren**, die einen Teil des öffentlichen Nahverkehrs in Bangkok ersetzen, verkehren **Klongboote**, **Charterboote** jeglicher Größe und abends sogar große **Restaurantboote**. Schön ist eine Bootsfahrt in Thonburi, wo noch einige dem Wasser zugewandte Holzhäuser und Tempel die Ufer säumen. Für Touristen ist die Bootstour nach Ayutthaya und Bang Pa In lohnenswert.

Regelmäßig verkehren vom Festland Boote auf vorgelagerte Inseln. Ab **Phuket** starten täglich Passagierschiffe, Motor-, Longtail- und Segelboote zu den vorgelagerten Inseln. Hunderte von Passagieren passen auf die großen **Ausflugsschiffe** von Phuket oder Krabi nach Ko Pi Phi. **Autofähren** verkehren zwischen dem Festland und Ko Samui, Ko Pha Ngan, Ko Tao und Ko Chang (Trat). Sie sind sicher und zuverlässig, es kann aber in Stoßzeiten zu langen Wartezeiten kommen. **Personenfähren** transportieren Passagiere regelmäßig zwischen den Inseln in der Andamanensee und im Ko Chang-Archipel, im Tarutao Marine National Park und in der Phang Nga Bay. Mehrstöckige, langsame **Nachtboote**, von Travellern „schwimmende Jugendherberge" genannt, verkehren von Surat Thani nach Ko Samui, Ko Pha Ngan und Ko Tao.

Schnelle **Expressboote** sind zwischen Phuket, Ko Phi Phi, Krabi und Ko Lanta im Einsatz sowie von Chumphon und Surat Thani auf die Inseln im Golf. Mit ihnen werden auch Tagesausflüge zu den Similan- und anderen Inseln angeboten. So lange sie nicht überladen werden, sind sie bei normalen Witterungsverhältnissen recht sicher.

Mit kraftvollen **Speed Boats** werden Gäste zu Inselhotels und Tauchgebieten gebracht. Einige Ausflugsboote sind umgebaute **Fischkutter**, die auch von Tauchbasen genutzt werden. Weniger bequem, laut und dem Spritzwasser ungeschützt ausgesetzt, reist man mit dem **Longtail Boat**. Es wird von einem Motor angetrieben, dessen Schraube weit nach hinten über das 5–10 m lange, offene Boot hinausragt. Bei schönem Wetter ist es ein Vergnügen, mit ihnen auf den Klongs und dem Chao Phraya in Bangkok, auf vielen Flüssen, Stauseen und zwischen den zahlreichen Inseln zu fahren. Bei schlechtem Wetter sollte man unbedingt auf sichere, größere Boote ausweichen oder an Land bleiben. Immer wieder berichten Medien von Schiffsunfällen. Auch Motorschäden und Wassereinbrüche auf hoher See sind kein Vergnügen.

Touren mit Kajaks, Kanus und Flößen siehe Seite 76.

Mietwagen

Thailand ist verkehrstechnisch gut erschlossen. Der Großraum Bangkok wird von mautpflichtigen Stadtautobahnen durchzogen. Die wichtigsten Fernstraßen nach Norden (Chiang Mai, Mae Sai), Nordosten (Nong Khai), Osten (Trat) sowie in den Süden sind fast durchgängig vier- bis sechsspurig ausgebaut. Dank des ausgezeichneten Straßennetzes lässt sich Thailand hervorragend mit einem Mietwagen erkunden. Die Straßen sind meist auch auf Englisch ausgeschildert. Einige Mietwagen werden sogar mit Navigationsgerät angeboten. Einzig der Linksverkehr ist anfangs gewöhnungsbedürftig.

Zum Mieten von Autos benötigt man den internationalen Führerschein und eine Kreditkarte. Die **Preise** in der Mittelklasse liegen bei 1300–2200 Baht pro Tag, ab sieben Tagen Mietdauer bei 1100–1800 Baht, Sonderangebote auch darunter. Preiswerte lokale Autovermieter verlangen 1000–1500 Baht. In Touristenzentren werden Jeeps ab 1000 Baht, Pickups und Songthaew für Kleingruppen bis zehn Personen ab 800 Baht vermietet. Bei längerer Mietdauer ist der Preis verhandelbar. Als Sicherheit wird von der Kreditkarte ein Blankobeleg hinterlegt, was bei renommierten Firmen kein Problem ist.

Avis, www.avisthailand.com, Hertz, www.hertz.com, und Budget, ☎ 1800-283 438, www.budget.co.th, bieten eine Einwegmiete (*one way rental service)* zwischen ihren Stationen an, ab einer Mindestmietdauer oft ohne Aufpreis. Zu empfehlen ist eine **Probefahrt.** Schäden am Fahrzeug sollten vor dem Losfahren im Beisein des Vermieters protokolliert und evtl. fotografiert werden.

Der Preis für **Normalbenzin** schwankte in den vergangenen Jahren an großen Tankstellen zwischen 17 und 35 Baht pro Liter. Kleine Tankstellen, die das Benzin aus Fässern pumpen, verlangen etwas mehr.

Es ist nicht ratsam, seine ersten Erfahrungen in Bangkok zu machen. Außer dem obligatorischen **Linksverkehr** werden die weiteren **Verkehrsregeln** nicht sehr ernst genommen. Auf dem Land haben große Fahrzeuge wie Busse und Lastwagen immer Vorfahrt. Der Seitenstreifen dient als Spur für langsame Verkehrsteilnehmer und zum Ausweichen bei entgegenkommenden überholenden Fahrzeugen. Die Geschwindigkeitsbegrenzung auf den Highways liegt bei 90 km/h, auf Autobahnen bei 120 km/h. Wenn Verkehrspolizisten behaupten, das Radar hätte eine überhöhte Geschwindigkeit gemessen, sollte man die geforderte Strafe zahlen. Thais, die sich bei einem **Verkehrsvergehen** von der Polizei erwischen lassen, kommen in der Regel mit 100–400 Baht davon – normalerweise ohne Quittung.

Eine **Haftpflichtversicherung** ist gesetzlich vorgeschrieben. Darüber hinaus kann eine Vollkaskoversicherung mit geringer Selbstkostenbeteiligung abgeschlossen werden. **Unfallverursacher** müssen bei Personenschäden den Betroffenen je nach Schwere der Verletzungen Entschädigungen von 10 000–200 000 Baht zahlen. Da Farangs meist mehr Geld als die anderen Beteiligten haben, wird erwartet, dass sie für kleinere Schäden aufkommen. Einen Rechtsbeistand empfiehlt ggf. die Deutsche Botschaft.

Die **Straßenkarte** am Ende dieses Buches reicht meist aus. Wer vor allem abseits der Highways fahren möchte, besorgt sich den zweisprachigen Atlas *Thailand Highway Map A to Z* mit zahlreichen Stadtplänen und Karten im Maßstab 1 : 1,1 Mio. oder ein GPS.

GPS

Die Navigationsgeräte lassen sich in Thailand gut von Autofahrern wie Fußgängern einsetzen. Selbst Taxifahrer kann man mit Ortskenntnissen beeindrucken, und sie werden garantiert keinen Umweg fahren. Wer bereits ein Navi oder GPS hat, kann sich von Garmin die Kartensoftware von Südostasien kaufen und einladen. buy.garmin.com/shop/shop.do?cID=253&pID=13803. Sie deckt das ganze Land ab und enthält detaillierte Informationen vor allem in bewohnten Gebieten. Nur Straßen, die in den vergangenen ein bis zwei Jahren neu angelegt wurden, fehlen. Selbst die GPS-Karten auf dem Nokia Handy sind mit wenigen Ausnahmen im Grenzgebiet und in Bergregionen sehr exakt und hilfreich. Einige Handys haben bereits ein eingebautes GPS, andere können durch einen externen Empfänger nachgerüstet werden.

Motorräder

An jedem vierten Verkehrsunfall ist ein Motorrad beteiligt, und oft trifft es auch Farangs. Allein in Pattaya endet während der Hochsaison fast jeden Tag ein Motorradunfall tödlich, was vor allem auf das Fahren ohne Helm, Alkoholgenuss und mangelnde Verkehrssicherheit vieler Fahrzeuge und Fahrer zurückzuführen ist.

In nahezu allen Touristenhochburgen im Norden und auf den meisten Inseln gibt es Motorräder **preiswert zu mieten**. Die kleine Honda Dream ist für Tagesausflüge zu empfehlen, aber keinesfalls für lange Touren, zu zweit oder mit Gepäck. Motorradfahrer finden vor allem im Norden ab Chiang Mai ideale Rundstrecken. Auch entlang des Mekong lässt es sich wunderschön durch den hohen Norden und Nordosten fahren.

Obwohl die Einheimischen oft mit schlechtem Beispiel vorangehen, ist **Helm tragen Pflicht**, denn das Fehlen eines Sturzhelms ist riskant (Hirnblutungen, Schädelbruch) und bei Kontrollen mit 500 Baht Geldstrafe teuer. Wer öfter mit dem Motorrad unterwegs ist, sollte seinen eigenen Helm im Gepäck haben, da die geliehenen häufig nicht passen.

Auf Handschuhe und Brille verzichten viele Fahrer ebenso wie auf feste Kleidung. Wer in Shorts und Gummisandalen fährt, holt sich aber selbst bei leichten Stürzen schwere Hautabschürfungen. Anfänger sollten langsam fahren und Bergstrecken meiden. Auch Inselstraßen habe starke Steigungen. Überall kann ein unerwartetes Hindernis auftauchen oder der Straßenbelag wechseln. Ein besonders gefährlicher Schmierfilm bildet sich bei einsetzendem Regen. Deshalb sollte man auf keinen Fall versuchen noch schnell nach Hause zu fahren. Sicherer ist die Fahrt immer mit eingeschaltetem Scheinwerfer. Auf keinen Fall Rucksäcke im Korb transportieren, da es neuerdings zum gefährlichen Sport geworden ist, diese während der Fahrt zu klauen.

Bei der Motorradmiete wird verlangt, den Internationalen Führerschein vorzuzeigen und den Reisepass zu hinterlegen. In Ko Samui ist hiervon abzuraten, weil viele Verleiher schon beim kleinsten Kratzer den Pass nicht mehr herausrücken (also besser nur den Personalausweis abgeben). Die **Haftpflichtversicherung** deckt Personenschäden bis 50 000 Baht ab, jedoch keine Sachschäden! Wer selbst verletzt wird und keinen Motorradführerschein hat, muss damit rechnen, dass die Reisekrankenversicherung für die Behandlungskosten nicht aufkommt.

Geführte Motorradtouren mit großen Maschinen und Enduros werden vor allem ab Chiang Mai angeboten. Viele weitere Infos auf der Website des Motorradspezialisten David Unkovich, 💻 www.gt-rider.com .

Vorsichtsmaßnahmen auf einen Blick

- Helm und feste Schuhe, Jeans und möglichst Jacke tragen.
- Auf unübersichtlichen Strecken niemals über 40 km/h schnell fahren.
- Linksverkehr immer beachten.
- Wer in Gruppen fährt und sich absprechen will: Am Straßenrand, einer Einbuchtung, einer Abzweigung und nicht auf der Straße stehen bleiben.
- Nie unter Alkoholeinfluss oder gar Drogen am Verkehr teilnehmen.
- Anfänger sollten in Thailand nicht das Mopedfahren erlernen wollen.
- Immer auf die Straße achten! Vielfach tauchen unvermittelt Hindernisse auf: Löcher oder Sand, Kokosnüsse und Hunde, Warane oder Schlangen.

Fahrräder

Nur die ärmeren Thais auf dem Land benutzen das Rad als Fortbewegungsmittel. Wer es sich leisten kann, legt sich ein Motorrad oder Auto zu. Touristen auf Fahrrädern werden dementsprechend geringschätzig betrachtet und auch schon mal von einem heranbrausenden Lkw rücksichtslos von der Straße gedrängt.

Auf wenig befahrenen Nebenstrecken sind sehr schöne Fahrradtouren möglich. In Tourismuszentren können Fahrräder gemietet werden. Nicht alle sind verkehrssicher und komfortabel. Gute Vermieter von Rädern und **Mountainbikes** sind im regionalen Teil dieses Buches gelistet. Für längere Touren bringt man am besten sein eigenes Rad mit. Airlines haben für die Beförderung unterschiedliche Tarife. Es wird am besten in einen Karton verpackt (eine Rolle Klebeband im Handgepäck hilft, es nach einer Kontrolle am Flughafen wieder zu verpacken). Unattraktive Strecken in Städten, auf unvermeidlichen Highways oder an einem nicht enden wollenden steilen Berg legt man samt Rad am besten in einem Songthaew zurück. Fahrräder werden auch von einigen lokalen Bussen und Zügen befördert.

Optimale Bedingungen herrschen während der kühlen Jahreszeit (November bis Februar) am Morgen und späten Nachmittag abseits der Hauptstraßen. Empfehlenswert sind **Touren auf eigene Faust** am Mekong entlang von Chiang Khan über Nong Khai, Bung Kan, Nakhon Phanom und Mukdahan nach Ubon Ratchathani oder von Chiang Saen auf schmalen Nebenstraßen nach Chiang Khong. Auch die Landstraßen entlang der Flüsse und Kanäle in der zentralen Tiefebene eignen sich gut zum Radfahren. Die historischen Städte Ayutthaya, Sukhothai, Si Satchanalai und Kamphaeng Phet können mit gemieteten Rädern erkundet werden. Auch rings um Kanchanaburi, Amphawa, Rachaburi sowie südlich von Prachuap Khiri Khan macht Radeln Spaß. Hingegen sollte man die Steigungen auf den Bergstrecken nach Pai und Mae Hong Son oder im hohen Norden nicht unterschätzen. Ohne größere Steigungen geht es entlang der birmanischen Grenze von Mae Sariang nach Mae Sot. **Geführte Touren** werden vor allem in Chiang Mai, aber auch in Sukhothai, Nong Khai, Phuket und sogar in Bangkok durchgeführt.

Weitere Fahrradinfos 💻 www.radfahren.mynetcologne.de/rad_thai.htm, www.HermannNiedermeyr.de.

Nahverkehr

Eine große Bandbreite kostengünstiger Nahverkehrsmittel erleichtert die Fortbewegung in Städten wie auf dem Land. Nach Sonnenuntergang dünnt der Verkehr aus. Manchmal muss man dann ein Fahrzeug chartern.

Motorradtaxi

Die Fahrer von Motorradtaxis sind an farbigen Westen mit Rückennummer zu erkennen. Sie bringen auf dem Sozius ein bis zwei Fahrgäste zu beliebigen Zielen. Der Fahrpreis ist niedrig, muss aber vorher geklärt werden. Eine Besonderheit in Prachuap Khiri Khan sind Samlor Gai-Na, Motorradtaxis mit Beiwagen, auf denen eine ganze Familie Platz hat. Wer keinen eigenen Helm hat, ist hier ungeschützt, denn für die Passagiere haben die Fahrer selten Helme dabei.

Samlor

Die dreirädrigen Fahrradrikschas mit überdachter Sitzbank für zwei Personen verschwinden zunehmend aus dem Stadtbild. Sie fahren nur kurze Wege und sind meist teurer als Tuk Tuks und Motorradtaxis. Samlor Krueng werden von einem Motorrad angetrieben. Es gibt zudem Samlor vielfältiger Art, die zu Lastentransportern umgebaut worden sind.

Songthaew

Songthaew (gespr. *song-täo)* sind Sammeltaxis, die auch Baht-Bus oder Sielor genannt werden. Die Passagiere sitzen auf zwei niedrigen, sich gegenüber liegenden Sitzbänken auf der überdachten, hinten offenen Ladefläche eines Pickups. Kleine Songthaew/Tuk-Tuk-Kreuzungen und große umgebaute Lkw sind vor allem in der Provinz im Einsatz. Eine Kreuzung zwischen überdachtem Motorrad und Songthaew mit dem netten Namen Sky Lab ist im Nordosten zu finden.

Einige verkehren in Städten auf festen Routen zum Einheitstarif und teils sogar bis vor die Tür. Andere fahren ebenso wie lokale Busse ins Umland oder zu Stränden. Sie haben selten feste Haltestellen und nehmen überall Passagiere mit. Manchmal kurven sie lange auf der Suche nach Fahrgästen durch die Stadt. Wenn man Zeit hat, kann man auf diesem Weg viel kennen lernen.

Sobald das gewünschte Ziel von der Route abweicht, muss man das Fahrzeug chartern; das ist wesentlich teurer als der sonst übliche Fahrpreis von meist 5–20 Baht. In diesem Fall zuvor mit dem Fahrer den Preis vereinbaren, der von vielen Faktoren abhängt. Auch für Ausflüge können Kleingruppen ein Songthaew mieten.

Stadtbus

Die nummerierten Busse fahren auf festen Routen für 2–10 Baht. In Bangkok sind sie meist klimatisiert (20 Baht). Minibusse, Microbusse oder Microvans bedienen ländliche Regionen und nachts in Bangkok auch einige Busstrecken.

Taxi

Fast alle Taxis sind klimatisiert. In Bangkok sind sie mit Taxameter ausgestattet, in Chiang Mai, auf Ko Samui, Phuket und in anderen Touristenorten eher selten. Die Fahrer sind aber nur schwer dazu zu bewegen, dieses auch einzuschalten und verlangen vor allem vor teuren Hotels und nachts in Vergnügungsvierteln völlig überzogene Preise. Taxifahrer sprechen in der Regel kein Englisch und erhalten kein Trinkgeld – außer für besondere Gefälligkeiten.

Tuk Tuk

Dreirädrige Motorroller (Vespa) mit überdachter Sitzbank verkehren in Städten wie Bangkok, Chiang Mai oder Trang. In Phuket sind sie durch einen umweltfreundlichen Viertakter für vier Personen abgelöst worden. Den Fahrpreis muss man vorher aushandeln.

Übernachtung

Die Bandbreite an Unterkünften ist extrem groß und reicht von einfachen Absteigen bis zu luxuriösen Erlebniswelten der Boutiqueresorts, Designerhotels und Wellnessoasen. In allen Travellerzentren – in Städten wie auf Inseln – finden billig reisende Backpacker und Langzeitreisende preisgünstige, einfache Zimmer vor. Seit Jahren geht aber der Trend zu bequemeren, etwas teureren Gästehäusern mit sauberen Zimmern, die durchaus Hotelstandard aufweisen und eine eigene Dusche und Klimaanlage haben.

Preise

Die Preise richten sich nach der Art des Zimmers und nicht nach der Anzahl der Personen. Sie schwanken stark und sind abhängig von der Region und Saison sowie der Art der Buchung, wobei Internetbuchungen, sofern möglich, oft erhebliche Preisnachlässe gewähren.

Preiskategorien der Unterkünfte

Wir haben die Unterkünfte in acht Kategorien unterteilt. Die Preise gelten für Doppelzimmer *(double room)* mit Du/WC und AC:

❶	bis 200 Baht
❷	bis 400 Baht
❸	bis 600 Baht
❹	bis 1200 Baht
❺	bis 2400 Baht
❻	bis 3600 Baht
❼	bis 4800 Baht
❽	über 4800 Baht

In den gehobenen Kategorien werden auf den Zimmerpreis 10 % Steuern *(government tax)* und 7 % Servicegebühr *(service charge)* aufgeschlagen.

Billigreisenden wird in **Gästehäusern** ein besseres Preis-Leistungs-Verhältnis geboten als in Hotels. Ein Zimmer mit Gemeinschaftsdusche ist bereits ab 200 Baht zu bekommen, während bessere Zimmer in Boutique-Gästehäusern bis zu 800 Baht kosten können. **Schlafsäle** mit Doppelstockbetten, die preiswerte Alternative für Einzelreisende, sind selten und kosten mindestens 100 Baht.

Der Preis für einfache **Bambushütten** am Strand oder in den Bergen liegt um die 200 Baht. Feste **Bungalows** mit guten Matratzen sind wesentlich teurer, der Preis kann sich in der Hochsaison noch verdoppeln. Mit Ventilator sind sie wesentlich preiswerter als mit Klimaanlage und in den hinteren Reihen günstiger als am Meer.

In Hotels der **unteren Preisklasse** in der Provinz schläft man bereits ab 300 Baht in einem sauberen Doppelzimmer mit Dusche und Ventilator, Einzelzimmer sind – falls vorhanden – etwas billiger und Zimmer mit AC etwas teurer. Einige Hotels sind nur in Thai-Schrift gekennzeichnet und werden auch stundenweise vermietet. Abseits der Touristenpfade findet man zu diesen oft lauten Unterkünften kaum eine Alternative. Wer relativ ungestört schlafen will, besorgt sich am besten ein Zimmer im Obergeschoss und nach hinten raus.

Zimmer in der **mittleren Preisklasse** sind im Norden günstiger als an der Küste und ab 800 Baht zu haben. Komfortable Zimmer der oberen Mittelklasse sind bei Veranstaltern bereits zu Preisen um 2500 Baht pro Zimmer zu bekommen.

In **Luxushotels** von internationalem Standard, die es in allen Touristenorten gibt, sind Zimmer erheblich teurer. Das Mandarin Oriental Hotel in Bangkok gehört zu den fünf besten der Welt und verlangt Zimmerpreise um 50 000 Baht pro Nacht für die Author's Residence. Allerdings lassen sich viele bei Veranstaltern oder im Internet zu Schnäppchenpreisen buchen.

Zimmer reservieren

Im Grunde gibt es immer irgendwo ein freies Zimmer. Problematisch wird es in Touristenorten an Feiertagen, vor allem zur Weihnachtszeit und zum westlichen, chinesischen und thailändischen Neujahr *(songkran)*. Auch während der europäischen Sommer- und Weihnachtsferien sind beliebte Gästehäuser und Hotels oft ausgebucht. Während der Universitätsferien (Mitte März bis Juni) und Schulferien (Mitte Mai bis Mitte Juli) sind oft Jugendgruppen in den Nationalparks und entlang der Küste unterwegs.

Während der **Hochsaison** lohnt es, über Reisebüros, -veranstalter oder im Internet Zimmer zu buchen. Oft sind Zimmer in Touristenhotels im mittleren und gehobenen Preisbereich bei Veranstaltern am günstigsten zu bekommen. Günstigere Preise erhält man für Gästehäuser wie Hotels auch im Internet. Üblich ist die Angabe der Kreditkartennummer oder eine Anzahlung, die den gewünschten Aufenthalt sichert, was vor allem für Reisen während der Hochsaison sinnvoll sein kann.

Wer nicht vorgebucht hat und sicher gehen will, sollte am Vormittag im entsprechenden Hotel anrufen und ein Zimmer reservieren. Wer ohne Vorbuchung an der Rezeption erscheint, kann ebenfalls nach einem Rabatt fragen und erhält dann vor allem in der Nebensaison ab Mitte April häufig einen *off season discount*.

Ausstattung

Billigzimmer und Holzhütten sind karg ausgestattet, aber relativ sauber. Neben einer mehr oder weniger durchgelegenen dünnen Matratze auf einem Bett, einem Bettlaken und Kopfkissen beschränkt sich die Ausstattung auf einen Tisch- oder Deckenventilator. Manchmal gibt es auch ein Moskitonetz. Sofern es Bettdecken gibt, sind diese nicht bezogen.

Duschen und Toiletten werden in Billigunterkünften gemeinschaftlich genutzt. Es ist ratsam, sich diese vor dem Einchecken anzusehen. Wenn es auf einer Etage für viele Zimmer nur zwei Duschen und keine separaten Toiletten gibt, kann man sich morgens auf lange Wartezeiten einstellen. Auch an die Sauberkeit und Größe der Duschen hat jeder durchaus andere Ansprüche.

Selbst in der einfachen Preisklasse gibt es viele Zimmer mit Bad: kleine Nasszellen mit einfachen Duschen neben der Toilette und einem Wasserabfluss im Boden. Außerhalb der Strände gehört ein launischer Durchlauferhitzer zur Standardausrüstung. In teureren Zimmern fließt Warmwasser auch aus dem Hahn des Waschbeckens, und die Duschen sind abgetrennt, sodass das restliche Badezimmer trocken bleibt. Wer auch in Thailand ein Bad nehmen will, sollte die obere Preisklasse buchen. In der Mittelklasse dienen Badewannen meist nur zum Duschen.

Die Zeiten romantischer Petroleumlampen sind vorbei, und **Elektrizität** ist selbst auf abgelegenen Inseln vorhanden, zumindest zu der Zeit, wenn der Generator läuft. Dieser, und damit auch die Klimaanlage, wird oft erst bei Sonnenuntergang angeworfen, sodass sich tagsüber

Öko-Tipp

Einrichtungen, die sich durch besonderes Umweltmanagement auszeichnen, sind in diesem Buch mit einem Baum gekennzeichnet. Sie verwenden z. B. Solarenergie, verzichten auf Energiefresser, sind auf harmonische und verträgliche Weise in die soziale wie natürliche Umwelt integriert und stellen Besuchern Informationen für umweltverträgliches Verhalten bereit.

Zimmer, die der Sonne ausgesetzt sind, fast unerträglich aufheizen.

Preiswerte Zimmer haben selbst in Mittelklassehotels manchmal keine **Fenster.** In einigen Gästehäusern sind sie durch Sperrholzwände voneinander abgetrennt. Dadurch können sie ebenso wie Reihenbungalows recht **hellhörig** sein. Wer seine Ruhe haben möchte, bucht besser einen Einzelbungalow oder ein etwas teueres Zimmer mit dicken Türen, das nicht direkt am Aufzug oder Treppenaufgang liegt.

Einige Gästehäuser und Bungalows sind ausgesprochen geschmackvoll und landestypisch eingerichtet. Andere Zimmer sind zwar klein, aber funktional. Viele Gästehäuser verfügen über **Aufenthaltsräume**: Dachterrassen, Cafés, Innenhöfe, Gärten und einige sogar über einen Pool. In neueren Backpackerunterkünften gehören Satelliten-TV, DVD-Player, Internet und WiFi in den Gemeinschaftsräumen zur Standardausstattung.

Das vorhandene Angebot an **Fernsehgeräten** repräsentiert unabhängig vom Zimmerpreis die Produktpalette der vergangenen 20 Jahre. Manchmal gibt es noch die Ein-Kanal-Programme mit Namen „Schneegestöber", aber auch Satelliten-TV mit englisch- und deutschsprachigen Kanälen.

Service

In Billigunterkünften erfolgt die **Zimmerreinigung** erst nach dem Auszug der Gäste. Wer länger bleibt und frische Bettwäsche (sofern vorhanden) oder eine Zimmerreinigung wünscht, sollte dieses auf nette Art dem Management gegenüber zum Ausdruck bringen. Handtücher und Bettwäsche werden in Billigunterkünften nur kalt gewaschen und sehen deshalb nicht immer frisch und sauber aus. Je teurer die Zimmer, umso dicker, weißer und zahlreicher sind die Handtücher. **Wäsche** von Gästen wird fast überall im Laufe eines Tages gewaschen. Der Preis dafür steigt mit dem Zimmerpreis.

In Thai-Hotels sorgt ein **Zimmerservice** oft rund um die Uhr für Essen und Getränke. Manchmal ist der Kühlschrank gut bestückt. Hingegen haben sich **Wasserkocher**, mit denen man sich Kaffee und Tee selbst zubereiten kann, nur in wenigen Hotels durchgesetzt. In vielen angegliederten Restaurants wird morgens ein **Frühstück** angeboten. Das Angebot orientiert sich an den Essensgewohnheiten der Mehrheit der Gäste. Sind diese Einheimische, gibt es eine Reissuppe, gebratene Nudeln oder Reis und ähnliche Gerichte sowie für Ausländer Toast, süße Marmelade und eventuell ein amerikanisches Frühstück mit Spiegelei, Würstchen und Schinken. In Hotels und Gästehäusern, die auf westliche Ausländer ausgerichtet sind, ist das Angebot vielfältiger und umfasst auch frisches Obst, Saft, Pancakes und manchmal sogar Käse und Wurst.

Auch Gästehäusern und Bungalowanlagen sind Cafés oder Gemeinschaftsräume angegliedert, in denen es Getränke und ein Frühstück gibt, das manchmal im Preis inbegriffen ist. Auch ein Wäscheservice, Abholservice, Fahrzeugverleih oder Ausflüge gehören zum Angebot.

Jede Erfahrung zählt

Da wir nicht in allen Betten geschlafen haben können, freuen wir uns über Rückmeldungen auf unserer Website im Travel Club unter www.stefan-loose.de.

Sicherheit und Unannehmlichkeiten

Auch die Sicherheit spielt bei der Auswahl der Unterkunft eine Rolle. Manche Strandhütte ist leicht durch das Fenster oder eine unzureichend gesicherte Tür zugänglich. Leser mussten sogar feststellen, dass sie mit ihrem Schlüssel auch andere Zimmertüren öffnen konnten. Manchmal stören ungewohnte **Geräusche** aus Fallrohren oder benachbarten Bars und Restaurants die Nachtruhe. Noch unangenehmer sind **Gerüche** von unzulänglich entsorgten Abwässern.

Farang Homestays

Manch ein Aussteiger, der nach Thailand ausgewandert ist, möchte in Verbindung mit dem Heimatland bleiben. Viele brauchen eine Aufgabe, gründen Metzgereien und Bäckereien, eröffnen Restaurants oder bauen Häuser. Die Gästezimmer sind selten mit Verwandten und Freunden belegt, sodass einige auch Touristen, bevorzugt aus dem Heimatland, aufnehmen. Andere bauen gleich professionell Zimmer und Bungalows für Touristen.

Je kleiner die Unterkunft, umso näher lebt man mit dem Gastgeber zusammen. Mancher entpuppt sich als ausgesprochener Landeskenner, organisiert Touren und eröffnet einen neuen Blickwinkel auf das Land. Andere Besitzer haben persönliche Probleme mit der Thai-Familie oder dem Alkohol, was nicht verborgen bleibt. Wo sich die einen Gäste wohlfühlen und immer wieder hin zurückkehren, möchten andere am liebsten gleich wieder abreisen. Wir haben deshalb versucht, in diesem Buch die entsprechenden Unterkünfte etwas näher vorzustellen. Die meisten und interessantesten liegen im Nordosten. Mehr dazu s. S. 486.

Camping

Insbesondere in Nationalparks ist das **Zelten** sehr beliebt. In den meisten können Zelte, Matten und Schlafsäcke ausgeliehen werden. Auch einige Gästehäuser in ländlichen Gebieten und Bungalowanlagen am Strand stellen begrenzt Zeltmöglichkeiten zur Verfügung. Wo große Gruppen einheimischer Jugendlicher zelten, ist Mitfeiern angesagt.

Ferienwohnungen und mehr

Nur selten werden in Urlaubszentren Ferienwohnungen und -häuser angeboten. Der Standard entspricht internationalem Niveau, die Preise liegen dagegen niedriger. Es gibt voll ausgestattete Küchen, die aber meist nur für Frühstück oder zur Zubereitung von Babynahrung genutzt werden, da außerhalb das Essen bekanntlich günstig und schmackhaft ist.

Wer privat oder gar in einem Kloster übernachtet, sollte sich zuvor genau über die Regeln informieren und eine entsprechende Spende geben. Tipps s. S. 125.

Unerwünschte Mitbewohner

Ameisen

Kleine, unangenehme Zimmergenossen sind Ameisen, die in unglaublichen Mengen auftauchen, wenn sie irgend etwas Essbares vorfinden. Deshalb möglichst keine Lebensmittel mit aufs Zimmer nehmen, oder sie luftdicht in Dosen verschließen – im Zweifelsfall mit Klebeband abdichten.

Bettwanzen

Zu einer wahren Seuche haben sich in vielen Travellerunterkünften Bettwanzen entwickelt. Obwohl sich die meisten Besitzer um Sauberkeit bemühen, nisten sie in den Matratzen, Holz- oder Wandritzen vieler Billigunterkünfte. Besonders betroffen sind fensterlose Schlafsäle und Billigzimmer.

Die 1–7 mm großen, rotbraunen, nachtaktiven Insekten leben versteckt in Bettritzen, schmalen Spalten und Hohlräumen in Bettgestellen und zwischen den Matratzen, in Spalten der Bettkästen, unter Polstern und Gardinenvorrichtungen. Nach dem 5–10 Minuten dauernden Stich wandern die Tiere in ihre Verstecke zurück. Der beim Stich abgegebene Speichel enthält Juckreiz auslösende Stoffe. Dieser Juckreiz kann 7–10 Tage andauern. Es entstehen häufig Quaddeln. Nach gegenwärtigem Wissensstand übertragen Bettwanzen keine Krankheitserreger. Dennoch sollte man beim Einchecken Matratzen und Bettgestelle gründlich untersuchen und Bettwanzen sofort an der Rezeption melden. Ist man von Wanzen überfallen worden und entdeckt am Morgen kleine Blutspuren im Bett oder Quaddeln auf der Haut, sollte man gründlich duschen und das Gepäck mit einem Insektenspray behandeln, um die Tiere nicht weiterzuverbreiten.

Kakerlaken

Sie kommen in den besten Häusern vor. Man kann wochenlang in billigen Hotels wohnen, ohne eines dieser Tierchen gesehen zu haben, und während der ersten Nacht in einem besseren Hotel huschen sie plötzlich durchs Badezimmer und verschwinden im nächsten Abfluss. Ist ihre Population übermächtig, dann hilft nur sprühen. Da sie normalerweise Abstand halten, kann man sie auch ignorieren. Ein Moskitonetz hält ebenfalls Kakerlaken fern.

Moskitos

Gefährliche Zimmergenossen sind Moskitos (s. S. 887). Befinden sich in einem Zimmer Moskitos, dann sollte es am Nachmittag gut mit einem Insektenspray ausgesprüht und vor dem Schlafengehen gründlich (ohne Licht!) gelüftet werden. In nichtklimatisierten Räumen ist ein Moskitonetz unbedingt erforderlich. Manchmal haben Vormieter Nägel zum Aufhängen hinterlassen. Zum Aufbauen des Netzes Zeit nehmen, und es regelmäßig auf Löcher kontrollieren.

Verhaltenstipps

Natürlich kann man im Urlaub einfach am Strand liegen und Einheimische nur am Rande als Taxifahrer, Kellner, Verkäufer, Hotelpersonal oder „Betreuerinnen" älterer Herren wahrnehmen. Aber die bleibenden Eindrücke, die unser Leben bereichern und unseren Horizont erweitern, sind meist Begegnungen mit Menschen. In Urlaubszentren und Großstädten sind viele Traditionen von westlichen Einflüssen überlagert worden, während sie auf dem Lande noch gelebt werden.

Von Touristen wird nicht erwartet, dass sie alle religiösen Sitten der Einheimischen praktizieren und sich wie Thais verhalten. Aber schon das Bemühen und das Interesse, die Sitten und Gebräuche des Gastlandes zu kennen und zu respektieren, werden überaus freundlich aufgenommen und honoriert.

Ein Ratgeber zum richtigen Verhalten in dieser Kultur ist z. B. der Band *Land und Leute, Thailand* von Polyglott.

Betteln

Mit Ausnahme von körperbehinderten und alten Menschen sollte man Bettlern, vor allem Kindern, nichts geben. Die Bitte um Spenden in Tempeln oder der morgendliche Rundgang der Mönche, um Gaben der Gläubigen einzusammeln, hat nichts mit Betteln zu tun. Diese freiwillige Gabe ermöglicht es Gläubigen, einen Verdienst für ihr nächstes Leben zu erwerben.

Hilfreicher ist es, Projekte durch Spenden zu unterstützen, z. B. Terre des hommes, 💻 www.tdh.de/content/themen/laenderinformationen/thailand. Die Organisation unterstützt interessante Projekte in verschiedenen Landesteilen. SOS-Kinderdörfer, 💻 www.sos-kinderdoerfer.de, gibt es in Bangkok, Chiang Rai, Hat Yai, Phuket und Nong Khai.

Drogen

Marihuana, Haschisch, Kokain, Heroin und Methamphetamine wie Yaba sind illegal und dennoch in einigen Gebieten ohne größere Probleme zu beschaffen. Nicht selten werden sie Ausländern geradezu aufgedrängt – vor allem von Dealern, die die Polizei anheuert, um Erfolge bei der Drogenbekämpfung nachzuweisen.

Leider bewirkt die ausgelassene Urlaubsstimmung bei vielen Reisenden ein naives Verhältnis zu Drogen. Wer sich mit Rauschmitteln erwischen lässt, muss mit einer hohen Geld- oder gar einer Gefängnisstrafe rechnen und wird ausgewiesen. Bei schweren Drogendelikten droht sogar die Todesstrafe. Nach Full Moon Partys auf Ko Pha Ngan war schon so mancher Tourist gezwungen, sich durch finanzielle Zuwendungen einen entsprechenden Polizeibericht und durch eine hohe Kaution seine Freilassung aus dem Gefängnis zu erkaufen.

Handeln

Vor allem auf Touristenmärkten gehört zum Einkaufen das Handeln. Es ist ratsam eine Preisvorstellung zu haben und nie direkt nach der Ankunft zu shoppen. Nach dem ersten Preis des Händlers, der nicht völlig überzogen sein sollte, nennt man seinen Preis, der unter dem liegen sollte, den man wirklich bereit ist zu bezahlen. Es liegt nun ganz an der jeweiligen Situation, wie weit der Verhandlungsspielraum genutzt wird und wo man sich einigt, aber es gehört zum guten Ton, dass man nach einer Einigung auch kauft.

Beim Kauf größerer Mengen kann man auch in Geschäften mit Preisnachlässen rechnen. Nicht üblich ist Handeln in Kaufhäusern, Hotels, Restaurants und in öffentlichen Verkehrsmitteln mit Festpreisen. Den Preis eines Essens vorher herunterzuhandeln, wäre sehr unklug, da es dadurch viel schlechter werden kann. Wer nicht weiß, ob es möglich ist zu handeln, fragt einfach, ob er einen Discount bekommt.

Individuum und Gemeinschaft

Man existiert in Thailand nicht als Individuum, sondern als Teil der Familie und Dorfgemeinschaft, was in vielen Thai-Farang-Beziehungen die Ursache von Konflikten ist. Der Familienverband bietet Sicherheit und Geborgenheit. Wer sich der Gemeinschaft entzieht, verliert jede soziale Anerkennung. Kinder werden angehalten, das Alter zu ehren. Ebenso wie die Eltern genießen auch Lehrer, religiöse und politische Oberhäupter, oft auch Vorgesetzte in Betrieben unumstößliche Autorität. Der König als religiöses und repräsentatives Oberhaupt des Landes wird hoch verehrt, s. S. 119.

Der Bau von Tempeln und die Vorbereitung der großen Feste ist, wie die Wahrnehmung anderer übergeordneter Interessen, Aufgabe der Gemeinschaft. Das Familienleben hat im Gegensatz zur westlichen Gesellschaft keinen Platz für individuelle Bedürfnisse, Absonderung und Ruhe.

Ehen werden nicht selten als Versorgungsgemeinschaft angesehen, was einige Ausländer, die einheimische Mädchen heiraten, oft schmerzhaft erfahren müssen.

Kleidung

Angemessene Kleidung spielt im ganzen Land eine sehr bedeutende Rolle – das gilt vor allem für den Besuch von religiösen Stätten und allen Gebäuden des Königshauses. Unangebracht sind offene Sandalen, besonders Flipflops, ärmellose T-Shirts, kniefreie Röcke und Hosen sowie manchmal sogar Daypacks (Tagesrucksäcke). Bei chinesischen Festen (außer bei Begräbnissen) wird keine weiße, blaue oder schwarze Kleidung getragen. Vor dem Betreten eines Hauses oder eines buddhistischen Tempels zieht man die Schuhe aus.

Königshaus

Der seit über 60 Jahren regierende König von Thailand, Bhumipol Adulyadej, wird wie ein Gott verehrt (s. Kapitel „Land und Leute“ S. 119). Ihm, seiner Familie und seinen Symbolen gebührt äußerster Respekt. Die ausgeprägte Verehrung des Königs kommt im Abspielen der Königshymne um 8 und 18 Uhr zum Ausdruck. Ob im Kino oder an öffentlichen Plätzen – die Nation steht still, wenn aus Lautsprechern die Königshymne erklingt. Seit 1908 gibt es im Thai-Strafgesetzbuch den Tatbestand der Majestätsbeleidung *(lèse majesté)*. Die Höchststrafe liegt bei 15 Jahren. Unbedarfte Ausländer können schon mal in die Gesetzesfalle stolpern, denn als Majestätsbeleidigung gilt bereits, eine Münze oder Banknote mit dem Fuß zu berühren – trägt beides doch das Porträt des Königs. Sogar Ausländer standen bereits wegen unziemlicher Aussagen über das Königshaus vor Gericht.

Körpersprache

Für Buddhisten ist der **Kopf** (im Gegensatz zum Fuß) ein heiliger Körperteil. Deshalb sollte man nie einem erwachsenen Thai an den Kopf fassen, ihm die Füße entgegenstrecken, die Füße aufs Armaturenbrett im Bus legen oder Gepäckstücke ins Gepäcknetz über die Köpfe der Mitreisenden wuchten, ohne sie vorher zu fragen.

Den **Fuß** als unedelstes Körperteil sollte man niemals einem anderen Menschen oder gar einer Buddhastatue entgegenstrecken. Da die **linke Hand** als unrein gilt, nutzt man in Thailand die rechte Hand zum Essen, zum Geben und um etwas in Empfang zu nehmen.

Müssen Einheimische **durch Gruppen hindurchgehen**, beugen sie leicht den Oberkörper nach vorn und halten den rechten Arm schräg nach unten gestreckt, als ob sie die Verbindung zwischen den Menschen durchschneiden wollen.

Mai pen rai – Das macht nichts!

Das Streben nach Harmonie ist Grundlage des Gesellschaftssystems. Konflikte bleiben unausgesprochen, stattdessen versucht man eine ähnliche Situation in Zukunft zu vermeiden. Wer Auseinandersetzungen in der Öffentlichkeit austrägt, gilt als rüde und verliert sein Gesicht. Das gilt auch für Touristen, die ihren Ärger zeigen oder ihre Gastgeber kritisieren.
Wer um etwas bittet, wird selten eine Absage bekommen, selbst wenn es nicht möglich ist, der Bitte zu entsprechen. Statt „nein“ sagt man aus Höflichkeit lieber „vielleicht“ und zeigt durch zögerndes Verhalten seine Ablehnung. Auch die Frage nach dem Weg wird eher falsch als gar nicht beantwortet, was zu einer Odyssee oder völliger Ratlosigkeit führen kann. Ein Lächeln hilft, manche problematische oder unsichere Situation zu überstehen, ebenso wie die häufig verwandte Formel *mai pen rai* – was so viel heißt wie: „Das macht nichts!“

Wenn Thais jemanden **heranwinken**, wird das von Europäern oft falsch ausgelegt, da das Winken mit der abgewinkelten Hand unserer „Hau ab“-Geste ähnelt.

Es gilt als Zeichen der Freundschaft, wenn Männer oder Frauen Hand in Hand durch die Straßen bummeln. **Körperkontakte** zwischen Männern und Frauen in der Öffentlichkeit sind in traditionellen Gesellschaften tabu, trotz der scheinbaren Freizügigkeit in den Touristenzentren. Nach überlieferten Verhaltensmustern gilt es als äußerst unschicklich, Gefühle zwischen Mann und Frau in der Öffentlichkeit zu zeigen.

Korruption

Thailand liegt im Korruptionsindex auf Platz 80 von insgesamt 180 Ländern. Eltern zahlen für die Aufnahme ihrer Kinder an Schulen und in Jobs, Firmen für Aufträge. Zahlungen bei kleineren Verkehrsverstößen ohne Quittung werden als Bonus für die Polizei betrachtet, die ebenso wie Lehrer, Zöllner und andere schlecht bezahlte Staatsangestellte auf zusätzliche Einnahmen angewiesen sind. Umfragen zufolge akzeptiert die Hälfte der Bevölkerung korruptes Verhalten. Auch Touristen sind den lokalen Machtverhältnissen ausgeliefert. Bei Streitigkeiten mit korrupten Gegnern sollte man versuchen, die Situation unbeschadet zu überstehen. Im Idealfall wendet man sich im Nachhinein an die Touristenpolizei.

Lärm

Lärmgeplagten Europäern ist es unverständlich, dass Thais auch noch so großen Lärm nicht als unangenehm empfinden. Schon um 5 Uhr morgens dröhnen die Dorflautsprecher und senden bis 7 Uhr Nachrichten und Musik. Bei Festen und Feierlichkeiten wird das gesamte Dorf bis tief in die Nacht beschallt, ohne dass sich jemand darüber beschwert. Im Gegenteil: Ruhe und Dunkelheit gelten als unheimlich und werden vermieden. Viele glauben, dass Lärm böse Geister vertreibt – je lauter umso wirkungsvoller.

Rauchen

Das Rauchverbot in Restaurants wurde auch auf Pubs, Kneipen und Bars ausgeweitet. Rauchen ist nur noch in begrenzten Bereichen gestattet. Sogar auf Märkten und in öffentlichen Einrichtungen darf nicht geraucht werden. Raucher sollten sich deshalb aufmerksam umschauen, bevor sie sich einen Glimmstengel anzünden.

Religion

Die Religion spielt im täglichen Leben eine bedeutende Rolle, mehr dazu S. 125. Mönche unterliegen strengen Klosterregeln, dürfen ab mittags keine feste Nahrung zu sich nehmen und keine Frauen berühren. Manches, was in Tempeln passiert, ist nur schwer mit der eigentlichen buddhistischen Lehre zu erklären. So sind auf dem Tempelgelände auch Amulettverkäufer und Wahrsager anzutreffen. Tempelbesucher sollten keinesfalls vor betenden Gläubigen herumlaufen, sich über ihre Köpfe erheben oder gar religiöse Statuen oder Anlagen erklimmen. Fotografieren kann man während religiöser Zeremonien, wenn es auch die Einheimischen tun oder man die Erlaubnis dazu erhalten hat.

Sauberkeit

Die Straßen sind vor allem im Norden sehr sauber. Hingegen sehen Strände, die nicht gereinigt werden, manchmal wie wilde Müllkippen aus. Selbst in kleinen Orten in der Provinz gibt es mittlerweile eine Müllabfuhr, wenn auch manches nicht ordnungsgemäß entsorgt wird. Strikte Gesetze drohen für das Verunreinigen von Straßen Strafen von bis zu US$100 an. Schon mancher Tourist in Bangkok musste für das achtlose Wegwerfen einer Kippe 200–2000 Baht Strafe zahlen.

Wai

Thais begrüßen sich in der Regel nicht mit Handschlag, sondern mit dem sogenannten *wai*, bei dem die eigenen Handinnenflächen gegeneinander gelegt werden. Diese Geste stellt nicht nur eine Begrüßung dar, sondern auch ein Zeichen des Respekts, das zuerst dem höher gestellten Menschen dargeboten wird. Ausländer können darauf mit einem Kopfnicken reagieren oder zumindest darauf achten, dass sie kein falsches *wai* benutzen. Bei diesem sollte man bestimmte Regeln beachten: gefaltete Hände vor der Stirn und gebeugter Kopf bei Mönchen, bei Älteren auf Nasenhöhe, bei niedriger gestellten Personen (Kinder, Hausangestellte, Kellner usw.) vor der Brust und bei Höhergestellten die Hände vor dem Mund.

Versicherungen

Auslandsreise-Krankenversicherung

Der Abschluss einer Auslandsreise-Krankenversicherung ist in jedem Fall zu empfehlen. Insbesondere bei Krankenhausaufenthalten kann schnell eine erhebliche Summe zusammenkommen. Bei schwerer Erkrankung wird der Betroffene in die Heimat geflogen, wenn er plausibel darlegen kann, dass am Urlaubsort keine ausreichende Versorgung gewährleistet ist. Dabei ist der Passus „wenn medizinisch notwendig" im Kleingedruckten zu beachten, denn gerade medizinische Notwendigkeit ist selten leicht zu beweisen. Einschränkungen gibt es zudem bei Zahnbehandlungen (nur Notfallbehandlung) und chronischen Krankheiten.

Im Krankheitsfall müssen die Rechnungen für die Behandlung vorher beglichen werden. Wenn nach der Rückkehr die Belege bei der Versicherung eingereicht worden sind, werden die Kosten erstattet. Manche internationale Krankenhäuser können bei ernsten Erkrankungen und teuren Behandlungen direkt mit der Versicherung abrechnen.

Auslandskrankenversicherungen für Reisen von bis zu sechs Wochen Dauer werden ab 6 € pro Person angeboten, wer länger verreist, zahlt um 2 € pro zusätzlichem Tag. Zudem gibt es Versicherungen für die ganze Familie ab 19 €. Anbieter sind u. a. ADAC, Debeka, DKV, Europäische, HUK-Coburg, International Service Assekuranz (bis zu 18 Monaten, Extra Versicherungen für Sportler), TAS Assekuranz, Signal Iduna, Universa und Victoria. Bei einigen Kreditkarten sind Auslandskrankenversicherungen enthalten. Reisende über 60 oder gar 70 Jahre werden teils gar nicht oder nur teuer versichert.

Reisegepäckversicherung

Viele Versicherungen sichern auch Gepäckverlust ab, einige haben sich sogar auf solche Fälle spezialisiert (z. B. Elvia, ☎ 089-624240, 💻 www.elvia.de). Die Bedingungen sind immer sehr eng gefasst. Die Stiftung Warentest rät von einer Gepäckversicherung ab, da sich die Versicherer meist auf die Unachtsamkeit des Reisenden berufen und nicht zahlen. Für wertvolle Sachen wie eine Fotoausrüstung kann eine Fotoversicherung abgeschlossen werden, die zwar relativ teuer ist, aber die Geräte gegen sämtliche Risiken versichert. Die Kamera darf wegen möglicher Motorradräuber nur am Körper befestigt getragen werden.

Im Schadensfall muss der Verlust sofort bei der Polizei gemeldet werden. Eine **Checkliste**, auf der alle Gegenstände und ihr Wert eingetragen sind, und Fotos der Gepäckstücke ist dabei hilfreich.

Ansonsten sollte alles, was nicht ausreichend versichert ist, im Handgepäck transportiert werden. Eine Reisegepäckversicherung mit einer Deckung von rund 2000 € kostet für 24 Tage ca. 30 €, ein Jahresvertrag 60–70 €.

Reiserücktrittskostenversicherung

Bei Pauschalreisen ist die Rücktrittskostenversicherung meistens im Preis eingeschlossen (nachfragen). Sie muss in der Regel bis 14 Tage nach Reisebuchung abgeschlossen werden. Die Stornokosten werden beim Tod eines Familienmitglieds oder Reisepartners und im Krankheitsfall übernommen, wenn die Reiseunfähigkeit ärztlich nachgewiesen werden kann. Die Kosten der Versicherung liegen meist bei 20–30 € pro 1000 € Reisepreis.

Versicherungspakete

Diese Rundum-Pakete sind auf maximal fünf bis acht Wochen begrenzt und beinhalten neben der Reisekrankenversicherung eine Gepäck-, Reiserücktrittskosten- und Reisenotruf- bzw. Rat& Tat-Versicherung. Letztere bietet eine Notrufnummer zur Soforthilfe während der Reise. Außerdem werden Krankenhauskosten sofort von der Versicherung beglichen und bei ernsthaften Erkrankungen der Rücktransport übernommen. Wenn der Versicherte nicht transportfähig ist und länger als zehn Tage im Krankenhaus bleiben muss, darf auf Kosten der Versicherung eine nahe stehende Person einfliegen. Auch beim Verlust der Reisekasse kann man über den Notruf einen Vorschuss erhalten. Versicherungspakete lassen sich über das Reisebüro zu Hause abschließen, wobei sich die Kosten nach Dauer und Wert der Reise richten.

Bei längeren Reisen sind nur Einzelversicherungen möglich. Ein optimaler Versicherungsschutz wird dann teuer. Deshalb sollten in diesem Fall die Leistungen verschiedener Unternehmen verglichen und nur das, was man wirklich braucht, versichert werden. Bei häufigen Auslandsreisen können Versicherungen auch für ein ganzes Jahr mit automatische Verlängerung abgeschlossen werden.

www.test.de
Die Stiftung Warentest nimmt Versicherungen unter die Lupe.
www.dooyoo.de/reiseversicherung/
Dieses Portal sammelt Erfahrungsberichte zu Reiseversicherungen.

Visa

Da sich die Visabedingungen in den vergangenen Jahren häufig geändert haben, sollte man sich vor der Abreise noch einmal über die aktuelle Situation informieren, siehe eXTra [2670].

Aufenthalt zwischen 15 und 60 Tagen

Das Thai-Visum **Visa on Arrival** erhalten deutsche, österreichische und Schweizer Touristen bei der Ankunft am Flughafen kostenfrei für einen Aufenthalt von maximal 30 Tagen. Voraussetzungen sind ein mindestens sechs Monate gültiger Reisepass und der Nachweis einer bestätigten Flugbuchung für die Weiter- oder Rückreise. Kinder benötigen einen eigenen EU-Reisepass, da der Kinderausweis nicht anerkannt wird. In der Regel wird die Aufenthaltsgenehmigung bei der Einreise problemlos in den Pass gestempelt (Stempeldatum kontrollieren!). Wer auf dem See- oder Landweg einreist, bekommt derzeit nur 15 Tage.

Für längere Aufenthalte benötigt man ein **Touristenvisum**, das vor der Anreise bei einer diplomatischen Vertretung im Ausland beantragt werden muss. Für Reisen bis zu 60 Tage kostet es 25 €. Es kann einmalig um 30 Tage verlängert werden (s. u.). Die Einreise muss innerhalb von 90 Tagen erfolgen.

Langzeitaufenthalte

Mit Thailändern verheiratete Ehepartner und Rentner können das **Non-Immigrant-Visum „O"** und Geschäftsreisende das **Non-Immigrant-Visum „B"** beantragen. Diese gelten entweder für eine einmalige Einreise von 90 Tagen (50 €) oder für mehrere Einreisen innerhalb von 365 Tagen, jeweils für max. 90 Tage (120 €). Die Konsulate verlangen unterschiedliche Belege. Es gibt auch ein Jahresvisum für Ausländer über 50 Jahre, für das man regelmäßige Einkünfte und 800 000 Baht auf dem Konto vorweisen muss.

Mehrfache Aus- und Einreise

Mit einem **Double-Entry-Visum** kann man in die Nachbarländer reisen und problemlos nach Thailand zurückkehren. Für zwei bzw. drei Einreisen kostet es 50 bzw. 75 €, wobei die Aufenthaltsdauer von 60 Tagen pro Reise und 180 Tagen pro Jahr nicht überschritten werden darf.

Wer von Bangkok in ein Nachbarland fliegen möchte, kann mit einem gültigen Touristenvisum in der Abflughalle oder zuvor bei der Immigration ein **Re-Entry-Permit** für 1000/3800 Baht für eine einmalige/mehrfache Ausreise beantragen, das aber das 60-Tage-Touristenvisum nicht verlängert. Ansonsten verfällt ein normales Touristenvisum bei der Ausreise und muss neu beantragt werden.

Das 15-tägige **Visa on Arrival** wird derzeit an der Grenze maximal viermal hintereinander ausgestellt. Nach 60 Tagen muss man mindestens 90 Tage im Ausland verbracht haben, bevor wieder eines genehmigt wird.

Papierkram

Das erforderliche Antragsformular kann man auf den Webseiten der Botschaft, 💻 www.thaiembassy.de (deutsch), 💻 www.mfa.go.th (englisch), und des Konsulats, 💻 www.thaikonsulat.de, herunterladen oder sich vom Konsulat oder der Botschaft zuschicken lassen (Adressen s. S. 48). Für die Beantragung werden ein Passbild, gegebenenfalls auch zwei, der Reisepass (bei Einreise noch mindestens sechs Monate gültig), die Visagebühr in bar oder die Kopie der Überweisung, ein mit 3,50 € frankierter Rückumschlag sowie eine Reisebestätigung oder eine Bestätigung des gebuchten und bezahlten Rückflugs benötigt. Manchmal muss man mindestens US$500 Vermögen nachweisen.

Das Visum nicht überziehen!

Wird die Aufenthaltsgenehmigung oder das Visum wenige Tage überzogen, ist bei Ausreise für den zweiten überzogenen Tag eine Geldstrafe von 1000 Baht in einheimischer Währung fällig (für jeden weiteren Tag 500 Baht). Vor der Abreise muss ein Grenzbeamter mehrere Formulare ausfüllen, daher rechtzeitig am Immigrationsschalter erscheinen. Das Überziehen vom Visum wird nicht als Bagatelle angesehen. Wer mit abgelaufenen Visum im Land ertappt wird, wird festgenommen und nach einer Gerichtsverhandlung ausgewiesen. Wer seine Strafe nicht bezahlen kann, muss ins Gefängnis.

Visaverlängerung

In Thailand kann das 60-Tage-Touristenvisum bei dem Immigration Office einmalig für 1900 Baht um 30 Tage verlängert werden. Auch die Aufenthaltserlaubnis von 15 bzw. 30 Tagen kann einmalig für 1900 Baht um sieben Tage verlängert werden.

Immigration Office
Soi Suanphlu, Sathon Tai Rd.,
Bangkok 10120,
📞 02-287 3101-9, 📠 287 1310.

One-Stop Service Center (für Langzeitaufenthalte)
Krisda Plaza 207, 3rd Floor, Rachadapisek Rd.,
Bangkok 10310,
📞 02-693 9333-9.

Zeit und Kalender

Zeitverschiebung

Die Zeitverschiebung zur Mitteleuropäischen Zeit (MEZ) beträgt in Thailand sechs Stunden, zur Sommerzeit fünf Stunden.

MEZ	Sommerzeit	Thailand
17	18	23
20	21	2
23	24	5
2	3	8
5	6	11
8	9	14
11	12	17
14	15	20

Kalender

Die Thais kennen drei Kalender: den westlichen, den buddhistisch-thailändischen und den chinesischen. Demnach feiern sie auch dreimal im Jahr ausführlich Neujahr – am 1. Januar das Geschäftsneujahr, am 13. April *songkran* (Thai-Neujahr) und am Neumondtag im Januar oder Februar *chinese new year*. Im täglichen Leben wird der **westliche Kalender** verwendet.

Der **thailändische Kalender** beginnt mit der Geburt Buddhas im Jahr 543 v. Chr. Da er sich nach dem Mondzyklus ausrichtet, wird alle vier bis fünf Jahre ein Monat eingeschoben. Das Jahr 2010 ist das Jahr 2553 nach Buddha, 2011 entspricht 2554 und 2012 demnach 2555.

Im **chinesischen Kalender** wird das Jahr im Rhythmus von zwölf Jahren nach einem Tier benannt, das mit bestimmten Eigenheiten assoziiert wird. Die Thais im Norden weisen jedem Geburtsjahr zudem einen Tempel zu. So ist Wat Phrathat Lampang Luang in Lampang der Tempel für alle, die im Jahr des Büffels (2009, 1997, 1985, 1973, 1961, 1949 ...) geboren sind. Die folgenden Geburtsjahrtempel sind: Wat Phrathat Chohae in Phrae (Tiger), Wat Phrathat Chae Haeng in Nan (Hase/Katze), Wat Phra Singh (Drachen), Bodh Gaya in Indien oder Wat Jet Yot in Chiang Mai (Schlange), Shwedagon Pagode in Yangon, Myanmar (Pferd), Wat Phrathat Doi Suthep bei Chiang Mai (Ziege), Wat Phrathat Phanom in Nakhon Phanom (Affe), Wat Phrathat Haripunchai in Lamphun (Hahn), Wat Phrathat Kyaiktiyo, die Felsenpagode in Myanmar (Hund), Wat Phrathat Doi Tung auf dem Doi Tung bei Chiang Rai (Schwein/Elefant) und Wat Prathat Sri Chom Thong am Doi Inthanon südlich von Chiang Mai (Ratte).

Zoll

Zollfrei sind neben den üblichen Gegenständen des täglichen Bedarfs 200 Zigaretten bzw. 250 g Tabak, 1 l Wein oder 1 l Spirituosen, ein Fotoapparat, eine Videokamera und fünf Filme. Sämtliche anderen Dinge müssen bei der Einreise nach Thailand deklariert und verzollt werden.

Verboten sind die Einfuhr von Waffen, Pornoliteratur, Drogen sowie die Ausfuhr von Buddhastatuen und echten Antiquitäten. Der Handel mit Antiquitäten ist in Thailand verboten.

Ausländische Währung darf in beliebiger Höhe ohne Deklaration ein- und ausgeführt werden. Die Einfuhr thailändischer Währung ist auf 50 000 Baht pro Person begrenzt. Wer nach Malaysia, Myanmar, Laos, Kambodscha oder Vietnam ausreist, kann bis zu 500 000 Baht mitnehmen.

Bei der Einreise mit dem Flugzeug nach Deutschland dürfen Waren im Wert von bis zur 430 € pro Person mitgebracht werden, aber natürlich keine gefälschten Markenwaren und Produkte geschützter Tiere und Pflanzen.

Wer sich teure Einkäufe ins Heimatland schicken lässt, muss diese versteuern, wodurch sich manches Schnäppchen nicht mehr lohnt. Weiteres zum zollfreien Einkauf s. S. 50.

Land und Leute

Geografie

Fläche: 514 000 km²
Nord-Süd-Ausdehnung: über 1800 km
Ost-West-Ausdehnung: 800 km
Größte Städte: Großraum Bangkok (11,5 Mio.), Udon Thani (230 000), Chonburi/Pattaya (203 000), Korat (Nakhon Ratchasima) (202 000)
Längste Flüsse:
Menam Chao Phraya (370 km) ab dem Zusammenfluss von Ping (569 km) und Yom in Nakhon Sawan, Teile des Mekong (4350 km) und Salween (2815 km)
Höchster Berg: Doi Inthanon (2565 m)

Beim Anflug auf Bangkok erblickte man einst ein Mosaik aus Reisfeldern, durchzogen von Kanälen und Flüssen, an deren Ufern die Dörfer wie Perlen an einer Schnur lagen. Die Ebene ist mittlerweile mit Reihenhaussiedlungen für die neue Mittelschicht und riesigen Fabrikhallen bebaut. Rings um Bangkok, vor allem im Norden und Südosten, hat sich der weitaus größte Teil der verarbeitenden Industrie Thailands angesiedelt. Bei einer Reise in den Norden oder Süden zeigt sich das Land von seiner eher ländlichen Seite.

Thailand, mit 514 000 km² um 43 % größer als Deutschland, liegt südlich des nördlichen Wendekreises, zwischen 6° und 20° nördlicher Breite und 97° und 106° östlicher Länge. Vom Norden bis in den südlichen „Rüssel" des sogenannten Elefantenkopfes beträgt die Entfernung über 1800 km. Das entspricht der Entfernung Kopenhagen–Rom. Von Westen nach Osten sind es 800 km, fast so weit wie von Paris nach Berlin. Hingegen ist das Land an seiner schmalsten Stelle bei Prachuap Khiri Khan nur 15 km breit. Vom 3 000 000 km langen Flussnetz sind nur 10 000 km schiffbar. Durch Wasserkraft wird mehr als ein Drittel des Energiebedarfs gedeckt.

Die Zentralregion

Die weite, ebene Landschaft ist vom Menam Chao Phraya, dem mit 370 km größten Fluss des Landes, seinen Nebenflüssen und dem weiten Delta geprägt. Der Menam („Mutter des Wassers" bzw. „Flusses") Chao Phraya (hoher Adelstitel) windet sich durch ein Tiefland, das weniger als 80 m über dem Meeresspiegel liegt. Sand, Kies und andere verwitterte Materialien wurden von den Wassermassen im Laufe der Jahrmillionen in der Ebene Schicht für Schicht abgelagert. Jedes Jahr werden weitere Mengen an Sedimentgestein und fruchtbaren Mineralstoffen aus den Bergen in Richtung Meer transportiert. Mit dem Einsetzen der Regenzeit steigen die Wassermassen der Flüsse bis auf das Hundertfache an und überfluten weite Landstriche.

Viele Staudämme haben die Flüsse im Oberlauf gebändigt. Doch noch immer stehen monatelang weite Gebiete des Kernlandes unter Wasser. Diese fruchtbare angeschwemmte Ebene, die – sofern nicht bebaut – intensiv für den Reisanbau genutzt wird, geht in ihren Randbereichen in eine hügelige Landschaft über, die zum Teil aus älteren Gesteinsablagerungen besteht.

Die Nordregion

Die in Nord-Süd-Richtung verlaufenden Höhenketten sind Ausläufer des Himalaja. Der große Gebirgszug erstreckt sich von Indien über Myanmar, China und Thailand weiter Richtung Süden entlang der Westgrenze des Landes bis zur Malaiischen Halbinsel. Nur an wenigen Stellen erreicht das Gebirge in Thailand Höhen über 2000 m. Mit 2565 m ist der Doi Inthanon, 60 km südwestlich von Chiang Mai, der höchste Berg des Landes.

Zwischen den durch Faltung und Hebung entstandenen Gebirgszügen haben die Flüsse tiefe Täler gegraben. Außer den Nebenflüssen des Mekong im Osten (z. B. der Kok, an dem Chiang Rai liegt) und des Salween im Westen (z. B. Pai, bei Mae Hong Son) fließen vor allem die Quellflüsse des Menam Chao Phraya durch die breiten Täler des Nordens: im Westen der Ping (Chiang Mai), der sich nördlich von Tak mit dem Wang (Lampang) vereinigt, im Osten der Yom (Phrae, Sukhothai), der flussabwärts in den Nan (Nan, Phitsanulok) mündet. Bei Nakhon Sawan entsteht am Zusammenfluss dieser

Ströme der Menam Chao Phraya. Die angeschwemmten Flusstäler werden landwirtschaftlich intensiv genutzt und waren bereits besiedelt, als die Thai-Völker aus Yunnan kommend hier eintrafen.

Die Nordostregion

Das Zentrum dieser Region bildet das sogenannte Korat-Plateau, eine leicht hügelige Ebene in 100–300 m Höhe, die sich am Rand schalenförmig anhebt. Es wird von Höhenzügen und Flüssen begrenzt: der bis 1700 m hohen Petchabun-Kette im Westen, der Phanom Dongrak-Kette im Süden, dem Mekong im Osten und Norden. Im Erdmittelalter (Mesozoikum) lagerten sich hier Sedimente eines urzeitlichen Meeres ab. Die nährstoffarmen Böden können Wasser nur schlecht speichern, sodass sie nur wenig Ertrag abwerfen. Während der Regenzeit, wenn der Mun mit seinen Nebenflüssen die Wassermassen kaum fassen kann, kommt es zu Überflutungen. Nur wenige Monate später leidet das Land unter Trockenheit und Dürre.

Die Südregion

Thailand besitzt eine über 2600 km lange Küste, überwiegend am Golf von Thailand und zu einem geringeren Teil an der Andamanensee. Im Südosten erstrecken sich die Ausläufer der Bilauktaung-Bergkette bis zum Meer. In der frühen Erdneuzeit (Tertiär) lagerte sich hier Sandstein ab, der später von Vulkangestein überlagert wurde.

Auf der Malaiischen Halbinsel im Süden trennen staffelförmig versetzte Bergketten (Tenasserim-, Phuket-, Nakhon- und Kalakiri-Kette) die West- und Ostküste. Während an der Westküste schroffe Karstfelsen steil ins Meer abfallen und Inselgruppen aus bizarren Kalkformationen (Bucht von Phang Nga) bilden, läuft das Gebirge im Osten in eine weite Küstenebene aus.

Die Küste am relativ seichten Golf von Thailand verändert sich laufend durch Erosion auf der einen und Sedimentablagerungen auf der anderen Seite.

Flora und Fauna

Pflanzenarten: etwa 12 000
Waldfläche: 10 Mio. ha
Naturschutzgebiete:
16 % der Landesfläche
Tierarten: etwa 1100
Bedrohte Arten: Nashorn, Kouprey (Wildbüffel), Elefant, Tiger, Banteng (Wildrind), wilder Wasserbüffel und diverse endemische Fledermausarten

Elefanten und Teakwälder, die beiden typischsten Vertreter der thailändischen Fauna und Flora, werden die meisten Besucher des Landes kaum noch in ihrem natürlichen Umfeld sehen können. Das Bild des Landes prägen stattdessen Felder, Gärten und domestizierte Tiere.

Wälder

Während im Süden immergrüne Wälder einen Teil des Landes bedecken, muss sich die Pflanzenwelt weiter im Norden an eine zunehmende Trockenperiode und stärkere Temperaturschwankungen anpassen. In den Bergen, wo Temperaturen bis in die Nähe des Gefrierpunktes absinken, findet man eine entsprechend angepasste Pflanzenwelt.

Immergrüne Regenwälder

Immergrüne Regenwälder, von denen etwa 3 % Primärwälder sind, bedecken einige Landesteile südlich von Chumphon. In bis zu 70 m Höhe erstreckt sich das dichte Blätterdach ihrer höchsten Bäume. Im Dämmerlicht zwischen breiten Brettwurzeln und Lianen wachsen verschiedene Büsche und Sträucher, die eine hohe Luftfeuchtigkeit benötigen, aber mit wenig Licht auskommen. In Bodennähe wird das Grün nur selten von farbigen Blumen unterbrochen. Viele Orchideenarten sind Epiphyten und leben wie Schmarotzerpflanzen auf anderen Pflanzen in den oberen Stockwerken des Waldes. Wird der Wald abgeholzt, entwickelt sich ein Sekundärwald, der weitaus weniger Artenfülle aufweist und aus niedrigen Bäumen, Büschen und Lianen besteht.

Monsunwälder

Ausgeprägte Trockenzeiten bestimmen den Pflanzenwuchs in den meisten Landesteilen. Vergleichbar unserem Herbst werfen die Bäume in der regenarmen Zeit ihre Blätter ab. Im Januar leuchten die Blätter erst in herbstlichen Farben. Bis zum Einsetzen der Regenzeit im Mai sind viele Bäume dann unbelaubt, andere blühen in kräftigen Farben. Mit dem Einsetzen der Regenzeit entwickelt sich dann wieder eine üppige Belaubung. Büsche und andere Pflanzen werfen ihre Blätter nicht ab, da diese durch eine verdunstungshindernde Schicht vor dem Austrocknen geschützt sind.

In trockenen Monsunwäldern überwiegen die *Dipterocarpaceen,* lichte Bäume mit immergrünen, ledrigen Blättern, deren Blüten und Harz einen aromatischen Duft verbreiten. Ein typischer Vertreter der Laub abwerfenden Wälder ist der **Teakbaum** *(Tectona grandis).* Sein hartes, haltbares Edelholz wird bereits seit Jahrhunderten geschätzt und in vielen Plantagen kultiviert. Er ist auf wasserdurchlässigen Böden in Bergwäldern bis zu 900 m Höhe von Indien bis Thailand beheimatet und gedeiht am besten bei einer mittleren Jahrestemperatur von 24–27 °C sowie einer jährlichen Niederschlagsmenge um 1500 mm.

Bambuswälder

In einigen Flusstälern Nord-Thailands stehen Bambuswälder von unterschiedlicher Dichte und Höhe. Die den Gräsern zugehörigen bis zu baumhohen Pflanzen wachsen extrem schnell und sind universell nutzbar. Wie kaum eine andere Pflanze werden sie in allen Ländern Ost- und Südostasiens sowohl als Nahrungsmittel als auch für den Hausbau und die Herstellung von Gebrauchsgegenständen genutzt.

Mangrovenwälder

An flachen Küsten im Süden und Osten bilden Mangrovenwälder einen schwer durchdringlichen, schmalen Saum. Die bis zu 20 m hohen Wälder haben sich an das Leben im Salzwasser angepasst. Die Bäume finden mit Stelzwurzeln Halt im Schlick und Schlamm der Gezeitenzone. Häufig bilden sich vor den Mangroven Sandbänke im Meer, wodurch die Sümpfe verlanden. Wo

Der Gummibaum *(Hevea brasiliensis)*

Er war ursprünglich am Amazonas beheimatet und hatte den Kautschukbaronen der brasilianischen Urwaldstadt Manaus einen beispiellosen Boom beschert. Um das Monopol zu schützen, war die Ausfuhr der wild wachsenden Pflanze bei Todesstrafe verboten. Dennoch kamen 70 000 Samen 1876 auf dunklem Wege nach London, wo sie im Kew Garden Früchte trugen, die den Grundstein von Malaysias Kautschukindustrie bildeten. Henry Nicholas Ridley, Leiter der Forstverwaltung des Straits Settlements und des Botanischen Gartens in Singapur, führte viele Experimente durch, entwickelte eine neue Zapfmethode und propagierte den Plantagenanbau des Gummibaums unter den britischen Pflanzern. 1896 entstanden die ersten Kautschukplantagen, und schon bald hatte der billigere Malaya-Kautschuk den brasilianischen vom Weltmarkt verdrängt.

Vor allem Dunlops Erfindung des pneumatischen Fahrradreifens und die Einführung der Fließbandproduktion in der Automobilindustrie durch Henry Ford ließen den Bedarf an Naturkautschuk in die Höhe schnellen, sodass in Gebieten mit entsprechenden Klima- und Bodenverhältnissen immer mehr Plantagen entstanden. Fast 40 % der Weltproduktion an Kautschuk wird mittlerweile in Thailand erzeugt.

Ein Gummibaum muss fünf bis sechs Jahre alt sein, um zum ersten Mal angezapft werden zu können. Dabei wird mit einem besonderen Messer ein spiralförmig nach unten laufender Schnitt in die Baumrinde geritzt. In einer Schale wird der milchige Kautschuksaft aufgefangen und später vom Zapfer in einen Sammelbehälter gegossen. Unter Zusatz von Chemikalien wird der frisch gezapfte Latex zu dünnen Fladen verarbeitet, anschließend mit einer Handmangel zu Fußabstreifern ähnelnden Lappen ausgewalzt, getrocknet und in größeren Betrieben verarbeitet.

Mangroven abgeholzt wurden, wachsen Nipapalmen *(Nypa fruticans)*, deren Palmwedel zum Dach decken und für Matten verwendet werden und aus deren Früchten eine Art Bier für den Eigenbedarf gebraut wird. Innerhalb eines halben Jahrhunderts ist die Hälfte aller Mangrovenwälder Thailands zu Holzkohle verarbeitet oder für Bauprojekte abgeholzt worden. Zunehmend belastet die Anlage von Shrimp- und Fischfarmen das Ökosystem der Küste. Das Gleichgewicht wird nachhaltig gestört, und der Ufersaum ist schutzlos der Meeresbrandung ausgesetzt.

Tiere

Im Übergangsbereich zwischen dem kontinentalen Hochland im Norden und der tropischen Malaiischen Halbinsel verfügt das Land über eine besonders artenreiche Fauna. Obwohl seit 1961 zum Schutz der Tiere immer mehr Wälder unter Naturschutz gestellt werden, sind 37 Säugetierarten von der Ausrottung bedroht, vor allem Großtiere. Tapir, Leopard und Tiger sind nur noch in kleineren Populationen vorhanden, und man bekommt sie in den seltensten Fällen zu Gesicht. Neben der Jagd und dem illegalen Tierfang wurde durch das Abholzen der Wälder der Lebensraum der Tiere stark eingeengt. Auch die Meeresfauna ist durch die gnadenlose Überfischung und Wasserverschmutzung massiv gefährdet.

Säugetiere

Die Monsunwälder sind der Lebensraum der Hirsche, des **Sambar** *(Cervus unicolor)*, ein dunkelbraunes, verhältnismäßig großes Tier, und des **Schweinshirsches** *(Axis porcinus)*. Immer seltener sind in den letzten Jahren das Wildrind **Banteng** *(Bos javanicus)* und **Gibbons** zu sehen. Häufig hört und sieht man dagegen **Makaken**. Von einer rotbraunen Makakenart mit kurzem Schwanz werden junge, männliche Tiere in den Dörfern (z. B. auf Ko Samui) bei der Kokosnussernte eingesetzt.

Im immergrünen Regenwald sind relativ häufig sogenannte Gleiter (fliegende Säugetiere) zu sehen. Der größte unter ihnen, das **Riesenflughörnchen**, erreicht ausgestreckt eine Länge von knapp 1 m, wobei der Rumpf etwa 50 cm lang ist. Daneben gibt es **Flattermakis** *(flying lemur)*, die zur Familie der Halbaffen gehören und etwa die Größe einer Hauskatze erreichen.

In vielen dunklen Höhlen leben Schwärme von bis zu mehreren Millionen **Fledermäusen**, die abends fast gleichzeitig aufbrechen, um auf Insektenfang zu gehen oder sich an reifen Früchten gütlich zu tun. Die Hummelfledermaus *(Craseonycteris thonglongyai)*, die erst 1973 entdeckt wurde, gilt als das kleinste Säugetier der Welt: Sie wiegt nur 1,5–2 g.

Elefanten

Selbst der von den Thais seit Jahrhunderten verehrte und wegen seiner Kraft geschätzte Elefant ist gefährdet. Man nimmt an, dass wilde Elefanten, sofern man sie nicht stärker schützt, in 30–40 Jahren ausgerottet sein werden. In ganz Thailand leben laut WWF etwa 1200–1500 wilde Elefanten, überwiegend im Tenasserim-Gebirge entlang der Grenze zu Myanmar. Zudem werden etwa 3000 gezähmte Elefanten für den Abtransport der Bäume aus dem Dschungel gehalten (1955 waren es noch über 13 000). Mit dem 1989 ausgesprochenen Verbot, Bäume für kommerzielle Zwecke zu fällen, wurden viele Elefanten in Thailand regelrecht arbeitslos. Einige sind jetzt in Shows im Einsatz, unterhalten Touristen oder ziehen „bettelnd" durch Bangkok und die Touristenzentren.
Ein ausgewachsenes, kräftiges Tier von 16–40 Jahren hebt mit den Stoßzähnen bis zu 400 kg und zieht bis zu 1,5 t. Die Stoßzähne des asiatischen Elefanten sind zwar kleiner als die des afrikanischen, dennoch wird ein Paar der bis zu 80 cm langen und 24 cm starken Zähne für 20 000 Baht und mehr verkauft. Seit dem weltweiten Verbot des Elfenbeinhandels ist der Markt weitgehend zusammengebrochen. Ein ausgewachsener Arbeitselefant, der ein 6-jähriges Training hinter sich hat, wird mit 400 000 Baht gehandelt.
Verschiedene Organisationen in Thailand engagieren sich für Elefanten, z. B.:
Friends of the Asian Elephant, 💻 www.eleaid.com. Weitere Infos s. „Reiseziele" S. 31 und „Nord-Thailand" S. 461.

Amphibien und Reptilien

Thailands Gewässer sind die Heimat zahlloser Fische und Frösche, Schildkröten und Krokodile. Das bis zu 10 m lange **Leistenkrokodil** ist ebenso wie das kleine Siamesische Krokodil zumeist nur in Krokodilfarmen zu sehen.

Unter den mehr als 100 Schlangenarten Thailands gibt es 16 giftige, aber nur sechs, deren Biss tödlich sein kann: **Königskobra** *(Naja hannah)*, **Kobra** *(Naja naja)*, **Russel's Viper** *(Vipera russelli)*, **Gestreifte Krait** *(Bungarus fasciatus)*, **Malaiische Viper** *(Ancistrodon rhodostoma)* und **Grüne Pit Viper** *(Trimeresurus popeorum)* sowie einige Arten von **Seeschlangen**. Während die Kobra beim Biss ein Nervengift überträgt, wirkt das Gift der Vipern auf Blut und Blutgefäße.

Auch die längste Schlange Asiens, der **Netzpython**, kommt in Thailand vor. Pythons können bis zu 10 m lang und 140 kg schwer werden. Sie umschlingen und erdrücken ihre Beute, die aus kleineren Säugetieren, Affen oder Vögeln besteht. Ungefährlich dagegen sind **Geckos**, kleine Eidechsen, die mit Vorliebe abends an der Zimmerdecke rings um die Lampe Insekten auflauern.

Zu den exotischen Reptilienarten gehören **Flugdrachen** *(flying lizard)* und **Flugfrösche**. Sie haben eine enorme Gleitfähigkeit entwickelt, die es ihnen erlaubt, sich im Blätterdach des Dschungels schnell fortzubewegen.

Weitere Wassertiere

Schlammspringer, etwa 15 cm lange Knochenfische, leben in Mangroven im Wasser wie auf dem Land. Dann atmen sie durch die Haut und benutzen ihre Brustflossen, die wie Arme ausgebildet sind, um sich durch den Schlamm zu bewegen. In den Gewässern treffen Taucher mit viel Glück den **Walhai** an. Der größte Fisch der Erde wird bis zu 18 m lang und über 10 t schwer und ernährt sich hauptsächlich von Plankton. Zwischen den Inseln vor Trang leben noch wenige **Seekühe**, auch Dugong genannt. Die Säugetiere können bis zu 4 m lang und 400 kg schwer werden.

Insekten

Unüberschaubar ist die Vielfalt an Insekten – Grillen, Grashüpfer und Gottesanbeterinnen gibt es ebenso wie die weniger angenehmen oder sogar gefährlichen Ameisen, Anopheles-Mücken, Wespen, Hornissen, Hundertfüßler und Tausendfüßler. Allein von den **Schmetterlingen** kommen in Thailand 500 verschiedene Arten in allen Größen und Farben vor. Beeindruckend ist der bis zu 5 cm lange **Nashornkäfer**. Unter der Vielzahl an Käfern leben auch winzige mit Ameisen zusammen in ihren Nestern und gehen mit ihnen eine Symbiose ein. Die **Riesenameise** wird über 2,5 cm lang. Die **Rote Baumameise** baut Nester aus Blättern oder Blattstücken, die sie durch ein fadenähnliches Sekret zusammenfügt. Wenn man durch Zufall an eines ihrer Nester stößt, reagiert diese Ameisenart aggressiv.

Vögel

In Thailand wurden über 1000 Vogelarten gezählt, Zugvögel eingeschlossen. An den flachen Binnenseen Süd-Thailands kann man viele asiatische Wasservögel beobachten. Auch auf wenig besiedelten Inseln oder an Dschungelflüssen und vor allem in den Bergen kommen Vogelfreunde auf ihre Kosten. Vögel, die sich in den oberen Baumkronen aufhalten, sind am ehesten frühmorgens nahe Früchte tragender Bäume zu beobachten. Schon von Weitem ist das laut klatschende Fluggeräusch der **Nashornvögel** zu hören, deren Flügel Spannweiten bis zu 3 m erreichen.

An den Flussläufen huschen die grünblau schillernden **Eisvögel** auf ihrer Jagd nach Insekten und kleinen Fischen entlang, während die weißen **Reiher** auf dem Rücken der Wasserbüffel und in den Reisfeldern ihre Nahrung suchen. Zu ihnen gesellen sich **Pelikane, Ibisse, Kraniche** und **Klaffschnabel-Störche** aus dem kalten Sibirien, die in der zentralen Tiefebene überwintern. Vogelparadiese sind vor allem die Feuchtgebiete, die mit über 250 000 km^2 knapp 5 % der Landesfläche bedecken.

Haustiere

Der **Wasserbüffel**, das Rückgrat der traditionellen Landwirtschaft, wird zunehmend durch den „Eisernen Wasserbüffel", den kleinen Traktor, ersetzt. Da die Thais sehr viel Fleisch essen, werden Tiere auch für die Fleischproduktion gehalten. Traditionell leben unter den auf Stelzen errichteten Häusern und in den umliegenden Gärten Schweine, Enten und Hühner. Vereinzelt grasen auf den Weiden höher gelegener, kühlerer Regionen große Rinderherden. Um den Fleischbedarf zu decken, ist auch in Thailand Massentierhaltung erforderlich.

Herrenlose Hunde und Katzen sind überall anzutreffen. Einige gelten als gefährliche Überträger von Tollwut, Hakenwürmern und anderen z. T. lebensgefährlichen Krankheiten.

Landschaften

Die abwechslungsreichen Landschaften Thailands überraschen mit vielen Naturschönheiten: zerklüfteten Kalksteinfelsen, magischen Tropfsteinhöhlen und herrlichen Wasserfällen.

Kalksteinfelsen

Ebenso wie in Süd-China, Vietnam und Malaysia ragen auch in Thailand, vor allem in der Bucht von Phang Nga und rings um Krabi, steile, bizarre Felsen aus der Ebene auf. Diese **Turmkarstfelsen** und die dazwischen liegenden **Cockpit-Senken** konnten sich nur unter den klimatischen Bedingungen der tropischen und subtropischen Gebiete dort entwickeln, wo große Kalkschichten durch das Absinken des Meeresspiegels freigelegt wurden. Während der erdgeschichtlich folgenden kälteren Periode verwitterte das Gestein durch heftige Niederschläge und wurde durch die Lösung von Gesteinen (Korrosion) ausgespült. Den extremen Umweltbedingungen an den steilen Felswänden haben sich einige außergewöhnliche Pflanzen angepasst.

Höhlen und Hongs

Im angenagten Kalkgestein bildeten sich Tunnel und Höhlen, in denen durchsickerndes kalk- und mineralienhaltiges Wasser Tropfen für Tropfen Stalagmiten aufgebaut hat und Stalaktiten von den Decken gewachsen sind. In großen Höhlen haben Wasserläufe weite Höhlenkammern und Passagen geschaffen. Stürzen die Decken größerer Kammern ein, bilden sich abgeschlossene Gärten oder, sofern die Böden unter der Meeresoberfläche liegen, von Felsen umrahmte Lagunen, sogenannte **Hongs** (Thai für „Räume"). Viele Grotten und Höhlen werden als **Meditationshöhlen** oder Tempel genutzt.

Wasserfälle

Vor allem in der heißen Jahreszeit zieht es die Menschen ans Wasser. Neben dem Meer und den Seen sind auch hunderte rauschender Wasserfälle in schattigen Bergwäldern beliebte Ausflugsziele. Einige sind erst nach langem Fußmarsch zu erreichen, andere liegen nahe der Straße und sind umgeben von Essenständen und Picknickplätzen. Besonders beliebt sind die Badeplätze mit „Naturdusche", denn das Wasser aus den Bergen ist kühl und völlig klar. Nur bei wenigen Fällen stürzt das Wasser in einem schmalen Band hohe Felswände hinab oder rieselt in breiten Tropfenschleiern über das bemooste Gestein. Meist bildet es treppenartige **Kaskaden**. Einige Flüsse haben in ihrem Oberlauf je nach Gefälle eine ganze Serie von Stromschnellen, Katerakten und kaskadenförmigen Wasserfällen ausgebildet. Manchmal bilden sich durch krustenförmige mineralische Ablagerungen **Sinterterrassen**. Während und nach der Regenzeit stürzen wahre Fluten die Berge hinab, die oft Sand und Holz aus den Bergen mit sich führen. Dann ist es kaum vorstellbar, dass einige Flüsse am Ende der Trockenzeit zu einem schmalen Rinnsal verkümmern oder sogar ganz austrocknen.

Küsten

Überaus vielgestaltig ist die 2600 km lange Küste entlang der Andamanensee und im Golf von Thailand sowie auf hunderten von Inseln. Die Gezeitenzonen und Mangroven sind ein faszinierender Lebensraum vieler Pflanzen und Tiere. Dazwischen erstrecken sich in kleineren und größeren Buchten die bei Touristen beliebten Strände. Einige sind von Kokospalmen, andere von Kasuarinen *(Casuarina equisetifolia)* gesäumt. Der Sand kann alle Farben aufweisen, von blendend weiß bis schwarz, wobei er in Thailand meist gelblich weiß und von unterschiedlicher Körnung ist. Für die geometrischen Muster aus kleinen Kügelchen sind winzige Winkerkrabben *(sand-bubbler crabs, Scopimera sp.)* verantwortlich. Aber auch andere Krebse, Muscheln, Garnelen und Seesterne bevölkern die Gezeitenzone. Viele Strände fallen leicht zum Meer hin ab und eignen sich bei Ebbe eher für lange Spaziergänge als zum Schwimmen.

Shrimp-Farmen

Nach China ist Thailand der weltweit größte Produzent und größte Exporteur von Shrimps. Seit 1985 wurden tausende von Hektar Mangrovenwälder und Reisfelder an der Küste und im Hinterland zu Fisch- und Shrimp-Farmen umgewandelt. Sogar vor Nationalparks machte man nicht Halt. Das verzehnfachte zwar das Einkommen der ehemaligen Reisbauern, führte aber auch zu erheblichen Umweltproblemen. Die Abwässer waren durch Düngemittel, Pestizide und Antibiotika belastet und vergifteten das Umland. Der Schlamm aus den Teichen entpuppte sich als hochgradig verseuchter Sondermüll. Häufigen Infektionen der Monokulturen begegneten die Farmer mit massenhaftem Einsatz von Antibiotika, bis Ende der 1990er-Jahre Verbraucherorganisationen in westlichen Ländern mehrfach einen Importstopp der hoch belasteten Shrimps bewirkten.

An einigen steil abfallenden Stränden besteht die Gefahr von Unterströmungen, vor allem an der Andamanenküste im ehemaligen Zinnabbaugebiet.

Korallenriffe

In klaren tropischen Gewässern bilden sich in bis zu 50 m Tiefe Korallenriffe mit einer großen Artenvielfalt. Das komplexe Ökosystem ist der Lebensraum vieler bunter Rifffische, Langusten, Krebse, Seeanemonen, Seesterne und Korallen. Die Grundlage dieser Riffe bilden winzige Steinkorallen-Polypen, die zu den ältesten Lebewesen der Erde gehören. Sie setzen sich an festem Untergrund fest und scheiden Calciumcarbonat aus. Zahllose dieser winzigen Tiere haben im Laufe von Millionen Jahren gewaltige Riffe aufgebaut, die in mannigfaltigen Formen wahre Unterwassergärten bilden. Während das abgestorbene Skelett von weißer Farbe ist, nimmt das lebende verschiedene Farben an.

Viele Riffe sind in den vergangenen Jahrzehnten durch Fischer und Sportler ebenso wie durch die Erwärmung der Meere und den Tsunami zerstört worden. An Wracks lässt sich erkennen, dass sich Korallen relativ schnell regenerieren. Beim Tauchen und Schnorcheln sollte man in diesem empfindlichen Ökosystem dennoch ganz besondere Vorsicht walten lassen.

Umwelt

Seit Beginn der 1960er-Jahre weitete sich die landwirtschaftliche Anbaufläche Thailands von knapp 8 Mio. auf über 20 Mio. ha aus. Gleichzeitig nahm die Waldfläche von nahezu 30 Mio. auf rund 10 Mio. ha ab. Das unkontrollierte Abholzen hatte stärkere Überschwemmungen und Temperaturschwankungen zur Folge. Bei Erdrutschen im Süden des Landes starben 1988 über 700 Menschen. Dieses Ereignis war der Anlass für ein königliches Dekret, das 1989 den kommerziellen Holzeinschlag stoppte. Seither wird Holz mehr als zuvor aus Laos und Myanmar – legal wie illegal – importiert.

Da natürliche Wasserspeicher fehlen, kommt es in der Trockenzeit immer früher im Jahr zu **Wassermangel**. Die Stauseen leeren sich zudem durch höheren Bedarf und künstliche Bewässerung immer schneller, sodass die Bevölkerung gezwungen ist, verstärkt Grundwasser anzuzapfen. Während der Regenzeit kommt es an abgeholzten Hängen zu Bodenverlust durch **Erosion**. Überschwemmungen und lange Dürreperioden sind das Ergebnis, denn die weit verbreiteten Lampenputzergräser *(Pennisetum)*, Wildkräuter und Nutzpflanzen können weitaus weniger Wasser speichern als der Wald.

Mit zunehmender Industrialisierung und steigendem Lebensstandard nehmen die Um-

Öko-Tipp

Einrichtungen, die sich durch ein besonderes Umweltengagement auszeichnen, sind in diesem Buch mit dem Baum gekennzeichnet. Sie verwenden zum Beispiel Solarenergie, verzichten auf Klimaanlagen, Fernseher oder Kühlschränke, sind auf harmonische und verträgliche Weise in die Natur integriert, stellen Umwelt-Informationen für die Touristen bereit etc.

weltprobleme dramatisch zu. Nach Jahren gedankenloser **Müllbeseitigung** stehen aber mittlerweile auch in kleinen Orten Mülleimer vor jedem Haus, und die illegale Müllentsorgung wird zumindest in den Städten mit hohen Strafen belegt. In vielen Nationalparks sind Wegwerfflaschen verboten. Dennoch sind Bahndämme, einige Strandabschnitte, Wanderwege und Picknickplätze noch voller Müll.

Aus Wohnhäusern, Fabriken und Hotels werden weiterhin bedenkenlos Abfälle ungeklärt in Flüsse und ins Meer gekippt. Bei vielen Hoteliers und Restaurantbesitzern liegt das Umweltbewusstsein im Argen. Nur wenige entsorgen ihre Abwässer ökologisch unbedenklich in Kläranlagen. Wer seiner Nase folgt, wird feststellen, dass ungeklärte Abwässer in Lagunen und Flüsse geleitet werden, von wo sie sich an den Stränden verteilen. In Bangkok haben sich die meisten Klongs (Kanäle) zu Kloaken entwickelt. Besonders die Lebensmittel-, petrochemische, Leder- und Papierindustrie belasten die Gewässer. Der unkontrollierte Einsatz von Pestiziden und Düngemitteln nach dem Prinzip „Viel hilft viel" fördert diese Entwicklung. Hinzu kommt die Belastung mit Schwermetallen, vor allem im relativ flachen Golf von Thailand. Organische Abfallstoffe brauchen den Sauerstoff des Wassers auf: Der Fluss kippt um, und die Fische verenden im faulig stinkenden Wasser.

In Netzwerken organisiert sich der Widerstand gegen Staudämme, die Sprengung von Stromschnellen und industrielle Großprojekte. Beispiele sind im Internet nachzulesen, etwa Foundation for Ecological Recovery, 💻 www.terraper.org, Mekong Info, 💻 www.mekonginfo.org und Southeast Asia Rivers Network, 💻 www.livingriversiam.org.

Die Regierung hat mit entsprechenden Gesetzen eine Basis für mehr Umweltschutz geschaffen. Es mangelt jedoch noch vielfach an der Umsetzung und nicht alle Maßnahmen sind erfolgreich. So wurden 16 % der Landesfläche unter **Naturschutz** gestellt, aber nicht alle Nationalparks verdienen diesen Namen. Unter der Patronage des Königs versucht man mit Hilfe von Aufforstungsprogrammen den Landverlust durch Erosion und die Ausbreitung von Ödland zu stoppen. Auch die Regierung unterstützt forstwirtschaftliche Projekte. Die Monokulturen, vor allem die Eukalyptusplantagen in Trockengebieten, die anfangs bevorzugt wurden, zogen jedoch neue Probleme nach sich.

Den Bergvölkern, die traditionell **Brandrodung** betreiben, versucht man in zahlreichen landwirtschaftlichen Projekten moderne Anbaumethoden nahezubringen und durch die Zucht ertragreicher Pflanzen bessere Einkommensmöglichkeiten zu erschließen. Anfangs verfolgte die Regierung dabei vor allem das Ziel, den Mohnanbau für die Opiumproduktion zu bekämpfen. Die unzugängliche Bergwelt wurde durch Straßen erschlossen und damit der Abtransport der Ernte in die Täler ermöglicht. *Cash crops* wie Gemüse und Blumen erzielten jedoch keinen vergleichbaren Gewinn wie Rohopium.

Urlaub und Umwelt

Auch wir als Besucher können einen Beitrag zur Erhaltung der Umwelt leisten.

- Generell gilt im Dschungel wie am Strand der Grundsatz: *Take nothing but pictures, leave nothing but footprints.*
- Souvenirs von bedrohten Lebewesen (z. B. Schildkröten, Krokodile) werden nur hergestellt, wenn sich dafür auch Abnehmer finden. Der Import nach Europa ist aufgrund des Washingtoner Artenschutzabkommens ohnehin verboten!
- Taucher sollen sich nicht auf Korallen stellen oder diese abbrechen; so sind schon ganze Riffe zerstört worden. Das vernichtet den Lebensraum zahlloser Fische, Krebse und anderer Weichtiere.
- Guides darum bitten, kein Einweggeschirr zu verwenden und nicht kompostierbaren Müll mit zurückzunehmen.
- Soft Drinks und Wasser gibt es auch in Pfandflaschen. Manchmal kann man Wasserflaschen auch auffüllen lassen.
- Auf Plastiktüten und überflüssige Verpackungen verzichten und Müll nicht achtlos in die Landschaft werfen.
- Touristen sind große Wasserverschwender. Sie sollten deswegen sorgsamer mit dem kostbaren Nass umgehen.

Mittlerweile wird eine große Bandbreite an landwirtschaftlichen Produkten angebaut, von Kräutern und Salaten bis zu Pfirsichen und Avocados. Besonders der Arabica-Kaffee hat erfolgreich den lokalen Markt erobert und wird mittlerweile sogar exportiert. Allerdings wird immer noch Brandrodung betrieben. Während der *burning season* im März/April verdunkelt sich immer noch der Himmel, und viele Menschen müssen mit Atembeschwerden in den Krankenhäusern behandelt werden.

Bevölkerung

Einwohner: 66 Mio.
Bevölkerungswachstum: 0,66 %
Lebenserwartung: 73 Jahre
Säuglingssterblichkeit:
18,8 auf 1000 Lebendgeburten
Alphabetisierungsrate: 92,6 %
Stadtbevölkerung: 31 %

In Thailand leben etwa 66 Mio. Menschen. Waren 1970 noch 16,5 % der Bevölkerung jünger als 5 Jahre, sind es mittlerweile weniger als 9 %. Die durchschnittliche Lebenserwartung liegt in Thailand bei 73 Jahren (1960: 52 Jahre, in Westeuropa heute etwa 78 Jahre).

Vor allem im ländlichen Raum lebt etwa ein Drittel der Bevölkerung unter dem Existenzminimum, im gesamten Land sind es ca. 10 %. Entgegen der populären staatlichen Familienplanungspolitik sind die **Bergvölker** noch immer in traditionellem Denken verhaftet. Viele Kinder steigern das Ansehen und sind die einzige Alterssicherung. Dagegen praktizieren die meisten Thai-Familien auch auf dem Land Geburtenplanung. Noch leben 69 % der Bevölkerung auf dem Land, doch ist die **Verstädterung**, wie überall, nicht zu übersehen. Die Bevölkerung der Region Bangkok hat sich während der letzten 20 Jahre mehr als verdoppelt und beträgt je nach Schätzungen 9–12 Mio. Menschen. Die Stadt wirkt wie ein Magnet auf die junge, arbeitslose Landbevölkerung, aber auch auf illegale Ausländer, deren Zahl sich schätzungsweise auf 3–4 Mio. beläuft. Die Träume von einem besseren Leben enden nicht selten in Fabriken mit menschenunwürdigen Arbeitsbedingungen oder in Massagesalons.

Die Bevölkerungsdichte der städtischen Region Bangkok liegt bei 5111 Einwohnern pro Quadratkilometer, was über dem Wert entsprechender europäischer Großstädte liegt. Im Gegensatz zu den westeuropäischen Städten leben die meisten Menschen in ein- bis zweistöckigen Häusern – ähnlich wie in den Kleinstädten. Neben der Hauptstadt Bangkok gibt es keine weiteren Millionenstädte.

Thais

85 % der Bewohner Thailands sprechen eine Thai-Sprache, sodass das Land relativ homogen ist. Über Jahrhunderte wanderten Thai-Völker aus Süd-China in Richtung Süden. Während die „großen Thai", die heutigen **Shan**, ins östliche Birma (Myanmar) zogen, ließen sich die „kleinen Thai" im Gebiet des heutigen Nord-Thailand nieder. Andere Thai-Völker siedeln in Laos und im Nordosten Indiens. Ein Drittel der Bevölkerung lebt in der zentralen Ebene des Chao Phraya und in Bangkok; sie sprechen **Siamesisch** (Zentral-Thai), die heutige Staatssprache, die an allen Schulen unterrichtet wird. Ein weiteres Drittel lebt im Nordosten des Landes (Isaan) und spricht **Laotisch**. Im Norden, dem alten Königreich Lanna, wird von etwa 19 % der Gesamtbevölkerung **Nord-Thai** (Lanna) gesprochen, und 14 % im südlichen Landesteil spricht **Süd-Thai**. Diese Sprachenvielfalt erleichtert nicht gerade das Thai-Lernen für mobile Reisende.

Von den alten Hochkulturen der **Mon** und **Khmer** übernahm man die Grundzüge für eine eigene Schrift. Aus dem ceylonesischen Raum brachten Mönche den Theravada-Buddhismus, und aus China kamen Handwerker und Künstler ins Land. Da die Thais niemals kolonisiert wurden, haben sie ihre eigene kulturelle Identität bis heute weitgehend bewahrt.

Bis heute werden die Könige von Sukhothai oder Ayutthaya fast gottähnlich verehrt. Obwohl Thailand 1932 in eine konstitutionelle Monarchie umgewandelt wurde, kommt dem verehrten **König** noch immer eine große Bedeutung zu. Ebenso wie die prunkvollen Tempel das Bild der Städte und Dörfer bestimmen, prägt der **Buddhismus** das gesellschaftliche Leben der Thais. Neben buddhistischen Traditionen haben zahllose Riten und Bräuche hinduistischen oder animistischen Ursprungs einen festen Platz im Leben der Menschen.

Ethnische Minderheiten

Vor allem in den südlichen und nördlichen Provinzen leben ethnische Minderheiten. Die Südprovinzen an der Grenze zu Malaysia (Pattani, Yala, Narathiwat, Songhkla und Satun) werden von **islamischen Malaien** bewohnt, die dort bis zu 80 % der Bevölkerung ausmachen. Aber auch in den anderen südlichen Provinzen bis hinauf nach Ranong stellen Moslems eine beachtliche Minderheit dar, allein 30 % in der Provinz Phuket.

In den Nordprovinzen leben als weitere ethnische Minderheit des Landes etwa 800 000 **Angehörige der Bergvölker**. Ihre Zahl nimmt zu, da einerseits die Lebenserwartung steigt und andererseits viele Menschen über die Grenze aus Myanmar nach Thailand kommen. Die sieben größten Völker sind die sinotibetischen **Karen, Hmong, Yao, Lahu, Lisu** und **Akha** sowie die zur Mon-Khmer-Gruppe gehörenden **Lawa**. Während die Lawa bereits im 11. und 12. Jh. von den einwandernden Thais in die Berge gedrängt wurden, sind die Karen wahrscheinlich im 17. und 18. Jh. aus Nord-China über das südöstliche Birma in ihr heutiges Siedlungsgebiet gezogen (s. Kapitel „Nord-Thailand" S. 322).

Andere Völker folgten verstärkt seit der Mitte des 19. Jhs. Innenpolitische Wirren in Süd-China waren einer der Gründe für die Wanderungsbewegungen in Richtung Süden. 1880 gelangten die ersten Akha-Stämme in das heutige thailändische Staatsgebiet, 1920 waren Hmong bereits bis in die Provinz Tak vorgedrungen. Nach dem Ende des Zweiten Weltkriegs verstärkte sich die Einwanderung. Jetzt kamen Reste der geschlagenen **Kuomintang**-Truppen aus Süd-China. Man schätzt ihre Zahl heute auf etwa 10 000. Ein ähnlicher Schub erfolgte nach 1975 aus Laos, als vor allem Yao und Hmong das Land verließen.

Die alteingesessenen Völker (Lawa, Karen) siedeln weitgehend in den Tälern, wo sie in festen Dorfverbänden überwiegend vom Nassreisanbau leben. Hingegen sind die Berghänge in 800–1200 m Höhe der Lebensraum später zugewanderter Völker, die Brandrodungsfeldbau betreiben. Eine staatliche Politik gegenüber den Bergvölkern wurde erst in den 1950er-Jahren in Bangkok formuliert.

Außerdem leben in Thailand hunderttausende illegaler **Immigranten** aus Myanmar und Indochina. Während seit Mitte der 1970er-Jahre vor allem billige Arbeitskräfte aus **Myanmar** in den Süden des Landes strömen, haben sich viele **Vietnamesen** im Osten und Nordosten niedergelassen. Sie sind rechtlos und oft die ersten, die während der Wirtschaftskrise ihren Job verlieren und ausgewiesen werden.

Eine andere, wirtschaftlich allerdings einflussreiche Minderheit sind die ca. 9 Mio. **Thai-Chinesen**. Obwohl die wirtschaftlichen Beziehungen zwischen Thailand und China bis ins 13. und 14. Jh. zurückreichen, sind die meisten erst in jüngerer Zeit eingewandert. Zwischen dem beginnenden 19. Jh. und 1950 flüchteten etwa 4 Mio. Chinesen aus ihrer krisengeschüttelten Heimat nach Thailand, wo ihre Arbeitskraft geschätzt wurde und sie in Handel und Wirtschaft zu Wohlstand gelangten. Eine Untersuchung der Thammasat-Universität stellte fest, dass 63 der 100 größten Industriebetriebe Thailands von Chinesen kontrolliert werden. Zudem sind 23 der 25 einflussreichsten Männer der Wirtschaft chinesischstämmige Thais.

Moslemische Minderheit

Seit dem 13. Jh., als die Herrscher Sukhothais die malaiischen Sultanate im Süden der Halbinsel zu Vasallenstaaten erklärten, war diese Region zwar unter der formalen Oberhoheit Siams, aber praktisch blieb sie sich selbst überlassen. Mit der Ausbreitung des Islam im indonesischen Raum wurde auch die malaiische Bevölkerung der Halbinsel bis hinauf nach Chumphon islamisiert.

1909 mussten unter britischem Druck die Sultanate Kedah, Perlis, Kelantan und Terengganu abgetreten werden. In den verbleibenden **malaiischen Gebieten** Süd-Thailands, dem Sultanat Pattani, begann eine radikale Assimilie-

Unruhen im Süden

In Bangkok hat man nicht vergessen, dass über Jahrzehnte kommunistische und separatistische Guerilla (neben ganz gewöhnlichen Banditen) den Süden mit Überfällen, Entführungen und Morden terrorisiert haben. Leekpai (Premierminister Thailands 1992–2000), der aus Trang stammt und mit der Situation im Süden vertraut ist, hatte während seiner Regierungszeit wichtige und mutige Schritte in allen politischen Bereichen unternommen oder zumindest in die Wege geleitet, um die politische, kulturelle und wirtschaftliche Situation der malaiischen Minderheit zu verbessern. Hingegen war in der ersten Amtszeit seines Nachfolgers Thaksin die Situation in den südlichen Provinzen von Untätigkeit, Thai-Chauvinismus und militärischen Lösungsversuchen geprägt. Man verhängte in den Provinzen Yala, Narathiwat und Pattani das Kriegsrecht, verlagerte starke Militärverbände in den Süden und regierte mit harter Hand. Diese Politik bewirkte nur eine weitere Radikalisierung der Separatisten. In den Südprovinzen sind Bombenanschläge, Überfälle auf Polizei- oder Militärposten und Mordanschläge auf buddhistische Thais fast schon an der Tagesordnung. Auch nach Thaksins Sturz und der Machtergreifung der Militärs im September 2006 war, trotz diverser Deeskalationsversuche der Regierung, die Spirale der Gewalt nicht aufzuhalten. Wie es scheint, bestehen auch Verbindungen zur radikal-islamistischen Terrororganisation Jemaah Islamiyah. Man kann nur hoffen, dass die Regierung unter Premier Abhisit mit ihrer Politik im Süden erfolgreicher ist, denn bei gewalttätigen Auseinandersetzungen sind seit 2004 mehr als 3600 Menschen ums Leben gekommen.

Weitere Informationen über die Entstehung und den Verlauf der Unruhen im Süden unter www.globalsecurity.org/military/world/war/thailand2.htm. Aktuelle Berichte über die Situation in den Südprovinzen findet man täglich in einer der beiden englischen Tageszeitungen *The Nation* und *Bangkok Post*.

rungspolitik, die von Unverständnis, Vorurteilen und kulturellem Chauvinismus gekennzeichnet war und die bis zum heutigen Tag die Beziehungen zwischen dem Staatsvolk der Thais und den Thai-Moslems, wie sie von Bangkok euphemistisch genannt werden, bestimmt.

Von den über 3 Mio. Moslems des Landes leben drei Viertel im Süden, vor allem in den Provinzen **Yala, Narathiwat, Pattani** und **Satun**. Immer wieder gibt es Auseinandersetzungen um eine regionale Autonomie zwischen ihnen und den von Bangkok eingesetzten Verwaltungsbeamten.

Europäer

Schon seit Jahrhunderten haben Weiße (Farang) das Land bereist. In der Königsstadt Ayutthaya lebten Europäer, Chinesen und Japaner im 17. und 18. Jh. in eigenen Stadtvierteln. Europäische Missionare, Händler, Politiker und Ingenieure dienten den siamesischen Königen als Berater und Geschäftspartner. Die Könige Rama IV. und V. waren westlichen Einflüssen gegenüber aufgeschlossen. Da Thailand niemals unter Kolonialherrschaft geriet, waren Europäer nur mehr oder minder willkommene Gäste in Thailand. Es ist daher nicht erstaunlich, dass auch Touristen in traditionell strukturierten Gebieten als Gäste betrachtet werden, während in den Urlaubsgebieten das kommerzielle Interesse überwiegt.

Geschichte

Im Gegensatz zu allen anderen Staaten Südostasiens kam Thailand nie direkt unter **koloniale Herrschaft**. Zwischen den Einflussgebieten Großbritanniens (Britisch-Indien und Birma im Westen, Malaya im Süden) und der französischen Kolonie Indochina (Laos, Kambodscha und Vietnam im Osten) gelegen, musste Thailand einer vorsichtigen **Balancepolitik** zwischen den Großmächten folgen und im 19. Jh. große Gebiete abtreten. 1896 garantierten beide rivalisierenden Großmächte die immerwährende Neutralität des zentralen Teils Siams – wie die damalige offizielle Staatsbezeichnung Thailands lautete –, ohne dabei zu vergessen, sich gegenseitig wirtschaftliche und strategische Einfluss- und Interessensphären zuzuschanzen. Militärisch aber wurde das Land nie unterworfen.

Bis zum 13. Jh.: Frühgeschichte

Archäologische Keramik- und Waffenfunde in Ban Chiang und in der Nähe von Kanchanaburi weisen eine **Besiedlung** des Landes vor über 7000 Jahren nach. Neueren Funden in Grotten bei Krabi zufolge lebten bereits vor 43 000 Jahren Jäger und Sammler im Süden Thailands. Auch die **Mlabri**, „Geister der Gelben Blätter" genannten ehemaligen Nomaden, die in den Wäldern bei Nan leben, siedelten bereits lange vor der Einwanderung der Thais in den Bergen im Norden (s. S. 892, Bücher).

Die Herkunft der Thais ist wissenschaftlich umstritten. Im 8.–11. Jh. wanderten sie aus dem heutigen Süd-China in ein Gebiet, das sich von Assam im äußersten Westen bis nach Vietnam erstreckt. Dort kamen sie in Kontakt mit hinduisierten Bevölkerungsgruppen wie den Mon und Khmer. Vom 10.–13. Jh. erstreckte sich im Süden das Khmer-Reich von Angkor (Kambodscha) bis weit in das heutige Thai-Staatsgebiet hinein. In Chiang Saen und Chiang Rai, aber auch in Nord-Birma (Shan-Staat) und Yunnan entstanden unter lokalen Fürsten die ersten **Thai-Reiche**. Im 13. Jh. standen einige als Vasallen der Mongolen auf der richtigen Seite und gewannen nach der Eroberung von Birma und dem Champa-Reich in Vietnam an Einfluss.

13. / 14. Jh.: Unter der Herrschaft von Sukhothai

Die Khmer im Mekong-Delta und heutigen Kambodscha sowie die Mon in Zentral-Thailand und Niederbirma hatten mächtige Hindu-Reiche und hoch entwickelte Kulturen geschaffen. Ihr Einfluss ging jedoch im 13. Jh. stark zurück. In diesem Machtvakuum besiegte der Lanna-König Mengrai den geschwächten Mon-Staat Haripunchai (Lamphun) und gründete 1296 die Stadt Chiang Mai. Bereits 1220 waren die Khmer aus der zentralen Ebene verdrängt worden, wo 1228 Sukhothai als erste Thai-Hauptstadt entstand. Beide Thai-Fürstentümer waren von der Kultur der Mon und Khmer beeinflusst. Sie übernahmen deren Schrift und den Theravada-Buddhismus aus Ceylon, in den viele Elemente des Hinduismus und alten animistischen Glaubens integriert wurden. Sukhothai gelangte Ende des 13. Jhs. unter König Ramkhamhaeng zu kultureller Blüte. Er verband die Fähigkeit einer effizienten Herrschaft mit militärischer Stärke und trat gleichzeitig als Befürworter des Buddhismus und der Künste auf. Heute wird er in der offiziösen Geschichtsschreibung als „Vater Thailands" betrachtet.

Mitte 14.–Mitte 18. Jh.: Unter der Herrschaft von Ayutthaya

Der Nachfolgestaat Sukhothais war das um 1350 entstandene Königreich Ayutthaya im Zentrum der fruchtbaren Chao Phraya-Ebene. Zum Beginn des 15. Jhs. wurde Sukhothai unterworfen und das Khmer-Reich besiegt bzw. zum Vasallen degradiert. Gegen die nördlichen Kleinstaaten Lanna und Luang Prabang führten König Trailoks Truppen zahlreiche Kriege. Um die militärische Position gegenüber dem nördlichen Nachbarn zu verbessern, wurde vorübergehend die Hauptstadt nach Phitsanulok verlegt. Chiang Mai, die Hauptstadt von Lanna, konnte jedoch nicht unterworfen werden. Seit 1578 war sie mit dem Königreich Birma verbündet bzw. 200 Jahre lang ein Vasall Birmas, dem Erzrivalen des Ayutthaya-Reiches. Erst Ende des 18. Jhs. gelang die Eroberung von Chiang Mai und die Errichtung eines siamesischen Protektorats im Norden.

Waren die Sukhothai-Könige noch volksverbunden, so wurden jetzt am Hof Zeremonien eingeführt, die dem Herrscher göttliche Eigenschaften zusprachen. Damit war die absolute Monarchie geboren. Am weitesten gingen die Veränderungen in der Administration. Mitglieder der Königsfamilie, die bisher eigene Ländereien verwalteten, wurden durch ernannte Adlige ersetzt. In einer hierarchischen Rangordnung wurden die gesellschaftlichen Funktionen jedes

Mitglieds des Königshauses und des Adels festgelegt. An der Spitze stand der König. Die Masse der Bauern waren entweder Freie oder Sklaven. Freie durften Land bis zu einer Größe von 25 rai (1 rai = 1600 m^2) bestellen. Das Abgabenrecht teilte jedem Bürger Ayutthayas eine „soziale Wertigkeit" *(sakdi na)* zu, die über Landbesitz definiert war: Die des Königs war unendlich, die eines freien Bauern 25 *sakdi na*, die des Thronfolgers 100 000 usw.

1569 wurde Ayutthaya von seinem stärksten Rivalen, dem benachbarten Königreich Birma, besiegt und ein neuer König ernannt, der die Oberhoheit Birmas anerkannte. 15 Jahre war Ayutthaya ein Vasall Birmas, bis es Prinz Naresuan in fünf Kriegszügen zwischen 1584 und 1592 gelang, die birmanische Herrschaft abzuschütteln. Mit den meisten anderen asiatischen Staaten unterhielt Ayutthaya intensive Handelsbeziehungen. Schiffe segelten nach Malakka, Indien, China und Java. Besondere Beziehungen bestanden mit China, das als „älterer Bruder" angesehen wurde.

Bedeutsam waren auch die Kontakte Ayutthayas mit europäischen Großmächten. Portugal hatte im Jahr 1511 das Sultanat Malakka erobert. Portugiesische Händler, Missionare und Diplomaten kamen auch nach Ayutthaya, portugiesische Söldner dienten im Heer. Im 17. Jh. trafen Holländer und Engländer ein, die Handelsstützpunkte nahe der Hauptstadt und in den Häfen des Südens einrichteten. 1664 erzwang Holland unter der Androhung militärischer Gewalt den Abschluss eines Vertrags, der ihm in wichtigen Bereichen des Außenhandels ein Monopol einräumte. Um den holländischen Einfluss zu begrenzen, nahmen die Ayutthaya-Könige von 1665–90 diplomatische Kontakte zu Frankreich auf. 1687 traf eine französische Gesandtschaft mit mehr als 600 gut ausgerüsteten Soldaten ein. König Narai geriet unter dem Einfluss des griechischen Abenteurers Konstantin Phaulkon mehr und mehr unter europäischen Einfluss. 1688 mündete der Widerstand des Thai-Adels und der königlichen Familie in einer Palastrevolte. Phaulkon wurde geköpft, die französischen Soldaten wurden vertrieben und das Land für die folgenden 150 Jahre gegenüber den westlichen Großmächten abgeschottet.

Mitte 18.–Mitte 19. Jh.: Beginn der Chakri-Dynastie

Nachdem 1767 Ayutthaya von Birma völlig niedergebrannt und dem Erdboden gleichgemacht worden war, versank das Land im Chaos. Wie bei damaligen Kriegen üblich, wurden qualifizierte Handwerker, die überlebenden Mitglieder der Königsfamilie und weitere 106 000 Bewohner nach Birma verschleppt. Einige Provinzen und Vasallenstaaten erklärten sich nach der Invasion Birmas für unabhängig. Der Provinzgouverneur Taksin versuchte mit einigen verbliebenen Soldaten das Land erneut zu einen. Er wurde 1768 in der neuen Hauptstadt Thonburi zum König ausgerufen. In den folgenden 14 Jahren gelang es ihm in zahlreichen Kriegen, das Land wieder zusammenzufügen. Wichtigster Heerführer wurde General Chakri, der Taksin entmachtete und sich zum König Rama I. krönen ließ, dem ersten König der noch heute herrschenden Dynastie.

Die Chakri-Könige verfolgten bis zur Mitte des 19. Jhs. eine Politik der Restauration: Der vergangene Glanz Ayutthayas sollte wieder hergestellt werden. Für die neuen Tempel und Paläste in Bangkok verwendete man sogar Ziegelsteine aus den Ruinen der alten Hauptstadt. Veränderungen sozialer und wirtschaftlicher Natur wurden unumgänglich, als sich die Handelsbeziehungen zu China ausweiteten und die europäischen Großmächte neues Interesse an Ostasien zeigten. Chinesische Einwanderer, meist Händler oder Unternehmer, siedelten sich vor allem in Bangkok an. Mitte des 19. Jhs. waren mehr als die Hälfte der 400 000 Einwohner der Stadt Chinesen.

Mitte 19.–Anfang 20. Jh.: Reformen unter Mongkut und Chulalongkorn

König Mongkut (Rama IV.) wird als Erneuerer und Reformer des Reiches angesehen. Zu jener Zeit war Birma nach drei Kriegen vollständig Britisch-Indien einverleibt worden – für Siam eine traumatische Erfahrung. Entsprechend zielte die Außenpolitik in einem Balanceakt auf ein Mächtegleichgewicht der westlichen Großmächte ab.

England, den Vereinigten Staaten, Frankreich und anderen Ländern wurden Handelsprivilegien eingeräumt und Territorien abgetreten.

Französische Kanonenboote auf dem Menam Chao Phraya ließen seinem Sohn Chulalongkorn keine andere Möglichkeit, als territoriale Konzessionen an Frankreich und Großbritannien zu machen. Alle laotischen Vasallenstaaten und große Gebiete in Kambodscha fielen an Frankreich. 1909 wurden die nordmalaiischen Sultanate Perlis, Kedah, Terengganu und Kelantan an das britische Kolonialreich abgetreten. Nur das malaiische Sultanat Pattani wurde Siam zugesprochen.

Diese Beschwichtigungspolitik nach außen wurde ergänzt durch ein innenpolitisches Reformprogramm. Doch die Durchsetzung stieß auf große Schwierigkeiten, da es Privilegien des Adels und der Königsfamilie beschnitt. Unter Chulalongkorn wurde ein Dekret erlassen, dass niemand mehr als Sklave geboren werden könne, was die Abschaffung der Sklaverei einleitete. Die Verwaltung wurde zentralisiert und nach europäischem Vorbild mit Ministerien an der Spitze umgestaltet. Steuergesetze lösten die hierarchische Abgabenordnung ab. Im Rahmen der Umgestaltung des Erziehungssystems entstanden Universitäten nach westlichem Vorbild. Der König beschäftigte in der Verwaltung Briten, Belgier und Italiener. Deutsche projektierten bis zum Beginn des Ersten Weltkriegs die Eisenbahnlinie nach Norden, Briten die nach Süden. Damit wurde die Infrastruktur erheblich verbessert.

Zweck aller Reformen war es, Siam im Inneren zu stärken, um der westlichen Herausforderung standzuhalten. Chulalongkorn veränderte die althergebrachte Gesellschaftsordnung, hielt aber gleichzeitig an bestimmten Traditionen fest und gilt deswegen als Begründer des modernen Siam.

Die 1930er- und 40er-Jahre: Konstitutionelle Monarchie

1932 wurde Siam, wie die offizielle Staatsbezeichnung bis dahin lautete, durch einen unblutigen Staatsstreich in eine konstitutionelle Monarchie umgewandelt. Westlich ausgebildete Intellektuelle und große Teile des Bürgertums waren mit der Herrschaft König Prajadhipoks unzufrieden, da er, im Gegensatz zu seinem Großvater Chulalongkorn, kaum Interesse an der Erneuerung des Landes zeigte und sich Vettern- und Misswirtschaft ausbreitete. Pridi Phanomyong, ein in Frankreich ausgebildeter Rechtsanwalt, war der politische Kopf der radikaldemokratischen Bewegung, die, zusammen mit den mehr konservativen Militärs, den Coup durchführte. Pibul Songgram, Führer des konservativen Flügels, stieg bald zum stärksten Mann der Nation auf, die nun Thailand hieß.

1940 war das Land Alliierter der Achsenmächte Nazi-Deutschland, Japan und Italien. Mit japanischer Unterstützung annektierte Thailand Teile von Birma, Laos, Kambodscha und Malaya. 1944 wurde Pibul Songgram gestürzt, und Thailand verbündete sich mit seinen ehemaligen Gegnern. Pridi Phanomyong, während des Krieges Führer der antijapanischen Bewegung **Freies Thailand**, arbeitete mit seinen Freunden eine neue Verfassung aus. Er wurde 1947 durch einen Militärputsch unter der Führung von Songgram gestürzt und ging ins Exil. Später wurde er Sprecher der Bewegung Freies Thailand, zuerst in der Volksrepublik China, dann in Frankreich.

Die wichtigsten Könige Thailands

1239–1311	Mengrai (Lanna)
1275–1317	Ramkhamhaeng
1350–1369	U-Thong
1388–1395	Ramesuan
1590–1605	Naresuan
1630–1656	Prasat Thong
1657–1688	Narai
1767–1782	Taksin
1782–1809	Rama I. (General Chakri)
1809–1824	Rama II. (Phra Phutthalaetla Naphalai)
1824–1851	Rama III. (Phra Nangklao)
1851–1868	Rama IV. (Mongkut)
1868–1910	Rama V. (Chulalongkorn)
1910–1925	Rama VI. (Vichiravudh)
1925–1935	Rama VII. (Prajadhipok)
1935–1946	Rama VIII. (Anand Mahidol)
seit 1946	Rama IX. (Bhumipol)

Die 1950er- und 60er-Jahre: Diktatur

Unter der Führung Songgrams entwickelte sich das Land streng antikommunistisch und wurde Mitglied in der Seato (South East Asia Treaty Organization), dem asiatischen Gegenstück zur Nato. 1957 stürzten Militärs unter Marschall Sarit die Einmann-Diktatur. Sarit, eine umstrittene Figur der neueren Geschichte, war beim Volk beliebt, während viele Landeskenner ihn als korrupten Diktator einstufen. Feldmarschall Thanom Kittikachorn wurde neuer Premier und führte Thailand noch enger in die Arme der USA. Während des Vietnamkrieges war das Land von einem Netz von US-Militärstützpunkten überzogen. Von Udon Thani, Ubon Ratchathani oder U-Tapao aus wurden viele verheerende B52-Bombereinsätze in Vietnam und Laos geflogen. Nach den Wahlen von 1969 kam es zur Bildung eines Parlaments, doch die Macht lag weiterhin in den Händen von Kittikachorn und seinen Generälen.

Die 1970er-Jahre: Demokratische Erneuerung

Die fortwährenden Auseinandersetzungen zwischen Parlament und Militär führten im November 1971 zur Auflösung der Nationalversammlung, Aufhebung der Verfassung und Erklärung des Kriegsrechts. Fast zwei Jahre lang lag die Macht in den Händen von korrupten Armee- und Polizeioffizieren. Im Oktober 1973 protestierten Hunderttausende gegen die Verhaftung oppositioneller Studentenführer. 71 Menschen wurden wahllos erschossen und mehrere Hundert verletzt; erbitterte Straßenkämpfe folgten. Das Ende der Militärclique war gekommen, als Kittikachorn, Prapas und Narong ins Ausland flohen. König Bhumipol verkündete die Auflösung des Militärregimes; er setzte den Rektor der Thammasat-Universität, Sanya Dharmasakti, als neuen Premier ein, was man als Sieg der Studentenbewegung verstand.

Sanya hatte die undankbare Aufgabe, das dem Ruin zustrebende Land zu regieren. Streiks, Kriminalität, Inflation und die sich zuspitzenden Auseinandersetzungen mit kommunistischen Guerillas im Norden und Nordosten sowie die militante Bewegung der moslemischen Minderheit im Süden waren nur einige Probleme. In der folgenden Zeit wechselten sich die Parteien mit der Bildung von Regierungen ab, bis im Oktober 1976 das Militär wiederum die Macht übernahm. Ab 1977 war General Kriangsak Premier. Er unterschied sich von seinen Vorgängern durch eine Reformpolitik und eine realistische Ausgleichspolitik.

Die 1980er-Jahre: Wirtschaftsboom

Im Frühjahr 1980 wurde Kriangsak gestürzt. Das Parlament bestimmte General Prem Tinsulanond zu seinem Nachfolger, der das Land mit einer demokratisch legitimierten Mehrparteienkoalition regierte. Thailand wurde wieder streng antikommunistisch. Die Auseinandersetzungen an der Grenze zu Kambodscha waren Anlass für verstärkte Waffenlieferungen und gemeinsame Manöver mit den USA. Viele innenpolitische Reformen verliefen im Sande. Die moslemische Separatistenbewegung im Süden verlor 1987 durch die Kapitulation von 650 Guerillas an Einfluss.

1988 ging die Chart Thai-Partei aus allgemeinen Parlamentswahlen als Sieger hervor. Ihr Vorsitzender, Chatichai Choonhavan, führte als Ministerpräsident eine Sieben-Parteien-Koalition an. Daneben behielt die Armee großen Einfluss. Durch populäre Anordnungen (z. B. Amnestie für politische Gefangene, Erhöhung der Gehälter der Staatsangestellten und des Reispreises für die Bauern) und den wirtschaftlichen Boom konnte die Regierung die anfängliche Skepsis in der Bevölkerung überwinden. Doch schon bald kam es durch steigende Verbraucherpreise, die ungleiche Einkommensentwicklung, Bodenspekulation und Korruption zu Spannungen, die vor allem im Militär zu Unmutsäußerungen führten.

Die 1990er-Jahre: Politisierung der Massen

Es überraschte nicht, als im Februar 1991 die Armee in einem unblutigen Putsch Chatichai Choonhavan absetzte. Ein National Peace Keeping Council (NPKC) übernahm die Macht und beauftragte Zivilisten unter der Leitung von Premierminister Anand Panyarachun mit der Ausarbeitung einer neuen Verfassung. Ein Jahr später fanden Wahlen statt, bei denen die den Militärs nahe stehenden Parteien vor allem im ländlichen Raum die Mehrheit der Stimmen erhielten oder kauften. Als im Mai der Anführer des Putsches, General Suchinda Kraprayoon, der nicht dem Parlament angehörte, zum Ministerpräsidenten ernannt wurde, gingen die Massen auf die Straße. Die Demonstrationen gipfelten in gewalttätigen Auseinandersetzungen mit zahlreichen Toten und der Verhaftung des charismatischen Leiters der Palang Dharma-Partei, Chamlong Srimuang, sowie 4000 seiner Anhänger. Der König intervenierte, die Gefangenen kamen frei, und General Suchinda („Big Su") musste zurücktreten.

Unter dem Druck der Straße kam es im September 1992 zu Neuwahlen, aus denen eine Fünf-Parteien-Koalition unter dem demokratischen Premierminister Chuan Leekpai hervorging. Die Palang Dharma-Partei verlor im Lauf des Jahres 1994 durch innerparteilichen Streit an Ansehen. Die Mai-Unruhen von 1992 hatten jedoch das demokratische Bewusstsein gestärkt. Außerparlamentarische Gruppen setzten die Politiker unter Druck, die Reformen fortzuführen und vor allem die Lebensbedingungen auf dem Land zu verbessern. Aufgrund von Korruptionsvorwürfen zerbrach die Fünf-Parteien-Koalition im Mai 1995. Chuan Leekpai verlor die Neuwahlen, bei denen viel über Stimmenkäufe in ländlichen Regionen gemunkelt wurde. Der Führer der Chart Thai-Partei, Banharn Silpa-archa, wurde zum 21. Premierminister Thailands ernannt. Aber auch diese Sieben-Parteien-Koalition ging schnell in die Brüche, sodass Ende 1996 wieder Neuwahlen anstanden. Aus ihnen ging Chavalit Yongchaiyudh, ein ehemaliger General, als Sieger hervor. Die überwältigende Mehrheit der Wähler in Bangkok stimmte jedoch für die Opposition. Die wankelmütige Palang Dharma-Partei wurde nahezu aufgerieben.

Zu dieser Zeit kündigte sich mit dem Verfall der Immobilienpreise und dem Zusammenbruch einiger Grundstücksgesellschaften die erste Wirtschaftskrise an. Der Rücktritt zweier Finanzminister, ein rapider Währungsverfall und der Vertrauensverlust beim IWF wie bei der Bevölkerung zwangen Chavalit, im November 1997 sein Amt niederzulegen. In dieser schwierigen Situation beauftragte König Bhumipol den demokratischen Ex-Ministerpräsidenten Chuan Leekpai, eine neue Koalition zu bilden, die mit einer dünnen Mehrheit wichtige Reformen durchsetzen musste.

Seit 2001: Aufstieg und Fall der Thaksin-Regierung

Unter diesen Bedingungen fand Thaksin von der neu gegründeten Partei Thai Rak Thai („Thais lieben Thais") mit seinen großzügigen finanziellen Versprechungen und offener Polemik gegen westliche Ausländer und Minderheiten Gehör. Er gewann im Januar 2001 mit einer überwältigenden Mehrheit die Wahlen. Thaksin bildete eine Drei-Parteien-Koalition, um mit einer Zweidrittel-Mehrheit Gesetze schnell verabschieden zu können, und berief in sein Kabinett viele alte Gesichter aus gescheiterten Regierungen.

Bei der Wahl im Februar 2005 gelang es Thaksin erneut, die Regierung zu bilden – diesmal sogar mit absoluter Mehrheit. Nach den Wahlen allerdings verstärkte sich hauptsächlich in der städtischen Bevölkerung der Widerstand gegen die zunehmend autokratisch und diktatorisch herrschende Thaksin-Regierung. Die Einschränkung der Pressefreiheit, die persönliche Bereicherung des Thaksin-Clans und der selbstherrliche Regierungsstil waren Anlässe für Demonstrationen. Nach monatelangen Protesten kam es im April 2006 zu Neuwahlen, die alle wichtigen Oppositionsparteien boykottierten. In vielen Wahlkreisen wurden nicht genügend Stimmen abgegeben, sodass trotz des Wahlsiegs der Thai Rak Thai-Partei deren Abgeordnete als nicht gewählt galten. Der Oberste Gerichtshof erklärte die Wahlen im Mai für ungültig und legte einen neuen Wahltermin im Oktober 2006 fest.

Thaksins Fall begann mit dem Verkauf seines Telekomkonzerns Shin Corp., der beim Aufbau der Mobilfunknetze von staatlichen Zuschüssen profitiert hatte. Die staatliche Singapurer Temasek Holdings Ltd. hatte für fast US$2 Mrd. knapp 50 % der Firma gekauft, wofür Thaksin, dank entsprechend geänderter Gesetze, keine Steuern zahlen musste. Das nahm ein Großteil der Mittelschicht nicht hin. Als am 19. September 2006 das Militär unter General Sonthi Boonyaratkalin putschte, wurden die Einheiten in Bangkok freundlich begrüßt. Aller Wahrscheinlichkeit nach hat auch der Kronrat unter Vorsitz des früheren Ministerpräsidenten Prem den Umsturz geduldet. Der König bestätigte in einer Rede Sonthi als Vorsitzenden des neuen „Rates für demokratische Reformen", löste das Parlament, die Regierung und das Verfassungsgericht auf und setzte die Verfassung außer Kraft. Einen Monat später setzte Sonthi eine zivile Regierung ein.. Thaksin befindet sich seit dem Putsch im Ausland. Seine Thai Rak Thai-Partei wurde per Gerichtsbeschluss im Mai 2007 aufgelöst.

Nach den Wahlen 2007 bildete die Nachfolgepartei der Thai Rak Thai, die People Power-Partei (PPP) unter Samak Sundaravej, eine neue Regierung. Thaksin nahm weiterhin aus dem Ausland beträchtlichen Einfluss. Ein Großteil der Bangkoker Elite und der Bevölkerung Süd-Thailands wollte das Wahlergebnis nicht akzeptieren und gründete die PAD (People's Alliance for Democracy). Die gelbe Farbe ihrer Hemden symbolisiert das Königshaus. Mit stiller Duldung eines Teils der Polizei und des Militärs behinderte die PAD die Regierungsarbeit. Sie besetzten Ministerien und das Government House, dann die Flughäfen von Phuket, Krabi und Had Yai. Gewerkschaftsmitglieder blockierten die Bahnverbindungen.

Am 1. September 2008 verhängte die Samak-Regierung den Ausnahmezustand über Bangkok. Am 9. September verfügte das Verfassungsgericht aus vorgeschobenen Gründen die Absetzung von Samak. Da die Partei weiterhin eine Mehrheit im Parlament besaß, wurde der Schwager Thaksins, Somchai Wongsawat, zum neuen Premier gewählt. Unverändert gingen die Proteste der „Gelben" weiter und erreichten mit der Besetzung der beiden internationalen Flughäfen Bangkoks einen neuen Höhepunkt. Hunderttausende Touristen konnten das Land nicht verlassen. Polizei und Militär wurden nicht aktiv. Das Verfassungsgericht entschied die Auflösung der PPP wegen Wahlbetrugs, Somchai trat zurück, und am 15. Dezember 2008 wurde der Vorsitzende der Demokraten, Abhisit, auch mit einem Teil der Stimmen der PPP-Abgeordneten zum neuen Premier gewählt.

Eine neue Opposition formierte sich bereits während dieser Zeit, ihr Zeichen ist die Farbe Rot. Es sind sowohl Thaksin-Anhänger als auch überzeugte Demokraten, die die Macht der Bangkoker Elite und der mit ihr verbündeten Militärs sowie Teile des Königshofs beenden wollen. Man kann nur hoffen, dass der Demokrat Abhisit neue Weichen stellt, den Einfluss des politischen Establishments zurückdrängt und die Versöhnung mit der roten Opposition gelingt.

Regierung und Politik

Staatsform: konstitutionelle Monarchie
Provinzen: 5 Regionen mit 76 Changwats (Provinzen)
Hauptstadt: Bangkok
Premierminister: Abhisit Vejjajiva
König: Rama IX. (Bhumipol Adulyadej)

Verfassung

Nach der Revolution von 1932 wurde die erste Verfassung des Landes in Kraft gesetzt. Danach liegt die oberste Gewalt in der Hand des Volkes. Der Monarch, die Nationalversammlung, der Staatsrat und die Gerichte üben die **Staatsgewalt** im Namen des Volkes aus. War damit die Souveränität des Volkes gegeben, so wurden außerdem die Gleichheit vor dem Gesetz wie auch die allgemeinen Grundfreiheiten westlicher Verfassungen garantiert. Seit 1932 sind viele neue Verfassungen erstellt worden, die alle diese Grundsätze beibehielten. Unter massivem Druck der Öffentlichkeit und des Militärs billigte das Parlament im September 1997 eine neue Verfassung. Sie sollte das politische Leben reformieren, Machtmissbrauch des Staates verhindern und die Korruption in Politik und Verwaltung eindämmen. Nach dem Putsch im September 2006 wurde auch diese Verfassung wieder außer Kraft gesetzt und 2007 eine neue verabschiedet – die 18. seit 1932!

Königsfamilie

Obwohl die Revolution von 1932 das Ende der absoluten Monarchie bedeutete, verehrt die Bevölkerung die Königsfamilie und sieht in ihr ein die Nation einendes Element. Der König ist Staatsoberhaupt, Oberbefehlshaber der Streitkräfte und religiöses Oberhaupt zugleich. Die unglaubliche Verehrung der königlichen Familie ist für Europäer kaum nachvollziehbar. Das Portrait von **König Bhumipol** (Rama IX.) und Königin Sirikit findet sich in jedem Haus, in jedem Laden, in den Büros der Staatsangestellten ebenso wie in Restaurants. Der König steht über dem politischen Tagesgeschehen. König Bhumipol allein hat seit seinem Amtsantritt 1946 insgesamt 20 Militärputsche und gewaltsame Regierungswechsel erlebt. Das Königshaus wirkte in all den Wirren immer als stabilisierende Kraft. Entsprechend prunkvoll werden Thronjubiläen und Geburtstage von Mitgliedern der Königsfamilie gefeiert.

König Bhumipol und Königin Sirikit haben einen Sohn, **Kronprinz Maha Vajrakingkorn**, und drei Töchter, die Prinzessinnen Chulabhorn, Sirindhorn und Ubol Ratana.

Vor allem Prinzessin **Sirindhorn**, die bei der Bevölkerung große Beliebtheit genießt, unterstützt unermüdlich die Arbeit ihres Vaters, wofür sie den neuen Titel Maha Chakri erhielt. Zudem wurde 1974 zum ersten Mal in der Geschichte des Landes die Thronfolge so geändert, dass unter bestimmten Bedingungen auch königliche Töchter die Nachfolge übernehmen können.

Die Königsfamilie gibt sich volksverbunden und besucht selbst abgelegene Provinzen. In vielen königlich initiierten und unterstützten Projekten werden vor allem in der Land- und Forstwirtschaft neue Maßstäbe gesetzt. Die Verehrung des Königs erfordert ein respektvolles Verhalten, auch von Ausländern, s. „Traveltipps von A bis Z" S. 95.

Innenpolitik

Der größte Teil der thailändischen Bevölkerung lebt auf dem Land, allerdings drängen immer mehr Menschen in die Städte. Seit den 1990er-Jahren siedeln sich zunehmend Arbeitskräfte vom Land dauerhaft im Großraum Bangkok und den angrenzenden Industriezentren an, die während des wirtschaftlichen Aufschwungs entstanden sind. In vielen Dörfern des Nordostens und den nichttouristischen Gebieten des Südens, wo die Armut landesweit am größten ist, haben sich die Lebensbedingungen ebenfalls geändert. Insbesondere im Nordosten vergreisen einerseits die Dörfer, andererseits sieht man auch hier immer mehr Motorräder statt Rickschas und „Eiserne Wasserbüffel" statt der lebendigen Variante. Um der **Abwanderung** entgegenzuwirken, sind rings um einige Provinzhauptstädte wie Korat oder Khon Kaen neue Fabrikanlagen vor allem der Lebensmittel verarbeitenden Industrie entstanden, die das Arbeitskräftepotenzial des Nordostens nutzen. Im Süden hat die Umorientierung auf den Tourismus zumindest einigen Regionen einen beachtlichen Wohlstand, aber auch Probleme beschert.

Mitte der 1980er-Jahre kam es durch den Preisverfall bei traditionellen Agrarprodukten zu Einkommensverlusten in der Landwirtschaft. Das führte zu Unruhen. Als dann noch die Lebensmittelpreise stiegen und große Staudammprojekte die Existenz ganzer Dörfer bedrohten, kam es 1993/94 zu massiven **Protestaktionen**. Seither wehrt sich die ländliche Bevölkerung gegen Ungerechtigkeiten bei der Landreform ebenso wie beim Bau von Staudämmen, wenn sie fruchtbares Ackerland gegen minderwertige Böden eintauschen sollen. Während die Auseinandersetzungen um die neue Verfassung 1997 noch breite Bevölkerungsschichten mobilisierten, kam unter Premier Thaksin die basisdemokratische Bewegung fast zum Erliegen. Thaksin führte auch den Kampf um die Moral des Landes mit harten Bandagen. So starben 2001/02 während des zehnmonatigen Kriegszugs gegen die Drogenmafia über 2000 Menschen; ausländische Regierungen und Menschenrechtsorganisationen protestierten.

Nach jahrelangen Bemühungen zeigte in den 1990er-Jahren die staatlich propagierte **Familienplanung** mit öffentlichen Verteilungsstellen von Kondomen und massiver Aufklärung Erfolge und kann anderen asiatischen Ländern als Vorbild dienen. Das Bevölkerungswachstum von über 3 % ist mittlerweile auf 0,6 % gesunken. Aufklärungskampagnen und Maßnahmen gegen Aids

(Meldepflicht, Verpflichtung der Prostituierten zum Gebrauch von Kondomen) sind im Vergleich zu anderen Ländern Asiens vorbildlich.

Außenpolitik

In der Außenpolitik war Thailand seit dem Ende des Zweiten Weltkriegs bis in die 1970er-Jahre auf streng antikommunistischem Kurs und mit den USA militärisch verbündet. Thai-Soldaten kämpften in Korea und Vietnam. Unter Kriangsak begann eine vorsichtige Annäherung an die Nachbarn im Osten: Vietnam, Laos und Kambodscha. Damit wurde dem traditionellen Ziel der thailändischen Außenpolitik Rechnung getragen, die eigene Unabhängigkeit durch realpolitische Beziehungen zu den drei Großmächten Sowjetunion, China und USA zu bewahren.

Thailand ist Mitglied in der Bewegung der Blockfreien Staaten und im südostasiatischen Staatenverband Asean. Das Auseinanderfallen des Ostblocks erleichterte in den 1990er-Jahren den Ausbau der Wirtschaftsbeziehungen zu den ehemals sozialistischen Nachbarstaaten. 1994 konnte die erste Mekong-Brücke zwischen Thailand und Laos eröffnet werden, 2007 folgte die zweite Brücke, und im Frühjahr 2009 wurde die Eisenbahnlinie Bangkok–Nong Khai über die Freundschaftsbrücke bis nach Laos verlängert. Zudem wurden die Beziehungen zu China ausgebaut.

Wirtschaft

BIP pro Kopf: 3700 US$
Wachstum: 3,6 %
Inflation: 5,5 %
Agrarsektor: 42 %
Industriesektor: 20 %
Dienstleistungssektor: 38 %
Exporte: 123 Mrd. US$
Importe: 119 Mrd. US$

Thailand ist kein Entwicklungsland und in vielerlei Hinsicht moderner als das alte Europa. Das wird jedem Besucher bei der Ankunft am Flughafen Bangkok deutlich vor Augen geführt. Auch bei der Fahrt in die Stadt gleitet man auf mehrspurigen Highways vorbei an riesigen, modernen Fabrikhallen und neuen Vorortsiedlungen des Großraums Bangkok. Dank der zunehmenden **Industrialisierung** ist der Wohlstand stark gestiegen. Vor allem Mitte der 1980er- bis 90er-Jahre waren jährlich fast zweistellige Zuwachsraten zu verzeichnen. Die Wirtschaft ist eng an den Export gekoppelt, der zwei Drittel des Bruttoinlandsprodukts ausmacht. Der Tourismus ist wichtigster Devisenbringer; das macht das Land enorm von der globalen Wirtschaft abhängig. Die aktuelle Weltwirtschaftskrise, die innenpolitischen Unruhen und die Flughafenschließung haben Ende 2008 das Land arg in Mitleidenschaft gezogen. Doch die Thais sind erprobt im Krisenmanagement, die letzte liegt erst gut zehn Jahre zurück.

Damals, 1997/98 während der großen asiatischen **Wirtschaftskrise**, wurde vielen Menschen

Preise und Löhne

Der staatlich festgelegte Mindestlohn eines Industriearbeiters beträgt seit 2007 im Großraum Bangkok 203 Baht pro Tag, in anderen Landesteilen weniger – und das bei einer offiziellen 48–54-Stunden-Woche! Bauarbeiter können über 300 Baht verdienen. Insgesamt sind die Einkommen in der Hauptstadt wesentlich höher als in den Provinzen. Laut der Tageszeitung *Bangkok Post* zahlt man hier im Durchschnitt neunmal so viel Lohn wie im Nordosten, wo viele Bauern gerade einmal 50 Baht am Tag verdienen.

Die Mindestlöhne gelten nur für gewerbliche Arbeitnehmer und werden von der Industrie häufig unterlaufen. Vor allem Frauen und Kinder erhalten oft Hungerlöhne. Zum Vergleich: Pro Tag gibt ein Durchschnittstourist fast 4000 Baht aus.

Trotz steigender Konsumgüterpreise sind aus Angst vor Arbeitslosigkeit Forderungen nach Lohnerhöhungen nur selten zu vernehmen. Stattdessen vertrauen die Thais aufs Glück – was der Lotteriegesellschaft stattliche Gewinne beschert und den Staatshaushalt erheblich aufbessert.

die Bedeutung der internationalen finanziellen Verflechtungen deutlich. Die hohe Auslandsverschuldung, strikte Auflagen des IWF und zahlreiche Pleiten machten sich im Alltag vieler Thais bemerkbar. Die Auslöser für die Wirtschaftskrise waren bereits 1996 zu erkennen, als einige Immobiliengesellschaften aufgrund fallender Preise und unverkäuflicher Bauprojekte Konkurs anmelden mussten. Durch ausstehende fällige Kredite und die Flucht von ausländischem Kapital kam es zu finanziellen Engpässen bei Banken und Finanzierungsgesellschaften. Kreditzinsen und die Auslandsverschuldung stiegen so rapide an, wie die Börsenkurse fielen. Im August 1997 musste der IWF mit Kreditzusagen in Höhe von US$17,2 Mrd. eingreifen. 2002 kam die Wirtschaft wieder in Schwung und erreichte schnell imposante Zuwachsraten. In den Folgejahren stieg das Bruttoinlandsprodukt jährlich um 6–7 %. Selbst 2008 wuchs die Wirtschaft noch um 3,6 %. In der **Landwirtschaft** sind noch 42 % der Bevölkerung tätig. 20 % arbeiten in der Industrie, die aber 45 % Anteil am Bruttoinlandsprodukt hat. In der Landwirtschaft werden hingegen nur 11 % des Bruttoinlandsproduktes erwirtschaftet. Die Zahl kommerzieller Tierzuchtbetriebe ist im letzten Jahrzehnt enorm gestiegen, dennoch heißt Landwirtschaft in Thailand hauptsächlich Reisanbau. Noch bis in die 1950er-Jahre wurde in erster Linie Nassreis angebaut, das Hauptnahrungsmittel. Um die rasch anwachsende Bevölkerung zu ernähren, kultivierten die Bauern seit Ende des Zweiten Weltkriegs auch Berghänge und schlechte Böden. Hier pflanzten sie neue Kulturpflanzen mit geringeren Ansprüchen an die Bodenqualität wie Zuckerrohr, Mais, Cassava, Tapioka und Kenaf. In der Umgebung der Städte und in den Bergen im Norden stieg die Produktion von Obst und Gemüse. Im Süden erstrecken sich heute riesige Ananas- und Gummibaumplantagen. Mittlerweile ist Thailand der weltgrößte Kautschukproduzent.

Zwischen 1985 und 1994 verdoppelte sich das durchschnittliche **Einkommen** der Thais auf 2321 Baht pro Haushalt im Monat. Heute liegt es im Durchschnitt bei 12 500 Baht pro Monat, wobei die Preissteigerungen der vergangenen Jahre und erheblichen regionalen Unterschiede zu berücksichtigen sind. Dank der 1992–94 eingeleiteten Maßnahmen der Regierung, den Wohlstand aus dem Zentrum aufs Land zu verteilen, halbierte sich der Anteil der unter der Armutsgrenze lebenden Menschen. Dennoch gibt es vor allem auf dem Land Menschen, die sich nicht ausreichend ernähren können.

Noch konzentrieren sich über die Hälfte der **industriellen Produktionsstätten** im Großraum Bangkok. Die bedeutendsten Zweige stellen die Auto-, Computer- und Halbleiterindustrie, die arbeitsintensive Textilindustrie sowie die Verarbeitung von Nahrungsmitteln und anderer agrarischer Erzeugnisse dar. So erreichte Thai-

Reis

Der Reisanbau bildete schon in der Frühzeit die Nahrungsgrundlage der Thai-Gesellschaft. Im Laufe der Jahrhunderte wurden die Flussniederungen kultiviert, denn sie erhielten durch die alljährlich über die Ufer tretenden Flüsse stetig neue Nährstoffe. Mitte des 19. Jhs. begann das damalige Siam Reis zu exportieren, was zu einer Umstrukturierung der Landwirtschaft führte, die bis dahin nur auf Selbstversorgung ausgerichtet war. Anbau, Transport und Verarbeitung von Reis bestimmte das wirtschaftliche Geschehen der 1920er- und 30er-Jahre. Der Handel ließ in Bangkok einige Reisbarone chinesischer Herkunft zu Wohlstand gelangen. Obwohl sich das Land rasch zu einem der größten Reisexporteure der Welt entwickelte, behielt man die überlieferten landwirtschaftlichen Anbaumethoden bei. Investitionen in die Intensivierung der Landwirtschaft hielten sich in Grenzen, sodass die Hektarerträge gleich blieben oder gar sanken. Die Ausdehnung der Anbauflächen folgte zwangsläufig. Vor allem im Nordosten, wo das Land durch fehlende Niederschläge zunehmend versteppte, gingen die Erträge zurück. Bauern, die durch den Einsatz von Düngemitteln und Pestiziden diese Entwicklung aufzuhalten versuchten, verschuldeten sich zunehmend. Die sich verschärfenden Probleme wurden besonders von der Thai Rice Foundation under Royal Patronage erkannt und Lösungsmodelle erarbeitet. Weitere umfangreiche Informationen unter 💻 www.thairice.org/eng/.

land innerhalb weniger Jahre die Weltspitze als Exporteur von Schalentieren. Relativ neu ist die Zement- und Automobilindustrie, die hauptsächlich im Ausland gefertigte Teile montiert.

Die zunehmende Industrialisierung lässt den **Energiebedarf** des Landes ansteigen. Nur ein Viertel des Bedarfs kann das Land aus eigenen Öl- und Gasvorkommen im Golf von Thailand und im Indischen Ozean decken. Der Vertrag mit dem Regime in Myanmar über die Lieferung von Gas aus den Vorkommen bei Yetagun stieß bei Menschenrechtlern und Umweltschützern auf Kritik. Durch eine 700 km lange Pipeline, davon 346 km in Thailand, die über das Tenasserim-Gebirge und Kanchanaburi nach Ratchaburi verlegt wurde, wird Thailand mit Gas aus dem Nachbarland versorgt.

Exporte spielen für die thailändische Wirtschaft eine große Rolle, wobei ein Wandel von Rohstoffen und Nahrungsmitteln zu Fertigwaren und Industrieprodukten festzustellen ist. Bis Mitte der 1990er-Jahre kam der überwiegende Teil aller Exporte aus dem agrarischen Bereich, seither produziert der industrielle Sektor die Mehrheit aller ausgeführten Güter. Reis, bis 1986 auf Platz eins, ist mittlerweile weit zurückgefallen und von Autos, Computerteilen (mit dem stärksten Wachstum), Textilien, Edelsteinen, integrierten Schaltkreisen, Schuhen, Elektroartikeln, Obst und Garnelen überrundet worden. Importiert werden vor allem elektronische Bauteile, Maschinen, Chemikalien, Stahl und Öl.

Tourismus

2008 kamen statt der erwarteten 15,8 Mio. Besucher nur 14,6 Mio. nach Thailand, 505 000 davon aus Deutschland. Etwa die Hälfte aller Besucher kommt nicht zum ersten Mal hierher. Die Mehrheit reist auf eigene Faust, daher bleibt der größte Teil der Einnahmen von ca. 9 Mrd. € im Land. Das bringt Devisen. Schätzungen gehen davon aus, dass etwa 700 000 Menschen in Thailand direkt oder indirekt vom Tourismus leben.

Der internationale Tourismus begann während des Vietnamkriegs, als viele US-Soldaten ihren R&R-Urlaub *(rest and recuperation)* in Thailand verbrachten. Nach ihrem Abzug füllten sich die Betten mit bildungshungrigen Gruppenreisenden, die kurze Zeit mit viel Geld unterwegs waren, und auch mit abenteuerlustigen Globetrottern mit weniger Geld, dafür mehr Zeit. Erst später ermöglichten günstige Charterflüge auch einen Badeurlaub in Thailand, vor allem im Winter. Neben dem tropisch-warmen Klima war dafür vor allem das gute Preis-Leistungs-Verhältnis ausschlaggebend. Viele Urlauber, oft Rentner, überwintern mittlerweile hier. Andere haben sich ganz in Thailand niedergelassen. Dabei sind Besucher aus westeuropäischen Ländern in der Minderheit. Die Mehrheit der Touristen kamen in den vergangenen Jahren vor allem aus Japan, Korea und China, zunehmend auch aus den USA und Russland.

Im Kampf um den Touristen-Dollar hat Thailand den anderen Mitbewerbern im asiatischen Raum den Rang abgelaufen. Die Einnahmen aus dem Tourismus, die 6 % der gesamtwirtschaftlichen Leistung ausmachen, unterliegen jedoch starken Schwankungen. Einerseits profitiert das Land vom weltweiten Reiseboom, der Öffnung der östlichen Nachbarländer Laos, Kambodscha und Vietnam sowie seinem guten Image als beliebtestes Reiseziel in Südostasien. Andererseits war es immer wieder unvorhersehbaren Rückschlägen ausgesetzt, ausgelöst etwa durch den Irak-Krieg, politische Unruhen in den moslemischen Südprovinzen und in Bangkok, durch SARS und Vogelgrippe, die Energiekrise und natürlich den Tsunami.

Ziel der thailändischen **Tourismuspolitik** ist es, die Infrastruktur in Touristenzentren zu verbessern und neue Gebiete, vor allem an der Küste und auf den vorgelagerten Inseln, mit einem hochwertigen touristischen Angebot auszustatten. Man möchte das Land als Reiseziel vermarkten, das sicher, bequem und umweltbewusst ist und einen Luxusurlaub auf hohem Niveau ermöglicht. So sollen spendierfreudige Besucher angelockt werden, die in Resorts und Spas mehr Geld ausgeben und längere Zeit bleiben. Allerdings ist gerade diese Zielgruppe die erste, die während der Wirtschaftskrise ausbleibt, während Backpacker weiterhin das Land bereisen.

Umweltkriterien spielen bei der Auswahl des Reiseziels eine immer größere Rolle. Daher verabschiedete der Innenminister bereits 1989 eine strenge Regelung für die Errichtung von Gebäuden an den Stränden. So dürfen Neubauten, die bis zu 75 m vom Strand entfernt liegen, offiziell nur noch 6 m hoch sein. Bis zu 200 m vom Strand entfernt beträgt die maximale Höhe 12 m, also niedriger als die Kokospalmen. Von der Lücke, die zwischen Gesetz und Realität klafft, kann sich jeder Tourist selbst vor Ort überzeugen.

Thailand ist die Drehscheibe für Touristen, die auch Laos, Kambodscha, Vietnam, Süd-China oder Myanmar besuchen wollen. Es gilt allerdings noch, dem schlechten Image zu begegnen, das durch Schlagzeilen über Kinderprostitution, Kriminalität oder Aids im Ausland entstanden ist.

Schließlich kann Thailand auf ein großes Plus verweisen: Dank der ausreichenden Kapazitäten bietet es Hotels und touristische Dienstleistungen zu einem äußerst guten Preis-Leistungs-Verhältnis an – auch wenn für anspruchsvolle Reisende der Service in manchen Bereichen zu wünschen übrig lässt, weil es an qualifizierten Arbeitskräften mangelt.

Buddhismus

Buddhisten: 94,6 %
Moslems: 4,6 %
Christen: 0,7 %
Sonstige: 0,1 %

Thailand gehört neben Myanmar, Sri Lanka, Kambodscha und Laos zu den buddhistischen Ländern der Theravada-Richtung, die der ursprünglichen, manchmal abwertend „kleines Fahrzeug" genannten Lehre zugehören. Während der Mahayana-Buddhismus (das „große Fahrzeug") der nördlichen Länder China, Japan, Korea und Vietnam viele Wege zur Erlösung akzeptiert, orientieren sich die Lehren des Theravada-Buddhismus streng an den überlieferten Pali-Schriften. In Thailand bekennen sich 85 % der Bevölkerung zum Buddhismus, darunter eine konfuzianistisch-chinesische Minderheit. Vor allem im Süden konzentriert sich die moslemische Minderheit, während Christen und Animisten überwiegend bei den Bergvölkern im Norden zu finden sind. Obwohl in Thailand die Freiheit der Religionsausübung garantiert wird, ist der Buddhismus eine Art Staatsreligion.

Buddha

Um 563 vor unserer Zeitrechnung wurde in Lumbini, heute Süd-Nepal, am Fuße des Himalaja ein Prinz geboren – Siddhartha Gautama. Seine Mutter Mahamaya, die sieben Tage nach der Geburt starb, hatte während ihrer Schwangerschaft einen Traum, dass ein silberweißer Elefant seitlich in ihren Körper eingedrungen war. Hindu-Priester interpretierten dies als Hinweis auf die Geburt eines großen Herrschers oder Buddhas. Sein Vater, König Shuddhodana, erzog ihn zu seinem Nachfolger und umgab ihn mit allem Luxus.

Im Alter von 16 Jahren heiratete er seine Cousine, eine hübsche Prinzessin, die einen Sohn bekam. Dennoch blieb ihm das menschliche Leid nicht verborgen. Die Legende berichtet, dass er nach dem Anblick eines alten, eines kranken und eines toten Mannes an seinem 29. Geburtstag beschloss, den irdischen Genüssen zu entsagen und als Bettelmönch durch Nord-Indien zu ziehen. Nach sechs Jahren der Besinnung und Selbstkasteiungen erlangte er während einer Vollmondnacht 528 v. Chr. während einer Meditation unter einem Bodhi-Baum *(Ficus religiosa)* im heutigen Bodh Gaya die Erleuchtung, das Erwachen *(bodhi)*. Er begann, im Hirschpark Isipatana nahe Varanasi den ersten fünf Jüngern seine Erkenntnis von den **Vier Edlen Wahrheiten** darzulegen: vom Leiden *(dhukha)*, seiner Ursache *(samudaya)*, der Aufhebung des Leidens *(nirodha)* und dem Weg dorthin über den Achtfältigen Pfad *(ashtangika-marga)*.

Die Legende berichtet, dass Buddha 500 Lebenszyklen benötigte, um als **Shakyamuni Buddha** das Nirvana, die letzte Realität, zu erreichen. Diese Lehre von der Wahrheit *(dharma)* gab Buddha, der Erleuchtete, an seine Mönchsgemeinde *(sangha)* weiter, was im Buddhismus als die **Drei Kostbarkeiten** bezeichnet wird. Er verbreitete zusammen mit seinen Jüngern in vielen Städten des Ganges-Tales seine Erkenntnis, bis er im Alter von 80 Jahren starb.

Seine Lehre

Die Überwindung des menschlichen Leidens erreicht man weder durch Selbstkasteiung noch durch ein ausschweifendes Leben, sondern auf dem „Mittleren Weg". Da sich die Welt in ständiger Veränderung befindet, kann nichts von Dauer sein. Entsprechend gibt es keine unveränderlichen Dinge – aus Altem entspringt ständig etwas Neues, das durch das Vorangegangene bedingt ist. Die menschliche Wirklichkeit beginnt schon mit der Geburt als ein schmerzhaftes Dasein, und Leiden bestimmt das weitere Leben bis zum Tod. Mit dem Tod ergibt sich die Möglichkeit der Wiedergeburt, die einen neuen Leidenszyklus einleitet. Nur die Erkenntnis vom Ursprung des Leidens und den Möglichkeiten seiner Veränderung ermöglicht es dem Menschen, sich aus diesem Daseinskreislauf *(samsara)* zu befreien.

Der Ursprung allen Leidens liegt in der Begierde nach weltlichen Genüssen und der Unzulänglichkeit, Egoismus und Stolz, die Schwächen seines eigenen Egos, zu beherrschen. Wer ausschließlich nach weltlichen Genüssen strebt, wird die zerstörerischen Kräfte von Hass, Gier, Begehren und Verblendung erfahren. Menschen sind ein Produkt ihrer Umwelt. Da sie durch individuelle Erfahrungen und Handlungen geprägt sind, sollten sie die Entwicklung der eigenen Persönlichkeit nicht dem Zufall überlassen, sondern selbst in die Hand nehmen. Das Ziel des geistigen Reifeprozesses liegt im **Nirvana**, in dem man sich von allen Voreingenommenheiten befreit hat. Mit der Loslösung von weltlichen Genüssen und egoistischen Bedürfnissen und dem Bemühen, geduldig, liebevoll, wohltätig, mitfühlend und gütig zu sein, wird man zufrieden und erreicht einen emotional positiven Zustand. Damit ist jeder Mensch in der Lage, zu einem höheren Wissen über den Zustand der Welt zu gelangen und sein Karma zu verbessern.

Dem Ziel nähert man sich durch ständiges Einüben der acht Regeln vom **Edlen Achtfältigen Pfad**:

Rechte Erkenntnis – indem man seine geistigen Fähigkeiten nutzt, um die wahren Probleme der menschlichen Existenz zu verstehen.

Rechtes Denken – ohne Hass, Zorn, Begierde, Grausamkeit und Stolz.

Rechte Rede – bei der man Lügen und eitle Selbstdarstellung meidet.

Rechte Tat – Mönche unterliegen strengeren Verhaltensregeln als Laien, die nicht töten, lügen und stehlen sowie Drogen und sexuelle Ausschweifungen meiden sollten.

Rechter Lebenserwerb – man soll sein Geld verdienen, ohne dabei anderen Menschen zu schaden.

Rechte Anstrengung – um mit seinem Willen und seiner Selbstbeherrschung eine unheilvolle geistige Verfassung zu überwinden.

Rechte Achtsamkeit – um durch Vertiefung und Meditation Selbsterkenntnis zu erlangen.

Rechte Konzentration – damit man lernt, sich in Gedanken zu vertiefen ohne abzuschweifen.

Nur so nähert man sich dem Nirvana, dem vollendeten Zustand der Ruhe und des Glücks im Leersein jenseits der erfahrbaren räumlichen wie zeitlichen Realität.

Buddhismus in Thailand

256 Jahre nach Buddhas Tod nahm der über den indischen Kontinent herrschende, mächtige Kaiser Ashoka die Lehre an. Er sorgte für ihre Verbreitung weit über Indien hinaus. Die mündlich überlieferten Regeln wurden erst 400 Jahre nach Buddhas Tod schriftlich auf Palmblätter in der Pali-Schrift festgehalten. Diese Aufzeichnungen sind als *Tripitaka* („Dreikorb") bekannt, da sie in drei Körben aufbewahrt wurden. Bereits während der ersten 300 Jahre nach Verkündung der Lehre spaltete sich der Buddhismus in die sogenannten 18 Schulen. Als Überlieferer der alten Schule gilt der **Theravada-Buddhismus**.

Buddhistische Mönche verbreiteten ihre Lehre des Mahayana-Buddhismus bei den Mon, deren Reiche sich von Süd-Birma bis in die Gegend von Nakhon Pathom erstreckten. Im 8. Jh. entstand in Lamphun das buddhistische Mon-Königreich Haripunchai, weitere große Zentren befanden sich in Thaton und Pegu.

In Thailand erlangte der Buddhismus erst Bedeutung unter König Ramkhamhaeng im 13. Jh. Der König ließ Mönche aus Ceylon (Sri Lanka) kommen, um die reine buddhistische Lehre der Theravada-Richtung zu verbreiten. Während

Buddhismus und Tourismus

- Prinzipiell sollte jeder die Religion seines Gastlandes respektieren, egal welche Meinung man selbst darüber hat. Es ist selbstverständlich, dass man einen Tempel nur ordentlich bekleidet betritt und die Schuhe auszieht.
- Buddha ist immer heilig, und es gilt als äußerst unschicklich, eine Buddhastatue an einem ihr nicht angemessenen Ort zu platzieren.
- Im Tempel darf man keine Buddhastatuen berühren und schon gar nicht für Erinnerungsfotos darauf posieren.
- Es ist üblich, dass Besucher eines Tempels eine Spende für den Erhalt der Anlage hinterlassen.
- Mönche werden verehrt. Man grüßt sie mit einem besonders höflichen, tiefen *wai,* lässt ihnen den Vortritt, bietet ihnen im voll besetzten Bus seinen Sitzplatz an und geht nicht neben, sondern einen Schritt hinter ihnen.
- Frauen sollten Mönchen gegenüber zurückhaltend sein, ihnen nichts direkt überreichen, sie nicht berühren, sich nicht neben sie setzen oder mit ihnen fotografieren lassen.
- Während morgens zur Zeit des Sonnenaufgangs die Mönche durch die Straßen ziehen, um Opfergaben einzusammeln, sollte man sie nicht ansprechen.
- Gibt man einem Kloster oder einem Mönch eine Spende, sollte man sie mit beiden Händen geben. Einen Dank darf man nicht erwarten. Normalerweise danken die Gläubigen für die Annahme der Spende, da ihnen so eine gute Tat ermöglicht wurde.

der folgenden Jahrhunderte waren die Könige bedeutende Förderer des Buddhismus, und noch heute bestehen enge Verbindungen zwischen dem Staat und der Sangha, der Mönchsgemeinde. Der thailändische König ernennt das religiöse Oberhaupt des Landes, wobei der Patriarch allerdings zuvor von Vertretern der beiden buddhistischen Sekten des Landes, Mahanikaya und Dhammayuttika-Nikaya, gewählt wird. Auch bei den großen religiösen Festen kommt dem König eine wichtige Rolle zu.

In der modernen großstädtischen Gesellschaft spielt Religion eine immer geringere Rolle. Wenige Jugendliche lassen sich ordinieren. Man schätzt die philosophische Komponente des Buddhismus, die Meditation als geistige Erneuerung, die den Alltagsstress bewältigen hilft, und charismatische Mönche für ihre geistige Macht. In der schnelllebigen Gesellschaft bleibt wenig Zeit für Tempelbesuche, man verlässt sich lieber auf religiöse Amulette, die neben Buddha oder berühmten Mönchen auch König Chulalongkorn – den westlich orientierten Reformer – oder andere starke historische Persönlichkeiten darstellen. Die Verbesserung des Karmas tritt dabei häufig hinter der Aufstockung des Bankkontos zurück.

Geisterglaube

Neben der streng an den Pali-Schriften orientierten Lehre wurden vom Volksglauben Geister, Einflüsse aus der Mythologie, Erzählungen und Legenden aus vorbuddhistischer Zeit übernommen, was besonders in der religiösen Kunst und Literatur zum Ausdruck kommt. Geister mit unterschiedlichen Namen und Unheil verbreitende Seelen von Verstorbenen tauchen in jeder Seifenoper im Fernsehen auf, und Höllendarstellungen sind in vielen Tempeln zu finden. Neben jedem Haus wird für die Schutzgeister ein kleines „Geisterhäuschen" errichtet (s. auch S. 130). Sogar in buddhistischen Tempeln haben Amulettverkäufer und Handleser ihren festen Platz. Zu Amuletten s. **eXTra [2693]**.

Klosterleben

Die Gemeinschaft der Mönche, **Sangha**, stellt die Verkörperung der reinen Lehre dar. Zumindest für ein paar Monate nehmen viele Männer, einschließlich des Königs, und sogar Frauen freiwillig das entbehrungsreiche, strenge Klosterleben auf sich. Mit Beginn der Regenzeit bereiten sich die jungen Männer, die im Idealfall das 20. Lebensjahr vollendet haben, auf das Klosterleben vor. Für sie ist die mit der Ordination beginnende dreimonatige Zeit als Mönch der symbolische Übergang in die Welt der Erwachsenen. In 40 000 Tempeln leben über 240 000 Mönche und 100 000 Novizen (junge, noch nicht volljährige Mönche) und unterwerfen sich den 227 strengen buddhistischen Regeln. Sie verzichten unter anderem auf jedes Eigentum, dürfen weder Menschen noch Tiere verletzen, nicht in bequemen Betten schlafen, singen oder tanzen, kein Parfüm benutzen und müssen ein striktes Zölibat befolgen. Kurz nach Sonnenaufgang ziehen die in safrangelben Roben gekleideten Mönche durch die Straßen, um Opfergaben von den Gläubigen – meist in Form von Lebensmitteln – entgegenzunehmen. Mit ihren Spenden erwerben sich die Geber Verdienste für ihr zukünftiges Leben, sodass sie sich ehrfürchtig und wortlos bei den Mönchen für die erwiesene Gunst bedanken. Ihre Mahlzeiten dürfen Mönche nur vormittags einnehmen. Schließlich sollen sie sich von allen irdischen Verlockungen lösen; so durften sie ursprünglich nicht einmal mit einer Frau sprechen.

Dorfklöster stellen auch eine Alternative zum öffentlichen **Schulsystem** dar. Viele Bauernsöhne werden Novizen, um neben der 4–6-jährigen Grundschulzeit eine weiterführende Bildung zu erhalten. Gerade im 20. Jh. ist es zu einer zunehmenden Verschulung des Mönchsordens gekommen. Die Sangha unterhält in Bangkok zwei buddhistische Universitäten, wo auch weltliche Studienkurse angeboten werden, so weit sie mit

Meditationsklöster

Folgende Klöster nehmen auch Ausländer auf. Alle besitzen ein Vipassana-Meditationszentrum mit Unterweisungen auch auf Englisch. Die Unterkünfte, Klosterregeln und Meditationskurse sind sehr unterschiedlich und vor Ort oder über das Internet zu erfragen.

Bangkok:

Phra Sanghachai Internationales Meditationszentrum in Taling Chan nahe Southern Bus Terminal, hier unterrichtet die österreichische Nonne Acharn Mae Chee Brigitte Schrottenbacher, 💻 www.meditationthailand.com.

Wat Mahathat in der Buddhistischen Universität am Sanam Luang, section 5.

Weitere Empfehlungen im Kapitel „Bangkok", s. S. 198.

Chiang Mai:

Wat Muang Mang, **Wat Umong**, **Wat Phra Tat Sri Chom Thong**, Meditationszentrum des berühmten Lehrers Ajahn Thong in Chom Thong, südlich von Chiang Mai.

Wat Ram Poeng, Northern Insight Meditation Center, nordwestlich von Chiang Mai, 💻 www.sirimangalo.org.

Wat Phra Tat Doi Suthep, Meditationen in der Tradition von Ajahn Thong Mahasi Sayadaw auf dem Doi Suthep, 💻 www.fivethousandyears.org/mos.

Zentral-Thailand:

Thailand Vipassana Centre Dhamma Abha, in Wangthong bei Phitsanulok, eins der schönsten der 50 Zentren des Lehrers S. N. Goenka in der Tradition von Sayagyi U Ba Khin, 💻 www.dhamma.org/en.

Ubon:

Wat Nong Pa Pong in Warin und das benachbarte **Wat Pah Nanachat** in Ban Bung Wai, 15 km von Ubon, Klöster der Forest Sangha von Ajahn Chah, deren Zentrum bei London liegt, 💻 www.forestsangha.org.

Süd-Thailand:

Wat Suan Moke bei Chaiya, s. S. 695, in der Tradition von Ajahn Buddhadasa 💻 www.suanmokkh.org.

Wat Khao Tham in Ban Tai auf Ko Pha Ngan, ein internationales Meditationszentrum unter der Leitung von Rosemary und Steve Weissman, 💻 www.watkowtahm.org.

Detaillierte Infos: 💻 www.retreat-infos.de, www.buddhanet.net oder 💻 www.hdamm.de/buddha/mdtctr01.htm.

dem Leben der Mönche in irgendeinem Zusammenhang stehen. Auf diese Weise macht man zum Beispiel die Mönche mit den sozialen Problemen auf dem Land vertraut. Ist ein Haus fertig gestellt oder wird ein Geschäft eröffnet, lädt man eine Gruppe von Mönchen ein, die durch ihre Anwesenheit und Gebete Glück bringen sollen.

Mit der Ordination zum Mönch wird jeder Thai gleich welcher Herkunft zu einer respektierten Persönlichkeit, und es entspricht selbst der Würde des Königs, einem Bauernsohn als Mönch Respekt zu bezeugen. Das beruht auf der Tatsache, dass der Mönch nicht als Individuum, sondern als Vertreter des buddhistischen Ideals angesehen wird. Um ihre individuellen Züge zu verbergen, halten Mönche bei bestimmten Ritualen fächerartige Schirme vor ihr Gesicht.

Das Klosterleben steht **Frauen** nur eingeschränkt offen. Buddhistische Nonnen gehören weder einem Orden an noch können sie Rechte und Privilegien beanspruchen. Während es im ursprünglichen Buddhismus dafür keinerlei Rechtfertigung gibt, ist zu späteren Zeiten versucht worden, die Lehre entsprechend zu interpretieren.

Kunst und Kultur

Kunstepochen

Die traditionelle Kunst und Kultur Thailands ist vom Buddhismus geprägt. Daneben haben animistische und hinduistische Überlieferungen aus früherer Zeit ebenso die Entwicklung der Künstler beeinflusst wie die alten chinesischen und indischen Kulturreiche. Künstler waren in erster Linie für die Ausschmückung der Tempel zuständig. Entsprechend bestehen die Sammlungen der Museen aus religiösen Gegenständen. Vieles ist im Laufe der Geschichte dem zersetzenden tropischen Klima, Bränden oder Kriegen zum Opfer gefallen, vor allem Holzschnitzereien, Textilien und Holzgebäude. Steinerne Tempel und aus Metall gefertigte Buddhafiguren haben die Zeit überdauert.

Daneben wurden stets alte Bauwerke und Skulpturen neu bearbeitet und dem Zeitgeschmack angepasst oder verblichene Wandmalereien übermalt. Nicht selten wurden mehrere Chedis übereinander errichtet, denn mit der Produktion von Neuem erwarb man sich einen größeren Verdienst als mit dem Restaurieren verfallener Werke. Dennoch zeugen zahlreiche Skulpturen und Tempelruinen von dem ästhetischen Empfinden der Menschen vergangener Jahrhunderte und beeindrucken die Betrachter durch ihre hohe künstlerische Qualität und Ausdruckskraft.

Kunstepochen in Thailand

1.–6. Jh.	Indische Einflüsse
6.–11. Jh.	Dvaravati / Mon
8.–13. Jh.	Srivijaya (Süden)
8.–14. Jh.	Lopburi / Khmer (8.–10. Jh. früh; 11.–13. Jh. mittel; 13.–14. Jh. spät)
13.–15. Jh.	Sukhothai (13.–14. Jh. früh, 14.–15. Jh. spät)
? –14. Jh.	Haripunchai (Norden)
? –13. Jh.	Lanna (Norden)
14.–16. Jh.	Chiang Saen (Norden)
14.–15. Jh.	U Thong
14.–18. Jh.	Ayutthaya
18.–20. Jh.	Bangkok / Ratanakosin

Vor der Gründung des Thai-Reiches

Früheste **steinzeitliche Funde,** die bis zu eine Million Jahre alt sind, wurden in der Provinz Kanchanaburi gemacht. Nahe dem Dorf Ban Chiang im Nordosten Thailands entdeckte man bis zu 7000 Jahre alte Tonscherben, Waffen, Schmuck und andere Hinterlassenschaften einer der ältesten Siedlungen Südostasiens. Bereits vor 4500 Jahren, früher als in China und Indien, stellte man hier Werkzeuge und Waffen aus Bronze her.

Im ersten Jahrtausend unserer Zeitrechnung hatten sich kulturell hoch stehende Reiche entwickelt. Der Süden Thailands stand im 8. Jh. unter dem Einfluss des **Srivijaya**-Reiches von Palembang (Süd-Sumatra), eines der ersten buddhistischen Reiche, dessen Kunst besonders von indischen Einflüssen geprägt war. Bereits früher hatten sich in Zentral-Thailand (Nakhon

Pathom, Lopburi, U Thong), im Irrawaddy-Delta und Tenasserim-Gebirge zahlreiche Mon-Fürstentümer zu einem lockeren Verband im **Dvaravati**-Reich zusammengeschlossen. Die Skulpturen und Bauwerke aus jener Zeit sind durch eine klare Linienführung sowie symmetrische, stark stilisierte Muster gekennzeichnet. Die Buddhastatuen, überwiegend in stehender Haltung, wirken recht massiv und breitflächig. Typisch sind die spiralförmigen, großen Locken sowie die zusammenlaufenden, wellenförmig geschwungenen Augenbrauen.

Die erstarkenden Khmer in Kambodscha begannen im 9. Jh. ihren Machtbereich zu festigen und nach Westen hin auszudehnen. Sie verdrängten die Mon und beherrschten die Flussebene des Menam Chao Phraya, bis sie im 13. Jh. von den Thais zurückgedrängt wurden. In Phimai, Lopburi, Sukhothai und an anderen Orten sind Zeugnisse der vom Mahayana-Buddhismus beeinflussten Khmer-Architektur erhalten geblieben, die als **Lopburi**-Stil bezeichnet wird. Typisch sind reich dekorierte, phallusförmige Tempeltürme, die Prangs, die auf einem rechteckigen Unterbau aufsitzen und in deren Nischen Buddhafiguren stehen. Türstürze und Fenster sind mit figürlichen Darstellungen reich dekoriert. Die Buddhabildnisse aus jener Epoche weisen, ebenso wie die Bildnisse anderer Gottheiten, stark individuelle Züge auf. Häufig tragen sie Hals- und Armketten sowie einen kegelförmigen Kopfschmuck, dessen Abschluss am Haaransatz parallel zu den fast geraden Augenbrauen verläuft. Die wulstigen, großen Lippen und flachen, breiten Nasen geben dem rechteckig geformten Gesicht einen strengen Ausdruck.

Parallel dazu entwickelte sich im nördlichen **Lanna**-Reich ein eigener Kunststil. Bereits vor der Gründung von Sukhothai hatten die Thais in der Gegend von **Chiang Saen** unter dem Einfluss der benachbarten Birmanen und des Mon-Reiches **Haripunchai** einen indisch beeinflussten Stil entwickelt.

Sukhothai-Periode

Mit der Gründung von Sukhothai durch den Thai-König Ramkhamhaeng war die Grundlage für die Entwicklung einer eigenen Thai-Kultur geschaffen. Typisch für die Tempelarchitektur der Sukhothai-Zeit ist der Lotosknospen-Turm. Die Buddhaskulpturen vollziehen einen deutlichen Wandel, wobei der Khmer-Stil fast völlig umgekehrt wird. Die Gesichter erhalten einen weiblichen, verklärten Gesichtsausdruck. Die spiralförmigen Haarlocken türmen sich über dem ovalen Gesicht in Form einer Stupa und enden in einer stilisierten Flamme. Über einer langen, spitzen Nase vereinigen sich die hochgeschwungenen Augenbrauen, die Lider sind halb geschlossen, während die Mundwinkel leicht nach oben gezogen sind. Die harmonisch fließenden Linien zwischen Kopf und Körper werden durch die langen, nach außen geformten Ohrläppchen unterstützt.

U-Thong- und Ayutthaya-Periode

Nach dem Zerfall von Sukhothai übernahm von Mitte des 14.–Mitte des 18. Jhs. das Königreich Ayutthaya im zentralen und südlichen Thailand auch in der Kunst die führende Rolle. In der frühen Ayutthaya-Periode bis zum 15. Jh., auch U-Thong-Periode genannt, nahm man Elemente des Khmer- und Sukhothai-Stils wieder auf, die aber mit dem Erstarken der Großmacht in den Hintergrund traten. Deutlich wirkte sich der Einfluss des Königshofs auf die buddhistische Kunst in einem prunkvollen Stil aus. Zudem griff man europäische Einflüsse auf. Tempel wurden mit überdimensionalen Wandmalereien ausgestattet. Ornamente, Gold und Edelsteine schmückten die Buddhaskulpturen, die im 18. Jh. sogar in kopierte Königsgewänder gekleidet wurden. Sie veränderten ihren Ausdruck von der religiösen Entrücktheit der Sukhothai-Periode zu einer majestätischen, erhabenen Distanz. Allerdings wurden Kunstwerke vielfach bereits in großen Mengen hergestellt und verloren an künstlerischer Ausdruckskraft.

Bangkok-Periode

Nach der Zerstörung von Ayutthaya durch die Birmanen 1767 wurden nicht nur viele Kunstwerke und Schätze, sondern auch Handwerker und Künstler nach Birma verschleppt, die dem Land zu einer erneuten Blüte verhalfen. Die Chakri-Dynastie in Siam begann damit, der neuen Hauptstadt Bangkok die Pracht der zerstörten Königsstadt zu verleihen. 1785 begann man mit dem Bau des Königstempels, Wat Phra

Keo. Chinesische und europäische Einflüsse werden seit der Mitte des 19. Jhs. aufgenommen und wie selbstverständlich integriert. Ein gutes Beispiel dafür ist der Königspalast von Bangkok – ein Bauwerk in neoklassizistischer Bauweise mit einem gestaffelten Dach im typischen Ratanakosin-Stil, dem Bangkok-Stil der vergangenen beiden Jahrhunderte.

Buddhistische Tempel

Für die Ausstattung der Tempel und Klöster sind die Thais bereit, finanzielle Opfer zu bringen. Schließlich hat eine Tempelanlage traditionell verschiedene Funktionen zu erfüllen: Sie dient den Gläubigen als Ort für Meditationen, religiöse Zeremonien, Feierlichkeiten und Gebete, den Mönchen als Wohnbereich und Bibliothek, der Dorfbevölkerung als Versammlungsort, Wanderern als Ruhestätte und Übernachtungsmöglichkeit. Die Anlage steht Frauen und Männern, Gläubigen wie Ungläubigen offen, sofern sie die religiöse Stätte respektieren.

Entsprechend der vielfältigen Funktion besteht normalerweise eine Tempelanlage, in Thailand **Wat** genannt, aus mehreren Gebäuden, die von einer Mauer umschlossen sind: Schon von weitem erkennt man einen Tempel an dem glockenförmigen, spitz zulaufenden Turm, dem **Chedi** (Thailand) – je nach Region und Kulturepoche auch **Pagode** (Myanmar), **Dagoba** (Sri Lanka), **Stupa** (Indien, Nepal) oder **Prang** (Khmer) genannt. Er geht auf hinduistische Ursprünge zurück und beherbergt häufig eine Reliquie Buddhas. Man umschreitet ihn immer im Uhrzeigersinn. Manche Tempeltürme sind begehbar, wobei Frauen in bestimmten Bereichen oft nicht zugelassen sind.

Das religiöse Zentrum bildet die Gebetshalle **Bot**. Der weite Innenraum ist mit vielen, kleineren Skulpturen dekoriert, und die Wände schmücken häufig Wandmalereien oder Ornamente. Im Mittelpunkt dieses heiligen Bezirkes steht eine große Buddhastatue. Im Bot werden religiöse Zeremonien abgehalten. Die Gläubigen sitzen dabei auf dem Boden, die Füße weisen respektvoll nach hinten. In Nord-Thailand gilt ein Bot manchmal als so heilig, dass er von Frauen nicht betreten werden darf. Daneben gibt es eine oder mehrere Seitenkapellen, **Viharn**, in denen sich Mönche versammeln und die Gläubigen beten, sowie ein kleines Bibliotheksgebäude, **Mondhop** genannt, das zum Schutz häufig auf einem hohen Unterbau steht, und **Sala**, offene Pavillons, die Tempelbesuchern einen schattigen Rastplatz und Schutz vor Regen bieten. Der Klosterbezirk, in dem die Mönche leben, ist von diesen Gebäuden abgetrennt oder grenzt an sie an.

Während man in Myanmar bereits die Schuhe auszieht, wenn man eine Tempelanlage betritt, wird das in Thailand erst notwendig, wenn man in ein Tempelgebäude geht.

Buddhastatuen

Jahrhundertelang wurden Buddhastatuen in Stein gemeißelt, aus Holz geschnitzt, aus Ziegelstein gefertigt und mit Gips überzogen, aus Bronze, Kupfer oder Gold gegossen. Daneben wurden auch hinduistische Götter und animistische Geister in Plastiken und Reliefs dargestellt, blieben jedoch zweitrangig. Obwohl sich die künstlerischen Stilrichtungen und technischen Möglichkeiten im Laufe der Jahrhunderte gewandelt haben, ist die Darstellung von Buddha, dem Erleuchteten, an strengen Prinzipien aus der überlieferten indischen Kunst orientiert. Mit den Buddhabildnissen will man, entsprechend der Theravada-Lehre, nicht die Person darstellen, sondern an die Lehre erinnern. Von besonderer Bedeutung ist hierbei **Asana**, die Körperhaltung, und **Mudra**, die Handhaltung, als Ausdruck bestimmter Ereignisse und Lebenssituationen Buddhas. Traditionell werden vier Körperhaltungen dargestellt: sitzend, liegend, stehend und schreitend, wobei die erste am weitesten verbreitet ist und in verschiedenen Variationen vorkommt.

Mythologische Figuren

In einigen Plastiken wird der meditierende Buddha auf einer siebenköpfigen Schlange sitzend dargestellt, die ihn mit ihren fächerartig angereihten Köpfen vor einem Unwetter schützt. Die buddhistische Lehre erscheint häufig im Gewand der hinduistischen Mythologie.

Nagas, Diener Buddhas, sind halbgöttliche Schlangenwesen, die eine Zwischenwelt bewohnen, ein prächtiges, unterirdisches Königreich.

Mudra – Handhaltungen Buddhas

Die symbolischen Handhaltungen haben unterschiedliche Bedeutungen.

Dhyana: Der in Meditation versunkene Buddha. Im Schoß ineinander verschränkte Hände mit nach oben weisenden Handflächen.

Abhaya: Der furchtlose, Segen und Schutz spendende Buddha. Die rechte in Schulterhöhe erhobene offene Hand mit der nach außen gekehrten Handfläche.

Bhumisparsa: Der die Erdgöttin als Zeugin anrufende Buddha. Die offene herabhängende Hand bei nach innen gekehrter Handfläche.

Vara: Der Segen gewährende, barmherzige Buddha. Die gleiche Handhaltung wie bei Bhumisparsa mit nach außen gekehrter Handfläche.

Vitarka: Die erklärende, argumentierende Handhaltung. Die Handfläche zeigt nach außen, die Finger sind leicht gebeugt, wobei sich der Daumen und Zeigefinger berühren und einen Kreis bilden.

Dharmacakra: Buddha dreht das Rad der Lehre, des endlosen kosmischen Zyklus, womit an seine erste Predigt im Hirschpark von Isipatana erinnert wird. Beide Hände sind in ähnlicher Haltung wie bei Vitarka vor der Brust mit nach innen gekehrten Handflächen ineinander verschränkt.

Sie können sich mit ihren magischen Kräften in Menschen verwandeln und mit ihnen Kinder zeugen, die stark und mächtig werden. Schlangen, manchmal auch Krokodile (das Naga-Symbol der Mon), schmücken Treppenaufgänge und Tempeldächer.

Manchmal werden sie in den Klauen ihres erbitterten Erbfeindes, des **Garuda**, abgebildet. Die in Südostasien und Indien verbreitete Darstellung des Königs der Vögel hat die Flügel, Klauen und den Kopf eines Raubvogels, aber den Körper eines Menschen. Er ist das Reittier des Gottes Vishnu und daher auch das königliche Wappentier, denn die thailändischen Könige gelten als Inkarnation Vishnus auf Erden. Entsprechend findet man den Garuda auf Geldscheinen und im thailändischen Wappen.

Ein weiteres königliches Tier ist **Erawan**, der dreiköpfige Elefant, Reittier von Gott Indra und gleichzeitig der hinduistische Gott der Künste und Wissenschaft. Am siamesischen Hof wurden weiße Elefanten als Symbole der königlichen Macht gehalten. Auch der jetzige König besitzt elf weiße Elefanten, die sich überwiegend in Lampang aufhalten. Aus Teakholz geschnitzte Elefanten werden an Schreinen und in Tempeln als Opfergaben dargebracht.

Weitere mythologische Figuren dienen als Tempelwächter, so die **Yakshas**, riesige Figuren mit grimmigen Gesichtern, **Kinnaras** und **Kinnaris**, himmlische Vogelmenschen, oder **Singhas**, die zähnefletschenden, birmanischen Löwen, die vor allem in Nord-Thailand die Tempeleingänge bewachen.

Geisterhäuschen

Außerhalb der Tempelbezirke huldigt die thailändische Bevölkerung Schutzgeistern. So besitzt jede Stadt einen eigenen Tempel, den **Lak Muang**, in dem der Schutzgeist des Ortes verehrt wird. Jedes Haus hat sein eigenes **Chao Thi**, ein Geisterhäuschen, in dem der Hausgeist wohnen kann. Es wird nach bestimmten Riten errichtet. So darf es beispielsweise niemals im Schatten des zu beschützenden Hauses stehen. Auf einem kleinen Vorbau werden regelmäßig Opfergaben niedergelegt. Je nach Wohlstand und Schutzbedürfnis der Hausbesitzer kann das Geisterhäuschen beachtliche Formen annehmen. So ist der Haustempel des Erawan Hotels in Bangkok (s. S. 156) zu einer Wallfahrtsstätte für die gesamte Bevölkerung geworden. Zudem werden für die Ahnen kleine Tempel erbaut. Vor allem in chinesischen Wohnhäusern, Hotels und Restaurants darf ein Ahnenschrein nicht fehlen.

Kunsthandwerk

Viele künstlerische Fähigkeiten wurden von Generation zu Generation weitergegeben. Während alte Lackarbeiten, Seidenstoffe oder Seladonporzellan kaum erhalten sind, hat sich die Methode ihrer Fertigung in einer ungebrochenen

Tradition bis heute bewahrt. Von den Einheimischen werden diese handgefertigten Einzelstücke keineswegs ausschließlich als Souvenirs gekauft, sondern sie finden noch immer bei Festen und im Alltag Verwendung. Die meisten Formen des Kunsthandwerks, die ursprünglich nicht in Süd-Thailand verbreitet waren, wurden von der Tourismusindustrie dorthin importiert. In einigen Touristenzentren können Besucher die Handwerker bei ihrer Arbeit beobachten.

Seidenweberei

Vor allem in den ärmeren ländlichen Regionen des Nordens und Nordostens weben die Frauen in den Dörfern auf einfachen Handwebstühlen Seidenstoffe, die für besondere Festgewänder oder als Geschenke der Ehrerbietung gedacht sind. Die Seidenraupen werden mit Blättern von Maulbeerbäumen gefüttert, bis sie sich in Kokons einspinnen. Nachdem die Reisernte eingebracht ist, beginnt die Zeit des Webens, und in einigen Dörfern ist dann noch immer das monotone Schlagen der Webstühle zu hören. Die Frauen sitzen im Schatten ihrer Häuser und spinnen die feinen Seidenfäden, die anschließend bunt eingefärbt werden. Jim Thompson, ein Amerikaner (s. S. 155), begann mit der industriellen Seidenproduktion und der weltweiten Vermarktung.

Naturfarben werden nur noch selten benutzt: das Blau der Indigo-Pflanze, Rot aus dem Sekret eines Insektes und Gelb aus einer Wurzel. Besonders kostbar ist die thailändische „Mut-Mee"-Seide, deren Muster entstehen, indem man die Fäden spannt, abbindet und mehrfach einfärbt, bevor sie gewoben werden.

Silberarbeiten

Birmanische Handwerker, die bereits seit dem 13. Jh. Silber bearbeiteten, brachten diese Kunst auch nach Nord-Thailand, wo neben Schmuck und modernen Gegenständen noch immer die traditionellen Schalen und Gefäße für den religiösen Gebrauch hergestellt werden. Das Silber schmilzt man zusammen mit alten, überwiegend indischen Münzen ein. Die ausgekühlten, dünnen Silberplatten werden anschließend mit Meißeln verschiedenster Größe bearbeitet, bis die entsprechende Form und Dicke erreicht ist. Die feinen Reliefs und Ornamente der Schalen und Gefäße werden anschließend mit feinen Meißeln über einer hölzernen Form herausgearbeitet.

Holzschnitzereien

Schon vor Jahrhunderten wurden die Fassaden und das Innere der Tempel und Wohnhäuser mit plastischen Holzschnitzereien verziert. Besonders schöne Arbeiten findet man an den Giebeln, Türen und Fenstern der Tempel. Monatelang arbeiten Frauen und Männer aus einzelnen Holzstämmen tiefe Reliefs heraus, unter ihren Händen entstehen dreidimensionale Bilder, die von Buddhas Leben oder alten Heldenepen berichten. Für wertvolle Dekorationen, wie die berühmten Elefanten, und für Möbel wird das harte Teakholz verwendet, das einige Jahre ablagern muss, bevor es bearbeitet werden kann.

Sawankhalok-Keramik

Die Technik des unter hohen Temperaturen gebrannten Steinguts war in Nord-China bereits vor 2000 Jahren bekannt. König Ramkhamhaeng von Sukhothai brachte 1294 von einem Besuch in China 300 chinesische Töpfer mit. Sie produzierten in den Brennöfen von Sukhothai Sawankhalok-Keramik, die bis in den Vorderen Orient exportiert wurde. Mit dem Untergang von Sukhothai ging auch die Herstellung der Keramik zurück. Nach einem Krieg zwischen Ayutthaya und Lanna wurden alle Künstler aus Sukhothai, einschließlich der Töpfer, nach Chiang Mai gebracht, wo sich noch heute das Zentrum der Keramikproduktion befindet. Wie früher verwendet man für die Keramik mit der grünlich schimmernden, eisenhaltigen Glasur keine chemischen Zusätze.

Lackarbeiten

Die Yun oder Kern aus den nördlichen Bergen Myanmars sollen diese Kunst auch nach Nord-Thailand (Chiang Mai) gebracht haben, wo sie noch heute praktiziert wird. Die Herstellung von Schalen, Dosen und anderen Gegenständen erfolgt in einem langwierigen Prozess. Zuerst wird eine Grundform hergestellt, die entweder aus Holz oder bei qualitativ hochwertigeren Gegenständen aus geflochtenem Bambus besteht. Diese wird mit einem Lack bestrichen, der aus Asche, Kalk und dem Saft des sogenannten Schwarzen-Lack-Baumes *(Melanorrhoea usita-*

tissima) besteht. Nachdem er getrocknet und glatt geschliffen ist, werden weitere Lackschichten aufgetragen, wobei sich dieser Vorgang bis zu 15-mal wiederholen kann. Einige Lackarbeiten werden mit Goldfarbe dekoriert, andere Arbeiten sind mehrfarbig verziert; dabei entstehen die Muster durch das Anbringen farbiger Lackschichten oder -ornamente, die anschließend graviert oder abgeschliffen werden.

Tanz, Theater und Musik

Tanz und Theater

Die Heldenepen *Ramayana* (in Thailand *Ramakien*) und *Mahabharata* liefern den Stoff für zahllose klassische Tanz- und Theateraufführungen. Dem thailändischen Maskentanz der Götter und Dämonen, **Khon,** liegt das *Ramakien* zu Grunde. Bei den regelmäßig stattfindenden Aufführungen zeigen die farbenprächtig kostümierten und maskierten Tänzer nur einzelne Episoden aus dem großen Heldenepos. Es ist eine dramatische Liebesgeschichte zwischen dem tapferen Prinzen Rama, seiner anmutigen Frau Sita und dem ewigen Kampf gegen den heimtückischen Widersacher Ravana. Besonders beim Khon sind Theater, Tanz und Musik auf das Engste miteinander verbunden, denn die klassischen Vorlagen erfordern ein gutes Zusammenspiel von Orchester, Tänzern und Rezitatoren.

Während der Maskentanz in früheren Zeiten nur am Königshof aufgeführt wurde, unterhielt man mit weniger stilisierten, humorvollen und lebensnahen **Lakon-Nok**-Aufführungen im Freien bei Dorf- und Tempelfesten das Volk. Aus dem Lakon Nok entwickelte sich im 18. Jh. der **Lakon Nai,** ein höfisches Tanztheater, das von den Frauen des Königs in graziösen, anmutigen, Bewegungen getanzt wurde. Sie wurden von Orchestern, Sängern und Rezitatoren begleitet, die in getragener Form romantische Epen vortrugen. Das beliebteste Motiv war das von Rama II. geschaffene, 20 000 Verse umfassende Epos *Inao*.

Die älteste Form des Tanztheaters, **Lakon Jatri**, stammt aus dem Süden Thailands und wurde ursprünglich nur von Männern getanzt. Beliebtestes Motiv ist die Geschichte der liebreizenden Vogelprinzessin Manohra, in die sich Prinz Suton verliebt, und der sie mit Hilfe des Schlangenkönigs an den Hof des Königs Atityawong entführt.

Traditionelle Musik

Schon immer gab es vielfältige Anlässe, um Menschen mit Musik und Tanz zu unterhalten – zu religiösen Feierlichkeiten gehört eine musikalische Umrahmung ebenso wie zu Staatszeremonien, Dorf- und Familienfesten. Die ersten bekannten Musikinstrumente aus frühester Zeit sind Bronze-Gongs, die sowohl in Thailand als auch in Indonesien und Vietnam ausgegraben wurden. Bronze-Gongs gehören neben Trommeln, Becken, Oboe, Bambusflöte und Bambusxylophon zu den wichtigsten Musikinstrumenten in Thailand.

Man unterscheidet drei Orchestertypen: Am Königshof wird bei Zeremonien und Theateraufführungen das **Pi Phat** gespielt, das aus Gongs, Xylofonen, Metallophonen und Oboe oder Flöte besteht. In Süd-Thailand kann man es heute auch häufig bei Tempelfesten hören und sehen. Im **Mahori-Orchester,** das Solo- und Chorgesänge begleitet, kommen Laute, Zither und andere Saiteninstrumente hinzu. Das **Kruang Sai** hingegen, das ländliche Orchester, verwendet ausschließlich Saiten- und Blasinstrumente.

Populäre Musik

Da fast jeder Haushalt einen Fernseher oder ein Radio besitzt, sind die populären Songs der Hitparade im ganzen Land bekannt. Viele Texte bringen das Lebensgefühl der jungen Generation zum Ausdruck, das noch in den 1980er-Jahren stark von den ländlichen Wurzeln und der Musik des Nordostens bestimmt war. Die berühmteste Band Carabao griff 1985 mit ihrem Lied „Made in Thailand" die Situation der Jugendlichen vom Land auf, die, mit den Werten der Großstadt konfrontiert, auf der Suche nach ihrer eigenen Identität sind. In den 1990er-Jahren wandelte sich das Bild, und die neue Generation der Stars unterscheidet sich kaum von ihren Kollegen in Hongkong oder den USA. Besonders erfolgreich sind bei der urbanen Jugend Musiker mit europäischen Zügen, deren Lieder von individuellen Problemen der städtischen Jugend handeln, die sich kaum noch von denen anderer Jugendlicher im Westen unterscheiden.

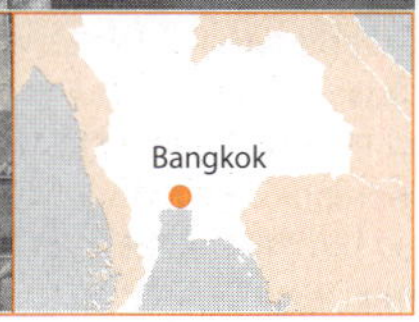

Bangkok

1 HIGHLIGHT

Stefan Loose Traveltipps

Wat Phra Keo und Nationalmuseum Die Schätze des Königspalastes und des größten Museums des Landes bewundern. S. 135

Chinatown Sich durch das Gewühl von Menschen in den schmalen Gassen treiben lassen. S. 147

Siam Paragon Durch dieses und andere gigantische Einkaufszentren bummeln. S. 155

Baiyoke II Tower Bei klarem Wetter das Häusermeer der Millionenstadt überblicken. S. 156

Chatuchak Weekend Market Außergewöhnliche Souvenirs erstehen. S. 160

Restaurantboote Dinieren und dabei durch die erleuchtete Stadt schippern. S. 183

RCA Am Wochenende in Clubs gemeinsam mit den Thais tanzen und feiern. S. 194

Erst 220 Jahre alt ist diese lebendige 7-Mio.-Stadt, deren Ballungsgebiet über 11,5 Mio. Menschen umfasst. In kaum einer anderen Stadt Asiens treten die Gegensätze, die sich im Spannungsfeld zwischen einer traditionellen asiatischen und modernen westlichen Gesellschaft aufbauen, deutlicher hervor. Dicht beieinander liegen Armut und Reichtum, Hektik und Ruhe, Glanz und Elend. In den Straßen pulsiert das Leben: Mitten im Verkehrsgewimmel wird gekauft und verkauft, Bürgersteige werden zu Märkten, Menschenmassen strömen zu den Bussen und in die Geschäfte, während in den schmalen Gassen nebenan Kinder unbehelligt spielen. Nur noch gedämpft dringt der Verkehrslärm in die von Mauern umgrenzten Tempelanlagen, deren prunkvolle Bauten im Schatten weit ausladender Bäume Oasen der Ruhe sind – sofern ihre Freiflächen nicht als Parkplätze vermietet werden.

Die Stadt scheint endlos, es gibt viele Zentren: hier das Touristenviertel (Sukhumvit Road), dort das historische Zentrum (Sanam Luang), dann die Einkaufs- und Verwaltungszentren. Bangkok ist eine unübersichtliche Stadt, in der die meisten Ziele nicht zu Fuß zu erreichen sind. Entsprechend wälzt sich ein Strom laut hupender Taxis, qualmender Busse, knatternder Tuk Tuks und Motorräder durch die Stadt und verleiht der Luft von Bangkok das typische „Aroma".

Bangkok ist das Zentrum, aber auch der Wasserkopf Thailands. Über diese Stadt läuft 90 % des Außenhandels, hier wird die Hälfte des Bruttosozialproduktes des Landes erwirtschaftet, hier konzentrieren sich Industrie, Administration und die Hoffnungen vieler Thais auf ein besseres Leben. Mittlerweile lebt jeder achte Thai in der Metropole.

Daneben gibt es das andere Bangkok, das kulturelle und religiöse Zentrum. Nirgendwo sonst sprechen so viele Thais Englisch, erhält man so viele Informationen über die Geschichte und Kultur der Nation. Über 400 Tempel gibt es in der Stadt, viele Märkte und ein interessantes Nationalmuseum. Die Restaurants sind international, und nach Sonnenuntergang wird sich niemand langweilen – selbst wenn man keine Hostessen sucht –, denn die Musikkneipen, Discos, Kinos und Biergärten haben durchaus Weltstadtniveau (was von der Theaterszene leider noch nicht behauptet werden kann).

Orientierung

Bangkok hat sich entlang der vier- bis sechsspurigen, stark befahrenen Ausfallstraßen weit ins Land hinaus ausgedehnt. Die wichtigsten Verkehrsadern verlaufen in Nord-Süd-Richtung, u. a. der Menam Chao Phraya, die Eisenbahn und zwei Expressways.

Im Zentrum werden diese Trassen von breiten, in West-Ost-Richtung verlaufenden Straßen und Expressways gekreuzt. Zwischen Bangkok und der Schwesterstadt **Thonburi** im Westen stellt der breite Menam Chao Phraya eine natürliche Barriere dar. Die sieben Brücken sind während der Rushhour ständig verstopft. Ein Großteil des Personenverkehrs wird von Fähren und Booten bewältigt.

Einen Kontrast zur modernen Stadt mit ihren Hochhäusern und Baustellen bildet die **Altstadt** mit dem Königspalast am großen, ovalen Platz Sanam Luang. Nördlich davon liegt das Travellerzentrum **Banglampoo**. Im **indischen Viertel** und der **Chinatown** bietet die Charoen Krung Road, ehemals New Road, die parallel zum Fluss verläuft, eine Orientierungshilfe. Die modernen Geschäftszentren mit internationalen Hotels, Restaurants und Geschäften konzentrieren sich rings um die **Silom Road** im Südosten und um die **Ploenchit** und **Sukhumvit Road** im Osten.

Von den Hauptstraßen zweigt ein verwirrendes Netz von schmalen Wegen ab, die sogenannten **Sois**. Es sind zum großen Teil Sackgassen, die vielfach nur von Fußgängern genutzt werden können. Sie sind meist nach der Hauptstraße, von der sie abgehen, benannt und durchnummeriert. Bei Adressen wie 236/1-5 Soi 29, Sukhumvit Rd. sorgen neben der Nummer der Soi (29) zudem Blocknummern (236) und Hausnummern (1-5) für Verwirrung.

Königspalast und Wat Phra Keo

Wer für Bangkok nicht viel Zeit hat, wird direkt zum Sanam Luang fahren, dem kulturellen Zentrum der Stadt. Der Bereich südlich des Platzes bis zum Fluss beherbergt die Bauten des Königspalastes und des Königstempels Wat Phra Keo, die von hohen, weißen Mauern umgeben sind. Eine ungeheure, märchenhafte Pracht erwartet den Besucher. Schon allein deswegen gilt das Palastgelände für jeden Thailand-Reisenden als Muss, denn etwas Vergleichbares gibt es im ganzen Land nicht noch einmal.

Als 1782 der Königspalast nach Bangkok verlegt wurde, wählte man dafür das am höchsten gelegene Gebiet, da es vor Überschwemmungen sicher war. Die hier siedelnden chinesischen Händler mussten in die heutige Chinatown weichen. Der Palast wurde mehrfach erweitert und mit Bauten in verschiedenen Stilrichtungen ergänzt. Nur der nördliche Bereich des Palastes und das königliche Wat Phra Keo können besichtigt werden. Während offizieller Staatsempfänge bleibt der gesamte Palastbereich geschlossen.

Das bewachte Eingangstor zum Palast, der von einer hohen Mauer umgeben ist, befindet sich am südlichen Ende des Sanam Luang. ◷ 8.30–15.30 Uhr, Eintritt 350 Baht inkl. Informationsbroschüre in Deutsch oder Englisch sowie Eintritt innerhalb von einer Woche zum Dusit-Palast mit dem Vimanmek Mansion (s. S. 159, dorthin mit Bus 70), zum Tempelmuseum sowie zu den Königlichen Kroninsignien, Münzsammlungen und Dekorationen. Ein sehr informativer, auch in deutscher Sprache erhältlicher Audioguide kostet für zwei Stunden 200 Baht, bei längerer Nutzung 100 Baht mehr. Die Wachen am Eingang verbieten Besuchern in Hosen, die nicht knöchellang sind, kurzen Röcken, schulterfreier Kleidung, hinten offenen Sandalen (!) u. Ä. manchmal den Zutritt bzw. verpassen ihnen gegen Hinterlegung des Passes oder einer Leihgebühr angemessene Kleidung.

Im ersten Gebäudekomplex hinter der Kasse sind die **Königlichen Kroninsignien, Münzsammlungen und Dekorationen** untergebracht – juwelenbesetzte Orden, Fahnen, Münzen vom 11. Jh. bis heute, Wappen unter anderem Interessant sind die prächtigen Gewänder aus Gold und Edelsteinen für den Jadebuddha, die zum Beginn der Regenzeit, der heißen und der kalten Jahreszeit gewechselt werden, und die königliche Wiege. ◷ Mo–Fr 8.30–16 Uhr, Führung in Englisch um 10 Uhr.

Der erste Tag in Bangkok

- Erst mal ankommen, an einem Essenstand, in einem Tempel oder einem Restaurant in der Khaosan Road Platz nehmen und das Treiben beobachten.
- Sich vom Expressboot (s. S. 215) oder von einem Aussichtspunkt (s. S. 156) aus einen Überblick über die Stadt verschaffen.
- Den Besuch vom Wat Phra Keo und Einkäufe auf später verschieben.
- Bangkok ist für Touristen eine überaus sichere Stadt, dennoch gibt es einiges, das man wissen sollte (s. S. 74/75).

Wat Phra Keo

Durch Eingangstore, die von riesigen Dämonen, den Yaks, bewacht werden, gelangt man in den Tempelbezirk. Er ist von einem überdachten **Wandelgang** umgeben, der mit besonders schönen **Wandmalereien** geschmückt ist. Sie stellen auf 178 Bildern Szenen aus dem thailändischen *Ramayana*-Epos, dem *Ramakien*, dar. Die in Thai durchnummerierte Bildgeschichte beginnt hinter dem Viharn Yot.

Im Zentrum der Anlage erhebt sich der über und über dekorierte **Bot** des Jadebuddhas. Ordner sorgen dafür, dass man die Schuhe vor dem Eingang abstellt und sich im Inneren des Bot (Fotografieren verboten!) auf den kühlen Boden setzt, wobei die Füße nach hinten zeigen sollten.

Die Wandmalereien, die den gesamten Innenraum bedecken, stellen das Leben Buddhas dar. Auf einem mehrstufigen Altar thront die mit einem goldenen Gewand bekleidete, 66 cm hohe Buddhastatue aus Nephrit, einer Jadeart. Sie gilt als Beschützerin des Landes und der Dynastie.

Gegenüber dem Haupteingang zum Bot stehen auf einer hohen Marmorplattform verschiedene Gebäude. In wohl keinem Bildband fehlt das von zwei vergoldeten Chedis umgebene **Königliche Pantheon**, dessen mehrfach gestaffeltes Dach von einem Prang gekrönt wird. Goldene Kinaras, mythische Wesen, halb Vogel, halb Mensch, bewachen das Gebäude. Daneben ragt die Bibliothek für die Heiligen Schriften des Therawada-Buddhismus (Triptaka) mit pyramidenförmigem Mondhop-Dach empor.

Bangkok

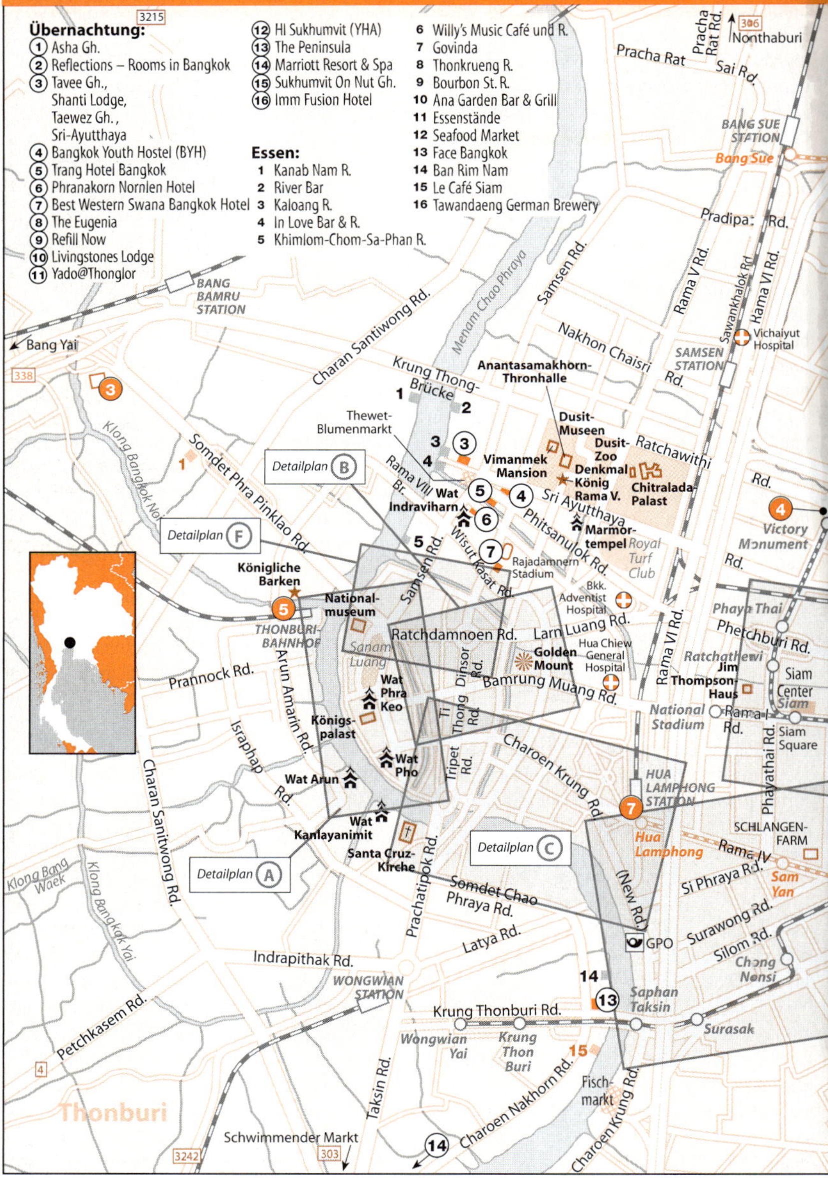
Übernachtung:
1 Asha Gh.
2 Reflections – Rooms in Bangkok
3 Tavee Gh., Shanti Lodge, Taewez Gh., Sri-Ayutthaya
4 Bangkok Youth Hostel (BYH)
5 Trang Hotel Bangkok
6 Phranakorn Nornlen Hotel
7 Best Western Swana Bangkok Hotel
8 The Eugenia
9 Refill Now
10 Livingstones Lodge
11 Yado@Thonglor
12 HI Sukhumvit (YHA)
13 The Peninsula
14 Marriott Resort & Spa
15 Sukhumvit On Nut Gh.
16 Imm Fusion Hotel
Essen:
1 Kanab Nam R.
2 River Bar
3 Kaloang R.
4 In Love Bar & R.
5 Khimlom-Chom-Sa-Phan R.
6 Willy's Music Café und R.
7 Govinda
8 Thonkrueng R.
9 Bourbon St. R.
10 Ana Garden Bar & Grill
11 Essenstände
12 Seafood Market
13 Face Bangkok
14 Ban Rim Nam
15 Le Café Siam
16 Tawandaeng German Brewery
Nonthaburi
Pracha Rat Sai Rd.
Pracha Rat Rd.
Bang Sue Station
Bang Sue
Pradipat Rd.
Bang Bamru Station
Bang Yai
Charan Santiwong Rd.
Menam Chao Phraya
Samsen Rd.
Rama V Rd.
Sawankhalok Rd.
Rama VI Rd.
Vichaiyut Hospital
Nakhon Chaisri Rd.
Samsen Station
Krung Thong-Brücke
Anantasamakhorn-Thronhalle
Thewet-Blumenmarkt
Dusit-Museen
Dusit-Zoo
Ratchawithi Rd.
Vimanmek Mansion
Denkmal König Rama V.
Chitralada-Palast
Klong Bangkok Noi
Somdet Phra Pinklao Rd.
Detailplan B
Rama VIII Br.
Wat Indraviharn
Sri Ayutthaya
Phitsanulok Rd.
Marmortempel
Royal Turf Club
Victory Monument
Detailplan F
Wisut Kasat Rd.
Rajadamnern Stadium
Königliche Barken
Nationalmuseum
Thonburi-Bahnhof
Sanam Luang
Ratchdamnoen Rd.
Larn Luang Rd.
Bkk. Adventist Hospital
Phaya Thai
Phetchburi Rd.
Ratchathewi
Prannock Rd.
Arun Amarin Rd.
Golden Mount
Hua Chiew General Hospital
Dinsor Rd.
Bamrung Muang Rd.
Jim Thompson-Haus
Siam Center
Siam
Wat Phra Keo
Königspalast
Israphap Rd.
Ti Thong Rd.
National Stadium
Rama I Rd.
Siam Square
Wat Pho
Tripet Rd.
Charoen Krung Rd.
Phayathai Rd.
Wat Arun
Hua Lamphong Station
Charan Sanitwong Rd.
Wat Kanlayanimit
Santa Cruz-Kirche
Schlangenfarm
Hua Lamphong
Rama IV
Detailplan C
Detailplan A
Klong Bang Waek
Klong Bangkok Yai
Prachatipok Rd.
Somdet Chao Phraya Rd.
(New Rd.)
Si Phraya Rd.
Sam Yan
Surawong Rd.
Latya Rd.
GPO
Silom Rd.
Chong Nonsi
Indrapithak Rd.
Wongwian Station
Saphan Taksin
Petchkasem Rd.
Krung Thonburi Rd.
Wongwian Yai
Krung Thon Buri
Surasak
Charoen Nakhorn Rd.
Fischmarkt
Charoen Krung Rd.
Taksin Rd.
Thonburi
Schwimmender Markt

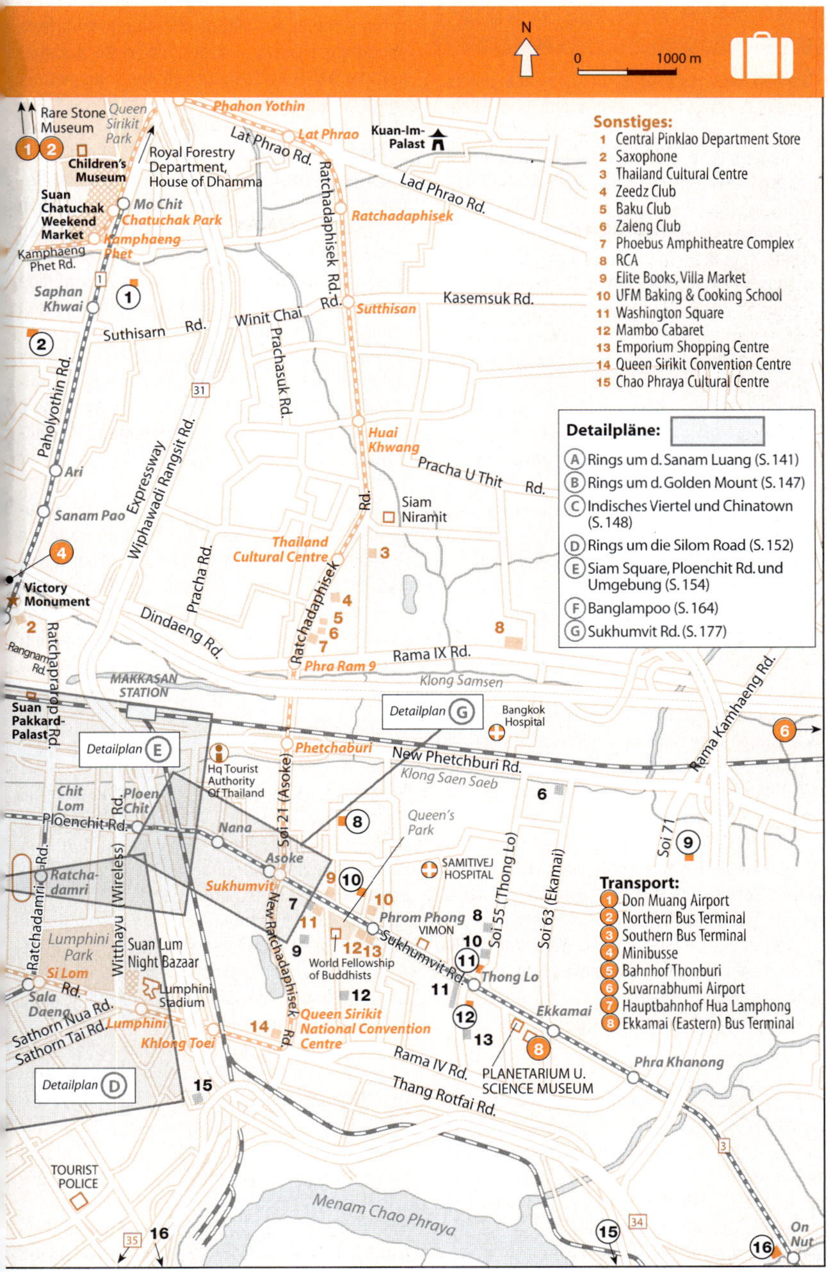
N
0 1000 m
Sonstiges:
1 Central Pinklao Department Store
2 Saxophone
3 Thailand Cultural Centre
4 Zeedz Club
5 Baku Club
6 Zaleng Club
7 Phoebus Amphitheatre Complex
8 RCA
9 Elite Books, Villa Market
10 UFM Baking & Cooking School
11 Washington Square
12 Mambo Cabaret
13 Emporium Shopping Centre
14 Queen Sirikit Convention Centre
15 Chao Phraya Cultural Centre
Detailpläne:
A Rings um d. Sanam Luang (S. 141)
B Rings um d. Golden Mount (S. 147)
C Indisches Viertel und Chinatown (S. 148)
D Rings um die Silom Road (S. 152)
E Siam Square, Ploenchit Rd. und Umgebung (S. 154)
F Banglampoo (S. 164)
G Sukhumvit Rd. (S. 177)
Transport:
1 Don Muang Airport
2 Northern Bus Terminal
3 Southern Bus Terminal
4 Minibusse
5 Bahnhof Thonburi
6 Suvarnabhumi Airport
7 Hauptbahnhof Hua Lamphong
8 Ekkamai (Eastern) Bus Terminal
Rare Stone Museum
Queen Sirikit Park
Children's Museum
Royal Forestry Department, House of Dhamma
Suan Chatuchak Weekend Market
Mo Chit
Chatuchak Park
Kamphaeng Phet
Kamphaeng Phet Rd.
Phahon Yothin
Lat Phrao
Lat Phrao Rd.
Kuan-Im-Palast
Lad Phrao Rd.
Ratchadaphisek Rd.
Ratchadaphisek
Saphan Khwai
Suthisarn Rd.
Winit Chai
Sutthisan
Kasemsuk Rd.
Prachasuk Rd.
Paholyothin Rd.
Wiphawadi Rangsit Rd.
Expressway
Huai Khwang
Pracha U Thit Rd.
Siam Niramit
Ari
Sanam Pao
Thailand Cultural Centre
Pracha Rd.
Victory Monument
Dindaeng Rd.
Rangnam Rd.
Ratchaprarop Rd.
Phra Ram 9
Rama IX Rd.
Klong Samsen
MAKKASAN STATION
Suan Pakkard-Palast
Detailplan G
Bangkok Hospital
Rama Kamhaeng Rd.
Detailplan E
Hq Tourist Authority Of Thailand
Phetchaburi
New Phetchburi Rd.
Klong Saen Saeb
Chit Lom
Ploen Chit
Ploenchit Rd.
Nana
Soi 21 (Asoke)
Queen's Park
Asoke
Soi 55 (Thong Lo)
Soi 63 (Ekamai)
Soi 71
Ratchadamri Rd.
Ratcha-damri
Witthayu (Wireless) Rd.
Sukhumvit
SAMITIVEJ HOSPITAL
New Ratchadaphisek Rd.
Phrom Phong
VIMON
Sukhumvit Rd.
Lumphini Park
Suan Lum Night Bazaar
World Fellowship of Buddhists
Thong Lo
Si Lom
Sala Daeng
Lumphini Stadium
Ekkamai
Sathorn Nua Rd.
Sathorn Tai Rd.
Lumphini
Queen Sirikit National Convention Centre
Khlong Toei
Rama IV Rd.
PLANETARIUM U. SCIENCE MUSEUM
Phra Khanong
Detailplan D
Thang Rotfai Rd.
TOURIST POLICE
Menam Chao Phraya
On Nut

Die Geschichte des Smaragdbuddhas

Um den Smaragdbuddha, oft auch Jadebuddha genannt, ranken sich zahlreiche Legenden. Man vermutet, dass er aus Indien stammt. 1434 schlug ein Blitz in den Chedi eines Tempels in Chiang Rai ein. Dabei kam unter einer Hülle aus Gips die grüne Figur zum Vorschein. Da Chiang Rai damals von Chiang Mai aus regiert wurde, wollte man die von der Bevölkerung verehrte Statue dem König übergeben. Doch der Elefant, der die Statue in die Hauptstadt bringen sollte, lief nach Lampang. Als sich dies mehrfach wiederholte, beließ man den Smaragdbuddha 32 Jahre lang dort. Erst 1468 wurde er nach Chiang Mai gebracht und in der östlichen Nische des Chedi Luang aufgestellt. 1551 nahm ihn der befreundete König von Laos mit nach Luang Prabang, und als die Hauptstadt unter dem Druck der angreifenden birmanischen Truppen nach Vientiane verlegt wurde, transportierte man die Buddhastatue dorthin. 1778 brachten die Thais den Jadebuddha als Kriegsbeute nach Thonburi und sechs Jahre später an ihren jetzigen Platz im Wat Phra Keo.

Der große, goldene **Chedi** hinter der Bibliothek enthält eine Reliquie Buddhas. Das steinerne **Modell des Tempels von Angkor Wat** nördlich der Bibliothek entstand zu einer Zeit, als Kambodscha ein Vasallenstaat Siams war.

Dahinter, auf der unteren Ebene, steht die mit glasierten Tonblumen verzierte Gebetshalle **Viharn Yot**. In der **Viharn Phra Nak**, im Nordwesten, wird die Asche der verstorbenen Angehörigen der Chakri-Dynastie aufbewahrt. Das Gebäude **Ho Monthien Dhamma**, in der nordöstlichen Ecke der Anlage, diente zur Aufbewahrung heiliger Schriften.

Die Palastbauten

Zum Königspalast gelangt man durch das südwestliche Tor hinter dem Bot. Das erste Gebäude im Thai-Stil, die **Amarin Winitchai-Thronhalle**, ließ Rama I. als Gerichtshalle erbauen, später wurde sie für Krönungsfeierlichkeiten und Empfänge genutzt. In der Halle steht ein Thron mit dem neunstufigen, weißen Schirm des Herrschers sowie ein Thron mit einem mehrfach gestaffelten Dach, in dem noch heute Buddhastatuen bei religiösen Zeremonien ausgestellt werden. Beide sind reich dekorierte Herrschaftssymbole und wurden von König Rama I. genutzt.

Am großen Platz erhebt sich der **Chakri Maha Prasad-Palast**, dessen Fassade im Renaissancestil so gar nicht zu den siamesischen Spitzdächern und Türmen passt. Die großen Empfangshallen im 1. Stock und die zentralen Räume, in denen die Urnen der letzten Könige verwahrt werden, sind ebenso wie alle anderen Räume nicht zugänglich.

Der kleine, graziöse **Umkleidepavillon** nebenan gilt als typisches Beispiel thailändischer Architektur. Dahinter steht der von Rama I. als Krönungshalle geplante **Dusit Maha Prasad-Palast**, der seit dem Tod dieses Königs nur für Totenfeiern genutzt wird.

Im westlichen Bereich wird im **Tempelmuseum** eine interessante Ausstellung über die Restaurierungsarbeiten Anfang der 1980er-Jahre gezeigt. Im 1. Stock sind steinerne Buddhastatuen aus Java und andere Votivgaben, ein großer, gelackter Wandschirm und der Manangasila-Thron zu sehen.

Wat Pho

Südlich vom Königspalast gelangt man über die Sanam Chai Road zum Wat Pho oder Wat Phra Chetuphon, dem Tempel mit dem liegenden Buddha, einem der wichtigsten Tempel des Landes. Bereits 1789 begann unter Rama I. der Bau dieses Klosters auf dem Areal eines Wats, das aus dem 16. Jh. stammen soll. Rama III. ließ die Anlage renovieren und für die schreibunkundige Bevölkerung das Allgemeinwissen jener Zeit an den Tempelwänden bildhaft darstellen.

In den weitläufigen östlichen Tempelbezirk mit Bot geht es durch den Eingang in der Chetuphon Road. Die meisten Touristen, die nur den Viharn mit dem ruhenden Buddha sehen wollen, werden vor den nordwestlichen Eingang in der Thai Wang Road gefahren. 🕓 8–18 Uhr, 📞 02-222 9595, 💻 www.watpho.com/en/home/index.php

Der Viharn mit dem **ruhenden Buddha**, Eintritt 50 Baht, nimmt den nordwestlichen Bezirk ein. Die vergoldete, 45 m lange, liegende Statue symbolisiert Buddha bei seinem Eingang ins Nirvana. An den Fußsohlen stellen 108 Tafeln aus Perlmutt-Einlegearbeiten die Tugenden eines wahrhaften Buddhisten dar. Es bringt Glück, in jede der 108 Almosenschalen vor der Statue 25 Satang zu werfen (Schalen mit Kleingeld werden angeboten).

Südlich des Viharn, hinter dem chinesischen Pavillon, steht die Bibliothek, an die ein Teich mit einem kleinen Aussichtsberg angrenzt. Östlich davon umschließt ein Wandelgang mit zahlreichen Buddhastatuen die vier großen, mit farbigen Kacheln bedeckten **Chedis** in Grün, Orange, Gelb und Blau. Durch zwei von Tempelwächtern bewachte Tore erreicht man den westlichen Tempelbezirk.

Gleich dahinter stehen zwei kleine **Pavillons**. Die Innenwände des nördlichen Gebäudes sind mit medizinischen Motiven bemalt. Hier befindet sich seit 1955 die **Massageschule,** ✆ 02-225 4771, 221 2974, 💻 www.watpomassage.com, 🕓 8–18 Uhr. Während der Regentschaft von Rama III. wurde im Wat Pho eine Medizinschule gegründet, in der vor 150 Jahren die ersten Studenten unterrichtet wurden. Noch heute werden die traditionellen Methoden gelehrt (verschiedene, meist 30-stündige Kurse für 8500 Baht) und in zwei Pavillons beiderseits des Eingangs von der Sanam Chai Road Massagen durchgeführt (220 Baht für 30 Min., 360 Baht für 1 Std., Fußmassage 45 Min. für 360 Baht; man bekommt nach der Anmeldung eine Nummer und wird dann aufgerufen – professionelle Massenabfertigung). Etwa 20 steinerne Figuren im Hof zeigen Positionen dieser von indischen Gelehrten verbreiteten Massageart.

In den Galerien, die an den Kardinalpunkten von vier **Viharn** unterbrochen werden, sind etwa 400 Buddhafiguren aus unterschiedlichen Epochen hinter schützendem Glas untergebracht. Die Eingänge zum zentralen **Bot** werden von Bronzelöwen bewacht. Die 152 Marmorreliefs auf dem Sockel und die mit Intarsienarbeiten verzierten Eingangstore stellen detailliert Episoden aus dem *Ramayana* dar. Szenen aus dem Leben Buddhas zieren die Innenwände.

Das südlich der Chetuphon Road an die Sakralbauten angrenzende Kloster ist mit über 300 Mönchen das größte von Bangkok. Auch außerhalb des Klosters Richtung Fluss werden professionelle Massagen angeboten.

Nationalmuseum

Ein Rundgang durch das größte Museum Thailands vermittelt einen guten Überblick über die Geschichte des Landes – von prähistorischen Funden bis zur jüngeren Bangkok-Periode. Ursprünglich stand hier der Palast des sogenannten Zweiten Königs, der eine Art Stellvertreterfunktion hatte. Teile dieser Anlage, zu der auch der Tempel am Eingang gehört, sind erhalten geblieben.

🕓 Mi–So außer feiertags 9–16 Uhr, Eintritt 200 Baht, ✆ 02-224 1370, ausführliche Infos unter 💻 www.thailandmuseum.com. Fotografieren ist in manchen Teilen verboten. Am Eingang gibt es eine Broschüre, die durch die Ausstellung leitet. Jeden Do um 9.30 Uhr findet eine kostenlose deutschsprachige 90-minütige Führung zur Kunst und Kultur Thailands statt. Nach persönlicher Absprache werden für Gruppen ab 4 Personen auch individuelle Führungen für 100 Baht angeboten. Siehe 💻 www.museumvolunteersbkk.net/html/germanpage.html. Ein kleines, ruhig gelegenes Restaurant mit preiswerten Getränken und leckeren Gerichten befindet sich hinter dem Haus Nr. 17 mit den Wagen für Verbrennungszeremonien. Eine Gepäckaufbewahrung und ein kleiner Laden, der Bücher und Souvenirs verkauft, sind links vom Eingang hinter dem Informationsschalter angesiedelt.

Die **Buddhaisawan-Kapelle** rechts vom Eingang wurde für eine der am meisten verehrten Buddhastatuen, Phra Buddha Singh, errichtet. Die über 200 Jahre alten restaurierten Wandmalereien stellen 28 Szenen aus Buddhas Leben dar. Im hinteren Tempelbereich stehen einige schöne, alte Bücherschränke.

In der ehemaligen **Audienzhalle** links von der Kapelle führen Bilder in die Thai-Geschichte ein. In dem nahe gelegenen sogenannten **Roten Haus** lebten mehrere Prinzessinnen und Konkubinen. Das gut erhaltene Gebäude im traditionellen Thai-Stil ist mit Gegenständen aus der frühen Bangkok-Periode eingerichtet.

Der zentrale Bau des Museums, das **alte Palastgebäude** des Zweiten Königs, beherbergt dekorative Kunst aus der jüngeren Bangkok-Periode und eine ethnologische Sammlung. Der ehemalige Thronsaal des jüngeren Bruders von Rama I. bietet Platz für wechselnde Ausstellungen und Gegenstände aus der königlichen Sammlung. Dahinter sind prunkvoll dekorierte Sänften und Elefantensättel (Howdah) ausgestellt. Von hier ist der 1. Stock mit den königlichen Insignien und dekorativen Objekten aus Elfenbein zu erreichen. Im Erdgeschoss nach links gelangt man zu Khon-Masken, Puppen und Spielen, dahinter enthalten drei kleinere Räume Keramiken und Silber aus Thailand, Japan und China, Porzellan, Sawankhalok-Keramik, Muscheln und Modelle.

Von dem im Erdgeschoss angrenzenden Waffensaal geht es links zum Perlmuttraum, geradeaus zu den Holzschnitzereien, unter anderem einer Tür aus dem Wat Suthat und Wat Phra Keo, und rechts zu Steininschriften. Der nächste Saal vermittelt einen guten Überblick über die thailändischen Textilien (Brokat, Ikat, Chintz, Stickereien) und die Entwicklung der Mode. Im 1. Stock sind buddhistische Objekte ausgestellt. Im Erdgeschoss gelangt man weiter zum Saal mit Musikinstrumenten.

Der alte Bereich wird von neuen Museumsgebäuden umrahmt. Der Rundgang beginnt im **Mahasurasinghanat Building** links vom Eingang. Die Kunstgegenstände in beiden Stockwerken stammen aus der Zeit vor der Einwanderung der Thais in diese Region: Die prähistorische Sammlung enthält u. a. ein neolithisches Grab, das bei Kanchanaburi gefunden wurde, und schöne Exemplare der Ban Chiang-Keramik. Zudem umfasst dieser Bereich Lopburi- und Khmer-Kunst aus dem 10.–13. Jh., frühe Hindu-Skulpturen aus dem thailändischen Gebiet, Dvaravati-/Mon-Kunst, u. a. das große, steinerne „Rad der Lehre", javanische hinduistische Skulpturen aus dem 7.–11. Jh., darunter ein schöner Ganesha (der Elefantengott), sowie brahmanische und buddhistische Kunst des Srivijaya-Reiches aus Chaiya, im Süden Thailands, aus dem 13. Jh.

In den Sälen im Erdgeschoss des nördlichen **Prapat Phiphitthaphan Building** sind u. a. Skulpturen, Keramik, Textilien und Münzen der Bangkok-Periode untergebracht. Im 1. Stock gelangt man zu Kunstobjekten aus Chiang Saen und Chiang Mai. Der angrenzende Saal beherbergt Kunst aus Sukhothai. Zudem sind Skulpturen und Sawankhalok-Keramiken aus der Sukhothai-Periode und Kunstobjekte aus der Ayutthaya-Periode sowie der vorangegangenen U-Thong (Mon-)Periode zu sehen, u. a. Lackarbeiten und mit Schnitzereien verzierte Bücherschränke. Wer nach diesem Rundgang noch aufnahmefähig ist, kann sich im benachbarten Gebäude die prunkvollen Sänften und Trauerkutschen für Verbrennungsfeierlichkeiten und hübsche Pavillons ansehen.

Weitere Gebäude rings um den Sanam Luang

Auf dem ovalen Phra Mane-Platz vor dem Königspalast, bekannt als Sanam Luang („Königswiese"), finden in der Trockenzeit **Drachenwettkämpfe** und an großen Feiertagen zentrale Veranstaltungen statt. Auch bei politischen Kundgebungen dient der Platz häufig als Versammlungsort.

Nationaltheater und Nationalgalerie

Im **Nationaltheater** werden klassische Tänze, aber auch populäre Khon-Dramen aufgeführt. Programminformationen Mo–Fr 8.30–16.30 Uhr unter ✆ 02-224 1342. Von November bis Mai finden Sa und So ab 16.30 Uhr im Garten des Nationalmuseums Aufführungen statt, Eintritt 40 Baht.

„Guter" Rat kann teuer werden

Besonders am Sanam Luang wird man von Taxi- und Tuk-Tuk-Fahrern, seriös aussehenden Einheimischen und sogar von Europäern zum Kauf von Edelsteinen oder Seide sowie von überteuerten Reisen und Visa bei „TAT" überredet. Da bereits seit Jahren viele Touristen auf diese Tricks hereinfallen und große Mengen Geld verlieren, möchten wir noch einmal eindringlich vor solchen Schleppern warnen (s. S. 51). Es ist kein Fehler, resolut aufzutreten und mit der Polizei zu drohen.

Die **Nationalgalerie** (National Gallery of Art), 4 Chao Fa Road, im Gebäude der ehemaligen königlichen Münze, stellt Werke moderner Künstler aus und beherbergt das nationale Filmarchiv. Die ständige Ausstellung vermittelt auf zwei Stockwerken einen Einblick in die Entwicklung der Darstellenden Kunst Thailands während der vergangenen 100 Jahre und der religiösen und höfischen Malerei. Daneben ist ein Raum für interessante Sonderausstellungen. ⌚ Mi–So 9–16 Uhr, Eintritt 200 Baht, ✆ 02-282 2639, 💻 www.thailandmuseum.com.

Thammasat-Universität

Die Thammasat-Universität, ✆ 02-613 3333, eine der größten Universitäten der Stadt, wurde 1976 als Zentrum des politischen Widerstands von Polizei und Militär mit Waffengewalt gestürmt. Auf dem Campus kann man Englisch sprechende Studenten kennen lernen. In regionalen Fachbereichen für den Norden und Nordosten wird u. a. die Kultur dieser Regionen (z. B. die Musik auf traditionellen Instrumenten) gepflegt. Die meisten Studenten werden auf dem neuen Campus weit außerhalb, nahe dem alten Don Muang Airport, unterrichtet.

Silpakorn-Universität

In den alten Universitätsgebäuden neben dem Palast wird unter anderem Kunst unterrichtet und ausgestellt. Besuchern zugänglich sind das **Silpakorn Art Centre**, ⌚ Mo–Fr 9–19 Uhr, ✆ 02-221 3841, 💻 www.art-centre.su.ac.th, sowie die **Art Gallery** in der Faculty of Painting, ⌚ Di–So 9–16.30 Uhr, die **Gallery of Art and Design** in der Faculty of Decorative Arts, ⌚ Mo–Sa 10–18 Uhr, und die **Phrapromphijit Gallery** in der Faculty of Architecture, ⌚ Mo–Sa 10–18 Uhr.

Wat Mahathat

In der schmalen Seitenstraße hinter der Nationalbibliothek, gegenüber der Universität, liegt Wat Mahathat, die buddhistische **Mahachulalongkorn University**. An dieser Stelle stand bereits vor der Gründung von Bangkok ein Tempel, der von Rama I. ausgebaut und zu einem der wichtigsten religiösen Zentren umgestaltet wurde. Das Wat, eines der größten von Thailand, ist das Zentrum für Studien der Pali-Schriften und

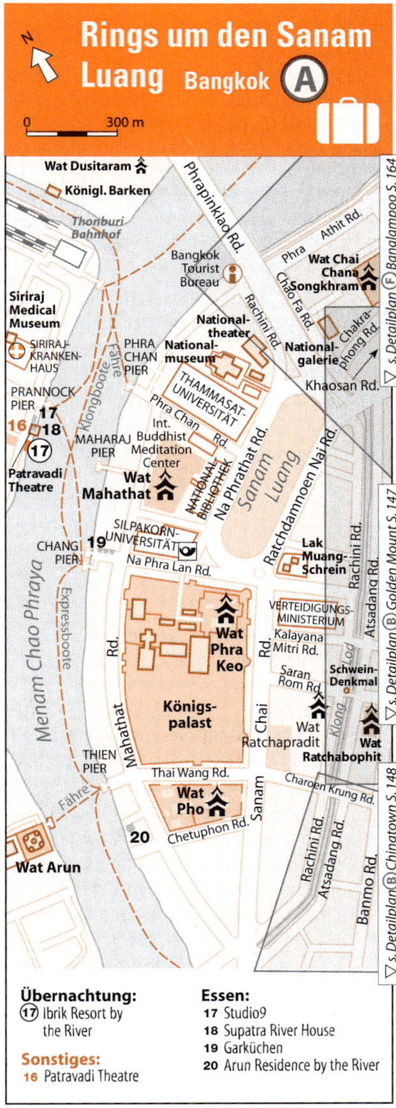

alter religiöser Überlieferungen. Es beherbergt in seinem abgegrenzten Klosterbereich zwischen 300 und 400 Mönche. Im Wandelgang, der das Heiligtum umgrenzt, stehen zahlreiche Buddhastatuen. In die dahinter liegenden Wände sind die Urnen Verstorbener eingelassen. ⏲ 8–17 Uhr.

Das auf Englisch ausgeschilderte **Meditationszentrum** (Section 5), ✆ 02-222 6011, 🖳 www.mcu.ac.th/IBMC, im südwestlichen Tempelbereich steht auch ohne Voranmeldung Ausländern und Ausländerinnen (!) offen. Täglich um 7, 13 und 18 Uhr beginnen zwei- bis dreistündige Meditationsübungen mit einer kurzen Einführung, die sich auch für Anfänger eignen. Von 20–21 Uhr kann man an religiösen Unterweisungen auf Englisch teilnehmen. An der Rezeption gibt es Informationen über Meditationszentren und -kurse.

In den Läden in der Phra Chan Road und in einem überdachten Markt in der Mahatat Road hinter dem Tempel werden Heilkräuter, Schutz- und Glücksamulette sowie andere Dinge für religiöse Zeremonien, wie Buddhastatuen, Götterbilder aus dem hinduistischen Pantheon sowie Fotos der beliebten Könige, verkauft (Handeln nicht üblich).

Lak Muang-Schrein

Nordöstlich vom Wat Phra Keo, jenseits des Verteidigungsministeriums (mit Kanonen im Garten), wurde am 21.4.1782 um 6.54 Uhr, dem astronomisch berechneten „Geburtstermin" der neuen Königsstadt, der Grundstein Bangkoks gesetzt. Er markiert nicht nur das Zentrum des Landes, von dem aus alle Entfernungen gemessen werden, sondern ist auch Sitz des Schutzgeistes der Stadt. Den phallusförmigen, aus Holz geschnitzten Grund„stein" schützt ein neues Gebäude, dessen Dach von einem Prang gekrönt wird. Auch der Lak Muang von Thonburi hat hier seit dem Zusammenschluss der beiden Städte seinen Platz gefunden.

Besucher bekleben Repliken des Grundsteins mit Goldplättchen, umwickeln sie mit bunten Tüchern und stellen Kerzen und Blumen auf. Zu Ehren des Schutzgottes werden Opfergaben dargebracht und zum Dank für erfüllte Wünsche auf einer kleinen Bühne **traditionelle Tänze** aufgeführt. Besonders Lotteriespieler und kinderlose Paare bitten um das große Glück, dem zudem mit der Freilassung von Vögeln und Schildkröten, die auf der Straße verkauft werden, nachgeholfen werden kann.

Banglampoo

Wer genug von Kultur und Tempeln hat, kann die Chakraphong Road hinauflaufen und im traditionellen Einkaufsbezirk Banglampoo stöbern gehen. In seinem Zentrum hat sich die Khaosan Road zum größten Travellertreffpunkt Südostasiens entwickelt. Mehr Infos zu Restaurants, Unterhaltung, Einkaufen ab S. 180, Karte S. 164.

Wat Bovonives

In diesem berühmten Tempel gründete Kronprinz Mongkut 1827 das Zentrum der Dhammayuti-Sekte, die strengen Regeln folgt. Der Kronprinz lebte 14 Jahre hier, bevor er 1851 nach dem Tod seines Bruders König wurde. Auch Rama VI. und Rama VII. sowie der heutige König verbrachten vor ihrer Krönung einige Zeit als Mönche in diesem Kloster. Im Tempel befindet sich das Studienzentrum für Heilkräuter sowie die Pali-Schule, die Mahamonkut Buddhist University. Tempel ⏲ 8–21 Uhr.

Im **Bot** steht eine berühmte, 4 m hohe bronzene Buddhafigur aus der Sukhothai-Periode. Die Wandmalereien berichten von den Verfehlungen der Menschen, ihrer zunehmend besser werdenden Lebensführung unter dem Einfluss des Buddhismus, bis sie am Ende die gelbe Robe tragen. Es ist interessant, dass hier die europäischen Einflüsse positiv dargestellt werden – westliche Gebäude, Pferderennen, Schiffe mit Missionaren, ja sogar Kirchgänger in westlicher Kleidung. ⏲ 8–8.40 Uhr.

Wat Indraviharn und Phra Sumen Fort

Nördlich von Banglampoo steht das **Wat Indraviharn**, Eingang über die Wisut Kasat Road oder von der Samsen Road über Soi 10 Trok Wat In. Durch diese schmale Gasse gelangt man nach etwa 100 m auf einen kleinen Platz mit einem restaurierten Tempel, der von einer 32 m hohen, stehenden Buddhastatue überragt wird. Die großen Füße, auf denen Gläubige Blumen niederlegen, sind ein beliebtes Fotomotiv. ⏲ 8.30–17 Uhr.

An der Einmündung des Klong Banglampoo in den Menam Chao Phraya stehen Reste der Stadtmauer und das achteckige **Phra Sumen Fort**. Rama I. ließ die neue Stadt mit einer Mauer, 14 Forts und Kanonen befestigen. Bis auf

Khaosan Road

Zu Beginn des Filmes *The Beach* (2000) streift Richard alias Leonardo di Caprio durch die quirlige Khaosan Road und machte sie damit weltberühmt. Zwar wird man hier das Guesthouse aus dem Film vergeblich suchen, denn es handelt sich um das On On Hotel in Phuket Town, aber die voll gepackten Straßenstände, Zöpfchenflechter, Straßencafés und exotisch-bunt gekleideten Traveller aus dem Film findet man durchaus vor. Während sich hier vor Jahren noch selten Urlauber sehen ließen und die internationale Rucksacktouristen-Szene unter sich blieb, ist die Khaosan Road mittlerweile eine etablierte Sehenswürdigkeit.

Bis 1980 unterschied sich diese belebte Gegend mit vielen Stoffgeschäften durch nichts von anderen Altstadtstraßen. Dann eröffneten die ersten beiden Gästehäuser in den schmalen Seitengassen, und schon bald kamen weitere hinzu. Es folgten Musik- und Bücherläden, Reisebüros, Geldautomaten, Restaurants, Schmuckgeschäfte und andere Läden, die den Bedürfnissen der Traveller Rechnung tragen. Nur illegale Drogengeschäfte sind unter den aufmerksamen Blicken der Polizei, deren Zentrale mitten im Geschehen liegt, weniger offensichtlich.

Hunderte von Gästehäusern füllen sich Abend für Abend mit Neuankömmlingen, die mit Rucksäcken und Rollkoffern auf Zimmersuche gehen. Ab 17 Uhr wird die Khaosan Road für den Durchgangsverkehr gesperrt und zur Flaniermeile. Dann kommen auch Einheimische, um die bunte, exotische Travellerwelt zu bestaunen. Selbst Modedesigner sollen sich hier Anregungen holen. Mutige lassen sich Zöpfchen und bunte Strähnen ins Haar flechten oder ein mehr oder weniger permanentes Tatoo machen. Zudem lockt das einst verrufene Backpackerquartier mit immer schickeren Restaurants, Gästehäusern und Einkaufszentren. Edel präsentiert sich auch die kleine Seitengasse Sunset Street mit chromglänzenden Bars und Cafés.

Ebenso gut besucht sind die Gassen rings um das Wat Chai Chana Songkhram. Hinter der Tempelmauer werden Essenstände aufgebaut und in einem umgebauten VW-Bus Cocktails gemischt. Auch in einer ehemaligen Tankstelle auf der Hauptstraße schlürft man mittlerweile Cocktails oder lässt sich massieren. Weitere Infos über die Khaosan Road auf der Website 💻 www.khaosanroad.com.

zwei Forts wurden die Mauern unter Rama V. geschleift und an ihrer Stelle Straßen angelegt. Rings um das Fort lädt ein kleiner **Park** mit Bänken, Sitzterrassen und dem kleinen **Santichaiprakarn-Pavillon** zum Ausruhen ein. Über die neue Fußgängerpromenade gelangt man am Flussufer entlang zur Phrapinklao-Brücke.

Thonburi

Die Schwesterstadt westlich des Flusses wurde 1767 nach der Zerstörung von Ayutthaya die erste Zufluchtsstätte der zersprengten Armee unter König Taksin, bis Rama I. 1782 nach Bangkok übersiedelte. Seither konzentriert sich nicht nur das politische Leben, sondern auch Handel und Industrie am östlichen Flussufer. Auch wenn heute die beiden Millionenstädte zu einem dicht besiedelten Großraum mit gemeinsamer Verwaltung zusammengewachsen sind, scheint die Verstädterung in Thonburi noch nicht so weit fortgeschritten zu sein wie in Bangkok. Da mittlerweile ständig verstopfte Schnellstraßen die Stadt durchziehen, bewegt sich nur noch ein geringer Teil des Verkehrs auf den **Klongs**. Karte S. 136/137, 141, 148, 216. Übersicht, A, C). Mehr über die Klongs s. **eXTra [2692]**.

Die Königlichen Barken

Am Klong Bangkok Noi sind vor der Arun Amarin-Brücke in einer Bootshalle am Nordufer die Königlichen Barken untergebracht. Die 51 Boote sind mit Holzschnitzereien und Lackarbeiten kunstvoll verziert. Allerdings können nur einige der prunkvollsten besichtigt werden. Aus einem einzigen Teakbaum ist die 46 m lange, graziöse königliche Barke *Suwana Hongsa* gearbeitet, deren Bug der kampfbereit aufgerichtete Kopf des Hamsa (mythischer Vogel, Transportmittel des Gottes Brahma) ziert und die in einem hoch aufgerichteten Schwanz endet. Die zweite königliche Barke ist die 45 m lange *Ananta Nagaraj* mit dem siebenfachen Schlangenkopf, dem Symbol des Wassers. In ihr befand sich während der letzten Prozessionen eine heilige Buddhastatue. Das dritte Boot *Anekajati Bhujonga*, das das Älteste ist und aus der Zeit von König Rama V. stammt, ist mit filigranen Nagaschlangen verziert. Diese großen Boote werden von zahlreichen kleineren Barken eskortiert, die mit Hanumanfiguren, grimmigen Wächtern, Tigerköpfen, gehörnten Drachen und anderen mythischen Fabelwesen geschmückt sind. Einige transportieren das Orchester, andere sind mit Kanonen bestückt. ⌚ 9–16.30 Uhr, Eintritt 100 Baht, Fotoerlaubnis 100 Baht, Videoerlaubnis 200 Baht, ✆ 02-424 0004, 🖳 www.thailandmuseum.com.

Zu den Königlichen Barken gelangt man auf zwei verschiedenen Wegen: zum einen über einen schmalen Weg nach der Brücke hinter dem Bahnhof in Thonburi (leicht zu übersehender Wegweiser), zum anderen vom Wat Dusitaram hinter der Phrapinklao-Brücke aus. Beide sind mit Hinweisschildern markiert. Von der Endstation des AC-Busses 3 ist es nicht weit zu den Königlichen Barken *(Royal Barges)*. An der Brücke hält auch der non-AC-Bus 19 ab Sanam Luang. Zudem fährt ein Shuttleboot vom Phra Athit Pier (Banglampoo) von 10–16 Uhr für 20 Baht, hin und zurück 40 Baht.

Gerichtsmedizinisches Institut

An der Mündung des Klong Bangkok Noi in den Menam Chao Phraya ist der alte Bahnhof von Thonburi ab dem Phra Chan Pier zu erreichen. Das **Siriraj Krankenhaus** südlich vom Bahnhof ist das über 100 Jahre alte, erste westliche Krankenhaus des Landes. Es hat im **Siriraj Medical Museum** etwas makabre Ausstellungsstücke zusammengetragen. Im Gerichtsmedizinischen Institut im 2. Stock des Adulayadejvikrom Building sind im Songkran Niyomsane Forensic Medicine Museum Skelette, konservierte Organe und Körper von Mördern und deren Opfern einschließlich der Mordwerkzeuge zur Besichtigung freigegeben. Das Ellis Pathological Museum umfasst 4000 Präparate von Kranken und alte Laboreinrichtungen. Im Parasitology Museum sind tropische Parasiten und Tiere zu sehen, die für den Menschen gefährlich werden können. In einer neuen Ausstellung „Siriraj And Tsunami", die in Zusammenarbeit mit dem Krankenhaus in Takua Pa entstanden ist, wird von der Katastrophe, der Arbeit der Forensiker und den Hilfsleistungen berichtet. Ein Video über den Tsunami wird jede halbe Stunde außer mittags gezeigt. Zudem sind weiter südlich im Anatomy Building im 3. Stock des 1927 gegründeten Congdon Anatomical Museum allerlei Präparate, missgebildete Föten, in Streifen geschnittene oder auf einzelne Aspekte reduzierte menschliche Körper, Organe und Skelette zu bewundern. Die angestaubte prähistorische Sammlung im Erdgeschoss ist weniger interessant ebenso wie die Abteilung über die Geschichte der Thai-Medizin im Ouay Ketusingh Museum of History of Thai Medicine im anderen Gebäude, da die Modelle nur auf Thai beschriftet sind. ⌚ Mo–Sa 9–16 Uhr, Eintritt 40 Baht, ✆ 02-419 6363, 🖳 www.si.mahidol.ac.th/museums/en/index.htm.

Wat Arun

Jeden Morgen lässt die aufgehende Sonne die mit chinesischem Porzellan bedeckten Prangs in vielen verschiedenen Farben erstrahlen, daher wird der Wat Arun auch Tempel der Morgenröte genannt. Die verschieden hohen Türme symbolisieren das buddhistische Universum, in der Mitte der heilige Berg Meru, den die Weltmeere umgeben. Innerhalb der Tempelmauern stehen steinerne Figuren – u. a. ein europäischer Kapitän –, die als Schiffsballast aus China nach Thailand gelangten. Sie sind auch in anderen Tempeln zu finden. Immer steiler werdende Treppen führen den höchsten Prang (86 m) hinauf. Die oberen Plattformen sind Touristen nicht mehr zugänglich.

Auch der **Bot** lohnt einen Besuch. Ist der Zugang vom Tempel aus geschlossen, gelangt man über einen weiteren Eingang von der Gasse nördlich des Tempels in den Hof. Hier sind steinerne chinesische Statuen ähnlicher Art in großer Zahl aufgereiht. Der Wandelgang ist mit bunten Blumenmotiven bemalt, und auch das Innere des Bot ist mit Wandmalereien bedeckt. Rings um den Tempel lauern Fotografen und

Souvenirhändler auf Touristen. ⌚ 8.30–17.30 Uhr, Eintritt 50 Baht, ✆ 02-891 1149. Vom Thien Pier setzen Fähren für 3 Baht zum Wat Arun über.

Das südliche Thonburi

Das riesige **Wat Kanlayanimit** steht 500 m südlich vom Wat Arun, am Ende der Soi Wat Kanlaya, zu erreichen über die Israphap und Thetsaban Sai 1 Road. Von Bangkok fahren einige Fähren ab Rachini Pier hierher – vom selben Pier verkehren auch Fähren zur Santa Cruz-Kirche. Im Glockenturm im Hof hängt die größte Bronzeglocke Thailands. Weit beeindruckender ist die riesige sitzende Buddhafigur im höchsten Viharn der Stadt, vor der die überwiegend chinesischen Besucher winzig wirken. Die verblichenen Wandgemälde weisen starke chinesische Einflüsse auf. Nur wenige Touristen kommen hierher, und alles macht einen etwas verwahrlosten Eindruck. ⌚ 6–18 Uhr.

800 m weiter im Süden (zurück zur Thetsaban Sai 1 Road und nach links zum Soi Kuti Cheen) erreicht man die **Santa Cruz-Kirche** (Wat Kuti Cheen) inmitten des ehemaligen portugiesischen Viertels, des ersten europäischen Geschäftszentrums, von dem heute kaum noch etwas zu sehen ist. Seit dem 16. Jh. lebten portugiesische Diplomaten, Händler und Missionare im Land. Nach der Zerstörung von Ayutthaya ließen sie sich hier nieder und errichteten eine kleine Kirche, die 1913 durch das heutige unspektakuläre Bauwerk ersetzt wurde. Die Grotte neben der Kirche wird von Gläubigen mit Jasminkränzen geschmückt. ⌚ 6–20 Uhr, Gottesdienste um 6 und 19 Uhr.

In Richtung Memorial-Brücke liegt nach 400 m etwas versteckt ein weiterer kleiner Tempel aus der Zeit von Rama III., **Wat Prayun Wong Sawat**. Im östlichen Bereich, nahe der Memorial-Brücke, erhebt sich eine bizarre, künstliche Felseninsel, die mit Miniaturhäusern, -tempeln und -pagoden bebaut ist. Sogar eine Grotte mit Buddhastatue und der Nachbau einer gotischen Kirche finden sich darunter. Die Gebäude wurden zum Gedenken an zahlreiche Verstorbene errichtet, deren Namen auf Plaketten verewigt sind. In dem Teich werden Schildkröten, das Symbol für ein langes Leben, von Besuchern mit Früchten und anderen Leckereien fast zu Tode gefüttert. ⌚ 6–18 Uhr.

Am gegenüberliegendem (Bangkok-)Ufer erstrecken sich die Hallen des Lebensmittel- und Blumengroßmarktes **Pak Klong Talaat**, in denen noch vor Sonnenaufgang am meisten los ist.

Rings um den Golden Mount

Ratchdamnoen Road

Zu Beginn dieses Jahrhunderts wurde die Ratchdamnoen Klang und die Verlängerung Ratchdamnoen Nok Road angelegt, ein prunkvoller, breiter Boulevard vom Sanam Luang zur Anantasamakhom-Thronhalle (S. 159), der von Regierungs- und Verwaltungsgebäuden gesäumt ist. An der Ecke Tanao Road erinnert das **14. Oktober 1973 Memorial** mit Fotos und Zeitungsausschnitten an die blutigen Auseinandersetzungen an jenem Tag (S. 112). Inmitten eines Kreisverkehrs erhebt sich das **Demokratie-Denkmal**, das an den Staatsstreich im Jahre 1932 und das Ende der absoluten Monarchie erinnert. Wer die Reliefs aus der Nähe bewundern möchte, muss erst durch den dichten Verkehr kommen, was nahezu unmöglich ist.

Einstmals umgrenzte eine **Stadtmauer** entlang des Klong Banglampoo und des Klong Ong Ang das Stadtgebiet. Ein Teil davon ist an der Brücke restauriert worden. Vom dahinter liegenden Phanfa Pier legen Boote ab, die durch den Klong Mahanak und Saen Saeb teils parallel zur New Phetchburi Rd. in die östlichen Vororte fahren.

Die von Queen Sirikit geförderte **The Queen's Gallery**, 101 Ratchdamnoen Klang Road, stellt in ihren hellen, klimatisierten Räumen moderne Gemälde und Skulpturen zeitgenössischer einheimischer Künstler aus. Ihr sind ein kleiner Shop und ein Café angeschlossen. ⌚ außer Mi 10–19 Uhr, Eintritt 20 Baht, ✆ 02-281 5360-1, 💻 www.queengallery.org.

An der Mahachai Road wurde ein kleiner Park mit einer **Gedenkstätte für König Rama III.** und einem Pavillon errichtet. Südlich davon befinden sich mehrere Tempel.

Loha Prasat und Wat Ratchanatda

Hinter dem Park erhebt sich 36 m hoch der eigentümliche Metallpalast **Loha Prasat**, der eher an indische Tempelbauten erinnert. Viele kleine

Türmchen sind auf drei quadratischen Ebenen pyramidenförmig angeordnet. Manchmal ist es möglich, über die zentrale Wendeltreppe zur obersten Plattform hinaufzusteigen. ◷ 9–17 Uhr.

Hinter der Gedenkstätte für Rama III. steht **Wat Ratchanatda**. Die Anlage wurde für eine Nichte Ramas III. errichtet. Im Viharn befindet sich eine Statue des Königs. ◷ 9–17 Uhr, der Viharn ist nur gegen 16 Uhr zum Gebet geöffnet.

Im angrenzenden Astrologiezentrum lassen sich Besucher aus der Hand lesen. Im südlichen Vorhof sowie in der Gasse jenseits des überbauten Klongs vor Wat Theptidaram werden an zahlreichen Ständen eines **Amulettmarktes** religiöse Statuen und Glücksbringer sowie Aphrodisiaka verkauft. Vor einem zerfallenen, überwucherten Mondhop neben dem Markt bringt man Opfergaben dar. Zu Amuletten s. eXTra [2693].

Südlich des Klongs steht ein weiterer großer, aber einfacher Tempel, **Wat Theptidaram**. Der Bot und die Prangs sind mit Mosaiken geschmückt. Im Hof stehen Figuren, die als Schiffsballast aus China hierherkamen. Inmitten der Mönchsquartiere kann das Wohnhaus des berühmten thailändischen Dichters **Sunthon Phu** besichtigt werden.

Es ist weitaus angenehmer, die ruhige Gasse zwischen den Mönchsquartieren hindurch nach Süden zu laufen als auf der belebten Mahachai Road entlang der Stadtmauer.

Golden Mount

Den Zusammenfluss der drei Klongs überragt der 79 m hohe, von 1782–1800 künstlich aufgeschüttete **Golden Mount** mit dem goldglänzenden Chedi von **Wat Saket**. Der Chedi enthält eine Reliquie Buddhas, die hoch verehrt wird – v. a. während des Tempelfestes im November. Zum Golden Mount gelangt man am besten durch den westlichen Eingang an der südlichen Borpat Road, östlich des Klongs, sowie an der Chakraphadipong Road durch eine schmale Palmenallee zwischen einer kleinen Schule und dem Wat Saket. Der Golden Mount bietet sich als luftiger und ruhiger Ort für eine kurze Verschnaufpause vom Trubel der Stadt und dem Straßenlärm an. Vor dem Aufgang zur oberen Plattform des Chedi, von der sich eine schöne Aussicht bietet, sind 10 Baht Eintritt zu zahlen. ◷ 8–17 Uhr.

Wat Suthat und Umgebung

Folgt man der Borpat Road Richtung Süden kommt man zum **Ban Batt-Viertel**, in dem noch einige Familien traditionelle Mönchsschalen *(batt)* herstellen. Schilder weisen den Weg zu den Produktionsstätten. Hier werden Almosenschalen aus acht Metallen zusammengefügt, die den edlen achtfachen Pfad des Buddhismus symbolisieren. Heute ist das Handwerk vom Aussterben bedroht, und die Handwerker leben hauptsächlich vom Verkauf der Schalen an Touristen. 💻 www.banbatt.com.

Anschließend geht es auf der Bamrung Muang Road Richtung Westen. In mehreren Geschäften wird eine faszinierende Sammlung von vergoldeten Buddhastatuen, Almosenschalen und anderem Tempelzubehör verkauft. In einem Kreisverkehr auf der verkehrsreichen Straße steht die restaurierte, etwa 25 m hohe **Riesenschaukel** *(giant swing)*. Bei einem hinduistisch-brahmanischen Fest wurden lebensgefährliche Schaukelwettkämpfe ausgetragen, bis sie unter Rama VII. 1933 verboten wurden.

Südlich der Schaukel erhebt sich **Wat Suthat**, der nach dem Schutzgott Bangkoks benannte „Palast von Indra". Dieser Tempel entstand vor etwa 200 Jahren. Seine schönen **Wandmalereien** gehören zu den bedeutendsten Zeugnissen thailändischer Kunst. Bronzepferde, Pagoden und steinerne Figuren im chinesischen Stil umgeben den großen Viharn, auf dessen wunderschönen, mit Schnitzereien verzierten Teakholztüren Themen aus dem *Ramayana* dargestellt sind. Die Innenwände sind bemalt mit Szenen aus den Leben der legendären 28 Buddhas, während die Motive auf den acht Säulen der hinduistisch-buddhistischen Kosmologie entnommen sind. Sie wurden vor einigen Jahren aufwendig restauriert, sind aber bereits wieder dabei abzubröckeln. Im Zentrum des Raumes steht die 8 m hohe **Buddhastatue Sri Sakyamuni** aus der Sukhothai-Periode. Den Viharn umgrenzt ein Wandelgang mit 156 Buddhastatuen. Auch der **Bot**, weiter südlich, beeindruckt durch seine Größe und hübsche Wandmalereien. König Rama VIII., dessen **Bronzestatue** im Vorhof steht, wurde im Tempel beigesetzt. Ihm zu Ehren findet alljährlich am 9. Juni eine königliche Zeremonie statt. ◷ 9–21 Uhr, Eintritt 20 Baht.

Rings um den Golden Mount Bangkok (B)

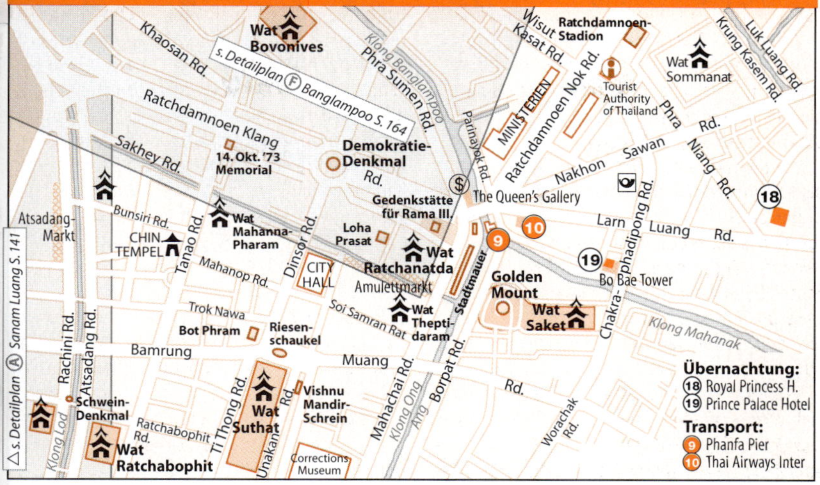

Östlich vom Tempel auf dem Mittelstreifen der Unakan Road steht der kleine **Hinduschrein Vishnu Mandir** unter Schatten spendenden Bäumen, die mit Glöckchen behängt sind. Der Gottheit Vishnu opfern Gläubige Teller mit Gaben und Blumenkränze. Zudem steht nordwestlich von Wat Suthat etwas versteckt in der Dinsor Road der **brahmanische Bot Phram**. Zu den mit gelben Blumenkränzen geschmückten Schreinen der Gottheiten Vishnu vor dem Tempel, Shiva, der schwarzen Statue im Tempel, Ganesha (Elefantengott) und Skanda (Kriegsgott, kleiner Schrein links vom Eingang) kommen Thai-Brahmanen um zu beten. Die ursprünglich aus Südindien stammenden Mitglieder der obersten Hindukaste sind für die Durchführung von überlieferten brahmanischen Riten am Königshof zuständig.

Wat Ratchabophit

Die Bamrung Muang Road führt im Westen durch einen alten, fast unzerstörten Stadtteil. Auf der Atsadang Road geht es am Klong Lod entlang zum Sanam Luang zurück, vorbei an vielen Läden, die Musikinstrumente und Outdoor-Ausrüstung verkaufen. Zuvor sollte man sich einen Abstecher zum hübschen Wat Ratchabophit am Ostufer des Klong Lod nicht entgehen lassen. Er wird von einem 43 m hohen, mit goldfarbenen Keramikkacheln bedeckten Chedi überragt. Die Eingangstore sind mit geschnitzten Soldaten unterschiedlicher Einheiten verziert. 🕓 5–18 Uhr.

In der südöstlichen Ecke des Tempelareals befindet sich das Grab der Ehefrau Ramas V. und im Tempelbereich an der Atsadang Road, der meist nur von der Straße aus zu besichtigen ist, die Gräber der königlichen Familie, die zum Teil gotischen Kirchen nachempfunden sind.

Westlich des Tempels, jenseits der Fußgängerbrücke über den Klong, steht ein **Schwein-Denkmal**. Das vergoldete Tier wurde zur Erinnerung an die im Jahr des Schweins geborene Ehefrau Ramas V. errichtet.

Chinatown

Die endlos lange Straße vom Wat Pho Richtung Osten, die **Charoen Krung Road** (auch New Road), wurde als erste Straße der Stadt unter Rama IV. 1851–1868 entlang eines ehemaligen Elefantenpfades gebaut. Zu dieser Zeit wurde in Bangkok noch alles auf dem Wasser transpor-

Indisches Viertel und Chinatown Bangkok

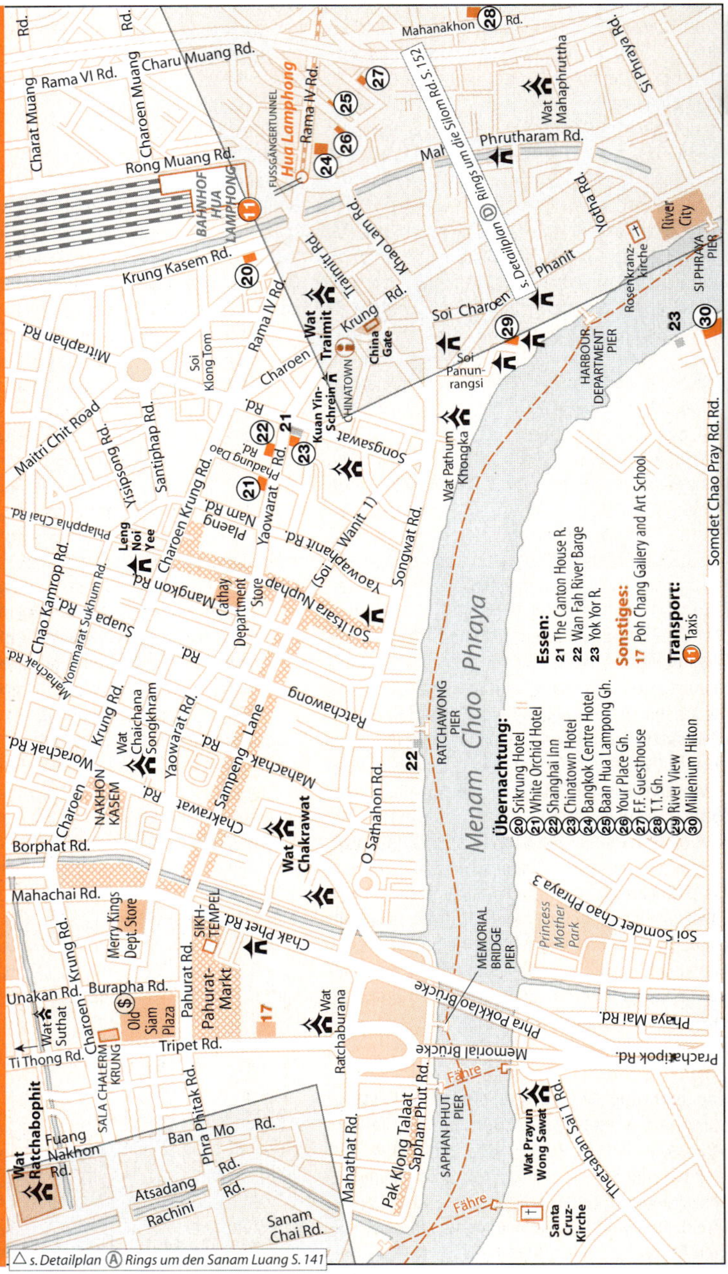

tiert. Europäische Händler, die ihre Lagerhallen am Fluss hatten, forderten vom König eine Straße, um einen besseren Warentransport zu gewährleisten. Europäischer Einfluss ist im zentralen Bereich rings um das Hauptpostamt noch immer zu spüren.

Old Siam Plaza und Pahurat-Markt

Im Block, der von der Charoen Krung Road, Pahurat, Tripet und Burapha Road umgrenzt wird, wurde der ehemalige Ming Muang-Markt zum **Old Siam Plaza** umgebaut, einem fünfstöckigen Einkaufszentrum. Viele Geschäfte, die v. a. Textilien, Porzellan, Waffen und Schmuck anbieten, sind rings um drei überglaste Innenhöfe angeordnet. In einem der Höfe lockt ein Food Market mit einheimischen Süßigkeiten.

Sala Chalerm Krung an der Tripet Road, Ecke Charoen Krung Road, war in den 1930er-Jahren das größte und modernste Kino des Landes. Es ist nun zum Königlichen Khon-Theater umgebaut worden, das Gastspielen traditioneller und moderner Künstler einen gediegenen Rahmen bietet.

Entlang der Pahurat Road und in den schmalen Gängen zwischen den alten Holzhäusern werden auf dem **Pahurat-Markt** Textilien, von Saris bis zu Brokatstoffen für Tempeltänzer, Schmuck, Kurzwaren in ungekannter Vielfalt und vieles mehr angeboten – günstig, aber ohne viel Exotik. Dazwischen verkaufen Essenstände indische Currys und Snacks.

Die Wohn- und Geschäftshäuser hinter dem indischen Markt überragt die goldene Kuppel des Gurdwara Siri Guru Singh Sabha **Sikh-Tempels**. Besucher, die sich in dem modernen, sehr sauberen, etwas kühl wirkenden Gebäude umsehen wollen und um Erlaubnis fragen, sind willkommen und bekommen das erforderliche Kopftuch ausgeliehen.

Chinesische Märkte und Tempel

Von der Pahurat Road Richtung Osten gelangt man in die 1 km lange und nur 4–5 m breite **Sampeng Lane** (Soi Wanit 1), durch die sich Lastkarren, Motorräder und Einkäufer drängen. In dem einstigen verruchten Hafenviertel voller Opiumhöhlen, Spielsalons und Bordellen quellen die kleinen offenen Läden über mit preiswerten Artikeln, von Knöpfen und Modeschmuck bis zu Textilien und Schuhen. Da die Häuser eng zusammenstehen und zum Teil durch ein hohes Dach vor der Sonne abgeschirmt sind, ist es hier selbst mittags relativ kühl.

Auf der Chakrawat Road lohnt ein Abstecher zum von der Straße zurückversetzten **Wat Chakrawat**, dessen ergrauter Prang den Tempel überragt. Zwischen dem Prang und dem sanierungsbedürftigen Bot leben Krokodile in einem kleinen Becken. Vor einem halben Jahrhundert hatte eines der Tiere einen Menschen attackiert und ist seitdem im Fluss gefangen. Heute blicken zwei dieser gigantischen Leistenkrokodile ausgestopft auf ihre letzten beiden Nachkommen herab.

In den parallel verlaufenden Hauptstraßen **Yaowarat** und **Charoen Krung Road**, wo sich ein Geschäft an das nächste reiht, bauen fliegende Händler auf den schmalen Bürgersteigen ihre Stände auf und verkaufen Kleinkram, wie Süßigkeiten, Batterien und Scheren. Welch ein Kontrast zu den dahinter liegenden, mit Gold und Jade voll gepackten Schmuckläden und den großzügigen, klimatisierten Verkaufsräumen für aphrodisische Antilopengeweihe und wertvolle Schwalbennester! Allein in der Yaowarat Road konzentrieren sich auf 1430 m Länge 132 lizenzierte Goldgeschäfte. Exotische Düfte weisen

Ein Besuch der Chinatown

Östlich von Pahurat erstreckt sich die quirlige Chinatown. Etwa 6 Mio. Chinesen leben in Thailand, zum Teil schon seit vielen Generationen. Weitaus stärker als in anderen Ländern haben sie sich in die Thai-Gesellschaft integriert oder wurden assimiliert.

Ein Besuch der Chinatown Bangkoks ist während der großen chinesischen Feste (Fest der hungrigen Geister im 7. Monat des chinesischen Jahres, Mondkuchenfest Mitte des 8. Monats) und der Neujahrsfeierlichkeiten besonders interessant. Dann wandelt sich die Yaowarat Road zu einer riesigen Festmeile mit Verkaufs- und Essenständen, Küchenchefs zeigen ihre Künste, und es finden Umzüge mit Löwentänzen, chinesische Opernaufführungen und andere kulturelle Veranstaltungen statt.

den Weg zu traditionellen chinesischen Apotheken, die jedem Kunden die passende Medizin aus ungewöhnlichen Bestandteilen zusammenmixen. Auf den Bürgersteigen östlich vom großen **Wat Chaichana Songkhram** hat sich der Elektro- und Elektronikmarkt ausgebreitet, auf dem u. a. Uhren, Taschenrechner und Batterien feilgeboten werden.

Erholsamer ist ein Spaziergang durch die parallel zum Fluss verlaufende **Songwat Road**, vorbei an kleinen Tempeln und den mit Reis, Nelken, Pfeffer und anderen Produkten voll gepackten alten Lagerhäusern der Großhändler. Von Frachtkähnen werden die Waren auf Lkw verladen. Am **Ratchawong Pier** legen die Expressboote an.

Auf dem chinesischen Markt in der **Soi Itsara Nuphap**, zwischen Charoen Krung und Songwat Road, werden exotische Zutaten für die chinesische Küche verkauft, von denen Hühnerfüße und Seegurken noch die harmloseren zu sein scheinen.

Ein besonders schöner chinesischer Mahayana-Tempel, der **Leng Noi Yee** (Thai-Name: Wat Mangkon Kamalawat), steht an der Charoen Krung Road zwischen Mangkon und Phlapphla Chai Road. Durch ein hohes, prächtiges Tor betritt man einen ausgedehnten Hof, der von der 1871 erbauten Tempelanlage begrenzt wird. Hinter dem aufwendig dekorierten Haupttempel liegen mehrere kleinere Räume, in denen auch Wahrsager und Heilkräuterverkäufer ihren Geschäften nachgehen.

Die chinesische Gemeinde hat 1999 zu Ehren von König Bhumipol zu dessen 72. Geburtstag am südlichen Ende der Yaowarat Road ein gigantisches **China Gate**, ein Eingangstor zur Chinatown, errichtet. Es ist im nordchinesischen Stil mit traditionellen Drachenmotiven und anderen glücksbringenden Symbolen geschmückt und soll ein günstiges Feng Shui bewirken. Am kleinen Informationsschalter erhält man eine gute Karte mit Vorschlägen für **Rundgänge durch die Chinatown**.

Wat Traimit

Der massiv-goldene Buddha im Wat Traimit, Charoen Krung, Ecke Traimitr Road, wiegt etwa 5 t. Die aus dem 14. Jh. stammende eindrucksvolle Statue wurde erst 1955 durch Zufall entdeckt: Als ein vermeintlicher „Stuck"-Buddha aus einer Tempelruine in diesen neuen Tempel gebracht werden sollte, fiel er zu Boden, und unter den Rissen kam die versteckte Goldstatue zum Vorschein. Unter einem Banyan-Baum im Vorhof wird dem Hindugott Brahma geopfert.
🕓 8.30–17 Uhr, Eintritt 20 Baht, 📞 02-623 1279.

Hua Lamphong

Im Osten endet die Chinatown am Hauptbahnhof Bangkoks Hua Lamphong, der 1890 nach dem Vorbild des Bahnhofs von Manchester errichtet wurde. Der Kopfbahnhof mit seiner großen, überdachten Halle ist an das U-Bahnnetz angeschlossen. Auf zwei Stockwerken beiderseits der Wartehalle bieten mehrere Restaurants Reisenden Stärkung, im Erdgeschoss ist ein Food Court. Ein Hauch von Luxus breitet sich aus, wenn vom linken Gleis der Eastern & Oriental Express abfährt, dessen Passagiere in einem separaten Wartesaal abgefertigt werden.

Rings um die Silom Road

Über die Charoen Krung Road (New Road) gelangt man weiter Richtung Süden in das älteste Banken- und Geschäftsviertel der Stadt. Wer sich nicht dem Lärm und den Abgasschwaden des dichten Verkehrs aussetzen möchte, kann mit dem Expressboot über den Menam Chao Phraya bis zum Central oder Oriental Pier fahren (S. 215). Am Flussufer nördlich vom Central Pier starten viele der Restaurant- und Ausflugsboote.

Kaum zu übersehen sind das beliebte **River City-Einkaufszentrum**, in dem Massen an Souvenirs und auf alt getrimmte „Antiquitäten" angeboten werden, und das angrenzende **Royal Orchid Sheraton**, eines der größten Hotels der Stadt.

Inmitten dieser modernen Bauten wirkt die **Portugiesische Botschaft** südlich des Si Phraya Piers wie ein Relikt aus der Vergangenheit. Leider umgibt sie eine hohe Mauer, sodass das schöne Gebäude und der Garten nur vom Fluss aus zu sehen sind.

Nördlich des Si Phraya Piers erheben sich die Türme der **Rosenkranz-Kirche**, auch Kalwar Church genannt. Bereits kurz nach der Zerstörung von Ayutthaya errichteten Portugiesen hier eine katholische Kirche. Das heutige Gebäude mit schönen Bleiglasfenstern stammt allerdings aus dem Jahre 1897. ◷ 6–21 Uhr.

Vom Fluss her nicht zugänglich ist das große **Hauptpostamt** an der Charoen Krung Road. König Rama V., dessen Denkmal vor dem Hauptgebäude steht, führte 1883 das Postsystem in Thailand ein und wenig später auch das Telefon.

Vom Oriental nach Süden

Das traditionelle **Oriental Hotel** zählt zu den Hotellegenden Asiens und hat nach wie vor seinen Platz unter den Weltbesten. Wer einen Blick in den alten Flügel (Garden Wing) werfen möchte, sollte sich ordentlich anziehen und den Nebeneingang über die Einkaufspassage oder durch den Garten benutzen, denn die Portiers wimmeln Nichtgäste ab. Im Hotel ist fast alles noch so wie zu der Zeit, als Joseph Conrad, Somerset Maugham oder Noel Coward hier abstiegen. Bei einem Sundowner auf der Terrasse hat man einen herrlichen Blick auf den Sonnenuntergang über dem Fluss.

Vorbei am kolonialen Gebäude der **East Asiatic Company**, das zur Jahrhundertwende von einem dänischen Geschäftsmann errichtet wurde, gelangt man zu einem Platz. Er ist von den Schulgebäuden des Assumption College und einer der größten Kirchen der Stadt, der katholischen **Assumption-Kathedrale** (Maria Himmelfahrts-Kathedrale) im englischen Kolonialstil, umgeben. Durch bunte Bleiglasfenster wird das in Ockertönen gehaltene Innere der Kirche erleuchtet. Der Altar ist aus französischem Marmor. Sonntags um 10 Uhr findet ein englischsprachiger Gottesdienst statt. Das kirchliche College gilt als eines der besten des Landes.

Weiter im Süden bietet sich von der Lobby des **Shangri-La Hotels** ein schöner Ausblick auf den Fluss. Jenseits der Taksin-Brücke steht der eigenartige Tempel **Wat Yannawa**. Zwischen den beiden Chedis liegt ein 43 m langes und 17 m hohes, massives Zementboot, Sinnbild des Lebens, das ebenso wie ein Boot Höhen und Tiefen überwinden muss. ◷ 5–23 Uhr.

Auf dem **Fischmarkt**, noch weiter südlich, in der Soi 58, herrscht gegen 2 Uhr morgens der meiste Betrieb.

Silom Road

Mehrere Straßen verlaufen von der Charoen Krung Road unter dem neuen Highway hindurch Richtung Osten. Die interessanteste ist die belebte Silom Road, die Hauptgeschäftsstraße. Hier findet sich ein Heiligtum ganz besonderer Art, der **Sri Mariamman-Tempel**, ein Hindutempel der Shakti-Sekte, der 1879 von südindischen Tamilen erbaut wurde (Fotografierverbot). Neben der Urmutter Uma Devi, Krishna, Kali, Rasmi, Khandakumara, einem Shiva-Lingam, Ganesh und anderen hinduistischen Gottheiten hat auch Buddha hier seinen Platz. Während des größten Hindufestes Thaipusam Ende Januar/ Anfang Februar steht der Tempel im Mittelpunkt des Geschehens. Gäste sind gern gesehen.

Gegenüber in der Soi 20 erhebt sich hinter der Markthalle die **Masjid Mirasuddeen**, eine der fast hundert Moscheen der Stadt im orientalischen Baustil. ◷ 6–20 Uhr, ✆ 02-238 4007. Die Straße ist von zahlreichen Essenständen gesäumt.

Am östlichen Ende der Silom Road liegt eine der berühmt-berüchtigten Amüsiermeilen Bangkoks, die **Patpong Road**. Auf den ersten Blick wirkt sie mit ihrem touristischen Straßenmarkt ab 17 Uhr fast wie eine Flaniermeile. Die Go-go-Bars im Erdgeschoss werden sogar von Reisegruppen angesteuert, denn Patpong gehört zu den „Sehenswürdigkeiten" der Stadt (s. S. 192).

Die über 100 Jahre alte, kleine anglikanische **Christ Church** in der Convent Road, Ecke Sathorn Nua Road, liegt in einem großen Garten mit altem Baumbestand.

Lumphini Park

Am Ende der Silom Road erstreckt sich eine der wenigen Grünflächen der Stadt, der Lumphini-Park, der v. a. am Sonntag ein beliebtes Ausflugsziel für Familien ist. Vor dem Park steht das **Denkmal von König Rama VI.** Im Schatten der Bäume halten Angestellte aus den benachbarten Büros ihr Mittagsschläfchen, und am frühen Morgen (5.30–7.30 Uhr) praktiziert man Schattenboxen und Tai Chi. Während Kinder auf den Spielplätzen und über den Rasen toben, zieht es Erwachsene ins Fitnesscenter, auf den Fitness Parcours, die Fußball- oder Takraw-Plätze. An den Kanälen kann man große Warane bestau-

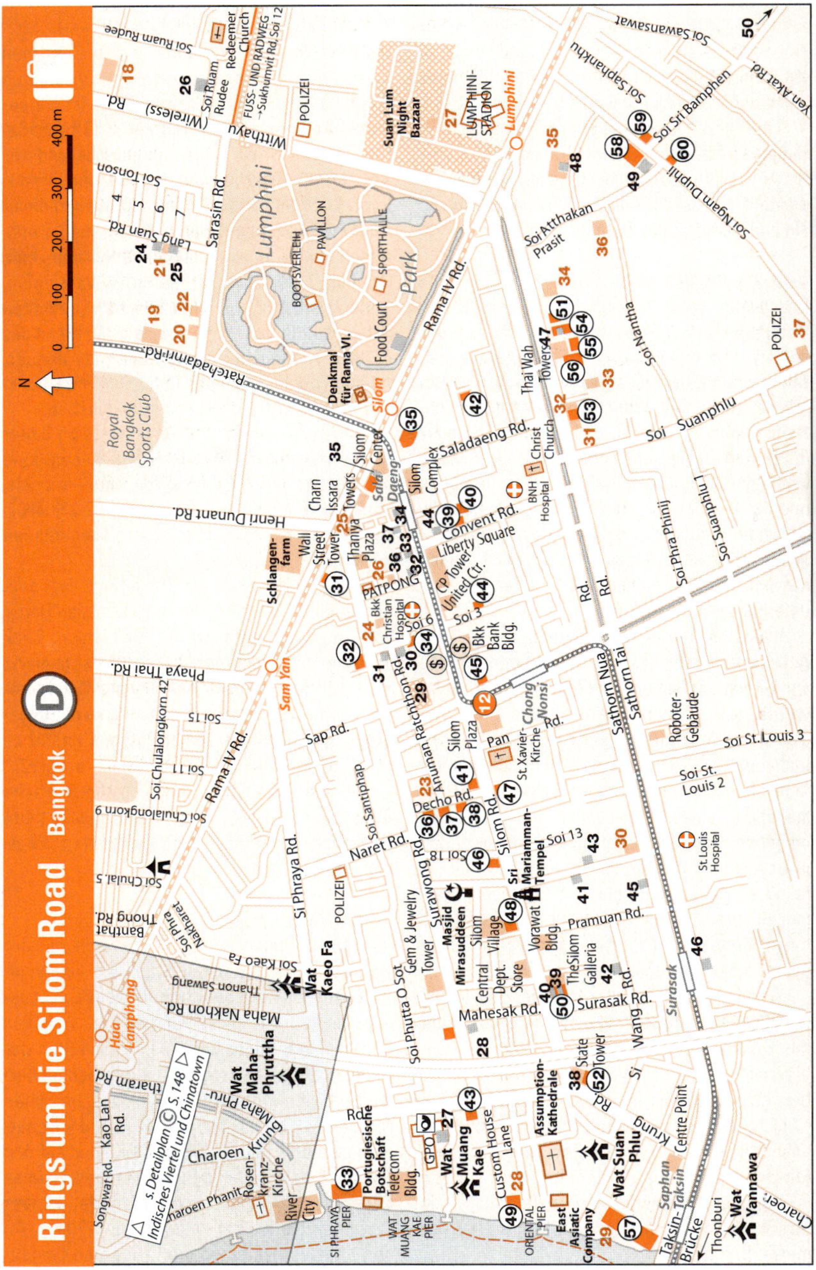
Rings um die Silom Road
Bangkok
D
0 100 200 300 400 m
N
Lumphini Park
Royal Bangkok Sports Club
Suan Lum Night Bazaar
LUMPHINI-STADION
Lumphini
BOOTSVERLEIH
PAVILLON
SPORTHALLE
Food Court
Denkmal für Rama VI.
Silom
Sala Daeng
Sam Yan
Hua Lamphong
Chong Nonsi
Surasak
Saphan Taksin
Taksin-Brücke
Thonburi
Rama IV Rd.
Ratchadamri Rd.
Witthayu (Wireless) Rd.
Sarasin Rd.
Lang Suan Rd.
Soi Tonson
Soi Ruam Rudee
Redeemer Church
FUSS- UND RADWEG →Sukhumvit Rd, Soi 12
POLIZEI
Henri Dunant Rd.
Phaya Thai Rd.
Soi Chulalongkorn 42
Soi 15
Soi 11
Soi Chulalongkorn 9
Soi Chulal. 5
Banthat Thong Rd.
Soi Phra Nakharet
Soi Kaeo Fa
Wat Kaeo Fa
Thanon Sawang
Maha Nakhon Rd.
Wat Maha-Phruttha
Maha Phru-tharam Rd.
s. Detailplan S. 148 Indisches Viertel und Chinatown
Songwat Rd.
Kao Lan Rd.
Charoen Krung Rd
Charoen Phanit
Rosenkranz-Kirche
River City
SI PHRAYA PIER
WAT MUANG KAE PIER
ORIENTAL PIER
Portugiesische Botschaft
Telecom Bldg.
GPO
Wat Muang Kae
Custom House Lane
Assumption-Kathedrale
East Asiatic Company
Wat Suan Phlu
Centre Point
State Tower
Wat Yannawa
Si Phraya Rd.
Sap Rd.
Soi Santiphap
Naret Rd.
Soi Phutta O Sot
Gem & Jewelry Tower
Surawong Rd.
Masjid Mirasuddeen
Soi 18
Decho Rd.
Anuman Ratchthon Rd.
Silom Plaza
Silom Rd.
Sri Mariamman-Tempel
Soi 13
Central Dept. Store
Silom Village
Vorawat Bldg.
TheSilom Galleria
Pramuan Rd.
Mahesak Rd.
Surasak Rd.
Wang Rd.
Pan
St. Xavier-Kirche
Schlangenfarm
Wall Street Tower
Charn Issara Towers
Thaniya Plaza
PATPONG
Bkk Christian Hospital
Soi 6
Soi 3
Bkk Bank Bldg.
CP Tower
United Ctr.
Liberty Square
Convent Rd.
Silom Complex
Silom Center
Saladaeng Rd.
BNH Hospital
Christ Church
Thai Wah Towers
Sathorn Nua Rd.
Sathorn Tai Rd.
Roboter-Gebäude
Soi St. Louis 3
Soi St. Louis 2
St. Louis Hospital
Soi Phra Phinij
Soi Suanphlu 1
Soi Suanphlu
Soi Nantha
Soi Atthakan Prasit
Soi Ngam Duphli
Soi Sri Bamphen
Soi Saphankhu
Soi Sawansawat
Yen Akat Rd.
50

nen, die sich in der Sonne aufwärmen. Während der Trockenzeit finden sonntags von 15–17 Uhr im zentralen Pavillon klassische Konzerte statt. Tretboote können für 30 Baht (30 Min.) gemietet werden. Gegen Abend öffnet der Food Court am südlichen Rand des Parks. Allerdings sind nach Einbruch der Dunkelheit auch viele zwielichtige Gestalten unterwegs, und es ist besser den Park zu meiden. Von der nordöstlichen Ecke des Parks führt ein Fußgänger-Hochweg mit Spielplätzen über den Slum hinweg in die Sukumvit-Gegend.

Der **Suan Lum Night Bazaar**, Rama IV, Ecke Witthayu Road, sollte bereits 2007 aufgrund auslaufender Pachtverträge schließen und an seiner Stelle ein weiteres Bürohochhaus errichtet werden. Noch ist er geöffnet. Auf der großen Fläche bieten über 3000 Geschäfte eine von Klamotten über Souvenirs und Accessoires reichende Palette an preisgünstigen Produkten an. In den anliegenden großen Biergärten, in denen auch deutsche Biere, wie z. B. Warsteiner oder Erdinger ausgeschenkt werden, treten in der Trockenzeit oft thailändische Bands auf. 🕓 17–24 Uhr, 💻 www.suanlum-nightbazaar.com.

Auf dem Gelände liegt auch das hervorragende **Joe Louis-Puppentheater**, der einzige Ort, an dem noch traditionelles thailändisches Puppenspiel aufgeführt wird (s. S. 200). Etwas weiter südöstlich sind im großen **Lumphini-Stadion** Thai-Boxkämpfe zu sehen (s. S. 198). Der U-Bahnhof Lumphini befindet sich in unmittelbarer Nähe.

Schlangenfarm

Das Königin Saorapha Memorial Institute an der Rama IV, Ecke Henri Dunant Road, beherbergt die Schlangenfarm. Das Institut wurde 1922 gegründet, um die Tollwutepidemien zu bekämpfen. In den Räumen ist eine kleine Ausstellung über Schlangen aufgebaut. Angeboten werden Impfungen und Informationen über Tropenkrankheiten. Außerdem kann man sich ansehen, wie verschiedenen Arten südostasiatischer Schlangen Gift entnommen wird, um daraus Serum herzustellen. Vorführung der Giftentnahme um 11 Uhr und große Show um 14.30 Uhr, Sa und So nur vormittags, anschließend ein informativer Vortrag. 🕓 Mo–Fr 8.30–16, Sa, So und feiertags 8.30–12 Uhr, Eintritt 200 Baht, ✆ 02-252 0161-4.

Siam Square, Ploenchit Road und Umgebung

Gläserne, chromglitzernde Einkaufspaläste, Hotel- und Bürokomplexe haben sich in den ehedem so beschaulichen Wohngegenden östlich des alten Stadtkerns ausgebreitet. Zwischen **Siam Square** und **Siam Center**, einem bei Büroangestellten und Jugendlichen beliebten

Übernachtung:
31 Take A Nap
32 The Tawana Bangkok
33 Royal Orchid Sheraton
34 The Urban Age Hostel
35 Dusit Thani
36 Lub d Bangkok
37 Luxx
38 China Guest Inn
39 The Swiss Lodge
40 Bangkok Christian Gh.
41 Sofitel Silom
42 Urban House
43 New Road Gh.
44 HQ Hostel
45 YHA Bangkok Downtown
46 Triple Two Silom Hotel
47 Unico
48 Silom Village Inn
49 The Oriental Bangkok
50 Holiday Inn
51 YWCA
52 Lebua at State Tower
53 All Seasons Sathorn Bangkok
54 The Sukhothai Bangkok
55 Banyan Tree Bangkok
56 Metropolitan
57 Shangri-La Hotel Bangkok
58 Malaysia Hotel
59 Ibis Sathorn
60 Honey House

Essen:
24 Whole Earth Restaurant
25 Thang Long R.
26 Neil's Tavern
27 Harmonique
28 Indian Hut
29 Großer Essensmarkt
30 The Mango Tree R.
31 Coca Suriwongse R.
32 La Fiesta R.
33 Charuvan Duck Shop
34 O'Reilly's Irish Pub
35 Hai Tien Lao
36 Bobby's Arms
37 Subway's, Oishi Shabushi
38 The Dome, Skybar, distil, breeze
39 Maria Pizzeria & R.
40 Thai Pavilion
41 Ta-Ling Pling R.
42 Ban Chiang R.
43 Bussaracum
44 Molly Malone's Bangkok, Zen R., Coyote on Convent R.
45 Chinoisérie
46 Blue Elephant R.
47 Moon Bar & Vertico Grill
48 Ratsstube
49 Just One
50 Le Café Siam

Transport:
12 Thai Airways

Sonstiges:
18 Botschaft USA
19 AUA Language Center
20 Pro Bike
21 Metal Zone
22 Brown Sugar
23 Relax one hour
24 Utopia
25 Jim Thompson Silk Shop
26 Twilo
27 Joe Louis-Puppentheater
28 Bamboo Bar
29 Lobby Lounge
30 Botschaft Myanmar
31 Botschaft Australien
32 Alliance Francaise
33 Botschaft Malaysia
34 Deutsche Botschaft
35 Goethe-Institut
36 Österreichische Botschaft
37 Immigration

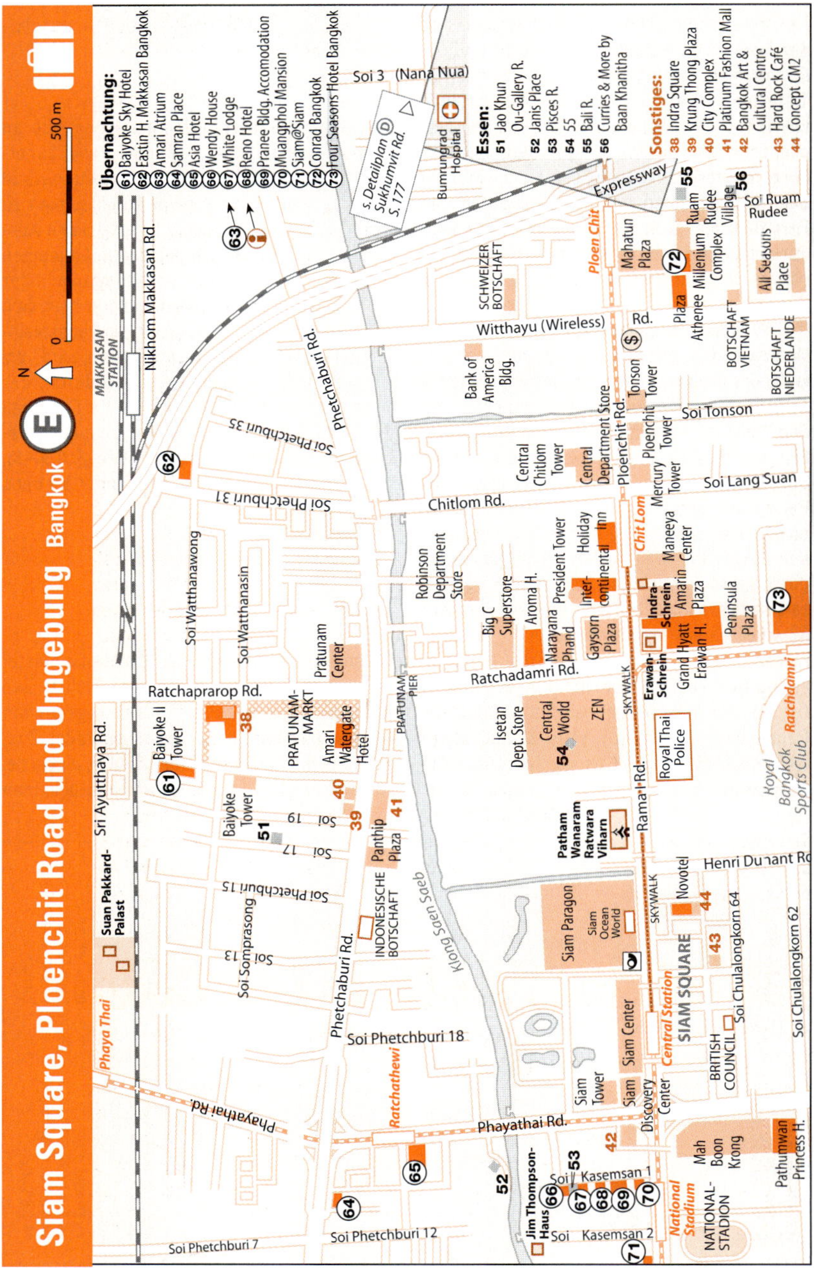

Siam Square, Ploenchit Road und Umgebung
Bangkok
E
N
0
500 m
Übernachtung:
61 Baiyoke Sky Hotel
62 Eastin H. Makkasan Bangkok
63 Amari Atrium
64 Samran Place
65 Asia Hotel
66 Wendy House
67 White Lodge
68 Reno Hotel
69 Pranee Bldg. Accomodation
70 Muangphol Mansion
71 Siam@Siam
72 Conrad Bangkok
73 Four Seasons Hotel Bangkok
Essen:
51 Jao Khun Ou-Gallery R.
52 Janis Place
53 Pisces R.
54 55
55 Bali R.
56 Curries & More by Baan Khanitha
Sonstiges:
38 Indra Square
39 Krung Thong Plaza
40 City Complex
41 Platinum Fashion Mall
42 Bangkok Art & Cultural Centre
43 Hard Rock Café
44 Concept CM2
s. Detailplan D Sukhumvit Rd. S. 177
Soi 3 (Nana Nua)
Bumrungrad Hospital
Expressway
MAKKASAN STATION
Nikhom Makkasan Rd.
Phetchaburi Rd.
Soi Phetchburi 35
Soi Phetchburi 31
Soi Phetchburi 15
Soi Phetchburi 18
Soi Phetchburi 12
Soi Phetchburi 7
Soi 13
Soi 17
Soi 19
Soi Watthanawong
Soi Watthanasin
Soi Somprasong
Ratchaprarop Rd.
Sri Ayutthaya Rd.
Suan Pakkard-Palast
Phaya Thai
Phayathai Rd.
Ratchathewi
Baiyoke II Tower
Baiyoke Tower
PRATUNAM-MARKT
Pratunam Center
Amari Watergate Hotel
Panthip Plaza
INDONESISCHE BOTSCHAFT
PRATUNAM PIER
Klong Saen Saeb
Chitlom Rd.
Witthayu (Wireless) Rd.
Ploenchit Rd.
Ploen Chit
Chit Lom
Ratchadamri Rd.
Ratchadamri
Rama I Rd.
SKYWALK
Henri Dunant Rd
Robinson Department Store
Big C Superstore
Aroma H.
Narayana Phand
President Tower
Holiday Inn
Inter-continental
Gaysorn Plaza
Central Chitlom Tower
Central Department Store
Bank of America Bldg.
SCHWEIZER BOTSCHAFT
Mahatun Plaza
Plaza Athenee
Millenium Complex
Ruam Rudee Village
Soi Ruam Rudee
All Seasons Place
BOTSCHAFT VIETNAM
BOTSCHAFT NIEDERLANDE
Tonson Tower
Soi Tonson
Ploenchit Tower
Mercury Tower
Soi Lang Suan
Maneeya Center
Indra-Schrein
Amarin Plaza
Erawan-Schrein
Grand Hyatt Erawan H.
Peninsula Plaza
Royal Thai Police
Royal Bangkok Sports Club
Isetan Dept. Store
Central World
ZEN
Patham Wanaram Ratwara Viharn
Siam Paragon
Siam Ocean World
Novotel
SIAM SQUARE
Central Station
Siam Center
Siam Tower
Siam Discovery Center
BRITISH COUNCIL
Soi Chulalongkorn 64
Soi Chulalongkorn 62
Mah Boon Krong
Pathumwan Princess H.
NATIONAL-STADION
National Stadium
Jim Thompson-Haus
Soi Kasemsan 1
Soi Kasemsan 2

Einkaufszentrum, liegt über der Rama I Road der quirlige Umsteigebahnhof der Hochbahn, die sich vor dem Erawan-Schrein verzweigt. Zwischen der Central und Chit Lom Station kann man unter der Hochbahn und über der verkehrsreichen Straße auf dem **Skywalk** flanieren, eine Fußgängerzone mit direktem Zugang zu den großen Einkaufszentren und dem Skytrain. Abends findet hier ein kleiner Markt statt auf dem Kleidung und Accessoires verkauft werden.

Jim Thompson-Haus

Das hübsche, traditionelle Jim Thompson-Haus liegt eingequetscht zwischen modernen Allerweltsfassaden etwas versteckt am Ende der Soi Kasemsan 2 direkt am Klong (Zugang ab Rama I Road, BTS National Stadium). In seinem ehemaligen Wohnhaus, das aus sechs z. T. über 200 Jahre alten Teakhäusern besteht, hat Jim Thompson südostasiatische Kunstschätze zusammengetragen. Die kleineren Häuser, teils ehemalige Reisspeicher, können auch ohne Guide besichtigt werden. Sie enthalten u. a. chinesisches Porzellan und Gemälde aus der Ayutthaya-Periode. Die wahren Schätze verbergen sich im Haupthaus, das nur im Rahmen einer der hervorragenden Führungen zugänglich ist. 🕓 9–17 Uhr, letzter Einlass um 16.30 Uhr, die freundlichen englisch- und französischsprachigen halbstündigen Führungen beginnen alle 10 Minuten, Eintritt 100 Baht, Studenten bis 25 Jahre 50 Baht, ☎ 02-216 7368 und 632 8100, 💻 www.jimthompsonhouse.com. Ein deutschsprachiges Buch über das Haus für 250 Baht ist an der Kasse erhältlich. Im Inneren der Häuser darf nicht fotografiert werden.

Jim Thompson

Kurz vor dem Ende des Zweiten Weltkriegs setzte der amerikanische Geheimdienst den ehemaligen Architekten Jim Thompson als Verbindungsmann zur „Bewegung der freien Thai" ein. Thompson blieb nach dem Krieg in Bangkok, managte das Oriental Hotel und gründete 1948 die Thai Silk Company. Damit erweckte er die vom Aussterben bedrohte Seidenweberei in Thailand zu neuem Leben. In den 1950er-Jahren ließ er alte Teakhäuser nach Bangkok bringen und als Wohnhaus umbauen. Ostern 1967 verschwand der 61-Jährige spurlos im Dschungel der Cameron Highlands (Malaysia).

Siam Paragon

An der Stelle des einstigen Siam Intercontinental Hotel mit dem königlichen Park wurde Ende 2005 das 500 000 m² große, exklusive Einkaufszentrum Siam Paragon eröffnet. Außer dem Siam Paragon Department Store und zahlreichen edlen Boutiquen befinden sich hier eine Luxus-Autogalerie, der größte Buchladen Thailands, 14 Kinos mit bis zu 1100 Plätzen, ein IMAX mit 500 Plätzen, ein großes Theater, eine Bowlingbahn und ein Fitnessclub sowie ein Messe- und Veranstaltungszentrum. Lohnend ist zudem die Gourmet-Etage im Erdgeschoss, in deren Restaurants und Food Centre westliche und östliche Delikatessen teils vor den Augen der Kunden frisch zubereitet werden und deren großer Lebensmittel-Supermarkt kaum Wünsche offen lässt. 🕓 10–22 Uhr, Restaurants bis 23 Uhr, 💻 www.siamparagon.co.th.

Das größte Aquarium Südostasiens

Eine besondere Attraktion ist **Siam Ocean World** im 2. Untergeschoss des Siam Paragon, das größte Aquarium der Region mit 10 000 m² Fläche und über 400 Spezies und 30 000 Tieren, darunter Mantas, Tintenfische, Haie und Pinguine. In das größte Becken mit einem Korallenriff steigen Taucher hinab. Besucher können die in sieben verschiedene Zonen unterteilte Unterwasserwelt durch gläserne Tunnel und mit dem Glasbodenboot erkunden. Neben den Tanks für Salzwasserfische gibt es auch einen künstlichen Regenwald zu bestaunen, der Süßwasserfische und Wasserratten beheimatet. Alles ist auch auf Englisch beschriftet. 🕓 9–20 Uhr, letzter Einlass um 19 Uhr, Eintritt 850 Baht inkl. einer Fahrt mit einem Glasbodenboot, einer Portion Popcorn und einem Softdrink (ein Audioguide kostet extra), 💻 www.siamoceanworld.com.

Erawan-Schrein

An der Ecke Ratchadamri Road steht vor dem Grand Hyatt Erawan Bangkok Hotel, umrahmt von massigen Skytrain-Trassen, der kleine Erawan-Schrein (Thao Maha Brahma). Er ist einer von vielen Haustempeln der Stadt und erfreut sich seit seinem Bau 1956 großer Beliebtheit. Gott Brahma ist v. a. nach Geschäftsschluss das Ziel vieler Verehrer. Sie opfern Räucherstäbchen, Früchte und Kerzen, behängen die Statue mit Blumenkränzen und erbitten den Segen der Götter, oder sie engagieren Tänzerinnen, die begleitet von traditioneller Musik klassische Tänze vorführen. Ist ein Wunsch in Erfüllung gegangen, opfert man einen Teakholz-Elefanten – den herumstehenden Tieren nach zu urteilen, müssen es einige wahrhaft große Wünsche gewesen sein. Besonders lebhaft geht es am 9. November, dem Jahrestag der Einweihung, zu.

Schräg gegenüber dem Erawan-Schrein erhebt sich der massive Block des **Central World**, nach seinem Umbau das größte Einkaufszentrum des Landes, das v. a. die Bedürfnisse der wohlhabenden Schicht befriedigt. Um sich in den etwas unübersichtlich beschilderten riesigen Hallen zurecht zu finden, empfiehlt es sich, am Eingang eine Karte mitzunehmen. ⌚ 10–21 Uhr, 💻 www.centralworld.co.th.

Die besten Aussichtspunkte

1. Baiyoke II Tower
2. State Tower nahe Oriental Pier (ab 18 Uhr zur Aussichtsplattform mit Restaurant, Skybar und der Bar distil im 63. Stock, Kleiderordnung)
3. Dachterrasse des Grand China Princess Hotel, 215 Yaowarat Rd., Chinatown
4. Golden Mount
5. Skytrain
6. Schöne Ausblicke auch von den Restaurants in folgenden Hotels: Shangri-La Hotel, Oriental Hotel, River View (alle drei mit Blick auf den Fluss), Dusit Thani Hotel, Banyan Tree Bangkok und Rembrandt Hotel.

Mehr zur modernen Architektur in Bangkok s. eXTra [2694].

Pratunam

Im quirligen Stadtviertel Pratunam rings um das Amari Watergate Hotel und Indra Regent Hotel wird ein Großteil des Textilhandels abgewickelt. Entlang der Bürgersteige, in den Einkaufszentren, überdachten Markthallen und schmalen Sois drängen sich die Verkaufsstände. Auch in vielen Geschäften und im Untergeschoss des Baiyoke II Tower stapeln sich bunte Klamotten. Inmitten der T-Shirts, Jeans, Tücher und Kleider werden Kleidungsstücke nach Maß gefertigt und Pailettenkleider aufwendig bestickt.

Der **Baiyoke II Tower** ist mit 304 m Gebäudehöhe plus 24 weiteren Antennen-Metern zurzeit das höchste Gebäude des Landes und das höchste Hotel Südostasiens. Für das 85-stöckige Hochhaus mussten Pfeiler 65 m tief in die Erde gerammt werden. Etwa 1000 Besucher pro Tag fahren von 10–22 Uhr zur Aussichtsplattform im 84. Stock hinauf. Theoretisch ist diese auch über 2060 Treppenstufen nach einem über einstündigen Aufstieg zu erreichen. Eintritt 250 Baht inkl. eines Drinks an der Bar, ab 22.30 Uhr umsonst, dann ist lediglich der Besuch der Skybar möglich, ☏ 02-656 3000, 💻 www.baiyokehotel.com. Wer ein Buffet in einem der Restaurants auf den beiden oberen Etagen genießen möchte, zahlt mittags 700 Baht und abends 900 Baht inkl. Aufzugfahrt. Bei Buchung über Reisebüros in Bangkok sind die Buffets wesentlich günstiger. Bei guten Wetterverhältnissen liegt einem Bangkok zu Füßen – im Westen breitet sich die von Tempeltürmen überragte Altstadt (bestes Licht vormittags) aus, und im Osten und Süden sieht man die modernen Hochhäuser der Geschäftsviertel (bestes Licht nachmittags). Ein Gewirr von Straßen und Expressways durchzieht das Häusermeer, breite Ausfallstraßen verlieren sich Richtung Norden am Horizont.

Suan Pakkard-Palast

Der Suan Pakkard-Palast in der Sri Ayutthaya Road, BTS Phaya Thai, enthält die private Kunstsammlung einer Prinzessin. Einige Ausstellungsstücke sind in traditionellen Thai-Häusern untergebracht, die 1952 aus Chiang Mai hierher transportiert wurden. Zudem gibt es einen Lackpavillon aus der Ayutthaya-Periode, dessen

Innenwände mit Szenen aus dem *Ramakien*-Epos und Buddhas Leben geschmückt sind. Der hohe Eintritt wäre nicht gerechtfertigt, gäbe es hier nicht einen schönen subtropischen Garten. 🕓 9–16 Uhr, Eintritt 100 Baht, Studenten 50 Baht, ✆ 02-245 4934, Fotografierverbot.

Die angrenzende **Marsi Gallery** präsentiert wechselnde archäologische und Kunstausstellungen. 🕓 9–16 Uhr, ✆ 02-246 1775-6.

Sukhumvit Road und Umgebung

Nach Osten geht die Ploenchit Road in die Su khumvit Road über (Karte S. 177). Die 400 km lange Straße endet erst an der kambodschanischen Grenze bei Trat. Der Skytrain (BTS), der von der Endstation On Nut weiter Richtung Süden ausgebaut werden soll, gleitet über den dichten Straßenverkehr hinweg. Hinter den modernen Einkaufszentren liegen in den Seitenstraßen, den durchnummerierten Sois, kleine Geschäfte, Hotels und Restaurants. In dieses enge Gewirr schlägt die ausgebaute **Soi Asoke** (Soi 21) eine breite Schneise, die von modernen Hochhäusern gesäumt wird.

Zwischen Soi 1 und 5 finden sich eine Vielzahl von Geschäften, Bars und Restaurants, die sich besonders an eine arabische und afrikanische Kundschaft richten. Die ganze Gegend zwischen Soi 1 und Soi 11 ist ein bekanntes Vergnügungsviertel mit einem turbulenten Nachtleben. Das Stadtviertel ist etwas heruntergekommen und die Atmosphäre nicht sehr angenehm. Besonders in der Umgebung der Nana Plaza auf der Soi 4 arbeiten viele leichte Mädchen, wobei ihr Klientel hier meist deutlich älter ist als in Patpong.

Kamthieng House

Wie eine kleine Oase zwischen den Zweckbauten aus Glas und Beton wirkt der subtropische Garten der Siam Society, 131 Soi Asoke. Hier steht ein 1848 erbautes Teakhaus aus dem Norden, das **Kamthieng House**. Die ethnologische Sammlung vermittelt in zeitgemäßem Stil einen guten Einblick in das Alltagsleben der Menschen im abgeschiedenen nördlichen Lanna des 19. Jhs. und in ihren traditionellen Geisterglauben. Letzterer definierte ihre Beziehungen zur Natur und Umwelt und bestimmte das soziale Gefüge dieser matrilinearen Kultur. Während des Rundgangs durch die fünf Bereiche erklingt traditionelle Musik, teils animierte Filme zeigen Tänze, die Zubereitung von Hausmannskost und das Leben im Dorf – vom Hausbau bis zu Ritualen.

In dem hinzugekommenen Holzhaus **Ban Sangaroon** ist Kunstgewerbe ausgestellt, das von einem Architekten gesammelt wurde, aber nur Mitgliedern zugänglich ist. Im Vorgarten ist auch ein Café. 🕓 Di–Sa 9–17 Uhr, außer feiertags, Eintritt 100 Baht, ✆ 02-661 6470-7, 💻 www.siam-society.org, BTS Asoke und U-Bahn Sukhumvit, Exit 1.

Queen's Park

Inmitten des Großstadtgetümmels lädt der **Queen's Park**, auch Benjasiri Park, zwischen Soi 22 und 24, mit seinen künstlichen Seen, Schatten spendenden Bäumen, modernen Skulpturen und Blumenrabatten zu einer Ruhepause ein. Kinder vergnügen sich auf der Rollerskatebahn oder dem Basketballplatz. Gegen 18 Uhr finden hier jeden Tag gemeinschaftliche sportliche Aktivitäten, wie z. B. Aerobic oder Tai Chi, statt. Im Süden grenzt an den Park das Gebäude der **World Fellowship of Buddhists** und im Osten das große, moderne und luxuriöse Einkaufszentrum **Emporium**.

Untere Sukhumvit Road

Das **Planetarium**, zwischen Soi 40 und dem Ekamai (Eastern) Bus Terminal und das **Science-Museum** werden von einer weitläufigen Gartenanlage umgeben – eine Oase der Ruhe neben dem lauten, geschäftigen Busbahnhof. Zum Komplex gehören naturwissenschaftliche Ausstellungen, ein Aquarium und ein Planetarium auf sechs Stockwerken. 🕓 außer Mo und feiertags 8.30–16.30 Uhr, Eintritt 50 Baht, ✆ 02-392 5951-9, BTS Ekkamai.

In der **Thong Lo** (Soi 55) konzentrieren sich viele japanische und koreanische Restaurants, Apartmenthäuser, Friseure, Optiker und diverse medizinische Einrichtungen, die sich auf ausländische Kunden spezialisiert haben. Hier befinden sich auch sehr gute weitere Restaurants und Essenstände.

Wat Thammamongkhon

Im Wat Thammamongkhon, Punnawitthi 20, Soi 101, Sukhumvit Road, steht Bangkoks größter, fast 100 m hoher Chedi. Die Gläubigen kommen ganz sicher nicht wegen seiner zu vernachlässigenden äußeren Form hierher, sondern wegen anderer Schätze. Das Erdgeschoss des Chedi, das einem Bürogebäude ähnelt, vereint scheinbar Widersprüchliches wie eine Designschule und eine künstliche Meditationshöhle. Auf der äußeren Plattform im 2. Stock stehen hübsche Buddhastatuen. Ein Aufzug fährt zu den oberen Stockwerken hinauf, wo neben weiteren Büros auch eine Radiostation untergebracht ist. Die letzten Stockwerke darüber sind Meditationshallen und Museum zugleich. Hier stapeln sich Buddhastatuen, Ban Chiang-Keramiken, chinesisches Porzellan und andere Keramiken sowie eine Reliquie Buddhas in der Spitze des Chedi. Die größte Attraktion ist ein **Jadebuddha**, für den ein neuer Bot neben dem Chedi gebaut wird. Er gilt mit einer Länge von 2,20 m, einer Breite von 1,70 m und einem Gewicht von 15 t als weltweit größter seiner Art. Eine moderne Begräbnisstätte verbirgt sich unter der domförmigen Kuppel. ◷ 8–18 Uhr. Infos und Broschüren über das tempeleigene Willpower Institute, Meditationskurse und den Gründungsabt Luangphor Viriyang gibt es an der Information im Erdgeschoss.

Anfahrt von der BTS-Endstation On Nut mit einem der Busse, die die Sukhumvit Road entlangfahren (non-AC-Bus 25 ab Hauptbahnhof, 48 ab Wat Pho), bis zur Soi 101/1. In der Soi verkehren ab der Schule Minibusse. Ansonsten läuft man durch dieses völlig untouristische Bangkok, vorbei an vielen preiswerten Friseurläden und Restaurants, 1 km bis zum „Lotus-Minimarkt" an der Soi 19 und folgt rechts der Ausschilderung „Wat Dhammamongkol" und „Willpower Institute".

Dusit

König Chulalongkorn (Rama V.) und sein Vater, König Mongkut, waren die ersten Herrscher, die europäischen Einflüssen offen gegenüberstanden. Nach einer Europareise ließ sich Chulalongkorn von westlichen Architekten Straßen, Brücken und Paläste errichten. Als Verlängerung der Ratchdamnoen Klang Road in nordöstlicher Richtung entstand so die **Ratchdamnoen Nok Road**, eine breite Prachtstraße, die der König 1904 jeden Nachmittag mit einem der ersten Automobile Südostasiens entlangtuckerte. Hier finden am Nationalfeiertag und zum Geburtstag des Königs die großen Paraden statt. Der Boulevard endet am **Denkmal von König Rama V**. Noch heute lebt die Königsfamilie im weitläufigen, von einer Mauer umgrenzten **Chitralada-Palast**, der nicht besichtigt werden kann.

Nördlich der Kreuzung mit der Wisut Kasat Road finden im **Ratchdamnoen-Stadion** Thai-

Dusit-Museen

Inmitten einer weitläufigen, gepflegten Parkanlage mit altem Baumbestand liegen das Vimanmek Mansion, die Anantasamakhom-Thronhalle und 15 weitere als Museen umgestaltete historische Gebäude. Sie vermitteln einen guten Überblick über die Zeit der Herrschaft der Bangkok-Könige und lohnen einen mehrstündigen Besuch.

◷ außer feiertags 9.30–16 Uhr, Einlass bis 15.15 Uhr. Die Eintrittskarte zum Königspalast und Wat Phra Keo berechtigt auch zum Besuch aller Museen in diesem Komplex und bleibt eine Woche lang gültig, ✆ 02-628 6300 ext. 5119–21, 💻 www.vimanmek.com. Wer nur die Museen sehen möchte, zahlt 100 Baht. Die Kleiderordnung wird hier noch strenger gehandhabt als im Königspalast: Frauen müssen einen langen Rock und geschlossene Schuhe tragen! Mehrere Selbstbedienungs-Restaurants sorgen für das leibliche Wohl. Eine Karte des Parks gibt es auch auf Deutsch. Taxi ab BTS Victory Monument ca. 50 Baht, ab Khaosan Road ca. 70 Baht. Eingänge gegenüber dem westlichen Zoo-Eingang und von der Ratchawithi Road. Verbindungen vom östlichen Sanam Luang mit non-AC-Bus 3, 30–33 oder 64 bis Ratchawithi Road. Dort umsteigen in den non-AC-Bus 18 oder 28 Richtung Victory Monument.

Karte S. 136/137.

Boxkämpfe statt, bei denen nicht nur mit den Fäusten gekämpft wird (s. S. 198).

Vimanmek Mansion

Dies ist das Highlight des Dusit-Komplexes. König Rama V. residierte 1901–07 in diesem luftigen, sehenswerten Teakholzpalast, der ursprünglich auf Ko Si Chang vor der Stadt Si Racha in der Provinz Chonburi stand. In den 1930er-Jahren wurde er nur kurzzeitig von einer der Nebenfrauen des Königs bewohnt und aus Anlass der 200-Jahr-Feier Bangkoks 1982 wieder hergerichtet.

Bei einem Rundgang durch einige der 31 im originalen Stil eingerichteten Zimmer und Galerien erhalten Besucher einen guten Eindruck von den Lebensverhältnissen am königlichen Hof. Historische Fotos von der langen Europareise des Königs, Möbel, Porzellan und Kristall aus Europa und China sowie die erste westliche Schreibmaschine und Badewanne des Landes zeugen von der weltoffenen Haltung des Monarchen. Das kleine Gästehaus hinter dem Palast wurde in einer Bauzeit von nur sieben Monaten aus Teakholz errichtet. Außer für den Fußboden wurden dabei keine Nägel verwendet.

Die lohnenden Innenräume können nur im Rahmen einer Führung besichtigt werden. Englische Touren beginnen zwischen 9.45 und 15.15 Uhr jede halbe Stunde und dauern 90 Minuten. Es gilt die gleiche Kleiderordnung wie für den Königspalast (s. S. 135). Taschen und Kameras müssen in Schließfächern verstaut werden.

Anantasamakhom-Thronhalle

Im Auftrag von König Rama V. entwarfen italienische Architekten einen Kuppelbau im neovenezianischen Renaissancestil als Thronhalle. Das Deckengemälde im Inneren des Doms stellt historische Ereignisse dar. Als 1932 die absolute Monarchie abgeschafft wurde, zog in das neue Gebäude das Parlament ein. Einige Räume sind buddhistischen Zeremonien vorbehalten. Mittlerweile ist ein neues Parlamentsgebäude errichtet worden, und die ehemalige Thronhalle ist nun Museum und dient repräsentativen Zwecken. So fanden hier Ende 1996 die prächtigen Feierlichkeiten zum 60. Thronjubiläum von König Bhumipol statt.

Die Räumlichkeiten können im Rahmen einer Führung besichtigt werden. Frauen in Hosen und Männer in kurzen Hosen bekommen einen Wickelrock. ⌚ bis 21 Uhr, Eintritt 150 Baht.

Weitere Museen des Komplexes

Textil- und Muschelmuseum (HRH Princess Orathai Thep-kanya Residential Hall): Die qualitativ hochwertigen, größtenteils weit über 100 Jahre alten Textilien stammen aus königlichem Besitz. Das breite Spektrum umfasst Mut Mee-Seidenstoffe aus dem Nordosten und Kambodscha, Songket-Stoffe von der Malaiischen Halbinsel, die mit Gold- und Silberfäden durchwirkt sind, farbenfrohe indische Stoffe sowie feine Stempelbatiken und einen großen Bettüberwurf. Fotos von überwiegend weiblichen Mitgliedern des Hofes in traditioneller Kleidung schmücken die Wände. Ausführliche Beschreibungen auch in englischer Sprache machen diese Ausstellung zu einem Muss für Textilfans. Im Nachbargebäude, das durch einen Übergang zu erreichen ist, sind in Vitrinen und Glastischen Muscheln aus aller Welt ausgestellt – sehr dekorativ, aber ohne Erläuterungen.

Royal Elephant National Museum: Das kleine Museum befindet sich in zwei unter Rama V. und Rama VII. errichteten ehemaligen Ställen für königliche weiße Elefanten. Die Tiere sind nun unter besseren Bedingungen in Lampang, Sakhon Nakhon und Hua Hin untergebracht. Fotos, Modelle, Elfenbeinschnitzereien, Ganesha-Statuen und andere Gegenstände belegen, dass Elefanten nicht nur als Wappentier Thailands eine große Bedeutung beigemessen wird.

Abhisek Dusit Thronhalle: Hier sind kunsthandwerkliche Produkte ausgestellt, darunter Mut Mee-Seide, Niello-Waren und fein geflochtene Körbe, die in vom König initiierten Projekten entstanden sind.

Suan Bua Residenz: Es lohnt sich, zwischen vielen historischen Fotos, Bootsmodellen und Buddhastatuen nach dem Stammbaum von Chulalongkorn Ausschau zu halten.

Fotogalerie (HRH Princess Bussaban Buaphan Residential Hall und **HRH Princess Arunwadi Residential Hall):** In den beiden Häusern sind Fotos des Königs zu sehen, der ein leidenschaftlicher Hobbyfotograf war. Interessant sind sicherlich einige Privatfotos, aber auch Fotos von seinen Reisen durch das Land, die aus seiner Perspektive einen ganz neuen Blick vermitteln. Weitere Fotos vom König ergänzen die Ausstellung.

Old Clock Museum (HRH Princess Puang Soi Sa-ang Residential Hall): In der ehemaligen Residenz von König Chulalongkorn, die später von Offizieren bewohnt wurde, zeigt das Museum Standuhren und andere königliche Souvenirs aus Europa und Amerika sowie Präsente.

Krom Luang Vorased Thasuda Residential Hall: Sie beherbergt eine prähistorische Ausstellung, darunter ausgezeichnet erhaltene Ban Chiang-Keramik aus dem Besitz der Prinzessin Maha Chakri Sirindhorn.

Marmor-Tempel (Wat Benchamabopitr)

Südöstlich des Museumsbereichs steht Wat Benchamabopitr, allgemein als Marmortempel bekannt, da er unter König Chulalongkorn weitgehend aus weißem Carrara-Marmor erbaut wurde. Er liegt in einem hübschen Park mit einem Kanal, in dem zahlreiche Schildkröten leben. Der Haupteingang zum Bot wird von zwei weißen Marmorlöwen bewacht. Der Bot selbst ist nur an Festtagen geöffnet. Ansonsten gelangt man durch einen Seiteneingang in den Innenraum mit einer großen Buddhastatue. Der mit Marmorplatten gepflasterte Innenhof ist von einer Galerie umgeben, in der 52 lebensgroße Buddhastatuen stehen, die zu den schönsten des Landes zählen. 🕓 8–17 Uhr, Eintritt 20 Baht, 📞 02-281 3277, 💻 www.watbencha.com/index-e.html.

Dusit-Zoo

Ein Besuch des Zoos lohnt sich allein schon zum Auftanken. Obwohl er nicht gerade mit großen Sensationen aufwartet, bummeln am späten Nachmittag viele junge Thais durch die Parkanlage und genießen einen der wenigen leisen, erholsamen Gärten der Stadt. Im Restaurant am See werden in einer angenehm ruhigen Umgebung zu akzeptablen Preisen Seafood- und andere Thai-Gerichte serviert. An Wochenenden ist der Zoo mit thailändischen Familien überfüllt. 🕓 8–18 Uhr, Eintritt 100 Baht, Kinder 50 Baht, 📞 02-281 2000, 💻 www.zoothailand.org.

Im Norden

Mit dem Skytrain und der U-Bahn kommen v. a. am Wochenende Tausende von Touristen in diese ansonsten kaum besuchte Gegend der Stadt und erliegen einem Kaufrausch, der seinesgleichen sucht, Karte S. 136/137.

Suan Chatuchak Weekend Market

Bereits am Freitagnachmittag, aber v. a. am Samstag und Sonntag zwischen 7 und 18 Uhr drängen sich bis zu 400 000 Besucher auf dem quirligen Wochenendmarkt am Suan Chatuchak, nördlich des Zentrums. Dieser Markt wird oft auch Jatujak oder JJ Market genannt. Zusätzlich findet am Mittwoch und Donnerstag im hinteren Bereich ein Pflanzenmarkt statt. Wer sich auf dem 18 ha großen, L-förmigen Platz mit 15 000 Ständen zurechtfinden möchte, orientiert sich anhand der Karte, die es beim Tourist Office (Sektion 27) nahe dem Eingang 1 und an vielen Verkaufsständen gibt oder der *Market Map* von Nancy Chandler, die in vielen Buchhandlungen erhältlich ist. Der Platz ist zur besseren Orientierung in 27 Sektionen (S1–S27) aufgeteilt. Eingang 1 ist an der Kamphaeng Phet 2 Rd., nahe der U-Bahnstation Kamphaeng Phet, Eingang 2 im Norden an der Kamphaeng Phet 3 Road und Eingang 3 am Busstopp und nahe der BTS-Station Mo Chit an der Paholyothin Road. Vorsicht vor Taschendieben! Anreise mit dem Skytrain oder der U-Bahn (s. S 212), ab Banglampoo mit Bus 3, 📞 02-272 4440-1, 💻 www.jatujakguide.com.

Nach dem Einkaufen bietet sich der angrenzende Chatuchak Park mit dem kleinen Botanischen Garten, **Queen Sirikit Park**, für eine Rast an. Im **Children's Museum** können Kinder die Bereiche Natur und Umwelt, Wissen und Technik, Kultur und Gesellschaft sowie Körper erkunden und dabei vieles anfassen und selbst ausprobieren. 🕓 Di–Fr 9–18, Sa und So 10–19 Uhr, Eintritt 150 Baht, Kinder 120 Baht, 📞 02-615 7333.

Rare Stone Museum

Das **Rare Stone Museum**, 29/2 Moo 1 Rangsit, Pathum Thani Road, im Norden der Stadt, stellt über 10 000 seltene und besondere Steine und Mineralien aus, von denen einzelne tonnenschwer sind. Auch das angeschlossene Ashtray Museum enthält interessante und ausgefallene Aschenbecher. ◷ 10–17 Uhr, Eintritt 40 Baht, ✆ 02-245 6397.

Kuan-Im-Palast (Chao Mae Kuan Im)

Dieser fantastische chinesische Tempel mit einer zwölfstöckigen Pagode wurde für über 500 Mio. Baht zu Ehren der Göttin der Barmherzigkeit errichtet. Er ist mit zahllosen farbigen Buddhastatuen geschmückt, von denen eine sogar das Dach ziert. Daneben finden sich Schreine im chinesischen und thailändischen Stil, hohe, mit bunten Schnitzereien verzierte Säulen, Verbrennungsöfen, Ruhepavillons, ein Souvenirladen und mehr. Während der chinesischen Neujahrsfeiern und des Vegetarierfestes kommen viele Besucher hierher. ◷ 7–21 Uhr. Von der Endstation des Skytrain Mo Chit oder der U-Bahn mit dem Taxi Richtung Norden, nach 1,5 km rechts in die Latphrao Road abbiegen, nach 4,5 km links in die Soi 53 und nach weiteren 2 km links in die Soi Suk San 7.

Ko Kret Ban und Bang Bua Thong

Nördlich der Stadt wurde vor über 200 Jahren eine Flussschleife des Menam Chao Phraya durch den Bau eines Kanals begradigt. Auf der kleinen Flussinsel **Ko Kret Ban**, die dadurch entstand, siedelten sich Mon an. Viele nutzten die feine Tonerde für die Produktion von Wasserkrügen und anderen Töpferwaren. Getöpfert wird hier noch immer, allerdings kommt der Ton mittlerweile aus anderen Gegenden. Wegen ihrer ländlichen Atmosphäre, die sie sich bis heute bewahrt hat, ist die Insel ein beliebtes Ausflugsziel. Nahe dem Pier steht der größte Tempel der Insel, **Wat Paramai Yikawat**. Das kleine **Töpfereimuseum** in einem Holzhaus 150 m weiter westlich ist nur auf Thai ausgeschildert. ◷ bis gegen 15 Uhr. Expressboote fahren bis Pak Kret. Südlich der dortigen Anlegestelle fahren vom Pier am Wat Sanam Nuea Fähren für 3 Baht auf die Insel.

Weiter westlich am Klong werden in **Bang Bua Thong** morgens zwischen 9 und 10 Uhr traditionelle Süßigkeiten für den Verkauf auf dem Großmarkt hergestellt. In das Dorf gelangt man mit einem gecharterten Boot ab Pak Kret.

Weekend Market: Hier gibt es fast alles!

Durch die Eingänge gelangt man auf den Platz, der von Ständen mit Büchern und Amuletten (S1), Pflanzen, Blumen, Gartenutensilien (S3+4), dekorativen Haushaltsgegenständen (S1+3+4+7+8), Schmuck und Textilien (S5+6) umrahmt wird. Der zentrale Bereich scheint überzuquellen von Textilien und Taschen (S2–6+18–26), Vögeln, Fischen (donnerstags großer Zierfischmarkt), Hunden, Küken und anderen Tieren (S8+9+11+13). Lädt dieser Teil des Marktes mehr zum Schauen und Fotografieren ein, so fällt es im südwestlichen Bereich nicht schwer, Geld auszugeben. Kunstgewerbe aus allen Landesteilen stapelt sich neben Stickereien aus Myanmar, Sarongs aus Indonesien, Lackarbeiten, Holzschnitzereien, Keramiken und T-Shirts mit ausgefallenen Motiven (S22–25) sowie Antiquitäten (S26). Selbst sperrige Möbel oder schwere Keramiken (S17+19) können gleich vor Ort Speditionen übergeben werden, die ebenfalls auf dem Platz vertreten sind. Zudem kann man sich mit frischen Früchten oder an zahllosen Essenständen (v. a. S17+19) stärken und an den Geldautomaten (S27) mit Nachschub versorgen. Auch die Tourist Police (S27) hat hier Sa und So von 9–17 Uhr einen Stand besetzt. Wer etwas nicht gleich kauft, wird Schwierigkeiten haben, den Laden später wiederzufinden.

Übernachtung

Bei der Wahl der Bleibe sollte in erster Linie die Lage entscheiden, denn jedes Viertel hat seine eigene Atmosphäre. Zudem ist man bei den großen Entfernungen und dem zähen Verkehr lange unterwegs. Mittelklasse- und Luxushotels können günstiger über das Internet oder über Reisebüros gebucht werden (Preise vergleichen, einige Reisebüros in Bangkok verlangen überhöhte Preise).
Die Websites einiger großer Hotels sind über 💻 www.bangkok.com direkt erreichbar.

Banglampoo

Rings um die Khaosan Rd. konzentrieren sich Gästehäuser und ein breites Angebot

Bangkok

an Restaurants, Reisebüros, Geldautomaten, Wäschereien, Internet-Cafés und anderen Versorgungseinrichtungen. Die Einkaufsmöglichkeiten und anderen Angebote für Backpacker – vom Zöpfchenflechten bis zu Tattoos – sind überwältigend und die Hauptsehenswürdigkeiten leicht zu Fuß zu erreichen. Da es in der Hauptsaison schwer ist, abends ein freies Zimmer zu finden, bietet die Karte und die vorangestellte Auflistung mit Adresse und Telefonnummer eine Übersicht. Es wird nur eine Auswahl beschrieben. In der Gegend sind einige zwielichtige Gestalten auf der Suche nach leichtgläubigen Touristen. Sie bieten sich als hilfsbereite Geldwechsler, Visabeschaffer oder „Retter in der Not" an, wollen ihre Kunden aber nur um die Reisekasse erleichtern. Expressboote auf dem Menam Chao Phraya sind eine Alternative zu den verstopften Straßen. Der Weg Richtung Ekamai (Eastern) Bus Terminal erfordert tagsüber viel Geduld. Travellerbusse fahren zum Airport und zu anderen Zielen in Thailand, ein Taxi zum Airport kostet ca. 350 Baht. Weitere Infos unter 💻 www.khaosanroad.com.
Karte „Banglampoo" S.164.

Untere Preisklasse

In der Umgebung der Khaosan Rd. gibt es das größte Angebot an günstigen Gästehäusern und Hotels in der ganzen Stadt.

In den Gassen **rings um das Wat Chai Chana Songkhram** ist es etwas weniger turbulent als in und um die Khaosan Rd. Der Durchgang durch das Wat wird um 18 Uhr geschlossen.

Baan Sabai (100), 12 Soi Rongmai, ☎ 02-629 1599, 📠 629 1595. Ein angenehmes Guesthouse mit nettem und hilfsbereitem Personal und ordentlichen, ziemlich kleinen, aber durchaus sauberen Ventilatorzimmern mit niedrigen Türen und Decken, die teureren mit AC und Du/WC. Sehr saubere Gemeinschaftsduschen. In direkter Nähe zu einer Militärkaserne gelegen, daher wird es in manchen Zimmern früh morgens etwas laut. Hübscher Innenhof mit Sitzgelegenheiten. ❷–❸

Bella Bella House (88), 74 Soi Chana Songkhram, ☎ 02-629 3090-1. 5-stöckiges Haus mit Blick auf den Tempel und günstigen und sauberen Zimmern mit Ventilator und Gemeinschaftsduschen, teurere mit AC und Du/WC. Netter Service. Dürftiges Frühstück. ❷–❸

Chai Homestay (104), 49/4–8 Soi Rongmai, ☎ 085-167 1700, ✉ chaihouse1990@hotmail.com. Eine kleine, nette, etwas zurückversetzt von der Straße gelegene Anlage mit einfachen, günstigen Zimmern mit Ventilator und Gemeinschaftsdusche. Wird momentan erweitert, sodass bald Zimmer mit AC für ca. 500 Baht angeboten werden. ❷

Four Sons Village (88), 54/1 Soi Chana Songkhram, ☎ 02-629 5390, 💻 www.fs-hotel.com. 40 ältere Zimmer mit Ventilator, TV, Telefon und kleinen Duschen, zur Straße hin mit Balkon, nach hinten ruhig. Anonyme, nicht sehr stimulierende Hotelatmosphäre. ❸

Gecko (84), 25/3 Soi Chana Songkhram, ☎ 02-282 2031. In der sehr kleinen Anlage gibt es 8 sehr saubere und einfache Zimmer mit Ventilator. Gemeinschaftsdusche. Entspannte Atmosphäre und nettes Management. ❷

Green Gh. (85), 27 Soi Chana Songkhram, ☎ 02-629 3025. Einfache, aber saubere Ventilatorzimmer mit harten Matratzen, teilweise AC, TV und Kühlschrank. Das Treppenhaus ist ziemlich schmuddelig. ❷–❸

Green House BKK (96), 84 Soi Rambuttri, ☎ 02-281 4293, 💻 www.greenhousebkk.com. Über einem gemütlichen Café mit WiFi saubere, aber kleine Zimmer mit dünnen Matratzen und Ventilator oder AC und sehr kleinen Bädern. Im hinteren Bereich des Erdgeschosses ein Billiard Salon. ❷–❸

Lamphu House (83), 75-77 Soi Rambuttri, ☎ 02-629 5861, 💻 www.lamphuhouse.com. Freundliches und ruhiges, da in einer etwas versteckten Gasse gelegenes Guesthouse mit sauberen Zimmern, die mit Bambusmöbeln eingerichtetet sind. Die günstigsten mit Ventilator und Gemeinschaftsdusche, die teureren mit AC, Du/WC und Balkon. Gepäckaufbewahrung 10 Baht pro Gepäckstück und Tag. ❷–❹

Merry V. (85), 33 Soi Chana Songkhram, ☎ 02-282 9267, ✉ merryV@loxinfo.co.th. Ältere, saubere und günstige Zimmer mit Ventilator und sehr harten Matrazen, neuere mit AC und Du/WC. EZ ab 150 Baht. In den einfachen

Zimmern kann es sehr heiß und stickig werden. Unfreundliche Rezeption. ❷–❸

New Siam I (84), 21 Soi Chana Songkhram, ☏ 02-282 4554, 💻 www.newsiam.net. Das alteingesessene, sehr beliebte und empfehlenswerte Guesthouse bietet 93 helle und saubere Zimmer auf drei Stockwerken mit Ventilator oder AC und TV. EZ mit Ventilator und Gemeinschaftsdusche gibt es schon für 280 Baht. In den Zimmern ohne AC kann es sehr heiß werden. Im Erdgeschoss liegt ein Restaurant mit gutem Essen, 🕓 ab 6 Uhr, und ein empfehlenswertes Reisebüro. Gepäckaufbewahrung 20 Baht pro Stück und Tag, Duschen 100 Baht. Hier starten morgens viele Tagestouren. ❸–❹

Rambuttri House (93), 323 Soi Rambuttri, ☏ 02-629 3233, 💻 www.khaosan-rambuttri-house.com. Das relativ neue Hotel bietet sehr saubere, nett eingerichtete Zimmer mit weichen Matratzen, TV, Telefon und blank geputzten Bädern. Die günstigeren haben Gemeinschafts-dusche. ❸–❹

Rambuttri Village Inn (82), 95 Soi Rambuttri, ☏ 02-282 9162-3, 💻 www.khaosan-hotels.com. Großes, in U-Form angelegtes Hotel mit etwas muffigen, aber sauberen Zimmern mit Ventilator oder AC, TV und Balkon. EZ mit Du/WC ab 290 Baht. Pool auf dem Dach, Café im Innenhof. Unfreundliches Personal, das beim Auschecken gerne einmal die 1000 Baht Key-Deposit einbehält. ❸–❹

Roof Garden Gh. (88), 62 Soi Rambuttri, ☏ 02-629 0626, ✉ roofgarden1@hotmail.com. Die älteste Unterkunft der Soi Rambuttri bietet im neuen Anbau 30 empfehlenswerte, große und helle Zimmer. Die günstigeren mit Ventilator sind hingegen sehr alt und abgewohnt, vermitteln aber einen guten Eindruck der ursprünglichen Gästehäuser in Banglampoo. Freundliches Personal. ❷–❸

Sawasdee House (86), 147 Soi Rambuttri, ☏ 02-281 8138, 💻 www.sawasdeehouse bangkok.com. Das Hotel liegt in einem 4-stöckigen Haus, dem eine Renovierung gut täte, und bietet ältere, kleine, stickige, aber saubere Zimmer mit Ventilator oder AC und Balkon und neuere wesentlich komfortablere Zimmer mit TV. Rund um die Uhr geöffnetes Restaurant mit netter Terrasse zur Straße hin, gut zum Ausruhen und Lesen, Verkauf von Secondhand-Büchern. Gepäckaufbewahrung 20 Baht pro Tag und Stück, Duschen 50 Baht. ❷–❹

Unschlagbares Preis-Leistungs-Verhältnis

Banglumpoo Place (78), 84-86 Phra Sumen Rd., ☏ 02-282 9632-3, 💻 www.banglumpooplace.net. Etwas unscheinbar gelegen bietet dieses Hotel 160 sehr große, helle und günstige Zimmer mit Marmorböden, TV, Kühlschrank und Balkon. Die einfachsten haben nur Ventilator und kein TV. Preisgünstige Wochen- und Monatsmietpreise. Freundliches und hilfsbereites Personal und sehr zuverlässiger Wäscheservice. ❷–❹

Sawasdee Smile Inn (100), 35 Soi Rambuttri, ☏ 02-629 2340, 💻 www.sawasdee-hotels.com. In dem Massenquartier mit sehr schmalen, verwinkelten Gängen kleine, teils muffige Zimmer mit Ventilator oder AC und TV. Großes Restaurant. ❷–❸

Sawasdee Welcome Inn (104), 5-7 Soi Rongmai, ☏/📠 02-629 2321, 💻 www.sawasdee-hotels.com. Gästehaus der Sawasdee-Kette mit über 70 kleinen, ruhigen, teils etwas stickigen und nicht besonders gemütlichen Zimmern mit weichen Matratzen und Gemeinschaftsdusche. Die teureren Zimmer im Neubau auch mit Du/WC und TV. Reservierungen klappen nicht immer. ❷–❹

Sitdhi Gh. (105), 2 Soi Rambuttri, ☏ 02-282 3090. Guesthouse mit einfachen, sehr preisgünstigen und sauberen Zimmern mit sehr harten Matratzen, teilweise mit Ventilator. Die AC-Zimmer sind dunkel, da sie keine richtigen Fenster besitzen und im Erdgeschoss liegen. ❷

An der verkehrsreichen **Phra Athit Rd. und der Phra Sumen Rd.**:

Four Sons House (80), 78-80 Phra Athit Rd., Eingang in der Soi Chana Songkhram, ☏ 02-282 2411, 💻 www.fs-hotel.com. Rund um die Uhr geöffnetes Haus mit kleinen, teils dunklen, aber sauberen und sicheren Zimmern mit TV. ❸–❹

Bangkok

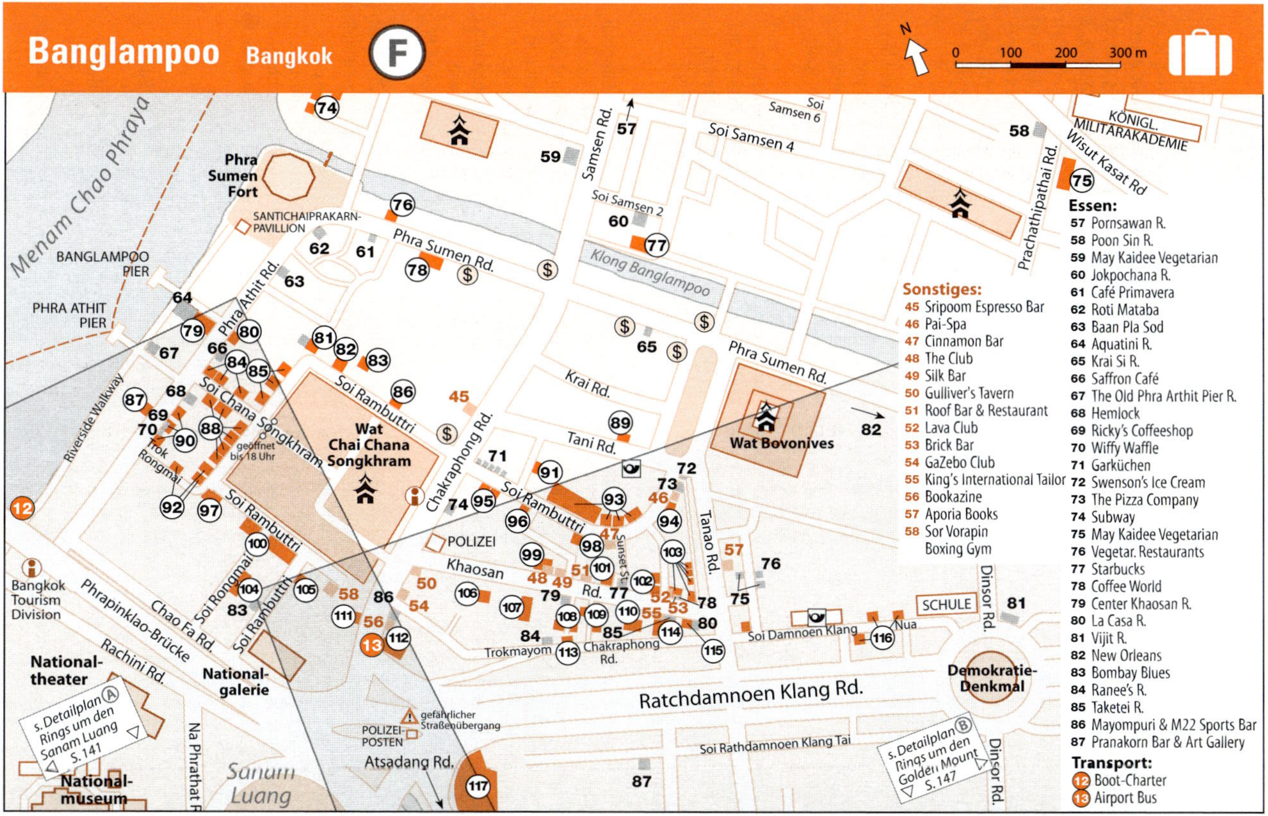
Banglampoo Bangkok
F
N
0 100 200 300 m
Menam Chao Phraya
Phra Sumen Fort
SANTICHAIPRAKARN-PAVILLION
BANGLAMPOO PIER
PHRA ATHIT PIER
Riverside Walkway
Phra Athit Rd.
Phra Sumen Rd.
Samsen Rd.
Soi Samsen 2
Soi Samsen 4
Soi Samsen 6
Klong Banglampoo
Prachathipathai Rd.
Wisut Kasat Rd
KÖNIGL. MILITÄRAKADEMIE
Krai Rd.
Tani Rd.
Wat Bovonives
Soi Rambuttri
Soi Chana Songkhram
Trok Rongmai
geöffnet bis 18 Uhr
Wat Chai Chana Songkhram
Chakraphong Rd.
POLIZEI
Khaosan Rd.
Sunset St.
Tanao Rd.
Soi Damnoen Klang Nua
SCHULE
Dinsor Rd.
Demokratie-Denkmal
Ratchdamnoen Klang Rd.
Soi Rathdamnoen Klang Tai
Trokmayom
Chakraphong Rd.
Soi Rongmai
Chao Fa Rd.
Phrapinklao-Brücke
Rachini Rd.
Bangkok Tourism Division
National-theater
National-galerie
National-museum
Na Phrathat R
Sanam Luang
Atsadang Rd.
POLIZEI-POSTEN
gefährlicher Straßenübergang
s. Detailplan A Rings um den Sanam Luang S. 141
s. Detailplan B Rings um den Golden Mount S. 147
Sonstiges:
45 Sripoom Espresso Bar
46 Pai-Spa
47 Cinnamon Bar
48 The Club
49 Silk Bar
50 Gulliver's Tavern
51 Roof Bar & Restaurant
52 Lava Club
53 Brick Bar
54 GaZebo Club
55 King's International Tailor
56 Bookazine
57 Aporia Books
58 Sor Vorapin Boxing Gym
Essen:
57 Pornsawan R.
58 Poon Sin R.
59 May Kaidee Vegetarian
60 Jokpochana R.
61 Café Primavera
62 Roti Mataba
63 Baan Pla Sod
64 Aquatini R.
65 Krai Si R.
66 Saffron Café
67 The Old Phra Arthit Pier R.
68 Hemlock
69 Ricky's Coffeeshop
70 Wiffy Waffle
71 Garküchen
72 Swenson's Ice Cream
73 The Pizza Company
74 Subway
75 May Kaidee Vegetarian
76 Vegetar. Restaurants
77 Starbucks
78 Coffee World
79 Center Khaosan R.
80 La Casa R.
81 Vijit R.
82 New Orleans
83 Bombay Blues
84 Ranee's R.
85 Taketei R.
86 Mayompuri & M22 Sports Bar
87 Pranakorn Bar & Art Gallery
Transport:
12 Boot-Charter
13 Airport Bus

74	Twin Gh., Three O Gh., Paul Gh.		❶–❷
75	Hotel De Moc, 78 Prachathipathai Rd.	✆ 02-282 2831	❺
76	Bhiman Inn, 55 Phra Sumen Rd.	✆ 02-282 6171	❺
77	New World Lodge, Soi Samsen 2	✆ 02-281 5596	❹
78	Banglumpoo Place, 84-86 Phra Sumen Rd.	✆ 02-282 9632-3	❷–❹
79	Navalai River Resort, 45/1 Phra Athit Rd.	✆ 02-280 9955	❺–❻
80	Four Sons House, 78-80 Phra Athit Rd.	✆ 02-282 2411	❸–❹
81	New Siam III Gh., 7 Soi Rambuttri	✆ 02-629 4844	❹
82	Rambuttri Village Inn, 95 Soi Rambuttri	✆ 02-282 9162-3	❸–❹
83	Lamphu House, 75-77 Soi Rambuttri	✆ 02-629 5861	❷–❹
84	New Siam I, 21 Soi Chana Songkhram	✆ 02-282 4554	❸–❹
84	Erawan House, 17/1-2 Soi Chana Songkhram	✆ 02-629 2121	❹
84	Gecko, 25/3 Soi Chana Songkhram	✆ 02-282 203	❷
85	Green Gh., 27 Soi Chana Songkhram	✆ 02-629 3025	❷–❸
85	Merry V., 33 Soi Chana Songkhram	✆ 02-282 9267	❷–❸
85	My House, 37 Soi Chana Songkhram	✆ 02-282 9263-4	❷–❸
86	Sawasdee House, 147 Soi Rambuttri	✆ 02-281 8138	❷–❹
87	New Siam Riverside, 21 Phra Athit Rd.	✆ 02-629 3535	❹
88	Roof Garden Gh., 62 Soi Rambuttri	✆ 02-629 0626	❷–❸
88	Mango Lagoon Place, 30 Soi Rambuttri	✆ 02-281 4783	❹
88	Four Sons Village, 54/1 Soi Chana Songkhram	✆ 02-629 5390	❷–❸
88	Bella Bella House, 74 Soi Chana Songkhram	✆ 02-629 3090-1	❷–❸
88	Wild Orchid Villa, 8 Soi Chana Songkhram	✆ 02-629 4378	❹
88	Happy House, 46 Soi Chana Songkhram	✆ 02-280 3301	❹
89	Thai Cozy House, 111/1-3 Tani Rd.	✆ 02-629 5870-4	❹
90	Phra Athit Mansion, 22 Phra Athit Rd.	✆ 02-280 0744-8	❹
90	New Merry V. Gh., 18–20 Phra Athit Rd.	✆ 02-280 3315	❷–❸
90	Peachy Gh., 10 Phra Athit Rd.	✆ 02-281 6471	❶–❷
91	Villa Cha-Cha, 36 Tani Rd.	✆ 02-280 1025	❹–❺
92	New Siam II, 50 Trok Rongmai	✆ 02-282 2795	❹
92	Place Inn, 28/10 Soi Rambuttri	✆ 02-629 3657	❷
92	Sawasdee Krungthep Inn, 30 Soi Rambuttri	✆ 02-629 0072	❸
93	Viengtai Hotel, 42 Soi Rambuttri	✆ 02-280 5434-45	❺–❻
93	Orchid House, 323/2–3 Soi Rambuttri	✆ 02-280 2691-2	❷–❸
93	Four Sons Inn, 327/2–4 Soi Rambuttri	✆ 02-629 5812	❸
93	Rambuttri House, 323 Soi Rambuttri	✆ 02-629 3233	❸–❹
94	Pannee Gh., 150 Soi Rambuttri	✆ 02-282 5576	❷
95	Au-Thong Gh., 78 Soi Rambuttri	✆ 02-629 2172	❶
95	Tuptim Bed & Breakfast, 82 Soi Rambuttri	✆ 02-629 1535	❹
96	Green House BKK, 84 Soi Rambuttri	✆ 02-281 4293	❷–❸
97	O-Bangkok Gh., 28/1 Soi Rambuttri	✆ 02-281 4777	❹
98	Star Dome Inn, 104/1 Soi Rambuttri	✆ 02-629 1136	❷–❹
99	Lek Gh., 125–127 Khaosan Rd.	✆ 02-281 8441	❷
100	Baan Sabai, 12 Soi Rongmai	✆ 02-629 1599	❷–❸
100	Sawasdee Smile Inn, 35 Soi Rambuttri	✆ 02-629 2340	❷–❸
101	Khaosan Palace Inn, 139 Khaosan Rd.	✆ 02-281 3272	❷–❸
101	Center Point Plaza, 183/185 Khaosan Rd.	✆ 02-629 3232	❹
101	Wally House, 189/1–2 Khaosan Rd.	✆ 02-282 7067	❶–❷
102	Nat 1, 217–219 Khaosan Rd.	✆ 02-282 6401	❶
102	MarcoPolo Hostel, 108/10 Soi Rambuttri	✆ 02-281 1715	❷
103	Rikka Inn, 259 Khaosan Rd.	✆ 02-282 7511	❹
103	Buddy Boutique Hotel, 265 Khaosan Rd.	✆ 02-629 4477	❺–❻
103	V.S. Gh., 136 Tanao Rd.	✆ 02-281 2078	❷
103	Shambara Boutique Hostel, 138 Tanao Rd.	✆ 02-282 7968	❸
103	Harn Gh., 140/1 Tanao Rd.	✆ 02-280 2130	❷–❸
104	Sawasdee Welcome Inn, 5–7 Soi Rongmai	✆ 02-629 2321	❷–❹
104	Chai Homestay, 49/4–8 Soi Rongmai	✆ 085-1671 700	❷
105	Sitdhi Gh., 3 Soi Rambuttri	✆ 02-282 3090	❶–❷
106	Chart, 62 Khaosan Rd.	✆ 02-282 0171	❷–❸
107	D&D Inn, 68–70 Khaosan Rd.	✆ 02-629 0526-8	❹
108	Kawin Place, 86 Khaosan Rd.	✆ 02-281 7512	❷–❸
108	Mom Gh., 98 Khaosan Rd.	✆ 02-282 7191	❷
109	Sawasdee Bangkok Inn, 126/2 Khaosan Rd.	✆ 02-280 1251	❹
109	Sawasdee Banglumpoo Inn, 162 Khaosan Rd.	✆ 02-629 2526	❹
110	Siam Oriental Inn, 190 Khaosan Rd.	✆ 02-629 0312	❷–❹
111	Lucky House, 35 Chakraphong Rd.	✆ 02-629 2965	❷
112	Sawasdee Khaosan Inn, 18 Chakraphong Rd.	✆ 02-629 4798	❹–❺
113	New Joe Gh. 81 Trokmayom Chakraph. Rd.	✆ 02-281 2948	❷–❸
114	Nana Plaza Inn, 202 Khaosan Rd.	✆ 02-281 9509	❸–❹
115	7 Holder Gh., 216/2–3 Khaosan Rd.	✆ 02-281 3682-3	❷
116	Sweety, 49 Ratchdamnoen Klang Rd.	✆ 02-280 2191	❶
116	C.H. 2 Gh., 85–87 Soi Damnoen Klang Nua	✆ 02-280 6284	❶
116	Nat 2, 91–95 Soi Damnoen Klang Nua	✆ 02-629 4324	❶–❸
117	Royal Hotel, 2 Ratchdamnoen Rd.	✆ 02-222 9111-26	❺

New Merry V. Gh. (90), 18-20 Phra Athit Rd., ☏ 02-280 3315. Laut zur Straße hin liegen die kleinen und einfacheren Zimmer mit Ventilator und sehr schlechten Matratzen. Nach hinten hin bessere, saubere Zimmer mit AC und TV. Gutes Preis-Leistungs-Verhältnis. Direkt davor befindet sich der sehr beliebte und empfehlenswerte Ricky's Coffeeshop, der zum Frühstück in Banglampoo die erste Wahl ist. ❷–❸

Peachy Gh. (90), 10 Phra Athit Rd., ☏ 02-281 6471. Das alteingesessene Guesthouse hat ältere, einfache, aber sehr preisgünstige Zimmer mit Ventilator oder AC und TV. Die günstigsten, nicht besonders sauberen EZ gibt es bereits ab 160 Baht. Im Innenhof befindet sich die bei thailändischen Studenten beliebte Moonshine Bar, sodass es bis 1 Uhr etwas lauter werden kann. ❶–❷

Östlich der Chakraphong Rd. in den nördlichen Parallelstraßen zur Khaosan Rd. liegen:

Four Sons Inn (93), 327/2-4 Soi Rambuttri, ☏ 02-629 5812, 💻 www.fs-hotel.com. Etwas muffige Zimmer mit weichen Matratzen und TV. Nur die teuren mit Fenster. Lustige Atmosphäre. ❸

Star Dome Inn (98), 104/1 Soi Rambuttri, ☏ 02-629 1136, 💻 www.stardomegroup.com. Großes Hotel in einem 5-stöckigen Neubau über einem Restaurant. Saubere, spartanisch eingerichtete Zimmer mit harten Matratzen mit Ventilator oder AC, die billigsten ohne Fenster. Desinteressiertes Personal. ❷–❹

In der Khaosan Rd., im Zentrum des Geschehens:

Harn Gh. (103), 140/1 Tanao Rd., ☏ 02-280 2130, ✉ saksorn2036@hotmail.com, am östlichen Ende der Khaosan Rd. in der ersten Gasse Richtung Norden. Kleine, fensterlose, recht saubere, aber nicht besonders einladende Zimmer mit Ventilator oder AC. Freundliches, hilfsbereites Personal. ❷–❸

Kawin Place (108), 86 Khaosan Rd., ☏ 02-281 7512, ✉ kawinplace@yahoo.com. Zurückversetzt in einer ruhigen Gasse gelegenes, sauberes Kleinhotel mit hellhörigen, relativ großen Zimmern mit wenig Einrichtung und sehr harten Matratzen mit Ventilator oder AC. Gesellige, freundliche Atmosphäre. ❷–❸

Lek Gh. (99), 125–127 Khaosan Rd., ☏ 02-281 8441. Sehr einfache, aber saubere und günstige Ventilatorzimmer mit sehr harten Matratzen, Gemeinschaftsdusche und so gut wie keiner Einrichtung abgesehen von einem kleinen klapprigen Tisch und einer Wäscheleine. Nettes und hilfsbereites Personal. ❷

Mom Gh. (108), 98 Khaosan Rd., ☏ 02-282 7191, ✉ mom_guesthouse@yahoo.com. Einfache, kleine, aber saubere Zimmer mit Gemeinschaftsdusche, harten Matratzen und Ventilator oder AC. Viele Zimmer ohne Außenfenster, was allerdings bei der Beschallung mit lauter Thai-Musik vom Restaurant vor dem Guesthouse von Vorteil sein kann. ❷

Nana Plaza Inn (114), 202 Khaosan Rd., ☏ 02-281 9509. Hotel mit einem wenig einladend wirkenden Eingangsbereich und nicht besonders sauberen, aber großen Zimmern mit TV und Balkon. ❸–❹

Shambara Boutique Hostel (103), 138 Tanao Rd., ☏ 02-282 7968, 081-839 5155, 💻 www.shambarabangkok.com. Mit etwas historischem Flair eingerichtetes Guesthouse mit einem kleinen Restaurant im schönen Vorhof. 9 saubere, sehr kleine Zimmer mit Gemeinschaftsdusche und ohne jeglichen Schnickschnack. EZ 300–390 Baht. Freundliches Management. Einfaches Frühstück inkl., WiFi für 50 Baht pro Tag. Sehr beliebt, daher Online-Reservierung empfehlenswert. ❸

V.S. Gh. (103), 136 Tanao Rd., ☏ 02-281 2078 Das einfache, kleine Guesthouse versprüht noch den ursprünglichen Charme der 1970er-Jahre. Ungefähr so hat man vor 35 Jahren in Bangkok übernachtet. Kleine, einfache Zimmer mit Ventilator, weichen Matratzen und sehr einfachen sanitären Anlagen. Gemeinschaftsraum im 1. Stock des alten Holzhauses. Familiäre Atmosphäre. ❷

In der südlichen Chakraphong Rd.:

Lucky House (111), 35 Chakraphong Rd., ☏ 02-629 2965, 💻 www.khaosanby.com. Saubere, aber nicht sehr einladende Zimmer mit sehr dünnen und harten Matratzen, TV, Telefon und alten AC. Gutes Preis-Leistungs-Verhältnis. Viele Gäste aus Israel. Etwas eigenwilliges Personal. ❷

In einer Gasse östlich der Tanao Rd. liegen einige einfache Gästehäuser. Von der nahen Moschee kann man morgens geweckt werden.

C.H. 2 Gh. (116), 85–87 Soi Damnoen Klang Nua, ✆ 02-280 6284. Sehr hellhörige, ursprüngliche und etwas schmuddelige Zimmer zu einem unschlagbaren Preis. ❶

Nat 2 (116), 91-95 Soi Damnoen Klang Nua (Soi Post Office), ✆ 02-282 4324. Einfache Zimmer mit Ventilator und weichen Matratzen und Gemeinschaftsdusche, die teureren mit AC, Kühlschrank und kleiner Du/WC. Im Erdgeschoss ein Restaurant mit Bar. ❶–❸

Nahe dem Fluss nördlich des Klong Banglampoo, 10–20 Fußminuten von der Khaosan Rd., wohnen vermehrt junge Japaner und Koreaner, die dem Trubel entkommen wollen und die ursprünglichere Atmosphäre der Gegend bevorzugen. Die Unterkünfte sind alle sehr einfach und preisgünstig.

Paul Gh. (74), Soi Samsen 1, ✆ 084-714 5596. In den kleinen, sauberen und sehr günstigen Zimmern mit Ventilator und Gemeinschaftsdusche wohnen größtenteils Langzeitgäste aus Korea. Schlafsaalbetten 120 Baht. ❷

Three O Gh. (74), 20/5 Soi Samsen 1, ✆ 02-281 8888. Ruhig gelegenes, kleines Haus mit großen, sauberen Zimmern mit Ventilator und Gemeinschaftsdusche. ❶

Twin Gh. (74), 20/2 Soi Samsen 1, ✆ 02-281 5757, ✉ twinguesthouse@thaimail.com. 14 saubere, kleine, hellhörige Zimmer mit Ventilator und Gemeinschaftsdusche in ruhiger Umgebung am Fluss. Freundliche, familiäre Atmosphäre. ❷

Mittlere Preisklasse

Bhiman Inn (76), 55 Phra Sumen Rd., ✆ 02-282 6171, 💻 www.bhimaninn.com. Neues Mittelklassehotel mit kleinem Pool und 45 vernünftigen, aber etwas kleinen Zimmern mit TV und Minibar. ❺

Erawan House (84), 17/1-2 Soi Chana Songkhram, ✆ 02-629 2121, 💻 www.erawanhouse.net. Neues, ruhiges Guesthouse im modernen Stil über einem Internet-Café. Saubere Zimmer mit AC, Du/WC und TV. Nette Sitzecken im Treppen- und Flurbereich. Die Zimmer im Erdgeschoss sind ziemlich dunkel. ❹

Sauberes Guesthouse mit guten Zimmern

Happy House (88), 46 Soi Chana Songkhram, ✆ 02-280 3301, 💻 www.happyhouseguesthouse.com. In relativ ruhiger Lage hübsch eingerichtete, geflieste Zimmer mit guten Matratzen, einige mit Balkon, über den man das Bad erreicht. Restaurant mit angenehmer Atmosphäre im Erdgeschoss. Freundliches Personal. ❹

Mango Lagoon Place (88), 30 Soi Rambuttri, ✆ 02-281 4783, ✉ mango_lagoon_place@hotmail.com. Älteres, 4-stöckiges Haus mit Hotelstandard. Die etwas muffigen Zimmer alle mit TV, Telefon, Teppichboden und Balkon. Gutes, einladendes Restaurant im Innenhof. ❹

New Siam II (92), 50 Trok Rongmai, ✆ 02-282 2795, 💻 www.newsiam.net. Nettes, geschäftiges Kleinhotel mit Aufzug und sauberen, funktional gestalteten Zimmern mit TV, Safe, Telefon, gefliesten Böden und kleinem Balkon. Pool mit eingeschränkten Öffnungszeiten und vielen Verbotsschildern. Restaurant mit großen Sandwiches und freundlichem Service. ❹

New Siam III Gh. (81), 7 Soi Rambuttri, ✆ 02-629 4844, 💻 www.newsiam.net. Die neueste Filiale der New Siam-Kette bietet empfehlenswerte, gemütliche und saubere Zimmer mit TV und teilweise auch mit Balkon. Der Pool des New Siam II kann gegen eine Gebühr von 90 Baht p. P. mitbenutzt werden. ❹

New Siam Riverside (87), 21 Phra Athit Rd., ✆ 02-629 3535, 💻 www.newsiam.net. Neues, ruhig und direkt am Fluss gelegenes Kleinhotel mit Pool und schönen, hellen und sauberen Zimmern mit zentralem AC, TV, Kühlschrank und Safe, teils mit Flussblick. Die Betten stehen auf Rollen und kommen daher leicht in Bewegung. Leckeres Frühstücksbuffet. ❹

Rikka Inn (103), 259 Khaosan Rd., ✆ 02-282 7511, 💻 www.rikkainn.com. Ziemlich kleine und etwas überteuerte, saubere Zimmer mit AC, TV, recht guten Matratzen und Warmwasser-Du/WC. Pool auf der Dachterrasse. ❹

Royal Hotel (117), 2 Ratchdamnoen Rd., ✆ 02-222 9111-26, 📠 224 2083, ✉ reservation@

rattanakosin-hotel.com. Nicht unbedingt auf dem neuesten Stand, aber dafür mit dem Charme von über 60 Jahren thailändischer Geschichte ausgestattet ist dieses große, am Sanam Luang gelegene Hotel mit Pool im Innenhof. 300 Zimmer mit TV, Teppich und Bädern aus Marmor. Inkl. Frühstücksbuffet. Interessante alte Dame an der Rezeption. ❺

Sawasdee Banglumpoo Inn ⑽, 162 Khaosan Rd., 02-629 2526, www.sawasdee-hotels.com. Etwas zurückversetzt und daher ruhiger gelegenes Hotel mit Biergarten und Restaurant. Alle Zimmer sind ziemlich klein und mit älteren AC, TV und Kühlschrank ausgestattet. ❹

Sawasdee Khaosan Inn (112), 18 Chakraphong Rd., Ecke Ratchdamnoen Klang Rd., 02-629 4798, www.sawasdee-hotels.com. Hotel mit 70 nicht besonders großen Zimmern mit guten Matratzen, TV und Kühlschrank, teils ohne Fenster oder laut gelegen. Für das Gebotene überteuert. ❹–❺

Thai Cozy House (89), 111/1-3 Tani Rd., 02-629 5870-4, www.thaicozyhouse.com. 54 Zimmer mit TV und Kühlschrank. Kostenloses WiFi und Frühstück inkl. Kleiner, bei Gästen beliebter Dachgarten, sodass es in Zimmern in dessen Nähe zu späterer Stunde laut werden kann. ❹

Villa Cha-Cha (91), 36 Tani Rd., 02-280 1025, www.villachacha.com. Neues Hotel in einer schön gestalteten und etwas zurückversetzt gelegenen Anlage mit Pool und Sauna. Große, modern eingerichtete und saubere Zimmer mit TV. Gemütliches Restaurant im Innenhof. ❹–❺

Wild Orchid Villa (88), 8 Soi Chana Songkhram, 02-629 4378, www.wild-orchidvilla.com. Kleine, helle und saubere Zimmer mit gefliesten Böden, TV und kleiner Du/WC, teils auch mit kleinem Balkon. Günstige EZ mit Gemeinschaftsdusche für 200 Baht. Große, rund um die Uhr geöffnete Lobby, Restaurant mit mäßigem Essen und von mehreren Lesern beklagtem unfreundlichem Service. ❹

Obere Preisklasse

In der Khaosan Rd. und Umgebung entstehen zunehmend teurere und komfortablere Unterkünfte:

Der neue Chic in Banglampoo

Navalai River Resort (79), 45/1 Phra Athit Rd., 02-280 9955, www.navalai.com. Nagelneues, am Fluss gelegenes Boutiquehotel mit 74 sauberen, schicken und komfortablen, mit viel Holz eingerichteten Zimmern mit Balkon, TV, DVD-Player und Safe. Jedes Zimmer ist nach einem von 4 Themenbereichen geschmackvoll gestaltet. WiFi im gesamten Haus. Elegantes Restaurant. ❺–❻

Buddy Boutique Hotel (103), 265 Khaosan Rd., 02-629 4477, www.buddylodge.com. Großes Hotel in der Einkaufspassage, die den größten Teil der nordöstlichen Khaosan Rd. einnimmt. Gemütlich mit viel Holz und warmen Farben eingerichtete Zimmer mit TV, Kühlschrank und Bad. Die Deluxe-Zimmer haben sehr schöne Balkone und Himmelbetten. Pool, Spa und Fitnesscenter befinden sich im Haus. Gutes Frühstück inkl. Etwas überteuert, dennoch empfehlenswert. ❺–❻

Viengtai Hotel (93), 42 Soi Rambuttri, 02-280 5434-45, www.viengtai.co.th. Das alte Hotel ist seit über 50 Jahren eine Institution und bietet 200 renovierte und sehr saubere Zimmer mit Teppichboden und jeglichem Mittelklasse-Komfort. Frühstücksbuffet inkl. Einfacher, sauberer Pool im Innenhof im 3. Stock. Einer der freundlichen Pagen arbeitet bereits seit über 20 Jahren hier und freut sich, eine der unglaublich vielen Sprachen anzuwenden, die er beherrscht. ❺–❻

Thewet

Weiter nördlich, zwischen Banglampoo und Ratchawithi Rd., wohnt man in einer ruhigen, zentralen Wohngegend nahe dem Fluss mit viel Lokalkolorit und Moskitos. Außer einigen Gästehäusern mit deutlich alternativerer Atmosphäre als in Banglampoo locken farbenprächtige Märkte. Etwas weiter südlich im Verwaltungs- und Regierungsviertel gibt es einige gute Mittelklassehotels, besonders entlang der Samsen Rd., allerdings auch sog. Curtain-Hotels, die stundenweise von einheimischen Männern besucht werden –

zu erkennen an den Autoparkplätzen mit Vorhang. Der Sanam Luang ist mit Bussen und Expressbooten gut zu erreichen, die Anfahrt zu den Busbahnhöfen ist mühsamer. Übersichtskarte „Bangkok" S. 136/137.

Untere Preisklasse
Mehrere nette Gästehäuser liegen hinter der Nationalbibliothek:
Shanti Lodge ③, 37 Soi 16, Sri Ayutthaya Rd., ✆ 02-281 2497, 💻 www.shantilodge.com. Saubere, stilvoll und kreativ minimalistisch eingerichtete Zimmer mit Safe in gepflegter Anlage mit kleinem Garten. Mit Ventilator oder AC. Schlafsaalbetten für 200 Baht. Angenehmer Aufenthaltsraum im Erdgeschoss. Im gemütlichen Restaurant wird gutes, auch vegetarisches Essen ohne Geschmacksverstärker zubereitet. ❷–❹
Sri-Ayutthaya ③, 23/11 Soi 14, Sri Ayutthaya Rd., ✆ 02-282 5942. In einem traditionellen Thai-Haus aus Teakholz, einfache, saubere Zimmer mit gemütlichen Betten mit Ventilator oder AC. Warmwasser kostet 150 Baht extra. Sehr saubere Gemeinschaftsduschen. Restaurant im Erdgeschoss. ❷–❹
Taewez Gh. ③, 23/12 Sri Ayutthaya Rd., ✆ 02-280 8856-8, 💻 www.taewez.com. In einem einfachen Wohnhaus in einer etwas lieblos gestalteten Anlage liegen die dunklen, aber relativ kühlen und sauberen Zimmer mit guten Matratzen, teilweise mit Gemeinschaftsdusche. EZ mit Ventilator für 250 Baht. ❷–❸
Tavee Gh. ③, 83 Soi 14, Sri Ayutthaya Rd., ✆ 02-280 1447. In einem schönen, geräumigen Teakhaus sehr saubere Zimmer mit guten Betten und Gemeinschaftsdusche, teilweise mit Ventilator. Gutes Restaurant und angenehmer Aufenthaltsraum, nettes Personal. ❸–❹

Oase der Ruhe mitten in Bangkok

Phranakorn-Nornlen Hotel ⑥, 46 Thewet Soi 1, ✆ 02-628 8188-9, 💻 www.phranakorn-nornlen.com. Sehr schön, lebendig, kreativ und farbenfroh gestaltetes Hotel mit einem freundlichen und ruhigen Innenhof voller Pflanzen. Die Zimmer sind individuell eingerichtet und mit wunderschön gemalten Motiven verziehrt. Kostenloses Internet. Sehr nettes, hilfsbereites Personal. ❺

Mittlere Preisklasse
Bangkok Youth Hostel (BYH) ④, 25/2 Phitsanulok Rd., ✆ 02-282 0950, 💻 www.tyha.org. In der gepflegten, sicheren und sauberen Anlage gibt es einfache, aber etwas muffige oder wesentlich komfortablere und teurere Zimmer mit harten Matratzen und schicken LCD-TV. 200 Baht Ermäßigung mit Jugendherbergsausweis. Nach vorne raus ziemlich laut. Im Eingangsbereich eine kleine Bibliothek. Freundliches Management. ❸–❺
Best Western Swana Bangkok Hotel ⑦, 332 Wisut Kasat Rd., ✆ 02-282 8899, 💻 www.swanabangkok.com. Neues Hotel mit relativ kleinen, modern eingerichteten und schicken Zimmern. Die Deluxe-Zimmer sind deutlich größer. Kein Aufzug. Sehr stylisch und trotzdem relativ günstig. Eher mäßiges Frühstück. ❺–❻
Hotel De Moc ⑮, 78 Prachathipathai Rd., ✆ 02-282 2831-3, 💻 www.hoteldemoc.com, Karte S. 164. Ordentliches Mittelklassehotel aus den 1960er-Jahren mit Pool und 100 großen, älteren Zimmern mit TV und Minibar, manche mit Balkon. Frühstück und Gutschein für Buddy's Fitness Center in der Khaosan Rd. inkl. kostenlosem Tuk-Tuk-Shuttle in die Khaosan Road. ❺
Trang Hotel Bangkok ⑤, 97/5-6 Wisut Kasat Rd., ✆ 02-282 2141-4, 💻 www.tranghotelbangkok.com. Älteres, ruhig gelegenes Hotel mit sauberen, renovierten Zimmern mit TV, Kühlschrank und etwas alten Bädern. Großes chinesisches Restaurant mit Terrasse, Frühstücksbuffet, Pool im überdachten Innenhof. ❺

Obere Preisklasse
Prince Palace Hotel ⑱, 488/800 Tamrongrak Rd., im Bo Bae Tower, ✆ 02-628 1111, 💻 www.princepalace.co.th, Karte S. 147. In 4 Hochhäusern über dem riesigen Textilgroßmarkt im 11.–32. Stock befinden sich 310 luxuriöse Zimmer mit allen Annehmlichkeiten. Schöner Pool im 11. Stock, mehrere Restaurants, davon eines im

23. Stock mit toller Aussicht. Vor der Tür halten die Klongboote auf der Fahrt zwischen Golden Mount und Pratunam. ❺–❻

Royal Princess Hotel ⑲, 269 Larn Luang Rd., ✆ 02-281 3088, 💻 www.dusit.com, Karte S. 147. Das zur Dusit-Gruppe gehörige 4-Sterne-Hotel liegt im historischen Stadtkern etwas versteckt abseits der lauten Straße und bietet große, stilvolle Zimmer mit allem Komfort. Gutes Restaurant, Pool. ❼–❽

Bangkok

Am Ufer des Menam Chao Phraya

Am Ufer des Menam Chao Phraya erheben sich einige der teuersten Hotels der Stadt.

Obere Preisklasse

Ibrik Resort by the River ⑰, 256 Soi Wat Rakhang, nahe dem Patravadi Theatre, Eingang in einer schmalen Gasse, ✆ 02-848 9220, 💻 www.ibrikresort.com, Karte S. 141. Schön gelegenes, kleines, fast schon winziges Boutiquehotel mit 3 schönen Zimmern mit TV, Telefon, Himmelbett, Open-Air-Dusche und Terrasse direkt am Fluss. Für das Gebotene überteuert. ❼

Marriott Resort & Spa ⑭, 257 Charoen Nakhorn Rd., ✆ 02-476 0022, 💻 www. marriotthotels.com, Karte S. 136/137. Bei Buchungen über Veranstalter noch bezahlbarer 5-Sterne-Luxus am Fluss in einer großzügigen Gartenanlage mit Pool unter Palmen. Abends Thai-Tanzshow zum Buffet, sehr gutes Essen. Alle 15 Min. kostenloser Shuttle zum Skytrain an der Taksin-Brücke. ❽

Millenium Hilton ㉚, 123 Charoen Nakhon Rd., ✆ 02-442 2000, 💻 www1.hilton.com, Karte S. 148. Hochhaus jenseits des Flusses mit großzügigen Zimmern mit allem erdenklichen Komfort, einem wunderschönen Pool auf der Terrasse im 4. Stock und einem hervorragenden Steakhouse. ❼–❽

Royal Orchid Sheraton ㉝, 2 Captain Bush Lane, Si Phraya Rd., ✆ 02-266 0123, 💻 www. royalorchidsheraton.com, Karte S. 152. Großes 4-Sterne-Hotel mit 742 Zimmern mit Flussblick. Besonders empfehlenswert sind die luxuriösen Zimmer im Tower Wing. 2 Pools in einer Gartenanlage am Fluss. Abends klassische Thai-Tanzdarbietungen. ❽

> **Luxus im Kolonialstil**
>
> **The Oriental Bangkok** ㊾, 48 Oriental Ave., ✆ 02-659 9000, 💻 www.mandarinoriental.com, Karte S. 152. Das Hotel zählt zu den besten Hotels der Welt. Aufmerksamer, etwas elitärer Service, Gartenterrasse mit 2 Pools und Blick auf den Fluss. Zimmer im River Wing mit Flussblick, sehr teure Zimmer im historischen Garden Wing im Kolonialstil. Seafood-Restaurant Lord Jim's mit großem Aquarium. Shuttleboot zum Einkaufszentrum River City. ❽

Shangri-La Hotel Bangkok ㊲, 89 Soi Wat Suan Plu, Charoen Krung Rd., ✆ 02-236 7777, 💻 www.shangri-la.com, Karte S.152. Großes 5-Sterne-Luxushotel am Fluss, das mit seinen edlen Zimmern selbst verwöhnte Gäste zufrieden stellt. Sehr gutes Essen, abends Thai-Tänze. Kostenloses Shuttleboot zum Einkaufszentrum River City. ❽

The Peninsula ⑬, 333 Charoennakorn Rd., auf der Thonburi-Seite, ✆ 02-861 2888, 💻 www.peninsula.com, Karte S. 136/137. 39-stöckiges Luxushotel in erstaunlich ruhiger Lage mit ausgezeichnetem, unaufdringlichem Service. Sehr gut eingerichtete Zimmer mit Flussblick, großer Pool und Spa. Sehr gute *dim sum* im chinesischen Restaurant, traditioneller *afternoon tea*. Shuttleboote zu Skytrain, River City und Oriental Pier. ❽

Chinatown

Neben den günstigen Unterkünften rings um den Hauptbahnhof Hua Lamphong gibt es gute chinesische Mittelklassehotels in der Yaowarat Rd. Touristen sind meist froh, dieses Viertel, in dem die Konzentration von Lärm und Luft verpestenden Verkehrsmitteln ein unerträgliches Ausmaß angenommen hat, schnell wieder zu verlassen. Die Nähe zum Hauptbahnhof, der U-Bahn und dem Fluss Menam Chao Phraya sind allerdings Gründe, hier zu wohnen, Karte s. S. 148.

Untere Preisklasse

Baan Hua Lampong Gh. ㉕, 336/20 Soi Chalong Krung, Rama IV Rd., in einer Gasse gegenüber dem Bahnhof, ✆ 02-639 8054, 💻 www.baanhualampong.com. Haus mit vielen Pflanzen und netten, etwas überteuerten verstaubten Zimmern mit sehr harten Matratzen und Gemeinschaftsduschen, teilweise auch mit AC. Kostenpflichtiges WiFi, eine Gemeinschaftsküche, Waschmaschinen und die Dachterrasse vervollständigen das Angebot des freundlichen Personals. Deutsch sprechender Manager. ❸–❹

F.F. Guesthouse ㉗, 338/10 Trok La-O, Rama IV Rd., ✆ 02-233 4168. In einem kleinen Haus am Ende der Soi ruhig gelegen, bietet eine sehr freundliche chinesische Oma 10 sehr preiswerte und einfache, aber saubere und große Zimmer mit Ventilator und Gemeinschaftsdusche in familiärer Atmosphäre. ❷

River View ㉙, 768 Soi Panunrangsi Songwat Rd., , ✆ 02-234 5429, ✉ riverviewbkk@hotmail.com, Eingang auch über die Soi Duang Rawang weiter südlich. Das ältere Gästehaus bietet 45 etwas verstaubte, aber relativ große Zimmer mit Telefon, TV, kleinem Balkon mit Flussblick und Gemeinschaftsdusche. Auf der Rückseite auch teurere Zimmer mit AC und Du/WC.
Das Dachrestaurant im 8. Stock wartet mit gutem Essen und einem schönen Ausblick auf den Fluss auf, 🕒 7–22 Uhr. ❸–❹

T.T. Gh. ㉘, 516-518 Soi Sawang, Si Phraya Rd., ✆ 02-236 2946, 📠 236 3054. Etwas versteckt in einer Nebenstraße gelegene Unterkunft mit 25 kleinen, sauberen Zimmern mit Ventilator und Gemeinschaftsdusche. Viele Bücher, Gepäckaufbewahrung. Ab Mitternacht geschlossen. ❷

Your Place Gh. ㉖, 336/17 Soi Chalong Krung, Rama IV Rd., ✆ 02-639 8034, 💻 www.yourplaceguesthouse.com. Das bei japanischen Backpackern beliebte Haus bietet 15 saubere, einfache und etwas überteuerte Zimmer mit Ventilator, sehr harten Matratzen und Gemeinschaftsdusche, teilweise auch mit neuer AC und Du/WC. Frühstück inkl. WiFi für 150 Baht pro Tag. ❷–❹

Mittlere Preisklasse

Bangkok Centre Hotel ㉔, 328 Rama IV Rd., ✆ 02-238 4848-57, 💻 www.bangkokcentrehotel.com. Großes, von der Straße zurückversetztes Hotel mit großen, älteren Zimmern und Pool. Frühstücksbuffet inkl. Langsamer Service. Aus den oberen Stockwerken bietet sich ein schöner Blick über die Chinatown. ❺

Chinatown Hotel ㉓, 526 Yaowarat Rd., ✆ 02-225 0204-26, 💻 www.chinatownhotel.co.th. Mitten in Chinatown liegt dieses chinesisch gestaltete Mittelklassehotel mit kleinen, vernünftigen Zimmern mit TV und Minibar. Frühstück inkl. Freundlicher Service. ❺

Srikrung Hotel ⑳, 1860 Krung Kasem Rd., ✆ 02-225 0132, 📠 225 4705. Die Lage gegenüber dem Bahnhof ist definitiv der größte Vorteil dieses nicht besonders einladend wirkenden, alten Bahnhofshotels mit etwas vergilbten und nicht besonders sauberen, aber relativ günstigen Zimmern mit weichen Matratzen, großen Betten und TV. ❹

White Orchid Hotel ㉑, 409-421 Yaowarat Rd., ✆ 02-226 0026, 💻 www.whiteorchidhotelbkk.com. Das Hotel ist definitiv nicht für großgewachsene Menschen geeignet, da sowohl die Lobby als auch die Zimmer extrem niedrige Decken besitzen. Die günstigsten Zimmer mit TV sind etwas muffig und haben keine Fenster. Frühstück inkl. ❺

Obere Preisklasse

Shanghai Inn ㉒, 479-481 Yaowarat Rd., ✆ 02-2221 2121, 💻 www.shanghai-inn.com. Elegantes Boutiquehotel mit 55 sauberen Zimmern und Suiten, die im etwas schrillen traditionell-chinesischen Stil eingerichtet und mit moderner Technik ausgestattet sind. Kostenloser Internet-Zugang. Direkt unter dem Hotel befindet sich ein großes traditionelles chinesisches Spa. ❻

Rings um die Silom Road

Eine Vielzahl der Mittelklassehotels in der unteren Silom und Surawong Rd. werden von asiatischen Geschäftsleuten, Kurzzeitkunden und Reisegruppen bevorzugt. In der Gegend um Patpong haben in den letzten Jahren allerdings auch einige sehr gute auf Backpacker ausgerichtete Unterkünfte geöffnet.
Karte „Rings um die Silom Road" S. 152.

Untere Preisklasse

New Road Gh. ㊸, 1216/1 Charoen Krung Rd., ✆ 02-237 1094, 📠 237 1102. In dem 3-stöckigen, relativ ruhig gelegenen Haus gibt es Zimmer in vielen verschiedenen Kategorien mit Ventilator oder AC, TV und nachträglich eingebauter Du/WC hinter einer Falttür. Hilfreiches Personal. ❷–❺

YHA Bangkok Downtown ㊺, 395/4 Silom Rd., ✆ 02-636 8687, ✉ hostelthailand@yahoo.com. In einem sehr schmalen, zentral gelegenen Haus befinden sich die sehr kleinen, sauberen Zimmer ohne jeglichen Schnick-Schnack. Billige Zimmer mit Ventilator. Schlafsaalbetten ab 150 Baht. Spärliches Gemeinschaftszimmer ohne jegliche Atmosphäre. Saubere Gemeinschaftsduschen. ❸–❹

Mittlere Preisklasse

Bangkok Christian Gh. ㊵, 123 Saladaeng Soi 2, nahe Convent Rd., ✆ 02-233 6303, 💻 www.bcgh.org. 56 zweckmäßig eingerichtete, saubere, aber überteuerte Zimmer mit neuen LCD-TV. Wen die christlichen Ausrichtung nicht stört, kann sich im ruhigen Idyll mit großem Garten, einem Relikt aus dem alten Bangkok, wohl fühlen. Frühstück inkl., zudem wird mittags und abends ein europäisches, relativ geschmackloses Essen gekocht, das von Lesern aber auch gelobt wurde. ❺

China Guest Inn ㊳, 14-16 Decho Rd., ✆ 02-635 7112-3, 💻 www.china-guestinn.com. Im neuen, empfehlenswerten Hotel gibt es relativ kleine, gut eingerichtete und saubere Zimmer mit TV, DVD-Player und Du/WC mit großen Duschköpfen. In der Lobby gibt es eine große Auswahl an DVDs, die für 20 Baht pro Tag ausgeliehen werden können. ❹

HQ Hostel ㊹, 5/3-4 Silom Soi 3, ✆ 02-233 1598, 💻 www.istayhq.com. In diesem nagelneuen Hostel werden größtenteils nicht besonders günstige Schlafsaalbetten für 380–630 Baht angeboten, aber auch sehr saubere und interessant gestaltete Zimmer mit LCD-TV, DVD-Player, kühlem Steinboden und offener Du/WC mit großem Duschkopf. WiFi und DVD-Verleih kostenlos. Sehr nettes Personal. ❺

Silom Village Inn ㊽, 286/1 Silom Rd., ✆ 02-635 6810-6, 💻 www.silomvillage.co.th. Preisgünstiges Mittelklassehotel mit 34 kleinen Zimmern mit Kühlschrank, Safe und einer nicht sehr ansprechenden Aussicht. Restaurant im 2. und Weinbar im 3. Stock. ❺

Take A Nap ㉛, 920-926 Rama IV Rd., ✆ 02-637 0015-6, 💻 www.takeanaphotel.com. In direkter Nähe zur Amüsiermeile Patpong bietet das neue Hostel künstlerisch gestaltete Zimmer in unterschiedlichen Designs mit neuer AC und TV in den Kategorien S, M, L und XL. Die großen XL-Zimmer besitzen noch einen Vorraum mit Sofa, TV und DVD-Player. Nette Atmosphäre. WiFi kostenlos. ❹–❺

The Urban Age Hostel ㉞, 130/6 Silom Soi 8, ✆ 02-634 2680, 💻 www.guesthouse-bangkok.com. Das sehr zentral gelegene, relativ neue Hostel bietet 8 mittelmäßig saubere, einfache Zimmer mit Gemeinschaftsdusche in minimalistischem Design, manche Zimmer ohne Fenster. Schlafsaalbetten für 230–300 Baht ❹

Urban House ㊷, 35/13 Soi Yommarat, Saladaeng Rd., ✆ 02-636 3244, 💻 www.urbanh.com. Das kleine, nette und sehr ruhig gelegene Haus bietet schlicht eingerichtete, aber schicke Zimmer mit TV und Kühlschrank. Kostenlose WiFi-Verbindung. Freundliches Personal. ❹–❺

Obere Preisklasse

Dusit Thani ㉟, 946 Rama IV Rd., ✆ 02-200 9000, 💻 www.dusit.com. Das gepflegte Hotel der Luxusklasse war noch in den 1970er-Jahren das höchste Gebäude der Stadt. Nun wirkt es in seiner Umgebung winzig. Gepflegte, etwas

Eins der 17 besten Hostels weltweit!

Lub d Bangkok ㊱, 4 Decho Rd., ✆ 02-634 7999, 💻 www.lubd.com. In dem sehr beliebten, neuen, interessant mit viel Beton und Stahl gestalteten Hostel gibt es schicke, saubere und komfortable Schlafsäle und Zimmer, teilweise mit TV und Du/WC. Schlafsaalbetten kosten 520–750 Baht. Das Hostel wurde 2008 von der englischen Tageszeitung *The Guardian* zu einem der 17 besten Hostels der Welt gewählt. Sehr geschäftiger und lebendiger Eingangsbereich mit moderner Atmosphäre. Gemeinschafsraum mit riesigem TV. Internet in der Lobby und WiFi kostenlos. Kompetentes, freundliches und hilfsbereites Personal. Online-Buchung empfehlenswert. ❺

ältere Zimmer mit allem Komfort. Sehr große Preisunterschiede zwischen Haupt- und Nebensaison. ❼–❽

Holiday Inn (50), 981 Silom Rd., ✆ 02-238 4300, 💻 www.bangkok-silom.holiday-inn.com. Im Hochhaus direkt an der westlichen Silom Rd. liegen die 684 höchst komfortablen Zimmer. Am besten nicht zur Schnellstraße hin wohnen. Mehrere Restaurants, großes Frühstücksbuffet inkl. Überdachter Pool. ❻–❽

Luxx (37), 6/11 Dencho Rd., ✆ 02-635 8800, 💻 www.staywithluxx.com. Im kleinen, modernen, aber etwas vernachlässigten 5-stöckigen Boutiquehotel gibt es 13 unterschiedlich große Zimmer, die alle im minimalistischen Zen-Stil eingerichtet und mit moderner Technik wie Flachbildschirm, DVD-Player, bequemen Betten und kostenlosem WiFi ausgestattet sind. Im Bad erfreuen hölzerne Badewannen und große Duschköpfe. Freundlicher Service. ❻–❽

Sofitel Silom (41), 188 Silom Rd., ✆ 02-238 1991, 💻 www.sofitel.com. Das gläserne Hochhaus des modern und kühl gestalteten 5-Sterne-Hotels bietet v. a. Geschäftsleuten jeglichen Service. Hervorragendes Frühstücksbuffet, kleiner Pool, Fitnesscenter, Filiale der Feinkostkette Lenôtre Paris mit exzellenten Kuchen. ❽

The Swiss Lodge (39), 3 Convent Rd., ✆ 02-233 5345, 💻 www.swisslodge.com. Geschmackvoll eingerichtetes Hotel mit guten Zimmern der oberen Mittelklasse. Kleiner Pool. WiFi-Verbindung. Nettes Personal. ❻–❼

Suiten zum Genießen

Lebua at State Tower (52), State Tower 1055, Silom Rd., ✆ 02-624 9999, 💻 www.lebua.com. Schon die Piano-Livemusik in der Lobby zeugt von der Exklusivität dieses extrem luxuriösen, eleganten Hotels. Die wunderschön gestalteten Suiten liegen alle im 51.–59. Stockwerk des State Towers und können mit einer traumhaften Aussicht über Bangkok und allem nur erdenklichen Komfort überzeugen. Schöner Pool, Sauna und Fitnesscenter. Im 63. Stockwerk des Dome at State Tower (s. S. 193) die beeindruckende Skybar neben weiteren Restaurants. Günstiger über das Internet buchbar. ❽

Design und Komfort vereint

Triple Two Silom Hotel (46), 222 Silom Rd., ✆ 02-627 2222, 💻 www.tripletwosilom.com. Elegantes und teures Boutiquehotel mit 45 sehr schicken, gemütlichen und großen Zimmern mit LCD-TV, DVD-Player, Sofa und großen Marmorbädern mit Badewanne und Dusche. Frühstück inkl. Kostenloses Internet und DVD-Verleih. Der Pool des benachbarten Narai kann mitgenutzt werden. Sehr zuvorkommender Service. Empfehlenswertes Dhara-Spa. ❼

The Tawana Bangkok (32), 80 Surawong Rd., ✆ 02-236 0361, 💻 www.tawanabangkok.com. 4-Sterne-Hotel, das mitten im Trubel von Patpong liegt und saubere, etwas ältere ‚Zimmer im Angebot hat. Kleiner Pool, gutes Frühstücksbuffet. ❼

Unico (47), 533 Silom Rd., ✆ 02-237 8300-4, 💻 www.unicograndesilom.com. In dem gepflegten 20-stöckigen Hochhaus werden große, schicke, gut ausgestattete und komfortable Zimmer angeboten. Im 12.–18. Stock haben alle Zimmer auch eine Kochnische. Gäste können das Fitnesscenter, die Sauna und den Pool auf dem Dach mit sehr schöner Aussicht nutzen. Guter Service. ❻–❼

Südlich des Lumphini Park

Vor allem Stammkunden und Langzeitgäste bewohnen seit den 1970er-Jahren die meisten Gästehäuser in der Soi Sri Bamphen rings um das Malaysia Hotel. Sie scheinen sich an den mittlerweile heruntergekommenen Räumlichkeiten nur wenig zu stören, solange Drogen und Prostituierte zu haben sind. Aufgrund der Drogenszene ist mit häufigen Razzien zu rechnen. Welch ein Kontrast zu den nahegelegenen luxuriösen Hotels entlang der Sathorn Tai Rd.! Der Airport ist über den Highway schnell zu erreichen, und zum Bahnhof geht es mit der U-Bahn.

Karte „Rings um die Silom Road“ S. 152.

Untere Preisklasse

Honey House (60), 35/1-4 Soi Ngam Duphli, ✆ 02-679 8112-3. Ein etwas heruntergekommenes Haus mit 5 kleineren Zimmern mit Ventilator und 43 etwas teureren mit AC und teilweise auch Balkon. Unfreundliches Personal. ❸

Mittlere Preisklasse

All Seasons Sathorn Bangkok (53), 31 Sathorn Tai Rd., ✆ 02-343 6333, 💻 www.allseasons-sathorn.com. Neues Mittelklassehotel mit sehr schick eingerichteten und gemütlichen Zimmern mit LCD-TV, rotem Plüschsessel und Du/WC mit großem Duschkopf. Gutes Preis-Leistungs-Verhältnis. ❺–❻

Ibis Sathorn (59), Soi Ngam Duphli, ✆ 02-659 2800, 💻 www.ibishotel.com/asia. Nagelneues Mittelklassehotel mit ziemlich kleinen, modern eingerichteten Zimmern mit LCD-TV und WiFi. ❺

Malaysia Hotel (58), 54 Soi Ngam Duphli, ✆ 02-679 7127-36, 💻 www.malaysiahotelbkk.com. Traditionelles Travellerhotel mit komischer Atmosphäre, das seine Popularität der Nostalgie ehemaliger Gäste und zahlreichen leichten Jungen und Mädchen verdankt, die auch den 24-Std.-Coffeeshop bevölkern. Wen das nicht stört, der bekommt ältere, aber gute und relativ saubere Zimmer mit weichen Matratzen, TV und Kühlschrank zu einem sehr guten Preis-Leistungs-Verhältnis. Pool. Außerdem 4 Restaurants. ❹

YWCA (51), 13 Sathorn Tai Rd., ✆ 02-286 1936, 💻 www.ywcabangkok.com. Auf dem ehemals großen Grundstück steht nun das Hochhaus einer Versicherungsgesellschaft, in dem sich das YWCA-Restaurant befindet. Das alte Hotelgebäude erhielt eine neue Fassade, die Zimmer sind allerdings noch so einfach und klein wie zuvor. ❺

Obere Preisklasse

Banyan Tree Bangkok (55), 21/100 Sathorn Tai Rd., ✆ 02-679 1200, 💻 www.banyantree.com. Modernes Luxushotel mit Suiten in einem schmalen, zerbrechlich wirkenden 64-stöckigen Hochhaus. Im 60. Stock liegt das noble chinesische Bai Yun Restaurant und die Vertigo Moon Bar. Über mehrere Stockwerke erstreckt sich eines der größten Wellness-center der Stadt mit europäischen und asiatischen Massagen, Themenbädern und Saunen. ❽

Metropolitan (56), 27 Sathorn Tai Rd., ✆ 02-625 3333, 💻 www.metropolitan.como.bz. Das luxoriöse Hotel im westlich-östlichen Designmix bietet 171 moderne und sehr komfortable Zimmer mit LCD-TV, DVD-Player, Internet und sehr schönen Bädern. Hoteleignes Fusion-Restaurant mit Bio-Lebensmitteln. ❽

The Sukhothai Bangkok (54), 13/3 Sathorn Tai Rd., ✆ 02-344 8888, 💻 www.sukhothai.com, gleich daneben. Im Gegensatz zu dem angrenzenden kühlen Riesen besitzt dieses modern und sachlich gestaltete Hotel asiatisches Flair. Es ist eine der exklusivsten Unterkünfte der Stadt mit wunderschönen Zimmern und Suiten und sehr aufmerksamen Service. ❽

Siam Square und Umgebung

In diesem Gebiet gibt es einige günstige Kleinhotels etwas abseits vom Trubel und dennoch absolut verkehrsgünstig am Skytrain und in der Nähe vieler Restaurants und guter Einkaufsmöglichkeiten.

Karte s. S. 154.

Untere Preisklasse

Pranee Building Accommodation (69), 931/12 Soi Kasemsan 1, Ecke Rama I Rd., ✆ 02-216 3181, ✉ praneebuilding@hotmail.com. Einfache, preisgünstige Zimmer. Zur Hauptstraße hin laut. Unfreundliche Besitzer. ❸

White Lodge (67), 36/8 Soi Kasemsan 1, ✆ 02-216 8867, 📠 216 8228. Kleine, einfache, relativ saubere Zimmer. Die im Erdgeschoss können wegen der angrenzenden Waschküche laut sein. Nicht besonders aufmerksamer Service. ❸

Mittlere Preisklasse

Asia Hotel (65), 296 Phayathai Rd., ✆ 02-215 0808, 💻 www.asiahotel.co.th. Großes Hotel der oberen Mittelklasse im Stil der späten 1970er-Jahre mit Pool auf dem Dach und sauberen, etwas überteuerten Zimmern mit älterer Einrichtung und Teppich. Etwas uneffektiver Service. ❺–❻

Muangphol Mansion (70), 931/9 Soi Kasemsan 1, ✆ 02-219 4445-8, 💻 www.muangpholmansion.com. Einfaches Hotel über einem Restaurant (24 Std. geöffnet) mit älteren Zimmern mit TV und Kühlschrank, zur Straße hin laut. Wenig hilfsbereites Personal. ❹

Reno Hotel (68), 40 Soi Kasemsan 1, ☏ 02-215 0026-7, 💻 www.renohotel.co.th. Mittelklassehotel mit einer hübschen Lobby und relativ großen, älteren, aber sauberen gefliesten Zimmern mit weichen Matratzen, teurere auch mit TV, Kühlschrank und Safe. Sehr dürftiges Frühstück inkl. Im Hinterhof Pool und Parkplatz. Nicht sehr freundliches Personal. ❹–❺

Samran Place (64), 302 Phetchaburi Rd., ☏ 02-611 1245-54, 💻 www.samran.com. Mittelklassehotel mit 78 sauberen Zimmern mit neuen Teppichen und etwas älterer Ausstattung mit TV. Zur Straße hin sehr laut. Frühstück inkl. Gutes Essen im Restaurant. Freundlicher Service. ❺

Wendy House (66), 36/2 Soi Kasemsan 1, ☏ 02-214 1149-50, 💻 www.wendyguesthouse.com. Die einfachen, sauberen Zimmer mit guten Matratzen, TV und Kühlschrank werden auch langfristig vermietet. Kostenlos WiFi. Freundliches Personal. ❹

Obere Preisklasse

Baiyoke Sky Hotel (61), im Baiyoke II Tower, 222 Ratchaprarop Rd., ☏ 02-656 3000, 💻 www.baiyokehotel.com. 660 großzügige, saubere, ältere Zimmer mit allem Komfort im 22.–74. Stock des höchsten Gebäudes Bangkoks. Die Preise steigen mit der Geschosszahl. Frühstücksbuffet im Baiyoke Sky Restaurant im 78. Stock. Von 18–22.30 Uhr riesiges Abendbuffet mit über 100 Gerichten. ❻–❽

Conrad Bangkok (72), 87 Witthayu (Wireless) Rd., ☏ 02-690 9999, 💻 www.conradbangkok.com. Großes 5-Sterne-Hotel mit allen Einrichtungen im Hochhauskomplex des All Seasons Place. Künstlerisch designte Zimmer und Restaurants. Kostenloses WiFi. ❽

Eastin Hotel Makkasan Bangkok (62), 1091/343 New Phetchaburi Rd., ☏ 02-651 7600, 💻 www.eastinbangkokhotel.com. Etwas abseits gelegenes 4-Sterne-Hotel mit 299 schönen, renovierten und komfortablen Zimmern mit moderner Einrichtung. Schöner Pool. Restaurant mit mäßigem Essen. ❻–❽

Four Seasons Hotel Bangkok (73), 155 Ratchadamri Rd., ☏ 02-250 1000, 💻 www.fourseasons.com. Die riesige, monumental designte Lobby bereitet auf die sehr schönen und luxuriösen Zimmer mit allen nur erdenklichen Annehmlichkeiten vor. Elegant und elitär. Sehr schöner Pool. ❽

Künstlerisch gestaltete Zimmer

Siam@Siam (71), 865 Rama I Rd., ☏ 02-217 3000, 💻 www.siamatsiam.com. Stylisches Designerhotel mit 203 individuell, in kräftigen Farben und mit viel dunklem Holz und Stein gestalteten, modernen Zimmern mit allen technischen Raffinessen und schönen Bädern. Frühstück inkl. Elegantes Restaurant mit Pub sowie Lobby Bar und ein hoteleigner Nachtclub im Erdgeschoss, 🕓 22–1 Uhr. Pool, Spa und Fitnesscenter. WiFi kostenlos. ❽

Sukhumvit Rd. und Umgebung

In dieser Gegend sind die meisten Europäer zu Hause – Touristen wie Geschäftsleute. Entsprechend groß ist die Auswahl an Hotels der mittleren und gehobenen Kategorie, allerdings gibt es kaum empfehlenswerte Zimmer in den unteren Preiskategorien. Hier braucht man auf nichts zu verzichten, internationale Restaurants und vielfältige Einkaufsmöglichkeiten erleichtern das Geldausgeben. Während der Hauptverkehrszeit wird die Sukhumvit Rd. zu einem kilometerlangen Parkplatz, über den man mit dem Skytrain problemlos hinübergleitet. Über den Expressway sind die Verkehrsanbindungen zum Flugplatz Suvarnabhumi recht gut, und auch der Ekamai (Eastern) Bus Terminal liegt vor der Tür.

Untere Preisklasse

Sukhumvit On Nut Gh. (15), 125/2 Soi 89, Sukhumvit Rd., ☏ 02-742 4525, 💻 www.bangkokguesthouse.com, Karte S. 136/137.
Weit außerhalb in einem Nachbarschaftsheim gelegen, bekommt man einfache, saubere Zimmer mit neuer AC und TV. Sehr günstiger Schlafsaal (ab 169 Baht) und saubere Gemeinschaftsduschen. Lustiges Personal. Relativ nah zum Flughafen Suvarnabhumi gelegen. ❸–❹

S.V. Gh. (123), 19/35-36 Soi 19, Sukhumvit Rd., ☏ 02-253 3556-7. Der Familienbetrieb bietet einfache, saubere Zimmer, teilweise mit Gemeinschaftsdusche. Sehr günstig für die Gegend. ❸–❹

Mittlere Preisklasse

Bangkok Inn ⑫⑦, 155/12-13 Soi 11, Sukhumvit Rd., ✆ 02-254 4834, 💻 www.bangkok-inn.com. Kleine, relativ ruhige Herberge mit 18 älteren Zimmern mit TV, Safe und Kühlschrank, die billigen ohne Fenster. Unter Leitung von Franziska aus Deutschland. ❹

Cozy at Ten ⑬⑦, 1/17-19 Soi 10, Sukhumvit Rd., ✆ 02-653 3934-5, 💻 www.cozyatten.com. Kleines Mittelklassehotel mit sauberen und hellen Zimmern mit neuer Klimaanlage, TV, Kühlschrank und schönem Blick auf den Chuvit Garden. Gutes Preis-Leistungs-Verhältnis, freundlicher Service. Kostenloses WiFi. ❺

Federal Hotel ⑪⑨, 27 Soi 11, Sukhumvit Rd., ✆ 02-253 0175, 💻 www.federalbangkok.com. Ruhig, etwas abseits der Hauptstraße gelegenes älteres Hotel mit Pool und hellen, sauberen und gepflegten Zimmern mit guten Matratzen, TV und Kühlschrank. Sehr gutes Preis-Leistungs-Verhältnis. Günstiges Restaurant mit langsamem Service. ❹–❺

Grand Business Inn ⑬①, 2/11 Soi 11, Sukhumvit Rd., ✆ 02-651 1871, 💻 www.grand businessinn.net. Mittelklassehotel mit Zimmern mit zweckmäßiger Ausstattung inkl. TV und Kühlschrank. Kostenlos WiFi im Eingangsbereich. ❺

Grand Inn Hotel ⑬⓪, 2/7-8 Soi 3, Sukhumvit Rd., ✆ 02-254 9021-6, 💻 www.grandinnthailand.com. Neues Hotel mit modern gestalteten Zimmern mit weichen Betten, großem LCD-TV und Bad. ❺–❻

HI Bangkok Center Sukhumvit 25 ⑬③, 189/5 Soi 25, Sukhumvit Rd., ✆ 02-259 4900, 💻 www.thailandhostel.com. In recht sterilem Ambiente gibt es hier einfache, saubere, geflieste Zimmer mit harten Matratzen, neuer AC, TV und Kühlschrank. Es ist billiger, für 200 Baht eine HI-Karte zu kaufen, um dann 500 Baht weniger pro Nacht zu zahlen. Schlafsaalbett für 290 Baht. Frühstück inkl. ❺

HI Sukhumvit (YHA) ⑫, 23 Soi 38 Sukhumvit Rd., ✆ 02-391 9338, 💻 www.hisukhumvit.com, Karte S. 136/137. 150 m von der Skytrain-Station Thong Lo, Exit 4. Das neue Hostel liegt in einer ruhigen Nebenstraße und bietet kleine, saubere Zimmer mit harten Matratzen, Steinboden und neuer AC, teilweise mit Gemeinschaftsdusche. Auch Betten im Schlafsaal für 300 Baht. Küchenbenutzung, Waschmaschine, Gepäckaufbewahrung und Internet-Zugang. Nettes Ambiente, freundliches, hilfsbereites Personal, familiäre Atmosphäre. ❹

Imm Fusion Hotel ⑯, 1594/50 Sukhumvit Rd., direkt bei BTS On Nut, 💻 www.immhotel.com, Karte S. 136/137. Relativ weit draußen, dafür aber nahe zum Flughafen gelegenes Hotel in opulentem orientalischen Design mit Pool und schönen Zimmern mit dicken Matratzen und TV. Frühstück und WiFi inkl. ❺–❻

Livingstones Lodge ⑩, 7 Soi 33, Sukhumvit Rd., BTS Phrom Phong, ✆ 02-261 2800, 💻 www.livingstones.co.th, Karte S. 136/137. 31 einfach eingerichtete, saubere und komfortable Zimmer mit TV, Safe und Minibar, teils mit Jacuzzi und Balkon. Angeschlossenes Steakhouse, Restaurant, Biergarten und Pub. ❺–❻

Maxim's Inn ⑫⑧, 131/21-23 Soi 7/1, Sukhumvit Rd., ✆ 02-252 9911-2, ✉ maximinn@loxinfo.co.th. Relativ ruhig gelegenes Haus mit vernünftigen Zimmern mit Teppichboden und alter AC. Frühstück inkl. Wer zu einem günstigen Preis im oberen Abschnitt der Sukhumvit wohnen möchte, ist hier am besten aufgehoben. ❹

Nana Hotel ⑬⑨, Soi 4, Sukhumvit Rd., ✆ 02-255 2525, 💻 www.nanahotel.co.th. Älterer Hotelblock gegenüber Nana Plaza mit sauberen Zimmern mit harten Matratzen, Teppichboden, TV, Telefon mit Wählscheibe, Kühlschrank und sehr alten Bädern. Nicht besonders angenehme Kundschaft. Pool. 24-Std.-Bar vor dem Hotel. Hier wird auch die *Bild-Zeitung* verkauft. ❺

Narry's Inn ⑫⑥, 155/22 Soi 11/1, Sukhumvit Rd., ✆ 02-651 0897-9, 💻 www.narry.com. Zimmer mit TV, Kühlschrank und Bad, nicht besonders ansprechend, aber für die Gegend günstig. ❹

Premier Inn ⑭①, 9/1 Soi 20, Sukhumvit Rd., 💻 www.premierinn1995.com. Hier gibt es saubere, ältere Zimmer mit TV und Kühlschrank. Das Hotel wirkt nicht besonders freundlich oder

Sukhumvit Road Bangkok (G)

N — 0 100 200 300 m

Übernachtung:
(118) Le Fenix Sukhumvit
(119) Federal Hotel
(120) Grand President
(121) Dream Hotel Bkk
(122) Sam's Lodge
(123) S.V. Gh.
(124) The Key Bangkok
(125) Suk 11 Hostel
(126) Narry's Inn
(127) Bangkok Inn
(128) Maxim's Inn
(129) S15 Sukhumvit Hotel
(130) Grand Inn Hotel
(131) Grand Business Inn
(132) City Lodge
(133) HI Bangkok Center Sukhumvit 25
(134) JW Marriott Bangkok
(135) The Landmark Bangkok
(136) Siam Inn Gh.
(137) Cozy at Ten
(138) The Westin Grand Sukhumvit Hotel
(139) Nana Hotel
(140) Stable Lodge
(141) Premier Inn
(142) Rembrandt Hotel
(143) Town Lodge
(144) Salil Hotel Sukhumvit
(145) Royal Asia Lodge

Essen:
88 Singha Beer House
89 giusto
90 Old German Beer House
91 Le Dalat Indochine
92 Rosabieng R.
93 Tilac R.
94 Akbar R.
95 Essenstände
96 Yong Lee R.
97 Mahanaga
98 Coca R.
99 Thongkee R.
100 Suda
101 Huntsman Pub
102 Bei Otto
103 Chesa Swiss R.
104 Stable Lodge
105 Rang Mahal, Señor Pico
106 Heidelberg
107 Cabbages & Condoms
108 Kuppa
109 Crêpes & Co.

Sonstiges:
59 Q Bar
60 Bed Supperclub
61 Deutscher Biergarten
62 Asia Book
63 GaZebo Sukhumvit Soi 1 Club
64 The Living Room, BarSu
65 Piano Bar

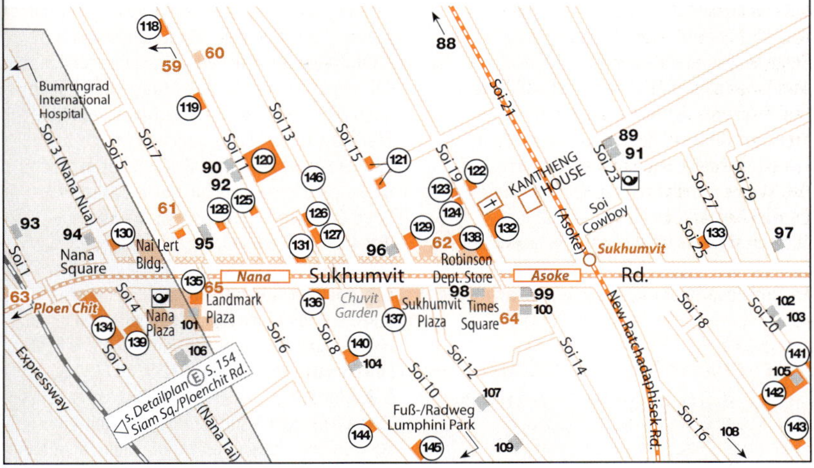

einladend, punktet aber mit einem vernünftigen Preis-Leistungs-Verhältnis. ❹

Royal Asia Lodge (145), 91 Soi 8 Sukhumvit Rd., ☏ 02-251 5514-6, 💻 www.royalasialodge.com. Fast am Ende der Soi, rund um die Uhr kostenloser, hoteleigener Tuk-Tuk-Transport zur Sukhumvit Rd. Angenehmes Hotel unter hilfsbereiter indischer Leitung mit sauberen Zimmern mit guten Matratzen, altem TV und Kühlschrank. Winziger Pool auf dem Dach. Gute Preis-Leistung. ❺

Salil Hotel Sukhumvit (144), 50,50/1 Soi 8, Sukhumvit Rd., ☏ 02-253 2474-7, 💻 www.salilhotel.com. Neues, ruhig gelegenes Hotel mit 27 kleinen, freundlich wirkenden Zimmern mit guten Matratzen, LCD-TV, DVD-Player und Dusche mit großem Duschkopf. Die teureren, deutlich größeren Zimmer mit Bad. Entspannte Atmosphäre, empfehlenswert. ❺–❻

Sam's Lodge (122), 28-28/1 Soi 19, Sukhumvit Rd., ☏ 02-253 6069, 💻 www.samslodge.com. Neue, saubere Zimmer mit guten Matratzen,

Bangkok

Moderner und schicker Backpacker

Refill Now ⑨, 191 Soi Pridi Bhanom Yong 42, Yak 5, Soi 71, Sukhumvit Rd., ☎ 02-713 2044-6, 💻 www.refillnow.co.th, Karte S. 136/137. Weit draußen in einem netten Garten befindet sich der mit viel Glas gestaltete Block mit sehr sauberen, hellen und individuell gestalteten Zimmern. Schlafsaalbetten für 490 Baht. Im Erdgeschoss liegt die stylische, ganz in weiß gehaltene Bar und das Restaurant. Relativ nah zum Flughafen Suvarnabhumi. Freundliches Personal. Online-Buchung empfehlenswert. ❺

TV, Safe und Kühlschrank. Nette Dachterasse. WiFi kostenlos. ❹

Siam Inn Gh. ⑬⑥, 170/1 Soi 8, Sukhumvit Rd., ☎ 02-253 3195, ✉ siaminnguesthouse@hotmail.com. Empfehlenswertes neues Hotel mit 15 sauberen, relativ kleinen, gefliesten Zimmern mit neuer AC, TV und Kühlschrank. ❹

Stable Lodge ⑭⓪, 39 Soi 8, Sukhumvit Rd., ☎ 02-653 0017, 💻 www.stablelodge.com. Kleinhotel unter dänischer Leitung mit relativ kleinen Zimmern mit guten Matratzen, alten AC, TV und Kühlschrank, z. T. auch mit Balkon. Pool im kleinen Garten. WiFi kostenlos. Nicht besonders freundliches Personal. ❺

Town Lodge ⑭③, 106 Soi 18, Sukhumvit Rd., am Ende der Soi, ☎ 02-663 7712, ✉ townlodge@gmail.com. Kleinhotel am Ende der Soi mit moderner Einrichtung und etwas kleinen, aber sauberen Zimmern mit guten Matratzen, TV, DVD-Player und Minibar. Frühstück inkl. Etwas wortkarger Service. ❺

Yado@Thonglor ⑪, 25/45 Soi 55, Sukhumvit, ☎ 02-391 9098-9, 💻 www.yadothailand.com, Karte S. 136/137. Saubere Zimmer mit guten Matratzen, japanischer Sitzgelegenheit, TV und Kühlschrank. Gutes Preis-Leistungs-Verhältnis und freundlicher Service. WiFi kostenlos. ❹

Das beste Hostel auf der Sukhumvit Rd.

Suk 11 Hostel ⑫⑤, 1/33 Soi 11, Sukhumvit Rd., ☎ 02-253 5927, 💻 www.suk11.com. Nur mit kleinen Schildern versehen, aber am Restaurant und Souvenirshop im Holzhaus zu erkennen. Freundliches Gästehaus mit angenehmer, familiärer Atmosphäre, das sich in zwei im traditionellen Stil mit viel Holz und kleinen Schreinen restaurierten Häusern befindet. Saubere, zweckmäßig eingerichtete Zimmer mit AC, teilweise auch mit Du/WC sowie Dorm-Betten für 250 Baht. Frühstück inkl. Hübsch gestalteter Innenhof, Dachterrasse und Aufenthaltsräume. Kostenlos WiFi im Eingangsbereich. Freundliches Personal. ❹

Obere Preisklasse

City Lodge ⑬②, Soi 19, Sukhumvit Rd., ☎ 02-254 4783-5, 💻 www.amari.com. Saubere, nicht besonders ansprechende Zimmer im Mittelklassestandard mit TV und Minibar. ❻

Grand President ⑫⓪, 14-16 Soi 11, Sukhumvit Rd., ☎ 02-651 1200, 💻 www.grandpresident.com. In den 3 Hochhäusern mit jeweils eigenem Pool und Fitnesscenter können 437 schicke, sehr saubere Studios und Suiten mit DVD-Player, Kochnische, Marmorboden, Stereoanlage und dem üblichen Komfort gemietet werden. Lohnt sich v. a. für Familien, die länger bleiben wollen. Kostenloser DVD-Verleih. Freundlicher Service. ❻–❽

JW Marriott Bangkok ⑬④, 4 Soi 2, Sukhumvit Rd., ☎ 02-656 7700, 💻 www.marriott.com/bkkdt. Im modernen Hochhaus gibt es teure und luxuriöse Zimmer mit allem Komfort und schöner Aussicht über die Sukhumvit. ❽

Le Fenix Sukhumvit ⑪⑧, 33/33 Soi 11, Sukhumvit Rd., ☎ 02-305 4000, 💻 www.lefenix-sukhumvit.com. Neues, sehr schick und stylisch gestaltetes Designhotel mit eleganten Zimmern mit LCD-TV und Minibar. WiFi kostenlos. Wer sich abends nicht direkt auf die Tanzflächen der gegenüberliegenden Clubs begeben will, kann sich in der hoteleigenen Weinbar Flow oder im Nest auf dem Dach des Hauses auf die Nacht einstimmen. ❺–❼

Rembrandt Hotel ⑭②, 19 Soi 18, Sukhumvit Rd., ☎ 02-261 7100, 💻 www.rembrandtbkk.com. 4-Sterne-Hotel mit über 400 älteren, aber gepflegten Zimmern auf 26 Stockwerken. Frühstücksbuffet inkl. Pool im 4. Stock. Aufmerksamer Service. Das indische Restau-

Blau, die Farbe der Entspannung

Dream Hotel BKK ⑫①, 10 Soi 15, Sukhumvit Rd., ☎ 02-254 8500, 💻 www.dreambkk.com. Das neue, schick designte und höchst moderne Hotel bietet in 2 benachbarten Gebäuden 200 sehr schöne und gemütliche Zimmer mit blauer Beleuchtung, großem LCD-TV, DVD-Player und jeglichem Komfort. WiFi kostenlos. Der Pool liegt im neuen Gebäude. Nettes, professionelles Personal. Empfehlenswert für alle, die etwas mehr Geld ausgeben wollen. ❻–❽

rant im 26. Stock gilt als das beste Thailands. ❼–❽

S15 Sukhumvit Hotel (129), 217 Sukhumvit Rd., Ecke Soi 15, ☎ 02-651 2000, 💻 www.s15hotel.com. Neues Hotel mit sehr modern und minimalistisch eingerichteten, sauberen und schick designten Zimmern mit großem LCD-TV, Bad und Dusche mit großem Duschkopf und Marmorboden. WiFi kostenlos. Freundlicher und hilfsbereiter Service. ❻–❽

The Key Bangkok (124), 19-19/1-3 Soi 19, Sukhumvit Rd., ☎ 02-555 8259, 💻 www.thekeybangkok.com. Neues, bei japanischen Gästen beliebtes Hotel mit sehr niedrigen Decken und etwas kleinen, aber sauberen und modern eingerichteten Zimmern mit TV und Mikrowelle. ❻

The Landmark Bangkok (135), 138 Sukhumvit Rd, ☎ 02-254 0404, 💻 www.landmarkbangkok.com. 31-stöckiges Luxushotel mit 415 elegant eingerichteten Zimmern und Suiten mit allem Komfort. Großes Frühstücksbuffet inkl. Pool, Jacuzzi, Sauna und Massage. In der Lobby kostenlos WiFi. ❽

The Westin Grand Sukhumvit Hotel (138), 259 Sukhumvit Rd., zwischen Soi 17 und 19, ☎ 02-207 8000, 💻 www.starwoodhotels.com. Großes und exklusives 5-Sterne-Hotel direkt an der Sukhumvit. Sehr komfortable und schön eingerichtete Zimmer mit allem erdenklichen Luxus. ❽

In den Außenbezirken

Im Norden der Stadt in wenig touristischer Umgebung:

Asha Gh. ①, 4 Soi Intamara 3, Suthisarn Rd., südlich vom Chatuchak Weekend Market, ☎ 02-271 1417, 💻 www.ashaguesthouse.com, Karte S. 136/137. Gepflegtes Haus mit entspannter, familiärer Atmosphäre, das in einer ruhigen Seitenstraße liegt. 60 einfache Zimmer mit sehr durchgelegenen Matrazen, Ventilator und Gemeinschaftsdusche, teilweise auch mit AC. Im Garten befindet sich ein kleiner Pool. Büchertausch und WiFi kostenlos. ❷–❸

In Thonburi wohnt man etwas abseits der ausgetretenen Pfade in einer ursprünglicheren Umgebung:

The Artists' Place, 61-63 Soi Tiem Boon Yang, ab Soi Krung Thonburi 1, Krung Thonburi Rd., westlich der Taksin-Brücke, ☎ 02-862 0056, 💻 www.geocities.com/theartistsplace, außerhalb der Stadt. Kleines Haus mit 12 einfachen und sehr preisgünstigen Zimmern in künstlerisch kreativer Umgebung. ❶–❷

The Thai House, 32/4 Moo 8, Tambol Bang Muang, Bang Yai, Nonthaburi, ☎ 02-903 9611, 997 5161, 💻 www.thaihouse.co.th, außerhalb der Stadt. Karte S. 229. Übernachtung bei einer liebenswerten Familie in einem wunderschönen, traditionellen Teakhaus, in dem man sich schnell wie zu Hause fühlt. Zimmer im Thai-Stil mit modernen Gemeinschaftsduschen, Frühstück und Transport inkl. Das Haus am Klong ist von Bangkok aus sowohl mit dem Boot (ca. 1 1/2 Std.) als auch mit dem AC-Bus 516 zu erreichen. Letzterer fährt alle 15 Min. ab Sanam Luang bis Bang Buatong, hinter dem Mitsubishi-Gebäude und der Brücke aussteigen und 10 Min. laufen oder ein Motorradtaxi für 10 Baht nehmen. Wer möchte, kann bei Pip die

Zeitreise ins 19. Jahrhundert

The Eugenia ⑧, 267 Soi 31, Sukhumvit Rd., ☎ 02-259 9017-9, 💻 www.theeugenia.com, Karte S. 136/137. Ein besonders schönes und luxuriöses Boutiquehotel mit 12 Suiten, die ganz im Stil des neokolonialen Hauses stimmungsvoll und authentisch mit vielen Antiquitäten eingerichtet sind. Im Hof ein Pool, zudem ein Café. Der Service ist dem Preis entsprechend perfekt. ❽

Kunst zum Anfassen und Mitmachen

Reflections – Rooms in Bangkok ②, 224/2-9, 224/11-18 Pradipat Rd., ✆ 02-270 3344, 💻 www.reflections-thai.com, Karte S. 136/137. Designerhotel mit einem sehr kreativen Konzept: Jedes Zimmer ist von einem anderen Künstler oder Schauspieler gestaltet, dabei reichen die Konzepte von schrill, kitschig und bunt zu schlicht und elegant. Teilweise dürfen die Gäste sogar künstlerische Spuren an den Wänden hinterlassen. Alle 36 Zimmer sind mit TV, DVD-Player und Kühlschrank ausgestattet. Inkl. Frühstück, DVD-Verleih mit großer Auswahl und WiFi. Angeschlossenes Spa und eigene Kunstgalerie. Sehr freundliches Personal. ❺–❻

Geheimnisse der Thai-Küche ergründen. Der ideale Ort zum Ankommen, Relaxen und um das Leben auf dem Land kennen zu lernen. Frühstück inkl. ❺

Essen

Aus kulinarischer Sicht ist Bangkok ein wahrhaft kosmopolitisches Paradies. Neben den asiatischen Küchen von Japan bis zum Vorderen Orient gibt es deutsche, französische, italienische, spanische und auch amerikanische Restaurants. Wer z. B. japanisches Essen liebt, kommt in Bangkok ganz bestimmt auf seine Kosten: Frische Zutaten aus dem nahen Meer machen die Tempura, Sushi und Sashimi besonders schmackhaft und verhältnismäßig preiswert. Essen zu gehen kostet auch sonst kein Vermögen, denn die meisten Einheimischen gehen außerhalb essen, zumeist an Straßenständen. Hier gibt es schon ab 30 Baht eine kräftige Suppe. In Restaurants zahlt man für ein Thai-Gericht meist um 100 Baht, in Hotels und Touristenvierteln mehr. Westliche Gerichte können wesentlich teurer sein. In AC-Restaurants darf nicht geraucht werden.

Straßenküchen

Ein Einkaufsbummel ist eine gute Gelegenheit, Snacks zu probieren, die an Straßenständen, auf Märkten und in Supermärkten überwiegend frisch zubereitet werden. Da hier niemand Englisch spricht, schaut man einfach in die Töpfe oder bestellt, was am Nachbartisch lecker duftet. Die beliebtesten Gerichte für Einsteiger, die v. a. in Backpackerzentren angeboten werden, sind beispielsweise Klebreis mit Mango und gefüllte Pancakes oder etwas deftiger gegrillte Hähnchenspieße sowie Fische in Salzkruste.

Banglampoo und Thewet

Zu den Travellerrestaurants in der Khaosan Rd. und ihrer Umgebung gibt es auch Alternativen. Das Essen an Garküchen und in diversen Restaurants kann richtig gut sein. Allerdings ändert sich die Szene schnell. Karte S. 164.

Fast Food und Essenstände

Den Travellerbedürfnissen tragen mehrere Fastfood-Restaurants in und um die Khaosan Rd. Rechnung. Garküchen befinden sich in der Soi Rambuttri, nahe der Chakraphong Rd.

Center Khaosan Restaurant, im Zentrum der Khaosan Rd., 💻 www.thekhaosarncenter.co.cc. Eignet sich bestens, um sich inmitten des Trubels auszuruhen und das Treiben bei einem kühlen Bier zu beobachten. Das Essen ist allerdings nur mäßig. 🕓 24 Std.

Tim, ein witziger, freundlicher Thai, grillt auf dem Bürgersteig in der Tani Rd. sehr guten gesalzenen Fisch für 80–100 Baht und Shrimps für 10 Baht pro Stück. Auch eiskaltes Bier. 🕓 18–24 Uhr.

Nach dem Besuch des Königspalastes sitzt man an den Garküchen am Chang Pier ruhig unter Bäumen. Hier gibt es leckeren Saft und gutes, preiswertes Essen.

Buffet Lunch

Große Hotels bieten Buffet Lunch um 500 Baht an, bei dem man so viel essen kann, wie man will. Häufig gibt es nicht nur Thai-Gerichte, sondern auch europäische, chinesische oder japanische Spezialitäten. Spitzenqualität bei entsprechenden Preisen bietet in stilvoller Atmosphäre das **Royal Princess Hotel**, 269 Larn Luang Rd., ✆ 02-281 3088, Karte S. 147.

Das beste Frühstück in Banglampoo

Ricky's Coffeeshop, Phra Athit Rd. Unter dem New Merry V. Gh. liegt das beliebte, geschmackvoll im chinesischen Kolonialstil gestaltete Café mit sehr gutem Kaffee und einer großen Auswahl an leckeren Baguettes, Sandwiches und mexikanischen Gerichten. Sehr freundliche Atmosphäre.

Cafés

Coffee World im Buddy Boutique Hotel, 265 Khaosan Rd. Im modernen amerikanischen Stil eingerichtetes Café mit klassischer, entspannender Hintergrundmusik. Espresso, verschiedene Kaffee- und Teesorten, zudem leckere Kuchen, Torten, Pasta und Salate. Kostenlos WiFi, Internet-Terminals. ⏲ 7.30–2 Uhr.
Saffron Café, Phra Athit Rd. Kleines Café mit leckeren westlichen Kuchen (v. a. die Schwarzwälder Kirschtorte) und gutem Kaffee. ⏲ 8–21 Uhr.
Starbucks ist ebenfalls mit einer Filiale in der Sunset Street in die Gegend vorgedrungen.
Wiffy Waffle, Phra Athit Rd., vor dem Peachy Gh. Frische belgische Waffeln in allen nur erdenklichen Ausführungen. ⏲ 11–20 Uhr.

Chinesisch

Poon Sin R., 460 Prachathipathai Rd., ✆ 02-282 2728. Einfaches, etwas steriles Restaurant gegenüber dem De Moc Hotel, berühmt für leckere chinesische geröstete Enten- und Schweinefleisch-Gerichte, die traditionell kalt serviert werden, aber auch aufgewärmt zu bekommen sind.

Indisch

Bombay Blues, Soi Rambuttri, nahe der Nationalgalerie, ✆ 02-629 3590. Gemütliches, nett eingerichtetes Restaurant, in dem man auf Kissen sitzend leckeres Chicken Tandoori oder andere indische Spezialitäten kosten und danach eine Shisha rauchen kann. ⏲ 15–1 Uhr.

Italienisch

Café Primavera, 56 Phra Sumen Rd. Nettes, 2-stöckiges italienisches Restaurant unter österreichischer Leitung, das zu Jazzmusik Pizza und eine große Auswahl an Nudelgerichten sowie italienisches Eis und leckeren Apfelstrudel serviert. ⏲ 9–23 Uhr.
La Casa R., 210 Khaosan Rd. Hier schmeckt es wie beim Italiener um die Ecke. Gerichte von guter Qualität mit teils original italienischen Zutaten zu einem günstigen Preis. ⏲ 12–24 Uhr.
Ranee's R., 77 Trokmayom Chakraphong, ✆ 02-282 4072. In einem ruhig gelegenen, teils überdachten Innenhof werden preisgünstige hausgemachte Nudeln mit leckeren Soßen, Pizza und Thai-Gerichte ohne Glutamat zubereitet, auch Vegetarisches. Desweiteren gibt es knusprige Baguettes aus der eigenen Bäckerei sowie guten Kaffee. ⏲ 8–24 Uhr.

Japanisch

Krai Si R., 214 Phra Sumen Rd. Bietet Nudelsuppen und anderes japanisches Essen zu akzeptablen Preisen. Schließt bereits gegen 19 Uhr.
Taketei R., im 1. Stock des Nana Plaza Inn, 202 Khaosan Rd. Japanisches Restaurant mit Gerichten von guter Qualität zu relativ günstigen Preisen. Der gegrillte Aal ist ein Gedicht. Gute Säfte und andere Getränke. ⏲ 11.30–24 Uhr.

Thai

Angenehme Restaurants, die v. a. von einheimischen Studenten besucht werden, haben sich in kleinen Geschäftshäusern rings um das Phra Sumen Fort niedergelassen. Viele sind nur abends geöffnet.
Baan Pla Sod, 114 Phra Athit Rd., ✆ 02-629 3339. Hier stehen Fisch- und

Original Roti Canai

Roti-Mataba, 136 Phra Athit Rd., ✆ 02-282 2119. Eine Institution, die seit Jahrzehnten in Banglampoo Roti, leicht süßliches indisches Fladenbrot, anbietet, das in Malaysia oft zum Frühstück gegessen wird. Sehr lecker sind dazu die Hühnchen-Curries. Höchst preiswert. ⏲ 7–22 Uhr, s. eXTra [2709]

Thailändisches Essen in aller Vielfalt

Hemlock, 56 Phra Athit Rd., ✆ 02-282 7507. Nur 10 m nördlich vom Phra Athit Mansion liegt dieser Treffpunkt von Intellektuellen und Künstlern. Hier gibt es fast 200 leckere, z. T. traditionelle Thai-Gerichte zu günstigen Preisen in gepflegter Atmosphäre. Darunter finden sich wahre geschmackliche Abenteuer. Französische und kalifornische Weine im Angebot. Freundlicher Service und entspannende Musik. 16–24 Uhr.

Pilzgerichte sowie Kräutergetränke auf der Karte. 11–14 und 17–23 Uhr.

Jokpochana R., Talad Nana, Ecke Soi Samsen 2. Beliebtes Restaurant, das Seafood und preiswertes Bier verkauft. 18–4 Uhr.

Mayompuri, 22 Chakraphong Rd., ✆ 02-629 3883, www.mayompuri.com. Das schicke Restaurant mit Wasserfall ist die edle Alternative in der Khaosan und bietet gute, etwas teurere westliche und einheimische Gerichte sowie gepflegte Cocktails in gediegener Atmosphäre. 12–1 Uhr.

New Orleans, 522 Phra Sumen Rd., ✆ 02-282 6800. Großes Haus im Südstaatenstil mit unterschiedlich dekorierten Räumen und asiatisch-internationalem Essen. Am besten sind die Thai-Gerichte um 100 Baht; günstige Mittagsmenüs. 11–1 Uhr.

Pannee Gh., 150 Soi Rambuttri. Hier wird lecker gekocht. Abends sind die Plätze im Freien hoch begehrt.

Lust auf Lieferservice?

Wer nach einer langen Nacht keine Lust hat, sein Hotelzimmer zu verlassen, kann problemlos bei einem der zahlreichen Lieferservices der bekannten Fastfood-Ketten sein Essen bestellen. Hier eine Auswahl:

Pizza Company	✆ 1112
McDonald's	✆ 1711
KFC & Pizza Hut	✆ 1150
Chester's Grill	✆ 1145

Vijit R., 77/2 Ratchdamnoen Klang Rd., am Demokratie-Denkmal, ✆ 02- 282 0958. Sei nur Mutigen empfohlen. Großes, beliebtes, lautes Restaurant mit Thai-Livemusik. Bebilderte Karte mit vielen Gerichten von 80–250 Baht, die alle superscharf sind.

Vegetarisch

May Kaidee Vegetarian R., östlich der Tanao Rd. und in der Samsen Rd., nördlich des Klong Banglampoo, ✆ 02-281 7137, www.maykaidee.com. Hier gibt es gesunde, vegetarische Kost, preiswerte Sandwiches und andere Snacks. Der schwarze Klebreis ist besonders empfehlenswert. Bebilderte Speisekarte. Kochkurse von 9–13 Uhr für 1000 Baht. 9–21 Uhr.

Pornsawan R., 80 Samsen Rd., neben Soi 4. Kleines Restaurant, das preiswerte Gerichte mit braunem Bergreis serviert. 7–18.30 Uhr.

Weitere vegetarische Restaurants befinden sich am östlichen Ende der Khaosan Rd., über die Tanao Rd. geradeaus und links in eine kleine Gasse abbiegen. Sie sind alle ok, aber nichts Besonderes.

Am Ufer des Menam Chao Phraya

Hier gibt es einige empfehlenswerte Restaurants, die mit ihrer schönen Lage am Fluss punkten können, Karte S. 136/137.

Aquatini R., 45/1 Phra Athit Rd., ✆ 02-280 9955, Karte S. 164. Direkt am Fluss gelegenes Restaurant, in dem an dunklen Holztischen unter freiem Himmel thailändische Gerichte ab 100 Baht genossen werden können. 6.30–1 Uhr.

Arun Residence by the River, am Ende der Soi Chetuphon südlich vom Wat Pho direkt am Fluss, ✆ 02-221 9158, www.arunresidence.com, Karte S. 141. Gegenüber von Wat Arun mit traumhaftem Blick auf das erleuchtete Wat am Abend. Ein idealer Ort für einen romantischen Abend mit hervorragendem Essen. Hauptgerichte 150–400 Baht. 11–22 Uhr.

Ban Rim Nam, auf der Thonburi-Seite direkt am Fluss, 723 Charoen Nakhon Rd., ✆ 02-860 4500. Die Auswahl an Thai-Gerichten ist so groß, dass die Speisekarte dick wie ein Kochbuch ist. 10.30–24 Uhr.

In Love Bar & R., 2/1 Krung Kasem Rd., direkt am Thewet-Pier, ✆ 02-281 2900. Mit einem schönen Blick auf den Fluss und die Rama VIII.-Brücke kann man hier sehr gute Thai-Gerichte essen. Eine Spezialität des Hauses ist der scharfe Pomelo-Salat mit Hühnchen. ⌚ 11–1 Uhr.

Kaloang R., in Thewet, am Flussufer zwischen Bootsschuppen am Ende der Sri Ayutthaya Rd., ✆ 02-281 9228. Seafood und Isan-Küche, überwiegend Einheimische und vereinzelt ein paar westliche Familien, ruhige Atmosphäre. ⌚ 11–23 Uhr.

Kanab Nam R., 457 Ratchawithi Rd., weiter nördlich auf der Thonburi-Seite an der Krung Thong-Brücke, ✆ 02-433 6611. Von 20–22.30 Uhr tuckern eigene Restaurantboote den Fluss hinauf, wofür 70 Baht Zuschlag berechnet wird. Gutes Essen zu günstigen Preisen, die Kellner sprechen kaum Englisch, sind aber sehr aufmerksam und freundlich. ⌚ 11–23 Uhr.

Khimlom-Chom-Sa-Phan R., 11/6 Soi Samsen 3, am Fluss hinter Wat Samphraya, ✆ 02-628 8382-3. Großes, beliebtes Restaurant mit einer großen Auswahl an Seafood-Gerichten um 200 Baht (ohne Glutamat). Trotz englischer Karte kommen noch wenig Touristen. Kleine Bäckerei mit leckeren Kuchen. Der Name bedeutet übersetzt: „Frischluft schnuppern und die Brücke bewundern". ⌚ 11–1 Uhr.

River Bar, 405/1 Soi Chao Phraya Siam, Ratchawithi Rd., ✆ 02-879 1747, 💻 www.riverbar.com. Diese Bar liegt etwas versteckt, aber sehr schön direkt am Fluss nahe der Krung Thong-Brücke. Es gibt leckere Flusskrebse. Thai-Livemusik, lockere Atmosphäre, WiFi kostenlos.

Studio 9, 69/1 Soi Wat Rakhang, Arun Amarin Rd., ✆ 02-866 2144, 💻 www.patravadi theatre.com, Karte S. 141. Etwas moderner und günstiger als das Supatra River House. Hauptgerichte ab 120 Baht. Kulturprogramm jeden Fr und Sa von 19.30–22 Uhr. ⌚ So–Do 11–22, Fr und Sa 11–24 Uhr.

Supatra River House, 266 Soi Wat Rakhang, Arun Amarin Rd., ✆ 02-411 0305, 💻 www.supatrariverhouse.net, Karte S. 141. Kostenlose hauseigene Fähre ab dem Maharaj Pier. In dem stilvoll restaurierten Thai-Haus mit Garten und Bühne kann edel und elegant am Fluss diniert werden. Leider befindet sich direkt neben dem Restaurant eine laute Boots-anlegestelle. Im angrenzenden Patravadi Theatre sind Fr–So abends klassische Tänze, Theaterstücke oder Musikaufführungen zu sehen. Gehobenes Preisniveau (Hauptgerichte ab 200 Baht), ordentliche Kleidung erwünscht, keine Sandalen. ⌚ 11–14 und 17.30–23 Uhr.

The Old Phra Arthit Pier, 23 Phra Athit Rd., ✆ 02-282 9202, 💻 www.theoldpier.com, Karte S. 164. Neues, schickes Restaurant direkt am Pier, von dem aus die Expressboote Richtung Sathorn ablegen. Gehobene thailändische Küche. Freundlicher Service. ⌚ 11–24 Uhr.

Restaurantboote

Mehrere starten abends zwischen 18 und 19 Uhr ab River City Pier, z. B.

Chao Phraya Chartered, ✆ 02-639 0704,

Chao Phraya Princess, ✆ 02-437 9667,

Pearl of Siam, ✆ 02-225 6179, von 19.15–21.30 Uhr ab River City, 1200–1700 Baht.

Manohra, ✆ 02-476 0770, 💻 www.manohra cruises.com. Ab dem Marriott Resort & Spa fährt diese umgebaute Reisbarke, auf der von 19.30–22 Uhr Dinner Cruises für 1990 Baht angeboten werden. Zusteigen am Taksin und Oriental Pier möglich.

Wan Fah, ✆ 02-622 7657-61, 💻 www.cruise-thailand.com/Wan_Fah_Dinner_Cruise. Menü auf einer umgebauten Reisbarke für 1350 Baht inkl. Thai-Tänze, Getränke extra. Restaurant am Ratchavongse Pier. ⌚ 19–21 Uhr.

Yok Yor, 885 Somdej Chao Phraya 17 Rd., ab der Marina auf der Thonburi-Seite, schräg gegenüber dem River City, ✆ 02-863 0565, 💻 www.yokyor.co.th. Bekannt für scharfes Essen. Das Restaurantboot legt um 20 Uhr ab und kostet 800–1100 Baht inkl. Seafood-Dinner. Die Filiale im Chao Phraya Cultural Centre liegt noch weiter im Süden, zu erreichen mit dem Shuttleboot ab River City.

Chinatown

Karte „Indisches Viertel und Chinatown" S. 148.

Chinesisch

The Canton House, 530 Yaowarat Rd., neben dem Chinatown Hotel, ✆ 02-221 3335. Großes, modernes und lautes Dim Sum-Restaurant. ⌚ 11–22 Uhr.

Indisch

In der Gegend um das Hauptpostamt (GPO) und östlich vom Sikh-Tempel gibt es einige einfache indische Restaurants.

Rings um die Silom Rd.

V. a. in der Silom Rd. dürfte es kein Problem sein, ein Restaurant zu finden. Viele sind auf das flanierende Touristenpublikum eingestellt und entsprechend teuer. Auch rings um die Patpong Rd. konzentrieren sich nicht nur Go-go-Bars und andere Nachtclubs, sondern auch gute Restaurants und Einkaufsmöglichkeiten. Karte „Rings um die Silom Road" S. 152.

Fast Food und Essenstände

In den Nebenstraßen finden sich noch einige Essenstände, z. B. östlich der Moschee, zwischen der Silom und Anuman Raichon Rd., neben dem Bangkok Bank Building und vom Fluss kommend in den ersten Gassen links der Silom Rd. Es gibt Suppen für 20–30 Baht, gegrillten Fisch, Meeresfrüchte u. a. Sehr gute Nudelgerichte an den Essenständen am Beginn der Soi Convent.

Auch die westliche Küche ist v. a. mit Fastfood-Ketten in der oberen Silom Rd. und rings um die Patpong Rd. vertreten, u. a. im Untergeschoss des Silom Complex und im CP Tower.

Chinesisch

Charuvan Duck Shop, offenes Restaurant in der Silom Rd., nahe Patpong Rd. Hier bekommt man preiswerte, einfache, aber leckere Entengerichte auf unfreundliche Weise serviert.

Chinoisérie, 142 Sathon Nua Rd., ✆ 02-634 5398, BTS Surasak. Shanghai-Spezialitäten und exquisite Weine werden in einem renovierten chinesischen Kolonialhaus aus dem Jahre 1910 serviert. Die luxuriöse Umgebung bietet viel Privatsphäre. Schmackhafte Hauptgerichte ab 200 Baht. ⌚ 11–14 und 18–23 Uhr.

Coca Suriwongse R., Soi Tantawan, Surawong Rd., ✆ 02-236 9323. Das beliebte Restaurant ist eine Institution und betreibt mittlerweile weitere Ableger in der Stadt. In der Zentrale der Kette gibt es relativ preiswertes Steamboat und andere chinesische Gerichte. ⌚ ab 18 Uhr.

Hai Tien Lao, Pan Pacific Hotel, 22. Stock, 952 Rama IV Rd., ✆ 02-632 9021. Gutes und teures kantonesisches Essen, mittags Dim Sum. ⌚ 11.30–14.30 und 18.30–22.30 Uhr.

Deutsch

Ratsstube, im Goethe-Institut, Soi Goethe, ✆ 02-286 4258. Das nett eingerichtete, etablierte Restaurant hält ein breites Angebot an europäischen und einheimischen Gerichten bereit. ⌚ 10–22 Uhr.

Französisch

Le Café Siam, 4 Soi Sri Akson, ✆ 02-671 0030-1. In der originalgetreu restaurierten, alten Villa werden in stilvoller Atmosphäre einheimische und französische Gerichte serviert und Antiquitäten zum Verkauf angeboten. Gehobenes Preisniveau. ⌚ 18–1 Uhr.

Indisch

Indian Hut, 311/2-5 Surawong Rd., gegenüber dem Manohra Hotel, ✆ 02-635 7876. Wie die weißen Tischdecken und das edle Ambiente signalisieren, ist dies kein Billig-Inder, doch das preisgekrönte Restaurant mit Gerichten von 100–350 Baht lohnt die Geldausgabe. Auf der Karte stehen neben vielen lokalen, mit frischen Gewürzen abgeschmeckten Spezialitäten auch ausgefallene Gerichte, wie die der strengen Essensregeln unterliegenden Jain-Religion. Abends ist es fast immer voll. Es gibt auch Essen zum Mitnehmen. ⌚ 11–22.30 Uhr.

Italienisch

Maria Pizzeria & R., 907 Silom Rd., nicht weit vom Holiday Inn. Eine modern gestaltete Pizzeria mit großer Fensterfront und einem breiten Angebot an Pizza und Pasta für 150–300 Baht, thailändischer Küche um 100 Baht und Wein. Internet-Zugang.

Japanisch

Oishi Shabushi, Silom Rd., direkt an der BTS Sala Daeng, ✆ 02-712 3456. Sehr beliebtes Restaurant der bekannten japanischen Kette mit rotierender Sushi-Bar. Sehr gutes Mittagsbuffet, frische Sushi und Sashimi. ◷ 10–22 Uhr.

Zen, Convent Rd., ✆ 02-266 7150-1. Schickes, modern designtes japanisches Restaurant mit vernünftigen Preisen, das interessante Sushi-Variationen anbietet. Weitere Filialen im 3. Stock des MBK-Center, 4. Stock des Siam Center und im 2. Stock des CRC Tower im All Seasons Place.

Mexikanisch

Coyote on Convent Restaurant, 1/2 Convent Rd., ✆ 02-631 2325. Schickes mexikanisches Restaurant mit moderner Atmosphäre und sehr gut ausgestatteter Bar. Empfehlenswerter und günstiger als La Fiesta. ◷ 11–1 Uhr.

La Fiesta, Silom Rd., Ecke Patpong, ✆ 02-632 7898-9. Alteingessenes mexikanisches Restaurant im folkloristischen Design. Tortillas, Steaks, Enchiladas und mehr für 200–400 Baht. Manchmal gibt es abends Livemusik. ◷ 11–2 Uhr.

Thai

Ban Chiang R., 14 Si Wang Rd., ✆ 02-236 7045. In einem schönen, alten Thai-Haus kann man in freundlicher Atmosphäre im Freien oder im AC-gekühlten Innenraum gut essen. Gerichte um 150 Baht. Empfehlenswertes Entencurry.

Bussaracum, 135 Pan Rd., zwischen Silom Rd. und Sathorn Nua Rd., ✆ 02-266 6312-8. Ein erstklassiges Thai-Restaurant, vornehm und teuer. ◷ 11–14 und 17–22 Uhr.

Harmonique, 22 Soi 34 Charoen Krung Rd., Richtung Wat Muang Kae Pier, ✆ 02-237 8175. In einem alten, geschmackvoll und gemütlich eingerichteten Haus gibt es leckere Thai-Gerichte. Gegessen werden kann sowohl im schmalen Innenhof als auch im Innenraum. Bebilderte Karte. Menüs 200–450 Baht. Außerdem werden Antiquitäten verkauft. ◷ Mo–Sa 11–22 Uhr.

Ta-Ling Pling R., 60 Pan Rd., ✆ 02-234 4872. Authentische Thai-Küche, die meisten Gerichte um 100 Baht, geschmackvolle, moderne Einrichtung. ◷ 11–22 Uhr.

The Mango Tree R., 37 Soi Tantawan, Surawong Rd., ✆ 02-236 2820, 💻 www.coca.com/mangotree. Das hübsch gestaltete Restaurant befindet sich in einem älteren Thai-Haus mit einem großen Mangobaum im Innenhof. Die leckeren Gerichte kosten 150–300 Baht. Die Terrasse ist bei Touristen beliebt. Freundlicher Service. ◷ 11.30–24 Uhr.

Hochwertige thailändische Küche

Blue Elephant R., 233 Sathorn Tai Rd., direkt an der BTS Surasak, ✆ 02-673 9353-8, 💻 www.blueelephant.com. Exzellentes Restaurant der international bekannten Kette in einem schönen, geschmackvoll eingerichteten Haus im Kolonialstil mit viel Atmosphäre. Hervorragende, mehrfach ausgezeichnete, moderne königliche Thai-Küche. Aufmerksamer Service. Vorspeisen ab 200 Baht, Hauptgerichte um 500 Baht. Auch Kochschule (s. S. 190). ◷ 11.30–14.30 und 18.30– 22.30 Uhr.

Thai-Dinner mit Tänzen

In der endlosen Liste der Thai-Restaurants gibt es weitere, in denen klassische Thai-Tänze bei traditionellem Dinner vorgeführt werden. Sie sind zwar recht teuer, aber auch entsprechend stilvoll.

Chao Phraya Cultural Centre, 94 Soi 21, Charoen Nakorn Rd., ✆ 02-439 3477, Karte S. 136/137. Gehört zur Yok Yor-Gruppe, offeriert abends ein Menü, das von klassischen Thai-Tänzen begleitet wird.

Silom Village, 286 Silom Rd., ✆ 02-233 9447, 💻 www.silomvillage.co.th, ◷ 10–22 Uhr, die meisten Gerichte 150–300 Baht, gute Auswahl, leckere Speisen und professioneller Service. Abends zwischen 19.30 und 20.30 Uhr (Anfangszeiten schwanken etwas) werden im Garten kostenlos etwa 1 Std. klassische Thai-Tänze mit Musik vorgeführt. Danach treten die Tänzer im Restaurant **Ruen Thep** im 1. Stock des gleichen Komplexes für Gruppen auf, Dinner ab 19 Uhr, Show von 20.30–21.30 Uhr.

Buffets in Hotels

Zahlreiche große Hotel-Restaurants veranstalten Aktionswochen mit Brunch-, Lunch- und Dinner-Buffets, die in den Tageszeitungen und einigen Magazinen angekündigt werden. Auch wenn sie nicht gerade billig sind, lohnen sie wegen der exquisiten Speisen, großen Auswahl in schier endlosen Mengen und der einmaligen Atmosphäre. Die Gerichte sind überwiegend thailändisch, aber auch europäisch, chinesisch, indisch und japanisch. Zudem werden in Hotelgärten oder auf Terrassen stilvolle Dinner mit Barbecue veranstaltet. Wer kann schon zu Hause bei einem lauen Wind am Pool unter Palmen tafeln? Mit entsprechendem Outfit und der Bereitschaft, gern auch etwas mehr zu zahlen, wird solch ein Abend zu einem unvergesslichen Erlebnis. Mit rohem Fisch sollte man allerdings vorsichtig sein.

Das abendliche Buffet auf der Flussterrasse des **Oriental Hotel** ist ein besonderes Erlebnis.

Der **Sunday Jazzy Brunch** im **Marriott Resort & Spa**, 257 Charoen Nakhorn Rd., ✆ 02-476 0022, Karte S. 136/137, ist ebenfalls sehr schön. In einer großen Gartenanlage kann in gepflegter und entspannter Atmosphäre für 1000 Baht vom Buffet mit europäischen und asiatischen Gerichten so viel gegessen werden, wie man kann.

Thai Pavilion im Holiday Inn, Silom Rd., ✆ 02-238 4300. Sehr gute Thai-Gerichte in großer Auswahl, ab 20 Uhr Khon-Tänze.

Vegetarisch

Whole Earth Restaurant, 93/3 Soi Lang Suan, Ploenchit Rd., ✆ 02-252 5574. Das größte, nicht ausschließlich vegetarische Restaurant. In verschiedenen Räumen werden Thai-, indische und vegetarische Gerichte serviert. Di–Sa 19.30–22.30 Uhr gibt es klassische Gitarrenmusik live. Sehr touristische Atmosphäre. ⏲ 11.30–14 und 17.30–23.30 Uhr.

Vietnamesisch

Thang Long, 82/5 Soi Lang Suan, ✆ 02-251 3504. Nördlich vom Lumphini Park, ein angesagtes vietnamesisches Restaurant im Stil des modernen Minimalismus mit gutem Essen und angenehmer Musik. ⏲ 11–14 und 17–23 Uhr.

Siam Square und Umgebung

Internationale Ketten sind am Siam Square und in allen größeren Einkaufszentren vertreten. Wer Appetit auf anderes hat, findet eine Vielzahl an Alternativen; auch Steakhäuser, japanische, vietnamesische, chinesische und italienische Restaurants finden sich entlang der Rama I Rd. und in den Konsumtempeln. Karte S. 154.

Bali R., 15/3 Soi Ruam Rudee, ✆ 02-250 0711. Im netten, kleinen Haus gegenüber dem Ruam Rudee Village wird sehr gut indonesisch gekocht: leckere Saté oder Fisch in Bananenblättern gegrillt. Gutes Preis-Leistungs-Verhältnis. ⏲ Mo–Sa 11–22, So ab 17 Uhr.

Curries & More by Baan Khanitha, 63/3 Soi Ruam Rudee, ✆ 02-253 5408-9, 💻 www.curriesandmore.com. In einem Designerlokal mit schönem Garten, bewässertem Glasdach und Brunnen werden viele leckere Currygerichte und einige Kreationen der Fusionküche angeboten. Mittlere Preisklasse, sehr netter Service. ⏲ 11.30–14.30 und 18–23 Uhr.

Janis Place, 334 Soi Thamasarot, nahe Phayathai Rd., nördlich vom Klong Saen Saeb, ✆ 02-611 1122. In geschmackvoller Umgebung sitzt man vor dem alten viktorianischen Haus im verglasten Pavillon oder am Seerosenteich.

Über den Dächern exklusiv dinieren

55, im 55. Stock des Centara Grand at Central World, ✆ 02-100 1234-11, ✉ diningcgcw@chr.co.th. In höchst exklusiver Atmosphäre und gediegenem Ambiente kann hier bei einer wunderschönen Aussicht über die Dächer der Stadt gegessen werden. Gehobene internationale Küche und gute Weinauswahl. ⏲ 11.30–14.30 und 18.30–23.30 Uhr.

Die Auswahl einheimischer und westlicher Gerichte umfasst auch ungewöhnliche Angebote sowie Kuchen. ⌚ 11–23 Uhr.

Jao Khun Ou-Gallery R. (Once upon a time), 32 Soi 17, Petchaburi Rd., in der Soi gegenüber dem Pantip Plaza, ✆ 02-252 8629, 💻 www.onceuponatimeinthailand.com. Gutes Thai-Restaurant, das auch vietnamesische Gerichte anbietet. In drei hübsch gestalteten alten Häusern, eines mit AC und dunklen Holzmöbeln, ein anderes mit historischen Fotos, kann man ebenso wie im tropischen Garten und auf der Terrasse auf niedrigen Kissen sitzend ein fantastisches Dinner genießen. ⌚ 11–23, Mo ab 17 Uhr.

Mah Boon Krong Shopping Center (MBK), Phayathai Rd., Ecke Rama I Rd., östlich vom Siam Square, 💻 www.mbk-center.co.th. The Fifth Food Avenue im 5. Stock ist besser als das Food Center im 6. Stock. Beide offerieren eine breite und relativ preiswerte Auswahl an asiatischen Gerichten. Außerdem Filialen mehrerer internationaler Ketten sowie Restaurants. ⌚ bis 22 Uhr.

Pisces R., 36 Soi Kasemsan 1, neben Wendy House. Familiäres, freundliches Restaurant mit 10 kleinen Tischen auf einer überdachten Terrasse. Gute Thai-Gerichte für unter 100 Baht sowie günstiges Frühstück. ⌚ 8–13 und 17–22.30 Uhr.

Gourmetparadies

Die Leidenschaft der Thais fürs Essen kommt im Untergeschoss des **Siam Paragon** in einer Vielfalt zum Ausdruck, die ihresgeichen sucht. Die großen internationalen Franchises sind ebenso vertreten wie lokale Nudelküchen. In lupenrein sauberem Edelstahlambiente wird an den Essenständen gekocht und gebraten. Im Essbereich sorgen Aquarien für Abwechslung. Zudem umwerben Delis und Restaurants mit asiatischen wie europäischen Küchen die Kunden. Die leckeren Kuchen von Lenôtre aus Paris kann man sogar draußen auf einer Terrasse genießen. An Verkaufsständen werden Kekse gebacken und Thai-Süßigkeiten zubereitet. Selbst die 5-Sterne-Hotels Conrad und Oriental sind mit Verkaufsständen vertreten. Im großen Gourmetsupermarkt entdeckt man so manche ausgefallene Spezialität, und die klimatisierte Weinabteilung birgt einige Schätze. Sogar Gewürze werden in einem Laden optisch ansprechend präsentiert.

Sukhumvit Road

Viele Cafés und internationale Restaurants haben sich sowohl auf Touristen als auch auf die hier lebenden Europäer eingestellt. In den meisten werden für kleine Portionen hohe Preise verlangt. Ein Abendessen in einem Restaurant kann 80, aber auch 1800 Baht kosten, wobei in den Hotels und Restaurants der gehobenen Preisklasse noch Steuer und Bedienung aufgeschlagen werden. Dafür bieten sie neben oft einmaligem Ambiente auch eine hervorragende Küche. Einige Spitzenköche großer Hotels haben sich von der europäischen und thailändischen Küche anregen lassen und neue, überraschende Gerichte kreiert.

In den europäischen Restaurants wird zumeist bekannte Kost serviert, wobei das Preis-Leistungs-Verhältnis nach europäischen Maßstäben stimmt. Vor allem in der Sukhumvit Road konzentrieren sich auch mehrere deutsche Restaurants. Die Gegend eignet sich zudem hervorragend für eine Reise durch die Küchen der asiatischen Nachbarländer. Karte S. 177.

Fast Food und Essenstände

Am preiswertesten sind die Straßenküchen und Essenmärkte, von denen viele in die Einkaufszentren verlagert wurden.

Fast schon berühmt sind die Essenstände in der **Soi 38**, wo nicht nur Anwohner, sondern auch Models, Manager und Soapstars zu den Gästen zählen. Einige der Stände, wie der Pad Thai-Verkäufer am Anfang der Soi, haben sogar schon Auszeichnungen gewonnen, ⌚ nur abends.

In der **Soi 7** locken überdachte Essenstände mit frischem Seafood und bebilderten Speisekarten v. a. Touristen an.

Robinson Department Store, Sukhumvit Rd., zwischen Soi 19 und 21. Der Food Court im Untergeschoss findet guten Zuspruch. Zahlreiche Stände verkaufen Nudelsuppen,

Exquisites Essen in schönem Ambiente

Face Bangkok, 29 Soi 38, Sukhumvit Rd., ✆ 02-713 6048, 🖳 www.facebars.com, Karte S. 136/137. In dem wunderschön in verschiedenen asiatischen Stilrichtungen gestalteten Komplex befinden sich eine Vielzahl an edlen und exklusiven Möglichkeiten für ein unvergessliches Abendessen: das Thai-Restaurant **Lan Na Thai**, ⏲ 12–14.30 und 18–23 Uhr, Gerichte ab 300 Baht, das indisch-afghanische **Hazara**, ⏲ 18–23 Uhr, die neue High-End Sushi Bar **Misaki**, ⏲ 18–23 Uhr, mit japanischem Koch, und die mit Anklängen an die Seidenstraße eingerichtete **Face Bar** mit edlen klassischen Cocktails, ⏲ So–Do 17–1, Fr und Sa 17–2 Uhr.

Enten- und andere Thai-Gerichte, außerdem Steamboat, japanisches, vietnamesisches und westliches Essen sowie Kuchen und Eiscreme. ⏲ 11–24 Uhr.

Emporium, 622 Sukhumvit Rd., am Queen's Park, Karte S. 136/137. In der Food Hall im 5. Stock gibt es ein fantastisches Angebot an Gerichten und eine gute Sicht auf die Skyline Bangkoks. ⏲ 10–22 Uhr.

Cafés

Crêpes & Co., 18/1 Soi 12, Sukhumvit Rd., ✆ 02-653 3990, 🖳 www.crepes.co.th. Dieses kinderfreundliche Restaurant mit Terrasse und einem großen Angebot an Crêpes sowie anderen mediterranen Spezialitäten ist eine echte Alternative zu den Hotels und internationalen Ketten. ⏲ 9–24 Uhr.

Chinesisch

Coca R., 246 Sukhumvit Rd., zwischen Soi 12 und 14, im Untergeschoss des Times Square. Das günstige chinesische Restaurant ist ein Ableger der in der Stadt bekannten Kette. Steamboat u. a. asiatische Spezialitäten. ⏲ 11.30–14 und 17–20 Uhr.

Thongkee, an der Abzweigung der Soi 14 von der Sukhumvit Rd., ✆ 02-229 4420. In einem alteingesessenen China-Restaurant, werden von 11–14 Uhr Dim Sum, chinesische Teigtaschen, frisch zubereitet serviert. Das sonstige Essen ist eher mäßig.

Yong Lee, Sukhumvit Rd., Ecke Soi 15. Das alteingesessene Restaurant ist seit Jahrzehnten eine Institution, allerdings sollte man keine Ansprüche an die Sauberkeit stellen. Keine Preise auf der Speisekarte, aber die meisten Gerichte um 120 Baht.

Deutsch u. a. mitteleuropäische Küchen

Bei Otto, 1 Soi 20, Sukhumvit Rd., ✆ 02-262 0892, 📠 258 1496, 🖳 www.beiotto.com. Seit 1984 eine Institution in Bangkok. Neben dem Restaurant mit deutschen Gerichten und der Schwarzwaldstube, einer großzügigen Gaststätte mit Tischen und Bänken im Freien sowie Bier vom Fass, verkauft ein Laden Brot und Wurst aus eigener Herstellung sowie andere deutsche Spezialitäten und Zeitungen. Hauptgerichte 300-1000 Baht. Eine weitere Filiale in Penny´s Balcony, Thong Lo (Soi 55). ⏲ 11–24 Uhr.

Chesa Swiss R., 5 Soi 20, Sukhumvit Rd., hinter Otto, ✆ 02-261 6650, 📠 663 4376, 🖳 www.chesa-swiss.com. In der Küche dieses Schweizer Restaurants steht der ehemalige Küchenchef des Rembrandt Hotels, Thomas Nowak. Günstige Tagesmenüs, aber auch Raclette und andere Schweitzer Gerichte. Hauptspeisen 300–600 Baht. ⏲ 11–23 Uhr.

Heidelberg, 21/1 Soi 4, Sukhumvit Rd., ✆ 02-252 3584. Kleine Kneipe, in der ein reichhaltiges Frühstück serviert wird. Auch das Fondue und die Bratkartoffelgerichte sind bei Stammgästen beliebt. Deutsche Gerichte 300–400 Baht. ⏲ 24 Std.

Old German Beer House, Grand President Tower III, 11 Soi 11, Sukhumvit Rd., ✆ 02-651 3838, 🖳 www.old-german-beerhouse.com. Ein modernes, etwas hochpreisiges Restaurant mit verschiedenen lokalen und deutschen Biersorten sowie deutschen Gerichten. Kostenlos WiFi für Gäste. ⏲ 8–1 Uhr.

Tilac R., 38 Soi 1, Sukhumvit Rd., ✆ 02-255 6881. Gepflegtes, freundliches, klimatisiertes Restaurant mit deutschen und einheimischen Gerichten. Die Auswahl reicht von Schweinshaxe bis zu belegten Broten. Bei Kaffee und Kuchen kann man hier in aktuellen deutschen Zeitschriften schmökern. 🕓 8–24 Uhr.

Indisch

Rang Mahal, im obersten Stock des Rembrandt Hotels, ☎ 02-261 7100. Das beste nordindische Restaurant des Landes bietet eine fantastische Speisekarte mit hervorragenden Menüzusammenstellungen zu gehobenen Preisen. Die prachtvollen Räumlichkeiten mit guter Aussicht und die Livemusik machen das Essen zu einem besonderen Erlebnis. Reservierung empfehlenswert. 🕓 11.30–14.30 und 18.30–22.30 Uhr.

Italienisch

giusto, 16 Soi 23, Sukhumvit Rd., ☎ 02-258 4321, 💻 www.giustobangkok.com. Elegantes, hochpreisiges italienisches Restaurant mit einsehbarer Küche und formeller Atmosphäre. Gerichte ab 300 Baht. 🕓 11.30–14 und 18–22.30 Uhr.

Mexikanisch

Señor Pico, im hinteren Flügel des Rembrandt Hotels, 19 Soi 18, Sukhumvit Rd., ☎ 02-261 7100. Gilt zu Recht als einer der besten Mexikaner Bangkoks. Selbst Mitglieder des Königshauses waren hier schon zu Gast. Exzellente, aber auch hochpreisige Gerichte. Abends Livemusik aus Mittelamerika. Reservierung erforderlich. 🕓 17–1 Uhr.

Seafood

Seafood Market, 89 Soi 24, Sukhumvit Rd., etwa 1 km südlich der Sukhumvit, von dort mit dem Motorradtaxi oder Tuk Tuk, ☎ 02-261 2071-4, Karte S. 136/137. Der Markt ist ein einmaliges Einkaufs- und Essenserlebnis, sofern man bereit ist, gehobene Touristenpreise zu bezahlen. Nachdem die Zutaten, v. a. frischer Fisch und anderes Seafood, aber auch Gemüse und Getränke in einer Art Supermarkt eingekauft und bezahlt sind, werden sie nach individuellen Wünschen in einer riesigen, von außen einsehbaren Küche zubereitet. 🕓 ab 11 Uhr.

Thai

Ana Garden Bar & Grill, Soi 55, Sukhumvit Rd., ☎ 02-391 1762, 💻 www.anagarden.com, Karte S. 136/137. In der von japanischen und koreanischen Restaurants dominierten Straße lockt dieses hübsche, überdachte Gartenrestaurant mit moderner Thai-Küche. Auf einem Grill werden im hinteren Gartenbereich auch frische Fische zubereitet. Auf der Karte stehen weitere innovative Gerichte und knackige Salate. Hauptgerichte 200–300 Baht. 🕓 17–24 Uhr. In Groove Kitchen, dem angeschlossenen Pub, wird ab 21 Uhr elektronische Musik und Hip-Hop aufgelegt.

Cabbages & Condoms, 10 Soi 12, Sukhumvit Rd., ☎ 02-229 4610. Mit viel Humor hat Meechai Virayaidya Methoden zur Geburtenkontrolle im ganzen Land populär gemacht. Hier eröffnete er ein Restaurant mit dschungelartigem Biergarten, aber weniger attraktivem Innenbereich, das kreative einheimische Gerichte serviert. Hauptgerichte kosten um 200 Baht. Dem Namen entsprechend werden an der Kasse statt Bonbons Kondome kostenlos ausgegeben. Im Andenkenladen finden sich einige kuriose Souvenirs. 🕓 11–22 Uhr.

Mahanaga, 2 Soi 29, Sukhumvit Rd., ☎ 02-662 3060, 💻 www.mahanaga.com. Kostümierte Kellner servieren einem trendbewussten Publikum Thai-Gerichte mit westlichem Einschlag in einem mit Plüsch und chinesischen Fliesen in Rot und Orange eingerichteten Neubau im Kolonialstil. Weitere Tische stehen im ruhigen Garten unter mit Lampen und Bändern dekorierten Bäumen. Vegetarisches, Fisch und Steaks für 400–1000 Baht. 🕓 11.30–14.30 und 17.30–23 Uhr.

Sushi frisch, gut und günstig

Fuji, über 40 Filialen in den großen Einkaufszentren der Stadt, 💻 www.fuji.co.th. Eine beliebte japanische Restaurant-Kette mit überaus preisgünstigen und leckeren Sushi- und Sashimi-Menüs, aber auch einer Vielzahl an anderen Gerichten aus dem Land der aufgehenden Sonne. 🕓 bis 22 Uhr.

Ein wunderbares Souvenir: Kochen à la Thai

Was gibt es Schöneres, als nach der Rückkehr aus Thailand Freunde zu einem selbst gekochten Thai-Essen einzuladen? Wer das vorzügliche Thai-Essen auch zu Hause selbst zubereiten möchte, dem bieten Hotels, Restaurants und andere Organisationen Kochkurse an. Sie sind allerdings wesentlich teurer als in Kanchanaburi oder Chiang Mai.

Blue Elephant, 233 Sathorn Tai Rd., BTS Surasak, ☏ 02-673 9353-8, 💻 www.blueelephant.com, Karte S. 152. Wahlweise professionell geführte 4-stündige Morgen- oder 3 1/2-stündige Nachmittagskurse für 2800 Baht p. P., bei denen 4 verschiedene Gerichte gekocht werden.
The Thai House, ☏ 02-903 9611, 997 5161, 💻 www.thaihouse.co.th, außerhalb des Zentrums. Eintägiger Kochkurs inkl. Unterkunft (s. S. 179), Transport, Vollverpflegung und Marktbesuch 5500 Baht, ohne Übernachtung 3800 Baht, auch mehrtägige Kurse. Pip, die Chefin, bringt ihren Schülern auf liebenswerte und informelle Art die lokale Küche nahe.
Gut sind auch die 4-tägigen Kurse der **Thai Cooking School** im Oriental Hotel, ☏ 02-437 6211, Karte S. 152, die aus 12 Einheiten bestehende **Benjarong Cooking Class** des Dusit Thani, ☏ 02-236 6400, Karte S. 152, und der 7-tägige Kurs im **Nipa Restaurant** im The Landmark Bangkok, ☏ 02-254 0404, Karte S. 177.
Im **Modern Women Institute** (Mae Baan Tan Samai), nahe dem Samsen-Bahnhof, ☏ 02-279 2831, Karte S. 136/137, gibt es 9-tägige Kurse, und in der **UFM Baking & Cooking School**, Soi 33, Sukhumvit Rd., ☏ 02-259 0620, Karte S. 136/137, jeden 2. Monat 10-tägige Kurse.

Rosabieng R., 3 Soi 11, Sukhumvit Rd. In dem alten Haus mit schönem Vorgarten gibt es eine riesige Auswahl an leckeren thailändischen Gerichten. Hauptgerichte 120–300 Baht. Freundlicher Service. Empfehlenswert.
🕒 11–23 Uhr.
Suda, 6 Soi 14, Sukhumvit Rd., ☏ 02-229 4664. In dem einfachen, familiären thai-chinesischen Restaurant werden seit Jahrzehnten jeden Abend große Portionen zu günstigen Preisen serviert, z. B. leckeres Hühnchen in Palmblättern. Es ist fast immer voll mit Touristen.
🕒 zum Mittag- und Abendessen, So ab 16 Uhr.
Thonkrueng R., 239 Soi 55, Sukhumvit Rd., ☏ 02-185-2871, Karte S. 136/137. Großes Thai-Restaurant mit Open-Air-Bereich und kleiner Bäckerei. Neben traditioneller Thai-Küche wird v. a. viel Seafood und chinesische Kost angeboten. Beim Auswählen hilft die bebilderte Speisekarte.

Vegetarisch

Govinda, 65-66 Soi 22, Sukhumvit Rd., ☏ 02-663 4971, Karte S. 136/137. Italienisch-vegetarisches Restaurant in einer ruhigen Soi, das bei Familien beliebt ist.
🕒 außer Di 11.30–15 und 18–23.30 Uhr.

Vietnamesisch

Le Dalat Indochine, 14 Soi 23, Sukhumvit Rd., ☏ 02-661 7967-8, 💻 www.ledalatindochinebkk.com. Das geschmackvoll eingerichtete Holzhaus wird von einem schönen tropischen Garten umgeben. Die französische Musik und gepflegte Atmosphäre lassen das Essen zu einem wahren Vergnügen werden. Englische Speisekarte mit Fotos von allen Gerichten. Hauptgerichte 200–1200 Baht. Besonders empfehlenswert sind die leckeren Rippchen in Zitronengras. 🕒 11.30–14.30 und 18–22.30 Uhr.

Westliche Küche

Bourbon St. R., 29/4-6 Soi 22, Sukhumvit Rd , am Ende des Washington Square, ☏ 02-259 0328, 💻 www.bourbonstbkk.com, Karte S. 136/137. In Südstaaten-Atmosphäre mit entsprechender Musik und Sportprogramm auf den Bildschirmen gibt es hier von einer sättigenden Gumbo für 150 Baht bis zu leckeren Pecan Pies Cajun-Küche mittlerer Preisklasse. Das als bestes amerikanisches Restaurant der Stadt ausgezeichnete Lokal bietet Hungrigen dienstags einen Cajun-Brunch mit unbegrenztem Nachschlag. Kostenlos WiFi.
🕒 7–1 Uhr.

Stable Lodge, Soi 8, Sukhumvit Rd., 💻 www.stablelodge.com. Bietet von 18–22 Uhr ein relativ teures Barbecue am Pool des Hotels mit viel Fleisch, bei dem man so viel essen kann, wie man will. Auch gutes Frühstück und ein breites Angebot an belegten Broten sowie anderen Gerichten, die im Garten oder Restaurant serviert werden. Kostenlos WiFi.

Unterhaltung

Die Hauptstadt Thailands bietet vielfältige Unterhaltungsmöglichkeiten für jeden Geschmack. Neben den schummrigen Tanzbars mit und ohne Go-go-Tänzerinnen, finsteren, unterkühlten Thai-Nachtclubs und Massagesalons findet sich in Bangkok eine große Auswahl an Kneipen, Veranstaltungsorten mit Livemusik, Bars, Biergärten, Kinos, Clubs und Discotheken, die einen Vergleich mit Europa nicht zu scheuen brauchen. Jedes Stadtviertel hat seinen völlig eigenen Charakter. So verbringt man in Banglampoo den Abend in den Restaurants bei aktuellen Filmen oder Hits der letzten Jahre, plaudert mit anderen Travellern, surft im Internet oder schreibt Postkarten und beobachtet das Treiben. Auch viele junge Thais kommen hierher, um Farangs zu beobachten und sich zu vergnügen. Hingegen zieht die Umgebung der Silom Rd. die Patpong Nachtschwärmer magisch an, während viele Besucher der Sukhumvit Rd. die sehr guten Einkaufsmöglichkeiten bis zum späten Abend nutzen. Seit 2002 wird darauf geachtet, dass alle Bars, Clubs und Restaurants spätestens um 2 Uhr schließen und nur Gäste, die älter als 20 Jahre sind, eingelassen werden. Da Ausweispflicht besteht, sollte man immer den Pass oder eine Kopie dabei haben, um nicht vor der Tür stehen zu bleiben. Manche Läden haben auch länger auf, was wohl durch Zahlungen an die Polizei erreicht wird.

Bars

„Bar" ist ein weitläufiger Begriff in einer Stadt, die für ihr Nachtleben berühmt und berüchtigt ist. Sowohl eine Vielzahl an urigen britisch-beeinflussten Etablissements als auch moderne Sports Bars nach amerikanischem Vorbild und exklusive, glitzernde Hotelbars gehören in diese Kategorie. Mittlerweile gibt es auch einige kleinere Bars, die sich eher an mitteleuropäischen Vorbildern orientieren und oft mit einer sehr guten Auswahl an Cocktails und verschiedenen Alkoholika überraschen.

Bamboo Bar, Oriental Hotel, 48 Oriental Avenue, Karte S. 152. Das Image, eines der besten Hotels der Welt zu sein, pflegt man mit sehr hohen Preisen. Gute Livemusik.
🕓 Mi–So 17.30–1 Uhr, Fr ab 21.30 Uhr.

Bobby's Arms, über dem Parkhaus in Patpong 2, 📞 02-233 6828, Karte S. 152. Englisches Pub mit typischen Gerichten wie Fish 'n' Chips oder diversen Pies und Biersorten von der Insel. Billardtische, überwiegend Stammpublikum.
🕓 bis 1 Uhr.

Huntsman Pub, Landmark Plaza, 138 Sukhumvit Rd, Karte S. 177. In der gemütlichen Kneipe gibt es gutes Essen bei angenehmer Musik.
🕓 11.30–2 Uhr, Musik ab 21 Uhr.

Lobby Lounge, Shangri-La Hotel, 89 Soi Wat Suan Plu, Karte S. 152. Der ideale Platz für einen Drink zum Sonnenuntergang mit wunderbarem Blick auf den Menam Chao Phraya. Wer etwas früher ankommt, kann sich auch zum High Tea Buffet einfinden.

M22 Sports Bar, 22 Chakraphong Rd., 📞 02-629 3883, Karte S. 164. Im Untergeschoss des Mayompuri Restaurants gelegene, moderne Sportsbar, die live Sportübertragungen auf einer Vielzahl von Fernsehern zeigt.
🕓 15–1 Uhr.

Molly Malone's Bangkok, Sivadon Bldg., 1/5-6 Convent Rd., 📞 02-2667160, 💻 www.mollymalonesthailand.com, Karte S. 152.

Informationen über Veranstaltungen

Am besten ist das *Guru Magazine*, die Freitagsbeilage der *Bangkok Post. The Nation* publiziert am Freitag die Beilage *Best of the Week*. Außerdem erscheint einmal in der Woche das *BK-Magazine*, das kostenlos in vielen Cafés, Buchläden und einigen Hotels ausliegt. Aktuelle Infos über Konzerte, sportliche Veranstaltungen und mehr auch unter 💻 www.thaiticketmaster.com.

Patpong

Ein Patpong-Besuch gehört mittlerweile zum Programm der meisten Reisegruppen. Seit hier abends einer der größten Touristenmärkte aufgebaut wird, scheint die Gasse nicht nur für Männer attraktiv. Die verspiegelten, dunklen Go-go-Bars mit bis zu 100 Tänzerinnen sind von Ständen mit T-Shirts, Seidentüchern und -krawatten, DVDs, Designertaschen und -sonnenbrillen in den Hintergrund gedrängt worden. Nicht zu ignorieren sind die Schlepper, die versuchen die Touristen zu verschiedenen Sex-Shows in die oberen Stockwerke zu locken. Dort werden viele Gäste übervorteilt und mit saftigen Getränkerechnungen konfrontiert. V. a. die Transvestitenszene ist bekannt dafür zu übervorteilen. Die Touristenpolizei rät, auf eine Quittung zu bestehen und sie anschließend zu benachrichtigen. Die Gegend um die Patpong hat auch einige akzeptable Restaurants und Pubs aufzuweisen.

Die **Soi Cowboy** parallel zur Sukhumvit Rd., zwischen Soi 21 und 23, ist voll gepackt mit Go-go-Bars wie früher die Patpong, weniger touristisch und origineller.

Auch im **Nana Plaza**, Soi 4, konzentrieren sich die Bars, wobei letztere alle Vorurteile zu bestätigen scheinen, die gegen dieses Gewerbe bestehen. Bevor Mann sich ins Vergnügen stürzt, sollte er bitte S. 887 lesen. Karte S. 152.

Angesagter und relativ authentischer irischer Pub inkl. Zigarrengeruch. Kommunikationsfreundlicher Treffpunkt der Expats in Schlips und weißem Hemd. Mittags Buffet, Happy Hour Mo–Fr 16–19 Uhr. Livemusik außer So ab 21.30 Uhr. Im Obergeschoss Pool-Billard. Auch Essen, Gerichte um 300 Baht. ⏲ 9–1 Uhr.

Moon Bar & Vertico Grill, im 61. Stock des Luxushotels Banyan Tree, 21/100 Sathorn Tai Rd., ✆ 02-679 1200, 💻 www.banyantree.com, Karte S. 152. Extrem schicke Freiluftbar mit leckeren und teuren Cocktails, ab 18.30 Uhr Barbecue. ⏲ 17–23 Uhr.

Neil's Tavern, 58/4 Soi Ruam Rudee, zwischen Ploenchit und Witthayu Rd., BTS Ploenchit, ✆ 02-256 6875, 💻 www.neil.co.th, Karte S. 152. In dem im englischen Landhausstil eingerichteten Pub treffen sich vermehrt Expats von der Insel. ⏲ 11.30–14 und 17.30–22.30 Uhr. Neben dem Pub gibt es auch ein Restaurant gehobener Preisklasse und eine Bäckerei, ⏲ Mo–Sa 9–19 Uhr.

O'Reilly's Irish Pub, 62 Silom Rd., ✆ 02-632 7515, Karte S. 152. Ein weiteres irisches Pub mit Gerichten für 150–350 Baht, Barbecue-Buffet und diversen Biersorten. Happy Hour von 16–21 Uhr. Ab und an Livemusik. ⏲ 11–2 Uhr.

Piano Bar, im 31. Stock des The Landmark Hotel, 138 Sukhumvit Rd, Karte S. 177. Bei einem schönen Ausblick über die Sukhumvit-Gegend können hier gute Cocktails genossen werden. Kostenlos WiFi. ⏲ 11.30–2 Uhr, Musik ab 21 Uhr.

Pranakorn Bar & Art Gallery, 58/2 Soi Ratchdamnoen Klang Tai, in der 1. Gasse westlich der Tanao Rd., im 1. Stock des klimatisierten Gebäudes, ✆ 02-622 0282, Karte S. 164. Mit Postern der 1950er- und 60er-Jahre dekorierte Bar, die bei Künstlern beliebt ist. Im 2. Stock monatlich wechselnde Ausstellungen, im 3. Stock Billard und Darts, zudem Musik und eine gute Aussicht vom Dach. Überwiegend Einheimische erfreuen sich der günstigen Preise und reichhaltigen Auswahl an Essen. ⏲ 18–2 Uhr.

Gute Cocktails und nette Menschen

Sripoom Espresso Bar, 95 Chakraphong Rd., ✆ 02-281 4445, 💻 www.myspace.com/sripoom_espbar, Karte S. 164. Eine kleine, sehr nette und kreativ eingerichtete Bar mit entspannter Atmosphäre, netten Leuten und guten Cocktails. Sie erinnert etwas an alternativere Lounges in Europa. Hier gibt es auch so erlesene Tropfen wie Grey Goose Vodka oder auch italienischen Illy-Kaffee. An Wochenenden legen oft befreundete DJs Lounge, House oder Elektro auf. Größtenteils thailändische Gäste. ⏲ 17–1 Uhr.

Pubs mit Musik
In Bangkok gibt es auch eine Reihe von Pubs, in denen nicht nur getrunken, sondern auch gute Livemusik gehört wird. Da meist kein Eintritt verlangt wird, sind die Getränkepreise mit 100–150 Baht pro Bier höher als in den normalen Kneipen.

Banglampoo und Thewet
In der Khaosan Rd. und ihren schmalen Gassen finden sich diverse preiswerte Pubs, die v. a. von Travellern besucht werden und sich auf deren Musikgeschmack eingestellt haben. Allerdings ändert sich die Szene recht schnell.
Karte S. 164.
Brick Bar, 256 Khaosan Rd., ✆ 02-629 4477, 🖳 www.brickbarkhaosan.com. Die dunkle, mit roten Ziegelwänden versehene Bar ist eine der bekanntesten Reggae-Bars Bangkoks und liegt im hinteren Teil des Buddy Boutique Hotel. Ab 20 Uhr live Reggae und Ska in entspannter Atmosphäre. ⌚ 18–1 Uhr.
Cinnamon Bar, 106 Soi Rambuttri, ✆ 02-629 4075. Neuere, schick mit viel Glas und Stahl entworfene Bar mit guten Cocktails und freundlichem Service. ⌚ bis 1 Uhr.
Gulliver's Tavern, 2/2 Khaosan Rd., ✆ 02-629 1988, 🖳 www.gulliverbangkok.com, gegenüber der Polizei. Sehr kommerzielle, große, modern dekorierte AC-Kneipe mit Großbildschirmen für Sportübertragungen. Serviert auch westliches und einheimisches Essen, besonders günstig zur Happy Hour von 15–21 Uhr. Jeden Abend legt ein DJ auf. Kostenlos WiFi. Weitere Filiale in der Sukhumvit Rd. Soi 5: großes Pub mit Terrasse, englischen und einheimischen Gerichten. ⌚ 11–2 Uhr.
Roof Bar & Restaurant, 183-185 Khaosan Rd., ✆ 02-629 2301. Beliebte, oft brechend volle Open-Air-Bar, von der man einen guten Überblick über das hektische Treiben auf der Khaosan gewinnt. Jeden Abend Livemusik in lockerer Atmosphäre. ⌚ bis 1 Uhr.
Silk Bar, 129-131 Khaosan Rd., ✆ 02-281 9981. Elegante, schicke Bar, in der regelmäßig DJs auflegen. Live Sportübertragungen auf großen Bildschirmen. ⌚ bis 2 Uhr.

Die schönste Freiluftbar der Stadt

The Dome, im State Tower, 1055 Silom Rd., 🖳 www.thedomebkk.com, Karte S. 152. Im 64. Stock befindet sich die elegante **Skybar**, angeblich die höchste Freiluftbar der Welt. Die schicke Bar mit spektakulärem Ausblick auf die Stadt und den Fluss ist der beste Platz, um sich zum Sonnenuntergang bei Lounge-Musik zu entspannen. ⌚ ab 18 Uhr, Cocktails um 380 Baht, ein abendliches Buffet kostet 990 Baht, zum Essen ist eine Reservierung erforderlich. Bereits früher öffnet **distil**, die Bar gegenüber mit einem etwas weniger spektakulären Außenbereich mit breiten Sitzkissen. Zudem das edle Open-Air-Restaurant **breeze** im 51. und 52. Stock, 🖳 www.breezebkk.com. Männer mit Sandalen, kurzen Hosen oder ärmellosen Shirts werden nicht eingelassen, auch 3/4-Hose und Top sowie Daypacks sind nicht erlaubt. Frauen dürfen keine Flip-Flops tragen.

Siam Square und Sukhumvit Rd.
Hard Rock Cafe, 424/3-6 Soi 11, Siam Square, ✆ 02-254 0830-1, 🖳 www.hardrockcafe.co.th, Karte S. 154. Die Filiale der weltweit bekannten Kette bietet auf 3 Stockwerken allerlei Musik-Memorabila. Ab 22 Uhr treten recht professionelle Livebands auf, am Wochenende 2 Bands, meist Popmusik. Teure Tagesgerichte und Snacks, wie z. B. Elvis Presley's Apple Pie oder Madonna's Shake. ⌚ 11–2 Uhr.
The Living Room, im Sheraton Grande, 250 Sukhumvit Rd., gegenüber Soi 19, ✆ 02-653 0333, Karte S. 177. Die elegante Bar im 1. Stock ist mit gemütlichen Sesseln und Sofas eingerichtet, bietet eine große Auswahl an guten alkoholischen Getränken und Zigarren und ist seit Jahren eine der besten Adressen für Jazzfans der Stadt. Livemusik ab 21 Uhr. ⌚ 9–0 Uhr.

Rund um den Lumphini Park
Karte S. 152.
Metal Zone, Lang Suan Rd., ✆ 02-255 1913. Hier wird zu Heavy Metal abgerockt. ⌚ Mo–Sa 21–2 Uhr.

Der Klassiker für Jazzfans

Brown Sugar, 231/19-20 Sarasin Rd., ✆ 02-250 1826. Ein immergrüner Klassiker nördlich vom Lumphini Park mit Jazz oder Rhythm & Blues Livebands ab 21 Uhr. Die einladende und gemütliche Musikkneipe verlangt keinen Eintritt, dafür sind die Getränke etwas teurer. Mitreißende Atmosphäre bei den Livesessions. ⏲ So–Do 17–1 Uhr, Fr und Sa bis 2 Uhr.

In der Sarasin Rd. und um die Ecke gibt es weitere Musikkneipen und Pubs, deren Namen und Besitzer häufig wechseln.

Im Norden

Saxophone, 3/8 Phayathai Rd., Victory Monument, ✆ 02-246 5472, 💻 www.saxophonepub.com, Karte S. 136/137. Ein weiterer Klassiker, den es bereits seit 1987 gibt, ist dieses dunkle, gemütlich mit viel Holz und Ziegeln eingerichtete Pub mit guter Atmosphäre und einer großen Bar. Hier treten jede Nacht einige der besten Jazz-, Rock- und Bluesmusiker der Stadt auf. Livemusik Mo und Di 21–1.30, Mi–So 19.30–1.30 Uhr. ⏲ 18–1.30 Uhr.

Discos / Clubs

Die Stadt hat ein riesiges Angebot an gut besuchten und beliebten Discos und Clubs zu bieten, die zum Trinken und Tanzen einladen. Viele der Clubs können locker mit ihren europäischen Kollegen mithalten.

Der dominierende Einrichtungsstil ist kühl, modern und minimalistisch und die Musik zumeist entweder elektronisch oder Hip-Hop- und R'n'B-lastig.

Die vier Hotspots, in denen sich die meisten Clubs befinden, sind:

Royal City Avenue, kurz RCA, eine gewundene Straße zwischen Rama IX und Phetchaburi Rd. Hier liegen die bei der jüngeren thailändischen Mittel- und Oberschicht beliebten Clubs, in denen sich v. a. junge Thais treffen, die gesehen werden wollen. Es sind aber auch einige Ausländer unterwegs. Besonders Fr und Sa kann es brechend voll werden, sodass man zu späterer Stunde teilweise nicht einmal mehr in die Clubs hinein kommt. Die Getränkepreise sind weitgehend moderat. Den ungebräuchlichen Namen Royal City Avenue kennen nur wenige Taxifahrer, oft ist es besser, RCA als Ziel anzugeben.

Ratchada, die Sois der Ratchadapisek Rd., etwas weiter nördlich in der Nähe des U-Bahnhofs Thailand Cultural Centre. Hier sind nahezu ausschließlich Thais unterwegs und die Getränke günstiger als anderswo. Es gibt einige kleinere Clubs, die oft Liveauftritte bekannter thailändischer Künstler veranstalten, aber auch einige große Läden, in denen ausgiebig gefeiert wird.

Sukhumvit, in dieser Gegend konzentrieren sich die Clubs besonders in der Ekamai (Soi 63). Auch weiter westlich gibt es einige exklusive, beeindruckende Etablissements. Die Preise liegen über denen in der RCA oder Ratchada.

Banglampoo, auf der Khaosan Rd. konzentrieren sich einige Clubs, die ein ausländisches Travellerpublikum ansprechen. Auch Thais kommen am Wochenende zum Feiern hierher. Die Preise sind moderat.

808, RCA, 💻 www.808bangkok.com, Karte S. 136/137. In dem modern-minimalistisch designten Club wird am Wochenende viel elektronische Musik aufgelegt, So Reggae und Ska, während der Woche die meisten Tage Hip-Hop. Das Publikum ist etwas gediegener als im benachbarten Route66. ⏲ 21–2 Uhr.

Baku, Soi 4, Ratchadapisek Rd. (Ratchada Soi 4), ✆ 02-248 2563, Karte S. 136/137. In dem kleinen Club wird regelmäßig gute Thai-Livemusik dargeboten, auch bekannte Künstler treten auf. Freundliche Bedienungen und günstige Preise. Fast nur Thais. ⏲ 19–2 Uhr.

BarSu, im Sheraton Grande, 250 Sukhumvit Rd., BTS Asoke, ✆ 02-649 8888, 💻 www.barsubangkok.com, Karte S. 177. Modern gestaltete Hotelbar, die sich an ein etwas gediegeneres Publikum richtet und in der hauptsächlich Pop, Soul und Rock der 1970er- und 1980er-Jahre gespielt wird. Relativ teure Getränke. ⏲ 18–2 Uhr.

Bed Supperclub, 26 Soi 11, Sukhumvit Rd., ✆ 02-651 3537, 💻 www.bedsupperclub.com,

Party in Bangkok

Es gibt einige Besonderheiten, die es zu beachten gilt, wenn man in Bangkok ausgeht: Um nicht vor verschlossenen Türen zu stehen, sollte stets zumindest eine Kopie des Reisepasses mitgenommen werden. Türsteher achten darauf, dass keine unter 20-Jährigen Einlass erhalten, besonders wenn ein Club berstend voll ist. Die Einlasskriterien werden meist locker gehandhabt. Fast immer reicht es, gepflegt zu wirken und stylisch angezogen zu sein. Flip-Flops und Shorts sind zu meiden.

In der Regel öffnen die Clubs frühabends ihre Pforten und schließen um 1 oder 2 Uhr. Wenige haben bis 3 Uhr oder länger geöffnet, was sie sich mit Zahlungen an die Polizei erkaufen und sich auch in den Eintritts- und erhöhten Getränkepreisen niederschlägt. Die Stimmung ist freundlich, gelöst, ungezwungen und entspannt. Der hohe Stellenwert von *sanuk* (Spaß) in der thailändischen Kultur äußert sich auch beim Ausgehen.

Zunächst handelt es sich bei den meisten Clubs nicht um Clubs, wie wir sie kennen. Es gibt normalerweise keinen großen, zentralen Dancefloor, sondern Stehtische und Hocker, an denen Besuchergruppen ihre Drinks nehmen und tanzen. Manchmal werden zu späterer Stunde die Tische und Hocker zur Seite gestellt, sodass dann mehr Platz zum Tanzen ist. Parallel zur Musik laufen die entsprechenden Musikvideos auf riesigen LCD-TVs, was manchmal dazu führt, dass ganze Choreografien nachgetanzt werden.

Der mit Abstand beliebteste Drink ist Whiskey mit Cola. Normalerweise bestellt man sich eine große Flasche Johnnie Walker Red oder Black Label und Cola, Soda und Eis als separate Mixer dazu. Eine Flasche Red Label kostet je nach Preisklasse des Clubs 800–1500 Baht, die Mixer noch einmal 200–400 Baht. Die Getränke werden dann am Tisch von den Bedienungen gemixt. Eine praktische Errungenschaft ist die Möglichkeit, seine halbvolle Flasche Alkohol kostenlos im Club lagern zu lassen und sie innerhalb von einem Monat beim nächsten Besuch weiter trinken zu können. In vielen Clubs kann eine Shisha am Tisch für ungefähr 300 Baht geraucht werden.

Besonders in den Clubs der Ratchada und in Patpong ist es normal, dass auf Herrentoiletten Massagen angeboten werden. So kann es schon mal dazu kommen, dass während des Wasserlassens von hinten zwei Hände beginnen, den Rücken zu massieren und den Hals zu knacken. Wenn man dies nicht möchte, sollte man es eindeutig ablehnen. Ansonsten sind mindestens 20 Baht, aber eher etwas mehr dafür zu zahlen.

Bei einer Bestellung von 1000 Baht ist es üblich, ca. 100 Baht Trinkgeld zu geben. Manche Läden geben das gesamte Wechselgeld in Münzen und kleinen Scheinen, um mehr Trinkgeld zu erhalten.

Karte S. 177. Einer der exklusivsten und beliebtesten Locations ist dieser atmosphärisch und architektonisch schicke, kühle Club mit einer Lounge-Bar wie aus einem Stanley Kubrick-Film. Hier finden Events mit internationalen DJs statt. Es gibt ein Gourmetrestaurant, wo man im Liegen essen kann. Je nach Programm werden bis zu 1500 Baht Eintritt verlangt. Relativ strikte Türpolitik. 🕓 19.30–1 Uhr.

Concept CM2, im Novotel, Soi 6, Siam Square, ✆ 02-209 8888, 💻 www.cm2bkk.com, Karte S. 154. Im exklusiven Club gibt es neben moderner Livemusik einer guten Band auch Karaoke und verschiedene Themenabende. Es wird Eintritt verlangt. 🕓 19–2 Uhr.

GaZebo Club, 44 Chakraphong Rd., ✆ 02-629 0705, 💻 www.gazebobkk.com, Karte S. 164. Beliebter, im marokkanisch-nordafrikanischen Stil eingerichteter Club mit Bar und eigener Shisha-Lounge in den oberen Stockwerken eines Gebäudes am westlichen Ende der Khaosan Rd. Regelmäßig Livemusik auf separatem Floor. Besonders zu späterer Stunde eine Anlaufstelle für das unermüdliche Partyvolk, da der Club sehr lange geöffnet ist. Dann wird aber auch 300 Baht Eintritt verlangt. 🕓 bis früh.

GaZebo Sukhumvit Soi 1 Club, Sukhumvit Soi 1, ☏ 02-655 2475, 💻 www.gazebobkk.com, Karte S. 177. Neuer Club am Anfang der Sukhumvit mit 2 Dancefloors, auf denen Livemusik, Hip-Hop, R'n'B, House und orientalische Musik gespielt wird und einer Open-Air-Bar im arabischen Stil. Wasserpfeifen für 350 Baht. ⌚ ab 18 Uhr.

Lava Club, 248 Khaosan Rd., ☏ 02-281 6565, ✉ boy_lava@hotmail.com, Karte S. 164. Etwas schmuddeliger, kleiner Club, in dem jeden Abend DJs kommerziellen Hip-Hop oder House auflegen. ⌚ bis 1 Uhr.

Q Bar, 34 Soi 11, Sukhumvit Rd., ☏ 02-252 3274, 💻 www.qbarbangkok.com, Karte S. 177. Edler, kleiner Club im futuristischen Design, in dem teils berühmte internationale DJs elektronische Musik auflegen und sich die kreative Schickeria der Stadt trifft. Angeschlossen ist die japanische Sushi-Bar Wasabi. Alles ist ziemlich dunkel. Eintrittspreise von 500–700 Baht inkl. 2 Getränke, teure Drinks. ⌚ ab 20 Uhr.

Slim/Flix, RCA, ☏ 081-645 1188, Karte S. 136/137. Großer, edler Club neben dem Route66. Im beliebten Slim läuft Hip-Hop und R'n'B, im benachbarten Flix Elektro und House. Da es Fr brechend voll wird, sollte man nach Möglichkeit schon gegen 21 Uhr da sein, um noch einen freien Tisch zu ergattern. Ab 23 Uhr werden die Hocker weggeräumt, Tische zur Seite gestellt, und es wird getanzt. Leicht erhöhte Getränkepreise. ⌚ 19–2 Uhr.

The Club, 123 Khaosan Rd., ☏ 02-629 1010, 💻 www.theclubkhaosan.com, Karte S. 164. Ein neuer, kühler und etwas steriler Club im Herzen der Khaosan Rd., in dem House, Hip-Hop, Trance und Tribal House Music aufgelegt wird. Großer Lounge-Bereich. ⌚ So–Do 22–1, Fr und Sa 20–1 Uhr.

Twilo, Patpong 1, 💻 twilobangkok.com, Karte S. 152. Eine der wenigen Alternativen zu den Stripbars in Patpong. Auf der Bühne vor dem ziemlich kleinen Dancefloor der offenen Bar tritt jeden Abend eine Liveband auf, die neue Hip-Hop-, R'n'B- und Rock-Hits zum Besten gibt und das relativ junge Publikum zum Tanzen anregt. Besonders zu späterer Stunde wird es hier sehr voll. Recht teure Getränke. ⌚ bis 3 Uhr.

Zaleng, Soi 4, Ratchadapisek Rd. (Ratchada Soi 4), ☏ 02-245 0789, Karte S. 136/137. Relativ großer, bei der einheimischen Hip-Hop-Szene beliebter Club mit riesigen LCD-TVs, auf denen die entsprechenden Musikvideos laufen. ⌚ 19–2 Uhr.

Zeedz Club, Soi 8, Ratchadaphisek Rd. (Ratchada Soi 8), ☏ 081-441 2617, Karte S. 136/137. In dem großen Club mit Außenbereich läuft größtenteils Hip-Hop. Shishas erhältlich. Günstige Getränke. ⌚ 19–2 Uhr.

Party Deluxe

Route66, RCA, 💻 www.route66club.com, Karte S. 136/137. In diesem riesigen, schick designten Club mit 3 Dancefloors wird jeden Abend Hip-Hop, thailändische Popmusik und Techno gespielt. Junges, fröhliches Publikum, günstige Getränkepreise und oft besondere Promotions. Am Wochenende kann es brechend voll werden. ⌚ 19–2 Uhr.

Schwule und Lesben

Neben der Prostitutionsszene finden sich in der Stadt auch einige Clubs und Bars, die bei toleranten Menschen keinen Anstoß erregen, und einige schwulenfreundliche Restaurants und Unterkünfte. Das Zentrum der Szene bilden die Silom Soi 2 und 4 in direkter Umgebung der Patpong.

Jedes Jahr findet im November das mehrtägige Bangkok Gay Festival statt. Informationen über ganz Thailand erteilen:

Utopia, Tarntawan Place Hotel, 119/5-10 Surawong Rd, ☏ 02-238 3227, 💻 www.utopia-tours.com, Karte S. 152. ⌚ 10–18 Uhr.

Anjaree Group, die lesbische Organisation ist zu erreichen über ☏ 086-677-9009, 💻 www.utopia-asia.com/womthai.htm, zudem die Internet-Plattform 💻 www.lesla.com.

Travestieshows

Calypso Cabaret, im Asia Hotel, 294/1 Phayathai Rd., 💻 www.calypsocabaret.

com, von 9–18 Uhr Karten an der Theaterkasse oder Reservierungen unter ✆ 02-653 3960-2, danach unter ✆ 02-216 8937, Karte S. 154.
In dem Theater, das kleiner ist als die Bühnen in Pattaya, treten bei dieser Travestierevue der gehobenen Klasse u. a. verblüffende Kopien berühmter Stars auf. Shows um 20.15 und 21.45 Uhr. Eintritt 1200 Baht inkl. eines Drinks oder 1550 Baht inkl. Abendessen. Bei Buchung über Reisebüros 900 Baht inkl. Transport zum Asia Hotel.
Mambo Cabaret, im Washington Theatre, Washington Square, ✆ 02-259 5128, 2595715, Karte S. 136/137. Travestieshows um 20.30 und 22 Uhr für 650 und 850 Baht.

Biergärten und Brauhäuser

Just One, Soi Ngam Duphli, Ecke Soi Atthakan Prasit, Karte S. 152. Einfaches Gartenrestaurant und Musikpub, Essenstände und Tische unter Schatten spendenden Bäumen.
Singha Beer House, Soi 21, Sukhumvit Rd., in der Nähe der BTS Asoke, Karte S. 177.
In dem Biergarten zwischen den Hochhäusern wird das lokale Singha-Bier von Thais im Dirndl v. a. an Angestellte aus den umliegenden Büros ausgeschenkt. 🕓 Mo–Fr 17–2, Sa und So 16–2 Uhr.
Tawandaeng German Brewery, 462/61 Rama III Rd., Nahe BTS Chong Nonsi, ✆ 02-678 1114-6, 💻 www.tawandang.co.th, Karte S. 152.
Trotz der 1600 Sitzplätze kann das Brauhaus am Wochenende nach 21 Uhr so voll werden, dass sich draußen eine Schlange bildet. Gute Livemusik sowie leckere einheimische und deutsche Gerichte ziehen ein überwiegend einheimisches Publikum an, was vielleicht an der Lage abseits der Touristenmeilen liegt. 🕓 11–2 Uhr.

Kinos

Amerikanische Blockbuster, chinesische und koreanische Filme und einheimische Produktionen stehen auf dem Programm. Viele Filmimporte sind in Thai synchronisiert, einige auch mit englischen Untertiteln versehen. Die großen Kinos im Zentrum von Bangkok und in den Einkaufszentren zeigen fast ausschließlich englischsprachige Filme. In der Regel starten die Filme nahezu parallel zu den Terminen in den USA und laufen nur für 1–2 Wochen.
Das aktuelle Programm ist unter 💻 www.movieseer.com abzurufen und wird jeden Tag in der *Bangkok Post* und in der *Nation* abgedruckt.
Generell sind Kinos gekühlt, sodass ein leichter Pullover nicht schaden kann. Die Eintrittspreise liegen zwischen 100 Baht (in alten Häusern) und 200 Baht (in Multiplexkinos). Vor dem Film ertönt die Königshymne. Es wird erwartet, dass alle Zuschauer als Zeichen des Respekts aufstehen.
APEX am Siam Square, 💻 www.apexsiam-square.com, Karte S. 154. Zu ihnen gehören das Lido Multiplex, Siam und Scala, Kinos, die nicht nur Blockbuster, sondern teilweise auch interessante Arthouse-Filme ins Programm aufnehmen.
EGV im Siam Discovery Centre, 💻 www.egv.com, Karte S. 154. Zeigt viele aktuelle englischsprachige Filme. Zudem warten die großen, kühlen Säle der Gold Class mit einem wahrhaft luxuriösen Kinoerlebnis auf. Hier kann man es sich in paarweise aufgestellten Liegesitzen mit Decken, Kissen und Socken bequem machen und zuvor in der Lounge einen teuren Drink oder Snack einnehmen oder sogar etwas ordern, das vor dem Film am Platz serviert wird; allerdings ist der Eintritt um einiges teurer als eine normale Kinokarte.
Major Cineplex, z. B. im Central World oder in der Sukhumvit Rd., BTS Ekamai (Exit 1), ✆ 02-511 5555, 💻 www.majorcineplex.com, Karte S. 177. Wartet ebenfalls mit modernen Projektoren und komfortablen Sitzen auf.
Paragon Cineplex im 5. und 6. Stock des Siam Paragon, 💻 www.paragoncineplex.com, Karte S. 154. Dem Multiplexkino mit 14 Sälen ist auch das riesige **Krungsri IMAX**, 💻 www.imaxthai.com, angeschlossen, das sich sowohl bild- als auch tontechnisch auf dem neuesten Stand der Technik befindet und das größte des Landes ist. Die Großleinwand unterstützt auch die neueste 3D-Technologie. Auf dieser Etage kostenlos WiFi. 🕓 10–22 Uhr.
Deutsche Filme zeigt einmal wöchentlich das Goethe-Institut, englische der British Council und französische die Alliance Française (S. 199).

Thai-Boxen

Kampfatmosphäre mit Begeisterung und Wetten: Thai-Boxen ist ein thailändisches Männervergnügen. Hinten auf der Tribüne ist am meisten los. Freundliche Ticketverkäufer lassen Touristen schon mal rein, um die Plätze in Augenschein zu nehmen. Ausländer werden in der Regel in den Touristenflügel verwiesen, wo sie angeblich vor möglichen Schlägereien sicher sind, die Sicht auf den Ring und die Wetten abschließenden Thai aber leider nicht gut ist.

Vergnügungszentren

Fast jedes Einkaufszentrum beherbergt unter seinem Dach einen kleinen Vergnügungspark, eine Mischung aus Spielsalon und Rummelplatz. Allerdings handelt es sich dabei in der Regel nicht um das, was ein westlicher Tourist unter einem Vergnügungspark verstehen würde. Diesem Konzept kommt am nächsten:

Muay Thai hautnah erleben

Lumphini Stadium, östlich des Lumphini Parks, 02-251 4303, www.muaythailumpini.com/index_en.html, Karte S. 152. Kämpfe finden Di, Fr und Sa um 18 Uhr statt, Eintritt 1000 Baht im Touristenflügel, am Ring 2000 Baht, bei berühmten Boxern noch mehr. AC-Loge im 3. Stock. Die besten Kämpfer treten erst gegen 21 Uhr an.

Rajadamnern Stadium, Ratchdamnoen Nok Rd., 02-281 4205, Karte S. 147. Kämpfe So, Mo, Mi 18, Do 17 und 21 Uhr, Eintritt 1000 Baht, am Ring 2000 Baht.

Wer selbst Thai-Boxen erlernen möchte, kann sich an folgende Einrichtung wenden:

Sor Vorapin Boxing Gym, 13 Trok Kasap, am Ende der Soi südlich vom Wat Chai Chana Songkhram, gegenüber der Khaosan Rd., www.thaiboxings.com, Übungsstunden 8–11.30 und 15–18 Uhr, Karte S. 164. Weitere Trainingscamps außerhalb in Taling Chan. Die Schule ist auf Ausländer eingestellt und verlangt 500 Baht pro Trainingseinheit, 30 Einheiten gibt es für 9000 Baht.

Dream World, 02-533 1152, www.dreamworld-th.com, weit außerhalb nördlich des Don Muang Airport an der Nakhon Nayok Rd., dem H305, zwischen H1 und Outer Ring Road, Anreise vom Victory Monument mit Stadtbus 538. Der große Vergnügungspark nach westlichem Vorbild vereint riesige Wasserrutschen, Achterbahnfahrten, Autoscooter und vieles mehr. Sogar ein Bereich mit von einer Maschine hergestelltem Schnee ist vorhanden. Ein besonderes Highlight für die jüngsten unter den Lesern. Auf dem Klong schwimmen zahlreiche Restaurantboote. Eintritt 400–1000 Baht. 10–17 Uhr.

Kunst und Kultur

Buddhistische Meditation

Informationen über buddhistische Zentren in Thailand sowie aktuelle Infos über Retreats und Unterweisungen bekommt man bei:

World Fellowship of Buddhists, 616 Benjasiri (Queen's) Park, Soi 24, Sukhumvit Rd., 02-661 1284-9, www.wfb-hq.org, Karte S. 136/137. Informationsveranstaltung über den Buddhismus, Einführung in die Meditation und erste eigene Meditation jeden 1. So im Monat von 13–16 Uhr.

International Buddhist Meditation Center, House of Dhamma, Wat Mahathat, 02-222 6011, Karte S. 141. Das Meditationszentrum offeriert neben Vipassana-Meditationen auch Seminare zum Buddhismus in Englisch. Im selben Tempel werden in der Section 5 (den blauen Schildern folgen) um 7, 13 und 18 Uhr 2–3-stündige Vipassana-Meditationen und um 20 Uhr 2-stündige Unterweisungen angeboten (s. S. 142), Retreats sind möglich. Im Mahachula Building Zimmer 106 finden an jedem 2. und 4. Sa im Monat von 15–17 Uhr kostenlose buddhistische Unterweisungen statt. Infos unter 02-623 6326, www.mcu.ac.th/IBMC.

House of Dhamma, 26/9 Soi 15, Lat Prao, nahe Chatuchak, 02-511 0439, www.houseofdhamma.com, Karte S. 136/137. Auch hier werden verschiedene Meditationskurse und Unterweisungen angeboten.

Mehr über buddhistische Meditationen s. S. 122.

Konzert- und Veranstaltungshallen

Impact Arena, im Norden von Bangkok, 💻 www.impact.co.th. Hier finden viele große Musikkonzerte, aber auch Messen, Theater- und Tanzaufführungen, Ausstellungen und Festivals statt.

Royal Paragon Hall, im 5. Stock des Siam Paragon, Rama I Rd., 💻 www.royalparagonhall.com, Karte S. 154. In 3 großen, edel wirkenden Sälen finden Konzerte und andere kulturelle Veranstaltungen statt.

Thailand Cultural Centre, Ratchadaphisek Rd., ✆ 02-247 0028, 💻 www.thaiculturalcenter.com, Karte S. 136/137. Das Kulturzentrum liegt von der gleichnamigen U-Bahn-Station 1 km entfernt und umfasst ein Theater mit 2000 Plätzen, eine Freilichtbühne für 1000 Zuschauer, eine Bücherei und ein Sprachlabor. Hier finden fast jede Woche Konzerte mit klassischer europäischer Musik statt.

Kulturinstitute

Goethe-Institut (German Cultural Institute), 18/1 Soi Goethe, Sathorn Tai Rd., nahe dem Malaysia Hotel, ✆ 02-287 0942-4, 💻 www.goethe.de/bangkok, U-Bahn Lumphini, Karte S. 152. Das deutsche Kulturzentrum hat eine Bibliothek mit deutschsprachigen Büchern (auch Kinderbücher), aktuellen Zeitungen *(Süddeutsche, FAZ, Die Zeit)* und diversen Magazinen *(Spiegel, Stern, Brigitte)*, außerdem ein Restaurant, eine Cafeteria und die Clubräume der Thai-Deutschen Gesellschaft. Einmal wöchentlich werden deutsche Filme gezeigt und andere kulturelle Veranstaltungen angeboten.
In der 6x jährlich veröffentlichten Broschüre sind alle Veranstaltungen aufgelistet.
🕒 Di, Mi 9.30–18, Do 9.30–17, Fr 9.30–13, Sa, So 8–13 Uhr.

Alliance Française, 29 Sathorn Tai Rd., ✆ 02-670 4200, 💻 www.alliance-francaise.or.th, Karte S. 152, 🕒 Mo–Fr 8–18.30, Sa 8.30–17, So 8.30–12.30 Uhr.

British Council, 254 Chula Soi 64, hinterer Siam Square, gegenüber ECC, ✆ 02-657 5678, 💻 www.britishcouncil.org/thailand, Karte S. 154, 🕒 Mo–Fr 8.30–19, Sa und So 8.30–17 Uhr.

Kunstausstellungen

Aktuelle Informationen und Adressen von Galerien gibt es in den Freitagsbeilagen der Tageszeitungen. Wechselnde Ausstellungen finden in den Kulturinstituten, im Nationalmuseum und in der Nationalgalerie statt. Eine gute Übersicht der zahlreichen Ausstellungsorte ist unter 💻 www.rama9art.org/artisan/galleries zu finden.

Bangkok Art and Cultural Center, 939 Rama 1 Rd., ✆ 02-214 6630-1, 💻 www.bacc.or.th, Karte S. 154. Das nagelneue, riesige Art Center liegt gegenüber dem Siam Discovery Center in einem architektonisch interessanten Bau. Es soll Kreativen als Treffpunkt dienen und den Dialog zwischen Subkulturen und Stilrichtungen fördern. Es bietet auf 11 Stockwerken enorm viel Platz für Ausstellungen, Veranstaltungen und Konferenzen, aber auch für Restaurants und eine Bibliothek. 🕒 Di–So 10.30–21 Uhr.

Poh Chang Gallery and Art School, 86 Tripet Rd., ✆ 02-623 8790-9, Karte S. 148. Diese große Kunstschule in der Nähe des indischen Pahurat-Marktes verfügt über eine eigene empfehlenswerte Kunstgalerie.
Hier werden v. a. Werke von Studenten und bekannten thailändischen Künstlern ausgestellt.

Theater und Tanz

Karten für nahezu alle Veranstaltungen können über **Thai Ticket Master**, ✆ 02-262 3456, 💻 www.thaiticketmaster.com, bestellt werden.

Nationaltheater, Na Phratat Rd., am Sanam Luang, ✆ 02-224 1342, Karte S. 141.
Hier werden moderne Stücke und die bei Touristen beliebten klassischen Shows gezeigt.

Patravadi Theatre, auf der Open-Air-Bühne neben dem Supatra River House, 69/1 Soi Wat Rakhang, Arun Amarin Rd., ✆ 02-412 7287-8, 💻 www.patravaditheatre.com, Karte S. 141.
Hier wird in der Trockenzeit ab 19 Uhr ein interessantes Kulturprogramm geboten, allerdings nicht täglich. Der Eintritt beträgt je nach Show 200–500 Baht. Vor der Bühne werden an den Ständen des Lan Hin Tak-Theaterrestaurants preiswerte Snacks verkauft.
Es finden auch Kunstausstellungen statt.

Thailändisches Puppentheater

Joe Louis Theatre (Lakhon Khon Lek), auf dem Gelände des ehemaligen Suan Lum Night Bazaar, 1875 Rama IV Rd., ✆ 02-252 9683-4, 📠 252 9685, 💻 www.thaipuppet.com, U-Bahn Lumphini, Karte S. 152. In dem empfehlenswerten und bekannten Theater werden historische Epen und andere Stücke als thailändisches Puppenspiel aufgeführt. Vor der Aufführung werden die traditionellen Figuren vorgestellt. Drei Künstler agieren mit bunten, aufwendig bestickten Stabpuppen, die vom Familienoberhaupt Sakorn Yanghiawsod (Joe Louis) seit über 50 Jahren angefertigt werden. Der Ausstellungsraum neben der Kasse in der Lobby ist immer zugänglich. Shows 20–21.15 Uhr, Eintritt für Nicht-Thais 900 Baht.

Sala Chalerm Krung, Old Siam Plaza, 66 Charoen Krung Rd., ✆ 02-222 44499, 💻 www.salachalermkrung.com, Karte S. 148. Besonders im Winter gibt es hier beeindruckende Tanzaufführungen, z. B. den Khon-Maskentanz von der Acme of Thai Dramatic Arts am Fr und Sa um 20.30 Uhr für 1000 und 1200 Baht.

Siam Niramit, Ratchada Theatre, 19 Tiam Ruammit Rd, ✆ 02-649 9222, 💻 www.siamniramit.com, Karte S. 136/137. In dem 2000 Zuschauer fassenden Theater wird von 150 Darstellern auf einer 65 m breiten Panoramabühne ein unterhaltsames Spektakel dargeboten, das die Geschichte Thailands, seine Mythologie und Feste thematisiert. Showbeginn ist um 20 Uhr. Vom U-Bahnhof Thailand Cultural Centre, Ausgang 1, kostenloser Shuttlebus. Der Eintritt kostet 1500 Baht inkl. Dinner. 🕓 18–22 Uhr

Thailand Cultural Centre, Ratchadaphisek Rd., 💻 www.thaiculturalcenter.com, Karte S. 136/137. Hier finden weitere Theater- und Tanzaufführungen statt.

In verschiedenen Restaurants werden klassische Thai-Tänze zu einem festen Menü (s. S. 185) aufgeführt.

Kostenlos sind die Vorführungen am Lak Muang-Schrein am Sanam Luang (s. S. 142) sowie am Erawan-Schrein an der Ratchadamri, Ecke Ploenchit Rd. (s. S. 156). Auch im Vimanmek Mansion (s. S.159) werden traditionelle Tänze aufgeführt.

Einkaufen

Bangkok ist das Einkaufsparadies Südostasiens. Egal ob Textilien, Kunsthandwerk, Accessoires, Bücher, Technik oder Kosmetika, man bekommt hier alles zu meist deutlich günstigeren Preisen als in der Heimat.

Die großen Einkaufszentren konzentrieren sich am Siam Square entlang der **Rama I.** und **Ploenchit Rd.,** aber auch in der **Sukhumvit** und **Silom**-Gegend. Nahezu alle großen internationalen Marken sind mit eigenen Boutiquen vertreten. Gerade im **Siam Square** und auf dem **Suan Chatuchak Weekend Market** findet man auch viele ausgefallene Geschäfte mit interessanten und kreativen Produkten.

Der **Pratunam-Markt** und die angrenzenden **Platinum Fashion Mall**, **Pratunam Center**, **Indra Square**, **City Complex**, **Krung Thong Plaza** und die unteren Stockwerke des **Baiyoke II Towers** stellen das Zentrum des Textilhandels dar. Hier werden sowohl günstige Produkte minderer Qualität, als auch gefälschte und originale Markenprodukte in großen Mengen verkauft. Die Auswahl und das Ausmaß der Verkaufsfläche sind überwältigend. Manche Händler verkaufen nur in großen Mengen an die geschäftig umher eilenden Großhändler aus Indien, Afrika und Europa. Die meisten sind jedoch auch bereit, einzelne Stücke zu veräußern.

Technik ist am besten im **MBK (Mah Boon Krong Center)** oder in der **Panthip Plaza** zu bekommen. Allerdings sind hier die Preisunterschiede zu Europa deutlich geringer als bei Textilien, Souvenirs und Accessoires.

Die großen Touristenmärkte mit einem breiten Angebot an Souvenirs, nachgemachten Textilien und Accessoires befinden sich den ganzen Tag auf der **Khaosan Rd.**, entlang der unteren **Sukhumvit Rd.**, abends auf dem **Suan Lum Night Market** am Lumphini Park und dem Nachtmarkt in der **Patpong**.

Die Straßenhändler in der Patpong und Khaosan verlangen oft hoffnungslos überhöhte Preise, die mit etwas Geschick deutlich gedrückt werden können. Die meisten Preise auf dem Pratunam-Markt und außerhalb der Touristenhochburgen sind realistischer, und deswegen wird hier deutlich weniger gehandelt.

Shopping Center

Wahre Konsumtempel konzentrieren sich in der unteren Sukhumvit Rd., der Ploenchit Rd. und Silom Rd. In ihnen sind Boutiquen, Dienstleistungsunternehmen und Büros, Restaurants, Kinos, Supermärkte und Kaufhäuser untergebracht.

Zentral in der Chinatown (Karte S. 148)
Old Siam Plaza, 66 Charoen Krung Rd. Eine restaurierte Markthalle, die noch etwas historisches Flair ausstrahlt, was sie v. a. ihren überglasten Höfen, den im traditionellen Design gefliesten Böden und dem sparsamen Einsatz von Klimaanlagen verdankt. Eine Augenweide ist der Food Market in einem der Höfe. ◷ 9–21 Uhr.
River City am Menam Chao Phraya, neben dem Royal Orchid Sheraton Hotel, 🖳 www.rivercity.co.th. Rings um eine weite Halle, in der offene Stände Kunsthandwerk anbieten, reihen sich kleine Läden, u. a. viele Antiquitäten- und Seidengeschäfte. In der Halle finden monatlich wechselnde Ausstellungen statt. In manchen Läden ist die Qualität der angebotenen Waren so hoch, dass man sich wie in einem Museum fühlt. Ein kostenloses Shuttleboot verkehrt zur Taksin-Brücke (Skytrain). ◷ Antiquitätengeschäfte 8.30–18 Uhr, Boutiquen 10–20 Uhr.

Nahe Siam Square (Karte S. 154)
Amarin Plaza, Ploenchit Rd. Beherbergt auf 5 Stockwerken viele Edelboutiquen, Möbel- und Seidengeschäfte und Kunsthandwerk. Im 3. Stock liegt der Sogo Department Store. ◷ 9–21 Uhr.
Central World, Ratchadamri, Ecke Rama I Rd., BTS Chit Lom, 🖳 www.centralworld.co.th. Das riesige, 7-stöckige Shopping-Center wird als „The Bangkok Lifestyle Landmark" vermarktet und beherbergt neben unzähligen Läden international bekannter Labels auch den Zen Department Store. Er wurde 2006 komplett zum flächenmäßig größten Einkaufszentrum in Südostasien einschließlich Hongkong umgebaut. ◷ 10–21 Uhr.
Gaysorn Plaza, BTS Chit Lom, 🖳 www.gaysorn.com. In dem großzügig mit Marmor verkleideten Gebäude finden sich über 100 Edelboutiquen internationaler Designer. Im 3. Stock gibt es auch viele interessante Geschäfte mit Kunsthandwerk. ◷ 10–20 Uhr.
Narayana Phand, nahe BTS Chit Lom, 🖳 www.naraiphand.com. Geräumiges Handicraft Center mit einer großen Auswahl (s. S. 205). ◷ 10–20 Uhr.
Peninsula Plaza, Ratchdamri Rd., BTS Ratchdamri. Das neben dem Four Seasons Hotel gelegene Gebäude im französischen Kolonialstil beherbergt viele Luxusboutiquen. Hier gibt es ein Swarovski-Geschäft, die Galeries Lafayette und Gucci-, Louis Vuitton- und Versace-Filialen. Auch eine Kunstgalerie, Tanzschule und Filiale von Asia Books befinden sich im Haus. ◷ 10–21 Uhr.
Siam Center, BTS Siam. Als es 1973 gebaut wurde gehörte es zu den ersten großen Einkaufszentren des Landes. Der Hauptfokus in den 4 Stockwerken liegt auf Boutiquen für Markenbekleidung und Sportartikel, die eine jugendliche Klientel anlocken. Neben vielen Modeboutiquen, u. a. angesagter thailändischer Designer, liegen hier auch der British Council und einige Restaurants. ◷ 9–21 Uhr.

Alles unter einem Dach

MBK (Mah Boon Krong Center), Rama I Rd., Ecke Phayathai Rd, BTS National Stadium, 🖳 www.mbk-center.co.th/en. Der riesige Block beherbergt eine schier unendliche Auswahl an kleinen Geschäften, die eine breite Palette von Waren zu günstigen Preisen nach Stockwerken geordnet anbieten. Klamottenläden finden sich im 1., 2., 3. und 6., Technik im 4. und Möbel im 5. Stockwerk. Außerdem der Tokyu Department Store und eine Vielzahl an Restaurants und Fastfood-Niederlassungen. Internet im 4. und 7. Stock und ein Postamt im 2. Stock. Im Obergeschoss liegt noch der SF Cinema City Multiplex. ◷ 11– 22 Uhr.

Siam Discovery, BTS Siam. Der Komplex ist durch eine Brücke direkt mit dem Siam Center verbunden. Dahinter erhebt sich der **Siam Tower**. Runde Formen und der Einsatz von Chrom und Glas geben dem Gebäude eine futuristische Note. Jedes Stockwerk hat einen speziellen Fokus. Im 4. Stock befindet sich eine Filiale von Asia Books, zudem ein großes Multiplex-Kino. ⏲ 10–22 Uhr.

Siam Square, hier gehen v. a. junge Leute aus den benachbarten Sprachschulen und nahe gelegenen Büros einkaufen. Entsprechend besteht das Angebot aus vielen kleinen, alternativen Geschäften mit preiswertem Modeschmuck, Taschen und anderen Accessoires sowie Textilien (in kleinen Größen).

Sukhumvit Rd. (Karte S. 177)
Emporium, 622 Sukhumvit Rd., am Queen's (Benjasiri) Park, 💻 www.emporiumthailand.com, Karte S. 136/137. Elegantes, hochpreisiges, 7-stöckiges Einkaufszentrum mit Designerboutiquen, dem Emporium Department Store, einem Kinokuniya-Buchladen im 3. Stock und einer Food Hall im 5. Stock mit tollem Ausblick über den Park auf die Silhouette der Stadt. Manchmal finden Sonderausstellungen statt. ⏲ 10.30–22 Uhr.

Das schickste Einkaufszentrum Thailands

Siam Paragon, 💻 www.siamparagon.co.th. Das zurzeit schickste und modernste Shopping Center Bangkoks ist aufgrund seiner Architektur und einmaligen Läden allein schon eine Sehenswürdigkeit (s. S. 155). Die 500 000 m² Lädenfläche bieten Ausgefallenes wie das größte Aquarium Südostasiens Siam Ocean World im 2. Untergeschoss (s. S. 155), den einzigen Porschehändler Thailands im 2. Stock (!!!), Ausstellungen von Luxusautos, Kunstgalerien und Kinokunya, den größten Buchladen der Stadt. Im Erdgeschoss gibt es einen riesigen Food Court, der keine kulinarischen Wünsche offen lässt. Auf der oberen Etage befindet sich zudem ein riesiges Multiplex-Kino mit angeschlossenem Imax. ⏲ 10–22 Uhr.

Sukhumvit Plaza, 212 Soi 12, Sukhumvit. Dieses Einkaufszentrum hat sich voll und ganz der koreanischen Kundschaft verschrieben.
Times Square, 246 Sukhumvit Rd., zwischen Soi 12 und 14. Beherbergt zahlreiche Boutiquen, ein kleines Postamt, Restaurants sowie eine Filiale von Asia Books.

Nahe Silom Rd. (Karte S. 152)
Central Department Store, Ploenchit Rd., 💻 www.central.co.th. Das älteste Kaufhaus Bangkoks. Weitere Filialen u. a. im Silom Plaza und der unteren Silom Rd. ⏲ 10–22 Uhr.
Silom Complex, nahe Dusit Thani Hotel. Wird überwiegend vom Central Department Store eingenommen. Im Tiefgeschoss einige Fastfood-Restaurants und ein Sportartikelverkäufer.
Silom Village, Silom Road. Kleines Einkaufszentrum mit Restaurant, Hotel und einem guten Angebot an Kunsthandwerk.
Thaniya Plaza, nahe Patpong, zwischen Silom und Surawong Rd. Kleiner Komplex mit mehreren Kunsthandwerksläden, Asia Books, einer Filiale des Silom Village und einem Kaffeehaus.

Im Norden (Karte S. 154)
Indra Square, Ratchaprarop Rd., im Zentrum von Pratunam gelegen. Beherbergt das Einkaufszentrum besonders viele Taschen- und Accessoirgeschäfte, aber auch Modegeschäfte und Restaurants. ⏲ 10–20 Uhr.
Pantip Plaza, Phetchaburi Rd., 10 Min. zu Fuß von der BTS Ratchathewi, 💻 www.pantipplaza.com. Gigantischer Einkaufskomplex für Computerfans. Hier wird auf einer großen Fläche Computerhardware sowie legale und kopierte Software verkauft. An Computern kann überprüft werden, ob die Software fehlerfrei funktioniert. Auch Digitalkameras, DVDs, Handys und andere Technik können erstanden werden. ⏲ 10–20.30 Uhr.
Platinum Fashion Mall, Phetchaburi Rd., 💻 www.platinumfashionmall.com. Mit über 2000 Modegeschäften richtet sich diese riesige, 2006 eröffnete Mall v. a. an eine mode- und preisbewusste weibliche Zielgruppe. Wenig Markenprodukte, dafür viele kreative Designs

und sehr günstige Preise. Im obersten Stockwerk ein guter Food Court. 🕒 10–22 Uhr.
Suan Chatuchak Weekend Market, Karte S. 136/137. (s. S. 160).

Weitere große Einkaufspaläste liegen an den Ausfallstraßen außerhalb, z. B. der **Seacon Square** in der Srinakarin Rd. östlich des Zentrums, 💻 www.seaconsquare.com, oder die **Central Plaza Pinklao**, Borommaratchachonnani Rd., 💻 www.central.co.th, 🕒 10–22 Uhr.

Märkte

In der Millionenstadt Bangkok haben einige Märkte mit ländlichem Charakter überlebt. Auf ihnen wird frisches Obst und Gemüse, Fisch und Fleisch angeboten. Die legendären schwimmenden Märkte gibt es allerdings nur noch außerhalb der Metropole. Auf den meisten Märkten Bangkoks werden v. a. Textilien und Drogerieartikel verkauft, aber auch Pflanzen und – natürlich – Souvenirs für die zahlreichen Touristen.

Amulettmarkt, neben dem Wat Ratchanatda, westlich vom Golden Mount, Karte S. 147. Schutz- und Glücksamulette und religiöse buddhistische und hinduistische Statuen sowie Abbildungen der Könige werden hier verkauft. Handeln nicht üblich.
Pahurat-Markt, südlich der Pahurat Rd., Karte S. 148. Dieser überdachte Markt, auf dem v. a. Textilien angeboten werden, weist einen deutlich spürbaren indischen Einfluss auf. Hier findet man alles, von Saris bis zu Brokatstoffen für Tempeltänzer, Schmuck, Betelnüsse, Kurzwaren, Schreibwaren u. a. Feilschende Touristen sind nicht gern gesehen.
Pak Klong Talaat, nahe der Memorial-Brücke, Karte S. 148. Hier findet täglich am frühen Morgen in der großen Halle am Fluss ein sehenswerter Großmarkt statt, auf dem mit Obst und Gemüse, Fisch und Fleisch gehandelt wird. Begrenzter Verkauf auch an Endverbraucher.
Pratunam-Markt, entlang der Ratchaprarop Rd. sowie im und um den Baiyoke II Tower, Karte S. 154. Es gibt unzählige Stände, die v. a. Textilien, aber auch Souvenirs zu absolut günstigen Preisen verkaufen. Nichts für Leute mit Platzangst. Die Verkäufer lassen mit sich handeln.
Sampeng Lane, von der Pahurat Rd. über den Klong Richtung Südosten und in den Seitengassen, Karte S. 148. In der schmalen Gasse wird in zahllosen offenen Geschäften eine Vielfalt von Waren angeboten.
Soi Bank Market, hinter der Bangkok Bank in der Silom Rd., Karte S. 152. Hier werden Mo–Fr mittags auf dem quirligen Markt Blumen, Textilien und andere Alltagsgegenstände verkauft. Vorsicht, die Soi hat den Beinamen „Gasse, die das Geld hinwegschmelzen lässt".
Thewet-Blumenmarkt, am nördlichen Ende der Luk Luang Rd., an der Mündung des Klong Phadung Krung Kasem, Karte S. 136/137. Hier werden täglich Blumen und Pflanzen verkauft. Auf der anderen Seite des Klong erstreckt sich ein Obst- und Gemüsemarkt, der sich in die Samsen Rd. fortsetzt. Textilien und Essenstände gibt es auf der gegenüber liegenden Straßenseite.
Suan Chatuchak Weekend Market, Karte S. 136/137, jeden Sa und So von 7–18 Uhr lockt der große, interessante Markt bis zu 400 000 Besucher und auch einige Diebe an. An 15 000 Ständen gibt es Textilien (kreative T-Shirts), Souvenirs und Kunsthandwerk aus allen Landesteilen, Schmuck, Porzellan, Haushaltswaren, Lebensmittel, Tiere, Musik, Bücher (auch in Englisch), Elektroartikel, Pflanzen und sogar Wechselstuben, Geldautomaten und einen Stand der Tourist Police, wo es einen Plan vom Markt gibt. Mi und Do werden überwiegend Pflanzen verkauft (s. S. 161).

Antiquitäten

Der Handel mit echten Antiquitäten ist in Thailand seit 1989 **verboten**. Deshalb lebt eine ganze Branche von der Produktion täuschend echter „Antiquitäten".
Bester Anlaufpunkt ist die **River City** (s. S. 201). Informationen erteilt das Fine Arts Department unter 📞 02-224 1370.

Brillen

Mit einer Sehstärken-Bestimmung eines Augenarztes kann man sich günstig neue Gläser in eine vorhandene Brille einsetzen lassen.

Auch Fassungen sind in Thailand billiger, Handeln möglich. Empfehlenswert ist die Kette **Charong Krung Optical Shop**, Filiale in der Chakraphong Rd., etwas nördlich der Einmündung der Khaosan Rd., Karte S. 164

Bücher und Landkarten

Aporia Books, 131 Tanao Rd., ✆ 02-609 2552, Karte S. 164. Der kleine Laden in Banglampoo überrascht mit einer guten Auswahl an englischsprachigen Reiseführern, Kunstbänden und Romanen. Im 1. Stock gibt es außerdem gebrauchte deutschsprachige Bücher. ⌚ 9–20 Uhr.

Asia Books, 💻 www.asiabooks.com, 221 Sukhumvit Rd., Karte S. 177, außer dem Mutterhaus zwischen Soi 15 und 17 Filialen u. a. im 1. und 3. Stock des Landmark Plaza zwischen Soi 4 und 6, Sukhumvit Rd., im Times Square, zwischen Soi 12 und 14, im Peninsula Plaza, Ratchadamri Rd., Central World, im Siam Discovery Center und vielen anderen Einkaufszentren. ⌚ bis 20 Uhr, im Central World bis 21 Uhr.

Bei Otto, Soi 20, Sukhumvit Rd., Karte S. 164. Ein kleiner Buchladen mit vielen deutschsprachigen Titeln, auch An- und Verkauf von Secondhandbüchern.

Bookazine, Siam Square, Karte S. 154. Der kleine 2-stöckige Laden hat eine gute Auswahl an englischsprachigen Büchern und Magazinen, auch Reiseführer und Karten. Weitere Filialen im Sogo Department Store im 3. Stock, Ploenchit Rd., Silom Complex im 2. Stock, CP Tower im 1. Stock, nahe Patpong und All Seasons Place, Witthayu Rd. und in der Chakraphong Rd. in Banglampoo.

Moonlight Bookshop, 46/1 Khaosan Rd., Karte S. 164. Einer der Secondhand-Buchläden in der Khaosan Rd. und Umgebung, der neben englischsprachigen Romanen auch gebrauchte Reiseführer verkauft.

Shaman Bookstore, 71 Khaosan Rd., Karte S. 164, Secondhand-Buchladen.

White Lotus, 💻 thailine.com/lotus. Hat sich auf Bücher über Thailand und Südostasien in Englisch und Deutsch spezialisiert, verschickt Kataloge.

Der größte Buchladen Thailands

Kinokuniya, 💻 www.kinokuniya.com. Die große japanische Kette hat 3 Filialen in Bangkok. Die größte im 3. Stock des Siam Paragon, ✆ 02-610 9500, 💻 www.siamparagon.co.th, Karte S. 154, mit vielen Reiseführern und Büchern zu Thailand und Südostasien sowie zu anderen Sachgebieten. Hier findet man fast alles! Weitere Filialen im Isetan Department Store, 6. Stock, Central World, ✆ 02-255 9834, und im Emporium Shopping Complex, 3. Stock, 622 Sukhumvit Rd, ✆ 02-664 8554.

Edelsteine

Bangkok ist das weltweite Zentrum für die Aufarbeitung minderwertiger und die Herstellung synthetischer Steine. Relativ gering ist das Angebot an im eigenen Land geförderten Saphiren und Rubinen, das meiste wird importiert. Die Verarbeitung der Steine wird kostenlos in einigen Gem Cutting Factories demonstriert.

Potenzielle Käufer sollten bedenken, dass zurzeit auf dem Weltmarkt eine Saphirschwemme herrscht, die angebotene Ware zumeist nur von minderer Qualität ist und man fast jeden Stein künstlich herstellen kann. Der Verkauf von Ramsch ist schließlich nicht verboten. Wer kein Experte ist, lässt besser die Finger von lukrativ erscheinenden Geschäften. Ansonsten sollten Schmuckstücke immer mit einer Echtheitsbescheinigung versehen sein, mit der Angabe von Größe, Gewicht und Preis sowie einer Rückgabegarantie (innerhalb von 30 Tagen ohne Einschränkungen) und einer Quittung.

Thai Gem & Jewellery Traders' Association, 942/152 Chan Issara Tower, Rama IV Rd., ✆ 02-235 3039, Karte S. 152. Die Vereinigung schätzt gegen eine Gebühr den Wert von Schmuckstücken und Edelsteinen.

Kameras / Filme

Filme sind teurer als in Deutschland. Offiziell dürfen nur 5 Filme importiert werden, was aber nicht kontrolliert wird. Papierabzüge von digitalen Speichermedien werden nahzu überall

Es ist nicht alles Gold, was glänzt!

Besonders beim Kauf von Edelsteinen werden viele Ausländer übers Ohr gehauen – so geschickt, dass man es kaum glaubt! Die meisten Betroffenen werden auf der Straße von Tuk-Tuk-Fahrern, selbst ernannten Guides, angeblichen Polizisten, uniformierten Frauen, netten Studenten oder sogar von weißen Travellern angesprochen. Mit fadenscheinigen Gründen (besonderer Feiertag, Sehenswürdigkeiten geschlossen, nur begrenzte Einkaufsmöglichkeiten) wird man zu einer Edelsteinschleiferei gelockt und mit dem Versprechen, die Steine zum Vielfachen des Einkaufspreises zu Hause wieder verkaufen zu können, zum Kauf überredet (die falschen Adressen werden sogar mitgeliefert).

Wir erhalten trotz dieser Warnung immer noch jedes Jahr Briefe von Betroffenen, die zum Teil mehrere tausend Dollar verloren haben.

Wer Betrügern auf den Leim gegangen ist, wendet sich an die Tourist Police, s. S. 211. Weitere Tipps für Geschädigte enthält ein Merkblatt der Deutschen Botschaft, s. S. 42.

sofort gemacht. Diafilme sind allerdings sehr schwer zu bekommen.

Center Digital Lab, 169 Khaosan Rd., ✆ 02-629 3703, Karte S. 164. Hier gibt es für Fotografen auch Diafilme zu angemessenen Preisen.

VIMON, 835 Sukhumvit Rd., zwischen Soi 45 und 47, ✆ 02-258 7402, Karte S. 136/137. In dem Geschäft werden zuverlässig Kameras repariert.

Kunsthandwerk

Narayana Phand, Ratchadamri Rd., gegenüber dem Central World, 💻 www.naraiphand.com, Karte S. 154. Von allen Einkaufszentren hält der staatliche Verkaufsraum das größte Angebot bereit. Im Untergeschoss ist ein Souvenirmarkt für alle, die nicht gern an den Straßenmärkten handeln. 🕓 10–20 Uhr.

Suan Chatuchak Weekend Market (s. S. 160), hier gibt es fast alles.

Thai Craft Museum Shop, im 2. und 3. Stock des Gaysorn Plaza, Karte S. 154. Das Geschäft offeriert in einer ansprechenden Umgebung hübsches Kunsthandwerk aus allen Landesteilen. 🕓 10–21 Uhr.

Schmuck

Modischer Silberschmuck in großer Auswahl zu günstigen Preisen gibt es in Banglampoo in der östlichen Trokmayom Chakraphong, der Gasse südlich der Khaosan Rd. Eine Vielzahl an weiteren, größeren Läden befinden sich in der Tanao Rd. um die Ecke. Siehe auch „Edelsteine".

Schneider

Schneider nähen Hemden, Kleider oder gar Anzüge nach Vorlage (Katalogbilder reichen aus, die eigene Lieblingshose ist aber besser). Sie sprechen alle Englisch, wenn nicht sogar Deutsch. Selbst wenn die Kleidung innerhalb von 24 Stunden fertig sein könnte, lohnt es sich, 3 Tage und mehrere Anproben zu investieren, Details genau abzusprechen, nicht auf superschnelle, superbillige Sonderangebote hereinzufallen, Änderungen zu verlangen und dafür genügend Zeit einzuplanen. Auch hier ist Handeln angebracht. Je nach verarbeitetem Material variieren die Kosten. Als Anhaltspunkt könnten folgende Preise dienen: 3-teiliger Nadelstreifenanzug inkl. maßgeschneidertem Hemd oder Hosenanzug plus Rock und Bluse für 6000–10 000 Baht. Adressen und mehr s. eXTra [2696].

Seide

Seide wird in vielen Geschäften in verschiedenen Qualitäten und Farben angeboten – als Kissen, Krawatten, Kleider usw. oder am laufenden Yard (1 Yard = 91,44 cm) in einer Breite von meist 1 m. Preiswerte Seide gibt es auf dem Suan Chatuchak Weekend Market. Allerdings wird viel Kunstseide oder eine Mischung mit hohem Kunstfaseranteil als angeblich echte Seide angeboten.

Lina Thai Silk, 231 Siam Centre, 979 Rama 1 Rd., ✆ 02-251 5950, ✉ lina@linagroup1970.com, Karte S. 154. Kleines Geschäft voller qualitativ hochwertiger Seide, alles wird handgeschneidert und kann in kürzester Zeit für Kunden passend geändert werden.

Jim Thompson, 9 Surawong Rd., nahe Rama IV Rd., ✆ 02-632-8100, 🖳 www.jimthompson.com, Karte S. 152, ⌚ 9–21 Uhr. Ist das führende Geschäft, weitere Filialen u. a. im Isetan-Kaufhaus im Central World Plaza, ⌚ 10–21 Uhr, im Emporium, im Siam Paragon, im Central Chidlom und in vielen Luxushotels.

Textilien

Kleidung gibt es nicht nur auf dem Chatuchak Weekend Market, sondern auch auf Straßenmärkten. Eine große Auswahl in der Sukhumvit Rd., in Patpong und in Banglampoo, dem traditionellen Textilzentrum der Stadt. Großhändler kaufen auf dem Pratunam-Markt und in den umliegenden Einkaufszentren, wo die Auswahl an qualitativ hochwertigen Textilien am größten und die Preise am niedrigsten sind.

Bangkoker (CRXDBKKER), 113 Samsen Rd., ✆ 02-628 9722, 🖳 www.bkker.com, Karte S. 164. Der freundliche Bangkoker Designer und seine Mutter verkaufen einzigartige, kreativ bedruckte Shirts.

Bo Bae Tower, 488/800 Tamrongrak Rd., Karte S. 147. Im Untergeschoss kann man günstig Jeans, T-Shirts und andere Textilien einkaufen. Allerdings ist die Qualität hier nicht besonders hoch.

Sonstiges

Autovermietungen

Es ist kein Vergnügen, einen Wagen durch Bangkok zu steuern. Neben der großen Verkehrsdichte und dem ungewohnten Linksverkehr fordert ein verwirrendes System von Einbahnstraßen und Busspuren, die zu unterschiedlichen Zeiten in Betrieb sind, die ganze Aufmerksamkeit des Fahrers. Wer das Verkehrschaos umgehen will, kann sein Auto am Suvarnabhumi Airport mieten und von dort gleich auf der Ring Road weiterfahren. Auch sind Sonntage gut zum Fahren, da v. a. vormittags wenig los ist.

Expressways in Bangkok kosten pro Abschnitt 40–90 Baht Gebühren.

Informationen über Mietwagen s. S. 81.

Avis, 2/12–13 Witthayu Rd., ✆ 02-255 5300-4, 📠 2546 718-9, 🖳 www.avisthailand.com. Filialen u. a. an den Flughäfen, im Dusit Thani Hotel und Grand Hyatt Erawan Hotel sowie außerhalb von Bangkok in Chiang Mai, Chiang Rai, Hat Yai, Hua Hin, Khon Kaen, Ko Samui, Krabi, Pattaya, Phuket, Phitsanulok und Udon Thani.

Budget, 19/23 Royal City Avenue, New Phetchaburi Rd., ✆ 02-203 9294-5, 📠 203 0666, 🖳 www.budget.co.th. Filialen in Chiang Mai, Chiang Rai, Hat Yai, Hua Hin, Khao Lak, Khon Kaen, Korat, Ko Samui, Krabi, Pattaya, Phitsanulok, Phuket, Rayong, Sura Thani, Ubon Ratchathani und Udon Thani. Nach Tarifen für Einwegmieten *(one-way rental)* aus den Provinzstädten nach Bangkok fragen.

Grand Car Rent, 233-5 Asoke Din Daeng, ✆ 02-248 2991-2.

Hertz, Thai Tower, All Seasons Place, 87 Witthayu Rd., ✆ 02-654 1105, 📠 654 1110, 🖳 www.hertz.com. Weitere Niederlassungen an den Bangkoker Flughäfen, in Chiang Mai, Chiang Rai, Khao Lak, Ko Samui, Krabi, Pattaya, und Phuket.

Klong Toey Car Rent, 1921 Rama IV Rd., ✆ 02-251 9856, 📠 02- 252 3566.

National Car Rental, 727 Srinakarin Rd., ✆ 02-722 8487, 📠 722 8492, 🖳 www.nationalcar.com. Filialen am Suvarnabhumi Airport, in Chiang Mai, Chiang Rai, Krabi und Phuket.

Botschaften

Adressen und Öffnungszeiten ausländischer Botschaften s. S. 42.

Christliche Kirchen

Deutschsprachige Gemeinden:
Evangelisch, 🖳 www.die-bruecke.net.
Katholisch, 🖳 www.gemeinde-bangkok.com.

Fahrräder

Selbst auf „Radwegen", wie dem vom Lumphini Park zur Sukhumvit Soi 12 mit seinen Treppen und Steigungen, ist Radfahren kein Vergnügen. Wer auf eigene Faust per Rad die Stadt erkunden möchte, bekommt bei der **Bangkok Tourism Division**, 17/1 Phra Athit Rd., Karte

S. 164, den Prospekt *Bangkok's 10 Biking Routes* mit interessanten Routenvorschlägen inkl. Kartenmaterial, Beschreibungen und weiteren wichtigen Infos.

Pro Bike, 237/2 Sarasin Rd., 02-253 3384, www.probike.co.th, Karte S. 152.
Ein großer, professioneller Fahrradladen mit Werkstatt. Mo–Fr 10–19, Sa 8.30–19, So 8.30–17 Uhr.
Zu Radwegen s. **eXTra [2697]**.

Radtouren

Höchst empfehlenswert sind geführte Radtouren, die einem Bangkok von einer anderen, „grüneren" Seite zeigen und auch – je nach Tourprogramm – hinaus aufs Land führen. Mittlerweile gibt es zahlreiche Anbieter, u. a.:

ABC Amazing Bangkok Cyclist, 10/5-7 Soi Aree, Sukhumvit Soi 26, 02-665 6364, www.realasia.net. Der bereits seit 1989 aktive Veranstalter führt größere Gruppen durch die Stadt. Tagestouren 1500–2000 Baht, Halbtagestouren 1000 Baht p. P.

Absolute Explorer, 99/1 Sukhumvit, Soi 103, 02-746 6191, 087-077 9696, www.absolute explorer.com. Die 5–7-stündigen Tagestouren in der ländlichen Umgebung Bangkoks kosten inkl. Abholung und Transport 1000–1200 Baht p. P. und beginnen um 10 Uhr. Maximal 8 Teilnehmer.

Bangkok Biking, Baan Sri Kung 350/127, Rama III Road Soi 71, 02-285 3867, 081-170 5906, www.bangkokbiking.com. Ein Veranstalter, der verschiedene Halb- und Ganztagestouren in Bangkok und Umgebung anbietet.

Bike & Travel, 802/756 River Park, Moo 12, Kookot, Lamlookka, Pratumthani, 02-990 0274, www.cyclingthailand.com. Einheimischer Veranstalter, bietet 1–12-tägige Fahrradtouren ab 2 Teilnehmern in ländlichen Regionen Thailands an. Die Touren sind teilweise anspruchsvoll und für Anfängern nicht zu empfehlen.

SpiceRoads, 14/1-B Soi Promsi 2, Sukhumvit Soi 39, 02-712 5305, 089-895 5680, www.spiceroads.com. Der professionelle Veranstalter bietet interessante, ausgefallene Radtouren in ganz Asien an, darunter eine Vielzahl von Touren in und um Bangkok ab 2 Teilnehmern.

Velo Thailand, 88 Soi Samsen 2, 02-629 1745, 089-201 7782, www.velothailand.com. Organisiert für max. 6 Pers. 2–4-stündige Touren durch Bangkok und Thonburi. Die Halbtagestouren starten um 13 Uhr für 1000 Baht und um 18 Uhr für 1100 Baht. Tagestour um 9 Uhr für 1600 Baht. Die ordentlichen Fahrräder werden auch vermietet (50 Baht pro Std. bzw. 300 Baht pro Tag).
Informationen für Biker s. S. 84.

Feste und Festivals

Staatliche Feiertage und große religiöse Feste werden in Bangkok besonders prunkvoll begangen: Zum Geburtstag der Königin oder des Königs finden Paraden und Umzüge in den geschmückten Straßen statt. Bei großen Festen werden sogar die Königlichen Barken zu Wasser gelassen. Auch das chinesische Neujahrsfest ist Anlass zu 3-tägigen Feierlichkeiten in der Chinatown.

Visakha Bucha, das größte buddhistische Fest, wird im Wat Phra Keo und auf dem Sanam Luang begangen. Bereits ab 8 Uhr ziehen 30–40 liebevoll dekorierte Wagen mit Statuen, die Szenen aus dem Leben Buddhas darstellen, durch die Ratchdamnoen Rd. zum Königspalast.

Drachenwettkämpfe finden während der kühlen Jahreszeit von Mitte Februar bis Ende März auf dem Sanam Luang statt.

Zur **Pflugzeremonie** auf dem Sanam Luang Mitte Mai strömen Bauern aus dem ganzen Land nach Bangkok.

Während der **Songkran**-Feiern werden in Bangkoks Straßen wahre Wasserschlachten ausgetragen, wobei Touristen ein beliebtes Ziel darstellen. Wer nicht ständig bis auf die Haut nass werden und mit schmierigem Wasser übergossen werden möchte, sollte die Stadt in diesen Tagen meiden. Zudem führen zahlreiche Absperrungen zu einem Verkehrschaos, v. a. in der Altstadt. In der Chinatown hingegen ist es dann ruhig.

Fitnesscenter / Yoga

Fitnessstudios sind generell relativ teuer, bieten aber auch einiges, wie eigene DJs und ein breites Spektrum an Kursen von Pilates bis Yoga. Auch kürzere Mitgliedschaften sind möglich bei:

Buddy Health Center, im 3. Stock des Buddy Boutique Hotels, 265 Khaosan Rd., ✆ 02-629 4477, Karte S. 164.

California Wow, Filialen in mehreren Einkaufszentren, wie Siam Paragon, und in der Silom Rd. nähe BTS Sala Daeng und in der Sukhumvit Rd., nahe Soi 23, ✆ 02-789 3222, 💻 www.californiawowx.com. 🕓 Mo–Sa 6–23, So 8–22 Uhr.

Iyemgar Yoga Studio, 55th Plaza Bldg., Soi 55, Sukhumvit Rd., ✆ 02-714 9924, 💻 www.iyengar-yoga-bangkok.com, Karte S. 136/137.

Yoga Elements Studio, 1/18 Patpong, Kitpanit Bldg., ✆ 02-634 3095, 💻 www.yogaelements.com, Karte S. 152. Hier wird Vinyasa- und Ashtanga-Yoga gelehrt.

Friseure

Ein Besuch beim Friseur ist wegen der entspannenden Kopf- und Nackenmassage äußerst angenehm und kostet normalerweise 150–250 Baht, in Einkaufszentren mehr. Beim Haareschneiden müssen v. a. Männer darauf achten, dass ihnen der Barbier nicht den Thai-Einheitsschnitt verpasst. Für komplizierte Schnitte, Dauerwellen, Färben und Tönen sollte man in größere, teure Läden gehen. Generell werden die Haare im Liegen mit kaltem Wasser gewaschen.

Geld

Der Nachschub an Bargeld ist durch zahlreiche Geldautomaten und Wechselstuben in den Touristenvierteln und der Innenstadt gesichert.

Kreditkartenorganisationen:

American Express, 388 Paholyothin Rd., ✆ 02-273 5544, 🕓 Mo–Fr 8.30–17 Uhr, Vertretung: Sea Tours, Suite 88-92 Phayathai Plaza, 128 Phayathai Rd., ✆ 02-216 5934, ✆ 216 5783, 🕓 Mo–Fr 8.30–17, Sa 8.30–12 Uhr, kein Einlösen von Schecks.

Diners Club, 191 Silom Rd., während der Bürozeiten Mo–Fr 8–17 Uhr ✆ 02-238 3660, ansonsten ✆ 02-233 5775-6, bei Verlust ✆ 02-231 3500.

Master, bei den Filialen der Bank of Ayutthaya, Bank of America, Siam Commercial Bank, Thai Military Bank und Kasikorn Bank.

Thomas Cook, 12. Stock, Sathorn City Tower, 175 Sathorn Tai Rd., ✆ 02-679 5521.

Visa, Bank of America Building, 2/2 Witthayu Rd., ✆ 02-273 7448-9, 🕓 Mo–Fr 8.30–12.30 Uhr. Außerdem bei Filialen der Kasikorn Bank, der Siam Commercial Bank und der Bank of America.

Immigration

507 Soi Suanphlu, Sathorn Tai Rd., ✆ 02-287 3101-10, 🕓 Mo–Fr 8.30–16.30 Uhr, zudem am Airport.

Informationen

Einige selbst ernannte „Touristeninformationen" werden privat betrieben und verdienen sich eine Provision durch die Vermittlung von Hotels und Touren im Zielgebiet. Als angebliche TAT-Reisebüros ködern sie Kunden mit der falschen Behauptung, Lizenzunternehmen des staatlichen Fremdenverkehrsamtes zu sein. Besonders vor dem Königspalast und am Bahnhof sprechen sie Ausländer an, um ihnen überteuerte Reisen, Visa und Geldwechsel zu schlechten Kursen anzudrehen.

Tourist Authority of Thailand (TAT), nahe dem Demokratie-Denkmal, 4 Ratchdamnoen Nok Avenue, ✆ 02-282 9773-6, Karte S. 147.

Kompetente und hilfreiche Tipps

Bangkok Tourism Division, 17/1 Phra Athit Rd., 💻 www.bangkoktourist.com, ✆ 02-225 7612-5, 📠 225 7616, nordwestlich vom Sanam Luang, Karte S. 164. Von hilfreichen, kompetenten Mitarbeitern erhält man Antworten auf alle Fragen rund um die thailändische Hauptstadt und gute Straßen-, Bus- und Klongkarten. Hier gibt es sogar einen kostenlosen, allerdings auch etwas unübersichtlichen Stadtplan auf Deutsch, auf dem die Buslinien verzeichnet sind. 🕓 Mo–Fr 8–19, Sa und So 9–17 Uhr. Vor dem Robinson Department Store in der Silom Rd., nahe Rama IV, zudem kleine Stände, die ein paar allgemeine Broschüren verteilen.

8.30–16.30 Uhr. Am Informationsschalter gibt es einen Stadtplan und aktuelle Publikationen. Weitere Informationen geben die Angestellten auf Anfrage heraus.
Die Zentrale befindet sich in der 1600 New Phetchaburi Rd., 02-250 5500, www.tourismthailand.org, Karte S. 136/137, Mo–Fr 8.30–16.30 Uhr.
Auch im Untergeschoss des Airport, gegenüber der Polizeistation am westlichen Ende der Khaosan Rd., vor dem Ambassador Hotel, Soi 11, Sukhumvit Rd., und am Chatuchak Weekend Market, Sa und So 9–17 Uhr, verteilen TAT-Filialen Infomaterial und Stadtpläne.
Tourist Service Line, touristische Informationen und Hilfe in Englisch, 1672.
Im Internet: www.bangkok.com, www.bangkokmag.infothai.com.

Internet

Zahlreiche Internet-Cafés in den Gästehäusern in Banglampoo und viele weitere kleine Läden in den Nebenstraßen bieten für 30–60 Baht pro Std. (mind. 10 Min.) an überwiegend recht schnellen Rechnern die günstigste Möglichkeit, eine Mail zu versenden oder zu surfen.
In anderen Stadtvierteln gibt es in Restaurants, Cafés und Einkaufszentren ebenfalls zahlreiche Anbieter. Sie sind aber etwa doppelt so teuer. Einige Restaurants und Hotels werben mit teilweise kostenlosen WiFi-Zonen oder Hotspots.

Massagen / Spas

Traditionelle Thai-Massage für 200 Baht pro Stunde gibt es im Wat Pho (s. S. 138) und in dessen Umgebung. Im Tempel selbst finden Massagekurse statt (s. S. 139).
Fast alle internationalen Hotels verfügen über Wellnesscenter mit einem breiten Angebot an Massagen und Behandlungen.
Auch in der Khaosan Rd. und ihren Seitengassen, v. a. in der Soi Rambuttri und rings um das Viengtai Hotel, bieten Masseure ihre (teils unprofessionellen) Dienste an. 1 Std. kostet hier etwa 200–300 Baht. Einige Massagesalons dienen mehr sexuellen Vergnügungen mit (möglicherweise) weniger gesunden Nachwirkungen.

Entspannen in Bangkok

- Im nächstgelegenen Tempel (außer dem Wat Phra Keo)
- Bei einem Spaziergang durch die Parkanlage der Dusit-Museen, den Lumphini Park oder den Queen Sirikit Park im Norden der Stadt
- Bei einer Fahrt mit dem Expressboot bis zur Endhaltestelle und zurück
- Im Kino
- Bei einer Massage

Divana Massage & Spa, 7 Soi 25, Sukhumvit Rd., 02-661 6784-5, www.divanaspa.com. Das Spa mit empfehlenswerten Massagen und Behandlungen wirkt wie eine kleine grüne Oase inmitten der Sukhumvit-Gegend.
Pai-Spa, 156 Soi Rambuttri, 02-629 5155, www.pai-spa.com. Elegantes, empfehlenswertes, mitten in Banglampoo gelegenes Spa, das eine Vielzahl an Massagen, Behandlungen und Schönheitsmasken anbietet. Eine traditionelle Thai-Massage kostet 300 Baht pro Std.
Relax one hour, 173 Surawong Rd., 02-634 9500, www.relaxonehour.com. Auf 3 Stockwerken wird eine einzigartige kreative Mixtur aus europäischen und asiatischen Anwendungen geboten, die in gediegenem Ambiente ab 1200 Baht pro Std. zu genießen sind.
The Sense of Spa, 323 United Center Bldg., 1. Stock, Silom Rd., Ecke Soi Pipat 3, 02-635 5488-9. Blitzsauberes und gut eingerichtetes Spa, das exzellente Massagen und Kosmetikbehandlungen ab 500 Baht anbietet. Gutes Preis-Leistungs-Verhältnis.

Medizinische Hilfe

Bangkok besitzt eine hohe Dichte an professionell geführten Krankenhäusern, die westlichem Standard entsprechen oder sogar noch besser sind. Englischsprachiges Personal ist immer vor Ort. Die Kosten für Behandlungen und Medikamente sind durchweg moderat und die Wartezeiten wesentlich kürzer als in Deutschland.

In allen Krankenhäusern praktizieren auch **Zahnärzte**, die mit ihren Patienten sanft umgehen.
Allerdings muss die Behandlung direkt im Anschluss bezahlt werden, daher sollte immer genügend Bargeld oder eine Kreditkarte mitgebracht werden. Notfalls kann auch der Pass als Pfand einbehalten werden!
Bangkok Christian Hospital, 124 Silom Rd., ✆ 02-233 6981-9, 💻 www.bkkchristianhosp.th.com, Karte S. 152. Ein großes Krankenhaus, in dem einige Ärzte auch Deutsch sprechen.
Bangkok Adventist Hospital, 430 Phitsanulok Rd., ✆ 02-282 1100, 💻 www.mission-hospital.org, Karte S. 136/137. Ein gut organisiertes und zuverlässiges, von Missionaren geleitetes Krankenhaus. Im 4. Stock befindet sich ein vegetarisches Restaurant.
Bangkok Hospital, 2 Soi Soonvijai 7, nahe Soi 47, New Phetchburi Rd., ✆ 02-310 3000, 💻 www.bangkokhospital.com, Karte S. 136/137. In dem großen Krankenhaus arbeiten viele Spezialisten, und es gibt eine neue Zahnklinik.
BNH Hospital, 9 Convent Rd., zwischen Silom und Sathorn Nua Rd., ✆ 02-233 2610-9, 💻 www.bnhhospital.com, Karte S. 152. Dieses Krankenhaus ist schon etwas älter, bietet aber zuverlässigen, freundlichen Service vom Englisch sprechenden Personal.
Bumrungrad International Hospital, 33 Soi 3, Sukhumvit Rd., ✆ 02-2667 1000, 💻 www.bumrungrad.com, Karte S. 177, kurzfristig Terminvereinbarung unter -1234 (internationale Patienten) oder -1555 (ambulant). In Asiens größtem, luxuriösestem und modernstem Krankenhaus werden jährlich etwa 700 000 Ausländer effektiv bedient und behandelt. Einige der 700 Ärzte sprechen auch Deutsch. Logischerweise liegen die Preise hier deutlich über den in vielen anderen Krankenhäusern.
Hua Chiew General Hospital, 665 Bamrungmuang Rd., Pom Prab, ✆ 02-223 1351, 💻 www.huachiewhospital.com, Karte S. 136/137. Das Krankenhaus ist bekannt für seine alternativen asiatischen Behandlungsmethoden.
Saorapha Memorial Institute, besser bekannt als Schlangenfarm, Rama IV, Ecke Henri Dunant Rd., Karte S. 152. Informiert über Tropenkrankheiten und Impfungen.
St. Louis Hospital, 215 Sathorn Tai Rd., ✆ 02-212 0033-48, 💻 www.saintlouis.or.th., Karte S. 152. Ein großes, katholisches Krankenhaus in der Nähe der BTS Surasak.
Vichaiyut Hospital, 71/3 Setsiri Rd., Phyathai, ✆ 02-265 7777, 💻 www.vichaiyut.co.th., Karte S. 136/137. Empfehlenswertes Krankenhaus im Norden der Stadt mit einem effizientem, freundlichem Service.

Nationalparks

Royal Forestry Department, 61 Paholyothin Rd., außerhalb Richtung Don Muang Airport, ✆ 02-561 4292-3, 💻 www.forest.go.th.
Hier ist auch die National Parks Division untergebracht, ✆ 02-562 0760, 💻 www.dnp.go.th, die Informationen über die Parks erteilt und Reservierungen für Übernachtungen vornimmt.

Post

General Post Office (GPO) in der 1160 Charoen Krung Rd. (New Rd.), ✆ 02-233 1050-9, 💻 www.thailandpost.com, Karte S. 152, 🕓 Mo–Fr 8–20, Sa, So und feiertags bis 13 Uhr.
Packing service im Hauptpostamt, 🕓 Mo–Fr 8–16.30 und Sa 9–12 Uhr.
Andere Postämter 🕓 Mo–Fr 8.30–16.30, Sa 9–12 Uhr.
Weitere **Postfilialen** befinden sich:
In Banglampoo am großen Platz nördlich der Tani Rd. und in der Soi Damnoen Klang Nua, schräg gegenüber dem Sweety Gh., *packing service* Mo–Fr 8.30–16.30, Sa 9–12 Uhr.
Am Hauptbahnhof links vom Haupteingang, versteckt im östlichem Siam Center am Parkhaus, im Mah Boon Krong Center, 2.Stock, und in der Sukhumvit Rd. nahe Soi 4, 🕓 Mo–Fr 8.30–17.30, Sa 9–12 Uhr.
Außer dem Express-Postservice EMS gibt es folgende Kurierdienste:
DHL, 1634/4 New Petchburi Rd., ✆ 02-684 8200, 💻 www.dhl.co.th.
TNT, 599 Chong Non Si Rd., ✆ 02-249 0242-6, 💻 www.tnt.com.

Rauchen

Verstöße gegen das Rauchverbot werden mit einem Bußgeld von 2000 Baht geahndet. Es gilt für alle AC-Restaurants, AC-Wartehallen, AC-Geschäfte und AC-Einkaufszentren, öffentlichen Verkehrsmittel (Busse, Taxis, AC-Eisenbahnwagen, Fähren und Flugzeuge), Tempel, Aufzüge, öffentliche Toiletten und Fähranlegestellen und (mit wenigen Ausnahmen) auch für alle öffentlichen Gebäude, Banken und Flughäfen.

Reisebüros

Unzählige Reisebüros bieten v. a. in der Khaosan Rd., Silom Rd. und Sukhumvit-Gegend Touristen ihre Dienste an. Einige sind seriös und professionell geführt, andere versuchen einem schlechte Touren und billige Tickets zu überhöhten Preisen anzudrehen. Es gibt auch schwarze Schafe, die Anzahlungen kassieren, das Büro schließen und anschließend unter anderem Namen wieder eröffnen. Prinzipiell sind Büros, in denen Mitarbeiter nicht darauf drängen, gleich die komplette Thailand-Reise bei ihnen zu planen und buchen, vertrauenswürdiger.

SV Tours & Travel, 21 Soi Chana Songkhram, im Erdgeschoss des New Siam I, ✆ 02-629 1393-4, Karte S. 164. Ein empfehlenswertes Reisebüro mit netter Beratung und günstigen Preisen.

Touristenpolizei

Tourist Police, Hotline ✆ 1155, 💻 www.thaitouristpolice.com, Zentrale im 23. Stock des TPI Tower, 26/56 Chan Tat Mai Rd., ✆ 02-678 6800, Karte S. 136/137.

Eine Außenstelle befindet sich an der Rama IV Rd., Ecke Ratchadamri Rd., am Lumphini Park, ✆ 02-253 9560, und neben dem Tourist Office nahe dem Demokratie-Denkmal. Zudem steht abends ein Auto an der Patpong.

Visa

Visa für Kambodscha, Laos, Myanmar und Vietnam sind in Bangkok preiswerter und auch schneller zu bekommen als in Europa. Sie können über Reisebüros organisiert werden. Für die meisten Visaanträge sind 2 Passfotos erforderlich. Mit einer Agentur kostet die Ausstellung für:

CHINA (30-Tage-Visum) 2600 Baht in einem Tag, 2200 Baht in 2 Tagen oder 1400 Baht in 4 Tagen.

INDONESIEN (2-Monats-Visum) 2000 Baht in 3 Tagen.

KAMBODSCHA (30-Tage-Visum) 1100 Baht in einem Tag oder 950 Baht in 3 Tagen.

LAOS (30-Tage-Visum) 1550 Baht in einem Tag oder 1350 Baht in 2 Tagen. Für Österreicher und Schweizer 200 Baht mehr.

MYANMAR (28-Tage-Visum) 1300 Baht in 4–5 Tagen. Da das Visum sehr kompliziert zu beantragen ist, lohnt es definitiv, eine Agentur einzuschalten. Ansonsten sollte man bereits um 8 Uhr bei der Botschaft sein, obwohl sie erst um 9 Uhr öffnet, denn es werden max. 30 Anträge pro Tag bearbeitet.

VIETNAM (30-Tage-Visum) 2800 Baht in einem Tag, 2100 Baht in 1 1/2 Tagen, 1700 Baht in 2 Tagen oder 1500 Baht in 3 Tagen.

Wäschereien

Wäsche wird in nahezu allen Hotels und Guesthouses innerhalb von 24 Stunden kalt gewaschen. In den Wäschereien der Gästehäuser wird sie nur selten gebügelt. Der Preis beginnt bei 25 Baht pro Kilo und steht in direktem Verhältnis zum Zimmerpreis.

Touren

Bustouren

In vielen Gästehäusern, Hotels und Reisebüros werden Tagesfahrten mit dem Bus angeboten. Bei diesen Touren erhält man nur einen flüchtigen Eindruck, denn die Fahrt selbst dauert recht lange, sodass wenig Zeit für Sehenswertes bleibt. Zudem hält der Fahrer auf dem Rückweg meist vor einer Orchideenfarm, einem Juwelenladen oder einer „Fabrik", um mit der Provision sein Gehalt aufzubessern. Von den preiswerten Touren der Reisebüros in der Khaosan Rd. sollte man nicht zuviel erwarten.

Bootstouren

Einen Überblick über fast alle Touren mit Buchungsmöglichkeit unter 💻 www.thairivercruise.com.

Chao Phraya Express Boat Service, 78/24-29 Maharat Rd., 📞 02-623 6001, 💻 www.chaophrayaboat.co.th.
Betreibt folgende Ausflugsboote:
So um 10 Uhr am Sathorn Pier und 10.30 Uhr am Maharaj Pier nach Ko Kred, zu 2 Tempeln mit schönen Wandmalereien, dem Wat Poramaiyikawas aus der Ayutthaya-Periode und dem jüngeren Wat Chalermprakiet, einer Töpferei in einem Mon-Dorf und zum Ban Khanom (Süßigkeitenhaus) für 300 Baht.
So um 8 Uhr vom Maharaj Pier und 8.30 Uhr vom Sathorn Pier 9 bis gegen 16 Uhr zu berühmten Tempeln, darunter Wat Arun, Wat Phra Chetuphon und Wat Yannawa für 350 Baht.
So um 8 Uhr vom Maharaj Pier und 8.30 Uhr vom Sathorn Pier 9 bis gegen 17 Uhr zu interessanten Tempeln, darunter Wat Inthraram mit der Möglichkeit, das Leben entlang der Klongs kennenzulernen, für 350 Baht.
Jeden 2. und 4. Sa im Monat um 9 Uhr ab Maharaj Pier und 9.30 ab Sathorn Pier 2 zum Wat Paliwast und Bangnampheung Floating Market für 399 Baht, oder zur Santa Cruz-Kathedrale, dem Wat Arun, dem Wat Suwannaram und den Königlichen Barken für 350 Baht.
Früh morgens zwischen 6.30–7.30 Uhr beginnen Tagestouren mit Luxusschiffen, u.a. **River Sun Cruise** (ab River City), **Oriental Queen** (ab Oriental Hotel), **Horizon Cruise** (ab Shangri-La) und **River King Cruise** nach Ayutthaya, wobei der Transfer ab/nach Bang Pa In mit dem Bus erfolgt. Die Bootsfahrt ist als Hin- oder Rückfahrt buchbar. Rückkehr gegen 16.30 Uhr. Im relativ hohen Preis von 1500–2000 Baht ist ein Buffet auf dem Schiff enthalten.
Mekhala, 📞 02-651 9101, 📠 651 9766, 💻 www.ewsiam.com. Eine luxuriöse Alternative ist die Fahrt nach Ayutthaya auf einer der umgebauten Reisbarken der Mekhala-Flotte für max. 42 Passagiere inkl. einer Übernachtung auf dem Schiff und Essen ab 9990 Baht.
Weitere Möglichkeiten für Flusstouren bieten die Restaurant- und großen Ausflugsboote, die meist auf dem Menam Chao Phraya flussaufwärts fahren (s. S. 215)

Deutschsprachige Stadtspaziergänge

Green Mango, 296 Soi Indramara 45, 💻 www.green-mango.net. Die empfehlenswerten, professionell geführten, deutschsprachigen Stadtspaziergänge zeigen Bangkok von einer anderen, weit weniger bekannten Seite. Neben der informativen Ratanakosin-Tour durch die Altstadt und Chinatown und der ebenfalls interessanten Thonburi-Tour werden Routen auf individuelle Bedürfnisse zugeschnitten. Dabei bieten sich viele Gelegenheiten, die Stadt intensiv kennenzulernen. Die Touren können online gebucht und bezahlt werden, was dank des deutschen Managements problemlos funktioniert. Die Teilnehmerzahl ist auf max. 8 Personen begrenzt.

Nahverkehr

Das Verkehrschaos während der Rushhour (6–9 und 16–20 Uhr) ist bekannt.

Skytrain (BTS)

Die Hochbahn, 📞 02-617 6000, 💻 www.bts.co.th/en/index.asp, ist schnell, sauber und zuverlässig. Sie wird jeden Tag von fast 500 000 Pendlern genutzt. Beide Linien kreuzen sich am Umsteigebahnhof Central Station am Siam Square, Umsteigemöglichkeit in die U-Bahn in Mo Chit / Chatuchak Park, Asoke / Sukhumvit und Sala Daeng / Silom. Die 6,5 km lange **Silom Line** führt vom National Stadium über den Siam Square, die Ratchdamri Rd., obere Silom Rd. und untere Sathorn Rd. über Saphan Taksin (Taksin-Brücke) nach Thonburi; die **Sukhumvit Line** 17 km von der Endstation Mo Chit am Weekend Market über die Paholyothin Rd., am Victory Monument vorbei, über Phayathai Rd., Ploenchit und Sukhumvit Rd. bis zur Endstation On Nut an der Soi 77. Der Ausbau der Sukhumvit Line Richtung Norden bis Saphan Mai und Richtung Flughafen bis Samrong soll bis 2011 realisiert sein. Die Silom Line ist kürzlich um 2 Stationen über den Fluss hinüber nach Thonburi verlängert worden.
Tickets gibt es am Automaten. Sie kosten je nach Anzahl der Stopps 15–40 Baht, der Tourist Pass für 1 Tag 120 Baht, der 30-Tage-Pass mit 20/30/40 Fahrten 440/600/800 Baht. Hinzu kommen noch 30 Baht Gebühr für die Kartenausstellung.

U-Bahn / Hochbahn Bangkok

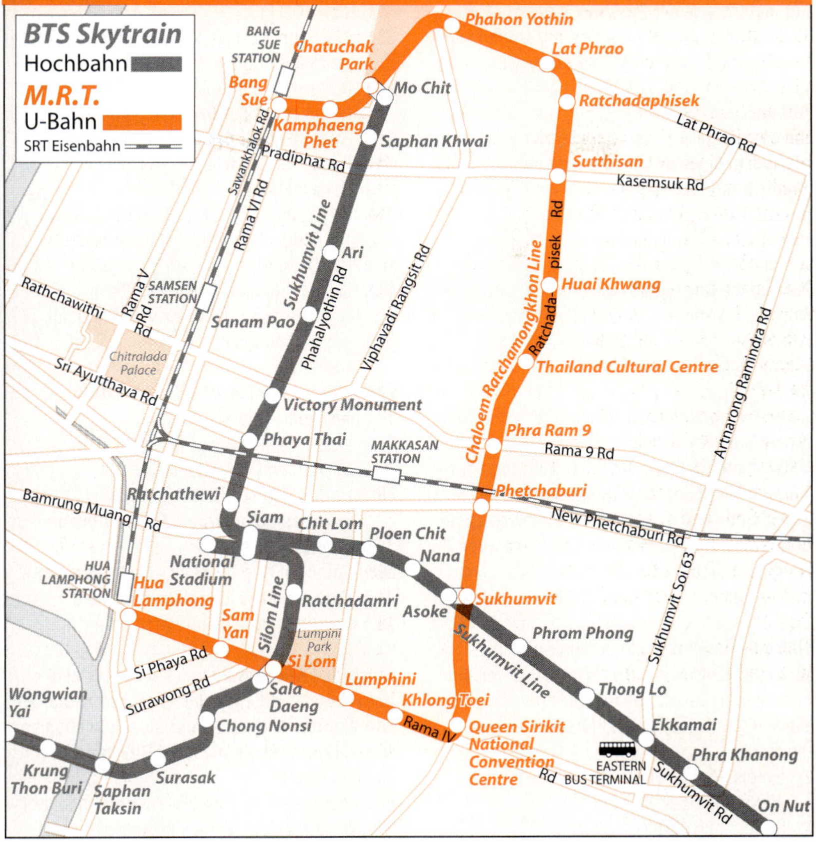

Züge fahren von 6–24 Uhr, Ansagen in den klimatisierten Wagen erfolgen in Thai und in Englisch. In einigen Gegenden verkehren auch Zubringerbusse, deren Routen auf der BTS Map eingezeichnet sind. Hierfür werden Coupons benötigt, die kostenlos an den Schaltern der Stationen zu bekommen sind.

U-Bahn (MRT)

Neben dem Skytrain wurde 2004 ein eigenständiges U-Bahnsystem ausgebaut, 💻 www.bangkokmetro.co.th. Fertig gestellt ist die 21 km lange Strecke vom Hauptbahnhof Hua Lamphong nach Norden über die Ratchadaphisek Rd. bis Bang Sue.

Die insgesamt 19 von Siemens gebauten Züge verkehren von 6–24 Uhr im 2–10 Minutentakt und halten an 18 Bahnhöfen.

Einzelfahrscheine kosten je nach Entfernung 16–41 Baht, etwas billiger ist es mit wiederaufladbaren Stored Value Cards.

Umsteigemöglichkeit in den BTS-Skytrain besteht an den Stationen Silom

(Exit 2 + Fußweg), Sukhumvit (direkt) und Mo Chit (Exit 4 + Fußweg).
Die Geschichte des U-Bahn-Baus wird auf Infotafeln in der Passage in der Station Hua Lamphong, Exit 2 zum Bahnhof, auch mit englischen Beschriftungen dargestellt.

Stadtbusse

Stadtbusse sind je nach Komfort unterschiedlich teuer und zunehmend mit Automaten ausgestattet, also ist es sinnvoll, das Fahrgeld passend bereitzuhalten.
Infos unter 💻 www.bmta.co.th.

Fahrpreise für Stadtbusse:

Non-AC-Busse	7–8,50 Baht
AC-Busse	12–25 Baht
Micro-Busse	25 Baht

Einen **Stadtplan** mit Buslinien, den *Latest Tour Guide to Bangkok and Thailand,* erhält man für 50 Baht am Bahnhof, in einigen Reisebüros, Buchhandlungen und Gästehäusern. Da die Zielorte nur in Thai auf den Stadtbussen stehen, orientieren Touristen sich am besten an den Nummern. Dabei ist zu beachten, dass man nicht in die falsche Richtung fährt.

Non-AC-Stadtbusse haben blaue Schilder. Stadtbusse mit rotem Schild weichen von der normalen Route ab. Die wichtigsten non-AC-Busse (+ bedeutet, Busse verkehren rund um die Uhr):

2: Ekamai (Eastern) Bus Terminal – Ratchdamnoen Klang Rd. +
3: Banglampoo (Phra Athit Rd.) – Suan Chatuchak (Weekend Market) – Mo Chit (Northern Bus) Terminal
25: Samut Prakan – Sukhumvit Rd. – Hauptbahnhof – Sanam Luang +
30: Nonthaburi – Banglampoo – Sanam Luang (bis 21.30 Uhr)
40: Ekamai (Eastern) Bus Terminal – Hauptbahnhof – Itsaraphap Rd. (bis 21.45 Uhr)
47: Königspalast – Hauptbahnhof – Silom/Patpong.
53: Hauptbahnhof – Phra Athit Rd. (Nähe Khaosan Rd.)

AC-Stadtbusse haben geschlossene Türen und Fenster sowie zwei Buchstaben vor der Busnummer. Die wichtigsten AC-Busse (bis gegen 20 Uhr):

501: Minburi – Ekamai (Eastern) Bus Terminal – Hauptbahnhof
503: Rangsit – nahe Suan Chatuchak (Weekend Market) – Banglampoo Phra Athit Rd.) – Nationalmuseum
507: Rama IV Rd. – Hauptbahnhof – Sanam Luang
508: Samut Prakan – Ekamai (Eastern) Bus Terminal – Chinatown – Sanam Luang (bis 20.30 Uhr)
511: Samut Prakan – Sukhumvit Rd. – Banglampoo – Southern Bus Terminal
515: Victory Monument – Southern Bus Terminal
539: Victory Monument – Southern Bus Terminal – Om Yai
551: Victory Monument – Suvarnabhumi Airport, Public Transport Centre
552: On Nut (Endstation Skytrain) – Suvarnabhumi Airport, Public Transport Centre
556: Southern Bus Terminal – Suvarnabhumi Airport, Public Transport Centre
597: Banglampoo – Victory Monument

Mercedes-Micro-Busse sind v. a. für Pendler gedacht und verkehren von 5–22 Uhr zwischen den Vororten und dem Zentrum. Die wichtigsten Micro-Busse (Route nicht auf Busplänen verzeichnet):

5: Petchkasem Rd (Thonburi) – Hauptbahnhof – Phayathai Rd. – Victory Monument – Mo Chit (Northern Bus) Terminal
6: Pak Nam – Ekamai (Eastern) Bus Terminal – Phayathai Rd. – Siam Square – River City
8: Taling Chan – Ratchdamnoen Rd. – Khaosan Rd. – Victory Monument – Suan Chatuchak (Weekend Market)
10: Khaosan Rd. – Rama Khamhaeng Rd.

Taxis

Durch Bangkok fahren viele Taxis auf der Suche nach Fahrgästen. Sie sind mit Taxameter ausgestattet. Man sollte darauf bestehen, dass das Taxameter eingeschaltet wird, oder ein

anderes Taxi nehmen. Manchmal wird auch kurz vor dem Ende der Fahrt oder beim Gepäckausladen das Taxameter ausgeschaltet und ein überhöhter Preis verlangt. Für derartige Fälle Kleingeld passend bereithalten. Nachts sind auch illegale Fahrer im Einsatz, also aufpassen, wo man einsteigt. Da viele Autos mit Gas fahren, ist der Kofferraum oft zu klein für viel Gepäck. Die Einschaltgebühr beträgt 35 Baht (beim Einsteigen darauf achten) einschließlich des ersten Kilometers, jeder folgende Kilometer kostet bis zu 12 km 5 Baht, danach bis zu 7,5 Baht, zudem werden bei Stau (Geschwindigkeit unter 6 km/h) 1,5 Baht pro Minute fällig. Am besten während der Rushhour gar nicht erst losfahren.
Vom Airport ist ein Aufschlag von 50 Baht zu zahlen. Die Gebühren für die Benutzung der Expressways, pro Strecke 40–65 Baht, sind von den Passagieren zu bezahlen. Wenn ein Fahrer das Fahrziel nicht versteht, hilft eine Straßenkarte mit thailändischer Beschriftung, eine Postkarte von der Sehenswürdigkeit, die Visitenkarte des Hotels, oder man lässt sich vorher das Ziel in Thai aufschreiben.
Radio Taxis können rund um die Uhr unter ✆ 1681, 02-880 0888 für zusätzliche 20 Baht telefonisch bestellt werden. Beschwerden über Taxis unter Angabe des Datums, der Uhrzeit und der Registrierungsnummer unter ✆ 1661.

Motorradtaxis

Die Fahrer, an den farbigen Westen mit Nummern zu erkennen, warten an den Abzweigungen der Sois. Kurze Strecken kosten 20 Baht. Auf Hauptstraßen und für längere Strecken sind sie nicht zu empfehlen, da sie sehr gefährlich sind. Sie dürfen nur eine Person befördern. Es besteht Helmpflicht.

Tuk Tuks

Die offenen Motorroller mit Sitzbank verlangen mindestens 30 Baht für eine Fahrt, sind damit meist teurer als Taxis und im dichten Verkehr ein Gesundheitsrisiko. Zudem sind viele Fahrer nicht mehr bereit, Touristen zu einem fairen Preis zu befördern, oder sie versuchen, mit falschen Behauptungen ihre Passagiere zu „Einkaufstouren" zu überreden, um eine entsprechende Provision in Form von Benzingutscheinen zu kassieren; so schließen Touren für 10 oder 20 Baht unter Garantie den Besuch von Geschäften mit ein. Auch an Betrügereien mit Edelsteinen (s. S. 43) sind einige Tuk-Tuk-Fahrer beteiligt. Sprechen die Fahrer kein Englisch, sollte man sich vergewissern, dass sie das Fahrtziel richtig verstanden haben. Aufgrund zahlreicher Beschwerden raten wir, besser ein Taxi zu nehmen.

Personenfähren

Mit den relativ hohen Booten mit Dach kann man von zahlreichen Piers aus zwischen 8 und 18 Uhr den Menam Chao Phraya überqueren. Die meisten Passagiere stehen. Fahrpreis 4 Baht.

Expressboote

Chao Phraya Express Boat Service, 78/24-29 Maharat Rd., ✆ 02-623 6001, 💻 www.chaophrayaboat.co.th. Die langen Boote mit vielen Sitzplätzen verkehren auf dem Menam Chao Phraya über eine Länge von 18 km zwischen Nonthaburi (Norden) und Rajburana (Süden) zwischen 6 und 18.40 Uhr alle 20 Min. Nicht an allen Piers halten Expressboote mit roten und blauen Flaggen, die Mo–Sa zur Rushhour (6–9 und 15–19 Uhr) im Einsatz sind, sowie mit gelben Flaggen, die Mo–Fr alle 10–20 Min. verkehren. Boote mit grünen Flaggen fahren flussaufwärts über Nonthaburi hinaus bis Pak Kret und die mit gelben Flaggen in den Süden bis Rajburana.
Fahrpreis, je nach Bootsflagge und Entfernung, 9–30 Baht. Tickets aufheben, da sie an manchen Piers bei der Ankunft kontrolliert werden.
Chao Phraya Tourist Boat, ✆ 02-617 7340, 💻 www.chaophrayaboat.co.th. Pendelt halbstündlich von 9.30–15 Uhr zwischen Sathon und Phra Athit mit Zwischenstopps an 10 touristisch interessanten Piers, es kostet 20 Baht und ist etwas komfortabler. Die englischsprachigen Erläuterungen sind teils fehlerhaft und unverständlich. Das Tourist-Tagesticket für 150 Baht p. P. für unbegrenzte Fahrten lohnt nicht. An den Piers informieren Schautafeln über die Boote.

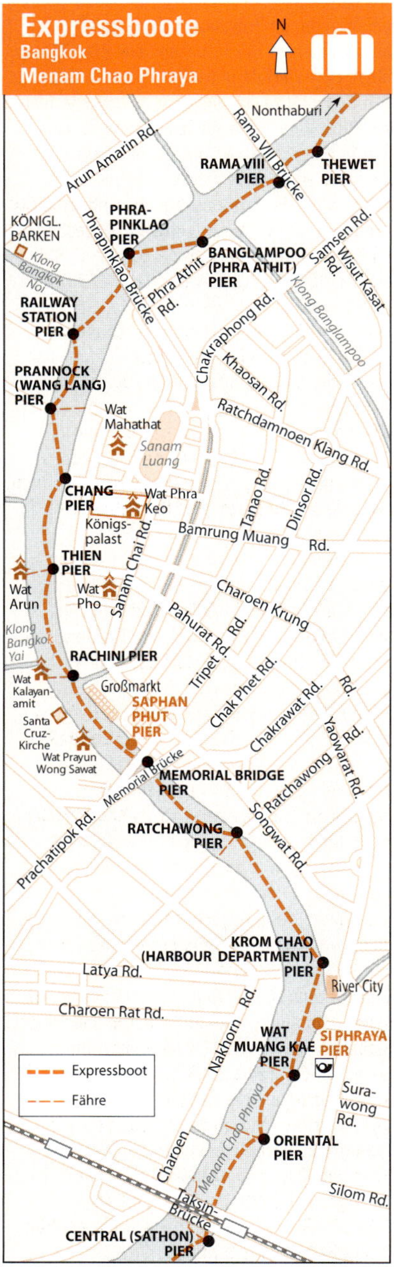

Linienboote auf den Klongs

Rua hang yao – schmale Boote mit Sitzplätzen für etwa 15 Pers., die von einem Außenborder an einer langen Stange angetrieben werden – verkehren immer seltener auf einigen Klongs. Sie werden v. a. von Pendlern genutzt, um in die Vororte zu gelangen. Bei Ausflugsfahrten lohnt es sich, erst nach 9 Uhr loszufahren, wenn die Rushhour vorüber ist. Vor Spritzwasser schützt eine Plane oder ein Schirm.

In Thonburi: Die Boote fahren in Bangkok von separaten Anlegestellen neben den Expressboot-Stopps ab, wenn sie voll sind. Während der Fahrt setzen die Boote die Passagiere einzeln an privaten Bootsstegen ab, auf die diese zuvor gewiesen haben. Der Fahrpreis variiert je nach Boot, Tageszeit und Entfernung. Normalerweise sind diese Boote ausschließlich für die Beförderung von Thailändern, in Ausnahmefällen werden von Ausländern 40–60 Baht verlangt. Da diese Boote von Pendlern genutzt werden, verkehren sie vermehrt morgens stadteinwärts und spät nachmittags stadtauswärts.

Ab **Chang Pier** auf dem Klong Bangkok Noi und dem Klong Bangkok Yai fahren Boote ab 16 Uhr je nach Bedarf mit Pendlern nach Bang Kruay oder weiter ins ländliche Bang Yai für 50 Baht (einfach). Am besten vorn im Boot sitzen. Tickets links auf der Plattform des Piers (zum versteckt liegenden Schalter vom linken Eingang geradeaus und rechts um den Tourstand herumgehen). Bang Yai selbst ist ohne Reiz, man kann sich aber mit dem Taxiboot durch die Kanäle fahren lassen. Da die Boote nur morgens zurück in die Stadt fahren, nimmt man für den Rückweg ein Taxi oder einen Bus vom 200 m entfernten Busstopp nach Nonthaburi. Von dort mit der Fähre über den Fluss setzen und mit dem Expressboot (vor 18 Uhr!) zurück.

Ab **Thien Pier** v. a. während der Rushhour für Pendler auf dem Klong Mon entlang.

Ab **Phibul 1 Pier** auf dem Klong Om, während der Rushhour bis Bang Yai.

In Bangkok: Vom **Phanfa Pier** an der Ratchdamnoen Rd. am Golden Mount verkehren Boote auf dem **Klong Saen Saeb** in die östlichen Vororte und halten z. B. am Jim Thompson House, an der Phayathai Rd. nördlich vom Siam

Square, der Ratchadamri Rd. am Pratunam-Markt, der Chitlom und Witthayu Rd. und in der Sukhumvit Rd. Soi 3 und 23. Sie kosten je nach Entfernung 20–30 Baht. Mit glitschigen Stegen, Gedränge und wegen des dreckigen Spritzwassers seitlich hoch gezogenen Planen rechnen.
Ein Shuttleboot fährt von 10–16 Uhr vom Phra Athit Pier zu den **Königlichen Barken** für 20 Baht einfach.
An der Endstation der Linienboote auf den Klongs können kleine Taxiboote für bis zu 5 Pers. gechartert werden.

Charterboote

Klongboote, in denen 6–10 Pers. Platz haben, werden ab 800 Baht für die erste Stunde und 500 Baht für jede weitere, Expressboote ab 1200 Baht, an verschiedenen Piers vermietet, u. a. an der Phra Pinklao-Brücke (Bangkok-Seite), Tha Chang (hinter dem Nationalmuseum, große Auswahl), Tha Thien (hinter Wat Pho), Central Pier (River City Pier, am Royal Orchid Sheraton, teure Charterboote), Oriental Pier (viele Touristen und Schlepper, Touren zur Snake and Crocodile Farm in Thonburi und zum Schwimmenden Touristenmarkt am Wat Sai) und Central Pier (Shangri-La). Allerdings versuchen auch Bootsfahrer, Touristen während der Tour zu Restaurantbesuchen, Einkaufstouren und anderen Fahrtpausen zu überreden. Beim Anlegen an den Expressboot-Piers wird eine Landegebühr von 20 Baht p. P. verlangt.

Transport

Backpackerbusse

Reisebüros verkaufen Tickets für Minibusse zu Touristenzielen.
Folgende Preise können als Anhaltspunkt dienen:

Innerhalb Thailands

CHIANG MAI, um 18 Uhr für 500 Baht in 10–11 Std.
CHUMPHON (Fährhafen nach Ko Tao), um 19.30 Uhr für 400 Baht in 7 Std.
KANCHANABURI, um 9.40 Uhr für 160–250 Baht in 2 Std.
KO CHANG, um 8 Uhr für 380–550 Baht in 7 Std.
KO LANTA, mit dem Nachtbus für 800 Baht in 15 Std.
KO SAMET, um 8 Uhr für 350 Baht in 4 Std.
KO SAMUI, um 18 Uhr mit dem Nachtbus für 600 Baht in 14 Std.
KO PHA NGAN, um 18 Uhr für 700 Baht in 18 Std. oder um 19.30 Uhr für 900 Baht in 16 Std.
KO PHI PHI, um 18 Uhr für 850 Baht in 17 Std.
KO TAO, um 19.30 Uhr für 850 Baht in 12 Std.
KRABI, um 18 Uhr für 600 Baht in 13 Std.
LAEM NGOP, Fährterminal für Ko Chang, vormittags für 300 Baht in 6 Std.
PHUKET, mit dem Nachtbus für 700 Baht in 15 Std.
Kombitickets für Bus und Katamaran bis Ko Samui, Ko Pha Ngan und Ko Tao sind am besten bei **Lomprayah**, 💻 www.lomprayah.com, oder **Phantip Company**, 💻 www.phantip.co.th/index.php, zu buchen.

In die Nachbarländer

KUALA LUMPUR, für 1600 Baht mit 4x Umsteigen in über 24 Std.
PENANG (Butterworth), für 1450 Baht in mindestens 20 Std.
SIEM REAP (Angkor, Kambodscha), um 7 Uhr ab Khaosan Rd. für 600 Baht in 11 Std. über Poi Pet.
SINGAPORE, für 2800 Baht in 30 Std.
VIENTIANE (Laos), um 19 Uhr ab Khaosan Rd. für 850 Baht in 13 Std.

Minibusse

Vom Victory Monument nördlich des modernen Stadtzentrums (BTS Victory Monument, vom Northern Bus Terminal Bus 77) verkehren eine Vielzahl von Minibussen in verschiedene Orte in der Umgebung. Allerdings fahren die meisten nicht zu festen Zeiten, sondern dann ab, wenn der letzte Platz im Minibus besetzt ist. In der Regel dauert es selten länger als 30 Min. Minibusse sind meist nicht günstiger als die großen Busse, dafür schneller.
Preisbeispiele: AYUTTHAYA 60–90 Baht, HUA HIN 180 Baht, LOPBURI 120 Baht, NAKHON SAWAN 180 Baht, PATTAYA 100 Baht, PHETCHABURI 100 Baht.

Busse

Mit Ausnahme einiger AC- und Minibusse fahren die meisten Unternehmen von 3 Busbahnhöfen ab. Die Busse verschiedener privater Companies fahren alle zum gleichen Preis zu den ausgehängten Abfahrtszeiten ab. Bereits 30 Min. vor Abfahrt dort sein, da Busse, die voll sind, auch früher losfahren. Gelistet sind AC-Busse 1. und 2. Klasse sowie ggf. bequeme VIP-Busse. Langsame lokale Busse mit Ventilator sind nur zu nahegelegenen Zielen zu empfehlen.

Richtung Ostküste

Ekamai (Eastern) Bus Terminal, Sukhumvit Rd., gegenüber Soi Ekamai, ✆ 02-391 2504, 391 8097. Gepäckaufbewahrung 35 Baht pro Gepäckstück und Tag, ⌚ So–Fr 8–20 Uhr, Sa bis 18 Uhr. Anreise mit dem Skytrain oder Stadtbussen, s. S. 212.

Einige Busse an die Ostküste halten auch am Public Transport Centre am Flughafen.

CHANTABURI, 249/309 km, von 5–7.45 und 12–17 sowie um 20 Uhr für 180–220 Baht in 3 1/2–5 Std.

LAEM NGOP (nahe Center Point Pier), 331 km, Fähre nach Ko Chang, um 7.45 und 9.45 Uhr für 250 Baht in 5 Std.

PATTAYA, 141 km, alle 20–40 Min. von 5–23 Uhr für 110–120 Baht in 2 1/2 Std.

Weitere AC-Busse ab Mo Chit (Northern) und Southern Bus Terminal, ab Public Transport Centre am Airport, den großen Hotels und mit Minibussen ab Victory Monument (s. S. 217).

RAYONG, 162–194 km, Fährhafen für Ko Samet, um 6, 12, 13, 15, 17 und 20 Uhr für 190 Baht in 3 Std.

TRAT, 317/327/387 km, häufig bis 17.30 und um 22 Uhr für 220–290 Baht in 5–6 Std.

Richtung Norden und Nordosten

Mo Chit (Northern Bus) Terminal, Kamphaengphet 2 Rd., westlich der Straße zum Don Muang Airport, ✆ 02-936 2841-8, BTS Mo Chit (Exit 4), U-Bahn Kamphaeng Phet. Der Stadtbus 3 fährt von der Phra Athit Rd. in Banglampoo für 20 Baht nach Mo Chit. Bus 77 fährt vom Victory Monument aus. Weitere Busse zum Terminal s. S. 217.

Die Stadtbusse fahren etwa 200 m südlich vom Terminal ab. Der Weg führt durch ein unüberschaubares Marktgewirr, daher ist es am besten nach „local bus" zu fragen.

Am Busbahnhof gibt's Restaurants, eine Information, die ihren Namen nicht verdient, und eine Gepäckaufbewahrung (20 Baht pro Stück und Tag).

ARANYAPRATHET (Grenzübergang nach Kambodscha), 269 km, etwa stdl. bis 18 Uhr für 170–230 Baht in 4 Std.

AYUTTHAYA, 75 km, alle 15–20 Min. bis gegen 19.30 Uhr für 50–60 Baht in 2 Std.

Weitere ab Southern Bus Terminal.

Minibusse ab Victory Monument (s. S. 217).

BANG PA IN, alle 20 Min. bis 19.30 Uhr für 50 Baht in 2 Std.

CHIANG KHONG (Grenzübergang nach Laos), 875 km, um 7, 16.30, 18.40, 19 und 20 Uhr für 640–760 Baht in 13 Std.

CHIANG MAI, 713 km, zahlreiche Busse überwiegend morgens und abends für 410–610 Baht.

VIP-24 um 9, 20 und 21 Uhr für 810 Baht in 10 Std.

CHIANG RAI, 801 km, um 7.50, 8.50, 11.30, 17, 20.20 und 21.30 Uhr für 460–590 Baht.

VIP-24 um 20 Uhr für 910 Baht in 11–12 Std.

KANCHANABURI, etwa stdl. bis 16 Uhr für 100–130 Baht in 3 Std.

KORAT, Nakhon Ratchasima, 256 km, alle 30 Min. bis 24 Uhr für 160–200 Baht in 3 1/2 Std.

LAMPANG, 610 km, um 17.10, 18.50, 20.50 und 21.40 Uhr für 380–570 Baht in 8 Std.

LOPBURI, 153 km, alle 20 Min. bis 20.50 Uhr für 100–130 Baht in 3 Std.

Minibusse ab Victory Monument (s. S. 217).

MAE SAI, 857 km, um 17.30, 18.15 und 20.30 Uhr für 480–630 Baht. VIP-24 um 7.30 und 19.40 Uhr für 880–970 Baht in 12 Std.

MAE SOT, 520 km, um 8.15, 9, 19.15, 20.20, 20.50, 21, 22 und 22.20 Uhr für 330–420 Baht, VIP-Doppeldecker um 21.30 und 22.30 Uhr für 660 Baht in 8–9 Std.

NAKHON PHANOM (Grenzübergang nach Laos), 727 km, um 7.30, 8.30, 15 und 10x von 17.30–20.30 Uhr für 480–600 Baht. VIP-24 um 18.15 und 20.45 Uhr für 940 Baht in 11 Std.

Vorsicht bei Billigtickets nach Kambodscha

Die Billiganbieter von Bustickets nach Kambodscha sollten Reisende meiden. Die Anbieter versuchen auf andere Art zu Geld zu kommen, und uns erreichten schon vermehrt Leserbriefe, die sich über Diebstähle und unsichere Fahrzeuge beklagten. Auf der thailändischen Seite werden zumeist recht komfortable Busse eingesetzt. Allerdings zwingen die Anbieter ihre Passagiere teilweise dazu, vor der Grenze überteuerte Visa zum Preis von bis zu US$30 zu kaufen. In Kambodscha werden dann deutlich schlechtere Busse mit unerfahrenen Busfahrern eingesetzt. Leser berichten von „rostzerfressenen Seelenverkäufer(n) jenseits jeglicher (auch kambodschanischer) Sicherheitsstandards". Viele kommen erst abends an, sodass man gezwungen ist, im Gästehaus des Busunternehmens zu übernachten. In jedem Fall ist mit langen Wartezeiten und einer unbequemen Reise zu rechnen. Eine Alternative besteht darin, nur bis Aranyaprathet zu fahren und von dort die Weiterfahrt selbst zu organisieren (s. S. 578).

NAKHON SAWAN, 237 km, alle 30 Min. von 5.30–18.10 Uhr für 160–200 Baht in 3 1/2 Std. Minibusse ab Victory Monument (s. S. 217).
NAN, 677 km, um 6, 7.45,8.30, 18.20, 20.30 und 21 Uhr für 390–500 Baht in 10 Std.
NONG KHAI (Grenzübergang nach Laos), 614 km, um 7, 20.40 und 21.45 Uhr für 410–520 Baht. VIP-24 um 20.30 und 22 Uhr für 800 Baht in 10 Std.
PAK CHONG (Khao Yai), 170 km, um 7.10, 9.15, 10.05, 12.15, 17.20, 18.20 und 19.10 Uhr für 140 Baht in 3 Std.
PATTAYA, 141 km, alle 20–40 Min. von 4.30–22 Uhr für 130 Baht in gut 2 Std. Weitere AC-Busse ab Ekamai (Eastern) Bus Terminal, ab Public Transport Centre am Airport, den großen Hotels und mit Minibussen ab Victory Monument (s. S. 217).
PHANOM RUNG, 360 km, um 9.30 und 21.30 Uhr für 310/220 Baht in 5 Std.
PHITSANULOK, 368 km, ständig für 240–410 Baht. VIP-24 um 24 Uhr für 470 Baht in 5–6 Std.
SUKHOTHAI, 440 km, nach Neu-Sukhothai ständig, nach Alt-Sukhothai um 9.20, 12 und 14 Uhr für 270–350 Baht in 7 Std.
SURIN, 428 km, um 7, 8.30, 10, 11, 13, 17, 19.30, 20.30, 22 und 23 Uhr für 290 Baht. VIP-24 um 22 Uhr für 570 Baht in 6–7 Std.
TAK, 420 km, ständig für 270–340 Baht in 6 1/2 Std.
UBON, 614/649/601 km, um 6, 18, 19.50, 20.30 und 22.15 Uhr für 410–550 Baht. VIP-24 um 21 und 21.30 Uhr für 790–850 Baht in 8–11 Std.
UDON THANI, 561 km, etwa stdl. bis 23 Uhr außer gegen 19 Uhr für 330–420 Baht. VIP-24 um 10, 21.30 und 22 Uhr für 640 Baht in 9 Std.

Richtung Süden und Westen

Southern Bus Terminal (Thai: Sai Tai Taling Chan), Phutthamonthon Soi 1 am H338 in der Nähe der Outer Ring Road, ✆ 02-2435 1200. Der neue, moderne Terminal wurde im Dezember 2007 eröffnet und ist weitaus komfortabler als der alte. Im AC-gekühlten, flughafenähnlichen Gebäude befinden sich Geschäfte und Restaurants. Anreise mit dem Stadtbus s. S. 218.
AYUTTHAYA, 129 km, alle 20 Min. bis 22 Uhr für 90–110 Baht in 2 1/2 Std.
CHUMPHON, 468 km, viele bis 9 Uhr sowie um 11.30, 14, 21, 21.40 und 22 Uhr für 270–410 Baht. VIP-24 um 21.40 Uhr für 500 Baht in 8 Std.
DAMNOEN SADUAK, 96 km, alle 15–30 Min. von 5.40–21 Uhr für 60–90 Baht in 2 Std.
HAT YAI, 954/1014 km, um 5.30, 7.30, 17.30, 19.30 und 21.45 Uhr für 690–810 Baht. VIP-24 um 20 Uhr für 1070 Baht in 13 Std.
HUA HIN, 201 km, etwa stdl. bis 15.40, um 17.40, 19.40 und 21 Uhr für 160 Baht in 3 Std.
KANCHANABURI, 149 km, alle 20 Min. von 5.30–22 Uhr für 90–110 Baht in 2–2 1/2 Std.
KHAO LAK, 9x tgl. für 490–630 Baht, VIP-24 für 970 Baht in 12 Std.
KO PHA NGAN, 740 km, um 19 und 19.30 Uhr für 750 Baht. VIP-24 um 19.50 Uhr für 900 Baht in 12 Std.

KO SAMUI, 745 km, über Surat Thani oder direkt um 7, 18.30, 19, 19.30, 20 und 20.15 Uhr für 490–600 Baht. VIP-24 um 7.30, 19, 19.30, 20.20 und 20.30 Uhr für 900 Baht in 12–14 Std.
KO TAO, über Chumphon für 850–1100 Baht in 10–15 Std.
KRABI, 847/876 km, um 7.30, 17, 18 und 20 Uhr für 600–620 Baht.
VIP-24 um 19 Uhr für 920 Baht in 12 Std.
NAKHON PATHOM, 56 km, alle 15–20 Min. bis 23.20 Uhr für 30–50 Baht in 1 1/2 Std.
NAKHON SI THAMMARAT, 805 km, um 6.40, 16.30, 18, 22 und 23 Uhr für 760 Baht.
VIP-24 um 19 Uhr für 970 Baht in 11 Std.
PATTAYA, 141 km, um 5.30, 7 und alle 1–2 Std. bis 19.30 Uhr für 120 Baht in 2 Std.
Minibusse ab Victory Monument (s. S. 117).
PHANG NGA, 783/815 km, um 19 Uhr für 570 Baht. VIP-24 um 20 Uhr für 890 Baht in 12 Std.
PHETCHABURI, 135 km, bis 21 Uhr alle 30 Min. für 100–150 Baht in 2 Std.
Minibusse ab Victory Monument (s. S. 117).
PHUKET, 867/891 km, um 5, 6, 7, 9.30, 14, 15.30, 16, 17.30, 18, 18.30, 19.15, 19.30, 20, 20.30 und 21.30 Uhr für 560–720 Baht.
VIP-24 um 7.30 Uhr für 1120 Baht in 12 Std.
RANONG, 583 km, 11x tgl. für 360–460 Baht, VIP-24 um 20 Uhr für 720 Baht in 8 Std.
RATCHABURI, 96 km, alle 20 Min. bis 22.30 Uhr für 80–90 Baht in 1 1/2 Std.
SANGKHLABURI (via Thong Pha Phum), um 5, 6, 8 und 9.30 Uhr für 260–330 Baht in 6–7 Std.
SUPHANBURI, alle 20 Min. bis 17 Uhr für 80 Baht in 2 1/2 Std.
SUNGAI GOLOK (malaysische Grenze), 1227 km, um 18 und 21 Uhr für 1020 / 820 Baht.
VIP-24 um 17 Uhr für 1570 Baht in 15–16 1/2 Std.
SURAT THANI, 668 km, zahlreiche Busse für 440–850 Baht in 10 Std.
TAKUA PA (umsteigen nach Khao Lak oder Khao Sok), 757 km, 8x tgl. für 460 Baht, VIP-24 um 18 und 20 Uhr für 930 Baht in 11 Std.
TRANG, 862 km, um 7.30, 19 und 19.30 Uhr für 520–780 Baht.
VIP-24 um 19 Uhr für 1050 Baht in 12 Std.

Eisenbahn

Von **Hua Lamphong**, dem überschaubaren Hauptbahnhof, ✆ 02-223 7010, fahren die meisten Züge Richtung Norden, Nordosten, Osten und Süden. Verbindungen mit der U-Bahn sowie mit Stadtbussen s. S. 218. Richtung Kanchanaburi / Nam Tok (Eisenbahn des Todes) sowie langsame Züge in den Süden ab Bahnhof in **Bangkok Noi**. Dort starten die Züge von der New Station, 2 km westlich vom alten Bahnhof, zu der ein kostenloser Shuttle in 5 Min. ab dem alten Bahnhofsgebäude fährt. Frühzeitig da sein, denn in Thonburi können Tickets nur am Abfahrtstag gekauft werden.

Tickets erhält man bis zu 60 Tage vor der Abreise im **Advance Booking Office** im Hauptbahnhof Hua Lamphong, ✆ 02-222 0175, ✆ 220 4272, ✆ 220 4268, ⏲ 8.30–16 Uhr, danach sind Buchungen an den Schaltern möglich. Schalter 2 ist für Ausländer reserviert. Kreditkarten werden akzeptiert. Tickets gibt es auch in jedem anderen thailändischen Bahnhof mit Computer-Reservierungssystem. Aus dem Ausland können sie u. a. über ✉ reservation@royal-exclusive.com gebucht werden.

Für zurückgegebene Tickets werden 50 % und ab dem 5. Tag vor dem Reisetermin nur 20 % des Fahrpreises zurückerstattet, Umbuchungen kosten 100 Baht. Wer vorhat, viele Langstrecken mit der Bahn zurückzulegen, kann sich den Thailand Rail Pass besorgen (s. S. 78).

Reservierungen sind v. a. für den Zug nach Butterworth zu empfehlen und aus dem Ausland per Brief mit Bankscheck möglich. Sitzplätze werden nur bis zur Grenze reserviert. Adresse: **Passenger Division**, Bangkok Railway Station, Bangkok 10330, Thailand.

An einem Informationsschalter vor der Bahnhofshalle sind, falls vorhanden, Fahrpläne erhältlich. Fahrplanauskunft rund um die Uhr ✆ 02-220 4334 und unter 💻 www.railway.co.th. Die englischsprachigen Anzeigetafeln in der Haupthalle erleichtern die Orientierung.

Mehrere Restaurants im 1. Stock und ein Food Court im Erdgeschoss sorgen für das leibliche Wohl. Am besten lässt sich das Treiben vom Balkon von Annas Restaurant aus bei einem guten Thai-Essen beobachten, ⏲ 11–21 Uhr, Gerichte um 100 Baht. Weiterhin gibt es im

Bahnhof einen Schalter der Tourist Police, Geldautomaten, eine Gepäckaufbewahrung, ⌚ 4–23 Uhr, pro Gepäckstück und Tag je nach Größe 20–80 Baht (keine Wertsachen im Gepäck lassen), und ein Postamt mit Pack- und Faxservice, ⌚ 7–19 Uhr. Kalte Duschen können für 10 Baht in der Bahnhofshalle neben dem Reservierungsbüro genutzt werden.
Die Abfahrtszeiten und Haltepunkte der vier Linien sind den Fahrplänen auf S. 900–903 zu entnehmen. Die Pläne sind allerdings nicht immer zuverlässig, da sich die Abfahrtszeiten kurzfristig ändern können.
Fahrpreis in der 1. Klasse Schlafwagen / 2. Klasse Sitzplatz Ventilator (AC +70–180 Baht, Bett oben/unten +100/150 Baht) / 3. Klasse Ventilator (AC, falls vorhanden, +60–100 Baht):
ARANYAPRATHET, 255 km, (nur 3. Kl.) 48 Baht.
AYUTTHAYA, 71 km, (nur 2. / 3. Kl.) 40 / 20 Baht.
BUTTERWORTH, 1230 km, (nur Sleeper oben / unten) 1120 / 1210 Baht.
CHIANG MAI, 751 km, 1353 / 431 / 271 Baht in 11–14 1/2 Std.
CHUMPHON, 485 km, 1134 / 380 / 272 Baht in 7–8 Std.
HAT YAI, 945 km, 1494 / 535 / 339 Baht in 16 Std.
HUA HIN, 229 km, 922 / 292 / 234 Baht in 3–4 Std.
KANCHANABURI, 133 km, (nur 3. Kl., ab Thonburi) 100 Baht.
KHON KAEN, 450 km, 1068 / 329 / 227 Baht in ca. 8 Std.
KORAT (Nakhon Ratchasima), 264 km, 910 / 265 / 200 Baht in 5–6 Std.
LAMPANG, 642 km, 1272 / 394 / 256 Baht in 9–12 Std.
LAMPHUN, 729 km, 1335 / 423 / 268 Baht in 11–13 1/2 Std.
LOPBURI, 133 km, (nur 2. / 3. Kl.) 80 / 40 Baht in 2–3 Std.
NAKHON PATHOM, 64 km, (nur 2. / 3. Kl.) 181 / 164 Baht in ca. 1 Std.
NAKHON SAWAN, 246 km, 938 / 260 / 198 Baht in 3 1/2–5 Std.
NAKHON SI THAMMARAT, 832 km, 1412 / 498 / 323 Baht in 15 Std.
NAM TOK, 211 km, (nur 3. Kl., ab Thonburi) 100 Baht.
NONG KHAI, 624 km, 1217 / 388 / 258 Baht in 10 1/2–11 1/2 Std.
PADANG BESAR, 990 km, 1527 / 550 / 346 Baht in 17 Std.
PAK CHONG, 170 km, 841 / 232 / 186 Baht in 3 1/2–4 1/2 Std.
PATTAYA, 155 km, (nur 3. Kl.) 31 Baht.
PHETCHABURI, 167 km, (nur 2. / 3. Kl.) 228 / 184 Baht in 3 Std.
PHITSANULOK, 389 km, 1064 / 309 / 219 Baht in 5–9 Std.
PRACHUAP KHIRI KHAN, 318 km, 992 / 325 / 248 Baht in 4 1/2–5 1/2 Std.
RATCHABURI, 117 km, (nur 2. / 3. Kl.) 207 / 175 Baht in 2–3 Std.
SUNGAI GOLOK, 1159 km, 1653 / 607 / 370 Baht in 20 Std.
SURAT THANI, 651 km, 1279 / 438 / 297 Baht in 9–11 Std.
SURIN, 420 km, 1046 / 319 / 223 Baht in 6–9 1/2 Std.
UBON, 575 km, 1180 / 371 / 245 Baht in 10–13 Std.

Skepsis ist angebracht

Im und um den Bahnhof gibt es neben den mit Namensschildern versehenen hilfsbereiten Hostessen auch selbst ernannte Tourist Guides privater Reisebüros, die vorgeben, Lizenznehmer der staatlichen Touristeninformation zu sein. Mit der Begründung, die Züge seien ausgebucht, verkaufen Reisebüros im und um den Bahnhof überteuerte Bustickets, Trekkingtouren und Zimmer. Zudem hat es in einem Reisebüro gegenüber dem Bahnhof Betrügereien mit Kreditkarten gegeben, ein anderes Büro in der Rong Muang Rd. hat völlig überhöhte Preise für Zimmerbuchungen verlangt.
Am Fahrkartenschalter werden beim Kauf einer Fahrt nach Surat Thani auf Wunsch Kombitickets nach Ko Samui verkauft. Dabei landet man auf einem absolut nicht empfehenswerten Songserm-Schiff, was deutlich längere Transport- und Wartezeiten zur Folge hat.
Bei Problemen wenden Touristen sich am besten an die Tourist Police, die im Wartesaal patrouilliert.

UDON, 569 km, 1177 / 369 / 245 Baht in 8–10 1/2 Std.
Da alle Züge Richtung Süden auch in Nakhon Pathom halten, kann man dort umsteigen, ohne nach Bangkok fahren zu müssen. Nach Ko Samui und Ko Pha Ngan bis Surat Thani. Hier warten am Bahnhof auch Anschlussbusse nach Krabi. Nach Ko Tao bis Chumphon.
Der Luxuszug **Eastern & Oriental Express** verkehrt mehrmals monatlich zwischen Bangkok, Singapore, Nam Tok (Brücke am Kwai) und Chiang Mai. Informationen in Bangkok ✆ 02-216 8661, in Deutschland unter ✆ 0221-338 0300, 💻 www.orient-express.com. Er kostet von Bangkok nach Chiang Mai mind. 1000 €, nach Singapore 1500 €.

Flüge

Der neue **Suvarnabhumi Airport** (gespr.: Su-wanna-puhm, Abkürzung BKK), allgemeine Auskunft ✆ 02-132 1888, Help Desk ✆ 02-132 3888, Fluginformation ✆ 02-132 000, 💻 www.airportthai.co.th,liegt 32 km außerhalb des Zentrums, östlich der Outer Ring Rd. zwischen Buraphawithi Expressway (H34 nach Chonburi) und dem Motorway H7 in der Provinz Samut Prakan. Um den architektonisch interessanten, mit Shops und Restaurants vollgepackten mehrstöckigen Terminal von 444 m Länge und 111 m Breite zu durchqueren, braucht man Zeit. Lange Schlangen bilden sich während der belebten Stunden vor den Immigration-Schaltern und v. a. am internationalen Transfer Counter. Eine Aussichtsplattform gibt es auf Level 7, Restaurants auf Level 6, Airline-Büros auf Level 5, die Abflughalle mit zahllosen Restaurants und Duty Free-Shops und ein Postamt auf Level 4, Geschäfte und noch mehr Restaurants auf Level 3, die Ankunftshalle, Shops, Geldautomaten, eine Polizeistation und am äußersten Ende (wenn man ankommt, links) eine TAT-Information. Auf Level 2 finden sich Bushaltestellen, Taxis auf Level 1 und die zukünftige Bahnstation und eine empfehlenswerte sehr preiswerte und bei den Flughafenangestellten beliebte Kantine im Untergeschoss (Level 0). Vor dem Terminal ist über einen 300 m langen Fußgängertunnel das Novotel Suvarnabhumi Airport Hotel mit 612 Zimmern zu erreichen.

Besser zu früh als zu spät

Flugpassagiere sollten rechtzeitig am Flughafen sein, denn hier herrscht oft Chaos, und manche Flüge sind überbucht. Die Rückbestätigung der Flüge ist bei Bangkok Airlines erforderlich, bei Thai Airways und den meisten anderen Airlines hingegen nicht mehr. Adressen aller Airlines, die Thailand anfliegen s. eXTra [2590].

Weiterreise vom neuen Suvarnabhumi Airport

Das teuerste Transportangebot sind private Limousinen, die Ankommenden am Ausgang aufgedrängt werden. Sie verlangen ein Vielfaches dessen, was ein Bus oder selbst ein Taxi kostet. Man kann sie getrost ignorieren.
Taxis ab Level 1 fahren mit Taxameter und verlangen ab dem Airport 50 Baht Zuschlag und selbstverständlich die Bezahlung der Expressway-Maut.
Am 12.8.2009 startet der 28 km lange **Skytrain** nach Bangkok non-stop in 14 Min. zum Makkasan Terminal, östlich der Skytrain-Station Phaya Thai. Zusätzlich soll ein langsamerer Zug der City Line an 8 Stationen entlang der Strecke halten.
Zudem fährt der **Airport Express Bus** alle 30 Min. für 150 Baht ab Level 1 vor Gate 8.
AE 1 fährt über Ratchadamri Rd. zur Silom Rd.,
AE 2 nach Banglampoo (Khaosan Rd.),
AE 3 in die untere Sukhumvit Rd., Soi 3, und
AE 4 über das Victory Monument zum Hauptbahnhof Hua Lamphong.
Weitere Busse vom Public Transport Centre (kostenloser 5–10-minütiger Shuttle vom Level 2 und 4 vor Gate 3, 6 und 9). Hier gibt es einen Infoschalter mit Englisch sprechendem Personal.
Nach Bangkok fahren für 35 Baht u. a.
Nr. 551 zum Victory Monument in knapp 1 Std. (Haltestelle im Nordosten des Platzes),
Nr. 552 nach On Nut (Skytrain),
Nr. 553 nach Samut Phrakan,
Nr. 554 zum alten Flughafen Don Muang und
Nr. 556 zum Southern Bus Terminal.
Zudem Nr. 825 nach NONG KHAI um 6 und

22.30 Uhr für 450/570 Baht,
Nr. 389 und 9905 nach PATTAYA um 6.30, 9, 11, 13, 15, 17 und 20.30 Uhr für 119 Baht in 1 1/2 Std. Auch einige Busse von Mo Chit (Northern Bus Terminal) zur Ostküste halten hier, z. B. nach CHANTABURI 6x tgl. überwiegend nachmittags für 170/250 Baht oder TRAT 8x tgl. für 320 Baht.

Transport zum Airport

Ein **Taxi** aus der Innenstadt kostet zu zum Airport etwa 250–300 Baht plus Gebühr für die beiden Expressways. Es empfiehlt sich, auch außerhalb der Rushhour etwa 1 1/2 Std. für die Anfahrt einzukalkulieren.
Wer den **Skytrain** nimmt, kann am Makkasan Terminal bereits das Gepäck einchecken. Zudem fährt der Airport Express Bus etwa alle 30–60 Min. von verschiedenen Haltestellen in der Stadt (s. Anreise).
Wer Großeinkäufe getätigt hat (mind. 5000 Baht und 2000 Baht pro Rechnung) kann sich in der Abflughalle gegen eine Gebühr von 100 Baht die Mehrwertsteuer zurückerstatten lassen, muss aber größere Einkäufe bei der Ankunft in Deutschland wieder verzollen. Geld spart man, wenn Übergepäck vor Gate 8, ✆ 02-134 2090, als unbegleitetes Gepäck eingecheckt wird.

Inlandsflüge

Man kann schon mehrere Wochen im Voraus Flüge reservieren lassen und später die Tickets in jedem Reisebüro kaufen. Am Stand-By-Schalter im Domestic Terminal des Airports werden freie Plätze auf den nächsten Maschinen verkauft. Die privaten Reisebüros, die versuchen Hotels und Touren am jeweiligen Zielort zu vermitteln, sollten ignoriert werden.
Air Asia, 🖳 www.airasia.com, fliegt nach CHIANG MAI 6x tgl., CHIANG RAI 3x tgl., HAT YAI 4–5x tgl., KRABI 3x tgl., NAKHON SI THAMMARAT 1x tgl., NARATHIWAT 1x tgl., PHUKET 8x tgl., SURAT THANI 1–2x tgl., UBON 1x tgl. und UDON 2x tgl.
Inlandsflüge kosten bei rechtzeitiger Buchung ca. 1000 Baht.
Bangkok Airways, 🖳 www.bangkokair.com, fliegt nach CHIANG MAI 2–3x tgl. ab 1600 Baht, KO SAMUI 14x tgl. und dennoch oft voll ab 2750 Baht, PHUKET 3x tgl. ab 1900 Baht, SUKHOTHAI 2x tgl. ab 1900 Baht und TRAT 2x tgl. ab 2000 Baht.
Nok Air, 🖳 www.nokair.com, fliegt nach CHIANG MAI 3x tgl., HAT YAI 4x tgl., NAKHON SI THAMMARAT 2x tgl., PHUKET 2–3x tgl., TRANG 1x tgl. und UDON THANI 3x tgl.
Flüge kosten bei rechtzeitiger Buchung im Internet 1600–2200 Baht.
Orient Thai Airlines (one-two-go), 🖳 www.fly12go.com, fliegt nach CHIANG MAI 2–3x tgl., CHIANG RAI 1x tgl., HAT YAI 1–2x tgl., PHITSANULOK 1x tgl., PHUKET 2x tgl., SURAT THANI 1x tgl. und TRANG 1x tgl.
Flüge kosten bei rechtzeitiger Buchung im Internet 1350–1750 Baht.
P.B. Air, 🖳 www.pbair.com, fliegt nach BURIRAM 4x wöchentl. für 2665 Baht, LAMPANG 1–2x tgl. für 2975 Baht, NAKHON PHANOM 1–2x tgl. für 3230 Baht, NAN 4x wöchentl. für 3490 Baht, ROI-ET 1x tgl. für 2740 Baht und SAKON NAKHON 1–2x tgl. für 3065 Baht.
Thai Airways fliegt nach CHIANG MAI 10x tgl. ab 2350 Baht, CHIANG RAI 3x tgl. ab 2900 Baht, HAT YAI 4x tgl. ab 2900 Baht, KHON KAEN 3x tgl. ab 2200 Baht, KO SAMUI 2x tgl. ab 3300 Baht, KRABI 3x tgl. ab 2900 Baht, PHITSANULOK 2x tgl. ab 2000 Baht, PHUKET 9x tgl. ab 2700 Baht, SURAT THANI 2x tgl. ab 2800 Baht, UBON 3x tgl. ab 2400 Baht, UDON 3x tgl. ab 2400 Baht.

Zurück nach Thailand?

Besucher mit einem gültigen, aber noch nicht abgelaufenen Visum erhalten am Schalter Re-Entry-Permit eine Wiedereinreise-Genehmingung, die allerdings die Visadauer nicht verlängert oder verkürzt. Für eine Reise sind 500 Baht, für mehrere 1000 Baht zu zahlen, zudem ist der *boarding pass* des internationalen Fluges vorzulegen.

Flüge in die Nachbarländer
Australien: Thai Airways fliegt nach MELBOURNE 2x tgl. und SYDNEY 3x tgl.
Jetstar, www.jetstar.com, fliegt nach MELBOURNE 3x wöchentl.
China: Air Asia fliegt nach GUANGZHOU (Kanton) 1x tgl., HONG KONG 1x tgl., MACAO 4x tgl. und SHENZHEN 1x tgl.
Bangkok Airways fliegt nach GUILIN 4x wöchentl., HONG KONG 1x tgl. und XI'AN 2x wöchentl.
Thai Airways fliegt nach BEIJING 1x tgl, CHENGDU 3x wöchentl., GUANGZHOU 1–2x tgl., GUILIN 3x wöchentl., HONG KONG 3–4x tgl., KUNMING 5x wöchentl., MACAO 1–2x tgl., SHANGHAI 1–2x tgl. und XI'AN 3x wöchentl.
Weitere Flüge mit Yunnan Airlines.
Kambodscha: Air Asia fliegt nach PHNOM PENH 1x tgl.
Bangkok Airways fliegt nach PHNOM PENH 3x tgl. und SIEM REAP 5x tgl.
Thai Airways fliegt nach PHNOM PENH 2x tgl.
Cambodia Airlines und Siem Reap Airways bieten ebenfalls Flüge ins Land an.
Laos: Bangkok Airways fliegt nach LUANG PRABANG 2x tgl.
Thai Airways fliegt nach VIENTIANE 2x tgl.
Auch Lao Airlines fliegt von und nach Vientiane.
Indien: Thai Airways fliegt nach BANGALORE 1–2x tgl., CHENNAI 1x tgl., DELHI 2x tgl., HYDERABAD 5x wöchentl., KOLKATA 1x tgl. und MUMBAI 2x tgl.
Indonesien: Air Asia fliegt nach BALI 1x tgl. und JAKARTA 1x tgl.
Thai Airways fliegt nach BALI 1x tgl. und JAKARTA 1x tgl.
Malaysia / Singapore: Air Asia fliegt nach JOHOR BAHRU 4x wöchentl., KUALA LUMPUR 8x tgl., PENANG 2x tgl. und SINGAPORE 4x tgl.
Thai Airways fliegt nach KUALA LUMPUR 2–3x tgl., PENANG 1x tgl. und SINGAPORE 3x tgl.
Zudem fliegt Bangkok Airways nach SINGAPORE 1x tgl., Jetstar 2x tgl. und Tiger Airways, www.tigerairways.com, 3x tgl.
Myanmar (Burma): Nach YANGON fliegt Air Asia 1x tgl., Thai Airways 2x tgl. und Bangkok Airways 5x wöchentl.
Auch Myanmar Airways International bedient die Strecke.
Philippinen: Thai Airways fliegt MANILA 1–2x tgl.
Wesentlich günstiger ist Cebu Pacific Air, www.cebupacificair.com, nach MANILA 1x tgl. und nach CLARK 1x tgl.
Vietnam: Air Asia fliegt nach HANOI 2x tgl. und HO CHI MINH CITY 1–2x tgl.
Bangkok Airways fliegt nach HO CHI MINH CITY 1x tgl.
Thai Airways fliegt nach HANOI 2x tgl. und HO CHI MINH CITY 2x tgl.
Auch Air France und Vietnam Airlines fliegen ins Land.
Europa: Wer kein Rückflugticket hat, kann in Reisebüros, die sich in den Touristenzentren konzentrieren, und im Internet die Preise vergleichen.
Thai Airways fliegt nach FRANKFURT 1–2x tgl. und nach MÜNCHEN 1x tgl.
Air Berlin/LTU fliegt nonstop nach BERLIN 2–3x wöchentl., DÜSSELDORF 4–5x wöchentl. und MÜNCHEN 1x wöchentl.

Fluggesellschaften in Bangkok:
Weitere internationale Gesellschaften s. eXTra [2590].
Air Asia, 02-515 9999, www.airasia.com
Bangkok Airways, 99 Moo 14, Wiphawadi Rangsit Rd., 02-270 6699, www.bangkokair.com
Nok Air, Rajanakarn Bldg., 183 Sathon Tai Rd., 02-627 2000, www.nokair.co.th
Orient Thai Airline (one-two-go), 222 Vipavadee Rangsit Rd., 02-229 4260, www.orient-thai.com, www.fly12go.com
P.B. Air, 959/1 Lardkrabang Rd,, 02-326 8000, www.pbair.com
Thai Airways, 89 Wiphawadi Rangsit Rd., 02-545 3690, Reservierungen unter 545 3690-92, www.thaiair.de.
Weitere Büros: Bangkok Union Insurance Bldg., 175-177 Soi Anumanrajchathon 1, Surawong Rd., 02-232 8000 und 6 Larn Luang Rd., 02-356 1111.

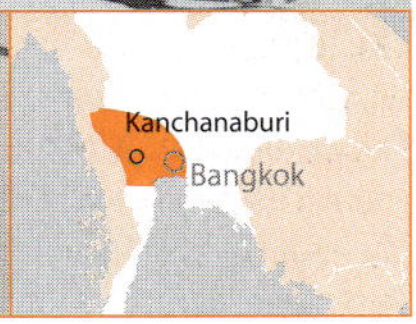

West-Thailand

Stefan Loose Traveltipps

Schwimmende Märkte Auf dem Schwimmenden Markt von Damnoen Saduak oder am Wochenende in Amphawa lokale Delikatessen probieren. S. 226

Ratchaburi Das Ausschwärmen der Fledermäuse am Abendhimmel bestaunen. S. 233

Eisenbahn des Todes Die Bahn nach Nam Tok überquert die berühmte River Kwai Bridge. S. 236 und 245

Erawan National Park Bei einem 2 Tagesausflug von Kanchanaburi aus durch den Nationalpark wandern und im Wasserfall baden. S. 255

Zwischen der modernen Hauptstadt Bangkok im Mündungsgebiet des Chao Phraya und den abgeschiedenen Bergwäldern entlang der Grenze zu Myanmar liegen Welten, die sich in wenigen Stunden überbrücken lassen. Es ist ein kleines, überaus abwechslungssreiches Gebiet mit romantischen Kanälen und schroffen Felsen, geschichtsträchtigen Orten und von ethnischen Minoritäten bewohnten Dörfern sowie Nationalparks, die Erholungssuchende wie Abenteurer zufrieden stellen. Lohnend ist eine Tour entlang dem Kwae Noi (River Kwai), die am Three Pagoda Pass endet. Einige Ziele eignen sich sogar für einen Tagesausflug ab Bangkok. An Wochenenden und Feiertagen schwärmen viele Großstädter auf der Suche nach Grün und frischer Luft aus, sodass dann viele gute Hotels ausgebucht sind.

Eine schöne Tour führt am Morgen zum schwimmenden Markt von Damnoen Saduak, von wo es weiter nach Nakhon Pathom und Kanchanaburi geht. Reisebüros in Bangkok bieten Tagestouren an. Es lohnt sich, in Kanchanaburi zu übernachten und von dort aus einige Touren zu unternehmen. Alternativ kann man nach dem morgendlichen Besuch des schwimmenden Marktes die Umgebung erkunden oder nach Amphawa und Ratchaburi weiterfahren, die eindrucksvollen Höhlen besichtigen und am Abend den Flug der Fledermäuse beobachten.

Das von Klongs durchzogene Hinterland birgt einige reizvolle Ziele. Der so genannte „Garten Thailands" versorgt die städtische Bevölkerung mit frischem Obst und Gemüse. Entlang der Klongs erstrecken sich noch wahrhaft idyllische Plätze, die in starkem Kontrast zu den dicht bebauten Ausfallstraßen, weiten Salinenfeldern rings um Samut Songkhram und gigantischen Fabriken der Lebensmittelindustrie stehen. Während einer Tour erahnt man etwas von der Ruhe und Abgeschiedenheit dieser grünen Gärten und kühlen, von Obstbäumen und Palmen überwachsenen Kanäle.

Sam Phran

Jenseits der Außenbezirke von Bangkok erstreckt sich südlich vom H338 das riesige Parkgelände des **Wat Phuttamonthon**. Das größte buddhistische Zentrum des Landes beherbergt Repliken verschiedener Bauwerke, die für den Buddhismus von großer Bedeutung sind, ein kleines Museum, eine Sammlung von Pali-Schriften, Meditationshallen sowie im Zentrum eine über 15 m hohe Buddhastatue aus Bronze. In einem Teil des Parks wachsen über hundert Bambusarten, in einem anderen über hundert verschiedene Mangobäume. Zudem ein Palmenhain und Kräutergarten. An buddhistischen Feiertagen finden sich Tausende von Gläubigen zum Gebet ein.

38 km westlich von Bangkok, am H4 nach Nakhon Pathom, liegt vor der Brücke über den Mae Nam Nakhon Chai Si der **Rose Garden**, eines der touristischen Ausflugsziele, das auf dem Programm vieler Pauschalurlauber steht, die hier in einer Stunde Thailand in Instant-Form erleben können. Um 14.45 Uhr beginnt die einstündige Show (300 Baht). ⌚ 8–18 Uhr, ✆ 034-322 588-93. Den Park, Eintritt 10 Baht, kann man mit Miet-Fahrrädern erkunden.

Etwa 1 km vor dem Rose Garden werden im **Samphran Elephant Ground & Zoo** um 12.45 und 14.20 Uhr eine Krokodil-Show, um 13.15 und 15 Uhr eine Zaubershow und um 13.45 und 15.30 Uhr eine Elefanten-Show gezeigt (außerhalb der Saison seltener, am Wochenende und feiertags zusätzliche Shows). Zudem Elefantenreiten, ein Orchideengarten und Restaurant. ⌚ 8.30–17.30 Uhr, 500 Baht, Kinder 300 Baht, ✆ 02-295 2938, 💻 www.elephantshow.com.
Übernachtungstipps s. **eXTra [2603]**.

Transport

Am Wat Phuttamonthon halten alle Busse von BANGKOK nach Nakhon Pathom. Der AC-Bus 84 fährt von Bangkok, gegenüber dem Peninsula Hotel, für 20 Baht in 40 Min. nach Sam Phran. Der Rose Garden und Samphran Elephant Ground & Zoo am H4, 37 bzw. 38 km westlich von Bangkok, werden überwiegend im Rahmen von organisierten Touren besucht.

Damnoen Saduak

Der **schwimmende Markt** (Talat Nam) im ansonsten uninteressanten Ort Damnoen Saduak in der Provinz Ratchaburi ist ein Touristenmagnet. Den ganzen Tag werden Reisegruppen durch die Kanäle und über die Brücken des Marktes geschleust. Von der großen **Brücke** und Fußwegen beiderseits des Ufers aus lässt sich das Treiben am besten beobachten. Durch die vielen Souvenir-, Essen- und Kaffeestände sowie die Ladenzeilen beiderseits des Kanals hat der Markt seine einst ländliche Atmosphäre eingebüßt. Vorteilhaft ist hingegen die Regelung, dass im Bereich des Marktes nur Boote ohne Motor fahren dürfen. Es sind überwiegend Touristen, die Obst und Gemüse, Snacks und Souvenirs kaufen. Die beste Zeit, den Markt zu besuchen und eine frisch auf dem Boot zubereitete Nudelsuppe zu essen, ist zwischen 7 und 9 Uhr, bevor die Touristenmassen ankommen. Einige Händlerinnen verlassen den Klong gegen 13 Uhr, doch es bleiben genügend für gute Fotos.

Boote können von verschiedenen Anlegestellen für 300–400 Baht pro Std. je nach Saison und Bootsgröße gechartert werden. Sobald man vom geschäftigen Markt in einen Seitenkanal abbiegt, findet man sich in ruhigen Gegenden mit hübschen Holzhäusern wieder und kann die liebenswürdige Seite des Landes kennenlernen.

In Amphawa und am **Wat Lampraya**, 25 km nordöstlich von Nakhon Pathom, findet am Wochenende ein weiterer, kleinerer Floating Market statt, der nur von einheimischen besucht wird.

Man kann an zahlreichen Essenständen recht günstig schlemmen und eine nette Bootstour auf dem Tachin-Fluss unternehmen.

Transport

Talat Nam, der schwimmende Markt von Damnoen Saduak, liegt 97 km westlich von Bangkok. Wer mit eigenem Fahrzeug unterwegs ist, kann den gut ausgeschilderten, 18 km langen Weg von Samut Songkhram aus zum Markt nicht verfehlen. Vom Busterminal zum 1,8 km entfernten schwimmenden Markt von Tonkem fahren gelbe Songthaew. Einige lokale Busse fahren am Markt vorbei.

Nach BANGKOK, Southern Bus Terminal, 1. und 2. Kl. AC-Busse bis 18 Uhr alle 15–30 Min. für 60–90 Baht in 2 Std., zurück bis gegen 21 Uhr. Von Reisebüros in Bangkok werden Touren ab 400 Baht angeboten.

BANG PHAE Bus 78 oder Songthaew für 30 Baht in 20 Min. direkt ab dem Markt.

KANCHANABURI via Bang Phae, weiter mit gelbem Bus 461, alle 15 Min. für 40 Baht in 90 Min.

NAKHON PATHOM AC-Bus 78 ab 6 Uhr alle 30 Min. für 30/50 Baht in 1 Std.

RATCHABURI mit dem gelben Lokalbus in gut 1 Std., 50 Baht.

Amphawa und Samut Songkhram

Durch die Obstgärten Thailands geht es mit einem eigenen Fahrzeug am **Mae Klong** entlang von Amphawa nach Samut Songkhram (auch: Mae Klong). Die Wasserwege säumen Mango- und Zitrusbäume, Kokospalmen und Bananenstauden. Der Agrotourismus lockt vor allem Städter hierher, die das üppige Grün genießen, in Homestays übernachten und im **Agro Tourism Visiting Centre** in **Bang Phrom** das frisch geerntete Obst kosten.

In **Bang Nok Kwaek**, 5 km nördlich von Amphawa, überrascht eine große katholische **Kathedrale** im neogotischen Stil. Sie wurde 1890 von französischen Missionaren am ältesten Bischofssitz von Siam anstelle einer ehemaligen Holzkirche erbaut und besitzt noch die originalen, aus Frankreich importierten Bleiglasfenster. Südlich der Kirche überspannt eine neue Brücke den Mae Klong.

Amphawa ist eine von der Abwanderung bedrohte, landwirtschaftlich orientierte Kleinstadt. Sie wurde als Geburtsort von König Rama II. auf Initiative des Königshofes hin touristisch entwickelt. Überwiegend Einheimische besuchen den ihm gewidmeten Tempel und den Rama II Park, in dem ein kleines Museum in einem traditionellen Thai-Haus den Werken des Dichterkönigs gewidmet ist. Park 🕒 9–18 Uhr, Eintritt 20 Baht, Museum 🕒 Mi–So 9–16 Uhr. Interessant ist ein Besuch während des großen Volksfestes im Februar, aber auch zu anderen Zeiten lohnen die alten Holzhäuser und kleinen Geschäfte entlang der Kanäle einen Besuch. Der traditionelle **schwimmende Nachtmarkt** nahe dem Wat Amphawa am Fr, Sa, So und feiertags von 14–22 Uhr ist bei Einheimischen beliebt und ein kulinarisches Erlebnis. Weitere schwimmende Morgenmärkte finden in der Umgebung in **Ban Tha Ka** 6x monatlich (abhängig von den Gezeiten, und damit vom Mondkalender) statt.

Mit Fahrrädern und Booten kann man die Gärten erkunden und beobachten, wie Palmzucker gemacht wird. Auf die abendlichen Speedboot-Touren, vor allem zur Mangrove Resource Development Station in Klong Kone, sollte man verzichten, da Anwohner wie Mangroven unter den lauten Booten und hohen Wellen leiden.

Südlich der Kathedrale erreicht man auf einer schmalen Landstraße Richtung Osten nach 4,5 km Damnoen Saduak. Die Straße verläuft in vielen Kurven durch kleine Dörfer und eine wunderschöne, von Kanälen durchzogene Gartenlandschaft mit Kokospalmen, Bananenstauden, Mango- und anderen Obstbäumen.

In **Samut Songkhram** oder **Samut Sakhon** (Mahachai), etwas weiter Richtung Bangkok, lohnt ein Zwischenstopp am großen Fischmarkt mit einigen Seafood-Restaurants. In der Nähe von Samut Sakhon kann im Rahmen einer Führung die **Siam Winery**, ein Weingut mit schwimmenden Weingärten besichtigt werden. Auskunft unter ✆ 034-845 334-5, 💻 www.siamwinery.com.

Übernachtung und Essen

Homestays konzentrieren sich in **Bang Phrom** in der Seitenstraße, die durch ein Tor Richtung Tempel abzweigt, ausgeschildert: Agro Village, und in **Ban Tha Ka**. Weitere Homestays in den alten Häusern nahe dem Floating Market in **Amphawa** und **Moo Ban Klong Chong**, 💻 www.homekrateng.com. Allerdings wird nur sehr wenig Englisch gesprochen. Die meisten verlangen um 1000 Baht Vollpension p. P.

Suan Nork Hideaway, 10 Min. zu Fuß nördlich von Amphawa am KM 0, zwischen Straße und Fluss, ✆ 034-753 163, oder über Khun Vatana, die englisch spricht, ✆ 081-655 6246. Hinter dem Restaurant werden im 1. Stock 3 nett eingerichtete Zimmer mit Dusche vermietet. Zudem dahinter in Flussnähe 2 kleine Häuser mit kleiner Küche, Außendusche und kleiner Terrasse. Essen auf Wunsch. Restaurant mit gutem Kaffee 🕒 Fr–So. Fahrradvermietung, Bootstouren ab 100 Baht p. P. ❹–❺

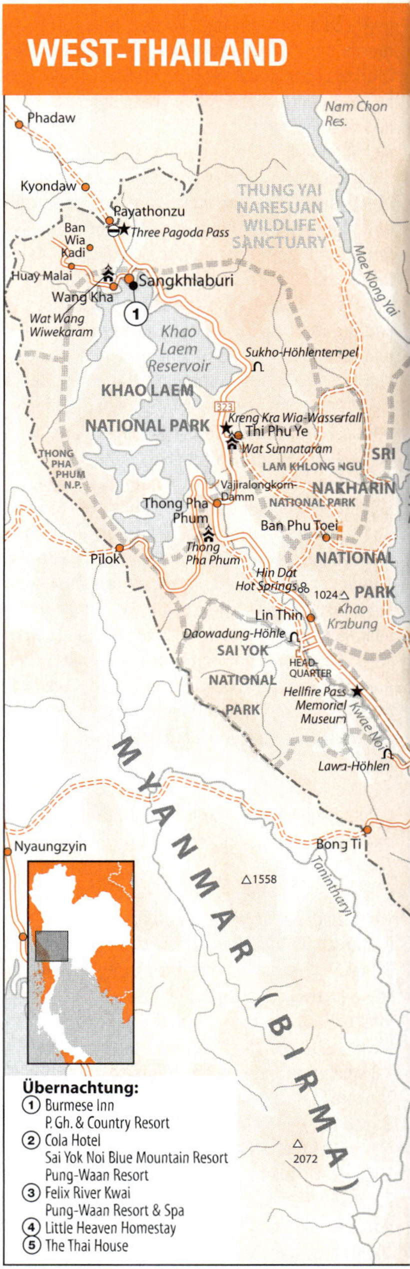

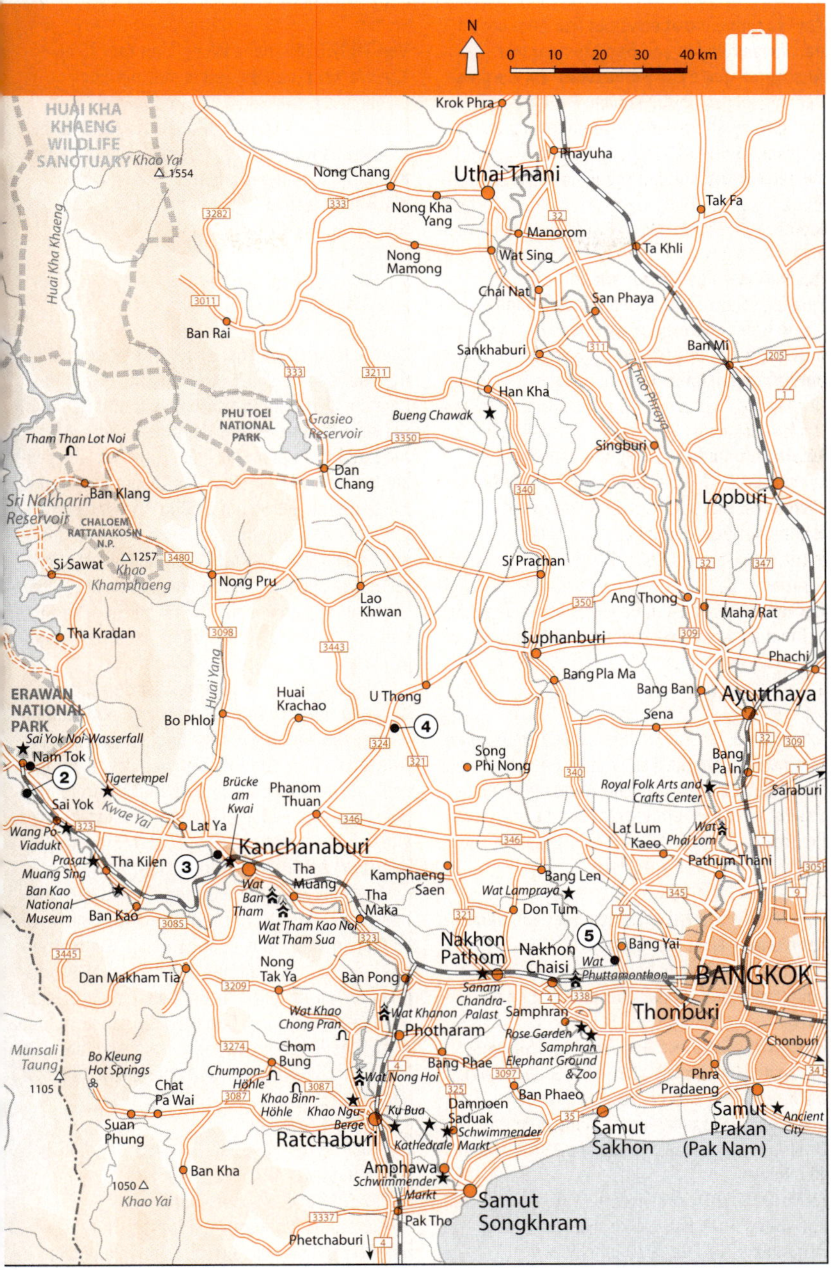
N
0 10 20 30 40 km
HUAI KHA KHAENG WILDLIFE SANCTUARY
Khao Yai
1554
Huai Kha Khaeng
Krok Phra
Phayuha
Nong Chang
Uthai Thani
Nong Kha Yang
Tak Fa
Manorom
Ta Khli
Nong Mamong
Wat Sing
Chai Nat
San Phaya
Ban Rai
Sankhaburi
Ban Mi
Han Kha
Chao Phraya
Bueng Chawak
PHU TOEI NATIONAL PARK
Grasieo Reservoir
Tham Than Lot Noi
Singburi
Dan Chang
Ban Klang
Sri Nakharin Reservoir
CHALOEM RATTANAKOSIN N.P.
Lopburi
1257
Khao Khamphaeng
Si Sawat
Nong Pru
Si Prachan
Lao Khwan
Ang Thong
Maha Rat
Tha Kradan
Suphanburi
Phachi
Bang Pla Ma
ERAWAN NATIONAL PARK
Huai Krachao
U Thong
Bang Ban
Ayutthaya
Sai Yok Noi-Wasserfall
Bo Phloi
Huai Yang
Sena
Nam Tok
Song Phi Nong
Bang Pa In
Tigertempel
Brücke am Kwai
Phanom Thuan
Royal Folk Arts and Crafts Center
Saraburi
Sai Yok
Kwae Yai
Wang Po-Viadukt
Lat Ya
Lat Lum Kaeo
Wat Phai Lom
Kanchanaburi
Pathum Thani
Prasat Muang Sing
Tha Kilen
Tha Muang
Kamphaeng Saen
Bang Len
Ban Kao National Museum
Ban Kao
Wat Ban Tham
Tha Maka
Wat Lampraya
Don Tum
Wat Tham Kao Noi
Wat Tham Sua
Nakhon Pathom
Nakhon Chaisi
Bang Yai
Wat Phuttamonthon
Dan Makham Tia
Nong Tak Ya
Ban Pong
Sanam Chandra-Palast
BANGKOK
Samphran
Thonburi
Wat Khao Chong Pran
Wat Khanon
Photharam
Rose Garden
Samphran Elephant Ground & Zoo
Munsali Taung
1105
Bo Kleung Hot Springs
Chom Bung
Bang Phae
Chonburi
Chumpon-Höhle
Chat Pa Wai
Khao Binn-Höhle
Wat Nong Hoi
Khao Ngu-Berge
Ku Bua
Damnoen Saduak
Schwimmender Markt
Ban Phaeo
Phra Pradaeng
Suan Phung
Ratchaburi
Kathedrale
Samut Sakhon
Samut Prakan (Pak Nam)
Ancient City
Ban Kha
Amphawa
Schwimmender Markt
1050
Khao Yai
Samut Songkhram
Pak Tho
Phetchaburi
1
2
3
4
5
32
205
311
333
3011
3211
3282
3350
340
347
350
309
3480
3098
3443
324
321
346
323
3085
3445
3209
3274
3087
3097
325
35
338
345
9
305
34
3337

Am Wochenende überwältigt das Angebot an den **Essenständen** und **Bootsrestaurants**. Ansonsten gibt es im **Pornsawan**, am Nordufer des Kanals östlich der kleinen Brücke, eine große Auswahl, vor allem Seafood, und eine englische Karte.
Weitere Übernachtungsangebote s. eXTra [2607].

Sonstiges

Einkaufen

Am Nordufer des Kanals, wo der Floating Market stattfindet, gibt es einige kleine Galerien und interessante Souvenirgeschäfte, darunter einige mit hervorragenden Postkarten.

Informationen

Tourist Information, Bang Konthi in der Hauptstraße, ✆ 081-308 7378, 089-171 7439. Wenn geschlossen, liegt eine Liste aller Homestays aus, allerdings nur auf Thai.

Touren

Boote können von den Resorts und an den Piers in Amphawa und den anderen Orten gechartert werden.

Transport

Empfehlenswert ist ein eigenes Fahrzeug. Dann zweigt man vom H325 südlich von Amphawa auf den H6006 ab und fährt ganz gemächlich am Ostufer entlang Richtung Norden bis Ratchaburi.

Busse und Songthaew

Von der Bus Station nahe dem Markt in **Samut Songkhram** (Mae Klong) nach
AMPHAWA, 6 km, und in die anderen Orte mit Songthaew und lokalen Bussen für maximal 20 Baht.
BANGKOK (Southern Bus Terminal), lokale Busse alle 30 Min. bis 17.30 Uhr für 60 Baht in 2 Std., von Bangkok bis 20.30 Uhr. Zudem Minibusse vom/zum Victory Monument.
BANG PHAE, gelber Bus 461 alle 15 Min. für 50 Baht.
DAMNOEN SADUAK (Floating Market) über Bang Phae und weiter mit Bus 78 oder Songthaew 1733 für 30 Baht in 20 Min.

Eisenbahn

Von THONBURI (nahe Wong Vien Yai-Kreisverkehr) verkehrt etwa stdl. bis zum Nachmittag eine Schmalspurbahn in 1 Std. nach SAMUT SAKHON (Mahachai) für 10 Baht, wo eine Fähre den Fluss überquert. Vom kleinen Kopfbahnhof auf der anderen Seite fährt ein Triebwagen in 1 Std. weiter nach SAMUT SONGKHRAM.

Ratchaburi

Westlich von Bangkok, in der fruchtbaren Mündungsebene des 520 km langen Mae Klong, liegt die idyllische Provinzhauptstadt Ratchaburi (95 000 Einwohner). Sie hat einen netten Markt, eine kleine Chinatown und historisch Interessierten einiges zu bieten. Bei Ausgrabungen und Restaurierungsarbeiten stoßen Archäologen immer wieder auf Zeugnisse einer tausend Jahre alten Kultur, z. B. im **Wat Mahathat** (Wat Na Phratat) mit seinem hohen, von Stuckornamenten verzierten Prang oder in der Dvaravati-Stadt **Ku Bua**, von der nur noch Fundamente innerhalb eines Wallgrabens zu bestaunen sind, s. eXTra [2612].

Nicht weniger sehenswert ist das **Nationalmuseum**, das in den Räumen des ehemaligen Rathauses einen kurzen, englischsprachigen Abriss der Tier- und Pflanzenwelt sowie der Geschichte der Region bietet. Auch die Ausstellung über die verschiedenen Volksgruppen sollte man sich nicht entgehen lassen. 🕓 Mi–So (außer feiertags) 9–16 Uhr, Eintritt 30 Baht.

Bekannt ist Ratchaburi für die riesigen irdenen **Wasserkrüge** mit Drachenmotiven, die u. a. im Nationalmuseum zu finden sind. Sie werden noch heute in Handarbeit in zahlreichen Manufakturen hergestellt, z. B. am H4 Richtung Süden, am H3087 Richtung Chom Bung sowie neben dem Westin Grand Hotel. Es ist möglich, den Handwerkern bei der Arbeit über die Schulter zu schauen.

Übernachtung

Araya Hotel ③, 187/1-12 Kraipet Rd., ✆ 032-337 781-2. Kleines, einfaches chinesisches Stadthotel mit Aufzug. Gut gelüftete Zimmer mit älterer Klimaanlage oder

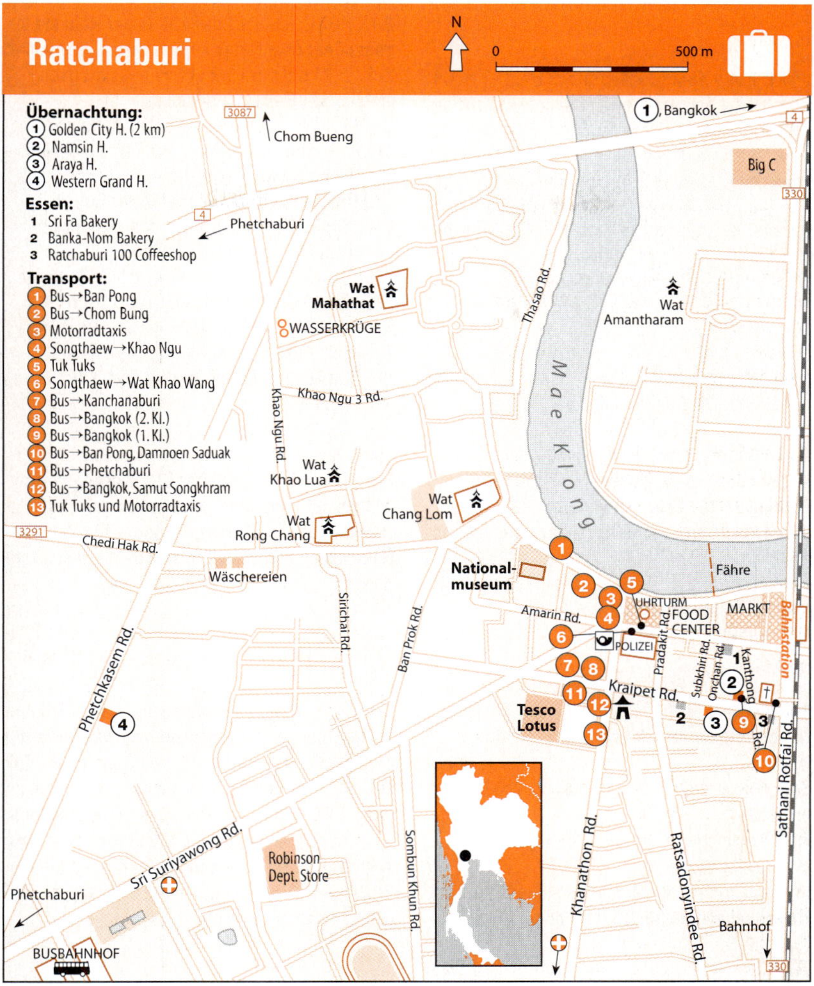

Fan, z. T. mit Warmwasser. Nur wenig Englisch sprechendes Personal. ❷–❸

Golden City ①, außerhalb am H4, 2 km östl. der Abzweigung des H3087, ✆ 032-338 444, 317 140-4. Der 7-stöckige Neubaublock lockt mit guten, relativ preiswerten Zimmern und dem einzigen Pool der Stadt. Restaurant. ❹

Namsin Hotel ②, 2-16 Kraipet Rd., ✆ 032-337 551. Schon etwas abgewohnt, aber immer noch das beste Hotel in der Chinatown. Zimmer mit Ventilator oder AC. Die angebotenen Touren sind überteuert. ❷–❸

Western Grand Hotel ④, 105/1 Old Petchkasem Rd., ✆ 032-337 777, 💻 www.westerngrandhotel.com. 5-stöckiges Businesshotel mit 75 komfortablen Standard-, größeren Deluxe-Zimmern und bezahlbaren Suiten mit Flachbildschirm und Jacuzzi. Thai-Restaurant. WiFi in der Lobby, Frühstück inkl. ❹

Leckere Nudeln!

Das große **Food Center** neben dem Uhrturm betört die Sinne mit einer fantastischen Auswahl an Gemüse, Obst, Snacks und Leckereien. Vor allem am frühen Abend herrscht dichtes Gedränge, und die Tische sind gut belegt. Die leckeren Nudeln am **Stand 100** sollte sich niemand entgehen lassen. Allein schon die Geschwindigkeit der Zubereitung zur Hauptessenszeit ist sehenswert. ⏲ 24 Std.

Essen

Banka-Nom, 187/27-28 Kraipet Rd., ✆ 032-322 923, Bäckerei mit der größten Auswahl. ⏲ 7–21 Uhr.
Sri Fa Bakery, Amarin Rd., kleine Bäckerei mit süßen und salzigen Kuchen, ⏲ 7–20 Uhr.
Ratchaburi 100 Coffeeshop, Kraipet Rd. Hier servieren junge Leute Milchshakes, Kaffee und Snacks.
Tesco Lotus, im riesigen Supermarkt gibt es einige Fastfood-Restaurants und das **MK Restaurant** mit Hotpot. ⏲ 9–24 Uhr.

Nahverkehr und Touren

Rikschas gibt es fast nur noch in der Chinatown.
Motorradtaxis verkehren in der Stadt ab 20 Baht.
Songthaew kosten je nach Tour ca. 200 Baht pro Std.
Tuk Tuks kosten in der Stadt 30 Baht, zu Zielen in der Nähe siehe dort.
Im Namsin Hotel werden abendliche **Touren zur Fledermaushöhle** für 700 Baht angeboten.

Transport

Busse

Der neue **Busbahnhof** im Süden der Stadt wird kaum genutzt. Stattdessen halten die Busse weiterhin im Zentrum. Die Abfahrtsstellen sind auf dem Ortsplan eingezeichnet.
Nach BANGKOK von verschiedenen Haltestellen in der Altstadt entlang der Kraipet Rd. Busse bis 22.30 Uhr alle 20 Min, 80 Baht in 1 1/2 Std. 1. Kl. AC-Busse bis 20.30 Uhr für 90 Baht ab dem Büro neben dem Namsin Hotel.
BAN PONG, lokaler Bus 8154 ab der Haltestelle gegenüber dem Nationalmuseum zu jeder vollen Std. für 20 Baht in 1 1/2 Std. Er passiert nach 45 Min. den Fledermaustempel.
CHOM BUNG, lokaler Bus 8161 für 30 Baht in 40 Min. zur Chompon-Höhle (+ 2 km zu Fuß) und der Zufahrt zur Khao Binn-Höhle (+ 1,7 km zu Fuß).
DAMNOEN SADUAK gelber lokaler Bus ab 6 Uhr für 50 Baht in gut 1 Std. Man kann sich direkt am Markt absetzen lassen.
KANCHANABURI Bus 41 laufend bis 18 Uhr für 60 Baht in 2 Std. ab Haltestelle vor Tesco Lotus.
NAKHON PATHOM mit allen Bussen Richtung Bangkok für 40 Baht in 45 Min.
PHETCHABURI AC-Bus 73 alle 20 Min. für 40 Baht in 1 Std.

Eisenbahn

Fahrplan s. S. 900–903. Der Bahnhof liegt 1 km südlich der Innenstadt. Hier halten alle Züge zwischen Bangkok und dem Süden. An der Haltestelle bei der Brücke stoppen zudem lokale Züge.

Die Umgebung von Ratchaburi

Bizarre Kalkfelsen, beeindruckende Höhlen, Tempel und eine Ausgrabungsstätte sind am besten mit einem gecharterten Songthaew, Tuk Tuk oder Taxi zu erreichen. Eine Tagestour kostet etwa 1000 Baht. Wer vor der Kang Khao-Höhle das Ausschwirren der Fledermäuse sehen will, sollte frühzeitig aufbrechen. Touren mit lokalen Bussen sind wegen der langen Wartezeiten und Fußwege nicht zu empfehlen.

Khao Ngu-Berge und -Höhlen

Der idyllische **Steingarten** Ruesikhao Ngu in den Khao Ngu-Bergen („Schlangen-Bergen") mit seinen Seen und Pavillons ist beispielhaft für die gelungene Rekultivierung eines großen Steinbruchs. Den östlichen Zugang markiert ein riesiger Buddha vor einer Felswand. Zu erreichen von der Stadt aus auf dem H3087 7 km Richtung Westen und dann 1 km Richtung Nordosten auf dem H3089. Songthaew (letzter zurück um 18.30 Uhr) für 20 Baht, Tuk Tuk 200 Baht hin und zurück.

Auf schmalen, kurvenreichen Straßen gelangt man zu vier **Khao Ngu-Höhlen: Ta Tho**, **Chin**, **Cham** und zur Eremitenhöhle **Tham Russi**, die aber meist geschlossen ist. Wer beim Eintreten die Schuhe stehen lässt, bietet den zahlreichen, räuberischen Affen ein gefundenes Fressen. Viele Pilger reisen hierher, um die zentrale Figur, ein sitzender Buddha als Basrelief, zu sehen. Dieser stammt aus der Dvaravati-Periode (10. Jh.), weist Einflüsse aus dem indischen Gupta-Reich (5. Jh.) auf und wird hoch verehrt.

Wat Nong Hoi

Beeindruckend ist die Aussicht über die Ebene und die sie umgebenden Berge von den beiden nahe beieinander gelegenen Bergkegeln, auf denen der große, neue chinesisch-buddhistische Tempel liegt. Auf dem südlichen Berg erhebt sich ein großer, weißer sitzender Buddha, während auf dem nördlichen unterhalb der Tempelgebäude ein goldener Happy Buddha Glück verspricht. In diesem Tempel 12 km nördlich der Stadt östlich vom H3089 wird das Vegetarier-Fest im Oktober groß gefeiert. 🕓 6–18.30 Uhr.

Khao Binn-Höhle

Die Höhle am „Fliegenden Berg“ in einem gepflegten Park mit Souvenir- und Essenständen ist über eine 1,7 km lange Zufahrtstraße beim KM 20 des H3087 zu erreichen, 🕓 8.30–20 Uhr, Eintritt inkl. Führer 10 Baht. Der Bus Richtung Chom Bung hält an der Abzweigung an der Hauptstraße. Tuk Tuk 400 Baht.

In der 800 m² großen Höhle sind über einen 300 m tief in den Berg hineinführenden Gang mehrere Kammern zugänglich. Die Stalaktiten, eleganten Säulen und Tropfsteinwasserfälle sind farbig ausgeleuchtet. Die schönste Formation ähnelt einem gewaltigen Adler. Am Ende des abgesicherten Wegs wartet eine feuchtheiße Grotte mit kleinen Teichen und heiligem Wasser.

Chompon-Höhle

2 km westlich von Chom Bung liegt hinter dem Teacher College in einem Arboretum die Höhle Tham Chompon. Der Bus 8161 fährt nur bis Chom Bung, Tuk Tuk 500 Baht. 🕓 9–16.30 Uhr, Eintritt 10 Baht.

Zwischen schattigen großen Bäumen, kleinen Bonsai-Bäumchen, Bougainvilleen und Teichen laden Essenstände zu einem Imbiss ein. Die bettelnden, Respekt einflößenden Affen sollten nicht gefüttert werden. Über eine Treppe erreicht man durch einen schmalen Eingang die 240 m lange Haupthalle mit vielen hübschen Stalaktiten und Stalagmiten. Durch das Loch des abschließenden Doms fällt malerisch das Tageslicht. Ein ruhender Buddha und der Heilige Phra Phutta Siyat sind die am meisten verehrten Statuen.

Wat Khanon

Alte, hohe Laubbäume umgeben die weitläufige Klosteranlage des Wat Khanon, ✆ 032-233 386, deren schöne, alte Teakhäuser eine besondere Atmosphäre vermitteln. Anfahrt von Photharam auf dem H3090, über den Fluss und hinter der Brücke rechts auf einer schmalen Landstraße 2,5 km bis zum Tempel, Tuk Tuk 600 Baht. Eintritt frei, um eine Spende wird gebeten.

Eines der Häuser beherbergt ein **Museum** mit wunderschönen, großen Nang Yai-Schattenspielfiguren, die ausschließlich am königlichen Hof gespielt werden durften. In großen Schaukästen werden die prächtigsten, aus Büffelleder ausgestanzten Figuren ausgeleuchtet und beschrieben. Außerdem informiert ein Faltblatt über die Tradition des Schattenspiels.

Wat Khao Chong Phran und die Fledermaus-Höhle

Jeden Abend, sobald die Sonne untergeht, bietet sich über dem **Wat Khao Chong Phran** ein sehenswertes Naturschauspiel. Aus der Kang Khao-Höhle quillt ein scheinbar endloses, dunkles Band heraus, das mal breiter, mal schmaler in wogenden Wellen über den dunklen Abendhimmel gleitet. Von den flatternden Punkten geht ein hohes Zirpen aus. Es sind etwa 4 Mio. kleiner Faltlippen-Fledermäuse *(Tadarida plicata)*, die sich unter den Augen hunderter Zuschauer auf den Weg zu den Obstbäumen im „Garten Thailands“ weiter im Süden machen. In der Höhe kreisende Raubvögel nutzen die ersten Minuten für einen Festschmaus. Nach etwa 20 Minuten wird das Band zunehmend dünner. Noch vor dem Morgengrauen kehren die Flattertiere wieder in die Höhle zurück.

Die Fledermaus-Höhle liegt 24 km nordwestlich von Ratchaburi am H3089 Richtung Bang Phae hinter der Abzweigung des H3357. Sie ist mit dem Ban Pong-Bus, dem Tuk Tuk oder Songthaew ab 600 Baht zu erreichen. Tour ab Nam Sin Hotel für 700 Baht p. P. Zurück nach Ratchaburi fährt der letzte Bus gegen 18 Uhr, am So bereits um 17.20 Uhr. Den Beginn des Schauspiels zwischen 17 und 18 Uhr (bei dunklem Himmel eher früher) sollte man auf keinen Fall versäumen. Man postiert sich am besten auf dem großen Parkplatz mit dem Fledermaus-Denkmal neben dem Tempel, an dem Essenstände für das Wohl der wartenden Touristen sorgen und Souvenirstände kleine Fledermäuse verkaufen.
Weitere Ausflugsziele s. eXTra [2612] und [2613].

Nakhon Pathom

Vor über 2000 Jahren zogen Mönche aus dem buddhistischen Ceylon nach Osten und errichteten den ersten buddhistischen Tempel dieser Region an der Stelle, wo heute **Phra Pathom Chedi**, eine der größten Pagoden des Landes, steht. Wegen der beeindruckenden Konstruktion der frühen Bauten nimmt man an, dass Mönche aus Ceylon hier das erste Zentrum des Theravada-Buddhismus auf thailändischem Boden gründeten. Archäologen entdeckten unter der heutigen Pagode einen 39 m hohen Chedi aus dem 4. Jh. im Mon-Stil. Im 11. Jh. errichteten die Khmer über diesem Heiligtum einen Prang, der wiederum vor über 100 Jahren mit einem prunkvollen, über 127 m hohen Chedi überbaut wurde. Er gilt als eines der höchsten buddhistischen Bauwerke der Welt. Eintritt zum Chedi mit dem **Tempelmuseum** (Eingang im Norden) 40 Baht. Mehr zum Chedi s. eXTra [2616].

Im angeschlossenen **Nationalmuseum**, ⌚ Mi–So 9–16 Uhr, 30 Baht, sind einige Funde von 1934 durchgeführten Ausgrabungsarbeiten im Tempelbezirk ausgestellt. Die Ausstellungsstücke aus der Dvaravati-Periode geben einen Einblick in den Alltag der Menschen vor über tausend Jahren, ihre Religion, Kunst und Architektur. Ein steinernes Rad, das die Lehre Buddhas symbolisiert, wurde auf 150 v. Chr. datiert. An der Kasse ist ein guter zweisprachiger Katalog erhältlich.

Tempelfest am Chedi

Im November, nach dem Loi Krathong-Fest, findet rings um die Pagode ein zehntägiges, großes **Tempelfest** statt. Die Stände auf dem großen Markt offerieren ein buntes Sortiment von Textilien, Schuhen, Haushaltswaren und Möbeln, aber auch Leckereien wie Pizza, Hamburger, geröstete Wasserkäfer und Heuschrecken.

Sanam Chandra-Palast

Während der Bauarbeiten wohnte König Mongkut in einem kleinen Palast östlich des Chedi, der heute jedoch weitgehend zerstört ist. Auch sein Nachfolger, König Rama VI., hielt sich oft in Nakhon Pathom auf, um dem Training seiner hier stationierten paramilitärischen Einheit beizuwohnen. Er ließ sich 2 km westlich der Pagode 1902–11 den kleinen Sanam Chandra-Palast erbauen. Dieser liegt in einem gepflegten Park mit Pavillons, Teichen und kleinen Brücken sowie dem Denkmal seines Lieblingshundes Yalae und des Elefantengottes Ganesha aus dem hinduistischen Pantheon. 2003 wurde die Anlage auf Wunsch einer Tochter von Rama VI. restauriert und der Öffentlichkeit zugänglich gemacht.

In der **Chaleemongkolasana-Residenz**, einem zweistöckigen Gebäude nahe dem Kreisverkehr, das wie ein zu klein geratenes Märchenschloss wirkt und vor dem das Denkmal des Hundes steht, ist ein Museum mit Fotografien und persönlichen Gegenständen aus dem Besitz König Ramas VI. untergebracht. Ebenfalls besichtigt werden können die **Bhimarn Prathom-Residenz** im westlichen Kolonialstil mit den einstigen Privatgemächern des Königs sowie die **Samakkeemukamartaya-Halle**, die für Theatervorstellungen und Empfänge genutzt wurde. ⌚ 9–16 Uhr, ✆ 034-244 236-7. Eintritt in den Park frei, in die Museen 50 Baht. Es gilt die Kleiderordnung wie im Königspalast in Bangkok (s. S. 134). In einer kleinen Kantine werden einfache Thai-Gerichte und Getränke verkauft. Am Wochenende um 13.30 Uhr klassische Tanzvorführungen.

Übernachtung

Mitpaisal ①, am Bahnhof, 120-30 Phaya Phan Rd., ✆ 034-255 444, ✉ mitpaisal@hotmail.com,

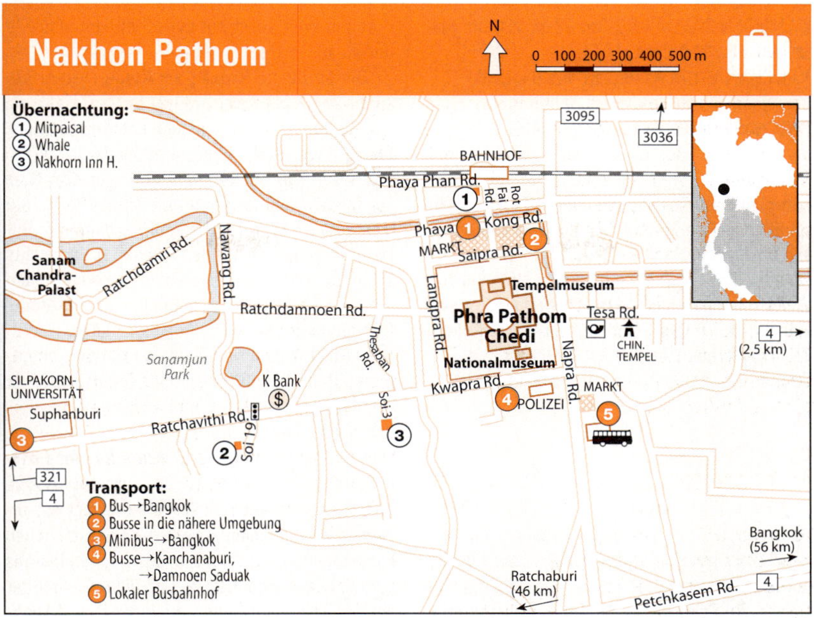

hellhörige Zimmer mit AC oder Ventilator in einem älteren Hotelblock mit Aufzug und einer museumsreifen Telefonanlage. Einziger Vorteil ist die Nähe zum Bahnhof. ❷–❸

Nakhorn Inn Hotel ③, 55 Soi 3, Ratchavithi Rd., ✆ 034-251 152-4, 📠 254 998, nahe der Pagode am Ende der Sackgasse. In einem zurückversetzten Hotelblock 70 nicht mehr ganz neue Zimmer mit Kühlschrank. ❸

Whale ②, 151/79 Soi 19, Ratchavithi Rd., ✆ 034-253 855-63, 💻 www.whale.co.th. Das größte Hotel des Ortes, ca. 1 km westlich der Pagode, etwas abseits der Hauptstraße, aber von dort leicht zu sehen. Gute Zimmer, Nightclub, am Wochenende Disco. Das chinesische Restaurant lässt zu wünschen übrig. Frühstück inkl. Mit dem Bus kommend an der Ampel aussteigen. ❹

Essen und Nahverkehr

Auf dem tollen Markt zwischen Bahnhof und Chedi gibt es leckeren *kao larm,* Klebreis, der mit Kokos und Palmzucker gesüßt in Bambus gebacken wird. Vor allem abends laden viele Essenstände zum Schlemmen ein.

Transport

Busse

Sie fahren auf dem Weg zu den außerhalb gelegenen Busbahnhöfen durchs Zentrum und lassen Touristen an der Pagode ein- oder aussteigen. Überlandbusse halten südlich des Zentrums am Highway, lokale Busse, z. B. nach Damnoen Saduak, an der Bus Station im Süden der Stadt oder in einer der Straßen rings um die Pagode. Ortsunkundige sollten sich bei Einheimischen nach den Bus Stops im Zentrum erkundigen, da diese nicht ausgewiesen sind. Das beste und günstigste Transportmittel innerhalb der Stadt sind Motorradtaxis.

Nach BANGKOK, 56 km, AC-Busse bis 21 Uhr alle 15 Min. für 30–50 Baht, zurück bis gegen 20.30 Uhr, in 1 1/2 Std. Minibusse ab der Straße vor der Silpakorn-Universität nach Bangkok (Phrapinklao-Brücke nahe Banglampoo) für 40 Baht.

Ab der Polizeistation südlich des Chedi nach

DAMNOEN SADUAK AC-Bus 78 ab 6.30 Uhr alle 30 Min. für 30/50 Baht in 1 Std.
KANCHANABURI AC-Bus 81 aus Bangkok kommend alle 20 Min. für 70 Baht in 2 Std.
RATCHABURI Bus 76 für 40 Baht in 45 Min.

Eisenbahn

Fahrplan s. S. 900–903. Der Bahnhof liegt 500 m nördlich des Chedi. Auf dem Vorplatz stehen Motorradtaxis. Nach BANGKOK fahren ein Dutzend Züge in 1–1 1/2 Std., die wegen der Zuschläge überwiegend teurer sind als Busse. Günstig der DRC um 16.59 Uhr für 14 Baht. Nach THONBURI und KANCHANABURI kosten alle Züge trotz 3. Kl. für Touristen 100 Baht.

Kanchanaburi

Nicht nur die weltberühmte Brücke am Kwai, die Vorlage zu Pierre Boulles Roman und dem gleichnamigen Film, zieht einheimische wie ausländische Touristen in diese Provinzhauptstadt (67 000 Einwohner), die häufig nur Mueang Kan oder Kanburi genannt wird. Familien japanischer und alliierter Kriegsveteranen kommen wegen der Kriegsmuseen, Soldatenfriedhöfe und anderen Spuren, die der 2. Weltkrieg hinterlassen hat. Thailändische Familien flüchten am Wochenende aus der Metropole, um in den luxuriösen Resorts flussaufwärts von Kanchanaburi aufzutanken. Traveller schließlich finden hier ausgesprochen preiswerte Gästehäuser und Restaurants sowie vielfältige Möglichkeiten für Touren, die weit günstiger sind als ähnliche Angebote in Touristenhochburgen.

Die Stadt hat viele Gesichter: Rings um den Busbahnhof liegt das planmäßig angelegte neue Geschäftszentrum. Es wird von der vierspurigen Fernstraße, die als Schneise mitten durch die Stadt verläuft, vom alten, chinesisch geprägten, quirligen Kern getrennt. Am Fluss konzentrieren sich die Touristen, südlich der neuen Brücke frequentieren asiatische Reisegruppen die schwimmenden Karaoke-Restaurants, während sich die Farangs in den Gästehäusern weiter nördlich entlang der Straße zur Eisenbahnbrücke wohl fühlen. Die vielen Sehenswürdigkeiten – die Friedhöfe, Tempel, die Brücke und die Museen – liegen weit verstreut zwischen Hauptstraße und Fluss.

Die berühmte **Brücke am Kwae**, besser bekannt als „River Kwai Bridge" bzw. „Brücke am Kwai", liegt 4 km nordwestlich des Busbahnhofs. Sie wird von Zügen überquert, die durch das Tal des Kwae Noi bis zur heutigen Endstation Nam Tok fahren. Sie machen durch lautes Pfeifen auf sich aufmerksam, sodass sich Passanten rechtzeitig in Sicherheit bringen können. Die schlichte Stahlträgerkonstruktion sieht ganz und gar nicht so aus wie im Film und Roman beschrieben. Dennoch wird sie von zahllosen Touristen fotografiert. Auf dem von Souvenirständen umgebenen Platz vor der Brücke stehen neben einer Informationstafel eine alte Draisine und zwei historische Lokomotiven.

Von dem privaten **World War II Museum** südlich der Brücke, ✆ 034-512 596, sollte man keine historische Aufarbeitung der Kriegsereignisse erwarten. Die Sammlung reicht von prähistorischen Faustkeilen bis zu Gebrauchsgegenständen aus jüngster Vergangenheit. Neben einer Galerie der Helden Thailands haben auch die des 2. Weltkriegs, von Stalin bis Einstein, ihren Platz – kurzum: bizarr und voller Fehler! ⌚ 8–18 Uhr, 40 Baht.

Die Eisenbahn des Todes

415 km war die Strecke lang, die die Japaner während des Krieges zur Sicherung des Nachschubs als Verbindung zwischen dem thailändischen und birmanischen Eisenbahnnetz durch die Wildnis treiben ließen. Innerhalb von 17 Monaten, von Juni 1942 bis Oktober 1943, hatten 200 000 asiatische Zwangsarbeiter und 62 000 Kriegsgefangene unter großen Opfern die Trasse durch den Dschungel, die noch immer lakonisch Death Railway genannt wird, fertig gestellt. Zwangsarbeiter aus Thailand, Birma, China, Indonesien und Malaysia sowie alliierte Kriegsgefangene lebten und arbeiteten unter unmenschlichen Bedingungen im Dschungel. Allein von den Kriegsgefangenen starben über 12 000 durch Unfälle, Unterernährung und Krankheiten, bei den Zwangsarbeitern waren es sogar über 80 000.
Weitere Infos s. eXTra [2619].

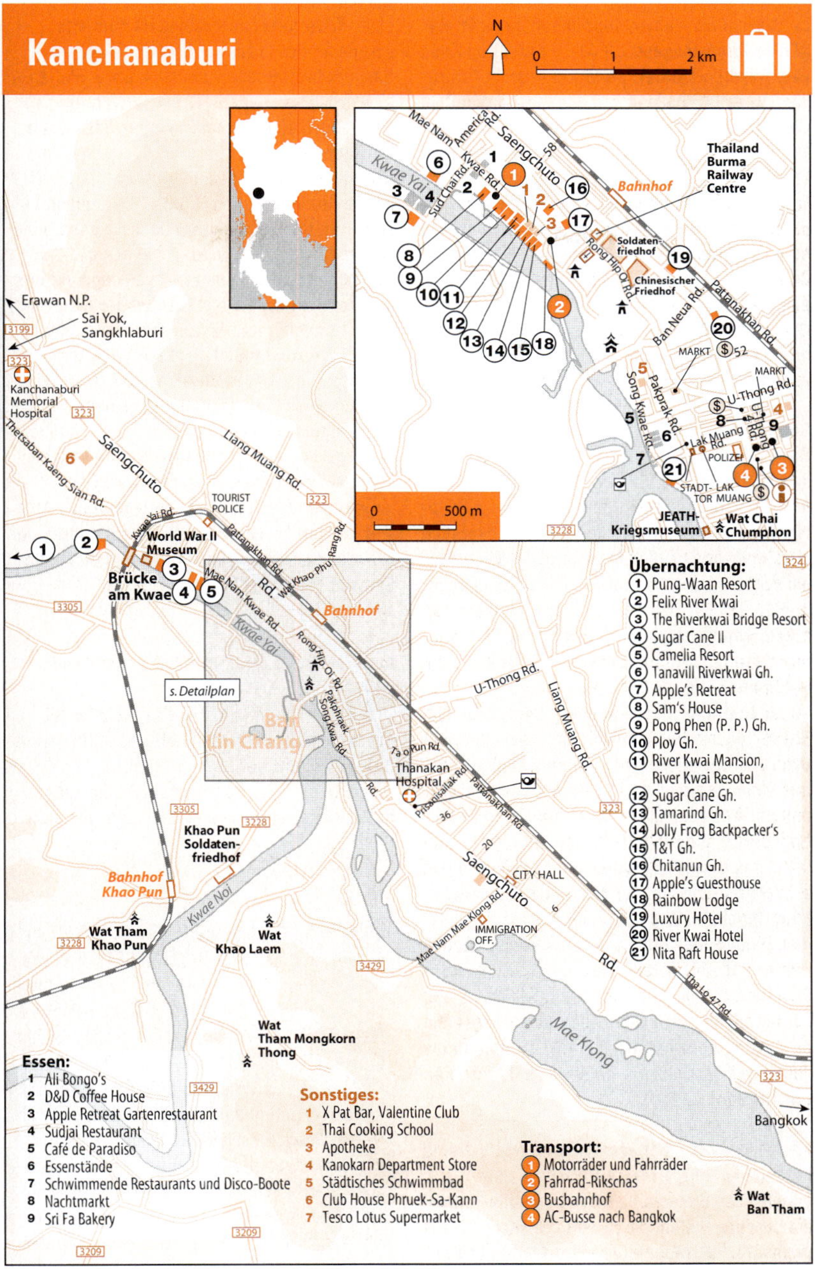

Kanchanaburi
N
0
1
2 km
Übernachtung:
1 Pung-Waan Resort
2 Felix River Kwai
3 The Riverkwai Bridge Resort
4 Sugar Cane II
5 Camelia Resort
6 Tanavill Riverkwai Gh.
7 Apple's Retreat
8 Sam's House
9 Pong Phen (P. P.) Gh.
10 Ploy Gh.
11 River Kwai Mansion, River Kwai Resotel
12 Sugar Cane Gh.
13 Tamarind Gh.
14 Jolly Frog Backpacker's
15 T&T Gh.
16 Chitanun Gh.
17 Apple's Guesthouse
18 Rainbow Lodge
19 Luxury Hotel
20 River Kwai Hotel
21 Nita Raft House
Essen:
1 Ali Bongo's
2 D&D Coffee House
3 Apple Retreat Gartenrestaurant
4 Sudjai Restaurant
5 Café de Paradiso
6 Essenstände
7 Schwimmende Restaurants und Disco-Boote
8 Nachtmarkt
9 Sri Fa Bakery
Sonstiges:
1 X Pat Bar, Valentine Club
2 Thai Cooking School
3 Apotheke
4 Kanokarn Department Store
5 Städtisches Schwimmbad
6 Club House Phruek-Sa-Kann
7 Tesco Lotus Supermarket
Transport:
1 Motorräder und Fahrräder
2 Fahrrad-Rikschas
3 Busbahnhof
4 AC-Busse nach Bangkok
Erawan N.P.
Sai Yok, Sangkhlaburi
Kanchanaburi Memorial Hospital
Thetsaban Kaeng Sian Rd.
Saengchuto Rd.
Liang Muang Rd.
TOURIST POLICE
World War II Museum
Brücke am Kwae
Mae Nam Kwae Rd.
Kwae Yai
Bahnhof
Pattanakhan Rd.
Wat Khao Phu Rang Rd.
Rong Hip Oi Rd.
s. Detailplan
Ban Lin Chang
Pakphraek
Song Kwa Rd.
U-Thong Rd.
Tao Pun Rd.
Thanakan Hospital
Prisangisailak Rd.
CITY HALL
IMMIGRATION OFF.
Mae Nam Mae Klong Rd.
Khao Pun Soldatenfriedhof
Bahnhof Khao Pun
Kwae Noi
Wat Tham Khao Pun
Wat Khao Laem
Wat Tham Mongkorn Thong
Mae Klong
Tha Lo 47 Rd.
Bangkok
Wat Ban Tham
Mae Nam America Rd.
Kwae Rd.
Sud Chai Rd.
Thailand Burma Railway Centre
Soldatenfriedhof
Chinesischer Friedhof
Ban Neua Rd.
MARKT
Song Kwae Rd.
Pakprak Rd.
Lak Muang Rd.
POLIZEI
STADT-LAK TOR MUANG
JEATH-Kriegsmuseum
Wat Chai Chumphon
0
500 m

Wesentlich kleiner, aber angenehmer ist das **JEATH-Kriegsmuseum** (JEATH = die in den Krieg verwickelten Länder: Japan, England, Australien, Amerika, Thailand und Holland) im Wat Chai Chumphon am Mae Klong-Fluss, das Ende der 1970er-Jahre vom damaligen Abt in der rekonstruierten Baracke eines Kriegsgefangenenlagers eingerichtet wurde. Anhand von Fundstücken, Fotos und anderen Dokumenten vermittelt es einen Eindruck vom Leben der Gefangenen und der asiatischen Zwangsarbeiter, die 1942/43 am Bau der Eisenbahnlinie beteiligt waren. 🕓 8–18 Uhr, 30 Baht Eintritt geht als Spende an ein Krankenhaus und eine Schule, Fotografierverbot.

Ein Teil der Toten wurde auf den beiden **Soldatenfriedhöfen** *(war cemetery)* beigesetzt. Der größte, auf dem 6982 Soldaten begraben sind, befindet sich etwa 300 m südlich vom Bahnhof. An ihn grenzt ein chinesischer Friedhof. Der zweite, auf dem 1750 Soldaten begraben sind, liegt 2 km südlich der Stadt in **Khao Pun**, am Westufer des Kwae Noi, inmitten einer schönen Landschaft die zum Picknick einlädt. Wer an einer guten Aufarbeitung der Geschichte interessiert ist, sollte unbedingt zum Museum am Hellfire Pass fahren (s. S. 250).

Im **Thailand Burma Railway Centre**, ✆ 034-510 067, 💻 www.tbrconline.com, einem informativen, mit ausländischer Hilfe aufwändig erbauten Museum, wird der Bau der Death Railway und der Kriegsverlauf in Asien in vielen Details und durch Videofilme dargestellt. Im Erdgeschoss wird aus der japanischen Expansion im 2. Weltkrieg die Notwendigkeit des Eisenbahnbaus abgeleitet und den Besuchern die mühsamen Bauarbeiten und das Lagerleben vor Augen geführt. Die Ausstellungen im Obergeschoss widmen sich den Angriffen der Alliierten, der Zerstörung der Brücke und der nach Kriegsende erfolgten Repatriierung der Kriegsgefangenen sowie dem Bau der Friedhöfe. 🕓 9–17 Uhr, Eintritt 100 Baht.

Übernachtung

Kanchanaburi überrascht mit zahlreichen preiswerten Gästehäusern, von denen wir nur die besseren listen. Die meisten Besitzer vermieten Fahrräder und Motorräder und bieten einen Wäscheservice. Kleine Restaurants sorgen für das leibliche Wohl der Traveller. Samlorfahrer erhalten von allen Unterkünften eine Provision für neue Gäste und fahren bevorzugt diejenigen an, die ihnen das meiste Geld geben.

Die meisten Gästehäuser konzentrieren sich südlich der berühmten Brücke. Die Lage am Fluss mit Blick aufs Wasser ist sehr beruhigend, wären da nicht die Boote. Vor allem an Wochenenden brausen zahllose Longtail Boats mit Touristen vorbei, und Discoboote ziehen ihre Kreise. In den Unterkünften sollte man prüfen, ob das Wasser im Bad nicht aus dem Fluss gepumpt wird. Der in Ufernähe von Wasserhyazinthen bedeckte Fluss bietet abschnittweise einen wunderschönen Anblick. In einigen kleinen Buchten wird allerdings der Unrat aus dem Fluss angespült. Auch die ungeklärten Abwässer der Bewohner der schwimmenden Bambusrafts verschmutzen den Fluss, sodass seit vielen Jahren nicht mehr an Schwimmen zu denken ist.

Untere Preisklasse

Apple's Retreat ⑦, 153/4 Moo 4 Thamakham, ✆ 034-512 017, 081-948 4646, 💻 www.applenoi-kanchanaburi.com, www.guesthousekanchanaburi.com. Neue Bungalow-Anlage jenseits der Straßenbrücke in ländlicher Umgebung. 16 Zimmer in einem 2-stöckigen Reihenhaus mit Blick über die Felder. Jenseits

Treffpunkt der Backpacker

Jolly Frog Backpacker's ⑭, 28 Soi China, Mae Nam Kwae Rd., ✆ 034-514 579. Größere, beliebte Backpacker-Unterkunft unter Leitung der Deutschen Christa und ihres Mannes. 50 einfache, gemütliche Zimmer mit dicken Matratzen, Ventilator oder AC mit und ohne Du/WC, die billigsten auf Rafts, andere in 2-stöckigen Reihenhäusern in einem netten Garten. Auch Familienzimmer und günstige EZ mit Gemeinschafts-Du. Liegewiese mit Liegestühlen und Hängematte, hübscher Flussblick und Badeplattform. Günstige Tagestouren. Restaurant mit englischem Buchladen. ❶–❷

Die Brücke am Kwai – bis sich der Zug ankündigt für Spaziergänger freigegeben

der Straße am Fluss Restaurant mit Kochkursen. Fahrradverleih, Internet und Touren. Kostenloser Shuttle ab Apple's Gh. ❸

Apple's Gh. ⑰, Chaokhunnen Rd., 200 m vom Bahnhof, ✆ 034-512 017, 081-948 4646, 💻 www.applenoi-kanchanaburi.com. Hinter dem Restaurant 20 ebenerdige Zimmer mit kleiner Terrasse und Ventilator oder AC L-förmig um einen kleinen, ruhigen Garten. Zudem Reisebüro und Buchung von Kochkursen. ❷–❸

Chitanun Gh. ⑯, 47/3 Mae Nam Kwae Rd., ✆ 034-624 785. Von der Straße zurückversetzte große, saubere Anlage mit 38 Zimmern in soliden 4-Zimmer-Bungalows mit größerer Terrasse und Ventilator oder AC sowie Reihenhäuser mit kleineren Zimmer mit Ventilator und kleinen Terrassen. Gepflegter Garten. Restaurant an der Straße. ❷–❸

Nita Raft House ㉑, 27/1 Pakprak Rd., ✆ 034-514 521. Südlich des Zentrums hat nur eins der frühen Gästehäuser überlebt. 14 sehr einfache, nicht besonders saubere Zimmer mit Ventilator oder AC, mit und ohne Du/WC auf Rafthäusern. Preiswertes Essen und viele Bücher und DVDs im Restaurant. Hilfsbereite Besitzer. ❶–❸

Pong Phen (P. P.) Gh. ⑨, 5 Soi Bangklated, ✆ 034-512 981, 💻 www.pongphen.com. Hoch über dem Fluss L-förmig angeordnete Reihenhäuser mit kleinen, hellhörigen, sauberen Zimmer mit TV und Terrasse, günstige mit Gemeinschaftsdusche und Ventilator. Neues 3-stöckiges Haus mit sehr großen, teuren Zimmern mit TV für 2–3 Pers. Zudem AC-Bungalows. Zum Fluss hin ein Garten mit vielen Orchideen, eine Terrasse mit Tischen, neuer, kleiner Pool mit vielen Liegestühlen. Restaurant. ❷–❹

Rainbow Lodge ⑱, 48/5 Rong Heeb Oil Rd., ✆ 034-513 976, 💻 www.seethailandtravel.com. 9 in unterschiedlichen Farben gestrichene, kleine Häuser mit Ventilator oder AC, 3 teure VIP-Zimmer mit großen Fenstern und eigener Terrasse am Fluss. Restaurant mit schönem Ausblick, gratis Internet, WiFi und

Fahrräder, Abholservice vom Busbahnhof. ❷–❹

River Kwai Mansion ⑪, 77 Mae Nam Kwae Rd., 034-625 335-6, 625 313, www.riverkwaimansionhotel.com. 6-stöckiger Betonklotz, 50 kahle Zimmer mit Ventilator und kalter Dusche oder AC und Kühlschrank, auch als Stundenhotel beliebt. ❷–❸

Sam's House ⑧, 14/2 Moo 1 Mae Nam Kwae Rd., 034-515 956, www.samsguesthouse.com. Am Fluss komfortable Holzhäuser auf Stelzen mit AC oder Ventilator und TV. Neue, schicke Zimmer in L-förmigem Reihenhaus nahe dem Restaurant. Auch Familienzimmer. Ein kleiner Pool ist geplant. ❸

Sugar Cane Gh. ⑫, 22 Soi Pakistan, Mae Nam Kwae Rd., 034-624 520, www.sugarcaneguesthouse.com. Einfache ältere Holz-Bungalows, die billigen ohne Dusche, 4 Rafts mit großen AC-Zimmern und Warmwasserdusche, Sonnenterrasse. Gutes Essen, vom Restaurant (7–22 Uhr) Blick auf den Fluss. ❶–❸

Sugar Cane II ④, 7 Soi Cambodia, Mae Nam Kwae Rd., 034-514 988, www.sugarcaneguesthouse.com. Im Reihenhaus, das senkrecht zum Fluss steht, Zimmer mit Ventilator. AC-Zimmer in steinernen Bungalows, die leider etwas dicht aneinander stehen. Auch ein Raft mit 4 AC-Zimmern, mit abgestellter Klimaanlage günstiger. Restaurant am Fluss mit schönem Ausblick und Traveller-Food. ❸

T&T Gh. ⑮, 1/14 Mae Nam Kwae Rd., 034-514 846, 081-856 2400. In einem doppelstöckigen Reihenhaus 12 Zimmer mit AC, Du/WC und TV sowie Ventilator-Zimmer mit TV. 4 weitere Zimmer auf einem Raft. Garten und Restaurant mit Terrasse. ❶–❸

Tamarind Gh. ⑬, 29/1 Mae Nam Kwae Rd., 034-518 790, 089-837 7256. Auf einem schmalen Grundstück am Fluss in einem 2-stöckigen Reihenhaus 15 Zimmer, unten etwas dunkle mit Ventilator, oben mit AC und TV, gegenüber dem Restaurant. Weitere Zimmer auf einem Raft. Zudem billige EZ mit Gemeinschaftsdusche. ❶–❸

Tanavill Riverkwai Gh. ⑥, 265/2 Soi England, Mae Nam Kwae Rd., 034-518 274, 085-234 8585. 100 m von der Straße stehen unter Kokospalmen auf einem weitläufigen Grundstück mit Teichen und vielen Fröschen sehr einfache, etwas abgewohnte Häuschen mit Ventilator und Moskitonetz oder AC, billige mit Gemeinschaftsdusche. Restaurant. Boots- und andere Touren. ❷

Mittlere Preisklasse

Camelia Resort ⑤, 9 Soi Cambodia, Mae Nam Kwae Rd., 034-624 884. Größeres Resort in Billigbauweise nahe dem Fluss, das gar nicht in die ansonsten ländliche Umgebung passt. Oberhalb einer großen Wiese mit Pool stehen 7 dreistöckige Häuser mit jeweils 6 etwas abgewohnten Zimmern mit Balkon. Mit TV + 200 Baht. Restaurant, dessen Speisekarte mit koscheren Gerichten auf Gäste aus Israel abzielt. ❹

Luxury Hotel ⑲, 284/1 Saengchuto Rd., 034-511 168, Fax 512 494, kleines Hotel in einem etwas von der Straße zurückversetzten Neubau. Sehr saubere Zimmer mit Ventilator oder AC und TV. ❸–❹

Ploy Gh. ⑩, 79/2 Mae Nam Kwae Rd., 034-515 804, 081-807 7475, www.ploygh.com. Geschmackvolle, kleine Anlage mit 20 Zimmern im modernen Thai-Stil. Hinter dem Restaurant mit Dachterrasse stehen quer zum Fluss ein 1- und 2-stöckiges Reihenhaus. AC-Zimmer mit kleinen, privaten Gärten und nicht einsehbarer Warmwasserdusche im Freien, im 1. Stock etwas preiswerter ohne Garten. Einfaches Frühstück inkl. Übers Internet günstiger. ❹

River Kwai Hotel ⑳, 284/3-16 Saengchuto Rd., 034-511 565, www.riverkwai.co.th. Großes, renoviertes Mittelklassehotel in einem Block, guter Service, Sonderangebote mit Frühstück inkl.; Disco, neuer Pool, Spa, gutes Restaurant. ❺

River Kwai Resotel ⑪, 77 Mae Nam Kwae Rd., 034-625 335-6, 625 313, www.riverkwaimansionhotel.com. Neubau am Fluss mit 9 teuren, hellen Luxus-Zimmern in warmen Farben mit Fliesenböden, kleinen Bädern, aber großem Duschkopf. Familienzimmer im Erdgeschoss mit großer Flussterrasse. ❹–❺

The Riverkwai Bridge Resort ③, 8 Vietnam Rd., unterhalb der Brücke, ☎ 034-514 522, 💻 www.riverkwaibridgeresort.com. Die 20 AC-Zimmer in großen, soliden Einzel- und Doppelbungalows sind mit modernen, dunklen Holzmöbeln recht hübsch eingerichtet. Weitere 25 nette Zimmer mit Terrasse oder Balkon in einem einstöckigen und neueren zweistöckigen Hotelgebäude. Die Sitzgelegenheiten auf der Veranda sind leider nur einfache Hocker. Edles Restaurant am Fluss. Pool nahe der Rezeption. Frühstück inkl., am Fr und Sa teurer. ❺

Obere Preisklasse

Nördlich der Brücke am Kwai: Resorts und Bungalows für Einheimische sowie zwei schöne Hotelanlagen, die am günstigsten im Internet gebucht werden können:

Felix River Kwai ②, 91/1 Moo 3 Thamakham Rd., ☎ 034-551 000, 💻 www.felixriverkwai.co.th, in Sichtweite der Brücke am jenseitigen Flussufer. 255 komfortable, große Zimmer, Restaurants, 2 Pools. ❺

Pung-Waan Resort & Spa ①, 72/1 Moo 2 Thamakham Rd., ☎ 034-625 270-5, 💻 www.pungwaanriverkwai.com. Resort 2 km nördlich der Brücke in einem weitläufigen Park östlich des Flusses. 110 großzügige Zimmer mit allem Komfort, Landschaftspool, Sauna und Spa. Schwesterresort am Kwae Noi bei Nam Tok. ❻

Essen

Abends werden in der Song Kwae Rd. **Essenstände** aufgebaut, die ein preiswertes, leckeres Angebot bereithalten. Vor allem Thais essen hier.

Rings um den **Busbahnhof** bestehen abends mehrere Möglichkeiten zu essen. Ein **Nachtmarkt** findet jeden Abend außer Mi von 18–22 Uhr neben dem Bahnhof statt.

In **schwimmenden Restaurants** im Zentrum und beiderseits der Brücke tafeln abends die Reisegruppen und genießen bei Sonnenuntergang die tolle Atmosphäre. Die Meinungen über die Qualität der Küchen sind geteilt.

Den meisten Gästehäusern ist ein kleines Restaurant angegliedert, in dem es Frühstück und Traveller-Food gibt.

Genießen und kochen lernen

Apple Guesthouse & Restaurant ⑰, Chaokhunnen Rd., ☎ 034-512 017, 081-948 4646, 💻 www.applenoi-kanchanaburi.com, www.guesthousekanchanaburi.com. Neues Restaurant an der Straße zwischen Bahnhof und Fluss. Apple und Noi servieren ordentliche Portionen sehr schmackhafter einheimischer und europäischer Gerichte, großes vegetarisches Angebot, freundlicher Service. Wer mehr über Apples Kochkünste erfahren möchte, kann an einem eintägigen Kochkurs teilnehmen, der im ruhigen **Gartenrestaurant** von Apple's Retreat, siehe Übernachtung, durchgeführt wird. Beim Essen, das hier draußen serviert wird, legt man Wert auf gesunde Küche.

Ali Bongo's, 232 Mae Nam Kwae Rd., ☎ 081-194 4858. Das einzige indische Restaurant mit Currys, Tandoori-Gerichten und leckerem Nan, auch Vegetarisches für 80–200 Baht. Nach dem Essen kann man in einer Sitzecke gemütlich zu Shakes, Lassi und indischem Tee eine Shisha rauchen (150 Baht) und bei Hindi-Musik entspannen. Das offene, nett eingerichtete Restaurant dient zugleich als Kunstgalerie. Auch Essen außer Haus. 🕓 11.30–23.30 Uhr.

Am preiswertesten sind die Essenstände und Nudelläden südlich und westlich des Busbahnhofs – auf Sauberkeit achten!

Café de Paradiso, Song Kwae Rd., am Fluss nahe dem Zusammenfluss des Kwae Yai und Noi. Kleines Café mit großer Auswahl an gutem Kaffee und Tee. Auch einige Torten, Gebäck und Toast-Sandwiches. Man kann an kleinen Tischen auf der Terrasse an der Straße sitzen. Mittags empfiehlt sich allerdings der klimatisierte Verkaufs- und Nebenraum, wo zudem entspannende Musik läuft.

D&D Coffee House, Mae Nam Kwae Rd. Eine nette Café-Bar, in der man herrlichen Espresso, Cappuccino und dergleichen bekommt und schön frühstücken kann. Abends wird es eine Bar mit Snacks.

Jolly Frog Backpacker's, 28 Mae Nam Kwae Rd. Großes, gut besuchtes Traveller-Restaurant. Gutes Frühstück, billiges Bier, selbst gebackenes

Brot und preiswerte Thai- und europäische Gerichte, die ein geteiltes Echo finden.
Sri Fa Bakery, nahe dem Busbahnhof. Die große, sehr gute Bäckerei verkauft sogar richtig knusprige Baguettes.
Sudjai Restaurant, Moo 4 Thamakham Rd. In dem Thai-Gartenrestaurant hinter der schmalen Straßenbrücke vor Apple's Retreat wird gutes Essen serviert. Zumeist Einheimische kommen v. a. am Wochenende hierher.

Unterhaltung

Bars

Die zwielichtige Szene hat in Kanchanaburi Einzug gehalten. Zahlreiche Bars entlang der Mae Nam Kwae Rd. und einige Gästehäuser werden von Prostituierten genutzt. Die meisten dieser Pubs und Bars werden von pensionierten Briten und deren thailändischen Freundinnen geführt.

Disco-Boote

Sie fahren bis 24 Uhr meist auf dem Kwae Noi, sind mit Karaoke ausgestattet und v. a. bei Japanern und Koreanern beliebt. Wegen der hohen Diesel-Preise sind sie aber recht teuer.

Einkaufen

Apotheke

Nahe Jolly Frog. Die hilfreiche Chefin hilft auch bei kleinen medizinischen Problemen.

Bücher

Secondhand-Bücher kaufen und tauschen die **X Pat Bar**, der **Valentine Club** und **Jolly Frog**.

Einkaufszentren

Factory Outlet an der Straße nach Bangkok, etwa 16 km außerhalb. Große Auswahl an Kleidung, Schuhe, auch Adidas, Taschen und Haushaltstextilien.
Kanokarn Department Store, 3-stöckiges Kaufhaus nahe dem Busbahnhof. ⌚ 9–21 Uhr.
Tesco Lotus Supermarket, 2,1 km südlich vom Tourist Office. ⌚ 9–23 Uhr.

Sonstiges

Die Uferstraße in der Nähe der Gästehäuser säumen Bars, Wäschereien, Internet-Cafés, Motorrad- und Fahrradvermietungen, Büros der Tourveranstalter und Massage-Angebote.

Autovermietungen

Viele Mietwagen werden in der Nähe der Gästehäuser angeboten.
Lak Mueang Car Rent, Mae Nam Kwae Rd., nördlich des River Kwai Mansion, ✆ 087-008 8606.
Vorsicht bei den alternden Jeeps von Mek&Me.

Fahrräder

Sie werden von und in der Nähe von Gästehäusern für 30–40 Baht pro Tag vermietet.

Feste

Ende Nov/Anfang Dez findet das 10-tägige **River Kwai Bridge Festival** statt. Höhepunkt ist die bombastische Sound-and-Light-Show über die Geschichte der Brücke, die trotz der vielen Darsteller und dem Feuerwerk wenig fasziniert. Tickets über 💻 www.thaiticketmaster.com. Zu dieser Zeit fährt sogar der legendäre Eastern & Orient Express nach Kanchanaburi.

Geld

Viele Geldautomaten an der Uferstraße in der Nähe der Gästehäuser.
Bangkok Bank an der Saengchuto, Ecke U-Thong Rd., nördlich vom Markt, ✆ 034-511 111.
K Bank an der Haltestelle der Busse nach Bangkok.
Siam Commercial Bank südlich des River Kwae Hotels, alle mit Geldautomaten. Wechselstuben an der River-Kwai-Brücke.

Immigration

100/22 Mae Klong Rd., ✆ 034-564 265, in Pak Praek, 3,5 km Richtung Bangkok, an der City Hall (bis dorthin mit dem Stadtbus) 800 m nach rechts, neues Haus links. Eine Visumverlängerung geht schnell. ⌚ Mo–Fr 8.30–16.30 Uhr.

Informationen

Tourist Office, Saengchuto Rd., ✆ 034-623 691, 512 500, 📠 511 200. Hilfsbereite Mitarbeiter verteilen einen guten Stadt- und

Kochen in Kanchanaburi

Vergnügliche englischsprachige Tageskurse für 950 Baht von 10.30–15 Uhr in **Apple's Retreat**, ✉ applesguesthouse@hotmail.com, bei denen alle gemeinsam über den Markt streifen, 5 Gerichte kochen und essen. Anmeldung im Guesthouse. Weitere Kochkurse bei der **Thai Cooking School** (Tasty's), neben dem Tamarind Gh.

Umgebungsplan, Hotel- und Transportlisten. ⌚ 8.30–16.30 Uhr.
Die deutsche Website 💻 www.kanchanaburi-info.com/de von Edgar König informiert über Sehenswertes in der Stadt und die angrenzenden Provinzen. Ebenso die englischsprachige Site 💻 www.kanchanaburiguide.com.

Internet
Zahlreiche Internet-Cafés für 20–30 Baht pro Std.

Massagen
Mehrere Läden in der Mae Nam Kwae Rd. verlangen 120–150 Baht pro Behandlungsstunde, Ölmassage 180–200 Baht.
Suan Nanachaat, ☏ 034-633 356, 081-699 9052 (Ms. Helen), 💻 www.suan-nanachaat.com, etwas teurer (z. B. 600 Baht für eine einstündige Thai-Massage), aber ein wunderbarer Luxus. Massagen mit einheimischen Produkten in einem schönen Thai-Haus 12 km außerhalb in Ban Nong Bua. Abholung inklusive. Auch mit Übernachtung im benachbarten Resort.

Medizinische Hilfe
Kanchanaburi Memorial Hospital, am H323, der Hauptstraße, im Norden der Stadt, ☏ 034-624 184-93. Privatkrankenhaus mit englisch sprechenden Ärzten. Manchmal wurde die Behandlung von Notfällen abgelehnt, weil die Bezahlung nicht geregelt war.
Thanakan Hospital an der Straße nach Bangkok, ☏ 034-622 366, ist besser, sauberer und großzügiger, hat aber weniger Spezialisten.

Motorräder
In mehreren Gästehäusern und vielen Läden in der Gästehaus-Gegend werden kleinere Maschinen für 250–300 Baht, Automatik 350 Baht, vermietet.

Polizei
Tourist Police, Büro nördlich des Zentrums in der Saengchuto Rd., nahe dem Isuzu Building, ☏ 034-512 795, ⌚ rund um die Uhr.

Post
Hauptpost 1 km südlich vom Tourist Office Richtung Bangkok.

Schwimmen / Tennis
Im **Felix River Kwai Hotel** können auch Nichtgäste für 500 Baht den Pool benutzen.
Club House Phruek-Sa-Kann, 3 km nördlich der Brücke hinter einer PTT-Tankstelle in einer großen Wohnanlage. Sauberer Pool 50 Baht, außerdem Tennisplatz. ⌚ 10–20 Uhr, nach 17 Uhr sind Tennisplatz und Pool stark frequentiert.
Städtisches Schwimmbad an der Flusspromenade, Eintritt 50 Baht. An Wochenenden manchmal nur für Gruppen geöffnet.

Nahverkehr

Fahrrad-Rikschas
Die Fahrrad-Rikschas (Samlor) bekommen von den Gästehäusern 50–100 Baht Provision pro Gast. Dennoch verlangen sie für kurze Strecken mindestens 30 Baht, 2 Pers. ab 40 Baht, zur Brücke 60/80 Baht. Längere Strecken besser mit dem Tuk Tuk oder Songthaew fahren.

Motorradtaxis
Im Stadtgebiet ab 30 Baht, vom Tourist Office zur Brücke 60 Baht, zum Immigration Office und zurück 80 Baht.

Songthaew
Innerhalb des Stadtgebietes kostet eine Strecke mindestens 60 Baht. Eine Kleingruppe kann mit einem Songthaew für 100 Baht zur Brücke fahren. Chartern für Ausflüge 1700 Baht pro Tag, von 9–17 Uhr 1500 Baht.

Stadtbusse
Entlang der Hauptstraße verkehren zwischen 6 und 19 Uhr alle 15 Min. orangefarbene

Songthaews für 10 Baht, die an festen Haltestellen stoppen, z. B. gegenüber der Einmündung der U-Thong Rd. Linie 2 fährt an der Brücke vorbei. Zu den Gästehäusern bis zum Friedhof mitfahren und dann laufen.

Tuk Tuk

Einige Tuk Tuks stehen am Nordende des Busbahnhofs auf der gegenüberliegenden Straßenseite. Die Fahrt zu den meisten Gästehäusern kostet 50–60 Baht, zur Brücke 60 Baht. Charter 200 Baht/Std.

Touren

Etwa 20 Veranstalter unterbieten sich mit preiswerten Tagestouren zur Brücke, den Höhlen und in die nähere Umgebung. Zudem werden Bahn- und Bootsausflüge, Trekkingtouren mit Elefantenreiten und Bambus-Rafting-Trips angeboten, teilweise alles an einem Tag, sodass zwischen den Fahrten kaum Zeit bleibt, die schöne Natur zu erleben. Nach der Erhöhung der Treibstoffpreise werden weiter entfernte Ziele wie Tham Than Lot oder Sangkhlaburi nicht mehr angeboten. Einfache Tagestouren kosten um 800 Baht, 2-Tage-Touren mit Elefanten und Rafting mindestens 2000 Baht.

A.S. Mixed Travel, ✆ 034-512 017, 📠 514 958, 💻 www.applenoi-kanchanaburi.com. Tagestouren mit guter Betreuung.

R.S.P. Jumbo Travel Center, 3/13 Chaokhunnen Rd., ✆ 034-514 906, 512 280, 💻 www.jumboriverkwai.com. Bis zu 3-tägige Trekkingtour mit Elefantenritt, Bootsfahrt, Rafting, Schwimmen, Jeepfahrten, Besuch einer Höhle und von Wasserfällen.

Good Times Travel, 63/1 Mae Nam Kwae Rd., ✆ 034-624 441, 💻 www.good-times-travel.com. Freundliches, zuverlässiges und gut englisch sprechendes Personal, günstige Preise.

Einmal zahlen – alle Parks besuchen

Der **Nationalpark-Eintritt** von 200 Baht ist für die 7 Parks in der Kanchanaburi-Region beim Besuch mehrerer Parks nur einmal täglich zu entrichten.

Toi's Tours, 45/3 Rong Heeb Oil Rd., ✆ 034-514 209, Touren in Englisch und auf Anfrage Französisch.

Bootstouren

Am JEATH-Museum und an der Eisenbahnbrücke werden Boote vermietet. Sie lohnen sich für eine Stadtrundfahrt auf dem Kwae Noi, dem Kwae Yai und flussabwärts auf dem Mae Klong. Eine Fahrt vom JEATH-Museum zur Brücke kostet 200 Baht, bis Wat Tham Khao Pun 500 Baht, eine 2-stündige Tour ab der Brücke zur Höhle, dem Friedhof und Museum etwa 800 Baht pro Boot.

Kanutouren

Folgende Veranstalter organisieren Tagestouren auf dem Kwae Yai und Kwae Noi in Stadtnähe inkl. Ausrüstung, Boote, Mittagessen, Guides und Transfer.

Safarine, 296 Mae Nam Kwae Rd., ✆ 034-625 567, 086-049 1662, 💻 www.safarine.com, 1–3 Std. 250–500 Baht, Tagestour ab 1000 Baht. 🕓 8–17 Uhr.

River Kwai Canoe Travel Services, 11 Mae Nam Kwae Rd., ✆ 034-512 346, 087-001 9137, ✉ riverkwaicanoe@yahoo.com. Die kürzesten Touren (1 1/2 Std.) kosten 300 Baht p. P., 3 Std. ab Nongbua Bridge 350 Baht, Tagestouren inkl. Besuch eines Elefantencamps oder Nationalparks ab 1100 Baht. Individuelle und mehrtägige Touren ab 2 Pers. um 1800 Baht pro Tag.

Transport

Ankommende Touristen werden von Samlor-Fahrern abgepasst, die nachher von den Gästehäusern eine Provision verlangen und daher nicht jedes gewünschte Gästehaus gern anfahren.

Busse

In Kanchanaburi halten die Busse an der Bus Station nördlich vom Tourist Office. Busse Richtung Suphanburi stoppen an der U-Thong Rd. Busse nach Norden und Nordwesten kann man am Friedhof anhalten.

Nach BANGKOK, zum New Southern Bus Terminal, 129 km, alle 20 Min. bis 20 Uhr für

90–110 Baht in 2 1/2 Std. Zurück bis 22 Uhr.
Zum Morchit (Northern Bus Terminal), 150 km, 1.- und 2.-Kl.-AC-Bus 9918 etwa stdl. bis 19 Uhr für 130/100 Baht. Diese Busse fahren über Kamphaeng Saen nördlich von Nakhon Pathom. Zurück bis 16 Uhr.

Zu anderen Zielen:

AYUTTHAYA lokaler Bus bis SUPHANBURI alle 20 Min. bis 18 Uhr für 50 Baht in 2 Std. Von dort nach Ayutthaya Bus 703 für 50 Baht in 1 1/2 Std.
DAMNOEN SADUAK (Floating Market) über BANG PHAE, gelber Bus 461 alle 15 Min. für 50 Baht und weiter mit Bus 78 oder 1733.
NAKHON PATHOM AC-Bus 81 Richtung Bangkok alle 20 Min. für 70 Baht in 2 Std.
RATCHABURI, Bus 41 von 5–18 Uhr etwa alle 15 Min. für 60 Baht in 2 Std. Von dort weiter nach Süden.

In die Umgebung:

BO PHLOI, 50 km, Bus 325 alle 25 Min. bis 18.30 Uhr in 1 Std. für 40 Baht, weiter zum CHALOEM RATTANAKOSIN NATIONAL PARK für 70 Baht in 2 Std. Busse um 6.25, 8.10, 12.25 und 15.20 Uhr fahren bis zum Park.
ERAWAN NATIONAL PARK, 65 km, Bus 8170 alle 50 Min. bis 17.20 Uhr (zurück bis 16 Uhr) für 60 Baht in 1 1/2 Std.
SAI YOK NATIONAL PARK, bis zur Abzweigung, 104 km, Bus 8203 alle 30 Min. bis 18.30 Uhr (zurück bis 16.30 Uhr) für 60 Baht in 2 Std.
THONG PHA PHUM, 147 km, mit Bussen Richtung Sangkhlaburi für 90 Baht in 3 Std.
SANGKHLABURI, 220 km, von der Haltestelle hinter der Bus Station non-AC-Bus um 6, 8.40, 10.20 und 12 Uhr für 130 Baht in 5 Std. AC-Bus um 7.30, 8.30, 12 und 15 Uhr für 170–220 Baht in 4 Std.

Minibusse

Nicht alle Minibusse sind lizenziert.
Nach BANGKOK mehrmals tgl. von 5–19 Uhr für 160 Baht. Die Minibusse fahren Passagiere bis zu den Gästehäusern in der Khaosan Rd. und halten auf dem Rückweg zudem am Royal Hotel, Sanam Luang, Ecke Ratchadamnoen Rd. Sie sind zeitlich jedoch nicht immer zuverlässig. Daher bei knappen Verbindungen besser den AC-Bus nehmen.

Eine Fahrt mit der Eisenbahn des Todes

Beliebt ist die gemächliche Fahrt mit dem Zug nach Nam Tok, die für Touristen unabhängig von der Strecke 100 Baht kostet. Billiger ist nur der Abschnitt Nam Tok – Tha Kilen – Nam Tok für 50 Baht. An den Vormittagszug werden zwei klimatisierte Touristenwaggons angehängt, in dem weitere 200 Baht für Snacks, Getränke und einen garantierten Sitzplatz gezahlt werden müssen. Allerdings dauert der interessanteste Teil der Fahrt über das Wang Po-Viadukt kurz vor Nam Tok nur wenige Minuten, die restliche Zeit geht es durch eine eher eintönige Landschaft. An der Brücke wird ein kurzer Stopp eingelegt. In der Hochsaison sind die Züge manchmal so überfüllt, dass man nichts sieht. Ein kleiner, gelber Zug fährt tgl. von 8–9.40, 11.30–14 und 15–16 Uhr für 20 Baht für Touristen über die Brücke. Mit dem jeweils ersten und letzten Zug kann man vom bzw. bis zum Bahnhof Kanchanaburi mitfahren. Weitere Infos unter ✆ 02-620 699-700 oder am Bahnhof, ✆ 034-511 285.

AIRPORT um 8, 10, 12 und 14 Uhr für 500 Baht in 3–4 Std.
AYUTTHAYA um 13.30 Uhr für 400 Baht in 2 Std.
SANGKHLABURI AC-Minibus oder AC-24-Bus etwa stdl. von 7.20 bis 16.30 Uhr für 180 Baht in 3 1/2 Std. Sie halten auch in Thong Pha Phum (gleicher Preis). Für ein kleines Aufgeld werden Passagiere bis vor die Tür gefahren.

Eisenbahn

Fahrplan s. S. 902–903. Richtung Süden steigt man am besten in NAKHON PATHOM um. Plätze im Schlafwagen Richtung Süden frühzeitig reservieren, ⏲ 6–18 Uhr.

Die Umgebung von Kanchanaburi

Folgende Touren verlaufen überwiegend auf Straßen mit befestigten Seitenstreifen und sind gut mit dem Zweirad zu fahren. Mit Fahrrädern sind die Touren zwar machbar, aber wegen der

Hitze sehr anstrengend. Besser eignen sich Motorräder. Die Strecke auf dem H3228 nördlich des Kwae Noi: Kanchanaburi – Khao Pun (Friedhof) – Wat Tham Khao Pun – Stone Garden und zurück beträgt ca. 22 km, die Tour zwischen Kwae Noi und Mae Klong: Kanchanaburi – Wat Tham Mongkorn Thong – Wat Ban Tham – Kao Noi – Tham Sua – Kanchanaburi ist ca. 38 km lang. Frauen sollten aus Sicherheitsgründen nicht allein fahren. Während der Zuckerrohrernte im Dez/Jan können voll beladene Lkw vor allem Radfahrern gefährlich werden.

Wat Tham Khao Pun

Die Tempelanlage liegt auf einem Berg am KM 55,8 des wenig befahrenen H3228 etwa 4 km südwestlich von Kanchanaburi hinter dem Friedhof. Songthaew 200–300 Baht, Tuk Tuk maximal 160 Baht. In einigen der sechs Kammern der **Khao Pun-Höhle** versammelt sich ein Kaleidoskop von brahmanischen, chinesischen und buddhistischen Gottheiten, Heiligen und Buddha-Statuen sowie viele Rinder, Hirsche und anderes Viehzeug. Trotz elektrischer Beleuchtung ist eine Taschenlampe empfehlenswert. Vom Hügel vor dem Tempel schaut ein riesiger Buddha auf den Fluss und die dahinter liegende Bergwelt herab. Man erreicht ihn, wenn man gegenüber vom Höhleneingang am kleinen chinesischen Pavillon vorbei eine kleine Anhöhe hinaufgeht.

Wat Tham Mongkorn Thong

Diese Tempelanlage liegt 9 km außerhalb der Stadt an einem Kalkfelsen. 3,4 km südlich des Tourist Office zweigt man vom H323 Richtung Bangkok hinter der großen Klinik nach rechts auf eine breite Straße ab und überquert nach 1 km auf einer Brücke den Fluss. Links geht es zum Wat Tham Kao Noi und Wat Tham Sua (s. u.). Weiter geradeaus liegt nach 2 km 500 m links der Straße der kleine, ruhige Höhlentempel **Khao Laem**. Fährt man weiter geradeaus, taucht links hinter einer Schule das weiße Eingangstor zum **Wat Tham Mongkorn Thong** auf. Songthaew 300–350 Baht, Tuk Tuk 200–250 Baht. 700 m hinter diesem Tor erhebt sich die Tempelanlage zum Teil auf einem Berg. In einem kleinen überdachten Pool am Fuß des Berges zeigt eine Nachfolgerin der bekannten, verstorbenen *floating nun* gegen eine Spende von 200 Baht (ab 10 Pers. 20 Baht p. P.) ihre Fähigkeit, meditierend auf dem Wasser zu schweben.

Eine steile Treppe führt zum Höhlentempel hinauf, von dessen Eingang aus sich ein schöner Ausblick bietet. Gegen eine Spende für die Beleuchtung der Höhle kann man durch die teils enge, niedrige Höhlenpassage klettern. Am Ende führt eine Leiter ins Freie und zu einem weiteren kleinen Heiligtum hinter der Haupthöhle. Zurück geht es dann auf dem einfacheren Weg durch einen Bambushain hinab zum Kloster mit vielen Tieren rechts vom Eingang zum Höhlentempel.

Wat Ban Tham

Vom Wat Tham Mongkorn Thong geht es daher zurück bis zur großen Brücke. Vor der Brücke zweigt eine schmale, teilweise von Schlaglöchern übersäte Straße Richtung Südosten ab und führt 5,5 km parallel zum Fluss an Steinbrüchen, chinesischen Friedhöfen (nach 3 km) und mehreren Tempeln vorbei.

Bemerkenswert ist der Höhlentempel Wat Ban Tham nach 5,8 km. Nach 115 Stufen ist der Eingang durch das 3 m hohe Maul eines riesigen Drachen erreicht, der sich den Berg hinabzuschlängeln scheint. Nach weiteren 40 Stufen durch seinen „Körper" erstreckt sich eine halb offene, natürlich erleuchtete Haupthöhle mit einer großen Buddhastatue und der Statue einer Frau, die als Mrs. Bua Khlee bekannt ist und als wundertätig angesehen wird. Körbe voller Spielzeug und Kleidung sollen sie günstig stimmen. Steigt man die Wendeltreppe am Höhleneingang weiter hinauf, gelangt man durch einen Bambushain zu einer hübschen Tropfsteinhöhle und nach einer halbstündigen Wanderung zum Gipfel.

Wat Tham Kao Noi / Wat Tham Sua

Nach weiteren 2 km auf der Uferstraße überquert man einen Kanal und erblickt bereits in der Ferne die roten und goldenen, mehrfach gestaffelten Tempeldächer des Bot im modernen, dekorativen Thai-Stil. Eine überdimensionale Buddhafigur blickt auf das Land hinab. Es geht 2 km weiter teils am Fluss entlang und durch das Dorf bis zu einem schmalen Zufahrtsweg, der nach 500 m am großen Parkplatz am Fuß der beiden Tempel **Wat Tham Kao Noi** und **Wat**

Tham Sua endet. Alternative Anreise: Vom H323 Richtung Bangkok in Tha Muang am KM 115,5 rechts abbiegen und hinter einer Brücke nach 1,3 km rechts über den Damm und nach weiteren 3 km nochmals nach rechts weitere 2,5 km auf einer schmalen Landstraße und durch ein Dorf zum Tempel. Songthaew 300–400 Baht, Tuk Tuk 200–300 Baht.

Die beiden großen buddhistischen Tempel liegen auf zwei Hügeln und sind nur separat zugänglich. Von den kleinen Tempeln am Fuße des Berges führt eine steile, dreigeteilte Treppe über 158 Stufen schnurgerade zum Thai-Tempel hinauf, oder man kann für 15 Baht die kleine Seilbahn in Betrieb setzen lassen. Auf halber Höhe zum Thai-Tempel befindet sich rechts der Treppe ein kleiner Höhlentempel, dessen Eingang jedoch meist verschlossen ist. Von oben eröffnet sich ein fantastischer Ausblick über die Reisfelder und die Flusslandschaft. Neben dem Bot und gigantischen Buddha des Thai-Tempels erhebt sich ein riesiger, brauner Chedi. In den Fensternischen stehen zahlreiche Buddhastatuen. Der südliche taoistische Tempel ist ganz im chinesischen Stil gehalten und wird ständig erweitert. Löwen bewachen das mit chinesischen Schriftzeichen verzierte Eingangstor, dahinter begrüßt ein lächelnder chinesischer Buddha die Besucher. Die Dächer sind mit rot glänzenden Ziegeln gedeckt und die kahlen Betonwände an einigen Stellen mit Mosaiken geschmückt. Treppenaufgänge führen durch die Anlage hinauf zur runden, siebenstöckigen Pagode, deren Innenwände mit Hunderten von Votivtafeln bedeckt sind.

Von Kanchanaburi nach Nam Tok

Mit einem eigenen Fahrzeug bieten sich verschiedene Möglichkeiten für interessante Abstecher vom breit ausgebauten H323. Mehrere Abzweigungen, die von öffentlichen Verkehrsmitteln nicht befahren werden, führen nach Süden Richtung Kwae Noi-Fluss. Am H3305, der am KM 2 hinter der Brücke links zum H3305 hinab führt, liegen verschiedene Resorts, die vor allem von Thai-Familien bewohnt werden.

Ban Kao

Auf dem H3229, 18 km von Kanchanaburi am KM 0 des H323 nach links, erreicht man nach insgesamt 34 km Ban Kao. Etwas schöner, aber länger ist die Strecke über den H3228 vorbei am Wat Khao Pun und Dan Makham Tia. Auf diese biegt man vom H323 bereits hinter der Bahnlinie links auf den H3228 ab. Die 1 km lange Abzweigung zum lohnenswerten **Ban Kao National Museum** am Fluss ist ausgeschildert. Hierher verirrt sich nur selten ein Tourist. Ein holländischer Archäologe hatte als Kriegsgefangener einige bedeutsame Funde gemacht, die er allerdings bis zum Ende des Krieges geheim hielt. Weitere Ausgrabungen förderten menschliche Skelette, Tonscherben und andere Gegenstände zu Tage, die beweisen, dass dieses Gebiet schon vor über 5000 Jahren besiedelt war. Das Museum zeigt Ausgrabungen von 44 menschlichen Skeletten, Waffen, Werkzeugen, Schmuck, Keramiken und vielen Grabbeigaben, den Fundorten in der Nähe und in weiter entfernten Höhlen, die u. a. den Jägern und Sammlern der steinzeitlichen Hoabinhian-Kultur (1000–400 v. Chr.) als Wohnung dienten. Interessant sind auch der Kopf einer Brahma-Statue und andere Funde aus Muang Sing, die nur auf Thai beschriftet sind. ⌚ 8.30–16.30 Uhr, 50 Baht.

Muang Sing

6,5 km weiter am Fluss entlang Richtung Nordwesten zweigt 500 m hinter dem Bahnhof Tha Kilen der Weg zu den verwitterten **Khmer-Ruinen** der „Löwenstadt" Muang Sing ab. In einer Flussschleife ließ im 13. Jh. ein Nachfahre des Khmer-Königs Yayavaraman VII. zu Ehren seines Vaters in dieser rechteckigen Befestigungsanlage eine bedeutende Bodhisattva-Statue aufstellen. Der Wassergraben und die 880 m langen Befestigungsmauern sind noch zu erkennen. Mit riesigen Steinen gepflasterte Wege führen durch vier hohe Eingangstore zum zentralen Prang, der ebenso wie die anderen Gebäude aus Lateritgestein errichtet wurde. Bei Ausgrabungsarbeiten wurden Buddha- und Bodhisattva-Skulpturen, Keramiken und andere Kunstwerke im Lopburi-Stil sowie prähistorische Gräber mit Beigaben freigelegt, die teilweise in einem kleinen Museum rechts des Prangs ausgestellt sind, allerdings meist als Kopien. Schilder weisen den Weg zur prähistorischen Ausgrabungsstätte am Flussufer, einem Begräbnisplatz mit freigelegten Skeletten.

◷ 8–16.30 Uhr, Eintritt zu dieser gepflegten, unspektakulären Anlage 100 Baht, Thai 20 Baht, Autos 50 Baht, Motorräder 20 Baht, Fahrräder 10 Baht. Vom H3228 gelangt man über den nördlich der Ruinenstadt rechts abzweigenden H3455 nach 6 km zurück zur Hauptstraße am KM 15,6. Von der Bahnstation Ban Tha Kilen sind es 1,4 km zu Fuß bis zum Eingang.

Wat Pa Luangta Maha Bua Yanasampanno

Seit Bilder des Abtes Phra Acharn Phoosit Khanthidaro und seiner Mönche mit ihren **Tigern** auch in der europäischen Presse zu sehen waren, ist der Tempel ein begehrtes Ziel. Viele Veranstalter bieten Ausflüge für 100–120 Baht plus 500 Baht Eintritt p. P. für den Tempel an sowie Kombi-Touren in Verbindung mit dem Besuch des Sai Yok National Parks. Songthaew oder Tuk Tuk 600 Baht. Vom H323, 40 km nordwestlich von Kanchanaburi, weist am KM 21 rechts ein Schild (nur aus Richtung Kanchanaburi kommend zu sehen!) auf die 3 km lange unbefestigte Abzweigung zum Tempel hin.

Das Feedback ist extrem widersprüchlich und reicht von totaler Begeisterung bis zu absoluter Ablehnung. Wir raten von einem Besuch dieses Tempels ab. Der Kommerzialisierung sind keine Grenzen gesetzt, und so können als Souvenirs sogar Tigerzähne erworben werden. Besucher müssen eine Haftungsausschlusserklärung unterschreiben, sodass sie bei einem Unfall keine Ansprüche an den Tempel geltend machen können. Die Tiger werden zwischen 13 und 16 Uhr von Mönchen und freiwilligen Helfern in eine Schlucht geführt. Bis zu 100 Besucher können sich gegen eine weitere Spende von 1000 Baht mit ihnen fotografieren lassen. Zeitweise werden einige Tiger von der Leine befreit und toben im hinteren Bereich der Schlucht im Wasser herum. Wer sie fotografieren will, braucht ein gutes Teleobjektiv. Kleidung, die einem Tempel angemessen ist, nur in dezenten Farben tragen. ◷ 12–15.30 Uhr, ✆ 034-531 557, 💻 www.tigertemple.org. Bitte zuvor lesen: 💻 tourismlog.wordpress.com/2009/06/13/freie-wildbahn-im-tempel/.

Sai Yok

Am KM 29,2 geht es auf einer kurvenreichen Strecke 5 km steil in den Ort hinab und 1 km südlich des winzigen Bahnhofs hinter dem Verwaltungsgebäude rechts über eine Brücke.

1 km weiter im **Sai Yok Elephant Camp** am Fluss leben 20 Elefanten, auf denen Besucher reiten können, 30 Min. für 250 Baht. Zudem wird gemächliches Rafting auf Bambusflößen angeboten. ◷ 8–16.30 Uhr, ✆ 034-591 255, 081-878 9979.

Bong Ti

Über den Bong Ti und Three Pagoda Pass im schwer zugänglichen Tenasserim-Gebirge zogen in der Ayutthaya-Periode die Heere der miteinander verfeindeten Nachbarländer Birma und Siam in den Kampf. Noch ist der Grenzübergang geschlossen. Die 28 km lange Fahrt von Sai Yok in den Grenzort Bong Ti führt durch Bambuswälder, Obstplantagen, Gemüsefelder und vereinzelte Karen-Dörfer. Das **Karen Cultural Centre** in Bong Ti leidet sichtlich unter Besuchermangel. Oberhalb der Straße werden handgewebte Baumwollstoffe und Holzarbeiten aus Myanmar verkauft.

Wang Po-Viadukt (Tham Krasae)

Kurz vor Nam Tok führt die *Death Railway* auf einer zum Teil abenteuerlichen Strecke von 500 m zwischen steilen Felsen und dem Fluss entlang. Höhepunkt der Eisenbahnfahrt ist die Überquerung des Wang Po-Viadukts (auch Wampo), einer 200 m langen Holzbrücke, die sich eng an die steilen Felswände schmiegt und über die die Bahn im Schritttempo fährt. Kaum vorstellbar, unter welchen unsäglichen Anstrengungen dieser Streckenabschnitt von Kriegsgefangenen mit einfachsten Werkzeugen erbaut wurde. Wer am Viadukt an der Bahnstation Tham Krasae aussteigt, kann über die Holzbrücke laufen und die tolle Aussicht genießen, die sich vor allem von der kleinen **Krasae-Höhle** in der Felswand bietet, in der ein großer Buddha steht. In den Restaurants kann man sich bis zur Ankunft des nächsten Zuges stärken. Mit dem eigenen Fahrzeug geht es von Sai Yok über die Brücke und dann nach links.

Nam Tok

Die Endstation der Eisenbahnlinie, 77 Bahn- und 58 Straßenkilometer von Kanchanaburi, hat als Versorgungszentrum der Dorfbewohner im Hinterland an Bedeutung eingebüßt. Viele Holzhäuser sind unbewohnt, und selbst der Markt und die kleinen Läden haben wenig zu bieten. Der verschlafene Ort erwacht nur zum Leben, wenn der Touristenzug einfährt und Guides, Händler, Busse, Taxis und Elefanten mit ihren Mahouts zum Bahnhof strömen.

Von Nam Tok führt ein beliebter Ausflug zum **Sai Yok Noi-Wasserfall**. Man läuft die Gleise entlang vorbei an einer **alten Lokomotive**, die von den Japanern im 2. Weltkrieg für Truppentransporte in Thailand gebaut und bis 1976 im Passagierverkehr genutzt wurde. Am H323 geht es von der Polizeistation 800 m Richtung Norden. Am großen Parkplatz verkaufen mehrere Stände gesalzene Tamarinde, die hier besonders gut sein soll, und andere Snacks. Der am Wochenende gut besuchte Wasserfall am eingefassten Pool (Baden verboten!) ist nur während der Regenzeit (Juni–Okt) wirklich schön. Wer der Ausschilderung zur „Water Source" folgt, kommt nach 900 m zu einer **Quelle** an einem Felsen, aus dem kristallklares Wasser sprudelt. In den von hohen Bäumen, Picknickplätzen und einem Getränkestand umgebenen Strudellöchern kann man herumwaten und sich abkühlen. Oberhalb der Quelle am Headquarter des Erawan-Nationalparks beginnt ein 1350 m langer Nature Trail durch ein kleines Tal zur großen **Badan Cave** (auch Wang Ba Dahl). Parkranger kassieren am Beginn des Fußpfads manchmal 50 Baht Eintritt und führen Besucher mit einer starken Lampe durch die Höhle. An steilen Stellen sind Bambusleitern angebracht, die sehr schlüpfrig sind, an anderen Stellen muss man sich durch enge Passagen zwängen. Vor allem während der Regenzeit sind die Wände sehr feucht. Auf alle Fälle sind feste Schuhe mit gutem Profil und alte Kleidung angeraten.

Am **Pak Saeng Pier** werden Boote für eine zweistündige Tour zu den größten Tropfsteinhöhlen in dieser Gegend, den **Lawa-Höhlen**, vermietet (s. u.). Sie sind auch auf der Straße zu erreichen. Der Weg über den 16 km langen H6037 jenseits des Flusses ist ausgeschildert. Es geht beim Pak Saeng Pier über eine Brücke und nach 1,5 km nach rechts. Eintritt wegen der Lage der Höhlen im Sai Yok National Park 200 Baht. Trotzdem eine lohnende Tour, vor allem am frühen Morgen, wenn noch keine Reisegruppen unterwegs sind. Vom Pier sind es 200 m bis zur Treppe, auf der es 140 Stufen hinauf zur 485 m langen Höhle geht. Essen und Getränke gibt es im nahen Resotel.

Übernachtung

Am H323

Cola Hotel, 241 Moo 3, Tha Sao, ✆ 034-634 380. Einfaches Hotel an der lauten Hauptstraße für Notfälle. Zimmer mit Ventilator oder AC. ❷

Sai Yok Noi Blue Mountain Resort, 3/2 Moo 3, Tha Sao, ✆ 034-565 123. Es hält nicht, was der Name suggeriert. AC-Zimmer in 4-stöckigem Block sowie Bungalows dahinter. ❸

Nahe Pak Saeng Pier

Boutique Raft Resort, 103 Moo 3, ✆ 034-634 191, 086-309 4200, 💻 www.boutiqueraft-riverkwai.com. Am Fluss nahe dem Pier werden im Haupthaus 2 luxuriöse Suiten und auf 2 Rafts je 2 Zimmer mit Terrasse vermietet. Gediegene Einrichtung, recht harte Matratzen. 950 Baht p. P. inkl. *american breakfast*. ❺

Pung-Waan Resort, südlich vom Pak Saeng Pier, Buchungen über ✆ 034-634 295, 💻 www.pungwaanriverkwai.com, ein schöner Platz für Motorisierte, die Komfort suchen. In einem weitläufigen, üppig-grünen Park stehen 15 hübsche Holz-Cottages mit komfortablen Betten, dekorativen Moskitonetzen und großer Terrasse. Häuser mit 50 kleinen Standard-Zimmern mit TV und Minibar sowie 64 etwas größeren Superior-Zimmern mit Flussblick. Auf 4 schwimmenden Häusern Zimmer für 4 Pers. mit 2 großen Betten und tiefen Fenstern. Vom Restaurant mit Terrasse schöner Ausblick auf den Fluss. Großer Pool mit Liegen. Diverse Aktivitäten wie Rafting, Elefantenreiten, Radfahren und v. a. Vogelbeobachtung. Es wird kaum Englisch gesprochen. ❻

Außerhalb am Fluss (von Süd nach Nord)

River Kwae Jungle House, gegenüber dem Wang Po-Viadukt, 20 km südlich vom Pak

Saeng-Pier, ist über eine Stichstraße zu erreichen. ✆ 034-591 071, 💻 www.banrimkwae.com. Die Rafts sind auf einheimische Großgruppen ausgerichtet. Zimmer für 4 Pers. mit Ventilator und Gemeinschaftsdusche auf dem Land. Sa und So nur Übernachtung mit Vollpension (Thai-Buffet). Mo–Fr günstige Preise. Zudem AC-Zimmer in einem Neubaublock, Frühstück inkl. Aktivitäten und Touren. Bootsshuttle ab Bahnstation am Viadukt. ❸ und ❺

River Kwai Village Hotel, ✆ 034-918 4562-3, 634 454, 📠 880 5206, Zufahrt am KM 54. 69 km nördlich von Kanchanaburi gelegenes, komfortables Resort für westliche Reisegruppen, auch Einzelreisende sind willkommen. 190 klimatisierte, große Zimmer im 3-stöckigen Haupthaus mit Balkon, in Bungalows am Fluss und auf Rafts. Restaurant, Pool. Zu erreichen über die Straße. Touren ab Bangkok, Buchungen unter ✆ 02-251 7552, 📠 255 2350. ❺

Kitti Raft House, ✆ 034-634 188, nahe dem River Kwae Village Hotel. 14 Zimmer auf Rafts, entspannte Atmosphäre. Vom schwimmenden Restaurant am Pak Saeng Pier fahren kostenlos Boote in 20 Min. Hier übernachten westliche Kleingruppen, die in Bangkok buchen. ❹

River Kwai Resotel, in Bangkok ✆ 02-642 5497, 💻 www.riverkwairesotel.com, kurz vor den Lawa-Höhlen am Hang, 40 Min. vom Pak Saeng Pier, Boot 1200 Baht, Gäste werden kostenlos von einem eigenen Pier weiter nördlich, 5 Min. vom Resort, abgeholt. Einzel- und Doppel-Bungalows, 81 Zimmer mit AC, TV, Du und separatem WC. Hübscher Pool, Frühstück inkl. Restaurant mit abgemilderten, leckeren Thai-Gerichten. Boots- und Kanutouren zum Schwesterresort River Kwae Jungle Raft. Der 20 km lange Mountainbike-Rundkurs eignet sich nur für geübte Geländefahrer. ❺

River Kwae Jungle Rafts, gleiche Besitzer wie das Resotel, 10 Min. von dort. Buchungen nur in Bangkok. Sehr ruhig gelegene Rafts auf dem Fluss hinter den Lawa-Höhlen, 100 Zimmer mit Petroleumlampen, keine Elektrizität, Restaurant vorhanden. ❹–❺

Essen und Sonstiges

Gegenüber vom Bahnhof in Nam Tok sorgen offene Restaurants für das leibliche Wohl der Touristen. Viele einheimische Gäste und günstige Preise. Auch am Pier gibt es einige Restaurants, wo Reisegruppen essen (müssen). Ansonsten ist die Auswahl außerhalb der Resorts sehr begrenzt.

Krung Thai Bank in Nam Tok am Highway mit Geldautomat.

Transport

Nach KANCHANABURI brauchen die **Züge** 2 Std. Die Fahrt kostet für Touristen 100 Baht, im Touristenwaggon 300 Baht. Abfahrt um 5.20, 12.50 und 15.15 Uhr.

Der **Bus** 8203 nach Kanchanaburi für 40 Baht hält jede halbe Stunde bis 17 Uhr an der Polizeistation in der Hauptstraße und vor dem Sai Yok Noi-Wasserfall.

Boote fahren ab Pak Saeng Pier, 2 km südwestlich vom Bahnhof, am KM 44,5, zu den Resorts am Fluss und zu den LAWA-HÖHLEN für 900–1000 Baht pro Boot für bis zu 6 Pers. hin und zurück. **Songthaews** zur Lawa-Höhle 1200 Baht.

Hellfire Pass

Aufgrund einer Initiative ehemaliger australischer Kriegsgefangener wurde Mitte der 1980er-Jahre der Grundstein für diese Gedenkstätte gelegt. Sie befindet sich am KM 64,8, westlich des H323 an der ehemaligen Bahnstrecke. Songthaew ab Kanchanaburi bis hierher für 1300–1400 Baht. Der Parkplatz vor dem Museum ist über die gut ausgeschilderte Zufahrt zur National Security Command Livestock Farm nach 500 m zu erreichen. Das informative **Hellfire Pass Memorial Museum** lohnt die Fahrt, ⏲ 9–16 Uhr, Spende. Ein informatives Buch wird im Museum für 200 Baht verkauft. Es stellt anhand von Fotos, Skizzen, Funden und ausführlichen englischen Beschreibungen die Geschichte der Zwangsarbeiter dar. Berichte Überlebender und historische Aufnahmen sind in einem siebenminütigen Video zusammengefasst. Am Modell des Hellfire Passes lässt sich der Verlauf der Schneise gut nachvollziehen. An dieser Stelle mussten etwa 1000 Kriegsgefangene für die Bahnlinie unter großem Zeitdruck selbst nachts bei Holzfeuerbeleuchtung eine 10 m tiefe Schneise in einen Hügel schlagen, was etwa 400 Menschen das Leben kostete.

Beim 4,5 km langen Rundweg durch Bambuswälder mit schönen Ausblicken, der u. a. zur 500 m entfernten Schneise **Konyu Cutting** führt, kann man erahnen, unter welch schwierigen Bedingungen die Zwangsarbeiter ihrer Arbeit nachgingen. Der Fußweg führt weiter zu anderen Schneisen, Bombenkratern, ehemaligen Camps und temporären Brücken. Wer auf dem Schotterbett bis Hintok laufen will, sollte für den Rückweg ein Fahrzeug an der Hintok Road organisieren. Am KM 65 bieten Stände entlang der Straße Orchideen an.

Sai Yok National Park

Dieser 958 km² große Nationalpark erstreckt sich im Grenzgebiet zu Myanmar und ist über die 3 km lange Zufahrt, die am KM 80,8 abzweigt, zu erreichen. An der Kontrollstelle nach 700 m sind 200 Baht Eintritt zu entrichten, Thai 40 Baht, ⏲ 6–18 Uhr, ✆ 034-516 163. Neben dem Headquarter informiert eine Ausstellung im Visitor Center über die Topografie, die Höhlen und ihre Bewohner sowie den Bau der Eisenbahn.

Die Attraktion des Parks ist der 10 m hohe **Sai Yok Yai-Wasserfall**, der durch die Einmündung eines Nebenflusses in den Kwae Noi entsteht. Durch die Ableitung des Nebenflusses wurde ein zweiter Wasserfall künstlich geschaffen, der **Sai Yok Lek-Wasserfall**. Während der Trockenzeit entfalten beide ihre ganze Schönheit, denn dann ist der Wasserspiegel des Kwae Noi wesentlich niedriger als während der Regenzeit. Von der **Hängebrücke**, die 300 m hinter dem Headquarter zum Westufer führt, hat man den besten Blick. Am Westufer lädt ein Pool zum Baden ein.

Auf dem Parkgelände wurden **prähistorische Ausgrabungen** gemacht, u. a. fand man das Skelett einer Frau aus dem Neolithikum. In jüngerer Vergangenheit befand sich in einem mittlerweile vom immergrünen tropischen Dschungel überwucherten Areal nahe dem Wasserfall 400 m vom Headquarter ein japanisches Militärcamp, das an der Bahnlinie stand und von dem noch die Feuerstellen zu sehen sind. Dort abzweigende Wanderwege, die teils als Waldlehrpfad ausgebaut sind, enden an verschiedenen Höhlen. Der insgesamt 2 km lange Hauptweg führt zur **Fledermaushöhle** *(Bat Cave)*, in der das kleinste Säugetier der Welt lebt – die Hummel-Fledermaus *(Craseonycteris thonglongyai)*. Sie ist 2,5–3 cm lang, wiegt nur 1,5–2 g und wurde erst 1973 entdeckt, nachzulesen auf einigen Schautafeln. Im Headquarter werden Fahrräder für 30 Baht pro Std. vermietet.

Die **Daowadung-Höhle** ist Teil des Nationalparks und liegt 10 km nördlich vom Headquarter. Von der Hauptstraße geht es am KM 84,3 nach links und nach 800 m an einer Gabelung nach rechts, nach weiteren 800 m nach links und 500 m bis zur Schranke. Von dort ist nach 1 km die Höhle erreicht. In ihren 8 Räumen beeindrucken die Stalaktiten und Stalagmiten.

Der Nationalpark ist kaum besiedelt und nur schwer zugänglich. In dem zum Tenasserim-Gebirge gehörenden Gebiet mit bis zu 1327 m hohen Bergen, ca. 30 km westlich vom Headquarters hinter dem **Checkpoint Nr. 5**, leben noch Tiger und wilde Elefanten. Bis zum 15 km entfernten Checkpoint gelangt man auf einer Straße mit einem geländegängigen Fahrzeug. Von dort aus muss man in Begleitung eines Rangers weitere 10 km auf einer Straße und 5 km zu Fuß zurücklegen.

In den Läden am Parkplatz werden **Rafts** angeboten, mit denen man kürzere und längere Touren inkl. Übernachtung unternehmen kann. Sie bieten etwa 10 Personen Platz und kosten 300 Baht pro Std. bzw. 1200–2000 Baht pro Nacht.

Übernachtung und Essen

7 **Bungalows** für 4–12 Personen mit Ventilator und Du/WC hinter dem Parkeingang, 1 km abseits des Headquarters in Flussnähe. Buchbar unter 💻 www.dnp.go.th, Mo–Fr außerhalb der Feiertage bei freiem Platz auch direkt. ❹–❺

Zudem Zelte für 270 Baht und Schlafsäcke, mit denen man auch bei den 9 Checkpoints im Dschungel übernachten kann.

Essenstände am Ende der Straße beim Visitor Center.

Transport

Von KANCHANABURI mit dem Bus 8203 bis zur Abzweigung an der Hauptstraße, 60 Baht. Auf den letzten 3 km fahren manchmal Songthaew.

West-Thailand

Weiter nach Sangkhlaburi

Neben der Straße bewacht am KM 90,6 ein Krokodil aus Zement den Eingang zu einem kleinen buddhistischen **Tempel** mit einer großen Ganesha-Figur. Die Abzweigung am KM 103,4 endet nach 12 km am **Pha Dat-Wasserfall**.

Hin Dat Hot Springs

Am KM 105,6 liegen 400 m rechts der Straße die beliebten Hin Dat Hot Springs, die während des Zweiten Weltkriegs von japanischen Soldaten entdeckt wurden. 400 m abseits der Straße in einem schattigen Tal unter Bäumen mischt sich das heiße Quell- und kalte Flusswasser in zwei Schwimmbecken zu einer angenehmen Badetemperatur. Eintritt 40 Baht. In Badehäusern sind für 100 Baht auch 40 Min. lang Wannenbäder möglich. Wer nichts zum Picknicken dabei hat, kann sich an Essenständen stärken. An Verkaufsständen werden neben Obst und Souvenirs auch frische Gewürze und Kräutertees verkauft. Das Green World Hot Spring Resort am KM 106,1 jenseits der Straße speist seine Bäder aus heißen Quellen, s. [eXTra 2622].

Thong Pha Phum

An der Abzweigung jenseits der Brücke am KM 125 nach Thong Pha Phum erhebt sich auf einem steilen Kalkfelsen über dem Fluss ein hübscher kleiner Thai-Tempel. Im Ort lohnen der große, bunte Markt und der beeindruckende, riesige **Buddha** vor dem Tempel oberhalb des Ortes.

7 km nördlich staut seit 1984 der 1019 m lange, 92 m hohe **Vajiralongkorn-Damm** den riesigen See. Er ist über den H3272 zu erreichen. Der Damm und das Kraftwerk sind von einer Parkanlage und einem Golfplatz umgeben – ein beliebtes Wochenendausflugsziel. Das Gebiet rings um den Stausee wurde 1991 zum Nationalpark erklärt. Die anfangs gut ausgebaute Straße endet nach 63 km in nahezu 1000 m Höhe nahe der Grenze an der stillgelegten **Pilok Mine**, in der einst Wolfram und Zinn gefördert wurden.

Lam Khlong Ngu National Park

Die schmale, kurvenreiche Straße nach Sangkhlaburi führt östlich des Reservoirs durch eine schöne Landschaft. Am KM 26 passiert man eine Buddhastatue an der Zufahrtstraße zum Lam Khlong Ngu National Park, die nach ca. 130 km am Erawan National Park endet und nur in der Trockenzeit von erfahrenen Fahrern mit Geländewagen befahren werden sollte. Weiteres s. [eXTra 2623].

Khao Laem National Park

Der Park schützt seit 1987 auf 81 465 ha die dichten Wälder rings um den Stausee in bis zu 1700 m Höhe, die auch das Quellgebiet des Kwae Noi sind. Auf dem H323 passiert man am KM 32,5 das Waldkloster und Dhamma Meditation Centre **Wat Sunnataram**, 💻 www.hdamm.de/buddha/mdtctr10.htm. 200 m weiter liegen beiderseits der Straße Essenstände, Cafés, ein OTOP-Laden und ein **Nationalpark Information Centre**, das leider nur Informationen in Thai hat. Rechts der

Thung Yai Naresuan und Huai Kha Khaeng Wildlife Sanctuaries

Dieses 577 464 ha große Gebiet an der Grenze zu Myanmar ist das größte zusammenhängende Naturschutzgebiet auf dem südostasiatischen Kontinent. Dank seiner intakten Natur mit einer überaus großen Vielfalt an Wäldern und vom Aussterben bedrohten Tierarten hat es sich 1991 in die ehrenvolle Liste des Unesco-Weltnaturerbes eingereiht. Keine Straße durchquert nordöstlich von Sangkhlaburi diese von Malaria verseuchten, für die Landwirtschaft ungeeigneten Bergwälder, durch die Tiger, Elefanten, Tapire und Gaur streifen. 💻 whc.unesco.org/en/list/591 und 💻 www.unep-wcmc.org/sites/wh/thungyai.html.

Straße im Wald fällt der 5 m hohe **Kreng Kra Wia-Wasserfall** malerisch über kleine Terrassen aus Lehm. Gegenüber zweigt eine 600 m lange, unbefestigte Straße zu einem Parkplatz ab, von dem es 600 m zu Fuß am Bach entlang zum wesentlich höheren **Dai Chong Tong-Wasserfall** geht.

Auf der folgenden Strecke eröffnen sich ab dem KM 34 immer wieder Ausblicke auf den Stausee mit Inseln und schwimmenden Dörfern. Vom Haupteingang zum Khao Laem National Park am KM 39,3 (Eintritt 200 Baht, ✆ 034-519 001) führt die Straße durch schönen Dschungel zu weiteren unspektakulären Wasserfällen.

An diesen Park schließt im Süden der **Lam Klong Ngu National Park** mit einigen Höhlen und weiter westlich der **Thong Pha Phum National Park** an, der die Bergregion bis zum Sai Yok National Park und zur Grenze nach Myanmar umfasst und wild lebenden Tieren wie Elefanten oder Tigern, die viel Raum benötigen, das Überleben sichert. Eintritt 200 Baht.

Der buddhistische **Sukho-Höhlentempel** liegt am KM 42,2 direkt neben der Straße. Vor der Brücke über den Runtee-Fluss zweigt rechts eine 26 km lange Straße in das Karen-Dorf **Kong Mong Tha** ab. Am KM 57,5 hat man von einem Aussichtspunkt neben der Brücke einen schönen Blick auf den See. Danach geht es steil hinauf über den letzten Pass. Zum kleinen Karen-Dorf **Ban Sane Pong** führt 6 km vor Sangkhlaburi eine 9 km lange unbefestigte Straße, die nur mit Geländewagen in der Trockenzeit befahrbar ist.

Sangkhlaburi

Das Khao Laem Reservoir prägt das Gesicht des neuen Sangkhlaburi, das sich am nördlichen Seeufer erstreckt. Die ursprüngliche Stadt weiter im Südosten wurde durch den Stausee 1984 überflutet und an ihrer jetzigen Stelle neu errichtet. Nur die Reste einer alten Pagode sind noch im See zu erkennen. Einer der besten Ausblicke eröffnet sich von dem überdimensionierten Aussichtspunkt jenseits der großen Straßenbrücke über den Songkalia-Fluss. Von der ethnischen Vielfalt zeugen an der Hauptstraße vor der Brücke ein **chinesischer Tempel**, ein **Wat** beiderseits vom Ortseingang mit neun vergoldeten Buddhas und 3 Pagoden sowie eine **Moschee**.

In dem geruhsamen Ort in wunderschöner Lage leben Thai, Mon und Karen, die für ihr geflutetes Land entschädigt wurden. Hingegen waren die ohne Landtitel hier siedelnden Flüchtlinge, überwiegend Mon, plötzlich heimatlos. Sie fanden auf den Ländereien des **Wat Wang Wiwekaram** jenseits des Sees eine neue Bleibe. Heute erstreckt sich zu Füßen der großen Klosteranlage das Dorf **Wang Kha** am Ufer des Sees rings um den großen Obst- und Gemüsemarkt, wo etwa tausend Mon-Familien leben. Eine 400 m lange, für den Verkehr gesperrte **Holzbrücke** verbindet das Dorf mit Sangkhlaburi. Der Zugang ist nicht leicht zu finden: Von der Bus Station geht man bergab und die erste Straße nach rechts 900 m bis zum nur in Thai ausgeschilderten Samprasob Resort. Vor dem Eingang zum Resort verläuft rechts der schmale Asphaltweg hinab zur Brücke. Am Zugang werden Boote für Rundfahrten auf dem See vermietet. Eine zweite kleine, neuere Brücke endet unterhalb vom Burmese Inn.

Von den Karen-Dörfern in der Umgebung lässt sich am einfachsten das 17 km entfernte **Huay Malai** besuchen, zu dem Busse ab der Bus Station alle 40 Minuten für 40 Baht fahren. Zu Fuß gelangt man von Huay Malai vorbei am Christian Mission Hospital und der Kirche zum 6 km entfernten Karen-Dorf **Ban Wia Kadi** mit einem alten Tempel aus Holz in einem schönen Tal mit Reisfeldern.

Wat Wang Wiwekaram

Oberhalb der Siedlung erhebt sich auf einem Hügel das Mon-Kloster Wat Wang Wiwekaram, das vom hoch verehrten Abt Luang Pho Uttama entworfen wurde. Die relativ neue, große Anlage vereint unterschiedliche Baustile. 700 m unterhalb der Klosteranlagen stehen die vergoldete, eckige **Pagode** im Stil von Bodhgaya (Indien) und eine große Buddhastatue. Auf dem **Markt** im langen Gang, der die Pagode begrenzt, werden bis 18 Uhr Kunstgewerbe, Souvenirs, Textilien und Waren aus Myanmar, Indien und China verkauft.

Übernachtung

Die meisten Resorts liegen 1–2 km vom Busbahnhof entfernt oberhalb des Sees mit Blick auf die Mon-Siedlung und Holzbrücke, Motorradtaxi 10 Baht, Songthaew 50 Baht. Ausländer übernachten überwiegend im Burmese Inn und P. Guesthouse, da diese auf Einzelreisende eingestellt sind und hier Englisch gesprochen wird. Am Wochenende und in den Schulferien ist eine telefonische Reservierung empfehlenswert.

Untere Preisklasse

Burmese Inn, 52/3 Moo 3, Nong Lu, ✆/℻ 034-595 146, 💻 www.sangkhlaburi.com. 1,2 km vom Zentrum entfernt in ruhiger Lage nahe dem See 18 Zimmer im Reihenhaus oder in Doppelbungalows mit AC oder Ventilator und Du/WC oder Gemeinschaftsdusche geleitet von Meo aus Kanchanaburi. Es gibt Informationsmaterial mit Anregungen für Ausflüge und Bootsfahrten. Wenn Armin aus dem österreichischen Knittelfeld anwesend ist, kann er weitere Tipps für Touren in die umliegenden Karen-Dörfer geben. ❷–❹

P. Gh. & Country Resort, 82/1 Nong Lu, hinter dem Burmese Inn und Wat, ✆ 034-595 061, 💻 www.pguesthouse.com. Kleine Doppelbungalows mit Ventilator und Gemeinschaftsdusche am Hang. In einem Reihenhaus unterhalb des Restaurants geräumige, geflieste, mit Naturstein dekorierte Zimmer mit 2 garantiert unverrückbaren Betten und Massivholz-Möbeln sowie einem netten Bad. Daneben in neuen, 2-stöckigen Häusern Zimmer mit Terrasse oder Balkon. Zelten möglich. Schöner Blick auf das Mon-Dorf. Großes Restaurant mit weniger gutem Essen und WiFi. Mountainbikes, Motorrad und Boote zu vermieten. Tourenangebot, u. a. mit Elefantenreiten, Rafting und Bootsfahrten inkl. einer Übernachtung 850 / 950 Baht p. P. ❷–❹

Samprasob Resort, 122 Moo 3 Ban Nong Lu, ✆ 034-595 050, 💻 www.samprasob.com. 900 m unterhalb der Hauptstraße an der alten Brücke, nur in Thai ausgeschildert. Kleine Bungalows mit Ventilator oder AC, schöner Ausblick. ❷–❹

Mittlere Preisklasse

Forget Me Not House Resort, 80 Moo 1, Ban Nong Lu, am Ortsende hinter dem P. Gh., ✆ 034-595 015-6, in Bangkok ✆ 02-457 1448, ℻ 02-457 1739. Zweistöckiges Haus und Bungalows mit AC oder Ventilator und Holzböden oberhalb des Sees in einem schattigen Garten mit vielen Vögeln, Restaurant. ❸–❹

Pornphailin Riverside Resort, 60/3 Moo 1, Ban Nong Lu, ✆ 034-595 355, 💻 www.ppailin.com. Resort etwas außerhalb des Ortes am See. Zimmer im Haupthaus mit 1–2 großen Betten und etwas teurere am Seeufer. Trotz des schönen Ausblicks fehlt es dem Restaurant an Atmosphäre. Niemand spricht Englisch ❹–❺

Ponnatee Resort, 84 Moo 1, Ban Nong Lu, hinter dem P. Gh. und Wat, ✆ 034-595 134, ℻ 595 270. Die 15 AC-Zimmer am Hang sind oft von Gruppen belegt. Von den Terrassen Blick auf den See. Im Restaurant BBQ und Steaks. ❹

Songkalia Resort, 34/1 Moo 3, Ban Nong Lu, ✆ 034-595 023, 💻 www.songkhaliaresort.com. Links vor der neuen Straßenbrücke. Von Mon geleitete, große, nette Anlage, 42 Zimmer in Bungalows mit Ventilator oder AC und TV, die für denselben Preis bis 5 Pers. fassen. Großes Restaurant, Autovermietung, Elefantenausritte. ❸–❹

Essen

Rings um den Markt und gegenüber der Bus Station konzentrieren sich die wenigen Restaurants und Garküchen. Die meisten Touristen essen jedoch im Resort.

Sonstiges

Bootsfahrten

In den Gästehäusern, an der Pagode und der Brücke können Boote für eine 1 1/2-stündige Rundfahrt über den See gemietet werden. Sie kosten 400 Baht bis zu 6 Personen, jede weitere 80 Baht. Kanus werden für 150 Baht pro Std. bzw. 300 Baht pro halbem Tag angeboten.

Geld

Siam Commercial Bank nahe dem Markt mit Geldautomat.

Internet

Kleiner Laden am Markt nahe den Resorts. WiFi im Restaurant des P. Guesthouses.

Medizinische Hilfe
Hospital gegenüber dem Phornphailin Hotel.

Post
200 m neben dem Hospital.

Touren
Das **P. Gh.** (s. o.) veranstaltet ab 4 Pers. von 9–15.30 Uhr Touren, die eine einstündige Bootsfahrt, den Besuch eines Karen-Dorfes mit 1 1/2-stündigem Elefantenreiten und Rafting auf dem Runtee River mit Bambusflößen sowie der Möglichkeit zum Baden einschließen. Sie kosten 850 / 950 Baht inkl. einer Übernachtung in den billigen Fan-Zimmern, in besseren AC-Zimmern + 350 Baht p. P., bei 2 Pers. + 1000 Baht.
Für Selbstfahrer hat Armin vom Burmese Inn tolle Karten gezeichnet.

Transport
Nach BANGKOK AC-Bus von 7.30–15 Uhr für 260/330 Baht, zurück von 5–9.30 Uhr in 6–7 Std.
KANCHANABURI, 220 km, non-AC-Bus um 6.45, 8.15, 9.45 und 13.15 Uhr für 130 Baht in 5 Std. AC-Bus um 7.30, 10.30, 14 und 15 Uhr für 170–220 Baht in 4 Std. AC-Minibus oder AC-24-Bus etwa stdl. von 7.20–15.30 Uhr für 180 Baht in 3 1/2 Std. Sie halten auch in Thong Pha Phum (gleicher Preis). Für ein kleines Aufgeld werden Passagiere bis vor die Tür gefahren.
THONG PHA PHUM, 147 km, von 6–18.30 Uhr alle 30 Min. für 70 Baht, zurück bis 16 Uhr.
Zum THREE PAGODA PASS fahren Songthaew alle 45 Min. bis gegen 18 Uhr für 40 Baht in 40 Min.

Three Pagoda Pass

Von Sangkhlaburi sind es noch 22 km zur Grenze (von Thais *Ban Chedi* genannt). An der Brücke am KM 5,4 liegt ein hübscher überschatteter **Badeplatz**. Gummireifen werden als Schwimmhilfen für 20 Baht verliehen, man kann überdachte Plattformen für ein Picknick mieten oder gegenüber im Restaurant essen. Hinter dem Militär-Kontrollposten zweigt am KM 12,4 eine Straße zum Thung Yai Wildlife Sanctuary und dem **Takian Thong-Wasserfall** (9 km) ab. Der Eintritt ist manchmal verhandelbar.

Am KM 16 geht es nach rechts 700 m zur schönen Höhle **Sawan Bandan**. Zur eigenen Sicherheit sollte man nicht alleine gehen, sondern sich von einem Mönch mit einer Lampe begleiten lassen, wofür eine Spende von mindestens 50 Baht angebracht ist.

Auf den letzten Kilometern verläuft die Grenze nur wenige dutzend Meter neben der Straße. Der Hügel, an dessen Hang sich das überwiegend leer stehende Three Pagodas Resort am KM 17,2 erstreckt, ermöglicht einen guten Überblick.

Die Straße endet an den drei kleinen, weißen **Stupas** (daher Drei-Pagoden-Pass), die daran erinnern, dass während der Ayutthaya-Periode die feindliche birmanische Armee bevorzugt über diesen Pass nach Siam einfiel.

Thais kaufen auf dem **Markt** günstig Stoffe, Halbedelsteine, Möbel aus Teakholz und Haushaltswaren aus Myanmar. Oberhalb der Pagoden wurde neben den Resten der einstigen Bahnlinie ein kleiner **Border Peace Tempel** erbaut.

An der seit 2007 geschlossenen Grenze herrscht in politisch entspannten Zeiten ein munteres, aber illegales Kommen und Gehen. Ausländer, die sich den birmanischen Wanderarbeitern anzuschließen versuchen, riskieren allerdings, in Myanmar verhaftet zu werden. Mehr s. eXTra [2627].

2 HIGHLIGHT

Erawan National Park

Beliebt ist der Ausflug zum Erawan National Park, 64 km nordwestlich von Kanchanaburi. Da der H3199 nur wenig befahren ist, eignet er sich auch für eine Motorradtour. Am KM 4 passiert man den **Chon Kai Mountain** mit einem kleinen Tempel. Vorbei an Resorts für Thai-Familien und dekorativen, bizarren Steinen, die als Gartenschmuck verkauft werden, gelangt man am KM 24 zum **Nine Army Battle Historic Park**. Hier wird der Sieg der siamesischen Truppen über den Erzfeind Birma gefeiert.

Herrliche Badeplätze

Der attraktive, bereits 1975 gegründete Nationalpark erstreckt sich entlang eines schmalen, bewaldeten Tals beiderseits eines Nebenflusses des Kwae Yai. Er bildet eine Reihe von sieben sehr schönen **Wasserfällen** mit Sinterterrassen, an denen man weit hinauflaufen kann. Am schönsten sind die zweite, dritte und fünfte Stufe, die dritte eignet sich am besten zum Baden. Nach einem 1 1/2-stündigen, schweißtreibenden Aufstieg bis zur 7. Stufe, die nur Trittfesten zu empfehlen ist, kehren alle Wanderer um. Es ist nicht möglich, weiter hinauf zu klettern. Zwei interessante Naturlehrpfade verlaufen beiderseits des Wasserfalls vom Campingplatz und Parkplatz zur zweiten Stufe: der erste durch immergrünen Monsunwald und der zweite durch Bambushaine. Weitere Touren von bis zu 4 km Länge sind nur in Begleitung von Rangern nach Voranmeldung unter ✆ 034-574 222 möglich.

Auf dem H3457, der Verbindungsstraße nach Sai Yok und Nam Tok, die am KM 25 abzweigt, sind es 2 km zum **Taweechai Elephant Camp**, ✆ 081-774 8301, 081-941 4658. Hier wird Wert auf eine artgerechte Haltung gelegt. So können die etwa 20 Elefanten im Dschungel schlafen. Außer den Karen arbeitet auch die mit einem Kui verheiratete Deutsch-Amerikanerin Mook als Mahout im Camp. Ein halbstündiger Ausritt für 250 Baht lässt sich für weitere 250 Baht mit einer 45-minütigen Raftingtour kombinieren. 🕒 9–15.30 Uhr.

Interessant ist das neue Elefantencamp **Elephants World** des Tierarztes Dr. Samart Prasitphon am H3457, ✆ 081-632 2258, 💻 www.elephantsworld.org. Näheres siehe: 💻 tourismlog.wordpress.com/2009/06/15/der-elefantendoktor/.

Weiter auf dem H3199 geht es hinter dem Thatungna-Staudamm (KM 26) am Ostufer des Stausees entlang durch eine zunehmend bewaldete Berglandschaft. Der kleine **Phalan-Wasserfall** ist über eine 3 km lange Abzweigung am KM 47 zu erreichen.

Der weitere Weg über den Markt mit vielen Essenständen und den Parkeingang zum Headquarter ist gut ausgeschildert. Danach geht es nur zu Fuß 720 m zum Beginn des Wasserfalls. Lebensmittel dürfen nur bis zur ersten Stufe mitgenommen werden, wo sich auch Toiletten und Umkleidekabinen befinden. Der Morgen ist die beste Zeit, um gleich ganz hinaufzuklettern und dann langsam hinabzuwandern. Am Wochenende wird es sehr voll. Die meisten Besucher kommen von 11–14 Uhr. Ab 16 Uhr sind die Wasserfälle oberhalb der zweiten Stufe und ab 17 Uhr auch die unteren geschlossen. 🕒 Parkeingang 8–16.30 Uhr, Eintritt 200 Baht, Auto 50 Baht. Im Headquarter werden Schlauchboote für 100 Baht/Std. vermietet.

Die **Phra That-Höhle** ist vom Park über eine 11 km lange Schotterstraße nur mit einem eigenen Fahrzeug oder einem gecharterten Bus zu erreichen. Man braucht eine starke Taschenlampe und etwas Vorsicht, um die Gänge in der Höhle zu erkunden.

Übernachtung und Essen

Erawan Resort, 140 Moo 4,5 km vor dem Park, ✆ 034-574 098, 081-838 7360. Kleine Bungalows am Hang in einem Dorf mit Du/WC, Ventilator oder AC. Nebenan ein Restaurant. ❹

Transport

Durch die Verbindungsstraße zwischen dem H323 und H3199 ist es Selbstfahrern möglich,

Eine Nacht im Park

Die beste Unterkunft sind die Bungalows im Erawan National Park. So kann man den Park abends und morgens vor dem Eintreffen der Besuchermassen genießen. Wer tagsüber andere Nationalparks besucht hat und nachmittags zum Übernachten hier eintrifft, braucht nur einmal Eintritt zu zahlen.

Im Park gibt es **Bungalows** unterschiedlicher Größe ab 2 Pers., günstige Bambushütten nahe dem Campingplatz ohne Du/WC. Zelte für 90–225 Baht je nach Größe. Matten, Kissen und Decken extra. Buchungen über die National Park Division in Bangkok, ✆ 02-562 0760, evtl. auch direkt unter ✆ 034-574 222, 💻 www.dnp.go.th. ❸–❹

Das Restaurant mit guter Thai-Küche hat von 7–20 Uhr geöffnet.

vom Erawan National Park direkt nach NAM TOK zu fahren.
Nach KANCHANABURI, 65 km, Bus 8170 alle 50 Min. für 60 Baht in 1 1/2 Std. vom Markt im Dorf vor dem Erawan National Park. Die Busse um 12, 14, 15 Uhr und der letzte um 16 Uhr fahren vom Parkplatz vor dem Parkeingang ab. Songthaew kosten ab Kanchanaburi 1200 Baht.

Sri Nakharin National Park (Srinagarind National Park)

Oberhalb des Erawan National Parks erhebt sich der riesige Staudamm des **Srinagarind Reservoirs**, der im gleichnamigen Nationalpark liegt, Eintritt 200 Baht. Das Park Headquarter, ✆ 034-516 667, befindet sich am Westufer des Stausees. Es kann bei Trockenheit über eine 40 km lange Erdstraße mit dem Motorrad oder Geländewagen erreicht werden. Ansonsten fährt man vom Staudamm 24 km bis Tha Kradan und mietet sich dort ein Boot. Die einstündige Fahrt für max. 12 Personen kostet mindestens 1500 Baht. Zudem verkehrt 2x tgl. eine Fähre über den See nach Si Sawat und weiter in den Nationalpark hinein. Anfahrt nur mit einem eigenen Fahrzeug. Songthaew kosten in Kanchanaburi 1500–1700 Baht bis zum Huay Khamin-Wasserfall. Weiter Richtung Sangkhlaburi s. eXTra [2628].

Bo Phloi

Bei Bo Phloi, 48 km nördlich von Kanchanaburi, sind die Vorkommen an Saphiren und Halbedelsteinen erschöpft. Es werden noch importierte Steine geschnitten und poliert. Ein **Safaripark** am KM 21 hinter Ban Nong Krathum mit vielen Tieren, darunter Giraffen, Kamele, Tiger, Strauße, Zebras und Papageien, lockt einheimische Besucher an, lohnt aber auch für Selbstfahrer einen Abstecher. In einem gepflegten Botanischen Garten können Schmetterlinge bewundert werden, zudem wird eine Elefanten- und Krokodil-Show geboten. Wer keinen eigenen Wagen hat, kann sich mit einem Bus herumfahren lassen. ◷ 9–17 Uhr, ✆ 034-500 088, Eintritt 300 Baht, Kinder 150 Baht. Bus 325 ab Kanchanaburi für 40 Baht.

Chaloem Rattanakosin National Park

Dieser wunderschöne, 59 km^2 große Nationalpark heißt auch Tham Than Lot National Park und liegt 97 km nördlich von Kanchanaburi, 50 km von Bo Phloi entfernt, Eintritt 200 Baht. Für die Tour sind feste Schuhe erforderlich, in der Regenzeit sind zudem viele Furten zu überqueren, sodass sich die Mitnahme von Gummisandalen empfiehlt.

Vom Eingang aus erreicht man in 10 Minuten die eindrucksvolle, 400 m lange Tropfsteinhöhle **Tham Than Lot Noi**, die von 8–16 Uhr beleuchtet wird. Ein flacher Bach durchfließt die geräumige Höhle, die wuchtige, weiße Tropfsteinüberhänge enthält. Am anderen Ende führt ein gut gekennzeichneter Weg von 1 1/2 Std. am Bach entlang durch eine schöne Dschungellandschaft an drei Wasserfällen vorbei. Nach dem ersten (1,5 km) wird der Pfad schwieriger und in der Regenzeit gefährlich. Am Ende des Tals (2,5 km) erhebt sich die etwa 60 m lange und 50 m hohe Naturbrücke **Tham Than Lot Yai**, die als prähistorische Begräbnisstätte genutzt wurde. Nur 10 Minuten weiter liegt ein Waldtempel.

Übernachtung und Essen

Bungalows der Nationalparkverwaltung für bis zu 4 Pers., zu buchen in Bangkok, ✆ 02-562 0760, 💻 www.dnp.go.th, zudem mehrere kleine Restaurants. ❹

Transport

Von KANCHANABURI Bus 325 um 6.25, 8.10, 12.25 und 15.20 Uhr bis zum Park für 70 Baht in 2 Std. Ansonsten über Bo Phloi und Nong Pru und die letzten 19 km mit dem Songthaew.

Suphanburi

Wer auf dem Weg zwischen Kanchanaburi und Ayutthaya hier einen Zwischenstopp einlegt, kann sich etwa 2 km westlich vom Bus Terminal im **Chalerm Phatara Rachini Park** erholen. Zwischen den in Tierformen getrimmten Büschen, Springbrunnen und einem künstlichen Wasserfall erhebt sich der 123 m hohe **Banharn Tower**,

Leben auf dem Land bei Anna und Klaus

Little Heaven Homestay, 41/1 Moo 6, Srayaisom Rd., ✆ 081-622 6750, 💻 www.homestay-thailand.de, Karte S. 229. Voranmeldung erforderlich. Von Kanchanaburi auf dem H324 Richtung Suphanburi 15 km südlich von U Thong rechts abbiegen. Durch Reisfelder und ein Dorf gelangt man hinter dem Tempel zum familienfreundlichen Homestay von Anna und Klaus Stark in einem in dieser Umgebung ungewöhnlichen Neubau neben dem alten Haus ihrer Familie. Gäste wohnen in einem der 4 Zimmer mit eigenem Bad und werden hervorragend mit einheimischen und deutschen Gerichten bewirtet. Zum Frühstück gibt es selbst gebackenes Brot und ansonsten viel frisches Obst und Gemüse aus dem eigenen Garten. Man kann auf der Dachterrasse in Hängematten die Zeit vergessen und bei Radtouren die ländliche Umgebung genießen. Zudem ein- und mehrtägige Ausflüge, die ebenso wie alles andere von Klaus sehr professionell organisiert werden. Nur Vollpension für 700 Baht p. P., im Schlafsaal 500 Baht.

von dem sich eine gute Aussicht bietet. 🕓 Di–Fr 10–19, Sa, So 10–20.30 Uhr, Eintritt 30 Baht, ab 18 Uhr 40 Baht.

In einem schönen chinesischen Park liegt eine sehenswerte Anlage mit einem farbenprächtigen Schrein, einem Aussichtsturm und dem **Chinesischen Museum** in einem überdimensionalen Drachen. Es präsentiert in 20 Räumen mit Modellen und moderner Technik die Geschichte der chinesischen Dynastien und Legenden. Ausländer zahlen 499 Baht Eintritt, wofür es eine Audiotour in englischer Sprache gibt.

Am H340 Richtung Norden sind im beeindruckenden **Nationalmuseum** im modernen Western Art and Cultural Centre Exponate aus der langen Geschichte und von verschiedenen Bevölkerungsgruppen dieser Region zu sehen. ✆ 035-535 330, 🕓 Mi–So 9–16 Uhr, 100 Baht.

Übernachtung

Country Hotel, in Bang Pla Ma, südlich der Stadt, vom H340 nach Westen abbiegen und am Wat Suan Hong vorbeifahren. 500 m entfernt von der Kreuzung am Golfplatz und der Tankstelle liegt die nur in Thai beschriftete, unscheinbare Anlage. Die Doppelbungalows mit Autostellplätzen liegen zurückversetzt in einem Garten und sind von viel Grün umgeben. Saubere, gepflegte Zimmer mit kleiner Veranda und TV. Der Besitzer spricht gut englisch. Hübsches, offenes Restaurant mit Blick auf den Teich, günstige, gute Gerichte, auch Zimmerservice. Frühstück inkl. ❸

Transport

Nach AYUTTHAYA gelber lokaler Bus 703 für 50 Baht in 1 1/2 Std.
BANGKOK (Southern Bus Terminal), AC-Bus alle 20 Min. bis 18 Uhr für 80 Baht in 2 1/2 Std.
KANCHANABURI, lokaler Bus 411 für 50 Baht in 1 1/2 Std.
NAKHON SAWAN lokaler Bus 487 für 90 Baht in 3 Std. Von dort nach Sukhothai.

Bueng Chawak

Nahe dem H340 Richtung Chainat liegt am Ufer eines großen Altwasser-Sees ein **Agro Tourismus Projekt**, dessen interessanteste Teile das riesige neue **Meeres-Aquarium** mit über 50 Becken, ein kleineres Süßwasseraquarium (30 Baht) sowie die Sumpflandschaft mit Krokodilen sind. Er macht vor allem Kindern Freude, ist aber am Wochenende wegen zahlreicher Tagesausflügler nicht zu empfehlen. ✆ 035-481 249, 🕓 Mo–Fr 10–17, Sa, So 9–18 Uhr. Eintritt 30 Baht, für das Meeres-Aquarium 150 Baht extra inkl. einer Krokodilshow 3x tgl. am Wochenende. Zudem ein großer **Gemüsegarten** mit einem Kürbistunnel und über 500 Gemüsesorten. 🕓 8.30–18 Uhr.

Transport

Von SUPHANBURI mit dem Bus bis Duembang Nangbuat, 50 km nördlich, weitere 12 km mit dem Motorradtaxi für 100 Baht. Autofahrer folgen der Ausschilderung vom H340 am KM151, am Ende der Straße nach rechts und kurz darauf wieder nach links abbiegen.

Zentral-Thailand

Stefan Loose Traveltipps

Bang Pa In Im vielfältig gestalteten, weitläufigen Sommerpalast mit der Kamera auf Motivsuche gehen. S. 262

3 **Ayutthaya** Die Tempelanlagen am Abend nach der Abfahrt der Touristenbusse in aller Ruhe genießen. S. 263

Nakhon Sawan Morgens mit dem Boot durch die Lotosgärten auf dem Bung Boraphet fahren. S. 280

Phitsanulok Den vergoldeten Buddha im Wat Phra Si Rattana Mahathat im Licht der Abendsonne bestaunen. S. 283

4 **Sukhothai** Von einem Gästehaus der Kleinstadt aus die Umgebung erkunden. S. 290

Si Satchanalai Frühmorgens oder am Nachmittag durch die Ruinen radeln. S. 301

Umphang Auf dem Mae Klong durch urwüchsige Natur raften. S. 316

Vom 10. bis 13. Jh. wanderte das Volk der Thai von Norden in dieses Gebiet, das bereits von den Mon und Khmer besiedelt war. Vor allem für Kulturinteressierte lohnt sich ein Besuch der Ruinenstädte Ayutthaya, Lopburi und der weiter im Norden liegenden alten Königsstädte Sukhothai, Si Satchanalai und Kamphaeng Phet. Wer selber fährt, kann auf schmalen Straßen entlang der Kanäle und Flüsse zahllose Dörfer inmitten endloser Reisfelder erkunden.

Das zentrale Tiefland

Vier- bis achtspurige Highways durchqueren nördlich der Metropole die fruchtbare Ebene des Menam Chao Phraya und seiner Nebenflüsse, die „Reiskammer" des Landes. Bis weit über Ayutthaya hinaus sind viele ehemalige Reisfelder mit Industrieanlagen und neuen Wohngebieten bebaut worden. In den verbliebenen ländlichen Regionen durchziehen Dämme und baumgesäumte Kanäle die Ebene. Hier finden zahlreiche Wasservögel reichlich Nahrung, wie Pelikane und Ibisse, zu denen sich im Oktober Kraniche, Störche und andere Zugvögel zum Überwintern gesellen.

Wat Phailom

Die Attraktion dieses Klosters in ländlicher Umgebung am Ostufer des Menam Chao Phraya in der Nähe von Phatum Thani ist eine riesige **Klaffschnabel-Storchkolonie**, die in einem zum Tempel gehörenden Wald lebt. Alljährlich kommen im November/Dezember etwa 30 000–40 000 Störche aus Pakistan hierher, um während der Wintermonate zu brüten und pro Paar etwa drei Junge aufzuziehen. Tagsüber sind die Vögel bis hinauf nach Ang Thong auf Futtersuche. Sie ernähren sich von den Apfelschnecken aus den Reisfeldern. Am späten Nachmittag kehren sie zu ihren Nistplätzen zurück. Wenn die Jungen geschlüpft sind, wacht ein Elterntier beim Nest. Nach 6–8 Wochen sind die Jungtiere flugfähig und kehren im April/Mai vor dem Einsetzen des Monsuns wieder zurück. Manchmal bleiben sie aber auch das ganze Jahr über. Zu den Vögeln haben sich Eisvögel, Pelikane und Ibisse sowie einige tausend Flughunde gesellt, die nach Sonnenuntergang in großen Schwärmen auf Nahrungssuche gehen.

Transport

Ab BANGKOK werden Touren angeboten, z. B. mit dem Chao Phraya Express Boat Service, s. S. 263, oder man chartert ein Taxi. Mit öffentlichen Verkehrsmitteln dauert die Fahrt sehr lange und ist nicht zu empfehlen. Selbstfahrer nehmen auf der Outer Ring Road H9 die Abfahrt kurz vor der Menam-Brücke, ca. 14 km westlich vom großen Autobahnkreuz mit dem H1, und fahren auf der Landstraße H3309 parallel zum Fluss 6,3 km Richtung Süden. 1 km hinter dem Dorf Suan Ma Muang zweigt am KM 28,7 eine 500 m lange Stichstraße zum Tempel ab.

Bang Sai

Der Grundstein für das Ausbildungszentrum für traditionelles Kunsthandwerk bei Bang Sai wurde 1976 durch die Gründung der Stiftung „Support" unter der Schirmherrschaft der Königin gelegt, um vom Aussterben bedrohtes Kunsthandwerk zu retten. Etwa 500 junge Leute aus ländlichen Regionen werden hier in 30 verschiedenen Handwerkskünsten unterrichtet, deren traditionelle Formen sie entsprechend den Bedürfnissen des modernen Marktes weiter entwickeln. Nach der Ausbildung, die sechs Monate bis drei Jahre dauert, gehen die jungen Leute zurück in ihre Dörfer und eröffnen kleine Betriebe. Das Zentrum unterstützt die Handwerker finanziell bei der Betriebsgründung und der Anschaffung von Maschinen und Geräten und schult sie in kaufmännischem Grundwissen.

Die Gebäude liegen in einer weitläufigen Parklandschaft. Im **Arts and Crafts Village**, dessen Häuser verschiedene Baustile des Landes repräsentieren, werden Glasarbeiten, Möbel, Flechtarbeiten, Seidenstoffe und Textilien gefertigt. Die besten Produkte werden in den Chitralada Handicraft Shops (z. B. am Airport oder im Königspalast hinter der Kasse) verkauft.

ZENTRAL-THAILAND

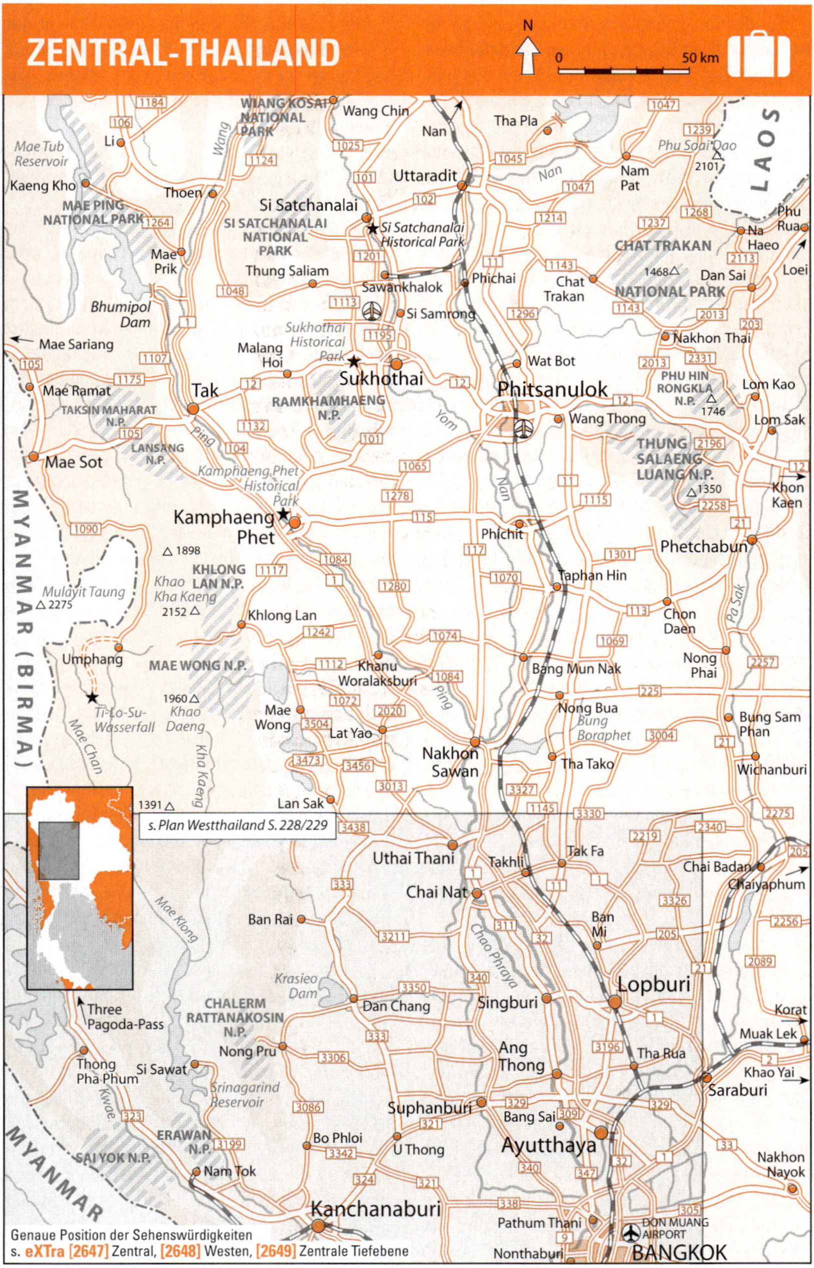

Genaue Position der Sehenswürdigkeiten s. eXTra [2647] Zentral, [2648] Westen, [2649] Zentrale Tiefebene

Für die Königsfamilie wurden einige Gebäude im traditionellen Stil, darunter ein **Elefantenhaus**, errichtet. Zur Anlage gehören u. a. ein buddhistisches Zentrum, eine Krankenstation, der **Bananengarten** mit 300 verschiedenen Sorten, der **Vogelpark** (Eintritt 20 Baht), das große **Süßwasseraquarium Wang-Pla** mit riesigen Welsen und anderen einheimischen Fischen (🕓 Di–Fr 10–16.30, Sa, So und feiertags 10–18 Uhr), ein Restaurant und natürlich Souvenirshops. Was wie ein großer Tempel aussieht, entpuppt sich als Einkaufszentrum. Von 17.30–20 Uhr werden kulturelle Shows dargeboten mit traditioneller Musik, Schwertkämpfen und anderen Wettbewerben. Zum westlichen, chinesischen und Thai-Neujahr, zu Loi Krathong und an anderen Feiertagen finden Veranstaltungen statt.

🕓 Di–So 9–17 Uhr, Mo keine Vorführungen, kostenlose Kleinbahn auf dem Gelände. 📞 035-366 252-4, 💻 www.bangsaiarts.com, Eintritt ins Dorf für Ausländer 100 Baht. Kombiticket inklusive Kulturshow, Aquarium, Mittagessen und Transport ab Bangkok 950 Baht.

Transport

Selbstfahrer nehmen auf der Outer Ring Road H9 die Abfahrt kurz vor der Menam-Brücke, ca. 14 km westlich vom großen Autobahnkreuz mit dem H1, und fahren auf dem ausgeschilderten H3309 parallel zum Fluss 5,4 km Richtung Norden. Ansonsten empfiehlt es sich, im Rahmen einer Tour hierher zu kommen, da die Verkehrsanbindung sehr schlecht ist.

Bang Pa In – der Sommerpalast

Im 17. Jh. wurde dieser Sommerpalast der Könige von Ayutthaya neben einer Insel im Menam Chao Phraya erbaut. Er geriet in Vergessenheit, als Bangkok Königsstadt wurde. Erst König Mongkut nutzte ihn wieder und baute ihn aus. Damals entstand die Mischung verschiedener Baustile aus China, Europa und Siam. Im 2. Weltkrieg erfuhr der Palast eine dritte Blüte, als sich die Königsfamilie hierher zurückzog.

Für den Rundgang durch die gepflegte Gartenlandschaft sollte man sich mindestens 2 Std. Zeit lassen. Rechts am Flussufer steht ein kleiner Schrein in Form eines Khmer-Prangs, der **Ho Hem Monthian Thewat**. Er enthält die Statue des Königs Prasat Thong von Ayutthaya, des „Königs des Goldenen Palastes". Am gegenüberliegenden Ufer steht **Saphakhan Ratchprayun**, das eine textlastige Ausstellung über die Geschichte des Palastes und seiner Bewohner enthält. 🕓 8.30–15.30 Uhr.

In zahlreichen Prospekten abgebildet ist der Wasserpavillon **Aisawan Thippa-at**, eine Holzkonstruktion aus dem Jahr 1876 inmitten eines Teiches. Besonders fotogen ist das dem Umkleidepavillon im Königspalast von Bangkok nachempfundene Gebäude in der Nachmittagssonne, wenn es sich im Wasser spiegelt und der im Inneren als Bronzestatue verewigte König Chulalongkorn in die Kamera blickt. In der Thronhalle **Warophat Phiman**, links vom Pavillon, finden noch immer königliche Zeremonien statt. Die Halle des neoklassischen Gebäudes, die mit Wandmalereien geschmückt ist, die Szenen aus der thailändischen Geschichte und Literatur darstellen (Ramakien, I-nau u. a.), ist nur in angemessener Kleidung zugänglich. Eine überdachte Brücke führt zum **Thewarat Khanlai**, dem Tor zum Inneren Palast.

In der Gartenanlage des Inneren Palastes stehen verschiedene Bauwerke. Am interessantesten ist das von Chinesen gestiftete zweistöckige Gebäude **Wehat Chamrun**, das 1889 im Stil einer ihrer Herrscherresidenzen errichtet wurde. Die **Uthayan Phumisathian Residential Hall** mit ihren Jungendstilelementen könnte durchaus in einem noblen Ostseebad stehen. Sie ist ein Nachbau des 1938 abgebrannten Originals und dient heute als königliche Residenz und Audienzhalle.

Auf einer kleinen Insel steht der Aussichtsturm **Ho Withun Thatsana**, den Chulalongkorn 1881 errichten ließ. Von oben bietet sich ein schöner Blick über die Gartenanlage. Zwei **Gedenksteine** neben einem Pavillon erinnern an Königin Sunanda Kumariratanas (1860–1880), die erste Frau von Chulalongkorn und Tochter von Mongkut, sowie an deren Tochter. Sie ertranken auf dem Weg von Bangkok in die Sommerresidenz in einem gekenterten Boot vor den Augen ihrer Begleiter, denen es verboten war, die Königin und Prinzessin zu berühren.

🕓 8–16 Uhr, 100 Baht (inkl. Infobroschüre). ✆ 035-261 548. Im Palastbereich herrscht eine strikte Kleiderordnung: Frauen müssen ihre Schultern und Knie bedecken, im Thronsaal dürfen sie keine Hosen tragen. Bei Männern sind kurze Hosen nicht angebracht. Angemessenes Outfit wird ausgeliehen.

Hinter dem Parkplatz verkehrt eine von Mönchen betriebene einfache, kleine Seilbahn auf die **Flussinsel**. Hier steht ein Wat im Stil einer europäischen Kirche, auf dessen Glasfenstern König Chulalongkorn zu sehen ist. Nebenan im Klostermuseum wird eine bunte Sammlung aufbewahrt. Auch die Mönchsquartiere sind im neoklassizistischen Stil erbaut.

Transport

Selbstfahrer

Mit einem eigenen Fahrzeug fährt man von Bangkok aus (61 km) auf dem H32 Richtung Norden und biegt 22 km südlich von Ayutthaya nach links ab. Vom Bahnhof in Bang Pa In führt eine schmale Straße zwischen Fluss und Eisenbahn zum Palast. Minibusse können am Bahnhof für 250 Baht pro Std. gechartert werden. Nach Ayutthaya kosten sie 150 Baht. Viele Tagesausflüge ab Bangkok schließen neben Ayutthaya auch Bang Pa In ein.

Busse

Nach AYUTTHAYA Songthaew über die Straße oder den Highway für 20–30 Baht in 1 Std. BANGKOK, Northern Bus Terminal (Mo Chit), AC-Busse alle 20 Min. bis 19.30 Uhr für 50 Baht in 2 Std.

Eisenbahn

Fahrplan s. S. 900–903. Einige Eilzüge sowie alle ORD-Züge halten am kleinen Bahnhof, 1,7 km nördlich des Palastes. Mit dem Samlor weiter für 30 Baht.

Nach BANGKOK um 8.25, 9.12 und 10.40 Uhr, nach LOPBURI über AYUTTHAYA um 12.51, 14.17, 15.24 und 22.32 Uhr (RAP).

Boote

Am schönsten ist die Fahrt nach Bang Pa In mit dem Boot.

Chao Phraya Express Boat Service, 78/24-29 Maharat Rd., ✆ 02-623 6001, 💻 www.chaophrayaboat.co.th, fährt So um 8 Uhr ab Mahathat-Pier und um 8.05 Uhr ab Phra Athit-Pier in BANGKOK zum Royal Folk Arts & Crafts Center in Bang Sai, nach Bang Pa In und zum Wat Phai Lom für 390 Baht, Rückkehr gegen 18 Uhr. Weitere Boote, die auch Ayutthaya im Programm haben, s. S. 212.

3 HIGHLIGHT

Ayutthaya

Die historische Stadt Ayutthaya (gesprochen: Ayut-tha-ja), mit vollem Namen Phra Nakhon Si Ayutthaya, gehört seit 1991 zum Unesco-Weltkulturerbe, 💻 whc.unesco.org. Sie erstreckt sich über ein weites Areal innerhalb und außerhalb der heutigen Stadt, die durch den Zusammenfluss dreier Flüsse umgrenzt wird. Die Ruinen wurden ausgegraben und die meisten von ihnen restauriert. Viele haben dabei an Charakter eingebüßt, vor allem die großen Tempel mit ihren

Die Königsstadt von Siam

417 Jahre lang war Ayutthaya die Königsstadt des siamesischen Reiches, bis sie 1767 von birmanischen Truppen zerstört wurde. Hier regierten 33 Könige. Auf dem Höhepunkt ihrer Macht hatten die absoluten Monarchen im 17. Jh. eine Stadt errichten lassen, die es mit allen europäischen Metropolen ihrer Zeit aufnehmen konnte. 375 prunkvolle Tempel, 29 Festungen und 94 Tore zählte man auf dem riesigen Areal, dessen Ausmaße sich heute zwischen Wohnhäusern, Feldern und Gärten nur noch erahnen lassen. Ein umfangreicher Beamtenapparat, geschützt von einer einflussreichen Militärmacht, verwaltete die im Reich eingetriebenen Steuern und pflegte regen internationalen Handel. Schiffe aus aller Welt segelten den Menam Chao Phraya hinauf, und Europäer, Chinesen und Japaner siedelten in eigenen Stadtvierteln. Die Pracht bei Hofe und die Ausstattung der Heiligtümer waren legendär – was davon heute noch zu sehen ist, sind nur kümmerliche Überreste.

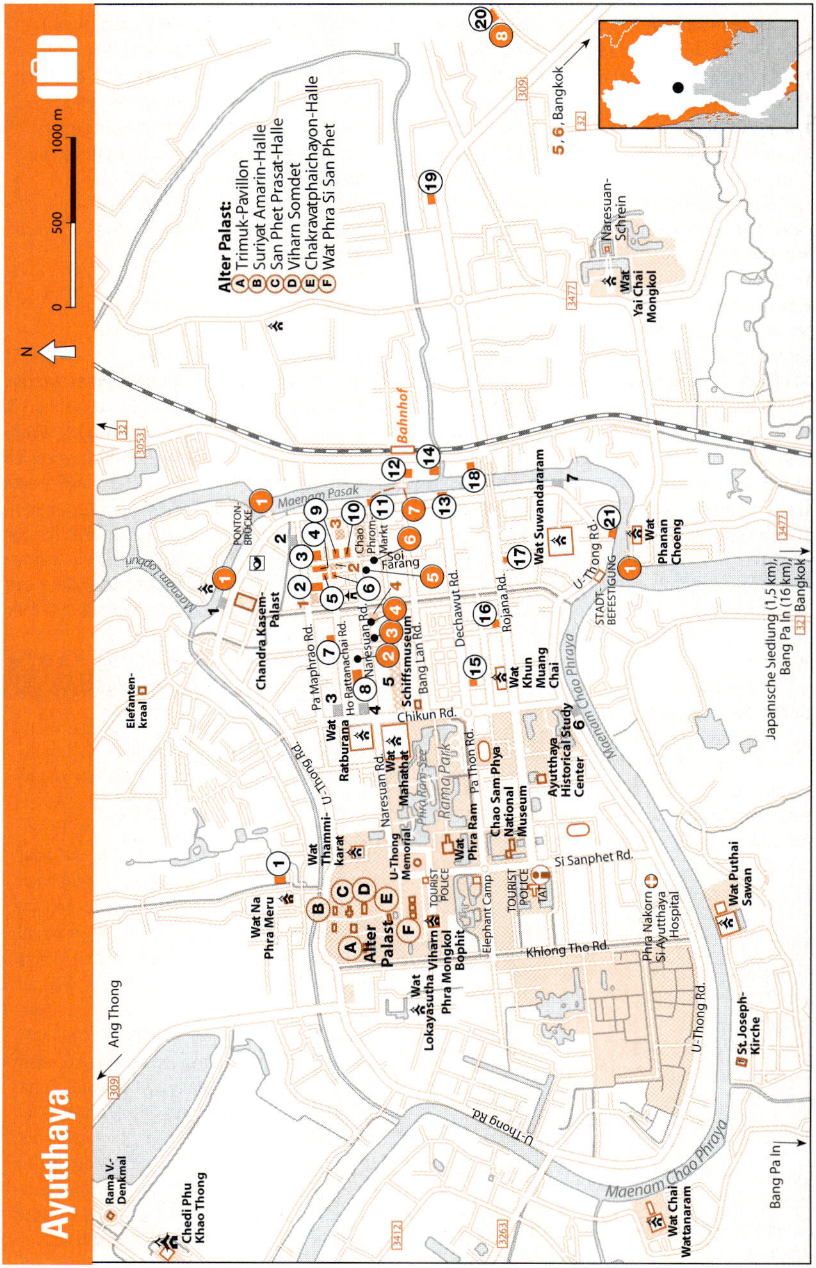

Ayutthaya
N
0
500
1000 m
Alter Palast:
A Trimuk-Pavillon
B Suriyat Amarin-Halle
C San Phet Prasat-Halle
D Viharn Somdet
E Chakravatphaichayon-Halle
F Wat Phra Si San Phet
Bahnhof
Maenam Pasak
Maenam Lopburi
Maenam Chao Phraya
Ponton-Brücke
Chandra Kasem-Palast
Elefanten-kraal
Wat Na Phra Meru
Wat Thammi-karat
Alter Palast
Wat Ratburana
Wat Mahathat
U-Thong Memorial
Schiffsmuseum
Wat Phra Ram
Chao Sam Phya National Museum
Ayutthaya Historical Study Center
Wat Khun Muang Chai
Wat Suwandararam
Wat Phanan Choeng
Wat Yai Chai Mongkol
Naresuan-Schrein
Wat Lokayasutha
Viharn Phra Mongkol Bophit
Elephant Camp
Tourist Police
TAT
Phra Nakorn Si Ayutthaya Hospital
Wat Puthai Sawan
St. Joseph-Kirche
Wat Chai Wattanaram
Chedi Phu Khao Thong
Rama V.-Denkmal
Phra Ram-See
Rama Park
Stadt-befestigung
Chao Phrom Markt
Soi Farang
U-Thong Rd.
Pa Maphrao Rd.
Ho Rattanachai Rd.
Naresuan Rd.
Bang Lan Rd.
Chikun Rd.
Dechawut Rd.
Rojana Rd.
Pa Thon Rd.
Si Sanphet Rd.
Khlong Tho Rd.
Ang Thong
Bang Pa In
5, 6, Bangkok
Japanische Siedlung (1,5 km), Bang Pa In (16 km), Bangkok
309
32
3053
3477
3412
3263

gepflegten Rasenflächen und asphaltierten Parkplätzen. Das Zentrum der neuen 83 000 Einwohner zählenden Stadt Ayutthaya östlich der Ruinenstadt ist nicht sonderlich attraktiv, eignet sich jedoch gut als erstes Reiseziel, denn hier ist es weitaus ruhiger als im chaotischen Bangkok.

Ayutthaya Historical Study Center

Zu Beginn einer Rundfahrt durch die historische Stadt sei ein Besuch im Ayutthaya Historical Study Center empfohlen. Das moderne Gebäude, das von japanischen und thailändischen Architekten entworfen wurde, dient dem Studium der Ayutthaya-Periode und beherbergt ein lohnendes Museum sowie eine Bibliothek. Im Museum wird die Vergangenheit mit Hilfe von Modellen, Schautafeln und Dioramen zum Leben erweckt. Vier Themenschwerpunkte zeigen Ayutthaya als Hauptstadt, als Handelszentrum, als zentralistischen Staat sowie das traditionelle Dorfleben. Der fünfte Bereich, der die Beziehungen Ayutthayas zum Ausland darstellt, ist in einer Außenstelle in der japanischen Siedlung zu sehen (s. S. 268). ✆ 035-245 123, ⌚ Mo–Fr 9–16.30, Sa, So 9–17 Uhr, 100 Baht, Studenten 50 Baht.

Chao Sam Phya National Museum

Das traditionell gestaltete Chao Sam Phya National Museum ist in mehreren Gebäuden in einem kleinen Park untergebracht; der Eingang befindet sich in der Rotchana Rd. Im Erdgeschoss werden Funde aus verschiedenen Epochen gezeigt, die in den 1950er-Jahren ausgegraben wurden. Beeindruckend sind die Goldschätze aus dem Wat Ratburana im 1. Stock, darunter goldene Amulette, Statuen, Schmuck und ein königliches Schwert. Ein weiterer Raum enthält Votivgaben aus dem Wat Mahathat. Im zweiten Gebäude sind Funde aus verschiedenen Regionen und Epochen zu sehen. In den Thaihäusern werden Alltagskunst und Gebrauchsgegenstände ausgestellt. ⌚ Mi–So außer feiertags 9–16 Uhr, ✆ 035-241 587, 50 Baht.

Tourist Information Center

Eine modern gestaltete Ausstellung im Obergeschoss des Tourist Information Center (TIC) informiert über Ayutthayas Geschichte, seine Architektur und das Alltagsleben der früheren Bewohner. Zudem eine Kunstgalerie. Lohnend ist das Einführungsvideo, das manchmal am Informationsschalter gestartet wird. Ausstellung ⌚ außer Mi 8.30–16.30 Uhr, Eintritt frei.

Rings um den Rama Park

Der Rama Park mit seinem See, über den sich steile Brücken spannen, stellt die ihn umgebenden Tempel in einen ansprechenden Rahmen. Südwestlich des Parks erhebt sich der hohe Prang des **Wat Phra Ram**, das 1369 unter dem zweiten König Ramesuan als Begräbnisstätte für dessen Vater U-Thong, den Gründer von Ayutthaya, erbaut wurde. Eintritt 50 Baht.

Östlich des Parks erstreckt sich die weitläufige Anlage von **Wat Mahathat**, einem 1374 gegründeten und mehrfach erweiterten Tempel.

Übernachtung:
1. The Old Palace Resort
2. Baan Lotus
3. Chantana Gh.
4. Ayutthaya Gh.
5. Old B.J. Gh.
6. P.U. Inn Gh.
7. Baan Suan Gh.
8. Grandparent's Home
9. Tony's Place
10. Ayothaya Hotel
11. The Old Place
12. Baan Are Gong Riverside Homestay
13. Banu Kun Pra
14. Ayothaya Riverside Hotel
15. Sherwood House
16. Wiang Fa Hotel
17. Ayutthaya Youth Hostel
18. Krung Sri River Hotel
19. U-Thong Inn
20. Ayutthaya Grand Hotel
21. River View Place Hotel

Essen:
1. Nachtmarkt Hua Ra
2. Steak 29
3. Malakor Restaurant
4. Ruean Rojjana
5. Straßenmarkt
6. Sai Thong River Restaurant
7. Pae Krung Kao Restaurant

Sonstiges:
1. Gun-T
2. Chang House, Streetlamp, Good Luck Restaurant
3. Amporn Department Store
4. Spin Bar & Restaurant
5. Ayutthaya Park
6. Rajathani Hospital

Transport:
1. Boote für Rundfahrt
2. Bus Stop in der Naresuan Rd.
3. Minibusse – Southern Bus Terminal
4. Minibusse – Victory Monument
5. Stadtbusse, Minibusse
6. Bus Stop am Chao Phrom-Markt
7. Fähren
8. Bus Terminal

Aus der frühen Zeit sind Grundmauern erhalten. Die Ruine des zentralen Prangs, der 250 Jahre später erbaut wurde und 44 m hoch war, lässt seine ursprüngliche Größe nur noch erahnen. An seinem Fuß sitzt ein großer, steinerner Buddha. Die Umgrenzung des Prangs zieren zahlreiche kopflose, ursprünglich dreiteilige Buddhafiguren, die in „Massenproduktion" gefertigt wurden. Im südöstlichen Bereich findet man den in einen Feigenbaum eingewachsenen Buddhakopf. Eintritt 50 Baht.

Gegenüber überragt ein stark restaurierter Prang die große Halle des **Wat Ratburana** (auch Ratchaburana). 1424 ließ der 7. König von Ayutthaya diesen Tempel als Begräbnisstätte für seine beiden älteren Brüder bauen. Es lohnt, die steilen Treppen zu erklimmen (rückwärts hinuntergehen!). Oben sind Fotos der bei der Plünderung von Ayutthaya durch die Birmanen geraubten Königsinsignien und Goldbuddhas sowie anderer Goldschätze zu sehen, die in den Krypten unter dem Prang entdeckt und im Obergeschoss des Museums ausgestellt sind. Durch einen schmalen Gang geht es hinab in die Grabkammer, wo noch die originalen Wandgemälde zu erkennen sind. ⏲ 7.30–18.30 Uhr, Eintritt 50 Baht.

Nördlich des Rama Parks an der Ostseite des Palastes befindet sich **Wat Thammikarat**. Die erhaltenen Löwenskulpturen deuten darauf hin, dass dieses Wat in der frühen Ayutthaya-Periode entstanden ist. Auch die hier gefundene Bronzestatue, die heute im Phraya National Museum ausgestellt ist, wird dem U-Thong-Stil zugeordnet. ⏲ 6–18 Uhr.

Der Palastbereich

Nordwestlich des **U-Thong Memorials** mit einer Statue des ersten Königs von Ayutthaya sind auf einem weitläufigen, baumbestandenen Gelände die Mauerreste seines ehemaligen Palastes zu besichtigen. Er war 1350 erbaut worden, wurde aber bereits 100 Jahre später vom 8. König aufgegeben, als dieser seine Residenz weiter nach Norden verlegte. Die zweistöckige **Suriyat Amarin-Halle** nutzte König Narai zur Beobachtung der Prozession königlicher Barken auf dem Fluss. Die angrenzende **San Phet Prasat-Halle**, von der nur die Fundamente erhalten sind, wurde 1448 als Empfangsgebäude für Staatsgäste erbaut. Eine nach alten Plänen gestaltete Kopie kann in Muang Boran/Ancient City (s. S. 521) besichtigt werden. Unter dem 24. König von Ayutthaya entstanden Anfang des 17. Jhs. die Zeremonienhalle **Viharn Somdet** und die **Chakravatphaichayon-Halle** am östlichen Ende des Palastes, von der aus der König Paraden abnahm. Der offene, hölzerne **Trimuk-Pavillon**, westlich der San Phet Prasat-Halle, wurde erst 1907 unter König Chulalongkorn errichtet.

Tipps für die Tempeltour

Eine Sammelkarte für fünf Haupttempel kostet 220 statt 250 Baht. Diese Wats werden von 19–21 Uhr angestrahlt und bei einer Nachttour angefahren. Auch bei einer Bootstour legen die Boote an 3–6 Tempeln für eine kurze Besichtigung an. Am besten gegen 16 Uhr abfahren, da dann die Lichtverhältnisse gut und die Tempel noch offen sind. Fast alle Tempelruinen ⏲ 8–18.30 Uhr, Einlass bis 18 Uhr.

Im Süden erstreckt sich **Wat Phra Si San Phet**. Mit dem Bau der prunkvollen Tempelanlage wurde 1448 begonnen. Sie wurde mehrfach erweitert, bis die birmanischen Eroberer sie 1767 niederbrannten. Der 16 m hohe vergoldete Bronzebuddha Phra Sri San Phet, der im Viharn stand, wurde dabei zerstört. Die Anlage mit ihren vielen halb verfallenen Tempeltürmen wird von drei großen, restaurierten Chedis dominiert, die die Asche verstorbener Könige und eine Reliquie Buddhas enthalten. Rechts davon ragen die Säulen des früheren Viharn in den Himmel. ⏲ 7–18.30 Uhr, Einlass bis 18 Uhr, Eintritt 50 Baht.

Der Innenraum des rekonstruierten **Viharn Phra Mongkol Bophit** wird von einem der größten Bronzebuddhas Thailands ausgefüllt – die Rekonstruktion einer Statue aus dem 15. Jh. Der Viharn wurde 1956 originalgetreu nachgebaut, die Figur 1991/92 anlässlich des 60. Geburtstags der Königin vergoldet. ⏲ Mo-Fr 8.30–16.30 Uhr, Sa, So, feiertags bis 17.30 Uhr, Eintritt frei. Am Wochenende ist hier viel los. Um den Tempel herum warten zahlreiche Souvenir- und Getränkehändler auf Kunden.

Im Westen der Stadt

Etwas versteckt liegt **Wat Lokayasutha**. Hier blieb eine der größten liegenden Buddha-Figuren aus Stuck erhalten, die nun, nachdem das Kloster abgebrannt ist, unter freiem Himmel ruht.

Im Südwesten steht am anderen Flussufer **Wat Chai Wattanaram**, eine große Anlage im Khmer-Stil mit einem zentralen Prang, der von einem Kreuzgang mit acht kleineren Prangs umgeben ist. In ihnen stehen große Buddhas aus Ziegel und Stuck, deren Holzgerüste noch zu erkennen sind. Auch einige bemalte Deckenpaneele sind gut erhalten. Das Wat wurde als zeitweilige Residenz von König Prasat Thong um 1690 erbaut. Der Tempel wird von 19–21 Uhr angeleuchtet. Eintritt 50 Baht.

Chandra Kasem-Palast und Wat Senatsanaram

Im Nordosten der Insel befindet sich der rekonstruierte Palast des Kronprinzen Naresuan aus dem Jahre 1577. Den zerstörten Palast ließ König Mongkut neu erbauen, um zeitweise hinter den hohen Mauern zu leben. Den großen Platz umgeben mehrere Gebäude; das erste Gebäude links vom Eingang, der **Chantura Mukh-Pavillon**, enthält das kleine **Chandra Kasem-Nationalmuseum**, u. a. mit Keramiken, Buddhafiguren und Holzschnitzereien aus dem Besitz von König Mongkut. Im dahinter liegenden **Piman Rajaja-Pavillon**, der ehemaligen königlichen Residenz, sind weitere Buddhastatuen und andere Gegenstände ausgestellt. Den **Pisai Salak-Turm** hinter der Residenz ließ sich Mongkut für seine astronomischen Studien erbauen. ◷ Mi–So außer feiertags 9–16 Uhr, ✆ 035-251 586, 50 Baht.

Im Südosten

Weiter im Südwesten erstreckt sich zwischen Fluss und Straße das weitläufige **Wat Phanan Choeng**, das in früheren Jahren als Exerzierplatz diente. Möglicherweise gab es den Tempel bereits vor der Gründung von Ayutthaya, denn die 20 m hohe Buddha-Statue Phra Chao Phananchoeng (Luang Po To) im hinteren hohen Viharn soll bereits 1325 gefertigt worden sein. Sie gilt als Beschützerin der Seeleute und wird vor allem von Chinesen verehrt. Im ruhigen Bot steht eine aus der frühen Ayutthaya-Periode stammende Buddha-Statue im Sukhothai-Stil. Sie wurde 1357 angefertigt, aber erst 1965 unter Stuck, der sie vor Plünderungen schützen sollte, entdeckt. Hinter dem großen Gebäude im Thai-Stil werden in einem großen Tempel im chinesischen Stil sowie in zwei weiteren Schreinen verschiedene Schutzgottheiten mit Blumen, Kerzen und Geld günstig gestimmt und nach der Zukunft befragt. Das Wat wird von zahlreichen Gläubigen besucht; es herrscht ein reges Treiben. ◷ 8–17 Uhr, 20 Baht. Von der Bootsanlegestelle hinter dem Wat verkehren Fähren über den Fluss.

Am anderen Ufer, im **Wat Suwandararam** (früher: Wat Thong), ist ein kleiner Teil der Wandmalereien, die u. a. den 1592 stattgefundenen Kampf zwischen den beiden verfeindeten Herrschern darstellen, 1931 unter König Rama VII. restauriert worden. Die Tore zum Bot und Viharn sind allerdings meist verschlossen, evtl. hat man während der Gebetszeit gegen 16 Uhr die Gelegenheit, einen Blick hineinzuwerfen.

An der Einmündung des Klong in den Menam Chao Phraya, etwas weiter westlich, wurden 1959 Teile der bereits unter U-Thong errichteten alten **Stadtbefestigung** rekonstruiert. Die Ziegel der ursprünglichen Anlage waren auf Frachtkäh-

Viele Buddhas und ein König

Wat Yai Chai Mongkol liegt außerhalb des historischen Stadtkerns und lohnt einen Besuch (bestes Fotolicht am Morgen). Der Tempel in seiner heutigen Form mit einem 62 m hohen Chedi, den zahlreichen Buddha-Statuen und der gepflegten Gartenanlage wurde unter Naresuan zur Erinnerung an den historischen Sieg über seinen birmanischen Widersacher Phra Maha Uparacha umgestaltet. Naresuan hatte den birmanischen Herrscher 1592 bei Nong Sarai (Provinz Saraburi) in einem Zweikampf auf dem Rücken eines Kriegselefanten eigenhändig besiegt. Ihm zu Ehren wurde neben dem Tempel ein über Betonbrücken zugänglicher Park angelegt. In seinem Zentrum erhebt sich ein großer gläserner Schrein mit einer von Hähnen und Kunstblumen umgebenen, überlebensgroßen Statue des Herrschers. ◷ 8–18.30 Uhr, Einlass bis 17 Uhr, 20 Baht.

ne verladen und beim Aufbau der neuen Hauptstadt Bangkok verwendet worden.

Weiter außerhalb

Nördlich des ehemaligen Königspalastes erhebt sich jenseits des Klong Sabua **Wat Na Phra Meru** (auch: Wat Na Phramane) eine wahrscheinlich bereits 1503 gegründete Tempelanlage. Dieser Tempel diente den angreifenden Birmanen als Basislager und verdankt diesem Umstand, dass er nicht zerstört wurde. Der mit schönen Holzschnitzereien geschmückte, imposante Bot mit dem mehrfach gestaffelten Dach wurde restauriert. Er enthält einen 6 m hohen, vergoldeten Bronzebuddha, der im Stil eines Ayutthaya-Herrschers gekleidet ist. Das Innere des daneben liegenden kleinen Viharn, dessen Wände mit verblichenen Wandmalereien bedeckt sind, wird von einem aus schwarzem Stein gehauenen Buddha im Dvaravati-Stil dominiert. Wahrscheinlich stammt die auf einem Thron sitzende Statue im Mon-Stil ursprünglich aus Nakhon Pathom. Die eindrucksvollen Skulpturen und die prunkvolle Ayutthaya-Architektur der Tempelanlage lohnen einen Besuch. ⌚ Mo–Fr 8–17, Sa, So 8–18 Uhr, Eintritt 20 Baht.

2,5 km nordwestlich der Stadt liegt südlich vom H309 der **Chedi Phu Khao Thong**. Der 80 m hohe Chedi ist – im Gegensatz zu den anderen Bauten – im birmanischen (Mon-)Stil erbaut. Als die Birmanen 1569 erstmals Ayutthaya eingenommen hatten, errichteten sie diesen Tempel zur Erinnerung an ihren Sieg auf einer bereits 1387 erbauten Anlage. 15 Jahre später wurden sie wieder vertrieben, und der Chedi erhielt ein neues Äußeres im Thai-Stil. Aus Anlass des 2500-jährigen Bestehens des Buddhismus wurde 1956 eine 2,5 kg schwere Goldkugel auf der Spitze der Pagode angebracht. Vor dem Chedi befinden sich ein **Monument** zu Ehren von König Naresuan und eine große Parkanlage.

Hunderte von **Klaffschnabel-Störchen** bevölkern im Winter die Palmen in der Nähe des **Wat Kuti Lai**, das am H309, hinter der Kreuzung mit dem H347, 6 km nördlich der Stadt liegt.

6 km außerhalb, nördlich der historischen Stadt, steht der **Elefantenkraal** (Paniad). Innerhalb der Umzäunung aus Teakpfosten wurden die königlichen Elefanten gezähmt. Heute sind hier wieder 30–40 Elefanten untergebracht, die gefüttert und geritten werden können.

Südlich von Wat Phanan Choeng befand sich die **japanische Siedlung**. Hier informiert eine Ausstellung des Ayutthaya Historical Study Center über die Beziehungen zwischen Ayutthaya und Japan. ⌚ 8–18 Uhr, Eintritt 20 Baht.

Schiffsmuseum

Einen weiteren Blick in die Geschichte erlaubt dieses private Museum, das das Herz jedes Modellbauers höher schlagen lässt. Äußerst aufwändig gestaltete Modelle mittelalterlicher Königsbarken und vieler anderer traditioneller Schiffe sind in einem stilvollen Thai-Haus untergebracht. ⌚ 8–17 Uhr, Spende erwartet. ✆ 035-241 195.

Übernachtung

Untere Preisklasse

In der Naresuan Rd., der „Khaosan Road" von Ayutthaya, konzentrieren sich die einfachen Gästehäuser. Daneben haben Internet-Cafés und Restaurants eröffnet, die abends ihre Tische auf die Straße stellen.

Ayutthaya Gh. ④, 12/34 Naresuan Rd., ✆ 035-232 658, ✉ ayutthaya_guesthouse@yahoo.com. Eines der ältesten Gästehäuser, das in die Hände der nächsten Generation übergegangen ist. 30 saubere Zimmer, zur Straße hin laut. Ältere mit Ventilator und Gemeinschaftsdusche, neuere mit teils offenem Bad und AC. Restaurant im EG und nebenan das Straßenrestaurant Streetlamp. Fahrrad- und Motorradvermietung. Internet. Auch Zimmer im Nachbarhaus Toto. ❷–❸

Baan Are Gong Riverside Homestay ⑫, Kramang Rd., ✆ 035-235 592, 087-107 0745. Eines der kleinen, einfachen Gästehäuser in den Gassen zwischen Bahnhof und Fluss mit etwas hellhörigen Zimmern. Auch Gepäckaufbewahrung und Duschen für 30 Baht. ❷

Ayutthaya Youth Hostel (Ayutthaya Place) ⑰, 7 Moo 2, Rochana Rd., 200 m westlich der Brücke, ✆ 035-210 941, 087-118 5283, 💻 www.tyha.org. 2-stöckiges Teakhaus in einem Garten. Einfach eingerichtete, kleine Zimmer mit Ventilator oder AC, im 1. Stock angenehmer mit Sitzgelegenheiten vor der Tür.

Sauber, aber etwas ungemütliche Gemeinschaftseinrichtungen: Internet, TV, Küchenbenutzung (Toast, Kaffee und Tee kostenlos), Waschmaschinen, Touren. ❷–❸

Baan Lotus ②, 20 Pa Maphrao Rd., ✆ 035-251 988. Restauriertes, großzügiges, hellhöriges, sauberes Thai-Holzhaus mit zwei 3-Bett-Zimmern und 7 DZ mit Ventilator, teils mit Dusche, teils eine Dusche für 2 Zimmer. Sehr schön die Zimmer nach hinten raus im 1. Stock. Nebenan in einem neuen 3-stöckigen, ebenso hellhörigen Haus 10 Zimmer mit kleiner Terrasse und Tischen. Neben der Rezeption im EG Tische und Stühle zum Frühstücken. Großer, etwas vernachlässigter Garten mit Palmen und Lotosteich. Geschäftstüchtige Vermieterin, die ein sehr klares Englisch spricht. Touren und Radverleih. ❸

Baan Suan Gh. ⑦, 23/1 Jakrapard Rd., ✆ 035-242 394, 🖳 www.baansuanguesthouse.com. In einem 2-stöckigen renovierten Holzhaus einfach eingerichtete helle, saubere Zimmer mit Ventilator oder AC und Gemeinschaftsdusche sowie 3 nette Bungalows im gepflegten Garten mit Ventilator oder AC und Duschen, die nicht immer funktionieren. Internet, Frühstücken möglich. Der hilfsbereite, nette Besitzer Khun Sumet spricht sehr gutes Englisch. An der Straße davor ist abends bis Mitternacht eine kleine Bar mit lauter Musik in Betrieb. ❷–❸

Banu Kun Pra ⑬, 48 Moo 3 U-Thong Rd., ✆ 035-241 978, 014-422 742, 🖳 www.bannkunpra.com. Ein Komplex aus fast 100 Jahre alten Thai-Häusern am Fluss, der liebevoll im traditionellen Stil restauriert und eingerichtet wurde. 4 teurere Zimmer mit Flussblick und teils eigener großer Terrasse, 6 preiswertere nach hinten, alle mit Ventilator, 4 Gemeinschaftsduschen. Schlafsaal mit 4 Betten 250 Baht p. P. Nichts für Geräuschempfindliche. Der Eingang schließt um 23 Uhr. Großes, stilvolles Restaurant mit Flussterrasse mit Blick auf einen neueren Tempel, Thai-Gerichte mit westlichem Touch bis 100 Baht. ◷ 11–21 Uhr. ❷–❸

Chantana Gh. ③, 12/22 Naresuan Rd., ✆ 035-323 200, 089-885 0257, ✉ chantanahouse@yahoo.com. Neueres Haus für nichtrauchende, ruhebedürftige Traveller. Saubere Zimmer mit Ventilator und Du/WC oder 3 mit AC und Warmwasserdusche, dicke Matratzen. In den Zimmern hinten rechts stört der Lärm einer Wasserpumpe. Große, überdachte Terrasse im 1. Stock. Frühstücken möglich. ❸

Grandparent's Home ⑧, 22/6 Soi Mantana, Naresuan Rd., ✆ 035-231 480, 086-3834791, 🖳 www.grandparenthome.com. Die in 4 Häusern lebende, freundliche Großfamilie vermietet 7 kleinere und größere Zimmer mit und ohne kalte Duschen. Schlafsaal mit 3 Betten 100 Baht p. P. Frühstücken möglich, Wäscheservice. Abgesehen vom Haushund ist es in der kleinen Soi sehr ruhig. Rezeption ◷ bis 21.30 Uhr. Gäste haben rund um die Uhr Zugang. ❶–❸

Old B.J. Gh. ⑤, 16/7 Naresuan Rd., ✆ 035-251 526, in der Seitengasse links des Ayutthaya Gh. 8 sehr einfache Zimmer mit Gemeinschaftsdusche, Zimmer mit Ventilator und Du/WC, 3 AC-Zimmer, davon eins mit Dusche. Im Haus Wäscherei. Freundliche Besitzer. Fahrradvermietung. ❶–❷

P.U. Inn Gh (Ubonpon Gh.) ⑥, 20/1 Moo 4, ✆ 035-251 213. Auf japanische Backpacker ausgerichtetes Gästehaus. 22 Zimmer mit Warmwasserdusche und Ventilator oder AC, großes, klimatisiertes Restaurant mit Fernseher, thailändischer und japanischer Küche, Schließfächer, Fahrradvermietung, Wäscheservice. Geleitet von der geschäftstüchtigen Ubonpon, die Touren anbietet. Gäste, die nicht im Haus gefrühstückt hatten, wurden vor die Tür gesetzt. ❸

Sherwood House ⑮, 21/25 Dechawut Rd., ✆ 086-666 0813, ✉ sherwoodmm@yahoo.com. Stadthaus des Engländers Steve, das von 3 netten Frauen geleitet wird. 3 saubere, freundlich eingerichtete Zimmer mit AC, 2 nach hinten mit Ventilator, Du/WC außerhalb. Zudem werden Zimmer in einem Privathaus vermietet. Kleines Restaurant mit mäßigem Essen von 8–1 Uhr und Bar. Sauberer Pool, in dem für 50 Baht von 9–20 Uhr auch Gäste von außerhalb schwimmen können. Motorräder und Fahrräder zu vermieten, Internet, viele Tipps. ❷–❸

The Old Place ⑪, 102 U-Thong Rd., ✆ 035-211 161, 🖳 www.theoldplaceguesthouse.com.

In kleinem Haus am Fluss große, mit Bambusmatten verkleidete Zimmer mit Ventilator oder AC, gefliesten Böden, kleiner Dusche und TV neben einem großen Gartenrestaurant mit lauter Musik und preiswerten Alkoholika. ❷–❸

Wiang Fa Hotel ⑯, 1/8 Rojana Rd., ☎ 035-241 353, 📠 321 572, ✉ wiangfa@hotmail.com. In 2-stöckigem Haus im Motelstil mit Innenhof etwas ältliche Zimmer mit TV, einige mit Kühlschrank und Warmwasser. Sauber und recht ruhig gelegen. Freundliche Leute, die nur wenig Englisch sprechen. Internet. Neues Café an der Straße. ❸

Mittlere Preisklasse

Ayothaya Hotel ⑩, 12/4 Tessabarn Sai 2 Rd., ☎ 035-232 855, 📠 251 018. 5-stöckiges Hotel in zentraler Lage. 100 kleine, saubere Standard- und größere Deluxe-Zimmer mit AC, Frühstück inkl. Restaurant und Bar mit Karaoke und Sängerinnen, Pool im Innenhof. ❹–❺

Ayothaya Riverside Hotel ⑭, 91 Moo 10, Wat Pako Rd., ☎ 035-234 873-7, ✉ ayu_riverside@maildozy.com, nahe dem Bahnhof. 102 AC-Zimmer mit TV und Minibar, z. T. mit schönem Blick auf den Fluss. Frühstück inkl. Businesscenter, gutes schwimmendes Restaurant (🕓 11–24 Uhr), freundlicher Service. Auch im angegliederten Nachtclub gutes Essen. ❹

Ayutthaya Grand Hotel ⑳, 55/5 Rojana Rd., ☎ 035-335 483, 📠 335 492. Der Betonklotz des Mittelklassehotels hinter dem Busbahnhof, 4 km östlich der Stadt, lohnt nicht die hohen Zimmerpreise. Der Pool kann von Nicht-Gästen für 50 Baht genutzt werden. ❹–❺

Tony's Place ⑨, 12/18 Naresuan Rd., ☎ 035-252 578, 081-641 8646. Zimmer mit Gemeinschaftsdusche, andere mit Dusche und Ventilator oder AC, die teuren mit Balkon, TV und Kühlschrank. Das teils überdachte Restaurant mit Bar wirkt etwas ungepflegt Große Auswahl an Traveller- und vegetarischen Gerichten. Weitere Sitzgelegenheiten und Hängematten im teils offenen Hof und auf der Terrasse im 1. Stock. Irgendwo wird immer an- und umgebaut. ❸–❹

U-Thong Inn ⑲, 210 Rojana Rd., ☎ 035-242 236, 📠 242 235, 💻 www.uthonginn.com. 1,5 km östlich vom Fluss liegt links der Straße zum Highway das große Mittelklasse-Hotel mit 200 guten AC-Zimmern, Blick auf Wat Ratburana. Viele Reisegruppen. ❹–❺

Obere Preisklasse

Krung Sri River Hotel ⑱, 27/2 Moo 11, Rojana Rd., ☎ 035-244 333, 💻 www.krungsiriver.com. Angenehmes, gepflegtes Hotel westlich der Brücke am Fluss. Komfortable Zimmer mit Marmorbad, großes Frühstücksbuffet inkl. Im beliebten Restaurant Suan Rim Name mit Flussterrasse und vorwiegend westlicher Live-Musik leckere einheimische und italienische Gerichte, gehobenes Preisniveau. Zudem Bowlingbahn, Pub und Pool. ❺

River View Place Hotel ㉑, 35/5 U-Thong Rd., ☎ 035-241 444, 📠 241 110, Apartments mit Küchenzeile und Zimmer mit Balkon, z. T. Blick auf Fluss und Tempel, Frühstück inkl. Restaurant mit angenehmer Flussterrasse, wo man bei einem Drink den Sonnenuntergang genießen kann. Kleiner Pool. ❺

Essen

Essenstände

Weitere Essenstände vor dem **Bahnhof** und dem **Amporn Department Store**. In diesem älteren Einkaufszentrum und seiner Umgebung haben sich Filialen internationaler Fastfood-Ketten und ein Supermarkt eingemietet.

Kleinod abseits des Backpackerzentrums

The Old Palace Resort ①, 1/35 Moo 5, Klong Srabua Tavasukree, ☎ 035-233 062, 💻 www.theoldpalaceresort.com. 300 m nördlich vom alten Palast hinter Wat Na Phra Meru liegt die von der gut englisch sprechenden Gift und ihrer Mutter Jane geleitete, nett gestaltete, sehr ruhige Anlage. Auf einem großen Grundstück stehen Einzel- und Doppel-AC-Bungalows. Insgesamt 9 kleinere und größere Zimmer für bis zu 3 Pers. mit Kühlschrank, großer Fensterfront und Terrasse. Einfaches Frühstück inkl. Auf Wunsch wird auch ein Thai-Abendessen zubereitet. ❹

Abendessen an Straßenständen

Wer in Ayutthaya übernachtet, sollte sich den abendlichen Bummel über den **Nachtmarkt Hua Ra** am Fluss gegenüber dem Chandra Kasem-Palast oder den abendlichen **Straßenmarkt** östlich vom Rama Park direkt südlich vom hohen Sendemast nicht entgehen lassen. An etwa 30 Ständen wird von 17–22 Uhr gekocht und gebraten. Frische Zutaten stehen bereit, die nach Wunsch zubereitet werden – zum Mitnehmen oder an Tischen serviert. Beschriftungen sind nur auf Thai, doch ist alles sehr preiswert.

Im **Rama Park** laden Essenstände und offene Restaurants mittags zu einer Pause ein. Die Preise sind moderat. Nette Atmosphäre inmitten von Blumen und Palmen, hinter denen die Tempeltürme hervorschauen.

Restaurants

Fuji, Filiale der guten, günstigen japanischen Kette im Ayutthaya Park im Eingangsbereich zum Tesco Lotus, die auch bei Einheimischen sehr beliebt ist. Im Einkaufszentrum zudem diverse Fastfood-Restaurants. Endstation des grünen Stadtbusses 5.

Malakor Restaurant, nordöstlich vom Wat Ratburana. In einem kleinen Holz- und Bambushaus mit Terrasse und einigen Sitzkissen werden Thai- und europäische Gerichte serviert. Manchmal längere Wartezeiten. Alle Speisen auf Wunsch mit Tofu statt Fleisch. Nebenan tagsüber Essenstände.

Pae Krung Kao Restaurant, südlich der Brücke, z. T. klimatisiert. Schöner ist es draußen auf der Terrasse oder dem schwimmenden Restaurant. Englische, etwas schwer verständlich geschriebene Speisekarte.

Ruean Rojjana, 22/13 Chikun Rd., ✆ 035-323 765, 💻 www.rueanrojjana.com. In diesem Thai-Restaurant sind vor allem die Plätze auf Thai-Kissen am Fenster wegen des schönen Ausblicks auf das erleuchtete Wat Mahathat am Abend beliebt. Gut gewürzte, leckere Currys, mittleres Preisniveau. 🕓 20–21 Uhr.

Sai Thong River Restaurant, 45 Moo 1, U-Thong Rd., ✆ 035-241 449, 087-121 3936. Auf dieses große, hervorragende Restaurant weist eine Leuchtreklame auch in lateinischer Schrift hin. Die englische Speisekarte listet eine große Auswahl leckerer, teils ungewöhnlicher Thai- und Isarn-Gerichte um 100 Baht. Sehr gutes Homok. Professioneller Service im Thai-Stil. Auch Tische im Freien am Fluss. Von hier legt um 13 und 19 Uhr bei mindestens 10 Gästen ein Restaurantboot für 100 Baht extra ab. 🕓 10.30–22.30 Uhr. In der Umgebung weitere ähnliche Thai-Restaurants ohne Boot.

Steak 29, Pa Maphrao Rd., leckere Thai-Gerichte und Steaks in allen Variationen, aber nichts für Vegetarier. Angenehme Atmosphäre, viele thailändische Gäste, freundlicher Service und reelle Preise. 🕓 17–22.30 Uhr.

Unterhaltung

Spin Bar & Restaurant, 1/1 Moo 1, Naresuan Rd., an der Abfahrtstelle der Minibusse zum Victory Monument in Bangkok. Kleine Bar mit Cocktails, Thai-Gerichten und Chill-out-Musik.

Chang House, **Streetlamp** und **Good Luck Restaurant**, die kleinen Backpacker-Straßenrestaurants, Open-Air-Cafés und Bars in der Naresuan Rd. in der Umgebung der Gästehäuser haben ihr Angebot auf das westliche Publikum eingestellt. Bei Live-Musik, Reggae und anderen angesagten Klängen aus der Konserve oder Sportübertragungen auf dem Großbildschirm schlürft man mit Blick auf die Vorbeiflanierenden einen Cocktail oder guten italienischen Kaffee. Die Atmosphäre ist lässig-locker, das Essen eher mäßig, aber die Preise sind niedrig. Zudem werden Fahrräder vermietet und Touren angeboten.

Gun–T, 22 Pa Maphrao Rd., neben dem Gästehaus Baan Lotus, ✆ 089-227-9913, Open-Air-Bar mit freundlichem englischsprachigem Personal. Frische Shakes und Cocktails werden stilvoll in einem kleinen Urwald serviert.

Sonstiges

Autovermietungen

Atipat Tour, ✆ 035-232 517-9, 252 104, vermieten Autos. Viele Straßen im Ort sind neu ausgebaut, es herrscht viel weniger Verkehr als in Bangkok, aber die Vorfahrtsregelung ist ziemlich chaotisch.

Einkaufen

Auf dem **Chao Phrom-Markt** werden Lebensmittel und Haushaltswaren verkauft. Der **Amporn Department Store**, ein Warenhaus gegenüber dem Markt, erhielt durch ein riesiges Einkaufszentrum östlich der Stadt an der Umgehungsstraße Konkurrenz. Der große **Ayutthaya Park**, 126 Moo 3, Asia Rd., ✆ 035-229 234, am H32, südlich der Abzweigung des H309, beherbergt den Robinson Department Store, einen Tesco Lotus, eine große Elektronikabteilung, Kinos und viele Restaurants. Stadtbus 5 für 7 Baht fährt gegenüber dem Ayothaya Hotel ab.

Elefanten

Elefanten mit kostümierten Mahouts stehen im **Elephant Camp**, ✆ 035-211 001, im ausgebauten östlichen Bereich des Rama Parks, um vor allem japanische Touristen zum alten Palast und Wat Phra Ram zu bringen. Eine Besichtigung der zentralen Tempel auf dem Elefantenrücken mag zwar sehr romantisch sein und hilft den Mahouts ihre Tiere zu ernähren, aber man kommt nicht weit. 10 Min. kosten 200 Baht, 20 Min. 300 Baht und 30 Min. 500 Baht p. P.

Fahrräder

Nicht alle Straßen eignen sich zum Radfahren. Vor allem auf der U Thong Rd. und dem H309 ist der Verkehr chaotisch und dicht. Im Zentrum der Ruinenstadt lässt es sich hingegen auf den breiten Straßen gut radeln. Fahrräder bekommt man in Gästehäusern für 30–50 Baht und bei der Touristenpolizei für 50 Baht pro Tag.

Feste und Feiertage

Am **chinesischen Neujahrstag** findet am Wat Phanan Choeng im Süden der Stadt ein großer Jahrmarkt mit Musik und Tanz statt.
Songkran (13. April) wird mit einem Umzug in der Nähe des Wat Mahathat gefeiert.
Ayutthaya – World Heritage Site Celebrations (Dez), Markt und verschiedene Veranstaltungen, darunter eine empfehlenswerte Light & Sound Show über die Geschichte der Stadt. Während der Festtage kostenloser Eintritt zu allen Tempeln. Die Veranstaltung, die sich hauptsächlich an Thais richtet, kann auch mit englischer Übersetzung angesehen werden.
Loi Krathong (Nov) wird besonders prächtig im und um den Rama Park begangen.

Geld

Nahe beim Busbahnhof mehrere Banken. Zudem überall in der Stadt Geldautomaten.

Informationen

TAT-Tourist Office, ✆ 035-322 730-1, ⌚ 8.30–16.30 Uhr. In der ehemaligen Stadthalle Infoschalter mit Broschüren, einem Stadtplan, aber wenigen weiteren Infos. Die Englischkenntnisse der Angestellten lassen Wünsche offen.

Medizinische Hilfe

Phra Nakorn Si Ayutthaya Hospital, Neubau im Süden in der U-Thong Rd., ✆ 035-242 987, 241 027.
Rajathani Hospital, Rojana Rd., östlich des Zentrums nahe H32, ✆ 035-355 555-61.

Motorräder

Ab 250 Baht pro Tag in einigen Gästehäusern zu mieten, z. B. im **Sherwood House** oder im **Ayutthaya Gh.** Auch am Bahnhof oder bei **Zin Pol Suzuki**, 90/1-3 U-Thong Rd., ✆ 035-252 678, 252 505.

Post

Nahe dem Chandra Kasem-Palast und in der Dechawut Rd.

Schwimmen

Der Pool im **Sherwood House** kann auch von Tagesgästen besucht werden, ⌚ 9–20 Uhr, 50 Baht.

Touren

Die Gästehäuser organisieren **Rundfahrten** ohne Guide morgens und abends durch die Ruinen. Die Fahrt dauert 2–2 1/2 Std. und kostet mit dem Bus 100–150 Baht, mit dem Auto 400 Baht. Obwohl die Tempel nur von außen zu sehen sind, lohnt es. Insektenschutz nicht vergessen!

Tourist Police
Am Wat Phra Si San Phet, Zentrale neben dem Tourist Information Center, ✆ 035-241 446, 035-242 352. Einige Polizisten sind auch mit dem Fahrrad unterwegs.

Nahverkehr

Tuk Tuks, Songthaew
Innerhalb des Stadtgebietes kostet eine Kurzstrecke mit dem Tuk Tuk oder Songthaew ab 30 Baht, vom Bus Terminal am Highway in die Stadt 70–80 Baht. Nach Sonnenuntergang sind fast keine Tuk Tuks mehr unterwegs. Für ein Besichtigungsprogramm des weitläufigen historischen Ayutthaya benötigt man mit einem Tuk Tuk oder Songthaew etwa einen Tag. Touren kosten ca. 200 Baht pro Stunde. Fahrer, die am Zug- oder an den Busbahnhöfen Touristen als Kunden zu gewinnen suchen, haben meist wenige Informationen. Besser lässt man sich vom Gästehaus einen Fahrer empfehlen.

Stadtbusse
Der AC-Stadtbus 5 pendelt für 7 Baht zwischen dem großen Einkaufszentrum Ayutthaya Park, der Bus Station und dem Zentrum und hält ebenso wie Bus 6 am Markt. Letzterer fährt von der City Hall und dem Tourist Office zum Hua Ro-Markt und Chandra Kasem-Palast.

Fähren
Vom Bahnhof kann man mit 2 Fähren für 3 Baht in die Stadt übersetzen. Zudem verkehren Fähren über den Fluss zum Wat Phanan Choeng.

Boote
2-stündige Bootstouren ab Wat Na Phra Meru, hinter dem Wat Phanan Choeng und gegenüber dem Chandra Kasem-Palast von verschiedenen Anbietern und Reisebüros in der Nähe der Gästehäuser für 250–300 Baht p. P., in Gästehäusern ab 200 Baht.

Transport

Busse
Expressbusse halten am **Bus Terminal** westlich vom Highway, an der Einmündung der Rojana Rd., ca. 4 km östlich der Stadt, ✆ 035-335 413. Plätze für die Weiterfahrt sollten in 1.-Kl.-AC- und VIP-Bussen mindestens einen Tag im Voraus von 9.30–17 Uhr gebucht werden, da die Busse aus Bangkok kommen und nicht in Ayutthaya halten, wenn sie voll sind. Vom Bus Terminal aus fahren Stadtbusse etwa alle 15 Min. für 7 Baht ins Zentrum.

Bus Terminal:

CHIANG MAI 2.-Kl.-AC-Bus 11x von 6.30–20.50 Uhr für 370 Baht, 1.-Kl.-AC-Bus um 22.40 Uhr für 520 Baht, VIP-24 um 21 Uhr für 810 Baht in 9 Std.

CHIANG RAI 2.-Kl.-AC-Bus 7x von 8–19 Uhr für 420 Baht. 1.-Kl.-AC-Bus um 7.30, 8.50, 18.30 und 20.30 Uhr für 590 Baht. VIP-24 um 20.30 und 21 Uhr für 900 Baht in 12 Std.

KAMPAHENG PHET 2.-Kl.-AC-Bus 11x von 6.30–20.50 Uhr für 180 Baht. 1.-Kl.-AC-Bus um 11 Uhr für 220 Baht in 5 Std.

LAMPANG 2.-Kl.-AC-Bus 11x von 6.30–20.50 Uhr für 310 Baht. 1.-Kl.-AC-Bus um 21.50 Uhr für 446 Baht in 8 Std.

MAE SOT 2.-Kl.-AC-Bus um 11 Uhr für 210 Baht in 6 Std. oder über Tak mit allen Chiang Mai-Bussen.

NAN 2.-Kl.-AC-Bus um 7, 8.45, 19, 20.20 und 21.20 Uhr für 350 Baht, 1.-Kl.-AC-Bus um 9.30 und 21.30 Uhr für 500 Baht, VIP-24 um 21 Uhr für 780 Baht in 8 Std.

PHITSANULOK 2.-Kl.-AC-Bus 10x von 7–19 Uhr für 180 Baht in 5 Std. oder mit Bangkok-Bussen für 270–350 Baht.

SUKHOTHAI (keine Vorbuchung möglich) 2.-Kl.-AC-Bus 9x von 7–20.30 Uhr für 220 Baht, 1. -Kl.-AC-Bus um 11.30 und 22 Uhr für 330 Baht in 5 1/2 Std. Alternative: Bis Kamphaeng Phet fahren und dort umsteigen.

Bus Stop in der Naresuan Rd.:

Hier halten alle Bangkok-Busse.

Nach BANGKOK, 75 km, Mo Chit (Northern Bus) Terminal 2.-Kl.-AC-Bus teils über Bang Pa In alle 15 Min. bis 19 Uhr für 50 Baht in 1 1/2 Std. 1.-Kl.-AC-Bus direkt alle 20 Min. bis 20.30 Uhr für 60 Baht. Zurück bis gegen 19.30 Uhr.

Bus Stop am Chao Phrom-Markt:

Lokale Busse und Songthaew fahren in der Naresuan Rd. ab.

BANG PA IN Songthaew für 20–30 Baht bis 17 Uhr auf der Landstraße H3057, die 16 km am Fluss entlangführt, in 30 Min. Ein Taxi kostet für

diese Strecke 500 Baht. Von dort weiter nach BANG SAI.
KANCHANABURI mit dem Minibus zum Southern Bus Terminal in Bangkok und von dort mit dem AC-Bus oder über SUPHANBURI, gelber non-AC-Bus 703 alle 20 Min. bis 17 Uhr für 50 Baht in 1 1/2 Std. Von dort weiter mit Bus 411 nach Kanchanaburi, 50 Baht, 1 1/2 Std.
LOPBURI, grüner Bus 607 alle 40 Min. bis 17 Uhr für 40 Baht in 2 Std., aber besser mit dem Zug.
WANG NOI und weiter Richtung Nordosten alle 30 Min. mit dem roten Bus 1001 vom Markt 20 km bis zur Kreuzung für 20 Baht.

Minibusse / Backpackerbusse

Nach BANGKOK vom Bus Stop in der Naresuan Rd. nahe dem Kanal zum Victory Monument bis 19 Uhr für 60 Baht in 1 Std. Von der Haltestelle etwas weiter westlich zum Southern Bus Terminal für 90 Baht. Von dort weiter nach Kanchanaburi. Die Minibusse fahren ab, sobald sie voll sind und werden vor allem von Pendlern genutzt. Wer viel Gepäck hat muss 2 Plätze bezahlen.
Backpackerbusse fahren von den Gästehäusern nach
BANGKOK (Khaosan Rd.) um 17 Uhr für 250 Baht in 1 1/2 Std.
CHIANG MAI VIP-Doppeldecker, ✆ 089-925 1902, um 20.30 Uhr für 500 Baht in 9 Std.
KANCHANABURI Minibus um 8 und 9.30 Uhr für 350–390 Baht in 3 Std.
SUKHOTHAI um 9 Uhr für 690 Baht in 5 Std.
Zu den Zielen im Süden, an der Ostküste, zum Airport und nach Siem Reap (Kambodscha) fährt man mit dem Zug oder Bus nach Bangkok und steigt dort am KFC gegenüber dem Hauptbahhof in Busse um.

Eisenbahn

Fahrplan s. S. 900–903. Ab dem Bahnhof, ✆ 035-241 521, fahren Songthaew zu den Ruinen. Für Tagesbesucher Gepäckaufbewahrung am Bahnhof 10 Baht, ⏲ rund um die Uhr.
Nach BANGKOK für 40/20 Baht in der 2./3. Kl. in 90 Min. über BANG PA IN um 8.12, 9.01 und 10.28 Uhr. Nach LOPBURI für 20/13 Baht, Express 310 Baht um 13.05, 14.29, 15.37 und 22.44 Uhr (RAP). Für diese kurzen Strecken sind wegen der hohen Zuschläge nur die ORD-Züge zu empfehlen, die nicht im Fahrplan verzeichnet sind. PHITSANULOK 2./3. Kl. 168/58 Baht, Express 425 Baht.
Nach CHIANG MAI sind die Nachtzüge sehr beliebt. Sie kosten in der 2. Kl. 746/816 Baht oben/unten, in der 1. Kl. 1198/1398 Baht.
Da Züge Richtung Nordosten ebenfalls in Ayutthaya halten, kommt man gut nach PAK CHONG (Khao Yai National Park) in 2–3 Std. im Rapid für 53 Baht, Express 333 Baht und KORAT in 3–4 Std. im Rapid für 89 Baht, Express 369 Baht. Bis NONG KHAI in der 2./3. Kl. im Rapid für 322/202 Baht, Express 472 Baht, Schlafwagen 462–732 Baht in ca. 11 Std.

Boote

Nach BANGKOK von 12–16 Uhr inkl. Taxi und Essen 1590 Baht. Zu buchen in Gästehäusern und Hotels.
Von BANGKOK bieten verschiedene Gesellschaften Tagestouren mit dem Boot nach Bang Pa In und weiter mit dem Bus nach Ayutthaya an (s. S. 211).

Wat Phra Phutthabad

Der Legende zufolge wurde 1624 auf einem Hügel 17 km südöstlich von Lopburi ein Fußabdruck Buddhas entdeckt, woraufhin der König einen Tempel erbauen ließ. Alte Bhodi-Bäume, duftende Frangipani-Bäume *(Plumeria)* begrünen die hübsche Anlage. Große Yakshas bewachen die Eingänge, und bronzene, fünfköpfige Nagaschlangen flankieren die zum Tempel hinauf führenden, breiten Treppen. Im Zentrum erhebt sich über dem mit Gold eingefassten Fußabdruck auf einer quadratischen Plattform der Mondhop, dessen Fassade aus Keramikkacheln und Glas-Mosaiken in der Sonne glitzert. Gegenüber dem Haupteingang reiht sich auch eine grüne Shiva-Statue in den Reigen der Buddhas ein. Viele alte Skulpturen und Votivtafeln werden in der Halle gegenüber dem Mondhop aufbewahrt. Das Nationalmuseum mit weiteren historischen Schätzen ist leider nur zweimal jährlich zur Zeit des Tempelfestes zugänglich. Geöffnet sind hingegen weitere kleine Gebetshallen, darunter ein Thai-Tempel, dessen Wandmalereien das Leben der Wandermönche darstellen. Im Kloster oberhalb des Tempels lebten früher Mönche in Höhlen, die mittlerweile durch moderne Kutis ersetzt wurden. Eintritt 30 Baht.

Den Parkplatz unterhalb des Tempels flankieren Souvenir-, Essen- und Verkaufsstände, an denen lokale Spezialitäten, wie leckere Klebreis-Kokoskuchen und anderes Gebäck sowie Tamarinde, angeboten werden.

Wer mit dem eigenen Fahrzeug auf dem H1 unterwegs ist, gelangt 28 km nördlich von Saraburi zwischen KM 124 und 125 zur 1 km langen, breiten Zufahrtstraße Richtung Westen zum Wat Phra Phutthabad, das von zwei hohen weißen Türmen flankiert wird. Bus 104 Richtung Saraburi hält an der Abzweigung.

Unter dem Schutz vieler Herrscher

Lopburi war bereits seit dem 7. Jh. ein bedeutendes religiöses und politisches Zentrum des Mon-Reichs Lavapura. Vom 10. Jh. an standen weite Teile des Menam-Gebiets unter dem Einfluss des östlichen Khmer-Reichs. Dessen Kultur wurde z. T. von den Thai übernommen, als sie im 13. Jh. von Norden her in dieses Gebiet vordrangen. Danach verlor Lopburi an Bedeutung, bis König Narai von Ayutthaya im 17. Jh. in Lopburi eine zweite Hauptstadt errichtete. Sein Denkmal steht inmitten eines Kreisverkehrs 3 km östlich des Stadtkerns. Aufgrund seiner strategischen Lage war und ist Lopburi eine bedeutende Garnisonsstadt. Entsprechend wird Hanuman, der Affengeneral aus dem hinduistischen Ramakien-Epos hier besonders verehrt, was der Stadt den Beinamen Affenstadt gab. Auch Rama selbst taucht überall auf, so als Dekoration der Straßenlaternen.

Lopburi

Die 58 000 Einwohner zählende Stadt gibt sich selbst den Beinamen „Affenstadt" – und das zu Recht, denn eine Horde von über 300 Makaken bevölkert das Zentrum am Ufer des Lopburi-Flusses. Entlang der Ausfallstraßen erstreckt sich über mehrere Kilometer die weitläufige Neustadt. Kasernen und Militärakademien lassen auf die strategische Bedeutung der Stadt schließen.

In Bahnhofsnähe

Der **Sarn Phra Karn-Schrein** in der überschaubaren Altstadt am Bahnübergang auf den verfallenen Ruinen eines Khmer-Heiligtums aus dem 11. Jh. enthält eine Steinskulptur von Vishnu mit einem Buddhakopf. Ihm zu Ehren treten manchmal Tänzerinnen auf. Seit Menschengedenken leben Javaneraffen in den heiligen Banyan-Bäumen am Schrein, eine Attraktion für Besucher, die staunend dabeistehen, wenn Affen-Großfamilien mal hektisch, mal seelenruhig die viel befahrene Straße zum nahe gelegenen **Prang Sam Yod** überqueren. Dessen drei Laterit-Prangs ragen jenseits der Bahnlinie empor. Die Khmer-Anlage im Bayon-Stil stammt aus dem 11. Jh. und ist das Wahrzeichen der Stadt. König Narai ließ an die ursprünglich den Hindu-Gottheiten Brahma, Vishnu und Shiva gewidmeten Prangs einen Viharn anbauen, der eine Buddhastatue aus der Ayutthaya-Periode beherbergt. ◷ 8–18 Uhr, 50 Baht. Sammelkarte für alle Sehenswürdigkeiten außer dem Palast 150 Baht.

Gegenüber dem Bahnhof liegt das mehrfach umgebaute und restaurierte **Wat Phra Sri Rattana Mahathat**, eine große buddhistische Tempelanlage, die von einem Prang im Lopburi-Stil überragt wird. Bereits vor dem Erscheinen der Khmer befand sich hier ein Heiligtum. Die meisten Gebäude stammen aus der Zeit von König Narai. ◷ 8–18 Uhr, 50 Baht.

Ban Vichayen, das Ausländerviertel

Wat Sao Thong Thong am Fluss wurde während der Ayutthaya-Zeit in westlichem Stil erbaut und diente europäischen Gesandten als Gotteshaus. Heute steht es hinter einem modernen Tempel neben einem Amulettmarkt. Ein Europäer, der Grieche Konstantin Phaulkon, den es als Abenteurer an den königlichen Hof verschlug, hatte großen Einfluss auf König Narai. Ein Areal, in dessen Zentrum die **katholische Kirche** und die Wohnräume der Jesuiten stehen, kann besichtigt werden. Flankiert wird die Kirche links von der ehemaligen **Residenz von Phaulkon** und rechts von der **Empfangshalle und Residenz des ersten französischen Gesandten**, die 1685 unter Narai erbaut wurde. Allerdings lassen die Ruinen nur noch erahnen, wie es einmal ausgesehen haben könnte. ⏲ 8.30–16.30 Uhr, 30 Baht.

Der **Prang Khaek** südlich von hier stammt etwa aus dem 10. Jh. und weist die typischen Merkmale der Khmer-Architektur auf.

Phra Narai Raja Niwet-Palast

Der Palast am Menam Lopburi im Stadtzentrum, unter König Narai 1656–88 von französischen und italienischen Architekten erbaut, wurde unter König Mongkut 1856 restauriert und erweitert. Hohe Mauern mit wuchtigen Toren umgeben das etwa 7 ha große Areal, das in einen äußeren, zentralen und inneren Bereich gegliedert ist. ⏲ Mi–So 8.30–16.30 Uhr, 150 Baht.

Im äußeren Bereich erheben sich die Ruinen der **Empfangshalle für ausländische Gesandte**, vor denen noch eine Reihe von Lagerhallen und der Wassertank erkennbar sind. Die Ruine an der Südmauer, die **Phra Chao Hao-Halle**, war wahrscheinlich einmal ein Tempel. Vor dem zweiten Tor, das in den zentralen Bereich führt, befanden sich links die Elefantenställe. Hinter dem Tor stehen links die Ruinen der **Dusit-Halle**, deren vorderer Teil im islamischen und deren hinterer Teil im Thai-Stil erbaut wurde. Auf einer erhöhten Plattform sitzend empfing König Narai ausländische Würdenträger. Den zentralen **Phiman Mongkut-Pavillon** ließ König Mongkut als Refugium erbauen. Er beherbergt im Erdgeschoss eine umfangreiche Sammlung von prähistorischen Funden, schönen Buddhastatuen der Dvaravati-Kultur und hinduistischen Schutzgöttern aus Terracotta. Im 1. Stock sind Kunstwerke im Khmer- und Lopburi-Stil aus anderen Landesteilen, dekorative Kunst, Sawankhalok-Keramik, Porzellan, Lackarbeiten und Textilien ausgestellt. Das Obergeschoss ist König Mongkut gewidmet und enthält Fotos und Gegenstände aus seinem Besitz. Im Folkloremuseum sind Werkzeuge und Produkte von Töpfern, Webern, Schmieden und anderen traditionellen Handwerkern zu sehen. Der Museumsshop verkauft u. a. schöne Mut Mee-Seide aus lokaler Produktion.

Die **Chanthara Phisan-Thronhalle** ließ König Mongkut restaurieren. Sie enthält das Somdet Phra Narai National Museum mit einer Ausstellung über König Narai und die Gesandten am Hof sowie mehrere Bücherschränke und alte Handschriften. Im inneren Palastbereich sind kleinere, weniger interessante Ausstellungen über Kunsthandwerk und chinesisches Porzellan zu sehen.

Im klimatisierten **Hor Sophom Sin Museum**, das zum Wat Choeng-Tha gehört, finden Buddhismus-Interessierte auf zwei Etagen religiöse Artefakte, eine Sammlung buddhistischer Schriften, Textilien, Keramiken und Gemälde. Englische Beschriftungen vorhanden. Telefonische Anmeldung empfehlenswert, ✆ 036-618 388, 087-118 5815, ⏲ 8–16 Uhr. Falls der Eingang nicht besetzt ist, findet sich im angrenzenden Kloster jemand, der das Licht einschaltet. Die neunköpfige Nagaschlange im Tempel soll Wünsche erfüllen.

Ein Besuch im **Zoo** lohnt nicht.

Übernachtung

Im überschaubaren Zentrum der Provinzstadt rings um den Bahnhof liegen einige preiswerte Unterkünfte und die meisten Sehenswürdigkeiten, sodass sich Lopburi gut für einen Zwischenstopp eignet.

Untere Preisklasse

Lopburi Asia Hotel ④, 1/7-8 Surasak Rd., ✆ 036-618 894. Angestaubtes Hotel gegenüber dem Palast, 100 einfache Zimmer mit Steinböden, durchgelegenen Matratzen, Ventilator und Kaltwasserdusche oder AC und Bad mit Wanne, einige mit Blick auf den Palast. Für das Gebotene zu teuer. ❷–❸

Nett Hotel ⑤, 17/1-2 Ratchdamnoen Rd., ✆ 036-411 738. Die beste Option für Billigreisende ist dieses sehr saubere, einigermaßen ruhig gelegene Hotel in Palastnähe. 29 kleine, saubere Zimmer mit Ventilator und winziger Kaltwasserdusche, aber großem Kühlschrank und TV oder AC und Warmwasserdusche, auch große Zimmer für 3 Personen, alle mit Stein- und Fliesenböden, teils Fenster ohne Aussicht. Rezeption in einem Schalter neben einem als Garage und Wohnzimmer dienenden Raum. ❷

Lopburi

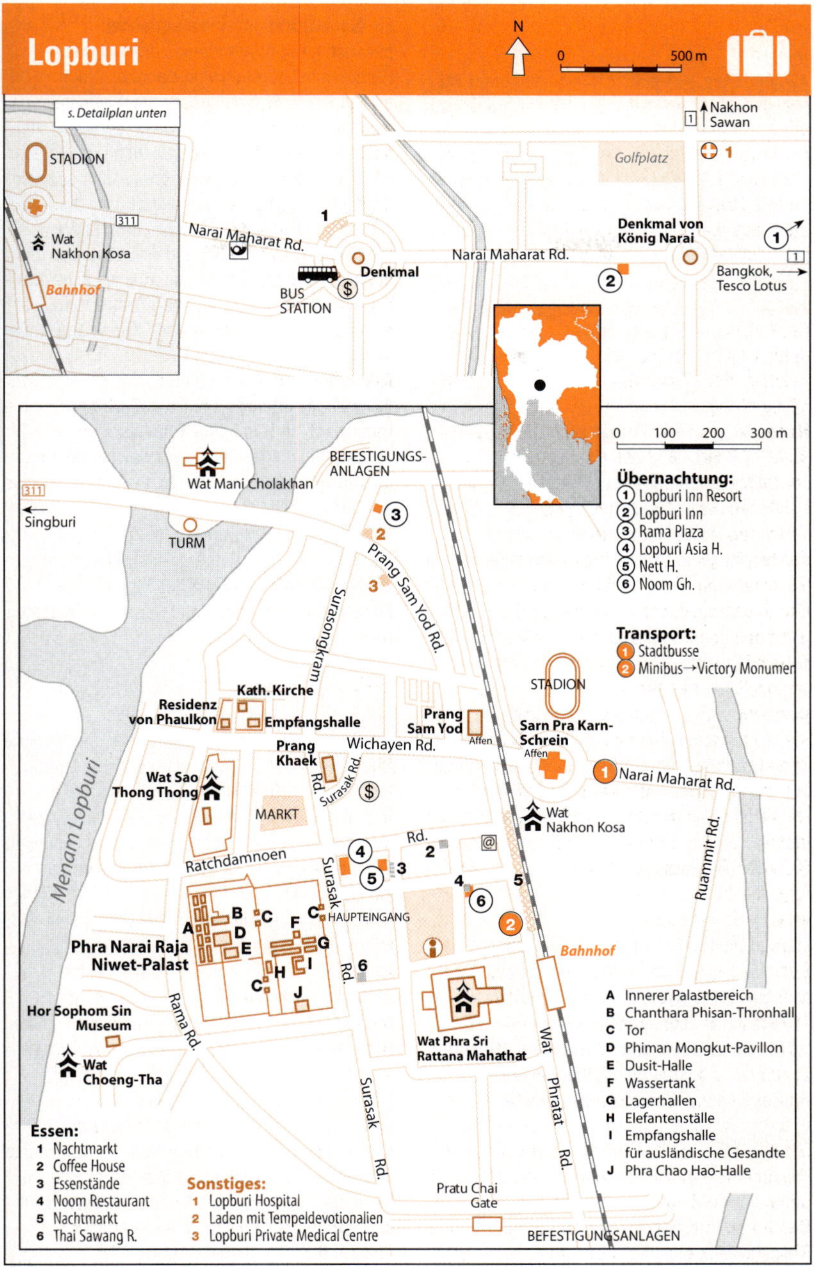
N
0
500 m
s. Detailplan unten
STADION
311
Wat Nakhon Kosa
Bahnhof
Narai Maharat Rd.
1
BUS STATION
Denkmal
Narai Maharat Rd.
Golfplatz
1 Nakhon Sawan
1
Denkmal von König Narai
2
1
1
Bangkok, Tesco Lotus
0
100
200
300 m
Übernachtung:
1 Lopburi Inn Resort
2 Lopburi Inn
3 Rama Plaza
4 Lopburi Asia H.
5 Nett H.
6 Noom Gh.
Transport:
1 Stadtbusse
2 Minibus→Victory Monumen
BEFESTIGUNGS-ANLAGEN
Wat Mani Cholakhan
311
Singburi
TURM
Prang Sam Yod Rd.
Surasongkram
Menam Lopburi
Kath. Kirche
Residenz von Phaulkon
Empfangshalle
Prang Sam Yod
Affen
STADION
Sarn Pra Karn-Schrein
Affen
Wichayen Rd.
Prang Khaek
Surasak Rd.
Narai Maharat Rd.
Wat Sao Thong Thong
MARKT
Wat Nakhon Kosa
Ratchdamnoen Rd.
Ruammit Rd.
Surasak Rd.
HAUPTEINGANG
Phra Narai Raja Niwet-Palast
Bahnhof
Rama Rd.
Hor Sophom Sin Museum
Wat Choeng-Tha
Wat Phra Sri Rattana Mahathat
Wat Phratat Rd.
Surasak Rd.
Pratu Chai Gate
BEFESTIGUNGSANLAGEN
A Innerer Palastbereich
B Chanthara Phisan-Thronhall
C Tor
D Phiman Mongkut-Pavillon
E Dusit-Halle
F Wassertank
G Lagerhallen
H Elefantenställe
I Empfangshalle für ausländische Gesandte
J Phra Chao Hao-Halle
Essen:
1 Nachtmarkt
2 Coffee House
3 Essenstände
4 Noom Restaurant
5 Nachtmarkt
6 Thai Sawang R.
Sonstiges:
1 Lopburi Hospital
2 Laden mit Tempeldevotionalien
3 Lopburi Private Medical Centre

Schönes Resort für Motorisierte

Lopburi Inn Resort ①, 114 Paholyothin Rd., 8 km außerhalb. Auf dem H1 stadteinwärts hinter Tesco Lotus am KM 151 ca. 500 m nach Norden abbiegen, ✆ 036-420 777, 💻 www.lopburiinnresort.com. Beliebt bei Selbstfahrern und Reisegruppen. Auf einem weitläufigen, mit überlebensgroßen Affen geschmückten Grundstück stehen 76 solide Häuser mit großen Zimmern, Kühlschrank, TV, kleiner Terrasse und eigenem Parkplatz rings um einen großen Pool mit Liegen und einem Restaurant. Einfaches Frühstücksbuffet inkl. ❹

Noom Gh. ⑥, 15-17 Payakamjad Rd., ✆ 036-427 693, 089-176 9876, 089-104 1811, ✉ noomguesthouse@yahoo.com. Hinter dem bei Backpackern beliebten Straßencafé mit Bar vermieten Noom, der hervorragend Englisch spricht, und sein Bruder Tee in dem alten Haus 7 Zimmer mit Ventilator und Gemeinschaftsdusche und im Innenhof 3 kleine, ruhig gelegene Bungalows mit großem Bett und warmer Dusche. Wäscheservice, entspannte Atmosphäre. ❶–❷

Rama Plaza ③, 4 Bam Pom Rd., ✆ 036-411 663, 617 947. 5-stöckiges, ruhig gelegenes, einfaches Thai-Hotel nördlich der Altstadt. Große Zimmer mit Ventilator oder AC, kleinem überdachten Nebenraum mit Fenster und guter Aussicht in den oberen Stockwerken, Steinböden. Freundliches Personal. ❶–❷

Mittlere Preisklasse

Lopburi Inn ②, 28/9 Narai Maharat Rd., 800 m östl. vom Sarn Phra Karn-Schrein, ✆ 036-412 300, 💻 www.lopburiinnhotel.com. 126 Standard-Zimmer mit Minibar und TV, die nicht immer sauber sind. Die teureren Deluxe-Zimmer sind besser möbliert und haben ein großes Bad mit Wanne. Frühstück inkl. ❹

Essen

Tagsüber gibt es am Markt und in den Gassen gegenüber viele gute **Essenstände**.
Weitere u. a. vor dem Nett Hotel und am Busbahnhof.

Ein **Nachtmarkt** mit vielen einfachen Essenständen öffnet abends entlang des Bahndamms nördlich vom Bahnhof. Noch größer ist der Nachtmarkt nördlich von der Bus Station.

Coffee House, Ratchdamnoen Rd. In dem winzigen, modern eingerichteten, klimatisierten Café ist alles in Schwarz gehalten, die winzigen Tische und Hocker ebenso wie die Schwarz-Weiß-Fotos. Nur die Suppen sind bunt und haben es in sich. Die Portionen sind klein, aber preiswert und überaus lecker. Zudem wird italienischer Kaffee zubereitet. Kleine englische Karte.

Noom Restaurant, im gleichnamigen Guesthouse. Kleines, rustikales Straßenrestaurant mit Bar, das auf Backpacker eingestellt ist. Hier gibt's alles, vom Frühstück bis zum abendlichen Cocktail. Leckere Baguettes. 🕓 8–23 Uhr.

Thai Sawang, 11/8 Surasak Rd. Kleines klimatisiertes thai-vietnamesisches Restaurant an der südöstlichen Ecke des Palastes. Die englische Speisekarte listet nur die beliebtesten Gerichte. 🕓 8–20 Uhr.

Sonstiges

Einkaufen

Ein **Tesco Lotus** mit Banana Square und Monkey Mall östlich der Stadt am H1 nahe dem Lopburi Inn Resort. 🕓 9–23 Uhr.

In und vor vielen Tempeln, vor allem im und um das Wat Sao Thong Thong, werden an zahllosen Ständen und in Geschäften **Amulette** verkauft.

Ein interessanter Laden mit **Tempeldevotionalien** lädt in der Prang Sam Yod, Ecke Surasongkram Rd., zum Stöbern ein.

Geld

Mehrere Banken rings um die Bus Station, beim Prang Khaek und unter dem Lopburi Asia Hotel.

Feste

Jedes Jahr wird Mitte Februar in großem Stil das **Fest zu Ehren von König Narai** mit Umzügen in historischen Kostümen, Lopburi-Tänzen u. a. begangen. Während des 3-tägigen Festes sind alle Hotels ausgebucht, daher empfiehlt sich eine rechtzeitige Reservierung.

Am letzten Sonntag im November wird für die Makaken am Phra Karn-Schrein ein üppiges, aufwändig dekoriertes **Chinesisches Buffet** angerichtet – ein Riesen-Fest nicht nur für die Affenhorde.

Informationen

Tourist Office, ✆ 036-422 768-9, in einem alten Schulgebäude hinter dem Wat Mahathat. Broschüren und ein Stadtplan sind erhältlich. ⌚ 8.30–16.30 Uhr.

Medizinische Hilfe

Lopburi Hospital, am H1 Richtung Norden, ✆ 036-411 267.

Lopburi Private Medical Centre, Ekachon Clinic, Prang Sam Yod Rd., ✆ 036-617 767. Die kleine Privatklinik hat schon viele Affenbisse behandeln müssen. ⌚ 7–20 Uhr.

Motorräder

Im Noom Gh. kosten 125cc-Motorräder 250 Baht.

Post

Hauptpostamt in der Narai Maharat Rd., zwischen dem 1. und 2. Kreisverkehr.

Nahverkehr

Stadtbusse und **Songthaew** verkehren in der Stadt für 10 Baht und halten u. a. am Palast und Busbahnhof. Songthaew und **Taxis** können zudem am Bahnhof für eine Rundfahrt gechartert werden.

Motorradtaxis warten z. B. vor dem Lopburi Asia Hotel und Bahnhof.

Fahrradrikschas sind auch hier im Aussterben begriffen.

Touren abseits der Touristenmassen

Nature Adventure im Noom Gh. organisiert von Mitte Sep–Mitte Juni 1 1/2-tägige Touren ins touristisch kaum erschlossene Sap Langka-Tierschutzgebiet bei 4 Pers. für 4500 Baht alles inkl. Übernachtung im Zelt oder Bungalow.

Kletterkurse am **Khao Chin Lae** auf 40 unterschiedlichen Routen inkl. Ausrüstung Fr–So für 1500 Baht/Tag. Es sind Halb- und Ganztagstouren möglich. Der Felsen liegt auf einem Tempelgelände, und die Mönche pflegen die Anlage, wofür eine Spende erwartet wird. Ansonsten ist mit eigener Ausrüstung nichts weiter zu zahlen, aber Kletterer melden sich bei den Mönchen an und ab.

Bissige Affen!

Die Affen dürfen nicht gefüttert werden. Zudem sollte man immer Abstand halten. Es sind bereits Unvorsichtige von Affen gekratzt oder gebissen worden. In diesem Fall ist es empfehlenswert, sich sicherheitshalber sofort gegen Tollwut impfen zu lassen.

Transport

Busse

Der Busbahnhof liegt am 2. Kreisverkehr, 2 km außerhalb des Zentrums. Hier halten auch Stadtbusse und Songthaew, die in die Altstadt zum Palast fahren. Die Plattformen sind nur auf Thai ausgeschildert.

Nach BANGKOK, Mo Chit (Northern Bus) Terminal, 153 km, AC-Busse alle 10–20 Min. bis 20.10 Uhr für 100/130 Baht, zurück bis 20.30 Uhr in 3 Std.

Minibusse zum Victory Monument oder Northern Bus Terminal ab dem Büro nördlich vom Wat Mahathat von 5–20 Uhr (sobald sie voll sind) für 120 Baht.

AYUTTHAYA, grüner Bus 607 alle 40 Min. bis 17.45 Uhr für 40 Baht in 2 Std.

CHIANG MAI, AC-Bus um 9 und 22 Uhr für 420 Baht in 9 Std.

KORAT (Nakhon Ratchasima), 2.-Kl.-AC-Bus von Nakhonchaitour, 💻 www.nakhonchaitour.com (nur Thai), von Nakhon Sawan kommend 6x von 10.20–18.50 Uhr für 120 Baht. Weitere Busse bis 10.30 Uhr ab Lopburi in 3 1/2 Std.

NAKHON SAWAN, 2.-Kl.-AC-Bus 121 von Nakhonchaitour von Korat kommend 6x von 9.55–18.20 Uhr für 80 Baht in 3 Std.

KANCHANABURI über Supanburi (s. u.) und von dort weiter alle 20 Min. bis 17 Uhr für 40 Baht in insgesamt 4–5 Std.

PAK CHONG (Khao Yai National Park) Bus Richtung Korat für 70 Baht in 3 1/2 Std.

PHITSANULOK um 10, 12.30 und 14.30 Uhr für 120–150 Baht in 4 Std.
SUKHOTHAI über Phitsanulok und weiter bis 18.10 Uhr für 30–40 Baht in insgesamt 6 Std.
SUPANBURI stdl. von 6–17.10 Uhr für 60 Baht in 3 Std.

Eisenbahn

Fahrplan s. S. 900–903. Bahnhof, ✆ 036-411 022. Die Fahrt nach BANGKOK dauert 2–3 Std. und kostet in der 2./3. Kl. 80/40 Baht ohne Zuschläge im ORD um 7.05, 8 und 9.19 Uhr, nach PHITSANULOK im Rapid 163/99 Baht, lokaler Zug um 6 Uhr für 49 Baht, CHIANG MAI im Rapid 346/212 Baht. In den lokalen Zügen steigen auf dieser Strecke Händler mit sehr guten Snacks zu.

Rund um Ban Mee

Nördlich von Lopburi erstreckt sich eine von Reisfeldern bedeckte Ebene, aus der kahle Kalkfelsen emporragen. Einige bilden ganze Bergketten, andere stehen wie Schachfiguren in der Landschaft. Manche werden von Buddhastatuen gekrönt und sind von Höhlen durchzogen, die teils religiös genutzt werden oder in denen Fledermäuse nisten. Bislang ist die Gegend touristisch kaum erschlossen. Noom vom gleichnamigen Guest House in Lopburi organisiert Touren in abgelegenere Gebiete. Mit einem Motorrad oder Mietwagen empfiehlt sich eine kleine Tour durch die nordwestliche Umgebung von Lopburi.

Zwischen der Bahnlinie und einem Entwässerungskanal geht es auf dem ausgebauten H3196 Richtung Norden. Nach 18 km, nahe der Bahnstation Ban Nong Tao, steht 300 m abseits der Straße **Wat Nong Tao**, dessen Gebetshalle auf dem Rücken einer gigantischen, aus Zement gefertigten Schildkröte steht. Der Tempel in dem abgelegenen Dorf mit seinen Schatten spendenden Bäumen ist ein Ort der Ruhe.

Östlich der Kreuzung des H3196 und H205 verkauft in **Ban Kluai**, 300 m hinter der Brücke, ein OTOP-Laden Mut Mee-Seide, die in den umliegenden Dörfern gewebt wird. Westlich der Kreuzung geht es weiter nach Ban Mee. Etwa 2,5 km südlich des Ortes erhebt sich östlich des H3028 **Khao Wong Khot**. In diesem Tempelberg nisten in einer Höhle Millionen von Fledermäusen, die bei Sonnenuntergang gegen 18 Uhr in einem schier endlosen Band ausfliegen und auf Nahrungssuche gehen. Dieses 20-minütige Spektakel kann vom Dorf unterhalb des Tempels aus beobachtet werden.

Wer auf dem H3028 zurück nach Lopburi fährt, kann einige nette Abstecher auf schmalen Dorfstraßen zu weiteren interessanten Tempeln unternehmen. Nach einigen Kilometern erhebt sich 2,5 km abseits der Straße der Tempelberg **Khao Samo Khon**, an dessen Fuß ein kleines Kloster mit einer Meditationshöhle liegt. Zurück auf dem H3028 geht es hinter der Brücke über einen Kanal, 5–6 km nördlich der Einmündung auf den H205 auf zwei verschiedenen Zufahrtsstraßen Richtung Westen zum **Wat Lai**. Man fährt an zahlreichen Essenständen vorbei und biegt an einem neuen Tempel am Fluss nach links ab, wo 300 m weiter der Tempel aus der frühen Ayutthaya-Periode mit hübschen Wandreliefs und einer alten Buddhastatue steht. Ein Besuch lohnt.

Bus 2202 fährt von Lopburi für 20 Baht in 1 Std. 18 km auf dem H311 und dann auf dem H3028 nach Ban Mee.

Sonnenblumenfelder

Ende November bis Anfang Januar blühen östlich und nördlich von Lopburi Sonnenblumen. Sie locken einheimische Touristen an, die unter schützenden Sonnenschirmen auf den Feldern spazieren gehen, sie in kleinen Bähnchen befahren oder auf dem Rücken eines Elefanten durchqueren. Am Straßenrand, z. B. am H21, werden Essen- und Souvenirstände aufgebaut.

Nakhon Sawan

Anfang des 20. Jhs. beginnt die Geschichte der Provinzstadt Nakhon Sawan, die heute 100 000 Einwohner zählt und auch als Tor zum Norden des Landes gilt. Hier, etwa 240 km nördlich von Bangkok, entstand damals eine große Verladestation, weil riesige Wälder in Zentral- und Nord-Thailand abgeholzt und die Baumstämme über die Flüsse zum Meer geflößt wurden. Am

Zusammenfluss von Ping und Nan zum Menam Chao Phraya ließen sich zahlreiche chinesische Händler nieder, die bis heute die Stadt prägen.

Der 50 ha große **Uthayan Sawan Park** am großen See mit einer kleinen Insel im Zentrum der Stadt wird nach Feierabend als Picknickplatz und zum Joggen genutzt. Den Eingang ziert ein riesiges **chinesisches Tor**.

Im Norden der Stadt, auf dem **Khao Kop** (186 m), liegt neben der Fernsehstation das **Wat Woranat Banphot**, das bereits während der Sukhothai-Periode entstanden sein soll. Einer großen Buddhastatue liegt die Stadt und die malerische Landschaft mit zahlreichen Kanälen und Flüssen zu Füßen. Man kann entweder über 439 Stufen vom **Wat Kiriwong** hinaufsteigen oder über eine schmale und kurvenreiche Straße fast 2 km hinauffahren. Etwas unterhalb steht ein Aussichtsturm, den man für 20 Baht besteigen kann. ◷ 10–16.30 Uhr.

Einen wundervollen Blick auf die Stadt hat man zudem vom Khao Buat Nak, einem anderen Hügel südlich des Chao Phraya mit dem **Wat Chom Kiri Nakphrot**. In dem von Birmanen erbauten Tempel befindet sich eine beeindruckende sitzende Buddhastatue. Vor der Dechatiwong Brücke (H1) zweigt eine Straße nach Westen ab und führt hinauf.

Das rötliche Wasser des Nan und das grünliche des Ping fließen hier zusammen, wodurch der **Chao Phraya** entsteht, der bedeutendste Fluss des Landes, der 370 km weiter bei Samut Prakan in den Golf von Thailand mündet. Unterhalb des Zusammenflusses am südöstlichen Ufer des Chao Phraya steht der große chinesische Tempel **Chao Pho Theparak – Chao Mae Thapthim**. Dieser ist mit einer Fähre zu erreichen, die am Ende der Chulamanee Rd. ablegt, oder mit Booten, die für ca. 150 Baht pro Std. gemietet werden können.

Am nördlichen Flussufer erstreckt sich ein **Markt**, der täglich eine große Auswahl an frischem Obst und Gemüse sowie an Textilien und anderen preiswerten Waren bietet.

Ein buntes Fest findet am Chinesischen Neujahrstag statt, wenn eine **Dragon and Lion Parade** mit riesigen Drachen und Löwen durch die Straßen zieht und auf der Hauptstraße ein großer Markt aufgebaut wird.

Übernachtung

Baan Suan Resort, 1016/175 Moo 9, Nakhon Sawan Tok, ✆ 056-333 400-3, ℻ 333 399. Kein Hinweisschild. Vom Busbahnhof über die Fußgängerbrücke über den H1, etwa 300 m nach Süden, dann 50 m rechts und hinter dem ersten Block weitere 150 m nach links. Motelähnliche Anlage mit sauberen einstöckigen Bungalows um einen Garten in ruhiger Lage. Gutes Restaurant mit englischer Karte. ❸

Beverly Hill Park Hotel, 156/4 Amarinvithee Rd., ✆ 056-336 809-10, 💻 www.beverlyhillhotelsite.com. Etwas außerhalb am Nordhang des Berges gelegen. 4-stöckiger großer Block, guter Service, Gartenrestaurant. ❸

Pimarn Hotel, 605/244 Asia Rd., ✆ 056-312 222, ℻ 221 253. Am Busbahnhof. Etwas abgewohntes, 6-stöckiges Hotel mit 284 Zimmern mit kleinem Balkon. Der Lärm der Disco und vom Busbahnhof stört in vielen Zimmern die Nachtruhe. Freundlicher Service, einfaches Frühstück inkl. ❸–❹

Mai Hom Resort Hotel, 112/373 Himmaphan Rd., Ecke Daowadueng Rd., ✆ 056-372 244-5. 2-stöckige Reihenhäuser und 7-stöckiges Haupthaus um einen großen Parkplatz. Saubere Zimmer mit TV. ❸

Ratchawadee, 1141/33 Himmaphan Rd. (am Ende einer Sackgasse, nur Thai-Schild), ✆ 056-313 742-3. 6-stöckiger Neubau, große Zimmer mit gefließten Böden, TV und Kühlschrank, harte Matratzen. Gutes Preis-Leistungs-Verhältnis. ❷

Sumatho Gh., 235/1 Moo 1, Nong Krot, A. Banphot Phisai, ✆ 085-730 8230, 💻 www.sumatho.com. An der Straße 117 Richtung Phitsanoluk, hinter KM 29 und der Fußgängerüberführung 3,4 km nach links. Inmitten von Reisfeldern vermieten Theo Morf aus der Schweiz und seine Frau 3 große Zimmer mit Bad und Terrasse in einem gepflegten Blumen- und Gemüsegarten. Preise inkl. Frühstück mit selbst gebackenem Brot. Gut für Selbstfahrer geeignet. ❹

Essen

Thai Hot Pot, Himmaphan Rd., der nördlichen Parallelstraße zur Uferstraße, Ecke Meksawan Rd. Hier kochen abends die Gäste selbst am

Tisch in einer dampfenden Brühe zahlreiche Zutaten von einem großen Buffet.
Der **Essensnachtmarkt** direkt am Fluss ist ebenfalls empfehlenswert.
Fast Food und andere Restaurants im **Big C** nördlich der Brücke.

Sonstiges

Motorradladen gegenüber dem Samran Park. Hier werden Mopeds für 300 Baht pro Tag vermietet. Bei der Rückgabe auf einen vollen Tank achten.

Transport

Busse

Busbahnhof am H1, aus der Innenstadt mit dem Songthaew 10 Baht.
BANGKOK, 237 km, alle 30 Min. von 6–3.30 Uhr für 160–200 Baht in 3 1/2 Std.
PHITSANULOK, etwa stdl. von 6–18 Uhr für 90 Baht in 2 1/2 Std. Von dort weiter nach Sukhothai und Kamphaeng Phet.
SUKHOTHAI, 6x tgl. ab 6.30 Uhr für 130–170 Baht in 3 Std.
SUPHANBURI, lokaler Bus für 90 Baht in 3 Std.

Eisenbahn

Fahrplan s. S. 900–903. Alle Züge von Bangkok nach Norden halten am Bahnhof, 6 km südlich der Stadt. Mit dem roten Songthaew ins Zentrum 10 Baht. Die Fahrt nach BANGKOK über Lopburi, Ayutthaya und Bang Pa In kostet in der 1./2./3. Klasse 940/260/200 Baht ohne Schlafplatz und dauert 4–5 Std. Lokale Züge um 5 und 7.01 Uhr. Nach CHIANG MAI über Phitsanulok zudem ein Bummelzug um 5 Uhr.

Die Umgebung von Nakhon Sawan

Bung Boraphet

Ein Teil des 212 km² großen Sumpfgebietes Bung Boraphet im Osten von Nakhon Sawan, des größten natürlichen Süßwassersees des Landes, wurde zum **Vogelschutzgebiet** erklärt. Am Ufer des seichten Sees nisten mehr als 34 Vogelarten, darunter viele Zugvögel aus nördlichen Gefilden.

Ein See voller Lotosblüten

Ein absolutes Muss ist eine **Bootsfahrt** von der Anlegestelle neben der Ausstellungshalle über die weite Wasserfläche zu den Lotosgärten. Die Blüten sind nur bis ca. 10 Uhr geöffnet. Auf dem See sieht man während der Woche höchstens ein paar kleinere Fischerboote oder eines der breiten Ausflugsboote. Bei abendlichen Touren kann man sich im Restaurant Essen vorbestellen und mitnehmen. Eine Bootstour von etwa 1 1/2 Std. kostet 450 Baht.

Am Ufer wurde ein kleiner Badestrand angelegt, vor dem einige Wochenendhäuser im Lanna-Stil gemietet werden können. Sehenswert ist auch das große **Aquarium** in Bootsform mit vielen Süßwasserfischen. ◷ Mo, Di, Do, Fr 10–17, Sa, So 9.30–18 Uhr, 30 Baht. Außerdem gibt es noch einige OTOP-Läden. Am Wochenende wird's hier richtig voll. Die Anreise von Nakhon Sawan über die Stichstraße (H225) vom H1 südlich der Brücke für 6 km nach Osten ist ausgeschildert.

Khao Nor, Khao Kaeo

42 km nördlich von Nakhon Sawan ragen 1,5 km östlich des H1 Kalksteinmassive fast 300 m steil aus der Ebene empor. Die Abzweigung ist am KM 278 ausgeschildert. In den bewaldeten, zerklüfteten Bergen leben zahlreiche Affen und in den Höhlen Millionen Fledermäuse und Flughunde, die während der Dämmerung ausschwärmen und in den Obstplantagen auf Futtersuche gehen. Am großen Parkplatz befindet sich ein OTOP-Laden mit Snacks und handgewebten Baumwollstoffen, dahinter ein überdachter Pavillon zum Beobachten von Fledermäusen. Für einen Ausflug kostet ein Taxi ab Nakhon Sawan 700 Baht.

Alte Königsstädte im Norden

Aus den fruchtbaren Tälern des Nordens kommend, wanderten verschiedene Thai-Völker vor 1000 Jahren in die große zentrale Ebene ein.

In Sukhothai wurde das erste wichtige Reich gegründet. Kamphaeng Phet war die westlichste Garnisonsstadt. Später wurde Phitsanulok unter Naresuan dem Großen zum wichtigsten Machtzentrum des Ayutthaya-Reiches. Freunde historischer Ruinenstädte werden hier auf ihre Kosten kommen.

Phitsanulok

Phitsanulok (gesprochen Pi-sanu-loh oder kurz Pi-loh) ist eine geschäftige Stadt mit 108 000 Einwohnern, einem überschaubaren Zentrum, viel Atmosphäre und einer großen Anzahl von Studenten, die an der Naresuan-Universität studieren. König Naresuan, auch der Große genannt, war der mächtigste Herrscher des frühen Ayutthaya-Reiches und befreite das Land aus der Abhängigkeit von Birma. Die meisten historischen Bauten und viele ältere Wohnhäuser wurden in den 1950er-Jahren bei einem großen Brand zerstört. Wichtig ist Phitsanulok als Verkehrsknotenpunkt. Der Ort bietet sich auch als Ausgangspunkt für Besuche der historischen Stätten von Sukhothai und Si Satchanalai oder für das Erkunden der Berg- und Dschungelgebiete weiter östlich an.

Etwas weiter stadteinwärts erhebt sich südlich der Brücke **Wat Ratcha Burana**, dessen Chedi aus der Ayutthaya-Periode teilweise zerstört ist. Im Bot sind Wandmalereien mit Szenen aus dem Ramakien zu sehen.

Zwei weitere Tempel stehen nordöstlich der Stadt. Restauriert wurde **Wat Chedi Yot Thong** in der Soi 4. Sein Chedi aus Ziegelstein mit der typischen Lotosknospen-Spitze stammt aus dem 15. Jh. Die Straße endet nach 1 km am **Wat Aranyik**, dem Waldkloster, das von einem Wassergraben umgeben ist. Der singhalesische Chedi ist allerdings stark zerstört.

Nur noch außerhalb des Stadtgebietes leben auf dem Nan-Fluss und in den angrenzenden Sumpfgebieten Menschen in **Hausbooten** (Ruan Phae). Mit dieser traditionellen Wohnform hatten sie sich optimal dem stark schwankenden Wasserspiegel angepasst. Da die Ufer befestigt wurden, wird der Lebensraum der Hausboot-Bewohner immer enger.

Der schönste Buddha

Vom großen Brand verschont blieb **Wat Phra Si Rattana Mahathat**, auch Wat Yai genannt, mit seinem teils vergoldeten Prang. Im Haupttempel, dessen Innenwände mit Wandmalereien geschmückt sind, steht der hochverehrte vergoldete Bronze-Buddha Phra Chinnarat aus dem 14. Jh. Er gilt als eine der wichtigsten Buddha-Darstellungen Thailands und als beispielhaft für den ausgereiften Sukhothai-Stil. Eine Kopie steht im Marmortempel von Bangkok, eine weitere im Thai-Tempel in Bodh Gaya (Indien). Im Tempel sind lange Hosen erforderlich (Verleih am Eingang). Links vom Wat steht ein kleines Museum, in dem Votivgaben ausgestellt sind. Souvenirstände bieten günstig Handarbeiten an. Ebenfalls auf dem Gelände lädt das **Monk Chat Centre** Englisch sprechende Besucher Mo–Fr 9–17 Uhr zum Small Talk wie zu religiösen Gesprächen ein.

Am westlichen Ufer des Nan-Flusses werden Ausgrabungen durchgeführt, um die Grundmauern des alten **Wang Chan-Palastes** freizulegen. In diesem Palast wurde 1555 König Naresuan geboren. Ein Denkmal erinnert an den König, der von der Bevölkerung immer noch verehrt wird. In einem kleinen Museum sind Bilder und andere Erinnerungsstücke ausgestellt.

Im Zentrum der Stadt, gegenüber der Polizeiwache, erhebt sich ein gewaltiges **Denkmal** für den ersten König der Chakri-Dynastie, Rama I. Der heutige König Bhumiphol ist der 9. Herrscher dieser Dynastie, daher sein Beiname Rama IX.

Weitere Sehenswürdigkeiten liegen im Süden der Stadt an der Wisutkasat Road. Das **Folk Museum** in einem Komplex von Thai-Häusern vermittelt mit seiner Sammlung von über 10 000 Gebrauchsgegenständen aus dem thailändischen Alltag einen Einblick in das Leben der Landbevölkerung während der vergangenen Jahrzehnte. Es wurde von Sgt. Maj. Thawee, einem ehemaligen Militärkartografen, gegründet und ist von der Schließung bedroht. Im Erdgeschoss kann man sich eine traditionelle Küche mit ungewöhnlichen Utensilien ansehen, wie z. B. Kokosschabern in Hasenform, aber auch eine Zuckerrohrpresse aus Holz und diverse Werkzeuge zum Reisanbau. Englische Erklärungen. ⌚ Di–So 8.30–16.30 Uhr, Eintritt 50 Baht. Bus 8 ab Bahnhof.

Schräg gegenüber werden hinter dem grünen Tor Nr. 26/43 in der **Buranathai Buddha Casting Factory** Buddhastatuen im Sukhothai-Stil in verschiedenen Größen gegossen. Man kann sich ganz ungestört umsehen. Hinter der Fabrik werden in einem **Bird Garden** in vielen Käfigen teils seltene Vögel der Region, z. B. Nashornvögel, gehalten. ⌚ 8–17 Uhr, Eintritt zum Vogelpark 50 Baht.

Das **Textilmuseum** liegt auf dem Gelände der Naresuan-Universität, 12 km südlich der Stadt am H117 nach Nakhon Sawan zwischen KM 118 und 119, 💻 www.thaitextilemuseum.com. Am Eingang zum Universitätsgelände hält der Stadtbus Nr. 12. Von dort sind es 900 m geradeaus bis zu dem ausgeschilderten modernen Gebäude. Im Mittelpunkt stehen traditionelle und moderne, von Studenten gestaltete Baumwoll- und Seidentextilien. Ein Raum enthält gewebte und in Mud Mee-Technik hergestellte Stoffe der aus Laos eingewanderten Thai Khrang, ein anderer Wickelröcke (Pha Sin) aus verschiedenen Regionen und ein weiterer Kleidung der Königin. Im Erdgeschoss werden Textilien und Stoffe verkauft.

Auf dem Universitätsgelände befindet sich auch eine **Art & Culture Galerie**, ✆ 055-302 109, mit Arbeiten thailändischer Künstler. Studienzwecken dient eine Datenbank, die über klassischen Tanz und Musik informiert. ⌚ Mo–Fr 9–15 Uhr.

Übernachtung

Untere Preisklasse

Bon Bon Gh. ⑧, Phaya Lithai Rd., ✆ 055-219 058, 081-707 7649. Kleines, nach hinten versetztes, ruhiges und sauberes Haus. Zimmer mit Ventilator oder AC und TV. ❷–❸

Lithai Gh. ⑦, 73/1-5, Phaya Lithai Rd., ✆ 055-219 626. Eher ein Hotel als ein Guest House in zentraler Lage. Saubere, ruhige Zimmer mit Ventilator oder AC, Kühlschrank, TV, Fliesenböden. Im 3. Stock einfache, kleine Zimmer mit dünnen Matratzen, TV und sauberen Gemeinschaftsduschen getrennt für Männer und Frauen. Die teureren Zimmer inkl. Frühstück und unbegrenztem Kaffee im Steak Cottage. ❷–❸

London Hotel ⑥, Soi 1, Buddha Bucha Rd , ✆ 055-225 145. Einfaches, etwas aufgefrischtes, altes chinesisches Hotel in einem bunt bemalten Holzhaus. 8 kleine Zimmer für anspruchslose Traveller mit Ventilator und Gemeinschaftsdusche, teilweise ohne Fenster, aber sauber. Im EG Coffee Shop und Pub. ❶

Mittlere Preisklasse

Die meisten der etwa 20 Hotels liegen in einer Preisklasse von unter 800 Baht. Einige neue Hotels bieten komfortable Zimmer ab 1000 Baht. Die billigeren sind nur in Thai beschriftet.

Amarin Nakorn Hotel ⑤, 3/1 Chao Phraya Rd., ✆ 055-219 069-78, 📠 219 044. Im Zentrum, saubere AC-Zimmer mit TV und Kühlschrank, aber vorn stört der Straßenlärm. Schöne Lobby, freundliches Personal. Im EG neben dem Eingang 24-Std.-Coffeeshop mit englischer Karte. ❸–❺

Leelawadi Hotel ⑨, 227/162 Boromtra Lokkanat Rd., ✆ 055-244 999, 💻 www.leelawadeeparkandhotel.com. Neues Hotel, Zimmer mit weißen Schleiflackmöbeln und schwarz gefließten Böden. WiFi und Frühstück inkl. ❹–❺

Pailyn Hotel ③, 38 Boromtra Lokkanat Rd., ✆ 055-252 411-5, 📠 225 237. Große, saubere Zimmer mit Minibar, TV, Bad und Balkon, inkl. Frühstücksbuffet. Im Restaurant gibt's Pizza. ❹

Petchpailyn ④, 4/8 Athitayawong Rd., ✆ 055-219 433-4. Das günstigere Schwesterhotel liegt um die Ecke. Große, unspektakuläre Zimmer. ❸

Topland Hotel ②, 68/33 Ekathotsarot Rd., ✆ 055-247 800-9, 📠 247 815, 💻 www.toplandhotel.com. 17-stöckiges, etwas in die Jahre gekommenes Hotel mit direkter Verbindung zum Shopping Center. Chinesisches Restaurant, Pub, Fitnesscenter, Pool. Kostenloser Shuttlebus zum Airport. ❹–❺

Obere Preisklasse

Yodia Heritage Hotel ①, 89/1 Buddha Bucha Rd., ✆ 055-259 846, 💻 www.yodiaheritage.com. Neues, kleines Boutique-Hotel. 21 individuell eingerichtete Deluxe-Zimmer in warmen Farben

Phitsanulok

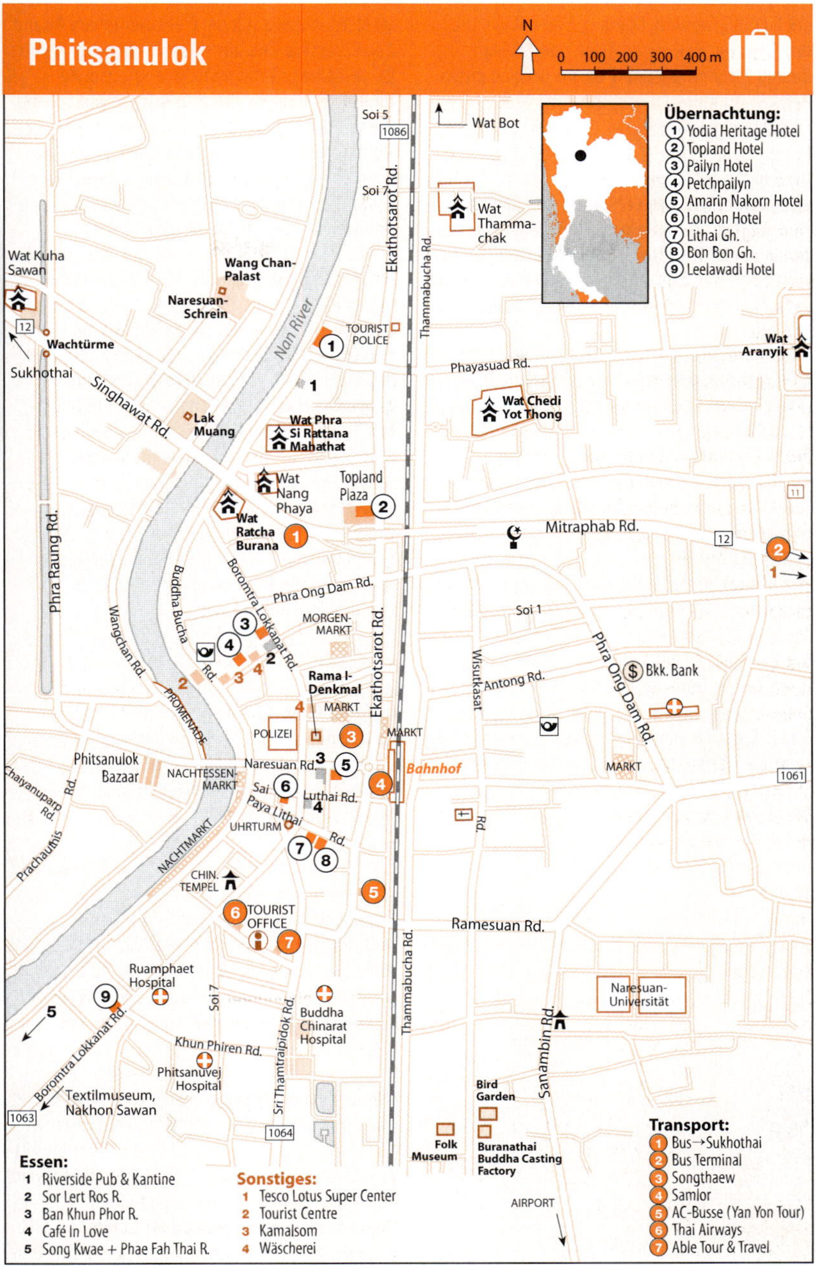

mit Flachbildschirm, Minibar, Bad mit Wanne und Dusche, Balkon mit Tisch und Stühlen. Zudem 2 Suiten. Kleiner Pool im Hof und gutes Restaurant an der Uferstraße. WiFi und Frühstück inkl. ❻

Essen

Viele Straßenstände verkaufen die regionale Nudel-Spezialität *mie sueh*, z. B. in der Gasse westlich vom Amarin Nakhon Hotel und südlich vom Yodia Heritage Hotel. In der Nachbarschaft des Lithai und Bon Bon Gh. gibt es **Curry-Restaurants**.

Im **Topland Plaza** sind die Filialen der internationalen Fastfood-Ketten zu finden. Im Obergeschoss ein preiswerter Essensmarkt. ⌚ bis 21.30 Uhr.

Steak Cottage, im Erdgeschoss des Lithai Gh., AC-Restaurant mit englischer Speisekarte. Thai- und Continental-Frühstück, abends auch Schweinefleisch mit Sauerkraut. ⌚ 7–14 Uhr und 17–21 Uhr.

Das **Mangklar** im Pailyn Hotel hat ein Open-Air-Restaurant und eine Bar. Hier gibt es zum BBQ frisch gezapftes Bier.

Sor Lert Ros, an der Ecke neben dem Pailyn Hotel, nur in Thai ausgeschildert, serviert gutes thai-chinesisches Essen (leckere Hähnchen). Der 1. Stock ist klimatisiert. Viele Gerichte sind nicht auf der englischen Speisekarte gelistet – auf den Nachbartischen umsehen.

Ban Khun Phor, gegenüber dem Amarin Nakorn Hotel, ein nett eingerichtetes AC-Restaurant mit traditioneller Thai-Küche. ⌚ 10–14 Uhr und 17–23 Uhr.

Hier fliegt das Gemüse auf den Teller

Auf dem **Nachtmarkt** am Nan-Fluss wird von 18–24 Uhr gekocht. Die meisten Stände verkaufen Textilien. Am nördlichen Ende haben einige Restaurants mit englischer Speisekarte Tische in Flussnähe aufgestellt. Die Attraktion ist der Flying Vegetable-Stand, dessen Künste ab 21 Uhr, bei Buchungen durch Reisegruppen auch früher, bestaunt werden können. Tagsüber findet hier ein normaler Markt statt und von 4–7 Uhr der Morgenmarkt.

Im Norden der Stadt am Flussufer ist am Abend das **Riverside Pub** eine gute Adresse für einen Drink. Mittags kann man die angrenzende **Kantine** besuchen, wo sich Angestellte aus der Umgebung auf dem Boden sitzend und die Beine im Freien baumelnd ihre *mie sueh* schmecken lassen. Mittlerweile haben 2 weitere Läden das Konzept kopiert.

Song Kwae, das Hausboot-Restaurant, ✆ 055-242 167, ist am Ufer vertäut. Hier speist man unter freiem Himmel. Mückenschutzmittel mitnehmen! ⌚ 11–23 Uhr.

Daneben liegt das Hausboot-Restaurant **Phae Fah Thai**, ✆ 055-242 743. Ab 19 Uhr fährt es den Fluss auf und ab. Das Essen fanden einige Leser etwas geschmacklos und teuer.

Fah Thai Farm, am KM 121, 9 km südlich der Stadt am H117 Richtung Nakhon Sawan, ✆ 055-245 199. Spezialität des in Thai ausgeschilderten Gartenrestaurants sind Prawns. ⌚ 10–22 Uhr.

Liebhaber von Kuchen und Gebäck finden zahlreiche **Bäckereien** in der Stadt, z. B. am Uhrturm im **Café In Love**.

Unterhaltung

Rings um das Paylin Hotel konzentrieren sich mehrere Pubs. Getanzt wird in der Disco am **Leelawadi Hotel**.

Im **Phitsanulok Bazaar**, einem Viertel mit zahlreichen Bars jenseits der Brücke, öffnen ab 19 Uhr Restaurants und Discos.

Sonstiges

Autovermietungen

Budget, im Flughafen, ✆ 055-301 020.
Avis, im Flughafen, ✆ 055-242 060.
Able Tour & Travel, 55/45 Boromtra Lokkanat Rd., nahe dem Tourist Office, ✆ 055-246438, 📠 242 206, vermietet PKW und Minibusse.

Einkaufen

Lohnend ist ein Bummel über den großen Markt nördlich vom Uhrturm oder durch die Läden in der Ekathotsarot Rd. Beliebt ist der **Nachtmarkt** an der Uferpromenade, ⌚ bis 22 Uhr. Im **Topland Plaza** gibt es Markenwaren und einen Supermarkt. **Tesco Lotus Super Center**, am H12 am östlichen Stadtrand, Bus 1, ⌚ 9–23 Uhr

Feste
Am 6. Tag des zunehmenden Mondes im 3. Mondmonat (meist Ende Februar) findet **The Phra Buddha Chinarat Fair** statt. Zu Ehren der verehrten Buddhastatue im Wat Mahathat gibt es Theater, Tänze und einen Jahrmarkt. Am dritten Septemberwochenende werden auf dem Nan-Fluss **Bootsrennen** veranstaltet.

Informationen
Hilfreiche Informationen im **Tourist Office**, 209/7-8 Boromtra Lokkanat Rd., ✆ 055-252 742–3, ☏ 231 063, ✉ tatphlok@tat.or.th. Stadtpläne, Broschüren, ein lokaler Busfahrplan und eine Karte vom H12 (s. u.) sind hier erhältlich. ◷ 8.30–16.30 Uhr.
Tourist Centre, das städtische Informationszentrum, in einem hölzernen Pavillon am Fluss hat zwar weniger Infos, doch das hübsche Haus mit historischen Fotos lohnt einen Besuch.

Internet
Einige Internet-Cafés gibt es u. a. im Vergnügungsviertel auf der anderen Flussseite. **Apinet** in der Nähe des Pailyn Hotels und neben dem Topland Plaza.

Massagen
Kamalasom, Zentrum für traditionelle Massage und Medizin, gegenüber dem städtischen Tourist Centre, ✆ 055-252 052, ◷ 8.30–16.30 Uhr. Hier kosten 1 1/2 Std. Thai-Massage 200 Baht. Auch im kleinen Park neben dem Tourist Centre und auf dem Nachtmarkt kann man sich unter freiem Himmel massieren lassen.

Medizinische Hilfe
Buddha Chinarat Hospital, an der Sri Thamtraipidok Rd. (H1064), ✆ 055-219 844–52. Staatliches Krankenhaus.
Phitsanuvej Hospital, Khun Phiren Rd., ✆ 055-219 941-50.
Ruamphaet Hospital, Boromtra Lokkanat Rd., ✆ 055-219 307-16.

Motorräder
PN Motor Shop, 834/271 Mitrapab Rd., ✆ 055-242 424, 211 880, am Busbahnhof. ◷ tgl. außer So 8.30–20 Uhr.

Post
Das Hauptpostamt liegt an der Uferstraße.

Tourist Police
Hilfsbereite Polizisten im Stand am Busbahnhof. Büro in der Ekathotsarot Rd., ✆ 055-245 357-8, Notruf ✆ 1155.

Nahverkehr

Samlor / Sielor
Viele der 3- und 4-rädrigen Tuk Tuks stehen am Bahnhof. 45-minütige Touren für 250 Baht (2 Pers.) werden von den Hotels vermittelt. Ansonsten zahlt man für mittlere Strecken 30 Baht – Handeln erforderlich. Eine Fahrt zwischen Busbahnhof und Stadt kostet max. 80 Baht.

Stadtbusse
In der Stadt 5 Baht (AC 5–25 Baht). Bus Nr. 1 fährt zum Busbahnhof, Bahnhof und Topland Plaza, Nr. 8 zum Bus Terminal, außerdem zur Buddha Casting Factory und dem Folk Museum, Nr. 12 vom Busbahnhof zum Textilmuseum.

Stadtrundfahrten
Mit der **Phitsanulok Tour Tramway** für 30 Baht von 9–15 Uhr etwa alle 30 Min. ab Wat Mahathat (Wat Yai). Erläuterungen nur auf Thai.

Transport

Busse
Vom Busbahnhof im Nordosten der Stadt fährt u. a. der Stadtbus Nr. 1AC für 25 Baht zum Bahnhof und in die City. Busse nach Bangkok bietet **Phitsanuloke Yan Yon Tour**, Thammabucha Rd., ✆ 055-258 647, 258 941. Andere Gesellschaften im Busbahnhof.
BANGKOK, ständig von 8–16.30 und 18–24 Uhr für 240–410 Baht, VIP-24 um 23.30 Uhr für 470 Baht in 5–6 Std.
CHIANG MAI, über Tak 7x tgl. von 5.40–13.20 und um 19.15 Uhr für 270 Baht, über Uttaradit 6x tgl. von 10.30–23.45 Uhr für 290/340 Baht in 6 Std.
CHIANG RAI, auf der alten Route um 5.30, 8, 9.30 und 10.30 Uhr für 290 Baht in 8 Std. Schnellere Busse auf der neuen Route um 11.20 und 16 Uhr sowie von 19.30–2.30 Uhr für 270–400 Baht in 7 Std.

KAMPHAENG PHET, etwa stdl. für 60–80 Baht in 3 Std.
KHON KAEN, 12x tgl. von 9.30–2 Uhr für 220–280 Baht in 6 Std.
KORAT, viele Busse von 9.30–2 Uhr für 270–390 Baht in 7 Std.
LOEI über DONSAK, 9x tgl. von 6.30–16 Uhr für 150/185 Baht in 4 Std.
MAE SOT, Minibus stdl. von 7–12 und um 14 und 15 Uhr (über Sukhothai) für 120 Baht in 5 Std.
NAKHON SAWAN, etwa stdl. für 90 Baht in 2 1/2 Std.
NAN, 7x tgl. von 7.30–17.30 und um 24 Uhr für 120–240 Baht in 6 Std.
PHRAE, mit Nan-Bussen zum selben Preis in 5 Std.
SUKHOTHAI, stdl. von 5.40–19.15 Uhr für 50 Baht in 1 1/2 Std.
TAK, non-AC-Bus etwa stdl. von 5.20–17 Uhr für 70/95 Baht in 3 1/2 Std.
UDON THANI, 7x tgl. für 230/300 Baht in 7 Std.

Eisenbahn

Fahrplan s. S. 898–899. Der Bahnhof, ✆ 055-258 005, ist eines der wenigen Gebäude, das den Brand von 1959 unbeschadet überstanden hat. Gepäckaufbewahrung 10 Baht. Nach BANGKOK zudem ein RAP um 19.20 Uhr. Tickets in der 1./2./3. Kl. 1170/310/220 Baht, bis AYUTTHAYA 1140/290/200 Baht. Bis Lopburi zudem ein ORD um 13.45 Uhr.
Nach CHIANG MAI für 1145/300/220 Baht.
Auf einer Stichlinie nach SAWANKHALOK um 16.06 Uhr für 50 Baht in 2 Std., zurück um 19.40 Uhr.

Flüge

Tuk Tuks für max. 300 Baht fahren zum Flughafen.
Thai Airways, neben dem TAT-Office, ⏲ Mo–Fr 8–17 Uhr. 2x tgl. nach Bangkok.
Orient Thai (one-two-go), 💻 www.fly12go.com. 1x tgl. nach Bangkok.

Auf dem Highway H12 nach Osten

Eine schöne Route führt von Phitsanulok auf dem gut ausgebauten H12 nach Osten. Mit einem eigenen Fahrzeug lassen sich viele Naturattraktionen aufsuchen. Auch mit Überlandbussen oder mit Touren ab Phitsanulok kann man einige Orte erreichen. Die Wasserfälle und Stromschnellen sind während und kurz nach der Regenzeit am schönsten, aber auch nicht spektakulär. Bei ausreichend Wasser kann man den Nam Keg auch mit dem Schlauchboot erkunden.

Die Straße führt durch ein Tal mit mehreren Wasserfällen, darunter am KM 45, neben der Hauptstraße, der **Kaeng Song-Wasserfall** mit einem großen Parkplatz und Garküchen jenseits der Straße. Am Nam Keg gibt es mehrere Salas und Picknickplätze, Essen und Getränke werden gebracht. Oberhalb der Hängebrücke, die von Motorrädern befahren werden kann, können LKW-Schläuche und in der Trockenzeit auch Tretboote gemietet werden. In der Regenzeit (Juni–Oktober) führen mehrere Veranstalter, die ihre Büros neben der Straße haben, Rafting Trips durch. Die zwei- bis dreistündigen Touren durch Stromschnellen bis zu Grad 4–5 starten zwischen dem KM 52 und 53. Direkt unterhalb des Wasserfalls werden am Fluss wenig inspirierende Bungalows vermietet. Weitaus schöner logiert man im nur 100 m entfernten Rain Forest Resort.

Nach Norden geht es am KM 49 auf einer Stichstraße zum **Dhamma Abha Vippassana Meditation Centre**, ✆ 02-993 2711, 💻 www.thai.dhamma.org. Beim KM 59,8 führt rechts eine 2 km lange Straße bis zum **Poi-Wasserfall**, einem beliebten Picknick- und Autowaschplatz. Bei Niedrigwasser kann man auf die andere Seite des Flusses waten.

Beim KM 68 zweigt die Straße H2013 Richtung Norden nach Nakhon Thai ab (29 km). Etwa stündlich fahren Busse. An der Abzweigung liegen einige Restaurants. Nach 24 km zweigt vom H2013 die asphaltierte Straße H2331 zum **Phu Hin Rong Kla National Park** ab, 31 km, Eintritt 200 Baht. Vor dem Eingang zum Nationalpark liegen einige Hmong-Dörfer, deren Bewohner entlang der Straße Stickereien verkaufen. Die **Rom Klao-** und **Paradon-Wasserfälle** liegen 5 km vom Headquarter, 1 km abseits der Straße zur ehemaligen kommunistischen Schule entfernt.

Das Hochplateau um den **Phu Hin Rong Kla**, 40 km von der laotischen Grenze entfernt, war seit Ende der 1950er-Jahre das politische und militärische Zentrum der Kommunistischen Partei Thailands (CPT) und ihres bewaffneten Arms, der PLAT (People's Liberation Army of Thailand). Heute durchwandern Thai-Familien auf einem 3,5 km langen Rundweg die Schützengräben und Stellungen. Von einigen Felsen blickt man weit über die Ebene hinweg. Zudem wurde ein kleines Museum eingerichtet. Historisch Interessierte können unter der Führung einstiger PLAT-Angehöriger (leider ohne Englischkenntnisse) die alten Gebäude des Hauptquartiers der Kommunistischen Partei Thailands besichtigen, darunter das Gebäude des Geheimdienstes, der Mensa und eines Ladens. 6 km entfernt stehen im Wald 31 kleine Häuschen um das ehemalige Ausbildungszentrum. Die einfache Reismühle am Fluss wird durch Wasserkraft angetrieben. Visitor Centre ◷ 8.30–16.30 Uhr. Hintergrundinformationen zum kommunistischen Widerstand in den Bergen s. eXTra [2957].

Vom H12 führt beim KM 71 eine 2,4 km lange Straße zum **Kaeng Sopha-Wasserfall**, dem größten Wasserfall des Flusses. Hinter den Essenständen am Parkplatz geht ein Fußweg 200 m hinab zum dreistufigen Fall. Da der Wasserfall bereits zum Thung Salaeng Luang Nationalpark gehört, werden 200 Baht Eintritt fällig. Beim KM 79,4 liegt das Headquarter des **Thung Salaeng Luang National Park**, ✆ 055-268 019, Eintritt 200 Baht, in dem eine nur in Thai beschriftete Ausstellung über Fauna und Flora informiert. Ein 3,7 km langes Sträßchen führt durch den lichten Hochlandwald zu einem Picknickplatz am Fluss (vom Eingang aus zweimal rechts und dann an der Gabelung nach links). Andere Bereiche des 1262 km^2 großen Parks sind mit Grasland, Kiefern und Bambus bewachsen. Der H12 führt weiter über brandgerodete Berge Richtung Osten nach Lom Sak (KM 130), wo Richtung Osten die Kilometerzählung erneut bei 0 beginnt.

Bei KM 100,5 an der großen Ampelkreuzung zweigt der H2196 Richtung Süden zum höchsten Berg, dem **Khao Kho**, ab. Nach 21 km liegt auf einem Hügel das Pendant zum Phu Hin Rongkla National Park. Anfang der 1980er-Jahre befand sich hier eine große **Artilleriestellung** der Regierungstruppen, von der aus die umliegenden Stellungen der PLAT unter Feuer genommen wurden. Auch hier wurde ein kleines Museum eingerichtet. Ab und an läuft ein aufschlussreiches Video über die Kämpfe. Für die toten Regierungssoldaten wurde ein Obelisk aufgestellt.

Auf der gegenüberliegenden Hügelkette steht der **Khao Kho Palace** (34 km), eine moderne, gut bewachte königliche Residenz, die nicht besichtigt werden kann. Leider kommt man ohne eigenes Transportmittel nicht in die Bergwelt des Khao Kho. Auch die Übernachtungsmöglichkeiten, wie die gigantischen Resorts am KM 104, sind auf Thai-Urlauber ausgerichtet. Danach geht es steil hinab. Einige letzte Aussichtspunkte mit Obst-, Gemüse- und Blumenmärkten gibt es bis zum KM 108.

Nun bieten sich zwei Möglichkeiten: dem H12 weiter Richtung Khon Kaen im Nordosten zu folgen oder über das uninteressante Verwaltungszentrum **Phetchabun** auf dem H21 durch eine agrarisch geprägte, untouristische Region nach Lopburi zu fahren.

Übernachtung

Das kühle Hochlandklima, die Wälder und Wasserfälle wirken wie ein Magnet auf einheimische Urlauber. Ausländer verirren sich selten hierher, sodass in den Ferienanlagen nur selten Englisch gesprochen wird.

Sappraiwan Grand Hotel & Resort, beim KM 53, ✆ 055-293 293, 💻 www.resort.co.th.

Ein Platz zum Entspannen

Rain Forest Resort, beim KM 44,2, Mittaphap Rd., ✆ 055-293 085-6, 💻 www.rainforestthailand.com. Gepflegte, empfehlenswerte Anlage. An einem Hang in einem üppigen Garten stehen schöne, mit Naturstein und viel Holz individuell gestaltete 1- und 2-stöckige, teils etwas kleine AC-Bungalows mit Balkon und Du/WC. Die Mehrausgabe für die größeren und hübscher eingerichteten Suites lohnt. Auch ein Haus für Gruppen mit eigenem Fitnessraum. Am Fluss ein Badeplatz mit Pavillons und komfortablen Liegen. Gutes Restaurant mit Thai-Küche. Von Juni bis Okt. Rafting-Touren auf dem Khek River für 1550 Baht p. P. Die englischsprachige Managerin Khun Phannee führt die kleine Anlage mit großer Professionalität. So–Do 30 %, Fr und Sa 20 % Rabatt. ❹–❻

Komfortable Bungalows in einer weitläufigen Parkanlage. Die 1 km lange Zufahrtsstraße wird gesäumt von gewaltigen Elefanten und Dinosauriern aus Beton. Pool. ❺

Nationalpark-Bungalows, im Phu Hin Rongklao National Park, beim Headquarter, ✆ 055-233 527, ✆ 02-562 0760, 💻 www.dnp.go.th. Etwa 500 m unterhalb des kommunistischen Camps, mit Zeltplatz und Restaurant. ❸–❹

Weitere Bungalows rings um das Headquarter des Thung Salaeng Luang National Park am KM 79,4. Sie sind z. T. mit Küchen ausgestattet, bieten 5–12 Pers. Platz und sind an Wochenenden und in den Ferien meist ausgebucht. ❸–❹

Khaokho Talaypu Natural Farm, 137 Moo 5, Toongsmoh Khao Kho, ✆ 056-750 061, 💻 www.khaokhonaturalfarm.com. 7 km südlich vom H12 am H2196. In fast 1000 m Höhe werden auf dieser ganzheitlich orientierten Farm Gemüse, Kräuter, Obst, aber auch verschiedene Reissorten ohne Einsatz von Pestiziden oder Herbiziden angebaut und natürliche Öle gewonnen. Im kleinen Restaurant mit englischer Karte kann man einiges davon probieren und in einem Laden die hauseigenen Produkte kaufen. Zudem werden Massagen und Bäder angeboten. Auf dem weitläufigen Gelände sind Häuser verschiedener Ausstattung zu mieten, von Zelten und kleinen Hütten für 2 Pers. mit Du/WC (Piney Wood Homes) bis zum zweistöckigen Country Lake Home mit Kamin und Teakholz-Badewannen. Während der Woche Rabatt. ❸–❻

4 HIGHLIGHT

Sukhothai

Die Stadt Neu-Sukhothai (41 000 Einw.) eignet sich hervorragend für eine Verschnaufpause, während die seit 1991 zum Weltkulturerbe erklärten Ruinen von Alt-Sukhothai, Si Satchanalai und Kamphaeng Phet Kulturinteressierte über mehrere Tage hinweg fesseln können, s. 💻 whc.unesco.org. Wer in Alt-Sukhothai wohnt, kann die kühlen Morgen- und Abendstunden besser nutzen, um die Tempel zu besuchen.

Sukhothai gilt als die Wiege Thailands. Als die Thai aus dem Norden einwanderten, eroberten sie im Jahre 1238 auch das Gebiet um die Khmer-Siedlung, aus der das spätere Sukhothai entstand. Mit Hilfe einer schlagkräftigen Armee und geschickter Diplomatie brachten sie weite Landstriche unter ihren Einfluss. Der „Vater Thailands", König Ramkhamhaeng (1275–1317), entwickelte hier aus der Mon-Schrift das heute noch gebräuchliche Thai-Alphabet. Ceylonesische Mönche, die der König ins Land holen ließ, sorgten für die Verbreitung der buddhistischen Lehre (Theravada-Buddhismus) und verdrängten die kulturellen Einflüsse der Khmer und des alten Thai-Animismus. Die im typischen Khmer-Stil errichteten religiösen Heiligtümer wurden umgebaut und dem Geschmack der Zeit angepasst.

Ramkhamhaeng verstand es geschickt, aus vielfältigen kulturellen Einflüssen ein einheitliches Staatsgebilde zu formen. Sukhothai wurde zum ersten großen Machtzentrum der Thai – eine prächtige, schwer befestigte Stadt mit zahlreichen Tempeln und einer imposanten Palastanlage. Doch der mächtige Stadtstaat zerfiel unter Ramkhamhaengs Nachfolgern und unterlag Mitte des 14. Jhs. dem aufstrebenden Ayutthaya.

Das Weltkulturerbe per Rad erkunden

Sofern die Hitze nicht allzu groß ist, eignen sich die alten Ruinenstädte Sukhothai, Si Satchanalai und Kamphaeng Phet bestens für Radtouren. An den Eingängen zu allen historischen Parks werden Fahrräder günstig vermietet. Da im Gebiet um Sukhothai, das zum Weltkulturerbe gehört, keine Industrie angesiedelt werden darf, ist dies eine der wenigen Regionen in der zentralen Tiefebene, wo man abseits der Hauptstraßen auf schmalen Landstraßen durch eine wunderschöne Kulturlandschaft, an Kanälen und Flüssen entlang zu ursprünglichen Dörfern radeln kann. In Neu-Sukhothai werden interessante geführte Radtouren in die Umgebung angeboten.

Alt-Sukhothai

Wer Interesse an der Geschichte Thailands hat, sollte sich Alt-Sukhothai nicht entgehen lassen. Hierher kommen längst nicht so viele Touristen wie nach Ayutthaya. Die Ruinenstadt wird heute **Old Sukhothai Historical Park** genannt.

Eintritt

Die Anlage ist in fünf Gebiete eingeteilt. In jedem kostet der Eintritt für Ausländer 100 Baht, Museum extra. Das Kombiticket für alle fünf Zonen für 350 Baht ist nur einen Tag gültig. Fahrräder, in diesem weitläufigen Gelände sehr zu empfehlen, und Mopeds kosten jeweils 10 bzw. 20 Baht, PKW 50 Baht. ⏲ 6–21 Uhr. Nach 16 Uhr finden kaum noch Ticketkontrollen statt. Sa abends werden im Zentrum die Ruinen erleuchtet.

Im Zentrum

Eine **Stadtmauer** mit einem Graben im Rechteck von 1810 x 1400 m umgibt das Stadtgebiet, in dem die Relikte von 16 Tempeln und vier Hinduschreinen stehen. Hinzu kommen etwa 70 weitere Ruinen außerhalb der Stadtmauer.

Die Ausstellungsstücke im Erdgeschoss des **Ramkhamhaeng National Museum** vermitteln einen guten Überblick über die Kunst der Sukhothai-Periode (s. S. 128). Im Zentrum des Hauptgebäudes ist ein für den Sukhothai-Stil typischer **schreitender Buddha aus dem 14. Jh.** ausgestellt, zudem zahlreiche Buddhaköpfe, Hindustatuen, Stuckfriese, Keramiken und andere frühe Funde. Überdies sind die Bilder aus dem geschlossenen, schmalen Treppenaufgang im Wat Sri Chum zu sehen. Im ersten Stock sind Kunstwerke aus anderen Epochen sowie Alltagsgegenstände und Waffen ausgestellt. ⏲ 8.30–16 Uhr, Eintritt 100 Baht.

Im Zentrum der Stadt liegt **Wat Mahathat**, der königliche Tempel. Er war seinerzeit das größte religiöse Heiligtum des Landes. Auf einer Fläche von 240 x 280 m wurden seit 1953 neben dem zentralen Chedi, dem Unterbau der Ordinationshalle und dem Viharn noch 209 kleine Chedis und viele andere Gebäude ausgegraben. Im Mittelpunkt erhebt sich auf einem hohen, quadratischen Sockel der **zentrale Chedi**, der von vier kleineren Stupas und Vorhallen umgeben ist. Viele der kleineren Bauwerke weisen Merkmale des Khmer-Stils auf, z. B. tanzende Frauen, Fragmente kambodschanischer Apsaras, die auch die Tempel von Angkor schmücken.

Der Hauptchedi ist jedoch bereits ein typisches Beispiel für den **Sukhothai-Stil**. Der runde, untere Teil des Chedi wird von einer Lotosknospen-Spitze gekrönt. Der Sockel ist mit Reliefs geschmückt – die andächtig schreitenden Figuren stellen Buddhas Jünger dar. Richtung Osten schließt der große Bot an, dessen sechs Säulenreihen früher einmal das hölzerne Dach trugen. Die Buddhafiguren sind restauriert und an ihrem alten Platz aufgestellt worden.

Weiter im Süden erheben sich die drei Laterit-Prasat von **Wat Sri Sawai**. Sie waren im 13. Jh. als brahmanischer Schrein im Khmer-Stil erbaut worden. Später wurde das hinduistische Heiligtum in einen buddhistischen Tempel umgewandelt. Bei Ausgrabungsarbeiten fand man neben Buddhafiguren auch Shiva-Statuen. Die Stuckdekorationen wurden während der jüngsten Restaurierungsphase nicht immer sehr gelungen restauriert.

Nördlich des königlichen Tempels liegt **Wat Sra Si** auf einer Insel in einem See. Der Stupa im ceylonesischen Stil ist gut erhalten, während vom Bot nur Ruinen übrig geblieben sind. Hier wird alljährlich im November das große Lichterfest Loi Krathong gefeiert.

Das **Denkmal** in der Nähe stellt König Ramkhamhaeng dar, dem das Land u. a. die Thai-Schrift verdankt. Einheimische Besucher drücken ihre Verehrung mit zahlreichen Blumengaben aus. Vom **Wat Trakuan** blieb nur der große Chedi in Glockenform übrig.

Im Norden

700 m weiter im Nordosten liegt **Wat Phra Phai Luang**, das bereits zu Khmer-Zeiten im 12. Jh. ein bedeutendes hinduistisches Heiligtum, wenn nicht gar das Zentrum der Khmer-Hauptstadt, gewesen sein soll. Nur der nördliche der drei Türme ist erhalten geblieben. Die Reste der gesamten Anlage mit dem quadratischen Stupa, mehreren Klostergebäuden, dem Mondop und einer Kapelle, die einen ruhenden Buddha beherbergt, wurden vollständig restauriert. Bei diesen Arbeiten fand man in den zugemauerten Nischen des Chedi zahlreiche Buddhafiguren.

Alt-Sukhothai (Old Sukhothai Historical Park)

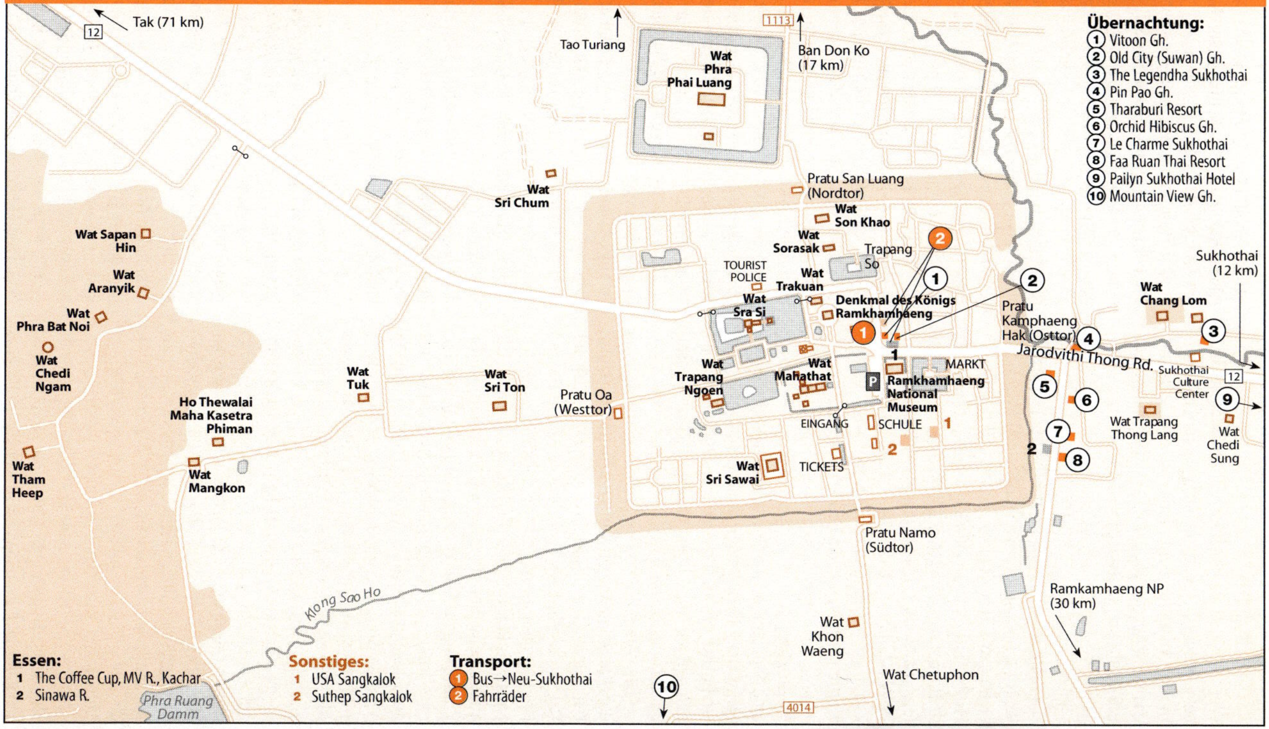

Großer Buddha in kleinem Tempel

Zu den Ruinen im Norden nimmt man am besten den nordwestlichen Ausgang. Knapp 1 km entfernt erhebt sich **Wat Sri Chum** mit dem riesigen sitzenden Buddha Phra Atchana aus dem 14. Jh. Der quadratische, nach oben offene Mondop mit einer Seitenlänge von 30 m, einer Höhe von über 11 m und einer Wandstärke von 3 m war ursprünglich von einem Wassergraben umgeben. Das Innere wird fast vollständig von der imposanten Buddhafigur eingenommen. Leider ist der schmale Gang innerhalb der Mauer auf den Tempel hinauf gesperrt.

Nördlich davon liegen verstreut unter Schutthügeln verfallene und restaurierte **Kilns** (Tao Turiang), ca. 6 m lange und 3 m breite Brennöfen aus Ziegelstein, in denen die berühmte Sawankhalok-Keramik *(Seladon)* hergestellt wurde. Ende des 13. Jhs. wurde diese feine Keramik hier bereits von chinesischen Handwerkern produziert und in den gesamten südostasiatischen Raum exportiert (s. S. 131). Anfangs wurden vier verschiedene Seladon-Arten produziert: cremefarbige Keramik ohne Design und solche mit Sonnen-, Fisch- und Blumenmotiven.

Im Westen

Wem die Ruinenanlage innerhalb der Stadtmauer zu stark restauriert vorkommt, der sollte sich die auf einem weitläufigen Areal verstreuten **Westlichen Ruinen** nicht entgehen lassen. Die ersten Ruinen hinter dem ehemaligen Westtor, dem Pratu Oa, mitten in den Feldern sind stark zerfallen. Besser erhalten ist **Wat Mangkon** mit einem **Chedi** im ceylonesischen Stil. Die Ruinen am Berghang erfordern schweißtreibende Aufstiege. Besonders lohnend ist das **Wat Sapan Hin** mit einer 12,5 m großen, stehenden **Buddhastatue** auf dem 50 m hohen Hügel – der beste Platz zum Sonnenaufgang. Am verschmutzten Stausee vorbei lässt sich auf Fahrwegen Richtung Osten zu den südlichen Ruinen die Rundfahrt komplettieren.

Im Süden

Durch das südliche Stadttor, Pratu Namo, kommt man nach etwa 1,5 km auf einer ruhigen Landstraße zum **Wat Chetuphon**. Am wuchtigen **Mondop** ist auf zwei Seiten je eine Buddhafigur in stehender und schreitender Haltung angebracht. Auf den beiden anderen Seiten sind nur noch Körperreste der hohen Stuckfiguren erhalten, die einst einen sitzenden und einen ruhenden Buddha darstellten.

Neu-Sukhothai

Die heutige Stadt Sukhothai mit ihren über 20 000 Einwohnern liegt 12 km von den Ruinen von Alt-Sukhothai entfernt. In Neu-Sukhothai halten die meisten Busse, und hier befindet sich die Mehrzahl der Gästehäuser. Ein ruhiger, netter Ort – viele Reisende bleiben wegen der guten Atmosphäre länger als geplant. Ein königliches Dekret verbietet die Ansiedlung von Industrie im Umkreis von 12 km um die Ruinen, daher wird sich Sukhothai seinen ländlichen Charakter hoffentlich bewahren.

Der große **Lebensmittelmarkt** mit einem breiten Angebot eignet sich gut zum Bummeln. Er dient zudem als Großmarkt, auf dem bis in die späten Abendstunden LKW-Ladungen voller Tabak, Obst und Gemüse, die von den Feldern in der Umgebung stammen, umgeschlagen werden. Viele Verkäufer leben zwischen Bergen von Melonen, Frühlingszwiebeln und Kohlköpfen. Im Hintergrund läuft ein Fernseher, Babys werden gefüttert und abends die Pritschen zum Schlafen aufgebaut.

Eine Keramikausstellung im **Sangkhalok Museum** lohnt einen Besuch. Das große, klimatisierte Gebäude steht in Neu-Sukhothai, 1,5 km außerhalb des Zentrums, nahe der Kreuzung der Singhawat Rd. und der ersten Umgehungsstraße, Tuk Tuk 40 Baht. Auf zwei Stockwerken ist eine umfangreiche Ausstellung zu sehen, die einen hervorragenden Überblick über die Geschichte der Sawankhalok-Keramik, die Fundgebiete, ihre Verwendung und Verbreitung vermittelt. ✆/℻ 055-614 333, ⌚ 8–17 Uhr, Eintritt 100 Baht.

Wat Thawet

An der Straße zum Airport, dem H1195, steht 10 km nordwestlich der Stadt, 300 m rechts hinter der Schule das Wat Thawet, das seit dem Tod des Erbauers von dessen Sohn Banthoeng gepflegt wird. Abt Long Po Som Rong hat im Garten lebensgroße Figuren aus Beton formen und bunt anmalen lassen, die leseunkundigen Dorfbewohnern die buddhistischen Legenden nahebringen sollen. Für Touristen liegt an der Donation Box eine Mappe mit Erläuterungen in Englisch aus.

Hinter dem Tempel ist ein Einbaum aufgestellt, der aus dem Fluss geborgen wurde. Dorfbewohner versuchen, in den Maserungen Glückszahlen für die Lotterie zu entdecken.

Hier führt eine lange Hängebrücke über den Yom-Fluss. Das Wat lässt sich in einem schönen Ausflug per Fahrrad oder Motorrad besuchen. Es geht direkt am Fluss entlang auf Feldwegen durch kleine Dörfer. Tuk Tuk ab Neu-Sukhothai 150 Baht hin und zurück.

Übernachtung

Sowohl im alten als auch im neuen Sukhothai gibt es viele nette Gästehäuser. Das Angebot ist so groß, dass immer irgendwo ein Zimmer frei ist. Viele Gästehäuser schicken Schlepper an den Busbahnhof und holen nach telefonischer Anmeldung Gäste kostenlos ab. Die Hotels kann man in beiden Orten links liegen lassen, denn sie sind nicht nur unpersönlich, sondern oft schmuddelig und ohne guten Service.

Alt-Sukhothai

Karte S. 292

Untere Preisklasse

Old City (Suwan) Gh. ②, 28/7 Moo 3, Jarodvithi Thong Rd., ✆ 055-697 515, 081-8864886. 5 nette, kleine Ventilatorzimmer mit 2 separaten Duschen im 1. Stock eines schönen, alten Hauses, 50 m zurückversetzt nahe der zentralen Kreuzung. Im angrenzenden Reihenhaus mit traditionell gestalteter Fassade weitere Zimmer mit TV. ❶–❸

Vitoon Gh. ①, 49 Moo 3, Jarodvithi Thong Rd., ✆ 055-697 045, ✆ 055-633 397. Hinter dem Shop in 2 Häusern kleine Zimmer mit Ventilator sowie 8 größere mit AC und TV, geflieste Bäder und Böden. Etwas unpersönlich, da es keinen Aufenthaltsraum gibt. Fahrrad- und Motorradverleih. ❷–❸

Mittlere Preisklasse

Faa Ruan Thai Resort ⑧, 9/13 Jarodviteethong Rd., ✆ 055-633 469, 081-886 9951. Neuere Anlage mit Holzhäusern auf einem großen Grundstück mit einigen Bäumen vor den Toren Alt-Sukhothais. 4 Doppelbungalows, 1 Einzelbungalow und ein Familienhaus mit 2 Zimmer. ❹

Mountain View Gh. ⑩, 23/3 Moo 8, Maung Kao, ✆ 055-601 111, 081-740 4449, 💻 thailandholidays.piczo.com. Südlich von Alt-Sukhothai mitten in den Reisfeldern vermieten Malcolm und seine thailändische Frau 10 rustikal eingerichtete AC-Zimmer und 3 mit Ventilator. Swimming Pool, Rad- und Motorrad- und Autovermietung (900 Baht). Frühstück inkl. Kontakt über das M.V. Restaurant. Anfahrt vom Südtor 5 km bis zur Tankstelle, dann 2,7 km rechts. ❸–❹

Orchid Hibiscus Gh. ⑥, ✆ 055-633 284, 081-962 7698, ✉ orchid_hibiscus_guest_house @hotmail.com. Vor dem östlichen Stadttor. Gepflegte Gartenanlage mit 8 Standardzimmern. Solide, 5 geschmackvoll eingerichtete Bungalows mit hohen Betten mit harten Karpok-Matratzen, nicht immer sauberer Wäsche und Baumwollnetzen. 4 Familienbungalows mit Terrasse und kleinem Pool auf der anderen Straßenseite. Frühstück 100 Baht, ansonsten kein Restaurant. Geleitet von Paolo, dessen Art einige Gäste gestört hat. Den Swimming Pool können auch Nichtgäste für 80 Baht nutzen. Der in einem Pavillon platzierte Whirlpool bleibt Gästen für 300 Baht p. P. vorbehalten. WiFi 40 Baht/30 Min. Fahrrad- und Motorradvermietung. ❹

Pailyn Sukhothai Hotel ⑨, 10/2 Moo 1 Jarodvithi Thong Rd., ✆ 055-613 310-5, 💻 www.pailynhotel.com. 2 km vor der alten Stadt. Pool. Service und Essen sind mittelmäßig. Reisegruppen-Unterkunft. Gegenüber gibt es das kleine, hervorragende und preiswerte Restaurant Artitaya, 🕒 11–24 Uhr. ❹

Pin Pao Gh. & Cafe ④, ✆ 055-633 284, 081-962 7698, ✉ orchid_hibiscus_guest_house @hotmail.com. Filiale von Paolo in ähnlichem Stil wie das Orchid Hibiscus. 10-Zimmer-Guesthouse mit farbenfrohen Zimmern hinter und über dem Café an der Hauptstraße. 2-stöckiges Haus mit Terrasse zum Kanal hin mit Hängematten, Liegestühlen und Blick ins Grüne. Kleine farbenfrohe Zimmer mit Himmelbetten und kleinem Bad. Die meisten Zimmer mit Fenstern zum Flur. Café mit DVD-Player. ❸

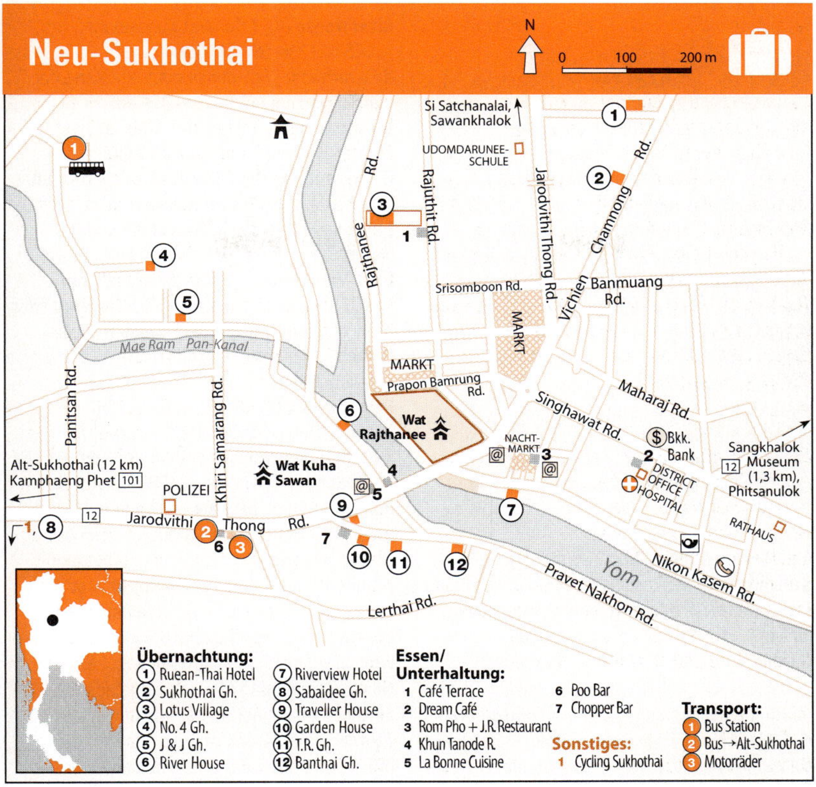

Obere Preisklasse

Le Charme Sukhothai ⑦, 9/9 Moo 3, ✆ 055-633 333, 💻 www.lecharmesukhothai.com. Resort mit 42 Zimmern in Doppelbungalows. Dazwischen ein großer Lotosteich und Pool. Schönes Restaurant. Oft Sonderangebote im Netz. ❹–❻

Tharaburi Resort ⑤, 11/3 Srisomboon Rd., ✆ 055-697 132, 💻 www.tharaburiresort.com. In einem großen Holzhaus im Lanna-Stil im 1. Stock über der Rezeption geschmackvoll mit Thai-Möbeln, Textilien und Porzellan eingerichtete AC-Zimmer mit Gemeinschafts-Du/WC, einige mit TV, sowie 13 Suiten und Deluxe-Zimmer. Kleiner Pool. Kochkurse, Frühstück im hauseigenen Restaurant inkl. ❹–❼

The Legendha Sukhothai ③, 214 Moo 3, Muang Kao, ✆ 055-697 249, 💻 www.legendhasukhothai.com. Luxushotel mit 64 stilvoll eingerichteten Zimmer in Teakhäusern. Restaurant und Pool. Frühstück inkl. ❻–❼

Neu-Sukhothai

s. Karte oben

Untere Preisklasse

Banthai Gh. ⑫, 38 Pravet Nakhon Rd., ✆ 055-610 163, ✉ banthai_guesthouse@yahoo.com. Sauberes Haupthaus mit einfachen Zimmern (Ventilator) und Gemeinschaftsdusche, zudem 8 gemütliche, saubere Holzhütten unterschiedlichen Jahrgangs, einige mit Ventilator, andere mit AC. Im Vorgarten Tische

Was will man mehr?

J & J Gh. ⑤, 122/1 Soi Mae Lampan Rd., ✆ 055-620 095, 081-785 4569, ✉ jjguest@hotmail.com, 💻 www.jj-guesthouse.com. Ruhig gelegene Bungalows zwischen Kanal und Feldern. Nahe dem Pool 8 großzügige Bungalows mit Terrasse, Tischen und TV, 12 Zimmer mit Ventilator oder AC in Doppelbungalows ohne Terrasse, 4 Zimmer in zweistöckigem Haus ohne Terrasse. Das kleine Restaurant im Eingangsbereich lockt mit guter thailändischer und europäischer Küche. Frisches selbst gebackenes Baguette und Brot, empfehlenswerte Joghurt-Shakes und leckeres Müsli. Jim, ihr belgischer Mann Jacqui und deren Sohn James sorgen für gute Laune und eine freundliche Atmosphäre. Touren zum Si Satchanalai und Ramkhamhaeng National Park. ❷–❹

mit Bänken. Offenes Restaurant mit leckeren Gerichten und Shakes. Beliebt ist das Masaman Curry. Guter Service, angenehme Atmosphäre. ❶–❸

Garden House ⑩, 11/1 Pravet Nakhon Rd., ✆ 055-611395, ✉ tuigardenhouse@yahoo.com. Im Haupthaus günstige Zimmer und Restaurant im Erdgeschoss. Dahinter einfache, hellhörige Bambus-Bungalows mit Ventilator oder AC und Balkon in einer schmalen, langen Gartenzeile. Restaurant an der Soi mit gutem Kaffee. Mopedverleih (150/250 Baht). Die hilfsbereite Goi und ihre Familie managen auch das gegenüber liegende **Traveller House** ⑨. Hier 17 einfache Zimmer mit oder ohne Dusche, von denen manche an der lauten Hauptstraße liegen. ❶–❷

No. 4 Gh. ④, 140/4 Soi Klong Mae Lampan, Jarodvithi Thong Rd., ✆ 055-610 165. Um einen kleinen Garten mit Blumen und Moskitos stehen 9 einfache Ventilatorhütten mit Moskitonetzen, sauberen Duschen, auf der Terrasse Ruheliegen. Gemütliches Restaurant mit überwiegend vegetarischen Gerichten, zubereitet von Nenny, empfehlenswert die *family meals*. In der Regenzeit ist das gesamte Areal häufig überflutet. 2-tägiger Kochkurs für 1900 Baht. ❷

River House ⑥, 7 Soi Wat Kuhasawan, ✆ 055-620 396, 087-313 588, ✉ riverhouse_7@hotmail.com. Am Westufer des Flusses gegenüber der Schule. Traditionelles sauberes Thai-Holzhaus auf Pfählen. 6 Zimmer mit Ventilator und Gemeinschafts-Du/WC, 2 Zimmer mit AC, Du/WC. Restaurant. Motorradverleih. Nan, die freundliche Besitzerin, spricht gut Englisch. ❷–❸

River View Hotel ⑦, 92 Nikon Kasem Rd., ✆ 055-611 656. 52 Zimmer mit großem Bett oder 2 Einzelbetten, z. T. mit Blick auf den Fluss. Coffeeshop. Zimmer werden auch stundenweise vermietet. ❸

Sabaidee Gh. ⑧, 81/7 Jarodvithi Thong Rd., ✆ 055-616 303, 089-988 3589, 💻 www.sabaidee-guesthouse.com. Ab der Straße nach Alt-Sukhothai 100 m vor der Ring Road 300 m Richtung Süden, dann den schmalen Weg rechts bis zum Ende gehen. Ruhig gelegene Anlage am Ortsrand mit nett eingerichteten Zimmern. 4 im 1. Stock eines Holzhauses mit Ventilator und Gemeinschaftsbad mit Wanne, andere mit AC und Dusche. 4 Bungalows mit Ventilator oder AC und großer Dusche. Neues Doppelhaus mit großen, gefliesten Zimmern mit TV, netten Möbeln und 1 oder 2 Betten. Restaurant, Abholservice von der Busstation, wenn der Chef Manoon da ist. Internet, TV und DVD mit Filmausleihe, Motorradverleih. ❶–❸

T.R. Gh. ⑪, 27/5 Pravet Nakhon Rd., ✆ 055-611 663, 084-049 9445, 💻 www.sukhothaibudgetguesthouse.com. 20 saubere Zimmer mit Ventilator oder AC und Dusche, WC-Spülung nur mit Schöpfkelle. Frühstück, Wäscheservice, Mopedverleih und Parkplatz. WiFi inkl. Gutes Preis-Leistungs-Verhältnis. Freundliche Besitzer Long und Toh (Narongporn Trairat, der gut Englisch spricht). ❸

Mittlere Preisklasse

Lotus Village ③, 170 Rajthanee Rd., ✆ 055-621 484, 💻 www.lotus-village.com. Unter der Leitung des agilen Franzosen Michel Hermann und seiner Frau Tan. In einem hübschen, ruhigen Garten mit Lotusteichen

7 Teakbungalows, davon 3 Deluxe mit Kühlschrank. Zwei 2-stöckige Häuser mit 5 AC- und 5 Ventilatorzimmern. In einem der über 100 Jahre alten Thai-Häuser ein Spa und im anderen 2 Schlafzimmer und großer Wohnraum. ❻ Aufenthaltsraum mit Bibliothek, überdachter Garten, Internet und WiFi. Gutes Frühstück mit leckerem Kaffee, tagsüber Salate und Sandwiches. Transport zum Flughafen 250 Baht. ❹–❺

Ruean-Thai Hotel ①, 181/20 Jarodvithi Thong Rd., ✆ 055-612 444, 💻 www.rueanthaihotel.com. 2-stöckiges Hotel um einen Pool voller Antiquitäten und Fassaden alter Teakhäuser. 28 romantische Zimmer mit schönen Betten, großem TV und Kühlschrank. Frühstück inklusive. Zudem Restaurant mit Thai- und chinesischen Gerichten, Massage, Internetzugang und Touren durch Alt-Sukhothai. Sonderangebote ❸, ansonsten ❹–❻

Sukhothai Gh. ②, 68 Vichien Chamnong Rd., ✆ 055-610 453, ✉ sukhogh@yahoo.com, 💻 www.sukhothaiguesthouse.net. 12 saubere Zimmer in dicht stehenden Bungalows mit kleiner Terrasse. Leckeres Essen im Restaurant. Thai-Massage, Internet-Zugang, Wäscheservice, Mopedvermietung. Sehr rührige Besitzerin. ❸–❹

Essen

Alt-Sukhothai

Ein paar kleine Restaurants haben sich wenige Meter vor dem Eingang zum Historical Park angesiedelt.

The Coffee Cup, offeriert Shakes und eine große Auswahl an Thai- und europäischen Gerichten. Die Portionen sind recht klein. 🕒 8–22 Uhr. Ähnliches Angebot im **Kacha Restaurant** gleich daneben.

M.V. Restaurant, nur wenige Schritte weiter, wird vom Mountain View Guest House gemanagt. Motorradvermietung.

Einige Garküchen haben englische Speisekarten und preiswertes, ordentliches Essen. Abendessen auf dem **Nachtmarkt**.

Das **Sinawa Restaurant**, kurz vor Alt-Sukhothai, wird gern von Gästen der nahe gelegenen Unterkünfte besucht. Es bietet viel Platz und eine recht gute Thai-Küche. Empfehlenswert ist das grüne Curry mit Palmherzen. Gerichte um 100 Baht, englische Karte.

Neu-Sukhothai

Zu vielen **Gästehäusern** gehört ein meist gutes Restaurant mit thailändischen Gerichten und Traveller-Food, sodass nur wenige auswärts essen gehen. Auf dem unspektakulären, überdachten **Nachtmarkt** gibt es neben Kleidung, Haushaltswaren und Spielzeug auch Stände mit günstigem Essen. Die offenen, sauberen Restaurants **Rom Pho** und **J.R.** am nördlichen Ende des Nachtmarkts locken mit englisch- und sogar deutschsprachigen Speisekarten und „no MSG" (kein Glutamat).

Café Terrace, vor dem Lotus Village, der Service und die Qualität des Essens schwanken sehr stark. Erst ab 15 Uhr geöffnet.

Chopper Bar, Jarodvithi Ecke Pravet Nakhon Rd. Kneipe zum Bier trinken.

Dream Cafe, 86/1 Singhawat Rd., ✆ 055-612 081, 🕒 10.30–23 Uhr. Kleines, verwinkeltes AC-Restaurant mit gemütlicher Atmosphäre und antiken Kostbarkeiten. Thai-chinesische Gerichte. Große Auswahl an Eisbechern und Milchshakes. Rechnung kontrollieren.

Khun Tanode Restaurant, hinter der Brücke direkt am Fluss. Akzeptables Essen in kleinem Holzhaus bei schummriger Beleuchtung und ständig laufendem Fernseher.

Poo Bar, Jarodvithi Thong Rd., offenes, sauberes Restaurant mit kleiner Bar. Westliche und Thai-Gerichte, hervorragende Shakes und Desserts, Chang-Bier vom Fass. Gemanagt von der freundlichen Poo und ihrem belgischen Mann Jenry. Internet, Motorradvermietung. Die flämische Schunkelmusik, die manchmal läuft, ist nicht jedermanns Sache.

La Bonne Cuisine, 97/1 Jarodvithi Thong Rd. Restaurant auf 3 Stockwerken, wo Jacqui und Jim die gleichen Gerichte wie im J & J anbieten. Im 1. Stock Sitzecke zum Entspannen, Dachgarten mit Bar. 🕒 7–21 Uhr.

Einkaufen

Die Geschäfte rings um den Lebensmittelmarkt haben sich unter anderem auf Textilien, Devotionalien, Dekorationsartikel und

Anglerbedarf spezialisiert. Die Anglerläden verkaufen auch Moskitonetze.
In allen historischen Parks werden an Ständen Souvenirs verkauft, die in Sukhothai und Umgebung gefertigt werden, u. a. Holzschnitzereien, Bronzefiguren, Keramiken und Textilien.
Suthep Sangkalok, 357/1 Moo 3, in Alt-Sukhothai, an der östlichen Stadtmauer, ✆ 055-633 058, 081-953 7604. In der großen Keramikwerkstatt wird sowohl grüne Keramik im Sawankhalok-Stil als auch blau-graue im chinesischen Stil in Auftragsarbeit produziert. Ausgemusterte Teile werden günstig verkauft. Ähnliches Angebot im **USA Sangkalok** gleich um die Ecke.
Im **Buchladen** gegenüber dem River View Hotel gibt es eine Auswahl englischsprachiger Bücher über Thailand.

Sonstiges

Fahrräder

In Alt-Sukhothai schräg gegenüber dem Haupteingang vermietet das Vitoon GH Fahrräder, auch Kinderräder, für 10–30 Baht – ein ideales Transportmittel für eine Rundfahrt durch die Ruinen, wenn es nicht zu heiß ist.

Feste

Loi Krathong, das große Lichterfest im November, soll seinen Ursprung in Sukhothai haben. Es wird in Alt-Sukhothai 3 Tage lang besonders prächtig begangen, mit allabendlichem Feuerwerk, Umzügen, Theater, Disco und Freiluftkinos auf einem riesigen Jahrmarkt zwischen den Ruinen sowie einer Light-and-Sound-Show, die zudem jeden ersten Sa im Monat stattfindet. Kostenpunkt: 500 Baht inkl. Sunset Dinner.

Geld

In der Singhawat Rd. gibt es mehrere Banken, u. a. die **Bangkok Bank** hinter dem Northern Palace Hotel, sowie die **K Bank**, Jarodvithi Thong Rd., an der Brücke (mit Geldautomaten).
In Alt-Sukhothai können Sa und So auch an einem Wechselschalter Travellers Cheques eingelöst werden.

Informationen

TAT-Büro in Neu-Sukhothai nahe der Brücke, 130 Jarodvithi Thong Rd., ✆ 055-616 228, 🕓 8.30–16.30 Uhr. Das ausgeschilderte Information Centre nördlich von Alt-Sukhothai in einem schönen großen Gebäudekomplex enthält einige Fotos von den Haupttempeln, eine Reliefdarstellung und eine Satellitenkarte. Die lange Anreise lohnt nicht.

Internet

In Alt-Sukhothai Internet-Zugang im **The Coffee Cup** (40 Baht pro Std.). In Neu-Sukhothai bietet der **Cool Net Club**, Jarodvithi Thong Rd. nahe der Brücke, einen schnellen und günstigen Zugang.

Massagen

Sehr gute Massagen in Alt-Sukhothai in der **Schule** neben dem Museum und in Neu-Sukhothai im **Wat Rajthanee**. Außerdem **Sirapat Phirun Massage** neben dem Lotus Village und weitere entlang der Straße.

Motorräder

Viele Gästehäuser vermieten Motorräder. Ein Tag kostet 150 Baht, 24 Std. 200 Baht. In Alt-Sukhothai werden ebenfalls Motorräder angeboten – gut für Touren zu den außerhalb der Stadtmauer gelegenen Tempeln. In Neu-Sukhothai kann man den Motorradverleih **Daeng** neben der Chopper Bar ausprobieren oder den Shop am Poo Restaurant, 100 m weiter außerhalb Richtung Alt-Sukhothai.

Swimming Pool

Swimming Pool im Premsuk Sport & Learning Center an der nordwestlichen Umgehungsstraße schräg gegenüber der Bus Station am KM 4. Eintritt 30 Baht. 25 m-Pool und Planschbecken, außerdem Muang Thai-Boxschule (Schaukämpfe gegen 17 Uhr). Tagesgäste können für 100 Baht den Pool im **Pailyn Hotel**, für 80 Baht den im **Orchid Hibiscus** oder für 50 Baht den im **J & J Gh.** benutzen.

Touren

Einige Gästehäuser, wie Lotus Village und J & J Gh., vermitteln Guides und Fahrzeuge für Ausflüge in die Umgebung. Neben Alt-Sukhothai

stehen u. a. Si Satchanalai und Sawankhalok auf dem Programm. Ein Guide kostet 1000 Baht pro Tour, ein Auto mit Fahrer 1800–2300 Baht. Manche Gästehäuser offerieren geführte Touren ab 800 Baht p. P. zum Si Satchanalai Historical Park. J & J Gh. hat zudem Tagestouren zur Tham Khang Khao-Höhle (Heimstatt vieler Fledermäuse) und einem Wasserfall, zu dem man allerdings 4 km trekken muss, für insgesamt 1200 Baht inkl. Verpflegung im Programm. Transport zum Ramkamhaeng National Park 700 Baht.
Auch mit dem Motorrad kann man die Umgebung erkunden. Die Fahrt nach Si Satchanalai dauert etwa 1 1/2 Std.

Radtouren im Umland von Sukhothai

Von 16–18 Uhr bieten Mem oder Ronny empfehlenswerte geführte Radtouren durch die Umgebung von Neu-Sukhothai für 250 Baht an. Auf schmalen Feldwegen sowie kaum befahrenen Landstraßen radelt man durch traditionelle Dörfer und eine wundervolle Landschaft. Mem ist eine hervorragende Infoquelle und kann viel über die Landwirtschaft und das dörfliche Leben berichten. Ebenfalls im Programm sind eine halbtägige Dharma & Karma Tour zum Wat Tawet oder die halbtägige Countryside Tour für jeweils 550 Baht. Ihr Büro **Cycling Sukhothai (CS)**, ✆ 055-612 519, 085-083 1864, 💻 www.geocities.com/cycling_sukhothai, liegt nicht weit vom Sabaidee Gh. Es werden auch längere mehrtägige Radtouren organisiert.

Nahverkehr

Nach Alt-Sukhothai fährt alle 20 Min. von 6–18 Uhr in 20 Min. ein Songthaew für 20 Baht vom Bus Stop an der Hauptstraße, 300 m östlich der Brücke. Zurück bis spätestens 18 Uhr.

Motorradrikschas

Die Fahrer der *samlor daeng* sind relativ unaufdringlich, Kurzstrecke ab 20 Baht, 1 Std. 100 Baht. Die Fahrt zum Busbahnhof kostet 50 Baht.

Tuk Tuks, Taxis

Fahrten im Stadtgebiet max. 180 Baht, nach Alt-Sukhothai 300 Baht. Eine 4-stündige Rundfahrt durch Alt-Sukhothai mit dem Taxi oder Tuk Tuk ist für etwa 800 Baht zu haben. Ein Minibus kostet 1800 Baht pro Tag (✆ 055-647 220).

Transport

Busse

Die Bus Station liegt an der Bypass Road, 1,5 km nördlich der Abzweigung nach Alt-Sukhothai gegenüber vom HomeMart. Sie ist mit lateinischen Buchstaben und Aushängen gut ausgeschildert.
Schlepper und Taxifahrer spekulieren auf die von Gästehäusern üblicherweise gezahlte Provision. Sie bieten kostenlosen Transport an. Wer sie umgehen will, nimmt ein Tuk Tuk oder eine Motorradrikscha für 60 Baht, nach Alt-Sukhothai 120–150 Baht.
Pink-violette Minibusse fahren ab Plattform 1 für 10 Baht bis 18 Uhr alle 10–15 Min. bis zum Markt. Sie halten entlang der Hauptstraße und bringen zu später Stunde die Ankommenden zum Gästehaus ihrer Wahl. Zurück am besten an der Brücke zusteigen. Viele Gästehäuser bieten auch einen kostenlosen Abholservice, wenn man vorher anruft.
Nach Bangkok fahren neben den staatlichen Bussen auch Busse von Wintour (✆ 055-612 409), E-Santour (✆ 089-564 6700) und Phitsanulok Tour (✆ 055-212 864).
In Alt-Sukhothai werden Bustickets nach Bangkok neben The Coffee Cup verkauft.
AYUTTHAYA, mit Bangkok-Bussen für 270–350 Baht in 6 Std.
BANGKOK, 440 km, ständig von 7.50–23 Uhr für 270–350 Baht, VIP-24-Bus um 9 und 21 Uhr für 350 Baht. Ab Alt-Sukhothai 4x tgl. in 6–7 Std.
CHIANG MAI, über Lampang oder Tak ständig von 7.15–17.30 sowie um 20.15 Uhr für 240–310 Baht in 5 Std. Alle Busse halten auch in Alt-Sukhothai. 1. Kl.-Bus um 2.30 Uhr für 310 Baht.
CHIANG RAI, über Phrae und Phayao um 6.40, 9, 10.30, 11.30 und 13.20 Uhr für 270 Baht in 7 Std.
KAMPHAENG PHET, Songthaews stdl. für 60 Baht, Busse 70 Baht.
KHON KAEN, viele Busse von 8.30–24 Uhr für 180–260 Baht in 7 Std.

LAMPANG, mit Chiang Mai-Bussen für 170 Baht.
MAE SAI, um 6.40 Uhr via Chiang Mai mit Win Tours.
MAE SOT, Minibus etwa stdl. von 8.15–16 Uhr für 130 Baht in 3–4 Std.
NAKHON SAWAN, von 7.50–12.40 und 19.45–23 Uhr für 130–170 Baht in 3 Std. Von dort bis 17 Uhr nach Suphanburi in 2 1/2 Std. und weiter nach Kanchanaburi.
NAN, mit Chiang Rai-Bussen über PHRAE (120/160 Baht) oder direkt um 14.30 und 15 Uhr für 200 Baht in 5 Std.
PHITSANULOK, 58 km, ständig von 6.20–18 Uhr für 40/50 Baht in 1 Std.
SAWANKHALOK, um 8.30, 12, 14.30 und 16.30 Uhr für 40 Baht.
SI SATCHANALAI, zum KM 17,6 (53,3 km von Sukhothai), Richtung Chiang Rai 6.30, 9.30 und 11.30 Uhr für 50 Baht in 80 Min. Letzter Bus zurück um 16.30 Uhr.
TAK, etwa stdl. von 8–18 Uhr für 60 Baht; Minibus stdl. von 8.15–17.15 Uhr für 130 Baht.
Weitere Busse in den Nordosten und Norden ab Phitsanulok.

Eisenbahn

Der nächste Bahnhof ist in Phitsanulok. Wer einen späten Zug nimmt, kann den Abend hier auf dem Nachtmarkt verbringen. Morgens und nachmittags dauert die Fahrt von Sukhothai nach Phitsanulok etwas länger als eine Stunde, da viele Schulkinder zu- und aussteigen. Taxitransfer für 750–1200 Baht.

Flüge

Der preisgekrönte Flughafen, 99 Moo 4, Klongkrajong, Sawankhalok, 20 km nördlich, ✆ 055-647 224, mit seiner luftigen, offenen Abfertigungshalle ist sehenswert. In der weitläufigen Parkanlage kann man die private Keramik-Kollektion des Airline-Besitzers, ein Modell von Angkor Wat, einen Garten mit über 30 000 Orchideen sowie einen nachgebauten Brennofen besichtigen und an Essenständen oder im Café zwischen Lotusteichen und Blumenbeeten eine leckere Nudelsuppe verzehren.

Bio-Bauernhof am Airport

Bangkok Airways als Betreiber und einziger Nutzer des Airports hat nicht nur das überdimensionierte Sukhothai Heritage Resort auf dem riesigen Areal des Flughafens erbaut, sondern auch ein landwirtschaftliches Projekt finanziert. Auf 48 ha werden Obst und Gemüse sowie drei Reissorten, darunter eine schwarze und rote, ohne Einsatz von Pestiziden und Herbiziden angebaut. Besucher können die Produkte in einem kleinen Laden kaufen und bei der Feldarbeit mithelfen, ✆ 055-647 290.

Die Abfertigung erinnert an die Rezeption in einem 5-Sterne-Hotel.
Bangkok Airways, 💻 www.bangkokair.com, ✆ 055-647 225-6, fliegt 2x tgl. nach Bangkok. Minibus 180 Baht. Airport tax 200 Baht.

Sawankhalok

Trotz des Namens stammt die Sawankhalok-Keramik nicht aus diesem Ort, sondern aus Si Satchanalai. In der an sich uninteressanten Stadt kann das **Sawan Waranayok National Museum** besichtigt werden. Das Gebäude enthält im 1. Stock Buddhastatuen aus verschiedenen Epochen und im Erdgeschoss Porzellan und Sawankhalok-Keramik aus der Sukhothai-Periode. Ein separater Aufgang führt zur Privatsammlung eines Abtes mit chinesischem Porzellan und vielen anderen Objekten. Vom Muang Inn (s. u.) geht man 800 m die Kasemrat Rd. hinab, an der Post vorbei, über den Fluss und am Ende der Straße nach rechts. Nach weiteren 700 m liegt das Museum auf der linken Seite. 🕓 Mi–So außer feiertags 9–16 Uhr, Eintritt 50 Baht.

22 km nördlich von Sukhothai erinnert westlich der Straße kurz hinter dem Flughafen eine große **Buddhastatue** im Sukhothai-Stil an die kulturelle Blütezeit dieser Region.

Übernachtung

Allen Unterkünften fehlt es an Atmosphäre und Flair, und sie eignen sich höchstens als Notquartier.

Muang Inn, 9/1 Kasemrat Rd., ☏ 053-641 722. 600 m südlich vom Bahnhof am H101 an der Abzweigung zum Museum. Betonbau mit 37 Zimmern, Restaurant. ❷

Suphalai Palace Hotel, 31/9 Moo 4, Naimuang, ☏ 053-641 627, 📠 641 772. Neueres Hotel am Ortsausgang Richtung Sukhothai, 1 km südlich der Abzweigung zum Museum. 42 Zimmer, Restaurant. ❷–❹

Transport

Busse nach SUKHOTHAI, 36 km, für 40 Baht und SI SATCHANALAI für 20 Baht.

Von PHITSANULOK fährt auf einer Stichlinie ein Bummelzug um 16.06 Uhr in 2 Std., zurück um 19.40 Uhr.

Si Satchanalai

Sukhothai ist ein guter Ausgangspunkt für den Besuch einer landschaftlich wunderschön gelegenen historischen Stätte: Si Satchanalai, etwa 55 km weiter nördlich, war vom 14. bis zum 16. Jh. eine Art Zwillingsstadt von Sukhothai. Zeitweilig residierte der König hier. Als die Hauptstadt des Thai-Reiches nach Ayutthaya verlegt wurde, verlor auch Si Satchanalai, das dann Sawankhalok genannt wurde, an Bedeutung.

Während der Birmanischen Kriege wurde die Stadt so stark zerstört, dass ihre Bewohner unter Rama I. weiter nach Süden in das heutige Sawankhalok umsiedeln mussten.

Der Rundgang beginnt südlich der Ruinenstadt. Wer mit dem Bus kommt, kann am rosafarbigen Eingangstor am KM 16,4 des H101 aussteigen und über die Brücke laufen (Maut 10 Baht), ansonsten geht es am KM 17,6 nach links und an der Kreuzung hinter der Brücke 800 m nach Süden.

Wat Phra Si Ratana Mahathat und Wat Chom Choen

In einer Schleife des Yom-Flusses liegt das Wat Mahathat (Wat Phra Si Ratana Mahathat Chaliang). Die Mauer aus riesigen Lateritblöcken ließ König Ramkhamhaeng rings um den Tempelbezirk errichten. Durch den eigenwillig gestalteten Osteingang fällt der Blick auf die Säulen des ehemaligen Viharn. Im Hintergrund erhebt sich der zentrale **Prang** aus dem 15. Jh., vor dem eine große **Buddhafigur** im Sukhothai-Stil sitzt und dessen steile Treppen man hinaufsteigen kann. An der Südwand befindet sich das Original des **Schreitenden Buddhas**, dessen Kopie im Museum von Sukhothai ausgestellt ist.

Etwa 300 m weiter nördlich steht **Wat Chom Choen**, eine im Khmer-Stil erbaute und im Sri Lanka-Stil umgestaltete Tempelanlage, unter der ein kleines **archäologisches Museum** errichtet wurde. In verschiedenen Tiefen sind teils am originalen Platz prähistorische Skelette und Keramikfunde zu sehen, die bis ins 4. Jh. zurückgehen. An den Wänden hängen Fotos von den Ausgrabungsarbeiten. 🕓 9–16.30 Uhr, Eintritt 100 Baht.

Alt-Si Satchanalai

Etwa 1,5 km weiter nördlich erstreckt sich der weitläufige **Historical Park** von Alt-Si Satchanalai, für den ein eigenes Fahrzeug von Nutzen ist. Eintritt für die Tempel innerhalb der Stadtmauer 100 Baht, Auto 50 Baht, Fahrrad 10 Baht, Kombiticket für alle Sehenswürdigkeiten in Si Satchanalai 220 Baht. 🕓 8–17 Uhr. Im Park kann es sehr heiß werden; Wasser mitnehmen.

Die Stadtgründung aus der ersten Hälfte des 13. Jhs. war durch den Yom-Fluss im Nordosten sowie durch 7 m hohe und 1,5 m breite Mauern aus Lateritstein geschützt. Mehrere große Wälle und Gräben verstärkten die Befestigung. Sie sind nur bruchstückhaft erhalten. Bei Restaurierungsarbeiten wurden 39 Monumente innerhalb und 75 weitere außerhalb der Stadtmauer freigelegt.

Links der **Königspalast**, von dem noch die Tempelruinen stehen. Dahinter die restaurierten, zentralen Tempel.

Eine Mauer, durch die vier Tore führen, umgibt den Tempel **Wat Chang Lom**. Im Mittelpunkt steht der runde, im singhalesischen Stil errichtete Chedi, der sich auf einem hohen, quadratischen Sockel erhebt. In den Sockelnischen stehen im oberen Bereich Buddhafiguren und unten Elefanten, denen meist die Köpfe fehlen.

Wat Chedi Chet Thaew, der Hauptchedi mit der Lotosknospen-Spitze im Sukhothai-Stil, ist die Begräbnisstätte von Sukhothai-Prinzen, die

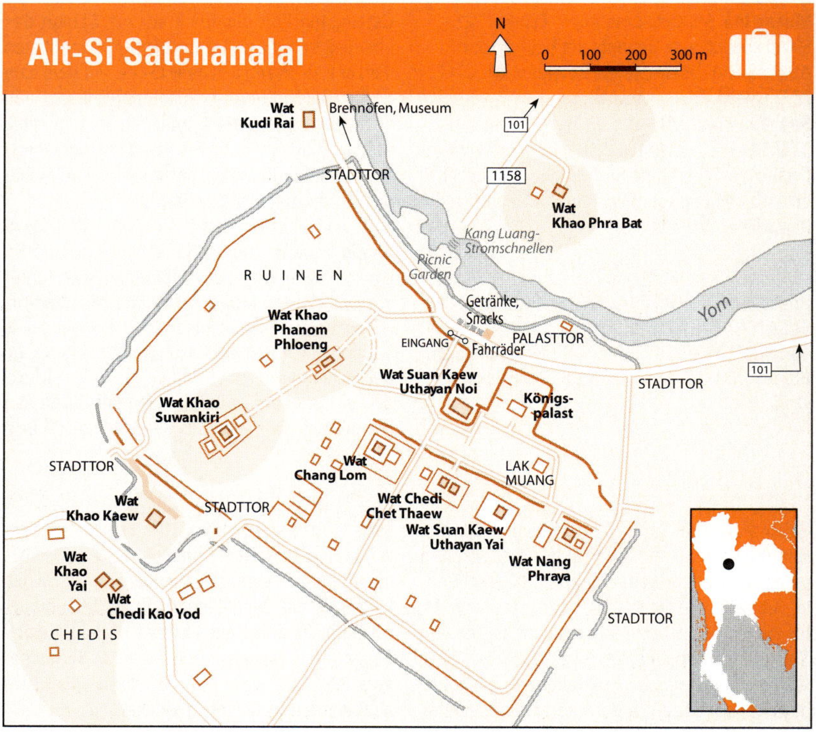

in Si Satchanalai regierten. Im westlichen Bereich sind die Reste der ehemaligen Ordinationshalle zu erkennen.

Bäume und Sträucher verdecken den schönen Blick von den beiden Hügeln im Norden. Eine breite Treppe führt hinauf zum **Wat Khao Phanom Phloeng** mit seinem großen Stupa, der bereits Stilelemente der nördlichen Lanna-Kunst aufweist. Über den Grat kommt man von hier aus zu den Ruinen von **Wat Khao Suwankiri**.

Center for Study and Preservation of Sangkalok Kiln

Zu diesem kleinen Museum vor der neuen Stadt am Fluss in Ban Ko Noi führt eine ca. 5 km lange Landstraße vom Historical Park durch eine ländliche Gegend. Das kleine Kiln-Museum informiert über die Verbreitung und Herstellung von Sawankhalok-Keramik sowie über die Kilns. Im 2. Gebäude steht ein ausgegrabener Brennofen. Etwa 1 km weiter sind einige gut erhaltene der insgesamt 200 Kilns freigelegt worden. ⌚ 8–16.30 Uhr, Eintritt 100 Baht.

Si Satchanalai National Park s. eXTra [2596].

Ban Hat Sung (Hadsiao Village)

Der Ort erstreckt sich nördlich von Si Satchanalai am H101. Am nördlichen Ortsausgang, 500 m vor der Abzweigung des H102 nach Uttaradit (KM 29,2), können im **Gold Textile Museum**, 477/2 Hartsaew Sisatchanalai, ✆ 055-671 143, handgewebte Textilien aus allen Landesteilen, mit Gold- oder Silberfäden durchwirkte Stoffe für religiöse Zeremonien ebenso wie Ikat-Arbeiten aus dem Nordosten und bis zu 200 Jahre alte, feine Baumwollwebereien bewundert werden. Noch immer werden im Ort auf Handwebstühlen Baumwoll- und Seidenstoffe nach überlieferten

Alt-Si Satchanalai Umgebung

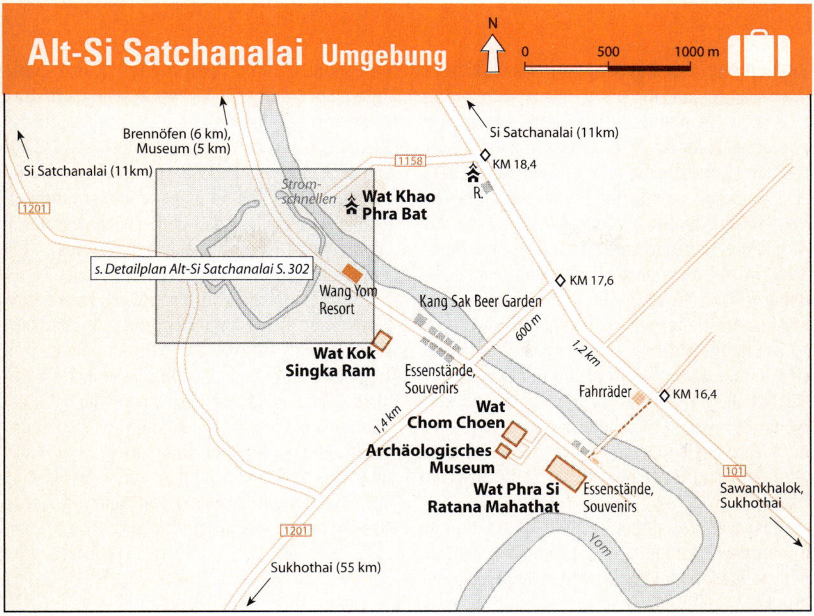

Mustern gefertigt und im Saathon Shop vor dem Museum verkauft. Jedes Jahr am 7. April werden während des **Buat Chang-Festivals** viele Jungen zu Novizen ordiniert und von reich geschmückten Elefanten zum Tempel getragen.

Übernachtung und Essen

Preiswerte Getränke- und Essenstände finden sich am Parkplatz vor dem Eingang zum Park, entlang der Straße zum und neben dem Wat Mahathat.

Kang Sak Beer Garden, gegenüber vom Wat Kok Singka Ram. Hinter dem Garten schöne Terrasse am Fluss, rustikale Möbel im Garten und in den Salas. Viele Reisegruppen essen hier mittags. Speisekarte mit bei Touristen beliebten Thai-Gerichten zwischen 60 und 120 Baht.
🕓 9–15.30 Uhr.

Sonstiges

Fahrräder

Gegenüber dem Haupteingang zum Historical Park werden Räder für 30 Baht pro Tag vermietet.

Keramiken / Textilien

In einigen Manufakturen in der Gegend wird nach traditionellen Methoden Keramik im Sawankhalok-Stil gebrannt, die in kleinen Souvenirläden an der Straße, an Ständen vor Wat Mahathat und im Kiln-Museum verkauft wird. Außerdem werden traditionelle Stoffe und andere Textilien sowie OTOP-Produkte aus den umliegenden Dörfern angeboten.

Transport

SUKHOTHAI, 53 km, stdl. bis 16.30 Uhr für 30 Baht in 2 Std. (evtl. umsteigen in Sawankhalok). Aus Sukhothai an der Abzweigung zum Historical Park am KM 17,6 aussteigen. Man kann auch einen der Busse aus Uttaradit nehmen.
CHIANG MAI, über Uttaradit 6x tgl. von 10.30–23.45 Uhr für 200/250 Baht in 4 Std.
Sinnvoller ist es, Si Satchanalai auf einem Tagesausflug von Sukhothai aus zu besuchen. Mit dem Motorrad oder Auto lässt es sich auf dem H1195 und anschließend auf dem H1201 geruhsam durch die landwirtschaftlich intensiv genutzte Ebene fahren.

Ramkhamhaeng National Park

Südlich der Ruinenfelder von Alt-Sukhothai erhebt sich ein Gebirgszug, der zwischen dem H12 nach Tak und dem H101 nach Kamphaeng Phet zum Nationalpark erklärt worden ist, Eintritt 100 Baht. Seinen höchsten Berg, den **Khao Luang** (1185 m), kann man besteigen. Vom Headquarter am Osthang führen steile Fußwege durch den Monsunwald zum Gipfel. Man benötigt etwa 2 1/2 Std. für den mühsamen Aufstieg und sollte daher früh aufbrechen. Die Wege sind markiert, aber in der Regenzeit sehr schlüpfrig. Von der spärlich bewaldeten Gipfelregion aus bietet sich ein fantastischer Blick über die Ebene von Sukhothai. Da es oben recht windig und kühl ist, braucht man zum Übernachten ein Zelt, das nach Voranmeldung von den Rangern aufgebaut wird. Vorsicht vor Denguefieber übertragenden Mücken!

Eine weitere, selten besuchte Attraktion im Süden des Parks ist der **Sai Rung-Wasserfall**, der mit seinen vier Fällen in der Regenzeit eindrucksvoll wirkt.

Nach ca. 90 Minuten Aufstieg ab dem Tempel wird man an einem herrlichen Wasserfall mit einer tollen Dusche und schöner Aussicht belohnt. In der Trockenzeit lohnt der weite Weg zum westlichen Berghang kaum.

Übernachtung

Am Headquarter werden Bungalows für bis zu 6 Pers. vermietet, Reservierungen über die Website 💻 www.dnp.go.th oder ✆ 055-910 000. Zudem kann man in Zelten übernachten.

Transport

Um in den Park, 35 km von Sukhothai, zu gelangen, benötigt man ein Auto oder Motorrad. Das J & J Gh. in Neu-Sukhothai z. B. bietet die Fahrt im Pickup bei 2 Pers. für 700 Baht p. P. an, im Lotus Village kostet ein PKW 1000 Baht. Zuerst 20 km auf dem H101 Richtung Kamphaeng Phet bis Khiri Mat fahren, wo rechts der H1319 zum Park führt. Zum Wasserfall Sai Rung zweigt 37,7 km hinter Sukhothai vom H101 der H3019 ab. Nach 9,8 km geht es hinter Ban Nam Phu nach rechts (4 km).

Kamphaeng Phet

Kamphaeng Phet (gesprochen Kamm-päng Pätt) ist eine historisch interessante, touristisch kaum entwickelte, freundliche Provinzstadt mit 63 000 Bewohnern. Die 1347 gegründete Siedlung war die westliche Garnisons- und Grenzstadt des Sukhothai-Reiches. Von hier führte eine alte Handelsstraße über den Moi River durch das heutige Myanmar bis zu den Häfen am Golf von Bengalen.

Trotz ihrer langen Geschichte und zahlreichen verfallenen Tempelanlagen, die zum Unesco-Weltkulturerbe gehören, wird die Stadt von Touristen kaum besucht. Das historische Kamphaeng Phet zieht sich über einige Kilometer am Ostufer des Ping River entlang. Im Norden der Stadt befindet sich der Kamphaeng Phet Historical Park und noch weiter nördlich der Bereich der Waldtempel (Aranyik), die einen längeren Ausflug oder eine Radtour lohnen.

Kamphaeng Phet Historical Park

Aranyik – die Waldtempel

Der Haupteingang zum Bereich der Waldtempel (Aranyik) liegt 1,8 km nördlich der Stadtmauer am H101. 🕓 8–17 Uhr, Eintritt 100 Baht (Sammelkarte inkl. der städtischen Tempel 150 Baht), Auto 50 Baht, Fahrrad 10 Baht, Motorrad 20 Baht. Am östlichen Eingang am H101 informiert ein **Museum** über die Geschichte, Tempelarchitektur und Welterbestätten in Thailand. Auf vielen Monitoren kann man sich interaktiv von Sehenswürdigkeit zu Sehenswürdigkeit klicken. 🕓 8.30–16.30 Uhr, Eintritt frei.

Eine breite asphaltierte Straße führt durch Laub abwerfenden Monsunwald zu den Haupttempeln, die von Bougainvilleen umgeben sind. Auf schmalen Straßen gelangt man zu kleineren Tempelruinen, auf die oft nur Namensschilder hinweisen. Viel ist bereits wieder von der Vegetation überwuchert – eine fantastische Atmosphäre.

Von dem ehemaligen Tempel **Wat Chang Rop** ist bis auf den Unterbau des Chedi kaum etwas erhalten. Er ist rings herum mit 68 Elefantenstatuen dekoriert. Die etwa 1,50 m hohen Figuren wurden aus Laterit gemauert und mit Stuck verkleidet. Etwa ein Dutzend Tiere kann man samt ihrem Schmuck noch bewundern, die anderen sind unvollständig. Auf dem Weg nach Süden erreicht man **Wat Singh** mit einem großen, sitzenden Buddha.

Im **Wat Phra Si Iriyabot** stand auf dem Unterbau aus Laterit früher ein großer Viharn. An dem viereckigen Bau im Hintergrund waren einstmals vier Buddhastatuen in verschiedenen Positionen aufgestellt. Wer die Anlage umrundet, kann am hinteren Teil einen gut erhaltenen stehenden Buddha sehen.

Im kleinen Tempel **Wat Phra Non** befand sich einst ein großer, ruhender Buddha, dessen Unterbau im einstigen Viharn noch zu erkennen ist. Auch beim **Wat Pha Meud** ist nur noch die Basis erhalten.

Wat Phra Keo und Nationalmuseum

Am nördlichen Ortseingang der neuen Stadt liegt innerhalb der noch gut erkennbaren Stadtbefestigung, die aus einer 5,3 km langen Mauer und einem 30 m breiten Graben besteht, ein zweiter Bereich mit städtischen Tempeln. Am besten ist die alte Stadtmauer im nordwestlichen Bereich erhalten. Der H101 verläuft mitten durch das alte Zentrum am **Lak Muang**, dem Schrein für den Schutzgeist der Stadt, vorbei, an dem viele Menschen beten und Blumen niederlegen. Schon von der Straße aus kann man die großen Buddhastatuen des restaurierten **Wat Phra Keo** erkennen. Der hintere Chedi steht auf einem mit Löwenfiguren verzierten Unterbau. In den leeren Nischen standen einmal kleine Buddhaskulpturen. Ein Teil der Chedis ist in jüngster Zeit rekonstruiert worden. In diesem Wat soll früher der Smaragd-Buddha aufbewahrt worden sein, der heute im Wat Phra Keo von Bangkok zu sehen ist. ⌚ 8–18 Uhr, Eintritt 100 Baht (Sammelkarte 150 Baht). Vom Haupteingang aus kommt man am **Wat Phra Tat** vorbei.

Das **Nationalmuseum** ist kein touristisches Highlight. Außen stehen zwei schöne originale Stuckelefanten vom Wat Chang Rob und Bronzekanonen. Im ersten Stock befinden sich überwiegend Skulpturen, darunter viele Funde aus Kamphaeng Phet, im Erdgeschoss sind Kunstwerke aus anderen Epochen ausgestellt, vor allem Werke der Mon. ⌚ Mi–So außer feiertags 9–12 und 13–16 Uhr, 100 Baht.

Das **Provincial Museum** nebenan ist meist geschlossen. Der Schwerpunkt der Ausstellungen liegt auf der Blütezeit der Stadt im 14. und 15. Jh. Im ersten Stock sind eine Shiva-Skulptur, weitere Buddhastatuen, eine Brahma-Statue und weibliche Göttinnen des Brahma-Kults ausgestellt.

Der **Shiva-Schrein** hinter dem Provincial Museum wurde 1510 während der Ayutthaya-Periode errichtet und ist die einzige bisher entdeckte hinduistische Statue in Kamphaeng Phet. Das Original der Bronzefigur befindet sich heute im Nationalmuseum nebenan.

Das Stadtzentrum und Nakhon Chum

Südwestlich der Museumsanlage konzentrieren sich am zentralen Kreisverkehr zahlreiche Geschäfte und Restaurants. Weiter südlich erstreckt sich parallel zum Fluss die neue, weitläufige Stadt. Im Westen führt die neue Uferstraße an einigen Sport- und Freizeiteinrichtungen, einem großen Park mit einer Freiluftbühne und Spielplätzen sowie dem großen **Nachtmarkt** vorbei. Weiter im Osten erstreckt sich hinter dem **Obst- und Gemüsemarkt** die geschäftige Chinatown. Bei einem Stadtbummel wird man westlich vom Wat Khu Yang noch einige alte Holzhäuser entdecken. Im Westen führt eine große Brücke über den Ping-Fluss nach **Nakhon Chum**. In der Gegend rings um das **Wat Phra Boromathat**, das hinter der Schule und den Mönchsquartieren verborgen liegt, gab es bereits vor der Gründung von Kamphaeng Phet eine Befestigungsanlage. An der großen Ausfallstraße nach Westen zum H101 findet man die rekonstruierten Reste des **Thung Seethi Fort**, ebenfalls Teil der befestigten Stadt. Für eine Radtour ist Nakhon Chum besonders geeignet. Autos haben die Straßen hier noch nicht vollständig in Besitz genommen. Vorbei am Wat Phra Boromathat gelangt man auf die Hauptgeschäftsstraße, in der noch viele alte ein- oder zweistöckige Holzhäuser stehen. Über eine Brücke geht es weiter zum **Wat Sawagarom** mit einem hübschen Holzturm.

Auf einem Fußpfad, der hinter dem Wat am Kanal entlangführt, erreicht man ein etwa 100-jähriges **Holzhaus im birmanischen Stil**, das früher einem reichen Kaufmann gehörte, aber langsam verfällt.

Eine Oase zum Verweilen

Three J. Gh. ①, 79 Ratchavitee Rd., ✆ 055-713 129, 081-8874189, 💻 www.threejguesthouse.com. Wie in einem kleinen Dorf stehen in einem ruhigen Wohngebiet mehrere Bungalows unterschiedlicher Größe in einem mit viel Liebe und allerlei Kuriositäten ausgestatteten Garten hinter dem Haupthaus. Saubere Zimmer mit AC oder Ventilator, die billigen mit Gemeinschafts-Du/WC. Rustikale Sitzecken im Garten und Aufenthaltsraum mit TV und Internet. Motorrad- und Fahrradvermietung. Abholservice nach telefonischer Anmeldung bei 2 Übernachtungen kostenlos, sonst 40 Baht. Über die neue Straße sind es nur 500 m bis zum Historical Park.

Khun Charin und seine Frau vermieten zudem im **Klong Moddaeng Garden Homestay** am Moddaeng-Stausee, 36 km südwestlich von Kamphaeng Phet, 8 kleine Häuser und 1 großes Haus auf einem großen Grundstück mit Garten, wo sie auch Bio-Obst und Gemüse anbauen. Herrlicher Blick auf den Stausee, wo man fischen, schwimmen und Boot fahren kann. Trekking und Touren in die nahe gelegenen Nationalparks. Empfehlenswert. ❷–❸

Übernachtung

Untere Preisklasse

Korchokchai Hotel ③, 19-43 Soi 8, Ratchdamnoen Rd., ✆ 055-711 247. Saubere, kleine Zimmer mit Ventilator oder AC teils ohne Fenster oder Aussicht, Holz oder Fliesenböden. Ein Teil des 3-stöckigen chinesischen Hotels wurde renoviert. Die freundlichen Empfangsdamen können wenig Englisch. ❷

Mittlere Preisklasse

Chakungrao Riverview Hotel ②, 149 Tesa 1 Rd., ✆ 055-714 900-9, 💻 www.chakungraoriverview.com. Neuer, moderner Hotelblock, Zimmer mit Kühlschrank und dicken Matratzen, TV, Balkon, Holzböden und komfortabler Einrichtung. Frühstück inkl. Geschmackvoll gestaltetes Restaurant und Spa. Freundlicher, aber wenig professioneller Service. Angeboten werden Touren zu den Sehenswürdigkeiten mit dem Minibus (3 Std. 750 Baht p. P. inkl. Eintritt), mit Samlor oder Tuk Tuks (250 Baht p. P., 600 Baht für 2–3 Pers.). ❹

Navarat ⑤, 2 Soi 21, Tesa 1 Rd., ✆ 055-711 106, 📠 711 961, ✉ navarathotel@kpp.inet.co.th. 5-stöckiges Haus nahe dem Fluss im Süden der Stadt. Einfache, renovierte, ruhige Zimmer mit Kabel-TV sowie alten Teppichböden. ❸

Phet ④, 189 Bumrungrat Rd., ✆ 055-712 810-5, 💻 www.phethotel.com. 8-stöckiges, etwas zurückversetztes Haus, das größte der Stadt. 220 saubere Zimmer mit TV und Kühlschrank, gutes Restaurant, Biergarten, Pub und Pool. Nebenan ein großer Nachtclub. ❸–❹

Essen und Unterhaltung

Die regionale Spezialität sind kleine, ovale Bananen (*gluai khai*, „Eierbanane"). Ihnen zu Ehren findet Ende Sep/Anfang Okt ein großes Volksfest statt, bei dem auch eine „Miss Egg Banana" gewählt wird. 15 km südlich von Kamphaeng Phet erstreckt sich am H1 ein großer Bananenmarkt.

Beer Aroi, ein großes, offenes Restaurant mit Livemusik, liegt wunderschön am Fluss am nördlichen Ende der Uferstraße. Wir fanden die englische Karte recht teuer. Die Thai-Karte soll preiswerter sein. Zudem ist der Service unfreundlich.

Hot Pot-Restaurant, Ratchdamnoen Rd. nahe Soi 5. Hier wird abends unter freiem Himmel Fleisch, Fisch und Gemüse in kochender Brühe am Tisch zubereitet.

Payao, Tesa Rd. nahe Soi 15. Im kleinen AC-Restaurant bekommt man Thai- und japanische Gerichte, Pizza und Eiscreme, Kaffee und Kuchen. Englische Karte und freundlicher Service.

In der Bumrungrat Rd. gibt's 2 Pubs mit Livemusik. Im **Timber Pub** beginnt die Band um 21.30 Uhr, im **Eagle Pub** schon früher.

Sonstiges

Fahrräder

Können am Haupteingang zu den Waldtempeln (Aranyik) sowie am Museum für 20 Baht pro Std. gemietet werden. Besser ist die Qualität der Räder im Three J. Guesthouse für 50 Baht pro Tag.

Kamphaeng Phet
N
0
500
1000 m
Übernachtung:
1 Three J. Gh.
2 Chakungrao Riverview Hotel
3 Korchokchai Hotel
4 Phet
5 Navarat
Essen:
1 Beer Aroi
2 Steamboat-Restaurant
3 Payao
4 Gartenrestaurants
5 Timber Pub
6 Eagle Pub
Sonstiges:
1 Tesco/Lotus
Transport:
1 Fahrräder
2 Samlor
3 Songthaew
4 Busbahnhof
Wat Chang Rop
Wat Singh
Wat Phra Si Iriyabot
Wat Phra Non
Wat Pha Meud
Museum
EINGANG
Aranyik
Sukhothai
H101
Lak Muang
Wat Phra Keo
Tesa Rd
Wat Phra Tat
Nationalmuseum
Provincial Museum
Shiva-Schrein
RATHAUS
POLIZEI
Pin Damri Rd
UHRTURM
Chakungrao Rd
Vijit Rd
Soi 1
SCHWIMMBAD
Wat Phra Boromathat
Nakhon Chum
Tesa 1 Rd
Soi 2
Wungkang Rd
Ping
Soi 4
Vichit Soi 1
Wat Khu Yang
Soi 5
Ratchdamnoen Rd
Thung Seethi Fort, 4, 1
Soi 7
Soi 4
Sirijit-Park
Soi 5
Soi 9
Vijit 2 Rd
Soi 11
Soi 7
Vijit 2 Soi 1
Vijit 2 Soi 2
Charoensuk Rd
Phichit
115
OBST- UND GEMÜSE-MARKT
Soi 8
Bumrungrat Rd
NACHT-MARKT
Soi 17
Soi 9
Soi 19
Soi 10
Nakhon Sawan
Soi 21

Große Auswahl und viel Atmosphäre

Der große, aktive **Nachtmarkt** ist die beste Adresse am Abend. Einige Stände verkaufen nur Essen zum Mitnehmen, darunter auch recht Exotisches wie Maden oder Heuschrecken, andere haben Tische und Stühle aufgebaut. Hier sitzt man zwischen brutzelnden Köchinnen. Speisekarten gibt's nur auf Thai, sodass man am besten etwas aus den Auslagen auswählt oder sich von jemandem, der Englisch spricht, helfen lässt. In der südwestlichen Ecke des Marktes gibt es auch einige **Gartenrestaurants** mit Bierausschank und Isaan-Food.

Informationen

Das **Tourist Information Center** am Eingang zum Wat Phra Keo zeigt nur einige alte Fotos und verkauft Souvenirs. Oft geschlossen, offiziell ⏲ 8.30–16.30 Uhr. Weit mehr Informationen findet man im Museum in Aranyik.

Nahverkehr

Die Stadt ist mit öffentlichen Verkehrsmitteln dünn bestückt. **Samlor** kosten bis 100 Baht. Zudem verkehren grüne und rote **Songthaew** für 15 Baht.

Transport

Der Busbahnhof liegt 1,5 km westlich der Stadt. Songthaew für 10 Baht pendeln zum Kreisverkehr. Wer von Sukhothai kommt, kann bereits am Eingang zum Historical Park aussteigen oder sich am Kreisverkehr vor der Brücke absetzen lassen.

BANGKOK, 358 km, um 9.45, 10.30, 23.05 und 23.30 Uhr für 220–290 Baht in 6 Std.

NAKHON SAWAN, mit Bangkok-Bussen für 80–110 Baht.

PHITSANULOK, stdl. für 60–80 Baht in 3 Std.

SUKHOTHAI, Songthaew halbstdl. von 6–18 Uhr für 60 Baht. Busse 70 Baht.

TAK, stdl. für 50–60 Baht.

Klong Lan National Park

12 km südlich von Kamphaeng Phet zweigt vom H1 der H1117 Richtung Westen nach **Ban Klong Lan** (56 km) ab. Von hier sind es 5 km nach Westen bis zum Eingang des Nationalparks und ein weiterer Kilometer zum Park Headquarter. Eine andere Route verläuft weiter südlich über den H1242, der 50 km südlich von Kamphaeng Phet vom H1 abzweigt.

Vom Park Headquarter ist nach 300 m der sehenswerte **Klong Lan-Wasserfall** erreicht, der eine 95 m hohe Steilwand herabstürzt. Gegenüber vom Headquarter beginnt jenseits des Baches ein 500 m langer, schmaler Wanderweg, der am Hang entlang durch den Wald zum Wasserfall führt. Leider ist der Prospekt, der die botanischen Details auf elf Stationen erläutert, nur in Thai erhältlich. Eintritt 200 Baht p. P.

In der Gegend gibt es zahlreiche Dörfer der Hmong, Yao und Karen. Sie verkaufen auch an der Zufahrtsstraße Souvenirs und andere lokale Produkte.

Längere Wanderungen mit Camping sind möglich, z. B. drei Tage / zwei Nächte auf einem 17 km langen Trail zu Wasserfällen und Dörfern der Bergbewohner.

Übernachtung

Beim Headquarter, 200 m vom Klong Lan-Wasserfall, können die Unterkünfte gebucht werden. Vorbuchungen über 💻 www.dnp.go.th oder ✆ 055-766 022.

10 Bungalows für bis zu 3 Pers. stehen oberhalb des Parkplatzes nahe dem Wasserfall am Hang. ❸

Camping am Bach unterhalb der Zufahrtsstraße. Die Essen- und Getränkestände am Headquarter sind bis 18 Uhr geöffnet.

Transport

Songthaew fahren von KAMPHAENG PHET zum 57 km entfernten Markt in Klong Lan für 50 Baht. Für die folgenden 6 km kann man nur auf eine Mitfahrgelegenheit hoffen oder ein Motorradtaxi für 40 Baht nehmen.

Tak

Die ehemalige Garnisonsstadt Tak an den Ufern des Ping-Flusses hat sich zu einem bedeutenden Verkehrsknotenpunkt entwickelt. Richtung Westen geht es nach Mae Sot und Richtung Osten auf dem H12 über Sukhothai und Phitsanulok in den Nordosten. Viele Ausländer legen hier einen kurzen Zwischenstopp auf dem Weg nach Norden ein, aber nur wenige übernachten hier. Es wird kaum Englisch gesprochen.

Als das Ayutthaya-Reich seine weiteste Ausdehnung hatte, war Tak (gesprochen Taag) eine der nördlichen Grenzstädte zu dem unter birmanischer Herrschaft stehenden Lanna-Reich. Hier wurde 1734 Taksin geboren, der nach der Zerstörung von Ayutthaya eine neue Thai-Hauptstadt in Thonburi gründete und zum König gekrönt wurde. Ihrem berühmten Helden hat seine Heimatstadt ein Denkmal errichtet, das **Sala Taksin Maharat**. Vor seiner vergoldeten Statue in einem Schrein auf einem Marmorsockel bitten die Menschen den König um Beistand. Aus Dankbarkeit werden dem im chinesischen Jahr des Pferdes geborenen König Statuen seines Geburtstieres in allen Größen geopfert, die wie eine wilde Mustangherde den Schrein umrunden.

Nur wenig weiter westlich steht das **Wat Bot Mani Si Bunruang**, das 1859 ganz aus Teak erbaut wurde und dessen Bot mit Wandmalereien geschmückt ist. Hinter der Pagode im Mon-Stil steht im Viharn ein hochgeachteter Bronze-Buddha aus dem 13. Jh.

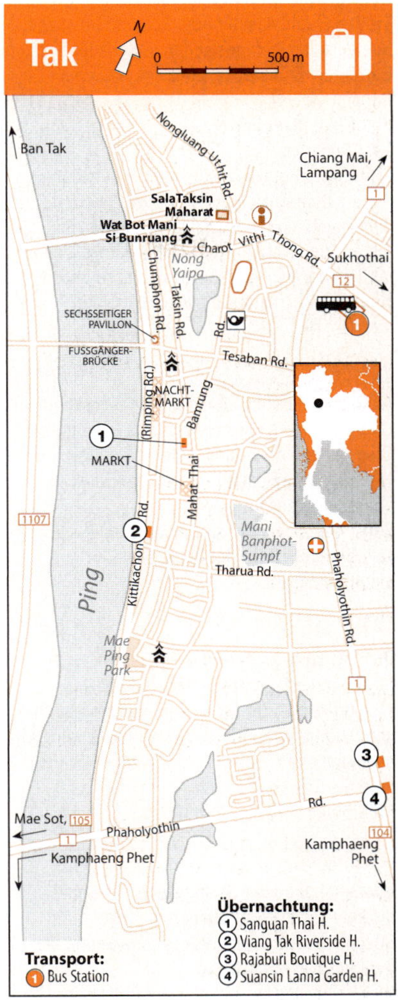

Übernachtung

Untere Preisklasse

Sanguan Thai Hotel ①, 619 Taksin Rd., ✆ 055-511 153. Einfaches Hotel in einem gesichtslosen Neubau. Etwas abgewohnte Zimmer mit Kühlschrank, die billigeren mit Ventilator. ❷

Suansin Lanna Garden Hotel ④, 8/7 Phaholyothin Rd., ✆ 055-517 777, 💻 www.suansin.com. Etwas außerhalb am H104 nahe der Abzweigung des H105 nach Mae Sot. Ruhiges Hotel mit Restaurant, 58 komfortable Zimmer. Die beste Alternative für Selbstfahrer. Allerdings spricht niemand Englisch. ❷–❸

Mittlere Preisklasse

Rajaburi Boutique Hotel ③, 307/1 Moo 8, Phaholyothin Rd., ✆ 055-572 111, 💻 www.rajaburi.com (Beschilderung nur auf Thai). Neues Boutique-Hotel im modernen Lanna-Thai-Stil. 140 Deluxe-Zimmer und größere Suiten mit Satelliten-TV und Wasserkocher. Kostenlos WiFi im Café. Pub mit Livemusik, 8 Karaoke-Zimmer mit großen Flachbildschirmen, Spa und Massage. Restaurant mit chinesischen und thailändischen Gerichten, Frühstücksbuffet. Freundlicher Service. ❹–❺

Viang Tak Riverside Hotel ②, 236 Chomphol Rd., ✆ 055-512 507-8, 💻 www.viangtakriverside.com. 3-stöckiger Altbau ohne Aufzug mit größeren Zimmern, die billigsten ohne Flussblick. Nebenan im 7-stöckigen Neubau 150 etwas teurere Zimmer mit TV und WiFi. Große Flussterrasse und kleiner Pool, Restaurant, Nachtclub und Internet. ❹

Essen

Auf dem sauberen, schönen Nachtmarkt an der Uferpromenade wird preiswertes und gutes Essen angeboten. Südlich der Fußgängerbrücke wetteifern die Restaurants um die Gunst der hungrigen Passanten.

Sonst bietet sich die große **Terrasse des Viang Tak Riverside Hotel** für ein kühles Bier und einen Snack an.

Informationen

Das **TAT-Büro** an der Abzweigung der Straße nach Mae Sot, ✆ 055-514 341-4, ✉ tattak@tat.or.th, ist für Tak, Kamphaeng Phet und Phichit zuständig. Sie haben außer einigen allgemeinen Prospekten sehr wenig Material über die Region und nicht sehr kompetente Mitarbeiter. 🕓 8.30–16.30 Uhr.

Transport

Busbahnhof an der Straße nach Sukhothai. Ins Zentrum mit Songthaew für 10 Baht. Am Busbahnhof Internet im *Great Coffee* und ein Geldautomat der K Bank.

BANGKOK, 420 km, ständig von 6.30–1 Uhr für 270–340 Baht in 6 1/2 Std.

CHIANG MAI, stdl. von 8–23.30 Uhr für 190–240 Baht in 3 1/2 Std.

CHIANG RAI, über Chiang Mai oder um 8, 10 und 19 Uhr für 270 Baht, über Lampang um 10 Uhr für 340 Baht in 6 Std.

KAMPHAENG PHET, ab 6.40 Uhr stdl. Busse und Songthaew für 50 Baht.

KHON KAEN, um 7.30, 10, 12, 13 und 24 Uhr für 300–390 Baht in 8–9 Std.

LAMPANG, mit Bus Richtung Chiang Mai für 130–170 Baht in 2 1/2 Std.

MAE SOT, 2. Kl. AC-Bus um 15, 16 und 17 Uhr für 80 Baht, non-AC-Bus und Minibus stdl. von 5–19 Uhr für 60 Baht in 1 1/2 Std.

PHITSANULOK, stdl. von 6–21 Uhr für 100–130 Baht in 2 Std.

SUKHOTHAI, mit Phitsanulok-Bussen für 60 Baht in 1 Std.

An der Grenze zu Birma

Wesentlich dünner besiedelt als die Tiefebene, präsentiert sich das sie umgebende Bergland von einer ländlichen Seite. Die Landschaft ist trockener und rauer, kleinere Nationalparks schützen die verbliebenen Wälder, die der Abholzung entgangen sind. Nur wenige Besucher unternehmen von Tak am H 1 aus einen Abstecher nach Mae Sot oder gar nach Umphang, das nur von wenigen öffentlichen Verkehrsmitteln angefahren wird. Die Strecke über kurvenreiche Straßen kostet Zeit. Die Route Richtung Mae Hong Son (s. S. 315) wird nicht von öffentlichen Verkehrsmitteln befahren. Doch die Reise lohnt – allein wegen des schönen Ti Lo Su-Wasserfalls nahe Umphang oder um in dieser Gegend Floßfahrten zu unternehmen.

Lansang National Park

Fährt man mit einem eigenen Fahrzeug auf dem Pan Asian Highway (H105), s. **eXTra [2599]**, von Tak nach Mae Sot, bieten sich zwei Nationalparks mit Übernachtungsmöglichkeiten für einen Besuch an. Die Eintrittskarten für 200 Baht gelten am selben Tag für alle Parks.

Der Lansang National Park liegt 20 km westlich von Tak am H105 nach Mae Sot. Am KM 12,3 zweigt die 1,2 km lange Straße zum Headquarter ab. Von hier führt ein zehnminütiger Wanderweg zum **Lansang-Wasserfall** und ein etwas längerer zum **Pha Phung-Wasserfall**. Beide eignen sich zum Baden, aber nicht zum Schwimmen.

Der Weg zum **Phathe-Wasserfall** (1,4 km entfernt) führt über eine kurvenreiche, steil ansteigende Straße durch nachwachsenden Wald und Bambushaine. Westlich vom Park leben Bergvölker, überwiegend Lahu, Lisu und Hmong.

Übernachtung und Essen

Übernachten kann man im Park in kleinen Bungalows für 600 Baht. Die Kantine ist von 7–17 Uhr geöffnet. Kontakt über ✆ 055-577 207 oder ✉ reserve@dnp.go.th.

Taksin Maharat National Park

Im Taksin Maharat National Park steuern die meisten Besucher den größten Krabak-Baum von Thailand an, der über 700 Jahre alt sein soll. Kurz hinter dem Doi Muser-Pass geht es vom H105 rechts ab, von hier sind es noch etwa 2 km. Vom Visitors Centre und Headquarter ist der 2,5 km lange Wanderweg ausgeschildert: „Giant Tree", als Waldlehrpfad angelegt. Die elf Stopps sind in einem Faltblatt auf Thai und Englisch beschrieben. Nach einem steilen Abstieg von 400 m durch den Dschungel ist unten im Tal der **Baumriese** erreicht. Von dort aus betrachtet wirkt er mit 16 m Umfang und 50 m Höhe durchaus beeindruckend. Zu einigen Wasserfällen im Park verlaufen Wanderwege. Sie sind auf einer Karte eingezeichnet, die im Headquarter erhältlich ist.

Übernachtung und Essen

Übernachten beim Headquarter in Bungalows für 1000 Baht. Auch Camping. Kontakt über ✆ 055-511 429 oder ✉ krabakyai@hotmail.com.

Doi Muser und Chao Phra Waw-Schrein

Am Rastplatz auf dem **Doi Muser-Pass** am KM 28 und auf dem **Straßenmarkt** hinter KM 29 verkaufen Bergbewohner Obst, Gemüse, Honig, Pflanzen und Kunsthandwerk. Hier und am **Aussichtspunkt** am KM 32,6 laden Cafés zu einer Pause ein. Hinter dem KM 34 geht es auf der kurvenreichen, teilweise recht steilen Straße über einen weiteren Pass, auf dessen Abfahrt man grandiose Ausblicke über die Berge bis nach Myanmar genießen kann. Am KM 42 taucht die erste Siedlung mit einem großen Polizeikontrollpunkt auf. Hier werden Fahrzeuge auf illegale Einwanderer aus Myanmar und Schmuggelgut überprüft.
Am KM 62,5 ragen malerisch steile Kalkfelsen aus der Landschaft. Nördlich der Straße stoppen viele Passanten am buddhistischen **Chao Phra Waw-Schrein** mit einer mächtigen, von einer Naga geschützten Buddhastatue. Die Wände der darunter liegenden kleinen, runden Halle sind mit Bildern von Schlachten zwischen Birmanen und Thai geschmückt.

Am KM 71,2 gibt es einen weiteren Polizeikontrollpunkt. Am KM 75,5 ist der große Kreisverkehr und die Stadt Mae Sot erreicht.

Mae Sot

Endstation der Busse ist der geruhsame Grenzort Mae Sot, dessen Tempel und Märkte bereits deutliche Einflüsse des Nachbarlandes Myanmar aufweisen. Im kleinen Grenzverkehr kommen Birmanen, in traditionellen Longgyis gekleidet, über die Thai-Birmane Friendship Bridge, die 5 km westlich der Stadt den Grenzfluss **Mae Nam Moei** überspannt, nach Thailand herüber. Sie kaufen all das ein, was aufgrund des internationalen Embargos gegen die Regierung von Myanmar im eigenen Land nicht zu bekommen ist.

Über die Grenze nach Myanmar

Ausländern wird nur ein Tagesausflug über die Grenze zum uninteressanten Grenzort **Myawaddy**, jenseits der Brücke, gestattet. Sie können die Grenze gegen eine Gebühr von 500 Baht oder US$10 überqueren, Thais zahlen 10 Baht. Pass erforderlich. 🕓 6.30–18.30 Uhr, allerdings müssen Ausländer bereits vor 17 Uhr zurückkehren. Bei Wiedereinreise nach Thailand bekommt man nur noch einen 15-Tage-Stempel. Vorsicht: Bei der Ausreise wird das bisherige Visum ungültig!
Im ärmlich wirkenden Myawaddy gibt es außer einem Stupa nicht viel zu sehen. Die birmanischen Waren sind kaum billiger als auf dem Markt auf der Thai-Seite.

Der vierspurige Highway umgeht im Norden die 46 000 Einwohner zählende Stadt. Auf ihren Märkten und in Läden treffen sich Menschen unterschiedlicher Herkunft – Karen von beiderseits der Grenze, Birmanen, Thais, Inder und Chinesen. Viele westliche Ausländer arbeiten in den Flüchtlingslagern der Umgebung. Tipps für die Unterstützung diverser Organisationen gibt das eXTra [2601].

Lukrativ scheint der **Edelsteinhandel** an den Ständen nahe dem Siam Hotel. Der goldene Chedi im **Wat Chumphon** wurde im Jahre 1993 im Stil der Shwedagon-Pagode in Yangon erbaut. Ein neuer, farbenfroher **chinesischer Tempel** beeindruckt im Zentrum

Rim Moi

Dunkelblaue Pickups fahren von der Stadt für 10 Baht 4 km zur Grenze nach Rim Moei.

Auf dem großen, überdachten Grenzmarkt am Westufer des Moei handeln Thais und Birmanen sowie Karen, Chinesen und Inder mit Teakmöbeln und Halbedelsteinen aus Myanmar, Textilien aus Indien und Indonesien, Kosmetika aus Thailand sowie Lebensmitteln und Elektroartikeln aus China. Jugendliche bieten Touristen aus aller Welt versteckt unter der Brücke Schmuggelzigaretten an.

Übernachtung

Untere Preisklasse

Bai Fern Restaurant & Gh. ④, 660/2 Intarakiri Rd., ✆ 055-533 343, ✉ rungrapee@hotmail.com. Hinter einem Massageraum 13 einfache, durch Sperrholzwände abgeteilte kleine Zimmer mit Ventilator und Gemeinschafts-Du/WC. Nettes Restaurant, WiFi 50 Baht extra, Auto-, Motorrad- und Fahrradvermietung. ❷

Pin Gh. ②, 102 Asia Rd., ✆ 085-614 3827, 081-474 2183. 27 unterschiedlich große Zimmer mit TV und Kühlschrank in einem 2-stöckigen Haus an der Umgehungsstraße. Die hinteren Zimmer sind ruhiger. Frühstücksbuffet im Vorgarten inkl. Leider ist zur Straße hin der Sicht- und Lärmschutz nicht sehr effektiv. ❸–❹

Porn Thep Hotel ⑤, 25/4 Soi Sriving, ✆ 055-532 590. Hotel von einfachem Standard in zentraler Lage. Saubere Zimmer mit guten Matratzen. Sehr günstige Ventilatorzimmer. Restaurant im 1. Stock. ❶–❹

> **Hier kann man sich häuslich einrichten**
>
> **Ban Thai Gh.** ⑥, 740/1 Intharakiri Rd., ✆ 081-732 7563. Auf dem weitläufigen, von der Straße zurückversetzten Gartengrundstück mit vielen Bäumen stehen verschiedene sehr gepflegte 2-stöckige Holzhäuser mit 20 Zimmern. Die preiswerten, kleineren mit Ventilator und Gemeinschaftsdusche sind ebenso geschmackvoll und mit bequemen Betten und Teakholzmöbeln eingerichtet wie die großen, die teils TV und eine überdachte Veranda mit Tischen und Liegen haben. Zudem ein Haus mit 2 Schlafzimmern und AC. Vor dem Haupthaus eine Terrasse mit Sitzecke, Getränken und WiFi. Fahrrad- und Motorradvermietung für 50 bzw. 150 Baht pro Tag. Die meisten Gäste arbeiten bei NGOs und bleiben lange. Angenehme, ruhige Atmosphäre, empfehlenswert. ❷–❸

D.K. Hotel ③, 298 Intarakiri Rd., ✆ 055-531 699. Neueres Gebäude in Billigbauweise. Sehr saubere, große Zimmer mit Ventilator oder AC, Steinboden. Rezeption über der Buchhandlung im 1. Stock. Gutes Preis-Leistungs-Verhältnis. ❷–❸

Obere Preisklasse

Centara Mae Sot Hill Hotel ①, 100 Asia Rd., ✆ 055-532 601-8, 💻 www.centralhotelsresorts.com. An der Umgehungsstraße 1,5 km vom östlichen Kreisverkehr. Das beste Hotel im Ort, mit 113 komfortablen Zimmern, beheiztem Swimming Pool, Massage, Disco und Nachtclub. Frühstück inkl. ❺

Essen

Eine riesige Auswahl an Lebensmitteln der Region wird auf dem **abendlichen Eessensmarkt** vor den Käufern aufgetürmt. Ab 17.30 Uhr werden Stände in einer Seitenstraße der Prasavithi Rd. aufgebaut – gutes, billiges Essen.

A Kung Paoue Seafood Restaurant, 100/7 Asia Rd., zu erkennen an der kleinen Leuchtreklame und einer roten Garnele. Bunt blinkende Lampen

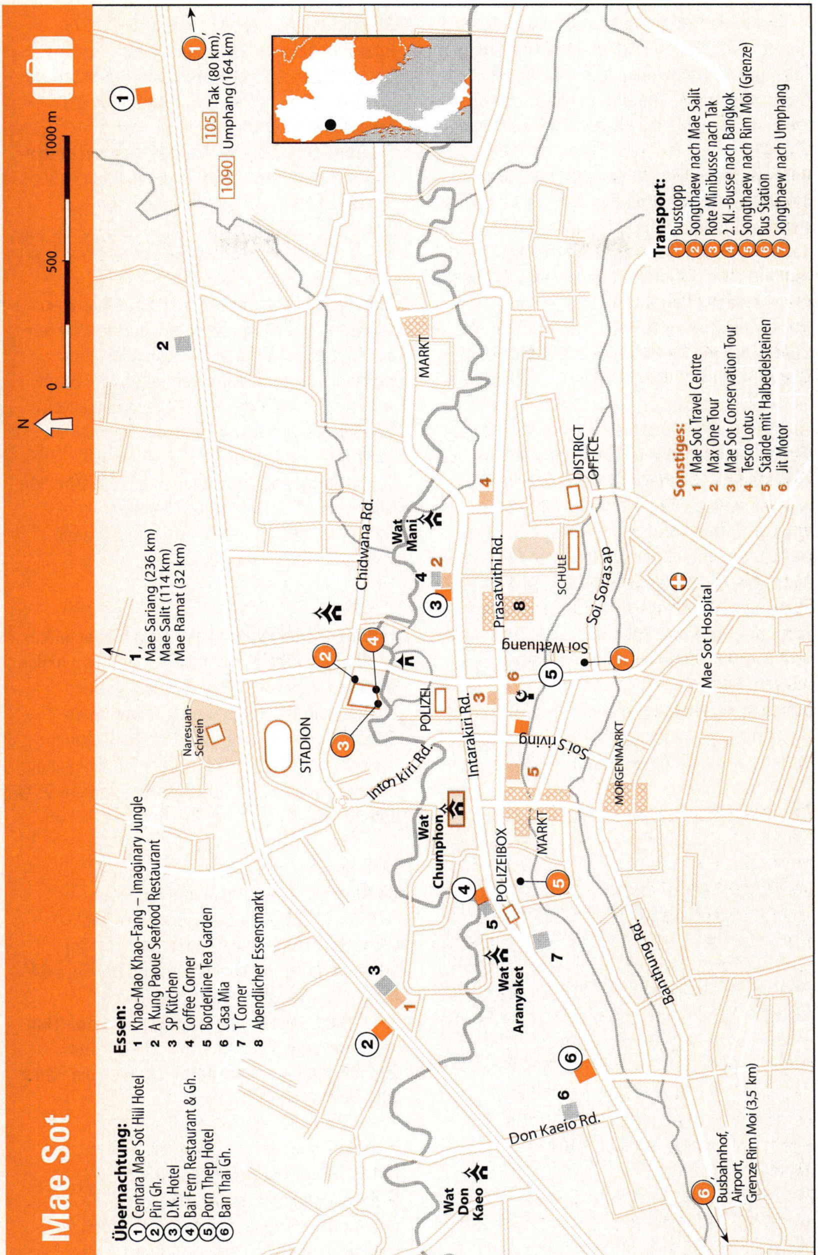

Mae Sot
Übernachtung:
1 Centara Mae Sot Hill Hotel
2 Pin Gh.
3 D.K. Hotel
4 Bai Fern Restaurant & Gh.
5 Porn Thep Hotel
6 Ban Thai Gh.
Essen:
1 Khao-Mao Khao-Fang – Imaginary Jungle
2 A Kung Paoue Seafood Restaurant
3 SP Kitchen
4 Coffee Corner
5 Borderline Tea Garden
6 Casa Mia
7 T Corner
8 Abendlicher Essensmarkt
Sonstiges:
1 Mae Sot Travel Centre
2 Max One Tour
3 Mae Sot Conservation Tour
4 Tesco Lotus
5 Stände mit Halbedelsteinen
6 Jit Motor
Transport:
1 Busstopp
2 Songthaew nach Mae Salit
3 Rote Minibusse nach Tak
4 2. Kl.-Busse nach Bangkok
5 Songthaew nach Rim Moi (Grenze)
6 Bus Station
7 Songthaew nach Umphang
N
0
500
1000 m
105 Tak (80 km),
1090 Umphang (164 km)
1, Mae Sariang (236 km)
Mae Salit (114 km)
Mae Ramat (32 km)
6, Busbahnhof, Airport, Grenze Rim Moi (3,5 km)
Naresuan-Schrein
STADION
POLIZEI
POLIZEIBOX
MARKT
MORGENMARKT
SCHULE
DISTRICT OFFICE
Mae Sot Hospital
Wat Mani
Wat Chumphon
Wat Aranyaket
Wat Don Kaeo
Chidwana Rd.
Intarakiri Rd.
Prasatvithi Rd.
Soi Watluang
Soi Sorasap
Soi Srivieng
Banthung Rd.
Don Kaeio Rd.

weisen abends den Weg zu diesem Gartenrestaurant. Vorbei an Tanks mit lebenden Fischen und Garnelen geht es zu den Pavillons. Ausgezeichnetes Seafood zu vernünftigen Preisen. Vorsicht, das Essen ist wirklich scharf! ⌚ 9–23 Uhr.

Bai Fern Restaurant, Intharakiri Rd., mit einer dekorativen Wasserfall-Fassade. Das bei Travellern beliebte, große Restaurant bietet Kaffee, Kuchen, westliche, thailändische und vegetarische Gerichte sowie Pizza. Das Essen ist dem westlichen Geschmack etwas angepasst. Zudem eine Cocktail-Bar.

Borderline Tea Garden, 674/14 Intharakiri Rd., ☎ 055-546 584, 💻 www.borderlinecollective.org, hinter der Ladengalerie, in der eine Fraueninitiative Textilien und anderes Kunsthandwerk verkauft. In dem kleinen Gartencafé mit 2 Tischen mit Stühlen und weiteren Sitzgelegenheiten auf dem Boden werden lokale Snacks, Kaffee und Tee (auch Kräutertee) angeboten. Auch Kochkurse (s. u.). ⌚ 10–18 Uhr.

Casa Mia, Don Kaew Rd., ☎ 087-204 4701. Rustikales, beliebtes Gartenrestaurant, dessen Favoriten Pizza und Spaghetti sind. Zudem eine gute Auswahl einheimischer Gerichte. ⌚ 7.30–22 Uhr.

Coffee Corner, gegenüber vom D.K. Hotel neben Max One Tour. Kleines Café mit einfachen Gerichten und gutem Kaffee.

Das Dschungelrestaurant

Khao-Mao Khao-Fang – Imaginary Jungle, am KM 2 des H105 Richtung Norden, ☎ 055-532 483. Das fantastisch dekorierte Gartenrestaurant mit malerischen Würgefeigen und anderen Dschungelpflanzen, gestutzten Büschen, natürlich anmutenden Bächen und kleinen Wasserfällen ist an sich schon eine Sehenswürdigkeit. Besonders romantisch sind die Sitzplätze am See, in dem sich abends die stimmungsvoll angeleuchteten Bäume spiegeln. Die Gerichte sind von hervorragender Qualität und ebenso wie die Getränke gar nicht so teuer! Empfehlenswert der Moei-Fisch. Die umfangreiche Speisekarte ist teils bebildert und zweisprachig. ⌚ bis 23 Uhr.

SP Kitchen, Asia Highway, ☎ 055-532 279. International ausgerichtete, umfangreiche Speisekarte – von birmanischen Gerichten bis Pizza, von Duang Dee Hill Tribe Coffee bis Lavazza. ⌚ 8–22 Uhr.

T Corner, Intarakiri Rd. Kleines Café mit gutem Frühstück, Kaffee sowie Thai- und westlichen Gerichten.

Sonstiges

Einkaufen

Auf dem Grenzmarkt und mehreren Märkten sowie in Geschäften der Stadt werden Waren aus Myanmar verkauft. An vielen Ständen werden **Halbedelsteine** gehandelt. Die Stadt wird auch von Grenzgängern zum Einkaufen genutzt, z. B. im **Tesco Lotus** im östlichen Zentrum.

Im **Borderline** gibt es einige englischsprachige Bücher und Textilien verschiedener Bergbewohner. Zudem wird Kleidung nach Vorlagen geschneidert.

Kochkurse

Im **Borderline** (s. Essen) wird ein birmanisches Kochbuch verkauft. Wer die Zubereitung einiger Gerichte lernen möchte, kann einen Kurs buchen, der bei 1, 2 und ab 3 Teilnehmern 1000, 600 oder 450 Baht kostet. Nach einem Besuch auf dem Markt werden gemeinsam ein Snack, ein Salat, ein Hauptgericht und ein Drink zubereitet.

Motorräder u. a.

Jit Motor, 127/4–6 Prasavithi Rd., ☎ 055-532 099, neben der Bangkok Bank, vermietet Motorräder für 150 Baht pro Tag. Vorsicht: Viele Schrottmühlen! Im **Bai Fern Gh.** kosten Fahrräder 50 Baht, Motorräder 150 Baht, PKWs 1500 Baht. Auch das **Ban Thai** vermietet zum gleichen Preis Motorräder und Fahrräder. Bei **Borderline** kosten die Räder 100 Baht pro Tag.

Touren

Die Gästehäuser und Reisebüros bieten Ausflüge zu Wasserfällen und Höhlen, Grenzmärkten und Dörfern der Karen an.

Max One Tour, 269/2 Intarakiri Rd., ✆ 055-542 942, 💻 www.maxonetour.com, geleitet von den beiden Söhnen Max und Dax von Captain Daeng aus Mae Sot.
Mae Sot Travel Centre, 14/21 Asia Rd., ✆ 055-531 409, 📠 561 065.
Beide Büros verkaufen Tagestouren in die Umgebung für 1500–2000 Baht sowie mehrtägige Touren nach Umphang für 5000–10 000 Baht bei 2–4 Teilnehmern inkl. Rafting, Trekking zum Wasserfall und Elefantenreiten, s. S. 318.
Mae Sot Conservation Tour, 415/17 Intrakiree Rd., ✆ 055-532 818, ✉ maesotco@hotmail.com. Tagestouren in die Umgebung mit „soft adventure" Trekking und Rafting sowie Übernachtung in einem Karen-Dorf Richtung Tak.

Immigration

Immigration Office in Rim Moi am Grenzfluss, südlich der Brücke, 🕒 Mo–Fr 8.30–12 und 13–16.30 Uhr. Hier können Touristenvisa verlängert werden. Vorsicht: Nach einem Tagesausflug nach Myanmar gibt es nur noch eine Aufenthaltsgenehmigung für 15 Tage!

Nahverkehr

Vom Zentrum fahren dunkelblaue Songthaew vorbei am Busbahnhof zur Grenze für 10 Baht. Tuk Tuks kosten vom Busbahnhof zu den Gästehäusern etwa 70 Baht.

Transport

Die meisten Busse und Songthaew halten an der neuen Bus Station westlich des Zentrums. Er liegt kurz vor dem Flughafen, von dem aus derzeit keine Passagiermaschienen verkehren. 2. Kl.-Busse, einige Minibusse und Songthaew fahren weiterhin von der alten innerstädtischen Bus Station ab. Viele legen einen Zwischenstopp am Busstopp östlich der Stadt ein. Neben den staatlichen Bussen verkehrt der Green Bus, 💻 www.greenbusthailand.com, Richtung Norden.
AYUTTHAYA, mit Bangkok-Bussen für 290 Baht.
BANGKOK, 520 km, 8x tgl. überwiegend abends für 330–420 Baht, VIP Doppeldecker-Bus zwischen 21.15 und 21.45 Uhr für 660 Baht in 8–9 Std.
CHIANG MAI, mit Green-Bussen um 8 und 18 Uhr für 330/260 Baht in 5 Std. Sie fahren weiter über CHIANG RAI (490/380 Baht) nach MAE SAI (540/420 Baht).
KAMPHAENG PHET, mit Bangkok-Bussen für 140 Baht.
MAE SALIT, Songthaew ab innerstädtischem Busstopp stdl. bis 17 Uhr für 100 Baht in 3 Std. über MAE RAMAT (30 Baht) und THA SONG YANG (60 Baht).
MAE SARIANG, 236 km, Songthaew stdl. von 6–12 Uhr für 200 Baht in 6 Std.
SUKHOTHAI, Minibus stdl. von 7–16 Uhr für 160 Baht in 3 Std.
TAK, AC-Bus 3x tgl. nachmittags für 80 Baht, rote Minibusse ohne AC für 60 Baht in 1 1/2 Std.
UMPHANG, 167 km, Songthaew etwa stdl. von 7–16 Uhr für 120 Baht (Plätze neben dem Fahrer 30 Baht teurer) in 4 Std.
Zur GRENZE, Songthaew von 8–17 Uhr für 10 Baht in 15 Min.

Von Mae Sot nach Norden

Eine Fahrt auf dem H105 Richtung Norden nach Mae Sariang (399 km) führt unweit der birmanischen Grenze entlang. Die Straße sollte aus Sicherheitsgründen nur tagsüber befahren werden. Am KM 13 zweigt die 7 km lange Straße Tk 4016 nach rechts nach Mae Kasa ab. Im Dorf vor dem Tempel folgt man der Ausschilderung rechts 2 km zur **Mae Kasa Hot Spring** am Fuß der Bergkette, die zum Khun Phrawo National Park gehört. Sie ist ein beliebtes Ausflugsziel und von Essenständen umgeben. In einer eingefassten Quelle können Eier im 75 Grad heißen Wasser gegart werden. Die Badehäuschen waren bei unserem Besuch geschlossen. Wanderwege führen u. a. zu einem kleinen See, den eine Hängebrücke überspannt. In den Kalkfelsen dahinter gibt es mehrere Schreine und Höhlen. Die verzweigte Kasa-Höhle kann nur mit einem Guide begangen werden.

In **Mae Ramat** lohnt ein Abstecher zum kleinen Kloster **Wat Don Kaeo** westlich der Polizeistation. Die Buddhastatue im birmanischen Stil aus weißem Marmor im Zentrum der liebevoll gestalteten Gebetshalle stammt aus Yangoon.

Zwei ähnliche Statuen sollen in Indien und Pakistan stehen.

Nördlich von Mae Ramat bietet für Selbstfahrer der schmale, kurvenreiche, kaum befahrene H1175 eine Alternative zum H105 von Tak nach Mae Sot. Auf der schönen, waldreichen Bergstrecke passiert man am KM 67 den Eingang zum **Khun Phrawo National Park**. Vom Headquarter aus führt ein 2,8 km langer Pfad zu einem fast 90 m hohen Wasserfall in einem Bambuswald. In den Wäldern der Umgebung leben noch einige Serau und Kragenbären.Zwischen KM 55 und 62 stehen am H105 dicht an dicht Tausende von Hütten des Flüchtlingscamps **Mae La**. Hier vegetieren etwa 40 000 Flüchtlinge unter bedrückenden Bedingungen dahin. Durchfahrende Touristen werden kontrolliert.

Danach eröffnet sich der Ausblick auf eine idyllische Berglandschaft. Ein ausgeschilderter Weg zweigt bei KM 95 zum **Mae Moei National Park** ab, Eintritt 100 Baht. Nach 3 km ist die Hauptattraktion erreicht, die 20 m weite, 5 m hohe und etwa 150 m lange Durchbruchshöhle **Tham Mae Usu** voller Stalaktiten und Stalagmiten. Das Wasser in der Höhle wird durch Thermalwärme bis auf 30°C aufgeheizt. Auf einer Leiter gelangt man zu einer Kammer mit Fossilienfunden hinauf und durch den mittleren der drei Ausgänge zur Austrittsöffnung des Flusses. Am Wasser entlang geht es links um den Berg herum in etwa 20 Min. zum Ausgangspunkt zurück. Während der Regenzeit sollte die Höhle nicht besucht werden, denn dann kann der Wasserpegel rasch ansteigen.

Bei **Mae Salit** (KM 114) zweigt der H1267 nach Osten Richtung **Mae Ramoeng** (32 km) ab, wo die ethnische Minderheit der Sgaw-Karen lebt.

Nach einer schönen Strecke entlang des tiefgrünen Moei River steigt die Straße hinter **Ban Tha Song Yang** (KM 138) in dschungelbedecktes Bergland an, bevor sie bei **Sop Moei** (s. S. 375) ins fruchtbare Tal des Mae Yuam abfällt.

Von Mae Sot nach Umphang

Wer hinauf in die Berge nach Umphang möchte, kann sich in Mae Sot von Reisebüros und Gästehäusern eine mehrtägige Tour inklusive An- und Abreise organisieren lassen. Ansonsten gelangt man auch in einem Songthaew mit vielen Mitreisenden weiter. Recht abenteuerlich ist die 167 km lange Fahrt auf der äußerst kurvenreichen Strecke durch das kaum besiedelte Grenzgebiet.

Von Mae Sot aus führt der H1090 zunächst durch landwirtschaftlich genutztes Hügelland etwa 50 km nach Süden. Anschließend wird er schmaler, und auf den folgenden 114 km bis Umphang sind über tausend steile Kurven zu bewältigen. Wer nicht reisekrank wird, kann eine abwechslungsreiche Landschaft mit über 1800 m hohen Bergen genießen. An vielen vom Dschungel gerodeten Hängen werden Wiederaufforstungsprojekte durchgeführt.

36,5 km hinter Mae Sot lädt 700 m abseits der Straße der Pacharoen-Wasserfall im **Namtok Pha Charoen National Park** zu einer Rast ein. Er ist allerdings nur nach der Regenzeit interessant. Eintritt frei. Infos unter ✆ 055-500 906.

Nach dem Überqueren der ersten Bergkette legen Busfahrer hinter dem Hmong-Dorf **Ban Rom Kao** am Rastplatz am KM 86 eine Pause ein. Kurz darauf erstreckt sich neben der Straße ein riesiges Flüchtlingslager, in dem Tausende von Karen und anderen Minoritäten aus Myanmar bereits seit Jahren leben müssen. Hinter **Ban Mae Klong Noi** windet sich die Straße bis zum Pass in 1111 m Höhe hinauf (Aussichtspunkt am KM 127) und dann hinab nach **Mae Klong Kee** (KM 132) im Tal des Mae Klong, das von ausgewaschenen Kalksteinformationen übersät zu sein scheint. Am KM 140 sind der Umphang Checkpoint und die erste Tankstelle erreicht.

Umphang

Umphang (gesprochen: Um-paang) ist ein überwiegend von Thai bewohnter, verschlafener Ort mit mehreren Resorts, in denen überwiegend einheimische Urlauber übernachten. Er wartet mit kleinen Märkten, vielen Läden und kleinen Touristenrestaurants auf. In den Dörfern im Tal siedeln Karen, die Tabak, Zitrusfrüchte, Gemüse, Mais und Reis anbauen. Vor allem einheimische Naturliebhaber lockt die ursprüngliche Umgebung mit zahlreichen Naturschönheiten hierher.

Fast alle Unterkünfte organisieren **Floß- und Schlauchbootfahrten** auf dem Mae Klong, einem der schönsten Flüsse des Landes, meist in Kombination mit dem Besuch des Wasserfalls und eines Karen-Dorfes, in dem Elefantenreiten auf dem Programm steht.

Die **Takobi-Höhle**, 7 km vor den Toren der Stadt in Ban Mae Klong Mai, soll die längste Höhle des Landes sein. Einige Gänge und eine hohe Kammer stehen Besuchern offen. Eine gute Lampe ist erforderlich. Nördlich von Umphang biegt man von der Straße nach Mae Sot auf den H1167 ab und folgt nach 3,5 km der Ausschilderung links 300 m auf einer unbefestigten Abzweigung.

Übernachtung

Viele Resorts sind nur am Wochenende mit thailändischen Reisegruppen belegt, die mit nächtlichem Karaoke auch alle anderen Gäste unterhalten.

Aing Doi Resort ⑥, südlich der Brücke etwas abseits der Straße, ✆ 055-561 176. Holzbungalows mit Ventilator und Reihenhaus mit Schlafsälen. Ungepflegtes Massenquartier mit Matratzen auf dem Boden. Keiner spricht Englisch. ❶–❷

Country Huts ⑦, 141 Moo 1, ✆ 055-561 079, 🖳 www.umphangcountryhut.com, 2 km vor Umphang rechts (Einfahrt am Buddha), 800 m von der Straße. Ruhige Blockhütten mit Ventilator in 2 Etagen am Flusshang, die obere Etage ist nicht muffig und die Mehrausgabe wert. Großes Restaurant. ❷–❸

Garden Huts ③, am Fluss an der Brücke, ✆ 055-561 093. Ruhig in einer gepflegten Gartenanlage gelegene, saubere Holzbungalows mit Ventilator und TV. Einfache Zimmer in einem Doppelbungalow mit Gemeinschafts-Du/WC und in einem großen Haus. Das Restaurant öffnet nur, wenn Gruppen kommen. ❷–❸

Phudoi Camp Site & Resort ⑤, 637 Ban Phudoi, ✆ 055-561 049, 📠 561 279, 🖳 www.phudoi.com. Sehr saubere Holzbungalows mit Ventilator oberhalb des Zentrums. Touren, aber kaum Englisch sprechende Guides. Gutes Restaurant. ❷–❸

The Trekker Hill ④, ✆ 055-561 090, ✉ trekkerhill@hotmail.com. Rustikale Anlage mit 4 einfachen kleinen, aber sauberen Hütten und größere Bungalows mit Ventilator. Schlafsaal 100 Baht. Schöner, kleiner Garten, preiswertes Restaurant, Internet und WiFi. Bei Travellern beliebt. Touren mit Englisch sprechenden Guides. ❷

Tu Ka Su Cottage ①, 40 Moo 6, ✆ 055-561 295, 081-825 8238, jenseits der Brücke. Unterschiedlich große, nette, sehr saubere Bungalows aus Naturmaterialien mit Ventilator, TV, großen Betten, hübscher Du/WC und Terrasse in einem weitläufigen Garten mit Feuerstelle. Sie sind mit viel Liebe zum Detail gestaltet und gut für Familien oder Gruppen geeignet. Günstiger sind die etwas älteren Häuser. Ooty (Suchart Chanhormhual) organisiert Touren und seine Frau leitet das Resort. Sie spricht gut Englisch und bereitet auf Wunsch Frühstück zu. ❸–❹

Umphang Hill Resort ②, 53 Moo 6, ✆ 055-561 063-4, 081-886 6599, 🖳 www.umphanghill.com. Schöne, große Anlage südlich der Brücke beidseits der Straße, 65 Zimmer in verschiedenen Größen mit TV, Kühlschrank und Ventilator, die allerdings nicht immer gereinigt werden. Sehr gutes Essen im Restaurant (🕒 6–11 und 18–23 Uhr), Internet. Der Chef Captain Daeng (Sombat Panarong) betreut seit vielen Jahren mit viel Humor die internationalen Besucher. Frühstück inkl. Wer eine Tagestour für 1700 Baht bucht, wohnt meist umsonst. ❷–❹

Essen

Die Gästehäuser servieren in der Saison preiswertes Essen. Echte Thai-Küche im **Restaurant** hinter dem Wat Panit Niramol.

Ein offenes, einfaches **Restaurant** direkt am Fluss (schräg gegenüber vom Umphang Hill Resort) hat eine kleine englische Karte mit recht preiswerten Fisch-, Fleisch- und Tofu-Gerichten.

Ein weiteres empfehlenswertes **Restaurant** neben den Garden Huts in einem großen Holzhaus. Am Eingang die offene Küche. Viele Einheimische essen hier.

Phukong Daeng, nahe der Einmündung der Zufahrtsstraße zum Trekker Hill Gh. Hier werden die besten Nudel-, aber auch andere Gerichte zubereitet.

In einer kleinen **Coffee Bar** im Garten hinter dem Ban Kru Sun Souvenir Shop hat die Kaffeekultur Einzug gehalten.

Sonstiges

Geld

Der einzige Geldautomat am District House nimmt leider nicht alle internationalen Geldkarten an. Weder Unterkünfte noch Veranstalter akzeptieren Kreditkarten.

Trekking in der Grenzregion

Zahlreiche Gästehäuser und Reisebüros offerieren Touren durch die fast unberührte Natur in der Umgebung. Allerdings gibt es nur wenige Englisch sprechende Guides.

Trekking-Touren ohne Unterkunft, Rafting und Elefantenreiten werden ab 1000 Baht pro Tag angeboten. Eine 3-tägige Tour ab Umphang inkl. Rafting, Elefantenreiten und Übernachtung in Karen-Dörfern bzw. Zelten kostet um 4000 Baht p. P. und ein 3-stündiger Ausritt im Elefantencamp **Pa-la-tha** 1100 Baht pro Elefant.

In Verbindung mit einer Rafting-Tour kann man in 3 Std. von **Mae Lamung** ins Karendorf **Kho Tha** wandern.

Der 10 km lange Trek von den **Mo Ki Do-Stromschnellen** zum Ti Lo Su-Wasserfall ist anstrengend und dauert etwa 5 Std. In der Trockenzeit ist es zu heiß, sodass dann ab **Tha Sai** Pickups fahren.

Captain Daeng vom Umphang Hill Resort organisiert bei frühzeitiger Anmeldung für 1500 Baht Touren in die **Thung Yai Naresuan Wildlife Sanctuary**, wo man abends bei 1–2-stündigen Wanderungen Tiere beobachten kann. Die erforderliche Genehmigung für das Schutzgebiet ist mindestens 1 Woche im Voraus zu beantragen.

Zudem führt das Umphang Hill Resort zwischen November und März anstrengende Treks auf thailändischem Grenzgebiet durch. In 7 Tagen geht es nach Sangkhlaburi, 2 Nächte werden im Dschungel im Zelt verbracht – eine anstrengende Tour. Kosten bei max. 8 Pers. 15 000 Baht p. P.

Rafting

B.L. Tours, 1/438 Umphang-Palata Rd., ✆ 055-561 021, veranstalten während der Regenzeit von August bis Oktober bei min. 8 Teilnehmern Wildwasserfahrten von Umphang Khi aus auf dem Huai Umphang ab 2500 Baht p. P. Die Flöße müssen mit Elefanten an den Startpunkt gebracht werden, von wo aus es in 4–5 Std. über 67 Stromschnellen bis Grad 4 hinab geht.

Touren auf dem Mae Klong siehe folgende Seite.

Transport

Nach MAE SOT fahren Songthaew von 7–15 Uhr etwa stdl. für 120 Baht in 4 Std. (inkl. Pause auf halbem Weg). Man wird nach Anmeldung am Morgen beim Gästehaus abgeholt. Sitzplätze neben dem Fahrer lohnen die 30 Baht Mehrausgabe.

In Richtung Südwesten fahren morgens von der Bus Station in der Trockenzeit Songthaew für 100 Baht (in der Regenzeit nur Geländewagen) auf der teils asphaltierten Straße 80 km bis PUENG KUENG, wo es keine Übernachtungsmöglichkeiten gibt. Die weitere Piste nach Sangkhlaburi ist gesperrt, da sie vorwiegend durch Myanmar verläuft und von der Armee kontrolliert wird.

Richtung Süden führt eine 32 km lange Asphaltstraße über PA-LA-THA (25 km) nach ZEPALA und 15 km weiter zum Eingang der Thung Yai Naresuan Wildlife Sanctuary.

Die auf vielen Karten eingezeichnete Straße von Kamphaeng Phet nach Umphang existiert nicht und wird auch nicht gebaut.

Die Umgebung von Umphang

Da sich die meisten landschaftlichen Attraktionen in den unberührten Wäldern südlich von Umphang auf eigene Faust nur schwer erkunden lassen, bieten neben Gästehäusern zahlreiche Tourveranstalter Ausflüge, Trekkingtouren und Floß- bzw. Schlauchbootfahrten an.

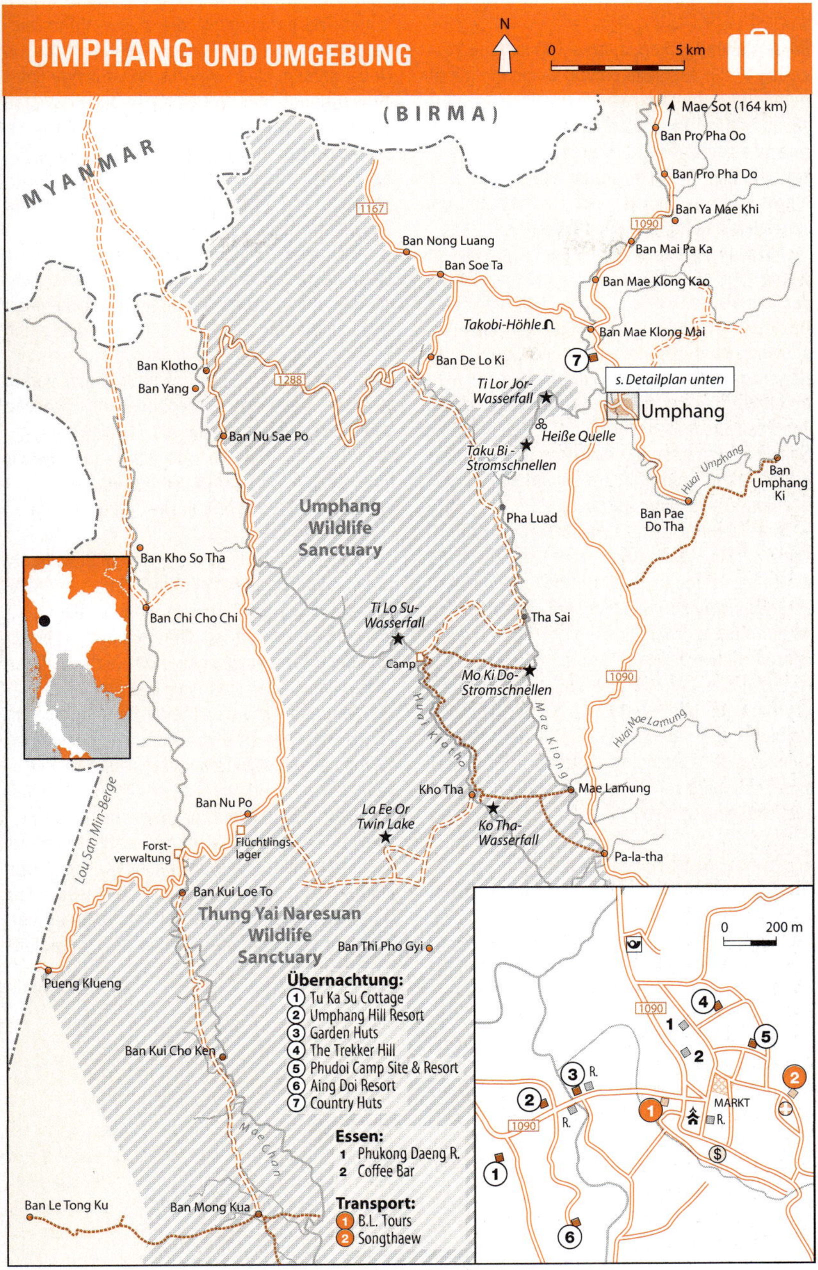
UMPHANG UND UMGEBUNG
N
0
5 km
(BIRMA)
MYANMAR
Mae Sot (164 km)
Ban Pro Pha Oo
Ban Pro Pha Do
Ban Ya Mae Khi
1090
1167
Ban Mai Pa Ka
Ban Nong Luang
Ban Soe Ta
Ban Mae Klong Kao
Takobi-Höhle
Ban Mae Klong Mai
Ban De Lo Ki
Ban Klotho
1288
Ban Yang
s. Detailplan unten
Ti Lor Jor-Wasserfall
Umphang
Heiße Quelle
Ban Nu Sae Po
Taku Bi - Stromschnellen
Huai Umphang
Ban Umphang Ki
Ban Pae Do Tha
Pha Luad
Umphang Wildlife Sanctuary
Ban Kho So Tha
Ban Chi Cho Chi
Ti Lo Su-Wasserfall
Tha Sai
Camp
Mo Ki Do-Stromschnellen
1090
Huai Klotho
Mae Klong
Huai Mae Lamung
Lou San Min-Berge
Kho Tha
Mae Lamung
Ban Nu Po
La Ee Or Twin Lake
Ko Tha-Wasserfall
Forst-verwaltung
Flüchtlings-lager
Pa-la-tha
Ban Kui Loe To
Thung Yai Naresuan Wildlife Sanctuary
Ban Thi Pho Gyi
Pueng Klueng
Ban Kui Cho Ken
Mae Chan
Ban Le Tong Ku
Ban Mong Kua
Übernachtung:
1 Tu Ka Su Cottage
2 Umphang Hill Resort
3 Garden Huts
4 The Trekker Hill
5 Phudoi Camp Site & Resort
6 Aing Doi Resort
7 Country Huts
Essen:
1 Phukong Daeng R.
2 Coffee Bar
Transport:
1 B.L. Tours
2 Songthaew
0
200 m
1090
MARKT
R.
1090

Ti Lo Su-Wasserfall

Dieser beeindruckende, etwa 100 m hohe Wasserfall 42 km südwestlich von Umphang gilt als einer der schönsten von ganz Thailand. Aus 180 m Höhe stürzen die Wassermassen in mehreren Kaskaden auf 50 m Breite in der Trockenzeit und 300 m Breite in der Regenzeit ins Tal hinab – ein beeindruckendes Schauspiel und zweifellos das Highlight der Reise.

Für eine Tagestour mit einem Pickup ab Umphang zahlt man 1800–3000 Baht je nach Anzahl der Teilnehmer und den zusätzlichen Aktivitäten. Die letzte Strecke auf einer Staubpiste ist nur an steilen Steigungen asphaltiert und während der Regenzeit zwischen Juni und November nicht befahrbar, sodass man dann die letzten 12 km von **Pha Luad** laufen muss. Schließlich endet die Straße am Parkplatz vor einem großen Campingplatz. Neben überdachten Essplätzen verkauft ein Kiosk Snacks und Getränke.

Am Eingang zum 20-minütigen betonierte Waldlehrpfad zum Wasserfall sind 200 Baht Eintritt zu zahlen, 🕓 8–17 Uhr. Lebensmittel, Plastikflaschen und Taschenmesser dürfen nicht mitgebracht werden. Entlang der Strecke informieren Hinweistafeln in Thai und Englisch über Naturschönheiten wie den hohen Bambuswald, Würgefeigen oder *Dipterocarpaceen*. Mehrere Becken mit sauberem, erfrischendem Wasser laden zum Schwimmen ein. Der Vormittag eignet sich besonders zum Fotografieren. Zur Mittagszeit ist es am ruhigsten.

Floßfahrt auf dem Mae Klong

Der Oberlauf des Mae Klong eignet sich besonders gut für eine gemütliche Floßfahrt. Täglich treiben zahlreiche Bambusflöße und Schlauchboote den Fluss hinunter. Die Tour beginnt in den frühen Morgenstunden, die in den Wintermonaten recht kalt sein können – dann ist alles in Nebel gehüllt. Eine zwei- bis dreistündige Fahrt ohne Besuch des Wasserfalls bis Pha Luad kostet bei zwei Teilnehmern etwa 2500 Baht, eine fünf- bis sechsstündige bis Ban Pa-la-tha bei mindestens acht Personen 3500 Baht p. P. Besonders beim Rafting in der Regenzeit auf Schwimmwesten achten.

Auf halber Strecke locken die lauwarmen **Thermalquellen** linker Hand in natürlicher Umgebung zu einer vergnüglichen Badepause. Man kann an überdachten Picknickplätze Snacks und Getränke genießen, die von Frauen verkauft werden. Anschließend führt die Tour weiter vorbei an steil aufragenden, von endemischen Pflanzen bewachsenen Felsen, kleinen Wasserfällen und einmündenden Bächen. Besonders schön ist der **Regenbogen-Wasserfall**, ein breiter Schleier, in dem sich das Licht bricht. Die Tagestour enden in der Trockenzeit nach 2–3 Std. in **Pha Luad**. Von der Anlegestelle aus geht es mit dem Songthaew zurück nach Umphang oder in 30 Min. zum Parkplatz des Ti Lo Su-Wasserfalls. In der Regenzeit führt die Tour weiter bis Tha Sai oder gar bis zu den **Mo Ki Do-Stromschnellen**, wo der 10 km lange Wanderweg zum Wasserfall beginnt.

Abenteuerliche ganztägige Raftingtrips zum **Thi Lo Lay-Wasserfall** in einem wunderschönen Dschungelgebiet am Rand der Thung Yai Naresuan Wildlife Sanctuary (s. S. 252) starten von Oktober bis Dezember bei ausreichendem Wasserstand in **Pa-la-tha**, 40 km weiter flussabwärts, wo Karen Ausritte von einem Elefantencamp aus anbieten. Danach verschwindet der Fluss in der Nam Mud-Höhle und ist definitiv unbefahrbar, und man kehrt zu Fuß oder auf dem Elefantenrücken zurück.

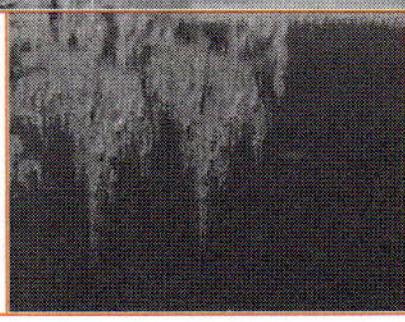

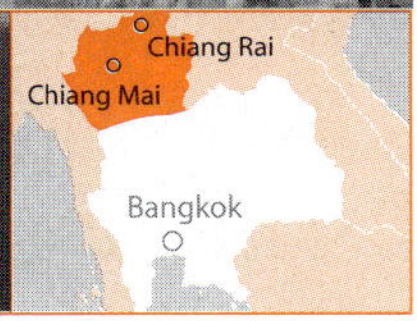

Nord-Thailand

Stefan Loose Traveltipps

5 **Chiang Mai** Bei einem Bummel durch die Altstadt, einem Essen oder einem der vielen Feste die Besonderheiten der Lanna-Kultur entdecken. S. 326

Sonntagsmarkt in Chiang Mai Auf dem Markt in der Altstadt ein ausgefallenes Mitbringsel entdecken und dabei den Straßenmusikern lauschen. S. 349

6 **Elefantencamps** Die Dickhäuter baden und anschließend auf ihrem Rücken durch den Bergwald reiten. S. 367

Pai Nach einigen Tagen in der Hängematte die Bergwelt erkunden. S. 390

Hall of Opium im Goldenen Dreieck In dem hervorragenden Museum die Macht der Droge erfassen. S. 431

7 **Nan** Die alte Lanna-Kultur und die aktuelle Kunstszene studieren und in der Umgebung auf eine Rafting- oder Trekkingtour gehen. S. 443

Der Norden Thailands kann sich damit schmücken, die abwechslungsreichste Region des Landes zu sein. Zwischen den weiten, von Flüssen durchzogenen Ebenen und dem Doi Inthanon, dem höchsten Berg des Landes, erstreckt sich eine vielfältige Landschaft: Berge, bedeckt von dichten Wäldern, die mit zunehmender Höhe in moosverhangene Bergwälder und lichte Rhododendronhaine übergehen. Dazwischen liegen in schmalen und weiten Tälern die von Reis- und Blumenfeldern, Obstplantagen und Gemüsebeeten umgebenen Siedlungen. Die größte, Chiang Mai, gehört zweifelsohne zu den beliebtesten Städten des Landes, und das zu Recht. Ihren Charme verdankt sie v. a. ihrer eigenständigen historischen Entwicklung als Zentrum von Lanna.

Noch bis ins 19. Jh. hinein pflegte man engere Beziehungen zum Nachbarn Birma als zu Bangkok. Erst das Vorrücken der Holzwirtschaft von Lampang aus in den Norden und der Bau der Eisenbahn stellten eine Verbindung zu den südlichen Landesteilen her.

Die Bewohner des Nordens kochen, reden und leben anders als die Menschen weiter im Süden. Hier wohnt man Tür an Tür mit Thai und Shan, Birmesen, Laoten, Chinesen, Karen und vielen aus dem südchinesischen Raum eingewanderten Bergvölkern.

Der Trekkingtourismus hat in den 1980er-Jahren die Region touristisch erschlossen. Doch es sind längst nicht mehr die „primitiven" Dörfer, die Touristen in den Norden Thailands locken, sondern die einmaligen Naturlandschaften und die lebendige Kultur.

Nicht zuletzt auch die entspannte Atmosphäre, die jeden gefangen nimmt, der sich Zeit lässt, diesen interessanten Teil des Landes zu bereisen.

Websites zu Nord-Thailand

Ein hervorragender Blog zu Nord-Thailand mit vielen Links ist 💻 my-lanna.blogspot.com. Allgemeine Infos vor allem zu Chiang Mai und Chiang Rai gibt es auf der Website des Magazins Welcome to Chiang Mai & Chiang Rai 💻 www.chiangmai-chiangrai.com.

Die Bergvölker in Nord-Thailand

Schon immer waren die Berge Zufluchtsorte ethnischer Minoritäten, die dem Druck mächtiger Völker weichen mussten. Heute leben in 21 Provinzen des Landes, überwiegend im Norden Thailands, etwa 750 000 Menschen, die 16 ethnischen Minoritäten angehören: in der Bergregion nördlich von Chiang Mai die Hmong (Meo), Yao (Mien), Lisu, Lahu und Akha, weiter südlich Lawa und in der gebirgigen Grenzregion zu Myanmar bis hinunter nach Kanchanaburi die größte Gruppe der Karen. Sie wiederum gehören verschiedenen Untergruppen an. So gibt es Hmong Daw und Hmong Njua (Weiße und Grüne Hmong), Lahu Na, Nyi, Shi (Schwarze, Rote, Gelbe Lahu) und Lahu Sheh Leh, östliche und westliche Lawa sowie fünf Untergruppen von Karen.

Zu den Tai-Völkern zählen neben den Siamesen auch die im Norden lebenden **Shan (Tai Yai)**, **Tai Lue**, **Tai Yong** und **Tai Yuan**. Aus dem südchinesischen Raum kommend, verdrängten sie bereits im 11. und 12. Jh. die zur Mon-Khmer-Gruppe gehörenden **Lawa**, die **H'tin**, **Khamu**, **Mlabri** und andere Khon Pa-Stämme aus den fruchtbaren Tälern in die gebirgigen Regionen. Ihnen folgten 600 Jahre später die aus dem Westen stammenden **Karen**, die sich an den Flüssen der Gebirgstäler niederließen. Seit Mitte des 19. Jhs. führten politische und wirtschaftliche Probleme in Südchina dazu, dass die **Lahu**, **Akha** und **Lisu** gen Süden nach Birma wanderten und schließlich, wie auch die **Yao** und **Hmong**, die über Laos kamen, die thailändische Grenze überschritten. Bereits seit Jahrhunderten sind **Haw**, muslimische Händler, in den Bergen von Yunnan beheimatet, die ursprünglich aus Zentralasien stammen und in China weitgehend assimiliert wurden.

Auch nach dem Ende des Zweiten Weltkriegs ebbten die Flüchtlingsströme nicht ab. Versprengte Reste der geschlagenen **Kuomintang**-Armee (KMT) aus China flüchteten über Myanmar nach Thailand. Einige wurden nach Taiwan umgesiedelt, andere ließen sich im Grenzgebiet nieder. Als Folge des Vietnamkriegs, der auch im benachbarten Laos tobte, und der bis zum heutigen Tag anhaltenden Karen-Aufstandsbewegung in Myanmar (Birma) werden für die über die Grenze strömenden Menschen in den einstmals dünn besiedelten Wäldern immer neue Dörfer gegründet. Derzeit leben allein 100 000 Flüchtlinge aus Myanmar im Grenzgebiet.

Die wirtschaftliche Basis

Man nimmt an, dass derzeit etwa 500 000 Angehörige der Bergvölker in 3000 nordthailändischen Dörfern leben, zumeist in Höhenlagen von über 800 m. Sie bauen im **Brandrodungsfeldbau** den aromatischen Bergreis an, aber auch Mais, Tabak, Baumwolle, Chili, Gemüse, Blumen, Kaffee und Gewürzpflanzen. Früher war der Opiumanbau für viele Dörfer in über 1000 m Höhe eine wichtige Einkommensquelle. Seit die Regierung unter massivem Druck der USA den Kampf gegen das Opium aufgenommen hat und den Anbau von *cash crops* fördert, blüht der Mohn nur noch jenseits der Grenze, und Designerdrogen aus den Labors haben den Schlafmohn verdrängt.

Beim Reisanbau erschöpft sich bereits nach einer Ernte die Fruchtbarkeit des Bodens, sodass anschließend das Land mehrere Jahre lang brachliegen muss. Früher zogen die Bewohner ganzer Dörfer weiter, wenn nicht mehr genügend fruchtbares Land in näherer Umgebung zur Verfügung stand. Da das bei der dichten Besiedlung nicht mehr möglich ist, werden selbst die letzten Wälder an steilen Berghängen durch Brandrodungsfeldbau zerstört, was zu massiven Umweltschäden führt.

Die Kontrolle des Holzeinschlagsverbots seit 1988 und die Bekämpfung des Opiumanbaus haben zu immer stärkeren Eingriffen der thailändischen Behörden in das Leben der Bergvölker geführt, die bis in die 1960er-Jahre hinein weitgehend autark waren. Feste Siedlungen mit Schulen und Krankenstationen werden gefördert, und auf dem der thailändischen Krone unterstellten Land blühen Dahlien, Gladiolen und Lilien statt Mohn, was zwar keine hohen Profite abwirft, aber ein ständiges Einkommen sichert. Dank des persönlichen Einsatzes des Königs haben sich die Lebensverhältnisse der Bergbewohner in den vergangenen Jahren verbessert. Viele Dörfer wurden an das Straßennetz angeschlossen, und die meisten Kinder lernen in der Schule die Thai-Sprache und -Schrift. Dennoch werden sie von den Thai zumeist abschätzig behandelt.

Königsprojekte in den Bergen

Bereits seit den 1950er-Jahren lag dem König und seiner Mutter, die überwiegend im Norden lebte, die Verbesserung der Lebensverhältnisse der Bergvölker am Herzen. Im Rahmen von Königsprojekten wurde der Anbau von Blumen, Kräutern, Kaffee und anderen *cash crops* gefördert. Neben der Landwirtschaft wird auch die Entwicklung des Kunsthandwerks unterstützt. Auf interessante Projekte weisen wir im regionalen Teil hin.

Der Alltag

Das entbehrungsreiche Leben der Bergbewohner ist vom Roden und Bepflanzen der steilen Hänge geprägt, von den geheimnisvollen Kräften der Natur, die Segen bringen oder zerstören – und das Schicksal von Mensch und Tier bestimmen. Der unsichtbaren beseelten **Natur** messen die Bergbewohner eine große Bedeutung zu. Sie sind stets bemüht, mit den Geistern der Umwelt und den verstorbenen Vorfahren in Harmonie zu leben und ihnen nach überlieferten Riten Respekt zu erweisen.

Medizinmänner und Schamanen treten als Mittler zwischen dem Diesseits und der Schattenwelt auf. Sie beschwören die Geister, vertreiben Krankheit und bösen Zauber, legen den richtigen Zeitpunkt für den Hausbau, die Ernte und die großen Familienfeiern fest und sind für den Schutz der Siedlung und ihrer Bewohner zuständig. Innerhalb des Dorfes glaubt man sich sicher vor den realen und vermeintlichen Gefahren der Bergwelt, wilden Tieren, bösen Geistern und Banditen.

Bereits seit fast 200 Jahren verbreiten **Missionare** das Wort Gottes unter den animistischen Völkern dieser Region. Vor allem in den vergangenen Jahrzehnten wurden viele Bergbewohner von Missionaren unterschiedlicher christlicher Weltanschauungen aus den USA, Australien und Europa christianisiert, wovon die Kirchen in zahlreichen Dörfern künden. In Schulen und den verschiedensten Sozialprojek-

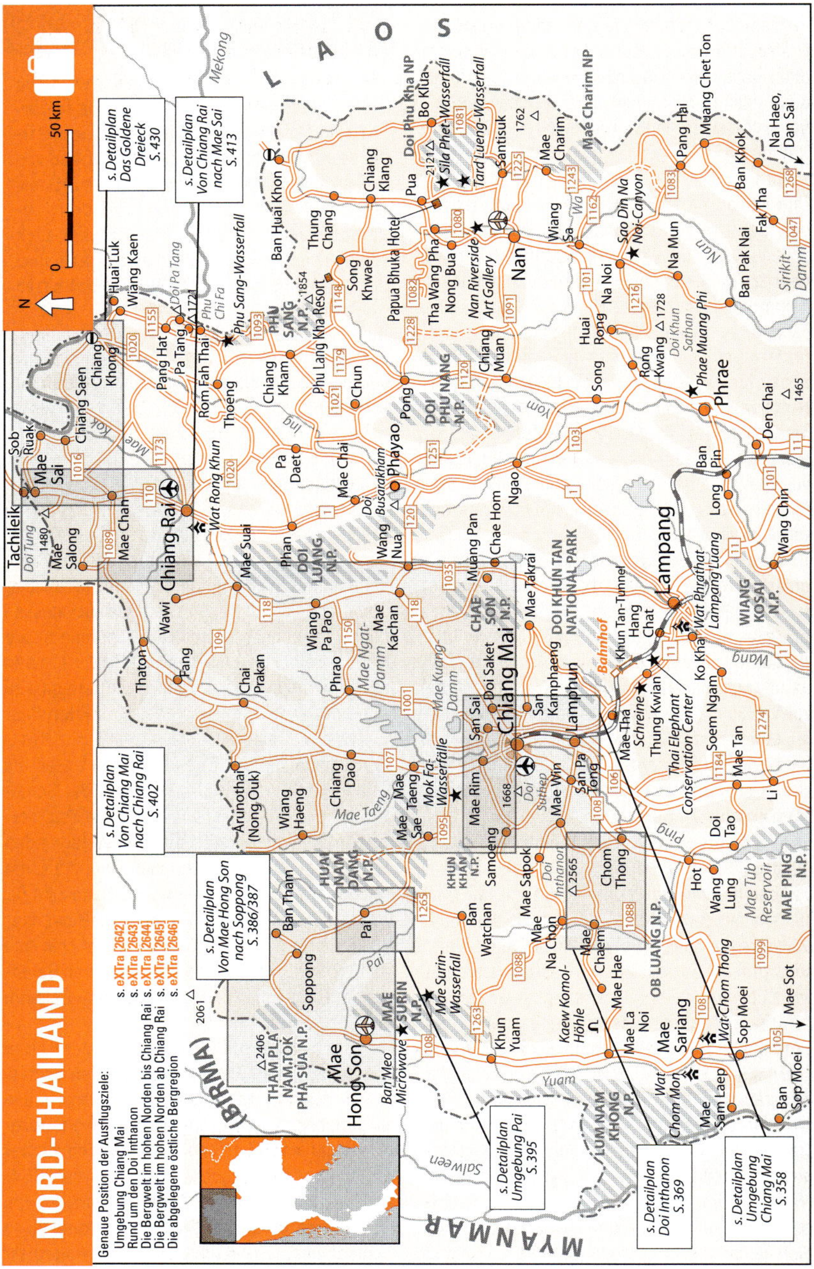
NORD-THAILAND
Genaue Position der Ausflugsziele:
Umgebung Chiang Mai s. eXTra [2642]
Rund um den Doi Inthanon s. eXTra [2643]
Die Bergwelt im hohen Norden bis Chiang Rai s. eXTra [2644]
Die Bergwelt im hohen Norden ab Chiang Rai s. eXTra [2645]
Die abgelegene östliche Bergregion s. eXTra [2646]
50 km
N
LAOS
MYANMAR
(BIRMA)
s. Detailplan Das Goldene Dreieck S. 430
s. Detailplan Von Chiang Rai nach Mae Sai S. 413
s. Detailplan Von Chiang Mai nach Chiang Rai S. 402
s. Detailplan Von Mae Hong Son nach Soppong S. 386/387
s. Detailplan Umgebung Pai S. 395
s. Detailplan Doi Inthanon S. 369
s. Detailplan Umgebung Chiang Mai S. 358
Chiang Mai
Chiang Rai
Lampang
Lamphun
Mae Hong Son
Nan
Phrae
Phayao
Pai
Mae Sariang
Mae Sai
Tachileik
Chiang Saen
Chiang Khong
Sob Ruak
Mae Salong
Mae Chan
Thaton
Fang
Mae Suai
Wat Rong Khun
Phu Sang-Wasserfall
Doi Luang N.P.
Doi Phu Nang N.P.
Doi Phu Kha NP
Mae Charim NP
Doi Khun Tan National Park
Chae Son N.P.
Wiang Kosai N.P.
Huai Nam Dang N.P.
Tham Pla Nam Tok Pha Sua N.P.
Mae Surin N.P.
Lum Nam Khong N.P.
Ob Luang N.P.
Mae Ping N.P.
Khun Khan N.P.
Mae Surin-Wasserfall
Mok Fa-Wasserfälle
Doi Suthep
Doi Inthanon
Chom Thong
Soppong
Ban Tham
Khun Yuam
Mae Ngat-Damm
Mae Kuang-Damm
Thai Elephant Conservation Center
Khun Tan-Tunnel
Bahnhof
Sao Din Na Noi-Canyon
Sila Phet-Wasserfall
Tard Lueng-Wasserfall
Nan Riverside Art Gallery
Sirikit-Damm
Mekong
Salween
Yuam
Ping
Wang
Yom
Pai
Kok
Ing

ten versucht man die Lebensbedingungen der Menschen zu verbessern, die durch das staatliche soziale Netz gefallen sind, da sie keine thailändische Staatsbürgerschaft haben. Durch die Einführung neuer Wertesysteme, ob durch christliche Missionare oder staatliche Thaiisierungs-Projekte, kommt es aber auch zu einem Interessenkonflikt und **Identitätsverlust**, sodass viele traditionelle Strukturen verloren gegangen sind. Statt auf den Feldern, arbeiten mittlerweile viele junge Menschen in den Städten und finanzieren damit ihre Familien im Dorf.

Noch immer tragen an Festtagen die Frauen den Wohlstand der Familie in Form von Silberschmuck sichtbar am Körper, was ihnen ein prächtiges Aussehen verleiht. Dennoch, die Bergvölker führen ein bescheidenes Leben, allzu oft weit unterhalb des Existenzminimums. Mit einfachsten Werkzeugen errichten sie ihre Wohnhäuser aus Bambus und anderen vorhandenen Materialien. Die Mahlzeiten bestehen überwiegend aus Bergreis mit etwas Gemüse.

Schweine, Hühner und andere **Haustiere** – bei den Akha auch Hunde – werden für Festtage gemästet oder bei rituellen Handlungen den Göttern und Ahnen geopfert. Das **Neujahrsfest** ist für die Bergbewohner das wichtigste soziale und religiöse Ereignis des Jahres. Spiele, Tanz und Gesang begleiten die mehrtägigen religiösen Zeremonien. Dieses fröhliche Fest zum Segen der Götter und Ahnen wird bei den verschiedenen Bergvölkern zu unterschiedlichen Zeitpunkten begangen.

Traditionen

Selbst wenn die unterschiedlichen Völker durch ihre weitgehende Isolation in der Bergwelt ähnliche Lebensweisen entwickelt haben, blieben sie, mit Ausnahme der schon früh eingewanderten Lawa und Karen, ihrem eigenen Volk eng verbunden. Die Geschichte ihrer langen Wanderungen und die Regeln ihres Zusammenlebens wurden, teilweise mangels einer Schrift, mündlich von Generation zu Generation weitergegeben.

Vor allem die Yao, Lisu und Hmong haben die Traditionen aus ihrem ursprünglichen Siedlungsgebiet mitgebracht; der chinesische **Kalender** wird von ihnen ebenso verwendet wie Essstäbchen. Bei den Yao sind sogar **chinesische Schriftzeichen** in Gebrauch. Eheschließungen werden bei Yao und Hmong noch immer weitgehend von den Familien arrangiert, während sich Akha-Frauen ihren Partner selbst auswählen. Schon vor der Heirat genießen die jungen Leute dieser drei Völker weitgehend sexuelle Freizügigkeit, sofern sie nicht christianisiert sind. Bei den Lawa und Karen hingegen wird nur die eheliche Sexualität akzeptiert.

Männer und Frauen

Zahlreiche **Tabus und Vorschriften** regeln das Leben der Ehepartner und teilen Mann und Frau jeweils eigene Bereiche zu. Lahu-Frauen feiern ihr Neujahrsfest vor den Männern, und bei den Akha trennt eine Wand die Häuser in einen Männer- und einen Frauenbereich. Der überwiegende Teil der Arbeit im Haus und auf den Feldern wird von Frauen verrichtet, besonders bei den Hmong, Lisu, Akha und Yao. Es gilt als Zeichen des Wohlstands, wenn sich Lisu- und Hmong-Männer mehr als eine Frau leisten können, die für sie die harte Arbeit auf den Feldern verrichten. Währenddessen genießen die Männer das Leben, treffen sich zum Essen und Teetrinken, zechen selbst gebrannten Alkohol oder rauchen Opium – und messen sich in ihrer Männlichkeit. Viele von ihnen sind drogenabhängig – angesichts der Nähe zum Goldenen Dreieck, einer der größten Drogenproduktionsstätten der Welt, kaum verwunderlich.

Kunsthandwerk

Auf Nachtmärkten und in Geschäften in Bangkok, Chiang Mai, Pai, Mae Hong Son und Chiang Rai wird eine große Vielfalt an Textilien verkauft, die zuvor von Frauen mit kunstvollen bunten Stickereien verziert wurden: Röcke, Hosen, Jacken, Taschen und Gürtel, Patchwork-Decken und Wandbehänge, zudem Silberschmuck, traditionelle Musikinstrumente und Gegenstände aus Bambus und Rattan.

Selbst bei den Textilien, die, dem Geschmack der Touristen entsprechend, in Massenproduktion gefertigt werden, handelt es sich überwiegend um Handarbeit nach überlieferten Herstellungsmethoden.

Manchmal sieht man Akha-Frauen auf dem Weg zu den Feldern mit einfachen Handspindeln spinnen. Schon die kleinen Yao-Mädchen

Sehr gute Websites über die Bergvölker

Einige der interessantesten Websites hat **The Mirror Foundation**, www.mirrorartgroup.org, erstellt. Diese NGO wird u. a. von der Rockefeller Foundation und terres des hommes finanziert.

Sie unterstützen auch das **Virtuelle Hilltribe Museum**, www.hilltribe.org, das von jungen Leuten unterschiedlicher Herkunft erstellt wurde.

Ein weiteres Projekt, www.learnfromhilltribe.org, gibt Besuchern und Freiwilligen **Tipps für Besuche bei den Bergvölkern**, und auf www.hilltribetour.com kann man sich über Trekkingtouren ab Chiang Rai informieren.

Kunsthandwerk der Bergvölker wird über die Fair-Trade-Organisation Thai Tribal Crafts, www.ttcrafts.co.th, angeboten.

sitzen in Gruppen zusammen und fertigen feine Kreuzstichstickereien an. Die in ihrer Grundfarbe überwiegend indigoblauen oder schwarzen Textilien sind bei den Hmong, v. a. aber bei den Akha und mit farbenfrohen Applikationen besetzt und zusätzlich mit Quasten, Muscheln, Samen, Federn, alten indischen Silbermünzen oder – in der zeitgemäßen Version – mit Baht-Münzen dekoriert. Lahu und Karen nähen ihre Bekleidung aus bunt gestreiften Stoffen, die sie selbst herstellen, während Lisu-Frauen ihre Kleider mit Patchwork-Arbeiten schmücken.

Tourismus

Der Tourismus hat einigen Bergdörfern neue Einkommensquellen erschlossen und bietet jungen Menschen die Möglichkeit, in ihren Dörfern zu bleiben, statt sich in den Städten nach Arbeit umschauen zu müssen. Es gibt aber auch Tourismusprojekte, die auf kurzfristigen Profit ausgelegt sind und keine Rücksicht auf die Traditionen der Menschen nehmen. Vor allem die Zurschaustellung der exotischen **Langhals-Frauen** gehört dazu. Sie gehören zum Volk der Padaung, einem Unterstamm der Karen. Anfangs kamen sie als Flüchtlinge aus Myanmar und werden mittlerweile als Touristenattraktion „importiert" und zur Schau gestellt.

Einen lebensnahen Einblick in die unbekannte Welt der Bergvölker, die abseits der Hauptstraßen leben, erhält man während guter **Trekkingtouren** unter Leitung eines einheimischen Führers. Für viele Besucher Nord-Thailands ist ein solcher Ausflug der sportliche und abenteuerliche Höhepunkt ihrer Reise. Auf schmalen Pfaden geht es bergauf und bergab, durch dichten Bambuswald und fruchtbare Reisfelder, über kahle Bergrücken zu den Feldern und Dörfern der Bergbewohner, wo man in einfachen Bambushütten sein Nachtlager aufschlägt. Die Touren abseits der ausgetretenen Pfade sind anstrengend, erfordern tägliche Fußmärsche von bis zu sechs Stunden und dauern bis zu vier Tage. Es werden aber auch bequemere Alternativen angeboten – ein- bis zweitägige Touren, bei denen man große Strecken in Bussen und Booten, auf Flößen oder auf dem Rücken von Elefanten zurücklegt. Die beliebtesten Trekkinggebiete liegen nördlich von Chiang Mai (Mae Taeng-Tal für Kurztripps und Chiang Rai für längere Touren) und rings um den Doi Inthanon.

Den Konsum von **Drogen** sollte man nicht in Erwägung ziehen. Auch für Ausländer gilt der Thai Narcotics Act, der jeglichen Drogenbesitz unter Strafe stellt. Wer mit mehr als 100 g harter Drogen erwischt wird, muss mit lebenslanger Haft rechnen, bei Heroin sogar mit der Todesstrafe.

Weitere Infos zum Trekken s. S. 353.

5 HIGHLIGHT

Chiang Mai und Umgebung

Chiang Mai

Die Stadt mag zwar für Reisende, die gerade aus Bangkok kommen, immer noch relativ beschaulich wirken, aber für die Menschen aus der Provinz ist Chiang Mai mit 175 000 Einwohnern eine pulsierende Metropole. Eine Stadt mit einem gewaltigen Warenangebot und einer langen, wechselvollen Geschichte, die ihren Ausdruck

Chiang Mai selbst entdecken

Am Tapae Gate an der östlichen Stadtmauer schlägt das touristische Herz der Stadt. Der Platz ist umgeben von gesichtslosen Bauten und stark befahrenen, für Fußgänger kaum zu überquerenden Straßen. Selbst der Wiederaufbau der Stadtmauer, die Reinigung des Kanals und andere städtische Verschönerungsprogramme haben dieser Ecke, die geprägt ist von zahlreichen Bars, kleinen Restaurants und Läden, nicht zu neuem Charme verholfen.

Weiter westlich dagegen macht es Spaß, zu Fuß durch die engen Gassen innerhalb der Stadtmauer zu streifen und die glitzernden Tempel zu besichtigen. Richtung Osten, zwischen der Altstadt und dem Ping-Fluss, wird das Netz der Gassen von breiten Hauptverkehrsstraßen durchzogen. Nahe dem Fluss und dem großen Night Bazaar konzentrieren sich die großen internationalen Hotels, die umgeben sind von Souvenirshops und -märkten, Fastfood-Ketten und Touristen-Restaurants. Auch westlich der Altstadt, entlang der Huai Kaeo Rd. Richtung Doi Suthep, haben sich große Hotels und Einkaufszentren angesiedelt.

Die interessantesten Tempel und Märkte innerhalb des Zentrums können an ein bis zwei Tagen zu Fuß und mit dem Tuk-Tuk besucht werden. Man sollte sich allerdings nicht von Tuk Tuk-Fahrern zu einer Einkaufstour überreden lassen (s. S. 51). Für die außerhalb gelegenen Tempel, Märkte und Museen benötigt man einen weiteren Tag. Das Angebot ist vielfältig, sodass man selbst eine Woche und länger bleiben kann, ohne sich zu langweilen.

in Hunderten von Tempeln findet. So wie sich die einst eigenständige Kultur des Nordens verliert, verschwinden auch die für diesen Teil des Landes typischen kleinen Teakhäuser immer mehr aus dem Stadtbild von Chiang Mai. Einzig im alten Stadtkern innerhalb der Befestigungsanlage blieb dank gesetzlicher Auflagen das provinzielle, ja ländliche Flair weitgehend erhalten.

Chiang Mai ist für anspruchsvolle Touristen wie für Traveller ein ideales Reiseziel. Neben Hotels mit internationalem Standard bieten Hunderte von Gästehäusern unterschiedlichster Ausstattung Unterkünfte im Thai-Stil; das kulinarische Angebot reicht von den allabendlich in den Garküchen frisch zubereiteten Leckereien bis zu Gourmetgenüssen in stilvollen Villen. Die typisch nordthailändische Küche wird für die Fremden „entschärft" und als „All-you-can-eat-Khantoke-Dinner" serviert, begleitet von einem Folkloreprogramm mit Tänzen, Theater und traditionellem Kampfsport. Sogar deutsche Küche, Schnitzel und Fassbier, sind in Chiang Mai zu haben.

Chiang Mai ist vielfältig – v. a. auf seinen Märkten und in seiner Tempelarchitektur. Grimmig dreinblickende birmanische Löwen bewachen die Eingänge, wie schützende Symbole überspannen goldschimmernde Schirme die Chedis, siebenköpfige Naga-Schlangen flankieren die Treppenaufgänge der mit feinen Holzschnitzereien und bunten Spiegelmosaiken verzierten Bauwerke, deren Innenwände häufig von Wandmalereien bedeckt sind. Die Bauweise ist überwiegend vom Stil des im 14. und 15. Jh. mächtigen Thai-Reiches von Lanna geprägt, doch auch die birmanische Architektur hat ihre Spuren hinterlassen. Einige Tempel sind sogar völlig birmanischen oder gar indischen Vorbildern nachempfunden.

Tempel in der Tapae Rd.

Während des Einkaufsbummels an der verkehrsreichen Tapae Rd. kann man sich zwischendurch in einigen Tempeln erholen. Zwei lange, mit Keramikfliesen belegte Naga-Schlangen beiderseits einer schmalen Gasse markieren den Eingang zum **Wat Saen Fang**, das sich hinter Geschäftshäusern versteckt. Die kunsthistorisch weniger bedeutende, aber malerische Klosteranlage mit dem von jeweils vier Löwen und Schirmen flankierten Chedi ist im birmanischen Stil gehalten. Leider wird der Klosterhof als Parkplatz vermietet, was der Stimmung abträglich ist. 🕓 6.30–19 Uhr.

Auf der gegenüberliegenden Straßenseite erhebt sich einige Meter weiter der hohe Turm

Chiang Mai

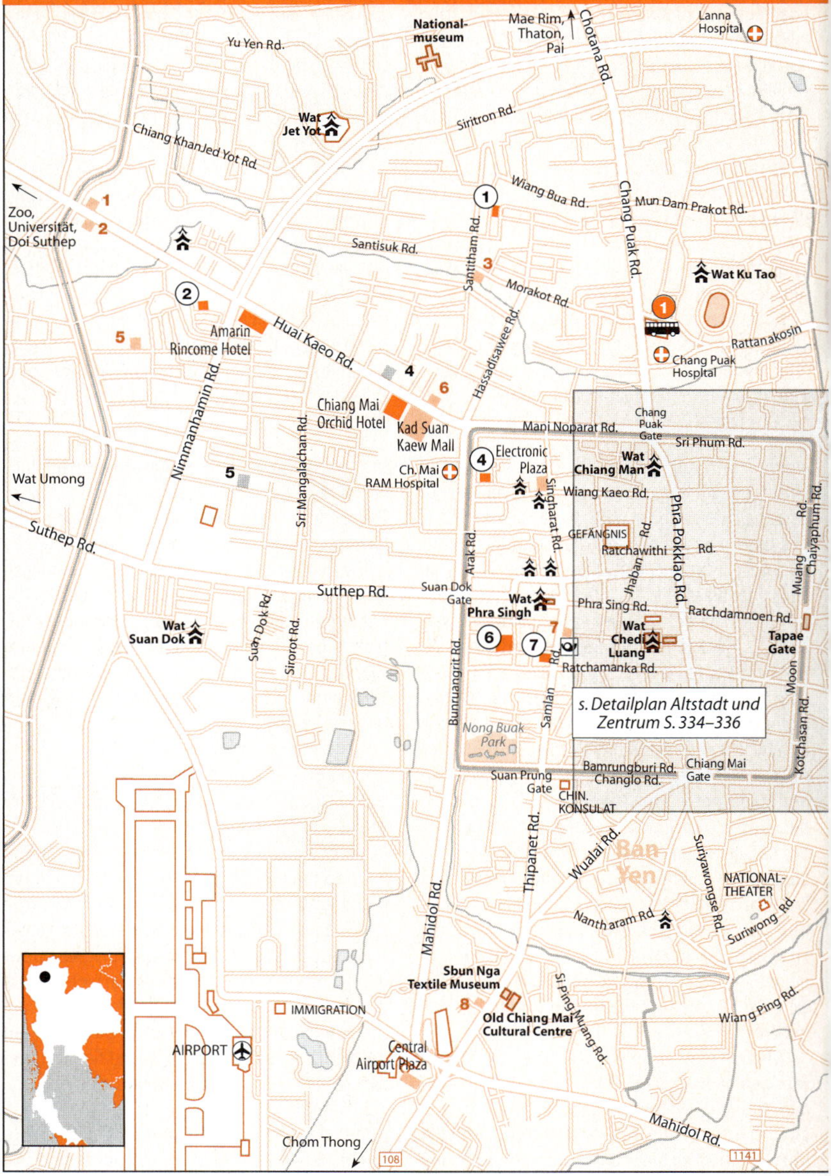
National-
museum
Yu Yen Rd.
Mae Rim,
Thaton,
Pai
Chotana Rd.
Lanna
Hospital
Wat
Jet Yot
Siritron Rd.
Chiang KhanJed Yot Rd.
Zoo,
Universität,
Doi Suthep
1
2
Wiang Bua Rd.
Mun Dam Prakot Rd.
Chang Puak Rd.
Santisuk Rd.
Santitham Rd.
3
Morakot Rd.
Wat Ku Tao
1
Rattanakosin
Chang Puak
Hospital
Hassadisawee Rd.
Amarin
Rincome Hotel
5
Huai Kaeo Rd.
4
6
Nimmanhamin Rd.
Chiang Mai
Orchid Hotel
Kad Suan
Kaew Mall
Sri Mangalachan Rd.
Mani Noparat Rd.
Chang
Puak
Gate
Sri Phum Rd.
4
Electronic
Plaza
Ch. Mai
RAM Hospital
Wat
Chiang Man
5
Wat Umong
Wiang Kaeo Rd.
Singharat Rd.
Phra Pokklao Rd.
Chaiyaphum Rd.
Suthep Rd.
Arak Rd.
GEFÄNGNIS
Ratchawithi Rd.
Jhaban Rd.
Suthep Rd.
Suan Dok
Gate
Wat
Phra Singh
Phra Sing Rd.
Ratchdamnoen Rd.
Muang
Wat
Suan Dok
Suan Dok Rd.
Sirorot Rd.
6
7
7
Wat
Chedi
Luang
Tapae
Gate
Ratchamanka Rd.
Bunruangrit Rd.
Samlan Rd.
Moon
s. Detailplan Altstadt und
Zentrum S. 334–336
Nong Buak
Park
Kotchasan Rd.
Bamrungburi Rd.
Changlo Rd.
Chiang Mai
Gate
Suan Prung
Gate
CHIN.
KONSULAT
Thipanet Rd.
Wualai Rd.
Ban
Yen
Suriyawongse Rd.
NATIONAL-
THEATER
Mahidol Rd.
Nanth aram Rd.
Suriwong Rd.
Sbun Nga
Textile Museum
8
Old Chiang Mai
Cultural Centre
Si Ping Muang Rd.
Wiang Ping Rd.
IMMIGRATION
AIRPORT
Central
Airport Plaza
Mahidol Rd.
Chom Thong
108
1141

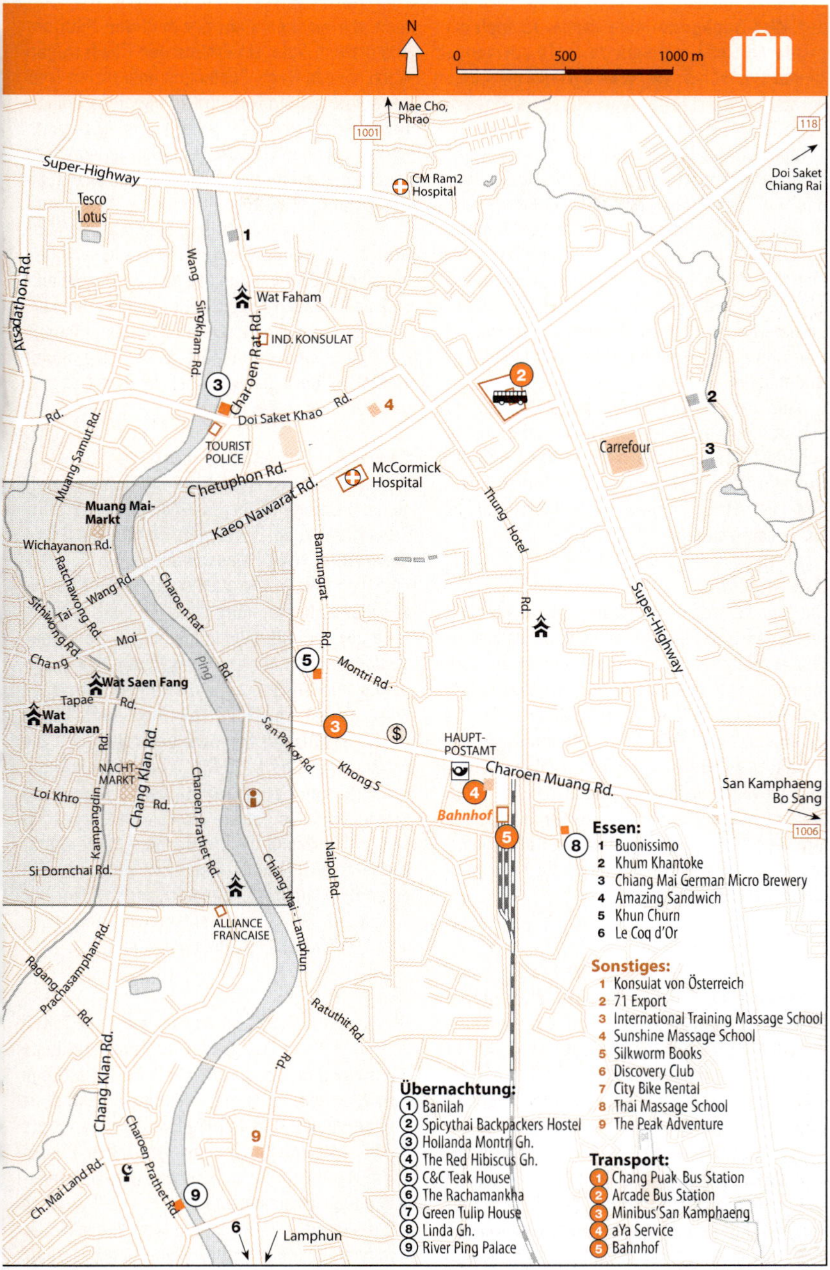
N
0
500
1000 m
Mae Cho, Phrao
1001
118
Doi Saket Chiang Rai
Super-Highway
CM Ram2 Hospital
Tesco Lotus
1
Wat Faham
Atsadathon Rd.
Wang Singkham Rd.
Charoen Rat Rd.
IND. KONSULAT
3
Rd.
Doi Saket Khao Rd.
4
2
TOURIST POLICE
Muang Samut Rd.
Chetuphon Rd.
Kaeo Nawarat Rd.
McCormick Hospital
2
Carrefour
3
Muang Mai-Markt
Wichayanon Rd.
Ratchawong Rd.
Tai Wang Rd.
Sithiwong Rd.
Moi
Chang
Charoen Rat Rd.
Ping
Bamrungrat Rd.
Thung Hotel Rd.
Super-Highway
5
Montri Rd.
Wat Saen Fang
Tapae Rd.
Wat Mahawan
3
San Pa Koy Rd.
Khong S
HAUPT-POSTAMT
Charoen Muang Rd.
San Kamphaeng Bo Sang
1006
NACHT-MARKT
Kampangdin Rd.
Chang Klan Rd.
Loi Khro Rd.
4
Bahnhof
5
8
Charoen Prathet Rd.
Chiang Mai - Lamphun
Naipol Rd.
Si Dornchai Rd.
ALLIANCE FRANCAISE
Prachasamphan Rd.
Ragang Rd.
Ratuthit Rd.
Rd.
Chang Klan Rd.
Charoen Prathet Rd.
Ch. Mai Land Rd.
9
9
6
Lamphun
Essen:
1 Buonissimo
2 Khum Khantoke
3 Chiang Mai German Micro Brewery
4 Amazing Sandwich
5 Khun Churn
6 Le Coq d'Or
Sonstiges:
1 Konsulat von Österreich
2 71 Export
3 International Training Massage School
4 Sunshine Massage School
5 Silkworm Books
6 Discovery Club
7 City Bike Rental
8 Thai Massage School
9 The Peak Adventure
Übernachtung:
1 Banilah
2 Spicythai Backpackers Hostel
3 Hollanda Montri Gh.
4 The Red Hibiscus Gh.
5 C&C Teak House
6 The Rachamankha
7 Green Tulip House
8 Linda Gh.
9 River Ping Palace
Transport:
1 Chang Puak Bus Station
2 Arcade Bus Station
3 Minibus'San Kamphaeng
4 aYa Service
5 Bahnhof

des **Wat Bupharam**: eine große Tempelanlage, deren Gebäude nicht so recht zueinander zu passen scheinen. Wie ein kleiner Palast wirkt die 1992 fertiggestellte, zweistöckige Halle Bo Montien Dham mit reich dekorierten Treppenaufgängen, Balustraden und einem mehrfach gestaffelten, kreuzförmigen Dach, das von einem Tempelturm gekrönt wird. Im Obergeschoss steht der größte aus Teakholz geschnitzte Buddha der Welt. Daneben nimmt sich der kleine, hübsche Bot im Lanna-Stil des 17. Jhs. mit dunklen Holzschnitzereien und weit heruntergezogenem Dach sehr bescheiden aus. Den Chedi umgeben birmanischen Löwen und Buddhastatuen. ⌚ bis 21 Uhr.

Nur wenige Meter weiter stehen dicht gedrängt hinter einer hohen Mauer nahe der Geschäftsstraße die Gebäude des **Wat Mahawan**. Grimmig dreinblickende, riesige Löwen bewachen den Haupteingang zum Vihara und den birmanischen Chedi.

Die Altstadt

Die Tapae Rd. endet im Westen am rekonstruierten **Tapae Gate**, dem Eingang zum historischen Viertel. Einst war die Altstadt von einer Stadtmauer und einem quadratischen Wassergraben von etwa 1500 m Seitenlänge umgeben. Im Gegensatz zum komplett erhaltenen Kanal sind die Reste der Befestigungsmauer überwiegend rekonstruiert worden. Jenseits des Tores gelangt man in die von breiten Alleen und schmalen Gassen durchzogene Altstadt. Kokospalmen überragen verwitterte Tempel, die sich hinter hohen Mauern verstecken.

Wat Chedi Luang

Hinter dem zierlichen Wat Phan Tao, das wahrscheinlich einem Fürsten als Palast diente, erhebt sich das Wat Chedi Luang. Der legendenumwobene Tempel beherbergte von 1482 bis 1547 den berühmten Smaragdbuddha, der nun im Wat Phra Keo von Bangkok steht (s. S. 135). Weiteres zum Tempel s. eXTra [2662].

Bereits 1545 zerstörte ein Erdbeben das Bauwerk, doch erst 1991 begann man mit der kostspieligen Restaurierung der 60 m hohen, wuchtigen Ruine. Mit wenig Sachverstand und viel Zement rekonstruierte man die Elefantenstatuen, die einstmals auf der mittleren Plattform des mehrstufigen Unterbaus den Chedi trugen. Auch die von Naga-Schlangen begrenzten Treppenaufgänge und Nischen, in denen vergoldete Buddhastatuen sitzen, wurden wenig originalgetreu nachgebildet. Die teilweise zugemauerte Nische gegenüber dem Vihara enthält eine Kopie des Smaragdbuddhas. Eine kleine Ausstellung im Haupt-Vihara, rechts vom Eingang, informiert über die Restaurierungsarbeiten. Eine 9 m hohe, stehende Buddhastatue aus dem 15. Jh. befindet sich am Ende der hohen, mit Wandmalereien bedeckten Halle. Eine lange Säulengalerie vermittelt den Eindruck von Tiefe. Englischsprachige Tafeln erläutern die Wandmalereien, die Szenen aus Buddhas Leben darstellen.

Chiang Mai City Arts & Cultural Centre

An der Phra Pokklao Rd. Richtung Norden erhebt sich der bereits 1924 erbaute ehemalige Sitz der Provinzregierung. Davor steht das **Denkmal Sam Kasat (Three King's Monument)**, das an die Gründung von Chiang Mai 1296 durch König Mengrai aus Chiang Rai erinnert, die ohne die Unterstützung der anderen beiden mächtigen Herrscher, König Ngam Muang aus Phayao und Ramkhamhaeng aus Sukhothai, nicht möglich gewesen wäre. In den repräsentativen Räumlichkeiten ist das **städtische Museum** untergebracht. Die Ausstellung führt in 15 Sälen bis in die Frühgeschichte von Lanna zurück. Sie erläutert die Stadtentwicklung sowie die kulturellen, religiösen und wirtschaftlichen Besonderheiten, präsentiert die Galerie der Regenten und wirft auch einen Blick auf das Leben der Landbevölkerung. ✆ 053-217 793, 💻 www.chiangmaicitymuseum.org, ⌚ Di–So 8.30–17 Uhr, Eintritt 90 Baht.

Wat Phra Singh

Die zentrale Ost-West-Achse, die vom Tapae Gate zum Suan Dok Gate führt, wird am Ende der Phra Sing Rd. durch das Wat Phra Singh unterbrochen. Es ist der wichtigste Tempel im Altstadtgebiet. Dieses religiöse Zentrum wurde bereits 1345 von König Phayu gegründet. Rechts vom Eingang erhebt sich graziös der mit hervorragenden Holzschnitzereien bedeckte Mondhop auf einem hohen, mit Stuckreliefs himmlischer Nymphen geschmückten, steinernen Unterbau.

Besonders im Licht der frühen Morgensonne bietet der Haupteingang zum Vihara aus dem Jahre 1518 mit vergoldeten Schnitzereien, bunten Fayencen und dem dreifach gestaffelten, weit heruntergezogenen Dach ein eindrucksvolles Fotomotiv.

Die kleine, wohlproportionierte Lai Khan-Kapelle links daneben beherbergt die sagenumwobene Statue des Buddhas Phra Singh. Die hochverehrte Buddhafigur kam einer Legende zufolge im 14. Jh. über viele Umwege aus Ceylon nach Chiang Mai. (Auch Bangkok und Nakhon Si Thammarat erheben den Anspruch, die einzig echte Phra Singh-Figur zu besitzen.) Darstellungen aus den Jataka-Erzählungen schmücken die Wände.

Neben der Kapelle erhebt sich der weiße Chedi, der die Asche des 1345 verstorbenen Königs Kam Fu von Chiang Saen enthält. Vergoldete Schnitzereien zieren den Haupteingang des dunklen, kleinen Bot, dessen vorgezogenes, dreifach gestaffeltes Dach mit verwitterten Teakholzschindeln gedeckt ist.

Wat Chiang Man

Wat Chiang Man, den ältesten Tempel der Stadt, ließ König Mengrai 1296 als seinen ersten Wohnsitz errichten, während um ihn herum die neue Hauptstadt ausgebaut wurde. Der zentrale Vihara aus dem 19. Jh. mit weit ausschwingendem, von Naga-Schlangen begrenztem Dach und herabgezogenen, prächtig dekorierten Giebeln wurde aufwendig restauriert.

Rechts daneben werden in dem kleineren Gebäude zwei berühmte alte Buddhafiguren sicher, aber kaum sichtbar hinter schweren Gittern aufbewahrt. Auf den davor ausgestellten Fotos sind beide Statuen erkennbar, eine ist aus Bergkristall und soll der Königin des Haripunchai-Reiches (8. Jh.) gehört haben, die andere, die Marmorskulptur Phra Sila, soll vor 1000 Jahren aus Indien gekommen sein.

Der wuchtige, quadratische Chedi mit der vergoldeten, pyramidenförmigen Spitze und mehreren Nischen im Mittelbau scheint auf dem Rücken von 15 Elefantenstatuen zu ruhen. Bemerkenswert sind zudem die Holzschnitzereien und Lackarbeiten an der kleinen Bibliothek, die aus jüngerer Zeit stammen. Weiteres zum Wat Chiang Man s. eXTra [2663].

Durch den Klosterhof des schräg gegenüberliegenden, kleinen Wat Lam Chang, das weit weniger herausgeputzt und noch recht ursprünglich wirkt, führt eine Abkürzung über die Soi 6 oder 7 zum Somphet-Markt (s. S. 349).

Wat Ku Tao

Jenseits des Chang Puak Gates (Tor des weißen Elefanten) drängen sich die Fahrzeuge auf der Chang Puak Rd. und der Chotana Rd. Richtung Norden. Etwa 200 m hinter der Chang Puak-Bus Station, von der Busse in die nähere Umgebung starten, führt die Soi 6 rechts zum Wat Ku Tao, einer Oase der Ruhe. Der im birmanischen Stil gehaltene Tempel wurde als Begräbnisstätte für den birmanischen Prinzen Min Noratha Chor Anfang des 17. Jhs. errichtet. Die ungewöhnliche Form des steinernen Chedi erinnert an fünf riesige, übereinandergetürmte, nach oben kleiner werdende Kürbisse oder an die Almosenschalen der Mönche.

Wat On Sai Kham

Dieser kleine Tempel liegt etwas abseits in der Chang Moi Kao Rd. Er wirbt in Broschüren mit seinen drei schönen Buddhastatuen, die aus unterschiedlicher Jade aus Kanada und Myanmar gefertigt sind. Allerdings dominieren die Geschäftstüchtigkeit der Mönche und die große Jade-Verkaufstheke das Geschehen, weniger die religiöse Atmosphäre des Heiligtums. 🕓 7–18 Uhr.

Nationalmuseum

Im Nordwesten der Stadt am Super-Highway, der die Stadt fast durchgängig umringt, erhebt sich in einem Garten das Nationalmuseum. Im Gegensatz zur großzügigen Architektur des zweistöckigen Gebäudes aus den 1970er-Jahren wirkt die Sammlung für eine Stadt mit so vielen Touristen sehr bescheiden. Kein Wunder, dass nur wenige Ausländer das Museum besuchen.

Im Erdgeschoss steht links ein großer Buddhakopf aus dem 15. Jh. im Lanna-Stil und einige schöne, mit Lackarbeiten verzierte Bücherschränke. Rechts beginnt die Frühgeschichte mit prähistorischen Funden aus dem Ob Luang Canyon und Ban Yang Thong Tai nördlich von Bo Sang. Viel zu kurz kommt die Darstellung der

Bergvölker und der Zeit der birmanischen Herrschaft. Die frühen Lanna-Kunstwerke lassen deutliche Einflüsse der Nachbarländer erkennen, was auf die engen Verbindungen zwischen Lamphun (Haripunchai), Bagan (Birma) und dem Khmer-Reich zurückzuführen ist.

Im Obergeschoss befinden sich Objekte aus der Bangkok-Periode, Howdahs aus dem Besitz ehemaliger Lanna-Fürsten, landwirtschaftliche Geräte und Informationen über den Bootstransport auf dem Ping, den Eisenbahnbau, die Forstwirtschaft und die traditionelle Industrie. Eine Sammlung von Buddhastatuen im Lanna-Stil aus allen Epochen wird im Nebenraum ergänzt durch eine etwas willkürliche Zusammenstellung von Kunstwerken aus Lopburi, Sukhothai und der Bangkok-Periode. Im Garten des Museums vermitteln zwei rekonstruierte *kilns* einen Eindruck von den Brennöfen, in denen Celadon-Keramik gebrannt wurde. ✆ 053-221 308, ◷ 9–16 Uhr, Eintritt 100 Baht.

Wat Jet Yot

Etwa 300 m weiter westlich am Highway erhebt sich inmitten eines weitläufigen, baumbestandenen Areals Wat Jet Yot, eine Klosteranlage mit Bauten aus verschiedenen Jahrhunderten. Der ungewöhnliche Chedi neben dem Bot wurde 1455 nach dem Vorbild des Mahabodhi-Tempels im indischen Bodh Gaya errichtet, wo Buddha die Erleuchtung zuteilwurde. Der Hauptturm und die kleineren Türme ringsum sitzen auf einem hohen quadratischen Unterbau, der mit Reliefs von himmlischen Nymphen bedeckt ist. Die Asche des Tempelgründers, König Tilokaraja, liegt unter einem hohen Chedi im Klostergarten. Er schuf mit dem Wat eines der bedeutendsten religiösen Zentren jener Zeit, in dem zahlreiche Gelehrte mit der Erforschung der reinen buddhistischen Lehre beschäftigt waren. Dort fand 1477 das Achte Buddhistische Weltkonzil statt, das die buddhistischen Schriften reformierte. In den folgenden Jahren entstanden weitere, reich geschmückte Bauten, so auch der Bot und der Haupt-Vihara, dessen Innenwände mit Wandmalereien im modernen perspektivischen Stil bedeckt sind. Nach der birmanischen Invasion von 1566 geriet das geplünderte Wat in Vergessenheit.

Buddhismus aus erster Hand

Informative Gespräche mit Mönchen der angenzenden MCU Buddhist University über Buddhismus und das Leben als Mönch Mo, Mi und Fr von 17–19 Uhr im **Monk Chat**-Büro im Tempel, ✆ 053-278 967, extern 111, 💻 www.monkchat.net.

Wat Suan Dok

Auf dem Super-Highway überquert man etwas weiter im Südwesten die Huai Kaeo Rd. und fährt weiter zur Suthep Rd., auf der man nach etwa 500 m stadteinwärts in einer Seitenstraße auf das Wat Suan Dok stößt. Die Anlage entstand im 14. Jh. auf dem Areal einer ehemaligen Lawa-Siedlung. Damals wurde der große Chedi über einer Reliquie Buddhas erbaut. Später errichtete man westlich des großen Vihara zahlreiche kleinere Mausoleen mit den sterblichen Überresten von Mitgliedern der Königsfamilie von Lanna. Sie bieten gegen die untergehende Sonne ein beliebtes Fotomotiv. Der Tempel neben dem Campus der buddhistischen Universität ist ein guter Ort, um mit Mönchen ins Gespräch zu kommen.

Old Chiang Mai Cultural Centre

Von der Altstadt gelangt man durch das Chiang Mai Gate zur Wualai Rd. Die **Silberschmiede**, die dort angesiedelt wurden und deren stetiges Hämmern hier über Jahrhunderte zu hören war, produzieren mittlerweile in Fabriken. Aus dem geschmolzenen, mindestens 92,5 % reinen Silber werden Schalen, Dosen und Schmuckstücke geformt, die in den Geschäften entlang der Straße verkauft werden. Samstags findet zudem von 17–23 Uhr ein großer Straßenmarkt statt, auf dem Essen und Kunsthandwerk angeboten wird.

Kurz vor der Ringstraße, die Richtung Westen zum Airport führt, kann man sich am Abend im **Old Chiang Mai Cultural Centre**, 185/3 Wualai Rd., den Reisegruppen anschließen, die sich in dem großen Haus im traditionellen Stil zum Khantoke-Dinner mit Hilltribe-Show einfinden. ✆ 053-275 097, 274 540, 💻 www.oldchiangmai.com. Dinner und Show von 19–21.30 Uhr für 370 Baht.

Links hinter dem Eingang zum Cultural Center sind im lohnenswerten **Sbun Nga Textile Museum**, dem größten Textilmuseum Thailands, 6000 Textilien aus dem gesamten südostasiatischen Raum zu sehen. Um die empfindlichen Stoffe zu schützen, werden die Ausstellungsstücke alle sechs Monate ausgetauscht und die Lichter nur eingeschaltet, wenn Besucher kommen. Die angebotenen DVDs gibt es leider nur in Thai. ✆ 053-200 655, ⌚ Do–Di 10.30–18 Uhr, Eintritt 100 Baht.

Übernachtung

Niemand weiß genau, wie viele Gästehäuser und Hotels es in Chiang Mai gibt. Mehr als 300 sicherlich, vielleicht auch 900. Viele konzentrieren sich in der Altstadt rings um das Tapae Gate, im Zentrum beiderseits der Tapae Rd. und am Westufer des Flusses. Kleine, teils recht familiäre Unterkünfte bieten einfache Zimmer mit Ventilator und Gemeinschafts-Du/WC ebenso wie klimatisierte Zimmer. Auch größere Häuser bezeichnen sich gern als Guesthouse, entsprechen aber von ihrer Atmosphäre und Ausstattung her eher einem Hotel. Manche Boutique-Gästehäuser sind teurer und luxuriöser als viele Hotels, sodass die Grenzen fließend sind.
Vor allem in den preiswerten Unterkünften erzielt das Management durch die Vermittlung von Touren und den Verkauf von Tickets ein wichtiges Nebeneinkommen. Die besten Zimmer findet man meist in den neuesten Gästehäusern oder in den gerade renovierten. In alten, preiswerten Häusern muss man bisweilen Abstriche an der Sauberkeit machen.
Weitere Übernachtungstipps s. eXTra [2659].

Innerhalb der Altstadtmauern

Untere Preisklasse

Banana Gh. ⑥⑦, 4/9 Ratchaphakinai Rd., ✆ 053-206 285. Wer die Backpacker-Atmosphäre der frühen Jahre liebt, findet sie in diesem 3-stöckigen Haus. Die Zimmer sind einfach, aber sauber und mit Ventilator ausgestattet, billige mit Gemeinschaftsdusche. Ehemalige Gäste haben die Wände mit Graffitis geschmückt. Der überdachte Aufenthaltsraum grenzt an die Garage. Kostenloser Abholservice. ❷

Bow Chiangmai House ⑲, 15 Soi 9, Moon Muang Rd., ✆ 053-211 707, 418 890, 💻 www.bowchiangmaihouse.com. Sehr sauberes, 4-stöckiges Stadthaus. Zimmer für 2–3 Pers. mit gefliesten Böden, kleinem Balkon und geräumigem Bad, Ventilator oder AC. ❷–❸

Chiang Mai Garden Gh. ⑤⑦, 82/86 Ratchamanka Rd., ✆ 053-815 069, 081-950 3918, ✉ chiangmaigardenguesthouse@hotmail.com. Von Frau Pissamorn Senthong freundlich geleitetes Haus mit 14 einfachen Zimmern mit Ventilator oder AC, 3 Familienräume. Nicht von der Rezeption abschrecken lassen, die Büro, Küche und Aufenthaltsraum des Personals in einem ist. Die engagierte Chefin spricht Deutsch. Leser lobten die Touren mit Mr. Piroon und dem lustigen Mr. Chan für 2500–4000 Baht, bei denen man bei Karen und Lahu in der Nähe von Pai übernachtet und einen guten Eindruck vom Leben in den Bergdörfern erhält. Rafting und ein Ausritt auf Elefanten inkl. Während der Tour Gepäckaufbewahrung und hinterher kostenlose Duschen. ❷–❸

Chiang Mai Kristi House ③⑤, 14/2 Soi 5, Ratchdamnoen Rd., ✆ 053-418 165. Im Neubau Zimmer mit gefliesten Böden, TV und Bad mit Wanne. Einige haben sogar einen Balkon mit Ausblick auf eine ruhige Soi. Auch Touren. ❷

CM Blue House ②⑦, 30/1 Soi 6, Moon Muang Rd., ✆ 053-418 512, 085-151 4138, 💻 www.cmbluehouse.com. Die beiden Besitzer aus Hawaii, Tony und Tim, haben das Haus innen und außen ganz in Blau gestaltet. Die 20 Zimmer auf 3 Stockwerken sind mit großem Kühlschrank, dicken Matratzen, geräumigen Bädern und AC oder Ventilator ausgestattet. Im schmalen Garten mit kleinem künstlichen Wasserfall gibt es eine Bar und einige Sitzgelegenheiten. ❷–❸

Grace Gh. ⑱, 27/5 Soi 9, Moon Muang Rd., ✆ 053-418 161. Einfache Zimmer mit Ventilator und Gemeinschaftsbalkon, nette Leitung, gutes Restaurant. ❷

Happy House ⑥③, 84/13 Ratchaphakinai Rd., ✆ 053-273 851, ✉ arom-dee@hotmail.com. Saubere, ordentliche Zimmer mit Ventilator, harten Matratzen und gefliesten Böden.

Chiang Mai Altstadt und Zentrum

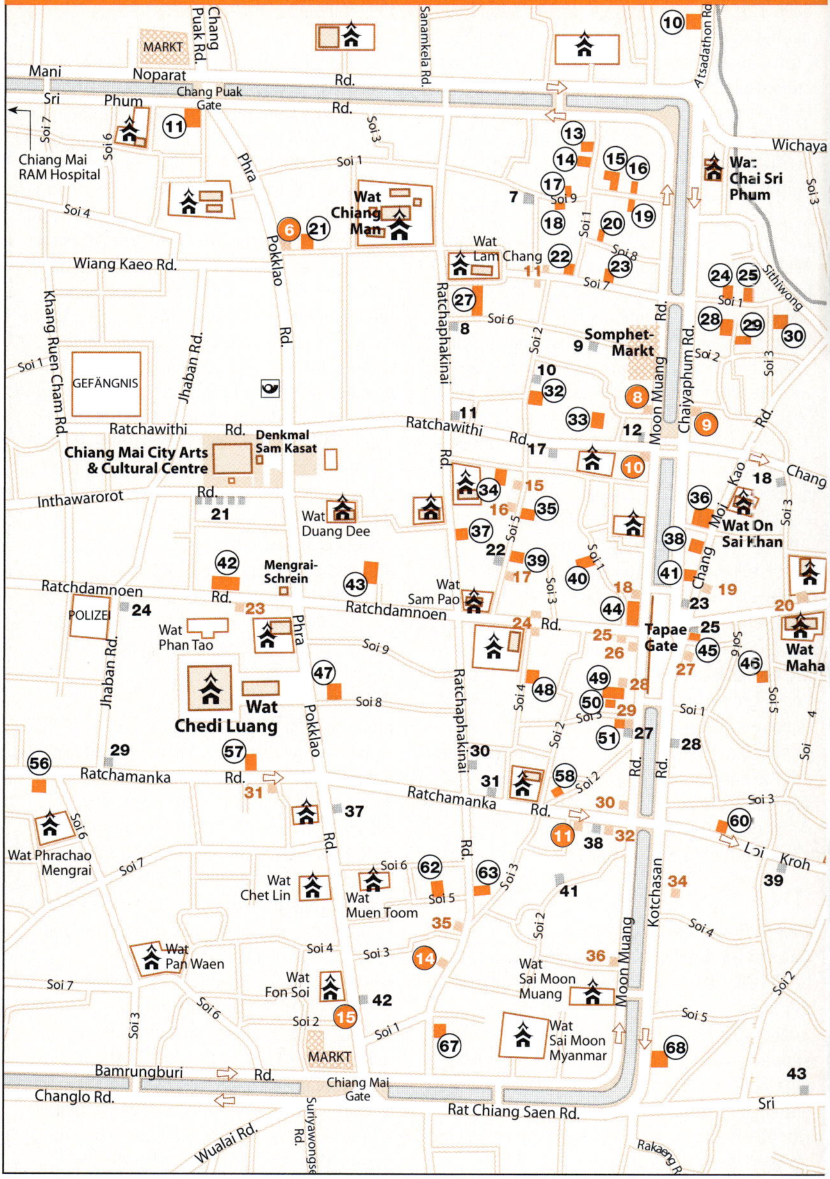

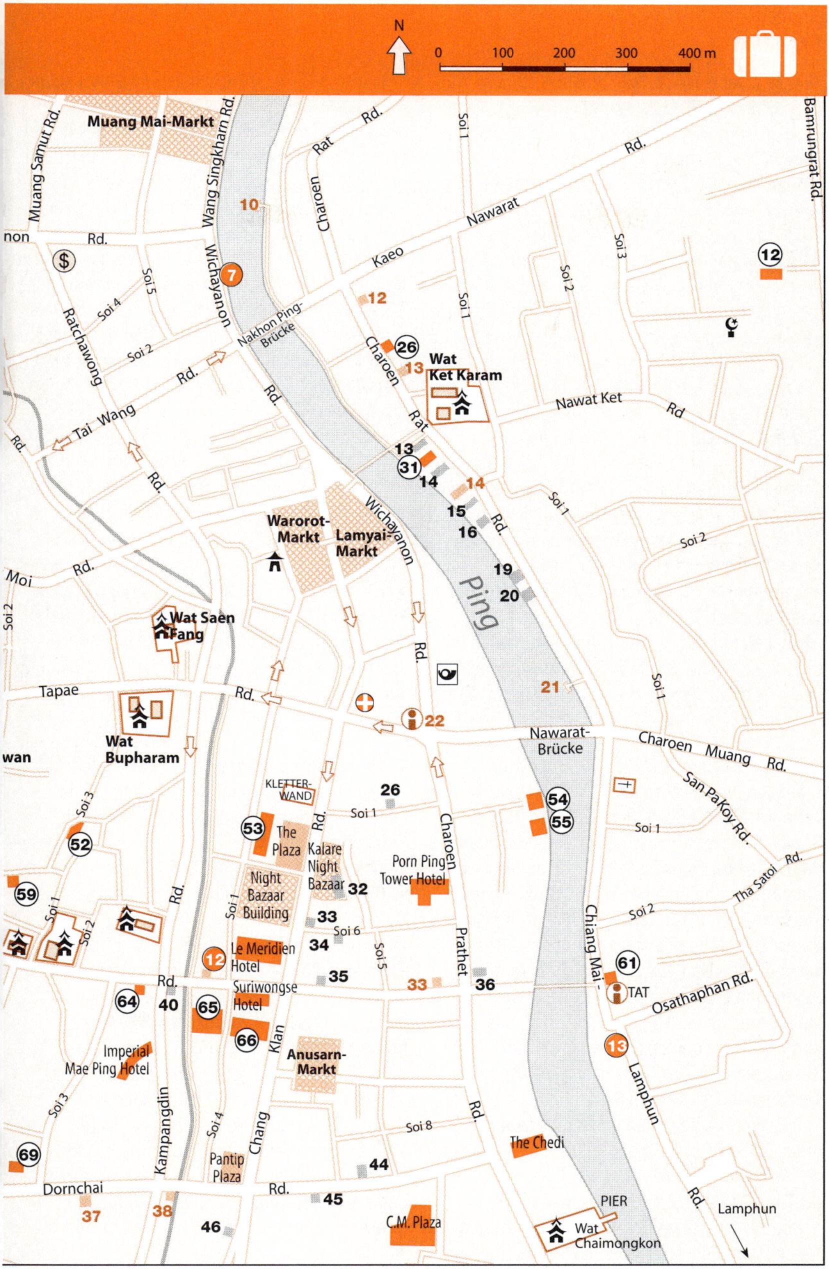
N
0
100
200
300
400 m
Muang Mai-Markt
Muang Samut Rd.
Wang Singkharn Rd.
Rat
Rd.
Charoen
Soi 1
Nawarat
Rd.
Bamrungrat Rd.
Kaeo
Rd.
Wichayanon
Ratchawong
Soi 4
Soi 5
Soi 2
Soi 3
Nakhon Ping-Brücke
Tai Wang
Rd.
Charoen
Rat
Wat Ket Karam
Nawat Ket
Rd
Warorot-Markt
Lamyai-Markt
Wichayanon
Ping
Moi
Rd.
Wat Saen Fang
Tapae
Rd.
Wat Bupharam
Nawarat-Brücke
Charoen
Muang
Rd.
San Pakoy Rd.
Tha Satoi
Rd.
KLETTER-WAND
The Plaza
Kalare Night Bazaar
Night Bazaar Building
Porn Ping Tower Hotel
Charoen
Prathet
Le Meridien Hotel
Suriwongse Hotel
Imperial Mae Ping Hotel
Klan
Chang
Anusarn-Markt
Kampangdin
Pantip Plaza
Dornchai
Rd.
Soi 8
The Chedi
C.M. Plaza
Chiang Mai-Lamphun Rd.
TAT
Osathaphan Rd.
PIER
Wat Chaimongkon
Lamphun
Nord-Thailand

Umweltbewusst geleitete Gästehäuser

Eagle House No. 1 ㉚, 16 Soi 3, Chang Moi Kao Rd., ✆ 053-874 126, 235 387, 💻 www.eaglehouse.com. Familiäres, engagiert von der deutsch sprechenden Irin Annette und ihrem Mann Pon geleitetes Haus mit umwelt- und sozialverträglichem Touch. Einfache Zimmer für Anspruchslose mit Ventilator oder AC. Angenehmes Gartenrestaurant mit preiswerten Gerichten. Viele Leser waren von ihren 3- bis 4-tägigen Trekkingtouren für 6–12 Pers. mit Karen-Guides begeistert. Vermittlung von Praktika in sozialen Organisationen, Ticketverkauf, Fahrzeugvermietung, Abholservice. ❷

Eagle House No. 2 ㉜, 26 Soi 2, Ratchawithi Rd., ✆ 053-210 620, 💻 www.eaglehouse.com. Beliebte Filiale in einem 3-stöckigen Neubau in einer ruhigen Gasse. Neben Ventilator- auch AC-Zimmer. Im Restaurant vergnügliche Kochkurse. Die engagierte Chefin Annette offeriert auch hier ein breites Angebot an umwelt- und sozialverträglichen Ausflügen und anderen Aktivitäten. ❷

Gap's House ㊽, 3 Soi 4, Ratchdamnoen Rd., ✆ 053-278 140, 270 143, 💻 www.gaps-house.com. Stauden und andere Grünpflanzen überwuchern nahezu völlig die 1- und 2-stöckigen Holzhäuser mit 2 und mehr Zimmern von unterschiedlicher Größe. Alle 19 Zimmer haben kleine Bäder mit Föhn, einen Safe und eine kleine Terrasse mit Sitzgelegenheiten, aber weder Kühlschrank noch TV, die teureren ein Wohnzimmer. Diese sind, ebenso wie die Aufenthaltsräume, mit Holzmöbeln im Lanna-Stil eingerichtet. Morgens wurden einige Gäste von klassischer Musik aus dem Restaurant geweckt. Einfaches Frühstück inkl. Keine Reservierungen möglich. Von 19–21 Uhr vegetarisches Buffet für 90 Baht. Mr. Eddy, der Chef, leitet auch ein- bis 2-tägige Kochkurse. ❸

Seven Suns ㊻, 155 Ratchamanka Rd., ✆ 053-814 325, 💻 www.sevensuns.net. Von der hilfsbereiten Australierin Kerry Fisher umweltbewusst geleitetes, nach Feng-Shui-Prinzipien gestaltetes Haus. 12 individuell eingerichtete, saubere AC-Zimmer. Die Themenräume werden auf der Website ausführlich vorgestellt und können dort auch gebucht werden. Tägliche Zimmerreinigung. Angenehme Aufenthaltsräume – von der Dachterrasse bis zum Restaurant mit Bar und Terrasse. ❹

Im EG ein Backpacker-Restaurant und im 1. Stock eine kleine, gemütliche Terrasse. ❷

Julie Gh. ㊷, 7/1 Soi 5, Phra Pokklao Rd., ✆ 053-274 355, 💻 www.julieguesthouse.com. Häufig voll belegtes Haus für kommunikative Budgetreisende, geleitet von Sai aus Thailand und Steffen aus der Schweiz. Zimmer für jeden Bedarf: einfache oder besser ausgestattete, mit und ohne Bad, für 1–2 Pers., mit Ventilator, zudem Schlafsaal mit 5 Betten für 70 Baht p. P. Kleiner Garten mit Liegen, Billardtisch und Hängematten zum Entspannen, Rooftop, Restaurant und Trekkingtouren. ❶–❷

Kavil House ㊴, 10/1 Soi 5, Ratchdamnoen Rd., ✆ 053-224 740. Sehr ruhig gelegenes kleines Haus, gutes Preis-Leistungs-Verhältnis. Zimmer mit Ventilator oder AC. ❶–❷

Lai Thai Gh. ㊳, 111/4 Kotchasan Rd., ✆ 053-271 725, 💻 www.laithai.com. Trotz des Namens eher ein Hotel. Die modernen Gebäude im Lanna-Stil umgrenzen den Pool. 110 komfortable Zimmer mit TV, einige ohne Fenster, andere, nahe dem Restaurant und Pool, etwas laut. ❸

Lamchang House ㉒, 24 Soi 7, Moon Muang Rd., ✆ 053-210 586. Altes Teakhaus in einem Garten. ❷

Libra Gh. ⑯, 28 Soi 9, Moon Muang Rd., ✆ 053-210 687. 50 Zimmer mit Ventilator oder AC und TV in mehreren Gebäuden um einen Garten. Restaurant, Kochkurse. ❷–❸

Mountain View Gh. ⑪, 105 Sriphum Rd., beim Chang Puak-Gate, ✆ 053-212 866, 💻 www.mountainview-guesthouse.com. Das freundliche, familiäre Haus wird von Thai-Christen geführt und gibt christlichen Kleingruppen Ermäßigung. Schöne AC-Zimmer und preiswertere mit Ventilator. Schattiger, grüner Innenhof, Dachgarten und Internet. ❷–❸

Legende Chiang Mai Altstadt und Zentrum

Übernachtung:
(10) Duang Dee House
(11) Mountain View Gh.
(12) Imm Eco Hotel
(13) Charcoa House
(14) Tri Gong Residence
(15) S.K. House
(16) Libra Gh.
(17) Supreme House
(18) Grace Gh.
(19) Bow Chiangmai House
(20) Baan Hanibah B&B
(21) Sawasdee Chiang Mai House
(22) Lamchang House
(23) Sri Pat Gh.
(24) Funky Monkey Gh.
(25) Mae Wang Gh.
(26) Baan Orapin
(27) CM Blue House
(28) Elegant Lanna
(29) Chiang Mai Inn Gh.
(30) Eagle House No. 1
(31) Regina Restaurant & Gh.
(32) Eagle House No. 2
(33) M. D. House
(34) Siri Gh.
(35) Chiang Mai Kristi House
(36) Amora Hotel
(37) Safe House Court
(38) Montrara Happy House Hotel
(39) Kavil House
(40) Awana House
(41) Daret's Gh.
(42) U Chiang Mai
(43) Tamarind Village
(44) Montri Hotel
(45) Imm Hotel
(46) Thapae Boutique House
(47) The 3 Sis
(48) Gap's House
(49) Top North Hotel
(50) De Naga Hotel
(51) Taicoon House
(52) Manathai Village
(53) Dusit D2 Chiang Mai
(54) Galare Gh.
(55) River View Lodge
(56) Seven Suns
(57) Chiang Mai Garden Gh.
(58) Smile House
(59) Mandala House
(60) Raming Lodge Hotel & Spa
(61) Riverside House
(62) Julie Gh.
(63) Happy House
(64) Wild Orchid Gh.
(65) Centara Duangtawan Hotel
(66) Royal Princess
(67) Banana Gh.
(68) Lai Thai Gh.
(69) Maninarakorn Chiang Mai

Essen:
7 Blue Diamond – The Breakfast Club
8 May Kaidee's Vegetarian Restaurant & Cooking School
9 Nice Kitchen
10 Lemon Tree
11 The U.N. Irish Pub
12 St. Germain des Prés
13 The Old Place no. 89 – Miss Chocolate
14 Vieng Joom On Teahouse
15 Brasserie
16 The Gallery
17 Kona Café
18 Coffee Lao & Bakery
19 The Good View
20 The Riverside
21 Essenstände tagsüber
22 Kanjana
23 Starbucks
24 Ratchdamnoen Coffee
25 Art Café
26 Khao Soi Islam
27 Bierstube
28 Aaron Rai
29 Huen Phen
30 La Villa Restaurant
31 Mit Mai Restaurant
32 Galare Food Court
33 Doi Chaang Café
34 Le Spice
35 German Hofbräuhaus
36 Antique House
37 Il Forno
38 Juice 4 You
39 Palm Beer Garden & Steak House
40 Café de Siam
41 Pum Pui
42 Tien Sieng
43 Thai Hut
44 Gia Tong Heng
45 Whole Earth Restaurant
46 Giorgio Italian Restaurant

Sonstiges:
10 Scorpion Tailed River Cruise
11 Wäschereien
12 La Luna Gallery
13 Suvannabhumi Art Gallery
14 Brasserie
15 Asia Scenic Home Cooking Course
16 Baan Thai Cookery School
17 Thai Farm Cooking School
18 DHL Service Point
19 Gecko Books
20 Bookzone
21 Mae Ping River Cruise
22 Städtisches Fremdenverkehrsamt
23 The Writers Club & Wine Bar
24 AUA Language Centre
25 Private Post-Annahmestelle
26 Chiang Mai Thai Cookery School
27 THC Roof Top Bar
28 Thai-Boxen
29 Sax Bar
30 Thai Tribal Crafts
31 Thai Massage Conservation Club Ch.Mai
32 Master Chef Cookery Course
33 Guitarman
34 D.K. Book House
35 Chiang Mai Rock Climbing Adventures
36 Mandalay
37 Suriwong Book Center
38 Gecko Garden

Transport:
6 Thai Airways
7 Songthaew→Lamphun, →Phrao, San Kamphaeng, Pa Sang
8 Jaguar Motorcycle Hire
9 North Wheels
10 Mr. Mechanic
11 Tony's Big Bikes
12 Kamphangdin
13 Songthaew→Lamphun
14 Mr. Mechanic
15 Songthaew→San Pa Tong

Safe House Court (37), 178 Ratchaphakinai Rd., ✆ 053-418 955-57, 💻 www.safehousecourt.com. Neues Haus mit Säuleneingang. 30 Zimmer, teils mit Ventilator, teils mit AC, dicken Matratzen und TV. Waschmaschine und Internet. ❷–❸

Siri Gh. (34), 31/3 Soi 5, Moon Muang Rd., ✆ 053-326 550. 12 sehr einfache, aber saubere Zimmer mit Ventilator. ❷

Supreme House (17), 44/1 Soi 9, Moon Muang Rd., ✆ 053-222 480. Sehr einfaches 3-stöckiges Gästehaus. Zimmer mit Ventilator. Dachterrasse und Sitzecke im Gang mit vielen Büchern. ❷

Taicoon House (51), 1/1 Soi 3, Moon Muang Rd., ✆ 053-208 575, 273 745, ✉ taicoonhouse@hotmail.com. Geräumige, saubere Zimmer mit Ventilator und Du/WC in einem neuen, von der Hauptstraße etwas zurückversetzten Gebäude. Die beiden jungen Frauen, die das Haus leiten, sind auf Sicherheit bedacht. ❷

Hier harmonieren Alt und Neu

Baan Hanibah B&B ⑳, 6 Soi 8, Moon Muang Rd., ✆ 053-287 524, ✉ baanhanibah@gmail.com. Die einheimische Professorin Khun Nai ist in diesem alten, von einem Garten umgebenen Teakhaus aufgewachsen. Sie hat es mit viel Liebe zum Detail, und ohne viel an der Grundstruktur zu ändern, zu einem modernen B&B umgebaut, in dem Holz und Beton harmonisch miteinander verschmelzen. 10 Zimmer mit komfortablen, hohen Betten, teils mit dekorativen Baumwollnetzen, Safe, Flachbildschirm-TV, WiFi und hübschen Bädern mit separaten Duschen. Auch große Familienzimmer. ❺

Mittlere Preisklasse

Awana House ㊵, 7 Soi 1, Ratchdamnoen Rd., ✆ 053-419 005, 💻 www.awanahouse.com. Das neue, gepflegte Haus in ruhiger Lage wird nach dem Tod ihres holländischen Mannes von Moy weitergeführt. Saubere Zimmer mit TV, Kühlschrank und kleinem Balkon, einige mit Ventilator. Preiswerte Übernachtungsmöglichkeit auf Matratzen unter Moskitonetzen auf dem Dach für 150 Baht p. P. Restaurant, kleiner Pool, schöne Dachterrasse, WiFi und Internet. Freundliche, angenehme Atmosphäre, hilfsbereites Personal. ❹

Charcoa House (Cozy Hotel) ⑬, 4 Soi 1, Sriphum Rd., ✆ 053-212 681, 085-695 4569, 💻 www.charcoa.com. Moderner Landhausstil ist das Thema dieses angenehmen Boutiquehotels mit kleinem Innenhof in ruhiger Lage. 12 Zimmer und größere Studios mit kleinen Balkonen und geräumigen Bädern, dicken Matratzen und viel Komfort. WiFi und Frühstück inkl. Im Erdgeschoss an der Soi ein nettes Café und Restaurant, gut, aber nicht billig. ❺–❻

Green Tulip House ⑦, 18 Samlan Rd., im Südwesten der Altstadt, ✆ 053-278 367, 💻 www.greentuliphouse.com, Karte S. 328/329. Sauberes, grün gestrichenes Haus mit Restaurant. Einige AC-Zimmer mit Bad, andere mit AC oder Ventilator und Gemeinschaftsdusche. Auch Schlafsaalbetten für 150 Baht. Frühstück, WiFi und Internet inkl. Lobby mit TV, nette Dachterrasse zum Entspannen. ❸–❹

Imm Hotel ㊺, 17/1 Kotchasan Rd., ✆ 053-283 999, 💻 www.immhotel.com. 3-stöckiger Neubau auf einem schmalen Grundstück direkt am Tapae Gate. Funktional eingerichtete Zimmer mit LCD-TV, Safe und kostenlosem WiFi, Betten mit dicken Matratzen. Internet-Café und Restaurant mit Terrasse. Einfaches Frühstück inkl. ❹–❺

M. D. House ㉝, 18/4-6 Ratchawithi Rd., ✆ 053-216 655, 💻 www.thaimdhouse.com. 2 große, von der Straße zurückversetzte Häuser hinter einem kleinen Pool. Sehr saubere, ruhige Zimmer mit TV, gefliesten Böden und dicken Matratzen, etwas teurere mit Kühlschrank. 2 separate Häuser für Familien oder Gruppen, darunter ein neues Teakhaus. WiFi inkl. Bei Belegung mit 1 Pers. halber Preis. ❹

Montri Hotel ㊹, 2-6 Ratchdamnoen Rd., ✆ 053-211 069-70, 💻 www.montrihotel.com. Großer Hotelblock in bester Lage direkt am Tapae Gate. Einfache, saubere Zimmer, nach hinten leise. Im Erdgeschoss das Triple N-Restaurant mit WiFi und großer Terrasse, von der aus gut das Geschehen beobachtet werden kann, ⏲ 6.30–22.30 Uhr. Frühstück und WiFi inkl. ❹

S.K. House ⑮, 30 Soi 9, Moon Muang Rd., ✆ 053-418 396, 💻 www.theskhouse.com. In einem großen, etwas verwinkelten Haus 35 einfache Zimmer mit Schaumstoffmatratzen und Ventilator sowie 22 Zimmer mit AC, TV und Teppichböden. Pool ohne Liegen im Innenhof sowie ein Antiquitätenladen. Backpacker-Restaurant mit Terrasse. Unpersönliche Massenabfertigung. ❸–❹

Smile House ㊳, 5 Soi 2, Ratchamanka Rd., ✆ 053-208 661. Kleineres, freundliches Gästehaus. Teils abgewohnte Zimmer in Reihenhäusern um einen Pool, mit Ventilator oder AC und TV, kleines Bad. In einem hübschen, alten Teakhaus Rezeption, ein nettes, kleines Restaurant sowie eine Sitzecke. Weitere Sitzgelegenheiten am Pool. Auch Kochkurse. ❸–❹

Sri Pat Gh. ㉓, 16 Soi 7, Moon Muang Rd., ✆ 053-218 716, 💻 www.sri-patguesthouse.com. Zimmer mit TV, DVD-Player, WiFi, Kühlschrank und Föhn. Leckeres Frühstück im Restaurant, gutes Preis-Leistungs-Verhältnis. Eigene Touren. ❹

The 3 Sis ㊼, 1 Soi 8, Phra Pokklao Rd., ✆ 053-273 243, 💻 www.3sisbedandbreakfast.com. Hinter dem älteren Haupthaus mit dem B&B ist im neuen Haus eine Vacation Lodge mit 24 nett mit Holzmöbeln eingerichteten Zimmern mit großen Betten und Kühlschrank entstanden. Inkl. Frühstück und WiFi. Schickes Restaurant & Café. ❺

The Red Hibiscus Gh. ④, 1 Soi 2, Arak Rd., ✆ 053-217 631, 💻 www.redhibiscus.com, Karte S. 328/329. In der westlichen Altstadt gelegener, kleiner 3-stöckiger Neubau mit gepflegten, ruhigen Zimmern. Kleine Terrasse zum Frühstücken. ❹

Top North Hotel ㊾, 41 Moon Muang Rd., ✆ 053-279 623-5, 💻 www.topnorthgroup.com. Großes, sauberes, zentral gelegenes Hotel mit recht großem Pool und Liegen mit Sonnenschirm. Zimmer mit Kühlschrank und TV, billige mit Ventilator, außerdem teurere, große Eckzimmer. WiFi und ausbaufähiges Frühstück inkl. Restaurant, Touren und Parkplatz. Gutes Preis-Leistungs-Verhältnis. ❹

Tri Gong Residence ⑭, 8 Soi 1, Sriphum Rd., ✆ 053-214 754, 227 367, 💻 www.trigong.com. Ruhig gelegenes, 2-stöckiges Haus, das L-förmig um einen Innenhof mit Sitzgelegenheiten gebaut ist. Sehr saubere Zimmer für 2–3 Pers. mit gefliesten Böden, WiFi inkl. ❹

Sawasdee Chiang Mai House ㉑, 5 Phra Pokklao Rd., ✆ 053-418 907, 💻 www.chiangmaisawasdee.com. Neues, 4-stöckiges Haus mit 32 freundlich eingerichteten, komfortablen Zimmern mit TV, Kühlschrank und Balkon. Internet inkl. ❺

Obere Preisklasse

De Naga Hotel ㊿, 21 Soi 2 Ratchamanka Rd., ✆ 053-209 030, 💻 www.denagahotel.com. In diesem modernen Luxus-Boutiquehotel „begleiten" Naga-Schlangen Ankommende auf Schritt und Tritt. Das Innere vereinigt Tradition und Moderne, ein professioneller Service kümmert sich um die Gäste der 55 Zimmer, die mit edlem Mobiliar, Breitband-Flachbildschirm, DVD-Player, Safe, Teakholzböden und allem Komfort ausgestattet sind. ❼

The Rachamankha ⑥, 6 Soi 9 Ratchamanka Rd., ✆ 053-904 111, 💻 www.rachamankha.com, Karte S. 328/329. In einer ruhigen Soi hinter Wat Phra Singh liegt dieses gediegene Luxushotel im Lanna-Stil. Die 24 Zimmer verteilen sich um mehrere schöne Innenhöfe mit alten Bäumen. Sie sind geschmackvoll mit dunklen chinesischen Möbeln ausgestattet. Großer Pool. Im Restaurant im Obergeschoss mit echten Antiquitäten werden Gerichte der Fusion-Küche serviert. ❽

Ein Platz zum Verwöhnen

Tamarind Village ㊸, 50/1 Ratchdamnoen Rd., ✆ 053-418 896-9, 📠 418 900, 💻 www.tamarindvillage.com. Im Zentrum der Altstadt verbirgt sich hinter hohen Mauern ein hübsches Boutiquehotel mit 40 schönen Zimmern in neuen Thai-Häusern. Restaurant mit Ausblick auf den Pool und einen Tempel. ❽

U Chiang Mai ㊷, 70 Ratchdamnoen Rd., ✆ 053-327 000, 💻 uchiangmai.com. Großes, modernes Hotel mit komfortablen Zimmern im modernen Lanna-Stil. Mit Restaurant, Pool, Lesezimmer und Spa. Fahrräder, WiFi und Frühstück zu jeder Zeit inkl. Man kann rund um die Uhr einchecken und zahlt jeweils für 24 Std. Gäste können Mi und So um 15 Uhr an einem kostenlosen Stadtrundgang teilnehmen. ❼

Östlich vom Tapae Gate

Untere Preisklasse

Chiang Mai Inn Gh. ㉙, Chaiyaphum Soi 2, ✆ 053-251 400. In ruhiger Lage in einer Sackgasse. Saubere Zimmer. Die netten Besitzer organisieren 3-tägige Trekkingtouren am Doi Inthanon mit Übernachtung in einem Karen-Dorf und am Wasserfall. ❷

Daret's Gh. ㊶, 4/5 Chaiyaphum Rd., ✆ 053-235 440, ✉ darets-house@yahoo.com. Preiswerte Zimmer im 4-stöckigen Neubau über dem beliebten Restaurant. ❷

Duang Dee House ⑩, 14/23-24 Soi Insoun, Mani Noparat Rd., ✆ 053-219 361. Beliebtes, sauberes Haus unter deutsch-thailändischer Leitung. Große, geflieste Zimmer mit Ventilator und kleinem Bad. Restaurant mit westlichen und lokalen Favoriten, Dachterrasse und Bar. Uwe Bellmann kann hilfsbereit, aber auch launisch sein. Er bezieht leckeren Hilltribe-Kaffee direkt von den Erzeugern nordöstlich von Phrao, wo er auch ein Resort betreibt. ❷

Funky Monkey Gh. ㉔, Chaiyaphum Rd. Soi 1, ✆ 053-232 911, 💻 www.funkymonkeyhouse.com. Der freundliche Engländer David und seine engagierte Frau Nuy leiten dieses kleine Haus mit 3 großen, sehr sauberen Gästezimmern mit 3 Betten, Kabel-TV und Kühlschrank. Im Restaurant kocht Nuy leckere einheimische und internationale Gerichte. Internet für Gäste kostenlos. ❸

Mae Wang Gh. ㉕, Chaiyaphum Rd. Soi 1, östlich vom Funky Monkey. Preiswerte Zimmer mit großem Bett, Ventilator, Handtüchern und Dusche. Nette Besitzerin. ❶

Mittlere Preisklasse

Amora Hotel ㊱, 22 Chaiyaphum Rd., ✆ 053-251 531, 💻 www.amorahotels.com. Unübersehbarer Hotelblock an der nordöstlichen Stadtmauer mit über 200 Zimmern in 2 Größen und Preiskategorien. Pool im 2. Stock, Spa, Restaurant und Biergarten. ❺

Elegant Lanna ㉘, 11 Soi 2 Chaiyaphum Rd., ✆ 053-874 043, 💻 www.elegantlanna.com. In einem 4-stöckigen Neubau werden 13 kleine, nett eingerichtete Zimmer vermietet. Alle mit Federkernmatratze und Bad mit separater Dusche, oben mit Balkon. Kleiner Garten und offenes Restaurant. Einfaches Frühstück und WiFi inkl. ❹

Mandala House ㊾, 71 Tapae Rd. Soi 3, ✆ 053-272 488, 💻 www.mandalachiangmai.com. Im neuen Haus 23 saubere Ventilator- oder AC-Zimmer und eine Suite. Alle sind modern eingerichtet mit Kabel-TV, Safe, Kühlschrank und hübscher Dusche, kostenloses Internet. Kleiner Vorgarten mit Springbrunnen. ❸–❹

Montrara Happy House Hotel ㊳, 11/1 Chang Moi Kao Rd., ✆ 053-232 800-2, 💻 www.montrara.com. Etwas Farbe an der Wand, Steinchen im Bad, moderne Bilder, Stoff-Rollos, Decken und Kissen und ein paar moderne Möbel, dazu ein Massage/Spa, und schon hat sich das alte Gästehaus ansprechend gewandelt, auch wenn leider die Türen und Treppen noch die alten sind. Auch einige teure Suiten mit Sitzecke. Das Personal ist freundlich und hilfsbereit. WiFi inkl. ❹

Thapae Boutique House ㊻, 4 Soi 5 Tapae Rd., ✆ 053-284 295, 💻 www.thapaeboutiquehouse.com. Stadthaus mit 20 Zimmern, die preiswerten ziemlich klein, aber hübsch eingerichtet mit Holzböden und dekorativ in Pastelltönen gestalteten Wänden. Kleiner Garten mit Sitzgelegenheiten und Restaurant, Massagen. WiFi und Frühstück inkl. ❹–❺

Obere Preisklasse

Manathai Village ㊾, 39/9 Soi 3 Tapae Rd., ✆ 053-281 666-9, 💻 www.manathai.com. Perfekt durchgestyltes, elegantes Boutiquehotel mit Lanna-Touch. Das Zentrum bildet ein kleiner Pool mit Liegen, überall plätschert Wasser. Salas mit traditionellen Sitzkissen, ein Restaurant im 1. Stock und Terrassen laden zum Verweilen ein. Die 29 Zimmer in 5 Gebäuden sind mit Himmelbetten und Wannen aus Granit, Safe, DVD-Player und allem Luxus ausgestattet. Frühstücksbuffet und WiFi inkl. ❼–❽

Nahe dem Ping

Nr. ①–⑨ s. Karte Chiang Mai S. 328/329.

Untere Preisklasse

C&C Teak House ⑤, 39 Bamrung Rat Rd., ✆ 053-246 966, ✉ ccteakhouse@gmail.com. Hinter dem Eingangstor verbirgt sich ein altes Teakhaus mit Zimmern für 1–4 Pers. und Gemeinschaftsduschen. Hübscher Innenhof mit Restaurant, in dem Chef Simon aus Frankreich seine Gäste betreut. ❷

Hollanda Montri Gh. ③, 365 Charoen Rat Rd., ✆ 053-242 450, 💻 www.hollandamontri.com. Am Fluss nahe der Brücke in einem 2-stöckigen Reihenhaus einfache Zimmer mit Ventilator oder AC und TV. Restaurant am Fluss mit Bar. WiFi und Internet kostenlos. ❷

Regina Restaurant & Gh. ㉛, 69-73 Charoen Rat Rd., ✆ 053-262 882. Hinter einem Kuriositäten- und Antiquitätenladen neben der Küche werden in einem 2-stöckigen, unverputzten Backsteinbau, der gut in die Umgebung passt, 6 rustikale Zimmer vermietet. Im Garten, der bis zum Fluss reicht, kann man auch essen. ❸

Wild Orchid Gh. ㊹, 70-72 /1 Loi Kroh Rd., ✆ 084-484 5080, ✉ wildorchidcm@gmail.com.

In altem Holzhaus saubere, mit Bambusmöbeln eingerichtete Zimmer, durch eine Trennwand abgetrennten Dusche. Ruhiger Innenhof. Im Gang zur Straße Tische zum gemütlichen Beisammensein. Geleitet von einem hilfsbereiten Paar aus Thailand und Holland. ❸

Mittlere Preisklasse

Baan Orapin ㉖, 150 Charoen Rat Rd. ✆ 053-243677, 💻 www.baanorapin.com. Ruhiges B&B in einem von der Straße zurückversetzten, hübschen, 2-stöckigen Lanna-Haus und separaten Cottages, umgeben von einem Garten mit altem Baumbestand. 8 stilvoll möblierte Zimmer mit Himmelbetten. Auch teure Suiten mit großen Bädern und Terrasse oder Balkon. ❺–❼

Galare Gh. ㊴, 7 Soi 1, Charoen Prathet Rd., ✆ 053-821 011, 💻 www.galare.com. Seit 1980 gibt es dieses Gästehaus, das 35 ordentliche Zimmer mit TV und Kühlschrank in mehreren Häusern in Flussnähe hat. Garten mit Liegen und Tischen. Restaurant direkt am Fluss. ❹

River View Lodge ㊵, 25 Soi 4, Charoen Prathet Rd., ✆ 053-271 109, 💻 www.riverviewlodgch.com. Resort mit 35 Zimmern mit kleinem Balkon, von der Terrasse des offenen Restaurants und den teuren Zimmern Blick auf den Ping, Pool. ❺

Riverside House ㊶, 101 Chiang Mai – Lamphun Rd., ✆ 053-241 860, 💻 www.riverside housechiangmai.com. In einem von der Straße zurückversetzten Haus 27 kleine, saubere Zimmer. Restaurant mit WiFi. ❸–❹

Maninarakorn Chiang Mai ㊾, 99 Sri Donchai Rd., ✆ 053-999 555, 💻 www.maninarakorn.com. Modernes, bei asiatischen Gästen beliebtes, neues Mittelklassehotel. Zentrales Gebäude mit Lobby, Dachterrasse, kleinem Wintergarten und den teureren Zimmern. Es ist umgeben von einem 4-stöckigen Komplex mit günstigen Zimmern, teils mit Balkon. Kleiner Pool mit Liegen. ❺

River Ping Palace ⑨, 385/2 Charoen Prathet Rd., südlich des Zentrums, ✆ 053-274 932, 💻 www.riverpingpalace.tripod.com. Altes, 2-stöckiges Teakhaus mit 9 individuell gestalteten Zimmern, einige mit Balkon und Blick auf den Ping. Thai-Restaurant. ❺–❻

Obere Preisklasse

Centara Duangtawan Hotel ㊺, 132 Loi Kroh Rd., ✆ 053-905 000, 💻 www.centarahotelsresorts.com. Großer Hotelblock mit 507 Zimmern auf 24 Stockwerken. Gut ausgestattete Zimmer mit TV, Safe, Wasserkocher und WiFi, Bad mit Wanne und separater Dusche. Pool, Spa und chinesisches Restaurant im Obergeschoss. ❻

Dusit D2 Chiang Mai ㊳, 100 Chang Klan Rd., ✆ 053-999 999, 💻 www.dusit.com/d2cm. Modernes Designerhotel, das seine Gäste mit matt-schwarzem Granit und einer in Orange gehaltenen minimalistisch eingerichteten Lobby empfängt. In der integrierten MixBa legt ein weiblicher DJ auf. Die Zimmer mit einem Sofa sind ebenfalls in Beige, Braun und Orange gestaltet und komfortabel eingerichtet. Wer etwas drauflegt, wird Clubmitglied und bekommt dafür ein kostenloses Frühstück und Zugang zur Clublounge. Mit Restaurant, Bar und Pool mit Liegen und Sonnenschirmen. ❼–❽

Raming Lodge Hotel & Spa ㊿, 17-19 Loi Kroh Rd., ✆ 053-271 777, 270 042-44, 💻 raminglodge.com. Neues 6-stöckiges Hotel für gehobene Ansprüche nahe dem Night Bazaar. Alle Zimmer mit großem Kabel-TV, Kühlschrank, Safe und Föhn. In den teureren, die im traditionellen Lanna-Stil eingerichtet sind, gibt es zudem einen Wasserkocher, kostenlos Obst und Internetzugang. Mit kleinem Pool, Restaurant und Spa. Nach Rabatt fragen. ❻–❼

Royal Princess ㊻, 111 Chang Klan Rd., ✆ 053-253 900, 💻 www.dusit.com. Gepflegtes 4-Sterne-Hotel mit 200 klimatisierten Zimmern, Pool und gutem kantonesischem Restaurant. ❺–❽

Außerhalb des Zentrums

Nr. ①–⑨ s. Karte S. 328/329. Unterkünfte ohne Nummer s. Karte S. 358/359 und **eXTra [2642]**.

Untere Preisklasse

Banilah ①, 11 Sotesueksa Rd., Chang Puak, im Norden in einem Wohnviertel, ✆ 053-223 683, 💻 www.banilah.com. Familiär geführtes Thai-Guesthouse mit modern eingerichteten, komfortablen Zimmern und überwiegend einheimischen Gästen. ❸

Gut betreut

Linda Gh. ⑧, 454/67 Soi Banditpatana, Charoen Muang Rd., ✆ 053-246 915, 💻 www.lindaguesthouse.com. Sauberes, sehr familiäres Gästehaus in ruhiger Lage hinter dem Bahnhof, 2 Min. von der Hauptstraße, auf der Songthaews direkt zum Tapae Gate fahren. 9 Zimmer mit Gemeinschaftsduschen. Thedda aus Deutschland, die seit 1986 in Chiang Mai lebt, kümmert sich liebevoll um ihre Gäste, von denen viele zu Freunden werden. Ihr Mann Rin veranstaltet Trekkingtouren, ab 5 Pers. individuelle Treks und Touren durch den Norden. Das Essen im Restaurant wird ohne Glutamat gekocht und im Garten serviert. Sehr gutes Preis-Leistungs-Verhältnis. Telefonische Reservierung empfehlenswert. Kostenlose Abholung vom Bahnhof, vom Airport 100 Baht. ❷–❸

Spicythai Backpackers Hostel ②, 4/80 Nantawan Village, Nimmanhaemin Rd., im Nordwesten, nahe Amari Rincome Hotel, ✆ 053-400 444, 085-211 9467. Mitten in einem besseren Wohngebiet wurde ein 2-stöckiges Wohnhaus zu einem wenig gepflegten Backpacker umgestaltet. Nur Schlafsaal-Betten für 250 Baht in Dorms mit 4 (nur Frauen), 8 und 10 Betten. Im Wohnzimmer TV, ab 16 Uhr hat die Nachbarschaft Ruhe verordnet.

Mittlere Preisklasse

Baan Chai Thung, 208 Moo 4, Choengdoi Rd., 2 km von Doi Saket, 20 km von Chiang Mai, ✆ 089-058 0496, 💻 www.baan-chai-thung.com. Kleines Resort, mit dem sich Jürgen und Phoo einen Traum erfüllt haben – und traumhaft ist die Lage inmitten von Reisfeldern, die vom Tempelberg Doi Saket überragt werden. Rings um einen ansehnlichen Pool stehen 1 Doppel- und 2 Einzelbungalows, zudem gibt es 2 Zimmer im Haupthaus und einen luftigen Aufenthaltsraum. Alle großzügigen Zimmer sind geschmackvoll eingerichtet und mit allem Komfort ausgestattet. Der persönliche, aufmerksame Service lässt viele Gäste mindestens 1 Woche bleiben. Gutes Frühstück inkl. Frühzeitige Reservierung erforderlich. ❺

Baan Song Thai Farang, 23/1 Moo 4, Namprae bei Hang Dong, südwestlich von Chiang Mai, ✆ 087-192 1965, 💻 www.northtouralacarte.com. Familiäres Homestay in traditionellen Thai-Holzhäusern rund um einen Teich auf einem weitläufigen, parkähnlichen Grundstück unter der Leitung eines deutsch-thailändischen Paars. Sehr gutes Frühstück sowie reichhaltiges Abendessen nach Absprache. Auch individuelle Touren ins Umland. Vollpension und Getränke inkl. Nach Anmeldung kostenloser Abholservice von Chiang Mai. ❺

Imm Eco Hotel ⑫, 109 Bamrumgrat Rd., ✆ 053-247 111, 💻 www.immhotel.com. Im Zentrum des farnbestandenen, weitläufigen Parks steht ein Haus aus den 1930er-Jahren samt Rezeption. Die hellen, modern gestalteten Zimmer im angrenzenden Neubau mit 2 Betten oder Doppelstockbett und dicken Matratzen teilen sich einen großzügigen, außerhalb gelegenen Duschbereich (für Frauen und Männer getrennt). Sie kosten 300 Baht p. P. Dahinter, in einem ehemaligen Schulgebäude, überraschen komfortable, schicke, aber etwas dunkle 2-Bett-Zimmer mit großzügigen Bädern. Davor ein großer Pool, der auch von Gästen von außerhalb für 100 Baht genutzt werden kann. Angenehme Aufenthaltsräume, kleines Restaurant. Fahrrad- und Motorradvermietung, Waschmaschine. ❹–❺

Joy's House, 114 Moo 9, Sanpreesrue Village, im Norden der Stadt, ✆ 053-854 213, 💻 www.joyshouse.net. Joy und ihre Familie vermieten unterschiedlich ausgestattete Zimmer in ihrem großen Haus in einem wenig attraktiven Vorort. Familienanschluss ist garantiert. Hübsch gestalteter Pool, Ausflugsmöglichkeiten, Koch-, Tanzkurse, Yoga, Meditationen, Dampfbad und Massage. Abhol- und Transportservice. ❺–❻

Secret Garden, 54/1 Moo 5, Mae Kue Rd., Doi Saket, ✆ 053-339 502, 💻 www.secretgardenchiangmai.com. Kleines Homestay mit 8 individuell eingerichteten Bungalows, einige mit Kochecke, Pool, Sauna, Bar und Pavillon mit DVD-Player und TV. WiFi, Frühstück und Nachmittagskaffee inkl. Peter und Pai, deren Kochkünste ein Highlight sind, kümmern sich um ihre Gäste und organisieren auch Kochkurse. ❺

Luxus pur

Mandarin Oriental Dhara Dhevi, 51/4 Chiang Mai–San Kamphaeng Rd., im Osten der Stadt, ✆ 053-888 888, 🖳 www.mandarinoriental.com/chiangmai, Karte S. 358/359. 5-Sterne-Luxusresort mit 142 exklusiven Villen im nordthailändischen Stil. Mit riesigem Spa und dem Le Grand Lanna Restaurant im Teakhaus mit Blick auf den Tropengarten, ❽. Luxusvillen bis 280 000 Baht pro Nacht!

Obere Preisklasse

The Field Village, 261 Moo 3, Wangtan Village, im Süden von Chiang Mai, Chiang Mai Hang Dong Rd., ✆ 053-279 371, 🖳 www.thefieldvillage.com. Boutiqueresort südlich von Chiang Mai. Komfortable Teakhäuser in den Reisfeldern mit Terrasse, auch 2-stöckige Apartments. Das Restaurant bietet Biogemüse und Fisch aus dem benachbarten See an. Großer Pool mit Liegen, Spa mit traditionellem Dampfbad. Tuk Tuk-Shuttle nach Chiang Mai. ❻–❽

Essen

Frühstück im Gästehaus, ein Snack auf den Märkten und ein stilvolles Dinner in einem edlen Fluss-Restaurant – alles ist möglich. Neben den üblichen Thai- und internationalen Backpacker-Standardgerichten überrascht die Lanna-Küche mit einem ganz eigenen Stil mit scharfen Schweinefleischgerichten, Chilidips und Klebreis. An diese Tradition knüpfen die Khantoke-Restaurants an (s. Kasten, S. 346).

Cafés

Viele Gästehäuser bereiten Frühstück zu – einige offerieren sogar ein gutes Buffet, z. B. das Smile House für 100 Baht.

Amazing Sandwich, 252/3 Phra Pokklao Rd., Filiale in der 22/2 Huai Kaeo Rd., ✆ 053-404 174. Kleiner, etablierter Laden mit hervorragenden Sandwiches. Auch Essen außer Haus. Im Laden mit grüner Fassade in der Huai Kaeo Rd. ein klimatisierter Essbereich drinnen. Abgehärtete können auch an der verkehrsreichen Straße sitzen. Sandwiches mit 7 Brotsorten, auch deutsches Graubrot, Fleisch, Käse und Salatfüllungen und eine große Auswahl an Soßen, Kräutern, Nüssen, Sprossen und Gewürzen. Zudem Burger und Pizza, Kaffee, Tee und Säfte. WiFi kostenlos. ⏲ Mo–Sa 8–20, So 8–16 Uhr, Take away Mo–Sa 9–18 Uhr.

Art Café, 285-291 Tapae Rd., direkt am Tapae Gate, ✆ 053-206 365. Preiswertes, westliches Café-Restaurant mit Tacos, leckerer Pizza und anderen italienisch-mexikanischen Gerichten um 100–200 Baht, die v. a. bei jungen Leuten beliebt sind. ⏲ 8–23 Uhr.

Café de Siam, Loi Kroh Rd. Klimatisiertes Café & Restaurant mit Terrasse im modernen, internationalen Stil, der auch in der Speisekarte zum Ausdruck kommt. Frühstück, Sandwiches, Steaks und frische Säfte. WiFi kostenlos. ⏲ 6.30–22 Uhr.

Coffee Lao & Bakery, 4 Soi 3, Chang Moi Rd. Kleines, entspannendes Gartencafé in einer ruhigen Soi mit kostenlosem WiFi. Außer Kaffee aus Laos wird eine kleine Auswahl an Kuchen und Thai-Gerichten angeboten. ⏲ 9–22 Uhr.

Ratchdamnoen Coffee, Jhaban Rd., nahe Ratchdamnoen Rd. Schickes, modernes, klimatisiertes Café, das guten Arabica-Kaffee serviert.

The Old Place no. 89 – Miss Chocolate, 89 Charoen Rat Rd., ✆ 053-262 448. Hier kann

Lecker und gesund

Blue Diamond – The Breakfast Club, 35/1 Soi 7A, Moon Muang Rd., ✆ 053-217 120. Das familiär geführte Restaurant in einem netten, umzäunten Garten mit Tischen auf der Terrasse und im offenen Caféladen erfreut sich großer Beliebtheit. Die verdankt es der gleichbleibend guten Qualität der Speisen, dem hervorragenden Frühstück sowie den aus biologischem Anbau stammenden Salaten und frischen Säften. Zudem gibt es gutes, selbst gebackenes Brot, Kuchen und eine breite Auswahl an vegetarischen Gerichten. Überdies wird allerhand Gesundes verkauft. Aushänge informieren über aktuelle Reiki-, und Yoga-Kurse sowie andere Veranstaltungen der alternativen Szene. ⏲ Mo–Sa 7–20.30 Uhr.

man Nacha-Kaffee und Tees aus biologischem Anbau sowie Schokolade kaufen und in einer gemütlichen Sitzecke genießen.

Vieng Joom On Teahouse, 53 Charoen Rat Rd., 053-303 113, www.vjoteahouse.com. Großer Teeladen in einem pinkfarbenen Haus, in dem es alles rund um den Tee zu kaufen gibt, zudem wird die Yunnan-Tradition der Teezubereitung gepflegt. Die Gäste sitzen hinter dem Verkaufsraum im luftig-leicht wirkenden Teehaus mit hohem Dach und auf einer wunderschönen Terrasse aus Holz mit Metallstühlen im 1960er-Jahre-Stil. Sie genießen die große Auswahl an Tees und Kuchen und den Ausblick auf den Fluss und den gegenüberliegenden belebten Markt.

Auch Filialen einheimischer und internationaler Kaffeehausketten sind vertreten:

Doi Chaang Café, am Night Bazaar, www.doichaangcoffee.com. Eignet sich ideal für eine Erholungspause beim Shoppen. Leckere Kuchen und sehr guter Arabica-Kaffee aus den Bergen, der von engagierten Unterstützern des sozial- und umweltverträglichen Dorfprojekts vertrieben wird. 8–24 Uhr.

Starbucks betreibt eine 2-stöckige Filiale am Tapae Gate.

Zudem Filialen von Doi Tung Black Canyon Coffee und Wawee.

Backpacker-Restaurants

Daret's House, Chaiyaphum Rd. Seit Jahrzehnten schlürft die Backpackerszene in diesem günstigen Gartenrestaurant an der belebten Straße Fruchtsäfte und lässt sich an rustikalen Holzbänken das Traveller-Food zu günstigen Preisen schmecken.

Kanjana, Soi 5, Ratchdamnoen Rd. Kleines, einfaches Thai-Restaurant in einer ruhigen Soi. Leckere, preiswerte Gerichte, die von der Chefin in der offenen Küche zubereitet werden. Sehr umfangreiche Speisekarte mit allen nur denkbaren Kombinationen. Schneller, freundlicher Service. Auch Thai-Desserts und Frühstück. Zudem Kochkurse. von früh bis abends.

Nice Kitchen, 15/1 Soi 6, Moon Muang Rd., hinter dem Somphet Market. Gute Auswahl an leckeren Gerichten, z.B. Kürbiscurry. Zudem selbst gebackenes Brot, Baguettes, Sandwiches, frische Säfte, guter Hilltribe-Kaffee und Tee. Beliebt zum Frühstücken. Große Portionen zu günstigen Preisen. Mo–Sa 7–20, So 7–14 Uhr.

The U.N. Irish Pub, 24/1 Ratchawithi Rd., 053-289 557. Großes Restaurant mit Biergarten und Sport-Bar im 1. Stock. Irische und internationale Gerichte wie Pizza. Auch Brot und Kuchen der Crusty Loaf Bakery, die 1992 diesen Laden als Bäckerei gründete. Mittlerweile durch viele Hände gegangen, wird er von einer internationalen Gruppe geleitet, daher der Name U.N. (= United Nations). Mi und Fr ab 21.30 Uhr Livemusik.

Chinesisch

Gia Tong Heng, 193/2-3 Sri Dornchai Rd., 053-275 242. Großes, etabliertes chinesisches Restaurant. Hervorragendes Dim Sum, bei dem man sich die Bambuskörbchen mit gedämpften Teigtaschen und anderen Leckereien einzeln aussucht. Auf der englischsprachigen Karte stehen zudem viele weitere exotische chinesische Gerichte, wie Entenfußsalat, Fischmagen oder Ziegenfleisch in Zwiebelsoße, und teure Gerichte, darunter Abalone für 2500 Baht, ein ganzes Spanferkel für 1200 Baht oder Pekingente für 600 Baht, aber auch Reis oder Nudeln gebraten für 40 Baht. bis 22 Uhr.

Mit Mai Restaurant, Ratchamanka Rd. Großes, offenes Restaurant unter einem hohen Wellblechdach. Vor allem chinesische Touristen lieben die Yunnan-Gerichte. Zweisprachige, bebilderte Speisekarte. Empfehlenswert die Gerichte mit kräftigem Yunnan-Schinken und das Farn-Gemüse. Kleine Portionen meist unter 100 Baht. abends.

Essenstände

Essenstände findet man auf fast allen Märkten, auch auf dem Saturday Market in der Wualai Rd. und Sunday Market in der Altstadt.

Ein guter **Nachtessensmarkt** gegenüber vom Chang Puak Gate.

Tagsüber wird an zahlreichen preiswerten Essenständen in der **Inthawarorot Rd.**, südlich vom Chiang Mai City Arts & Cultural Centre,

v. a. chinesisch gekocht. Hierher verirren sich kaum Touristen.
Der **Anusarn Market** mit den angrenzenden Seafood-Restaurants und der nahe gelegene **Galare Food Court** im alten Night Bazaar sind abends bei Touristen beliebt, v. a. von 20.30–22.30 Uhr, wenn auf einer Bühne im Galare Tänze vorgeführt werden. Allerdings ist das Essen, besonders das Seafood, überteuert.
Khao Soi Islam, 22-24 Soi 1 Charoen Prathet Rd. Großer, überdachter, von Haw (Yunnan-Moslems) betriebener Essenstand. Die hervorragende Khao Soi, eine gelbe, dicke Nudelsuppe in vegetarischer Variante sowie mit Fleisch oder Seafood lockt v. a. mittags viele Hungrige an. Zudem Wantan- und klare Suppen, Fr zudem Khanom Jin, Nudeln mit Rindfleisch-Tomaten-Curry. Auch Reisgerichte, Satay und Samosas. Alles ist selbstverständlich halal und kostet 20–40 Baht. Englische, bebilderte, sehr informative Speisekarte. ⌚ 9–17 Uhr.
Thai Hut, Sri Dornchai Rd., neben dem Maninarakorn Hotel. Kleines, beliebtes Straßenrestaurant mit gutem vegetarischen Angebot, auch Fisch und Hühnchen. Der lustige, Englisch sprechende Chef lockt viele Ausländer an.

International

Bierstube, 33/6 Moon Muang Rd., ✆ 053-278 869. Das deutsche Restaurant ist seit 1985 ein beliebter Treffpunkt der hier beheimateten Deutschen. Die Besitzerin hat in Bangkok gelernt, originalgetreue deutsche Gerichte zuzubereiten. Das Innere des Restaurants mit den Bambuswänden, rustikalen Tischen und dem überdachten Innenhof wurde kaum verändert. Man kann zudem vorn an der belebten Straße sitzen. Karte in Deutsch und Englisch, neben deutschem Frühstück viele deutsche und Thai-Gerichte für 140 Baht. Preiswertes, kühles Bier. ⌚ 7.30–24 Uhr.
Brasserie, 37 Charoen Rat Rd., ✆ 053-241 665. Romantisches Restaurant in einem Garten am Fluss mit europäischen und Thai-Gerichten, abends von 22–2 Uhr Rock und Reggae live. Pizza um 150 Baht, Fleisch- und Fischgerichte bis 300 Baht. ⌚ 17–1 Uhr.
Buonissimo, 425 Charoen Rat Rd., ✆ 053-266 431, 💻 www.buonissimo.co.th. Italienisches Restaurant mit riesiger, schattiger Flussterrasse und einer klimatisierten Abteilung. Hier kann man zu klassischer Musik gut dinieren. Auf der Karte stehen selbst gemachte Nudeln und Lasagne, frische Fisch- und Fleischgerichte. Den Wein sucht man sich in einem beeindruckenden Weinkeller aus, der Leidenschaft des Chefs Sergio. Er wird gegen 10 % Aufschlag im Restaurant serviert. Direkt aus Italien importierte Lebensmittel werden auch im angrenzenden Deli ⌚ 9–24 Uhr verkauft. Restaurant ⌚ 11–23 Uhr.
Chiang Mai German Micro Brewery, im Nordosten zwischen Condos und den Megamärkten hinter Carrefour, ✆ 053-244 588. Große Halle mit Bühne, auf der ab 19 Uhr Livemusik dargeboten wird. Selbst gebrautes Weizen-, Lager-, Dunkel-Bier und Weizen-Bock für knapp 300 Baht pro Liter. Deutsche Gerichte um 250 Baht, Thai-Speisen günstiger. ⌚ 11–24 Uhr.
German Hofbräuhaus, 115/1-2 Loi Kroh Rd., ✆ 053-276 989. Internationales Restaurant, in dem Bedienungen im Dirndl Bier vom Fass, Weißbier und andere Importbiere, Schnitzel, Sauerbraten, Wurst und Kraut, aber auch Vegetarisches und Thai-Gerichte servieren, große Terrasse, Gerichte um 300 Baht. ⌚ 11–23 Uhr.
Giorgio Italian Restaurant, 2/6 Prachasamphan Rd., südlich der Sri Dornchai Rd., ✆ 053-818 236, 086-185 6327. Original italienisches Restaurant, das angenehm temperiert und professionell geführt ist. Unfangreiche Karte und gutes Weinangebot. Von einigen Tischen aus kann man in die blitzsaubere Küche blicken. Die Chefin hat in Italien gelebt. Gerichte 200–300 Baht. Reservierung empfehlenswert. ⌚ ab 18.30 Uhr.
Il Forno, 142 Phra Pokklao Rd., ✆ 053-208 778, beliebte Trattoria für Liebhaber dünner, knuspriger Pizza und italienischer Eiscreme, in einem neueren, behindertengerecht gestalteten Gebäude.
La Villa Restaurant, 130 Ratchaphakinai Rd., ✆ 053-271 914, 081-706 4179. Leckere Holzofenpizza und andere italienische Gerichte.
Le Coq d'Or, 68/1 Koh Klang Rd., Nong Hoi, ✆ 053-282 024, 💻 www.lecoqdorchiangmai.com. In der Villa des ehemaligen britischen

Generalkonsulats südlich der City serviert man in gediegener Umgebung feinste europäische Küche, die Gäste werden sogar mit einem London-Taxi abgeholt. Menü um 2000 Baht. ⌚ 17–22 Uhr.

Le Spice, 31 Charoen Prathet Rd., nahe Night Bazaar, ✆ 053-234 962. Offenes, kleines Restaurant in Curryfarben, dessen Einrichtung und Düfte Lust auf indische Delikatessen machen. Tandoori- und andere Fleischgerichte um 150 Baht, Vegetarisches günstiger. Unentschiedenen sei das Thali für 100 Baht empfohlen. ⌚ 11–24 Uhr.

Palm Beer Garden & Steak House, 36 Loi Kroh Rd., ✆ 053-272 236. Von Palmen beschattetes Restaurant mit Biergarten. Hier gibt es Eisbein und Würstchen ebenso wie Steaks aus Australien und Neuseeland. Auch Weißbier und Bier vom Fass. ⌚ 16–24 Uhr.

Pum Pui, 24/1 Soi 2, Moon Muang Rd., ✆ 053-278 209. Ein Italiener, der sich nicht laut präsentiert. Dafür überrascht das Restaurant von Franco in einer kleinen Soi hinter vielen Bars mit einem netten Garten mit Bänken und Tischen unter Bäumen, einem überdachten Bereich sowie einer umfangreichen Speisekarte und Weinauswahl. Riesige Pizza, Risotto, Fleischgerichte und selbst gemachte Nudeln in beliebiger Kombination, entweder mit leckeren Soßen mit Fleisch, mit Seafood oder vegetarisch für 200–400 Baht. Chang vom Fass. ⌚ 12–22.30 Uhr.

St. Germain des Prés, Ratchawithi Rd., ✆ 053-289 557. Schicke Bar und Brasserie mit Rooftop-Bar. Französisches Menü 575 Baht. ⌚ 11–14 und 18–22 Uhr, Bar ⌚ Di–So 18–24 Uhr.

The Good View, 13 Charoen Rat Rd., ✆ 053-241 866, 🖳 www.goodview.co.th. Großes Restaurant mit japanischen und anderen internationalen Gerichten für 100–400 Baht. Große Bar und Jazz-Musik. ⌚ 10–1 Uhr.

The Riverside, 9–11 Charoen Rat Rd., am Fluss, nördlich der Nawarat-Brücke, ✆ 053-243 239, 🖳 www.theriversidechiangmai.com. Terrassen mit Blick auf den Fluss, lokale und internationale Küche, breites Angebot an Cocktails und anderen Drinks, ab 19 Uhr dezente Livemusik zum Essen, später sorgen Bands lautstark für Stimmung. Zudem ein Restaurantboot, das gegen 20 Uhr losfährt. ⌚ 10–1 Uhr.

Lanna-Spezialitäten

Lanna-Gerichte haben unter dem Einfluss der Küchen der Nachbarländer Birma und China einen ganz eigenen Charakter entwickelt. Man liebt Schweinefleisch, Klebreis, Kohl und v. a. Chilies. Für eine erste Kostprobe empfehlen sich die würzigen Würstchen *Sai-ua*, die mit Schweinefleisch und würzigen Kräutern gefüllt sind. Mutige können sie mit den dazu gereichten Chilidips probieren. Sehr lecker ist die milde Currysuppe *Khao soi*, s. S. 54.

Antique House, 71 Charoen Prathet Rd., ✆ 053-276 810. Restaurant in einem alten Teakhaus voller Antiquitäten, die zum Verkauf stehen, und einem netten, zum Teil überdachten Garten. Leckere, original scharfe nordthailändische Spezialitäten. ⌚ 11–24 Uhr.

Ein ganz spezielles Essvergnügen

Familienfeierlichkeiten, Feiertage und Tempelfeste sind seit jeher ein willkommener Anlass, Gäste zu bewirten. Dabei wird alles aufgefahren, was die lokale Küche an Spezialitäten zu bieten hat. Diese Tradition hat in den 1950er-Jahren die High Society von Chiang Mai aufgegriffen und zu einem kulinarischen Fest umgestaltet, das im heutigen **Khantoke-Dinner** seine Fortsetzung findet. Begleitet von Liedern und Tänzen der Bergvölker, wird eine Auswahl von 5 traditionellen Gerichten aufgetragen, die sich deutlich von der Standardküche im Land unterscheiden. Die Gäste sitzen auf dem Boden rings um einen kleinen, runden, mit Schnitzereien verzierten Khantoke-Teakholztisch. Das Essen wird überwiegend in Gefäßen aus Lack, in Bambusbehältern und Holzschalen serviert und mit Kokosschalenlöffeln oder den Fingern gegessen. Klebreis wird abgebrochen und in die Fleisch- und Gemüsecurrys sowie die teils höllisch scharfen Soßen gedippt, die bei touristischen Veranstaltungen natürlich abgemildert werden. Zum Abschluss des Essens wird traditionell eine Art von Betelnuss gekaut.

Huen Phen, Ratchamanka, Ecke Jhaban Rd. Tagsüber ist nur das einfache Openair-Lokal in Betrieb. Abends öffnet sich das mit Antiquitäten eindrucksvoll dekorierte Holzhaus dahinter. Die Lanna-Gerichte werden hübsch präsentiert. Kleine Portionen. Restaurant ⏲ 17–22 Uhr.

Khum Khantoke, 139 Moo 4, Nong Pakrung, ✆ 053-304 121-2, 💻 www.khumkhantoke.net. Riesiger Restaurantkomplex im Nordosten der Stadt, der von Condos und Megamärkten umgeben ist. Einfahrt zwischen Carrefour und Index Living Mall. Das Lanna-Haus bietet über 1000 Gästen Platz. Ramakien-Tanzvorführungen und Khantoke-Dinner für 390 Baht, Abholservice 50 Baht. ⏲ 18.30–21.30 Uhr. Von 11–14 Uhr im angrenzenden **Plub Pla Restaurant** Thai-Buffet für 140 Baht.

Old Chiang Mai Cultural Centre, 185/3 Wualai Rd., südwestlich des Zentrums, ✆ 053-202 993, 💻 www.oldchiangmai.com. Von 19–21.30 Uhr Khantoke-Dinner mit einstündigen Darbietungen traditioneller Lanna-Tänze. Anschließend Hilltribe-Tänze im Freien, vorgeführt von echten Bergvölkern (Lahu, Hmong, Yao, Lisu, Akha). Reservierung erforderlich. 320 Baht.

Thai

Aaron Rai, 45 Kotchasan Rd., ✆ 053-276 947. Alteingesessenes, einfaches und preiswertes Thai-Restaurant. ⏲ 10–22 Uhr.

Lemon Tree, Soi 2, Ratchawithi Rd. Gartenrestaurant in einer ruhigen Soi in der Altstadt. Vor einem alten Teakhaus tafelt man ganz entspannt an kleinen Tischen unter Sonnenschirmen. Thai-Gerichte bis auf Fisch unter 100 Baht. ⏲ 11–22 Uhr.

Palaad Tawanron Restaurant, ✆ 053-216 039, 💻 www.palaadtawanron.com. Das mehrfach ausgezeichnete Restaurant am Palaad-Wasserfall oberhalb des Zoos hat zweifelsohne die beste Aussicht. Auch die Thai-Gerichte mit chinesischen und deutschen Anklängen lohnen die Fahrt und die hohen Preise. Wer möchte, kann mit einem Shuttlebus einen Abstecher zum Twilight Zoo (s. S. 47) machen. Bei der Reservierung, die empfehlenswert ist, angeben, wo man sitzen möchte (drinnen/draußen, Sicht auf Stadt/Wasserfall/See).

The Gallery, 25-29 Charoen Rat Rd., ✆ 053-248 601, 💻 www.thegallery-restaurant.com. Das alte Teakhaus und die Flussterrasse in einem gepflegten Garten sowie die Kunstgalerie an der Straße geben dem Restaurant ein edles Ambiente, das aber auch seinen Preis hat. Auf dem Weg vom Laden ins Restaurant kann man in die Küche blicken. Gerichte 100–350 Baht. ⏲ 12–24 Uhr.

Vegetarisch

Juice 4 You, 5 Rachamanka Rd. Kleines, farbenfroh gestaltetes vegetarisches Restaurant. Mittags sind die wenigen Tische drinnen und draußen schnell besetzt. Besonders beliebt sind die Sandwiches mit 10 frei wählbaren Zutaten. Zudem Burger und teils recht originelle Säfte. Es wird viel Wert auf Lebensmittel aus biologischem Anbau gelegt. ⏲ Mo–Sa 8.30–19.30, So 9–18 Uhr.

Khun Churn, 4 Soi 17, Nimmanhamin Rd., im Westen der Stadt, ✆ 053-224 124. Luftig und ruhig, das sind die Trümpfe dieses modernen vegetarischen Restaurants. Von 11–14 Uhr großes Buffet, abends à la carte. Mittlere Preislage. ⏲ außer am 14. des Monats 8–22 Uhr.

Kona Café, 11 Ratchavitee Rd. Kleines, freundliches Café mit vegetarischen Fusion-Gerichten, Salaten, Sandwiches, gutem Hilltribe-Kaffee und Säften. ⏲ 8.30–17 Uhr.

May Kaidee's Vegetarian Restaurant & Cooking School, 202 Ratchapakhinai Rd., nahe Soi 6, Moon Muang Rd., ✆ 086-398 4808, 087-717-5275. Ableger des vegetarischen Restaurants in der Khaosan-Gegend von Bangkok. Auch Essen zum Mitnehmen und Snacks. ⏲ 9–23 Uhr.

Tien Sieng, Phra Pokklao Rd., ✆ 053-206 056. Einfach eingerichtetes, traditionelles taiwanesisches Restaurant. Preiswerte vegetarische Gerichte vom Buffet. Auch Verkauf von Snacks und Lebensmitteln. Freundlicher Service. ⏲ 6.30–17 Uhr.

Whole Earth Restaurant, 88 Sri Dornchai Rd., ✆ 053-282 463. Indische, thailändische, überwiegend vegetarische Gerichte, serviert in einem gemütlichen klimatisierten Teakhaus, manchmal klassische Musikbegleitung. Mittleres Preisniveau. ⏲ 11–22 Uhr.

Unterhaltung

Bars, Pubs und Clubs

Eine ganze Reihe von Bars und Clubs konzentriert sich in der östlichen Ratchawithi Rd., an der Moon Muang Rd. und der davon abgehenden Soi 2 sowie rings um den Night Bazaar.

Brasserie, s. S. 345, am Fluss wird abends in verschiedenen Lokalen Livemusik geboten, u. a. in den Brasserien.

Gecko Garden, Sri Dornchai Rd., Ecke Kampangdin Rd. Kleines beliebtes, preiswertes Gartenrestaurant, das durch eine dichte Wand aus Grünpflanzen von der Straße abgeschirmt ist. ⌚ 11 Uhr bis spät, Happy Hour 17–21.30 Uhr.

Guitarman, 68/5-6 Loi Kroh Rd. „Come in and kick out the jams!", Livemusik ab 21 Uhr, Rock-Pop-Folk, sehr easy und entspannt. So geschlossen.

Sax Bar, Moon Muang Rd. Offene Kneipe mit guter Musik. Ähnlich: Pinte Blues, ein paar Meter weiter südlich.

THC Roof Top Bar, Tapae Rd., gegenüber dem Art Café. Wer in der Rooftop-Bar chillen möchte, muss zuerst über steile Treppen zur Dachterrasse hinaufsteigen. Hier sitzt man auf Bodenkissen, bekommt neben Getränken auch vegetarische Gerichte serviert und kann die schöne Aussicht über die Altstadt genießen. So Dancing Party. ⌚ 17–1 Uhr.

The Riverside, s. S. 346, ein romantischer Ort, um abends Bands zu lauschen. Livemusik von 20–1 Uhr.

The Writers Club & Wine Bar, 141/3 Ratchdamnoen Rd. Kleine Bar mit Restaurant unter der Leitung eines amerikanischen Reiseführerautors im Ruhestand. Recht gut für alle, die gerne ein Glas Wein trinken. Mit kleiner Terrasse, die v. a. am So von Besuchern der Walking Street (s. Kasten) frequentiert wird. ⌚ So–Fr von 12–24 Uhr.

Der erste Kauf

Nancy Chandler's Map of Chiang Mai, 💻 www.nancychandler.net, enthält detaillierte Tipps für Einkäufe jeglicher Art. Die kostenlose Broschüre **Art & Culture Lanna** liegt in vielen Hotels und im Tourist Office aus.

Discos

Bubble Club & Discotheque, im Porn Ping Tower Hotel, 46–48 Charoen Prathet Rd., ☎ 053-270 099. Disco mit gemischtem Publikum, überwiegend Techno und Housemusik, Lasershow. ⌚ 15–2 Uhr.

Discovery Club, 12 Huai Kaeo Rd. Disco mit Live-Pop und DJs. ⌚ 18–2.30 Uhr.

Mandalay, Moon Muang Rd. Riesiger Komplex mit Bars und Disco. Unterhaltung im Thai-Stil mit Bühnenshows, Tänzerinnen, DJs. ⌚ 18–2 Uhr.

Kinos

Englische Filme im Original zeigen:

Major Cineplex im Central Airport Plaza, ☎ 053-283 939, 💻 www.majorcineplex.com;

Kad Suan Kaew Cinema, Huai Kaeo Rd., ☎ 053-894 415. Tickets ab 100 Baht.

Thai-Boxen

Thapae Stadium, Moon Muang Rd., ☎ 089-434 5553. 2- bis 3x wöchentl. ab 21 Uhr. Karten am Ring für 400 Baht.

Einkaufen

Bei einem Einkaufsbummel durch die Hauptgeschäftsstraße, **Tapae Rd.**, die sich in Ost-West-Richtung durch die Altstadt zieht, entdeckt man in den zahlreichen Geschäften jede Menge Souvenirs.

Bücher

Rings um das Tapae Gate konzentrieren sich zahlreiche kleine, vollgepackte Buchläden mit neuen und Second-Hand-Büchern.

Bookzone, Tapae Rd., gute Auswahl an interessanten englischsprachigen Büchern, ⌚ 9–22 Uhr.

D.K. Book House, Kotchasan Rd., Filiale einer Kette, ⌚ Mo–Sa 9–21 Uhr.

Gecko Books, ☎ 053-874 066, 💻 www.geckobooks.net. In den 5 Filialen rings um das Tapae Gate findet man auch viele englischsprachige neue und gebrauchte Bücher. Zentrale in der 2/6 Chang Moi Kao Rd., Filialen in der Ratchamanka und Chang Moi Rd.

Märkte in Chiang Mai

Warorot-Markt
Sehr chinesisch geprägt ist die Atmosphäre im ganztags bis 17/18 Uhr geöffneten Warorot-Markt in einem großen Gebäude an der Chang Moi Rd. Von den Galerien der oberen Stockwerke lässt sich das Marktgeschehen gut überblicken. Während im Erdgeschoss die Händler auf langen Tischen eine bunte Vielfalt an Obst, Gemüse und anderen Nahrungsmitteln aufgebaut haben und Essenstände für Stärkung sorgen, liegen in den oberen Stockwerken v. a. Textilien aus. Nebenan, nahe dem Fluss, werden im **Lam Yai-Markt** v. a. früh morgens und abends frische Produkte, wie Fleisch und Blumen, umgesetzt. Wenn die Läden abends schließen, füllen sich die Straßenränder mit Essenständen.

Somphet-Markt
Der kleine Somphet-Markt in der nordöstlichen Altstadt kommt erst gegen 15 Uhr richtig in Gang. Hier bekommen berufstätige Frauen alles, was sie für die Zubereitung der abendlichen Mahlzeit benötigen. Es gibt eine große Auswahl an Thai-Gerichten und viel Obst. Erdbeeren werden v. a. in der kühlen Jahreszeit von Nov–Feb angeboten. Endet die Erdbeerzeit, beginnt die Saison der Mangos und Durian – jener stachlig-stinkigen Königin der Früchte, die bei den Thai so begehrt ist, dass ganz Chiang Mai einem Durian-Rausch verfällt. Von Juli–Okt füllen sich die Körbe mit saftigen Rambutan und Longan (frühmorgens und vormittags).

Night Bazaar
Die Verkaufsstände in der **Chang Klan Rd.**, im dreistöckigen **Night Bazaar Building** und im gegenüberliegenden älteren **Kalare Night Bazaar** mit dem Food Court haben fast nur noch Massenware für Touristen im Angebot und längst an Attraktivität eingebüßt. Die meisten Händler versuchen etwas aufdringlich Textilien (u. a. gefälschte Markenartikel), CDs, DVDs, Holzschnitzereien, Schmuck, Keramiken und Kunstgewerbe an den Mann bzw. die Frau zu bringen. Etwas vielfältiger ist das Angebot auf dem **Anusarn-Markt** etwas weiter südlich. ⏲ 17–23 Uhr. Auch tagsüber sind die Stände in den großen Gebäuden an der Chang Klan Rd. geöffnet. Den bettelnden Kinder sollte man weder Geld geben noch etwas abkaufen.

Sunday Walking Street
Am So werden von 17–23 Uhr die Phra Singh und Ratchdamnoen Rd. sowie ein Teil der von ihnen abgehenden Straßen als Walking Street für den größten Straßenmarkt gesperrt. Auf etwa 2 km Länge verkaufen an über 4000 Ständen v. a. einheimische Künstler, Fotografen, Kunsthandwerker und Kleinhändler, darunter viele junge Leute, eine bunte Vielfalt an attraktivem, überwiegend preiswertem Kunsthandwerk, das häufig von der Kultur der Bergvölker beeinflusst ist. Dazwischen werden Snacks und Fruchtsäfte frisch zubereitet, Portraitmaler und Straßenmusiker treten auf. Massagefrauen bieten ihre Dienste an. Die Atmosphäre ist entspannter und etwas lockerer als auf dem Night Bazaar. Es ist der beste Ort zum Kauf von Souvenirs, Postkarten, Kleidung, Taschen und Schmuck. Hier werden neue Trends kreiert – und bereits eine Woche später kopiert.

Wualai Walking Street
In dem traditionellen Viertel der Silberschmiede findet in der Wualai Rd. am Sa von 17–22 Uhr ein weiterer, kleinerer Nachtmarkt namens Wualai Walking Street statt. Angeboten werden Kunsthandwerk, Textilien und Haushaltswaren ebenso wie lokale Gerichte.

Silkworm Books, 6 Sukkasem Rd., Suthep, ✆ 053-226 161-3, 💻 www.silkwormbooks.com. Ein Verlag, der viele regionale Titel veröffentlicht.
Suriwong Book Center, 54 Sri Dornchai Rd., ✆ 053-281 052, etablierter Laden mit großer Auswahl. ⏲ 9–19 Uhr. Im Erdgeschoss eine Wawee-Café-Filiale.

Einkaufszentren
Central Airport Plaza, das größte Einkaufszentrum liegt an der Straße zum Flugplatz.

Kostenloser Shuttle ab Centara Hotel nahe Night Bazaar. Außer Läden und Boutiquen ein Kaufhaus, Supermarkt, Kunsthandwerk, Food Court und Restaurants. ⌚ Mo–Fr 11–21, Sa, So ab 10 Uhr.
Kad Suan Kaew Mall, Huai Kaeo Rd. Ähnliche Einkaufsmöglichkeiten, zudem Restaurants und Kinos. ⌚ 10–21 Uhr.
71 Export, Huai Kaeo Rd., ein kleines Factory Outlet mit günstigen Textilien.
Pantip Plaza, Sri Dornchai Rd., nahe dem Night Bazaar, mit einer großen Elektronik-Auswahl.
Electronic Plaza, 29/2-3 Singharat Rd., im Nordwesten der Altstadt. Ein weiteres Elektronik-Einkaufszentrum.
Tesco Lotus im Norden und **Carrefour** im Nordosten am Super Highway.

Kunst und Antiquitäten

Viele **Kunstgalerien** und einige Antiquitätenläden konzentrieren sich am Ostufer des Ping in der Charoen Rat Rd., südlich der Kaeo Nawarat Rd., in der Soi 1, Nimmanhaemin Rd. und im Night Bazaar Building.
La Luna Gallery, 190 Charoen Rat Rd., ✆ 053-306 678, 💻 www.lalunagallery.com. Ausstellungen zeitgenössischer Maler, Fotografen und Bildhauer aus dem ganzen südostasiatischen Raum. ⌚ Di–So 10–20 Uhr.
Suvannabhumi Art Gallery, 116-118 Charoen Rat Rd., ✆ 053-260 173, 💻 www.suvanna bhumigallery.com. Hier stellen Künstler aus Myanmar aus. ⌚ 10–21 Uhr.

Kunsthandwerk

Wer gezielt Kunsthandwerk einkaufen möchte, sollte sich auf der Sunday Walking Street umsehen oder nach Ban Tawai und Bo Sang fahren (s. S. 366 und 364).
Thai Tribal Crafts, Moon Muang Rd., südlich vom Tapae Gate. Fair-Trade- Laden für Kunsthandwerk der Bergvölker. ⌚ Mo–Sa 9–17 Uhr.

Aktivitäten

Action

Chiang Mai X-Centre im Mae Sa Valley, ✆ 053-297 700, 087-833 6655, 💻 www.chiangmai-xcentre.com. Transport um 10, 13 und 15 Uhr für 100 Baht, wird bei Buchung von Aktivitäten verrechnet. ⌚ 9–18 Uhr. Bungy Jumping für 1500 Baht und andere Vergnügungen, die das Herz höherschlagen lassen: 1 Std. Off-Road-Quad-Fahrten (ATV) bei 2 Pers. 3000 Baht, Gelände-Motorrad 1700 Baht, Zorb Ball 600 Baht, Gokart 600 Baht, s. S. 361 Mae Sa Valley.
The Peak Adventure, 302/4 Chiang Mai–Lamphun Rd., ✆ 053-800 567-8, 💻 www.thepeakadventure.com, hat ein vielfältiges Angebot, darunter 1 1/2-stündige Quad-Touren am Doi Suthep.

Wie ein Gibbon durch Baumwipfel gleiten

Flight of Gibbon, Flying Fox in einem schönen Bergwald in 1300 m Höhe bei Mae Kompong nahe dem Jae Sorn National Park nördlich von Lampang, 1 Std. entfernt von Chiang Mai, ✆ 089-970 5511, 💻 www.treetopasia.com. Wie ein Gibbon klettert und gleitet man 2 Std. lang angeseilt durch den Bergwald: Die 2 km lange Tour führt durch ein System von Stahlseilen, über schwingende Hängebrücken und Plattformen in alten Baumriesen zu insgesamt 15 Stationen. Ein einmaliges Erlebnis, das den Puls zum Rasen bringt – für viele das Highlight der Reise. Vor der Rückreise geht es noch zum Baden an einen Wasserfall. Ab 2000 Baht. 10 % des Gewinns der Company gehen an Gibbon-Rehabilitationszentren.

Bootstouren

Mae Ping River Cruise, 133 Charoen Prathet Rd., ✆ 053-274 822, 💻 www.maepingrivercruise.com. 2-stündige Bootstouren auf dem Ping von 8.30–17 Uhr, um 19 Uhr zudem einstündige Dinner Cruises.
Scorpion Tailed River Cruise, Abfahrt 200 m nördlich der Nakhon Ping-Brücke, ✆ 081-960 9398, 💻 www.scorpiontailed.com. 1 1/2-stündige Touren um 9, 11, 13, 15 und 17 Uhr.

Fahrradfahren

Der dichte Autoverkehr verdirbt manchen die Freude am Radfahren. Gästehäuser und Geschäfte an der Moon Muang Rd. vermieten

Fahrräder, wobei die einfachsten, ab 50 Baht pro Tag. sicherlich nicht die besten sind. Geführte Radtouren werden am Ping entlang, im Mae Sa Valley und am Doi Suthep angeboten.
City Bike Rental, 1 Samlan Rd., südlich vom Wat Phra Singh, ✆ 053-814 207. Räder 150–250 Baht, Tourenräder 350 Baht pro Tag. Helm und Handschuhe 50 Baht extra. Kostenlose Anlieferung und Abholung.
Click and Travel, 158/42 Chiang Mai–Hod Rd., ✆ 053-281 553, 💻 www.clickandtravelonline.com. Organisiert Touren in Chiang Mai und Nord-Thailand.
Chiang Mai Mountain Biking, ✆ 081-024 7046, 💻 www.mountainbikingchiangmai.com. Täglich Mountainbiketouren von unterschiedlichen Schwierigkeitsgraden, v. a. am Doi Suthep, für 1500–2300 Baht. Auch in Kombination mit Rafting und Klettern.
Chiang Mai Green Tour, Chiang Mai Rd., Lamphun, ✆ 053-247 374. Touren mit Mountainbikes.
Crank Adventures, 3/2 Ratchaphakinai Rd., ✆ 081-952 7699, 💻 www.crankadventures.com. Radtouren unterschiedlicher Schwierigkeitsgrade und Länge ab Chiang Mai.
Northern Trails, Contact Travel Co., 420/3 Chang Klan Rd., ✆ 053-204 664, 💻 www.northerntrails.com. Schwestergesellschaft von Active Thailand. 1- bis 4-Tages-Touren ab 3000 Baht. Auch Kajaktouren.
RBB-Chiang Mai, außerhalb des Zentrums, ✆ 053-282 055, 💻 www.bangkokbiking.com. Veranstalter von ein- bis 3-tägigen Touren im Süden und Osten von Chiang Mai.
Weitere Infos für Radfahrer unter: 💻 www.chiangmaicycling.org.

Klettern

The Peak Adventure, s. Action, im Night Bazaar, 15 m hohe **Kletterwand**, etwas für Anfänger. Auch Kletterkurse außerhalb der Stadt, u. a. am Crazy Horse Buttress, einem 70 m hohen Kalkfelsen, auf Routen mit unterschiedlichen Schwierigkeitsgraden für 1500–2500 Baht. Klettern am Wachiratan-Wasserfall an der Straße zum Doi Inthanon und Abseilen in der Spirit Well Cave bei Soppong, 3 Tage 14 000 Baht.
Chiang Mai Rock Climbing Adventures, 55/3 Ratchapakhinai Rd., ✆ 053-207 102, 💻 www.thailandclimbing.com, für Anfänger und Fortgeschrittene. Die Kletterwand hinter dem Laden, ⌚ 13–18 Uhr, während der Woche auch länger, Tagespass 150 Baht, auch Ausrüstungsverleih.

Kochkurse

Ein Kochkurs in englischer Sprache kann besonders in Chiang Mai großen Spaß machen. Schon der gemeinsame Einkauf ist ein Erlebnis. Meist haben die Schüler eine eigene Kochstation und können zwischen verschiedenen Gerichten, wobei auch Vegetarier berücksichtigt werden, auswählen. Angesichts zahlreicher konkurrierender Angebote sind die Kurse preiswert. Tageskurse, meist von 9–16.30 Uhr, kosten 700–900 Baht. Den Abschluss bildet ein gemeinsames Essen. Gute Adressen sind:
Asia Scenic Home Cooking Course, 31 Soi 5, Ratchdamnoen Rd., ✆ 053-418 657, 084-640 0988. Gayray kocht in einer ruhigen Soi in einer einfachen, offenen Küche mit Kochstelle für jeden Schüler 5 oder 7 Gerichte. Mit Markttour und Kochbuch.
Baan Thai Cookery School, 11 Soi 5, Ratchdamnoen Rd., ✆ 053-357 339, 💻 www.baanthaicookery.com. Büro ⌚ 8.30–20 Uhr. Kurse im Baan Thai Garden, 30 Min. außerhalb, Transport inkl. 6 Gerichten aus 2 Varianten frei wählbar.
Chiang Mai Thai Cookery School, Büro: 47/2 Moon Muang Rd., ✆ 053-206 388, 💻 www.thaicookeryschool.com. Der Schwerpunkt liegt auf der nordthailändischen Küche.
Gap's Thai Culinary Art School, Gap's House, 3 Soi 4, Ratchdamnoen Rd., ✆ 053-278 140, 💻 www.gaps-house.com. Vom Chef Eddy geleitete Kurse, tgl. außer So. Kein Marktbesuch, aber man lernt, Gemüse zu schnitzen.
Master Chef Cookery Course, Büro: 5 Ratchamanka Rd., ✆ 053-277 823, 💻 www.chiangmaicooking.com. Von Suriyan geleitete, ein- und 2-tägige Kurse sowie kurze Abendkurse, 15 km außerhalb der Stadt.
Thai Farm Cooking School, Büro in 2/2 Soi 5, Ratchdamnoen Rd., ✆ 081-288 5989,

087-174 9285, 💻 www.thaifarmcooking.com. Kurse von 1–3 Tagen, 17 km außerhalb auf einem Biobauernhof mit vielen Obstbäumen. Abholservice inkl.

The Chilli Club Cooking Academy, im Eagle House 2, 26 Soi 2, Ratchawithi Rd., ☏ 053-210 620, 💻 www.eaglehouse.com. Fröhliche Stimmung herrscht bei den Kursen, bei denen jeder lernt, Gerichte nach Wunsch zu kochen, samt Einkauf auf dem Markt. Inkl. Kochbuch.

Massagekurse

Sie kosten 3000–4000 Baht und dauern mindestens 1 Woche.

Blue Garden, Soi 4, Ratchamanka Rd., ☏ 085-106 2895, ✉ remcovandevisch@hotmail.com. Der Holländer Remco offeriert gute Kurse, auch auf Deutsch, in schönen Räumen.

International Training Massage School, 17/7 Morakot Rd., ☏ 053-218 632, 💻 www.itmthaimassage.com.

Sunshine Massage School, 159/2 Soi 4, Kaeo Nawarat Rd., ☏ 053-262 574, 💻 www.sunshine-massage-school.com.

Thai Massage School im Old Medical Hospital, 238/8 Wualai Rd., gegenüber dem Old Chiang Mai Cultural Centre, ☏ 053-201 663, 275 085, 💻 www.thaimassageschool.ac.th.

Massagen und Spas

An jeder Ecke bieten Frauen Thai-, Fußreflexzonen- oder Ölmassagen an. Wesentlich luxuriöser ist das Umfeld in den Spas, von denen es alleine in Chiang Mai und der näheren Umgebung über 50 gibt, v. a. in den teuren Hotels. Hier nur einige außergewöhnliche **Massage**-Adressen:

Disabled Center, 133/1 Ratchaphakinai Rd., ☏ 053-213 941, 💻 www.disabled.infothai.com. Gute ein- bis 2-stündige therapeutische Ganzkörpermassage mit und ohne Öl sowie Fußmassage.

Lila Thai Massage, Ratchawithi Rd., nahe dem Gefängnis, ☏ 053-327 043, 085-059 3115, 💻 www.chiangmaithaimassage.com. Massagen, durchgeführt von weiblichen Gefangenen, die hier für die Zeit nach der Haft Erfahrungen sammeln. Auch Kosmetik. 🕓 10–22 Uhr.

Rinkaew Phovech, Wualai Rd., nahe Chiang Mai Cultural Center, chiropraktische Massagen für Männer und Frauen in separaten Räumen. 🕓 8–2 Uhr.

Thai Massage Conservation Club Chiang Mai, 99 Ratchamanka Rd., ☏ 053-904 452, 053-406 017. Sehr gute Massagen von Menschen mit Sehbehinderungen oder Blindheit ab 100 Baht. 🕓 8–22 Uhr.

Auch viele Einheimische erholen sich im kühleren Norden und nutzen die **Spas** der Luxushotels. Außerdem empfehlenswert:

Tao Garden, 274 Moo 7, Luang Nua, Doi Saket, ☏ 053-495 596, 💻 www.tao-garden.com, 30 Min. außerhalb, aber mit Abholservice.

Meditation

Englischsprachige Unterweisungen und Kurse offerieren:

International Buddhism Center im Wat Phrathat Doi Suthep, ☏ 053-295 012, 💻 www.fivethousandyears.org. Buddhistische Unterweisungen, Meditationen und Informationen über den Buddhismus, 21-tägige Vipassana-Meditationskurse, Meditationen für Praktizierende ab 3 Tagen. Büro 🕓 9–17 Uhr.

International Buddhist Education & Meditation Centre im Wat U Mong, ☏ 085-107 6045, ✉ meditationedu@yahoo.com. Vipassana-Meditationen ab 3 Tagen. So von 15–17 Uhr Unterweisungen.

Northern Insight Meditation Center, Wat Rampoeng, Kann Klongchonprathan Rd., im Südwesten der Stadt, ☏ 053-278 620, 💻 www.palikanon.com/vipassana/tapotaram/tapotaram.htm. Vipassana-Meditationskurse in englischer Sprache in 3–30 Tagen.

Wat Suan Dok, www.monkchat.net, 2- bis 3-tägige Einführungskurse beginnen jeden Di um 14 Uhr im Monk Chat-Büro. Zudem Monk Chat, s. Kasten S. 332.

Rafting

Wer Rafting als Teil eines Trekkingprogramms bucht, wird v. a. in der Trockenzeit auf einem Bambusfloß gemächlich dahintreiben. Tagestouren zum Rafting, z. B. auf dem Mae Wang am

Doi Inthanon, ab 800 Baht, lohnen nicht. Besser sind Wildwasserfahrten mit dem Schlauchboot auf dem Pai (s. Kasten S. 398), dem Mae Klong bei Umphang (s. S. 320) oder Wa bei Nan (s. S. 448). Touren ab Chiang Mai je nach Teilnehmerzahl 3500–7500 Baht p. P., z. B. bei:
Chiang Mai Adventure, 184/1 Tunghotel Rd., im Osten der Stadt, ✆ 053-304 556-7, 💻 www.chiangmaiadventure.co.th.
Siam River Adventures, 17 Ratchawithi Rd., ✆ 089-515 1917, 💻 www.siamrivers.com.
The Peak Adventure, s. Action, S. 350.

Schwimmen

700 Year Sports Complex, Canal Rd., an der Straße nach Mae Rim, ✆ 053-112 301, 🕒 8–20 Uhr, 60 Baht.
In folgenden Hotels können Gäste von außerhalb für etwa 100 Baht den Pool benutzen: **Anodard**, 57 Ratchamanka Rd., **Imm Eco**, 109 Bamrumgrat Rd. (sehr schön!) oder **Prince**, 3 Tai Wang Rd.

Trekking

An jede Ecke werden Trekkingtouren in die Berge Nord-Thailands angeboten. In den meisten Büros werden jedoch Touren nur vermittelt, und man wird mit Interessenten aus anderen Büros zusammengepackt. Darauf achten, dass die Veranstalter mit lizenzierten Guides arbeiten! Die meisten verlangen um 2000 Baht für 3 Tage/2 Nächte, für jede weitere Nacht etwa 500 Baht mehr. Wer Wert auf einen individuellen Trek legt, sollte in Chiang Rai, Pai, Mae Hong Son, Chiang Dao oder Lampang buchen oder sich in den Gästehäusern informieren, die mit eigenen Guides arbeiten, z. B. im Chiang Mai Inn Gh., Chiang Mai Garden Gh., Eagle House oder Linda Gh. Schlechte Erfahrungen wurden mit Panda Tours gemacht. Vor dem Trek empfiehlt sich ein Besuch des sehr informativen Tribal Research Institute Museums, s. S. 361. Zur richtigen Ausrüstung während eines Treks gehören lange Hosen und langärmlige Oberteile sowie insektenabweisende Mittel. Wer fotografieren möchte, sollte dies nur mit Einverständnis tun und lieber auf Fotos verzichten, als dafür zu bezahlen. Weitere Tipps zum Trekking s. S. 78.

Yoga u. a.

Yoga Studio, 65/1 Arak Rd., im Südwesten der Altstadt, 💻 www.yoga-chiangmai.com. Intensivkurse und regelmäßige Kurse ab 250 Baht pro Std.
Tai Chi Chuan wird unterrichtet im Naisuan House, 3 km außerhalb, ✆ 081-706 7406, 💻 www.taichithailand.com.
Über das breit gefächerte Angebot, z. B. Kurse in Reiki, NLP, Chakra Balancing, Rebirthing…, informieren Aushänge im Blue Diamond, s. S. 343.

Sonstiges

Autovermietungen

Pkw und Pick-ups kosten 1000–3500 Baht pro Tag, Minibusse 1800–2000 Baht. Ab 1 Woche gibt´s Rabatt. Bei vielen kann das Auto auch in Chiang Rai abgegeben werden, bei einigen sogar in anderen Orten.
Avis, 122 Chang Klan Rd., Royal Princess Hotel, ✆ 053-281 033-6, Zentrale im Airport, ✆ 053-201 798, 💻 www.avisthailand.com.
Budget, am Airport, ✆ 053-202 871, 💻 www.budget.co.th.
Europcar, am Airport, ✆ 053-280 311-2, 💻 www.europcar.co.th.
Hertz, Chiang Mai North Park Emporium, 10 Moo 3 Airport Rd., ✆ 053-202 606-7, 💻 www.hertz.com.
Kamphangdin, 99/4 Loi Kroh Rd. und 132 Soi 1, Tapae Rd., ✆ 053-206 936, 904 035, ✉ k_kamphangdin@hotmail.com.
Mr. Mechanic, s. Motorräder. Vermietet Suzuki Jeeps für 800 Baht und Toyota Vios für 1200 Baht.
North Wheels, 70/4-8 Chaiyaphum Rd., ✆ 053-874 478, 💻 www.northwheels.com.

Feste und Feiertage

Winter Fair: zum Jahreswechsel, große Verkaufsmesse mit Rahmenprogramm.
Songkran Festival: Zum Thai-Neujahr Mitte April wird es auf den Straßen feucht, wenn Passanten mit Wasser übergossen werden; der Kristallbuddha des Wat Chiang Man wird in einer Prozession durch die Straßen getragen.

Das Flower Festival – ein buntes Fest

Höhepunkt des 3-tägigen Festes Anfang Februar ist am Samstag ein fantastischer Umzug, an dem alle Bevölkerungs- und Altersgruppen in fantasievollen Kostümen und traditioneller Kleidung teilnehmen. Sie werden begleitet von kunstvoll mit Blumen dekorierten Festwagen und High-School-Bands. Beim großen Volksfest im Südwesten der Altstadt gibt es nicht nur kulinarische Köstlichkeiten, sondern auch eine Pflanzenshow mit preisgekrönten Orchideen, Bonsais, Kakteen und anderen Blumen: Fotos s. eXTra [2934].

Cultural Festival: Anfang April, mit einem umfangreichen Kulturprogramm (Tänzen, Musik, Theater).
Loi Krathong: Nov, kleine Kratons schwimmen auf allen Gewässern, und man lässt große Feuerballons *(khom fai)* in den Himmel steigen.
Food Festivals: Ende Nov/Anfang Dez. Touristische Veranstaltungen (z. B. Rosenshow).

Geld

Zahlreiche Wechselstuben haben auch spät abends geöffnet, v. a. rings um den Night Bazaar. An Geldautomaten herrscht kein Mangel.

Immigration

Immigration, 71 Airport Rd., ✆ 053-277 510. ⌚ Mo–Fr 8.30–12 und 13–16 Uhr. Keine Probleme mit Visaverlängerung.

Informationen

Tourist Office, TAT, 105/1 Chiang Mai-Lamphun Rd., ✆ 053-248 604-7, ein weiterer Informationsschalter am Airport. Viele Broschüren, ein Stadtplan und Magazine der Privatwirtschaft, aber nur wenig kompetentes Personal. ⌚ 8.30–16.30 Uhr.
Städtisches Fremdenverkehrsamt, Tourism Promotion & Development Section of Chiang Mai Municipality, kurz vor der Narawat-Brücke, ✆ 053-252 557, hat kaum Infos. ⌚ 8.30–16.30 Uhr.

Internet

Preiswerter Internetzugang und WiFi in Gästehäusern und Cafés erleichtern es, mit den Daheimgebliebenen in Kontakt zu bleiben.

Konsulate

China, 111 Changlo Rd., ✆ 053-282 417, ⌚ Mo–Fr 9–11.30 Uhr.
Deutschland, 199/63 Moo 3, Ban Nai Fun, Klong Chon Prathan Rd. (s. Umgebungsplan), ✆ 053-838 735, ⌚ Mo–Fr 9–11.30 Uhr.
Indien, 344 Charoen Rat Rd., ✆ 053-243 066, ⌚ Mo–Fr 9.30–12 Uhr.
Österreich, 15 Moo 1, Huai Kaeo Rd., ✆ 053-400 231.

Medizinische Hilfe

Notruf ✆ 191, **Unfall** ✆ 1193, **Krankenwagen** ✆ 1669.
Nicht immer wird Englisch gesprochen.
Freiwilliger Notfalldienst für Ausländer, ✆ 053-343 779, 087-052 0389, 💻 www.soschiangmai.com.
Chang Puak Hospital, 1/7 Soi 2, Chang Puak Rd., ✆ 053-220 022, privates Krankenhaus.
Chiangmai Ram Hospital, 8 Boonruangrit Rd., ✆ 053-224 851-61, 💻 www.chiangmairam.com (Thai), staatliches Krankenhaus.
Lanna Hospital, 103 Chiang Mai–Lampang Road, ✆ 053-999 777, privates Krankenhaus.
McCormick Hospital, 133 Kaeo Nawarat Rd., ✆ 053-921 777, 💻 www.mccormick.in.th, privates Krankenhaus.

Motorräder

In der Moon Muang Rd. konzentrieren sich Motorradvermietungen mit einem breiten Angebot an kleinen und größeren Maschinen.
Goodwill Motorcycle Hire, Joe's Bike Team, 26/1 Soi 2, Chang Moi Rd., ✆ 053-251 186, ⌚ Mo–Sa 8–17 Uhr. Der große Laden ist nicht immer zuverlässig und hatte kürzlich einige ungepflegte Maschinen im Angebot.
Jaguar Motorcycle Hire, 131 Moon Muang Rd., ✆ 053-694.
Honda Dream oder andere kleine Maschinen kosten 130–150 Baht pro Tag, Automatik 250 Baht, Enduros, größere und neue Motorräder wie Honda XR 250 ab 700 Baht.

Tipps für Motorradfahrer

Die besten Tipps für Motorradtouren in Nord-Thailand und Laos hat David Unkovich, der seit Jahrzehnten durch Nord-Thailand fährt, in seinen Büchern und Karten zusammengetragen. Er organisiert auch Touren. Näheres auf seiner Website 💻 www.gt-rider.com.

Mr. Mechanic, 135/1 Ratchaphakinai Rd., Filiale: Soi 5, Moon Muang Rd., ✆ 053-214 708, 081-882 4402, 💻 www.mr-mechanic1994.com. Zuverlässig und lange im Geschäft. Auch Touren.

Tony's Big Bikes, 17 Ratchamanka Rd., ✆ 053-207 124.

Man sollte sie vor dem Losfahren gründlich untersuchen und alle Schäden schriftlich oder auf Digitalfotos festhalten, da diese sonst in Rechnung gestellt werden.

Die **Haftpflichtversicherungen** für Mietmotorräder decken keine Sachschäden und nur begrenzt Personenschäden (bis 50 000 Baht) ab. Mehr s. S. 88, A–Z.

Touren durch den Norden organisiert u. a. **Motorbike Thailand**, 💻 motorbikethailand.com, **Highside Tours**, 💻 www.highsidetours.com, in kleinen und größeren Gruppen für bis zu 6000 Baht pro Tag. Beliebt ist die Rundfahrt um den Doi Inthanon.

Post/Spedition

Hauptpostamt, Charoen Muang Rd., mit „Packing Service".

Zentraler liegen die Postämter in der Phra Pokklao Rd., Wichayanon Rd. und Samlan Rd. Zudem Filiale am Airport. 🕓 Mo–Fr 8.30–16.30, Sa, So, feiertags 9–12 Uhr.

Private Post-Annahmestellen haben sich nicht immer als zuverlässig erwiesen.

Keine Beschwerden gab es bislang über die etwas chaotische Filiale in der Ratchdamnoen Rd. nahe dem Tapae Gate mit Packservice.

DHL Service Point am Montri Hotel, Moon Muang Rd., ✆ 053-326 553, 💻 www.dhl.co.th.

Schenker, Büro in Hang Dong, 506 Moo 7, Wongwaen 2 Rd., ✆ 053-904 672-80.

Tourist Police

Zentrale nahe Rim Ping Plaza in der Faham Rd., ✆ 053-247 318. Filialen am Night Bazaar, am Airport und an der Bus Station, Notruf ✆ 1155.

Wäschereien

In der westlichen Altstadt stehen in einigen Straßen vor den Häusern Waschmaschinen zum Selbstwaschen. Ansonsten nimmt fast jedes Gästehaus Wäsche an und berechnet 30–40 Baht pro Kilo. In teureren Unterkünften wird stückweise abgerechnet, was wesentlich teurer ist. Viele Wäschereien in der Soi 7, östlich vom Wat Lam Chang.

Nahverkehr

Busse

Es gibt nur wenige rosa Stadtbusse für 20 Baht. Man sollte sich keinesfalls auf sie verlassen. Zudem fahren sie auf ungünstigen Routen zumeist auf dem Super Highway.

Fahrrad-Rikschas

Sie dienen fast nur noch als Touristenattraktion, sind entsprechend teuer und eignen sich nicht als Transportmittel auf den Hauptverkehrsstraßen.

Songthaews

Etwa 3000 rote Songthaews bringen Fahrgäste zum Festpreis zum gewünschten Ziel.

Man nennt dem Fahrer das Ziel, steigt ein und zahlt beim Aussteigen 20 Baht p. P. für kurze Strecken im Zentrum, 50–100 Baht für außerhalb oder Charter, um 1000 Baht für Tagestouren. Rote Songthaews fahren im Stadtgebiet, gelbe überwiegend nach Norden (Mae Rim), grüne nach Nordosten (Sansai, Mae Jo), weiße nach Osten (Bo Sang, San Kamphaeng), blaue nach Südosten (Lamphun) und orangene weiter hinauf in den Norden bis nach Fang.

Taxis

Es gibt nur etwa 200 Taxis in ganz Chiang Mai. Sie können u. a. unter ✆ 053-279 291, 053-262 878, 053-818 188, 053-922 142, vorbestellt werden. Einige stehen am Airport (plus 50 Baht), an der Arcade Bus Station und vor dem Old Chiang Mai Cultural Centre. Gelbe Taxi

Meter verlangen für den ersten Kilometer 40 Baht, für jeden weiteren 5 Baht, Wartezeit 1 Baht pro Min. Der Preis aller anderen Taxis ist zu verhandeln. Man sollte jedoch in der Stadt nicht mehr als 150 Baht zahlen, bis Doi Saket maximal 300 Baht, Lamphun 450 Baht und ins Mae Sa Valley 600–700 Baht.

Tuk Tuks, Samlor

Tuk Tuks eignen sich gut für die Erkundung der Altstadt. Die offenen Fahrzeuge sind jedoch wegen der starken Abgasbelastung auf den verkehrsreichen Hauptstraßen weniger vergnüglich. Der Preis liegt je nach Entfernung zwischen 40 und 100 Baht pro Fahrzeug.
Bei einer Einkaufstour mit dem Tuk Tuk kann es aber sein, dass die Fahrt fast nichts kostet, denn die Fahrer erhalten von den Verkäufern eine ordentliche Provision.

Transport

Busse

Alle Fernbusse fahren von der **Arcade Bus Station**, Kaeo Nawarat Rd., ✆ 053-242 664, ab, die in einem hässlichen Viertel liegt. Hierher mit dem Tuk Tuk oder Songthaew für 60–100 Baht. Taxi Meter warten nördlich der Bus Station. Tourist Police im Busbahnhof. Neben den staatlichen verkehren viele private Gesellschaften. Die komfortabelsten Busse von Nakhonchai, ✆ 082-289 7912, 💻 www.nca.co.th (nur Thai), haben 24 Sitze wie im Flugzeug mit eingebauten Bildschirmen.
Nach BANGKOK, 720 km, u. a. über Nakhon Sawan und Ayutthaya, zahlreiche Busse überwiegend morgens und abends von 6–21 Uhr für 410–610 Baht, VIP-24 für 810 Baht in 10 Std.
CHIANG KHONG um 6.30, 8.30 und 13 Uhr für 220–280 Baht in 6 Std.
CHIANG RAI ständig bis 17.30 Uhr für 140–170 Baht, VIP-24 für 270 Baht in 3 Std.
CHIANG SAEN um 9.30 und 11.45 Uhr für 220 Baht.
GOLDENES DREIECK um 9.30 und 11.45 Uhr für 140/250 Baht in 4 Std.
HUA HIN um 8 und 18.15 Uhr für 790 Baht in 12 Std.
KHON KAEN um 20 und 21 Uhr für 400–510 Baht in 12 Std.
KORAT (Nakhon Ratchasima) 11x für 440–560 Baht, VIP-24 um 18.45 und 20.30 Uhr für 660 Baht in 12 Std.
LAMPANG ca. alle 30 Min. bis 17.30 Uhr für 70–90 Baht. Einige lokale Busse für 50 Baht halten auch an der Nawarat-Brücke.
LOEI mit Bus nach Udon für 330–620 Baht.
MAE HONG SON über Mae Sariang AC-Bus um 23 Uhr für 340 Baht, lokale Busse von 6.30–14 Uhr für 180 Baht oder über Pai um 7, 9 und 12.30 Uhr für 130 Baht in 8 Std.
MAE SAI um 6, 8, 9.30, 12.30, 13.30, 14, 15.30 und 17 Uhr für 220 Baht, VIP-24 330 Baht in 5 Std.
MAE SARIANG 6x von 6.30–15.20 und um 21 Uhr für 100–180 Baht in 4 Std.
MAE SOT um 11.45 und 13 Uhr für 220–310 Baht oder bis Tak und weiter mit Minibus.
NAN ständig für 230–450 Baht in 6 Std.
PHRAE 8x für 140–180 Baht in 4 Std.
PAI häufig von 7–14 Uhr für 80 Baht in 4 Std.
PHAYAO ständig bis 17.30 Uhr für 120–230 Baht in 3 Std.
PHITSANULOK ständig für 220–280 Baht, VIP-24 um 20 und 20.30 Uhr für 320 Baht in 6 Std.
PATTAYA mit Bus nach Rayong etwa stdl. von 13.30–19 Uhr für 520–660 Baht, VIP-24 730 Baht in 16 Std.
PHITSANULOK über Lampang und Alt-Sukhothai um 8.45, 10.15, 12 und 13.30 Uhr für 250 Baht.
RAYONG s. Pattaya, für 560–720 Baht, VIP-24 790 Baht.
SUKHOTHAI ständig über Lampang oder Tak für 220–290 Baht in 5 Std.
TAK stdl. von 8–23.30 Uhr für 190–240 Baht in 3 1/2 Std.
UBON um 8.15, 9.30, 13, 19.30–21.30 Uhr für 600–770 Baht, VIP-24 um 22.30 und 23 Uhr für 900 Baht in 17 Std.
UDON THANI um 12.20, 19 und 20.30 Uhr für 410–620 Baht in 12 Std.
Ab **Chang Puak Bus Station**, Chotana Rd., ✆ 053-211 586, fahren folgende Busse in die Umgebung (einige halten auch im Stadtgebiet):
CHIANG DAO alle 30 Min. bis 17.30 Uhr für 40 Baht in 1 Std. oder mit dem orangefarbenen lokalen Bus Richtung Fang.
CHOM THONG (Doi Inthanon) um 7.30, 9.10, 10.30, 12.30, 14.30 und 15.30 Uhr für 40 Baht in 1 Std. oder mit dem Bus nach Hot.

FANG Songthaew stdl. von 7.30–16.30 Uhr und orangefarbener lokaler Bus bis 17.30 Uhr für 80–120 Baht in 3 Std.
HOT alle 20 Min. bis 16.30 Uhr für 50 Baht in 3 Std.
SAMOENG um 9, 10.45, 12.30, 14.15 und 16 Uhr für 70 Baht in 3 Std.
THATON, 177 km, um 6, 7.20, 9, 11.30, 13.30 und 15.30 Uhr für 100 Baht in 4 Std. Weitere Busse via Fang.
WIANG HAENG, weißer Kleinbus 2314 4x tgl. für 150 Baht in 4 Std.
Ab dem **Lamyai Market** nördlich der Nawarat-Brücke nach
LAMPHUN 1–2x stdl. bis 17.45 Uhr für 20 Baht in 1 Std.
PRAO etwa stdl. bis 16.30 Uhr sowie um 17.10 und 18.10 Uhr für 80 Baht in 2 Std.
SAN KAMPHAENG und PA SANG ständig nach Bedarf bis gegen 17.30 Uhr für 20 Baht.

Minibusse

Reisebüros und Gästehäuser verkaufen Tickets für Busse nach Bangkok in die Khaosan Rd. In diesen privaten Bussen ist die Diebstahlgefahr sehr hoch, s. S. 74. Zudem benötigen sie oft länger als die staatlichen Busse.
Nach MAE HONG SON um 8, 9, 10 und 12 Uhr via Pai für 250 Baht.
MAE SARIANG 2x tgl. für 240 Baht in 4 Std.
PAI, um 8, 9, 10 und 12 Uhr für 150 Baht in 2 1/2 Std.
Die Minibusse von **aYa Service**, 444/11-12 Rodfai Rd., am Bahnhof, ✆ 053-247 889, 💻 www.ayaservice.com, holen ihre Gäste ab und fahren los, sobald 10 Passagiere gebucht haben. Es wird ein riskanter Stil gefahren und manchmal die AC ausgestellt. Die Fahrten nach Pai kosten 180 Baht, zurück 150 Baht. Weitere Busse nach BANGKOK für 400 Baht und CHIANG KHONG um 20.30 Uhr für 600 Baht.

Eisenbahn

Vom kleinen Bahnhof in der Charoen Muang Rd., ✆ 053-245 363, fahren 7 Eil- und Expresszüge über Phitsanulok und Ayutthaya nach BANGKOK. Im Bahnhof gibt es eine Gepäckaufbewahrung, 🕓 4.50–20.45 Uhr (10/15 Baht pro Gepäckstück und Tag). Vorverkaufs-Ticketschalter 🕓 rund um die Uhr.
Vor dem Bahnhof verweisen Songthaew- und Tuk Tuk-Fahrer auf aushängende Preisvorschläge, die aber verhandelbar sind. Die Fahrer verlangen von den Gästehäusern eine nicht unerhebliche Provision. Wer dieses System nicht unterstützen will, lässt sich nur bis zur Ecke fahren und geht dann zu Fuß. Besser die Schlepper abblitzen lassen und an der Straße ein Songthaew für 20 Baht in die Stadt nehmen.
Fahrplan s. S. 898/899. Bangkok kostet im Sleeper 531–1453 Baht, Sitzplätze 271–611 Baht.

Flüge

Zwischen dem International Airport, ✆ 053-270 222, 💻 www.chiangmaiairportonline.com, und der City verkehren **Sammeltaxis** für 120 Baht pro Auto, ✆ 053-201 307.
Taxi Meter am Schalter buchbar für 50 Baht extra. Ankommende werden gern zu Gästehäusern gebracht, die Provision zahlen.
Auch die Informationsbüros am Airport leben von der Vermittlungsprovision.
Verschiedene internationale Gesellschaften fliegen in der Saison über Bangkok nach Chiang Mai, z. B. ANA und Gulf Air
Air Asia, ✆ 02-515 9999, 💻 www.airasia.com, 6x tgl. nach BANGKOK und 1x tgl. nach KUALA LUMPUR.
Bangkok Airways, am Airport, ✆ 053-276 176, 💻 www.bangkokair.com, 2x tgl. nach BANGKOK und weiter nach KO SAMUI.
China Airlines, am Airport, ✆ 053-201 268, 💻 www.china-airlines.com, fliegt Di, Do, Fr, So und Mo nach TAIPEI.
Lao Airlines, 2/107 Ratchapruek Rd., ✆ 053-223 400, 💻 www.laoairlines.com, 1x tgl. nach LUANG PRABANG.
Nok Air, am Airport, ✆ 1318, 💻 www.nokair.com, 3x tgl. nach BANGKOK, 2x jeden Mo, Mi, Fr und So nach CHIANG RAI, 1x Mo–Do nach MAE HONG SON und 1x Mo–Do nach PAI.
one-two-go, ✆ 1126, 💻 www.fly12go.com, fliegt 2x tgl. nach BANGKOK. Diese Tochtergesellschaft von Orient Thai wird auf der Schwarzen Liste der EU als unsicher geführt.

UMGEBUNG CHIANG MAI

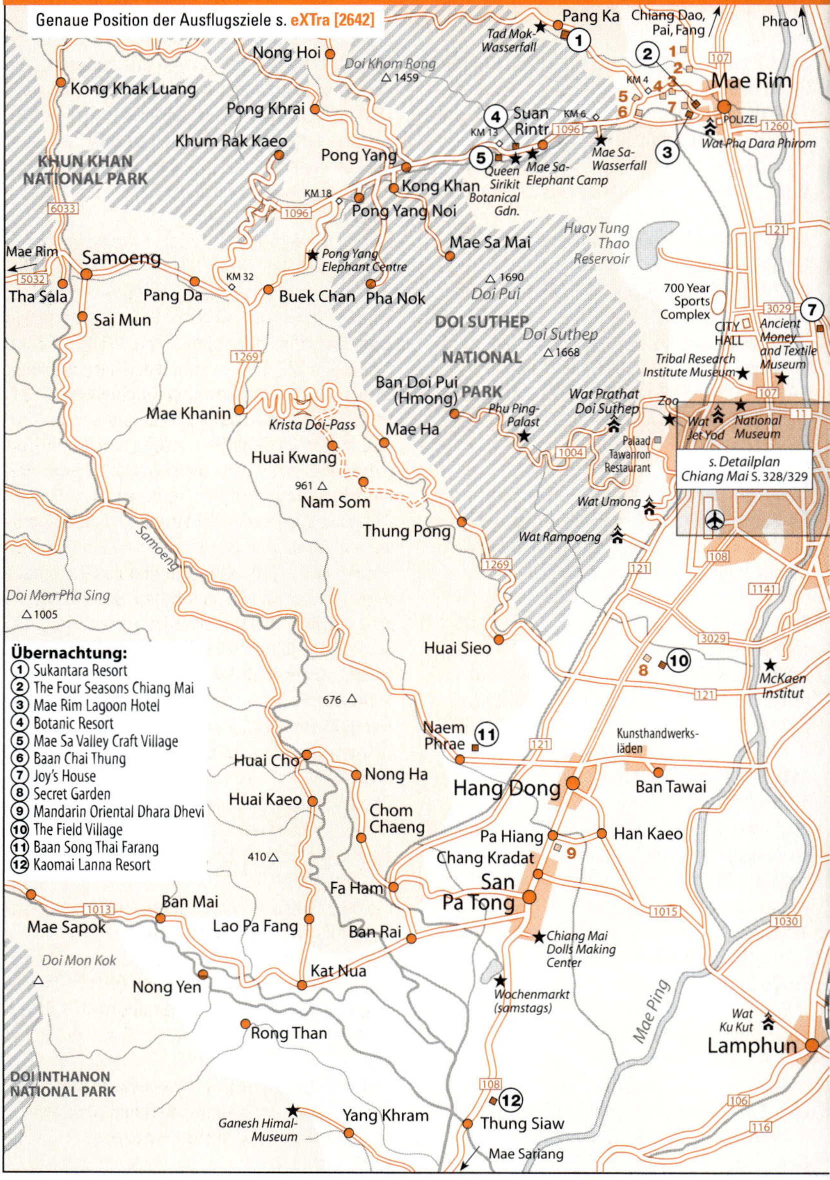

SGA (Siam Ga), ✆ 02-6646099, 💻 www.sga.co.th, fliegt 1x jeden Mo–Do nach MAE HONG SON und (in Kooperation mit Nok Air) 1–2x tgl. nach PAI.
Silk Air, Büro im Centara Hotel, 💻 www.silkair.com, 4x wöchentl. nach SINGAPORE.
Thai Airways, 240 Phra Pokklao Rd., ✆ 053-920 921-34, 💻 www.thaiair.com, 6–7x tgl. nach BANGKOK.

Wat U Mong

Die am Suan Dok Gate beginnende Suthep Rd. führt stadtauswärts nach Westen. Vorbei am Wat Suan Dok, zweigt nach ca. 1,7 km die Soi Wat Umong nach links ab, auf der nach weiteren 1,2 km Wat U Mong erreicht ist. Zwischen 1296 und 1520 diente das Waldkloster als Meditationstempel. Die Mönche lebten in unterirdischen Felsgewölben, an deren Wänden noch Spuren der ursprünglichen Wandmalereien zu erkennen sind. Die weitgehend verfallene Anlage belebte sich erst in den letzten Jahrzehnten wieder mit vielen Mönchen, die das zurückgezogene Klosterleben bevorzugen. Bei einem Spaziergang durch das bewaldete Areal rings um einen See regen philosophische Weisheiten, die auf Tafeln angeschrieben sind, zum Nachdenken an. Auch Ausländer können zum Meditieren und sonntags von 15–17 Uhr zu den buddhistischen Unterweisungen kommen.

Universität, Huai Kaeo Fitness Park und Zoo

Die Huai Kaeo Rd., eine stark befahrene Ausfallstraße, wird von zahlreichen internationalen Hotels, Restaurants und Einkaufszentren gesäumt. An ihrer Südseite erstreckt sich der riesige Campus der **Chiang Mai University (CMU)**, die 1965 weit vor den Toren der Stadt gegründet wurde.

Ein Fitness Park und ein hübscher Botanischer Garten mit einheimischen Baumarten säumen das **Arng Kaeo Reservoir**. 🕓 8.30–16.30 Uhr.

Der Mitte des 20. Jhs. eröffnete **Zoo** ist v. a. am Wochenende ein beliebtes Ausflugsziel einheimischer Familien. Inmitten der für asiatische Verhältnisse außergewöhnlich gepflegten, weitläufigen Parkanlage am Hang mit viel Grün, einem künstlichen Wasserfall und kleinen Bächen befinden sich die Tiergehege, wobei man eine artgerechte Haltung anstrebt. Jüngere Errungenschaften sind eine große Voliere mit mehreren Tausend Vögeln aus allen Erdteilen, die sich über ein ganzes Tal erstreckt, sowie ein neues **Aquarium** mit einem Schwerpunkt auf den Mekong-Bewohnern. Beliebt ist die Pandashow. Auch der Zoo öffnet am Abend seine Tore, damit die überwiegend nachtaktiven Tiere beobachtet werden können. 💻 www.chiangmaizoo.com, 🕓 8–18 Uhr, Eintritt 100 Baht, Pandashow 100 Baht, Twilight Zoo von 18.30–21 Uhr, Eintritt 200 Baht, mit anschließendem Dinner 300 Baht, Sky Train 150 Baht. Das Aquarium lohnt den Eintritt von 420 Baht (mit Zoo 530 Baht) nicht.

Abzuraten ist ebenfalls von einem Besuch der kommerziellen, viel beworbenen **Chiang Mai Night Safari** südlich der Stadt, 💻 www.chiangmainightsafari.com, Eintritt 500 Baht, 🕓 18–24 Uhr, und des **Tiger Kingdoms** im Norden, 💻 www.tigerkingdom.com, wo man sich von 10–18 Uhr für 320–520 Baht mit einem Tiger fotografieren lassen kann.

Wat Phrathat Doi Suthep

Gut 15 km nordwestlich der Stadt liegt unübersehbar am Hang des 1650 m hohen **Doi Suthep** einer der bedeutendsten Tempel Nord-Thailands. Besonders an klaren Tagen lohnt sich wegen der fantastischen Aussicht die Fahrt. Mit dem Songthaew von der Mani Noparat Rd. am Chang Puak Gate und vom Zoo oder mit dem Taxi geht es über die 1934 auf Initiative des Abtes Phra Kruba Srivijaya erbaute, kurvenreiche Straße, die sich 11 km hinauf in die kühle Bergwelt windet. Die große Verehrung, die dem Abt von der Bevölkerung entgegengebracht wird, verdeutlicht sich an seinem blumengeschmückten **Denkmal** am Fuße des Berges. Näheres zum Abt s. eXTra [2664].

Magic Moments

Wenn sich im westlichen Vihara am Nachmittag ab 17 Uhr die Mönche und Nonnen zum gemeinsamen Gebet versammeln und ihre monotonen Gesänge erschallen, verbreitet sich im Tempel, der im warmen Licht der Abendsonne erstrahlt, eine magische Stimmung. Im **International Buddhism Center** hinter dem östlichen Vihara kann man an Meditationskursen teilnehmen, s. S. 352.

Am Abend von Makha Bucha im März und Visakha Bucha im Mai pilgern zahllose Gläubige herauf und umrunden mit Kerzen, Räucherstäbchen und Blumen in den Händen die Pagode.

Jenseits des Parkplatzes mit zahlreichen Souvenir- und Essenständen führt eine monumentale, von zwei siebenköpfigen Naga-Schlangen umrahmte Treppe mit ca. 290 Stufen zum Wat Phrathat Doi Suthep hinauf, das sich in etwa 1000 m Höhe über das Plateau und den Berghang erstreckt. Obwohl auch eine kleine **Bergbahn** für 20 Baht zum Heiligtum hinauffährt, sollte man mit den meisten anderen Besuchern den beschwerlicheren Weg über die Stufen wählen und sich langsam dem Heiligtum nähern. Am Ende der Treppe bewachen zwei Dämonen den Zugang zur Anlage. Eintritt 30 Baht.

Vor dem Hauptheiligtum stehen die Statuen des Eremiten, der im 8. Jh. die Lavu-Königstochter Chama Devi aus der Dvaravati-Hauptstadt Lopburi nach Lamphun holte, und des berühmten Weißen Elefanten. Die überwiegend aus dem 16. Jh. stammende Anlage gruppiert sich um den 32 m hohen, vergoldeten **Chedi** im birmanischen Stil. Dieser ruht auf einer quadratischen Basis, von der an jeder Ecke ein Filigranschirm aus vergoldetem Kupfer aufragt. Den Innenbezirk der Klosteranlage begrenzt ein rechteckiger, mit Malereien versehener, offener **Wandelgang** mit zahlreichen Buddhafiguren im Lanna- und Sukhothai-Stil. Er wird in jeder Himmelsrichtung von einem Vihara mit weiteren Buddhastatuen unterbrochen, wobei die sitzende Statue im großen westlichen Vihara besondere Verehrung genießt.

Transport

Bis 15 Uhr verkehren Songthaews ab Chang Puak Gate und Zoo für 50 Baht zum Tempel. Sie sind nachmittags allerdings selten voll, sodass die Fahrer versuchen Charterfahrten für 600 Baht zu bekommen. Vom Wat Doi Suthep bis Phu Ping-Palast weitere 30 Baht und Ban Doi Pui 60 Baht.
Taxis ab Somphet Market bis zum Tempel ca. 400 Baht hin und zurück.

Doi Pui (Suthep) National Park

Es bietet sich an, die Fahrt vom Wat Doi Suthep weiter hinauf in die Berge in den Doi Pui National Park fortzusetzen, zu dem 1 km hinter dem Wat ein Waldweg abzweigt. Eintritt 100 Baht, manchmal ist keiner zum Kassieren da. Im Park werden Zimmer und Bungalows vermietet. ❸

Nach weiteren 4 km gelangt man zum **Phu Ping-Palast**, der im Jahr 1961 in kühler Höhe von 1300 m errichteten Sommerresidenz der Herrscherfamilie, die nicht zuletzt auch der Koordination königlicher Entwicklungsprojekte dient. Der gepflegte Park mit einem Farn- und Rosengarten kann besichtigt werden. 🕓 8.30–11.30 und 13–15.30 Uhr, Eintritt 50 Baht.

Nach weiteren 4 km auf einer schmalen Straße durch den Bergwald ist **Ban Doi Pui** erreicht, eine große, unansehnliche Siedlung der Hmong, die ganz auf den Tourismus ausgerichtet ist. Auf dem riesigen Souvenirmarkt werden Textilien zu überhöhten Preisen angeboten. Kinder posieren in Hmong-Kostümen – gegen Baht natürlich. Eine kleine Ausstellung im **Hilltribe Museum** informiert über den Opiumanbau sowie über traditionelle Werkzeuge und Haushaltsutensilien.

Ancient Money and Textile Museum

Einer der ungewöhnlichsten Orte für ein Museum ist der gut gesicherte, riesige Bau der Bank of Thailand am H107, 1 km nördlich des Super Highways, Eingang von der breiten Sackgasse Chotana Rd. Das lohnende Museum präsentiert die Entwicklung des Geldes als Tauschmittel, von prähistorischen Muscheln über Edelmetall-Barren bis hin zu Münzen, zudem eine wundervolle Sammlung traditioneller Textilien aus dem ganzen Land. Alles ist anschaulich ausgestellt und durch Schautafeln sowie ein einführendes Video auf Englisch erläutert. ✆ 053-931 182, 🕓 Mo–Fr außer feiertags 9–12 und 13–16 Uhr, Eintritt frei.

Tribal Research Institute Museum

2 km nördlich der Stadt, westlich des Rama IX Parks, liegt in einem pagodenförmigen Neubau auf einer Insel im See, den Essenstände säumen, das Ethnologische Museum. Es präsentiert Kleidung und Schmuckstücke, Werkzeuge und Musikinstrumente und informiert über das Leben und die eigenständige Kultur der Bergvölker, der Karen (Kariang), Hmong (Meo), Yao (Mien), Lisu (Liso), Akha (Iko), Lahu (Musoe), Lawa (Lua), Htin, Khamu und Mlabri. Das Obergeschoss widmet sich den Projekten der Königsfamilie in den Bergen. ✆ 053-210 872, 🕓 Mo–Fr außer feiertags 8.30–16.30 Uhr, jeden ersten Sa 9–18 Uhr. Zudem ein Markt mit Essenständen und Kulturprogramm. Eintritt frei.

Mae Sa Valley

Eine halbe Autostunde nördlich von Chiang Mai erstreckt sich ein fruchtbares Obst- und Gemüseanbaugebiet, das zum beliebten Ausflugsgebiet für Fahrrad- und Motorradfahrer, Tagestouristen und einheimische Wochenendurlauber geworden ist. Sobald man den dichten Stadtverkehr hinter sich gelassen hat, geht es auf dem schnurgeraden vierspurigen H107 Richtung Norden. Genaue Positionen s. eXTra [2642].

Mae Rim ist eine aufstrebende Marktstadt, 13 km vor den Toren Chiang Mais. Hinter der Polizeistation zweigt vom H107 links die Old Road ab. Auf einer schmalen Nebenstraße, die hinter der Brücke am Westufer des Kanals nach Süden verläuft, gelangt man nach 400 m zum **Wat Pha Dara Phirom** mit einer prunkvollen Gebetshalle. An der Old Road liegt zudem nach 1,5 km das Four Season's Resort und die **Sanamphung Orchid Farm**, die größte Orchideenzucht Thailands, in der einige seltene Orchideenarten bewundert werden können. ✆ 053-298 771-2, ⏲ 7.30–17 Uhr, Eintritt 40 Baht.

Zahlreiche Hinweisschilder zu Hotels und Touristenattraktionen markieren die große, zweite Abzweigung ins Mae Sa Valley. In nördlicher Richtung weisen Schilder zum **Tiger Kingdom**, das man wegen seiner nicht artgerechten Tierhaltung ignorieren sollte, und zum **Buffalo Training Camp**. Am KM 3 werben riesige Plakate für das Extremsport **X-Centre** (s. S. 350) und die **Snake Farm**. Die reichhaltige Sammlung einheimischer Schlangen soll die größte des Landes sein. Während einer kurzen Show wird den Tieren das Gift entnommen. ✆ 053-860 719, Show um 11.30, 14.15 und 15.30 Uhr, Eintritt 200 Baht. Eine weitere Schlangenfarm am KM 5. Die etwas skurrile **Monkey Show** am KM 4 begeistert v. a. ein einheimisches Publikum, jeweils um 11 Uhr und stündlich von 12.15–16.15 Uhr, 200 Baht.

Eine alternative Route führt auf einer teils schlechten Seitenstraße am nördlichen Rand des Doi Pui (Suthep) National Parks vorbei und bei Pong Yang zurück zur Straße. Die Orchideenzucht der **Mae Ram Orchid and Butterfly Farm** am KM 5,8 ist ein beliebtes Ziel von Reisegruppen. Die Schmetterlinge wirken jedoch in freier Natur, v. a. an den Wasserfällen des Tals, wesentlich attraktiver als aufgespießt in Kästen. ⏲ 7.30–16.30 Uhr.

Die Kaskaden des **Mae Sa-Wasserfalls** hinter KM 6 links der Straße sind im Dezember und Januar ein beliebtes Picknickziel. Auf Wanderwegen von 600 m bis 6 km Länge kann man durch den Bergwald am Fluss entlang zu zehn kleinen Wasserfällen und Stromschnellen mit einigen Pools gelangen oder den angrenzenden Wald durchstreifen. Als Teil des Doi Pui (Suthep) National Parks Eintritt 100 Baht, Auto 30 Baht, Zweirad 20 Baht.

Sehr beliebt ist das große **Maesa Elephant Camp** am KM 10. Vor der Show werden die Elefanten gebadet, und im Anschluss bietet sich die Möglichkeit, einen Ausritt auf Elefanten auf ausgetretenen Pfaden durch lichten Wald am Hang und Bach entlang zu unternehmen.

In die weniger touristische Bergwelt

Nun windet sich die schmaler werdende Straße das enge Tal hinauf nach **Pong Yang**, das von einem Tempel überragt wird. Vor dem Dorf führt rechts eine steile Straße ein schmales Seitental hinauf zum Nong Hoi Royal-Project, einer landwirtschaftlichen Versuchsfarm. Im modernen Hmong-Dorf **Nong Hoi** (KM 6) sind Touristen willkommen. Im weiten Hochtal und an terrassierten Berghängen werden Obst und Gemüse angebaut. In Gewächshäusern reifen sogar Weintrauben. Vom **Ban Mai Viewpoint** (KM 8) eröffnet sich am Sendemast ein Blick ins nördliche Tal mit den Hmong-Dorf **Nong Hoi Mai** (KM 11). Der folgende schlechte Straßenabschnitt bis kurz vor **Mae Khi** (KM 15) ist außerhalb der Regenzeit auch mit dem Pkw befahrbar (vorsichtig fahren!). Nun geht es auf einer durchgehend asphaltierten Straße, vorbei an der exklusiven Hmong Lodge beim uninteressanten Karen-Dorf **Pang Hai** (KM 17), dem **Tad Mok-Wasserfall** (Eintritt 100 Baht, Zufahrt ⏲ 8–17 Uhr) in **Pa Kha** (KM 23) und dem Sukantara-Resort am Ortsende, nach insgesamt 34 km zurück zur Mae Sa Valley-Straße.

✆ 053-206 247, 💻 www.maesaelephantcamp.com, ⏲ 7–14.30 Uhr, Show um 8, 9.40 und in der Saison um 13.30 Uhr, Eintritt 120 Baht, Ausritte pro Elefant mit bis zu zwei Personen 30 Min. 800 Baht, eine Stunde 1200 Baht. Auch Mahout-Kurse, s. Kasten S. 367.

2 km hinter dem Camp kann man im **Queen Sirikit Botanical Garden**, einem 1000 ha großen Botanischen Garten und Forschungszentrum, spazieren gehen. Die bunten Blumenbeete mit einheimischen und exotischen Gewächsen erfreuen das Herz der Thai, die ansonsten nicht mit dem Anblick von Blumen verwöhnt werden. Interessant sind u. a. der Orchideengarten, das Tropenhaus, die Sammlung von Kletterpflanzen und der Garten mit einheimischen Heilpflanzen. 💻 www.qsbg.org, ⏲ 8.30–16.30 Uhr, Eintritt 40 Baht, Auto inkl. Fahrer 100 Baht.

Im **Mae Sa Valley Craft Village**, einem Holiday Resort am KM 13, können Touristen von 9–12 oder 13–16 Uhr für 800–1000 Baht inkl. Transport ihre Souvenirs selbst herstellen. Angeboten werden zweieinhalbstündige Kurse im Bemalen von Schirmen und Fächern oder Keramiken, Batiken und die Herstellung von Sa-Papier sowie Kochkurse für 1300 Baht. Zudem kann man sich auf dem weitläufigen Gelände für 600 Baht gärtnerisch betätigen oder in einem Health Center verwöhnen lassen. Bungalows laden zum Bleiben ein (s. u.). Eintritt 20 Baht.

Eine schmale Straße, die am KM 18 links abbiegt, verläuft über 1,8 km am Berghang entlang zum **Pong Yang Elephant Centre**, das abseits der Straße in einem kleinen Seitental liegt. Neben der täglichen Show offerieren die Mahouts Ausritte durch das Tal. ✆ 053-215 943, Show 9.15 und 10.15 Uhr, Eintritt 100 Baht, Elefantenausritte von 7–16 Uhr für 1200 Baht pro Stunde.

Hinter den Gärtnereien am Ende des Tals windet sich die Straße in die Berge hinauf durch den **Khun Khan National Park** und erreicht zwischen KM 24 und 25 die Passhöhe. An klaren Tagen überblickt man eine endlose, weitgehend entwaldete Bergkette, die hier und dort von einem stehen gebliebenen Urwaldriesen überragt wird. Am KM 32 wendet man sich an der Straßeneinmündung nach rechts und erreicht nach 5,5 km **Samoeng**, einen kleinen, von Bergen umgebenen Ort mit einigen Restaurants. Nur mit einem geländegängigen Fahrzeug sollte man sich von hier aus auf der unbefestigten Straße weiter nach Pai wagen.

Gut ausgebaut ist hingegen der 50 km lange H1269 durch die südlichen Ausläufer des Doi Pui (Suthep) National Parks Richtung **Hang Dong**. Nachdem man am KM 7 die erste Bergkette überwunden hat, ist zwischen KM 15 und 16 der **Krista Doi-Pass** mit zahlreichen Resorts für einheimische Touristen erreicht. Dort eröffnet sich ein weiter Blick über die bewaldeten, steilen Hänge des Doi Pui und Doi Suthep. Hinter KM 18 endet der Wald, und beiderseits der ins Tal hinabführenden Straße liegen zwischen brandgerodeten Hängen und Reisfeldern die Wochenendhäuser wohlhabender Thai inmitten ausgedehnter Gärten, deren bunte Blütenpracht sich nur im kühlen Hochlandklima entfalten kann. Am KM 41 ist nördlich von Hang Dong der H108 erreicht, auf dem es links zurück nach Chiang Mai geht.

Übernachtung

Die Resorts sind während der thailändischen Ferien und an Wochenenden häufig ausgebucht. Außerhalb der Saison kann man erhebliche Rabatte erzielen. Karte S. 358/359

Botanic Resort ④, KM 12, gegenüber dem Botanischen Garten, 500 m den Berg hinauf in kühler Höhe, ✆ 053-290 029, 💻 www.botanicchiangmai.com. Ruhiges, weitläufiges Resort mit schönem Ausblick über die Berge des Nationalparks. Große, ein- bis 2-stöckige, gepflegte Häuser in einem Park mit Pool. Zimmer und kleine Suiten mit Balkon, Wasserkocher, TV, Kühlschrank, Frühstück inkl. Fahrradvermietung. ❺

Mae Rim Lagoon Hotel ③, 65/1 Moo 6, KM 3 Mae Rim-Samoeng Old Rd. (südöstlich vom Four Seasons), ✆ 053-297 288, 💻 www.maerimlagoon.com. 32 Bungalows und Zimmer an einem See, Frühstück inkl. ❹–❺

Mae Sa Valley Mountain Holiday Resort & Craft Village ⑤, 86 Moo 2, Pong Yang, KM 13 Mae Rim-Samoeng Rd., ✆ 053-290 051-2, 💻 www.maesavalley.com. Von Blumengärten umgebenes Resort mit Restaurant. 46 teils klimatisierte Cottages. Handwerks- und Kochkurse für 800–1300 Baht. ❺

The Four Seasons Chiang Mai ②, 502 Moo 1, Rimtai Rd., KM 3 Mae Rim-Samoeng Old Rd., ✆ 053-298 181, 💻 www.fourseasons.com/chiangmai. Luxuriöse Suiten im nordthailändischen Stil in einer harmonisch gestalteten

Luxus im Dschungel

Sukantara Resort ①, 12/2 Moo 8, Maeram, ✆ 081-881 1444, 081-881 6570, 💻 www.sukantara.com. Am Rand des Nationalparks an einem plätschernden Bach liegt gut integriert in die Natur ein Boutique-Resort, dessen Architektur Lanna-Traditionen mit balinesischen Elementen verknüpft. 7 nette, helle Zimmer in Bungalows und kleine Suiten mit hohen Glastüren, die sich zur großen Veranda mit Sitzecke hin ganz öffnen lassen. Nicht überdachte Bäder mit großen Duschköpfen und separatem WC. Zudem 2 Luxus-Safarizelte mit richtigen Betten, versenkten Wannen, TV, DVD-Player und AC. ❽

natürlichen Umgebung, ausgezeichnetes Spa mit breitem Angebot. ❽

Transport

Die etwa 100 km lange Rundfahrt rings um die Bergwelt des Doi Pui- und Doi Suthep National Parks ist gut an einem Tag mit einem eigenen Fahrzeug zu bewältigen. Öffentliche Verkehrsmittel bedienen nur wenige Teilstrecken. Empfehlenswert die Karte Mae Sa Valley im Maßstab 1 : 65 000, 💻 www.GT-Rider.com.

Bo Sang und San Kamphaeng

Sobald die erste Ring Road überquert ist, weisen Schilder beiderseits der Straße auf „Factories" und „Showrooms" hin, in denen Holzschnitzer, Silberschmiede und Bronzegießer arbeiten, Handwerker Keramiken brennen, Seidenstoffe weben, Edelsteine schleifen, Rattanmöbel, Schirme, Leder- oder Lackarbeiten fertigen und verkaufen. Selbst wenn man nichts kaufen möchte, bietet sich hier eine gute Gelegenheit, die Menschen bei ihren ungewöhnlichen Tätigkeiten zu beobachten. Zwischen KM 6 und 8 sowie am KM 10 haben sich mehrere **Silberfabriken** angesiedelt, die v. a. Schmuck, aber auch Schalen und Gegenstände für den religiösen Bedarf herstellen. Das monotone Schlagen der Hämmer, die das Silber in die gewünschte Form bringen, ist bis auf die Straße hinaus zu hören. Mit feinen Meißeln bringen die Handwerker anschließend die Ornamente und Reliefs auf den Schalen an.

Am KM 7,5, 9,5 und 10,5 werden **Lackarbeiten** angefertigt. Auch wenn es umstritten ist, ob birmanische Handwerker diese Kunst nach Chiang Mai brachten oder Thai sie nach Pagan exportierten, so ist sie doch in beiden Ländern ebenso beheimatet wie in Japan und China, wo sie ihren Ursprung hat. Zudem stehen aufwendige **Holzschnitzereien** zum Verkauf. Die meisten Handwerker in der Region von Chiang Mai arbeiten allerdings in Ban Tawai.

Hinter KM 5 und 15 wird in großen Celadon-Fabriken **Keramik** gebrannt und im angrenzenden Showroom verkauft, z. B. bei **Baan Celadon**, 7 Moo 3, ✆ 053-338 288, 💻 baanceladon.com, oder **Siam Celadon**, 38 Moo 10, ✆ 053-331 526, 💻 www.siamceladon.com. Man stellt sowohl unglasierte, grob gearbeitete Waren für den alltäglichen Gebrauch als auch feine Dekorationskeramiken her. Celadon-Keramik mit der eisenhaltigen, grünlich-schimmernden Glasur wurde in Chiang Mai bereits im 15. Jh. von chinesischen Künstlern produziert, die aus Sukhothai kamen.

Hinter KM 12 erstreckt sich am H1014 nach Doi Saket **Bo Sang** mit vielen Souvenirgeschäften, die Kunsthandwerk anbieten. Im Dorf der Schirmmacher werden **Schirme** und **Fächer** in allen Größen und Farben hergestellt. Frauen schneiden die biegsamen Bambusstäbe zurecht, die später als Speichen des ganz aus Bambus bestehenden Gestells dienen. Neben Seide und Baumwolle wird als traditionelles Bespannungsmaterial Sa-Papier verwendet, das aus der Rinde des Maulbeerbaums gewonnen wird. Die Rinde wird zerkleinert, zu einer Papierpaste verkocht und zusammen mit Leim in mehreren dünnen Lagen von Hand aufgetragen und geglättet. Anschließend werden die Schirme und Fächer in der Sonne getrocknet und mit bunten Motiven bemalt. Auch Besucher können sich Blumen, Vögel, Schmetterlinge, Drachen oder ganze Landschaften auf ihre Kleidung oder Taschen malen lassen.

Show und Realität

Wie überall, bringt nicht die Herstellung der traditionellen Artikel, sondern ihre Vermarktung den größten Gewinn. Entsprechend sind den meisten Produktionsstätten große Ausstellungs- und Verkaufsräume angeschlossen. In manchen Kunstgalerien und Showrooms hat man sich ganz auf den Verkauf von Antiquitäten, Schmuck, Hilltribe-Produkten und anderen Waren spezialisiert, die in weit entfernten Fabriken gefertigt wurden, oder man demonstriert nur traditionelle Produktionsverfahren, obwohl die meisten Artikel in modernen Fabriken hergestellt wurden. Preisvergleiche und Handeln empfehlen sich, denn vielfach sind die Gegenstände auf dem Night Bazaar und in den Geschäften in Chiang Mai günstiger als in der „Fabrik". Ein hilfreicher Guide ist während einer Einkaufstour nicht nötig, zumal seine Provision auf den Preis der Waren aufgeschlagen wird.

Rings um KM 16 liegt **San Kamphaeng**, ein Ort, in dem man sich auf den Verkauf von **Seiden-** und **Baumwollstoffen** spezialisiert hat.

McKaen-Institut

Auf einer Insel im Ping, die einst wegen ihrer Geister unbewohnt war, errichtete 1908 ein amerikanischer Missionar aus Iowa eine Leprakolonie. Aus ihr erwuchs ein Sozialzentrum mit einem Krankenhaus, Internat, Altersheim, einer Kirche sowie fünf Siedlungen, in denen einst Leprakranke und nun alte Menschen, Behinderte und Nicht-Behinderte leben. Im Rahmen von Resozialisierungsmaßnahmen arbeiten die Bewohner u. a. auf einem Ökobauernhof, in einer Prothesenwerkstatt und in Behindertenwerkstätten. Die dort hergestellten Holzschnitzereien, Postkarten, Lackarbeiten u. a. werden in einem kleinen Laden hinter der Brücke neben der Verwaltung verkauft. 🕓 Mo–Fr 8–12 und 13–16.30 Uhr. Interessant ist die Ausstellung nebenan über Lepra, die Geschichte der Kolonie und die Ideen von McKaen. Auf Wunsch wird ein lohnendes englischsprachiges Video gezeigt. Die Anreise ist nur mit einem eigenen Fahrzeug möglich.

Lamphun

26 km südlich von Chiang Mai liegt die 24 000 Einwohner zählende Provinzstadt, die auf eine lange Geschichte zurückblickt. Sie ermöglicht die Begegnung mit historischen Zeugnissen einer Epoche, die lange vor der Zeit des Lanna-Reiches begann.

Reste der teils rekonstruierten Stadtmauer und ein Festungsgraben umgeben die Altstadt, in der nur noch wenige historische Gebäude existieren. Von der glanzvollen Vergangenheit zeugt im Zentrum das kleine, gut ausgestattete **Nationalmuseum** mit seiner Sammlung von Buddhas aus Stein und Bronze, Votivtafeln, Töpferwaren und anderen Funden der Chiang Saen-, Haripunchai- und Lanna-Periode sowie aus jüngerer Zeit. Interessant sind die auch ins Englische übersetzten Texte der Mon-Steininschriften aus dem 10.–12. Jh., die einen Einblick in die damalige Zeit ermöglichen, als Herrscher ihre Ehefrauen und Sklaven Buddha übereignen konnten. ✆ 053-511 186, 🕓 Mi–So außer feiertags 9–16 Uhr, Eintritt 100 Baht.

Wie alles begann

Die Legende besagt, dass im 8. Jh. ein Eremit in Lamphun die Lavu-Königstochter Chama Devi aus der Dvaravati-Hauptstadt Lopburi während einer Pilgerreise zum Bleiben veranlasste. Das unter ihrer Herrschaft begründete Reich von Haripunchai gilt als die älteste Hochkultur Nord-Thailands. Im Gefolge der Prinzessin kamen buddhistische Mönche und Handwerker, welche die ersten Tempel errichteten. Der neue Staat übernahm neben dem Hinayana-Buddhismus auch das Alphabet sowie das Wirtschafts- und Verwaltungssystem des südlichen Lopburi-Reiches. Während die südlicheren Dvaravati-Siedlungen im 11. Jh. unter den Einfluss der Khmer gerieten und ihre Eigenständigkeit verloren, führte Haripunchai erfolgreich mehrere erbitterte Kriege gegen die aus dem Süden vordringenden Eroberer. Lamphun konnte sich politisch wie kulturell unabhängig entwickeln, bis die Thai, von Norden kommend, 1281 unter Mengrai auch diese Region eroberten.

Hinter dem Museum lohnt der Besuch des **Heimatmuseums** schon allein wegen des alten Teakhauses, in dem die bunte Sammlung von Spardosen, Streichhölzern, Blechspielzeug, alten Filmplakaten, Fotos und den entsprechenden Kameras untergebracht ist. Höhepunkt ist das winzige Kino. Spende erwünscht.

Touristischer Hauptanziehungspunkt ist das gegenüberliegende **Wat Phrathat Haripunchai**, dessen Ursprünge im 9. Jh. liegen. Durch den von birmanischen Löwen flankierten Haupteingang gelangt man zum großen Vihara, dessen Wände innen und außen mit Wandmalereien bedeckt sind, die Geschichten aus der buddhistischen Mythologie thematisieren. Rechter Hand hängt in einem Glockenturm ein Bronzegong von 2 m Durchmesser. Er zählt zu den größten Gongs von Thailand. Der 51 m hohe, vergoldete Chedi im Zentrum der Anlage wurde vermutlich bereits Ende des 9. Jhs. erbaut und 1447 unter König

Phaya Tilok zu seiner heutigen Form ausgebaut. Er wird von einem neunfachen Schirm aus purem Gold bekrönt und ist von Tempelwächtern und Bronzebuddhas aus dem 14. Jh. umgeben.

Am H1015 liegt 2 km westlich der zentralen Kreuzung von Lamphun **Wat Ku Kut**, auch Wat Chama Devi, aus dem 12. Jh., das die Relikte der Prinzessin enthalten soll. Neben dem Vihara stehen zwei Tempeltürme von ungewöhnlicher Form: ein achteckiger, 11,5 m hoher Tempelturm aus Stein mit stehenden Buddhastatuen in tiefen Nieschen und ein quadratischer, 21 m hoher, mit fünfstöckigem, pyramidenförmigem Aufbau, der 60 sitzende Buddhastatuen im Dvaravati-Stil mit auffällig quadratischen Gesichtern enthält. Der restaurierte Tempel gehört zu den wenigen erhaltenen nördlichen Mon-Heiligtümern des Landes.

Essen

Add up Coffee Bar, hinter dem Tempel am Fluss, etwas flussaufwärts, ✆ 053-530 272. Kleines klimatisiertes Restaurant in einem kleinen Garten mit weißen Holztischen drinnen und draußen sowie einem leider ständig laufenden Fernseher. Auf der bebilderten englischsprachigen Speisekarte stehen Thai-Reis- und Nudelgerichte, auch Spaghetti, Steaks, Salate, japanische Snacks, Kuchen und Eiscreme. ⏲ 10–14.30 und 17–22 Uhr.

Transport

Den H106 von Chiang Mai nach Lamphun säumen bis zur Provinzgrenze am KM 170 einmalige, bis zu 40 m hohe Yang Na-Dschungelbäume *(Dipterocarpus alatus)*. In der Provinz Lamphun besteht die Allee aus gelb blühenden Khee Legk-Bäumen. Songthaews fahren ab Haltestelle zwischen dem Nationalmuseum und Tempel bis 17.30 Uhr nach CHIANG MAI zum Lamyai-Markt nördlich der Nawarat-Brücke 1- bis 2x stdl. für 20 Baht in 1 Std., nach Lamphun bis 17.45 Uhr.

Ban Tawai

Der H108 führt von Chiang Mai Richtung **Hang Dong** nach Südwesten in das „Ikea-Reich" Thailands. Nahe KM 15 reihen sich Antiquitäten- und Möbelläden entlang der Straße, in denen mit Holzschnitzereien und Einlegearbeiten verzierte Möbel und andere Einrichtungsgegenstände im traditionellen wie modernen Stil, Lampen, Bilder, Bambusmatten und -körbe, Tonfiguren und Krüge für Heim und Garten verkauft werden. Ganz edel und teuer das Angebot im Kad Farang Shopping Plaza. Wer am KM 15 links in die Irrigation Rd. nach Ban Tawai abbiegt, wird bald weitere Verkaufs-läden und Werkstätten sehen, in denen ein Teil der „Antiquitäten" geschnitzt und veredelt wird.

Zwischen den alten Werkstätten der Holzschnitzer im Dorf Ban Tawai sind lange Ladenzeilen mit Hunderten von Ständen sowie klimatisierte Geschäfte entstanden, in denen Großhändler ebenso wie Touristen von der unglaublichen Vielfalt an Textilien, Keramiken, Möbeln und Dekorationsartikeln nahezu erschlagen werden. Sperrige Möbel und Großeinkäufe werden von hier ansässigen Speditionen fachgerecht verpackt und verschickt, während sich die erschöpften Besucher in kleinen Cafés und Restaurants vom Einkaufsbummel erholen. Näheres unter 💻 www.ban-tawai.com.

San Pa Tong

Südlich von Hang Dong zweigt in San Pa Tong am KM 22 der H1015 Richtung Osten nach Lamphun und 700 m weiter der H1013 Richtung Westen ins Mae Wang Valley ab. Am KM 23,5 lohnt ein Abstecher von 1,5 km zum ausgeschilderten **Chiang Mai Dolls Making Center**, 187/2 Moo 9, Ban Dongkhilek, das seit über 50 Jahren Puppen herstellt und sie in Kostümen aus 70 Ländern der Welt ausstellt. Besonders interessant sind die Puppen in der traditionellen Kleidung der Bergvölker. ✆ 053-837 229. Am südlichen Ortsende am KM 25,5 des H108 findet am Samstagvormittag von 5–11 Uhr ein großer **Wochenmarkt** statt, auf dem früher Büffel und heute überwiegend Motorräder verkauft werden.

Lohnend ist am KM 35 ein Abstecher zum **Ganesh Himal Museum** in Bang Kram, 5,5 km westlich des H108, das bereits zu einer Pilgerstätte geworden ist. In dem modernen Gebäudekomplex mit mehreren Schreinen in einem ge-

6 HIGHLIGHT

Elefantenreiten in Nord-Thailand

Seit jeher haben Elefanten in dieser Gegend der Welt einen besonderen Status. Gott Indra reitet auf einem weißen Elefanten, und der hinduistische Elefantengott Ganesha ist überall präsent. Seit Jahrhunderten trainieren Karen wilde Elefanten für die Arbeit in der Holzwirtschaft und den Kriegseinsatz. Das Training ist Priestern vorbehalten und erfolgt in einem langwierigen Prozess nach geheimen Regeln. Die Tiere lernen Befehlen zu folgen, die der Mahout durch Körperbewegungen, mit Füßen und durch Zurufe vermittelt. Während früher v. a. kräftige Bullen zum Einsatz kamen, sind in den heutigen Camps in erster Linie Weibchen vorzufinden, die sich leichter trainieren lassen und nicht in die gefährliche Musk (Brunft) kommen. Im Gegensatz zu den einzeln lebenden Bullen sind Weibchen Herdentiere. Im jugendlichen Alter werden Jungbullen aus der Herde verstoßen, müssen sich nun alleine zurechtfinden und gegen Konkurrenten durchsetzen, was ihre Wahrnehmung schärft.

Ein gutes Camp zeichnet sich durch eine artgerechte Haltung aus. Die Tiere dürfen die Nacht im Wald verbringen, erhalten Futter aus ihrem natürlichen Umfeld und werden zeitlich begrenzt eingesetzt. Es gibt Jungtiere, deren Aufzucht und Ausbildung teuer ist. Sie folgen die ersten vier Jahre der Mutter auf Schritt und Tritt und beginnen nach ihrer Ausbildung im Alter von 14 Jahren mit der Arbeit.

Normalerweise reiten zwei Touristen in einem Howdah (Elefantensattel, teils mit Sicherheitsgurt!) auf dem Rücken, während der Mahout auf dem Nacken des Elefanten sitzt. Manchmal geht es für das Beweisfoto eine kurze Runde durch das Camp, meist aber in 30–60 Min. auf ausgetretenen Pfaden in einer Karawane durch die nähere Umgebung und als Höhepunkt durch einen Bach oder See. Wer interessantere Touren machen möchte, sollte mindestens 2 Std. buchen oder einen Mahout-Kurs belegen.

Elefantencamps gibt es in Nord-Thailand im Mae Sa Valley (s. S. 361), Mae Wang Valley (s. S. 368), Mae Taeng Valley (s. S. 403), am Mae Ping Richtung Chiang Dao (s. S. 403), in Pai (s. S. 390) und am Mae Kok bei Chiang Rai (s. S. 416).

In größeren Camps zeigen Elefanten zudem bei Shows zu festen Zeiten ihre Künste. Weder Shows noch Ausritte, aber eine artgerechte Haltung demonstriert man im **Elephant Nature Park**, auch längere Aufenthalte möglich, Buchungen in Chiang Mai, 209/2 Sri Dornchai Rd., 053-818 754, www.elephantnaturepark.org. Leser empfahlen zudem den **Baan Chang Elephant Park**, www.chiangmaitic.com/elephant-conservation-center.html, die neue **Elephant Life Experience**, nördlich von Mae Taeng, 081-724 4211, elelodge@gmail.com, und die **Patara Elephant Farm** bei Hang Dong, 081-992 2551, www.pataraelephantfarm.com, die auch Elefanten züchtet.

In einigen Camps kann man selbst reiten und die Tiere baden. Dort empfiehlt es sich, zum Schutz vor der borstigen Haut, lange Hosen zu tragen, am besten schnell trocknende Fischerhosen, und Trekkingsandalen, die man auch im Wasser anbehalten kann. Bei einem Mahout-Kurs lernt man zudem die Tiere zu satteln und ihnen Befehle zu erteilen. Die Kurse sind nicht billig, aber lohnend und eignen sich auch für Kinder ab dem Schulalter. Die beste Einführung erhält man im staatlichen **Thai Elephant Conservation Center**, s. S. 460 und eXTra [2686], dem auch ein Krankenhaus angeschlossen ist. Wer den Tieren ganz nah sein möchte, der bucht am besten einen Mahout-Kurs bei **Elephant Special Tours**, s. S. 368 und eXTra [2684] – eine unbeschreibliche Erfahrung. Vorsicht, Elefanten machen süchtig! Weitere Infos über thailändische Elefanten auf der Website www.treasurethaielephants.org.

pflegten Garten sind in zwei gegenüberliegenden Häusern Hunderte von Ganesh-Figuren, Schutzamulette und andere Hindu-Götter ausgestellt. Nur wenige Informationen sind ins Englische übersetzt worden, darunter die Infos zu Legenden und regionalen Varianten. Dennoch lohnt das private Museum von Khun Pandara, dessen Sammlung mit einer kleinen Ganesh-Figur begann, die er mit 19 Jahren erhielt. 053-269 101, www.ganeshmuseum.com (nur Thai, aber viele Bilder), 9–17 Uhr, Spende.

Übernachtung und Essen

Kaomai Lanna Resort ⑫, KM 29, 1 Moo 6, 053-834 470, www.kaomailanna.com. 36 Zimmer in 18 ehemaligen Tabaktrockenhäusern auf einem weitläufigen Gelände mit vielen hohen Bäumen, Yoga-Kurse, Pool und Spa. Sehr gutes, mit Antiquitäten eingerichtetes, luftiges Restaurant nahe der Straße, Thai-Gerichte unter 200 Baht. 7–22 Uhr. ❻

Transport

Auf dem H108 von Chiang Mai nach San Pa Tong verkehren gelbe Songthaews nach Bedarf bis gegen 17.30 Uhr für 20 Baht.

Mae Wang Valley

Das liebliche, unspektakuläre Mae Wang Valley wird auch im Rahmen von Trekkingtouren besucht. Jenseits von **Mae Wang** verlässt der schmale, schnurgerade H1013 die weite Ebene mit ihren Dörfern, Reisfeldern und Gärtnereien und schlängelt sich durch Bambuswälder in Richtung der Berge, die vom Doi Inthanon überragt werden. Am KM 24 bei **Mae Win** starten die White-Water-Rafting-Touren von The Peak Adventure (s. S. 350) mit Schlauchbooten oder Bambusflößen auf dem dahinplätschernden Fluss.

Zumeist wird die Tour in Verbindung mit Elefantenreiten am KM 27 im **Huay Poeng Elephant Camp** oder etwas weiter westlich am KM 30 im **Mae Win Elephant Camp** angeboten. Insgesamt leben in diesem Tal etwa 60 Elefanten.

Am KM 34 können 2 km abseits der Straße die Chrysanthemengärten des **Royal Project Development Centers Mae Sapok** am gleichnamigen Wasserfall besichtigt werden.

Beim deutschen Elefantenmann

Elephant Special Tours, 086-193 0377, in Deutschland 036-4159 7946, www.elephant-tours.de. Ein einmaliges Erlebnis sind die 7- bis 11-tägigen deutschsprachigen Mahout-Kurse im Camp des Großtierpflegers Bodo Förster, der eine naturnahe Tierhaltung anstrebt. Auch 1 1/2- bis 2 1/2-tägige Schnupperkurse und eintägige Begegnungen. Die Kursteilnehmer leben im komfortablen White House in Mae Sapok, von wo aus man zum Dschungelcamp fährt. Mehr s. eXTra [2684].

Übernachtung und Essen

Mehrere Homestays in Mae Win.

Mae Win Guest House, 47 Moo 5, Mae Sapok, 053-939 781, www.maewinguesthouse.com. 3 Zimmer in einem gepflegten alten Teakhaus und 2 Bungalows im Garten mit Essplatz, Küche und Feuerstelle. ❸

Swiss Ticino Homestay & Restaurant, 194 Moo 1, Pangtoem, KM 17, am Fuß der Berge, hinter Mae Wang, 9 km vor Mae Win. Pizza, guter Kaffee und andere heimische Köstlichkeiten sowie einige Zimmer. ❸

Transport

Nach CHIANG MAI, Chang Puak Station, verkehren ab Mae Wang häufig Songthaews. Ab Mae Sapok fährt morgens ein Songthaew über Mae Win und mittags zurück.

Rund um den Doi Inthanon

Eine Rundreise durch die Bergkette westlich von Chiang Mai führt zum höchsten Berg und längsten Höhlensystem des Landes. Im kühlen Bergort Mae Hong Son kann man sich in naturnahen Resorts erholen und die Kultur der Shan kennenlernen. Zudem geht es auf kurvenreichen

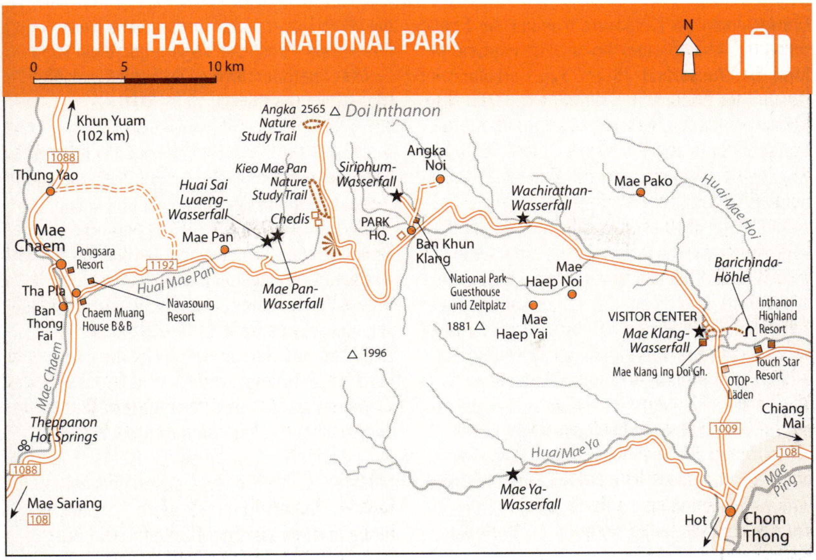

Bergstrecken und Pisten zu verborgenen Naturschönheiten.

Etwa 90 km südwestlich von Chiang Mai erstreckt sich rings um den höchsten Berg Thailands der 482 km² große Doi Inthanon National Park, eine wenig bewaldete Bergregion. Vor über 200 Jahren begannen Karen, sich in den unteren Höhenlagen anzusiedeln und die unzugänglichen Bergwälder zu roden, um Reis zu pflanzen. Ihnen folgten die Hmong, die in höhere Regionen vordrangen und Opium anbauten. Anfang der 1970er-Jahre, als das Gebiet zum Nationalpark erklärt wurde, war bereits ein Großteil der Wälder dem Brandrodungsfeldbau zum Opfer gefallen. Die verbliebenen Waldgebiete konnten nur geschützt werden, indem man den Dorfbewohnern andere Einkommensmöglichkeiten erschloss. In den Tälern am Doi Inthanon entstanden so die ersten königlichen Projekte, die den Anbau von Blumen, Obst und Gemüse förderten.

Erst in den 1960er-Jahren erwachte die Provinz Mae Hong Son an der birmanischen Grenze, im äußersten Nordwesten Thailands, aus ihrem Dornröschenschlaf. Bis zum Ausbau der ersten Straße nach Mae Sariang konnten längere Strecken nur mit Elefanten bewältigt werden.

Seit dem Ausbau der Nordverbindung über Pai in den 1980er-Jahren ist die Möglichkeit für eine interessante Rundreise gegeben. Viele bleiben in Pai hängen, unternehmen Trekking- und Motorradtouren durch die umliegenden Dörfer und genießen die Gesellschaft anderer Traveller. Das bevorzugte Ziel von Reisegruppen ist eher Mae Hong Son mit seinen Shan-geprägten Tempeln, den Langhals-Frauen und einem guten Hotelangebot.

Von Chom Thong zum Doi Inthanon

In **Chom Thong** halten die von Chiang Mai kommenden gelben Songthaews vor dem **Wat Prathat Sri Chom Thong**, einem hübschen, etwa 500 Jahre alten Tempel und Pilgerziel für alle, die im Jahr der Ratte geboren sind. Rechts von der großen Gebetshalle öffnet manchmal ein kleines Museum. Daneben liegt das beliebte Vipassana-Meditationszentrum, eine Filiale des Wat Mahathat in Bangkok (s. S. 198). Unterweisungen in Thai, aber einige Nonnen sprechen englisch.

Vor dem Ortseingang von Chom Thong zweigt am KM 57 der H1009 nach Westen Richtung

Doi Inthanon ab. Kurz darauf weist ein Schild an einer Abzweigung links zum imposanten **Mae Ya-Wasserfall**, 15 km. Am Parkplatz mit Restaurant beginnt der 400 m lange Waldweg zur Aussichtsplattform am Wasserfall, der hier fotogen 250 m über mehrere Stufen in breiter werdenden Kaskaden ins Tal hinabfällt. Nationalpark-Eintritt s. u.

Während der 47 km langen Fahrt auf der kurvenreichen, asphaltierten Straße laden Wasserfälle zu einer Rast ein. Zum beliebten **Mae Klang-Wasserfall** geht es am KM 7,5 an der Gabelung 300 m links zum Parkplatz. Hinter der Schranke wird der Eintritt (s. u.) fällig. Von hier folgt man dem rauschenden Wasser 350 m hinab zum Wasserfall, wo man picknicken und zwischen großen Granitsteinen schwimmen kann. Ein Fußpfad verläuft am Bach hinauf zum Visitor Center, das auch über die Straße 500 m hinter der Gabelung zu erreichen ist. Jenseits der Straße ist am KM 8,5 der einstündige Fußweg zur **Barichinda-Höhle**, einer Kalksteinhöhle mit zwei Kammern, ausgeschildert.

Hinter der 350 m langen Abzweigung am KM 20,8 stürzen die Wassermassen des **Wachirathan-Wasserfalls** über einen Felsvorsprung aus Granit in einen tiefen Pool und versprühen einen kühlenden Nebelschleier – besonders schön nach Regenfällen. Auf den schlüpfrigen Steinen ist Vorsicht geboten. Nun ist die Region der Nadelwälder erreicht.

An der folgenden Gabelung kurz vor dem Headquarters geht es rechts zum Hmong-Dorf **Ban Khun Klang** mit **The Royal Project Station**, einem landwirtschaftlichen Königsprojekt, das Feldfrüchte im Hochland erforscht und besichtigt werden kann, dem Campingplatz und Gästehäusern der Nationalpark-Verwaltung. 1 km weiter befinden sich die beiden Kaskaden des **Siripoom-Wasserfalls**. Am KM 35 hinter dem Headquarters tauchen die ersten Rhododendren auf, von denen es hier zehn verschiedene Arten gibt.

Übernachtung

Inthanon Highland Resort, KM 7, ✆ 053-334 896, 081-961 0361, 🖳 www.inthanon-highland.com, neben dem Touch Star Resort. Rings um einen großen See gruppieren sich 4 Bungalows und 5 große Holzhäuser mit 3–4 Schlafzimmern, die komplett vermietet werden, sowie ein Restaurant. Fahrräder, Lagerfeuer. Viele Vogelkundler übernachten hier. Frühstück inkl. ❺

Mae Klang Ing Doi Gh., nahe Mae Klang-Wasserfall, nur in Thai beschildert, ✆ 053-267 349. Am Hang jenseits des Flusses 8 kleine Steinhäuser für bis zu 4 Pers. mit Ventilator, gefliesten Böden, TV und kleiner Terrasse. An der Zufahrtsstraße mehrere Essenstände, v. a. am Wochenende. ❷–❸

Nationalpark Guesthouse im Hmong-Dorf Ban Khun Klang nahe dem Headquarters des Nationalparks am KM 31. 11 Zimmer für bis zu 3 Pers. mit Heizdecken. Sie können, falls Platz ist, im Headquarters s. u., oder unter 🖳 www.dnp.go.th gebucht werden. ❹

Zudem ein hübscher **Zeltplatz** unter Nadelbäumen mit Feuerplätzen für 30 Baht p. P. Schlafsäcke und Decken können gemietet werden, ebenso 3 Pers.-Zelte für 275 Baht. Essen im nahen Hmong-Dorf oder im großen Restaurant mit Essenständen und leckeren Thai-Gerichten zu günstigen Preisen an der Straße vor dem Headquarters. ⌚ 7–20 Uhr. Nebenan verkauft ein Laden Wasser und andere Getränke, Snacks und Souvenirs.

Touch Star Resort, KM 7, 700 m von der Hauptstraße, ✆ 053-267 364, 🖳 www.touchstarresort.com. Oberhalb des Dorfs stehen auf einem Hügel in einer Parkanlage ein 2-stöckiges Haus, kleine Holzbungalows und größere Häuser für Familien. Im Restaurant wird Gemüse aus dem Garten zubereitet. ❺

Sonstiges

Eintritt

Am 2. Checkpoint am KM 37 oder an den Zufahrten zu den Wasserfällen ist der Eintritt von 200 Baht zu zahlen, der am selben Tag für alle Attraktionen, auch den Ob Luang National Park und die Theppanon Hot Springs, gilt.
Auto 30 Baht, Motorrad 20 Baht, Fahrrad 10 Baht.

Informationen

Am KM 6 einige OTOP-Läden und das **Highway Center**, das allerdings keine Informationen bereithält.
Besser ist das **Visitor Center** am KM 9 mit Infos über die Attraktionen des Parks, endemische

Pflanzen, die Tierarten und ihre Feinde, die Wilderer, die Bergbewohner Hmong und Karen, den Opiumanbau und die Königsprojekte.
🕓 8.30–16.30 Uhr.
Das **Park Headquarters** am KM 31 hinter dem großen Restaurant, ✆ 053-268 550, hält ebenfalls einige Informationen über den Park bereit.

Transport

Der Nationalpark ist am besten mit einem gemieteten Fahrzeug erreichbar. Tagestouren ab Chiang Mai um 1000 Baht p. P.
Ansonsten geht es über **Chom Thong**: Busse von/nach CHIANG MAI, Chang Puak Station, etwa stdl. bis 18 Uhr für 40 Baht in 1 Std.
Gelbe Songthaews mit der Aufschrift: „Doi Inthanon" fahren auf den Gipfel und halten an den wichtigsten Sehenswürdigkeiten.
Sie können für 1300 Baht hin und zurück bzw. 600 Baht einfach für bis zu 10 Pers. am Tempel gechartert werden, bis zum Mae Klang-Wasserfall kosten sie 800 Baht.
Nach MAE CHAEM weitere Songthaews überwiegend vormittags für 30 Baht. Sie kosten bis zum Mae Klang-Wasserfall oder zur Abzweigung zum Gipfel 20 Baht. Dann muss man allerdings trampen.

Die Gipfelregion des Doi Inthanon

Mit zunehmender Höhe verändert sich das Landschaftsbild – über 1800 m erstrecken sich immergrüne Nebelwälder, deren verkrüppelte Bäume mit Orchideen, Flechten und Epiphyten verhangen sind.

Wer nicht am **Aussichtspunkt** am KM 41 stoppt, wird spätestens dahinter bei den beiden großen **Chedis** anhalten und die Aussicht genießen. Die braune Phra Mahathat Napamaythaneedol Chedi wurde von der thailändischen Luftwaffe 1987 zu Ehren des Königs und die violette Phra Mahathat Napapoommisiri Chedi 1992 zu Ehren der Königin errichtet. Sie sind von einem hübschen Blumengarten umgeben. Eintritt 30 Baht. Wanderer können 500 m weiter mit einem obligatorischen Guide (200 Baht für eine Gruppe bis 10 Pers.) in über 2100 m Höhe auf dem etwas beschwerlichen, knapp 3 km langen Rundweg **Kieo Mae Pan Nature Study Trail** in zwei bis drei Stunden durch Wald und Grasland, an einem Steilhang entlang, vorbei am kleinen Lan Sadet-Wasserfall und einem Aussichtspunkt, laufen. Der Weg ist während der Regenzeit von Juni bis Oktober gesperrt.

Der höchste Wanderweg Thailands

Auf dem 360 m langen Plankenweg **Angka Nature Study Trail** hinter der Stupa kann man auch ohne Guide in die Natur der immerfeuchten Bergwälder voller Farne und Moose eintauchen.

Die **Radarstation** markiert am KM 46 den höchsten Punkt Thailands, den **Gipfel** in 2565 m Höhe. Ziel der meisten einheimischen Besucher ist die **Stupa** neben dem Parkplatz mit der Asche des 1897 verstorbenen letzten unabhängigen Herrschers von Chiang Mai, Jao Inthawichayanon, nach dem der Berg benannt wurde. Vogelbeobachter zieht es hingegen zu einem urwüchsigen **Rhododendronhain**, der zwischen Dezember und Februar in weißen und roten Farben erblüht. Die meisten der 383 Vogelarten, die bisher registriert wurden, leben in über 1500 m Höhe, darunter einige seltene Arten.

Mae Chaem

Die Route kann nach Westen auf dem H1192 über Mae Chaem (22 km) fortgesetzt werden. Auf der schmalen Straße durch eines der schönsten Waldgebiete eröffnen sich immer wieder Ausblicke auf den mächtigen Doi Inthanon und die westliche Bergkette. Am KM 9 geht es auf einer unbefestigten Abzweigung 2 km zu einer Ranger-Station mit einem Campingplatz und weiter zu Fuß zum **Mae Pan-Wasserfall** (800 m) und **Huai Sai Luaeng-Wasserfall** (200 m), Nationalpark-Eintritt (s. o.). Jenseits der Nationalpark-Grenze führt die Straße hinter **Mae Pan** vorbei an gerodeten Hängen, von denen einige mit Teesträuchern bepflanzt wurden, in vielen Kurven hinab ins Tal des Mae Chaem-Flusses.

Der gleichnamige Ort, eine weit gestreute, geruhsame Siedlung, hat neben einigen Läden, einem großen Markt, einer Krankenstation und einem Geldautomaten auch einige nette Unterkünfte vorzuweisen und eignet sich daher gut als Zwischenstation. Anschließend geht es auf dem H1088 nach Norden über Khun Yuam (96 km, Verbindung über den steilen, teils unbefestigten H1263, s. S. 376) nach Mae Hong Son oder Richtung Süden nach Mae Sariang.

Durch Gemüsefelder und Reisterrassen kann man einen Ausflug nach **Ban Thong Fai** westlich des Flusses unternehmen, wo auf Handwebstühlen traditionelle Webarbeiten angefertigt werden. Besondere Beachtung verdienen die rundgewebten Röcke mit breiten Bordüren mit zackenförmigen Mustern. Zudem werden in zwei Läden von Tai Lue oder Hmong gefertigte Jacken, Hosen, Schals und Taschen sowie Textilien für den Hausgebrauch angeboten.

Übernachtung

Homestay, in Ban Padad in Tha Pha, ✆ 089-759 4051, 081-024 4828, in 7 Häusern werden von Familien Zimmer für 150 Baht p. P. Halbpension vermietet.

Die genaue Position folgender Unterkünfte s. eXTra [2643].

Chaem Muang House B&B, 41 Moo 4, Tha Pla, ✆ 053-828 398, 081-960 4901, ✉ oomsupachai@yahoo.com. Sehr hübsches, 2-stöckiges Holzhaus an der Abzweigung zum Doi Inthanon in einem Garten am Hang. 4 Zimmer mit hohen Fenstern und kleinem Balkon, die mit Kunsthandwerk und traditionellen Textilien eingerichtet sind. Ausblick auf das von Reis- und Gemüsefeldern bedeckte Tal. Frühstück inkl. ❺

Navasoung Resort, 65 Moo 9, Tha Pha, ✆ 053-828 477, 084-809 2171, 💻 www.navasoungresort.com. Bungalowanlage eines finnisch-thailändischen Paares außerhalb des Ortes Richtung Doi Inthanon, 100 m abseits der Straße. Umrahmt von Bougainvilleen stehen dicht nebeneinander in 2 Reihen am Hang Doppel- und bessere Einzelbungalows (oben, schöne Sicht). 15 Zimmer mit Kühlschrank und Terrasse. Pool, Internet, Wäscheservice, Massagen und Restaurant mit guten einheimischen und internationalen Gerichten. Frühstück inkl. ❹–❺

Pam View Resort, 157/2 Moo 16, Chang Doeng, ✆ 053-485 218, 081-883 8794. 500 m vom Zentrum, jenseits der Brücke auf dem Weg zum Weberdorf, werden am Rand der Reis- und Gemüsefelder nahe dem Fluss in einem Haus und in Doppelbungalows am Teich 15 unterschiedlich ausgestattete Zimmer vermietet. Mit Restaurant. ❷–❸

Pongsara Resort, 125 Soi 9, Chang Khoeng, ✆ 053-485 067, 081-386 4792. Auf einem großen, offenen Grundstück stehen unterschiedliche Häuser. Sehr schön die großen Holzhäuser mit 2 großzügigen Zimmern und riesiger Dusche. Günstiger die kleineren mit Ventilator. Nicht zu empfehlen sind die billigen Steinbungalows mit Ventilator und einer nur durch eine dünne Wand notdürftig abgeteilten Dusche, aber mit TV und großem Kühlschrank. Offenes Thai-Restaurant auf Stelzen an der Straße, 🕒 7–23 Uhr. ❷–❹

Transport

Songthaews stehen am Markt. Sie fahren vormittags nach CHOM THONG für 30 Baht. Von dort weiter nach Chiang Mai und Hot. Nach Khun Yuam und Mae Sariang über den H1088 nur Charter.

Ob Luang National Park

Richtung Süden zum H108 geht es auf der kurvenreichen Bergstraße H1088 durch Hmong- und Karen-Dörfer, vorbei an den wenig interessanten **Theppanon Hot Springs** am KM 9, Nationalpark-Eintritt 200 Baht, Bäder in Badehäusern 50 Baht, Massagen und Übernachtungsmöglichkeit in Zelten. Auch im Ob Luang National Park lohnt der Eintritt von 200 Baht nicht. Das Headquarters liegt 17 km westlich von **Hot**. Der Mae Chaem-Fluss hat hier auf 300 m Länge eine 32 m tiefe, nur gut 2 m breite **Schlucht** durch das feste Basaltgestein gegraben. Von der Brücke aus hat man den besten Blick. Ein **Visitor Center** informiert über deren Entstehung, prähistorische Ausgrabungsfunde und die Geschichte des Camps der britischen Borneo Company, die an dieser Stelle das flussaufwärts gefällte Holz aus dem Fluss fischte.

Mae Sariang

Der kleine Marktort Mae Sariang in einem weiten Tal nahe der Grenze zu Myanmar (Birma) hat nichts Aufregendes zu bieten. Er ist ein idealer Platz für alle, die sich abseits der Touristenmassen bewegen und eigene Entdeckungen machen wollen. Vieles (außer den Tempeln) ist in lateinischen Buchstaben ausgeschildert, was die Orientierung erleichtert. Von den meisten Gästehäusern und einigen Restaurants aus hat man einen schönen Blick über den Fluss und die Felder bis zu den Bergen. Während die Flüsse jenseits der Bergkette im Osten im Einzugsbereich des Golfs von Thailand liegen, fließen sie hier in die Andamanensee.

Im **Wat Chom Kham**, dem größten Tempel im birmanischen Stil, lohnt ein Blick in die große, zentrale Halle, die einen Pfauenthron, einen großen stehenden Buddha und Bilder von der Poi Sang Long-Prozession zur Mönchsordination enthält. Das **Wat Kittiwong** im Thai-Stil enthält eine Reliquie Buddhas. Der phallusförmige **Lak Muang-Schrein** neben der Polizei wird von Blumengirlanden bekränzt. Beruhigend ist die Atmosphäre im **Wat Sri Boon Rueng** hinter dem **Wat Jong Soong**.

Der Ort eignet sich gut als Ausgangspunkt für Ausflüge zu den Lawa oder an den Grenzfluss **Salween**, das Tal zum Motorradfahrenlernen und für Radtouren in ursprüngliche Karen-Dörfer, wie das Dorf am Fuß des **Wat Chom Mon**, wo eine Kuan Yin-Statue und ein chinesischer Tempel stehen. Ein Besuch im **Wat Chom Thong** lohnt allein schon wegen der Aussicht. Es liegt 1 km südlich des Museums auf einer Hügelkette. Eine schmale, 500 m lange Zufahrtsstraße führt durch ein Holztor am KM 229,2 vom H105 hinauf. Oberhalb eines kleinen Klosters blickt ein großer, goldfarbener Buddha über das Tal bis auf die bewaldeten Bergketten des Salween National Parks, der seit 2006 **Lum Nam Khong National Park** heißt. Die beste Aussicht bietet sich am Vormittag, wenn kein Gegenlicht herrscht.

Geschichte anschaulich präsentiert

Das 2009 eröffnete kleine **Museum** in einem Gebäude im Lanna-Stil, an der Abzweigung des H105 vom H108 östlich des Zentrums, informiert anschaulich über den über 540 Jahre alten Ort, der früher nur von Karen und Lawa bewohnt war. In einem Raum ist eine einfache Karen-Küche nachgebaut mit Feuerstelle und Webstuhl. In der Haupthalle lernt man einige interessante Aspekte der regionalen Feste und Traditionen der Tai Yai (Shan), Tai Yuan, Lawa, Karen und der muslimischen Händler kennen. Auch der Alltag der Arbeitselefanten wird dargestellt. Alles ist auch in Englisch beschriftet. Hier werden zudem OTOP-Produkte verkauft. ◷ 8.30–17 Uhr, 30 Baht.

Übernachtung

Kamonsorn Hotel ⑥, Mae Sariang Rd., ✆ 053-681 524. L-förmiger Hotelblock mit gefliesten Zimmern mit Bad und alter AC. ❸

North-West Gh. ②, 81 Moo 12 Ban Kad, ✆ 089-700 9928, 💻 www.northwestgh.blogspot.com. 8 sehr saubere, recht große Zimmer mit Moskitonetzen in einem 2-stöckigen Holzhaus, günstige mit Gemeinschafts-Dusche, teurere mit AC, Internet, Traveller-Restaurant. Die freundliche, hilfsbereite Besitzerin Khun Tukta spricht gut englisch. Fahrrad-, Motorrad- und Jeepvermietung, Touren (s. u.). ❷–❸

River House Hotel ③, 77 Laeng Phanit Rd., ✆ 053-621 201. In einem gepflegten Holzhaus am Fluss gut eingerichtete Zimmer mit dicken Matratzen, TV und Balkon. Frühstück auf Wunsch, guter Kaffee, Motorradvermietung. ❹

River House Resort ⑤, 6/1 Moo 2, ✆ 053-683 066. Reisegruppen übernachten gerne in diesem gepflegten, aber etwas sterilen Hotel. Alle Zimmer mit Balkon oder Terrasse und Teakholzböden. Im Restaurant Thai- und westliche Küche. ❺

Riverside Gh. & Resort ①, 85/1 Laeng Phanit Rd., ✆ 053-681 188. Das alte Gästehaus in einem Holzhaus am Fluss ist in die Jahre gekommen. 10 Zimmer von unterschiedlicher Ausstattung mit Ventilator oder AC. ❷

Salawin Gh. ④, 2 Langpanich Rd., ✆ 053-681 490, 084-806 9386. Saubere Zimmer mit Ventilator und kleiner Terrasse in einem 2-stöckigen Haus, Internet, Frühstück möglich. ❸

Essen

Alle Gästehäuser haben ein Restaurant.

Coriander in Redwood Restaurant, am Fluss. Hier essen v. a. Reisegruppen, die im angrenzenden River House Resort übernachten. Thai-Gerichte und Steaks. Aber das schicke Ambiente hat seinen Preis.

Inthira Restaurant, 107/1 Wiang Mai Rd., ✆ 053-681 529. Einfaches, offenes Thai-Restaurant, das abends guten Fisch serviert.

Leelawadee Restaurant, Wiang Mai, Ecke Mae Sariang Rd. Kleines, offenes Restaurant, das durch viele Pflanzen von der Straße abgeschirmt ist. Gut zum Kaffeetrinken und um Leute zu beobachten. Thai-Gerichte und Bier vom Fass.

Sawadee Restaurant direkt am Fluss gegenüber dem North-West Gh. mit Terrasse. Gute Musik, leckeres Essen und gutes Preis-Leistungs-Verhältnis. Neben einer Bar Holztische und eine gemütliche Sitzecke mit Kissen und Hängematte. Außer original Thai-Gerichten auch einige Traveller-Favoriten, Fisch aus dem Salween 150 Baht, alles andere unter 100 Baht. Flussaufwärts weitere Restaurants mit Flussblick.

Sonstiges

Auch in der Regenzeit lässt es sich gut durch die grünen Reisfelder trekken.

Mit **Fahrrädern**, die in Gästehäusern vermietet werden, kann man das Tal erkunden und ins Blaue fahren, denn es ist leicht sich zurechtzufinden.

Dragon Sabaii Tours (Thailand Hilltribe Holidays), ✆ 089-956 9897. Pe und Melissa aus England versuchen ein sozialverträgliches Konzept zu verwirklichen. Sie verkaufen Bausteine für Touren, die man sich selbst zusammenstellen kann (Guide und Fahrer ca. 1800 Baht pro Tag, Essen 50 Baht, Unterkunft 150 Baht). Ziel ist v. a. ein Lawa-Dorf in der Gegend von Mae La Noi, 30 km außerhalb, nahe einem Tempel, in dem Pes Mutter lebt. Dort wohnt man bei Familien und lernt lokales Kunsthandwerk selbst herzustellen, hilft beim Kochen oder bei der Ernte und kann zudem Englisch unterrichten.

Mae Sariang Adventure Tour, im North-West Gh., organisiert ab 2 Pers. 2- oder 3-tägige Touren nach Mae Wa mit Bootsfahrt für 2000 Baht p. P. und Tag. Elefantenreiten 1000 Baht extra.

Transport

Nach BANGKOK ab dem Büro von Sombat Tours, ✆ 053-681 532, AC-Bus um 16 Uhr für 450 Baht, VIP-Bus von 18 und 19 Uhr für 580 Baht.

Ab dem Bus Terminal nach:

CHIANG MAI AC-Bus um 10.30 und 1 Uhr für 180 Baht, zudem 5x lokale Busse für 100 Baht. Minibus um 7.30 und 14 Uhr für 240 Baht in 4 Std.

HOT Minibus stdl. von 7–13 Uhr für 50 Baht in 3 Std.

MAE HONG SON 6x tgl. für 150–260 Baht in 4 Std.

MAE SOT Songthaews und Minibusse stdl. von 7.30–11.30 Uhr in 6 Std. für 180 Baht.

Ab dem Markt nach MAE SAM LAEP (Salween) morgens für 60 Baht.

Am Grenzfluss Salween

Ab dem Markt fahren vormittags auf dem H1194 gelbe Songthaews von Mae Sariang für 60 Baht die 47 km lange Strecke nach **Mae Sam Laep** am Salween (auch: Salwine, Mae Nam Kong, in China: Nujiang), dem Grenzfluss zu Myanmar, der aus dem tibetischen Hochland kommend, nach 2815 km in die Andamanensee mündet. Sobald man das Tal verlässt, schlängelt sich die von Schlaglöchern übersäte Straße hier und da durch schöne Teakwälder über eine gut 900 m hohe Bergkette. Zahlreiche einfache Holz- und Bambushäuser drängen sich am steilen Ufer eines schmalen Nebenflusses und des Salween. In der Siedlung mit einer kleinen Pagode, dem Markt und einigen Läden, die Produkte aus Myanmar anbieten, leben Flüchtlinge aus dem Nachbarland, Shan und Karen ebenso wie indisch aussehende Arakanesen. Das letzte Songthaew zurück fährt gegen 17 Uhr.

An der Anlegestelle, 700 m von der Abzweigung der Stichstraße, werden von 9–17 Uhr Boote für Touren auf dem Salween für 1300 Baht vermietet (für bis zu 12 Pers.). Es geht in einer Stunde bis zum Dorf **Ban Sop Moei** an der Einmündung des Moei-Flusses, wo man in der Trockenzeit auf einer Sandbank rasten kann, und wieder zurück. 3-tägige Trekkingtouren starten von dem Dorf aus durch das kaum besuchte, waldreiche Bergland.

Kaew Komol Cave Forest Park

30 km nördlich von Mae Sariang lädt oberhalb von **Mae La Noi** hinter einer Bergkuppe ein Rastplatz neben einer Pagode zum Bleiben ein.

Eine Höhle wie ein Märchenschloss

Wer ein eigenes Fahrzeug hat, sollte unbedingt zu der kleinen, aber faszinierenden **Kaew Komol-Höhle** weiterfahren, die 5 km östlich des Ortes, am Ende eines hübschen Seitentals liegt. In der 435–500 Mio. Jahre alten, erst 1993 entdeckten Höhle sind 5 Kammern über steile Treppen durch einen künstlich geschaffenen Zugang erreichbar. Die Wände und strahlendweißen Stalagmiten sind mit reflektierenden Calcit-Kristallen bedeckt und glitzern wie in einem Märchenschloss. Sie formen silberne Eisnadeln und Zuckerberge, Korallen in Gelb- und Rosatönen, kleine versteinerte Wasserfälle und Puffreisberge in Pink, Orange und Braun. Der Zutritt ist nur im Rahmen von geführten, 20-minütigen Touren in Gruppen von maximal 20 Pers. möglich. Die letzte steile Strecke wird in Songthaews zurückgelegt, die ständig vom Parkplatz am Fuß des Berges starten. Eintritt inkl. Führung und Transport 80 Baht, Thais 40 Baht. In der Höhle Fotografierverbot.

Khun Yuam

Über 3 km erstreckt sich der Ort entlang der Straße. Mit dem Bus am besten am KM 200 aussteigen. Hier, am nördlichen Ortsausgang, sind in der interessanten **Thai Japanese Friendship Memorial Hall**, einem kleinen Museum, ein Shinto-Schrein, Waffen, Stahlhelme, Werkzeuge und andere Gegenstände aus dem Zweiten Weltkrieg zu sehen. Interessant sind die Fotos aus der Zeit, als die Japaner auf dem Weg nach Birma durch den Ort kamen und nach der Kapitulation 1945 hierher flüchteten, sowie das Video in Thai mit englischen Untertiteln. ⏲ 8–12 und 13–17 Uhr, 50 Baht, Thais 20 Baht. Davor stehen verrostete Militär-Lastwagen und ein Gedenkstein. In einer Werkstatt am Parkplatz werden von Frauen traditionelle Textilien hergestellt und verkauft.

Wer auf dem H1263 von Khun Yuam nach Mae Chaem nach 12 km nicht nur am **Namtok Mae Surin National Park** vorbeifahren, sondern auch seine Attraktionen besuchen möchte, braucht für den letzten Streckenabschnitt zum Wasserfall ein geländegängiges Fahrzeug. Auf der Abzweigung erreicht man nach 14 km die Sonnenblumenfelder am **Doi Mae U-Ko**. Im November sind die Hänge zwei Wochen lang mit den Blüten wilder Sonnenblumen (Toong Buat Tong) gelb gefärbt. Nach weiteren 10 km ist das Wild Orchid Conservation Center erreicht. Das Highlight ist der **Mae Surin-Wasserfall**, 25 km nördlich des H1263, mit 100 m Fallhöhe einer der höchsten in Thailand. Eintritt 200 Baht.

Auf der gut ausgebauten Straße nach Mae Hong Son passiert man Dörfer der Karen und Shan. 32 km südlich von Mae Hong Son geht es östlich der Straße 8,5 km steil hinauf nach **Ban Meo Microwave** (Ban Yod Doi), einem ursprünglichen Hmong-Dorf auf einem hohen Berg, von wo aus man eine gute Aussicht genießt. Ab Mae Hong Son werden Touren hierher angeboten.

Übernachtung

Baan Farang Gh., 499 Moo 1 Ratburana Rd., ✆ 053-622 086. Nördlich des Museums stehen hinter dem Haupthaus solide Doppelbungalows mit Terrasse, großem Bett, TV, Ventilator und gediegen eingerichtete teure AC-Bungalows. Frühstücken möglich. ❸–❺

Mitr Khun Yuam Hotel, 63 Moo 1 Ratburana Rd., ✆ 053-691 057. Südlich des Museums werden einfache Zimmer in einem 2-stöckigen Holzhaus und in weiter unterhalb gelegenen Bungalows vermietet. ❶–❸

Transport

Nach CHIANG MAI 4x für 160–280 Baht in 6 1/2 Std. MAE HONG SON 4x für 50/110 Baht in 2 Std.

Mae Hong Son

Die kleine, sympathische Provinzhauptstadt Mae Hong Son wird überwiegend von Shan (Tai Yai) bewohnt, die große Gebiete von Myanmar (Birma) bis nach Südchina besiedeln. Bei einem Bummel über den zentralen **Morgenmarkt**, der frühmorgens vor 9 Uhr stattfindet, erhält man einen Eindruck von der Völkervielfalt dieser Provinz.

Etwa die Hälfte der Bewohner sind Angehörige der Bergvölker, die andere Hälfte Shan. Nur 2 % der Bewohner der Stadt Mae Hong Song sind Thais. Birmanische Einflüsse sind überall spürbar, v. a. in der Tempelarchitektur.

Im **Wat Hua Wiang** an der Panit Watana Rd., der Straße zum Flugplatz, steht ein großer Buddha im birmanischen Stil in einer hohen, aus Teak erbauten Halle. Im Wasser eines kleinen Sees spiegeln sich die verspielt dekorierten Tempel **Wat Chong Klang** und **Wat Chong Kam**. Im April, wenn im ganzen Land die buddhistischen Ordinationsfeierlichkeiten stattfinden, steht das ältere Wat Chong Kam im Mittelpunkt eines großen Festes.

Ein steiler Fußweg und eine schmale Serpentinenstraße führen zum **Wat Phrathat Doi Kong Mu** auf einem Hügel westlich der Stadt hinauf, das häufig hinter einer Dunstglocke verborgen bleibt. Nicht grundlos nennt man Mae Hong Son auch „Stadt der drei nebligen Jahreszeiten". An klaren Tagen hingegen überblickt man das Tal des Pai-Flusses, in dem sich der Ort erstreckt, und die umliegenden Berge. Der Tempel wurde vor über 100 Jahren errichtet, nachdem der letzte König von Chiang Mai, Inthawichayanon, das ehemalige Lager der Elefantenfänger zur Stadt erklärt hatte.

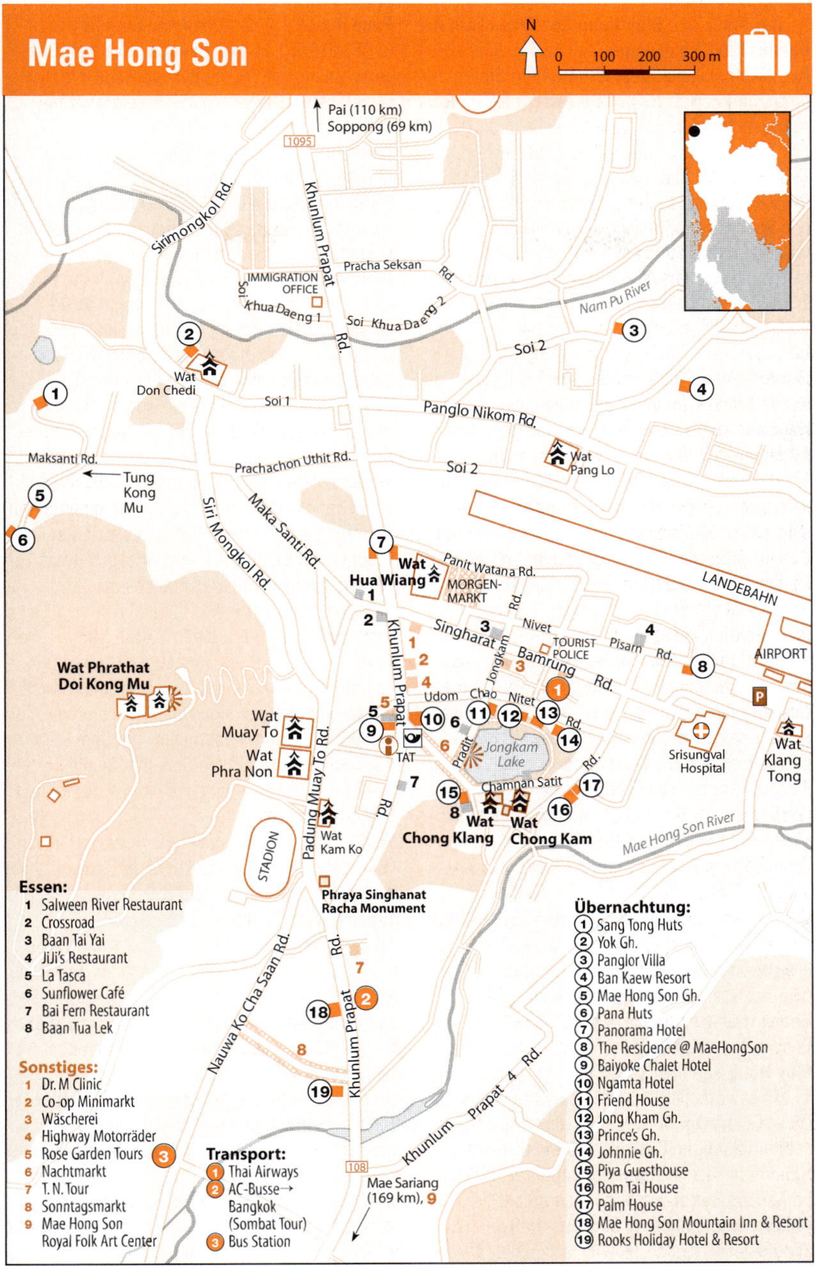
Mae Hong Son
N
0 100 200 300 m
Pai (110 km)
Soppong (69 km)
1095
Sirimongkol Rd.
Khunlum Prapat Rd.
Pracha Seksan Rd.
IMMIGRATION OFFICE
Soi Khua Daeng 1
Soi Khua Daeng 2
Nam Pu River
Soi 2
Wat Don Chedi
Soi 1
Panglo Nikom Rd.
Maksanti Rd.
Tung Kong Mu
Prachachon Uthit Rd.
Soi 2
Wat Pang Lo
Siri Mongkol Rd.
Maka Santi Rd.
Wat Hua Wiang
Panit Watana Rd.
MORGEN-MARKT
LANDEBAHN
Singharat Rd.
Nivet
Jongkam
TOURIST POLICE
Pisarn Rd.
Bamrung Rd.
AIRPORT
Wat Phrathat Doi Kong Mu
Udom Chao Nitet Rd.
Wat Muay To
Wat Phra Non
Padung Muay To Rd.
TAT
Pradit
Jongkam Lake
Chamnan Satit Rd.
Srisungval Hospital
Wat Klang Tong
Wat Kam Ko
STADION
Wat Chong Klang
Wat Chong Kam
Mae Hong Son River
Phraya Singhanat Racha Monument
Nauwa Ko Cha Saan Rd.
Khunlum Prapat 4 Rd.
108
Mae Sariang (169 km), 9
Essen:
1 Salween River Restaurant
2 Crossroad
3 Baan Tai Yai
4 JiJi's Restaurant
5 La Tasca
6 Sunflower Café
7 Bai Fern Restaurant
8 Baan Tua Lek
Sonstiges:
1 Dr. M Clinic
2 Co-op Minimarkt
3 Wäscherei
4 Highway Motorräder
5 Rose Garden Tours
6 Nachtmarkt
7 T. N. Tour
8 Sonntagsmarkt
9 Mae Hong Son Royal Folk Art Center
Transport:
1 Thai Airways
2 AC-Busse→ Bangkok (Sombat Tour)
3 Bus Station
Übernachtung:
1 Sang Tong Huts
2 Yok Gh.
3 Panglor Villa
4 Ban Kaew Resort
5 Mae Hong Son Gh.
6 Pana Huts
7 Panorama Hotel
8 The Residence @ MaeHongSon
9 Baiyoke Chalet Hotel
10 Ngamta Hotel
11 Friend House
12 Jong Kham Gh.
13 Prince's Gh.
14 Johnnie Gh.
15 Piya Guesthouse
16 Rom Tai House
17 Palm House
18 Mae Hong Son Mountain Inn & Resort
19 Rooks Holiday Hotel & Resort

Das staatliche **Mae Hong Son Royal Folk Art Center**, 128/2 Khunlumpraphat Rd., in einem großen, klimatisierten Verkaufsraum im Süden der Stadt, verkauft Textilien und andere lokale Produkte. ⌚ Mo–Sa 8–16.30 Uhr.

Übernachtung

Viele Gästehäuser konzentrieren sich um den See, während die meisten Resorts in idyllischer Umgebung außerhalb des Zentrums liegen. Siehe Karte S. 377, genaue Position s. eXTra [2643].

Untere Preisklasse

Friend House ⑪, 20 Pradit Jongkam Rd., ✆ 053-620 119. In dem 2-stöckigen, sauberen Haus der Shan-Gastgeber wohnt man in den 4 Zimmern mit Ventilator im Obergeschoss aus Teakholz mit breiter Veranda und Sitzgelegenheiten am ruhigsten. Die preiswerteste Option sind 8 Zimmer mit Matratze auf dem Boden und Gemeinschafts-Du/WC. Zudem ein großes Familienzimmer. Gutes Frühstück, exzellente Fruchtshakes. ❷

Johnnie Gh. ⑭, 5/2 Udom Chao Nitet Rd., ✆ 053-611 667. 3 Zimmer mit Ventilator in einem neueren Reihenhaus und 5 einfache im gegenüberliegenden alten Holzhaus mit Plastikböden und Gemeinschaftsdusche. Nicht nur wegen des betonierten Hofs mangelt es an Atmosphäre. Tourenangebote. ❷

Jong Kham Gh. ⑫, 7 Udom Chao Nitet Rd., ✆ 053-613 855, 081-671 1864. Auf einem Grundstück mit hohen Bäumen direkt am See stehen Hütten unterschiedlicher Größe mit Ventilator und einfachen, teils offenen Duschen und ein 2-stöckiges Haus mit 5 sauberen, preiswerten Zimmern mit Ventilator, Mattenwänden, Matratzen auf dem Boden, großer Gemeinschaftsterrasse und 3 Duschen im EG. Enduro-Touren. ❶–❷

Mae Hong Son Gh. ⑤, 295 Moo 11, Pangmoo, ✆ 053-612 510, 086-923 9985. Eines der ältesten Gästehäuser am Ortsrand auf einem ruhigen, sehr weitläufigen Gelände. 5 Bungalows und 8 Zimmer im Reihenhaus mit Ventilator, Plastikböden und Betten mit alten Decken und Moskitonetz, einige mit Gemeinschaftsdusche. Zudem ein großer, teurer AC-Bungalow. ❷–❹

Palm House ⑰, 22/1 Chamnan Satit Rd., ✆ 053-614 022. In ruhiger Lage nahe dem See steht dieses neuere, 2-stöckige Haus mit 14 gefliesten Zimmern mit Ventilator und TV oder AC, im 1. Stock mit Balkon. ❸

Pana Huts ⑥, Pangmoo, 200 m hinter dem Mae Hong Son Gh. unterhalb einer Teakplantage, ✆ 053-614 331, 086-772 8502, 💻 www.panahuts.com. In dieser geschmackvoll gestalteten, kleinen Anlage lebt es sich sehr ruhig, aber auch etwas einsam. Am Hang in einem Garten stehen kleine Bambushütten und ein Doppelhaus mit Ventilator und Duschen aus Naturstein. Frühstück 100 Baht. Fahrradvermietung. ❷–❹

Panglor Villa ③, 13/3 Soi 4, Panglo Nikom Rd., ✆ 053-611 572, 081-564 5497. Ein betonierter Innenhof wird flankiert von 2 soliden, sehr sauberen Steinhäusern. 8 kühle, großzügige, sehr saubere Zimmer mit Ventilator, gefliesten Böden, TV und kleinen Duschen. Das gute Preis-Leistungs-Verhältnis gleicht die etwas ungünstige Lage und das Fehlen eines Restaurants aus. ❷–❸

Prince's Gh. ⑬, 38 Udom Chao Nitet Rd., ✆ 053-611 136, princeguesthouse@gmail.com. Im alten Holzhaus 4 Zimmer mit Ventilator und Gemeinschaftsdusche im EG, 7 Zimmer im modernen Anbau, 4 davon mit schönem Blick über eine Wiese auf den See, mit Ventilator oder AC, TV und gefliesten Böden. Internet und WiFi inkl. ❶–❸

Yok Gh. ②, 14 Sirimongkol Rd., ✆ 053-611 532, 086-118 5819. L-förmiges Reihenhaus mit 9 etwas muffigen, kleinen Zimmern mit Teppichböden und Ventilator oder AC. Kleines Restaurant. ❷–❸

Mittlere Preisklasse

Baiyoke Chalet Hotel ⑨, 9087 Khunlum Prapat Rd., ✆ 053-611 536, ✉ baiyoke1864@yahoo.com. Über dem Chalet-Café überteuerte Standardzimmer mit Minibar, von einigen nur Blick auf eine Wand, und bessere Deluxe-Zimmer. Im Restaurant Tanz und Musik bis 1 Uhr. ❹

Ban Kaew Resort ④, 14/1 Panglo Nikom Rd., ✆ 053-613 007, 081-456 5189, ✉ ban_kaew@yahoo.com. In sehr ruhiger Lage stehen L-förmig um einen zementierten Hof 2 solide Reihenhäuser mit sauberen Zimmern mit TV, gefliesten Böden und Terrasse. Darüber in einem Garten hübsche Holzhäuser im Lanna-Stil mit Terrasse, Doppelbungalows mit Ventilator. ❹

Mae Hong Son Mountain Inn & Resort ⑱, 112 Khunlum Prapat Rd., 053-611 803, www.mhsmountaininn.com. Großes, neueres 2-stöckiges Mittelklassehotel im Shan-Stil mit Restaurant am Stadtrand. Komfortable Zimmer mit Holzböden, teurere mit Badewanne, schöner Blick in den Garten. Begrünter Innenhof, großer Pool in einem Garten mit Liegen, Restaurant. Günstige Preise bei Buchung im Internet. ❺

Ngamta Hotel ⑩, 5/9 Khunlum Prapat Rd., 053-612 794, 081-952 4360. In absolut zentraler Lage 14 helle Zimmer mit gefliesten Böden, Betten mit dicken Matratzen, Tischen und Stühlen. Einige mit schöner Aussicht bis zu den Bergen. Frühstück inkl. ❺

Panorama Hotel ⑦, 51 Khunlum Prapat Rd., 053-611 757-62, 086-918 9465, www.panhostel.com. Im 5-stöckigen Hotel, dem benachbarten Holzhaus und gegenüberliegenden Neubau 43 unterschiedliche, saubere Zimmer mit Ventilator oder AC, Kühlschrank und TV, im Haupthaus mit gefliesten Böden, kleinem Erker und winzigem Bad, nach hinten ruhig. ❷–❹

Piya Gh. ⑮, 1/1 Soi 3, Chamnan Satit Rd., 053-611 260, 612 308, piyaguesthouse@hotmail.com. Am See neben den Tempeln und dem Nachtmarkt stehen im Garten dicht aneinandergereiht in unterschiedlichen Farben angestrichene klimatisierte Bungalows. Kleine Terrasse mit Plastikstühlen und Blick auf das Geschehen vor der Tür. Frühstücksrestaurant. Die Chefin webt auf einem einfachen Webstuhl im Karen-Stil. ❹

Rom Tai House ⑯, 22 Chamnan Satit Rd, 053-612 437, 087-180 5267, www.5007311117.itfifty.com. Die Anlage ist größer, als es der erste Blick vermuten lässt. Hinter dem 2-stöckigen Neubau mit gefliesten, einfachen Zimmern mit Ventilator für 2–4 Pers. liegt ein wunderschöner Garten mit Lotosteich und einem kleinen Bach. Dort stehen weitere Reihenhäuser und Holzbungalows mit AC oder Ventilator und Terrasse. ❸–❹

Fantasievolles Kleinod

Sang Tong Huts ①, 053-620 680, www.sangtonghuts.com. Individuell und naturnah gestaltetes Resort im lichten Wald am Hang am Ende einer unbefestigten Straße. Die künstlerische Hand von Tong, der vor einigen Jahren verstarb, ist noch überall spürbar, und seine australisch-deutsche Familie leitet weiterhin die Anlage. Geschmackvoll eingerichtete Bungalows, weitgehend aus Bambus und teils auf hohen Stelzen am Hang mit Blätterdach und wunderschönen, gefliesten Bädern. Im Winter Daunendecken. Tolles Penthouse. Kleiner Pool mit Liegen. Lagerfeuer im offenen Restaurant, guter Kaffee und Wein. Ein guter Platz zum Entspannen. ❸–❺

The Residence @ MaeHongSon ⑧, 41/4 Nivet Pisarn Rd., 053-614 100, 081-562 6552, www.theresidence-mhs.com. Neues 3-stöckiges Boutique-Gh. mit 8 nett eingerichteten, sauberen Zimmern mit TV und Teakmöbeln und -böden, dicken Matratzen und bezogenen Decken, WiFi, Kühlschrank und hübschen Bädern. Auch Familienzimmer. Haustür mit Keycard. Sitzmöglichkeiten im Innenhof, Frühstück auf der Terrasse im 1. Stock inkl. Fahrradvermietung. ❹

Außerhalb:

Rim Nam Klang Doi Resort, 108 Ban Huai Dua, 053-684 142. 39 Zimmer in verschiedenen Häusern auf einem großen Grundstück am Fluss, 6 km südlich. Preiswerte Zimmer in einem Reihenhaus mit Wänden aus Bambusmatten und Ventilator. Hübsche AC-Zimmer in kleinen Bungalows und doppelstöckigem Haus am Wasser. ❸–❹

Obere Preisklasse

Rooks Holiday Hotel & Resort ⑲, 114/5-7 Khunlum Prapat Rd., 053-612 324, www.maehongsonholiday.com. Gepflegtes 5-stöckiges Luxushotel mit 110 gut möblierten Zimmern mit dicken Matratzen, TV und kleinem Balkon. Zudem 70 Bungalows. Restaurant, Bar, Pool, Massage, Billardsalon und Karaoke. ❺–❻

Luxus am Rand des Nationalparks

Fern Resort, 64 Moo 10, Pha Bong, 7 km Richtung Mae Sariang, ✆ 053-686 110, 🖳 www.fernresort.info. Auf einem parkähnlichen Grundstück, das von gurgelnden Bächen durchzogen und von Reisfeldern und Wäldern umrahmt wird, stehen 20 mit Naturstein verkleidete Bungalows. In den Häusern oberhalb des Pools am Hang sind auch die Bäder aus Naturstein gemauert. Besonders schön die 15 Suiten unterhalb der Rezeption in den Bungalows mit separaten Duschen, WC und Waschbecken im Ankleidezimmer, von der hinteren Terrasse Blick in die üppig-grüne Natur. Mit Telefon und Kühlschrank, aber bewusst ohne TV. WiFi in der luftigen Lobby. Großer Pool mit Liegen. Einheimische Guides begleiten Gäste bei bis zu 4-stündigen Wanderungen durch den Nationalpark. ❺–❻

Außerhalb:

Golden Pai & Suite Resort, 285 Moo 1, Pang Mu, 7 km nördlich von Mae Hong Son, ✆ 053-620 653-5, 🖳 www.goldenpaihotel.com. Abzweigung vom H1095 am KM 202,5, 800 m hinter dem Dorf am Pai-Fluss, 70 komfortable, klimatisierte Bungalows nahe dem Pool. Zudem größere und kleinere Hotelzimmer. Restaurant, Spa, Pool, den auch Gäste von außerhalb gegen eine Gebühr nutzen können. ❺–❻

Schlemmen mit Blick auf die Tempel

Abends verwandeln zahlreiche **Essenstände** das Seeufer in eine Schlemmermeile. Auf Grills brutzeln Salzfische, Tintenfisch, Sate, getrocknetes Schweinefleisch mit Honig-Sesam-Marinade und würzige Würstchen. Gefüllte Teigtaschen und süße Reiskuchen werden gedämpft, Gemüse gedünstet, Waffeln gebacken, und Gemüseplätzchen sowie Bananen brodeln im Fett. Man isst im Gehen oder lässt sich an Tischen jenseits der Straße oder auf Sitzkissen an niedrigen Tischen am Seeufer nieder und genießt den Ausblick auf die sich im Wasser spiegelnden erleuchteten Pagoden. Anschließend kann man an den angrenzenden Ständen Kunsthandwerk aus dem Norden erstehen.

Imperial Tara Mae Hong Son, 149 Moo 8, Muang Sam Mok, 2 km südlich der Stadt, ✆ 053-611 021, 🖳 www.imperialhotels.com. Großes, komfortables Resort mit über 100 Zimmern in einer weitläufigen Gartenanlage mit Pool. ❻

Essen

Baan Tai Yai, 31 Singharat Bamrung Rd. Von jungen Leuten modern gestaltetes, großzügiges, offenes Künstler-Eckcafé mit gemütlichen Sitzgruppen, kleiner Bar, Internet an Apple-Computern und WiFi. Es gibt Frühstück und Snacks sowie guten Kaffee. Freundlicher Service, hervorragende Postkarten. 🕓 von früh bis spät.

Baan Tua Lek, neben den Tempeln direkt am See. Kleiner, klimatisierter Coffeeshop mit Sitzmöglichkeiten drinnen und draußen. Hinter Glasvitrinen locken leckere Kuchen, zudem guter Kaffee, WiFi. Freundlicher, aber nicht immer professioneller Service von jungen Leuten. 🕓 8–20 Uhr.

Bai Fern Restaurant, 87 Khunlum Prapat Rd., ✆ 053-611 374. Das riesige Restaurant gibt es seit 1987, es gilt als das beste im Ort. Empfehlenswert sind gebratene Farne und Fisch aus dem Pai-Fluss, zudem authentisch scharfe Shan-Speisen, die für Reisegruppen abgemildert werden. Auch westliche und vegetarische Gerichte. Abends Livemusik, Speisekarte auf Englisch und Spanisch, mittleres Preisniveau. 🕓 mittags und abends.

Crossroad, Khunlum Prapat, Ecke Maka Santi Rd. Offene, 2-stöckige Bar mit Restaurant in einem alten Holzhaus an einer belebten Kreuzung, mit viel Holz rustikal eingerichtet. Auf der Karte stehen Kaffee, Säfte und Bier vom Fass, zudem Pizza, Pasta, Steaks, Thai- und vegetarische Gerichte für 50–150 Baht.

JiJi's Restaurant, Nivet Pisarn Rd. Trotz der Plastikstühle und begrenzten Karte lohnt das kleine, offene Restaurant wegen der von der Chefin selbst zubereiteten leckeren, authentischen Thai-Gerichte einen Besuch.

La Tasca, Khunlum Prapat Rd. Kleines italienisches Restaurant mit englisch-spanischer

Bei den Langhals-Frauen

Zwiespältige Gefühle hinterlässt ein Besuch bei den „Langhals-Frauen", die von der aufständischen Karenni-Armee aus Kayah State in Myanmar (Birma) hierher gebracht wurden und bereits seit 1988 in den Lagern nahe der Grenze leben. Die Frauen vom Volk der Padaung-Karen, die sich selbst Kayan nennen, verlängern seit frühester Kindheit ihren Hals durch eine Reihe von Messingringen. Sie können nun von Touristen gegen einen Obolus von 250–300 Baht in einem der drei *Longneck Villages* bestaunt werden. Im Gegensatz zu den Dörfern bei Chiang Rai, wo angeworbene Frauen aus Myanmar von Geschäftemachern wie im Zoo ausgestellt werden, handelt es sich bei Mae Hong Son überwiegend um Flüchtlingsfamilien. Einige junge Frauen haben sich sogar bewusst dafür entschieden, die Ringe abzulegen. Die Dörfer bestehen aus kaum mehr als einer Reihe von Verkaufsständen, an denen Frauen und Kinder Souvenirs verkaufen und sich fotografieren lassen. Im Gegensatz zum Obulus können sie zumindest dieses Geld behalten und sich damit ein Einkommen sichern.

Ban Nam Phiang Din (Karen: Huay Pu Keng) ist mit dem Boot auf dem Pai via Ban Huai Dua (s. Bootsfahrten) zu erreichen. Hier kann man auch übernachten und in 30 Min. durch ein Bachbett zu einer buddhistischen Meditationshöhle wandern. Das Dorf hat eine sehr gute Website: 💻 huaypukeng.com, auf der viele aktuelle Hintergrundinformationen und Links zu finden sind.

Ban Mai Nai Soi (Karen: Kayan Layar) liegt am Waldrand am Ende eines schönen Seitentals nordwestlich von Mae Hong Son hinter dem großen Shan-Dorf **Ban Nai Soi**, 17 km von der Abzweigung vom H1095 am KM 191 (s. u.) oder ab der Umgehungsstraße. Die letzten unbefestigten 3 km ins Longneck Village, das auch über eine Schule und ein Gesundheitszentrum verfügt, sind nur mit Geländewagen zu befahren, Taxiservice hinter dem großen Tempel 200 Baht.

Ban Huai Sua Tao, 12 km südwestlich, am Ende einer unbefestigten Straße, ist am schnellsten zu erreichen.

Karte. An kleinen Tischen, die in 2 Reihen drinnen und abends auch draußen auf dem Bürgersteig stehen, genießen v. a. Backpacker Pizza, Pasta und andere westliche Gerichte, um 150 Baht. 🕓 10–22 Uhr.

Salween River Restaurant, Maka Santi Rd. Offenes, mit hellen Holzmöbeln eingerichtetes Restaurant mit preiswerten internationalen, vegetarischen, einigen birmanischen und Shan-Gerichten sowie Frühstück. Ausgezeichnete Currys, v. a. das Green Curry, sowie der Burmese Green Tea Leaf Salad.

Sunflower Café, 2/3 Khunlum Prapat Rd., 💻 www.sunflowercafetour.com. Die Adresse für alle, die Heimweh nach frischem Brot (ab 7 Uhr) mit Filterkaffee oder Pizza (ab 120 Baht) mit Wein (ab 180 Baht) haben oder auf der Terrasse an den Biertischen in der Nähe des Sees einen Cocktail schlürfen wollen. Gute Musik, abends auch live. Unzuverlässig bei Trekkingtouren.

Einkaufen

In verschiedenen Läden und auf dem **Nachtmarkt** in der Singhanat Bamrung Rd. werden Antiquitäten und traditionelles Kunsthandwerk aus Thailand und Myanmar angeboten.

Auf dem **Sonntagsmarkt** im Süden der Stadt nahe dem Rooks Hotel verkaufen von 7–14 Uhr Bergbewohner und Großhändler Gemüse und andere Produkte. Pick-ups voller Zwiebeln, Kräuter, Gewürze, Bambuskörbe, Berge von Plastikschuhen, kleine Häufchen frischer Chilis. Zudem wird an Essenständen gekocht und gegrillt.

Ein **Co-op Minimarkt** im Zentrum.

Touren

Bootsfahrten

Mit Motorbooten kann man auf dem Pai von **Ban Huai Dua**, 6 km südlich der Stadt, bis nach Ban Nam Phiang Din (s. u.) oder gar weiter zur birmanischen Grenze fahren. Ab der Anlege-

stelle kosten Boote mit Platz für 6 Pers. 600 Baht für die halbstündige Fahrt nach Ban Nam Phiang Din und zurück. Touren ab Mae Hong Son für 1400–1600 Baht.
Eine gemächliche, 1 1/2-stündige Tour mit Bambusflößen für 700 Baht kann gut mit einem Ausritt auf Elefanten für weitere 700 Baht kombiniert werden.
Hingegen sind die 2-tägigen Touren auf dem Oberlauf des Flusses von Nam Khong oder Pai nach Mae Hong Son nur geübten Wassersportlern zu empfehlen. Die Touren werden zwischen Juni und Jan angeboten, wenn der Fluss ausreichend Wasser führt (s. S. 398).

Trekkingtouren und Ausflüge

Die touristische Hauptattraktion von Mae Hong Son sind Touren in die reizvolle Umgebung, die von Reisebüros und Gästehäusern in der Stadt arrangiert werden. Tagestouren zu Dörfern der Bergvölker und Langhals-Frauen werden auch in Kombination mit Elefantenreiten und Bambus-Rafting für 700–2700 Baht pro Tag, je nach Anzahl der Teilnehmer und Art der Tour, angeboten. Guides verlangen etwa 800 Baht pro Tag. Mit einem eigenen Fahrzeug kann man auf dem Weg nach Pai einige interessante Abstecher von der Hauptstraße H1095 unternehmen. Ein Fahrzeug bis Pai zu chartern kostet 2500 Baht, mit Abstechern etwas mehr.
Rose Garden Tours, 86/4 Khunlum Prapat Rd., ✆ 053-611 681, 🖳 www.rosegarden-tours.com, verantwortungsvoll geleitete ein- und mehrtägige Touren mit dem Auto oder zu Fuß zu den Bergvölkern, Elefantenreiten, Touren mit Booten und Bambusflößen.
T.N. Tour, 107/17 Khunlum Prapat Rd., ✆ 053-620 059, 🖳 www.maehongsontntour.com. Touren, Trekking, Rafting, Elefantenreiten und Autovermietung. Viele einheimische Gruppen. Tagestouren bei 2 Pers. 3000 Baht, bei 3 Pers. 2000 Baht p. P.
Tour Merng Tai, 89 Khunlum Prapat Rd., ✆ 053-611 979, 🖳 maehongson4u.com. Hat den Anspruch sozialverträgliche Tourismusprojekte durchzuführen.
Chan Nature Walks, ✆ 089-552 6899.
Der englisch sprechende Chan kennt nicht nur die Fauna und Flora, sondern ist auch ein hervorragender Koch, was er in den Karen-Dörfern unter Beweis stellt.

Poy Sang Long-Prozession

Aus Anlass der Ordination 7- bis 14-jähriger Jungen findet im April ein großes 3-tägiges Fest statt, dessen Zeremonien von den Shan überliefert wurden. Höhepunkt ist die prachtvolle Prozession am 3. Tag. Die zukünftigen Novizen mit ihren kahl geschorenen Köpfen werden nach birmanischer Tradition wie Prinz Siddharta wahrhaft fürstlich gekleidet, geschminkt und mit Juwelen behängt. Auf Pferden oder den Schultern ihrer männlichen Familienangehörigen, begleitet von Musikern, werden sie zum Tempel gebracht, um den Abt um Vergebung zu bitten. Am Abend bringen die Menschen Opfergaben, Mönchsgewänder und andere für die Ordination notwendige Dinge zum Tempel, wo am nächsten Tag die jungen Männer die Mönchsweihe empfangen. Anschließend leben sie eine Zeit lang, mindestens aber eine Woche, im Tempel.

Sonstiges

Feste und Feiertage

Loi Krathong wird hier 3 Tage lang auf dem Doi Kong Mu und einen weiteren Tag am See gefeiert. Wunderschön am Abend, wenn Heißluftballons in den Himmel steigen.

Immigration

Am H1095 im Norden der Stadt, ✆ 053-612 106.

Informationen

TAT, Khunlum Prapat Rd., ✆ 053-612 982-3, 🕓 Mo–Fr 8.30–16.30, Sa, So 8.30–12 und 13–16.30 Uhr.
Einheimische Touristen, die mit dem Auto die 1548 Kurven von Chiang Mai über Pai nach Mae Hong Son „überlebt" haben, lassen sich dies im 1. Stock bescheinigen mit einer Urkunde für 20 Baht, mit Namen, Stempel und Unterschrift.

Internet

Mehrere Internet-Cafés entlang der Hauptstraße, die etwa 40 Baht pro Std. verlangen.

Medizinische Hilfe
Srisungval Hospital, neben Wat Klang Tong, nahe dem Flugplatz, ✆ 053-611 378.
Dr. M Clinic, Singharat Bamrung Rd.

Motorräder
Im Stadtzentrum und in den Gästehäusern werden Motorräder, v. a. Honda Dream, für 200–300 Baht vermietet.
Highway, 52/1 Khunlum Prapat Rd., ✆ 053-611 620.
P. A., 17 Pradit Jongkam Rd. am See, ✆ 053-611 647, hat auch größere Maschinen. Enduro-Touren organisiert das **Jong Kham Gh**.

Post
Khunlum Prapat Rd., schräg gegenüber der Tourist Information, ⏲ Mo–Fr 8.30–16.30, Sa 9–12 Uhr.

Tourist Police
Singharat Bamrung Rd., ✆ 053-611 812. Notruf ✆ 1115.

Nahverkehr
Tuk Tuks kosten im Stadtgebiet 50 Baht, Motorradtaxis 30–50 Baht, Songthaews ab 20 Baht, Charter je nach Tour.

Transport
Busse
BANGKOK, 928 km, vom Büro von Sombat Tour, gegenüber dem Mountain Inn, ✆ 053-684 222, um 14 und 15 Uhr für 720/820 Baht in 15 Std.
Von der neuen Bus Station an der mittleren Umgehungsstraße, Nauwa Ko Cha Saan Rd. südlich der Stadt, fahren Busse nach CHIANG MAI über Mae Sariang AC-Bus um 6 und 21 Uhr für 340 Baht, lokale Busse um 8, 10.30 und 20 Uhr für 180 Baht in 8 Std. Über Pai um 8.30, 10.30 und 12.30 Uhr für 130 Baht. Minibus über Pai von 7–14 Uhr für 250 Baht.
MAE SARIANG, 164 km, mit Chiang Mai-Bus, zudem um 14 Uhr für 150–260 Baht.
PAI, 111 km, via Soppong (Pangmapa, 64 km) mit dem Chiang Mai-Bus und um 16 Uhr für 80 Baht oder mit dem Minibus stdl. von 7–14 Uhr für 150 Baht in 3–4 Std., die auch weiter nach Chiang Mai fahren (250 Baht).
SOPPONG, lokaler Bus alle 2 Std. von 10–18 Uhr für 50 Baht in 2 Std.

Flüge
Thai Airways, 71 Singhanat Bamrung Rd., ✆ 053-612 220, am Airport ✆ 053-611 367, ⏲ Mo–Fr 8.30–17.30 Uhr, fliegt 2–3x nach Chiang Mai. **SGA**, ✆ 053-698 207, fliegt 1–3x tgl.

Richtung Norden bis Ban Rak Thai

Eine kaum genutzte Bypass Road umgeht im Westen in einem weiten Bogen die Stadt und trifft am KM 205 auf den H1095, der weiter Richtung Norden durch die zerklüftete Berglandschaft verläuft. Im Nordosten der Stadt erhebt sich der **Doi Pui** (1700 m), Teil des **Namtok Mae Surin National Parks**. Zum Headquarters zweigt man am KM 201,2 am Ortseingang von Pang Mu Richtung Osten ab, 2 km Fahrt, Eintritt 200 Baht. Der Park ist benannt nach dem 100 m hohen Wasserfall, der das Ziel einiger Trekkingtouren ist. Dieser Ausflug ist besonders beliebt im November, wenn bei **Tong Buat Tong** die Sonnenblumen blühen.

Vom H1095 folgt man am KM 191 links der Ausschilderung nach Pha Sua. Hinter der Brücke geht es nach 600 m links nach **Ban Mai Nai Soi**, einem Dorf mit „Langhals-Frauen" (s. o.), und rechts durch ein wunderschönes Tal mit Reis- und Gemüsefeldern, das von bewaldeten Hängen begrenzt wird, zu einem kleinen **Thermalbad**.

Weiter Richtung Norden geht es über **Mok Cham Pae** und das von Roten Karen bewohnte Dorf **Thop Sok** steil hinauf zum siebenstufigen **Pha-Sua-Wasserfall**. Im August/September, während der Regenzeit, ist der Besuch des Wasserfalls am schönsten. 500 m weiter in der Ranger Station erhält man Informationen über den Nationalpark und kann Unterkünfte buchen.

Nach der Fahrt über viele enge, steile Kurven erreicht man 5 km hinter dem Wasserfall den **Pang Tong-Palast**, in dem früher der König während eines Besuchs residierte. Das weitläufige

Ein Schlammbad im Bergland

Der schwarze, mineralienhaltige Schlamm von herausragender Qualität wird im **Poo Klon Country Club** für Packungen und Schlammkuren verwendet. Ganzkörperbehandlung 1000 Baht, Gesichtsmaske 15 Min. für 60 Baht. Zudem sind Massagen für 200 Baht pro Std., Bäder im Thermal Pool für 60 Baht pro 15 Min. und gemeinsame Fußbäder im Freien möglich. Ein Laden, der die Kosmetikprodukte verkauft, findet regen Zuspruch. ✆ 081-473 8013, ⏲ 8.30–18 Uhr.

Areal in kühler Höhe ist in eine landwirtschaftliche Versuchsfarm umgewandelt worden. Hier gedeihen viele Blumen, in den Gewächshäusern werden Kaffeepflanzen, Farne und Orchideen gezüchtet, außerdem gibt es einen kleinen Zoo und Gehege mit Rotwild sowie Pferdekoppeln und Schafweiden. Dahinter beherbergt der **MHS Bamboo Complex** ein Bambus-Forschungsprojekt. ⏲ 8.30–16.30 Uhr.

Nun geht es steil hinauf über den **Pass** am KM 12 mit schönem Blick Richtung Myanmar weiter nach **Napapaek**, einer Siedlung der Shan und Hmong. An der Gabelung fährt man nach links und folgt einer schmalen Straße 3,5 km zum Hmong-Dorf **Maka Somu** und weiter ins 2 km entfernte „Coffee Village" **Roum Thai** (früher: Pang Ung), in dem eine gemischte Bevölkerung lebt. Hier locken Essenstände und eine kleine Kaffeerösterei.

Dahinter liegt der von Kiefernwäldern umgebene **Pang Ung-Stausee** mit dem **Pangtong Royal Project Development Center**, einem landwirtschaftlichen Projekt der Königin, und einem Campingplatz.

Von Napapaek geht es an der Gabelung rechts weiter durch Kiefernwälder auf ein Hochtal mit Gemüse- und Reisterrassen sowie Teeplantagen nach **Ban Rak Thai** (Mae Aw), wo Kuomintang siedeln. In den um einen kleinen Stausee gelegenen Lehmhäusern bieten Teehäuser, Restaurants und Souvenirgeschäfte Spezialitäten aus Yunnan an: Ulong-Tee, Gewürze, eingelegte Früchte, Trockenpilze und chinesisches Porzellan. In einigen Häusern kann man auch übernachten, aber niemand spricht englisch. Mehrere Geschäfte haben historische Fotos und Relikte der 93. Armee ausgestellt, s. Mae Salong. Auf unbefestigten Straßen kann man mit einem geländegängigen Fahrzeug bis zur Grenze fahren.

Übernachtung und Essen

Riverside Gh., knapp 2 km nördlich von Mok Cham Pae, vorher anmelden unter ✆ 086-115 1170 oder 086-117 9623. Wer Einsamkeit sucht, findet im Tal unterhalb der Straße mitten in der Natur 4 auf Stelzen errichtete Holzbungalows mit Ventilator und Matratzen auf polierten Holzböden. Von der Terrasse Blick auf den Fluss. Lagerfeuer, Essen im Dorf.

Henry's Gh., Roum Thai, im ersten Haus links, ✆ 053-692 144. Hinter der Kaffeerösterei und dem kleinen Restaurant stehen einige sehr einfache, ungepflegte Hütten mit WC, aber ohne Elektrizität. Der Besitzer spricht englisch. Beeindruckend ist der hohe Bambus im Garten. Im Dorf weitere einfache Unterkünfte und Essenstände. ❷–❸

In **Roum Thai** und **Ban Rak Thai** zudem einfache Bungalows. Schöner ist der **Campingplatz** im Kiefernwald am Pang Ung-See, eigenes Zelt erforderlich.

Tham Pla

Am KM 191,8 des H1095 halten viele Thai an, um vor der kleinen Höhle Tham Pla halbzahme „heilige" Karpfen *(Pla Mung)* zu füttern. Vom Parkplatz geht es hinter der Hängebrücke zwischen dem

Gute Aussichtspunkte

Auf der kurvenreichen Fahrt über mehrere Pässe nach Pai lohnt es, ab und an anzuhalten und die Aussicht zu genießen, so zwischen KM 182 und 181, am KM 161, KM 157,2 (besonders schöner Blick nach Osten) und kurz darauf am KM 157,7 (mit Souvenirständen) sowie am Kiu Lum Viewpoint am KM 123,5 in fast 1300 m Höhe, wo es ebenfalls Souvenir- und Getränkestände gibt.

Fluss und den steil aufragenden Felsen auf einem knapp 1 km langen, von hohen Bäumen beschatteten Rundweg durch einen schönen Park mit vielen Eisvögeln, Lianen und Termitenhügeln, vorbei an einer vom Wasser angetriebenen Reismühle und einem traditionellen Haus, zur Höhle. Der Park und die Höhle sind Teil des Tham Pla Nam Tok Pha Sua National Parks, Eintritt frei.

Wat Pha Tam Wua Sunnata

Hinter Ban Nam Kad, noch vor dem chinesischen Dorf **Mae Suya**, geht es am KM 168,8 auf der Abzweigung 1,4 km auf einer schmalen Betonstraße nach Norden. Im von steilen Kalksteinfelsen umrahmten Waldkloster in einem abgelegenen, ruhigen Tal kann jeder, der sich den Klosterregeln unterwirft, für einige Zeit leben und meditieren. Der Abt Phra Ajahn Luang Ta spricht englisch. Am Ende der Straße geht es auf Fußwegen rechts hinauf zu einigen Meditationshöhlen mit verschiedenen religiösen Statuen.

Knapp 4 km weiter, an der Brücke bei **Ban Nam Khong**, beginnen Raftingtouren durch die **Lum Nam Pai Wildlife Sanctuary**, die in Mae Hong Son und Pai gebucht werden können, s. S. 381 und 398. Eine schmale Straße verläuft durch das hübsche Flusstal Richtung Norden. Die Fahrt zur Grenze, bei der man das Lahu-Dorf **Mae Sa Ngam**, mehrere Shan-Dörfer und einige Höhlen passiert, geht durch eine schöne Landschaft. Allerdings werden Ausländer an einem Militärposten vor dem grenznahen Gebiet zurückgewiesen und sollten auch nicht versuchen weiterzufahren.

Mae Lana

Von Pai oder Soppong (Pang Mapha) aus erkunden Motorradfahrer die abgelegenen Täler nördlich der Hauptstraße, aber nur wenige übernachten hier. Eins der wenigen Gästehäuser liegt in Mae Lana. Nach 4,6 km auf dem befestigten H1226 erstreckt sich hinter dem ersten Pass, am Fuß eines steil aufragenden Felsens, **Ban Jabo**, das Dorf der Black Lahu. Dorfbewohner bieten sich als Guides zu einer Begräbnishöhle mit alten Holzsärgen an. Hinter dem Dorf und Militärposten hält man sich an der Gabelung links und erreicht nach weiteren 2 km in einem weiten, fruchtbaren Tal das größere Shan-Dorf Mae Lana mit etwa 600 Einwohnern und einem kleinen **Shan-Tempel**. Es bietet sich als Standort für Wanderungen in die Umgebung zu Red Lahu-Dörfern und mehreren Höhlen ca. 3 km südlich des Ortes an. Einem Guide aus dem Dorf, der einen zur 800 m langen **Diamond** und **Coral Cave** führt, zahlt man etwa 100 Baht pro Höhle plus Gebühr für die Lampe. Wer am Fluss entlang die 12 km lange **Mae Lana Cave** mit vielen Stalagmiten und einem Wasserfall durchqueren möchte, zahlt mehr.

Mit einem geländegängigen Fahrzeug kann man weiter hinauf über das Shan-Dorf Ban Mai Hung und durch mehrere Lahu-Dörfer Richtung Grenze bis zu den Militärposten oder gar Richtung Osten zur Tham Lot fahren.

Übernachtung

Mae Lana Garden Home, 600 m südwestlich des Dorftempels, ✆ 053-070 016, 081-706 6021. Oberhalb der Reisfelder in einem sehr ruhigen Seitental vermietet die englisch sprechende Shan-Chefin Ampha 13 saubere Zimmer in einem 2-stöckigen Holzhaus mit Matratze auf dem Boden und Moskitonetz sowie 4 Bungalows mit niedrigen Betten und Netz. Zudem kann ein altes, renoviertes Haus mit 3 Zimmern und Aufenthaltsraum komplett gemietet werden. Kalte Gemeinschaftsduschen, aber es gibt für 20 Baht extra auch einen Eimer mit heißem Wasser. Am Abend wird ein Lagerfeuer entzündet und im Erdgeschoss an rustikalen Tischen das Shan-Dinner mit Gemüse aus dem eigenen Garten serviert. Hängematten im Garten zum Entspannen. Ampha ist zumeist im Laden gegenüber dem Dorftempel anzutreffen, wo sie arbeitet. ❷

Im Dorf werden zudem einige Homestays angeboten, allerdings spricht dort niemand englisch.

Transport

Der H1226, der am KM 152,2 vom H1095 abzweigt, wird nur selten von Songthaews befahren. Charter ab Soppong 400 Baht, ab der Abzweigung am KM 152,2 noch 100 Baht.

Soppong (Pang Mapha)

Nachdem man auf dem H1095 mehrere Pässe mit zum Teil fantastischen Aussichten überquert hat, ist nach 70 km das Shan-Dorf **Soppong** erreicht, das auf Hinweisschildern nach dem District als **Pang Mapha** bezeichnet wird. Der kleine, kühle Marktflecken eignet sich hervorragend zum Entspannen und für einen Besuch der Bergdörfer und Bergtempel, für Trekkingtouren zu Wasserfällen und Höhlen. Er ist eine wesentlich weniger kommerzielle, ruhigere Alternative zu Pai und hat nicht mal einen 7-Eleven – eine Seltenheit in Thailand.

Zum großen **Markt** dienstagvormittags an der Straße kommen Lisu in farbenfrohen Trachten aus den Bergen angereist. Besonders während der Neujahrsfeierlichkeiten im Januar/Februar sind Touristen in den Lisu-Dörfern gern gesehene Gäste.

Übernachtung

Von allen Unterkünften in und um Soppong sind empfehlenswert:

Baan Café Nature Resort ⑥, 277 Moo 1, KM 143, ✆ 053-617 081. Kleines Thai-Café an der Straße, 🕓 bis 19.30 Uhr. Dahinter große Bungalows für Familien, Reihenhaus mit 4 Zimmern, Ventilator, Balkon und Blick auf den Fluss. ❹

Lemon Hill ⑨, 123 Moo 1, im Zentrum, ✆ 053-617 039. Einfache Bambushäuser am Fluss mit Ventilator und Gemeinschaftsdusche. Zudem komfortablere Steinbungalows mit Terrasse neben dem Restaurant und dem Border Pub. Daher nicht so ruhig. ❷–❸

Little Eden Gh. ⑩, ✆ 053-617 054, 💻 www.littleeden-guesthouse.com. Hübsche Anlage am Ufer des Lang, etwa 300 m östlich der Bushaltestelle, geleitet von Phen, die Berliner Dialekt spricht und ein hervorragender Guide ist. Hübsch eingerichtete Zimmer im Hauptgebäude und Riverview-Haus mit Ventilator und Moskitonetz, einige sogar mit Wohnzimmer und Balkon. Zudem 8 kleine A-frame-Bungalows in einer Reihe in einem gepflegten Garten mit Pool. Restaurant s. u. Teehaus am Flussufer mit Hängematten. Internet-Zugang, Touren, Fahrrad- und

VON MAE HONG SON

NACH SOPPONG

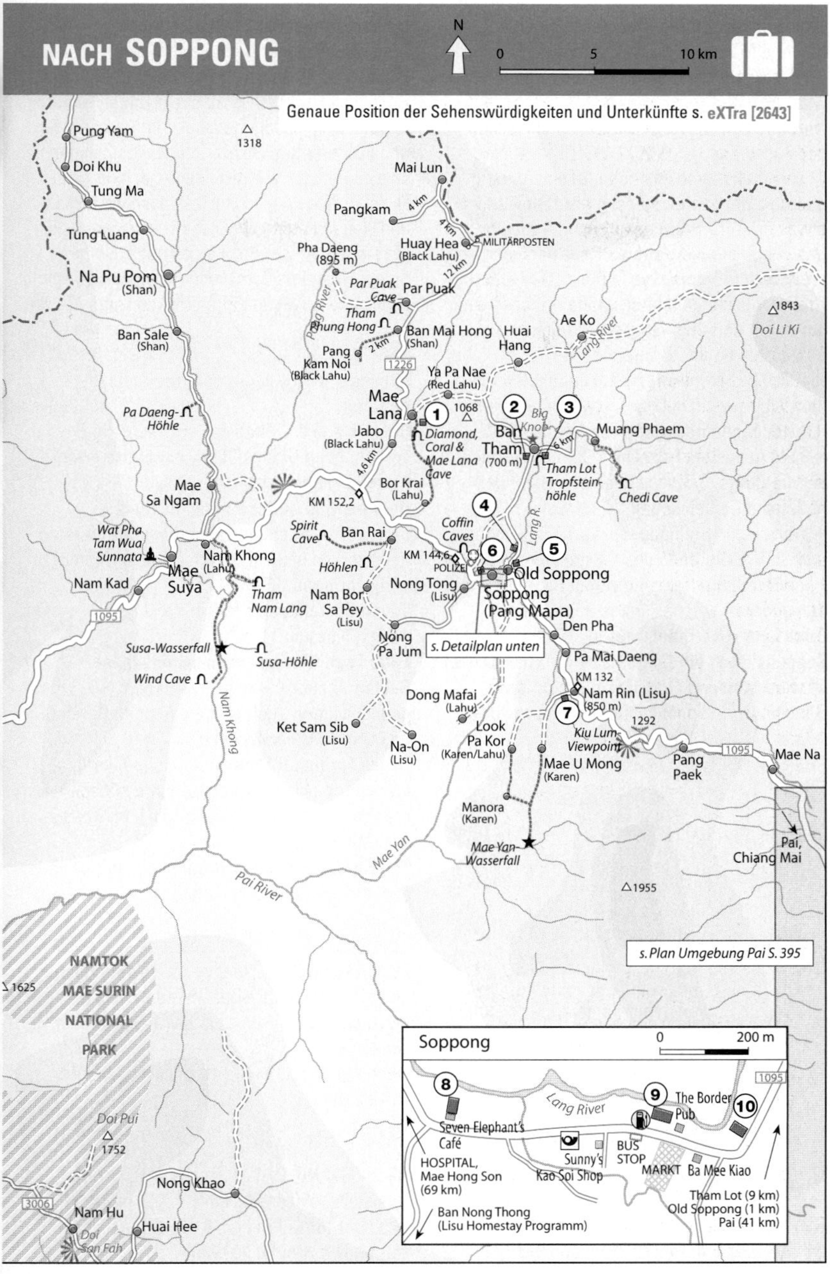

Motorradvermietung. Transfer nach Chiang Mai und Mae Hong Son auf Anfrage. Reservierung der teureren Zimmer empfehlenswert. ❸–❻

Northern Hill Gh. ⑤, 339 Moo 1, 1 km östlich der Busstation, ✆ 053-617 136, 617 224, 💻 www.northernhillgh.com. An einem Hang oberhalb der Straße stehen sehr kleine und etwas größere, weiß gestrichene Bungalows. Ganz oben auch ein älteres Haus mit mehreren preiswerten Zimmern von unterschiedlicher Größe. Alle mit Ventilator, einige Duschen sind nur durch Vorhänge abgeteilt. Kleines Restaurant an der Straße. ❸–❹

Rim Doi Bungalows ④, 2 km außerhalb, auf dem Weg zur Tham Lot, 💻 www.rimdoi.com. Ruhige, gepflegte Anlage von Lek und Ralf Herzog nahe dem Fluss mit schönem Ausblick auf die Berge. Günstige, einfache Bambushütten mit Gemeinschafts-Du/WC mit Warmwasser, Steinbungalows mit Teakmöbeln und Du/WC, Veranda und Sitzgelegenheiten, 1 Familienbungalow mit großem Bad und Kühlschrank. Offenes, gutes Restaurant, Lagerfeuer, Fahrräder, Touren. ❷–❸

Soppong River Inn ⑧, 357 Moo 1, ✆ 053-617 107, 💻 www.soppong.com. Traumhaft schönes Gästehaus in Soppong unter Leitung von Joy, die hervorragendes Englisch spricht. 7 individuell eingerichtete, nette Zimmer in teils 2-stöckigen Häusern und sehr einfache Bungalows, teils mit nicht überdachten Bädern, teils mit Gemeinschaftsdusche in einem Garten, der bis hinab zum Fluss reicht. Einige Zimmer sind etwas dunkel und klamm, v. a. hinten am Fluss. Dort auch eine Flussterrasse mit Kissen und Liegen. Internet, WiFi für Gäste kostenlos, Massagen. An der Straße das nette, kleine Seven Elephants Café, in dem man hervorragend essen und richtigen Kaffee trinken kann. ❷–❹

Traditionelle Lisu-Kultur erleben

Lisu Homestay-Programm, in **Ban Nong Tong**, 2 km südwestlich von Soppong, ✆ 089-998 4886, 085-721 1575, 💻 lisuhilltribe.com. Im Haus von Susanan, einer Lisu, und ihrem amerikanischen Mann Albert bietet sich die Möglichkeit, die Kultur der Lisu näher kennenzulernen. Das weit gefächerte Programm umfasst diverse Kurse, in denen man Schmuckherstellung, Nähen, Weben, Tanzen und Kochen lernen kann. Auch Massagen sowie Besuche bei Schamanen stehen auf dem Programm. Übernachtung im traditionellen Haus der Familie in 3 Zimmern mit Matratzen auf dem Boden, WC unten, großer Raum für Yoga, Meditationen und das Detox-Programm. Kosten ca. 1000 Baht pro Tag für 4-stündige Kurse. Übernachtung mit Vollverpflegung 300 Baht p. P.

Essen

Entlang der Straße mehrere Essenstände, darunter

Sunny's Kao Soi Shop des englisch sprechenden Guides Sunny mit preiswerten Nudelsuppen, große Portionen.

Ba Mee Kiao (Aufschrift nur in Thai), preiswertes Restaurant oberhalb des Marktes mit diversen einheimischen Nudelgerichten und gebratenem Reis.

Vielen Gästehäusern ist ein Restaurant angeschlossen.

Little Eden Gh., in seinem gemütlichen Restaurant mit Kamin gibt es neben einheimischen auch einige deutsche Gerichte und sogar Streuselkuchen.

Seven Elephants Café im Soppong River Inn, hier werden die leckeren Gerichte hübsch präsentiert. An der Straße auch guter Kaffee zum Mitnehmen.

The Border Pub, Pub mit Bar in einem Holzhaus, das abends seine Türen öffnet.

Sonstiges

Es gibt keine Bank, aber einen Geldautomaten. Er steht nahe der Polizei und dem Hospital westlich des Zentrums am KM 143,5 nördlich des H1095.

Neben Phen und Sunny (s. o.), arbeitet auch Lek als Guide.

Transport

Nach CHIANG MAI ab Bus Stop an der Tankstelle lokaler Bus um 9, 10, 12 und 14.30 Uhr für 110 Baht in 6 Std. Schneller mit den Minibussen für 200 Baht.

PAI mit Chiang Mai-Bus sowie um 16 und 18 Uhr für 40 Baht, Minibus 150 Baht.
MAE HONG SON lokaler Bus etwa alle 2 Std. von 10–18 Uhr für 50 Baht in 2 Std., Minibusse 150 Baht.
Zur THAM LOT-TROPFSTEINHÖHLE auf einer Betonstraße mit einem gecharterten Fahrzeug für 500 Baht, bis MAE LANA 400 Baht.

Tham Lot-Tropfsteinhöhle

In den porösen Kalksteingebirgen rings um Soppong gibt es mehr als 300 Höhlen, die bekannteste ist die Tham Lot-Tropfsteinhöhle, 9 km nördlich des Ortes. Guides mit Karbidlampen führen Touristen durch einen 1 km langen Teil des Tropfsteinhöhlensystems, das vom Nam Lang durchflossen wird. Einen Teil der Tour durch das unterirdische Labyrinth voller Stalaktiten und Stalagmiten kann man auf Bambusflößen zurücklegen. Neben der **Giant Pillar Cave**, der Haupthöhle, die 200 m lang, 20 m breit und 50 m hoch ist, werden zwei weitere Nebenhöhlen besucht, die **Doll Cave** und **Coffin Cave**, in der prähistorische Wandgemälde und Holzsärge entdeckt wurden. Nahe dem Höhlenausgang nisten im Gewölbe Tausende von Mauerseglern. Ein schönes Bild bietet sich kurz vor Sonnenuntergang, wenn sie von der Futtersuche zurückkehren. Nur wenig später verlässt ein endloser Schwarm von Fledermäusen die Höhle, um auf Nahrungssuche zu gehen. In der Nähe der Nistplätze der Vögel wurden in einer höher gelegenen Höhlenkammer mehrere sogenannte Särge entdeckt, deren Alter und Funktion ungeklärt ist.

🕓 9–17.30 Uhr. Am Eingang können Guides aus dem angrenzenden Dorf und die Floßfahrten gebucht werden. Eintritt mit Guide 150 Baht, Floß über Fluss 20 Baht, bis Ausgang 300 Baht, hin und zurück 400 Baht. Hinter dem Eingang loht ein Blick ins Information Center, wo ein Modell der Höhle und prähistorische Funde ausgestellt, aber nur in Thai beschrieben sind.

Den 500 m breiten, 100 m steil aufragenden **Kalkfelsen Big Knob** kann man in einer Stunde von Norden her relativ leicht besteigen und auf 30 unterschiedlichen Routen klettern. Weitere Informationen bei The Peak in Chiang Mai oder unter 💻 www.thepeakadventure.com.

Übernachtung

Cave Lodge ③, ✆ 053-617 203, 💻 www.cavelodge.com. 750 m nördlich des Höhleneingangs, wo man das abendliche Naturschauspiel des Ausflugs der Fledermäuse von der Terrasse aus beobachten kann. Schlafsaal mit 4–5 Doppelstockbetten, Ventilator und Gemeinschafts-Du/WC für 90 Baht p. P. sowie 16 komfortable Bungalows. Schwimmen im Fluss, Kräutersauna. Der Besitzer John lebt seit der ersten Höhlenerforschung hier und hat eine interessante Biografie geschrieben, die in der Lodge verkauft wird. Im großen Restaurant westliche und lokale Gerichte, eigene Backwaren, Wein, viele Infos und gute Musik. Angeboten werden Trekkingtouren zu Karen- und Lahu-Dörfern, Höhlen- sowie Kajaktouren auf dem Lang-Fluss, mit teils ungeschultem Personal. Auch eine Karte für Wanderungen auf eigene Faust. ❸–❹

Pen Homestay im Dorf, ✆ 053-617 262, 087-175 4384, 6 Bungalows mit Ventilator, auch Vollpension für 700 Baht. Englischsprachiges Management. ❸

Nam Rin

Das Lisu-Dorf am KM 132 südlich der Straße hat bei den großen Überschwemmungen im August 2005 unter einer gewaltigen Welle sehr gelitten. Jenseits des Ortes betreiben Rudi aus Deutschland und Amee eine Lodge, die sich gut zum Entspannen und als Ausgangspunkt für Ausflüge in die umliegenden Dörfer, zu Wasserfällen, Höhlen und anderen Attraktionen eignet. Nur wenige Kilometer weiter südlich beginnt die **Lum Nam Pai Wildlife Sanctuary**, Eintritt 200 Baht.

Übernachtung

Lisu Lodge ⑦, 400 m von der Hauptstraße hinter dem Dorf am Weg nach Mae U Mong, ✆ 083-582 4496, 083-054 8497, 💻 www.lisulodge1.com, eXTra [2708]. Am Hang in einem ruhigen, gepflegten Garten stehen 5 Bambus-A-frame-Hütten für Nostalgiker, denen

Nord-Thailand

3 geflieste Gemeinschaftsduschen mit Warmwasser zur Verfügung stehen, sowie 3 Natursteinbungalows mit Dusche, ein Familienbungalow mit TV, DVD-Player und Terrasse, einige mit schöner Aussicht.
Im offenen Restaurant können Gäste essen. Auch deutsches Frühstück und gemeinschaftliches Essen am Abend, manchmal mit Lagerfeuer. Lecker ist der selbst gebackene Kuchen und Maulbeerlikör. Rudi hat die Gegend seit 1986 in zahlreichen Wanderungen erkundet und kann gute Tipps geben.
❶ und ❸

Nord-Thailand

Pai

In Pai, 40 km östlich von Soppong, dem einzigen größeren Ort zwischen Mae Hong Son und Chiang Mai, siedeln zehn verschiedene Ethnien, überwiegend Shan und KMT-Chinesen. Mittlerweile haben sich auch etwa 300 Menschen aus aller Welt, v. a. Europäer, US-Amerikaner und Japaner, in dem Backpackerzentrum des Nordens niedergelassen. Lisu, Lahu und Karen kommen zum Einkaufen nach Pai. Zu ihnen gesellen sich junge Rucksacktouristen ebenso wie einheimische Familien, die in der landschaftlich schönen Bergwelt wohnen. Die zahlreichen Cafés und Restaurants, die sich auf den Geschmack der Gäste aus aller Welt eingestellt haben, sind von internationalem Publikum bevölkert.

Im zentralen **Wat Klang** ruht im hinteren Pavillon links vom Eingang ein 8 m langer, aus einem Baumstamm geschnitzter, liegender Buddha. Auch andere Stationen aus seinem Leben – von seiner Geburt bis zum Eingang ins Nirvana – sowie seine Jünger sind aus Baumstämmen geschnitzt und bunt bemalt. Eine kleine Bibliothek bewahrt alte Schriften auf. Zum 80. Geburtstag des Königs wurde ein Pavillon erbaut. Im **Wat Luang**, Khetkelang Rd., einem Shan-Tempel, werden die meisten großen Feste gefeiert.

Zum **Wat Mae Yen**, 1 km südöstlich des Zentrums auf einem Hügel, führen eine Straße und eine Treppe mit 353 Stufen hinauf. Von oben eröffnet sich ein schöner Ausblick über das Tal. Der Tempel ist ein beliebtes Ziel zum Sonnenuntergang.

Der dreistufige **Mae Yen-Wasserfall** liegt am Ende eines Tals östlich von Pai. Den ersten Teil des Weges durch das schmaler werdende Tal kann man mit dem Motorrad zurücklegen, doch die letzten drei Stunden muss man laufen.

Ein beliebtes Wanderziel ist **Wat Nam Hoo**, ein bedeutender Tempel im Shan-Dorf 3 km westlich, in dem ein 500 Jahre alter Buddha im Chiang Saen-Stil und eine Pagode mit der Asche einer Prinzessin verehrt werden. Von dort aus geht es 1,5 km weiter hinauf nach **Ban Santichon**, einem

Der Mythos Pai wird vermarktet

Die hippen, aus Bangkok eingeflogenen Urlauber bestaunen den Multikulti-Lebensstil, die stündlich mit Minibussen aus Chiang Mai eintreffenden Backpacker und v. a. die hängengebliebenen Alt-Hippies, die auf einheimische Besucher so exotisch wirken wie Chinesen in westlichen Chinatowns. Liebevoll werden die letzten VW-Busse herausgeputzt und, zu Bars und Verkaufsständen umgebaut, auf dem Nachtmarkt präsentiert. In offenen Musikkneipen spielen abends einige der besten Bands des Landes gemeinsam mit ausländischen Musikern die Musik von damals. Reggae- und Ska-Music-Festivals lockten in den vergangenen Jahren Tausende junger Leute an.

Doch vieles ist mittlerweile kommerzielle Fassade. Zunehmend verdrängen große Resorts und Restaurants auswärtiger Investoren die alteingesessenen Familienbetriebe. Zudem hat der „gesetzlose" Bergort in den Jahren unter Taksin durch dessen rigide Anti-Drogenpolitik seine liberale Grundhaltung verloren, ist mehr und mehr mainstream geworden – ein fast normaler Urlaubsort in den Bergen, in dem mittlerweile mehr Einheimische als Backpacker Cocktails schlürfen statt zu kiffen. Die junge städtische Mittelklasse streift auf der Suche nach Fotomotiven mit Kameras durchs Zentrum und lichtet alles ab, das beweist: Ich war hier, habe es von Chiang Mai herauf geschafft – trotz der 762 Kurven.

Yunnan Chinese-Village der Kuomintang, wo man sich in einem Teehaus stärken kann. Viele Motorradfahrer setzen die Fahrt auf schmalen Straßen Richtung Westen über das Lahu-Dorf **Ban Yapo** zum 5 m hohen **Mo Paeng-Wasserfall** fort. Hinter dem Parkplatz mit Essenständen führt ein Fußpfad hinab durch den Wald zum Wasserfall und zu einer beliebten, kühlen Badestelle im Fluss.

8 km südlich der Stadt lohnt ein Stopp an der **World War II Memorial Brücke**, wo eine kleine Dokumentation über die historischen Ereignisse zu jener Zeit informiert. Zu den **Thapai Hot Springs**, einem Badeplatz mit heißen Quellen, geht es dahinter links und nach 1,1 km weitere 900 m nach rechts. Sie sind unberechtigterweise in den Huai Nam Dang National Park eingegliedert worden. Der Eintritt von 200 Baht lohnt nur, wenn man weitere Nationalparkziele am selben Tag besuchen will. Widerstand gegen diese Politik formiert sich unter 💻 allaboutpai.com/hotsprings. 🕓 7–18 Uhr. Preiswerter kann man im nahen Thapai Spa Camping baden, Eintritt 50 Baht, und sich in der Sauna oder bei diversen Anwendungen entspannen.

Übernachtung

Während der Woche herrscht kein Mangel an Unterkünften im Zentrum sowie außerhalb. Am Wochenende und in den Ferien sollte man jedoch besser reservieren. Neben einfachen Zimmern in Gästehäusern sind innerhalb der letzten Jahre Resorts mit komfortablen Zimmern, Pool und Spa entstanden.

Da der Pai-Fluss bereits mehrfach über die Ufer getreten ist und die Flusswiesen überschwemmt hat, stehen dort überwiegend einfache, provisorische Hütten – zumindest bis zur nächsten Flut.

Auf dem hohen Ufer im Zentrum locken in der Sukhapibal 1 Rd. hingegen komfortable Anlagen, die sich die schöne Aussicht und gute Lage allerdings teuer bezahlen lassen. Unterkünfte außerhalb des Ortes s. Karte S. 395 und die genaue Position s. eXTra [2643]. Weitere Tipps s. eXTra [2714].

Untere Preisklasse

Ban Sangheuan ⑧, 35/3 Moo 3, Chaisongkram Rd., 📞 053-699 859, 086-180 4443. 4 Einzel- und 1 Doppelbungalow aus Holz und Bambus mit Ventilator stehen L-förmig um einem Parkplatz mit Feuerstelle. ❸

Charlie's House ⑪, 9 Rungsiyanon Rd, 📞 053-699 039, 081-881 5022. In zentraler Lage sehr einfache Zimmer mit Ventilator und Gemeinschaftsduschen sowie Bungalows mit 1 großen Bett und gemauerte Häuser mit 2 Betten und AC, TV und Terrasse. Beliebt bei Backpackern mit geringem Budget, die nachts gern Partys feiern. Im Restaurant wird das Frühstück serviert. ❷–❸

Duang Gh. ③, 5 Rungsiyanon Rd., gegenüber der Bus Station, 📞 053-699 101. Das älteste Backpacker-Quartier von Miss Duang in einem 2-stöckigen Holzhaus. 21 Zimmer mit Ventilator, einige mit Gemeinschafts-Du/WC, andere mit Du/WC, auch Bungalows und große Zimmer mit TV. Im Restaurant leckere Coconut-Shakes, auch gute Trekkingtouren. Bei der Tagestour zum Aussichtspunkt braucht man feste Schuhe – und keine Höhenangst! ❶–❸

Evergreen Gh. ⑫, 220 Moo 4, Wan Chalerm Rd., 📞 082-619 1390. Hinter einem Restaurant einfache Doppelbungalows aus Holz mit dicken Matratzen und Ventilator. ❷

Family House ⑦, ab Chaisongkram Rd, 📞 087-191 3700. Um eine Feuerstelle mit Liegestühlen stehen 15 kleine Häuschen und A-frame-Hütten mit Ventilator und Eternitdächern, einige Zimmer mit Gemeinschafts-

Bambushüttensiedlung am Fluss

Am billigsten sind die einfachen Bambushütten auf den Flusswiesen jenseits der Bambusbrücken mit undichtem Blätterdach, Matratzen auf dem Boden und simpler Kaltwasserdusche. Die Preise sind flexibel und liegen bei 150–400 Baht, u. a. im:

Baan Pai Riverside ㉔, 📞 053-698 152, 60 Hütten an der Flussbiegung mit Restaurant. ❷

Family Hut ⑤, 📞 085-709 1306, 30 auch etwas größere Hütten. ❷–❸

Pai Country Hut ⑤, 📞 082-028 7249, 14 Hütten. ❷

River View Bungalow ⑤, 📞 089-805 6723, 12 Hütten. ❷

dusche, andere mit Dusche, TV und DVD-Player. Restaurant. ❷–❸

Mr. Jan's Gh. ⑬, 68/6 Viangtai Rd., ✆ 053-699 554. In einem ruhigen Garten stehen Einzel- und Doppelbungalows mit 11 Zimmern samt Moskitonetz, Ventilator und kleinen Terrassen, größere Zimmer für bis zu 4 Pers. Der Besitzer Mr. Jan offeriert traditionelle Shan-Massagen. ❷

Nunya's Gh. ②, 84 Rangsiyanon Rd., ✆ 053-699 395, ✉ paienduro@hotmail.com. Auf 2 Stockwerken 7 Zimmer mit Ventilator, teurere mit TV. Peter aus der Schweiz, ein ehemaliger Enduro-Rennfahrer, und Noot leiten nicht nur das einfache Gh., sondern verkaufen vorn im Laden auch handgeknüpfte Hängematten. ❸

Shan Gh. ⑲, 100 m nördlich der Hauptstraße, ✆ 053-699 162. Eine der älteren, immer noch guten Unterkünfte. Umgeben von Reisfeldern, stehen an einem Teich 20 kleinere, ältere Bambushütten mit Gemeinschaftsdusche sowie Steinbungalows. Die neueren mit TV, auch Familienbungalows. Im Zentrum ein großes Teakhaus mit 7 Zimmern für 14 Pers. für 5000 Baht. Schöne Sicht auf Reisfelder und Berge. ❶–❷

Außerhalb:

Amy's Earth House ㉑, 99 Moo 5, Ban Mae Khong, Mae Na Toeng, ✆ 053-699 899, 💻 www.amyshouse.net. Amy (Emika Cheyklintes) und ihre Familie vermieten ungewöhnliche Adobe-Lehmhäuser in einem Garten inmitten der Felder. Die kühlen Zimmer haben ein doppeltes Dach aus Wellblech und Blättern und werden durch eingemauerte Flaschen natürlich erleuchtet. Nette, halboffene Außenbäder mit Warmwasserdusche und Wasser in großen Tonkrügen. Kein Restaurant, Essen im benachbarten Resort möglich. ❸

Ubud Gh. ⑳, 63 Moo 3, Ban Tarn Jed Ton, ✆ 081-021 1362, 085-708 5360, 💻 www.ubudguesthousepai.com. Am Rand der Reis- und Tabakfelder stehen 4 Bungalows im balinesischen Stil mit gefliesten Böden, hohen Fenstern und dicken Matratzen auf dem Boden, größere, teurere auch mit Betten. Schön die halboffenen Bäder und der Ausblick von der Bambusterrasse. Tee und Kaffee kostenlos, Küchennutzung im Haupthaus, Bar, französisch-thailändisches Management. ❸

Mittlere Preisklasse

Baan Pai Village ⑮, 88 Sukhapibal 1 Rd. ✆ 053-698 152, 081-827 7047, 💻 www.baanpaivillage.com. In einem netten Garten hinter Poppies Café & Wine Bar stehen 5 einfache Hütten mit Ventilator sowie bessere Häuser aus Teak und Bambus mit Blätterdach, aber hohen Glastüren und modernem Touch. Im 1. Stock des Haupthauses große Veranda mit Massageangebot. ❹

Baan Tawan Gh. ⑱, ✆ 053-698 117, ✉ baantawan@yahoo.com. Hinter der Schule stehen rings um einen sonnigen Garten Bungalows aus Teakholz und Bambus sowie ein neues 2-stöckiges Haus, 8 nett möblierte Zimmer mit TV und gefliesten Böden, hübscher durchgehender Veranda und Terrasse. 4 weitere 2-Bett-Zimmer über der Rezeption, WiFi inkl. Freundliches, kompetentes Management und guter Service. Ein Pavillon am Fluss lädt zum Entspannen ein. ❸–❺

Breeze of Pai ⑥, Moo 3, Chiasongkram Rd., ✆ 081-998 4597, 💻 www.breezeofpai.com. Helen aus England und ihr einheimischer Mann betreiben diese sehr gepflegte, saubere Bungalowanlage mit mediterranem Touch in einem hübschen Garten auf einem kleinen Grundstück. Allerdings stehen die Reihenhäuser mit 9 Ventilator-Zimmern und 6 Bungalows, davon 2 mit AC, ziemlich dicht aufeinander.
Alle mit gefliesten Böden. ❸–❹

The Blue Lagoon Hotel ⑰, 227 Moo 4, Rungsiyanon Rd., ✆ 053-699 998, 081-904 5341. L-förmig um einen nicht besonders gepflegten Pool gebautes 2-stöckiges Haus mit großzügigen, hellen und ruhigen Zimmern. Frühstücken möglich. An der Straße eine Bar mit Pool-Billard. ❸–❹

Unicorn Gh. ⑭, 98 Moo 4, Wangtai Rd., ✆ 053-698 068, 081-594 0356, 💻 www.unicornpai.com. Kleine, einzeln stehende Häuschen mit Ventilator, Kühlschrank, TV, dicken Matratzen und Veranda mit Sitzgelegenheiten und Hängematte.

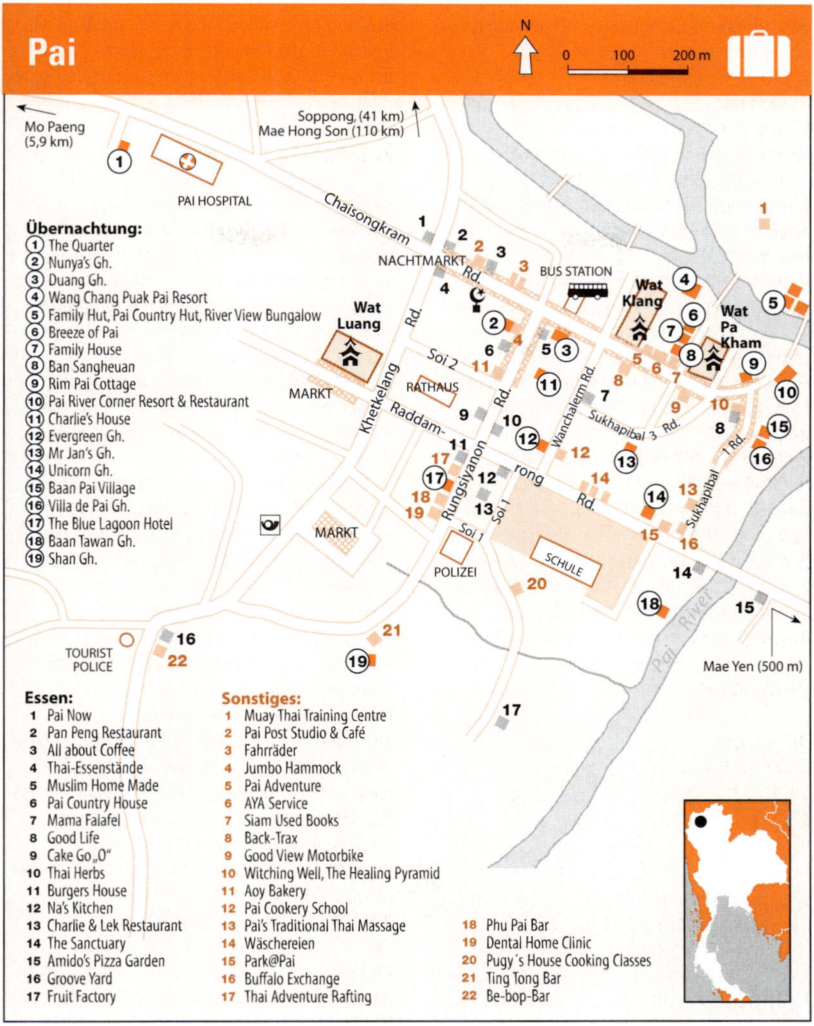

Kleiner Pool, für Gäste von außerhalb 30 Baht, und Sala mit Sitzkissen, Sauna und Massage. Internet inkl. ❸–❹

Wang Chang Puek Pai Resort ④, am Fluss, ✆ 053-699 796, 089-851 8043, 🖳 www.wangchangpuek.com. Neue Bungalowanlage mit großen, komfortablen Häusern aus Stein und Teakholz, von der Terrasse Blick auf den Fluss. Dahinter preiswertere mit Ventilator. Restaurant mit Terrasse. Überwiegend einheimische Gäste. ❺

Villa de Pai Gh. ⑯, Sukhapibal 1 Rd., ✆ 053-699 109, 🖳 www.villadepai.com. 20 mit traditionellen Blätterdächern gedeckte Häuser am Fluss. Neben 4 billigen A-frame-Hütten mit Gemeinschafts-Du/WC auch neuere

Bungalows mit Computern im Zimmer und Thai-Kissen auf der Terrasse. ❷–❹

Außerhalb:

Muang Pai Resort ㉒, 2 km vor dem Mo Paeng-Wasserfall, ✆ 053-065 123, 💻 www.muangpairesort.co.th. In einem Garten stehen Häuser mit über 70 Mittelklassezimmern, Restaurant mit Thai- und chinesischen Gerichten, großer Pool mit Liegen. ❹–❺

Pairadise Guesthouse & Bakery ㉕, etwas versteckt östlich des Flusses auf einem Hügel, 300 m von der Hauptstraße, ✆ 053-698 065, 089-431 3511, 💻 www.pairadise.com. Angenehmer, gepflegter deutsch-thailändischer Familienbetrieb von Kathrin und Pin Zathu. 17 individuell gestaltete Häuser mit kleinem Kühlschrank und Ventilator in 3 Größen auf einem weitläufigen Gelände rings um einen Badeteich. Frühstück möglich, WiFi inkl. ❹

Spa Exotic Home ㉙, 86 Moo 2, Mae Hee, ✆ 053-069 722, 💻 www.spaexotic.com. In einem schattigen, gepflegten Garten stehen hübsche, ansprechend möblierte Einzelbungalows mit Terrasse, teils gemauert, teils aus Holz und Bambus, ein teurer mit AC, 4 mit Ventilator, und 2 Familienbungalows U-förmig um einen von heißen Quellen gespeisten kleinen Pool unter Palmen, für Gäste von außerhalb 100 Baht. Massagepavillons, Restaurant mit günstigen Thai-Gerichten. ❹

Ein ruhiger Platz zum Entspannen

The Sun Hut ㉖, 28/1 Mae Yen, 20 Min. zu Fuß vom Zentrum, über eine Fußgängerbrücke zu erreichen, ✆ 053-699 730, 081-301 3443, 💻 thesunhut.com. Ein gurgelnder Bach, hohe Bäume und ein Bambushain sorgen selbst zur Mittagszeit für eine angenehme Temperatur, sodass sich eine AC erübrigt. 13 Bungalows verschiedener Größe und Ausstattung mit großen Terrassen und Hängematten. Größere Bungalows zudem mit Tisch und Stühlen sowie traditionellen Matten. Schönes großes Teakhaus auf mehreren Etagen mit großem Bett und Bad. Günstige Zimmer in Doppelbungalows. Im Zentrum 2 gemütliche Pavillons, einer mit Bibliothek, der andere mit Feuerstelle. Im vegetarischen Restaurant werden Kräuter und Gemüse aus dem eigenen Biogarten verarbeitet. Zum Frühstück gibt's gutes, selbst gemachtes Müsli und Kräutertees. Abendessen auf Bestellung. Fahrradverleih, WiFi. ❸–❹

Obere Preisklasse

Pai River Corner Resort & Restaurant ⑩, 94 Moo 3, Viangtai Rd., ✆ 053-699 049, 💻 www.pairivercorner.com. Schickes Boutiquehotel am Flussufer mit komfortablen, modern möblierten, holzverkleideten Zimmern mit großen Fenstern zum Balkon oder zur Terrasse und Blick auf den Fluss oder Pool im Garten, teilweise mit großem Whirlpool. Im Fluss-Restaurant gehobenes Preisniveau, WiFi inkl. ❻–❽

Rim Pai Cottage ⑨, in der Flussschleife hinter Wat Pa Kham, ✆ 053-699 133, 💻 www.rimpaicottage.com. Die erste Anlage in einem sehr gepflegten, schattigen Garten. 2–4 gediegene Zimmer mit dekorativen Baumwollnetzen in schmucken Teakholzhäusern mit großen überdachten Terrassen für Paare, auch eine große, bezaubernde Villa am Fluss und Häuser für Familien. Mit Restaurant. Professioneller Service. ❹–❽

The Quarter ①, 245 Moo 1, Chaisongkram Rd., ✆ 053-699 423, 💻 www.thequarterhotel.com. Klare Linien und modernes Design dominieren in diesem gediegenen Boutiquehotel. Die 2-stöckigen Häuser mit komfortablen, großzügigen Zimmern und Bädern ohne Dächer gruppieren sich rings um einen Pool. WiFi, Internet und Fahrräder inkl. ❻

Außerhalb:

Belle Villa Resort ㉓, 113 Moo 6 Huay Poo, Wiang Nua Rd., ✆ 053-698 226-7, 💻 www.bellevillaresort.com. Boutiqueresort am Ortsrand mit Blick auf die Reisfelder, 19 hübsche Bungalows, Restaurant, Pool. ❺–❻

Tha Pai Hotsprings Spa Resort ㉘, 84 Moo 2, Mae Hee, ✆ 053-065 748-9, 💻 www.paihotspringssparesort.com. Teure Zimmer und Pool-Villen. Massagen, Spa und großer Pool mit Wasser aus den heißen Quellen, für Gäste von außerhalb 50 Baht. ❺–❼

UMGEBUNG PAI

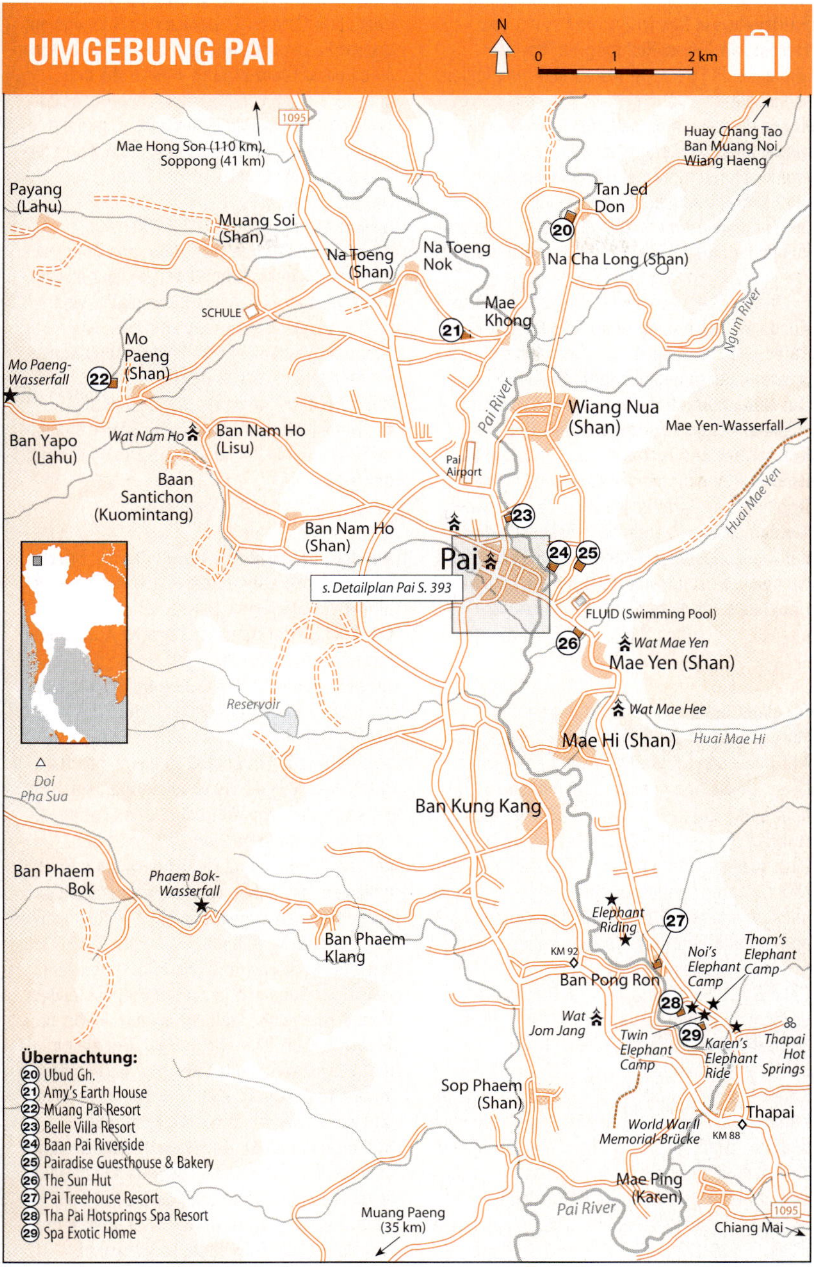

Pai Treehouse Resort ㉗, am Ostufer des Flusses, am KM 88 Richtung Hot Springs abbiegen und 3 km der Ausschilderung folgen, ✆ 053-065 727, 081-911 3640, 💻 www.paitreehouse.com. Auf einem weitläufigen Grundstück mit wunderschönem Ausblick über das Tal stehen 21 sehr unterschiedliche ein- oder 2-stöckige Teakhäuser für Familien, 3 Baumhäuser am Fluss mit Kühlschrank. Auch Zelten ist möglich für 400/800 Baht. Restaurant. ❺–❽

Essen

Rund um die Uhr sind zahlreiche Restaurants, Cafés und Essenstände geöffnet, die sich auf Backpacker eingestellt haben.

Der **Nachtmarkt** hat auch kulinarisch einiges zu bieten. Es gibt an einem Stand **Thai Herbs**, Kräutertees aus Tontassen und im **Pancake Heaven** Pfannkuchen mit diversen Füllungen. Original Thai-Gerichte wie Kao Soi und Sate werden an den überdachten **Essenständen** an der Chaisongkram Rd., Ecke H1095 verkauft. Nicht ohne Grund wird Pai auch als Pancake-Hauptstadt bezeichnet. Zu Pancakes s. eXTra [2709].

Cafés

All about Coffee, 100 Chaisongkram Rd., 250 m oberhalb der Bus Station. In einem über 140 Jahre alten Shan-Holzhaus haben junge Leute ein kleines Künstlercafé mit teils abstrakter und naiver Kunst etabliert. Oben sitzt man auf Sitzkissen auf dem Boden, genießt Jazzmusik und Kunst an den Wänden. Kleine Karte, hervorragender Kaffee und Frühstück mit hausgemachtem Brot und Kuchen. Unbedingt den Banana-Espresso-Shake probieren. Zudem eine Kunstgalerie. 🕓 8.30–17.30 Uhr.

Cake Go „O", Rungsiyanon Rd. Hinter dem großen gläsernen Tresen und in einer hohen Kühltruhe locken Sandwiches, Kuchen, Torten und selbst gemachter Joghurt. Dazu gibt es Kaffee und Tee (auch mit Ziegenmilch), frische Shakes und Eiscreme. Bereits zum Frühstücken geöffnet. Man bestellt am Tresen und bekommt die Köstlichkeiten an rustikalen Tischen, drinnen oder draußen, serviert, große Portionen.

Fruit Factory, am südlichen Ortsrand nahe dem Fluss, ✆ 086-122 1765. Das kleine, farbenfroh gestaltete Café im 1. Stock eines Neubaus mit großer Terrasse ist ein lohnendes Ziel für einen Nachmittagsspaziergang. Hier dreht sich alles ums Obst: von frischen Früchten, selbst gemachter Eiscreme, Smoothies, Obstsalat und anderen Desserts bis hin zu Sandwiches und Steaks mit Früchten oder Fruchtsoße. Um 100 Baht.

Groove Yard, am südlichen Ortsausgang, ✆ 089-560 8561. Von Designern aus Bangkok mit Grafittis gestaltetes Café, das hier etwas deplatziert wirkt. Zu Jazzmusik gibt's Wein oder Bier. Von der Terrasse hat man einen schönen Ausblick auf die Felder. Auch Kunstausstellungen. 🕓 8.30–18 Uhr.

Pai Now, Chaisongkram Rd., Ecke H1095. Mit Hippie-Motiven dekorierter Black-Canyon-Coffeeshop, bei hippen jungen Einheimischen beliebt.

Restaurants

Amido's Pizza Garden, kurz hinter der Brücke an der Abzweigung zu den Tapai Hot Springs und Elefantencamps. Leckere Pizza, die der Franko-Algerier Amido zubereitet. Auch gute Lasagne. 🕓 18–22 Uhr.

Burgers House, Rungsiyanon Rd. Rustikales, offenes Restaurant für Fleischfreunde. Große Portionen.

Charlie & Lek Restaurant, Rungsiyanon Rd., ✆ 081-733 9055, 💻 www.pailaguna.com. Ein schmaler Gang führt durch den Laden in den dahinterliegenden kleinen Garten, wo vegetarische und Fleischgerichte aus biologischem Anbau serviert werden. Leider verzichtet man auch hier nicht auf Plastikstühle.

Good Life, Sukhapibal 1 Rd., ✆ 081-031 3171. Restaurant der esoterischen Szene mit vielen Heilkräutertees und gesunder Biokost. Zudem Buchausleihe und viele Infos über die Szene.

Mama Falafel, Wanchalerm Rd. Der kleine, recht preiswerte Laden in einer ruhigen Seitenstraße ist der Treffpunkt der Israelis, denn hier gibt es Tahini, Pita-Brote, leckere Dips, Schnitzel und Pommes sowie andere Gerichte aus dem Nahen Osten. 🕓 Mo–Sa 12–24 Uhr.

Muslim Home Made, nahe der zentralen Kreuzung. Einfaches, offenes Restaurant mit internationalen Gerichten, kein Alkohol.

Na's Kitchen, Raddamrong Rd., nahe der Schule. Bei Backpackern sehr beliebtes, preiswertes Restaurant. In der offenen, sehr sauberen Küche brutzeln die freundliche Chefin Na und ihre Kolleginnen die Favoriten der Thai-Küche, die man sich bei guter Musik an rustikalen Tischen im kleinen, einfachen Restaurant oder draußen an der Straße schmecken lässt.

Pai Country House, Rungsiyanon Rd. Großes, preiswertes Restaurant. Ausgesprochen umfangreiche Karte mit einer riesigen Auswahl an einheimischen und internationalen Gerichten quer durch alle Kontinente. Hervorragendes Frühstück. Freundlicher Service.

Pan Peng Restaurant, Chaisongkram Rd., Ecke H1095. Offenes, großes Restaurant mit authentischen nordthailändischen Gerichten zu günstigen Preisen. Sehr leckere Nudelsuppen (Khao Soi). Mutige können die wirklich scharfen Würstchen probieren. Bebilderte Karte auf Thai und Englisch.

The Sanctuary, unterhalb der großen Brücke, ✆ 053-698 150, 080-134 8609, 💻 www.thesanctuarythailand.com. Schickes Ökorestaurant mit Flussterrasse. Es gibt Seafood, Salate, Wraps, Suppen, selbst gebackene Kuchen, Shakes und Smoothies. Umfangreiche Weinkarte, abends gefällige Livemusik, WiFi. Manchmal muss der Geruch der Abwässer durch Räucherstäbchen übertönt werden. Gehobenes Preisniveau.

Unterhaltung

Viele Bars entlang der Hauptstraße mit guter Musik, einer großen Auswahl an lokalen und internationalen Drinks und entspannter Atmosphäre.

Be-bop-Bar, am südlichen Ortsausgang, ✆ 053-698 046. In der großen Bar kann man ab 21.30 Uhr zu Livemusik (Rock, Jazz, Funk und Rhythm 'n' Blues) abrocken. 🕓 18.30–1 Uhr.

Buffalo Exchange, Sukhapibal 1 Rd., hier spielt abends die Hausband. Man sitzt im Garten im Winter um ein offenes Feuer und lässt sich das relativ preiswerte Bier und andere Getränke schmecken.

Pai Post Studio & Café, Chaisongkram Rd. Abends treten in diesem kleinen Café der lokalen Zeitung internationale Musiker auf. Oft sehr guter Jazz, Blues, Soul, Pop oder Funk.

Park@Pai, Raddamrong Rd. Schicke, große Retro-Bar mit sehr guter Livemusik, überwiegend Blues.

Phu Pai Bar, Rungsiyanon Rd. Café-Bar in einem alten Holzhaus, in der fast jeden Abend Livemusik unterschiedlichster Art dargeboten wird.

Ting Tong Bar, Rungsiyanon Rd. Große, offene Bar, wo man auf Sitzkissen auf erhöhten Plattformen Platz nimmt.

Einkaufen

Das Zentrum von Pai ist ein Shoppingparadies mit zahlreichen Geschäften, die eine große Vielfalt an Souvenirs präsentieren, v. a. Textilien und anderes Kunsthandwerk der Bergvölker, sowie Hippie-Outfit.

Aoy Bakery, Rungsiyanon Rd., eigentlich ein Supermarkt mit einer großen Auswahl an Wein und süßen Kuchen. Zudem alles, was Traveller missen könnten, inkl. Müsli, Nutella und Gummibärchen.

Siam Used Books, ✆ 053-699 075, verkauft auch deutsche Bücher.

Jumbo Hammock, 84 Rungsiyanon Rd., ✆ 053-699 395, 💻 www.jumbohammock.com. Die Hängematten von Peter gibt es in allen Farben und aus verschiedenen Materialien, auch als Doppelhängematte. Einige werden im offenen Laden, andere in den Dörfern der Mabri gefertigt. Sie können auch übers Internet bestellt werden.

Ein bunter Nachtmarkt

Nach Sonnenuntergang öffnet der Nachtmarkt rings um die Bus Station. Dann werden die Chaisongkram und die Sukhapibal 1 Rd. zur Fußgängerzone und Flaniermeile. Hier kann man den Musikern lauschen, sich mit Kunsthandwerk der Bergvölker, bunten Hippie-Klamotten und schrägem Outfit eindecken und zwischendurch einen Snack essen oder einen Cocktail schlürfen. Westlich der Bus Station werden auch originelle Postkarten und Werke junger Künstler verkauft.

Abenteuerliche Raftingtouren

Mehrere Anbieter organisieren Raftingtrips auf dem Khong und Pai bis in die Nähe von Mae Hong Son. Die kürzere Tour beginnt bei Nam Khong (s. S. 385) und geht über 45 km, die längere beginnt südlich von Pai an der Brücke und geht über 70 km durch das waldreiche Gebiet abseits aller Straßen, vorbei an Wasserfällen, Höhlen, heißen Quellen und durch 60 Stromschnellen bis Grad 4, in der Regenzeit bis Grad 5. Übernachtet wird in Camps aus Bambushütten. Am Ende der Tour wird man entweder nach Mae Hong Son oder nach Pai zurückgebracht.

Aktivitäten

Verschiedene Veranstalter vermitteln Rafting- (Juni–Feb), Trekking- (Juni–Feb) und Klettertouren (Okt–Juni). Die Angebote ähnlich sich.
Back-Trax, Chaisongkram Rd., ✆ 053-699 739.
Pai Adventure, 28 Moo 3, Chaisongkram Rd., ✆ 053-699 385, 089-953 4848, 💻 www.thailandpai.net.

Bootstouren

In jeder Hinsicht auf der sicheren Seite ist man mit:
Thai Adventure Rafting, 16 Moo 4, Rungsiyanon Rd., ✆ 053-699 111, 081-993 9674, 💻 www.thairafting.com. Guy Gorias veranstaltet seit 1987 bei ausreichend hohem Wasserstand von Mitte Juni bis Mitte Feb 2-tägige Kajak- und Schlauchbootfahrten. 2 Tage kosten 2500 Baht alles inkl., 1 Tag 1500 Baht.
Wesentlich harmloser ist es, sich in Autoschläuchen den Fluss hinabtreiben zu lassen.

Elefantenreiten

Mehrere Camps, 5 km außerhalb, an der Straße zu den Tapai Hot Springs. Im Gegensatz zu den Camps bei Chiang Mai werden hier keine Shows geboten. Zudem halten sich die Elefanten meist in einem waldfreien Gebiet auf.
Thom's Pai Elephant Camp, 1,6 km von der Straße, ✆ 053-699 286, 089-851 9066, 💻 www.thomelephant.com. Das professionell gemanagte Camp kümmert sich um die artgerechte Haltung seiner 12 Tiere. Tagestouren mit 2 Std. Elefantenreiten und Baden mit Elefanten, Schwimmen und einer Floßfahrt ab 2 Pers. für 1200 Baht, auch Ausritte in die Umgebung ab 500 Baht p. P. und Std. ⏲ 8.30–15 Uhr. Das Camp hat auch ein einfaches Restaurant und eine komfortable Unterkunft für Elefanten-Süchtige. ❺
Karen's Elephant Ride, 1,3 km von der Straße, ✆ 071-735 081, 💻 www.paithailand.info/karenelephant.php, hat 4 Elefanten.
Noi's Elephant Camp, ✆ 081-960 8568.
Twin Elephant Camp, ✆ 053-699 002, 089-556 4149.

Kochkurse

Pai Cookery School, Wanchalerm Rd., bei Gaew, ✆ 081-706 3799, 089-559 1006. Kurse von 14–18.30 Uhr für 750 Baht inkl. Kochbuch und Besuch auf dem Markt. Auch für Vegetarier.
Pugy's House Cooking Classes, 71 Moo 4, Viangai, ✆ 053-698 278. Einzelunterreicht oder Kleingruppen (3 Pers.), Unterricht auch auf Deutsch.

Massagekurse

Pai's Traditional Thai Massage, ✆ 053-699 121, 💻 www.PTTM1989.com. Die älteste Massageschule in einem ruhig gelegenen, zurückversetzten Haus mit großem Garten. 3-tägige Kurse ab 2 Pers. für 2500 Baht. Mo–Fr 9–12 Uhr. Auch Thai-, Öl-, Kräuter- und Fußmassagen von 9–21 Uhr, zudem Kräutersauna für 80 Baht.

Meditationen, Yoga und mehr

Die esoterische Szene hat sich zwischen Bars und Tatoo-Studios in der Sukhapibal 1 Rd. angesiedelt, z. B.:
Good Life, im Restaurant werden diversen Aktivitäten geboten, z. B. kostenlose Meditationen, Reiki und Akupunktur. Nebenan **Witching Well** und **The Healing Pyramid**.
Flow with Bhud, ✆ 089-758 3635, veranstaltet Yoga-Workshops.
Divine Healing Centre, ✆ 089-265 1134, 089-998 2031, veranstaltet u. a. Reiki-Kurse.

Schwimmen

Fluid, der einzige öffentliche Swimmingpool mit einem 25-Meter-Becken, Liegen und Salas, Bar und Café sowie guter Musik, hinter der Brücke oberhalb der Straße, 60 Baht Eintritt. Zudem Sauna 80 Baht pro Std., Yoga und Fitnesscenter. ⌚ 9–18 Uhr.
Zudem kann in einigen Resorts der Pool genutzt werden (s. dort).

Thai-Boxen

Muay Thai Training Centre, auf den Flusswiesen. Hier unterrichten Mr. Bee, ✆ 084-704 4833, und Mr. Trudy, ✆ 087-065 5390, Frauen und Männer mit und ohne Vorkenntnisse von 8–10.30 und 16–18.30 Uhr für 250 Baht pro Session.

Trekking

Von vielen Büros und Gästehäusern werden meist individuell gestaltete Trekkingtouren (auch in Kleingruppen) in die nähere Umgebung angeboten. In Pai gibt es etwa 15–20 Guides, die Touren für etwa 800 Baht pro Tag und Pers. anbieten, mit Rafting oder Elefantenreiten etwa 300 Baht mehr. Allerdings bevorzugen es immer mehr Backpacker mit dem Motorrad auf eigene Faust die Umgebung zu erkunden.

Sonstiges

Drogen

Seit unter Premier Taksin viele Dealer im Gefängnis gelandet sind und die Polizei unter Druck steht, sind Drogen aus der Öffentlichkeit verschwunden.

Geld

Zahlreich sind die Banken mit Geldautomaten im Zentrum. Einige Wechselstuben sind auch abends geöffnet.

Fahrrad- und Motorradvermietung

Fahrräder, Motorräder und Songthaews werden im Ort für Ausflüge vermietet.
Das weite Tal lässt sich gut mit dem Motorrad erkunden, während die Berge mit ihren sehr steilen, teils unbefestigten Straßen und engen Kurven erfahrenen Motorradfahrern vorbehalten sind.
Fahrräder kosten etwa 50 Baht pro Tag, Motorräder gibt es von 100cc Honda Dream für 100 Baht bis Honda Super Four für 700 Baht.
AYA Service, 22/1 Moo 3, Chaisongkram Rd., ✆ 053-699 940, ist der größte Motorradverleih und vermietet auch etwas größere Enduros.
Good View Motorbike, 69 Moo 3, Chaisongkram Rd., ✆ 089-999 1715, hat Fahrräder und Mountainbikes im Angebot.
Wer keine Erfahrungen mit Motorrädern hat, sollte sich besser am Bus Stop ein Motorradtaxi mieten, denn auf den steilen, teils unbefestigten Straßen hat es schon viele Unfälle gegeben.

Informationen

Wer länger in Pai bleiben will und Ausflüge in die Umgebung plant, sollte sich für 199 Baht *The Paioneer – Your guide through Pai* von Thomas Kasper besorgen. Obwohl die praktischen Tipps veraltet sind, hat er immer noch gute Hintergrundinformationen.
Weitere Infos im Netz, z. B. 💻 allaboutpai.com, 💻 yellowpai.com, 💻 www.paithailand.info.

Medizinische Hilfe

Pai Hospital, Chaisongkram Rd., ✆ 053-699 031, 300 m westlich des Ortes.
Dental Home Clinic, Rungsiyanon Rd., eine Zahnarzt-Praxis.

Polizei

Rungsiyanon Rd., ✆ 191,
Tourist Police, ✆ 053-611 812.

Wäschereien

Mehrere Wäschereien und Annahmestellen gegenüber der Schule.

Transport

Busse

Nach CHIANG MAI (140 km) lokale Busse um 8.30, 10.30, 12, 14 und 16 Uhr für 80 Baht in 3 1/2 Std.
MAE HONG SON um 8.30, 11, 13 und 16 Uhr für 80 Baht in 3 1/2 Std.
MAE MALAI, mit Chiang Mai-Bus für 70 Baht, Richtung Norden (Thaton) hier, am H107, umsteigen.

SOPPONG, mit Bus nach Mae Hong Son, für 40 Baht.

Minibusse

Nach CHIANG MAI Minibusse ab Bus Station von 7–9, 11–13 und 15 Uhr für 150 Baht.
Mit AYA Service ab Büro der Company etwa stdl. nach Bedarf bis 16.30 Uhr für 150 Baht.
MAE HONG SON 6x für 150 Baht.
AYA Service nach Bedarf bis 16.30 Uhr.
AYA Service bietet auch weiter entfernte Ziele an, zu denen man allerdings in Chiang Mai umsteigen muss.

Flüge

Nok Air fliegt in Kooperation mit SGA mehrmals am Vormittag mit kleinen 14-Sitzern in 20 Min. nach CHIANG MAI.

Von Pai nach Chiang Mai

Auf der Weiterfahrt nach Chiang Mai geht es zuerst auf einen Grat hinauf, von dem aus sich eine gute Aussicht bietet. Während in hohen Lagen Nadelwälder vorherrschen, sind die Täler von Laubwäldern bedeckt, die im Januar/Februar in herbstlichen Farben leuchten. Danach ist am KM 67,5 ein über 1400 m hoher Pass mit einem Aussichtspunkt zu überwinden. Zum **Huai Nam Dang National Park** führt eine 6 km lange Abzweigung am KM 65,7, Eintritt 200 Baht. In dem vom 1962 m hohen **Doi Prae Muang** überragten Park gibt es nichts, was den Eintritt lohnt.

In **Mae Sae** legt der Bus eine kurze Pause ein, bevor es in nicht enden wollenden Kurven über den nächsten Pass geht. Wer mit einem eigenen Fahrzeug unterwegs ist, dem sei hinter Mae Sae, 6,5 km nördlich vom KM 42, eine Picknickpause an den fast kochend heißen Quellen **Pong Duet**, die zum Huai Nam Dang National Park gehören, empfohlen, Eintritt 200 Baht. Wer sich nicht vom Schwefelgeruch abhalten lässt, kann das Areal mit dampfenden, blubbernden Geysiren und bis zu 4 m hohe Fontänen auf einem 1,5 km langen Weg erwandern und ein Bad in den Mineralquellen nehmen.

Auch die zum Doi Pui (Suthep) National Park gehörenden **Mok Fa-Wasserfälle**, 2 km südlich der Straße am KM 18,5, sind ein gutes Picknickziel, sofern man den Nationalpark-Eintritt für diesen Tag bereits bezahlt hat. Die letzten 500 m sind auf einem schönen Fußweg durch einen Bambuswald zurückzulegen.

In **Mae Malai** trifft der H1095 schließlich 131 km von Pai auf den H107, die Hauptstraße nach Chiang Mai.

Übernachtung und Essen

Mae Sae Gh. ③, Karte S. 402, in Mae Sae am Polizeiposten. 5 einfache Zimmer mit Ventilator und Gemeinschaftsduschen mit Kaltwasser. Infos im Laden. ❸
An der Straße viele Essenstände, die u. a. gedämpfte chinesische Teigtaschen und Kaffee verkaufen.
Ban Mae Lao, am Café und Restaurant an der Abzweigung zu den Mok Fa-Wasserfällen legen viele Busse eine Pause ein.

Die Bergwelt im hohen Norden

Für viele ist es Abenteuer genug, einen schwankenden Elefantensattel oder ein primitives Bambusfloß zu besteigen, andere fühlen sich herausgefordert, mit einem gemieteten Motorrad das abgelegene Grenzgebiet zu erkunden und in den Dörfern der Bergvölker zu übernachten. Eines ist sicher: Von einer Reise durch den hohen Norden kehrt jeder mit interessanten Geschichten zurück.

Im rauen Grenzgebiet von Chiang Rai und Mae Sai herrscht Goldgräberstimmung, seit die Grenze zu den Nachbarländern durchlässiger geworden ist. Auf der anderen Seite scheint die Entwicklung der vergangenen 100 Jahre in einigen Bergdörfern nur wenige Spuren hinterlassen zu haben – und genau das macht sie so reizvoll für Trekker und kulturell Interessierte.

Eine Reise in die Berge verband sich noch vor einer Generation mit Vorstellungen von blühenden Mohnfeldern, von verwegenen Gestalten, die mit Schmuggelgut und Opium vollbepackte Maultierkarawanen leiten, oder von einfachen

Bambushütten, in denen bunt gekleidete Bergbewohner ein karges Leben fristen. All das gehört jedoch längst der Vergangenheit an.

Durch die stärkere Kontrolle des Opiumanbauverbots wurde der Mohnanbau in die Nachbarstaaten Myanmar (Birma) und Laos verlagert, wo in Fabriken außer Heroin auch Designerdrogen hergestellt werden, die in Massen den Markt überschwemmen. Die Grenzbewohner sind weitgehend entwaffnet oder – je nach politischer Lage – in ihre Heimatländer zurückgeschickt worden. Der Strom politischer und wirtschaftlicher Flüchtlinge aus Myanmar hält jedoch weiterhin ungebrochen an.

Der kleine Grenzverkehr blüht wie eh und je, und auf legalen wie illegalen Wegen finden westliche Waren einen Weg über die Grenze in die Nachbarstaaten bis hinauf nach China, von wo Billigprodukte auf den einheimischen Markt gelangen. Die angrenzenden Länder dienen als schier unerschöpfliche Quelle für wertvolle Rohstoffe wie Edelsteine oder Teakhölzer, für Billigarbeitskräfte und Nachschub für die Freudenhäuser des Landes. Über neue Straßen dringen Errungenschaften der westlichen Zivilisation auch in die Bergdörfer vor.

Nachdem das profitable Opium nicht mehr angebaut werden darf, ist neben dem Verkauf von Kaffee, Blumen, Obst, Gemüse und OTOP-Produkten nur der Tourismus als Einkommensquelle geblieben. Viele versuchen etwas von diesem Kuchen abzubekommen, sodass in Bergdörfern Gästehäuser entstehen, Longneck-Karen (Padaung) als Touristenattraktion vermarktet werden und viele Frauen mit der Produktion von Kunsthandwerk beschäftigt sind. Auch Opiummuseen und teure Luxusresorts im Goldenen Dreieck leben vom zunehmend verblassenden Mythos.

Von Chiang Mai nach Chiang Rai

Minibusse der Reiseveranstalter kurven in zweieinhalb bis drei Stunden auf direktem Weg nach Chiang Rai und weiter zum enttäuschenden Goldenen Dreieck. Kaum ein Auto der silbernen Flotte weicht dabei vom H118 ab. Dabei gäbe es genügend Gründe:

Wat Phrathat Doi Saket

Der ausgebaute Highway verläuft hinter Chiang Mai durch **Doi Saket** am Fuß eines Tempelbergs. Über eine von Naga-Schlangen flankierte Teppe oder auf einer schmalen Zufahrtsstraße geht es hinauf zur großen Buddhastatue und zu einer Grotte mit mythologischen Figuren. Das Innere der Gebetshalle ist vollständig mit zeitgemäßen buddhistischen Motiven bemalt und lohnt allein schon einen Zwischenstopp.

Mae Takhrai National Park

Ein Hinweisschild am KM 27 weist auf den **Jungle Flight** hin, 💻 www.jungle-flight.com, eine Kopie des Flight of Gibbon, s. Kasten S. 350, Chiang Mai. Nach der ersten kurvenreichen Strecke durch den Bergwald lädt am KM 33,5 ein Picknickplatz am Rand des Nationalparks zu einer Pause ein. Die Bergkette kann auf schmalen Straßen durchquert werden. Man zweigt am KM 43 auf den H1252 ab, fährt hinter **Muang Pan** etwa 5 km auf dem H1287 und weiter auf dem H1035 nach Lampang.

Nach 10 km ist auf der Wasserscheide die Provinzgrenze von Chiang Mai und Chiang Rai, kurz darauf der **Khun Chae National Park** erreicht.

Trekker Lodge

Wer am KM 63,8 dem kleinen Holzschild „Trekker Lodge 9 km" folgt, gelangt auf eine von Schlaglöchern übersäte Straße durch ein Tal, in dem kleine Dörfer liegen. Der Wald weicht zunehmend Gewächshäusern, in denen im Rahmen des **Huay Namrin Royal Projects** v. a. Farne für Blumensträuße gezüchtet werden. Oberhalb des Dorfes **Muang Noy** können bereits seit 1987 Backpacker in der einfachen **Trekker Lodge** ①, ✆ 089-553 9795, bei der Hmong-Gastgeberin Coo in vier kleineren und größeren Bungalows mit gefliesten Böden und Moskitonetz übernachten. Im Restaurant gibt es Backpacker-Gerichte. Man kann auf eigene Faust durch das Tal wandern oder eine Trekkingtour mit Übernachtung für 600–1000 Baht unternehmen. ❸

Minibusse von Chiang Mai bis zur Abzweigung für 35 Baht. Wer für die letzten 9 km ein

VON CHIANG MAI NACH CHIANG RAI

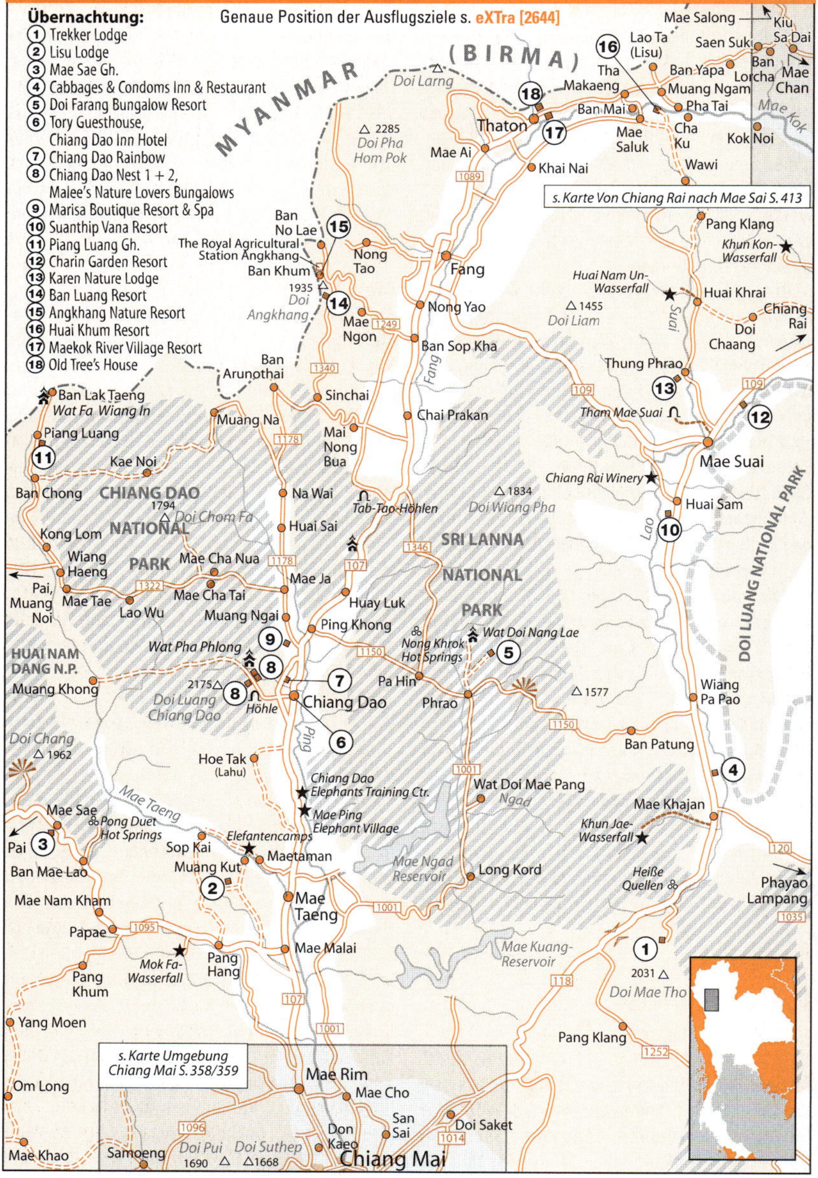

Songthaew chartert, zahlt 200 Baht. Reguläre Songthaews fahren nach Bedarf morgens nach Chiang Mai und abends zurück.

Zurück an der Hauptstraße, kann man nur 1,5 km weiter nördlich eine eigenartige Touristenattraktion bestaunen: Rings um die schwefelhaltigen heißen Quellen vom **Ban Sob Poang** entstand ein Touristendorf mit Khmer-Tempelnachbau und vielen OTOP-Läden.

Wiang Pa Pao

Zwischen der Abzweigung nach Phayao (H120) und der nach Phrao (H1150) wirbt in der Ebene ein großes Schild mit bunten Kondom-Männchen für das Restaurant und Resort **Cabbages & Condoms** ④, KM 84,6, ✆ 053-952 312-4, einer Filiale der Restaurantkette der *Population & Community Development Association*. Im Restaurant gibt es Thai-Gerichte und Kaffee, im angrenzenden Shop einige interessante Souvenirs und natürlich auch Kondome. Zudem kann man in Bungalows übernachten, deren Lage allerdings nicht besonders attraktiv ist. ❹

Einheimische stoppen in **Wiang Pa Pao** am KM 95, wo sich viele Geschäfte und Restaurants auf Durchreisende eingestellt haben.

Wer es sich leisten kann, übernachtet in perfekt gestalteter Natur im **Suanthip Vana Resort** ⑩, am KM 107, Reservierungen in Bangkok, ✆ 02-619 0368-9, 💻 www.suanthipresort.com. Auf einem weitläufigen Gelände stehen großzügige Suiten mit Teakböden und geräumiger Terrasse nahe dem Pool und Restaurant sowie 6 schöne Häuser am Hang im Stil der Bergvölker – nur viel luxuriöser. Frühstück inkl. ❼–❽

Mae Suai

Südlich von Mae Suai wird in der vom H118 am KM 129,5 ausgeschilderten **Chiang Rai Winery**, die auch besichtigt werden kann, 4 km westlich der Straße, 💻 www.chiangraiwinery.com, Obstwein aus Litschipflaumen, Mangostanenfrüchten und Ginseng gekeltert. Im größeren Ort Mae Suai zweigt am KM 132 der H109 nach Fang ab, auf dem auch Songthaews verkehren. 2 km weiter geht es auf einer Abzweigung 50 km geradeaus nach **Wawi**, das von Teeplantagen umgeben ist, und **Doi Chaang**, wo ein hervorragender Arabica-Kaffee angebaut wird, 💻 www.doichaangcoffee.com. An der Strecke liegt nach 14 km die spartanische **Karen Nature Lodge** ③, im Karen-Dorf Ban Thung Phrao, ✆ 081-473 7920, ✉ karenlodge@gmx.net. Einfache Bambusmattenbungalows mit und ohne Dusche, Motorradverleih und Touren. ❶–❷

Am KM 140 lohnt allein schon wegen des Kuchens ein Stopp im **Charin Garden Resort** ⑫, ✆ 053-717272, 089-370 4885, 💻 www.chiangraiprovince.com/htl/charin. Im offenen Restaurant mit Flussblick werden Brownies, Käsekuchen und Macadamia-Nusskuchen ebenso wie herzhafte Gerichte zum Kaffee oder Tee serviert. 🕓 7–19 Uhr. Übernachtungsmöglichkeit in Bungalows. ❹

Elefantencamps am Highway 107

Durch das Tal des Ping verläuft der H107 von Chiang Mai über Mae Rim nach Norden, vorbei an der Abzweigung zum Mae Sa Valley (s. S. 361) und nach Pai (s. S. 390).

Hinter der Abzweigung zum **Mae Ngad Reservoir**, einem beliebten Naherholungsgebiet, geht es links am KM 43 weitere 10 km Richtung Osten nach **Mae Ta Man**, wo sich einige Elefantencamps konzentrieren. Hier wird Elefantenreiten und Rafting auf dem Mae Taeng angeboten: **Mae Taeng Valley Elephant Camp**, ✆ 053-271 680, 🕓 tgl. 8–16 Uhr. **Maetaman Elephant Camp**, ✆ 053-297 060, 297 283, 💻 www.maetamanelephantcamp.com.

Sobald der H107 das Tal verlässt, liegt bei KM 53,6 das **Mae Ping Elephant Village**, 300 m abseits der Straße am Ping, ✆ 081-960 6126, 💻 www.elephantvillage.com. Dort besteht die Möglichkeit, auf Elefanten zu reiten, teils in Kombination mit einer kurzen Floßtour; Ausritte tgl. 7.30–12 Uhr für 800 Baht pro Stunde p. P. bei zwei Personen, Show um 8.30 und 10 Uhr für 150 Baht.

Nicht weit entfernt weisen am KM 56 Schilder nach rechts zum gepflegten, großen **Chiang Dao Elephant Training Center**, ✆ 053-298 553. Es liegt in einem Wald am jenseitigen Ufer des Ping, über den eine Hängebrücke führt. Wer frühmorgens in Chiang Mai startet, kann rechtzeitig zum

Sensibler Umgang mit Dickhäutern

Ein intensiveres Zusammensein mit Elefanten ermöglicht der **Elephant Nature Park**, ebenfalls im Mae Taeng Valley, Buchungen in Chiang Mai, 209/2 Sri Dongchai Rd., ✆ 053-272 855, 818 754, mit der informativen Website 💻 www.elephantnaturepark.org. Von Chiang Mai aus werden ein- und mehrtägige Touren ins Camp organisiert. Bei der Tagestour für 2500 Baht, die ein Mittagessen und den Transport ab Chiang Mai einschließt, kann man Elefanten füttern und baden. Bei einer 2-tägigen Tour für 5700 Baht lernt man zudem einiges von ihren Mahouts, lässt abends mit ihnen die Tiere frei und übernachtet im Camp. Wer noch mehr über das Leben der Elefanten und ihrer Mahouts erfahren möchte, kann für 12 000 Baht pro Woche auch länger bleiben.

morgendlichen Bad der Tiere im Fluss um 9 und 10 Uhr vor den Shows hier sein. Nachdem die Elefanten ihre Kunststücke demonstriert haben, starten sie zu einem Ausritt in den Dschungel. Show um 9.30 und 10.30 Uhr, Eintritt 60 Baht, Elefantenreiten 1200 Baht pro Stunde, großes Restaurant. Weiteres zu Elefanten s. Kasten.

Chiang Dao

Vorbei an Reisfeldern und Gemüsegärten, Obstplantagen und Teakholzpflanzungen, geht es von der gut ausgebauten Umgehungsstraße ab nach Chiang Dao, das sich mit seinen Vororten fast 8 km am alten H107 erstreckt. Dienstags findet ein sehenswerter, großer **Markt** an der Hauptstraße zwischen Busbahnhof und der Abzweigung zu den Höhlen statt. Einige traditionell gekleidete Lahu, Lisu und Karen mit geschulterten Bambuskörben mischen sich unter die städtisch gekleideten Talbewohner.

Eine 5 km lange Nebenstraße zweigt am Markt zu den **Chiang Dao-Höhlen** ab, die schon immer als Ort der religiösen Verehrung und Meditation dienten. Der Haupteingang liegt nahe dem Parkplatz jenseits der Stände, die traditionelle Heilkräuter verkaufen, und eines Tempels aus jüngerer Zeit. Am Hang erkennt man verfallene Stupen und Salas mit Buddhastatuen. Eine Fußbrücke überspannt einen Teich mit riesigen Karpfen und Welsen. Dahinter gelangt man in das weit verzweigte Höhlensystem, in dem der Ping entspringen soll. Einige Bereiche, in denen unter Stalaktiten teils sehr alte Buddhastatuen stehen, sind ausgeleuchtet. Wer sich nicht gut orientieren kann oder weiter in den unbeleuchteten Bereich vordringen möchte, sollte sich einen Guide nehmen. Eintritt 20 Baht.

Die schmale Asphaltstraße verläuft weiter an den Höhlen vorbei zum **Wat Pha Phlong**, einem Meditations-Höhlenkloster in einem dschungelbedeckten Tal. Zum Monument mit den Relikten des hochverehrten Abts Phra Ajam führen 510 Stufen hinauf. Eine andere schmale, befestigte Straße verläuft durch den **Chiang Dao National Park** 50 km bis **Muang Khong**, Eintritt 200 Baht.

Der 2175 m hohe **Doi Luang Chiang Dao** ist der dritthöchste Berg des Landes. Die dschungelbedeckte Bergwelt mit schroffen Kalkfelsen und beeindruckenden Höhlen ist die Heimat verschiedener Bergvölker und ein populäres Trekkinggebiet. Zudem kommen Ornithologen hierher, um einige der 300 hier vorkommenden Vogelarten zu beobachten.

Übernachtung

Unterkünfte s. Karte S. 402

In Chiang Dao:

Chiang Dao Inn Hotel ⑥, 100 m südlich des Busbahnhofs an der Hauptstraße, ✆ 053-455 134. Neueres Provinzhotel mit 40 Zimmern, die etwas muffig, aber sauber sind. Restaurant mit Frühstücksmöglichkeit. ❸

Tory Guesthouse ⑥, an der Hauptstraße, KM 71, ✆ 053-455 008, 081-784 5106, ✉ toryguide@hotmail.com. 2-stöckiges Teakhaus, einfache Zimmer mit Gemeinschaftsduschen. Im EG Café. ❶–❷

Nahe den Höhlen:

Hier ist das Übernachtungsangebot am besten.

Chiang Dao Nest 1 + 2 ⑧, hinter den Höhlen auf dem Weg zum Wat Paplong, ✆ 053-456 242, 💻 www.chiangdao.com. Auf 2 Grundstücken in 700 m Entfernung voneinander stehen in Gärten insgesamt 18 kleine, hübsche Bungalows, überwiegend aus Naturmaterialien erbaut. Nest 1 mit Pool. Das Nest 2 hat etwas einfachere Unterkünfte und eine schöne Aussicht auf die steil aufragenden, dschungelbewachsenen Berge. Richard und seine Frau Vicha managen die gepflegten, familienfreundlichen Anlagen, kümmern sich um die Gäste und veranstalten Ausflüge und Trekkingtouren. WiFi. ❸–❹

Malee's Nature Lovers Bungalows ⑧, ✆ 081-961 8387, 💻 www.maleenature.com. Auf einem großen Grundstück mit fantastischer Aussicht auf den Berg befinden sich kleinere und größere Bungalows und Häuser mit sehr unterschiedlichen Zimmern. In preiswerten Zimmern teilt man sich das Badezimmer, in teureren können auch Familien unterkommen. Möglichkeit zum Zelten. Alles ist nicht mehr so frisch, aber naturnah, entspannte Atmosphäre. Die Chefin Malee organisiert Touren, v. a. für Vogelkundler. Empfehlenswert. ❸–❹

Nördlich von Chiang Dao:

Chiang Dao Rainbow ⑦, im Nordwesten der Stadt, 1,6 km von der Hauptstraße, am KM 75 hinter dem Tempel abbiegen, ✆ 084-803 8116. 2 Bungalows mit schöner Aussicht über Reisfelder auf das Bergmassiv. 2 weitere Zimmer im Haupthaus mit Gemeinschaftsdusche. Fahrräder, Essen auf Vorbestellung. ❷–❹

Marisa Boutique Resort & Spa ⑨, 304 Moo 4, Muang Ngai, 7 km nördlich, ✆ 053-375 517, 083-515 3644, 💻 www.marisaresort.com. In einem weitläufigen Park stehen Reihenhäuser, kleine Bungalows und große Häuser für Gruppen. 29 komfortable Zimmer, die billigen mit Ventilator. Restaurant mit Thai- und westlichen Gerichten. Pool mit Sala, Teakholzliegen und Schirmen, Spa. WiFi, Frühstück und Fahrräder inkl. ❺–❽

Essen

Chiang Dao Restaurant, gegenüber dem Chiang Dao Inn Hotel. Am großen Parkplatz konzentrieren sich Essenstände und ein Restaurant. Auf der englischsprachigen Speisekarte findet sich alles, vom Frühstück bis zu Eiscreme und Kaffee. Preiswerte Thai-Gerichte, auch Nudelsuppen.

Essenstände, die nur abends geöffnet sind, nördlich vom Busbahnhof.

Unerwartete Gaumenfreuden

Im Nest 1 wird sehr gut europäisch gekocht, z. B. Entenbrust mit Kartoffelpüree. Das Nest 2 verfügt über ein Thai-Restaurant.

Nahverkehr

Zu den Höhlen und Resorts fahren Songthaews vom Markt bzw. Busbahnhof für 150 Baht, Motorradtaxis für 50 Baht.

Transport

Busse nach

CHIANG MAI alle 30 Min. bis 18.30 Uhr für 40 Baht in 1 Std.

FANG bis 19 Uhr für 50 Baht.

THATON 7x von 7–17 Uhr für 70 Baht.

Über Wiang Haeng an die birmanische Grenze

6 km nördlich von Chiang Dao zweigt vom H107 der H1178 nach links ab und führt über das KMT-Dorf **Ban Arunothai** hinauf zum Doi Angkhang. Nach 9,8 km, kurz vor **Mae Ja**, geht es links auf dem asphaltierten H1322 76 km bis Ban Lak Taeng an der Grenze zu Myanmar. Die Straße windet sich hinauf in die Berge, führt an Lahu- und Lisu-Dörfern vorbei und eröffnet fantastische Aussichten bis zum Doi Chiang Dao. Am KM 25,5 zweigt ein unbefestigter Fahrweg ab, der hinaufführt zum 1794 m hohen **Doi Com Fah**. Hinter dem Pass am KM 36 geht es steil hinab ins fruchtbare Mae Taeng-Tal.

Das Verwaltungszentrum **Wiang Haeng** mit Krankenhaus, Tankstelle (hier halten auch die Busse nach Chiang Mai) und einem Schrein für König Naresuan wird hauptsächlich von Shan bewohnt. Ein Biker-Weg nach Süden (Muang Khong) endet nach insgesamt 70 km an den Chiang Dao-Höhlen. In **Ban Kong Lom**, 3 km nördlich, können erfahrene Biker über Muang Noi die 55 km lange Piste nach Pai fahren. In **Ban Chong**, 8 km weiter, verläuft eine 62,7 km lange, unbefestigte Straße nach Osten durch den Chiang Dao National Park über **Muang Na** zum H1178.

In **Ban Piang Luang** am KM 72, einem von Shan, Chinesen und vielen Flüchtlingen aus Myanmar besiedelten Ort, besteht die Möglichkeit im einfachen Piang Luang Gh. ⑪, Karte S. 402, mit 16 Zimmern zu übernachten. ❷

Der Grenzort **Ban Lak Taeng**, 3 km weiter, wird fast ausschließlich von Shan bewohnt. Noch vor ein paar Jahren befand sich hier das Hauptquartier der Shan-Rebellenarmee SURA, die gegen die Zentralregierung kämpfte. Auf der birmanischen Seite wurde aus Rohopium Heroin hergestellt. Heute ist die birmanische Armee präsent und die Grenze auch für den kleinen Grenzverkehr geschlossen. Man kann aber hinauf zum Kontrollpunkt laufen, das **Wat Fa Wiang In** und den Naresuan-Schrein besuchen und hinüber auf den ärmlichen Stützpunkt der birmanischen Armee schauen. Wie abenteuerlich eine Reise dorthin vor 30 Jahren war, s. eXTra [2963].

Transport

Nach CHIANG MAI fährt 4x tgl. der weiße Minibus 2314 für 150 Baht.

Im Tal von Phrao

Kurz hinter Ping Khong weichen beiderseits der Straße die Reisfelder zunehmend Bambus- und Teakwäldern, die sich während der Regenzeit in sattem Grün zeigen. Doch selbst in der Trockenzeit sorgen blühende Bäume für bunte Farbflecken in der diesig-braunen Landschaft. Richtung Osten zweigt der H1150 ab, der durch eine malerische, bizarre Bergwelt und das fruchtbare, agrarisch genutzte Tal von Phrao und weiter nach Wiang Pa Pao am H118 führt. Phrao selbst ist ein kleiner Ort, in den sich nur selten Touristen verirren.

Auf dem H1001 Richtung Chiang Mai gelangt man am südlichen Ortsende hinter der Brücke zum großen **Wat Thung Luang**. In einem Gebäude auf dem Tempelgelände rechts vom Viharn weben Frauen auf traditionellen Webstühlen Schals und größere Decken, die sie auch zum Verkauf anbieten. Sie freuen sich über einen Besuch.

Auf einem Hügel, 7 km nordwestlich des Ortes, ist bereits von Weitem das weiße **Wat Doi Nang Lae** zu erkennen. Oben angekommen, überraschen eine ungewöhnliche Architektur sowie Statuen hinduistischer Gottheiten und früherer Herrscher aus der Zeit, als hier ein Mon-Königreich bestand. Eine Zeit lang war der Tempel ein bedeutendes Pilgerziel, bis der Abt wegen moralischer Verfehlungen das Vertrauen seine Anhänger verlor. Im von Reisfeldern bedeckten Tal und an den Berghängen stehen zahlreiche weitere Tempel.

Am Rand des Chiang Dao National Parks liegen am H1346, 4 km nördlich von Pa Hin, die **Nong Khrok Hot Springs**, umgeben von Orangen- und Mangoplantagen. Riesige Naga-Schlangen aus Zement schlängeln sich um die Becken. Im hinteren kann kostenlos gebadet werden.

Der durchgehend asphaltierte H1150 verlässt kurz hinter Phrao das Tal und windet sich hinauf in die bewaldeten Berge des **Sri Lanna Nationalparks**. Hier bieten sich schöne Ausblicke auf die bewaldeten Berge im Norden. Abseits der Straße liegen einige Lisu- und KMT-Dörfer sowie ein königliches Landwirtschaftsprojekt. In einem engen Tal mit brandgerodeten Hängen befindet sich **Ban Patung**. Dahinter geht es über eine weitere, niedrigere Bergkette hinab ins Tal des Lao-Flusses, wo nach insgesamt 53 km **Wiang Pa Pao** am Highway Chiang Mai – Chiang Rai erreicht ist.

Übernachtung und Essen

Doi Farang Bungalow Resort ⑤, Karte S. 402, ✆ 053-474 393, 🖳 www.doifarangbungalow.com. 6 km nördlich von Phrao. Von Michael geleitete, am Fuß der Berge gelegene Anlage mit 5 großen, soliden Steinhäusern mit Dusche und Terrasse, ein Bungalow mit 2 kleinen Zimmern, 6 umgebauten Reisspeichern, die sich ein Bad teilen, und einem Lanna-Haus mit 4 Zimmern. Im Aufenthaltsraum mit deutschem Flair wird auch Essen serviert, Pool. Tagestouren für 500 Baht p. P. inkl. Mittagessen. Motorradtaxi von Bus Station für 50 Baht. ❸–❺

Nanta Restaurant, Bunma 2 Rd.
Das beste Restaurant im Ort hat sogar eine kleine englischsprachige Speisekarte.

Transport

Vom Bus Terminal im Zentrum, nördlich vom H1150, fahren lokale Busse nach

CHIANG MAI etwa stdl. von 5.30–17.30 Uhr für 80 Baht in 2 Std.
CHIANG DAO um 6.10, 10, 12, und 15.50 Uhr für 60 Baht.
CHIANG RAI zuerst mit dem Songthaew nach WIANG PA PAO um 8 und 11 Uhr für 60 Baht. Dort in den Bus umsteigen, 50 Baht.

Von Chiang Dao nach Fang

Von Chiang Dao windet sich der H107 Richtung Norden zwischen steilen Kalkfelsen hindurch, die sich in bizarren Formationen aus der Ebene erheben. Rechts der Straße liegt am KM 95 am **Huay Luk-See** die erste Siedlung der Hmong. Das kleine Restaurant am See lädt zu einer Pause ein. Die folgende Bergkette bildet die Wasserscheide zwischen dem Einzugsgebiet des Ping und des Fang-Flusses und damit zwischen dem Menam Chao Phraya und dem Mekong.

Am Pass am KM 108 steht links der Straße ein **Tempel** mit einem großen Buddha, der dem fruchtbaren Tal von Fang seinen Segen spendet. Kurz vor KM 118 geht links ein 3 km langer Weg zu den **Tab Tao-Höhlen** ab, zwei Höhlentempel mit Buddhastatuen.

Im wenig interessanten Verkehrsknotenpunkt **Fang** erinnert am KM 141 neben dem Tempel eine Ölpumpe daran, dass in den 1950er-Jahren im Tal Öl gefördert wurde. Mehr zu Fang s. eXTra [2710].

Transport

Vom Bus Terminal im Süden von Fang an der Hauptstraße neben einem Markt verkehren Busse und Songthaews auf dem H107 nach CHIANG MAI stdl. bis 17 Uhr für 80–120 Baht in 3 Std.
THATON gelbe Songthaews ständig für 30 Baht.

Doi Angkhang

Ein lohnendes Ausflugsziel ist die kühle Bergwelt rings um den 1935 m hohen Doi Angkhang an der Grenze zu Myanmar. In den Dörfern der Hochtäler leben Lisu, Lahu, Akha, Shan und Hmong sowie einige KMT-Chinesen. Sie pflanzen Blumen an und ernten Äpfel, Birnen, Pfirsiche, Avocados und andere Früchte, die ansonsten nur in gemäßigten Breiten gedeihen.

In **Ban Sop Kha**, 14 km südlich von Fang, zweigt der H1249 zum Doi Angkhang ab. Wegen der starken Steigungen und Haarnadelkurven sollte er nur von geübten Bikern befahren werden. Nach 7 km ist das traditionelle KMT-Dorf **Mae Ngon** erreicht. Nun geht es steil hinauf in die Berge. Hinter KM 15 sind einige sehr steile Haarnadelkurven zu bewältigen, bis am KM 19 die Abzweigung des H1340 nach Süden erreicht ist.

Im höchsten Dorf, in **Ban Khum** (Doi Ang Khang), im engen, vom **Doi Angkhang** überragten Hochtal, leben hauptsächlich Chinesen. In einigen kleinen Läden, einfachen Restaurants und an Essenständen werden traditionelle chinesische Speisen angeboten.

An das Dorf grenzt ein interessantes, vom König gegründetes landwirtschaftliches Entwicklungsprojekt **(The Royal Agricultural Station Angkhang)** an.

Ein Traum für Blumenfreunde

Auf der riesigen Bio-Versuchsfarm und in den Gewächshäusern werden verschiedene Gemüsesorten, Früchte, Blumen, Zier- und Gewürzpflanzen aus temperierten Klimazonen auf ihre Verwendbarkeit in Nord-Thailand untersucht. Auf Bergwiesen blühen Mohn, Kornblumen und echte Kamille sowie andere Heilkräuter. Ein Schmuckstück ist der Bonsai-Garten und das Gewächshaus mit seltenen Farnen. Rings um das Clubhaus kann man auf Spazierwegen durch einen riesigen, gepflegten Blumengarten mit einem kleinen Wasserfall bummeln und sich anschließend im Restaurant stärken oder sogar hier übernachten. Eintritt 50 Baht. Mehr s. eXTra [2713].

Von der Straße entlang der Grenze nach Norden führt eine Abzweigung zur kleinen **Angkhang-Pagode** und weiter zu einem **Militärcamp**, das besichtigt werden kann und von dem man eine gute Aussicht auf den birmanischen Grenzposten weiter unten im Tal hat. Am Parkplatz verkaufen Lahu-Frauen Schals und andere Souvenirs. Wer jenseits des Militärkontrollpunkts in

Ban No Lae 💻 auf der schlechten, steilen Straße durch den abgelegenen, unbewohnten Bergwald 31 km hinunter nach Fang fahren will, sollte ein geländegängiges Fahrzeug haben. Biker müssen vorsichtig sein.

Übernachtung

Ban Luang

Unterhalb der Straße zum Gipfel kann man im KMT-Bergdorf übernachten und die Am-Ende-der-Welt-Atmosphäre genießen.

Ban Luang Resort ⑭, Karte S. 402, unterhalb des Dorfs in einem hübschen Tal, ✆ 081-881 8114. 9 solide Häuschen mit kleinem Bad und 2 großen Betten stehen in einem gepflegten Garten voller Pfirsichbäume. Im Restaurant ist Essen nach Voranmeldung möglich. Das Personal spricht kein Englisch. ❸–❹

Campingplatz am KM 23,8, nahe der Straße, in hübschem Kiefernwald mit Aussicht über das Tal mit dem Nature Resort bis nach Myanmar. Zelt für 2 Personen 200 Baht, mit Ausstattung 300 Baht. Vermietung von Grill und Zubehör. Kleiner Kiosk, an dem auch gekocht wird.

Ban Khum

Vor allem Einheimische übernachten hier und genießen das kühle Wetter.

Angkhang Nature Resort ⑮, Karte S. 402, 1/1 Moo 5, nahe der Royal Agricultural Station, ✆ 053-450 110, 💻 www.amari.com/angkhang. Die gediegene Anlage inmitten der Natur mit einem Hotelgebäude und Bungalows wird professionell gemanagt. Großzügige Zimmer mit Teppichboden, Wasserkocher, Kühlschrank, Dusche oder Bad. In den komfortablen Betten liegen Heizdecken, die im Dez und Jan, wenn Minustemperaturen auftreten können, wirklich gebraucht werden. Restaurant mit Thai-Gerichten für 100–200 Baht. Fahrräder 15 Baht pro Std., Touren. Häufig Sonderangebote. ❺–❻

Angkhang Villa, hinter dem Dorf, ✆ 053-450 010, 087-183 7500, 💻 www.angkhangvilla.com. Große Holzhäuser mit tiefgezogenen Dächern und Terrasse für einheimische Familien. Außerdem Zimmer in Reihenhäusern. ❹

Lao Ting Hotel, an der Dorfstraße, ✆ 053-450 005, 💻 www.laotinghotel.com. Zimmer in 2-stöckigen Häusern. ❸–❹

Royal Agricultural Station Angkhang, ✆ 053-450 031, 💻 www.angkhangstation.com. 20 einfache, saubere 2-Bett-Bungalows neben dem sehenswerten Blumengarten und Clubhaus. 6 große Bungalows für jeweils 6 Pers. Von 7.30–20.30 Uhr werden im Clubhaus Thai-Gerichte serviert. ❹

Transport

An der Abzweigung in BAN SOP KHA stehen Songthaews und Minibusse, die für 1200 bzw. 1800 Baht für die Hin- und Rückfahrt gechartert werden können. Wer erst am folgenden Tag zurückfährt, zahlt 200 Baht mehr.

Thaton

Der ruhige Ort Thaton liegt 23 km nördlich von Fang am Ufer des Mae Kok, nur 2 km von der Grenze zu Myanmar entfernt. Er ist Ausgangspunkt für eine der beliebtesten Flussfahrten.

Auf einem Berg erstreckt sich oberhalb des Ortes die riesige Tempelanlage des **Wat Thaton**, die von einem wunderschönen, neuen Chedi gekrönt wird. Er beherbergt im Erdgeschoss eine interessante Sammlung buddhistischer Skulpturen, im 1. Stock Meditationsräume und im Obergeschoss mit schöner Aussicht eine Reliquie Buddhas. 🕓 6.30–17 Uhr. Auf benachbarten Hügeln stehen überdimensionale Statuen eines stehenden Buddhas, eines auf der Naga-Schlange sitzenden Bronzebuddhas, eines weißen chinesischen Buddhas und die Göttin der Barmherzigkeit, Kuan Yin.

Lisu in bunter Tracht und Akha-Frauen mit ihrem Silberkopfputz und den bestickten Röcken warten auch an der Bootsanlegestelle auf Touristen, um ihnen Handarbeiten zu verkaufen oder gegen Geld für ein Foto zu posieren.

Übernachtung

Genaue Position der nicht nummerierten Unterkünfte s. eXTra [2644].

Untere Preisklasse

Chankasem Gh. ⑦, ✆ 053-499 313. 8 einfache, saubere Zimmer mit Ventilator hinter dem Restaurant. ❶–❷

Von Thaton nach Chiang Rai

Gegen Mittag legen in Thaton Schnellboote ab, die auf dem Mae Kok, einem Zufluss des Mekong, hinab nach Chiang Rai fahren, eine Route, die bei Reisenden sehr beliebt ist. Da die lauten, kleinen Boote, die von einer Schiffsschraube an einer langen Stange angetrieben werden, weder über komfortable Sitze noch über ausreichenden Sonnenschutz verfügen, sollte man sich auf eine strapaziöse 4- bis 6-stündige Fahrt einstellen. Eine Kopfbedeckung zum Schutz gegen die Sonne ist ebenso wichtig wie ausreichend Trinkwasser und Sonnencreme. Die Fotoausrüstung sollte wegen einiger Stromschnellen vor Spritzwasser geschützt werden. Dennoch: Diese Tour ist eine gute und interessante Alternative zur Fahrt über Mae Salong nach Chiang Rai, die mit öffentlichen Verkehrsmitteln recht beschwerlich ist.

Von der Anlegestelle unterhalb der Brücke geht es 80 km flussabwärts auf dem Mae Kok, an dessen fruchtbaren Ufern Lychees, Mangos und anderes Obst sowie Gemüse und Knoblauch angebaut werden. Weiter oberhalb pflanzen die Dorfbewohner an gerodeten Hängen im sich verengenden Tal Bergreis, Mais und Soja an. Dahinter erstrecken sich Bambuswälder. Unterwegs stoppen die Schnellboote nach Bedarf in verschiedenen Dörfern der Akha, Karen und Lahu, wo viele Trekkingorganisationen ihre Touren starten. Etwa 20 km vor Chiang Rai sind zunehmend Touristenboote unterwegs, die Tagesausflügler zu den **Heißen Quellen Pha Sert** oder dem **Elefantencamp Ruam Mit** bringen. Ab 6 Pers. lohnt es sich für 2200 Baht ein Boot nach Chiang Rai zu chartern. Dann kann man auch unterwegs an mehreren Dörfern einen Stopp einlegen.

Ein beliebter Klassiker sind die 2-tägigen Bambusfloßtouren von Thaton über den Mekong-Zufluss Mae Kok bis nach Chiang Rai für 3000 Baht. Mit von der feuchtfröhlichen, flussabwärts führenden Partie sind stets ein Steuermann und ein Koch, die für die notwendige Navigation und Logistik sorgen. Schlafsäcke und Moskitonetze werden gestellt, zudem sind Essen und Getränke sowie eine Stunde Elefantenreiten im Preis inbegriffen.

In der Regenzeit von Mai–Okt ist die Fahrt auf dem reißenden Fluss feucht und durchaus nicht ungefährlich. In der Trockenzeit muss das Boot manchmal geschoben werden.

Kwan Guesthouse ⑤, ✆ 081-993 1267, ✉ kwan.guesthouse@hotmail.com. Kleines Backpacker-Restaurant mit Bar an der Straße. Dahinter in Reihenhäusern einfache Zimmer mit Ventilator. Westliches Frühstück, Motorradverleih. ❶

Naam Waan Gh. ⑥, ✆ 053-459 403, 089-554 3642. Hinter dem Laden 10 einfache, ruhige Zimmer mit Ventilator in einem Reihenbungalow, dünne Matratze, separate Kalt- und Warmwasserdusche, WC mit Schöpfkelle. Freundlicher Besitzer. ❶–❷

Mittlere Preisklasse

Apple River Villa ④, ✆ 053-373 144, ✉ applethaton@yahoo.com. Am nördlichen Flussufer stehen 6 große, lichtdurchflutete Bungalows mit Kühlschrank und Ventilator, Betten mit dicken Matratzen, großzügige, hübsche Bäder mit separater Dusche. Im Restaurant leckeres, preiswertes Thai-Essen, große Auswahl, sehr reichhaltiges Frühstück inkl. Freundliche, hilfsbereite Besitzerin. ❹

Baan Suan Riverside Resort ②, ✆ 081-885 3564, 💻 www. khunmaibaansuan.com. Im 2-stöckigen Hotel in der Flussschleife oben Zimmer mit kleinem Balkon. Zudem neue Doppelbungalows, die drinnen mit Bambusmatten verkleidet sind. Gemauerte, geräumige, mit Flusssteinen verzierte Duschen. Ältere, dicht aneinandergereihte Einzelbungalows am Fluss mit gefliesten Böden und Bädern. Kleines Restaurant. ❹

Garden Home Nature Resort ③, ✆ 053-373 015. Bis zum Fluss hinab reicht der großen Garten mit Mango- und Lychee-Bäumen. Dort stehen ein Reihenhaus mit preiswerten Zimmern, Bambusmattenhütten und solide gemauerte, attraktive Bungalows, einige direkt am Fluss. Außerdem ein teueres Haus mit großer Terrasse. Im kleinen Restaurant leckeres Essen, köstliches Knoblauchbrot, guter Kaffee und deutsches Frühstück. Die freundlichen Besitzer organisieren auch Bootstickets und empfehlenswerte Treks. Man kann direkt vom Resort aus in das Boot nach Chiang Rai einsteigen. ❷–❺

Thaton River View Resort ①, 500 m flussabwärts, außerhalb des Ortes, ✆ 053-373 173-5, 💻 www.thaton-riverview-resort.chiangmai-chiangrai.com. Plankenwege verbinden die Häuser mit 2 oder 3 nett eingerichteten Zimmern, die allerdings schon Spuren des zersetzenden Klimas zeigen. Großes Restaurant für Reisegruppen am Fluss mit sehr leckeren Thai-Gerichten. Empfehlenswertes Panaeng-Curry. Raftingtouren ab 10 Pers. ❺

Obere Preisklasse

Huai Khum Resort, Ban Huai Khum, 20 km flussabwärts, ✆ 053-717 438, 💻 www.huaikhum.com. Vom H1089 hinter Tha Ma Jaeng und 48 km vor Mae Chan oder vor Huai Sala rechts auf eine 7 km lange, später unbefestigte Straße abbiegen. Alternative: per Boot 40 Min. flussabwärts. Großartige Superior- oder Deluxe-Bungalows in einem schönen Garten am Fluss. Frühstück inkl. Restaurant mit Terrasse, Pool im Garten. Trekking-, Fahrrad- und Kajaktouren. ❺.

Maekok River Village Resort, 1 km östlich von Thaton an der Straße nach Mae Chan am Fluss, ✆ 053-459 328, 💻 www.maekok-river-village-resort.com. 36 große Zimmer mit allem Komfort. Hübsche, halboffene Bäder. Kleines Sofa und schöne Terrassen mit Sitzgelegenheit. TV und WiFi. Relativ großer Pool mit Whirlpool. Großes Restaurant. Britische Besitzer, die viele Aktivitäten organisieren. ❻

Ein schöner Farang-Homestay

Old Tree's House, ✆ 085-867 1348, 💻 www.oldtreeshouse.net. Nid, eine Shan, und der Franzose Paulo haben außerhalb von Thaton an der Straße nach Mae Chan auf einem Hügel eine hübsche Anlage gebaut. 4 Bungalows von unterschiedlicher Größe für 1–4 Pers. mit Himmelbetten, großem TV und DVD-Player, separater Dusche und WC. Frühstück auf der Terrasse im 1. Stock des Haupthauses inkl. Dort auch ein Wohnzimmer mit Kamin. Abendessen auf Wunsch. Pool und separates Kinderbecken in einem mit Liebe zum Detail gestalteten Garten. Paulo organisiert Touren mit Gästen. WiFi und Wäscheservice inkl. ❹–❺

Essen

The Coffee Mug, nahe der Bootsanlegestelle. Kleines, offenes Restaurant, Espresso, Tees und Schokolade, hausgemachte Kuchen, Brote und Müsli. Internet.

Prasit Restaurant, gegenüber der fast immer geschlossenen Tourist Police, bietet einfache, gute Thai-Gerichte.

Weitere Restaurants s. Übernachtung.

Sonstiges

Geld

Geldautomat im Süden des Ortes an der Abzweigung vom H1314.

Touren

Fast alle Unterkünfte organisieren kombinierte Floß- und Trekkingtouren. Tagesausflüge mit dem Bambusfloß bei 2/4 Pers. 1500/800 Baht p.P., Floßfahrt bis Chiang Rai mit einer Übernachtung in einem Lahu-Dorf 3000/2200 Baht, und mit 2 Übernachtungen 4000/3000 Baht.

Transport

Busse

BANGKOK, AC-Bus gegen 16 Uhr für 500/650 Baht, Tickets im Prasit Restaurant, wo der Bus auch abfährt.

Von der Bushaltestelle nördlich der Brücke nach CHIANG MAI um 6.30, 8, 9.30, 11, 14.30 und 16.20 Uhr für 100 Baht in 4 Std.

Wer aus Chiang Mai kommend, am selben Tag mit dem Boot weiterreisen möchte, sollte sich früh auf den Weg machen.

Songthaews

Nach FANG gelbe Songthaews bis 16 Uhr für 30 Baht.

MAE SALONG 4x vormittags für 60 Baht in 2 Std. Sie halten in KUI SADAI, 30 Baht, 1 Std. Dort nach MAE CHAN und CHIANG RAI umsteigen.

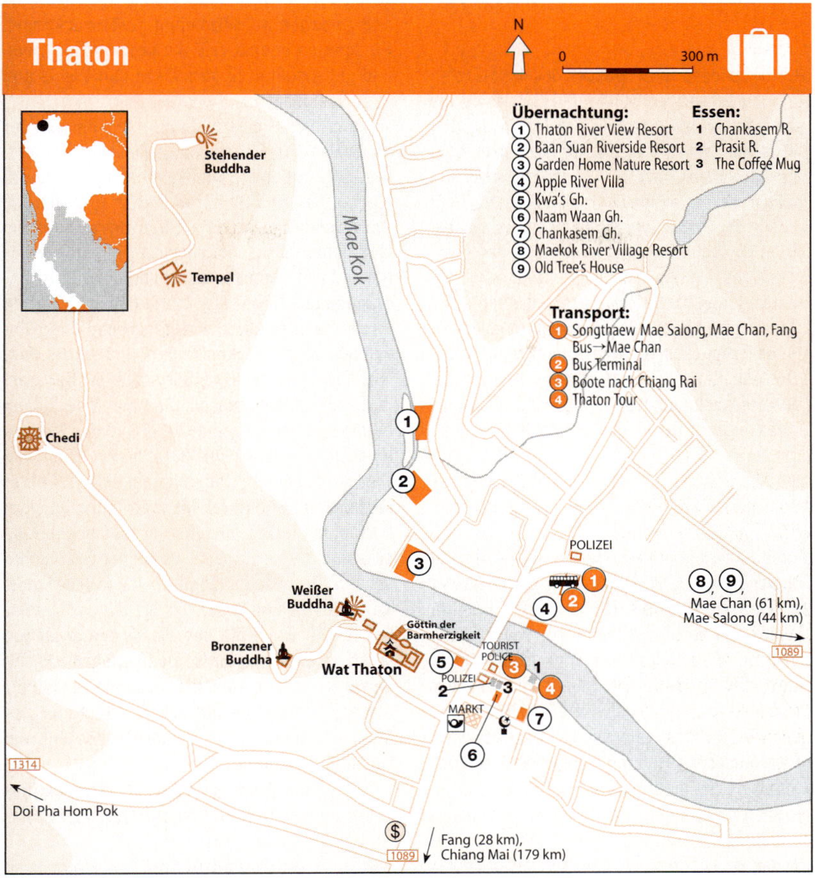

Schnellboote

Nach CHIANG RAI, ✆ 053-459 427, gegen 12.30 Uhr für 350 Baht in 4 Std. Zurück gegen 10.30 Uhr. Der Schalter öffnet um 7.30 Uhr. Die Fahrt mit einem gecharterten Boot nach CHIANG RAI kostet 2200 Baht, RUAM MITR 1800 Baht und HUAY KHUM 800 Baht.

Akha-Dörfer im Thaton-Tal

Die modernen Dörfer der Lisu und Akha im Thaton-Tal sind von Gemüsefeldern, Mango-, Lychee- und Orangenplantagen umgeben. Sehr touristisch ist das **Three Hill Tribes Village Ban Yapa**, 600 m abseits des H1089 am KM 49. Die Akha haben unterhalb ihres Dorfes, jenseits einer Absperrung, über 30 Padaung-Frauen sowie Gelbe Lahu und Weiße Karen aus Myanmar angesiedelt. Wer sie sehen will, muss 250 Baht Eintritt zahlen, mit Guide sogar 500 Baht. Diesem rein kommerziellen Dorf sollte man besser die kalte Schulter zeigen.

An dem nach 1 km folgenden Kontrollposten beim Dorf **Kiu Sa Dai** geht es geradeaus auf direktem Weg nach Mae Chan (30 km) und links auf der Abzweigung H1234, die sich über steile Pässe schlängelt, 13 km nach Mae Salong. Es bieten sich fantastische Ausblicke über die Bergwelt.

Ein sozialverträgliches Dorfprojekt

Lohnend ist ein Besuch des Akha-Dorfes **Ban Lorcha**, ✆ 053-740 088, eines als Dorfentwicklungsprojekt initiierten „Living Museum" am KM 54, das als bewusste, vom Dorf getragene Alternative zum kommerziellen, teils entwürdigenden Ethnotourismus angelegt ist. An der Straße werden Besucher von einem Dorfmitglied in Empfang genommen und in einer halbstündigen individuellen Tour durch die Siedlung geführt. Dabei werden sie von einer Tanzgruppe begrüßt, können beim Weben und Schmieden zusehen und erhalten an einem Dutzend Stationen mit Infotafeln detaillierte Hintergrundinformationen über den Alltag der Akha und ihre Traditionen. Eintritt 80 Baht.

Mae Salong

Auf einem gut zu verteidigenden Kamm mit freiem Blick in alle Richtungen erstreckt sich im Windschatten des 1350 m hohen Doi Mae Salong, nur wenige Kilometer von der Grenze entfernt, Mae Salong, in Thai: **Santi Khiri** – Hügel des Friedens. Es scheint, als ob dieser große Ort geradewegs aus Südchina hierher importiert worden wäre. Die kleinen, ursprünglichen Häuser aus Holz und Lehm sind durch Neubauten in Weiß oder Himmelblau ersetzt worden, die mit roten Bannern, chinesischen Ornamenten und goldenen Schriftzeichen geschmückt sind. Sie bringen ebenso wie die prachtvollen Villen und gut gefüllten Supermärkte den Wohlstand ihrer Bewohner zum Ausdruck.

Noch vor Sonnenaufgang kommen schwer bepackte Akha-Frauen und Lisu aus den Bergdörfern der Umgebung zum kleinen **Morgenmarkt**, einem Obst- und Gemüsemarkt im Ortszentrum. Der **Nachmittagsmarkt** mit Souvenirständen am westlichen Ortsausgang wird hingegen weitgehend von Chinesen bestimmt, die den Reisegruppen aus Hongkong, Taiwan oder Singapore traditionelle Medizin, Kräuterschnaps mit Ginsengwurzeln, Trockenfrüchte und -pilze, Tee, Tabak und andere lokale Spezialitäten offerieren.

Es sind v. a. Chinesen, die nach Mae Salong fahren, um am südlichen Berghang das **Mausoleum** des Generals der 93. Division, Duan Shi Wen, zu besuchen. Danach geht es zum **Chinese Martyrs' Memorial Museum** am südlichen Ortseingang. Das pompöse Museumsgebäude präsentiert einen kurzen Abriss der Geschichte der KMT-Truppen auf Englisch sowie viele Fotos. Keine Erwähnung finden der Opium- und Heroinhandel der Generäle und die Kriege zwischen verschiedenen Warlords. Diese euphemistische Verklärung der historischen Tatsachen ist nur für Geschichtsfreunde interessant. Oberhalb des Museums befinden sich eine Pagode und ein kleiner Shan-Tempel.

Die große **Moschee** zeigt an, dass es hier außer buddhistischen Chinesen auch eine isla-

Eine chinesische Armee in Thailand

Nach Mao Zedongs Sieg über die Kuomintang floh 1949 die komplette 93. Division der geschlagenen chinesischen Armee aus Yünnan nach Birma. Als sie 1956 auch von dort vertrieben wurden, fanden die Soldaten Asyl in Thailand. Insgesamt siedelten sich etwa 1500 Soldaten des 709. und 278. Regiments in Mae Salong an. Die schwer bewaffneten, disziplinierten Truppen betrachtete man als willkommene Verstärkung bei der Sicherung der nördlichen Landesgrenzen gegen die vordringende „kommunistische Gefahr" aus dem Norden. Dass sich diese „Verteidiger der Freiheit" weitgehend durch den Opiumhandel finanzierten, spielte keine Rolle. Die gut befestigten Dörfer waren uneinnehmbare Stützpunkte der Drogenbarone. Auch zum Kampf gegen die bewaffneten Einheiten der Kommunistischen Partei Thailands wurden die KMT-Soldaten herangezogen.

Die 1986 fertiggestellte Straße hat den Ort aus seiner Isolation befreit und kontrollierbar gemacht. Die alten Kämpfer haben ihre Waffen abgegeben. Ihre Enkelkinder lernen mittlerweile in der Schule die Sprache ihres Gastlandes, Thai, das viele alte Leute nicht verstehen, und abends in Privatschulen Chinesisch.

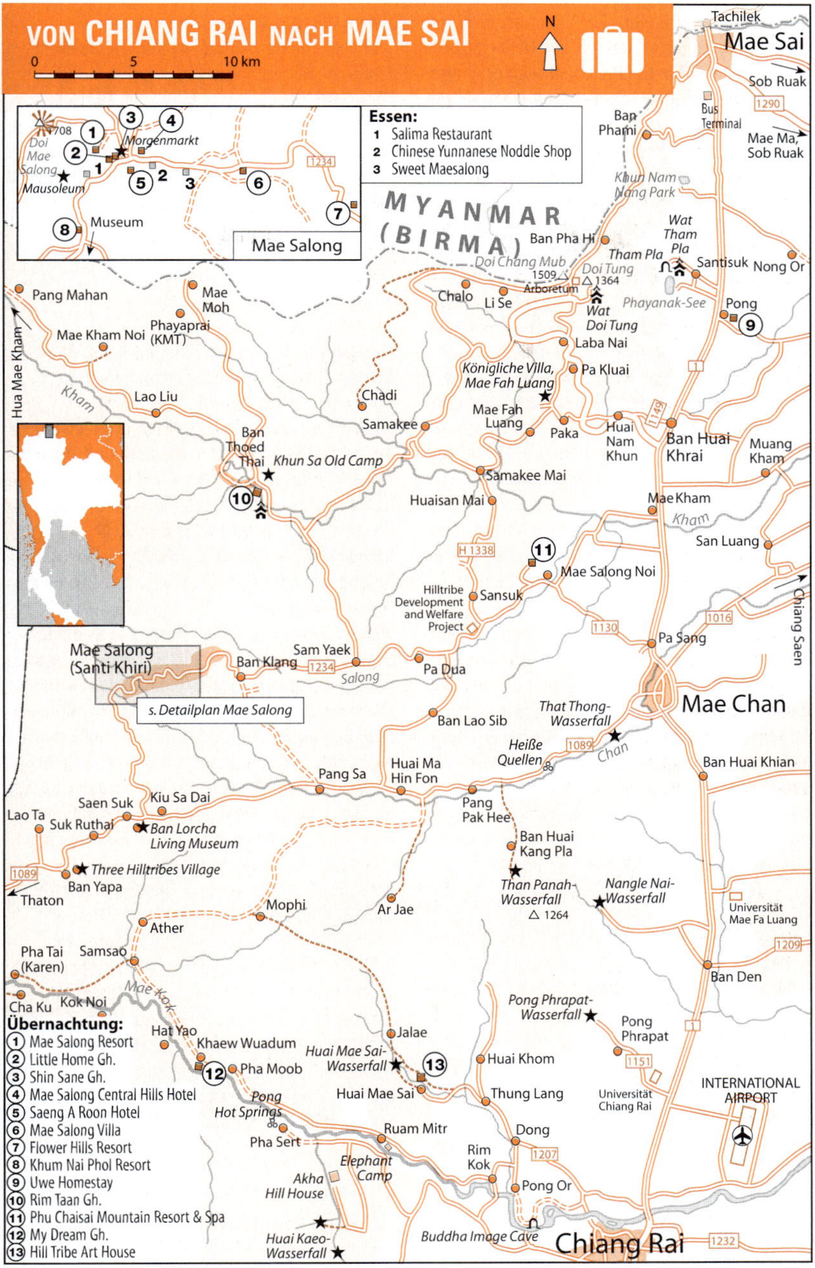
VON CHIANG RAI NACH MAE SAI
0
5
10 km
N
Essen:
1 Salima Restaurant
2 Chinese Yunnanese Noddle Shop
3 Sweet Maesalong
Übernachtung:
1 Mae Salong Resort
2 Little Home Gh.
3 Shin Sane Gh.
4 Mae Salong Central Hills Hotel
5 Saeng A Roon Hotel
6 Mae Salong Villa
7 Flower Hills Resort
8 Khum Nai Phol Resort
9 Uwe Homestay
10 Rim Taan Gh.
11 Phu Chaisai Mountain Resort & Spa
12 My Dream Gh.
13 Hill Tribe Art House
Doi Mae Salong
1708
Morgenmarkt
Mausoleum
Museum
1234
Mae Salong
MYANMAR (BIRMA)
Tachilek
Mae Sai
Sob Ruak
1290
Bus Terminal
Mae Ma, Sob Ruak
Ban Phami
Khun Nam Nang Park
Wat Tham Pla
Tham Pla
Santisuk
Nong Or
Ban Pha Hi
Doi Chang Mub
1509
Arboretum
Doi Tung
1364
Wat Doi Tung
Phayanak-See
Pong
Chalo
Li Se
Laba Nai
Pa Kluai
Königliche Villa, Mae Fah Luang
Mae Fah Luang
Paka
Huai Nam Khun
1149
1
Ban Huai Khrai
Muang Kham
Pang Mahan
Mae Moh
Phayaprai (KMT)
Mae Kham Noi
Hua Mae Kham
Kham
Lao Liu
Chadi
Samakee
Ban Thoed Thai
Khun Sa Old Camp
Samakee Mai
Huaisan Mai
Mae Kham
Kham
San Luang
H 1338
Mae Salong Noi
Sansuk
Hilltribe Development and Welfare Project
1130
1016
Chiang Saen
Pa Sang
Mae Salong (Santi Khiri)
Ban Klang
Sam Yaek
1234
Salong
Pa Dua
s. Detailplan Mae Salong
Mae Chan
Ban Lao Sib
That Thong-Wasserfall
Heiße Quellen
1089
Chan
Ban Huai Khian
Pang Sa
Huai Ma Hin Fon
Pang Pak Hee
Kiu Sa Dai
Saen Suk
Lao Ta
Suk Ruthai
Ban Lorcha Living Museum
Ban Huai Kang Pla
1089
Three Hilltribes Village
Ban Yapa
Thaton
Than Panah-Wasserfall
1264
Nangle Nai-Wasserfall
Universität Mae Fa Luang
Mophi
Ar Jae
Ather
1209
Pha Tai (Karen)
Samsao
Ban Den
Mae Kok
Cha Ku
Kok Noi
Pong Phrapat-Wasserfall
Pong Phrapat
Hat Yao
Jalae
Khaew Wuadum
Huai Mae Sai-Wasserfall
Pha Moob
Huai Khom
1151
Huai Mae Sai
Thung Lang
Universität Chiang Rai
INTERNATIONAL AIRPORT
Pong Hot Springs
Pha Sert
Ruam Mitr
Dong
Elephant Camp
Rim Kok
1207
Akha Hill House
Pong Or
Huai Kaeo-Wasserfall
Buddha Image Cave
Chiang Rai
1232

mische Gemeinde gibt. Sie rekrutiert sich zum Teil aus Flüchtlingen, die vor der Militärdiktatur in Myanmar (Birma) mit Schmuggelkarawanen über die Grenze nach Thailand geflohen waren. Zum anderen gab es in Yunnan schon immer muslimische Händler, die ursprünglich aus Zentralasien stammen und mit den KMT-Einheiten das Land verlassen mussten.

Den Ort überragt die goldglänzende **Pagode** am oberen Hang des **Doi Mae Salong**, zu der eine 3,7 km lange, steile Straße hinaufführt. Auf dem Weg dorthin kommt man an einem Tempel mit einer wunderschönen, kleinen **Kuan Yin-Pagode** vorbei. Von oben blickt man hinab über die Siedlung beiderseits der Straße und die sich dahinter erstreckenden Hänge mit Maisfeldern, Tee- und Obstplantagen. Von Dezember bis Februar setzen bis zu 6 m hohe flammend-rote Weihnachtssterne und ein Meer rosaroter japanischer Kirschblüten farbige Akzente.

Zum touristischen Programm gehört auch ein Rundgang durch eine **Teefabrik** und eine Stärkung in einem der chinesischen Restaurants.

Übernachtung

Die Resorts in der kühlen Bergwelt haben sich v. a. auf einheimische Urlauber und chinesische Reisegruppen eingestellt. Sie verfügen über entsprechend viele Zimmer, die alle mit Thai-TV ausgestattet sind. Zudem finden sich im Ort einige preiswerte Gästehäuser. Während des chinesischen Neujahrs ist alles ausgebucht. Im Winter wird es hier oben sehr kalt. Genaue Position der Unterkünfte s. eXTra [2644].

Untere Preisklasse

Little Home Gh. ②, im Zentrum nahe dem Markt, ✆ 053-765 389, 085-724 0626, 🖳 maesalonglittlehome.com. Neue, nette, saubere Bungalows im Garten hinter dem Haus und einfache Zimmer. Restaurant mit Yunnan-Gerichten. Die hilfsbereiten Manager haben auch eine Karte der Stadt und Umgebung. ❶–❷

Mae Salong Central Hills Hotel ④, gegenüber dem 7-Eleven hinter dem Tea Shop, ✆ 053-765 113. Zimmer mit etwas abgenutztem Mobiliar, aber schönem Blick ins Tal. ❸

Saeng A Roon Hotel ⑤, 25/3 Moo 1, ✆ 089-112 2808, 089-892 2732. In einem Geschäftshaus an der Straße saubere, geflieste Zimmer. Allerdings spricht niemand Englisch. ❸

Shin Sane Gh. ③, 119/3 Moo 1, im Zentrum neben dem Markt, ✆ 053-765 026. Kleine, ältere Bungalows im Garten mit kleiner Terrasse. Waschmaschinenbenutzung inkl. Im Restaurant geht es locker zu. Die freundliche Familie organisiert auch Ponyausritte und Wanderungen in die umliegenden Dörfer der Akha, Lisu und Lahu für 500 Baht. ❷

Mittlere Preisklasse

Flower Hills Resort ⑦, 779 Moo 1 Doi Mae Salong, Mae Fah Luang, 2 km östlich des Zentrums, ✆ 053-765 496-7, 🖳 www.maesalongflowerhills.com. Komfortable Zimmer mit herrlicher Aussicht in Häusern und soliden Einzelbungalows in einem spektakulären Landschaftsgarten. Yunnan-Restaurant. Hauptsächlich chinesische Gäste. ❹–❺

Khum Nai Phol Resort ⑧, 58 Moo 1, Doi Mae Salong, am südlichen Ortsausgang nahe dem Nachmittagsmarkt, ✆ 053-765 001-3. Außer kleinen Zimmern im alten Hotel gibt es an der Straße zum Grab des Generals Duan Shi Wen neuere, schöne Bungalows mit fantastischer Aussicht über den Ort. Restaurant. ❸–❹

Mae Salong Resort ①, am Ortsrand, 400 m westlich von der Auffahrt zum Doi Mae Salong, ✆ 053-765 014, 🖳 www.maesalongresort.com (in Thai). Die Anlage am Hang in weitläufigem Park mit Rosengarten war früher Ausbildungscamp der KMT-Soldaten. Renovierungsbedürftige Bungalows und Reihenhäuser. ❹

Mae Salong Villa ⑥, am östlichen Ortsende, ✆ 053-765 114-9, 📠 053-765 039. Hinter dem fabrikähnlichen Eingang liegt die Rezeption im 1. Stock im großen chinesischen Restaurant. Zimmer in Reihenhäusern mit gefliesten Böden, Kühlschrank, dicken Matratzen und separaten Duschen. Große Fenster zur Terrasse mit Sitzecke und hervorragender Aussicht über die Stadt bis zur Pagode auf dem Berg. ❹

Essen

Spezialitäten der Yunnan-Küche sind gekochtes Eisbein mit Pao (gedämpften chinesischen Brötchen), gedämpfte Teeente, gebratene

Der beste Kuchen im hohen Norden

Sweet Maesalong, etwas weiter die Straße hinunter. Kleines Haus aus Naturmaterialien und Terrasse mit 3 Tischen und Blick über das Tal. Die jungen Leute aus Bangkok servieren für diese Gegend außergewöhnlich leckere Kuchen, die den hohen Preis wert sind, zudem Frühstück und einige Thai-Gerichte. Große Kaffee- und Teekarte.

Yunnan-Würstchen oder Suppe mit chinesischen Wurzeln.
Chinesische Restaurants mit Yunnan-Küche in der **Mae Salong Villa** unterhalb des Ortes, ✆ 053-765 114-9, im **Flower Hills** und im **Mae Salong Resort**.
Salima Restaurant, an der Straße nach Thaton, 200 m vom Shin Sane Gh. Familiäres Restaurant mit muslimischer Yunnan-Küche. Gut ist das Curry im Yunnan-Stil mit Rind oder Huhn zusammen mit Pao, der scharfe Salat mit schwarzen eingelegten Hundert-Jahre-Eiern oder das Hühnchen in Bambussuppe.
Chinese Yunnanese Noddle Shop, 50 m unterhalb vom 7-Eleven an der Hauptstraße. Offenes Restaurant mit permanent laufendem Fernseher, wo mittags große Portionen hausgemachter Nudeln und Wantan (gefüllte Teigtaschen) verkauft werden.
Teehäuser im altchinesischen Stil befinden sich überall im Ort und vor allen Sehenswürdigkeiten.

Sonstiges

Einkaufen

Viele Geschäfte im Zentrum offerieren grünen chinesischen Tee in allen Variationen. Teekannen und -tassen, kandierte Früchte, getrocknete Pilze und andere Lebensmittel werden in großer Vielfalt angeboten. Jeden Sa großer Wochenmarkt am westlichen Ortseingang. Auch an anderen Tagen werden dort einige kunsthandwerkliche Produkte der Bergvölker verkauft.

Geld/Internet

Bank mit Geldautomat gegenüber vom Khum Nai Phol Resort. Etwas weiter Richtung Nachmittagsmarkt auch ein Internet-Café.

Transport

Nach Chiang Rai und Mae Sai über Ban Pa Sang, 38 km, an der Hauptstraße Chiang Rai – Mae Sai, 2 km nördlich von Mae Chan.
Nach BAN PA SANG Songthaews von 8–15 Uhr je nach Bedarf für 70 Baht in 1 1/2 Std.
THATON Songthaews um 8.20, 10.20, 12.20 und 14.20 Uhr für 60 Baht in 2 Std.

Sam Yaek und Ban Thoed Thai

Der H1234 schlängelt sich von Mae Salong steil hinauf durch vereinzelte Bambushaine und über einen Grat, der weite Ausblicke ins Tal gewährt. Beiderseits der Straße wurden im Rahmen von Aufforstungsprogrammen Nadelbäume angepflanzt. Am westlichen Ortseingang des Akha-Dorfs **Ban Sam Yaek** legen Touristenbusse am Rastplatz mit der Zeremonienschaukel einen Zwischenstopp ein.

Dahinter zweigt eine Straße zum 14 km entfernt gelegenen **Thoed Thai** ab, das früher **Ban Hin Taek** hieß. Dort hatte der Shan-Opiumkönig Khun Sa sein Hauptquartier und seine Heroinraffinerien, bis er 1982 nach einem dreitägigen Kampf von der thailändischen Armee vertrieben wurde. Er flüchtete in die birmanischen Berge im Grenzgebiet nördlich von Mae Hong Son, bis er sich den Militärs in Rangoon ergab.

Mittlerweile ist Ban Thoed Thai ein wichtiges Verwaltungszentrum, das überwiegend von Shan bewohnt wird. Vom KM 12,2 hinter dem Markt ist es noch 1 km bis zum **Khun Sa Old Camp**. In den ehemaligen Wohnquartieren wurde ein kleines Museum eingerichtet, für das die vis-à-vis wohnende Familie den Schlüssel hat. Es ist vollgepackt mit Fotos und Bildern von Khun Sa und seinen Soldaten, von Shan-Fürsten und Freiheitskämpfern. Auf einer großen Karte von Shan State sind die Bodenschätze eingezeichnet, darunter auch Opium.

Südlich der Stadt am KM 11,3 führt eine Straße hinauf zum neuen, riesigen **Tempel**, der von einer großen, grauen Buddhastatue überragt wird. Darunter finden sich in friedlicher Eintracht Buddhas im chinesischen und indischen Stil und tibetische Gebetstrommeln. Im symmetrisch an-

Khun Sa, der Opiumkönig

Der legendäre Anführer der Shan United Army kämpfte jahrzehntelang von Thailand aus mit einer schlagkräftigen Armee um die Unabhängigkeit der Shan States gegen die Zentralregierung von Myanmar (Birma). Die Waffen finanzierte er seit Anfang der 1960er-Jahre durch Opiumanbau und Heroinschmuggel. Er kontrollierte mit seiner Armee einen großen Teil der Opiumweltproduktion und baute sich damit ein mächtiges Imperium auf. Im Januar 1996 kapitulierte Khun Sa und lieferte seine 15 000 Soldaten an die Regierung von Myanmar aus. Er selbst wurde nicht in die USA ausgewiesen, wo er mit Haftbefehl gesucht wurde, sondern konnte in Yangoon unter dem Schutz der Militärjunta weiterhin seinen Geschäften nachgehen. Dort starb er im Oktober 2007.

gelegten Orchideengarten erhebt sich auch eine Shiva-Statue.

Von Ban Thoed Thai ist es möglich an die Grenze zu fahren, entweder nimmt man die 13 km lange Strecke auf dem H4032 bis nach **Mae Moh** oder man befährt die schmalere Straße 30 km weiter bis in den schmalen Zipfel nach **Hua Mae Kham**.

Übernachtung

Rim Taan Gh. ⑩, Ban Thoed Thai, ✆ 053-730 209, 081-961 6961. Kleine Bungalows direkt am Fluss. Geleitet wird es von John, einer „Info-Fundgrube", der in den 1960er-Jahren mit den Hmong in Laos gekämpft hat. Restaurant Tasty gegenüber. ❸–❹

Pa Dua

Nach einer 6 km langen Fahrt von Sam Yaek auf dem H1234 nach Mae Chan durch brandgerodete Hügel legen viele Touristen im Yao-Dorf Pa Dua eine Pause ein. Der steile, gepflasterte Weg hinunter zum Ort ist gesäumt von Souvenirständen, an denen Frauen Yao-Stickereien, Opiumpfeifen, birmanische Marionetten und indische Stoffe verkaufen. Obwohl die Bewohner des Ortes kaum noch Trachten tragen, haben sie ihre traditionelle Lebensart weitgehend beibehalten.

Das **Hilltribe Development and Welfare Project**, ✆ 053-779 124, 12 km vor Mae Chan, lohnt kaum einen Besuch. Es stellt Häuser der Bergvölker und Gebrauchsgegenstände aus und verkauft Kunsthandwerk. Am letzten Samstag des Monats findet abends gegen 20 Uhr eine Light-and-Sound-Show auf Thai und Englisch statt, Eintritt 450 Baht.

Eine 34 km lange Nebenstraße (H1338) führt durch mehrere Bergdörfer hinauf zum Doi Tung. Weiter auf dem H1130, erreicht man durch ein fruchtbares Tal nördlich von **Mae Chan** den H110 Richtung Chiang Rai.

Übernachtung

Phu Chaisai Mountain Resort & Spa ⑪, Mae Salong Noi, zwischen Pa Dua und Mae Chan, abseits der Straße am Berg, ✆ 053-918 636-7, 💻 www.phu-chaisai.com. Ein romantisches Bergresort: überwiegend aus Naturmaterialien liebevoll gestaltete klimatisierte Cottages unterschiedlicher Größe sowie 2 Pool Villas mit großer Badewanne und kleinem Pool. Restaurant und Spa. ❻–❼

Chiang Rai

Die nördlichste Provinzstadt, Chiang Rai, erwachte erst in den 1980er-Jahren nach dem Bau der Schnellstraße Richtung Chiang Mai und der zunehmenden Durchlässigkeit der Grenzen in die nördlichen Nachbarländer Myanmar (Birma), Laos und China aus ihrem Dornröschenschlaf. Mittlerweile zählt die Stadt über 65 000 Einwohner und ist dank des Flughafens von Bangkok aus direkt zu erreichen.

Die neuen Handelswege und die Hoffnung auf schnelle Profite locken Glücksritter und Spekulanten in den Norden. Die alten Holzhäuser weichen moderner, westlicher Architektur, was sich nicht immer vorteilhaft auf das Stadtbild auswirkt. Der etwas spröde Charme der Stadt erschließt sich Touristen erst nach einiger Zeit. Die wenigen historischen Relikte verstecken sich hinter geschäftigen Einkaufsstraßen und Verwaltungsgebäuden. Dabei wurde die Stadt bereits 1262 von König Mengrai, dem Sohn des Herrschers von Chiang Saen, gegründet und ist älter als Chiang Mai.

An die über 700 Jahre lange Geschichte der Stadt, die den Namen des Königs trägt, erinnert die **Mengrai-Statue** an der Ortsumgehung östlich des Zentrums. Von hier aus eroberte Mengrai das alte Mon-Reich Haripunchai mit der Hauptstadt Lamphun, das seit dem 8. Jh. das bedeutendste kulturelle Zentrum im Norden war. Mengrais Asche ist in einer Stupa im Tempel auf dem **Doi Ngam Muang** im Nordosten der Stadt beigesetzt.

Der interessanteste Tempel, **Wat Phra Keo**, wurde unter dem Namen Wat Phra Yia („Tempel im Bambuswald") unter König Phra Muang Kaeo (1495–1526) errichtet. Er erhielt seinen neuen Namen, nachdem man im Chedi den Smaragdbuddha, das nationale Heiligtum des Landes, entdeckt hatte. Dieser wird nun im Wat Phra Keo von Bangkok verehrt (s. S. 135). Eine Kopie des Smaragdbuddhas aus 300 kg kanadischer Jade, der den Namen *Phra Yok Chiang Rai* trägt, wurde 1991 zum 90. Geburtstag der Königsmutter, die einen großen Teil ihres Lebens in ihrem Palast am Doi Tung zugebracht hatte (s. S. 425), angefertigt. Mit finanzkräftiger Unterstützung der mittlerweile verstorbenen Königsmutter, eines chinesischen Millionärs und anderer wohlhabender Einwohner erhielt die Statue einen würdigen Platz in einem Neubau, an dessen Wänden man die Geschichte des Emerald Buddhas verfolgen kann. Hinter dem Vihara erheben sich der rekonstruierte vergoldete Chedi und eine neue, prunkvolle Halle, in der die heiligen Schriften aufbewahrt werden. Das Museum ◷ 9–17 Uhr. Anfang der 1960er-Jahre wurde der kleine Bot im Chiang Saen-Stil aus dem 19. Jh. restauriert. In einem kleinen Teich im hinteren Bereich leben zahlreiche Schildkröten, Symbol für ein langes Leben.

Der **Goldene Uhrturm** im Zentrum wurde vom selben Künstler gestaltet, der auch das Wat Rong Khun (s. S. 423) baut.

Im privaten **Oub Kham Museum** von Julasak Suriyachai im Westen der Stadt werden beeindruckende Schätze aus Lanna und anderen Thai-Städten in Süd-China sowie den von Shan besiedelten Gebieten in Myanmar, Laos und Vietnam gezeigt. Die einmalige Sammlung von Gold- und Silberornamenten sowie anderen Besitztümern aus Herrscherhäusern, bis zu 1000 Jahre alten Buddhastatuen aus Bronze, Marmor, Jade und Edelsteinen sowie kunstvoll gewebten Textilien rechtfertigt den hohen Eintritt. Das beeindruckendste Stück ist der goldene Thron des Shan-Herrschers von Kengtung (heute: Kyaing Tong, Thai: Chiang Tung), der von einem seiner Nachfahren aus dem Land geschmuggelt wurde, als dieser vor General Ne Wins Truppen flüchtete. Das Museum liegt in der Na Khai Rd., der verlängerten Sankhongnoi Rd., jenseits der Kreuzung mit dem H1211, ca. 1 km westlich vom Wat Ming Muang. ◷ tgl. 10–21 Uhr, Eintritt 300 Baht.

Vom **Doi Thong**, einem Hügel im Nordwesten der Stadt, hat man zum Sonnenuntergang eine schöne Aussicht. Auf dem höchsten Punkt steht der phallusförmige Lak Muang mit dem buddhistischen Universum, der 1992 hierher gebracht wurde.

Am **Mae Kok** entlang, den noch einige schöne alte Alleebäume säumen, gelangt man zur Anlegestelle der Boote nach Thaton an der Mae

Die Welt der Bergvölker

Das kleine **Hilltribe Museum**, 620/25 Tanalai Rd., ✆ 053-740 088, 💻 www.pda.or.th/chiangrai, über dem Restaurant im 3. Stock vermittelt anhand einer Ausstellung und einer 20-minütigen Diashow, auch auf Deutsch, einen guten Überblick über die 6 bedeutsamsten Bergvölker, ihre jeweilige Dorfstruktur, Kleidung, ihre Sitten und Gebräuche sowie über die Geschichte der Einwanderung und des Opiumanbaus. Es wird von der nichtkommerziellen Organisation zur Unterstützung der Bergvölker PDA (Population and Community Development Association) geleitet, die zudem das zugehörige Restaurant betreibt und sozialverträgliche Trekkingtouren organisiert, in die die Dorfbevölkerung mit einbezogen werden (Kochen, Träger, Transport, Guides). Zudem hat PDA im Dorf eine Mikro-Bank eingerichtet. Von allen Einnahmen geht ein Teil an die Dorfbanken. ◷ Mo–Fr 9–19, Sa, So ab 10 Uhr, Eintritt 50 Baht.

Fah Luang-Brücke und zum **Hat Chiang Rai**, dem Strand der Stadt am Fluss.

Boykottieren sollte man das **Hilltribe Village** nördlich des Flugplatzes, wo Mitglieder verschiedener Bergvölker zum Abfotografieren angesiedelt wurden.

Übernachtung

Die Bandbreite des Angebots reicht von einfachen Gästehäusern bis zu luxuriösen Resorts. Weitere Angebote s. eXTra [2727].

Untere Preisklasse

Akha River House ②, 423/25 Soi 1, ✆ 089-997 5505, 💻 www.akha.info. Von Apae Amor, einem Akha, geleitetes Guesthouse mit Zimmern und einem Schlafsaal in Bambushäusern am Fluss. Touren und Trekking. Filiale Akha Hill House (s. S. 424). Leider wurde direkt daneben die breite Zufahrt zur neuen Brücke gebaut, sodass es nur noch als Notquartier dient. ❶–❸

Baan Warabordee ⑮, 59/1 Sanpanard Rd., ✆ 053-754 488, 💻 www.tourismchiangrai.com. 3-stöckiges Haus in ruhiger Soi mit kleiner, von Sonnenschirm beschatteter Terrasse. 16 sehr saubere Zimmer mit Kühlschrank, gefliesten Böden, dicken, aber harten Matratzen. Am Morgen Kaffee oder Tee gratis. Der Besitzer spricht englisch. ❸

Ben Gh. ⑩, 350/1 Soi 4, Sanghongnoi Rd., ✆ 053-716 775, 💻 www.benguesthouse chiangrai.com. Eine preiswerte Unterkunft in einem ruhig gelegenen Teakhaus westlich des Zentrums. Bessere Zimmer im neuen Haus, die allerdings durch die dunklen Innenwände und Bodenfliesen düster wirken. Tisch und Stühle vor jedem Zimmer. Billige Zimmer im alten Haus mit Ventilator und Gemeinschaftsdusche. Restaurant, Trekkingtouren, Motorrad- und Jeepvermietung. Gratistransfer vom Busbahnhof. ❶–❸

Chat House ④, 3/2 Sang Kaew, Trairat Rd., ✆ 053-711 481, 💻 www.chatguesthouse.com. Eines der ersten Gästehäuser in einem Reihenhaus in ruhiger Lage. Kleine Zimmer mit Ventilator oder AC, Gemeinschaftsdusche mit Warmwasser. Auch DZ mit AC und TV. Preiswertes Gartenrestaurant mit gutem Essen und TV. WiFi. Motorrad- und Fahrradvermietung. ❶–❷

Chian House ⑦, 172 Sibunruang Rd., ✆ 053-713 388, 084-043 4211, 💻 www.chiangrai province.com/htl/chian. Auf der Flussinsel gelegen, in einem Reihenhaus am Pool und einem älteren Holzhaus 12 geflieste, einfach eingerichtete, aber geräumige Zimmer mit winzigen Bädern, teils mit Ventilator. Freundliches Personal, vielfältiges Serviceangebot und beliebtes Restaurant, das gutes Essen bereitet. ❶–❸

Jitaree Gh. ⑤, 246/3 Soi Santirat Singhakai Rd., ✆ 053-719 348, 085-039 2606, 💻 jitaree.house. tripod.com. 2-stöckige Reihenhäuser mit 12 sauberen Zimmern mit Ventilator und gefliesten Böden, Frühstücken möglich. Aufenthaltsraum im EG mit TV und Internet. Auch 30 Apartments für Langzeitgäste. ❶

Mae Hong Son Gh. ⑥, 126 Singhakai Rd., ✆ 053-715 367, 💻 www.chiangraiprovince.com/ htl/maehongson. Das alte Teakhaus in einer ruhigen Sackgasse, umgeben von vielen Bäumen, dient als Ausgangspunkt für Trekkingtouren. Einfache Zimmer mit Ventilator. ❶

Eine Oase der Ruhe

Baan Bua Gh. ⑬, 879/2 Jet Yod Rd., ✆ 053-718 880, 💻 www.baanbuaguesthouse.com. 17 sehr saubere Zimmer mit Ventilator oder AC in angenehmen einstöckigen Häusern im großen Garten in ruhiger Lage. Keine Familienzimmer. Gartenrestaurant, Trekkingtouren und Fahrzeugvermietung. WiFi. Tim ist sehr hilfsbereit und holt Gäste auch vom Airport ab. ❷–❸

Mittlere Preisklasse

Golden Triangle Inn ⑫, 590 Paholyothin Rd., ✆ 053-711 339, 716 996, 💻 www.goldenchiang rai.com. Beliebte, grüne Oase im Zentrum. Zurückversetzt von der Straße stehen mehrere 2-stöckige Häuser, die etwas hellhörig sind. Hohe, geräumige Zimmer mit Teakparkett und Holzmöbeln, Bad mit Wanne. Umlaufende Terrasse mit Tischen. Einfaches Frühstück im Restaurant inkl. ❹

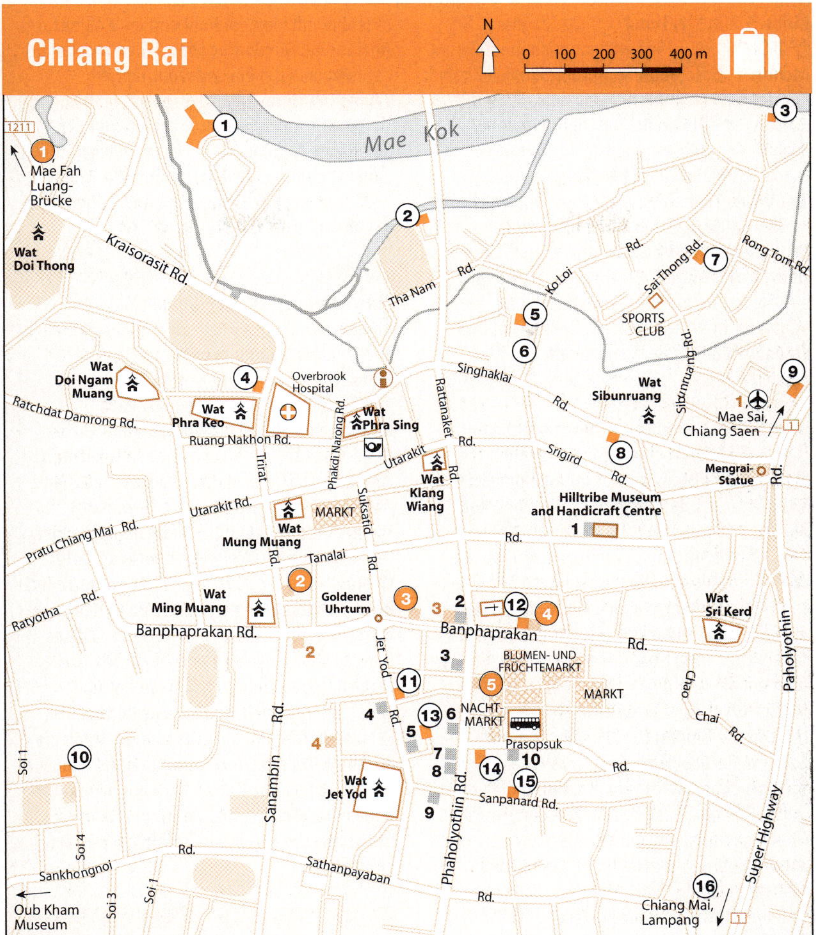

Übernachtung:

1. Dusit Island Resort
2. Akha River House
3. The Legend Chiang Rai
4. Chat House
5. Jitaree Gh.
6. Mae Hong Son Gh.
7. Chian House
8. Moon & Sun City Hotel
9. The White House
10. Ben Gh.
11. Wangcome Hotel
12. Golden Triangle Inn
13. Baan Bua Gh.
14. Wiang Inn Hotel
15. Baan Warabordee
16. The Mantrini

Essen:

1. Cabbages & Condoms
2. Baan Chaang
3. Maharaja
4. Siam Corner
5. Nice Kitchen Restaurant
6. Aye's Restaurant
7. Da Vinci's
8. Funny House
9. Asia Cafe
10. Baanchivitmai Bakery

Sonstiges:

1. Handicraft Centre
2. D.K. Books
3. Fat Free Bicycles
4. Orn's Bookshop

Transport:

1. Bootsanlegestele
2. Soon Motorcycle
3. S.T. Motorbike
4. Budget + North Wheels
5. Thai Airways

Moon & Sun City Hotel ⑧, 632 Singhakai Rd., ✆ 053-719 279, 💻 www.moonandsunhotel.com. Modernes Stadthotel. Vorn recht dunkle Zimmer mit kleinen Fenstern, Kühlschrank, TV und Balkon mit Waschbecken. Hinten neuere Zimmer mit größeren Fenstern, aber etwas teurer. Frühstück inkl. ❸–❹

The White House ⑨, 789/7 Paholyothin Rd., ✆ 053-713 427, 💻 www.chiangraiprovince.com/htl/whitehouse. Großes, weißes, 3-stöckiges Haus, etwas zurückversetzt von der Hauptstraße. 30 Zimmer mit Kühlschrank und Ventilator oder AC. Internet, Restaurant und Frühstücksterrasse, kleiner Pool. ❷–❹

Obere Preisklasse

Dusit Island Resort ①, 1129 Kraisorasit Rd., ✆ 053-607 999, 💻 chiangrai.dusit.com. Klassisches Hotel mit 271 großen Zimmern mit luxuriöser Ausstattung und professionellem Service auf einer Insel im Mae Kok. Mit großem Pool, drei Restaurants, Tennisplätzen, Spa, WiFi. Gute Aussicht vom Restaurant The Peak im 10. Stock, das westliche Gerichte serviert, 🕓 18.30–22.30 Uhr. Eine reizvolle Alternative ist das Larn Tong Restaurant mit Lanna-Küche in einem alten, großen Thai-Pavillon an der Zufahrtsstraße, 🕓 11–22 Uhr. ❻–❼

The Legend Chiang Rai ③, 124/15 Moo 21, Koloi Rd., ✆ 053-910 400, 💻 www.thelegend-chiangrai.com. Modernes Boutiquehotel im Lanna-Stil am Fluss. Riesige Zimmer, die recht kreativ gestaltet sind, mit großer Terrasse und Badezimmern unter freiem Himmel sowie Villen mit kleinem, privatem Pool. Tolles Spa, Pool und Restaurant am Flussufer. ❻–❼

The Mantrini ⑯, Super-Highway, Robwiang (gegenüber Big C), ✆ 053-601 555-9, 💻 www.mantrini.com. Hotel im Designerstil. Hier ist nichts Standard, v. a. die 3 Suiten heben sich vom internationalen Hoteleinerlei ab. Außerdem 28 Deluxe- und 32 Superior-Zimmer, teils mit Balkon. Restaurant The Lafs mit Lanna-Fusion-Cuisine. Häufig Sonderangebote auf der Website. ❻–❽

Wangcome Hotel ⑪, 869 Pemawiphata Rd., ✆ 053-711 800, 💻 www.wangcome.com. Das zentral gelegene, etwas verwinkelte, gute Mittelklassehotel besitzt einen kompakten Innenhof mit kleinem Pool und ein Restaurant. Anständige Sonderangebote. Gleich nebenan befindet sich ein Einkaufszentrum. ❺

Wiang Inn Hotel ⑭, 893 Paholyothin Rd., ✆ 053-711 533, 💻 www.wianginn.com. Zentral gelegenes Mittelklassehotel mit 260 gemütlich eingerichteten Zimmern, geräumiger Lobby, Pool, Karaokebar, Restaurant und Coffeeshop mit abendlicher Livemusik. ❺–❻

Essen

Asia Café, südlich vom Wat Jet Yod. Kleines japanisches Restaurant, das Nudel- und Fleischgerichte serviert.

Aye's Restaurant, Paholyothin Rd., ✆ 053–752 534, 🕓 Mo–Sa 7.30–23.30 Uhr. Offenes Restaurant mit großer Auswahl an Sandwiches, Salaten, westlichen Gerichten ebenso wie Thai-Favoriten. Deutsches Bier, Karte auch mit Euro-Preisen. Dezent im Hintergrund spielender Pianist oder Gitarrist. Leckerer *steamed whole tilapia* in scharfer Limonensoße für 200 Baht. Nicht gerade billig.

Baan Chaang, Banphaprakan, Ecke Rattanaket Rd., 💻 www.doichaangcoffee.com. Großes Café mit Außenplätzen und AC-Bereich. Hier kann man bei einer guten Tasse Kaffee *Doi Chaang*, einem Arabica aus dörflichen Familienbetrieben, gut entspannen. Auch die große Auswahl an leckeren Kuchen kann sich sehen lassen. Der Kaffee wird auch verkauft und eignet sich gut als Mitbringsel. WiFi. Gehobenes Preisniveau. Bereits zum Frühstück geöffnet.

Leckeres auf dem Nachtmarkt

Die Leckereien auf dem Nachtmarkt im Stadtzentrum belegen einen Spitzenplatz in der Beliebtheitsskala der Chiang Rai-Besucher: Würstchen, Reis- und Nudelgerichte für 20–50 Baht, am Tisch Gegartes – oder für Mutige knusprig frittierte Maden und Heuschrecken. Auf einer Bühne am Biergarten kostenlose Vorführungen klassischer Tänze und Livemusik. Am Samstag abend wird alles getopt von der **Walking Street** in der Thanalai Road.

Baanchivitmai Bakery, Prasopsuk Rd., südlich vom Busbahnhof, www.baanchivitmai.com. Gute, große Bäckerei, frisch gebackener Kuchen, Sandwiches und Frühstück. Geleitet von Schweden, die auch interessante Kinder- und Jugendprojekte betreiben. tgl. 8–22 Uhr.
Cabbages & Condoms, Wiang Pa Pao, 620/25 Tanalai Rd., unter dem Hilltribe Museum, 053-740 657. Ein Ableger des Restaurants in Bangkok, das von der Population & Community Development Association gegründet wurde. In eigenwilligem Ambiente mit musikalischer Umrahmung wird exzellente Thai-Küche serviert, so würziger Kondom-Salat: Yam Tung Yang. Man garantiert: „Our food is guaranteed not to cause pregnacy." Gerichte 70–240 Baht.
Da Vinci's, an der Hauptstraße, 053-752 535. Riesige Pizza aus dem Pizzaofen und leckere Lasagne. Drinnen ist es manchmal etwas heiß und draußen an der Straße laut. tgl. 11.30–23.30 Uhr.
Funny House, Paholyothin Rd., gegenüber dem Wiang Inn Hotel. Die kleine Bar kommt einer deutschen Kneipe am nächsten. Sie hat zwar keine deutschen Besitzer mehr, bietet aber immer noch deutsches Essen und Bier vom Fass.
Maharaja, Paholyothin Rd. Klimatisiertes indisches Restaurant, auch Take away. Große Auswahl an vegetarischen und fleischhaltigen Currys, zudem Tandoori-Gerichte aus dem Tandoor-Ofen. 100–200 Baht.
Nice Kitchen Restaurant, Jet Yot Rd., vor dem Ban Bua und Orchid Gh. Ein ausgezeichneter Platz zum Frühstücken mit gutem Preis-Leistungs-Verhältnis.
Siam Corner, Jet Yod Rd., zwischen den vielen Bars. Bilder der Chakri-Könige schmücken die Wände, während die Möblierung eher rustikal ist. Alles ist sehr sauber. Zu angenehmer, entspannender Musik gibt es Thai- und westliche Küche wie Steaks und Cordon Bleu, Burger und Sandwiches. Vieles unter 100 Baht, Steaks und Schnitzel teurer. 11–23 Uhr.
Weitere Restaurants s. Übernachtung.

Sonstiges

Autovermietungen

Avis, am Airport, 053-793 827, www.avisthailand.com.

Gute Adresse für Leseratten

Orn's Bookshop, Soi 1, Jet Yod Rd., 081-022 0818. Im 1. Stock seines Wohnhauses hat Peter 2 Zimmer mit gebrauchten Büchern vollgepackt, viele auch auf Deutsch. Er verkauft und tauscht von 8–20 Uhr.

Budget, Golden Triangle Inn, 590 Paholyothin Rd., 053-740 442-3, www.budget.co.th.
North Wheels, 591 Paholyothin Rd., neben Budget, 053-740 585, www.northwheels.com. Freundlicher Service, *oneway rental* nach Chiang Mai möglich.

Einkaufen

Handicraft Centre, 3 km nördlich der Brücke rechts. Riesiger Komplex für Touristen mit Werkstätten, teuren Shops und Restaurant. 8–20.30 Uhr.
D.K. Books, Banphaprakan Rd., Ecke Sanambin Rd. Ein Laden mit einigen englischen Büchern und Karten.

Fahrräder

Viele Gästehäuser vermieten Fahrräder für 50 Baht.
Phulae Tour, 053-774 506, www.phulaetour.com, organisiert ein- und mehrtägige Radtouren. Das Büro liegt etwas außerhalb, besser vorher telefonisch anmelden.
Fat Free, neben dem Baan Chaang Café, Banphaprakan Rd., vermietet gute Fahrräder und Tandems für 80–300 Baht pro Tag. 9.30–18 Uhr.

Feste

Lychee Fair: 3. Woche im Mai, Volksfest aus Anlass der Obsternte.

Informationen

Tourist Office, 448/16 Singhaklai Rd., am Fluss, 053-717 433, tatchrai@tat.or.th. 8.30–16 Uhr. Aktuelle Infos über den Norden und ganz Thailand. Das Personal gibt hilfreiche Tipps. Gute Info-Website: www.chiangraitouristinformation.com.

Medizinische Versorgung

Overbrook Hospital, 17 Singhaklai Rd., ✆ 053-711 366. Traditionsreiches christliches Krankenhaus im Nordwesten der Stadt.

Motorräder

Die meisten Gästehäuser vermieten Mopeds und Motorräder für 150–250 Baht und Jeeps ab 800 Baht. Außerdem:

Soon Motorcycle, 197/2 Trirat Rd., ✆ 053-714 068, mit einem großen Fuhrpark.

S.T. Motorbike, Paholyothin Rd., ✆ 053-713 652, vermietet auch schwerere Maschinen und ist sehr zuverlässig.

Touren

Trekkingtouren in die Umgebung werden von zahlreichen Reisebüros, Gästehäusern und dem Hilltribe Museum organisiert. Viele Pfade wirken ausgetreten oder angesichts der kahlen Berge eintönig, was die im Vergleich zu Chiang Mai höheren Preise wohl kaum rechtfertigen dürfte. Bewährt haben sich die Touren von **Chian House** und **Chat House**. Gut sind auch die Touren vom **Hilltribe Museum**.

Als Alternative kann man ein Zweirad oder Auto mieten, um die in der Provinz verstreut liegenden Sehenswürdigkeiten zu erkunden.

Tourist Police

Am Busbahnhof, ✆ 053-740 249.

Nahverkehr

Songthaews verkehren im Stadtgebiet für 20 Baht. Außerdem können Tuk Tuks ab 30 Baht gemietet werden.

Transport

Busse

Vom Busbahnhof in der Paholyothin Rd. nach BANGKOK viele AC-Busse von 8 Gesellschaften meist von 7.30–8.30 und 16–19.30 Uhr für 460/590 Baht in 11–13 Std. VIP um 18 und 19 Uhr für 910 Baht.

CHIANG KHAM bis 18 Uhr alle 30 Min. für 50 Baht, AC 4x vormittags für 60 Baht in 2 Std.

CHIANG KHONG via Wiang Chai, Payamengrai oder Thoeng alle 30–60 Min. für 70–90 Baht in 2 1/2 –3 Std.

CHIANG MAI bis 17.30 Uhr viele Busse für 140–170 Baht, VIP um 9.15, 9.30, 13, 15.30 und 17.15 Uhr für 270 Baht in 3 Std.

CHIANG SAEN bis 18.30 Uhr alle 20 Min. für 40 Baht, 1 1/2 Std.

CHONBURI-PATTAYA-RAYONG (mit Bussen ab Mae Sai) um 13.40, 15, 16.10 und 17 Uhr für 600/770/840 Baht in 15 Std.

FANG um 8 Uhr für 90 Baht in 3 Std.

KHON KAEN um 9, 14, 16, 18 (1. Klasse), 18.30 und 19.30 Uhr für 430/560 Baht in 12 Std.

LAMPANG via Phayao bis 14.45 Uhr alle 60 Min. für 110 Baht in 5 Std. Besser AC-Bus um 12.45 und 15.45 Uhr für 150 Baht in 4 Std.

LOEI um 11, 12.30, 15.30 und 17 Uhr (1. Klasse) für 370/480 Baht in 10 Std.

MAE CHAN alle 20 Min. bis 18.30 Uhr, 20 Baht, 40 Min.

MAE SAI alle 20 Min. bis 18.30 Uhr für 40 Baht in 1 1/2 Std. Stoppt auch in PA SANG (weiter nach MAE SALONG) für 20 Baht in 45 Min.

MAE SOT um 7.45 und 8.25 Uhr (1. Klasse) für 360/460 Baht in 12 Std.

MAE SUAI alle 30 Min. bis 17 Uhr für 40 Baht in 1 1/2 Std.

NAKHON PHANOM um 11, 12.30, 15.30 und 17 Uhr (1. Klasse) für 590/760 Baht in 18 Std.

NAN um 9.30 Uhr via Chiang Kham für 190 Baht in 6 Std.

PHAYAO von 8.15–15.20 Uhr etwa stdl. für 50–80 Baht in 2 Std.

PHITSANULOK um 7.30, 9.30 und 10.30 Uhr für 280 Baht in 7 Std.

PHRAE mit Phitsanulok-Bus für 150 Baht in 4 Std.

PHU CHI FA (nur Nov–Feb) Minibus um 7 und 13 Uhr für 150 Baht in 3 1/2 Std.

SUKHOTHAI um 7.30, 9.30, 10.30 und 14.30 Uhr für 250 Baht in 6 Std.

UDON THANI um 11, 12.30, 15.30 und 17 Uhr (1. Klasse) in 10 Std. für 450/580 Baht in 13 Std.

Boote

Schnellboote nach THATON, ✆ 053-750 009, legen gegen 10.30 Uhr im Nordwesten der Stadt jenseits der Brücke ab. Sie brauchen flussaufwärts 5–6 Std. und kosten 350 Baht, Charter 2000 Baht. Teilstrecken kosten bis RUAM MITR 80 Baht, Charter 600 Baht, und zu

Ein Traum in Weiß voller Symbolik

Wat Rong Khun, der zur Realität gewordene Traum des lokalen Künstlers Chalermchai Kositpipat, ist in jeglicher Hinsicht ein außergewöhnliches Bauwerk. Seit 1998 wird an diesem Lebenswerk gebaut, das voraussichtlich erst in einigen Jahrzehnten fertig sein wird. Dennoch strömen schon jetzt Tausende Besucher Tag für Tag hierher, werden wohlorganisiert von Station zu Station geleitet und betrachten staunend die Detailfülle des einmaligen Tempels. Vor allem vormittags funkelt die Fassade des weißen Wats, das sich im Wasser spiegelt, in der Sonne, sodass man gleichsam geblendet ist.

Im Inneren erblickt man zuerst das riesige Buddhabild auf einer goldenen Wand, vor der eine weiße Buddhastatue aus Marmor zu schweben scheint. Gegenüber thematisieren ein fantastisches Wandgemälde rings um die Eingangstüren die Dämonen unserer Welt: den Krieg der Sterne ebenso wie den 11. September, die Sucht nach Erdöl, Alkohol und Markenwaren sowie die Macht der Waffen – einschließlich Superman. Inmitten der von Dämonen und Fratzen strotzenden Wülste tauchen vereinzelt lichte Gestalten und Symbole des Buddhismus wie Rettungsanker auf.

Vorbei an einer beachtenswerten Toilette, über der der Künstler wohnt, und einem außergewöhnlichen Nichtraucherschild, geht es zur **Hall of Masterworks**, einer klimatisierten Galerie, in der viele der überaus eigenwilligen, gefälligen buddhistischen Malereien von Chalermchai Kositpipat bestens präsentiert werden. Nebenan im Souvenirladen kann man Drucke und andere Souvenirs erstehen. Zum Tempel biegt man 12 km südlich von Chiang Rai vom H1 am KM 816 auf den H1208 ab. 🕓 8–17 Uhr, Eintritt frei. Mehr s. eXTra [2936].

den HOT SPRINGS 100/800 Baht. Flussaufwärts geht es zwar langsamer, dafür sind die Boote weniger voll. Weiteres s. Kasten S. 409.

Flüge

Vom internationalen Airport, 8 km nordöstlich der Stadt, verkehren zur Innenstadt Taxis für 200 Baht. Doch die Hotels und einige wenige Gästehäuser holen ihre Gäste gratis ab.

Nach CHIANG MAI 1–2x tgl. mit **Nok Air**, ✆ 02-627 2667-8.

Nach BANGKOK mit **Thai Airways**, 870 Paholyothin Rd., ✆ 053-711 179, 1–3x tgl., **Air Asia**, ✆ 053-798 275, 3x tgl. und **one-two-go**, ✆ 02-229 4260, 1x tgl.

Ruam Mitr

Westlich der Anlegestelle der Boote nach Thaton geht es jenseits der Brücke über den Mae Kok auf dem H1207, links der Ausschilderung folgend, über Ban Dong und Rim Kok am Nordufer des Mae Kok entlang nach Ruam Mitr (16 km). 4 km hinter Chiang Rai erreicht man die **Buddha Image Cave**, einen kleinen Höhlentempel mit beliebtem Picknickplatz am Fluss samt Bademöglichkeit. In den Kalkfelsen sind auch Kletterer unterwegs. Infos unter ✆ 050-360 721.

Ruam Mitr, ein Karen-Dorf, wird von vielen Reisegruppen besucht. Trotz der vielen Shops und Touristen sind die Dorfbewohner freundlich. Zum Touristenprogramm gehören eine Bootsfahrt zu den **Pong Hot Springs** für 350 Baht hin und zurück sowie ein Besuch des **Elephant Visitor Centers** am Fluss, 🕓 8–16 Uhr. Die Elefantenausritte (20 Min. bis 2 Std. für 400 Baht pro Elefant und Std.) gehören zu den besten in Nord-Thailand.

Nach weiteren 6 km ist hinter Pha Moob, wo die Asphaltstraße endet, das Karendorf **Khaew Wuadum** erreicht. Eine schmale Fußgänger- und Motorradbrücke verbindet den Ort mit dem jenseitigen Ufer.

Von **Ban Dong** führt eine weitere Straße hinauf nach **Ban Huai Mae Sai**, einem Yao-Dorf. Hier kann man den **Huai Mae Sai-Wasserfall** besichtigen und im Hill Tribe Art House übernachten.

Genaue Positionen s. eXTra [2645].

Übernachtung

An der Straße, die vom Elephant Visitor Center zur Hauptstraße führt, werden in einem kleinen Laden auf der rechten Seite **Homestays** vermittelt.

Hill Tribe Art House nahe dem Huai Mae Sai-Wasserfall, ✆ 086-910 0162, 💻 www.thaihillarts.com. Wohnen bei Lahu- und Akha-Familien. Schlafsaalbetten 80–100 Baht, einfache Zimmer und Bungalows mit Balkon mit Flussblick. In den Restaurants werden traditionell zubereitete Gerichte serviert, schöne Aussicht auf den Fluss und die Berge, abends Lagerfeuer. In Jalae kann man einen Garten mit Heilpflanzen, ein Kulturzentrum und ein landwirtschaftliches Projekt der Königin besuchen, auf Elefanten reiten und sich massieren lassen. Veranstaltet werden zudem ein- bis 3-tägige Trekking- sowie Motorrad- und Jeeptouren in die Umgebung. Kostenloser Transport vom Büro in Chiang Rai (Hill Tribe Art House & Tour gegenüber Jet Yod Tempel) um 12 und 16 Uhr, zurück gegen 9.30 Uhr. Minibus ab Markt um 11 Uhr. ❷–❸

Akha Hill House, 23 km westlich der Stadt, ✆ 081-460 7450, Pick-up-Service von Chiang Rai um 16.30 Uhr unter ✆ 053-918 442 oder 089-997 5505, 💻 www.akhahill.com. Einfache Bambushäuser südlich vom Mae Kok oberhalb eines Tals in kühlen 1200 m Höhe, umgeben von Bergwäldern. Infos im Akha River House in Chiang Rai. Restaurant mit gutem Essen, 2-tägige Treks mit Übernachtung im Dschungel. ❶–❹

Guesthouse am Ende der Welt

My Dream Gh., ✆ 053-163 320, 💻 www.mydreamguesthouse.com, s. eXTra [2726], im Karen-Dorf Khaew Wuadum am Mae Kok, 24 km westlich von Chiang Rai. 5 saubere Bungalows und 6 Zimmer mit Veranda und Ventilator, die teureren mit Flussblick. Der freundliche Mr. Nan und seine Frau kochen ausgezeichnet, bieten Bambusrafting auf dem Mae Kok und kompetent geleitete Trekkingtouren zu günstigen Preisen an. Die Anlage ist bei Mountainbikern beliebt. Sie ist zu erreichen mit dem Schnellboot ab Chiang Rai um 10.30 Uhr für 120 Baht in 90 Min., ab Thaton um 12.30 Uhr für 200 Baht in 2 Std. Pick-up-Service für 500 Baht für bis zu 6 Pers. ab Chiang Rai. ❷–❸

Mae Chan

Die interessante Bergwelt lässt sich am besten zwischen November und Februar, wenn es kühl und neblig, aber trocken ist, mit dem eigenen Fahrzeug erkunden. Im März und April ist es unangenehm heiß und diesig. Darauf folgen die feuchten Monate mit vielen Niederschlägen. Dafür ist die Luft dann herrlich frisch, und die Landschaft erscheint in beeindruckendem Grün. Der Blick von den Aussichtspunkten ist zu dieser Jahreszeit, wenn die Wolken aufreißen, kaum zu überbieten.

Von Chiang Rai erreicht man auf dem H1 Richtung Norden nach 29 km Mae Chan. Zwischen Ban Den und Mae Chan säumen Verkaufsstände den Highway, die süße Ananas anbieten. Der große **Markt** im Zentrum des Handelsortes bietet das ganze Jahr über frische Früchte, Gemüse und andere Leckereien. Uninteressant dagegen sind die heißen Quellen am H1089, 6 km westlich. Nördlich von Mae Chan geht es rechts auf dem H1016 nach Chiang Saen (32 km). Am KM 860 zweigt im Dorf **Pa Sang** der H1130 ab, der sich über 36 km in die Berge hinauf über Phadua nach Mae Salong windet (s. S. 412).

Übernachtung

Nok's Garden Resort, Ban Bo Thong, ✆ 081-699 7644, 💻 www.noksgardenresort.com. 6 km südlich und 1,5 km westlich vom H1 nach Chiang Rai befinden sich in ruhiger Lage 5 Holzbungalows mit Bambusmöbeln, gefliesten Böden und Terrasse, an 2 Lotusteichen. Geleitet wird das Resort von dem Österreicher Rudi Meloun, der in der Hochsaison vor Ort ist, und seiner Thai-Familie. Restaurant und Aufenthaltsraum mit guter Musik, Videos, Büchern und Kamin. ❸

Transport

Vor dem Markt starten bis 15.30 Uhr Pick-ups, die auf dem H1089 durch das Tal des Mae Chan-

Flusses für 70 Baht nach MAE SALONG fahren. Weitere von der Abzweigung des H1130 bis 17.30 Uhr für 70 Baht ab 7 Pers.

Doi Tung

Der Highway 1, der östlich der Bergkette schnurgerade Richtung Norden nach Mae Sai an der birmanischen Grenze verläuft, wird regelmäßig von Bussen befahren. Etwa 20 km vor Mae Sai zweigt links eine neue, breite Straße ab, auf der man nach 22 km den Gipfel des abrupt aus der Ebene aufragenden, 1364 m hohen Doi Tung erreicht – die sogenannte „thailändische Schweiz". Unterwegs bieten sich einige Zwischenstopps bei schönen Aussichtspunkten und der königlichen Villa an.

Gäste können die große, moderne **königliche Villa** inmitten eines wunderschönen Blumengartens inkl. Geranienbalkon besichtigen und im ehemaligen Büro und der Unterkunft der Beschäftigten des Royal Forest Departments übernachten. Von der Villa aus leitete die verstorbene Königsmutter mehrere Initiativen zur Wiederaufforstung der Berghänge, zur Verbesserung der Lebensbedingungen der Bergbewohner und zur Bekämpfung des Opiumanbaus. Das Anliegen der Königinmutter, die Lebenssituation der Bergbewohner zu verbessern, hat ein 30-jähriges Entwicklungsprojekt ins Leben gerufen, das bis 2017 durch die Einführung neuer landwirtschaftlicher Anbaumethoden das Leben der 11 000 Menschen in 27 umliegenden Dörfern verbessern und ihnen die Selbstversorgung gewährleisten soll.

Kurz hinter der neuen Zufahrt (KM 12,8) zum Palast, beim umgesiedelten Lahu-Dorf **Pa Kluai**, erstreckt sich ein **Reservoir**, an dem die Bergbewohner am KM 13,9 einen kleinen **Souvenirmarkt** aufgebaut haben. An der folgenden Kreuzung am KM 14,7 geht es links auf der weniger steilen, 8 km langen Straße, vorbei am Lahu-Dorf **Laba Nai**, zum Tempel hinauf, während man rechts, nach sehr steilen 2,6 km, vorbei an Gewächshäusern und Gärten, in denen Pflaumen, Pfirsiche, Brombeeren und Erdbeeren gedeihen, das Ziel über die alte Straße erreicht.

Auf dem von Nadelwäldern bedeckten Gipfel soll sich bereits seit über 1000 Jahren ein Heiligtum befinden. Gläubige aus Myanmar (Birma), Laos und Thailand pilgern zum **Wat Doi Tung**, um Reliquien Buddhas zu verehren, die sich in den beiden von Metallschirmen und Buddhastatuen umgebenen Chedis hinter dem Bot befinden. Der Klang Dutzender von Glocken und der großen Trommel im Vihara lässt v. a. an nebligen Tagen eine geheimnisvolle Atmosphäre aufkommen. Bei klarem Wetter hingegen eröffnet sich vom Tempel ein fantastischer Blick über die Berge. Unterhalb des Tempels stehen im Wald ausgemusterte Geisterhäuschen, skurrile und glücksbringende Figuren. Bevor der steile Aufstieg beginnt, kann man sich an den Essenständen unterhalb des Wat Doi Tung stärken.

Vom Abzweig Richtung Norden gelangt man nach 2,1 km zum 1509 m hohen Aussichtsberg **Doi Chang Mub**, dem höchsten Punkt, der einen fantastischen Blick über die unbewohnte Bergwelt jenseits der Grenze bietet. Da unterhalb des Berges parallel zur schmalen Asphaltstraße die Grenze verläuft, sollte man sich über die aktuelle Situation im Grenzgebiet informieren, bevor man weiterfährt. Hinter der Schranke und dem Kontrollpunkt liegt ein Thai-Militärcamp. Gut 200 m weiter befindet sich ein birmanisches Militärcamp, das im Gegensatz zum thailändi-

Perfekt gestaltete Blütenpracht

Der 4 ha große, herausragende Blumengarten **Mae Fah Luang**, der das Tal unterhalb des Palastes einnimmt, lohnt allemal den Besuch. Eine unbeschreibliche Vielfalt blühender Bäume, Stauden und Blumen aus den Tropen und gemäßigten Breiten wurde zu einem harmonischen Gesamtbild zusammengefügt, das vom Bergwald mit Bächen und kleinen Wasserfällen umrahmt wird. 💻 www.doitung.org, 💻 www.maefahluang.org, 🕓 tgl. 7–17 Uhr, Eintritt zum Garten 80 Baht, zur Villa 70 Baht.
Die Geschäfte und Straßenstände entlang der Zufahrtsstraße bieten verschiedene Produkte aus den Königsprojekten an, darunter Sa-Papier, Macadamianüsse und Arabica-Kaffee. Im Doi Tung Café kann man sich mit erstklassigem Arabica und in einem Selbstbedienungs-Restaurant etwas weiter oberhalb stärken.

schen recht altertümlich wirkt. Nach dem Kontrollposten führt die Straße parallel zur Grenze 20 km Richtung Norden über **Ban Phami** bis Mae Sai.

Genaue Positionen s. eXTra [2645].

Übernachtung

Doi Tung Lodge, ✆ 053-767 015-7, ext. 2277, 💻 www.doitung.org. Sehr hübsch in einem parkähnlichen Garten gelegen. Zimmer mit recht luxuriöser Ausstattung. Interessant auch die angebotenen Packagetouren. ❺

Home Stay in Ban Phami, ✆ 085-869 511, 081-595 7405. Einfache Hütten und Zimmer mit Ventilator und Gemeinschaftsdusche. Von der Terrasse mit bequemen Liegen herrlicher Ausblick über das Dorf in die Ebene. Kein Restaurant, aber der freundliche Besitzer besorgt Essen im Dorf. ❶–❷

Transport

Auch wenn Minibusse ab und an von der Abzweigung in BAN HUAI KHRAI für 100 Baht zum Tempel Wat Doi Tung hinauffahren, lohnt ein eigenes Fahrzeug, um einige interessante Nebenstrecken zu erkunden, etwa die kleine, steile Seitenstraße über HUAISAN MAI durch einsame Landschaften zum Südhang des Doi Tung.

Mae Sai

Auf dem H1 Richtung Norden erinnern entgegenkommende Fahrzeuge mit birmanischen Nummernschildern daran, dass es bis zur Grenze nicht mehr weit ist. In Mae Sai, einem typischen Grenzort, der hauptsächlich aus einer Nord-Süd-Straße besteht, bummeln dunkelhäutige Männer in knöchellangen *longyis*, den birmanischen Wickelröcken, durch die geschäftigen Straßen. Frauen, die ihre Gesichter mit heller Tanaka-Paste geschminkt haben, steuern auf überladenen Motorrädern zurück zum Grenzübergang, an dem ein relativ unkontrolliertes Kommen und Gehen herrscht. Selbst aus dem 170 km entfernten **Keng Tung** in Myanmar, das auch Touristen zugänglich ist, kommen die Menschen auf der neuen Straße angefahren. Rikschas, Mopeds, uralte Fahrräder und überladene Handwagen, kleine Akha-Frauen mit riesigen Lastkörben, billige Arbeitskräfte für die Baustellen und Bordelle des Landes, Händler, bettelnde Kinder und nicht immer echte Mönche drängen sich über die **Grenzbrücke**, die den Mae Sai River überspannt. Von Restaurants beiderseits der Grenzbrücke aus lässt sich das geschäftige Treiben gut beobachten. Nur wenige Kilometer östlich von Mae Sai rollt der Schwerlastverkehr über die neue **Second Friendship Bridge**.

Die meisten Gruppenreisenden werden in Bussen am Grenzübergang vorgefahren, um den „nördlichsten Punkt des Landes" zu fotografieren. Vor dem großen Hinweisschild stellen sich Mädchen in bunten Trachten in Positur und kassieren für die Fotos ein paar Baht. Danach geht es weiter zu den Jade- und Edelsteinschleifereien, die ihre Produkte zu stark überhöhten Preisen verkaufen.

Eine gute Aussicht auf das Grenzgebiet und Tachilek bietet sich von der riesigen Skorpionstatue im **Wat Doi Wao** auf dem Hügel westlich der Hauptstraße. Zu erreichen von der überdachten Straße parallel zum Grenzfluss über Treppen und Fußwege oder von der Abzweigung vom H1 am chinesischen Tempel.

Etwa 8 km südlich der Grenze am KM 882 liegt 2 km westlich vom Highway der **Khun Nam Nang Park** am Fuß des Berges *Schlafende Frau*. Der See lädt zu einem erfrischenden Bad ein, v. a. im hinteren Bereich, wo das kühle Wasser einer Höhle entspringt. Am Eingang werden diverse lokale Spezialitäten angeboten: Frösche, Kröten, Eidechsen und verschiedene Insekten.

Nach weiteren 4 km auf dem Highway folgt man in Ban Tham der mit Wat Tham Pla ausgeschilderten Abzweigung durch das KMT-Dorf **Santisuk**. Die Straße endet nach 2 km am Affentempel **Wat Tham Pla**. Das Ziel der Pilger ist eine heilige Quelle, in der riesige Goldfische schwimmen, und eine beleuchtete Höhle, die über 279 Treppenstufen zu erreichen ist. Vorsicht ist vor den Herden wild lebender, bissiger Affen geboten. Nördlich des neuen Tempels steht eine alte Pagode. Eine weitere Abzweigung 250 m weiter südlich endet am **Phayanak-See**. In Bambushütten genießt man leckere Thai-Gerichte und Getränke und schaut den Schwanenbooten

zu, die über den See fahren. Am Wochenende ist dies ein beliebter Treffpunkt der einheimischen Jugend.

Übernachtung

Untere Preisklasse

Die meisten Unterkünfte für Backpacker konzentrieren sich entlang der Sailomchoi Rd. links vom Grenzübergang, parallel zum Fluss gelegen.

Bamboo House ③, 135 Sailomchoi Rd., ✆ 053-733 055. In einem weißen, 2-stöckigen Stadthaus und einem Holzhaus nebenan hat ein Japaner ein Gästehaus eingerichtet, das bevorzugt Langzeittraveller beherbergt. Saubere Zimmer mit gefliesten Böden, die billigeren nur mit kaltem Wasser, die teueren mit AC. Von Terrasse im 1. Stock Flussblick. ❷–❸

Chad Gh. ⑤, 52/1 Soi Wiangpan, ✆ 053-732 054. Eine zuvorkommende Großfamilie vermietet in sehr ruhiger Lage 4 einfache, preiswerte Zimmer mit Gemeinschaftsdusche. Außerdem Bambushütten mit Matratzen auf dem Boden und Moskitonetz. Etwas bessere Zimmer mit kalter Dusche und Ventilator in einem Reihenbungalow. Im Restaurant Frühstück und Shan-Gerichte. ❶–❷

Maesai Gh. ①, ruhig und abseits am Grenzfluss gelegen, über einen Fahrweg zu erreichen, ✆ 053-732 021. Ein in die Jahre gekommener Klassiker mit Atmosphäre. Einfach eingerichtete Bambusbungalows im Garten mit Bambusbetten, Ventilator, einige besitzen einen Balkon und Blick auf den belebten Fluss, der ein beliebter Badeplatz ist, auch wenn das Wasser nicht gerade einladend aussieht. Es handelt sich ganz offensichtlich um einen illegalen Grenzübergang. ❸

Uwe Homestay ⑦, 11/2 Moo 9, Ban Pong Ngam, ✆ 081-030 5672, ✉ banpong2001@yahoo.com. In einem Dorf südlich von Mae Sai, genau am KM 876 nach Osten abbiegen und 120 m bis zur deutschen Fahne gehen. Übernachtung in 3 einfachen Häusern im Garten neben dem Thai-Haus. Es gibt kaum einen besseren Kenner des hohen Nordens als Uwe. Er veranstaltet zudem individuelle Touren auch mit dem Jeep oder Motorrad in abgelegene Gebiete. Gut für abgehärtete Traveller. ❶–❷

Yeesun Hotel ②, 816/13 Sailomchoi Rd., ✆ 053-733 455, 086-196 4911, 🖳 www.yeesunguesthouse.com. Sehr saubere und ruhige Zimmer mit Spannteppichböden, kleinem Tisch, Schreibtisch und Kühlschrank. ❸

Mittlere Preisklasse

Piyaporn Place Hotel ⑥, 77/1 Paholyothin Rd., ✆ 053-734 511-3, 🖳 www.piyaporn-place.com. Relativ neues Hotel an der Hauptstraße, nett möblierte Zimmern mit Holzböden, Kühlschrank und TV. Restaurant. Frühstücksbuffet inkl. ❹

Wanliya Resort ⑦, 1 km südlich vom Bus Terminal in Mae Sai, 🖳 www.wanliyaresort.com. Sehr ruhig gelegene, saubere Anlage eines Holländers und seiner Thai-Familie. 30 Zimmer und Bungalows mit Kühlschrank, Safe und TV. Großer, gepflegter Pool. Frühstück mit einer unglaublichen Auswahl an selbst gemachtem Brot und Gebäck inkl. ❹–❺

Wang Thong Hotel ④, 299 Paholyothin Rd., ✆ 053-733 388-95, 📠 733 399. Großes Hotel etwas abseits der Hauptstraße nahe dem Grenzübergang. Von einigen Zimmern mit Balkon Flussblick, mit Restaurant und Pool. ❹

Essen

Ying Ping Restaurant, neben dem Mae Sai Hotel. Gute chinesische Küche und Yunnan-Spezialitäten wie z. B. gedünstete oder gebratene Pao, serviert mit Yunnan-Schinken und eingelegtem chinesischem Kohl. Empfehlenswert.

Kik Kok Restaurant, 50 m südlich vom Piyaporn Place Hotel. Offenes, preiswertes chinesisches Restaurant mit interessanten Entengerichten.

Sonstiges

Einkaufen

Auf dem **Markt**, an den **Souvenirständen** an der Grenze und in den überdachten Kolonnaden parallel zum Grenzfluss erhält man Kunsthandwerk, Musik-CDs und Film-DVDs sowie viele Produkte aus Myanmar und China.

Auch die Paholyothin Rd. ist von der Grenze bis zur Polizeistation von Verkaufsständen gesäumt.

In den **Edelsteinschleifereien** wird viel minderwertige Ware verkauft. Auch die **Jadeprodukte** sind überteuert.

Am **Erdbeermarkt**, der von Dezember bis April 5 km südlich am Highway aufgebaut wird, legen viele Thais einen Zwischenstopp ein. Westlichen Touristen schmecken die gespritzten unaromatischen Früchte und der Erdbeerwein jedoch weniger.

500 m nördlich vom Busbahnhof befindet sich ein kleiner **Tesco Lotus Supermarkt**.

Medizinische Versorgung

Overbrook Clinic, 20/7 Paholyothin Rd., ✆ 053-734 422. Kleine Klinik, die mit dem traditionsreichen christlichen Krankenhaus in Chiang Rai verbunden ist. Englisch sprechende Ärzte. ⌚ 8–17 Uhr.

Mae Sai Hospital, 101 Moo 1 Soi 15, ✆ 053-731 300.

Nach Myanmar

Für Tagesausflüge benötigt man eine Kopie des Passes und einen Border Pass, der bei der Thai-Immigration an der Brücke erhältlich ist. Das Visum für 1–14 Tage kostet 500 Baht bzw. US$10. Die Grenze ⌚ 8–17 Uhr.
Seit 1992 können ausländische Besucher **Tachilek** (Thai: Tha Khi Lek), den birmanischen Ort jenseits der Grenze, besuchen und dort in den Casinos spielen. Die Tempel in Tachilek sind von ihrer Architektur her uninteressant. Das Angebot in den Läden und an den Verkaufsständen begrenzt sich auf eine bizarre Ansammlung von Billigprodukten inkl. „Handarbeiten" von schlechter Qualität aus chinesischer Massenproduktion oder aus den Manufakturen bei Chiang Mai. Man wird bedrängt von aggressiven Händlern, die einem auch „Edelsteine" aus farbigem Glas anzudrehen versuchen. Wirklich günstig und von akzeptabler Qualität sind die CDs und DVDs. Bezahlt wird mit Thai-Baht.
Die 3-Tages-Tour nach **Kyaing Tong** (Thai: Chiang Tung), 169 km Richtung China, kann über Reisebüros in Mae Sai gebucht werden. Wer individuell einreist, bekommt ein 2-Wochen-Visum für Kyaing Tong US$10. Damit kann man nicht in andere Regionen Myanmars reisen und muss das Land über Tachilek/Mae Sai wieder verlassen.
Die offizielle Ausreise nach Myanmar ist ebenfalls möglich. Hierzu wird ein Visum für Myanmar benötigt sowie ein Permit von MTT (Myanmar Travel & Tours), dem staatlichen Reisebüro, für US$20. Infos unter 💻 www.myanmartravelsandtours.com. Einige Reisebüros in Thailand organisieren das Permit, z. B. Northern Thai Travel Connection in Chiang Saen, ☎ 053-650 175, 089-435 5930. Dann kann man von Kyaing Tong oder Tachilek entweder nach Heho oder Mandalay fliegen. Mehr s. eXTra [2717].
Bei der Wiedereinreise in Mae Sai bekommt man nur ein 15-Tage-Visum in den Pass gestempelt.

Motorräder

Neben dem Kik Kok-Restaurant werden in dem großen Shop mit Werkstatt Motorräder vermietet.

Transport

Bus Terminal, 4 km südlich der Grenze. Rote Songthaews fahren von hier für 15 Baht ins Zentrum und zur Grenze. Nach:
BANGKOK (857 km) meist um 7 und von 16–18 Uhr für 480–630 Baht, VIP-Bus 970 Baht in 12 Std. Vom Büro der Busgesellschaften Choke Rung Tavee Tour und Sombat Tour in der Stadt südlich vom Kik Kok-Restaurant fahren 1. Klasse-Busse um 17 und 17.15 Uhr für 630 Baht und ein VIP-Bus um 16.30 Uhr für 880 Baht.
CHIANG MAI ständig bis gegen 15.30 Uhr für 170–220 Baht, VIP-Busse für 330 Baht in 5 Std.
CHIANG RAI ständig bis 18 Uhr für 40–60 Baht in 1 1/2 Std.
CHIANG SAEN ab 8–13.40 Uhr Songthaews für 50 Baht in 1 Std. Sie halten auch am GOLDENEN DREIECK (Sob Ruak), 40 Baht.
KORAT 5.15, 12 und 16 Uhr für 660 Baht, VIP-Bus um 18 Uhr für 760 Baht.
PHITSANULOK VIP-Busse um 7 und 17.40 Uhr für 570 Baht, 1. Klasse-Bus um 17 Uhr für 370 Baht.

Goldenes Dreieck

Touristen aus aller Welt werden vom Goldenen Dreieck (Sob Ruak), dem Dreiländereck Myanmar, Thailand und Laos, magisch angezogen. Dieser berüchtigte Name, der eines der größten Opiumanbaugebiete der Welt bezeichnet, lässt sich an kaum einer anderen Stelle anschaulicher lokalisieren als an der Einmündung des Ruak Rivers, der die Grenze zu Myanmar bildet, in den Mekong, der Thailand von Laos trennt.

Das deutlich sichtbare, aber unspektakuläre Dreieck erreicht man über einen „Hintereingang" auf der Landstraße, die von Mae Sai aus Richtung Osten am Fluss entlangführt. Da die meisten Besucher von der anderen Seite kommen, erstrecken sich erst hinter dem **Dreiländereck** kilometerweit Restaurants, Souvenirstände

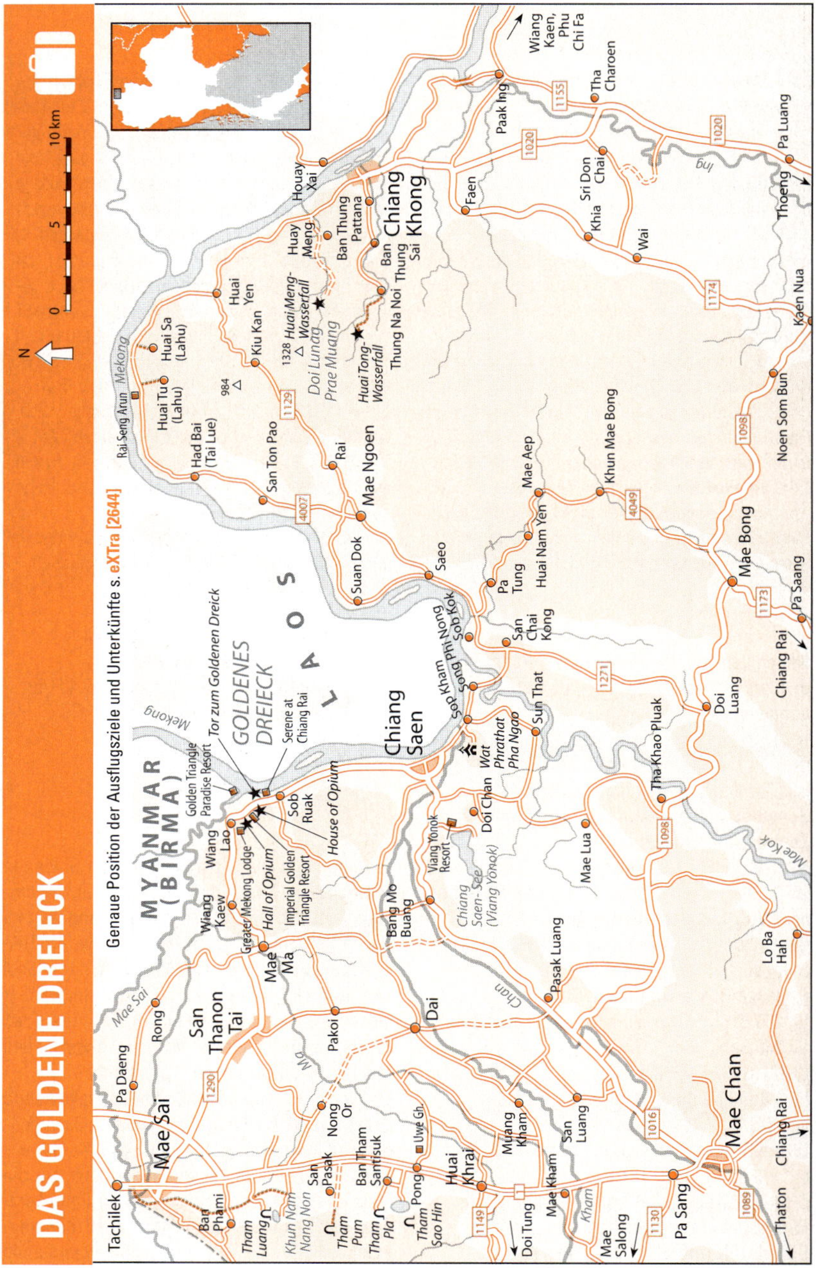

DAS GOLDENE DREIECK
Genaue Position der Ausflugsziele und Unterkünfte s. eXTra [2644]
0
5
10 km
N
MYANMAR (BIRMA)
LAOS
GOLDENES DREIECK
Mekong
Mae Sai
Ma
Chan
Mae Kok
Kham
Ing
Tachilek
Mae Sai
Pa Daeng
Rong
San Thanon Tai
Mae Ma
Wiang Kaew
Wiang Lao
Greater Mekong Lodge
Hall of Opium
Imperial Golden Triangle Resort
House of Opium
Sob Ruak
Golden Triangle Paradise Resort
Tor zum Goldenen Dreieck
Serene at Chiang Rai
Chiang Saen
Wat Phrathat Pha Ngao
Sop Kham
Song Phi Nong
Sob Kok
San Chai Kong
Sun That
Pa Tung
Huai Nam Yen
Mae Aep
Khun Mae Bong
Saeo
Suan Dok
Mae Ngoen
San Ton Pao
Rai
Had Bai (Tai Lue)
Rai Seng Arun
Huai Tu (Lahu)
Huai Sa (Lahu)
984
Kiu Kan
Huai Yen
1328
Doi Lunag Prae Muang
Huai Meng-Wasserfall
Huai Tong-Wasserfall
Huay Meng
Ban Thung Pattana
Thung Na Noi
Ban Thung Sai
Chiang Khong
Houay Xai
Faen
Paak Ing
Wiang Kaen, Phu Chi Fa
Tha Charoen
Sri Don Chai
Khia
Wai
Thoeng
Pa Luang
Kaen Nua
Noen Som Bun
Mae Bong
Pa Saang
Chiang Rai
Doi Luang
Tha Khao Pluak
Mae Lua
Doi Chan
Viang Yonok Resort
Chiang Saen-See (Viang Yonok)
Bang Mo Buang
Pakoi
Dai
Pasak Luang
Lo Ba Hah
Nong Or
San Pasak
Ban Tham Santisuk
Uwe Gh.
Pong
Huai Khrai
Muang Kham
San Luang
Mae Kham
Mae Chan
Pa Sang
Chiang Rai
Thaton
Mae Salong
Doi Tung
Ban Phami
Tham Luang
Khun Nam Nang Non
Tham Pum
Tham Pla
Tham Sao Hin
1290
4007
1129
1155
1020
1174
1098
4049
1173
1271
1016
1089
1130
1149

und Hotels, sogar ein Einkaufszentrum, ein kleines **House of Opium**, ein großes **Tor zum Goldenen Dreieck** und ein riesiger, auf einem Schiff sitzender **Goldener Buddha**, vor dem Touristen sich fotografieren lassen können.

An Anlegestellen können **Boote** für eine halbstündige Fahrt ins Grenzgebiet für 300 Baht gemietet werden. Für weitere 100 Baht (plus 20 Baht für die Immigration) legen die Boote einen Zwischenstopp auf einer zu Laos gehörenden Insel mit einem sehenswerten Souvenirmarkt ein. Hier gibt es laotisches Bier und exotische Alkoholika, Opiumpfeifen und ein Postamt, von dem aus man Postkarten mit laotischen Briefmarken nach Hause schicken kann.

Es herrscht ein reger Bootsverkehr nach Myanmar und Laos. Auf der birmanischen Seite lockt das 150 Zimmer umfassende **Golden Triangle Paradise Resort** mit einem großen Casino und anderen Annehmlichkeiten. Ein ähnliches Megaprojekt ist auf der laotischen Seite im Bau. Ob sich ein Besuch wirklich lohnt, sei dahingestellt. Ein Visum ist nicht erforderlich.

Genaue Positionen s. eXTra [2645].

Übernachtung

Ban Yoo Pen Suk Guest House, 43 Moo 1, ✆ 081-993 2709, in ruhiger Soi östlich vom House of Opium. Neue, große, solide Häuser mit sauberen Zimmern. ❹

Greater Mekong Lodge, Golden Triangle Park, auf dem Gelände der Hall of Opium, ✆ 053-784 450-2, 💻 www.greatermekonglodge.com. 26 DZ und 13 Bungalows mit jeweils 2 Zimmern, jedes mit Terrasse, von dem man den Mekong sehen kann. Frühstück und Mittags-Buffet werden im offenen Restaurant serviert. ❹–❺

Imperial Golden Triangle Resort, 222 Golden Triangle, ✆ 053-784 001, 💻 www.imperialhotels.com/goldentriangle. 73 Zimmer mit etwas überalterter Einrichtung und dünnen Wänden. Gutes, überteuertes Essen, kleiner Pool. ❺–❻

Serene at Chiang Rai, 569 Moo 1, ✆ 053-784 500, 💻 www.sereneatchiangrai.com. Neues modernes Designerhotel mit 52 Zimmern direkt am Mekong. Häufig Sonderangebote, dann lohnen sich die Deluxe-Zimmer mit toller Aussicht auf den Fluss. WiFi. ❻–❽

Das Opium-Projekt

Unter der Patronage der verstorbenen Königinmutter entstand die sehenswerte **Hall of Opium**, ✆ 053-652 151, 💻 www.goldentriangle-park.org, im Golden Triangle Park, 400 m abseits des Flusses an der Straße nach Mae Sai. Das große Museum, das man durch einen 137 m langen, matt beleuchteten Tunnel, der durch einen Hügel führt, erreicht, informiert über die 5000-jährige Geschichte des Opiums, über die weltweiten legalen wie illegalen Handelswege, die Opiumkriege in China und die Opiumraucher in Siam und anderen Ländern Südostasiens. Weitere Themen sind die Wirkung und medizinische Nutzung der Droge sowie der durch die Thai-Königsfamilie unterstützte, jahrzehntelange Kampf gegen die Abhängigkeit von Opiaten und anderen illegalen Drogen. Zu sehen sind in einer ergreifenden Ausstellung u. a. eine nachgebaute Opiumhöhle, eine Galerie berühmter Drogennutzer, eine Dokumentation über die Rolle des CIA und der thailändischen Regierung, Videopräsentationen und Aussagen ehemaliger Abhängiger. Zudem dient es der Forschung. 🕒 tgl. 8.30–16 Uhr, hervorragendes Einführungsvideo in englischer Sprache nach Bedarf von 8.45 bis 15.45 Uhr, der Eintritt von 300 Baht lohnt.

Transport

Minibusse fahren, sobald sie voll sind, vom Tor zum Goldenen Dreieck bis gegen 15 Uhr nach CHIANG SAEN für 15 Baht und MAE SAI für 50 Baht.

Boote nach CHIANG SAEN kosten 500 Baht pro Boot und legen an der Anlegestelle 100 m östlich vom Goldenen Buddha ab.

Chiang Saen

Chiang Saen, 9 km weiter südlich, wurde vermutlich zwischen dem 10. und 13. Jh. von Thais besiedelt. Die Stadt am Westufer des Mekong, der die Grenze zu Laos bildet, gehört damit zu einer der frühesten Siedlungen der Thai im heutigen Staatsgebiet. Aus jener Zeit stammen die noch gut sichtbare, rechteckige, 5 km lange Befestigungsmauer, die von Büschen und Teakbäumen überwachsen ist, sowie ein Graben, welche das Zentrum umschließen. Für Hobbyarchäologen und Historiker hat Chiang Saen einiges zu bieten. An allen Tempelruinen sind erklärende Infotafeln angebracht.

Heute legen hier größere Flussboote aus China an und bringen chinesische Waren nach Thailand. Aufgrund des sich ändernden Wasserstands können nur Flussschiffe bis zu 150 t fahren. Während der Trockenzeit kommt der Schiffsverkehr vollständig zum Erliegen.

Nur wenige der zahlreichen Tempelruinen stehen außerhalb dieses Bezirks. Unter hohen Teakbäumen liegen nahe dem Chiang Saen-Tor im Westen die Überreste des **Wat Chedi Luang**. Die Ruine des ursprünglich 60 m hohen Chedi wurde mit einer hübschen, 27 m hohen bemoosten Pagode überbaut, die mit safrangelben Tüchern umwickelt wird. Im kleinen angrenzenden **Chiang Saen National Museum** in einem zweistöckigen Neubau sind verschiedene interessante Fundstücke aus Chiang Saen und dem Norden untergebracht. ⌚ Mi–So außer feiertags 8.30–16.30 Uhr, es wurde bei unserem letzten Besuch gerade umgebaut.

Am restaurierten, treppenförmig abgestuften Chedi des **Wat Pa Sak** aus dem 14. Jh., jenseits des westlichen Stadttors, blieben die verspielten Stuckverzierungen mit figürlichen Darstellungen von mythischen Fabelwesen, Engeln und Buddhas erhalten, die birmanische und Mon-Einflüsse zeigen. Eintritt 30 Baht. Mehr als 300 Stufen führen hinauf zum **Wat Phrathat Chom Kitti**, das bereits im 10. Jh. auf einem Hügel nordwestlich der Stadtmauer gegründet wurde.

Den schönsten Blick hat man vom **Wat Phrathat Pha Ngao**, das 4 km südlich der Stadt auf einem Hügel am Mekong steht. Beeindruckend ist der mit herrlichen Teakholzschnitzereien verzierte Bot nach 300 m, auf halber Höhe. Weitere 400 m sind es bis hinauf zu einer hochverehrten, kopflosen Buddhastatue. Der Buddha befindet sich auf einem runden Felsen vor einer Pagode, von der man eine gute Aussicht über den Mekong bis nach Chiang Saen hat.

An der Hauptstraße, 200 m vom Fluss entfernt, versteckt sich hinter Obst- und Essenständen ein sehenswerter **Markt**, auf dem auch große Mekong-Fische und ungewöhnliche thailändische Spezialitäten verkauft werden.

4,3 km westlich zweigt die 1,5 km lange Straße zum **Chiang Saen-See (Viang Yonok)** ab. Der verschlickte See eignet sich zwar nicht zum Baden, dafür kann man hier sehr gut Vögel beobachten und romantische Sonnenuntergänge genießen.

Komfort und Ruhe am Chiang Saen-See

Viang Yonok, 201 Moo 3, ✆ 053-650 444, 081-862 8727, 💻 www.viangyonok.com. Am Ostufer des Chiang Saen-Sees gelegen. 7 geschmackvoll eingerichtete Bungalows mit halboffenen Bädern, Natursteinböden und großen, bequemen Betten, TV und Tresor. Kajak- und Fahrradverleih, Sauna und Pool. Luftiges Restaurant mit Thai- und westlichen Gerichten. Frühstück inkl. ❺–❻

Übernachtung

Während sich luxuriöse Hotels im Goldenen Dreieck konzentrieren, gibt es im Ort nur einige Gästehäuser und Hotels.

Untere Preisklasse

Chiang Saen Gh. ③, ✆ 053-650 196, an der Hauptstraße nach Norden. Einfaches, ziemlich abgenutztes Haus in zentraler Lage. 3 einfache A-frame-Hütten und 3 komplett geflieste Zimmer mit und ohne Dusche, gute Matratzen, Restaurant. Die Chefin organisiert auch Bootstickets. ❷

Gin's Gh. ①, 1 km Richtung Goldenes Dreieck, ✆ 053-650 847. 2 nette Zimmer mit Ventilator im 1. Stock eines alten Holzhauses sowie Bambusbungalows mit Ventilator. Vorn ein Pub und Restaurant. Fahrradverleih und Vermittlung von Bootstouren. Zudem werden Yuan gewechselt. Wer eine Schiffsreise nach China bucht, übernachtet einmal kostenlos. ❷–❷

JS Gh. ②, 303 Moo 2, ✆ 081-304 0370, 053-777 060, ✉ sureegreutmann@bluewin.ch. Hinter einem traditionellen Haus in einer ruhigen Straße stehen mehrere Bungalows

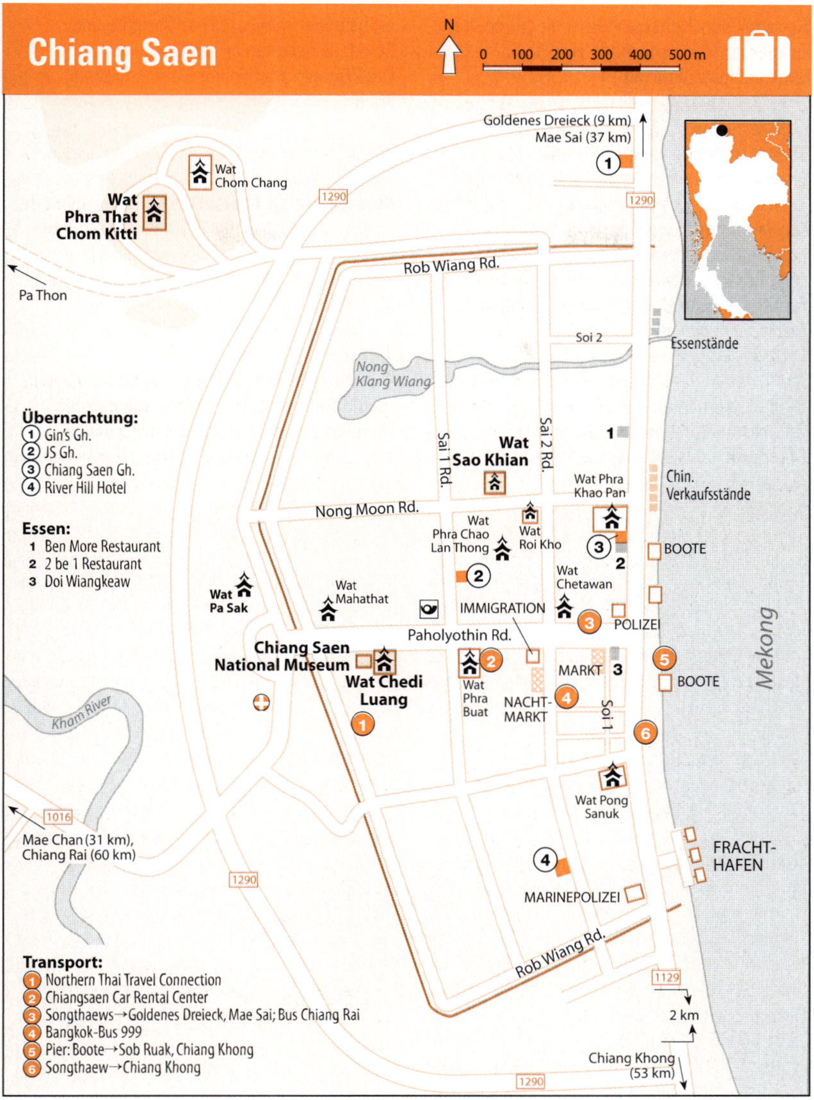

nahe einem kleinen Pool. Saubere Zimmer mit gefliesten Böden und Ventilator, günstige ohne Bad. Schlafsaalbetten 100 Baht. Frühstücken möglich, Fahrräder 25 Baht pro Tag. ❶–❷

Mittlere Preisklasse

River Hill Hotel ④, 714 Moo 3, Wiang Rd., ✆ 053-650 826-7, 📠 650 830. Im Zentrum, einen Häuserblock vom Fluss entfernt gelegenes, angenehm ruhiges Hotel.

60 mit lokalem Kunsthandwerk eingerichtete Zimmer mit traditionellen Sitzkissen auf Bänken, Restaurant. ❺

Essen

Abends werden an der Uferpromenade **Essenstände** aufgebaut, an vielen wird auch Fisch gegrillt – schöne Atmosphäre.

Ben More Restaurant, nördlich der Ruine vom Wat Sangkha Kaew Donthan. Kleines Restaurant mit Tischen auf der Terrasse an der Straße. Thai-Gerichte zu akzeptablen Preisen. Speisekarte auf Englisch.
🕓 10–24 Uhr.

2 be 1, neben dem Chiang Saen Gh. Holztische und Hocker auf dem Bürgersteig. Kaffee und fantastische Kuchen, z. B. Schwarzwälder Kirschtorte oder Grüner-Tee-Torte. Internet, Frühstücken möglich. Thai-Gerichte und Cocktails nebenan in der Bar.

Doi Wiangkeaw, kleines Café mit Stühlen im Freien.

Sonstiges

Auto- und Motorradvermietung

Chiangsaen Car Rental Center, Paholyothin Rd., ☎ 053-650 143, 086-188 3173. Vermietet Pkw für 1200–1500 Baht und Motorräder für 180 Baht oder mit automatischer Schaltung für 200 Baht.

Einkaufen

An vielen Verkaufsständen am Fluss nahe dem Ben More Restaurant werden chinesische Produkte verkauft: in erster Linie Textilien, aber auch Trockenfrüchte, Pilze, Obst, Nüsse und Tee.

Bootstouren auf dem Mekong

Wenn der Fluss genügend Wasser führt, verkehren Schnellboote Mo, Mi und Fr um 9 Uhr in 2 1/2 Std. für 3000 Baht auf dem Mekong zwischen **Chiang Saen** und **Chiang Khong**, durch schmale Schluchten und weite Ebenen, vorbei an Flussinseln und gefährlichen Felsen. Buchungen in Chiang Saen in Gin's Gh.

Die Cargo-Schiffe nach **China** dürfen keine Touristen mehr mitnehmen. Stattdessen fährt am Mo, Mi und Fr um 6 Uhr (um 5 Uhr einchecken) ein Passagierboot nach Jinhong für 4100 Baht, zurück am Di, Do und Sa für 820 Yuan. Das gilt aber nur, wenn genügend Passagiere die Reise antreten wollen. Nach dem Frühstück und Mittagessen auf dem Schiff ist gegen 16 Uhr die Grenze erreicht, wo man gründlich kontrolliert wird. Bei Niedrigwasser sind es 2 Std. bis Ganlaba und eine weitere nach Jinghong, wo man zum Busbahnhof in der Minghang Lu gefahren wird. Tickets gibt es an der Promenade beim Büro von Maekhong Delta Travel, ☎ 053-642 517, 💻 www.maekhongtravel.com (nur Thai). Allerdings spricht dort niemand Englisch. Bereits einen Tag zuvor muss man den Pass im Immigration Office abgeben und 100 Baht dafür zahlen, dass der Pass am nächsten Morgen in aller Frühe zum Schiff gebracht wird. Wer bei den Gästehäusern bucht, braucht sich um die Organisation nicht zu kümmern und wird morgens zum Schiff gebracht.

Von **Houay Xai in Laos**, gegenüber von Chiang Khong, starten viele Boote hinunter nach **Luang Prabang**. Gemächlich reist man in der Gesellschaft vieler Einheimischer mit Linienschiffen (Slow Boats), rasend schnell, laut und etwas riskant mit kleinen Schnellbooten (Speedboats) und komfortabel mit sehr exklusiven Flussbooten, z. B. auf der *Luangsay* von **East West Siam**, ☎ 02-651 9101, 💻 www.asian-oasis.com, oder der *Mekong Sun* von **Lernidee Erlebnisreisen**, in Deutschland ☎ 030-786 0000, 💻 www.lernidee.de. Sie sollten frühzeitig gebucht werden. Freie Plätze auf den Luxusschiffen werden kurzfristig angeboten von **Easy Trip** in Chiang Khong, 63/2 Moo 1, ☎ 053-655 174, 086-997 7246. Mehr dazu s. eXTra [2729].

Das Slow Boat für 1000 Baht fährt am Morgen gegen 10.30 Uhr ab und benötigt 2 Tage. Schnellboote kommen bereits nach 6 Std. an und kosten etwa 2000 Baht. Während der riskanten Fahrt hat es bereits viele Unfälle gegeben. Wegen des starken Fahrtwinds ist das Tragen von Motorradhelmen erforderlich. Weitere Infos s. Chiang Khong.

Reisebüros

Mehrere Reisebüros in Chiang Saen organisieren Trips nach Laos, Myanmar und Yunnan, z. B. das o. g. **Car Rental Center**. Hier kostet ein Minibus nach Luang Prabang oder Kyaing Tong 4000 Baht pro Tag. 4-Tages-Touren nach Jinghong kosten 9000 Baht je Minibus für bis zu 10 Pers. alles inkl.

Northern Thai Travel Connection, 424 Moo 3 (hinter dem Museum), ✆ 053-650 175, 089-435 5930, 💻 www.indochinatravelhub.com. Die hilfsbereiten Mitarbeiter organisieren auch die notwendigen Permits für eine Reise innerhalb von Myanmar über Kyaing Tong hinaus (nur per Flugzeug möglich) sowie die Permits für die Weiterreise nach China über Kyaing Tong und Mong La.

Nahverkehr

Motorradrikschas im Ort kosten 20 Baht.

Transport

Busse

Nach BANGKOK vom Büro Bus 999 um 15.50 und 17 Uhr für 720 Baht in 12 Std.

CHIANG KHONG mit grünem Songthaew ab der Haltestelle an der südlichen Uferstraße, etwa stdl. bis 14 Uhr über HAD BAI (50 Baht; dort umsteigen) für 100 Baht in 2 Std.

Die meisten Busse und Songthaews fahren nahe dem Markt, 100 m von der Einmündung der Haupt- in die Uferstraße, ab:

CHIANG RAI Busse alle 30 Min. bis 17 Uhr für 40 Baht.

GOLDENES DREIECK, 9 km, Songthaews und Minibusse nach Sob Ruak für 25 Baht.

MAE SAI Songthaews bis mittags für 50 Baht.

Boote

Schnellboote fahren vom Pier an der Uferstraße nach SOB RUAK für 600 Baht p. P. und, sofern der Fluss genügend Wasser führt, auch nach CHIANG KHONG.

Chiang Khong

Vom H1129 zweigt 25 km östlich von Chiang Saen in **Mae Ngoen** der schmale H4007 Richtung Norden ab. Die Straße schlängelt sich durch eine hügelige, fruchtbare Landschaft, durch kleine Dörfer inmitten von Bananen- und Orangenhainen, Reis-, Mais und Tabakfeldern, meist am malerischen Fluss entlang, der ständig sein Gesicht verändert. Selbst wer auf dem H1129 bleibt, wird mit schönen Ausblicken belohnt, etwa vom Aussichtspunkt am Hmong-Dorf **Kiu Kan**, vor der steilen Abfahrt ins Tal von Chiang Khong. Kurz danach vereinigen sich beide Routen, sodass man die fantastische Sicht auf den Mekong vom anschließenden **Pass** auf keinen Fall versäumt.

Auf dem H4007 lohnt ein Besuch im Tai Lue-Dorf **Had Bai**, wo farbige Baumwollstoffe gewebt und in einem Laden unten am Fluss verkauft werden, dorthin der Straße südlich vom Dorftempel bis ans Ende folgen. Die Weberinnen freuen sich über einen Besuch. Dann kommt man am herrlich gelegenen Resort Rai Saeng Arun vorbei (s. S. 438).

Nach 66 km (über Kiu Kan 54 km) ist die Kleinstadt **Chiang Khong** erreicht. Der kleine Ort am Mekong, dem der Ruf eines Schmugglernests vorauseilt, wird von zahlreichen Backpackern auf dem Weg nach Laos besucht. Leider besteigen die meisten gleich nach ihrer Ankunft die Fähre hinüber nach Laos und lassen den ange-

Der verschwundene Mekong-Riesenwels

In **Had Khrai**, 2 km weiter südlich, erinnern ein Denkmal und ein im Verfall begriffenes Aquarium neben dem Dorftempel am Flussufer an ein traditionelles Ereignis, das jedoch seit Jahren der Vergangenheit angehört. Im Mai, wenn der Pegel des Mekong seinen niedrigsten Stand erreicht, wanderten riesige Süßwasserfische den Fluss hinauf, um in den Seen Südchinas zu laichen. Früher wetteiferten alljährlich im Mai laotische und thailändische Fischer miteinander um den größten Fang. Doch durch den Einsatz riesiger Stahlnetze ging der Fang zwischen 1990 und 1998 von 65 auf einen einzigen zurück. Zudem zerstörten die Sprengungen der Stromschnellen für den Bootsverkehr und der Staudammbau am oberen Mekong in China die Laichgebiete dieser Fischart. Mehr dazu s. eXTra [2720].

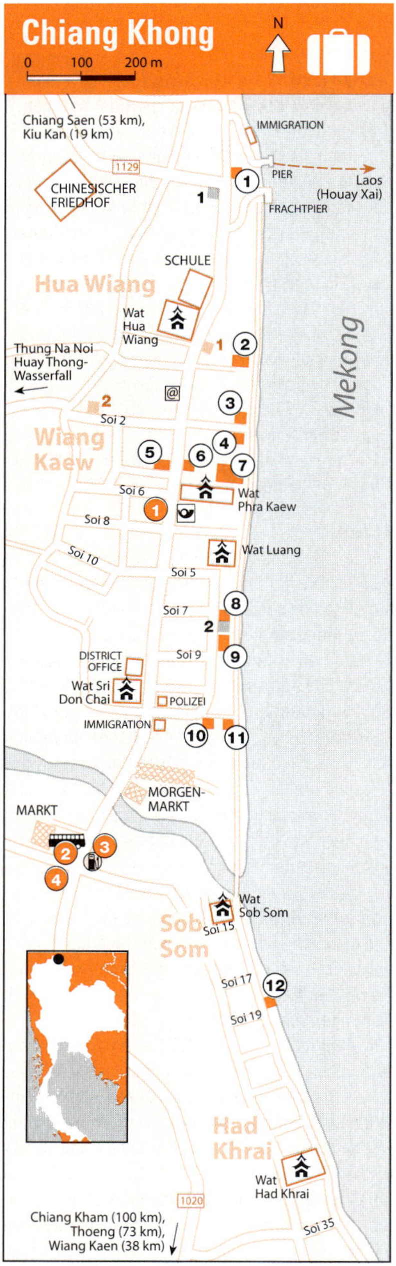

nehmen Ort links liegen. Vielleicht wird Chiang Khong an Popularität zulegen, wenn die geplante Straßenbrücke 6 km weiter südlich fertig ist.

Bislang verkehren Fähren für 30 Baht von der Anlegestelle nördlich des Ortes hinüber nach **Houay Xai** auf der laotischen Seite. Den Grenzverkehr kann man gut von den Terrassen einiger Gästehäuser oder der Promenade am steilen Flussufer aus beobachten. Lohnend ist der Besuch des immer freitags abgehaltenen großen **Wochenmarkts** im unteren Ortszentrum, auf dem sich neben vielen Laoten auch Hmong und andere Bergbewohner einfinden. Ansonsten findet hier täglich bis 7 Uhr ein **Morgenmarkt** statt.

Von Chiang Khong aus kann man mit einem eigenen Fahrzeug mehrere Dörfer der Bergvölker und einige Wasserfälle erkunden. Wer eine Radtour zum Hmong-Dorf **Thung Na Noi**, 9 km westlich, unternimmt, erhält einen guten Eindruck von der abwechslungsreichen Landschaft. Auf einer schmalen, kaum befahrenen Asphaltstraße gelangt man zuerst in das Hmong-Dorf **Ban Thung Pattana** und danach in das moderne Dorf **Ban Thung Sai** mit einer gemischten Bevölkerung. Hier gibt´s auch einen kleinen Laden und Essenstand. Die letzten Kilometer führen über eine hügelige Betonpiste. In Thung Na Noi, wo

Übernachtung:
1 Portside Hotel
2 Boom House
3 Tam Mi La Gh.
4 Ruan Thai Sopaphan Resort
5 Green Tree Gh.
6 Baan Fai Gh.
7 Namkhong Riverside Hotel
8 PP Home, Baan Pak Pon
9 Rim Nam Gh.
10 Ingkhong Hotel
11 Chiangkhong River View Hotel
12 Baan Rim Ta Ling Gh.

Essen:
1 Love Coffee & Net
2 Rimkhong Restaurant

Sonstiges:
1 Easy Trip
2 Huanmai Thai Massage

Transport:
1 Songthaew→Chiang Saen
2 Bus Station
3 Songthaew→Wiang Kaen
4 Minibus→Phu Chi Fa

Übernachtungsmöglichkeiten existieren, kann man mit einem Guide aus der Schule den Wasserfall Huai Tong besuchen.

Schöner ist der **Huay Meng-Wasserfall**, 9 km nordwestlich der Stadt. Zuerst erreicht man das Tai Lue-Dorf **Huay Meng**. Von da geht es weitere 4 km auf einer unbefestigten Straße zum Wasserfall. In der Trockenzeit kann man die Strecke gut mit einem Motorrad oder Fahrrad befahren.

Ansonsten geht es weiter an der Grenze entlang auf recht abenteuerlichen Strecken über den **Doi Pha Tang** und **Phu Chi Fa** nach **Chiang Kham** oder **Thoeng** (s. u.) und von dort wieder zurück nach Chiang Rai.

Übernachtung

Viele Gästehäuser buhlen um die Gunst der Reisenden, die hier übernachten möchten, um erste Romantik am Mekong zu genießen. Sie zahlen Tuk Tuk-Fahrern Provision, manche stellen Fahrräder (80–150 Baht pro Tag) oder Mopeds (200 Baht) zur Verfügung oder fahren ihre Gäste kostenlos zur Thai-Immigration.

Untere Preisklasse

Baan Fai Gh. ⑥, ✆ 053-791 394. Altes Holzhaus an der Hauptstraße. Die Zimmer mit Ventilator und Gemeinschaftsdusche sind nur durch dünne Sperrholzwände abgetrennt. Internet und Fahrrad-, Motorrad- und Autoverleih. ❶

Baan Rim Ta Ling Gh. ⑫, 99/4 Moo 3 Wieng Rd., am Mekong Richtung Had Khrai, ✆ 053-791 613, 084-615 5490. Homestay mit nett möblierten Zimmern in einem Teakhaus und Bungalows. Schlafsaal 100 Baht. Vom Balkon und Restaurant Blick über den Fluss nach Laos. Internet und WiFi. Restaurant mit Thai-Gerichten, Pasta und Burgern. Massagen für 300 Baht und Kochkurse. ❶–❸

Boom House ②, ✆ 053-655 136, 🖳 www.boomhouseresort.com. Am Flussufer in einem Holzhaus im traditionellen Stil gehalten. Außerdem ein neues Reihenhaus. Einfache Zimmer mit und ohne AC, Frühstück im Restaurant mit Flussterrasse inkl. ❶–❷

Chiangkhong River View Hotel ⑪, ✆ 053-791 375, 081-951 9753, 🖳 www.chiang khong.com/riverviewhotel.htm. Von einer Terrasse abgehende Zimmer mit kleinem Bad. Guter Blick über den Fluss, aber keine Atmosphäre. ❸

Ingkhong Hotel ⑩, hinter dem Immigration Office und der Polizei, ✆ 053-791 659, 🖳 www.geocities.com/ingkhong, 3-stöckiges Thai-Hotel mit Ventilator- oder AC-Zimmern, Kabel-TV und Kühlschrank. ❸

Portside Hotel ①, 546 Wiang Rd., ✆ 053-655 238, 087-189 9900. Kleines, neues Haus nahe der Immigration. Sehr saubere kleine Zimmer mit AC und Ventilator, Kühlschrank und TV. Geflieste Böden. Vor einigen Zimmern kleiner Balkon. Dachterrasse mit guter Aussicht. WiFi gratis. ❸

PP Home, **Baan Pak Pon** ⑧, ✆ 053-655 092, 081-791 6735. 15 Zimmer auf mehreren Ebenen, die meisten mit großer Flussterrasse. Preiswertere mit Ventilator, zum Teil kleine Bäder oder Waschbecken im Zimmer, Kühlschrank. Freundliche Atmosphäre. ❷–❸

Rim Nam Gh. ⑨, 166 Moo 12, ✆ 053-655 680, 081-951 9753. Saubere Zimmer mit kleinem Balkon und Flussblick, im 1. Stock mit Ventilator, im EG mit AC, alle mit Dusche. Restaurant. Hauptsächlich einheimische Gäste. ❷–❸

Ruan Thai Sopaphan Resort ④, im Zentrum nahe Wat Phra Kaew, ✆ 053-791 023. Bei Reisegruppen beliebtes Gästehaus mit 21 Ventilator-Zimmern in einem riesigen Teakhaus am Fluss. Die Zimmer im oberen Stockwerk sind weniger muffig als die dunklen im EG. Viele Sitzgelegenheiten drinnen und auf einer Terrasse mit Flussblick. Selbstbedienungsrestaurant 🕓 7–23 Uhr, Frühstück möglich. ❸

Gute Atmosphäre

Green Tree Gh. ⑤, 36 Wiang Rd., ✆ 053-655 126, 🖳 www.greentreegh.blogspot.com. Hinter dem kleinen, angenehmen Restaurant werden in einem Teakhaus über einer Galerie 4 einfache, saubere Zimmer mit Ventilator samt 2 Gemeinschaftsduschen vermietet. Dahinter im ruhigen Garten 3 kleine A-frame-Bungalows mit Ventilator und Liegestühlen an einem kleinen Teich. ❶

Tam Mi La Gh. ③, ✆ 053-791 234, ✉ baantammila@hotmail.com. Kleine Anlage am Fluss mit Zimmern im Reihenhaus (bessere im 3-stöckigen Haus) und einem Bungalow am Mekong. Im Restaurant gibt's viele vegetarische Gerichte, selbst gebackenes Brot und Kuchen. Die hilfreichen BesitzerInnen haben gute Tipps für Radtouren, vermieten Mountainbikes und verkaufen Hängematten, 💻 www.siamhammock.com. ❷–❸

Mittlere Preisklasse

Namkhong Riverside Hotel ⑦, 174-6 Wiang Rd., ✆ 053-791 796, www.namkhongriverside.net. Neues, großes Hotel am Fluss mit 40 hellen, freundlichen Zimmern mit TV, schönem Balkon mit herrlicher Aussicht und kleinem Kühlschrank. Internet, Restaurant, das Burger serviert, von der Terrasse Blick über den Mekong, Bootstouren, Frühstück und WiFi inkl. ❹

Obere Preisklasse

Lanjia Lodge, nordwestlich des Ortes beim Hmong- und Lahu-Dorf Kiu Kan, 💻 www.asian-oasis.com/lanjia.html. Die Lodge ist Ziel von geführten Kleingruppentouren, bei denen Essen, Transport und ein Kulturprogramm im Preis inbegriffen sind. Eine 2-Tages-Tour kostet alles inklusive 2500 Baht.

Ökologisches Paradies am Mekong

Rai Saeng Arun, 2 Moo 3 Ban Pha Khub, ca. 25 km nördlich von Chiang Khong am H4007, ✆ 081-255 2024, 081-802 7062, 💻 www.raisaengarun.com. In ruhiger, idyllischer Lage am Mekong werden auf dem riesigen Grundstück eines Biobetriebs Reis, Gemüse und Obst angebaut. Zwischen Erdbeer- und Salatbeeten stehen am Mekong 3 Bungalows und jenseits der Reisfelder 8 weitere am Waldrand. Alle sind aus Holz erbaut und luxuriös eingerichtet. Ausgezeichnetes, nicht überteuertes Essen, gutes Frühstück. Internet inkl. Abholservice vom Busbahnhof Chiang Khong für 100 Baht. Preise je nach Saison und Sonderangebote: 2 Nächte zum Preis von einer. ❺–❼

Essen

Zahlreiche Fluss- und Gartenrestaurants säumen das Ufer des Mekong. Man braucht abends nur den Uferweg entlangzuflanieren, um etwas Passendes zu finden. Häufig werden auch frische Baguettes verkauft.

Bäckerei gegenüber vom District Office. Im Angebot: Kekse, Baguettes, Donuts und Kuchen. 🕓 8–20 Uhr.

Green Tree, 36 Wiang Rd. Hübsches, kleines Gartenlokal. Man kann vorn an der Straße im nett dekorierten Bambushaus an niedrigen Tischen oder hinten unter Sonnenschirmen sitzen. Kleine Karte: von leckeren Pastagerichten über Frühlingsrollen bis hin zu gebratenen Nudeln. Gute Musik.

Love Coffee & Net, an der Hauptstraße nördlich der Schule. Kleines Café mit Internet, alte Öltonnen als Tische.

Rimkhong Restaurant, 187 Moo 12, ✆ 053-791 105. Auf 3 Etagen am Fluss. Das beste Restaurant des Ortes ist abends manchmal bis auf den letzten Platz besetzt. Kleine englische und umfangreichere Thai-Karte. Original scharfe Currys, auch Mekong-Fisch für 100–150 Baht, andere Gerichte unter 100 Baht. Überwiegend Einheimische.

Weitere Restaurants s. Übernachtung.

Sonstiges

Geld

Im Zentrum gibt es mehrere Banken und Geldautomaten. Vom Pier kommend, steht der erste hinter dem Green Tree Gh.

Immigration

Im Zentrum, keine Visaverlängerung, 🕓 Mo–Fr 8.30–12 und 13–16.30 Uhr.

Massage

Huanmai Thai Massage, 147 Soi 2, ✆ 086-917 1518. Hier kann man bei Miss Naputsawan Khaikaw traditionelle Massagen genießen, entweder im nicht einsehbaren kleinen Garten oder im Haus mit AC. 1 Std. kostet 100 Baht, eine Fußmassage 150 Baht und eine Ölmassage 250 Baht. Sehr ruhige, angenehme Atmosphäre.

Reisebüros

Easy Trip, 63/2 Moo 1, ✆ 053-655 174, 086-997 7246. Sehr freundliches Reisebüro, nach Miss Noi fragen. Buchung von recht preiswerten Inlandsflügen in Laos und Flussbooten ab Ban Houay Xai, darunter die *Luangsay* von East West Siam, die jeden Mo, Do und Fr nach Luang Prabang ablegt, für US$413 alles inkl. Es werden auch Tagestouren zum Phu Chi Fa im Minibus für bis zu 8 Pers. für 2500 Baht angeboten, nach Chiang Rai für 1800–2500 Baht.

Mekong Travel, 506 Moo 1, ✆ 083-517 6338, www.mekongtravel.org, vermietet Minibusse mit Fahrern. Sie kosten bis Chiang Rai oder Mae Sai 2000 Baht, bis Chiang Mai 4500 Baht.

Nahverkehr

Tuk Tuks und **Motorradtaxis** stehen an der Bus Station und am Pier. Sie kosten im Stadtgebiet 30 Baht p. P.

Transport

Busse

Die meisten Busse fahren von der kleinen **Bus Station** jenseits der Flussbrücke, gut 1 km südlich vom Pier, oder von Haltestellen in der Nähe ab.

BANGKOK ab Büro von **Siam First Tour**, um 15.30 Uhr VIP für 760 Baht und zur gleichen Zeit 1. Klasse-Bus für 640 Baht in 13 Std.

CHIANG MAI um 6, 8.30, 9, 11, 11.40, 13 und 15 Uhr für 220–280 Baht in 6 Std.

CHIANG KHAM mit lokalen Bussen über Thoeng stdl. für 50 Baht.

CHIANG RAI, 140 km, alle 30 Min. bis 17 Uhr für 70 Baht in 2–4 Std.

CHIANG SAEN via Had Bai mit Songthaews, ab der Haltestelle gegenüber der Post, am Vormittag für 50 Baht.

Ab Houay Xai fährt um 8 Uhr ein Bus auf der neuen Straße für 550 Baht in 4 Std. nach LUANG NAMTHA. Nach LUANG PRABANG um 8 Uhr für 950 Baht in 14 Std.

Songthaews

CHIANG MAI Songthaew um 7 oder 10 Uhr für 310 Baht in 7 Std.

CHIANG SAEN um 7 Uhr für 100 Baht in 2 Std. Später in Had Bai umsteigen.

PHU CHI FA (nur Nov–Feb) Minibus gegen 9 Uhr gegenüber der Esso-Tankstelle für 100 Baht in 1 1/2 Std.

WIANG KAEN Songthaew stdl. von der Esso-Tankstelle für 50 Baht in knapp 1 Std.

Buchungen von Minibussen, z. B. nach Chiang Mai um 10.30 und 18.30 Uhr für 250 Baht, und weitere Infos in den Reisebüros.

Boote

Sofern der Fluss genügend Wasser führt, fahren Schnellboote zum Goldenen Dreieck, s. S. 429. Boote können für 600 Baht pro Std. gechartert werden. 4- bis 5-stündige Touren ab 4 Pers. mit Guide, Essen und einem Stopp auf einer Sandbank für 1500 Baht.

Fähren verkehren hinüber nach Laos für 30 Baht. Von dort starten die Boote nach LUANG PRABANG. Um 9 Uhr fährt ein Slow Boat für 1000 Baht, das einen Übernachtungsstopp in Pakbeng einlegt. Gefährlich sind die riskant fahrenden Speedboats, die für den 6-stündigen Trip 2000 Baht verlangen. Sitzkissen nicht vergessen! Recht komfortabel sind die großen Schiffe der Veranstalter, die manchmal kurzfristig noch Plätze frei haben, die dann günstiger von Reisebüros in Chiang Khong angeboten werden. Kasten S. 434.

Über die Grenze nach Laos

Am Pier nördlich des Ortes (Motorradtaxi oder Tuk Tuk für 30 Baht) erhält man den erforderlichen Ausreisestempel, ⏲ 8–18 Uhr. Nach dem Übersetzen mit der Fähre für 30 Baht wird in Houay Xai bei der Einreise ein 30 Tage lang gültiges Visa on Arrival ausgestellt, das für Deutsche US$30, für Schweizer und Österreicher US$35 kostet. 1 Passfoto erforderlich. Wer mit Baht bezahlt, muss einen sehr schlechten Wechselkurs hinnehmen. Bei der Einreise nach Thailand erhält man kostenlos eine Aufenthaltsberechtigung für 15 Tage. Passbilder können in zahlreichen Läden in Chiang Khong gemacht werden. An der Hauptstraße zur Anlegestelle konzentrieren sich mehrere Reisebüros.

Von Chiang Khong nach Wiang Kaen

Da erst in Si Don Chai die erste Brücke über den Ing führt, geht es Richtung Osten auf dem H1020 und dem H1155 in einer großen Schleife zurück zum Mekong. In Ban Chaem, 5 km vor **Wiang Kaen**, ist es an der Zeit sich vom Mekong zu verabschieden, der nun Thailand verlässt und erst im Nordosten bei Chiang Khan wieder aus Laos zurückkehrt und erneut zum Grenzfluss wird. Von Wiang Kaen führt eine 5 km lange Stichstraße nach **Huai Luk** und bis zur Grenze am Mekong entlang. Schöne Aussicht.

Richtung Chiang Rai

Der kürzeste und schnellste Weg zurück nach Chiang Rai führt über den H1020 und H1174 via **Phaya Mengrai**, ist aber, wie so oft, nicht der schönste. Auf dem schmalen, parallel verlaufenden H1155 gelangt man durch das Tal des Nam Ngao durch Dörfer der Yao, Hmong und Akha hinauf in die Berge. Die Straßen sind trotz einiger Schlaglöcher gut befahrbar, allerdings nichts für Raser. Nach 16 km zweigt in **Pang Hat**, einem Thai Lue-Dorf, eine 10 km lange, steile Straße nach **Pa Tang**, einem KMT-Dorf, ab. Eine 2 km lange Stichstraße endet am Fuß des **Doi Pa Tang** mit einer Pagode. Der Ausblick nach Laos hinein ist nicht so spektakulär wie am Phu Chi Fa. Im Ort gibt es einige Unterkünfte und Restaurants.

Phu Chi Fa

Eine schmale Straße schlängelt sich entlang der Grenze weiter durch die Bergkette nach Süden bis zum höchsten Gipfel, dem Phu Chi Fa, der nach Laos hin steil abfällt. Eine gut ausgeschilderte Stichstraße endet am Parkplatz mit Essenständen. Von dort steigt man in 20 Min. zum Gipfel in 1628 m Höhe hinauf. Dank eines dramatischen Steilabfalls genießt man von hier oben eine hervorragende Aussicht über die Bergwelt von Laos. Der 780 m lange Rundweg führt teilweise direkt auf dem Grat entlang, auf dem die Grenze verläuft.

In den Wintermonaten, v. a. zu Neujahr, kommen viele Einheimische herauf, um frühmorgens, vor Kälte schlotternd, das Farbenspiel des Sonnenaufgangs zu erleben, während in den Tälern noch der Morgennebel liegt.

Mitte Februar sind viele Hänge von blühenden Bäumen bedeckt. Dann findet in **Rom Fah Thai** das **Baumblütenfest** statt, zu dem auch aus Laos zahlreiche Hmong in farbenprächtigen Trachten kommen. Mehr s. eXTra [2956].

Nun geht es in nicht enden wollenden Kurven durch des Hmong-Dorf **Lao U** und **Lao Ta Sung** mit einem Grenzmarkt wieder hinab ins Tal. Nach 28 km lädt links der Straße das 33–35 °C warme Wasser des 25 m hohen **Phu Sang-Wasserfalls** zu einem Bad ein. Essenstände sorgen für Stärkung. ⏲ tgl. 8.30–18 Uhr.

Übernachtung

In **Rom Fah Thai**, am KM 64, etwa 1,5 km von der Zufahrt zum Aussichtspunkt entfernt, stehen dicht an dicht 19 verwitterte Bungalowanlagen mit 2–15 Zimmern, die allesamt keine Empfehlung verdienen. Auch im nächsten Ort **Rom Fah Tong** am KM 69 mit einem Dutzend Unterkünften haben wir nichts Ansprechendes gefunden. ❸–❹
Rai Rompothong Resort (Schild nur in Thai), 7 km südlich, ✆ 087-189 1099. Oberhalb der Straße stehen am Hang neue, weiße Häuser mit roten Dächern. Saubere Zimmer mit dicken Decken, guten Matratzen und ein üppiges, vielfältiges Abendessen mit lokalen Gerichten sowie ein einfaches Thai-Frühstück sind im Preis von 1000 Baht für 2 Pers. inbegriffen. Der Besitzer unterrichtet im benachbarten Hmong-Dorf und spricht etwas Englisch.
Zelten kann man an der Zufahrtsstraße zum Aussichtspunkt und in einigen Resorts, z. B. am KM 70 und KM 58,2.

Transport

Mit öffentlichen Verkehrsmitteln ist der Phu Chi Fa schwer zu erreichen. Von Nov–Feb fahren Minibusse ab CHIANG RAI für 150 Baht in 3 1/2 Std. Ab CHIANG KHONG gegen 9 Uhr für 100 Baht. Sonst muss man in Chiang Kham einen fahrbaren Untersatz organisieren.
Für Selbstfahrer mit Pkw oder Motorrad ist die schöne Strecke sehr gut geeignet.

Chiang Kham

Durch Knoblauchfelder geht es weiter nach Thoeng oder Chiang Kham. Chiang Kham hat abgesehen von zwei Tempelanlagen und einem etwas vernachlässigten **Tai Lue-Museum** nicht viel zu bieten. Das Museum, 300 m von der Hauptstraße in einer Schule gegenüber dem Wat Yuan (vor Tesco links), stellt Textilien und Handwerksprodukte der Tai Lue aus. Ausländische Besucher sind eine Seltenheit, und die freundlichen Frauen, die unter dem Museum weben, werden das Museum aufschließen. Es werden auch Stoffe verkauft.

Wat Saen Muang Ma, am Bus Terminal, mit schönen Tempelfahnen und modernen Wandgemälden, ist ein gutes Beispiel für einen Tai Lue-Tempel. **Wat Nantharam** im Shan-Stil beherbergt einen Buddha aus Teakholz.

Übernachtung

Chiang Kham Hotel, 243 Moo 15, ✆ 054-451 771. Lachsfarbenes Gebäude im Zentrum an der Abzweigung des H1210 von der Hauptstraße. Saubere Zimmer mit Ventilator. ❸

Transport

Vom Bus Terminal südlich des Zentrums fahren Busse nach

CHIANG KHONG mit lokalen Bussen über Thoeng stdl. für 50 Baht, direkt um 11, 12.50 und 17.50 Uhr für 70–90 Baht.
CHIANG MAI um 7.20, 8.30, 9.30, 11.10 und 13.55 Uhr für 160–210 Baht.
CHIANG RAI alle 30 Min. für 50–60 Baht in 2 Std.
NAN für 100–130 Baht.
PHAYAO alle 60 Min. bis 17 Uhr für 50 Baht in 2 Std.

Tai Lue

Etwa 145 000 Tai Lue leben in Thailand, hauptsächlich in den Provinzen Nan, Phayao und Chiang Rai. Vor 100–200 Jahren sind sie aus Sipsongpanna (heute: Xishuangbanna) im südlichen Yunnan in Richtung Süden nach Laos, Birma und Thailand eingewandert. In Yunnan werden sie als Dai bezeichnet und gehören mit mehr als 1 Mio. Mitgliedern zu den offiziell anerkannten Minderheiten in China. Ein gutes Beispiel für ihre Tempelarchitektur ist das Wat Nong Bua, 40 km nördlich von Nan. Die meisten Tai Lue leben von der Landwirtschaft. Die Frauen weben immer noch traditionelle Stoffe, Decken und andere Textilien, die in vielen Dörfern erworben werden können.

Die abgelegene östliche Bergregion

Nur wenige Reisende verschlägt es in die östliche Bergregion zwischen Chiang Mai und der laotischen Grenze. Sie ist ein ideales Ziel für Entdeckernaturen, die Thailand abseits der Touristenzentren erleben wollen und bereit sind, sich auf den einheimischen Lebensstil einzulassen. Eine Reise durch die Region, die geprägt ist von einer langen Geschichte unabhängiger Königreiche und v. a. von der Holzwirtschaft, ist durchaus spannend. Hier stehen die Villen der Holzbarone und prächtige Teaktempel, die erbaut wurden, um den Frevel an der Natur zu sühnen. Im Spannungsfeld der laotischen, birmanischen und Lanna-Kultur leben zudem kaum bekannte Minoritäten, wie die Tai Lue, Htin und Mlabri. Zudem laden mehrere Nationalparks zu Wanderungen durch die verbliebenen mächtigen Teakwälder ein.

Phayao

Die über 900 Jahre alte, kleine Provinzhauptstadt mit 20 000 Einwohnern bezeichnet sich selbst als den Ort Thailands mit der höchsten Lebensqualität und – mit Hinweis auf seine reichhaltige Kultur – als das „Wien Südostasiens". Auch wenn beide Charakteristika etwas zu dick aufgetragen sind, die Stadt liegt hübsch am südöstlichen Ufer des **Kwan Phayao**, mit 2000 ha der größte Binnensee Nord-Thailands. In der Regenzeit tritt der See über die Ufer und überschwemmt die

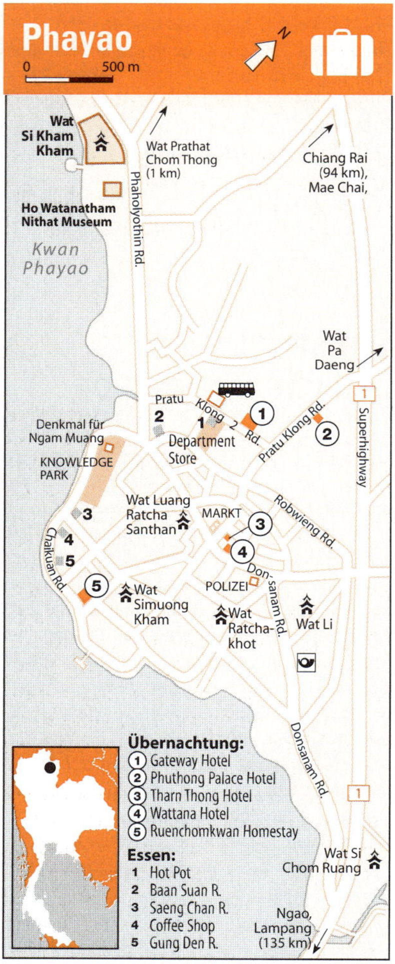

Reisfelder nahe der Stadt. Die Wasserhyazinthen werden an der Straße Richtung Norden zu Korbwaren verarbeitet.

Der beste Ausblick über die Stadt und den See bietet sich vom weitläufigen **Wat Analayo** auf dem **Doi Busarakham**, der sich westlich der Stadt erhebt. Bis dorthin sind es etwa 20 km.

1338 wurde das kleine Phayao-Reich, das seit dem 11. Jh. bestand, von Lanna erobert. Eine **Statue** des Königs Ngam Muang ziert den Uferpark, vor dem auch eine hübsch angelegte Seepromenade zu Spaziergängen einlädt. An der Bootsanlegestelle kann man Tretboote mieten oder mit einem großen Boot zum **versunkenen Tempel** mit einer großen Buddhastatue fahren (40 Baht). Im **Knowledge Park** neben dem **Denkmal** für den lokalen Herrscher Ngam Muang steht eine Bibliothek mit Internet auch Touristen offen. ◷ 10.30–18.30 Uhr.

Im alten **Wat Si Khom Kham** am See lohnt die 16 m hohe, sitzende Buddhastatue Phra Chao Lan Tu einen Besuch. Sie stammt aus der Zeit des Phayao-Reiches und zählt zu den schönsten und größten Statuen im Lanna-Thai-Stil. Nach der Fertigstellung der Statue um 1523 wurde sie mit dem Viharn überbaut, der allerdings mehrfach zerstört und wieder aufgebaut wurde. Im Wandelgang stehen schöne, alte Buddhastatuen. Ein kleiner Pavillon enthält einen Fußabdruck Buddhas. An den Tempel grenzt stadtauswärts ein Himmel- und Höllengarten an, mit schrecklichen, aber auch amüsanten Darstellungen des Jenseits.

Stadteinwärts vom Tempel können Interessierte im **Ho Watanatham Nithat**, einem unerwartet interessanten Museum, in die Geschichte und Kultur von Phayao eintauchen. Kostenloser Audio-Guide. ◷ tgl. 8.30–16.30 Uhr, Eintritt 40 Baht.

Übernachtung

Untere Preisklasse

Tharn Thong Hotel ③, 55–59 Don Sanam Rd., ✆ 054-431 302. Schlichter Zweckbau hinter dem Haupthaus um einen Parkplatz. Einfache Zimmer mit Ventilator oder AC. Kostenloses WiFi. ❷

Wattana Hotel ④, direkt daneben. Das zweite Billighotel ist weniger gut. ❶

Mittlere Preisklasse

Gateway Hotel ①, 7/36 Pratu Klong Rd., ✆ 054-411 330. Der 10-stöckige Hotelblock gilt als die Nummer eins der Stadt. Besser als die einfachen Zimmer sind 2-Bett-Suiten. Aber auch dort stören muffige Teppiche und laute AC. Pool im 4. Stock. Akzeptables Frühstücksbuffet. Bar mit Billardtisch. ❹–❺

Phuthong Palace Hotel ②, Pratu Klong Rd., ✆ 054-410 505-8. 4-stöckiger Neubaublock,

Gepflegtes Haus in bester Lage

Ruenchomkwan Homestay ⑤, 39 Chaikuan Rd., ✆ 054-480 933, 089-433 7311. In einem neuen, sehr gepflegten Haus vermietet Renu, die Besitzerin, die kein Englisch spricht, 5 Zimmer. Von den 2 DZ hat das teurere einen Balkon mit Seeblick. Reservierung empfehlenswert. ❸–❹

etwas zurückversetzt von der Straße. Von einem überdachten Innenhof gehen die sauberen Zimmer ab, im 3. Stock mit einem großen Bett, ansonsten mit 2 Betten, gefliesten Böden, Kühlschrank und kleinem Bad mit Wanne. Frühstück im Restaurant inkl. WiFi. ❹

Essen

Die Uferpromenade lädt zum Flanieren und Picknicken zwischen locker arrangierten Natursteinen ein. Sie wird gesäumt von Essenständen, die Fisch aus dem See in Salzkruste grillen, Cafés mit leckerem Kaffee, rustikalen Biergärten, coolen Bars mit westlicher Musik und Restaurants mit einem großen Angebot.

Baan Suan R., Phaholyohin, Ecke Robwieng Rd. Großes Gartenrestaurant mit Thai-Musik.

Gung Den, Chaikuan Road. Großes, offenes Restaurant. Überwiegend Sitzkissen auf Boden mit Lehne.

Hot Pot, Buffet-Restaurant im Department Store.

Saeng Chan, 17/4 Chaikuan Rd., ✆ 054-430 096. Sehr beliebt zum Essen und Trinken. Man kann drinnen und draußen sitzen. Englische Speisekarte, auf der die Thai-Favouriten auf der ersten Seite leider nicht übersetzt sind. Lecker die Nr. 1: Kleine, gebratene Garnelen aus dem See. ◷ 10–21 Uhr.

Transport

Von der Bus Station nördlich vom Zentrum fahren alle Busse ab. Nach:

BANGKOK (712 km) mit **Sombat Tours** um 8.30, 9.45, 19.45 und 20 Uhr für 430–730 Baht. Weitere Busse um 8.30 und 10.30 Uhr. VIP um 9.30 Uhr für 810 Baht in 10 Std.

CHIANG KHAM lokale Busse alle 60 Min. bis 17 Uhr für 50 Baht in 2 Std.

CHIANG MAI stdl. von 7–17 Uhr für 120–150 Baht, VIP um 10.15 und 14.45 Uhr für 230 Baht in 3 Std.

CHIANG RAI stdl. bis 16 Uhr für 50–80 Baht in 2 Std.

LAMPANG von 6–17 Uhr stdl. für 100 Baht.

NAN um 8 und 13.30 Uhr für 130 Baht in 4 Std.

PHRAE stdl. für 80 Baht.

7 HIGHLIGHT

Nan

Die abseits der Touristenpfade gelegene Provinzhauptstadt mit 24 000 Einwohnern ist ein spannendes Reiseziel, nicht nur aufgrund ihrer Geschichte. Bereits im 13. Jh., zur Zeit der Sukhothai-Herrscher, existierte in der Gegend des heutigen Pua ein kleines Königreich. Als im 14. Jh. der Nan-Fluss seinen Lauf änderte, verlegten die Herrscher ihren Sitz an den heutigen Standort. Damals gehörte Nan zu den neun Lanna-Thai-Fürstentümern, 1558 eroberten die Birmanen Nan, und wie es damals in der Kriegsführung durchaus üblich war, wurden seine Bewohner als Sklaven nach Birma umgesiedelt. Für 200 Jahre war die Gegend fast menschenleer und zur Wüstung geworden.

Das sehenswerte **Nationalmuseum** aus dem Jahr 1903 war der Sitz des vorletzten Herrschers von Nan. Nachdem sein Nachfolger 1931 gestorben war, ging das Gebäude an den Staat über, der darin 1973 ein Museum eröffnete. In sechs Ausstellungsräumen im Erdgeschoss werden die Ethnien der Provinz vorgestellt: Lanna Thai, Thai Lue, Htin, Khamu, Mabri, Hmong und Yao. Modelle traditioneller Haustypen, Waffen, Reusen, traditionelle Kleidung, Silberschmuck und Flaggen *(tung)*, die bei schamanischen Zeremonien verwendet werden, vervollständigen die exzellente ethnologische Sammlung. Der 1. Stock enthält Ausstellungsstücke zur Geschichte des Fürstentums, Steininschriften aus dem 14.–16. Jh., alte Howdahs sowie in einem abgedunkelten Raum den berühmten schwarzen, in Wahrheit aber rotbraunen Stoßzahn eines Elefanten, der 97 cm lang ist und 18 kg wiegt. Er wird von einer

Wände, die Geschichten erzählen

Das ungewöhnliche **Wat Phumin** vereint in einem Gebäude Bot und Viharn. Es wurde bereits 1596 errichtet und Ende des 19. Jhs. restauriert. Das kreuzförmige Hauptgebäude wird umgeben von zwei Naga-Schlangen. Durch mächtige, mit Holzschnitzereien verzierte Tore gelangt man in den hohen, symmetrischen Innenraum. In seinem Zentrum stehen vier große Buddhastatuen in einem Kreis und blicken in alle Himmelsrichtungen. Wenn sich die Augen an die Dunkelheit gewöhnt haben, kann man in aller Ruhe die überaus interessanten Wandgemälde im Thai Lue-Stil betrachten. An den westlichen und nördlichen Wänden sind Episoden aus den Jataka-Erzählungen dargestellt, an den anderen Szenen aus dem Alltagsleben. Das bekannteste Bild ist der Flüsterer südlich des Westtors. Bilder und mehr s. eXTra [2734].

großen hölzernen Garudastatue gehalten. Ungewöhnliche Buddhastatuen im Lanna-, Sukhothai- und Luang Prabang-Stil ergänzen die Sammlung, die mit Erläuterungen auf Thai und Englisch versehen ist. ⌚ 9–16 Uhr, Eintritt 100 Baht.

1866 wurde die **Residenz des Königs von Nan** erbaut, die gegenüber dem Hintereingang des Wat Chang Kham in einem Garten liegt. Die letzte Renovierung erfolgte 1941, was dem Gebäude anzusehen ist. Trotzdem lohnt ein Besuch. Der freundliche Hausmeister führt gegen eine Spende von 20 Baht Besucher auch durch das Innere des großen Teakhauses. Hier stehen verstaubte Howdahs, Holzpflüge und anderes, was man ebenso auf einem Flohmarkt finden könnte. Lohnend ist neben alten Fotos die Originalküche im hinteren Bereich.

Etwa 400 m der einst 3600 m langen **Stadtmauer** erstrecken sich im Westen der Stadt zwischen Mahawong und Ananthavoraritdej Road. Sie wurde erst 1885 erbaut.

Wat Ming Muang, nicht weit vom Wat Phumin, beherbergt den **Lak Muang**, den Grundstein der Stadt. Er steht auf einem geschnitzten, vergoldeten Fundament und wird von einem Brahma-Kopf mit vier Gesichtern gekrönt. Dahinter leuchtet ganz in Weiß die Gebetshalle, deren Außenwände monumental mit figürlichen Darstellungen überladen sind: mit Szenen aus der Mythologie und dem Alltag ebenso wie mit Tieren und Dinosauriern. Die Wandmalereien im Inneren greifen den alten Nan-Stil wieder auf.

Wat Chang Kham, der zweitwichtigste Tempel der Stadt, wurde bereits 1458 errichtet. Die derzeitigen Gebäude sind allerdings noch keine 100 Jahre alt. Im Viharn werden einige Lanna-Schriftrollen aufbewahrt, die sich mit dem Buddhismus, dem Alltagsleben, der Geschichte und der Gesetzgebung auseinandersetzen. Die beeindruckende Stupa wird von 24 Elefanten getragen.

Wat Suantan im Norden der Stadt besitzt eine außerordentlich interessante Stupa, die Hindu- bzw. Khmer-Einflüsse aufweist.

Wat Phrathat Chae Haeng, einer der heiligsten Tempel der Provinz, liegt von einer Mauer umgeben auf einem Hügel, etwa 2 km südlich der Brücke über den Nan-River, nicht weit vom H1168. Die 55 m hohe Stupa im Lanna-Stil sitzt auf einem quadratischen Fundament und ist vollständig vergoldet. Der dreistufige Bot mit geschnitzten Traufrinnen zeigt Thai Lue-Einflüsse. von oben hat man eine schöne Aussicht über den Fluss auf die Stadt.

Vom **Wat Phrathat Khao Noi**, auf einem 250 m hohen Hügel, 2 km westlich von Nan, blickt ein riesiger vergoldeter Buddha auf die Stadt und die weite, vom Nan-Fluss durchzogene Ebene hinab.

Jährlich im September/Oktober, wenn der Wasserspiegel nach dem Monsun am höchsten ist, werden auf dem Nan-Fluss farbenprächtige **Bootsrennen** veranstaltet. Die Boote werden normalerweise aus Baumstämmen gefertigt und können bis zu 50 Ruderer aufnehmen, die jeweils in der gleichen Farbe gekleidet sind.

2006 und 2007 erlebte man im Flusstal und in der Stadt die schlimmsten Überschwemmungen seit Menschengedenken. Fast jeder im Ort kann zeigen, wo das Hochwasser seine Spuren hinterlassen hat.

Übernachtung

Untere Preisklasse

Fah Place ⑥, 237/8 Sumon Thevaraj Rd., ✆ 054-710 222. Etwas zurückversetzt von der

Der Backpackertreff

Nan Gh. ②, 57/15 Mahaprom Rd., Eingang von der Mahaprom Rd. Soi 2, ✆ 054-771 849, ✉ nanguesthouse@hotmail.com. In einer schmalen Gasse steht das 2-stöckige Haus in einem kleinen Garten mit Sitzgelegenheiten. Saubere Zimmer mit gefliesten Böden mit und ohne Dusche. ❶–❷

Hauptstraße in einem Neubau. Geflieste Zimmer mit Teakholzmöbeln, 1 oder 2 Betten, Kühlschrank, WiFi, Motorradvermietung 250/300 Baht. Kein Restaurant. Es wird kein Englisch gesprochen. ❷

Grand Mansion ③, 71/1 Mahayot Rd., ✆ 054-750 514-9. Relativ neuer, 2-stöckiger Hotelblock. Sehr saubere, einfache Zimmer um einen überdachten Innenhof mit kleinem Balkon. ❷

Nan Fah Hotel ⑤, 436-440 Sumon Thevaraj Rd., ✆ 054-710 284. In einem über 80 Jahre alten 3-stöckigen Teakhaus mit Veranda im 1. Stock. Saubere Zimmer mit und ohne AC, mit TV. Großes Restaurant, das exzellentes Frühstück serviert. ❷

Mittlere und obere Preisklasse

Dhevaraj Hotel ④, 466 Sumon Thevaraj Rd., ✆ 054-751 577. Das beste Hotel im Ort. Viele Reisegruppen. Standardzimmer mit gutem Bad. Minimalistisches Frühstück, besser nebenan im Nan Fah essen gehen. Hübscher Pool, schnelles Internet. ❸–❹

The City Park Hotel ⑦, 99 Moo 4 Yantrakitkosol Rd., ✆ 054-751 343-52, 1 km außerhalb, am H101 Richtung Phrae an der Fußgängerbrücke gelegen. Großes Hotel mit den üblichen Mittelklassezimmern, Kühlschrank, TV, Bad mit Wanne und unmöbliertem Balkon. Großer Pool mit Liegen. Frühstücksbuffet inkl. Viele Reisegruppen. ❹–❺

Sasidara Resort ①, 629 Moo 4, ✆ 054-774 483, 💻 www.sasidararesort.com. Am Fuß des Khao Noi am Stadtrand mit Blick auf die Reisfelder stehen auf einem weitläufigen Gelände 6 Villen und Thai-Häuser für bis zu 6 Pers. sowie ein 2-stöckiges Haus mit 23 Zimmern. Die etwas teureren haben eine große Badewanne. Frühstück inkl., WiFi. Restaurant mit Thai-, chinesischen und westlichen Gerichten. ❹–❺

Essen

Nacht-Essenmarkt in der Phakwang Rd. Populär ist der erste Nudelstand, im Süden. Ein Essenstand hat seine Spezialitäten sogar auf Englisch angeschrieben.

Weitere **Essenstände** an der Brücke.

Tanaya Diner, 75/23 Ananthavoraritdej Rd., ◷ 7–20.30 Uhr. Das offene Restaurant ist eine Art verlängertes Wohnzimmer. Leider läuft permanent der Fernseher. Auf der Karte stehen lokale, chinesische und vegetarische Gerichte ohne Glutamat für etwa 60 Baht.

Pum Sam, zwischen Tanaya und Sukasem Hotel. Großes chinesisches Restaurant mit umfangreicher Speisekarte auf Thai und Englisch. Auch ungewöhnliche Gerichte wie Innereien und Tausend-Jahre-Eier, lokaler Fisch über 150 Baht, andere Gerichte bis 100 Baht. Begrüßt wird man vom erleuchteten chinesischen Hausaltar, dahinter observiert die Chefin das Geschehen, während ihre Töchter unter laufendem TV im Internet surfen. Empfehlenswert. ◷ nur abends.

De Dario's, Mahayot Rd. Schweizerisch-italienisches Restaurant, das nach dem Tod des Gründers Dario weitergeführt wird. Pizza für 150 Baht, westliche und lokale Fleischgerichte. Freundliche, englisch sprechende Bedienung.

Klein, aber fein

Hot Bread, Suriyaphong Rd. Kleines Restaurant mit 4 Tischen, das von 2 netten Schwestern geleitet wird, die gut englisch sprechen. Frühstück mit leckerem Kaffee, u. a. Müsli, vegetarische Gerichte und selbst gebackenes Brot. ◷ tgl. 7–20 Uhr.

Khao Soi, das kleine Lokal nebenan, gehört ebenfalls den Schwestern. Außer den leckeren gelben Currynudeln *Khao Soi* werden an den 6 Tischen auch andere herzhafte Speisen wie Reis mit geröstetem Schweinefleisch oder Hühnchen und die Kräutersuppe *Tom Nan* serviert.

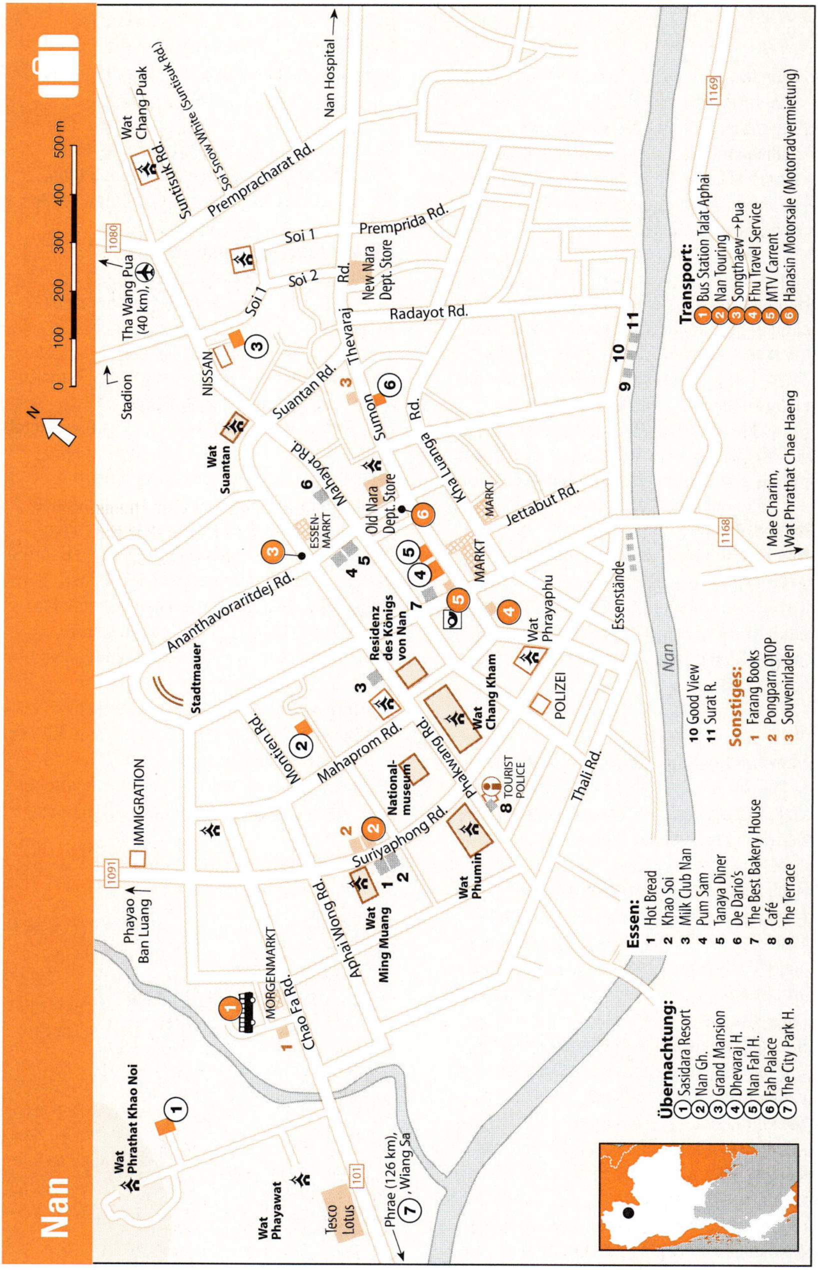
Nan
0 100 200 300 400 500 m
N
Übernachtung:
1 Sasidara Resort
2 Nan Gh.
3 Grand Mansion
4 Dhevaraj H.
5 Nan Fah H.
6 Fah Palace
7 The City Park H.
Essen:
1 Hot Bread
2 Khao Soi
3 Milk Club Nan
4 Pum Sam
5 Tanaya Diner
6 De Dario's
7 The Best Bakery House
8 Café
9 The Terrace
10 Good View
11 Surat R.
Sonstiges:
1 Farang Books
2 Pongparn OTOP
3 Souvenirladen
Transport:
1 Bus Station Talat Aphai
2 Nan Touring
3 Songthaew→Pua
4 Fhu Travel Service
5 MTV Carrent
6 Hanasin Motorsale (Motorradvermietung)
Wat Phrathat Khao Noi
Wat Phayawat
Tesco Lotus
Phrae (126 km), 7, Wiang Sa
101
MORGENMARKT
Chao Fa Rd.
Phayao Ban Luang
1091
IMMIGRATION
Aphai Wong Rd.
Wat Ming Muang
Suriyaphong Rd.
Wat Phumin
National-museum
Mahaprom Rd.
Montien Rd.
Stadtmauer
Ananthavoraritdej Rd.
Residenz des Königs von Nan
Wat Chang Kham
Phakwang Rd.
TOURIST POLICE
POLIZEI
Thali Rd.
Nan
Wat Phrayaphu
Essenstände
MARKT
ESSEN-MARKT
Mahayot Rd.
Old Nara Dept. Store
Kha Luanga Rd.
Jettabut Rd.
Mae Charim, Wat Phrathat Chae Haeng
1168
Wat Suantan
Suantan Rd.
Sumon
Thevaraj Rd.
New Nara Dept. Store
Radayot Rd.
NISSAN
Stadion
Soi 1
Soi 2
Premprida Rd.
Tha Wang Pua (40 km)
1080
Suntisuk Rd.
Soi Snow White (Suntisuk Rd.)
Prempracharat Rd.
Wat Chang Puak
Nan Hospital
1169

🕓 10.30–22 Uhr, jeden 15. und 30. eines Monats geschlossen.
Am Fluss versuchen sich einige Restaurants gegenseitig mit ihrer Musik zu übertönen:
Good View, 203/1 Nanao Rd. Auch bei westlichen Besuchern beliebtes Thai-Restaurant mit netter Flussterrasse und klimatisierten Räumen im 1. Stock. Abends Livemusik. 🕓 11–23 Uhr. Nebenan das **Surat Restaurant**.
The Terrace, 204/1 Nano Rd. Ein moderner Club mit Flussterrasse. Im Gegensatz zu den beiden benachbarten Thai-Restaurants wird hier westliche Musik bevorzugt. 🕓 17–24 Uhr.
The Best Bakery House, 91/1 Mahawong Rd., schräg gegenüber der Post. Kleines Stehcafé mit Thai-Kuchen und Kaffee.
Café, Phakwang Rd., gegenüber Wat Phumin. Nach dem Tempelbesuch kann man sich am kleinen Stand bei gutem Kaffee erholen.

Schräg und schrill

Milk Club Nan, 93/4 Phakwang Rd., 📞 087-183 2080. In dieser Café-Galerie entfaltet sich die kreative Künstlerszene Nans. Unter Papierschirmen auf Matten im Freien, auf Holzhockern oder niedrigen Plastikstühlen im EG und im 1. Stock. Insgesamt etwas schräg – von den bunt zusammengewürfelten Regalen bis zu deren Inhalt. Die Kunst an den Wänden steht zum Verkauf. Leider nur Thai-Speisekarte. Gute Postkarten.

Sonstiges

Autovermietungen

MTV Carrent, 99/2 Mahawong Rd., 📞 054-711 220, 081-608 2287.
Pick-ups für 1200 Baht und Geländewagen (4WD) für 1500 Baht pro Tag. Rabatt bei längerer Miete.

Einkaufen

Old Nara Department Store, Sumon Thevaraj Rd., im OG ein Food Center. 300 m weiter stadtauswärts liegt der **New Nara Department Store**. In beiden Kaufhäusern bekommt man auch Lebensmittel.
Tesco Lotus, am H101 in Richtung Phrae, 200 m hinter dem Abzweig zum Khao Noi.
Traditionelle handgewebte Thai Lue-Stoffe können in einigen Läden in Nan gekauft werden, z. B. im **Pongparn OTOP**, gegenüber Hot Bread in der Suriyaphong Rd., einem kleinen Laden, der lokale Textilien, Silberschmuck, Kleidung u. a. anbietet.
Ein weiterer Laden gegenüber dem S.P. Guest House. Mehr Spaß macht es natürlich, direkt in den Weberdörfern einzukaufen, z. B. in Nong Bua.
Farang Books, 100 m vor Busbahnhof, 📞 087-177 9419, 💻 www.farangbooks.com. Hier bekommt man gebrauchte Bücher.

Fahrräder

Für 50–120 Baht vom Hot Bread, Fhu Travel oder im Dhevaraj Hotel.

Informationen

Tourist Police gegenüber Wat Phumin fungiert auch als Information, hat aber nur einen Stadtplan und lohnt deshalb kaum. 🕓 tgl. 8.30–16.30 Uhr.
Bessere Informationen bekommt man bei Fhu Travel Service oder Nan Touring (s. u.).

Medizinische Versorgung

Nan Hospital, Woranakhon Rd., 📞 054-710 138.

Motorräder

Hanasin Motorsale, 1-7 Ananthavoraritdej Rd., 📞 054-710 062, 089-953 0896. Motorräder und Mopeds für 200–250 Baht (Automatic).

Reisebüros

Fhu Travel Service, 453/4 Sumon Thevaraj Rd., 📞 054-710 636, 081-287 7209, 💻 www.fhutravel.com, 🕓 tgl. außer So nachmittags 8–19 Uhr.
Mr. und Mrs. Fhu organisieren Trekkingtouren zu Dörfern und durch den Dschungel, Elefantenreiten (1 1/2 Std.), Tagestrips in die Umgebung sowie Raftingtrips.
Eine eintägige Trekkingtour mit Besuch von Htin-, Yao-, Hmong- und Mlabri-Dörfern kostet bei 2 Pers. 1500 Baht p. P., bei 4 Pers. 1000 Baht p. P. 3 Tage/2 Nächte-Touren 3500 bzw. 2300 Baht. eintägige Dschungeltrips 1200 bzw. 800 Baht. Gute Infos auf der Website.

Trekking in der Provinz Nan

In den vergangenen Jahren hat sich Nan zum alternativen Ausgangspunkt für Trekkingtouren entwickelt. Im Vergleich zu Chiang Mai und Chiang Rai ist Nan ein fast unberührtes Trekkinggebiet. Vielleicht sind Touren hier etwas teurer, aber die Erfahrungen sind im Allgemeinen sehr gut. Um die Kosten niedrig zu halten, sollte man sich rechtzeitig nach Gleichgesinnten umsehen.

Nan Touring, 11-12 Suriyaphong Rd., gegenüber Hot Bread, ✆ 054-751 122, 081-961 7711, 💻 www.nantouring.com, hat ein ähnliches Angebot (s. S. 449).

Transport

Busse

Bus Station **Talat Aphai**, im Südwesten des Zentrums. An der Zufahrtsstraße befinden sich die Büros der privaten Gesellschaften, die überwiegend nach Bangkok fahren. Motorradtaxi in die Stadt 20–40 Baht, Songthaews 20 Baht. Nach

BANGKOK um 9, 18.30, 19, 19.30 und 19.45 Uhr für 390–500 Baht, VIP-24 um 19.30 Uhr für 780 Baht in 10 Std.

CHIANG MAI über Phrae und Lampang von 7.30–22.30 Uhr für 230–290 Baht, VIP 450 Baht in 6 Std.

LAMPANG mit Bussen Richtung Chiang Mai für 150–200 Baht in 5 Std.

CHIANG RAI um 9 Uhr via Chiang Kham für 190 Baht in 6 Std. oder via Phayao.

PHAYAO um 7.30 und 13.30 Uhr für 130 Baht in 4 Std.

PHRAE alle 30–60 Min. bis 15 Uhr für 110 Baht in 2 Std.

PHITSANULOK u. a. um 9.45, 11, 12.30 und 13.45 Uhr für 120–240 Baht in 6 Std.

THUNG CHANG ständig bis gegen 18 Uhr für 80 Baht in 2–3 Std.

Songthaews

Ab Bus Station nach MAE CHARIM für 50 Baht.

Richtung Norden über THA WANG PHA (30 Baht) nach PUA stdl. für 50 Baht.

Von dort über Chiang Klang nach Thung Chang (hierher auch Busse).

Weiter nach HUAY KON nur an Markttagen, Songthaews ab 8 Uhr für 80 Baht.

Charter 300 Baht p. P.

Flüge

P.B. Air fliegt am Mo, Mi, Fr und So von/nach BANGKOK.

Rafting auf dem Wa

Die Attraktion des 43 200 ha großen **Mae Charim National Parks**, 60 km südöstlich von Nan, sind nicht die kaum noch bewaldeten Berge, sondern die Stromschnellen des **Wa**, eines Nebenflusses des Nan-Flusses. Es werden zwei Routen von unterschiedlichen Schwierigkeitsgraden angeboten: Die dreitägigen Touren auf dem 80 km langen mittleren Flussabschnitt während der Regenzeit von Juli bis Oktober durch den **Mae Charim** und **Doi Phu Kha National Park** mit Stromschnellen von Grad 3–5 sind nur Erfahrenen zu empfehlen. Allein auf der 35 km langen Strecke zwischen **Sop Muang** und **Saphan** sind in etwa sechs Stunden 25 Stromschnellen bis 5 °C zu bewältigen. Dabei muss das Boot zweimal über Stromschnellen getragen werden.

Das ganze Jahr über, aber v. a. von November bis Januar, werden Fahrten auf dem unteren Flusslauf von Sop Muang bis zur Einmündung in den Nan angeboten. Hier trifteten einst die Flöße der Holzfäller zu den Sägewerken. Auf dem 4 km langen Abschnitt von der Brücke in **Ban Nam Phang** bis Ban Nam Phu sind manchmal auch Bambusflöße vier Stunden lang unterwegs. Auch die folgenden 4 km von **Ban Nam Phu** bis **Kaeng Pong** (1 Std.) sind einfach. Hinter dem Headquarters und **Kaeng Luang** sind auf den folgenden 14 km bis **Ban Pang Chang** (3 Std.) einige aufregende Strecken zu bewältigen. Unterwegs werden an verschiedenen Sandbänken Zwischenstopps zum Schwimmen eingelegt. Am Ende der Tour in Ban Pang Chang reitet man auf einem der vier Elefanten in anderthalb Stunden über 3 km durch ein von Lotos bedecktes Altwasser zurück zur Straße nach **Ban Hat Bai**.

Nur sehr Erfahrene stellen sich der Herausforderung, im September/Oktober im Oberlauf des Wa 100 Stromschnellen auf 40 km Länge zu befahren.

Sonstiges

Wildwasserfahrten veranstalten:
Nan Touring, 11/12 Suriyaphong Rd., Nan, ✆ 054-751 122, 💻 www.nantouring.com (nur in Thai, aber Songkran Khuantana, der Manager, spricht sehr gutes Englisch).
Ab 10 Pers. 3-tägige Touren auf dem mittleren Wa für 3500 Baht p. P. Rafting auf dem unteren Wa inkl. Elefantenreiten kostet ab 2 Pers. 2700 Baht, bei 3–5 Pers. 1950 Baht inkl. Nationalpark-Eintritt.
Siam River Adventures, ✆ 089-515 1917, 081-473 6839, 💻 www.siamrivers.com. Touren ab Chiang Mai.
Im **Headquarters des Mae Charim National Parks**, ✆ 054-730 040-1, können Touren mit Bambusflößen gebucht werden. Nationalpark-Eintritt 200 Baht.

Transport

Ab Nan fahren Songthaews nur bis MAE CHARIM für 50 Baht. Zudem werden Touren angeboten. Mit einem eigenen Fahrzeug geht es auf dem H1168 zuerst 38 km bis zum H1243 und auf diesem bis Ban Had Sai Moon, wo man Richtung Osten zum Headquarters Mae Charim National Parks abbiegt.

Nördlich von Nan

Durch das Tal des Nan Rivers geht die Fahrt über Tha Wang Pha, Pua und Chiang Klang bis hinauf zur laotischen Grenze, die seit 2009 auch Ausländer überqueren können. Ein Visum erhält man an der Grenze. Genaue Position der Ausflugsziele s. eXTra [2646].

Nong Bua

Nur wenige Orte ermöglichen einen Einblick in die Kultur der Tai Lue, einer davon ist Nong Bua, 40 km nördlich von Nan, nur wenige Kilometer westlich vom H1080. Der Dorftempel **Wat Nong Bua** hat einige hübsche, etwa 100 Jahre alte Wandmalereien aufzuweisen. Vom Stil her ähneln sie denen im Wat Phumin in Nan und könnten diesen sogar als Vorbild gedient haben. Hinter dem Tempel wurde ein imposantes, altes **Tai Lue-Holzhaus** wieder aufgebaut, das aus einem Wohnbereich und einem separaten Lagerhaus besteht, in dem ein kleines Museum eingerichtet wurde.

Unter dem Wohnbereich weben Frauen auf alten Webstühlen Stoffe für die traditionellen Wickelröcke in bläulichen und rötlichen Farben mit fein gestreiften Borten. Wer die Wandmalereien in den Tempeln genau betrachtet, kann dort Röcke mit ähnlichen Mustern entdecken. Die fein gearbeiteten Stoffe können für etwa 1500 Baht erworben werden, ebenso preiswertere Textilien der Hmong. Mehrere Familien bieten Übernachtungsmöglichkeiten an.

Transport

Von Nan geht es nach 30 km auf dem H1080 vor der Brücke nach links und parallel zum Fluss nach Norden. Mit öffentlichen Verkehrsmitteln fährt man Richtung Norden bis THA WANG PHA, wo man ein Motorradtaxi chartern muss.

Ein besonderer Kunstgenuss

Nan Riverside Art Gallery
Der Künstler Winai Prabripoo hat nach seinem Studium an der Silpakorn Universität in Bangkok im In- und Ausland Beachtung gefunden. Nun ist er in seine Heimatstadt zurückgekehrt und hat ihr ein beachtenswertes Museum geschenkt. In seiner Kunst greift er Motive der Tempelkunst auf, geht aber auch ganz eigene Wege. In einem kleineren Gebäude sind temporäre Ausstellungen weniger bekannter zeitgenössischer Künstler zu sehen. Schon allein die interessanten, nach dem Hochwasser 2006 und 2007 wieder aufgebauten Gebäude lohnen einen Zwischenstopp während der Fahrt auf dem H1080 nach Norden am KM 20. Ein netter Souvenirshop mit kleinem Café am Fluss lädt zum Entspannen ein. 🕓 9–17 Uhr, im Winter am Mi, sonst Di und Mi geschlossen, ✆ 054-798 046, 💻 www.nanartgallery.com, Bilder s. eXTra [2734], Eintritt 20 Baht.

Nord-Thailand

Vom südlichen Ortseingang folgt man am KM 40 den Hinweisschildern: „Mural Paintings, Wat Nong Bua" über den Nan-Fluss. Dort biegt man nach 2 km nach rechts ab und fährt weitere 2 km bis ins Dorf, wo an der Hauptstraße der Tempel steht.

Auf dem H1148 nach Chiang Kham

Hinter **Tha Wang Pha** biegen die meisten Fahrzeuge auf den H1148 ab, der Richtung Nordwesten durch die Bergwelt nach Chiang Kham verläuft (s. S. 441). Besonders Motorradfahrer begeistern sich für die kurvenreiche, 170 km lange Strecke. Wer möchte, kann 45 km vor Chiang Kham in den einfachen Bungalows des **Phu Lang Kha Resorts** übernachten. ❸

Von Pua zurück nach Nan

Wer an der Straßengabelung auf dem H1080 weiter nach Norden fährt, erreicht 59 km nördlich von Nan den gesichtslosen Ort **Pua**, der ein paar Unterkünfte bietet. Vor dem großen Markt zweigt rechts der H1081 ab. Auf ihm können Tagesausflügler in einem großen Bogen nach Nan zurückkehren. An der Strecke liegt am Rand des Doi Phu Kha National Parks der **Sila Phet-Wasserfall**, 1 km abseits der Straße. Beim Wasserfall befinden sich Essenstände, es ist ein beliebter Picknickplatz. Das Schwimmbecken wird von einem hässlichen Betondamm eingefasst. Wer es naturnah mag, fährt weiter durch Ban Don Mun zum **Tard Lueng-Wasserfall** mit mehreren natürlichen Badeplätzen, der 1,2 km abseits der Straße liegt und über einen Feldweg zu erreichen ist.

Übernachtung

Wesentlich schöner als in Pua übernachtet man im **Papua Bhuka Hotel**, 4,5 km östlich von Pua, ✆ 054-792 111. In einem Haus oberhalb der Straße gibt es 8 kleine, rustikal eingerichtete 2-Bett-Zimmer mit winziger Dusche und ein Restaurant mit englischer Karte. Von der Terrasse Blick ins Tal. Allerdings wird kaum englisch gesprochen. Thai-Frühstück inkl. ❹

Transport

Songthaews nach PUA stdl. für 50 Baht.

Doi Phu Kha National Park

Auf dem durchgehend asphaltierten H1256, der kurz hinter dem Markt abzweigt, ist es möglich, den bergigen Nationalpark zu durchqueren. Nach 25 km ist das Headquarters, ✆ 054-701 000, mit einem Restaurant und einer Ausstellung über den Park erreicht, Eintritt 200 Baht. Seltene, v. a. in China und Vietnam beheimatete Chomphupukha-Bäume *(Bretschneidera sinesis hemsl.)* entfalten im Februar ihre pinkfarbene Blütenpracht. In den Kalkfelsen gibt es zahllose Höhlen, von denen einige mit einem Guide vom Headquarters des Nationalparks in einer Halbtagestour besichtigt werden können. Die größte ist **Tharn Nam Lod** (auch: Nam Ok Roo), eine Durchgangshöhle, die von einem Bach durchflossen wird. Vor allem Vogelkundler begeben sich auf den 4 km langen, einfach begehbaren **Rundweg** hinter dem Campingplatz des Headquarters.

Anschließend windet sich die Straße weitere 20 km in zahlreichen Kurven hinauf und am Südhang des 1980 m hohen Gipfels entlang. Hinter dem Pass bietet sich am **Ton Chomphu Phukha View Point** eine herrliche Aussicht nach Süden. Dann geht es hinab ins Tal des Mang.

Übernachtung

Bo Klua View, 209 Ban Bo Kluea, 80 m hinter dem Krankenhaus, noch vor der Brücke über den Mang, ✆ 054-778 140, 081-809 6392, 💻 www.bokluaview.com. Inmitten von Reisfeldern und Wäldern steht nahe dem Fluss das kleine, ruhige Resort, das sich gut in die Natur integriert. Freundlich eingerichtete Bungalows mit großen Terrassen zum Entspannen. Toun Upajak, der auch englisch spricht, kocht hervorragend, auch westliche Gerichte und ausgefallene lokale Spezialitäten. Abholservice von Pua für 1000 Baht. Touren zur Salzmine. ❹–❺

Nationalparkbungalows von unterschiedlicher Größe mit kleiner Küche und Veranda ❹. Zudem ein Campingplatz.

Transport

Es verkehren keine Busse. Wer ein Songthaew chartern möchte, zahlt für eine 2-tägige Rundfahrt ab PUA bis zum Nationalpark 1000 Baht pro Fahrzeug.

Grenzübergang von Ban Huai Khon (Thailand) nach Muang Ngeun (Laos)

Die Grenze ⌚ 8–17 Uhr bzw. bis 16 Uhr Laos-Zeit. Für die Einreise nach Laos werden Visa on Arrival ausgestellt. Bei der Einreise nach Thailand erhält man ohne Visum eine Aufenthaltserlaubnis von 30 Tagen. Die Grenzer verlangen in Thailand 10 Baht und in Laos 25 Baht Bearbeitungsgebühr bzw. in Laos bei Ankunft nach 16 Uhr das Doppelte.

Zwischen der thailändischen und laotischen Grenzabfertigung liegen knapp 2 km, auf denen ein Songthaew fährt, sobald sich genügend Passagiere eingefunden haben. Hinter der laotischen Grenze geht es mit dem Songthaew, das nach Bedarf fährt, in den nächsten Ort Hongsa (Übernachtungsmöglichkeit). Man kann sich aber auch hinter der Thai-Grenze abholen und die 62 km bis zur Anlegestelle Tha Souang am Mekong fahren lassen (s. u.). Wer vor 10 Uhr morgens hier ankommt, wird schnell ein Boot flussaufwärts nach Pakbeng (1 Std.) oder flussabwärts nach Luang Prabang (Schnellboot 2 Std., Charter 5000 Baht, *Slow Boat* 500 Baht) bekommen. Von Chiang Mai werden nur selten Touren über diesen Grenzübergang angeboten.

Auf dem H1080 zur Grenze

Das **Victory Monument** am KM 84 erinnert an die Gefallenen während der kommunistischen Aufstände. In dem nahe gelegenen Museum werden einige Waffen der kommunistischen Guerilla ausgestellt.

Nun geht es hinauf in die Berge. Abseits der Straße liegen im Tal einige Dörfer der Tai Lue und Htin.

Der Grenzübergang im Tai Lue-Dorf **Ban Huai Khon**, 138 km nördlich von Nan, steht seit 2009 auch EU-Bürgern offen. Die beste Chance, in Thung Chang eine Mitfahrgelegenheit zu finden, besteht am Samstagmorgen, wenn von 8–12 Uhr ein großer **Markt** stattfindet. An diesem Tag ist die Grenze für den kleinen Grenzverkehr aus Laos geöffnet.

Übernachtung

Rai Juthamas Resort, 114 Moo 3 Nam-O, 23 km nordwestlich von Pua am H1080, ✆ 081-735 5322, 💻 www.juthamasresort.com. Resort auf einem weitläufigen parkähnlichen Grundstück auf einem Hügel am Fluss mit guter Aussicht. 16 große, gut eingerichtete Teakhäuser mit Kühlschrank. Zeltmöglichkeit. ❹–❺

Transport

Songthaews fahren bis THUNG CHANG, wo man sich ein Fahrzeug für die Weiterreise chartern muss. Das kann sich ändern, wenn der Grenzübergang stärker frequentiert wird.

Von NAN fährt **Fhu Travel** mit einem Songthaew für 2500 Baht bis zur Grenze und organisiert hinter der Abfertigung auch ein Songthaew bis zur Bootsanlegestelle THA SOUANG für 2000 Baht.

Von Nan nach Chiang Khan

Die Strecke von Nan über Na Haeo nach Chiang Khan ist inzwischen vollständig asphaltiert. Unterwegs kann man am **Phu Soi Dao-Wasserfall** rasten und einen Imbiss zu sich nehmen. Empfehlenswert ist die frische Ananas. Zum Übernachten bietet sich der Grenzort **Na Haeo** an. Für die Weiterfahrt ist vom schlechten H2195 entlang der Grenze über **Tha Li** abzuraten. Interessanter ist der Umweg über **Dan Sai**. Hier werden in einem Laden im Zentrum auch außerhalb der Zeit des Phi Tha Khon-Festes künstlerisch wertvolle Geistermasken verkauft, die bis zu 3000 Baht kosten. Weiter geht es am besten über **Phu Rua** nach **Loei** und von dort nach **Chiang Khan**.

Übernachtung und Essen

Na Haeo Resort, 3 km vor Na Haeo, ✆ 042-897 080. Es spricht niemand Englisch. Vom Marktgeschehen gegenüber wird man früh geweckt. Essen im Ort nahe dem Krankenhaus gegenüber der Polizei.

Von Nan nach Phrae

Über den H101 fahren ständig Busse auf direktem Weg in zwei Stunden nach Phrae. Wer das Land mit einem eigenen Fahrzeug abseits der ausgetretenen Touristenpfade bereisen möchte, kann über den wenig befahrenen H1091 und H1120 durch eine spektakuläre Berglandschaft fahren oder einen Abstecher über den H1026 machen.

Sao Din Na Noi-Canyon

Wind und Wasser haben sich in diesem kleinen Erosionstal südöstlich von Na Noi als Baumeister verwirklicht und aus grauem Sandstein eine surreale Miniaturlandschaft geschaffen, die teils wie eine riesige Sandburg wirkt. In **Na Noi** biegt man links auf den H1083 ab und dann nach 1 km an der Ausschilderung nach rechts.

Khun Sathan National Park

Recht abenteuerlich gestaltet sich die Weiterfahrt auf dem schmalen H4006, der streckenweise mit Schlaglöchern übersät ist, vorbei an einem Stausee und weiter auf dem H1216 zum kleinen Ort **Khun Sathan**, der von einer hübschen Pagode überragt wird. Nach weiteren 4 km geht es vorbei am Headquarters (kein Eintritt) hinauf in die Bergwelt des Khun Sathan National Parks. Hinter dem von Kohlfeldern umgebenen Hmong-Dorf sind die steilen Berge in der Nan-Provinz allerdings fast völlig abgeholzt. In der Provinz Phrae hingegen scheint der Wald noch intakt, was bei der kilometerlangen Fahrt entlang der Grenze ins Auge fällt. Dann geht es steil hinab nach **Ban Wang Bueng** und wieder auf den H101. Bei der Weiterfahrt nach Phrae treten die Berge immer weiter zurück, bis sie im Dunstschleier verschwinden.

Phae Muang Phi

Kurz vor Phrae kann ein weiteres Erosionstal besichtigt werden. Ein kleiner Rundweg verläuft durch die riesigen Sandsteinpilze. Im Gegensatz zum abgelegenen Tal bei Na Noi (s. o.) liegen die farbenprächtigeren Formationen in einer gepflegten Parkanlage mit Essenständen und sind am Wochenende ein beliebtes Ausflugsziel. Dann werden am großen, überdachten Essensmarkt Hähnchen gegrillt und mit Klebreis und *som tam* serviert. Vom H101 fährt man 3 km auf dem breiten H1134 nach Osten und biegt in Nam Cham auf eine schmale Asphaltstraße Richtung Süden ab.

Rong Fong

Im kleinen Dorf an der Ortsumgehung 7 km nördlich von Phrae arbeiten Schmiede, die Messer und andere Metallwerkzeuge herstellen. Die Gegenstände werden an einigen Ständen am KM 149 des H101 verkauft.

Phrae

Nicht nur für historisch Interessierte ist diese kleine Provinzstadt am Yom-Fluss abseits der Touristenrouten ein lohnendes Ziel. Sie ist eine frühe Mon-Gründung, war kurzzeitig ein eigenständiges Königreich und gelangte zur Zeit des Teakholzeinschlags zu Wohlstand. Noch immer sind Reste der Stadtbefestigung samt Mauer und einem Graben (im Osten) rings um das alte Zentrum gut zu erkennen.

Der älteste Tempel, **Wat Luang**, soll bereits auf die Zeit der Stadtgründung zurückgehen. Sein goldener Buddha wurde gestohlen, und der achteckige Chedi ist im Verfall begriffen. Im Tempelmuseum werden Alltagsgegenstände, Bücherschränke, Schriftrollen, Buddhastatuen und andere religiöse Gegenstände aufbewahrt. Ein Neubau enthält Vitrinen voller Porzellan und einen Segen spendenden stehenden Buddha. Die Beschriftungen sind nur auf Thai. ◷ 9–11.30 und 13–16 Uhr.

Im Thai-Tempel **Wat Phra Bhat Ming Meung** im Zentrum erfährt eine schöne Buddhastatue im Sukhothai-Stil besondere Verehrung. Die Wände sind mit historischen Szenen bemalt. Nebenan in der kleinen buddhistischen Universität informiert das Phra Vihan Minghueng-Museum über die buddhistische Kunst und Kultur der Region. Es ist allerdings meist geschlossen.

Das **Wat Sa Bo Kaew** besticht durch seinen schönen Chedi, der leider durch den Telekom-Turm dahinter verunziert wird. Das Haupt- und Nebengebäude des aktiven Shan-Tempels ist mit traditionellen Ornamenten verziert.

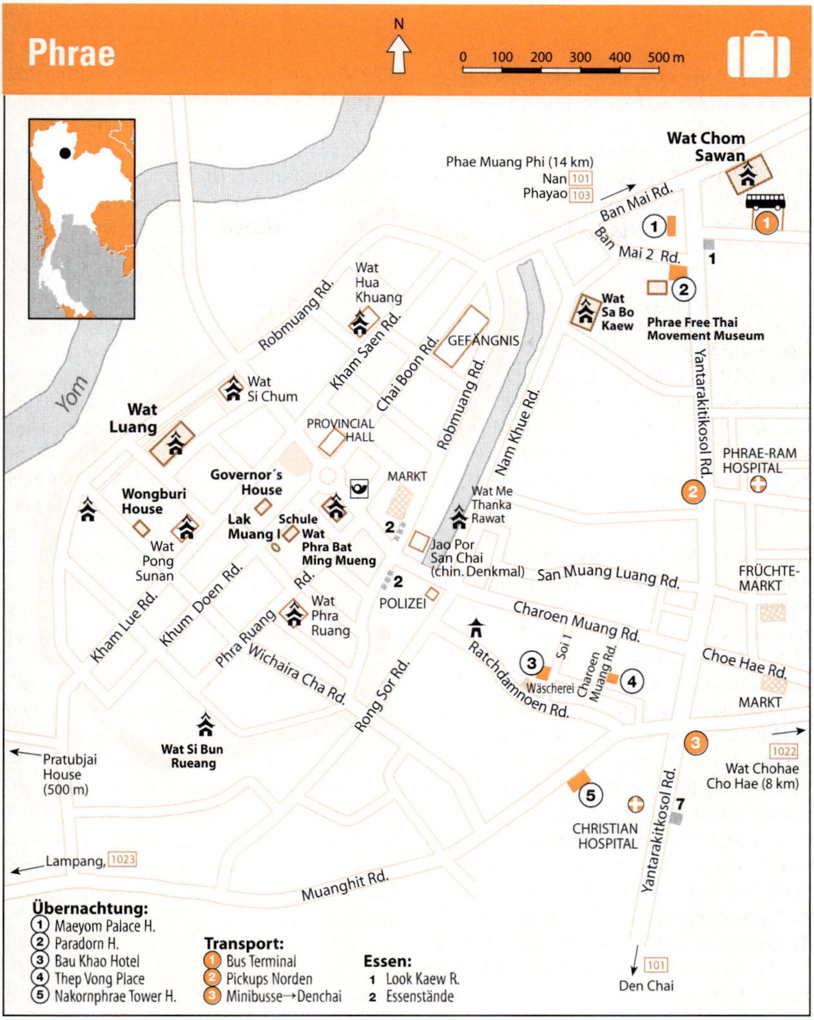

Wat Chom Sawan wurde um 1900 von Shan-Holzarbeitern in fünf Jahren fast völlig aus Teakholz erbaut. Nach einem Raubzug wurde es von der Regierung zur Strafe geschlossen, verfiel und wurde jüngst erst wieder aufgebaut. Es ist nicht mehr aktiv.

Das **Phrae Free Thai Movement Museum** hinter dem Paradorn Hotel wurde von Phu Chong, dem Sohn des Leiters der Widerstandsbewegung gegen die japanische Besatzung, ins Leben gerufen. Die 1941 an der Thammasat-Universität gegründete Studentengruppe wurde vom amerikanischen Geheimdienst OSS durch mit dem Fallschirm abgesprungene Agenten unterstützt. Sie spionierten Ziele für Bombenangriffe der Alliierten aus und trainierten Zivi-

Ein prächtiges Teakhaus

Der Sohn eines früheren lokalen Herrschers ließ sich 1897 das **Wongburi House** erbauen, das heute in einem gepflegten Garten steht. Dank der reich verzierten Fassade mit europäischen Elementen wirkt das große Teakhaus luftig und leicht. Die Residenz ist mit Originalmöbeln aus der Zeit der Jahrhundertwende liebevoll ausgestattet worden. Sehr ansprechend werden alte Haushaltsgegenstände und Dokumente aus dem Familienbesitz präsentiert, darunter Fotos der letzten Bewohnerin, die 94 Jahre alt wurde. Interessant sind die Fotos und Urkunden aus der Zeit der Holzwirtschaft. ⌚ 9–17 Uhr, Eintritt 30 Baht.

listen im Widerstandskampf. Leider gibt es sehr wenig authentisches Material, das diesen interessanten Aspekt der Thai-Geschichte dokumentiert. Viele der Fotos wurden an Originalschauplätzen nachgestellt. Das meiste ist leider nur auf Thai beschriftet. ⌚ 8–16 Uhr, Eintritt frei, Spende erwünscht.

Zur Zeit der Shan-Aufstände wurde nach einem Überfall im Jahr 1892 das hübsche **Governor's House** (Khum Yao Luang) zum Zentrum der Zentralregierung gemacht. In seinem Museum sind v. a. Alltagsgegenstände, Möbel, Münzen, Waffen und Rechenmaschinen ausgestellt. Interessant sind die Fotos, die Elefanten bei der Arbeit in den Teakwäldern zeigen. Leider sind alle Beschriftungen nur auf Thai. Eintritt frei.

Auch die gegenüberliegende **Nareerat-Schule** ist im gleichen Stil erbaut. Südlich der Schule steht der **Lak Muang**, der Schrein für den Schutzgeist der Stadt.

Das **Pratubjai House**, 59 Moo 13, 2 km südwestlich der Stadt, ✆ 054-625 784, besteht aus einem Ensemble von neun über 200 Jahre alten Häusern, die in den 1970er-Jahren hierher gebracht wurden. Sie dienen nun als Verkaufsräume, was dem Ganzen einen sehr kommerziellen Touch verleiht. ⌚ 8–17 Uhr, Eintritt 40 Baht.

Auf einem Berg östlich der Stadt erhebt sich das **Wat Chohae**, das eine Reliquie Buddhas und eine heilige Buddhastatue enthalten soll.

Übernachtung

Untere Preisklasse

Bau Khao Hotel ③, 8 Soi 1 Charoen Muang Rd., ✆ 054-511 372. Bei der Renovierung wurde drinnen und draußen viel Holz verbaut, sodass es auf den ersten Blick wie ein kleines Waldschlösschen wirkt. Auch die Lobby ist mit schweren Holzmöbeln überladen, während die Zimmer selbst, mit Ausnahme der alten Holzböden, eher schlichter Standard sind, v. a. die kleinen Bäder. Frühstück inkl. ❷–❸

Paradorn Hotel ②, 177 Yantarakitikosol Rd., ✆ 054-511 177, 💻 www.phrae-paradorn.th.gs. In einem L-förmigen Gebäude um einen Parkplatz Zimmer von unterschiedlicher Größe und Ausstattung. An der englischsprachigen Rezeption liegt ein Ordner mit Fotos der Räume aus. Die meisten mit Kühlschrank und TV. Sehr günstig: Zimmer mit Ventilator und kleinem Doppelbett, auch Mehrbettzimmer. Nach hinten ruhig. WiFi inkl. Bei den teureren Zimmern kostenloses, einfaches Frühstück, serviert im hinteren, ruhigen Bereich des westlich gelegenen Restaurants. ❷–❸

Thep Vong Place ④, 346/2 Charoen Muang Rd., ✆ 054-521 985, 625 963. Neues 3-stöckiges Haus in einer ruhigen Seitenstraße mit überdachtem Innenhof. Die Bandbreite reicht von einfachen Zimmern mit Ventilator bis zu großen Zimmern mit Kühlschrank und TV, einige sogar mit Balkon, andere für Familien. Die Böden sind gefliest, und alles ist sehr sauber, sogar ein wenig heimelig. Die Großfamilie des britisch-thailändischen Paars sorgt für eine freundliche, entspannte Atmosphäre. WiFi und Kaffee am Morgen kostenlos. ❷

Mittlere Preisklasse

Maeyom Palace Hotel ①, 181/6 Yantarakitikosol Rd., ✆ 054-521 028. Das beste Hotel im Ort mit 104 Mittelklassezimmern und professionellem Service. Günstigere mit 2 Betten und teurere mit großem Bett, Sitzecke und Wasserkocher. Geräumige Lobby, Restaurant mit hübscher Terrasse zum Dinieren unter freiem Himmel und großer Pool in netter Außenanlage. WiFi kostenpflichtig, vielfältiges Frühstücksbuffet inkl. Günstig übers Internet buchen. ❹

Nakornphrae Tower Hotel ⑤, 3 Muanghit Rd., ✆ 054-521 321. 9-stöckiger Hotelblock mit 139 Zimmern, nicht mehr ganz frisch, aber für den Preis akzeptabel. Flure und Zimmer mit Spannteppichen, Kühlschrank, Bad mit Wanne, gute Aussicht aus den oberen Stockwerken. Einfaches Frühstück inkl. ❹

Essen

Südlich vom Markt wird abends an **Essenständen** eine große Vielfalt überaus preiswerter thailändischer und chinesischer Gerichte zubereitet. Außer Suppen gibt es auch Wok-Gerichte. Man sitzt auf Plastikstühlen an der Straße und beobachtet das Treiben. Ein Stand gegenüber dem Denkmal für Jao Por San Chai hat sogar eine englische Speisekarte.

Look Kaew Restaurant, an der Einfahrt zum Busbahnhof. Thai-Restaurant mit zweisprachiger Karte. Gerichte von unterschiedlicher Qualität, die meisten unter 100 Baht. Der Verkehrslärm an der Hauptstraße stört das Essvergnügen.

Sonstiges

Autovermietung und Fahrräder

Autos werden im Maeyom Palace Hotel für 1200 Baht pro Tag vermietet, Fahrräder für 100 Baht.

Nachtmarkt

Ein großer Nachtmarkt mit zahlreichen Verkaufsständen, die Haushaltswaren, Kleidung und Snacks anbieten, wird jeden ersten So des Monats in der Charoen Muang Rd. aufgebaut.

Wäscherei

Eine Wäscherei in der Ratchdamnoen Rd.

Transport

Vom Bus Terminal im Norden des alten Zentrums nach

CHIANG MAI 8x für 140–180 Baht in 4 Std.

CHIANG RAI um 10.45, 12.45, 13.45 und 14.45 Uhr für 150 Baht in 4 Std.

DEN CHAI, zum Bahnhof 30 km südlich, mit Minibussen für 30 Baht. Eisenbahnverbindungen s. S. 898/899.

MAE SAI um 10.45 Uhr für 190 Baht in 5 Std.

LAMPANG alle 30 Min. für 80–110 Baht, VIP 160 Baht.

NAN alle 30–60 Min. bis 17 Uhr für 110 Baht in 2 Std.

PHITSANULOK 7x von 6–19.50 Uhr für 120–240 Baht in 5 Std.

SUKHOTHAI über SAWANKHALOK (ab 100 Baht) stdl. von 11.20–14.20 Uhr ab 120 Baht in 4 Std.

An der Yantarakitikosol Rd. halten Songthaews, die in die Umgebung fahren.

Lampang

Die Provinzhauptstadt Lampang liegt an der Eisenbahnstrecke von Bangkok nach Norden, ca. 100 km südöstlich von Chiang Mai. Die Gründung der Mon-Könige blickt stolz auf eine über 1300-jährige Geschichte zurück. Ihre Blütezeit erlebte die Stadt im 18. Jh., als die riesigen Teakwälder im Norden abgeholzt wurden. In Lampang befand sich das Zentrum der Holzhändler, von deren Wohlstand bis heute prächtige Teakhäuser zeugen. Mit dem Ende des Booms waren sie dem Verfall preisgegeben, werden aber mittlerweile restauriert und verleihen der Stadt ein einmaliges Antlitz. Hinzu kommt, dass die beteiligten Birmanen und Shan, anders als die Briten und Chinesen, den Frevel an der Natur durch den Bau von Tempeln wieder gutzumachen versuchten – zumindest in ihrer persönlichen Lebensbilanz. Dieses hat der Region zwar keine neuen Teakwälder, aber der Stadt eine Reihe prächtiger Tempel beschert, die einen Besuch absolut lohnen.

Entlang des H1, der geschäftigen Paholyothin Rd. mit ihren unscheinbaren Allerweltsbauten und üblichen Geschäften, ist davon nichts zu erahnen. Erst während eines Spaziergangs durch die sauberen Straßen oder einer Rundfahrt mit einer bunt geschmückten Pferdekutsche durch die Altstadt beiderseits des Wang-Flusses entdeckt man den Charme der Stadt.

Die südliche Uferstraße säumen zweistöckige chinesische Holzhäuser und ein chinesisches **Clan-Haus**. Jenseits der teilweise nur mit Motorrädern befahrbaren alten Brücken stehen, teils versteckt in verwunschenen Gärten, große Teakhäuser, die eine interessante Geschichte besitzen. Weit verstreut liegen einige der schö-

Kutschfahrten

Pferdekutschen wurden vor über hundert Jahren von Europäern als Transportmittel in Lampang eingeführt. Auch wenn ihnen der moderne Verkehr zu schaffen macht, versucht eine Vereinigung diese einmalige Tradition zu erhalten. Die Kutschen stehen u. a. vor dem Bahnhof und an der Zufahrt zum Thip Chang Hotel. 1 Std. kostet etwa 400 Baht.

nen Tempel im birmanischen Stil: das **Wat Si Rong Muang** aus dem Jahr 1904 mit einem wunderschönen Dach in der Tha Krao Noi Rd., das große, teils nach einem Brand rekonstruierte **Wat Si Chum** und das **Wat Pa Fang** (Wat Satsana Chotikaram) südlich des Marktes mit einer goldenen Pagode.

Der interessanteste Tempel im Stadtgebiet, **Wat Phra Keo Don Tao**, erhebt sich jenseits des Wang-Flusses in der Suchada Rd. Sein 50 m hoher Chedi, der eine Reliquie Buddhas enthalten soll, überragt die reich dekorierten Gebäude im birmanischen und Lanna-Stil. Es war 32 Jahre lang die Heimat des Jadebuddhas, der nun im Wat Phra Keo in Bangkok als nationales Heiligtum verehrt wird.

Ein kleines Tempelmuseum enthält Kunstwerke aus dem Norden, darunter Keramiken, Holzschnitzereien und Schmuck.

Teakhäuser am Fluss

Riverside Gh. ⑤, 286 Talad Gao Rd., ✆ 054-227 005, 💻 theriverside-lampang.com. In 3 zweistöckigen Teakhäusern hat die belgisch-italienische Besitzerin Lorenza 18 etwas hellhörige Zimmer individuell eingerichtet, mit Ventilator oder AC, einige mit Balkon oder Terrasse zum Entspannen, auch 3- und 4-Bett-Zimmer. Eine komfortable, mit alten Möbeln eingerichtete Suite mit Aufenthaltsraum, hohen Fenstern, Terrasse und Bad mit Wanne. Frühstück auf der Terrasse und in den Aufenthaltsräumen mit Blick auf den Fluss. Fahrrad- und Motorradvermietung. Lorenza betreibt auch das gleichnamige Restaurant weiter flussaufwärts. ❷–❹

Baan Sao Nak, 6 Ratwattana Rd., das schönste der restaurierten Teakhäuser in der Altstadt, nördlich des Flusses, wurde 1895 in einem ganz besonderen Stil erbaut. Es steht auf 116 Pfeilern, besitzt eine Veranda im birmanischen Stil und ein typisches Lanna-Dach. Die Besitzer haben es mit Antiquitäten ausgestattet und für Besucher geöffnet. ✆ 054-227 653. 🕓 10–17 Uhr, Eintritt 50 Baht inkl. Softdrink.

Der **Bahnhof**, ein deutscher Fachwerkbau mit Thai-Dekor aus dem Jahr 1916, war bis zum Bau des Tunnels durch den Doi Khun Tan (s. S. 461) die geschäftige Endstation. Bis zum Beginn des Ersten Weltkriegs waren deutsche Ingenieure am Eisenbahnbau in Thailand beteiligt.

Übernachtung

Viele Hotels im Geschäftszentrum offerieren ein großes Angebot, v. a. für einheimische Geschäftsleute. Mehr Übernachtungstipps s. eXTra [2810].

Untere Preisklasse

Tip Inn ⑥, 143 Talad Gao Rd., ✆ 054-221 824. Neubau in der historischen Straße. 7 saubere, einfache Zimmer, einige mit Gemeinschaftsdusche und Ventilator, andere mit AC. Unten Restaurant, Fahrradvermietung. ❶–❷

TT&T Gh. ④, 82 Pamai Rd., ✆ 054-221 303, 084-617 8183, ✉ tttguesthouse@hotmail.com. Am nördlichen Flussufer stehen 2 neuere, 2-stöckige Holzhäuser. 2 einfache Zimmer unten und 4 oben mit Ventilator oder AC teilen sich jeweils 2 Duschen. Zudem 5 weitere Zimmer im Obergeschoss des dahintergelegenen alten Teakhauses. Der etwas chaotische Aufenthaltsraum unter dem alten Haus mit Billardtisch ist auch der Treffpunkt des Motorradclubs. Internet für Gäste inkl. Fahrrad- und Motorradvermietung. Man spricht englisch. ❷

Mittlere Preisklasse

Akhamsiri Home ③, 54/1 Pamaikhet Rd., in der nördlichen Altstadt, ✆ 054-228 791, 084-378 6549, 💻 www.akhamsirihome.com. Ruhiges, kleines Boutique-Guesthouse im modernen Thai-Stil. 14 mit Liebe zum Detail eingerichtete Zimmer mit bequemen Betten, Kühlschrank und TV, Bad mit großem Duschkopf,

Lampang

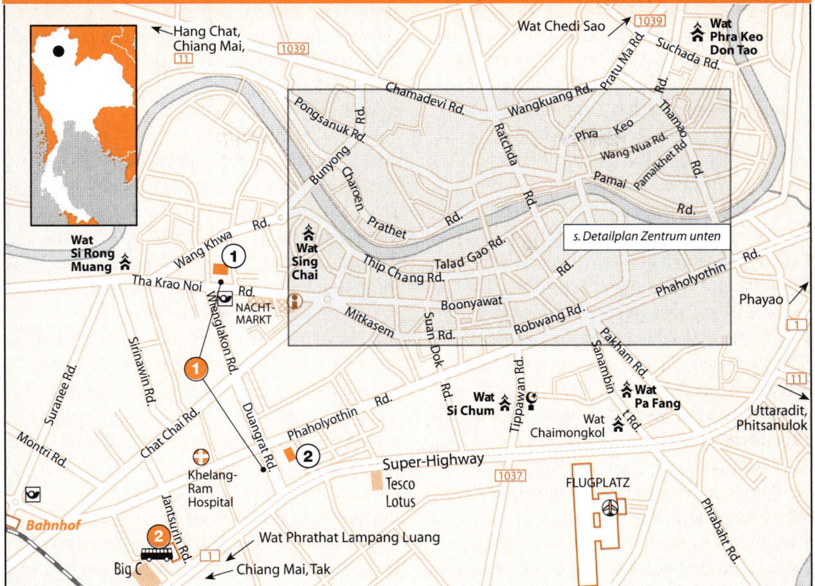

Übernachtung:

1. Thip Chang Hotel
2. Wienglakor Hotel
3. Akhamsiri Home
4. TT&T Gh.
5. Riverside Gh.
6. Tip Inn
7. Pin Hotel
8. Asia Lampang Hotel

Essen:

1. Sevana Restaurant
2. Riverside Restaurant
3. Huean Chom Wan
4. Miami Café
5. Grandma's Café
6. Aroy One Baht
7. New Seafood
8. Koom Luang Restaurant

Sonstiges:

1. Ga-o-in
2. Buchladen
3. Gong Ta Lodge
4. Traditionelle Textilien

Transport:

1. Pferdekutschen
2. Bus Terminal
3. Songthaew→Muang Pan
4. Pornpitak Tours
5. Songthaew→Chae Hom

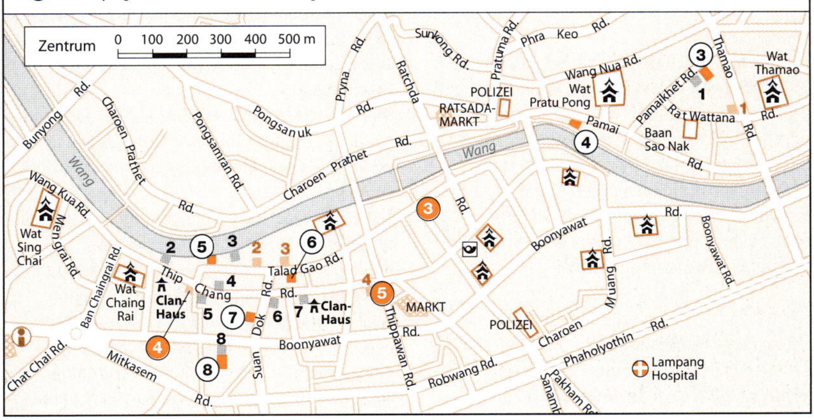

Balkon oder Terrasse mit Sitzgelegenheit. Kleines Restaurant mit Frühstücksmöglichkeit. Nur die Chefin spricht englisch. ❸

Asia Lampang Hotel ⑧, 229 Boonyawat Rd., ☏ 054-227 844, 💻 www.asialampang.com. 4-stöckiger Hotelblock mit Aufzug hinter dem hübschen Teakholzrestaurant. 71 einfache, altmodisch eingerichtete Zimmer mit Teppichböden und alter AC, aber sauber und gut gelüftet. Frühstück inkl. Im Xanadu treten abends Thai-Bands auf. ❸

Pin Hotel ⑦, 8 Suan Dok Rd., ☏ 054-221 509, ✉ PinHotel@yahoo.com. In einer ruhigen Seitenstraße steht der 4-stöckige Neubau mit 58 sauberen Zimmern. Standardzimmer mit 1 oder 2 Betten und gefliesten Böden und größere mit Holzböden sowie Suiten mit Sitzecke und Bad mit Wanne. Frühstücksbuffet inkl. Im EG helles Restaurant mit Terrasse, das guten Kaffee serviert. Großer Parkplatz. ❹

Thip Chang Hotel ①, 54/22 Tha Krao Noi Rd., ☏ 054-226 501-6, 💻 www.tipchanghotel.com. Großer, von der Straße zurückversetzter Hotelblock. 130 Zimmer und 11 Suiten mit TV und Kühlschrank. Über dem Restaurant im 3. Stock ein Pool. Fahrräder und WiFi kostenlos. ❹–❺

Wienglakor Hotel ②, 138/35 Phaholyothin Rd., ☏ 054-316 430-5, 💻 www.wienglakor.com. Etwas von der Straße zurückversetzter 5-stöckiger Neubau im Lanna-Stil. 100 sehr gut eingerichtete, saubere Zimmer in 2 Größen. Pub, Frühstück im Coffeeshop inkl. ❺

Obere Preisklasse

Lampang River Lodge, 330 Moo 11, Chompu, ☏ 054-336 640, 💻 www.lampangriverlodge.com. 9 km südlich der Stadt zwischen dem H1 und dem Wang-Fluss. Vor allem Reisegruppen übernachten in den 60 komfortablen Holzhäusern, die in einem herrlich grünen, großen Park mit kleinen Seen errichtet wurden. Einige sind aufgrund der Lage etwas feucht und dunkel. Restaurant. ❻–❼

Essen

Ein weiterer **Nachtmarkt** wird tgl. ab 16 Uhr östlich des Postamts in der Tha Krao Noi Rd. aufgebaut. Auf dem **Ratsada-Markt** können Mutige bereits zum Frühstück lokale Delikatessen probieren, einige Stände haben aber auch am Abend geöffnet.

Aroy One Baht, Thip Chang Rd., Ecke Suan Dok Rd., ☏ 089-700 9444. Sehr preiswertes Thai-Restaurant mit einer Speisekarte auf Englisch. Die Gäste sitzen auf Hockern an kleinen Holztischen im teils überdachten Garten und im 1. Stock eines alten Teakhauses. Für jeden einsehbar wird in der großen Küche an der Straße gebrutzelt.

Grandma's Café, Thip Chang Rd. In dem kleinen, herkömmlich eingerichteten Laden gibt es Snacks und Kaffee. 🕓 10–21 Uhr.

Huean Chom Wan, 276 Wang Khwa Rd., ☏ 054-222 845. Traditionelles Lanna-Restaurant in einem geräumigen, alten Teakhaus am Fluss mit großer Terrasse. Auf der umfangreichen, zweisprachigen Speisekarte stehen sehr leckere Gerichte für etwa 100 Baht. Empfehlenswert: knusprige Hackfleischbällchen im Tapiokaring oder Hähnchen mit knusprigem Ingwer. In der Nebensaison geschlossen.

Koom Luang Restaurant, vor dem Asia Lampang Hotel, 229 Boonyawat Rd. Sehr gutes Restaurant im Lanna-Stil mit chinesischer und Thai-Küche. Terrasse an der Straße und klimatisierte Innenräume. 🕓 18.30–24 Uhr.

Miami Café, Wang Khwa Rd. Auf der Terrasse mit Springbrunnen und im kleinen Laden werden Snacks, Steaks und Eiscreme serviert. 🕓 7.30–20.30 Uhr.

New Seafood, Wang Khwa Rd. Der Beliebtheit dieses offenen, original chinesischen Restaurants haben Neonlicht, Plastiktische und der ständig laufende Fernseher keinen Abbruch getan. Das Essen, das in der einsehbaren Küche zubereitet wird, ist sehr gut, aber nicht billig. Fisch und anderes Seafood liegen am Eingang auf Eis zur Auswahl bereit.

> **Mit allen Sinnen genießen**
>
> Am Sa und So kann man abends ab 17 Uhr über die Talad Gao Rd., die Kad Kong Ta Walking Street, bummeln, traditionelle Musik und Tänze genießen, shoppen und lokale Snacks, wie die kleinen Puffreisküchlein, probieren.

Weitere Gerichte auf der umfangreichen englischen Speisekarte. ⏲ 16.30–22.30 Uhr.
Riverside Restaurant, 286 Wang Khwa Rd., ☎ 054-221 861. In einem Teakhaus mit 2-stöckiger überdachter Terrasse kann man in entspannter Atmosphäre die schöne Aussicht auf den Fluss genießen. Große Auswahl an Snacks und internationalen wie einheimischen Gerichten nach westlichem Geschmack, auch gutes Angebot für Vegetarier. Dazu: ganze Fische, gebraten, gegrillt oder gedünstet. Selbst gebackenes Brot, Kuchen und Kaffee. Di, Do, Sa und So von 18.30–22 Uhr gibt es die beliebte Pizza. Wein und Cocktails zu bezahlbaren Preisen. Von 19–23.30 Uhr Livemusik. ⏲ 10–24 Uhr.
Sevana Restaurant, Pamaikhet Rd., neben dem Akhansiri House. Das kleine, einfache Gartenrestaurant mit guter Thai-Livemusik und Billardtisch ist ein Treffpunkt junger Leute aus der Nachbarschaft.

Sonstiges

Einkaufen

In der **Gong Ta Lodge**, Wang Khwa Rd., werden keine Zimmer mehr vermietet, aber wunderschöne bunte Lampions aus Papier mit feinen Lochmustern hergestellt und verkauft.
Traditionelle Textilien und Kleidung der Bergvölker gibt es in einem Laden in der Wang Khwa Rd.
Ein bunter Hahn kennzeichnet die **Keramik** aus Lampang. Außerhalb der Stadt kann im Outlet einer der großen Keramikmanufakturen, **Indra Ceramic**, am H11 nach Pharae, ☎ 054-315 591, eingekauft werden.
Frühaufsteher können über den **Ratsada-Markt** jenseits der hübschen, alten Brücke bummeln.
Big C, ein Megamarkt westlich des Busbahnhofs, Lampang Ngao Rd.
Tesco Lotus am Super-Highway.

Informationen

Das städtische **Tourist Information Center**, 230 Tha Krao Noi Rd., ☎ 054-237 229, 💻 www.lampangcity.go.th/en, bietet gute Infos und eine Karte. Es wird möglicherweise bald in das neue Verwaltungszentrum umziehen.

Internet

Pornpitak Tours, Wang Khwa Rd., im **Ga-o-in** (mit gutem Kaffee), Thamao Rd., und in einem kleinen **Buchladen** in der Talad Gao Rd., ⏲ Mo–Fr 9–18, Sa, So bis 20 Uhr.

Medizinische Hilfe

Khelang Ram Hospital, Paholyothin Rd., nahe dem Busbahnhof, ☎ 054-225 100, ist besser als das **Lampang Hospital**, Paholyothin Rd., ☎ 054-217 045.

Nahverkehr

Gelbe Songthaews kosten im Stadtgebiet ab 20 Baht und für eine einstündige Tempelrundfahrt im Stadtgebiet 200 Baht, zum Thai Elephant Conservation Center 600 Baht und zum Wat Phrathat Lampang Luang 500 Baht hin und zurück.

Transport

Busse

Die meisten Überlandbusse zwischen den Städten im Norden und Süden halten am **Bus Terminal** am H1 neben dem unübersehbaren Big C-Megamarkt südlich des Zentrums.
BANGKOK (610 km) häufig für 380–570 Baht, VIP 750 Baht in 8 Std.
CHIANG MAI grüne lokale Busse alle 60 Min. bis 15 Uhr für 80 Baht, AC- und VIP-Busse 100–150 Baht in 2 Std.
CHIANG RAI alle 60 Min. bis 17 Uhr für 110–150 Baht in 4 Std.
NAN ständig von 9–17 Uhr für 150–200 Baht, VIP 300 Baht in 5 Std.
PHRAE alle 30 Min. für 80–120 Baht, VIP 160 Baht.
PHAYAO mit lokalen Bussen nach Chiang Rai für 100 Baht.
TAK ständig für 130–170 Baht in 2 1/2 Std.
THAI ELEPHANT CONSERVATION CENTER, 28 km nördlich, mit grünen Chiang Mai-Bussen für 40 Baht.
Busse von **Win Tour** fahren zwischen Chiang Mai und Khon Kaen stdl. von 5–19 Uhr über PHITSANULOK für 210–270 Baht in 5 Std.
SUKHOTHAI für 180–230 Baht in 5 Std.

Songthaews und Minibusse fahren von **Haltestellen in der Stadt** (s. Stadtplan) nach:
CHAE HOM (Chae Son NP) für 50 Baht.
KO KHA (Wat Phrathat Lampang Luang) für 30 Baht.
MUANG PAN (Chae Son NP) für 70 Baht.

Eisenbahn

Der alte **Bahnhof** könnte durchaus in Deutschland stehen. Von hier tgl. 7 Eil- und Expresszüge über Phitsanulok und Ayutthaya in 11–13 Std. nach BANGKOK, 642 km. Bangkok kostet 216 Baht in der 3. Klasse bis 1372 Baht im 1. Klasse-Sleeper.
Fahrplan s. S. 898/899.
In die andere Richtung durch den KHUN TAN NATIONAL PARK (9 Baht) nach CHIANG MAI brauchen die Züge gut 2 Std. und kosten ab 23 Baht.

Flüge

Vom kleinen **Flugplatz** südlich des Zentrums fliegt **PB Air**, ✆ 054-226 238, 1–2x tgl. nach BANGKOK. Dorthin mit dem Songthaew für 30–50 Baht.

Wat Phrathat Lampang Luang

Das Wat Phrathat Lampang Luang, 15 km südwestlich der Stadt nahe dem Dorf Ko Kha, ist eine der schönsten Tempelanlagen des Landes. Die ältesten noch erhaltenen Gebäude stammen aus dem 15. Jh. Teakholz dominiert die Tempelbauten innerhalb der Mauern, von den starken Stützpfeilern bis zu den mit Schindeln gedeckten Dächern. Die Eingangstore, Dachfirste und Giebel zieren reiche Schnitzereien. Besonders eindrucksvoll ist der 36 m lange, offene Haupt-Vihara mit halb heruntergezogenen hölzernen Seitenwänden, die im Innern von verwitterten Wandmalereien bedeckt sind.

Rechts neben dem großen Gebäude befinden sich zwei weitere kleinere Vihara. Dagegen wirkt der kleine Bot neben dem 45 m hohen Chedi sehr schlicht. In dem dahinterliegenden Mondhop wird ein Fußabdruck Buddhas verehrt. Jenseits der Mauer links vom Eingang stehen zwei Museumsgebäude, darin gut bewacht hinter schweren Gittern ein Smaragdbuddha im Chiang Saen-Stil. Er wird während des Songkran-Festes in einer Prozession durch die Straßen getragen, um für den kommenden Erntezyklus um Regen zu bitten. 🕒 Mi–So außer feiertags 9–12 und 13–17 Uhr.

Transport

Songthaews fahren von LAMPANG bis KO KHA für 30 Baht. Man steigt hinter der Brücke am H1034 aus, läuft 1 km Richtung Norden und hält sich an der Gabelung links. Taxi oder gechartertes Songthaew ab Lampang für 500 Baht.

Thai Elephant Conservation Center

Sobald der H11 nördlich von Lampang die Berge erklimmt, weisen Schilder nahe Thung Kwian auf das Conservation Center hin, das 1992 gegründet wurde. Vom unübersehbaren Eingang zwischen KM 28 und 29 geht es mit einem Shuttlebus ins Center, das sich rings um einen See erstreckt. Am Südufer befindet sich das **Elefantenhospital** mit einer mobilen und stationären Station, in

Elefantenschule

Während ihrer Ausbildung erwerben die Tiere die traditionellen Fähigkeiten der Arbeitselefanten, obwohl Elefanten seit dem Holzeinschlagverbot nicht mehr im Dschungel arbeiten. Auf diese Weise verdienen sich die Mahouts ihren Lebensunterhalt und den der Tiere nun im Tourismusgeschäft. Sie lassen die zu den täglichen 45-minütigen Shows eintreffenden Besucher auf ihren Tieren reiten und die Elefanten fotografieren. Dennoch wird die Ausbildung der Jungtiere mit großer Ernsthaftigkeit betrieben. Sie sollen ebenso wie ihre Vorfahren lernen, die dicken Dschungelbäume mit ihren Stoßzähnen fortzurollen und aufzustapeln, sie mit Hilfe von Ketten auf schmalen Pfaden aus dem Wald zu ziehen und schwere Lasten zu tragen. Zum Vergnügen der Zuschauer dürfen sie sich zudem als Kunstmaler versuchen.

der v. a. Mütter mit Babys zu finden sind. Eine kleine Ausstellung informiert über die Arbeit der Tierärzte und eine weitere, auf der anderen Seite des Sees, über die Geschichte des Centers, die Problematik arbeitsloser Elefanten und die Möglichkeit, die Tiere in Mahout-Kursen näher kennenzulernen, s. eXTra [2686].

Die Bilder, Papier aus Elefantendung, T-Shirts und andere Souvenirs werden in einem Laden neben dem Veranstaltungsgelände verkauft.

Wer einige Tage Zeit hat, kann sogar bei den Elefanten leben, mit den Mahouts die Tiere baden und sie bei der Show vorführen. Die ein- bis zehntägigen Kurse kosten 3500–35 000 Baht inkl. Übernachtung. Der zehntägige Kurs schließt einen dreitägigen Dschungelaufenthalt mit ein.

🕓 tgl. 8.30–16.30 Uhr, um 9.45 und 13.15 Uhr Baden im See, um 10 und 11 Uhr Shows auf dem angrenzenden Platz, am Wochenende zudem um 13.30 Uhr. Reiten von 9–15.30 Uhr. Eintritt 80 Baht plus 20 Baht für den Shuttlebus. Elefantenreiten 10 Min. 50 Baht, 60 Min. 800 Baht. ✆ 054-247 875, 💻 www.thailandelephant.org/eng/home.php3.

Friends of the Asian Elephant Hospital

Dieses private, aus Spenden finanzierte Elefantenkrankenhaus von Frau Soraida Salwala, 💻 www.elephant-soraida.com, liegt ganz in der Nähe und ist auf der gleichen Zufahrtsstraße über eine andere Abzweigung zu erreichen. Hier werden schwer verletzte Tiere aus dem ganzen Land behandelt. Das Hospital wird vom Thai Elephant Conservation Center als Konkurrenz betrachtet.

Transport

Grüne Busse Nr. 148 von CHIANG MAI (Arcade Bus Station, 50 Baht, 1 1/2 Std.) oder LAMPANG (40 Baht, 1 Std.) fahren stdl. am Eingang vorbei. Ein Taxi oder Songthaew ab Lampang kostet 600 Baht hin und zurück.

Doi Khun Tan National Park

Der H11 windet sich Richtung Chiang Mai weiter in die Berge hinauf, bis er auf dem Pass die Provinzgrenze erreicht. Hier stimmen Auto- und Lkw-Fahrer ein vielstimmiges Hupkonzert an zu Ehren der Geister, die in zahlreichen Schreinen und einem wahren Wald von Geisterhäuschen residieren. Einige Reisende halten an, um zu beten oder die Bewohner der kleinen, bunten Häuschen und die Tierstatuen mit Snacks und Getränken zu versorgen.

Kurz darauf weisen bei **Mae Tha** Schilder auf den 225 km^2 großen Doi Khun Tan National Park hin. Bis vor wenigen Jahren war er nur mit der Eisenbahn zu erreichen, die von Chiang Mai kommend, am winzigen Bahnhof anhält, bevor sie das Bergmassiv durch den mit 1352 m längsten **Tunnel** Thailands durchquert. Er war zur Zeit seines Baus 1918 eine architektonische Meisterleistung – und forderte rund tausend Todesopfer. Es heißt, dass nur noch Opiumsüchtige willens waren unter den gefährlichen Bedingungen im Dschungel zu arbeiten und die Arbeiter in Opium bezahlt wurden.

Heute erwacht der geruhsame **Bahnhof** erst dann zum Leben, wenn lautes Pfeifen die Ankunft eines Zuges ankündigt. Wer im Park wandern möchte, steigt hier aus und läuft, vorbei am Tempel und der kleinen Schule, den Fußweg hinauf und weiter über die Zufahrtsstraße 1,3 km zum Checkpoint vor dem Park Headquarters, Eintritt 100 Baht. Eine kleine Ausstellung informiert über den Park, 🕓 8–17 Uhr. Die schmale Straße windet sich weitere 8 km in zahlreichen Kurven hinauf bis zum Gipfel. Beiderseits der Straße stehen die ehemaligen **Eisenbahner-Bungalows**, die britische Holzbarone, amerikanische Missionare, thailändische Militärs, Universitätsangestellte und ehemalige Premierminister beherbergten. Wanderwege führen durch den Bergwald, in dem es nur noch wenig Großwild gibt, zu vier Wasserfällen. 3 km sind es vom ersten Zeltplatz zum **Tard Muey-Wasserfall**. 2 km hinter dem Headquarters beginnt am Parkplatz der 5 km lange Wanderweg zu einem **Aussichtspunkt** mit herrlichem Blick ins Tal von Lampang. Auch vom 1373 m hohen Gipfel des **Doi Khun Tan** bietet sich eine schöne Aussicht.

Übernachtung und Essen

Hinter dem Park Headquarters und dem einfachen Restaurant stehen an der Straße zum Doi Khun Tan 8 **Bungalows**. Sie können über

☏ 053-546 335, 081-032 6341, 🖳 www.dnp.go.th, gebucht werden. ❹
Zudem kann man 500 m hinter dem Restaurant für 30 Baht sein **Zelt** aufschlagen. Kleine Zelte können für 150 Baht gemietet werden. Ein weiterer Zeltplatz unterhalb des Gipfels.

Transport

Vom H11 sind es 20 km bis zum Headquarters. Von Chiang Mai können Motorisierte Richtung Osten über Mae On fahren.
Nach CHIANG MAI am besten mit dem Bummelzug (ORD) um 13.35 Uhr für 15 Baht, nach LAMPANG um 10.39 Uhr für 9 Baht. Teurer sind die Expresszüge um 11.23 Uhr Richtung Norden und 16.17 Uhr Richtung Süden. Die Special Express-Züge lohnen wegen der hohen Zuschläge nur für lange Strecken.

Chae Son (Jaesorn) National Park

Der 768 km² große, sehr schöne Nationalpark weiter nördlich in den Bergen wird von Tagesausflüglern aus Chiang Mai oder Lampang besucht. Eintritt 200 Baht. Auf Waldwegen kann man zu verschiedenen Wasserfällen wandern. Beliebt ist die Tour zum **Chae Son-Wasserfall**: 1 km hinter dem Headquarters und am Mae Mon entlang bis zur sechsten Stufe laufen. Anschließend geht es zu einem verdienten entspannenden Bad in den **heißen Quellen**. Das über 70 °C heiße Wasser sprudelt aus neun Quellen und bildet am Zusammenfluss mit dem kalten Mae Mon einen Badepool. Zudem wird das schwefelhaltige Quellwasser, auf Badetemperatur heruntergekühlt, in private Badehäuser geleitet, wo man in Pools liegen oder sich mit dem warmen Wasser übergießen kann. Zum Abschluss gibt es eine Massage und einen Snack.

Übernachtung und Essen

12 **Bungalows** und Betten im Schlafsaal können über 🖳 www.dnp.go.th oder das Headquarters, ☏ 054-229 000, gebucht werden. ❹
Zeltplatz für 30 Baht. Kleine Zelte kosten 150 Baht pro Nacht.
Ein **Restaurant** und **Essenstände** sorgen für das leibliche Wohl der Besucher. Spezialität sind scharfe Salate mit Eiern, die im Wasser der heißen Quelle gegart werden.

Transport

Von LAMPANG zuerst mit einem Songthaew auf dem H1157 nach MUANG PAN für 70 Baht. Von dort die letzten 17 km mit einem Songthaew, das für eine Halbtagestour etwa 600 Baht kostet. Eine Alternative sind Songthaews oder Chiang Rai-Busse bis CHAE HOM, 50 Baht.
Mit dem eigenen Fahrzeug biegt man nach 58 km auf dem H1157 links auf den H1252 ab.

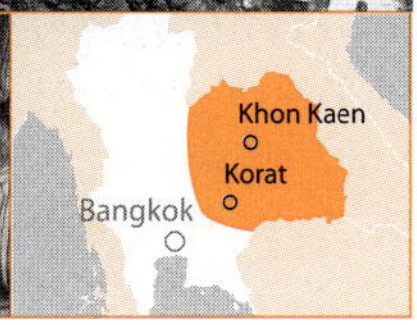

Der Nordosten

Stefan Loose Traveltipps

8 **Khao Yai National Park** Streifzug durch spannende Dschungelwelten. S. 467

Korat Ein attraktives Tor führt in die Weiten des Nordostens. S. 472

Phimai Wo der legendäre Highway der Gottkönige endet. S. 477

Khon Kaen Thailands Dinosauriern auf der Spur. S. 479

Ban Chiang Spuren aus der Wiege der Zivilisation. S. 490

Phu Kradung Heißer Aufstieg zum kältesten Punkt des Königreichs. S 503.

Wat Phu Tok Nervenkitzel am Wallfahrtsort. S. 504

9 **Kong Chiam** Verzaubert von der Magie des Mekong. S. 511

Surin Elefanten beim Fußballspiel erleben. S. 514

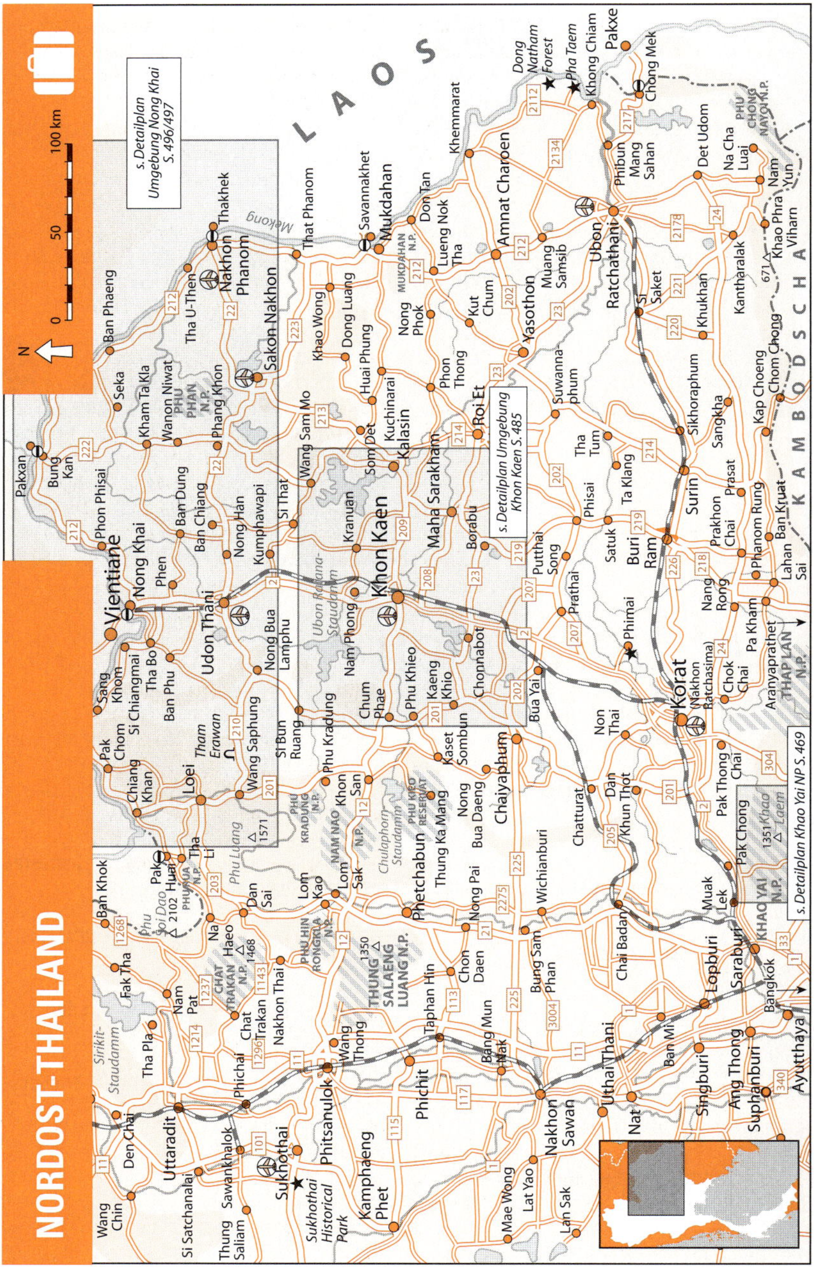
NORDOST-THAILAND
N
0 50 100 km
s. Detailplan Umgebung Nong Khai S. 496/497
s. Detailplan Umgebung Khon Kaen S. 485
s. Detailplan Khao Yai NP S. 469
LAOS
KAMBODSCHA
Mekong
Pakxan
Bung Kan
Phon Phisai
Vientiane
Nong Khai
Sang Khom
Si Chiangmai
Tha Bo
Pak Chom
Chiang Khan
Loei
Tham Erawan
Wang Saphung
Udon Thani
Ban Phu
Phen
Ban Dung
Ban Chiang
Nong Han
Kumphawapi
Nong Bua Lamphu
Si Bun Ruang
Seka
Ban Phaeng
Kham Ta Kla
Wanon Niwat
PHU PHAN N.P.
Phang Khon
Sakon Nakhon
Tha U-Then
Nakhon Phanom
Thakhek
That Phanom
Savannakhet
Mukdahan
MUKDAHAN N.P.
Don Tan
Lueng Nok Tha
Khemmarat
Amnat Charoen
Khao Wong
Dong Luang
Huai Phung
Nong Phok
Kut Chum
Wang Sam Mo
Si That
Kranuan
Somdet
Kuchinarai
Kalasin
Khon Kaen
Ubon Ratana-Staudamm
Nam Phong
Chum Phae
Phu Khieo
Kaeng Khio
Chonnabot
Maha Sarakham
Borabu
Roi Et
Phon Thong
Yasothon
Muang Samsib
Ubon Ratchathani
Dong Nathan Forest
Pha Taem
Khong Chiam
Pakxe
Chong Mek
Phibun Mang Sahan
Det Udom
Na Cha Luai
PHU CHONG NAYOI N.P.
Nam Yun
Khao Phra Viharn
Kantharalak
Khukhan
Si Saket
Sikhoraphum
Sangkha
Kap Choeng
Chom Chong
Surin
Prasat
Prakhon Chai
Phanom Rung
Ban Kruat
Lahan Sai
Buri Ram
Satuk
Ta Klang
Tha Tum
Suwannaphum
Phisai
Putthai Song
Prathai
Phimai
Nang Rong
Pa Kham
Chok Chai
Aranyaprathet
THAP LAN N.P.
Korat (Nakhon Ratchasima)
Non Thai
Bua Yai
Dan Khun Thot
Chatturat
Pak Thong Chai
Pak Chong
Khao Laem 1351
KHAO YAI N.P.
Muak Lek
Saraburi
Lopburi
Chai Badan
Ban Mi
Bangkok
Ayutthaya
Suphanburi
Ang Thong
Singburi
Nat
Uthai Thani
Nakhon Sawan
Lat Yao
Lan Sak
Mae Wong
Bung Sam Phan
Wichianburi
Chaiyaphum
Kaset Sombun
Nong Bua Daeng
Thung Ka Mang
PHU KIEO RESERVAT
Chulaphorn-Staudamm
Phu Kradung
PHU KRADUNG N.P.
Khon San
NAM NAO N.P.
Lom Sak
Lom Kao
Phetchabun
Nong Pai
Chon Daen
Taphan Hin
Bang Mun Nak
Phichit
THUNG SALAENG LUANG N.P.
1350
PHU HIN RONGKLA N.P.
Nakhon Thai
Wang Thong
Phitsanulok
Dan Sai
Phu Luang 1571
Tha Li
Pak Huai
Phu Soi Dao 2102
PHU SUA N.P.
Na Haeo 1468
CHAT TRAKAN N.P.
Chat Trakan
Ban Khok
Fak Tha
Nam Pat
Tha Pla
Sirikit-Staudamm
Phichai
Uttaradit
Den Chai
Wang Chin
Si Satchanalai
Sawankhalok
Sukhothai
Sukhothai Historical Park
Thung Saliam
Kamphaeng Phet

Schnurgerade verlaufen die Highways durch weitläufige Reisfelder mit traditionellen Dörfern und schnell wachsenden Städten mit modernen Industrieanlagen. Schmalere Straßen führen zu Zeugnissen früherer Kulturen und dem **Mekong** als größtem Fluss Südostasiens. Der Nordosten – gern **Isarn** genannt und auch Isan, I-san, Isaan oder gar Issan und E-sarn geschrieben – gilt mit 168 000 km² als größte Region Thailands. Der Name wurzelt im Begriff „Ishana", einem aus dem Sanskrit stammenden Wort für das frühe Mon-Khmer-Königreich, das sich hier einst erstreckte, bevor es dem Imperium von Angkor einverleibt wurde. Die Sprache und Kultur der Bewohner weist starke Verbindungen mit dem benachbarten Laos auf, aber auch Einflüsse aus Kambodscha und sogar Vietnam sind sichtbar. Die Region ist reich an Menschen und vergleichsweise arm an Naturschätzen und an Regen – weshalb sie oft als „Armenhaus" des Königreichs bezeichnet wird. Denn der Monsun erreicht das Plateau nur unregelmäßig, so dass die Ernten auf den kargen Lateritböden eher mager ausfallen und zudem durch Dürren, Überflutungen und Versalzungen gefährdet sind.

Bis 1973 bescherten US-Militärbasen verschlafenen Kleinstädten einen Bauboom und eine breite Hauptverkehrsader: Der legendäre **Friendship Highway** (s. Kasten S. 479), der von den Amerikanern im Vietnamkrieg als strategische Verbindung gebaut wurde, führt als H2 an die thailändisch-laotische Grenze nach **Nong Khai** bzw. fast bis nach Vientiane, der Hauptstadt des Nachbarlands Laos. Nach 1975 verließen die Fremden den Nordosten und nur wenige Touristen verirrten sich in die Weite dieser gleichförmigen Landschaft, in der bis zur Amnestie von 1982 noch kommunistische Guerillakämpfer ihr Unwesen trieben. Viele Landbewohner suchten in den 1980er- und 90er-Jahren ihr Glück in Bangkok, Pattaya und anderen fernen Orten, wo sie noch heute einen hohen Bevölkerungsanteil stellen und ihr Einkommen in die Heimat transferieren.

Der Isarn selbst bietet kaum Möglichkeiten, außerhalb der Landwirtschaft einen Arbeitsplatz zu finden. Erst seit einigen Jahren wird versucht, der Abwanderung mit einer Ansiedlung arbeitsintensiver Industriebetriebe der Lebensmittel- und Textilverarbeitung Einhalt zu gebieten. Obwohl das Prokopf-Einkommen erheblich unter dem Landesdurchschnitt liegt, leben nach einer Untersuchung der Regierung die landesweit glücklichsten Menschen im Nordosten. Davon zeugen nicht zuletzt häufig gefeierte, lebensfrohe Feste, auf denen nach der sehr rhythmischen **Isarn-Musik** getanzt wird. Im Stil dieses traditionellen, als „Luuk Tung" („Kinder der Felder") bezeichneten Genres entstehen sogar moderne, landesweit beliebte Popsongs. Ebenfalls ausgelassen oder sogar etwas zu sorglos geht es auf den spektakulären **Raketenfestivals** zu, bei denen die Einheimischen selbst gebaute Flugkörper in den Himmel zischen lassen.

Der Nordosten hat zudem weitaus mehr touristische Attraktionen zu bieten, als man vermutet. Trotz einer radikalen, gewissenlosen Abholzung besteht er, wie gern gespottet wird, keineswegs nur aus **Reisfeldern**. Hier finden sich insgesamt 45 Naturschutzgebiete – darunter faszinierende Nationalparks wie der **Khao Yai** oder **Phu Kradung** bei Loei, wo alljährlich im Winter die landesweit kältesten Temperaturen gemessen werden. Der Nationalpark **Phu Wiang** gilt als „Jurassic Park" Thailands. Er ist der bedeutendste von zahlreichen Orten rund um **Khon Kaen**, an denen Überreste von Dinosauriern wie dem *Siamotyrannus isanensis* oder acht der 42 bekannten prähistorischen Spezies von Elefanten entdeckt wurden. Ihre Nachkommen lassen sich in **Surin** sogar beim Fußballspiel bestaunen. Die ältesten Spuren menschlicher Kultur finden sich als Weltkulturerbe der Unesco bei **Ban Chiang** oder in Form von Felszeichungen in **Pha Taem**. Wer die faszinierenden Tempel (Prasat) der Khmer-Hochkultur aus dem 12. Jh. bestaunen möchte, sollte über **Korat** als Tor zum Nordosten nach **Phimai**, **Phanom Rung** oder **Muang Tam** reisen.

Immer wieder führt eine Reise durch den Isarn in beschauliche Winkel, die mit Wasserbüffeln, Fahrradrikschas oder traditioneller Handwerkskunst ein Höchstmaß an Ursprünglichkeit, Ruhe und Gelassenheit ausstrahlen. Am reizvollsten präsentiert sich der Isarn während oder kurz nach der **Regenzeit**, wenn die neongrünen, gefluteten Reisfelder bis zum Horizont glitzern und sich allerorts von Lotus und Libellen gezierte Wasserflächen bilden. Für Liebhaber authentischer **Küche** lockt die Region als kulinarisches Schlaraffenland mit vielen traditionellen Speisen, zu dem durchaus auch Insekten zählen. Die Einheimischen sprechen zwar nur vereinzelt Englisch, doch wird das Reiseerlebnis stets von einem hohen Maß an Freundlichkeit und Gastfreundschaft geprägt. Das gilt auch für die **Community** der hier überraschend zahlreich lebenden Ausländer, von denen viele heimatliche Back- und Wurstwaren produzieren. Ebenfalls für Wohlgefühl sorgen die meist enorm günstigen Übernachtungspreise.

Von Bangkok nach Khao Yai

Vom mehrspurigen Highway 1 nach Norden zweigt am Ortseingang von Saraburi der H2 oder Friendship Highway nach Osten in Richtung Korat ab. Hinter KM 133 am großen, weißen, sitzenden Buddha von **Klang Dong** sowie an dampfenden Zementwerken und Chemiefabriken vorbei, beginnt der Aufstieg auf das Plateau des Nordostens. Hier liegen Restaurants und Resorts inmitten großer Gärten sowie Gärtnereien, Obstplantagen und Gemüsefarmen. Ihre Produkte werden an der Straße verkauft und locken Wochenendausflügler aus Bangkok an. Am KM 165 ist die Abfahrt erreicht, auf der man nach 5 km in das Zentrum von **Pak Chong** gelangt. Der Ort verfügt über einen kleinen Bahnhof und gilt als Tor nach Khao Yai, dem meist besuchten Nationalpark Thailands. Außerdem ist es von hier nur noch eine knappe Stunde bis **Korat**. Das Naturschutzgebiet Khao Yai verkraftet jährlich bis zu 1 Mio. Besucher. Hochbetrieb herrscht meist nur an den Wochenenden. Zum nördlichen, über Pak Chong erreichbaren Zugang, sind es etwa 200 km ab Bangkok. Wer den Park über den südlichen Zugang ansteuert, muss nur 150 km bzw. 1 1/2 Std. Fahrzeit in Kauf nehmen: Über diverse Ausfallstraßen geht es von Bangkok zum H33 und dann zu dem wenige Kilometer nordöstlich von **Prachinburi** abzweigenden H3077.

Die meisten Besucher reisen jedoch über Pak Chong an. Da der Ort von einer breiten Asphaltschneise zerschnitten ist und entsprechend unwirtlich wirkt, übernachten hier nur wenige. Die schönsten Resorts liegen am H2090, der aus Pak Chong als 26 km lange, von Obst- und Ge-

Tropische Tropfen

Früher wurde thailändischer Wein als süßliches Fruchtweingesöff belächelt. Heute werden sogar Qualitäts- und Jahrgangsweine nach Europa exportiert – was allenfalls Insidern bekannt ist. Wer die Region Khao Yai besucht, stößt an den Rändern des Nationalparks auf immer mehr Weingüter, während der verheißungsvolle Name des hier liegenden Golfplatzes „Toscana Valley" zu einem symbolträchtigen Begriff für die ganze Region zu avancieren scheint. Als Südostasiens größte Weinkellerei produziert die **Khao Yai Winery** bzw. **PB Valley**, 💻 www.khaoyaiwinery.com, jährlich an die 200 000 Flaschen Weiß- und Rotwein. Die Rebstöcke stammten einst aus Deutschland, Italien, Spanien und Frankreich, sie wachsen hier bis zu sechsmal schneller als im Herkunftsland heran und bescheren sogar zwei Ernten im Jahr. Der 1998 erstmalig gekelterte Wein kann mit leckeren Holzofenpizzas im Insider-Restaurant **The Great Hornbill Grill** genossen werden. Als weitere Weingüter liegen im Umfeld des Parks **Granmonte**, 💻 www.granmonte.com, und **Chateau des Brumes**, 💻 www.villagefarm.co.th, die sich ebenfalls der Thai Wine Association, 💻 www.thaiwine.org, angeschlossen haben und ihren Gästen tolle Möglichkeiten zum Einkehren und Übernachten bieten. In anderen Landesteilen finden sich weitere Weingüter wie die **Siam Winery** bei Bangkok und Hua Hin, 💻 www.siamwinery.com und 💻 www.monsoonvalleywine, die **Shala One Winery**, ☎ 02-668 6835, in der Provinz Phichit, die **Mae Chan Winery** bei Chiang Rai, 💻 www.maechanwinery.com, oder **Chateau de Loei** in Loei, 💻 www.chateaudeloei.com, das auf die längste Tradition zurückblickt. **Silverlake Wineyard** bei Pattaya, 💻 www.silverlakethai.com, ist von der Filmschauspielerin Supansa Nuangpirom angelegt worden und wird sogar mit elf Sorten bewirtschaftet. Freunde eines feinen Tropfens allerdings, die hoffen, dass einheimischer Wein sehr viel günstiger zu erstehen ist als die hoch besteuerten, importierten Sorten, könnten nach dem Preisvergleich dazu neigen, ihren Kummer mit landestypisch preisgünstigem Mekong-Whisky zu ertränken …

müseplantagen gesäumte Strecke in den Park führt. Aus ökologischen Gründen wurden 1992 alle privaten Unterkünfte im Park ausgesiedelt. Außer zahlreichen Hotels, Feriensiedlungen und Golfplätzen gibt es auch immer mehr **Weingüter** (s. Kasten), die das vergleichsweise angenehme Klima der Region nutzen. Im Umfeld des Nationalparks präsentiert sich außerdem ein **Vergnügungsangebot**, das teilweise auf Western-Romantik abzielt: z. B. Countrymusik, Übernachten in Indianerzelten, Bogenschießen, Reiten oder Planwagenfahren (s. S. 471, Sonstiges). Die Anspielungen an Cowboys stammen aus den Zeiten, als US-Amerikaner hier die Milchwirtschaft einführten.

8 HIGHLIGHT

Khao Yai National Park

Dass hier sogar noch Tiger durch den Dschungel streifen, gehört zu den gern gestrickten Legenden über Khao Yai. Doch sonst bietet der mit 2168 km^2 drittgrößte und älteste Nationalpark Thailands alles, was man sich von einem Naturschutzgebiet in den Tropen erträumen mag. Bereits 1962 gegründet, erstreckt er sich zwischen Bangkok und Korat als gebirgige Region der Dongrak-Bergkette und schützt den westlichen Teil eines der letzten Regenwaldgebiete Südostasiens. Dieses erstreckt sich über 230 km bis zur kambodschanischen Grenze und ist zum Natural Heritage Site der Asean-Staaten erklärt worden sowie 2005 als **Dong Phayayen-Khao Yai Forest Complex** zum Weltnaturerbe der Unesco, 🖳 http://whc.unesco.org/en/list/590/. Ursprüngliche Dschungelgebiete finden sich auf dem 600–1000 m hohen Plateau allerdings nur an wenigen Stellen.

Meist wechselt die Landschaft zwischen immergrünem Monsunwald und grasbewachsenen Steppen mit kleinen Seen. Höchste Erhebung ist mit 1350 m der **Khao Khiau**, auf dem sich eine Radarstation befindet. Durch die Berge dort hinauf führt als schmale, steile Asphaltstraße der H3182. Da es sich um militärisches Gelände handelt, dürfen nur die ersten 10 km bis zum Schlagbaum befahren werden. Auf der Strecke liegen schöne Aussichtspunkte. Zwischen 21 und 6 Uhr ist der Nationalpark für den Durchgangsverkehr gesperrt. Eintritt 400 Baht (Kinder 200 Baht) sowie 50 Baht pro Fahrzeug und Tag.

Das am Hauptquartier liegende **Visitor's Center** informiert mit hilfsbereitem Personal, guten Karten und einer kleinen Ausstellung über die Natur des Parks sowie die Möglichkeit, der Fauna nachzuspüren. Tagsüber lassen sich kaum Wildtiere blicken – allenfalls bettelnde Kurzschwanz-Makaken (z. B. am KM 31), große Echsen, einige Vögel und die mehr oder weniger angenehme Insektenwelt des Waldes. Nachts an den Salzstellen (z. B. KM 30,3, 36,2 und 35) und im offenen Grasland ist vor allem Rotwild zu beobachten. Mit geschultem Blick und etwas Glück können auch große Echsen, Schlangen, Nashornvögel, Wildschweine, Stachelschweine, Wildochsen (Gaur), Zwergrehe, Mungos, Zibetkatzen oder vielleicht sogar Bären und Krokodile gesichtet werden. Zudem besteht auf der durch den Park führenden Straße die Chance, Elefanten zu begegnen, von denen bis zu 250 hier leben. Insgesamt gibt es im Park 123 verschiedene Säugetierarten und 200 unterschiedliche Reptilien sowie 392 Vogelarten mit der landesweit größten Population an Nashornvögeln.

Am einfachsten und schönsten lässt sich der Nationalpark über seine zahlreichen Wasserfälle erkunden. Der **Haew Suwat** gilt als der populärste, seitdem hier im Jahr 1999 – mit Leonardo di Caprio in der Hauptrolle – einige Schlüsselszenen des Traveller-Romans *The Beach* gedreht wurden. Dieser Wasserfall kann sogar mit dem Auto erreicht werden und lädt mit einem großen, tiefen Naturbecken zum Schwimmen ein. Am spektakulärsten erscheint der im Süden liegende **Haew Narok**. Nur 1 km abseits der Straße stürzt er über drei Stufen 150 m in die Tiefe.

Da der Nationalpark von einem Wegenetz von insgesamt 500 km Länge mit ganz unterschiedlichen Schwierigkeitsgraden durchzogen wird, eignet er sich vorzüglich für **Wanderungen**. Die Flüsse gleichen die meiste Zeit des Jahres eher Bachläufen und können problemlos überquert werden. Trotzdem sind in der Regenzeit, die im Juni und Juli mit zahlreich blühenden Orchideen fasziniert, nicht alle „Trails" begehbar. Wer auf Wanderschaft geht, sollte sich mit Spezialsocken

Organisierte Touren

Wer gesteigerten Wert auf Einsamkeit und naturnahe Erlebnisse legt, sollte den Park unter der Woche bereisen – und möglichst auf Schusters Rappen. Ein professioneller Guide garantiert, dass man mehr vom Dschungelabenteuer hat. Die meisten Resorts (s. Übernachtung) bieten Tagestouren (Preisangaben exkl. Eintritt) mit englischsprachigen Führern an, die mehrstündige Trekking-Passagen und Zwischenstopps an Wasserfällen umfassen, wo gepicknickt, gebadet oder sogar geklettert werden kann. Halbtägige Touren führen zum Höhlentempel und zur Fledermaushöhle oder als Nachtsafari durch den Park.
Die **Khao Yai Garden Lodge** kann mit besonders engagierten, sympathischen Guides wie Mr. Arjin (Spitzname: Äh) aufwarten, dessen Touren für 1100 Baht p. P. von 8–19 Uhr dauern und unter anderem eine Wanderung zum beliebten Wasserfall Haew Suwat umfasst. Halbtagestouren dauern meist von 15–19 Uhr und kosten 500 Baht. Zwei weitere Kollegen bieten Spezialtouren wie Vogelbeobachtung oder das „Long Trekking" für 3000 Baht an.
Einen guten Ruf für Touren zur Vogelbeobachtung genießt Mr. Nine (Spitzname: Bird Man) vom **Greenleaf Guesthouse**. Sie dauern von 5.30–19.30 Uhr und kosten 3600 Baht. Normale Tagestouren liegen bei 900 Baht (mind. 3 Teilnehmer).
Unter anderem auf zweitägige Touren spezialisiert haben sich die Guides von **Wildlife Safari** unter Leitung des freundlichen Mr. Jay. Sie kosten 5600 Baht p. P. (mind. zwei Teilnehmer) und umfassen volle Verpflegung, die Übernachtung in mitgeführten Zelten und die entsprechenden Träger.
Das **Moon River Resort** ermöglicht für jeweils 1500 Baht und von 8–18 Uhr zwei erlebnisreiche Tagestouren, die aber nichts für Anfänger sind. Die eine führt mit Trekking- und leichten Klettereinlagen zu den beiden bedeutendsten Wasserfällen des Parks, die andere sogar zu bis zu fünf Wasserfällen und durch ein Schmetterlingsparadies. Zum gleichen Preis gibt es eine per Fahrzeug angebotene Tagestour zu den Fledermaushöhlen, Salzleckstellen der Elefanten und einem Wasserfall. Aufgrund besonderer Beziehungen zu den Rangern sind spezielle Exkursionen möglich – wie eine bis zu einstündige Schlauchbootpassage über einen Fluss sowie drei Jeeptouren über entlegene Pfade. Kein billiges Vergnügen, denn sie erfordern aus Sicherheitsgründen einen Konvoi aus mindestens zwei Fahrzeugen und enthalten teilweise sogar eine Übernachtung.
Um 17 Uhr wird der Zugang zu den Wasserfällen des Parks gesperrt. Nach 18 Uhr sind alle nicht angemeldeten Aktivitäten im Dschungel verboten – bis auf die Nachsafaris des **Visitor's Center**. Sie beginnen um 19 und 20 Uhr für 50 Baht p. P., gleichen oft Massenveranstaltungen und bestehen aus einstündigen Rundfahrten mit Suchscheinwerfern, die oft nur Rotwild einfangen.

gegen Blutegel ausrüsten. Die Wege sind meist gut markiert und führen zuweilen über Elefantenpfade. Jenseits der populären Routen sollten Wanderer nie allein durch den Park streifen, da sich selbst erfahrene Trekker mal ein Bein brechen können.

Fledermaushöhlen

Rund 10 km vor dem nördlichen Parkeingang entfaltet sich abends an zwei Orten ein beeindruckendes Naturereignis: Einige Höhlen in den steil abfallenden Kalkfelsen werden von Hunderttausenden kleiner **Hufeisennasen-Fledermäusen** bewohnt. Zum Sonnenuntergang verlassen die Tiere in endlosen Schwärmen ihre Labyrinthe, um auf Nahrungssuche zu gehen. Die Nachtjäger vertilgen nicht nur Unmengen von Insekten, sondern bestäuben auch seltene Dschungelpflanzen. Zudem sorgen sie für die Verbreitung der Samen von bis zu 95 % der Pflanzen des tropischen Regenwaldes, so dass es ihn ohne diese Tiere wohl kaum noch geben würde. Aus einer der Höhlen wird sogar Guano-Dünger abgebaut und mit einer primitiven Seilbahn zu Tale gefördert. Wer kein eigenes Fahrzeug hat oder den zweiten, besseren Fledermaus-Schauplatz besuchen will, sollte sich in seiner Unterkunft erkundigen bzw. einer Tour anschließen.

Khao Yai National Park

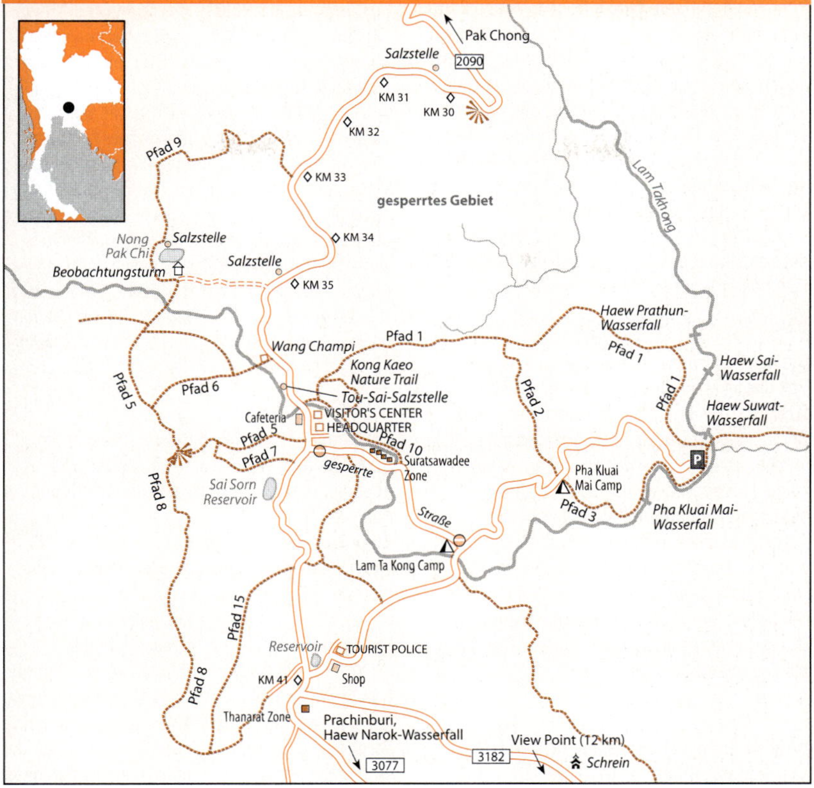

Unterwegs auf markierten Pfaden

Ein kurzer Spazierweg führt auf dem gut markierten **Kong Kaeo Nature Trail**, einem 1 km langen Rundweg, vom Visitor's Center über eine Hängebrücke zum Wasserfall **Kong Kaeo** durch immergrünen Regenwald. Auf dem abzweigenden 8 km langen, rot markierten **Pfad 1** gelangt man vorbei an den Abzweigungen zu den Wasserfällen **Haew Prathun** (nach 5,2 km) und **Haew Sai** (6,1 km) – in 3–4 Std. zum Parkplatz am Wasserfall **Haew Suwat**. Von hier geht es zurück auf einer Straße, die durch eine schöne Landschaft führt. Der bereits nach 3 km von Pfad 1 abzweigende gelbe **Pfad 2** endet nach 3 km am Pha Kluai Mai Camp. Hierher gelangt man auch auf dem leicht begehbaren, rot markierten **Pfad 3**, der vom Haew Suwat-Parkplatz 3,1 km an dem von vielen Schmetterlingen bevölkerten Bachlauf entlang führt. Auf halbem Weg passiert man den winzigen **Pha Kluai Mai-Wasserfall**, der seinen Namen Orchideen verdankt, die auf dem nahen Baum wachsen.

Pfad 5 (4,5 km, ca. 3 Std., rot markiert) beginnt südlich des Headquarters und endet nach einer Flussdurchquerung am Beobachtungsturm **Nong Pak Chi**, der an einem See mit Salzstelle in überschaubarem Grasland liegt. Auf dem Feldweg (1 km) geht es zurück zur Straße, 2 km nördlich vom Headquarter. **Pfad 6** (4,4 km, 2,5 Std., blau markiert) und **Pfad 7** (2,7 km, 1,5 Std., gelb markiert) eignen sich in Verbindung mit Pfad 5 für Rundwanderungen. **Pfad 9** (3,4 km, knapp 2 Std., blau markiert) verläuft von Nong Pak Chi zum KM 33 durch eine abwechslungsreiche Landschaft jenseits des Beobachtungsturms hinter dem Bach nach rechts und an der Salzstelle vorbei etwa 30 Minuten durch hohes Gras und dann in den Wald hinein. Auf der zweiten Hälfte der Wanderung kommt man an einigen schönen Würgefeigen und alten Bäumen vorbei.

Pfad 10 (1,3 km, blau markiert), der am Fluss entlang bis zur gesperrten Straße verläuft, eignet sich besonders zur Vogelbeobachtung.

Übernachtung

Die meisten Unterkünfte liegen an dem aus Pak Chong in den Park führenden H2090 (Thanon Thanarat) bzw. den kilometerlangen Seitenstraßen. Die kleineren werden meist familiär geführt. Viele Resorts bieten einen kostenlosen Abholservice aus Pak Chong, besonders wenn Touren vorgebucht sind. An der südlichen Zufahrt, wo wohltuend weniger Trubel herrscht, gibt es erst wenige Unterkünfte. Unter der Woche sind die Hotels relativ leer, am Fr und Sa besonders teuer. Direkt im Nationalpark darf nur auf 2 Campingplätzen übernachtet werden.

In Pak Chong

Wildlife Safari, 39 Subsanun Rd. bzw. 2 km von Pak Chong, ✆ 044-312 922, 💻 www.khaoyaiwildlife.com. Gegründet von dem Briten Mark – mit 17 günstigen Zimmern, davon 4 mit Ventilator, in einem Garten. ❷–❹

An der nördlichen Zufahrt (H2090)

Greenleaf Guesthouse, KM 7,5, ✆ 044-365 073, 💻 www.greenleaftour.com. Zählt mit 14 einfachen, sauberen Ventilatorzimmern und Kaltwasser-Bädern, einer familiären Atmosphäre und preiswerten Thai-Küche zu den wenigen Budgetunterkünften. ❷

Juldis Khao Yai Resort & Spa, KM 17, ✆ 044-297 297, 💻 www.khaoyai.com. Diese feudal wirkende, angenehme Anlage besteht als ältestes Luxushotel des Nationalparks aus 151 Zimmern mit großen Balkons. Es gibt ein Schwimmbad, Wellnessmöglichkeiten und abendliche Livemusik im hauseigenen Country Pub. ❻–❼

Khao Yai Garden Lodge, KM 7, ✆ 044-365 178, www.khaoyai-gardenlodge.com. 1986 errichtet, bietet das Resort 60 ganz verschiedene, ungewöhnlich möblierte Zimmer, davon 10 mit Ventilator und viele mit Terrassen. In der 15 000 m² großen Gartenanlage liegen ein gutes Restaurant und ein idyllisches Schwimmbad mit künstlichem Wasserfall. Als neue Eigentümerin sorgt die junge, sympathische Mrs. Siraphat für eine angenehme Atmosphäre – und kostenloses Internet. ❹–❺

Kirimaya Golf Resort & Spa, 7 km auf einer Abzweigung des H2090, ✆ 044-426 000, 💻 www.kirimaya.com. Dieses ungewöhnliche, 2005 eröffnete Resort namens „Illusion der Berge“ bietet sich wegen seiner exorbitanten Preise ab 11 000 Baht pro Nacht zwar nicht unbedingt zum Wohnen an, aber als illustre Sehenswürdigkeit. Es ist im thailändisch-balinesischen Mischstil angelegt, mit vielen Wasserflächen, Lotus- und Schilfgrasbeeten sowie einem turmartigen Restaurant und 18-Loch-Golfplatz (von Golfprofi Jack Nicklaus). Geboten werden 129 exklusiv durchgestylte Zimmer – darunter

Familienresort im Süden

In dem nur 2,5 km vom südlichen Parkeingang entfernten, am H3077 liegenden **Moon River Resort**, ✆ 037-407 666, 💻 www.moonriver.in.th, bietet Inhaber Alexander Buppha mit seiner deutsch-schwedisch-thailändischen Familie ein wohltuendes Maß an Gastlichkeit. Das säulenverzierte Schwimmbad wird umrahmt von 5 überaus geräumigen, ungewöhnlich konzipierten Komfortbungalows sowie ab Ende 2009 auch mit einigen einfacheren, günstigen Zimmern. Sohn und Küchenchef Joachim brutzelt verlockende westliche Hausmannskost wie Spinat-Spaghetti, Knusper-Pizzas, Fischfilet in Weißweinsauce und exzellente Currywurst (mit selbst gemachter Sauce) in gnadenlos großen Portionen. ❹–❺

4 einzigartige, 180 m^2 große Luxuszelte für 40 000 Baht. (ab ❽)

The Jungle House, KM 19,5, ☏ 044-297 183, 💻 www.junglehousehotel.com. 60 unterschiedliche Zimmer als buntes Sammelsurium aus Baumhäusern, Cottages, doppelstöckigen Bungalows und Blockbauten. Nettes Restaurant mit steinernen Buddhafiguren und eine Rezeption, die direkt in den Dschungel führt. Viele Aktivitäten und ein kleiner Zoo, zu dem auch 5 Elefanten mit entsprechenden Möglichkeiten gehören. 30-minütige Ausritte 300 Baht. ❺

Weitere Adressen zu Unterkünften, auch direkt im Park, wie sie vorwiegend von Einheimischen favorisiert werden, s. eXTra [2891].

Essen

Wer in **Pak Chong** strandet, sollte sich auf dem großen, örtlichen Nachtmarkt verpflegen. An der nördlichen Zufahrt zum **Park** finden sich einige Minimärkte und auch Restaurants. Die meisten Besucher pflegen in ihren Hotels zu speisen. Direkt im Park gibt es einige Erfrischungs- und Essenstände sowie 5 größere Restaurants im Bereich der wichtigsten Sehenswürdigkeiten und gegenüber dem Visitor's Center. Der Verkauf von Alkohol ist im Park prinzipiell untersagt.

Riverside, 95/5 Soi 4, Kongwakseen Rd., Pak Chong, ☏ 044-315 955. Mr. Cherdchai verwöhnt schon seit 1994 mit guter Thai-Kost für 50–120 Baht und Seafood-Gerichten um 150 Baht. Es gibt einen lauschigen Außen- und einen AC-Innenbereich. Fr und Sa Countrymusik. 🕒 19–23 Uhr.

Star Gio, gegenüber dem Bahnhof, Pak Chong, ☏ 084-036 9843. In seinem italienischen Restaurant serviert Mr. Pong seit 2004 knusperige Pizzas für 85–195 Baht, Spaghetti und andere Leckereien. 🕒 11–21.30 Uhr.

Der Khao Yai als Bilderbuch

Die Veröffentlichung seines großformatigen Werks über den Khao Yai National Park hat der im Alter von 63 Jahren verstorbene Berliner **Klaus Derwanz** nicht mehr erleben können. Der Tourismuspionier, Hobbybiologe und Gründer der Khao Yai Garden Lodge hat es in über zwei Jahrzehnten geschrieben. Ende 2005 erschien sein faszinierend bebildertes Buch *Thailand – Dschungelabenteuer Khao Yai* (ISBN 3-00-017144-4, ab 35 €). Es gibt auf 274 Seiten einzigartigen Aufschluss über die Fauna und Flora des Schutzgebiets. In einigen Resorts liegt das Lebenswerk aus.

Im Visitor's Center wird ein informatives Buch über Säugetiere, *Mammals of Khao Yai National Park*, verkauft. Es enthält auch eine exakte Karte mit Routenbeschreibungen für Wanderungen auf eigene Faust.

Sonstiges

Aktivitäten

Neben Trekkingtouren gibt es Familienspaß mit Westernambiente im **Bonanza Adventure Park**, ☏ 044-365 191-2, 💻 www.bonanza-khaoyai.com, oder in dem über den H2243 erreichbaren **Thongsomboon Club**, ☏ 044-312 248, 💻 www.thongsomboon-club.com, 🕒 8.30–18 Uhr.

Informationen

Das **Headquarter/Visitor's Center**, P.O. Box No.9, Pak Chong District, 30130, Nakhon Ratchasima, ☏ 081-877 3127, 086-092 6531, 📠 037-356 037, 🕒 8–18 Uhr, liegt 14 km vom nördlichen Eingang im Inneren des Parks. Hier oder über Bangkok (s. S. 210, Nationalparks) können Unterkünfte und Nachtsafaris gebucht werden.

Reisezeit

Meist regnet es ab Mai, am stärksten von Juli bis Mitte Oktober. Dann bereiten die vielen Blutegel Probleme. Als beste Reisezeit gelten November und Dezember, wenn die Elefanten nachts häufiger aus dem Dschungel kommen. Abends kann es kühl werden.

Nahverkehr

Songthaews und **Tuk Tuks** fahren in Pak Chong von der Haltestelle vor dem 7-Eleven bzw. 300 m westlich davon, zum nördlichen Eingang des Khao Yai National Park, von 6–17 Uhr alle

30 Min. für 40 Baht in 45 Min. Ein gechartertes Tuk Tuk kostet zu den Resorts ab 200 Baht, zum nördlichen Parkeingang 400–500 Baht und zum Visitor's Center 800–1000 Baht. Mopedtaxis sind etwas günstiger.
Im Nationalpark fahren keine öffentlichen Verkehrsmittel, so dass man sich einer Tour anschließen oder ein eigenes Fahrzeug mieten sollte. Mopeds werden am H2090 und von einigen Resorts für 300 Baht pro Tag vermietet.

Transport

Busse

Lokale non-AC-Busse halten in Pak Chong an der **Busstation** zwischen Soi 8 und 10, AC -Busse entlang der **Hauptstraße** an den Büros der Busunternehmen. Ankommende Touristen müssen verstärkt damit rechnen, von Schleppern umworben zu werden.
BANGKOK, rund um die Uhr alle 15–30 Min. für 120–150 Baht in 2 Std.
KORAT, rund um die Uhr für 70–90 Baht in 1 1/2 Std.

Eisenbahn

Alle Züge von Bangkok nach Ubon Ratchathani und einer nach Nong Khai halten am **Bahnhof** von Pak Chong, ✆ 044-311 534.
BANGKOK, überwiegend nachts und 4x tagsüber für 40–170 Baht.
PRACHINBURI (am Südeingang zum Khao Yai), 5x tgl. für 30 Baht. Weiteres s. Fahrplan S. 900.

Korat (Nakhon Ratchasima)

Obwohl diese Stadt mit 150 000 Einwohnern wirklich groß ist, wird man zuweilen in alphabetischen Verzeichnissen unter „Korat" (Khorat) nicht fündig. Denn der Eintrag steht oft nur unter dem offiziellen Ortsnamen Nakhon Ratchasima, der sonst kaum benutzt wird. Selbstverständlich wird die Kurzform aufgrund asiatischer Sprachgeflogenheiten meist „Kolat" ausgesprochen. Die Provinzhauptstadt, die zu den vier größten Städten Thailands zählt, bietet keine großartigen Sehenswürdigkeiten, doch fungiert sie mit einer vielfältigen, preiswerten Hotellerie und verlockenden Gastronomieszene als attraktives **Tor zum Nordosten** bzw. Schleuse zu Haupttouristenzielen.

Die Neuzeit hat mit dem schicken, beliebten Einkaufszentrum **The Mall** Einzug gehalten, wo sich in Zierbecken bis zu 2 m lange Fische tummeln. Die aufstrebende, 260 km nordöstlich von Bangkok liegende Stadt wird für ihre **Seidenproduktion** gerühmt, aber auch als Herkunft einer erfolgreichen **Musikband** (s. Kasten) und der kurzhaarigen **Korat-Katzen**, die im Königreich als ultimative Glücksbringer gelten.

Vom örtlichen **Luftwaffenstützpunkt**, einem von landesweit sieben, flog die US-Air-Force einst unzählige Einsätze nach Vietnam und Kambodscha. Während dieser Zeit stieg die Bevölkerungszahl explosionsartig, um sich von 1960 bis 1970 fast zu verdoppeln. Noch heute dröhnen hier Kampfjets der thailändischen Luftwaffe. Gewiss gibt es in Korat auch eine noch weiter zurückreichende Geschichte: Die breiten, von Fontänen gezierten Wassergräben und das historische **Pratu Chumphon** sowie drei weitere, nur als Replik erschaffene Stadttore vermitteln einen Eindruck vom Umfang der Befestigungsanlagen, einst 1,7 mal 1,5 km lang. Sie reichen bis ins 8. Jh. zurück. Auf einer Terrasse steht das Bronzedenkmal von Thao Suranaree: Als listige Frau des Vizegouverneurs von Korat war **Khunying Mo** 1826 zur Nationalheldin avanciert, weil es ihr gelungen sein soll, die gegnerischen, laotischen Truppen mithilfe eines Trinkgelages abzulenken, während die eigenen Soldaten an einer anderen Front kämpften.

Geniale Urlaubsstimmung

Bekanntester Sohn der Stadt dürfte der Songwriter und Gitarrist Sekson Sookpimay sein – Gründer der dreiköpfigen Formation **Sek Loso**, die seit den 1990er-Jahren zu den populärsten Bands des Landes zählt. Die einfühlsamen bis eingängigen Songs der Gruppe können es locker mit westlicher Popmusik aufnehmen. Warum nicht mit Musik als Mitbringsel den Thailand-Urlaub abrunden? Am besten ist der CD-Klassiker *Best of Loso*, das neueste Album stammt vom Mai 2009. Die Band lässt sich sogar mit Konzerten in Deutschland blicken.

Korat (Nakhon Ratchasima)

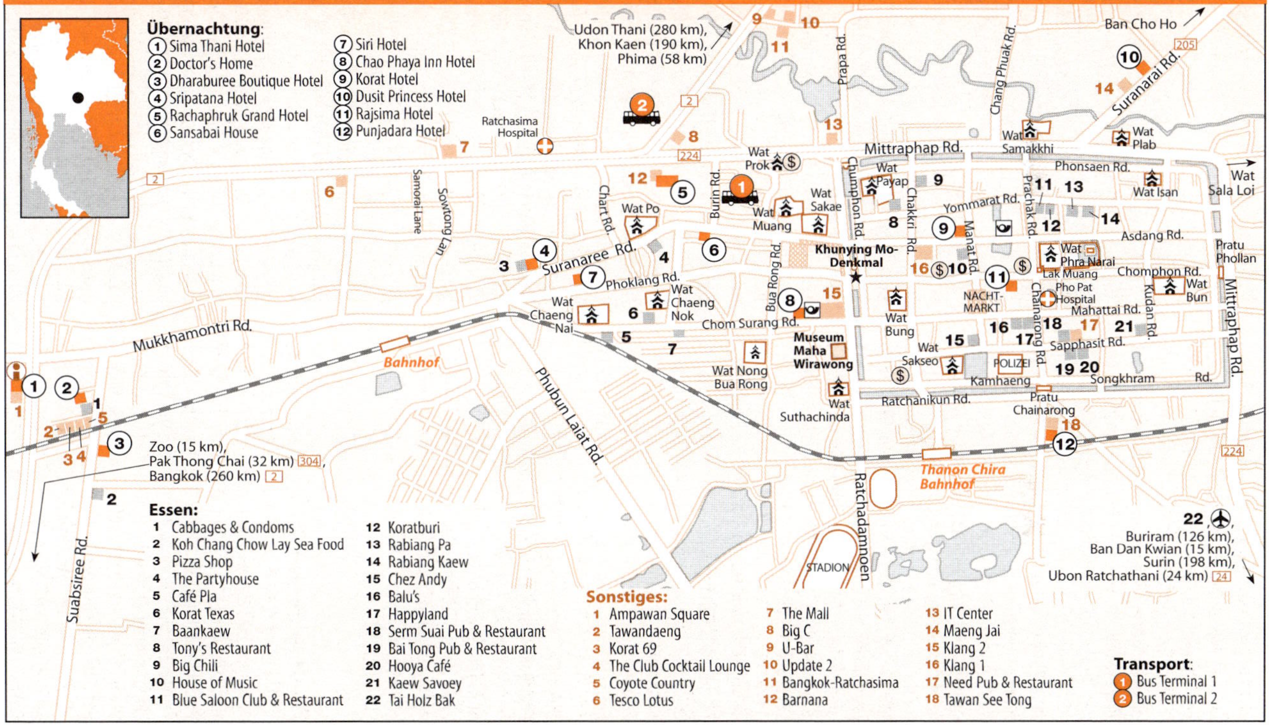

Das 1934 errichtete Monument, das Einheimische ständig mit Blumen, Kränzen und Opfergaben schmücken, soll ihre Asche enthalten.

Im Hof des Tempels **Wat Suthachinda** liegt das schöne, nur wenig beachtete Museum **Maha Wirawong**, ⌚ Mi–So 9–16 Uhr, Eintritt 20 Baht, mit Kunstgegenständen der Khmer- und Ayutthaya-Zeit sowie Funden früherer Epochen. Im **Wat Sala Loi** von 1827 erinnert der Bot an eine antike, chinesische Dschunke, während die Fassade von einem Bas-Relief aus Metallkeramik geziert wird. Vor dem **Wat Phra Narai Maharat** wird der Stadtgrundstein Lak Muang angebetet, im Inneren findet sich eine heilige Vishnu-Figur der Khmer-Zeit aus Sandstein. Das **Wat Pa Salawan** war einst ein Waldkloster und beherbergt einen Friedhof mit bebilderten Gedenktafeln von US-Veteranen, die in Korat ihren Lebensabend verbracht haben.

Übernachtung

Es gibt eine überraschend üppige Auswahl an Hotels, die teilweise noch aus Zeiten des Vietnamkriegs stammen, aber nur ein einziges Guesthouse. Der unselige Teppichboden-Fetischismus lässt leider viele Zimmer müffeln.

Untere Preisklasse

Doctor's Home ②, 78 Suabsiree Soi 4, ✆ 044-255 846. Für alle, die unbedingt im einzigen Guesthouse wohnen wollen. 40 Jahre altes Haus mit Holzdielen, das bis 2007 einem Arzt gehört hat. 5 spartanische, sonnenerhitzte Zimmer, davon 1 mit AC. Tuk Tuk zum Zentrum 100 Baht. ❷

Mittlere Preisklasse

Chao Phaya Inn Hotel ⑧, 62/1 Chom Surang Rd., ✆ 044-260 555, 💻 www.chaophayainn.com. Außen hässlich, innen eher schön. 120 Zimmer zum Sparpreis, sogar in der VIP-Kategorie. ❸–❹

Punjadara Hotel ⑫, 281/19 Chainarong Rd., ✆ 044-257 567, 💻 www.punjadarahotel.com. Die profane Betonfassade täuscht über die Vorzüge des erst 2007 eröffneten Hotels hinweg. Empfehlenswert, mit 79 behaglichen, günstigen Komfortzimmern. Ansprechendes, boulevardartiges Foyer, Restaurant mit Rundtischen und farbenfreudiger Bestuhlung. ❹

Wohltuende Fliesen

Das unscheinbare, 5-stöckige **Sansabai House** ⑥, 335-7 Suranaree Rd., ✆ 044-255 144, 💻 www.sansabai-korat.com, findet sich mit 25 Zimmern und angenehmem Interieur in erfreulich zentraler Lage. Statt einer müffelnden Teppichboden-Orgie wie in fast allen anderen Unterkünften der Stadt, überrascht das kleine Hotel mit blitzenden Fliesen. Gutes Preis-Leistungs-Verhältnis, freundliches Ambiente. ❷–❸

Siri ⑦, 688-90 Phoklang Rd., ✆ 044-241 556, 💻 www.sirihotels.com. Bei Ausländern beliebtes Stadthotel mit 67 Zimmern, ansprechendem Foyer, einem guten Restaurant und der SR-Karaoke. ❸

Obere Preisklasse

Dharaburee Boutique Hotel ③, 1137 Suabsiree Rd., südwestlicher Stadtrand, ✆ 044-277 999, 💻 www.dharaburee.com. Die mit einem einzigartigen Ambiente wohl schönste Unterkunft der Stadt und die einzige mit Boutiquecharakter. 12 originell und behaglich ausgestaltete Zimmer. ❺

Dusit Princess Hotel ⑩, 1137 Suranari Rd., nordwestlicher Stadtrand, ✆ 044-256 629-35, 💻 www.dusit.com. Seit 2007 umbenannt, das eindeutig beste Hotel Korats. 184 überraschend günstige Zimmer, maximaler Komfort und ein exklusives Ambiente. Getränke, Früchte und Internet gratis. Die Abendbuffets im schicken Restaurant gibt es unter 300 Baht! ❺–❻

Rachaphruk Grand Hotel ⑤, 311 Mitraphap Rd., ✆ 044-261 222, www.rachaphruk.com. Wirkt teilweise etwas renovierungsbedürftig, bietet aber eine gediegene, angenehme Atmosphäre. Imposante Lobby und freundliches Personal. 159 üppig verglaste Zimmer mit gutem Blick, besonders aus den geräumigen Ecksuiten. ❺

Essen

In Korat überrascht die Fülle an verlockender Gastronomie – darunter etliche romantische, hübsch gestaltete Gartenrestaurants, die meist auch über AC-Räumlichkeiten verfügen. Abends spielen oft Livebands, so dass der Übergang zu den Musikpubs fließend ist.

Balu's, 176 Mahattai Rd., ✆ 044-289 031. Das 110 Jahre alte Holzhaus hat Bar, Biergarten und Billardtisch. Der stämmige Berliner Ralf Pischke („Balu") serviert hier seit 11 Jahren deutsche Fleischgerichte aus eigener Produktion, Grillteller für 220 Baht sowie einheimisches und deutsches Flaschenbier. ◷ Mi–So 17–24 Uhr.

Big Chili, 158/8 Chakkree Rd. Empfehlenswert und seit 2005 einziges mexikanisches BBQ-Restaurant der Stadt. Ansehnliche, originelle Speisekarte mit 10 Sorten Würsten von 95–130 Baht, „Snack Attacks" für 230 Baht, oder eine große Grillplatte für 450 Baht. ◷ 16–24 Uhr.

Blue Saloon Club & Restaurant, 264 Yomraj Rd., ✆ 044-256 538, 💻 www.bluesaloon.com. Etabliert seit 1993 mit einem AC- und einem Außenbereich. Für gute Stimmung sorgen der australische Besitzer Raymond und seine Frau Cat sowie von 21.10–1 Uhr ein Folksänger und zwei Livebands. U. a. gibt es japanisches Asahi als Fassbier und Guinness in Dosen. ◷ 18–1 Uhr.

Hooya Café, 92 Sapphasit Rd., ✆ 044-266 928. Seit 2004, idyllisches, naturnah und offen gestaltetes Café mit Terracotta-Ambiente und gemütlichem Korbmobiliar. Kaffeekreationen um 40 Baht. ◷ Mo–Fr 8–19, Sa und So 7.30–18 Uhr.

House of Music, 107/5 Manas Rd., nahe Nachtmarkt, ✆ 044-341 090. Klein, aber fein und mit unverschämt günstigen Preisen: Pommes Frites schon ab 35 Baht, Steaks mit grünen Nudeln 50 Baht, große Biere 50 Baht. Es gibt sogar das seltene, gute Archa-Bier und zuweilen Livemusik. ◷ 9–24 Uhr.

Kaew Savoey, 359/1 Sapphasit Rd., ✆ 081-789 5681. Riesiges Neonlicht-Restaurant für die unter Thais beliebte Hot-Pot-Brutzelei „Mukata", 120 Baht p. P. 400 Plätze, davon die Hälfte unter freiem Himmel. ◷ 12–24 Uhr.

Korat Texas, 49 Chom Surang Rd., ✆ 081-999 8383. Rustikal-romantisches, mit Eisenbahnschwellen gestaltetes Restaurant. Gute Steaks und Pizzas, Fassbier (nur) in Krügen zu 100 Baht und ebenso günstige Cocktails für 95–110 Baht. Ab 21 Uhr Livemusik. ◷ 17–1 Uhr.

Rabiang Kaew, 284/3 Yommarat Rd., ✆ 044-267 765. Beliebt und empfehlenswert, stilvolles Gartenrestaurant mit viel Holz, Grün, Tongefäßen, Steinsäulen und romantischer Beleuchtung. ◷ 11–23 Uhr.

Tai Holz Bak, Chakarat Rd., 8 km Richtung Buriram, ✆ 081-282 9351. Der deutsche Bäckermeister Dirk Holzapfel versendet sein aus deutschem Mehl gebackenes Holzofenbrot per Bus im ganzen Isarn. Seit Mitte 2009 gibt es einen Laden mit Frühstücksmöglichkeit. ◷ Mo–Sa 8–14 Uhr.

The Partyhouse, 367-9 Suranaree Rd., ✆ 044-263 454-5. Bei Ausländern beliebtes, halb offenes Pub-Restaurant mit Großleinwand zur Übertragung von Sportereignissen. 3 Sorten Fassbier in Krügen für 110–140 Baht. Von 20.30–23.30 Uhr Livemusik. ◷ 17–2 Uhr.

Tony's Restaurant & Bar, 255/2 Yommarat Rd., ✆ 044-254 510, 💻 www.eurokorat.uboot.com. Beliebtes Bar-Restaurant für den späten Hunger. Gute und günstige Hausmannskost, serviert von Tony Haufe und seiner Frau Eat in geselliger Atmosphäre. ◷ 15–3 Uhr.

Gediegen und gemütlich

Ob Zürcher Geschnetzeltes mit Rösti, eine große Platte mit knackigen Würsten oder die knusperigen Holzofenpizzas: Die Speise- und Getränkekarte ist erfreulich vielfältig und preisgünstig, das Personal zuvorkommend, die gepflegt-gemütliche Atmosphäre wohltuend – und der Teller stets gut gefüllt. Das in der 5-7 Manat Rd. bzw. der Nähe des Nachtmarkts verborgene Restaurant **Chez Andy**, ✆ 044-289 556, 💻 www.chezandykorat.com, hat schon vielen Gästen Höhepunkte ihres Besuchs in Korat beschert. Vor allem, wenn sie bei einem gut und günstig geschüttelten „Manhattan" oder frisch gezapftem, eisgekühltem Fassbier auf den netten schweizer Inhaber Andreas Müller (Andy) gestoßen sind …

Unterhaltung

Ein Großteil des Nachtlebens spielt sich in der Mahattai Rd. und Sapphasit Rd. ab sowie am Pailin Square, der mit Pubs und Discotheken am nordwestlichen Stadtrand liegt.

Barnana, am Rachaphruk Grand Hotel, ✆ 044-261 222. Zählt mit Livemusik ab 23.30 Uhr

zu den angesagtesten Disco-Pubs. In der Nähe des Eingangs lockt der kleine Biergarten **Good View**. Hier spielen Musiker ab 20 Uhr Folksongs, es gibt 2 Sorten Fassbier zu 130–150 Baht pro Krug. ⌚ 22–2 Uhr.
Tawan See Tong, 281/19 Chainarong Rd., gegenüber Punjadara Hotel, ☎ 044-257 517. Empfehlenswerter Thai-Pub im rustikalen Carabao-Verschnitt. Dunkel, szenisch und stimmungsvoll. Folkmusik bis 20–21, ab 22 Uhr Pop und Rock von Livebands. Krug Fassbier 130 Baht. ⌚ 20–2 Uhr.
Tawandaeng, Pailin Square, ☎ 044-261 594-5. Seit 2002, für Einheimische die sicher beliebteste Discothek der Stadt. In der „Roten Sonne" spielen allabendlich 3 Musikbands. Flaschenbier 120–140 Baht, Krug Singha-Fassbier 180 Baht, Tower 480 Baht. ⌚ 21–3 Uhr.
U-Bar, 444 Mitraphap Rd. (H2), ☎ 044-271 088. Empfehlenswerter, auch bei Langnasen angesagter Disco-Pub mit gediegenem Ambiente und verlockenden Events wie Jetsetter- oder Retro-Parties. Flaschenbier ab 80 Baht, Cocktails 110–120 Baht. Livemusik 21.30–1.45 Uhr. ⌚ 21–2 Uhr.

Weitere Adressen zu Unterkünften, Restaurants und angesagten Spots des Nachtlebens, s. eXTra [2893].

Sonstiges

Einkaufen

Neben der modernen **The Mall** sowie den Filialen von **Big C** und **Tesco Lotus** erfreuen sich die alten Einkaufszentren **Klang 1** und **Klang 2** sowie das örtliche **IT Center** besonderer Popularität. Am Abend lohnt ein Bummel über den Nachtmarkt **Thanon Manat** in der Manat Rd., ⌚ 18–22 Uhr, wo Textilien, Haushaltswaren und Snacks feilgeboten werden.

Informationen

Tourist Office, am Sima Thani Hotel bzw. am H2, 2 km westlich vom Zentrum, ☎ 044-213 666, 📠 213 667, tatsima@tat.or.th, ⌚ 8.30–16.30 Uhr. Reichhaltiges, gutes Kartenmaterial, ebenfalls zum Gratistarif gibt es die nützliche Broschüre *Khmer Cultural Route*. Stets reichhaltige Infos finden sich auch im Forum der **Farang Community**, 💻 www.korat-info.com.

Nahverkehr

Im Stadtgebiet verkehren Stadtbusse und Songthaews auf festen Routen für 10–20 Baht, Tuk Tuks können ab 50 Baht gechartert werden, zum Zoo z. B. 350 Baht. Bewährt hat sich z. B. **Mr. Jay**, ☎ 087-459 3543. Es gibt auch einige **Taxameter-Taxis**, ☎ 044-342 255, die angefordert werden können.

Transport

Busse

Vom verborgenen **Bus-Terminal 1** in der Burin Rd., ☎ 044-242 899, fahren Busse nach Bangkok und zu Zielen in der Provinz ab. Vom **Terminal 2**, ☎ 044-256 006-9, am H2, schräg gegenüber von Big C, geht es ebenfalls nach Bangkok (v. a. Restplätze in durchreisenden Bussen) und Phimai sowie zu allen anderen wichtigen Städten.

BAN DAN KWIAN, alle 30 Min. für 30 Baht (auch ab der südlichen Stadtmauer).
BANGKOK, rund um die Uhr alle 15–30 Min. für 160–200 Baht in 3 1/2 Std.
CHANTABURI, etwa stdl. bis 16 Uhr für 280–400 Baht in 5 Std.
CHIANG MAI, 8x tgl. für 440–560 Baht, VIP um 19 und 20.30 Uhr für 660 Baht in 13 Std.
NONG KHAI, um 10.30, 12.30 und 14, 23 und 3 Uhr für 400 Baht in 6 Std.
PAK CHONG (Khao Yai National Park), alle 15 Min. für 70–90 Baht in 1 1/2 Std.
PAK THONG CHAI, von 6–19.40 Uhr mehrmals für 40 Baht in 30 Min.
PATTAYA, 5x tgl. für 290–320 Baht in 7–8 Std.
PHIMAI, alle 30 Min. für 60 Baht in 1 1/4 Std.
SURIN, alle 30 Min. für 120–150 Baht in 4 Std.
UBON RATCHATHANI, rund um die Uhr für 270–480 Baht, 4x tgl. als VIP, in 6 1/2 Std.
UDON THANI, alle 30 Min. für 180–230 Baht in 5 Std.

Eisenbahn

Der **Bahnhof**, ☎ 044-242 044, im Westen von Korat, ist mit Songthaews oder Bussen für 20 Baht zu erreichen. Fahrplan s. S. 900.
BANGKOK, 11x tgl. für 270–330 Baht, Sleepers 370–1010 Baht, in 4 1/2 –6 Std.
NONG KHAI, über Khon Kaen, um 22.48 Uhr für 630–1100 Baht in über 6 Std.

UBON RATCHATHANI, über Buriram und Surin, 7x tgl. für 640–1070 Baht in 4–6 Std.

Die Umgebung von Korat

Ob geheimnisvolle Ruinenstätten, traditionelle Handwerksdörfer für Keramik und Seide, ein skurriler Skulpturenpark oder der sehenswerte Zoo mit seinem neuen Spaßbad: Im Umfeld der Stadt finden sich neben den Ruinen von Phimai (s. unten) einige **Sehenswürdigkeiten**, die gut mit Bussen oder Songthaews erreichbar sind, Details und Karte s. eXTra [2895].

Phimai

Sie stammen aus der Zeit der Khmer-Herrschaft vom 9.–13. Jh., werden „das kleine Angkor von Thailand" genannt und zählen zu den bedeutendsten Sehenswürdigkeiten des Nordostens: Rund 58 km nordöstlich von Korat liegt der unscheinbare Ort Phimai. Seine Bedeutung beruht auf den buddhistisch-hinduistischen Tempelruinen von **Prasat Hin Phimai**, ✆ 044-471 568, ⌚ 6–18 Uhr, Eintritt 100 Baht. Obwohl die genaue Entstehungsgeschichte bis heute ungeklärt ist, handelt es sich um die bekanntesten Überbleibsel der Khmer-Herrschaft in Thailand. Die frühesten Inschriften stammen von 1036, die Anlage ist wohl erst unter Jayavarman VII. (1080–1113) entstanden. Der Konstruktion nach zu urteilen, könnte sie als Modell für den weltberühmten Tempelkomplex im kambodschanischen Angkor gedient haben – und war mit diesem einst durch eine breite Straße verbunden (s. Kasten „History Highway" S. 517).

Eine Mauer aus **Buntsandstein** umgibt die sorgfältig restaurierte Tempelanlage, die bis zu 28 m hoch in den Himmel ragt. Durch vier symmetrisch nach den Himmelsrichtungen ausgerichtete Tore gelangt man in den großen Hof. Im Mittelpunkt liegt das restaurierte Haupttheiligtum. Innerhalb der zweiten Umwallung erhebt sich der monumentale, mit zahlreichen Ornamenten geschmückte **Turmbau**. Die sich pyramidenförmig verengende Spitze endet als Lotusknospe. Vom südlichen Eingang erreicht man den inneren Hof über eine **Vorhalle**, deren Sandsteingewölbe von starken Säulen getragen werden. Besonders schöne Dekorationen finden sich an den Türstürzen. Die Reliefs stellen Szenen aus dem *Ramayana*-Epos dar, zeigen aber auch hinduistische Gottheiten. Vermutlich war der Tempel einst ein Zentrum des Mahayana-Buddhismus.

Buddhastatuen, Türstürze und andere bildhauerische Meisterwerke des Tempels sind in dem kleinen **National Museum**, 300 m nördlich vom Tempel am Ortseingang, links hinter der Brücke, ausgestellt. Dort kann man in einem Gebäude auch archäologische Funde aus neolithischer Zeit besichtigen und erhält einen Überblick über die Geschichte der Region. ✆ 044-471 167, ⌚ 9–16 Uhr, Eintritt 100 Baht.

Alljährlich im Oktober wird das **Phimai Festival** veranstaltet, bei dem die Tempelruinen – umrahmt von Laternenumzügen und Drachenbootrennen – mit einer Sound- & Light-Show bzw. der Aufführung des Tanzdramas *Wimaya Nattaka* belebt werden. Eine kleinere Variante gibt es an einem Tag jeweils zum Monatsende, ✆ 044-471 568, 18.30–20 Uhr, 100–200 Baht.

Picknick unter dem Banyan-Baum

Rund 1,5 km nördlich der Tempelruinen endet die Straße an einem Parkplatz, von dem kleine Brücken hinüber zur im Moon-Fluss liegenden Insel **Sai Ngam** („wundervoller Feigenbaum") führen. Sie wird weitgehend von einem 350 Jahre alten Banyan-Baum eingenommen – dem wohl ältesten und größten Thailands. Besucher können von 6–18 Uhr unter dem weit ausladenden Gewirr von wuchernden Ästen und Luftwurzeln wandeln, picknicken oder am Geisterhaus beten. Es liegt am Hauptstamm, der mit bunten Girlanden bedeckt ist. Nebenan kann man sich am Wochenende sein Schicksal aus der Hand lesen lassen.

Übernachtung

Boonsiri Guesthouse ②,
288 Chomsudasadet Rd., ✆ 044-471 159.
Nahe den Tempelruinen über einem Restaurant gelegen. 11 große, saubere Zimmer, davon 3 mit Ventilator. Gute Infos und Fahrradverleih. ❸

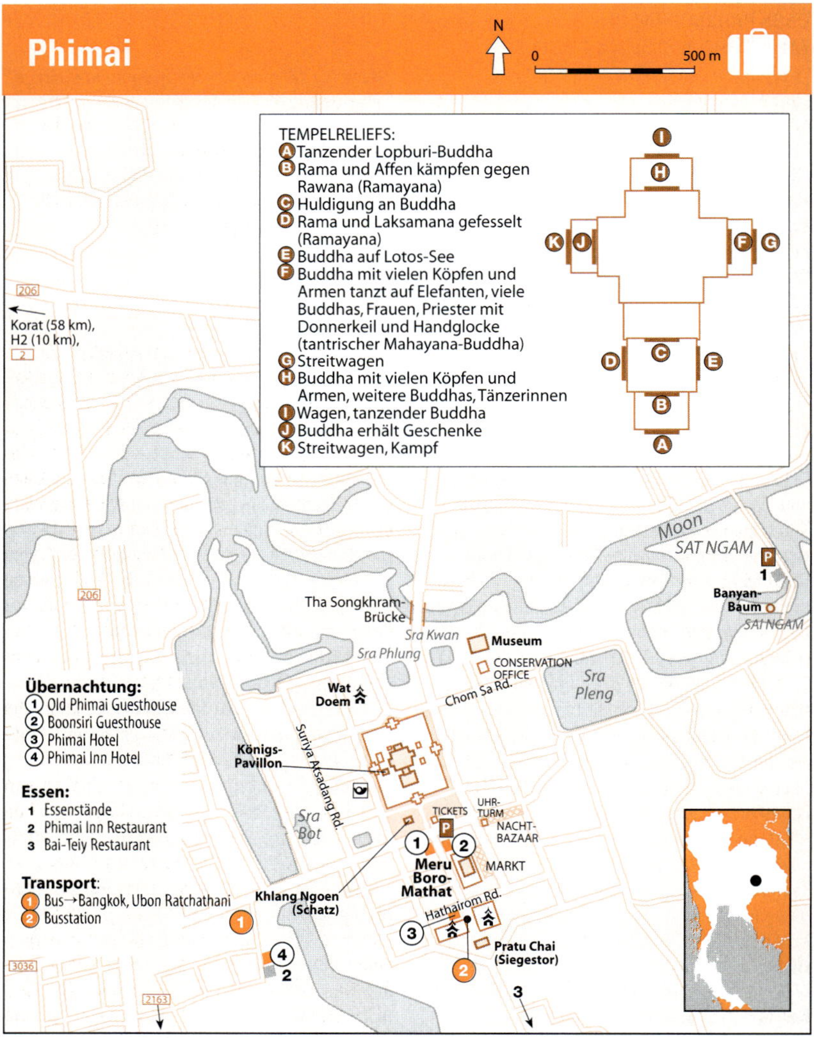

Old Phimai Guesthouse ①, 214 Chomsudasadet Rd., ✆ 044-471 918. Nur 100 m von den Ruinen und schon vom Namen die ultimative Travellerherberge. 6 einfache Zimmer, davon 1 mit AC, und ein kleiner Schlafsaal. ❷

Phimai Inn Hotel ④, 2 km außerhalb am H206, ✆/📠 044-471 175. Gilt als bestes Hotel am Ort und hat 70 preiswerte Komfortzimmer, davon 13 besonders günstige mit Ventilator. Gutes Restaurant und großes Schwimmbad. ❷–❸

Phimai Hotel ③, 305 Haruthairom Rd., ✆ 044-471 306, 📠 471 940. Einfaches Hotel mit 41 Zimmern, davon einige mit Ventilator und als VIP. ❷–❸

Die Mutter aller Fernstraßen

Der 600 km lange **Friendship Highway** ist die wohl bedeutendste Hinterlassenschaft der Amerikaner in Thailand aus Zeiten des Vietnamkriegs. Offiziell als **Highway 2** (H2) oder **Thanon Mitraphap** bezeichnet, präsentiert er sich als Vorzeigestraße des landesweit bestens ausgebauten Straßennetzes. Zugleich hat er den Einheimischen den Effekt moderner Infrastruktur aufgezeigt, da er nicht nur Transporte aller Art beschleunigt, sondern auch eine rasante Verwandlung von Dschungel in Farmland – einschließlich Vernichtung der Regenwälder – mit sich gebracht hat. Der erste Abschnitt führte lediglich von Saraburi bis nach Korat und wurde bereits 1959 eröffnet. Die Verlängerung bis nach Nong Khai erfolgte von 1962–71 durch die 44th Engineer Group der US-Armee, um den Nordosten als Aufmarschgebiet für den Krieg in Vietnam zu nutzen. Die „Autobahn der Freundschaft" war die erste Fernstraße, in der Asphalt und Beton gleichermaßen verbaut wurden, und ist einer vier Hauptrouten, die durch das Königreich führen. Die Bezeichnung „Mitraphap" wird noch heute gern genutzt, wie z. B. bei der Benennung neuer Brücken, die über den Mekong nach Laos führen.

Die Seitenstraßen des Friendship Highway führen in das Nirgendwo oder auch in Städte wie Chaiyaphum, Roi Et und Kalasin – weiße Flecken auf der touristischen Landkarte. Mehr darüber s. eXTra [2897].

Essen

Preisgünstige Essenstände mit einfacher, einheimischer Kost finden sich v. a. auf der Insel **Sai Ngam** und auf dem **Nachtmarkt**.

Bai Teiy, 276 Moo 17 Chumouang Rd., ✆ 044-287 103. Mit hübschen Sandsteinreliefs im Khmer-Stil dekoriertes Restaurant. Gute einheimische Gerichte für 70–220 Baht, wie gebratene Ente mit Fischsauce, aber auch Steaks und Salate für 80–120 Baht. 🕓 9–22 Uhr.

Phimai Inn, s. Übernachtung. Das Restaurant des gleichnamigen Hotels zählt zu den wenigen Möglichkeiten, gediegen zu speisen. 🕓 11–24 Uhr.

Nahverkehr und Transport

Tagestouren aus Korat nach Phimai lassen sich gut mit Bussen bewältigen (s. S. 476, Transport/ Korat). Mit eigenem Taxi, für 1500–2000 Baht in vielen Hotels, lassen sich auf der Strecke weitere Sehenswürdigkeiten einbauen.

Phimai ist gut zu Fuß oder mit Rikschas zu erkunden. Das Boonsiri Guesthouse verleiht Fahrräder für 100 Baht pro Tag.

Khon Kaen

Wer Khon Kaen über den Landweg erreicht, hat meist eine mehrere hundert Kilometer lange Anreise hinter sich, durch eine in der Trockenzeit besonders eintönig wirkende Landschaft. Man könnte geneigt sein, die mit fast 400 000 Einwohnern zweitgrößte Stadt des Isarn als Oase in der Wüste zu empfinden. So jedenfalls wirkt Khon Kaen spätestens, wenn es nach Einbruch der Dunkelheit in üppigem Neonlicht erstrahlt. Die vier **Hochhäuser**, die das Zentrum prägen und die besten Hotels beherbergen, werden ergänzt von etlichen Restaurants und vielfältigen **Vergnügungsstätten**. Das zeugt von wachsendem Wohlstand und einem gesteigerten Amüsierbedürfnis, das der Stadt bereits spöttische Beinamen wie „Las Vegas der Reisfelder" oder „Pattaya des Nordostens" beschert hat.

Fakt ist, dass das 450 km nordöstlich von Bangkok und 190 km von Korat liegende Khon Kaen in den vergangenen Jahren einen rasanten, wirtschaftlichen Aufschwung genommen hat. Es präsentiert sich als bedeutendes Zentrum von Wirtschaft, Bildung, Konferenzen, Verwaltung sowie Thailands **Seidenproduktion**. Zudem unterstreichen der zehnspurig durch die Stadt führende H2, der hier mit dem H12 und H209 wichtige Querverbindungen kreuzt, sowie der in 2005 ausgebaute **Flughafen** die Bedeutung als Verkehrsknotenpunkt. Weitere Impulse gibt die größte **Universität** des Isarn. Wie auch das Thai-German Technical Institute mit deutscher Hilfe gegründet, wird sie von über 20 000 Studenten besucht.

Ruhe finden die Bewohner der geschäftigen Metropole vor allem am **Bung Kaen Nakhon-See**. Er liegt am südlichen Stadtrand und wird von vielen Restaurants umrahmt. An seinem Westufer erhebt sich das eindrucksvolle, pyramidenförmige **Wat Nong Waeng** (Phra Mahatat Kaen Nakhon), das zu einem neuen Wahrzeichen der Stadt avanciert ist. Das mit verzierten Fenstern und Türen errichtete Heiligtum beherbergt Reliquien Buddhas. Aus dem obersten 9. Stock eröffnet sich ein schöner Ausblick. Am Nordufer des Sees liegt das sehenswerte, originell gestaltete **City Museum**. Es informiert – zurückreichend bis in die Jura-Zeit – ebenso über das Leben im Isarn wie das **National Museum** und das **Art & Culture Museum** der Universität.

Natürlich ist auch der Name der Stadt historisch: Er bedeutet „Hartholzstamm" und wurzelt im **Phra That Kham Kaen** – einem alten Chedi im 32 km entfernten Wat Chetiyaphum. Jenes Heiligtum wurde der Legende nach über dem Stumpf eines abgestorbenen Tamarindbaums errichtet, der auf wundersame Weise neue Triebe entfaltet haben soll, als eine Gruppe Mönche mit Buddharelikten vorbeizog …

Übernachtung

Aufgrund der großen Auswahl sind die Zimmerpreise günstig. Die 3 Luxushotels liegen im Vergnügungsviertel und bieten selbst diverse Unterhaltungseinrichtungen. Bei geringer Belegung gib es hohe Rabatte.

Untere Preisklasse

First Choice Guesthouse ⑤, 18/8 Pimpasut Rd., ✆ 043-332 374. Seit 1984, einzige Travellerherberge und billigste Unterkunft der Stadt. Der nette Brite David und seine Frau Buisabong bieten 4 spartanische, heiße Ventilatorzimmer mit viel Holz und Gemeinschaftsbad. ❷

Phu Inn Hotel ⑦, 26-34 Satityutitam Rd., ✆ 043-243 174, 📠 243-176. Empfehlenswert, da preiswert und luftig. 98 helle, geflieste Zimmer, die sich auf 4 Stockwerken um einen Innenhof-Parkplatz gruppieren. ❸

Mittlere Preisklasse

Bussarakam Hotel ④, 68 Pimpasut Rd., ✆ 043-333 666, 💻 www.bussarakam.com. Seit 2005, empfehlenswertes Hotel mit 157 Zimmern. Alles hell, sauber und schön mit günstigen Deluxezimmern. ❹–❺

Erstes Boutiqueresort

Das erst 2008 eröffnete **Piman Garden Residence** ③, 6/100 Klang Muang Rd., ✆ 043-334 111, 💻 www.pimangarden.com, ist Khon Kaens erstes Hotel mit Boutiquecharakter. Zwei gegenüberliegende, 3-stöckige Flügel werden durch eine kleine, aber feine Gartenoase getrennt. Die geräumigen, stilvoll ausgestalteten 57 Wohneinheiten tragen die Handschrift der jungen, sympathischen Besitzerin Mrs. Wirana, die in den USA Design studiert hat. Die Wohneinheiten verfügen alle über einen Balkon und eine Pantryküche. Warme Farben und freundliches Personal unterstreichen den Wohlfühlcharakter des Resorts. Es gibt sogar ein Parkhaus. ❹

Khon Kaen Hotel ⑥, 43/2 Pimpasut Rd., ✆ 043-333 222, 💻 www.khonkaen-hotel.com. Geht fast nahtlos in das benachbarte, weniger behagliche Roma über. 7 Etagen mit 175 ganz unterschiedlichen Zimmern, von denen sich besonders die schick renovierten empfehlen. ❹

Obere Preisklasse

Kosa Hotel ⑩, 250-252 Si Chan Rd., ✆ 043-320 320, 💻 www.kosahotel.com. Seit fast 40 Jahren etabliertes, besonders bei Geschäftsleuten beliebtes Stadthotel und ein Beweis, dass es auch ohne Franchising geht. 197 Zimmer mit starker Unterscheidung von Einzel- und Doppelbelegung. ❺

Pullman Khon Kaen Raja Orchid Hotel ⑪, 9/9 Pracha Sumran Rd., ✆ 043-322 155, 💻 www.pullmankhonkaen.com. Schon an der grandiosen Architektur lässt sich ablesen, dass es sich bei diesem Haus der Accor-Gruppe um das wohl beste Hotel des Nordostens handelt. Seit 1996 mit 293 geräumigen Luxuszimmern und Suiten in 8 Kategorien, imposantes Foyer. ❻–❼

Essen

Die meisten Restaurants liegen am See oder im Bereich der 3 Luxushotels. Viele Etablissements bieten einen Bartresen und/oder abends Livemusik, so dass der Übergang zum Pub fließend ist.

Khon Kaen

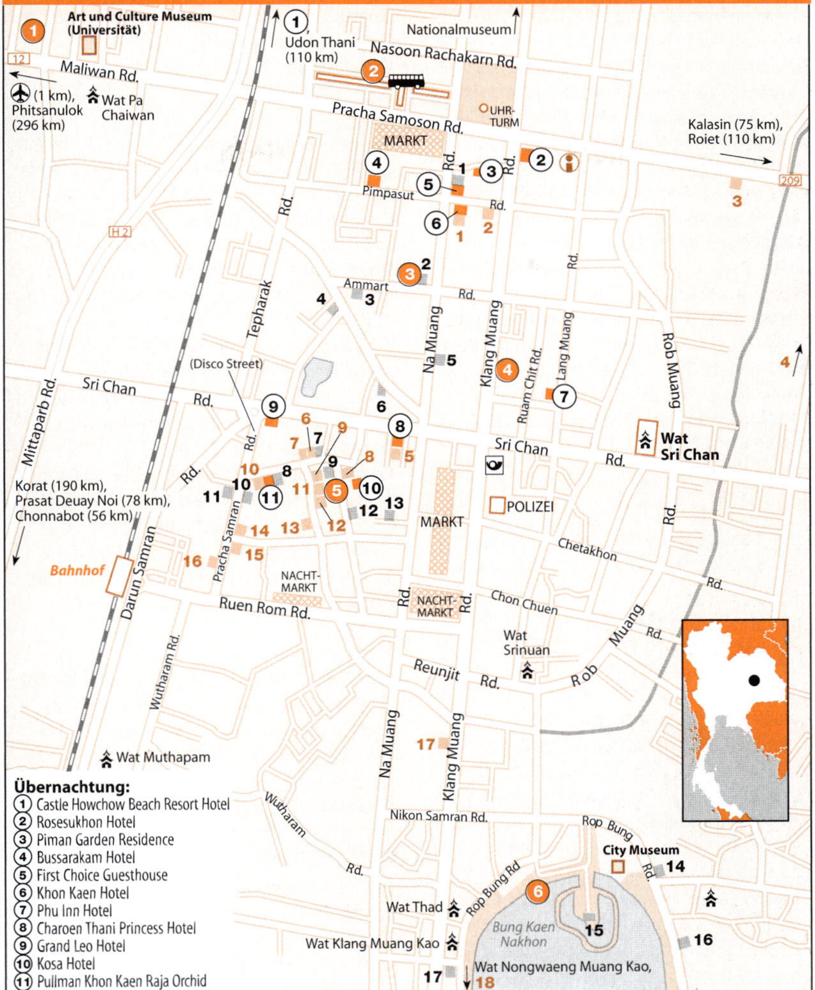

Übernachtung:

1. Castle Howchow Beach Resort Hotel
2. Rosesukhon Hotel
3. Piman Garden Residence
4. Bussarakam Hotel
5. First Choice Guesthouse
6. Khon Kaen Hotel
7. Phu Inn Hotel
8. Charoen Thani Princess Hotel
9. Grand Leo Hotel
10. Kosa Hotel
11. Pullman Khon Kaen Raja Orchid

Essen:

1 First Choice
2 Duan's Restaurant
3 Na Mai
4 Rumtorm
5 No. 1 Bar
6 Seven Corner Bar
7 23 Steak House
8 Kronen Brauhaus
9 Kosa Steakhouse
10 Didine
11 Soon Tree
12 The Eatery
13 Pizza Duo
14 Plapanoy
15 Bualuang
16 Smile @ Waterside
17 Kiwi Café

Sonstiges:

1 Harem
2 Douangjai Thai Massage
3 Konsulat Laos
4 Konsulat Vietnam
5 Zolid
6 Eric's
7 Leos Bar
8 Kosa Beer Garden
9 Rocky's Bar
10 The Underground
11 Cheap Charlies
12 D'Lite
13 U-Bar
14 Song Cow Food Center
15 Ekamai Thonglor
16 Rad
17 Fairy Plaza
18 Cheewatip Spa

Transport:

1 Malida Motorbike Rental
2 Bus Terminal 1 (non-AC)
3 Duan's Bike Travel
4 Bus Terminal 2 (AC)
5 Carrent Service
6 Ruderboot-Verleih

First Choice, s. Übernachtung. Beliebter Travellertreffpunkt und Infobörse im Erdgeschoss des Guesthouse mit guten, günstigen Gerichten. Masaman Curry 80 Baht, Fish'n' Chips 150 Baht, Pizzas 180 Baht. ⌚ 7.30–22 Uhr.

Na Mai, 42/14 Ammart Rd., ✆ 043-239 958, 💻 www.foodkk.com. Seit 1990, gepflegte AC-Atmosphäre in einem alten, weißen Holzhaus. Fast alle Gerichte kosten 80 oder 100 Baht. ⌚ 11–14 und 17–22 Uhr.

Pizza Duo, Soi Namuang 25, ✆ 043-322 047, 💻 www.pizzaduo.net. Empfehlenswertes, günstiges Restaurant in einem kleinen Townhouse. Der Pizzaofen und weitere Sitzplätze liegen im 3. Stock. Mrs. Pin backt leckere Pizzas für 200 Baht, Extras kosten 10–30 Baht. Es gibt auch Kartoffelkreationen, Cordon Bleu und Thai-Gerichte. ⌚ 12–23 Uhr.

Seven Corner Bar, 231/23-25 Soi Yimsiri, ✆ 081-261 4773. Zweitälteste Expat-Kneipe der Stadt und Akademikertreffpunkt in attraktiver Ecklage. Der freundliche, britische Lehrer Nigel und seine Thai-Frau Dtee verwöhnen – einmalig in Thailand – ihre Gäste mit gezapftem Tetley's, Guinness und Stowford Cider. Große Gläser 200 Baht. ⌚ 13–24 Uhr.

Mehr als Hausmannskost

Wer hätte gedacht, dass die Thais so sehr auf deutsche Küche stehen? In **Duan's Restaurant**, 21/3 Ammart Rd., ✆ 043-246 169, 💻 www.duans-restaurant.com, ⌚ tgl. außer So 10–22.30 Uhr, jedenfalls kehren vorwiegend Einheimische ein. Sie interessieren sich weniger für die Thai-Gerichte ab 30 Baht oder das selten erhältliche, einheimische Archa-Bier, das bei Mrs. (Lam)Duan mit Selbstverständlichkeit auf der Speisekarte steht. Wohl aber für Schnitzel, Geschnetzeltes, die Wurstplatten oder gar Fürstenberg und Erdinger Weißbier. Andere wiederum kommen vorwiegend wegen dem Inhaber Johann Schumacher, ✆ 081-943 8528, 💻 www.johannschumacher.com. Er präsentiert sich als angenehmer, spirituell angehauchter Landeskenner, kann mit Insider-Infos aufwarten und bemüht sich, im Rahmen des „Deutschen Hilfsvereins für Thailand", 💻 www.dhv-thailand.de, auch mal engagiert darum, in Not geratenen Landsleuten zu helfen. Bereits mit 19 Jahren nach Thailand gekommen, weiß der 58-Jährige viel über das Königreich zu erzählen, was er auch besonders gern in Form von Büchern, 💻 www.jsb-books.com, tut.

Im Vergnügungsviertel

Didine, 7/9 Pracha Samran Rd., ✆ 087-189 3864, ⌚ 17–2 Uhr. 2005 mitten im Geschehen eröffnet von dem netten Franzosen Mr. Franck, der das Restaurant nach seiner Tochter benannt hat. Originelle Speisekarte mit Hunderten verlockender Eigenkreationen. Die meisten Gerichte 120–150 Baht, Cocktails sogar nur 75 Baht. ⌚ 17–2 Uhr.

Kosa Steakhouse, am Kosa Hotel. Gehört mit angenehmer Western-Atmosphäre zum Kosa-Komplex. Die meisten Gerichte kosten 180–200 Baht. Lecker sind Käse-Spinat und Spinat-Ravioli. ⌚ 11–22 Uhr.

Kronen Brauhaus, im Pullman Hotel. Kellerrestaurant mit deutscher Mikrobrauerei und Livemusik von 19.40–00.15 Uhr. 2 Sorten Bier, 0,5 l für 180 Baht, 2 l für 550 Baht. Thai-Gerichte 80–160 Baht, die dicke *Bavarian* oder *German Plate* für 2 Pers. und 650 Baht. ⌚ 18–1 Uhr.

Am Bueng Kaen-See

Kiwi Café, 311/13 Rob Bung Rd., ✆ 043-228 858, 💻 www.kiwicafeshop.com. Beliebter Szenetreff mit viel Lesestoff und WiFi. Gute Speisekarte mit leckeren Kaffeekreationen und Kuchen, Salaten, Lasagne oder Fish'n' Chips. ⌚ Mo–Fr 12–22, Sa–So 10–24 Uhr.

Unterhaltung

Das Nachtleben tobt vor allem im Umfeld der Luxushotels und besonders in der als „Disco Street" bezeichneten Pracha Samran Rd., wo es etliche Biergärten, Pubs und Discos gibt. Die enorme Fluktuation lässt sich allein schon daran ablesen, dass die Discotheken des Dusit (Zolid) und des Pullmann Hotels (The Underground) sporadisch zu schließen pflegen …

Harem, im Khon Kaen Hotel. Seit 2007 ein angesagter Disco-Pub, obwohl relativ klein und mit Plüschmobiliar leicht verstaubt. Von 21–23 Uhr Folk-, von 23–2 Uhr Livemusik mit Coyote-Dancing, Fashion- oder Magic-Shows. Kleines Bier 80–100 Baht. ⌚ 21–3 Uhr.

Kosa Beer Garden, vor dem Kosa Hotel. Das Speisen unter Palmen und bei Livemusik von 19–24 Uhr ist zwar lauschig, aber mit Preisen ab 100 Baht für Thai-Gerichte nicht gerade billig. Fassbier für 60 Baht. ⌚ 17–1 Uhr.

Rad, 231/2 Pracha Samran Rd., ☎ 043-225 987-8. Beliebter, empfehlenswerter Discokomplex mit 4 Räumlichkeiten. DJ-Sound, Livemusik und Coyote-Dancing. ⌚ 22–2 Uhr.

U-Bar, 222/2 Pracha Samran Rd., ☎ 043-320 434, 💻 www.hi5.u-bar.com. Populärer Disco-Pub ohne Nikotinqualm. Erinnert mit ansprechendem Ambiente und Livemusik an den Korat-Ableger. ⌚ 20–2 Uhr.

Weitere Adressen zu Unterkünften, Restaurants und Vergnügungsstätten des Nachtlebens, s. eXTra [2898].

Sonstiges

Einkaufen

Im Zentrum finden tgl. zwei Märkte, am H2 auch ein kleiner Nachtmarkt statt. Im südlichen Bereich des H2 gibt es Filialen von Big C und Tesco Lotus. Beliebtestes Kaufhaus der Stadt ist das **Fairy Plaza**.

Feste

Das Fest **Dok Khun Siang Khaen** vereinigt alljährlich im April Elemente von Songkran und traditionelle, örtliche Dankeszeremonien. Ende November wird im Rahmen der 7 Tage und 7 Nächte dauernden Seidenmesse das Fest **Phuk Siao** zelebriert – mitten in der Stadt mit bunten Prozessionen, viel Musik, Ausstellungen und Wettbewerben.

Informationen

Gute, kostenlose Materialien über die Stadt und ihre Umgebung gibt es beim örtlichen **Tourist Office**, 15/5 Pracha Samoson Rd., ☎ 043-244 498, ⌚ 8.30–16.30 Uhr. Wertvolle Infos auf 💻 www.khonkaen-info.com sowie der englischsprachigen Homepage 💻 www.khonkaen.com.

Konsulate

Laos, 171/102-103 Pracha Samoson Rd., ☎ 043-242 856-7. Visa in 3 Tagen, mit Express-Aufschlag (200 Baht) sofort. ⌚ 8–12 und 13–16 Uhr.

Vietnam, 65/6 Chatapadung Rd., ☎ 043-242 190, 💻 www.vietnamconsulate-khonkaen.org. Visa innerhalb von 24 Std. ⌚ 8.30–11.30 und 14–17 Uhr.

Mietfahrzeuge

Carrent Service, ☎ 043-243 545-6. Gepflegte Wagen mit Fahrer ab 1500 Baht pro Tag.

Duan's Bike Travel, ☎ 043-246 169. Mopeds 200 Baht pro Tag, stärkere Maschinen für 500 Baht. 700er Chopper für 1000 Baht. Ab 7 Tagen Discount, Lieferservice zu den Hotels.

Malida Motorbike Rental, ☎ 089-575 7398. Gepflegte Automatik-Mopeds für 200–250 Baht pro Tag und Lieferservice zu den Hotels.

Wellness

Cheewatip Spa, 611 Rob Bung Rd., ☎ 043-224 837, 💻 www.cheewatipspa.com. Das erste, professionelle Spa außerhalb der Hotels liegt am Bung Kaen-See. ⌚ 10–22 Uhr.

Douangjai Thai Massage, 43/8 Phimasud Rd., ☎ 043-247 261. Ein freundliches, engagiertes Team massiert 1 Std. lang ab 100 Baht an, 2 Std. klassische Thai-Massage 300 Baht. ⌚ 10–22 Uhr.

Nahverkehr

Es gibt 15 farblich gekennzeichnete Routen, die von 5–20 Uhr mit Songthaews betrieben werden. 10 Baht pro Fahrt, Plan beim Tourist Office. Mopedtaxis gibt es ab 30 Baht, Tuk Tuks ab 50 Baht.

Transport

Busse

Vom **AC-Bus Terminal 1** (non-AC), Pracha Samoson Rd., ☎ 043-237 472, starten auch einige AC-Busse, vom **Bus Terminal 2** (AC), Klang Muang Rd., ☎ 043-239 910, im Herzen der Stadt, geht es zu allen wichtigen Städten:

BANGKOK, von 6–24 Uhr alle 30 Min. für 340–380 Baht, VIP für 520–550 Baht, in 6–7 Std.

CHAIYAPHUM, stdl. für 120–150 Baht in 2 1/2 Std.

CHIANG MAI, um 20 und 21 Uhr für 400–510 Baht in 12 Std.
CHIANG RAI, 6x tgl. für 430–560 Baht in 12 Std.
KORAT, alle 30 Min. für 140–160 Baht in 3–4 Std.
LOEI, um 15 Uhr für 150–170 Baht in 3 Std.
NAKHON PHANOM, um 10.30, 13, 14.30 und 16 Uhr für 210–230 Baht in 5 Std.
PATTAYA, von 9–23 Uhr 10x tgl. für 380–410 in 9 Std.
PHITSANULOK, mit allen Bussen nach Chiang Mai oder Chiang Rai für 240-270 Baht in 6 Std.
TAK, um 7.30, 10, 12, 13 und 24 Uhr für 300–390 Baht in 8–9 Std.
UBON RATCHATHANI, um 9, 10, 12, 13 und 15 Uhr für 210–230 Baht in 5 Std.
UDON THANI, von 11–18 Uhr alle 20 Min. für 90–110 Uhr in 2 Std.

Eisenbahn

Der **Bahnhof**, ✆ 043-221 112, im Westen von Khon Kaen, ist mit Songthaews für 10–20 Baht zu erreichen.
BANGKOK, um 8.39, 20.11, 21.05 und 22.16 Uhr für 330–400 Baht, Sleeper 430–1170 Baht in 8 Std.
KORAT, um 20.11 Uhr für 190–300 Baht, Sleeper 340–940 in 3 Std.
NONG KHAI, um 2.10, 4.15, 5.05 Uhr für 80 Baht, Sleeper 340–940 Baht, in 3 Std.
Weitere Infos s. Fahrplan S. 900.

Flüge

Der **Flughafen**, ✆ 043-244 482, ca. 8 km westlich der Stadt und mit Shuttlebussen ab den Hotels für 80 Baht zu erreichen, wurde bereits für internationale Flüge ausgebaut.
Thai Airways, im Pullmann Hotel, ✆ 043-227 701-4, ◷ Mo–Fr 8.30–17.30 Uhr, 3x tgl. nach BANGKOK für 2800–3200 Baht in 1 Std.

Die Umgebung von Khon Kaen

Khon Kaen lebt vorwiegend vom Familientourismus. In diesem Bereich gibt es eine Menge reizvoller Ziele in der Umgebung. Neben dem landesweit größten Stausee locken mehrere Nationalparks, prähistorische Fundstätten und sogar Dorfgemeinschaften, die zwischen Unmengen Schlangen und Schildkröten leben.

Mehr über diese **Ausflugsziele** im Internet, s. eXTra [2900].

Phu Wiang National Park

Als hier in einer Uranmine 1976 die ersten Fossilien aus Urzeiten gefunden wurden, brach ein wahres Dinosaurierfieber aus. Zu den 120–150 Mio. Jahre alten Überresten zählen die Knochen des nach Prinzessin Sirindhorn benannten *Phuwiangosaurus sirindhornae* – einem bis zu 20 m langen Pflanzenfresser. Nach 1982 wurden vier weitere Dinosaurierarten entdeckt, wie der *Siamotyrannus isanensis*, die thailändische Variante des legendären, Fleisch fressenden *Tyrannosaurus rex*. In dem 86 km westlich von Khon Kaen liegenden, 1991 gegründeten **Phu Wiang National Park**, ✆ 043-249 052, Eintritt 400 Baht, sind insgesamt neun Grabungsstellen zu besichtigen. Benannt wurde der 380 km² große „Jurassic Park" nach dem Berg Phu Wiang. Er ist über den H12 und H2038 erreichbar.

Der Park bietet auch Dschungel, bis zu 15 m hohe Wasserfälle und eine 50 m lange Höhle mit Felszeichnungen. Das **Phu Wiang Museum**, ✆ 043-438 204-6, wurde 2003 gegründet und liegt 4 km vor dem Parkeingang. Als gleichzeitiges Forschungszentrum dokumentiert es die Funde und zeigt lebensgroße Modelle der Dinosaurier – wie sie einst im Isarn gelebt haben und auch auf dem Areal des Krankenhauses von Phu Wiang zu bestaunen sind. Das 28 km nördlich von Kalasin

Relax-Resort in Reisfeldern

Mit dem **Castle Howchow Beach Resort Hotel**, 309 Howchow Rd., ✆ 043-252 618-9, 💻 www.castle-howchow.com, hat sich der Brite Howard J. Roscoe einen Traum erfüllt. Die 40 Bungalowzimmer liegen an einem riesigen Lagunen-Schwimmbad, einem romantischen See und in einem Obstgarten. Man kann auch nur zum Baden, Eintritt 35–55 Baht, vorbeischauen oder wegen des exzellenten Restaurants. Denn hier gibt es für 120 Baht unvergessliche Eisbecher oder für 500 Baht die größten Pizzas Thailands. Das von einer Zinnenmauer umgrenzte Resort liegt bei dem Dorf Kranuan, 60 km nördlich von Khon Kaen. ❹–❺

liegende **Sirindhorn Museum**, ✆ 043-871 014, beherbergt ebenfalls eine Dinosauriersammlung. Der Bau kostete US$12 Mio., wurde 2007 eröffnet und ist mit 800 Knochen die vermutlich größte Sammlung Südostasiens. Beide Museen kosten keinen Eintritt, 🕓 9–17 Uhr.

Udon Thani

Was soll man als Tourist in Udon Thani? Die Antwort ist nicht leicht. Die Stadt selbst hat keine Sehenswürdigkeiten zu bieten. In der Umgebung liegt allerdings das Unesco-Weltkulturerbe von **Ban Chiang**, wo über 5000 Jahre alte Fundstücke von der frühesten Bronzekultur Südostasiens zeugen (s. S. 113). Doch wer die drittgrößte Stadt des Isarn auf seiner **Reiseroute** an den Mekong oder nach Laos einbaut, dürfte es nicht bereuen: In Udon Thani findet man Unterkünfte zu extrem günstigen Preisen, eine hervorragende Gastronomie und einige Vergnügungsmöglichkeiten.

All dies wurzelt natürlich, wie bei allen anderen Großstädten des Isarn, im amerikanischen Erbe aus Zeiten des Vietnamkriegs. Damals hatte das 560 km von Bangkok und 100 km von Khon Kaen entfernte Udon (Udorn) Thani als Etappe eine bedeutende Rolle gespielt, wovon auch der überdimensionierte **Flughafen** im Süden der Stadt zeugt. Noch heute wird die Entwicklung der Provinzhauptstadt zu einem beträchtlichen Teil von Ausländern geprägt: An der Peripherie haben Farangs, die mit einheimischen Frauen verheiratet sind, unzählige **Eigenheime** und sogar ganze **Siedlungen** erbaut. Eine weitere Besonderheit der Stadt sind die drei Verkehrskreisel im Zentrum und die zahlreichen als Taxis umherknatternden Motorradgespanne.

Wichtigster kulturhistorischer Eckpunkt ist der am Südufer des Nong Pra Jak-Sees liegende, chinesische Tempel **Sanjao Phuya**. Mit seiner Farbenfreude zeugt er vom Reichtum der chinesischen Oberschicht. Als schönstes Bauwerk der Stadt erfreut das **Udon Thani Provincial Mu-**

seum, ✆ 042-245 976, ◷ 8–16 Uhr. Im Kolonialstil der 1920er-Jahre errichtet, beherbergt es eine umfangreiche Sammlung lokaler Kulturschätze. Zum Erlebnis kann ein Besuch der westlich des Stadtzentrums liegenden **Udorn Sunshine Nursery** geraten, ✆ 042-242 475, ◷ 9–18 Uhr, Taxi 80 Baht. Hier werden Orchideen zu Parfüm verarbeitet, aber auch bizarre „Tänze" vorgeführt: Eine spezielle Sorte der gezüchteten Hybridpflanzen ist in der Lage, einen Teil ihrer Blätter zu bewegen, wenn sie durch eine hohe Stimme, mit Gesang oder einem Musikinstrument dazu animiert wird. Ein Schauspiel, das besonders gut in der kühleren Jahreszeit gelingt.

Farang Homestay

Viele Deutsche und andere Europäer leben zusammen mit ihren Familien in den Dörfern des Nordostens bzw. der Heimat ihrer einheimischen Ehefrauen. Sie haben ihren Job gekündigt oder sind bereits im Ruhestand und können mit Ersparnissen ein Haus bauen und eine neue Existenz gründen. Das Leben fernab der Touristenzentren in einem fremden Kulturkreis hat viele interessante, aber auch anstrengende Seiten. Neben Satelliten-TV und Deutscher Welle sind andere, oft weit entfernt lebende Farangs die einzigen direkten Kontakte zur Heimat. Einige Europäer betreiben Restaurants und Bars, produzieren die vermissten Back- und Wurstwaren selbst oder haben Unterkünfte für Besucher gebaut und freuen sich, mit diesen in ihrer Muttersprache kommunizieren zu können. Die Übernachtung in abgelegenen Dörfern wiederum bietet Reisenden die Chance, das Land ohne Kenntnisse der Thai-Sprache und abseits der Touristenpfade kennenzulernen. Oft ist die Qualität der Unterkünfte sogar besser als die vieler Hotels. Doch darf man keinen professionellen Service rund um die Uhr erwarten. Prinzipiell empfiehlt es sich, die Besitzer vor der Anreise zu kontaktieren, um sicherzustellen, dass sie nicht gerade auf Heimaturlaub weilen. So können Besuche in der Dorfschule, im Tempel oder auf den Reisfeldern, ein Bummel über den Markt oder gemeinsam zubereitete Mahlzeiten einmalige Erinnerungen bescheren.

Übernachtung

Unter anderem gibt es 3 Großhotels mit jeweils mehr als 200 Zimmern. Das Überangebot führt, auch bei Suiten, zu günstigen Preisen.
Der Genuss kann jedoch durch müffelnden Teppichboden-Fetischismus getrübt werden.

Untere Preisklasse

Ruy Suk Mansion ①, 249/1 Adunyadet Rd., ✆ 042-325 533, 💻 www.udonmap.com/Ruysuk. Seit 2007 mit 46 geräumigen, preisgünstigen Zimmern. Als in Australien aufgewachsener Spross der Oberschicht zeigt der sympathische Inhaber Mr. Jo Freude am Umgang mit Farangs. ❷

Top Mansion ⑦, 35/3 Sampanthamit Rd., ✆ 042-345 015-9, ✉ topmansion@yahoo.dom. In zentraler Lage im schlichten Stil und mit 61 hellen, luftigen Komfortzimmern zum Schnäppchenpreis. Standard 350 Baht, Suite Rooms nur 490 Baht. ❷–❸

Mittlere Preisklasse

Silver Reef Hotel ⑨, 338/8 Soi Rangsan, Prajak Rd., ✆ 042-344 081, 💻 www.silverreefudon.com. Seit 2006, helles, freundliches und farbenfreudiges Haus. Mrs. Tiffany bietet 20 Zimmer mit 24 m², blitzenden Fliesen, Comic-Malereien, großem TV, Sat-TV und WiFi. ❹

The City Lodge ⑥, 83 Wattana Nuwong Rd., ✆ 042-224 439, 💻 www.udonmap.com/thecitylodge. Neben dem Charoensri Plaza mit 10 modern-behaglichen Zimmern, gefliest oder mit Holzböden, Sat-TV, DVD und WiFi. Der englische Inhaber serviert Steinofenpizza und Fassbier. ❹

Udon Hotel ②, 81-89 Mak Khaeng Rd., ✆ 042-246 530, 💻 www.udonhotel.com. Ein Vietnamveteran von 1972. 220 günstige Zimmer, davon etliche als große Suite Rooms für 1000 Baht. ❸–❹

Obere Preisklasse

Charoen Hotel ⑩, 549-559 Pho Sri Rd., ✆ 042-248 155, 💻 www.udonthani.com/charoen. Ein Vietnamveteran und Stadthotel-Klassiker von 1969. Zweitgrößtes Hotel am Ort mit viel Teppichboden und 238 Zimmern in 7 Kategorien. Großdiscothek im Untergeschoss. ❺

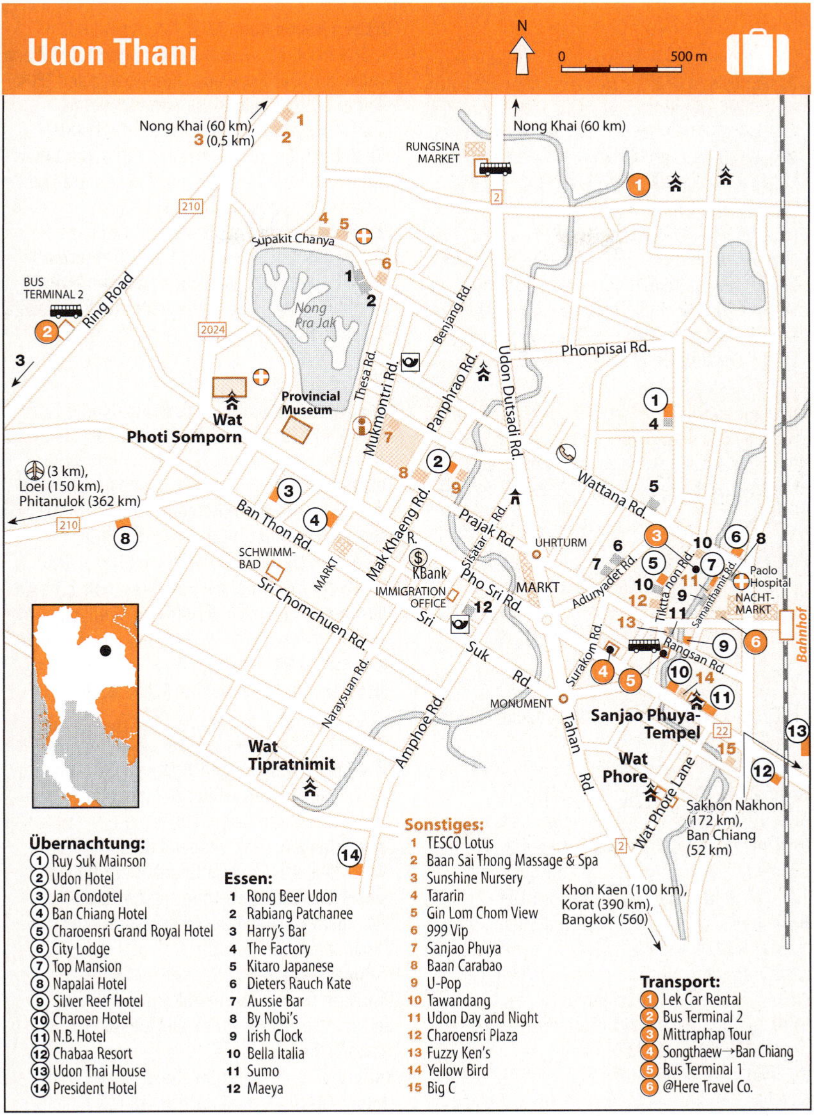

Charoensri Grand Royal Hotel ⑤, 277/1 Prayak Rd., ✆ 042-343 3550-2, 💻 www.charoensrigrand.com. Seit 1995 mit 14 Etagen und direkt am Charoensri Plaza. Größtes, bestes und teuerstes Hotel der Stadt. Trotz der klotzigen Fassade 254 geschmackvolle und behagliche Luxuszimmer. Riesiges Foyer, schönes Spa, WiFi. ❺–❻

N.B. Hotel ⑪, 626 Moo 1 Nitayo Rd., ✆ 042-321 999, 💻 www.nbhotel-thai.com.

Wohlfühlen bei Thomas und Nee

Es gibt triftige Gründe, sich trotz der reichhaltigen, preiswerten Hotelauswahl rund 5 km vom Stadtzentrum im **Udon Thai House (Thomas Resort)** ⑬, ✆ 042-204 014, 💻 www.udonthaihouse.com, einzuquartieren: Der Deutsche Thomas Leissner und seine Frau Nee haben auf wenig Platz eine Wohlfühloase geschaffen, die als liebevoll angelegtes und familiäres 14-Zimmer-Resort mit Boutiquecharakter verwöhnt. Den Mittelpunkt der Anlage bilden ein einladendes Schwimmbad und das Restaurant mit Thai-Küche und deutscher Hausmannskost sowie einem lauschigen Bar-Tresen, an dem so schnell niemand vorbei kommt. Hier trifft man nette Stammgäste und besonders gern den engagierten Inhaber, der mit nützlichen Serviceangeboten und den besten Geheimtipps begeistert. ❹

Der Nordosten

Seit 2004, modernes Hotel mit 97 Komfortzimmern, besonders die 4 günstigen Suite Rooms. Das Hotel kooperiert mit 3 TV-Kanälen und hat viele Filmstars als Gäste. ❹–❺

Essen

Es bieten sich viele Möglichkeiten, den Genuss einheimischer Spezialitäten einmal mit heimatlicher Hausmannskost zu unterbrechen.

Aussie Bar, 37/16-17 Adunyadet Rd., ✆ 086-108 6359. Seit 2006 beliebter Ausländertreff des netten Australiers Justin, der mit *Bundaberg Rum* und westlicher Küche für 120–150 Baht aufwartet. ◷ 10.30–1 Uhr.

Bella Italia, am Charoensri Grand Royal Hotel, ✆ 042-343 134, 💻 www.udon-thani-bella-Italia-restaurant.com. Großer Italiener mit einem Außen- und einem gediegenen AC-Bereich. Gute Pasta, Steaks und Holzofenpizzas für 220–350 Baht. ◷ 12–23 Uhr.

By Nobi's, 33 Sampanthamid Rd., ✆ 042-344 012, 💻 www.nobis-restaurant.com. Der gesellige Lübecker Norbert serviert Fleisch und Wurst aus eigener Produktion sowie exotisches Curry-Gulasch, Sahnehering oder für 265 Baht sogar Hirsch und Wildschwein (aus Zuchtbetrieben). Viele deutsche Biere, sogar alkoholfreies Erdinger. ◷ außer So 9–22.30 Uhr.

Dieter's Rauch Kate, 37/32 Adunyadet Rd., ✆ 081-263 9011, 💻 www.dieters-german-bakery.webs.com. Der Schwabe Dieter backt seit 2004 allerlei Brotsorten und serviert exzellente, üppige Hausmannskost. Leckere Currywurst 100 Baht, Rahmgeschnetzeltes 190 Baht, Sauerbraten 240 Baht und 4 deutsche Biersorten um je 120 Baht. ◷ tgl. außer Di 9–21 Uhr.

Kitaro Japanese Center, 49/17 Wattana Nuwong Rd., ✆ 042-243 094, AC-Restaurant mit Außenbereich, bebilderter Speisekarte, Sushi (bzw. „Mukata") und Asahi-Bier zu zivilen Preisen. ◷ 11–22 Uhr.

Am Non Pra Jak-See

Rabiang Patchanee, 53/1 Suphakit Chanya Rd., ✆ 042-241 515, 💻 www.patchanee.com. Seit 1979 romantisches Holzterrassen-Restaurant unter Bäumen am Ostufer. Überraschend günstig und mit Fassbier. Schön am Nachmittag, ab 18.30 Uhr Violinen- und Gitarrenspieler. ◷ 9–23 Uhr.

Rong Beer Udon, 61/25 Suphakit Chanya Rd., ✆ 042-241 837. Empfehlenswertes, halb offenes Pub-Restaurant mit viel Holz und Seeblick. Fast alle Gerichte 80–120 Baht, 1 l Fassbier Leo oder Singha 90–110 Baht. Ab 22 Uhr sorgt eine gute Band für Stimmung. ◷ 16–00.30 Uhr.

Unterhaltung

Das Vergnügungsangebot ist vielfältig und verteilt sich im Bereich der Innenstadt an den verschiedensten Brennpunkten.

Tawandang, Prayak Silapakom Rd., ✆ 042-343 309. Großer, tiefgekühlter Pub im typischen, rustikalen Thai-Stil. Ab 20 Uhr Livemusik mit eingängigen Folksongs und guter Stimmung. ◷ 17.30–2 Uhr.

U-Pop, am Udon Hotel, ✆ 085-174 6873. Populäre Discothek mit Außenbereich zum Sitzen. Ab 21 Uhr Auftritte von Livebands. ◷ 19–2 Uhr.

Yellow Bird, im Untergeschoss des Charoen Hotels. Größte Discothek der Stadt mit allem, was in derartigen Schuppen erwartet werden darf: Livemusik, Konzerte usw. ◷ 21–2 Uhr.

Weitere Adressen zu Unterkünften, Restaurants und abendlichen Vergnügungsstätten, s. eXTra [2904].

Gute Laune der Gastronomie

Allein schon die reichhaltige Speisekarte mit 314 Gerichten beweist, dass das populäre Restaurant **Maeya**, 79-81 Rachapatsadu, ✆ 042-223 889, eine gute Adresse der Gastronomieszene ist. Erst recht verlockend sind die günstigen Preise von 40–160 Baht, wobei die meisten Gerichte – inkl. großer Portionen und exzellenter Qualität – nicht mehr als 50 Baht kosten. Dass man in dem 3-stöckigen Eckhaus auch angenehm sitzt, rundet einen Besuch ab. ⌚10–23 Uhr.

Sonstiges

Bücher

Fuzzy Ken's, Prajak Rd., ✆ 086-011 4627, 💻 www.fuzzyken.com. Bar-Restaurant mit über 1000 gebrauchten, aber auch neuen Büchern. Büchertausch 35 Baht. ⌚ 9–24 Uhr.

Einkaufen

Im riesigen Einkaufszentrum **Charoensri Plaza**, das als Herz der Stadt schlägt, lässt es sich gut bummeln, speisen oder ins Kino gehen. Schnäppchen schlagen lassen sich auf dem großen, am So und Sa stattfindenden **Wochenendmarkt**, oder abends bis 22 Uhr auf dem **Nachtmarkt** am Bahnhof.

Informationen

Das örtliche **Tourist Office**, 16/5 Mukmontri Rd., ✆ 042-325 406-7, ✉ tatudon@tat.or.th, ⌚ Mo–Fr 9–16 Uhr, offeriert einen nützlichen Stadtplan. Alle 2 Monate erscheint der *Udon Thani Guide*. Infos im Internet lassen sich abrufen unter 💻 www.udon-thani.de sowie der englischsprachigen Homepage 💻 www.udonmap.com.

Massagen

Baan Sai Thong Massage & Spa, am Tesco Lotus, ✆ 042-211 339, 💻 www.udonmassage.com. Hier lohnt sich ein Besuch allein schon wegen der urigen, bunten Atmosphäre. 1 Std. Thai- oder Fußmassage 100 Baht, 1 1/2 Std. Öl- oder Spezialmassage 300–500 Baht. ⌚ 9–22 Uhr.

Mietfahrzeuge

Die meisten Anbieter konzentrieren sich rund um das Charoensri Plaza. **Lek Car Rental**, 129/97 Kohman City, ✆ 042-347 052, 💻 www.lekcarrentaludonthani.com, wirbt mit dem Slogan „Brand new prestige cars at a budget price" und verleiht auch Motorräder.

Reisebüros

@Here, 311/8 Prajak Rd., ✆ 042-244 305, ✉ at.here@hotmail.com. Professioneller Service für alles, was mit Flügen zu tun hat. ⌚ außer So 10–20 Uhr.

Mitraphap Tour, Schalter im Top Mansion Hotel, ✆ 089-571 9848. Mr. Sukwan organisiert Transfers und Touren. Auto mit Fahrer 1600 Baht plus Sprit.

Nahverkehr

Songthaews fahren als Stadtbusse für 10 Baht pro Trip auf festen Routen durch die Stadt, Plan beim Tourist Office. Samlors, die mit Muskelkraft (Rikschas) oder Motor (Motorrad-Dreiräder) angetrieben werden, dienen als Charter-Taxis (30–100 Baht).

Transport

Busse

Busse Richtung Osten, AC- und VIP-Busse nach Bangkok sowie einige private AC-Busse nach Chiang Rai starten vom **Bus Terminal 1**, ✆ 042-295 414, ⌚ 8–16 Uhr, oder ✆ 042-221 489, zwischen Bahnhof und Zentrum. Ab **Bus Terminal 2**, ✆ 042-247 788, fahren Busse in alle anderen Richtungen sowie non-AC-Busse nach Bangkok ab. Dieser Busbahnhof liegt 3 km westlich an der Ring Rd., zu erreichen mit dem Minibus.

BANGKOK, ständig für 350–420 Baht, 24-sitziger VIP für 640–660 Baht, in 8–9 Std. Direkt Suvarnabhumi Airport z. B. um 20.30 Uhr f ür 420–450 Baht.

CHIANG MAI, um 8.15, 10 und 14.45 Uhr für 420–450 Baht sowie um 19 Uhr (1. Kl.) für 560 Baht und VIP um 20 Uhr für 660 Baht in 11–12 Std.

CHIANG RAI, um 16.15 und 19 Uhr für 490–580 Baht in 13 Std.

KORAT, alle 30 Min. für 260 Baht in 5 Std.

LOEI, alle 30 Min. von 4–17 Uhr für 80–110 Baht in 3 1/2 Std.
NAKHON PHANOM, ständig für 150 Baht.
NONG KHAI, ständig bis zum späten Nachmittag für 30–40 Baht.
PATTAYA, um 8.30 Uhr und von 16–21 Uhr stdl. für 470 Baht in 10 Std.
PHITSANULOK, mit Bussen Richtung Chiang Mai, 7x tgl. 230–300 Baht in 7 Std.
THAT PHANOM, 4x vormittags für 120–210 Baht in 5 Std.
VIENTIANE (Laos), um 8, 10.30, 11.30, 14, 16 und 18 Uhr für 80 Baht mit dem Thai-Lao International Bus (s. Kasten S. 495).

Eisenbahn

Der **Bahnhof**, ✆ 042-222 061, liegt im östlichen Stadtzentrum.
BANGKOK, um 6.54, 18.40, 19.20 und 20.10 Uhr über KHON KAEN für 370–480 Baht, Sleeper 470–1280 Baht in 11–12 Std.
NONG KHAI, um 4.11, 6.33 und 7.14 Uhr in 1 Std.
Weitere Infos s. Fahrplan S. 900.

Flüge

Vom **Flugplatz** 5 km südwestlich der Stadt, Transfer zum Zentrum 50–60 Baht.
Zur Friendship Bridge nach Nong Khai (Haltestelle ca. 500 m vom thailändischen Checkpoint) fahren 4x tgl. (abgestimmt auf die Ankunft der Flugzeuge) Minibusse für 200 Baht oder Charter-Limousinen für 800–900 Baht.
Nach BANGKOK mit **Thai Airways**, ✆ 042-246 567 und ✆ 042-411 530 (Nong Khai), 3x tgl., **Nok Air**, ✆ 042-348 771-2, 2x tgl. zum Don Muang Airport. Zudem verkehrt **Air Asia**, ✆ 042-224 313, 2x tgl. zum Suvarnabhumi Airport. Flugzeit jeweils 1 Std.
Lao Airlines fliegt am Fr und So nach LUANG PRABANG.

Ban Chiang

Der 50 km östlich von Khon Kaen liegende Ort wäre ein unscheinbares Dorf geblieben – hätte hier nicht ein amerikanischer Anthropologie-Student 1966 zufällig die Tonscherben einer uralten Begräbnisstätte entdeckt. Bei den erst Mitte der 1970er-Jahre begonnenen Grabungen wurden 126 menschliche Skelette und die bis dahin ältesten Beweise für die Herstellung von Metallwerkzeugen gefunden. Das löste erheblichen Wirbel unter Wissenschaftlern aus, da die „Wiege der Zivilisation" bis dahin ausschließlich in China und Mesopotamien vermutet wurde. 1992 erfolgte die offizielle Anerkennung: Die Unesco erklärte Ban Chiang zum **Weltkulturerbe** der Menschheit, 💻 www.whc.unesco.org/en/list/575.

In einer hervorragend gestalteten Ausstellung birgt das moderne, 1998 enorm erweiterte **Nationalmuseum**, ✆ 042-208 340, ⏲ 8.30–17 Uhr, Eintritt 150 Baht, die kostbaren Schätze einer längst vergangenen Zeit. Es zeigt die frühesten Keramikfunde Thailands, die aus einer Höhle bei Mae Hong Son im Norden stammen und an die 9000 Jahre alt sind. Bereits vor über 3700 Jahren wurden Bronzewerkzeuge in Sandsteinformen gegossen, und in einer der ersten Eisenschmelzereien bei Loei fand man 2800 Jahre alte Metallwerkzeuge. Im Zentrum der Ausstellung stehen jedoch die bemerkenswerten Gebrauchskeramiken aus Ban Chiang. Sie werden in drei Epochen unterteilt: In der frühen Periode (3600–2000 v. Chr.) dienten die dunklen, mit Schnurdekor verzierten Keramiken als Begräbnisurnen für Kinder und als Grabbeigaben. Während der mittleren Periode (1000–300 v. Chr.) wurden die Keramiken mit wulstigen roten Rändern versehen und Muster in die weißen Oberflächen graviert. In der späten Periode (300 v. Chr. –200 n. Chr.) entstanden die roten Krüge mit spiralförmigen und anderen geometrischen Verzierungen, die heute noch gefertigt werden.

Außerdem zu sehen sind Speerspitzen, Sicheln, Armreifen und Halsringe. Die Dokumentation der Ausgrabungen ist mit ausführlichen englischen Beschriftungen versehen. Die Brücke zur Gegenwart schlägt eine Ausstellung über das traditionelle Leben im heutigen Ban Chiang. Noch immer werden in der Umgebung Krüge, Schalen und andere Keramiken nach althergebrachten Vorbildern gefertigt und verkauft. Im **Wat Po Sri Nai** findet sich eine überdachte Ausgrabungsstätte, wo Keramikstücke, Tier- und Menschenknochen an ihrem ursprünglichen Platz verblieben sind. Insgesamt sind sieben Besiedlungsschichten frei gelegt worden.

Übernachtung und Essen

Lakeside Sunrise Guesthouse, nahe dem Museum am Westufer des Sees, ✆ 042-208 167, 💻 www.banchianglakeside.com. Seit 1991 und die beste Option. Haus im Thai-Stil mit gemütlicher Holzveranda und 6 Ventilatorzimmern. Mrs. Nonglak spricht gut Englisch und sorgt für angenehme Atmosphäre. ❷

Transport

Die meisten Busse aus UDON THANI, viele Abfahrten dort vom Bus-Terminal 1, 30–40 Baht, halten auf dem H22 nach Sakhon Nakhon an der Abzweigung nach BAN PULU. Von hier fahren Minibusse und Tuk Tuks, 50–60 Baht, zum 6 km entfernten Ban Chiang.

Nong Khai

Ausgelassen planschen die Einheimischen in den braunen Fluten des Mekong, lassen sich mit Lkw-Schläuchen auf dem Wasser treiben, bauen Sandburgen oder hocken einfach nur in den beschaulichen Bastmatten-Restaurants am Ufer, um sich fangfrischen *Pla Ping* im Salzmantel oder knusperige Hähnchenteile grillen zu lassen. Das vergnügliche Strandleben am **Jom Manee Beach** (Jommanee, Hat Jommanni) ist allerdings nur in der Trockenzeit möglich, wenn der Wasserpegel des Mekong niedrig genug ist. Auch sonst scheint sich der Lebensrhythmus dieser 620 km von Bangkok und 60 km von Udon Thani entfernten Stadt der trägen Strömung des mächtigen Stroms angepasst zu haben. Entlang des Flusses bieten sich eine West- (s. S. 495) und eine Ostroute (s. S. 503) zur reizvollen Weiterreise an.

Nong Khai liegt am nördlichen Ende des Friendship Highway (s. Kasten S. 479), das Eisenbahnnetz jedoch reicht seit März 2009 sogar bis über die **Mitraphap-Brücke**. Mit einer Länge von 1774 m wurde sie 1994 als erste internationale Verbindung über den Fluss nach Laos geschlagen. Von dort sind es noch 24 km bis zur Hauptstadt des Nachbarlands. Das macht das rund 70 000 Einwohner zählende Nong Khai zum Tor nach Laos. Davon zeugt auch das Warenangebot des weitläufigen, tunnelartigen **Indochina-Markt** (Thasadej), der sich zwischen dem Fluss und dem **Wat Sri Muang** erstreckt. Hier lassen sich herrliche Dinge erstehen, viele davon aus China oder Vietnam. Auch die Touristen sorgen für internationales Flair: Nong Khai gilt als einzige Isarn-Stadt, die eine Backpackerszene anzieht. Andererseits überrascht, dass sich in diesem stimmungsvollen Winkel Thailands bisher keinerlei Boutiqueresorts finden lassen.

Das Kulturgut des angenehmen Orts beschränkt sich nicht allein auf manche Hausfassade, die von französischen und laotischen Einflüssen zeugt. Im **Wat Pho Chai** wird die 1,5 m große Buddhastatue Luang Pho Phra Sai verehrt, deren Kopf aus purem Gold ist. Hier finden alle bedeutenden Feste Nong Khais statt, wie das Raketenfestival Soeng Bung Fai im April (s. Kasten S. 507). Wesentlich ruhiger geht es im Waldkloster **Wat Noen Phra Nao** zu: Im Schatten von mächtigen Bäumen gibt es Vipassana-Meditationskurse. Das **Phra That Klang Naam** ist nur in der tiefsten Trockenzeit zu sehen, wenn der Wasserpegel um 13 m absinkt. Es ist die Chedi-Ruine eines Tempels, der 1847 im Fluss versank. Sobald sich die Spitze zeigt, werden bunte Fahnen daran befestigt, während am nahen Ufer das herausgeputzte **Phra That Nong Khai** abends

Brückenbauten als Wahrzeichen

Es wirkt fast so, als hätte man der Mitraphap-Brücke ein weiteres Wahrzeichen hinzufügen oder dem laotischen Nachbarn mal so richtig vor Augen führen wollen, wie imposant man in Thailand bauen kann. Doch die am Mekong brückenartig aufgestelzte, kolossale und über 1 km lange **Promenade** soll offenbar auch als Uferbefestigung und Hochwasserschutz dienen. Mit ihrem Buntsteinpflaster, schmiedeeisernen Laternen und Geländern zählt sie zu den ehrgeizigen Prestigeprojekten des gestürzten Premierministers Thaksin Shinawatra. Sie hat die Silhouette der beschaulichen Stadt entscheidend verändert und idyllische Natur verdrängt. Die Einheimischen und Touristen scheinen sich eher daran zu erfreuen, können sie doch auf der schicken Promenade nun herrlich flanieren, joggen und den Sonnenuntergang genießen.

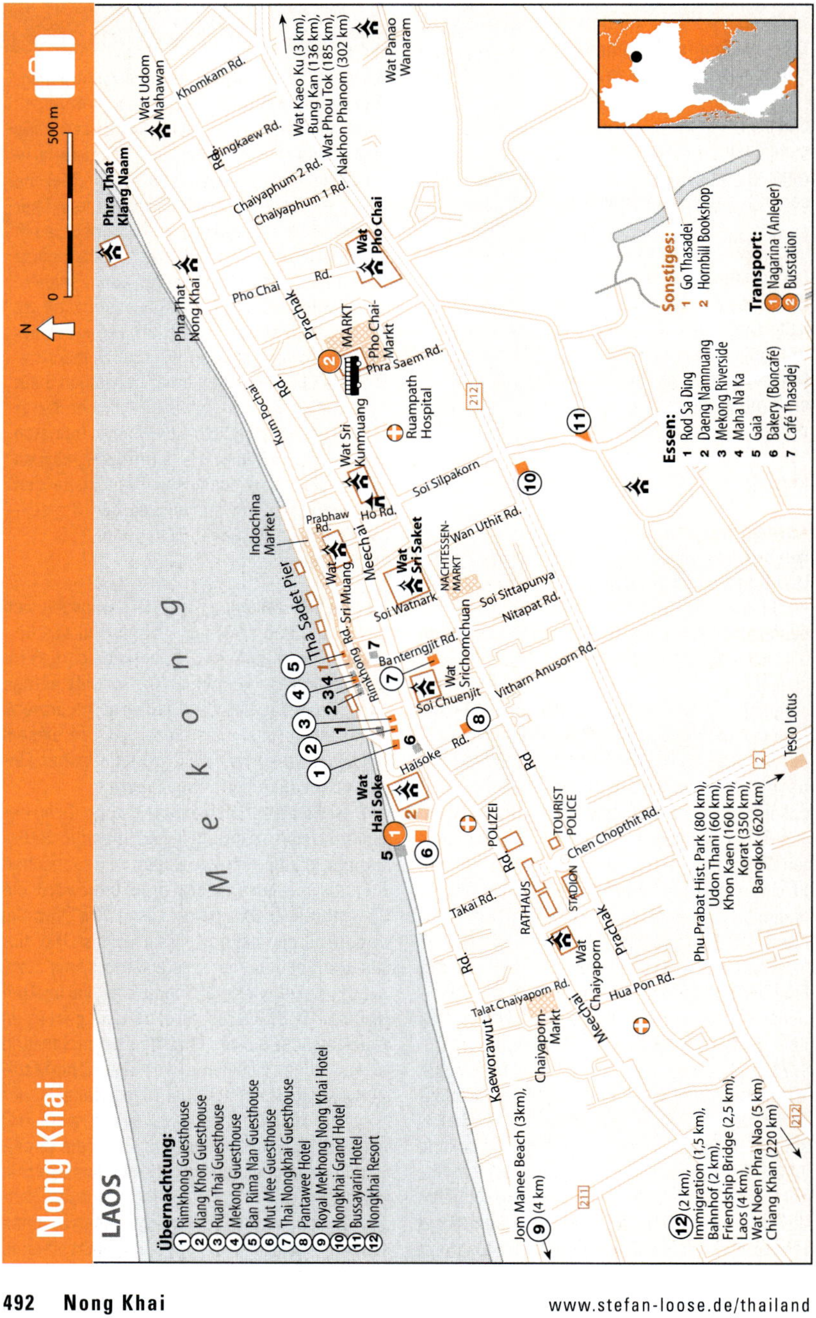

Nong Khai
LAOS
Übernachtung:
1 Rimkhong Guesthouse
2 Kiang Khon Guesthouse
3 Ruan Thai Guesthouse
4 Mekong Guesthouse
5 Ban Rima Nan Guesthouse
6 Mut Mee Guesthouse
7 Thai Nongkhai Guesthouse
8 Pantawee Hotel
9 Royal Mekhong Nong Khai Hotel
10 Nongkhai Grand Hotel
11 Bussayarin Hotel
12 Nongkhai Resort
Essen:
1 Rod Sa Ding
2 Daeng Namnuang
3 Mekong Riverside
4 Maha Na Ka
5 Gaia
6 Bakery (Boncafé)
7 Café Thasadej
Sonstiges:
1 Go Thasadei
2 Hornbill Bookshop
Transport:
1 Nagarina (Anleger)
2 Busstation
Mekong
500 m
N
Phra That Klang Naam
Phra That Nong Khai
Wat Udom Mahawan
Khomkam Rd.
Pingkaew Rd.
Chaiyaphum 2 Rd.
Chaiyaphum 1 Rd.
Wat Kaeo Ku (3 km), Bung Kan (136 km), Wat Phou Tok (185 km), Nakhon Phanom (302 km)
Wat Panao Wanaram
Wat Pho Chai
Pho Chai Rd.
Prachak Rd.
MARKT
Pho Chai-Markt
Phra Saem Rd.
Kum Pochai Rd.
Wat Sri Kunmuang
Ruampath Hospital
212
Soi Silpakorn
Ho Rd.
Prabhaw Rd.
Indochina Market
Wat Sri Muang
Meechai
Wat Sri Saket
NACHTESSEN-MARKT
Wan Uthit Rd.
Tha Sadet Pier
Rimkhong Rd.
Soi Watnark
Srichomchuan
Soi Sittapunya
Nitapat Rd.
Banterngjit Rd.
Wat Srichomchuan
Soi Chuenjit
Vitharn Anusorn Rd.
Haisoke Rd.
Wat Hai Soke
Rd
POLIZEI
TOURIST POLICE
Chen Chopthit Rd.
Takai Rd.
RATHAUS
STADION
Rd.
Wat Chaiyaporn
Prachak
Talat Chaiyaporn Rd.
Chaiyaporn-Markt
Meechai
Hua Pon Rd.
Kaeworawut Rd.
Phu Prabat Hist. Park (80 km), Udon Thani (60 km), Khon Kaen (160 km), Korat (350 km), Bangkok (620 km)
2
Tesco Lotus
Jom Manee Beach (3km), 9 (4 km)
211
12 (2 km), Immigration (1,5 km), Bahnhof (2 km), Friendship Bridge (2,5 km), Laos (4 km), Wat Noen Phra Nao (5 km), Chiang Khan (220 km)
212

fotogen angestrahlt wird. Besondere Impressionen verspricht ein Besuch des 4 km entfernten Buddhagartens **Wat Kaeo Ku**.

Übernachtung

Viele Langzeiturlauber kommen zur Visaverlängerung, was eine auf Farangs ausgerichtete Guesthouse- und Kneipenszene entstehen ließ. Es gibt ein üppiges Angebot an attraktiven, preiswerten Unterkünften.

Untere Preisklasse

Kiang Khon Guesthouse ②, 541 Rimkhong Rd., ✆ 042-422 870. Seit 2006 in zentraler Lage zwischen Altbauten und empfehlenswert. 3-stöckiger Reihenbau mit 14 hellen, luftigen Balkonzimmern, davon 9 mit AC. Von der Terrasse im obersten Geschoss gibt es etwas Mekong-Blick. ❷

Mittlere Preisklasse

Ban Rima Nan ⑤, Promenade, ✆ 042-420 256. Seit 2009 neu mit 12 Zimmern und die stadtweit einzige Option, aus einem Komfortzimmer mit Balkon (am besten sind Nr. 201–205) den herrlichen Mekong-Blick zu genießen. ❸–❹

Mekong Guesthouse ④, 519 Rimkhong Rd., ✆ 042-460 689, 💻 www.mekongguesthouse.com. Empfehlenswert, da zentral am Mekong und Markt. 20 preiswerte, behagliche Komfortzimmer mit Holzböden, davon 5 mit Ventilator. ❷–❹

Thai Nongkhai Guest House ⑦, 1169 Soi Banterngjit, ✆ 042-413 155, 💻 www.thainongkhai.com. Seit 2006, überraschende Hinterhofidylle mit 7 Zimmern in Bungalows, die sich in einem kleinen Garten verteilen. Der freundliche Inhaber Mr. Som hilft in allen Lebenslagen. ❸

Backpackerparadies am Mekong

Die älteste und beliebteste Travellerunterkunft am Mekong ist das **Mut Mee Guesthouse** ⑥, 1111/4 Kaeworawut Rd., ✆ 042-460 717, 💻 www.mutmee.com. Es wird von dem Engländer Julian Wright und seiner Frau Pao geleitet und bietet etliche Aktivitäten wie Unterricht in Yoga, Massage, Astrologie und Reiki, Touren oder Fahrradverleih. Die 30 Zimmer, darunter 8 mit AC, und ein Schlafsaal verteilen sich auf mehrere Bauten und sind unterschiedlichen Standards. ❶–❹. Das angeschlossene, gute **Gartenrestaurant**, ⏲ 7.30–21.30 Uhr, verwöhnt mit vegetarischen und gesunden Gerichten, die schwimmende Mekong-Bar **Gaia** mit Cocktails für 110–180 Baht und jeder Menge Romantik, ⏲ 17–23 Uhr. Von hier startet gegen 17–18 Uhr auch die zur Anlage gehörende **Nagarina**, ✆ 042-412 211, 💻 www.nagarina.com, zu allabendlichen „Sunset Cruises" auf dem Mekong. Die 1-stündige Kreuzfahrt zwischen Brücke und dem versunkenen Chedi kostet 100 Baht, das Essen an Bord muss vorbestellt werden.

Obere Preisklasse

Nongkhai Grand Hotel ⑩, 589 Moo 5 Nongkhai-Ponpisai Rd., ✆ 042-420 033, 💻 www.nongkhaigrand.com. Das alles überragende Hotel mit 130 Zimmern, Schwimmbad und sämtlichem Komfort gilt als das beste der Stadt. Abends Livemusik auf der Dachterrasse. ❺–❻

Nongkhai Resort ⑫, gegenüber dem Bahnhof, ✆ 042-464 958-9, 💻 www.nongkhairesort.com. Seite 2008 entlegenes, für die Stadt eher ungewöhnliches Bungalowresort im Bali-Verschnitt. 21 Zimmer verteilen sich in einer tropischen Grünanlage mit Schwimmbad. ❹

Pantawee Hotel ⑧, 1049 Haisoke Rd., ✆ 042-411 568-9, 💻 www.pantawee.com. Seit 1959 und die älteste Unterkunft am Ort. Erstreckt sich mit mehreren Gebäuden, kleinem Schwimmbad, Spa, Restaurant und Reisebüro über 2 Straßenzüge. 101 helle, luftige (viele Fenster) und saubere Wohlfühlzimmer. Die beiden traumhaft schönen, riesigen Rooftop-Suiten mit Dachgarten und Jacuzzi für 2200 Baht bilden das obere Ende der 6 Preiskategorien. Einmalig: Alle Zimmer verfügen über einen eigenen PC, kostenlosen Internetanschluss und DVD-Player! ❹–❺

Weitere Adressen zu Unterkünften, s. eXTra [2906].

Essen

Das Nachtleben beschränkt sich vorwiegend auf den Besuch von Restaurants und wenigen Kneipen, die meist von Ausländern betrieben werden. An der Uferstraße im Bereich des Phra That Nong Khai, 2–3 km vom Zentrum, finden sich mehrere Thai-Restaurants, die *Tom Yam Pla*-Suppen mit bis zu 5 Sorten Mekong-Fisch anbieten. Auf dem Indochina-Markt duften deftige Isarn-Würstchen und Fisch vom Grill.

Café Thasadej, 387/3 Soi Thepbunterng, ✆ 042-423 921, 🖳 www.gothasadej.com. Seit 2009 serviert der Hamburger Carsten Schittek deutsches Frühstück, Kartoffelpuffer, Grünkohl, Döner und leckeres Pfannengyros mit Zaziki für 160 Baht. Neuerdings gibt es sogar einen schicken Bistro-Ableger an der Promenade. ⏲ 8–1 Uhr.

Daeng Namnuang, 526-527 Rimkhong Rd., ✆ 042-411 961. Seit 2009, größtes Restaurant am Ort und entsprechend unromantisch, aber günstige, vietnamesische Küche für 35–60 Baht. ⏲ 6–20 Uhr.

Bakery (Boncafé), 434 Meechai Rd., ✆ 089-577 9143. Der Pfälzer Rudi backt tgl. Brot, Brötchen und Kuchen, serviert für 110–130 Baht Spaghetti, Wiener, Gulasch und Leberkäse. ⏲ 7–16.30 Uhr.

Mekong Riverside, 519 Rimkhong Rd., ✆ 042-411 889. Großes Holzterrassen-Restaurant des Mekong Guesthouse, seit Mitte 2009 mit dem gediegenen AC-Ableger **Maha Na Ka**. Schön zum Sonnenuntergang mit Mekong-Blick und Fassbier, Glas 40 Baht, Krug 140 Baht. ⏲ 7–22 Uhr.

Rod Sa Ding, vorderstes Restaurant an der Promenade, ✆ 081-369 4101. Einfach, professionell, luftig und mit Isarn-Gerichten für 30–60 Baht günstig, aber leider nur begrenzt schmackhaft. ⏲ tgl. 9–18 Uhr.

Sonstiges

Bücher

Hornbill Bookshop, am Zugang zum Mut Mee Guesthouse, ✆ 042-460 272. Beliebter Laden für den An- und Verkauf englischsprachiger Bücher, auch esoterischer Literatur. ⏲ außer So 10–19 Uhr.

Immigration

Die Einreisebehörde liegt an der Umgehungsstraße, die zur Brücke führt, ✆ 042-420 242, ⏲ 8.30–16.30 Uhr.

Mietfahrzeuge

Fahrräder kosten 40–50 Baht pro Tag, Mopeds ab 200 Baht und Autos 1000–1200 Baht, am einfachsten über die Unterkunft oder das Reisebüro **Go Thasadej**. Der sympathische **Mr. Aeh**, ✆ 089-942 9470, verlangt als Chauffeur seines bequemen Pick-ups 1300 Baht, mit Minibus 1800 Baht pro Tag plus Spritkosten. Eine Tagestour zum Wat Phu Tok (s. Kasten S. 504) pauschal 2500 Baht.

Reisebüros

Go Thasadej, an der Promenade, ✆ 042-412 075, 081-592 0164. Professioneller Service für alle Tickets, Transfers, Touren und einen komfortablen Visa Run. ⏲ 10–22 Uhr.

Nahverkehr

Tuk Tuks kosten im Stadtgebiet 30–40 Baht, bis zur Grenzabfertigung an der Brücke 40–50 Baht.

Transport

Beliebt und schnell ist die Anreise über den 56 km entfernten Flughafen von Udon Thani (s. S. 448, Transport/Udon Thani). Taxitransfer zum Flughafen mit Minibus 150 Baht, Charter-Taxi 900 Baht.

Busse

Vom **Bus Terminal**, ✆ 042-411 612, am Pho Chai-Markt in der Prachak Rd., ca. 1 km von den Unterkünften am Mekong, fahren fast alle Busse ab. Einige halten zudem an der **Hauptkreuzung** des H2 und H212.

BANGKOK, ständig von 7–20.30 Uhr für 520–650 Baht in 10–11 Std. Der 999-VIP fährt um 20 Uhr für 800 Baht, der gelbe staatliche Bus zum Suvarnabhumi Airport um 20 Uhr für 600 Baht in 9–10 Std.

BUNG KAN, ständig von 7.30–17 Uhr mit non-AC-Bus für 70–120 Baht in 3 Std.

CHIANG KHAN, mit Bussen nach Loei und Ban Tad, dort umsteigen.

LOEI, mit non-AC-Bus um 7.30, 9.30 und 11 Uhr am Mekong entlang über Si Chiangmai, Sang Khom und Ban Tad für 100–120 Baht in 6–7 Std. Einfacher, komfortabler und schneller geht es über Udon Thani.

PAK CHOM, mit Bussen nach Loei über Ban Tad oder stdl. von 11.30–13.30 Uhr für 80 Baht.
SANG KHOM, mit Bussen nach Loei oder Pak Chom für 60 Baht in 3 Std.
SI CHIANGMAI, mit Bussen nach Loei oder Pak Chom für 30 Baht in 2 Std.
UDON THANI, ständig bis 18 Uhr für 30–40 Baht in 1 Std.
VIENTIANE (Laos), mit dem Thai-Lao International Bus (das Visum muss bereits im Pass sein) um 7.30, 9.30, 12.30, 14.30, 15.30 und 18 Uhr für 55 Baht.

Eisenbahn

Vom **Bahnhof** in Nong Khai, ✆ 042-411 592, rund 2 km westlich der Stadt, fahren tgl. Züge um 6, 18.20 Uhr (am besten und bequemsten) und 19.15 Uhr (nur 2. und 3. Kl.) in 11–13 Std. nach BANGKOK für 390–500 Baht, Sleeper 490–1320 Baht. Nach KORAT geht es um 13.05 Uhr. Mehr Details s. Fahrplan S. 900.

Die Umgebung von Nong Khai

Neben den reizvollen Strecken direkt am Mekong und einem Abstecher nach Laos bieten sich mit dem skurrilen Skulpturenpark von **Wat Kaeo Ku** und der sagenumwobenen Natur des 80 km entfernten **Phu Prabat Historical Park** besonders spirituelle Ziele an, Details s. eXTra [2908].

Von Nong Khai nach Chiang Khan (Westroute)

Mal schimmert er still wie ein großer See, mal schlängelt er sich geduldig durch ein scheinbar undurchdringliches Labyrinth aus bizarren, begrünten Felsinselchen. Dann verkommt er scheinbar zu einem Rinnsal, um seinen Weg wenige Kilometer weiter mit schäumenden Stromschnellen und Strudeln fortzusetzen: Mit einem unglaublich vielfältigen Erscheinungsbild strömt der Mekong durch den Nordosten Thailands – als fließende Grenze zum Nachbarland Laos, legendäre Schmuggelroute, Kulisse der Magie und etlicher Mythen. Dafür sorgen allein schon so rätselhafte Bewohner wie der *Pla Buek* als größter Süßwasserfisch der Welt oder das Naturphänomen des aufsteigenden Lichts (s. S. 504 Bung Kan).

Von Nong Khai in Richtung Westen kann man mit non-AC-Bussen oder dem eigenen Fahrzeug bis zum beschaulichen Chiang Khan fahren. Die 220 km lange, über den H211 führende Strecke zählt zu den schönsten Thailands und wird gesäumt von ausgedehnten Tabakfeldern, sprießenden Gemüsebeeten und Gärten mit kunstvollem Baumschnitt. Beim KM 12 wird das vorwiegend von ethnischen Vietnamesen bewohnte **Tha Bo** erreicht, am KM 45 das kleine **Si Chiangmai** (Sri Chiang Mai), das für die Massenproduktion von Frühlingsrollenteig bekannt ist. Von hier eröffnet sich ein eindrucksvoller Blick auf die gegenüberliegende laotische Hauptstadt Vientiane. Am KM 60 erhebt sich auf einem Hügel das weiße, mit goldfarbenen Türmen in der

Visite in Vientiane

Es sind vor allem altehrwürdige Tempel, die einen Abstecher in die „beschaulichste Hauptstadt der Welt" lohnen. Wer das Visum schon im Pass hat, kann von der Busstation in Nong Khai mit dem großen Thai-Lao International Bus, 6x tgl., 55 Baht, über die 3,5 km westlich der Stadt liegende Mitraphap-Brücke direkt und bequem bis nach Vientiane gelangen. Der thailändische Kontrollpunkt befindet sich bereits 1 km vor der Brücke am Highway. Wer auf eigene Faust unterwegs ist, muss von hier per Shuttlebus (10–20 Baht) oder Eisenbahn, 3x tgl. für 40 Baht, über die Freundschaftsbrücke zum laotischen Ufer fahren. Am Grenzübergang, ⏲ 6–22 Uhr, gibt es für US$30 (Schweizer US$35) ein 30 Tage gültiges Visa on Arrival. Ab 16 Uhr, an Wochenenden und Feiertagen wird ein Zuschlag von US$1 fällig. Der gleiche Betrag wird erhoben, wenn man kein Passfoto für das Visum dabei hat. Wenn weitere 10–30 Baht Besuchergebühren entrichtet sind, kann die 22 km bzw. 30 Min. lange Fahrt von Tha Deua bis nach Vientiane per Bus zurückgelegt werden, 25 Baht, Sammeltransport 30–50 Baht, Charter-Tuk Tuk 150–250 Baht oder Charter-Taxi 200–300 Baht.
Gute **Tipps für eine Visite** in Vientiane, s. eXTra [2909].

UMGEBUNG NONG KHAI

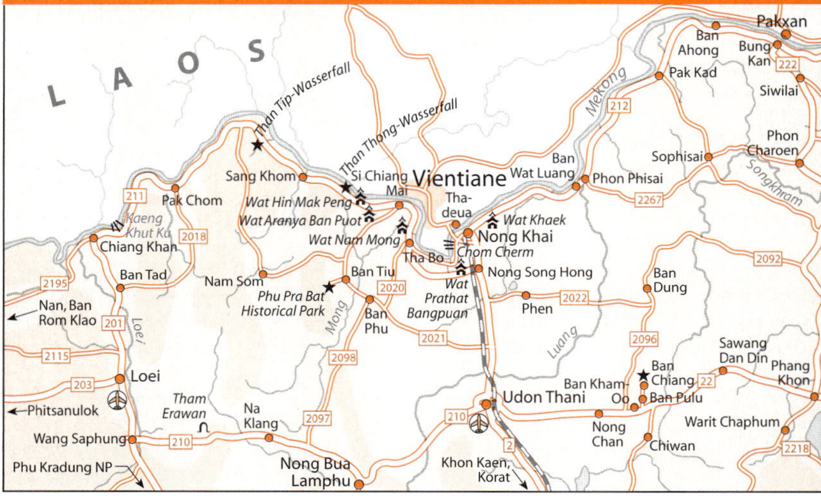

Sonne glitzernde **Wat Aranya Ban Puot**. Nur 4 km weiter verbirgt sich am steilen, felsigen Mekong-Ufer bzw. im Schatten eines Waldes das Meditationskloster **Wat Hin Mak Peng**.

Erst ab KM 67 führt die Straße direkt am Strom entlang, um immer wieder malerische Ausblicke auf das Flussbett freizugeben. Wer die gesamte Strecke bis Chiang Khan nicht an einem Tag zurücklegen möchte, kann in **Sang Khom** am KM 84 oder in **Pak Chom** am KM 147 übernachten. Dort gibt es noch viele Holzhäuser, einige davon als einfache Guesthouses. Zwischen den beiden Orten sorgt mit zwei Stufen und Wasserbecken der **Nam Tok Than Thip** für Erfrischung. Er liegt am Ende einer 2 km langen Stichstraße, die am KM 97 abzweigt.

Während der Regenzeit überschwemmt der Fluss häufig das Hinterland, so dass einige Uferstreifen befestigt worden sind. Bei Niedrigwasser lohnt hinter dem KM 183 ein 2,5 km langer Abstecher zu den Stromschnellen von **Kaeng Khut Khu**. Hier fangen die Einheimischen Fische und bereiten diese an Essenständen zu.

Agalin – Juwel am Mekong

Wer hätte gedacht, dass sich in diesem entlegenen Winkel ein derart schillerndes Juwel verbirgt? Der Stararchitekt und Designer Amnad Khitapanna hat sich diesen Traum verwirklicht. Seine bei Pak Chom in einer herrlichen, 15 ha großen Parkanlage liegende Winterresidenz **Agalin Holiday Villas The Boutique Resort**, ✆ 02-512 1789, 💻 www.agalin.com, besteht aus den verheißungsvollen Bauten: Dove Cottage (3000–3700 Baht), Villa Laura, White Lodge, High Loft, Tamarind Cottage und Villa Petraca (bis zu 15 750 Baht). Die Villen liegen um die 200 m² große Agadin Hall, die als Kunstmuseum, Theater und Speisesaal dient. ❺–❽

Übernachtung

Es gibt erste Boutiqueresorts, doch die meisten Unterkünfte sind auf Traveller ausgerichtet und bieten entsprechende Erlebnistouren, den Verleih von Fahrzeugen und Internet an.

Bouy Guesthouse, Sang Khom, ✆ 042-441 065. Am Ende des Dorfs westlich vom Busstop führt eine kleine Holzbrücke über einen Seitenarm

des Mekong. Dahinter liegen seit 1989 in einem Garten mit vielen Orchideen die 9 einfachen Ventilator-Bambushütten von Mrs. Toi. Kleines, preiswertes Restaurant und Massagen runden die idyllische Szenerie ab. ❶–❷

Pak Chom Resort, Pak Chom, ✆ 042-881 033. Am östlichen Ortsrand finden sich im Schatten hoher Bäume die 12 Zementbungalows von Mr. Wiwat, davon 4 mit Ventilator. Sie haben Fliesen und eine Minibar. ❷–❸

Poo Pae Resort, Sang Khom, ✆ 042-441 088, 💻 www.poopaeresort.com. Seit 2006, Tolles Boutiqueresort mit 16 Zimmern, freundlicher Farbgebung, gepflegtem Garten. Am schönsten sind die 900-Baht-Bungalows mit Terrassen und faszinierendem Mekong-Blick. ❸–❹

River Huts, Sang Khom, ✆ 042-441 012. Einfache Bambushütten mit Ventilator und Terrasse in einem großen, am Fluss liegenden Garten. Gutes Restaurant und Kräutersauna. ❶–❷

Transport

Die non-AC-Busse von NONG KHAI (S. 494) fahren über Si Chiangmai, Sang Khom und Ban Tad bis LOEI. Wer nach CHIANG KHAN will, 90–110 Baht, muss in Ban Tad umsteigen, ein Songthaew für 30 Baht, ein Taxi für 1000 Baht oder ein Boot für 3000 Baht chartern.
Auf den ersten 41 km bis Tha Bo fährt nur der Bus Nr. 223 direkt am Mekong entlang.

Chiang Khan

Dieser beschauliche Ort bietet sich als Etappenziel zwischen Loei und Nong Khai an. Angesagt sind Abhängen und das Thailand längst vergangener Zeiten genießen oder spannende Ausflüge in die Umgebung unternehmen. Selten gewordene, traditionelle **Holzbauten** flankieren die Straßenzüge Chiang Khans, locken mit bunt sprießendem Blumenschmuck, lauschigen Balkons, Veranden und Terrassen mit wunderbarem Ausblick auf den Fluss und die umgrenzenden Berge von Laos. Dazwischen verbergen sich idyllische Tempel wie das 100 Jahre alte **Wat Paklang** mit einer chinesischen Gartenoase. Hier wie auch im **Wat Takok** oder **Wat Sri Khun Muang** zeugen Säulenkolonnaden und lackierte Fensterläden von der französisch inspirierten Architektur des Nachbarlands. Ältestes Heiligtum des Orts ist das 1654 errichtete **Wat Mahatat**.

Eine neue, üppig betonierte Uferpromenade verläuft parallel zur **Chai Khong Road**, wo sich auch alle Guesthouses des lang gestreckten Orts aufreihen. Gemächlich tuckern Passagierschiffe vorbei, die zwischen der alten Königstadt Luang Prabang und Vientiane kreuzen. Wesentlich eiliger haben es die lärmenden Schnellboote, die mit schäumenden Wellen vorbeiziehen. Von Chiang Khan führt die Weiterreise meist zur 48 km entfernten Provinzhauptstadt **Loei** (s. S. 500). Nur wenige versuchen, mit einem eigenen Fahrzeug über die schmalen, verwinkelten Straßen am Mekong und dicht an Laos entlang bis zum 390 km entfernten, nordthailändischen **Nan** vorzudringen. Es ist eine überaus reizvolle Reiseroute, die durch unberührte Landschaften mit dichten Wäldern und einsamen Wasserfällen führt.

Übernachtung

Fast alle Unterkünfte bieten familiäres Homestay-Flair und liegen am Mekong, wobei der Blick auf den Fluss leider oft verbaut ist.

Alter Stil, neuer Komfort

Neu seit 2008 und empfehlenswert als eine der 3 besten Unterkünfte ist das von der jungen, freundlichen Mrs. Praeo geführte **Chiang Khan River View Guesthouse** ⑤, 277 Chai Khong Rd., ✆ 080-741 8055. Neubau im alten, ortsbildprägenden Stil mit umlaufendem Balkon, Terrasse zum Fluss und blitzenden Holzböden. 5 Ventilatorzimmer mit Gemeinschaftsbad und – gegen geringen Aufpreis – sogar mit AC. ❷

Untere Preisklasse

Chiang Khan Guesthouse ⑥, 282 Chai Khong Rd., ✆ 042-821 691, 💻 www.thailandunplugged.com. Dieses Holzhaus des Holländers Huub und seiner Frau Phim verfügt über 17 Ventilatorzimmer mit Gemeinschaftsbad, einige größer und mit Flussblick. Uriges Flair mit Blechdach, knarrenden Holzböden und Massen bunter Topfpflanzen. ❷

Fairytale Guesthouse ③, 294 Chai Khong Rd., ✆ 083-297 9508. Das ehemalige Rimkhong hat nach dem Besitzerwechsel Mitte 2009 gewonnen. Das Holzhaus bietet 6 gepflegte Zimmer mit Ventilator und Gemeinschaftsbad, schönste sind Nr. 4 und Nr. 5, sowie einen Schlafsaal. ❶–❷

Loogmai Guesthouse ①, 112 Chai Khong Rd., ✆ 042-822 334. Der Künstler Somboon und seine Frau Malarin haben das einzige Steinhaus an der Uferstraße liebevoll restauriert und mit moderner Kunst geschmückt. Das vor 60 Jahren im Kolonialstil errichtete Schulgebäude bietet 5 bewusst spartanisch möblierte, reizvolle Zimmer mit Gemeinschaftsbad. Nr. 3 ist geräumig und mit 3 Fenstern zum Mekong das schönste. ❷–❸

Tonkhong Guesthouse ④, 299/3 Chai Khong Rd., ✆ 042-821 879, ✉ ben-jama@hotmail.com. Seit 1994 mit 8 Zimmern, davon 1 mit AC, und familiärer Atmosphäre. Mrs. Ben spricht gut Englisch und weiß genau, was eine typische Travellerherberge bieten sollte. ❶–❷

Abenteuer und Aktivitäten

Für Ausflüge, Koch- und Massagekurse oder den Verleih von Fahrzeugen (Fahrräder 50–80 Baht, Motorräder 200–300 Baht) haben sich besonders die Guesthouses **Chiang Khan** und **Tonkhong** etabliert. 1-stündige Kreuzfahrten führen in den Sonnenuntergang, 3–4-stündige zum Big Buddha – für 700 bzw. 1800 Baht bei der Teilnahme von mind. 3 Personen. Am spannendsten ist die etwa 6-stündige Bootstour zum 40 km entfernten Pak Chom, die 4000–4500 Baht bei der Teilnahme von mind. 4 und max. 12 Personen kostet. Dabei werden die dramatischen, 6 km flussabwärts von Chiang Khan liegenden Stromschnellen Kaeng Khut Khu (s. S. 496) durchquert. Hier kann man auch einfach nur auf Holzplattformen mit Strohdächern und Schilfmatten relaxen. **Mekong Culture & Nature Tours** offeriert 3 Tagestouren mit Zweier-Kajaks für 500–1500 Baht p. P. inkl. Guide und Verpflegung.

Mittlere und obere Preisklasse

Chiang Khan Hill Resort ⑦, 5 km westlich von Chiang Khan, ✆ 042-821 285, 💻 www.chiangkhanhill.com. Bestes Resort mit dem einzigen Schwimmbad der Region. Weitläufiger, hübsch begrünter Garten mit Panoramablick auf eine mächtige Flussschleife. 47 Komfortzimmer in 6 Kategorien. ❹–❺

Mekong Nature & Culture Tours ⑧, 1 km westlich von Chiang Khan, ✆ 042-821 457, ✉ mcn_thailand@hotmail.com. Seit 1989 abgelegene, idyllische Oase mit hübschem Garten in toller Lage am Mekong. 8 etwas teure Ventilatorzimmer mit Gemeinschaftsbad in roten Ziegelbauten. ❸

Suksomboon Hotel ②, 243/3 Chai Khong Rd., ✆ 042-821 064. Seit 1960 und nicht nur die älteste, sondern auch eine der 3 besten Unterkünfte am Ort. Behaglich und sauber, alles aus Holz, freundliche Atmosphäre.16 Zimmer mit AC und Bad. ❸–❹

Essen

In den meisten Guesthouses ist die Gastronomie überraschend spärlich, so dass sich eines der 3 Restaurants mit Mekong-Blick empfiehlt.

Potong, 141 Chai Khong Rd., ✆ 083-361 8964. Neu seit 2009 mit guter Thai-Küche und den meisten Gerichten für 60–150 Baht.

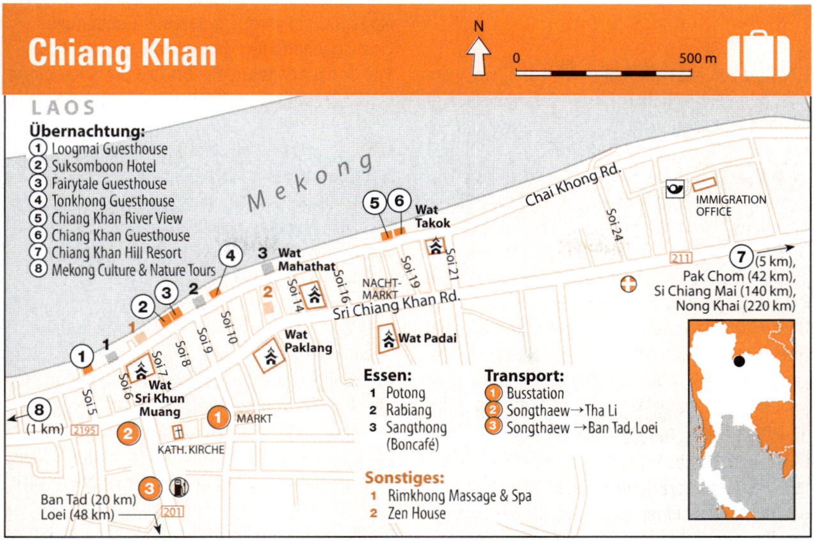

Mekong-Fisch bzw. entsprechende Suppen 120–150 Baht. ◷ 10–23 Uhr.

Rabiang, 299 Chai Khong Rd., ✆ 042-821 532. Etabliert seit 2003 mit großer Restaurant-Terrasse. Englische Speisekarte mit vielfältiger Thai-Küche und allerlei Fischgerichten. ◷ 10–21 Uhr.

Sangthong (Boncafé), 162/1 Chai Khong Rd., ✆ 042-821 305, 💻 www.bansangthong.co.th. Schon mit der Dekoration und der Holz-Speisekarte sorgt Mr. Thep in seinem Pub-Restaurant für stilechtes Ambiente. Guter Kaffee, günstiges Thai-Essen, 2 Sorten Fassbier, Glas 50–60 Baht, spezieller Fischsalat für 200 Baht. ◷ 7–23 Uhr.

Sonstiges

Massage

Im spartanischen **Rimkhong Massage & Spa**, 191 Chai Khong Rd., ✆ 087-221 3430, geht es für 100–300 Baht pro Std. und Anwendung ebenso rustikal zu wie im **Zen House**, ✆ 042-821 119, das in einem verwunschenen Garten der Soi 12 liegt. 1 Std. Sauna oder Massage 200–250 Baht.

Transport

BANGKOK, 4x tgl. mit AC-Bus von 3 Firmen ab den jeweiligen Ticket-Shops in 10–12 Std.: Um 8 Uhr und 18.30 Uhr von der Shell-Tankstelle für 450 Baht, um 18.30 Uhr mit Abfahrt in der Nähe des Markts für 370 Baht (keine Innentoilette). Beste Option ist der 999-VIP-Bus um 18.30 Uhr für 690 Baht mit Abfahrt hinter dem Markt.

KORAT, mit Nakhonchai-Air (NCA) über Loei für 160–190 Baht in 7 Std.

LOEI, mit AC-Bus ab NCA-Busstation, 200 m von der Shell-Tankstelle am H201, 7x tgl. von 6.30–15 Uhr für 34 Baht in 45 Min., mit Songthaew von 6–17 Uhr alle 30 Min. für 30 Baht in 90 Min. ab einer Haltestelle bei der Shell-Station oder mit Taxi für 600–700 Baht in 45 Min.

NONG KHAI, sehr umständlich: erst für 20 Baht mit Songthaew oder Bus in Richtung Loei bis nach Ban Tad, 20 km südlich von Chiang Khan. Dann am H201 Umstieg in den Bus von Loei nach Nong Khai, 60–80 Baht in 3 1/2 Std. Einfach, aber teuer ist es für 3000–3500 Baht mit eigenem Charter-Taxi.

PAK CHOM, meist nur mit Bus von Loei nach Nong Khai über Ban Tad, s.o. Direkt mit Schul-Songthaew um 16 Uhr für 30–40 Baht oder Charter-Taxi für 600 Baht in 1–1 1/2 Std.

Loei

Der Reiz von Loei offenbart sich vor allem, wenn man den vom örtlichen Tourist Office herausgegebenen Stadtplan umdreht: Dort werden neben dem Phu Kradung National Park (s. S. 503) 37 weitere, bebilderte Reiseziele in der Umgebung (s. S. 502) vorgestellt. Die fast 35 000 Einwohner zählende, sich an einen künstlichen See schmiegende Provinzhauptstadt empfiehlt sich tatsächlich als Ausgangspunkt von Touren. Sie verfügt nicht nur über gute und günstige Unterkünfte, sondern auch über eine vielfältige Gastronomie. Zudem herrscht in dem 550 km von Bangkok und 50 km vom Mekong entfernten Loei ein angenehmes Klima und ein hohes Maß an Beschaulichkeit. Das dürfte bis auf weiteres auch so bleiben, nachdem die Flugverbindung von Nok Air wieder eingestellt worden ist.

Übernachtung

Das Zimmerangebot hat sich in den vergangenen Jahren durch Renovierung und diverse Neueröffnungen erheblich verbessert.

Untere Preisklasse

Orchid Hotel ③, 1/41 Sathon Chiangkhan Rd., ✆ 042-861 888-9, 💻 www.loeiorchidhotel.com. Seit 2006 und empfehlenswert mit 70 Zimmern, darunter günstige Eck-VIPs wie Nr. 201, 301 und 401. ❸

Royal Inn Hotel ④, 22/16 Chumsai Rd., ✆ 042-812 563. Mit 36 Zimmern, davon einige mit Ventilator, zum Schnäppchenpreis wie Nr. 207 für 350 Baht. ❷

Sugar Guesthouse ①, 4/1 Wisuttitep Rd. Soi 2, ✆ 042-812 982, 💻 www.sugarguesthouse.blog.com. Seit 2003 gepflegtes Guesthouse eines freundlichen Ehepaars. 8 Zimmer mit Gemeinschaftsbad, davon 2 mit Ventilator. Viel Serviceangebot, Resortableger in Kangtone (s. S. 503, Umgebung). ❷

Mittlere und obere Preisklasse

A.P. Court Hotel ②, 31/29 Ruamchai Rd., ✆ 042-861 627-30, 💻 www. apcourt.com. Seit 2004 Nachbar des Orchid mit 75 Zimmern und großen Suiten. Gute Bäder, freundliche Atmosphäre. ❸–❹

King Hotel ⑤, 11/9-12 Chumsai Rd., ✆ 042-811 701, 📠 811 235-500. Lange etabliert, 5-stöckiger Atriumbau in zentraler Lage mit 50 Zimmern, hübsch renoviert und dekoriert. ❹

Loei Palace Hotel ⑥, 167/4 Charoen Rat Rd., ✆ 042-815 668-73, 💻 www.amari.com. Der Ableger der Amari-Gruppe, ein Monumentalbau mit Innenhofoval und 156 Teppichbodenzimmern, zählt seit 2001 zu den neuen Wahrzeichen der Stadt. Der meiste Luxus und Superior-Zimmer gibt's oft schon ab 1000 Baht. ❻–❼

Vietnamesische Spezialitäten

Das 1998 im Loei Square eröffnete Restaurant **Loei Da Nang**, ✆ 042-830 413, 🕒 9–18 Uhr, empfiehlt sich u. a. wegen seiner exzellenten Frühlingsrollen, die sich auch portionsweise für 30–60 Baht an einem Außentresen erstehen lassen. Der freundliche Juniorchef tischt allerlei vietnamesische Spezialitäten für 40–50 Baht auf.

Essen

Nahe der Ruamchai Rd., Ecke Charoen Rat Rd. lockt der **Nachtmarkt** mit örtlichen Spezialitäten wie *Khai Ping* – am Spieß geröstete, ungeschälte Eier. 🕒 17–22 Uhr. Viele kleine und günstige Restaurants finden sich im **Loei Square** an der Chum Sai Rd.

Ban Thai (Mr. Chris Pizza), Nok Kaeo Rd., ✆ 042-833 472. Seit 2005 und das populärste Ausländerrestaurant. Empfehlenswert schon wegen Inhaber Chris aus Bernkastel und seiner sympathischen Frau Pah. Üppige Speisekarte mit günstigen Leckereien wie griechischem Salat für 100 Baht, Knusperpizzas ab 150 Baht oder Mixed-Grill-Steaks für 200 Baht. 🕒 10–22 Uhr.

Can Can, im King Hotel, ✆ 042-815 180. Gediegene Atmosphäre mit schweizerisch-thailändischer Gastronomie. Einheimische Gerichte 50–80 Baht, Cordon Bleu 200 Baht, Johannisbeerlikör für 60 Baht. 🕒 7–22 Uhr.

KCD, Loei Square, ✆ 042-811 623. Seit 1989 einfaches, sauberes und gutes Restaurant in einem alten, hölzernen Eckhaus. 🕒 8–16 Uhr.

Milk Cake, Loei Square, ✆ 042-830 045. Kuchen, Kekse und Backwaren aller (thailändischen) Art. 🕒 8–20.30 Uhr.

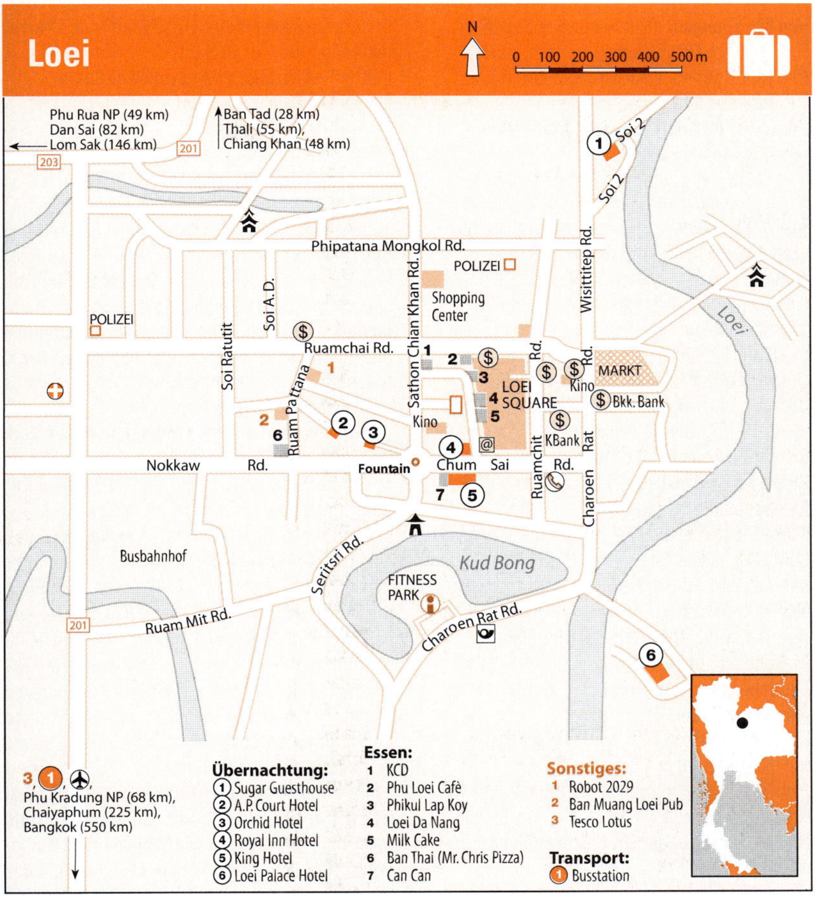

Phikul Lap Koy, Loei Square, ✆ 042-830 227. Beliebtes Restaurant mit günstigen Isarn-Gerichten für 40–100 Baht. ⏲ 6–21 Uhr.

Phu Loei Café, Loei Square, ✆ 081-448 5445. Die freundliche Inhaberin kann mit allerlei Kaffeesorten aufwarten. ⏲ 7–17 Uhr.

Unterhaltung

Robot 2029, Ruam Chai Rd., ✆ 042-833 733. Lange etabliert und beliebt für jede Menge Discospaß. Ab 22.15 Uhr gute Bands mit Livemusik und Tanzeinlagen. ⏲ 20.30–2 Uhr.

Ban Muang Loei Pub, Ruam Chai Rd., ✆ 084-027 3740. Populärer, halb offener Western-Pub mit rustikalem Mobiliar, guter Atmosphäre und eiskaltem Fassbier. ⏲ 18–1 Uhr.

Sonstiges

Informationen

Nützlicher Plan beim **Tourist Office**, ✆ 042-812 812, ⏲ Mo–Fr 8.30–16.30 Uhr, das in der Charoen Rat Rd. residiert.

Gute **Internet-Infos** z. B. auf 💻 www.isan.sawadee.com/loei.com.

Touren

Preiswerte, erlebnisreiche Tagesausflüge organisieren **Mrs. Pat**, ✆ 089-711 1975, und **Mr. Thongsai** als Inhaber des Sugar Guesthouse. Zum 54 km entfernten, kleinen Phu Rua National Park für 1000 Baht (bis zu 4 Pers.), zum 70 km weiten Phu Luang National Park für 2000 Baht. Fahrräder für 50 Baht pro Tag, Mopeds 250 Baht.

Transport

Der **Busbahnhof**, ✆ 042-833 586, 042-811 706 (999) oder 042-832 042 (Air Muang Loei), liegt 2 km vom King Hotel.

BANGKOK, von 6–21 Uhr mehrmals für 320–500 Baht, als 999-VIP um 20.40 und von 21.10 Uhr für 550–650 Baht in 9–10 Std.

CHIANG KHAN, alle 30 Min. für 40 Baht.

CHIANG MAI, 4x tgl. für 360–430 Baht in 10 Std., als VIP um 22 Uhr für 620 Baht.

CHIANG RAI, 4x tgl. für 370–480 Baht in 10 Std.

KHON KAEN, von 6–18.30 Uhr alle 30 Min. für 130–150 Baht in 3–4 Std.

KORAT, fast stdl. für 230–290 Baht in 5 Std.

LOM SAK, lokale Busse über Dan Sai für 90 Baht, oder mit den AC-Bussen nach Phitsanulok.

NONG KHAI, um 6 Uhr (mit non-AC) über Ban Tad, Sang Khom und Si Chiangmai am Mekong entlang für 100–120 Baht in 6–7 Std. Einfacher, komfortabler und schneller geht es über Udon Thani.

PHITSANULOK, 9x tgl. über Lom Sak für 150–190 Baht in 4 Std.

PHU KRADUNG, mit Bus nach Khon Kaen. Nach 75 km bzw. 1 1/2 Std. auf dem H201 für 80–110 Baht wird der Ort Phu Kradung erreicht.

Grenzübergang nach Laos

Bisher kaum bekannt ist, dass Ausländer am Grenzübergang **Tha Li-Kenthao**, ◷ 6–18 Uhr, mit einem Visa on Arrival (s. S. 98) nach Laos einreisen können. Die thailändische Immigration, ✆ 042-889 208, ◷ 8.30–16.30 Uhr, liegt unmittelbar an der **Namhueng-Brücke** (Nam Huang). Sobald die Freundschaftsbrücke überquert ist, kann man auf einer 360 km langen Straße in 10–12 Std. bis zur ehemaligen Königsstadt Luang Prabang gelangen.

Weitere Grenzübergänge nach Laos, s. Kasten S. 513.

Die letzten 8 km bis zum Headquarter des Parks mit Songthaew für 20 Baht.

UDON THANI, alle 30 Min. von 4–17.10 Uhr für 80–110 Baht in 3 1/2 Std.

Die Umgebung von Loei

Zu den beliebtesten Ausflugszielen von Loei zählt der 18 km westlich und 4 km abseits vom H203 liegende Huay Krating oder **Nam Man-See**. Auf diesem großen See dümpeln überdachte Bambusflöße, auf denen man sich gut entspannen und kulinarische Köstlichkeiten genießen kann. Sie werden nach dem Hissen eines Fähnchens mit Booten herbeigebracht.

Auch wenn der **Phu Kradung National Park** (s. S. 503) als bekanntestes Reiseziel der Region schon längst passiert ist, führt der H201 Richtung Khon Kaen bzw. Chaiyaphum noch lange durch eine herrlich bewaldete Landschaft. In allen anderen Himmelsrichtungen des Hinterlands locken ebenfalls naturnahe Ziele – besonders für Selbstfahrer. Am KM 60 des H203 im Bereich des **Phu Rua National Park**, wo 1981 mit -4 °C die tiefsten Temperaturen Thailands gemessen worden sind, bietet sich ein Besuch von Thailands ältestem und bekanntestem Weingut an. **Chateau de Loei**, ✆ 042-809 521, 💻 www.chateaudeloei.com, s. Kasten S. 466, produziert seine edlen Tropfen bereits seit 1995 und hat sich mit einem Restaurant, Gourmetshop und Resort auf den Besuch von Weinkennern eingerichtet. Einen weiteren Höhepunkt verspricht das **Phitakhon Festival** (Bun Phra Wet) bei **Dan Sai**: Im Juni wird es als dreitägiges Spektakel mit einer Maskerade, Phallussmybolen und reichlich Alkohol zelebriert.

Eine weitere schöne Tour lässt sich von Loei über den 55 km langen, kurvenreichen H2115 durch das bergige Grenzland nach **Tha Li** unternehmen, das beschaulich in einem fruchtbaren Tal liegt.

6 km weiter westlich verläuft die Grenze mit Laos am Mekong-Zufluss **Huang** entlang. Wer von Tha Li über den neuen, steilen H2339 in Richtung Süden den 24 km entfernten **Phu Rua National Park** ansteuert, wird mit herrlichen Ausblicken belohnt.

Übernachtung

Umrahmt von einer herrlichen Landschaft aus Bergen, Wäldern und Flüssen finden sich etliche naturnahe Hideaways mit rustikalem Charakter oder als gediegene Boutiqueresorts.

Jaidee Kangtone View, bei Tha Li, 50 km von Loei, ✆ 089-711 1975, 💻 www.kangtoneview.multiply.com. Als Ableger des Sugar Guesthouse von Loei naturnah an einem Fluss. 13 Ventilatorzimmer, aber nur von Okt–März. ❷–❸

Phu Pha Nam Resort, 70 km westlich von Loei über den H203, ✆ 042-078 078-9, 💻 www.phuphanamresort.com. Paradiesisch in 620 m Höhe und wunderschöner Umgebung, nur 10 km vom Weingut Chateau Loei. 70 Zimmer mit Stil und Komfort, viel Ruhe, Ursprünglichkeit und Natur. Schickes, japanisches Spa. ❻–❼

Rungyen Resort, bei Dan Sai, 10 km vom H203, ✆ 042-809 511, 💻 www.rungyenresort.com. Eindrucksvolles Anwesen auf einem Hügel am See. 90 behagliche Zimmer ab 1750 Baht sowie 6 stattliche Villen mit 2–3 Zimmern und Kamin ab 3000 Baht. ❺–❻

Phu Kradung National Park

Der legendäre Ruf basiert auf wunderschönen Wäldern, malerischen Klippen und atemberaubenden Felsüberhängen. Der Park wurde 1959 gegründet und ist nach dem Khao Yai zweitältester Nationalpark Thailands. Das zur Phetchabun-Bergkette gehörende, bis zu 1360 m hohe, herzförmige Plateau weist extreme Temperaturschwankungen bis zu 40 °C auf und gilt als kühlste Region Thailands: Im Winter ist sogar mit Minusgraden zu rechnen.

Neben trockenen Monsun- und ausgedehnten Pinienwäldern gedeihen im Nationalpark Phu Kradung (gesprochen: Kradüng) auch Eichen und Ahornbäume, deren Blätter im März und April in herbstlichen Farben leuchten. Zur gleichen Zeit blühen Rhododendren und Azaleen. Rauschende Wasserfälle wie der **Wang Kwang**, der **Phenphop** oder der **Tat Hong** perfektionieren das Naturparadies. Bevölkert wird es von Gibbons, Damwild, Großvögeln und vielen Schmetterlingsarten, aber auch Elefanten, Tiger, Panther und Schwarzbären streifen hier noch umher.

Der 360 km² große Park ist von einem dichten Netz schöner Wanderwege durchzogen und bietet grandiose Aussichten. Der Sonnenuntergang lässt sich besonders romantisch von der Klippe **Pha Lomsak** beobachten, während **Pha Nokaen** der beste Punkt zum Sonnenaufgang ist. Spannend, aber auch strapaziös und schweißtreibend ist der Aufstieg zum spektakulären **Gipfel** des Phu Kradung: Die 6 km dauern rund drei Stunden und führen teilweise über steile Treppen und Leitern. Auf dem Hochplateau sind es weitere 3 km über ebenes Terrain bis zur Parkverwaltung, Eintritt 400 Baht. Unterstützung entlang des Weges gibt es durch Essen- und Getränkeverkäufer sowie Träger, die ihre Dienste nach dem Gewicht der Last (pro Kilo ab 20 Baht) berechnen. Achtung: Die Besucherzahl ist auf 5000 pro Tag limitiert. An Wochenenden und Feiertagen kommen besonders viele Besucher. Von Juni bis Ende September bleibt der Park wegen der Gefahr von Schlammlawinen und rutschigen Pfaden geschlossen.

Übernachtung

Parkverwaltung, ✆ 042-871 333. Auf dem Hochplateau gibt es 17 Bungalows und Zimmer in Reihenhäusern (900–3600 Baht), teilweise mit Warmwasserbad. Die Campingplätze bieten bis zu 500 Zelte mit Schlafsäcken für 230–450 Baht pro Nacht. An Wochenenden, Feier– und Ferientagen kann es laut werden. Weitere Infos s. S. 72, Nationalparks.

Phu Kradung Resort, ✆/📠 042-871 076. Landschaftlich herrlich eingebettet in eine weitläufige Gartenanlage. Die 18 Bungalows, davon 10 mit AC, gruppieren sich romantisch um einen kleinen See. ❸–❹

Transport

Mit Songthaews für 20 Baht geht es zurück bis zum Distrikt-Ort Phu Kradung, wo der letzte Bus zurück nach LOEI gegen 20 Uhr startet (S. 502).

Von Nong Khai nach Mukdahan (Ostroute)

Parallel zum Mekong und der laotischen Grenze führt der H212 von Nong Khai in Richtung Osten und dann in den Süden über das nach rund

300 km erreichte Nakhon Phanom sowie Sakhon Nakhon und That Phanom bis Mukdahan. Die meisten Orte strahlen eine authentische Thai-Atmosphäre aus und sind vom Mekong geprägt. Für Besucher interessant sind bedeutende Sehenswürdigkeiten und zahlreiche Festivals. Die häufigen Beinamen *Bung (Bueng)* oder *Nong* deuten auf flache Gewässer hin, die sich vom saisonalen Wasserfluss speisen. Je weiter man nach Süden gelangt, desto deutlicher wird der vietnamesische Einfluss. Die wenig befahrene Strecke eignet sich perfekt, um mit Mietwagen, Motorrad oder Fahrrad auf Entdeckungsreise zu gehen.

Von Nong Khai erreicht man nach 136 km als erste größere Ortschaft **Bung Kan** (Bueng Kan, eXTra [2910]), das an der Einmündung des Flusses Nam Xan in den Mekong liegt. Der beschauliche Ort verfügt über eine schöne Uferpromenade und in der Trockenzeit über eine große Sandbank, auf der gern gepicknickt wird. Von Bung Kan kann man nach Laos ausreisen (s. Kasten S. 506), das Felsenabenteuer Wat Phu Tok (s. Kasten) oder das Drachenfest im 20 km entfernten **Ban Ahong** erleben. Hier werden zwischen großen Felsen und in den Stromschnellen viele Fische gefangen. In den Vollmondnächten im Oktober strömen die Menschen in Scharen zum legendären **Naga Fireball Festival**, um ein mystisches, aus dem Mekong leuchtendes Licht zu bewundern. Der Legende nach soll es von einem Drachen stammen, doch gibt es durchaus auch eine wissenschaftliche Erklärung. Das gleiche Naturphänomen tritt in **Phon Phisai** auf, wo zu diesem Anlass ein spektakuläres **Illuminated Boat Festival** veranstaltet wird.

Faszinierende Einzelheiten zum mystischen Phänomen des **leuchtenden Mekong**, s. eXTra [2912].

Gegenüber der laotischen Stadt Thakhek, wo der Mekong eine Breite von 1 km erreicht, liegt das 34 000 Einwohner zählende **Nakhon Phanom**, eXTra [2913]. Es ist die friedliche Hauptstadt einer Provinz, in der zahlreiche ethnische Vietnamesen leben und sich noch Spuren von Revolutionär Ho Chi Minh finden. Der Ort hat sich mit Sitzbänken und Blumenbeeten am Mekong-Ufer herausgeputzt und erfreut mit idyllischem Panorama – zumal sich die Berge im

Auf dem Holzweg zum Gipfel

Ein Besuch dieses geheimnisvollen, von Farangs bisher kaum besuchten Heiligtums 185 km östlich von Nong Khai ist für manchen Traveller der Höhepunkt der Thailand-Reise. Ein in jeder Beziehung atemberaubender Pilgerpfad aus schmalen Stegen, steilen Treppen und Leitern führt an Steilhängen entlang und hinauf zu dem in luftiger Höhe liegenden Felsentempel **Wat Phu Tok** oder Chetiya Kiri Viharn, zu Deutsch „einsamer Berg". Wer sich auf diesen Holzweg begibt, für dessen Bau buddhistische Mönche volle fünf Jahre benötigt haben, muss ein Mindestmaß an Schwindelfreiheit besitzen. Bis zu der 200 m aus dem flachen Land aufragenden Spitze muss der majestätische Felsen insgesamt sieben Mal umrundet werden, was im Buddhismus der Anzahl der Stufen zur Erleuchtung entspricht. Auf der vierten Ebene, wo die Nonnen des Klosters unter den Mönchen wohnen, hat man eine besonders tolle Aussicht in Richtung Osten. Das teilweise bewaldete, letzte Stück zum Gipfel ist nur schwer zu erklimmen. Dafür wird man mit einer grandiosen Rundumsicht belohnt. Den Rückweg kann man über Treppen durch einen Tunnel zurücklegen. Das Heiligtum war Wirkungsstätte des bekannten Mönchs **Ajahn Juan**, der 1980 bei einem Flugzeugabsturz ums Leben kam. ◷ 6.30–17 Uhr, über Songkran geschlossen.

Nach Wat Phu Tok geht es vom Glockenturm in Bung Kan über Siwilai auf einer insgesamt 47 km langen Strecke am besten mit einem gecharterten Tuk Tuk, hin und zurück mit zwei Stunden Aufenthalt um 800 Baht. Wer mit einem eigenen Fahrzeug anreist, folgt dem H212 bis zum KM 61, muss dort rechts abbiegen und sich nach 17 km nochmals für 4 km rechts halten. Tagesausflüge mit Charter-Taxis von Nong Khai gibt es ab 2500 Baht. Auf dem Berg gibt es die Möglichkeit, in Schlafsälen zu übernachten – oder in **Homestay-Unterkünften** des benachbarten Dorfs Ban Kom Kan Phattana.

Norden wie Zuckerhüte erheben. Von hier bietet sich ein Abstecher nach **Sakon Nakhon** (Sakhon Nakorn, eXTra [2914]) in das Landesinnere an. Die Provinz überrascht inmitten der trockenen, steppenartigen Landschaften des Nordostens mit zahlreichen Seen. Nach den ersten 5 km auf dem H22 ist ein Zwischenstopp am sorgfältig restaurierten Holzhaus möglich, das der vietnamesische Revolutionär Ho Chi Minh in den späten 1920er-Jahren erbaute, um darin seinen Unabhängigkeitskampf vorzubereiten.

Nach Nakhon Phanom erreicht man im weiteren Verlauf der Ostroute nach 45 km **That Phanom** – einen beschaulichen Wallfahrtsort mit 4000 Einwohnern, eXTra [2915]. Der schöne, 57 m hohe Stupa des Wat Phra That Phanom gilt mit einem geschätzten Alter von bis zu 1500 Jahren als ältestes und wichtigstes Heiligtum im Nordosten. Der ursprüngliche Turm stürzte 1975 ein und wurde neu errichtet. Der fünfstufige Schirm ist aus 16 kg Gold gefertigt, das gut bestückte Museum, 🕓 8.30–16 Uhr, beherbergt eine bunte Sammlung von Buddhastatuen, Antiquitäten und Keramik.

Erst durch die zweite thailändisch-laotische Freundschaftsbrücke zu einem Begriff geworden ist das 650 km von Bangkok entfernte, gern als „Mukda" abgekürzte **Mukdahan**, eXTra [2916]. Anfang 2007 wurde die Brücke 5 km nördlich des Zentrums als 1600 m langes und um ein Viertel längeres Bauwerk als die Mitraphap-Brücke in Nong Khai eröffnet. Jenseits des Mekong liegt das laotische Savannakhet, von wo eine gut ausgebaute Landroute bis nach Vietnam führt. Bester Beweis für die florierenden Geschäfte der Grenzstadt ist der große Indochina-Markt (Talad Indojin): Mit einer Länge von 1,5 km brodelt er am Mekong und zeugt in vielen Details davon, dass die meisten Einwohner Mukdahans vietnamesischen Ursprungs sind. Herrliche Ausblicke auf die Umgebung der Stadt eröffnen sich vom 65,5 m hohen, 1996 eingeweihten **Mukdahan Tower**, 🕓 8–18 Uhr, Aufzug 30 Baht.

Übernachtung

Auf der Ostroute liegen Unterkünfte (auch Homestay) verstreut, oft sehr reizvoll und direkt am Mekong. In den größeren Städten wird das Übernachtungsangebot vorwiegend von Hotelkästen bestimmt.

Zwischen Nong Khai und Bung Kan

Ban Ahong Homestay, in Ban Ahong, ✆ 087-223 1544. Einfache, stimmungsvolle Unterkunft mit insgesamt 25 Ventilatorzimmern, die überwiegend in privaten Wohnhäusern liegen und von Mr. Win in Haus Nr. 74 an der Uferstraße vermittelt werden. ❶

Ban Vas Resort, in Phon Phisai, 40 km östlich von Nong Khai, ✆ 081-708 9424, 💻 www.banvas.com. Empfehlenswerte Unterkunft bei der freundlichen Mrs. Vasana und ihrer Familie. 14 blitzsaubere Zimmer mit westlichem Komfort und Mekong-Blick. ❸–❹

Mae Namm Hotel, in Bung Kan, ✆ 042-491 051-2, 💻 www.maenammhotel.com. Mrs. Joy bietet ein gut ausgestattetes Hotel mit 22 geräumigen, bestens gepflegten Zimmern, einige sogar mit Balkon. ❸

Nakhon Phanom

Nakhon Phanom River View Hotel, Sunthon Wichit Rd., südlich vom Zentrum, ✆ 042-522 333-40, 💻 www.nakhonphanomriverviewhotel.com. Bestes Haus der Stadt mit den üblichen Annehmlichkeiten. Alle 122 Komfortzimmer haben Mekong-Blick. ❹–❺

Windsor, 272 Bamrung Muang Rd., ✆ 042-511 946, 📠 520 737. Kalter Betonbau mit warmer Atmosphäre. 50 einfache, saubere und günstige Zimmer, davon 8 mit Ventilator. ❷–❸

Sakhon Nakhon

Dusit Hotel, 1784 Yuwaphatthana Rd., ✆ 042-711 198-9, 💻 www.dusitsakhon.com. Hat nichts mit der edlen Hotelkette zu tun, scheint ihr aber nacheifern zu wollen. 95 nett möblierte, günstige Komfortzimmer. Zum großen, hoteleigenen Schwimmbad 10 Min. Fußweg. ❹

Majestic Hotel (MJ), 399/2 Khu Muang Rd., ✆ 042-733 771-4, 💻 www.hotel-mj.com. Seit 1998 beste Option und nicht gerade zum Schnäppchenpreis. 163 Komfortzimmer und Suiten in 2 Flügeln und 6 Preiskategorien ab 900 Baht. Restaurant, Karaoke und Massage. ❹–❻

That Phanom

Kritsada Rimkhong Resort, 90/93 Moo 2, Rimkhong Rd., ✆ 042-540 088, 💻 www.kritsada

resort.com. Liegt direkt am Fluss mit 16 geräumigen, gut ausgestatteten Zimmern, einige davon sogar mit Kochgelegenheit. ❸
Niyana Guesthouse, 65 Moo 14 Soi Weteesonrachon, ✆ 042-540 880. Älteste Herberge für Rucksacktouristen, seit 2008 an neuem Ort und manchmal geschlossen. Die Malerin und Lehrerin Mrs. Niyana bietet 4 einfache Ventilatorzimmer mit Gemeinschaftsbad in familiärer Atmosphäre. ❶

Mukdahan

Huanum, 36 Samut Sakdarak Rd., ✆ 042-611 137. Mit 31 geräumigen Zimmern, davon 25 mit AC, zu recht günstigen Preisen. Als weitere Pluspunkte ein schönes Foyer, Internet-Café, Fahrradverleih und nettes Personal. ❷
Ploy Palace, 40 Pitak Panomkhet Rd., ✆ 042-631 111, 💻 www.ploypalace.com. Bestes Hotel am Ort mit 10 Stockwerken, 154 gediegenen Zimmern, Schwimmbad und Wohlfühlatmosphäre. Sky Lounge mit schöner Aussicht und gutem Essen. Preisnachlässe üblich. ❺–❻

Sonstiges

Feste

Am Ende der Regenzeit werden in Nakhon Phanom beim **Ok Phansa-Fest** im Oktober kleine Schiffchen in den Mekong gesetzt, die mit Blumen und brennenden Kerzen dekoriert sind. Außerdem gibt es Bootsrennen und einen Umzug, bei dem kleine Tempel aus Bienenwachs präsentiert werden.

Immigration

Die Einreisebehörde von Mukdahan liegt in der Song Nang Sathit Rd., ✆ 042-611 074, 🕓 Mo–Fr 8.30–16.30, Sa 8.30–12 Uhr.

Touren

In Nakhon Phanom bietet der Veranstalter **North by North-East-Tours**, 746/1 Sunthon Wichit Rd., ✆ 042-513 572, 🕓 8.30–16.30 Uhr, Ökotouren an, darunter Wanderungen mit Vogelbeobachtung in der Bergwelt von Laos. Keine Schnäppchenpreise, dafür Engagement in örtlichen Hilfsprojekten.

Grenzübergänge nach Laos

An diesem Übergang gibt es bisher kein Visa on Arrival (s. S. 98), so dass sich das laotische Visum bereits im Pass befinden muss.
Bung Kan–Pakxan (Pak Sane): Charter-Boote über den Mekong kosten 400 Baht, als Sammelfähre entsprechend günstiger. 🕓 8.30–17 Uhr.
An folgenden Übergängen gibt es Visa on Arrival. Wochentags nach 16 Uhr und am Wochenende werden zusätzliche Gebühren verlangt. Zudem werden meist weitere 10–30 Baht als eine Art „Abfertigungsgebühr" fällig. Wer mit dem Thai-Lao International Bus nach Laos unterwegs ist, muss das Visum bereits beim Kauf des Tickets vorweisen.
Mukdahan–Savannakhet: Bustransfer (17 km) am einfachsten mit dem Thai-Lao International Bus, von 7–19 Uhr fast stdl. für 80 Baht in 40 Min., 🕓 6–22 Uhr. Bei der Ankunft in Laos sollte man generell prüfen, ob sich der Einreisestempel auch wirklich im Pass befindet.
Weitere Grenzübergänge: **Nong Khai–Tha Deua/Vientiane:** s. Kasten S. 495. **Tha Li–Kenthao:** s. Kasten S. 502. **Chong Mek–Vangtao:** s. Kasten S. 513.
Nakhon Phanom–Thakhek: Boote setzen für 80 Baht nach Laos über. 🕓 8–17 Uhr.

Transport

Auf kleineren Strecken verkehren Songthaews als Pick-ups oder Tuk Tuks bzw. dreirädrige Motorräder, die in dieser Region auch gern als „Skylaps" bezeichnet werden. Die größeren Orte entlang des Mekong werden mit non-AC- und auch einigen AC-Bussen verbunden. Von allen größeren Städten gibt es AC-Verbindungen zu den wichtigsten Städten des Nordostens. Nach BANGKOK geht es für 300–500 Baht, für bis zu 900 Baht meist auch als VIP, in 10–13 Std.

Ubon Ratchathani

Ubon Ratchathani – 230 000 Einwohner und im Alltag nur „Ubon" genannt – ist Hauptstadt der größten Provinz des Nordostens. Es lohnt einen Besuch schon wegen der ungewöhnlichen

Tempelanlagen. Die „Königliche Stadt der Lotusblüte" gilt als Tor zu den Nachbarländern Laos (Grenzübergang Chong Mek, s. Kasten S. 513), Kambodscha und Vietnam. Wegen ihres relativ üppigen Waldgrüns wird diese Region auch als „Smaragddreieck" bezeichnet. In den 1960er- und 70er-Jahren war Ubon US-Luftwaffen-Stützpunkt und noch heute düsen Kampfjets in lärmend geringer Höhe über die Stadt. Der ausgebaute Flughafen zeugt von einem gewissen Aufschwung, denn Ubon fungiert als Finanz- und Handelszentrum für landwirtschaftliche Produkte sowie als Ausbildungsort.

Die Stadt erstreckt sich 630 km von Bangkok und 420 km von Korat am Ufer des **Moon** (Mun) und nennt sich in ihrem wenig wirtlichen, südlichen Teil jenseits des Flusses **Warin Chamrap**. Das am Flussufer liegende **Wat Supattanaram** wurde 1853 als erstes Kloster der strengen Dhammayuti-Sekte im Nordosten gegründet. Das Heiligtum beherbergt eine Statue des verehrten Mönchs Phra Sapphanyu Chao, die größte, allerdings nicht funktionsfähige Holzglocke Thailands, ein sehenswertes Freilichtmuseum mit bis zu 1400 Jahre alten Reliefs sowie eine Steinsäule aus der Angkor-Epoche. Von einem Ponton am Flussufer kann man mit der Strömung spielende Fischschwärme füttern. In dem 2008 weitgehend neu entstandenen **Wat Si Thong** wird eine Buddhafigur verehrt, die aus Topas besteht und als landesweit größter Brocken des edlen Gesteins gilt. Im schön restaurierten Gouverneurssitz von 1873 findet sich das **Nationalmuseum**. Es besitzt die älteste Sammlung mit archäologischen Fundstücken im Isarn, 🕓 Mi–So 9–16 Uhr.

Am H12 nach Mukdahan liegt das 1957 erbaute **Wat Nong Bua** mit einem 56 hohen Stupa im Stil des Mahabodhi-Tempels im indischen Bodh Gaya, wo Buddha die Erleuchtung fand. Der Hauptbau überrascht im Zuckerbäckerstil mit einer Kuppel und großzügiger Verglasung. Ebenfalls sehenswert ist das neue **Wat Sa Prasan Suk**, 4 km vom Zentrum am nordöstlichen Stadtrand: Unter einem kolossalen Betonelefanten hindurch geht es zu zwei riesigen, in rot, weiß und goldenen Farbtönen bemalten Betonbarken. Nicht weit entfernt finden sich ein Turm und ein See mit Inseltempel. 12 km flussaufwärts lockt am Nordufer des Moon mit dem **Hat Koo Duar** ein Strand, an dem die Einheimischen baden (mit Minibus Nr. 9). Ein besonderes Erlebnis sind die jenseits der Stadt liegenden **Sam Pann Bow** (3000 Löcher) – in der Trockenzeit begehbare, überaus fotogene Wasserlöcher des Mekong und hervorragend zum Klettern und Wandern.

Bombenstimmung in Yasothon

Einmal im Jahr gerät das sonst eher unbedeutende Yasothon (21 000 Einwohner) in eine – im wahrsten Sinne des Wortes – Bombenstimmung. Im Mai strömen zahlreiche Thai-Touristen in das 98 km nordwestlich von Ubon Rachathani liegende Städtchen, das Heimat der größten moslemischen Bevölkerungsgruppe im Nordosten ist, um mit dem Raketenfestival **Bun Bang Fai** (Soeng Bung Fai) den Beginn der Regenzeit zu feiern. Der Name lässt sich mit „Verdienst der Bambusraketen" übersetzen. Am zweiten Tag des einwöchigen Spektakels werden zu Ehren des Schutzgeistes der Stadt in einer Prozession imposante Raketen und andere Phallussymbole zum Lak Muang-Schrein gebracht. Am Ende werden die selbst gebastelten Flugkörper – als Treibstoff dient eine Mischung aus Holzkohle und Salpeter – vor dem Rathaus abgefeuert. Bei dem ehrgeizigen Wettbewerb gewinnen die Bastler des Geschosses, das – gemessen mithilfe von Ferngläsern und Stoppuhren – am höchsten in den Himmel steigt.

Der Riesengaudi hat allerdings schon manchen Betriebsunfall nach sich gezogen. Wie im Mai 2006, als die größte Rakete „Bang Fai Naga" von keinem geringeren als Thailands damaligem Transportminister abgefeuert wurde. Das Geschoss kam vom Kurs ab und landete auf dem Gelände einer 3 km entfernten Autowerkstatt, wo es das Dach beschädigte, die Windschutzscheibe eines abgestellten Schulbusses zersplitterte und einen Mangobaum entwurzelte ... Bekannt ist das Fest daneben auch für seine Volkstänze, Umzüge mit Schönheitsköniginnen und etliche andere, bodenständige Vergnügungen.

Übernachtung

Es gibt nur ein einziges Guesthouse. Durch das Überangebot an Zimmern kann man in den Mittelklassehotels zuweilen recht preiswert unterkommen.

Untere Preisklasse

River Moon Guesthouse ⑦, 43 Si Saket Rd. im Stadtteil Warin, nahe Bahnhof, ✆ 045-286 093. Seit 1993 einzige Travellerherberge. 7 spartanische, günstige Zimmer mit Gemeinschaftsbad in 5 Holzbauten. Freundliches Personal, gute Infos und umfassendes Serviceangebot. ❶

Tokyo Hotel ①, 360 Upparat Rd., ✆ 045-241 739, 📠 263 140. Für Fans der gleichnamigen Band natürlich ein Muss. Etwas gesichtsloses, aber durchaus angenehmes Haus mit 2 Gebäudeteilen und insgesamt 104 sauberen Komfortzimmern, die meisten mit AC. Nettes Personal. ❷–❸

Ubon Hotel ④, 2 Ubonkit Rd., ✆ 045-241 045-7, 💻 www.ubon-hotel.com. Hinter der hässlichen Fassade dieses Betonbunkers im Herzen der Stadt überraschen 133 schöne, preiswerte Zimmer mit Holzparkett. ❷–❸

Mittlere und obere Preisklasse

Laithong Hotel ②, 50 Pichit Rangsan Rd., ✆ 045-264 290, 💻 www.laithonghotel.net. Gilt als bestes Hotel der Stadt. 5-Sterne-Haus mit 124 Komfortzimmern und allen Annehmlichkeiten. Der Nachtclub eBa öffnet von 21–1 Uhr und zählt zu den wenigen Hotspots des Nachtlebens. ❺

Tohsang City Hotel ③, 251 Phalochai Rd., ✆ 045-245 531-6, 💻 www.tohsang.com. Die 76 Zimmer können nicht ganz halten, was das originelle Foyer mit Boutiquecharakter verspricht. Die beiden Ableger in Kong Chiam sind wesentlich attraktiver (s. Kasten S. 512). ❹

Ubonburi Hotel & Resort ⑥, 1 Simongkhon Rd. im Stadtteil Warin, ✆ 045-266 777, 💻 www.ubonburihotel.com. Seit 1998 empfehlenswertes, angenehmes Luxushotel mit großem Schwimmbad und 110 Zimmern, davon 30 in Bungalows zu 1500 Baht. Alles stilvoll und behaglich, auch die Bäder. Transport zum Zentrum 200 Baht. ❺

Attraktives Stadthotel

Alle gleich gut ausgestattet, aber ganz unterschiedlich groß und geschnitten sind die 32 Zimmer des empfehlenswerten **Sri Isan Hotel** ⑤, 62 Ratchaboot Rd., ✆ 045-261 011, 💻 www.sriisanhotel.com. Sie sind gefliest, hell, sauber, günstig und verteilen sich auf 4 Etagen in einem ansehnlichen Betonbau mit Innenhof, der mitten im Zentrum am Markt liegt. Auch das sehr schöne Foyer trägt zur Wohnlichkeit bei. ❹

Essen

Als Spezialität der Region gilt z. B. *Larb Phet* (gehackte Ente). Herrlich schlemmen kann man auf den 3 Nachtmärkten – besonders auf dem, der am Ubon Hotel liegt.

Chiokee, 307-317 Keuan Thani Rd., ✆ 045-254 017. Lange etabliert. Als netter Besitzer bietet Mr. Sathit eine umfangreiche Speisekarte inkl. westlichen Frühstücks. 🕓 6–19 Uhr.

Indochine & Intro-Pub, 168-170 Saphasit Rd., ✆ 045-245 584. Dieses urige Restaurant mit vietnamesischer Küche ist eine Institution seit 4 Jahrzehnten. In dem alten Holzhaus, das über den Wasserweg aus Vietnam herbeigeschafft wurde, wird vor allem tagsüber gegessen, ab 18 Uhr geht es im pubartigen Obergeschoss weiter. 🕓 10–23 Uhr.

Samchai Kai Yang, Phalochai Rd., ✆ 045-209 118. Typische Isarn-Brutzeleien, v. a. gegrilltes Hühnchen, gutes *Nam Tok Mou* und *Larb Phet* für 60 Baht, aber auch Frühstück und Kaffee. 🕓 9–17 Uhr.

Risotto, 115 Phonphan Rd., ✆ 086-259 5289. Seit 2004 in einem Eckbau, lauschiger, hübsch begrünter Italiener mit Pizza, Pasta und was sonst noch so dazu gehört. 🕓 11–22 Uhr.

Sincere Steak Restaurant, 126/1 Saphasit Rd., ✆ 045-245 061. Klein, aber fein mit nur 4 Tischen und gehobenem Preisniveau. Steaks und kreative thailändisch-französische Mischgerichte mit hochwertigen Zutaten und frischen Gewürzen. 🕓 Mo–Sa 11–22 Uhr.

Tee Amnuaaychok, 377-379 Saphasit Rd., ✆ 045-241 809. Hervorragendes, halb offenes Restaurant – vor allem für Nachtschwärmer.

Ubon Ratchathani

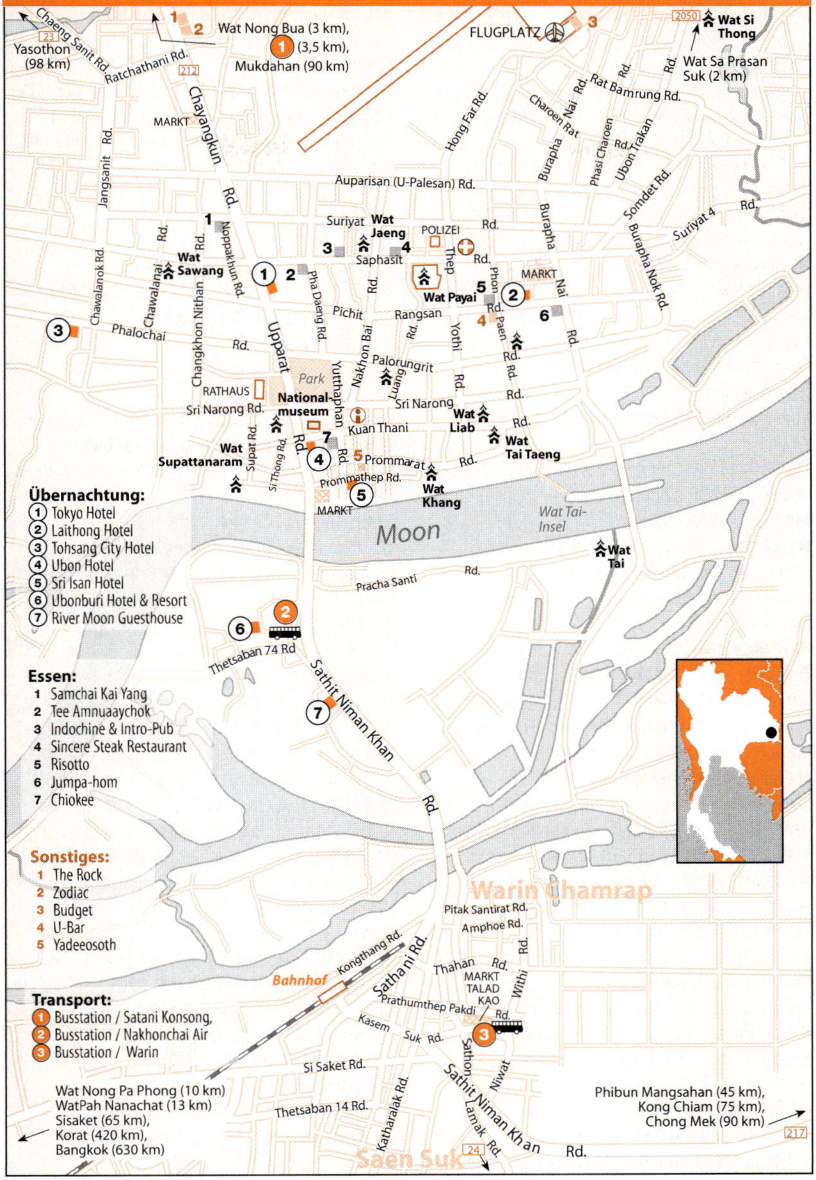

Lauschiges Gartenrestaurant

Das schönste Restaurant der Stadt nennt sich „Duft der Jumpa-Blume" und liegt nur 150 m vom Laithong Hotel. Seit 2004 beglückt das **Jumpa-hom**, 49/3 Pichit Rangsan Rd., ✆ 045-260 398, seine Gäste mit einer behaglichen, romantischen Atmosphäre und Livemusik im AC-Bereich oder im Garten, wo sich gemütliches Holzmobiliar und Bodenkissen zwischen kleinen Wasserbecken mit Fontänen, Schilf und Lotus gruppieren. Die meisten Gerichte liegen unter 100 Baht, Fischspezialitäten bis 200 Baht. ⌚ 17–24 Uhr.

Große Auswahl, auch einige Farang-Gerichte. Isarn-Kost um 80 Baht, Steaks 115 Baht, ganze Fische 130–190 Baht oder 1 kg frische Flussgarnelen 750 Baht. ⌚ 15.30–5 Uhr.

Unterhaltung

Wie in allen Metropolen des Isarn, gibt es auch hier üppiges Nachtleben.

Swing Party House, 140/1-2 Kyangkul Rd., ✆ 045-265 145. Livemusik mit einer Lautstärke, bei der man sich noch unterhalten kann. ⌚ 18–2 Uhr.

The Rock, 434 Chayangkun Rd. ✆ 045-280 999. Beliebter und größter Nachtclub der Stadt, der – wie auch das **Zodiac** – im Ubon International Hotel bzw. Nevada-Komplex liegt. Die Gäste vibrieren mit dem Sound. ⌚ 9–2 Uhr.

U-Bar, Phichit Rangsan Rd., ✆ 045-265 141. Stilvoller und populärster Nachtclub der Stadt. Wer hier einen eigenen Tisch haben möchte, sollte bereits mit dem Beginn der Livemusik eintreffen. ⌚ 20–2 Uhr.

Sonstiges

Einkaufen

Die interessantesten Geschäfte gruppieren sich um den Park Thung Si Muang – wie z. B. der **Rawangthang Shop**, der zu den interessantesten Souvenir- und Stöberläden der Stadt gehört.

Feste

Beim 3–4-tägigen **Candle Festival** alljährlich im Juli/August werden bei Prozessionen bis zu 2 m hohe Kerzen sowie kunstvoll gearbeitete mythische Figuren aus Bienenwachs in die stadtweit etwa 50 Tempel gebracht, begleitet von Zeremonien, Volkstänzen und Miss-Wahlen.

Gesundheit

Mr. Jitti versteht sich als eine Art Wunderheiler. Entsprechend exotische Mittelchen finden sich auch in seinem Medizinladen **Yadeeosoth**, 101-103 Promathep Rd., ✆ 045-244 416, 💻 www.baanyadee.com.

Informationen

Im örtlichen **Tourist Office**, 264/1 Kheuan Thani Rd., ✆ 045-243 770, ⌚ 8.30–16.30 Uhr, oder auch reichhaltig im **Internet** unter dem Link 💻 www.ubonmap.com.

Medizinische Hilfe

Eine Notfallambulanz rund um die Uhr betreibt das **Saphasit Prason Hospital**, Saphasit Rd., ✆ 045-240 074.

Mietfahrzeuge

Die Firma **Budget** unterhält eine Filiale am Flughafen, ✆ 045-240 507, ✉ bracubp@budget.co.th.

Transport

Busse

Der Busterminal **Satani Konsong**, ✆ 045-316 085, 045-314 299, liegt 5 km nördlich der Stadt an der Chayangkun Rd. und ist erreichbar mit den Songthaew-Linien Nr. 2, 3 und 10 in 15 Min.

Nakhonchai Air, ✆ 045-269 777, bedient die wichtigsten und weitesten Strecken meist mit 24-sitzigen VIP-Bussen. Einige Busse halten nach der Abfahrt noch am Busbahnhof in **Warin,** 5 km südlich vom Zentrum am anderen Flussufer.

BANGKOK, fast stdl. für 380–500 Baht, 15x tgl. VIP für 740 Baht, in 11–13 Std.

CHIANG MAI, tgl. 4x VIP für 1050 Baht, 2x normal AC für 700–900 Baht.

CHONG MEK (Grenzübergang) über PHIBUN MANGSAHAN, ab dort verkehren Songthaews (1 Std., ca. 50 Baht).

RAYONG über PATTAYA, 5x tgl. mit AC für 500–650, 6x VIP für 750 Baht.

Außerdem fahren Busse regelmäßig nach BURIRAM, CHAIYAPHUM, KHON KAEN, KORAT, MUKDAHAN, PHITSANULOK, SAKHON NAKHON, SISAKET, SURIN, UDON THANI, THAT PHANOM oder nach YASOTHON.
Busse direkt von Ubon Ratchathani bis nach PAKXE (s. Kasten S. 513).
KONG CHIAM, ab Warin über PHIBUN MANGSAHAN ggf. mit Umstieg oder auch auf direktem Weg für 100 Baht in 2 Std.

Direktverbindungen nach UBON RATCHATHANI mit Bus 5x tgl. für 100 Baht in 2 Std., oder über PHIBUN MANGSAHAN für 50 Baht in 1 Std. und dort, 1 km vor der Busstation an der Brücke, Umstieg in ein Songthaew.

Eisenbahn

Der **Bahnhof**, ✆ 045-321 004, liegt im Stadtteil Warin.

Wats im Wald

Gleich zwei Waldklöster finden sich im Südwesten von Ubon Ratchathani. Sie sind einst von dem charismatischen Mönch und Meditationsmeister Ajahn Cha gegründet worden. Seit er 1992 im Alter von 75 Jahren verstarb, leben seine Lehren in den beiden Einsiedeleien fort. Das 12 km von der Stadt entfernte, über den H2178 erreichbare **Wat Nong Pa Phong**, ✆ 045-322 729, ist bei westlichen Besuchern beliebt für eine nachhaltige Beschäftigung mit der buddhistischen Lehre. Zu dem idyllischen Wald-Wat gehören ein Museum und eine Stupa mit der Asche des Mönchs.
Etwas näher am Fluss Moon und bei dem Dorf Bung Wai findet sich am H2193 nach Sisaket das ebenfalls englischsprachige „International Forest Monastery" **Wat Pah Nanachat**, 💻 www.watpahnanachat.org. Da es von westlichen Mönchen bewohnt wird, trägt es den Spitznamen „Wat Farang". Hier sind ausländische Besucher mit ernsthaftem Interesse am Buddhismus willkommen. Die penible Einhaltung der Klosterordnung wird auch von Gästen erwartet. Es empfiehlt sich vorherige Anmeldung.

BANGKOK, um 7, 8.45 (Trödelzug), 15.05, 16.50, 18.30 und 19.30 Uhr für 370–550 Baht, Sleeper 470–1280 Baht mit Zwischenstopps in SURIN nach 2–3 Std., BURIRAM nach 3–4 Std., in KORAT nach 4–6 Std. Ganze Strecke 13–14 Std., als Express um 14.50 Uhr in 8–9 Std. Mehr Infos s. Fahrplan S. 900.

Flüge

Der **Flughafen**, ✆ 045-245 612-3, befindet sich im Norden der Stadt. Nach BANGKOK 3x tgl. mit **Thai Airways** für 2400–3200 Baht, Büro in 364 Chayangkun Rd., ✆ 045-313 340-43, ⏲ Mo–Fr 8.30–16.30 Uhr, am Flughafen ✆ 045-263 916-7. **Air Asia** fliegt 1x tgl. ab ca. 1000 Baht.

9 HIGHLIGHT

Kong Chiam

Von Ubon führt der breite H217 in Richtung Osten, um nach 45 km **Phibun Mangsahan** zu erreichen. Obwohl die Strecke am Moon entlang führt, kommt der Fluss leider nicht in Sicht. Nachdem die Brücke erreicht ist, in deren Bereich die Stromschnellen von **Kaeng Sapheu** liegen, geht es über den H2222 rund 30 km in Richtung Norden bis nach Kong Chiam. Eine landschaftlich schöne Strecke, an der statt der üblichen Betonarchitektur mit häufigen Filialen von 7-Eleven oder Family einsame, beschauliche Häuser liegen. Vielerorts werden hier gefertigte, große Gongs verkauft, deren blank geputztes Messing in der Sonne blitzt.

Etwa 2,5 km vor Kong Chiam sollte man am **Wat Tham Khuha Sawan** anhalten, von dem sich ein Blick auf den Mekong und die bunten Wellblechdächer des Orts eröffnet. Das Tempelgelände ist gespickt mit Unmengen faszinierender Arrangements aus bunten Orchideen und mächtigen Wurzelstöcken von Urwaldriesen. In einer großen, an den Hang gebauten Halle beeindrucken acht von Felsen überragte, vergoldete Buddhastatuen, im Inneren des Heiligtums wird der Mönch Long Pu Kam Kanung verehrt: 1988 im Alter von 92 Jahren verstorben, findet sich sein einbalsamierter, vergoldeter Leichnam in einem Glasschrein. Von hier lässt sich eine schöne, 2,5 km lange Wanderung zur Höhle **Heo Sin Chai** beim gleichnamigen Wat oder zu den **Kaeng Tana Rapids** (ca. 3 km) unternehmen.

Das kleine **Kong Chiam** (Khong Jiam) liegt auf einer idyllischen Halbinsel am Zusammenfluss von **Mekong und Moon**. Es zählt zu den reizvollsten Orten Thailands und wird gerühmt für das Naturschauspiel des **Mae Nam Song Si** – des „zweifarbigen Flusses", das sich am schönsten zum Sonnenuntergang präsentiert: Vom Aussichtspavillon hinter dem Tempel kann man gut sehen, wie sich das trübe Braun des Mekong mit dem klaren Blaugrün des Moon vereint. Aus diesem erheben sich bei Niedrigwasser malerische Sandbänke, Felsen und Inselchen mit Bäumchen, die das Hochwasser gebogen hat. Entlang des Ufers erstreckt sich eine Promenade mit Sitzbänken, Verkaufs- und Essenständen. Für 500 Baht pro Stunde sind Bootsfahrten auf den Flüssen und Besuche in einem laotischen Dorf möglich, wo sogar „zollfrei" eingekauft werden kann. Offiziell nach Laos übersetzen dürfen Ausländer erst im 32 km entfernten **Chong Mek**.

Übernachtung

Es bieten sich viele einfache, trotzdem gepflegte Quartiere mit Atmosphäre an:

Untere Preisklasse

Apple Guesthouse, 267 Kaew Pradit Rd., ✆ 045-351 160. An der Hauptstraße gelegen und ältestes Guesthouse in 2-stöckigen, hölzernen Bauten. 17 preiswerte, teilweise schöne Zimmer, davon 5 mit AC. ❶–❷

Mittlere und obere Preisklasse

Araya 1 Resort, Phukamchai Rd., ✆ 045-351 191, 📠 351 364. Bereits seit 1972 und die beste Mittelklasseunterkunft am Ufer. 43 komfortable Zimmer in Bungalows, umrahmt von einer Gartenanlage. ❸–❹

Araya 2 Resort, Phukamchai Rd., ✆ 045-351 385, 📠 351 386. Empfehlenswerte Anlage, teilweise um ein Schwimmbad herum, aber auch mit kleinen, idyllischen Terrassen am Fluss. 40 Komfortzimmer, die sich nur durch ihre Lage preislich unterscheiden. ❹–❺

Hideaway am Mekong

Tohsang Khong Jiam Resort, 68 Moo 7, Ban Huaimak Tay, ✆ 045-351 174-6, 💻 www.tohsang.com. Nicht nur die beste Option der gesamten Region, sondern ein wahres Paradies. Familiär geführtes, stilvolles Boutiqueresort in herrlicher Lage mit Panoramablick auf den Mekong. 55 gediegene, behagliche Zimmer ab 2500 Baht und Villen mit verlockend gestalteten Gemeinschaftseinrichtungen. ❻–❽

Auf einem Teil des Areals liegt das extravagante **Sedhapura by Thosang** als Hideaway der Spitzenklasse mit einer Fülle faszinierender Details. Bis zu 150 m² große Villen für 15 000 und 18 000 Baht. Ebenfalls zum Imperium der Familie gehört das Tohsang City Hotel in Ubon.

Ban Rim Khong Resort, 37 Kaew Pradit Rd., ✆ 045-351 101. Mit 7 Komfortzimmern in Holzbungalows, teilweise mit herrlichem Flussblick. Schöner Garten, gutes Restaurant am Wasser. ❹

Mongkon Resort, 595 Kaew Pradit Rd., ✆/📠 045-351 352. Nette Unterkunft in Nähe der Busstation und 10 Min. Fußweg vom Fluss. Das große Holzgebäude beherbergt 30 behagliche Zimmer mit Ventilator oder AC. Beim freundlichen Personal gibt es für 100–200 Baht Fahrräder und Motorräder zu mieten. ❸–❹

Essen

Am Ufer des Moon-Flusses gibt es viele einfache Restaurants mit günstiger, schmackhafter Kost. Etwas edler und romantischer geht es in den beiden schwimmenden Restaurants zu. Alle schließen bereits gegen 21 Uhr.

Araya Floating Restaurant, unterhalb der Promenade auf dem Mekong. Bereits seit 1972 und die älteste Gastronomie am Ort. Hier wurden einst die US-Soldaten verköstigt, die die Toten des Vietnamkriegs über den Fluss holten. Falls hier *Pla Buek* erhältlich ist, kostet er um 600–700 Baht pro Kilo. ⌚ 9–21 Uhr.

Transport

Direktverbindungen nach UBON RATCHATHANI mit Bus 5x tgl. für 100 Baht in 2 Std., oder über

PHIBUN MANGSAHAN für 50 Baht in 1 Std. und dort, 1 km vor der Busstation an der Brücke, Umstieg in ein Songthaew.

Die Umgebung von Kong Chiam

Der Grenzübergang von **Chong Mek** (s. Kasten) ist erreichbar, wenn man sich ab Phibun Mangsahan weiterhin auf dem nun in Richtung Süden verlaufenden H217 hält. Schon bald ist der 1971 eingeweihte **Sirindhorn-Stausee** erreicht. Die idyllische Szenerie nahe der laotischen Grenze lässt leicht vergessen, dass die einst hier ansässigen Menschen beim Bau des Lam Dom Noi-Staudamms umgesiedelt wurden. Teilweise sollen sie noch immer auf ihre Entschädigung warten. Bisher als Geheimtipp gilt der im Smaragddreieck liegende 687 km² große **Phu Chong Nayoi National Park**. Er zeichnet sich unter anderem durch einen 40 m hohen Wasserfall, zahlreiche Berge oder die vom Aussterben bedrohte Weißflügel-Moschusente aus.

Wer die erst 1987 entdeckten, prähistorischen Felszeichnungen im **Pha Taem National Park** erkunden möchte, sollte nicht zuviel erwarten und etwas Fantasie mitbringen. Hier zählt vor allem das grandiose Naturerlebnis. Mehr über diesen **reizvollen Abstecher**, s. eXTra [2917].

Grenzübergang nach Laos

Der 90 km östlich von Ubon Ratchathani liegende Grenzübergang vom thailändischen **Chong Mek** zum laotischen **Vangtao**, 🕓 6–20 Uhr, ist mit Visa on Arrival (s. S. 98) möglich und führt als einziger nicht über den Mekong, sondern als reiner Landweg in das Nachbarland. Zwischen Phibun Mangsahan und Chong Mek verkehren Songthaews; auf der 138 km langen Strecke von **Ubon Ratchathani** über die Grenze bis nach **Pakxe** (Pakse) fahren die staatlichen Thai-Lao International Busse, Abfahrt morgens und mittags für 200 Baht in 3 Std. Beim Ticketkauf muss sich das Laos-Visum bereits im Reisepass befinden. Vom Grenzübergang sind es 1 Std. bzw. 45 km bis in die südlaotische Provinzhauptstadt. Wer aus Laos kommt und nach Bangkok reisen will, findet die Busstation am westlichen Ortsrand von Chong Mek.

Weitere Grenzübergänge nach Laos, s. Kasten S. 502.

Prasat Khao Phra Viharn

Der spektakulärste aller Khmer-Tempel im thailändisch-kambodschanischen Grenzgebiet betrübt als bilateraler Zankapfel von enormer Brisanz: Obwohl das auf Khmer als **Preah Vihear** bezeichnete Felsenheiligtum Prasat Khao Phra Viharn vom Internationalen Gerichtshof in Den Haag 1962 eindeutig Kambodscha zugesprochen wurde, wird Thailand nicht müde, seinen Anspruch darauf zu erheben (s. Kasten S. 514).

Die sehenswerten **Khmer-Ruinen** liegen 150 km südwestlich von Ubon und nur 600 m im Landesinneren Kambodschas und sind von Thailand aus wesentlich besser zugänglich. Sie thronen auf dem imposanten Felsen Ploey Ta Di, der Bestandteil des Dangrek-Gebirges ist. Ein 600 m hoher Steilhang ließ ihn bis 1998 zu den letzten, uneinnehmbaren Bastionen der berüchtigten Pol-Pot-Rebellen gehören. Obwohl der ehemalige **Shiva-Schrein** aus dem 9. Jh. zu einem großen Teil zerstört und von Kunsträubern geplündert wurde, sind noch immer herrliche Steinmetzarbeiten und Gebäude aus dem 11. Jh. erhalten.

Eine monumentale Treppe führt über mehrere, von gewölbten Galerien eingefassten Terrassen hinauf zum Herzen des Heiligtums. Zwischen den prächtig verzierten Toren, Höfen, Säulen, Gesimsen und Giebeln – alle in einem Zustand zwischen Vollendung und Verfall – werden die Besucher von der Schlangengottheit Naga begleitet. Im Gegensatz zur christlichen Symbolik verkörpert die Schlange das Gute als Element im Leben.

Im **Visitor's Center**, ✆ 045-816 000, 02-562 0760, 🕓 7.30–16.30 Uhr, findet sich eine Miniatur des Tempels. Für den 1 km langen Zugang, der hier beginnt, wird kein Kambodscha-Visum verlangt, sondern meist nur eine Kopie des Reisepasses. Zudem müssen Ausländer 200 Baht berappen (plus 200 Baht auf der kambodschanischen Seite). Denn die geschäftstüchtigen Thais haben hier 1998 unmittelbar vor der Sehenswürdigkeit einen nur 130 km² kleinen Nationalpark ausge-

Trauerspiel am Götterfelsen

Wer dieses Heiligtum besuchen möchte, sollte sich vorher erkundigen, ob es überhaupt möglich ist. Nachdem die Unesco die Ruinen von **Prasat Khao Phra Viharn** Mitte 2008 zum **Weltkulturerbe** der Menschheit erklärt hatte, kam es zu mehreren traurigen Höhepunkten: Der thailändische Außenminister Noppadon musste zurücktreten, weil er Kambodschas Antrag unterstützt hatte. Seitdem kam es im Grenzgebiet sogar schon zu mehreren Feuergefechten mit Toten und Verletzten. Im Juni 2009 beantragte Thailand, den Tempel wieder von der Liste zu streichen, was jedoch abgelehnt wurde.
Mehr unschöne Einzelheiten zur Auseinandersetzung um das Weltkulturerbe von Prasat Khao Phra Viharn, s. eXTra [2918].

rufen, der durchquert werden muss. Ein vollständiger Rundgang durch die Ruinen benötigt mindestens 2 Stunden.

Ein Tempel aus Flaschen

Außerdem sehenswert ist der originelle Tempel **Wat Laan Khwad**. Hier wurde alles aus alten Flaschen und Flaschendeckeln errichtet – die Mauer, die Tempelgebäude, der Glockenturm, die Verbrennungsöfen und sogar die Toiletten. Das Flaschen-Heiligtum liegt 30 km vor Prasat Khao Phra Viharn in dem kleinen Ort Khun Han (vom Kreisverkehr 3 Min. Richtung Westen gehen). Etwa 3 km nördlich von Kantharalak ist an der Straße zudem der **Sri Sa Asoke Buddhist-Tempel** ausgeschildert, zu dem man noch 1 km laufen muss. Hier gibt es eine schöne Miniaturnachbildung des Götterfelsens.

Transport

Der Tempel ist mit Linienbussen aus BANGKOK oder SISAKET (95 km) zu erreichen, auch von UBON RATCHATHANI mit stündlichen Bussen oder Songthaews (80 Baht). In KANTHARALAK (70 km von Ubon) muss man aussteigen, um mit Songthaews, Moped-Taxis oder Charter-Tuk-Tuks über den Ort PHUM SARON die letzten 44 km bis zum Eingang des Nationalparks zurückzulegen.

Surin

Am dritten Wochenende im November erlebt die Hauptstadt der Grenzprovinz eine gewaltige Touristeninvasion zum spektakulären **Elephant Round-up**. Die Geschichte des „Elefantenauftriebs" (s. Kasten) von Surin lässt sich sogar bis 1960 zurückverfolgen. Ganzjährig indes bietet sich ein Besuch des Dorfs **Ban Ta Klang** an, wo die Suay – die traditionellen Elefantenfänger von einst – ihre Dickhäuter ausbilden. Es liegt 52 km nördlich von Surin an der Einmündung des Chi in den Fluss Moon und kann für 40 Baht stdl. mit lokalen Bussen erreicht werden. In einem kleinen **Museum** werden alte Werkzeuge ausgestellt, die bei der Arbeit mit den Elefanten genutzt

Talentshow der Dickhäuter

Alljährlich im November ziehen in Surin über 300 Elefanten zum großen **Elephant Roundup** auf. Das Festival ist mittlerweile so groß geworden, dass die Tiere sogar schon aus Lampang herbeigeschafft werden. Einst wurden die Dickhäuter als Reittiere in Kriegen und zum Einfangen wilder Artgenossen benutzt (in dieser Region das letzte Mal 1958). Bis zum landesweiten Verbot von Holzeinschlag 1989 mussten sie bei der Vernichtung ihres eigenen Lebensraums helfen. Zwar geht es auch bei diesem Elefanten-Festival nicht gerade zwanglos zu, doch darüber vermag die Talentshow der Rüsseltiere leicht hinweg zu täuschen. Denn hier beweisen die Tiere bei Paraden, Schaukämpfen, Shows und Spielen ihre Intelligenz, Kraft und Geschicklichkeit. Umrahmt wird der einwöchige Elefantenauftrieb von einem großen Markt, vielen Essenständen und Bühnenshows, Eintritt ab 40 Baht, VIP-Pätze auf der Tribüne des Stadions 300/500/800 Baht, ☏/℻ 044-512 039 und 044-521 361, 🖳 www.surin.go.th (Fax-Formulare als pdf-Datei). Zu den Höhepunkten zählen die Massenbuffets, mit denen die Wappentiere öffentlich gefüttert werden.

wurden. Jeden Tag gibt es von 10–14 Uhr ein öffentliches Training, ✆ 044-145 050, Eintritt frei. Anschließend kann man für 200 Baht auf den Tieren ausreiten oder sie zum Baden begleiten.

Eine ebenfalls dauerhafte Touristenattraktion besteht in den sehenswerten Ruinenstätten, die die Angkor-Epoche hier besonders zahlreich hinterlassen hat (s. Prasat Khao Phra Viharn S. 513 und Phanom Rung S. 516). Wer erleben möchte, wie handgewebte **Seide** entsteht, kann den Bewohnern von Dörfern wie **Ban Sawai**, **Khwao Sinarin**, **Chan Rom** oder **Jomran** nach der Ernte im Dezember/Januar beim Färben und Weben zusehen. Die Seidenfäden sind besonders fein, wodurch die Stoffe sehr leicht wirken. Manchmal werden noch Naturfarben verwendet. Viele Muster weisen Khmer-Einflüsse auf.

Übernachtung

Das Zimmerangebot wird vorwiegend von großen Hotelkästen bestimmt. Zum Elefantenauftrieb sind fast alle Unterkünfte frühzeitig ausgebucht.

Maneerote Hotel, 11/1 Soi Poytungko, Krung Sri Nai Rd., ✆ 044-539 477, 💻 www.maneerotehotel.com. 72 angenehme Komfortzimmer, davon 20 als VIP, und alles, was ein modernes Stadthotel sonst noch bieten sollte. ❹

Pirom's House, Soi Arunee, Thungpo Rd., ✆ 044-515 140. Rund 1 km westlich der Stadt, populärer Travellertreff in 2 neu erbauten Holzhäusern. 9 Ventilatorzimmer mit Gemeinschaftsbad. Mr. Pirom spricht genauso gut Englisch, wie seine Frau Aree kocht. Gute Infos und Tipps für erlebnisreiche Entdeckungstouren in die Umgebung. ❶

Surin Majestic Hotel, 99 Chit Bamrung Rd., ✆ 044-713 980. Praktische Lage direkt hinter dem Busbahnhof. Von einem Rundturm flankierter Neubau als das wohl beste Hotel der Stadt. 91 Komfortzimmer, Schwimmbad, Fitnessstudio. ❹

Essen

Wie in allen anderen Städten des Isarn bieten sich auch die Nachtmärkte von Surin für eine Schlemmertour an.

Farang Connection, Chit Bamrung Rd., ✆ 044-511 509. Etwas versteckt seit 2002 hinter der Busstation, aber trotzdem – nomen est omen – beliebtester Ausländertreff der Stadt unter Leitung des netten Briten Martin. Viele westliche Gerichte und Drinks. 🕓 7.30–22 Uhr.

Larn Chang, 199 Siphathai Saman Rd., ✆ 044-512 869. Schmackhafte, traditionelle Küche im Holzhaus mit Blick auf einen Park. 🕓 15–24 Uhr.

Zu Gast bei Norbert und Noi

Die Einkehr bei Norbert Schmidt und seiner Frau Noi, seit 2006 aus Nong Khai nach Surin übergesiedelt, gleicht einer Visite im Schlaraffenland. In ihrem **N & N Restaurant**, 3/75 Sirirat Rd., ✆ 044-518 391, 💻 www.nnrestaurant.co.nr, das im Entertainment-Viertel liegt, gibt es gute Brot- und Wurstwaren aus eigener Produktion sowie deftige Hausmannskost zu abgespeckten Preisen von 100–200 Baht. 🕓 8–24 Uhr. Seit Mitte 2009 gibt es sogar einen Ableger in Buriram – geführt von Filialleiter Manfred, ✆ 085-201 7382, 🕓 9–20 Uhr, So 12–20 Uhr.

Sonstiges

Medizinische Hilfe

Die professionellste Versorgung garantiert das private **Ruamphet Hospital**, Thesaban Rd., ✆ 044-513 192.

Einkaufen

Jenseits der Märkte die besten Einkaufsmöglichkeiten bietet das **Surin Plaza**, wo sich auch einige Geldautomaten befinden.

Transport

Busse

Busse nach Bangkok fahren 200 m westlich vom **Bahnhof** ab. Alle anderen ab dem **Busterminal** nordöstlich vom zentralen Kreisverkehr.

BANGKOK, ständig bis 22 Uhr für 300–550 Baht in 6 Std.

CHOM CHONG (Grenze), am besten mit dem ersten Bus um 6 Uhr für 60 Baht in 90 Min.

KORAT, alle 30 Min. bis 18 Uhr für 100–170 Baht in 3 Std.

PRASAT PHANOM RUNG (Ban Tako), Bus Richtung Korat 80 Baht, 1 1/2 Std.

UBON RATCHATHANI, 90–160 Baht in 3 Std.

Grenzübergang nach Kambodscha

Der 70 km südlich von **Surin** liegende Grenzübergang von **Chom Chong** nach **O'Smach** ist seit 2002 auch für Ausländer geöffnet und deutlich weniger frequentiert als der nach Aranyaprathet. Das Visa on Arrival kostet theoretisch US$25, faktisch wird es aber gern mit 1000 Baht und bis zu 200 Baht Aufschlag berechnet. Wer sich das Visum schon vor der Anreise besorgt, kann etwas Geld und Zeit sparen.

Hinter der Grenze warten viele Schlepper auf Passagiere für die Pick-ups und Toyota-Camry-Taxis nach Siem Reap. Das Chartern eines Sammeltaxis kostet etwa 3000 Baht, wobei wegen der schlechten Straße eine Limousine vorzuziehen ist. Die Fahrtdauer beträgt mit Pause in Anlong Veng ca. 5 Std. Da nur wenige Busse von der Grenze nach Surin fahren, sollten Ankömmlinge den Minibus für 40 Baht bis **Prasat** an der Kreuzung H214 und H24 nehmen und dort in einen Bus umsteigen.

Grenzübergang Aranyaprathet/Poipet, s. Kasten S. 518.

Eisenbahn

Der **Bahnhof** liegt im nördlichen Zentrum.

BANGKOK, 7x tgl. für 320–390 Baht,
Sleeper 420–1150 Bath in 6 1/2–9 1/2 Std.,
mit Zwischenstopp in KORAT nach 4–6 1/2 Std.
Am schnellsten ist der Expresszug um 16.41 Uhr.

UBON RATCHATHANI, 7x tgl. in 2–3 Std.,
mit Zwischenstopp in SISAKET nach 1–2 Std.
Am schnellsten ist der Expresszug um 12.14 Uhr.

Mehr Infos s. Fahrplan S. 900.

Von der Strecke zwischen Korat, Surin und Ubon Ratchathani führen zahlreiche Abzweigungen nach **Buriram** und **Sisaket** ab, die abseits der üblichen Touristenroute liegen. Mehr über diese Ziele, s. eXTra [2920].

Prasat Phanom Rung

Auf einem erloschenen Vulkankegel erhebt sich inmitten einer weiten Ebene nahe der kambodschanischen Grenze eine der schönsten Tempelruinen des Landes: Prasat Phanom Rung, ein beeindruckendes Zeugnis der **Khmer-Kunst** aus rotem Sandstein. Das zwischen dem 10. und 13. Jh. errichtete Heiligtum ist Shiva gewidmet – einem der höchsten Götter des hinduistischen Pantheons. Es fungierte als spirituelles Zentrum der gesamten Region und gilt neben Phimai bei Korat als eindrucksvollstes Khmer-Bauwerk in Thailand. Von 1971–89 ist die Ruine systematisch nach der Anastylose-Methode restauriert worden, mit der jeder Stein wieder an seiner früheren Stelle positioniert werden konnte.

Vom Parkplatz am Fuß des Berges nähert man sich dem in 190 m Höhe liegenden Bauwerk über mehrere monumentale **Treppen**, einen langen gepflasterten Weg und von Nagaschlangen begrenzte **Brücken**. Der Weg führt am einstigen Vulkankrater mit dem heiligen **See** vorbei. Nachdem weitere steile Treppen und Naga-Brücken überquert sind, betritt man durch die äußere **Galerie**, deren Holzdecken nicht erhalten sind, und die mächtigen Torbögen der inneren Galerie den eigentlichen Tempelbereich. In seiner Mitte erhebt sich der höchste **Prang**. Über einem Lingam errichtet, dem phallusförmigen Symbol für Shiva, symbolisiert er das Zentrum des Universums. Fein ausgearbeitete Fresken mit dem tanzenden Shiva und anderen Göttern sowie Darstellungen aus dem *Ramayana*-Epos und von religiösen Zeremonien schmücken die Wände. Der **Fußabdruck Buddhas** unter einem kleineren Prang wurde erst zu späterer Zeit hinzugefügt.

Das **Tourist Information Centre** neben dem Treppenaufgang, ✆ 044-782 715, ⌚ 8–16.30 Uhr,

Das Tor zu den Tempeln

Wer die Tempelanlagen unter der Woche besucht, kann sie meist in Einsamkeit genießen. Ein idealer Ausgangspunkt für Erkundungstouren ist das in Nang Rong liegende **P. California Inter Hostel**, 59/11 Sangkhakrit Rd., 800 m östlich der Busstation, ✆ 044-622 214, 💻 www.nangronghomestay.com. Das Privathaus in ländlicher Umgebung verfügt über 12 Zimmer, wahlweise mit Ventilator für 250 Baht oder AC für 400 Baht. Besitzer Mr. Wicha spricht gut Englisch, vermietet Fahrzeuge und organisiert Touren zu allen Khmer-Ruinen der Region. ❸ informiert mit einer kleinen Fotoausstellung bzw. einer kostenlosen, englischsprachigen Broschüre über den Tempel und die Restaurierungsarbeiten. Tickets zum Besuch der Ruinenstätte, ◷ 6–18 Uhr, kosten 100 Baht, im Verbund mit Muang Tam 150 Baht.

Prasat Muang Tam

Ein weiterer Shiva geweihter Khmer-Tempel, der etwa 1000 Jahre alte, von König Jayavarman V. in Auftrag gegebene Prasat Muang Tam, liegt 7 km östlich von Phanom Rung. In den 1990er-Jahren wurde er ebenfalls umfassend restauriert. Die zentrale, 100 x 100 m große Anlage spiegelt sich in vier großen Wasserbecken mit Lotus, was eine besondere Idylle erzeugt. Sie werden nur durch die in alle vier Himmelsrichtungen verlaufenden schnurgeraden Zugänge zum Heiligtum voneinander getrennt. Besondere Aufmerksamkeit verdienen die detailliert gearbeiteten **Türstürze** mit verschiedenen Darstellungen von Shiva, Uma und Krishna.

Im kleinen **Tourist Information Centre**, ✆ 044-631 746, ◷ tgl. 8–16.30 Uhr, ist ein englischsprachiger Prospekt über den Tempel erhältlich. Tickets zum Besuch der Ruinenstätte, ◷ 6–18 Uhr, kosten 100 Baht, im Verbund mit Prasat Phanom Rung 150 Baht.

Transport

Busse von KORAT, SURIN oder UBON RATCHATHANI stdl. bis NANG RONG oder BAN TAKO, von wo Motorradtaxis oder Minibusse für eine Rundfahrt (300–400 Baht) gechartert werden können.

Aranyaprathet

Armselige Gestalten betteln am Straßenrand, suchen emsig nach Recyclingstoffen oder quälen sich ab, um monströs beladene Handkarren nach Thailand zu schieben. Meist werden sie keines Blickes gewürdigt von den Besuchern, die in der Gegenrichtung mit dicken Geldbündeln zu einem der mehr als zehn schillernden Spielcasinos in Kambodscha unterwegs sind: Der **Grenzübergang** Aranyaprathet/Poipet gilt nicht nur als wuseligster der Region, sondern auch als Brennpunkt zweier völlig unterschiedlicher Welten: dem vergleichsweise wohlhabenden Thailand und Kambodscha, das durch die unsägliche Pol-Pot-Zeit zu einem Armenhaus verkommen ist.

Mitten in das Geschehen geraten die zahlreichen Traveller und Langzeittouristen, die über Land von Thailand nach Kambodscha reisen oder jenseits der Grenze ihr Visum erneuern wollen. Wer aus dem Westen kommt, mag die Stadt wie eines der vielen Provinznester empfinden, aus dem Osten kommend jedoch präsentiert sie sich eher wie ein quirliger Konsumtempel voller Motorräder, Essenstände und überquellendem Warenangebot. Im Süden der Stadt stehen

History Highway

Die großen Unterschiede zwischen dem Leben in Thailand und Kambodscha lassen leicht vergessen, dass die Menschen im Grenzgebiet durch eine gemeinsame Kulturgeschichte vereint sind. Sie beruht auf dem Gottkönigtum des einstigen Khmer-Reichs bzw. den damals errichteten Tempelanlagen, die in Khmer als *Phrae* oder *Preah* bezeichnet und in Thai *Prasat* genannt werden. Die berühmtesten Heiligtümer liegen zwar in Kambodscha, doch im Nordosten Thailands finden sich insgesamt an die 300 Tempelruinen. Aus der Zeit der Khmer-Herrschaft vom 9. bis zum 13. Jh. stammend, ziehen sie sich wie eine Perlenkette durch den Isarn. Die bedeutendsten waren einst direkt miteinander verbunden – durch einen „History Highway", der von Angkor über Phanom Rung bis nach Phimai führte. Er wurde als breite Schneise durch den dichten Urwald geschlagen und diente dem Transport von Waren, Pilgern und Soldaten – flankiert von Militärlagern und Krankenstationen sowie 17 Raststätten. Diese tauchen als „Dharmasalas" in einer Inschrift aus der Zeit von König Jayarvarman VII. auf, weshalb Wissenschaftler die Strecke „Dharmasala Road" getauft haben. Als weitere Bezeichnung hat sich „Phimai Angkor Royal Road" eingebürgert. Thailands Touristenbehörde indes spricht gern von der „Khmer Cultural Route" und will diese verstärkt nutzen, um mehr Touristen in diesen Landesteil zu locken.

dicht beieinander ein hübscher zweistöckiger **chinesischer Tempel** und ein **Thai-Tempel**. Die größte Attraktion ist der **Thai Cambodian Border Friendship Market**, auch „Golden Gate Plaza" genannt. Auf einem riesigen Areal am Grenzübergang werden massenhaft Kleidung, Billigwaren aus Thailand und China sowie land- und forstwirtschaftliche Produkte aus Kambodscha feilgeboten.

Übernachtung und Essen

Wer erst spät ankommt, sollte besser auf der thailändischen Seite übernachten. Es gibt rund ein Dutzend Hotels, die günstigsten im Ortskern – ein paar angenehme auch an der Zufahrt zur Grenze. Auf der kambodschanischen Seite schillern die luxuriösen Casino-Hotels.

Auf 2 **Märkten** am Busbahnhof und in der östlichen Altstadt kann man preiswert eine Kleinigkeit essen und Obst kaufen.

Abends öffnet ein großer **Essenmarkt** im Zentrum in der zweiten Straße südöstlich des Kreisverkehrs.

Aran Mermaid Hotel, 33 Thanavitee Rd., ✆ 037-223 655. Liegt nahe der Busstation und gilt trotz unsympathischer Fassade als zweitbestes Haus der Stadt. 152 schön eingerichtete Komfortzimmer. ❹–❺

Indochina Hotel, 154 Moo 6, Thanavitee Rd. bzw. am H348 , ✆ 037-232 588-9, 💻 www.indochina-hotel.net. Das beste Hotel am Ort findet sich seit 1994 mit 118 überraschend preiswerten Zimmern 3 km vom Zentrum. ❹

Inter Hotel, 108/7 Chataning Rd., ✆ 037-231 291, 📠 232 352. Südlich vom Zentrum als neueres Stadthotel mit 38 geräumigen, guten Zimmern. Restaurant und Karaoke Bar im Erdgeschoss. ❸

Market Motel, 105/30-32 Raht Uthit Rd., ✆ 037-232 302. Rund 1 km vom Uhrenturm und ruhig. 25 saubere Zimmer, alle wahlweise mit AC, in Reihenbauten mit Garage. Gartenanlage mit Schwimmbad. ❷–❸

Grenzübergang nach Kambodscha

Von der Busstation in **Aranyaprathet** fahren Mopeds und Tuk Tuks für 50–100 Baht in 15 Min. zur 6 km östlich liegenden Grenze, 🕒 7–19 Uhr. Der Übergang erfolgt zu Fuß. Visa für Kambodscha werden an einem separaten Schalter an der Grenze ausgestellt, theoretisch für US$25, faktisch aber werden gern 1000 Baht und bis zu 400 Baht Aufschlag berechnet. Ein Passbild ist erforderlich. Wer sich das Visum schon vor der Anreise besorgt, kann etwas Geld und Zeit sparen.

Für die rund 5-stündige Weiterreise über **Sisophon** und **Poipet** bis nach **Siem Reap** werden oft etwas klapprige Kleinbusse, Minibusse oder Pick-ups für 150–300 Baht angeboten, die von der Bushaltestelle am Kreisverkehr, ca. 500 m hinter der Grenze, starten und in Sisophon oft einen längeren, lästigen Zwischenstopp einlegen. Für eine Gruppe von 4 Personen sind die weißen Toyota-Camry-Taxis eine gute Alternative. Sie brauchen nur 3 Std. und kosten US$30–40. Die Route besteht über weite Strecken noch als staubige bzw. schlammige Baustelle.

Gute Tipps für den Abstecher nach **Siem Reap/ Angkor**, s. eXTra [2922].

Hinweise zum Grenzübergang Chom Chong/ O'Smach, s. Kasten S. 516.

Transport

Busse

Die **Busstation** liegt 500 m westlich des Zentrums in einem Neubauviertel.

BANGKOK, 269 km, stdl. vormittags sowie um 14.30, 15.30 und 17 Uhr für 170–230 Baht.

PATTAYA oder an die Ostküste, mit dem Bangkok-Bus bis KABINBURI und dort in einen Bus aus dem Nordosten umsteigen. Es gibt auch Direktverbindungen mit Minibussen.

Richtung Norden und Nordosten über SARABURI.

Eisenbahn

Am **Bahnhof**, 1 km nördlich vom Zentrum, enden die Züge. Auf der kambodschanischen Seite ist Sisophon, 35 km entfernt, der nächste Bahnhof. Die beiden Bummelzüge, die um 6.40 und 13.55 Uhr für 48 Baht in 5–6 Std. nach BANGKOK zuckeln, sind unbequemer und langsamer als die Busse und nicht zu empfehlen.

Die Ostküste

Stefan Loose Traveltipps

Samut Prakan In einem einzigen Park ganz Thailand bereisen. S. 520

Pattaya Im schillernden Nachtleben des größten und bekanntesten Seebads von Asien eintauchen. S. 525

Ko Samet Die ersten oder letzten Badefreuden des Urlaubs genießen. S. 536

10 **Chantaburi** Unterwegs auf verborgenen Pilgerpfaden. S. 543

Ko Chang Auf Neulandsuche an der Ostküste der Elefanteninsel. S. 553

Ko Rayang Auf einer Trauminsel paradiesische Robinson-Gefühle ausleben. S. 574

11 **Ko Kood** Wo es noch jungfräuliche Inselidylle zu entdecken gibt. S. 575

Aus Bangkok in Richtung Südosten scheint die Hauptstadt kein Ende zu nehmen. Von der kleinen Provinz Samut Prakan bis zum Seebad Pattaya gehen die Küstenstädte Bang Pakong, Chonburi, Bang Saen und Si Racha mit dem Tiefseehafen Laem Chabang fast nahtlos ineinander über. Als kürzeste Verbindung aus dem Zentrum bietet sich der Bang Na–Trat Expressway an, der auch als H3 oder H34 ausgewiesen und als kreuzungsfreie Hochstraße angelegt worden ist. Die schnellste Anbindung ist der ebenfalls gebührenpflichtige M7 oder Bangkok-Chonburi-Motorway. Über ihn ist auch der neue Suvarnabhumi Airport angebunden, rund 30 km von der Metropole entfernt, östlich der Outer Ring Road gelegen. Der M7 verläuft durch das dünn besiedelte Hinterland vorbei an gigantischen Industrieparks. Hinter der großen Brücke, zwischen KM 49 und 50, wird er beidseitig von einem Rastplatz mit Restaurants und Läden gesäumt.

Wer den alten H3 (Sukhumvit Road) nach Chonburi benutzt, gelangt zunächst zur Provinzhauptstadt Samut Prakan (Pak Nam), die mit überraschend spektakulären Sehenswürdigkeiten aufwarten kann. Von hier geht es in das Mündungsgebiet des Menam Chao Phraya. Die letzten Mangrovengebiete und traditionellen Holzhäuser an schmalen Kanälen umrahmen Industriekomplexe, die sich trotz der häufigen Überschwemmungen hier angesiedelt haben.

Samut Prakan

An der Flussmündung hatten sich lange vor den Thai bereits die Mon niedergelassen. Inmitten der geschäftigen Straßen und Wohnsiedlungen sind die Reste einer einst bedeutenden Befestigungsanlage kaum noch zu erkennen, die dem Ort einst ihren Namen „Bollwerk der Küste" gab. Um 1600 lag Samut Prakan noch direkt am Meer und war von großer strategischer Bedeutung. Von diesem Landstrich aus ließen die Könige in Ayutthaya seit dem frühen 17. Jh. den Schiffsverkehr auf dem Menam Chao Phraya kontrollieren. 1767 wurde die Stadt von den Birmanen zerstört. Als Bangkok neue Hauptstadt wurde, ließen die Chakri-Könige die Flussmündung durch mehrere Forts befestigen. Durch die Öffnung des Landes und die Transportmittel der Neuzeit wurden die Anlagen überflüssig und verfielen.

Das **Wat Chedi Klang Nam** (Phra Samut Chedi), das eine hoch verehrte Reliquie Buddhas beherbergt, hat 1826 König Rama III. auf einer Insel mitten im Fluss errichten lassen. Es sollte Ankömmlinge auf die Bedeutung des Buddhismus in Siam hinweisen. Nun liegt das Heiligtum am Westufer in **Phra Pradaeng** und ist von Thonburi aus über die Suksawat Road zugänglich. Vom Ostufer, zu dem man über die neue, futuristisch anmutende Dipangkorn Ramijoti-Brücke gelangt, hat man den besten Blick auf den Chedi und einem dem Big Ben nachempfundenen Uhrenturm. Im Oktober/November wird mit einem großen Jahrmarkt, Prozessionen und Bootsrennen das berühmte **Tempelfest** des Wat Chedi Klang Nam gefeiert. Das **Songkran-Festival** wird hier erst vom 17. bis zum 19. April – also einige Tage später als im Rest des Landes – begangen.

Erawan-Museum

Im Ort hat Khun Lek Viriyapant, der sich um die thailändische Kultur verdient gemacht und auch Muang Boran bzw. die Ancient City (s. Kasten S. 521) gegründet hat, das gigantische Erawan-Museum erbauen lassen. Es wird von der 29 m hohen und 250 t schweren Statue des dreiköpfigen Elefanten **Airavata** gekrönt – dem mythologischen Reittier des hinduistischen Gottes Indra. Auch das Innere des ungewöhnlichen, aus oxidiertem Kupfer bestehenden Bauwerks ist aufwendig mit mythologischen Figuren ausgeschmückt und voller Symbolik. Es soll den Kulturschätzen des Landes einen würdigen Rahmen verleihen. Aus dem Untergeschoss bzw. der Unterwelt (Möbel) geht es durch die menschliche Welt (Antiquitäten aus aller Welt) und den Elefantenkörper (Buddhastatuen) auf eine Aussichtsplattform. Das Innere ist jedoch nur im Rahmen einer Führung zugänglich. ✆ 02-3713 135-6, 🖳 www.erawan-museum.com, 🕓 8–17 Uhr, Eintritt 150 Baht, Kinder 50 Baht. Wer lediglich die sehenswerte, exotische Außenanlage besichtigen will, zahlt 50 Baht.

Crocodile Farm und Zoo

Wer von Samut Prakan weiter nach Süden fährt, kann am KM 28 nach rechts zur größten Krokodilfarm der Welt abbiegen. 1950 gegründet, sollen sich auf dem 300 ha großen Gelände heute über 100 000 Reptilien tummeln, wovon zuweilen auch ein strenger Geruch zeugt. Eigentlich werden die 21 einheimischen und importierten Arten wegen ihres Leders gezüchtet. Doch auch lebendig bringen sie eine Menge Geld, wie die etwa 1000 Besucher pro Tag beweisen. Schautafeln und Ausstellungen informieren über die Reptilien. Neben Krokodilen – darunter mit 6 m Länge und 1200 kg Gewicht das weltweit größte in Gefangenschaft – werden auf dem weitläufigen Areal auch viele andere Tiere gehalten und gezüchtet, wie weiße Tiger, Flusspferde, Elefanten, Kamele und Pythons. In einem **Dinosaurier-Museum** sind Skelette und lebensgroße Modelle zu besichtigen. Wer Handtaschen, Gürteln oder Schuhe aus Krokodilleder kauft, erhält ein Cites-Zertifikat, dass diese aus einem Zuchtbetrieb stammen. Die Einfuhr derartiger Produkte in die EU ist aber trotzdem genehmigungspflichtig, 🖳 www.zoll.de (Stichwort „Artenschutz"). Im Restaurant kann man sich unkompliziert an Krokodilfleisch versuchen. Es werden Fütterungen und bis 16 Uhr, an Wochenenden und Feiertagen bis 17 Uhr, fast stündlich **Krokodilshows** vorgeführt, bei denen Dompteure mit den Reptilien ringen. Es gibt auch Darbietungen mit Elefanten oder Affen, die Europäer ebenfalls nicht unbedingt begeistern. ✆ 02-7035144-8, 🖳 www.worldcrocodile.com, ⏲ 8–18 Uhr, Eintritt 300 Baht, Kinder 200 Baht, Thais 60 bzw. 30 Baht.

Transport

Der Busbahnhof liegt einige Kilometer außerhalb der Stadt an der alten Sukhumvit Rd. Von hier aus starten viele Busse mit und ohne AC für 10–30 Baht nach BANGKOK, wobei die Fahrt je nach Verkehrslage bis zu 2 Std. dauern kann. Die nächstliegende Skytrain-Station ist On Nut; als Tagesausflug per Taxi aus Bangkok bereits ab 1200 Baht.

Chonburi

Dieser boomende, rund 80 km von Bangkok an der Küste liegende Industrieort kann mit keinen größeren Attraktionen aufwarten. Die 250 000 Einwohner zählende Provinzhauptstadt ist stets mit dichtem Verkehr belegt. Im Zentrum erhebt sich das von König Taksin erbaute **Wat Yai Intraram**. Sein Denkmal findet sich am Eingang, im Inneren des Tempels sind Wandmalereien zu sehen. Vor den Toren startet alljährlich im Oktober das spektakuläre Büffelrennen, bei dem geschickte Reiter auf bemalten Wasserbüffeln eine 150 m lange Spurtstrecke zurücklegen.

Im Süden von Chonburi (Cholburi) liegen die größten Austernkolonien des Landes, denn hier bietet das ruhige Meer ideale Voraussetzungen zur Muschelzucht. Ein Beispiel ist der traditionelle Fischerort **Ang Sila**, zu dem vom H3 beim KM 100 der H3134 hinunter führt. Entlang der 4 km langen Straße sieht man Steinmetze Gartenskulpturen und Mörser erschaffen. Das frische Seafood-Angebot in den Restaurants und an den Essenständen am Meer lockt einheimische Ausflügler zuweilen in Scharen an. Mee-

Ancient City (Muang Boran)

Rund 7 km südlich der Krokodilfarm liegt die spektakuläre Ancient City („Alte Stadt"), auch Ancient Siam oder Muang Boran genannt. Hier erstreckt sich Thailand als Miniaturausgabe und das sogar in den Umrissen des Königreichs – mit 300 ha das wohl größte **Freilichtmuseum** der Welt. Auf dem 1972 eröffneten Gelände, das bestens per Fahrrad zu erkunden ist, finden sich 116 fotogene, geografisch korrekt zugeordnete Modelle in einem Drittel der Originalgröße, so dass sich die Attraktionen des Landes hier quasi im Eilverfahren besichtigen lassen. Sie sind mit englischen Erläuterungen versehen und repräsentieren berühmte oder typische Gebäude verschiedener Baustile sowie Szenen aus der Literatur. Das wunderschöne, keineswegs überlaufene Areal ist gespickt mit Anpflanzungen aller Art, kleinen Wasserfällen und Seen.
✆ 02-709 1644-5-0, 🖳 www.ancientcity.com, ⏲ 8–17 Uhr, Eintritt 300 Baht, Kinder 200 Baht, Fahrrad oder Rundfahrtticket je 50 Baht, englischsprachiger Führer 1500 Baht (Vorbuchung empfehlenswert). Es gibt ein informatives Buch in Englisch für 300 Baht.

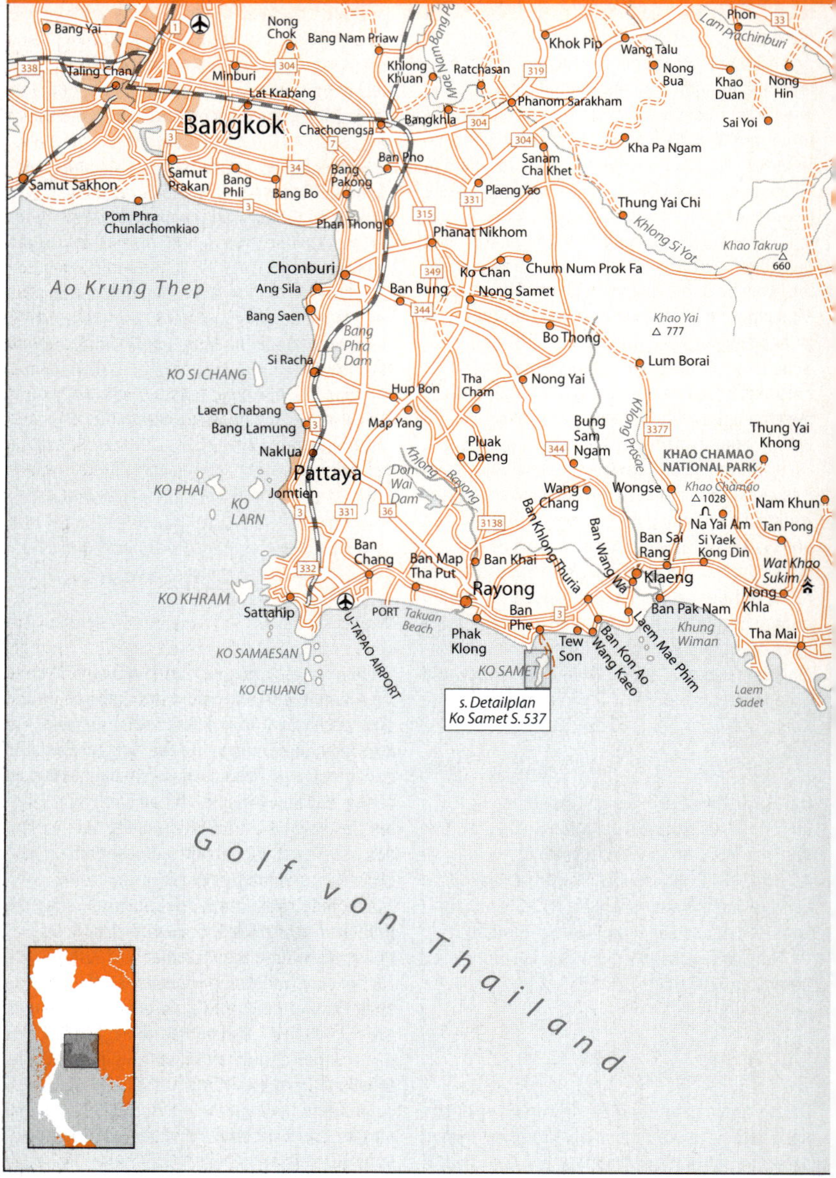
Bang Yai
Nong Chok
Bang Nam Priaw
Mae Nam Bang Pa
Khok Pip
Wang Talu
Phon
Lam Prachinburi
Taling Chan
Minburi
Khlong Khuan
Ratchasan
Nong Bua
Khao Duan
Nong Hin
Lat Krabang
Phanom Sarakham
Bangkok
Chachoengsa
Bangkhla
Sai Yoi
Kha Pa Ngam
Ban Pho
Sanam Cha Khet
Samut Sakhon
Samut Prakan
Bang Phli
Bang Bo
Bang Pakong
Plaeng Yao
Thung Yai Chi
Pom Phra Chunlachomkiao
Phan Thong
Phanat Nikhom
Khlong Si Yot
Khao Takrup
660
Chonburi
Ko Chan
Chum Num Prok Fa
Ao Krung Thep
Ang Sila
Ban Bung
Nong Samet
Bang Saen
Bang Phra Dam
Khao Yai
777
Bo Thong
Si Racha
Lum Borai
KO SI CHANG
Tha Cham
Nong Yai
Hup Bon
Khlong Prasae
Laem Chabang
Map Yang
Bung Sam Ngam
Thung Yai Khong
Bang Lamung
Pluak Daeng
KHAO CHAMAO NATIONAL PARK
Naklua
Khlong Rayong
Pattaya
Dok Wai Dam
KO PHAI
Jomtien
KO LARN
Wang Chang
Wongse
Khao Chamao
1028
Nam Khun
Na Yai Am
Tan Pong
Ban Khlong Thuria
Ban Wang Wa
Ban Sai Rang
Si Yaek Kong Din
Ban Chang
Ban Map Tha Put
Ban Khai
Wat Khao Sukim
Klaeng
KO KHRAM
Rayong
Nong Khla
Ban Pak Nam
Sattahip
PORT
Takuan Beach
Ban Phe
Laem Mae Phim
Khung Wiman
Tha Mai
Phak Klong
Tew Son
Ban Kon Ao
Wang Kaeo
KO SAMAESAN
U-TAPAO AIRPORT
KO SAMET
KO CHUANG
Laem Sadet
s. Detailplan Ko Samet S. 537
Golf von Thailand

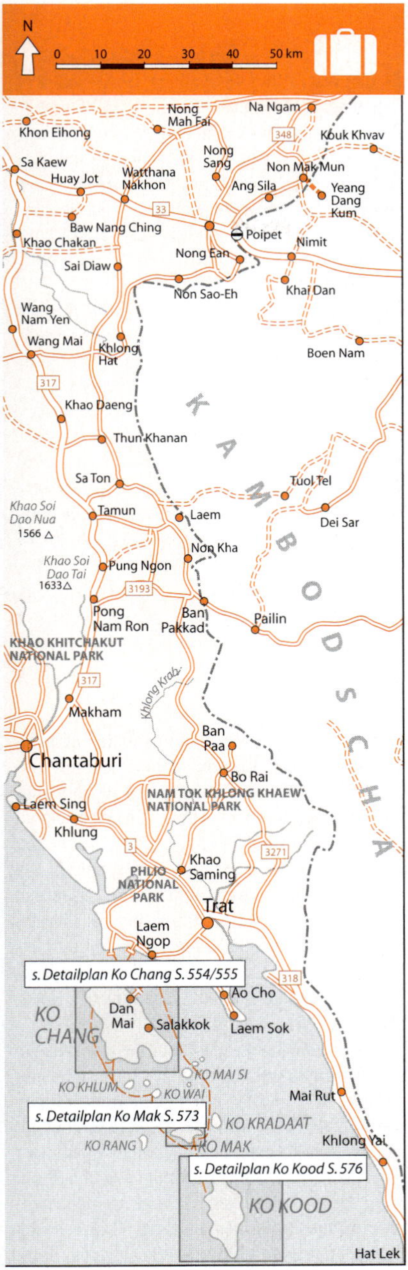

resfrüchte aus küstennahen Gewässern sind allerdings aufgrund der chemischen Industrie oft mit Schwermetallen und Giften belastet.

Südlich von Ang Sila führt von der Küstenstraße am KM 9 auf der felsigen Halbinsel eine schmale Abzweigung über einen Hügel zum **Sri Samuk Ground** mit dem Schrein der Göttin Samuk. Hier füttern Touristen zahlreiche Makaken mit Früchten, während zwei Aussichtspunkte einen herrlichen Ausblick auf die Küstenlandschaft bieten. Über eine Treppe geht es zum **Wat Saensuk** hinab, das von einer überdimensionalen Statue der Göttin Kuan Yin überragt wird. Im umliegenden Park finden sich allerlei bizarre, bunt bemalte Skulpturen. Sie lassen auf einen buddhistischen, hinduistischen oder auch konfuzianischen Hintergrund schließen.

Einen Einblick in typisch thailändisches Strandvergnügen bietet das zwischen Chonburi und Si Racha liegende Seebad **Bang Saen**, das sich auch als Übernachtungsort in der Region anbietet, s. **eXTra [2735]**.

Si Racha

Diese rund 120 km südwestlich von Bangkok liegende Handelsstadt hat sich im Sog ihres Tiefseehafens und Industriezentrums **Laem Chabang** zu einem modernen Versorgungszentrum mit drei großen Krankenhäusern, Einkaufszentren, Banken und Apartmenthäusern entwickelt. Zu den landesweit größten Hafenanlagen gehören eine Werft sowie ein Container- und ein Kreuzfahrtterminal. Sie wurden seit 1990 im Rahmen des „Eastern Seaboard Development Program" ehrgeizig ausgebaut. Drumherum haben sich zahlreiche Großbetriebe der (petro-)chemischen Industrie angesiedelt. Sie werden unter anderem von den Erdgasvorkommen im Golf gespeist. Auch wenn die Fischerromantik von einst im wuseligen Si Racha (Si Ratcha oder Sri Racha) mit der Lupe gesucht werden muss, wird hier die angeblich landesweit beste Fischsauce, Nam Prik Sii Racha, produziert.

Auf einer Abzweigung vom H3, ausgeschildert mit dem Samitivej Hospital und Ko Si Chang, geht es hinab zur Küste. Vom **Ko Loy Park** kann

Wilde Tiere als Familienattraktion

In der Umgebung von Si Racha bieten sich gleich zwei Gehege mit Wildtieren als Familienattraktion an: 18 km östlich des H3 erstreckt sich am südwestlichen Hang des gleichnamigen Bergs der **Khao Khiew (Kheow) Open Zoo**. 1974 als Ableger des Dusit-Zoos von Bangkok gegründet, gilt er mit seinen 8 km² als größter Zoo Asiens, was aber nicht für die Anzahl seiner Bewohner gilt. Hier tummeln sich um die 8000 Tiere bzw. 300 Arten aus allen Kontinenten, wie Bisons, Hirsche, Antilopen, Tapire, Affen, Bären, weiße Tiger (aus Memphis/USA), Nebelparder, Flusspferde und Wasserbüffel. Spektakulär ist die zweitgrößte Voliere Asiens, in der etwa 6800 exotische Vögel – darunter auch seltene Riesenstörche und sogar einige *Gurney's Pittas* – leben. Zwei Drittel des weitläufigen, international anerkannten Zoos dienen der Zucht von heimischen Wildtieren und sind nicht zugänglich. Das übrige Gelände können Besucher mit Mietfahrrädern oder einem Shuttlebus erkunden. 🕓 8–18 Uhr, Eintritt 300 Baht. Es gibt bis zu fünf 40-minütige Tiershows pro Tag, einen Streichelzoo, Elefantentrekking und eine 3,5 km lange Nachtsafari (19 und 20 Uhr, 300 Baht für Erwachsene und Kinder). Als neueste Attraktion in Khao Khiew locken die sportiv-spannenden Dschungelabenteuer „Flight of the Gibbon" und „Go Gibbon" für 2000–2500 Baht, ☎ 089-970 5511. Zoo ☎ 038-298 187, 💻 www.journeytothejungle.com.

Der 1997 eröffnete, 100 ha große **Si Racha Tiger Zoo** wird als private Forschungs- und Aufzuchtstation betrieben. Hier gibt es an die 400 Bengalische Tiger und 10 000 Krokodile zu bestaunen, aber auch Kamele, Kängurus, Strauße und allerlei illustre Tiervorführungen, seltener Weise sogar auch von weiblichen Dompteuren. Im Restaurant kann man sich an sehr exotischen Speisen versuchen. Zu erreichen ist der Zoo über den H3241, der vom H3 am KM 21 bzw. dem M7 am KM 20 nach Norden abzweigt. ☎ 038-296 556-8, 💻 www.tigerzoo.com, 🕓 8–18 Uhr, Eintritt 350 Baht, Kinder 200 Baht.

man über einen langen, mit Autos befahrbaren Steg zur Felseninsel **Ko Loy** (Koh Loi) gelangen. Einst diente sie Mönchen als Refugium zur Meditation, heute erheben sich hier das **Wat Sri Maharaja** und ein kleiner, chinesischer Tempel. Umrahmt von allerlei Souvenir- und Essenständen, eröffnet sich ein aufschlussreicher Blick auf Bang Saen, Si Racha und die hügelige Insel Ko Si Chang. Das Bangkok am nächsten gelegene Eiland im Golf von Thailand wird von einer illustren Armada der unterschiedlichsten Wasserfahrzeuge umlagert.

Transport

Ob nach BANGKOK oder in Richtung Süden nach PATTAYA und RAYONG: Alle Busse steuern die an der Sukhumvit Rd. ausgeschilderten Haltestellen an, können ggf. aber auch direkt an der Straße gestoppt werden. Der örtliche Terminal für AC-Busse liegt an der Abzweigung, die vom Highway an die Küste hinunter führt. Tickets zu den nächsten größeren Städten kosten 50–80 Baht.

Ko Si Chang

Wer sich für einen Abstecher nach **Ko Si Chang**, 💻 www.koh-sichang.com, entscheidet und Abgeschiedenheit bevorzugt, sollte diesen eher unter der Woche absolvieren. Die Insel eignet sich vor allem für Neulandsucher, die schon viele thailändische Inseln besucht haben. Die einzige Siedlung dieser rund 8 km² großen und mediterran anmutenden Inseloase liegt mit ihrem Pier dem Festland zugewandt. Auf den unbefestigten Inselstraßen verkehren urige, große Motorradgespanne, wie sie sonst nur im Nordosten knattern.

Mit diesen können die Besucher zum Beispiel zur **Chakraphong-Höhle** gelangen, in der man durch eine Art Kamin nach oben steigen kann. Das Kloster **Tham Yai Phrik Vipassana** liegt mit seinen Meditationshöhlen ebenso auf einem Kalksteinhügel wie das Heiligtum **San Jao Phaw Khao Yai**, das mit seinen Höhlenschreinen, mehreren Ebenen und einem herrlichen Meeresblick zu den landesweit schönsten chinesischen Tempeln gehört. Im Westen der rund 5000 Bewohner zählenden Insel lassen sich die Überreste des **Hat Tha Wang-Palastes** besichtigen. Er wurde einst von König Chulalongkorn als Sommersitz erschaffen. Nachdem die Franzosen die Insel 1893 besetzten, wurde der Palast teilweise nach Bangkok verfrachtet.

Nicht weit entfernt finden sich am **Hat Tham Phang** Sonnenschirme und Liegestühle, während der **Hat Sai Kaew** im Süden die schönsten Bademöglichkeiten bietet. Für Kajak- und Schnorcheltouren empfiehlt sich das an der Südspitze liegende **Ko Khaang Khao** („Fledermaus-Insel").

Übernachtung und Essen

Mit einem guten Dutzend Unterkünften sowie Homestay- und Zeltmöglichkeiten bietet die kleine Insel überraschend viel Auswahl.

Sichang Palace Hotel, nahe dem Pier, ✆ 038-216 276, 💻 www.sichangpalace.com. Bestes Haus der Insel mit eindrucksvoller Lobby, nettem Coffeeshop und sogar einem Schwimmbad. 56 Zimmer, die schönsten mit Meeresblick. Gratistransfer mit eigenen Fähren. ❺

Sichang View Resort, ✆ 038-216 210. Mit 13 geräumigen Zimmern in einem weitläufigen Garten. Das Restaurant liegt auf einem Felsen, bietet gutes Essen und einen Logenplatz für faszinierende Sonnenuntergänge. ❹

Sripitsanu Bungalows, ✆ 038-216 336. Mit 10 Zimmern und 5 Bungalows an einem Berghang liegend, die urigste Anlage der Insel. Etwas spartanisch, aber bizarres Flair und herrliche Sonnenuntergänge. ❹

Pan & David Restaurant, ✆ 038-216 629, ✉ pananddavid@gmail.com. Gilt als bestes Restaurant der Insel. Verlockende Speisekarte mit einheimischen und westlichen bzw. italienischen Gerichten sowie Weinauswahl und Unterhaltung durch den amerikanischen Besitzer. 🕒 tgl. außer Mi 10–21.30 Uhr.

Nahverkehr

Am Ko Loy Park liegt der gleichnamige Festlandspier, wo von 7–20 Uhr stdl. die Fähren, 50 Baht, zur 12 km entfernten Ko Si Chang starten. Tuk Tuks vom Hafen zu den Busstops an der Sukhumvit Rd. kosten 30–40 Baht. Für den Transport auf der Insel empfiehlt sich die nette Tuk-Tuk-Fahrerin **Mrs. Lek**, ✆ 086-152 0676. Sie spricht etwas Englisch und bietet Rundfahrten ab 250 Baht.

Pattaya

Entlang der Bucht von Pattaya und der angrenzenden Strände erstreckt sich das an Sensationen und Superlativen reiche, größte Urlaubszentrum Südostasiens. Die internationale Schlemmer-, Shopping-, Strand-, Spaß- und Sportmetropole lockt jährlich um die 5 Mio. einheimische und ausländische Touristen an. Immer mehr Deutsche, Österreicher und Schweizer (auch Ehepaare) kehren jedes Jahr zum Überwintern in das offiziell 104 318, aber in Wirklichkeit längst über 300 000 Einwohner zählende Seebad zurück. Trotzdem scheiden sich an dieser quirligen, ideal ganzjährig zu bereisenden Stadt die Geister: Aufgrund regelmäßiger Schmuddelberichte und des Rufes als Sexparadies und Verbrecherfluchtburg wird Pattaya von vielen Thailand-Touristen gemieden. Andere wiederum machen hier Urlaub, ohne daheim davon zu erzählen.

Das höchste Holzbauwerk der Welt

Von spektakulärer Handwerkskunst und unschätzbarem Wert zeugt das **Sanctuary of Truth** („Heiligtum der Wahrheit"). Das höchste aus Holz errichtete Bauwerk der Welt erhebt sich malerisch auf einer Landzunge im Stadtteil Naklua und wurde als Schmelztiegel asiatischer Kulturen erschaffen. Über zwei Jahrzehnte haben mehr als 250 Handwerker an dem über 100 m hohen Pavillon gewerkelt und ihn mit Schnitzereien religiöser und weltlicher Motive sowie riesigen Skulpturen versehen. Das viele Jahre abgelagerte Tropenholz muss ständig befeuchtet werden. Die Besichtigung lässt sich mit allerlei neckischen touristischen Aktivitäten umrahmen, z. B. Kutschenfahrten oder dem Besuch von Delphinshows. ✆ 038-367 815, 💻 www.sanctuaryoftruth.com, 🕒 8–18 Uhr, Eintritt 500 Baht, Kinder 250 Baht.

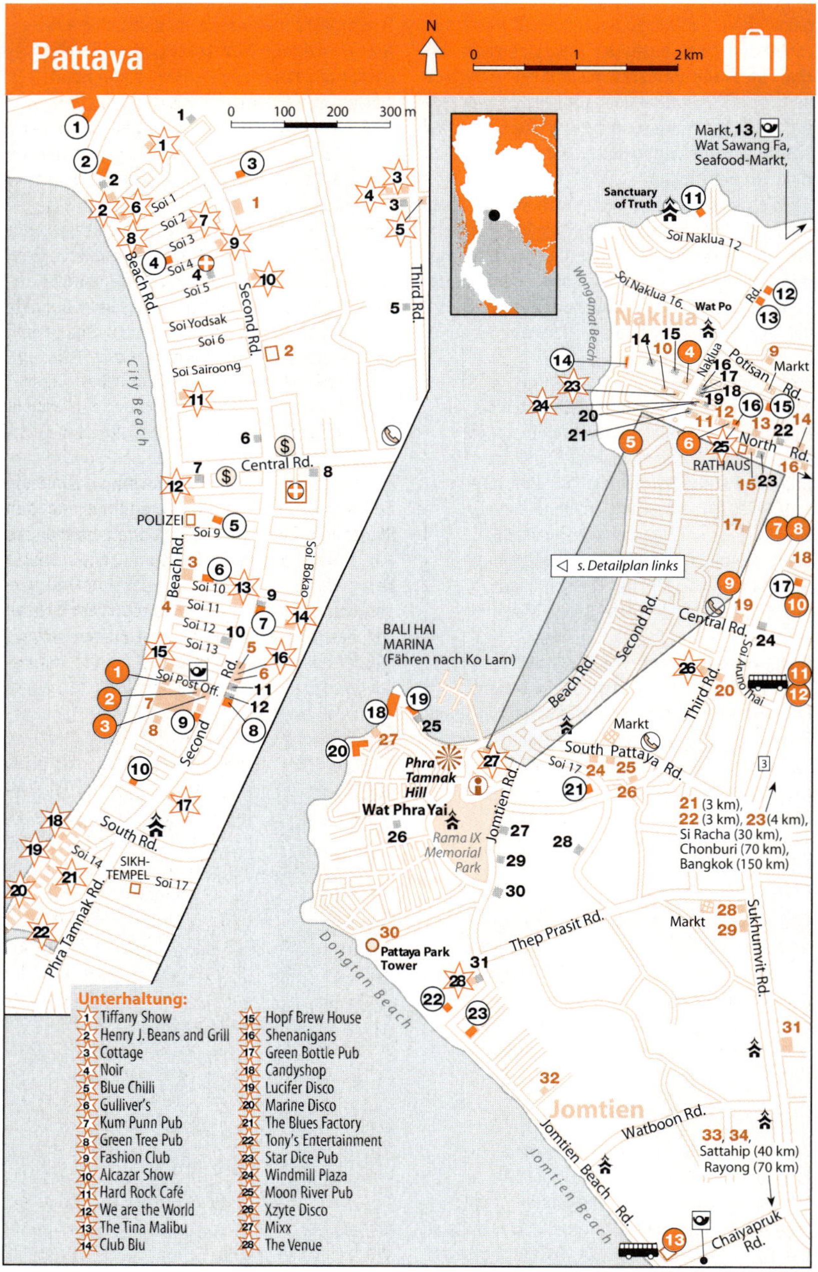
Pattaya
N
0 1 2 km
0 100 200 300 m
Markt, 13, Wat Sawang Fa, Seafood-Markt,
Sanctuary of Truth
Soi Naklua 12
Soi Naklua 16
Wat Po
Naklua
Wongamat Beach
Naklua Rd.
Potisan Rd.
Markt
North Rd.
RATHAUS
s. Detailplan links
Second Rd.
Central Rd.
Soi Arunothai
Third Rd.
Beach Rd.
BALI HAI MARINA (Fähren nach Ko Larn)
Markt
South Pattaya Rd.
Soi 17
Phra Tamnak Hill
Wat Phra Yai
Rama IX Memorial Park
Jomtien Rd.
21 (3 km), 22 (3 km), 23 (4 km), Si Racha (30 km), Chonburi (70 km), Bangkok (150 km)
Thep Prasit Rd.
Markt
Sukhumvit Rd.
Pattaya Park Tower
Dongtan Beach
Jomtien
Watboon Rd.
33, 34, Sattahip (40 km) Rayong (70 km)
Jomtien Beach Rd.
Jomtien Beach
Chaiyapruk Rd.
Soi 1
Soi 2
Soi 3
Soi 4
Soi 5
Soi Yodsak
Soi 6
Soi Sairoong
Beach Rd.
Second Rd.
Third Rd.
City Beach
Central Rd.
POLIZEI
Soi 9
Soi 10
Soi 11
Soi 12
Soi 13
Soi Bokao
Soi Post Off.
Second Rd.
South Rd.
SIKH-TEMPEL
Soi 14
Soi 17
Phra Tamnak Rd.
Unterhaltung:
1 Tiffany Show
2 Henry J. Beans and Grill
3 Cottage
4 Noir
5 Blue Chilli
6 Gulliver's
7 Kum Punn Pub
8 Green Tree Pub
9 Fashion Club
10 Alcazar Show
11 Hard Rock Café
12 We are the World
13 The Tina Malibu
14 Club Blu
15 Hopf Brew House
16 Shenanigans
17 Green Bottle Pub
18 Candyshop
19 Lucifer Disco
20 Marine Disco
21 The Blues Factory
22 Tony's Entertainment
23 Star Dice Pub
24 Windmill Plaza
25 Moon River Pub
26 Xzyte Disco
27 Mixx
28 The Venue

Übernachtung:
1. Dusit Resort
2. Amari Orchid Resort
3. The Cottage
4. BJ Holiday Lodge
5. Flipper Lodge
6. Sawasdee Sea View
7. Apex Hotel
8. Dusit D2 Baraquda
9. Marriott Resort & Spa
10. The Penthouse
11. Moonlight on Sea
12. Crystal Palace
13. Siam Pura Resort
14. East Sea Resort
15. Le Palm
16. Thai Garden Resort
17. Radi Mansion
18. Royal Cliff Beach Resort
19. Sheraton Pattaya Resort
20. Cabbages & Condoms
21. Koenig Mansion
22. Rabbit Resort
23. Eurostar Hotel

Essen:
1 Schnitzel Hans
2 Mantra
3 Mum Aroi 1
4 P.I.C. Kitchen
5 Krua Kamol
6 Montien Hotel
7 Ali Baba
8 Leng Kee
9 Apex Hotel
10 Lek Hotel
11 Ruen Thai
12 Casa Pascal
13 Mum Aroi 2
14 Paradise Garden
15 Bei Gerhard
16 Anton
17 Bon Café
18 Pizza Big
19 Bei Otto
20 Braustube
21 Old Germany
22 Khow Tom Pla Koh See Chang
23 Thai House
24 Foodland
25 Bali Hai Sunset
26 Le Saigon Bayview
27 Captain's Corner
28 Ernestos-Ole
29 Buondi Danon
30 Sugar Hut
31 Poseidon

Sonstiges:
1 Central Festival Center (Big C)
2 Tourist Police
3 Central Festival Pattaya Beach
4 Mike Shopping Mall
5 California Wow
6 The Avenue
7 Royal Garden Plaza
8 Pattaya City Walk
9 Medienhaus (Farang-Magazin)
10 Bios Logo
11 Best Supermarket
12 Fairtex Sports & Racquet
13 Tesco Lotus II
14 Tuxedo Magic Theatre
15 World Gems Collection
16 Gems Gallery
17 Tickle by Fish
18 Pattaya Orphanage
19 Carrefour
20 Rudi's Booking Shop
21 Bottle Museum
22 Mini Siam
23 Factory Outlet
24 Tukcom Center
25 Friendship Supermarket
26 Tony's Gym
27 Yaruna Yacht Club
28 Outlet Mall
29 Tesco Lotus I
30 Pattaya Park Entertainment
31 Floating Market
32 Immigration
33 Blue Lagoon Watersports Club
34 Ocean Marina Yacht Club

Transport:
1. Air Land Tours
2. Koh Chang Travel
3. Oversea & Travel Service
4. Malibu Travel
5. Bangkok Airways
6. Thai Airways
7. Bus Terminal / Rong Reuang Coach →Bangkok, Nordosten (Mukdahan)
8. Bell Travel Service→Airport
9. Busstation / Sri Mong Kon→Nordosten
10. Busstation / 407→Nordosten
11. Bus-Terminal / Nakhonchai Air→Nordosten, Norden
12. Busstop→Rayong, Chantaburi
13. Busstop→Jomtien

Das Image mag strittig bleiben, der Boom ist es nicht: In rasanter Weise verdichtet sich der Küstenort mit neuen Resorts (darunter nun auch die renommiertesten Hotelketten der Welt) und einer neuen Generation von Wolkenkratzern, die bis zu 50 Stockwerke hoch in den Himmel wachsen und teilweise mit avantgardistischer Architektur überraschen. Da ist zum Beispiel der als höchster Wohnbau der Welt geplante **Ocean 1 Tower** – mit 611 Apartments, 327 m und 91 Stockwerken konzipiert von Deutschen, die die Geschichte und Entwicklung des Seebads auch sonst entscheidend mitbestimmt haben. Überall schießen neue Wohnbauten, Einkaufszentren, Geschäfte, Restaurants und Vergnügungsetablissements aus dem Boden, während sich die Stadt immer weiter ins Hinterland ausdehnt.

Es fließen auch Unmengen Geld in Infrastrukturmaßnahmen und die Verschönerung des Stadtbilds: Zwei Großkläranlagen haben das Meer sauberer werden lassen und eine Vielzahl neuer Straßen haben den Verkehrsfluss verbessert. Eine gediegene **Strandpromenade** mit Sitzbänken und einer Fülle an Skulpturen erfreut das Auge ebenso wie bunt gepflasterte Bürgersteige, üppig bestückte Blumenrabatten oder der 200 m lange **Bali Hai Pier** mit einem ansehnlichen Passagierterminal im Thai-Stil.

Bizarr geht es im amerikanischen Museum **Ripley's Believe it or not** im Royal Garden Plaza zu, ✆ 038-710 294-8, 🖳 www.ripleysthailand.com, ⏲ 11–23 Uhr, Eintritt 480 Baht, Kinder 380 Baht. 1994 eröffnet, hatte es den großen Reigen an neuen Sehenswürdigkeiten eingeläutet und erste Erfolge im angestrebten Imagewandel des Urlaubsorts erzielt. Hier locken 250 unterhaltsame Kuriositäten, faszinierende optische Täuschungen und eine rot lackierte DC 3 aus Zeiten des Vietnamkriegs. Dazu gehören die angrenzenden avantgardistischen Erlebniswelten **Moving Theater** (4-D-Filme mit Spezialeffekten), **Infinity Maze** (bizarre Spiegelwelten) und **Haunted Adventure** (Gruselkabinett). Alle Attraktionen für 880 Baht, Kinder 780 Baht. Als Alternative lockt das **Tuxedo Magic Theatre**, ✆ 038-488 880, 🖳 www.tuxedo-magic.com, mit täglich vier Vorstellungen für 450 Baht, Kinder 225 Baht, bzw. einem Magier von Weltklasse.

Zu den Attraktionen der neuesten Generation zählt ein 48-sitziges, knallgelbes **U-Boot**, mit dem man bei der vorgelagerten Insel Ko Sak dreimal täglich in die Tiefen des Meeres hinabtauchen kann. ✆ 038-415 234, 💻 www.thaisubmarine.com, 2000 Baht, Kinder 1000–1500 Baht. Der neue **Floating Market** an der Sukhumvit Road ist zwar ein Disneyland, aber allein schon wegen seiner hölzernen Bauten sehenswert und zudem gratis zu besuchen, ✆ 038-706 340, 💻 www.pattaya floatingmarket.com.

Am Südende der Stadt führt eine Serpentinenstrecke auf den Berg **Phra Tamnak**, von der neu angelegte, rund um den Hügel führende Panoramastraßen abzweigen. Am Westhang des Hügels erstreckt sich der bei Joggern beliebte **Rama IX Memorial Park**. Von einem Tempel auf der Spitze eröffnet sich ein eindrucksvoller Blick auf das einstige Fischerdorf Pattaya, dessen Name sich mit „Südwestwind" übersetzen lässt. Vom **Wat Phra Yai** auf dem benachbarten Hügel blickt ein riesiger sitzender Buddha auf das Treiben von Pattaya hinab.

Den besten Ausblick bietet ganz klar der 240 m hohe **Pattaya Park Tower**, ✆ 038-364 110-20, 💻 www.pattayapark.com, mit seinen drei Drehrestaurants in der 52. bis 54. Etage, 🕓 10.30–22 Uhr. Für 200 Baht (inkl. Buffet 600 Baht) geht es mit dem Lift nach oben und dann für jeweils 300 Baht (Thais lediglich 100 Baht!) über Seilzüge mit dem Sky Shuttle (8 Personen), dem Speedshuttle (2 Personen) oder dem Tower Jump (allein am Flaschenzug) wieder nach unten. Zur Anlage gehören ein **Vergnügungspark** und ein **Spaßbad** mit einem Strömungsbecken und atemberaubenden Rutschen, 🕓 8–18 Uhr, Eintritt 150 Baht, Kinder 100 Baht.

Hinsichtlich der Horizontale kann Pattaya nach wie vor alle Vorurteile bestätigen: Wenn das südliche Ende der **Beach Road**, „Walking Street", „Strip" oder auch „Goldene Meile" genannt, von 19–2 Uhr zur Fußgängerzone wird, stürzen sich betagte Männer mit jungen Liebesdienerinnen (oder auch feschen Liebesdienern aus dem Schwulenbezirk „Boyz-Town") in ein Nachtleben, das ihre Kräfte zu übersteigen scheint, und machen der Stadt als Panoptikum und Vergnügungshochburg für allein reisende Männer alle (zweifelhafte) Ehre. Ständig eröffnen neue Freiluft-Barcenter, aber auch stilvolle Szenepubs mit Livemusik, die dem Nachtleben mehr Vielfalt und Niveau verleihen. Trotz häufiger Klagen über das Sexgeschäft, wilde Müllkippen, angeschwemmten Dreck, Fäkaliengeruch, Fallgruben auf Gehwegen oder aggressive Anmache von (Moped-)Taxifahrern können sich die zahlreichen Unterkünfte einer recht guten Auslastung erfreuen. Das ist nicht zuletzt den neuen Urlauberscharen aus den Ländern der ehemaligen Sowjetunion zu verdanken. Sie landen mit Chartermaschinen auf dem Flughafen U-Tapao, von dem amerikanische B-52-Bomber einst zu Kampfeinsätzen nach Vietnam starteten und mit dem die Geschichte des Seebads in den 1960er-Jahren als „Rest and Recreation Center" begann.

Daran erinnert auch noch das erste und lange Zeit einzige Luxushotel der Stadt – die an der Beach, Ecke Central Road liegende, ehemalige Nipa- und heutige Nova-Lodge. Auch in den entlegenen Sois des nördlichen Stadtteils **Naklua** haben einige architektonische Zeitzeugen überlebt. Hier stehen vor allem alte Holzhäuser, um die es noch erheblich ruhiger zugeht – oder auch einige Grundstücke, die als kleine Dschungeloasen überlebt haben und zuweilen sogar noch mit herrlichen Baumriesen bestückt sind. Der hier liegende, schöne und etwa 1 km lange **Wongamat Beach** mit vielen kleinen Seafood-Restaurants, wenigen Scootern und relativ sauberem Wasser ist fest in der Hand deutschsprachiger Urlauber. Südlich von Pattaya lädt der rund 6 km lange **Jomtien Beach** (auch

Heim für Hilflose

Als engagiertes, örtliches Waisenhaus ist das von dem britischen Priester Raymond Allyn Brennan gegründete **Pattaya Orphanage**, 384 Moo 6 Sukhumvit Rd., ✆ 038-423 468, 💻 www.thepattayaorphanage.org, auf Spenden und freiwillige, ausländische Helfer angewiesen. Es wurde bereits in den 1970er-Jahren gegründet, um unerwünschtem Nachwuchs aus sporadischen Beziehungen zwischen einheimischen Frauen und westlichen Ausländern ein Überleben zu ermöglichen.

Chomtien) zum (Sonnen-)Bad oder Windsurfen ein. Angesichts der Hochhäuser kommen hier aber genauso wenig Südseeträume auf wie am schmalen **Stadtstrand**. Bei Insidern beliebt sind der **Dongtan Beach** und seine benachbarten Badebuchten am Pratamnak Hill.

Übernachtung

Derzeit gibt es in Pattaya rund 400 Hotels mit etwa 45 000 Zimmern (so viele wie in Singapore). Die starke Konkurrenz drückt so sehr auf die Preise, dass komfortable Unterkünfte bereits ab 400 Baht zu haben sind (Monatsmieten ab 7000 Baht). Empfehlenswert ist die Übernachtung im nördlichen, angenehmen Stadtteil Naklua, das sich quasi zur Stadt in der Stadt entwickelt hat.

Im Norden (Pattaya Naklua)

Crystal Palace ⑫, 284/68 Moo 5, Naklua Rd., ✆ 038-413 535-39, 💻 www.crystalpalace pattaya.com. Empfehlenswerte, behagliche Anlage mit 215 preiswerten Komfortzimmern, davon 88 in einem Neubau. Schwimmbad mit tollem Panoramablick auf dem Dach. ❹

East Sea Resort ⑭, Naklua Rd. Soi 20, ✆ 038-426 524, 💻 eastsearesort.net. 147 schöne, günstige Zimmer, meist in Bungalows. Die begrünte Anlage besteht aus drei Teilen mit jeweils eigenem Schwimmbad. ❺

The Cottage ③, 78/36 Second Rd., ✆ 038-425 650, 💻 www.thecottagepattaya.com. Beliebtes Bungalowresort mit vielen Stammgästen in idealer Lage. 84 günstige Zimmer – davon C 40 bis C 48 in einem neuen attraktiven Seitenflügel. Faszinierende, anachronistische Atmosphäre mit 2 Pools in einer herrlichen Dschungeloase. ❹

In der Mitte (Pattaya Klang)

Apex Hotel ⑦, 216/1 Moo 10, Second Rd., nahe Soi 11, ✆ 038-428 281-2, 💻 www.apex hotelpattaya.com. Beliebtes, preiswertes Hotel im Herzen der Stadt. 109 Zimmer, teilweise etwas abgewohnt. 2x tgl. üppige Buffets. ❸

Radi Mansion ⑰, 10/50 Moo 9, ✆ 038-716 386, 💻 www.radi-mansion.com. Ziemlich verwinkelt und verbaut, aber günstig und extrem sauber mit 180 Zimmern. Chef Radi entpuppt sich als agiler Deutsch-Serbe, seine thailändische Frau Phu ist deutschsprachig und sympathisch. ❸

Sawasdee Sea View ⑥, 302/1 Moo 10, Beach Rd. Soi 10, ✆ 038-711 079, 💻 www. sawasdee-hotels.com. 157 Zimmer mit gemütlicher Lobby in 2 Flügeln in Meeresnähe. Ordentliches Preis-Leistungs-Verhältnis wie auch bei den anderen 4 Unterkünften der Sawasdee-Gruppe im Innenstadtbereich. ❹–❺

Familienhotel mit 63-Meter-Pool

Thai Garden Resort ⑯, 179/168 Moo 5, North Rd., ✆ 038-370 614-8, 💻 www. thaigarden.com. Lange etabliertes Familienhotel in idealer Lage. 191 geräumige, komfortable Zimmer und Apartments mit einem 63 m langen, originell konzipierten Schwimmbad in einer weitläufigen Gartenanlage. Der holländische Direktor René Pisters und sein freundliches Team sorgen für echte Wohlfühlatmosphäre. Seit der umfassenden Renovierung von 2008 wird ein erheblicher Teil des Energiebedarfs mit modernster Umwelttechnik aus Deutschland bzw. Sonnenkollektoren sowie der Abwärme von Klimaanlagen und Kühlschränken gedeckt. ❻–❼

Im Süden (Pattaya Tai und Jomtien Beach)

Cabbages & Condoms ⑳, am Asia Beach, ✆ 038-250 035, 💻 www.cabbagesandcondoms.co.th. Ruhiges Hotel mit 54 Zimmern, idyllischem Restaurant und tropischem Garten an einer herrlichen Bucht. Die Anlage des früheren Ministers Meechai Viravaidya (Spitzname: Mr. Condom) ist umweltfreundlich konzipiert, die Gewinne fließen teilweise in Hilfsprojekte. ❺–❻

Eurostar Hotel ㉓, Jomtien Beach Rd., 152 Soi 1, ✆ 038-233 333, 💻 www.eurostarhotel.com. Seit 2009 mit 57 Komfortzimmern und schönem Restaurant in Strandnähe. ❺. Etwas günstiger sind die 32 Zimmer im gleichnamigen, benachbarten Hotel, ✆ 038-232 923. ❹

The Penthouse ⑩, Soi Pattayaland 2, ✆ 038-429 639, 💻 www.penthousehotel.com. Mit 56 plüschigen Partyzimmern, Babylon-

Suiten und einem originellen Exotic-Spa-Pool-Gym mitten im Geschehen. Das wohl urigste Hotel der Stadt. ❹–❺

Weitere empfehlenswerte **Unterkünfte** inkl. Luxusanlagen als etablierte Strandhotels, neue Designer- oder stilvolle Boutiqueresorts, s. eXTra [2844].

Essen

Das vielfältige Angebot der über 1000 Restaurants ist schon faszinierend. Chinesisch, indisch oder japanisch kann man hier ebenso essen wie französisch, italienisch, arabisch, mexikanisch und v. a.: deutsch! Und das in gediegenen Gourmettempeln, typischen Filialen internationaler Fastfood-Ketten, den weitläufigen Food Courts der Einkaufszentren, beliebten Aussteigerkneipen mit heimatlicher Hausmannskost oder an einfachen Straßengrills und Garküchen, wie sie nicht zuletzt auch die zahlreichen Nachtmärkte der Stadt bieten.

Bali Hai Sunset, an der neuen Panoramastraße vom Bali Hai auf den Pratamnak Hill, ✆ 080-095 2526. Als Geheimtipp die stadtweit beste und romantischste Gelegenheit, Mahlzeiten direkt am Meer zu genießen. Gute Küche, Seafood-BBQ für 2 Pers. 550 Baht. ⏲ 12.30–24 Uhr.

Bei Gerhard, 154 Naklua Rd., Soi 16/233 ✆ 038-421 589. Das wohl erfolgreichste Farang-Restaurant. Da häufig voll, empfiehlt sich der antizyklische Besuch. Beste deutsche, schwäbische und thailändische Küche. Große Portionen, günstige Preise. ⏲ ab 8.30–23 Uhr, außer sonntags.

Khow Tom Pla Koh See Chang, North Rd., Ecke Third Rd., ✆ 089-884 9582. Einfach und mit Straßenatmosphäre, die beste Gelegenheit, gute und supergünstige Thai-Speisen zu genießen. ⏲ 16.30–1 Uhr.

P.I.C. Kitchen, Soi 5, ✆ 038-428 374. Stilvoller, romantischer Ort mit tropischem Grün. Gutes, nicht billiges Essen. ⏲ 11–24 Uhr, tgl. außer Di ab 21 Uhr Livejazz. Ableger namens **Sugar Hut** am Pratamnak Hill.

Paradise Garden, Naklua Rd., Soi 16/2, ✆ 038-422 871. Lauschiger kann man in Pattaya kaum speisen. Der Schweizer Hans Bänziger tischt in seinem Gartenrestaurant exotische Gerichte aus Australien auf sowie leckere Schweizer Kost – wie die einzigartigen Röstikompositionen. ⏲ 13–22 Uhr.

Pizza Big, 668/9 Moo 5, Naklua Rd., ✆ 038-427 314. Der freundliche Roberto lockt mit den größten und knusperigsten Pizzen der Stadt – wie der leckeren Quattro Formaggio mit scharfer Salami – und knackigen Seafood-Spaghetti.

Weitere empfehlenswerte **Restaurants** sowie Gastronomiebetriebe, die mit exzessiven Schlemmerfreuden in Form von **preisgünstigen, opulenten Büffets** locken, s. eXTra [2862].

Gourmettempel mit Atmosphäre

Schönstes, edelstes und originellstes Erlebnis- und Lifestyle-Restaurant der Stadt ist das **Mantra**, Moo 5, Beach Rd., ✆ 038-429 591, 💻 www.mantra-pattaya.com. Hier verbindet sich eine überaus kreative Speisekarte mit angemessenem Preis-Leistungs-Verhältnis und bestem Service. Als kulinarisches Erlebnis empfiehlt sich, allein wegen der fangfrischen Meeresspezialitäten und des originellen Dessertbuffets, der sagenhafte Sonntagsbrunch für 1400 Baht. ⏲ 11–15 Uhr.

Unterhaltung

Typisch für Pattaya sind – neben den Travestieshows – die offenen, überdachten Bierbar-Center, wo käufliche Mädchen auf Kundschaft warten. Aufgrund der großen Konkurrenz sind Getränke relativ preiswert. Auch wer sich nur umschauen oder unterhalten möchte, wird denkbar freundlich behandelt.

Discos

In den meisten Tanzschuppen geht es erst ab Mitternacht richtig los.

Candyshop, Walking St. Halb offene, trotzdem klimatisierte Discothek mit stilvollem Mobiliar an der Fußgängerzone. Gute Livebands und Tanzstimmung.

Lucifer, Walking St. Beliebtester und daher auch stets voller Szenetreff. Urig als Höhle durchgestylter Tanzschuppen mit Disco- und Livemusik. Im Eingangsbereich spielt eine weitere Band.

Marine Disco, Walking St. Seit Jahrzehnten legendärer Ruf wegen der lasziven Tanzstimmung (ab 1 Uhr nachts garantiert) und dem bizarren Publikum.

Mixx, am Bali Hai Pier. Von Deutschen gegründet und besonders beliebt bei Russen. Mit dem Lift geht es in 2 große, ansprechend gestaltete Discosäle mit gutem Sound.

Star Dice Pub, Naklua Rd., ✆ 038-428 508. Landestypisches, lautstarkes Programm mit Livemusik von zwei Bands, Showeinlagen und Disco. Beliebt und stets gut besucht. ⌚ 21.30–2 Uhr.

Tony's, Walking St., ✆ 038-425 795. Etablierter, oft seine Aufmachung wechselnder Tanzschuppen, in dem die penetrante Kommerzialisierung schon fast Kult ist. Gehört dem agilen Thai-Amerikaner Tony, der die Stadt stets mit neuen Geschäftsideen beglückt.

Xzyte, Third Rd. Moderne Megadiscothek mit Livekonzerten bekannter Stars, Shows und Videowänden.

Livemusik

In fast allen Etablissements wird die Musik mit üppigen Speisekarten garniert, die die Gäste teilweise sogar schon zum Frühstück anlocken sollen.

Cottage, am Restaurant Mumaroi in der Third Rd. Beliebter Trendschuppen im Bangkok-Stil mit Auftritten bekannter Bands. ⌚ 21–3 Uhr. In unmittelbarer Nachbarschaft locken weitere, ähnliche Etablissements wie das **Noir** oder das **Blue Chilli**.

Fashion Club, Second Rd., ✆ 038-416 546-9, 💻 www.fashionclubpattaya.com. Auftritt fetziger Bands, auch Tanz- und Showdarbietungen von leicht bekleideten Schönheiten. Bier und Cocktails 250 Baht. ⌚ 21–5 Uhr. Einen ebenso „harmlosen" Einstieg in das Nachtleben bieten die Coyote-Tänzerinnen im ansprechenden, großzügig verglasten **Club Blu**, Soi Bokao, 💻 www.club-blu-pattaya.com, ⌚ 19–2 Uhr.

Green Bottle Pub, Second Rd., ✆ 038-421 622-4. Seit 1988 mit gediegener Atmosphäre und gutem, gekühltem Ambiente. ⌚ 11–1 Uhr, ab 20 Uhr Musik von bis zu drei verschiedenen Bands.

Green Tree Pub, Beach Rd., ✆ 038-414 353-5. Ab 20 Uhr bunte Mischung aus Thai-Songs, Jazz und Rock in einem romantischen, bunt beleuchteten Garten mit Bühne, Meeresblick und Grill. ⌚ 8–2 Uhr.

Hard Rock Café, Beach Rd., ✆ 038-426 635, 💻 www.hardrockhotels.net. Heiße Rhythmen ab 21 Uhr bei leider etwas teuren Getränken. ⌚ 9–1.30 Uhr.

Henry J. Beans and Grill, am nördlichen Ende der Beach Rd., ✆ 038-428 161. Stilvoller, gediegener Pub mit Meeresblick, Bandauftritten und gehobenen Preisen. ⌚ ab 17 Uhr. Nicht weit vom **Gulliver's** – einem ähnlichen Edelschuppen.

Hopf Brew House, Beach Rd., Ecke Soi Yamato, ✆ 038-710 650-5. Seit 1997 erste Mikrobrauerei Pattayas mit exzellentem Bier und deftigen Gerichten, 20–24 Uhr Auftritte einer Band und des beliebten italienischen Tenors Enzo Masetti. ⌚ 11–1 Uhr.

Kum Punn Pub, Soi 2, ✆ 038-361 839-42, 💻 www.kumpunnpub.com. Empfehlenswerter Szenepub im typisch thailändischen Musikkneipen-Stil. Fetzige Bands, leckeres Essen und stets gute Stimmung. ⌚ 19–2 Uhr.

Moon River Pub, am Thai Garden Resort, ✆ 038-370 614-8. Philippinische Bands spielen Countrymusik, internationale Hits und Evergreens. Stilechtes Westernambiente mit Erdinger vom Fass. ⌚ ab 18 Uhr.

Shenanigans, Second Rd., im Einkaufszentrum The Avenue, ✆ 038-723 939-40, 💻 www.shenanigans-pattaya.com. Stilechter, irischer Pub mit Dunkelbieren, typischer Speisekarte und Ableger in Jomtien. ⌚ 8.30–1 Uhr.

The Blues Factory, Beach Rd., Soi Lucky Star, 💻 www.thebluesfactory.com. Bietet beste Unterhaltung für Blues-, Oldie- und Rockmusikfans – allein schon wegen Thailands Rocklegende und Gitarrenkönig Lam Morrison. ⌚ ab 21 Uhr.

We are the World, Beach Rd., Ecke Soi 8, in der Passage. Stets gut besuchte, halb offene Bierbar mit Livemusik – und das sogar schon ab 17 Uhr.

Windmill Plaza, Naklua Rd., geg. Soi 18/1. Hier schwingen deutschsprachige Urlauber gern das Tanzbein. In der Hochsaison tgl. Stimmungs- und Livemusik ab 19 Uhr, oft mit dem beliebten Musikus und Entertainer Georg Hilbert.

Mehr über die weltberühmten **Travestieshows** von Pattaya sowie den Besuch der modernen, teilweise bis 3 Uhr früh betriebenen **Kinos**, s. eXTra [2847].

Sonstiges

Auto- und Motorradverleih

Als Alternative zu den internationalen Verleihern empfiehlt sich **Yao Service & Car Rent**, 25/63 Central Park 4, Sukhumvit Rd., ✆ 086-113 4566, ✉ mekdaeng@hotmail.com. Mit neuen Autos für 1000 Baht pro Tag, Wochenpreis ab 6000 Baht. Mopeds ab 120 Baht pro Tag, **Radi Mansion**, ✆ 038-716 386, hat sich für den Verleih neuerer Maschinen für 150–200 Baht pro Tag bewährt.

Feste

Zu den wichtigsten, offiziell organisierten Festen zählen der **Pattaya Marathon** im Juli und das **Pattaya International Music Festival** Mitte März. **Songkran** findet hier, anders als im Rest des Landes, v. a. am 18. und 19. April statt.

Geld

Einige der zahlreichen Bankfilialen haben bis 20 Uhr geöffnet, doch ist die Stadt auch flächendeckend mit **Wechselschaltern** versorgt, ⌚ meist bis 22 Uhr.

Immigration

Jomtien Beach Rd., Soi 5, ✆ 038-252 750-1. Die örtlichen Reisebüros organisieren für rund 2000 Baht komfortable Visa Runs nach Kambodscha.

Informationen

Massenhaft Infos und Stadtpläne gibt es in den vielfältigen, örtlichen und meist kostenfreien Publikationen. Wer gezielte Fragen hat, kann

Paradies für Wassersport

Obwohl die zuweilen etwas getrübten Meeresfluten gar nicht dazu einzuladen scheinen, gilt Pattaya – auch jenseits nervtötender Jetskis – neben Phuket als größtes Wassersportzentrum Thailands. Internationale Wettbewerbe und ideale Bedingungen zum Windsurfen, Parasailing oder Wasserskifahren gibt es am Jomtien Beach, wo allenfalls von November bis Januar mit stärkeren Winden und höheren Wellen zu rechnen ist. Laser, Hobie Cats oder Optimists werden hier schon für 500–1000 Baht pro Std. angeboten. Weitaus professioneller geht es im **Blue Lagoon Water Sports Club** zu, der über die Sukhumvit Rd. Richtung Sattahip zu erreichen ist, ✆ 038-255 115-6, 💻 www.clubloongchat.com. Hier kann man sich sogar von Thailands charismatischer Surflegende **Amara Wichithong** unterrichten lassen, die schon seit fast 30 Jahren im Geschäft ist, ✆ 081-862 9958, 💻 www.iwindsurf.asia. Segelfans sollten versuchen, mal für einen Drink beim legendären, 1957 gegründeten **Royal Varuna Yacht Club**, ✆ 038-250 116, 💻 www.varuna.org, vorbeizuschauen, der eigentlich nur Mitgliedern vorbehalten bleibt. Eine gute Alternative eröffnet sich mit dem gediegenen **Ocean Marina Yacht Club**, 10 km südlich der Stadt, ✆ 038-237 310-23, 💻 www.oceanmarinayachtclub.com. Segelboote lassen sich dort u. a. bei **Gulf Charters Thailand**, ✆ 038-237 752, 💻 www.gulfchartersthailand.com, chartern. Von der großen Auswahl an Tauchbasen empfiehlt sich **Rudi's Booking Shop**, ✆ 038-374 988, 087-244 4953, 💻 www.dive-thailand.eu. Der sympathische Braunschweiger **Rüdiger Müller** bietet 4-tägige Open-Water-Kurse mit Zertifikat ab 15 000 Baht an, Tagesausflüge mit zwei Tauchgängen kosten 2800–4800 Baht. Große Bootsauswahl inkl. Luxuskatamaran, gute Kinderbetreuung, Handycap-Taucher willkommen. Organisiert auch Tauchen mit Haien in der Underwater World s. eXTra [2867].

Informationen über alle anderen, in Pattaya mit großer Vielfalt vertretenen **Sportarten** wie Boxen, Reiten oder Bungy-Jumping, s. eXTra [2924].

sein Glück rund um die Uhr unter der Hotline ✆ 1337 des **Pattaya City Call Center** versuchen. Das **TAT Office** der Region 3 versteckt sich in einem abgelegenen Haus am Rama IX Memorial Park, 609 Moo 10, Pratamnak Rd., ✆ 038-428 750, ℻ 423 990, ✉ tatchon@tat.or.th, ⏲ Mo–Fr 8.30–16.30 Uhr.

Medizinische Hilfe

Die medizinische Versorgung durch moderne Krankenhäuser ist exzellent.

Bangkok Pattaya Hospital, Sukhumvit Rd., ✆ 038-427 777, Notfallnr. 038-259 911, 💻 www.bangkokpattayahospital.com. Moderne Klinik mit 400 Betten, über 100 Vollzeitärzten, allen Fachrichtungen und 24-stündigem Übersetzungsdienst. Langzeiturlauber bevorzugen das gute, preiswerte **Samitivej**, ✆ 038-320 300, 💻 www.samitivej.co.th, im nahen Si Racha.

Dr. Olivier Meyer, 20/29 Moo 10, Soi Hotel Day-Night, ✆ 038-723 600, Notfallnr. ✆ 038-827 6922, 💻 www.dr-olivier-clinic.com. Deutschsprachige Praxis eines Schweizers.

Polizei

Hauptwache an der Beach Rd., Ecke Soi 9, ✆ 038-420 802-5, **Notruf** 191. **Tourist Police** an der Second Rd., nahe Soi 6, ✆ 038-429 371, **Notruf** 1155. Bei Problemen sollen die 15 westlichen **Volonteers** der Touristenpolizei helfen.

Wellness

Pattaya hat sich zum preisgünstigen Zentrum für chiropraktische Behandlungen, Schönheitsoperationen und Zahnpflege/-ersatz oder die Anfertigung von Brillen spezialisiert. Das Angebot an Wellness aller Art – auch jenseits des Rotlichtmilieus – ist überwältigend und mit den großen Schaufenstern der unzähligen Massageläden sogar stadtbildprägend.

Bios Logos, Naklua Rd., Soi Wong Amat 18, ✆ 081-176 3100, 💻 www.bios-logos.com. In seinem Zentrum für meditative Gymnastik hat der Deutsche Reiner Niessen bei Rückenleiden, Durchblutungsstörungen, Rheuma und Gicht schon wahre Wunder vollbracht. Es gibt sogar eine Geld-Zurück-Garantie.

Man spricht Deutsch

Da Pattaya besonders bei deutschsprachigen (Langzeit-)Urlaubern, Aussteigern und Rentnern beliebt ist, reicht das Angebot heimatsprachlicher Dienstleistungen von Zahnbehandlungen und Brillenanfertigungen über Schneider und Videotheken bis zu Anwaltskanzleien und ganzen Wohnanlagen. So hat sich die Stadt auch zum Zentrum deutschsprachiger Thailand-Medien entwickelt. Das „Medienhaus" z. B. gibt alle 2 Wochen das beliebte Magazin **Der Farang**, 💻 www.der-farang.com, heraus und betreibt die Internet-Plattform **Thai Page**, 💻 www.thaipage-online.de.

Einige interessante, in diesen Blättern veröffentlichte **Lesestücke** über Urlaub und Leben in Thailand, s. **eXTra [2674]**, Kategorie Sonstiges.

Tickle by Fish, Third Rd., ✆ 038-410 675. Hier gibt es für 800 Baht pro Std., was derzeit als letzter Schrei gilt: Die Gesundheitspflege mit Hilfe von Fischen, die die Füße von totem Gewebe befreien. ⏲ 10–24 Uhr.

Mehr praktische Tipps zu **Medizin** und Gesundheit sowie Streifzügen durch schillernde **Einkaufspaläste** und szenische Märkte oder für engagierte **Reise-Agenturen**, s. **eXTra [2864]**.

Nahverkehr

Das Rückgrat des Nahverkehrs bilden mehr als 500 **Baht-Busse**, die in ihrer Masse oft die Straßen verstopfen. Die dunkelblauen, offenen Sammeltaxis kosten 5–20 Baht auf fester Route entlang der Hauptstraßen oder bis zu 100 Baht, wenn sie im Stadtgebiet gechartert werden. **Motorrad-Taxis** kosten 20–80 Baht. Vom Bali Hai Pier starten viele **Boote** nach **Ko Larn**. Die offizielle Fähre verkehrt 7–18.30 Uhr ca. alle 1–2 Std. und kostet seit ewigen Zeiten nur 20 Baht.

Transport

Busse

BANGKOK, mit **Rong Reuang Coach**, North Rd., ✆ 038-429 877, zum Eastern Busterminal (Ekamai) von 4.40–23 Uhr und zum Northern

Bus Terminal (Morchit) von 4.30–22 Uhr je nach Andrang alle 20–40 Min. für 110–120 Baht in gut 2 Std. Zum Southern Busterminal (Sai Tai) von 6–18 Uhr fast stdl. für 120 Baht. Zum Suvarnabhumi Airport mit **Bell Travel Service**, ✆ 038-370 055-6, und Abholung vom Hotel um 8, 10, 12, 14, 16, und 18 Uhr für 300 Baht in 1 3/4 Std. Charter-Taxis kosten 1000–1400 Baht, zurückfahrende Taxameter-Taxis ab 900 Baht.
CHIANG MAI, mit **Nakhonchai Air**, Sukhumvit Rd., Richtung Rayong, Terminal kurz hinter der Einmündung Central Rd., ✆ 038-427 841, 808 151, Hotline: 02-936 3355, 4x tgl. für 640 Baht sowie um 17, 18, 19.30 und 20 Uhr als VIP für 725 Baht, über Phitsanulok, Uttaradit und Lampang.
KORAT, mit **Sri Mong Kon**, 245/82-83 Third Rd., ✆ 038-424 085, als unscheinbare Townhouse-Busstation, aber schicke, komfortable Doppeldecker, um 7.15, 7.30, 7.40, 9, 10, 13 und 20 Uhr als VIP für 310 Baht.
NONG KHAI, mit **407**, Petronas-Tankstelle, Sukhumvit Rd. Richtung Bangkok, mit spartanischem Abfahrtsort kurz hinter der Einmündung der Central Rd., ✆ 038-421 535, 8x für 360–500 Baht sowie 4x als VIP für 400–790 Baht.
RAYONG, 20x tgl. für 80–100 Baht über SATTAHIP, auch bis CHANTABURI oder TRAT.
UBON RATCHATHANI, 10x tgl. für 390 Baht, als VIP 590 Baht über Korat, Buriram, Surin und Sisaket.

Minibusse

Nach BAN PHE bzw. dem Fährhafen für KO SAMET geht es mit dem Minibus von **Malibu Travel**, 158/4 Moo 5, Soi 16/3, Naklua Rd., ✆ 038-370 259, 💻 www.malibu-travel.com, 🕒 7–22 Uhr. Tagesausflüge tgl. ab 7.30 Uhr für 950 Baht inkl. allen Transfers, Eintritt und Mittagessen. Nach LAEM NGOP bzw. dem Fährhafen für KO CHANG mit Minibussen von **Koh Chang Travel**, 183/72 Soi Post Office, ✆ 038-710 145-8, 💻 www.kohchangtravel.com, 🕒 7–22 Uhr. One way für 700 Baht inkl. Minibus, Fähre und Transfers auf Ko Chang. Start um 7.30, zurück um 10 Uhr.
Mehr Details zu den **Verkehrsverbindungen** aus Pattaya, s. eXTra [2866].

> **Schiffstouren**
>
> Tagesausflüge mit Charterbooten bzw. umgebauten Fischkuttern zu den vorgelagerten Inseln gibt es meist inkl. Verpflegung an Bord. Es werden Stopps zum Baden, Schnorcheln oder Angeln eingelegt. Für 500 Baht pro Person (bei acht Teilnehmern) z. B. bei **Mr. Piek**, ✆ 081-982 716, stationiert am nördlichen Beginn der Beach Rd., 9–16 Uhr nach Ko Larn und Ko Sak, oder in diversen Restaurants/Bars, wie **Anton**, ✆ 038-371 315, für 750 Baht.

Die Umgebung von Pattaya

Die vorgelagerten Badeinseln, ein Meeresaquarium, eine Show von Weltklasse oder die zahlreichen Erlebnisparks mit ihren Naturwundern, Skulpturen und Heiligtümern: Pattayas Umgebung ist nur so gespickt mit familienfreundlichen **Attraktionen**. Mehr s. eXTra [2867].

Rayong

Der direkte Weg von Bangkok bzw. Pattaya zur Provinzhauptstadt Rayong führt über die alte Sukhumvit Road (H3). An der Strecke liegen der Marinestützpunkt **Sattahip** und der im Vietnamkrieg angelegte Militärflughafen **U-Tapao**, der heute teilweise zivil genutzt wird. Wesentlich schneller geht es über den mehrspurigen H36. Im Umfeld der Stadt lassen sich emissionsreiche Anlagen der Petrochemie erspähen bzw. das Industriegebiet **Map Ta Phut**, wo sich seit Beginn der 1990er-Jahre neben asiatischen auch etliche westliche Konzerne wie BASF, General Motors oder Toyota angesiedelt haben. Kein Wunder, dass westliche Touristen Rayong meist nur auf dem Weg nach **Ban Phe** – dem Fährhafen für Ko Samet – streifen.

Der Hintergrundexkurs „Der schlummernde Riese" befasst sich mit der Geschichte und Bedeutung des Militärflughafens **U-Tapao**, s. eXTra [2869].

Erstmals in den Annalen erwähnt wurde Rayong, als König Taksin nach dem Fall von Ayutthaya hier im späten 18. Jh. mit 5000 Getreuen Station machte und die thailändische Flotte neu aufbaute, um damit nach Chantaburi weiterzuziehen. Die wichtigste Buddhastatue der Stadt findet sich in einem Pavillon im **Suan Sri Mueang-Park** hinter dem Rathaus, ein ausnahmsweise nach links ausgerichteter, liegender Buddha im **Wat Papradu**. Die 2 km südlich des Zentrums auf einer kleinen Insel im Rayong-Fluss errichtete, 10 m hohe Pagode **Phra Chedi Klang Nam** (Chedi im Wasser) ist alljährlich im November Mittelpunkt eines großen Tempelfestes mit allerlei Darbietungen und einem Bootsrennen.

Ursprüngliche Natur findet sich in dieser Provinz nur noch selten. Als einziges Rückzugsgebiet der Flora und Fauna fungiert der rund 70 km östlich von Rayong liegende **Khao Chamao/Khao Wong National Park** (200 Baht, zu erreichen über den H3, am KM 274 Richtung Norden abbiegen). Dort gibt es trotz der geringen Größe von nur 84 km² stattliche, bis zu 1028 m hohe Kalksteinberge, fast 80 Tropfsteinhöhlen, 53 Vogelarten und einige wild lebende Elefanten. Der Wasserfall **Nam Tok Khao Chamao** erstreckt sich mit acht Stufen über insgesamt 3 km und ist leicht zu erkunden. In den unteren Felsbecken tummelt sich eine spezielle Karpfenart. Als reizvollster Wasserfall des Naturschutzgebiets gilt der **Nam Tok Klong Pla Gang**, der sich 5 km vom Hauptquartier im Dschungel verbirgt. Es gibt Übernachtungsmöglichkeiten in etwa 15 Bungalows oder auch Zelten, Reservierung s. S. 72, ❶–❸.

Am bekanntesten ist die Provinz Rayong für die Badeinsel Ko Samet (s. S. 536). Aber auch die langen **Strände** der rund 100 km langen Küstenlinie erfreuen sich immer größerer Beliebtheit und locken auch westliche Touristen an.

Übernachtung und Essen

Die lange Küste der Provinz Rayong wird von etlichen großen Hotelanlagen flankiert, in denen meist einheimische Gäste dominieren.

Christie's, in Ban Phe direkt gegenüber dem Hauptpier und einer 7-Eleven-Filiale, ✆ 038-651 976, ✉ je-christie@hotmail.com. Kleines Guesthouse mit 4 Zimmern in idealer Lage. Wegen des lauschigen Bar-Restaurants und der guten, günstigen Speisekarte (westliche Gerichte 120–250 Baht, Pizzas ab 160 Baht) kann es sich glattweg lohnen, die Fähre nach Ko Samet zu verpassen. ❹

Sabai Sabai, im Zentrum von Rayong, Soi 6 Rajbamrung Rd., ✆ 038-622 580, 💻 www.bms-food.com. Restaurant und Deli Store. Seit Ende 2008 sorgen Ilka Zindler und ihr deutsches Team für leckere Kost wie Schweinebraten, Steaks, Spaghettis, Pizzas und selbst produzierte Wurstwaren. 🕓 Mo–Sa 10–24 Uhr, So 18–22 Uhr.

Restaurant als Dschungelwelt

Eine künstliche, aber täuschend echte Dschungelwelt wurde mit dem faszinierenden Erlebnisrestaurant **Tamnanpar** erschaffen, ✆ 038-652 879, 💻 www.tamnanpar-rayong.com, 🕓 10–22 Uhr. Rund 16 km östlich von Rayong über die Sukhumvit Rd. erreichbar, überrascht es seit 1989 mit üppigem tropischen Grün, bemoosten Felsen, rauschenden Wasserfällen und schwarzen Schwänen sowie bis zu 2000 Sitzplätzen und höhlenartigen Toiletten. Die Speisen sind von exzellenter Qualität und angesichts des Ambientes erstaunlich preiswert. Weitere Genüsse beschert ab 300 Baht (80 Min.) das integrierte **Natural Spa**, ✆ 038-652 195, 🕓 9.30–20 Uhr.

Direkt am Strand

Baansiri On Sea Resort, 42 km östlich von Rayong, ✆ 038-648 549-50, 💻 www.baansiri.com. Angenehme Anlage mit Boutiquecharakter und familiärer Atmosphäre. 30 Zimmer an einem herrlichen, weitläufigen Sandstrand. ❺

Novotel Rim Pae Resort, 40 km östlich von Rayong, ✆ 038-648 008-12, 💻 www.novotel-asia.com/1130. Klassisches, bei Ausländern beliebtes Hotel einer renommierten Unternehmenskette. 2–4 Stockwerke mit 189 Zimmern und 3 Schwimmbädern an einem langen Sandstrand. ❻

Rayong Resort Beach & Spa Hotel, 30 km östlich von Rayong, ✆ 038-651 000, 💻 www.rayongresort.com. Seit 1986 landschaftlich reizvoll, aber mit nur wenig Sandstrand auf einer Landzunge. 162 mindestens 25 m² große Zimmer. Maximaler Komfort und trotz der Größe reichlich Wohlfühlatmosphäre. ❻–❼

Transport

Alle Transfers zu Land oder Wasser sind besonders einfach beim **Tourist Information Center** zu buchen, das vom Unternehmen **Tarua Phe**, ✆ 038-896 155-6, am Hauptpier **Suphan Nuan Thip** betrieben wird.

Busse und Taxis

BANGKOK, vom Busbahnhof in Rayong, Phetkasem Rd. im Süden der Stadt, fahren tagsüber stdl. günstige AC-Busse für 190 Baht ab. Von Ban Phe geht es am bequemsten tgl. von 8.30–18.30 Uhr stdl. mit Minibussen nach Bangkok zum Victory Monument sowie um 10 und 13.30 Uhr zur Khaosan Rd. für 250 Baht

Zum Suvarnabhumi Airport um 10, 13.30 und 17 Uhr für 600 Baht oder mit Charter-Taxis für 1800–2500 Baht in 2 1/2 Std.

PATTAYA, die häufigste und bequemste Anbindung erfolgt mit den Minibussen von Malibu Travel (s. S. 534, Pattaya); Charter-Taxi 1000–1200 Baht.

Zu den Inseln

BAN PHE / KO SAMET, zum 20 km östlich von Rayong liegenden Hafen verkehren Sammeltaxis für 25 Baht, als Charter für 500 Baht.

Das Inselhopping zwischen Ko Samet und Ko Chang ist mit Minibussen zwischen den entsprechenden Festlandsanlegern möglich: LAEM NGOP / KO CHANG, von Ban Phe nach Laem Ngop um 9.30 und 12 Uhr in 2 1/2 Std. für 300 Baht oder mit Charter-Taxi für 1800 Baht.

Fähren nach Ko Samet

Wer sich nicht von Schleppern aufhalten lassen möchte, sollte die **Tickets** direkt am Tourist Information Center besorgen.

Die **Fähren** verkehren von 8–18 Uhr zwischen BAN PHE und dem Inselanleger Ban Na Dan auf KO SAMET, an dem stets etliche Sammeltaxis lauern, für 50 Baht in 30–40 Min. Die Schiffe werden von konkurrierenden Unternehmen betrieben und fahren oft, aber unregelmäßig ab, da sie erst möglichst „voll" werden müssen. Eine feste Linie bedient für 60–70 Baht um 9.30, 13.30 und 17 Uhr den Ao Wongduan an der Ostküste von Ko Samet, zurück geht es um 8.30, 12 und 16 Uhr.

Schnellboote mit bis zu 10 Pers. kosten je nach Anlaufpunkt 1200–1600 Baht und lassen sich am Hauptpier in Ban Phe chartern. Die besseren Hotels der Insel verfügen über einen eigenen Shuttleservice.

Ko Samet

Es war einst Thailands Nationaldichter Sunthorn Phu, der Ko Samet (Samed) im ganzen Land bekannt gemacht hat. In seinem Anfang des 19. Jh. verfassten berühmten Epos *Phra Apaimani* rettet sich ein verwunschener Prinz vor einer liebeskranken Riesin auf diese Insel, wo er sie mit einer Zauberflöte besänftigen und besiegen kann. Auch heute noch kann man sich auf dem Eiland an der östlichen Golfküste gewaltig betören lassen – vor allem von herrlichen Badestränden mit viel tropischem Grün und dem angeblich weißesten Sand des Königreichs, meist glasklaren Meeresfluten, ganzjährigen Wassertemperaturen um die 30 °C sowie sogar während der Monsunzeit verblüffend wenig Niederschlag. Doch auch aufgrund seiner Nähe zu Bangkok und zum Suvarnabhumi Airport lockt die T-förmige, 13 km² große Ko Samet als ideales Ziel, um die ersten Badefreuden des Thailand-Urlaubs zu genießen oder die letzten Sonnenstrahlen vor dem Rückflug einzufangen.

Das rund 200 km von der Hauptstadt entfernte Strand- und Sonnenparadies ist die größte Insel des **Khao Laem Ya Samet Marine National Park**. Die meisten Boote legen am Pier des einzigen Inselorts **Ban Na Dan** an, der von imposanten Baumriesen beschattet wird. Von hier sind es nur knapp 10 Minuten Fußmarsch zum Hauptstrand. Der **Hat Sai Kaew** (Diamond Beach) liegt an der Ostküste Ko Samets, die auf ihrer gesamten Länge aus von Felsvorsprüngen eingerahmten, überwiegend sandigen Badebuchten besteht.

Die beiden ruhigsten Strände locken im Süden und sind nur mit je einem einzigen Resort bebaut. Verbunden sind sie durch einen Fußpfad, der parallel zur unbefestigten Straße verläuft. Über diese kann man mit den offenen, lindgrünen Inseltaxis bis in den tiefen **Südzipfel** der Insel vordringen. Das Kap präsentiert sich als kahle Landspitze mit vielen Felsen.

Auch im Norden liegen einige der inselweit insgesamt 14 Strände, während die gesamte Westküste – bis auf den schönen **Ao Phrao** (Paradise Beach) – aus schroffen Klippen besteht. Die fast 7 km lange, zwischen 200 m und 2 km breite Ko Samet weist keine Wasserfälle auf und wirkt mit ihrer Gestrüppvegetation extrem trocken. Den heutigen Namen verdankt die einst Ko Kaew Phitsadan (Magic Crystal Island) genannte Insel den allgegenwärtigen, anspruchslosen Cajeput-Bäumen (Thai: *Samet*).

Als ehemaliges Ziel für Traveller verwöhnt Ko Samet heute mit einem breiten Angebot an **Unterkünften**, die aber vergleichsweise teuer sind. Das gilt leider besonders für die empfehlenswerten Resorts der Samed Group, die die Entwicklung der Insel mit sechs Luxusherbergen vorangetrieben hat – zuletzt mit der Eröffnung eines hölzernen Stelzenhotels als exklusives Hideaway. Unter der Woche gibt es fast überall – erst recht außerhalb der Hochsaison – Nachlässe von 30–50 %. Es empfiehlt sich auch wegen des Andrangs aus Bangkok, die Insel nicht unbedingt an Wochenenden oder Feier-tagen zu besuchen.

Der Zutritt zur Ostküste kostet 200 Baht, die zuweilen aber verblüffend nachlässig kassiert werden.

Der Hintergrundexkurs „Im Schatten der Schönheit" gibt Aufschluss über die **ökologischen Probleme** von Ko Samet, s. **eXTra [2872]**.

Nord- und Westküste

Nordwestlich von **Ban Na Dan** präsentiert sich der **Ao Noina** (Ao Wiang Wan) als Strandziel für Insider. Abseits vom Trubel an der Ostküste und dem Festland zugewandt, gibt es hier vorwiegend beschaulichen Schiffsverkehr. Als einziger Strand an der Westküste erfreut der **Ao Phrao** (Paradise Beach oder Coconut Bay) mit schönem Sand und stattlichen Mangrovenbäumen, als einziger der ganzen Insel mit Sonnenuntergängen. Zwei verlockende 5-Sterne-Hotels und ein großes, durchgestyltes Restaurant machen den 250 m langen Strand zum neuen Luxusziel von Ko Samet. Zu erreichen ist er mit den Hotelbooten, über die Inselpiste oder in 30 Minuten Fußmarsch vom Ao Phai (Ostküste).

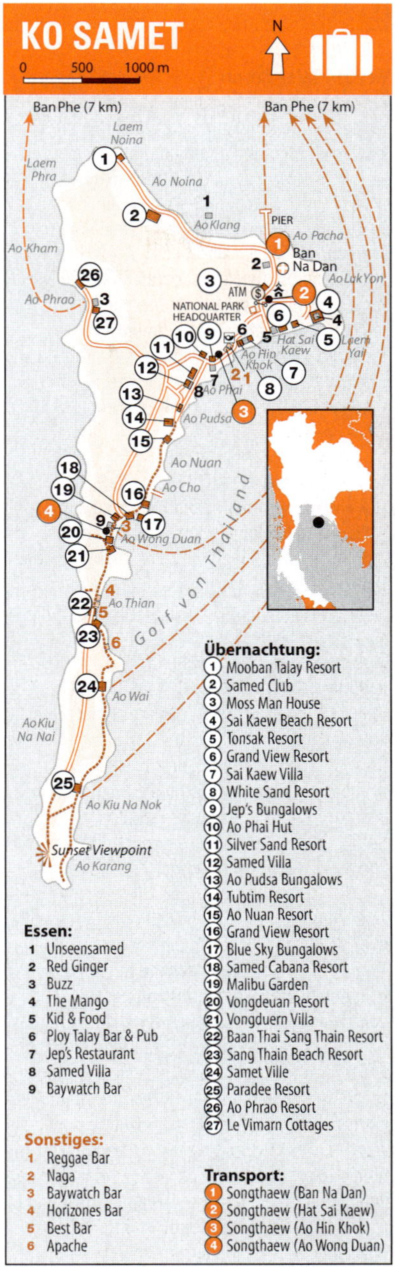

Übernachtung

Ao Noina

Mooban Talay Resort ①, ✆ 038-644 251, 💻 www.moobantalay.com. Sehr ansprechend, gut beschattet und von dem sympathischen Mr. Tony gemanagt, aber leider ziemlich teuer. 21 geschmackvoll eingerichtete Luxus-bungalows mit Freiluftbädern. Verlockendes Spa und gute (Wasser-) Sportmöglichkeiten. ❼

Samed Club ②, ✆ 038-644 341-7, 💻 www.samedresorts.com. Günstigstes Resort der Samed Group. Beschaulich wirkende Anlage mit 29 z. T. etwas beengten Zimmern, die sich nach den Kategorien Beachfront, Gardenview und Hillside unterscheiden. Kleines Schwimmbad, nettes Strandrestaurant. ❻

Ao Phrao

Ao Phrao Resort ㉖, ✆ 038-644 100-3, 💻 www.samedresorts.com. Empfehlenswerte, idyllische Anlage mit professionellem Personal, aber entsprechend teuer. Umfassende Aktivitäten. 52 behagliche, geschmackvolle Zimmer in Holzbauten, die sich an einem tropisch grünen Hang hinaufziehen. Beschauliches Terrassenrestaurant am Meer. ❽

Le Vimarn Cottages & Spa ㉗, ✆ 038-644 104-7, 💻 www.samedresorts.com. Neues, mit viel Naturmaterialien und großer Gartenanlage hübsch gestaltetes Boutiqueresort, aber auch zweitteuerstes Hotel der Insel. 31 mindestens 45 m² große Cottages und Spa-Villen. Vielfältiges Gerät für Wassersport. ❽

Hat Sai Kaew und Ao Hin Khok

Der an der Ostküste liegende Hauptstrand **Hat Sai Kaew** (Diamond Beach) zählt mit schneeweißem Puderzuckersand zu den landesweit schönsten Stränden. Von westlichen Besuchern wird er zuweilen verschmäht, weil die zahlreichen Wochenendtouristen aus Bangkok für eine entsprechend dichte Infrastruktur aus Hotels, Restaurants, Geschäften und Liegestühlen sorgen. Dabei verstecken sich die meisten Bauten im Grünen, während sich das Strandleben über einen ganzen Kilometer verteilt. Wer auf der Suche nach Partystimmung ist, kann hier junge Leute aus Bangkok treffen oder auch jede Menge Sportmöglichkeiten und Serviceleistungen nutzen.

Über einen Felsvorsprung mit einem Monument, das an die Sage des Flöten spielenden Prinzen erinnert, geht es zum südlich benachbarten Sandstrand **Ao Hin Khok**. Der 400 m lange, von Felsen und Bäumen gesäumte Sandstrand erfreut sich großer Beliebtheit bei Langnasen.

Übernachtung

Die 3 besten Resorts liegen aufgelockert am Nordende, während die Mitte und der Süden der Bucht eng bebaut sind.

Hat Sai Kaew

Grand View Resort ⑯, ✆ 038-644 220, 💻 www.grandviewgroups.net. Bestens platzierte, aufgelockerte Anlage mit viel Grün. 54 geschmackvoll eingerichtete Zimmer, davon 11 als tolle Beachfront-Bungalows im Thai-Stil. ❻

Moss Man House ③, an der Zufahrt zum Hat Sai Kaew, ✆ 038-644 017. Die 22 sauberen, gut ausgestatteten Zimmer liegen in einem orangefarbenen Bau. Im Obergeschoss sogar mit Balkon und Blick ins Grüne. Gutes Preis-Leistungs-Verhältnis, nur 2 Min. Fußweg zum Hauptstrand. ❹

Sai Kaew Beach Resort ④, ✆ 038-644 193, 💻 www.samedresorts.com. Größte, bekannteste und luxuriöseste, aber auch teuerste Anlage am Hauptstrand. 140 Komfortzimmer in 6 Kategorien, davon 60 seit 2009. 2 Schwimmbäder, mehrere Restaurants. ❽

Sai Kaew Villa ⑦, ✆ 038-644 144, ✉ samet@saikaew.com. Gehört mit seiner zusammengewürfelten, engen Bebauung seit 20 Jahren zu den beliebten Klassikern am Strand. 100 recht günstige Zimmer, davon 30 mit Ventilator. Zimmer 407 liegt mit einer Terrasse direkt an der Promenade. ❹–❺

Tonsak Resort ⑤, ✆ 038-644 314, 💻 www.tonsakresort@yahoo.com. Seit 2006, empfehlenswerte Anlage mit viel Holz und Grün. Stimmungsvolles Country-Flair mit 24 behaglichen Zimmern in Blockhütten, originelle Bäder. ❻

White Sand Resort ⑧, ✆ 038-644 000-3, 📠 644 004. Die 100 günstigen, ganz unterschiedlichen Zimmer liegen z. T. auch in Bungalows, 40 haben Ventilator. ❹–❺

Ao Hin Khok

Jep's Bungalows ⑨, ✆ 038-644 112-3, 💻 www.jepbungalow.com. Älteste Anlage an diesem Strand und beliebt. 40 akzeptable Zimmer, davon 10 mit Ventilator und schon ab 300 Baht. Ausgezeichnetes Restaurant. ❷–❺

Ao Phai

Der sich südwestlich an den Ao Hin Khok anschließende, durch eine Landzunge abgetrennte Strand wird auch Bamboo Bay genannt. Trotz der bei Ebbe massenhaft aus dem Meer ragenden Felsen erfreut er sich großer Beliebtheit.

Übernachtung

Ao Phai Hut ⑩, ✆ 038-644 075. Beliebte, gut beschattete Anlage mit 75 Zimmern, teilweise in Bungalows und die 50 günstigsten mit Ventilator. ❹

Samed Villa ⑫, ✆ 038-644 094, 💻 www.samedvilla.com. Lange etabliert und beliebt, professionell geführt von dem Schweizer Josef Ottiger. 45, teilweise etwas enge Komfortzimmer in Bungalows, die von einer Gartenanlage mit dem inselweit einzigen (gewiss künstlichen) Wasserfall umrahmt werden. Speedboat-Service, Tourangebot und exzellentes Restaurant. ❺–❻

Silver Sand Resort ⑪, ✆ 038-644 301, 💻 www.silversandresort.page.tl. Zählt mit seinen etwas eng stehenden Bungalows zu den ältesten Resorts der Insel. 50 komfortable, saubere Zimmer, davon 6 mit Ventilator. ❹–❺

Ao Pudsa (Ao Tubtim)

Dieser herrliche, kleine Sandstrand ist nicht weit vom Geschehen am Hat Sai Kaew entfernt und verwöhnt trotzdem mit viel Ruhe.

Übernachtung

Ao Pudsa Bungalows ⑬, ✆ 038-644 030. Einige Bungalows am Sandstrand, andere nur auf flachen Felsen und direkt am wichtigen Fußweg zwischen Ao Phai und Ao Pudsa. 28 Zimmer, davon 12 mit Ventilator. ❹–❺

Tubtim Resort ⑭, ✆ 038-644 025-7, 💻 www.tubtimresort.com. Empfiehlt sich wegen seiner entspannten Atmosphäre und der teilweise gut beschatteten Holzbungalows. 65 Zimmer, davon 30 mit Ventilator. Gutes Preis-Leistungs-Verhältnis, Restaurant direkt am Sandstrand. ❹–❺

Ao Nuan

Die abgeschiedene Geheimtipp-Bucht lässt jedes Travellerherz höher schlagen. Sie ist so klein, dass sie auf vielen Landkarten gar nicht erst eingezeichnet ist – eine einsame Naturidylle.

Übernachtung

Ao Nuan Resort ⑮, ✆ 081-781 4875. Naturnahes Hideaway mitten in beschaulichem Dschungelgrün. 8 einfache Ventilatorzimmer mit Veranda, Gemeinschaftsbad und szenischem Restaurantpavillon sowie 2 erheblich teurere Zimmer mit AC und Innenbad. Rechtzeitige Reservierung empfohlen. ❹–❺

Ao Wongduan und Ao Cho

Der über den abgelegenen Ao Cho zu erreichende Strand Ao Wongduan (Wong Deuan, Vongdeuan, Vongduern oder Malibu Bay) wäre ein perfektes Badeparadies, wenn sich hier nicht so viele Wasserfahrzeuge tummeln würden. Tagsüber füllt sich der halbmondförmige zweitlängste Strand Ko Samets mit Tagesausflüglern aus Pattaya und allem Trubel, der dazu gehört.

Übernachtung

Ao Wongduan

Blue Sky ⑰, ✆ 089-936 0842. Als eine der letzten Travellerunterkünfte mit etwas Hippieflair in den Felsen am Nordende der Bucht. 10 einfache Zimmer in Bungalows, davon 6 mit Ventilator. ❹

Malibu Garden Resort ⑲, ✆ 038-710 676, 💻 www.malibu-samet.com. Bunte Mischung aus unterschiedlichen, insgesamt 70 Zimmern in weitläufiger Anlage mit Schwimmbad. V. a. auf Kurzzeiturlauber aus Pattaya spezialisiert. ❺–❻

Samed Cabana Resort ⑱, ✆ 02-226 035 92-5, 💻 www.samedcabana.com. Abgeschieden am Nordende der Bucht im Schatten hoher Bäume. 38 Zimmer in Bungalows mit eigenen Terrassen, davon 16 direkt am Strand. ❻

Vongdeuan Resort ⑳, ✆ 038-644 171-3, 💻 www.vongdeuan.com. Etabliert seit 1981 und das zweitälteste und schönste Resort an diesem Strand. 50 Komfortzimmer in einer bunten Mischung aus Holz- und Betonbungalows. ❺–❻

Vongduern Villa ㉑, ✆ 038-644 260, 💻 www.vongduernvilla.com. Die 50 Bungalows liegen im Süden der Bucht direkt am Strand oder am Hang. Das Restaurant und die Bar sind beliebte Treffpunkte. ❺–❻

Ao Cho

Grand View ⑥, ✆ 038-644 332, 💻 www.grandviewgroupresort.net. 28 schöne, aber teure Zimmer in edel wirkenden, hölzernen Bungalows. ❻–❼

Ao Sang Thian

Der fast 1 km lange Ao Sang Thian (auch Saengtien, Sangtain oder Candlelight Beach) ist vom Ao Wongduan rund 300 m entfernt und erfreut als einsamere Alternative zum Hauptstrand Hat Sai Kaew. Er ist besonders sauber und durch seine Findlinge von landschaftlichem Reiz. Die dichte Bebauung bietet alles, was der Inselgast begehrt.

Übernachtung

Baan Thai Sang Thain Resort ㉒, ✆ 038-644 322, www.baanthaisangthain.com. Im traditionellen Thai-Stil mit alten Edelhölzern aus Ayutthaya errichtet. 17 etwas kleine, aber behagliche Zimmer. Toller Blick auf die Bucht. ❺

Sang Thain Beach Resort ㉓, ✆ 038-644 255, 💻 www.sangthain.com. Mit 32 Zimmern größte und bekannteste Anlage an diesem Strand. Die Bungalows sind meist in den Hang gebaut und bieten einen herrlichen Blick. ❺–❻

Der Südzipfel

Der abgelegene, nur mit einem einzigen Resort bebaute **Ao Wai** ist etwa 1 km vom Ao Sang Thian entfernt und auf einem küstennahen Pfad über Felsen und durch Gestrüppvegetation zu erreichen. Herrlicher Sand, alte Bäume und flankierende Korallenbänke fügen sich zu einer idyllischen Symphonie. Die schmalste Stelle Ko Samets ist mit dem **Ao Kiu Na Nok** (Ao Kiew) erreicht. Hier lassen sich der Sonnenaufgang vom Strand und von der nicht weit entfernten Felsenküste der Sonnenuntergang erleben. Ebenfalls nur ein Katzensprung ist es zum benachbarten felsigen **Ao Karang** (Coral Bay) bzw. zur Südspitze mit dem **Aussichtspunkt**, von dem sich ein herrlicher Blick auf eine bizarre Felsenlandschaft und das kahle Eiland **Ko Chan** (Ko Jan, Moon Island) eröffnet. Wo sich einst nur eine Backpackerunterkunft befand, erstreckt sich ein ultimatives Luxusresort bzw. das teuerste Hotel der Insel.

Das Paradies im Paradies

Das entlegene **Paradee Resort** ㉕, Ao Kiu Na Nok, ✆ 038-644 288, 💻 www.paradeeresort.com, dürfte zu den landesweit schönsten Hotels zählen und bietet ultimativen Inselgenuss. Hier verbindet sich stilvolle Architektur mit herrlicher, tropischer Eingrünung. Das Resort verfügt über 40 behagliche, ab 110 m² große Luxusvillen für 15 000–30 000 Baht sowie eine Suite-Villa für 80 000 Baht, fast alle mit eigenem Pool.

Übernachtung

Ao Wai

Samet Ville ㉔, ✆ 038-651 681-2, 💻 www.sametvilleresort.com. Verteilt sich ruhig, abgelegen und aufgelockert in dichtem Dschungelgrün. 87 Zimmer, davon 26 mit Ventilator, als Bungalows und Villen, aber nicht alle einladend. Guter Ausgangspunkt für Kajaktouren. ❺–❻

Essen

Die größten Schlemmerfreuden Ko Samets bestehen natürlich aus fangfrischem Fisch und Meeresfrüchten. Beides wird reichlich bei den allabendlichen BBQ-Buffets der Strandrestaurants am Hat Sai Kaew geboten, der auch wichtigster Anlaufpunkt für Nachtschwärmer ist. Zudem lockt immer mehr Gourmetgastronomie mit kreativen Speisekarten. Sehr preisgünstig essen kann man in den kleinen Restaurants an der Straße von **Ban Na Dan**.

Baywatch Bar, Ao Wongduan, ✆ 081-826 7834, 💻 www.baywatchbar.com. Beliebter Treffpunkt seit 1979, geführt von dem netten Holländer Robert. Gutes Restaurant mit einer von drei Bars an diesem Strand. Gute Pizzas, Steaks und Salate. Essen bis 23.30 Uhr, Betrieb bis in die frühen Morgenstunden.

Buzz, Ao Phrao, 038-644 104-7, www.samedresorts.com. Zum Le Vimarn Cottages & Spa gehörend, besticht dieses schicke Restaurant mit seiner Loungebar durch eine inselweit einzigartige, avantgardistische Architektur und besondere Genüsse, wie den Signature-Cocktails, in einem gediegenen Umfeld.

Jep's Restaurant, Ao Hin Khok, 038-644 112-3. Unter hohen Bäumen steht uriges Holzmobiliar. Umfangreiche Speisekarte mit preiswerten Thai-Gerichten und internationalen Köstlichkeiten wie Tsatsiki, Mousaka, Enchiladas oder Chili Con Carne für 100–150 Baht. Bier vom Fass.

Kid & Food, Hat Sai Kaew, 038-644 087, und **Ploy Talay Bar & Pub**, 038-644 212-3. In diesen benachbarten Strandrestaurants beginnt die Vorbereitung auf das Beachbuffet bereits gegen 15 Uhr mit dem Ausbreiten von Bastmatten und gemütlichen Bodenkissen. Es locken üppige BBQ-Buffets mit vielfältigem Seafood und leckeren Grillspießen.

Red Ginger, Ban Na Dan, an der Hauptstraße. Als jüngstes Restaurant der Insel von dem Kanadier Roger gegründet. Allerlei exotische Speisen wie Lammcurry, Gazpacho, Schokoladenfondue oder Ziegenkäsesalat.

Samed Villa, Ao Pai, 038-644 094. Gute, deftige Küche mit großen Portionen – darunter auch leckere, schweizer Hausmannskost wie Zürcher Geschnetzeltes mit Pilzrahmsauce und Rösti.

The Mango, Hat Sai Kaew, 038-644 195-200, www.samedresorts.com. Französisches Bistro im Sai Kaew Beach Resort mit leckeren Baguettes, Quiches, Gratins, Pastries, Lasagne, Salaten und Eisbechern.

Luftige Schlemmerfreuden

Das an der Nordküste liegende Restaurant **Unseensamed**, 038-644 164, www.unseensamedresort.com, thront auf Stelzen im Wasser und ist mit einer Miniaturfähre zu erreichen. Die Gäste speisen an Glastischen mit Blick in die Meeresfluten und luftig baumelnden Beinen. Schwimmende Fischkäfige garantieren denkbar frisches Seafood (Krabben 500 Baht, Hai 1000 Baht je Kilo). Übernachtung möglich.

Ausflüge und Aktivitäten

Einige der um Ko Samet verstreuten Nachbarinseln lassen sich auf kurzen Wandertouren erkunden, doch im Mittelpunkt der Tagesausflüge stehen meist paradiesische Bade- und Schnorchelfreuden. Als Ziele bieten sich die Korallenriffe bei Ko Talu an, die mit kleinen Stränden gesegnete Robinson-Insel Ko Mun Nok, das Schildkrötenprojekt von Ko Mun Nai oder die Insel Ko Kudee mit dem höchsten Aussichtspunkt des Meeresnationalparks. Die Mindestteilnehmerzahl der Schnellboottouren beträgt meist 6 Personen, Verpflegung und Schnorchelausrüstung sind inklusive. Die **Samed Villa** (S. 539) veranstaltet Touren wie „Snorkeling around the island" (2 1/2 Std., 360 Baht) oder „Coral Island" (4 Std., 520 Baht); **Samed Boat Trip**, 038-644 161, www.samedbooking.com, hat Nachtfischen im Angebot (18–24 Uhr, 500 Baht). **Sinsamut Group Tour**, 038-644 134, www.sinsamutgroup.com, lockt mit „Sunset Trips" (2 1/2 Std., 400 Baht), einer „Four Island Tour" (5 Std., 600 Baht) oder dem „Seven Island Adventure" (1200 Baht): in 7 Std. zu den 7, bis zu 30 km entfernten Nachbarinseln des Khao Laem Ya Samet Marine National Park. Für die Erkundung tieferer Unterwasserwelten empfiehlt sich **Jimmy's Tour**, 038-644 340 (Büro, 8–17 Uhr), 089-832 1627 oder 086-512 2020, 038-644 339, das mit den Resorts der Samed Group kooperiert. Tagestouren (mit 2 Tauchgängen, 3500 Baht) führen vor allem zu den Weichkorallen von Ko Chan, den Weihnachts-Röhrenwürmern von Hin Sapan oder dem Doppelfelsen Alhambra Rock. Ebenfalls im Angebot sind Angeltouren (3 Std. mit max. 6 Pers., 5000 Baht), Wasserski (30 Min., 2000 Baht) oder Ritte auf Bananenbooten (30 Min., 1000 Baht).

Der Exkurs „Feuershows und Freakstimmung" gibt Anregungen für sternenbeschienene Streifzüge durch das **Nachtleben** von Ko Samet, s. eXTra [2874].

Sonstiges

Fahrzeugvermietung

Wegen der hohen Taxipreise kann sich die Anmietung eines Mopeds lohnen (Gangschaltung 300 Baht, Automatik 400 Baht pro Tag). Besonders angesagt sind 4-rädrige ATVs/Quads für 400 Baht pro Std. bzw. 1200–1500 Baht pro Tag.

Geld

Im Bereich der 7-Eleven-Filialen am Pier in Ban Na Dan und am Zugang zum Nationalpark bzw. dem Hat Sai Kaew finden sich Geldautomaten.

Medizinische Hilfe

An der Straße zwischen Ban Na Dan und dem Hat Sai Kaew liegt ein kleines Health Centre, für größere Probleme jedoch empfiehlt sich das Festland.

Nahverkehr

Falls kein Sammeltransport für 30–50 Baht p. P. zustande kommt, müssen die Pick-ups der Insel gechartert werden, was pro Strecke und je nach Entfernung 100–400 Baht kostet.

Transport

Die Weiterreise vom Fährhafen Ban Phe erfolgt meist mit Minibussen nach Bangkok oder weiter in Richtung Osten nach Laem Ngop/ Ko Chang, s. S. 536, Transport, Rayong.

Von Rayong nach Chantaburi

Östlich von Rayong und entlang des in Ban Phe beginnenden, direkt an der Küste verlaufenden H3145 finden sich etliche Hotels und Bungalowresorts an schönen Stränden, die bisher kaum von westlichen Touristen besucht werden. Am **Laem Mae Phim** kann man fangfrischen Fisch und Meeresfrüchte direkt am Wasser genießen. Der bekannteste Strand der Region ist der **Wang Kaeo**, von dem Ausflugsboote zu den vorgelagerten **Mun-Inseln** verkehren.

Der weitere Küstenverlauf in der Provinz Chantaburi wird durch tiefe Meeresarme unterbrochen, die bisher erst zum Teil überbrückt sind. Es gibt hier noch keine durchgehende Straße. Die weitläufigen Flussmündungen, Mangrovenwälder und Garnelenfarmen ziehen die Badequalität der Strände oft in Mitleidenschaft. Doch wer lieber mal unter Thais als europäischen Urlaubern verweilen möchte, kann sich hier durchaus wohlfühlen und z. B. Radtouren unternehmen. Mögen die Strände unter der Woche noch so einsam erscheinen, können sie sich am Wochenende umso mehr füllen.

Noch bevor der H3 die Provinzhauptstadt Chantaburi erreicht, zweigt am KM 305 der H3399 in Richtung Süden zur Küste ab, die nach etlichen Kurven und rund 24 km erreicht wird. Die zum Distrikt Tha Mai gehörenden, 30–40 km von Chantaburi entfernten Strände sind die längsten und bedeutendsten der Region: z. B. der nördlichste, hellsandige **Khung Wiman**, der von Kasuarinen beschattete und mit fünf Strandresorts bebaute **Laem Sadet** und der von Palmen flankierte, über eine Brücke erreichbare **Chao Lao**. Im Hinterland verläuft über Holzstege der 1,5 km lange **Ao Koong Krabane Nature Trail**, ⌚ 6.30–18 Uhr, der als Lehrpfad einen interessanten Einblick in das reichhaltige Ökosystem der Mangroven vermittelt. Zu ihm gehören Pflanzgärten und ein großes Aquarium. Eintritt frei, Vermietung von Kajaks.

Panoramastraße am Meer

Das Beachhopping an der Ostküste des Golfs wird bis zum Jahr 2011 wesentlich erleichtert. Denn die neue, 111 km lange **Buraphachollathit Road** wird alle wichtigen Badeziele zwischen Rayong und Chantaburi direkt miteinander verbinden. Dann muss man zwischen dem Sukhumvit Highway und der Küste nicht mehr ständig die rund 20 km langen Stichstraßen hinunter und hinauf fahren, um die Strände und Resorts zu besuchen. Die neue Panoramastraße wird mit der Abzweigung des H3161 hinter Rayong beginnen.

Entlang der Strände finden sich etliche Einrichtungen für Tagesgäste. Es sind mit Schilfdächern beschattete Park- und Picknickplätze, Seafood-Restaurants und einfache Übernachtungsmöglichkeiten.

Übernachtung

Die schönsten und professionellsten Resorts sind innerhalb der letzten Jahre am Laem Sadet entstanden, wo sie unter der Woche mit bis zu 40 % Ermäßigung angeboten werden.

Faa Sai Resort & Spa, Khung Wiman, ✆ 039-417 404, 🖳 www.faasai.com. Rund 300 m vom Strand, aber schön im Grünen. Versteht sich als Ökoresort und familienfreundlich. 15 Zimmer unterschiedlicher Kategorien. ❺–❻

Laem Sadet Royal Beach Resort, Laem Sadet, ✆ 039-369 318, 🖳 www.burapabeach.com. Beliebte Anlage, leider auch bei einheimischen Großgruppen. 34 Zimmer, C1–4 sind schöne Bungalows mit Meeresblick und natürlicher Beschattung durch hohe Bäume. ❺

Maledives Beach Resort, Laem Sadet, ✆ 039-369 100, 🖳 www.maledivesbeachresort.net. Seit 2003 größtes und professionellstes Strandresort der Region, aber nicht so traumhaft wie der Name es vermuten lassen könnte. 44 Komfortzimmer in bis zu 3-stöckigen Gebäuden. ❺

Sand & Sea Resort, Laem Sadet, ✆ 039-388 052, 🖳 www.sandandsearesort.com. 40 gute, etwas kleine Zimmer in zwei parallel verlaufenden Gebäudereihen. Leckeres Essen, serviert in Salas am Strand. ❺

Smile Beach, Chao Lao, ✆ 039-388 070-1, 🖳 www.smileboutiqueresort.com. Originell angelegtes Boutiqueresort mit 25 Zimmern in 4 Kategorien, 2008 eröffnet. Umfassendes Ausflugsangebot. ❺–❻

Hoteloase am Strand

Rattanapura, Laem Sadet, ✆ 039-388 000, 🖳 www.rattanapura.com. Neu seit 2008 und aufgelockert gestaltet mit Zierkanälen. Die 28 geräumigen, behaglichen Zimmer verfügen über eine Terrasse und bieten, erst recht unter der Woche, ein erfreuliches Preis-Leistungs-Verhältnis. Zu empfehlen ist einer der 9 Beachfront-Bungalows. ❺

10 HIGHLIGHT

Chantaburi

Das charmante Chantaburi (von Einheimischen gern als „Chan" abgekürzt) führt zwischen Pattaya und Ko Chang ein touristisches Schattendasein. Ganz zu Unrecht. 260 km von Bangkok entfernt, erstrahlt die Provinzhauptstadt im Osten Thailands im Glanz und Glimmer ihres Edelsteinhandels. Wie z. B. im 2003 errichteten **Gem & Jewelry Center**, wo über 40 Händler zwischen glitzernden Vitrinen Saphire und Rubine aus ganz Südostasien umschlagen. Obwohl die Minen der Umgebung bis auf zwei längst geplündert sind, kann sich die Stadt als Edelsteinmetropole Thailands immer noch behaupten. Zudem bietet der 140 000 Einwohner zählende, wohlhabende und saubere Ort eine facettenreiche Historie.

Davon zeugen die chinesischen Tempel, die Gassen mit beschaulichen Holzbauten und die landesweit größte **Kathedrale** (den Schlüssel gibt es ggf. im Pfarrhaus). Um 1909 errichtet, erinnert ihre Architektur an Notre-Dame von Paris und daran, dass Chantaburi als einzige Provinz Thailands zwölf Jahre lang Teil des französischen Kolonialreichs war. Zum 100-jährigen Jubiläum hat das gotische Bauwerk sogar seine Turmspitzen zurückerhalten. Im Zweiten Weltkrieg waren diese von der katholischen Gemeinde aus Angst vor Bombardierungen abgebaut worden.

Die heute in Chantaburi zahlreich lebenden, ethnischen Vietnamesen hatten ihre Heimat im 19. Jh. aufgrund religiöser Verfolgung verlassen und sich unter anderem an der **Tha Sing Road** niedergelassen, die heute den Kern der Altstadt markiert. Weitere Einwanderungswellen aus Vietnam folgten in den 1920er- und 40er-Jahren sowie nach dem Sieg der Kommunisten 1975. Ebenfalls parallel zum Fluss pulsiert die **Sri Chan Road**, auch „Gem Street" genannt und Hauptschlagader der zahlreichen Edelsteingeschäfte, die sich besonders am Wochenende füllen. Vielerorts kann man beim Sortieren oder Schleifen der Steine zusehen.

Wer das Zentrum von Chantaburi mit einem eigenen Fahrzeug ansteuern will, sollte sich auf ein rasant befahrenes System aus Einbahnstraßen gefasst machen. Erholung von der geschäftigen Innenstadt verspricht der weitläufige **Thaksin Park**.

Übernachtung

In Chantaburi gibt es zwar nur ein einziges Guesthouse, doch bieten die Hotels für relativ wenig Geld erfreulich viel Komfort.

Eastern Hotel ⑦, 899 Tha Chalaeb Rd., ✆ 039-312 218-20, 📠 311 985. Typisches Stadthotel mit 142 günstigen Komfortzimmern. Geräumige Suite-Rooms. Nahe am Nachtleben gelegen, hat auch einen eigenen Unterhaltungskomplex. ❸–❹

Gems Club ④, 68 Sri Chan Rd., ✆ 039-311 599, 💻 www.gems.ofees.net. Neu seit 2008 in ultimativer Innenstadtlage. 42 saubere Komfortzimmer mit kühlem Ambiente, davon einige als günstige Suiten. ❸–❹

K.P. Grand Hotel ⑥, 35/200-201 Trirat Rd., ✆ 039-323 201-10, 💻 www.kpgrandhotel.com. Seit 1996 bestes Hotel der Stadt. 202 günstige Luxuszimmer in einem Turmbau mit funkelndem Foyer und Restaurant im 18. Stock. Gleich nebenan liegt das Gem & Jewellery Center. ❹–❺

Maneechan Resort ③, 110 Sukhumvit Rd., ✆ 039-343 777, 💻 www.maneechan.com. Rund 1,5 km vom Zentrum, modernes, angenehmes Hotel mit 70 Komfortzimmern und dem besten Fitnessclub der Stadt. ❺–❻

New Travel Lodge ①, 14/5 Raksakchamoon Rd., ✆ 039-301 888-92, 💻 www.newtravellodge hotel.com. 130 meist etwas kleine, aber nett eingerichtete Komfortzimmer. Riesiges Schwimmbad. ❹

The River Guest House ⑤, 3/5-8 Sri Chan Rd., ✆ 039-328 211, 📠 328 533 ✉ theriver-chant@hotmail.com. Mehrstöckiger Bau am Fluss und direkt an der Brücke zum Edelsteinmarkt. Einziges Guesthouse und günstigste Unterkunft der Stadt, aber entsprechend spartanisch. 29 zumeist kleine, saubere Zimmer mit kleinen Betten, davon 15 mit AC. Das beste Zimmer ist Nr. 403. ❶–❷

Boutiqueresort in idealer Lage

Das 2006 in idealer Lage eröffnete **Kasemsarn Hotel** ②, 98/1 Benjamarachuthid Rd., ✆ 039-312 340, 💻 www.kasemsarnhotel.com, verwöhnt seine Gäste mit sehr viel Wohlfühlatmosphäre, Boutiqueelementen und einem exzellenten Restaurant. Die 60 Komfortzimmer liegen an einem offenen Innenhof und werden von freundlichem, hilfsbereitem Personal gemanaged. ❹–❺

Essen

Gerühmt wird Chantaburi für seine Variationen an Reis-Nudel-Gerichten und frisches, günstiges Obst. Am Markt im Zentrum liegen etliche Essenstände, die teilweise bis spät in den Abend geöffnet haben. Die meisten Restaurants finden sich entlang der Maharat Rd., Vergnügungsstätten vorwiegend an der Tha Chalaep Rd., die am Thaksin Park entlang führt.

Krua Tha Luang, ✆ 039-312 340. Bistro-Restaurant im Kasemsarn Hotel. Kreative Küche und schickes Mobiliar vereinen sich zu einem angenehmen Ambiente. Empfehlenswert sind die Lasagne für 150 Baht, die gebratenen Rippchen mit Käse für 200 Baht sowie die Thai-Gerichte. 🕓 7–21.30 Uhr.

Latè Shop, 88 Maharat Rd., ✆ 083-021 8400. Allerlei Kaffeespezialitäten als *hot*, *iced* oder *frappé*, Fruchtsäfte und Snacks. Gleiche Besitzerin wie River Guest House. 🕓 10–23 Uhr.

Panjim, 88 Maharat Rd., ✆ 039-332 270. Gutes, günstiges Restaurant mit vietnamesischen und thailändischen Speisen ab 60 Baht. Großer Biergarten mit gemütlichem Holzmobiliar unter hohen Bäumen am Flussufer. 🕓 11–23.30 Uhr.

The Terrace, 88 Maharat Rd., ✆ 086-664 0865. Biergarten mit Livemusik bzw. Country und Folk ab 19.30 Uhr. Unter anderem gibt es Sukiyaki, Sushi, Sashimi, aber auch etliche Thai-Gerichte, Meeresfrüchte sowie zwei Sorten eisgekühltes Fassbier in Gläsern, Jugs oder Türmen. 🕓 17–24 Uhr.

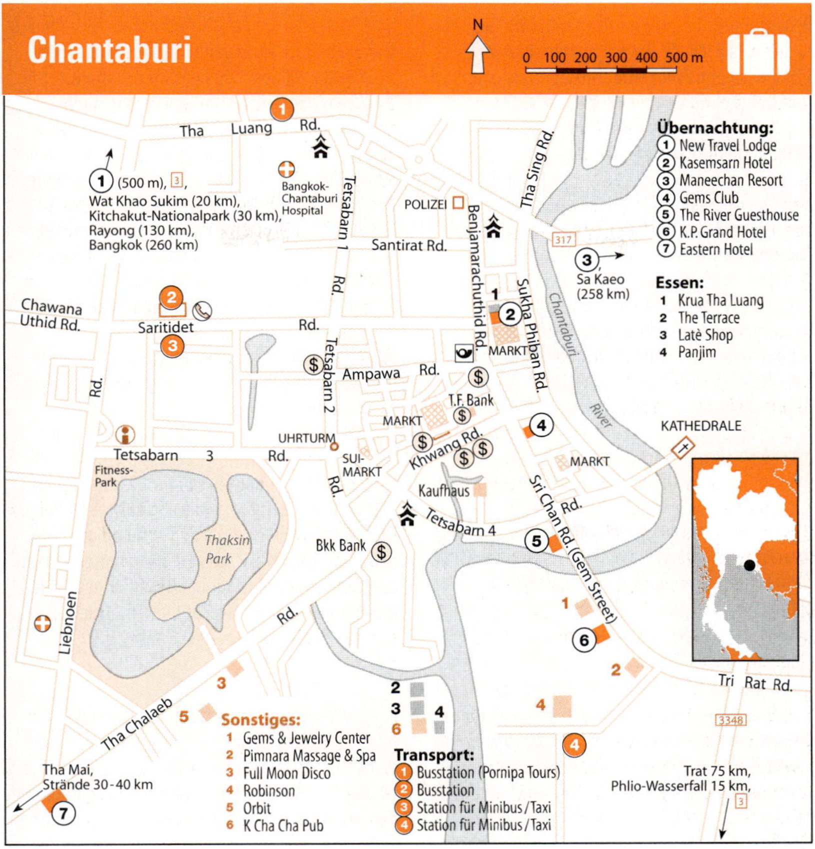

Wo das **Nachtleben** von Chantaburi tobt s. **eXTra [2923]**.

Sonstiges

Feste

Beim **Edelsteinfestival** Anfang Dezember gibt es Shows und Wettbewerbe rund um die Preziosen, im Mai wird ein einwöchiges **Erntedankfest** für den fruchtbaren Obstanbau in der Region zelebriert.

Informationen

Allerlei Broschüren und engagierte Beratung sind im örtlichen **Touristenbüro**, 39 Tetsabarn 3, Ecke Liebnoen Rd., ✆ 039-350 224, erhältlich.

Massagen

Empfehlenswerte Anwendungen wie Massage, Gesichtskosmetik oder Hydro-Therapie gibt es bei **Pimnara Massage & Spa**, 35/107–110 Trirat Rd., ✆ 039-321 261. 1 Std. schon ab 150 Baht, 2 Std. mit 3-Steps-Body-Spa für 1500 Baht.

Touren

Transfers und Touren aller Art sind buchbar bei dem netten, versierten Schweizer Thomas Ruprecht bzw. seiner **Agentur Travel and Fun (TAF)**, ✆ 081-940 6885, 💻 www.travelandfun.ch. Wildwasserfahrten auf dem Pong Nam Ron-Kanal bei Teilnahme von 4 Pers. z. B.

2200 Baht. Der studierte Agronom **Mr. Tam**, ✆ 081-912 8109, 💻 www.itgn.info, bietet erlebnisreiche Fahrradtouren durch Chantaburi und Umgebung an und wird Ende 2009 ein eigenes Guesthouse mit 5 Komfortzimmern und einem Schwimmbad eröffnen.

Nahverkehr

Die **Songthaews** wirken wie Lastwagen im Miniaturformat und sind etwas unbequem. Auf die Ladefläche der mickrigen Mazdas passen gerade mal 4 Passagiere. Gechartert zu den Wasserfällen und Heiligtümern der Umgebung oder nach LAEM SING, kosten sie 200–300 Baht. Auf diesen Strecken verkehren für 60–80 Baht auch **Minibusse**.

Unterwegs auf Pilgerpfaden

Ein einzigartiges, stimmungsvolles Erlebnis verspricht der Besuch des Heiligtums **Khao Phra Baht**, das sich im Khitchakut National Park verbirgt. Bei der **Pilgerstätte** handelt es sich um **bizarre Felsformationen** wie beim Goldenen Felsen von Kyaikthiyo, und auch die sich hier abspielenden, buddhistischen Rituale erinnern an jene Wallfahrtsstätte in Myanmar – mit dem Unterschied, dass der exponierte **Rundling** im Mittelpunkt des Heiligtums von Chantaburi sehr viel größer, nur im untersten Bereich vergoldet und von einem Fußabdruck Buddhas benachbart ist. Der erste Teil der ab Hauptquartier insgesamt 16,5 km langen Strecke wird mit Pick-ups bewältigt (4 Abschnitte à 50 Baht), die mit den Pilgerscharen auf einer steilen, kurvenreichen Lehmstraße durch den Bergwald hinaufröcheln. Dann führt ein schattiger, teilweise von **Verkaufsständen** und **Andachtsstätten** flankierter, allerlei Meriten bescherender Pilgerpfad durch den Dschungel bis in eine Höhe von fast 1100 m. Von den Gläubigen üppig mit Blüten bestreut, erstrahlt er über einige Passagen in sattem Gelb. Die Pilgertour ist nur von Januar bis März möglich, die genauen Daten wechseln von Jahr zu Jahr, ✆ Krating-Tempel 039-452 056, oder ✆ Nationalpark-Büro 039-452 074.

Transport

Die wichtigste Busstation Saritidet Rd., ✆ 039-311 299, liegt im Norden der Stadt. Auf Transporte nach Bangkok haben sich **Cherdchai Tour**, ✆ 039-350 357, oder **Pornipa Tour**, ✆ 039-311 278, spezialisiert. Taxis lassen sich z. B. bei **Mr. Polwut**, ✆ 039-301 338, oder **Mr. Ting**, ✆ 089-250 4269, chartern.

BANGKOK, zum Eastern Bus Terminal tagsüber alle 30 Min. für 190–200 Baht in 3 1/2–4 Std., nachts teilweise noch stdl. Es gibt auch einige Verbindungen zum Northern Bus Terminal in 3 1/2 Std. Charter-Taxis ca. 2500 Baht.

BAN PAKKAD (Grenzübergang nach Kambodscha), mit Minibussen und Songthaews für 80–100 Baht in 1–1 1/2 Std.

KORAT, über weitere Städte des Nordostens, 11x tgl. für 270 Baht.

RAYONG, AC-Busse fahren für 80 Baht die 110 km in 1 1/2–2 Std. Charter-Taxis ca. 1700 Baht, weiter nach PATTAYA sind es 175 km.

TRAT / LAEM NGOP, auf der 70 km langen Strecke verkehren regelmäßig AC-Busse und Songthaews für 70–90 Baht in 1 1/2 Std. Charter-Taxis ca. 800–1000 Baht.

Die Umgebung von Chantaburi

Ausgedehnte Gärten und Plantagen prägen die regenreiche und besonders fruchtbare Region in der Umgebung von Chantaburi. Ob Durian, Rambutan, Langsat, Longans, Orangen, Ananas oder Mangosteen – irgendeine Obstart hat immer gerade Erntezeit. Der beliebteste Abstecher ins Landesinnere führt von der „Stadt des Mondes" zu dem 20 km nördlich liegenden, imposanten **Wat Khao Sukim**. 1966 in den Bergen errichtet, erstreckt sich die Anlage über 13 km^2. Das vierstöckige Klostergebäude ist über eine Treppe oder kostenlose Standseilbahn erreichbar. In den zahlreichen Museums- und Versammlungshallen finden sich wertvolle und skurrile Antiquitäten, geschnitztes Mobiliar, Unmengen von Bodenvasen, ausgestopfte Tiere und verblüffend lebensechte Wachsnachbildungen von Mönchen. Auf dem Areal ist mit dem Bau des gigantischen Heiligtums **Burapha Thitha Wiriya Pracha Samakkee** begonnen worden. Es ist als eindrucksvolle, 99 m breite und lange sowie 119 m hohe, vieltürmige Pagode konzipiert.

Ebenso über den H3322 lässt sich nach 28 km auch der gut ausgeschilderte **Nam Tok Krating** erreichen. Als der schönste von insgesamt drei Wasserfällen liegt er im nur 58 km² kleinen, 1977 gegründete **Khitchakut National Park**, ⏲ 6–18 Uhr, Eintritt 200 Baht, Übernachtungsmöglichkeiten in 7 Bungalows oder Zelten, Reservierung s. S. 72, ❶–❸. Der Fall lässt sich über einen steilen, rund 1 km langen Fußpfad erkunden, der am Parkplatz beginnt und durch dichten Dschungel zu den 13 Kaskaden und etlichen Wasserbecken führt. Fall Nr. 8 rauscht über 50 m und vier Stufen in einen seichten Pool – ein paradiesisches Badevergnügen mit Talblick. Unter Ausländern weitestgehend unbekannt ist das in den Bergen des Nationalparks liegende Heiligtum **Khao Phra Baht** (s. Kasten S. 546).

Im Norden schließt sich das über den H317 erreichbare, 70 km von Chantaburi liegende **Khao Soi Dao Wildlife Sanctuary** an. Hier locken die mit bis zu 1675 m höchsten Berge Ostthailands, eine intakte Fauna mit wilden Elefanten, ein 16-stufiger Wasserfall und an der Peripherie der **Pong Nam Ron Canal**, der von Juni bis Dezember 12 km lange Wildwasserfahrten ermöglicht, mit Stufe 1 und 2 geeignet für Anfänger, ✆ 039-317 024 (s. Chantaburi S. 545, Touren).

Übernachtung

Krating Country Resort, ✆ 039-452 143-5, 📠 452 453. Die 39 geräumigen Zimmer haben Textilboden, 15 Zimmer sind in Bungalows. Umrahmt von viel tropischer Eingrünung und mit einem großen Schwimmbad. ❹

Schwimmen mit Delphinen

Rund 25 km südöstlich von Chantaburi erstreckt sich die **Oasis Sea World**, ✆ 039-363 238-9, 🖳 www.swimmingwithdolphins.information.in.th. Angesichts der großartigen Werbung, die überall dafür gemacht wird, mag die Tristesse des 11 ha großen Areals etwas enttäuschen. Doch wer im trüb schwappenden See des Freizeitparks einmal mit den Meeres- und Süßwasserdelphinen (Pink und Irrawaddy Dolphins) geschwommen ist, dürfte sich nachhaltig daran erinnern. Ausländer wie Einheimische müssen dafür 400 Baht berappen. Der Zutritt zum Gelände, das auch als Auffang- und Zuchtstation für die Säugetiere fungiert, kostet 180 Baht und schließt den Besuch der tgl. fünf in einem riesigen Wasserbecken gebotenen Shows ein. ⏲ 9–18 Uhr.

Von Chantaburi nach Trat

Am H3 nach Trat liegt 12 km südöstlich von Chantaburi das **Wat Mungkorn Bupparam** (Leng Hua Yi). Mit seinen Schnörkeleien und bunten Mosaiken ist es leicht als chinesischer Tempel zu identifizieren. 2 km weiter zweigt nach links ein großzügig ausgebauter Zubringer zum **Nam Tok Phlio** (Pliu) ab, Eintritt 200 Baht, gute Gratisbroschüre erhältlich. Es ist der bekannteste und meistbesuchte der vier Wasserfälle, die im 135 km² weiten, 1975 deklarierten **Phlio National Park** rauschen. Ständig von den Besuchern mit bohnenartigem Gemüse gefüttert, konzentrieren sich in den Wasserbecken Fische der Spezies *Pla Pluang* (Soro Brook-Karpfen) manchmal in derartigen Massen, dass kaum noch etwas von den glasklaren Fluten zu erspähen bleibt. Ein 1,2 km langer **Nature Trail** beschert herrliche Impressionen vom Dschungel. Als kulturhistorisches Fotomotiv bieten sich eine Stupa und ein Chedi an, die aus der Epoche von König Rama V. stammen.

Weiter dem H3 folgend, wird beim KM 347 die Abzweigung nach **Laem Sing** (Singha; „Löwenkap") erreicht, die nach 15 km zur **Oasis Sea World** (s. Kasten) führt. Der Name resultiert aus der Form der Landschaft, die wie ein zum Meer schauender, liegender Löwe erscheint. Hier, rund 30 km südlich von Chantaburi, finden sich bei **Pak Naam** und **Ka Chai** noch Überreste ehemaliger Bollwerke aus der Zeit König Ramas III., mit denen feindliche Angriffe vom Meer abgewehrt werden sollten. Das **Tuk Daeng** hingegen, das „Rote Haus", stammt aus der Besatzungszeit der Franzosen. Es wurde 1893 errichtet, wie auch das nicht weit entfernte **Khuk Khi Gai** – auf Deutsch „Hühner-Scheiß-Gefängnis": Die Invasoren hatten das mittelalterlich anmutende, 7 m hohe Ziegelbauwerk mit Hühnerkäfigen gekrönt, aus denen die Hinterlassenschaften des Federviehs auf die Insassen herabrieseln sollten, um diese zu demütigen. Jede Menge frische Luft hingegen bieten Ausflüge zu den in Sichtweite vorgelagerten Inseln **Ko Chula** und **Ko Nom Sao**.

Trat

Als östlichste Provinz Thailands genießt auch Trat (Trad) einen legendären Ruf für den ertragreichen Anbau von Früchten. Die gleichnamige, 25 000 Einwohner zählende Hauptstadt liegt 315 km von Bangkok und 75 km von Chantaburi entfernt. Sie verdankt ihre Geschäftigkeit vor allem dem 90 km entfernten Grenzübergang **Hat Lek**, der nach **Koh Kong** in Kambodscha führt. Auch als Tor zum Ko Chang-Archipel (s. S. 553), zu dem es immer mehr Fährverbindungen aus dem nahe gelegenen **Laem Ngop** gibt, gewinnt Trat an Bedeutung. In den 1970er- und 80er-Jahren hingegen war die Provinz in aller Welt für riesige Flüchtlingslager bekannt, in denen Kambodschaner und Vietnamesen Zuflucht vor den im Nachbarland wütenden, blutrünstigen Roten Khmer fanden.

Auf dem Weg zu den Inseln in Trat zu stranden, kann durchaus reizvoll sein. Zum einen gibt es hier enorm günstige Möglichkeiten zum Übernachten und Schlemmen, zum anderen bietet die Altstadt mit ihren kleinen (Teakholz)Häusern ein beschauliches Flair, das andernorts längst verloren ist. Außerdem steuern Ausflugstouren in die Umgebung der Stadt idyllische Ziele an, die jenseits der Touristenrouten liegen.

Gelbes Öl als Wundermittel

Als nützliches Mitbringsel aus Trat empfiehlt sich gelbes Kräuteröl, das seit Generationen nach dem geheimen Rezept einer Apothekerfamilie hergestellt wird. Es soll gegen allerlei Beschwerden helfen – wie Arthritis, Rheuma und Hautprobleme, kann aber auch gegen Kopfschmerzen, Übelkeit, Erkältungen, die Stiche von Mücken oder die Bisse von Sandflöhen eingesetzt werden. Das ätherische **Naam Man Liang** oder *Yellow Oil* soll aus einem Baum gewonnen werden, der angeblich nur in dieser Region wächst.

Herberts Herberge

Als einziges Guesthouse der Stadt besteht das 4-stöckige, ruhig gelegene **Residang (Residence)** ⑦, 87/1 Thana Charoen Rd., ✆/℻ 039-530103, 🖳 www.trat-guesthouse.com, nicht aus Holz und ist entsprechend kühler. Es bietet 9 saubere, ansprechende Komfortzimmer mit mehreren Fenstern und Kabel-TV, davon 3 Zimmer mit AC und Minibar. Der Berliner Herbert und seine thailändische Frau Can kümmern sich nett um ihre Gäste, servieren deutschen Filterkaffee und leckere Spaghetti. ❷–❸

Interessant ist ein Bummel durch den Frischfischbereich der großen Markthalle, die auch mit etlichen Essenständen aufwartet. Schräg gegenüber kann man im **Wat Chai Mongkol** malerische alte Chedis und ein Museum besichtigen. Das 2 km westlich vom Zentrum liegende, 350 Jahre alte **Wat Plai Khlong** (Wat Bupharam) verfügt sogar noch über einige Holzbauten aus der Ayutthaya-Zeit. Der Wihan soll der älteste des Landes sein. Im chinesischen Schrein **Laek Muang** wird den Stadtgeistern gehuldigt. Eine neue Brücke am Südrand der Altstadt ermöglicht einen guten Blick auf das Leben am Fluss. Aus hässlichem Beton und neueren Datums ist auch der 2 km lange **River Walkway** entlang des Flussufers, der sich zum Spaziergang oder Joggen anbietet. In den Monaten der Regenzeit sollte man keinesfalls das Schauspiel der **Glühwürmchen** *(fire flies)* in den Mangroven versäumen.

Übernachtung

In der Stadt stehen überraschend viele, günstige Guesthouses zur Verfügung. Sie liegen dicht beieinander, sind fast ausschließlich in Holzhäusern untergebracht und wirken erheblich einladender als das örtliche Stadthotel.

Ban Jaidee Guesthouse ②, 67-69 Chaimongkol Rd., ✆ 039-520 678, ✉ maneesita@hotmail.com. 9 saubere, gemütliche Zimmer mit Gemeinschaftsbad in

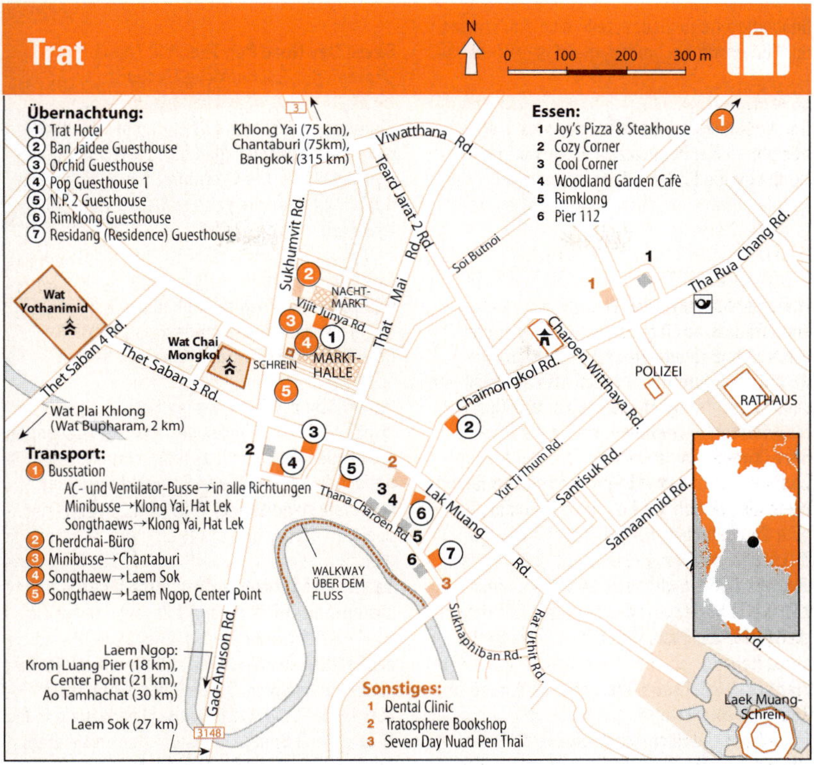

einem mit Kleinoden, Kunst und alten Möbeln dekorierten Holzhaus. Freundliche, idyllische Atmosphäre. ❶

N.P. 2 Guesthouse ⑤, 33-35 Lak Muang Rd., ✆ 087-695 8333, ☏ 039-524 463. Alle 10 Zimmer mit Ventilator und Gemeinschaftsbad. Freundliches Management. 200 m entfernt gibt es eine weitere N.P.-Unterkunft, die einst von der gleichen Managerin betrieben und nach einem Feuer wieder aufgebaut wurde. ❶–❷

Orchid Guesthouse ③, 92 Lak Muang Rd., ✆ 039-530 474, ✉ orchidguesthouse@gmail.com. Seit 2007 mit 5 ansprechenden Zimmern unterschiedlichen Standards, nette Atmosphäre. Im 50 m entfernten, lauschigen Restaurant gibt es u. a. Cocktails für 100–120 Baht. ❶–❸

Pop Guesthouse 1 ④, 1/1 Thana Charoen Rd., ✆ 039-512 392, ✉ popson1958@hotmail.com. Beliebter Travellertreff mit 4 Ablegern und 35 Zimmern, davon 5 in Bungalows am Fluss. Professionell geführt mit umfassenden Serviceleistungen. Die freundlich-agile Mrs. Sunny lässt nichts unversucht, ihr Guesthouse-Monopol in Trat immer weiter auszubauen – worauf nicht zuletzt die hartnäckigen Schlepper am Busbahnhof hinweisen. ❶–❸

Rimklong Guesthouse ⑥, 194 Soi Rimklong, ✆ 039-524 919, ✉ rimklong2008@hotmail.com. In einem Eckhaus und seit Ende 2008 einzige Unterkunft mit Boutiquecharakter. 4 von der Straße aus zugängliche Zimmer mit AC. Das gleichnamige, empfehlenswerte Restaurant liegt nur 30 m entfernt. ❹

Trat Hotel ①, 1-5 Sukhumvit Rd., ✆ 039-511 752 091, ☏ 512 233. Klassisches Stadthotel in zentraler Lage. 150 nicht besonders romantische, teilweise auch etwas muffige und laute Zimmer, meist mit AC. ❷–❸

Essen

Der **Nachtmarkt** gegenüber dem Trat Hotel besteht ausschließlich aus Essenständen. Doch wer die Probe aufs Exempel macht, könnte enttäuscht werden (oder Ratten sichten). ⌚ ab 18–22 Uhr.

Cool Corner, 55 Thana Charoen Rd., ☏ 086-156 4129. Beim einem 2008 in einem Frisiersalon entstandenen Großfeuer abgebrannt und 50 m vom alten Platz wieder aufgebaut. Beliebter Treff für Traveller. Guter Kaffee, Mixgetränke, Fruchtsalat und Müsli – alles hübsch serviert. Englischsprachige Zeitschriften und gute Infos. ⌚ 7–22 Uhr.

Cozy Corner, Thana Charoen Rd. Gleicher Besitzer wie das beliebte Nature Beach Resort am Lonely Beach auf Ko Chang. Günstige und gute Speisen ab 40 Baht, mit Satelliten-TV. ⌚ 17–24 Uhr.

Joy's Pizza & Steakhouse, 26 Chaimongkol Rd., ☏ 039-522 551. Kleine Pizzen 140–180 Baht, große 200–250 Baht. Lieferservice bis 20 Uhr für 20 Baht.

Pier 112, 132/1 Thana Charoen Rd., gegenüber Residang Guesthouse, ☏ 039-525 577. Beschauliches Restaurant mit Biergarten-charakter und origineller Dekoration. ⌚ 10–22.30 Uhr.

Rimklong, ☏ 081-861 7181. Beliebtes, szenisches Restaurant in idyllischer Gartenanlage und mit AC-Raum. Der Besitzer Mr. Tooh versteht sich darauf, seine Gäste – darunter auch besser verdienende Thais – mit originellen Speisen, erlesenen Weinen und einem Schwätzchen zu erbauen. ⌚ 11–22 Uhr.

Woodland Garden Café, 53 Thana Charoen Rd., ☏ 089-092 2764. Unter Ausländern beliebtes Restaurant mit leckeren Eisbechern und Cocktails. ⌚ 18–24 Uhr.

Sonstiges

Bücher

Tratosphere Bookshop, 23 Rimklong Soi, ☏ 039-523 200, ✉ tratospherebookshop.yahoo.fr. Der Franzose Serge (ver)kauft und tauscht jede Menge Bücher. ⌚ 8–21 Uhr.

Massage

Seven Day Nuad Pen Thai, 140 Thana Charoen Rd., Soi Rimklong Bangpra, ☏ 086-145 4258, 💻 www.thaispatrat.com. Schon ab 150 Baht pro Std., zu empfehlen sind die 2-Std.-Thaimassagen für 250–300 Baht. ⌚ 9.30–22 Uhr. Als Alternative bietet sich die örtliche Blindenmassage an (Ausbildung im Wat Pho).

Medizinische Hilfe

Bangkok-Trat Hospital, Sukhumvit Rd., 400 m nördlich des Zentrums, ☏ 039-532 735. Professionellste Versorgung in der Region. ⌚ 24 Std.

Dental Clinic, 1/5-6 Vivittana Rd., ☏ 039-524 007. Es soll sogar Touristen geben, die bei Dr. Wirapong und seinen drei Kollegen preisgünstige, komplette Gebisssanierungen durchführen lassen. ⌚ 9–20 Uhr.

Nahverkehr

Fahrten mit **Sammeltaxis** innerhalb der Stadt kosten meist nicht mehr als 20, als Charter bis zu 100 Baht. Die 3 Piers um LAEM NGOP sind mit **Songthaews** über den H3148 zu erreichen. Sie fahren meist im Bereich des Marktes ab: Zum KROM LUANG PIER (alter Laem Ngop Pier), 18 km, für 50 Baht p. P., als Charter ab 150 Baht. Zum CENTER POINT, 21 km, für 50 Baht p. P., als Charter ab 150 Baht. Nach AO THAMMACHAT, 30 km, für 50 Baht p. P., als Charter ab 200 Baht – falls man nicht von den dort ansässigen Fährunternehmen abgeholt wird. Der Transfer zum 25 km südlich von Trat liegenden, über den H3155 erreichbaren LAEM SOK PIER ist beim Ticketkauf meist inbegriffen, Charter-Taxis kosten 250 Baht.

Transport

Busse

Der **neue Busterminal**, ☏ 039-252 222, 532 627, liegt 2 km außerhalb des Zentrums an der Sukhumvit Rd. (Sammeltaxis dorthin 20 Baht). BANGKOK, die Busse fahren auch im Zentrum ab (z. B. von den Büros der Unternehmen **Cherdchai**, ☏ 039-511 062, oder **T.T.T.**, ☏ 039-525 222). Mit den stdl. Abfahrtszeiten 7–18 Uhr sowie 23 und 23.30 Uhr steuern sie

das Eastern Bus Terminal (315 km, 250 Baht, 4 1/2 Std.) an sowie um 8.30 und 14.30 Uhr das Northern Bus Terminal (390 km, 5 Std.), wobei auf dieser Strecke am Suvarnabhumi Airport gehalten wird.
CHANTABURI, die Busse erreichen den 75 km entfernten Ort in 1 1/2 Std. Einige Verbindungen führen auch nach CHONBURI (220 km).
KORAT, es gibt tgl. um 4.30 und 10 Uhr für 450 Baht Verbindungen in den Isarn.
PATTAYA, um 5.30, 9.30, 12 und 15 Uhr, rund 250 km für 160 Baht.

Minibusse
BAN HAT LEK (kambodschanische Grenze, 95 km), tgl. 6–18 Uhr über KHLONG YAI (75 km, auf dem Rückweg meist mit Umsteigen) stdl. für 120 Baht, 60–90 Min. Abfahrt von der Busstation, sobald die Fahrzeuge voll sind. Mit Abholung vom Hotel 140 Baht.

Fähren

Für die Anreise mit Sammeltaxis zu den Piers s. Nahverkehr S. 550.

Nach Ko Chang
Der Fährverkehr wird weitgehend über den Anleger **Ao Thammachat**, ✆ 039-518 588-9, 30 km westlich von Trat, 15 km von Laem Ngop, abgewickelt. Hier setzen große Fähren die Passagiere und Fahrzeuge über. Auf Ko Chang landen sie je nach Wellengang nach 30–50 Min. in Ao Sapparot, wo auch die meisten Inseltaxis warten. Abfahrt ist in der Hochsaison von 7–19 Uhr alle 30 Min., sonst ggf. nur stdl. Tickets 100 Baht p. P. (Return-Tickets günstiger), Autos 120–150 Baht oder auch mal gratis.
Bei den Fähren ab **Center Point**, ✆ 039-538 196, stdl. 6–19 Uhr, die vorwiegend von Reisenden aus Trat genutzt werden, ergeben sich z. T. längere Wartezeiten. Tickets kosten 70 Baht, Fahrzeuge sind gratis.
Vom **Krom Luang Pier** legen für 60 Baht um 8, 12 und 15 Uhr noch die alten Holzboote ab, die früher die Hauptlast des Fährverkehrs getragen haben (z. T. als Kommissionsgeschäft der Taxi- und Minibusfahrer oder mit Mitarbeitern von Behörden). Charterboote nach Ko Chang liegen bei 2000 Baht, als Schnellboote um die 3500 Baht. Einige Resorts holen ihre Gäste kostenlos vom Festland ab.

Neuer Katamaran sorgt für mehr Komfort

Für eine Revolutionierung des Fährverkehrs im Archipel soll spätestens ab Oktober 2009 die **Nemo Express**, ✆ 081-557 7311, 💻 www.nemoexpress.com, sorgen, die für 350–450 Baht p. P. in nur 75 Min. nach KO MAK übersetzt. Der 17 m lange und 8 m breite Highspeed-Katamaran verfügt über 900 PS, verdichtet aber pro Std. trotzdem nur um die 100 l Diesel, während es bei einem Speedboat etwa 80 l Benzin sind. Das Schiff kann bis zu 70 Passagiere aufnehmen und sogar bei höherem Wellengang mit einem Höchstmaß an Komfort und Sicherheit durch die Inselwelt gleiten. Es verkehrt ganzjährig und fährt 2–3x tgl. vom Krom Luang Pier ab, um teilweise auch KO CHANG oder später sogar KO KOOD anzubinden.

Nach Ko Mak und zu weiteren Inseln Nur 1 km vom Dorf Laem Ngop liegt der **Krom Luang Pier** (alter Laem Ngop Pier). Von hier verkehren von Nov–Mai regelmäßig Boote zu den Nachbarinseln Ko Changs, in der Regenzeit seltener. Angelaufen werden KO MAK (3 Std., 300 Baht, tgl. auch Schnellboote für 450 Baht in 1 Std.), KO KHAM (300 Baht, 3 1/2 Std.), KO WAI (250 Baht, 2 1/2 Std., auch als Zwischenstopp des Schnellboots nach Ko Mak). Charterboote zu den Inseln kosten 6000–9000 Baht.

Nach Ko Kood
Die schnellste Anreise bieten Schnellboote, die 3x tgl. für 550–650 Baht (meist inkl. Abholung in der Unterkunft) vom **Laem Sok Pier** starten und 1 Std. benötigen, wobei meist auch kurz auf KO MAK gehalten wird. Das Expressboot kostet 350 Baht und braucht 1 1/2 Std., das Slowboat für 200 Baht benötigt 2 Std. (s. auch Kasten „Inselhopping" S. 571).

Flüge

Bangkok Airways, ✆ 039-525 767-8, 📠 525 769 (Flughafenbüro), 💻 www.bangkokair.com, nach BANGKOK vom Flughafen bei Trat, je nach

Saison 2–4x tgl., 50 Min., einfacher Flug je nach Saison 2000–3200 Baht. Transfers mit Minibus und Fähre zu/von den Hotels auf Ko Chang kosten 470 Baht, ✆ 039-525 776.

Die Umgebung von Trat

Im Hinterland von Trat bietet sich in Richtung Nordosten über den H3 bzw. den H3159 ein Abstecher in das rund 70 km entfernte **Bo Rai** an. Der Ort liegt im Grenzgebiet zu Kambodscha und ist von Edelsteinminen umgeben. Sie sind zwar längst ausgebeutet, doch das scheint dem dortigen Handel mit Rubinen und Saphiren keinerlei Abbruch zu tun. Nicht weit entfernt erstreckt sich der **Nam Tok Khlong Khaew National Park**, der von immergrünem Regenwald, einer seltenen Flora und vielen Wasserfällen geprägt wird. Der größte Fall rauscht über insgesamt sieben Stufen (Panoramablick vom vierten Level) und ist auf einer mehrstündigen Wanderung zu erkunden.

Bekanntester Ort in der Umgebung von Trat ist das 18 km entfernte, südwestlich liegende **Laem Ngop** – zumal von hier die Fähren ins Ko Chang-Archipel starten. Die meisten Touristen jedoch kommen mit diesem Hafenort nicht mehr direkt in Berührung, da sie die Überfahrt vom 15 km entfernten Ao Thammachat antreten. Wer jedoch vom Krom Luang Pier – dem einstigen Hauptanleger für Ko Chang – übersetzt, sollte das **Naval Battle Monument** besuchen. Das mit der Optik eines Kriegsschiffs gestaltete Museum erinnert an die große Seeschlacht mit den Franzosen vom 5. bis zum 17. Januar 1941, bei der drei thailändische Marineeinheiten versenkt wurden.

Der Hintergrundexkurs „Wie eine Niederlage als Sieg gefeiert wird" befasst sich mit der Bedeutung der **Seeschlacht bei Ko Chang**, s. eXTra [2876].

In Richtung Südosten führt der H318 – parallel zur Küste und dem dicht bewaldeten Khao Bantal-Gebirge – durch einen extrem schmalen Landstreifen nach **Hat Lek**. Dies ist nach Aranyaprathet/Poipet der wichtigste Grenzübergang nach Kambodscha. Die erste größere Sehenswürdigkeit findet sich nach 30 km mit dem Wasserfall **Saphan Hin**. Im weiteren Verlauf bieten sich mehrere einsame, von Kasuarinen, Pinien oder Palmen bewachsene Strände für beschauliche Natur- und Badeerlebnisse an. Teilweise ausgeschildert sind es aufeinander folgend der Hat Sai Kaew, Hat Sai Ngam (Ngoen) und der Hat Mook Kaew. Besonders empfehlenswert sind der rund 40 km von Trat entfernte **Tub Tim Beach** oder der nach 56 km erreichte **Ban Chuen Beach**. Dazwischen erinnert das eindrucksvolle, 1992 eingeweihte **Khao Lan Thai Red Cross Center** an die einstigen Flüchtlingslager der Region. Größter und urigster Ort auf dem Weg zur Grenze ist **Khlong Yai** – ein aus engen Gassen und Stegen bestehendes Fischerdorf.

Übernachtung

Die meisten Unterkünfte in der Umgebung von Trat versprechen Ruhe und Idylle, was natürlich verstärkt unter der Woche gilt.

Banpu Resort & Spa, bei Ban Laem Hin, 12 km südöstlich von Trat und über den H3155 erreichbar, ✆ 039-542 355-6, 💻 banpuresortandspa.com. Romantische Anlage in den Mangroven mit 54 Zimmern und Suiten in hölzernen Stelzenbauten. Das Resort, dessen Name „Dorf der Krabben" bedeutet, hat einen stilvollen Ableger am White Sand Beach auf Ko Chang. ❺

Laoya Inland Resort, an der Sukhumvit Rd., 4 km westlich von Trat, ✆ 039-531 839, 📠 531 840. Empfehlenswerte Unterkunft mit 54 behaglichen Zimmern in idyllischer Lage. ❹

Rim Thalay Resort, in Laem Ngop, ✆ 039-597 084-5. Bungalowanlage mit 20 Zimmern. Angenehmste Unterkunft für Reisende, die unbedingt in Laem Ngop übernachten müssen/wollen. ❹

Auf dem Weg nach / von Hat Lek (H318)

Chanchon Resort, am Ban Chuen Beach, 65 km südöstlich von Trat, ✆ 039-581173, 💻 www.chanchon-resort.com. Schöne Bungalowanlage mit 55 Zimmern und angenehmem Strandrestaurant. ❹

Haad Mook Kaew Resort, am Hat Sai Kaew, 47 km südöstlich von Trat, ✆ 039-511-777, 💻 www.haadmookkaew.com. Einsames Strand-

resort mit 25 behaglichen Zimmern aus Naturmaterialien und hübscher Gartenanlage. ❺
Mairood Resort, in Ban Mairood, 56 km südöstlich von Trat, ✆ 039-691 119, 💻 www.mairood-resort.com. 13 Zimmer, davon 3 mit Ventilator. Schwimmbad und Sauna. Wer hier eincheckt, kann sich mit Abgeschiedenheit, Idylle und Fischerromantik verwöhnen. ❹–❺

Ko Chang

Kaum zu glauben, dass die mit 155 km² zweitgrößte Insel Thailands erst Mitte der 1990er-Jahre auf die touristische Landkarte gelangte, nachdem sie lange militärisches Sperrgebiet war. Zu verdanken hatte Ko Chang den verlängerten Dornröschenschlaf der Nähe zum krisengeschüttelten Kambodscha sowie den im Archipel umherstreunenden Rebellen, Schmugglern und Piraten. Obwohl die „Insel der Elefanten" durch ihre rasante touristische Entwicklung inzwischen gewaltig auf Trab gekommen ist, gilt sie noch immer als Naturparadies. Denn schon 1982 waren 80 % sowie die meisten der 52 umliegenden Eilande zum **Ko Chang Marine National Park** erklärt worden. Schließlich ist die 34 km lange und bis zu 12 km breite Ko Chang gesegnet mit ausgedehnten Sandstränden, geheimnisvollen Mangrovenlagunen, bis zu 744 m hohen Bergen und rauschenden Wasserfällen. Der **Regenwald** zählt zu den am besten erhaltenen Südostasiens und beherbergt mit 29 Säugetierarten, 74 Vogelarten und 42 verschiedenen Reptilien eine reichhaltige, exotische Tierwelt, die auf dem Festland vielerorts schon ausgestorben ist.

Auch wenn es bereits mehrere 5-Sterne-Resorts gibt und die Landpreise unermesslich gestiegen sind, ist der **Bauboom** längst nicht zu Ende. Immer mehr namhafte Hotelketten investieren auf Ko Chang, während die einst inseltypische Bambushütten- und Hängematten-Romantik auf dem Rückzug ist. Bereits etablierte Strandresorts sind bestrebt, sich mit schicken Schwimmbädern und Wellnessoasen aufzuwerten. Selbst in den einfachen Unterkünften wird ständig am weiteren Ausbau gewerkelt, während an den Hauptstränden immer mehr Supermärkte, Souvenirshops, Maßschneider, Optiker, Serviceagenturen, Restaurants, Bars, Internet-Cafés und Massageläden die Ringstraße säumen. Auch das Angebot für Aktivitäten hat sich enorm vervielfältigt. Als neue Attraktionen für Abenteurer locken Klettereien in Baumwipfeln und Trekkingrouten quer über die Insel oder in fünf Stunden sogar hinauf bis zum **Khao Salak Phet** – dem höchsten unter den inselweit 299 Bergen.

Es darf spekuliert werden, ob sich Ko Chang zu einer geschniegelten Urlaubsinsel wie Phuket entwickelt oder dem ausverkauften Ko Samui den Rang abläuft... 1996 wurde die Insel an das Festlandstromnetz angebunden, seit 1998 verkehren Autofähren und 2003 ging der Festlandsflughafen von Trat in Betrieb. Wenn das letzte Teilstück der Ringstraße im Süden tatsächlich noch fertig gestellt wird, dürfte das einen weiteren Quantensprung bedeuten. Da mag es ein wenig trösten, dass auf dieser Insel wegen extremer Steigungen und enger Kurven auch künftig keinerlei große Reisebusse werden verkehren können. Wer auf der Suche nach der letzten, authentischen Idylle ist, sollte sich auf den Weg in den beschaulichen Osten Ko Changs machen oder die zahlreichen neuen Speedboat-Verbindungen nutzen, um in die bisher teilweise kaum bekannte, unglaublich schöne Weite des Archipels vorzudringen.

In der Nebensaison

Wer das Ko Chang-Archipel in der Nebensaison bereisen möchte, kann zwar mehr Ruhe, Einsamkeit und günstigere Preise erwarten, sollte sich aber – zumindest jenseits der Hauptinsel – auf **Einschränkungen** gefasst machen. Die Boote fahren seltener, einige Resorts, Geschäfte oder Tauchbasen haben geschlossen, während Strand und Meer wegen des **Strömungswechsels** weniger sauber wirken. Dieser generiert zudem große Gefahren: Jedes Jahr ertrinken – gerade am sicher wirkenden, flachen White Sand Beach, aber auch am Klong Prao und am Lonely Beach – mehrere Badende, die die tückische **Unterströmung** völlig unterschätzen und abgetrieben werden.

KO CHANG

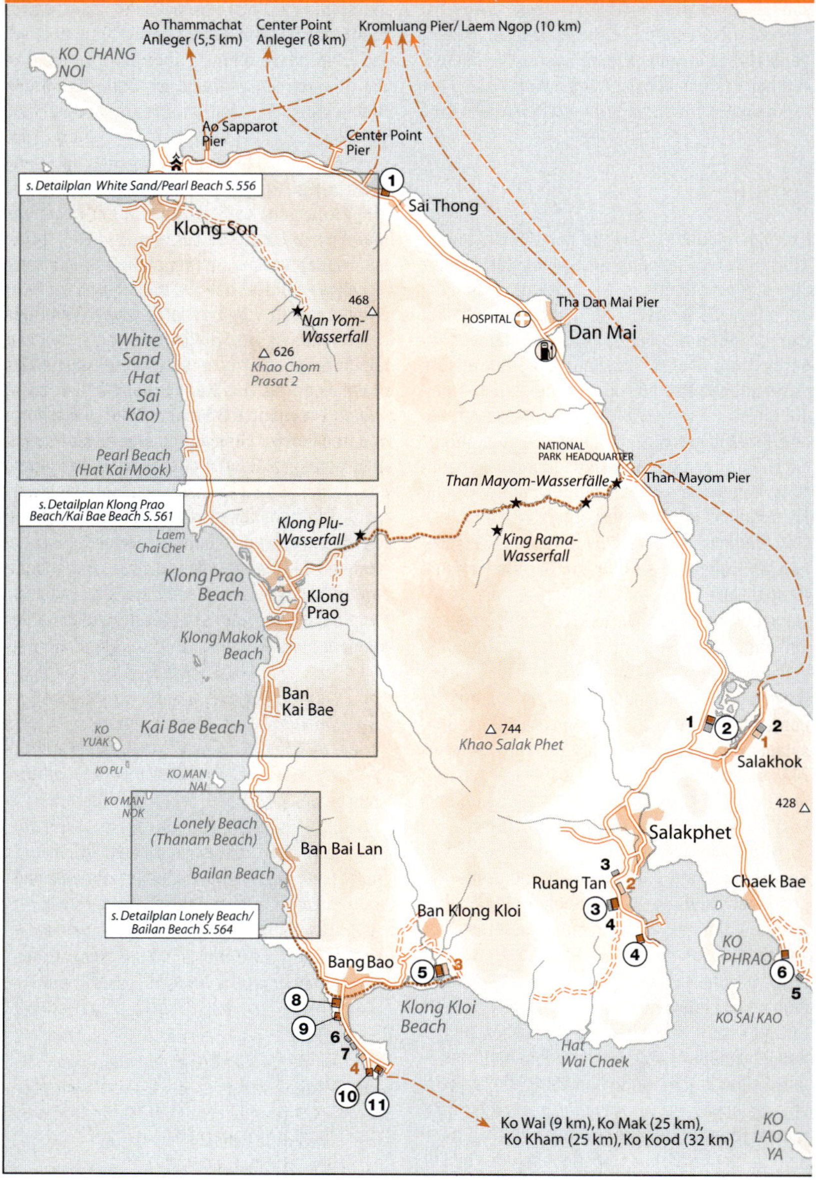

Ao Thammachat Anleger (5,5 km)
Center Point Anleger (8 km)
Kromluang Pier/ Laem Ngop (10 km)
KO CHANG NOI
Ao Sapparot Pier
Center Point Pier
s. Detailplan White Sand/Pearl Beach S. 556
Sai Thong
Klong Son
468
Nan Yom-Wasserfall
626
Khao Chom Prasat 2
White Sand (Hat Sai Kao)
Pearl Beach (Hat Kai Mook)
Tha Dan Mai Pier
HOSPITAL
Dan Mai
NATIONAL PARK HEADQUARTER
Than Mayom-Wasserfälle
Than Mayom Pier
King Rama-Wasserfall
s. Detailplan Klong Prao Beach/Kai Bae Beach S. 561
Klong Plu-Wasserfall
Laem Chai Chet
Klong Prao Beach
Klong Prao
Klong Makok Beach
Ban Kai Bae
Kai Bae Beach
KO YUAK
744
Khao Salak Phet
Salakhok
428
KO PLI
KO MAN NAI
KO MAN NOK
Lonely Beach (Thanam Beach)
Bailan Beach
Ban Bai Lan
s. Detailplan Lonely Beach/ Bailan Beach S. 564
Salakphet
Ruang Tan
Chaek Bae
Ban Klong Kloi
KO PHRAO
Bang Bao
Klong Kloi Beach
KO SAI KAO
Hat Wai Chaek
Ko Wai (9 km), Ko Mak (25 km), Ko Kham (25 km), Ko Kood (32 km)
KO LAO YA

White Sand Beach (Hat Sai Kao)

Dies ist der erste Strand, der sich vom Fähranleger **Ao Sapparot** und über das inselweit größte Dorf **Klong Son** nach rund 7 km an der Westküste erreichen lässt. An diesem „Sunset Strip" begann einst der Tourismus auf Ko Chang. Kein Wunder also, dass der White Sand Beach als Inselzentrum gilt – und stets die rasanteste Entwicklung zu verzeichnen hat. Hier gibt es eine bunte Mischung aus Inselgästen und auch Unterkünften, die in den verschiedensten Baustilen entstanden sind. Bei Flut kann der flach ins Meer führende, 2,5 km lange Sandstrand ziemlich schmal werden. Bei Ebbe jedoch verwandelt er sich in eine szenische Naturpromenade, auf der sich vielfältiges Urlaubsleben abspielt: Man kann mit Blick auf die tropisch bewaldete Bergkulisse des Hinterlands bzw. den 626 m hohen, zuckerhutförmigen **Khao Chom Prasat 2** flanieren, sich im weiß schimmernden Sand sonnen, im Schatten von Baumriesen massieren lassen, mit Kokosnüssen jonglieren oder Volleyball spielen – in Erwartung eines spektakulären Sonnenuntergangs und verlockender Schlemmerfreuden in den romantischen Freiluftrestaurants.

Wesentlich einsamer geht es am schönen Nordende des Strands zu: Es ist durch Felsvorsprünge abgetrennt, an denen bunte Hippieresorts kleben (s. Kasten S. 557). Wer diese passiert oder es von der Ringstraße über die extrem steile Stichstraße hier hinunter geschafft hat, findet sich in einem herrlichen Badeparadies wieder. Selbst bei hohem Wasserstand verbleibt ein breiter Sandstrand mit meist glasklaren Meeresfluten.

Übernachtung

Die Anzahl der Unterkünfte hat sich in wenigen Jahren vervielfacht, doch einfache und preiswerte Zimmer direkt am Strand sind immer schwieriger zu finden. Online buchen kann man z. B. über 💻 www.kohchangonline.com.

Untere Preisklasse

Island Lodge ⑫, ✆ 081-000 3938, 💻 www.islandlodge-kochang.com. Liegt 250 m von der Ringstraße landeinwärts an einem steilen Hang. Ex-Skipper Mr. Graham bietet 25 günstige, geräumige Zimmer mit

White Sand / Pearl Beach

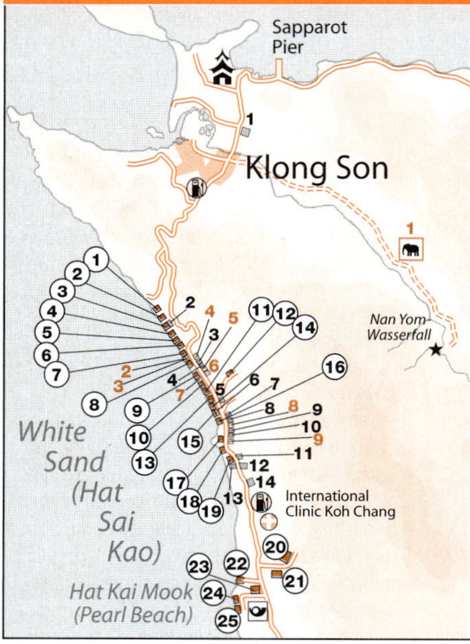

Übernachtung:
WHITE SAND BEACH (HAT SAI KAO)
① White Sand Beach Resort
② Maylamean
③ Rock Sand
④ Independent
⑤ Chang Bar
⑥ Star Beach Bungalow
⑦ KC Grande Resort & Spa
⑧ Sang Tawan Resort
⑨ Tantawan Resort
⑩ Sangaroon Bungalow
⑪ Bamboo Bungalow
⑫ Island Lodge
⑬ Apple Resort
⑭ Kacha Resort
⑮ Banpu Resort
⑯ Alina
⑰ Banthai Resort
⑱ Plaloma Cliff Resort
⑲ Top Resort

PEARL BEACH (HAT KAI MOCK)
⑳ T.P. Hut
㉑ Buddy House
㉒ Remark Cottage
㉓ Keereeta Resort
㉔ Paradise Palms
㉕ Penny's

Essen:
WHITE SAND BEACH (HAT SAI KAO)
1 Bavarian Beer Garden
2 Rock Sand
3 Buffalo Bill
4 Pump's House
5 Ban Nuna
6 Banpu
7 Nuong Bua
8 Gai Mun
9 Pink
10 Raveena
11 Paddy's Palms
12 Meals & More
13 Gourmet Corner
14 Invito

Sonstiges:
WHITE SAND BEACH (HAT SAI KAO)
1 Klong Son Elephant
2 Bodywork Spa
3 White Sand Dive Center
4 Oodie's Place
5 Thai Mart
6 Bangkok Airways
7 Sabay Bar
8 V-Mart Green Leaf

erbaulichem Ausblick. Die schönsten sind Nr. 7, 8 und 9. ❹

Sang Tawan Resort ⑧, ✆ 039-551 475. Beliebte, etwas enge Bungalowanlage am Meer, wo der schönere Teil des Strands beginnt. Freundliches Personal, familiäre Atmosphäre und allabendliches, empfehlenswertes Barbecue unter stattlichen Baumkronen. ❹–❺

Sangaroon Bungalow ⑩, ✆ 081-795 2655, 🖳 www.sangaroonbungalow.com. 20 Zimmer in Holzbungalows, davon einige mit Ventilator und günstiger. F1, F2 und F3 liegen direkt am Strand. Kleine, aber feine Gartenanlage mit vielen bunten Blumen. ❹–❺

Mittlere bis obere Preisklasse

Alina ⑯, ✆ 039-551 135, 🖳 www.alinaresort.com. Am steinigen Südende des Strands mit 30 gepflegten, z. T. recht günstigen Komfortzimmern in Bungalows und einem Gebäudetrakt. Die Lehrerin Ek und ihr kanadischer Mann Dave zählen zu den Tourismuspionieren. ❺

Apple Resort ⑬, ✆ 039-551 228-9. Mit 30 etwas eng aufeinander gebauten Holzbungalows szenisch in der Mitte des Hauptstrands gelegen. ❺

Bamboo Bungalow ⑪, ✆ 039-551 158, 🖳 www.bamboo-resort.com. Typisch für dieses kleine, angenehme Resort mit 11 Komfortzimmern sind die blauen Dächer und Terrassen. ❺

Banpu Resort ⑮, ✆ 039-551 235-6, 🖳 www.banpuresort.com. Besonders die urgemütlichen 11 Bungalows dieser Anlage mit 31 Zimmern sind an Romantik kaum zu überbieten – sollten aber in der Saison rechtzeitig reserviert werden. ❺–❻

Banthai Resort ⑰, ✆ 039-551 109, 🖳 www.kochangbanthai.com. Erstaunlich, auf wie wenig Platz sich ein Boutiqueresort zaubern lässt. Enge, aber schöne Anlage mit

Hippiehütten an Felswänden

Die mit viel buntem Zierrat abenteuerlich an Felsen klebenden Bungalowresorts erscheinen als illustres Überbleibsel der Pionierzeit und bieten bei Preisen von 200–500 Baht die mit Abstand günstigsten Zimmer am Strand. Das **Independent** ④, ✆ 085-283 5581 (keine tel. Reservierungen), ist mit 27 Zimmern nicht nur die größte Anlage, sondern mit allerlei Malereien und Skulpturen auch die schillerndste: Bei der Ausgestaltung durften einheimische und ausländische Künstler ihrer Kreativität freien Lauf lassen. Das von den netten Holländern Michael und Mike geführte **Star Beach Bungalow** ⑥, ✆ 082-258 1410, bietet 10 einfache Zimmer und ein gutes Restaurant. Die benachbarte, legendäre **Chang Bar** ⑤, ✆ 089-169 3336, lockt mit 14 einfachen Zimmern, von denen Nr. 3 und Nr. 4 sogar Meeresblick bieten. Das **Maylamean** ②, ✆ 082-257 6271, verfügt über 12 Zimmer mit Innenbad, von denen A1 und A2 mit dem wohl strandweit schönsten Ausblick verwöhnen. Auch das lauschige Restaurant hängt auf einer Plattform an den Felsen. Das benachbarte, als Übergang zwischen dem Süden und Norden des White Sand Beach konzipierte **Rock Sand** ③, ✆ 087-939 7980, ist – unter Leitung eines Holländers – mit 20 Zimmern bestückt, davon sogar 3 mit AC für 1500 Baht.

11 Zimmern, warmen Farben und viel Thai-Stil. An diesem Resort endet der ausschließlich sandige Abschnitt der Bucht. ❺–❻

Kacha Resort ⑭, ✆ 039-551 421-5, 💻 www.kohchangkacha.com. Im Vergleich zu manch kleiner, überteuerter Anlage scheint das Preis-Leistungs-Verhältnis hier besser. Am schönsten sind die 36 Superior-Bungalows in der Gartenanlage. Hübsch angelegter, großer Pool. ❺–❻

KC Grande Resort & Spa ⑦, ✆ 039-552 111, 💻 www.kckohchang.com. Ist mit 140 Luxuszimmern das größte Resort und hat durch seine Erneuerung enorm gewonnen. Der alte Teil besteht aus Bungalows unter Palmen, der neue wirkt mit einem riesen Pool sehr großzügig, aber auch kalt. ❼–❽

Tantawan Resort ⑨, ✆ 039-551 178. Von den 17 Zimmern sind 8 mit Ventilator und günstiger. Die teureren sind in Bungalows im Thai-Stil mit Holzböden und Terrassen. Am Strand gibt es ein Restaurant mit buntem Mobiliar und eine angesagte Bar mit Reggaeflair unter hohen Bäumen. ❹–❻

Top Resort ⑲, ✆ 039-551 364-5, 💻 www.topresort-kohchang.com. Sehr gepflegte Anlage auf dem 26 m hohen Berg am südlichen Ende der Bucht. 24 günstige, komfortable Zimmer und Apartments, davon einige direkt in die Klippen gebaut oder bis zu 84 m² groß. Im Seaside-Restaurant gibt es beste Thai-Kost und leckere Currywurst mit tollem Ausblick. Der sympathische Berliner Besitzer Michael Weber (Micha) und sein gern zur Gitarre greifender Manager Bernhard sind bemüht, nichts dem Zufall zu überlassen. ❺–❻

White Sand Beach Resort ①, ✆ 081-863 7737, 086-310 5553, 💻 www.whitesandbeachkohchang.com. Auch wenn die einstigen Bambushütten längst durch Komfortbungalows ersetzt

Wohnen bei James

Wer im **Plaloma Cliff Resort** ⑱, ✆ 08-1863 1305, 💻 www.plaloma-cliff.com eincheckt, tut das meist nicht nur wegen der 90 völlig unterschiedlichen Zimmer, die es im Cliff Wing, als Pool Rooms (die neuesten und besten sind C 70-82) oder Seaside Bungalows gibt. Das bereits 1991 eröffnete und inzwischen weitgehend neu errichtete Hotel gehörte einst zu den inselweit 3 ersten Anlagen mit westlichem Komfort. Aus diesen spannenden Tagen kann Inhaber und Inseloriginal James Brunner in unverwechselbarer Manier erzählen ... Besser als der 54-jährige Schweizer dürfte sich auf Ko Chang eh niemand auskennen. Das Resort liegt mit Palmenwiese am felsigen Südende des White Sand Beach und verfügt über ein lauschiges, oft gelobtes Bambusrestaurant (die besten Rösti Ko Changs) am Meer. ❹–❻

sind, ist das die älteste Anlage der Insel. Zwischen betagten Baumriesen und Palmen locken an diesem paradiesischen Strandabschnitt am Nordende der Bucht 93 Zimmer, davon 32 optisch ansprechende Beachfront-Bungalows. ❺

Essen

Der White Sand Beach erweist sich als abendliche Freiluft-Schlemmermeile, auf der natürlich besonders fangfrischer Fisch und Meeresfrüchte munden. Fast jede Unterkunft bietet eine eigene Bewirtung, während sich die Gastronomie an der Ringstraße vervielfältigt – auch in Form von Fastfood-Filialen wie Chester.

Ban Nuna, ✆ 081-821 4202. In diesem lauschigen Bambusrestaurant werden XL-Holzofen-Pizzas für 370 Baht und andere westliche Speisen sowie Thai-Gerichte ab 100 Baht serviert. ⌚ 10–22 Uhr.

Banpu, ✆ 039-551 235-6. Gehört zum gleichnamigen Resort, urgemütliches Restaurant mit viel Holz. Wirkt teurer, als es ist. Exzellente, thailändische Küche. ⌚ 7–22 Uhr.

Bavarian Beer Garden, Klong Son, ✆ 039-555 081. Im Restaurant des Koh Chang Riverside Resort an der Ringstraße bewirtet Paul Spiegel seine Gäste mit Produkten aus der eigenen Bäckerei – wie Bratwürsten, Leberkäse, Haxen und besonders gern: mit eisgekühltem Weihenstephan vom Fass. ⌚ 7–22 Uhr.

Buffalo Bill, ✆ 039-551 451. Seit 2007 das einzige Steakhouse am Platz. Der Genuss beginnt bei 400 Baht, wird aber nicht von allen Gästen als solcher empfunden. Im Erdgeschoss lässt sich ein elektrischer Bulle zum Toben bringen. ⌚ 7–23 Uhr.

Gai Mun, ✆ 086-816 2872. Mrs. Sao und Mr. Boy brutzeln allerlei Isarn-Spezialitäten, v. a. knusperige Hühnchenteile. Günstig, aber nicht besonders gemütlich. ⌚ 8–21.30 Uhr.

Gourmet Corner, ✆ 039-551 547. Täglich ofenfrische Brötchen, leckeres Graubrot und kalte Theke. Weine aus aller Welt und mehr als 10 Sorten deutsches Bier – darunter das legendäre Flensburger Pilsener, Fürstenberg, Köstritzer und natürlich Weihenstephan. ⌚ 8–20 Uhr.

Invito, Ringstraße/Richtung Pearl Beach, ✆ 039-551 326. Nicht gerade billig, doch Inhaber Patrick verwöhnt mit gediegener Tischdecken-Atmosphäre und den besten Pizzas der Insel (inkl. Lieferservice). ⌚ 18–22 Uhr.

Meals & More, ✆ 039-551 467, ✉ carwie@web.de. Im Geschäftsblock am Ende des White Sand Beach. Beste deutsche Hausmannskost in Form von erfreulich großen Portionen. Liveübertragungen von Fußballspielen und Formel 1. Der deutsche Besitzer Carsten Wiegand und seine Frau Lek betreiben nebenbei eine Reiseagentur. ⌚ 8.30–22 Uhr.

Nuong Bua, ✆ 081-864 4737. Gegenüber dem Banpu Resort. Einfaches Restaurant mit günstigem Thai-Essen. ⌚ 7–22 Uhr.

Paddy's Palms, ✆ 083-851 1174, 💻 www.paddyspalmspub.com. Beliebter, irischer Pub, dessen tiefgrüne Fassade neben dem neuen, gelben Keereela-Hotel besonders ins Auge fällt. Guinness und Kilkenny vom Fass sowie 3 Großbildschirme für Live-Events. ⌚ 8–1 Uhr. Angesagter Ableger namens **15 Palms** am Strand, 💻 www.15palms.com, ⌚ 8–1 Uhr.

Pink, ✆ 039-551 419. Liegt in der Grand View Plaza und bietet Snacks, Kaffee und leckere Eisbecher. Die gute Qualität hat ihren Preis. ⌚ 8–24 Uhr.

Pump's House, ✆ 085-278 0818. In dieser kleinen, sympathischen Bar werden 76 verschiedene Cocktails zum Preis von um die 80 Baht gemixt. Wer lieber gleich hier bleiben will: Es gibt auch Zimmer. ⌚ 10–1 Uhr.

Raveena, ✆ 081-425 4422. Auf der Speisekarte stehen kulinarische Köstlichkeiten aus Indien, natürlich besonders viele Curries. ⌚ 10–23 Uhr.

Rock Sand, ✆ 087-939 7980. Thront auf einem Felsen im Meer und empfiehlt sich deshalb besonders für romantische Sunset-Drinks. Quantität und Qualität des Essens allerdings erweisen sich oft als weniger verlockend. ⌚ 7–22 Uhr.

Der Exkurs „Im Rhythmus der Nacht" informiert über das **Nachtleben** von Ko Chang und an welchen Stränden nach Sonnenuntergang noch etwas los ist, s. eXTra [2878].

Pearl Beach (Hat Kai Mook)

Ein guter Beweis dafür, dass auf Ko Chang jeder Strand einen ganz eigenen Charakter hat. Der nicht weit vom Hauptstrand entfernte, 1 km lange Pearl Beach konnte seine Beschaulichkeit bewahren, weil seine Natur von Felsen und Steinen statt verlockenden Sandmassen geprägt wird.

Übernachtung

Obwohl – oder besser: weil – es hier keinen Sandstrand gibt, finden sich überraschend schöne Bungalowanlagen.

Buddy House ㉑, Ringstraße/Bergseite, ✆ 081-297 4043. Familiäre Atmosphäre mit 12 Zimmern, davon 7 mit AC. Nr. 8 und 9 haben Terrassen. Der nette Besitzer Mr. Pook spricht Englisch. ❷–❹

Paradise Palms ㉔, ✆ 089-094 6023, 💻 www.paradisepalmsresort.net. Klein, aber fein. Der lockere Engländer Matt bietet 3 abgelegene, ruhige Komfortbungalows in einem schattigen Garten am Naturstrand. ❺

Penny's ㉕, ✆ 039-551 122, 💻 www.penny-thailand.com. Abgelegene, aber populäre Anlage unter deutscher Leitung. Relaxte Atmosphäre direkt am Naturstrand mit Felsen und Sitzecken. Besonders empfehlenswert sind die 16 Komfortzimmer im rückwärtigen Bereich. ❺

Remark Cottage ㉒, ✆ 039-551 261, 💻 www.remarkcottage.com. Empfehlenswert, da zweifelos eines der inselweit schönsten Resorts. Behagliche Anlage mit 15 Bungalows aus Naturmaterialien in einem herrlichen Tropengarten. Idyllisch durchgestylt bis zum Dschungel-Schwimmbad. ❺–❻

T.P. Hut ⑳, Ringstraße/Bergseite, ✆ 085-444 3282. Neu seit Ende 2008, schöne Anlage mit 16 Zimmern aus Naturmaterialien, davon 8 mit AC. ❸–❺

Essen

Wer hier wohnt, mietet meist ein Moped, so dass es zur Restaurantszene des White Sand Beach nicht weit ist.

Sunrise BBQ, ✆ 081-000 6430. Hier gibt es die beliebte Hot-Pot-Brutzelei „Mukata" zum Sattessen und Festpreis von 130 Baht. 🕓 17–22 Uhr.

Idyllische Nostalgieherberge

Ein Boutiqueresort zum Verlieben ist das **Keereeta Resort** ㉓, ✆ 039-551 304-5, 💻 www.keereeta.com. Es liegt zwar 200 m vom Strand entfernt an der Ringstraße, präsentiert sich aber dennoch als einzigartige Oase der Romantik, Ruhe und Nostalgie. Die stilvoll eingerichteten, überraschend günstigen 18 Zimmer gruppieren sich um einen lauschigen Innenhof mit Schwimmbad und Salas. ❻

Klong Prao Beach

Mit fast 6 km ist er nicht nur der längste, sondern für viele auch der reizvollste Strand Ko Changs. Eine felsige Landzunge, zwei malerische Lagunen und ein dichter Palmenbestand lassen den ganz flach in das Meer führenden Klong Prao Beach als gute Laune der Natur erscheinen. Im nördlichen Bereich Chae Chet und im Süden Klong Makok genannt, sind hier die meisten namhaften Luxusresorts Ko Changs aus dem Sand gewachsen. Das jedoch scheint etwas im Gegensatz zu den leidig-lästigen Sandfliegen zu stehen, die hier besonders gern ihr Unwesen treiben und den Strandgenuss nachhaltig beeinträchtigen können. Das Hinterland erstreckt sich flach und bis zu einer Breite von 2 km, so dass hier noch viel Platz für Entwicklung und auch schon ein kleiner Privatflugplatz angelegt worden ist. In den Bergen verbirgt sich der **Nam Tok Klong Plu**, 200 Baht. Er ist über einen Dschungelpfad in rund 20 Minuten zu erreichen und der wohl eindrucksvollste Wasserfall der Insel. Mit seinen 22 m Höhe füllt er sogar in der Trockenzeit eine große und mehrere kleine Felsbadewannen.

Übernachtung

Zwischen den Luxusherbergen für Pauschalurlaub wie dem Amari, Tropicana, Koh Chang Resort, Koh Chang Paradise, Ramayana, Barali oder The Dewa finden sich durchaus attraktive Resorts für Individualreisende sowie überraschender Weise sogar noch Bungalowresorts mit Travelleratmosphäre. Viele Unterkünfte sind nur über die Pistenzufahrt des Panviman Resort erreichbar.

Bambushütten-Nostalgie

An einem der schönsten Strandabschnitte Ko Changs gibt es sogar noch Bambushütten: Das **Tiger Hut** ⑩, ✆ 084-109 9660, besteht aus 36 preiswerten Bungalows, von denen sich 13 direkt am Meer befinden – wie auch eine einladende Restaurantplattform. Die Bungalows sind etwas spartanisch, aber sauber. Einige mit Ventilatoren, andere mit Gemeinschaftsbad. ❷–❸

Untere Preisklasse

Country Bungalows ⑫, ✆ 080-0153 078, ✉ supholtzx@hotmail.com. Neu seit 2009, hinter dem gleichnamigen Restaurant. Eine familiäre Anlage an einer Lagune mit 6 einfachen, wohnlichen Ventilatorbungalows mit Freiluftbad. ❷

K.P. Huts ⑪, ✆ 08-4077 5995, ✆ 039-557 190. Weitläufige, naturbelassene Anlage mit vielen Palmen und schilfgedeckten Bambusbungalows, die an die Pionierzeit der Insel erinnern. Einige der 49 Zimmer auch mit mehr Komfort. ❸–❹

Mittlere bis obere Preisklasse

Aana Resort ⑥, ✆ 039-551 539, 🖳 www.aanaresort.com. Seit 2005, herrliches Boutiqueresort am Klong mit 29 Zimmern in extravaganten Luxusvillen und 42 in einem Seitentrakt. Paradiesisches Schwimmbad. ❻–❽

Baan Rim Nam ⑧, ✆ 087-003 8575, 089-500 3915. Kleines Homestay-Resort an der Lagune. Der Engländer Mr. Jan bietet 3 Zimmer in idyllischer Lage. ❹

Wohnen am Klong

Als Designerresort mit nur 6 Zimmern zählt das **Keereeta Lagoon** ⑦, ✆ 039-551 304-5, 🖳 www. keereeta.com, zu den faszinierendsten Unterkünften der Insel. Das Interieur besteht aus einer illustren Mischung aus Weiß und Farbenfroh. Ein weiterer Höhepunkt ist die romantische Lage direkt am Klong und gegenüber dem Restaurant Phu Talay, zu dem die Gäste einfach hinüber schwimmen können. ❻

Chai Chet Resort ②, ✆ 039-551 070-2, 🖳 www.kohchangchaichet.com. Thront auf dem gleichnamigen Felsvorsprung am Nordende der Bucht sowie an einem beschaulichen Klong mit Schiffen. Weitläufig angelegt mit 70 Bungalows. ❺

Klong Prao Resort ⑤, ✆ 039-551 115-6, 🖳 www.klongpraoresort.com. In der Mitte des Strands und mit 127 Zimmern in die Lagune gebaut. Lang etabliertes, beliebtes Resort mit allem, was dazu gehört. ❻–❼

Magic Resort ⑬, ✆ 039-557 074, 🖳 magicresort_kc@yahoo.com. Lange etabliert mit 72 Bungalows in unverwechselbarem Mischstil am Südende der Bucht. Weitläufige Gartenanlage, legendäres Stelzenrestaurant im Meer. ❺

Panviman Resort ⑨, ✆ 039-551 290-6, 🖳 www.panviman.com. Teuer, aber eine der inselweit stilvollsten Anlagen mit 50 gediegenen Zimmern in tempelartigen Pavillons, umrahmt von einem herrlichen Tropengarten und paradiesisch angelegten Schwimmbad. ❽

Thai Garden Hill Resort ①, Ringstraße/Bergseite, ✆ 039-551 573-4, 🖳 www.tgdresort.net. Schöne Anlage mit 48 Zimmern in 2-stöckigen, ansprechenden Thai-Stil-Bungalows mit Balkon. Einladendes Schwimmbad. ❺

The Royal Coconut Resort ③, ✆ 039-551 217, 🖳 www.theroyalcoconutresort.com. Am Nordende der Bucht mit 42 Zimmern, davon 6 als Beachfront-Bungalows mit Ventilator für 700 Baht. Romantische Dinner-Möglichkeit am Strand. Das verschnörkelte, benachbarte **Coconut Beach Resort** ④ gehört der gleichen Familie, ist aber erheblich teurer. ❹–❺

Essen

Von besonderem Reiz sind die Seafood-Restaurants am Klong, zu denen man von der Hauptstraße über die Soi Vorvan gelangt.

Barracuda, ✆ 086-724 0310. Einfaches Strandrestaurant im Palmenwald. Wer von hier zur Klong Prao-Lagune spaziert, passiert das verfallende, ehemalige Thale-Resort – ein idealer Ort, um die Insel während eines

Klong Prao / Kai Bae Beach

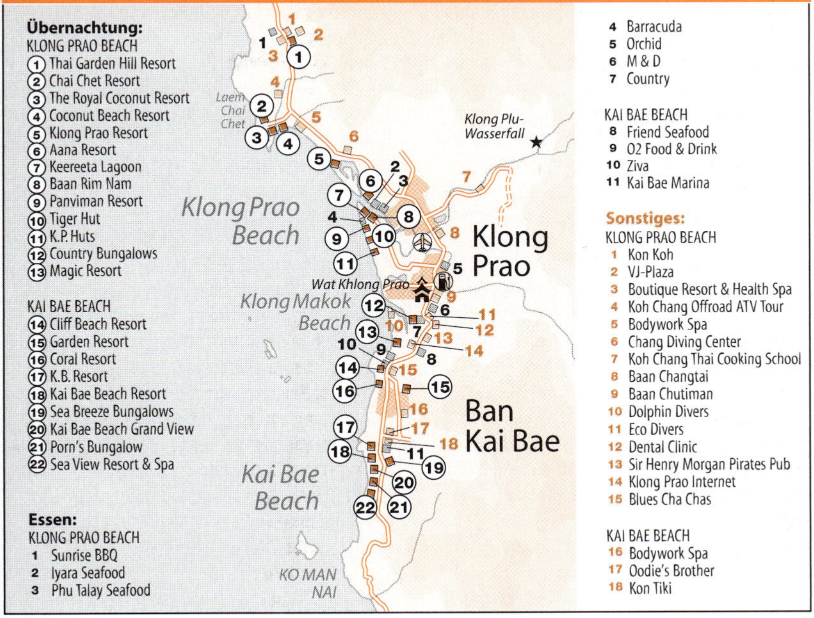

Badetags von ihrer paradiesischsten Seite zu genießen. ⏲ 10–22 Uhr.

Country, auf der Ringstraße 1 km vom Kai Bae Beach, ✆ 086-1097 903. Schon seit 1996 brutzelt Inhaber Mr. Alex gute Thai-Gerichte, aber auch mexikanische Kost, Cordon bleu, Wiener Schnitzel für 150 Baht. ⏲ 8–22 Uhr.

Einkehr im Fischerhaus

Wer möglichst romantisch und authentisch speisen möchte, sollte im **Phu Talay Seafood**, 400 m von der Ringstraße, ✆ 039-551 300, ⏲ 10–22 Uhr, einkehren. Das Restaurant besteht aus einem ehemaligen hölzernen Fischerhaus mit einer Terrasse zur Lagune. Die Angestellten sind freundlich, die Preise für die meisten Speisen mit 100–150 Baht erfreulich moderat.

Iyara Seafood, ✆ 081-751 0058, 💻 www.kohchangiyara.com. Bekanntes, professionelles Seafood-Restaurant an der Klong Prao-Lagune. ⏲ 10–22 Uhr.

M & D, ✆ 081-905 7699. Neu seit 2008, Restaurant und Bar. Kreative Küche mit Chicken und Mongolian BBQ. ⏲ 10–24 Uhr.

Orchid, Ringstraße/gegenüber Abzweigung Panviman Resort, ✆ 083-783 8605. Rustikal und günstig, die meisten Gerichte 80–120 Baht. Herrliche tropische Eingrünung mit Kletterpflanzen und Hängeorchideen. ⏲ 9–24 Uhr.

Kai Bae Beach (Hat Kai Bae)

Mit seinem dichten Dschungel, den überhängenden Palmen, stattlichen Laubbäumen und malerisch vorgelagerten Inseln Ko Yuak, Koh Pli, Ko Man Nok und Ko Man Nai gilt er als der naturbelassenste Strand Ko Changs. Fast 2,5 km lang, gliedert er sich in drei Abschnitte. Während der Flut allerdings bleibt an vielen Stellen kaum noch Sandstrand übrig und bei Ebbe zieht sich das Meer bis zu 200 m weit zurück. Im Bereich der Ringstraße floriert buntes Geschäftsleben, das bei abendlicher Beleuchtung eine beschauliche Wirkung entfaltet. In der Saison kommt es hier sogar zu Staus, weil der Verkehr durch die verengte Hauptschlagader pulsieren muss. Am südlichen Ende ansteigend, führt die Ringstraße zum schönsten Aussichtspunkt der Insel.

Übernachtung

Untere Preisklasse

Kai Bae Beach Grand View ⑳, ✆ 039-557 292. Von den 50 Zimmern sind nur die günstigen Ventilatorbungalows im südlichen, 200 m von der Rezeption entfernten Teil der Anlage reizvoll. Sie liegen zwischen viel Grün direkt am Meer. ❹

Porn's Bungalow ㉑, ✆ 087-142 3159, 💻 www.pornsbungalows-kohchang.com. 27 einfache Ventilatorbungalows aus Naturmaterialien zwischen alten Bäumen am Meer. Plattformrestaurant. Familiäre, relaxte Atmosphäre. ❷–❹

Sea Breeze Bungalows ⑲, ✆ 039-557 151-2, 💻 www.seabreezebungalows.com. Die empfehlenswerte, gepflegte, ockerfarbene Anlage schmiegt sich an einen Hügel. 36 teilweise etwas kleine, aber behagliche Zimmer. Schwimmbad geplant. ❹

Mittlere bis obere Preisklasse

Cliff Beach Resort ⑭, ✆ 039-557 034-5, 💻 www.kohchangcliffbeach.com. Schön, aber nicht gerade billig. 50 Zimmer, z. T. am Felshang. Gartenanlage, bestechender Inselblick und Kajakverleih. Die 8 Zimmer im Mandalay Wing an der Straße kosten nur 2000 Baht. ❼

Coral Resort ⑯, ✆ 039-557 136-9, 💻 www.kohchangcoralresort.com. Eindrucksvoll auf einer schmalen Landzunge gelegen. 36 gute Zimmer in originellen Bungalows, Schwimmbad mit Panoramablick. ❺–❻

Kai Bae Beach Resort ⑱, ✆ 039-557 132, 💻 www.kaibaebeach.com. 41 Holz- und Steinbungalows als architektonisches Sammelsurium, teilweise mit großen Fensterfronten zum Meer. Die günstigsten nur mit Ventilator. ❹–❺

K.B. Resort ⑰, ✆ 039-557 125, 💻 www.kbresort.com. Schon der originelle Hotelprospekt verspricht ein super Resort. Empfehlenswert mit 49 Bungalows unterschiedlicher Architektur, davon 20 mit Ventilator. Garten. ❹–❺

Sea View Resort & Spa ㉒, ✆ 039-552 888, 💻 www.seaviewkohchang.com. Lange etabliert und mit 126 Zimmern eines der inselweit beliebtesten Hotels. Imposanter Hauptbau, aber auch Zimmer in Cottages. Wunderschöne landschaftliche Einbettung mit vorgelagerten Inselchen. ❺–❼

Garten mit Salzwasserpool

Ein gutes Beispiel dafür, dass man sich auch in einer Unterkunft jenseits des Strands wohlfühlen kann, ist das **Garden Resort** ⑮, ✆ 086-145 9500, 💻 www.gardenresortkohchang.com. Der freundliche Brite Mr. Lee lockt mit 20 wohnlichen Komfortbungalows, einem Restaurant und einem schicken, dunkelblauen Salzwasserschwimmbad in einem üppigen Garten. ❺

Essen

An der Ringstraße wimmelt es nur so von verlockenden Restaurants. Viele haben ein allabendliches Grillbuffet, fast alle sind erfreulich günstig.

Friend Seafood, ✆ 087-428 3700. Viel gelobtes Tischdecken-Restaurant an der Ringstraße. Nett zum Sitzen, gute Thai-Gerichte für 100–120 Baht. 🕓 9–22 Uhr.

Kai Bae Marina, ✆ 097-044 0385, 💻 www.kaibaemarina.com. 🕓 7.30–22 Uhr. Hier gibt es fast alles, was die internationale Küche so hergibt, aber auch Thai-Geriche für 60–100 Baht. Pizzas liegen bei 300 Baht. 🕓 7.30–22 Uhr.

02 Food & Drink, ✆ 081-922 8487. Günstiges Restaurant mit gemütlichem Holzmobiliar. Thai-Gerichte 60–90 Baht, westliche um 130 Baht. Gute Musik. 🕓 10–14 und 17–22.30 Uhr.

Ziva, ✆ 087-801 6159, ✉ Zivafer@yahoo.it. Italienisches Restaurant. Auf der Speisekarte stehen 26 Pastas, 15 Pizzas und 10 Desserts. 🕓 17–22.30 Uhr.

Lonely Beach (Thanam Beach)

Wer diesen 1 km langen Strand noch aus Urzeiten kennt und schätzt, wird sich an den neuen Luxusherbergen und Maßschneider-Geschäften im Palmenwald stören. Ein Grund vielleicht, der hier einst legendären Tree House Lodge (S. 567) zu folgen, deren Bambushütten abgebaut und an den Long Beach an der Ostküste verfrachtet wurden. Trotzdem hat sich hier noch etwas vom ursprünglichen, internationalen Travellerflair gehalten – durchzogen von einer Geschäftswelt mit besonders vielen Tatoostudios. Dies zeigt sich an dem von Geröll und Mangroven geprägten Küstenabschnitt, aber nicht unbedingt am ersten Kilometer, wo sich der Lonely Beach mit gelbem Sand erstreckt. Im Hinterland verläuft die Ringstraße steil und kurvenreich durch die herrlich grüne Natur.

Übernachtung

Neben neuen Luxusresorts gibt es hier nach wie vor die günstigsten Unterkünfte der Insel – beginnend mit Preisen ab 150 Baht. Die im Wald oder an der Straße liegenden Resorts sind nicht unbedingt zu verachten.

Untere Preisklasse

Jackfruit Bungalows ⑤, ✆ 081-606 4454, ✉ jackfruit-bungalow@hotmail.com. Seit 2008 mit 9 Bungalows, davon 1 mit AC. Einfach, aber akzeptabel und sauber. ❷

Lamyai Bungalows ⑧, ✆ 080-6190 703. Seit 2006, idyllische, farbenfrohe Anlage mit 10 Ventilatorbungalows. Gelbe Hütten mit blauen Dächern und roten Geländern. ❸

Lonely Beach Resort ⑨, ✆ 081-279 5120, 💻 www.lonelybeach.net. 11 Bungalows, davon 6 mit AC, unter Leitung des Dänen Tammes. Umfassendes Serviceangebot. ❸

Nature Beach Resort ②, ✆/📠 039-558 027. Zählt mit 48 freakigen Bambushütten unter Palmen, davon 4 mit AC, zu den beliebtesten Unterkünften – besonders für Traveller, die Partystimmung lieben. Aus der hoteleigenen Nature Bar gibt es verstärkt heiße Rhythmen. Hübsches Strandrestaurant. ❷–❹

Siam Hut ③, ✆ 086-609 7772, 💻 www.siamhutkohchang.com. Wirkt locker geführt und etwas abgewirtschaftet. 80 Zimmer, davon 22 mit AC. ❸–❹

Sunset Hut ④, ✆ 081-377 5545. Von 40 Bungalows sind 10 neu und mit AC. Die Ventilatorzimmer ab 200 Baht zählen zu den günstigsten Unterkünften der Insel. Hölzernes Terrassenrestaurant am Meer. ❷–❹

Ting Tong Bungalows ⑦, ✆ 084-947 5767. Seit 2008, lauschige Anlage mit 8 einfachen Ventilatorbungalows, davon 1 mit AC, um einen kleinen Innenhof mit Teich. ❸

> **Urige Doppeldecker**
>
> Als urige Anlage mit 22 teilweise 2-stöckigen Ventilator-Bambushütten erfreut das **Magic Garden** ⑪, ✆ 083-756 8827, 💻 www.magicgardenresort.com. Es empfiehlt sich allein schon wegen seines Hip(pie)-Restaurants mit mehreren gemütlichen Plattformen und stets gut aufgelegtem Sound. ❸–❹

Mittlere bis obere Preisklasse

Golden Resort ⑩, ✆ 039-558 087, 💻 www.kohchang-goldenresort.com. 5 behagliche, perfekt ausgestattete Bungalows mit schönen Bädern. Unter französischer Leitung. ❺

Siam Beach ①, ✆ 039-558-083, 💻 www.siambeachkohchang.com. Anlage am nördlichsten, sandigen Abschnitt des Strands mit 90 behaglichen Komfortzimmern. Romantisches Strandrestaurant unter Bäumen. ❻

Warapura Resort ⑥, ✆ 039-558 123, 💻 www.warapuraresort.com. Neues Luxusresort im ultimativen Travellerbereich. 19 ungewöhnliche, großzügig verglaste Bungalows unter einem einsamen Urwaldriesen. Schwimmbad und romantische Salas am Meer. ❺–❻

Essen

Im lauschigen Palmenwald verbergen sich allerlei kleinere, angesagte Nightlife-Spots, deren Orte und Namen oft saisonweise wechseln.

Italian Pizza, ✆ 089-178 9258. Mrs. Mai backt leckere Pizzas. Mittelmaß 170 Baht, die großen Exemplare 270 Baht. 🕓 8–22.30 Uhr.

Lonely Beach/Bailan Beach

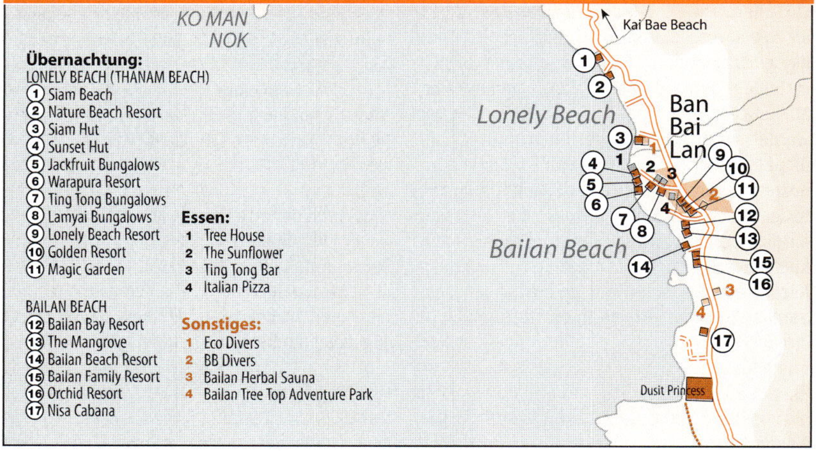

The Sunflower, ✆ 084-0215 333, 💻 www.the-sunflower.com. Zu diesem beliebten Restaurant gehören auch einige Bungalows und ein Minimarkt.

Ting Tong Bar, ✆ 084-947 5767. Seit 2007, szenisches Restaurant und Bar. Günstige Thai-Gerichte, Spaghetti und Cocktail Buckets. 🕓 rund um die Uhr, Livemusik 19–23 Uhr.

Tree House, ✆ 081-847 8215. Das Restaurant lohnt als letztes Überbleibsel noch immer einen Besuch, auch wenn es dem einstigen Travellerhort ohne Bungalows und seiner Gründerin Pamela jetzt an Aura mangelt (s. Kasten S. 567). Auf den Holzterrassen am Meer lässt es sich nach wie vor romantisch schlemmen. 🕓 7–16 und 18–2 Uhr.

Bailan Beach

Der sich südlich anschließende Strand wurde früher nur als Verlängerung des Lonely Beach betrachtet. Mittlerweile hat er sich durch seine Baumhausresorts an bewaldeten Hängen ein eigenes Profil zugelegt. Auch die Küste ist eher etwas für Romantiker als für Badefreaks, da sie hier von Steinen und Mangroven geprägt wird und das Schwimmen sogar bei Flut schwierig ist. Im Hinterland des Bailan Beach (Bai Lan Beach) windet sich die Ringstraße einmal mehr mit steilen Serpentinen durch den Dschungel.

Übernachtung

Wer Abgeschiedenheit, Ruhe und Natur sucht, wird es hier gut aushalten.

Untere Preisklasse

Bailan Bay Resort ⑫, ✆ 039-558 022, 💻 www.bailan-kohchang.com. Am Nordende in einem Dschungelhang. Empfehlenswert mit 16 angenehmen Bungalows aus Naturmaterialien. Restaurant mit Meeresblick und guter Küche. ❸

Bailan Family Resort ⑮, ✆ 089-051 2701, 💻 www.bailanfamilybungalow.com. Familiär geführte Anlage mit 8 einfachen, ruhigen Bungalows, davon 1 mit AC. ❸

Mittlere bis obere Preisklasse

Bailan Beach Resort ⑭, ✆ 039-558 173-4, 💻 www.bailanbeach-kohchang.com. 15 Bungalows in einer Reihe direkt am Strand, davon 8 mit AC. Es gibt auch Hängematten. ❹–❺

Nisa Cabana ⑰, zwischen Bailan und Bang Bao, ✆ 039-558 161-3, 💻 www.nisacabana

kohchang.com. Seit 2007, traumhaft schönes, weitläufiges Resort im Dschungel mit 42 Bungalows und mehrstufigem Schwimmbad. Alles edel und luxuriös. ❼–❽

Orchid Resort ⑯, ✆ 039-558 137, 💻 www.kohchangorchid.com. Angenehme Anlage mit 18 Bungalows, davon 7 mit Ventilator, aus Naturmaterialien. Einladende Terrassen, Schwimmbad. ❹–❺

The Mangrove ⑬, ✆ 081-949 7888. Zählt mit seinen urigen 10 Zimmern aus Naturmaterialien zu den stilechtesten Unterkünften der Insel. Magisches Dschungelrestaurant. Besitzerin und Managerin ist die sympathische Ying – Tochter des Herausgebers von Thailands größter Tageszeitung *Thai Rath*. ❹

Bang Bao und Klong Kloi Beach

Das im Südwesten liegende Stelzendorf, an dem auch der wichtigste Teil der Ringstraße endet, fungiert heute als Haupthafen der Insel. Fast 30 km vom nördlichen Fähranleger Ao Sapparot entfernt, wird der Hafen von einem schicken, weißen Leuchtturm geziert. Von hier starten die meisten Fähren zu den umliegenden Inseln und fast alle Ausflugstouren. Wer sich an früher erinnert, dürfte Bang Bao heute kaum wiedererkennen: Am Eingang grüßt ein profaner 7-Eleven, während die einstmals beschauliche Siedlung mit einem wuchtigen Betonpier in die Länge und mit teilweise arg klotzigen Homestay/Guesthouse-Unterkünften, etlichen Seafood-Restaurants, Kneipen, Tauchschulbasen und Souvenirläden in die Breite gegangen ist. Bei Ebbe läuft die halbkreisförmige Bucht stellenweise trocken. Sie bietet sich aufgrund ihrer Beschaffenheit aus Stein und Schlamm nur mancherorts zum Baden an. Wer hier wohnt und baden will, steuert den rund 3 km östlich liegenden Klong Kloi Beach an. In die von hier ins Landesinnere führende, schöne Lagune darf man nur gegen 100 Baht Entgelt: In ihr dümpeln zu Gästezimmern umgebaute Reisbarken und ein siebenstöckiges Wohnschiff mit 125 Luxuskabinen – als Herzstück des einzigartigen **Ko Chang Grand Lagoona Resort** ⑤, 💻 www.grandlagoona.com.

Übernachtung

Unterkünfte s. Karte S. 554/555

Der Übergang zwischen Homestay-Unterkünften und Guesthouses ist fließend.

Koh Chang Sea Hut ⑩, ✆ 081-285 0570, 💻 www.kohchang-seahut.com. Thront weit draußen über dem Meer. 14 traumhaft schöne Stelzenbungalows, von denen sich Gäste direkt ins Meer gleiten lassen können. ❺–❻

Nirwana Resort ⑨, ✆ 039-558 061-4, 💻 www.nirvanakohchang.com. Auf einer

Die Ringstraße – Reiz und Risiko

Die gern zitierte „Ringstraße" trägt ihren Namen eigentlich (noch) zu Unrecht. Denn aufgrund des schwierigen, bergigen Terrains fehlen im Süden zwischen Bang Bao und Salakphet noch immer 5 km, um den Ring zu schließen – womit in absehbarer Zeit nicht zu rechnen ist. Um 2003 war es einigen Motorradfahrern schon einmal gelungen, diesen Abschnitt mit Geländemaschinen zu befahren. Doch schwere Erdrutsche in der Regenzeit verschütteten die ersten Konturen dieses einst schon mal durch den Dschungel getriebenen Pistenteils wieder, was zum Einstellen der Bauarbeiten führte. So befahren die Besucher Ko Changs meist nur den Abschnitt zwischen den Fähranlegern im Norden und dem Hafenort Bang Bao im Süden. Dieser verbindet alle wichtigen Strände der Westküste, die entlang der Trasse ihre Lage jeweils durch eine enorme Verdichtung der Geschäfte, Restaurants und Serviceagenturen verraten. Andernorts wiederum reicht der dichte Dschungel noch nah an den Asphalt. Die vergleichsweise hohen Taxipreise lassen auch viele ungeübte Touristen auf Mietmopeds umsteigen. Mit den steilen, kurvigen Abschnitten, wie sie zwischen Klong Son und dem White Sand Beach oder im Hinterland des Lonely Beach teilweise an alpine Spitzkehren erinnern, sind sie jedoch oft überfordert und verlieren schnell die Kontrolle über ihr Fahrzeug. Was durchaus auch für die Einheimischen gilt – wie sich an der häufigen Begegnung mit verunglückten Mopeds, Autos und Lastwagen ablesen lässt.

Landzunge und somit an zwei Buchten gelegen. Macht seinem vielversprechenden Namen alle Ehre. 15 Bungalows, Restaurant mit Panoramablick auf Bang Bao und zwei Schwimmbäder – umrahmt von einer grandiosen Vegetation und Landschaft. ❼–❽

Ocean Blue ⑪, ✆ 039-558 168, 💻 www.oceanbluethailand.com. Am Ende des Stegs, eindrucksvoller Pfahlbau mit 8 gemütlichen Ventilatorzimmern und großer Gemeinschaftsterrasse. Freundliche Betreiber. ❹

Remark Pu-Zi Hut ⑧, ✆ 039-558 116, 💻 www.remarkcottage.com. Originelles Schilfhüttenresort auf einer Palmenwiese am Ortsrand von Bang Bao, aber nicht so schön wie das Resort am Pearl Beach. 22 Ventilatorzimmer. ❸–❹

Essen

Bang Bao Delight, ✆ 039-558 074, 💻 www.bangbaodelight.com. Beliebt zum Frühstücken. Guter Kaffee, frisch gepresste Säfte und selbst gebackene Leckereien. Interieur mit niedrigen Tischen und bequemen Kissen. ⌚ 7–19 Uhr.

Chow Lay Seafood, ✆ 039-558 118, 💻 www.kcchowlay.com. Wie alle Seafood-Restauants in Bang Bao als Pfahlbauterrasse mit viel Holz über dem Meer und von einer gewissen Romantik. Frisches Seafood, z. T. aus schwimmenden Käfigen, professionell und lecker zubereitet. ⌚ 8–21 Uhr.

Die Ostküste

Im Gegensatz zur Westküste ist dieser Inselteil bisher noch von Touristenmassen verschont. Grund sind vor allem die Steinstrände und Mangrovenwälder, aber sicher auch, weil die Ringstraße nicht vollendet ist. So verbirgt sich im Osten noch erfreulich viel unverbrauchte Natur, Einsamkeit und Idylle. Das trifft z. B. auch auf die vier wenig besuchten und meist nur zur Regenzeit eindrucksvollen Wasserfälle zu: **Nang Yom**, **Klong Nonsi**, **Klong Nung** und **Kheeri Pet**. Lediglich der von der Küste mit 5 Minuten Fußmarsch erreichbare **Than Mayom**, 200 Baht, genießt größere Popularität. Je höher man ihn hinaufsteigt, desto interessanter werden die Stufen, wie die des King V.-Wasserfalls. Von hier können sich geübte Trekker in einem anstrengenden Tagesmarsch bis zum Klong Prao-Wasserfall an der Westküste durch den Dschungel schlagen, was aber bisher kaum jemand tut. Ein Abenteuer, dass man auch allenfalls zu dritt oder viert eingehen sollte, damit im Fall einer Verletzung oder eines Schlangenbisses gute Rettungschancen bestehen.

Vom Anleger in Ao Sapparot kommend, liegen zunächst die beiden kleinen Siedlungen **Dan Kao** und **Dan Mai** am Straßenrand, bevor nach 20 km **Salakhok** (Salakkok) als eines der inselweit vier größten Dörfer erreicht wird. Mit rustikalen Stegen und Stelzenbauten markiert es den Zugang zu einer Lagune, die sich durch einen der intaktesten Mangrovenwälder Thailands schlängelt. Statt mit Supermärkten, Souvenirshops und Szenecafés präsentieren sich die Einheimischen hier noch mit Ursprünglichkeit und echter Fischerromantik. Besucher können im stillen, örtlichen Restaurant einkehren oder mit Kajaks und hölzernen Ruderbooten (100–200 Baht pro Stunde) in die bizarre Welt der Mangroven vordringen. Wer dieses ausgeklügelte Ökosystem auf weniger schaukelige Weise erkunden will, kann das über einen nicht weit entfernten, rund 1,5 km langen, aufgestelzten Beton-Trail tun. Der Ringstraße weiter nach Süden folgend, landet man nach 4 km an den Piers von **Salakphet** (Ruang Tan), wo auf Pfahlbauten über dem Meer schwebend zwei Resorts, einige Homestay-Unterkünfte und Seafood-Restaurants locken. Von hier starten die meisten **Segeltouren** durch das Archipel. Erster Anlaufpunkt ist meist der im tiefen Süden und nur über den Seeweg zu erreichende **Wai Chaek Beach** – in seiner Idylle der letzte unverbaute Strand Ko Changs.

Wer sich nach Salakhok auf die östliche Abzweigung der Ringstraße begibt, gelangt schließlich nach **Chaek Bae** (Chek Bae, Jek Bae) und damit zu einer handvoll kleinerer, abgelegener Bungalowanlagen. Von hier aus führt eine abenteuerliche, steile und mitten durch tiefen Dschungel geschlagene Piste zum **Long Beach** am Südostzipfel. Auf einer Länge von 800 m flach in das Meer hineinführend und bisher nur mit einem einzigen Resort bebaut, präsentiert er sich für westliche Touristen als wichtigster Anlaufpunkt der Ostküste. In der Regenzeit ist diese Schotterstraße teilweise schwierig zu befahren. Sie endet

5 km weiter am sogenannten **Dead End** – und mit Blick auf **Ko Ngam**. Die mit einer palmenbewachsenen Sandbank verbundene, an die Silhouette von Ko Phi Phi erinnernde Doppelinsel ist in Privatbesitz und soll bis Ende 2009 ein kleines Resort erhalten. Es lohnt sich, am **Koh Chang Naval Battle Memorial** Station zu machen, das mitten in der Natur an die große Seeschlacht vom Januar 1941 (s. Umgebung Trat, eXTra [2876]). Die Franzosen hatten hier damals drei thailändische Kriegsschiffe versenkt, die allerdings keine Taucherziele darstellen: Zwei der Wracks liegen nur 200 m vor der Inselküste und etwa 100 m voneinander entfernt. Sie sind mit Boyen markiert, doch beträgt die Sichtweite in dieser schlammigen Gegend meist nur wenige Zentimeter.

Übernachtung

Unterkünfte s. Karte S. 554/555

Die wenigen Unterkunftsmöglichkeiten der Ostküste verteilen sich noch wohltuend einsam in der weiten Landschaft und werden meist nur am Wochenende frequentiert. An Werktagen sind sie oft erheblich günstiger.

Amber Sands (ehemals Funky Hut) ①, nahe Center Point Anleger, ✆ 039-586 177, 💻 www.ambersandsbeachresort.com. Seit Ende 2008, Neueröffnung des südafrikanischen Ehepaars Julian und Cheryl. Boutiqueresort mit 8 stilvollen Chalets und viel Abgeschiedenheit zum Relaxen. ❺

Island View Resort ④, Salakphet, ✆ 089-155 2669, 085-963 5130, 💻 www.erlebnisreisen-thailand.de. Mit 18 Komfortzimmern und unter Leitung des Deutschen Dieter Düsterdiek und besonders bei Seglern beliebt: Denn hier können Gäste quasi direkt am Ende eines 100 m langen Privatpiers an Bord ihrer Jachten oder Kajaks gehen – zumindest aus den 9 in einem Stelzenbau liegenden, günstigen Zimmern. ❹

Judo Resort ⑥, bei Chaek Bae, ✆ 089-925 4122. Ganz anders als es der Name vermuten lässt: Verschlafene Hideaway-Unterkunft an einem Steinstrand mit langem, romantischem Holzpier und 14 Zimmern. ❹–❺

Salakphet Resort & Spa ③, Salakphet, ✆ 039-553 099-100, 💻 www.kohchangsalakphet.com. Eindrucksvolles, weitläufiges Boutiqueresort aus Naturmaterialien, das auf Pfählen komplett über dem Meer thront. 27 behagliche, teilweise sehr großzügig verglaste Zimmer. ❺–❻

The Spa Koh Chang Resort ②, bei Salakhok, ✆ 039-553 091-2, 💻 www.thespakohchang.com. Schönstes und bisher teuerstes Resort der Ostküste, das rundum Idylle, Ruhe und Gesundheit verspricht. 26 Zimmer in naturnahen Holzbauten, die von einer herrlichen Gartenanlage umrahmt werden. ❺–❼

Essen

Allein schon manches der hier aufgeführten Restaurants ist einen Tagesausflug an die Ostküste wert.

Chatchawan, Ban Chaek Bae. Dieses Restaurant, Eröffnung Ende 2009, ist eine Sensation. Als Herzstück des gleichnamigen Resorts ließ es der japanische Investor für Unsummen aus uralten Baumstamm-Säulen erschaffen. Glastische ermöglichen den Blick

„The Beach" lässt grüßen

Als einfachstes und billigstes sowie bekanntestes und beliebtestes Resort der Ostküste lockt die **Tree House Lodge** ⑦, ✆ 087-617 655 (schlecht erreichbar), ✆ 081-847 8215 (Stammhaus). Kultstatus hatte sie spätestens erreicht, nachdem Gründerin Pamela nach Ko Pha Ngan abgewandert ist und sich das Stammhaus am Lonely Beach Ende 2008 vom einstmals angesagten Travellerresort auf ein nacktes Restaurant reduziert hat (s. S. 563). Das ideelle Erbe der netten Nürnbergerin verbirgt sich am Nordende des entlegenen Long Beach und begeistert durch ein Höchstmaß an Backpackeridylle. Die aus Naturmaterialien errichteten 40 Hütten fügen sich harmonisch in die Landschaft ein, während das imposante, schilfbedeckte Bambusrestaurant an die Verfilmung des Rucksacktouristen-Romans *The Beach* (s. S. 891) erinnert. Es gibt 45 Bungalows und Elektrizität von 18–1 Uhr. In der Saison startet um 10 Uhr ab Lonely Beach für 100 Baht ein Taxitransfer über den Landweg zum Long Beach, bei dem um 11.30 Uhr am Center Point Pier zugestiegen werden kann. ❶–❷ in ein riesiges Meeresaquarium, wo sich allerlei skurrile und kapitale Fische tummeln.

Salakkok Seafood, Salakhok, ☎ 087-614 0959. Bisher die einzige Möglichkeit, in diesem Dorf einzukehren. Hier sollte man sich als seltene Leckerei eine Portion Stachelschnecken *Hoi Nahm* für 100 Baht schmecken lassen, die die Fischer extrem mühsam aus ihren Netzen pulen müssen, oder eine Dinnerkreuzfahrt durch die Mangroven buchen (s. unten). 🕓 8–20 Uhr.

Salakphet Seafood, Salakphet, ☎ 039-553 099. Größtes Seafood-Restaurant der Insel, das sich an Wochenenden mit Kurzzeiturlaubern aus Bangkok füllt. Entsprechend überteuert wirken die 100-Gramm-Preise zwischen 50 und 70 Baht für fangfrische Fische und Meeresfrüchte. 🕓 8–21 Uhr.

The Spa Koh Chang Resort, Salakhok, ☎ 039-553 091-2. Als romantisches Terrassenrestaurant lockt es mit sensationell kreativen Speisen wie „Rainbow Vegetable Terrine" (180 Baht), die als bunter Rundkuchen aus Körnern und Kräutern serviert wird. 🕓 7–21.30 Uhr.

Urai's Place, Salakphet, ☎ 039-553 042. Wer gedacht hat, dass es an der Ostküste keine Nürnberger, Gulaschsuppe und Schweinskopfsülze gibt, irrt sich. Ulli aus Halle an der Saale serviert all das in seinem schummrigen Restaurant. 🕓 8–21 Uhr.

Aktivitäten

Die Zeiten, in denen sich die Inselgäste lediglich am Strand entspannt haben, sind längst vorbei – wie die vielen Angebote für Aktivurlaub beweisen.

Schlemmen im Mangrovenwald

Als romantischer Geheimtipp locken die in Salakhok vom **Chang Spirit Club**, ☎ 087-748 9497, inszenierten Dinnerkreuzfahrten durch die bizarre Welt der Mangroven. Zwischen 17.30–19.30 Uhr kann man sich von einem Gondolieri für 1200 Baht beschaulich und bei Mondschein durch die schimmernden Naturkanäle rudern lassen und dabei ein leckeres Menü mit Weißwein verzehren.

Elefantentouren

Einen guten Ruf besitzt **Klong Son Elephant** (Ban Kwan Chang), ☎ 081-919 3995, das von der Asian Elephant Foundation unterstützt wird. 1 Std. Elefantenreiten zum Nan Yom-Wasserfall kostet 500 Baht, 2-Std.-Touren 900 Baht.

Weitere „Soft Adventures" mit Dickhäutern organisieren **Ban Chang Thai**, ☎ 039-551 474, 💻 www.banchangthai-kohchang.com, oder **Chang Chutiman**, ☎ 08-939 6676.

Geländefahrten

Offroad-Vergnügen mit ATVs/Quads und vielversprechenden Parcours bieten **Koh Chang Offroad ATV Tour**, ☎ 039-551 585, 💻 www.kohchangatv.com, für 450–1700 Baht, und **Koh Chang Adventure Center** am Klong Prao Beach an, ☎ 039-619 015, 550–950 Baht pro Std. 🕓 9–18 Uhr.

Kajaktouren

Zu den führenden Anbietern gehört **KayakChang.com**, ☎ 087-673 1753, 💻 www.kayakchang.com. 5,5 km lange Touren mit professioneller Führung kosten 2000 Baht, die 11 km lange „Five Island Tour" 2700 Baht. Weitere Möglichkeiten bieten Kajakverleiher in Salakphet. Kajaks an der Ostküste gibt es in Salakhok beim **Koh Chang Spirit Club**, ☎ 087-748 9497, oder an der Kajakstation in Salakphet, ☎ 086-817 6800. Pro Std. 100 Baht, pro Tag 500 Baht.

Klettern

Nervenkitzel in Baumwipfelhöhe bietet auf 2 Parcours mit atemberaubenden Hängebrücken, Tarzanschaukeln und Klettermöglichkeiten der **Tree Top Adventure Park** in Bailan, ☎ 084-310 7600, 💻 www.treetopadventurepark.com, ab 500 Baht, 🕓 9–17 Uhr.

Kochschule

Einige Luxusherbergen bieten Kochkurse an. In der **Koh Chang Thai Cooking School**, ☎ 081-286 6740, 💻 www.kohchangcookery.com, bisher im Blue Lagoon Resort, jetzt an der Zufahrt zum Klong Plu-Wasserfall sind sie etwas günstiger. Mr. Lab und Mrs. Nam lehren in

Auf Kreuzfahrt im Archipel

Wer sich auf eine Tageskreuzfahrt, ab 600 Baht, durch das Archipel begibt, gewinnt mehr Gefühl für die Ausdehnung und Schönheit dieser Meeresregion. Dazu locken Tagestouren auf einem der umfunktionierten, farbenfroh lackierten Fischerboote wie der **Bup-pha**, ✆ 087-976 8425, 🖳 www.buppha.com, mit der sich 8 Inseln für 1000 Baht erleben lassen. Auf der **Kon Tiki**, ✆ 084-863 2805, 🖳 www.kontikikohchang.com, werden Gourmetkreuzfahrten für 1000–1500 Baht (mind. 6 Pers.) angeboten. Die weitesten Runden mit dem größtmöglichen Komfort dreht die schnittige **Thai Fun**, ✆ 081-003 4800, ✉ ko-chang@hotmail.de, 1250 Baht inkl. Abholung vom Hotel, Verpflegung und Schnorchelausrüstung. Mit blau gepolsterten Logenplätzen führt sie ihre Passagiere auf die einstigen Routen von Schmugglern und Seeräubern. Dabei scheint der Schiffsname Programm, was auch die routinierte, stets gut gelaunte und clubähnliche Crew vermittelt. Obwohl die ehemalige, mit einer 420-PS-Maschine ausgestatteten Ko Samet-Fähre pro Tagestour gut 230 Liter Diesel verdüst und das Schiff bis zu 100 Personen an Bord aufnehmen darf, gehen der deutsche Betreiber Peter und seine Frau Nok bereits mit einer Teilnehmerzahl ab 8 Passagieren tgl. auf Kreuzfahrt. In Sicht kommen dabei insgesamt 15 Inseln – darunter Ko Yuak, Ko Khlum, Ko Rang, Ko Kra, Ko Tilang, Ko Phie, Ko Mak, Ko Kham, Ko Badeng, Ko Lao Ya oder Ko Wai. Meist hängt es von den aktuellen Wetter- und Wellenbedingungen ab, wo Zwischenstopps zum Baden, Schnorcheln oder Angeln (auch Schleppangeln) eingelegt werden. Zu den Höhepunkten zählen ein asiatisch-italienisches Mittagsbuffet sowie die Audienz bei einer quirligen Affenhorde, die sich zum Sonnenuntergang an das Meer wagt.

Kursen von 9–13 und 15–19 Uhr, tgl. außer So, die Zubereitung von vier Thai-Gerichten.

Massage

Im Palmenschatten am Strand kosten Massagen 200–300 Baht. Klein, aber herrlich angelegt ist das idyllische **Boutique Resort & Health Spa** am Klong Prao Beach, ✆ 039-551 050, 🖳 www.kohchangboutique.com, ⌚ 7–21 Uhr, 60-minütige Anwendungen kosten 300–600 Baht, man kann für 1500 Baht auch in 11 idyllischen Bungalows aus Naturmaterialien übernachten.
Ebenfalls empfehlenswert ist die urige **Herbal Sauna** am Bailan Beach, ✆ 086-252 4744, ⌚ ab 15 Uhr. Haarpflege 60 Baht, Sauna 200 Baht, Massage 350 Baht.
Wesentlich teurer sind Anwendungen in den gediegenen Niederlassungen von **Bodywork Spa**, ✆ 039-551 615, 🖳 www.bodyworkspa.com, an den Stränden White Sand, Klong Prao und Kai Bae.

Segeln

Die Basis für Segelsport liegt in der Bucht von Salakphet, wo Schulung und Charter u. a. vom **Koh Chang Island View Resort** (s. S. 567) angeboten werden. Jollen, Hobies oder Katamarane gibt es für 1000–2000 Baht pro Tag, organisierte Tagestörns kosten 1000 Baht p. P. (bei max. 12 Teilnehmern). Alternative Angebote im nahe gelegenen **Koh Chang Marina Resort & Spa**, ✆ 08-1782 6040, 🖳 www.kohchangmarina resort.com, oder bei **Gulf Charters Thailand** (s. Pattaya S. 532).

Tauchen und Schnorcheln

Es gibt zahlreiche Tauchbasen, die ganztägige Schnorcheltouren für 700–1200 Baht, 2 Tauchgänge für 2500–3000 Baht und 4-tägige Open-Water-Kurse ab 14 000 Baht anbieten. Als Unterwasser-Spots locken unter anderem die artenreichen Korallenfelsen Hin Look Baht und Hin Sam Sao. Einen professionellen Ruf haben **BB Divers**, ✆ 039-558 040, 🖳 www.bbdivers.com, oder das **White Sand Dive Center**, ✆ 039-551 096, 🖳 www.whitesandsdc.com.
Weitere Tauchbasen betreiben **The Dive Adventure**, ✆ 039-558 134, 🖳 www.thedivekochang.com, die

Eco Divers, ✆ 039-557 296, 💻 http://kohchangdiving.free.fr, das **Chang Diving Center**, ✆ 039-619 022, 💻 www.changdiving.com, oder die **Dolphin Divers**, ✆ 039-557 030, 💻 www.scubadivingkohchang.com.

Trekkingtouren

Erlebnisreiche Tagestouren bietet der sympathische Mr. Rath von **Kongoi Jungle**, ✆ 038-763 0832. Für 600–1200 Baht führt er passioniert über Dschungelpfade durch dichten Urwald, zu rauschenden Wasserfällen und atemberaubenden Aussichtspunkten auf den Bergen. Als Alternative bietet sich Mr. Toon, ✆ 081-588 3324, von **Jungle Fever** an.

Sonstiges

Einkaufen

Die Westküste ist fast flächendeckend mit 7-Eleven-Filialen überzogen. Größter Supermarkt des White Sand Beach bzw. der Insel ist seit 2002 der gegenüber dem Lagoon Resort liegende, nicht ganz billige **Thai Mart**, 🕒 6–2 Uhr. Hier gibt es so ziemlich alles, auch Bücher. Als Alternative bietet sich der nicht weit entfernte **V-Mart Green Leaf** an, von dem sich eine weitere Filiale **VJ-Plaza** am Klong Prao Beach findet.

Fahrzeugvermietung

4-türige Pick-ups sind ab 1200 Baht zu mieten. Mopeds kosten 200–250 Baht pro Tag, in entlegenen Resorts oft nur 150 Baht. Sprit gibt es an vier kleinen Tankstellen oder aus Getränkeflaschen. Fahrräder werden nur selten vermietet

Geld

Die Zahl der Geldautomaten auf der Insel wächst ständig, Bankfilialen finden sich vermehrt am White Sand und Klong Prao Beach. Wer die Nachbarinseln bereisen möchte, sollte sich ausreichend mit Bargeld versorgen.

Informationen

Die Insel wird von mehreren Herausgebern, wie 💻 www.whitesandsthailand.com oder 💻 www.koh-chang.com, mit nützlichen, kostenlosen Broschüren und Inselkarten überschwemmt, die vielerorts ausliegen. Das Top Resort produziert ein eigenes **Infomagazin** auf Deutsch. Interessante Insiderinfos für Traveller gibt es auf 💻 http://iamkohchang.com. Das **Hauptquartier des Nationalparks** liegt in Than Mayom, ✆ 039-555 080.

Medizinische Hilfe

Die **International Clinic Koh Chang** der renommierten Bangkok-Gruppe liegt an der Ringstraße südlich vom White Sand Beach, ✆ 039-551 555. Die am Klong Prao Beach liegende **Koh Chang Dental Clinic**, ✆ 039-557 235, wird von einem guten, englischsprachigen Zahnarzt betrieben.

Nahverkehr

Auf der Insel verkehren Pick-ups, von 7–17.30 Uhr als Sammeltaxis. Für die Hauptroute von den Anlegern zum White Sand Beach werden 40–50 Baht p. P. berechnet, bis zum Lonely Beach 80 Baht (40 Min.) und nach Bang Bao am Ende der Strecke 100–150 Baht. Charter-Fahrten sind weniger beliebt, da je nach Ziel mit 300–800 Baht ziemlich teuer, was besonders in der Dunkelheit gilt. Deshalb bleiben die meisten Besucher abends gern am Strand ihrer Unterkunft.

Transport

Busse

Sämtliche (Mini)Bus-Transfers können in den Hotels oder etlichen kleinen Reisebüros des Ko Chang-Archipels gebucht werden. Unbedingt nötig ist das für den großen **VIP-Bus**, der vom Fähranleger Ao Thammachat (Festland) tgl. um 11.30 Uhr, 250 Baht (als Kombitickets mit Abholung vom Hotel auf Ko Chang und Fährkosten 550 Baht), nach BANGKOK zur Khaosan Rd. fährt. Ebenfalls günstig und bequem ist der **Bus Nr. 999**. Er startet gegen 12 Uhr von den Festlandsanlegern Center Point und Ao Thammachat, um für 250 Baht den Suvarnabhumi Airport und anschließend Ekamai anzusteuern. Für Busverbindungen ab Trat, s. S. 550, Trat, Transport.

Inselhopping leicht gemacht

Durch den vermehrten Einsatz von Slow- und Speedboats eröffnen sich jenseits der Tageskreuzfahrten vielfältige Möglichkeiten zum Inselhopping. Von BANG BAO im Südwesten Ko Changs starten zwischen September und Juni mehrmals täglich die Verbindungen zu den Nachbarinseln. Mit den Schnellbooten von **Bang Bao Boat**, ✆ 087-054 4300, ✆ 084-866 1886, 💻 www.bangbaoboat.com, geht es z. B. um 9 und 13 Uhr für 400–550 Baht nach KO MAK (je nach Zwischenstopps 1–2 Std.), wobei die Passagiere meist auch unterwegs auf KO WAI, KO KHAM oder KO RAYANG aussteigen können. Das gilt auch für den Rückweg der Boote, die um 12 Uhr von Ko Mak nach Ko Chang starten. Wer bis Ko Mak gelangt ist, kann um 13 Uhr für 400 Baht in rund 30–50 Min. nach KO KOOD übersetzen (ganze Strecke von Ko Chang über Ko Mak 900 Baht, Slowboats zu anderen Uhrzeiten und für 300–700 Baht). Von Ko Kood geht es tgl. um 9 Uhr auf gleichem Weg zurück oder mit **Ninmungkorn**, ✆ 086-126 7860, (Expressboot ab Bang Bao, 1 1/2 Std.) für 350 Baht in 1 1/2 Std., oder **Siriwhite**, ✆ 083-311 0448, 081-377 1713 (Speedboat ab den Resorts, insofern es der Wasserstand erlaubt, Festlandstransfers inkl.) für 600 Baht in 1 Std. zum Festlandsanleger LAEM SOK. Das Speedboat von **Mark House**, ✆ 087-059 4507, startet um 13 Uhr ab Klong Chao und fährt in 1 1/2 Std. für 550 Baht durch die Flussmündung fast bis Trat hinauf. Charterboote für privates Inselhopping kosten je nach Entfernung um die 1500–5000 (Slowboats) bzw. 3000–12 000 Baht. Weitere Hinweise zum Fährverkehr s. S. 551, Trat, Transport.

Minibusse

An allen 3 Festlandsanlegern von LAEM NGOP warten Minibusse, die für 300 Baht nach BANGKOK fahren (am Nachmittag deutlich weniger). Wer seinen Platz im voraus bucht, kann sich von der Unterkunft auf Ko Chang abholen lassen (erfolgt meist zwischen 10 und 11 Uhr), um dann nach dem Übersetzen gegen 13 Uhr vom Festland aus zu starten. Nach Bangkok 800 Baht, zum Suvarnabhumi Airport 900 Baht, nach BAN PHE (Ko Samet, 180 km) 300 Baht oder nach PATTAYA 650 Baht, 250 km. Minibusse über ARANYAPRATET nach SIEM REAP (Fahrzeugwechsel an der Grenze) kosten 700 Baht, nach PHNOM PENH oder SIHANOUKVILLE 1400 Baht (inkl. Übernachtung in Koh Kong). Auf Transfers aller Art und günstige Trips nach Kambodscha spezialisiert hat sich **Kiatipol Tour & Travel**, ✆ 081-781 6816 (Mrs. Ket), 083-807 5623 (Mrs. Soom), 📠 039-597 645, ✉ kiatipol@yahoo.com, am Krom Luang Pier, ⏲ 8–22 Uhr.

Taxis

Nach BANGKOK 4000–4500 Baht, nach PATTAYA um die 3000–3500 Baht und nach BAN PHE (Ko Samet) 3000 Baht inkl. der Abholung vom Hotel auf Ko Chang und Fährkosten.

Flüge

Bangkok Airways hat ein Inselbüro am White Sand Beach, an der Ringstraße, ✆ 039-551 654-5, 📠 551 656. Infos s. S. 551, Trat, Transport.

Ko Wai

Diese 6 km südöstlich von Ko Chang liegende Insel verfügt über mehrere Hügel sowie eine Vegetation aus Bananenstauden, Mangobäumen und Kokospalmen. Hauptattraktion sind die kleinen Strände, von denen einige wahrhaft paradiesisch wirken. Die Idylle wird zuweilen durch Tagesausflügler gestört. Die Schnorchelreviere beginnen meist in unmittelbarer Strandnähe, leider sind schon große Flächen abgestorben. An den Koh Wai Paradise Bungalows gibt es einen Weg von der Nord- zur Südseite, der etwa 15 Minuten in Anspruch nimmt. Verglichen mit den Nachbarinseln erscheinen Standard und Komfort der Unterkünfte überraschend niedrig – was darauf zurückzuführen ist, dass die Eigentumsverhältnisse auf der Insel unzureichend geklärt sind. Fähranbindung s. S. 551 und 569.

Übernachtung und Essen

Von Juni bis Ende September sind 4 der insgesamt 5 Anlagen geschlossen.

Ao Yai Ma (Grandmother), ✆ 081-841 3011. Abgelegenes Hideaway auf dem hügeligen, östlichsten Inselpunkt mit 6 einfachen Ventilatorbungalows, Elektrizität von 18–6 Uhr. Viel Ruhe, beschauliches Restaurant auf einer Bergkuppe. ❷

Good Feeling Bungalows, ✆ 081-850 3410. Am Hauptpier liegende, ursprünglich einzige Anlage der Insel mit 10 rustikalen Bungalows ohne Ventilator. Elektrizität 18–23 Uhr, freundliches Personal. ❷

Koh Wai Pakarang (Coral) Resort, ✆ 084-113 8946, 💻 www.kohwaipakarang.com. Professionellstes Resort und als einziges ganzjährig geöffnet. 30 Zimmer, davon 20 mit Ventilator, in Holz- und Zementbauten mit 24-stündiger Elektrizität. Aktivitäten und Filmabende. ❹

Koh Wai Paradise Bungalows, ✆ 081-762 2548. Dicht am Hauptpier gelegen. 30 Ventilatorzimmer mit Gemeinschaftsbad in Stelzenbungalows. Restaurant mit kleinem Laden. ❷

Ko Mak

Rotbraune Lavaformationen, rauschende Palmenwälder, bunt-belebte Korallenriffe und herrliche Sonnenuntergänge: Wer auf dem 25 km südöstlich von Ko Chang liegenden Ko Mak (Ko Maak) anlandet, hat das Gefühl, auf eine geheimnisvolle Schatzinsel gelangt zu sein. Das kleeblattförmige, 16 km^2 kleine Eiland ist das drittgrößte des Archipels und vulkanischen Ursprungs. Die Insel erfreut mit seichten Buchten, wunderschönen Naturstränden und einer sagenhaften Ruhe. Die etwa 1000 Bewohner leben nicht in einem Dorf, sondern verteilt über die Insel. Hier gibt es keine Hektik, kaum Kommerz und nur wenige Fahrzeuge, was vor allem Familienurlauber anzieht. Vor rund 100 Jahren war Ko Mak – als Geschenk König Ramas V. – an vier Familien übertragen worden, deren Dynastien noch heute die Geschicke des Eilands bestimmen. Überraschend viele einheimische Resortbetreiber sprechen Deutsch.

Die mit Kautschuk- und Kokospalmenplantagen überzogene „Insel der Betelnüsse" gilt nicht unbedingt als klassisches Badeziel, obwohl sich allein der **Ao Kratueng Beach** (Ao Kathueng) als Hauptstrand über eine Länge von 5 km erstreckt. Dass die Insel in den Reiseführern gern für ihr leidiges Sandfliegenproblem, den angeschwemmten Müll oder das hohe Preisniveau gerügt wird, scheint die touristische Entwicklung nicht weiter zu beeinträchtigen: Inzwischen gibt es schon um die 35, meist erfreulich geschmackvolle Resorts sowie drei Tauchbasen.

Die neue, in vielfältigen Umweltfragen engagierte Hoteliervereinigung **Friends of Koh Mak**, 💻 www.friends-of-kohmak.com, bemüht sich, den Plagegeistern mit ökologischen Chemikalien beizukommen. Auch die regelmäßige Strandreinigung hat schon etwas Abhilfe schaffen können.

Übernachtung

Die meisten Anlagen haben inzwischen das ganze Jahr geöffnet – zumal die Schnellbootanbindung gesichert ist (s. S. 551). Das Festnetztelefon wirkt etwas anfällig, so dass einige Resorts lieber auf ihre Mobiltelefone vertrauen.

Untere Preisklasse

Ao Pong Seaview Resort ⑬, Ao Pong, 500 m vom Ao Nid Pier, ✆ 081-637 5805. Neu seit 2008 mit 7 einfachen, blitzsauberen Bungalows, davon 4 mit Ventilator. Abgelegen in schöner Bucht mit Felsenstrand an der Ostküste. Die nette, tüchtige Betreiberin Mrs. Nong und ihr Mann können gut kochen. ❹

Island Hut Resort ⑧, Ao Kratueng, ✆ 083-139 5537. Beliebte, günstige Travellerunterkunft in zentraler Strandlage und mit liebevoller Dekoration durch viele Orchideen. 20 Zimmer, davon 9 mit Ventilator. ❷–❹

Monkey Island Resort ⑦, Ao Kratueng, ✆ 089-501 6030, 💻 www.monkeyislandkohmak.com. Empfehlenswertes, originelles Resort – wie sich schon an der Homepage ablesen lässt. 40 Zimmer, davon 28 mit Ventilator und die billigsten mit Gemeinschaftsbad. ❷–❹

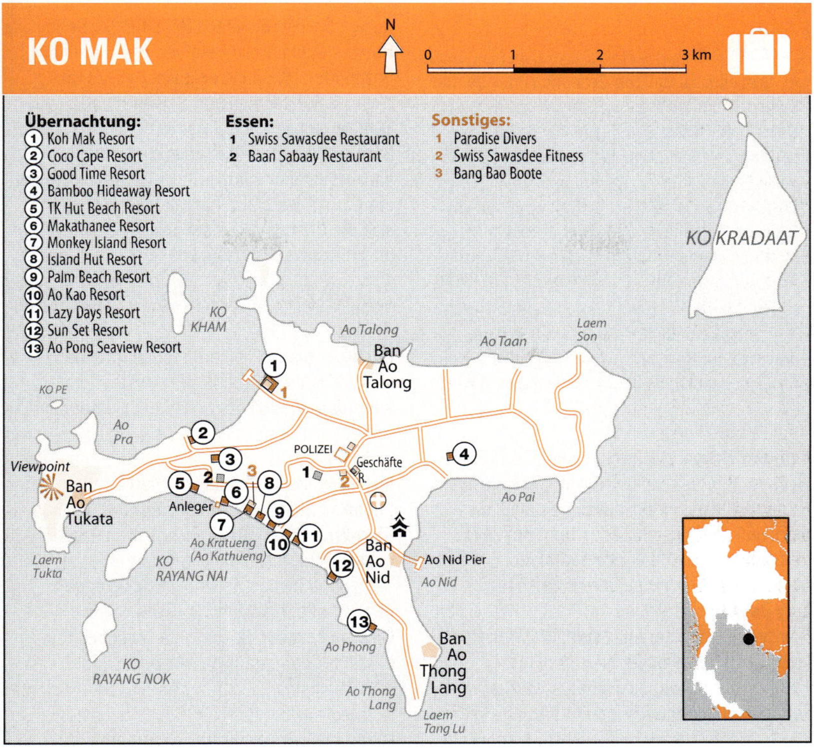

Sun Set Resort ⑫, auf dem Südzipfel, ✆ 081-875 4517. Beliebte Travellerunterkunft an der Mangroven- und Felsenküste im abgelegenen Süden. 16 einfache Bungalows, szenische Holzplattformen im Meer und Hippieflair. Leider nur Okt–Mai geöffnet – und Modernisierung geplant. ❷

TK Hut Beach Resort, ⑤ Ao Kratueng, ✆ 086-111 43 78, ✉ tkhutresort@yahoo.de. 18 Zimmer, davon 8 mit Ventilator, in Bungalows aus Naturmaterialien unter Bäumen am Sandstrand. Bei Mrs. Nut im Restaurant gibt es Filterkaffee und Fassbier. ❹

Mittlere bis obere Preisklasse

Ao Kao Resort ⑩, Ao Kao, ✆ 081-982 0610, 💻 www.aokaoresort.com. Am malerischen, 300 m langen Ao Kao Beach eine der am längsten etablierten Anlagen. 30 Zimmer, davon 5 mit Ventilator, in wunderschönen Bungalows im Thai-Stil. Patriarch Khun Somchai hat mehrere Jahre in Deutschland studiert. ❺

Bamboo Hideaway Resort ④, Ao Pai, ✆ 039-501 085, 💻 www.bamboohideaway.com. Im Inselinneren, preisgünstig und empfehlenswert. Idyllisches, von dem freundlichen Neuseeländer Martin erschaffenes Boutique-resort mit 8 Komfortzimmern in rustikalen Bungalows und Schwimmbad. ❺

Koh Mak Coco Cape ②, Ao Suanyai, ✆ 039-501 003, 💻 www.kohmakcococape.com. Gestaltet von zwei Architekten-Brüdern in herrlicher, landschaftlicher Lage an der Nordwestküste. Empfehlenswert als romantischstes und kreativstes Resort mit 39 ganz unterschiedlichen Bungalows, davon 16 mit Ventilator und 9 mit Gemeinschaftsbad. ❹–❽

Residieren in Thai-Villen

In reizvoller Hügellage zwischen den beiden Sandstränden Ao Kao und Suanyai fasziniert das **Good Time Resort** ③, ✆ 039-501 000, 🖳 www.goodtime-resort.com. Es besteht aus 22 urgemütlichen, bis zu 3-stöckigen und 220 m² großen Teakholzvillen im traditionellen Thai-Stil, wobei kein Bau und Zimmer dem anderen gleicht. Die weitläufige, hübsch begrünte Anlage verspricht ein stilvolles Höchstmaß an Ruhe, Erholung und Entspannung. Besitzer Mr. Yodying, seine deutsche Frau Kerstin und der engagierte Manager Mr. Jeab sorgen für eine freundliche, familiäre Atmosphäre. ❺–❽

Koh Mak Resort ①, Ao Suanyai, ✆ 039-501 013, 🖳 www.kohmakresort. Etablierte Anlage im Nordwesten mit einem der insgesamt 3 Inselpiers und dem besten Badestrand Ko Maks. 54 Zimmer, davon 14 mit Ventilator, in unterschiedlichen Bungalows. ❹–❻
Lazy Days Resort ⑪, Ao Kao, ✆ 081-882 4002, 🖳 www.lazydaytheresort.com. Wer das alte legendäre Hippieresort mit Hütten für 150 Baht sucht, wird arg enttäuscht. Die neue, vorwiegend mit Rasen begrünte Anlage bietet 12 gepflegte Zimmer. Viel gelobtes Restaurant. Die neue Betreibergeneration, Mr. Ann und Mrs. Jup, spricht Deutsch. ❻
Makathanee Resort ⑥, Ao Kratueng, ✆ 087-600 0374, 🖳 www.makathanee.com. Direkt am Meer, aufgelockerte Anlage aus 16 ansprechenden, modernen Komfortbungalows mit schönen Terrassen. ❻
Palm Beach Resort ⑨, Ao Kratueng, ✆ 084-659 7437, 🖳 www.palm-beach-resort.com. Gilt als bestes und luxuriösestes Hotel der Insel. 8 stilvolle Wohlfühl-Bungalows, Dachterrassen und herrliches Schwimmbad. ❻–❼

Essen

Neben den Restaurants in den Resorts gibt es rund 8 eigenständige, z. B.:
Baan Sabaay, Ao Kratueng, ✆ 081-495 9416. Beliebtes Restaurant mit Bar, geselliger, informativer Anlaufpunkt unter Schweizer Leitung. Als Spezialitäten des Hauses munden riesige Cordon Bleus mit Rösti für 220 Baht, Banana Splits für 90 Baht und als Aperitif gut geschüttelte Mojito-Cocktails. ◷ 8–23 Uhr.
Swiss Sawasdee, mitten auf der Insel, an der Zufahrt zum Island Hut Resort. ✆ 086-026 6202. Leckere Thai-Gerichte, aber auch Fondues – serviert von dem Schweizer Markus und seiner Frau On, ◷ 8–22 Uhr. Appetit holen können sich die Gäste im angeschlossenen Gym – dem einzigen der Insel. ◷ 8–20 Uhr.

Sonstiges

Geld

Da die Insel über keinerlei Geldautomaten verfügt, sollte genug Bargeld mitgebracht werden – gilt auch für fast alle Nachbarinseln.

Informationen

Interessantes findet sich auf den Internet-Seiten 🖳 http://kohmak.com, 🖳 www.kohmak.de, 🖳 www.koh-mak.de oder 🖳 http://kohmak-island.com.
Der sympathische Schweizer Besitzer des Restaurants Baan Sabaay, **René Müller**, versteht sich auf Insidertipps, hilft sogar bei Kamera- oder Laptop-Problemen.

Tauchen

Lange etabliert und empfehlenswert sind die **Paradise Divers**, ✆ 080-553 5461, 🖳 www.thailandtauchen.com. Sie residieren im Koh Mak Resort unter Leitung des Mainzer Ehepaars Steffi und Andy Diez. Tagestouren schon ab 2500 Baht.

Ko Rayang und Ko Kham

Hier lassen sich noch romantische Robinson-Gefühle ausleben. Ein herrlich weißer Sandstrand, ein von dichtem Dschungelgrün bedeckter Höhenzug, bizarre Felsen und Korallengärten lassen die beiden kleinen Nachbarinseln Ko Maks als tropische Bilderbuch-Paradiese erscheinen. Das im Nordwesten vorgelagerte **Ko Kham** lässt sich gut mit Kajaks erreichen, bei starker Ebbe sogar auch über eine fast 1 km lange Sandbank. Es hat 2008 für rund 200 Mio. Baht den Besitzer gewechselt, der ein exklusives Luxushotel errichtet hat. Tagesausflügler dürfen den Strand für einen Obolus von 100 Baht vorerst noch ansteuern.

Ebenfalls im Privatbesitz (gleicher Eigentümer wie das Good Time Resort, Kasten S. 574) befindet sich das reizvolle, an die Form eines liegenden Elefanten erinnernde **Ko Rayang Nok**, das für 70 Baht betreten werden darf. Am einfachsten lässt sich die 12 km² kleine Insel mit einer 10-minütigen Bootsfahrt von der Südwestküste Ko Maks erreichen. Die führt an der Schwesterinsel **Ko Rayang Nai** vorbei und kostet mit Rückweg 80 Baht. Im Norden liegt der paradiesische, steil abfallende Hauptstrand, an der Ostküste ein weiterer, aber winziger und nur per Boot erreichbarer Sandstrand. Auf dieser Insel herrscht pure Idylle, während die nur wenigen Besucher stets eine harmonische Gemeinschaft bilden. Wer lieber allein residieren will, kann das ganze Eiland für 500 € pro Tag mieten.

Übernachtung und Essen

Auf beiden Inseln gibt es jeweils nur eine einzige Unterkunft, was auch so bleiben dürfte.

Ko Kham Resort. Diese einstige Anlage aus Naturmaterialien wird seit Mitte 2008 durch ein 300 Mio. Baht teures Resort mit 24 exklusiven Pool-Villen ersetzt, die wohl erst in 2010 beziehbar sein werden.

Rayang Island Resort, ✆ 083-118 0011, ✆ 039-501 000, 💻 www.rayang-island.com. Seit Ende 2006 und beschaulich, aber nicht billig. 14 einfache, saubere Ventilatorzimmer in gemütlichen, weißen Holzbungalows. Stromversorgung 18–23 Uhr, Kaltwasserbäder. Im romantischen Restaurant gibt es kreative Salate, Seafood-Curries für 140 Baht und Cocktails für 150–200 Baht. ❺

11 HIGHLIGHT

Ko Kood

Wer erfahren möchte, wie jungfräulich sich Ko Chang vor rund 20 Jahren präsentiert hat, sollte bis nach Ko Kood (Kud, Kut) vordringen. Es sind nicht nur die hohen, ebenfalls von dichtem Urwald überzogenen Berge, die an die Hauptinsel des Archipels erinnern, sondern auch die geheimnisvollen Lagunen, Pfahlbausiedlungen, die schmalen (teilweise betonierten) Mopedpfade und vor allem natürlich die schönen, langen Strände, wie sie gerade die Südwestküste mit dem z. B. 700 m langen **Ao Klong Chao** zieren. Auch drei rauschende Wasserfälle gibt es auf Ko Kood – darunter der imposante **Nam Tok Klong Chao** und der etwas kleinere **Nam Tok Klong Yai**. Sie verführen zum paradiesischen Badegenuss, da sie alle mit einem großen, tiefen und runden Felsenpool aufwarten können. Kaum zu glauben, dass diese Naturschätze offiziell nicht zum Schutzgebiet des Ko Chang-Meeresnationalparks zählen. Die über 3000 Insulaner leben ihr Leben weiter – ohne 7-Eleven-Filialen und überall T-Shirts an Urlauber verkaufen zu wollen. Das gilt nicht nur für die Hauptorte wie das Stelzendorf **Ao Salad** (Salat), sondern auch für den abgelegenen Süden von Ko Kood, das einst sogar die Hauptinsel des gesamten Archipels war.

Das Potenzial der 129 km² großen Insel, die südöstlichste des Archipels und viertgrößte Thailands, wurde spät erkannt und bisher vorwiegend zu Stippvisiten einheimischer Pauschalreisegruppen genutzt. Erst allmählich kommen auch westliche Neulandsucher dem „letzten Geheimnis Thailands" auf die Spur. Doch ist Ko Kood bereits auf dem besten Weg, vom einstigen Unterschlupf der Seeräuber und Schmuggler (diese gibt es noch reichlich) zu einem der exklusivsten Urlaubsziele Südostasiens aufzusteigen. Die meisten neuen Resorts versprechen exklusive Idylle – allen voran das von 1000 Arbeitern errichtete, im Oktober 2009 eröffnete **Soneva Kiri Resort** der renommierten Hotelkette Six Senses. Bei Architektur und Bau sollen höchste Maßstäbe an die Umwelt berücksichtigt worden sein. Für die Shuttlemaschinen des Hotels wurde allerdings auf der vorgelagerten Insel Ko Mai Si Lek ein eigener Flughafen in die Wildnis gewalzt, damit die hier für Übernachtungspreise von 2000–3000 US-Dollar wohnenden Gäste auch standesgemäß anreisen können.

Übrige Transfermöglichkeiten s. S. 571. Die Speedboat-Betreiber setzen ihre Reisenden direkt an den Anlegern ihrer Unterkunft ab bzw. holen sie dort ab.

Übernachtung und Essen

Mittlerweile gibt es schon über 30 Resorts auf der Insel. Sie verfügen meist nur über wenige Zimmer. Unter der Woche ist es z. T. günstiger und einsamer. Mangels Transportgelegenheit (die seltenen Charter-Taxis kosten 500–600) bleiben die meisten Inselgäste zum Essen in ihren Hotels.

Untere Preisklasse

Ao Salad Homestay ①, Ao Salad, ✆ 081-615 249. Seit 2006 mitten im Stelzendorf über dem Meer. Gemütliche Atmosphäre mit viel Holz. 6 Zimmer, davon 2 mit AC, gruppieren sich um einen familiären Innenhof. Das zugehörige Seafood-Restaurant mit schwimmenden Käfigen ist eines von insgesamt 3 im Dorf, aber nicht unbedingt billig. 1 kg Krabben oder Fisch 350 Baht. ❷–❹

Dusita ⑧, Ao Ngam Kho, ✆ 081-420 4861, 💻 www.dusitaresorts.com. In einem weitläufigen, schattigen Palmengarten verteilen sich Bungalows mit 13 Zimmern. Schöner Strandabschnitt mit interessanten Felsformationen. Nette Leute. ❹

Happy Days Guesthouse ⑦, Ao Ngam Kho, ✆ 087-144 5945, 💻 www.kohkood-happydays.com. Unter deutscher Leitung. 10 einfache, saubere Zimmer in 2-stöckigem Gebäude, davon 5 mit TV. Das Restaurant floriert wegen guter Küche und als unverzichtbare Geheimtippbörse. ❷–❸

Ngamkho Resort ⑨, Ao Ngam Kho, ✆ 084-653 4644, 💻 www.kohkood-ngamkho.com. Am Ende der Bucht. Angenehme, relaxte Travelleratmosphäre mit Hängematten und 9 günstigen, luftigen Ventilatorbungalows, die billigsten mit Gemeinschaftsbad. Bei Uncle Jo darf auch gezeltet werden. ❷–❸

Seaview Bungalows ⑥, an der Straße, ✆ 087-908 3593. Einfache, günstige und saubere Zimmer, insgesamt 8, davon 2 mit AC. Empfehlenswertes Restaurant mit schmackhaften Seafood-Gerichten für 80–180 Baht. Nettes Personal. ❷

Mittlere bis obere Preisklasse

Away Resort, Klong Chao, ✆ 081-835 4517, 💻 www.awayresorts.com. Mit 45 Zimmern reizvoll am Eingang einer Lagune, die sich mit einer Miniaturfähre überqueren lässt. Schöne Komfortzimmer, besonders die teuren, geräumigen Beachfront-Bungalows, aber auch 7 erheblich günstigere Zelte mit Ventilatoren. Professionelles Center für Aktivitäten wie Tauchen und Kajakfahren. Über Quantität und Qualität des Essens gibt es Beschwerden. ❺–❼

Koh Kood Beach Resort ③, Klong Mat, 📞 081-908 8966, 💻 www.kohkoodbeachresort.com. Gehört einer dänischen Agentur und hat meist skandinavische Gäste. Auf Hügeln am Meer mit 16 Bungalows, davon 8 aus Naturmaterialien im originellen Bali-Stil. Schönes Schwimmbad. ❺

Shantaa Resort ④, Klong Hin Dam, 📞 081-566 0607, 💻 www.shantaakohkood.com. Seit 2004 als Luxusanlage geschmackvoll zwischen sanften Hügeln. 15 behagliche Holzbungalows mit originellen Freiluftbädern. Kleiner, netter Sandstrand nahe dem Hauptpier. ❼–❽

Siam Beach Resort ⑪, Ao Bang Bao, 📞 081-945 5789, 💻 www.siambeachkohkood.net. Empfehlenswerte Anlage mit insgesamt 30 Holzbungalows, davon 5 mit Ventilator. Möglichkeiten zum Kajakfahren und Schnorcheln. ❹–❺

Soneva Kiri Resort ②, Ao Lak Auan, 📞 039-619 800, 💻 www.sixsenses.com. Verteilt sich mit 29 exklusiven Villa-Suites der Kategorien Hill, Cliff und Beach (am teuersten) über eine riesige Fläche von 400 Rai an der Nordwestküste. Die Transfers von/bis Bangkok erfolgen mit eigens umgebauten, exklusiven Cessna Grand Caravan-Flugzeugen für US$ 380. ❽

The Beach Natural Resort ⑩, Ao Bang Bao, 📞 086-009 9420, 💻 www.thebeachkohkood.com. Zählt zu den reizvollsten Unterkünften. Stilvolle Anlage aus Naturmaterialien mit 34 Zimmern, davon 6 mit Ventilator, in hübschen Bungalows. Familienfreundlich, gute Möglichkeiten zum Kajakfahren. ❺–❼

Angekommen im Paradies

Obwohl man sich den sagenhaften Strand hier zuweilen leider mit Sandfliegen teilen muss, zählt das **Koh Kood Neverland Resort Beach Resort** ⑫, 📞 039-523 430, 081-456 5486, 💻 www.neverlandresort.com, zu den paradiesischsten Orten des gesamten Ko Chang-Archipels. Die 14 mit TV ausgestatteten AC-Bungalows der Kategorien Garden-, River- und Sea-View verteilen sich großzügig über eine von Palmen beschattete Wiese, während am Meer eine rustikale Beachbar lockt. Hier spielt Manager Mr. Oy auch gern mal den Bartender. Die Anlandung der Gäste erfolgt meist über den Hauptanleger am Ao Bang Bao (Siem Beach) und dann per Pick-up. ❺

Tauchen und Touren

Der sympathische deutsche Inhaber des Happy Days Guesthouse, der auch die Tauchbasis der **Paradise Divers**, 📞 087-144 5945, 💻 www.thailandtauchen.com, betreibt, lebt schon seit 2004 auf Ko Kood. Michael Misic (Mike) kennt sich in der Unterwasserwelt genauso aus wie mit den Geheimnissen im Inneren der Insel, zu denen er mit spannenden Trekkingtouren für ca. 1000 Baht p. P. führt. Mindestens 4-stündige Angeltouren kosten 1500 Baht, Tauchausflüge mit 2 Durchgängen 3000 Baht.

Sonstiges

Informationen

Gute Infos zu den Unterkünften sowie zur Geschichte der Insel, den Attraktionen, Aktivitäten, Stränden und Unterkünften bietet 💻 www.kokood.com.

Weitere Inseln des Archipels

Jede der insgesamt 52 Inseln im Meeresnationalpark von Ko Chang hat ihren eigenen Charakter. Die meisten sind unbewohnt, andere wiederum in Privatbesitz mit einem abgeschiedenen Bungalowresort bebaut und nur im Rahmen von Pauschaltouren zu besuchen. Unter westlichen Besuchern bisher kaum bekannte Eilande sind zum Beispiel **Ko Phrao Nai** und das ebenfalls vor der Küste der Hauptinsel geschützt in der Bucht von Salakphet liegende **Ko Phrao Nok**, das mit

Weiterreise nach Kambodscha

Alle Übergänge ⌚ 7–20 Uhr, Visa on Arrival (s. S. 98).

Grenzübergang Ban Hat Lek – Koh Kong
Von Trat führt der H318 bis Ban Hat Lek an die kambodschanische Grenze. Hier kostet das 30-Tage-Visum für Ausländer theoretisch US$20 – verlangt werden jedoch gern bis zu unverschämten 1400 Baht, also rund das Doppelte. Man kann sich auf eine Diskussion einlassen oder den Vorfall melden. Es hat sich bewährt, US$20 und von vornherein mindestens 200 Baht Cash-Tip in den Reisepass einzulegen. Anschließend geht es – vorbei an zwei Spielcasinos – per Mopedtaxi (60–80 Baht) oder Taxi (als Charter 200–300 Baht) über eine fast 10 km lange Strecke mit einer gebührenpflichtigen Brücke nach Koh Kong. Der Name bezeichnet die Provinz, ihre Hauptstadt und die vorgelagerte Insel. Als gute Infobörse fungieren das **Restaurant Otto**, ☎ 00855-12-024 249 (westliche Küche), oder das ebenfalls von einem Deutschen geführte **Neptune Guesthouse**, ☎ 00855-11-984 512, (tolle Boots- und Abenteuertouren). Für die direkte Anreise nach Siem Reap (Angkor Wat) empfiehlt sich der Grenzübergang **Aranyaprathet/Poipet**.

Grenzübergang Ban Pakkad (Provinz Chantaburi) – Pailin (Psah Prum)
Von Chantaburi geht es auf dem H317 nach Norden bis Wat Nam Khao, von dort über den H3210 und den H3193 zur Grenze nach Kambodscha (dem Schild „Thai Cambodian Market" folgen). Die Visagebühr beträgt US$20 oder eher 1000–1200 Baht. Man sollte nicht nach 16 Uhr ankommen, da es auf thailändischer Seite keine Unterkünfte gibt. Im Niemandsland hingegen finden sich mehrere Spielcasinos und 3 Hotels – darunter das neue „Victoria" mit 80 Zimmern. Mit Mopedtaxis für 100–120 Baht oder Charter-Taxis für 300–400 Baht kann man die 20 km nach Pailin bewältigen.

einer kleinen Bungalowanlage bebaut ist. Auch die flache, als „Papierinsel" bezeichnete **Ko Kradaat**, benannt nach den dort wachsenden Bäumen, verfügt über ein Inselresort – und Süßwasservorkommen. Sie wird von einigen Plantagenarbeitern bevölkert sowie einer speziellen Hirschart, die hier gezüchtet wird und ihr den Spitznamen „Deer Island" beschert hat. Die vor allem im Rahmen von Tauchexkursionen angelaufene, aus acht Eilanden bestehende Inselgruppe von **Ko Rang** ragt mit ihren Felsen steil aus dem Meer und ist bei Einheimischen für die Ernte von Schwalbennestern bekannt. Unter der Wasseroberfläche locken ausgedehnte Korallengärten, in denen sich die Nationalpark-Verwaltung um die Ansiedlung einer neuen Anemonenart *(Nemos)* bemüht. Von besonderem Reiz ist **Ko Lao Ya**, das an seiner Ostküste mit einem 200 m langen Sandstrand gesegnet ist, während die beiden unmittelbar vorgelagerten Inselchen **Ko Lao Ya Klang** und **Ko Lao Ya Nok** herrliche Korallenriffe aufweisen.

Die Golfküste

Stefan Loose Traveltipps

Phetchaburi Die Höhlen und Tempel der historischen Stadt mit ihrer religiösen Kunst erforschen. S. 580

Cha-Am und Hua Hin Strandurlaub nach Art der thailändischen Oberschicht und des Königshauses zelebrieren. S. 584 und 587

Khao Sam Roi Yot National Park Das Naturschutzgebiet mit seinen Höhlen, dem Meer und einer reichen Vogelwelt durchstreifen. S. 595

Ko Tao Preiswert Tauchen lernen und die schönsten Tauchreviere des Golfs erkunden. S.609

12 **Ko Pha Ngan** Mit dem Fahrrad an der Westküste entlangradeln, zu Fuß durch den Dschungel wandern oder am Strand durch die Nacht tanzen. S. 623

Ko Samui Im Fishermen's Village in einem der Strandrestaurants dinieren und am Hat Mae Nam in bester Strandlage das alte Samui erleben. S. 658

Ang Thong Marine Park Auf einem Ausflug die Natur im Meerespark und ihre fantastischen Erlebniswelten über und unter Wasser bewundern. S. 691

Songkhla Einen ruhigen Tag am Stadtstrand verbringen. S. 707

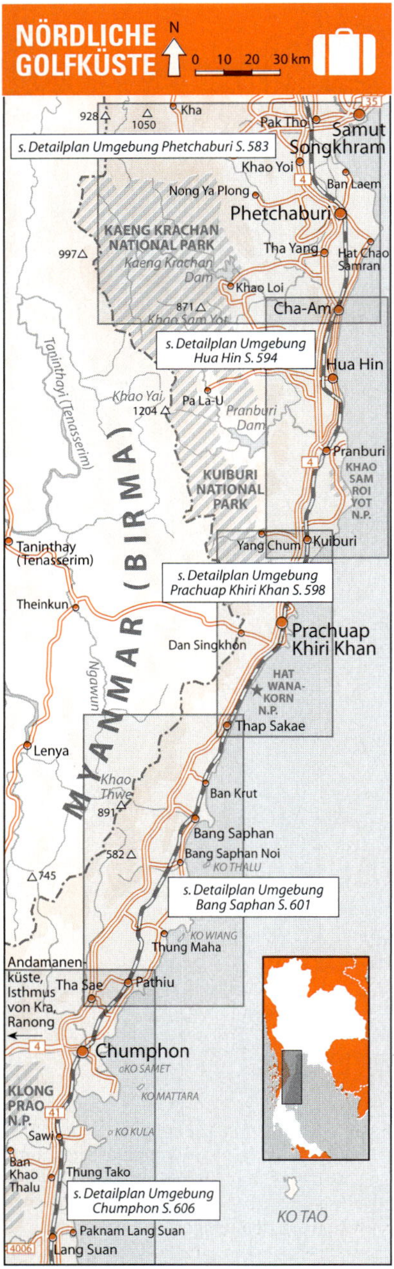

Die nördliche Golfküste

Der schmale Landstrich zwischen Bangkok und Chumphon wird vor allem von einheimischen Touristen viel besucht. Im 19. Jh. erkannten die Mitglieder des Königshauses die Schönheit der hiesigen Strände und ließen Seebäder erbauen. In Hua Hin steht noch heute der königliche Bahnhof aus den 1920er-Jahren, als der Tourismus begann.

Das Gebiet kann mit dem Bus oder dem Zug bereist werdet. Beide Strecken führen nahe am Meer entlang. An den Bahnhöfen der Provinzhauptstädte stehen Taxis mit ortskundigen Fahrern, die gerne weiterhelfen. Zahlreiche lokale Verkehrsmittel ermöglichen, die Gegend auf eigene Faust abseits aller Touristenpfade zu entdecken. Für kleinere Ausflüge empfiehlt sich ein Fahrrad oder Moped.

Phetchaburi und Umgebung

Phetchaburi blickt auf eine lange Geschichte zurück und ist daher besonders für Kulturinteressierte ein lohnendes Ziel. Über 30 Tempelanlagen, die bis in die Zeit der Khmer-Herrschaft im 11. Jh. zurückreichen, gilt es zu entdecken. Die Umgebung verfügt zudem über einige schöne Sandstrände. Ein Aufenthalt in der etwa 40 000 Einwohner zählenden Stadt verspricht Erlebnisse abseits der touristischen Trampelpfade.

Meist wird die Stadt Phetchaburi genannt, von manchen auch Petchburi, Phetburi oder Bhetchaburi. Sie liegt etwa 135 km südlich von Bangkok und dient seit Ende des 19. Jhs. den Herrschern Thailands als Ferien- und Rückzugsort. So entstanden hier Paläste und zahlreiche Wats. Dass die Stadt bereits in Zeiten der Khmerherrschaft bedeutend war, belegen die von ihnen hinterlassenen Bauten. Noch heute wird die Kunst des Tempelbaus, vor allem die Ausarbeitung der Ornamentik, in Petchaburi gelehrt.

Wats

Mitten in der Stadt steht das mindestens 800 Jahre alte **Wat Mahathat Worawihan**. Weiß glänzend erhebt sich der zentrale Prang, den

man besteigen kann, umrandet von vier kleineren Stupas. Mit seiner Höhe von 42 m ist er weithin sichtbar und Wahrzeichen der Sehenswert sind die Stuckarbeiten, die Wandmalereien und die drei wichtigsten Buddhafiguren Phetchaburis. Als ältester Tempel der Stadt gilt das **Wat Kamphaeng Laeng**. Der Bau dieser Sandsteinruinen datieren auf die Zeit der Khmerherrschaft im 12. Jh. Das Wat diente vor der Umgestaltung zum buddhistischen Heiligtum der Verehrung brahmanischer Götter. **Wat Yai Suwannaram** stammt aus der Ayutthaya-Periode (17. Jh.) und ist wegen seiner Holzschnitzarbeiten berühmt.

Die achteckigen Säulen und riesigen Holztüren des fensterlosen Bot sind beeindruckend. Wandmalereien schmücken die Wände. Die **Sala Kanparian** (der Pavillon) ist umwoben von Legenden aus der Zeit der Herrscherzeit Ayutthayas. König Suea von Ayutthaya soll hier gewohnt haben. Das aus Holz erbaute **Wat Ko Kaew Sutharam** stammt ebenfalls aus der Ayutthaya-Periode und gehört dank seiner kunstvollen Stuckarbeiten, die Gottheiten und Blumen zeigen, zu den schönsten Heiligtümern der Stadt. Im oftmals verschlossen Bot, der auf Wunsch geöffnet wird, sind wunderschöne Wandmalereien zu sehen.

Im **Wat Phra Song** ist aktuelle Holzschnitzkunst zu sehen. Dargestellt sind Szenen des Ramakien. **Wat Chi Prasoet** beeindruckt durch aktuelle Stuckarbeiten hiesiger Künstler.

Phra Nakhon Khiri-Palast

Auf einem der drei kleinen, bis etwa 95 m Höhe aufsteigenden Hügel Khao Wang unweit der Stadt steht der von König Mongkut (Rama IV.) 1859 erbaute Sommerpalast **Phra Nakhon Khiri**. Der Komplex ist eine Verbindung aus westlichen und asiatischen Stilen. Der Palast umfasst neben dem Herrscherhaus, der Thronhalle, dem Theater, einem Wat und den Tierställen auch ein Observatorium. Der Herrscher, dessen Hobby die Sternenkunde war, blickte hier aus dem gläsernen Kuppeldach ins All. Im **Phra Nakhon Khiri-Nationalmuseum** sind Utensilien aus dem königlichen Haushalt zu sehen. Obwohl Rama VI. den Berg in Khao Mahasawan („Großes Paradies") umbenannte, blieb im Volk der Name Khao Wang erhalten. Der gesamte Komplex wurde zum **National Historical Park** erklärt. Im Februar wird hier ein großes Fest gefeiert und das Areal in Musik und Licht getaucht.

Man erreicht den Palast mit der Seilbahn oder zu Fuß. Wer marschieren will, muss sich mit den Affen herumschlagen und sollte sein Geld sichern. Der etwa halbstündige Spaziergang ist sehr schön und beginnt an der Ratchavithi Rd.; Nagas weisen den Weg. Eintritt inkl. Museum und Seilbahn 70 Baht, ohne Transportservice 40 Baht, Kinder 10 Baht. ⌚ 9–16 Uhr, Mo und Di ist das Museum geschlossen.

Grotten und Höhlen

Etwa 3 km nördlich von Phetchaburi liegt die Tropfsteinhöhle **Khao Luang** im gleichnamigen Berg, mit faszinierenden Stalagmiten und Stalaktiten, zahlreichen antiken Buddhafiguren, Chedis und einem 6 m langen liegenden Buddha. In der großen Haupthalle und zwischen den Tropfsteinen oder in Nischen und Höhlen versteckt, kommen die heiligen Relikte im Schein der durch die Decke strahlenden Sonne zur Geltung. Die Szenerie beeindruckt besonders zwischen 11 und 14 Uhr. ⌚ 9–15 Uhr, Führer 100 Baht. Mit der Rikscha etwa 60 Baht, Motorradtaxi 40 Baht. Busse mehrmals tgl. ab der Haltestelle am Fluss.

Auch die drei Höhlen auf dem Berg **Khao Bandai It**, der knapp 3 km westlich von Phetchaburi liegt, sind einen Besuch wert. Auf halber Höhe des 120 m hohen Hügels stößt man auf ein Labyrinth aus Tropfsteinhöhlen, die einst der Meditation dienten.

Übernachtung

In der Stadt

Unterkünfte s. Karte S. 581

Rabieng Rimnun Guesthouse ②, 1 Shee Sra Inn Rd., ✆ 032-425 707, 💻 www.rabiengrimnum.com. Traditionelles Holzhaus mit sauberen Zimmern, z. T. ohne Bad. In anderen kann der Lärm der Straße stören. Organisiert Touren in die Umgebung. Beliebtes Restaurant. ❷

The Royal Diamond Hotel ①, 555 Petchkasem Rd., ✆ 032-411 061, 💻 www.royaldiamondhotel.com. Kleinere und große Zimmer mit schöner Ausstattung im weißen Betonklotz am Highway. TV und Minibar. ❸–❺

Hat Chao Samran

Unterkünfte s. Karte S. 583

Der Strand ist etwa 15 km vom Stadtkern entfernt. Hier finden sich einige teure Luxusresorts, aber auch ein paar kleinere Anlagen.

Urlaub im Thai-Dorf

In **Ban Krong**, etwa 8 km nördlich von Phetchaburi an einem Fluss gelegen, betreibt der Deutsche Thomas Krey die **Dato Farm** ①, ✆ 087-116 4504, 💻 www.datofarm.com. Inmitten eines typischen Thai-Dorfes zwischen einem kleinen Fluss und einem naturbelassenen Fischteich 3 Zimmer in einem separaten ortstypischen Teakhaus. Thomas und seine Kinder ermöglichen ihren Gästen, den thailändischen Alltag zu erleben. Wer mag, kann in der Küche tätig sein, beim Ziegen-, Hühner- und Kühefüttern helfen oder Bootstouren in die Umgebung unternehmen. Besonders schön sind die abendlichen Glühwürmchentouren. Thomas unterrichtet an der Universität in Nakhon Pathom und weiß Interessantes über Thailand, die Menschen und die Natur zu berichten. Gute Touren in den Kaeng Krachan National Park. Auch Vollpension. ❸

UMGEBUNG PHETCHABURI

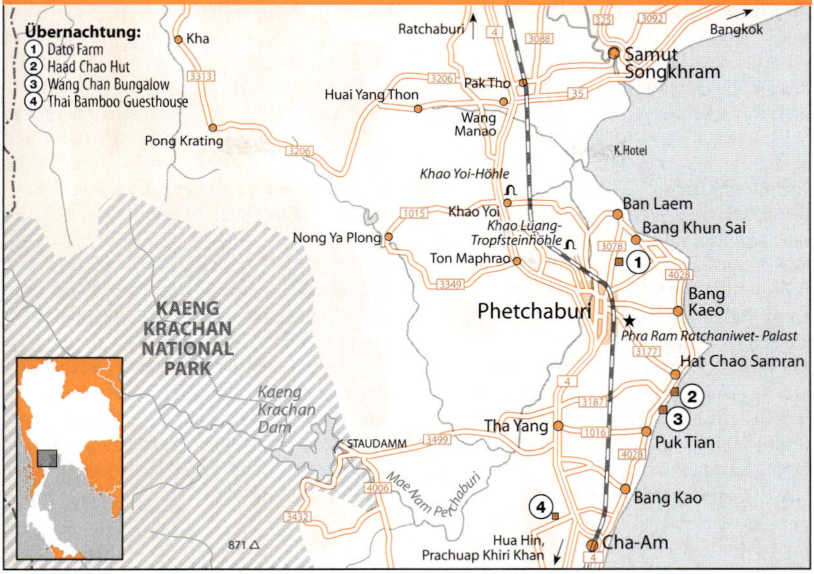

Man erreicht den Strand mit dem Bus mehrmals tgl. ab der Haltestelle nahe Schule und Wat Prasong für etwa 20 Baht.

Haad Chao Hut ②, ✆ 032-478 421. Unterkunft in Steinbungalows in einem mit Palmen und Kasuarinen bestandenen Garten mit kleinem Teich. Schöne Dekorationen, sehr sauber. Der Strand ist wenige Minuten entfernt. ❸

Wang Chan Bungalow ③, ✆ 09-616 7888. Schöne Bungalows im Garten, der mit einigen Pflanzen bestellt ist. Einige bieten auch Familien genügend Platz. ❸–❻

Essen

Bekannt ist die Region für besonders leckere Süßigkeiten, die aus Kokosnussmilch, Palmzucker und Gänseeiern hergestellt werden. Im alten Stadtviertel finden sich einige Geschäfte, die diese Köstlichkeiten seit Generationen verkaufen. Erhältlich sind sie auch auf dem Markt, der morgens von 3–9 Uhr zwischen der Chomklao-Brücke/Yai-Brücke und der Charoen Rd. stattfindet. Nachmittags gibt es einen Markt in der Phanit Rd. Auf beiden Märkten finden sich auch kleine Stände mit Suppengerichten sowie viel Obst und frisches Gemüse.

Beliebt ist das Restaurant des **Rabieng Rimnun Guesthouse** (s. Übernachtung), das vor allem durch seine Lage am Fluss besticht. Englische Speisekarte. Vegetarier können sich auf vielfältige Auswahl freuen. Günstig und gut.

Das **Restaurant Kaothai** liegt zwar weniger idyllisch, doch das Essen in diesem einfachen Haus ist schmackhaft, die Preise sind niedrig und die Besitzer sehr freundlich.

Transport

Busse

BANGKOK, ab AC-Bus Terminal gegenüber der Post am Nachtmarkt. Von morgens bis 20 Uhr mit dem AC-Bus alle 30 Min. für 100–150 Baht.
CHA-AM, mit dem AC-Nahverkehrsbus vom Busterminal am Nachtmarkt den ganzen Tag über bis 18 Uhr für 30 Baht.

HUA HIN, ab der Haltestelle nahe der Schule von 8–18 Uhr mehrmals tgl. mit dem AC-Nahverkehrsbus für 45 Baht.
In Richtung Süden nach CHUMPHON, SURAT THANI, PHUKET CHUMPHON, PHUKET und SURAT THANI ab dem Busbahnhof Khao Wang, der etwa 15 Min. Fußweg vom Zentrum entfernt liegt.

Eisenbahn

Nachtzüge s. Fahrplan S. 902/903.
BANGKOK, tagsüber mit den Bummelzügen um 7.40, 12.40, 15 und 16.44 Uhr für 35–150 Baht in 3 1/2 Std.
CHA-AM, mit den Nahverkehrszügen um 10.43, 12.06, 16.38, 19.12 und 21.38 Uhr für 50 Baht in etwa 30 Min.
CHUMPHON, um 10.43 Uhr für 240 Baht in 6 Std., außerdem mit den Tageszügen in Richtung Surat Thani.
SURAT THANI, um 10.30 und 16.07 Uhr für 370 Baht in 6 Std.

Kaeng Krachan National Park

Der größte Nationalpark Thailands mit etwa 2915 km² ist noch weitgehend unerforscht. Im Juni 1982 wurde das Gebiet zur Schutzzone erklärt. Der Park erstreckt sich bis an die birmanische Grenze. Die bergige und nur schwer zugängliche Region ist Heimat vieler Großtiere: Hier soll es noch wilde Elefanten geben, einige Tiger durchstreifen angeblich die Gegend, und auch Wildrinder sind hier zuhause – ebenso wie die Krokodile und Bären allesamt sehr scheu und nicht leicht zu entdecken. Eher trifft man auf einer Trekkingtour auf Makaken, Gibbons und Warane. Beste **Reisezeit** von Mitte November bis Mai. Von Mitte August bis in den November hinein bleibt der Park geschlossen.

Freunde von Wasserfällen können den 18-stufigen **Namtok Tho Thip** besuchen. Man sollte ein geübter Wanderer sein und über eine ordentliche Kondition sowie gutes Schuhwerk verfügen. Nahe dem Wasserfall gibt es eine gute Möglichkeit zu campen. Interessierte finden einen Guide am Phanoenthung-Servicebüro der Ranger. Geführte Touren von 12–13 Uhr und von 16.30–18 Uhr.

Etwa 54 km vom Parkbüro entfernt befindet sich auf dem höchsten Berg des Parks ein Aussichtspunkt. Vom Gipfel des 1207 m hohen **Khao Phanoen Thung** bietet sich ein wunderbarer Ausblick über den Regenwald. Von hier oben sieht man am noch am ehesten wilde Großtiere. Wer hierher wandern will (nur mit Führer), muss mindestens zwei Tage einkalkulieren, an denen jeweils etwa sechs Stunden marschiert wird. Übernachtet wird im Zelt. Da es nachts das ganze Jahr über sehr kalt wird, sollte man einen warmen Pullover dabei haben.

Übernachtung

Die meist thailändischen Besucher übernachten i. d. R. im **Bang Krang Camp** auf dieser Route. Hier gibt es Platz für Zelte und Toiletten. Ein kleiner Fluss dient als Badewanne und Dusche. Man kann auch in einem der 18 **Nationalpark-Bungalows** wohnen oder sich für 100 Baht ein Zelt mieten. Preis je nach Ausstattung und Größe. Informationen und Buchung unter ✆ 032-459 291. ❹–❻

Transport

Am einfachsten mit einer Tour; die Fahrt mit dem eigenen Pkw kann holprig werden. Busse fahren morgens für die Angestellten.
Eintritt 200 Baht (Auto 30 Baht).
Ab 15 Uhr gilt das Ticket bereits für den nächsten Tag. Für ein eigenes Auto sind 30 Baht zu zahlen.
Eine **Hauptroute** durch den Park, die von den meisten Besuchern genutzt wird, ist ausgebaut und für Autos zugelassen. Mopedfahren ist nicht erlaubt.

Cha-Am

Cha-Am ist neben Hua Hin der wohl bekannteste und älteste Badeort Thailands. Schon im Jahr 1921 wurde der Strand von wohlhabenden aristokratischen Thais erschlossen. Die Mangroven mussten weichen und auch die einst hier lebenden Bären sind seither verschwunden. Heute ist Cha-Am ein geruhsamer Ort. Neben Privathäusern der reicheren Thais aus Bangkok, die hier ihre Freizeit verbringen, gibt es an der Straße entlang des Strandes zahlreiche Hotels, Gästehäuser und Restaurants.

Unter der Woche ist es hier sehr ruhig, am Wochenende kommen die Ausflügler. Es gibt Schatten spendende Liegen (30 Baht p. P.) unter einem Dach; aufgepumpte Autoreifen zum Schwimmen, Bananenboot-Fahrten sowie Reitpferde sorgen für „Abenteuer", und Jetski-Fahrer brettern übers Wasser. Dank einer ausgewiesenen Badezone kann man trotzdem gefahrlos schwimmen. Der Sand ist fein, weiß und sauber. Im Norden befindet sich ein Fischerdorf, wo morgens am Pier geschäftiges Treiben herrscht. Dahinter beginnen weitere Strände mit den internationalen Luxusanlagen.

Das kleine sehenswerte **Wat Neranchararama** steht am Nordende der Stadt gegenüber der Statue König Naresuns. Die königliche Sommerresidenz Ramas V., **Phra Ratchaniwet Maruekkhathaiyawan**, die sich auf dem Weg Richtung Hua Hin befindet, lohnt einen Besuch. Mit dem eigenen Fahrzeug oder Taxi folgt man von Norden kommend kurz vor dem Sheraton der Ausschilderung „Siridorn International Environmental Park". Die Zufahrtsstraße verläuft durch ein Militärgelände. Eintritt in den Palast 30 Baht, Kinder (10–14 Jahre) 15 Baht. Das sehr schöne Parkgelände mit der Statue von König Rama VI. kann man gebührenfrei besuchen. ⌚ 8.30–16 Uhr.

Übernachtung

Entlang der Ruamchit Rd. werden einfache Zimmer in Hotels und Gästehäusern ab 200 Baht vermietet. Vornehmlich thailändische Wochenendgäste, unter der Woche gibt es Preisnachlässe. Zimmer in etwas besseren Hotels kosten 600–1000 Baht.

Untere bis mittlere Preisklasse

Baan Laan Suan Boutique Resort ⑧, 261/2 Ruamchit Rd., ✆ 032-433 171, 💻 www.banlansuan.com. Kleine Anlage abseits der Hauptstraße. Attraktive Zimmer in schönen Gebäuden, verbunden mit einem Steg im tropischen Garten. WiFi, TV und DVD. Wochentags günstiger. ❹–❺

Cha Am Villa Beach ④, 241/2 Ruamchit Rd., ✆ 032-471 595,

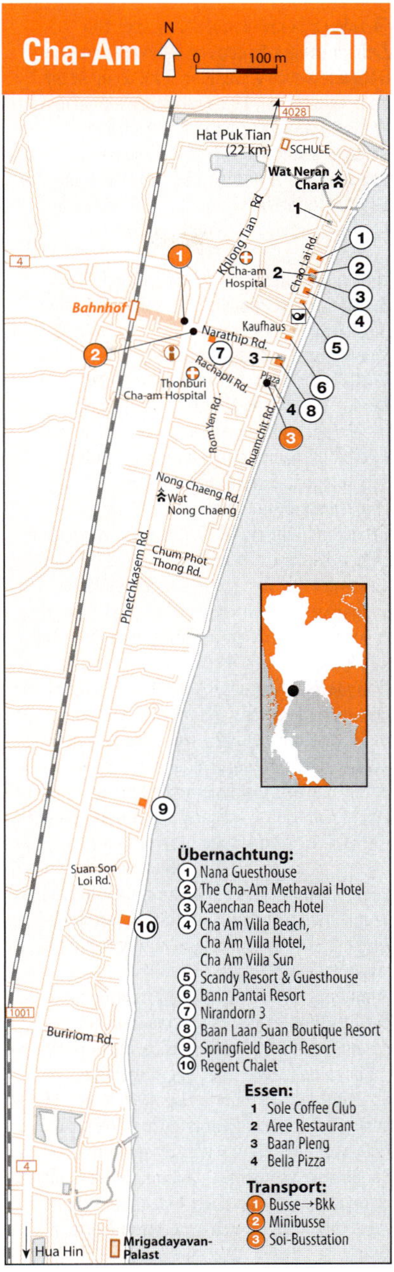

🖳 www.chaamvillahotel.com. Schöne Zimmer in verschiedenen 2- und 3-stöckigen Gebäuden mit TV, Minibar. Pool. Zimmer mit Pool- oder Meerblick. Frühstück inkl. In der Woche günstiger. Kostenloses WiFi im Rezeptionsbereich. ❹

Cha Am Villa Hotel ④, ✆ 032-471 241 und **Cha Am Villa Sun** ④, ✆ 032-471 382, beide 🖳 www.chaamvillahotel.com. Auf Thai-Geschmack ausgerichtet. Im Villa Hotel gibt es nur kaltes Wasser und keinen Kühlschrank. Man kann den Pool des Cha Am Villa Beach Hotels nutzen. ❸

Scandy Resort & Guesthouse ⑤, 274/32-33 Ruamchit Rd., ✆ 032-471 926, 🖳 www.scandy-resort.com. Kleines Haus mit einfachen Zimmern. Familienzimmer für 4 Pers. inkl. American Breakfast. Es wird deutsch gesprochen. ❸–❹

Thai Bamboo Guesthouse ④, 100 Moo 9 Bankhaopong, ✆ 032-470 616, 🖳 www.thai-bamboo.de, Karte S. 583. Etwa 5 km vom Strand entfernt. 4 große bambusverkleidete Steinbungalows im tropischen Garten, alle mit Safe und Balkon. Poolbereich für Kinder. Zahlreiche Ausflugsangebote. ❺

Nirandorn 3 ⑦, ✆ 032-470 300. 3 Gebäudetypen: vorne schöne Bungalows mit kleiner Badewanne, hinten ältere z. T. mit Ventilator. AC-Zimmer mit Meerblick und Balkon im Hotelkomplex. Alle Zimmer mit Kühlschrank und TV. Kein Internet. Schönes Restaurant. ❸–❹

Obere Preisklasse

Die meisten Resorts mit gehobenem Ambiente liegen südlich des Cha-Am-Strandes. Viele sind am besten pauschal oder übers Internet zu buchen.

Bann Pantai Resort ⑥, 247/58 Ruamchit Rd., ✆ 032-433 111, 🖳 www.bannpantai.com. Zentral an der Strandstraße luxuriöse Herberge mit geschmackvollen, kleinen Zimmern. Großer Pool. Kostenpflichtiges WiFi. ❼–❽

Springfield Beach Resort ⑨, Petchkasem Rd., ✆ 032- 451 181, 🖳 www.springfieldresort.com. Schöne große luxuriöse Zimmer. Viele Familien kommen hierher, schöner hölzerner Kinderspielplatz. Poolbereich, tropischer Garten, Tennisplatz und Sauna. ❽

The Cha-Am Methavalai Hotel ②, 220 Ruamchit Rd., ✆ 032-471 028, 🖳 www.methavalai.com. Großes Hotel direkt am Hat Cha Am mit modern ausgestatteten Zimmern, Balkone mit Meerblick. 2 Pools und Liegestühle am Strand. ❺–❽

Essen

In Cha-Am gibt es viele internationale Restaurants und Kneipen mit einem vielfältigen Angebot entlang der Ruamchit Rd., zudem einige Essensstände, vor allem am Wochenende. Bars gruppieren sich in der Gegend um die Soi 1–3 (South).

Baan Pleng, 238/2 Naranthip Rd. Zu live gespielter Thai- und westlicher Rockmusik kann man sich hier gute lokale Küche munden lassen und mit den hier vorwiegend anzutreffenden Thais Party feiern. Musik ab 21 Uhr.

Bella Pizza, 234/40-42 Ruamchit Rd. Gute Pizza von erfahrenem Küchenchef. 🕒 in der Hochsaison ab 11 Uhr, in der Nebensaison ab 17 Uhr, jeweils bis 23 Uhr.

Sole Coffee Club. In der Soi zum Beach Cha-Am Hotel (zwischen Soi 9 und 10) ist neben Cappuchino oder Irish Coffee auch ein ganz besonderer Kaffee zu finden: Verfeinert wird er mit Jasmintee und Honig, und all dies gekühlt auf Eis.

Sonstiges

Fahrräder

Auf dem Drahtesel lässt sich geruhsam die Strandstraße und die nahe Umgebung erkunden. Ein Rad kostet 20 Baht am Tag. Spaß für zwei bietet eine Ausfahrt mit dem Tandem.

Informationen

Das **TAT-Büro** liegt an der Petchkasem Rd. im Süden der Stadt. Informationen zu Cha-Am, Hua Hin und Phetchaburi. 🕒 8.30–16 Uhr.

Medizinische Hilfe

Thonburi Cha-Am Hospital, Petchkasem Rd., ✆ 032-433 903. Ambulanz ✆ 1554.

Transport

Wer mit dem Bus aus Bangkok oder Hua Hin kommt, wird an der Narathip Rd.,

Ecke Petchkasem Rd., nahe dem Bahnhof abgesetzt. Von hier sind es etwa 900 m zum Strand. Der erste Eindruck bei einem Fußmarsch ist geprägt von den Go-go-Bars der Narathip Rd. Kurz vor dem Strand endet das Rotlichtmilieu.

Busse

Die Busse fahren von der Soi-Busstation ab.
BANGKOK, tgl. 10 Busse zum Southern Busterminal. Von 6.30–18.30 Uhr alle 1 1/2–2 Std. für 140–150 Baht in etwa 3 Std.
Minibusse für 10 Pers. von der Narathip Rd. (nahe Petchakasem Rd.) stdl. von 6–18 Uhr zum Victory Monument in Bangkok für 140 Baht in 2 1/2 Std.
CHUMPHON, in 6 Std. für 240 Baht.
HUA HIN, in 20 Min. für 35 Baht.
PHETCHABURI, für 30 Baht.

Taxis

Taxis nach HUA HIN (250–300 Baht), PHETCHABURI (bis 250 Baht) und BANGKOK an der Soi-Busstation und der Strandstraße.

Eisenbahn

Nachtzüge s. Fahrplan S. 902/903.
BANGKOK, um 14.30 Uhr für 200 Baht in 4 1/2 Std.
CHUMPHON, um 11.18 Uhr für 190 Baht in 5 1/2 Std.
HUA HIN, um 11.18, 12.39 und 17.20 Uhr für 30 Baht in 30 Min.
PHETCHABURI, um 7.05, 11.54 und 14.28 Uhr für 50 Baht in 30–45 Min.
SURAT THANI, um 19.43 Uhr für 330 Baht in 7 1/2 Std.
THONBURI, um 7.05 und 11.54 Uhr in 4 Std.

Hua Hin

Bereits seit den frühen 1920er-Jahren reisen Angehörige des Königshauses in dieses Seebad. Heute nutzt Bangkoks Oberschicht Hua Hin als Wochenendziel. Große Hotels dominieren das Strandleben. Der kilometerlange Strand von Hua Hin ist bei Ebbe über 100 m breit. Der Hauptstrand besteht aus weichem weißen Sand und ist dank wöchentlicher Reinigung überwiegend sauber. Er wird von Felsen gesäumt, die gern als Sitzplatz für ein Erinnerungsfoto genutzt werden. Im Süden stehen kleine Tempel auf der sich hier zuspitzenden Landzunge, im Norden befindet sich ein kleiner chinesischer Tempel in den Felsen. Sowohl nördlich als auch südlich schließen sich weitere Strände an.

Im Sommer stören oft Quallen das Badevergnügen, aber da die hier urlaubenden Thais ohnehin nicht gerne schwimmen gehen, stört sie das nicht. Die westlichen Touristen nutzen dann den Hotelpool.

Nördlich des Hilton Hotels befindet sich die **Altstadt**, das Zentrum von Hua Hin. Hier findet man keine Hochhäuser, sondern traditionelle, niedrige hölzerne Thai-Häuser. Wer in eine der kleinen Nebenstraßen abbiegt, taucht ein in das ursprüngliche Leben Hua Hins.

Der **Hafen** befindet sich im Norden Hua Hins. Am **Tha Thiap Rena Pramong** lässt sich noch lokales Fischerleben beobachten, wenn morgens der Fang ausgeladen und direkt am Pier oder in der nahe gelegenen Markthalle verkauft wird.

Reisezeiten

Saison ist in Hua Hin das ganze Jahr über. Am Wochenende ist es besonders voll. Die meisten Reisenden in den Monaten Juni bis Oktober sind Thais. Daneben kommen von November bis April zahlreiche Westler, vor allem Skandinavier, aber auch viele Deutsche. Im Winter ist der Wasserstand hoch, dann bleibt von dem eigentlich breiten Hauptstrand nicht viel übrig. Zu dieser Jahreszeit ist auch das Wasser oft aufgewühlt; erst im Februar wird es klar und blau.

Khao Thakiap und Khao Krilas

Am südlichen Ende des Strandes, etwa 4 km vom Zentrum entfernt, liegt der **Khao Takiap**, der von vielen auch „Chopstick Mountain" oder „Monkey Hill" genannt wird. Letzterer Name trägt der Tatsache Rechnung, das hier viele Affen zuhause sind, die leider nicht jeden Besucher herzlich empfangen. Die 20 m hohe, golden glänzende Buddhafigur am Fuße des nördlichen Kliffs gehört zur Tempelanlage **Wat Khao Lad**. Vom oberhalb gelegenen Wat, das man über knapp

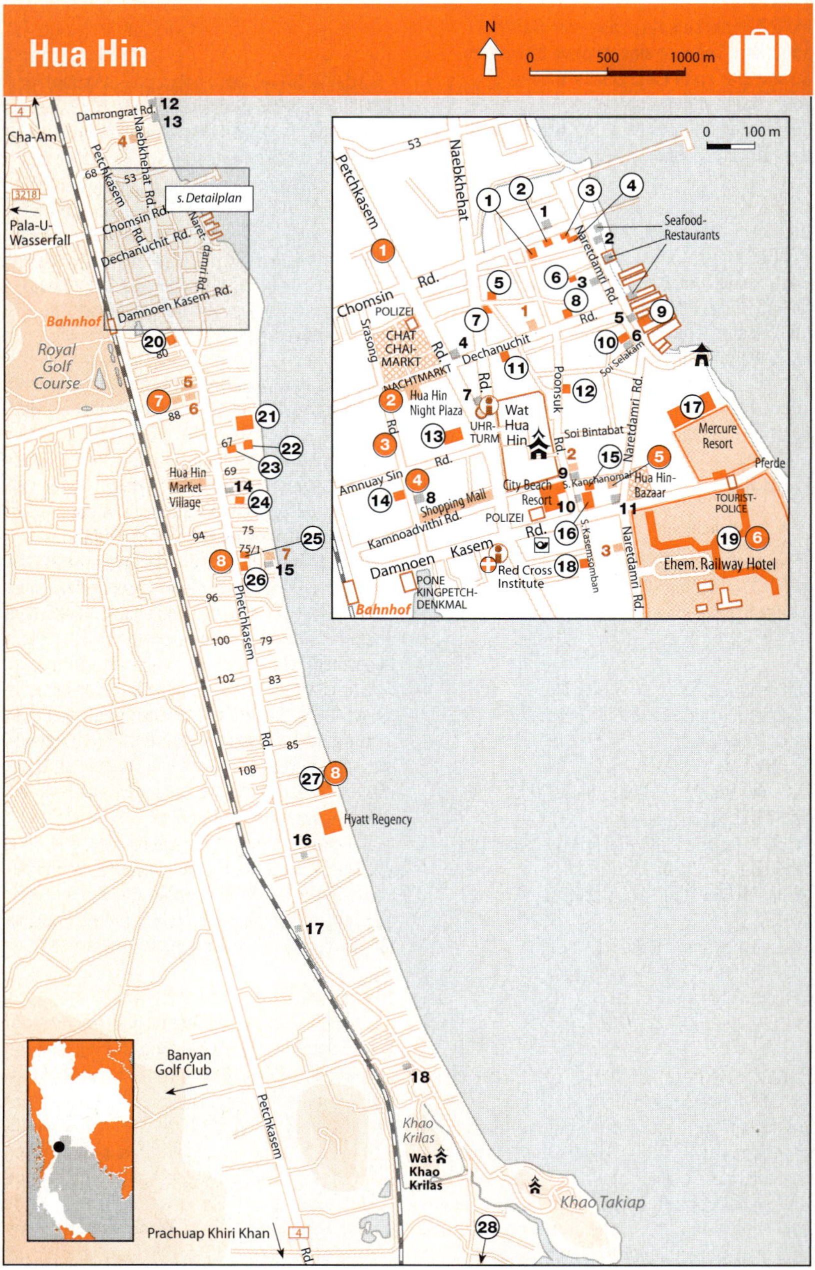

Hua Hin
N
0
500
1000 m
Cha-Am
Damrongrat Rd.
Naebkhehat Rd.
Petchkasem
s. Detailplan
Pala-U-Wasserfall
Chomsin Rd.
Dechanuchit Rd.
Naret-damri Rd.
Damnoen Kasem Rd.
Bahnhof
Royal Golf Course
Hua Hin Market Village
Phetchkasem Rd.
Hyatt Regency
Banyan Golf Club
Khao Krilas
Wat Khao Krilas
Khao Takiap
Prachuap Khiri Khan
Seafood-Restaurants
Chomsin Rd.
POLIZEI
Srasong
CHAT CHAI-MARKT
NACHTMARKT
Hua Hin Night Plaza
Amnuay Sin Rd.
UHR-TURM
Wat Hua Hin
Poonsuk Rd.
Soi Bintabat
Soi Selakam
Naretdamri Rd.
Mercure Resort
Pferde
Hua Hin-Bazaar
S. Kanchanomai
City Beach Resort
Shopping Mall
Kamnoadvithi Rd.
POLIZEI
S. Kasemsomban
TOURIST-POLICE
Ehem. Railway Hotel
Damnoen Kasem Rd.
Red Cross Institute
PONE KINGPETCH-DENKMAL
Bahnhof
0
100 m

Übernachtung:

① Top Marks Hotel
② Araya Residence
③ Baan Chalelarn Hotel
④ Supersuda
⑤ Tong-Mee House
⑥ Pattana Gh.
⑦ Pananchai Hotel
⑧ All Nations Guest House
⑨ Fulay Guesthouse
⑩ Fulay Hotel
⑪ Hua Hin Paradise
⑫ Sand Inn
⑬ My Place Hua Hin Hotel
⑭ Cha Ba Chalet
⑮ MP. Guesthouse
⑯ Sirin Hotel
⑰ Hilton Resort & Spa Hua Hin
⑱ Baan Somboon
⑲ Hotel Sofitel Centara Grand Resort & Villa
⑳ Royal Asia Lodge
㉑ Marriott Resort & Spa
㉒ Veranda Lodge
㉓ Leng Hotel & Guesthouse
㉔ Baan Bayan
㉕ Prinz Garden Villa
㉖ Sailom Hotel
㉗ Chiva Som Resort
㉘ Boat Lodge

Essen:

1 Taj Mahal
2 Brasserie de Paris
3 Monsoon
4 Doi Tung Cafe
5 Maharaja
6 Orchids
7 Starbucks
8 Deutsche Bäckerei
9 Heidi's Gardenrestaurant
10 La Villa
11 Sailom Pavillion: Mc Donalds, Subway, Black Canyon Café
12 Coco 51
13 The Duke´s
14 Pasta Factory
15 Beach Café und Restaurant
16 Sasi Dinner Theater
17 Papa John
18 Take 5

Sonstiges:

1 Bucha Bun Cooking Course
2 Thai Boxing Garden
3 Megabooks
4 Rashnee Thai Silk Village
5 Grand Night Market
6 Grand Sport
7 KBA und Surfspot

Transport:

1 Minibusse→Victory Monument Bkk
2 Songthaew→Takiap
3 AC-Busse→Bangkok
4 AC-Busse Richtung Süden
5 Lomprayah
6 Avis
7 Budget
8 Sombat Tour Busbahnhof (Chiang Mai, Korat)
9 Avis

130 Stufen auch vom Strand aus erreicht, hat man einen fantastischen Panoramablick. Anfahrt mit dem lokalen grünen Pickup, welches den ganzen Tag zwischen Hua Hin und Khao Takiap verkehrt (20 Baht), mit dem eigenen Moped oder zu Fuß am Strand entlang.

Übernachtung

In Hua Hin gibt es nur wenige günstige Unterkünfte: Die Nachfrage danach ist gering. Einige der billigen Häuser dienen als Stundenhotels und sind daher für Traveller keine gute Wahl. Mittelpreisige Gästehäuser und kleine Hotels bieten ein gutes Preis-Leistungs-Verhältnis. Wer sich Luxus leisten kann, wird in Hua Hin auf jeden Fall schöne Unterkünfte finden.

Untere Preisklasse

Cha Ba Chalet ⑭, 1/18 Sasong Rd., ✆ 032-521 181, 💻 www.chabachalet.com. Kleines Hotel nahe dem Bahnhof. Einfache, geräumige Zimmer mit TV und Kühlschrank. Viel Licht dank großer Fenster. Gutes Preis-Leistungs-Verhältnis, inkl. Frühstück. ❸–❹

Pattana Gh. ⑥, 52 Naretdamri Rd., ✆ 032-513 393. Schön, einfach und günstig im alten Teakhaus. Zimmer im EG mit Dusche, die im 1. OG ohne Bad. Alle Zimmer mit Ventilator und Moskitonetz. Ruhe im hübschen Garten mit Bar. ❸

Mittlere bis gehobene Preisklasse

Araya Residence ②, 15/1 Chomsin Rd., ✆ 032-531 130, 💻 www.araya-residence.com. Boutique-Hotel mit Zimmern in gehobener Ausstattung. TV, Minibar, Safe, inkl. Frühstück. ❹–❺

Wohnen auf Pfählen über dem Meer

Fulay Guesthouse ⑨, 110/1 Naresdamri Rd., ✆ 032-513 145, 💻 www.fulay-huahin.com. Eines der bewohnbaren noch empfehlenswerten alten Stelzenhäuser über dem Strand. Schöne Seeterrasse und Pavillon. WiFi am Empfang (100 Baht/Tag). Zimmer mit Ventilator und Warmwasser, billiger mit Kaltwasser. AC-Zimmer etwas näher am Meer. Oft ausgebucht. ❸–❹

Klein und fein im Boutique-Stil

My Place Hua Hin Hotel ⑬, 17 Soi Hua Hin 74 Amnuaysin Rd., ✆ 032-514 111, 💻 www.myplacehuahin.com. Boutique-Hotel mit 24 schönen, gut ausgestatteten geschmackvollen Zimmern. TV, Safe, Balkon und WiFi im Zimmer. Frühstück inkl., kleiner Pool auf dem Dach. Oft Promotion-Angebote. ❹–❽

Hua Hin Paradise ⑪, 45/8-9 Dechanuchit Rd., ✆ 032-530 114, 💻 www.huahin-paradise.com. 200 m vom Strand entfernt. Nennt sich zwar offiziell Gästehaus, kann sich aber in puncto Ausstattung und Flair mit einem Boutique-Hotel messen. 13 Zimmer mit Minibar und Wasserkocher. Oft Promotion-Aktionen. ❹

Baan Chalelarn Hotel ③, 11 Chomsin Rd., ✆ 032-531 288, 💻 www.chalelarn.com. Kleines Hotel mit großen Zimmern, einige Schritte vom Pier entfernt. Safe, TV, Kühlschrank, Balkon. Kostenlos Internet im Foyer. ❹

Baan Somboon ⑱, 13/4 Soi Kasemsomban, Damnoen Kasem Rd., ✆ 032-511 538, 💻 www.baansomboon.com. Heimelige Atmosphäre in familiärem Haus. Schöner kleiner Garten. Zimmer mit Ventilator oder AC, TV und Kühlschrank, inkl. Frühstück. ❹

Prinz Garden Villa ㉕, 8/30 Soi Hua Hin 98, ✆ 032-511 720, 💻 www.prinz-garden-villa.de. Große Zimmer und Appartements, inkl. Frühstücksbuffet. Schöner Pool im Garten.

Stilvoll leben im alten Railwayhotel

Hotel Sofitel Centara Grand Resort & Villa ⑲, 1 Damnoen Kasem Rd., ✆ 032-512 021, 💻 www.sofitel.com. Luxushotel, einst unter den Namen Railway Hotel in den 1920er-Jahren erstes Hotel am Platz. Die im viktorianischen Stil erbauten renovierten Villen und der Hotelkomplex strahlen eine gediegene, geschichtsträchtige Atmosphäre aus. Riesige Pool-Landschaft, Fitnesscenter, Spa. Wem es hier zu teuer ist, der kann im Museumscafé einen Tee oder Kaffee schlürfen. ❽

Rollstuhlgerechte Ausstattung. Deutsch-thailändische Leitung. ❺–❽

Royal Asia Lodge ⑳, 120/22 Soi Huahin 78, Petchkasem Rd., ✆ 032-533 778, 💻 www.royalasiahuahin.com. 50 schön gestaltete, geflieste Zimmer. Kleiner Pool auf dem Dach, kostenfreies WiFi. Rabatte bei Buchung über die Website. ❹–❼

Luxusklasse

Dusit Thani Hua Hin ④, 1349 Petchkasem Rd., ✆ 032-520 009, 💻 www.dusit.com, Karte S. 594. Beeindruckt mit großflächiger Pool-Anlage. Die Zimmer lassen keine Wünsche offen. 5 Restaurants und Bar (abends Livemusik). Wassersport, Tennis, Squash, Fitnesscenter, Spa (9–20 Uhr). ❼–❽

Chiva Som Resort ㉗, 73/4 Petchkasem Rd., ✆ 032-536 536, 💻 www.chivasom.com. Luxuriöse Anlage am Strand, etwa 3 km südlich des Zentrums. Massage und Aromatherapie, Yoga und andere fernöstliche Heilmethoden (auch besonders zubereitete Speisen). Pool mit Meerblick. ❽

Hilton Resort & Spa Hua Hin ⑰, 33 Naresdamri Rd., ✆ 032-538 999, 💻 www.hilton.com. Großer Hotelkomplex im Norden des Hauptstrandes. Pool in Richtung Strand, gut ausgestattete Zimmer. Fitnessbereich, Whirlpool, Tennis. Rollstuhlgeeignet. ❽

Sailom Hotel ㉖, 29 Petchkasem Rd., ✆ 032-511 890, 💻 www.sailomhotelhuahin.com. 64 Zimmer etwa 2,5 km südlich des Zentrums am Strand. Großer Pool, abgetrenntes Kinderbecken. Große gut eingerichtete Zimmer. ❻–❼

Veranda Lodge ㉒, 113 Hua Hin Soi 67, ✆ 032-533 678,💻 www.verandalodge.com. Schönes Hotel am Strand mit geschmackvoll gestalteten Zimmern. Hochzeits- und private Strandpartys. Pool, tropischer Garten. Frühstück inkl. ❻–❽

Essen

Hua Hin hat zahlreiche Lokale und Essenstände. Man kann am Foodstall authentische Thai-Küche genießen oder auf schweizerdeutsche Art mit Fondue seinen Hunger stillen. Wer es mediterran mag, geht zum Italiener und bestellt Pizza und Pasta. Und wer Fisch und Meeresfrüchte liebt, hat eine riesige Auswahl: von einfachen oder auch sehr guten Thai-Restaurants bis hin zu westlichen Restaurants mit gehobener und teurer Küche.

Asiatische Küche

Wer unverfälschte Thai-Küche liebt, isst an einem der vielen kleinen Essenstände am Abend in den Sois und an den Kreuzungen. Hier werden überwiegend Suppen angeboten. Da die wenigsten westlichen Reisenden hier essen, ist das Gebotene noch sehr authentisch. Auf den **Nachtmärkten** gibt es zahlreiche Stände mit Fisch; aber auch bereits T-Bone-Steak vom Grill. Viele Besucher freut es, dass sich die meisten Stände und Lokale hier mittlerweile am Geschmack der westlichen Reisenden orientieren und die Gerichte auf deren leicht brennbare Zungen abschmecken.

Maharaja, 25 Naresdamri Rd., gute und authentische nordindische Küche in schöner Lage.

Monsoon, 62 Naresdamri Rd., ✆ 068-777 808. Viele Thai-, dazu einige vietnamesische und westliche Gerichte. Vor allem das Ambiente überzeugt:

Take 5, nahe Khao Takiap, ✆ 032-537 249. Indische, europäische und Thai-Küche. Der indische Chefkoch versteht es meisterhaft, leckere Tandoori und Lammcurrys zuzubereiten. Auch für Vegetarier ist hier bestens gesorgt. ◷ 12–24 Uhr.

Westliche Küche

Von Pizza über Steaks in allen Variationen bis hin zum guten französischen 3-Gänge-Menü wird alles kredenzt, was der Magen begehrt. Die Preise sind etwas höher als in Thai-Restaurants. Viele Lokale befinden sich in der Poonsuk Rd. oder der Naresdamri Rd.

Brasserie de Paris, 3 Naresdamri Rd. Restaurant mit Meerblick und schönem Ambiente. Französische Küche, viel Seafood, gehobene Preise.

Coco 51, Westende der Soi 51, ✆ 032-515 597. Gediegene Casual Cuisine mit Blick aufs Hilton und die Skyline der Stadt. Am Strand gelegen, tgl. Live-Jazz zum Dinner, Sa Swing Jazz. ◷ 10–23 Uhr.

Heidi's Gardenrestaurant, Poonsuk Rd., ✆ 032-532 367. Käsefondue oder Gerichte von Schwein, Huhn und Rind. Zudem Chang-Bier vom Fass und Weißbier aus der Flasche. ◷ 11–1 Uhr, Küche bis 24 Uhr.

Orchids French & Thai Restaurant, 110/1 Naresdamri Rd., ✆ 032-513 670. Leckere Meeresfrüchte, Pizza, Pasta und Thai-Küche. Kindermenüs. ◷ 18–22 Uhr.

The Duke´s, 3 Damrongrat Rd., Hua Hin Soi 51, ✆ 032-515 787, 💻 www.theduke51.com. Hochpreisige Thai- und europäische Küche in gehobenem Ambiente direkt am Strand. Gutes Seafood. Livemusik, Di und Sa klassische Gitarrenklänge. ◷ 11–23 Uhr.

Willy's Station, Poonsuk Rd., 💻 www.willys-station.ch. Schweizer Biergarten im Herzen Hua Hins. Es gibt Gulaschsuppe, Schnitzel und Schinkenteller. ◷ 11–1 Uhr, Essen bis 24 Uhr.

Seafood direkt am Meer

In den Restaurants, die auf Stelzen im Süden des Strandes thronen, kann man gut und lecker Fisch und andere Meeresfrüchte essen. Die Ware ist meist sehr frisch. Angesichts der exquisiten Lage sind die Preise für das Essen trotz der etwas herunter gekommenen Atmosphäre in den Restaurants recht hoch.

Zum Essen etwas Kultur

Sasi Dinner Theater, 83/159 Nhongkae Rd., Reservierungen über Reisebüros oder unter ✆ 032-512 488, 💻 www.sasi-restaurant.com. Zum großen Dinner wird eine gelungene Show geboten. Beginn 19 Uhr, 750 Baht. Das Restaurant liegt etwa 10 Min. südlich vom Zentrum. Gäste werden ab 18.30 Uhr vom kostenloses Shuttlebus am Uhrturm abgeholt.

Aktivitäten

Einkaufen

Wer Shopping liebt, wird in Hua Hin fündig. Der **Nachtmarkt**, der allabendlich ab 17 Uhr in der Innenstadt ab Kreuzung Petchkasem/ Dechanuchit über zwei Blocks hinweg seine

Seidenherstellung

Das **Rashnee Thai Silk Village**, 18/1 Naebkeharst Rd., ✆ 032-531 155, ist eine gute Geschäftsidee des Schneiders Mike & Co Tailors und wirklich sehenswert. Ohne Kaufzwang oder gar Eintritt wird dem Besucher in einem kleinen, aber schön gestalteten offenen Holzunterstand gezeigt, wie Seide hergestellt wird: von der Raupe zum Stoff. Freundlich und unaufdringlich wird das Ausgestellte erklärt. Entweder läuft man die 2 km vom Uhrturm oder lässt sich vom kostenlosen Bringservice abholen. Mike & Tailors haben insgesamt sechs Geschäfte in Hua Hin. ◷ 9–21 Uhr.

Buden öffnet, ist bis Mitternacht eine wahre Fundgrube. Ein weiterer Nachtmarkt, der **Grand Night Market**, befindet sich gegenüber dem Grand Hotel. Hier gibt es nahezu alles, von Kleidung über Pflanzen bis zu Hunden und anderen Tieren. Neben zahlreichen kleineren Geschäften im Zentrum besitzt Hua Hin auch eine Shopping Mall, das **Hua Hin Market Village**, Satukarn Square gegenüber dem Hua-Hin-Tempel.

Kochkurse

Bucha Bun Cooking Course, 22 Dechanuchit Rd., ✆ 032-531 220, 💻 www.thai-cookingcourse.com. Mindestens 4, max. 10 Schüler. Beginn 9 Uhr, nach dem Marktbesuch wird zubereitet und anschließend gemeinsam gegessen. Ende gegen 15 Uhr. Freier Transport vom und zum Hotel.

Wassersport

KBA, ✆ 081-591 4593, 💻 www.kiteboardingasia.com. Eines der 5 Kiteboard-Zentren der KBA-Schule. Gutes Equipment, gute Ausbildung. Kurse in der Gruppe und Privatstunden.

Sonstiges

Auto-, Fahrrad- und Mopedvermietung

In Hua Hin kann man Autos, Fahrräder und Mopeds leihen. Die meisten Gästehäuser vermieten ab 70 Baht pro Tag ein Fahrrad, für 200 Baht ein Moped. Autos, die man auch an anderen Orten zurückgeben kann, hat **Avis**, ✆ 032-512 021-38, 💻 www.avisthailand.com. Büros im Hotel Sofitel und im Chiva Som Resort. Günstiger sind die Jeeps der lokalen Anbieter. Autos mit Navigationsgerät hat **Budget**, ✆ 032-514 220, 💻 www.budget.co.th, ganz im Süden, hinter dem San Paulo Hospital.

Bücher

Megabooks offeriert eine Auswahl an Büchern und Karten und führt auch Zeitschriften und Zeitungen aus Europa. ◷ 9.30–21 Uhr.

Informationen

Es gibt 2 Büros des **Tourist Office**. Das meistfrequentierte und sehr informative Büro befindet sich am Uhrturm, das andere an der Damnoen Kasem Rd., Ecke Petchkasem Rd., ✆ 032-512 120 oder 532 433. ◷ Mo–Fr 8.30–20 Uhr, Sa, So und an Feiertagen 9–17 Uhr.
Zudem gibt es in der Stadt werbefinanzierte Pocket Guides mit aktuellen Veranstaltungshinweisem.

Medizinische Hilfe

Red Cross Institute neben der Touristeninformation an der Damnoen Kasem Rd. Erste-Hilfe-Station.
San Paulo Hospital, ✆ 032-532 576-80, und **Hua Hin Hospital**, ✆ 032-547 350-9.
Ambulanz ✆ 032-532 576.

Polizei

Touristenpolizei nahe dem Sofitel, ✆ 032-515 995 oder Notrufnummer 1155.
Polizeistation (Diebstahlmeldung usw.), Damnoen Kasem Rd., ✆ 032-511 027.

Nahverkehr

Fahrradrikscha

In Hua Hin verkehren Fahrradrikschas. Unabhängig vom Auf und Ab des Ölpreises wird man hier per Muskelkraft kutschiert. Am Besten ist es, vorher den Preis auszuhandeln. Kurze Strecken 30 Baht; vom Bahnhof zur Unterkunft rund 50 Baht.

Songthaew, Kleinbusse und Taxis

Songhtaew fahren von 6 bis 18 Uhr ab Chat Chai Hotel in der Petchkasem Rd. Kurze Strecken

kosten ab 10 Baht. Zum Khao Takiap 20 Baht, Abfahrt in der Srasong Rd.
Grün-gelbe **Kleinbusse** bedienen den ganzen Tag über den Stadtverkehr. 20 Baht pro Kurzstrecke, Preise vorher absprechen.
Taxis mit Taxameter verlangen für Kurzstrecken 50–100 Baht. Ein Taxi für den ganzen Tag kostet etwa 800 Baht, in der Hauptsaison 1000 Baht. Die Fahrt mit dem Taxi zum Khao Sam Roi Yot ist für 1200 Baht zu haben.

Transport

Busse

BANGKOK, ab der Busstation in der Srasong Rd. AC-Busse zum Southern Busterminal von 3 bis 21 Uhr alle 40 Min. für 160 Baht in 3 1/2 Std. Minibusse zum Victoria Monument fahren von 5 bis 18 Uhr alle 30 Min. für 200 Baht ab der Petchkasem Rd. nahe dem großen Busbahnhof neben der Thai Farmers Bank.
CHIANG MAI, mit dem VIP Bus um 8 und 17 Uhr ab dem Sombat Tour Terminal, ✆ 032-514 477, etwa 3 km südlich des Zentrums, Petchkasem Rd., Höhe Soi 96/98.
CHUMPHON (und zu den Fähren nach KO TAO, KO PHANGAN und KO SAMUI), mit Lomprayah um 8.30 und um 24 Uhr. Seatran fährt um Mitternacht los. Buchungen unter ✆ 032-533 738 (Lomprayah) und im Reisebüro. Die Überlandbusse auf dem Weg nach Bangkok kommen zwischen 21 und 23 Uhr durch Hua Hin. Wer 24 Std. vorher im Reisebüro bucht, kann hier zusteigen.
KORAT, mit dem VIP-Bus um 10 und 21 Uhr ab Sombat Tour Terminal, ✆ 032-514 477.
PRANBURI, mit den orangenen Songthaew, Abfahrt in der Srasong Rd. für 30 Baht.

Taxis

BANGKOK (Flughafen), je nach Tageszeit und aktuellem Spritpreis für rund 1400 Baht.
CHA-AM, tagsüber für etwa 250 Baht, nachts 300 Baht.

Eisenbahn

Nachtzüge s. Fahrplan S. 902/903.
Es ist ratsam für Überlandfahrten frühzeitig vorzubuchen. Für Bummelzüge und kurze Fahrten gibt es Tickets kurz vor Abfahrt am Bahnhof.
BANGKOK, um 14.10 und 16 Uhr in 4 1/2 bzw. 3 3/4 Std. BANGKOK NOI, um 11.28 Uhr in 4 1/4 Std. Alle Züge ab 44 bis 200 Baht.
BUTTERWORTH (Malaysia), um 18.21 Uhr für 560 Baht in 17 1/2 Std., mit Halt in PADANG PESAR (14 1/2 Std.).
CHA-AM, um 6.41, 11.28 und 14.10 Uhr für 20 Baht in 20–30 Min.
CHUMPHON, um 11.11 Uhr in 3 Std. oder 11.50 Uhr mit dem Bummelzug in 5 Std. Hier in der 3. Klasse für 40 Baht, sonst 250 Baht.
KO SAMUI und KO PHA NGAN, mit den Nachtzügen, welche die morgens ablegenden Boote ab Surat Thani erreichen.
PHETCHABURI, um 6.41, 11.28, 14.10 und 16 Uhr für 50 Baht in 45–70 Min.
SUNGAI GOLOK (Grenze Malaysia), um 17.10, 18.21, 19.08 und 20.11 Uhr für 690 Baht. Alle Züge erreichen die Grenze vormittags, passend für den Grenzübertritt.
SURAT THANI, per Tageszug Richtung Chumphon um 11.11 Uhr für 250 Baht in 5 1/2 Std.

Flüge

Mit den bunt angemalten, kleinen 12-sitzigen Cessna-Fliegern der SGA Airlines, die unter der Flagge (bzw. dem Schnabel) von **Nok Air** operiert, kann man 3x tgl. nach BANGKOK fliegen. Abflug 12.30, 15.30 und 18.30 Uhr, Flugzeit 30 Min. für etwa 3500 Baht, Hin- und Rückflug unter 6000 Baht. Aktuelle Preise und Informationen unter 💻 www.sga.co.th.

Die Umgebung von Hua Hin

Ausflugstouren ab Hua Hin werden nach Cha-Am und zu den zwei nahe gelegenen Nationalparks **Kaeng Krachan** und **Khao Sam Roi Yot** angeboten. Daneben gibt es Touren zu den Affen auf der nach ihnen benannten Insel **Ko Lam** (Monkey Island) und zu den in der Nähe lebenden **Delphinen**, die sich noch vor der Küste des Hat Phu Noi (s. S. 594) tummeln.

Pranburi

Bekanntester Ort der Gegend um Pranburi ist der **Pranburi Forest Park**. Hier kann man auf einem

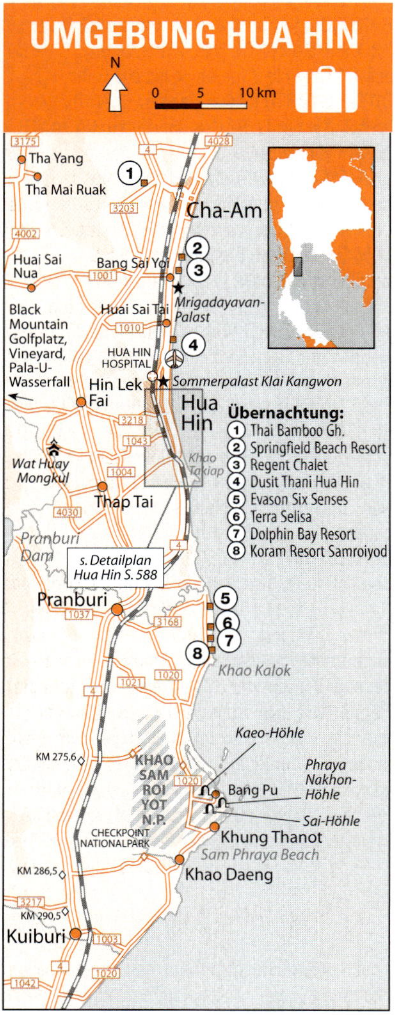

Steg zwischen natürlich gewachsenen Mangroven entlangwandern. Das Gebiet liegt am Praburi-Fluss, der sich vom Kaeng Krachan National Park bis zur Golfküste über 130 km seine Weg bahnt. Hier leben zahlreiche Vögel, die man beobachten kann. Vom Wasser aus lässt sich dieses Gebiet besonders entspannt genießen. Touren werden von Mermaid Cruises, 💻 www.huahincruises.com, angeboten.

Anfahrt: Nach Pranburi kommt man den ganzen Tag über mit den öffentlichen orangenen Songthaew, die ständig an der Kreuzung Dechanuchid Rd. und Srasong Rd. vor dem 7-Eleven losfahren. Die Fahrzeit bis zur Hauptstraße von Pranburi beträgt 30 Min.; Preis: 20 Baht. Einfacher geht es mit dem Moped in 45 Min.

Pala-U-Wasserfall und Huay-Mongkul-Tempel

Der viel besuchte Pala-U-Wasserfall wird vom Krachan National Park verwaltet und befindet sich etwa 60 km westlich von Hua Hin. Oft wird er in einer Tagestour angesteuert. Über 15 Stufen sprudelt der Fall, der das ganze Jahr über Wasser führt. Besonders morgens zwischen 7 und 10 Uhr sieht man viele Schmetterlinge. 🕓 bis 16 Uhr, Eintritt 200 Baht.

Auf dem Weg dorthin sitzt knapp 16 km von Hua Hin entfernt im **Huay Mongkul-Tempel** die größte **Luang Phor Tuad-Statue** Thailands. Die Figur wurde von Königin Sirikit gestiftet. Anfahrt: Meist wird der Wasserfall ab Hua Hin im Rahmen einer Tour besucht.

Hat Phu Noi und Hat Sam Roi Yot

Weiter Richtung Süden, kurz hinter Paknampran, lockt der **Hat Phu Noi**. Dieser Strand hat den Beinamen Dolphin Bay (**Delphin-Bucht**). Etwa zehn Monate im Jahr tummeln sich die Meeressäuger in diesem Gebiet; am besten sind sie bei Bootsausflügen zu sehen. Einige wurden bei ruhiger See auch vom Strand aus gesichtet. Was den Urlauber in Begeisterung versetzt, deuten die Fischer als Zeichen für einen herannahenden Sturm und sind daher mehr alarmiert als hoch erfreut.

Der Strand ist etwa 5 km lang, sehr breit und ideal für Kinder, denn er fällt im Wasser seicht ab und es gibt nur selten starken Wellengang. Gegenüber dem Strand liegt die kleine Insel **Ko Lam**, die wegen der hier lebenden wilden Affen auch Affeninsel genannt wird.

An den Hat Phu Noi schließt sich der **Hat Sam Roi Yot** an. Von hier sind es nur noch wenige Minuten Fußweg zum Fischerdorf Bang Pu und dem **Sam Roi Yot National Park** (s. unten). Viele Besucher ziehen eine Übernachtung an diesen Stränden den Unterkünften im Nationalpark vor. Einige Anlagen vermieten Mopeds und Fahrräder und organisieren auch Taxifahrten.

Übernachtung

Dolphin Bay Resort ⑦, ✆ 032-559 333, 🖳 www.dolphinbayresort.com. Bungalows und Zimmer im 2-geschossigen Reihenhaus. Großer Poolbereich mit Rutschen. Zimmer für 2–8 Personen, die großen Bungalows mit eigenem Pool. Kinderspielplatz. ❺–❽

Terra Selisa ⑥, ✆ 032-559 359, 🖳 www.terraselisa.com. Doppel-Steinbungalows in einer Gartenanlage. Pool. Vor der Anlage verläuft noch eine kleine Straße, dahinter liegt der Strand. ❺–❻

Khao Sam Roi Yot National Park

Der Khao Sam Roi Yot National Park war bei seiner Eröffnung im Jahre 1966 der erste in Thailand, der auch Küstengebiete und das davorliegende Meer schützte. Er befindet sich südlich von Pranburi und nimmt eine Fläche von etwa 100 km^2 ein. Die Übersetzung des Namens Sam Roi Yot lautet „Berg mit 300 Gipfeln", und diesem Namen wird das Gebiet gerecht. Zahllose kleine Karstberge durchziehen die flache, baumbestandene Ebene. Manche ragen bis knapp über 600 m empor.

Lange Zeit wurde – trotz Schutzprogramm – mit der Zulassung von Shrimps-Farmen die Ökologie des Gebietes eher verletzt als geschützt. Noch heute gibt es zahlreiche dieser Farmen, doch man beginnt inzwischen wieder mit der Aufforstung der Mangrovenwälder.

Die Hauptattraktion für Besucher bilden die zahlreich hier lebenden **Vögel**, die sich in dem großen Feuchtgebiet besonders wohlfühlen. Vogelkundler kommen besonders von November bis Januar auf ihre Kosten.

Die beste **Reisezeit** ist von November bis März. Ab August bis Ende Oktober regnet es. Ab April steigen die Temperaturen oft so hoch, dass kaum jemand die steilen Wege erklimmen mag.

Der Park kann auf einer Straße durchquert werden. Von hier aus sind alle interessanten Ziele gut ausgeschildert und über Stichstraßen zugänglich. Sehenswert sind die **Höhlen Phraya Nakhon** und **Kaeo**. Wie Diamanten glitzern in der Kaeo-Höhle die Gesteine, was der Ablagerung von Mineralien zu verdanken ist.

Strandleben ist am **Hat Laem Sala** geboten. Ganz nah am Hauptquartier des Parks lockt die Aussicht auf die faszinierende Karstlandschaft und die Küste aus 160 m Höhe. Zu bewältigen ist dafür ein 30-minütiger Aufstieg zum **Aussichtspunkt Khao Daeng**. Es gibt einige Stufen, daher sollte man diesen Weg nur mit gutem Schuhwerk und bei trockenem Wetter unternehmen. Unmittelbar an der nächsten Kreuzung lohnt ein Abstecher ins **Wat Khao Dang**, das in die felsige Landschaft hineingebaut wurde. Einen Einblick in das Ökosystem von Sumpflandschaften vermittelt ein Besuch des **Sam Roi Yot-Sumpfes**. Ein 250 m langer Weg führt über den Sumpf, den man aber auch mit einem Boot erkunden kann.

Den Eintritt von 200 Baht pro Tag zahlt jeder Besucher am Checkpoint.

Phraya-Nakhon-Höhle

Dies ist die meistbesuchte Höhle des Parks und für Thais eine Art Pilgerstätte, denn Rama V. schaute einst hier vorbei. Neben den beeindruckenden Stalagmiten und Stalaktiten übt der in der Höhe aufgebaute Pavillon die größte Faszination aus. **Phra Thinang Khuha Kharuehat** ist heute Symbol für die Region Prachuap Khiri Khan. Er wurde 1890 erbaut und zu Ehren von Rama V. in der Höhle aufgestellt. Bester Zeitpunkt für einen Besuch des Pavillons ist von 10.30–11.30 Uhr, wenn das Licht durch die Öffnung über dem Tempel hineinfällt und ihn in glänzendes Licht taucht. Die Höhle erreicht man in einem etwa 30-minütigen Aufstieg vom Hat Laem Sala aus. Von Bang Pu dauert der Weg zur Höhle etwa 45–60 Min.

Hat Laem Sala

Dieser schöne Strand wird fast gänzlich von Kalkfelsen umrahmt und ist von Schatten spendenden Kasuarinen bestanden. Es gibt ein Restaurant und Bungalows sowie öffentliche Waschräume. Boote zum Strand kann man in Bang Pu mieten (max. zehn Pers.). Ansonsten ist der Strand in etwa 25 Min. zu Fuß erreichen.

Agenturen in Hua Hin organisieren Tagesausflüge ab 1500 Baht, inkl. Transfer, Essen, Eintritt und Bootsfahrt.

Übernachtung und Essen

Hauptquartier im Süden des Parks. Hier gibt es eine Parkskizze und einige Informationen. Wer übernachten will, tut dies i. d. R. im Zelt für 150–225 Baht. Zudem werden einige Bungalows für 1200–1500 Baht vermietet, jeweils für 6–7 Pers. Die Bungalows am **Hat Laem Sala** kosten 1600–2200 Baht für 6–9 Pers. Am **Hat Sam Praya** nahe dem Dorf Khung Tanot kann man für 50 Baht ein Zelt mieten. Vorsicht: Dreiste Affen haben den einen oder anderen Gast hier um sein Essen oder andere Gegenstände erleichtert. Restaurant ⌚ 7–19 Uhr.

Transport

Busse, Taxis und Mopeds

Ab HUA HIN mit dem orangenen Songtheaw nach PRANBURI. Von hier am besten mit dem Taxi für 300 Baht zum Park. Taxi ab Hua Hin ab 500 Baht, für den ganzen Tag ab 1200 Baht. Mit dem Moped (ca. 60 km ab Hua Hin) ca. 1 1/2 Std.

Prachuap Khiri Khan und Umgebung

Einst ein Fischerdorf, heute eine kleine Provinzhauptstadt mit etwa 27 000 Einwohnern: Ein Besuch in Prachuap (wie die Stadt von ihren Bewohnern kurz genannt wird) verspricht einen geruhsamen und entspannten Aufenthalt.

Die nahe gelegenen **Strände** locken mit weißem Sand. Das Angebot hier richtet sich an thailändische Tagestouristen. **Ao Manao**, die Limonenbucht, hat auf 3 km gelb-weißen Sand zu bieten. Das seichte Wasser eignet sich perfekt für kleinere Kinder. Am **Hat Wa Kor** kann man zudem den sehenswerten **Science Park** besuchen, ein Museum, das sich u. a. König Mongkuts Leidenschaft für die Sternenkunde annimmt. Unübersehbar ist der Kalksteinfelsen, der sich über dem Prachuap-Strand erhebt und den Namen **Khao Chong Krajok** trägt, was so viel wie Spiegelberg bedeutet. Grund für diese Namensgebung ist eine Kalksteinbrücke auf der Klippe, die den Himmel zu spiegeln scheint. Sportliche Reisende können die 400 Stufen bis zum **Wat Thammaikaram** auf den Berg hinaufsteigen. Von oben sehen die drei Buchten Ao Noi, Ao Prachuap und Ao Manao aus, als seien sie mit einem Zirkel gezeichnet. Den Weg erschweren klaufreudige Affen, derer man sich erwehren muss. Sie sind auch verantwortlich für den etwas heruntergekommen Zustand des Außengeländes.

Ausflüge

Einen sehr schönen Tag verspricht ein Ausflug Richtung Süden zum **Memorial Park**. Ein besonderes Erlebnis ist bereits die Zufahrt, wenn man „einfach so" an den Wachen des Militärgeländes (der Basis der Royal Thai Airforce) vorbeifährt und an Start- und Landebahn vorbeibraust. Das sogenannte **Wing 5** (zwischen 21 und 5 Uhr geschlossen) dient als Eingang. Hier stehen alte **Flugzeuge**, was vor allem kleine Jungs (oder auch ältere) faszinieren wird. Dank einer Karte findet man von hier aus den Weg zum **Dusky Langur Conservation Center**. Am Fuße des **Khao Lom Muak** wartet, untergebracht in ein paar Holzständen, eine kleine Horde dieser Languren-Affen, die sich auch füttern lassen. Rechter Hand geht es zum Viewpoint und weiter zum Ao Manao, wo ein Sonnenbad lockt. Diesen Ausflug kann man mit dem Moped, aber auch mit dem Fahrrad unternehmen (Letztere können am Nachtmarkt an der Bahnlinie für 60 Baht pro 24 Std. ausgeliehen werden).

Etwas weiter entfernt, etwa 12 km von Prachuap Richtung Süden am Waghor-Strand, befindet sich der **Waghor Marine Science Park**, ✆ 032-661 098, der auch zum **King Mongkut Memorial Park of Science & Technology** gehört und dem königlichen Technikfreak Rama V. gewidmet ist. Viel besucht ist das Aquarium. Die Anreise ist auf eigene Faust entlang der Küstenstraßen Richtung Süden möglich. ⌚ 9–16 Uhr, 20 Baht.

Wer den kleinen Markt an dem seit Jahrhunderten genutzten kleinen Grenzübergang zwischen Birma (Myanmar) und Thailand in **Dan Singkhon** besuchen will, muss etwa 25 km Richtung Westen radeln oder sich fahren lassen. Westler dürfen hier nicht passieren, können aber die Waren des kleinen Grenzverkehrs erwerben.

Übernachtung

In der Stadt

Hadthong Hotel ⑥, 21 Susuek Rd., ✆ 032-601 050, 💻 www.hadthong.com.

Schöne Zimmer, verteilt auf 6 Stockwerke. Pool. Billige Zimmer ohne Fenster in den unteren Stockwerken und im Keller, Teure haben Balkone mit Sicht auf die Bucht. ❸–❺

Prachuap Beach Hotel ⑦, 123 Susuek Rd., ✆ 032-601 288, 💻 www.prachuapbeach.com. Saubere, gut möblierte Zimmer mit tollem Blick über die Bucht. Etwas günstiger wohnt es sich in den unteren Stockwerken. ❹

Sun Beach Guesthouse ⑨, 160 Chaitalae Rd., ✆ 032-604 770, 💻 www.sunbeach-guesthouse.com. Zimmer im netten, gelb getünchten Haus rund um einen Pool. Veranden mit und ohne Meerblick. ❹

Tang Bed Hotel ⑧, 133/7 Maharach Rd., ✆ 032-611 377. Etwas abseits, westlich der Bahnlinie gelegenes kleines Hotel mit einfach möblierten Zimmern (AC/Ventilator), einige mit Balkon, Kühlschrank. ❷–❸

Yuttichai ④, 115 Klonckiat Rd., ✆ 032-611 055. Großes, offen gestaltetes Holzhaus mit sauberen, aber recht kleinen Zimmern an befahrener Straße, mit Tisch und Stuhl sowie z. T. mit eigenem Badezimmer. Beliebt bei Travellern mit schmalem Budget. Internet. ❶–❷

Am Strand

Ao Manao

Der nördliche Abschnitt der Ao Manao wirkt verlassen. Je weiter südlich man kommt, desto belebter wird es. Statt sich unter den Kasuarinen einen Schattenplatz zu suchen, bevorzugen die hier urlaubenden Thais einen Liegestuhl in einem ihrer Sonnenschirm-paradiese (10 Baht p. P.). Auf der Straße befindet sich ein Food Center mit viel Auswahl, sodass man sich die Liegestuhlzeit mit einem Snack versüßen oder auch verschärfen kann.

Hotel Sawadee Kah ⑫, ✆ 032-661 088. Das Publikum hier ist nahezu ausschließlich aus Thailand. Suiten und einfachere Zimmer. WiFi. ❸–❼

Hat Suan Son

Der Strand beginnt etwa 1 1/2 km nördlich des Stadtzentrums und ist ca. 2 1/2 km lang. In der Woche ist hier fast nie was los, am Wochenende hingegen alles ausgebucht.

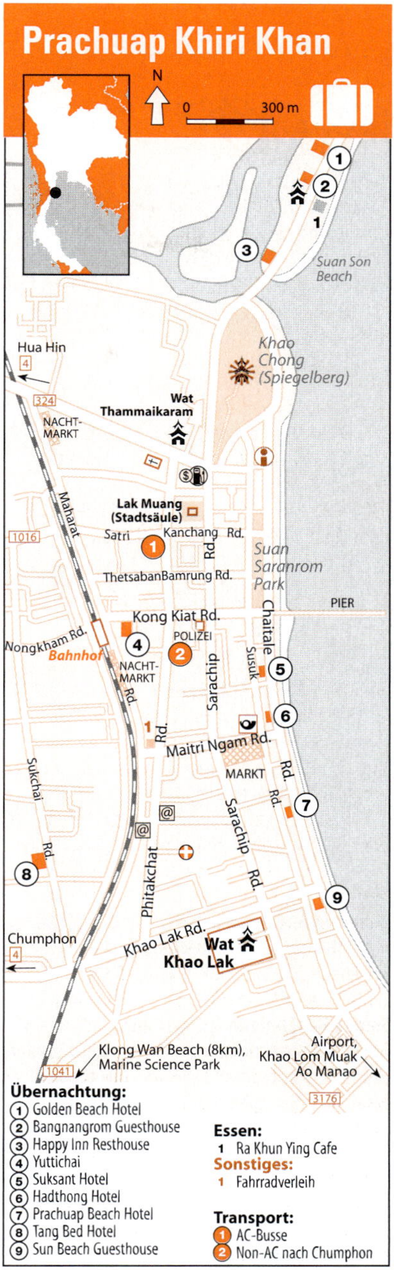

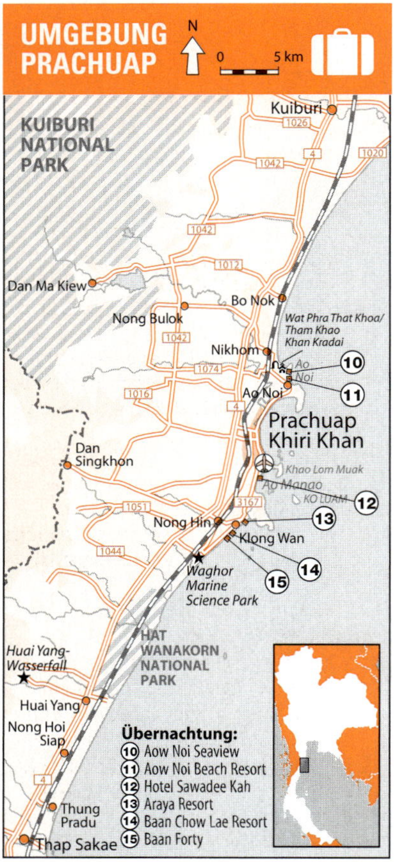

Bangnangrom Guesthouse (2), ✆ 032-604 841. Hellmöblierte Zimmer im kleinen weißen Stadthaus. TV und Kühlschrank. Restaurant mit Blick aufs Meer. ❸

Golden Beach Hotel (1), ✆ 032-601 626. Große geflieste Zimmer mit TV und Kühlschrank, einige mit Panoramafenster und tollem Blick aufs Meer. Hier gibt es zudem Internet (30 Baht/Std.) und Mopeds zur Miete. ❹

Hat Aow Noi

Dieser schöne Sandstrand gehört zu dem kleinen Fischerdorf Aow Noi und liegt etwa 6 km nördlich von Prachuap.

Aow Noi Seaview (10), ✆ 089-615 9012. Schön möblierte, große Zimmer im 2-geschossigen Strandhotel. Beliebt sind die Zimmer mit Blick auf die Bucht. ❸

Aow Noi Beach Resort (11), ✆ 032-601 350. Auf einem großen Gelände in ruhiger Lage stehen einfach möblierte Bungalows am Strand (Ventilator) und im Garten (AC). ❸–❹

Essen

In Prachuap kann man sich neben Fisch auch ausgefalleneres Meeresgetier zubereiten lassen. Restaurants und Foodstalls sind zahlreich vorhanden, und so sollte die Frische der Auslagen über die Lokalwahl entscheiden. Eine gute Auswahl gibt es an der Uferstraße, in der Sarachip Rd. und entlang der Strände. Auch am Bahnhof sind empfehlenswerte Essenstände zu finden. Frische Früchte und anderes Essen direkt zum Mitnehmen gibt es am Nachtmarkt, der Mi und Do ab 17 Uhr südlich des Bahnhofs sowie Di und Sa nahe dem Highway und der Polizeistation stattfindet.

Ra Khun Ying Café, Suan Son Beach. Hier wird in einem kleinen Café an der Strandstraße vorzüglicher Kaffee serviert. Wer keinen Koffeinschock bekommen will, sollte dem Café Latte den Vorzug vor Brazil oder Blue Mountain geben. Gutes Frühstück für 45 Baht. ⏲ 6.30–17 Uhr.

Sonstiges

Informationen

Prachuap hat ein kleines **Tourist Information Service Center**, ✆ 032-611 491, das informative Auskünfte erteilt. Das freundliche Personal kann beim Buchen eines ortskundigen Führers helfen. ⏲ 8.30–16.30 Uhr, Mittagspause von 12–13 Uhr.

Moped- und Fahrradverleih

Die Stadt oder vielmehr das Städtchen ist gut zu Fuß zu erkunden. Man kann sich aber auch ein Fahrrad (60–90 Baht) mieten oder mit dem Moped (200–300 Baht) herumfahren. Viele Hotels und Gästehäuser vermieten Mopeds, einige auch Fahrräder.

Transport

Es gibt verschiedene innerstädtische Bushaltestellen, und das System ist nicht leicht zu durchschauen. Selbst wer theoretisch weiß, wo ein Bus abfährt, erkennt die Haltestellen nicht zwangsläufig. Bei konkreten Nachfragen kann das Tourist Office weiterhelfen.

Busse

Ab Busbahnhof am H4 westlich von Prachuap.
BANGKOK, AC-Busse alle 30 Min. von 8 bis 18 Uhr für 210 Baht in 5 Std.
CHUMPHON, mit den Bussen Richtung Surat Thani für 120 Baht.
HAT BAN KRUT, mehrmals tgl. mit dem Minibus für 70 Baht in 1 Std. bis auf die Höhe des Strandes, man wird am Highway rausgelassen. Weiterfahrt s. unten (Hat Ban Krut).
HUA HIN, mit den Bussen Richtung Bangkok für 90 Baht in knapp 2 Std.
PHETCHABURI, mit den Bussen Richtung Bangkok für 110 Baht in 3 Std.
SURAT THANI, mit AC-Bussen für 140 Baht in 6 1/2 Std.
THAP SAKAE, für 24 Baht und nach BANG SAPHAN für 33 Baht mit dem Bus Richtung Surat Thani. Ausstieg nach Ansage beim Fahrer am H4 und Weiterfahrt mit dem Motorradtaxi für etwa 60 Baht.

Eisenbahn

Nachtzüge vgl. Fahrplan S. 902/903.
BANGKOK, Bummelzug um 9.46 Uhr in 6 Std. nach THONBURI, mit Halt in HUA HIN (1 1/2 Std.), CHA-AM (2 Std.) und PHETCHABURI (3 Std.). 60 Baht bis Bangkok. Schneller geht es mit dem Zug um 15.04 Uhr für 270 Baht in 4 Std.
CHUMPHON, Bummelzug um 13.30 Uhr für 20–120 Baht in 3 Std.
BAN KRUT, um 13.30 Uhr für 20 Baht.
SURAT THANI, Tageszug um 12.08 Uhr für 250 Baht in 4 1/2 Std.

Ban Krut

Die schöne Bucht von Ban Krut erstreckt sich nördlich von Bang Saphan (s. S. 601) auf einer Länge von fast 15 km. Der Sand des einladenden Strandes ist fein und schimmert rosa-beige, und so haben sich hier zahlreiche Resorts und Anlagen angesiedelt. Im Winter ist der von Palmen und Kasuarinen gesäumte Strand schmal, im Sommer wesentlich breiter.

Auf ca. 2–3 km verteilt sich eine Art kleines Strandzentrum mit Bungalowanlagen, Restaurants und wenigen kleinen Läden. Die ruhige und beschauliche Atmosphäre zieht u. a. zahlreiche deutsche Rentner an.

Am Nordende der Bucht befinden sich auf dem Berg **Khao Thong Chai** das gleichnamige **Wat** und die **Phra Phut Kiti Sirichai Pagoda**. Eine Straße führt bis zum großen Buddha, der hier am Berg thront und aufs Meer hinausblickt. Der Tempel ist in jedem Fall einen Besuch wert. Es wird erwartet, dass Gäste sich angemessen kleiden und eine Spende ab 20 Baht entrichten.

Übernachtung

Am Hat Ban Krut südlich des Tempelberges stehen keine Bungalows direkt am Strand. Alle Anlagen befinden sich auf der landeinwärts gelegenen Seite der gut geteerten Uferstraße.

Südlich des Tempelberges

Untere Preisklasse

Baan Grood Arcadia Resort & Spa, ✆ 032-695 095, 💻 www.baangroodarcadia resort.com. Zimmer im Hotelkomplex mit Blick auf den Strand und schöne Luxusbungalows aus Holz am Pool. Familiensuiten für 6–8 Pers. Je näher am Strand, desto teurer die Zimmer. ❹–❽

Ban Klangaow Beach Resort, ✆ 032-695 123, 💻 www.baanklangaowresort.com. Schöne Holzbungalows, Innen Beton. Kühlschrank, TV. Internet-Zugang (7–21 Uhr), Kajak- und Fahrradverleih. Langer Pool. An den Feiertagen und am Wochenende steigen die Preise. Frühstück inkl. ❺–❽

Ban Rim Haad Resort, ✆ 032-695 205, 💻 www.banrimhaad.com. Mehrere Bungalows in gepflegter kleiner Anlage, vorne AC, hinten im weitläufigen Garten unter Kokospalmen. Ventilator. Große Zimmer mit Kühlschrank, TV, Moskitonetz. Terrasse mit Tisch und Sitzgelegenheiten. Restaurant mit Blick aufs Meer. ❸–❹

Banito Beach Resort & Spa, ✆ 032-695 282, 💻 www.banitobeach.com. Große, hell möblierte

Zimmer im Hotelkomplex und in Bungalows. Pool. Am Wochenende steigen die Preise. ❹–❼

Siripong Gh., ✆ 032-695 464. Kleines Gästehaus mit 4 Zimmern. Travellerunterkunft. Ohne Café oder Restaurant. ❷–❸

Suan Ban Krut Beach Resort, ✆ 032-695 217, 💻 www.suanbankrut.com. Weitläufige Anlage mit Bungalows unterschiedlichen Standards. Teils TV, Minibar, Wasserkocher. Großer Pool mit Kinderbecken. ❺–❻

Nördlich des Tempelberges

Baan Montra Beach Resort, ✆ 032-695 294, 💻 www.montrabeachresort.com. Neues Resort mit 18 individuellen, geschmackvollen Bungalows im marokkanischen Stil. 4 verschiedene Kategorien, TV. Fahrrad inkl. ❺–❻

Bayview Beach Resort, ✆ 032-695 566, 💻 www.bayviewbeachresort.com. Kleine Häuser am Strand, am Pool oder im Garten, alle mit TV und Kühlschrank. Schnorcheltouren zur nahen Insel Ko Lam Ra. ❺–❽

Essen

Die meisten Gäste essen in ihren Anlagen. Es gibt aber dennoch einige kleine Restaurants mit Thai-Küche und Meerblick. Zudem befindet sich an der Straße Richtung Bahnhof ein recht guter **Nudelsuppenshop**.

Café De Wa, modernes Café mit Caféhausstühlen, Barhockern und Sofasitzplätzen, zudem Dachterrassenplätze. Eis aus der Truhe. Das Café gehört zum Baan Grood Arcadia Resort.

Huai Krieb 2 Food & Music, an der Straße im Garten mit verwunschenen Holzstühlen und -bänken speist man unter Pinien oder im kleinen überdachten Restaurant.

The Beach, in dieser mit Naturmaterialien gedeckten Beachbar gibt es Thai- und westliche Küche. 🕓 8.30–22 Uhr.

Informationen

Im **Bankrut Tour & Travel Office**, ✆ 081-736 3086, 💻 www.bankrut.co.th, erhält man gute Informationen. Der junge Besitzer, Mr. Jason, ist ausgesprochen freundlich und vermittelt u. a. Hotelzimmer. Im Angebot sind Touren in die Umgebung, z. B. zur Insel Nam Thalu oder zum Grenzmarkt nahe Myanmar.

Nahverkehr

Die Bucht und die Umgebung eignen sich gut zum Fahrradfahren, da die Straßen gut geteert sind und das Gelände flach ist. Es wird recht einsam, sobald man das Strandzentrum hinter sich gelassen hat und in südliche Richtung die Bucht entlangfährt.

Motorroller kosten zwischen 150–300 Baht pro Tag, je nachdem ob mit oder ohne Gangschaltung. Fahrräder gibt es für um die 100 Baht in fast allen Anlagen zu mieten. Auch Ban Krut Tour & Travel vermietet fahrbare Untersätze.

BAN KRUT (Dorf), per Motorradtaxi 70–80 Baht, nachts 100 Baht, ca. 10–14 km. Bahnhof Ban Krut 50 Baht p. P. (nachts 60 Baht), ca. 5–10 km.

SUAN LUANG, per Motorradtaxi 100 Baht, nachts 200 Baht.

Transport

Busse

Nahezu alle Fernbusse halten am Highway, ca. 9 km vom Strand entfernt. Anfahrt per Motorradtaxi für 80–100 Baht p. P.

BANGKOK Die wenigen Busse, die im Dorf halten, fahren zum Southern Terminal. Abfahrt 10, 14 und 23 Uhr für 320 Baht. Vom Highway aus fahren Busse nach Bangkok zudem um 6.30, 8.15, 9, 11.30, 12.30, 16.30 und 20 Uhr.

PRACHUAP KHIRI KHAN Über den Tag verteilt fahren etwa 10 Minibusse nach Prachuap für 70 Baht in 1 Std.

Eisenbahn

BANGKOK, mit dem schnellen Tageszug um 14.23 Uhr in 5 Std. Nach THONBURI mit dem Bummelzug um 8.44 Uhr für 60–265 Baht in 7 Std.

CHUMPHON, per Schnellzug um 12.47 Uhr ab 83 Baht in 1 1/2 Std. und per Bummelzug um 14.50 Uhr für 23 Baht in 2 Std.

HUA HIN, mit allen Zügen Richtung Bangkok und Thonburi, für 20–70 Baht in 1 1/2–3 Std. Schneller geht's mit dem Tageszug um 14.23 Uhr in 1 1/2 Std.

LANG SUAN, mit den Tageszügen Richtung CHUMPHON ab 60 Baht in ca. 3 Std.

PETCHABURI, um 8.44 Uhr in 4 Std. und um 14.23 Uhr in 2 1/2 Std. ab 120 Baht.
SUNGAI GOLOK (Grenze Malaysia), um 19.30 Uhr in 15 Std. für 620 Baht.
SURAT THANI, per Tageszug um 12.47 Uhr in 3 1/2 Std. für 150–250 Baht.

Bang Saphan

Die kleine Stadt Bang Saphan (eigentlich Bang Saphan Yai oder „Groß-Bang Saphan") ist ein wenig auf der Strecke geblieben. Verlassene oder kaum benutzte Industrieanlagen zeugen von besseren Zeiten. Es gibt nur wenige Unterkünfte, in die es vor allem alleinreisende, etwas ältere Herren zieht. Hinter dem Fischerhafen befindet sich die kleine angenehme Bucht Bo Thon Lang. Hier kann man in einem Ausflugslokal etwas essen, ansonsten lädt der Strand zum Schwimmen und Relaxen ein.

Ein lohnendes Ausflugsziel ist Richtung Süden die zum **Wat Tam Ma Rong** gehörende **Höhle**. An einigen Stellen reichen Tropfsteine, die wie riesige Wasserfälle aussehen, bis an den Boden und bilden faszinierende Säulen. Hinten links in der ersten Kammer liegt eine etwa 4 m lange, gut ausgeleuchtete Buddhastatue. Energiekosten-Obolus 20 Baht p. P.

Anfahrt: Gegenüber dem Yamaha-Shop (neben den Markt) beginnt die Straße in Richtung Süden. Bereits 1 km nach Verlassen der Ortschaft biegt man rechts ab Richtung Wat (der Beschilderung folgen). Nach nochmals ca. 1 km ist das Wat erreicht.

Weiter zur Höhle geht es mit dem Moped über eine steil bergauf führende kleine Straße. Zu Fuß ist es ein schöner, wenn auch schweißtreibender, etwa 15-minütiger Fußweg entlang eines Bambuswaldes.

Übernachtung und Essen

Statt des wenig sehenswerten Dorfstrandes von Bang Saphan Yai sollten Reisende den etwa 5 km südlich gelegenen **Hat Suan Luang** aufsuchen. Hier gibt es einfache Unterkünfte. Der recht schöne Strand ist etwas verwildert, aber meist sauber und ohne viel Treibgut. Die Bungalowanlagen haben alle nur kaltes Wasser, kein TV und keinen Kühlschrank. Ausnahme ist Lola's, die einige Bungalows mit Küche anbieten.

Coral Hotel, ✆ 032-691 667, 💻 www.coral-hotel.com. 2 etwas in die Jahre gekommene Holzgebäude auf Betonstelzen und große Holzbungalows. Die großen, mit Rattan ausgekleideten Zimmer mit TV und Minibar bieten auch Familien Platz. Großer Pool, Liegen am Strand, Volleyballnetz. ❺–❽

Dang Bungalow, ✆ 089-207 8917. 4 kleine geflieste, saubere Steinbungalows mit Ventilator am Strand und im schönen gepflegten Garten. ❷

Lola Bungalow, ✆ 032-817 120, ✉ lola_bungalow@hotmail.com. 12 einfache kleine Hütten und 3 Steinhäuser mit Ventilator, z. T. mit Küche und Kühlschrank im Palmengarten. Familiäre Atmosphäre. Kleines Restaurant mit Meerblick. ❷

Panorama Restaurant, bietet eine große Auswahl westlicher und asiatischer Gerichte. ⌚ 7–23 Uhr.

Thalae Bar, französische Mittagsküche. Ansonsten gibt es hier von 10 Uhr bis spätabends Eis, Kaffee und auch Alkoholisches.

Why Not Bar, direkt am Strand. Die Füße im Sand, den Blick aufs Meer, genießt man hier gute günstige Thai-Küche. Beliebt fürs Frühstück. Abends leckere Cocktails.

Sonstiges

Informationen

Im **Yamaha-Shop** und Tourist Information Center, ✆ 032-691 059, kann man nicht nur Mopeds für 200–300 Baht am Tag mieten, sondern erhält auch gute Informationen.

Internet

Im **Skynet** nahe dem Markt gibt es Internet für 15 Baht/Std., ⌚ 8.30–22 Uhr.

Transport

Bang Saphan ist nur unzureichend an das Busnetz angebunden. Am Besten reist man mit dem Tageszug an und ab. Mit einem eigenen Mietmoped oder dem Mopedtaxi weiter an den Strand.

Chumphon

Chumphon, die Hauptstadt der gleichnamigen Provinz, wird als das Tor des Südens bezeichnet: Von hier geht es über den Isthmus von Kra, die schmalste Stelle Thailands, an die Küste der Andamanensee oder weiter in den Süden hinab am Golf von Thailand entlang. Die Stadt liegt knapp über 500 km von Bangkok entfernt und gibt 56 000 Menschen ein Zuhause.

Das Klima in Chumphon wird sowohl vom Nordost- als auch vom Südwest-Monsun beeinflusst, sodass es hier teils ausgiebig regnet. Im August und September kam es daher schon mehrfach zu starken Überschwemmungen. Positiv wirkt sich dies auf die Fauna und den Anbau von Nutzpflanzen aus: Kaffee, andere Früchte und Palmen gedeihen prächtig.

Die einzige Attraktion der Stadt ist das **Nationalmuseum**. Es widmet sich der Darstellung der lokalen Kultur, u. a. dem Schattentheater. Zudem bietet es Miniaturdarstellungen vom ursprünglichen Dorfleben in Chumphon. Als Mitbringsel kann man hier Kunsthandwerk, z. B. Stoffe, erstehen. ⌚ Mi–So 9–16 Uhr, Eintritt 30 Baht.

Ausflüge in die Umgebung

Wichtigstes Ausflugsziel sind die Strände und vorgelagerten Inseln des **Mu Ko Chumphon National Park** (s. S. 607). Sehenswert ist auch die **Tham-Rab-Ro-Höhle**, die etwa 21 km von Chumphon entfernt liegt. Im Berg hinter dem Tempel Thep Charoen sind zahlreiche Höhlen zu finden, die miteinander verbunden sind und im Schein einer selbst mitgebrachten Taschenlampe erkundet werden können. Die Anlage befindet sich etwa 4 km westlich des H4, von dem man am KM 490 abbiegt.

Das schöne **Wat Tham Khwan Muang**, auch als Marmortempel bekannt, liegt knapp 50 km von Chumphon entfernt auf einem Hügel. Von hier hat man einen herrlichen Blick auf die Umgebung.

Übernachtung

Untere Preisklasse

Fame Tour Gh. ③, 188/20-21 Saladang Rd., ✆ 077-571 077, 💻 www.chumphon-kohtao.com. Zentral in Bahnhofsnähe lädt das gemütliche Travellercafé (mit Internet und Reisebüro) zur Rast. Geräumige Zimmer mit Matratze, alle mit Fenster. Gemeinschaftsbad mit Warmwasser. ❶

Farang Bar Gh. ⑪, 69/36 Tha Taphao Rd., ✆ 077-501 003, 💻 www.farangbarchumphon.com. Zentral gelegen und Anlaufstelle nahezu aller ankommenden Busse. Einfache Zimmer mit AC oder Ventilator, durchgelegene Matratzen. Sauberes Gemeinschaftsbad. Viele Informationen, Reisebüro, Auto, Moped- und Fahrradverleih (1500, 150 und 50 Baht pro Tag). ❶–❷

Wohnen im Holzhaus

Chumphon Gh ① (Kae House), Krom Luang Rd. Soi 1, ✆ 077-502 900, 🖳 www.chumphontour.com. Das zuvor bei Travellern unter dem Namen Miao berühmt gewordene Gästehaus hat sich trotz Besitzerwechsel seinen Charme erhalten. Freunde familiärer Atmosphäre in ruhiger Gegend inmitten von Thai-Häusern schwören auf dieses kleine Holzhaus mit den 3 schönen, einfachen Zimmern mit Gemeinschaftsbad auf der oberen Etage. Kostenloser Internet-Zugang. Rund um die Uhr geöffnet, Abholung vom Pier, Mopedverleih. ❷

Jansom Chumphon ④, 188/138 Saladeng, ✆ 077-502 506. Gut gebucht, viel Komfort für recht wenig Geld. Großes Bett, TV, Tisch, Stuhl und Badewanne. ❸
Nanaburi Hotel ⑧, unweit vom Nachtmarkt, ✆ 077-503 888. Großes, gepflegtes Hotel mit gut ausgestatteten Zimmern. TV, Aufzug, Parkplatz; Frühstück inkl. Kostenloses WiFi. ❹
Suda Guesthouse ⑩, 8 Tha Taphao Rd., ✆ 077-504 366. Einfache, saubere Zimmer im Steinhaus mit Ventilator oder AC. Saubere Gemeinschaftsduschen mit Warmwasser. Kein Restaurant. ❸

Essen

Empfehlenswert sind die Essenstände auf den Märkten, u. a. in der Tha Taphao Rd. und auf dem Nachtmarkt in der Krom Luang Chumphon Rd. Es gibt Muscheln im Omelette und sehr guten leckeren Fisch. Daneben wie üblich Klebreis und Hühnergegrilltes auf die Hand.
Farang Bar. Hier gibt es alles, was das Travellerherz begehrt. Die Preise sind höher als auf dem Markt, aber das Essen ist ok. Thai- und westliche Küche. 🕓 24 Std.
Green Kitchen, ✆ 077-571 731. Vor dem Nanaburi Hotel gelegenes schönes und gediegenes vietnamesisches Restaurant. Geboten werden auch europäische und Thai-Gerichte. AC-Raum und gehobene Preise. 🕓 10–22 Uhr.
Seafood Restaurant, am Bahnhof, ✆ 077-504 504. Offenes, plastikbestuhltes Restaurant am Bahnhof. Viel Fisch und andere Thai-Küche. 🕓 ab 10 Uhr zum Lunch, ab 18 Uhr BBQ.

Nahverkehr

In der Stadt bewegt man sich am besten zu Fuß. Mit dem **Motorradtaxi** innerhalb der Stadt 15 Baht, nach Sonnenuntergang 20–50 Baht. Unbedeutend teurer, aber beschaulicher ist die Fahrt in einer Fahrradrikscha.
THUNG WUA LAEN BEACH, hinter dem Frischwarenmarkt in der Pracha Uthit Rd. von 5.30–19 Uhr alle 40 Min. mit dem gelben Songthaew für 30 Baht in 30 Min.
SAI RI BEACH, Abfahrt gegenüber der Post von 6–18 Uhr für 20 Baht in 45 Min. THAM RAB RO-HÖHLE, Minibusse von 7–17 Uhr für 50 Baht. Zum Nachtbootpier mit dem Songthaew laufend von 6–18 Uhr für 30 Baht. Mit dem Taxi 50 Baht.

Transport

Busse

In Chumphon operieren verschiedene Touranbieter, die oft eigene Bahnhöfe betreiben. Wer Tickets im Gästehaus bucht, wird meist zur Abfahrtstelle gebracht.
BANGKOK, Abfahrt i. d. R. vom innerstädtischen Terminal, manche Busse auch von jenem außerhalb am H4. Der 999 Government Bus fährt um 9 und 21.30 Uhr. Ansonsten AC-Busse von 8–22 Uhr für 500 Baht in 8 Std.
BANG SAPAN / BAN KRUT, mit den Bussen Richtung Bangkok für 230 Baht in 2 Std.
CHA-AM, wie Petchaburi.
HUA HIN, mit den Bussen in Richtung Bangkok für 290 Baht in 4 Std.
PHETCHABURI, mit den Bussen in Richtung Bangkok für 340 Baht in 5 Std.
PRACHUAP KHIRI KHAN, mit den Bussen in Richtung Bangkok für 250 Baht in 3 Std.
RANONG, KURA BHURI, TAKUA PA, KHAO LAK, PHUKET, mit Rungkit Tour, ✆ 076-421805, um 5.50, 8.30, 10.30 und 12.30 Uhr für 120–320 Baht in 3–7 Std.

Minibusse

BANGKOK, Minibusse starten direkt ab Pier, nachdem die Boote angelegt haben. Abfahrt gegen 13.30 und 17 Uhr für 400 Baht in 7 Std.

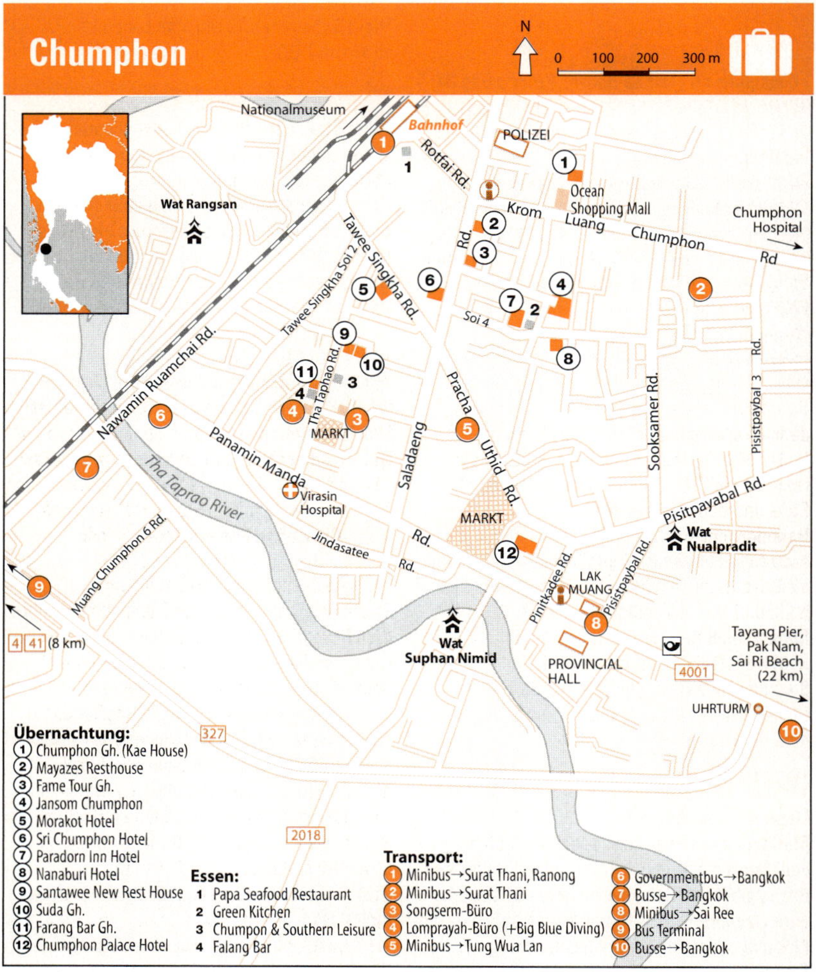

HAT YAI, um 8.30, 9.30 und 11.30 Uhr für 350 Baht, Ankunft nachts oder frühmorgens.
KRABI, um 14.30 Uhr (Chumphon-Muang-Mai-Bahnhof) für 210 Baht.
NAKHON SRI THAMMARAT, um 13.30 Uhr für 200 Baht.
PHUKET, 7x tgl. von 8.30–22.30 für 270 Baht.
RANONG, stdl. von 7–17 Uhr für 120 Baht.
SURAT THANI, stdl. von 5.30–17 Uhr für 130 Baht in 2 1/2 Std. Fahrt zum Flugplatz Surat Thani für 170 Baht in 2 Std.

Eisenbahn

Nachtzüge s. Fahrplan S. 902/903.
BANGKOK Mit den Booten von KO TAO, KO PHANGAN oder KO SAMUI kann man evtl.den Zug um 12.46 Uhr erreichen, 395 Baht in 7 Std. Wegen möglicher Verspätung Tickets erst kurz vor Abfahrt besorgen.
CHA-AM, mit den Zügen nach Petchaburi für 40–190 Baht.
HUA HIN, Bummelzug um 6.40 Uhr für 50 Baht in 5 Std. oder um 12.46 Uhr in 4 1/4 Std.

PETCHABURI, um 6.42 oder 12.46 Uhr
für 240 Baht in 4 Std.
SURAT THANI, Bummelzug um 6.35 Uhr in 3 Std. Schneller um 14.19 Uhr ab 25 Baht in 2 Std.

Boote

KO TAO, mit der Autofähre um 23 Uhr, Ankunft morgens um 5 Uhr, tgl. außer So. Das Nachtboot startet um 21 Uhr und erreicht Ko Tao morgens um 6 Uhr, 250 Baht. Es verkehrt nicht bei hohem Seegang und kehrt bei unerwartet hohen Wellen wieder um.

Tickets zu den Inseln im Golf verkaufen Reisebüros und Gästehäuser. Empfehlenswert sind die Katamarane von Lomprayah und das Speedboot von Seatran. Busse 1 1/4 Std. vor dem Ablegen von den Büros und Gästehäusern. Selbstorganisierte Pick-ups oder Minibusse zum Anleger 50 Baht, Motorradtaxi 80 Baht. Bei Lomprayah Parkplatz, bei Seatran keine Parkmöglichkeit.

Lomprayah um 7 und 13 Uhr: KO TAO für 550 Baht in 1–2 Std., KO PHANGAN für 750/850 Baht in 2–3 Std., KO SAMUI für 850/950 Baht in 3–4 Std.; Kinder ab 4 Jahren: halber Preis. **Seatran** startet um 7 Uhr, erreicht die Inseln in derselben Zeit wie Lomprayah und kostet ebenso viel.

Die Umgebung von Chumphon

Einige Strände in der Umgebung von Chumphon ziehen inzwischen neben wochenendurlaubenden Thai-Touristen auch westliche Reisende an. Besonders beliebt ist **Hat Thung Wua Laen** etwa 16 km nördlich der Stadt. Ruhesuchende werden hier glücklich, denn außer einigen Resorts und ein paar vereinzelten Restaurants gibt es nichts. Der Strand erstreckt sich über knapp 2 km, und unter der Woche sind die eigenen Fußspuren oft die einzigen. Schwimmen ist das ganze Jahr über möglich.

Der **Hat Sai Ri** 20 km südlich von Chumphon ist weniger schön, wird jedoch von einheimischen Ausflüglern geliebt, die am Wochenende zum guten Seafood-Essen vorbeikommen oder zu einem Schäferstündchen im 24-Std.-Hotel einchecken. Etwa 5 km nördlich von Hat Sai Ri liegt **Hat Paradonpab**. Wer hier Golf spielen will oder absolute Ruhe am wenig attraktiven Strand sucht, s. eXTra [2677].

Übernachtung und Essen

Außer an den Wochenenden ist es an den Stränden sehr ruhig. Viele Anlagen besitzen ein angeschlossenes Restaurant, wo es meist gutes Seafood gibt, aber auch der westliche Hunger nach Pommes und Pizza bedient wird. Einige weitere Anlagen finden sich unter eXTra [2656] und [2657].

Hat Thung Wua Laen

Chuan Phun Lodge, 54/3 Moo 8 Saphli Rd., ✆ 077-560 120, 💻 www.chuanphunlodge.net. Großes Hotel, helle Zimmer mit Ventilator oder AC, TV, Kühlschrank. Auch Gruppenzimmer mit 5 Betten und 2 Waschbecken für 1850 Baht. Zimmer mit Meerblick sind etwas teurer. ❹

Chumphon Cabana Beach Resort & Diving Center, ✆ 077-560 245, 💻 www.cabana.co.th. Große Anlage mit Zimmern im Reihenhaus und Bungalows (2 rollstuhlgerecht mit Meerblick für 2050 Baht). Großer Pool. Trinkwasseranlage. Komposthaufen. Im Restaurant Gemüse aus ökologischem Anbau. Frühstücksbuffet auch für Nichtgäste (200 Baht). Mountainbike- und Kajakvermietung. Tauchschule. 4x tgl. mit dem Shuttle-Bus für 150 Baht nach Chumphon. Wer das Loose-Buch vorzeigt, bekommt 10% Rabatt auf den Zimmerpreis. ❺

Miao Guesthouse, ✆ 085-784 0119. Die legendäre Miao hat der Stadt Chumphon den Rücken gekehrt und führt nun dieses kleine, freundliche Haus abseits des Strandes. Günstig. 8 große Zimmer mit Ventilator, Bad, Kühlschrank und TV. Kostenlose Leihfahrräder. Wer einmal hier einzieht, bleibt meist länger. ❶–❸

View Resort, ✆ 032-560 214. Eine besondere Adresse am Strand ist diese Anlage mit vielen verschiedenen Bungalows, teils direkt am Strand. Wer ohne AC wohnen möchte, bekommt hier noch eine exklusive Lage. Daneben AC-Bungalows mit TV und Kühlschrank und größere Bungalows für Familien. Sehr gutes Restaurant; Spezialität Meeresfrüchte. ❸–❹

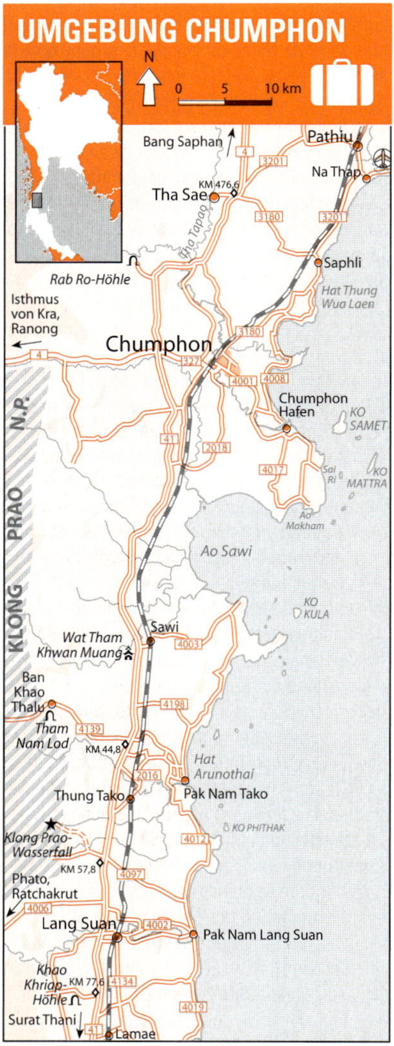

Hat Sai Ri

Had Sai Resort, 99/6-7 Moo 7, ✆ 077-558 026, 💻 www.hadsairesort.com. Alteingesessenes Resort mit preiswerten Bungalows, die recht eng im Garten stehen und z. T. Blick auf den Parkplatz haben, sowie teureren Zimmern im Haupthaus. Auffällig ist das Restaurant in Schiffsform. ❹–❺

Mong Mai Sai Ri Resort, 38/1 Moo 7, ✆ 077-558 002. Die schönsten Zimmer liegen direkt zum Strand hin und haben einen tollen Blick auf Ko Maphrao. Beliebtes Seafood-Restaurant mit Frischware aus dem Aquarium. ❹–❺

Aktivitäten

Tauchen

Vor der Küste Chumphons lohnt die Unterwasserwelt um einige kleine Inseln einen Tauchausflug. Tauchbasen befinden sich am Thung Wua Laen.

Dive Chumphon, ✆ 087-895 4969, 💻 www.divechumphon.com. PADI-Kurse, Tauchausflüge, Leihausrüstung. Der deutsche Tauchlehrer Werner leitet vom Chumphon Cabana aus die Touren in den National Park.

Nereides Dive, Snorkeling & Sailing, ✆ 083-591 6107. PADI-Kurse und Fundives, Schnorcheltrips.

Kiteboarden

JP Kite School, ✆ 087-685 7362, ✉ jpachille@hotmail.com. Kleine Basis für alle, die gerne Kiteboarden lernen oder praktizieren wollen. Wenn der Wind kein Boarden erlaubt, geht es zum Fischen oder zum Tauchen.

Transport

HAT THUNG WUA LAEN, mit den gelben Songthaew den ganzen Tag über für 30 Baht in 30 Min. Abfahrt in Chumphon hinter dem Markt. Bewohner des Chumphon Cabana können den Shuttlebus ihres Hotels nehmen (150 Baht). Motorradtaxis kosten etwa 150 Baht pro Fahrt. Selbstfahrer nehmen ab Chumphon die Straße nach Pathiu (3180); 16 km. Von Bangkok aus über den H4; am KM 476 nach links abbiegen und der Straße für 19 km folgen.

HAT SAI RI, größere Songthaew mehrmals tgl. ab der Haltestelle gegenüber dem Municipal Office, für 30 Baht, 50 Min.

Selbstfahrer folgen ab Chumphon der Phoramin Makkha Rd. stadtauswärts; nach etwa 15 km an der großen Abzweigung rechts abbiegen (ausgeschildert). Man passiert zuerst den Hat Paradorn und kommt anschließend zum Hat Sai Ri.

Mu Ko Chumphon National Park

Berühmt ist dieser etwa 30 km von Chumphon bei Hat Sa Ri liegende 317 km^2 große Park vor allem für seine schönen Tauchgebiete. Mehr als 40 Kalksteininseln locken Unterwasserfans. Die Touren ab Chumphon führen zu den Inseln **Ko Ngam Yai** und **Ko Ngam Noi**. Hier gibt es Hart- und Weichkorallen und auch einige größere Fische. Auch die aus dem Wasser ragenden Felsen **Hin Pae** und **Hin Lak Ngam** werden besucht. Hier taucht man auf maximal 27 m ab. Wer Glück hat, sieht einen Walhai oder eine Seeschildkröte. Auch **Ko Thalu** und **Ko Mattra** bieten gute Tauchmöglichkeiten. **Ko Thong Lang** eignet sich gut zum Schnorcheln, man kann am Strand liegen und mit Genehmigung der Parkverwaltung auch zelten. Die beste Reisezeit für Taucher sind die Monate April–Okt., die Sicht beträgt dann bis zu 20 m.

Am Pong Pang Mountain Viewpoint befindet sich die Parkverwaltung. Hier stehen **National Park Bungalows** für 2 Pers., mit Ventilator oder AC, alle Heißwasser. ❸–❹.

Die Anreise ist am einfachsten mit einer Tour der Gästehäuser, einem Reiseveranstalter oder dem Tauchboot. Eintritt 200 Baht.

Die Inseln im Golf

Im Südwesten des Golfs von Thailand liegen die etwa 80 Inseln des Ang Thong-Archipels, darunter die seit Jahren beliebten Reiseziele Ko Samui, Ko Pha Ngan und Ko Tao. Bekannt und beliebt sind die Inseln im Golf vor allem bei eingefleischten Strandurlaubern, die an palmenbestandenen Stränden relaxen wollen. Aber auch Wassersportler kommen gerne hierher und nicht zuletzt unzählige junge Traveller, die monatlich zu Tausenden nach Pha Ngan pilgern, um eine Party am Strand oder im Dschungel zu feiern.

Die Inseln

Ko Samui, etwa 20 km vor der Küste gelegen, ist die größte Insel des Archipels und mit ihren 14 km Breite und 29 km Länge gleichzeitig die drittgrößte Thailands. Das Angebot an Unterhaltung ist kurzweilig. Man kann gut einkaufen, und auch einige Restaurants sind einen Besuch wert. Viel thailändisches Flair ist allerdings an den Hauptstränden nicht mehr zu finden. Abseits der Touristenpfade gibt es jedoch noch einiges zu entdecken, und wer einen Streifzug abseits von Strand- oder Poolliegen unternimmt, lernt die Herzlichkeit der verbliebenen Kokosnussbauern kennen.

Die Schwesterinsel **Ko Pha Ngan** lockt ein anderes, gemischteres Publikum an. Sie bietet nahezu jede Unterkunftskategorie, und jeder Strand zieht seine ganz eigene Klientel an. Noch immer können hier viele Individualisten ihren ganz persönlichen Inseltraum ausleben. Beliebt ist Pha Ngan vor allem bei Partyfans, die hier zu allen möglichen Mondphasen am Strand oder im Dschungel die Nächte durchfeiern. Andere kommen hierher, um sich in einem der zahlreichen Yoga Retreats, dem Meditationswat Khao Tham oder einem Spa-Zentrum auf ihren Körper und Geist zu besinnen.

Taucher zieht es vor allem nach **Ko Tao**, die hier noch weit mehr Tauchschulen vorfinden als auf den ebenfalls gut versorgten Inseln Ko Samui und Ko Pha Ngan. Vor der Küste der Schildkröteninsel treffen Taucher und Schnorchler leider nur noch selten auf Exemplare der putzigen Panzertiere, doch noch immer gelten die Riffe als die interessantesten des Archipels. Die Gegend eignet sich perfekt für Anfänger. Taucher, die jederzeit gute Sicht wünschen, sind an der Andamanenküste besser aufgehoben.

Rund um die Inseln Ko Samui, Ko Pha Ngan und Ko Tao bieten die Tauchschulen i. d. R. einheitliche Touren an. Die Größe der Boote richtet sich dabei nach derjenigen der Tauchschule. Je nach Geschmack fährt man also in einer

House for Rent

Ko Pha Ngan und Ko Samui sind Inseln für Langzeiturlauber. Immer zahlreicher werden für sie Häuschen und Bungalows angeboten, die sie wochen- und monatsweise mieten lassen. Meist liegen sie etwas abseits vom Strand und bieten resortähnlichen Komfort. eXTra [2751]

DIE INSELN IM GOLF

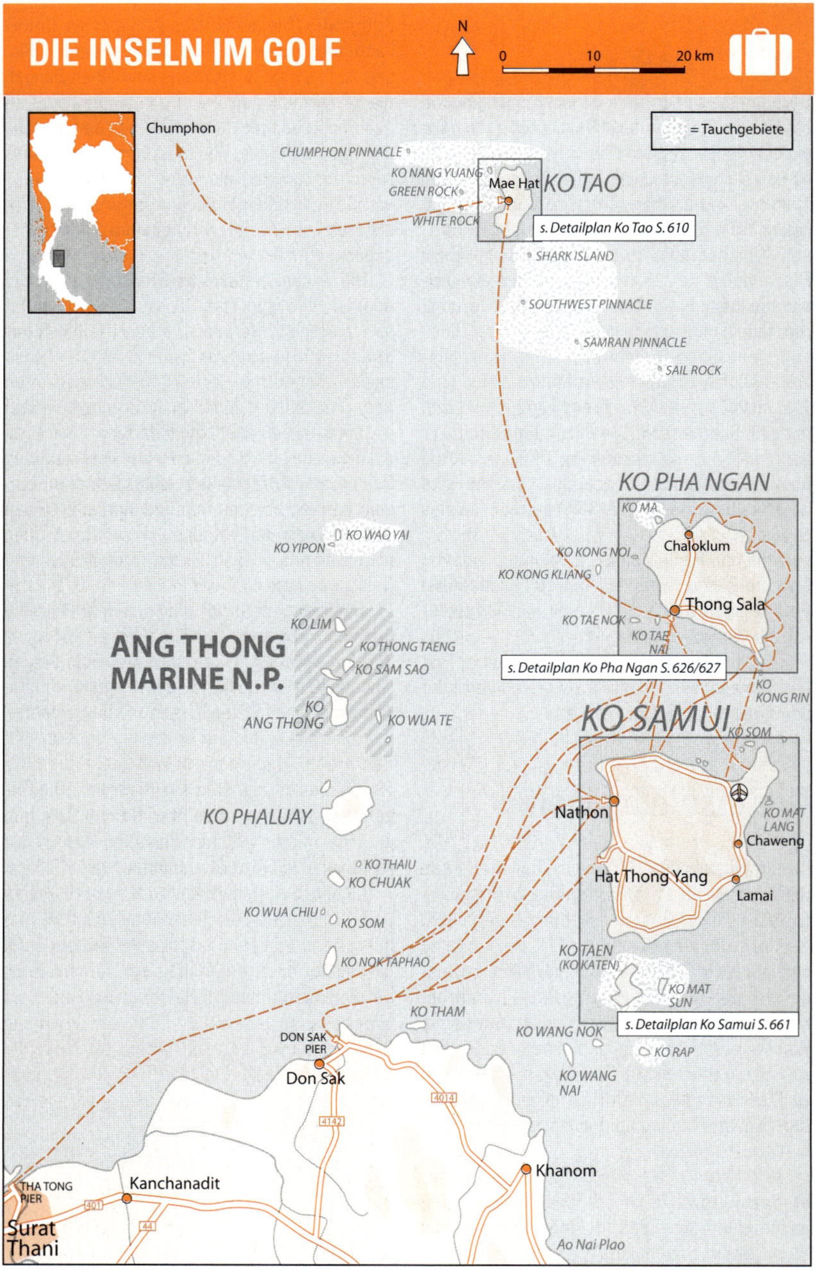

Die Golfküste

sehr kleinen Gruppe oder mit einem Boot voller Taucher unterschiedlichster Professionalität. Die am häufigsten gebuchten Touren beinhalten zwei Tauchgänge und ein Mittagessen. Sie führen Taucher zu den besten Divespots der Region (s. S. 623, Tauchplätze im Golf). Wer in Ko Tao wohnt, genießt den Vorteil kurzer Wege und kann Kurse und Ausflüge zu sehr günstigen Preisen buchen. Exkursionen aus Ko Pha Ngan sind schon etwas teuer; den höchsten Spritzuschlag zahlt man aufgrund der Entfernung in Ko Samui. Live-aboards gibt es höchst selten auf dieser Seite Thailands.

Klima und Reisezeiten

Eine gute Reisezeit sind die Monate Juli bis Oktober. In dieser kleinen Zwischenregenzeit ist das Wetter ideal: ein bisschen Regen und viel Sonne. Im November regnet es hingegen meist so viel, dass viele Reisende das Weite suchen. Erst im Dezember wird es allmählich wieder voller. In der nun folgenden Regenzeit ist **Hauptsaison**: Von Mitte Dezember bis Ende März ist auf den Inseln viel los, wobei die Saison auf Ko Samui länger als auf Ko Pha Ngan und Ko Tao dauert, wo es im Februar bereits wieder etwas ruhiger wird. Weniger Betrieb herrscht in den dann folgenden sehr warmen Monaten April bis Mai. In dieser Zeit ist es zumindest für Familien mit Kindern nicht sehr ratsam, auf die Inseln im Golf zu fahren, da spätestens ab 10 Uhr morgens jegliche Aktivitäten der großen Hitze zum Opfer fallen.

Die **Temperatur** schwankt innerhalb der Hauptreisezeiten zwischen 23 und 32 Grad. In der heißesten Zeit im Mai kann es auch mal gefühlte 40 Grad heiß werden. Wenn die Luft steht und die Sonne unerbittlich vom Himmel brennt, hilft nur noch der Rückzug in den Schatten.

Wer nur für einen kurzen Badeurlaub anreist, sollte nach Möglichkeit um Neumond herum kommen. Dann sorgt die hohe Flut an den seichten Stränden zur Mittagszeit für viel Badespaß. Bei **Vollmond** ist der Strand tagsüber weit weniger malerisch und das Meer hat sich weit zurückgezogen, sodass man oft kilometerweit hinauslaufen muss. Wenn abends das Wasser wieder etwas aufläuft, kann man aber auch dann an den meisten Stränden baden und schwimmen.

Ko Tao

Die nur ca. 21 km² große „Schildkröteninsel" Ko Tao erhielt ihren Namen in einer Zeit, als in dem kristallklaren Wasser noch viele Wasserschildkröten lebten. Leider hat der zunehmende Boots- und Touristenverkehr die Schildkröten in andere Gefilde vertrieben. In den 1980er-Jahren entdeckten die ersten Traveller die Insel. Ihre Tauchgründe machten Ko Tao weltberühmt.

Die Insel ist hügelig mit zum Teil steilen Hängen zwischen 210 m und 380 m Höhe, die mit Primärdschungel bewachsen sind. Wer über etwas Kondition verfügt, kann die Insel zu Fuß oder mit dem Mountainbike auf einsamen Straßen erkunden. Die Hauptreisezeiten sind Dezember bis März sowie Juli und August. In dieser Zeit kann es auf der Insel voll werden und auch um Vollmond ist Ko Tao ein beliebtes Ziel – dann suchen viele Reisende die hiesigen Tauchgründe auf und verbinden dieses Vergnügen mit einem Ausflug zur Vollmondparty auf Ko Pha Ngan (s. S. 627).

Ko Tao zieht mittlerweile mehr als 100 000 Besucher pro Jahr an. Nirgendwo sonst in Thailand machen so viele Leute erste Taucherfahrungen. Auch Nichttaucher schätzen die Insel wegen ihrer weißen Sandstrände, malerischen felsigen Buchten und den guten Schnorchelgründen.

Die Strände und Buchten von Ko Tao

Der schönste Strand ist der lange Hat Sai Ri im Westen. Einfache Holzhütten für 400 Baht gibt es noch, doch zu diesen gesellen sich immer mehr luxuriöse Unterkünfte mit AC ab 1500 Baht. Beschaulicher geht es in Mae Hat zu. Hier kommen die Boote an, nur dann herrscht am Pier geschäftiges Treiben. Ao Chalok Ban Kao ist die drittgrößte Bucht; der schmale Sandstreifen ist mit Tauchunterkünften, Restaurants und Bars inzwischen fast zugebaut. Schöne Buchten mit pittoresken Felsen gibt es zwischen Ao Mae Hat und dem südlichen Ende der Insel. Ao Jansom, Hat Sai Nuan oder Ao June Juea haben wenige Anlagen an den Hängen.

Die Ostküste kommt Ruheliebhabern entgegen: Ao Tanote, Ao Leuk oder Ao Thian sind kleine Buchten mit weißen Sandstränden. Ganz abgeschieden präsentieren sich Ao Hin Wong, Ao Laem Thian oder Ao Lam Khaai. Hier findet

KO TAO

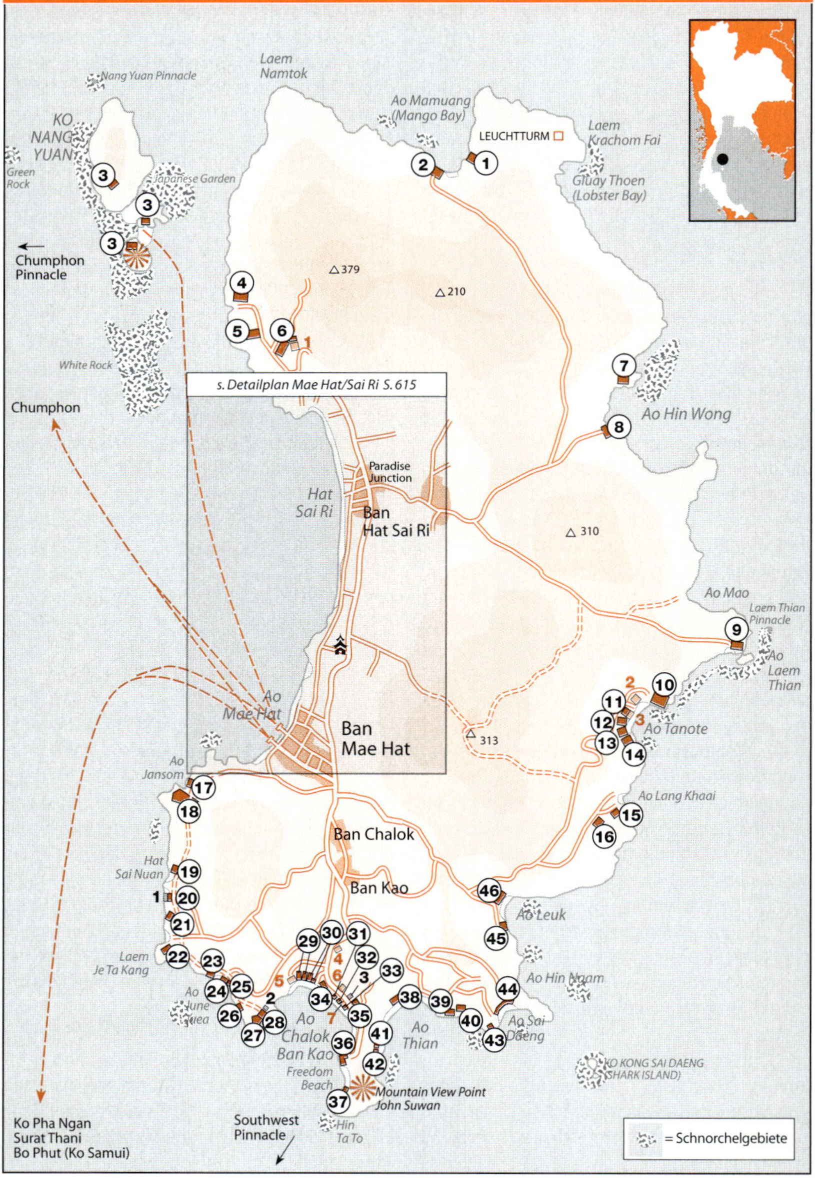

N
0 500 1000 m
Nang Yuan Pinnacle
Laem Namtok
Ao Mamuang (Mango Bay)
LEUCHTTURM
Laem Krachom Fai
Gluay Thoen (Lobster Bay)
KO NANG YUAN
Green Rock
Japanese Garden
Chumphon Pinnacle
White Rock
s. Detailplan Mae Hat/Sai Ri S. 615
Chumphon
Ao Hin Wong
Paradise Junction
Hat Sai Ri
Ban Hat Sai Ri
Ao Mao
Laem Thian Pinnacle
Ao Laem Thian
Ao Tanote
Ao Mae Hat
Ban Mae Hat
Ao Jansom
Ao Lang Khaai
Ban Chalok
Hat Sai Nuan
Ban Kao
Ao Leuk
Laem Je Ta Kang
Ao Hin Ngam
Ao June Juea
Ao Chalok Ban Kao
Ao Thian
Ao Sai Daeng
Freedom Beach
Mountain View Point John Suwan
KO KONG SAI DAENG (SHARK ISLAND)
Ko Pha Ngan
Surat Thani
Bo Phut (Ko Samui)
Southwest Pinnacle
Hin Ta To
= Schnorchelgebiete

man einfachste Holzhütten zwischen den Felsen, davor liegen meist winzige Sandflecken. Eindrücke und Bilder von Stränden und Anlagen unter **eXTra [2814]**.

Ban Mae Hat und Ao Mae Hat

In Ban Mae Hat, **eXTra [2835]**, kommen alle Boote an. In dem kleinen, tagsüber quirligen Ort finden sich Banken, Geldautomaten, Tauchbasen, Geschäfte, Supermärkte, Restaurants und zahlreiche Reisebüros. Der winzige Strand zwischen den Piers lädt nicht unbedingt zum Schwimmen ein.

Übernachtung:

AO MAMUANG (MANGO BAY)
① Ao Muong Resort
② Mango Bay Grand Resort

KO NANG YUAN
③ Nang Yuan Dive Resort

HAT SAI RI
④ Dusit Buncha Resort
⑤ Thipwimarn Resort
⑥ Sairee View Resort

AO HIN WONG
⑦ View Rock Resort
⑧ Hin Wong Resort

AO LAEM THIAN
⑨ Laem Thian Bungalows

AO TANOTE
⑩ Family Tanote Bay Resort
⑪ Black Tip
⑫ Diamond Resort
⑬ Poseidon Resort
⑭ Mountain Reef

AO LANG KHAAI
⑮ Yang Thaifood Bungalows
⑯ Pahnun View Bungalows

AO JANSOM
⑰ Jansom Bay Bungalows
⑱ Charm Churee Villa

HAT SAI NUAN
⑲ Sai Thong Resort & Spa
⑳ Siam Cookie
㉑ Char Resort
㉒ Tao Thong Villa Resort

AO JUNE JUEA
㉓ Sunset Bungalows
㉔ Moondance Bungalows
㉕ June Juea Beach Bungalows
㉖ Orchid Bungalows

AO CHALOK BAN KAO
㉗ Viewpoint Resort
㉘ Taraporn Resort
㉙ Sunshine Resort 1 und 2
㉚ Buddha View Dive Resort
㉛ J.P. Resort
㉜ Bhora Bhora Resort
㉝ Kae Big Fish Resort
㉞ Ko Tao Tropicana Resort
㉟ Ko Tao Resort
㊱ Taa Toh Lagoon Dive Resort
㊲ Freedom Beach Bungalows

AO THIAN (SHARK BAY)
㊳ the haad tien
㊴ Rocky Resort
㊵ Jamahkiri Spa & Resort
㊶ New Heaven
㊷ OK 2 Bungalow

AO SAI DAENG
㊸ Coral View Resort
㊹ New Heaven Huts

AO LEUK
㊺ Aow Leuk II
㊻ Aow Leuk Bungalows

Essen:

HAT SAI NUAN
1 Banana Rock Bar

AO CHALOK BAN KAO
2 Babaloo Strand Bar
3 Koppee Bakery

Sonstiges:

HAT SAI RI
1 Walskelett

AO TANOTE
2 Calypso Diving
3 Black Tip Diving

AO CHALOK BAN KAO
4 Chalok Clinic
5 Reef Riders
6 New Heaven Dive School
7 See Sea

Übernachtung

Unterkünfte s. Karte S. 615
Über den Geschäften in der Verlängerungsstraße des Seatran Pier werden Zimmer vermietet, häufig an Langzeiturlauber. Angebote finden sich z. B. über der **Bam Bam Pharmacy**, **Adventure 2** oder der **Flying Turtle Bar**. Überall ähnliche Preise: 500–600 Baht für ein Zimmer mit Ventilator, 800 Baht mit AC. Schöner wohnt es sich in Meeresnähe.

Am Strand

Untere Preisklasse

Anantra Villa ㉙, ✆ 077-456 478, ✉ anantrakotao@gmail.com. 2-stöckiges Hotel mit ungewöhnlicher Architektur. Große, helle, geflieste Zimmer und Balkone. Am Hang Holzbungalows. Ruhig. Ventilator oder AC. ❸–❺

Blue Diamond Dive Resort ㉟, ✆ 077-456 880, 💻 www.bluediamonddiving.com. Holzbungalows unterschiedlicher Größe mit gefliesten Böden am hübsch bepflanzten Hang. Durchschnittlich 10 % Rabatt für Taucher. Große Familienbungalows. Ventilator oder AC. ❷–❻

Kanlapangha Resort ㉞, ✆ 087-268 6985. Verwinkelte, lilafarbene Bungalows mit unterschiedlicher Außenfassade. Einfache, aber gemütliche Ausstattung, Ventilator. Am Strand die bunte Karma Beachbar mit Liegewiesen. ❷–❹

Ko Tao Montra Resort & Spa ㉗, ✆ 077-457 057, 💻 www.kohtaomontra.com. Zimmer am Strand um den großen Pool. Edle Einrichtung in Holz, Bäder mit Badewanne. Balkon. Direkt am Strand große Strandvillen. ❻–❽

Koh Tao Royal Resort ㊲, ✆ 077-456 156. Holzbungalows im Thai-Stil in hübsch angelegtem Garten, alle mit großzügiger Terrasse. Familienbungalows. Teils Badewanne auf der uneinsehbaren Terrasse. Großes Bad. Ventilator oder AC, WiFi. ❹–❽

Sensi Paradise Resort ㊳, ✆ 075-456 244, 💻 www.sensiparadise.com. Großzügige Anlage mit Holzbungalows am Strand, im Hang oder über Felsen. Ventilator und AC. Große Terrassen, teils Liegematten. Oft fantastischer Meerblick. Familienbungalows. Poollandschaft. ❻–❽

Tauchen an der Schildkröteninsel

In Thailand ist Ko Tao die erste Adresse für Tauchschüler. Fast nirgendwo auf der Welt kann man so günstig in die Unterwasserwelt hinabgleiten und Zertifikate bis hin zum Divemaster erwerben. 25 als Schutzzone ausgewiesene Tauchgebiete liegen rund um die Insel. Im klaren Wasser tummeln sich u.a. Walhaie und an manchen Orten Schildkröten. Letztere leben vereinzelt am White und Red Rock. Seepferdchen und viele bunte Fische wohnen in den korallenbewachsenen Riffen. Die Tauchtiefen von 5–28 m eignen sich hervorragend, um erste Erfahrungen zu sammeln. Auch **Schnorchler** erkunden die Unterwasserwelt: entweder direkt vor der eigenen Bungalowtür oder auf einer Tour rund um die Insel (mit dem Longtail 550 Baht inkl. Mittagessen und Schnorchelausrüstung. Gestoppt wird an fünf besonders schönen Schnorchelplätzen oder auch auf Zuruf. Buchbar ist diese Tour in den Unterkünften oder Reisebüros).

Die Tauchgebiete von Ko Tao

Getaucht wird fast das ganze Jahr über, außer zur Regenzeit zwischen Oktober und Anfang Dezember. Eindrucksvoll sind die Walhaie, die überwiegend von April bis Juli zu sehen sind.

Ko Nang Yaun: Die über eine Sandbank mit Ko Tao verbundene Insel eignet sich nicht nur für Taucher, sondern auch für Schnorchler. Zwischen den vielen kleinen Granitfelsen, deren Unterwasserwelt bereits in einer Tiefe von 2 m beginnt, gibt es viele kleinere Meeresbewohner zu sehen und zahlreiche Durchgänge zu betauchen. Beeindruckend sind die hier lebenden Oktopusse. Nahebei Richtung Süden liegen White Rock, die Twins und Green Rock. Hier wimmelt es jeweils von Fischen und Anemonen. **Green Rock** lockt mit korallenbewachsenen Höhlen und Vorsprüngen; hier leben Koffer- und Skorpionfische, Seeschlangen und Riffbarsche, daneben auch Drückerfische, die angriffslustig ihr Brutrevier verteidigen. Auch am **White Rock** leben diese aggressiven und nicht ganz ungefährlichen Fische (engl. Triggerfish), die manchem Taucher schon ein Loch in den Anzug gebissen haben. Wer Obacht gibt, kann rechtzeitig Reißaus nehmen und hat keine Attacke zu befürchten. Auch Schildkröten sollen hier noch vorbeikommen. Mit einer Tauchtiefe von 5–22 m ist der White Rock ein fantastischer Tauchplatz für Anfänger. Auf etwa 10 m Tiefe liegt ein weites Korallenband mit vielen Hart- und Weichkorallen, bevölkert mit

Auf den Klippen, zwischen Ao Mae Hat und Hat Sai Ri

Tommy's LV Dive Resort ㉓, ✆ 077-456 039, 💻 www.Tommy-LVdive-resort.com. 50 Zimmer mit Meerblick, Ventilator oder AC. Tägl. Reinigungsservice. Winziger Strand (nur bei Ebbe). Für Taucher kostenlos. ❷–❻

View Cliff und View Cliff 1 ㉑, ✆ 077-456 353, 💻 www.viewcliff.com. 2 Resorts mit Zimmern diverser Kategorien: geflieste AC-Bungalows mit großen Terrassen, in Reihe und über Stege verbunden. Zudem imposante 2-stöckige Häuser mit großen Rundbalkonen. Kleiner Strand. 50 m zu Fuß bis Hat Sai Ri. ❷–❺

In den Bergen

Wer hier wohnen will, nimmt am besten ein Taxi oder mietet ein Motorrad. Den steilen Berg hinaufsteigen sollte man auf keinen Fall mit Gepäck. Hier wohnt man ruhig an den Berghängen mit umwerfendem Blick auf Hat Sai Ri.

Moonlight View Bungalows ㉔, ✆ 077-456 966, ✉ nok_moonlight8@hotmail.com. Höchstgelegene Anlage mit tollem Blick auf die Bucht, Einfache Holzbungalows zwischen Blumen und Sträuchern. Auch Zimmer mit Doppel- und Einzelbett. Ventilator. ❷–❸

OK View ㉖, ✆ 081-080 4842, 💻 www.okview-kohtao.com. Am Hang hinter dem gemütlichen Restaurant einfache Mattenbungalows und größere Steinbungalows. Kleine Küche. Ideal für Langzeitreisende. Ventilator. ❷–❹

Essen und Unterhaltung

Café del Sol, Steakhaus und Pizzeria mit französischer und italienischer Küche mitten in Mae Hat. Kostenloses WiFi. 🕒 8–23 Uhr.

Drückerfischen, Wimpelfischen, Rochen, Fledermausfischen, Muränen, Clownfischen und auch Schildkröten. White Rock ist außerdem bekannt für gute Nachttauchgänge, bei denen nachtaktive Bewohner des Meeres wie Oktopusse, Krabben oder jagende Barrakudas beobachtet werden können. Die Sichtweite beträgt 12–15 m.
Die **Twins** sind mit einer Wassertiefe von 4–18 m ebenfalls ideal für Anfänger. Vier Felsen, bewachsen mit Weich- und Hartkorallen, zwischen denen sich farbenprächtige Clownfische, Muränen, Zackenbarsche, Kaiser- und Kugelfische tummeln. Ein beliebtes Ziel für Nachttauchgänge.
Ao Leuk und Shark Island: Die glasklare Bucht ist ideal für Tauchanfänger, die durchschnittliche Tauchtiefe beträgt etwa 8 m. Neben Korallen am südlichen Ende können Barsche, Barrakudas, Kaiserfische oder Prachtlippfische beobachtet werden. Am Shark Island sind immer wieder junge Riffhaie zu sehen.
Hin Wong Pinnacle: Im Nordosten von Ko Tao, Tauchtiefe 8–30 m. Auf dem Plateau wachsen verschiedenste Korallen. Hier leben Barsche, Wimpelfische, Papageienfische und Anemonenfische; in der Nähe sind auch Riffhaie und Rochen zu sehen.
Southwest Pinnacle: Eine Felsspitze, die mit Anemonen bedeckt ist, Tauchtiefe 7–36 m, Sichtweiten 10–40 m. Auch hier trifft man oft auf Walhaie. Gigantische Fächerkorallen bedecken im tieferen Wasser den Fels.
Weitere Tauchspots in der Umgebung s. „Tauchplätze im Golf", S. 623.

Die Wahl der Tauchschule und die Kosten

Über 45 technisch gut ausgerüstete Tauchbasen mit den internationalen Standards SSI, PADI, BSAC und CMAS/TDA sind mittlerweile auf Ko Tao angesiedelt, die Preise nahezu identisch. Viele Unterkünfte halten Zimmer für Taucher frei. Oft wohnt man bei Belegung eines Tauchkurses in dieser Zeit kostenlos, bei Tagestauchfahrten wird ein Rabatt auf den Zimmerpreis gewährt. Tauchkurse: Der Open Water Diver kostet ca. 9000 Baht; für den Advanced Diver werden rund 8000 Baht fällig, für den Rescue Diver 10 000 Baht. Ein Tauchgang ist ab 1000 Baht inkl. Ausrüstung zu haben, ab sechs Tauchgängen gibt es meist Rabatt.

Bitte unbedingt lesen: Traveltipps von A–Z, „**Sicheres Tauchen**", S. 77.

Buddy Restaurant, große, offene Terrasse am Meer, um den Sonnenuntergang samt erfrischender Brise zu genießen und dazu den exzellent zubereiteten frischen Fisch zu verkosten. Currys um 80 Baht, Fisch 150–300 Baht. ◷ 8–23 Uhr.
Dolce Vita, viel gelobte italienische Küche in mediterranem Ambiente. Auswahl an Flaschenweinen. ◷ 16–23 Uhr.
Food Center, hier treffen sich die Thais. Mehrere Gerichte auch auf englischsprachigen Tafeln. 40–60 Baht.
Mae Haad Seafood, einfaches Restaurant mit großer Frühstücksauswahl und guter thailändischer Küche. Sympathischer Familienbetrieb. Halb überdachte Terrasse mit Meerblick. ◷ 8–23 Uhr.
Whitening, minimalistisch in weiß gehaltene Bar. Edle Atmosphäre. Die Thai-Küche (neben westlichen Gerichten) stellt auch den anspruchsvollen Gourmet zufrieden, preislich gehoben. ◷ 10-24 Uhr.
Zest Coffee House, für Frühaufsteher die erste Adresse. Frühstück mit selbst gemachtem Brot und Kuchen. Gute Baguettes. WiFi. ◷ 6–18 Uhr.

Aktivitäten

Tauchen

Crystal Dive, ✆ 077-456 107, 💻 www.crystaldive.com. Sehr großes, beliebtes PADI 5-Star IDC Center in Mae Hat. Tauchlehrer verschiedenster Nationalitäten. Eigener Pool direkt am Strand von Mae Hat.
Divepoint, ✆ 077-456 231, 💻 www.divepoint-kohtao.com. Große Tauchbasis unter Leitung des Österreichers Walter Nemetzek. Kurse nach PADI, CMAS oder SSI. Unterwasserkameras

und Video zur Ausleihe. Auf Wunsch Videoaufnahmen der Tauchgänge.

Weitere Aktivitäten

BT Watersports, ✆ 089-589 4255.
Bietet bei ruhiger See alles an, was hinter einem Motorboot hergezogen werden kann: **Wasserski**, **Wakeboard**, **Monoski** sowie alle möglichen aufblasbaren Vehikel wie Ringe, Bananen oder Ähnliches. 1000–2400 Baht (3 Pers.). Das Motorboot kann auch gechartert werden (18 000 Baht pro Tag, 1/2 Tag 10 000 Baht, bis zu 6 Pers.). Es gibt weitere Anbieter mit ähnlichem Programm.
Viele Bungalowanlagen am Strand vermieten **Kajaks**, ca. 150 Baht/Std., 500 Baht pro Tag.
Mountainbikes werden von mehreren Unterkünften vermietet. Die steilen Pisten sind sowohl zu Fuß als auch mit dem Bike recht anstrengend, unbedingt genügend Trinkwasser mitnehmen! Wer nicht allein losziehen will, kann sich auch einer Gruppe anschließen: **Goodtime Adventures**, ✆ 087-275 3604, www.gtadventures.com.
Mopeds werden in den Unterkünften und vielen Reisebüros vermietet, 200 Baht pro Tag.

Medizinische Hilfe auf Ko Tao

In Mae Hat gibt es das **Koh Tao Health Center**, ✆ 077-456 007, und das **Thai Inter Hospital**, ✆ 077-456 661, ◷ 8–20 Uhr, 24 Std. Notdienst. Erste-Hilfe-Stationen und Health Center, jeweils von Krankenschwestern geleitet, besitzen die drei Hauptorte Mae Hat, Sai Ri und Chalok Ban Kao. Hier werden nur kleinere Wehwehchen wie die regelmäßig vorkommenden Hautabschürfungen bei Mopedunfällen behandelt.
Bei **Tauchunfällen** steht die nächstgelegene Dekompressionskammer mit ausgebildeten Tauchärzten auf Ko Samui zur Verfügung: **SSS Koh Samui Recompression Chamber**, ✆ 077-427 427. Eine Behandlung ist sehr teuer, über eine Tauchversicherung sollte mit der gewählten Tauchschule vorab gesprochen werden. Am besten schließt man bereits zuhause eine Krankenversicherung ab, die dieses sportliche Risiko mitversichert.

Straßenverhältnisse

Selbst für geübte Mopedfahrer sind die Straßenverhältnisse auf Ko Tao eine Herausforderung. Zwar wurden einige besonders steile Teilstücke inzwischen asphaltiert, doch die Wege zu den östlichen Buchten sind generell steil, ausgewaschen und mit Sand bedeckt. Regelmäßig kommt es hier zu Unfällen, sodass die vielen Erste-Hilfe-Stationen einiges zu tun haben.

Lederhosenbikes vermietet und verkauft auch Geländemaschinen und **ATV**s. Der deutsche Automechaniker Bernd hält seine Maschinen gut in Schuss.

Sonstiges

Geld

In Mae Hat gibt es 3 Banken, ◷ Mo–Fr 9–16.30 Uhr, sowie mehrere Geldautomaten an der Strandstraße.

Polizei

Zwischen Mae Hat und Sai Ri, ✆ 077-456 631.

Post

In Mae Hat, ✆ 077-456 170.
◷ Mo–Fr 8.30–16.30 Uhr, Sa. 9–12 Uhr.

Nahverkehr

Pick-ups und **Motorradtaxen** stehen in Mae Hat. Preise vor Abfahrt aushandeln. Nachts werden erhebliche Aufschläge verlangt.
Von Mae Hat nach Sai Ri oder Chalok Ban Kao 50–100 Baht, schwieriger zu erreichende Ziele wie Ao Leuk, Tanote oder Hin Wong etwa 250 Baht p. P. bei 4 Insassen.
Longtails dienen als **Boottaxen** und sind in Mae Hat und Hat Sai Ri zu chartern. Auch hier gilt es, den Preis voher auszuhandeln. Bootstour um die Insel ab 1500 Baht.

Transport

Viele Schlepper warten bei Ankunft der Boote auf Kunden. Die Besitzer der Gästehäuser in den abgelegeneren Buchten holen bei vorheriger Anmeldung ihre Gäste am Pier ab und bringen sie auch zurück.

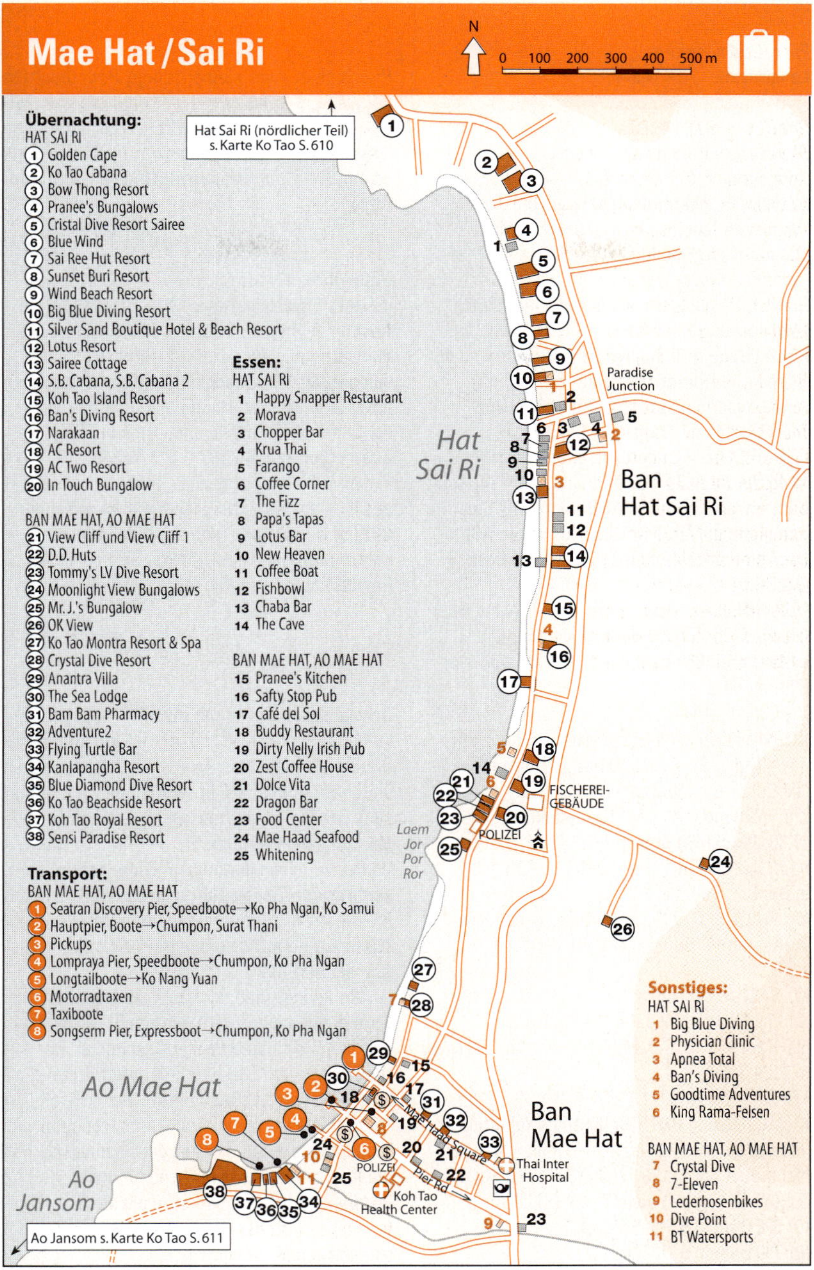
Mae Hat / Sai Ri
N
0 100 200 300 400 500 m
Übernachtung:
HAT SAI RI
1 Golden Cape
2 Ko Tao Cabana
3 Bow Thong Resort
4 Pranee's Bungalows
5 Cristal Dive Resort Sairee
6 Blue Wind
7 Sai Ree Hut Resort
8 Sunset Buri Resort
9 Wind Beach Resort
10 Big Blue Diving Resort
11 Silver Sand Boutique Hotel & Beach Resort
12 Lotus Resort
13 Sairee Cottage
14 S.B. Cabana, S.B. Cabana 2
15 Koh Tao Island Resort
16 Ban's Diving Resort
17 Narakaan
18 AC Resort
19 AC Two Resort
20 In Touch Bungalow
BAN MAE HAT, AO MAE HAT
21 View Cliff und View Cliff 1
22 D.D. Huts
23 Tommy's LV Dive Resort
24 Moonlight View Bungalows
25 Mr. J.'s Bungalow
26 OK View
27 Ko Tao Montra Resort & Spa
28 Crystal Dive Resort
29 Anantra Villa
30 The Sea Lodge
31 Bam Bam Pharmacy
32 Adventure2
33 Flying Turtle Bar
34 Kanlapangha Resort
35 Blue Diamond Dive Resort
36 Ko Tao Beachside Resort
37 Koh Tao Royal Resort
38 Sensi Paradise Resort
Essen:
HAT SAI RI
1 Happy Snapper Restaurant
2 Morava
3 Chopper Bar
4 Krua Thai
5 Farango
6 Coffee Corner
7 The Fizz
8 Papa's Tapas
9 Lotus Bar
10 New Heaven
11 Coffee Boat
12 Fishbowl
13 Chaba Bar
14 The Cave
BAN MAE HAT, AO MAE HAT
15 Pranee's Kitchen
16 Safty Stop Pub
17 Café del Sol
18 Buddy Restaurant
19 Dirty Nelly Irish Pub
20 Zest Coffee House
21 Dolce Vita
22 Dragon Bar
23 Food Center
24 Mae Haad Seafood
25 Whitening
Transport:
BAN MAE HAT, AO MAE HAT
1 Seatran Discovery Pier, Speedboote→Ko Pha Ngan, Ko Samui
2 Hauptpier, Boote→Chumpon, Surat Thani
3 Pickups
4 Lompraya Pier, Speedboote→Chumpon, Ko Pha Ngan
5 Longtailboote→Ko Nang Yuan
6 Motorradtaxen
7 Taxiboote
8 Songserm Pier, Expressboot→Chumpon, Ko Pha Ngan
Sonstiges:
HAT SAI RI
1 Big Blue Diving
2 Physician Clinic
3 Apnea Total
4 Ban's Diving
5 Goodtime Adventures
6 King Rama-Felsen
BAN MAE HAT, AO MAE HAT
7 Crystal Dive
8 7-Eleven
9 Lederhosenbikes
10 Dive Point
11 BT Watersports
Hat Sai Ri (nördlicher Teil) s. Karte Ko Tao S. 610
Ao Jansom s. Karte Ko Tao S. 611
Hat Sai Ri
Paradise Junction
Ban Hat Sai Ri
FISCHEREI-GEBÄUDE
POLIZEI
Laem Jor Por Ror
Ao Mae Hat
Ao Jansom
Ban Mae Hat
Mae Haad Square
Pier Rd
Thai Inter Hospital
Koh Tao Health Center

Boote

Fährgesellschaften:
Lomprayah, ✆ 077-456 176,
💻 www.lomprayah.com
Seatran, ✆ 077-246 086,
💻 www.seatrandiscovery.com
Songserm, ✆ 077-456 274,
💻 www.songserm-expressboat.com.
Wenig empfehlenswert, s. Kasten S. 633, „Kombitickets und Klaubusse".

BANGKOK, mit Lomprayah (Katamaran und Bus) um 10.15 Uhr für 950 Baht, um 14.45 Uhr für 850 Baht in 10 Std. Mit Seatran (Fähre und Bus) um 16 Uhr für 1100 Baht in 12 Std. Mit Songserm (Expressboot und Bus) um 14.30 Uhr für 800 Baht in 14 1/2 Std.
CHUMPON, mit Lomprayah um 10.15 und 14.45 Uhr für 550 Baht in 1,5 Std., mit Seatran um 16 Uhr für 650 Baht in 1 3/4 Std. Songserm um 10.30 Uhr für 500 Baht in 3 Std. Die Autofähre fährt um 23 Uhr für 400 Baht in 6 Std.
HUA HIN, mit Lomprayah (Katamaran und Bus) um 10.15 Uhr für 950 Baht sowie um 14.45 Uhr für 850 Baht in knapp 7 Std. Seatran (Fähre und Bus) um 16 Uhr für 1100 Baht in 8 Std.
KO PHA NGAN, mit Lomprayah und Seatran nach Thong Sala um 9.30 und 15 Uhr für 300 Baht bzw. 450 Baht in 1 Std.
Zur Vollmondparty fährt Lomprayah um 17.30 Uhr für 450 Baht in 1 Std., inkl. Transfer nach Hat Rin. Zurück um 6.30 Uhr Abholung in Hat Rin, Boot um 8.30 Uhr, hin und zurück für 900 Baht. Das Songserm-Expressboot startet um 10 Uhr für 300 Baht, Fahrtzeit 1 3/4 Std.
KO SAMUI, mit Lomprayah und Seatran über Ko Pha Ngan für 450 Baht in 2 Std. bzw. 650 Baht in 1 1/2 Std. Mit Songserm für 500 Baht in 2 3/4 Std.
KRABI, PHI PHI, KO LANTA, PHUKET, KHAO SOK und HAT YAI, für eine Weiterfahrt mit Bussen zu diesen Zielen nimmt man das Nachtboot um 21 Uhr für 650 Baht in 8 Std.
SURAT THANI, mit Seatran um 9.30 Uhr für 950 Baht in 6 Std. Songserm um 10 Uhr für 750 Baht in 6 1/2 Std.

Ao Jansom

Hier locken zwei kleine, ruhige Privatbuchten mit weißem Sand zwischen hohen, runden Felsen, an denen sich hervorragend schnorcheln lässt. Wer nicht Gast einer der beiden Resorts ist, muss für die Strandbenutzung 200 Baht bezahlen.

Übernachtung

Unterkünfte s. Karte S. 610
Jansom Bay Bungalows ⑰, ✆ 077-456 883. Ausgebleichte alte Holzbungalows mit Ventilator an einem winzigen Sandstrand, der von großen, rundgeschliffenen Felsen malerisch eingeschlossen ist. Baden und Schnorcheln vor Charm Churee Villa ohne Gebühr. ❹
Charm Churee Villa ⑱, ✆ 077-456 393, 💻 www.charmchureevilla.com. Luxusvillen aus Holz am Hang. Möblierung im asiatischen Stil, individuelle und fantasievolle Bäder, teils mit Außendusche. Kleiner Strand mit Bar. Restaurant auf den Klippen. ❻–❽

Hat Sai Ri

Der schönste Strand der Insel, eXTra [2836]. Auf knapp 2 km erstreckt sich der traumhafte weiße Sandstrand, der von Felsen und Kokospalmen umrahmt ist und bei Flut sehr schmal wird. Da er sehr langsam abfällt, muss man zum Schwimmen ein Stück hinauswaten. Für Familien ist das von Vorteil, vor allem die kleinen Kinder haben in diesen riesigen Badewannen ihren Spaß. Das **Sai Ri-Riff** mit einigen interessanten Korallen liegt 100 m vor dem Ufer und eignet sich wunderbar zum Schnorcheln.

Die kleine gepflasterte Straße parallel zum Strand hat sich zur Ausgehmeile entwickelt, hier findet sich eine riesige Auswahl an Restaurants, Bars und Diskotheken neben Unterkünften, Tauchbasen, Geschäften, Reisebüros und Touranbietern, leider auch entsprechend viel Mopedverkehr. Ein Großteil der Restaurants hält Videountermalung beim Essen für unverzichtbar. Im nördlichen Teil dagegen liegen die Unterkünfte ruhig an steilen Hängen, ins Meer gelangt man meist über Steine.

Am 18.6.1899 besuchte König Rama V. (1868–1910) die Insel und hinterließ sein Monogram an einem großen Felsen an der **Ao Jor Por Ror**, dem südlichen Ende von Hat Sai Ri. Dieser Ort wird von den Einheimischen sehr verehrt und sollte mit Respekt behandelt werden.

Übernachtung

Unterkünfte s. Karte S. 615

Untere Preisklasse

Big Blue Diving Resort ⑩, 077-456 415, www.bigbluediving.com. AC-Zimmer mit Balkon im 2-stöckigen Gebäude hinter der Tauchschule. Zudem einfache Holzhütten mit Ventilator, 2 direkt am Strand. Taucher erhalten 50 % Rabatt, in der Hauptsaison nur für Taucher. WiFi, Kajakvermietung. ❷–❹

Golden Cape ①, 077-456 609. Einfache Holzbungalows oder große, geflieste Stein bungalows in einem tropischen Garten. Warm wasser und Kühlschrank. Ventilator. ❷–❸

In Touch Bungalow ⑳, 077-456 514. Auf der anderen Seite der Strandpromenade unter tropischen Bäumen und Sträuchern einfache Holzbungalows sowie bessere Steinbungalows, alle mit Ventilator. Am Strand gemütliches Restaurant. ❷–❹

Mittlere Preisklasse

AC Two Resort ⑲, 077-456 195. Direkt am Strand das Restaurant, auf der anderen Promenadenseite ganz im Grünen versteckte gemütliche Hütten, teils mit AC. Einfache Ausstattung mit Bett und Kommode. ❸–❺

Idyll für Ruheliebhaber

Sairee View Resort ⑥, 077-456 649, Karte S. 610. 200 m von der Hauptstraße am Hang. Wer Ruhe in hübscher Atmosphäre sucht, wird sich hier wohl fühlen. Wenige weiße Holzbungalows mit Ventilator in 2 Reihen unter Palmen. Einfache Austattung, aber mit ansprechenden Details. Mit Steinen geflieste Bäder (Warmwasser). Restaurant: mit Walskelett-Dekoration. Die auf dem Weg liegende Höhle ist den Eintritt (200 Baht) nicht wert. ❷–❸

Ban's Diving Resort ⑯, 077-456 466, www.amazingkohtao.com. Modernes, auffälliges Hotelgebäude. Dahinter in einem Hang mit Wasserläufen, Teichen und tropischer Vegetation gute Zimmer in Häusern im Thai-Stil. Am Pool einfache Zimmer mit Ventilator. Für Taucher ab ❶, ansonsten ❹–❺

Blue Wind ⑥, 077-456 116. In 2 Reihen senkrecht zum Strand unterschiedlichste Hütten. Restaurant am Strand, luftig und in dunklem Holz auf 2 Ebenen, viele Sitzkissen. Hauseigene Bäckerei mit Croissants und Kuchen. ❷–❺

Bow Thong Resort ③, 077-456 351, www.bowthongresort.com. Gepflegte grüne Anlage mit unterschiedlichen Bungalowtypen: einfache Holzhütten, weiße 2-stöckige Bungalows mit Terrassen und edle Holzbungalows mit AC, einige direkt am Strand. ❹–❽

Narakaan ⑰, 077-456 644. Modernes 2-stöckiges Hotel direkt am Strand. Die Zimmer sind groß und ansprechend möbliert. Am besten sind die mit Terrasse direkt über dem Strand. TV, Minibar, Ventilator oder AC. ❻

Sairee Cottage ⑬, keine Reservierung. Oft voll. Charmante Hütten in 2 Reihen jenseits der Strandpromenade. Imposante Thai-Häuser (dazwischen große Rasenfläche mit Volleyballnetz) und große Bungalows am Strand. Ventilator oder AC. Für Taucher bei Sairee Cottage Diving, 077-456 374, ab dem 10. Tauchgang oder während eines Kurses 2 Tage frei. ❸–❻

Silver Sand Boutique Hotel & Beach Resort ⑪, 077-456 603, www.silver-sands-resort.com. Modernes Gebäude an der Straße. Zimmer mit puristischer Einrichtung. Badewanne, TV, Kühlschrank. Richtung Strand zwischen üppiger Vegetation einfache ordentliche Holzbungalows mit Ventilator oder AC. WiFi. ❹–❻

Sunset Buri Resort ⑧, 077-456 858. Geschmackvolle kleine orangene Steinbungalows mit Spitzdach und großen Fenstern in 2 Reihen senkrecht zum Strand, alles unter Palmen und hübsch begrünt. Pool. Ventilator oder AC. Familienbungalows. Vor der Anlage Taxiboote am Strand. ❹–❼

Das architektonische Highlight

Ko Tao Cabana ②, 077-456 504, www.kohtaocabana.com. Architektonisch auffällig gestaltetes Haupthaus. Große Gartenfläche mit Palmen, die in einer Liegewiese am Strand mündet. Im Garten runde, weiß getünchte Villen, innen sind die Ablagen ausgefallen mit Beton modeliert. Auf den Klippen großzügige Holzbungalows mit Palmdächern und gemütlichen Möbeln. TV und DVD, Minibar, Nichtrauchervillen. Kinderspielgeräte im Garten. ❼–❽

Obere Preisklasse

Dusit Buncha Resort ④, 077-456 730, www.dusitbuncharesort.com, Karte S. 610. Großzügige Holzbungalows am Hang oder auf den runden Steinen über dem Meer. Große Fenster, Badewannen mit Whirlpool, teils im Freien, TV, Kühlschrank. Pool. Kein Strand. Deutsche Leitung. 70 % des Energiebedarfes der Anlage wird mit Solarenergie gedeckt. ❻–❽

Essen und Unterhaltung

Die Restaurants am Hat Sai Ri offerieren eine große Bandbreite an Küchen. Im Angebot sind thailändische, französische, italienische, mexikanische oder auch indische Gerichte. Viele Häuser zeigen abends Filme auf größeren Fernsehern, schöner sitzt man dann an der Großleinwand am Strand, gegenüber vom Koh Tao Island Resort.

Chopper Bar, sehr beliebtes lautes Restaurant. Sportübertragungen auf Großfernsehern, Poolbillard. Mehrmals wöchentlich Livemusik. WiFi. 9 Uhr–spät.

Coffee Boat, authentische thailändische Küche, günstig mit Gerichten ab 60 Baht, dafür kein stylisches Ambiente.

Farango, vorne kann man dem Pizzabäcker bei der Arbeit zuschauen. Holzofenpizza, auch hausgemachte Pasta und italienischer Nachtisch.

Fishbowl, Restaurant von Ban's Diving Resort mit leckerem gegrilltem Fisch. Die Beachbar ist angesagter Treffpunkt.

Happy Snapper Restaurant, direkt am Strand. Thai- und europäische Gerichte, außerdem Kochkurse.

Krua Thai, thailändisch mit leckeren Currys und als Nachtisch Klebreis mit Mango.

Lotus Bar, Treffpunkt zum Sonnenuntergang, abends Beach Party. Am Strand ziehen begnadete Feuerkünstler die Zuschauer auf den Sitzkissen in ihren Bann.

Aktivitäten

Klettern

Goodtime Adventures, 087-275 3604, www.gtadventures.com. Klettern, Abseilung Cliff Jumping, Bouldern, Wandern und Mountainbiking. Die steilen Hügel im Inselinnern und die großen Klippen am Meer bieten ideale Möglichkeiten für Kletterer. Auch Anfänger sind können erste Versuche unternehmen.

Tauchen

Apnea Total, 084-878 6269, www.apnea-total.com. Am Hat Sai Ri hat bei Monica und Eusebio jeder die Möglichkeit, die Ruhe des Freediving ohne Flaschen, nur mit der eigenen Atemluft zu erleben.

Ban's Diving, 077-456 061, www.bansdiving.de. PADI 5-Star IDC Center. In der großen Tauchschule sprechen die Divemaster über 15 Sprachen. Die Basis verfügt über 2 Tauchboote.und einen Pool. Auch Nitrox-Tauchen, Nachttauchen, Unterwasserfotografie und andere Spezialkurse. Tauchsafaris und Live-aboards.

Big Blue Diving, 077-456 415, www.bigbluediving.com. Großes PADI 5-Star IDC Center. Kurse nach PADI oder SSI. Deutschsprachige Tauchlehrer. 3 Boote für bis zu 50 Pers. Nitrox-Tauchen, Wracktauchen, Nachttauchen, Frühstückstrips und Sunsettauchen.

Sonstiges

Geld

In Sai Ri befindet sich vor Ban's Diving Resort ein kleiner Ableger der Bangkok Bank, der auch Reiseschecks einwechselt. Mehrere Geldautomaten.

Yoga

Am Hat Sai Ri gibt es im **Blue Wind Resort** eine Yogaschule. Kurse Mo–Sa 10–12 Uhr sowie 16.30–18 Uhr für 300 Baht.

Medizinische Hilfe

Koh Tao Physicians Clinic in Sai Ri, ✆ 077-456 712, ◷ 8–20 Uhr, 24 Std. Notdienst, auch bei Tauchunfällen. Gesundheitsattests für Tauchkurse.

Ao Chalok Ban Kao

Der drittgrößte Strand der Insel liegt an der Südküste mit Blick auf Ko Pha Ngan und Ko Samui. Hier ist es zwar viel ruhiger als am Hat Sai Ri, dennoch ist die Auswahl an Unterkünften groß. Zudem gibt einen 7-Eleven, zwei Geldautomaten und eine Bank. Die Bucht bietet viele herrliche Aussichtsmöglichkeiten, die östliche Felsformation **Hin Ta To** soll einen sitzenden Buddha verkörpern. Am ehesten erkennt man dies vom gegenüberliegenden Strand oder vom Boot aus.

Der Strand von Ao Chalok Ban Kao schrumpft von Jahr zu Jahr, bei hohem Wasserstand zeigt sich nur noch ein schmaler Streifen weißen Sandes. Rund um das Buddha View Resort ist alles sehr eng bebaut, die meisten Urlauber weichen zum Sonnen auf die Holzplateaus aus. In der Bucht herrscht tagsüber ein reger Verkehr von Tauchbooten und Longtails, worunter die Wasserqualität leidet.

Übernachtung

Unterkünfte s. Karte S. 610

Untere Preisklasse

Bhora Bhora Resort ㉜, ✆ 077-456 045, 🖳 www.bhorabhora.com. Jenseits der Straße einfache Holzhütten am Hang, bunt bemalt, klein und gemütlich. Ventilator oder AC mit TV, DVD, Kühlschrank. Keine telefonischen Reservierungen. ❷–❺

Buddha View Dive Resort ㉚, ✆ 077-456 074, 🖳 www.buddhaview-diving.com. Beliebte Tauchschule. Gut eingerichtete Zimmer im 2-stöckigen Gebäude. Ventilator oder AC. Nachlässe für Taucher. Kleiner Pool. BBQ am Strand. ❹–❺

Ko Tao Resort ㉟, ✆ 077-456 133, 🖳 www.kotaoresort.com. Gepflegte Luxusanlage. Bungalows am Hang jenseits der Straße oder direkt am Strand. TV, Kühlschrank. Pool, Fitnessbereich. ❺–❽

Ko Tao Tropicana Resort ㉞, ✆ 077-456 167, 🖳 www.koh-tao-tropicana-resort.com. Weitläufige, ruhige, begrünte Gartenanlage mit gefließten Steinbungalows, teils 2-stöckig. Ventilator oder AC. ❷–❹.

Kae Big Fish Resort ㉝, ✆ 077-456 150, ✉ k_see16@yahoo.com. Schöne, im Halbkreis am Strand gelegene 1–2-stöckige pastellfarbene Steinbungalows. Ventilator, AC. ❸–❺

Sunshine Resort 1 und 2 ㉙, ✆ 085-476 7191. Bambushütten und günstigere Zimmer in einer gepflegten Gartenanlage. Ventilator und AC. Sunshine 2 liegt am Ende des Strandes mit etwas mehr Ruhe. ❷–❹

Taa Toh Lagoon Dive Resort ㊱, ✆ 077-456 503. In einer separaten Bucht östlich des Strandes am Kap Ta To. Einfache Holzhütten mit Ventilator direkt am oder über dem Wasser, über Stege erreichbar. Tauchschule. ❷–❹

Aktivitäten

Tauchen

New Heaven Dive School, ✆ 077-456 587, 🖳 www.newheavendiveschool.com. PADI- und SSI-Kurse. Kleine Gruppen (max. 4 Pers.). Spezielle Tauchkurse, die Einblicke in die Kontrolle der Riffe geben. Mitinitiator regelmäßiger Säuberungsaktionen der Riffe und Strände.

Reef Riders, ✆ 077-456 084, 🖳 www.reef-riders.de. Kleine Tauchschule unter deutscher Leitung (Peter Bär, Werner Haller) nach PADI. Kliene Gruppen. Auch 2-Tages-Safaris.

Sonstiges

Geld

In Chalok Ban Kao gibt es zwei Geldautomaten und die Bangkok Bank, die auch Reiseschecks tauscht.

Yoga

Auf der Terrasse der **New Heaven Dive School**, tgl. 17.30–19 Uhr für 200 Baht. Anmeldung erforderlich.

Medizinische Hilfe

Chalok Clinic, ✆ 084-625 9373, ⌚ 8–22 Uhr. 24-Std.-Notruf, auch bei Tauchunfällen.

Ao Thian (Shark Bay)

Ein Bilderbuchstrand mit weißem Sand und türkisfarbenem Wasser, vor dessen bewaldeten Hängen sich die Palmen wiegen. Schnorchler können an dieser Privatbucht auch Riffhaie beobachten, morgens an der Ostseite, nachmittags besser an der Westseite.

Übernachtung

Unterkünfte s. Karte S. 610

Jamahkiri Spa & Resort ㊵, ✆ 077-456 400, 💻 www.jamahkiri.com. Luxusresort mit Palmdach-Bungalows am Hang und 5-stöckigem Hauptgebäude. Kein direkter Strandzugang. Felsenpool. Spa (auch für Gäste anderer Resorts) mit Whirlpool, Sauna und Fitness. ❽

New Heaven ㊶, ✆ 077-456 462. Gepflegte, edle dunkle Bungalows am Hang mit Ventilator und AC. Gemütliches Restaurant mit Sitzkissen, toller Blick auf Shark Island und die Bucht. Kleiner Privatstrand zwischen den Felsen mit exzellenten Schnorchelbedingungen. ❺–❼

OK 2 Bungalow ㊷, ✆ 077-456 506. Einfache kleine Holzbungalows mit Ventilator auf Stelzen in den Felsen, alle mit tollem Blick von den Terrassen. Sauber, ordentliche Bäder. Die unteren Bungalows liegen direkt am Wasser. Kein Strand. ❹

the haad tien ㊳, ✆ 085-216 9553, 💻 www.haadtien.com. Die Anlage nimmt den zentralen Strandabschnitt ein. Hochwertige, große Holzbungalows mit AC weit auseinander im Sand. Dahinter ansprechende gelbe Steinbungalows mit Ventilator oder AC. ❹–❻

Ao Sai Daeng

Zwei Resorts und eine Tauchschule haben sich an diesem idyllischen weißen Sandstrand mit türkisfarbenem Wasser angesiedelt. Dahinter erheben sich steile Hügel. Von den resorts fahren täglich Taxiboote nach Mae Hat.

Übernachtung

Unterkünfte s. Karte S. 610

Coral View Resort ㊸, ✆ 077-456 482, 💻 www.coralview.net. Große Anlage mit 2-stöckigem Haus mit Doppel- und Einzelbett. Zudem gefließte Steinbungalows und einfache Holzhütten (mit Moskitonetz). Alle Ventilator. Tauchbasis Impian Divers. WiFi, Kajakverleih. ❸–❹

New Heaven Huts ㊹, ✆ 077-457 042. Einfache, stimmungsvolle Holzhütten am Strand. Schlafplatz mit Matratze auf einem Podest, offenes Zimmer nur mit Vorhängen vor der Terrasse über dem Meer. Ventilator. Es lohnt sich, mehrere Hütten anzusehen. Gemütliches Restaurant. ❸–❹

Ao Leuk

Ein schöner, breiter Strand mit weißem feinen Sand und kristallklarem, türkisblauen Wasser, aus dem bei Ebbe einige Steine ragen. Hier kann man sehr gut schwimmen und um die Felsen schnorcheln. Die Bucht ist mit dem Moped, Jeep oder Taxiboot zu erreichen. Zu Fuß ist der 3 km lange Weg nach Mae Hat in 40 Min. zu bewältigen.

Übernachtung

Unterkünfte s. Karte S. 610

Aow Leuk II ㊺, ✆ 077-456 779, 💻 www.aowleuk2.com. An der südlichen Hangseite hübsche, individuelle Holzbungalows mit Ventilator. Preis je nach Aussicht, die meist grandios ist. Innen Holzböden, grob verputzte Wände, außergewöhnliche Möbel, Leselampen am Bett. WiFi. Reservierung ratsam. ❸–❹

Aow Leuk Bungalows ㊻, ✆ 077-456 692. Vorne große weiße Steinbungalows mit dunklen Fenstern, hinten alte gemütliche Mattenbungalows. Alle Zimmer mit Ventilator, einige Warmwasser. ❷–❺

Ao Tanote

Eine paradiesische Bucht mit geschwungenem weißen Sandstrand, dahinter Palmen und die bewaldeten Hänge. In der Mitte des Strandes liegen ein paar Felsbrocken, über die man klettern

Öko-Projekte auf Ko Tao

Die Meeresflora und -fauna ist ein fragiles Ökosystem, das auch um Ko Tao massiv bedroht ist. Dem Ziel, die Insel mit ihrer einzigartigen Unterwasserwelt zu erhalten, hat sich die Organisation Save Koh Tao verschrieben. Sie wird u. a. von 26 Tauchschulen, Hotels und Geschäften auf Ko Tao tatkräftig oder mit Spendengeldern unterstützt. Gefördert werden verschiedenste Maßnahmen wie die Säuberung von Stränden und Riffen, aber auch aufwendigere Projekte wie das Anbringen von Bojen, um die Korallen vor den Ankern der Longtails und Tauchboote zu schützen. Die Aufzucht sogenannter Riesenmuscheln, deren Bestand drastisch gesunken ist, hilft die Wasserqualität zu verbessern. Jede ausgewachsene Muschel filtert 1000 l Seewasser pro Tag. 400 „junge" Muscheln werden aufgezogen, um sie dann an den Riffen auszusetzen.

Ein weiteres Projekt ist das Riff-Monitoring: Dabei werden die Riffe und die darin vorkommenden Korallen- und Fischarten regelmäßig katalogisiert und die Daten mit der jeweiligen Wasserqualität verglichen, um langfristige positive und negative Entwicklungen erfassen zu können.

Ein weiteres großes Vorhaben im Golf von Thailand neben der Einzelaufzucht von Korallen ist das Biorock-Projekt. Stahlrahmenkuppeln, durch die schwacher Gleichstrom fließt, werden auf dem Meeresgrund verankert. Angebrachte Korallenreste wachsen an den Rahmen fest, vermehren sich und ziehen weitere Riffbewohner an. Eines dieser „neuen Riffe wurde 2008 zwischen Sai Ri und Ko Nang Yuan installiert und trägt den Namen Hin Fai, Feuerfelsen.

Einige Tauchschulen wie die New Heaven Dive School oder Black Tip Diving bieten spezielle Tauchkurse an, die einen ein- bis dreitägigen Einblick in die Meeresforschung, die Beobachtung, Kontrolle und Wiederherstellung von Riffen bieten. Wer sich länger engagieren will, kann dieses in zwei- bis vierwöchiger Projektarbeit tun.

Marion Meyers

kann. Zum Schwimmen eignet sich die Bucht weniger gut, da Korallenreste den Meeresboden bis zum Ufer bedecken. Dafür sind die Schnorchelmöglichkeiten vom Strand aus grandios. An der Nordseite lassen sich große Fische wie Barrakudas, Snapper und junge Riffhaie beobachten. Mit dem Moped sind die 4,5 km vom Pier aus nur mit Mühe zu bewältigen, meist muss der Sozius die Steilhänge hinauflaufen. Einfacher geht es mit den Taxibooten oder Pick-ups. Vom Black Tip Resort aus fährt fast stündlich ein Wagen von und nach Mae Hat (100 Baht p. P.), auf Wunsch auch bis Hat Sai Ri (150 Baht).

Übernachtung

Unterkünfte s. Karte S. 610

Black Tip ⑪, ✆ 077-456 488, 💻 www.blacktipdiving.com. Aus Holz und Stein errichtete Hütten am Hang hinter dem futuristischen Haupthaus. Viele Doppelbungalows mit Gemeinschaftsbad; auch Familienbungalows. AC oder Ventilator. Vor dem Restaurant der einzige Pool der Bucht. 50 % Rabatt mit Tauchkurs oder 15 % an Tauchtagen. ❸–❻

Family Tanote Bay Resort ⑩, ✆ 077-456 757, ✉ Tanotebay@hotmail.com. Einfache weißgetünchte Holzbungalows mit Ventilator oder AC am Hang. Nebenan die deutsche Tauchschule Calypso. ❸–❺

Mountain Reef ⑭, ✆ 081-956 2916. Am Ende der Bucht. Einfache, betagte, gemütliche Holzbungalows und neuere in Stein, alle mit Ventilator. Abends BBQ am Strand. ❷–❹

Poseidon Resort ⑬, ✆ 077-456 734. Wunderschön begrünte, blumenreiche Anlage am Hang. Individuell gestaltete Hütten aus Holz oder Stein mit Ventilator, meist hinter Pflanzen. Ein ausgefallenes Resort mit relaxter Atmosphäre. Kajakverleih. ❷–❹

Aktivitäten

Tauchen

Black Tip Diving, ✆ 077-456 488, 💻 www.blacktipdiving.com. PADI Gold Palm IDC Resort

unter langjähriger einheimischer Leitung von Dam. Kinderkurse ab 8 Jahren. Pool.
Calypso Diving, ✆ 077-456 745, 💻 www.calypso-diving-kohtao.de. Kleine familiäre Tauchschule unter deutschen Leitung (Eugen Müllerschön). Kurse in kleinen Gruppen. PADI- und CMAS-Kurse.

Ao Mamuang (Mango Bay)

Die kleine malerische Bucht besteht aus einem schmalen Streifen weißen Sandes, am Ufer liegen große runde Gesteinsbrocken. Hier ist man nur morgens und abends allein, denn tagsüber tummeln sich zahlreiche Tauchboote in der Bucht, und die Longtails der Schnorchelausflügler liegen im Sand vertäut. Nicht nur die possierlichen Seepferdchen machen diese Bucht zu einer der attraktivsten Tauchgründe Ko Taos. Ganz im Norden gelegen, ist die Bucht mit dem Auto oder besser noch mit dem Taxiboot zu erreichen. Beide hier ansässigen Resorts holen ihre Gäste am Hafen in Mae Hat mit dem Boot ab. Kein Handyempfang.

Übernachtung

Unterkünfte s. Karte S. 610
Ao Muong Resort ①, ✆ 077-457 027, 💻 www.aomuongresort.net. Moderne Haupthaus oberhalb des Strandes. Balkone zur Seeseite. Am Hang unter Palmen Holzbungalows. Restaurant erhöht mit Blick in die Bucht, dazwischen Holzplattform mit Sonnenliegen. Kostenloser Bootstransfer nach Mae Hat. 24 Std. Strom. ❻
Mango Bay Grand Resort ②, ✆ 077-456 948, 💻 www.mangobaykohtao.com. Holzbungalows (Ventilator oder AC) am steilen Hang.Kein Strandzugang. Große Holzliegeplattform. Strom von 6.30–11 und von 18–5 Uhr. ❺–❻

Ko Nang Yuan

Die drei Inseln bilden ein beliebtes Postkartenmotiv. Sie sind durch einen blendend weißen, 50 m langen Sandstrand verbunden, rechts und links das türkisfarbene Wasser. Bei Flut wird der Sand überspült. Malerisch liegen große runde Felsbrocken um die mittlere Insel, auf Holzstegen gelangt man zu den Bungalows des einzigen Resorts. Stufen führen zum Aussichtspunkt auf der Südinsel, von hier hat man den besten Blick auf die Umgebung.

An der mittleren Insel liegt das beliebte Schnorchelgebiet **Japanese Garden**, wo die meisten Korallen ihre Farbenpracht bereits verloren haben. Auch die Fische haben sich in ruhigere Gefilde zurückgezogen. Etwas mehr sieht man am nördlich gelegenen **Green Rock** (s. Kasten „Tauchen an der Schildkröteninsel", S. 612/613). Am Strand finden Sonnenanbeter perfekt aufgereihte Liegestühle und schattenspendende Schirme.

Hunderte Taucher oder Schnorchler reisen mit Schnellbooten von Ko Samui und Ko Pha Ngan an oder nutzen inseleigene, knatternde Longtails. Erst am späten Nachmittag kehrt Ruhe ein.

Die Insel ist als Schutzgebiet ausgewiesen, Tagestouristen zahlen 100 Baht Eintritt. Plastikflaschen sind auf der Insel verboten, zu viele Traveller haben ihren Müll dort hinterlassen.

Übernachtung

Unterkünfte s. Karte S. 610
Nang Yuan Dive Resort ③, ✆ 077-456 088, 💻 www.nangyuan.com. Auf den 3 Inseln verteilen sich über 60 Bungalows unterschiedlichen Komforts, von der einfachen Holzhütte mit Ventilator bis zur gut ausgestatteten Familiensuite mit Wohnzimmer, TV, Kühlschrank und AC. Angegliederte Tauchbasis. Taucher erhalten Rabatte auf den Zimmerpreis. ❺–❽

Transport

Mit dem Taxiboot, individuell von Mae Hat oder Had Sai Ri für 350 Baht hin und zurück. Speedboote der Tauchschulen und die großen Boote von Lomprayah oder Seatran fahren Nang Yuan an, meist als Tagesausflug ab Ko Samui oder Ko Pha Ngan. Die regulären Boote der Strecke Chumphon–Ko Samui halten hier, sofern Tagestouristen an Bord sind, dann können auch Übernachtungsgäste direkt hier aussteigen. Anderenfalls fährt man weiter nach Ko Tao und setzt mit dem Longtail über.

12 HIGHLIGHT

Ko Pha Ngan

Etwa 40 km südöstlich von Ko Tao und 17 km nördlich von Ko Samui liegt Ko Pha Ngan, Thailands fünftgrößte Insel. *Ngan* bedeutet Sandbank, und da eine solche sich wie ein schützendes Band an der gesamten Küste von Hat Rin im Süden bis nach Chaloklum im Norden entlangzieht, wurde das 19 km lange und 12 km breite Eiland kurzerhand „Insel, vor der Sandbänke liegen" getauft.

Ein Großteil der Insel ist als **Nationalpark** geschützt. Etwa 80 % des 167 m^2 großen Eilands sind noch von Regenwald bedeckt, dessen Flora und Fauna weitgehend sich selbst überlassen bleibt. Schlangen und Riesenwarane finden hier noch ihren Lebensraum. Bis auf 630 m erhebt sich der höchste Berg **Khao Ra**, den man erwandern kann. Einige Wege führen zu wenig besuchten Stränden, die ansonsten nur per Boot erreichbar sind. Auf hohen Besuch kann **Than Sadet** verweisen: 1889 betrat Rama V. hier erstmals die Insel, es folgten viele weitere Aufenthalte. Auch der amtierende König Bhumibol war in den frühen Jahren seiner Amtszeit einmal hier. Es heißt, der hiesige Wasserfall besitze spirituell wertvolles Wasser und sei der von Königen meistbesuchte in ganz Thailand.

Die Strände

Seit Mitte der 1980er Jahre wird Pha Ngan mehr und mehr von Ausländern besucht, und die fast 30 Strände sind meist gut erschlossen. Schnell erreichbar ist die **südliche Westküste** mit den palmengesäumten Sandstränden **Hat Ban Tai** und **Ao Kai**. Bei hohem Wasserstand wähnt sich hier so mancher in der Südsee, bei niedrigem hingegen werden Erinnerungen an Nordseeurlaube wach: Watt, wohin das Auge blickt. Ausgedehnte Strandwanderungen bis ans Ende der Insel, wo der für seine Vollmondpartys bekannte Strand **Hat Rin** lockt, machen zu jeder Jahreszeit Spaß. An der Südspitze um Hat Rin herrscht viel Trubel: Bungalowanlagen für Backpacker und komfortablere Unterkünfte reihen sich dicht an dicht aneinander. Es gibt zahllose Restaurants, die für jeden Geschmack das Passende bieten. Etwas ruhiger ist es am **Hat Sarikatang**, der durch einen Berg von Hat Rin getrennt ist. Wer sich noch weiter vorwagt und durch den Dschungel trekkt oder ein Longtail nimmt, erreicht Strände fernab des Massentourismus.

Tauchplätze im Golf

Die Tauchreviere des Ang Thong Marine Park und rund um Ko Tao können das ganze Jahr über betaucht werden, sofern die Wetterverhältnisse es gestatten (s. Reisezeiten, S. 43 – vor allem von November bis Februar lohnt die Andamanensee eher den Besuch). Die ideale Reisezeit für Taucher ist von März bis August. Als beste Tauchplätze gelten Chumphon Pinnacle, Sail Rock und Nang Yuang. Die Gegend eignet sich sowohl für Anfänger als auch für Fortgeschrittene.

Bester Tauchspot der Gegend ist der **Chumphon Pinnacle**, der etwa 10 km nordwestlich von Ko Tao liegt und wegen oftmals starker Strömung nur von erfahrenen Tauchern betaucht werden sollte. Vier Granitfelsen beginnen in einer Wassertiefe von 16 m; sie sind mit einer Unmenge farbenfroher Anemonen bewachsen, dazwischen tummeln sich Clownfische, Krebse und Garnelen. Zackenbarsche, Barrakudas, Thunfische, Crouper, Riffhaie und bis zu 8 m große Walhaie können ebenfalls hier bestaunt werden, Letztere vor allem von Februar bis April. Tauchtiefe 12–40 m, die Sichtweite beträgt etwa 20 m.

Ein weiteres spannendes Ziel ist der **Sail Rock**, im Südosten von Ko Tao Richtung Ko Pha Ngan. Die Tauchtiefe rund um den großen Felsen beträgt etwa 27 m. Das Highlight ist der Kamin, dessen Eingang auf 18 m liegt. Dieser Tunnel hat zwei Ausstiege. Während jener auf 10 m eher klein ist, bietet der auf 5 m einen größeren Spielraum. Riffhaie, Leopardhaie und Walhaie sind hier anzutreffen. Ansonsten bestimmen große Fischschwärme das Bild.

Viele Tauchgebiete befinden sich rund um Ko Tao. Mehr dazu s. „Tauchen an der Schildkröteninsel", S. 612/613.

Boutique, Resort oder Bambushütte?

Noch gibt es günstige Hütten für wenige Euro direkt am Strand, für viele einst der Aussteigertraum. Doch die Nachfrage nach diesen Anlagen wird immer geringer, und wer es sich leisten kann, rüstet auf. Mal ersetzen robuste Holzhütten alten Plattenbestand, mal werden Pool und Highclass-Zimmer errichtet. Inzwischen gibt es die ersten Boutique-Hotels, die auch gehobenen Ansprüchen gerecht werden. Etwa 400 Bungalowanlagen mit etwa 5000 Zimmern stehen auf der Insel bereit. Das Preisniveau ist moderat. Kurz vor der monatlichen Vollmondparty ziehen die Preise an, und es wird von Tag zu Tag schwieriger, eine nette, bezahlbare Unterkunft zu finden. In der Hauptsaison (s. Klima und Reisezeiten, S. 41) gilt dies nicht nur für Hat Rin, sondern für alle Strände der Insel. An Neumond ist es besonders in der Nebensaion absolut ruhig – mit Ausnahme von Hat Rin, wo eigentlich immer Betrieb herrscht.

Eine gute Gelegenheit zum Schwimmen und Schnorcheln bieten die kleinen Buchten im Nordwesten der Insel. Insbesondere **Ao Mae Hut** mitsamt der vorgelagerten **Insel Ko Ma** begeistert viele Reisende so sehr, dass sie jedes Jahr wiederkommen. Auch **Hat Salat** und **Hat Khom** haben viele Anhänger, darunter besonders viele Familien.

Abgelegen im Osten liegen **Than Sadet** und die Doppelbucht **Thong Nai Pan**. Einst Refugium von Backpackern, da nur schwer zu erreichen, ist Letztere mittlerweile von zahlungskräftigem Publikum entdeckt. Heute reisen viele Urlauber direkt von Ko Samui aus an und ersparen sich die kurvige und abenteuerliche Fahrt durch das Landesinnere Pha Ngans.

Tempel

Etwa 600 Jahre ist es her, dass Mönche sich auf Ko Pha Ngan niederließen und **Wat Phu Khao Noi** erbauten. Der antike, 12 m hohe Stupa erhebt sich rechter Hand auf dem Gelände. Bekannt bei Reisenden aus aller Welt und für seine Offenheit geschätzt ist Mönch Som Chai. Ein kleiner betonierter Weg zur Linken des alten Heiligtums führt hinab zu seinem Haus. Der Tempel ist mühelos mit dem Moped oder dem Taxi erreichbar. Gegenüber vom staatlichen Krankenhaus führt ein steil ansteigender betonierter Weg zum Tempelkomplex.

Etwa 5–10 Min. von der Hauptstraße in Ban Tai liegt auf dem Berg **Wat Khao Tham**. Neben einem Fußabdruck Buddhas wird hier auch der größte liegende Buddha der Insel verehrt. Vielbesucht und bekannt ist der Tempel vor allem wegen seiner Meditationskurse (s. S. 658), **eXTra [2754]**.

Der **Chinesische Kuan Yin-Tempel** im Nordwesten bietet von der oberen Gebetshalle einen schönen Ausblick, und dank des recht großen lachenden Buddhas hat man nach einem Besuch meist gute Laune.

Wasserfälle

Der **Than Sadet-Wasserfall** gehört zu den wichtigsten Sehenswürdigkeiten der Insel. Der Pfad dorthin ist recht schwierig, sodass man tunlichst mit Jeep oder Taxi anreisen sollte. Hier sind die Inschriften Ramas V. von 1889, Ramas VII. von 1926 und auch von König Bhumibol aus dem Jahr 1962 zu finden. Der Fluss überwindet drei Stufen und bildet Frischwasserpools, bis er am Strand ins Meer mündet. Man kann über eine Länge von 3 km daran entlangwandern und immer wieder ein Bad nehmen. Der Fall selbst ist von Anfang Oktober bis zum 23. Dezember geschlossen.

Über die etwa 4 km lange Straße von Thong Sala Richtung **Paeng Waterfall Forest Park** erreicht man nach 200 m den **Paeng Noi-** und wenige Schritte weiter den **Paeng Yai-Wasserfall**. Während Letzterer meist länger Wasser in seinem mit schwarzen Steinen durchsetzten Bett führt, stürzt sich der kleinere aus höherer Tiefe hinab, ist aber in der Trockenzeit nicht mal ein Rinnsal. Vorteil: Jetzt kann man auf den Steinen entlangwandern. Nach 500 m Fußweg auf einem steilen, von Wurzeln stabilisierten Pfad ist ein Aussichtspunkt erreicht. Weitere kleine Trampelpfade führen durch dichten Dschungel. Mit dem Moped gelangen Fußfaule bequem zum **Wang Sai-Wasserfall**. Ein Fußmarsch ab Ao Mae Hat dauert etwa 15 Min. Nach heftigen Regenfällen sind die zahlreichen Pools ein tolles Ziel. Alle Wasserfälle lohnen zumeist in den Monaten zwischen November und Januar.

Trekking

Die als Fußwege auf den Landkarten markierten Wege sind in der Praxis schwer zu finden, und es empfiehlt sich dringend, das Innere der Insel mit einem Führer zu erkunden. Zu finden sind diese am **Paeng Waterfall Forest Parl**. Mit einem sachkundigen Begleiter lassen sich sehr spannende, ungefährliche und informative Treks auf den **Khao Ra**, den höchsten Berg der Insel, unternehmen. Sie dauern etwa 2 Std. Eine schöne, ebenso lange Tour führt von Chaloklum zunächst nach Hat Khom und dann weiter auf einem kleinen, schmalen Weg über den Berg zum **Hat Khruat (Bottle Beach)**. Auch der Trek von Hat Rin nach **Hat Yuan** und **Hat Thian** ist in 2 Std. zu bewältigen. Wer den ersten, recht steilen und anstrengenden Aufstieg gemeistert hat, folgt dem grünen Punkt bis zu den Stränden. Abenteuerlustige können zu Fuß eine mehrtägige **Inselumrundung** unternehmen. Das schwierige Gelände entlang der Ostküste kann die Tour ungewollt verlängern. Auch hier ist ein sachkundiger Begleiter erforderlich, der ab 500 Baht pro Tag zu haben ist. Gutes Schuhwerk und Trekking-Erfahrung sind ohnehin Voraussetzung.

Ausflüge aufs Meer und rund um Pha Ngan

Lohnend ist ein Tagesausflug zum **Ang Thong Marine National Park**. Ausflüge nach **Ko Tao** und **Ko Nang Yuang** starten um 9 Uhr, Rückkehr um 16 Uhr. Im Preis von 1300 Baht sind Essen, Getränke, Eintritt und Schnorchelausrüstung enthalten.

Reizvoll sind Ausflüge mit dem **Longtail** an die Strände. Einst konnte man die Strände von Ko Pha Ngan nur auf diese Art erreichen, doch seit es fast überallhin Straßen gibt, wird dieses Verkehrsmittel immer öfter aus Spaß denn aus Notwendigkeit gewählt. Mittlerweile sind standardisierte Touren im Angebot, viele ab Hat Rin; Preis ab etwa 1000 Baht p. P. Hier werden zu immer gleichen Zeiten mit vollen Booten die immer gleichen Strände angefahren, darunter Ao Mae Hut und Hat Thong Nai Pan, aber auch Hat Yuan und Hat Thien. Wer es individueller mag, chartert ein Boot und erkundet die Insel auf eigene Faust. Longtails gibt es in Chaloklum, Hat Rin, Baan Tai sowie weiteren Stränden und Piers.

Die schönsten Schnorchelreviere

Über 20 lokale Tauchreviere mit etwa 10 km intakten Korallenriffen sind zu entdecken. Ko Pha Ngans Westküste bietet die schönsten Schnorchelgebiete am **Hat Khom, Hat Salad, Hat Yao, Hat Chao Phao** und vor **Ko Ma**. Man kann diese Strände entweder per Fahrrad, Moped oder Auto auf eigene Faust anfahren oder mit einer organisierten Tour besuchen.
Schnorchler und Taucher sollten niemals auf Korallen treten und diese nur im Notfall berühren. Intakte Tiere sterben bereits bei der leichtesten Berührung ab – und tote, deren Skelette noch stehen, sind so scharfkantig, dass man sich schnell den Fuß aufschneidet.

Auch mit dem Kajak lässt sich die Küste individuell erkunden.

Anreise

Die meisten Fähren steuern einen der drei Piers in der kleinen Hauptstadt Thong Sala an. Von Ko Samui aus kann man aber auch direkt nach Hat Rin und in der Saison auch bis Thong Nai Pan fahren.

Von und nach **Bangkok** reist man am bequemsten per Nachtzug oder Flieger, aber auch der Bus ist eine gute Option. Teuerste Variante ist ein Flug mit Bangkok Airlines nach Ko Samui mit anschließendem Bootstransfer. Billigflieger landen auf dem staatlichen Flughafen in Surat Thani; von hier geht es weiter mit der Fähre. Die meisten Traveller reisen mit einem Kombiticket von Bangkok über **Surat Thani** oder **Chumphon** an. Eine gute Wahl sind die Fähren von Lomprayah und Seatran.

Weitere Infos zur Anreise s. Thong Sala, Transport (S. 632).

Kajak, Windsurfen, Kite- und Wakeboarden

In Chaloklum kann man sich in der Kunst des **Wakeboarding** versuchen. Am Plaaylam-Strand gibt es kleine **Segelboote** und **Katamarane** zur Ausleihe. Auch **Surfbretter** werden hier verliehen, und Anfänger können mithilfe von Kursen den Spaß des Windsurfens für sich entdecken.

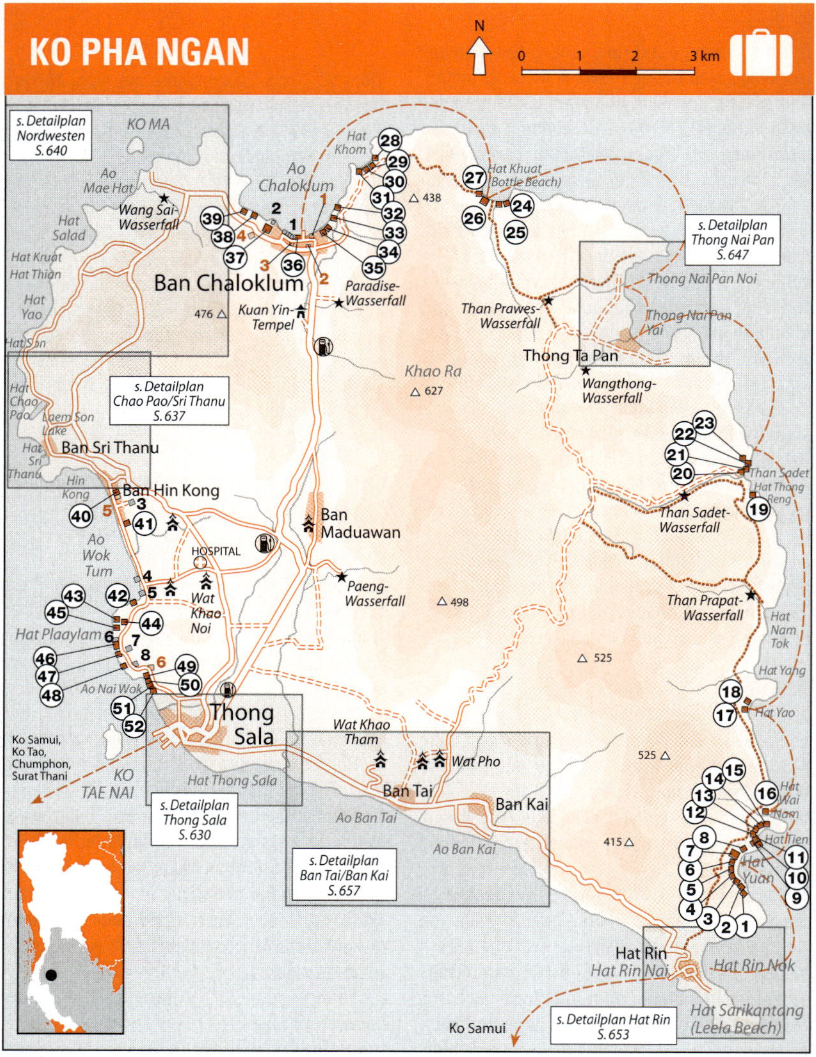

Am Thong Sala-Strand und in Baan Tai gibt es **Kiteboarding-Schulen**, die bei genügend Wind täglich (zumindest in der Saison) Einführungskurse an den besten Stränden ausrichten. Für Erfahrene steht Leihausrüstung bereit. Im Winter und bei starken Winden belebt sind das Kap vor dem Malibu Beach Resort und die Wellen der westlichen Bucht, die dank eines Riffs vor dem offenen Meer geschützt sind. Nur geübte Kiter sollten sich bei starken Winden den Naturkräften aussetzen. **Kajaks** sind an vielen Stränden im Angebot. Lohnend ist u. a. ein Ausflug vom Thong Sala-Strand oder dem Ao Nai Wong zur kleinen Insel **Tae Nai**, die nach etwa 15–30 Min. Paddelarbeit

HAT YUAN
Übernachtung:
1 Good Hope
2 Ocean Rock Resort
3 Haad Yuan Resort
4 Barcelona Resort
5 Pariya
6 Dream Bungalow
7 Big Blue Bungalows
8 Bamboo Hut

HAT TIEN
Übernachtung:
9 Horizon Muay Thai Boxing Camp
10 The Sanctuary
11 Haad Tien Resort
12 World Nature Resort
13 Family Shop & Bungalows
14 Love Lips
15 Beam Bungalows

HAT WAI NAM
Übernachtung:
16 Why Nam Hut R. & Bungalows

HAT YAO EAST
Übernachtung:
17 Ploy Beach
18 Haad Yao Resort

HAT KHOM
Übernachtung:
28 Coconut Beach
29 Haad Khom Bungalows
30 Ocean View
31 Coral Bay Bungalows

HAT THONG RENG UND THAN SADET
Übernachtung:
19 Treehouse Lodge
20 Mai Pen Rai Bungalows
21 Silver Cliff Resort
22 Plaa's Bungalows
23 Seaview Than Sadet

HAT KHUAT (BOTTLE BEACH)
Übernachtung:
24 BB2 Bungalows (Bottle Beach II)
25 Haad Khuad Resort
26 Bottle Beach 1 Resort
27 Smile Bungalow

CHALOKLUM
Übernachtung:
32 Niramon Villas
33 Fanta
34 North Beach
35 Fanta Sea Resort
36 Mandalai Boutiquehote
37 Malibu Bungalow
38 Chaloklum Bay Resort
39 Wattana Resort

Essen:
1 Sheshas Bar, Nong Restauant, Nongnook Restaurant, Besco Night Light, Sea Side Restaurant
2 Malibu Beach Restaurant

Sonstiges:
1 Sail Rock Divers
2 Island Leisure
3 Chaloklum Diving School
4 Wake Up!

HINKONG
Übernachtung:
40 Ananda Resort
41 Moo 6

Essen:
5 MENU

Sonstiges:
5 Agama-Yoga

WOK TUM
Übernachtung:
42 Woktum Bay Resort

Essen:
3 Sukho Restaurant
4 Bake Sense

HAT PLAAYALAM
Übernachtung:
43 Sabai Beach Resort
44 Stone Hill Resort
45 Sea Scene
46 Porn Sawan
47 Cookies
48 Beach 99

Essen:
5 Chocolate Bar
6 Amsterdam Bar
7 Top Rock Bar

Sonstiges:
6 Monte Vista Retreat

AO NAI WOK
Übernachtung:
49 Grand Sea Resort
50 Joon Bungalows
51 Phangan Bungalow
52 Best View Villas

erreicht ist. Alternativ kann man die Strände von **Wok Tum** bis nach **Hat Salat**, manchmal auch bis **Ko Ma**, anfahren. Auch in der Gegend um **Thong Nai Pan** und **Hat Khruat** Kajaken viele Urlauber. Von Hat Rin aus sind Fahrten zu den Stränden **Hat Thien** und **Hat Yuan** möglich. Bei allen Ausflügen sollte man genügend Zeit einplanen und Trinkwasser sowie Sonnenschutz mitnehmen. Vorsicht vor starker Strömung und kräftigem Wind – in diesem Fall lieber auf Ausflüge verzichten. Kajaks sind manchmal kostenlos erhältlich, meist berechnen die Verleiher pro Std. 150 Baht.

Partys

Allmonatlich findet auf Ko Pha Ngan der bekannteste Rave Südostasiens statt: Die **Vollmondparty**, eXTra [2757], lockt zwischen 8000 und 30 000 vor allem junge Menschen auf die Insel. Bereits eine Woche vor diesem Ereignis tanzen Trance-Fans im Dschungel auf dem **Half Moon Festival**. Drei Tage vor Vollmond startet in der Pirates Bar an der Westküste am Chayo Phao die **Moonset Party**. Eine Woche nach Vollmond findet erneut ein **Half Moon Festival** in Ban Tai statt (Näheres unter www.halfmoonfestival.com). Und damit auch der letzte wichtige Mondtag nicht unbeachtet vorübergeht, gibt es schließlich die **Black Moon Party**, die ebenfalls in Ban Tai gefeiert wird. Auch die **Shiva Moon**- und die **Dschungel-Party** orientieren sich am Mondzyklus – oder zumindest an der Vollmondparty. Beide Partys finden regelmäßig in der Hauptsaison statt. Die Musik ist meist Progressive Sound, daneben Underground Trance und Techno. Neben den festen Partys, die meist auch in der Nebensaison stattfinden, gibt es in der Hauptsaison weitere

Detox und Retox

Pha Ngan ist die Insel für alle Detox- und Retoxfans: Feiern und danach in einem Retreat, einen Spa oder einem Yogazentrum entschlacken und meditieren. Neben dem für seine Meditationskurse bekannten Wat Kao Tam gibt es zahlreiche **Meditationszentren** und **Yogaretreats**. Diese richten sich nicht nur an Partygestresste, sondern vor allem an jene, die eine Abkehr vom alltäglichen Leben suchen. Orte der inneren Einkehr gibt es nahe Thong Sala, in Hin Kong, in Ban Tai oder auch am Hat Thien.

Veranstaltungen an verschiedenen Stränden, im Dschungel oder etwa am Paradise Waterfall. Flyer und Plakate kündigen den Spaß an. Viele Partys sind kostenlos, darunter die Vollmondparty, andere (wie das Half Moon Festival) kosten 500 Baht Eintritt, bei der Black Moon Party sind es 300 Baht. Meist ist ein Freigetränk im Eintrittspreis inbegriffen.

Thong Sala und Ao Bang Charu

In Thong Sala legen fast alle Fähren und Expressboote an, und der „internationale" Hafen lässt erahnen, welch hochfliegende Träume die Verwaltung des einstigen Fischerdorfes hegt. Zahlreiche Geschäfte mit Kleidung und den gebatikten, in Ko Pha Ngan gefertigten Hängematten, moderne Boutiquen mit allerlei Geschmackvollem und alteingesessene Dorfläden locken ein stöberfreudiges Publikum an. Daneben gibt es Reisebüros, Internetshops, Supermärkte, Apotheken und all jene Geschäfte, die eine Kleinstadt ausmachen. Einige große Banken haben in Thong Sala Zweigstellen eröffnet, und auch die Post ist hier zu finden. Neben ein paar wenigen Hotels sind es vor allen die Vielzahl guter Restaurants mit einheimischer und internationaler Küche, die einen Besuch lohnen. Wer authentische Thai-Küche genießen will (die an den Stränden mittlerweile rar ist), findet auf dem Markt viele gute und günstige Angebote. In und um Thong Sala finden regelmäßig Boxkämpfe statt, die von umherfahrenden Werbeautos angekündigt werden.

Der flache, etwa 1 km lange Stadtstrand **Ao Bang Charu** im Süden bietet einige Unterkünfte für jene, die in Stadtnähe, aber abseits des Trubels übernachten möchten. Von Dezember bis April ist hier Schwimmen möglich, ansonsten herrscht oft Wattstimmung. Je nach Wetterlage ist der Strand mit Muscheln oder Strandgut durchsetzt. Sonnenbadende Partytouristen findet man wenig, vielmehr eignet sich dieser erste Abschnitt der Westküste perfekt zum Flanieren, da sich die Strände Ban Tai und Ban Kai nahtlos anschließen und man bei Ebbe bis nach Hat Rin laufen kann. Abends gibt es wunderschöne Sonnenuntergänge zu sehen.

Übernachtung

In der Stadt

Bua Kao Inn ①, ✆ 077-377 226. Gehört zu A's Coffee Shop. AC-Zimmer mit TV und Kühlschrank; besonders hohe, bequeme Matratzen. ❹

The Sweet Café ⑦, ✆ 077-239 597. Vier schöne Zimmer mit Ventilator oder AC, letztere mit Balkon und Blick auf den Hafen sowie heimeliger Sitzecke. Frühstück im Café inklusive. Jeweils 2 Zimmer teilen sich ein Bad. Ideal für Familien, die dann ein ganze Etage bewohnen. ❹–❺

Jumunjy ⑤, direkt gegenüber der Jumunjy Bar. Sehr einfache und kleine, aber charmante, hellblau gestrichene Zimmer in einem alten Holzstadthaus. Sehr hellhörig. An Vollmondtagen oft ausgebucht. Gemeinschaftsbad und Balkon mit Blick auf den Hafen. ❶

Am Strand

Wer morgens mit dem Boot abfahren will oder spätabends ankommt, kann hier Quartier beziehen. Die ersten Resorts liegen nur einen kurzen Fußweg abseits der Hauptstraße.

Holiday Beach Resort ⑮, ✆ 077-377 468, 💻 www.holidaybeachresort.net. Großes Gelände mit Bungalows aus Stein und Holz, einzeln oder in Reihe. Vorne mit AC, hinten mit Ventilator. Restaurant ebenfalls hinten. Hängematten und schattige Sala am Strand. Oft ausgebucht. ❷–❹

White West ⑨, ✆ 077-238 070. Mit Bambus verkleidete Steinhäuser am Meer und im Garten. Großer Bungalow am Strand mit 2 breiten Betten und Ventilator, außerdem große Bungalows ohne Meerblick mit AC und TV. ❸–❹

Essen

Thai

Wer authentische Thai-Küche schätzt, ist in Thong Sala richtig. Frühmorgens vor 8 Uhr gibt es auf der Straße typisches Thai-Frühstück wie Reissuppe und Fettgebäck. Einen Besuch unbedingt wert ist ab den Mittagsstunden der **Essensmarkt** neben dem zentralen 7-Eleven. Schon ab etwa 5 Uhr beginnen die Betreiber mit dem Aufbau ihrer Stände. Es gibt frischen Fisch und Shakes, Gebratenes vom Huhn und zahlreiche scharfe Currys, ebenso gutes Isarn-Essen (Papaya- und Bambussalat). Kleine Thai-Lokale findet man zudem an der chinesischen Geschäftstraße auf dem Weg zum Ao Bang Charu.

Coco Garden, 💻 www.cocogardens.com. Restaurant des gleichnamigen Resorts, am Ende des Ao Bang Charu. Leckere Thai- und westliche Gerichte. Eis aus inseleigener Produktion. Liegebereich am Strand. Volleyball. Zimmer ❸–❹

Isaan, bei Thais beliebtes Restaurant nahe der chinesischen Versammlungshalle. Empfehlenswerte Isarn-Küche.

Khun Phen Restaurant, alteingessenes Restaurant, zentral gelegen. Immer gut besucht. Das Preis-Leistungs-Verhältnis stimmt.

Kitchen Corner, in Hafennähe. Gut besucht von Thais, Expats und Touristen. Reichhaltige Auswahl an Thai- und westlichen Gerichten, gutes Frühstück. Offene Küche, man kann der Köchin bei der Arbeit zusehen.

Lobster Seafood, mit Blick aufs Meer. In der Saison Fisch in reichlicher Auswahl zu moderaten Preisen. Für die Unbekehrbaren gibt es auch Burger oder Pommes.

International

A's Coffee Shop, gegenüber der Krung Thai Bank. Nicht ganz billig, aber gut; das gilt auch für Thai-Gerichte. Sehr sauber. Leckere Kokosnuss-Shakes und frische Tees. Pizza, Knoblauchbaguette und gute Currywurst. Zum Frühstück gibt es „Strammer Max". WiFi ab einem Verzehr von 100 Baht/Std. 🕒 Mo–Sa 10–21 Uhr.

Pizza Chaira, unweit vom Nachtmarkt in der Ladenpassage. Gute Pizza und Pasta, Wein und italienischer Kaffee. WiFi. Alles auch zum Mitnehmen.

Bäckereien & Cafés

Niras Homebakery, in Hafennähe. Baguette und hausgemachte Erdnussbutter.

Umi Café Bar Shop, neben dem Jumunyi-Gästehaus. Große Auswahl an frischen Tees, darunter tibetanischer und Ginsengblumen-Tee. Guter Kaffee. Kleine Auswahl an Hilltribe-Webereien zum Verkauf.

Yellow Café, in Hafennähe. Gute Auswahl an westlichen Snacks. Der Laden ist meist voll, bevor die Boote abfahren, ansonsten bevölkern Laptop-Nutzer die Tische. WiFi-Zone. 🕒 So–Fr 9–17 Uhr.

Aktivitäten

Tauchen

Fun Factory, ✆ 077-238 745. Kleine Tauchschule unter deutscher Leitung. Kurse und Trips in kleinen Gruppen, meist auf dem eigenen Boot.

Handwerkskunst

Silberworkshop, ✆ 086-096 1580, 💻 www.workshopsilverkohphangan.com. In 1–3-tägigen Kursen kann man die Kunst des Silberschmiedens erlernen. Wer mag, wertet seine Schmuckstücke mit Strandfunden wie Muscheln oder Steine auf und entwirft so ganz eigene Kreationen. Abholung bei telefonischer Anmeldung, auch Rücktransport. Ab 1500 Baht. Voranmeldung erbeten.

Sonstiges

Auto-, Moped-, ATV- und Fahrradvermietung

Große Allradfahrzeuge werden direkt am Pier am Taxistand nach Thong Nai Pan vermietet. Restaurantbesitzer, Reisebüros oder Internetshops verleihen Jeeps und Mopeds. Die kleinen 4WD Suzuki Caribbean-Jeeps kosten am Tag 600–800 Baht, größere Pickups sind ab 1200 Baht zu haben, jeweils zzgl. Versicherung.

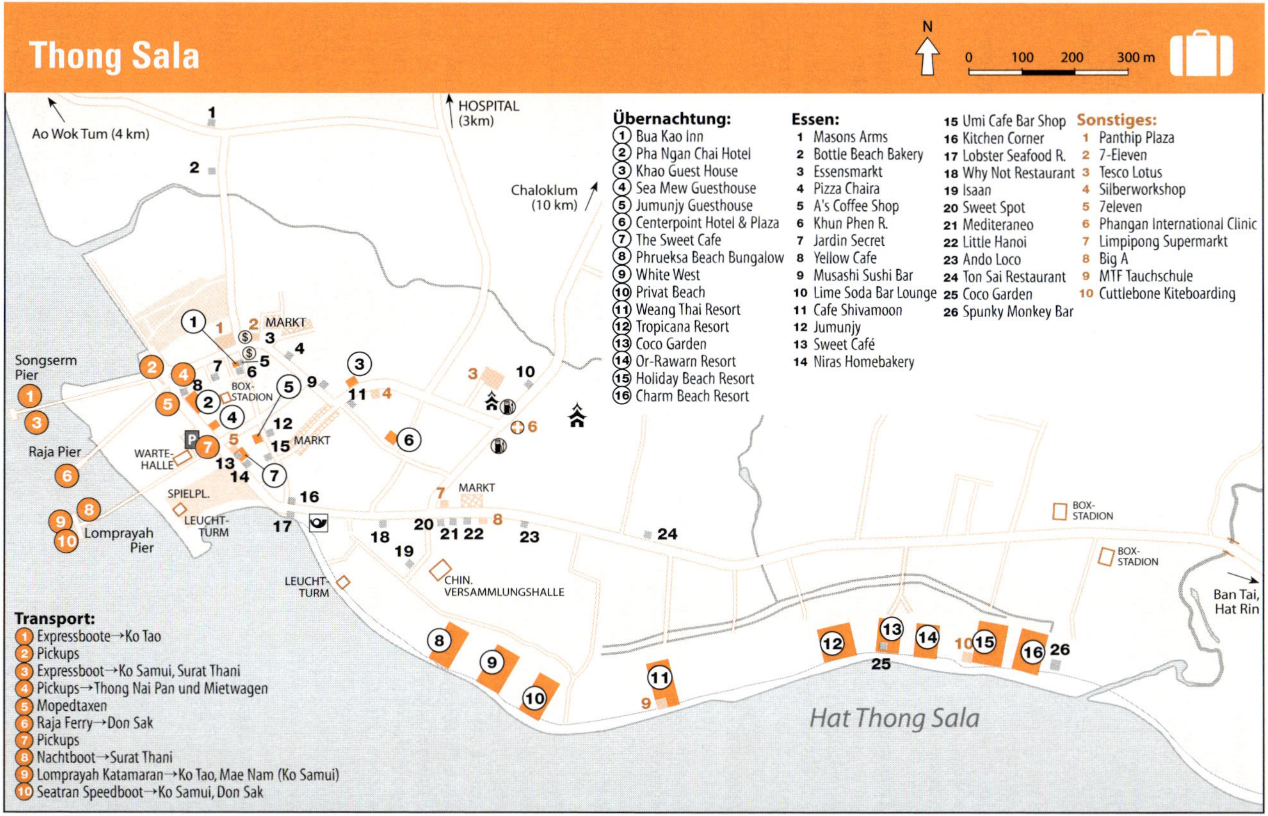
Thong Sala
N
0 100 200 300 m
Übernachtung:
1 Bua Kao Inn
2 Pha Ngan Chai Hotel
3 Khao Guest House
4 Sea Mew Guesthouse
5 Jumunjy Guesthouse
6 Centerpoint Hotel & Plaza
7 The Sweet Cafe
8 Phrueksa Beach Bungalow
9 White West
10 Privat Beach
11 Weang Thai Resort
12 Tropicana Resort
13 Coco Garden
14 Or-Rawarn Resort
15 Holiday Beach Resort
16 Charm Beach Resort
Essen:
1 Masons Arms
2 Bottle Beach Bakery
3 Essensmarkt
4 Pizza Chaira
5 A's Coffee Shop
6 Khun Phen R.
7 Jardin Secret
8 Yellow Cafe
9 Musashi Sushi Bar
10 Lime Soda Bar Lounge
11 Cafe Shivamoon
12 Jumunjy
13 Sweet Café
14 Niras Homebakery
15 Umi Cafe Bar Shop
16 Kitchen Corner
17 Lobster Seafood R.
18 Why Not Restaurant
19 Isaan
20 Sweet Spot
21 Mediteraneo
22 Little Hanoi
23 Ando Loco
24 Ton Sai Restaurant
25 Coco Garden
26 Spunky Monkey Bar
Sonstiges:
1 Panthip Plaza
2 7-Eleven
3 Tesco Lotus
4 Silberworkshop
5 7eleven
6 Phangan International Clinic
7 Limpipong Supermarkt
8 Big A
9 MTF Tauchschule
10 Cuttlebone Kiteboarding
Transport:
1 Expressboote→Ko Tao
2 Pickups
3 Expressboot→Ko Samui, Surat Thani
4 Pickups→Thong Nai Pan und Mietwagen
5 Mopedtaxen
6 Raja Ferry→Don Sak
7 Pickups
8 Nachtboot→Surat Thani
9 Lomprayah Katamaran→Ko Tao, Mae Nam (Ko Samui)
10 Seatran Speedboot→Ko Samui, Don Sak
Ao Wok Tum (4 km)
HOSPITAL (3km)
Chaloklum (10 km)
Songserm Pier
Raja Pier
Lomprayah Pier
WARTE-HALLE
SPIELPL.
LEUCHT-TURM
BOX-STADION
MARKT
CHIN. VERSAMMLUNGSHALLE
Ban Tai, Hat Rin
Hat Thong Sala

Eine 100–125 ccm Honda Dream kostet 150–200 Baht. Je nach Nachfrage und Mietdauer ist der Preis verhandelbar. Größere 125-ccm-Geländemaschinen gibt es ab 350 Baht pro Tag, ATVs kosten 1500 Baht. Es besteht Helmpflicht, die auch kontrolliert wird (300 Baht Strafe pro nicht behelmte Person). Nicht am Strand fahren, das schadet den Maschinen und man muss mit saftigen Geldstrafen rechnen. Fahrräder sind ebenfalls im Angebot und kosten 80–250 Baht (ohne Lampen und Helm, die man selbst mitbringen muss).

Geld

Banken mit Wechselschaltern haben wochentags von 8.30–15.30 Uhr geöffnet. Daneben stehen zahlreiche Geldautomaten zur Verfügung, an denen mit Visa und Maestro rund um die Uhr Geld abgehoben werden kann.

Informationen und Karten

Gute Informationen bieten das kostenlose Heft *Pha Ngan Info* und die zugehörige Karte. Beide liegen in nahezu allen Resorts aus.

Internet

In Thong Sala gibt es einige Internetshops, die zumeist 1 Baht/Min. verlangen, in der Hochsaison manchmal auch 2 Baht. Besonders günstig sind die Tarife bei Pha Ngan Batik: Hier kostet die Stunde seit Jahren 30 Baht. Immer mehr Lokale bieten WiFi. Wer mit eigenem Laptop reist, kommt hier kostenlos ins Netz (manchmal mit Mindestverzehr).

Medizinische Hilfe

Das **staatliche Krankenhaus**, ✆ 077-375 103, liegt 3 km nördlich von Thong Sala (s. Wok Tum, S. 635), zu erreichen über die Inlandsstraße vor dem Tesco Lotus oder die Westküste; Fahrtzeit ca. 10 Min. In Thong Sala befindet sich am Ende der Hauptstraße vor dem Abzweig nach Chaloklum die **Thai Inter Medical Clinic**, ✆ 077-239 508. Ende 2008 eröffnete eine 24-Std.-Notfallpraxis des **Bangkok-Samui-Hospital**, ✆ 077-239 599, etwa 2 km außerhalb Thong Salas in Ban Tai (s. auch dort). Notarztwagen. Bei ernsten Erkrankungen wird man in eines der internationalen Krankenhäuser auf Ko Samui überwiesen. Ein gemeinnütziger **Rettungsservice**, ✆ 077-377 500 oder 081-698 9493 (Khun Lek) bietet einen 24-Std.-Notfalldienst. Spenden erbeten. Neben dem Krankentransport nach Mopedunfällen hilft der Dienst bei der Benachrichtigung der Angehörigen und bietet Unterstützung bei allen Formalitäten.
Bei **Tauchunfällen** steht in Ko Samui eine Dekompressionskammer bereit.
Alle Tauchschulen können diese belegen und kümmern sich im Fall der Fälle um die Überstellung.

Warnung für ATV- und Mopedfahrer

Wer auf Ko Pha Ngan Moped oder gar ATV *(all-terrain vehicle)* fährt, setzt sich einer nicht zu unterschätzenden Gefahr aus. Immer wieder kommt es zu Unfällen, bei denen Ausländern oft die Schuld zugeschrieben wird, auch wenn sie nach den Regeln der Straßenverkehrsordnung unschuldig sind. Von der Polizei ist keine Unterstützung zu erwarten, eine Touristenpolizei fehlt bislang (s. auch unten, Polizei). Kinder oder Jugendliche ohne Führerschein sollten auf keinen Fall ATV fahren, auch wenn es noch so einfach erscheint.

Polizei

Ko Pha Ngan hat keine eigene Touristenpolizei, sodass geschädigte Touristen auf die Hilfe der örtlichen Polizei angewiesen sind.
Das **Polizeirevier**, ✆ 077-377 114, Notruf 191, befindet sich etwa 5 Min. mit dem Moped außerhalb Thong Salas auf der gut ausgebauten Straße Richtung Chaloklum. Meist ist ein englischsprachiger Polizist vor Ort, und man kann sich einen Bericht für die heimische Versicherung ausstellen lassen. Wer nicht weiterkommt, kann 24 Std. lang einen Übersetzer in Anspruch nehmen, ✆ 08-3106 7978.
Die Polizei lässt sich das Ausstellen eines Berichts bezahlen. Am besten erkundigt man sich zunächst nach den jeweiligen Gebühren und entscheidet dann, ob das Prozedere lohnt. Möglich ist auch der telefonische Kontakt zur Touristenpolizei auf Ko Samui.

Vor und während der Vollmondparty sind Polizisten aus anderen Städten auf der Insel unterwegs. Drogenmissbauch wird durch Straßensperren kontrolliert. Jeder, der unter Alkohol- oder Drogeneinfluss erwischt wird, muss mit harten Strafen rechnen.

Post

In Thong Sala ✆ 077-377 118,
◷ Mo–Fr 8.30–12 und 13–16, Sa 9–12 Uhr. Man kann sich auch Post hierher schicken lassen, die **PLZ** lautet 84280.

Reisebüros

Alle Reisebüros vermitteln Boots-, Eisenbahn- und Flugtickets. Viele Büros nehmen auch das Gepäck in Verwahrung, so auch ein Shop direkt am Taxistand nach Thong Nai Pan: Hier schmückt sich die Gepäckaufbewahrung mit dem Loose-Koffer.

Ausflugstipp: mit dem Rad über die Insel

Reizvoll und sportlich ist eine Fahrt mit dem **Fahrrad**. Wer keine Lust hat, die schweißtreibenden steilen Hügel (etwa zwischen Sri Thanu, Hat Yao und Chaloklum oder im Süden nach Hat Rin) zu erklimmen, kann gemütlich an der Strandstraße im Westen entlangradeln. Nachdem hinter Thong Sala ein Hügel überwunden ist, geht es mehr oder weniger ohne Steigungen von Wok Tum bis Sri Thanu am Meer entlang. Ab hier kann man über die Straße im Landesinneren nach Thong Sala zurückkehren. Ebenfalls hügellos ist die Straße in Ban Tai und Ban Kai. Allerdings ist sie stark befahren und bietet keinen Blick aufs Meer. Mit einem **Mountainbike** kann man wunderbare Seitenabstecher ins Inland auf den zahlreichen ungeteerten Straßen unternehmen und das ursprüngliche Leben der Inselbewohner entdecken. Wer mit dem Rad unterwegs ist, sollte immer genügend Wasser mitführen und niemals vergessen, sich vor der Sonne zu schützen: Neben Muskelkater auch noch einen ausgewachsenen Sonnenbrand ertragen zu müssen, ist wirklich keine Freude.

Empfehlenswert ist **Mr. Kim**, ✆ 077-377 274, bislang noch an der Hauptstraße bei Asia Divers, ggf. ab 2010 in seinem Restaurant neben Umi Coffeshop hinter der Marktstraße. Mr. Kim hat gute Tipps auf Lager und ist sehr zuverlässig. Wenn er vor einer Reisevariante warnt, sollte man seinem Rat folgen. Eigener Visa-Run-Service nach Satun für 1500 Baht zzgl. 500 Baht für die Bootstickets. Abfahrt frühmorgens um 5 Uhr, Rückkehr am gleichen Tag gegen 20.30 Uhr. Wer in Malaysia ein Visum beantragen will und nicht nur über die Grenze rennt, wird bei Mr. Kim ebenfalls gut betreut.

Nahverkehr

Vor dem Pier warten **Songthaew**. Schlepper empfangen neue Besucher direkt am Pier und sammeln Passagiere ein. Sobald genügend Mitfahrer gefunden sind, starten die Fahrzeuge. Wer zurückbleibt, muss mit einem Charterpreis ab 300 Baht bis zu 1000 Baht (nachts) rechnen. Ansonsten 150–200 Baht in den Westen und Norden; nach Hat Rin (bei vielen Mitfahrern) und für Kurzstrecken wie zum Hat Plaayam ab 50 Baht. **Mopedtaxen** warten neben dem Songserm Pier und am Lomprayah/Seatran Pier. Eine Fahrt kostet etwa so viel wie im Taxi.

Transport

Boote

CHUMPHON, mit Lomprayah und Seatran um 8.30, 13 und 14 Uhr für 700–800 Baht in 3 1/2 Std, mit Songserm um 12.30 Uhr für 650 Baht in 4 1/2 Std.

KO NANG YUAN, mit Lomprayah auf dem Weg nach Ko Tao. Als Tagestrip mit Lomprayah und Seatran um 8.30 Uhr, Rückkehr 16–17 Uhr, inkl. Kajaks und Schnorchelausrüstung für rund 2000 Baht.

KO SAMUI, i. d. R. ab Thong Sala (nur die Hat Rin Queen legt vom namensgebenden Strand um 9.30, 11.40, 14.30 und 17.30 Uhr ab; 200 Baht, 50 Min.). Angesteuert werden diverse Piers: **Mae Nam** per Lomprayah-Katamaran um 7, 11 und 16 Uhr für 300 Baht (inkl. Zubringerbus zum Strand der Wahl) in 20 Min.; **Bang Rak (Big Buddha)** mit Seatran um 11 und 16.20 Uhr für 300 Baht (inkl. Minibus zum Strand) in

30 Min.; **Nathon** mit Songserm um 7 und 12.30 Uhr für 200 Baht (mit Zubringer zum Strand der Wahl 250 Baht).
Wer außerhalb dieser Zeiten nach Samui fahren will, nimmt das Samui Phangan Express Boat (ein kleines Schnellboot) von Ban Tai nach **Bophut**, Buchungen unter ✆ 082-037 2701 oder über Reisebüros. Abfahrt stdl. von 8.30–17.30 Uhr für 550 Baht in 15 Min.
KO TAO, mit den Booten nach Chumphon ab 350 Baht in 1 1/2–2 Std. An Vollmond fährt Lomprayah auch um 8 Uhr (inkl. Transport von Hat Rin zum Pier in Thong Sala um 7 Uhr). Mit Songserm um 12.30 Uhr für 250 Baht.
SURAT THANI, per **Nachtboot** um 22 Uhr. Bei Ankunft in Surat Thani wird man morgens um 4 Uhr gnadenlos von Bord komplimentiert. Tickets für einen der Liegeplätze gibt es am Abfahrtstag ab dem späten Nachtmittag am Pier. Songserm Express um 7 und 12.30 Uhr nach Don Sak (etwa 1 Std. von Surat Thani entfernt) in 4 1/2 Std. für 350 Baht inkl. Transport zum Bahnhof oder Flughafen.
Am sichersten sind die **Autofähren** nach Don Sak mit Raja Ferry, ✆ 077-377 452, um 5, 7, 13 und 17 Uhr für 220 Baht in 2 1/2 Std. In der Saison bei genügend Nachfage zusätzliche Abfahrten um 11 und 15 Uhr. Mit Zubringer zu den Bahnhöfen bzw. Flughafen 320 Baht.

Busse

BANGKOK, eine gute Wahl sind die **Government-Busse** (ab 1000 Baht), die gemeinsam mit der Raja-Autofähre die Insel mit Bangkok verbinden. Vorteil: Das Gepäck wird in Pha Ngan direkt in den Bus geladen. Tickets im Reisebüro oder in Ban Tai, 999 Government Bus, ✆ 077 238 507. Kombitickets verbinden den Bootstransfer (Lomprayah, Seatran oder Songserm) mit einem **Bus der privaten Gesellschaften**. Start frühmorgens und mittags, Ankunft in Bangkok abends gegen 21 Uhr bzw. morgens gegen 5 Uhr, Preis 750–900 Baht.
HUA HIN, mit Boot nach Chumphon und Bus in 7 Std. mit Lomprayah und Seatran ab 900 Baht.
KRABI, PHUKET und KHAO LAK (und andere Ziele der Andamanensee), Kombitickets mit Minibus-Anschluss in Surat Thani allenfalls in der Hauptsaison. Bei zu wenig Mitfahrern wird man in lokale Busse verfrachtet.
Weniger frustierend ist die Anreise mit dem Boot zum Busbahnhof Surat Thani, wo man sich auf eigenen Faust einen Bus zur Weiterfahrt sucht.

Züge

BANGKOK, Fährtickets mit Songserm oder Raja Ferry sind auch in Verbindung mit einem Zugticket erhältlich. Von Surat Thani fahren Nachtzüge, die man am besten einige Tage vorher bucht. Wer gemächlicher reisen will, kann ein frühes Boot nehmen und sich entweder in Chumphon oder in Surat Thani in den Bummelzug setzen.
PATTHALUNG, NAKHON SI THAMMARAT, SONGHLA (und andere Orte in Süd-Thailand), auch hier nimmt man am besten ein frühes Boot und steigt in Surat Thani oder Chumphon in den Zug.

Vorsicht: Kombitickets und Klaubusse

Die meisten Reisenden kaufen ein Kombiticket *(joint ticket)*, in dem Bus- und Bootstransfer enthalten sind. Sie reisen meist mit den Schnellbooten der mittlerweile arg in die die Jahre gekommenen Gesellschaft Songserm. Da deren Fähren vor allem zu Vollmondzeiten restlos überladen sind, empfiehlt es sich, auf die Kombitickets von Raja Ferry ab Don Sak oder die Anreise über Chumphon mit Lomprayah und Seatran auszuweichen.
Wer ein besonderes Schnäppchen zu machen hofft und eines der Billigtickets für rund 350 Baht ersteht, muss sich darüber bewusst sein, dass diese Gesellschaften ihr Geld mit etwas anderem als Transport verdienen. Die Busse halten meist in der Nacht ohne vorherige Ankündigung, wobei alle Passagiere aus dem Bus gebeten werden und dieser an einen anderen Ort „zum Tanken" fährt. Wer schlaftrunken Gepäck an Bord vergisst, findet bei seiner Rückkehr garantiert keine Wertsachen mehr vor. Auch während der Fahrt ist schon Reisenden unbemerkt Geld geklaut worden, auch aus der vermeintlich sicheren Bauchtasche.

Flugzeug

Ko Samuis privaten Flughafen nutzen auch viele Pha Ngan-Urlauber. Die Weiterreise auf die Insel dauert weitere 30 Min. bis 2 Std. – vorausgesetzt, der Flieger landet vor 17 Uhr. Das letzte reguläre Boot startet um 18.30 Uhr von Bophut Beach nach Hat Rin. Wer sparen will, fliegt mit Airasia oder One-Two-Go zum staatlichen Flughafen in Surat Thani. Von hier dauert die Weiterfahrt 4–5 Std. und kostet mit Taxi und Boot 350–500 Baht.

Ao Nai Wok

Dieser etwa 1 km lange Strandabschnitt, eXTra [2817], befindet sich nur einige Fußminuten westlich von Thong Sala. Grandiose Sonnenuntergänge sind bei entsprechendem Wetter garantiert. Der Strand eignet sich bei Flut zum Baden. Der Vorteil der hiesigen Unterkünfte liegt in ihrer Nähe zur Stadt bei gleichzeitiger Abgeschiedenheit in einer Bucht.

Übernachtung

Unterkünfte s. Karte S. 627

Grand Sea Resort ㊾, ✆ 077-377 776, 💻 www.grandsearesort.com. Großer Hotelkomplex und Holzbungalows im Thai-Stil. TV, Minibar, Pool und Internet. Aus einigen Zimmern fantastischer Meerblick. ❹–❻

Joon Bungalow ㊿, kleine, teils niedlich angemalte Bungalows mit Ventilator aus alten Tagen, die an winzige Schrebergartenhäuschen erinnern. Angenehme Atmosphäre, gute Musik. Einladendes Restaurant. ❷

Meditation

Monte Vista Retreat Centre, ✆ 077-238 951, 💻 www.montevistathailand.com. Oberhalb des Grand Sea Resorts mit fantastischer Aussicht. Fastenkuren, Krisenbewältigung, Massagen und Anwendungen gegen Stress, für die Schönheit und einen besseren Energiefluss. Angeboten wird u. a. ein einmonatiges Programm zur Änderung der Lebensführung. Deutsch-amerikanische Leitung.

Hat Plaaylaem

Der erste längere Strand im Westen von Thong Sala wird überragt vom Hin Nok-Hügel. Hier stehen Bars und auch Resorts mit wunderschönem Blick auf den Ang Thong Marine Park und die untergehende Sonne. Aufgesucht wird dieser Küstenabschnitt überwiegend von Reisenden, die die Einfachheit schätzen. Nur wenige Resorts bieten gehobenen Standard. Das Essen in den meist als Familienbetrieb geführten Anlagen ist authentisch und günstig.

Das Meer eignet sich an diesem Strand gut für Wassersport jeder Art. Etwa 80–100 m vor der Küste kann man am vorgelagerten Riff die Unterwasserwelt erkunden. Wer nicht zu den Fußfaulen gehört, erreicht Thong Sala in etwa 30 Min. Eindrücke vom Strand und den Anlagen unter eXTra [2818].

Übernachtung

Unterkünfte s. Karte S. 627

Beach 99 ㊽, ✆ 077-377 518. Am Hang liebevoll gestaltete kleine Bungalows mit Ventilator und großen Balkonen, mal auf einem Stein thronend, mal an diesen geschmiegt unter dichtem Blätterwerk. Die wenigsten Hütten eignen sich für große Menschen. ❷

Cookies ㊼, ✆ 077-349 125. Beliebte Anlage mit zahlreichen großen Holz- und Mattenbungalows (Ventilator) am Strand und am Hang. Ein AC-Bungalow. Nettes Restaurant mit empfehlenswerter Küche. Verleih von Surfbretter, Segelbooten und Katamaranen. ❷–❸

Porn Sawan ㊻, ✆ 077-377 599. Zahlreiche ältere und einfache, aber saubere Platten-Matten-Holzhütten in 1–2 Reihen über einen langgestreckten Strandabschnitt. Familiäre Atmosphäre. Teils schattige Plätze unter kleinen Bäumen. ❶

Sabai Beach Resort ㊸, ✆ 077-238 895, 💻 www.sabai-beach.com. Ansprechende Anlage im großen Garten. Bungalows aus Holz oder Steinen und Lehm. Einfach, aber geschmackvoll ausgestattet, Ventilator, Sitzkissen, Liegen. Teils große Balkone. Am Strand kleine, dichte, schattenspendende Bäume mit Hängematten. ❹–❺

Eco-Safaris auf traurigen Dickhäutern

Seit vielen Jahren werden auf Ko Samui, neuerdings auch auf Ko Pha Ngan Elefantencamps inkl. anschließender Safaritour mit dem Jeep angeboten, die bisweilen mit dem etwas frechen Etikett „Ecotour" daherkommen. Doch nur wer seine Touren mit dem Fahrrad oder zu Fuß statt mit dem Jeep unternimmt, verhält sich umweltfreundlich. Zudem sind die Führer in Naturschutzfragen wenig bewandert. Die Elefanten, die hier fernab ihres naürlichen Lebensraumes als Touristenattraktion ihr Leben fristen, stehen gelangweilt an den Straßen, und auch den Mahouts, ihren Führern, geht es nicht viel besser. Ein paar wenige Elefanten in der Nähe des Dschungels auf dem Weg zum Thong Nai Pan haben ein etwas artgerechteres Umfeld, können sie doch unter dem Blätterdach des Urwaldes Schutz vor der Sonne suchen und den Wald hören und riechen.

Man mag vor allem Eltern verstehen, die ihren Kindern das Vergnügen, einem der Dickhäuter so nahe zu kommen, nicht verwehren wollen. Doch die Tiere werden nicht artgerecht gehalten, und je mehr Menschen diese Angebote wahrnehmen, desto mehr Elefanten werden zusätzlich hierhergebracht, um auf fußfaule Touristen zu warten.

Wer sich länger im Land aufhält, sollte in den Norden fahren und dort eines der empfehlenswerten Camps besuchen. Und wem dazu die Zeit fehlt, der sollte sich fragen, ob er wirklich dazu beitragen möchte, die Haltung der Tiere auf den Inseln zu forcieren.

Bars und Kneipen

Die **Amsterdam Bar** bietet nicht nur kühle Getränke und ein paar Speisen, sondern auch eine fantastische Aussicht auf den Sonnenuntergang über dem National Park.

Aktivitäten

Segeln und Windsurfen

Verleih von Surfbrettern bei **Cookies**, das auch Anfängerkurse anbietet. Zudem gibt es hier kleine Segelboote und Katamarane. **Sea Scene** vermietet Kajaks.

Hat Hin Kong und Hat Wok Tum

Die Mündung eines Baches trennt die beiden weiten, flachen Küstenabschnitte **Wok Tum** und **Hin Kong**. Statt Strand gibt es hier eine ruhige Wattlandschaft, die an einigen Stellen noch von Mangroven bewachsen ist. Ein Besuch lohnt insbesondere am Abend bei untergehender Sonne: zur einen Seite das plätschernde Meer, zur anderen sich im Wind wiegende Kokospalmen. Bei Ebbe kann man die Thais beim Ausgraben von Muscheln beobachten. Die hier entlangführende Strecke ist nahezu hügellos und eignet sich gut für Touren mit dem Fahrrad. Eine Übernachtung hier lohnt nicht, außer man wohnt im Agama Yoga (s.u.).

Für einen Essensstopp bietet sich das **Sukho Restaurant** an. Man sitzt auf einer kleinen Sala am Meer. Etwas weiter die Westküste entlang lockt allabendlich mit einem Meer aus Fackeln das **Bake Sense**. Pizza, Eis, Joghurt und Frühstück, schöner Blick aufs Meer und die Mangroven. ⌚ 10–22 Uhr.

Sonstiges

Medizinische Versorgung

Staatliches Krankenhaus zwischen Wok Tum und Hin Kong im Inland. Hier finden vor allem Opfer von Motoradunfällen Hilfe. Es gibt ein Röntgengerät, aber ansonsten ist die Klinik schlecht ausgetattet. In schwierigen Fällen Verlegung nach Ko Samui.

Yoga

Agama Yoga, 16/3 Moo 6 Hin Kong, ✆ 089-233 0217, 💻 www.agamayoga.com. Tgl. außer So Kurse, kostenlose Schnupperstunde. Gelehrt wird Hatha Yoga, Raja Yoga und Tantra Yoga. Zudem yogische Diät, östliche Philosophie, die Lenkung sexueller Energie und Techniken der Ayurvedischen Medizin. Von 8.30–10.30 Uhr Theorie, praktische Umsetzung 16.30–18.30 Uhr. An manchen Abenden ab 20.30 Uhr Vorträge. Wer eine Ausbildung absolvieren will, sollte 1 Monat Aufenthalt einplanen. Alle Kurse kosten 250 Baht pro Tag. Eigenes Resort (s. oben, Übernachtung). Bei gesundheitlichen Problemen hilft Meister Swami Vivekanada.

Ban Sri Thanu, Hat Sri Thanu und Hat Laem Niad

Das Dorf, eXTra [2819], hat sich in den letzten Jahren zu einem beliebten Ziel für Tagesausflügler entwickelt, nicht zuletzt wegen seiner Restaurantszene. Wem es nach italienischen Gerichten oder Steak gelüstet, ist hier richtig. Auch einige Restaurants mit Thai-Küche, die sich rund um den strandnahen, recht großen **Laem Son-See** gruppieren, sind empfehlenswert.

Im See findet man Abkühlung, wenn einem das Meer zu warm ist. Die an den Kasuarinen befestigten Seile laden zum Tarzan spielen ein. Fischen ist hier nicht erlaubt. Nur gute Schwimmer sollten sich weit hinauswagen; das quer über den See gespannte Seil ist keine Sicherheitsleine.

Der Strand ist weiß und weich, das Meer seicht und ganzjährig zum Schwimmen geeignet. Mangels Schatten ziehen sich zur Mittagszeit die meisten Gäste in ihre Bungalows oder die Gärten der Anlagen zurück.

Übernachtung

Untere Preisklasse

Laem Son 1 Bungalows ⑬, viele Bungalows mit Ventilator über einen weiten Teil des Strandes in 2 Reihen. Die vorderen leuchten blau. Viel Sonne, auch auf den Balkonen. Schöner Strandabschnitt. ❷

Seaview Rainbow ⑭, ✆ 077-349 084. Alteingesessene, aufstrebende Anlage. Neben einfachen Holzbungalows mit Ventilator auch Betonhäuser mit AC direkt am Strand. ❷–❺

Zen Bungalows ⑪, ✆ 089-648 0684. Schöne Holzbungalows mit und ohne AC an der Landzunge zwischen Hat Laem Niad und Hat Sri Thanu. Auch einige Steinhäuser mit Küche. ❷–❸

Mittlere Preisklasse

Happy Beach Bungalow ⑰, große und moderne AC-Holzbungalows (teils mit 3 Betten) am Strand, kleinere Holz-Matten-Bungalows mit Ventilator weiter hinten in Hafennähe. Am Strand kleine Strandbar, am Abend oft Party und Lagerfeuer. ❷–❺

Loy Fa Bungalows ⑱, ✆ 077-377 319. Zahlreiche Bungalows im Hang gelegen mit Meerblick. Darunter am Steinstrand (zum Baden nicht geeignet) größere AC-Bungalows. Restaurant auf dem Hügel, Snooker und Billard. Zum Sri Thanu-Strand etwa 10 Min. ❸–❺

Essen

Fellini, ✆ 077-349 020. Im Passagenhaus vor der Abzweigung zur Ao Mae Hut. Bekannt für gute Pizza und Pasta, italienischer Kaffee. Auch außer Haus. WiFi.

Peppercorn, ✆ 087-896 4363. An der Verbindungsstraße zwischen Westküste und Inlandstraße. Ein beliebtes Steakhaus. Für Vegetarier herzhafte Salate und gute vegetarische Küche. Tische auf der 2. Ebene des Hauses und in Salas im Garten. ◷ tgl. außer Di 13–22 Uhr.

Hat Chao Pao

Zwischen Hat Son und Ban Sri Thanu liegt dieser weißsandige, ruhige Strand, dessen Unterkünfte jedes Anspruchsniveau befriedigen werden. Das Meer eignet sich bei Flut in den Wintermonaten zum Schwimmen. Ansonsten kann man im seichten Wasser relaxen, den Blick auf den Horizont genießen oder vor dem Riff schnorcheln. Mit Kajaks lassen sich kleine Ausflüge nach Hat Son und Hat Yao oder an der Pirate Cove vorbei bis zum Hat Sri Thanu unternehmen. Hinter dem Strand führt die Straße nach Hat Yao mit Geldautomat und kleinen Läden.

Drei Tage vor und nach Vollmond wird in der Pirates Bar die Moonset Party gefeiert (s. auch S. 627, Partys). Dann kann es bis in die Nacht hinein lauter werden. Vor allem die günstigen Anlagen sind um diese Zeit oft ausgebucht.

Auf dem Hügel im Norden zwischen Hat Chao Pao und Hat Son gibt es einige Anlagen, deren Bungalows einen herrlichen Blick aufs Meer bieten. Wenn das Meer sich zurückzieht, kann man über Steine bis an den Strand laufen; steht das Wasser jedoch hoch, bleibt der Zugang verwehrt. Eindrücke vom Strand und den Anlagen unter eXTra [2820].

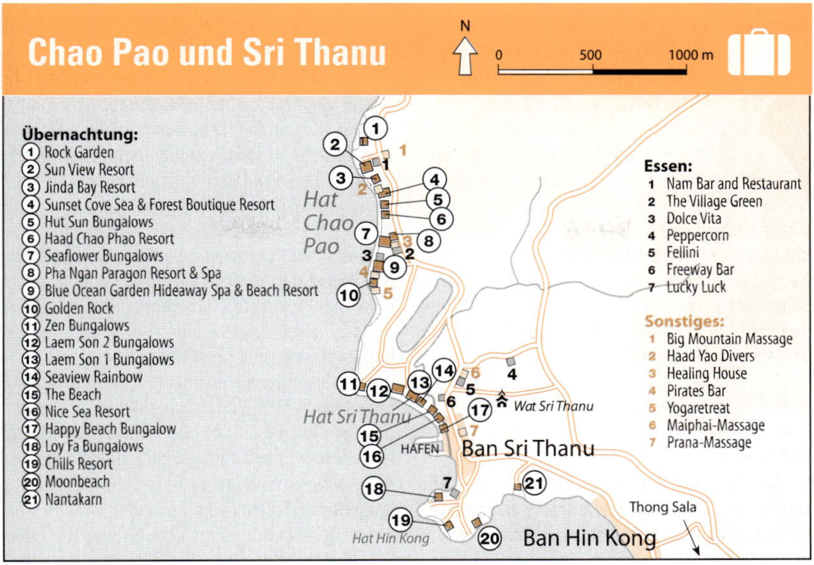

Übernachtung

Blue Ocean Garden, Hideaway Spa & Beach Resort ⑨, ✆ 089-636 8189, 💻 www.blueoceangarden.com. Gepflegte Anlage am südlichen Strandende. Stein-Bungalows rund um einen großen Garten. Gute Ausstattung, AC und TV. Spa. Liegen unter Palmen. Während der Moonset Party kann es lauter werden. ❹–❺

Haad Chao Phao Resort ⑥, ✆ 077-349 273. Einfache Hütten in kleiner, familiärer Anlage. Angenehme Atmosphäre und gutes Preis-Leistungs-Verhältnis. ❷

Hut Sun Bungalows ⑤, ✆ 077-349 097. Gepflegte Holzbungalows mit AC oder Ventilator parallel zum Strand. Bungalows vom alten Schlag, aber renoviert, alle unterschiedlich gebaut und mit Moskitonetz. Am Strand geräumige AC-Bungalows. Autovermietung. ❸–❹

Essen

Dolce Vita, direkt am Strand. Geschmackvoll gestaltetes Restaurant mit italienischer und Thai-Küche. Recht große Weinauswahl. Faire Preise. 🕓 8–22 Uhr.

The Village Green, Steinhaus an der Straße. Gute Fischgerichte, Thai- und internationale Küche: Mexikanisches, Vegetarisches und Würste. 🕓 10–22 Uhr.

Aktivitäten

Wassersport

Im **Blue Ocean Garden** gibt es Kajaks für 100 Baht pro Std. (Zweisitzer 150 Baht). Günstiger paddeln die Gäste des **Sunset Cove**: Hier werden 50/100 Baht fällig, Nichtgäste zahlen 100/180 Baht.

Gediegen und gute Atmosphäre

Sunset Cove Sea & Forest Boutique Resort ④, ✆ 077-349 211, 💻 www.thaisunsetcove.com. Schöne Anlage am Nordende des Strandes. Bungalows direkt am Pool und günstigere Zimmer in Reihenbungalows dahinter, alle mit AC und TV, manche mit Badewanne aus Holz. Pool mit überdachtem Kinderbecken. In der Nebensaison Rabatt. Restaurant mit Platz für jedermanns Geschmack: gepflegt am Tisch oder am Boden auf Sitzkissen. Tandemverleih (60 Baht pro Std.). ❹–❼

Haad Yao Divers, Tauchbasis am nördlichen Ende der Bucht direkt am Strand. Hier lässt es sich herrlich lernen. Weitere Infos s. Hat Yao West, Tauchen (S. 639).

Hat Son

Weicher Sand und ein paar schattige Plätze machen den Reiz dieser Bucht aus, in der es sehr beschaulich zugeht. Das Wasser ist seicht, was besonders Familien entgegenkommt, und bei Ebbe kann man herrlich faulenzen. Den kleinen Hat Son erreicht man durch das Haad Son Resort.

Übernachtung

Unterkünfte s. Karte S. 640

Haad Son Resort ㊶, ✆ 077-349 103, 💻 www.haadson.info. Geschmackvolle große Anlage mit Zimmern in diversen Preisklassen in Bungalows und im Hotelkomplex. Dieser steht wie die besseren AC-Bungalows direkt am Strand. Zimmer teils mit Safe. Pool mit Kinderbecken und Blick aufs Meer. ❸, mit AC ❺–❽

Tantawan Bungalow ㊷, ✆ 077-349 108, 💻 www.tantawanbungalow.com. Kleine Anlage oberhalb der Straße am Hang. Mit Liebe zum Detail gestaltete Zimmer. Schöner Pool. Riesige Hängematten. Meerblick. ❸

Hat Yao (West)

Der herrlich weiche Sandstrand von Hat Yao, eXTra [2821], lockt zu jeder Jahreszeit zahlreiche überwiegend junge Reisende an. Wer schon früher einmal hier war, wird vieles nicht wiedererkennen. Die etablierten Anlagen sind weitgehend verschwunden oder haben sich einem veränderten Publikum angepasst, das für etwas mehr Sauberkeit, AC oder auch TV im Zimmer gern ein paar Euro mehr ausgibt. Steinbungalows, einige äußerst platzsparend als Reihenbungalows gestaltet, locken AC-Fans, denen der Meerblick weniger wichtig ist. Daneben gibt es ordentliche Bungalows mit Ventilator am Hang und auch noch einige an der Strandfront. Liebhaber finden sogar noch Anlagen aus uralten Zeiten, die aber nur für Hartgesottene empfehlenswert sind und weit abseits des Strandlebens liegen.

Die Attraktion ist der Sand von Hat Yao. Je weiter die Flut zurückgeht, desto mehr glatte weiche Körner in funkelndem Weiß kommen zum Vorschein, sodass sich der etwa 600 m lange, seichte Strand sehr gut zum Flanieren oder sportlichen Schaujoggen eignet. Der feine Sand federt perfekt nach. Nach der winterlichen Regenzeit kann Korallenschrott vom vorgelagerten Riff den Spaß etwas verderben. Wer schnorcheln will, kann sich in jeder Anlage eine Ausrüstung leihen und wenige Meter vom Strand entfernt Fische und Korallen bestaunen.

Tagsüber gibt es nur wenig Schatten, und das Leben spielt sich an den Bungalows, im Wasser oder an den Pools ab. In den Strandbars läuft laute Musik, meist Reggae und viel Easy Listening. Abends wird in den Bars die Musik weiter aufgedreht, die Tische im Sand platziert und eine bunte Beleuchtung installiert. Es gibt BBQ und Bier, Cocktails und mit etwas Glück auch einen tollen Sonnenuntergang.

Die Zufahrtstraße nach Hat Yao ist mittlerweile sowohl von Sri Thanu als auch von Hat Salat aus gut ausgebaut. Sie wird von immer mehr Supermärkten, Bars und Restaurants, Reisebüros und Internetcafés gesäumt.

Unterkunft

Unterkünfte s. Karte S. 640

Baan Haad Yao Villas ㊲, ✆ 077-349 160. Geschmackvolle Anlage zwischen Straße und Strand. Geräumige und stilvoll eingerichtete

Der Blick von oben

High Life Haad Yao ㊴, ✆ 077-349 114. Bungalows unterschiedlichster Ausstattung am südlichen Hang, die besseren mit AC und TV/DVD im von schwarzen Felsen durchsetzten Garten oder am Fels mit Blick auf die Bucht. Einfachere Bungalows mit Ventilator, Warmwasser und Meerblick. Pool an der Kante des Berges. Tolle Sicht auch aus dem Restaurant. Eine Steintreppe führt an den Strand, bei Flut überspült. Nachts z. T. laute Musik, die vom Eagle Pub herüberweht. ❸–❺

Holzbungalows rund um den Pool. Offenes Bad mit Badewanne. Das zum Resort gehörende Seaside Guesthouse ist weniger schön. ❸–❺

Haad Yao Bay View Resort ㉘, ✆ 077-349 193, 💻 www.haadyao-bayviewresort.com. Schöne Zimmer im Hotelkomplex und in Bungalows. Toller Blick auf die Bucht, doch das Hotel selbst verschandelt den Anblick für alle anderen Strandbesucher. Kleiner Pool. ❹–❼.

Ibiza Bungalows ㉞, ✆ 077-349 121, 💻 www.ibizabungalows.com. An der großzügen Rasenfläche parallel zum zentralen Strandabschnitt Bungalows mit Ventilator oder AC, einfache Ausstattung. Sunset Bar am Strand (Reggaemusik). Abends BBQ. Geldautomat im Restaurant. ❸–❹

J.B. Hut Bungalows ㉟, ✆ 077-349 154. Günstige Holz- und Steinbungalows rechts der Hauptstraße am Hang. Von den Balkonen meist gute Sicht aufs Meer. Ein großer Bungalow mit Ventilator, TV und Kühlschrank. Rezeption an der Straße. ❷–❸

Long Bay Resort ㉙, ✆ 077-349 057, 💻 www.longbay-resort.com. Weitläufige Anlage mit zahlreichen gut ausgestatteten Bungalows, von einfach bis Luxus. Großer Pool. Beliebtes Restaurant, wenngleich es eher wie eine Wartehalle anmutet. Abends Tische draußen und BBQ. Frühstück inkl. ❹–❼

See Through Boutique Resort ㉝, ✆ 077-349 315, 💻 www.haadyao.net. Großer unverputzter Betonbauchic. Zimmer im 2-geschossigen Reihenhaus senkrecht zum Strand, die unteren mit direktem Zugang zum langen Pool. Schöne Einrichtung. Hinter der Straße einfachere Hütten. ❹–❺

Silver Beach ㉚, ✆ 077-349 171. Kleine Anlage, parallel zum Strand Holzbungalows mit steinerner Terrasse im Reihenhausstil. AC-Zimmer mit TV. Auch Zimmer mit Ventilator haben Warmwasser. Restaurant auf einer Terrasse am Strand. ❸–❹

Essen, Bars und Kneipen

Die **Lucky Bar** stellt ihre Tische in den Sand, sofern die Flut dies zulässt. Angenehme Atmosphäre, auch vietnamesische Küche. Nebenan liegt die **Haad Yao Beachbar**. Beide Bars bieten morgens Frühstück und abends BBQ, Thai- und westliche Küche. Daneben die **Sunsetbar** mit Schatten spendenden Salas, angenehme Reggaemusik. Im Hinterland von Ibiza Bungalows lädt **Jacks Bar** jeden Samstag zum BBQ. Chillige Musik. Ganz im Süden steht der **Eagle Pub**, ein Betonbau mit lauter Musik.

Deutsche Hausmannskost

Studio del Mar, ✆ 080-718 5382, etwas oberhalb des Strandes an der Straße. Von der Dachterrasse des kleinen Lokals wunderschöner Meerblick. Die Betreiber Jana und Alex offerieren außergewöhnlich gute deutsche Küche in riesigen Portionen zu angemessenen Preisen. Fleischliebhaber lassen sich hier ihr Schnitzel oder Gyros munden, aber der frische Kräuterquark und die exzellenten Salate überzeugen auch Vegetarier. Große Auswahl an gut gemixten Cocktails. 🕓 Di–So 17 Uhr–spät.

Aktivitäten

Tauchen

Zwei Tauschschulen unterhalten hier eine Basis. Alteingesessen sind die **Haad Yao Divers**, ✆ 084 841 2102, 💻 www.haadyaodivers.com. Kurse in kleinen Gruppen, auch auf Deutsch. Angeboten werden Unterwasserfotografie und Kinderkurse (ab 8 J.), Tauchkurse für Anfänger und Fortgeschrittene sowie Halbtagesausflüge. Neben dem Long Bay Resort liegt eine Basis der empfehlenswerten Tauchschule **Chaloklum Diving**. Genauere Infos s. Ban Chaloklum, Tauchen (S. 642).

Sonstiges

Geld

Ein Geldautomat befindet sich im Restaurant von Ibiza Bungalows, zwei weitere an der Hauptstraße, Höhe Haad Yao Bungalows. Hier gibt es auch eine Wechselstube.

Hat Salad

Seinen Namen „Piratenbucht" verdankt der Strand seiner Geschichte, da sich in die einst unzugängliche Bucht Piraten zurückzogen, um

KO PHA NGAN NORDWESTEN

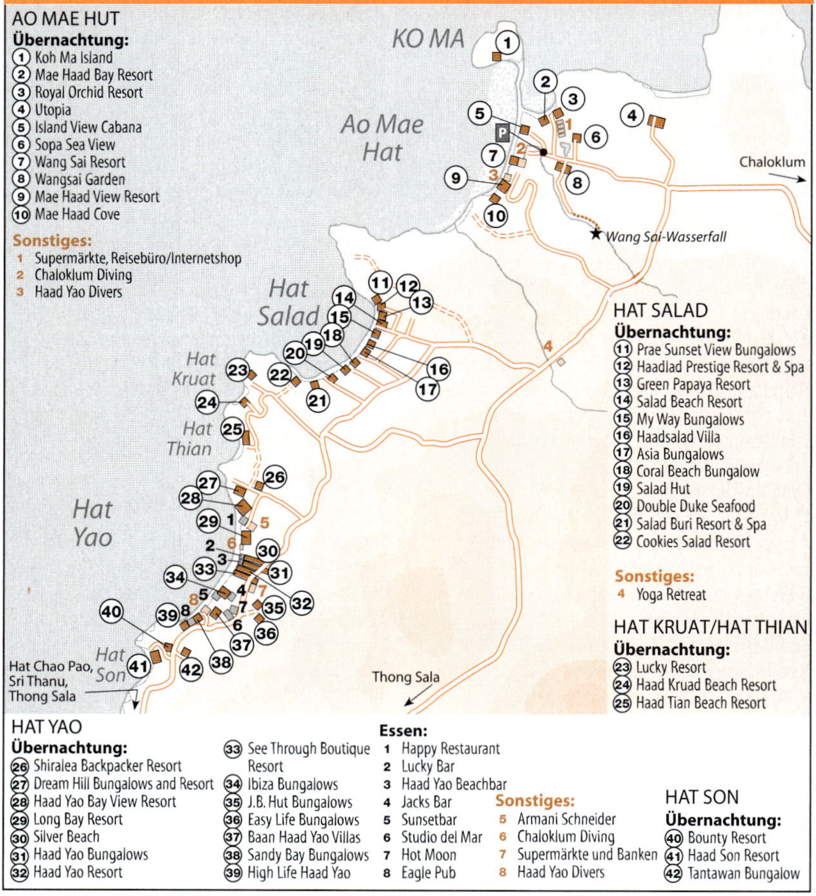

ihre Boote zu flicken und auf besseres Wetter zu warten.

Heute zieht Hat Salat, eXTra [2822], zahlreiche Reisende an; vor allem Familien kommen gerne hierher. Der Strand besteht aus ganz weichem weißen Sand, der an manchen Stellen mit einigen Muscheln oder Steinen durchsetzt ist. Bei Ebbe kommt mehr Gestein zum Vorschein, denn vor der Bucht liegt ein Riff. Bei Flut spült das Wasser bis an die gemauerten Festungen der meisten Anlagen heran. Zarte Gemüter sollten bei Sturm daher einen Bungalow bevorzugen, der nicht direkt am Strand liegt.

Im Winter und bei hoher Flut lädt das Meer zum Schwimmen ein, ansonsten kann man eher im seichten Wasser dümpeln, sich bräunen und die Seele baumeln lassen. Kleine und hoch schwingende Strandschaukeln begeistern nicht nur Kinder. Abends gibt es BBQ am Strand, eine Eisdiele offeriert den ganzen Tag leckeres Eis aus inseleigener Herstellung, und Massagen von magischen Händen (Ausbildung in Wat Pho) verhelfen gestressten Urlaubern zur Entspannung. Die Resorts versprechen einen angenehmen Aufenthalt; die meisten direkt am Strand gelegenen Anlagen bieten einen gehobenen Standard und verfügen über einen Pool. In einigen Anlagen kann man Angelausrüstungen, Kajaks oder Segelboote mieten.

Übernachtung

Unterkünfte s. Karte S. 640

Asia Bungalows ⑰, ✆ 077-377 288, ✉ asiabungalows@hotmail.com. Im weitläufigen Palmenhain in Ufernähe 8 geschmackvolle AC-Bungalows mit Panoramafenstern. Vorne fantastischer Meerblick. Bei Sturm spritzt die Gischt ans Fenster. Vor der Anlage kein Liegestrand, aber eine besandete Kaimauer. Kein Restaurant. ❸–❹

Cookies Salad Resort ㉒, ✆ 077-349 125, 💻 www.cookies-phangan.com. Angenehme Anlage mit schönen Zimmern im Apartementhaus oben und Bungalows am Hang. Pool am Strand. Restaurant mit Blick in die Bucht. Kajak-, Katamaran- und Segelbootsverleih (150/400/600 Baht pro Std.). ❹–❻

Green Papaya Resort ⑬, ✆ 077-374 230, 💻 www.greenpapayaresort.com. 20 Zimmer, einige in Bungalows am langen Pool, andere hinten im Hotelkomplex. Viel Holz und schöne Gartenanlage. Vor dem Hotel ist auch bei Flut fast immer Sand. Spa-Bereich und Liegen an der Kaimauer. Frühstück inkl. ❺–❽

Haadsalad Villa ⑯, ✆ 081-894 1758, 💻 www.nairock.com/haadsalad. Schön angelegter Garten mit tropischem Flair. Einfache Holzbungalows mit AC oder Ventilator. Die beste Sicht bieten 2 Zimmer im vordersten Bungalow mit Panoramafenstern und großer Terrasse. ❷–❹

Salad Hut ⑲, ✆ 077-349 246, 💻 www.salaadhut.com. Ansprechend gestaltete Anlage in gediegenem dunklen Holz mit Pool am Strand. Dahinter über einen Steg verbundene Zimmer in Doppelbungalows. Die Veranden bieten dank dichtem Grün Privatsphäre. Große Familienzimmer. Reservierung nur per Internet. Restaurant mit WiFi. ❺

Essen

Im **My Way** abendliches BBQ. Das **Beach BBQ** bietet Eis und ebenfalls BBQ. In der kleinen Ladenstraße auf dem Zufahrtsweg zu My Way hat ein **Suppenladen** überlebt. Gediegen ist das Ambiente im **Salad Hut**, ebenso die Küche. Eine schöne Aussicht bietet **Cookies**. Wer italienisch essen will, kann dies im **Jay Jay**, direkt an der Zufahrtstraße.

Ao Mae Hat

Im Nordwesten der Insel erstreckt sich die 500 m breite Bucht Mae Hat, eXTra [2823]. Gleich daneben und durch eine Sandbank mit der Bucht verbunden befindet sich die kleine bewaldete Insel **Ko Ma**. Der seichte, weiße Sandstrand bietet dank zahlreicher Bäume viel Schatten und zieht daher viele Familien an. Gute Schnorchelbedingungen locken nicht nur Stammpublikum, sondern auch Tagesausflügler immer wieder hierher. Das Schnorcheln lohnt sich besonders im Westen von Ko Ma. Seitdem die Bucht zum Marine National Park erklärt wurde, ist kommerzielles Fischen und Harpunieren verboten.

Bei hohem Wasserstand kann man an einem kleinen Abschnitt der Bucht schwimmen, doch Vorsicht: Viel Strand ist von Korallen und Muscheln durchsetzt. Es empfiehlt sich daher, stattdessen durch den kleinen Kanal in Strandmitte, den auch die Taucher nutzen, ins Meer hinauszuschwimmen. Bei starker Strömung und hohem Wellengang sollte man allerdings aus Sicherheitsgründen davon absehen.

Im Hinterland der Bucht liegt der **Wang Sai-Wasserfall**, der während der Trockenzeit schwer auszumachen ist und eigentlich nur nach der Regenzeit einen Besuch lohnt. Dann lässt es sich in den Wasserbecken herrlich baden.

Übernachtung

Unterkünfte s. Karte S. 640

Island View Cabana ⑤, ✆ 077-374 172. Bungalows am Strand in 2 Reihen, teils noch aus alten Zeiten. Der Strandabschnitt ist einer der besten: weißer Sand bis ins Meer, man kann herrlich im Wasser liegen und bei Flut schwimmen. Kleine Bäume spenden Schatten. Restaurant am Meer. ❷

Koh Ma Island ①, ✆ 08-7282 4645. Gepflegte Holzbungalows auf Ko Ma am steinigen Ufer. Wenn die Sandbank überschwemmt ist, werden Gäste mit dem Boot zur Insel gebracht. Auch für Tagesgäste einladend ist die Green Tree Bar, ⌚ 10 Uhr bis der letzte Gast geht. ❷

Utopia ④, ✆ 077-374 093, 💻 www.phanganutopia.com. Geschmackvoll ausgestattete Holzbungalows mit TV auf dem Berg über Ko Ma. Pool und Restaurant mit Aussicht aufs Meer bis nach Chaloklum. Schöne offene Badezimmer, einige mit Badewanne oder Whirlpool. Anfahrt über eine sehr steile schmale Betonpiste. ❹–❼

Wang Sai Resort ⑦, ✆ 077-374 238. Direkt am Strand 4 Steinbungalows unter Palmen. Ventilator oder AC, alle Kaltwasser. Noch gibt es einfache kleine Bambushütten hinter dem Kanal und auf dem Hügel, zudem große Stein- und Holzbungalows am Hang. Basis von Chaloklum Diving. ❷–❺

Aktivitäten

Wassersport

Chaloklum Diving, Basis vor dem Wang Sai Resort. Strandtauchgänge, auch Nachttauchen. Wer bei dieser Tauchschule lernt (s. auch Ban Chaloklum, Tauchen, S. 643), wohnt meist in Ao Mae Hat. Transport zum Unterricht in die Schule wird gestellt.

Haad Yao Divers (s. Hat Yao West, Tauchen, S. 639) haben eine Basis im Mae Haad View Resort.

Einige Resorts vermieten Schnorchelausrüstung und Kajaks.

Ban Chaloklum

Das kleine Dorf Chaloklum, eXTra [2824], liegt mitten in einer palmengesäumten Bucht mit Sandstrand im Norden der Insel. Mit seinen vielen nicht touristischen Geschäften ist Chaloklum eines der wenigen Orte der Insel, die sich ihre Ursprünglichkeit teilweise bewahren konnten. Im Hafen liegen zahlreiche Fischerboote und ein paar Tauchboote. Lange Jahre war Chaloklum für seine Squidproduktion bekannt und berüchtigt: In der Nacht leuchtete eine Armada von Booten hell auf dem Meer, tagsüber verströmte der in der Sonne trocknende Tintenfisch einen nicht bei allen Besuchern wohlgelittenen Geruch. Heute ist das Meer fast leergefischt, und so findet man nur noch in Piernähe einige Tintenfische auf Trockengestellen. Geblieben sind viele der Birmanen, die auf den Booten als billige Arbeitskräfte eingesetzt wurden. Heute schuften sie im Straßenbau. Die Birmaninnen erkennt man an dem für dieses Volk typischen Schutz gegen Sonne und Hautprobleme: die Tanakapaste, die kreisrund auf die Wangen aufgetragen wird.

Rechts des Hafens fahren die Longtails direkt vom Strand zum Hat Khuat. Hier befinden sich auch die günstigen Unterkünfte. Linker Hand des Dorfes lädt der pitoreske Malibu Beach, ein kleines kasuarinenbestandenes Kap mit hellweißem Sand, zum Relaxen ein. Das Meer eignet sich meist eher zum Dümpeln denn zum Schwimmen. Und der Sand ist leider auch bei Sandfliegen sehr beliebt.

Übernachtung

Unterkünfte s. Karte S. 626

Chaloklum Bay Resort ㊳, ✆ 077-374 147, 💻 www.chaloklumbay.com. Große Bungalows und Häuser mit 1, 2 oder 3 Betten, einige mit TV und Kühlschrank. Pool mit Meerblick (Besucher 150 Baht). Kajakverleih. Viele russische Gäste. ❸–❼

Malibu Bungalow ㊲, ✆ 077-374 057. In Matten gekleidete Rundbungalows aus Stein um den Pool, dahinter Holzbungalows. Ruhig (laute Musik ist untersagt). Restaurant vorne am Kap. ❸–❻

Niramon Villas ㉜, ✆ 077-374 115. Zu erreichen über einen eigenen Zufahrtsweg an der Straße zum Hat Khom. AC-Bungalows am Hang, am Strand oder am Kanal, einige mit Meerblick. Pool. Der Sand ist an diesem vom Hauptstrand durch einen Kanal abgetrennten Abschnitt grobkörnig. ❸–❻

Wattana Resort ㊴, ✆ 077-374022, 💻 www.wattanaresort.com. Einfache Holzhütten mit

Pizzatag

Besco Night Light, gegenüber von Chaloklum Diving. Einer der besten Italiener der Insel, zumindest die Pizzen und die hausgemachte Pasta bekommen beste Noten nicht nur vom italienischen Publikum. Do und So ab 19 Uhr frische Pizza für 200 Baht. Dann herrscht viel Betrieb (Reservierung empfohlen).

AC in der 1. Reihe, dahinter weitere mit Ventilator. Neue Steinbungalows mit Panoramafenstern und geräumige Holzbungalows mit AC oder Ventilator. Einige Familienbungalows. ❷–❺

Essen

In Chaloklum findet man noch **traditionelle Thai-Küche** an Straßenständen und in kleinen Restaurants. Die frittierten Bananen und anderen Leckereien sind unbedingt einen Versuch wert. **Früchtestände** stehen an der hinteren Durchgangsstraße.

Nongnook Restaurant, 50 m von Chaloklum Diving entfernt. Gekocht wird in der zur Straße offenen Küche, gegessen im gegenüberliegenden Restaurant mit Blick aufs Meer. 🕓 10–23 Uhr.

Sea Side Restaurant, am Ende der Strandstraße. Gute Küche, Sitzmöglichkeiten auch auf dem Boden.

Aktivitäten

Tauchen

Chaloklum Diving School, 077-374 025, 💻 www.chaloklum-diving.com. Empfehlenswerte, erfahrene Tauchschule. Seit über 20 Jahren leben Michael und Nick auf Ko Pha Ngan, wo sie vor mehr als 15 Jahren ihre Tauchschule eröffneten. Michael spricht Deutsch. Kurse in kleinen Gruppen (max. 4 Teilnehmer). Mit dem zum Tauchboot umgerüsteten Fischerboot geht es auf Tauchausflüge. Nacht- und Strandtauchgänge in der Bucht Mae Hat. Günstiges Leihequipment für Schnorchler.

Sail Rock Divers, ✆ 077-374 321. Tauchschule mit englischem Personal. Unterricht dank PADI-Video aber auch in Deutsch. Wer kein Englisch spricht, kann dann jedoch keine Fragen stellen. Die Schule hat ein Büro in Chaloklum an der Strandstraße und einen kleinen Trainingspool auf dem Weg nach Hat Khom.

Wakeboarden

Im **Wake Up!**, ✆ 087-283 6755, 💻 www.wakeupwakeboarding.com, bietet der Brite Jamie Spaß auf dem Wakeboard. Geboarded wird am Strand von Chaloklum. Auch für Anfänger geeignet. Beim Kauf von mehreren Fahrten gibt es Rabatt..

Hat Khom

Im Nordosten von Chaloklum versteckt sich der kleine, weißsandige **Khom-Strand**, der von ein paar großen schwarzen Steinen durchzogen wird. Kokosnusspalmen und Kasuarinen vervollständigen das Idyll. Und da der Strand mit nur vier günstigen Bungalowanlagen bebaut ist, findet man hier Ruhe. Hat Khom gilt als einer der besten Strände zum Bestaunen der Unterwasserwelt und lädt ganzjährig zum Schnorcheln ein. Etwa 50 m vor dem Strand befindet sich das Riff. Meist ist das Wasser bis hin zu den Korallenbänken ganz seicht. Von April bis Oktober kann man in der Bucht zumeist schwimmen, ohne vor das Riff wandern zu müssen.

Von Hat Khom erreicht man in einem etwa 2,5-stündigen Marsch den Hat Khuat (Bottle Beach). Markiert ist der Weg mit Flaschen. Gutes Schuhwerk ist erforderlich, außerdem unbedingt an genügend Trinkwasser denken!

Zum Strand selbst führt eine Asphaltstraße, und Coral Bay ist bereits ans Stromnetz angeschlossen. Die anderen Anlagen werden sicherlich alsbald folgen.

Übernachtung

Unterkünfte s. Karte S. 626

Coral Bay Bungalows ㉛, ✆ 077-374 245. Älteste und größte Anlage des Strandes. 30 Bungalows von der einfachen Holzhütte mit Gemeinschaftsbad bis hin zum gut ausgestatteten Natursteinhaus in einem schönen Garten am Hang. Blick auf Chaloklum und Hat Khom. Einige Familienbungalows. ❷–❸

Haad Khom Bungalows ㉙, ✆ 077-374 246, 💻 www.haadkhombungalow.com. Größere und kleinere Holzbungalows mit Ventilator in einem üppigen Wäldchen, das bis an den mit kleinen Felsen durchsetzten Strand reicht. Auf Nachfrage BBQ im hauseigenen Familienrestaurant. ❷

Ocean View ㉚, ✆ 077-377 231. Schöne große Holzbungalows parallel zum Strand, einige Steinhäuser etwas nach hinten versetzt. Schattenspendende Kasuarinen und Palmen bis weit an den Strand. Bungalows mit Kinderzimmer, aber auch einfache Holzhütten ohne Bad. Schönes Gemeinschaftsbad. Rundes gemütliches Strandrestaurant. ❷–❹

Hat Khuat (Bottle Beach)

An der felsigen Ostküste liegt diese abgelegene und idyllische, etwa 500 m lange Sandbucht. Wenn sich im Frühjahr (Februar bis Mai) das Wasser an den meisten Stränden Ko Pha Ngans zurückzieht, hat man hier noch gute Chancen auf herrlichen Strand- und Badeurlaub. Das vorwiegend junge Publikum spielt Volleyball, liegt in der Sonne, joggt, übt sich in Yoga oder wandert zum etwa 40 Min. entfernten Aussichtspunkt (der Aufstieg befindet sich hinter dem BB2, dort noch mal nachfragen, man wird dann zum richtigen Pfad geleitet). Auch Kinder kommen hier auf ihre Kosten: herrlich weicher, gelber Sand, einfach zu erreichende Schnorchelgebiete und ein Meer, welches oft mit kleinen Wellen beglückt.

Es gibt vier Anlagen, die für jeden Geschmack und Geldbeutel die passende Unterkunft bereithalten. Die Preise sind angemessen, teils auch noch sehr günstig. Teuer ist allerdings die Verpflegung. In der Saison ist Hat Khuat fest in der Hand von Langzeitreisenden – man sollte also vorher anfragen, ob Bungalows frei sind. Von Oktober bis Dezember sind die Wellen meist so hoch, dass nur wenige Gäste kommen, sodass einige Anlagen schließen.

Übernachtung

Unterkünfte s. Karte S. 626

BB2 Bungalows ㉔, ✆ 077-445 156. Am Westende der Bucht einfache Mattenhütten aus alten Tagen in 2 Reihen parallel zum Strand. Im Fels 3 bessere Holzbungalows mit 2 großen Betten. Ventilator und Moskitonetz. ❶–❷

Bottle Beach 1 Resort ㉖, ✆ 077-445 151, 💻 www.bottlebeach1resort.com. Parallel zum Strand stabile Holzbungalows mit Ventilator, rechts daneben das Restaurant, linker Hand ältere Steinbungalows mit AC. Dahinter alte Holzhütten auf Stelzen und größere Stein- und Holzhäuser mit gehobenerer Ausstattung, teils mit AC. Teils Moskitonetze. Pool mit Kinderbecken. ❷–❺

Haad Khuad Resort ㉕, ✆ 077-445 153, 💻 www.geocities.com/haadkhuad_resort. Zentral am Strand. Schattig gelegenes, 2-geschossiges Reihenhaus mit gehobener Ausstattung: TV, Warmwasser, Minibar, auf Wunsch AC. Daneben 4 eng beieinander stehende 2-geschossige hölzerne Familienbungalows. Ventilator und Moskitonetz. Volleyball, Kajakverleih. ❹–❺

Smile Bungalows ㉗, ✆ 081-9563133, ✉ smilebeach@hotmail.com. Im gepflegt begrünten Hang am östlichen Ende der Bucht Mattenbungalows mit stabilen Dächern. Kleine Bungalows mit einem Bett und etwas größere mit 2 großen Betten. Strom ab dem frühen Abend bis in die Morgenstunden. Kajakverleih. ❷–❹

Essen

Die Verpflegung am Strand ist relativ teuer. Viele kaufen bei der Anreise in Chaloklum große Wasserkanister, um ein bisschen Geld zu sparen. Auch kleine Snacks und frisches Lieblingsobst sollte man sich mitbringen. Es gibt nur einen kleinen Supermarkt mit ein paar Keksen.

Alle Anlagen haben ein Restaurant. Recht günstige Küche mit breiter Auswahl hat das sehr große, etwas unpersönliche **Haad Khuad Resort**. Hier lockt den einen und stört den anderen die allabendliche Fernsehvorführung (über das Programm stimmen die Besucher vorher ab) ab 19.30 Uhr. Manchmal gibt es davor und danach Livemusik. Gemütlich und nett, immer gut besucht, aber etwas teurer ist das Restaurant von **Smile Bungalows**. Im **BB2** gibt es auch israelische Küche. Abends sitzt man schön unter freiem Himmel am Strand.

Manchmal veranstaltet eine Anlage BBQ, der frische Fisch ist dann fast immer einen Besuch und den Preis (um die 250–350 Baht) wert.

Sonstiges

Telefon und Internet

Wer sein Handy mitgebracht hat, legt am Bottle Beach eine Kommunikationspause ein. Nur selten ist ein Netzwerk verfügbar, Internet gibt es nicht. Wer nach Europa telefonieren will, kann dies bei Smile Bungalows für 35 Baht pro angefangene Min. tun.

Transport

Die Bucht erreicht man per Longtail ab CHALOKLUM. Reguläre Boote der Anlagen starten um 9.30 Uhr, in der Saison zudem um 10, 13 und 17 Uhr für 100 Baht. Zurück fahren Boote um 10 Uhr, manchmal auch weitere um 11, 14 und 18 Uhr. Am besten erkundigt man sich am Vortag nach den geplanten Fahrten. Mit wenig Gepäck kann man auch zu Fuß in 2–2,5 Std. über die Berge durch den Dschungel trekken. Festes Schuhwerk erforderlich, auch Wasser sollte man nicht vergessen.
Nach THONG NAI PAN, THAN SADET und HAT RIN kann man ein Longtail chartern. Bei mehreren Personen kostet die Fahrt nach Hat Rin 400 Baht p. P. oder etwa 1500 Baht pro Boot. Ein schlechte Straße führt zum Thon Nai Pan, doch wird diese nur genutzt, wenn hohe Wellen Bootstransporte verhindern. Zu Fuß anstrengend und wenig spannend, mit dem Moped oder Minijeep nicht passierbar. Nur richtige Offroader kommen hier durch.

Ao Thong Nai Pan

Palmengesäumt und an den Enden unterbrochen von kleinen schwarzen Felsformationen, mit strahlend weißem, weichen Sand und türkisfarben glänzendem Wasser: So präsentiert sich Thong Nai Pan, der wohl schönste Strand Pha Ngans, eXTra [2825]. Ein steiler Hügel trennt ihn in einen großen und einen kleinen Teilstrand: **Thong Nai Pan Yai** und **Thong Nai Pan Noi**.

Die Atmosphäre an diesem Strand verändert sich derzeit spürbar. Viele Anlagen waren während der Recherche noch im Bau, bei manch einer einfachen Unterkunft stand die weitere Zukunft in den Sternen. Es bleibt zu hoffen, dass auch künftig noch Unterkünfte für Traveller mit geringem Budget zur Verfügung stehen.

Neben Rucksackreisenden, die unter dem Ausverkauf ihres geliebten Strandes leiden und jeden gefällten Baum betrauern, gibt es heute vermehrt jene Besucher, die per Speedboot aus Ko Samui anreisen. Mit Rollkoffern ausgerüstet, ersparen sie sich die Anfahrt über die Dschungelstraße und legen direkt am Strand an.

Wenn in der Saison alle Bungalows belegt sind, wird viel gefeiert – vor allem wenn das Partyvolk sich auf Vollmond freut. Fast jeden Abend gibt es dann irgendein Ereignis, das ein kleines Feuerwerk wert ist. In der Nebensaison wird es gemütlich. In den etablierten Luxusanlagen im Süden und Norden der Bucht ist es fast immer ruhig, hier steht Wellness im Vordergrund und es gibt wenig Partyvolk.

Ab Oktober und bis in den Dezember hinein dominieren Wind und Regen, und viele Anlagen sind aufgrund zu geringer Nachfrage geschlossen. An beiden Teilstränden werden öfter Quallen gesichtet.

Thong Nai Pan Yai

Das Dorf **Ban Thong Nai Pan** befindet sich direkt hinter dem großen (Yai-) Strand. Die Bars haben meist ganzjährig geöffnet, kleine Läden machen in der Nebensaison die Schotten dicht. Es gibt Reisebüros, Geldautomaten, eine Wechselstube und kleine Supermärkte. Briefmarken führt der Supermarkt kurz vor den Bamboo Bungalows, der auch als Post fungiert. Am Strand bietet der Starlight Supermarkt eine kleine Auswahl an Waren des alltäglichen Bedarfs.

Die große Bucht ist fast 900 m lang und wird an den Enden von Felsen gesäumt. Einige große Bäume spenden Schatten. Zu allen Jahreszeiten kann man hier schwimmen.

Übernachtung

Untere Preisklasse

Central Cottage ⑬, ✆ 077-445 128, 💻 www.centralcottage.net. Bungalows und Zimmer im Reihenhaus am Pool, teils mit einfacher, teils mit gediegener Ausstattung.

Beschaulichkeit am Rand der Bucht

Longtail Beach Resort ⑱, 089-971 6515, www.longtailbeachresort.com. Schöne Anlage am südlichen Ende der Bucht. Gute Bungalows mit Ventilator, teils mit Steinfußboden und daher immer angenehm temperiert. Fenster und Türen mit Moskitogittern. Freundliches Management. ❷–❸

Ventilator und AC. Kajakverleih, Billard, Kicker. Internet und Reisebüro. Restaurant unter dichtem Blätterdach am Strand. ❸–❻

Dolphin Resort ⑯, ansprechende Anlage mit dunklen, geschmackvollen Holzbungalows mit Ventilator. Restaurant und Café in angenehmem Ambiente. Ruhig. ❸–❹

Dreamland Resort ⑩, 077-238 539, www.dreamlandresort.net. Schöne Zimmer in Stein- und Holzbungalows mit Ventilator und AC in enger, aber geschmackvoller Gartenanlage. Großer Pool mit Poolbar und Blick aufs Meer. Kajakvermietung auch an Nichtgäste. ❸–❼

White Winds Resort & Spa ⑧, im Norden der Bucht am Hang. Gelbgetünchte Plattenbungalows älteren Datums, aber gut in Schuss. Teils noch ohne Bad. Tolle Ausblicke, auch aus dem Restaurant oberhalb des Klongs. Spa gibt es nur dem Namen nach. ❶–❷

Essen und Bars

Chantara, 077-428 999, www.santhiya.com. Restaurant des Santhiya Resorts. Leckere Salate, Steaks und Fisch. Di und Sa 20.30–22.30 Uhr Aufführung klassischer Thai-Tänze. Gehobenes Preisniveau. 8–22 Uhr.

Dreamland Restaurant, BBQ am Strand unter einem mit Lampions geschmückten Baum. Tagsüber spendet dieser Schatten, sodass man während der Mittagshitze prima speisen kann.

Su's Espresso Bakery, kleine Bäckerei im Dorf mit wenigen Tischen. Deutsches Brot, Bananenkuchen, Kaffee, Joghurt, Eiscreme, Pizza und Pasta. 8–21 Uhr, in der Nebensaison geschlossen.

Aktivitäten

Tauchen

Dreamland Divers, 077-238 735. Am Thong Nai Pan Yai. Kurse, Fundives und Schnorcheltrips. Zwei eigene Boote fahren gegen 11 Uhr direkt vom Strand ab. PADI- und SSI-Standards.

Thong Nai Pan Noi

Der kleine Thong Na Pan ist etwa 700 m lang und bei Ebbe am nördlichen Ende fast 15 m breit. Weißer Sand überall, ein paar nette Beachbars, und ganzjährig besteht die Möglichkeit zu schwimmen. Hinter dem Strand finden sich auf der Zufahrtsstraße zum Star Hat Bungalows einige Restaurants, Reisebüros, Supermärkte, Geldautomaten und die interessanten Schmuckgeschäfte **Tipi** und **Indigo Gecko** (hier gibt es auch Kleidung). Vele Geschäfte haben im Oktober und November geschlossen.

Übernachtung

Baan Panburi Village ⑤, 077-238 599, www.baanpanburivillage.com. Beliebtes Resort mit Mattenbungalows, AC oder Ventilator. Einfache Ausstattung, gut in Schuss. Nettes Restaurant am Strand. Kajakverleih. ❷–❹

Panviman Resort ⑦, 077-445 101, www.panviman.com. Exklusive Anlage mit kleinem Privatstrand im Süden der Bucht. Wunderschöner tropischer Garten. Pool auf mehreren Ebenen. Frühstücksrestaurant am Hang, abendliches Dinner im Strandrestaurant. Kajaks, Mountainbikes. ❽

Star Hat Bungalows ⑥, 077-445 006. Gut ausgestattete und ansprechend gestaltete Mattenbungalows am Strand und dahinter im eng bebauten tropischen Garten. Ventilator und AC, verglaste Fenster. Viel besuchtes Restaurant. Sehr kleiner Pool. ❷–❹

Santhiya Resort ①, 077-238 333, www.santhiya.com. Schönes, geschmackvolles Resort mit Teakhäusern im klassisch-modernen Thai-Stil an einem eigenen Privatstrand. Alle Bungalows auf den Hügeln nördlich des Strandes mit tollem Blick auf die Bucht, exzellentes Restaurant. Schöner Pool. ❽

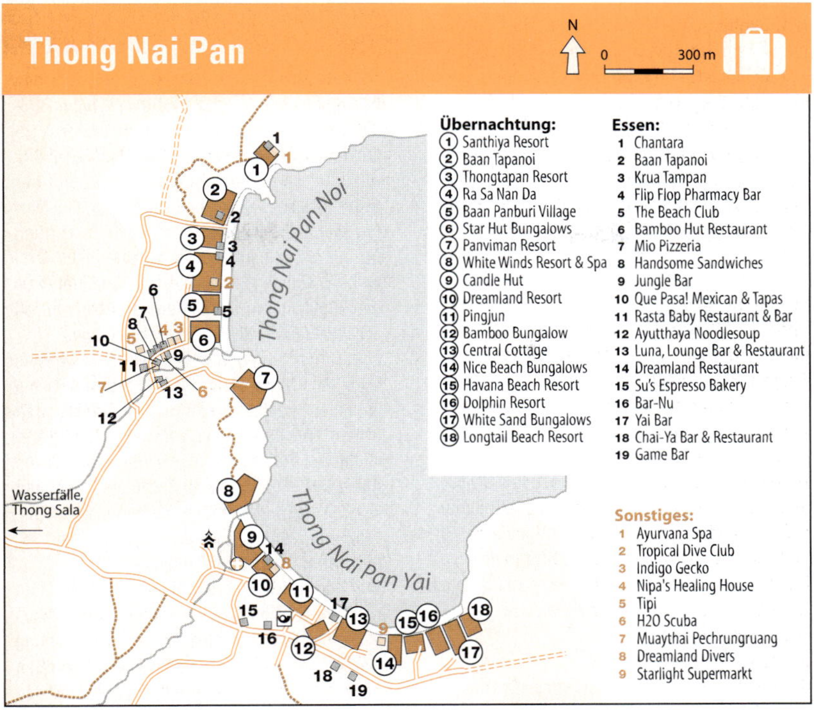

Thongtapan Resort ③, ✆ 077-445 067, 💻 www.thongtapan.com. Steinerne Hütten, innen mit Holz verkleidet, und einfache Holzhäuser, locker gruppiert im Garten und am Hang zwischen schwarzen Granitfelsen. Große Bungalows für Familien. Schöne Innenausstattung. ❸–❺

Essen und Unterhaltung

Baan Tapanoi, ganz im Norden des Strandes. Abends BBQ, auch tagsüber gute Küche. Angenehm schattig unter Bäumen gelegen. Vermieten auch einfachste Bungalows ❷

Bamboo Hut Restaurant, an der Straße. Neben Thai-Küche auch laotische Spezialitäten: Sticky Rice, Lap und andere Kleinigkeiten. Wem das Essen schmeckt, kann hier die Zubereitung lernen.

Flip Flop Pharmacy Bar, am Strand neben den Tropical Divers. Schöne Bar mit frisch gezapftem Bier. Tagsüber und vor allem abends tolles Ambiente am Strand mit Sitzkissen und bunten Lampenschirmen.

Mio Pizzeria, ✆ 081-186 1616. An der Straße. Serviert u. a. Pizza und Knoblauchbrot. Liefert innerhalb von Thong Nai Pan für 40 Baht Zuschlag auch an die Hütte. Im Okt und Nov meist geschlossen.

The Beach Club, ✆ 077-238 599, 💻 www.thebeachclubphangan.com. Gehobenes Ambiente am Strand. Dezente Lampen erhellen hier allabendlich die Szenerie. Fangfrisches Seafood und Steaks.

Aktivitäten

Tauchen

Tropical Dive Club, ✆ 077-445 081, 💻 www.tropicaldiveclub.com. Deutsches Personal. Tauchtrips ab 12 Uhr. PADI und SSI. Ein Schnellboot kann für Fahrten von und nach Ko Samui gechartert werden.

H2O Scuba, ✆ 077-445 113. Kleine Tauschschule hinter dem Star Hut an der Straße. Kurse bis zum Divemaster und Fun Dives.

Nahverkehr

Vom einen Strand zum anderen führt zwar ein kleiner Dschungelpfad, doch dieser beginnt bzw. endet auf dem Privatgelände des Panviman Resorts. Die Betreiber sehen es nicht gerne, wenn man hier entlanggeht. Ein Schild verbietet den Zutritt. Auf der Straße geht man von Strand zu Strand etwa 30 Min.
THONG SALA, die Taxis Richtung Strand starten gegenüber dem Songserm-Pier. Manche Anlagen holen Besucher kostenlos ab (Anruf genügt). Ab Thong Nai Pan Taxis um 10 und 14 Uhr, manchmal auch um 16 Uhr für 200 Baht in 30–40 Min. Die Strecke eignet sich nicht für ungeübte Mopedfahrer, auf keinen Fall sollte man ohne Schutzkleidung und Helm oder bei Nacht fahren.
THAN SADET, HAT THIEN, HAT RIN, in der Hauptsaison um 9 Uhr für 100 Baht, weiter nach MAE NAM (Ko Samui) für 300 Baht.

Than Sadet und Hat Thong Reng

Weißer feiner Sand lockt am kleinen malerischen Strand von **Than Sadet**, eXTra [2834]. Grüne Hügel umrahmen die etwa 500 m lange Bucht, rechter Hand laden dicke Gesteinsbrocken zu einem Sprung ins türkis schimmernde Nass. Die Berge im Hinterland mit ihren Wasserfällen und deren zahlreichen Pools verlocken Wanderfreunde zu Entdeckungsstreifzügen. In der Trockenzeit kann man auf den großen Steinen entlang der sachte plätschernden Sadet-Fälle herrlich picknicken. Am südlichen Strandende mündet dieser Wasserfall ins Meer. Ein kleiner Holzsteg führt zu den Felsen, die die Bucht säumen und auf denen ein paar Bungalows thronen. Auf einem kleinen Pfad gelangt man zum kleinen **Hat Thong Reng**, einer malerischen, von Felsen durchsetzten Bucht.

Weder Bars noch laute Musik stören hier die Ruhesuchenden, denn Than Sadet ist noch nicht ans Stromnetz angeschlossen. Man kann dem Klang der Wellen oder dem Rauschen der Palmen lauschen. Lediglich die hier ankernden Ausflugsboote durchbrechen tagsüber die Stille.

Ein Wasserfall nicht nur für Könige

Than Sadet bedeutet so viel wie „der Platz, den Könige besuchen“, und mit diesem Namen huldigen und danken die Inselbewohner ihrem geliebten ehemaligen Monarchen Chulalongkorn, Rama V., seine zahlreichen Besuche auf der Insel. 1889 kam er erstmals hierher, und es folgten zahlreiche weitere Aufenthalte. Inschriften bezeugen sein Interesse an der Insel. Drei weitere Könige (Rama VI., VII. und XI.) taten es ihm später nach. Sie alle entnahmen dem Fall Wasser, das sie für Zeremonien nutzten.
Etwas abseits des Strandes, jedoch mit freiem Blick aufs Meer, steht der königliche Pavillon, in seiner jetzigen Gestalt erst in jüngster Zeit erbaut und noch nicht von einem König besucht. Der Platz selbst wurde jedoch schon von Rama V. (1901), Rama VII. (1926 und 1928) und Rama IV. (dem bis heute regierenden Bhumipol, 1962) aufgesucht. Der hier verehrte Stein mit Inschriften legt davon Zeugnis ab.
Wer der Straße Richtung Ban Tai folgt, erreicht nach etwa 2 km linker Hand eine Statue Ramas V. Ein Pfad führt zum kleinen Waldkloster Thong Nang, dessen Schrein sich auf einem großen schwarzen Stein befindet. Dahinter führen Stufen hinab zum Wasserfall. Eine Inschrift von Rama V. verrät, dass bereits im 18. Jh. hier Felder bewirtschaftet wurden.

Übernachtung

Unterkünfte s. Karte S. 626
Es gibt nur wenige Anlagen. Einige Hütten sind in den Hang hineingebaut, und nur wenige befinden sich direkt am Strand. Die Bungalows sind günstig, geräumig und haben weder Warmwasser noch AC. Viele eignen sich aufgrund 2-geschossiger Bauweise und großer Betten auch für Familien. Gegessen wird in den Anlagen.
Mai Pen Rai Bungalows ⑳, ✆ 077-445 090, 💻 www.thansadet.com. Geräumige Holzbungalows rechts am Strand und beidseitig am Hang, manche auf Steinen oder versteckt hinter

Grün. Moskitonetze. Einige Bungalows mit Aussichtsterrasse. Rezeption und Restaurant an der Mündung des Than Sadet. ❷–❹

Plaa's Bungalows ㉒, ✆ 077-445 192. Kleine und größere, teils 2-stöckige Holzbungalows oben im nördlichen Hang, manche mit gläsernen Panoramafenstern. Moskitonetz und Ventilator. Strom von 19–24 Uhr. Rezeption und Restaurant oben auf dem Hügel erreicht man durch eine Felsspalte am Wasser. ❷–❹

Treehouse Lodge ⑲, Hat Thong Reng, 💻www.treehouse-lodge.org. Individuelle bunte Hütten. Malerische Kulisse und für alle, die buntes Flower-power lieben, eine gute Adresse. Pamela aus Deutschland betrieb jahrelang das erfolgreiche Treehouse Lodge auf Ko Chang und hat jetzt hier auf Ko Pha Ngan eine neue Heimat gefunden. ❷–❸

Sonstiges

Toiletten

Öffentliche Toiletten für Tagesbesucher stehen gegenüber vom Pavillon. Auch am kleinen Wat am Denkmal finden sich sauber gehaltene stille Orte.

Trekking

Vom Strand aus lassen sich viele kleine Wasserfälle erkunden. An verschiedenen ausgeschilderten Stellen muss man nur einige 100 m von der Hauptstraße abbiegen, um dann zu Fuß oder mit Moped die Wasserfälle zu erreichen. Unter dem Schatten eines großen Mangobaumes lockt die Aussicht auf ein Picknick am **Phu Dang-Wasserfall**. Der **Than Sadet-Wasserfall** ist vor allem wegen der Inschiften beliebt (s. Kasten, S. 648).

Nahverkehr

Der Strand befindet sich etwa 3 km von THONG NAI PAN entfernt und ist von BAN TAI aus über die gleiche Straße ereichbar. Der Abzweig ist ausgeschildert. Nicht für Fahranfänger geeignet. Songhaews oder Longtails kosten ab 150 Baht p. P., aus Thong Sala 200 Baht.

Tgl. außer in der Nebensaison (Nov–Dez) fährt ein Boot von THONG NAI PAN kommend gegen 9.15 Uhr in Than Sadet ab in Richtung HAT THIEN und HAT RIN und weiter zum MAE NAM auf KO SAMUI. Tickets innerhalb von Ko Pha Ngan 100 Baht, nach Ko Samui 300 Baht. In die Gegenrichtung nach THONG NAI PAN Abfahrt gegen 13.30 Uhr.

Hat Namtok, Hat Yao (East), Hat Yang

Südlich von Than Sadet erstrecken sich die wohl abgelegensten Strände der Insel. Zunächst erreicht man den kleinen **Hat Namtok**, an dem man unter Palmen entspannen kann. Von hier aus führt ein Weg zum Than Prapat-Wasserfall, der nach der Regenzeit von November bis Januar ein eindrucksvolles Naturschauspiel bietet. Es folgt der **Hat Yang**, der im Süden von einem Kap begrenzt wird, hinter dem sich der zu Spaziergängen einladende Sandstrand **Hat Yao** befindet. Unterkunft bieten hier nur Haad Yao Cabana und Ploy Beach, jeweils mit einfachen, preiswerten Bungalows ohne größeren Komfort. ❶–❷ Es kann durchaus sein, dass sie mangels Betrieb geschlossen sind.

Hat Yuan, Hat Thien und Hat Wai Nam

An der Südostspitze der Insel liegen drei weitere Strände, die lange nur von Langzeitreisenden frequentiert waren. Seit dem Bau einer Straße von Hat Rin (nur für Offroad-Pickups, bitte nicht mit dem Moped versuchen) erhöht sich hier jedoch mit steigendem Komfort auch die Zahl der Kurzzeitbesucher.

Hat Wai Nam ist der kleinste und nördlichste der drei Strände; eine einzige Anlage bietet Unterkunft (**Why Nam Hut Restaurant & Bungalows** ⑯, ✆ 081-370 2667, Karte S. 626, ❸ –❹). Ein Hügel weiter liegt der **Hat Thien**. Zum Schwimmen ist er aufgrund des Korallenschrotts am Ufer kaum geeignet, nur ein kleiner Abschnitt im Süden wurde von den scharfkantigen schwarzen Brocken gereinigt – als Ankerplatz für die Longtails. Hat Thien ist eine Enklave der Yoga-Freunde und von Anhängern sonstiger New-Age-Lehren – hier wird therapiert, diskutiert und meditiert. Es gibt so gut wie keine Bungalows am Strand; dafür um so mehr im Hinterland – zum großen Teil schön eingebettet in die Landschaft. Auch Häuser für Langzeit-Yogis wurden errichtet. Die Ruhe an diesem Strand wird nur freitagnachts von einer Party gestört. **Hat Yuan**, der südlichste Strand der Ostküste, liegt schon in der Nachbarschaft von Hat Rin. Neben einigen älteren Anlagen mit Old Skool Reggae-Feeling gibt es inzwischen auch mittelpreisige Unterkünfte für alle, denen es am Hat Rin zu voll ist und die dennoch in der Nähe des Trubels bleiben wollen, sowie eine komfortable Anlage mit Pool.

Alle drei Strände sind über steile Fußpfade miteinander verbunden, besser jedoch mit dem Longtail erreichbar.

Unterkunft

Unterkünfte s. Karte S. 626

Hat Thien

Beam Bungalows ⑮, ✆ 086-943 9294.
40 recht gut in Schuss gehaltene Bungalows im hügeligen Hinterland im nördlichen Bereich des Strandes. Kein direkter Strandzugang. ❷–❹

Hat Yuan

Bamboo Hut ⑧, ✆ 087-888 8592.
Schöne Bungalows aus Naturmaterialien auf den Klippen am Nordende des Hat Yuan; alles eingebettet in eine schöne Gartenanlage. Einladendes Restaurant mit viel gelobter Küche und toller Aussicht. ❷–❸

Wellness und Meer

The Sanctuary ⑩, Hat Tien, ✆ 081-271 3614, 💻 www.thesanctuarythailand.com. Gepflegtes Wellness-Resort, 1992 gegründet und bis heute beliebt. Diverse Unterkunfsttypen von einfachen, relativ günstigen Zimmern bis hin zur Luxusbleibe. Internationales Restaurant und Bibliothek mit über 1000 New-Age-Titeln. Detox-Programme zur Entgiftung des Körpers über 1, 3 oder 7 Tage. Yoga-Kurse für Anfänger und Fortgeschrittene, 250 Baht pro Tag. Auch Ausbildung zum Yoga-Lehrer. Infos unter 💻 www.pranayogacollege.com. ❸–❼

Big Blue Bungalows ⑦, ✆ 086-470 2625.
Solide Holzbungalows, die weiter oben gelegenen mit schönen Strandblick. Auch 2 teurere Familienhäuser hinter großen Steinen direkt am Strand. ❷–❹

Haad Yuan Resort ③, ✆ 087-268 6069 (deutsch), ✉ tonga@gmx.at. Eine Handvoll netter Bambusbungalows am Hang. Schöne, dichte Gartenanlage, z. T. tolle Aussicht. Gemütliches Restaurant mit wenigen Tischen. Freundliche Leute. Unter thai-österreichischer Leitung. ❷

Pariya ⑤, ✆ 081-895 1337, 💻 www.pariyahaadyuan.com. Luxuriöse Anlage mit achteckigen Steinbungalows im Thai-Bauhaus-Boutique-Stil mitten am Strand. Pool, Massage-Pavillons, Spa-Bereich. Wurde zur Zeit der Recherche (April 2009) gerade renoviert und wird bei Erscheinen des Buches sicher in neuem Glanz erstrahlen. ❻–❽

Hat Rin

Das südliche Inselkap ist Schauplatz der wohl bekanntesten Party Thailands. Hier findet allmonatlich die Vollmondparty statt, **eXTra [2757]**. Die drei hiesigen Strände sind eng miteinander verbunden, haben jedoch alle ein eigenes Flair. Das einstige Fischerdorf Hat Rin zwischen den beiden Stränden Sunrise und Sunset gleicht heute einer Kleinstadt, mit Banken, Boutiquen, Supermärkten, Schneidern und Hotels neben Restaurants, Bars, Tattoo-Shops, Reisebüros und Mopedverleihstationen. Immer mehr kleine Schmuck- und Modeläden, die Importiertes aus aller Herren Länder oder auch lokal hergestellte Waren offerieren, öffnen ihre Pforten. Stöbern lohnt sich immer; das Angebot ist hier vielfältiger als in Thong Sala, wenngleich bei etwas höherem Preisniveau.

Neben den Restaurants der Resorts und Anlagen besitzt Hat Rin scheinbar unendliche Verpflegungsmöglichkeiten. Es gibt einfache Foodstalls mit Milchshakes, Nudelsuppen und Crepes, zudem Gegrilltes und viele westliche Gerichte. Neben Restaurants mit sehr unterschiedlicher Atmosphäre bestimmen Fastfood-Läden, in denen Take-away-Menüs zum Standard zäh-

Unfallfrei eine tolle Party feiern

Eine schöne Party kann feiern, wer folgende Regeln beherzigt:

- Immer mit dem Taxi oder zu Fuß die Party besuchen. Wer nicht in Hat Rin übernachtet, kann einen der Taxiservices der Anlagen nutzen. Den ganzen Abend hindurch stehen Taxis für Heimkehrer bereit.
- Schuhe tragen, da am Strand kaputte Flaschen herumliegen.
- Abstand von Drogen halten: Pillen, Pilze und Dope sind streng untersagt. Buckets (Trinkeimer mit einem Gemisch aus Alkohol und Softdrinks) sind nicht zu unterschätzen.
- Keine Taschen mit Geld und Wertsachen mitnehmen: Sie werden oft geklaut, aber noch öfter vergessen.
- Den Pass im Safe des Resorts lassen und nur eine Kopie mitnehmen.
- Geldreserven wegschließen, Bargeld in Höhe von etwa 3000 Baht mitnehmen.

len, die Szenerie. Da viele Israelis nach Hat Rin reisen, gibt es auch Falafel.

Hat Rin verfügt über derart zahlreiche Unterkünfte, dass man meinen könnte, eine Vorbuchung sei überflüssig. Das täuscht. Wer hier um Vollmond herum anreist, muss damit rechnen, auf der Straße zu stehen, selbst dann, wenn er keinerlei Ansprüche stellt. Einige Unterkünfte bestehen bei Buchung auf Vorauszahlung mittels Kreditkarte, andere auf einer Mindestverweildauer von fünf Tagen. Diese Fünf-Tages-Pakete schließen zumeist das Frühstück ein. Wer in der Nebensaison anreist oder länger bleibt, kann handeln und auch für die teureren Zimmer Nachlässe erzielen. Viele weichen auf eine Unterkunft in Ban Tai oder Ban Kai aus. Wer in den empfohlenen Anlagen kein Bett mehr bekommt, findet weitere Anlagen unter eXTRa [2760].

Hat Rin Nok

Der zentrale Strand im Südosten der Halbinsel, der auch **Hat Rin East** oder **Sunrise Beach** genannt wird, ist der schönste. Hier wird allmonatlich an Vollmond gefeiert, und der Strand verwandelt sich in eine riesige Partyzone. Tipps und weitere Infos zur Vollmondparty s. eXTra [2757]. Der Strand ist etwa 800 m lang, auch bei Flut noch breit genug und besitzt malerisch weißen Sand. Bei rauerem Wetter brechen sich die Wellen. Für Schwimmer wurde ein Bereich abgesperrt, sodass die Longtails niemanden stören. Umgeben wird die Bucht von steilen Felsen. Allabendlich werden Tische im Sand aufgestellt, und die Bars wissen ihre Gäste zu unterhalten.

Unterkunft

Am Strand

Pha Ngan Bayshore Resort ㉛, ✆ 077-375 224, 💻 www.phanganbayshore.com. Unterschiedliche Bungalows aus Holz mit Ventilator oder AC in gepflegter Gartenanlage sowie AC-Zimmer im Steinhaus. Großer Pool mit Kinderbereich und großzügigen Liegeflächen. Moderne Zimmerausstattung. WiFi. ❹–❽

Sea View Haadrin Resort ⑨, ✆ 077-375 160. Etwas abseits vom Trubel an Partytagen. Geräumige Holzbungalows im verwilderten Garten und vorne am Strand, letztere nur mit Ventilator. Auch Bungalows mit AC. ❸–❹

Serenity Bungalow ⑧, einfache Holzhütten mit Ventilator in und um den Hang herum am Felsen. Bäder teils ohne Waschbecken. Schöner Strand- und Meerblick. ❸

Tommy Resort ㉚, ✆ 077-375 215, 💻 www.phangantommyresort.com. Bungalows am Strand und dahinter im großen Garten, außerdem Zimmer im Hotelkomplex, viele mit TV und Kühlschrank. Frühstücksbufett inkl. Großer Pool, Poolbar. Geschmackvoll möbliert. Zur Vollmondparty, eXTRa [2757], einer der Hotspots. ❹–❽

Wo alles begann

Paradise Bungalows ㊻, ✆ 077-375 244. Hier fand die erste Vollmondparty statt, und hier legen an Vollmond die angesagtesten Stars der Szene auf. Über 40 Holz- und Betonbungalows, einfache Ausstattung mit Ventilator. 10 große, möblierte AC-Bungalows am Strand oder am Hang. Große Restaurants am Strand sowie oberhalb auf einem Felsen „The Rock" Restaurant und Bar. ❸–❹

In der Stadt

Drop In Club Resort & Spa ㉘, ✆ 077-375 444, 💻 www.dropinclubresortandspa.com. Großes Hotel mit 2 Komplexen. Wenige Minuten Fußweg zu beiden Stränden. Das alte Gebäude hat etwas Patina angesetzt und die Preise sind leicht gefallen, das luxuriöse Gefühl bleibt. Pool inmitten der Anlage. Im Neubau teurere Zimmer. An Vollmond wird kräftig gefeiert (5 Tage Mindesaufenthalt), ansonsten ruhig. ❸–❽

Jaya's ㊱, ✆ 077-375 265. Begrüntes Kleinod direkt am See. Im Erdgeschoss geschmackvolle Zimmer mit schönen Details, teils Seeblick. Ventilator. Zimmer wahlweise mit oder ohne Bad. Auf der 1. Etage 3 AC-Suiten mit TV und großzügiger Dachterrasse mit Liegen und Blick auf den See. Schönes Restaurant. ❷–❺

Seagarden Resort & Spa ㊶, ✆ 077-375 281, 💻 www.seagarden_resort.com. Hinter der Straße mit direktem Zugang zum Strand (Sunrise) schöne und geräumige, dunkle Holzbungalows mit Platz für 2–4 Pers. Zudem Zimmer im Hotelkomplex. Einfache bis gediegene Ausstattung. ❷–❽

Suncliff Resort ㊸, ✆ 077-375 134. Verschiedenste Bungalows zur Straße oder am Hang an ruhigem Weg mit Blick Richtung Meer oder in den verwilderten Hang. Hübsche Ausstattung, teils mit Parkett und großen Bädern. ❷–❸

Essen

Hinter dem Strand sind auch die meisten Restaurants auf Partyfreunde eingestellt und schwören auf den Publikumsmagneten „laute Fernsehfilme". Es gibt aber mittlerweile auch einige Lokale, in denen man gepflegt und ruhig essen kann.

All Arena, ✆ 077-375 420. Pizza aus dem Holzofen, gewürzt mit italienischen Originalkräutern. Große Weinauswahl. Leckerer Espresso und Cappuchino.

Deli Sandwich Bar, zentral zwischen den beiden Stränden. Gehört zu Niras Bakery. Gutes Frühstück und den ganzen Tag bis in die Nacht hinein belegte Baguette, Croissants und eine umfangereiche Gebäckauswahl.

Mamas Schnitzel, zahllose Schnitzelvariationen, auch Burger und Baguettes. 🕒 24 Std.

Same Same Lodge and Restaurant, ✆ 077-375 200, 💻 www.same-same.com. Frisch gezapftes Bier und an Vollmond beliebt für das Warm-up-Buffett (Livemusik). Sonst mexikanische, skandinavische, englische, Thai- und auch italienische Küche. WiFi. 🕒 8.30–1 Uhr. Zimmer mit Ventilator oder AC. ❸–❹.

Aktivitäten

Kochkurse

Same Same Thai Cooking Classes, ✆ 077-375 200, 💻 www.same-same.com. Tägliche Kurse. Am eigenen Gasherd kann sich jeder selbst versuchen und unter Anleitung die Grundlagen der Garkunst erlernen. Danach wird gemeinsam gespeist. Inkl. Kochbuch. Auch Kurse im Schnitzen von Obst- und Gemüse-Dekorationen. Kochkurse bietet auch die **Siam Massage Cooking School** des Leela Spa.

Tauchen

Lotus and Crystal Diving, ✆ 077 375 535. Neben dem Backpacker Information Centre und von denselben Leuten geleitet, offeriert Tauchkurse und vermittelt ebensolche auf Ko Tao. Viele Informationen rund ums Reisen.

Hat Sarikatang

Ruhig und idyllisch liegt im Süden der Westküste der palmengesäumte Hat Sarikatang, der auch unter dem Namen **Hat Leela** bekannt ist. Wenn sich im Frühjahr das Wasser zurückzieht, kann man hier nur noch dümpeln. Herrlich schwimmen läßt es sich im Winter. Im Norden führt ein Holzsteg zum kleinen Tempel des Sea Breeze Resort (s. S. 654, Shiva und Ganesh).

Übernachtung

Cocohut Beach Resort & Spa ⑪, ✆ 077-375 368, 💻 www.cocohut.com. Große Anlage. Geschmackvolle Zimmer in 2-stöckigen Häusern, zudem Pool-Villen am Meer und Holzbungalows im Garten. TV, DVD, Flatscreen, Computer, WiFi (kostenpflichtig). Im Haupthaus billige Zimmer mit Ventilator und Gemeinschaftsbad. Großer Pool mit Meerblick (Nichtgäste 100 Baht). Spa mit Kräutersauna. ❸–❽

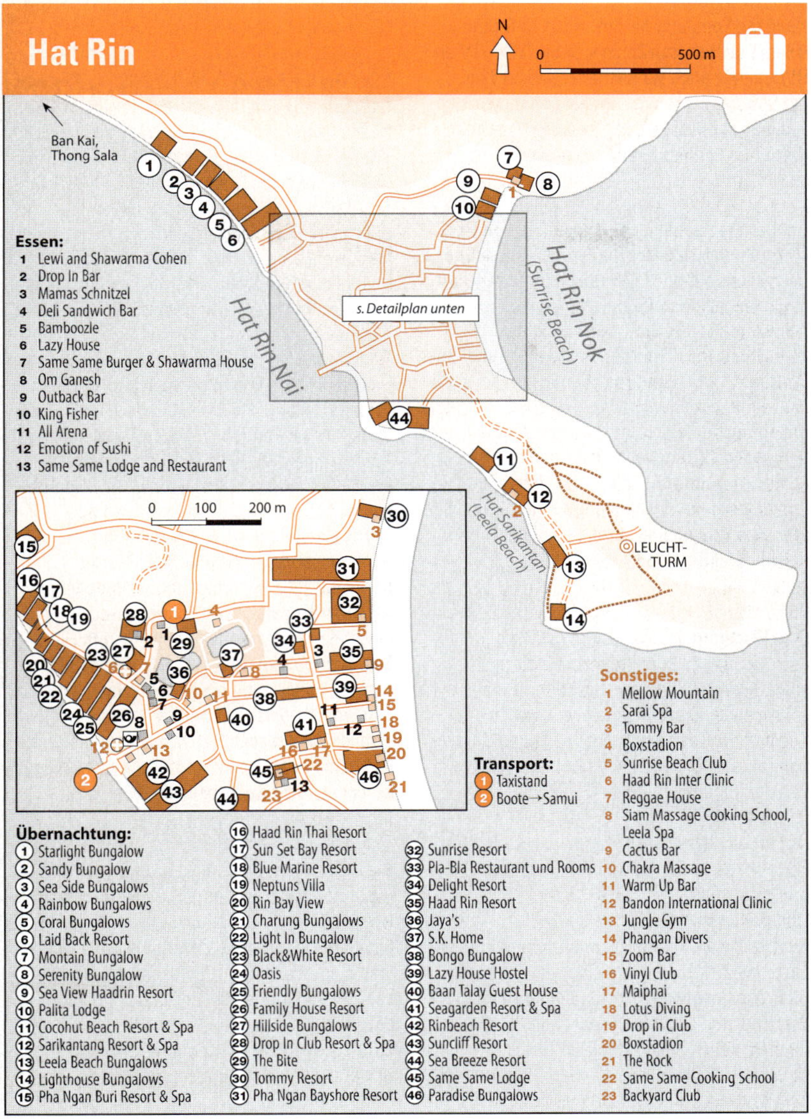

Lighthouse Bungalows ⑭, ✆ 077-3765 075, 💻 www.lighthousebungalows.com. In die Felsen am Hang gebaute schöne Anlage mit einfachen Zimmern. Einfachste Hütten ohne Bad, bessere mit Ventilator und Dusche/WC, auch große AC-Bungalows. WiFi, teils im Zimmer. ❸–❹

Sarikantang Resort & Spa ⑫, ✆ 077-375 055, 💻 www.sarikantang.com. Große, recht eng bebaute Anlage mit einfachen Bungalows im

Hang mit Ventilator bis hin zu Luxus-Strandvillen. Die besseren Zimmer haben WiFi, TV und DVD, einige auch Badewanne. Kleiner Pool am Strand. Hängematte in den schattigen Bäumen am Strand. Das Sarai Spa verwöhnt Körper und Sinne. ❸–❼

Hat Rin Nai

Auf der Westseite genau gegenüber von Hat Rin Nok befindet sich **Hat Rin Nai**, auch als **Sunset Beach** oder **Hat Rin West** bekannt. Oft sorgt angeschwemmtes Treibgut für eine etwas abgeschwächte Idylle. Der Strand gleicht vor allem in den Monaten Juli bis November bei Ebbe einer Wattlandschaft, und man kann nur bei hoher Flut schwimmen. Das Publikum ist hier nicht unbedingt auf Party aus, sondern sucht eher geruhsames Strandleben mit Sonnenuntergangstimmung, ohne auf die nahe gelegenen Verpflegungs- und Einkaufsmöglichkeiten Hat Rins verzichten zu müssen. Zentral liegt der Hafen, an dem die Hat Rin Queen an- und ablegt.

Übernachtung

Coral Bungalows ⑤, ✆ 077-375 023, 💻 www.coralhaadrin.com. Im hinteren, schattigen Bereich Bungalows und Zimmer mit AC oder Ventilator, Warmwasser. Pool mit Poolbar. Großes Restaurant mit langen Bänken. Billard. Auch in der Nebensaison belebt. Regelmäßige Poolpartys. ❸–❹

Friendly Bungalows ㉕, ✆ 077-375 167. Hübsche und recht große, geflieste Holz-Stein-Bungalows, Ventilator und Warmwasser, großes Bad. ❷–❸

Laid Back Resort ⑥, ✆ 077-375 190. Die alten bemalten Holzbungalows verbreiten nostalgisches Hippieflair. Zum Teil mit offenem Bad. Wenige geflieste Betonbungalows für jene, die etwas Komfort wünschen. ❷–❸

Pha Ngan Buri Resort Health & Spa ⑮, ✆ 077-375 481, Reservierungen ✆ 02-619 9727, 💻 www.phanganburiresort.net. Bungalows am großen Strandpool, dahinter Zimmer in mehreren 2-stöckigen Apartmenthäusern. Schöne Zimmer, manche mit Badewanne. Safe, TV und teilweise Computer. In der Hauptsaison oft ausgebucht, in der Nebensaison Rabatt. ❺–❼

Shiva und Ganesh

Sea Breeze Resort, ✆ 077-375362 ㊹, 💻 www.seabreezekohphangan.com. An der Straße nach Hat Sarikantang. Große, individuelle Bungalows im Garten und im Felsen ganz im Süden auf dem Hang, meist in Farbe getüncht (mal blau, mal rosa, mal rot). Balkon nur vom Zimmer aus zugänglich und in den Bungalows am Hang für fremde Blicke unzugänglich. Fantastische Sicht auf die untergehende Sonne. Mit Ventilator oder AC. Luxuriöse Zimmer im Haupthaus. Kleiner Pool (Nichtgäste 200 Baht). Vom hauseigenen Shiva-Tempel, der auf einem enorm großen Stein thront, Blick auf Hat Sarikatang. Ein Steg führt von Hat Sarikantang am Fels entlang und den Berg hinauf bis zum Tempel. ❹–❻

Sandy Bungalow ②, ✆ 077-375 138. Schöne, gepflegte Anlage. Holz-Matten-Bungalows mit Ventilator und ansprechende AC-Steinbungalows mit Panoramafenstern und toller Terrasse. ❸–❹

Sea Side Bungalows ③, ✆ 086-940 3410. Ruhige Anlage mit einfachen Holzbungalows im gepflegten tropischen Garten und am schönem Strand. Gut ausgestattet. Keine Spezialpreise an Vollmond. Veranstaltet selbst eine trancige Moonset Party am Strand. ❷–❹

Essen

Die meisten Restaurants verzichten mittlerweile auf laute TV-Berieselung. Bars übertragen vielfach Sportveranstaltungen, vor allem Fußball wird oft zusammen geschaut. Ansonsten kann man hier in gepflegter Atmosphäre in Ruhe speisen. Restaurants in der Stadt s. Hat Rin Nok, S. 652.

Lazy House (nicht zu verwechseln mit dem Schlafsaalhaus), in gepflegter Atmosphäre Lamm, Grillplatten und anderes vom Tier nach griechischer Art zubereitet. Auch Vegetarisches.

Om Ganesh, ✆ 077-375 123. Seit 1997 beliebtes indisches Restaurant direkt am Pier. Wer in Hat Rin wohnt, kann sich das Essen auch in die Anlage bringen lassen. Gewürzt wird nach Wunsch – mal scharf, mal mild. 🕓 9–23.30 Uhr.

Aktivitäten

Jungle Gym, ✆ 077-375 115, 🖳 www.junglegym.co.th. Gewichte, Crosstrainer, Laufbänder und andere moderne Geräte. Kurse im Thai-Boxen vom Exchampion. Yogakurse (tgl. 13–15 Uhr). Sauna.
Pha Ngan Divers, ✆ 077-375 117, 🖳 www.phangandivers.com. Diese seit 1990 etablierte Tauchschule blickt auf eine lange Tradition am Hat Rin zurück. Guter Shop, alle Touren und Kurse nach Padi und SSI. Nitrox-Tauchen möglich.

Sonstiges

Medizinische Hilfe

Bandon International Clinic, ✆ 077-375 471. 24-Std.-Dienst unweit vom Pier. Erste Hilfe. Bei ernsteren Notfällen Transport nach Ko Samui. Röntgengerät. Akzeptiert fast alle Reisekrankenversicherungen.
Haad Rin Inter Clinic, ✆ 077-375 342, Notfallhandy 081-318 5085. Dr. Siripong hat 24-Std.-Dienst, akzeptiert fast alle Versicherungen. Auch Kreditkarten.

Nahverkehr

THONG SALA mit dem Taxi für 50–100 Baht. An Vollmond fahren die Taxen die ganze Nacht von und nach Thong Sala, sobald genügend Passagiere zusammenkommen. Umstieg in Thong Sala zu den Stränden weiter im Norden.
Mit dem Moped oder dem ATV ist die Strecke nach THONG SALA dann zu meistern, wenn man mindestens eine 125-er fährt, kleinere Motoren versagen an den Steilhängen oft den Dienst. Die Straße ist geteert, Anfänger sollten sich dennoch fahren lassen. Um Vollmond ist von Moped- und ATV-Fahrten Abstand zu nehmen.
Zu den angrenzenden Stränden HAT YUAN, HAT THIEN, HAT YAO (EAST) bis hin zum THAN SADET, THONG NAI PAN und CHALOKLUM fahren Taxiboote, die man sowohl am Hat Rin Nok als auch am Hat Rin Nai Pier mieten kann. Max. 4 Pers. auf einem Longtail. Eine Tagestour mit Hin- und Rückfahrt kostet pro Boot etwa 1200 Baht. Nach Than Sadet und Thong Nai Pan werden etwa 3000 Baht für die einfache Fahrt fällig, nach Chaloklum etwas mehr. Außerdem ein Boot aus Ko Samui bis zum Thong Nai Pan (s. u.).

Transport

Vom Hat Rin Nai Pier fährt die Hat Rin Queen tgl. um 9.30, 11.40, 14.30 und 17.30 Uhr in 1 Std. nach Ko Samui. In der Saison legt zudem um 9.30 Uhr ein Schnellboot nach Mae Nam (Ko Samui) ab, das gegen 13 Uhr zurück in Richtung Thong Nai Pan fährt (aktuelle Zeiten bitte im Reisebüro erfragen, meist verkehrt dieses Boot nur in der Hauptsaison).
Kosten: 300 Baht nach Ko Samui, 100 Baht zu den Stränden Ko Pha Ngans bis einschließlich Thong Nai Pan.

Ao Hin Lor, Ban Kai und Ban Tai

Diese drei Strände mit einer Gesamtlänge von etwa 10 km, eXTra [2752], liegen an der Küste zwischen Hat Rin und Thong Sala. Sehenswert sind die spektakulären Sonnenuntergänge von Mai bis Juni. Der Sand ist grobkörnig und je nach Wetterlage mit Treibgut oder Korallenresten bedeckt. Baden ist bei Flut und zunehmendem Mond fast überall möglich, bei Ebbe im abnehmenden Mond sieht es hier aus wie am Wattstrand in der Nordsee. Das gilt vor allem in den Monaten Juli bis November. Gut sichtbar am Horizont liegt Ko Samui.

Geschätzt wird dieses Gebiet von Partyfans, denn hier finden sowohl am Strand (**Black Moon, Day Party**) als auch im Dschungel (**Half Moon, Shiva Moon, Dschungelparty**) einige beliebte Events statt. Und wer nicht in Hat Rin wohnen und trotzdem zur Vollmondparty gehen möchte, kann diese bei Ebbe in etwa 1 Std. zu Fuß erreichen.

Im Ort **Ban Tai**, in dem noch einige alte Häuser zu sehen sind, gibt es eine Tankstelle, einen Geldautomaten, Märkte, eine Sanitätsstation sowie mehrere Restaurants, Internetcafés, Mopedverleih und einen interessanten Laden mit Artefakten aus Asien, daneben Kleidung und Bilder.

Sehenswert ist **Wat Khao Tham** im Hinterland auf dem Berg (s. „Tempel“, S. 658). In zehntägigen Meditationskursen (s. u., Aktivitäten) kann man meditieren lernen. In Ban Tai zweigt die

Kleinod mitten in den Felsen

Harmony Beach Resort ㉒, ✆ 086-885 4646, 🖳 www.harmonybeachthailand.com. In einer kleinen idyllischen Privatbucht am Ao Hin Lor-Strand. In puncto Flair und Atmosphäre das Beste, was in dieser Gegend zu finden ist. Gut instandgehaltene Bungalows mit AC oder Ventilator am Strand und am Hang, alle mit Warmwasser. Geschmackvolle Innenaustattung. Manche Zimmer mit TV. Pool, der demnächst saniert wird. Von einem Felsen überdachtes Restaurant. Kostenloses WiFi. ❸–❺

Straße nach Thong Na Pan und Than Sadet ab. Nach wenigen Metern steht rechter Hand der **größte Baum** Ko Pha Ngans mit einem Umfang von etwa 14 m.

Übernachtung

Ao Hin Lor und Ban Kai

Boom's Café Bungalow ㉓, ✆ 077-238 318, 🖳 www.boomscafe.com. Am Ende des Ao Hin Lor. Schöne Holzbungalows direkt am Meer. AC und Ventilator. Auch kleinere Steinbungalows. Ruhig. ❸–❺

Morning Star Resort ⑬, ✆ 077-377 756, ✉ morningstarkpn@yahoo.com. Schöne Holzbungalows mit AC in 2 Reihen in tropischer Gartenanlage. Vorne Meerblick, hinten Steinbungalows mit 2 großen Betten. Pool. ❸–❹

My Pha Ngan ⑫, ✆ 077-377 302. Saubere Holzbungalows in tropisch grünem Garten unter Palmen und anderen wundersamen Gewächsen. Ventilator oder AC. ❸–❹

Pha Ngan Rainbow ⑱, ✆ 077-238 236. Schöne Holzbungalows im Thai-Stil am Strand und im tropischen Garten. Gute Ausstattung, Badewanne und große Betten. Breiter Strandabschnitt. ❸–❹

Ban Tai

Dew Shore ⑥, ✆ 077-238 128. Schön gestaltete Holz- und Steinbungalows am großen Pool (Jacuzzi), teilweise mit Meerblick. Geschmackvolle Einrichtung, TV. Balkone mit Sitzkissen. Bei Flut kein Strand. Pool (Nichtgäste 200 Baht) von 9–21 Uhr geöffnet. ❹–❽

Life Style ⑦, bunte, individuell gestaltete, schöne kleine Holzhütten. Zudem stabilere Holzbungalows mit etwas weniger Flair. Alle mit Ventilator. Schattiger Strand. Schöne Bar und Restaurant. ❷–❸.

Milky Bay ⑤, ✆ 077-238 566, 🖳 www.milkybay.com. Geschmackvoll gestaltete Bungalows unter schattenspendendem Bambus. Liegen auf der Balustrade am Meer. Kleines Gym und netter überdachter Pool. Gutes Essen in gehobenem Ambiente. Musikalisch begleitete Massage, Sauna. WiFi. ❺–❻

Pha Ngan Beach Resort ④, ✆ 077-238 809, 🖳 www.phanganbeachresort.com. Geschmackvolle Holzbungalows senkrecht in Reihen in gepflegter Gartenanlage. Einige AC-Bungalows mit TV parallel zum Strand. WiFi im Restaurant und den angrenzenden Bungalows. Kostenloses Vollmond-BBQ für Gäste. Volleyball. ❸–❻

Power Beach Resort ②, ✆ 077-238 937. Große Anlage mit Steinhäusern in hübscher Bambusverpackung. Pool mit Meerblick. Bar und Poolbar am Strand. Restaurant und Zimmer mit Ventilator hinten. ❷–❹

Essen

Am Hafen von Ban Tai gibt es kleine Foodstalls, die den ganzen Tag über gebratenes Huhn, Papayasalat und Trockenfisch anbieten. Zudem an der Straße bis nach Ban Kai einige Restaurants und Nudelsuppenstände.

Restaurants und Cafés

Anahata Restaurant & Lounge Bar, ✆ 087-125 5430. Gute Thai-Küche im Dorf Ban Kai in einem alten Thai-Haus. Der französische Koch sorgt für gehobene Küche. Auch Vegetarisches. So Buffet (300 Baht), zu dem man sich telefonisch anmelden sollte. ⏲ tgl. außer Mi ab 19 Uhr.

Niras Bakery, schönes Café in Hafennähe mit großer Auswahl an Brot und Kuchen, darunter Apfelstrudel und Schokocroissants. Schöne Sitzgelegenheiten in schattigen Salas und an der Straße vor dem Café.

Som Tam Inter, großes, offenes Restaurant neben dem Boat Ahoi. Günstige Gerichte aus der gesamten Thai-Küche mit besonders guten Gerichten aus dem Isarn.

Ban Tai / Ban Kai

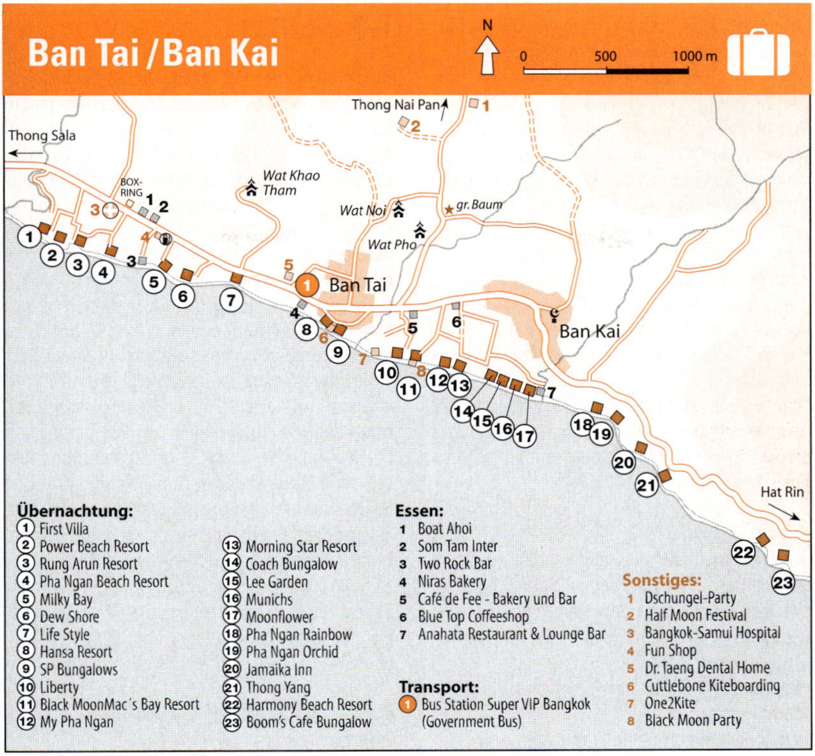

Aktivitäten

Fahrradtouren

An der Straße neben der Einfahrt zu den Two Rock Bungalows in Ban Tai befindet sich der kleine Fahrradladen **Fun Shop**, ✆ 087-049 8314. Französische Leitung. Hochwertige Räder zum Kauf und zur Ausleihe. Gute Trekkingräder 120/2400 Baht pro Tag/Monat. Gut gewartete und geländegängige Mountainbikes für 150/3000 Baht pro Tag/Monat. Kaufräder um die 25 000 Baht, auch BMX-Räder und Kindersitze. ⌚ Mo–Sa 10–18 Uhr.

Wohnen und feiern am Ban Tai

Black-MoonMac's Bay Resort ⑪, ✆ 077-238 443. Weißgetünchte Steinhäuser, so weit das Auge blickt. Vorne in einer Reihe Bungalows mit Ventilator, dahinter mit AC. Pool. Breiter Strandabschnitt mit weiß glänzendem Sand. Allmonatlich findet hier die Black Moon Party statt. Dann wird der Strand zur Tanzfäche, und wer hier übernachtet, sollte in Feierlaune sein. An allen anderen Tagen viel Ruhe. ❸–❺

Kitesurfen

Cuttlebone Kiteboarding, ✆ 081-940 1902. Kurse im Kiteboarden; für Geübte steht Equipment zur Ausleihe bereit. Je nach Wetterlage touren die Wellenreiter an die besten Strände und schlagen dort ihr Lager auf. Transport ab Kiteschule nach Vereinbarung.

Kiteschule One2Kite, ✆ 085-555 9700, 🖳 www.one2kite.com. 1–3-tägige Kurse und sowie Kites zur Ausleihe für Könner. Auch in der Nebensaison geöffnet. Wer einen Kurs bucht, wird von seinem Resort abgeholt und dorthin zurückgebracht. Transport von hier aus an die besten Kitestellen je nach Windlage.

Meditation

Wat Khao Tham, 🖳 www.watkowtham.org. Internationales buddhistisches Meditationszentrum. Seit Ende der 1980er-Jahre 10-tägige Retreats (amerikanisch-australisches Lehrerehepaar Weismann). Gelehrt wird Vipassana-Meditation. Es wird weder geredet noch geschrieben oder gelesen. Stattdessen gilt es, sich aufs Laufen, Sitzen und Stehen zu konzentrieren. Reden ist während der Kurszeit nur an 3 Abenden erlaubt (Privatgespräche mit den Lehrern). Ein kostenloses Infoheft liegt am Wat aus oder kann von der Website heruntergeladen werden. Am Anschlagbrett befinden sich die Listen für die kommenden Kurse. Ein Kurs kostet knapp 100 €.

Sauna

Die Kräutersauna des Wat Po ist seit Jahren beliebt. Getrennt nach Männern und Frauen sitzt man hier in gesundem Dampf. Die Sauna wird auf Spendenbasis betrieben. 🕓 13–18 Uhr.

Sonstiges

Medizinische Hilfe

Bangkok-Samui Hospital, rechter Hand an der Hauptstraße kurz vor dem Pha Ngan Beach Resort. 24-Std.-Notfallpraxis. Notruf (Krankenwagen) ✆ 077-239 599. Wer hier nicht behandelt werden kann, wird nach Ko Samui überführt.

Dr. Taeng Dental Home, ✆ 077-238 820. Zahnärztin mit gutem Ruf. Spritzen ohne Schmerzen und freundlichste Behandlung. Günstige Preise. 🕓 Mo–Fr 17–20 Uhr, Sa–So 9–17 Uhr.

Nahverkehr

Am Hafen von Ban Tai Boote für selbstorganisierte Trips. Neben Longtails kann auch ein Schnellboot gechartert werden. Schnorchel- und Angelausrüstung ist vorhanden. ✆ 087-069 0036, 🖳 www.island-discovery.com.

KO SAMUI mit dem **Samui Phangan Express**-Schnellboot, ✆ 082-037 2701, stdl. von 8.30–17.30 Uhr für 550 Baht in 15 Min. zum Pier Pecharat Marine (bei Bophut).

Ko Samui

Ko Samui ist eine der Inseln, die Stefan Loose in den 1970er-Jahren noch mit dem Fischerboot ansteuerte, um zu Fuß die Strände zu erkunden und seinen persönlichen Traumstrand zu entdecken. Wo es keine freie Hütte mehr gab, wurde flugs eine neue für den Gast errichtet. Ein einfaches Dach aus Bambus über dem Kopf, eine geflochtene Matte als Bett und eine Kerze daneben reichte den jungen Weltenbummlern damals aus.

Heutige Besucher schätzen den Komfort, den Ko Samui mittlerweile zu bieten hat. Man reist mit dem Flugzeug, der Autofähre oder dem Schnellboot an und wohnt in stilvollen AC-Unterkünften. Auf der etablierten Ferieninsel warten rund 400 Bungalow- und Hotelanlagen mit etwa 14 000 Zimmern auf Gäste. Dank guter Infrastruktur, der Vielzahl hochwertiger Unterkünfte und des breiten Unterhaltungs- und Freizeitangebots kommen zahlreiche Pauschalreisende.

Die alten Traditionen werden bei vielen der etwa 40 000 Einheimischen noch immer hochgehalten, und zahlreiche Familienclans geben ihre Berufe als Kokosnussbauer oder Fischer an die nächste Generation weiter. Nicht alle Bewohner

Von Kokosnüssen und Affen

Ko Pha Ngan und Ko Samui werden vielfach in einem Atemzug mit dem Anbau von Kokosnüssen genannt; Samui trägt sogar den Spitznamen „Kokosnussinsel". Das bewirtschaftete Land beider Inseln besteht hauptsächlich aus Kokosnussplantagen. Wer sich mit dem Fahrrad ins Inland begibt, wird schnell Berge von Kokosnüssen erspähen, die von fleißigen Arbeiterinnen gespalten und geschält werden. Lastwagenweise werden die Früchte nach Bangkok oder an andere Zielorte verfrachtet. Geerntet werden die reifen Früchte von ausgebildeten Affen, die man sehr oft bei ihrer Arbeit beobachten kann. Wer sich für die Ausbildung der flinken, jedoch leider meist sehr unfreundlichen tierischen Helfer interessiert, kann die Affenschule nahe Surat Thani besuchen. Von den leider noch immer angebotenen Affenshows ist aus Artenschutzgründen abzuraten.

Ich weiß, wo ich wohne!

Wer in der Hauptsaison auf die Insel kommt, dem sei geraten vorzubuchen. Das gilt ganz besonders während der europäischen Weihnachtsferien. Buchungen über einen Anbieter sind meist sicher. Wer per Telefon oder die Website des Resorts bucht, wird bei Ankunft nicht immer ein freies Zimmer vorfinden. In der Zeit vom 20.12. bis 10.1. verlangen die meisten Anlagen einen Aufschlag von ca. 25 % nebst Buchung eines teuren Weihnachts- bzw. Silvestermenüs. Günstig bucht man nicht nur in dieser Zeit übers Netz, s. **eXTra [2770]**.

sind im Tourismus tätig. Wer ein authentischeres Alltagsleben erleben möchte, wird fündig, sobald er sich etwas abseits der großen Straßen auf eigene Faust auf den Weg macht. Auch die Hauptstadt Nathon hat noch etwas Ursprüngliches, und in der Nebensaison sind sogar noch einsame Strände zu finden.

Lohnend sind allemal die zahlreichen Sandstrände, die sich auf insgesamt 26 km erstrecken. Während ein Viertel der Insel überwiegend aus Flachland mit Kokospalmenkulturen besteht, wird das mit dichtem Wald bedeckte Hochland im Inneren kaum landwirtschaftlich genutzt.

Die Strände

Die beiden Hauptstrände Chaweng und Lamai an der Ostküste bestechen mit ihrem weißen Sand, sauberen Wasser und ihren Palmen und sind gut besucht. Das Meer eignet sich an beiden Stränden bestens zum Schwimmen. Am **Hat Chaweng** ist es voller und lauter, und das Nachtleben tobt. Hierher kommen viele Pauschaltouristen und Partyfreunde, denen allerdings manchmal der nötige Respekt für die Sitten des Gastlandes abzugehen scheint.

Am **Hat Lamai** urlaubt ein individuelleres und zurückhaltenderes Publikum, entsprechend ist es hier ruhiger. **Hat Mae Nam** wird immer beliebter und gehört für uns zu den schönsten Stränden der Insel: ein Wat am Strand sowie Anlagen und Restaurants für alle Anspruchsniveaus. Er eignet sich auch perfekt für einen Familienurlaub.

Tempel

Das Kennzeichen Ko Samuis ist der große goldglänzende Buddha, den Flugreisende bereits beim Landeanflug sehen. Für Thais ist die **Big Buddha**-Statue im **Wat Phra Yai** auf der kleinen Insel Ko Fan die Wallfahrtstätte Samuis schlechthin. Zwei Dämme verbinden die Insel mit dem Festland. Die vergoldete, 12 m hohe Statue ist besonders abends ein beliebtes Fotomotiv. Während nationaler Feste wie Loy Kratong und Songkran (s. S. 59) drängen sich auf dem Tempelgelände die Garküchen und Souvenirstände, und es wird ausgiebig gefeiert.

Lohnend ist auch ein Abstecher zum unweit gelegenen Tempel **Wat Plai Laem**, der in beindruckender Weise zeigt, wie lebendig das Kunsthandwerk des Tempelbaus bis heute ist. Die Tradition, in der dieses Gebäude Anfang des 21. Jhs. erbaut wurde, ist Jahrhunderte alt. Über drei Jahre arbeitete der Künstler Jarit Phumdonming an den bunten und kunsthandwerklich wertvollen Wandgemälden, die u. a. den Werdegang Buddhas zeigen. Daneben kann man im künstlich angelegten See Fische füttern.

Wat Khunaram gehört zweifellos zu den bedeutensten Sehenswürdigkeiten der Insel. Zu besichtigen ist hier ein mumifizierter Mönch, der einst als Luong Por Daeng bekannt und verehrt wurde. Der Mönch starb vor über 20 Jahren und meditiert seither in einem Glaskasten. Der Tempel befindet sich nahe dem Fischerdorf Hua Thanon an der Straße gegenüber der Einfahrt zum Namuang-Wasserfall. Auch im **Wat Kiri Wongkaram** beim Dorf Taling Ngam im Westen der Insel kann ein mumifizierter Mönch bestaunt werden, der vor über 25 Jahren verstarb. Zwei große Elefantenstatuen markieren den Eingang zur von Kokospalmen umsäumten alten Tempelanlage.

Ein weißer Jade-Buddha wird im **Wat Samret** nahe dem Dorf Hua Thanon verehrt. In der geheimnisvollen Halle der Buddhas sind zahlreiche Buddhastatuen aufgestellt. Da Diebe im Laufe der Zeit viele der Figuren stahlen, ist die Tür heute meist verschlossen, wird jedoch auf Anfrage geöffnet.

Wasserfälle und Aussichtspunkte

Am bekanntesten ist der **Namuang-Wasserfall**, bei dem es sich eigentlich um zwei Fälle handelt. Der zweite Wasserfall stürzt sich fast 80 m in die Tiefe, während der erste mit etwas über 18 m wesentlich beschaulicher ist. Urlaubende Thais bevölkern ihn am Wochenende, und auch in den Ferien ist hier viel los. Beide Wasserfälle befinden sich im Süden der Insel, und ein Besuch lässt sich gut mit einem Ausflug zum Wat Khunaram verbinden. Eine gut ausgebaute Straße führt direkt zu einem Pool des ersten Falls, in dem man sich erfrischen kann. Während dieser Fall gut erschlossen ist, nötigt der zweite dem Besucher mehr Anstrengung ab. Die vormals gute Straße verwandelt sich alsbald in eine ungeteerte Schlammstraße. Auf dieser ist nach etwa 10-minütigem Spaziergang der Fuß des zweiten Falls erreicht. Wer hinaufsteigen will, sollte über Klettererfahrung verfügen, denn der Weg ist rutschig. An beiden Fällen helfen Elefanten beim Aufstieg.

Im Osten Ko Samuis nahe dem Dorf Lipa Yai befindet sich der **Hin Lad-Wasserfall**, ein weiterer schöner Platz zum Baden. Auf einem etwa 3 km langen schmalen Dschungelpfad gelangt man an einen großen Pool am Fuße des Wasserfalls, wo man schwimmen oder sich unter das herabstürzende Wasser stellen kann. Unterwegs passiert man einen kleinen Getränkestand (nur in der Saison). Hinter der kleinen Brücke können Kletterkundige noch 500 m höher steigen.

Weitere Wasserfälle befinden sich nahe dem **Lipa Noi-Aussichtpunkt**. Ein Besuch auf den zahlreichen Aussichtspunkten im Inland, die auf den Routen vom Norden der Insel hinüber in den Osten liegen, lohnt für Wanderfreunde. In der Regenzeit sollte man sich vorher erkundigen, ob Rutschgefahr besteht, und in jedem Fall an die schnell hereinbrechende Dunkelheit denken: Lange Wege sollten früh begonnen und mit sachkundiger Führung unternommen werden. Immer genügend Wasser mitnehmen! Weniger Unternehmenslustige, die sich nicht so weit von der Strandstraße entfernen möchten, können z. B. am Hat Lamai im Osten einen Ausflug auf einen der nahen Berge mit ihren ausgeschilderten Aussichtspunkten unternehmen.

Safaris auf Ko Samui

An allen Stränden werden nahezu identische Touren angeboten, auch wenn sie jeweils unterschiedliche Namen tragen, geringfügig andere Abfahrtszeiten haben und je nach Buchungsort auch unterschiedlich viel kosten. Geboten wird überall das Gleiche: Großmutter- und Großvaterfelsen am Lamai, Elefantentrekking, Schwimmen im Wasserfall, Krokodil- oder Affenshow, mumifizierter Mönch, Buddhagarten mit seinen steinernen Figuren und Latexgewinnung auf Gummiplantagen. Zudem besucht man Aussichtspunkte und geht zum Sonnenuntergang zu Big Buddha. Einige Touranbieter besuchen Thai-Boxer, organisieren Ochsenkarrenritte oder kurze Kanu- oder ATV-Fahrten. Dazwischen gibt es Essen, Wasser und Früchte, die im Preis inbegriffen sind. Abfahrt jeweils gegen 9 Uhr; Halbtagestouren enden um 15 Uhr, Ganztagestouren um 17.30 Uhr. Ab 1200 Baht (Kinder von 5–12 Jahren 700 Baht) bis 2000 Baht.

Sport, Spa und Spaß

Das Freizeitangebot auf Ko Samui ist vielseitig und umfasst auch sportliche Aktivitäten wie Surfen, Kajaktouren oder Schwimmen. Zahlreiche Tauchschulen bieteten Kurse und Tauchausflüge an. Die Tauchbasen befinden sich zumeist an den Stränden. Als Ziele werden Riffe im Nationalpark und rund um Ko Tao angesteuert. Aufgrund längerer Anfahrtswege und des zahlungskräftigeren Publikums ist das Preisniveau auf Ko Samui etwas höher als auf den anderen Inseln im Golf. Jene, die den besonderen Kick suchen, können sich am Hat Chaweng an Seilen durch den Urwald schwingen, dem Bungy-Jumping frönen oder Scooter fahren. Entspannender sind Massagen und Spa-Behandlungen, die 1 Std., aber auch den ganzen Tag dauern können.

Die hiesigen zoologischen Einrichtungen wie Schlangenfarm oder Tigerzoo werden bei Tierfreunden auf wenig Begeisterung stoßen. Wer im März auf Ko Samui ist, kann den **Butterfly Garden**, ✆ 077 424 020, besuchen. In der schönen Anlage sind dann allerlei bunte Schmetterlinge zu sehen, in den anderen Monaten hingegen nur aufgespießte tote Exemplare. ⏲ 9–18 Uhr, Eintritt 150 Baht.

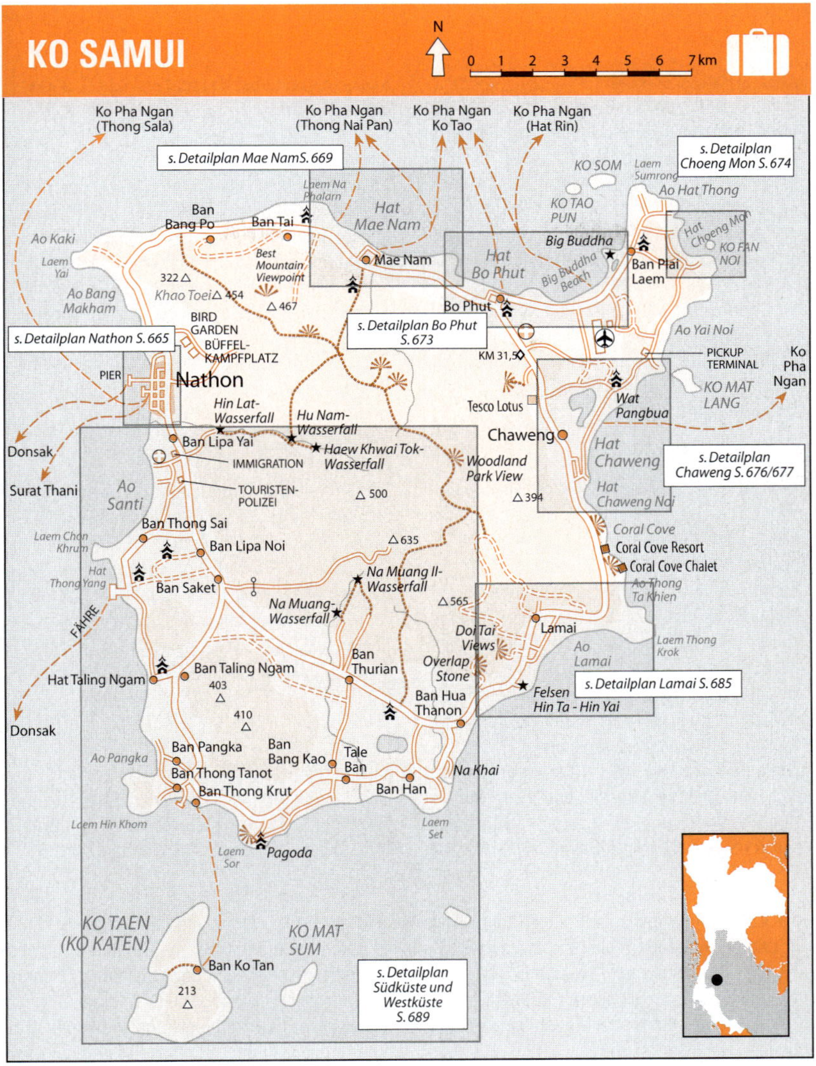

Essen gehen

Auf Ko Samui kann man herrlich schlemmen. Es gibt sehr gute Fischlokale, und auch gehobene Etablissements aller Nationalitäten sind hier zu finden. Es lohnt sich, abends einmal an einen anderen Strand zu fahren, um gediegen zu speisen. Empfehlenswert für ihre Auswahl an guten Restaurants sind vor allem Fishermen's Village (Boputh Beach) und Hat Chaweng. Gewählt werden kann zwischen teurer Küche in gediegenem Ambiente und authentischer, empfehlenswerter Küche im einfachen Lokal. Wer mit dem Moped

Ko Samui: Praktische Tipps

Auto- und Mopedverleih
Autos kosten 800–2000 Baht pro Tag (inkl. Versicherung). Billig sind die kleinen Suzukis, teurer Pick-ups und am teuersten Pkws. Bei längerer Mietdauer wird Rabatt gewährt. Mopeds gibt es ab 200–300 Baht pro Tag. Oft muss der Pass als Sicherheit hinterlegt werden. Sicherheitsgurte im Auto sind Pflicht, ebenso Helme bei Mopeds. Bei Verstößen drohen Geldstrafen (s. „Vorsichtsmaßnahmen auf einen Blick", S. 88). Theoretisch benötigt man einen Internationalen Führerschein, dieser wird allerdings sowohl bei der Ausleihe als auch bei Kontrollen selten verlangt.

Medizinische Hilfe
Auf der Insel gibt es einige große Privatkliniken. Hier ist bei kleineren Untersuchungen direkt nach der Behandlung zu bezahlen. Die ausgestellten Formulare reichen i. d. R. für eine Erstattung durch die Reisekrankenkasse. Bei längeren stationären Behandlungen rechnet das Krankenhaus direkt mit der Reisekrankenversicherung ab. Die Krankenhäuser befinden sich an den Stränden; das staatliche Hospital in Nathon (s. S. 664) ist allenfalls mittellosen Nichtversicherten zu empfehlen.
Zwischen Nathon und Chaweng befindet sich das **Bandon International Hospital**. Am Hat Chaweng gibt es das empfehlenswerte Krankenhaus **Bangkok Samui Hospital**, das **Samui International Hospital** und das **Thai International Hospital**.

Internet
An jedem Strand haben sich zahlreiche Internetshops angesiedelt. I. d. R. kostet die Online-Minute 1 Baht. Wer mit eigenem Laptop reist, findet überall Restaurants und Resorts mit **WiFi**. Immer mehr Unterkünfte verfügen über WiFi, das bei manchen im Preis inbegriffen ist, in anderen mit Zeitkarten genutzt werden kann (70 Min. 100 Baht). Manche Strände haben flächendeckend WiFi, sodass man mithilfe einer Netzkarte am Strand des Surfens frönen kann.

Polizei
Die Zentrale der **Touristenpolizei** befindet sich 2 km südlich des Ortszentrums von Nathon, ✆ 077-421 281 und ✆ 421 441. **Notruf** 1699 (Touristenpolizei) oder 191 (Polizei). Auch die regulären Polizeireviere können im Notfall kontaktiert werden, doch spricht hier nicht unbedingt jeder Englisch: Nathon ✆ 077 421 095-8, Chaweng ✆ 077-422 067, Lamai ✆ 077-424 068, Mae Nam ✆ 077-425 070, Big Buddha ✆ 077-425 071, Hua Thanon ✆ 077-424 069, Taling Ngam ✆ 077-423 009.

Reisebüros
Es gibt auf der Insel nahezu überall kleine Reisebüros. Man kann hier Touren sowie Bus-, Zug-, Schiffs- und Flugtickets buchen.

oder Auto unterwegs ist, sollte die Chance nutzen und an einem der Lokale Halt machen, die sich an exquisiter Stelle an einem Aussichtspunkt niedergelassen haben und allein wegen des Ausblicks aufs weite Meer einen Besuch lohnen.

Nathon

Der Hauptort der Insel, eXTra [2826], ist eine kleine geschäftige Stadt und einer der größeren Orte der Insel. Er hat sich viel von seinem ursprünglichen Charme erhalten: Alte Holzhäuser dienen als Wohn- und Lagerstätte, es gibt zahlreiche authentische Thai-Restaurants, und nicht alle der Verkaufsangebote richten sich an Reisende oder ausländische Residenten.

Doch natürlich fehlen auch hier nicht Geschäfte mit Kleidung, Büchern, Malereien oder den hübsch geschnitzten Seifeblumen. Ein Einkaufsbummel gestaltet sich in Nathon gemütlich bis beschaulich, denn die Zahl der Läden ist überschaubar. Der Markt bietet einen gute Möglichkeit, frisches Obst zu erstehen, und wer von Thailand nur Ko Samui kennenlernt, kann hier die Atmosphäre eines typischen Thai-Marktes erschnuppern.

An den drei Piers in Nathon legen die Seatran-Autofähre, die nicht empfehlenswerten Expressboote von Songserm und das Nachtboot an. Bunt bemalte, mit den Routen beschriftete Songtheaw, Taxi- und Mopedfahrer begrüßen die Ankommenden und bringen sie an die Strände.

Übernachtung

Grand Sea View Resortel ⑥, 175/4 Moo 3, Preeda Rd., ✆ 077-421 481, 💻 www.grandseaviewbeachhotel.com. 4-geschossiges Hotel mit kleinem Pool in Strandlage. Teils kleine Balkone mit Meerblick. Stühle am wenig attraktiven Strand. Alle Zimmer mit AC, TV, Minibar. ❹–❺

Jinta City Hotel ⑤, Chonvithi Rd., ✆ 077-420 630, 💻 www.jintasamui.com. Um einen kleinen Pool 1- oder 2-geschossige Apartmenthäuser mit schön eingerichteten Zimmern, alle mit AC und TV. ❸–❹

Nathon Residence ②, Tawirat Rd., ✆ 077-236 058. Mitten im Zentrum nahe dem chinesischen Tempel. Schön möblierte Zimmer mit Tisch, AC, TV und wahlweise Warmwasser, die nach vorne z. T. mit kleinem Balkon zur Straße. Die Zimmer nach hinten sind ruhiger. ❸

Essen

Überall in Nathon gibt es kleine und größere Lokale, die sich vornehmlich an einheimische Gäste richten und entsprechend authentisches Essen (Vorsicht: scharf) in einfacher Umgebung bieten. Wer sich traut, nimmt einfach auf den Plastikstühlen Platz und bestellt (meist per Fingerzeig auf die vorbereitete Kost oder auf den Teller des Nachbarn).

Ruang Thong Bakery, 2 Filialen nahe beeinander nahe dem Hafen. Leckerer Kaffee und viele Gerichte, zudem frisches Brot und Gebäck. Bebilderte Speisekarte.

Sunset Seafood, Chonvithi Rd. Unter freiem Himmel oder überdacht frisch gebratener Fisch vom Grill und andere Thai-Gerichte. Meerblick. Bei gutem Wetter und Flut schönes Ambiente. 🕓 10–23 Uhr.

Tipps für Vegetarier

About Art Café By June, Chonvithi Rd., zur Linken des Songserm Pier, ✆ 089-724 9673. Gemütliches Café mit sehr gutem Kaffee und Frühstück. Reichhaltige Karte mit vielen vegetarischen Gerichten. June legt Wert auf gesunde Ernährung, im Angebot sind daher brauner organischer Reis und frisch gebackenes dunkles Brot. Im Laden Verkauf von Tuch, Taschen, Geschirr und Schmuck. Für das Gebotene günstig. Eine weitere Dependance an der Ringstraße von Bophut. 🕓 10–20 Uhr.

Sehr leckere, authentische und günstige vegetarische Küche im **Vegetarian Restaurant** unweit vom Markt. Einige vorbereitete Speisen stehen in den Auslagen bereit. Frisch zubereitet wird köstliche Suppe, die den Ausblick auf den vermüllten Vorplatz schnell vergessen lässt. 🕓 frühmorgens–nachmittags.

Einkaufen

Bücher und Landkarten

Der **Nathon Bookshop**, Amphoe Rd., führt eine gut sortierte Auswahl deutscher Bücher zu fairen Preisen. Wer Bücher tauschen will, bekommt 1 neues für 2 alte. 🕓 9–18 Uhr.

Einige gute, kostenlose Inselpläne (finanziert durch Werbung) liegen in den meisten Hotels, Bungalowanlagen und Läden aus.

Kleidung und Souvenirs

Auf Höhe der Piers an der Tawirat, Ecke Pakdi Rd. findet man zahlreiche Geschäfte mit den gerade modernen Röcken, T-Shirts, Hosen und Badeklamotten. Dazwischen bieten Souvenirshops ihre Waren an, von der Buddhafigur bis hin zum Bambusluftspiel. Im Angebot sind auch Schuhe und Imitate von Markenkleidung – alles etwas günstiger als an den meisten Stränden. Eine Fundgrube für alle, die echte Schuhe und Kleidung von Adidas und Puma suchen, ist das **Factory Outlet** südlich des Marktes. Gute Laufschuhe bekommt man hier oft schon für etwas mehr als 1000 Baht.

Abseits der toristischen Einkaufsmeile in einem alten Holzhaus an der Angthong Rd. befindet sich **Baan Sai Klang**. Sehr schöne Auswahl an Stoffen, Keramikwaren und Buddhafiguren in gelungenem Setting.

Sonstiges

Informationen

TAT, ✆ 077-420 504, hinter der Post. Hier gibt es zahlreiche Broschüren, Statdpläne und Zeitungen der Samui Community. Die Damen sind höflich und bemüht. ⌚ 8.30–12 und 13–16.30 Uhr.

Medizinische Versorgung

Das staatliche **Nathon Hospital**, ein nicht empfehlenswertes Krankenhaus, befindet sich etwa 2 km vom Pier im Süden der Stadt, ✆ 077-421 230-2. Wer keine Versicherung hat und dringend Hilfe benötigt, kann sich hier in Behandlung begeben (Mo–Fr 8.30–16.30 Uhr). Mit etwas Kleingeld in der Tasche ist es besser, die Ärzte in ihren kleinen Privatkliniken aufzusuchen (7–8 Uhr und 17–19 Uhr, außer an So- und Feiertagen).

Am Pier der Autofähre steht ein Notrufschalter des Bangkok Samui Hospital, das schnell einen Krankenwagen nach Chaweng beordern kann.

Post

Die Post befindet sich am nördlichen Ende der Uferstraße in einem großen Gebäude. Besonders günstiges Internet im Obergeschoss: Eine Karte kostet 300 Baht, Internet dann 0,5 Baht pro Min.

⌚ Mo–Fr 8.30–16.30, Sa/So und feiertags 9–12 Uhr. Internet nur Mo–Fr.

Visa

Das **Immigration Office**, ✆ 077-421 069, liegt etwa 2 km südlich des Stadtkerns rechter Hand an einer Abzweigung. Hier kann man sein 30-Tages-Visum um 14 Tage, alle anderen um 30 Tage verlängern. Visagebühr knapp 2000 Baht. Passfoto mitbringen.

⌚ Mo–Fr 8.30–12 und 13–16 Uhr.

Nahverkehr

Songthaew

Rote Songthaew mit bunt aufgepinselten Fahrzielen befahren immer dieselben Strecken. Diese sind jedoch nicht einheitlich, sodass man bei Zielen unterwegs nachfragen sollte. Manche Songthaew verkehren über den Flughafen, andere folgen einer längeren Route über den Süden. Betriebszeiten 6–18 Uhr, manche Fahrzeuge auch abends. Wer mit einer Fähre in Nathon ankommt, wird i. d. R. ein bereitstehendes Songtheaw vorfinden. Fahrpreis zu den Stränden je nach Streckenlänge 50–100 Baht (am besten passend bereithalten, da die Fahrer nur selten Geld wechseln). Wer ein Fahrzeug für sich allein nutzt, etwa am Abend, zahlt etwa 500–800 Baht.

Taxis

Auf der Ringsstraße verkehren zahlreiche Taxen. Viele warten an Taxiständen (etwa vor dem Tesco Lotus), an den Strandstraßen jedoch meist nur, wenn sie bereits Fahrgäste haben oder diese gerade ausgeladen worden sind. Auch Resorts und Anlagen bestellen gern ein Taxi. Man sollte auf das Einschalten des Taxameter bestehen, doch garantiert dies nicht unbedingt einen besseren Preis. Nachts lassen sich die Fahrer selten auf Taxameter ein und verlangen Höchstpreise.

Motorradtaxis

Am Hafen. Zum Busbahnhof und zur Immigration 20 Baht, zu den Stränden 50–250 Baht.

Minibusse

Songserm bietet bei Ankunft seiner Fähren einen Zubringerbus zu den Stränden für 50 Baht extra. Das Ticket gilt nur direkt bei der Ankunft, man kann also nicht erstmal in Nathon herumschlendern, bevor es weitergeht.

Transport

Die meisten Reisenden kommen entweder mit dem Boot oder mit einem der sogenanten *joint tickets*, die Bus- bzw. Bahn- und Bootsfahrt in einem Kombipaket verbinden. Aus Bangkok kommend, fährt man dabei über Nacht.

Die Boote nach Ko Samui verkehren ab Ban Don in Surat Thani, ab Tha Thong (etwa 8 km östlich) und ab Don Sak (fast 70 km östlich). Zu allen Fähren gibt es Zubringerbusse, die auch Reisende ohne Kombiticket noch bei Ankunft buchen können.

Ankunftsorte auf Ko Samui sind neben der Hauptstadt Nathon diverse Strände. Die Raja-Autofähre steuert Lipa Noi an. Der Highspeed-

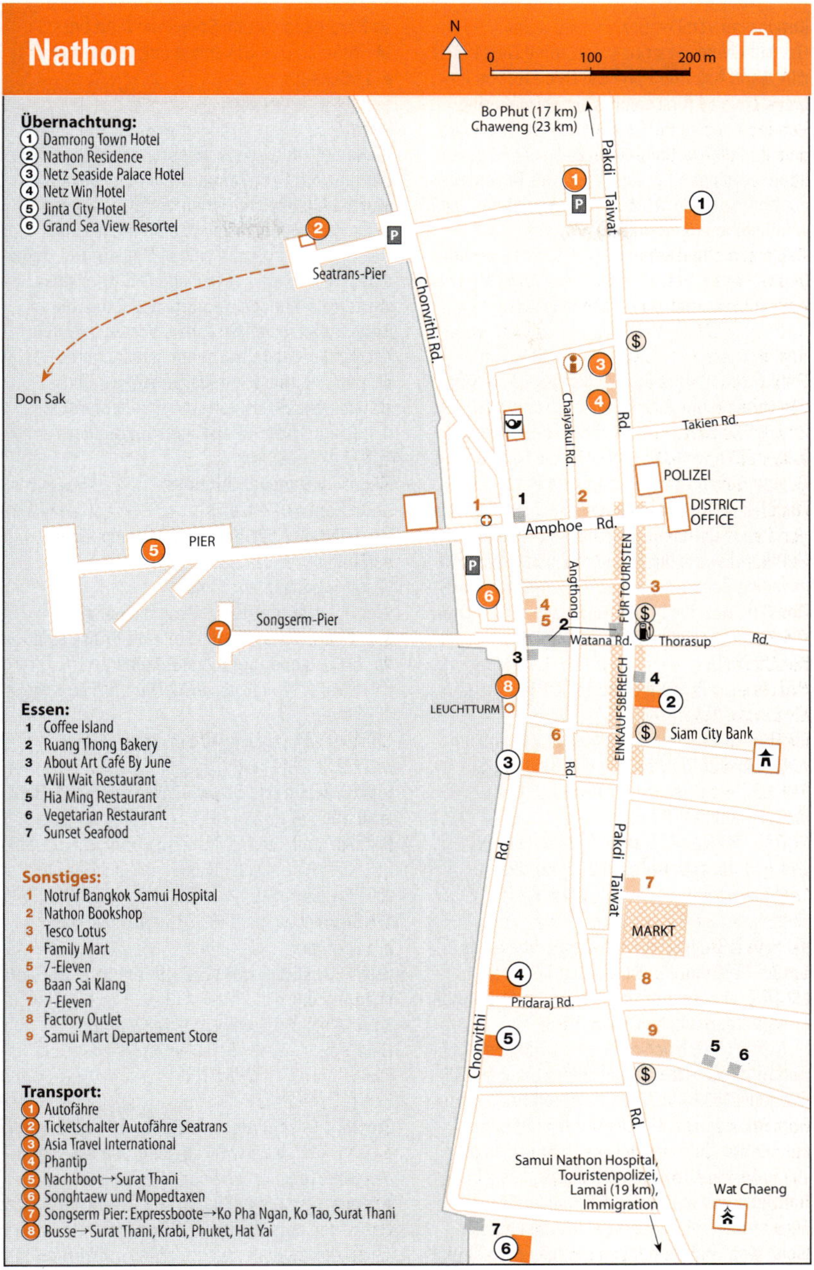
Nathon
N
0
100
200 m
Übernachtung:
1 Damrong Town Hotel
2 Nathon Residence
3 Netz Seaside Palace Hotel
4 Netz Win Hotel
5 Jinta City Hotel
6 Grand Sea View Resortel
Essen:
1 Coffee Island
2 Ruang Thong Bakery
3 About Art Café By June
4 Will Wait Restaurant
5 Hia Ming Restaurant
6 Vegetarian Restaurant
7 Sunset Seafood
Sonstiges:
1 Notruf Bangkok Samui Hospital
2 Nathon Bookshop
3 Tesco Lotus
4 Family Mart
5 7-Eleven
6 Baan Sai Klang
7 7-Eleven
8 Factory Outlet
9 Samui Mart Departement Store
Transport:
1 Autofähre
2 Ticketschalter Autofähre Seatrans
3 Asia Travel International
4 Phantip
5 Nachtboot→Surat Thani
6 Songhtaew und Mopedtaxen
7 Songserm Pier: Expressboote→Ko Pha Ngan, Ko Tao, Surat Thani
8 Busse→Surat Thani, Krabi, Phuket, Hat Yai
Bo Phut (17 km)
Chaweng (23 km)
Seatrans-Pier
Don Sak
Chonvithi Rd.
Pakdi Taiwat Rd.
Chaiyakul Rd.
Takien Rd.
POLIZEI
DISTRICT OFFICE
Amphoe Rd.
PIER
Songserm-Pier
Angthong Rd.
EINKAUFSBEREICH FÜR TOURISTEN
Watana Rd.
Thorasup Rd.
LEUCHTTURM
Siam City Bank
MARKT
Pridaraj Rd.
Samui Nathon Hospital,
Touristenpolizei,
Lamai (19 km),
Immigration
Wat Chaeng

Katamaran von Lomprayah landet am Hat Mae Nam. Seatran bringt seine Gäste zum Bang Rak Pier nahe Big Buddha. Von hier bietet die Had Rin Queen tgl. mehrmals eine Verbindung zum Partystrand von Ko Pha Ngan, und stündlich verkehrende Express-Charterboote verbinden Ko Samui mit Ban Tai, ebenfalls auf Ko Pha Ngan. Abfahrtszeiten nach Ko Samui s. Chumphon (S. 605) und Surat Thani (S. 698), Weiterfahrt an den jeweiligen Strände s. oben (Nahverkehr). Vgl. auch Kasten „Vorsicht: Kombitickets und Klaubusse", S. 633.

Busse

BANGKOK, ab Bus Station (knapp 1,5 km südlich von Nathon) um 7.30, 13.30, 15.30 und 16.30 Uhr für 500/600 Baht in 12–14 Std. VIP-24-Bus um 7.30, 15.30 und 16.30 Uhr für knapp 900 Baht. Private Busse zu denselben Arfahrtszeiten kosten i. d. R. etwas weniger. Bei allen Bussen muss das Fährticket extra bezahlt werden (120 Baht). Die billigsten Kombitickets werden meist mit Songserm angeboten, jeweils über Don Sak, Abfahrt 14 Uhr (nicht empfehlenswert, s. S. 633, „Vorsicht: Kombitickets und Klaubusse").
HAT YAI, AC-Bus um 8 und 10.30 Uhr für 355 Baht in 7 Std.
KRABI, AC-Bus und Seatran-Fähre 3x tgl. um 7.30, 9.30 und 13.30 Uhr für 350 Baht in 8 Std.
PHUKET, AC-Bus um 8, 9, 10 und 12 Uhr für 375 Baht in 7–8 Std.
SURAT THANI, AC-Bus ab Nathon laufend von 7.30–16.30 Uhr für 350 Baht inkl. Fähre.

Boote

KO PHA NGAN, Songserm-Expressboot um 11 und 17.30 Uhr für 200 Baht in 1 Std.
KO TAO, Songserm-Expressboot um 11 Uhr über Ko Pha Ngan für 350 Baht in 3 Std.
SURAT THANI, **Nachtboot** um 21 Uhr zum Ban Don Pier direkt in der Stadt. Ankunft 4 Uhr morgens, 150 Baht. Seatran-**Autofähre** nach Don Sak stdl. von 5–18.30 Uhr für 120 Baht in 1 1/2 Std. Zubringerbus nach Surat Thani 180 Baht. Pkw inkl. Fahrer 400 Baht.
Am Wochenende und in den thailändischen Ferienzeiten ist die wartende Autoschlange meist lang. Fußgänger können hingegen direkt an Bord gehen. Auch Songserm fährt um 14 Uhr nach Don Sak (nicht empfehlenswert, s. o., Busse).

Flüge

Ko Samui hat einen wunderschönen Flughafen. Wer aus der Ferne anreist und hier zum ersten Mal thailändischen Boden betritt, gewinnt mit Sicherheit einen positiven ersten Eindruck. Der Flugplatz befindet sich in Privatbesitz, daher gibt es nur relativ teure Flüge. AC-Minibusse warten auf Kunden, Airportlimousinen fahren Betuchtere zu den Stränden. Wer vorgebucht hat, wird oft abgeholt (manchmal gegen Gebühr). Normale, etwas günstigere Taxis stehen etwa 300 m vom Terminal entfernt an der Hauptstraße. Mietwagen bei Budget, ✆ 077-427 188.
Flüge von **Bangkok Airways**, ✆ Ko Samui 077-420 133, Flughafen 077-522 513, Reservierung auch in Bangkok, ✆ 02-2293456–63, 💻 www.bangkokair.com.
Wer übers Netz bucht, bekommt meist sehr günstige Tickets. Die gelisteteten Preise sind nur als Orientierung zu verstehen.
BANGKOK, 17x tgl. von 6–22 Uhr ab 2500 Baht in 65 Min.
CHIANG MAI, tgl. um 10 Uhr ab 5000 Baht in 3 1/2 Std.
KRABI, Di, Do und Sa um 12.05 Uhr ab 2100 Baht in 40 Min.
PATTAYA, tgl. um 11.10 Uhr ab 3000 Baht in 1 Std.
PHUKET, tgl. um 8.05, 12.05 und 17.05 Uhr ab 2500 Baht in 1 Std.
SINGAPORE, tgl. um 16.35 Uhr ab 4000 Baht in 1 3/4 Std.
HONG KONG, tgl. um 11.30 Uhr für ca. 8000 Baht in 3 1/4 Std.

Hat Mae Nam

Die weit geschwungene Bucht von Mae Nam, eXTra [2765], ist etwa 4 km lang und mit schattigen Kokospalmen bewachsen. Einige Besucher kommen über die Ringstraße, andere landen direkt mit dem Boot am Strand an. Der Sand ist an den beiden Buchtenden grobkörnig und

Wo die Büffel kämpfen

Auf Samui gibt es ihn noch, den traditionellen Büffelkampf. In drei Arenen nahe Nathon, am Lamai und in Bophut wird zu wechselnden Terminen ein Kampf zwischen zwei Bullen ausgetragen. Die Kämpfe werden rechtzeitig auf der Ringstraße angepriesen, und in den nahe gelegenen Orten wissen auch die Hoteliers, wann ein Kampf stattfindet.

goldgelb, auf Höhe des Dorfes Ban Mae Nam am zentralen Abschnitt lockt feiner Sand. Hier stehen junge Kokospalmen und spenden Schatten. Während am zentralen Strandabschnitt einiges los ist, herrscht an den Enden des Strandes viel Ruhe. Das Meer wird überall schnell tief, und man kann das ganze Jahr über schwimmen.

Hat Mae Nam bietet Übernachtungsmöglichkeiten jeglicher Art: Von der einfachen Holzhütte (manch eine noch direkt am Strand) über gut ausgestattete, bezahlbare Bungalows mit AC bis hin zur Luxusherberge findet an diesem sauberen Strand jeder ein passendes Angebot. Viele Anlagen sind auf Sand gebaut, der Strand davor ist eher schmal.

Am **Wat Phra Lam** sieht man viele Thais relaxen. Wer den Tempel besuchen will, sollte sich angemessen kleiden. Ein Besuch bei Buddha im Bikini ist absolut tabu.

Übernachtung

Am Strand finden sich über 30 Unterkünfte. Einfache Hütten aus alten Tagen sind schon ab 200 Baht zu haben, für stabile Reihenbungalows mit AC muss man um die 1000–1500 Baht kalkulieren. Bei den ebenfalls vorhandenen Luxusanlagen mit allem Komfort ist der Preis nach oben offen. Hinter dem Dorf Richtung Osten schützen Betonmauern die Anlagen vor der anrollenden Flut. Hier werden zu manchen Jahreszeiten Korallenreste angeschwemmt, sodass man zum Baden an einen anderen Strandabschnitt ausweichen sollte.

Untere bis mittlere Preisklasse

Harry's Bungalows ⑦, ✆ 077-425 447, 💻 www.harrys-samui.com. Imposante Eingangshalle mit schönem Restaurant. Weitläufig verteilte, geräumige Steinbungalows im sandigen Naturgarten, Preis je nach Bewohnerzahl. Schattiger Pool mit Kinderbecken. Spa. WiFi inkl. ❹–❺

Home Bay ①, ✆ 077-247 214, 💻 www.homebayresort.npage.de. Große und kleinere Bungalows im Westen der Bucht mit AC oder Ventilato (teils Warmwasser). Einige Bungalows direkt am Strand. Dahinter Holzbungalows mit Ventilator und Steinbungalows mit AC (teils mit 2 großen Betten). Vorne hört man nachts die Musik der nahe gelegenen Black Rose Bar. ❸–❺

Hutcha Resort ㉒, ✆ 077-425 555, 💻 www.hutcharesort.com. Große, moderne Anlage mit ungetünchten Steinhäusern im Boutique-Stil. Neben AC-Zimmern mit TV und Minibar auch günstigere Zimmer mit Ventilator. Großer Pool mit Schatten. Kein Strand. Viele Deutsche aller Altersstufen. Bei Online-Buchung günstiger. ❹–❻

Lolita Bungalows ⑮, ✆ 077-425 134. In Dorfnähe am zentralen Strandabschnitt. Langgestreckte Anlage mit eng beieinander stehenden Steinhäusern mit Meerblick, AC und Minibar. Dahinter geräumige Holzbungalows, AC oder Ventilator. Ein VIP-Bungalow mit TV. Am Strand viel Schatten unter jungen Palmen. Beliebt. ❹–❺

Mae Nam Resort ⑩, ✆ 077-425 116, 💻 www.maenamresort.com. Eng bebauter tropischer Garten, dessen Pflanzen die Bungalows voneinander abschirmen. Geräumige, gut ausgestattete Bungalows, teils mit 2 Betten. Auch Familienbungalows mit 2 Zimmern. Am schönsten sind natürlich die Strandbungalows. Autoverleih. Schatten am Strand unter jungen Palmen. ❹–❺

Nature Bungalows ㉔, ✆ 081-367 3312. Am schönsten Strandabschnitt direkt am Strand in 2 Reihen Bungalows aus einem anderen Jahrtausend. Windschief, teils bemalt, aus Holz oder Matten. Alte Matratzen, Tisch und Stuhl und oft sogar ein Regal. Ideal für Anspruchslose und alle, die das Moskitonetz zu schätzen wissen. ❷–❸

Thiptara Resort ⑨, ✆ 077-425 351, 💻 www.thiptararesort.com. Hinter dem Mae Nam Resort. Grüngetünchte kleine

Bungalows nach Maß

Shangrilah Bungalow ⑫, ✆ 077-425 189. Senkrecht zum Strand stehen in Reihe 3 Bungalowtypen: empfehlenswerte, gut ausgestattete Holzbungalows mit AC im manikürten Garten, daneben kleine, einfache und sehr günstige Holzhütten mit Ventilator und hinter dem großen Restaurant große Steinhäuser mit 2 Zimmern (wenig Flair, aber TV), alle mit großer Veranda und Sitzgelegenheiten auf dem Balkon. Schöner, beliebter Strandabschnitt mit Schatten unter jungen Palmen. ❷–❹

Steinhäuser mit AC, Kühlschrank und TV um einen Pool herum. Gelungen sind die Badezimmer. Kostenloses WiFi im Zimmer. Ab 7 Tagen 10 % Rabatt. ❹

Obere Preisklasse

Paradise Beach Resort ㉙, ✆ 077-247 227, 💻 www.samuiparadisebeach.com. Große Anlage mit geräumigen Bungalows rund um den Strandpool und Zimmern in 2-geschossigen Reihenhäusern im tropischen Garten. TV, Minibar. Gut für Kinder jeglichen Alters: 2 Pools, einer mit abgetrenntem Kinderbereich, außerdem überdachter Babypool. Gepflegte Räder (nur für Gäste). Tauchschule Divers in Paradise (s. u., Tauchen), Kajakverleih, Windsurfen und Katamarane. ❽

Pinnacle Samui Resort & Spa ②, ✆ 077-427 308. Gehört zum angrenzenden Pinnacle Coco Palm Samui. Hotelkomplex und Bungalows gehobener Ausstattung. Spa. Kleiner, angenehmer Pool mit Kinderbecken und viel Schatten. Massives Kinderklettergerät. ❺–❼

Samui Buri Resort ⑧, ✆ 077-447 275, 💻 www.mercure.com/asia. Geräumige Hotelzimmer Pool-Villen, alle mit Badewanne, TV, Kühlschrank, Wasserkocher. Zimmer im EG öffnen auf ein langes, schmales Schwimmbecken. Großer Pool am Strand mit tollem Meerblick und Kinderbecken. ❼–❽

Essen

Die meisten Resorts haben ein Restaurant. Zudem gibt es viele einfache Lokale mit Thai- und westlichen Gerichten, meist etwas im Hinterland gelegen. Authentische Thai-Küche für wenig Geld offerieren die **Foodstalls** vor dem Tempel am Strand. Den ganzen Tag über flanieren zudem Händler mit aufgeschnittener Ananas oder anderen Leckereien am Strand entlang. Abends werden Tische in den Sand gestellt, und viele Anlagen, vor allem im zentralen Strandabschnitt, bieten BBQ.

Babus Indian Restaurant, ✆ 083-770 6160. Einfaches, überdachtes Restaurant mit Roti, Naan und Samosas. Currysets ab 170 Baht, Lammcurry 275 Baht.

Cupid Restaurant, vor der Wartesala der Speedboote. Einfaches, überdachtes und freundliches Lokal mit vielen Gerichten aus der Thai-Küche. Leser loben die Fischgerichte und Milchshakes.

Harbour View, großes Restaurant am Lomprayah Pier, in dem man vor Abfahrt der Boote trotz vollem Haus noch zügig etwas zu essen bekommt. Zudem Shakes und Kaffee. 🕓 7–21.30 Uhr.

John's Garden Restaurant & Bar, ✆ 089-972 9369, 💻 www.johnsgarden.samui.com. Gemütliches Gartenrestaurant hinter dem Tempel an der Zufahrtsstraße. Thai-Küche, Steaks und Seafood. 🕓 10–22 Uhr, Mo Ruhetag.

Mummy's Restaurant, ✆ 077-427 699. Hinter dem Mae Nam Resort. Leser loben die gute Thai-Küche in diesem einfachen Restaurant. Vermietet auch Steinbungalows direkt gegenüber. 🕓 8.30–22 Uhr.

Sunshine Gourmet, hinter dem Tempel. Abends leckeres BBQ, tagsüber Thai-Küche. Zudem italienischer Kaffee und deutsche Bratwurst. Offenes, nett hergerichtetes einfaches Restaurant mit moderaten Preisen.

Cafés und Bars

Angelas Bakery, an der Hauptstraße hinter dem Dorf Richtung Bophut. Seit Jahren beliebt wegen seiner leckeren Backwaren. AC-Raum, außerdem einige Tische an der Straße im überdachten Bereich. 🕓 8.30–18 Uhr.

Black Rose Bar, im Westen der Bucht vor dem Felsen neben Home Bay. Abends stehen hier kleine Tische im Sand, ab Sonnenuntergang Musik bis etwa 1 Uhr nachts.

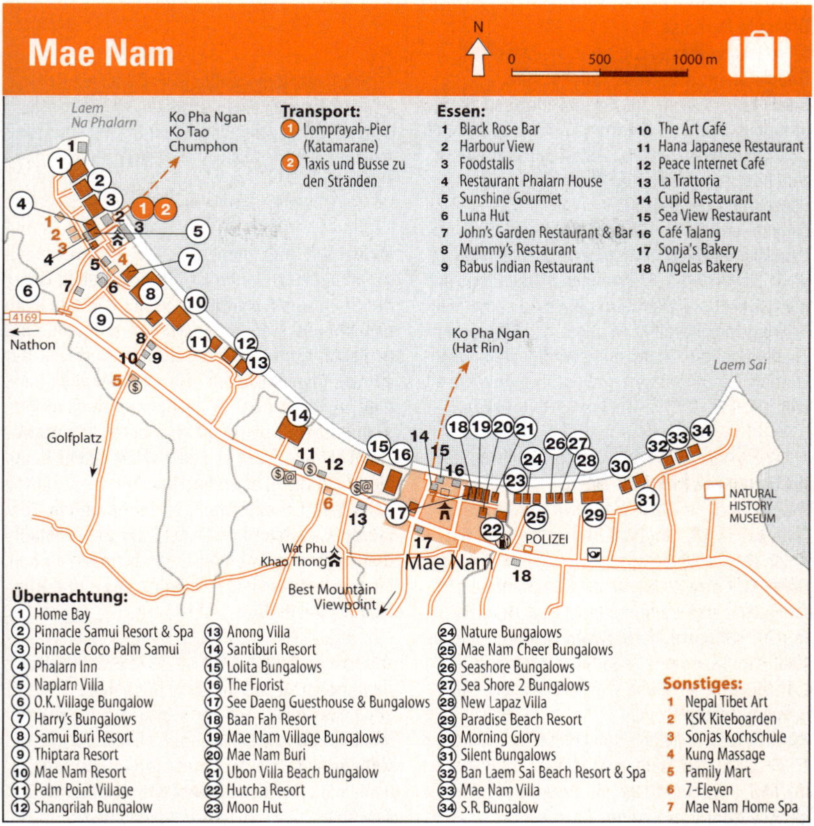

Sonja's Bakery, ✆ 089-725 5610.
Auf der Hauptstraße Höhe Baan Fah Resort, kurz hinter der Ampel. Die Deutsche Sonja betreibt hier seit fast 10 Jahren eine kleine Bäckerei mit deutschen Backwaren zu nahezu deutschen Preisen. Viel gelobt!.

Aktivitäten

Kiteboarden

KSK, ✆ 086-267 1169, 🖳 www.kohsamuikiteboarding.com. Büro an der Straße hinter dem Tempel. Max. 2 Schüler pro Kurs. Es wird deutsch gesprochen. Kurzeinführungen, die in 3 1/2 Std. den Thrill erleben lassen (ca. 4000 Baht); ein ganzer Kurs dauert 13 Std. 🕓 18–20 Uhr.

Kochkurse

Sonjas Kochschule, ✆ 089-255 610.
Hinter dem Phalarn Inn an der Zufahrtstraße betreibt die deutsche Sonja (siehe Cafés) eine kleine Kochschule (nachmittags auch auf Deutsch). Max. 3 Schüler pro Lehrer lernen hier die Kunst des Thaikochens. Vegetarische Gerichte auf Anfrage, auch private Kurse möglich. 2 Kurse tgl., 9.30–13.30 und 14–18 Uhr, je 2100 Baht.

Tauchen

Tauchtrips mit 2 Tauchgängen ab 5000 Baht. Die meisten Tauchschulen arbeiten zusammen. Abholung ist um 7 Uhr am Resort, Rückkehr gegen 16 Uhr.

Divers in Paradise, ✆ 077-247 408, 💻 www.diversinparadise.net, im Paradise Beach Resort. Deutsche Tauchschule. Kurse für Anfänger und Fortgeschrittene, für Kinder ab 8 Jahren Kidskurse (2 Std., 2400 Baht), Unterwasserfotografie. PADI-Ausbildung bis zum Assistant Instructor. Kostenlose Probestunde im Pool.

Easy Divers, ✆ 077-425 397. Büro am Lomprayah Pier. Die agile Managerin Pawarisa ist mobil unter ✆ 081-082 0387 erreichbar. Tauchtrips mit dem Speedboot. Das Büro gehört zu Lomprayah, 💻 www.lomprayah.com, und organisiert deren Tauchangebote. Ausrüstung wird gestellt, kann vor dem Trip anprobiert und ggf. ausgewechselt werden.

Transport

Ab **Lomprayah Pier** im Westen:

ANG THONG MARINE NATIONAL PARK (Tagesausflug), Abfahrt 8.30, Rückkehr gegen 17.30 Uhr., ab 2000 Baht.

BANGKOK und HUA HIN, mit den Booten nach Chumphon und weiter mit dem Bus. Hua Hin in 9 Std., Bangkok in 12 1/2 Std., jeweils ab 1000 Baht (Sonderangebot).

CHUMPHON, um 8 und 12.30 Uhr ab 1000 Baht in knapp 4 Std.

KO PHA NGAN (Thong Sala), um 8, 12.30 und 17.30 Uhr für 250 Baht in 20 Min.

KO TAO, um 8 und 12.30 Uhr für 550 Baht in 1 3/4 Std. Tagesausflüge nach Ko Tao für Schnorcheltrips ab 1600 Baht.

Ab der Wartesala in **Baan Mae Nam**:

HAT RIN, HAT THIEN, HAT YAO (EAST), THAN SADET und THONG NAI PAN, tgl. in der Saison (Dez–Sep) um 12.30 Uhr für 300 Baht. Nur bei ruhiger See.

Hat Bo Phut und Fisherman's Village

Im Norden der Insel, etwa 15 km hinter Nathon, erstreckt sich in einem großen Bogen diese 2,5 km lange Bucht. Der Strand ist schmal, fällt schnell steil ab und bietet groben gelben Sand. Hier kann man das ganze Jahr über schwimmen und windsurfen. Auf Höhe des Dorfes wirkt der Strand auf Sonnenanbeter und Flanierer weniger einladend. Schön ist er hingegen im Osten der Bucht am **Fisherman's Village**. In den alten Ladenhäusern am Meer wurden zahlreiche gute Restaurants eröffnet, die Publikum von der ganzen Insel anziehen. Vor allem abends lockt hier leckeres BBQ in idyllischer Atmosphäre. Von der Straße gelangt man durch ein großes Tor in die alte Stadt hinein. Fischer gibt es heute hier nicht mehr, aber die alten, oft restaurierten hölzernen Ladenfronten, in denen neben Restaurants auch andere Geschäfte wie Schmuck- und Kleidungsläden Quartier bezogen haben, blieben erhalten und sorgen für das einzigartige Flair dieses Ortes.

Allzeit online: WiFi

Dank flächendeckender WiFi-Zone von Cyberpoint kann man am Bo Phut überall ins Internet. Bei den teuren Anlagen ist der Onlinezugang im Zimmerpreis enthalten, ansonsten über eigene Netzkarte.

Übernachtung

Im Angebot sind ebenso hochpreisige, geschmackvolle Anlagen wie kleine, meist gut gestaltete Resorts mit Hütten ab 400 Baht in der Nebensaison. Da der Strand recht schmal ist, sucht man idyllisches Postkartenfeeling vergebens. Zum Ausspannen eignet er sich aufgrund seiner Ruhe jedoch perfekt.

Anantara Resort & Spa ⑫, ✆ 077-428 300, 💻 www.anantara.com. Luxus pur in AC-Bungalows aus Holz inkl. Strand- oder Gartenblick. Große geschmackvolle Zimmer. Pool mit Kinderbecken und viel Schatten. ❽

Bandara Resort & Spa ⑪, ✆ 077-245 795, 💻 www.bandararesort.com. Geschmackvolle, gut ausgestattete Bungalows und Villen im tropischen Garten und am Meer. Pool zum Schwimmen, Kinderpool, 2 weitere Pools am Strand. Babysitter-Service und angeschlossene Tauchschule Dive Academy. ❽

Coconut Calm Beach Resort ⑧, ✆ 077-245 965, 💻 www.coconutcalmbeach.com. Steinerne und hölzerne, teils bunt bemalte Bungalows im schönen Garten. AC und Ventilator. Das Lokal am Strand ist einladend, nicht zuletzt aufgrund seiner bunten Farbgebung in weißgetünchter Umgebung. Auch Tische im Sand. ❸–❹

Eden Bungalows ⑬, im Fishermens Village, ✆ 077-427 645, 💻 www.edenbungalows.com. Im tropischen Garten mit kleinem Pool eine Oase der Ruhe. Beliebt bei Familien. ❸

Peace Resort ⑨, ✆ 077-425 357, 💻 www.peaceresort.com. Große AC-Bungalows aus Holz und Stein am Meer und im Garten. Gute Ausstattung. Pool mit Kinderbecken. Spa. ❼–❽

Sandy Resort ②, ✆ 077-425353, www.sandy samui.com. Bungalows und Zimmer im 2-geschossigen Haus mit Bett, Tisch und Korbsessel auf dem Balkon. Einige Bungalows bieten Meerblick. Ventilator oder AC. Recht kleiner Pool. Liegen am Strand. ❹–❻

World Resort ③, ✆ 077-425355, 💻 samuiworldresort.com. Spaß und Erholung für die ganze Familie. Ansprechende, geräumige AC-Zimmer in Bungalows und Villen, Pool mit Kinderbecken. Kajakvermietung. Selbst in der Nebensaison finden Kinder hier Spielkameraden. Abends klassischer Thai-Tanz im Restaurant. ❺–❼

Zazen Boutique Resort ①, ✆ 077-425 085, 💻 www.samuizazen.com. Luxusanlage ganz im Osten der Bucht mit Bungalows und Villen, die keine Wünsche offen lassen. Geschmackvoll gestaltet, guter Service. Frühstück inkl. Kinderbecken im Pool. Liegen am recht engen Strand. ❽

Essen

An der Strandstraße des Fisherman's Village reihen sich gute Restaurants aneinander, die meist von Europäern (oft Franzosen, Belgiern oder Engländern) geführt werden.

Billabong Surf Club, ✆ 077-430 144. Thai-Küche und Australisches in großen Portionen, dazu leckeren Wein oder eiskaltes Bier. Kostenloses WiFi. Vielfach Livemusik. 🕓 10–2 Uhr.

Happy Elephant Restaurant, ✆ 077-245 347. Seit 1995 bekannt für gutes Seafood. Auf der Terrasse kann man dem Meeresrauschen lauschen oder im neuen Happy Elephant on the Beach dem nassen Element noch näher kommen.

Sticht ins Auge

Cactus Bungalows ⑤, ✆ 077-245 565, cactus bung@hotmail.com. Geschmackvoll in dezenten Naturfarben gehalten. Neben gut eingesetztem Beton wurden auch Naturmaterialien wie Steine verwendet. Bungalows mit AC oder Ventilator im mit Kakteen durchsetzten Garten und am Strand. Sehr ansprechend, mit in den Stein eingelassenen Ablagen und Sitzgelegenheiten, schöne Bäder. Gemütliches Restaurant. Empfehlenswert. ❸–❺

Kohinoor, schmackhafte indische Küche. Auch Thai-Gerichte. 🕓 12–24 Uhr.

Starfish & Coffee, gemütlich in rot gehaltenes Restaurant mit breit gefächerter Speisekarte. Abends Seafood-BBQ. Meerblick. Sitzplätze auf dem Boden, an kleinen niedrigen oder normal hohen Tischen.

Aktivitäten

Tauchen

Easy Divers, ✆ 077-245 026, 💻 www.easydivers-thailand.com. Renommierte und in ganz Thailand operierende Tauchschule. Neben den üblichen Kursen auch Unterwasserfotografie.

The Dive Academy, ✆ 077-427 339, 💻 www.thediveacademysamui. Im Bandara Resort. Tauchschule mit PADI-Program. Speedboote können auch für Ausflüge gechartert werden.

Segel- und Bootcharter

Kia Ora, 💻 www.kiaorathailand.com. Mit dem nötigen Kleingeld kann man sich ein exklusives Katamaran-Segelboot inkl. Besatzung mieten. Private Partys oder auch Ausflüge sind möglich. Segelboote vermietet

Klein-Schumacher spielen

Wer gerne schnell fährt und sich in Ko Samui in dieser Hinsicht bislang nicht austoben konnte, wird die Go-cart-Strecke lieben, die sich hinter dem Anantara Resort befindet.

auch **Samui Boat Charter**, ✆ 089-827 2078, 💻 www.samuiboatcharter.com.

Sonstiges

Medizinische Hilfe

Bandon International Hospital, 123/1 Moo 1, Bo Phut, ✆ 077-425382, 💻 www.bandonhospital.com. An der Hauptstraße, etwa auf halber Strecke zwischen Bo Phut und Chaweng. Kleinere Unfälle werden im **Gesundheitszentrum** auf dem Weg nach Bophut versorgt.

Transport

KO PHA NGAN (Ban Tai), mit dem **Samui Phangan Express**-Schnellboot, ✆ 082-0372 701, stdl. von 8–17 Uhr für 550 Baht in 15 Min.
KO TAO (Mae Hat), Schnellboot über Ko Pha Ngan in 90 Min., Rückfahrt nachmittags. Schnorcheltrips inkl. Hoteltransfer, Frühstück, Mittagessen, Englisch sprechendem Führer und Versicherung ab 2000 Baht.
Taxis nach BIG BUDDHA (Bang Rak Pier) zu den Booten nach HAT RIN (Ko Pha Ngan) 30 Min. vor Abfahrt (30 Baht). Zu Vollmond fahren stdl. von 17–24 Uhr Boote nach Hat Rin, zurück zwischen 1–8 Uhr für 700 Baht.

Big Buddha

Etwa 19 km von Nathon entfernt liegt im Nordosten der Insel diese rund 2 km große Bucht, die auch unter den Namen Hat Bang Rak und Hat Phra Yai bekannt ist. Über der Bucht wacht die Hauptsehenswürdigkeit der Insel, **Big Buddha**, und auch zum sehenswerten **Wat Plai Laem** (s. S. 659) ist es nicht weit.

Wenn zur europäischen Sommerzeit der Westwind weht, verspricht der schöne Strand mit seinem grau-weißen Sand und dem leicht abfallendem Ufer ungetrübte Badefreuden. Im europäischen Winter zieht sich das Meer bei Ostwind jedoch weit zurück, sodass bei Ebbe der breite Strand mit dunklem Matsch und glitschigen Steinen wenig einladend wirkt. In dieser Zeit ist er nur bei Flut zum Schwimmen geeignet, und auch dann präsentiert er sich nur mit einem schmalen Sandstreifen.

Die meisten Resorts sind eher klein und liegen dicht an der Straße. Am zentralen Abschnitt werden die Grundstücke etwas größer. Da das östliche Ende der Bucht direkt unter der Einflugschneise des Flughafens liegt, kann der Fluglärm hier eine Belastung darstellen.

Empfehlenswert ist ein Aufenthalt, wenn man frühmorgens abfliegt oder (bei Abreise am Abend) den Abflugstag gemütlich in einer der Luxusanlagen verbringen möchte.

Übernachtung

Punnpreeda Hip Resort ⑳, ✆ 077-246 222, 💻 www.punnpreeda.com. Luxuriöse Anlage, Panoramafenster mit Blick aufs Meer, schöner Pool mit Kinderbecken. ❼–❽

Samui Pier ⑲, ✆ 077-417 337, 💻 www.samuipierresort.com. Steinbungalows mit Ventilator und AC direkt am Pier. Panoramafenster, kleiner Pool. TV, Safe. Familienzimmer. Der Garten befindet sich noch in der Entwicklung. WiFi. ❺–❻

Shambala Bungalows ⑱, ✆ 077-425 330, 💻 www.samui-shambala.com. Gemütliche Holzbungalows mit Ventilator in schöner Gartenanlage mit Strandbar. Im Garten Hängematten. Bücherecke und gemütliches Restaurant. WiFi. ❸–❹

Essen

BBC Restaurant, ✆ 077-425 089, 💻 www.bbcrestaurant.com. Meeresfrüchte, gekocht oder als BBQ, daneben eine große Auswahl an Thai-Gerichten und westlich Angehauchtem. Abends in der Saison manchmal Livemusik. Blick aufs Meer. 🕓 9 Uhr–spät.

Chez Ban Ban, ✆ 077-245 135. Einfache französische Küche. Vermieten auch kleine Bungalows. ❸–❹

Quo Vadis Bar & Restaurant, stilvolles Essen mit Meerblick im Lokal des Saboey Resorts. Mediterrane Küche mit asiatischem Einschlag. Auch Ausgefallenes, wie mit Pfefferkaramell gefüllte Litschis oder marokkanische Tajin und Süßspeisen. Gerichte 180–600 Baht. 🕓 18–23 Uhr.

The Mangrove, an der Straße Richtung Flughafen. Wer fein speisen will, kann hier die gute

Bo Phut/Big Buddha

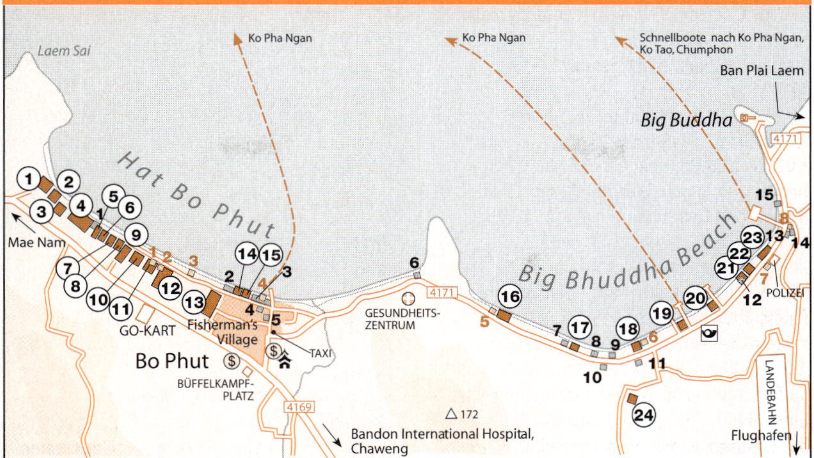

Übernachtung:

1. Zazen Boutique Resort
2. Sandy Resort
3. World Resort
4. Samui Palm Beach
5. Cactus Bungalows
6. Lawana Resort
7. Calm Beach Resort
8. Coconut Calm Beach Resort
9. Peace Resort
10. Bophut Resort & Spa
11. Bandara Resort & Spa
12. Anantara Resort & Spa
13. Eden Bungalows
14. Smile House
15. The Lodge
16. Karmakamet, Secret World
17. Como Resort
18. Shambala Bungalows
19. Samui Pier
20. Punnpreeda Hip Resort
21. The Samui Mermaid Resort
22. Saboey Resort & Villas
23. Nara Garden Beach Resort
24. Happy-Place

Essen:

1 Free House Bungalow & Restaurant
2 Frog and Gecko Pub, Villa Bianca, Billabong Surf Club
3 Happy Elephant Restaurant, Starfish & Coffee, Ristorante Baia
4 Fifty Six
5 Kohinoor
6 My Friend Restaurant
7 Chez Ban Ban
8 Da's Bar & Restaurant
9 Espresso Cafe
10 Blue Banana Restaurant
11 Rusitico
12 Quo Vadis
13 U2 Restaurant
14 The Mangrove
15 BBC Restaurant

Sonstiges:

1 The Dive Academy
2 Samui Boat Charter
3 Jetski-Verleih
4 Easy Divers
5 Ban Sabai Spa
6 The Alamander
7 Dekompressionskammer
8 Easy Divers

französische und internationale Küche genießen. Gerichte ab 280 Baht. An den letzten 3 Tagen jedes Monats geschlossen.
17–22 Uhr.

Aktivitäten

Kochkurs

Blue Banana Restaurant, 077-245 080.
Gute Küche und Kochkurse, 2x tgl. 3-stündige Kurse für 450–600 Baht. Die max. 4 Teilnehmer erlernen die Tricks des Chefkochs.
Zum anschließenden Verzehr kann jeder Schüler einen Gast mitbringen.

Tauchen

Die Dekompressionskammer Ko Samuis befindet sich hier an Big Buddha.

Easy Divers, Airport Rd., 077-448 129, www.easydivers.info. Bekannte, etablierte Tauschule mit Basis am Big Buddha. Kurse aller Kompetenzniveaus, Ausflüge in alle Tauchgebiete der Umgebung.

The Alamander, 077-413 693, www.scubadiveinthailand.com. Ausflüge und Kurse nach PADI.

Wellness

Ban Sabai Spa, 077-245 175, www.ban-sabai.com.
Hochklassige Massagen. Sauna mit lecker duftenden Kräutern (ohne Anwendung 650 Baht). Auch mehrtägige Programme, z. B. Entgiftungskuren. Abholung direkt vom Hotel inkl.

Transport

Ab Bang Rak-Pier fahren die Speedboote von Seatran und die langsame Had Rin Queen.
BANGKOK und HUA HIN, mit der Fähre nach Chumphon und weiter mit dem Bus für etwa 1000 Baht. Hua Hin in 8 Std., Bangkok in 12 1/2 Std.
CHUMPHON, um 8 und 13.30 Uhr für 900 Baht in 4 Std.
KO PHA NGAN (Thong Sala), mit der Fähre Richtung Chumphon für 300 Baht in 30 Min. Die Had Rin Queen fährt um 10.30, 13, 16 und 18.30 Uhr für 120 Baht in 45 Min. zum gleichnamigen Pier.
KO TAO, mit der Fähre Richtung Chumphon für 500 Baht in 90 Min.
KO NANGYUAN, per Tagesausflug mit der Seatran Discovery, 💻 www.seatrandiscovery.com. Abfahrt um 7 Uhr, Rückkehr um 17 Uhr, ab 1000 Baht für Hin- und Rückfahrt. Schnorchelausrüstung inkl.

Ao Hat Thong

Ganz im Nordosten, etwa 2,5 km von Big Buddha und 24 km von Nathon entfernt, hat man von zwei kleinen Buchten eine wunderschöne Sicht in Richtung Ko Pha Ngan. Zum Baden ist der Strand nur bei hohem Wasser oder an den weniger korallendurchsetzten Abschnitten geeignet. Schnorchler kommen bei ruhiger See auf ihre Kosten. Vorsicht: Von September bis November bläst stürmischer Wind mit hohen Wellen in die Bucht. Es gibt einige hochpreisige Anlagen, darunter das empfehlenswerte **Sila Evason Hideaway Samui**, 💻 www.sixsenses.com/Six-Senses-Hideaway-Samui.

Hat Choeng Mon

Kokospalmen und Kasuarinen säumen diese kleine Bucht, eXTra [2827], mit feinem, weichen Sand, etwa 4 km nördlich von Hat Chaweng. Hier geht es recht ruhig zu; einige Boote liegen im Meer, und auch Jetski stören ab und an die Idylle. Der mittlere Teil der Bucht eignet sich das ganze Jahr über zum Baden, besonders für die

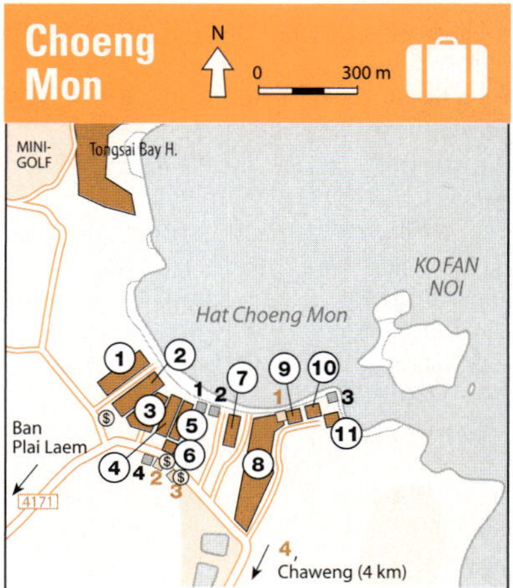

Übernachtung:
1. Sala Samui Resort & Spa
2. O Soleil Bungalow
3. P.S. Villa
4. White House Beach Resort & Spa
5. Choeng Mon Bungalows
6. Choeng Mon Buri Hotel
7. Chatkaeo Resort
8. The Imperial Boathouse
9. Island View
10. Samui Honey Cottages
11. Kirati Resort

Essen:
1. Ottos Pub & Restaurant
2. Crystal Bar & Restaurant
3. Honey BBQ Restaurant
4. Akbar Indian Restaurant

Sonstiges:
1. Dive Point
2. Family Mart
3. 7-Eleven
4. Absolute Sanctuary

kleinen Badegäste. Bei Ebbe kann man zur vorgelagerten Insel Ko Fan Noi herüberwaten. Auf der Haupt- und Zufahrtsstraße gibt es Supermärkte, Schneider, ein paar wenige Restaurants und Reisebüros.

Die günstigen Songhteaws fahren hier seltener als an den Hauptstränden. Jene auf der Route Mae Nam, Big Buddha, Chaweng, Nathon verkehren i. d. R. über Choeng Mon, man sollte jedoch nachfragen.

Übernachtung

Chatkaeo Resort ⑦, ✆ 077-425 109.
Kleines Resort im Familienbesitz. Hinten 3 kleine, alte Bungalows mit Ventilator, gegenüber geräumige, 2-geschossige Steinhäuser mit AC, TV und oben Sonnenterrasse. Weiter strandwärts leicht versetzt und senkrecht zum Strand Holzbungalows mit Ventilator und Warmwasser. ❷–❹
Sala Samui Resort & Spa ①, ✆ 077-345 888, 💻 www.salaresort.com. Nobles Resort mit

privaten Pool-Villen. 2 Pools, ein überdachter kleiner Kinderpool. Bibliothek, WiFi. Spa. Über die Website sind Sonder- und Paketangebote erhältlich. ❽

The Imperial Boathouse ⑧, ✆ 077-425 041, 💻 www.imperialhotels.com/boathouse. Große Anlage, hinten Zimmer in 3-geschossigen Apartmenthäusern, vorne auf alten Bootsrümpfen erbaute Bootshäuser mit Wohnzimmer und Bett auf Podest. Alle Zmmer mit TV und Safe. Riesiger Pool in Bootsform am Strand. Tauchschule, Spa. ❽

Essen

Honey BBQ Restaurant, am Kap gegenüber Ko Fan Noi. Gutes BBQ, tagsüber Thai- und westliche Gerichte zu moderaten Preisen. Tische im Sand und überdacht im einfachen Strandrestaurant.

Zentral liegen die beiden Strandrestaurants **Crystal Bar & Restaurant** und der überdachte **Ottos Pub & Restaurant**. Beide haben auch Liegestühle am Strand für die Gäste.

An der Straße liegt das kleine indische **Akbar Indian Restaurant**, ✆ 086-593 0430. Lieferservice bei telefonischer Bestellung. 🕓 11–23 Uhr.

Aktivitäten

Tauchen

Dive Point, ✆ 081-787 4893, 💻 www.divepoint-thailand.com. Tauchtrips ab 4000 Baht auf dem eigenen, 27 m langen Boot und Tauchkurse bis zum Rescue Diver (PADI). Kostenloses Schnuppertauchen tgl. im Pool. Bubble Maker-Kurse für Kids ab 8 Jahren. Auch Kajakausflüge in den Ang Thong Marine National Park.

Yoga

Absolute Sanctuary, ✆ 077-601 190, 💻 www.absolutesanctuary.com. In den Bergen gelegene, schön gestaltete Anlage, die sich dem Gleichgewicht von Körper und Geist widmet. 5-, 7- und 10-Tages-Kurse in Yoga. Mehrtägige Kurse beinhalten nicht nur Yoga, sondern auch eine Massage, Sauna und 3 vegetarische Gerichte. Auch Nichtgäste können hier an den täglichen Kursen teilnehmen, die bisweilen sehr anstrengend sind. Auch Pilates, Entgiftungsprogramme und Spa. ❽

Hat Chaweng

Dieser Strand ist mit 6 km Länge Samuis größter und seit Jahrzehnten beliebtester. Die Bucht präsentiert sich weit geschwungen, Kokosnusspalmen wiegen sich im Wind, der Sand ist angenehm weich, und das seichte Meer eignet sich ganzjährig zum Schwimmen. Kein Wunder, dass Hippies und andere Traveller bereits in den 1970er-Jahren dieses Strand für sich entdeckten.

Seither hat sich viel getan, es sind Bungalows, Resorts und Hotelkomplexe entstanden. Immer mehr Altanlagen rüsten auf oder machen ganz den neuen Resorts Platz, die nicht nur Komfort bieten, sondern oft auch mit Sinn für Ästhetik erbaut werden.

Langsam, aber stetig ändert sich das Publikum. Die feiernden Rucksackreisenden, die den Hippies folgten, haben vielfach bereits den Pauschaltouristen Platz gemacht. Daneben kommen immer mehr betuchte Urlauber hierher, welche die angesagten, ultramodernen Resorts mit Spa und allem Komfort bevölkern.

Die meisten Anlagen befinden sich direkt am Strand. Dahinter verläuft die Strandstraße, an der sich zahllose Restaurants, Bars und Geschäfte mit allen erdenklichen Einkaufsmöglichkeiten angesiedelt haben. Für viele Thailand-Reisende stellt dieses Gemisch aus Kommerz, Thai-Kitsch und Unterhaltung das ultimative Urlaubserlebnis dar. Während der Hauptsaison im Winter sind alle Anlagen oft über Wochen hinweg ausgebucht, und die Preise klettern in ungeahnte Höhen. Indivdualreisende sollten im Internet vorbuchen oder die Hilfe eines Reisebüros in Anspruch nehmen. Wer spontan eine Bleibe sucht, muss meist auf andere Strände ausweichen.

Chaweng unterteilt sich in mehrere Strandabschnitte: Ganz im Norden liegt die ruhige Ao Yai Noi. Es folgt der nördlich gelegene Hat Chaweng Yai, der durch ein Riff unterbrochen wird und sich wiederum in einen nördlichen und einen südlichen Bereich unterteilt. Am vollsten ist der zentrale Hat Chaweng. Etwas beschaulicher

Chaweng

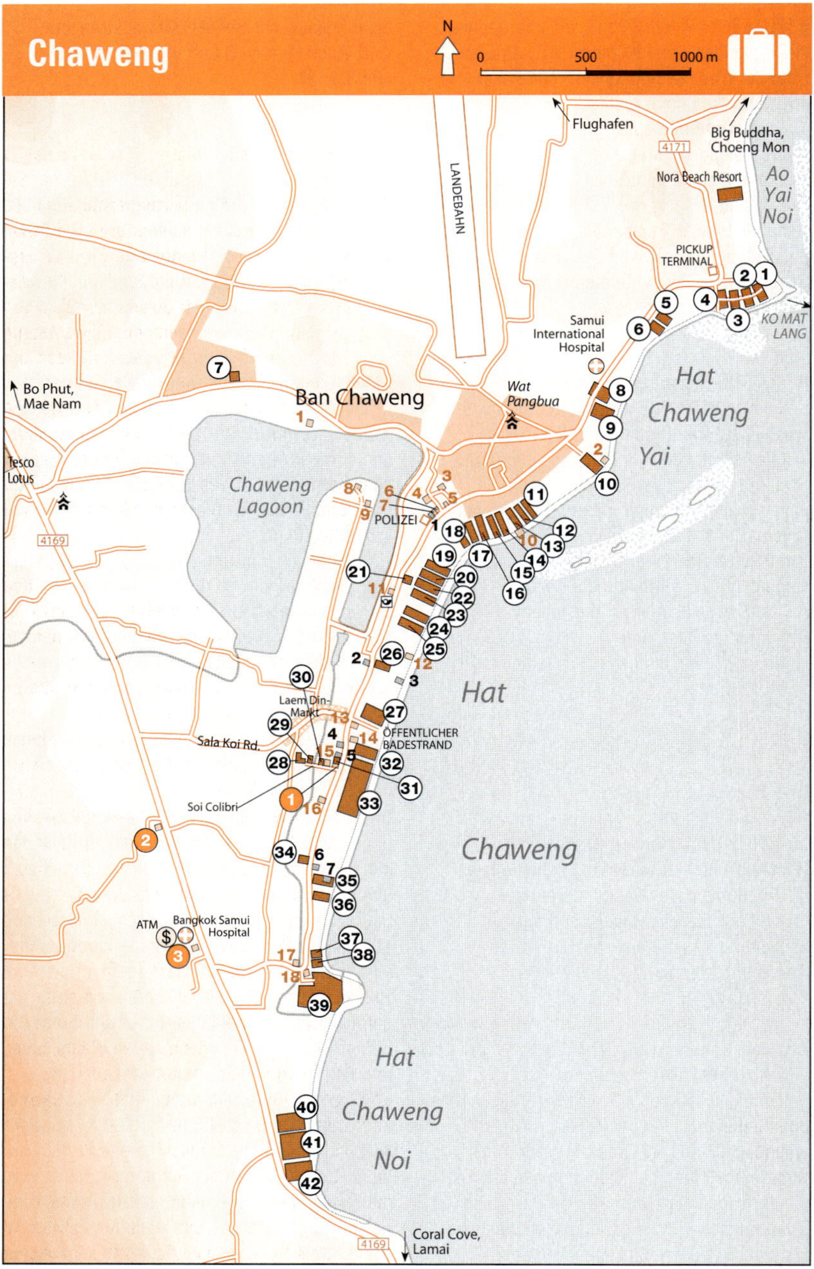
N
0
500
1000 m
Flughafen
Big Buddha, Choeng Mon
4171
LANDEBAHN
Nora Beach Resort
Ao Yai Noi
PICKUP TERMINAL
KO MAT LANG
Samui International Hospital
Hat Chaweng Yai
Wat Pangbua
Ban Chaweng
Bo Phut, Mae Nam
Tesco Lotus
Chaweng Lagoon
POLIZEI
4169
Hat Chaweng
Laem Din-Markt
Sala Koi Rd.
ÖFFENTLICHER BADESTRAND
Soi Colibri
ATM
Bangkok Samui Hospital
Hat Chaweng Noi
Coral Cove, Lamai

Übernachtung:
(1) Papillon Resort
(2) Samui Island Resort
(3) Matlang Resort
(4) Baan Haad Ngam Boutique Resort & Spa
(5) Corto Boutique Resort
(6) Tango Beach Resort
(7) Reuan Thai Village
(8) Muang Kulaypan Hotel
(9) Chaweng Blue Lagoon
(10) Dara Samui Beach Resort & Spa Villa
(11) Chaweng Villa Beach Resort
(12) Montien House
(13) Lucky Mother Bungalows
(14) The Suneast
(15) Ark Bar Garden Beach Resort
(16) P&P Samui Resort
(17) Chaweng Garden Beach Resort
(18) Baan Chaweng Beach Resort
(19) Malibu Beach Resort
(20) Chaweng Buri Resort
(21) Chaweng Center Hotel
(22) Long Beach Lodge
(23) Baan Samui Resort
(24) Page
(25) Kings Garden Resort
(26) The Wave
(27) Central Bay Resort
(28) P. Chaweng Guest House
(29) Colibri Guesthouse
(30) Queen Boutique Place
(31) The Loft
(32) Chaweng Resort
(33) Centara Grand Beach Resort
(34) Chaweng P.R. GH
(35) Poppies Samui Resort
(36) Baan Talay Resort
(37) Samui Paradise Chaweng Beach Resort & Spa
(38) Sea Side Bungalow
(39) First Bungalow Beach Resort
(40) New Star Beach Resort
(41) The Imperial Samui
(42) Impiana Samui Resort & Spa

Sonstiges:
1 Chaweng Lake View
2 Salinas Beach Club
3 Green Mango
4 Sound Pub
5 Blue Stars Kayaking
6 Outlet
7 Sawang Optical
8 Bungy Jump
9 Reggae Pub
10 Big Bamboo Beach Party
11 Easy Divers
12 Monkey Bay
13 Big Blue Diving
14 Tradewinds
15 Sitca (Kochschule)
16 Santa Fé
17 Easy Divers
18 Calypso Diving

Essen:
1 Noori Indian & Thai Restaurant
2 Ninja Crepes Restaurant
3 Eat Sense Restaurant
4 Zico's
5 Good Karma
6 Ruang Thong Bakery
7 Poppies

Transport:
1 Baan Chaweng Inter Travel
2 Budget
3 Bangkok Airways

ist es ganz im Süden, am Hat Chaweng Noi. Eindrücke von den Stränden und den Anlagen unter eXTra [2828].

Hat Chaweng Yai

Der schöne und recht ruhige, 2 km lange flache Sandstrand lockt im Norden des Chaweng. Bei Ebbe wird er sehr breit. Sportbegeisterte spielen Volleyball oder Frisbee, schlendern mit Maskel und Schnorchel ausgerüstet zum Riff oder unternehmen eine Wanderung zur Insel Ko Mat Lang. Zum Baden lädt der Strand vor allem von November bis April ein, wenn der Wasserstand recht hoch ist. Ab Mai/Juni fällt dagegen der Wasserspiegel extrem ab. Im September sind nur noch die Flächen zwischen den Sandbänken mit Wasser gefüllt. Während die nördliche Hälfte dann oft verschmutzt ist, lassen die Besitzer der südlichen Anlagen den Strand reinigen. Hinter dem Strand stehen ein paar Supermärkte mit Geldautomat.

Übernachtung

Baan Haad Ngam Boutique Resort & Spa (4), ✆ 077-231 500, 💻 www.baanhaadngam.com. Schöne Anlage mit viel Wasser. Vorne am Meer Bungalows, hinter einer kleinen Straße ein 3-geschossiges Appartmenthaus. Schöne Zimmer, teils mit Moskitonetz. Alle mit Whirlpool, Balkon, DVD und TV, Wasserkocher. WiFi im Zimmer. ❼–❽

Corto Boutique Resort (5), ✆ 077-230 041, 💻 www.corto-samui.com. In fröhlich bunten Farben leuchtende Anlage mit Steinbungalows senkrecht zum Strand. Tolle Gestaltung, mit Bett auf einem Podest, großen Zimmern, Sitzgelegenheit, TV, Wasserkocher. Vorne kleiner Pool und Restaurant. ❺–❻

Matlang Resort (3), ✆ 077-230 460. Am Kap, bei Flut schlägt das Wasser bis hoch an die Balustrade. Einfache Holz-Bambus-Bungalows und Zimmer in Reihenhäusern, AC oder Ventilator. Neue Ausstattung, TV, Kühlschrank. Einige mit Meerblick. ❸–❺

Tango Beach Resort (6), ✆ 077-422 470, 💻 www.tangobeachsamui.com. Kleine Anlage mit niedrigen Reihenhäusern senkrecht zum Strand, im hinteren Bereich schöner Pool mit Kinderrutsche. Schöne Einrichtung, TV, Minibar,

Gelungene Kombination: Zen mit Komfort

Muang Kulaypan Hotel ⑧, ✆ 077-230 849, 💻 www.kulaypan.com. Am Strand dominieren der große Pool und der weitläufige Garten. Seitlich davon und hinten 2-geschossiges Haus mit Zen-inspiriertem Ambiente. Geschmackvolle Ausstattung, Safe, TV, Minibar, teils auch Balkon. Großes, exklusives Bad. Inkl. Frühstück. Einen Besuch wert ist das **Budsaba Restaurant**, ✆ 077-230 036, am Strand. Man sitzt in kleinen, einfachen Salas auf dem Boden oder im gestylten Restaurant unter viel Glas. Gute Küche, gehobene Preise. Do und So Thai-Tanz und klassische Musik. ❽, bei Promotion-Aktionen ab ❺

Safe. Familienzimmer mit 2 Schlafzimmern. Restaurant Lazy Wave am Strand. ❺–❽

Zentraler Hat Chaweng

Diesem etwa 2 1/2 km langen Teil des Strandes verdankt Chaweng seine Popularität. Der weiße Sand ist genau so fein, wie es die Werbeprospekte daheim erhoffen lassen. Die sich im Wind wiegenden Palmen und das klare, blau und türkis schimmernde Meer können einem Besucher zu fast jeder Zeit den Atem verschlagen. In den Monaten um Weihnachten ist der Strand meist etwas weniger einladend, da der Wind das Wasser gegen die Küste treibt.

Dieser Strandabschnitt hat sich in den vergangenen Jahren voll und ganz auf jene Reisende eingestellt, die nicht mehr in günstigen Hütten am Strand, sondern in eleganteren, luxuriösen Anlagen mit Spa urlauben wollen. Einige der Anlagen zählen zu den teuersten und besten von Samui. Noch gibt es einige preisgünstigere Bungalowanlagen, doch finden Traveller, die mit schmalem Portemonnaie reisen, eher eine Bleibe im Hinterland oder in einer Pension an der lauten Hauptstraße.

Entlang des Strandes und an der dahinter verlaufenden Straße lockt ein breites Einkaufs- und Unterhaltungsangebot. Schneider, Kleiderboutiquen, Supermärkte, Bäckereien, Reisebüros, Fotoshops und Goldgeschäfte warten auf Kundschaft. Dank zahlreicher Strandrestaurants, einfacher und origineller Lokale sowie unzähliger Discos und Bars kommt hier jeder, der Trubel liebt, auf seine Kosten.

In den Morgenstunden herrscht sowohl am Strand als auch entlang der Straße gespenstische Ruhe. Das Nachtleben fordert seinen Tribut, die eigentlich typische Geschäftigkeit der Asiaten am Morgen fehlt hier vollständig. Mittags fahren die Autos bereits wieder dicht an dicht, überholt von Mopeds und durchsetzt von unzähligen Touristen. Am frühen Abend wird es erneut etwas ruhiger, alle machen sich fein für die Nacht. Dann erleuchten nicht nur die Restaurants die Straße, auch zahlreiche Ladyboys bringen Glitzer und Glamour auf die Flaniermeile und in den dahinter liegenden Barbezirk. Leicht bekleidete Mädchen kümmern sich um einsame Herzen, und viele Vergnügungssüchtige sowie manch ein Zukurzgekommener genießen die ihnen zuteil werdende Aufmerksamkeit. Viele fallen erst weit nach Mitternacht betrunken und anderweitig zufriedengestellt in ihre Betten. Wer sich nicht sicher ist, ob er ein Mädchen oder einen Jungen vor sich hat, kann sich damit trösten, dass dies fast jedem so geht, der sich auf das Rotlichtgewerbe in Thailand einlässt.

Übernachtung

Untere Preisklasse

Central Bay Resort ㉗, ✆ 077 422 118. Geräumige weiße Steinbungalows mit AC im Sandgarten am öffentlichen Strandabschnitt. Einfache Ausstattung mit Stahlbetten. Die einfachen Holzhütten mit Ventilator im hinteren Bereich sind schöner. Frühstück inkl. ❸–❺

P. Chaweng Guest House ㉘, Soi Colibri, ✆ 077-230 684, 💻 www.pchaweng.com. Ruhige, gut ausgestattete AC-Zimmer, teils mit Holzfußboden. teils auch mit Kühlschrank. 2 Familienzimmer mit viel Platz. TV. Kostenpflichtiges WiFi. ❸–❹

The Wave ㉖, ✆ 077-230 803, 💻 www.thewavesamui.com. An der Straße. Seit Jahren beliebte, günstige Unterkunft. Zimmer mit AC oder Ventilator, alle mit TV, die günstigen ohne Bad. Etwas verwohnt, aber sauber, freundlicher Service. Bibliothek im Restaurant. Freies WiFi für Gäste. ❷–❹

Kings Garden Resort ㉕, ✆ 077 422 304, 🖳 www.kings-garden-resort.com. Attraktive, dicht gedrängte Holzbungalows mit Ventilator oder AC im Garten, auf der Wiese und am Strand. Die AC-Versionen haben TV und Minibar. Bei längerem Aufenthalt Rabatt. ❹–❺

Mittlere Preisklasse

Ark Bar Garden Beach Resort ⑮, ✆ 077-422 047, 🖳 www.ark-bar.com. Schmales Grundstück im Norden mit 1–2-geschossigen Reihenhäuschen. Viel Partyvolk. Laute Bar am Strand. Wer gern lange feiert, ist in den vorderen Bungalows gut aufgehoben. Kleiner Pool. ❺

Chaweng Garden Beach Resort ⑰, ✆ 077-960 394, 🖳 www.chawenggardensamui.com. Große Mittelklasseanlage mit 2-stöckigem Hotelkomplex in schönem Garten mit Pool. Ansprechende Zimmer mit Ventilator oder AC. Zudem Luxusvillen mit eigenem Pool. ❸–❽

Chaweng Center Hotel ㉑, ✆ 077-413 747. An der Strandstraße, daneben direkter Strandzugang. Recht große, ansprechende Zimmer mit großen Betten, TV, Safe und Minibar. Wer länger als eine Woche bleibt, bekommt Rabatt. ❹–❺

Montien House ⑫, ✆ 077 422 169, 🖳 www.montienhouse.com. Schöne Steinbungalows in gepflegter Anlage. Die Zimmer sind hell und ansprechend modern eingerichtet, viel Holz. Großer Pool am Strand. Villen mit separatem kleinen Garten und Pool. ❹–❻

Sea Side Bungalow ㊳, ✆ 077-422364. Einfache Bungalows der alten Schule direkt am Meer bis zur Straße. Links mit AC, rechts mit Ventilator. Toll ist der weite, leere Platz vor den Bungalows, der sich angenehm von der sonst so dichten Bebauung abhebt. ❹–❺

The Suneast ⑭, ✆ 077 422 115, 🖳 www.thesuneastbungalows.com. Steinbungalows senkrecht zum Strand. Im Haus dahinter geräumige AC-Zimmer. Gepflegter Garten und Pool. Traditionsreicher Familienbetrieb. Durch einige Treppen vom Strand getrennt. Kajak- und Angelverleih. ❺–❼

Obere Preisklasse

Baan Chaweng Beach Resort ⑱, ✆ 077 422 403, 🖳 www.baanchawengbeachresort.com. Zimmer in 2-stöckigen Reihenbungalows und Steinbungalows im wunderschön gepflegten Palmengarten. Einige Villen, teils am Meer. Schöner Pool am Strand. ❻–❽

Baan Samui Resort ㉓, ✆ 077 230 965, 🖳 www.see2sea.com. Dezent bunt gestrichene, geschmackvoll kreativ gestaltete Zimmer in urigen Reihenhäusern oder Pool-Villen. Im Gemeinschaftsraum Billardtisch, Lese- und Spieleecke. Großer Pool und Spa. ❼–❽

Chaweng Buri Resort ⑳, ✆ 077 230 349. Geschmackvolle Steinbungalows im schattenspendenden Palmengarten. Inneneinrichtung aus Rattan. Restaurant am Strand und auf einer schattigen Terrasse, abends manchmal traditioneller Thai-Tanz. Babysitter und Spa. ❻–❽

Dara Samui Beach Resort & Spa Villa ⑩, ✆ 077 231 323, 🖳 www.darasamui.com. Luxushotel mit hochwertig ausgestatteten Zimmern im 3-geschossigen Haus. Suiten mit teils offenem Badezimmer und eigener Küche. Pool mit kleinem Wasserfall am Strand. Rundes, verglastes Restaurant mit Meerblick. WiFi im Zimmer. ❽

First Bungalow Beach Resort ㊴, ✆ 077-230 414, 🖳 www.firstbungalowsamui.com. Eingang am Ende des zentralen Hat Chaweng. Bungalows rund um den riesigen Pool, Zimmer im Apartmenthaus und riesige Bungalows am Strand Chaweng Noi. Modernisiertes alteingesessenes Resort (noch immer ein Familienbetreib), die ersten Hütten entstanden in den 1970er-Jahren. Kinderpool, Spa. ❺–❽

Erster Klasse wohnen und essen

Poppies Samui Resort ㉟, ✆ 077 422 419, 🖳 www.poppiessamui.com. Fantastisch angelegter Garten. Hinter bunter Vegetation versteckte Steinbungalows mit moderner Einrichtung, Flachbildschirm, Safe. Bis zu 2 Kinder wohnen kostenlos. Inkl. Frühstück für 2 Pers. bis 12 Uhr. Liegen am Pool und am Strand. Beliebtes Strandrestaurant mit Fusionküche in gekonnt arrangiertem Ambiente. Oft Livemusik. Thai-Probier-Menü für 2 Pers. 1300 Baht. Sa Thai-Tanz zum Dinner. ❽

Essen

Die meisten Lokale reihen sich entlang der Strandstraße auf, und man kann hier herrlich essen gehen. Thai-Snacks wie gegrillte Spießchen, Obst und Mais gibt es unmittelbar am Strand von fliegenden Händlern.

Die Restaurants offerieren eine Vielzahl relativ authentischer internationaler Gerichte, darunter indische, italienische, französische und auch deutsche. Auf der Karte finden sich immer auch einige dem westlichen Gaumen angepasste Thai-Speisen. Zahlreiche Lokale legen allabendlich ihr Angebot an frischen Meeresfrüchten aus, und man kann per Augenschein den Fisch, die Garnele oder die Muschel auswählen, die auf dem Teller landen soll. Viele Toplokale der Insel befinden sich am Chaweng. Sie gehören oftmals zu den großen Resorts, die repräsentative Strandrestaurants betreiben. Wer die folgenden Tipps bereits ausprobiert hat und nach weiteren Anregungen sucht, kann sich in den örtlichlen Publikationen über die gerade angesagten Restaurants informieren.

Eat Sense Restaurant, ✆ 077-414 242, 💻 www.eatsensesamui.com. Gehobene Küche der Extraklasse direkt am Strand. Elegantes Ambiente und vor allem abends oft restlos ausgebucht, daher unbedingt reservieren. Zumindest eine Meeresköstlichkeit sollte man sich hier gönnen, sofern es die Reisekasse zulässt.

Good Karma, ✆ 083-394 9907, 💻 www.goodkarmasamui.com. An der Straße hinter dem Grand Centara. Exklusives Design im marrokanischen Stil. Vorne mit Blick auf die Straße, hinten ruhig und mit Whirlpool, in dem die Gäste vor oder nach dem Essen entspannen können. Etwas erhöhte Preise, aber bezahlbar. Freies WiFi.

Ninja Crepes, großes, hellerleuchtetes Restaurant. Einfache Ausstattung mit Plastikbestuhlung. Riesige, bebilderte Speisekarte mit großer Auswahl an günstigen und leckeren Gerichten. Prompte, freundliche Bedienung. 🕓 24 Std.

Ruang Thong Bakery, gutes Frühstück, frisches Brot und Gebäck. Bebilderte Speisekarte und große Auswahl an Thai- und westlichen Gerichten. Guter Kaffee. 🕓 7–22.30 Uhr.

Vegetarisches und mehr aus Indien

Noori Indian & Thai Restaurant, ✆ 077-413 315. Authentische Küche einer Familie aus Rajastan. Viele vegetarische Gerichte, zudem einige Thai-Speisen. Die Portionen sind reichlich und günstig. Riesige Menüs (499 Baht für 2 Pers.), Bestellung per Telefon möglich, Lieferung am Chaweng kostenlos. 🕓 11–22.30 Uhr.

Unterhaltung

Zahlreiche Bars, Kneipen und Diskotheken laden am Chaweng zum Feiern ein. Am besten lässt man sich treiben und schaut, was einem zusagt. Die meisten Diskotheken schließen gegen 2 Uhr, in mancher Bar geht es aber bis in die Morgenstunden hoch her. Viele Bars mit Livemusik. Direkt am Strand steigt die Party im **Salinas Beach Club**, 💻 www.salinas-beachclub.com: Morgens ab 8 Uhr gibt es Frühstück, danach den ganzen Tag über Alkoholisches an der Strandbar, und bis nachts um 2 Uhr wird im Ibiza-Stil gefeiert. DJs aus aller Welt legen hier auf. Di ertönt Musik aus deutschen Landen, Sa ist die Ibiza-Connection an der Reihe. Ebenfalls am Strand feiert man in der **Monkey Bay**: Sa Strandpartys ab 14 Uhr bis in die Nacht. Die **Big Bamboo Beach Party** findet jeden Mi und Sa von 20–2 Uhr im Norden statt: Das Tanzparkett ist der Sand, die Glitzerkugel hängt unterm Bambuszelt.

Im **Reggae Pub**, ✆ 077-422 331, seit Jahrzehnten etabliert, rockt eine Liveband.

Es fehlt zwar die Musik, die der Name verspricht, aber das Ambiente stimmt: 5 Bars, Biergarten und Freilichtkino. Die Bands Diesel und Siam spielen tgl. ab 22 Uhr im **Sound Pub**. Dancefloor und wechselnde DJs im dazugehörigen Dance Club.

Seit Jahren beliebt ist die Diskothek **Green Mango**, wo es ab Mitternacht voll wird. Techno wird im **Santa Fé**, ✆ 077-230 570, gespielt. Hier ist man hauptsächlich unter Thais.

Im **Chaweng Lake View** hat sich eine Black Moon Party etabliert. Ebenso angesagt sind die hier stattfindenden House-Partys, Start ist immer frühestens ab 21 Uhr. Die Daten sind variabel und werden per Flyer mitgeteilt.

Aktivitäten

Kochkurse

Sitca (Samui Institute of Thai Culinary Art), Soi Colibri, ✆ 077-413 172, 🖳 www.sitca.net. Die Kunst der thailändischen Küche und die kleinen Geheimnisse der Zubereitung werden in dieser renommierten Schule vermittelt. Kurse Mo–Sa um 11 und 16 Uhr für 1850 Baht p. P. (inkl. Kochbuch), max. 10 Teilnehmer. 3-Tages-Kurs in der Kunst des Foodcarvings für 5000 Baht. Täglich verwandeln sich während der 3-stündigen Kurszeit Früchte und Gemüse in Kunstwerke.

Tauchen

Big Blue Diving, ✆ 077-422 617, 🖳 www.bigbluedivingsamui.com. Basis beim Central Bay Resort. Tauchfahrten und Kurse, Foto- und Video-Tauchgänge mit professioneller Anleitung. Für erfahrene Taucher Erkundungsfahrten zu den aus dem Zweiten Weltkrieg stammenden Wracks vor der Küste des Samui-Archipels.
Calypso Diving, ✆ 077-422 437, 🖳 www.calypso-diving.com. Deutsche Tauchschule am südlichen Ende der Bucht an der Zufahrtsstraße. Eigenes Boot und engagiertes Team. Bubble Maker-Kurse für Kinder.
Easy Divers, ✆ 077-413 372, 🖳 www.easydivers-thailand.com. Auf dem gesamten Archipel etablierte Schule mit 5 Basen auf Samui. PADI ECO-Programm mit gezielten Angeboten, die die Natur der Unterwasserwelt eingehend erkunden.
Samui International Diving School, ✆ 077-233 223, 🖳 www.planet-tec.net. Basis im Malibu Beach Resort. Neben Kursen und Tauchfahrten nach PADI auch Nitrox-Tauchgänge. Einige Instruktoren sprechen Deutsch. Eigenes Schnellboot und in der Saison Live-aboards.

Andere Wassersportarten

Neben Tauchern kommen vor alle Freunde des **Surfsports** auf ihre Kosten. Auch **Wasserski** ist im Angebot. Weniger sportlich, dafür aber spaßig ist die Fahrt auf dem Banana Boat, welches vor allem asiatische Gäste begeistert. Wer dem **Segeln** frönen will, findet Boote im **Tradewinds**, ✆ 077 230 602, 🖳 www.tradewinds-sam.com, am zentralen Chaweng. Das Resort bietet Segeltouren und Fahrten auf dem Katamaran (800 Baht pro Std., mit Anleitung 900 Baht). Auch **Coco Sailing**, ✆ 077-422 248, 🖳 www.cocosailing.com, hält Segelboote und Katamarane zur Ausleihe bereit.
Bei ausreichend Nachfrage auch Katamaran-Safaris mit Übernachtungen. **Kanutouren** kann man am Strand oder mit **Blue Stars Kayaking**, ✆ 077-413 231, 🖳 www.bluestars.info, zu Höhlen der Inseln im Ang Thong National Marine Park (s. S. 691) unternehmen.

Weitere Aktivabenteuer

Den Thrill des freien Falls verspricht **Bungy Jump**, ✆ 081-891 3314. Sprung aus 50 m Höhe für 1400 Baht. Auch Tandemsprünge mit einem erfahrenen Buddy. Wer sich anmeldet, wird vom Hotel abgeholt und erhält ein Gratisgetränk. Die Anlage besitzt einen großen Pool.
Abends gibt es zudem den Spaß des guten alten Rodeo-Ritts.
Über den dichten Urwald schwebt man bei **Canopy Adventures**, ✆ 077-414 150, 🖳 www.canopyadventuresthailand.com.
Die ca. 300 m langen Seilfahrten verbinden 7 Baumhäuser und sind für 1750 Baht zu haben. Im Preis inklusive sind die Abholung vom Hotel, Wasser, Früchte, ein Bad in einem Wasserfall und der Rücktransport.

Sonstiges

Autoverleih

Internationaler Anbieter von Mietwagen ist **Budget**, ✆ 077-413 384. Eine gute Wahl, insbesondere bei einer Mietdauer über 5 Tagen, denn dann sind innerhalb von Thailand kostenlose one-way rentals möglich. Günstiger für Touren nur auf Ko Samui sind Autos der lokalen Anbieter. Kleine Jeeps ab 900 Baht. Darauf achten, dass sich die Fahrzeuge in gutem Zustand befinden, es gibt erhebliche Qualitäts- und Sicherheitsunterschiede.

Medizinische Hilfe

Bangkok Samui Hospital, ✆ 077-429 500, 🖳 www.samuihospital.com. Sehr empfehlenswert. Guter Ruf und tolle

Ausstattung. Als Erstbesucher muss man meist etwa 50 € Anmeldegebühr zahlen. Stationär Behandelte schwärmen vom Luxus der Zimmer (in dem auch Verwandte oder Freunde mitwohnen und sich kümmern können).

Hat Chaweng Noi

Felsen trennen diesen Strandabschnitt vom zentralen Chaweng. Während der vordere Bereich von Resorts besetzt ist, haben sich weiter hinten im Süden günstige Strandrestaurants angesiedelt. Die Bucht ist etwa 1 km lang und hat weichen Sand, in der Mitte befinden sich kleine Felsformationen. Im Süden ragen Korallenbänke hervor. Baden kann man in den europäischen Sommermonaten; von November bis März stellt die hohe Brandung bisweilen eine Gefahr dar. Rote Flaggen warnen vor dem Gang in die Wellen. Den nördlichsten Teil der Bucht nehmen die Bungalows des First Bungalow Beach Resort ein (s. oben, Zentraler Hat Chaweng).

Übernachtung

New Star Beach Resort ㊵, ✆ 077-422 407, 💻 www.newstarresort.com. Moderne Anlage mit Pool-Villen und riesigen Strandbungalows, weitere Bungalows am Hang. Alle mit TV, Minibar, vielfach auch Badewanne. Großer Pool. Spa. ❽

The Imperial Samui ㊶, ✆ 077-422 020, 💻 www.imperialhotels.com. Riesige Anlage am Hang. Große, schöne Zimmer in diversen 3-geschossigen Hotelkomplexen im mediterranen Stil. Alle Zimmer mit Meerblick. Salzwasser- und Süßwasserpool. ❽

Transport

Die meisten **Songtheaw** fahren über Hat Chaweng und können herangewunken werden. Eine Kurzstrecke kostet ab 20 Baht, oft aber den vollen Preis von 50 Baht. Zum Chaweng Noi fahren nur wenige Songtheaw. **Taxis** stehen am Tesco Lotus oder fahren auf der oberen Ringstraße. Nachts explodieren die Preise, ansonsten oft Taxameter möglich.

KO PHA NGAN, zur **Vollmondparty** per Speedboot von 18–24 Uhr, Rückfahrt 6–8 Uhr, ab 500 Baht für Hin- und Rückfahrt. Bis 16 Uhr in den meisten Resorts buchbar, inkl. Abholung und Rücktransport zur Unterkunft. Alle, die nur zur Vollmondparty nach Ko Pha Ngan kommen, zahlen 100 Baht Eintritt.

Refugien in der Coral Cove

Nahe dem geschäftigen Hat Chaweng locken kleine, von Felsen begrenzte Buchten jene Reisende an, die mehr Einsamkeit suchen. In der etwa 500 m langen Sandbucht vermietet das **Coral Cove Resort**, ✆ 077-422 126, ältere Steinbungalows einfacher Bauart mit Ventilator (800 Baht) direkt am Strand, dahinter weitere mit AC. Zudem neue, besser ausgestattete Steinhäuser am nördlichen Hang mit Panoramafenstern und TV, dort auch Pool. Einfaches, günstiges Restaurant, Strandbar mit Tischen im Sand direkt am Strand. ❹–❻.

Eine Bucht weiter liegt das **Coral Cove Chalet**, ✆ 077-422 260, 💻 www.coralcovechalet. Schöne, geräumige Bungalows und Zimmer in Reihenhäusern, alle mit Meerblick. TV, Badewanne, Minibar. Großes und kleines Bett (passend für 3-köpfige Familien), auch Reihenhäuser mit Verbindungstür. Kleiner Pool. Der Strand ist nicht zum Schwimmen geeignet. Frühstück inkl. Spa. ❻

Ao Thong Ta Khien

Thong Ta Khien, zwischen Chaweng und Lamai gelegen, ist eine malerische kleine Bucht mit herrlich pudrigem weißen Sand, umrahmt von Felsen und Palmenhängen. Der Strand ist schön breit, aber nicht besonders groß und macht in der Hauptsaison einen eher überfüllten Eindruck. Bei Ebbe kann man prima schnorcheln, aber nicht mehr sehr gut schwimmen.

Übernachtung

Samui Yacht Club, ✆ 077-422 225, 💻 www.samuiyachtclub.com. Großzügige Gartenanlage mit schönen Einzelbungalows. Restaurant und Bar am Strand. Der Poolbereich ist auch für Kinder eingerichtet (viel Spielzeug). ❺–❻

Silver Beach Resort, ✆ 077-422 478, 💻 www.go2silverbeach.com. 29 Zimmer und Bungalows mit Ventilator oder AC. Bevorzugte Anlage der jüngeren Ruhesuchenden. ❹–❺

Thongtakian Resort, ✆ 077-230978, 💻 www.thongtakian.com. AC-Zimmer in 2-stöckigem Gebäude und Einzelbungalows mit Panoramafenstern und AC in toller Gartenanlage. Sehr gediegene, feine Möblierung mit TV. Pool. ❺–❻

Essen

Gutes und teures, mediterran angehauchtes Essen mit herrlichem Blick auf die Bucht im **The Cliff Bar & Grill**, ✆ 077 414 266, 💻 www.thecliffsamui.com, ⌚ 12–1 Uhr, Küche bis 21.45 Uhr. Billiger ist es im **Big Rock Café & Restaurant** mit Thai- und westlichen Gerichten.

Ao Lamai

Das Bild dieser sichelförmigen, 4 km langen Bucht, etwa 22 km von Nathon, wird von Hunderten Kokospalmen geprägt. Die sauberen Strandabschnitte wirken nicht überfüllt, und das Publikum ist gemischt. Etwa 90 Hotels und Bungalowsiedlungen bieten Obdach für Individualreisende und Pauschalurlauber. Am südlichen Strandende Lamais steht die neben Big Buddha meistbesuchte Attraktion Samuis: die Felsformationen **Hin Ta** und **Hin Yai**.

Die **östliche Bucht** reicht von den Felsen bis zum Jungle Park Resort; sie glänzt mit weißem Sandstrand und einem vorgelagerten Korallenriff. Das Wasser ist seicht und bei Ebbe weniger als hüfttief. Aus dem Sandstrand erheben sich glatte Felsen. Am Hang liegen gepflegte Bungalowanlagen in Kokosplantagen und locken vor allem Ruhe suchende Urlauber an. Vor dem 1 km langen **nördlichen Strand**, unweit der Straße, erhebt sich bis zur Höhe des Dorfes **Ban Lamai** ein Riff. Hier ragen bei Ebbe die Felsen aus dem Meer heraus. Bei den Unterkünften überwiegen kleine Anlagen in der mittleren Preisklasse, darunter so manche aus der alten Globetrotterzeit. Der Sand im nördlichen Abschnitt ist teilweise etwas grober. Auch der über 2 km lange **zentrale Strandabschnitt** wird am südlichen Ende von malerischen Felsen unterbrochen. Trotzdem eignet er sich bei Ebbe und Flut gut zum Baden. Das ändert sich dagegen im Winter, wenn die starke Brandung und der hohe Wasserstand den Strand schwinden lassen. Am **südlichen Ende** der Bucht ist das Wasser meist zu seicht zum Schwimmen, wird jedoch dann attraktiv, wenn starker Ostwind herrscht. Die ruhige Bucht hinter den Großelternfelsen nennt sich **Ao Nam Chuet**, wird aber oftmals allein aus Werbegründen von den Anlagen noch als Ao Lamai bezeichnet. Bei Flut ist der Strand nur etwa 2 m breit.

Die Straße, die parallel zum Strand im Hinterland liegt, ist **Amüsiermeile**, und hier spielt sich das Dorfleben ab. Immer mehr Girlie-Bars prägen das Bild, sodass die Straße an die Anfänge Chawengs erinnert. Die Nachfrage bestimmt das Angebot, und so sind es nicht zuletzt die Reisenden in Lamai selbst, die hier Einfluss nehmen können. Wer keine bezahlbare Unterkunft

Die versteinerten Großeltern

Hin Ta und **Hin Yai**, zu Deutsch Großvater- und Großmutterfelsen, sind die wohl beliebtesten Postkartenmotive Samuis, von Strandbildern einmal abgesehen. Gut sichtbar ist der Großvater, ein Stein wie ein perfekt geformter Phallus. Meer, Regen und Wind haben die uralten Steine so geschliffen, dass sie wie genaue Abbildungen eines männlichen und eines weiblichen Geschlechtsteiles aussehen, die brav nebeneinander stehen. Die Legende weiß zu berichten, dass die Steine an ein hier gestrandetes älteres Ehepaar erinnern, welches vor tausenden Jahren vor der Küste Schiffbruch erlitt.

Chinesische Kultur

Eine Reise in die Kulturgeschichte bietet die **Cultural Hall** in Ban Lamai. Die Ausstellung zeigt von chinesischen Händlern mitgeführte Gegenstände aus dem 19. Jh., darunter Waffen, Teegeschirr, Instrumente und Uhren, aber auch alte landwirtschaftliche Geräte.

mehr am Strand findet, kann sich in einer der Bungalowsiedlungen, Reihenhäuser oder Hotels einquartieren, die vielfach günstige Zimmer ab 300 Baht anbieten.

Eindrücke vom Strand und den Anlagen unter eXTra [2829].

Übernachtung

Viele Hotels können pauschal gebucht werden. Die Auswahl ist groß, und selbst in der Hauptsaison finden Individualreisende meist noch ein Zimmer, wenn auch vielleicht nicht in der bevorzugten Anlage.

Untere Preisklasse

Beach Bungalows ⑰, ✆ 077-230 299. Hübsche Steinbungalows am Strand mit Ventilator und großen, sauberen Bädern. ❸

Beer's House ⑱, ✆ 077-231 088, 💻 www.beerhousebungalow.com. Verwunschene, dschungelgrüne Anlage. Holzbungalows mit Ventilator und Warmwasser in 2 Reihen parallel zum Strand. Große Bäder. Veranden mit Bank, Tisch, Stühlen und Hängematte. Sichtschutz zum Nachbarbungalow. Im hinteren Bereich am Fluss AC-Steinbungalows mit Kühlschrank und TV. ❸–❹

My Friend Bungalow ⑬, ✆ 077-424 120. Auf der anderen Straßenseite gelegen, 3 Holzbungalows mit Ventilator und 8 AC-Steinzimmer. Günstig. ❷–❸

Sunrise Bungalow ㊽, ✆ 077-424 057, 💻. www.sunrisebungalow.com. An den Großelternfelsen. Verschiedenste Bungalows in Holz oder Stein mit Ventilator oder AC. Schöner Ruhepunkt an den Felsen mit kleinem Strand.

Wohnen wie einst die ersten Traveller

Coconut Beach Resort ㉚, ✆ 077-424 209. Alte Holzbungalows mit Ventilator zwischen hohen Kokussnusspalmen verbreiten das alte Travellerflair. Teils geräumige Hütten mit vernünftigem Bad. Eine Reihe mit Strandblick, weitere Bungalows in 2. Reihe. Vor dem Coconut Beach liegt die gemütliche, loungige Chillin Strandbar. Hier wird auch Billard gespielt. ❷–❸

Schlafen bei den Großeltern

Ananta Lamai Beach Resort ㊾, ✆ 077-232 279, 💻 www.anantaresort.com. Die Anlage direkt an den Felsen der Großeltern sticht aus dem Angebot an Resorts hervor. Weiße Zimmer mit riesigen schwarzen Panoramafenstern, z. T. mit familiengerechten Verbindungstüren. Die Überraschung innen: Die Felsen ragen ins Schlaf- und Badezimmer hinein. Ungewöhnlich, aber vielleicht nicht jedermanns Sache. AC, TV, DVD. Kleiner Pool und nette Bar auf den Felsen. Thai- und französische Küche. ❹

Restaurant mit Meerblick. Anheimelnde Atmosphäre, viele Stammgäste. ❸–❺

White Sand ㊺, ✆ 077-424 298. Günstige Mattenbungalows am Strand mit Gemeinschaftsbad, Holzbungalows mit Bad, Ventilator und AC. Etwas abgelegene Anlage ohne viel Grün. Viele Stammgäste. ❷–❹

Mittlere Preisklasse

Aree Beach Resort ⑭, ✆ 077-424 676, 💻 www.aree-beachresort.com. Hübsch möblierte Steinbungalows, z. T. mit Panoramafenstern und Sonnenterrasse ausgestattet. Großer Strandbungalow mit mehreren Zimmern, teils mit Verbindungstür. Deutsche Leitung. ❹–❺

Bill Resort ㊹, ✆ 077-424 403, 💻 www.billresortsamui.com. In den Hügel gebaute Bungalows im Thai-Stil aus Stein oder Holz, mit Blick auf den Strand. TV und Minibar, teils Badewanne. Großer, blickgeschützter Pool mit Kinderbecken inmitten von Grün. Steile Wege zu den oberen Hütten. ❹–❺

Golden Sand Beach Resort ㊳, ✆ 077-458 111, 💻 www.goldensand-resort.com. Anlage im Charme der 1970er-Jahre mit TV, DVD, Minibar und Internet. Panoramafenster oder große Schiebetüren. Inkl. Frühstück. Schöner großer Pool mit Jacuzzi und Kinderpool. ❺–❻

Lamai Coconut Resort ㉖, ✆ 077-232 169. Hübsche große Holzbungalows in Reihe senkrecht zum Strand. Die Zimmer sind gefliest und mit dunklen Möbeln ausgestattet. ❺

Lamai

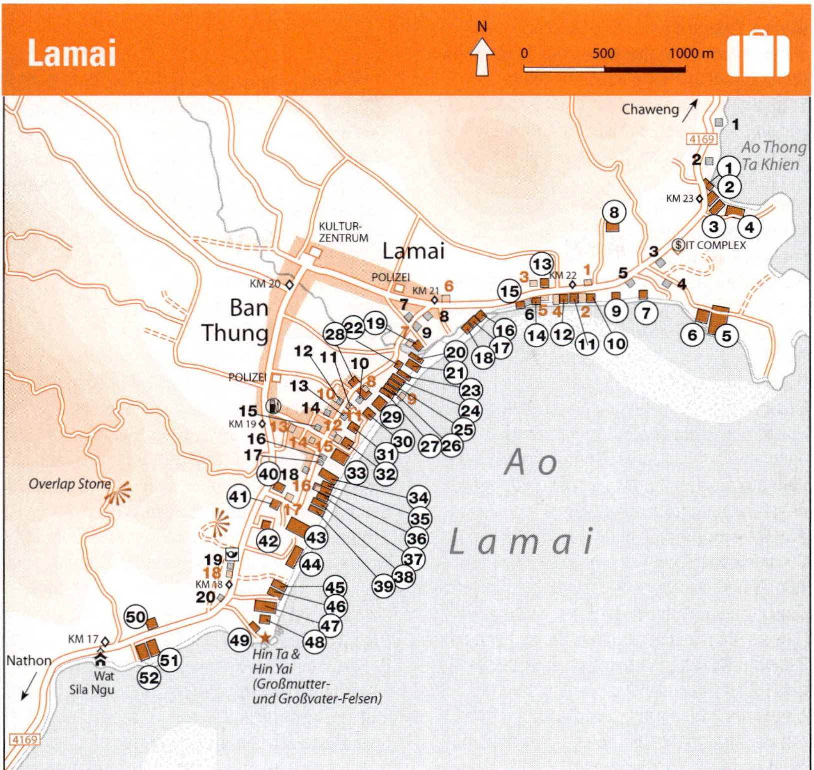

Übernachtung:

1. Crystal Bay Resort
2. Silver Beach Resort
3. Thongtakian Resort
4. Samui Yacht Club
5. Renaissance Koh Samui Resort & Spa
6. Bay View Resort
7. Starbay Beach and Gardens
8. Tamarind Hotel & Spa
9. Rose Garden
10. Weekender Villa
11. The Spa Resort Hotel
12. Samaya Bura
13. My Friend Bungalow
14. Aree Beach Resort
15. Surat Palm Resort
16. New Hut
17. Beach Bungalows
18. Beer's House
19. New Leaf Resort
20. Samui Laguna Resort
21. Pavilion Samui Boutique Resort
22. Grand Thai House Resort
23. Utopia Resort
24. Samui Jasmine Resort
25. Thai House Beach Resort
26. Lamai Coconut Resort
27. Magic Resort
28. Weekender Villa
29. Bonny Hotel
30. Coconut Beach Resort
31. Am Samui Palace
32. Best Resort
33. Lamai Wanta
34. Marina Beach Resort
35. Samui Sense Beach Resort
36. Mira Mare
37. Sea Breeze Bungalows
38. Golden Sand Beach Resort
39. Aloha Resort
40. Orchid Suites
41. Koeng und Muaythai Accom.
42. Lamai Buri Resort
43. Amadeus Bungalow
44. Bill Resort
45. White Sand
46. Rummana Boutique Resort
47. Thai Ayodhya Villas & Spa
48. Sunrise Bungalow
49. Ananta Lamai Beach Resort
50. Floral House
51. Mango Village
52. Rocky's Boutique Resort

Essen:

1. Big Rock Café and Restaurant
2. The Cliff
3. Suthee BBQ and Restaurant
4. Flower Paradise
5. Montana Saloon
6. Ninja Crepes Restaurant
7. Isan Food
8. Fischrestaurants
9. Wurst und Käse Delicatessen
10. Landhaus
11. Il Tempio
12. Sala Thai
13. Mc Donald's
14. Continental Bakery
15. El Dorado
16. Mr. Samui's Gallery and Art Café
17. Sawasdee House Restaurant
18. Will Wait Bakery
19. Pizza Hut
20. Kokomiko

Sonstiges:

1. Tamarind Spa
2. The Spa
3. Island Books
4. Buddy Plaza (im Bau)
5. Shark's Bar
6. Easy Divers
7. Bo Phut Diving School
8. Weekender Travel
9. Jetski-Verleih
10. Variety Bars, Boxring
11. Super SUB, Fusion
12. Kokila Bar und Restaurant
13. Boxring
14. Backstage Rockbar
15. Lava Lounge
16. Outback Bar, Easy Divers
17. Lamai Gym
18. Golf Driving Ranch

Mango Village (51), 087-138 3350, www.mangovillagesamui.com. In der Nam Chuet Bucht am Hang hübsche gelbe Steinbungalows am großen Pool oberhalb des kleinen, von Felsen umrahmten Strandes. TV, Minibar. Restaurant mit Thai- und italienischer Küche. ❺–❻

Mira Mare (36), 077-424 262, www.miramare-samui.com. Am Strand senkrecht in Reihe hübsche, geräumige AC-Bungalows aus Holz und Stein mit Kühlschrank. Hinten Holzbungalows mit Ventilator. ❸–❺

New Leaf Resort (19), 077-960 520, www.newleafresort.com. Direkt neben dem Fluss schöne, weit auseinanderstehende Holzhütten in einer wunderbar grünen Gartenanlage. Ventilator und AC, Kühlschrank, TV. Kleiner Pool. Geboten werden mehrtägige Entgiftungsprogramme und Spa-Anwendungen. ❸–❹

Starbay Beach and Gardens (7), 077-424 546, www.starbay-beach.com. Am nördlichen Ende, ruhig gelegen. Tolle Gartenanlage mit großen, weit auseinanderliegenden Holzhäusern im Thai-Stil, teils mit 2 Schlafzimmern. Ansprechende Möblierung. Kleiner Pool und winziger privater Strandabschnitt. Deutsche Leitung. ❺–❻

Weekender Villa (10), 077-424 116, www.weekender-villa.com. Angenehm gestaltete, sehr ruhige und von Lesern gelobte Anlage. 10 AC-Bungalows im Garten und am Strand. Restaurant mit Leseecke, Billardtisch. Kleiner Pool. Der kleine private Strand wird bei Flut überspült. ❸–❹

Fasten mit Meerblick

The Spa Resort Hotel (11), 077-230 976, www.spasamui.com. Wellnesstempel mit allen Spielarten erholsamer Gesundheitstherapie wie Yoga, Meditation und Massage, daneben auch begleitetes Fasten, Entschlackungen und Schulung in natürlicher gesunder Ernährung. Übernachtung in AC-Zimmern mit tropischem Flair. ❹

Stilvolle Bungalows mit eigenem Garten

Thai House Beach Resort (25), 077-418 005, www.thaihousebeach-resort.com. Eine ganz besondere Adresse mit stilecht alten Thai-Häusern nachgebaute Bungalows am Strand und im tropischen Garten, jeder mit eigenem Gartenbereich. Halboffene Badezimmer. Schöner Pool mit Jacuzzi und Kinderbecken. ❽

Obere Preisklasse

Lamai Wanta (33), 077-424 550, www.lamaiwanta.com. Am zentralen Strandabschnitt schöne weiße AC-Bungalows mit Panoramafenstern, z. T. mit eigenem Garten. TV, Kühlschrank, DVD. Kleiner Pool mit Meerblick. Schicke Bar erhöht über dem Strand. WiFi. ❺–❼

Pavilion Samui Boutique Resort (21), 077-424 030, www.pavilionsamui.com. Exklusive Suiten und Villen aus feinsten Materialien in asiatischem Flair. Großer Pool mit Meerblick. Das Restaurant The Patio gehört zu den besten der Insel. Strandbar. ❽

Renaissance Koh Samui Resort & Spa (5), 02 656 7707, www.renaissancehotels.com. Ruhige Lage am südlichen Ende der Bucht. Stilvoll alten Thai-Häusern nachempfundene Bungalows sowie AC-Zimmer auf der anderen Straßenseite im Haupthaus. Luxuriöses Flair. Verschiedene Restaurants. Pool mit 3 Ebenen, auch für Kinder geeignet. Kleiner Privatstrand. ❽

Samui Sense Beach Resort (35), 077-424 441, www.samuisense.com. Wunderschöne, großzügige AC-Holzbungalows in tropischer Gartenanlage mit Wasserläufen. Ruhiger Luxus. ❽

Samui Jasmine Resort (24), 077-232 446, www.samuijasmineresort.com. Geschmackvolle Anlage mit Zimmern im Hotelkomplex und Bungalows, deren dezente, stilvolle Einrichtung keine Wünsche offenlässt. Großer Pool mit Meerblick. ❻–❽

Essen

Es gibt jede Menge Restaurants und Straßenküchen. Neben den Variety Bars

werden abends Stände aufgebaut. Serviert und gegessen wird an langen Plastiktischen mit Blick auf die Go-go-Bars. Wem es nach Hamburger gelüstet, findet ein McDonald's mit Allerweltsburgern und Pommes.
Neben dem kleinen **Nachtmarkt** (Night Plaza), der in einer Nebenstraße aufgebaut wird, liegen zwei **Fischrestaurants**. Tgl. frischer Fisch, Krabben und Muscheln.

Thai-Küche

Isan Food, typisches Thai-Restaurant mit Gerichten aus dem Nordosten. Keine englische Karte, aber die Besitzerin spricht Englisch. Es gibt das, was gerade frisch und vorrätig ist. Nur Softdrinks.
Montana Saloon, gute Thai-Küche. Zur Auswahl stehen auch leckere Steaks.
Sala Thai, thailändische Küche und europäische Gerichte zu günstigen Preisen. Gutes Seafood.
Suthee BBQ and Restaurant, Nord-Lamai an der Samui Ring Road. Hier kann man sich jeden Tag am leckeren *all you can eat* BBQ sattessen.

Westliche Küche

Flower Paradies, ✆ 077-418 059, 💻 www.samuiroestiland.com. Für diejenigen, die im Urlaub Wert auf Schweizer Küche legen, eine feine Adresse. Vermieten auch einige orangefarbene Steinbungalows ohne direkten Strandzugang ❹
Il Tempio, gute Pizza und noch bessere Pasta.
Kokomiko, nahe den Großelternsteinen an der Ring Rd. Trotz des japanisch klingenden Namens serviert das kleine, gemütliche Restaurant Thai- und deutsche Küche.
Landhaus, der Kärntner Michael lebt seit Jahren am Lamai, und sein Landhaus hat eine guten Ruf, vor allem wegen der großzügigen Portionen. Für Liebhaber deftiger europäischer Küche.
Wurst und Käse Delicatessen Mart & Restaurant, Gyros, Chili con Carne, Käsekuchen, Parmaschinken, Gorgonzola-Käse, Wein und vieles mehr. Hier kann man sowohl einkaufen als auch an den wenigen Tischen essen.

Crepes in kinderfreundlicher Umgebung

Ninja Crepes Restaurant, große Auswahl an leckeren Crepes und Pancakes, daneben typische Travellerküche. Es gibt einen Pool und Spielmöglichkeiten für Kinder. Das Restaurant liegt direkt an der Ringstraße, neben dem Eingang von Beer's House. Auch Vermietung von Bungalows gegenüber an der Straße. ❸–❺

Cafés und Bäckereien

Continental Bakery, Backwaren, so viel das Herz begehrt, u. a. Sauerteigbrot, Croissants, Käsekuchen und Geburtstagstorten.
Mr. Samui's Gallery and Art Café, das Café macht seinem Namen alle Ehre und präsentiert ansprechende Kunst. Dazu guter Kaffee in gemütlicher Atmosphäre.
Will Wait Bakery, gutes Frühstück und riesige Speisekarte: Thai, deutsch, international. WiFi-Zone.

Unterhaltung

An der Hauptstraße und den zwei Stich- und Nebenstraßen liegen die meisten Amüsierbetriebe. Etwa die Hälfte der Bars entlang der abendlichen Flaniermeile haben weiblichen Überhang. Die Go-go-Bars konzentrieren sich an den Variety Bars und gegenüber dem Nachtmarkt, direkt neben McDonald's etwa in der Mitte der Hauptstraße. Für alle Pubs gilt die Polizeistunde um 2 Uhr.
Backstage Rockbar, begeistert seine Gäste mit Rockmusik. Kris aus Schweden sorgt seit Jahren für eine angenehme Atmosphäre.
Fusion, Bar und Disco für Nachtschwärmer, gegenüber Variety Bars.
Kokila Bar und Restaurant, coole Bar mit Billard und Großbildschirm. WiFi-Zone.
Lava Lounge, Wohlfühl-Cocktailbar mit loungiger Musik in der Straße zum Strand.
Outback Bar, Treffpunkt für Jung und Alt, auf englisches Publikum ausgerichtet. Billard und Fußballübertragungen.
Shark's Bar, gepflegte, etwas steife Atmosphäre mit Pool, extra Kinderbereich. Auch Restaurant.
Super SUB, große Disco für Techno-Fans, etwas versteckt hinter Fusion.

Das altbekannte **Bauhaus**, eine Disko, die von Lamai-Fans gerne besucht wurde, ist geschlossen. Was an dieser Location geplant ist, war zur Zeit der Recherche noch offen.

Aktivitäten

Tauchen

Easy Divers, www.easydivers-thailand.com. An allen Stränden vertretene Tauchschule mit 2 Basen am Lamai. An der Ringstraße, 077-231 190 (gegenüber dem Sand Sea Resort) und neben der Outbackbar, 077-232 302. Bietet PADI-Tauchkurse sowie Tauchausflüge.

Bo Phut Diving School, 141/32 Lamai Beach Rd., 077-458 302, www.bophutdiving.com. Tauchausflüge und Tauchkurse vom Anfänger bis zum Divemaster.

Wellness

Spa Samui, 077-230 976, www.thespa resorts.com. Bietet neben klassischer auch Reflexzonen-Massage. Zudem Fastenprogramme von 1–7 Tagen, Yoga und Meditation. Restaurant. Zwei Resorts, eines am Strand, eines am Hang, mit guten Bungalows und Villen, Pool, WiFi. Am Strand ❹–❺, im Spa Village am Hang ❹–❻

Tamarind Springs, 077-424 436, www.tamarindsprings.com. Kräutersauna in den Felsen und herrlich kühlender Pool. Noch tropischer ist das Wald-Spa mit Sauna im Fels und natürlichen Pools. Klassische Massagen und Anwendungen für die Haut. Saftbar. 11–22 Uhr. Beide Spas gehören zum Tamarind Hill Resort, 077-424 221. ❽

Sonstiges

Motorräder / Mountainbikes / Autos / Jeeps

Motorräder gibt es bei den meisten Resorts oder in den Reisebüros und Restaurants. Mountainbikes zur Ausleihe findet man bei **Mountain Bicycles**, kurz vor dem Lamai Post Office. Autos und Jeeps werden ebenfalls entlang der Straße und in vielen Resorts vermietet.

Eine **Warnung für Selbstfahrer**: Die Hauptstraße ist eine Einbahnstraße in Nord-Süd-Richtung, auch wenn sich viele nicht daran halten!

Die Südküste

Das traditionelle moslemische Fischerdorf **Hua Thanon** mit einem kleinen Markt liegt an der Hauptstraße. Markenzeichen sind die alten zwei- bis dreigeschossigen Holzhäuser, die als Läden, Werkstätten und Wohnräume dienen. Die Öffnungen unter den Dächern und Geschossdecken sorgen für eine natürliche Ventilation und sind oft noch mit kunstvollen Schnitzereien verkleidet. Die großen Dächer und weit überdachten Veranden bieten Schutz gegen Sonne und Monsunregen. Es folgt etwas abseits gelegen der kleine Strand **Na Khai Cove**, der außer einigen guten Unterkünften keinerlei Attraktionen besitzt. Jenseits des 135 m hohen Hügels Khao Tale erstreckt sich die flache **Ao Bang Kao** (17 km von Nathon), an deren Küste sich ein mehrere Hundert Meter langes Riff entlangzieht. Der Strand ist wenig einladend, doch manch ein Schnorchler geht bei hohem Wasserstand ins Meer, um die bunte Korallenlandschaft zu erkunden.

An der schmalsten Stelle zwischen dem Meer und der Straße ruht das Dorf **Thong Krut**. Die Gegend ist verschlafen, der Strand dient Fischern als Ankerplatz. Von dieser flachen Sandbucht fahren mehrere Boote ins Katen-Archipel.

Etwa 15 km von Nathon verbirgt sich unter Palmen und schattigen Laubbäumen die **Ao Pangka**. Hier wohnen Fischer und Feriengäste, Letztere in der Bungalowanlage Emerald oder in den hier errichteten Privatvillen. Für die nächsten Jahre ist der Bau eines Jachthafens geplant. Das Wasser erreicht auch bei Flut höchstens Brusttiefe und eignet sich zum Baden und Kajakfahren.

Von **Thong Krut** starten 4–5-stündige Schnorchel- und Fischfangtouren für bis zu 8 Personen. Angesteuert werden oft die vorgelagerten Inseln: **Ko Katen** (auch **Ko Taen**) liegt nur wenige Kilometer vor Ko Samui, ist etwa 7,5 km² groß und Heimat von etwa 70 Menschen. Das Besondere: Auf der Insel leben keine Hunde. Die Legende berichtet, dass die hier in großer Population vorkommenen Katzen die Hunde mit einem Fluch belegen, sodass diese sofort versterben, wenn sie die Insel betreten. Schnorchler kommen auf vor allem am Nordende und im Osten auf ihre Kosten. Es gibt einen Lotusteich, Mangroven-

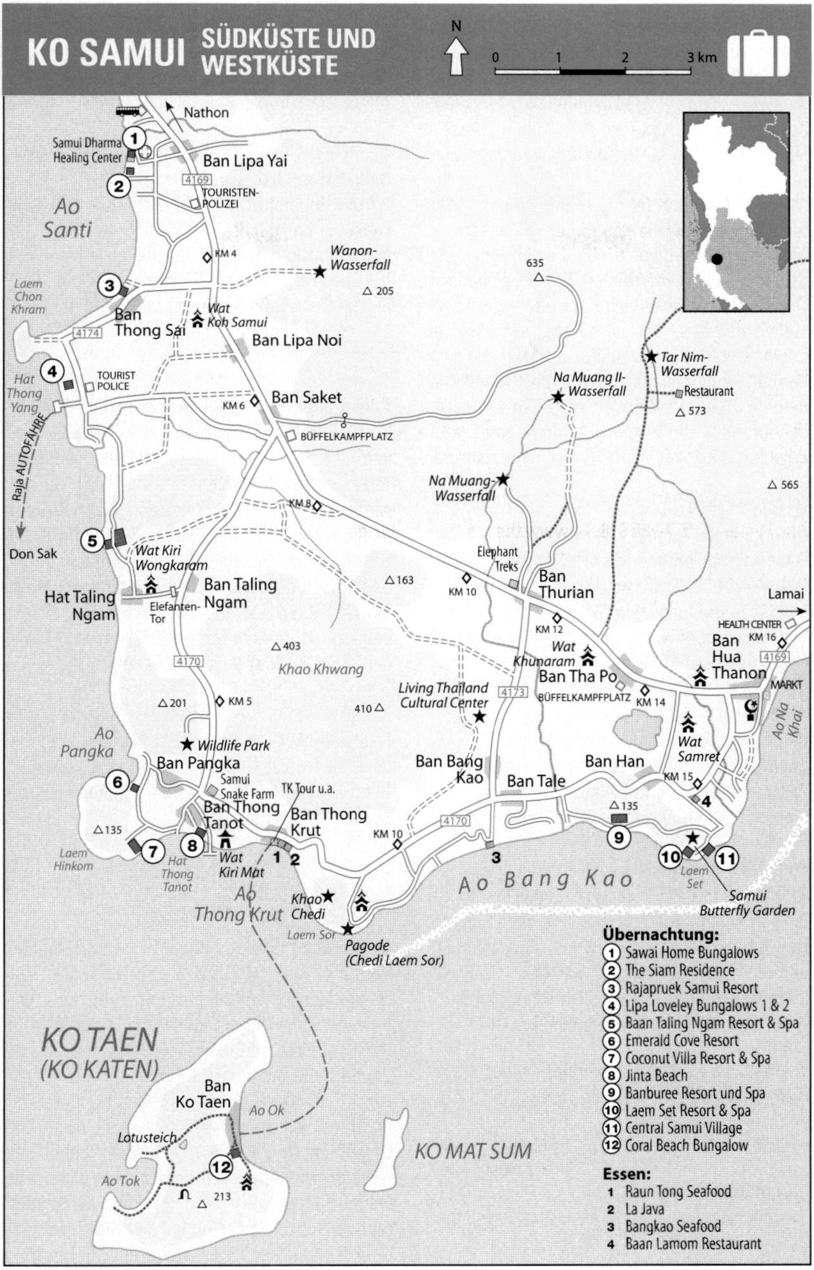
KO SAMUI SÜDKÜSTE UND WESTKÜSTE
N
0 1 2 3 km
Nathon
Samui Dharma Healing Center
Ban Lipa Yai
4169
TOURISTEN-POLIZEI
Ao Santi
KM 4
Wanon-Wasserfall
635
205
Laem Chon Khram
Ban Thong Sai
Wat Koh Samui
Ban Lipa Noi
4174
Hat Thong Yang
TOURIST POLICE
KM 6
Ban Saket
BÜFFELKAMPFPLATZ
Raja AUTOFÄHRE
Tar Nim-Wasserfall
Na Muang II-Wasserfall
Restaurant
573
565
Na Muang-Wasserfall
KM 8
Don Sak
Wat Kiri Wongkaram
Elephant Treks
163
KM 10
Ban Thurian
Hat Taling Ngam
Ban Taling Ngam
Elefanten-Tor
Lamai
KM 12
HEALTH CENTER
KM 16
Ban Hua Thanon
4169
403
Khao Khwang
Wat Khunaram
Ban Tha Po
4170
Living Thailand Cultural Center
4173
BÜFFELKAMPFPLATZ
KM 14
MARKT
201
KM 5
410
Ao Na Khai
Wat Samret
Ao Pangka
Wildlife Park
Ban Pangka
Ban Bang Kao
Ban Han
Ban Tale
KM 15
Samui Snake Farm
TK Tour u.a.
Ban Thong Tanot
Ban Thong Krut
135
135
4170
KM 10
Laem Hinkom
Hat Thong Tanot
Wat Kiri Mat
Ao Bang Kao
Laem Set
Samui Butterfly Garden
Ao Thong Krut
Khao Chedi
Laem Sor
Pagode (Chedi Laem Sor)
KO TAEN (KO KATEN)
Ban Ko Taen
Ao Ok
Lotusteich
Ao Tok
213
KO MAT SUM
Übernachtung:
1 Sawai Home Bungalows
2 The Siam Residence
3 Rajapruek Samui Resort
4 Lipa Loveley Bungalows 1 & 2
5 Baan Taling Ngam Resort & Spa
6 Emerald Cove Resort
7 Coconut Villa Resort & Spa
8 Jinta Beach
9 Banburee Resort und Spa
10 Laem Set Resort & Spa
11 Central Samui Village
12 Coral Beach Bungalow
Essen:
1 Raun Tong Seafood
2 La Java
3 Bangkao Seafood
4 Baan Lamom Restaurant

wälder und eine Fledermaushöhle. Man kann fernab vom Touristenstrom direkt am Strand in den schönen Bungalows von **Coral Beach Bungalows**, ✆ 089-866 5106, wohnen ❹. Teilnehmer an organisierten Touren übernachten meist im **Himapanon**, das AC-Steinbungalows mit TV bereithält ❹).

Viele Ausflügler fahren weiter zur unbewohnten **Ko Mat Sum**. Hier kann man prima schwimmen; die weißen, teils mit Kies durchsetzten Strände sind mit zahlreichen Muscheln bedeckt. Der Vorsicht halber sollte man Schuhe tragen. Neben den Stränden ist es aber vor allem die intakte Unterwasserwelt dieser Inseln, die einen Besuch lohnt. Zumindest wenn die Strömung eine gute Sicht erlaubt, kann man hier wunderbar schnorcheln. Die Insel **Ko Rab** ist ebenfalls unbewohnt und lockt mit hellweißem Sandstrand.

Übernachtung

Unterkünfte s. Karte S. 689

Banburee Resort und Spa ⑨, Hat Laem Set, ✆ 077-429 600, 💻 www.banbureeresort.com. Luxuriöse Bungalows im Thai-Stil, großer Pool. Viel Luxus. Hochwertige Spa-Angebote. Familiensuiten. ❽

Coconut Villa Resort & Spa ⑦, Hat Thong Tanot, ✆ 077-334 069, 💻 www.coconutvilla resort.com. Moderne Hotelanlage mit hochwertigen Zimmern in Reihenhäusern parallel zum flachen Sandstrand. 2 Pools, einer zum Bahnen ziehen. Familienzimmer. ❼–❽

Emerald Cove Resort ⑥, Ao Pangka, ✆ 077-334 100, ✉ wesinac@hotmail.com. Einzige Anlage der Bucht mit neuen und alten Bungalows (AC oder Ventilator). Alle sauber und recht gut ausgestattet. ❸–❹

Jinta Beach Bungalow ⑧, Hat Thong Tanot, ✆ 077-420 630, 💻 www.jintasamui.com.

Von Einfach bis Luxus gibt es hier alles

Laem Set Resort & Spa ⑩, Ao Na Khai, ✆ 077-424 393. Große Holzbungalows direkt am Strand, einige mit Ventilator. Zimmer auch in 2-geschossigen Holzhäusern. Familienzimmer und Villen. ❹–❽

Großzügig auf dem Gelände verteilte Bungalows mit Ventilator oder AC, Panoramafenster, TV, Warmwasser und Moskitonetz. Familiäre Atmosphäre, ruhig. Kleiner Pool. Internet. ❸–❹

Essen

Baan Lamom Restaurant, Ao Na Khai, an der Hauptstraße, ✆ 077-233 146. Leckere Thai-Küche.

In der Ao Bang Kao gute Lokale am Ufer.

In Thong Krut lohnt ein Besuch im **La Java** und im **Raun Tong Seafood**.

Aktivitäten

Touren

Schnorchel- und Angeltouren z. B. mit TK Tour, ✆ 077-334 052, von 9.30–14.30 Uhr nach Ko Taen und Ko Mat Sum für 1100 Baht, Kinder 500 Baht. Angler zahlen 100 Baht mehr. Um 15 Uhr Boote zur Fahrt in den Sonnenuntergang nach Ko Taen und Ko Mat Sum für 1300 Baht, Kinder 700 Baht. Ebenso teuer sind die organisierten Schnorchel- und Kajaktrips. Alle Preise inkl. Abholung von den Stränden. Übernachten kann man in einfachen Unterkünften auf Ko Katen / Ko Taen (s. S. 688), Ko Mat Sum und Ko Rab.

Transport

Nach KO TAEN ab Thong Krut Pier mit dem Longtail um 9.30 Uhr für 100 Baht in 30 Min. Buchung von Ausflugsfahrten in den Reisebüros oder direkt am Pier.

Die Westküste

Die flachen Strände der Westküste sind im Vergleich zur Ostküste wenig besucht. Wer romantische Sonnenuntergänge vor der atemberaubenden Kulisse des Ang Thong Marine National Park erleben möchte und fernab vom Trubel Ruhe sucht, wird sich hier wohl fühlen. Der Romantikfaktor ist hoch, und so bieten die meisten Resorts Hochzeitsarrangements an. Das Dorf **Taling Ngam** ist etwa 10 km von Nathon entfernt und besteht noch immer aus zahlreichen Fischerhütten (den Weg markiert ein Elefantentor). Schön ist der ruhige **Hat Santi**, der sich dank seines hohen Wasserstands ganzjährig zum Schwimmen eignet und zu kilometerlangen Wanderungen einlädt.

Übernachtung

Unterkünfte s. Karte S. 689

Baan Taling Ngam Resort & Spa ⑤, ✆ 077-429 100, 💻 www.baan-taling-ngam.com. Luxus pur. Bungalows am Hügel, einige am Strand. DVD, Badewanne. Mountainbikeverleih, Tennis, Sauna, Tauchschule. Taxiservice zu anderen Stränden. Inkl. WiFi im gesamten Resort. Ab 200 €. ❽

Lipa Loveley Bungalows 1 & 2 ④, 💻 www.bigjohnsamui.com. Etwa 5 Min. vom Fährpier. Steinbungalows senkrecht zum Hat Thong Yang und Reihenbungalows. Große gefließe Zimmer, TV, DVD, Minibar und Wasserkocher. Pool mit Kinderbereich. Kajaks. Hochzeitsarrangements. WiFi. Seafood-Restaurant Big John. ❹–❻

Rajapruek Samui Resort ③, ✆ 077-423 181, 💻 www.rajapruek samuiresort.com. Angenehme Anlage am Hat Santi. Ausstattung mit viel Holz, TV und DVD, Safe. Pool. Hochzeiten, auch christliche und buddhistische Trauungen am Strand. ❺–❻

The Siam Residence ②, ✆ 077-420 008, 💻 www.siamresidence.com. Schönes Spa-Resort am Hat Santi mit freistehenden Villen, alle mit Whirlpool und viel Platz. Einrichtung im Thai-Stil. Großer Pool, Sauna. Paketangebote für Hochzeiten und Flitterwochen. Golf im Country Club am Mae Nam. Ab 100 €. ❽

Sawai Home Bungalows ①, ✆ 077-234 031. Einfache, gemütliche, ruhige Anlage mit kleinen und größeren, hübschen Bungalows unter schattigen Bäumen und Palmen. ❹

Aktivitäten

Ausflüge

Das **Five Island Restaurant**, ✆ 077-415 359, 💻 www.thefiveislands.com, bietet Ausflüge zu den 5 unbewohnten vorgelagerten Insen. Der Ausflug beinhaltet Schnorchelausrüstung und ein Essen.

Transport

SURAT THANI (Don Sak), vom Lipa Noi Pier mit der Autofähre von Raja Ferry stdl. zwischen 5–19 Uhr für 180 Baht in 1 1/2 Std., 280 Baht inkl. Transport zum Bahnhof oder Flughafen. BANGKOK, VIP-Busse um 7.30, 15.30 und 16.30 Uhr. Infos unter ✆ 077-421 125.

Wellness

Samui Dharma Healing Center, ✆ 077-234170, 💻 www.dharmahealingintl.com. Fastenprogramme zur Entschlackung und Entgiftung. Meditation, Yoga und vieles mehr. Aktuelle Programme auf der Website. Kurse in der Siam Residence und Sawai Home Bungalows.

Ang Thong Marine National Park

Der 40 Inseln umfassende Archipel befindet sich nordwestlich von Ko Samui und südwestlich von Ko Pha Ngan. Der Park ist eine Naturreservat, und ein Ausflug lohnt wegen der zahlreichen (nahezu) unberührten Unter- und Überwasserwelten. Man kann die Inseln mit dem Kajak erkunden, an den Küsten schnorcheln und tauchen oder im Landesinneren wandern. Es ist möglich, den Marine Park auf einem Tagesausflug zu besuchen; wer länger bleiben will, kann eine Übernachtung auf einem Tauchboot arrangieren oder in einer Anlage nächtigen.

Die meistbesuchten Inseln sind **Wua Talap** und **Ko Mae**. Letztere lockt mit dem grün schimmernden Thale Noi, dem Salzwassersee, der Blue Lagoon oder auch Emerald Lake genannt wird. Man erreicht dieses Naturwunder über einen schmalen Pfad. Schwimmen ist hier untersagt. Auf **Wua Talap** wartet der **Utthayan-Berg** auf Wanderer. Der freie Blick über die Inseln und das funkelnde Meer ist Lohn für alle Mühen des Aufstieges. Da man hier wohnen kann, gibt es auch ein Restaurant.

Übernachtung

Auf der Insel Wua Talap kann man in den **Park Bungalows** übernachten, wahlweise im Zelt. Anfrage bei der Tourbuchung oder persönlich unter ✆ 025-620 760 (Bungalows), 077-286 588 (Zelt). Kajakverleih möglich. Die Rückkehr muss vorgebucht werden, ansonsten sitzt man ggf. unbefugt im Nationalpark. Die Anlage ist von November bis Heiligabend geschlossen. ❹

Aktivitäten

Boots- und Kajaktouren

Ab Samui und Pha Ngan Tagestouren zu den Inseln Ko Mae und Wua Talap. Einige Leser schwärmen, andere beklagen sich über diese recht touristische Tour. **Phangan Cruise** bietet ein Ausflugspaket für 1600 Baht, Kinder 850 Baht, inkl. Schnochelausrüstung, Mittagessen und Nationalparkgebühr. Abfahrt von den Anlagen um 7.30, Rückkehr um 16.30 Uhr. Tagesausflüge auch mit **Lomprayah**, Mo, Mi, Fr von 9–16 Uhr für 1800 Baht (inkl. Essen, Getränke, Parkeintritt, Kajak- und Schnorchelausrüstung).

Eine Tour mit dem Kajak zu den Höhlen der Inseln Ko Wao und Ko Tungku organisiert **Blue Stars**, Chaweng, Samui, ✆ 077-413 231, 💻 www.bluestars.info. In der Hochsaison ab Weihnachten bis in den August unter sachkundiger Führung. Tagestrip ab 2000 Baht, mit Übernachtung knapp 5000 Baht, Kinder zahlen etwa 40 % weniger. 10 % Rabatt bei Direktbuchungen. Anfahrt aus Samui mit dem Schnellboot.

Kajak- und Schnorcheltouren organisiert auch **Samui Island Tour**, ✆ 077-421 506, 💻 www.samui-island.com. Die Kajaktouren sind geführt und ermöglichen die Erkundung der Buchten rund um den Ang Thong National Marine Park. Schnorcheltouren kosten ab 1300 Baht, Kajaktoren ab 1850 Baht. Auch der Anbieter **Sea Canoe**, ✆ 077-230 484, hat geführte Paddeltouren im National Marine Park im Angebot.

Die südliche Golfküste

Die südliche Golfküste zählt zu den weniger besuchten Regionen Thailands. Das verdankt sie dem Fehlen herausragender Sehenswürdigkeiten und macht sie umso interessanter für Entdecker, die sich etwas abseits der ausgetretenen Pfade bewegen möchten. Auch Ruhesuchende kommen hier auf ihre Kosten.

Die beiden Hauptverkehrsknotenpunkte sind Surat Thani und Hat Yai. Beide Städte sind alles andere als beschaulich. **Surat Thani** lädt nicht gerade zu einem längeren Aufenthalt ein, doch in **Hat Yai** kann man durchaus einen interessanten (Einkaufs-)Tag verbringen und zudem gut essen.

Strandliebhaber können östlich von Surat Thani bei **Khanom** und **Sichon** auf die Suche nach ihrem ganz persönlichen Paradies gehen – wer sucht, findet hier noch wunderschöne, einsame Strandabschnitte. Im Hinterland laden Berge und Wasserfälle zu Erkundungstouren ein.

In **Nakhon Si Thammarat** werden Tempelfreunde glücklich: Hier stehen einige der bedeutendsten Anlagen des Südens. Die Stadt blickt auf eine lange Geschichte zurück, und es werden noch alte Traditionen gepflegt, die anderswo längst ausgestorben sind, wie z. B. die des Schattenspiels.

Ein Ziel für Naturliebhaber ist der **Thale Noi-See**, der sich über 80 km entlang der Küste erstreckt. Besonders Vogelfreunde kommen hier auf ihre Kosten und können von **Phattalung** aus zu spannenden Exkursionen aufbrechen.

Surat Thani und Umgebung

Surat Thani bedeutet „Die Stadt der guten Menschen". Dieser Ehrentitel wurde ihr vor etwa 100 Jahren von König Rama VI. verliehen, als ihm die besondere Hinwendung der Bewohner zum Buddhismus deutlich wurde. Das ist allerdings lange her ... Heute entlockt der Name „Stadt der guten Menschen" vielen Reisenden nur ein gequältes Lächeln.

Surat Thani ist Travellern hauptsächlich als **Verkehrsknotenpunkt** ein Begriff, und als solcher hat es keinen guten Namen. Zwangspausen im Wait-for-the-bus-Restaurant, VIP-Busse, die sich als Klapperkisten herausstellen, ausgeraubte Rucksäcke – die Geschichten nehmen kein Ende. Hier hilft nur, seine Wertsachen noch besser im Auge zu behalten als sonst, sämtliche Schlepper zu ignorieren und – leider – allen einheimischen „neuen Freunden", die man abends beim Bier kennenlernen kann, eine doppelte Portion Misstrauen entgegenzubringen.

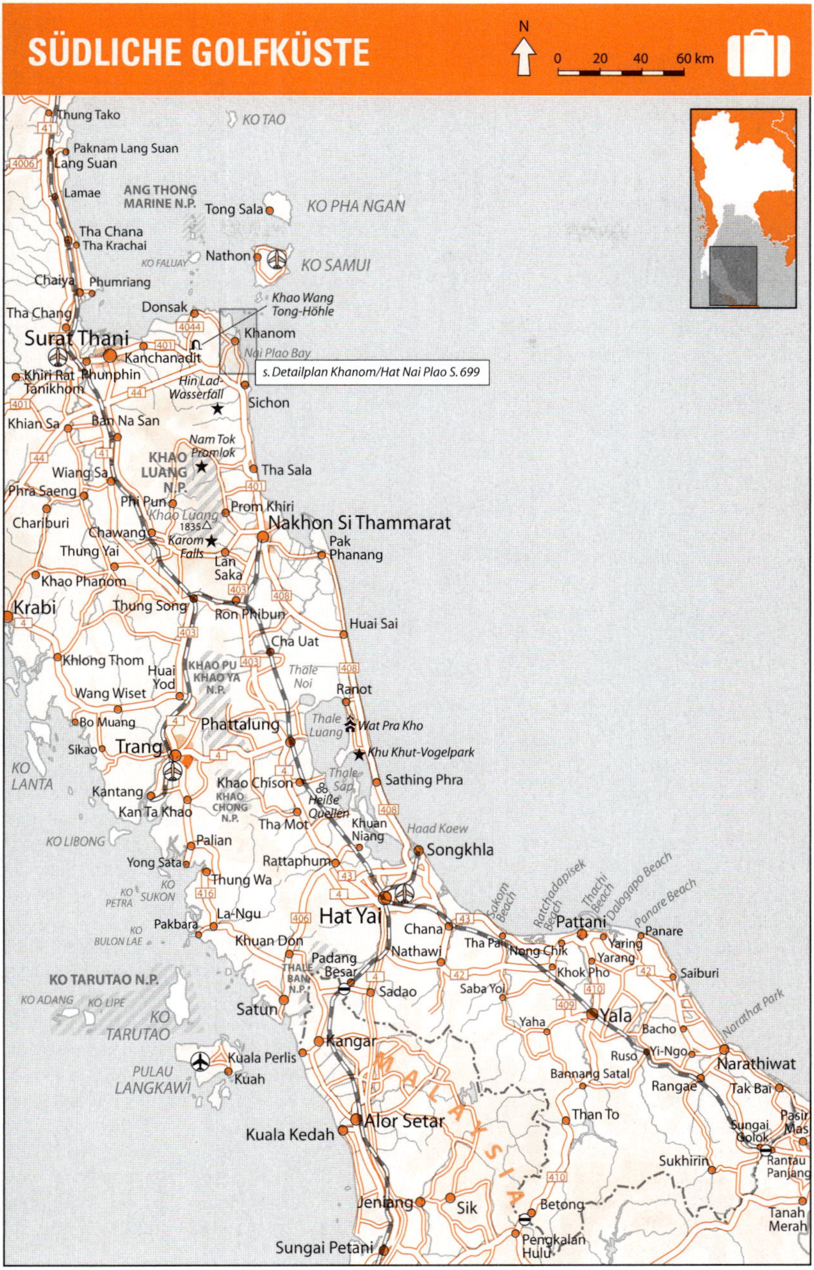
SÜDLICHE GOLFKÜSTE
N
0 20 40 60 km
Thung Tako
KO TAO
Paknam Lang Suan
Lang Suan
Lamae
ANG THONG MARINE N.P.
Tong Sala
KO PHA NGAN
Tha Chana
Tha Krachai
KO FALUAY
Nathon
KO SAMUI
Chaiya
Phumriang
Khao Wang Tong-Höhle
Tha Chang
Donsak
Surat Thani
Khanom
Kanchanadit
Nai Plao Bay
Khiri Rat Nikhom
Phunphin
s. Detailplan Khanom/Hat Nai Plao S. 699
Hin Lad-Wasserfall
Sichon
Khian Sa
Ban Na San
Nam Tok Promlok
KHAO LUANG N.P.
Wiang Sa
Tha Sala
Phra Saeng
Phi Pun
Prom Khiri
Khao Luang 1835
Chariburi
Nakhon Si Thammarat
Chawang
Karom Falls
Pak Phanang
Thung Yai
Lan Saka
Khao Phanom
Krabi
Thung Song
Ron Phibun
Huai Sai
Cha Uat
Khlong Thom
Huai Yod
KHAO PU KHAO YA N.P.
Thale Noi
Wang Wiset
Ranot
Bo Muang
Phattalung
Thale Luang
Wat Pra Kho
Sikao
Trang
Khu Khut-Vogelpark
KO LANTA
Kantang
Khao Chison
Thale Sap
Sathing Phra
Kan Ta Khao
KHAO CHONG N.P.
Heiße Quellen
Tha Mot
Khuan Niang
Haad Kaew
KO LIBONG
Palian
Songkhla
Yong Sata
Rattaphum
Thung Wa
KO PETRA
KO SUKON
Hat Yai
Sakom Beach
Ratchadapisek Beach
Thachi Beach
Dalogapo Beach
Panare Beach
La-Ngu
Pakbara
Pattani
Panare
KO BULON LAE
Khuan Don
Chana
Tha Pai
Nong Chik
Yaring
Yarang
Nathawi
Padang Besar
THALE BAN N.P.
Khok Pho
Saiburi
KO TARUTAO N.P.
KO ADANG
KO LIPE
Sadao
Saba Yoi
KO TARUTAO
Satun
Yaha
Yala
Narathat Park
Bacho
Kangar
Yi-Ngo
Ruso
Narathiwat
Kuala Perlis
PULAU LANGKAWI
Kuah
Bannang Satal
Rangae
Tak Bai
MALAYSIA
Than To
Pasir Mas
Alor Setar
Kuala Kedah
Sungai Golok
Sukhirin
Rantau Panjang
Jeniang
Sik
Betong
Tanah Merah
Pengkalan Hulu
Sungai Petani

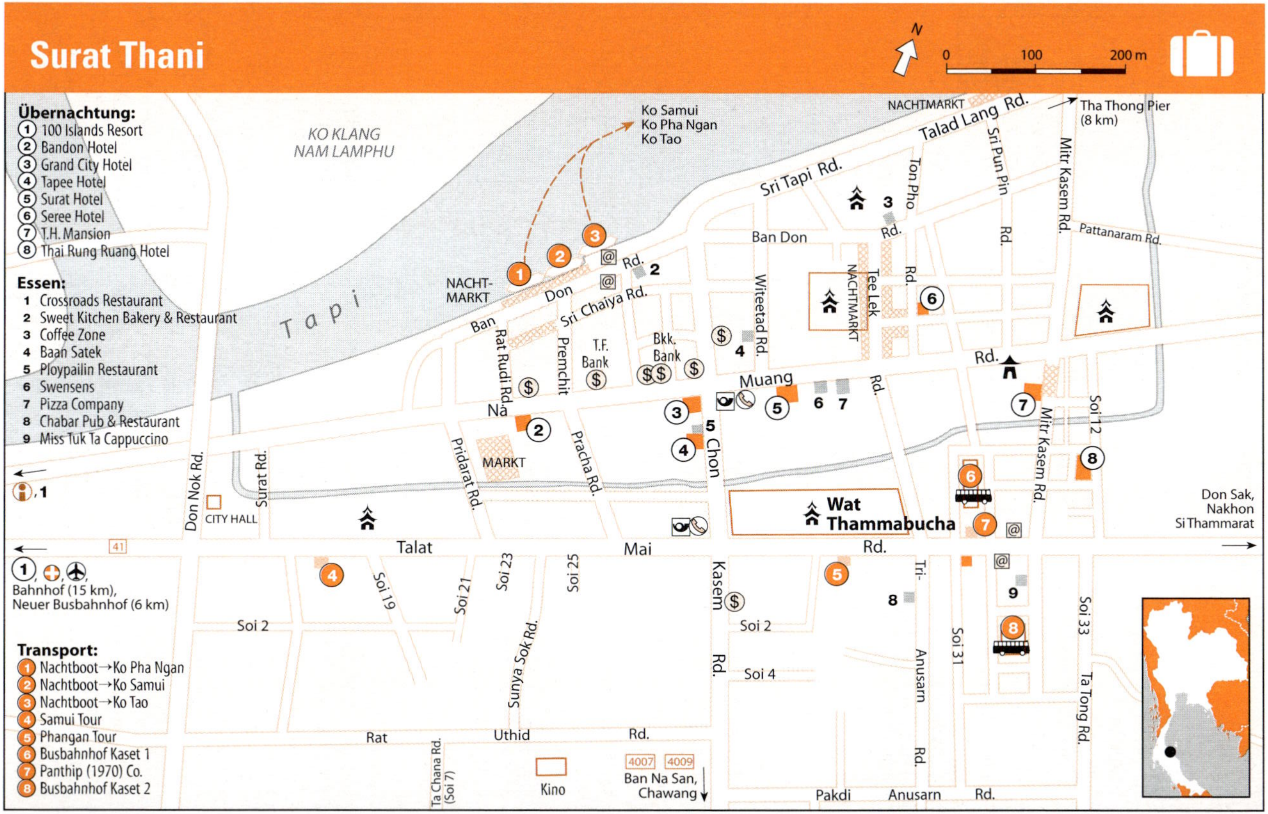
Surat Thani
N
0 100 200 m
Übernachtung:
1 100 Islands Resort
2 Bandon Hotel
3 Grand City Hotel
4 Tapee Hotel
5 Surat Hotel
6 Seree Hotel
7 T.H. Mansion
8 Thai Rung Ruang Hotel
Essen:
1 Crossroads Restaurant
2 Sweet Kitchen Bakery & Restaurant
3 Coffee Zone
4 Baan Satek
5 Ploypailin Restaurant
6 Swensens
7 Pizza Company
8 Chabar Pub & Restaurant
9 Miss Tuk Ta Cappuccino
Transport:
1 Nachtboot→Ko Pha Ngan
2 Nachtboot→Ko Samui
3 Nachtboot→Ko Tao
4 Samui Tour
5 Phangan Tour
6 Busbahnhof Kaset 1
7 Panthip (1970) Co.
8 Busbahnhof Kaset 2
1, Bahnhof (15 km), Neuer Busbahnhof (6 km)
KO KLANG NAM LAMPHU
Tapi
Ko Samui
Ko Pha Ngan
Ko Tao
NACHT-MARKT
NACHTMARKT
Tha Thong Pier (8 km)
Talad Lang Rd.
Sri Tapi Rd.
Ton Pho Rd.
Sri Pun Pin Rd.
Mitr Kasem Rd.
Pattanaram Rd.
Ban Don Rd.
Sri Chaiya Rd.
Tee Lek Rd.
Witeetad Rd.
T.F. Bank
Bkk. Bank
Rat Rudi Rd.
Premchit
Na Muang Rd.
Pracha Rd.
Pridarat Rd.
Chon Kasem Rd.
MARKT
Surat Rd.
Don Nok Rd.
CITY HALL
Wat Thammabucha
Soi 12
Don Sak, Nakhon Si Thammarat
41
Talat Mai Rd.
Soi 19
Soi 21
Soi 23
Soi 25
Soi 2
Soi 4
Sunya Sok Rd.
Tri-Anusarn Rd.
Soi 31
Soi 33
Ta Tong Rd.
Rat Uthid Rd.
Ta Chana Rd. (Soi 7)
Kino
4007 4009
Ban Na San, Chawang
Pakdi Anusarn Rd.

Ein paar Meter abseits des ausgetretenen Traveller-Pfads beginnt das „richtige" Surat Thani. Wer die Gelegenheit hat, sollte abends die Ban Don Road am Tapi-Fluss entlang schlendern, wo sich ein **Nachtmarkt** ausbreitet. Thais und Ausländer lassen sich hier auf Plastikstühlen kleine, authentische Mahlzeiten schmecken. An vielen Ständen helfen englische Speisekarten bei der Auswahl.

In der Umgebung von Surat Thani werden in **Monkey Training Centern** Affen als Erntehelfer ausgebildet. Überall in Südthailand kann man beobachten, wie geschickt sie auf die Palmen klettern und die unreifen Kokosnüsse herabwerfen, deren zartes Fleisch besonders geschätzt wird. Ein halbes Jahr dauert die Ausbildung. **Affenschule in Kanchandit**, etwa 15 km südöstlich von Surat Thani, ✆ 077-227 351: Hier kann man sich für Vorführungen anmelden (etwa 300 Baht). Anreise aus Surat über den H 401 stadtauswärts nach Osten; nach 7 km rechts abbiegen (Beschilderung). Ein guter Motorradtaxi-Preis für die Strecke liegt bei 150 Baht. Vorsicht: Die Affen sind zwar als Erntehelfer ausgebildet, aber das macht sie nicht unbedingt zu freundlichen Zeitgenossen. Besonders Kinder sollten nicht zu nah an die kräftigen Tiere mit dem beeindruckenden Gebiss herangehen.

Etwa 50 km nördlich von Surat Thani liegt das **Wat Suan Moke** (Kurzform für: Wat Suan Mokkhaphalaram), das seit vielen Jahren Meditierende aus der ganzen Welt anzieht. Der Abt Buddhadasa Bhikkhu (1906–1993) übernahm das einfache Waldkloster im Jahre 1932 und entwickelte im Laufe der Zeit eine eigene, moderne Interpretation der klassischen Theravada-Lehre, die ihm zwar die Kritik des konservativen Klerus, aber auch viel Respekt bei den buddhistischen Laien des Landes und weltweite Beachtung einbrachte. Er diskutierte unter anderem Aspekte der christlichen Lehre und anderer Religionen und machte damit vielen nicht im buddhistischen Kanon Erzogenen den Einstieg in die Lehre des Erleuchteten leichter. Das Kloster wurde im Laufe der Jahre ausgebaut und präsentiert sich heute modern und mit viel Beton, doch das große Gelände ermöglicht weiterhin entspannende Spaziergänge, auch für Tagesbesucher. Das Rauschen der nahe gelegenen Schnellstraße nicht zu beachten, ist noch eine der leichteren Übungen während eines längeren Aufenthalts. Weitere Informationen unter ✆ 077-431 552, 431 662, 💻 www.suanmokkh.org. Anreise mit den blauen Songtheaws Richtung Chaiya, stdl. ab Zentrum für 50 Baht.

Übernachtung

Gesichtslose Zimmer an langen Fluren, durchgelegene Betten und kaltes Wasser – Surat Thanis Hotels sind nicht gerade preisverdächtig.

100 Islands Resort ①, 19/6 Moo 3 Bypass Rd., ✆ 077-201 508, 💻 www.roikoh.com. Eine empfehlenswerte, rühmliche Ausnahme zwischen Surats Standard-Hotels ist dieses kleine Boutique-Resort, etwas außerhalb des Zentrums an der Umgehungsstraße gegenüber dem Tesco-Lotus-Supermarkt. Gut eingerichtete, bequeme Zimmer, schöner Pool-Bereich, Spa. Frühstück inkl. ❹

Bandon Hotel ②, 268/2 Namaung Rd., ✆ 077-272 167. Recht ruhig in einer Seitenstraße gelegenes, sauberes und gepflegtes Haus mit 15 Ventilator-Zimmern, z. T. auch AC und TV. Zimmer teilweise ohne Aussicht. Restaurant im Eingangsbereich. Gutes Preis-Leistungs-Verhältnis. ❷–❸

Grand City Hotel ③, 427/7-10 Chon Kasem Rd., ✆ 077-272 960. Das beliebte Haus wurde zum Zeitpunkt der Recherche gerade komplett renoviert und wird sich nach seiner Wiedereröffnung wohl in neuem Glanz präsentieren. Wahrscheinlich ziehen dann auch die Zimmerpreise an. Zuvor: ❷–❸

Tapee Hotel ④, 100 Chonkasem Rd., ✆ 077-272 575. Der himmelblaue Betonklotz birgt blitzsaubere AC-Zimmer mit TV; Deluxe-Zimmer zusätzlich mit Kühlschrank. Große Fenster, großes Doppelbett. WiFi-Karten von Cyberpoint für 50 Baht (1 Std.) bzw. 100 Baht (1 Tag). Restaurant im Erdgeschoss (s. „Essen"). ❸

T.H. Mansion ⑦, 70/1-4 Mitr Kasem Rd., ✆ 077-212 701. 50 Zimmer mit Ventilator oder (unwesentlich teurer) mit AC, alle mit TV, aber einige ohne Fenster. Sauber und gut in Schuss. Praktisch: Abends füllt sich der kleine Platz vor dem Hotel mit Essenständen. ❸

Essen

Wer die Gelegenheit hat, sollte sich eine Mahlzeit auf dem **Nachtmarkt** am Ufer des Flusses gönnen. Englische Speisekarten erleichtern die Auswahl zwischen den lokalen Spezialitäten. Die Preise liegen zwischen 40 und 100 Baht.

Baan Satek, Witeetad Rd. Der Name ist Programm: In diesem kleinen „Steakhaus" gibt's Gutes vom Rind (Sirloin 350 Baht). Daneben Pizza, Salate, Thaifood (Curry um 60 Baht) und Frühstück (um 50 Baht). Kostenloses WiFi. ⏲ 10–21 Uhr.

Chabar Pub & Restaurant, Tri Anusson Rd., ✆ 077-281 417. Schickes Gartenrestaurant, bislang für einheimisches Publikum (Speisekarte auf Thai mit Gerichten von 80–150 Baht).

Coffee Zone, Ban Don, Ecke Ton Pho. An einem kleinen Kreisverkehr gegenüber von zwei chinesischen Tempeln gelegenes modernes Café mit Kaffee, Kuchen, Eis und Sandwiches. Klimatisierter Sitzbereich mit einigen Tischen zur Straße hin, im OG bequeme Sessel. ⏲ 10–22 Uhr.

Crossroads Restaurant, hinter der Brücke. Schickes, etwas teureres Restaurant mit Bar, Musik und umfangreicher Speisekarte; zum Essen genießt man einen schönen Blick auf den Tapi-Fluss. ⏲ 10–23 Uhr.

Miss Tuk Ta Cappuccino, 442/306-8 Talat Kaset 2. Im Erdgeschoss des wenig empfehlenswerten Thaithani Hotels befindet sich ein Internet-Café (20 Baht/Std.) mit hervorragendem Kaffee; daneben preiswertes Frühstück und Snacks. ⏲ 9–24 Uhr.

Sweet Kitchen Bakery & Restaurant, 100 Ban Don Rd., ✆ 077-210 108. Nettes Restaurant im zweistöckigen Eckhaus gegenüber vom Nachtboot-Pier. Schöner als im poppig-grünen Erdgeschoss sitzt man im Obergeschoss mit Blick auf den Fluss. WiFi (kostenpflichtig). ⏲ Di–So 10–22 Uhr.

Vegetarisches Essen gibt es von 7–13.30 Uhr im Erdgeschoss des Thaithani Hotels (442/306-8 Talat Kaset 2) im hinteren Bereich.

Sonstiges

Immigration

Büro in der City Hall, Don Nok Rd., ✆ 077-273 217, ⏲ Mo–Fr 8.30–12 und 13–16 Uhr.

Informationen

Tourist Information Office, 5 Talad Mai Rd., ✆ 077-288 817, ✉ tatsurat@tat.or.th. Sehr freundliche Angestellte, die allerdings bei Fragen in sichtliches Unwohlsein geraten. Englischsprachige Broschüren mit Infos zur Provinz. Die etwas abseitige Lage lädt nicht gerade zu einem spontanen Besuch ein. ⏲ 8.30–16.30 Uhr.

Medizinische Hilfe

Surat Thani Hospital, 2 km westlich des Zentrums, ✆ 077-272 231, hat einen guten Ruf.

Reisebüros

An der Talat Mai liegen einige Reisebüros. Bewährt hat sich **Panthip (1970) Co.**, s. „Transport".

Nahverkehr

Der innerstädtische Nahverkehr wird von **Tuk Tuks** übernommen. Auf die Preislisten, die innen hängen, ist allerdings nicht immer Verlass. Eine Fahrt vom Zentrum zur Tourist Info, etwa 2 km die Talat Mai entlang, kostet 15–20 Baht/p. P.

Zum rund 15 km entfernten Bahnhof Phun Phin mit dem orangenen **Bus** (Ziel an der Frontscheibe angeschrieben) bis 18 Uhr, 15 Baht. Diese Busse halten außerdem am 4 km vom Zentrum entfernten Busbahnhof. Danach Sammeltaxi zum Bahnhof (150–200 Baht).

Transport

Als Transport-Drehscheibe ist Surat Thani ziemlich unübersichtlich – das machen sich allerhand Schlepper zunutze, die verwirrt in der Hitze stehenden Travellern ihre Tickets anzudrehen versuchen.

Busse, Songtheaws und Taxis

Tickets aus dem Reisebüro

Wer Hilfe sucht oder Stress vermeiden möchte, sollte sich ins klimatisierte Büro von **Panthip (1970) Co.**, 293/6-8 Talat Mai, ✆ 077-272 230, 272 906, 💻 www.phantip.co.th, begeben: Es hat Tickets zu allen wichtigen Zielen, ist zuverlässig und hat sich vielfach bewährt – und für die Wartezeit gibt's sogar Internet-Zugänge

und kalte Getränke. Panthip vermittelt nicht nur Tickets, sondern betreibt auch eigene Busse:
KO PHA NGAN um 9.30, 12.30 und 15 Uhr für 350 Baht in 4 Std.;
KO SAMUI um 9.30, 12.30, 15 und 17 Uhr für 230 Baht in 3–3 1/2 Std.
Weitere Ziele sind KHAO SOK (200 Baht), KO PHI PHI (500 Baht), KRABI (140 Baht) und PHUKET (210 Baht), Abfahrt jeweils mehrmals tgl. bis spätestens 17 Uhr.
Anlaufstellen für Trips auf die Inseln im Golf sind auch **Samui Tour**, 326/12 Talat Mai, ✆ 077-282 352, und **Phangan Tour**, gegenüber dem Wat Thammabucha.

Busbahnhöfe der Innenstadt (Kaset 1 und 2)
Die hier genannten Busse fahren, wenn nicht anders angegeben, am größeren Terminal Kaset 2 ab. Die Minibusse sind die etwas teurere, aber schnellere Alternative. Wenn zu wenige Fahrgäste da sind, stellen sie allerdings oft den Betrieb schon vor den hier angegebenen letzten Abfahrtszeiten ein. Wenn der Minibus nicht fährt, wird das bereits gekaufte Minibusticket 1:1 in ein Ticket für einen großen Bus umgetauscht bzw. ist für den großen Bus gültig. Hier mit Verhandlungen über die Preisdifferenz zu beginnen, ist nur etwas für Kämpfernaturen mit Sprachkenntnissen.
CHUMPHON von 8–17 Uhr stdl. in 3 Std. für 250 Baht. Große Busse nur ab der neuen Busstation (s. u.)
DON SAK PIER den ganzen Tag über ab Kaset 1 für 30 Baht in einer knappen Stunde.
HAT YAI von 7–15 Uhr stdl. mit Minibussen für 250 Baht in 4 Std.; von 7–16 Uhr mit dem großen AC-Bus (Nr. 490) für denselben Preis in 5–6 Std.
KRABI Minibusse stdl. von 8–16 Uhr für 180 Baht in etwas über 2 Std., große Busse stdl. 6.30–16.30 Uhr für 150 Baht in fast 4 Std.
NAKHON SI THAMMARAT von 7–17 Uhr ungefähr stdl. mit dem großen Bus für 90–100 Baht ab Kaset 1 in 3 Std.
PHUKET Minibusse von 8–16 Uhr für 250 Baht in 4 Std.; große Busse (Nr. 465) von 7–14 Uhr für 250 Baht; Letzterer fährt über KHAO SOK (120 Baht) und KHAO LAK (160 Baht).
RANONG Minibusse von 8–16 Uhr für 190 Baht in knapp 4 Std., große Busse (Nr. 469) stdl. von 6.30–13 Uhr für 170 Baht ab Kaset 1 in 4–5 Std.
TRANG mit dem großen Bus um 6 und 8.30 Uhr für 170 Baht in 4 Std.
Richtung Malaysia: Minibusse tgl. je nach Nachfrage bis zum frühen Nachmittag nach SUNGAI GOLOK (550 Baht), PENANG (850 Baht) und KUALA LUMPUR (1200 Baht).

Busse vom neuen Busbahnhof
Der „neue" Busbahnhof Takub liegt (nun schon einige Jahre, aber der Name hat sich eingebürgert) etwa 6 km westlich des Zentrums. Transport dorthin mit dem Motorradtaxi oder dem Songtheaw für Touristen bis zu 150 Baht (Normalpreis: Motorrad 50 Baht, Songtheaw 12 Baht). Von hier fahren den ganzen Tag über Busse gen Norden und Süden, z. B.:
BANGKOK ganztags insgesamt etwa 30 Busse, von morgens früh bis in die späten Abendstunden. Reisedauer ca. 10 Std., Tickets je nach Busklasse zwischen 350 und 850 Baht. Am bequemsten sind die VIP-24-Busse, Abfahrt zwischen 19 und 21 Uhr.
CHUMPHON mehrere Busse zwischen 8 und 13 Uhr; 220 Baht, 4 Std.
HAT YAI ungefähr stündlich bis mittags für ca. 500 Baht in 5–6 Std.

Busse ab Bahnhof Phunpin
Wer mit dem Nachtzug ankommt, wird meist gleich in einen Anschlussbus nach KO PHA NGAN, KO SAMUI, PHUKET oder KRABI verfrachtet; falls die Tour nicht durchgebucht wurde und noch ein Platz frei ist, kann man auch zusteigen. Viele Busse, die am Kaset 2 in Surat gestartet sind (vgl. dort), kommen etwa 30 Min. später am Bahnhof vorbei. Tickets für alle Busse: wenn man aus dem Bahnhof kommt, schräg links gegenüber.

Songtheaws ab Bahnhof Phunpin
CHAIYA mit dem blauen Songtheaw vor dem Bahnhof Phunpin nahe dem 7eleven ganztags für 50 Baht in 1 Std.
WAT SUAN MOKE (7 km vor Chaiya) mit denselben Songtheaws; dem Fahrer Bescheid sagen und sich vorher absetzen lassen.

Taxis ab Bahnhof Phunpin
Wer besonders schnell und bequem weiterkommen möchte, kann den Taxiservice am Bahnhof in Anspruch nehmen. Ein Wagen zum NACHTBOOTPIER BAN DON kostet 150 Baht, zum DON SAK PIER 1200 Baht, WAT SUAN MOKE 600 Baht, weiter entfernte Ziele wie KHAO LAK 2500 Baht, KHAO SOK 1500 Baht, KRABI 2200 Baht, RANONG 2800 Baht, HUA HIN 6000 Baht.

Eisenbahn

Der Bahnhof liegt außerhalb von Surat Thani in Phunpin, etwa eine halbe Busstunde mit dem orangefarbenen Bus (an der Windschutzscheibe angeschrieben) ab Kaset 1 (knapp 20 Baht) in Surat. Vor dem Bahnhof (wenn man rauskommt, rechts) liegen einige Ticketbüros, die die Weiterreise nach Ko Samui und Ko Pha Ngan organisieren können.
Zu empfehlen sind die Autofähren ab Don Sak (etwa 400 Baht inkl. 1 Std. Transport zum Pier), nicht das Speedboot ab Surat Thani.
BANGKOK Dieselzug Nr. 40 um 10.40 Uhr (Ankunft 19.45 Uhr), Nr. 174 um 16.46 Uhr (Ankunft 4.45 Uhr).
BAN KRUT 10.40 Uhr (Ankunft 14.24 Uhr), 16.46 Uhr (Ankunft 21.21 Uhr).
CHAIYA mit dem Ordinary Train 446 um 13.16 Uhr in 2 Std. (für 60 km!), 10 Baht.
CHUMPHON 10.40 Uhr (Ankunft 12.46 Uhr), 16.46 Uhr (Ankunft 19.24 Uhr), 17.42 Uhr (Ankunft 20.32 Uhr).
HAT YAI 8.11 Uhr (Ankunft 12.27 Uhr).
HUA HIN 10.40 Uhr (Ankunft 16.01 Uhr).
PATTHALUNG 8.11 Uhr (Ankunft 11.08 Uhr).
PETCHABURI 10.40 Uhr (Ankunft 16.44 Uhr).
PRACHUAP KHIRI KHAN 10.40 Uhr (Ankunft 15.04 Uhr).
Siehe auch Fahrplan „Züge Richtung Süden" S. 902/903.

Boote

Nach KO SAMUI mit den Autofähren **Raja** stdl. von 5–19 Uhr oder **Seatran** stdl. 6–19 Uhr in etwa 1 1/2 Std. ab Don Sak für 180 Baht (plus Zubringerbus nach Don Sak etwa 100 Baht). In der Nebensaison werden einige Fähren gestrichen (besonders Seatran). Alternativ mit dem **Nachtboot** ab Ban Don Pier um 22 Uhr (Ankunft 5 Uhr) für 150 Baht.
KO PHA NGAN mit den Autofähren **Raja** stdl. von 5–19 Uhr oder **Seatran** ab Don Sak stdl. 6–19 Uhr in etwa 2 1/2 Std. für 250 Baht (plus Zubringerbus nach Don Sak etwa 100 Baht); mögliche Streichungen in der Nebensaison. Mit dem **Nachtboot** ab Ban Don Pier um 22 Uhr (Ankunft 5 Uhr) für 250 Baht.
KO TAO mit dem Nachtboot ab Ban Don Pier um 23 Uhr, Ankunft 5.30 Uhr, 400 Baht.
Von den **Songserm-Expressbooten**, die vormittags zu den drei Golfinseln starten, raten wir besonders in der Hochsaison (überfüllte Boote) und bei schlechtem Wetter (Sicherheit) ab. Achtung: Die billigen Joint-Tickets, die in Bangkok in der Khaosan Rd. verkauft werden, beinhalten (neben den berüchtigten Bussen) meist diese altersschwachen Expressboote.

Flüge

Der Flughafen liegt 50 Minibusminuten (100 Baht) außerhalb der Stadt.
BANGKOK wird tgl. von **Air Asia** (ab: 13.10 Uhr, an: 14.25 Uhr) und **Thai Airways** (ab: 19 Uhr, an: 20.10 Uhr) angeflogen.

Strände bei Khanom und Sichon

Etwas über 80 km östlich von Surat Thani in Richtung Nakhon Si Thammarat liegen die beiden kleinen Städte Khanom und Sichon. Dazwischen erstreckt sich etwa 30 km Küste am Golf von Thailand – ein Gebiet mit vielen langen, schönen Strandabschnitten. Die Region zieht inzwischen einige Individualreisende an. Noch finden sich aber einsame Strände. In den Wintermonaten wird es voller; dann flüchten Schweden und Finnen vor den langen dunklen Nächten daheim hierher.

Südlich von Khanom erstreckt sich der 7 km lange **Hat Na Dan**, ein flach ins Meer ragender Sandstrand. Er wird im südlichen Bereich auch als Nai Pet-Strand bezeichnet. Noch weiter im Süden, hinter einem Felsenhügel etwa 7 km von Khanom entfernt, erstreckt sich die malerische **Nai Plao-Bucht**, die sich durch feinen Sand auszeichnet. Am Ende der Bucht führt eine 2 km lange Straße zum schönen **Thong Yi-Strand**, der sich in zwei Abschnitte gliedert. Felsen teilen den ersten, nördlichen Strand in mehrere Bereiche, wo Entdecker, die sich von der Straße einen Weg zu den Buchten bahnen, ganz unter sich sind. Am zweiten Abschnitt liegt ein fast 500 m langer Sandstrand. Zwischen den Abschnitten liegt am Hang das zur Zeit der Recherche verwaiste Tong Yee Resort mit sehr einfachen Bambushütten.

Das bergige Hinterland bietet die Möglichkeit, dem Strandleben für kurze Zeit zu entfliehen. Über die Region erhebt sich der 814 m hohe **Khao Luang**, auch Khao Phra genannt, von dessen östlichen Hängen einige Wasserfälle herabstürzen. Die zweithöchste Erhebung ist der **Khao Dat Fa** (732 m), der ein lohnendes Ziel für eine Mopedtour ist. Informationen, fahrbare Untersätze mit und ohne Fahrer oder Führer gibt es bei One More Travel (s. „Übernachtung", One More Beer).

Von **Sichon** aus gelangt man über die Straße bequem zu Fuß ans Meer zur **Hin Ngam-Bucht**. Hier kann man Surfbretter ausleihen und sich in die Wellen stürzen. Über den Hügel geht es zum hinteren Strandabschnitt. Dort warten verschiedene Restaurants direkt am Meer auf Gäste. Die Spezialität: natürlich Meeresfrüchte.

Übernachtung und Essen

Viele Ferienanlagen richten sich weniger an westliches als an einheimisches Publikum. So wird auch nur wenig bis gar kein Englisch gesprochen.
Gegessen wird meist in der Unterkunft. In **Khanom** kann man sonntags und mittwochs die leckeren Spezialitäten der günstigen Garküchen kosten, die auf dem Wochenmarkt aufgestellt werden.

Nai Plao

Dieser Sandstrand ist der beliebteste der Region, naturbelassen und mit schönem, feinkörnigem, weißem Sand. Es gibt keine Restaurants, weshalb man in den Unterkünften isst.
Khanom Hill Resort ①, ✆ 075-529 403, 💻 www.khanom.info. Am Anfang der Nai Plao-Bucht am Hang. Weit auseinander stehende

Für Naturliebhaber

Naiplao Natural Resort ④, ☎ 089-683 3111. Die am Fluss hinter dem Nai Plao Richtung Thong Yi gelegenen kleinen Ventilator-Holzhütten aus natürlichen Materialien sind etwas für Naturliebhaber. Back to Basics mit Matratzen auf dem Boden. Dazu schöne Bäder und kleine Veranden mit Sitzkissen. ❸

Bungalows, teils in Thai-Stil mit großen Terrassen und Blick auf die Bucht. Auf der anderen Straßenseite neue, architektonisch ausgefallene Steinbungalows mit großen Betten und gemütlicher Sofaecke (Schlafplatz für Kinder). 3 kleine Pools direkt an der Straße. Restaurant am Hang mit schönem Strandblick. Internet. ❺–❻

One More Beer ⑤, ☎ 081-396 4447, 💻 www.1morebeer.net. Amerikanische Leitung. 8 große Zimmer mit Kühlschrank und TV, teils 2 Doppelbetten. Kein Strandzugang. Hauptattraktion ist das Restaurant mit langen Holztischen: Frühstück, Pizza, Sandwiches, Suppe, Salat und Eis. Billard, Tischtennis, WiFi, Internet-Zugang und Mopedverleih. Taxi-Service, Touren in die Umgebung. ❹

Supar Royal Beach Resort ③, ☎ 075-528 552, 💻 www.suparroyal.com. 6-stöckiges Haus an der Straße sowie Bungalows in 2 Reihen am Strand mit insgesamt 100 Zimmern, die den Charme der 70er-Jahre verbreiten. Ungemütliche, große Hotellobby. Pool. Karaoke. Preise inkl. Frühstück. ❹–❻

Ein Resort der besonderen Art

Rachakiri Resort & Spa ⑧ ☎ 075-527 847, 💻 www.rachakiri.com. Traumhafte Anlage am Hang mit verschiedenen Suiten zwischen 45 und 76 m² Größe, alle mit Meerblick. Die größeren mit 2 oder 3 Schlafzimmern. Badewanne mit Blick aufs Meer. Wunderschöne Details wie Wasserspiele, Skulpturen und viel Grün. TV, DVD, Minibar, Bücherei, Sauna, Jacuzzi, Spa. Kein Sandstrand, im Meer schwimmen geht nur von den Felsen aus. ❽

Na Dan-Strand (bei Khanom)

Dieser lange, weiße Sandstrand ist derzeit noch recht wenig bebaut, doch Baustellen und Landvermessungen nehmen zu. Die Unterkünfte haben alle ein etwas gehobenes Preisniveau.

Alongkot Resort, ☎ 075-529119. Hübsche rote Steinbungalows in grüner Anlage, Restaurant und Strandbar mit gemütlichen Tischen direkt über dem Strand. ❺

Sand Terrace Resort, ☎ 075-528910. An einem schönen Strandabschnitt liegen 15 große, geflieste AC-Steinbungalows mit Panoramafenstern sowie 8 große, helle Ventilator-Zimmer, in zwei Reihen quer zum Strand. Restaurant an der Straße. Zwischen den Reihen führt ein breiter Weg zum Strand. ❸–❹

Tankoo Beach Resort, ☎ 075-528397. 42 große Steinbungalows in verschiedenen Ausführungen in weitläufiger Anlage. Hübsch möbliert, TV, Kühlschrank und neue Bäder. Autoverleih. Restaurant mit Strandblick. ❺

Hin Ngam Bay (bei Sichon)

In dieser kleinen Bucht gibt es nur wenige Unterkünfte. Der schöne, sichelförmige weiße Strand befindet sich direkt hinter der Flussmündung bei Sichon. Gegessen wird in den Anlagen oder den drei großen, mit Plastikstühlen ausgestatteten Restaurants, die Meeresfrüchte und Thaiküche anbieten.

Krua Poy Beach Resort, ☎ 075-536 055, 💻 www.kruapoybeachresort.com. 10 Reihen-Bungalows aus Holz, quer zum Strand hinter einladendem Restaurant. Vorne einfache Ventilator-Zimmer mit Linoleumboden. Hinten Zimmer mit Holzboden und Kunst an den Wänden. Windsurfbrett-Verleih. WiFi. ❷–❹

Prasarnsook Resort, ☎ 075-536 299, 💻 www.pssresort.com. Etwa 30 weit auseinander liegende Steinbungalows, aber keiner direkt am Strand, nur das Restaurant. ❺

Transport

Busse

Nach BANGKOK von Khanom (der Bus fährt etwas außerhalb von Baan Nood) mit VIP- oder nur AC um 17 Uhr für 450–900 Baht in 11 Std.

DON SAK 8–18 Uhr jede Stunde von Khanom und Sichon, sobald der Wagen voll ist,

Songthaews 50 Baht. Wer vom Don Sak Pier nach Khanom oder Sichon fahren will, nimmt ein Motorradtaxi oder das manchmal wartende Songthaew.
NADAN BEACH und AO NAI PLAO mit dem Motorradtaxi für 50 Baht.
NAKHON SI THAMMARAT von Khanom mit dem Minibus zwischen 8 und 18 Uhr stdl. für 90 Baht in 1 Std. Von Sichon fahren die Busse häufiger.
SURAT THANI stdl. Minibusse ab Khanom, ab Sichon jede halbe Std. für 100 Baht.

Taxis

Ein Taxi zwischen den Stränden und Khanom kostet 200 Baht, bis nach DON SAK 800 Baht. Nach NAKHON SI THAMMARAT und SURAT THANI jeweils 2000 Baht.
Weiter Richtung Süden bis KHAO SOK 6500 Baht, PHUKET 8000 Baht und bis nach SATUN 8500 Baht.

Nakhon Si Thammarat

Die Provinzhauptstadt Nakhon Si Thammarat gehört zu den ältesten Städten Thailands. Die Stadt, von ihren 125 000 Bewohnern kurz „Nakhon Si" genannt, präsentiert sich als untouristisches, geschäftiges Zentrum der Region. Hauptschlagader ist die Ratchadamnoen Road, die von Surat Thani kommt und nach Songkhla weiterführt – die alte Ostküstenstraße, auf der es seit dem Ausbau des Highway 41 etwas ruhiger zugeht.

Nakhon Si Thammarat ist stolz auf die eigene Geschichte. Noch heute findet sich hier beispielsweise ein Museum, in dem die uralte Kunst des Schattenspiels an die junge Generation weitergegeben wird. Überbleibsel einer alten Befestigung aus dem Jahr 655 sind steinerne Zeugen der Vergangenheit. Lange Zeit war die Stadt ein wichtiges Zentrum des hinduistischen Srivijaya-Reichs und die umliegenden Gebiete waren ihr tributpflichtig. Erst seit dem Aufstieg der Könige von Sukhothai 1292 gehört Nakhon Si zu Thailand (damals: Siam). Später zog sich das Meer immer weiter zurück, bis Nakhon Si nicht mehr direkt am Wasser lag. Dennoch blieb die Stadt eine wichtige Handelsmetropole, und sie wurde einer der Ausgangspunkte für die Verbreitung des Therava-Buddhismus. Ein bedeutendes Monument dieser Religion ist das Wat Mahathat, das mit seinen über 1000 Jahren als eines der ältesten Wats Thailands gilt. Die heutige Ausdehnung verdankt die Stadt unter anderem den Königen Ramesuan (1407) und Narai (1677), die die alten Erdwälle erneuerten und sie teils mit Ziegelmauern befestigten.

Historisch und architektonisch Interessierte können in Nakhon einen kurzweiligen Tag erleben. Das **Wat Mahathat** gehört zu den wichtigsten und ältesten Tempeln Thailands. Im 8. Jh. soll es von König Si Thanna Sokarat errichtet worden sein. Den Tempel überragt der 77 m hohe **Phra Borommathat**, der zweitgrößte Chedi Thailands, mit einer goldenen Spitze. Es heißt, über 272 kg pures Gold seien hier verarbeitet. Der Chedi ist während der Sri Vijaya-Herrschaft entstanden und beherbergt eine Zahnreliquie Buddhas. Im Innern des Tempelbezirks befinden sich über 100 Buddhastatuen. Aus der Ayutthaya-Periode stammt der schöne Buddha, der im **Wihan Luang**, südlich des Chedi, von der Decke auf den Besucher hinunter blickt. Der Klosterschatz ist im **Tempelmuseum** ausgestellt. ⌚ Museum 8.30–16 Uhr (Mittagspause 12–13 Uhr), Eintritt 20 Baht. ⌚ Wat 8–16 Uhr.

Weit im Süden der Stadt befindet sich das sehenswerte **Nationalmuseum**. Es zeigt Funde aus der Region und religiöse Kunstwerke. Beeindruckender Beleg für die frühe Besiedlung der Region ist die Bronzetrommel, die etwa 2500 Jahre alt ist. Porzellan, Keramik und Schattenspielfiguren verbinden Kunsthandwerk und Alltag. ⌚ Mi–So 9–16 Uhr, geschlossen an Feiertagen, Eintritt 30 Baht.

Südlich des Zentrums kann man neben Resten der Befestigungsanlagen auch einen Teil der alten **Stadtmauer** bestaunen. Die beiden hinduistischen Schreine **Ho Phra Isuan** (Shiva gewidmet) und **Ho Phra Narai** (Vishnu gewidmet) schmücken die Hauptstraße. Neben dem Ho Phra Isuan steht eine **Giant Swing**, eine Riesenschaukel, die früher für brahmanische Riten genutzt wurde.

Etwa 500 m weiter südlich hat vor dem Rathaus das moderne Gebäude **Ho Phra Sihing** seine Türen geöffnet. Hier wird die berühmte Buddha-Statue **Phra Buddha Sihing** aufbewahrt, eine von drei Statuen, die angeblich das aus

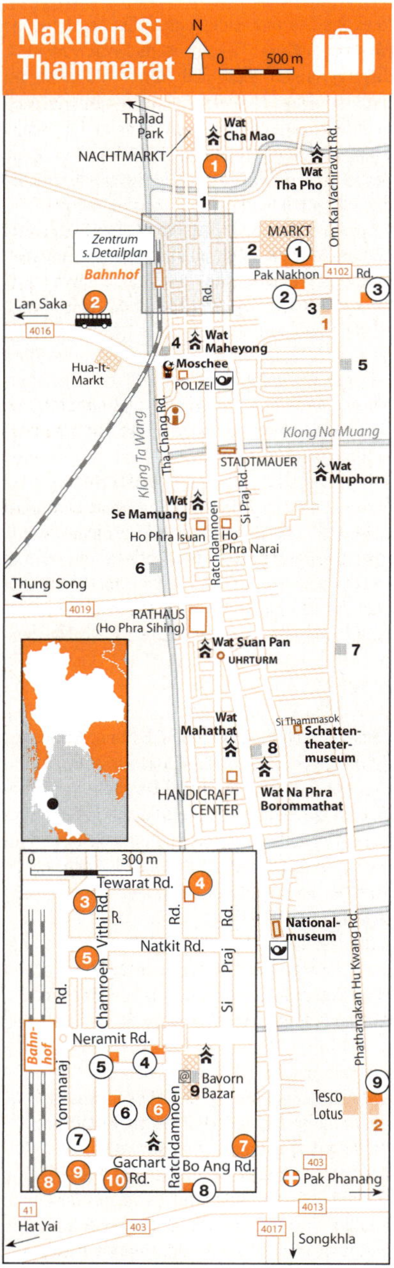

Sri Lanka stammende, etwa 1500 Jahre alte Original darstellen. Die beiden Konkurrenten um Originalität befinden sich im Buddhaisawan-Tempel auf dem Gelände des Nationalmuseums in Bangkok sowie im Wat Phra Sing in Chiang Mai. ⌚ Mo–Fr 9–16 Uhr.

Der **Thalad Park** hinter dem Stadion ist ein schöner, großzügiger Park mit See und Zoo, in dem u. a. Krokodile, Bären, Affen und Tiger (leider nicht immer artgerecht) gehalten werden. Auch ein Streichelzoo ist vorhanden. Auf dem See kann man Tretboote mieten. Viele Restaurants rund um den See bieten Seafood und Isan-Essen. ⌚ bis 19 Uhr, Eintritt frei.

Nur etwa 3 km von Eintritt der Stadt entfernt befindet sich der **Khao Luang National Park**. Dieser 570 km² große Nationalpark liegt um den 1835 m hohen Khao Luang und ist unter Einheimischen als „Nam Tok Karom“ bekannt. Ein Ausflug zwischen Januar und April verspricht beeindruckende Wasserfälle inmitten eines tropischen Primärwalds. Freunde von Orchideen kommen hier ebenso auf ihre Kosten wie Vogelbeobach-

Übernachtung:
1. Nakorn Garden Inn
2. Grand Park Hotel
3. Grand Nakara
4. Thai Hotel
5. Siam Hotel
6. Muang Thong Hotel
7. Bue Loung Hotel
8. Thai Lee Hotel
9. Twin Lotus Hotel

Sonstiges:
1 Getter Pub
2 Fusion Pub 'n' Dance

Essen:
1 DiDi Cafe
2 A&A Restaurant
3 KFC, Pizza Company, Svenson Eiskrem, M.K. (Ocean Robinson)
4 Yaya Bakery
5 Daily Hut
6 Chao Roer
7 Gotee
8 Moslemische Restaurants
9 Bavorn Bazar (Khrua Nakhon, Rock 99, Hao Coffee, Ligor Home Bakery)

Transport:
1. Minibusse→Ko Samui
2. Busbahnhof
3. Sammeltaxis→Surat Thani
4. Thai Airways
5. Minibusse→Surat Thani, Khanom und Sichon
6. Minibusse→Krabi und Phuket
7. Minibusse→Trang
8. Sammeltaxis
9. Minibusse→Hat Yai
10. Songthaew→Sichon Karom Falls und Phromkiri

ter. Inmitten des grünen Monsunwalds stürzen die **Karom-Wasserfälle** von den Felsen herab. Sieben der 19 Fälle ereicht man über einen Pfad. Der natürliche Pool am Fuße des 7. Wasserfalls lädt zum Bade. Im neunstufigen **Prom Lok-Wasserfall** finden sich einladende Badebecken und für Mutige eine felsige Rutschbahn.

Nationalparkbungalows stehen zur Verfügung ❸–❺, zudem ein Restaurant und Waschhäuser. Transport am einfachsten mit dem Mietwagen inkl. ortskundigem Fahrer. Allradantrieb ist Voraussetzung. In Nakhon Si Thammarat hat das Tourist Office in einem TAT-Informationsheft eine grobe Beschreibungskarte der Gegend veröffentlicht. Trekkingtouren sollte man während der Regenzeit von Oktober bis Dezember meiden. Eintritt 200 Baht.

Übernachtung

Grand Nakara ③, Phathanakan Hu Kwang, ✆ 075-319 558. Schönes neues Hotel in einer Seitenstraße nahe dem Einkaufscenter Robinson. Schön möblierte Zimmer mit TV und Kühlschrank. ❸

Grand Park Hotel ②, 1204/79 Phaknakorn Rd., ✆ 075-317 666, 💻 www.grandparknakhon.com. Steriles großes Hotel, allerdings mit einer eleganter Lobby und angegliedertem Restaurant. ❹

Muang Thong Hotel ⑥, 1459/7 Jamrernvitee Rd., ✆ 075-343 026. 3-stöckiges Gebäude direkt nach den Straßenständen. Breite Flure und große, geflieste Zimmer, Ventilator oder AC, TV. ❷–❸

Siam Hotel ⑤, Soi Luang Muang. Versteckt zwischen den Verkaufsständen, ist der Eingang mit dem englischen Namensschild fast zu übersehen. 5-stöckiges Gebäude mit Fahrstuhl. Wahlweise Ventilator- oder AC–Zimmer, groß, spärlich möbliert und mit asiatischen Toiletten. ❶–❷

Thai Hotel ④, 1375 Ratchadamnoen Rd., ✆ 075-341 509. Typisches, sauberes und ordentliches Mittelklassehotel. Lobby, Bar, Restaurant, Parkhaus. Ventilator- oder AC-Zimmer mit TV und Kühlschrank, Teppich, Kommode, Schrank. WiFi. ❷–❹

Thai Lee Hotel ⑧, 1130 Ratchadamnoen Rd., ✆ 075-356 948. An der Hauptstraße gelegen, daher ist es oft laut. Große Zimmer mit Bett und Schrank, Bad mit Badewanne. Ab Mitternacht wird abgeschlossen. ❷

Twin Lotus Hotel ⑨, 97/8 Pattanakarn-Kukwang Rd., ✆ 075-323 777, 💻 www.twinlotushotel.net. Luxuriöses Hotel mit 120 Zimmern. Pool, Fitnesscenter, Billard, Coffeeshop, Restaurant, Tiefgarage. Schöne, voll möblierte Zimmer. Angegliedert der Singha Pub sowie die Disco Fusion, beide mit Live-Musik. ❺

Gemütliche Atmosphäre

Nakorn Garden Inn ①, 1/4 Parknakorn Rd., ✆ 075-313 333. Schönes Ambiente mit tropischem Flair. Die Eingangshalle ist offen gestaltet, dahinter liegt ein Garten, um den sich auf 2 Stockwerken die Zimmer gruppieren. Verglichen mit den Einheits-Zimmern, die sonst geboten werden, ist diese Unterkunft eine rühmliche Ausnahme. Die Wände sind gemauert, und die Zimmer wirken dank Holz und Stoffdekorationen warm und gemütlich. TV, Kühlschrank. ❸

Essen und Unterhaltung

Bäckereien

DiDi Cafe, Ratchdamnoen Rd. Lokaler Kaffee, Frühstück, Reis- und Nudelgerichte sowie Eis. Kühles Ambiente mit vielen Spiegeln.

Hao Coffee, im Bavorn-Basar. Schnuckeliges Café mit gemütlicher dunkler Einrichtung und Gardinen an den Fenstern, serviert eine große Auswahl an Kaffee und Tee.

Ligor Home Bakery, im Bavorn-Basar. AC-Restaurant im kühlen Stil der 50er-Jahre, bietet eine große Frühstückskarte, eine unendliche Auswahl an Reisgerichten sowie Kuchen und Eis.

Restaurants

Chao Roer, Tha Chang Rd. Schönes Restaurant auf zwei Ebenen, direkt am Fluss. Gemütliches Ambiente, große Holztische und viel Grün drumherum. Etwas gehobene Thai-Küche.

Daily Hut, Phathanakan Hu Kwang Rd. gutes Seafood, Hamburger und Steaks unter dreieckigem Glasdach mit darüber laufendem

Wasserfall. Zu erkennen an der schwarz-weißen Kuh vor der Tür.
Gotee, Phathanakan Hu Kwang Rd.
In einer großen Halle mit grünem Dach wird koreanisches BBQ geboten: Aus einer großen Auswahl an Fleisch und Fisch nimmt man, so oft und so viel man will, und grillt oder kocht es selber am Tisch.
Khrua Nakhon, im Bavorn-Basar. Überdachtes, aber offenes Restaurant mit lokaler Küche, Gerichte ab 20 Baht. Museumsflair mit vielen Holzfiguren an der Wand. ⌚ 7–14 Uhr.
Moslemische Restaurants befinden sich gegenüber vom Wat Mahathat sowie bei der Moschee.
Nachtmarkt mit Essenständen auch zum Sitzen, tgl. ab 16 Uhr in der Ratchdamnoen Rd. zwischen Fluss und Stadion. Hier treffen sich auch die Einheimischen zum Essen.
Rock 99, im Bavorn-Basar. Restaurant und Bar mit europäischen Gerichten, Baguettes, Thai-Küche und Cocktails. Oft Livemusik. Treffpunkt der hier lebenden Ausländer. Ab dem frühen Abend geöffnet.

Diskotheken

Fusion Pub 'n' Dance, im Twin Lotus Hotel. Typische Thai-Disco: Ab Mitternacht wird es voll und laut. Verschiedene Livebands treten auf der Bühne auf. Getanzt wird im Stehen direkt an den Tischen.
Getter Pub, rund um das Einkaufszentrum Ocean/Robinson befinden sich insgesamt 3 Discos. Auch hier geht es erst später los.

Sonstiges

Einkaufen

Wer zwischen Moschee und Kanal die **Tha Chang Road** Richtung Süden entlang bummelt, kann auf der rechten Seite Lederartikel, Schmuck und Kunsthandwerk erwerben. Zudem hat Nakhon einige Märkte zu bieten, darunter den großen, dreimal wöchentlich stattfindenden **Hua It-Markt** in der Nähe des Busbahnhofs, wo abends hauptsächlich Kleidung und CDs verkauft werden. Ein Markt mit Lebensmitteln und einer grandiosen Obstauswahl befindet sich in der **Pak Nakhon Road** im Nordosten der Stadt. Auch auf dem Straßenmarkt in den schmalen Gassen gegenüber vom **Bahnhof** kann man bis spät abends einkaufen.
Im südlichen Tempelbereich des Wat Mahathat bieten verschiedene Stände des **Handicraft Center** neben Snacks auch Souvenirs und Kunstgewerbe-Artikel der Region an, darunter Messing-, Bronze- und Silberarbeiten sowie Schattenspielfiguren und Korbwaren.

Informationen

Tourist Office, Tha Chang Rd., ✆ 075-346 515, ✉ tatnksri@tat.or.th. Die Mitarbeiter sprechen Englisch und sind sehr hilfsbereit. Die meisten Prospekte nur auf Thai. Wer plant, in den Khao Luang National Park zu reisen, kann nach einem TAT-Informationsheft fragen, das eine grobe Übersichtskarte der Gegend beinhaltet. ⌚ 8.30–16.30 Uhr.

Nahverkehr

Auf der Hauptstraße fahren ständig **Songthaews**, ab 10 Baht.
Motorradtaxis innerhalb der Stadt für 20 Baht einfache Strecke. Außerdem gibt es **Fahrrad-Rikschas**, die für mindestens 200 Baht eine dreistündige Sightseeing-Tour anbieten.

Transport

Minibusse

Nach HAT YAI am Ende der Gachard Rd., ab 11 Uhr bis abends (immer wenn der Bus voll ist) für 140 Baht in 2 Std.
KO SAMUI ab Ratchdamnoen Rd., hinter der Brücke, 7–17 Uhr jede halbe Stunde für 270 Baht inkl. Fähre in 3 1/2 Std.
KRABI mit dem Minibus nach Phuket für 190 Baht in 3 Std.
PHUKET ab Ratchdamnoen Rd. gegenüber der City Hall, 8–16 Uhr stdl. für 340 Baht in 5 Std.
SURAT THANI (über SICHON und KHANOM), nördlich des Bahnhofs. 6–18 Uhr jede halbe Stunde. Sichon 70 Baht, Khanom 90 Baht, Surat Thani 130 Baht.
TRANG ab Bo Ang Rd., 7–17 Uhr stdl. für 130 Baht in 2 Std.
Die meisten Städte werden auch von Sammeltaxis angefahren, die in der Regel etwas

günstiger sind als Minibusse, aber erst fahren, wenn sie voll sind.

Busse

Der Busbahnhof liegt etwa 1 km westlich des Zentrums.
BANGKOK 8, 9, 17, 17.10 und 17.30 Uhr für 760–970 Baht in 11 Std.
HAT YAI 4.30–16 Uhr stdl. für 100–146 Baht in 4 Std.
PHATTALUNG 5.30–17 Uhr jede halbe Stunde für 70–80 Baht in 3 Std.
PHUKET (über KRABI) 6–10 Uhr sowie 13 und 16 Uhr für 315 Baht in 6 Std.
SONGKLA 5–15 Uhr stdl. für 100–125 Baht in 4 1/2 Std.
SURAT THANI (über SICHON) 5–17 Uhr stdl. für 90–100 Baht in 3 Std.

Eisenbahn

Siehe Fahrplan „Züge Richtung Süden" S. 902/903.
BANGKOK Express 15 Uhr (Ankunft 6.05 Uhr) für 450–1432 Baht.
PHATTALUNG 14.20 Uhr (Ankunft 17.23 Uhr) für 22 Baht.
SUNGAI GOLOK (über HAT YAI) 6 Uhr (Ankunft 14.45 Uhr) für 70 Baht.
YALA 9.38 Uhr (Ankunft 17.20 Uhr) für 55 Baht.

Flüge

Der Flugplatz liegt etwa 20 km nördlich des Zentrums.
Air Asia fliegt jeden Abend, **Nok Air** 2x tgl. (morgens und abends) von und nach BANGKOK. Beide verlangen rund 2500 Baht inkl. Gebühren.

Phattalung

Die Stadt Phattalung ist nahezu 850 km von Bangkok entfernt und sowohl geografisch als auch geschichtlich an Songkhla und den Süden angebunden. Die etwa 42 000 Einwohner sehen selten ausländische Touristen. Nur Wenige sprechen Englisch, doch wird dieses Defizit in der Kommunikation durch Freundlichkeit mehr als ausgeglichen.

In der Stadt selbst ist der Höhlentempel **Wat Kuha Sawan** zu besichtigen. Ansonsten ist es eher die Umgebung, die einen Besuch lohnt: Es gibt neben den die Gegend bestimmenden Kalksteinbergen, die mit Grotten durchzogen sind, auch einige Handwerksdörfer. Vor allem aber ist es der nahe gelegene **Thale Noi-Wasserschutzpark**, der Naturliebhaber in seinen Bann schlägt (s. S. 707).

Zudem werden in Phattalung die traditionellen Künste gepflegt. Legenden berichten, dass hier die Ursprünge des Schattenspiels **Talung** und des **Nora-Tanzes** liegen. Nora ist eine Form des klassischen Thaitanzes, der von Indien beeinflusst wurde. Der Tanz wird im Phattalung College der Künste gelehrt, und so gibt es einige recht gute Gruppen, die ihre Fähigkeiten immer mal wieder auf Festivals und anderen Veranstaltungen präsentieren.

In den Kalkfelsen der Stadt und der Umgebung finden sich buddhistische **Höhlentempel**. Bekannt ist vor allem das in der Nähe des Marktes liegende **Wat Kuha Sawan** mit vielen verschiedenen Darstellungen des Erleuchteten. Schon während der Sri Vijaya-Periode sollen diese Höhlen als Meditationsklöster gedient haben. Der Tempel selbst wurde in der Ayutthaya-Periode erbaut und später zum wichtigsten Heiligtum der Region gekürt. Am Eingang sind Inschriften mit Initialen diverser königlicher Besucher zu sehen.

Etwa 2 km vom Stadtzentrum entfernt, an den Bahngleisen entlang Richtung Norden, gelangt man zum Höhlenkloster **Tham Malai**. Die beiden berühmtesten Gipfel der Umgebung, der Broken Chest und der Broken Head Mountain, begrenzen die Höhle. Die Legende berichtet, die beiden Berge seien zwei versteinerte Frauen, die sich einst eifersüchtig um einen Mann stritten. Für eine Besichtigung der Höhle sind eine Taschenlampe und Mückenschutz ratsam.

Übernachtung

Grand Phattalung Hotel ④,
64/12 Prachabumrung Rd., ✆ 074-615 705.
Große Zimmer mit Bett, Kommode, Spiegel, TV, Kühlschrank. Hübsche geflieste Böden und Bäder in ruhiger Seitenstraße. Die beste Adresse der Stadt. Das Personal versteht etwas Englisch. ❸.

Holiday Hotel ⑤, Padung Tonya Rd., ✆ 074-612 555. Schickes neues Hotel mit schöner Optik. Die Zimmer sind mit viel Marmor ausgestattet und wirken dennoch sehr gemütlich. Das Personal spricht kein Englisch. ❸–❹

Lampan Resort ②, 88 Ramesuan Rd., ✆ 074-604 528. 60 Ventilator- und AC-Bungalows stehen direkt am Fluss und an dessen Seitenarmen. Schön eingerichtet mit chinesischen Lampen, Schreibtisch, Moskitonetz, TV. Viele mit Balkon zum Fluss. Restaurant mit Seeblick und Seafood. ❷–❹

Phatthalung Thaihotel ③, 14/1-5 Disara Skarin Rd., ✆ 074-611 636. Große Ventilator- und AC-Zimmer, möbliert, geflieste Böden, etwas besser und sauberer. Das Personal versteht ein wenig Englisch. ❷–❸

Essen

Das Essen auf dem **Nachtmarkt**, der ab 17 Uhr direkt am Bahnhof aufgebaut wird, ist gut und günstig.

Boom Steak, gegenüber vom Bahnhof. Wer Steak, Burger, Wurst und Fritten liebt, ist hier richtig.

Nighty Night, in der kleinen Seitenstraße nördlich vom Bahnhof. Restaurant und Karaoke. Großer gefliester Raum mit Plastikbestuhlung. Zum Essen gibt es abends Selbstgesungenes und oftmals gute Stimmung.

Bäckerei, Pracha Bamrung Rd. Mit typisch thailändischen Brot- und Kuchensorten.

Transport

Busse

Der Busbahnhof von Phattalung liegt etwa 5 km außerhalb des Stadtzentrums.

BANGKOK (vom Busbahnhof) 4 Busse zwischen 8.45–10.20 Uhr, ab 16 Uhr nahezu halbstündlich bis 21.50 Uhr für 517–775 Baht. VIP-24-Busse um 9.45 Uhr und 7 weitere ab 17.30–20.40 für 1033 Baht in 12–14 Std.

HAT YAI (ab Zentrum) Bus für 70 Baht oder Minibus für 80 Baht jeweils ab 5.30 Uhr bis 18 Uhr jede halbe Stunde in 1 1/2 Std.

KRABI mit dem Bus Richtung Phuket für 166 Baht in 3 Std..
NAKHON SI THAMMARAT zwischen 6–16 Uhr stdl. für 70 Baht in 3 Std.
PHUKET ab der Ramesuan Rd. um 9.10, 9.40, 10.40, 11.40, 12.50, 14.10, 19.10, 20.30 und 22.20 Uhr für 302 Baht in 6 Std.
SURAT THANI (ab Zentrum) um 8.50, 10.40, 12.25, 14.40 und 16.40 Uhr für 90 Baht in 3 Std.
TRANG mit dem Bus nach Phuket für 45 Baht in 1 1/2 Std.

Eisenbahn

Nach BANGKOK 15.57 Uhr (Ankunft 8.05 Uhr), 16.51 Uhr (8.10 Uhr), 17.27 Uhr (5.40 Uhr), 19.39 Uhr (9.35 Uhr), 19.53 Uhr (10.30 Uhr), im Sleeper je nach Platz zwischen 918 und 1535 Baht.
HAT YAI 6 Uhr (Ankunft 7.44 Uhr), 8.30 Uhr (10.14 Uhr), 10.38 Uhr (12.05 Uhr), 12.35 Uhr (14.36 Uhr) und 14.22 Uhr (16 Uhr) für 18 Baht.
NAKHON SI THAMMARAT 6 Uhr (Ankunft 8.30 Uhr), 11.41 Uhr (13.55 Uhr) und 15.29 Uhr (17.35 Uhr), möglich nur in der 3. Klasse, 22 Baht.
SURAT THANI 8.29 Uhr (Ankunft 13.13 Uhr) und 6 Uhr (17.50 Uhr) für 42 Baht.
YALA 6 Uhr (Ankunft 9.59 Uhr), 8.30 Uhr (12.30 Uhr), 12.35 Uhr (17.20 Uhr) für 39 Baht.

Die Umgebung von Phattalung

Lam Pan und Thale Sap

Etwa 8 km von Phattalung in Richtung Osten liegt der **Songkhla-See**, der in seinem nördlichen Bereich auch Thale Sap heißt. Er gilt als der größte Süßwassersee Thailands und erstreckt sich über mehr als 1000 Quadratkilometer. Vom Meer ist er durch eine schmale, fast 80 km lange Landzunge getrennt. Von Phattalung aus sind die interessanten nördlichen Teile des Sees, **Thale Luang** und **Thale Noi**, zu erreichen. Am **Dorfstrand von Lam Pan** kann man leckeren Fisch essen. Die Imbissbuden locken vor allem am Wochenende auch zahlreiche Thai-Familien an. Unter der Woche ist es hier ruhig und beschaulich. An Wochenenden werden Bootsausflüge zur Vogelbeobachtung angeboten. Auch ein Bootstrip zu den Schwalbennester-Inseln **Ko Si** und **Ko Ha** mitten im See sind möglich. Songthaews nach Lam Pan starten ab Phattalung in der Parallelstraße südlich zum Bahnhof für 12 Baht.

Der See liegt etwa 32 km nordöstlich von Patthalung-Stadt entfernt und ist auf dem Highway 4048 zu erreichen. Busse nach Lam Pan starten ab der Posaart Rd. für 25 Baht, zurück geht es bis 17 Uhr.

Songkhla

Das hübsche Städtchen Songkhla, **eXTra [2830]**, steht etwas im Schatten der benachbarten Boomtown Hat Yai, die als Verkehrskreuz und Einkaufsparadies alle Aufmerksamkeit auf sich zieht – dabei ist Songkhla als Provinzhauptstadt eigentlich die „wichtigere" Stadt. Aber vielleicht sind die Bewohner von Songkhla auch ganz froh, dass ihnen der Lärm und die Hektik der großen Nachbarin erspart bleiben; zumindest kann man sich dieses Eindrucks nicht erwehren, wenn man Jung und Alt unter den Kasuarien am kilometerlangen Stadtstrand sitzen sieht, ein milder Wind in den Bäumen rauscht und die Sonne malerisch im Meer versinkt.

Songkhla liegt auf einer Landzunge, die sich von Südosten nach Nordwesten in den Golf von Thailand erstreckt. Fast die gesamte östliche Seite dieser Landzunge säumt der wunderbare Samila-Strand, der sich über 9 km ausdehnt. Das Gewässer am westlichen Ufer, wo die Hafenanlagen und Piers liegen, ist der **Songkhla-See**, Thailands größter Binnensee, der sich weit nach Norden erstreckt (s. S. 705, Phattalung). Bei Songkhla liegt die knapp 400 m breite „Einfahrt", die diesen See mit dem Golf von Thailand verbindet.

Bei einem Rundgang lassen sich die wenigen Sehenswürdigkeiten der Stadt entdecken. Im Zentrum künden Reste von **Festungsmauern** aus dem 15. Jh. von einer langen, bedeutungsvollen Geschichte der Siedlung. Schräg gegenüber den Festungsmauern steht das kleine **Pathammaron Museum**, das den berühmtesten Sohn der Stadt ehrt: **General Prem Tinsulanonda**, Premierminister von 1980 bis 1988. Das hübsche Holzhaus enthält einige Stücke aus Familienbesitz;

eine Besichtigung dauert nur wenige Minuten; ⌚ 8.30–16 Uhr, Mo und feiertags geschlossen, Eintritt frei. Auf dem Gelände befindet sich auch eine kleine **Touristeninformation**. Kulturell und historisch Interessierte können sich im nahe gelegenen **Provinzmuseum** weiter in die Besonderheiten der Region vertiefen. Das Haus wurde 1878 als Privathaus errichtet und war später Sitz des Gouverneurs der Region; ⌚ Mi–So 9–16 Uhr, Eintritt 30 Baht.

Nördlich des Zentrums liegt auf einem kleinen Berg, dem **Khao Tang Kaon**, der **Chedi Luang**, ein jahrhundertealtes Heiligtum, das sein heutiges Erscheinungsbild König Mongkut verdankt, der 1856 Geld für die Restauration zur Verfügung stellte. 1996 stiftete der heutige König einige Buddha-Reliquien, die im Chedi untergebracht sind. Wer sich die knapp 200 Stufen Aufstieg ersparen will (Zugang von der nordöstlichen Seite), kann auch den neuen Lift benutzen; Betrieb von 8.30–18.30 Uhr, 30 Baht.

Eine Sehenswürdigkeit der besonderen Art ist die **Statue der Meerjungfrau**, die seit 1966 auf einem kleinen Felsen am Nordende des Samila-Strandes sitzt und zum Wahrzeichen der Stadt avanciert ist – kaum ein Thai-Besucher, der sich nicht mit ihr zusammen fotografieren ließe. Bemerkenswert ist die Skulptur der dreiteilige **Naga-Schlange**. Ihr Schwanzende findet sich in der Chalatat Rd. etwa in Höhe des Golfplatzes. Der mittlere Teil mit dem Nabel ragt halbkreisförmig an der Laen Son On Rd. aus dem Boden empor; das Kopfende findet sich an der äußersten Spitze der Landzunge und speit dort in hohem Bogen Wasser in die schmale Einfahrt des großen Sees – Nagas gelten in der thailändischen Mythologie als Wächter von Einfahrten und Übergängen.

Über die lange **Tinsulanonda-Brücke** südlich des Zentrums ist die Insel **Ko Yor** erreichbar, die für ihre Baumwollstoffe bekannt ist. Im Norden der Insel steht das interessante **Folklore-Museum**, das zur dortigen Universität gehört. Die umfangreiche Sammlung zu Südthailand wird in mehreren Häusern präsentiert. ⌚ Mo–Fr 8.30–16.30 Uhr, Eintritt 50 Baht.

Übernachtung

Die Unterkünfte in Songkhla sind bis auf ein paar höherpreisige Anlagen alle sehr einfach und preiswert. Überall wird man freundlich empfangen.

Untere Preisklasse

Chokdee Inn ②, 14/19 Vichienchom Rd., ✆ 074-312 275. Versprüht mit seinem hellblauen Innenanstrich fast ein wenig mediterranes Flair. Die sauberen Zimmer werden auch zur monatlichen Miete angeboten. ❷

Sansabai Hotel ⑧, 1 Petchkeree Rd., ✆ 074-441 027. Kleine, aber saubere Zimmer mit Fenster auf die nächste Hauswand; preiswerter mit Ventilator, etwas teurer mit AC und TV. ❶–❷

Songkhla Guesthouse ④, 15/30-39 Rongmuang Rd., ✆ 085-895 1573. Im alten Holzhaus an der Straße preiswerte, z. T. ganz gemütliche Ventilator-Zimmer für Nostalgiker; die preiswerteren mit Gemeinschaftsbad. Abends manchmal laut wegen der benachbarten Bamboo Bar. Im nahe gelegenen neuen Haus, das über eine Seitenstraße zu erreichen ist, ganz neue Zimmer mit riesigen Bädern und großem TV. ❷

Yoma Guesthouse ③, 7 Rongmuang Rd., ✆ 074-326 433. Familiäres kleines Guesthouse mit einfachen Ventilator-Zimmern, die z. T. mit Postern thailändischer Popstars dekoriert sind und so eine persönliche Note bekommen. ❷

Mittlere Preisklasse

Queen Hotel Songkhla ⑥, 20 Traibur Rd. Helle, saubere Zimmer in diesem Haus mit Aufzug; besonders empfehlenswert ist die größere „Suite" mit ihren Fenstern zu zwei Seiten. ❷–❸

Sook Som Boon Hotel 2 ⑤, 14 Saiburi Rd., ✆ 074-323 809. Das neuere Schwesterhotel des Sok Som Boon 1 hat helle AC-Zimmer mit kleinem TV. ❸

Obere Preisklasse

Pavilion Songkhla Hotel ⑦, 17 Platha Rd., ✆ 074-441 850 💻 www.pavilionhotel.co.th. Sehr gepflegte Herberge mitten in der Stadt. Die 180 Zimmer in drei Kategorien sind einladend und komfortabel ausgestattet. Interieur mit leichten kolonialen Anklängen. ❺–❻

Rajamangala Pavillion Beach Resort ⑨, 1 Ratjadamnoennok Rd., ✆ 074-487 222, 💻 www.pavilionhotels.com. Die schickste Unterkunft am Platze wird vom Samila Beach nur durch die Straße getrennt. Komfortabel ausgestattete Zimmer in mehreren Gebäuden, zwischen denen hübsche Grünflächen liegen. Kleiner Pool. Beliebt bei höherrangigen Militärs, die die benachbarte Navy Base besuchen. ❺–❻

Essen

Einige gute **Essenstände** befinden sich in der Nähe des Subsin-Marktes und der Post. Dabei wechselt die Auswahl im Laufe des Tages; wen es z. B. nach einer guten Reissuppe gelüstet, der sollte morgens vor 9 Uhr da sein.
Seafood-Restaurants, in denen es zumeist auch eine Auswahl Fleischgerichte gibt, reihen sich entlang der Strandstraße südlich der Goldenen Meerjungfrau, einige weitere westlich von dieser.
Im bis auf die Worte **Bakery & Coffee** nur auf Thai beschrifteten Restaurant neben der Pizza Company in der Pra Ta 32-34 gibt es neben Eis, Kuchen und einem Blick auf die belebte Straße auch eine große Auswahl an preiswerten asiatischen und internationalen Gerichten. Kein kulinarisches Highlight, aber eine passable Alternative zu den Essenständen.
Wer sich etwas leisten will, kann im **Songkhla Jetty** nahe dem Fähranleger nicht ganz billige westliche und asiatische Küche mit Blick auf das Treiben auf dem Wasser genießen. 🕓 11–22 Uhr.

Sonstiges

Im Songkhla Guesthouse und im Yoma Guesthouse können **Mopeds** geliehen werden (Halbautomatik, 200 Baht/Tag).

Transport

Busse und Minibusse

Der **Busbahnhof** liegt im Süden der Stadt, doch für die Weiterreise muss man sich nicht hierher bemühen. Besser weg kommt man an der Kreuzung Ramvitee Rd./ Jana Rd.
Nach SONGKHLA ganztags mit dem grünen Bus 1871 etwa alle 30 Min. in knapp 2 Std.

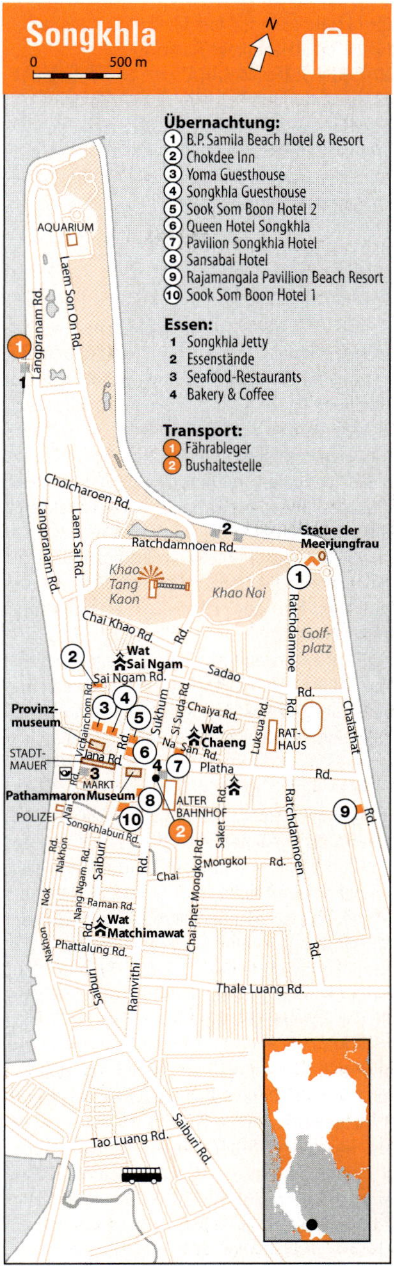

für 18 Baht oder mit dem Minivan in 1 1/2 Std. für 25 Baht (Haltestelle Ravmitee Rd.).
NAKHON SI THAMMARAT stdl. zwischen 6 und 17 Uhr für ca. 100 Baht (Haltestelle Jana Rd. an der Bank) in 4 Std.
Wer größere Distanzen überbrücken möchte, sollte dies vom nahe gelegenen Verkehrsknotenpunkt Hat Yai aus tun.

Hat Yai

Hat Yai, eXTra [2831], ist das wichtigste Verkehrs- und Geschäftszentrum in Südthailand. Dem Besucher, der sich von Bahnhof, Busbahnhof oder Flughafen ins Zentrum bringen lässt, präsentiert es sich als eine Art Miniatur-Bangkok: Mit breiten Umgehungsstraßen, großen Vororten und einem modernen Zentrum, das Hotelhochhäuser, Einkaufsmeilen, McDonalds & Co beherbergt. Die nächste Grenze zu Malaysia in Sadao ist nur 60 km entfernt, und so ist besonders am Wochenende die Stadt voller Besucher aus dem südlichen Nachbarland, die hier zum Einkaufen hinkommen.

Für die meisten Besucher aus dem Westen ist Hat Yai eine Durchgangsstation. Die Verkehrsverbindungen sind vielfältig; alle touristischen Ziele Südthailands werden bedient, ebenso Malaysia.

Wer eine Nacht in der Stadt verbringen muss, sollte sich in einem der vorgeschlagenen Hotels einmieten und abends über die paar Straßen bummeln, die das Zentrum markieren: Zwischen den Niphat Uthit-Straßen 1-3 und der Sanehannussorn Rd. in West-Ost- sowie der Suphasarnrangsarn und Thammanoon Vithi Rd. in Nord-Süd-Richtung wird genug Abwechslung geboten: Restaurants verschiedener Küche, Straßenstände, Marktgassen und Geschäfte.

Wer einen ganzen Tag hier verbringen muss oder will, kann etwas außerhalb das **Wat Hat Yai Nai** in der Petchkasen Rd. besuchen, dessen 35 m langer liegender Buddha zu den wichtigsten Heiligtümern der Region zählt. Zu einem Spaziergang lädt der **Hat Yai Municipal Park** an der Kanchanawit Rd. etwa 6 km nördlich des Zentrums ein. Hier steht eine große Statue der chinesischen Gnadengöttin Kuan Yin.

Zu den besonderen Spektakeln in dieser Gegend zählen **Büffelkämpfe** und **Tauben-Sing-Wettbewerbe**. Sie sind meist plakatiert; ansonsten kann das TAT-Büro weiterhelfen.

Übernachtung

Bei weit über 100 Hotels braucht man in Hat Yai keine Bettenknappheit zu befürchten; selbst an Feiertagen findet sich immer ein Zimmer. Was das Preis-Leistungs-Verhältnis angeht, so lohnt sich jeder mehr ausgegebene Baht – der Konkurrenzkampf ist hart, und kein Hotel kann es sich leisten, mit seinen Preisen weit über dem Durchschnitt zu liegen.
Schon in der mittleren Preisklasse kann man mit livrierten Hotelpagen rechnen. Sollte das ausgewählte Hotel über Karaoke, Club oder Disco verfügen, empfiehlt es sich, ein Zimmer möglichst weit entfernt von der Geräuschkulisse zu nehmen – die Beschallung lässt manchmal die Wände wackeln!

Center Mansion ⑦, 80 Saengchan Rd., ✆ 074-351 430. Zentral gelegene, einfache AC-Zimmer; auch für 3–4 Personen geeignet. ❷–❸

Indra Hotel ⑪, 94 Thammanoon Vithi Rd., ✆ 074-245 886. Typisches „Chinesenhotel" mit etwas abgewohnten AC-Zimmern. Große Betten, Badewanne, Kühlschrank mit Minibar, lokales TV. Wer seinen Abend in einer der beiden gegenüberliegenden englischen Bars/Restaurants verbringt, hat es nicht weit nach Hause. ❸

Lee Gardens Plaza Hotel ⑥, 29 Prachthipat Rd., ✆ 074-261 111, 💻 www.leeplaza.com. Erstklassiges Hotel mitten im Zentrum. Sehr gut ausgestattete Zimmer mit teilweise tollem Ausblick über die Stadt. ❺–❼

Louise Guesthouse ⑨, 21-23 Thammanoon Vithi Rd., ✆ 074-220 966. Einfache AC- und Ventilator-Zimmer in Bahnhofsnähe. Freundliche Atmosphäre; mehr Traveller als in den anderen Häusern. ❷

The Novotel Central Sukhontha Hotel ⑤, 1 Sanehanusorn Rd., ✆ 074-352222, 💻 www.centralhotelsresorts.com/csh. Empfehlenswertes Haus mit 245 gepflegten Zimmern in verschiedenen Preisklassen, alle mit international üblicher Ausstattung

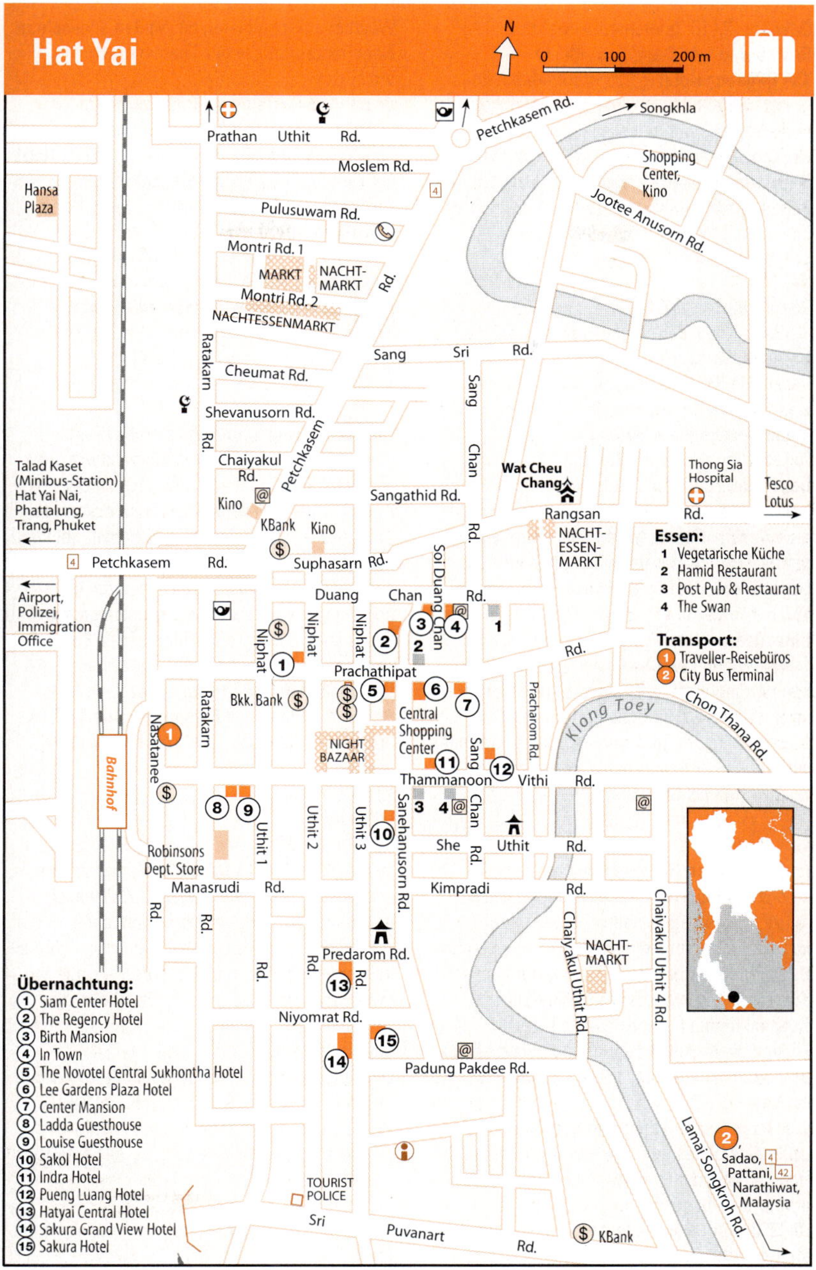

Hat Yai
N
0 100 200 m
Prathan Uthit Rd.
Moslem Rd.
Petchkasem Rd.
Songkhla
Shopping Center, Kino
Jootee Anusorn Rd.
Hansa Plaza
Pulusuwam Rd.
Montri Rd. 1
MARKT
NACHT-MARKT
Montri Rd. 2
NACHTESSENMARKT
Rd.
Sang Sri Rd.
Ratakarn Rd.
Cheumat Rd.
Shevanusorn Rd.
Chaiyakul Rd.
Petchkasem
Sang Chan Rd.
Wat Cheu Chang
Thong Sia Hospital
Tesco Lotus
Rangsan Rd.
Sangathid Rd.
Talad Kaset (Minibus-Station) Hat Yai Nai, Phattalung, Trang, Phuket
Kino
KBank
Kino
NACHT-ESSEN-MARKT
Petchkasem Rd.
Suphasarn Rd.
Soi Duang Chan
Airport, Polizei, Immigration Office
Duang Chan Rd.
Niphat
Niphat
Niphat
Prachathipat Rd.
Pracharom Rd.
Klong Toey
Chon Thana Rd.
Bkk. Bank
Central Shopping Center
NIGHT BAZAAR
Nasatanee Rd.
Bahnhof
Thammanoon Vithi Rd.
Sang Chan Rd.
Uthit 1
Uthit 2
Uthit 3
Sanehanusorn Rd.
She Uthit Rd.
Robinsons Dept. Store
Manasrudi Rd.
Kimpradi Rd.
Chaiyakul Uthit Rd.
Chaiyakul Uthit 4 Rd.
NACHT-MARKT
Predarom Rd.
Niyomrat Rd.
Padung Pakdee Rd.
TOURIST POLICE
Sri Puvanart Rd.
KBank
Lamai Songkroh Rd.
Sadao, Pattani, Narathiwat, Malaysia
4
42
Essen:
1 Vegetarische Küche
2 Hamid Restaurant
3 Post Pub & Restaurant
4 The Swan
Transport:
1 Traveller-Reisebüros
2 City Bus Terminal
Übernachtung:
1 Siam Center Hotel
2 The Regency Hotel
3 Birth Mansion
4 In Town
5 The Novotel Central Sukhontha Hotel
6 Lee Gardens Plaza Hotel
7 Center Mansion
8 Ladda Guesthouse
9 Louise Guesthouse
10 Sakol Hotel
11 Indra Hotel
12 Pueng Luang Hotel
13 Hatyai Central Hotel
14 Sakura Grand View Hotel
15 Sakura Hotel

(Minibar, TV, ID-Telefon etc.). Mehrere Restaurants und Bars, Spa. ❹–❻

The Regency Hotel ②, 23 Prachathipat Rd., ✆ 074-353 333-47, 🖳 www.theregencyhatyai.com. Hoch aufragendes Haus mit 28 Stockwerken in zentraler Lage. 436 Zimmer mit Badewanne, Haartrockner und Wasserkocher. Besonders empfehlenswert die Nichtraucher-Zimmer mit toller Aussicht im 25. Stock des neuen Flügels. Pool und Fitnesscenter. ❹–❻

Sakol Hotel ⑩, 47-48 Sanehanusorn Rd., ✆ 074-355 500. Zentral gelegen mit über 100 komplett ausgestatteten Zimmern (Satelliten-TV, Kühlschrank, Minibar und Haartrockner). Eine gute Wahl. ❹

Sakura Grand View Hotel ⑭, 186 Niphatutit 3 Rd., ✆ 074-355 700. Gepflegte, aber wenig aufregende Zimmer auf 18 Stockwerken – die namensgebende gute Aussicht genießt man besonders aus den oberen. ❹ Preiswerter wohnt man im gegenüberliegenden Schwesterhotel **Sakura**, 185/1, ✆ 074-235 111-3. ❸

Siam Center Hotel ①, 25-35 Niphatutit 2 Rd., ✆ 074-353 111-30, 🖳 www.siamcenterhotel.com. Angenehme, gut ausgestattete Zimmer im 16-stöckigen Hochhaus (Karaoke in der 2. Etage). Einige Stockwerke sind Nichtrauchern vorbehalten. Restaurant mit internationaler Küche und Klavierspieler. ❹

Essen und Unterhaltung

Im Zentrum von Hat Yai drängen sich dicht an dicht **chinesische Seafood-Restaurants** (teure Spezialitäten: Haifischflossen- und Vogelnestersuppe), **malaysisch-moslemische Restaurants** (lecker das Chicken-Biryiani: Curry-Reis mit Huhn) und **thailändische Suppenküchen** (gute Nudelsuppen mit Einlage um 40 Baht). Immer einen Versuch wert sind auch die **Essenstände** auf den Nachtmärkten.

Wer nach lokaler **vegetarischer Küche** sucht, sollte einmal das einfache Eckrestaurant in der Duangchan Rd. etwas westlich des Regency probieren: Ausgezeichnet, was hier für 20–30 Baht auf den Teller kommt. Es schließt aber bereits am frühen Nachmittag.

Westliche Küche bieten die beiden englischen Bars/Restaurants in der Thammanoon Vithi Rd.:

Post Pub & Restaurant, 82 Thammanoon Vithi Rd., ✆ 074-232 027, 🖳 www.freewebs.com/potlaserdisc. Alteingesessenes Haus (seit 1982) mit einer umfangreichen Speisekarte, Guinness vom Fass und Livemusik ab 21 Uhr.

The Swan, 131 Thammanoon Vithi Rd., ✆ 074-354 310. Frühstück, Thaifood, Steaks und Sandwiches in typisch britischer Kneipenatmosphäre mit Fußballfahnen und Großbildfernseher. ⏲ jeweils 8–1 Uhr.

Sonstiges

Einkaufen

Die Stadt ist ein Shoppingparadies für einen steten Strom von Wochenendbesuchern aus Malaysia. Besonders umfangreich ist die Auswahl auf dem **Night Bazaar** im Herzen der Stadt, wo es neben Textilien, Lebensmitteln und anderen Dingen des täglichen Bedarfs auch eine große Anzahl Amulette zu kaufen gibt – besonders beliebt bei den chinesischstämmigen Besuchern. Zwei große, klimatisierte **Einkaufszentren**, das Central in der Sanehanussorn Rd. und das Robinsons schräg gegenüber vom Bahnhof, runden das Angebot ab. Hier gibt es auch Digitalkameras und Computer (obere Stockwerke).

Informationen

TAT Tourist Office, 1/1 Nipathutit Rd. 3 Soi 2, ✆ 074-243 747, 🖳 www.songkhlatourism.org. Etwas abseits in einer Seitenstraße südlich des Zentrums gelegen. Die freundlichen Angestellten sprechen gut Englisch und können bei der Hotelsuche und Frage des Weitertransports helfen. ⏲ tgl. 8.30–16.30 Uhr.

Internet

Die wenigsten Hotels verfügen über Internetanschlüsse für ihre Gäste. **Quickcom.Net**, 131/1 Thammanoon Vithi Rd., hat stabile Zugänge im klimatisierten Raum, 30 Baht/Std.

Medizinische Hilfe

Songkhla Nakharin Hospital, Kanchanavanit Rd., ✆ 074-245 677.

Tourist Police

1/1 Niphat Uthit 3 Rd. Soi 2, südlich des Zentrums nahe dem TAT Office, Notruf ✆ 1155.

Touren

Im Zentrum befindet sich eine große Anzahl Reisebüros, die **Touren nach Malaysia** anbieten und fast ausschließlich von Malaysiern aufgesucht werden.
Am Bahnhof (schräg gegenüber links) haben einige auf internationale Traveller spezialisierte Reisebüros Touren zu allen größeren Zielen an der Golf- und Andamanenküste im Programm, z. B. die All-Inclusive-Tour nach **Ko Lipe** für 700 Baht. Weitere Ziele sind **Ko Samui** und **Ko Pha Ngan** (mehrmals tgl., 800 Baht), **Butterworth** (9.30, 12.30, 15.30 und 16.30 Uhr, 300 Baht), **Kuala Lumpur** (9, 10.30, 12 und 13 Uhr, 500 Baht) und **Singapore** (12 und 13.30 Uhr, 900 Baht). Weitere Infos unter www.hatyaitour.com oder www.satunpcs travel.com.

Transport

Die **Reisebüros am Busbahnhof** leben hauptsächlich davon, ahnungslosen Reisenden Bustickets zu überteuerten Preisen anzudrehen, die ganz einfach am Schalter selbst gekauft werden können (Beispiel: öffentlicher Bus Hat Yai-Chumphon: am Schalter 370 Baht, im Reisebüro gegenüber 490 Baht).

Busse

Hat Yais **City Bus Terminal** liegt etwas südöstlich des Zentrums, der Transport aus der oder zur Innenstadt mit dem Mopedtaxi kostet 40–50 Baht, Den ganzen Tag über fahren Busse in alle Regionen des Südens bis hinauf nach Bangkok und nach Malaysia. Jedes Ziel hat seinen eigenen Ticketschalter (vgl. „Touren").
BANGKOK im VIP-24-Bus um 8.30, 16 und 18.30 Uhr für 1070 Baht, im 32-Sitzer um 7, 15, 17, 19 und 20 Uhr für 802 Baht, im 38-Sitzer um 18 und 19.30 Uhr für 688 Baht. Fahrzeit mind. 13 Std.; die 38-Sitzer sind oft mehrere Stunden länger unterwegs.
CHUMPHON mit dem 1.-Kl.-AC-Bus um 8.15, 9.30, 12 und 21 Uhr für 370 Baht in 8 Std.
SURAT THANI mit dem 1.-Kl.-AC-Bus um 7.10, 9, 13, 14 und 15 Uhr für 260 Baht in etwas über 5 Std.
NAKHON SI THAMMARAT mit dem 2.-Kl.-AC-Bus um 6.15 und 15.40 Uhr für 135 Baht in knapp 4 Std.
PHUKET mit dem 1.-Kl.-AC-Bus um 8, 8.30, 9.30, 10.30, 11.45, 13 und 21.30 für 350 Baht in etwas über 7 Std. Mit dem 2.-Kl.-AC-Bus um 11.30, 12.30 13.30, 14.30 und 15.40 Uhr für 267 Baht. Dieser Bus fährt über KRABI (169 Baht) und PHANG NGA (217 Baht).
PHANG NGA mit dem 1.-Kl.-AC-Bus um 10 Uhr für 280 Baht in knapp 7 Std.
KRABI mit dem 1.-Kl.-AC-Bus um 11 Uhr für 220 Baht in 4 1/2 Std.
SATUN stdl. zwischen 6.30 und 19 Uhr für 70 Baht (Schalter Nr. 7 „im Glaskasten" mittig im Bahnhof; nur auf Thai beschriftet) in 2 Std.
SONGKHLA etwa alle halbe Std. für 18 Baht in knapp 2 Std.; grüner Bus Nr. 1871 (kann auch in der Stadt am Uhrturm angehalten werden).
TRANG mit dem 2.-Kl.-AC-Bus um 5.10 und 16.45 Uhr für 100 Baht in 3 1/2 Std.

Grenzübergänge nach Malaysia:
PEDANG BESAR mit dem Minivan etwa stdl. für 50 Baht.
SADAO mit dem Minivan etwa stdl. für 55 Baht.
SUNGAI GOLOK mit dem Minivan mehrmals tgl. für 180 Baht.

Minibusse

Die Minibusse zu den weiter entfernten Zielen haben ihre eigene Busstation **Talad Kaset** westlich der Stadt, etwa 3 km vom Bahnhof entfernt. Transport mit dem Mopedtaxi ab Zentrum für 50 Baht. Wer will, kann auch eines der blauen Songtheaws nehmen, die die beiden Busbahnhöfe verbinden; 12 Baht, Stadtrundfahrt inklusive.
Wichtig: Minibusse heißen in dieser Gegend „Minivan", und nur mit diesem Wort kommt man weiter. Die letzten fahren, wenn nicht anders erwähnt, gegen 17 Uhr ab, aber es ist sicherer, früher loszufahren, denn je nach Betrieb entfallen die letzten Fahrten schon mal.

KRABI um 9.30, 12 und 15.30 für 250 Baht in 4 Std.
NAKHON SI THAMMARAT ab 7 Uhr bis nachmittags alle 40 Min. für 100 Baht in 3 Std.
PADANG BESAR mindestens stdl. ab 8.30 Uhr für 60 Baht in 1 1/2 Std.
PAKBARA von 8 bis 18.45 Uhr etwa alle 40 Min. für 140 Baht in 2 Std.
PHUKET ab 9.30 Uhr bis zu 5 Minivans, die abfahren, sobald sie voll sind, für 500 Baht in 5 Std.
SURAT THANI ab 7.30 Uhr 5 Minivans, Abfahrt etwa stdl., für 300 Baht in 4 Std.
TRANG ab 7.30 Uhr stdl. für 100 Baht in 2 1/2 Std.

Eisenbahn

Nach Norden:
Nach BANGKOK mit Nr. 170 um 14.18 Uhr, Nr. 172 um 15.26 Uhr, Nr. 42 um 16.20 Uhr, Nr. 38 um 18.05 Uhr und Nr. 36 um 18.20 Uhr. Billigster Platz in der 3. Klasse 259 Baht, teuerster Platz in der 1. Klasse 1394 Baht. Im Folgenden die mittleren Preisklassen:
CHUMPHON mit Nr. 3 um 6.30 Uhr für 500 Baht.
NAKHON SI THAMMARAT mit Nr. 456 um 9.16 Uhr und Nr. 452 um 13.43 Uhr für 458 Baht.
PHATTALUNG mit Nr. 464 um 16.53 Uhr für 300 Baht.
Nach Süden:
KUALA LUMPUR mit Nr. 35 Richtung Butterworth um 6.57 Uhr für 360 Baht.
SUNGAI GOLOK mit Nr. 37 um 6.44 Uhr, mit Nr. 463 um 7.54 Uhr, mit Nr. 451 um 10.24 Uhr und mit Nr. 447 um 12.25 Uhr für 100 Baht.
Nachtzüge siehe Fahrplan im Anhang, S. 898ff.

Flüge

Air Asia, 💻 www.airasia.com, fliegt 2x tgl., z. T. auch öfter, von und nach BANGKOK für ca. 2000 Baht (einfach).
Nok Air, 💻 www.nokair.com, fliegt 2x tgl. (mittags und abends) von und nach Bangkok für rund 2000 Baht pro Strecke.
Auch **Thai Airways**, 💻 www.thaiair.com, bedient diese Strecke mit etwas teureren Flügen.

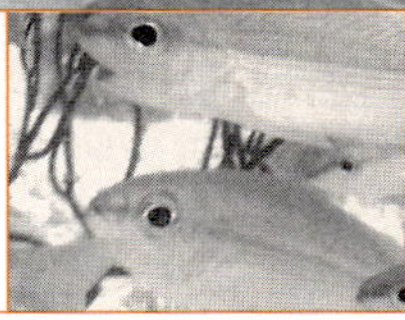

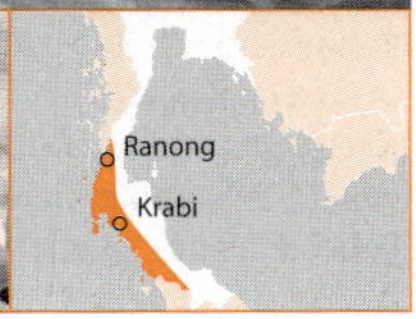

Die Andamanenküste

Stefan Loose Traveltipps

13 **Ko Phayam** Urlaub ohne Spaßprogramm: Die Natur genießen und den Tag beim Sonnenuntergang in einer Treibholzbar ausklingen lassen. S. 724

14 **Tauchparadiese in der Andamanensee** Korallen, Walhaie und einsame Strände entdecken. S. 728

Khao Sok National Park Riesige Blumen bestaunen, Höhlen erkunden und zu versunkenen Dörfern tauchen. S. 732

Khao Lak Stundenlange Wanderungen von Strand zu Strand unternehmen, in einer Süßwasserlagune baden und den Sonnenuntergang bewundern. S. 737

15 **Phuket-Stadt** Die sino-portugiesische Architektur erkunden, in Künstlerateliers stöbern und in quirligen Jazzkneipen die Livemusik genießen. S. 745

16 **Bucht von Phang Nga** Mit dem Kajak durch bizarre Kalksteinfelsen in Höhlen und Lagunen paddeln. S. 791

Krabi Auf dem Nachtmarkt lecker und günstig essen. S. 793

17 **Ao Ton Sai** Hoch in die dramatischen Felsen klettern. S. 808

Ko Lanta Familienurlaub pur am flachen Strand. S. 830

Die nördliche Andamanenküste

Die nördliche Andamanenküste lockt nicht nur mit schönen Stränden, sondern auch mit Tauchparadiesen und sehenswerten Nationalparks. Malerische Sonnenuntergänge sind an dieser Küste Thailands in den Saisonmonaten von November bis April nahezu garantiert.

Über den Isthmus von Kra gelangt man nach kurzer Fahrt von Chumphon aus an die Andamanensee und kann seine Reise mit einem entspannenden Bad in den heißen Quellen von Ranong beginnen. Ruhesuchende, die Thailands Strände abseits der ausgetretenen Pfade erleben wollen und auf Luxus verzichten, entspannen auf Ko Phayam. Wer zum Tauchen nach Thailand gereist ist, steuert die Tauchparadiese Ko Surin und Ko Similan an. Die Strände von Khao Lak bieten Ruhe und Entspannung.

Wer die Kühle des Waldes schätzt und gerne wandert, reist in den Khao Sok-Nationalpark und wohnt in Bungalows oder in malerischen Baumhäusern inmitten des Urwaldes.

Ranong

Die kleine Hauptstadt der gleichnamigen Provinz, die an das Nachbarland Myanmar grenzt, hat etwa 24 000 Einwohner. Vor rund 250 Jahren ließen sich hier Hokkien-Chinesen nieder, die die Zinnminen als einträgliche Geldquelle erkannten. Noch heute prägen ihre zweigeschossigen Handelshäuser das Stadtbild, und auch an chinesischen Feiertagen wird offensichtlich, dass die Bevölkerung noch mehrheitlich chinesischstämmig ist. Auch hier wird das Vegetarian Festival gefeiert (s. S. 752, Feste Phuket).

Der Touristenandrang in Ranong hält sich in Grenzen. Besucher kommen hierher, um **Kaw Thaung** (Victoria Point) in Myanmar zu besuchen (und sich ein neues Thailand-Visum zu besorgen) oder weiter auf die bei Ruhesuchenden beliebten Inseln **Ko Chang** und **Ko Phayam** zu fahren. Wer in der Stadt bleibt, kann sich in den **heißen Quellen** entspannen und die nahe Umgebung erkunden.

Spas und heiße Quellen

Bereits Rama V. besuchte 1890 Ranong wegen seiner drei 65 Grad heißen Quellen. Wer nicht nur seine Füße in die kostenlosen kleinen Pools der **Thermalquellen** tauchen möchte, findet einige interessante Spas mit entspannenden und heilenden Angeboten. Neben Massagen kann man saunieren und im Thermalquellwasser baden. Nahe den Quellen bieten dies das **Siam Hot Spa**, ✆ 077-813 551, 300 Baht für Pool und Sauna, und das **Jansom Hot Spa Ranong Hotel** ⑦, 300 Baht für 2 Std. Am Fluss nahe dem Nachtmarkt befindet sich das **Chao Ruen Spa**, ✆ 077-812 524, 450 Baht für 2 Std.

Übernachtung

Apres Ski Guesthouse ⑩, 129/6 Soi Thara, ✆ 087-817 7033, 💻 www.apreski-ranong.com. Nahe den heißen Quellen am Hang mit 4 Zimmern (2 davon mit AC, 2 mit Ventilator). Schöner Garten, teils TV, auf Anfrage DVD. WiFi. ❸–❹

Le Surin Chalet ①, 306 Ruang Rat Rd., ✆ 077-825 725, 💻 www.lesarinchalet.com. Zimmer in Terrakottafarben, TV, Minibar und große Betten. Einfaches Frühstück inkl., kein Restaurant. Parkplatz. Suiten für Familien 750 Baht. ❹

Rattanasin Hotel ④, 226 Ruan Gra Rd., ✆ 077-811 242. Gelbes, einfaches Haus im Zentrum. Geräumig, Ventilator und große Betten. Ein Einzelzimmer mit AC. ❷

Suta House Bungalows ③, Ruang Rat Rd., ✆ 077-832 2707. Zentral gelegene Reihenbungalows und Zimmer in 2-geschossigem Haus. Ventilator oder AC, TV und Kühlschrank. ❷–❸

Tanatnan Palace ②, 16/7-8 Chonrau Rd. Muang, ✆ 077-822 807, ✉ tanatnan@hotmail.com. AC oder Ventilator, einige Zimmer mit Balkon. Pool mit Kinderrutsche. ❷–❸

Essen

An den Ständen am Markt gibt es von frühmorgens bis abends Suppen, Snacks und Früchte. In der Saison Ende Nov–April werden auf der für den Autoverkehr gesperrten Ruang Rat Rd. sonntags von 17–2 Uhr Essens- und Verkaufsstände aufgebaut.

NÖRDLICHE ANDAMANENKÜSTE

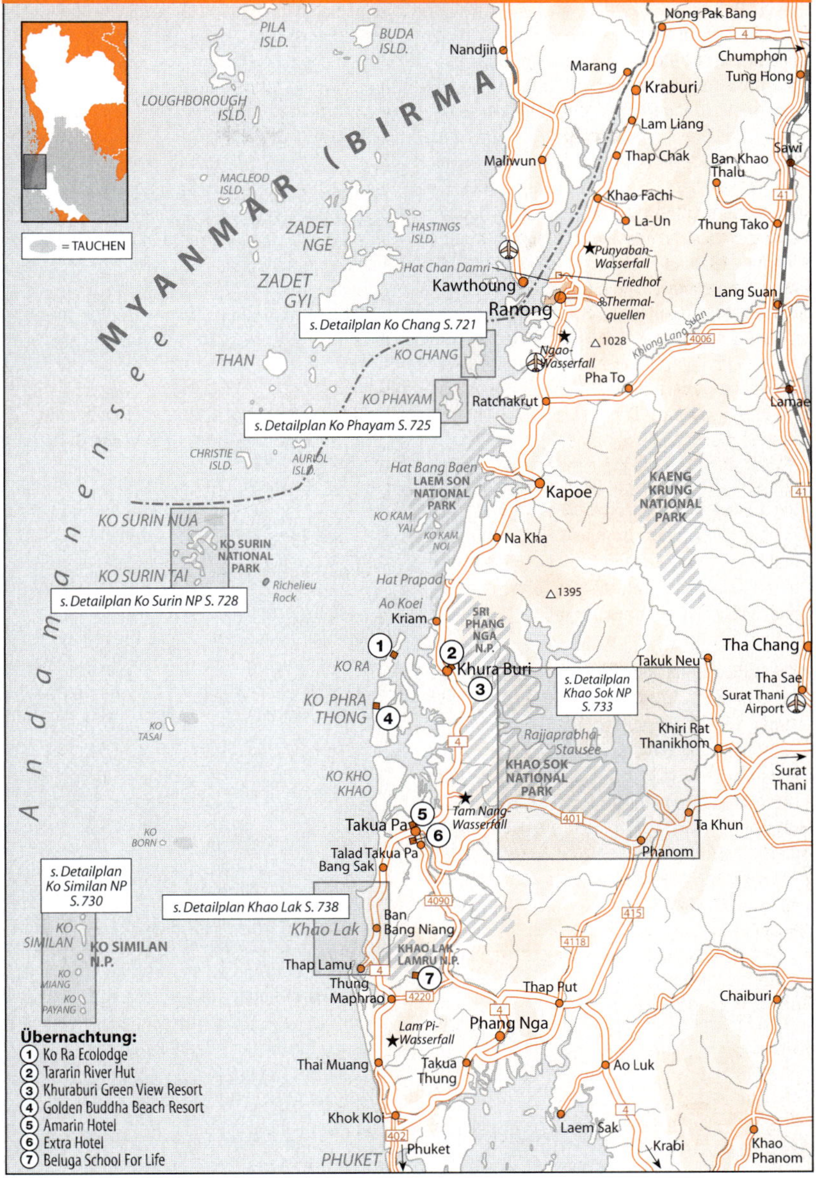

Viele Lokale befinden sich entlang der Ruang Rat Rd.). Zudem einige weitere am Fluss und bei den heißen Quellen.

Jummy Bar, Steaks in allen Variationen. Oft Livemusik im Gartenrestaurant.

Sophon's Hideaway, 💻 www.sophonshideaway.com. Gute Küche, u. a. Pizza, im überdachten Restaurant. Gratis-WiFi. 🕓 10–24 Uhr.

Sonstiges

Post

Hauptpostamt, Chon Ra U Rd., im Osten der Stadt. Zentraler ist das etwas andere Postoffice **Mooton**, 118 Ruang Rat Rd., ✆ 077-830 399, das neben Highspeed-Internet und Postservice auch als Restaurant fungiert. 🕓 7–13 und 15–19, So 7–17 Uhr.

Reisebüros, Travellertreffs und Mopeds

Kay Kai, 293/6 Ruang Rat Rd., zentral gelegenes Travellercafé. Neben guten Informationen Mopeds für 200 Baht pro Tag.

Pon's Place, Ruang Rat Rd., 💻 www.ponplace-ranong.com. Mopeds, Touren und Informationen, auch etwas zu essen.

Tauchen

Die Tauchschulen fahren zu den Tauchparadiesen der Andamanensee (s. S. 728). Alle bieten Live-aboards, haben deutschsprachige Mitarbeiter, tauchen und lehren nach PADI.

Andaman International Divecenter, an der Busstation, ✆ 089-814 1092, 💻 www.aidcdive.

Der Visa Run – eine kurze Reise nach Myanmar

Die meisten, die von Ranong aus auf Visa Run nach Myanmar gehen, kommen mit organisierten Touren und übernachten nicht in Ranong. Wer individuell anreist, bleibt eher eine Nacht und hat die Wahl zwischen einer schnellen und einer langsamen Variante. Gästehausbetreiber haben Komplettpakete im Angebot.

Auf eigene Faust nach Birma

Am Sapan Pla Pier fahren von frühmorgens bis gegen 17 Uhr **Longtailboote** für 50 Baht p. P., Charter ab 200 Baht einfach bzw. 400 Baht hin und zurück, mit Aufenthalt von 2–3 Std. 600 Baht. Mit dem **Big Boat** um 10 Uhr hin und um 12 Uhr zurück für 250 Baht einfach bzw. 500 Baht hin und zurück. Buchungen einer organisierten Tour direkt bei **Big Boat Visa** in der Ruang Rat Rd. für 400 Baht. Ab 1500 Baht fahren diese Boote auch zu anderen Zeiten.

Passkontrollen und Visa

Die **Thai Immigration** liegt direkt rechterhand am Sapan Pla Pier, 🕓 8–17 Uhr. Das Hauptbüro befindet sich etwa 800 m vor dem Pier auf der rechten Seite. Hier bekommt man Hilfe, sofern es Probleme gibt; 🕓 8–16.30 Uhr. In Birma bekommt man ein Visa on arrival.

Das Birma-Visum

Bei Gästehäusern, Big Boat Visa oder am Pier kann man für etwa 400 Baht eine saubere 10-US$-Note (Visagebühr für Birma) tauschen. Wichtig: Es muss eine saubere 10-US$-Note sein. Schmutzige oder zerknitterte Scheine werden nicht akzeptiert. Kinder zahlen die volle Visagebühr. Das Visum ist 14 Tage gültig und berechtigt zum Aufenthalt in Kaw Thaung. Wer durch das Land reisen will, muss ein Visum in Bangkok beantragen. Nützlich sind bei der individuellen Einreise Kopien des Reisepasses. Wer in Kaw Thaung bleibt, hinterlegt seinen Reisepass bei der Immigration.

Geld und Übernachtung

Es gibt in Birma weder Geldautomaten noch eine Bank. Wer einkaufen will, kann in Baht bezahlen, muss dann aber etwa das Doppelte hinblättern. Dollar und Baht tauscht eine Wechselstube am Markt in Kyat (gesprochen: „Tschatt"). Auch im Hotel bekommt man einheimische Währung. Je besser die Geldscheine aussehen, desto höher der Kurs. Die besten Übernachtungsmöglichkeit ist das **Kaw Thaung Motel**, links vom Pier auf dem Hügel. Ältere, verwohnte Zimmer mit ebenfalls kaum brauchbarer AC, TV und recht guten Matratzen. ❸

com. Guter Service und Ausrüstung. Ansprechende Live-aboards.

Aladdin Dive Cruise, ✆ 077-813 698, 💻 www.aladdindivesafari.com. Am Pier nach Ko Phayam und auf Ko Chang (Hauptbasis). Gute Preise.

A-One-Ranong Diving Center, 256 Ruang Rat Rd., ✆ 077-832 984, 💻 www.a-one-diving.com. In Ranong und auf Ko Phayam. Live-aboards, nette Leute.

Nahverkehr

Durch Ranong fahren von 6–18 Uhr rote und blaue **Songthaews**. Die rote Nr. 2 fährt zwischen Markt (Ruang Rat Rd.) und den heißen Quellen. Die rote Nr. 3 verbindet die Stadt und den Hafen

Sampan Pla. Die blaue Nr. 6 fährt am unteren Ende der Ruang Rat Rd. über die Kamlung Sap Rd. zum Busbahnhof. Einige blaue Busse fahren in die nähere Umgebung. Alle ab 15 Baht.
Eine Alternative sind **Motorradtaxis**, vom Zentrum zum Hafen für 30–50 Baht.

Transport

Busse

Busbahnhof in der Petchkasem Rd. nicht weit vom Zentrum. Die meisten Minibusse, die Ranong anfahren, halten hier und fahren Passagiere anschließend bis vor die Tür ihrer gewünschten Unterkunft.
BANGKOK mit dem 2.-Kl.-AC-Bus 10x tgl. von 5–20.30 Uhr für 357 Baht in 8 Std., mit dem 1.-Kl.-Bus um 20 Uhr für 459 Baht und mit dem VIP-24-Bus um 20 Uhr für 714 Baht.
CHUMPHON mit dem aus Phuket kommenden 1.-Kl.-AC-Bus um 13.30, 17.30, 19.30 und 21.30 Uhr für 110 Baht in 2 1/2 Std.
HAT YAI um 6, 10 und 18 Uhr für 410 Baht in 10 Std.
KRABI um 7 und 10 Uhr für 200 Baht (Tickets im Bus) in 6–7 Std.
NAKHON SI THAMMARAT um 7.30 Uhr für 310 Baht in etwa 8 Std.
PHUKET 2.-Kl.-AC-Busse um 5, 6, 11.30, 14.30, 16.30 und 18.30 Uhr in 5 Std. für 196 Baht. Empfehlenswerter: 1.-Kl.-AC-Bus, 7x tgl. zwischen 8–16.30 Uhr für 255 Baht in 5 Std. Dieser hält auch in KURABURI (110 Baht in etwa 3 Std.), KOK KLOI (in 2 1/2 Std. für 120 Baht), Takua Pa (s. u.) und KHAO LAK (180 Baht, in 4 Std.).
TAKUA PA mit dem 1.-Kl.-AC-Bus Richtung Phuket für 150 Baht in etwa 3 1/2 Std. Zudem 2.-Kl.-AC-Bus um 14 Uhr für 116 Baht.

Minibusse

CHUMPHON 9x tgl. von 7–15.30 Uhr für 120 Baht in 2 1/2 Std.
SURAT THANI 9x tgl. von 6–15.30 Uhr für 190 Baht in 4 Std.

Boote

Die Boote nach Ko Phayam und Ko Chang starten von einem kleinen Pier linker Hand der Sampan Pla Rd., kurz vor dem gleichnamigen Pier.

> **Der Isthmus von Kra**
>
> Zwischen Ranong und Chumphon, nahe der Stadt Kra Buri, befindet sich die mit 44 km schmalste Stelle der malaischen Halbinsel. Seit Jahrhunderten träumen Händler von einem Kanal über den Isthmus, um den Weg ihrer Handelsschiffe abzukürzen. Politisch ist ein solcher Plan kaum durchführbar, da ein Kanal den Süden von Thailands Zentrum abspalten würde. Man erreicht den Isthmus auf dem H4 etwa 66 km östlich von Ranong. Hier gibt es einen Aussichtspunkt mit Blick auf Myanmar und den die Grenze bildenden Kra Buri-Fluss.

KO CHANG, in der Saison Taxiboot um 13 Uhr für 100 Baht in 1 Std. Erste Ziele sind die Buchten im Norden, es folgen Ao Yai, Ao Ta Daeng und Ao Siad. Es ist auch möglich, sich von einem Longtail von der Ko Phayam-Fähre abholen zu lassen.
KO PHAYAM, um 9 und 14 Uhr für 150 Baht in 2 Std. (bei Ebbe 3 Std.). Mit dem Schnellboot in der Saison um 10 und 14.30 Uhr für 350 Baht in 45 Min. sowie um 13 und 17.30 Uhr für 270 Baht.

Flüge

Von und nach BANGKOK fliegt Air Asia Di, Fr und So. Tickets im Netz oder in der Ruang Rat Rd., ✆ 089-9714 678. Je nach Verfügbarkeit für 1000–2000 Baht. Taxi zum Airport u. a. bei Kay Kai (s. Reisebüros) für 200 Baht.

Ko Chang

Ko Chang, **eXTra [2788]**, ist eine Oase der Ruhe ohne touristische Infrastruktur. Auf diese kleine Insel verirren sich nur Leute, die nicht einmal Wert auf einen Ventilator legen. Vergnügungsangebote gibt es keine, selbst der Strand ist nicht besonders erwähnenswert. Strom gibt es von 18–23 Uhr. All dies macht gerade den Reiz dieser Insel aus – Alltag reduziert auf das Notwendigste: essen und schlafen. Straßen sucht man vergebens, nur wenige Meter Betonstraße gibt es bisher. Man geht zu Fuß oder bleibt wo man ist: in seiner Hängematte oder seinem Bungalow

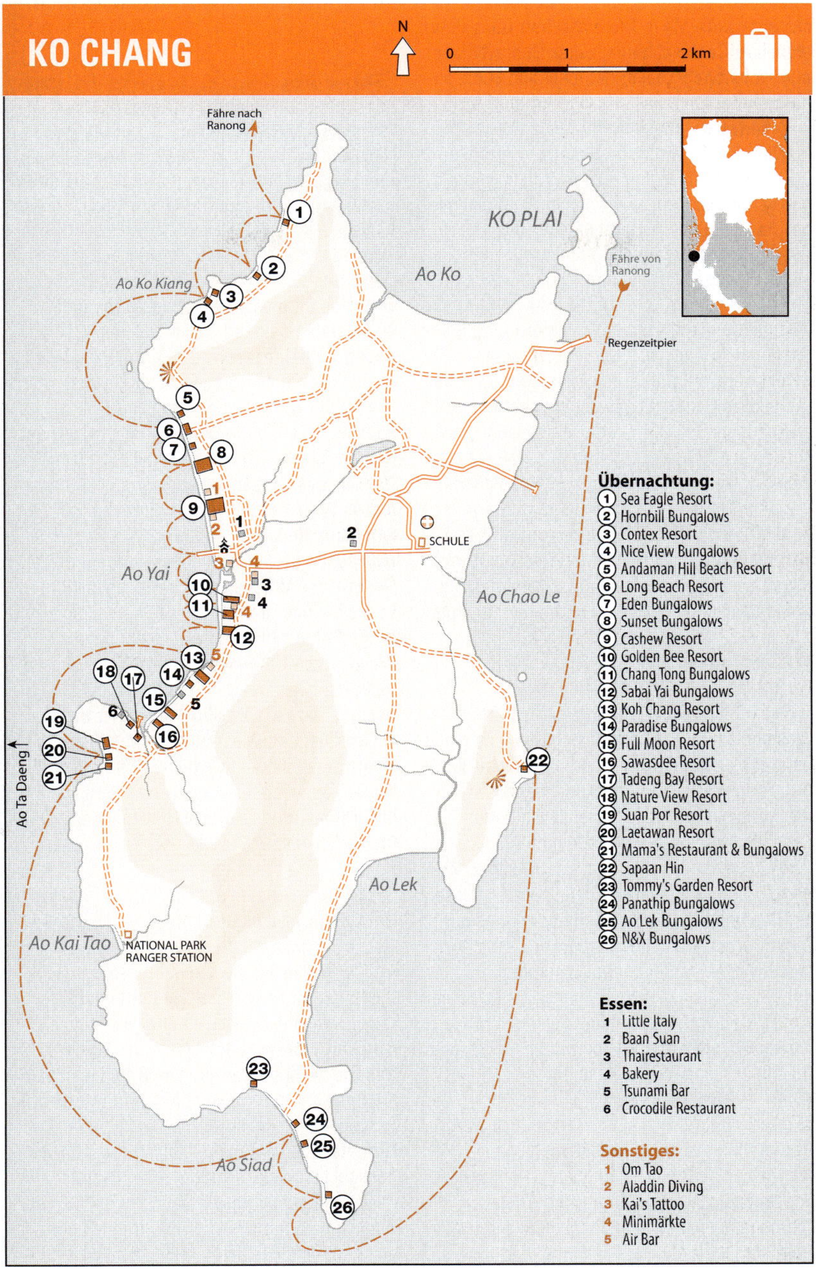
KO CHANG
N
0
1
2 km
Fähre nach Ranong
KO PLAI
Fähre von Ranong
Regenzeitpier
Ao Ko
Ao Ko Kiang
Ao Yai
SCHULE
Ao Chao Le
Ao Ta Daeng
Ao Lek
Ao Kai Tao
NATIONAL PARK RANGER STATION
Ao Siad
Übernachtung:
1 Sea Eagle Resort
2 Hornbill Bungalows
3 Contex Resort
4 Nice View Bungalows
5 Andaman Hill Beach Resort
6 Long Beach Resort
7 Eden Bungalows
8 Sunset Bungalows
9 Cashew Resort
10 Golden Bee Resort
11 Chang Tong Bungalows
12 Sabai Yai Bungalows
13 Koh Chang Resort
14 Paradise Bungalows
15 Full Moon Resort
16 Sawasdee Resort
17 Tadeng Bay Resort
18 Nature View Resort
19 Suan Por Resort
20 Laetawan Resort
21 Mama's Restaurant & Bungalows
22 Sapaan Hin
23 Tommy's Garden Resort
24 Panathip Bungalows
25 Ao Lek Bungalows
26 N&X Bungalows
Essen:
1 Little Italy
2 Baan Suan
3 Thairestaurant
4 Bakery
5 Tsunami Bar
6 Crocodile Restaurant
Sonstiges:
1 Om Tao
2 Aladdin Diving
3 Kai's Tattoo
4 Minimärkte
5 Air Bar

mit Blick aufs Meer. Die einfachen Bungalows stehen in Cashewhainen, unter Gummibäumen oder schattigen Kasuarinen und sind in die Natur integriert, so dass sie vom Strand aus nicht zu sehen sind.

Nur wenige Menschen leben auf Ko Chang. Etwa 30 Familien arbeiten im Tourismusbereich und vermieten Bungalows, kochen gute, günstige Thaiküche oder unternehmen mit den Gästen Ausflüge. Andere gehen hauptberuflich fischen oder bewirtschaften Gummi- und Cashewplantagen.

Das Innere der Insel ist unzugänglicher Dschungel; Heimat vieler Vögel und Affen. Auch Schlangen leben hier noch zahlreich. Wer den Kontakt zur ungezähmten Natur scheut, sollte Ko Chang nicht besuchen. Neulinge seien vorgewarnt: Die schönsten Bungalows sind meist die gesamte Saison von Dezember bis April von Dauergästen belegt. In der Regenzeit haben nur ganz wenige Unterkünfte geöffnet. Ein Besuch ist in diesen Monaten nicht empfehlenswert. In der Saison sind dagegen viele Anlagen ausgebucht. Weitere Unterkünfte unter eXTra [2789].

Ao Yai

Die etwa 3 km lange Bucht liegt zentral an der Westseite der Insel. In der Saison kann man hier herrlich, aber spartanisch wohnen und wunderschöne Sonnenuntergänge genießen. Der Strand ist bei Flut hellgelb und mittelfein. Bei Ebbe wird er sehr breit. Der feuchte Sand ist oft mit schwarzem Zinnoxid durchsetzt. In der Mitte des Strandes befindet sich das Wat der Insel, ein Neubau mit alten und neuen Buddhafiguren. Die Überreste des alten Piers ragen skelettartig aus dem Wasser. Je weiter man sich Richtung Koh Chang Resort bewegt, desto öfter wird der weite Strand mit Steinen und Felsen durchsetzt und man kann nur bei Flut schwimmen. Vorsicht: Oft gibt es lästige Sandfliegen.

Übernachtung

Cashew Resort ⑨, ✆ 077-820 116. Die erste Anlage von Ko Chang ist noch heute eine der schönsten und gut organisiert. Die etwa 40 Bungalows aus rotem Backstein oder aus Holz verteilen sich weitläufig parallel zum zentralen Strandabschnitt unter Schatten spendenden Bäumen. Billard. WiFi. ❶–❷

Chang Tong Bungalows ⑪, ✆ 077-820 178. Ein schöner Sandstrand lockt vor den robusten Holzhütten, die mit wenig Mobiliar auskommen. Zudem größere ältere Holzbungalows mit zwei großen Betten, die sich für Familien eignen. Dank den vielen deutschen Besuchern der Insel gibt es Bratkartoffeln und Schnitzel. ❶–❷

Full Moon Resort ⑮, ✆ 077-820 130. Im Garten am flachen Strand Bungalows der neuen Generation. Außen Holzimitat, innen mit Rattan verkleidet und Holzfußboden. Geräumig und große Betten. Prima für Familien. Ab einer Woche Rabatt. ❷–❸

Koh Chang Resort ⑬, ✆ 081-8961 839. Schöne Holz- und Bambusbungalows auf den Felsen über dem Meer und dahinter am Berg. Einige geräumigere Bungalows mit zwei großen Betten. Auch mit Imitatholzverkleidung. Viele mit großer Terrasse. Meist Hocktoiletten. Kleiner steinerner Pier. ❷–❸

Das private kleine Paradies

Sunset Bungalows ⑧, ✆ 077-820 171. Unter Schatten spendenden Gummibäumen am schönsten Strandabschnitt liegen Mattenbungalows weitläufig im Wald verteilt. Schönes, aus Steinen gemauertes Restaurant mit einer großen Bücherauswahl. Volleyballnetz und Liegen am Strand. ❷

Essen, Unterhaltung und Einkaufen

Baan Suan, kleines Restaurant mit drei großen Tischen im Inneren der Insel. Vom Tempel sind es etwa 700 m auf einer kleinen Betonpiste. Die Küche ist fantastisch, die Portionen reichlich und die Preise niedrig. Wer einmal hier war, kommt wieder.

Bakery, im Hintreland. Frische Brötchen und Kuchen ab 9.30 Uhr, solange der Vorrat reicht. Frischer Kaffee.

Little Italy, ✆ 084-851 2760. Pasta und hausgemachtes Brot im Hinterland auf Höhe des alten Piers. Vermieten auch zwei Bungalows, einen mit großer Veranda und eigener Solarzelle. ❸

Minimarkt, neben dem Restaurant des Golden Bee. Hier kann man Obst und Dinge des täglichen Bedarfs erstehen. Zudem ein weiterer kleiner **Markt** hinter der Brücke am Tempel rechts, wo es Obst, Batterien, Toilettenartikel und einige andere Kleinigkeiten gibt. Dazu gehört ein **Thairestaurant** mit guter und günstiger Küche.

Aktivitäten

Tauchen

Aladdin Diving (s. S. 719, Ranong) bei Cashew Bungalows. Gute, preiswerte Live-aboards, sofern genug Kunden zusammenkommen.

Yoga

Im **Om Tao** gibt es in der Saison empfehlenswerte Yoga-Stunden in ruhiger Atmosphäre unter schattigen Bäumen am Strand. Um 8.30 Uhr Hata Yoga (tgl. außer Sa); So, Di und Do um 16 Uhr Yin-Yoga. 250 Baht pro Std.

Ao Ta Daeng

Die kleine, überschaubare, knapp 200 m lange Bucht erreicht man in etwa fünf Minuten über den Hügel vom Ao Yai. Der Sand ist fein und weiß, am Meer schwarz durchsetzt. Umgrenzt wird die Bucht von Felsen. Lediglich vor Mama's Bungalows kann man nicht direkt ins Meer gehen. An den Felsen entlang erreicht man nach wenigen Metern den kleinen Weg zur einsamen Rangerstation. Wanderfreaks sollten früh aufbrechen und genug Wasser mitnehmen, da es weder unterwegs noch am Ziel etwas zu kaufen gibt. Vom Strand geht es für 200 Baht mit dem Boot zum Ao Siad.

Übernachtung

Laetawan Resort ⑳, ✆ 077-820179. Robuste, einfache Matten-Stein- oder reine Steinbungalows am Hang. Ein sehr schön gelegener Steinbungalow direkt in den Felsen am Strand. Kinderschaukeln im Schatten und Volleyballnetz. ❶–❷

Ao Siad

Im Süden Ko Changs liegt diese recht große, etwa 1 km lange Bucht mit einem 600 m langen Strand und zwei kleinen Strandbuchten jeweils im Norden und Süden. Hierher kommt vor allem Stammpublikum, das meistens ohne jegliches Anspruchsdenken auf der Suche nach absoluter Abgeschiedenheit ist. Anreise am einfachsten mit dem Phayam-Boot. Bei Anmeldung wird man von jungen tätowierten Männern mit einem Longtail abgeholt. **Ao Lek Bungalows** ㉕, ✆ 089-2915 831, **N&X Bungalows** ㉖, ✆ 077-825 752, **Panathip Bungalows** ㉔, ✆ 086-2781 288 und **Tommy's Garden Resort** ㉓, ✆ 086-2698 752.

Wohnen und Essen bei Mama

Von außen sieht es nicht nach etwas Besonderem aus, doch **Mama's Restaurant & Bungalows** ㉑, ✆ 077-820180, ist legendär. Ko Chang-Dauergäste schwören auf die gute Küche. Hierher wandern auch die Faulsten. Sei es um Wiener Schnitzel oder Cordon Bleu, Exotischeres aus der kantonesischen Küche oder Mamas Fusionküche zu kosten: Kartoffelpuffer mit Ingwer ist allemal einen Versuch wert. Und da eine Solaranlage der Köchin Strom liefert, gibt es leckere Shakes. Vermietet werden 16 Matten-, Holz- und Steinbungalows am Hang und am Strand. Mal groß, mal klein, mal aus Holzimitat, mal schön gemauert oder einfach aus Beton. ❶–❷

Die Buchten im Norden

Die kleine **Ao Ko Kiang**, die dem Ao Yai nördlich nächstgelegene Bucht, ist rund 100 m breit, wovon etwa 25 m heller, feiner Sandstrand sind. Drumherum ist es felsig. Zwei Anlagen mit insgesamt 22 Bungalows sind zur Hauptreisezeit ein lohnendes Ziel für Ruhesuchende, die dennoch nicht auf WiFi verzichten möchten. Zwei weitere kleine Buchten folgen, in denen jeweils nur eine Anlage steht und man sehr abgeschieden wohnt. Alle Buchten sind mit dem Boot oder zu Fuß vom Ao Yai (30–50 Min.) erreichbar. Das Taxiboot nach Ranong liest Winkende gegen 8.45 und 14.15 Uhr an den Stränden auf.

Übernachtung

Contex Resort ③, ✆ 087-827 2874, ✉ contexkohchang@hotmail.com. Restaurant mitten in der kleinen Bucht. Rechts davon

Sandstrand. 17 einfache Bungalows aus Stein, Holz und Matte auf den flachen Felsen am Meer und am Hang. Gute Schnorchelbedingungen. WiFi. ❶–❷

Hornbill Bungalows ②, ✆ 077-820 134. Am gelben, recht großen Sandstrand, wo Schlammspringer auf den Steinen dösen, stehen 8 Holzbungalows hinter Bäumen. Große Bungalows vorn, kleinere dahinter, eins am Hang. Alle kosten 250 Baht. Internet. ❷

Sea Eagle Resort ①, ✆ 081-894 5665. Schöner, goldgelber Sand lockt in dieser kleinen Bucht ganz im Norden. Ein moderner Stein-Holzimitat-Bungalow am Strand, die anderen einfacher aus Holz und versteckt unter dichtem Grün. Kajaks, Surfbretter, Volleyball. Hängematten. Internet. ❷–❸

Transport

RANONG, gegen 8 und 13 Uhr starten die Taxiboote von Ao Ta Daeng, passieren ab 8.30 Uhr bzw. 14 Uhr Ao Yai und sind eine Viertelstunde später an den nördlichen Buchten. Mitfahrer stellen sich an den Strand vor ihren Bungalow und winken das Boot heran. Kosten 120 Baht. Wer am Ao Siad wohnt, wird mit dem Longtail zur Phayam-Fähre gebracht, die den südlichen Zipfel etwa 1 Std. nach Abfahrt von Ko Phayam erreicht. Dies gilt auch für Besucher des Sapan Hin.

KO PHAYAM In der Saison Longtails um 14 Uhr für 150 Baht in 1 Std. Man kann sich auch mit dem Longtail zur Fähre chauffieren lassen, die Ko Chang 1 Std. nach Abfahrt von Ranong passiert.

13 HIGHLIGHT

Ko Phayam

Die 8 km lange und bis zu 5 km breite Insel Ko Phayam, etwa 30 km vom Festland entfernt, verspricht entspannten Strandurlaub unter Kokospalmen und Schatten spendenden Laubbäumen. Hier fühlen sich alle wohl, die die Natur lieben und auf Luxus verzichten wollen. Überall riecht es nach Cashewnüssen, denn die Einheimischen, die nicht vom Tourismus leben, pflanzen vorwiegend diese Frucht an, eXTra [2791].

Für den Strandurlaub eignen sich die beiden Hauptstrände **Ao Yai** („Lange Bucht") und **Ao Khao Kwai** („Büffelbucht") mit weißem Sand, türkisblau funkelndem Meer und Sonnenuntergängen, die manch einem Besucher das Gefühl geben, im Werbeprospekt gelandet zu sein. Zu den Hauptstränden führen kleine einspurige Betonstraßen durch dichtes Grün.

Mit Ausnahme der zentral gelegenen Anlagen am Ao Yai sind die Unterkünfte nur auf abenteuerlichen Sand- und Steinpisten zu erreichen.

In der Saison sind viele Anlagen ausgebucht. Weitere Unterkünfte unter eXTra [2793].

Sonne tanken auf Ko Phayam

Während der Reisende tagsüber in der Hängematte problemlos Energie tankt, ist dies für Kamera, Laptop und andere batteriebetriebene Geräte meist nur wenige Stunden möglich. Gesichert Strom gibt es zwischen 18–22 Uhr vom Generator. Viele Unterkünfte haben zudem Solaranlagen, die tagsüber Batterien aufladen, mit denen nachts das Bad beleuchtet werden kann. Sofern der Bungalow eine eigene Solarzelle besitzt, kann man den Ökostrom auch tagsüber anzapfen. Die Generatoren stehen meist an der Straße. Wer nahebei wohnt, kann erst wieder ab 22 Uhr ungestört den Lauten der Natur lauschen.

Ko Phayam Village und Ao Mae Mai

Der erste Strand, den Besucher sehen, ist **Ao Mae Mai**. Hinter dem Pier gibt es entlang des Strandes einige kleine Geschäfte, Restaurants und Bungalows. Rechter Hand fällt der Bootsanleger des Tempels ins Auge. Am Pier der Passagierboote warten Mopedfahrer auf Ankommende.

Übernachtung

P.P. Land Beach Resort ㉙, nördlich des Dorfs am Ao Hin Khao, ✆ 081-6784 310, 💻 www.ppland.cabanova.de. Bunte Bungalows aus Stein mit viel Liebe zum Detail. Offene

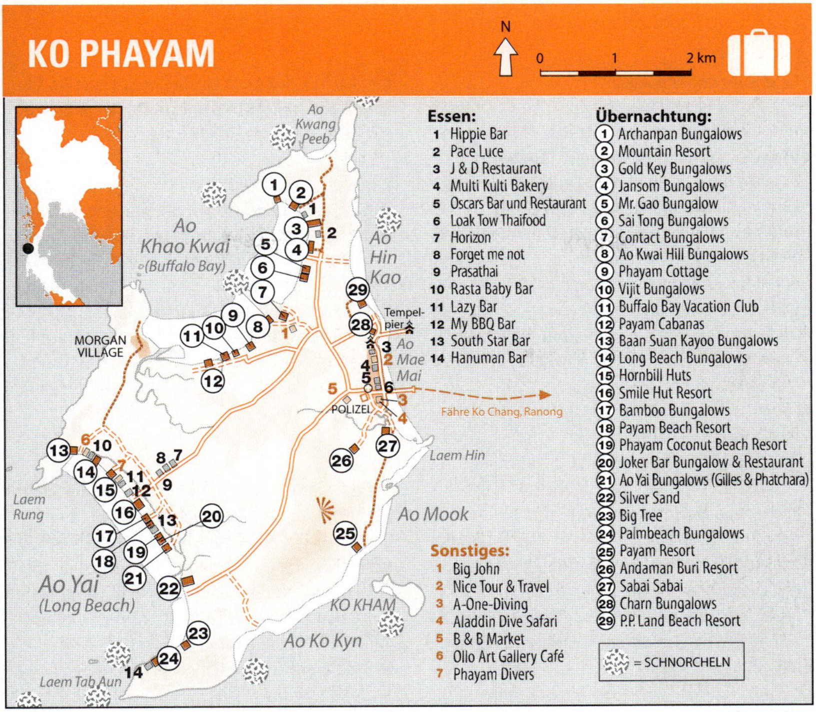

Badezimmer. 24 Std. Solarstrom, Ventilator und Safe. Internet. ❸

Sabai Sabai ㉗, ✆ 087-1485406. Fünf Holzbungalows parallel zum Strand im Norden. Eigene Solarzellen. Junge englische Betreiber. Leseecke und TV für gemeinsame Videoabende. Familiäre Atmosphäre. ❷

Essen

J & D Restaurant, neben Klassikern aus der Traveller-Thai-Küche auch Bratwurst und Brot. Der Renner 2009: Apfelsaftschorle. Jens hat jede Menge Tipps. Internet.

Oscars Bar und Restaurant, links vom Hafen. Ein seit Jahren beliebter Treffpunkt. Westliche und Thaiküche, angesagte Bar am Abend. Die Speisekarte wird durch „Tagesgerichte" ergänzt.

Multi Kulti Bakery, rechts vom Hafen. Leckere Pizza und gutes Brot. Auch Sandwiches für unterwegs.

Transport

Nach RANONG mit der Fähre um 8.30 und 14 Uhr für 150 Baht in 2–3 Std., bei Ebbe zum Sapan Pla Pier, ansonsten zum Bootspier nahebei (s. S. 720, Ranong). In der Saison (Nov–Mai) zudem Schnellboote um 9 und 13 Uhr für 350 Baht und um 10 und 15 Uhr für 270 Baht in 45 Min.

KO CHANG in der Saison Mo, Mi und Fr in 1 Std. für 150 Baht. Wer am Ao Siad (Ko Chang) vorbucht, wird von Longtails an den Booten nach oder von Ranong abgeholt.

Ao Yai

Die fast 3 km lange Bucht gilt den meisten als der schönste Strand von Ko Phayam. Er hat puderig weißen Sand, ist sehr breit und das Meer eignet sich auch bei Ebbe zum Baden und Schwimmen. Bei Flut entsteht ein Flusslauf bis weit ins Inselinnere, sodass man dann nicht zu den südlichsten Anlagen am Strand laufen kann. Im Schatten der Bäume locken Hängematten und Tische.

Praktische Tipps für Ko Phayam

Fahrräder und Mopeds
Auf Ko Phayam kann man herrlich Fahrradfahren. Sobald man sich abseits des geteerten Weges befindet, freut man sich über den (noch) guten Zustand der Mountainbikes. Viele Gästehäuser verleihen **Fahrräder** ab 80 Baht pro Tag. Man sollte sich eine Stirnlampe oder Fahrradlampen mitbringen (am besten auch einen Helm). **Mopeds** gibt es in jeder Anlage und im Dorf ab 200 Baht pro Tag (auch bei **Big John**, an der Abfahrt zum Khao Kwai Hill Resort). Bei manchen Anbietern 3 Tage Mindestmiete. Helme gibt es kaum.

Geld
Geldautomaten gibt es noch nicht. Einige Resorts (z. B. Bamboo Bungalow am Ao Yai und Nice Tour & Travel im Dorf) geben Geld auf Kreditkarte (Mastercard und Visa). Die Reiseagentur wechselt auch Reiseschecks. Der Kurs ist etwa 10 % schlechter als auf dem Festland. Das getauschte Geld sollte man gut nachzählen. Besser ausreichend Bargeld mitnehmen!

Nahverkehr
Auf Ko Phayam gibt es Mopeds und Fahrräder. Die wenigen kleinen Traktoren dienen dem Waren- und Gepäcktransport. Ein Golfwagen kutschiert Gäste zum Phayam Cottage Resort und ein Tuk Tuk kurvt für Smile Hut zum Ao Yai. Eine Fahrt mit dem **Motorradtaxi** kostet 20–100 Baht, zum Pier 50–100 Baht.

Reisebüros und Ausflüge
Nahezu jedes Resort hilft bei der Organisation von Ausflügen. Touren mit dem Longtail gehen u. a. zur kleinen Ko Kham. **Mr. Trip**, ✆ 077-870 222 (auch über die Unterkunft zu buchen), bietet Schnorchel- und Angeltouren in einem großen Boot für 600–1000 Baht. Das einzige offizielle Reisebüro der Insel ist **Nice Tour & Travel**, ✆ 077-828 093, 💻 www.kohphayamisland.com. Bootstickets gibt es am Pier oder im Boot.

Reisezeit
Die Reisezeit beginnt im Oktober. Ab November wird es voller, dann kommen die ersten Langzeitbesucher, die die besten Hütten meist den gesamten Winter über belegen. Im Dezember oder an Ostern sollte man auf jeden Fall vorbuchen. Die Saison endet im Mai. Die großen Anlagen haben das ganze Jahr über geöffnet, die kleineren schließen in der Nebensaison.

Tauchen
In der Saison Basis von **Aladdin Dive Safari** und **A-One-Diving** (S. 719, Ranong) Ratsam ist eine vorherigen Kontaktaufnahme übers Telefon oder das Internet.

Sportfans spielen Volleyball, paddeln im Kajak, reiten mit Boogieboards auf den Wellen – oder lassen sich dösend darauf bräunen.

Übernachtung

Die Anlagen liegen weit verstreut in Palmenhainen oder unter Cashewbäumen und sind vom Strand aus so gut wie nicht zu sehen. Die Bungalows sind fast alle aus Holz oder Matten, immer mit Moskitonetz.

Baan Suan Kayoo Bungalows ⑬, ✆ 077-820 133, 💻 www.gopayam.com. 12 ursprüngliche Bambushütten parallel zum Strand hinter Grün und 9 größere neuere Mattenbungalows im Garten. Ruhiger Platz am Ende der Bucht. Griffbereite Schnorchelausrüstung. ❶–❷

Hornbill Huts ⑮, ✆ 077-825 543, 💻 www.hornbillhut.com. 2 bunte Steinbungalows, dazu schöne Holzbungalows hinter Mangroven und unter jungen Palmen und einfache Bambushütten zwischen Cashewbäumen weitläufig im Garten verteilt. In den Bambushütten bieten zwei große Betten auch anspruchslosen Familien Platz. Schöner Strandabschnitt. Hängematten, Angeltouren und Fahrräder. ❷–❹

Silver Sand ㉒, ✆ 080-041 3349, 💻 www.silversandpayam.com. Schöne Bungalows auf hohen Stelzen, unten Stein

Alles inklusive

Bamboo Bungalows ⑰, ✆ 077-820 012, 💻 www.bamboo-bungalows.com. Tropische Gartenanlage mit hohen, Schatten spendenden Bäumen. Die Bungalows diverser Standards – von einfachen Mattenhütten für Budgettraveller bis hin zu geschmackvollen Suiten – sind immer gut belegt. Kostenlos WiFi in eigens eingerichteter Computerecke. Kostenloser Kajak-, Schnorchel- und Boogieboardverleih. Volleyball am Strand. Akzeptiert Visakarten. Strom von 18–23 Uhr. Die meisten Bungalows haben eine eigene Solaranlage. ❷–❺

und oben Holz, teils mit Baum durch die Terrasse. Meerblick. Inneneinrichtung mit Liebe zum Detail. Zudem kleine Steinbungalows. Nettes Restaurant mit Sitzgelegenheiten auf einer erhöhten Plattform. ❸

Essen und Unterhaltung

Alle Anlagen haben ein eigenes Restaurant mit meist guter Küche. Die Strandbars, wie z. B. **Rasta Baby Bar**, **My BBQ Bar** und **South Star Bar**, bieten gutes BBQ. In der **Lazy Bar** gibt es Snacks und an manchen Abenden Livemusik. Ganz am südlichen Ende der Bucht steht die **Hanuman Bar** an den Felsen. In der Zufahrtstraße befinden sich mehrere ansprechende Lokale: Thaiküche gibt es im **Prasathai** und im **Forget me not**, während **Horizon** frischen italienischen Kaffee und Pizza offeriert.

Sonstiges

Tauchen

Phayam Divers, neben Hornbill Bungalows, ✆ 084-849 9766, 💻 www.phayamlodge.com. Neue Tauchschule mit 3-tägigen Live-aboards für Taucher und Schnorchler. Der Betreiber baut gerade riesige Steinhäuser mit AC in seinem kahl geschlagenen Garten.

Ao Khao Kwai

Umstritten ist, ob dieser Strand nicht der schönere ist. Zumindest für jene, die mehr Ruhe suchen und viel schnorcheln wollen. Es heißt, hier seien die Sonnenuntergänge besonders malerisch. Die „Büffelbucht" befindet sich im Nordwesten der Insel und wird durch einen Felsen in zwei Teile geteilt.

Der Sand in der nördlichen Bucht ist recht grobkörnig, goldgelb und manchmal mit schwarzem Zinnoxid durchsetzt. Das Meer eignet sich bei Flut und Ebbe zum Baden. Der südliche Strandabschnitt weist extrem feinen, weißen Sand auf. Bei Ebbe muss man viele Meter wandern, um das Wasser zu erreichen und kann nicht schwimmen. Die Betonstraße endet hinter Jansom Bungalows. Die folgende Sandpiste geht zu weiteren Stränden, an denen es bisher noch keine Unterkunft gibt. Für das leibliche Wohl ist jedoch gesorgt.

Übernachtung

Jansom Bungalows ④, ✆ 077-835 317, 💻 www.jansom.info. 24 Bungalows mit großen Fenstern am Hang im nördlichen Abschnitt in zwei Reihen zum Strand. Von außen etwas in die Jahre gekommen, innen schön gemacht. Der Strand ist mit Felsen durchsetzt. ❷–❸

Mr. Gao Bungalow ⑤, ✆ 077-870 222, 💻 www.mr-gao-phayam.com. 12 gute Holzbungalows im Garten und am Hang. Offene Badezimmer. Liegestühle, Hängematten und Schaukeln. Schönes Restaurant. Das ganze Jahr geöffnet. ❸

Payam Cabanas ⑫, ✆ 086-023 1304, 💻 www.payamcabana.com. Große Mattenbungalows parallel zum Strand. Großes Moskitonetz. Ein 3-Bett-Zimmer. Schneller Internet-Zugang. ❷–❸

Vijit Bungalows ⑩, ✆ 077-834 082, 💻 www.kohpayam-vijit.com. Holz- und Steinbungalows unterschiedlichster Größe und Form. Familienzimmer. Internet. Kajaks, Bootsausflüge. Preisnachlass bei einer Woche Aufenthalt. ❷–❸

Essen und Unterhaltung

Alle Resorts bieten gute Küche – leider selten Fisch, aber viel aus der westlichen und der Thaiküche. In der **Hippie Bar** am nördlichen Ende des Ao Khao Kwai findet man schon tagsüber ein schöner Platz zum Abhängen. Abends zum Sonnenuntergang besonders lohnend.

Laem Son National Park

Das Schutzgebiet, das sich über 100 km entlang der Küste ausdehnt und eine Gesamtfläche von rund 300 km² umfasst, schließt neben zahlreichen weißen und grauen Sandstränden vor allem Mangrovenwälder und etwa 20 nahe der Küste gelegene unbewohnte Inseln ein.

Das **Hauptquartier** des Nationalparks, ✆ 077-861 442, befindet sich 50 km von Ranong entfernt am feinsandigen, von Kasuarinen beschatteten **Bang Ben-Strand**. Der Strand ist weitläufig, und in den markierten Bereichen kann man gefahrlos schwimmen. An anderen Abschnitten gibt es gefährliche Strömungen. Weniger besucht ist der von Kasuarinen bestandene **Laem Son-Strand** 4 km weiter nördlich. Hier sind viele Vögel zu sehen.

Die Parkangestellten organisieren Ausflüge zu den vorgelagerten Inseln. Eine 1 1/2-stündige Bootsfahrt führt nach **Ko Kam Yai** und **Ko Kam Noi** zum Tauchen und Schnorcheln oder Kajakfahren. **Ko Kangkao**, 40 Min. entfernt, lohnt zum Schnorcheln und Fischen.

🕓 Ende Nov–April, Eintritt 200 Baht.

14 HIGHLIGHT

Ko Surin National Park

Dieser etwa 60 km vor der Küste gelegene 142 km² große Nationalpark bietet tropischen Urwald, feinsandigen Strand, kristallklares Wasser und faszinierende Korallenriffe. Im Meer tummeln sich Schildkröten und Walhaie; Korallengärten, in denen eine bunte Vielfalt anderer Meerestiere wohnt, besiedeln die Felsen. An Land leben Vögel und Säugetiere, wie z. B. Lemuren. Die größten Inseln des Parks, **Ko Surin Nua** (Nord-Surin) und die kleinere **Ko Surin Tai** (Süd-Surin), haben wunderschöne Strände mit vorgelagerten Riffen. Die Strände **Ao Chonk Khad** und **Ao Mai Ngam** auf Nord-Surin sind über einen 2 km langen Wanderweg miteinander verbunden. Vom Ao Mai Gnam aus kann man mit Kajaks (200 Baht pro Std., 1000 Baht am Tag) von Strand zu Strand paddeln. Longtails fahren zu den Stränden, Inseln und Schnorchelplätzen (ab 250 Baht). Vor der kleinen **Ao Tao** gibt es, wie der Name verspricht, Meeresschildkröten. Wie die anderen Tauchgebiete auch sind **Ao Suthep** und **Ao Pak Kad** nur mit dem Tauchboot bzw. Longtail erreichbar.

Einen weiteren schönen Strand, **Hat Mang Kon**, und gute Tauchgebiete besitzt **Ko Klang** (auch Ko Pachumba). **Ko Khai** (auch Ko Torinla) hat keine Strände, ist aber ein gutes Ziel für Taucher und Schnorchler. Explizit nur für Taucher geeignet sind die beiden Felsen **Hin Pae** und **Hin Kong**. Der bekannteste Tauchgrund der Region ist der **Richelieu Rock**, eine Gruppe schlanker Felsen, die unter Wasser mit wunderschönen purpurnen Weichkorallen bewachsen sind. Zwischen Februar und April kann man relativ sicher mit bis zu 14 m langen Walhaien tauchen. Daneben schwimmen Seepferdchen, Kofferfische, Barracuda-Schwärme und Mantarochen. Getaucht wird auf 5–25 m, meist mit einer Sicht von 15–35 m. Vom 16. Mai–15. November ist der Park geschlossen.

Übernachtung

Auf **Ko Surin**, Nationalparkbüro ✆ 076-472 145, Stelzenbungalows am Hang mit Ventilator und Panoramafenstern, ❺; Zelten an der Ao Chonk Khad und Ao Mai Ngam ab 300 Baht je nach Zeltgröße und Ausstattung; Platz im Schlafsaal 50 Baht.

Transport

Nach Ko Surin fahren ab KHURA BURI private Boote unter Kontrolle der Parkverwaltung (s. S. 731, Khura Buri). Am Hafen befindet sich ein National Park Headquarter, ein weiteres auf der Insel. Andere Möglichkeiten s. Ko Similan National Park.

Tauchparadiese in der Andamanensee

Die Tauchgründe **Mu Ko Surin** und **Mu Ko Similan** in Thailand sind weltbekannt. Ihre Beliebtheit zeigt sich vor allem am Andrang der Safariboote, unter denen vor allem Mu Ko Similan leidet. Da es an Land keine Kompressoren zum Befüllen der Tanks gibt, wird nur vom Boot und nicht von der Insel aus getaucht. Wem Schnorcheltrips ausreichen und wer Abgeschiedenheit in Einfachheit sucht, kann an Land gehen und dort übernachten. Eintritt jeweils 400 Baht pro Tag. Taucher zahlen weitere 200 Baht.

Im Norden der Andamanensee gibt es zwei weitere Tauchgründe in birmanischen Hoheitsgewässern: den **Mergui-Archipel** und die **Birma Banks**. Besuchen kann man diese Plätze während mehrtägiger Tauchsafaris. Wer hier tauchen geht, zahlt dem Militärregime satte US$200 am Tag. Da sich Thaifischer günstig Konzessionen zum Fischen besorgen und nicht an Dynamit sparen, ist ein Trip hierher allerdings oft eher erschütternd als faszinierend.

Ko Similan National Park

Die Artenvielfalt der hier lebenden Meerestiere ist einzigartig in Thailand. Daher gehören die neun Inseln des Parks zu den Highlights des Landes. Es gibt u. a. Riffhaie, Rochen und Schildkröten, und die Sicht ist meist sehr gut.

Auf **Ko Meang** (Insel Nr. 4) befindet sich das Hauptquartier. Der lange und der kleine Strand mit feinem Sand sind einen 20-minütigen Fußweg durch den Wald voneinander getrennt. Wer sich etwas ins Inselinnere wagt, bekommt meist die Landkrabbe Nicobar Pigeon zu Gesicht. Auf Thai heißt sie *Pu Kai*, da ihre Laute an kleine Hühnerküken erinnert. Im Kanal zwischen Ko Meang und Ko Payu (s. u.) kann man herrlich schnorcheln.

Eine kleine Bucht mit der Möglichkeit, an Land zu gehen, befindet sich im Westen von **Ko Similan** (Nr. 8), der größten Insel der Gruppe. Mit einem wunderschönen, breiten Strand lockt **Ko Tachai**. Boote für Schnorchelausflüge stehen bereit; recht häufig sind hier Mantas und Walhaie anzutreffen.

Die Mehrheit der Tauchboote stoppt an der **Ko Bon** (auch Ko Talu). Ein weißer, puderiger Strand lädt zur Rast ein, doch die meisten Besucher tauchen lieber mit den hier häufig vorkommenden Walhaien. Ein Tauchgang vor **Ko Bangu** (Nr. 9) gehört bei vielen Live-aboards zum Programm. Der Tauchplatz liegt in 10–35 m Tiefe vor einem schönen, unbewohnten Strand zwischen Felsen.

Der Strand von **Ko Huyong** (Nr. 1) ist den Meeresschildkröten vorbehalten, die hier ihre Eier ablegen. Taucher haben Zugang zum sehr einfach zu tauchenden Riff mit Hart- und Weichkorallen in 10–15 m Tiefe. Nur für Taucher geeignet ist **Ko Hin Pousar**. Der Felsen ähnelt einem Elefantenkopf und verbirgt Höhlen, durch die man hindurch schwimmen kann. Erfahrene Taucher sehen hier Mantarochen und Meeresschildkröten. Auch **Ko Payu** (Nr. 7) mit Weich- und Hartkorallen, die felsige Unterwasserwelt von **Ko Payan** (Nr. 3) und **Ko Ha** (Nr. 5), wo Garden Eels ihre Köpfe aus dem Sand recken, sind nur Tauchern zugänglich.

Übernachtung

Auf **Ko Similan** gibt es eine kleine Rangerstation mit Übernachtungsmöglichkeit. Auf **Ko Maeng** (Insel Nr. 4) sind die von der Nationalparkver-

KO SIMILAN NATIONAL PARK

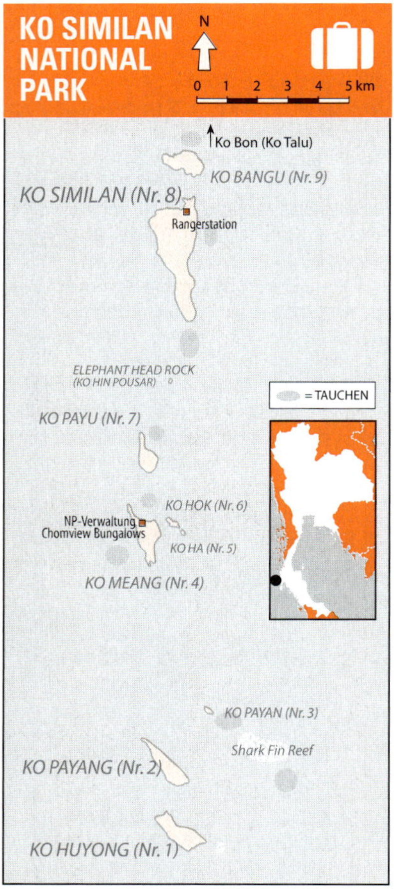

waltung betriebenen **Chomview Bungalows**, ✆ 076-595 045, angesiedelt. Hier schläft man in Reihen-Bungalows mit Ventilator. Diese stehen am Strand oder im Hang auf Stelzen. Übernachtung auch im Zelt möglich. ❸–❺

Campen ist außerdem auf **Ko Tachai** am breiten, wunderschönen Strand mit eigenem Zelt möglich (80 Baht). Restaurant vorhanden.

Transport

Tagestrips aus der Umgebung mit dem Schnellboot für 2000–3000 Baht. Live aboards für 3 Nächte um 20 000 Baht. Bei längeren Touren wird zudem Ko Surin besucht, was entsprechend teurer ist. In beiden Nationalparks stehen Longtails für individuelle Touren bereit. Vom Thap Lamu Pier nahe KHAO LAK fahren private Schnellboote unter Nationalparkkontrolle um 8.30 Uhr in 1 1/2 Std. nach Surin, zurück um 15 Uhr für 2700 Baht. Zum Pier über die 5 km lange Zufahrtsstraße, die vom H4147 am KM 51 abzweigt.

Takua Pa

Ein Aufenthalt in der Stadt und vor allem in der Umgebung verspricht Erlebnisse fernab touristischer „Hotspots". Während in Takua Pa, dem Verkehrsknotenpunkt für Busse, Kleinstadtleben auf dem Programm steht, kann man auf den angrenzenden, als Nationalparks ausgewiesenen Inseln Natur pur erleben.

Viele Reisende sehen nur den quirligen Busbahnhof mit dem angrenzenden Markt. Wer bleibt, erlebt eine ruhige Kleinstadt mit etwa 22 000 Einwohnern.

Übernachtung

Unterkünfte s. Karte S. 717

Amarin Hotel ⑤, 33 Montri Rd., ✆ 076-421 083, Karte S. 717, in der Altstadt (ohne englisches Schild). Großes Hotel, das schon bessere Zeiten gesehen hat. Zimmer mit Ventilator oder AC und Möbel diverser Stilrichtungen. ❶–❷

Extra Hotel ⑥, 46 Sena Rat Rd., ✆ 076-421 026, in der Neustadt. Vom Busbahnhof etwa 1 km Richtung Zentrum hinter der Tankstelle. 4-stöckiges Hotel mit 75 sauberen, gefliesten Zimmern mit Ventilator oder AC. Die hinteren sind gut möbliert, haben Balkon und TV. Disco/ Bar im Erdgeschoss. ❷–❸

Essen und Sonstiges

Das Essen an den **Ständen am Busbahnhof** ist lecker, gut und preiswert. Ab dem späten Nachmittag werden auf dem **Nachtmarkt** an der südlichen Ampelkreuzung Gegrilltes, Currys, Obst und Süßes verkauft. ◷ 17–21.30 Uhr. **Café, Bakery and Internet**, an der Hauptstraße zwischen Busbahnhof und Tankstelle kurz hinter der Brücke. Schickes Café mit süßen Leckereien. WiFi. ◷ 10–21 Uhr.

In Takua Pa gibt es zwei **Banken** mit Geldautomat. Ein weiterer in der Altstadt und am Busbahnhof.

Transport

Der Busbahnhof befindet sich 1 km östlich der Neustadt am H4.
BANGKOK 8x tgl. von 11–20.30 Uhr ab 459 Baht in 12 Std. VIP-Busse um 17.40 und 18.30 Uhr für 927 Baht.
CHUMPHON mit Bangkok-Bussen (außer VIP) für 190 Baht in 5 Std.
KHAO LAK mit Phuket-Bussen für 60 Baht in 45 Min.
KHAO SOK mit Surat Thani-Bussen für 70 Baht in 1 Std.
KHURA BURI mit Ranong-Bussen für 60 Baht in 45 Min.
KRABI (Nr. 435) 4x tgl. von 9.45–14.30 Uhr für 130 Baht in 2 Std.
PHANG NGA mit dem Krabi Bus für 60 Baht in 1 Std.
PHUKET (Nr. 436) 10x tgl. von 5–15.20 Uhr für 100 Baht in 3 Std.
PHUKET (Nr.465) 10x tgl. von 9.20–17.40 Uhr für 100 Baht in 3 1/2 Std.
RANONG (Nr. 435) 5x tgl. von 8–14.30 Uhr für 130 Baht in 3 1/2–4 Std.
SURAT THANI 11x tgl. von 6.45–17 Uhr für 120 Baht in 3 1/2 Std.

Khura Buri

Die kleine Hafenstadt Khura Buri besteht mehr oder weniger aus einer Hauptstraße mit Geschäften, Geldautomat, Tankstelle mit Markt, Tauchbasis und zwei Internetshops.

Die Busse halten und fahren etwa von der Ortsmitte ab. Vom Hafen geht es nach Ko Surin (s. S. 728).

Übernachtung und Essen

Unterkünfte s. Karte S. 717
Zwischen Bushaltestelle und Brücke liegen rechter Hand einfache Resorts und kleine Straßenrestaurants.
Khuraburi Green View Resort ③, ✆ 076-401 401, 💻 www.kuraburigreenviewresort.com, Karte S. 717. Rustikale Anlage mit 33 Bungalows und Pool am H4 wenige Kilometer südlich von Khura Buri an einem See. ❹–❻
Tararin River Hut ②, ✆ 076-491 789. 6 Holzbungalows am Fluss, mit Terrassen über dem Wasser. Einige bunt bemalt mit Waschbecken im Freien. 2 bessere Bungalows im Garten sowie 5 AC-Zimmer in gediegenerem Design. Vermittelt Bootstickets, Kochkurse. Familiäre Atmosphäre. ❸

Transport

Boote

Boote nach KO SURIN legen am 9 km entfernten Hafen ab. Selbstfahrer kommen vom H4, biegen am KM 721 ab und legen 6 km Richtung Khura Buri zurück. An der Kreuzung weitere 2 km der Ausschilderung folgen. Taxi 200 Baht, Motorradtaxi 50 Baht. Kauft man das Ticket bei einem Touranbieter, ist der Transport zum Hafen frei. Das Schnellboot fährt um 8.30 Uhr für 1600 Baht in 1 Std. Big Boat um 9 Uhr für 1200 Baht in 2 1/2 Std., zurück jeweils um 13 Uhr.

Busse

Bei **Tom and Am Tour**, in der Hauptstraße, ✆ 086-272 0588, hängen die aktuellen Busfahrpläne aus.
BANGKOK 6x tgl. von 10–21 Uhr für 425–590 Baht; VIP-Bus um 18.15 Uhr für 690 Baht in 10–12 Std.
CHUMPHON 6x tgl. von 11.30–21.15 Uhr für 180 Baht in 5–6 Std.
KRABI um 9 und 12 Uhr für 150 Baht in knapp 4 Std.
RANONG 5x tgl. von 9.30–16 Uhr für 110 Baht in 3 Std. oder mit den Bussen Richtung Chumphon.

Si Phang Nga National Park

Zwischen Khura Buri und Takua Pa liegt im Hinterland der 246 km² große, lang gezogene Sri Phang Nga National Park mit imposanten Wasserfällen.

Neben dem Headquarter stürzt das Wasser des **Khlong Tam Nang** 63 m tief in ein natürliches Schwimmbecken. Der **Khlong Ton Tonsai** ist eher ein über große Steine flach dahinplätschernder Bach.

Nashornvögel, Spechte und Greifvögel bevölkern den dichten Monsunwald, in dem noch einige Großtiere leben sollen. Vom Headquarter am Khlong Tam Nang führt ein etwa 2 km langer Lehrpfad durch den immergrünen Wald bis zu einem Aussichtspunkt. Bis auf die heiße Jahreszeit von Januar bis April ist es hier sehr regenreich.

Im Park stehen 8 Bungalows für je 3 Personen sowie Zelte. Man kann auch sein eigenes Zelt auf dem Campingplatz aufstellen und die Aussicht auf die bewaldeten Hügel genießen. ✆ 076-411 136. ❹

Mit Taxi oder eigenem Auto am KM 756 vom H4 rechts abbiegen. Nach 6 km endet die Straße am Headquarter, Eintritt 100 Baht.

Eine der größten Blüten der Welt

Bis zu 80 cm Durchmesser hat die Blüte der parasitär auf Lianen am Boden lebenden **Rafflesia Kerrii Meijer**. Sie blüht zu allen Jahreszeiten und benötigt neun Monate, um sich von der Knospe bis zur vollen Blüte zu entwickeln. Dann ist die Pracht der roten kugelförmigen Blume eine Woche zu bestaunen. Die Blume sieht besser aus, als sie riecht: Ihr süßliches Bukett erinnert an Verwesungsgeruch. Touranbieter hängen Schilder aus, wenn eine Pflanze blüht. Da unaufmerksame Besucher bereits einige Exemplare zerstört haben, schützen kleine Holzabsperrungen die Blumen und viele sind vom 1. Mai bis 31. Oktober nicht zugänglich.

Khao Sok National Park

Der 1980 gegründete Nationalpark zwischen der Andamanensee im Westen und dem Golf von Thailand im Osten bildet zusammen mit dem Khlong Saeng und Khlong Nakha National Park im Norden sowie dem Klong Phanom National Park im Süden und dem Sri Phang Nga National Park im Westen einen rund 4400 km² großen Naturpark. Zum größten Naturschutzgebiet in Thailands Süden steuert Khao Sok 739 km² bei. Auf zumeist 300–600 m Höhe verteilen sich Primärdschungel, Kalksteinformationen, Höhlen, Flüsse und Wasserfälle. Darüber erhebt sich der mit 960 m höchste Berg, der **Khao Mok**. Die fantastischen Karstfelsen prägen die Landschaft.

Der Park kann das ganze Jahr über bereist werden. Vom 1. Juli–14. September sind allerdings die Wasserfälle Sip-et-Chan, Bang Lap Man, Tong Kloi und die Höhlen Nam Thalu, Si Ru und Khang Cow geschlossen.

Der Khao Sok National Park ist besonders bei westlichen Reisenden beliebt. Bewundert werden die Erhabenheit der Karstfelsen, die Urwaldriesen mit ihren Stützwurzeln und der meterhohe Bambus. Makaken sind zu sehen, und der Ruf der Gibbons schallt durch den Wald. Chöre von Zikaden beginnen morgens und spätnachmittags einen Wettstreit, wer den schrillsten Ton hervorbringt. Neben Nashorn- und Eisvögeln, Schmetterlingen und Libellen leben hier Warane, Wildschweine, Otter, Eichhörnchen und Eidechsen. Wer sich mit einem Guide lange auf die Pirsch begibt und vom Touristenpfad entfernt, hat Chancen, auch größere Säugetiere zu sehen.

Das **Wat Tham Phanturat** und die dahinter liegende **Höhle** befinden sich außerhalb des Nationalparks und sind ein leicht zu erreichendes Ausflugsziel. In der Höhle gibt es einen natürlichen Pool, dessen Wasser heilende Wirkung verspricht. Allerdings darf darin nicht gebadet werden. Am späten Nachmittag tauchen Horden von Makaken vor der Höhle auf, die sich gerne füttern lassen. Neben dem Höhleneingang geht es über Stufen den Berg hinauf zu einem fantastischen Aussichtspunkt.

Zwei Wanderwege sind vom Nationalparkbüro ausgeschildert. Der erste, 7 km lange Wanderweg führt an mehreren Wasserfällen entlang zum **Ton Kloi-Wasserfall**. In der Monsunzeit lohnt nach 2,8 km ein Abstecher über den Fluss zum **Wing Hin-Wasserfall**. 3,3 km hinter den Stromschnellen des **Bang Hua Raed-Wasserfalls** gibt es einen Badeplatz (Wang Yaow). Auch der **Bank Leap Nam-Wasserfall** hat einen natürlichen Pool zu bieten. Am letzten Fall, dem Ton Kloi-Wasserfall, sind oft Gibbons, Makaken, Nashornvögel und fliegende Eidechsen Gäste, wenn man sich im natürlichen Schwimmbecken abkühlt.

Die zweite, anspruchsvollere Route führt 4,5 km auf einem kleinen Pfad hinauf zum 11-stu-

KHAO SOK NATIONAL PARK

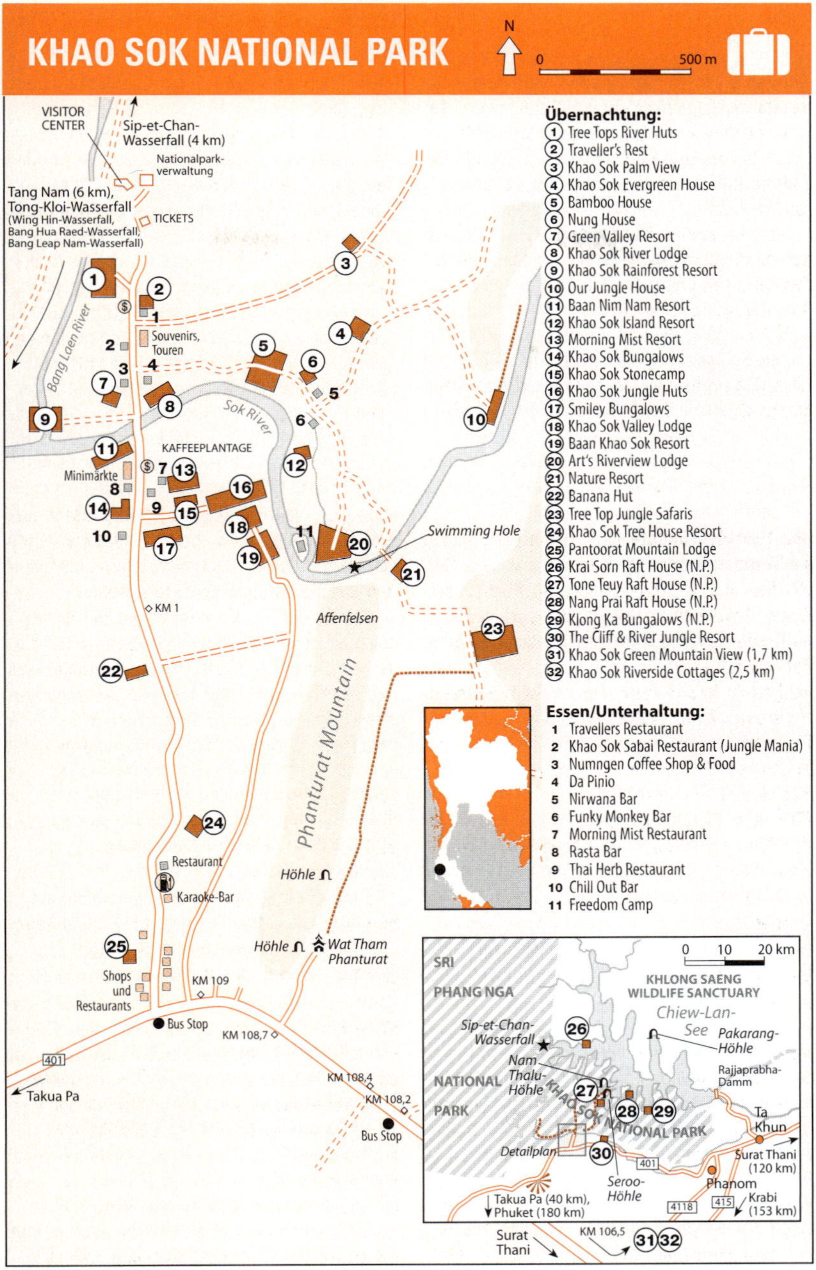

Staunen am Stausee

Im Jahre 1982 wurde das umstrittene Projekt des **Rajjaprabha-Damms** in Angriff genommen: Der Pasaeng-Fluss wurde gestaut und Teile des Khao Sok-Gebiets geflutet. Entstanden ist der 162 km² große **Chiew Lan-See**, für dessen Entstehung 900 Menschen aus fünf Dörfern umgesiedelt wurden – ihre Häuser liegen nun in 100 m Tiefe auf dem Grund des Sees. Einige Tauschschulen in Khao Lak bieten die Möglichkeit, im See zu tauchen (s. S. 737, Khao Lak).

Die nahe gelegene **Nam Thalu-Höhle** geriet 2007 in die Schlagzeilen, als hier sechs Urlauber und zwei Führer bei Flut den Tod fanden. Gefährlich ist der durch die Höhle fließende Fluss allerdings nur in der Regenzeit. Ansonsten begeistert Nam Thalu mit außergewöhnlichen Felsformationen und Stalaktiten. Ausflüge zum Stausee schließen in der Regel den Besuch der Höhle mit ein.

Wer es individueller mag, kann andere Höhlen besuchen. Alle werden mit Booten angesteuert. Einige Höhlen dienten zwischen 1975–82 rebellierenden Studenten als Versteck, die als Kommunisten gebrandmarkt und verfolgt wurden, s. eXTra [2805].

Gästehäuser und Veranstalter bieten **Touren** mit und ohne Übernachtung. Tagestouren ab 1500 Baht inkl. Mittagessen mit dem Minibus/Pickup zu einem Markt, dann zum Rajjaprabha-Damm, Longtailfahrt auf dem See zu einem der Rafthäuser, zu Fuß weiter zur Höhle Nam Thalu. Danach Abkühlung im See. Bei der 2-Tagetour ab 2500 Baht (inkl. Übernachtung in den schwimmenden Bungalows und Verpflegung) bleibt Zeit für eine Kanutour und eine kurze Dschungelwanderung. Nach dem Abendessen geht es per Boot zur Nachtsafari. Am nächsten Morgen startet der Bootsausflug inkl. Höhlenbesuch. Wahlweise kann man auch in Zelten übernachten, dann entfällt wegen des Zeltaufbaus der Weg zum Aussichtspunkt und der Preis reduziert sich auf 2000 Baht.

Mit **öffentlichen Verkehrsmitteln** ist die Anreise zum Damm beschwerlich. Mit dem Surat Thani-Bus geht es bis Ban Ta Khun und weiter mit dem Taxi bzw. Motorradtaxi für 150–200 Baht zur Bootsanlegestelle. Da dort keine Taxis warten, sollte man einen Abholtermin vereinbaren. Bei den Verkaufsständen am Wasser kann für 2000–2500 Baht für bis zu 10 Personen ein Longtail gechartert werden (2 Std.). Gerne setzen die Fischer Gäste bei den Nationalpark-Bungalows ab. Die **Nationalparkgebühr** von 200 Baht pro Person und Tag wird am Steg fällig.

figen **Sip-et-Chan-Wasserfall**, in dessen Becken ebenfalls geschwommen werden kann. Der Anstieg ist anstrengend und kann dank sechs Flussüberquerungen in der Regenzeit eine nasse Angelegenheit werden.

Übernachtung

Die meisten Gästehäuser sind günstig und liegen vor dem Parkeingang in einem Garten oder in den Dschungel integriert. Aufgrund des feuchten Klimas werden viele Hütten nach und nach ersetzt, sodass sich oft verschiedene Materialien oder Stilrichtungen in einer Anlage finden. Wer außerhalb der heißen Jahreszeit reist, sollte sich für die Nacht etwas Warmes einpacken. In allen Bungalows gibt es eine warme Dusche. Manchmal verirren sich Dschungelbewohner in die Hütten. Fast alle Zimmer haben daher ein Moskitonetz, das man nutzen sollte. Empfehlenswert ist eine Taschenlampe, wenn man abends noch auf spärlich beleuchteten Wegen unterwegs ist. Pick-ups der Gästehäuser warten am Bus Stop. Sollte der Fahrer des gewünschten Resorts nicht da sein, bringen einen die Fahrer anderer Anlagen auch schon mal zur Konkurrenz. Weitere Anlagen im Netz unter eXTra [2796].

Untere Preisklasse

Baan Khao Sok Resort ⑲, ✆ 081-958 0185, 🖳 www.baankhaosok.com. 8 einfache große Bambushütten mit Terrasse und Bambusbad im Garten. Vom halb offenen, gemütlichen Restaurant Blick auf den Sok-Fluss. ❸

Bamboo House ⑤, ✆ 081-787 7484. 17 verschiedene Bungalows aus Matten, Stein und Holz auf Stelzen im Garten oder am Flussufer. Neuere, große Holzbungalows mit AC. ❷–❹

Mit Eichhörnchen oder Affen per Du

Art's Riverview Lodge ⑳, ✆ 086-470 3234. Attraktive Anlage aus Naturmaterialien mit 1–2-stöckigen Holz/Steinbungalows, größtenteils am Fluss. Schöne Terrassen. Warmwasser. Das gemütliche Restaurant auf verschiedenen Ebenen liegt direkt am Badeplatz und Affenfelsen. Hier hat man den besten Blick auf die nachmittags auftauchende Affenhorde. ❹

Khao Sok Valley Lodge ⑱, ✆ 086-283 9933. Auf Stelzen stehen 5 einfache Holzhütten, teils mit Warmwasser. Von den Terrassen kann man frühmorgens den Eichhörnchen zusehen, wie sie durch den Dschungel toben. In der ruhigen Anlage fühlt man sich bei dem sehr rührigen und informativen Besitzer Bao bestens aufgehoben. ❷

Khao Sok Green Mounain View Guesthouse ㉛, ✆ 987-263 2481, ✉ grenn_mountain_view@yahoo.co.th. Abgelegene romantische Anlage am Fuße eines Kalksteinfelsens. Einfache Matten-Bungalows. Familiäre Atmosphäre und ausgezeichnetes Essen. ❷

Khao Sok Island Resort ⑫, ✆ 086-120 9476, 💻 www.khaosokisland.com. 7 einfache, gepflegte Mattenbungalows auf Stelzen in Reihe sowie ein Familienbungalow. Kochkurse und Massagen. ❷

Khao Sok Jungle Huts ⑯, ✆ 077-395 160. Zimmer im Langhaus, ebenerdig, auf Stelzen oder in baumhausähnlichen Bungalows. Alle aus verschiedensten Materialien. ❷–❸

Khao Sok Rainforest Resort ⑨, ✆ 089-827 6230, 💻 www.khaosokrainforest.com. Mehrere Steinbungalows am Fluss. Daneben auch Baumhäuser und Bungalows aus Holz am Hang. ❸

Khao Sok Stonecamp ⑮, ✆ 089-289 0018. Weit verteilt in einem malerisch angelegten Park stehen 2-Personen-Zelte auf einer dicken Matratze unter Palmendächern. Kostenlose Übernachtung bei Tourbuchung. ❶

Mittlere Preisklasse

Khao Sok River Lodge ⑧, ✆ 077-395 165. Grüne Stelzen-Steinbungalows direkt am Fluss mit großen Terrassen am und über dem Fluss. Schönes Restaurant. Kinderkrabbelecke. ❹

Khao Sok Tree House Resort ㉔, ✆ 077-395 169, 💻 www.khaosok-treehouse.com. Individuell gestaltete Baumhäuser (bis zu 9 m über dem Boden). Große Terrassen. AC-Bungalows mit TV, DVD und WiFi. Ventilator ❹, AC ❽

Morning Mist Resort ⑬, ✆ 089-971 8794. Doppelbungalows aus Bambus, 2-stöckige Holz/Steinbungalows und steinerne Familienbungalows, alle auf Stelzen, mit Flussblick und liebevoll dekoriert. Beliebtes Restaurant. ❸–❹

Nature Resort ㉑, ✆ 086-120 0588. 10 große, perfekt in den Wipfeln versteckte Baumhäuser mit Stämmen durch Zimmer oder Bad. ❹

Auf dem Stausee Chiew Lan

Die schwimmenden Nationalpark-Bungalows mit kleinen zweckmäßigen Hütten liegen alle am und auf dem See oder einem kleinen Seitenarm und kosten 500 Baht p. P., größere Hütten mit Schlafmöglichkeiten für 8–10 Personen 1800 Baht pro Hütte. Toiletten an Land. Jede Anlage verfügt über ein Restaurant. Westler favorisieren das **Krai Sorn Raft House** ㉖ und das **Tone Teuy Raft House** ㉗. Eher auf Thai-Kundschaft eingestellt sind das **Nang Prai Raft House** ㉘ und die **Klong Ka Bungalows** ㉙.

Essen

Entlang der Zufahrtstraße entstehen immer mehr Restaurants. Alle Resorts haben ein Restaurant.

Da Pinio, alles was ein Italiener bietet: Pizza, Pasta, Fisch und Fleisch und zum Nachtisch Tiramisu. Die Pizza wird vielfach gelobt. Gut besucht.

Hervorragende Küche

Morning Mist Restaurant, gemütlich eingerichtet mit viel Holz und bunten Lichtern. Die Karte bietet auch ein paar außergewöhnliche Speisen und Getränke, z. B. Lemongrass-Shake. Unbedingt gebratenen Dschungelfarn probieren! Teils werden Zutaten aus dem eigenen Garten verwendet. Kochkurse.

Khao Sok Sabai Restaurant (Jungle Mania), in der Hauptstraße. Drinnen und draußen wird thailändische Küche (viele vegetarische Gerichte) serviert. Auf Wunsch glutamatfreies Essen.
Thai Herb Restaurant, hübsch dekoriertes, halb offenes Restaurant mit thailändischer Küche, leckere Desserts.

Aktivitäten

Bei den angegebenen Preisen für Aktivitäten im Nationalpark ist die Parkgebühr in Höhe von 200 Baht pro Tag nicht berücksichtigt.

Wanderungen und Touren

Es ist ratsam, nur lizenzierte Führer anzuheuern. Neben den von Touranbietern und Gästehäusern vermittelten Führern kann man auch beim Headquarter des Nationalparks Guides für **Wanderungen** anheuern. Die Alternative: Bei den Anlagen nach privat organisierten Touren fragen. Diese sind zwar etwas teurer als Gruppentouren, aber wesentlich empfehlenswerter. Tipps für zwei Wanderrouten ohne Guide gibt es im Visitor Center. Die Wege sind gut ausgeschildert. An ausreichend Getränke denken!
Gästehäuser bieten eine geführte **2-Tagetour** (Übernachtung im Zelt) zum Ton Kloi-Wasserfall; inkl. Essen und Nachtsafari 1800 Baht. Geführte **Tagestouren** im Nationalpark kosten 700 Baht inkl. Mittagessen und Transport. Nachtaktive Dschungelbewohner sind bei 3-stündigen **Nachtsafaris** für 600 Baht aufzuspüren. Wanderungen zur **Rafflesia** dauern etwa 2 Std. und kosten 500 Baht. Ebenso lange sind **Elefantenritte** zu einem Wasserfall für 800 Baht inkl. Transport zum Camp.

Wassersport

Tubing nennt sich der Spaß, bei dem man in aufgepumpten Autoschläuchen auf dem Fluss treibt (350 Baht pro Std.).
Außerdem sind **Touren in aufblasbaren Kanus oder Schlauchbooten** auf dem Sok-Fluss möglich. Inkl. An- und Abreise 2 Std. für 700 Baht.
Der ideale **Badeplatz** ist das Swimming Hole, ein etwas breiterer und tieferer Flussabschnitt an der Art's Riverview Jungle Lodge. Am späten Nachmittag tummeln sich Affen bei den Felsen. Schwimmen kann man auch in natürlichen Pools, z. B. am Bang Liap Nam-, am Ton Kloi- oder am Sip-et-Chan-Wasserfall.

Sonstiges

Geld

Geldautomat am Supermarkt vor dem Morning Mist Resort. Ein Shop kurz vor dem Eingang zum Nationalpark tauscht Reiseschecks und gibt Bargeld auf Kreditkarten.

Informationen

Das **Visitor Center** am Nationalparkeingang informiert über die Fauna, Flora und Geologie des Parks anhand anschaulicher Fotos und Grafiken auf Englisch und Thai sowie aus erster Hand vom netten Angestellten. ⌚ 8–16.30 Uhr, Eintritt 200 Baht.
Wer sich näher mit der Flora und Fauna im Khao Sok National Park beschäftigen möchte, dem sei das gelungene Buch *Waterfalls & Gibbon Calls – Exploring Khao Sok National Park* von Thom Henley ans Herz gelegt. Das Buch gibt es für 520 Baht in den Minimärkten.

Motorräder

Motorräder werden von vielen Unterkünften ausgeliehen (200 Baht, Automatik 300 Baht).

Reisezeit

Im Park regnet es fast immer. Die Region gilt als die regenreichste Thailands. Die beste Reisezeit ist von Dez–April, wenn es nie den ganzen Tag lang regnet.

Transport

Der H401 (Surat Thani – Takua Pa) führt zum Park. Die Busse halten am KM 109,1, von wo eine 2 km lange Straße bis zum Khao Sok National Park führt. Die Gästehausbetreiber setzen ihre Gäste zeitnah an der Bushaltestelle ab.

Busse

Die Minibusse starten um 8.30 Uhr (Ausnahme Surat Thani)
CHUMPHON Minibus für 500 Baht in 5 1/2 Std.

HAT YAI Minibus für 600 Baht in 6 1/2 Std.
KO LANTA Minibus für 650 Baht in 5 Std.
KO PHANGAN Minibus für 650 Baht in 8 Std.
KO PHI PHI Minibus für 750 Baht in 7 1/2 Std.
KO SAMUI Minibus für 500 Baht in 7 Std.
KRABI Minibus für 300 Baht in 2 Std.
PHUKET 9x tgl. von 8.30–16.30 Uhr für 180 Baht in 3 Std.
SURAT THANI (Nr. 465) 9x tgl. von 10–17.30 Uhr mit AC oder Ventilator für 100 bzw. 120 Baht in 2 1/2 Std. Minibus 11.30 Uhr für 250 Baht in 3 Std.
SATUN Minibus für 800 Baht in 8 1/2 Std.
TAKUA PA mit den Phuket-Bussen für 60 Baht in 1 Std.
TRANG Minibus für 600 Baht in 4 1/2 Std.

Khao Lak

Scheinbar endlose, goldgelbe Strände schmiegen sich an die Andamanensee. Dahinter liegen Palmen- und Kautschukhaine. Sie werden im Norden von Lagunen unterbrochen und im Süden durch Felsformationen begrenzt. Im Hinterland überragen die dschungelbewachsenen Hügel des **Khao Lak Lamru National Parks** die zahlreichen schönen Strände der Region.

Das Gebiet um Khao Lak bietet vielfältige Erlebnisse, darunter Dschungeltreks in der üppigen Natur des Parks oder einen entspannten Badeurlaub am Strand. Khao Lak ist zudem eine gute Ausgangsbasis für Tauchtrips zu den Similan Islands.

Aktivitäten in und um Khao Lak

Elefantenreiten

Wer die Gegend gerne auf dem Rücken eines Elefanten erkunden möchte, zudem auf einem Bambusfloß herumtreiben und unter einem Wasserfall baden will, findet das passende Angebot. Empfehlenswert ist der **Asia Safari Park**, ✆ 076-595 324. Elefantenritte, Rafting mit dem Bambusfloß und ein Bad im Wasserfall. ◷ 8.30–17 Uhr. Elefantenritt 1000 Baht/Std.

Schnorcheln und Tauchen

Freunde der Unterwasserwelt haben in Khao Lak die Qual der Wahl. Tauchschule reiht sich an Tauchschule. Es geht meist zu den vorgelagerten Tauchplätzen, auf Tauchsafaris zu den Tauchplätzen der Umgebung und nach Ko Phi Phi. Zwei Tauchgänge am Tag in der näheren Umgebung um 2500 Baht. Längere Touren ab 2800 Baht pro Tag. Zu den meisten Tauchgebieten können auch Schnorchler mitkommen. Sie zahlen etwas weniger.

Einige Tauchschulen haben 2-tägige Ausflüge zum etwa 28 Grad warmen **Stausee im Khao Sok National Park** im Programm.

Eine fast unübersehbare Anzahl von Tauchschulen mit ähnlichen Angeboten und Preisen hat sich in Khao Lak niedergelassen.

A-Team-Khao Lak in Bang Niang, ✆ 076-486 094, 💻 www.a-team-khaolak.com. Deutsche Tauchschule. Wracktauchen und Touren, auch 2-Tagetrips zum Stausee ab 4 Pers. für 5000 Baht aufwärts inkl. Übernachtung.

Khao Lak Fun Divers, Ban Nang Thong, ✆ 076-485 685, 💻 www.khao-lak-fun-divers.com. Familiäre Tauchschule, Tagestrips u. a. zum Stausee. Für Safaris mietet sich die Schule bei anderen Tauchschulen ein.

Sea Dragon Dive Centre, Ban Nang Thong, ✆ 076-485 420, 💻 www.seadragondivecenter.com. Einst die erste, heute die wahrscheinlich größte Tauchschule in Khao Lak. Basis mit Aufenthaltsbereich und Pool. Drei Boote für diverse Trips. Schweizerisch-englische Leitung.

Tagesausflüge in die Umgebung

An der Straße von Nang Thong und Bang Niang haben sich eine Reihe von Tourveranstaltern niedergelassen. Angeboten werden Touren zum **Khao Sok National Park**, in die **Phang Nga-Bucht** und eine Einkaufstour nach **Phuket-Stadt**. Außerdem gibt es eine 3-Tempel-Tour zu den wichtigsten Tempeln der Region. In der Kalksteinhöhle **Dragon Cave** stellen Mönche traditionelle Medizin her. Die **Bang Rieng-Pagode** vereint verschiedene Tempelstile, und im **Suwanakuha-Tempel** besucht man einen imposanten liegenden Buddha.

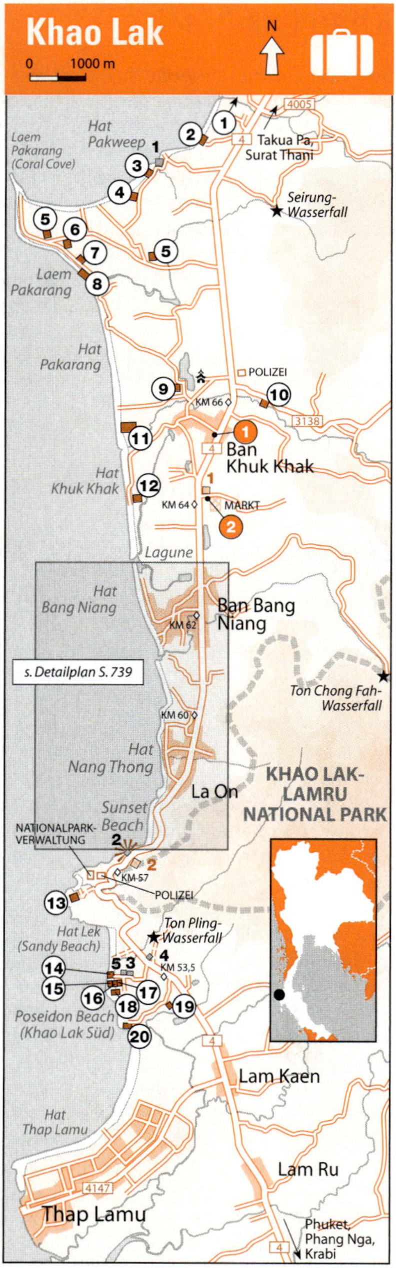

Die meisten Resorts und auch die damit verbundene touristische Infrastruktur von Restaurants, Souvenirläden, Schneidern, Massageshops, Tauchbasen, Banken und Reisebüros befinden sich hinter dem Hat Nang Thong entlang der Hauptstraße und 2 km weiter nördlich an der Zufahrtsstraße zum Hat Ban Niang. Weitere Unterkünfte eXTra [2802].

Vielen ist Khao Lak erst seit dem verheerenden Tsunami von 2004 ein Begriff: Fernsehbilder zeigten die Riesenwelle, die am 2. Weihnachtsfeiertag auch viele deutsche Urlauber überrollte. Heute erinnert nur noch wenig an die Naturkatastrophe. Lediglich die Schilder mit Fluchtrouten fallen ins Auge (siehe Kasten).

Mahnmale sind das **Polizeiboot**, das von der Welle über 1 km aufs Festland gespült wurde und nun an der Straße in Ban Bang Niang auf dem Trockenen liegt. Etwas mehr Aufmerksamkeit wird dem modernen **Tsunami Memorial** gewidmet, zu dem am Jahrestag Angehörige der Opfer reisen. Interessant ist das wissenschaftlich gehaltene kleine **Tsunami-Museum** an der Hauptstraße von Bang Niang. Gezeigt werden Luftaufnahmen von Khao Lak vor und nach dem Tsunami. Auf die Prä-

Übernachtung:
1 Haadson Resort
2 Le Meridien Khaolak Beach Resort & Spa
3 An Thong Beach Resort
4 The Sarojin Resort
5 Pakarang Villa
6 Palm Galleria Resort
7 Takolaburi Spa & Sport Resort
8 Apsara Beach Resort & Spa
9 Lake View Bungalows
10 Khaolak Riverside Bungalow
11 Andamania Beach Resort
12 Khaolak Orchid Beach Resort
13 Nationalpark Bungalows und Zeltplatz
14 Baan Sunetra
15 Luckana Wadee Boutique Beach Resort
16 The Briza Beach Resort
17 Emerald Beach Resort & Spa
18 Merlin Resort
19 Pramote Bungalow
20 Poseidon Bungalows

Essen/Unterhaltung:
1 Rim Lay Restaurant und Bar
2 Viewpoint Restaurant
3 Ban Rinlay Restaurant
4 Maleevan Restaurant, Baan Rao Restaurant
5 Joe Seafood Restaurants, Fe Cocktail Bar

Sonstiges:
1 Seven Eleven
2 Asia Safari Park

Transport:
1 Bus Stop
2 Busstation

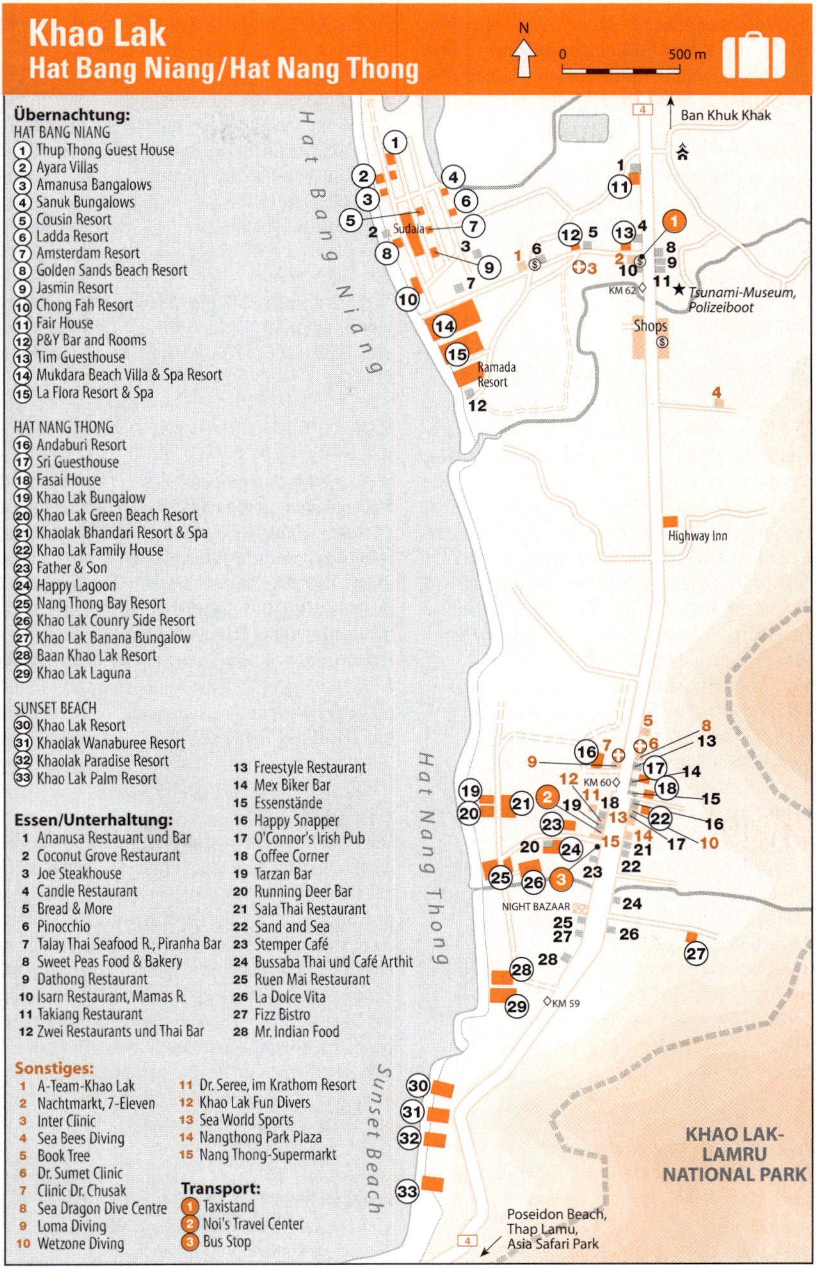
Khao Lak
Hat Bang Niang/Hat Nang Thong
N
0
500 m
Übernachtung:
HAT BANG NIANG
1 Thup Thong Guest House
2 Ayara Villas
3 Amanusa Bangalows
4 Sanuk Bungalows
5 Cousin Resort
6 Ladda Resort
7 Amsterdam Resort
8 Golden Sands Beach Resort
9 Jasmin Resort
10 Chong Fah Resort
11 Fair House
12 P&Y Bar and Rooms
13 Tim Guesthouse
14 Mukdara Beach Villa & Spa Resort
15 La Flora Resort & Spa
HAT NANG THONG
16 Andaburi Resort
17 Sri Guesthouse
18 Fasai House
19 Khao Lak Bungalow
20 Khao Lak Green Beach Resort
21 Khaolak Bhandari Resort & Spa
22 Khao Lak Family House
23 Father & Son
24 Happy Lagoon
25 Nang Thong Bay Resort
26 Khao Lak Counry Side Resort
27 Khao Lak Banana Bungalow
28 Baan Khao Lak Resort
29 Khao Lak Laguna
SUNSET BEACH
30 Khao Lak Resort
31 Khaolak Wanaburee Resort
32 Khaolak Paradise Resort
33 Khao Lak Palm Resort
Essen/Unterhaltung:
1 Ananusa Restaurant und Bar
2 Coconut Grove Restaurant
3 Joe Steakhouse
4 Candle Restaurant
5 Bread & More
6 Pinocchio
7 Talay Thai Seafood R., Piranha Bar
8 Sweet Peas Food & Bakery
9 Dathong Restaurant
10 Isarn Restaurant, Mamas R.
11 Takiang Restaurant
12 Zwei Restaurants und Thai Bar
13 Freestyle Restaurant
14 Mex Biker Bar
15 Essenstände
16 Happy Snapper
17 O'Connor's Irish Pub
18 Coffee Corner
19 Tarzan Bar
20 Running Deer Bar
21 Sala Thai Restaurant
22 Sand and Sea
23 Stemper Café
24 Bussaba Thai und Café Arthit
25 Ruen Mai Restaurant
26 La Dolce Vita
27 Fizz Bistro
28 Mr. Indian Food
Sonstiges:
1 A-Team-Khao Lak
2 Nachtmarkt, 7-Eleven
3 Inter Clinic
4 Sea Bees Diving
5 Book Tree
6 Dr. Sumet Clinic
7 Clinic Dr. Chusak
8 Sea Dragon Dive Centre
9 Loma Diving
10 Wetzone Diving
11 Dr. Seree, im Krathom Resort
12 Khao Lak Fun Divers
13 Sea World Sports
14 Nangthong Park Plaza
15 Nang Thong-Supermarkt
Transport:
1 Taxistand
2 Noi's Travel Center
3 Bus Stop
Hat Bang Niang
Hat Nang Thong
Sunset Beach
Ban Khuk Khak
Sudala
Tsunami-Museum, Polizeiboot
KM 62
Shops
Ramada Resort
Highway Inn
KM 60
NIGHT BAZAAR
KM 59
KHAO LAK-LAMRU NATIONAL PARK
Poseidon Beach, Thap Lamu, Asia Safari Park

sentation reißerischer Bilder wurde verzichtet. Englischsprachige Erklärungen informieren über die Entstehung der Riesenwellen und ihre Auswirkungen. ⌚ 10–17 Uhr, 100 Baht.

Nahverkehr

Songthaews können in Nang Thong in der Hauptstraße und in der Parallelstraße zum Strand gechartert werden. In Bang Niang stehen sie am Taxistand. Hohe Preise (Bang Niang – Nang Thong ab 100 Baht). Betrag vor Abfahrt klären.

Transport

Busse

Entlang der Hauptstraße gibt es mehrere Bushaltestellen. Die Busse können aber überall in der Hauptstraße angehalten werden. Die **offizielle Busstation** befindet sich zwischen Ban Bang Niang und Ban Khuk Khak. Wer mit dem Bus anreist, wird am Ende des Hat Nang Thong rausgelassen (also nicht an der Busstation), sofern er keinen anderen Ausstiegsort angibt.

BANGKOK gegen 8 und 14 Uhr und ab 17 bis 21 Uhr stdl. für 650–1200 Baht in 12 Std. ab der Hauptstraße. Ab der Busstation um 15.30 Uhr für 490 Baht und 16.30 Uhr für 630 Baht.
Um 17 Uhr VIP-24-Bus für 970 Baht.
CHUMPHON alle 2 Std. von 8–20 Uhr für 300 Baht in 5 Std.
HUA HIN ab Busstation um 11.30, 14 und 16 Uhr für 380 Baht in 8 Std.
PHUKET stdl. zwischen 6–20 Uhr für 100 Baht in 2 1/2 Std.
RANONG mit Chumphon-Bussen für 180 Baht in 3 Std.
SURAT THANI (über Khao Sok) stdl. von 7.30–16.30 Uhr für 150 Baht in 4 Std.
TAKUA PA stdl. von 7–16 Uhr für 60 Baht in 45 Min.
Richtung Süden mit dem Phuket-Bus bis KHOK KLOI für 70 Baht in ca. 90 Min. Von dort Anschluss nach Krabi und Trang sowie zu weiteren Zielen.

Minibusse und Fähren

Touristenziele können direkt mit dem Minibus (manchmal mit großem Bus) und dem dazugehörigen Bootsticket gebucht werden. Passagiere werden um 8 Uhr am Hotel abgeholt. Zu den angebotenen Zielen gehören Hat Yai, Ko Lanta, Ko Phi Phi, Krabi, Pakbara, Satun und Trang – buchbar bei nahezu allen Tourveranstaltern.

Die 22-stündige Fahrt nach KUALA LUMPUR für 1300 Baht, die 12-stündige nach PENANG für 950 Baht oder gar die 28-stündige nach SINGAPORE für 1800 Baht sind nicht ratsam. Man sollte lieber einen Zwischenstopp einplanen. In Hat Yai wartet man zwangsweise auf Passagiere aus anderen Richtungen.

Überlandtaxis

Taxiunternehmen in Bang Niang und Nang Thong fahren nach KRABI für 2800 Baht, PHUKET für 1500 Baht und SURAT THANI für 2800 Baht.

Die Strände von Khao Lak

Das Gebiet, das gemeinhin als Khao Lak bezeichnet wird, zieht sich auf vielen Kilometern an der Küste entlang und umfasst insgesamt sieben reizvolle Strände. Überall können tolle Sonnenuntergänge beobachtet werden. Die Beschreibung der Strände beginnt ihrer Wichtigkeit nach mit den zentralen Stränden Hat Nang Thong und Hat Bang Niang. Hier ist am meisten Betrieb. Im Norden folgen Hat Khuk Khak, Leam Pakarang und Hat Pakweep. Im Süden schließen sich an den Hat Nang Thong der Sunset Beach und der Poseidon Beach an.

Hat Nang Thong

Der schöne, breite Hat Nang Thong, **eXTra [2837]**, ist durch einige Felsen unterteilt und eignet sich bei Ebbe und Flut hervorragend zum Schwimmen und Sonnenbaden. An der Strandzufahrt ist der Sand schwarz marmoriert. Der Strand selbst ist aber weiß. Hier liegen die größeren Anlagen. Die Zufahrtsstraße ist wenig bebaut, während es in der Hauptstraße geschäftig zugeht. Dieses Stück wird auch **Khao Lak Zentrum** genannt. Hier finden sich Restaurants unterschiedlicher kulinarischer Ausrichtung. Geschäfte mit Kleidung, Schuhen und Schmuck laden zum Einkaufsbummel ein.

Übernachtung

Andaburi Resort ⑯, ✆ 076-443 388, 💻 www.theandaburiresort.com. Villen und Zimmer im 2-stöckigen Gebäude im Garten rund um eine große Poollandschaft mit Kinderbecken. Die Bungalows sind geräumig, gefliest, mit TV und großen Bädern. ❻

Father & Son ㉓, ✆ 076-485 277. In einem riesigen Garten 10 unterschiedliche, saubere Bungalows aus Stein mit Ventilator und Terrasse. Einige mit Kühlschrank. Zudem hübsche, weitläufig verteilte Bambus/Holzbungalows. ❸–❹

Khao Lak Bungalow ⑲, ✆ 076-485 145, 💻 www.khaolak-bungalows.com. Hübsche rote Steinbungalows mit Steinboden und wenige Zimmer im 2-stöckigen Gebäude, eng beieinander stehend, aber mit viel Grün und Bambus voneinander abgeschirmt. Pool und Kinderbecken. Strandbar und Liegen. ❹–❺

Khao Lak Green Beach Resort ⑳, ✆ 076-485 346, ✉ greenbeach_th@yahoo.com. Einfachere AC-Holzbungalows halbkreisförmig direkt am Strand. Gute Wahl, wenn man direkt am Strand wohnen will. ❹–❺

Khao Lak Laguna ㉙, ✆ 076-427 888, 💻 www.khaolaklaguna.com. Große, weitläufige, geschmackvolle Anlage, die sich von der Hauptstraße bis zum Strand erstreckt. Über 150 Zimmer und Bungalows, 2 Pools mit Meerblick. Fitnessraum, WiFi. ❽

Nang Thong Bay Resort ㉕, ✆ 076-485 090, 💻 www.nangthong.com. In einer Gartenanlage direkt am Strand hübsche Bungalows mit halb offenem Bad. Gut für Familien geeignet. Pool mit Kinderbecken. ❺–❻

Essen

Gut und günstig isst man abends Thai-Gerichte und Pancakes an den beiden mobilen **Essenständen** neben Wetzone Diving. Bei Bedarf werden auch Tische und Stühle aufgestellt. Die dahinter liegende kleine, runde Bar ist Treffpunkt für einen Drink. Direkt am Strand ist die Auswahl an Restaurants begrenzt. Das Nang Thong Bay, Khao Lak Andaman sowie das Khao Lak Green Beach Resort haben ein Strandrestaurant. Alle anderen Lokale liegen in der Hauptstraße:

Bussaba Thai und Café Arthit, stilvoll thailändische Küche speisen – mit Rattanmöbeln und Seidenschals auf den Tischen. Auswahl an Flaschenweinen.

Massagen vom Könner

Im Garten der Unterkunft **Father & Son** bietet der Deutsch sprechende Sohn sehr empfehlenswerte Massagen (350 Baht/Std.). Geplant ist ein Umzug des Massagesalons in die Nähe des Laguna Resorts. Anmeldung ✆ 076-485 277.

Freestyle Restaurant, serviert ein gutes und reichliches Frühstück. Treffpunkt der Taucher zur Stärkung vor der Abfahrt.

Mr. Indian Food, für Anhänger der indischen Küche empfehlenswert.

Ruen Mai Restaurant, gemütliche Biergartenatmosphäre dank dunkler Holztische und üppiger Pflanzen. Thai-Küche und Steaks.

Stemper Café, deutsche Leitung. Tolles Frühstück, Eis, Sandwiches, Brote und Croissants, hausgemachte Marmelade, Nutella. Nachmittags Kuchen. WiFi.

Sonstiges

Fahrräder, Motorräder, Autos

Khao Lak Family House vermietet Mountainbikes für 100 Baht, **Noi's Travel Center** bereits für 70 Baht pro Tag. Autos bei Noi's Travel Center für 1200 Baht pro Tag. Die meisten Unterkünfte vermieten Motorräder für 150–200 Baht pro Tag.

Medizinische Hilfe

Die Kliniken in Nang Thong sind kleine Privatpraxen. Alle liegen in der Hauptstraße. **Clinic Dr. Chusak**, 98 Moo 6 Petchkasem Rd., ✆ 081-988 9702, ⌚ 17.30–20.30 Uhr. **Dr. Sumet Clinic**, ⌚ Mi–Do 10.30–16.30, Fr–So 13–20 Uhr, Notruf ✆ 086-946 7638. **Dr. Seree** praktiziert im Krathom Resort, ⌚ 16.30–21.30 Uhr.

Hat Bang Niang

Der feine, gelbe Sandstrand, **eXTra [2799]**, ist mit wenigen Muschel- oder Korallenresten durchsetzt. Er eignet sich bei Ebbe und Flut sehr gut zum Schwimmen. Vom Hat Bang Niang ausgehend, kann man in fast völliger Einsamkeit stundenlang Richtung Norden 14 km bis zum Pakweep-Strand laufen. Die beiden Lagunen können durchschwommen oder Boote zum Übersetzen herangewunken werden (20 Baht).

In der Hauptstraße von Ban Bang Niang gibt es einige Geschäfte und Unterkünfte. An der 800 m langen Zufahrtsstraße zum Strand reihen sich Restaurants, Schneider, Massageshops und Geschäfte aneinander.

Übernachtung

Die meisten Hotels und Resorts befinden sich am Strand sowie in den drei Gassen dahinter. In der Zufahrtsstraße sind über den Ladenzeilen mehrere günstigere Zimmer zu haben.

Amanusa Bungalows ③, ✆ 076-486 626, 💻 www.amanusathailand.com. Interessantes Ambiente: Geschmackvolle Bungalows mit Lehmputz und Palmdach direkt am Strand. Restaurant und Bar. ❻

Amsterdam Resort ⑦, ✆ 081-857 5881, 💻 www.bangniang.freeservers.com. Ruhig gelegenes, einstöckiges rotes Haupthaus mit Restaurant und Bar. Zimmer mit Ventilator

Urlaub mit gutem Gewissen

Beluga School for Life ⑦, 7/5 Moo 4 Tambon Thung Mapraow, ✆ 085-473 3615, 💻 www.beluga-schoolforlife.com, Karte S. 717. Buchungen über www.charity-travel-thailand.com. Die Anlage kombiniert ein Hilfsprojekt (Schule für Waisenkinder) mit einem ansprechenden touristischen Angebot. Etwa 10 Min. von Khao Lak entfernt, stehen nahe dem Dschungel schöne Rundbungalows, wahlweise für 2 oder 4 Personen, mit AC, Moskitonetz, Wasserkocher, TV und ansprechenden Bädern mit offener Dusche. Großer Pool. Ökologischer Landbau, Mülltrennung. Viele Ausflüge, Mopedverleih, kostenlose Fahrräder. Spielplatz. Auf Anfrage Teilnahme im Kindergarten oder der Schule. Alle Einnahmen kommen der Schule zugute. ❽

Die Beluga School for Life ist auch für Tagesausflügler interessant. Samstags gibt es Kaffee und selbstgebackenen Kuchen. Brotverkauf Mi und So auf dem Nachtmarkt von Bang Niang. Mehr Informationen zur Beluga School for Life unter eXTRa [2803].

im 1. Stock sowie in kleinen Steinbungalows im Garten. Engagierter holländischer Betreiber und entspannte Atmosphäre. ❸–❹

Ayara Villas ②, ✆ 076-486 478, 💻 www.ayara-villas.com. In zwei Reihen am Strand stehen Bungalows im Thai-Stil. Geschmackvolle Zimmer im 2-stöckigen, modernen, eleganten Hauptgebäude. 2 Pools. ❻–❽

Chong Fah Resort ⑩, ✆ 076-486 858, 💻 www.chongfahresort.com. Futuristisches, stilvolles Ambiente mit großen ein- und doppelstöckigen AC-Bungalows direkt am Strand. Toller Pool aus schwarzem Granit mit Meerblick. Minibar, TV, WiFi. ❼–❽

Cousin Resort ⑤, ✆ 076-486 681, 💻 www.cousinresort.com. Ruhige Anlage mit 17 Bungalows und 8 Zimmern im Langhaus, alle im Garten um einen kleinen Pool. Jacuzzi. ❹–❺

Ladda Resort ⑥, ✆ 076-486 294. Stein- und Holz-Bungalows um einen kleinen Pool sowie Zimmer im Langhaus. Kinderbecken. ❹

La Flora Resort & Spa ⑮, ✆ 076-428 000, 💻 www.lafloraresort.com. Große Gartenanlage mit Pool. Verschiedene Bungalows am Strand oder Zimmer im hinteren Bereich, teils mit Poolzugang. Kinderbecken, Bücherei, Internet, Fitnesscenter, Tennisplatz. ❽

Essen

Ananusa Restaurant und Bar, große Auswahl an Thai- und indischen Gerichten. **Candle Restaurant**, stilvolle thai-französische Crossover-Küche.

Coconut Grove Restaurant, direkt am Strand wird u. a. frischer Fisch zubereitet.

Isarn Restaurant und **Mamas Restaurant**, servieren Thai-Küche aus dem Nordosten. Die Frühlingsrollen bei Mamas sind ein absolutes Highlight.

Joe Steakhouse, der Besitzer Ludwig ist ein echtes Original. Er bereitet Steaks zu und alles was dazugehört. 🕒 außer Mo ab 18 Uhr.

Pinocchio, Pasta und Pizza aus dem Holzofen. Gegenüber hausgemachtes Eis.

Sonstiges

Geld

Mehrere **Banken** mit Geldautomat in der Hauptstraße sowie an der Strandzufahrt. Die **Wechsel-**

Gutes Essen und das gewisse Extra

Takiang Restaurant, nicht nur das Essen ist toll, auch das Ambiente stimmt. Viele Antiquitäten und Fundstücke aus dem Norden Thailands, die leider nicht zum Verkauf stehen.

stube bei der Pizzeria Pinocchio zahlt Geld auf Kreditkarte und wechselt Reiseschecks.

Medizinische Hilfe

Inter Clinic, in der Zufahrtsstraße, Wundbehandlung, Bluttest, EKG. ⌚ 9–21 Uhr.

Die Strände im Norden

Das Dorf **Khuk Khak** mit ein paar Läden, einer Tankstelle und der Polizeistation liegt 4 km nördlich von Ban Bang Niang an der Hauptstraße. Der weite, schöne, goldgelbe, saubere Strand ist mit ein paar Muscheln durchsetzt und lädt zu kilometerlangen Strandwanderungen ein.

Folgt man der Hauptstraße hinter Ban Khuk Khak weitere 3 km in nördlicher Richtung, erreicht man hinter dem 7-Eleven die Zufahrtsstraße zum **Coral Cape** und den Abzweig zum Hat Pakweep. Zu Fuß kommt man am Strand auch vom Hat Khuk Khak hierher. Ausruhen kann man dann im Strandrestaurant oder dem Apsaras Resort. Der erst gelbe Strand des Coral Cape wird ab dem Apsaras Resort fein und weiß. An kleinen Wellen üben sich Surfer. Die Landzunge Coral Cape selbst bedecken Korallenreste, hier ist Baden nicht möglich. Bis auf eine Unterkunft gibt es an diesem Strand nur teure Anlagen.

Hat Pakweep (auch White Beach) liegt hinter dem Coral Cape in nördlicher Richtung. Der schöne, weiße, lange Sandstrand ist von einigen Muscheln und Korallenresten durchsetzt. Einige wenige Felsenbänder ragen ins Meer, bei Ebbe kann man lange Strandspaziergänge unternehmen. Das Meer eignet sich bei jedem Wasserstand zum Schwimmen. Die Resorts liegen weitläufig verteilt.

Übernachtung

Unterkünfte s. Karte S. 738

Apsara Beach Resort & Spa ⑧,
✆ 076-584 444, 💻 www.apsarasresort.com.
Stilvolle, schicke Anlage am Coral Cape – als einzige direkt am Strand. Moderne, luftige Architektur. Großer Pool, Fitnesscenter, Internet, Shops, Restaurant. ❽

Khaolak Orchid Beach Resort ⑫,
✆ 076-486 141, 💻 www.khaolakorchid.com.
Schickes Resort völlig einsam am Hat Khuk Khak gelegen. Zwei 3-stöckige Gebäude Angenehme Zimmer, teils mit Verbindungstür. Pool und Kinderbecken (Rutsche). Bücherei. Kleine Straße zwischen Resort und Strand. Stdl. Shuttle-Service nach Khao Lak. ❽

Khaolak Riverside Bungalow ⑩,
✆ 084 187 7580, 💻 www.khaolak-riverside-bungalow.de. In einer Seitenstraße 1 km von der Hauptstraße Höhe Hat Khuk Khak an einem See. Schöne Steinbungalows sowie Zimmer mit Küche. Pool, Restaurant. Deutsche Leitung. ❸–❹

Lake View Bungalows ⑨, ✆ 087-890 7307,
💻 www.Lakeviewbungalows.com. 1 km vom Strand Khuk Khak unter Palmen am See. 3 Steinbungalows sowie ein interessanter Holzturm mit 2 Zimmern in großer Gartenanlage. Deutsche Leitung. Restaurant mit kleiner Karte. ❸–❹

Le Meridien Khaolak Beach Resort & Spa ②,
✆ 076-427 500, 💻 www.lemeridien.com.
Große und weitläufige Anlage am Hat Pakweep. Zimmer und Villen rund um eine große Poollandschaft. Fahrradverleih. ❽

The Sarojin Resort ④, ✆ 076-427 900,
💻 www.sarojin.com. Luxusanlage am Hat Pakweep. Exquisiter Geschmack mit großen Villen im Garten rund um einen Pool. ❽

Die Strände im Süden

Hinter Hat Nang Thong beginnt der kleine, etwas schmalere **Sunset Beach**. Abgesehen von einer einfachen Unterkunft gehören alle Resorts zur Luxusklasse und sind in den dicht bewachsenen Hang gebaut. Der **Poseidon Beach**, auch Khao Lak Süd genannt, ist der südlichste Strand des Einzuggebietes von Khao Lak. Der schöne, gelb-weiße Sand ist mit ein paar Muscheln geschmückt und hin und wieder von Felsen durchsetzt.

Zum Hauptquartier des **Khao Lak-Lamru National Parks** führt die schön geschwungene Hauptstraße durch tropische Vegetation. Am oberen Pass liegt ein Polizeiposten, dahinter das Büro Nationalparks. Ein Fußweg durch den Dschungel geht zum kleinen, von Felsen umrahmten **Hat Lek** (Sandy Beach), Teil des Khao Lak-Lamru National Parks. Der Eintritt in den Park (100 Baht in der Saison) gilt für drei Tage.

Übernachtung

Alle Unterkünfte s. Karte S. 738, außer Nr. ㉛ (s. Karte S. 739)

Baan Sunetra ⑭, ✆ 076-595 179, ✉ baan.sunetra@bluwin.ch. Kleine Anlage unter thai-schweizerischer Leitung am Poseidon Beach. 5 große Bungalows um einen kleinen Pool. Einbauschrank, TV, Kühlschrank. Sehr familiär. ❻–❽

Emerald Beach Resort & Spa ⑰, ✆ 076-428 700, 💻 www.khaolakemeraldresort.com. Am Poseidon Beach. 3-geschossiges Haupthaus und Villen im Thai-Stil. LCD-TV, Minibar und Wasserkocher. Großer Pool mit Meerblick und separates Kinderbecken mit Wasserrutsche. ❽

Khaolak Wanaburee Resort ㉛, ✆ 076-485 333, 💻 www.wanaburee.com. Edle Anlage am Sunset Beach mit 2-stöckigen Bungalows, teils private Jacuzzis. Viel Grün gibt einem das Gefühl, im Dschungel zu wohnen. 2 schöne Pools. ❽

Merlin Resort ⑱, ✆ 076-428 300, 💻 www.merlinphuket.com. Große Anlage am Poseidon Beach in weitläufigem Garten, mehrere Pools und große Liegewiese. Zimmer in 1- oder 2-stöckigen Gebäuden mit Balkon oder Terrasse. ❻–❽

Nationalpark-Bungalows ⑬: Am Strand des Nationalparks (Sunset Beach) kann man am Hang wohnen. Hier gibt es einige einfache Steinbungalows mit Ventilator und Bad, zudem 3 mannshohe Zelte. ❷–❸.

Wohnen mit Blick über die Bucht

Poseidon Bungalows ⑳, ✆ 076-443 258, 💻 www.similantour.com. Einsam, ein Stück von den anderen Anlagen entfernt an der Flussmündung. 15 Holz- und Steinbungalows mit Ventilator, malerisch am Hang mit Meerblick und teils direktem Zugang zu kleinen Badeplätzen. Familiäre Atmosphäre. Schwedische Leitung. 8 größere Bungalows besonders geeignet für Familien. Touren zu den Similans. ❹

Phuket

Die mit 543 km² größte Insel Thailands am Rande der Andamanensee im Indischen Ozean ist seit den 1980er-Jahren von der touristischen Landkarte Thailands nicht mehr wegzudenken.

Das Wetter ist in der Regel von Dezember bis März am besten. Im April und Mai kann es an windstillen Tagen heiß werden, nachts kühlt es jedoch immer ab. Im Mai/Juni setzen die zeitweise stürmischen Südwestwinde ein, die feuchte Luft und viele, zumeist kurze Regenschauer mit sich führen. Drei bis vier Tage mit Dauerregen kommen vor allem im September und Oktober vor. Auf sein Badevergnügen braucht auch im Monsun keiner zu verzichten – fast überall warten Hotelpools auf Gäste. Generell ist von November bis April mit etwa doppelt so hohen Preisen zu rechnen wie in der Nachsaison, wobei zwischen Weihnachten und Neujahr noch einmal kräftig aufgeschlagen wird. Viele Anlagen sind preiswerter über das Internet zu buchen. Einige Vorschläge unter **eXTRa [2782]**.

Aktivitäten

Mit dem Kanu in die Phang Nga-Bucht

Sea Canoe war der erste Veranstalter, der Seekanu-Touren in der Bucht von Phang Nga anbot. Mittlerweile operieren zahllose Seekanu-Veranstalter, sodass es zu bestimmten Zeiten in der Hochsaison fast wie auf den schwimmenden Märkten zugeht. Es empfiehlt sich, außerhalb der Hauptsaison zu fahren oder bei einem Veranstalter zu buchen, der eigene Wege beschreitet.

Die langen Strecken werden auf einem größeren Boot zurückgelegt. Gepaddelt wird um malerische Inseln herum und durch Höhlen hindurch. Höhepunkte sind Fahrten in Hongs, natürlichen Lagunen, die von hohen, üppig bewachsenen Felswänden völlig umschlossen sind. Beliebt sind die große **Ko Phanak** und die kleine **Ko Hong** nahe dem Festland nördlich von Ko Yao Noi. Preis für einen Tagestrip mit Transfer und guter Ver-

Das Tsunami Warnsystem

Phuket geriet am 26. Dezember 2004 durch den verheerenden Tsunami ins Blickfeld der Weltöffentlichkeit. Von der Katastrophe betroffen waren nicht nur Einheimische, sondern auch Touristen aus aller Welt. Nach dem Tsunami wurde klar, dass bei rechtzeitiger Warnung viele Menschenleben hätten gerettet werden können. Es wurden Konsequenzen gezogen und an den gefährdeten Küstenabschnitten ein Tsunami-Warnsystem installiert. Die betreffenden Regionen sind durch blaue Hinweisschilder gekennzeichnet, welche über die optimalen Evakuierungsrouten informieren, die nach einem Erdbeben und spätestens beim Ertönen der aufgestellten Sirenen einzuschlagen sind.

pflegung: ab 3000 Baht. Auf eigene Faust ohne erfahrenen Führer sind solche Kanutrips lebensgefährlich. Adressen siehe Phuket-Stadt.

Schnorcheln

Phuket bietet gute Schnorchelgebiete für Anfänger und Fortgeschrittene, vor allem an der Westküste. Das mit 1,5 km Länge größte Korallenriff liegt vor dem **Hat Nai Yang**, ca. 1 km vor der Küste in 10–20 m Tiefe. Weitere Riffe zum Schnorcheln finden sich an der **Freedom und Emerald Bay**, vor den Felsen von **Laem Promthep**, vor **Laem Son** nördlich von Hat Surin, am nördlichen **Hat Kata** (vor Club Med) und westlich des **Hat Nai Harn** vor Ao Sane.

Toll sind die Schnorcheltrips zu den Inseln **Ko Kaeo** (3 km von Rawai vor der Südspitze von Phuket), **Coral Island** (vor Rawai), **Ko Mai Thon** (12 km im Südosten), **Ko Khai Nai** und **Ko Khai Nok** (im Osten vor Ko Siray, zwei Felseninseln mit schattenlosem Strand, Restaurant) und **Ko Racha** (s. S. 782). Maske, Schnorchel und Flossen werden in manchen Unterkünften und in Taucherläden für ca. 250 Baht pro Tag vermietet. Tauchschiffe nehmen häufig Schnorchler zum reduzierten Preis auf Tagestouren mit.

Tauchen

Tauchen vom Land aus ist in Phuket nur zum Eingewöhnen oder blutigen Anfängern zu empfehlen. In kurzen Bootstouren erreichbare Plätze wie **Shark Point** (Felsen mit Korallen bis in 22 m Tiefe) und das angrenzende **Anemonenriff** (mit Seeanemonen und Weichkorallen) auf halbem Weg nach Ko Phi Phi sowie **Ko Doc Mai** (steiler Felsen mit Weichkorallen) bieten eine große Vielfalt an Korallenfischen. Interessanter wird es an den vorgelagerten Inseln. Das Nonplusultra sind Live-aboards, bei denen man mehrere Tage an Bord verbringt und meist die **Similan Islands** und **Surin** besucht.

Im Durchschnitt kostet eine Tauchreise inkl. Übernachtung an Bord, Vollpension und Equipment 5000–10 000 Baht pro Tag. Allein auf Phuket gibt es über 100 Tauchbasen. Adressen siehe an den Stränden. Nur wenige verfügen über eigene Boote. Fast alle bieten dreitägige PADI-Kurse zum Open Water Diver für 8000–12 500 Baht an. In vielen Tauchschulen unterrichten auch deutschsprachige Tauchlehrer. Tagestouren zum Shark Point und Ko Racha mit zwei Tauchgängen ab 2500–3200 Baht. Schnupperkurse (Introductory Dive Courses) ab 2000 Baht. Die Ausrüstung kann für ca. 600–800 Baht gemietet werden; Kamera, Tauchcomputer und Lampen kosten extra.Tauchsaison ist von Dezember bis Mitte Mai, Tauchtouren finden von Mitte Oktober bis Ende Mai statt.

Segeln

Die Inselwelt um Phuket hat sich zu einem weltweit beliebten Segelrevier entwickelt. Der am häufigsten angelaufenen Ankerplätze der Insel Phuket sind der Jachthafen in der Ao Chalong und die Phuket Boat Lagoon. Über alle Ankerplätze informiert sehr detailliert 💻 www.andamanseapilot.com.

Anfang Dezember findet die **King's Cup-Regatta** statt, zu der sich Jachten aus aller Welt in der Bucht von Nai Harn und vor Ko Phi Phi einfinden.

15 HIGHLIGHT

Phuket-Stadt (Phuket Town)

Die kleine Hauptstadt der Insel hat etwa 60 000 Einwohner. Seit einigen Jahren boomt die Stadt; junge Künstler eröffnen Ateliers, kleine Jazz-

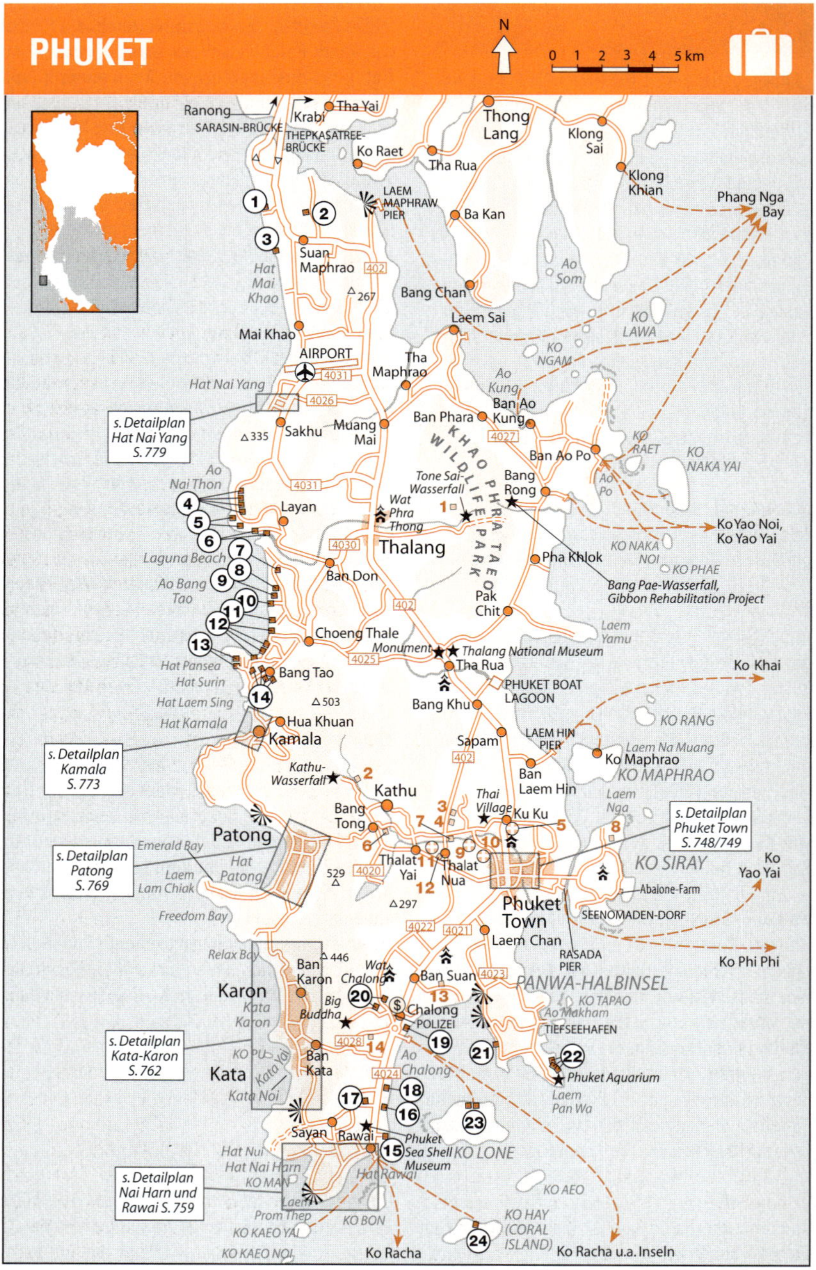
PHUKET
N
0 1 2 3 4 5 km
Ranong
SARASIN-BRÜCKE
Krabi
THEPKASATREE-BRÜCKE
Tha Yai
Thong Lang
Klong Sai
Ko Raet
Tha Rua
Klong Khian
Phang Nga Bay
LAEM MAPHRAW PIER
Ba Kan
Suan Maphrao
Hat Mai Khao
402
267
Bang Chan
Ao Som
Laem Sai
KO LAWA
Mai Khao
AIRPORT
KO NGAM
Tha Maphrao
4031
Hat Nai Yang
4026
Ao Kung
Ban Ao Kung
s. Detailplan Hat Nai Yang S. 779
Sakhu
Muang Mai
Ban Phara
335
KHAO PHRA TAEO WILDLIFE PARK
4027
Ban Ao Po
KO RAET
KO NAKA YAI
Ao Nai Thon
4031
Tone Sai-Wasserfall
Bang Rong
Ao Po
Layan
Wat Phra Thong
1
Ko Yao Noi, Ko Yao Yai
4030
Thalang
KO NAKA NOI
KO PHAE
Laguna Beach
Pha Khlok
Ban Don
Bang Pae-Wasserfall, Gibbon Rehabilitation Project
Ao Bang Tao
402
Pak Chit
Laem Yamu
Choeng Thale
Monument
Thalang National Museum
4025
Tha Rua
Hat Pansea
Hat Surin
Bang Tao
PHUKET BOAT LAGOON
Ko Khai
Hat Laem Sing
503
Bang Khu
KO RANG
Hat Kamala
Hua Khuan
Kamala
Sapam
LAEM HIN PIER
s. Detailplan Kamala S. 773
402
Laem Na Muang
Ko Maphrao
KO MAPHRAO
Kathu-Wasserfall
Ban Laem Hin
Kathu
Laem Nga
Bang Tong
Thai Village
Ku Ku
s. Detailplan Phuket Town S. 748/749
Patong
Emerald Bay
s. Detailplan Patong S. 769
Hat Patong
Laem Lam Chiak
529
4020
Thalat Yai
Thalat Nua
KO SIRAY
Ko Yao Yai
Abalone-Farm
Freedom Bay
297
Phuket Town
SEENOMADEN-DORF
4022
4021
Laem Chan
RASADA PIER
Ko Phi Phi
Relax Bay
446
Ban Karon
Wat Chalong
Ban Suan
4023
PANWA-HALBINSEL
Karon
Kata Karon
Big Buddha
Chalong
KO TAPAO
Ao Makham
POLIZEI
TIEFSEEHAFEN
s. Detailplan Kata-Karon S. 762
KO PU
4028
Ban Kata
Kata
Kata Yai
Ao Chalong
4024
Phuket Aquarium
Kata Noi
Laem Pan Wa
Sayan
Rawai
Phuket Sea Shell Museum
KO LONE
Hat Nui
Hat Nai Harn
KO MAN
s. Detailplan Nai Harn und Rawai S. 759
Hat Rawai
KO AEO
Laem Prom Thep
KO BON
KO HAY (CORAL ISLAND)
KO KAEO YAI
KO KAEO NOI
Ko Racha
Ko Racha u.a. Inseln

Übernachtung:

HAT MAI KHAO:
1. JW Marriott
   Marriott's Phuket Beach Club
2. Phuket Camp Ground
3. Maikhao Beach Bungalows,
   Seaside Cottage

HAT NAI THON:
4. Naithon Beach Villa
   Naithon Beach Resort & R.,
   Naithon Beach House,
   Phuket Naithon Resort,
   Naithon Seaview Hotel,
   Naithonburi Beach Resort

HAT LAYAN:
5. Trisara,
   Andaman White Beach Resort
6. Layan Beach Resort,
   Bundarika Villa

AO BANG TAO / LAGUNA BEACH:
7. Banyan Tree
8. Allamanda Laguna
9. Sheraton Grande Laguna Beach
10. Dusit Thani Laguna Resort
11. Laguna Beach Resort
12. Bangtao Beach Resort & Spa,
    Bangtao Beach Chalet,
    Bangtao Lagoon Bungalows,
    Bangtao Village Resort,
    Sunwing Resort & Spa,
    Amora Resort

HAT SURIN / HAT PANSEA:
13. The Chedi,
    Amanpuri Resort
14. Capri Beach Resort,
    Surin Bay Inn,
    Benyada Lodge,
    Manathai,
    Twin Palms,
    Surin Beach Resort,
    Surin Sweet Hotel
    Tiw & Too Gh.
    Sun Set View Inn
    Pen Villa

AO CHALONG UND UMGEBUNG:
15. The Evason Phuket Resort
16. Vighit Resort
17. The Mangosteen Resort & Spa
18. Friendship Beach
    Waterfront Resort
19. The Father Bungalow
20. Youth Hostel Phuket,
    Shanti Lodge

PANWA-HALBINSEL:
21. Novotel Beach Resort
22. Cape Panwa Hotel,
    The Bay Hotel,
    Sri Panwa

KO LONE:
23. Baan Mai Cottage,
    Cruiser Island Resort

KO HAY:
24. Coral Island Resort

Sonstiges:
1. Cable Jungle Adventure
2. Phuket Water Ski Cableways
3. Deutsches Konsulat
4. Tourist Police
5. Mission Hospital Phuket
6. Jungle Bungy Jump
7. Tesco-Lotus Supercenter
8. Phuket Thai Cooking School
9. Bangkok Hospital Phuket
10. Vachira Phuket Hospital
11. Phuket International Hospital
12. Central Festival
13. Phuket Zoo
14. Green Man Pub

kneipen lassen ein Boheme-Gefühl aufkommen, wie es in Thailand einzigartig ist. Phuket-Stadt ist dabei, sich in eine attraktive kosmopolitische Stadt zu verwandeln. Besonders schön ist das alte Zentrum, welches mit seinen sino-portugiesischen Stadthäusern, zahlreichen chinesischen Tempeln und alten Villen eindrucksvoll an die einstige Pracht der Stadt erinnert.

Phuket-Stadt bietet gute Einkaufs- und Essensmöglichkeiten sowie beste Verkehrsanbindungen. Fast alle Strände sind per Motorrad oder Auto in weniger als einer Stunde zu erreichen. Viele Besucher kommen tagsüber mit den Inselbussen in die Stadt, um sich etwas Abwechslung vom gleichförmigen Strandleben zu verschaffen. Es lohnt sich, auch mal über Nacht zu bleiben, um das interessante Nachtleben zu genießen. Vor allem am Wochenende findet immer irgendwo eine Jazz-Session statt.

In der Altstadt

Zu Beginn des 20. Jhs. residierten die reichen Zinnbarone in schönen **Villen**, die nach sino-portugiesischen Vorbildern des 19. Jhs. in weitläufigen Parks errichtet wurden. Alle Villen sind heute Privathäuser und können daher nicht besichtigt werden. Die repräsentativen Fassaden der hübschen **Geschäftshäuser** in der Talang, Deebuk, Phang Nga und Krabi Rd. werden zunehmend liebevoll restauriert, die bunten Kacheln und Holzschnitzereien an den Eingangstoren erneuert. Boutiquen, Restaurants und Ateliers ziehen hier ein. Besonders gelungen ist die Komplettsanierung der winzigen **Soi Rommani** südlich des Thai-Tempels **Wat Mongkol Nimit**, in der nun kleine Cafés und Läden im chinesischen Stil historisches Flair verbreiten (s. S. 750). Eine ehemalige chinesische Schule in der Krabi Rd. beherbergt nach einem Umbau nun das sehenswerte **Thaihua Museum**, welches die Geschichte der chinesischen Einwanderer erzählt. ⌚ Di–So 11–19 Uhr, Eintritt frei.

Ein lohnendes kleines Museum befindet sich zudem in der Lobby des **Thavorn Hotel**, 74 Rasada Rd., ✆ 076-211 154. Alte Fotos dokumentieren die Geschichte des Hotels und der Insel.

Zahlreiche chinesische Tempel zeugen vom Einfluss der Einwanderer. Der große taoistische **Bang Niaw-Tempel** in der unteren Phuket Rd. ist dem Gott der Vegetarier gewidmet. Durch das hohe Tempeltor gelangt man hinauf zu dem lang gestreckten Hauptgebäude mit sechs Altären, auf denen mehrere Gottheiten über den Opfergaben der Gläubigen thronen. In einem Raum stehen zwei Sänften, auf denen während der Prozession zum Vegetarierfest Götterfiguren durch die Straßen getragen werden. Zentral gelegen und doch leicht zu übersehen ist der **Ting Kwan Tang** (Shrine of the Sirene Light) in der Pha Ngan Rd. Der kleine taoistische Tempel wurde 1889 erbaut. Die Wandmalereien erzählen die Geschich-

Phuket Town

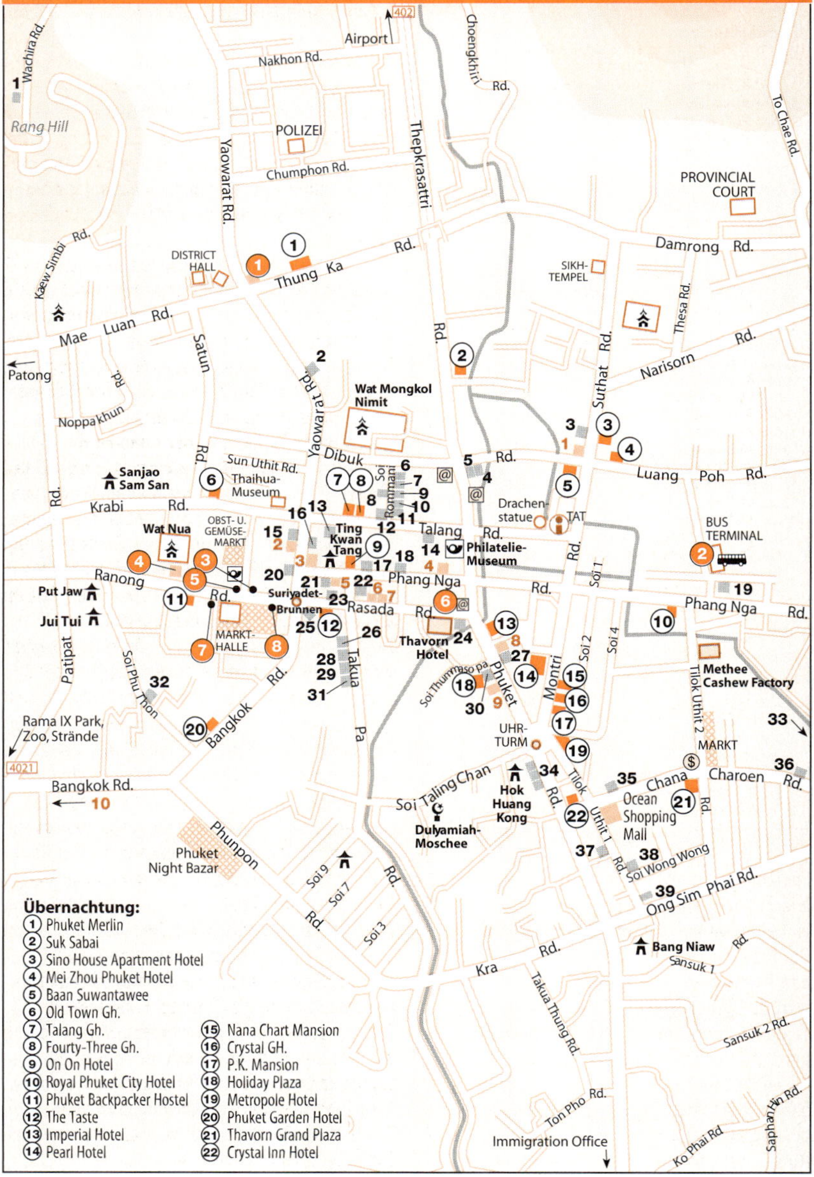
N
0 100 200 300 m
Wachira Rd.
Rang Hill
Airport
402
Nakhon Rd.
Choengkhiri Rd.
POLIZEI
Yaowarat Rd.
Chumphon Rd.
Thepkrasattri Rd.
To Chae Rd.
PROVINCIAL COURT
Damrong Rd.
Kaew Simbi Rd.
DISTRICT HALL
Thung Ka Rd.
SIKH-TEMPEL
Thesa Rd.
Mae Luan Rd.
Satun Rd.
Suthat Rd.
Narisorn Rd.
Patong
Noppakhun Rd.
Wat Mongkol Nimit
Dibuk Rd.
Sun Uthit Rd.
Luang Poh Rd.
Sanjao Sam San
Thaihua-Museum
Soi Rommani
Krabi Rd.
Drachen-statue
TAT
BUS TERMINAL
Wat Nua
OBST- U. GEMÜSE-MARKT
Ting Kwan Tang
Talang Rd.
Philatelie-Museum
Ranong Rd.
Put Jaw
Jui Tui
Suriyadet-Brunnen
Phang Nga Rd.
Rasada Rd.
Soi 1
Soi 2
Soi 4
MARKT-HALLE
Thavorn Hotel
Takua Pa Rd.
Patipat Rd.
Soi Phu Thon
Soi Thumnaso pa
Phuket Rd.
Montri Rd.
Methee Cashew Factory
Tilok Uthit 2
MARKT
Rama IX Park, Zoo, Strände
4021
Bangkok Rd.
UHR-TURM
Soi Taling Chan
Hok Huang Kong
Dulyamiah-Moschee
Tilok Uthit 1 Rd.
Chana Charoen Rd.
Ocean Shopping Mall
Soi Wong Wong
Phuket Night Bazar
Phunpon Rd.
Soi 9
Soi 7
Soi 3
Ong Sim Phai Rd.
Bang Niaw
Sansuk 1 Rd.
Kra Rd.
Takua Thung Rd.
Sansuk 2 Rd.
Ton Pho Rd.
Saphan Hin Rd.
Ko Phai Rd
Immigration Office
Übernachtung:
1 Phuket Merlin
2 Suk Sabai
3 Sino House Apartment Hotel
4 Mei Zhou Phuket Hotel
5 Baan Suwantawee
6 Old Town Gh.
7 Talang Gh.
8 Fourty-Three Gh.
9 On On Hotel
10 Royal Phuket City Hotel
11 Phuket Backpacker Hostel
12 The Taste
13 Imperial Hotel
14 Pearl Hotel
15 Nana Chart Mansion
16 Crystal GH.
17 P.K. Mansion
18 Holiday Plaza
19 Metropole Hotel
20 Phuket Garden Hotel
21 Thavorn Grand Plaza
22 Crystal Inn Hotel

Essen:

1 Phuket View Restaurant, Thung-Ka Café
2 Timber Hut Pub & Restaurant
3 O'Malleys Irish Pub & Restaurant
4 Shintaro
5 Raya Thai Cuisine
6 Rommanee Café & Antiques
7 Glasnost
8 Krum Krim
9 Chill House
10 Romanee Music House
11 Hung Ha Lai
12 Mian Art House
13 China Inn Café & Restaurant
14 Aroon Restaurant
15 Tea House
16 Anfield
17 Kopi
18 Lotus Restaurant
19 NC Bakery
20 Siam Bakery
21 Siam Indigo
22 A's Square
23 Salvatore's
24 Gallery Cafe bei Pinky
25 The Circle Café
26 Michael's Bar
27 Kopi
28 Khanasutra
29 Bohemian Rap Sawadee
30 Boonma Restaurant
31 Ka Jok See
32 Tamachart Natural Restaurant
33 Kor-Tor-Mor
34 Garküchen
35 Laem Thong Seafood
36 X-Zone
37 The Pizza Company, KFC
38 Coca Restaurant
39 McDonald's

Sonstiges:

1 Sengho Book Store
2 Ban Boran Textiles
3 South Wind Books
4 Aubergine
5 Job and Things
6 Radsada Handmade
7 Soul of Asia
8 The Books
9 Phuket Unique Home
10 Österreichisches Konsulat

Transport:

1 Bangkok Airways
2 Bus Terminal
3 Motorradtaxis
4 Thai Airways
5 Tuk Tuk
6 Pure Car Rent
7 Bus→Kata, Karon, Panwa, Chalong, Patong, Central, Marko und Big C
8 Bus→Rawai, Nai Harn, Kamala, Thalang

te eines Volkshelden und die chinesischen Gottheiten sollen für Gesundheit und Glück sorgen. Man erreicht den Tempel durch einen kleinen Torbogen rechterhand des Buchladens.

Außerhalb der Innenstadt

Das 100 Jahre alte imposante Gebäude der Provinzverwaltung, **Provincial Hall** *(Sala Klang)*, im Nordosten der Stadt stellte im Film *Killing Fields* die französische Botschaft in Phnom Penh dar. Nordwestlich davon steht das ebenso beeindruckende Gerichtsgebäude der Provinz (Provincial Court).

Vom **Rang Hill** im Nordosten der Stadt, auf den eine 2 km lange Asphaltstraße führt, eröffnet sich eine gute Aussicht (Fotos am besten vor 10 Uhr). Auf dem Gipfel steht in einem gepflegten Park das Denkmal des ersten Gouverneurs von Phuket-Stadt, zudem befinden sich hier Picknickplätze, Restaurants und ein Fitness-Parcours.

Der **Rama IX-Park** an der Chao Fa Rd. (Richtung Rawai) mit Spazierwegen und einem Fitness-Parcours zwischen Seerosenteichen, Blumenbeeten und Bäumen lohnt einen Besuch. Das Regional Mineral Resource Centre schräg gegenüber beherbergt u. a. einen Park mit alten Dampfloks, Dinosaurierfiguren und ein kleines Museum, das auf Anfrage geöffnet wird.

Die Halbinsel **Ko Siray** an der Ostküste ist über eine Straße, die wenig einladend durch vermüllte Mangroven führt, mit Phuket verbunden.

Übernachtung

Vor allem Backpacker haben Phuket-Stadt als Ort entdeckt, an dem man gut und günstig wohnen kann. Nur während des Vegetarierfestes im Oktober und des chinesischen Neujahrsfestes sind die meisten Hotels ausgebucht. Dann sollte man auf jeden Fall vorbuchen.

Baan Suwantawee ⑤, 1/10 Dibuk Rd., ✆ 076-212 879, 🖳 www.baansuwantawe.co.th. 32 schöne geschmackvolle Zimmer auf 4 Stockwerken. Badewanne, Dusche, Kühlschrank, Wasserkocher, TV. Große Fenster, Balkone mit Blick auf den Pool. Internet in der Lobby. ❹

Crystal Inn Hotel ㉒, 2/9 Soi Surin, Montri Rd., ✆ 076-256 789. Moderne Zimmer, indirekte Beleuchtung, TV und Minibar, Internet-Zugang. ❹

Die Andamanenküste

Fourty-Three Gh. ⑧, 43 Talang Rd., ✆ 076-258 127, 💻 www.phuket43guesthouse.com. Verschiedenste individuelle, einfache Zimmer. Teils mit Balkon, teils mit eigenem kleinen Steingarten, teils nur mit Fenster zum Gang. Badezimmer außerhalb, aber alle mit Dusche im Zimmer. Inkl. Frühstück. ❷–❸

Phuket Backpacker Hostel ⑪, 167 Ranong Rd., ✆ 076-256 680 💻 www.phuketbackpacker.com. Schlafsäle (mit Ventilator, 250 Baht p. P.), mit AC 350 Baht p. P., Gemeinschaftsduschen. 7 Zimmer mit Ventilator, 5 mit AC. Aufenthaltsräume mit TV, kostenloses Internet. Kleiner Garten im Hof. Buchungen übers Internet empfehlenswert. ❹

Phuket Merlin ①, 158/1 Yaowarat Rd., nördlich des Zentrums, ✆ 076-212 866, 💻 www.merlinphuket.com. 180 Komfortzimmer mit TV und Minibar. Restaurant, Disco (🕓 bis 2 Uhr), Bar, Pool, Sauna und Massage. Kostenloser Shuttle zum Schwesterhotel am Hat Patong. ❺

Suk Sabai ②, 82/9 Thepkrasattri Rd., ✆ 076-216 089. Einfache, geräumige und ruhige Zimmer mit Ventilator, z. T. AC. Etwas abgelegen., trotzdem ist alles gut zu Fuß zu erreichen. Zimmer neben dem stinkenden Kanal meiden. ❷

Talang Gh. ⑦, 37 Talang Rd., ✆ 076-214 225, 💻 www.talangguesthouse.com. Umgebautes chinesisches Geschäftshaus, saubere Zimmer, Schön im Obergeschoss die AC-Zimmer mit Terrasse. ❸–❹

Das älteste Hotel der Stadt

On On Hotel ⑨, 19 Phang Nga Rd., ✆ 076-211 154. Nachdem das Hotel als Drehort von *The Beach* in die Khaosan Rd. von Bangkok verlegt und weltberühmt wurde, ist es für Fans von Leonardo di Caprio ein beliebtes Ziel. Und auch für alle, die mit nostalgischem Flair wohnen wollen und keinen Wert auf Luxus legen, ist das 1929 erbaute Hotel eine gute Wahl. 49 einfache Zimmer, teils mit AC und eigenem Bad, meist Fenster zum Innenhof. Die im Hotelsafe deponierten Wertsachen sollte man sich auflisten und bestätigen lassen und bei Abholung genau kontrollieren. Im Eingangsbereich befindet sich ein angenehmes Café, Reisebüro, Internet-Zugang und Wäscheservice. ❶–❷

Essen

Essenstände mit authentischen Thai-Gerichten sind nachmittags und abends auf dem **Obst- und Gemüsemarkt** gegenüber dem zentralen Markt zu finden. Neben dem Hok Huang Kong-Tempel in der Phuket Rd. werden an Garküchen die bei Thais beliebten Phuket-Nudelsuppen *Mee Thonpo* zubereitet.

Restaurants

Anfield, Yaowarat Rd. Im alten Handelshaus wird heute unter Fußballdekoration Mittag- und Abendküche angeboten. Große Karte, auf Wunsch vieles auch vegetarisch. Günstig. 🕓 7–14 Uhr und 17–24 Uhr.

A's Square, Takua Pa Rd. In diesem zentral gelegenen Food Center gibt es gute Pizza, daneben Fisch- und Thai-Stände, einen Vietnamesen, japanisches Frühstück, Kaffee und abends Cocktails. Alles recht günstig und lecker.

Khanasutra, Takua Pa Rd. Leckere indische Küche in gediegenem Ambiente. Gerichte 80–450 Baht, Set Meal für 280 Baht inkl. eines Softdrinks. 🕓 Mo–Sa 11–15 und 18–23 Uhr, So nur abends.

Lotus Restaurant, 119 Pha Nga Rd., ✆ 076-217 811. Einfaches Restaurant mit riesiger englischer Speisekarte. Authentische Thai-Küche, auch einige westliche Gerichte wie Schweinesteak mit Zwiebeln (asiatischer Stil und so nicht in Deutschland zu bekommen). Günstig. 🕓 8–früher Abend.

Raya Thai Cuisine, 48/1 Debuk Rd., östlich vom Klong. Eine kleine Auswahl typischer Thai-Gerichte im luftig-kühlen Raum im Erdgeschoss und 1. Stock einer alten, gelb-grün gestrichenen Villa. Nebenan im Coffeeshop gibt es leckeren Kaffee. 🕓 10–23 Uhr.

Salvatore's, Rasada Rd., 076-225 958. Alteingesessener Italiener mit einem interessanten Angebot an original italienischen Speisen und guten Weinen. Nudelgerichte unter 300 Baht, Hauptgerichte bis 500 Baht.

Tamachart Natural Restaurant, 62/5 Soi Phu Thon, ✆ 076-224 287, 💻 www.naturalrestaurant-phuket.com. Uriges, mit vielen Pflanzen und lustigen Aquarien dekoriertes Holzhaus. Leckere Thai-Salate und riesige Auswahl in der bebilderten Speisekarte. 🕓 10.30–23.30 Uhr.

WiFi und Kunst

Bohemian Rap Sawadee, 18 Takua Pa Rd., ✆ 081-752 0275. Viel Kunst empfängt den Besucher, der die steilen Stufen ins Bohemian erklimmt. In dem großen hohen Raum laden Tische und Sofas zur Rast. Kleine Speisenauswahl und Getränke. Kostenloses WiFi.

Cafés & Teehäuser

China Inn Café & Restaurant, 20 Thalang Rd., ✆ 081-979 8258, ⏲ außer Mo 9–23 Uhr. Restauriertes chinesisches Geschäftshaus. Gehobene Preise. Tische im Innenhof. ⏲ Mo–Mi 11–18 Uhr, Do–Sa 11–23 Uhr. Abendessen nur Fr und Sa, ansonsten Kaffee und Kleinigkeiten.
Siam Bakery, 13 Yaowarat Rd., ✆ 076-355 947. Französische Bäckerei. Kuchen, Baguette, Croissants und Desserts von hoher Qualität. 5 Tische im AC-Raum. ⏲ Mo–Sa 7.30–19 Uhr.

Einkaufen

Lohnend ist ein Bummel durch die neue **Markthalle**, in der neben Lebensmitteln auch Textilien und Haushaltswaren verkauft werden. Nachmittags und abends werden auf dem großen **Essensmarkt** günstig Thai-Gerichte zum Mitnehmen und leckere Snacks verkauft.
Die Straßen des alten Stadtkerns von Phuket säumen viele kleine Läden, in denen chinesische und moslemische Händler Haushaltswaren, Textilien und Lebensmittel verkaufen. Immer mehr **Boutiquen, Kunstgalerien** und Antiquitätenläden, Juweliergeschäfte und Goldschmiedeläden öffnen in der Altstadt (vor allem in der Pha Nga Rd. und der Yaowarat Rd.) ihre Pforten.
In der **Ocean Shopping Mall** und ihrer Nachbarschaft mit zahlreichen Geschäften lässt es sich gut bummeln. Neben vielen kleinen Geschäften mit teils hohen Preisen gibt es auch einen Big One-Supermarkt und ein Food Center, das Black Canyon Coffee und das C.E. Paradise Multiplex Cinema.
Jeden Abend findet 3 km südlich des Zentrums an der Straße 4021 Richtung Rawai gegenüber Wat Naka ein **Nachtmarkt** statt. Auf dem großen, teils überdachten Markt kann man essen und Kleidung sowie diverse „Markenartikel" erstehen.
Textilien gibt es bei **Ban Boran Textiles**, 51 Yaowarat Rd., ✆ 076-211 563, 100 m vom Kreisel. Ein kleiner Laden mit hübscher, selbst entworfener Kleidung (Jacken, Röcke, T-Shirts und Taschen) aus einheimischer Seide und Baumwolle. Gedeckte Farben. Zudem kleine Schmuckauswahl. ⏲ Mo–Sa 10.30–18.30 Uhr.
Job and Things, Pha Nga, Ecke Yaowarat Rd. Hat exquisite Stücke, etwa Kleidung, Schmuck und Taschen.

Aktivitäten

Kanu und Segeltouren

Andaman Sea Kayak, ✆ 076-235 098, 🖳 www.andamanseakayak.com.
John Gray's Sea Canoe, 124 Soi 1, Yaowarat Rd., Phuket-Stadt, 🖳 www.johngray-seacanoe.com, ✆ 076-254 505. Der Pionier, sehr erfahren, aber etwas teurer.
Sea Canoe Thailand, 367/4 Yaowarat Rd., Phuket-Stadt, ✆ 076-212 252, 🖳 www.seacanoe.net. Auch mehrtägige und nachmittägliche Touren mit Dinner.

Romantische Soi Rommanee

Besonders die kleinen Kneipen in der Soi Rommanee lohnen einen abendlichen Besuch. Das **Glasnost** ist etwas für osteuropäische Nostalgiker: rustikale Möbel, gediegene Einrichtung. Im **Romanee Café & Antiques** lockt ein angenehmes Ambiente inmitten von Antiquitäten. Das **Romanee Music House** verspricht Kühle im geschlossenen AC-Raum bei House-Musik oder Live-Sessions; auch hier gibt es zahlreiche Antiquitäten. Das **Chill House** hat etwas erhöhte Preise (Longdrinks, Bier), verspieltes 70er-Jahre-Feeling mit viereckigen Sitzkissen, barocker Tapete und viel Silberglitzer. Im **Krum Krim** sitzt man auf rustikalen Holztischen draußen auf dem überdachten Bürgersteig oder in Sesseln im Innenraum. Gute Küche mit kleinen schmackhaften Gerichten. ⏲ 18–24 Uhr. Im **Hung Ha Lai** kann man innen an Holztischen speisen oder an kleinen Tischen auf dem schmalen Bürgersteig sitzen.

Sea Cave Canoe, 2/2 Chumphon Rd., Phuket-Stadt, ✆ 076-234 419, 💻 www.seacavecanoe.com. Di und Do Touren mit deutschsprachigen Führern.
Sunsail, Phuket Boat Lagoon, 10 km nördlich von Phuket-Stadt, ✆ 076-239 057, 💻 www.sunsail.com. Von Mai–Okt finden So–Fr 5-tägige Segelkurse für Anfänger, Erfahrene und Fortgeschrittene mit Zertifikat (RYA) statt.
Thai Marine Leisure, 20/7–8 Phuket Boat Lagoon, ✆ 076-239 111, 💻 www.thaimarine.com. Kürzere Kreuzfahrten zum Sonnenuntergang, Tagestouren nach Ko Phi Phi, aber auch längere Fahrten mit Segelbooten für 4–25 Pers. in die Bucht von Phang Nga, nach Similan und Krabi.
June Hong Chian Lee, 💻 www.thejunk.com. 5-tägige Tauchkreuzfahrten mit einer chinesischen Luxusdschunke, die bis zu 22 Personen Platz bietet. Ab US$1150.

Sonstiges

Autovermietungen

Mietwagen sind ab 1500 Baht pro Tag ohne Benzin zu haben, inkl. Versicherung. Internationale Firmen verlangen mindestens 1600–2000 Baht. Bei längerer Mietzeit werden Nachlässe eingeräumt. Darauf achten, dass die Autos von Billiganbietern in gutem Zustand sind (auf einer Probefahrt bestehen!). Alle Fahrzeuge sollten versichert sein, auf die Höhe der Eigenbeteiligung achten!
Pure Car Rent, 75 Rasada Rd., ✆ 076-211 002, 💻 www.purecarrent.com, 🕒 8–19 Uhr. Die alteingesessene Firma vermietet Autos und Motorräder.
Avis, ✆ 076-351 243, 💻 www.avisthailand.com, sowie **Budget**, ✆ 076-205 396, 💻 www.budget.co.th, jeweils am Flughafen, offerieren einen one-way rental in andere Touristenorte, wo sie Filialen besitzen.

Diplomatische Vertretungen

Deutsches Konsulat, Dirk Naumann, 100/425 Moo 3, Chalermprakiat Rd, ✆ 076-354 119, 089-668 3635, 📠 354 602, 🕒 Mo–Fr 9–13 Uhr.
Österreichisches Konsulat, c/o Anuphas Manorom Co. Ltd., 2 Moo 4, Wirut-Hongyok Rd., ✆ 076-248 334-6, 📠 248 337, 🕒 Di, Do und Fr 10–12 Uhr.

Feste

Das **Vegetarian Festival** (Vegetarierfest) im Oktober ist ein altes chinesisches Ritual, bei dem Tausende Chinakracher lautstark in den Straßen explodieren. Es wird seit 1825 auf Phuket begangen. Während der 9-tägigen Feierlichkeiten kleiden sich die Teilnehmer in Weiß und essen rein vegetarisch. An den letzten Tagen lassen sich junge Männer in Trance zur zeremoniellen Reinigung Speere durch die Wangen stecken oder Haken an Wangen, Armen und am Rücken befestigen, ohne dass Blut fließt. Am achten Tag werden die Mönche in der Stadt empfangen. Das Fest endet am neunten Tag mit der Vertreibung des Übels, indem Männer in Trance über glühende Kohlen gehen. Den Abschluss bildet eine lärmende Mitternachtsprozession durch die Stadt und ans Meer nach Saphan Hin. Die Termine werden etwa 6 Monate im Voraus festgelegt und sind über das TAT zu erfragen.

Informationen

Tourist Authority of Thailand (TAT), 191 Talang Rd., ✆ 076-212 213, 211 036, 💻 www.tourismthailand.org, 🕒 8.30–16.30 Uhr. In dem großzügigen orangefarbenen Gebäude, ein Neubau im historischen Stil, gibt es Karten, Prospekte, Werbezeitschriften und weitere Informationen.

Medizinische Hilfe

Notruf: 191. Auf der Ferieninsel sind modern ausgestattete Privatkrankenhäuser auf Patienten aus aller Welt ausgerichtet.
Bangkok Hospital Phuket, 2/1 Hongyok Uthit Rd., ✆ 076-254 425, Notruf: 1719, 💻 www.phukethospital.com. Personal englisch-, teils auch deutschsprachig, 150 Betten für stationäre Patienten und ein Zentrum für Tauchmedizin.
Phuket International Hospital, 44 Chalerm Phra Kiat Rd., ✆ 076-249 400, Notruf 076-210 935, 💻 www.phuket-international-hospital.com. An der Umgehungsstraße; auf Ausländer ausgerichtetes Krankenhaus, auch eine große zahnmedizinische Abteilung und traditionelle asiatische Heilmethoden.

Thalang Hospital, 358 Moo 1, Thepkrasattri Rd., Thalang, ✆ 076-311 111, 311 033. Großes Angebot im Bereich alternativer und traditioneller Heilmethoden.
Vachira Phuket Hospital, 353 Yaowarat Rd., ✆ 076-211 114, 217 294, 🖳 www.vachiraphuket.go.th (nur Thai). Spezialist für Unterwassermedizin mit großer Dekompressionskammer.

Motorräder

Motorräder sind in Phuket ein beliebtes, aber gefährliches Transportmittel. Schützende Kleidung tragen. Helmpflicht (400 Baht Strafe bei Zuwiderhandlung) Führerscheinkontrollen. Mopeds bei **Pure Car Rent**, Rasada Rd. und an den Stränden für 150–500 Baht vermietet. Keine Haftpflichtversicherung.

Post

Hauptpost, Montri, Ecke Talang Rd., ✆ 076-211 010, ◷ Mo–Fr 8.30–16.30, Sa, So und feiertags 9–12 Uhr. In dem **Philatelie-Museum** vor der Post im kleinen, ehemaligen Postamt gibt es Sonderbriefmarken und -stempel.
Big Move hilft bei der Verschiffung großer Gegenstände, ✆ 076-263 987, 🖳 www.bigmovephuket.com.

Touristenpolizei

Falls etwas passiert, wendet man sich zuerst an die **Tourist Police**, Chalerm Kiat Rd., westlich der Stadt, ✆ 076-355 015, 254 693, im Notfall ✆ 1155.

Visa

Immigration Office in der 482 Phuket Rd. kurz vor der Halbinsel, ✆ 076-212 108, 221 905, ◷ Mo–Fr 8.30–12 und 13–16.30 Uhr. Visaverlängerung. Visa Runs nach Myanmar über Ranong ab 1500 Baht. Das nächste Konsulat für die Beantragung eines neuen Thai-Visums ist Penang (Malaysia). Auch dorthin werden 2-tägige Touren organisiert.

Nahverkehr

Tuk Tuks

Innerhalb der Stadt kosten Tuk Tuks 20 Baht, in die Außenbezirke mehr. Nach Sonnenuntergang muss mit einem Aufschlag von 20–30 % gerechnet werden. Ungefähre Charterpreise: FLUGHAFEN 32 km, 500 Baht, CHALONG, 200 Baht, KAMALA 600 Baht, KATA / KARON 300 Baht, NAI HARN 500 Baht, NAI YANG 600 Baht, PATONG 400 Baht, RAWAI 230 Baht, SURIN 500 Baht.

Motorradtaxis

In der Stadt 20–30 Baht; Preis vor der Abfahrt aushandeln. Die Fahrer tragen rote oder grüne Westen mit Nummern.

Microbusse

Innerhalb von Phuket-Stadt verkehren Linienbusse für 10 Baht auf 2 verschiedenen Routen: Nr. 1 fährt vom Südosten über die Phuket Rd., am Kreisverkehr am Uhrturm vorbei und weiter durch die Phang Nga Rd. und Bangkok Rd. hinaus zum Lotus und Big C. Bus Nr. 2 fährt von Norden über die Thepkrasatri Rd., die Phang Nga Rd., den Markt und weiter Richtung Süden auf der Chao Fa und Sakdidej Rd.

Inselbusse (Songthaew)

Songthaew fahren etwa alle 30 Min. und kosten ab der Haltestelle in der Nähe vom Markt / ab dem Bus Terminal:

BANG TAO	25 / 35 Baht, 7–17 Uhr
CHALONG	20 / 30 Baht, 8–17.30 Uhr
KAMALA	30 / 40 Baht, 7–17 Uhr
KARON	25 / 40 Baht, 7.30–18 Uhr
KATA	25 / 40 Baht, 7.30–18 Uhr
MAKHAM (Aquarium)	20 / 30 Baht, 7–15.30 Uhr
NAI HARN	30 / 45 Baht, 7–17 Uhr
NAI YANG	30 / 40 Baht, 7–17 Uhr
PATONG	25/ 30 Baht, 8–18 Uhr
RAWAI	25 / 40 Baht, 7–17 Uhr
SURIN	25 / 35 Baht, 7–17 Uhr

Taxis

Es gibt keine Busse, die von Strand zu Strand fahren. Daher muss man sie chartern oder ein Taxi nehmen. **Phuket Taxi Meter**, ✆ 076-232 192, sind günstiger als alle anderen Taxis. Sie verlangen für die ersten 2 km 50 Baht und für jeden weiteren 7 Baht, bei telefonischer Bestellung in Phuket-Stadt 20 Baht extra.

Leider stehen diese Taxen nur in der Umgebung des Flughafens.
Taxi- und Tuk-Tuk-Fahrer verlangen nach Sonnenuntergang einen Aufschlag.

Transport

Busse

Bus Terminal, ✆ 076-211 977, im Osten der Stadt. Hier halten fast alle Busse. Bei der Ankunft der Überlandbusse stehen Tuk Tuks bereit, die Fahrgäste zu den Stränden bringen. Die Fahrer erhalten von vielen Unterkünften eine Provision, sodass diese bevorzugt angefahren werden. Zudem fahren von hier tagsüber die Strandbusse.
BANGKOK, AC-Bus um 7 und von 15 bis 18 Uhr für 626–731 Baht; 9x tgl. 2.-Kl.-AC-Bus von 6.30 bis 19.30 Uhr für 487–539 Baht; VIP-24-Bus um 7.30 und von 16 bis 18.30 Uhr für 975 bzw. 1045 Baht.
CHUMPHON via RANONG, 7x tgl. zwischen 5.30 bis 18 Uhr für 320 Baht in 6 1/2 Std.
HAT YAI, AC-Bus 12x tgl. von 5.15 bis 20.15 Uhr für 371 Baht; VIP-24-Bus um 21.45 Uhr für 535 Baht in 6–7 Std.
PHANG NGA, 1.-Kl.-AC-Bus 5x tgl. von 10.10 bis 16.30 Uhr für 85 Baht in 2 1/2 Std.
RANONG, Bus Richtung Chumphon für 240 Baht in 5 Std.
SURAT THANI, AC-Bus um 8, 9, 10, 12 und 15.30 Uhr für 195 Baht.
TAKUA PA via KHAO LAK, Bus Richtung Chumphon für 110 bzw. 100 Baht.
KO LANTA, 5x tgl. von 7.30 bis 13 Uhr für 190 Baht in 4 Std.
KO PHA NGAN, AC-Bus um 9 Uhr für 510 Baht in 8 Std.
KO SAMUI, AC-Bus um 9 Uhr für 400 Baht in 7–8 Std.
KRABI, 2.-Kl.-AC-Bus etwa stdl. von 15.15 bis 19.10 Uhr für 145 Baht in knapp 4 Std.
NAKHON SI THAMMARAT, AC-Bus um 6, 7.15, 13 und 16.30 Uhr für 295 Baht; 2.-Kl.-AC-Bus um 8.20, 9.20 und 10.50 Uhr für 240 Baht in 7–8 Std.
SUNGAI GOLOK, AC-Bus um 6, 8 und 20 Uhr für 598 Baht in 11 Std.
SATUN, AC-Bus um 8.15, 10.15, 12.15 und 20.15 Uhr für 374 Baht in 7 Std., ansonsten in Trang umsteigen oder über Hat Yai.
TRANG, 1.-Kl.-AC-Bus 11x tgl. von 5.15 bis 18.30 Uhr für 257 Baht in 5 Std.

Backpacker-Busse

AC-Minibusse, die gern von Travellern genutzt werden, sind nicht immer zuverlässig und bequem. Zudem sind sie meist teurer als die Busse am Busbahnhof. Daneben verkehren auf den wichtigsten Routen auch große Privatbusse. Passagiere werden an Sammelpunkten oder von der Unterkunft in Patong, Kata-Karon und Phuket-Stadt abgeholt.
Nach Norden und Osten:
BANGKOK (Khaosan Rd.), über Surat Thani, dort mit teils längeren Wartezeiten umsteigen in einen VIP-Bus, um 5 Uhr für 1220 Baht. Um 8.30 nach SURAT THANI für 550 Baht (mit Anschluss an den Zug). Inkl. Fähre nach KO SAMUI 900 Baht, nach KO PHA NGAN 1000 Baht und nach KO TAO 1200 Baht.
Nach Süden:
Minibus um 9.30 Uhr über PHANG NGA, 500 Baht, 2 Std.; KRABI, 550 Baht, 3 Std.; KO LANTA, 750 Baht inkl. Fähre, 7 Std.; TRANG, 750 Baht, 6 Std.; SATUN, 800 Baht, 9 Std.; und SUNGAI GOLOK, 1000 Baht, 10 Std. HAT YAI um 15.30 Uhr für 600 Baht in 7 1/2 Std.
Nach Malaysia und Singapore:
AC-Minibus nach PENANG um 6 Uhr für 1200 Baht in 17 Std.; KUALA LUMPUR um 4 Uhr für 1450 Baht in 23 Std.; SINGAPORE um 9 Uhr für 1850 Baht in 28 Std.

Flüge

Der **Phuket International Airport**, nach Bangkok zweitgrößter Flughafen des Landes, liegt 31 km nördlich von Phuket-Stadt, Information ✆ 076-327 230-5. In der Ankunftshalle finden sich Geldautomaten, Vertreter großer Hotels mit aktuellen Broschüren, eine Gepäckaufbewahrung, eine kommerzielle Hotelvermittlung und die Tourist Police.
Minibusse nach Phuket-Stadt 100 Baht, Patong 150 Baht, Kata oder Karon 180 Baht. Zudem fährt ein Airportbus, 💻 www.airportbusphuket.com, um 6.30 (außer So), 8.45, 10.15, 11.45, 12.45, 13.45, 15, 16, 17, 18.15, 19.15 und 20.45 in 1 Std. über Nai Yang und Talang nach Phuket-Stadt bis zum Bus Terminal, je nach Entfernung für 10 bis 85 Baht. An einem Schalter in der Ankunftshalle werden Coupons für Fahrten mit Taxis oder Minibus

verkauft. Taxis kosten nach BANG TAO 450 Baht, CHALONG 550 Baht, KAMALA 500 Baht, KARON 650 Baht, KATA 650 Baht, KHAO LAK 1300 Baht, KRABI 2500 Baht, NAI HARN 650 Baht, PATONG 550 Baht, PHANG NGA 900 Baht, PHUKET-STADT 400 Baht, PHUKET PIER 450 Baht, RAWAI 650 Baht, SURIN 450 Baht. Für Flüge am frühen Morgen rechtzeitig ein Taxi vorbestellen.
Gegenüber dem Flughafengebäude gibt es mehrere Autovermietungen. **Budget** vermietet Pkw und Jeeps; **Airport Car Rent**, ☎ 076-327484, 💻 www.airportcarrent.com, hat günstige Jeeps im Angebot.

Inlandflüge
BANGKOK, mit Thai Airways, 11–13x tgl. ab 3000 Baht, mit Bangkok Airways 3x tgl. ab 3200 Baht. Günstiger sind Air Asia, Nok Air und Orient Thai Airline (One Two Go).
KO SAMUI, mit Bangkok Airways, 1–2x tgl. in 50 Min. ab 2600 Baht.
PATTAYA, mit Bangkok Airways, 4x wöchentl. ab 4500 Baht.

Internationale Flüge:
KUALA LUMPUR, mehrmals tgl. mit Air Asia, Thai und MAS.
SINGAPORE, mehrmals tgl. mit Thai, Jet und Tiger Airways.
Zu weiteren Zielen über Bangkok.

Boote
Alle Boote starten am **Rasada Pier** im Mündungsgebiet des Klong Tha Chin östlich von Phuket-Stadt. Bei Buchungen von Tickets und Touren über Reisebüros vor Ort ist der Hoteltransfer im Preis inbegriffen. Ansonsten kosten Tuk Tuks ab Phuket-Stadt 120 Baht, ein Minibus 80 Baht p. P. Minibusse fahren zudem für 150–200 Baht p. P. zu den Stränden, Taxis verlangen 500–700 Baht.
Nach KO PHI PHI (Ao Tonsai), 48 km, starten tgl. mehrere große Passagierboote, 1 1/2–2 Std. für 400–600 Baht einfach. Eine Tour inkl. Hoteltransfer, Mittagessen, Schnorchelausrüstung und Besuch der Maya Bay kostet je nach Komfort 900–1500 Baht. Abfahrten gegen 8.30 und 13.30 Uhr, Rückfahrten gegen 9 und 14.30 Uhr. Nach KRABI und zum HAT AO NANG über KO PHI PHI und KO LANTA um 8.30, 11, 13.30 und 14.30 Uhr für 650–1000 Baht. Nach Ko Lanta zudem um 12.30 Uhr für 750 Baht. Mit dem Schnellboot um 10.30 Uhr für 1500 Baht.

Die Strände der Insel Phuket

Die Strände im Osten der Insel, Chalong, Laem Ka und Rawai, sind sehr flach und zum Schwimmen nicht gut geeignet. Die attraktiven Sandstrände mit ihren Touristenenklaven liegen im Westen. Sie sind in mehreren Reihen mit Sonnenschirmen und Liegen vollgestellt. Mit dem eigenen Fahrzeug geht es vom Hat Nai Harn im Süden über Kata, Karon, Patong, Kamala, Surin und Bang Tao bis zum Hat Nai Yang, Busse verkehren nicht auf dieser Strecke.

Panwa-Halbinsel

Die hügelige Halbinsel erstreckt sich südlich von Phuket-Stadt und begrenzt im Norden die seichte Bucht Chalong. In der Nachbarschaft moslemischer Dörfer sind Luxusresorts entstanden, deren größtes Plus die wunderschöne Aussicht über eine der landschaftlich schönsten Küsten der Insel ist. Das Meer ist zum Baden allerdings weniger geeignet. Hinter dem Dorf **Ao Makham** an der seichten **Ao Makham** führt vom H4129 eine 400 m lange Stichstraße links zum kleinen **Ko Tapao Pier**, von dem Boote in 10 Min. auf die kleine vorgelagerte Insel **Ko Tapao** fahren. Hinter dem Dorf und der großen Ölraffinerie geht es weiter auf dem H4129 vorbei am großen **Hafen** (Port of Phuket) und dem Dorf **Ban Lampana** an der seichten Ao Thang Khem.

Am **Phuket Aquarium** und **Marine Biological Research Center** endet nach 10 km die Straße. Vorbei an einem Touch Pool, in dem Seesterne und Seegurken gestreichelt werden können, gelangt man in das sehenswerte Gebäude. In 22 Becken tummeln sich Süßwasserfische.

◷ tgl. 8.30–16 Uhr, ✆ 076-391 041, 100 Baht. Inselbusse ab Markt in PHUKET-STADT zum Aquarium 20 Baht. Rückfahrt in die Stadt bis 15.30 Uhr. Tuk Tuks 140 Baht.

Chalong und Umgebung

Der Pier ist das Herz dieses gesichtslosen Ortes. Morgens, wenn Tagesausflügler und Taucher anreisen, herrscht bereits 11 km südlich von Phuket-Stadt am großen Kreisverkehr, wo die Stichstraße abzweigt, Verkehrschaos. Sobald sich die Boote in Richtung Inseln entfernen, kehrt Ruhe ein. Dann sind es Jachties aus aller Welt und Langzeiturlauber aus dem Hinterland – darunter viele Deutsche –, die in den kleinen Restaurants und Bars Gesellschaft suchen. Die seichte **Ao Chalong** wird von der vorgelagerten Insel **Ko Lone** geschützt und grenzt im Süden an die kleine Felsformation **Laem Ka** (16 km). Den 750 m langen Pier – ein zweiter ist bereits geplant – umgeben gesichtslose Neubaublocks mit Geschäften, Büros und Apartments. Die Strände beiderseits der Anlegestelle in der Ao Chalong sind zu schmutzig und seicht zum Schwimmen.

Am **Hat Mittrapab**, auch Friendship Beach genannt, weiter im Süden ist das Meer ebenfalls sehr seicht. Daher sind die Bungalowanlagen kaum ausgelastet.

Der größte Thai-Tempel der Insel

8 km südwestlich von Phuket-Stadt liegt 2,7 km vom großen Kreisverkehr entfernt am H4022 der bekannteste Thai-Tempel der Insel **Wat Chalong**, dessen Viharn die verehrten Statuen der beiden Mönche Luang Pho Chaem und Luang Pho Chuaing enthält, die sich unter Rama V. große Verdienste erwarben: Während des Aufstandes der chinesischen Zinnminenarbeiter retteten sie durch heilende magische Kräfte (sagen die einen) bzw. natürliche Heilmethoden und geschickte Diplomatie (sagen die anderen) Verletzte auf beiden Seiten und trugen zur Beendigung des Aufstandes bei. Pilger entzünden hier gern Kracher, lassen sich wahrsagen oder erfragen Glückszahlen für die Lotterie. In einem neuen Viharn stehen Buddhastatuen in unterschiedlichen Haltungen. Viele Opfer des Tsunami wurden im Krematorium dieses Tempels eingeäschert. Ruhesuchende finden einen hübschen Platz im hinteren Bereich an einem Teich.

Übernachtung

Unterkünfte s. Karte S. 746

Untere Preisklasse

Nahe Wat Chalong werden preiswerte Unterkünfte vor allem für Langzeiturlauber angeboten. Außerdem gibt es 2 Billigunterkünfte. Die Busse von Phuket-Stadt Richtung Kata-Karon fahren daran vorbei. Songthaew ab Phuket-Stadt zum Wat Chalong 25 Baht.

Shanti Lodge ⑳, 1/2 Soi Ban Rae, Chaofa Nok Rd., ✆ 076-280 233, 💻 www.shantilodge.com. Vom Kreisverkehr 1,5 km Richtung Wat Chalong auf der linken Seite. Hübsch gestaltete, etwas hellhörige Zimmer mit Ventilator oder AC, teils mit Bad. Gutes Restaurant (ohne Glutamat). Kostenlos WiFi, viele Pflanzen, kleiner Pool, Massagen und Mopedverleih. ❸–❹

Youth Hostel Phuket ⑳, 73/ Chaofa Rd., 1 km vor dem Wat Chalong, ✆ 076-281 325, 💻 www.phukethostel.com. In einem frei stehenden Haus saubere Zimmer, manche mit Balkon. Ventilator oder AC, Gemeinschaftsbad, auch Schlafsaalbetten für 180 Baht, Frühstück inkl. Weit abseits der Strände und jeglicher touristischer Infrastruktur. Mopedverleih. ❸

Obere Preisklasse

Friendship Beach Waterfront Resort ⑱, 27/1 Soi Mittrapap, ✆ 076-288 996, 💻 www.friendshipbeach.com. Unter Kokospalmen Häuser mit 1–2 Schlafzimmern, zudem Zimmer mit AC und TV. 4 Tage Mindestaufenthalt. Gartenanlage, Pool (auch Restaurantgäste sind hier willkommen). Fr und So ab 16 Uhr Live-Jazz. ❺–❽

The Mangosteen Resort & Spa ⑰, 99/4 Moo 7, Soi Mangosteen, ✆ 076-289 399, 💻 www.mangosteen-phuket.com. Auf einem Hügel mit Rundumsicht über das Kap und die Inseln bis Phuket-Stadt. Exklusives Resort mit viel Privatsphäre. Bäder, z. T. mit Whirlpool.

Wohlfühloase mit viel Komfort

The Evason Phuket Resort ⑮, 100 Vichit Rd., ✆ 076-381 010, 💻 www.sixsenses.com. Auf dem felsigen Laem Ka erhebt sich das älteste internationale Hotel der Insel. 282 Zimmer mit Balkon und teils offenen Bädern in 2-stöckigen Reihenhäusern um den Pool. Kein Strand, die Gäste können zur 15 Min. entfernten Bon Island hinausfahren, die exklusiv zum Resort gehört. 3 Restaurants, Tauchbasis, Spa und Tennis. ❻–❽

Hübscher Salzwasserpool mit kleinen Wasserfällen. Spa. ❼–❽

Vighit Resort ⑯, 16/1 Vichit Rd., ✆ 076-381 342, 💻 www.vighitresort.com. Am Hang und rings um Restaurant und Pool Steinhäuser verschiedener Größe und Ausstattung mit AC, TV, Kühlschrank, Balkon, die teuren direkt am Meer. Kostenloser Transport zum Hat Nai Harn. ❺–❻

Essen

Anchor Inn, 1/3 Moo 9, Vichit Rd., im gleichen Gebäude wie Sea Bees (s. „Tauchen“). Bei Tauchern beliebt. Thai-Gerichte ab 50 Baht sowie Europäisches ab 90 Baht, leckere frische Fruchtsäfte. Speisekarte auf Deutsch.

Kan Eang, direkt am Meer südlich vom Pier, ✆ 076-381 323, 💻 www.phuket-seafood.com. Großes Seafood-Restaurant, man sitzt an weiß gedeckten Tischen in modern gestylter Umgebung mit Blick aufs Meer. 🕒 10–22 Uhr.

La Canabe, vom Chalong-Kreisel 1 km Richtung Rawai auf der rechten Seite. Hier zaubert ein französischer Koch riesige Portionen für 350 Baht. Französische, italienische, spanische und Thai-Küche. 🕒 17–23 Uhr.

Mani's German Bakery 2, an der Zufahrtstraße zum Pier. Wartet mit wunderbar frischen Brötchen und einem unschlagbaren deutschen Frühstück mit Wurst und Käse auf. 🕒 7–14.30 Uhr, So bis 13 Uhr.

The Lighthouse, 45/33 Moo 9, ✆ 076-381 709. Der Seglertreff unter dem Leuchtturm wurde in den 1980er-Jahren erbaut. Unter vergilbten Bootsfotos treffen sich Yachties bis heute und genießen den Ausblick aufs Meer. Amerikanisch angehauchte Küche. Auch Zimmervermietung. ❺

Aktivitäten

Bootstouren

Mehrere Veranstalter bieten Tagestouren nach Ko Racha zum Schnorcheln oder Tauchen an. Die Preise variieren zwischen 1000 und 1500 Baht.

Selbst organisierte Tagestouren zur CORAL ISLAND mit dem Longtail 1200 Baht, Schnellboot für 6–8 Pers. 2500 Baht hin und zurück. Nach KO LONE kostet das Schnellboot ca. 2000 Baht, ein Longtail etwa die Hälfte.

River Rover, ✆ 076-280 420, 💻 www.riverrovers.com. Bootstouren durch die **Mangroven** mit max. 9 Passagieren für 2950 Baht (Tagestour) bzw. 1750 Baht (Halbtags- und Sunset-Tour).

Reiten

Phuket Riding Club, 95 Moo 4, Vichit Rd., westlich vom Chalong-Kreisverkehr, ✆ 076-288 213. Erteilt Reitunterricht und bietet Ausritte mit oder ohne Begleitung an.

Elefantensafaris

Eine große Attraktion sind Safaris auf Elefantenrücken durch Gummiplantagen. Halbstündige Touren kosten etwa 1150 Baht (1 Std. ca. 1390 Baht) und werden bis kurz vor Sonnenuntergang durchgeführt. Mittlerweile leben etwa 200 Elefanten auf der Insel vom Tourismus, die meisten in den Camps. Viele Unternehmen sind nicht registriert und operieren illegal. Generell gilt: Die besten Camps findet man im Norden Thailands. Wer jedoch nicht auf einen Ritt verzichten möchte, sollte einen der folgenden relativ verantwortungsvollen Anbieter kontaktieren: **Siam Safari Nature Tours** (45 Chao Fa Rd., Chalong, ✆ 076-280 116, 💻 www.siamsafari.com), **Phuket Elephant Ride** (an der Straße nach Kata vor dem View Point, ✆ 076-289 099, Ausritte von 30 Min. für 800 Baht, 1 Std. 1300 Baht, 🕒 8.30–18 Uhr), **Adventure Safaris** (70/85 Rat Uthit Rd., ✆ 076-341 988 oder 341 746, 💻 www.phuket.com/tours/safaris.htm, 30 Min. ca. 800 Baht, 1 Std. ab 1300 Baht, 2 Std. 2600 Baht).

Die Reitwege führen durch Plantagen, Wälder und bei Ebbe am Strand entlang.

Tauchen

Poseidon, im The Evason Phuket Resort (s. Karte S. 746), ✆ 076-289 401, 💻 www.poseidondiving.com.
Sea Bees, 1/3 Moo 9, Vichit Rd., ✆ 076-381 765, 💻 www.sea-bees.com. Unter deutscher Leitung, Ableger in Khao Lak, günstig über LTU zu buchen, Kurse und Live-aboards.
Sea King, 20/23 Moo 4, Soi Suksan, Vichit Rd., ✆ 076-280 319, 💻 www.seaking-diving.com. Britische Tauchschule, auch Live-aboards.

Sonstiges

Geld und Post

Ein Geldautomat nördlich vom Kreisverkehr.
Post 1 km südlich des Kreisverkehrs, außerdem eine Poststelle im Post Café an der Zufahrtstraße zum Pier.

Nahverkehr

Die Inselbusse ab dem Markt in PHUKET-STADT kosten bis CHALONG 25 Baht, weiter nach RAWAI und KATA ebenfalls für 25 Baht.
Tuk Tuks nach PHUKET-STADT können für 250 Baht gechartert werden. Rückkehrer von den Inseln müssen 300 Baht zahlen. Nach KARON 300 Baht, PATONG 500 Baht.

Rawai

Der Strand im Süden der Insel, 17 km von Phuket-Stadt, ist die Seafood-Schlemmermeile der Einheimischen. Unter den Kasuarinen am Meer mit schönem Blick auf die Inseln wird frisch zubereitetes Seafood serviert, das teils aus Restaurantküchen oder direkt vom Grill der Garküchen über die Straße getragen wird. Allerdings ist der schmale Sandstrand häufig verschmutzt und wirkt wenig einladend, das Meer fällt flach ab und eignet sich auch wegen der vielen Boote nicht zum Schwimmen. Durch die Coral Island ist die Bucht gut geschützt, sodass selbst während der Monsunzeit kaum Wellengang herrscht.

Dort, wo die Straße nach Westen abzweigt, geht es geradeaus zum **Seenomaden-Dorf**, einer ärmlichen Siedlung, deren Bewohner sich nicht gern von Touristen bestaunen lassen. Am Ortsende wird am Strand fangfrischer Fisch zum Verkauf angeboten. Jenseits des Seenomaden-Dorfes und der Kokosplantage erreicht man einen angenehmen, schmalen **Strand** mit vereinzelten Felsgruppen. Hier kann man auch bei Ebbe schwimmen und sich unter schattigen Bäumen ausruhen.

Übernachtung

Alle Anlagen liegen direkt an der belebten Straße und sind durch diese vom Meer getrennt.
Pornmae Bungalow ⑪, 58/1 Vichit Rd., ✆ 076-381 300. Einfache und zweckmäßig eingerichtete Bungalows mit Ventilator in einem ruhigen Garten hinter dem Seafood-Restaurant. Familiäre Atmosphäre. Rabatte ab 7 Tagen Aufenthalt. Älteres Stammpublikum. ❸
Porn Sri Bungalows ⑫, 52/8 Vichit Rd., ✆ 084-852 1450. Zimmer im 2-stöckigen Gebäude mit TV und Minibar. Zudem Bungalows in ruhiger Lage abseits der Straße und trotzdem zentral, kein Restaurant. ❹–❺
Siam Phuket Resort ⑩, 24/24 Vichit Rd., ✆ 076-381 346, 💻 www.siamphuketresort.com. Beliebte, gepflegte Anlage mit soliden Häusern; AC-Zimmer mit TV und Kühlschrank. Wenige Zimmer mit Ventilator. Kleiner Garten mit Pool. Internet. Bar und recht günstiges Restaurant. Inkl. Frühstück. WiFi. ❹–❺

Essen

An zahlreichen Essenständen an der Strandstraße werden die scharfen nordost-thailändischen Salate *som tam* und andere Snacks zubereitet.
Baan Had Rawai Seafood, 57/5 Rawai Beach Rd., am südlichen Ende der Bucht, ✆ 076-383 838. Gutes, großes Seafood-Restaurant, teils

Leckeres Seafood unter Thais

Salaloi Seafood, eines der größten Restaurants in Rawai. Gutes, preiswertes Seafood und andere Thai-Gerichte, freundlicher Service, sehr beliebt bei Einheimischen und vor allem am Wochenende voll.

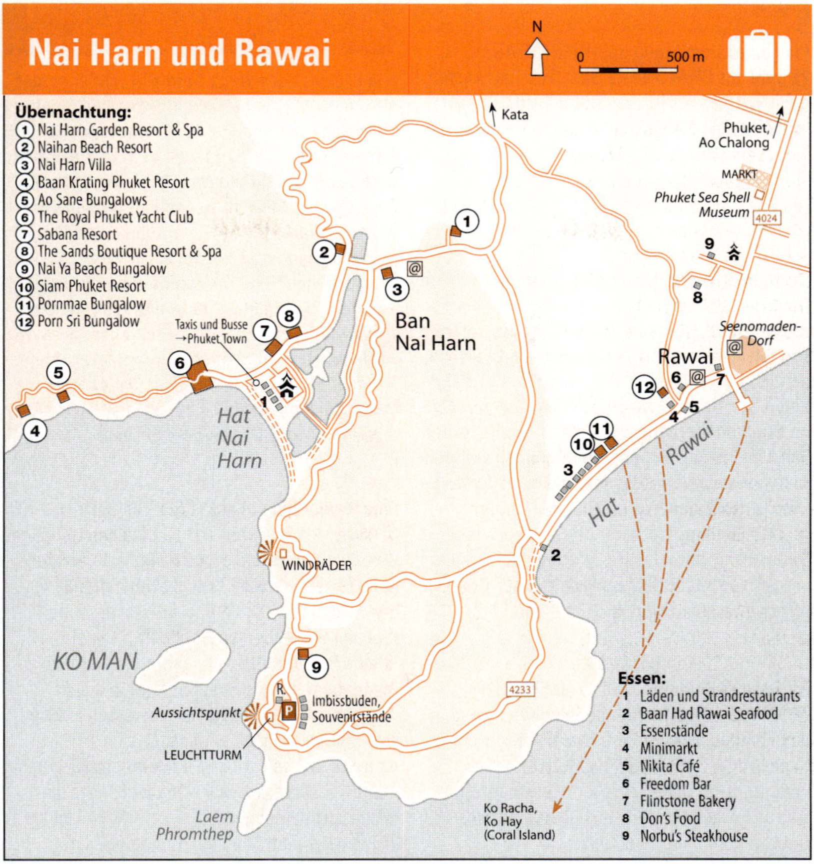

überdacht und teils unter Bäumen direkt am Meer. Große, günstige Portionen.
Freedom Bar, an der Hauptstaße. So nachmittags manchmal Livemusik, außerdem Pool-Billard.
Nikita Café, kleine Bar unter Schatten spendenden Bäumen direkt am Meer. Ruhige, entspannte Atmosphäre. Westliches Frühstück mit gutem Kaffee, Thai-Gerichte und eine große Auswahl alkoholischer Getränke. Mittleres Preisniveau, 🕓 ab 9 Uhr.
Norbu's Steakhouse, 148 Soi Wat Rawai, Moo 6, etwas versteckt nahe dem Tempel von Rawai, ✆ 081-367 5416. Geleitet von einem aus der Schweiz stammenden Tibeter mit hervorragender Küche. 🕓 18–23 Uhr.

Sonstiges

Bootstouren

Am Strand können **Longtails** und **Schnellboote** für Tagestouren gemietet werden. Longtails, nur bei ruhiger See zu empfehlen, kosten nach KO BON oder KO KAEO YAI 700 Baht, nach CORAL ISLAND 1000 Baht in 20–25 Min. Nach KO MAI THON, KO KHAI oder RACHA YAI sollte man wegen der Entfernung nur mit dem Schnellboot fahren. Weitere Boote ab Chalong.

Geld

Geldautomat neben dem Minimarkt, um die Ecke am 7-Eleven und bei Don's Food.

Nahverkehr

Inselbusse zum Markt in PHUKET-STADT 25 Baht, bis CHALONG 20 Baht. Tuk Tuks kosten nach PHUKET-STADT 230 Baht, KARON 150 Baht, PATONG 300 Baht, abends mehr. Taxi zum FLUGHAFEN 650 Baht.

Nai Harn

Der herrliche Hat Nai Harn liegt in einer tiefen Bucht an der südlichen Westküste, 21 km von Phuket-Stadt. Der feine, weiße Sand ist umrahmt von felsigen, teilweise mit Kokos- und Palmyrapalmen bewachsenen Hügeln und einer befestigten, von Kasuarinen gesäumten Lagune; schöne Sonnenuntergänge. Während der Regenzeit von Mai bis November ist man jedoch voll dem Monsun ausgeliefert, und es kommt zu starken Unterströmungen.

Das einstige Eldorado der Traveller ist jetzt Badestrand betuchterer Feriengäste aus dem vornehmen Yacht Club und zahlreicher Urlauber aus den Ferienanlagen im Hinterland.

Übernachtung und Essen

Ao Sane Bungalows ⑤, 11/2 Hat Nai Harn, ✆ 081-124 4687, Der Anfahrtsweg führt durch das Parkhaus des Yacht Clubs. Kleiner, grober Sandstrand. Bungalows mit Ventilator, die etwas von der alten Traveller-Atmosphäre spüren lassen. Offenes Ausflugsrestaurant. Deutschsprachige Tauchbasis. ❸–❺

Sonnenuntergang am Laem Promthep

Die wunderschönen Sonnenuntergänge auf dieser felsigen, regenarmen und mit Palmyrapalmen (Zuckerpalmen) bewachsenen Südspitze der Insel locken Abend für Abend Hunderte Schaulustige an. Eine Serpentinenstraße schlängelt sich vom Hat Rawai durch Kokoswälder zum Parkplatz unter dem Leuchtturm, der von Essen- und Souvenirständen gesäumt ist. An einem Denkmal neben dem Leuchtturm verehren Einheimische den Hindugott Brahma, dessen Namen das Kap trägt, und bringen ihm Elefantenstatuen als Opfergaben dar.

Big Buddha

Vom Gipfel des **Naga Kerd Hill** im Süden der Insel blickt eine gewaltige Buddhastatue über das Land. Mit dem 30 Mill. Baht teuren Bau der 25 m breiten und 45 m hohen Statue mit dem Namen **Phra Buddha Ming Mongkhol Ake Naga Khiri** wurde 2002 begonnen. Zudem wurde aus 22 Tonnen Messing ein über 12 m hoher Buddha gegossen, der auf einer Nagaschlange sitzt. In dem Park, der beide Statuen umgibt, finden regelmäßig Veranstaltungen statt, über die man sich im Internet unter 💻 www.mingmongkolphuket.com informieren kann. Vom Kreisverkehr in Chalong geht es Richtung Wat Chalong und nach ca. 2 km auf einer Abzweigung links 6 km den Berg hinauf.

The Royal Phuket Yacht Club ⑥, ✆ 076-380 708, 💻 www.theroyalphuketyachtclub.com. Gepflegte und in die Natur integrierte Anlage der Luxusklasse, die sich in Stufen den Hang hinaufzieht. 110 Zimmer. Teure Restaurants, Spa mit Blick über die Bucht. ❽

Kleine Restaurants im Kasuarinenwäldchen hinter dem Hauptstrand haben sich auf die Sonnenanbeter eingestellt. Das Essen ist dem westlichen Gaumen angepasst.

Lorenzo, bei dem jungen Italiener gibt es gutes, relativ preiswertes Essen, insbesondere die selbst zusammengestellte Pizza. Auch **Lothars Pizza** nahe dem Sabena ist zu empfehlen.

Nahverkehr

Bis 17 Uhr fahren Inselbusse für 30 Baht nach PHUKET-STADT. Tuk Tuks für 500 Baht, Taxis 600 Baht. FLUGHAFEN 800 Baht.

Hat Kata (Kata Noi, Kata Yai, Kata-Karon)

Der Hat Kata, 17 km von Phuket-Stadt, besteht aus zwei Buchten an der Westküste, die relativ schöne, saubere **Kata Noi** und die angenehme **Kata Yai**, an deren südlichem Ende sich ein kleines Zentrum herausgebildet hat. Sie sind durch einen Felsvorsprung getrennt, von dem sich malerische Aussichten eröffnen. Während der Regenzeit entstehen am Kata Noi aufgrund eines Steilabfalls des Meeresbodens sehr gefährliche Unterströmungen. Dagegen ist es am Kata Yai sicher und es gibt schöne Wellen, bereits ab September eignet sich dieser Strand gut zum Wellenreiten. Ein abgegrenzter Badebereich schützt Schwimmer vor Scootern und Booten. In der Saison sind bereits früh alle Liegen am Strand belegt. Wen am Hat Kata der Lärm der Boote und Scooter stört, der fühlt sich am **Kata Noi** wohl, der ebenfalls mit vielen Liegestühlen und Schirmen bestückt ist.

Beiderseits der Taina Rd. liegt das zweite Zentrum mit vielen Geschäften, Unterkünften, Bars, Restaurants, Reisebüros, Motorrad- und Jeep-Verleih sowie Tauchbasen. Eine beliebte Attraktion in Kata-Karon ist der **Dino Park**, ✆ 076-330 625, 💻 www.dinopark.com, 🕓 10–22, in der Saison bis 24 Uhr, eine mit steinernen Dinosauriern bestückte Minigolf-Anlage. Das nette Restaurant mit einer höhlenartigen Burger Bar und steinernen Sitzplätzen in einem künstlichen Tropengarten mit Wasserfall ist vor allem bei Familien beliebt. Eine Runde spielen kostet 240 Baht, Kinder 200 Baht, nur Besichtigung 190 Baht.

Ein großer **Markt** an der Umgehungsstraße, südlich des Zentrums, lohnt einen Besuch.

Übernachtung

Kata Noi

Die Bucht wird beherrscht vom riesigen Katathani Hotel. Außerhalb der Resorts gibt es nur wenige Restaurants und günstige Einkaufsmöglichkeiten.

Katanoi Bay Inn ㉗, 69/1 Kata Noi Rd., ✆ 076-333 308, 💻 www.phuket.com/katanoibayinn. 28 saubere Zimmer in einem neueren Haus an der Straße hinter dem großen Hotel. ❹

Kata Noi Club Hotel ㉙, 73 Kata Noi Rd., ✆ 076-284 025, ✉ katanoi_club@yahoo.com. In 2-stöckigen Reihenhäusern kleine und größere AC-Zimmer in Strandnähe. Hinten einfache Zimmer und Häuser mit Ventilator. WiFi. ❺

Katathani Hotel ㉖, 14 Kata Noi Rd., ✆ 076-330 124, 💻 www.katathani.com. Riesige Hotelanlage mit 479 Zimmer und Suiten, gut der Landschaft angepasst. 3 Pools, teils im Palmengarten am Strand. Spa. 6 Restaurants, Kochkurse, Tennisplätze. ❽

Seashore Beach Cottage ㉘, 18 Kata Noi Rd., ✆ 076-330 433, 💻 www.seashorebeachcottage.com. Ruhig. Schön eingerichtet, fantastischer Meerblick, gutes Essen im etwas teuren Restaurant am Strandende. Frühstück inkl. ❼

Kata Yai

Viele Unterkünfte konzentrieren sich am felsigen südlichen Ende des Strandes.

Kata Delight Villas ㉕, ✆ 076-330 636, 💻 www.katadelight.com (auch auf Deutsch). An der steilen Felsküste südlich der Bucht mit toller Sicht. 12 luxuriöse Bungalows teils mit Balkon über dem Meer sowie komfortable Zimmer mit TV, Minibar und Meerblick. Felsenpool. Schnorchelgebiet vor den Felsen. ❻–❼

Kata Hill Residence ㉔, 5/42 Koktanode Rd., ✆ 076-333 042, 💻 www.familyinnphuket.com. Ruhiges Kleinhotel am Hang mit toller Aussicht. Geräumige Zimmer, TV, Kühlschrank,Balkon. 3 größere Zimmer im EG mit Küche. Kleiner Pool. Frühstücks-Restaurant. ❺

K. Guesthouse ㉓, 106/5 Koktanode Rd., ✆ 076-333 067. Etwas von der Straße zurückversetztes, ruhiges, einfaches Haus, 12 saubere Zimmer mit Ventilator oder AC, TV, einige mit Balkon. ❷–❹

Mom Tri's Boathouse & Villa Royale ㉒, 2/2 Patak Rd., ✆ 076-330 015, 💻 www.boathouse.net. Luxuszimmer am belebten Stand. Tropischer Garten über dem Meer. Thai-Kochkurs. Kostenfreies WiFi. ❽

Sawasdee Village ㉑, 38 Katekwan Rd., ✆ 076-330 979, 💻 www.phuketsawasdee.com. Romantische, kleine Bungalowanlage im Thai-Stil. Pool, Spa. ❽

Kata Center

Im neuen Zentrum aus mehrstöckigen Stadthäusern haben zwischen Läden, Banken, Bars und Restaurants entlang der Taina Rd. (auch Moo 4, Patak Rd. genannt) Gästehäuser aufgemacht:

3rd Street Café ⑲, 100/3–4 Kata Rd., im Barviertel über dem Restaurant und der Bar, ✆/📠 076-284 510, 💻 www.3rdstreetcafe.com.

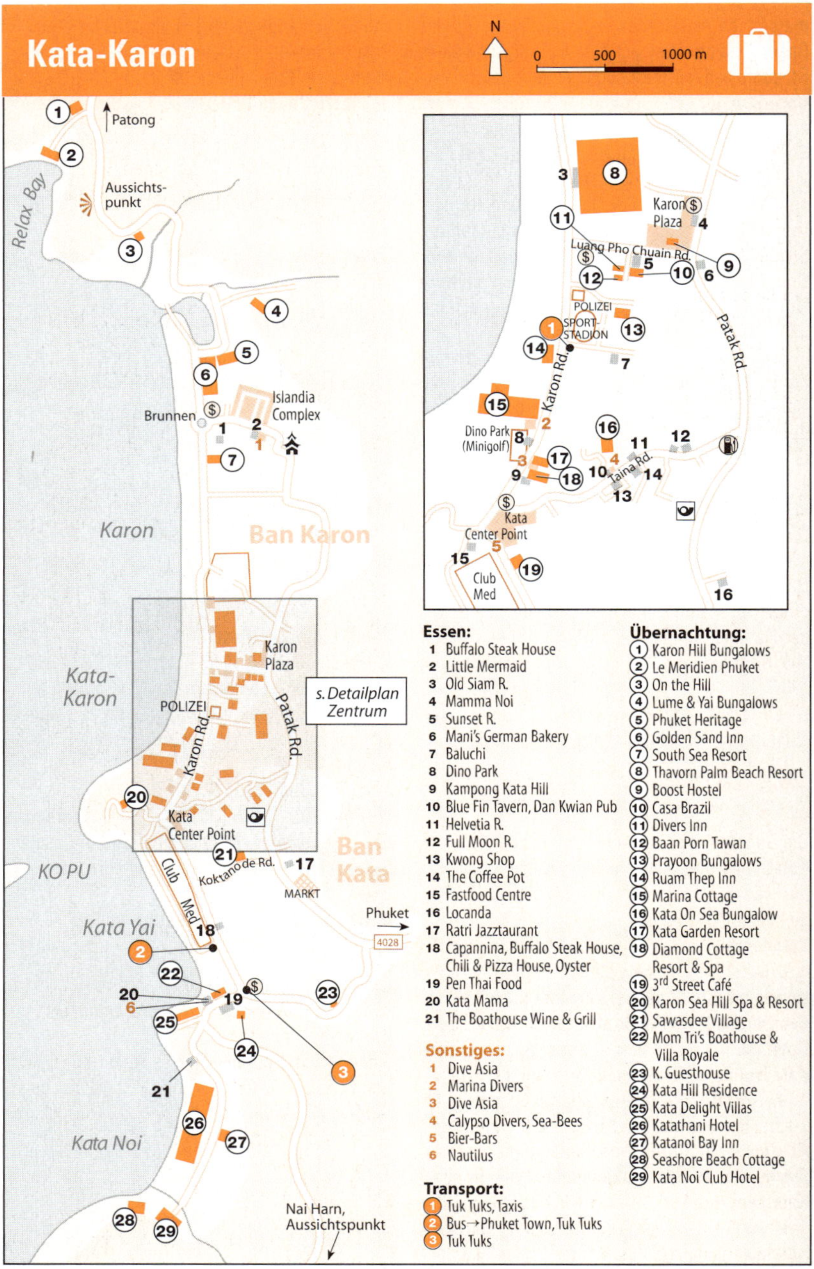
Kata-Karon
N
0 500 1000 m
Patong
Relax Bay
Aussichts-punkt
Brunnen
Islandia Complex
Karon
Ban Karon
Kata-Karon
Karon Plaza
POLIZEI
Karon Rd.
Patak Rd.
s. Detailplan Zentrum
Kata Center Point
Club Med
Koktanode Rd.
MARKT
Ban Kata
KO PU
Kata Yai
Phuket
4028
Kata Noi
Nai Harn, Aussichtspunkt
Karon Plaza
Luang Pho Chuain Rd.
POLIZEI
SPORT-STADION
Dino Park (Minigolf)
Taina Rd.
Kata Center Point
Club Med
Essen:
1 Buffalo Steak House
2 Little Mermaid
3 Old Siam R.
4 Mamma Noi
5 Sunset R.
6 Mani's German Bakery
7 Baluchi
8 Dino Park
9 Kampong Kata Hill
10 Blue Fin Tavern, Dan Kwian Pub
11 Helvetia R.
12 Full Moon R.
13 Kwong Shop
14 The Coffee Pot
15 Fastfood Centre
16 Locanda
17 Ratri Jazztaurant
18 Capannina, Buffalo Steak House, Chili & Pizza House, Oyster
19 Pen Thai Food
20 Kata Mama
21 The Boathouse Wine & Grill
Sonstiges:
1 Dive Asia
2 Marina Divers
3 Dive Asia
4 Calypso Divers, Sea-Bees
5 Bier-Bars
6 Nautilus
Transport:
1 Tuk Tuks, Taxis
2 Bus→Phuket Town, Tuk Tuks
3 Tuk Tuks
Übernachtung:
1 Karon Hill Bungalows
2 Le Meridien Phuket
3 On the Hill
4 Lume & Yai Bungalows
5 Phuket Heritage
6 Golden Sand Inn
7 South Sea Resort
8 Thavorn Palm Beach Resort
9 Boost Hostel
10 Casa Brazil
11 Divers Inn
12 Baan Porn Tawan
13 Prayoon Bungalows
14 Ruam Thep Inn
15 Marina Cottage
16 Kata On Sea Bungalow
17 Kata Garden Resort
18 Diamond Cottage Resort & Spa
19 3rd Street Café
20 Karon Sea Hill Spa & Resort
21 Sawasdee Village
22 Mom Tri's Boathouse & Villa Royale
23 K. Guesthouse
24 Kata Hill Residence
25 Kata Delight Villas
26 Katathani Hotel
27 Katanoi Bay Inn
28 Seashore Beach Cottage
29 Kata Noi Club Hotel

Ansprechendes Boutique-Guesthouse, in der Saison 3 Tage Mindestaufenthalt. Alle Zimmer und Suiten mit Flachbildschirm, Kühlschrank. Pool. Frühstück inkl. ❺

Diamond Cottage Resort & Spa ⑱, 6 Karon Rd., ✆ 076-286 447, 💻 www.diamondcottage.com. Neue Anlage im modernen Thai-Design. 57 angenehm gestaltete Zimmer mit Balkon, außerdem 10 Villen. Großer Pool, Restaurant. WiFi im Zimmer. ❻–❽

Karon Sea Hill Spa & Resort ⑳, 10/3 Laem Sai Rd., ✆ 076-284 485, 💻 phuketindex.com/karonseahill. Kleines Boutique-Resort mit 8 komfortablen Zimmern. TV, Kühlschrank, Spa und Pool. Durch Laem Sai Bungalows zu erreichen. Im Restaurant nur Frühstück. ❼–❽

Kata Garden Resort ⑰, 32 Karon Rd., ✆ 076-330 627, 💻 www.katagardenphuket.com. Eine der ersten Anlagen mit Bungalows im Thai-Stil unter großen Bäumen auf dem Hügel. AC-Bungalows, Deluxe-Bungalows und einfacher mit Ventilator. Pool. Frühstück inkl. ❺

Kata On Sea Bungalow ⑯, 96/6 Patak Rd., ✆ 076-330 594. Zwischen Palmen und Büschen auf dem Hügel stehen 25 einfach eingerichtete Steinbungalows mit Terrasse, teils Ventilator, teils AC, z. T. mit Sicht über Kata. ❸–❺

Kata-Karon

Auf dem Hügel zwischen Kata und Karon in günstiger Lage zwischen Zentrum und Strand stehen Unterkünfte verschiedenster Kategorie:

Prayoon Bungalows ⑬, ✆ 076-396 196. Große, alleinstehende, saubere Bungalows mit Ventilator in ruhiger Lage am Hang hinter dem Stadion und Andaman Seaview Hotel, auf einem weitläufigen Grundstück, freundliche Leute. ❹

Ruam Thep Inn ⑭, 53 Moo 4, Karon Rd., ✆ 076-330 281. 17 Zimmer mit AC in einigen Bungalows und dem 2-stöckigen Haus direkt am Strand, belebtes chinesisches Seafood-Restaurant. ❺

Gut Essen und fantastisch wohnen

Marina Cottage ⑮, 47 Karon Rd., ✆ 076-330 625, 💻 www.marinaphuket.com. Eine Anlage mit viel Charme und entsprechenden Preisen. Große AC-Bungalows in traditioneller Thai-Architektur auf dem Hügel in tropischer Gartenanlage. Das Essen im On the Rock Restaurant über den Felsen am Meer ist eines der besten der Insel – schöne Sonnenuntergänge! Im Sala Thai Restaurant am Pool abends traditionelle Tänze. Umweltbewusstes Management (Wasseraufbereitung). ❽

Essen

Kata Yai

Tagsüber offerieren die Strandrestaurants nördlich des Club Med und am Südende von Kata Yai die beste Auswahl und eine angenehme Atmosphäre.

Im **Fastfood Center** nördlich des Club Med. Viele Tische, viel Auswahl. Relativ günstig.

Kata Mama, zu Recht beliebtes Strandrestaurant in Kata Yai. Die alteingesessene ehemalige Fischerfamilie achtet immer noch darauf, dass das Seafood frisch ist.

The Boathouse Wine & Grill, 💻 www.boathouse.net. Qualitativ hochwertige internationale Gerichte, die von einem Spitzenkoch zubereitet werden, dazu gute Weine. 🕓 7–22.30 Uhr.

Kata Center

Hungrige werden bei einem Bummel durch die Taina Rd. höchstwahrscheinlich zu jeder Tageszeit etwas Leckeres finden:

Im **Blue Fin Tavern** und dem benachbarten **Dan Kwian Pub** trefen sich allabendlich Taucher. Akzeptables Essen.

Dino Park, 💻 www.dinopark.com, (s. S. 761). Hervorragendes Restaurant. Gemischtes Seafood-BBQ 380 Baht. 🕓 10–24 Uhr.

Kwong Shop, 114/53 Taina Rd., ✆ 076-285 201. Lockt mit frischen Meeresfrüchten und anderen leckeren Thai-Gerichten mit chinesischem Einschlag. Einfach.

Locanda, im Bougainvillea Terrace House, 117/1 Patak Rd., ✆ 076-330 087, 💻 www.villea.com. Außerhalb an der Hauptstraße. Stilvoll leckere europäische und einheimische Gerichte frisch vom Grill. Weinkeller. 🕓 8–24 Uhr.

Ratri Jazztaurant, Kata Hill, ✆ 076-333 538-9, 💻 www.ratrijazztaurant.com. Großes, modernes Restaurant am Hang mit Ausblick auf die Bucht. Austernbar, Cocktaillounge mit Live-Jazz.

Thai-Gerichte mit internationalem Touch um 300 Baht. Abholservice. ◷ 14–1 Uhr.
The Coffee Pot, 110/3 Taina Rd. Fisch und Steaks, Burger, hausgemachte Apple und Blueberry Pies und andere australische Gerichte, abends grillt der Chef australische Steaks und Lammkoteletts. Frühstück mit gutem Kaffee und Shakes.

Aktivitäten

Kochkurse

Mom Tri's Boathouse, ✆ 076-330 015, 💻 www.boathousephuket.com/cooking_class. Sa und So nach telefonischer Voranmeldung von 10–14 Uhr ein Thai-Kochkurs abgehalten. Maximal 10 Teilnehmer, 2 Tage 3750 Baht p. P., 1 Tag 2350 Baht (Empfehlenswert ist der Sonntagskurs).

Tauchen und Schnorcheln

Die meisten Tauchschulen haben ihre Basen in Kata. Auf einigen Tagestouren werden auch Schnorchler mitgenommen. Eine ABC-Ausrüstung kann für ca. 100 Baht geliehen werden.
Calypso Divers, 84 Taina Rd., Hat Kata, ✆ 076-330 869, 💻 www.calypsophuket.com. Deutsche Tauchschule, Spezialist für Live-aboards mit 9 Booten nach Similan, Phi Phi und Richilieu.
Dive Asia, 24 Karon Rd., ✆ 076-330 598, 💻 www.diveasia.com. Deutsche professionelle Tauchschule und CDC Center, Tagestouren sowie 4- und 7-tägige Live-aboard Cruises mit eigenem Boot, auch Nitrox-Tauchen.
Marina Divers, 120/2 Moo 4, Patak Rd., Hat Kata, ✆ 076-330 272, 💻 www.marinadivers.com, beim Marina Cottage. Vor allem preiswerte Tagestouren, unter Thai-Leitung.
Nautilus Divers, 5/33 Kata Noi Rd., Hat Kata, ✆/📠 076-284 183, 💻 www.nautilus-phuket.com. Schweizerischer Leitung (Mike). Tauchfahrten mit dem Schnellboot, Unterwasser-Scooter, Anfängerkurse am Hausriff.

Nahverkehr

Die Fahrer von Samlors und Tuk Tuks verlangen bereits für kurze Strecken an den Stränden unter 1 km mindestens 100 Baht. Tuk Tuks nach PATONG 150 Baht, PHUKET-STADT 240 Baht (ab Kata Noi 300 Baht), Taxis vom und zum FLUGHAFEN 650 Baht.
Inselbusse fahren bis 16.30 Uhr für 25 Baht nach PHUKET-STADT, zurück bis 18 Uhr. Sie starten etwa alle 30–60 Min. vom Club Med und halten überall an der Strandstraße.

Hat Karon

An dem 3 km langen, breiten Sandstrand mit Dünen ist viel Platz zum Sonnenbaden, sodass die Liegen nicht ganz so dicht wie in Kata oder Patong stehen. Im Norden wird er von Felsen und einer vorgelagerten hübschen Lagune begrenzt. Hier führt die Straße über die Ao Karon Noi zum Hat Patong. Beim Schwimmen ist vor allem während der Regenzeit Vorsicht angebracht, da ein starker Rücksog herrscht. Am südlichen und nördlichen Rand der Bucht wurde der Islandia Complex mit Supermärkten, Apartments, preiswerten Unterkünften, Restaurants, Bars, Reisebüros und Einkaufspassagen aus dem Boden gestampft. Entlang des zentralen Strandabschnitts erstrecken sich eine Handvoll Luxushotels. Das Preisniveau der Restaurants ist etwas überhöht.

Übernachtung

Unterkünfte s. Karte S. 762

Luang Pho Chuain Rd. (auch Moo 3, Patak Rd.)

Viele preiswerte Zimmer werden im Karon Plaza, wo sich auch viele Bars und Restaurants befinden, vermietet. Einige sind schmuddelig oder laut, daher voher ansehen!
Baan Porn Tawan ⑫, 26 Moo 3, Soi Bangla, ✆ 076-398 299. 7 Zimmer und 3 2-Zimmer-Apartments in 3-stöckigem Gebäude mit Kühlschrank, Wasserkocher. Familiär. ❹–❺
Boost Hostel ⑨, Karon Plaza, 249/1 Patak Rd., ✆ 076-398 451, 💻 http://boosttravel.wordpress.com. Buntes 2-stöckiges Hostel. Zimmer mit AC oder Ventilator (manche mit Balkon). Doppelstockbetten im Schlafsaal für 200 Baht, bei längerem Aufenthalt Rabatt. ❷–❹.
Casa Brazil ⑩, 9 Soi 1 Luang Pho Chuain Rd., ✆ 076-396 317, 💻 www.phukethomestay.com. Kleines, farbenfroh gestaltetes, freundliches

Bed & Breakfast. Zimmer mit AC oder Ventilator, teils mit Balkon. Internet im Zimmer. ❺

Divers Inn ⑪, 127/34 Moo 3, Soi Bangla, 076-398 296, www.diversinn.com. Von Tauchern für Taucher ausgebautes Haus mit 12 großen Zimmern mit Minibar und Balkon, kostenloses Internet. Frühstück inkl. ❹

South Sea Resort ⑦, 36/12 Moo 1, Patak Rd., 076-396 611, www.phuket-southsea.com. Im Zentrum. Etwa 100 Zimmer mit Luxuspreisen konzentrieren sich rings um den Pool des 3-Sterne-Resorts. ❽

Thavorn Palm Beach Resort ⑧, 128/10 Patak Rd., 076-396 090, www.thavornpalmbeach.com. Riesiger, 2–4-stöckiger Hotelkomplex im Zentrum, 210 AC-Zimmer, 3 Restaurants; 5 Pools und Tennisplätze in großzügiger Gartenanlage, Kindercorner mit Pool. Ableger des Thavorn Hotel in Phuket-Stadt. ❻–❼

Karon Nord

Von der Strandstraße zweigt am Kreisverkehr die Patak Rd. landeinwärts ab. In den 3-stöckigen Geschäfts- und Wohnhäusern des **Islandia Complex** befinden sich mehrere Bars, Restaurants und Reisebüros sowie im Obergeschoss preiswerte Unterkünfte ab 400 Baht. Zudem preiswerte, einfache Hotelblocks.

Golden Sand Inn ⑥, 8/6 Moo 1, Patak Rd., 076-396 493, www.phuket-goldensand.com. Bungalows mit AC, teure Hotelzimmer mit Minibar. Kleiner Pool, nahe am Strand. ❺

Lume & Yai Bungalows ④, 076-396 382. In einer ruhigen Nebenstraße hinter den Neubauten am Hang, Steinhäuser mit 22 großen Zimmern, z. T. mit Küche, Terrasse, Sicht auf Meer und Berge, viele deutsche Gäste. ❹

On the Hill ③, 9/23 Moo 1, Karon, am Hang über der Bucht, 076-286 469, www.phuketdir.com/onthehill. 9 AC-Zimmer mit VCD, WiFi, Safe, Terrasse und fantastischer Aussicht, Inkl. Frühstück. ❹

Phuket Heritage ⑤, 558/6 Moo 1, Patak Rd., 076-396 690, www.phuketheritage.com. 4-stöckige Häuserblocks an der Straße mit Blick auf die Lagune und den Strand. Moderne AC-Zimmer mit historischen Anklängen an die Zeit der chinesischen Zinnminenarbeiter. Restaurant, Pool und Jacuzzi. ❺

Essen und Unterhaltung

Entlang der Luang Pho Chuain Rd. haben sich einige Touristen-Restaurants etabliert, die überwiegend von Gästen des gegenüberliegenden großen Phuket Orchid Hotel besucht werden und mit etwas gehobenen Preisen und deutschsprachigen Speisekarten aufwarten.

Bangles, 333 Patak Rd., 076-396 433, www.phuketarcadia.hilton.com. Sehr gutes indisches Restaurant im Hilton Hotel an der Strandstraße. Moderne Innenausstattung, gehobenes Preisniveau, Di–So 18–22 Uhr.

Mamma Noi, die früher in Kata war, ist mit ihrem Selbstbedienungsrestaurant ins Karon Plaza umgezogen. Nicht gerade gemütlich, aber wegen der Chefin und der relativ günstigen italienischen Gerichte beliebt. Auch Thai-Essen und Frühstück.

Mani's German Bakery, 278 Patak Rd., 076-396 882. Frische Brötchen und hervorragendes deutsches Frühstück mit Wurst und Käse sowie Kuchen, Würstchen und Leberkäs. 7–14 Uhr, So bis 12.30 Uhr.

Old Siam Restaurant, 128/10 Moo 3, Patak Rd., an der Strandstraße, 076-396 090. Aussichtsterrasse. Mi und So abends klassische Thai-Tänze. Gehobenes Preisniveau. Gratistransport bei Reservierung. 12–15 und 18–23 Uhr.

Im großen **Sunset Restaurant** serviert die freundliche Bedienung westliche und Thai-Küche.

Karon Nord

Buffalo Steak House, 35/19-22 Moo 1, Patak Rd., südlich vom Karon-Kreisverkehr, 076-333 013. Der schwedische Chef serviert ausgezeichnete neuseeländische oder australische Steaks und leckeren schwedischen Apfelkuchen. Bei Europäern trotz der hohen Preise sehr beliebt. Filiale in Kata-Karon, gegenüber dem Dino Park.

Little Mermaid, gegenüber dem Islandia Complex. Unter dänischer Leitung wird überwiegend europäisch gekocht, rund um die Uhr, nur die Küche schließt zwischen 3–6 Uhr.

Im **Islandia Complex** konzentrieren sich zahlreiche Restaurants mit relativ günstigen Preisen.

Aktivitäten

Tauchen

Dive Asia, 121 Moo 4, gegenüber dem Islandia Complex, Patak Rd., Hat Kata, ☎ 076-330 598, 💻 www.diveasia.com. Filiale in Kata.

Nahverkehr

Offizielle Preise für gecharterte Tuk Tuks: PHUKET-STADT 500 Baht, PATONG 400 Baht, CHALONG 400 Baht, NAIHARN 400 Baht, SURIN 800 Baht. Taxi zum FLUGHAFEN 800 Baht. Inselbusse nach PHUKET-STADT bis 16.30 Uhr für 30 Baht.

Ao Karon Noi (Relax Bay)

Diese wunderschöne, kleine Bucht mit weißem Sandstrand liegt zwischen Karon und Patong, 18 km von Phuket-Stadt. Zu erreichen ist Ao Karon Noi von Karon zu Fuß (40 Min.) sowie von Karon und Patong über die Straße (3 km). Der Strand wird vom Hotel beansprucht und ist nicht frei zugänglich. Von der Straße führt eine Abzweigung hinunter, an der sich kleine Restaurants und Geschäfte angesiedelt haben.

Übernachtung

Unterkünfte s. Karte S. 762

Karon Hill Bungalows ①, 8/7 Moo 1, Sirirat Rd., an der Zufahrtsstraße zum Hotel Meridien, ☎/📠 076-341 343. 10 gute Bungalows mit Minibar und TV, Terrasse; leider etwas zu nahe an der Straße. Strandzugang. WiFi. ❹

Le Meridien Phuket ②, 8/5 Moo 1, Karon Noi, ☎ 076-370 100, 💻 www.lemeridien.com. 7-stöckige Luxusanlage. Zimmer mit Balkon und Meerblick. 5 Restaurants, ein Buffet-Restaurant mit abendlicher Kulturshow, Kochkurse. Pools, Kinderbecken, Fitnesscenter, Tennis, Squash, Windsurfen, Segeln. Tauchschule, ärztliche Versorgung. Kinderbetreuung im Club. ❽

Hat Patong

Über 3 km säumen mehrere Reihen von Sonnenschirmen und Liegen den feinen, hellen Sandstrand, dahinter eine Stadt für Touristen mit allem, was dazugehört: Shopping, Essen und – nicht zu vergessen – die nächtlichen Vergnügungen, die Patong weltberühmt gemacht haben. Hunderte von großen Hotels, schicken Resorts und einfachen Unterkünften für weniger Betuchte erstrecken sich entlang der beiden Parallelstraßen und bis weit hinein ins Hinterland. Das Angebot der Straßenstände, Supermärkte und des gewaltigen neuen Einkaufszentrums ist auf Urlauber aus aller Welt ausgerichtet, ebenso wie die Restaurants, Bars und Pubs, die vor allem am Abend von alleinreisenden Männern bevölkert sind. Sie konzentrieren sich an der mittleren Thawiwong Rd., der Sawasdirak Rd., der Soi Sunset, dem Paradise Complex und auf den etwa 300 Metern der berüchtigten Bangla Rd. Auch Ehepaare, Familien und Senioren buchen einen Patong-Urlaub. Tagsüber vergnügt man sich beim Baden, Windsurfen oder Fallschirmsegeln, fährt mit dem Jeep oder Motorrad durchs Hinterland oder zum Tauchen und Schnorcheln auf die Inseln. Weniger Sportliche machen ein paar Schwimmzüge im ruhigen Wasser, legen sich in die Sonne, hängen an der Pool-Bar herum, lesen heimische Tageszeitungen und lassen sich massieren – ein Strand für ganz normalen Erholungsurlaub also.

Patong hat sich zu einer pulsierenden Stadt entwickelt. Überall sind Einkaufsarkaden und Stadthäuser entstanden, die an anderer Stelle bereits wieder dem Verfall preisgegeben sind, was ein Gefühl von Schnelllebigkeit hinterlässt. Am Abend drängen sich die Touristen auf den Gehsteigen. Pickups, Minibusse und Mopeds quälen sich durch die schmalen Straßen. Zuweilen scheint der Strand vor Menschen überzuquellen, dennoch wirkt er sauber, da er ständig gepflegt wird.

Die Umgebung von Patong

Die hübschen Strände **Crystal Bay, Paradise Beach** und **Freedom Beach** im Südwesten von Patong werden oft mit Booten zum Schnorcheln oder Sonnenbaden angefahren. Am Paradise Beach gibt es Sonnenschirme, ein kleines Restaurant und einen Verleih von Schnorchelausrüstungen und Seekanus. Mit dem Auto oder Motorrad gelangt man auf teils steilen Straßen vorbei am gigantischen, neuen Merlin Beach Resort am Hat Tri Trang bis zum Emerald Beach. Von dort geht es auch auf einer ausgeschilderten unbefestigten Straße bis zum Paradise Beach. Zu Fuß kann man zur ersten Bucht auch bequem durch das Gelände des Coral Beach Hotel wandern.

Nördlich von Patong, hinter dem ersten Felsen, der eine schöne Sicht auf den Badeort bietet, erstreckt sich entlang der Küstenstraße die Bucht **Kalim**. Der flache, von muschelbewachsenen, scharfkantigen Felsen durchsetzte Strand eignet sich nicht zum Schwimmen. Aussichtspunkte und Restaurants weiter oben an der Küstenstraße bieten zum Sonnenuntergang eine weniger überlaufene Alternative zum Laem Promthep (s. Kasten, S. 760).

Übernachtung

Mehrere Hundert Unterkünfte bieten Zimmer an, vom einfachen Gästehaus bis zum First-Class-Hotel. Für Billigreisende gibt es wenige Plätzchen. Langzeiturlauber bevorzugen die günstigeren Apartmentanlagen und Hotels in der hinteren Straße, der Na Nai Rd.

Untere Preisklasse

Kleine Hotels und Gästehäuser konzentrieren sich in der zweiten Straße, der Rat Uthit Rd., die etwa 400 m im Hinterland parallel zum Strand verläuft. In ihren Seitengassen werden in Stadthäusern über den Shops, Restaurants und Bars relativ günstig Zimmer vermietet.

Chanathip Gh. ⑨, 53/7 Rat Uthit Rd., ✆ 076-294 087. Kleine Pension, saubere Zimmer mit Ventilator oder AC, Kühlschrank, TV; günstige Vermietung von Jeeps und Motorrädern. ❹

Nine Ten Mansions ⑮, 237 Rat Uthit Rd., ✆ 076-345545, 🖳 phuketdir.com/nineten mansion. Zimmer mit TV und Kühlschrank, einige billige ohne Fenster. WiFi. ❸–❺

The Beach House ⑱, 4–8 Thawiwong Rd., ✆ 076-345639, 5 345640, 🖳 www.thebeach housephuket.com. Guesthouse der gehobenen Klasse. Große Zimmer mit Balkon und Meerblick, kleinere ohne Fenster, auch Familienzimmer, kleiner Pool. TV, Kühlschrank, WiFi. ❹–❻

Mittlere Preisklasse

Die Preise schwanken stark je nach Auslastung und können sich bei wenig Betrieb nahezu halbieren (Nebensaison von Mai bis Oktober).

Amanta House Patong ③, 5/17 Hat Patong Rd., ✆ 076-290 401, 🖳 www.amantahouse.com. Alle AC-Zimmer mit Küchenzeile, einige Balkon. Kostenfrei WiFi. Kleiner Garten. Reservierung empfehlenswert. ❺

Hotel Villa del Mar ⑰, 30 Thawiwong Rd., ✆ 076-345 698. Kleines 4-stöckiges Hotel, komfortable Zimmer unterschiedlicher Größe und Ausstattung mit Safe, 8 Zimmer mit Meerblick und Balkon, WiFi und Frühstück inkl. ❺–❻

Patong Pearl Resortel ⑥, 13 Sawasdirak Rd., ✆ 076-340 121, 🖳 www.patongpearl.com. Helle, freundliche AC-Zimmer und Bungalows, gutes Essen, Pool. ❻

Poppa Palace ⑧, 14–16 Rat Uthit Rd., ✆ 076-345 522, 🖳 www.poppapalace.com. In einem 4-stöckigen Neubau in ruhiger Lage und dennoch zentral. 64 AC-Zimmer im Thai-Stil, TV, Internet-Zugang, Kühlschrank und Balkon. Frühstück inkl. ❺

P.S. 2 Bungalow ①, 21 Rat Uthit Rd., ✆ 076-342 207, 🖳 www.ps2bungalow.com. Einfache Doppelbungalows mit Ventilator oder AC, Kühlschrank sowie 1- und 2-stöckige Häuser. Die hinteren liegen recht ruhig um einen Garten mit Pool. ❹

Tropica Bungalow Hotel ⑫, 132 Thawiwong Rd., ✆ 076-340204-5, 🖳 www.tropica-bungalow.com. Hinter dem dazugehörigen großen Restaurant stehen 2-stöckige Häuser und Bungalows in einem Garten mit Pool. ❻

Obere Preisklasse

In dieser Kategorie finden sich vor allem die typischen Pauschalurlauberhotels, die z. T. günstig über Reisebüros gebucht werden können.

Baan Sukhothai ⑬, 70 Bangla Rd., ✆ 076-341 394, 🖳 www.phuket-baansukhothai.com. Mitten im Zentrum. Schöne, luxuriöse Bungalows im Thai-Stil sowie Zimmer im Haupthaus. Restaurants, Pool und Spa. ❺–❽

Royal Phawadee Village ⑤, 3 Sawasdirak Rd., ✆ 076-344 622, 🖳 www.royal-phawadee-village.com. 34 komfortable Zimmer und Bungalows im traditionellen Thai-Stil. Pool, Restaurant. ❺–❼

Safari Beach Hotel ⑪, 136 Thawiwong Rd., ✆ 076-341 171, 🖳 www.safaribeachhotel.com.

Hinter dem Savoey Seafood Restaurant stehen in einem kleinen Tropengarten 3-stöckige Häuser an einem Pool. 45 modern gestaltete AC-Zimmer, Terrasse oder Balkon. ❻–❼

Seagull Home ⑯, 40 Thawiwong Rd., ✆ 076-292 098, 💻 www.seagullhome.com. Anlage mit großen Zimmern mit TV, Kühlschrank und Balkon in einem 4-stöckigen Haus am Meer. Kleiner Pool und Restaurant. ❻

Swiss Palm Beach ②, 2 Chalermprakiat Rd., hinter dem moslemischen Friedhof, ✆ 076-342 099, 💻 www.swisspalmbeach.com. Hotelanlage, um einen Garten mit Pool angelegt. Apartments (90 m^2) mit Terrasse, 2 AC-Schlafzimmer, Bad, Küche, Essecke und Wohnraum mit TV. Bei deutschsprachigen Gästen beliebt. Schweizer Leitung. ❺–❽

Luxus am Strand

Am Strand liegen vor allem Hotels der gehobenen Preisklasse.

Banthai Beach Resort ⑭, 94 Thawiwong Rd., ✆ 076-340 850, 💻 www.banthaiphuket.com. Große Anlage mit Bungalows und Zimmern im modernen Thai-Stil, einige mit direktem Pool-Zugang, umgeben von einer Plaza mit vielen Läden und Ablegern internationaler Ketten. ❽

Club Andaman Beach Resort ④, 77/1 Thawiwong Rd., ✆ 076-340 361, 💻 www.clubandaman.com. Am nördlichen Ende des Strandes in einem gepflegten, weitläufigen, tropischen Garten. 7-stöckige 4-Sterne-Hotelanlage und 50 rustikale Bungalows im Thai-Stil. Pool-Landschaft, Kinderbecken, Spa. ❼–❽

Impiana Phuket Cabana ⑦, 41 Thawiwong Rd., ✆ 076-340 138, 💻 www.impiana.com. Stilvolles, hochpreisiges Boutique-Hotel im modernen Thai-Design direkt am Strand. 70 mit dunklem Holz eingerichtete Zimmer mit jeglichem Komfort und Balkon. Gutes Restaurant mit Fusion Cuisine. ❽

Patong Beach Bungalow ⑩, 39 Thawiwong Rd., ✆ 076-340 117, 💻 www.patongbeachbungalow.com. Neue Bungalows und Luxuszimmer verschiedener Größe, die teureren mit Blick aufs Meer. Restaurant, Bar, Pool mit Sauna und Spa. ❻–❽

Essen

Gästehäuser und einfache Hotels servieren das übliche Ei-und-Toast-Frühstück, während teurere Resorts ein mehr oder weniger üppiges Buffet auftragen. Mittags verlassen nur wenige Urlauber den Strand, und wer nicht von den fliegenden Händlern mit Sandwiches, Obst und gekühlten Getränken versorgt wird, sucht höchstens eines der strandnahen Restaurants für einen Imbiss auf. Nach Sonnenuntergang scheinen alle Touristen auf den Beinen, um ein Restaurant für den Abend zu suchen. Viele lassen sich dabei von den leckeren (aber teuren) Auslagen vor den Seafood-Restaurants an der Thawiwong Rd. anlocken. Viele kleine, einfache Restaurants konzentrieren sich in der Soi Post Office (Soi Permpongpatana).

Auf dem großen **Essensmarkt** in der Rat Uthit Rd. sitzen Touristen zwischen den Garküchen, in denen gebraten und gegrillt wird. Die Atmosphäre stimmt – da stört es nur wenige, dass vor allem beim Seafood kräftig abgezockt wird. Günstiger und überschaubarer ist der abendliche **Essensmarkt** etwas weiter nördlich hinter der Einmündung der Patong Beach Rd. Großes Angebot an frischem Seafood, und auch der Service ist gut.

Austrian Restaurant & Biergarten, 180 Rat Uthit Rd., im K-Hotel, 💻 www.k-hotel.com. Gehobene Wiener Küche; gute Fischkarte, Bier vom Fass. Hauptgerichte um 400 Baht, Tagesmenü für 200 Baht. Ruhiger Garten. 🕒 11–23 Uhr.

Baan Rim Pa, ✆ 076-340 789. Seit Jahrzehnten für stilvolle Thai-Küche, gute Weinauswahl und schöne Aussicht vom Felsen an der Ao Kalim bekannt. Frühzeitig reservieren. Gehobenes Preisniveau. Tgl. außer Mo Live-Jazz. 🕒 12–23 Uhr.

Baluchi, 64/39 Soi Kebsup, ✆ 076-292 526. Im Horizon Beach Resort, nordindisch-moslemisches Restaurant. Ausgezeichnete Tandooris, zudem westliche Gerichte für 200–500 Baht. 🕒 12–23.30 Uhr, in der Nachsaison ab 15 Uhr.

Grillhütte, 142/1 Thawiwong Rd., ✆ 076-341456, 💻 www.grillhuette.com. Seit 1983 besteht dieses deutsch-österreichische Restaurant. Hier gibt es Bier vom Fass.

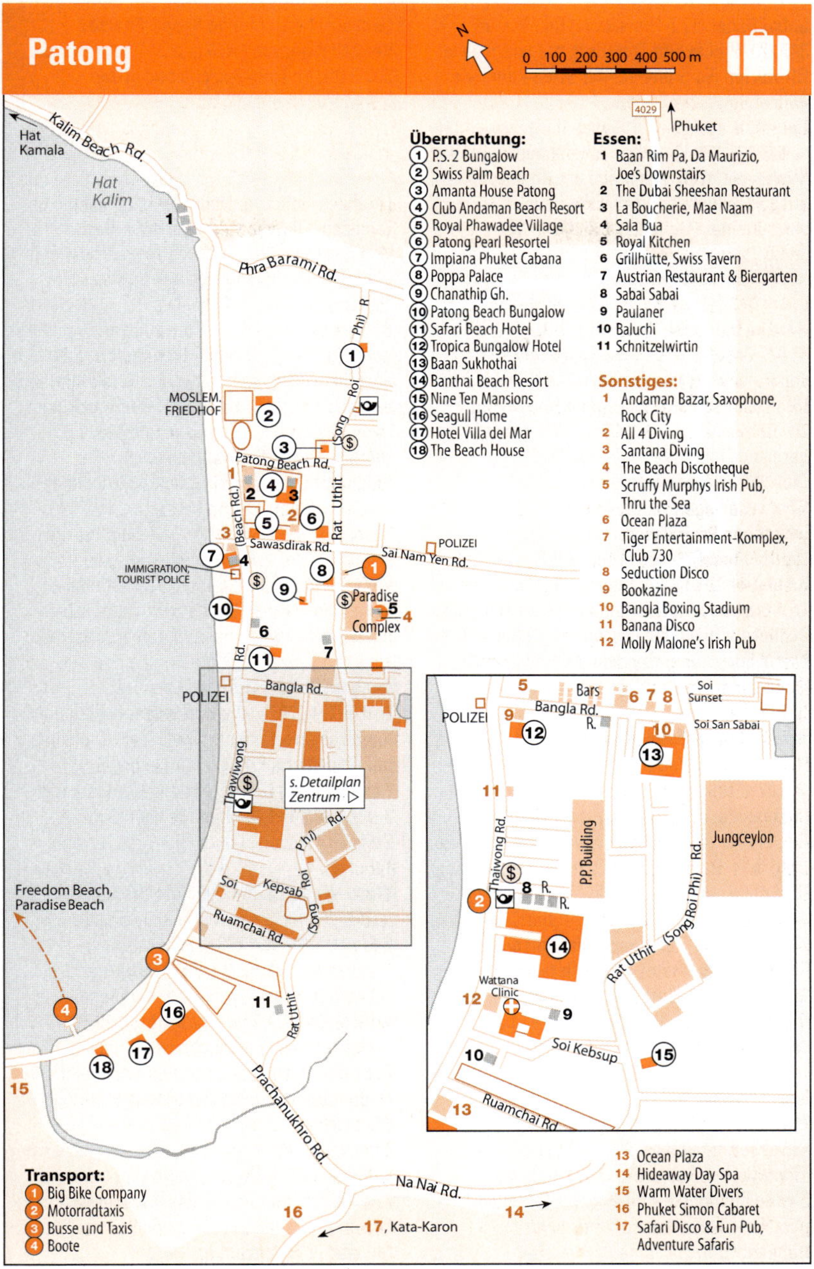

Patong
N
0 100 200 300 400 500 m
4029
Phuket
Hat Kamala
Kalim Beach Rd.
Hat Kalim
Phra Barami Rd.
Übernachtung:
1 P.S. 2 Bungalow
2 Swiss Palm Beach
3 Amanta House Patong
4 Club Andaman Beach Resort
5 Royal Phawadee Village
6 Patong Pearl Resortel
7 Impiana Phuket Cabana
8 Poppa Palace
9 Chanathip Gh.
10 Patong Beach Bungalow
11 Safari Beach Hotel
12 Tropica Bungalow Hotel
13 Baan Sukhothai
14 Banthai Beach Resort
15 Nine Ten Mansions
16 Seagull Home
17 Hotel Villa del Mar
18 The Beach House
Essen:
1 Baan Rim Pa, Da Maurizio, Joe's Downstairs
2 The Dubai Sheeshan Restaurant
3 La Boucherie, Mae Naam
4 Sala Bua
5 Royal Kitchen
6 Grillhütte, Swiss Tavern
7 Austrian Restaurant & Biergarten
8 Sabai Sabai
9 Paulaner
10 Baluchi
11 Schnitzelwirtin
Sonstiges:
1 Andaman Bazar, Saxophone, Rock City
2 All 4 Diving
3 Santana Diving
4 The Beach Discotheque
5 Scruffy Murphys Irish Pub, Thru the Sea
6 Ocean Plaza
7 Tiger Entertainment-Komplex, Club 730
8 Seduction Disco
9 Bookazine
10 Bangla Boxing Stadium
11 Banana Disco
12 Molly Malone's Irish Pub
13 Ocean Plaza
14 Hideaway Day Spa
15 Warm Water Divers
16 Phuket Simon Cabaret
17 Safari Disco & Fun Pub, Adventure Safaris
MOSLEM. FRIEDHOF
Patong Beach Rd.
(Song) Roi Phi) R.
Rat Uthit
(Beach Rd.)
Sawasdirak Rd.
Sai Nam Yen Rd.
POLIZEI
IMMIGRATION, TOURIST POLICE
Paradise Complex
Bangla Rd.
Thawiwong Rd.
s. Detailplan Zentrum ▷
Soi Kepsab
Ruamchai Rd.
Freedom Beach, Paradise Beach
Prachanukhro Rd.
Na Nai Rd.
17, Kata-Karon
Bars
Soi Sunset
Soi San Sabai
P.P. Building
Jungceylon
Thaiwong Rd.
Rat Uthit (Song Roi Phi) Rd.
Wattana Clinic
Soi Kebsup
Transport:
1 Big Bike Company
2 Motorradtaxis
3 Busse und Taxis
4 Boote

Sabai Sabai, 89/7 Thawiwong Rd., ✆ 076-340 222. Preiswerte Thai-Gerichte und Steaks. Oft warten die Gäste auf der Straße auf freie Plätze. Schneller Service.
Sala Bua, im Phuket Cabana, 41 Thawiwong Rd., ✆ 076-340 138, 💻 www.impiana.com. Gehobene Küche; der mehrfach prämierte Koch zaubert ausgezeichnete einheimische und internationale Gerichte. 🕓 6.30–24 Uhr.

Unterhaltung

Discos, Pubs und Clubs

Banana Disco, 94 Thawiwong Rd., ✆ 076-340 306. Die älteste Disco im Zentrum von Patong. An der Bar am frühen Abend oft Livemusik, sonst überwiegend House. Eintritt 200 Baht inkl. 1 Drink. 🕓 21–2 Uhr, der Pub bereits ab mittags.
Club 730, im Tiger Entertainment-Komplex, 💻 www.phuket-dir.com/tigerdisco. Eine weitere beliebte Disco in der Soi Bangla. House, Hip-Hop und Reggae-Urlaubshits.
Seduction Disco, Soi Happy, Bangla Rd., 💻 www.seductiondiscotheque.com. Die größte 2-stöckige Disco auf der Vergnügungsmeile, mit einem Super-Soundsystem. Mi Beach Party (Tanzfläche mit Sand). Eintritt 250 Baht. 🕓 21–4 Uhr.
Safari Disco & Fun Pub, 28 Sirirat Rd. Auf einem Hügel an der Straße nach Karon. Live-Bands von 22–2 Uhr. 🕓 20–3 Uhr.
Saxophone, Andaman Bazaar, 188/2 Thawiwong Rd., ✆ 076-346 167. Auch wenn er nicht mit dem Original in Bangkok mithalten kann, ist der neue Club doch ein gutes Umfeld für Auftritte von Jazz-, Blues-, Soul- und Funk-Bands, die ab 21 Uhr spielen. **The Beach Discotheque**, im Royal Paradise Hotel, 135/32 Rat Uthit Rd., ✆ 076-340 666, 💻 www.royalparadise.com. Die größte Disco der Insel mit tollen Laser- und Lichteffekten.

Show

Phuket Simon Cabaret, 8 Sirirat Rd., Reservierung unter ✆ 076-342 011-5, 💻 www.phuket-simoncabaret.com. An der Straße Richtung Karon. Eine professionell gestaltete Travestieshow, herrliche Bühnenbilder, gekonnte Dramaturgie, fantastische Licht- und Sound-Effekte. Vorstellungen um 19.30 und 21.30 Uhr. Tickets 600 Baht, für Einheimische und in der Nebensaison günstiger.

Aktivitäten

Bootsfahrten

Longtails verkehren vom Pier am Südende der Bucht zum Freedom und Paradise Beach (400 Baht pro Std.). Tagestouren mit Booten in die Bucht von Phang Nga und auf die Nachbarinseln s. S. 744.
Reisebüros in Phuket bieten zudem Tagestouren nach Ko Phi Phi für etwa 1400 Baht p. P. Ablauf: ab 8 Uhr Pickup vom Hotel, das Schiff fährt um 8.30 Uhr in 1 1/2 Std. nach Phi Phi Don. Ausflug nach Phi Phi Le (Viking Cave und Maya Bay). Danach Buffet, Schwimmen oder Schnorcheltour (Ausrüstung und Boot im Preis inkl.), Rückfahrt 15 Uhr.

Tauchen

Viele Tauchshops in Patong veranstalten selber keine Kurse oder Touren, stattdessen buchen sie Kunden bei anderen Veranstaltern ein.
Santana Diving, 49 Thawiwong Rd., ✆ 076-294 220, 💻 www.santanaphuket.com (englisch und deutsch). Die älteste Tauchbasis auf Phuket unter deutscher Leitung, PADI 5-Sterne IDC Center, mit 2 Tauchbooten 3- bis 7-tägige Live-aboards nach Similan, Surin und zu den südlichen Inseln, Nitrox-Tauchen.
Warm Water Divers, 225 Rat Uthit Rd., ✆ 076-294 150, Filiale im Amari Coral Beach Resort, ✆ 076-293 023, 💻 www.warmwaterdivers.com. PADI 5-Sterne, zahlreiche Filialen, keine eigenen Schiffe.
All 4 Diving, 5/4 Sawasdirak Rd., ✆ 076-344 611. Große Auswahl an Tauchausrüstung im größten Shop der Insel, angeboten werden auch Kurse diverser Veranstalter. Der Manager spricht Deutsch.
Eine privat betriebene **Dekompressionskammer** neben der Zentrale von Warm Water Divers, 231/233 Rat Uthit Rd., 💻 www.sssnetwork.com. Eine große Kammer besitzt das Vachira Phuket Hospital in Phuket-Stadt.

Wassersport

Windsurfen für 500 Baht/Std., Hobie Cats 1000 Baht/Std., Parasailing 1000 Baht, Wasserski 800 Baht/15 Min., Bananenboot 300 Baht p. P., Tauchen (s. o.) und Longtails sowie Jet Skis 1000 Baht/30 Min. Letztere sind offiziell verbannt, da sie laut und gefährlich sind – besser meiden!

Sonstiges

Autovermietungen

Am Strand und bei den Gästehäusern werden Jeeps unter 1000 Baht vermietet, die allerdings nicht ausreichend versichert und oft in schlechtem Zustand sind. Vermieter an der Thawiwong Rd. nehmen meist 1500 Baht pro Tag.

Einkaufen

Das neue Mega Shopping Center **Jungceylon**, Rat Uthit Rd., www.jungceylon.com, ist eine Sehenswürdigkeit für sich. Abends locken diverse Veranstaltungen auch viele Einheimische ins Center. In den Hallen des **Banzaan Fresh Market** gibt es Obst und Gemüse, Fleisch und Fisch.
Je nach Saison und Nachfrage schwanken die Preise an den **Souvenirständen**, die sich in der Bangla Rd., der Thawiwong Rd. und vielen Nebenstraßen ausgebreitet haben. Vor allem von gerade eingetroffenen Weißhäutigen werden stark überhöhte Preise gefordert, sodass es lohnt, das Angebot zu vergleichen und zu handeln.

Geld

Zahlreiche Wechselstuben und Banken im Zentrum und an der Rat Uthit Rd. wechseln tgl. von 9.30–20 Uhr Geld und Travellers Cheques. Spätabends sind noch die Wechselschalter in der Bangla Rd. geöffnet. Außerdem zahlreiche Geldautomaten.

Medizinische Hilfe

Das **Patong Hospital**, ✆ 076-342 633, an der Sai Nam Yen Road hat eine gute ambulante Station und ist sehr erfahren in der Behandlung von Verletzungen durch Motorradunfälle. Bessere stationäre Behandlung erfährt man in den Krankenhäusern von Phuket.

Wattana Clinic, 78/8 Thawiwong Rd., ✆ 076-340 690, ⌚ 9–19 Uhr. Auch Deutsch sprechende Ärzte.

Motorräder

In einem Jahr hat es auf der Insel über 1000 registrierte Motorradunfälle mit fast 200 Toten gegeben, also bitte vorsichtig und nur mit Helm fahren sowie den Führerschein mitnehmen.
Über 100 Motorräder, darunter 250cc- und 1000cc-Maschinen (500 bzw. 1000 Baht pro Tag), vermietet **Big Bike Company** an der Thawiwong Rd., ✆ 076-345100. 100cc-Maschinen kosten ca. 200 Baht pro Tag, 125cc 300 Baht. Allerdings schwanken die Preise je nach Nachfrage erheblich.

Post

Postamt in der Rat Uthit Rd., ⌚ 8.30–12 und 13–16.30 Uhr, feiertags 9–12 Uhr.

Tourist Police

Thawiwong Rd. nördlich der Einmündung der Bangla Rd. ⌚ Mo–Fr 10–16 Uhr, Notruf ✆ 1155.

Visa

Immigration Office in der Thawiwong Rd. nördlich der Einmündung der Bangla Rd., ⌚ Mo–Fr außer feiertags 10–12 und 13–15 Uhr.

Nahverkehr

Pickups und Tuk Tuks im Ort verlangen in der Saison 200 Baht und mehr. Motorradtaxis ab 30 Baht.
Kaum ein Tuk Tuk-Fahrer fährt noch zu den offiziell festgelegten Preisen. Verlangt wird oft das Doppelte und mehr. Offiziell kostet PHUKET-STADT 400 Baht, KARON 300 Baht, KATA 400 Baht, CHALONG 500 Baht und SURIN 500 Baht.
Busse nach PHUKET-STADT für 25 Baht starten am Bus Stop vor dem Patong Merlin, nehmen aber auch während ihrer Fahrt durch die Thawiwong Rd. und Phra Barami Rd. Fahrgäste auf. Taxi zum FLUGHAFEN 600 Baht.

Kamala

Von Patong führt eine breit ausgebaute, steile Straße Richtung Norden und erreicht nach 5 km Kamala. Vorbei geht es am **Hat Nacha**, der bei hohem Wasserstand nur einen schmalen Sandstrand aufweist und dessen seichte, von Steinen durchsetzte Bucht, die zudem von einem langen Pier halbiert wird, bei Ebbe trocken liegt. Hier erstrecken sich den Hang hinauf die Luxusbungalows des **Thavorn Beach Village & Spa**, 💻 www.thavornbeachvillage.com (❻–❼). Zu den zweistöckigen Häuschen mit einer großen Sala fährt eine Zahnradbahn hinauf. Anschließend erklimmt man auf der extrem steilen Straße einen Berg. Von oben blickt man hinab auf die tiefe Bucht **Kamala**.

In einer tiefen Bucht weiter im Norden liegt das Moslemdorf **Ban Kamala** zwischen Strand und Umgehungsstraße. Bevor am 26. Dezember 2004 die volle Wucht einer 10 m hohen Riesenwelle bis weit ins Hinterland hinein heftige Zerstörungen anrichtete, hatte bereits der Tourismus mit Läden, Restaurants und Liegestühlen am Dorfstrand Einzug gehalten. Seit dem Wiederaufbau bestimmen Kleinhotels, Souvenirläden und Touristenrestaurants das Bild des Ortszentrums. Ein von der Phuket Japanese Organization gespendetes **Tsunami-Denkmal** am Strandpark nahe dem Kamala Beach Resort fordert zum Gedenken und Gebet auf. Entlang der befestigten Promenade, die den Strand abgrenzt, bieten Garküchen, Schneider und Masseurinnen ihre Dienste an. In Kamala urlauben vor allem Familien und Paare und im Hinterland viele Langzeitreisende. Der Ort besitzt zudem die größte touristische Sehenswürdigkeit der Insel, **Phuket FantaSea** (s. Kasten).

Am nördlichen Ende der Bucht erstreckt sich abseits des Dorfes ein schöner Picknickplatz mit hohen Bäumen am Strand, wo man gefahrlos schwimmen kann. Die Straße verläuft an der Küste entlang weiter Richtung Norden an mehreren Apartmentanlagen vorbei nach Surin. Von einem Parkplatz am Kap (Parkgebühr von 9–19 Uhr fürs Moped 20 Baht, fürs Auto 40 Baht) geht es zu Fuß hinab zum hübschen, aber übervölkerten **Hat Laem Sing**. In der Saison stehen am malerischen Strand Liegestühle mit Sonnenschirmen, Essen- und Getränkestände. Das türkisblaue Wasser ist ruhig und gut zum Baden geeignet.

Eine Show der Superlative

Der 35 ha große Themenpark **Phuket FantaSea**, der 80 Mill. € verschlungen haben soll, erstreckt sich an der Umgehungsstraße von Kamala. Der gigantische Parkplatz lässt bereits seine Ausmaße erahnen. Solange es genügend Touristen gibt, die den teuren, aber lohnenden Eintritt zahlen, wird dort eine gewaltige Show geboten, die selbst Las Vegas in den Schatten stellt. Vor der Show geht es zum Einkaufsbummel durch das **Festival Village**, ein teurer Shoppingkomplex mit bunten, thematisch gestalteten Disneyland-Läden. Auf den Plätzen treten Artisten und Bands auf. Am Ende des „Dorfes" werden links in einem dem Königspalast nachempfundenen Gebäude, dem **Golden Kinnaree Restaurant** mit 4000 Sitzplätzen, von 18–20.30 Uhr leckere europäisch-asiatische Buffets aufgebaut. Nach dem Essen strömen die Besucher hinüber zum **Palace of the Elephants**, einem Gebäude im Khmer-Stil. Hinter den Eingangstoren geht es durch tropische Ruinen in den modernen Theatersaal mit 3000 Sitzplätzen. Um 21 Uhr beginnt das Spektakel „Fantasy of a Kingdom" mit den Helden Rama, Hanuman und Prinz Kamala, über einem Dutzend Elefanten, Tauben, Wasserbüffeln und einem Tiger. Moderne artistische Darbietungen (Bungee-Ballett) und Zauberkünstler wechseln mit traditionellem Schattenspiel (mit Lasertechnik modern verfremdet), Tänzen und Nachstellungen gigantischer Schlachten. Etwa 100 Personen stehen am Ende der eineinhalbstündigen Show auf der Bühne. 🕓 17.30–23.30 Uhr, 📞 076-385111-5, 💻 www.phuket-fantasea.com, Eintritt zur lohnenden Show 1100 Baht, für Dinner und Show 1600 Baht.

Übernachtung

In **Ban Kamala** sind viele Resorts, private Zimmer- und Bungalowvermietungen nach dem Tsunami neu aufgebaut worden. Weitere Unterkünfte befinden sich an der nördlichen Verbindungsstraße zwischen Strand und Umgehungsstraße.

Baan Natacha ⑯, 96/23 Moo 3, Hat Kamala, ✆/℡ 076-385 471. AC-Zimmer in einem überschaubaren Neubau am Meer, Minibar, DVD-Player. Frühstück inkl. ❹–❺

Benjamin Resort ⑮, 83 Moo 3, ✆ 076-385 739, 💻 www.phuketdir.com/benjaminresort. 3-stöckiges Haus am südlichen Ende des Badestrandes. Zimmer mit AC, Kühlschrank und Balkon. ❷–❺

Chez Sabina Gh. ⑧, ✆ 076-279 544. 8 hübsche Zimmer mit AC und Kühlschrank in einem Wohnhaus, auch Familienzimmer. Frühstück inkl. ❸–❹

Papa Crab's Gh. ⑰, 93/5 Moo 3, ✆ 076-385 671, 💻 www.papacrab.com. Sehr individuell und geschmackvoll gestaltetes Haus mit 10 Zimmern mit Kühlschrank, WiFi im Zimmer. ❹–❺

Print Kamala Resort ⑪, 74/8 Moo 3, ✆ 076-385 396, 💻 www.printkamalaresort.net. Komfortable Zimmer mit Balkon und Bungalows um einen Pool. Ansprechende Architektur, lockere Bebauung, Garten. Reservierung empfohlen. Frühstück inkl. ❻–❼

Thai Kamala Village ⑬, 93 Moo 3, ✆ 076-279 795, 💻 www.hotel-thaikamala.com. Yao und ihr Mann Pascal haben ein Haus direkt am Strand zu einem hübschen Kleinhotel umgebaut. Alle 17 AC-Zimmer mit TV, Balkon und Meerblick. ❺

Nördlich von Ban Kamala

Am Badestrand unter Kasuarinen stehen 2-stöckige Häuser mit AC-Zimmern und Bungalows von ähnlichem Standard, die überwiegend nach dem Tsunami erbaut worden sind.

Baan Chaba ④, 95/3 Moo 3, ✆ 076-279 158, 💻 www.baanchaba.com. Bungalows im Thai-Stil und Ferienhäuser mit 2 Zimmern etwas abseits vom Strand, thailändisch-belgisches Management. ❺

Kamala Smile ⑤, 98/18 Moo 3, ✆ 076-385 514, 💻 www.kamala-smile-sunrise.com. Anlage mit Bungalows unterschiedlicher Ausstattung, teils mit Kühlschrank und Küche. Restaurant und Bar unter thailändisch-deutscher Leitung. ❺

Planet-Phuket Bungalow Resort ②, 99/23 Moo 3, 💻 www.planet-phuket.com. Rainer Volz, der Besitzer, vermietet große, komfortabel eingerichtete Bungalows mit

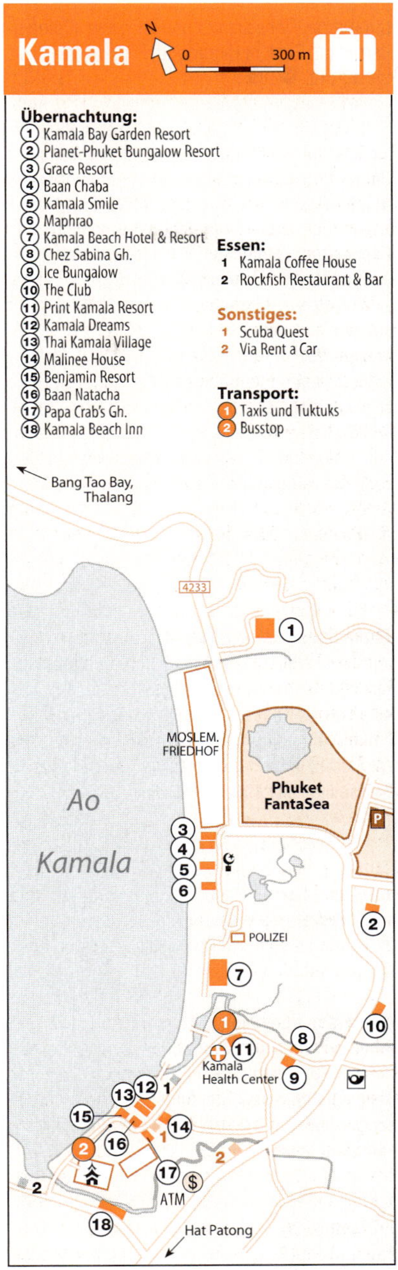

separatem Wohnzimmer und Terrasse in einem Garten mit Pool im Hinterland. Frühstücksrestaurant. ❺–❻

Essen

Im Ortszentrum haben sich eine ganze Reihe kleiner Restaurants auf den Geschmack der Urlauber eingestellt. Auch an der Strandpromenade sorgen kleine Restaurants mit Tischen unter Bäumen für das leibliche Wohl der Badeurlauber. Noch hält sich das Nachtleben in Grenzen und ist beschränkt auf wenige Bars.

Kamala Coffee House, direkt am Strand, bietet Frühstück mit gutem Kaffee. Man kann unten oder oben auf der offenen Terrasse sitzen.

Rockfish Restaurant & Bar, 33/6 Kamala Beach Rd., ✆ 076-279732, 🖳 www.rockfishrestaurant.com. Am Hang an der südlichen Bucht mit schöner Aussicht. Gehobene Thai-Küche, viel Seafood. ◷ 8–23 Uhr.

Aktivitäten

Wassersport

Scuba Quest, 93/13 Moo 3, Hat Kamala, ✆/℡ 076-279016, 🖳 www.scuba-quest-phuket.com. Deutsche Tauchschule, PADI- und CMAS-Kurse sowie Tagestouren, Nitrox-Tauchen. Bananenboote für 500 Baht pro Fahrt, Jet Skis 1500 Baht für 30 Min., Parasailing 1500 Baht für 15 Min.

Sonstiges

Autovermietungen

Via Rent a Car, an der Umgehungsstraße, ✆ 076-385718, 🖳 www.via-phuket.com. Vermietet versicherte Pkw ab 900 Baht pro Tag.

Einkaufen

Mehrere gut bestückte Minimärkte, eine Bäckerei und einen Markt findet man an der Umgehungsstraße. An der Strandstraße einige Shops. Ein reichhaltiges Angebot an Souvenirs der gehobenen Preisklasse hält **Phuket FantaSea** bereit.

Geld

Geldautomaten stehen vor den Kassen von **Phuket FantaSea** und an der Umgehungsstraße.

Nahverkehr

Tuk Tuks und Taxen kosten dasselbe.
PHUKET-STADT 600 Baht, PATONG 350 Baht.
Inselbusse nach PHUKET-STADT über Bang Tao bis 16 Uhr für 40 Baht.
Taxi zum FLUGHAFEN 600 Baht.

Hat Surin und Hat Pansea

Der Hauptstrand wird tagsüber gern von Thai-Touristen frequentiert. Schließlich stattete bereits 1928 der König (Rama IX.) diesem Strand einen Besuch ab, worauf eine Plakette am oberen Parkplatz hinweist, denn hier befand sich der erste Golfplatz der Insel. Jenseits vom unteren Parkplatz geht es hinab zur Strandpromenade. Sie wird überwiegend von alten Bäumen überschattet und von einfachen Restaurants und Läden gesäumt. Ein Teil der Liegestühle, die in mehreren Reihen am Strand stehen, stehen nur Gästen der besseren Hotels zur Verfügung. Der Strand ist sauber, eignet sich wegen der hohen Wellen und starken Unterströmungen während des Monsuns von Mai bis Oktober allerdings nicht zum Baden.

Übernachtung

Unterkünfte s. Karte S. 746

In den Hotels wohnen viele skandinavische Familien. In Surin befinden sich Unterkünfte an der Straße zum Hat Pansea kurz hinter der Abzweigung.

Manathai ⑭, 121 Moo 3, Choeng Talay, ✆ 076-270 900. 🖳 www.manathai.com. Warme Farben und viel Holz. Entspannte Atmosphäre. 52 Zimmer auf 3 Stockwerken mit allem Komfort; Pool, Bar, Restaurant.

Pen Villa ⑭, 9/1 Moo 3, Srisoontarn Rd., Choeng Talay, 15 Min. vom Strand, nördlich der Abzweigung an der Hauptstraße, ✆ 076-324 221. Geräumige Zimmer mit Kühlschrank in einem L-förmigen Neubau an einem großen Pool, freundlicher Service. ❺

Surin Bay Inn ⑭, 106/11 Moo 3, Choeng Talay, ✆ 076-271 601, 🖳 www.surinbayinn.com. 12 hübsche, geschmackvoll eingerichtete AC-Zimmer, einige mit großem Balkon und Blick aufs Meer, teurere große Zimmer mit riesigem

Bett, Sitzecke und Badewanne. Restaurant und Bar im Erdgeschoss. ❺–❻

Surin Beach Resort ⑭, 106/27 Moo 3, Surin Beach Rd., ✆ 076-325 000, 🖳 www.surinbeachresort.com. Große, familienfreundliche Anlage, die v. a. bei skandinavischen Familien beliebt ist. Großer Pool mit Wasserrutsche, 256 Zimmer mit TV, Balkon und Kochecke, viele Aktivitäten. WiFi im Zimmer. ❼–❽

Surin Sweet Hotel ⑭, 107/8 Moo 3, Choeng Talay, ✆ 076-270 863, ✉ surinhotel@hotmail.com. 32 geräumige Zimmer mit großer Terrasse, WiFi im Zimmer. Italienischer Familienbetrieb. Hervorragendes Restaurant. Frühstücksbuffet inkl., Sa BBQ. Pool. ❺

Tiw & Too Gh. ⑭, 13/11 Srisoontarn Rd., nördlich der Abzweigung an der Hauptstraße, ✆ 076-270 240. 12 saubere Zimmer mit AC und Kühlschrank in einem neueren Haus. Am Strand stehen Liegen für die Gäste bereit. ❸–❹

Twin Palms ⑭, 106/46 Moo 3, Choeng Talay, ✆ 076-316 500, 🖳 www.twinpalms-phuket.com. Minimalistisch gestaltetes Luxushotel. Riesige Zimmer mit offenen Bädern, Stereoanlage, teils direktem Pool-Zugang. Spa, Bibliothek, Internet. ❽

Essen

Die kleinen Restaurants am Strand, die sich nahe der Treppe zum oberen Parkplatz konzentrieren, halten ein breit gefächertes Angebot bereit. **Mam's Beach Restaurant** kocht Thai-Gerichte, die **Twin Brothers** bereiten Pizza, Pasta und andere westliche Gerichte zu und ein **Seafood-Restaurant** am südlichen Strandabschnitt frischen Fisch aus den Tanks. Die Preise sind der Umgebung entsprechend höher als an vielen anderen Stränden. Die meisten Lokale schließen nach Sonnenuntergang.

Sonstiges

Geldautomat an der Abzweigung der Moo 3, Choeng Talay.

Nahverkehr

Tuk Tuks nach PHUKET-STADT 500 Baht, Busse 35 Baht; PATONG 400 Baht, KARON 700 Baht. Taxi zum FLUGHAFEN 500 Baht.

Ao Bang Tao

Der Ort **Bang Tao**, 24 km von Phuket-Stadt, ist eine der größten Siedlungen im Hinterland der Westküste mit einer beachtlichen sunnitischen Gemeinde. Im Ortszentrum erhebt sich die größte **Moschee** von Phuket mit ihrer weißen Fassade im maurischen Stil, ihren Türmchen und Kuppeln. Doch auch buddhistische Tempel stehen in diesem geschäftigen Ort, dessen **Markt** einen Besuch lohnt.

Nördlich des Ortes zweigt eine Straße zur Ao Bang Tao ab. Ein 5 km langer **Strand** erstreckt sich an der Küste, in deren Hinterland früher Zinn gefördert wurde. In den ehemaligen Zinnminen wurden Szenen des Films *Killing Fields* gedreht. Der Großinvestor Thai Wah Resorts ließ für 5 Mrd. Baht die toten Zinnminen rekultivieren. Auf dem Areal entstand das Laguna Phuket, eine wunderschöne Parklandschaft mit den fünf ersten Luxusresorts der Insel, einem 18-Loch-Golfplatz und vielen anderen touristischen Einrichtungen. Jedes wurde an eine andere Hotelkette verpachtet. Gäste eines Hotels können die Dienstleistungen der anderen Hotels in Anspruch nehmen. Ist in einem Hotel etwas gratis, gilt das auch für die Gäste der anderen Anlagen. Die Bucht eignet sich hervorragend für Windsurfer. Über eine kostenlose Bootslinie sind das Laguna Beach Resort, Dusit Laguna, das Sheraton und Allamanda Laguna Phuket miteinander verbunden – auch für Nichtgäste lohnt sich eine Rundfahrt.

Nach dem Tsunami hat ein Immobilienboom das einst ruhige Hinterland bis hinauf nach Layang völlig verwandelt. Mehrere Großinvestoren haben luxuriöse Apartmentanlagen, Ferienhäuser und Pool-Villen im internationalen Ferienhausstil erbaut.

Übernachtung

Unterkünfte s. Karte S. 746

In der Ao Bang Tao, Ban Ketray Rd. richtete der Tsunami bis weit ins Hinterland hinein schwere Zerstörungen an. Die meisten Anlagen sind wieder aufgebaut. Das Preisniveau ist gehoben, abends gibt es nicht viel Unterhaltung.

Die Straße zum Laguna Phuket ist gesäumt von Werbeschildern, sodass man die Welt dahinter kaum noch erkennt. Viele der Resorts sind am günstigsten über Veranstalter buchbar.

Amora Resort ⑫, 322 Moo 2, Ao Bang Tao, an der Gabelung der Straße zur Küste nach rechts, ✆ 076-324 021, 💻 www.phuket.com/amora. 3-stöckige Unterkunft am Strand in einer weitläufigen, schattigen Gartenanlage, 255 Zimmer mit WiFi. Pools, Kinderbecken, Sportangebote, Windsurfen und Kanuverleih. ❽

Bangtao Beach Resort & Spa ⑫, 124/29 Moo 3, Choeng Thale, ✆ 076-270 680, 💻 www.bangtaobeach.com. 243 große Zimmer und Villen. 2 große Pools in einer Gartenanlage mit direktem Strandzugang, 2 Restaurants, WiFi im Zimmer, Spa. ❽

Banyan Tree ⑦, 33 Moo 4, ✆ 076-324374, 💻 www.lagunaphuket.com/hotels/banyan. Prachtvolle Anlage 50–200 m vom Strand um einer Lagune. Villen im Thai-Stil mit privatem Garten, z. T. eigener Pool und Jacuzzi. Spa, Tennis, großer Pool, Wassersportangebot. 18-Loch-Golfplatz. ❽

Sheraton Grande Laguna Beach ⑨, ✆ 076-324 101-7, 💻 www.lagunaphuket.com/hotels/sheraton. Luxusanlage, 50–150 m vom Strand auf einer von Salzwasserlagunen umgebenen Insel. Restaurants, Disco, Livemusik; mehrere Pools, Fitnesscenter, Tauchschule. ❽

Aktivitäten

Reiten

Phuket Laguna Riding Club, ✆ 076-324 199, 💻 www.phuket-bangtao-horseriding.com. Bietet Ausritte am Strand, durch die Lagunen und Kasuarinenhaine ab 760 Baht pro Std.; 1,5 Std. kosten 1125 Baht, 2 Std. 1520 Baht.

Tauchen

Euro Divers, ✆ 076-324 352, im Laguna Beach Resort (s. Karte S. 746), auch Live-aboards.

Sonstiges

Geld

Bank mit Geldautomat u. a. in Bang Tao an der Hauptstraße gegenüber der Abzweigung zum Laguna.

Nahverkehr

Für die Gäste der Resorts pendeln Busse (von 7–24 Uhr alle 10 Min.) und Fähren (von 7–21 Uhr alle 20 Min.) zwischen den Einrichtungen. Auch Nichtgäste dürfen hier kostenlos mitfahren. Nach PHUKET-STADT mit dem Taxi für 600 Baht, mit Inselbussen (bis 16 Uhr) für 25 Baht. Taxi zum FLUGHAFEN 600 Baht.

Hat Layan

Zwischen Bang Tao und dem Dorf Layang wird derzeit eine neue Feriensiedlung aus dem Boden gestampft. Zwischen den Baustellen und Neubauten mit wohlklingenden Namen grasen die letzten Wasserbüffel. Am **Hat Layan**, zu dem eine 1 km lange ausgeschilderte Stichstraße führt, stehen Sonnenschirme und Liegen, auf denen sich die Hotelgäste der nahen Resorts bräunen. Ein Strandrestaurant mit guter Thai-Küche zu annehmbaren Preisen sorgt tagsüber für das leibliche Wohl. Nebenan befindet sich das Hauptbüro des **Hat Sirinath National Park**, das allerdings keine Informationen bereithält. Dafür ist auch kein Eintritt zu zahlen. Obwohl der Küstenabschnitt von der Mündung des **Klong Kala** bis nach Nai Thon mit Ausnahme weniger Siedlungsgebiete unter Naturschutz gestellt wurde, sind entlang der 8 km langen Asphaltstraße durch den schönen Wald in den vergangenen Jahren mehrere Apartmentanlagen und Luxusresorts entstanden. Auf den letzten, kurvenreichen Kilometern hinab zum Hat Nai Thon zweigen links der schmalen Straße Wege zu Luxusanlagen in kleinen Buchten ab.

Übernachtung

Unterkünfte s. Karte S. 746

Die Resorts liegen 2,5 km vom Strand entfernt im malerischen Mündungsgebiet des Klong Kala und auf der Landzunge, umgeben von bewaldeten Dünen und Mangroven.

Andaman White Beach Resort ⑤, 28/8 Moo 4, am kleinen öffentlichen Sandstrand Naithorn Noi, 1 km vom Hat Nai Thon, ✆ 076-316300, 💻 www.andamanwhitebeach.com. Schöne Anlage mit Privatstrand. Terrassenförmig angeordnete, geschmackvoll gestaltete Luxuszimmer. ❽

Layan Beach Resort ⑥, 62 Moo 6, ☏ 076-313412-4, 🖳 www.layanphuket.com. Resort am sehr steilen Hang abseits vom Strand in einem Mangrovengebiet. Blick auf die Küste. Überdachter Warmwasserpool, Jacuzzi, Spa, Sauna (Nichtgäste von 10–19 Uhr). Für Gäste kostenloser Shuttle zum Hat Layan. ❼–❽

Hat Nai Thon

Noch ist es am 900 m langen, herrlichen Sandstrand Had Nai Thon, 32 km von Phuket-Stadt, relativ ruhig. Von Norden kommend biegt man zum Hat Nai Thon in **Sakhu**, kurz vor KM 6, vom H4031 rechts auf eine Asphaltstraße (3,5 km) ab. Kurz darauf zweigt zur Rechten eine ausgeschilderte schmale Stichstraße ab, die zu zwei riesigen Luxusresorts am südlichen Ende des Hat Nai Yang führt. Danach geht es durch moslemische Dörfer über einen kleinen Pass. Zunächst passiert man das Fischerdorf am nördlichen, von Felsen begrenzten Ende des Strandes. Am Fuß der bewaldeten Berge, die das Hinterland umrahmen, ragen Zucker- und Kokospalmen empor. Näher zum Strand hin erstrecken sich die Resorts und Restaurants in trocken gelegten Sumpfgebieten und jenseits der Straße die Sanddünen, die von Kasuarinen und Pandanusbäumen bewachsen sind.

An dem schönen Badestrand sind die Wellen außerhalb des Monsuns nicht allzu hoch, sodass er sich gut zum Schwimmen eignet. Schnorchelmöglichkeiten bestehen am südlichen Ende. Die winzigen Felseninseln **Ko Waeo**, 15 Min. mit dem Boot ab Nai Thon, mit ihren Korallen und dem Wrack eines Zinnbaggers sind ein beliebtes Ziel von Tauchern. Die fischreichen Riffe sind bei guter Sicht auch zum Schnorcheln geeignet.

Übernachtung

Unterkünfte s. Karte S. 746

Naithon Beach Villa ④, 28/5 Naithon Beach Rd., ☏ 076-205 407, 🖳 www.naithon.com. Helmut und Apasra Meyer vermieten 6 gepflegte, große Apartments in einem 2-stöckigen Haus mit Küche, 1–2 Schlafzimmer, Terrasse oder Balkon mit Meerblick sowie Zimmer im Neubau. ❺–❻

Naithonburi Beach Resort ④, 9 Moo 4, ☏ 076-318 700, 🖳 www.naithonburi.com. Gepflegte, im modernen Thai-Stil gestaltete 4-stöckige Anlage mit 119 eleganten Zimmern und Suiten. Balkon und WiFi. Restaurant mit einheimischer und westlicher Küche, nette Bar, großer Pool, Frühstücksbuffet inkl. ❼

Phuket Naithon Resort ④, ☏ 076-205 233, 🖳 www.phuketnaithonresort.com. 45 Zimmer und Apartments in unterschiedlichen Häusern entlang der Strandstraße mit Ventilator oder AC, Deluxe-Zimmer mit Kühlschrank. Auto- und Mopedverleih. ❹–❺

Essen

Shameena Restaurant & Lounge, im Zentrum. Kleines Restaurant mit Thai-Küche und deutscher Speisekarte. 🕓 9–11 und 18–23 Uhr.

Tienseng Restaurant, schräg gegenüber, 28/1 Moo 4, 3 081-5350512. Das lustige, freundliche Personal serviert preiswerte, leckere Gerichte und vermietet einige Zimmer über dem Restaurant mit Ventilator oder AC. ❹

Aktivitäten

Tauchen

Aqua Divers, neben dem Naithon Beach Resort, ☏ 076-316 300, 🖳 www.aquadivers.de. Unter deutscher Leitung. PADI-Kurse, IDA/CMAS-Kurse für erfahrene Taucher, Kurztrips und Mehrtagestouren. Ganzjährig geöffnet, von Okt bis April Tauchen im nahen „Hausriff" vor Ko Waeo.

Nahverkehr

Öffentliche Verkehrsmittel fahren erst ab Nai Yang (Airportbus) bzw. Bang Tao (Inselbus). Taxis nach PHUKET-STADT ab 600 Baht, zum FLUGHAFEN ab 300 Baht, KATA-KARON 900 Baht.

Hat Nai Yang

Der schöne Badestrand im Nordwesten, 32 km von Phuket-Stadt, ist nur 2 km vom Flughafen entfernt, aber trotzdem relativ ruhig. Zahlreiche Liegestühle zieren den sauberen öffentlichen Strand, an dem riesige, Schatten spendende

Kasuarinen in den Himmel ragen. Da das Meer nicht tief ist und keine tückischen Strömungen aufweist, eignet sich das etwa 30 °C warme Wasser gut zum Baden, sodass sich auch weniger erfahrene Schwimmer sicher fühlen. Zum Schnorcheln ist der Strand hingegen nicht geeignet. Während der Schulferien kommen Familien mit Kindern und später ältere Menschen, die teils mehrere Monate bleiben. Nach Regenfällen spült der Bach am nördlichen Ende des Strandes eisenoxydhaltiges Wasser aus den Sümpfen im Hinterland in die Bucht, sodass das Wasser eine rötliche Farbe annimmt.

Ein Teil der Bucht ist in den 90 km² großen **Had Sirinath Marine National Park** mit einbezogen worden, der einen schmalen Küstenstreifen und das Meer entlang der Nordwestküste umfasst. Als schutzwürdig gelten die Kasuarinenwälder und Mangroven ebenso wie das kleine Korallenriff ca. 1 km vor der Küste und ein 5 km langer Meeresstreifen, der allerdings kaum zu kontrollieren ist. Der Park wurde vor allem zum Schutz der Meeresschildkröten (Leder-, Bastard- und Echte Karettschildkröte) eingerichtet, die hier während der Trockenzeit im Dezember und Januar ihre Eier zum Ausbrüten in den Sand legen. Die Verschmutzung des Wassers, die Netze lokaler Fischer und der Trubel an den Stränden haben allerdings stark zur Dezimierung der Tiere beigetragen. Sofern Schildkröten Eier ablegen, werden diese eingesammelt und in einer Aufzuchtstation unter Aufsicht gehegt, bis die Jungen schlüpfen. Mit einem großen Volksfest werden sie zum thailändischen Neujahrsfest am 13. April ins Meer entlassen. Das Hauptbüro hält keinerlei Informationen bereit, Eintritt bis 15 Uhr 200 Baht.

Eine Abwechslung zum Strandleben bietet der **Nachtmarkt** an jedem Do von 18–20 Uhr neben dem Tempel, auf dem vor allem Textilien und die verschiedensten Thai-Snacks und Speisen angeboten werden.

Übernachtung

Im Hinterland weisen Schilder auf Bungalows, Resorts, Hotels, Homestays oder Ferienzimmer und -häuser hin, die meist von Ausländern oder einheimischen Familien vermietet werden. Bei manchen Zimmerangeboten ist der Familienanschluss garantiert. Ein eigenes Fahrzeug ist in den meisten Fällen erforderlich.

Gut und preiswert

Wonglee House ⑤, 65/15 Moo 5, T. Sakhu, ✆ 086-276 1908. Im 1. Stock Zimmer mit Ventilator oder AC. Terrasse mit Sitzgelegenheiten. 5 neuere Bungalows mit AC und TV sowie ein kleiner Pool. Adul Wonglee, der gutes Englisch spricht, und seine Familie wohnen im EG. ❷–❹

Garden Cottage ④, 53/1 Moo 1, Sakhu, 15 Min. vom Strand, ✆ 076-327 293, 💻 www.garden-cottage.org. 18 Bungalows an der Straße. Recht große, nett eingerichtete Häuser mit Ventilator oder AC in einem üppigen Garten. Auto- und Mopedverleih. Tan und ihr Schweizer Mann Chris sorgen für eine freundliche Atmosphäre. Gute Küche. Reservierung empfohlen. ❹–❺

Indigo Pearl ⑪, ✆ 076-327 006, 💻 www.indigo-pearl.com. 226 komfortable Zimmer, Cottages und Suiten in postmodernem Design, das an die Zeit der Zinnminen erinnern soll. 3 Pools im weitläufigen Garten, Spa, Tennis, Tauchschule. ❽

The Golddigger's Resort ⑧, 74/12 Surin Rd., Sakhu, ✆ 076-328 424, 💻 www.golddigger-phuket.com. 2 saubere, gepflegte Reihenhäuser beiderseits eines Pools, 10 Min. vom Strand in ruhiger Lage. Zimmer mit Ventilator oder AC. Fahrrad- und Motorradvermietung, unter Schweizer und australischer Leitung. ❹–❺

Essen und Unterhaltung

An der Strandstraße liegen Garküchen, Seafood-Restaurants, Souvenirstände, Bars, ein Batikshop, ein Minimarkt und eine Tauchbasis. Aufgrund der überwiegend älteren Gäste und Familien geht es hier geruhsam zu.

Garden Cottage, ✆ 076-327 293.
Die einheimischen und europäischen Gerichte sind ein Gedicht. Tischreservierung in der Saison empfehlenswert. 🕓 18.30–21 Uhr.

No. 4 Seafood schmackhaftes Seafood und andere Gerichte; die Preise sind relativ niedrig. Seafood auch im alteingesessenen offenen **Octopus Restaurant**.

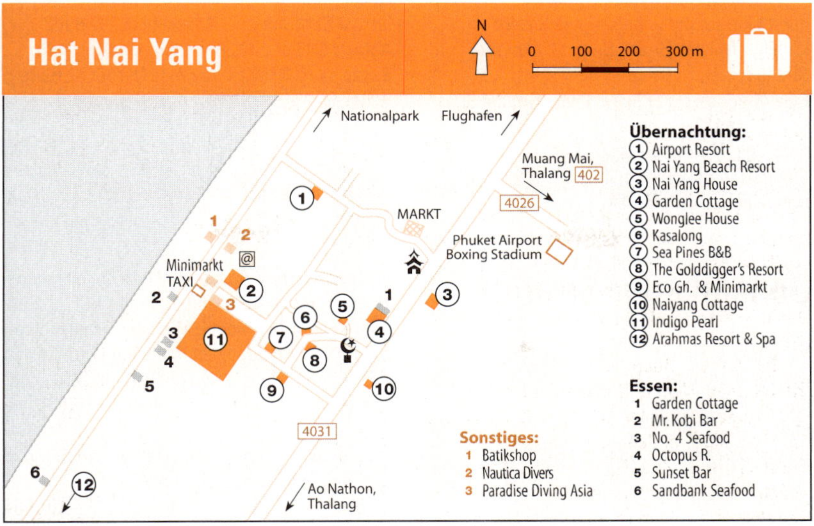

Aktivitäten

Tauchen

Nautica Divers, an der Strandstraße, ✆ 076-328 023, 💻 www.nauticadivers.com. Tauchgänge am Hausriff und Live-aboards. Kurse, auch auf Deutsch.

Paradise Diving Asia, im Indigo Pearl, ✆ 076-205 107, 💻 www.dive-paradise.com. Deutsche Tauchschule, freundlich und hilfsbereit. Kurse, auch mit Nitrox, Tagestouren zu den Similans.

Nahverkehr

Taxis nach PHUKET-STADT 700 Baht, PATONG 900 Baht, KATA 1000 Baht, FLUGHAFEN 150 Baht. Der Airport Bus fährt von der Bushaltestelle an der Hauptstraße (Abzweigung Golddigger's Resort) 5 Min. nach der Abfahrt am Flughafen in 1 Std. für 85 Baht nach Phuket-Stadt.

Hat Mai Khao

Der längste Strand der Insel im Nordwesten, 35 km von Phuket-Stadt, erstreckt sich bis hinauf zur Sarasin-Brücke. Der Strand ohne das Hinterland wurde in den **Had Sirinath National Park** mit einbezogen, da auch hier Meeresschildkröten ihre Eier zum Ausbrüten im heißen Sand ablegen.

Ganz im Norden, wo die zur **Sarasin-Brücke** führende Fahrspur des H402 am **Hat Sai Keaw** entlang verläuft, besuchen Einheimische am späten Nachmittag die Strandrestaurants im Schatten der Kasuarinen, um bei Whisky und Snacks den Sonnenuntergang zu genießen. Neben der alten Sarasin-Brücke führt die neue **Thepkasatree-Brücke** über den **Klong Tha Nun** und verbindet die Insel Phuket mit dem Festland. Die Küste östlich der Brücke ist von Mangroven gesäumt (s. u., „Der Nordosten").

Übernachtung

Unterkünfte s. Karte S. 746
Nördlich von Mai Khao liegen abseits aller Touristenzentren zwei kleine Anlagen unter Kokospalmen an einem ruhigen Strandabschnitt. Sowohl **Maikhao Beach Bungalows** ③, ✆ 081-895 1233, 💻 www.maikhaobeach.wordpress.com als auch **Seaside Cottage** ③, ✆ 080-522 8392, bieten Schatten unter Kasuarinen. Beide ❸–❺. Wegen der starken Strömungen und hohen Wellen ist das Baden hier gefährlich. In Suan Maphrao, 1,2 km südlich der Einfahrt zum Marriott Resort, am Schild „Wat Mai Khao" Richtung Süden abbiegen und

nach 1 km auf der unbefestigten Straße (Schild: Maikhao Beach Bung.) 1,2 km zum Strand fahren.

Eine Alternative ist **Phuket Camp Ground** ②, ✆ 076-348 223, 💻 www.phuketcampground.com. Zelt, Matratze, Kissen, Decke, Stuhl und Sonnenschirm zur Ausleihe. Außerdem ein Doppelbungalow. ❷–❸

Jenseits der Strände

Vor allem im Nordosten zeigt sich Phuket von einer völlig anderen Seite. Schmale Straßen winden sich durch Gummiplantagen, Ananasfelder, kleine Thai- und moslemische Fischerdörfer. Stichstraßen führen hinab zur Küste.

Der Nordosten

In **Tha Maprao**, einem kleinen Thai-Dorf, steht an einem Klong in den Mangroven ein großes Seafood-Restaurant, das frischen Fisch direkt aus dem Tank zubereitet. Auch in **Laem Sai** gibt es frisches Seafood (Mutige können das scharfe südthailändische gelbe Curry *gaeng leung* probieren), ebenso im Nachbardorf, das sich auf Fischzucht spezialisiert hat. Schade, dass der Dorfstrand völlig vermüllt ist. Die großen Teiche der Aquabetriebe prägen auch das Hinterland, wo sich das *Andaman Marine Shrimp Reserarch and Development Centre* befindet. Von den Piers in **Ban Ao Po** und **Bang Rong** starten Ausflugsboote in die Bucht von Phang Nga.

Transport

Im moslemischen Fischerdorf **Ban Ao Krung** kann man Boote für Touren auf die vorgelagerten Inseln mieten. Ein Boot für eine Tagestour, das 6–10 Pers. Platz bietet, kostet ca. 3000 Baht.

Von **Ban Ao Po** starten Boote der Seekanu-Veranstalter und einige Boote nach Ko Yao Noi und Ko Yao Yai.

Von der Anlegestelle östlich von **Bang Rong** starten die meisten Passagierboote nach Ko Yao Noi und Ko Yao Yai. Mit dem Longtail für 120 Baht, mit dem Schnellboot 200 Baht, Abfahrt 9.40 und 10.30 Uhr, Rückfahrten stdl. Busse nach PHUKET von 7–16 Uhr für 80 Baht.

Khao Phra Taeo Wildlife Park und Gibbon Rehabilitation Project

In diesem letzten Rest tropischen Regenwaldes, 21 km nördlich von Phuket, leben auf 2228 ha zahlreiche Affen, Vögel, Makaken, Wildschweine und sogar noch einige Malaienbären. An den Hängen der Berge, deren höchster mit 450 m der **Khao Phara** ist, entspringen mehrere Bäche, die sich in der Regenzeit zu zwei Wasserfällen formen, dem Tone Sai-Wasserfall im Westen und dem Bang Pae-Wasserfall im Osten.

Eine einfache Tour führt vom **westlichen Parkzugang** ein Stück am **Tone Sai-Wasserfall** entlang. Längere Touren sollten nur mit Guide unternommen werden: **Siam Safari Nature Tours**, 70/1 Chao Fa Rd., Chalong, ✆ 076-280 116, 💻 www.siamsafari.com.

Auf dem 600 m und 2 km langen **Lehrpfad** durch den Wald, der hinter dem Meeting Room beginnt und am Wasserfall endet, erhält man auf 7 bzw. 14 Stationen Informationen über verschiedene Aspekte des Regenwaldes. Nahe am See gibt es ein Restaurant und eine sehenswerte **Ausstellung** über das Ökosystem Regenwald.

Am **östlichen Parkzugang** beim Bang Pae-Wasserfall liegt am Fuß der bewaldeten Berge

Flying Fox

Im Wald nördlich vom Thone Sai-Wasserfall kann man abgesichert wie Kletterer an Stahlseilen über acht Stationen auf 400 m Länge von Baum zu Baum gleiten und aus bis zu 15 m Höhe den Wald aus einer neuen Perspektive betrachten. Touren von 9–13 und 14–18 Uhr, 1600 Baht, Buchungen über Reisebüros an den Stränden oder über **Cable Jungle Adventure**, 232/17 Ban Suan Neramit, Moo 8, Sri Soonthon, Thalang, ✆ 076-527 054, 💻 www.phuket-canopy.com.

eine Rehabilitationsstation für Gibbons. Die 1,5 km lange Abzweigung am Elefantencamp führt zuerst durch eine Kautschukplantage. Das **Gibbon Rehabilitation Project**, ✆ 076-260 492, 💻 www.gibbonproject.org, wurde 1992 gegründet, um die in den Bars lebenden verhaltensgestörten Gibbons, die mit Drogen ruhig gestellt und an Alkohol und Nikotin gewöhnt wurden, zu rehabilitieren und in einen artgemäßen Lebensraum zurückzuführen. Junge Leute aus aller Welt arbeiten hier freiwillig und ohne Bezahlung. Sie erklären am Eingang Besuchern gern die Hintergründe und Ziele des Projekts. Daneben können einige der Tiere in Käfigen betrachtet werden. Für die Gibbonsstation selbst ist kein Eintritt fällig, aber es wird eine Spende erwartet. Für einzelne Gibbons können Patenschaften übernommen werden. Achtung: Die Nationalparkgebühr von 200 Baht muss jeder zahlen, auch wenn er nur zu den Gibbons will. ⏲ tgl. 9–16 Uhr.

Übernachten kann man im in Bungalows des Nationalparks am westlichen Parkzugang. ❹

Transport

In Thalang zweigt man vom H402 nach Osten ab, folgt der Beschilderung 3 km zum Tone Sai-Wasserfall und hält sich an der Gabelung rechts. Zum Gibbon Project geht es am Kreisverkehr beim Denkmal der Heldinnen auf den H4027 und nach 9 km links Richtung Bang Rong. Inselbusse fahren von 8.30–16 Uhr ab Phuket-Stadt für 30 Baht nach Bang Rong, aber nicht zu den Parks, sodass man die letzten 1,5 km zum Gibbon Project laufen oder trampen muss. An beiden Parkeingängen wird von 9–15 Uhr die Nationalparkgebühr von 200 Baht erhoben. Auf einem Ticket bestehen, vor allem wenn man am selben Tag auch den anderen Zugang zum Park nutzten möchte. Einige Reisebüros bieten die Fahrt im Rahmen einer Tour an.

Thalang

Der H402 durch Thalang, 20 km nördlich von Phuket-Stadt, wurde verbreitert, wofür ganze Häuserzeilen weichen mussten. Nur noch in den Nebenstraßen sind einige der alten Holzhäuser der ehemaligen Inselhauptstadt erhalten geblieben. Die Hauptstraße säumen Banken, chinesische Geschäfte, Restaurants und ein großer Markt.

Wat Phra Thong, der große Tempel des Goldenen Buddhas, liegt im Norden des Ortes, 400 m östlich des H402. Um die große Buddhastatue, die von der Brust aufwärts aus dem Tempelboden herausschaut, ranken sich zahlreiche Legenden. Ein Junge soll beim Hüten seines Wasserbüffels die fast vollständig vergrabene Buddhastatue entdeckt haben. Kurz darauf starben beide, und dasselbe Schicksal ereilte auch alle anderen, die später versucht haben sollen, sie weiter auszugraben. Die Statue, die aus reinem Gold bestehen soll, verblieb somit an der Fundstelle, und es wurde über ihr der Viharn errichtet.

Tha Rua

Hier im Zentrum der Insel, 12 km nördlich von Phuket-Stadt, steht der **Lak Muang** von Phuket und mitten im Kreisverkehr das 1966 für die Heldinnen Thao Thepkrasatri und Thao Sri Sunthorn erbaute **Denkmal**. Die Geschwister, die im Volksmund Chan und Muk genannt werden, konnten am 13.3.1785 angreifende birmanische Soldaten während der Abwesenheit ihrer eigenen Krieger mit Ausdauer und unter Aufbietung aller Kräfte in die Flucht schlagen.

Das **National Museum** östlich vom Denkmal wird selten besucht. Ein Besuch lohnt für alle, die sich über die Geschichte der Insel infomieren wollen. ⏲ tgl. 8.30–16.30 Uhr, ✆ 076-311 426, Eintritt 30 Baht.

Jeden Montag wird an der Abzweigung zum Museum ein großer lokaler **Markt** abgehalten. 200 m südlich davon steht ein großer, schöner chinesischer Tempel.

Die Inseln vor Phuket

Viele Reisebüros organisieren Ausflüge zu den vorgelagerten kleineren Inseln und Korallenriffen. Zu den vorgelagerten Inseln im Süden gelangt man am günstigsten ab Chalong oder Rawai (s. S. 757 und S. 759), zu den Inseln in der Bucht von Phang Nga ab Bang Rong und anderen Piers an der Nordostküste (s. S. 780). Vielen Inseln im Süden sind Korallenriffe vorgelagert, sodass sie sich gut zum Schnorcheln und Tauchen eignen. Die Inseln in der seichten Bucht von Phang Nga können zwar nicht mit Riffen, aber mit steilen Kalkfelsen im meist spiegelglatten Wasser locken.

Coral Island

Die Insel Ko Hay (auch Ko Hae) liegt etwa 6 km vor Rawai am Südzipfel von Phuket. Wegen ihrer einst schönen Korallen ist sie als Coral Island bekannt. Während der Saison stehen die Liegestühle in vier bis fünf Reihen am Strand der nördlichen Bucht, Strandrestaurants bereiten mittags Thai-Gerichte zu und servieren kalte Getränke. Tagsüber ankern Dutzende von Booten vor dem westlichen Teil des Sandstrandes, wo sich das Meer am besten zum Schwimmen eignet. Die Fische werden durch laute Boote, Fallschirmsegler und propellergetriebene Deltasegler vertrieben. Der östliche Strandabschnitt mit den Bungalows des Coral Island Resort musste bereits mit Sandsäcken abgesichert werden. Ruhiger ist es am kleinen **Banana Beach**, der nach zehnminütigem Spaziergang Richtung Osten erreicht ist. Wer hier wohnen will, findet Unterkunft im **Coral Island Resort** ㉔, Buchungsbüro in Chalong an der Zufahrt zum Pier, 48/11 Chao Fa Rd., ✆ 076-281 060, Resort ✆ 076-352097, 💻 www.coralislandresort.com, Karte S. 746. Ältere Doppelbungalows mit AC in Doppelreihen um einen Pool. Die Anlage steht direkt links am privaten Strandabschnitt, sehr gutes Restaurant. ❺–❻. Boot ab Ao Chalong um 9.30 Uhr in 45 Min., Tagestouren 750 Baht. Longtail und Schnellboote ab Chalong und Rawai.

Ko Lone

Ko Lone ist eine der größten Inseln Phukets vor der seichten Ao Chalong mit bis zu 260 m hohe Bergen. Auf drei Seiten ist sie von einer steilen Felsküste umgeben, nur im Nordosten erstreckt sich ein Strand. Hier liegt auch ein moslemisches Dorf, dessen Einwohner vom Fischen sowie dem Verkauf von Latex und Kopra leben. Wer hier wohnen will, steigt im **Baan Mai Cottage** ㉓, ✆ 076-223 095, 💻 www.baanmai.com. in einem der 8 Luxus-Bungalows mit AC ab und genießt den Pool. ❽ oder wohnt im **Cruiser Island Resort** ㉓, ✆ 076-383210-1, 💻 www.cruiserislandresort.com in einem AC-Bungalows am Strand. ❼–❽. Charterboote ab Chalong. Die Resorts haben eigene Boote, beide Karte S. 746.

Ko Mai Thon

Auch zu dieser Insel, 16 km vor Chalong, werden Tagesausflüge angeboten, die sich wegen der schönen Strände und Schnorchelgründe lohnen. Wer hier wohnen will, nimmt eine Villa im **Maiton Island Resort**, ✆ 076-214 954-7, 💻 www.maitonisland.com. Hier gibt es auch einen Pool, Sauna, Restaurants und vielen Wassersportaktivitäten. ❽

Boote können in Rawai und Chalong gechartert werden.

Ko Racha Yai und Ko Racha Noi

Die hügelige und felsige Insel **Ko Racha Yai** (auch Ko Raya oder Ko Raja) liegt 21 km südlich von Phuket und hat sich durch den Bau des riesigen Hotelkomplexes The Racha stark verändert. Doch noch immer führen schattige Fußpfade und unbefestigte Fahrwege durch die Palmenwälder. Feiner, weißer Sand bildet die zwei größten Strände Batok und Siam Bay im Nordwesten der Insel, wo die Ausflugsboote ankern und die meisten Tagesausflügler in bereitgestellten Liegestühlen unter Sonnenschirmen (150 Baht) den Tag verbringen. Hier liegen die Bungalowanlagen und Restaurants. Von den Felsen hat man einen herrlichen Ausblick über die Küste. Das Wasser ist fast immer klar und an der **Ao Batok** innerhalb eines abgegrenzten Bereichs zum Schwimmen geeignet, Schnorcheln kann man am Rand der Bucht. Die felsige Südküste eignet sich v. a. bei hohem Wellengang weniger zum Baden und Schorcheln.

In der **Siam Bay** erschweren vor allem bei Ebbe abgestorbene Korallen das Badevergnü-

KO RACHA YAI

gen. Ansonsten ist der feine weiße Sandstrand mit noch wenigen Liegestühlen bestückt und ein gutes Rückzugsgebiet für Ruhesuchende. Gutes Tauchen ist an der Ostseite der Insel auf 9–22 m Tiefe bei 10–18 m Sicht möglich, allerdings wurden die Riffe vom Tsunami geschädigt. Viele Ausflugsboote und Tauchschulen fahren täglich zur Insel. Während der Touristeninvasion am Hauptstrand Ao Batok bis gegen 15.30 Uhr sind die anderen Strände eine ruhige Alternative, sofern sich nicht eine Baustelle in der Nähe befindet. Manchmal sind Quallen eine Plage. Während der Monsunzeit (Mai–Okt) wird die Insel kaum besucht. Die kleinere Doppelinsel **Ko Racha Noi** liegt 8 km südwestlich und ist unbewohnt. Sie besitzt nur einen winzigen Sandstrand. Sehr gut tauchen kann man vor der Nordspitze in einer Tiefe von 9–28 m bei 15–25 m Sicht. Allerdings gibt es starke Strömungen, und während des Monsuns ist die Insel ungeschützt starken Winden ausgesetzt, sodass dann keine Boote fahren.

Übernachtung und Essen

Die Preise sind durchweg etwa doppelt so hoch wie auf dem Festland und steigen bei größerem Andrang.

Bungalow Raya Resort ④, ✆ 081-6765995, Buchungen ✆ 076-288271. Hütten auf den Felsen am linken Ende der Ao Batok. Holzbungalows mit Ventilator, Moskitonetz auf Anfrage. Strom von 18–6 Uhr. Großes Restaurant über der Bucht (viele Gruppen). Schnorchelausrüstung. ❹

Raya Sea View Bungalows ②, ✆ 081-397 5141. Am westlichen Ende der Siam Bay am Hang, 8 kleine Holzhütten mit Ventilator. Kleines, 2-stöckiges Restaurant am Strand, Gerichte um 150 Baht, abends BBQ, Beach Bar. Familiäre Atmosphäre. ❹

Das Angebot und die Preise in allen Restaurants der Insel sind in etwa gleich. In der Mitte des Hauptstrandes befindet sich ein sehr gutes Restaurant: reiche Auswahl zum Frühstück, frischer Fisch wird nach Wunsch zubereitet.

Bamboo Restaurant, am Nordrand der Ao Batok, hat frischen Fisch zu vernünftigen Preisen und leckeres Frühstück.

Raya Paradise Bar & Restaurant, am Ende der Siam Bay, ist v. a. bei Tauchern beliebt. Man kann an Tischen drinnen im offenen Restaurant und draußen im Sand sitzen und den schönen Ausblick auf die Bucht genießen. Thai-Gerichte um 100 Baht, auch Frühstück.

Aktivitäten

Tauchen

Raya Divers, 1/2 Moo 5, Rawai, ✆ 081-370 3376, 💻 www.rayadivers.com. Die schwedische Tauchschule hat eine Basis neben The Racha. Touren ab Phuket und Ko Racha zum Tauchen und Schnorcheln für 1800/500 Baht. Günstige Tauchgänge vom Strand aus. Auch Kurse.

Sonstiges

Duschen

Komfortable öffentliche Duschen und WCs neben The Racha, die kostenpflichtig, aber sehr sauber sind.

Geld

Genügend Geld mitbringen! Es gibt auf der Insel keine Geldautomaten, und Kreditkarten akzeptiert nur The Racha.

Transport

Von Oktober bis Mai fahren zahlreiche Boote ab Chalong gegen 9 Uhr in 1 Std. nach Ko Racha Yai, Rückfahrt zwischen 15 und 16 Uhr. Buchungen u. a. über Raya Princess, ✆ 076-256394, 081-5359883 oder Island Safari, 💻 www.islandsafaritour.com. Im Pauschalpreis von ca. 1500 Baht sind der Transfer vom Hotel, Getränke, Lunch und Schnorchelausrüstung enthalten. Nur Bootstransfer ca. 800–1000 Baht. Gäste des The Racha werden mit dem eigenen Boot abgeholt.

Phuket Island Hopper, 💻 www.phuket-islandhopper.com. Tagestouren ab Ko Siray in Verbindung mit Coral Island und Ko Khai für 3500 Baht.

Ko Naka Noi und Ko Naka Yai

Auf der kleineren der Schwesterinseln in der Bucht von Phang Nga ist die **Perlenfarm Naka Noi** im Nordosten täglich für Besucher geöffnet, ✆ 076-212 901, ⏲ 9–15.30 Uhr.

Auf der größeren, privaten Nachbarinsel Naka Yai stehen einige Resorts. Der Strand an der Westküste ist flach und nicht gut. Aber an der Ostküste (30 Min. zu Fuß) liegt ein Super-Strand: 1 km lang, davon 500 m feiner Sand, Palmen, schöne Sicht auf Felsen. Sehr schön wohnt es sich im **Six Senses Erawan**, 💻 www.sixsenses.com. Das Resort hat sich der Gesundheit mit ganzheitlichen Behandlungsmethoden verschrieben. 3000 m² große Spa-Bereich. Riesige Pool-Villen. ❽

Boote können am Ao Po Pier gechartert werden. Organisierte Touren kosten in zahlreichen Reisebüros 2000–2500 Baht inkl. Transfer vom Hotel, Besichtigung der Perlenfarm und Mittagessen.

Ko Yao Yai

Die 40 km lange, von Touristenmassen bisher verschonte Insel Ko Yao Yai liegt neben ihrer etwas kleineren Schwesterinsel Ko Yao Noi in der Phang Nga-Bucht zwischen Phuket und Krabi und zahlreichen kleinen Inselchen. Unberührte, feine Sandstrände, Kautschukplantagen, Palmenhaine und dichter Dschungel prägen die hügelige Landschaft. Die 3000 moslemischen Einwohner begrüßen die wenigen Touristen überall mit einem Lächeln, das ein bisschen echter wirkt als auf Phukets Hauptstränden.

In Ban Chong Lat legen auch einige Boote aus Phuket und aus Ko Yao Noi an. Motorradtaxis warten auf ankommende Passagiere. Auf der wenig befahrenen Hauptstraße, die von Nord nach Süd die Insel durchquert, ist nicht viel los. Einige Essensküchen, hie und da ein Minimarkt und viele einfache Holzhäuser auf Stelzen säumen den Straßenrand.

Zu den schönsten Stränden der Insel, die meist von Kasuarinen beschattet werden, gehören **Ao Lo Pa Ret**, eine tiefe Bucht, in der man herrlich baden kann, an der Westküste, **Ao To La Ma** im Nordosten mit tollem Ausblick auf die schroffen Felseninseln der Phang Nga-Bucht und die unbebaute, idyllische **Ao Klong Son** im Norden am Ende der Hauptstraße. Die von Felsen durchsetzten Strände **Hat Lam Sai** und **Hat Lam Nok Ok** an der Ostküste eignen sich gut zum Schwimmen.

Vier weit auseinanderliegende Bungalowanlagen und ein Mittelklassehotel machen Ko Yao Yai zu einem Geheimtipp für Pärchen, Ruhesuchende und Naturfreunde.

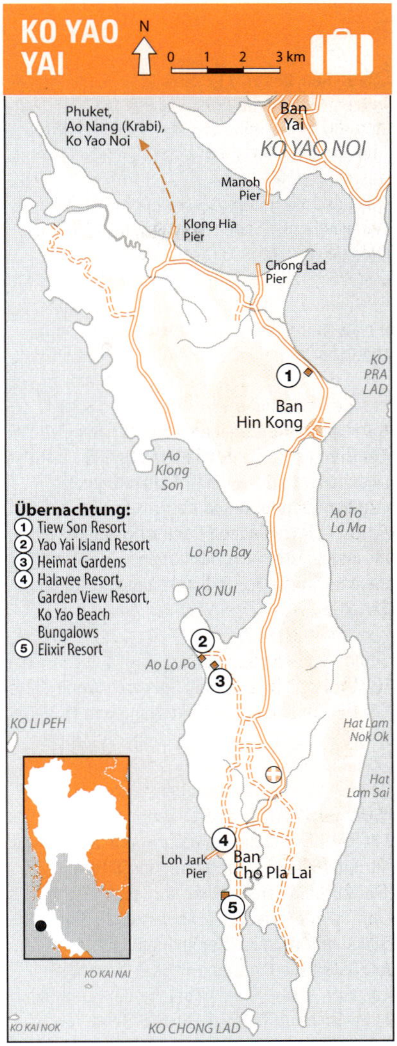

Übernachtung

Auf der Insel gibt es einige kleinere, einfache Unterkünfte mit Restaurant:

Elixir Resort ⑤, ✆ 087-809 3838, 💻 www.phuket.com/elixir. Mittelklassehotel mit schönen Steinbungalows mit offenem Bad im Thai-Stil in einem weitläufigen, etwas schattenlosen Garten direkt am Strand. Pool, Internet (das einzige auf der Insel), Spa. Tauchschule. Baden ist nur bei Flut möglich. ❽

Heimat Gardens ③, ✆ 085-794 7428, 💻 www.heimatgardens.com. Unter Kokospalmen und Bananenstauden 5 Zimmer im Reihenhaus mit Ventilator oder AC. Etwa 200 m vom Strand entfernt. Die Besitzerin Yamalia spricht Deutsch. ❹–❺

Yao Yai Island Resort ②, Hat Lo Pa Rat, 80/3 Moo 7, ✆ 081-535 6871. 20 Bungalows mit Ventilator oder AC an einem schönen Strandabschnitt. Nach Voranmeldung werden Gäste vom Pier abgeholt. ❹–❺

Essen

Alle Bungalowanlagen haben Restaurants. Wem der Sinn nach typischen Thai-Gerichten steht, kehrt in den einfachen Garküchen

Beste Strandlage

Tiew Son Resort ①, 58/4 Moo 4, im Nordosten, südlich von Chong Lat, ☏ 081-956 7582, 💻 www.thiwsonbeach.com. Direkt am Strand liegen 12 Bungalows unter Kasuarinen mit wunderschönem Ausblick auf die Inselwelt. Moskitonetz, einige Zimmer mit AC, andere mit Ventilator. Auch Familienzimmer. Gutes Restaurant. ❸–❺

und kleinen Restaurants direkt an der Hauptstraße ein.

Aktivitäten

Auf eigene Faust kann die Insel mit dem Fahrrad (100 Baht am Tag) oder dem Moped (250 Baht) erkundet werden. **Schnorchelausflüge** zur vorgelagerten Insel Koh Kai Nok organisieren die Bungalowanlagen oder der Taxifahrer John (mit Tochter Kazmiri), der gut Englisch spricht und am Loh Jak Pier auf ankommende Touristen wartet.

Transport

AO NANG mit dem Schnellboot vom Klong Hia Pier zum Thalen Pier (bei Ao Nang) um 15.30 Uhr für 500 Baht, mit dem Longtail um 7.30 Uhr für 120 Baht.

KO YAO NOI mit dem Longtail stdl. von 8 bis 15 Uhr für 70 Baht, Charter-Longtail 100 Baht.

Von PHUKET mit der Autofähre vom Jian Warnitt Pier um 10 und 14 Uhr (Fr nur um 10 Uhr) für 150 Baht zum Loh Jak Pier, zurück um 8 und 15 Uhr (Fr nur um 8 Uhr). Vom Rasada Pier in Phuket gibt es keine Verbindung nach Yao Yai. Vom Klong Hia Pier nach Phuket (Bang Rong) stdl. ab 7.30 Uhr für 120 Baht mit dem Longtail, Schnellboot ab 10.30 Uhr für 200 Baht.

Ko Yao Noi

Das nördlich von Ko Yao Yai gelegene Ko Yao Noi ist die kleinere, aber bereits besser erschlossene Insel. In mehreren Dörfern leben etwa 6000 Moslems vor allem vom Fischfang, der Landwirtschaft, von Kautschuk- und Ölpalm-Pflanzungen. Der Tourismus ist auf diese Insel erst seit Mitte der 1990er-Jahre vorgedrungen. Die Straße rund um den Süden der Insel sind asphaltiert. Neben Motorrädern können auch Tuk Tuks für Rundfahrten gemietet werden. Im größten Dorf **Ban Yai** im Südwesten (auch Ban Ta Khai genannt) befinden sich ein Pier, die Schule, Polizei und Post, ein Krankenhaus, der große Markt, ein paar kleine Restaurants und Läden, Gästehäuser, eine Moschee, ein 7-Eleven ohne Alkoholverkauf und Internet-Cafés.

Von einem weiteren Pier im Süden, **Tha Manoh**, legen die Boote nach Ko Yao Yai und Passagierboote nach Phuket ab. Die schönsten Badestrände liegen an der Ostküste, darunter der malerische Strand **Hat Pasai** im Süden hinter dem Dorf **Ban Laem Sai** und der **Hat Klong Jaak** (Long Beach) weiter nördlich. Weitere verhältnismäßig kleine, schmale Buchten mit feinem, gelblichem Sand werden von Kokospalmen, Kasuarinen und Mangroven gesäumt. Von diesen Stränden bietet sich eine schöne Sicht auf die bizarren weißen Felsformationen im türkisblauen Meer, die im warmen Licht der Nachmittagssonne besonders schön erleuchtet werden. Dahinter erstrecken sich die dschungelbedeckten Berge des Festlandes bis hinab nach Krabi.

Von **Ban Tha Khao**, kann man mit Fischern zum Nachtfischen hinausfahren. Bei Ebbe ist die winzige vorgelagerte Insel **Ko Nok** zu Fuß erreichbar. Kleine Läden sorgen für das Lebensnotwendige. Ein größeres Fischerdorf ist **Tha Tondo** an der Westküste, 4 km nördlich von Ban Yai. Viele Häuser stehen auf Stelzen im Meer. Am Pier kann man in Restaurants sitzen und das Dorfleben beobachten.

Übernachtung und Essen

An der Ostküste liegen mehrere Resorts. Mittlerweile sind alle an das Stromnetz angeschlossen.

Ko Yao Beach Bungalows, 17 Moo 5, Hat Pasai, nahe der Flussmündung, ☏ 089-592 2390. 7 saubere, kleinere und größere Bungalows Ventilator und Netz. Restaurant am Bach mit einfachen Thai-Gerichten. Blick aufs Meer. ❸–❹

Lom Lae Beach Resort, Moo 5, Hat Pasai, 4,5 km vom Markt, ☏/📠 076-597486,

Entspannte Atmosphäre

Koyao Island Resort, 24/2 Moo 5, ✆ 076-597474, 💻 www.koyao.com. In einer von Felsen umrahmten Bucht mit feinem Sandstrand abseits der Straße.Unter Kokospalmen 15 schöne Villen. Alle mit Meerblick. Westlicher Komfort, Ventilator (auf Wunsch AC), Baumwollnetze, offenes Wohnzimmer, TV, Video und Kühlschrank. Restaurant mit guter Thai- und mediterraner Küche. Aktivitäten (Kanu, Fahrräder, Katamaran, Windsurfing), Abholservice ab Flughafen. Spa mit Thai-Sauna. Am Strand Hängematten und Pool. ❼–❽

💻 www.lomlae.com. Im Kokospalmenhain am Rand eines Mangrovengebiets; Liebevoll dekorierte Bungalows auf Stelzen. 3 Häuser mit Küche. Strand auf der gegenüber liegenden Straßenseite, man kann nur bei Flut schwimmen. Schnorcheln, Kayak, Klettern, Trekking, Tauchbasis. ❹–❼

Sabai Corner, in einer kleinen Bucht am Hang, ✆ 076-597 497, 💻 www.sabaicornerbungalows.com. Kleine palmwedelgedeckte Hütten und Holzbungalows mit Terrassen, teilweise Meerblick. Teils Gemeinschaftsduschen. Moskitonetz. Im gemütlichen Restaurant über den Klippen nach Voranmeldung traditionelles Thai-Dinner (400 Baht) oder BBQ (250 Baht). ❸–❹

Tha Khao Bungalows, 3 km südlich vom Fischerdorf Ban Tha Khao. Abseits von allen anderen Anlagen in einer kleinen, ruhigen Bucht mit hübschem Sandstrand in gepflegtem Garten am Wasser. Bungalows für 2 Pers., 4 Pers. und 6 Pers. Fahrrad-, Motorrad- und Kajakverleih. Inkl. Frühstück. ❹

Nahverkehr

Boote

Longtails können für Ausflüge und Badetrips auf die benachbarten Felseninseln oder aufs Festland gechartert werden. Sie bieten bis zu 10 Pers. Platz und kosten z. B. ab Ban Tha Khao nach Ko Hong 1500–2000 Baht; Tagestouren z. B. in die Bucht von Phang Nga 1800–3000 Baht, nach Ao Nang 2000–3500 Baht, Phuket 2000 Baht. Fast alle Unterkünfte organisieren Longtails. Seekanus kosten ca. 600 Baht pro Tag.

Motorräder

Sie eignen sich gut, um auf eigene Faust die Insel zu erkunden. In den meisten Bungalowanlagen werden Motorräder für 250 Baht pro Tag vermietet, mit Automatik 300 Baht.

Tuk Tuks

Sie fahren von allen Piers für 50–100 Baht pro Person bzw. 250 Baht pro Stunde zu den Stränden.

Transport

Zum Pier östlich von Bang Rong auf PHUKET fahren Busse ab Phuket-Stadt von 7–16 Uhr für 30 Baht.

Ab Bang Rong in der Saison Passagierboote um 9.30, 11, 12.30, 14.30, 16 und 17 Uhr für 100 Baht in 45 Min., zurück um 7, 10, 15 und 16 Uhr.

Je nach Gezeiten und Bedarf legt das reguläre Boot auf Ko Yao Noi in Tha Manoh oder Ban Yai an.

Um 10 und 16 Uhr fährt zudem ein großes Passagierschiff je nach Gezeiten ab Bang Rong oder Ao Po, ebenfalls für 100 Baht.

Vom Manoh Pier nach KO YAO YAI 1x tgl. für 20 Baht in 15 Min.

Vom Khao Pier im Nordosten nach THA LEN 1x tgl. um 7.30 Uhr für 100 Baht in 45–60 Min., von dort mit dem Minibus weiter nach KRABI für 30 Baht, zurück um 12 Uhr. Aktuelle Infos in den Bungalowanlagen.

Die südliche Andamanenküste

An Thailands Küsten zum Indischen Ozean liegen einige der schönsten Reiseziele des ganzen Landes. Besonders die große Bucht von **Phang Nga**, zwischen Phuket und dem Festland, lockt mit traumhaften Inseln und Ausflugszielen. Dramatische Kalksteinformationen, versteckte Buchten und Lagunen, Traumstrände mit kristallklarem Wasser – all das und mehr reicht manchem für eine gesamte Thailand-Reise.

Die gemütliche Provinzhauptstadt **Krabi** ist ein guter Ausgangspunkt, um die umliegenden Strände, Inseln und Sehenswürdigkeiten zu erkunden. Wer direkt am Strand wohnen möchte, zieht weiter nach Rai Leh oder Ao Ton Sai, letzteres besonders für Kletterfreunde interessant, oder auch nach Ao Nang bzw. an den Hat Nopparat Thara. Die südlich gelegene Insel **Ko Jum** (Ko Pu) verspricht ruhige Tage, während das gut erschlossene **Ko Lanta** inzwischen alles bietet, was Familien und Bequemlichkeit Suchende wünschen.

Zahlreiche Inseln und Strände befinden sich südlich von Ko Lanta vor und an der Küste der Trang-Provinz, darunter Ko Lipe, das inzwischen gut erschlossene einstige Aussteigerparadies. Einige Inseln gehören zum **Chao Mai National Park**, andere zum **Ko Lanta National Park** oder zum **Tarutao National Park**. Sie sind zum Teil bewohnt, und es gibt Unterkünfte in allen Preisklassen. Andere kann man zwar besuchen, aber vor Ort nur in Zelten nächtigen. Wieder andere sind Ziele für einen Tagesausflug oder ragen gerade mal soweit aus dem Wasser, dass man sie zwar sehen, aber nicht betreten kann. Dafür ist es hier unter Wasser spektakulär – ein Paradies für Schnorchler und Taucher.

Phang Nga

Die ruhige Distrikthauptstadt Phang Nga selbst hat nicht viel Touristisches zu bieten. Etwas Besonderes ist allerdings ihre Lage zwischen den dramatisch aufragenden Karstfelsen, für die die Region so bekannt ist. Die Bebauung erstreckt sich v. a. entlang der Hauptstraße Phetkasem Road. Das Stadtzentrum liegt im Norden; hier befinden sich Markt, Busbahnhof und die meisten Unterkünfte. Touristen, die nach Phang Nga kommen, wohnen meist hier und unternehmen mit einem der Touranbieter, die sich um den Busbahnhof herum angesiedelt haben, einen Ausflug in die weltberühmte Bucht von Phang Nga (s. S. 791).

Wer in der Stadt ein wenig Zeit verbringen möchte, sollte die **Pung Chang-Höhle** aufsuchen, die zu den beeindruckendsten der Region zählt. Die Höhle liegt etwa 2 km südlich des Stadtzentrums hinter dem District Office am Fuße des Chang-Berges. Innen finden sich schöne Stalagmiten und Stalagtiten sowie Kopien bekannter Buddhastatuen. Etwas weiter nach Süden, auf der anderen Straßenseite, lädt der **Somdet Phrasi Nakharin-Park** zum Bummel ein. Er ist benannt nach der Mutter König Bhumipols und um einige Kalksteinfelsen herum angelegt, in denen sich ebenfalls Höhlen befinden. Bekannt und ein beliebtes Ausflugsziel für die einheimische Bevölkerung ist die bequem begehbare **Russi-Höhle**, die „Höhle des weisen Mannes“. Die Statue eines Einsiedlers mit aufgetürmtem Haarzopf und Tigerfell erinnert daran, dass hier einst ein Mönch, möglicherweise aus Indien, seine Zuflucht fand.

Übernachtung

Die meisten Unterkünfte liegen an der viel befahrenen Hauptstraße und sind daher etwas laut – es empfehlen sich jeweils die Zimmer nach hinten heraus.

Muang Thong Hotel ④, 128 Phetkasem Rd., ✆ 076-411 132, 089-289 2566. Geräumige Zimmer mit Ventilator oder AC; die Badezimmer werden z. T. über nicht bis zur Decke gemauerte Zwischenwände ins Zimmer entlüftet. Schön sind die Zimmer mit Holzfußboden im 1. Stock. Im angeschlossenen Tourbüro bietet der gesprächige Mr. Hassim Touren in die Bucht von Phang Nga an. ❷

Phang Nga Bay Resort ⑨, 20 Tha Dan Rd., ✆ 076-411 067. Direkt am Bootspier von Phang Nga, 8 km vom Stadtzentrum entfernt, liegt diese in die Jahre gekommene Anlage mit verwohnten Zimmern und wenig begeisterndem Restaurant. Es trösten ein Pool und die tolle Aussicht. ❹

Phang-nga Guesthouse ③, 99/1 Phetkasem Rd., ✆ 076-411 358. Ordentliche, hellblau gestrichene Zimmer in verschiedenen Größen (1–5 Betten), z. T. mit Fenstern zu einer wenige Zentimeter entfernten Mauer; Ventilator oder AC, TV. ❷

Phang-nga Inn ⑤, 2/2 Soi Lohakit, ✆ 076-411 963, 081-892 1507. Einladendes Guesthouse mit unterschiedlichen, gut in Schuss gehaltenen Zimmern. Ruhig, da etwa 100 m

SÜDLICHE ANDAMANENKÜSTE

N 0 10 20 30 40 50 km

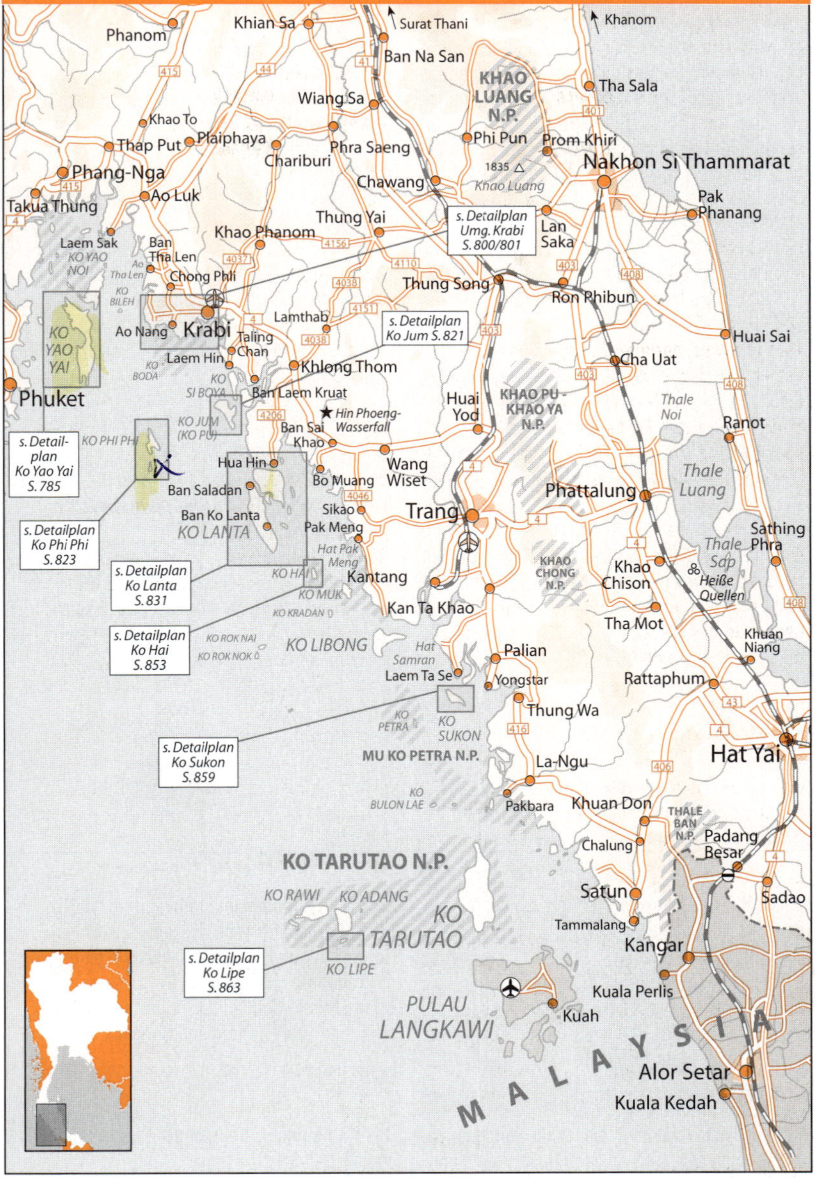

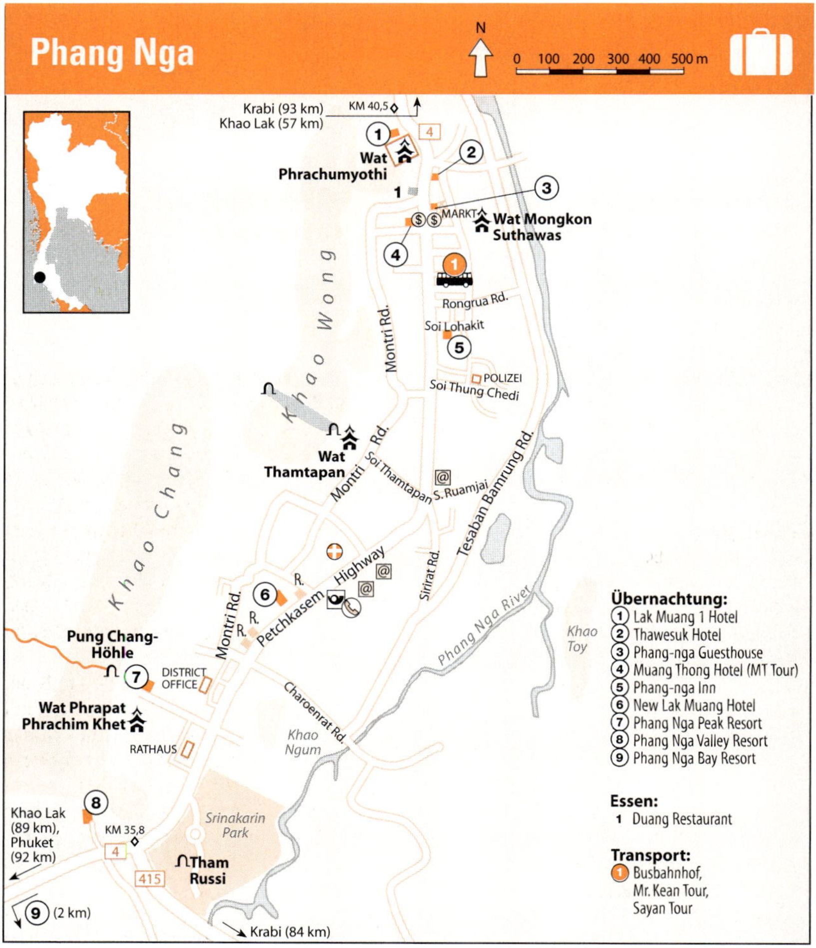

abseits der Hauptstraße. Für viele die beste Option in Phang Nga. ❷–❸

Phang Nga Peak Resort ⑦, 30/6 Soi Pungchang, ✆ 089-588 7807, 087-895 6323. Relativ neue, saubere Zimmer direkt am Fuße des Chang-Berges. Abseits des Stadtzentrums, dafür nahe bei der Pung Chang-Höhle. ❸–❹

Essen

In Phang Nga ist man auf die lokale Hausmannskost angewiesen, die in kleinen Restaurants und an Straßenständen im Stadtzentrum um den Markt herum und nahe des New Lak Muang Hotel angeboten wird. Einheimische empfehlen die Thai- und chinesischen Gerichte im **Duang Restaurant**, an der Phetkasem Rd., zwischen Thai Farmers und Bangkok Bank.

Sonstiges

Medizinische Versorgung

Das **Krankenhaus** liegt an der Phetkasem Rd., südlich des Stadtzentrums. Bei ernsteren Fällen empfehlen sich die internationalen Kliniken auf Phuket.

Touren

Verschiedene Touranbieter buhlen um die Gunst der Kunden und vermieten auch **Mopeds**. Die meisten haben ihre Büros am Busbahnhof, und wer in eines hineinblickt, wird sofort in Beschlag genommen.
Die Angebote (vgl. Die Bucht von Phang Nga) ähneln sich: Eine **Halbtagestour**, morgens oder nachmittags, fährt die wichtigsten Highlights an (James Bond Island, Ko Panyi, Höhlen) in 4 Std. für etwa 500 Baht.
Eine **Ganztagestour** mit mehr Zeit an den einzelnen Stationen und einem Besuch der Hong-Insel (s. S. 792) mit ihrer wunderschönen Lagune und ebensolchen Sandstränden kostet rund 1000 Baht. Auch Halbtagestouren mit **Übernachtung** im Moslem-Dorf auf Ko Panyi sind machbar (um die 800 Baht).
Der Nationalpark-Eintritt sollte bei allen Touren im Preis enthalten sein. Anbieter sind z. B. **Mr. Kean Tour**, ✆ 076-430 619, 089-871 6092, und **Sayan Tour**, ✆ 076-430 348, beide am Busbahnhof. Außerdem **MT Tour** im Muang Thong Hotel.

Transport

Busse

BANGKOK, mit dem Government-Bus (1.Kl. AC) um 17 Uhr für 570 Baht; nicht tgl. auch mit dem 2.Kl.AC-Bus um 16 Uhr für 460 Baht; weitere 2.Kl.AC-Busse um 7.30, 17 und 20.30 Uhr für 440 Baht. Am bequemsten ist der VIP-Bus um 17.30 Uhr für 890 Baht. Fahrzeit etwa 12 Std.
KHAO LAK, im Ranong-Bus für 80 Baht bis Takua Pa und dort umsteigen (50 Baht); oder, noch komplizierter, mit dem Phuket-Bus nach Khok Kloi (40 Baht), von dort nach Takua Pa und dann weiter nach Khao Lak.
KRABI, stdl. von 7–19.30 Uhr für 80 (1.Kl.AC) bzw. 60 Baht (2.Kl.AC) in 1 1/2 Std.
PHUKET, stdl. von 8.30–19 Uhr im 1.Kl. AC-Bus für 80 Baht in 2 Std. Manchmal fahren zusätzlich ein paar Minibusse.
RANONG, um 8, 10 und 14 Uhr für 160 Baht in 4 1/2 Std.
SURAT THANI, im 1.Kl.AC-Bus um 9.30, 11.30, 13.30, 15.30 und 17 Uhr für 150 Baht in 3 Std.
Es sind auch weiterführende Joint Tickets (inkl. Fähre) für KO SAMUI und KO PHA NGAN um 9.30 und 11.30 Uhr im Angebot (370 Baht).

16 HIGHLIGHT

Die Bucht von Phang Nga (Phang Nga Bay)

Kaum ein Besucher dieser Region verzichtet auf eine **Bootstour** in die Bucht von Phang Nga, denn dort stehen weltberühmte Sehenswürdigkeiten – etwa der steil aufragende James Bond-Felsen. An solchen Plätzen treffen in der Saison hunderte von Reisenden zusammen, paddeln mit Kajaks durch die Höhlen oder bewundern vom Boot oder Strand aus die Umgebung. Touren dorthin starten nicht nur ab Phang Nga-Stadt, sondern auch ab Phuket (s. S. 751), Krabi-Stadt (s. S. 798) und von anderen Stränden (z. B. Ao Nang, s. S. 811).

Eine Bootstour durch die Bucht ab Phang Nga-Stadt beginnt am **Tha Dan Pier** und führt von dort durch den **Klong Khao Thalu**, dessen Ufer mit Mangroven bewachsen sind, Richtung Meer. Dort geht es vorbei an vielen bizarr aussehenden Inseln, z. B. **Ko Khai** („Eier-Insel") oder **Ko Maa Chuu** („Insel des kleinen Hundes"). Auf **Ko Panyi** gibt es ein von Moslems bewohntes Dorf, dessen 200 Häuser auf Pfählen ins Meer gebaut wurden. Der Name der Insel („Flaggeninsel") rührt von einer Fahne her, die die Bewohner auf einem Felsvorsprung gehisst haben, als sie vor etwa 200 Jahren aus Malaysia eingewandert sind. Lange lebten die Bewohner vom Fischfang; heute kommt der Tourismus als Einnahmequelle hinzu. Besucher werden meist in einem Restaurant mit einem standardisierten Mittagessen abgefüttert und fahren dann weiter, es sind jedoch auch Übernachtungen möglich.

Dass die Bucht von Phang Nga schon seit langer Zeit bewohnt ist, beweisen die Felsmalereien des **Khao Khian** („Mal-Berg"). Sie sind vor etwa 4000 Jahren entstanden.

Die Karstfelsen

Um die Entstehung der Karstfelsen, für die der Khao Sok, die Bucht von Pha Nga und die gesamte Umgebung von Krabi berühmt sind, zu erklären, muss man etwa 345 Mio. Jahre zurückgehen. Einst gab es hier riesige Korallenriffe, die durch Erosion von Sedimentgestein bedeckt wurden. Etwa 280 Mio. Jahre später (vor rund 66 Mio. Jahren) – das Sediment war durch Druck zu hartem Fels geworden – krachte die indische auf die asiatische Erdplatte. Die Berge wuchsen in die Höhe. Zeitgleich ging der Meeresspiegel zurück. Noch heute befinden sich die Berge in Erosion, durch den Monsunregen und die Auswaschungen des Meeres entstehen immer neue Höhlen bzw. verschwinden, wenn ihr Dach zusammenbricht.

Das Hauptziel aller Bootstouren durch die Bucht von Phang Nga ist **Khao Phingan**, besser bekannt als **James Bond Island**, denn hier wurden einige Szenen für den 1974 erschienenen Hollywoodfilm *Der Mann mit dem goldenen Colt* gedreht. Vom Strand aus sieht man **Ko Tapu**, die „Nagel-Insel": ein schmaler, sich nach unten verjüngender Felsen, der sich senkrecht aus dem Wasser erhebt – der berühmte **James Bond-Felsen**; sicher die meistfotografierte Naturschönheit der Region. Entsprechend touristisch geht es zu.

Von Phang Nga nach Krabi

Die südliche Umgebung von Phang Nga über Ao Luk bis hinunter nach Krabi ist geprägt von höhlendurchzogenen, dschungelbewachsenen **Kalksteinmassiven** – ein großartiges Werk der Natur, sowohl zu Wasser als auch zu Lande.

Ko Hong-Archipel

Ein beliebtes Ausflugsziel ist die Insel Ko Hong (auch Ko Lao Li Pe) mit ihren Nachbarinseln. Etwa 20 Bootsminuten von Ao Tha Len (S. 818) bei Krabi entfernt, gilt sie als eine der schönsten Inseln in dieser an schönen Inseln nicht gerade armen Region. Eine besondere Attraktion ist eine Lagune, in die durch einen engen Eingang hineingefahren wird. Dieses versteckte „Zimmer" gab der Insel ihren Namen (*hong* heißt „Zimmer", „Raum"). Auf der anderen Seite erstreckt sich ein schöner Sandstrand und im Uferbereich erhebt sich ein 10 m hoher Sandstein. Ein 400 m langer Wanderweg führt durch fantastische Natur zum Fuße eines Kalksteinfelsens. Die Insel gehört zum Than Boke Khorani National Park; an der Rangerstation auf Ko Hong sind 200 Baht Nationalpark-Gebühren zu zahlen.

Bei Ausflügen hierher werden meist auch die anderen Inseln des Archipels angefahren: Ko Pakbia, von der TAT jetzt umbenannt und vermarktet als „Paradiesinsel". Hier werden Schwalbennester für die berühmte Suppe geerntet. Ko Lao (auch Ko Sa Ka) und Ko Lao Riam eignen sich zum Schnorcheln (viele Fische, Korallen und Seesterne) und Paddeln. Vogelfreunde freuen sich über die kreisenden Seeadler.

Than Boke Khorani National Park

Auch **Than Bokkarani** oder **Tarnboke Khoranee** (oder noch anders) geschrieben und von Einheimischen kurz **Than Bok** genannt: eines der Lieblingsziele von Thai-Touristen mit Botanischem Garten und einer Höhle, in der sich eine Lagune befindet, die zum Schwimmen geeignet ist. Direkt nach dem Monsun, im Dezember, ist der Park am schönsten: Aus einer Spalte in einer Klippe strömt Wasser in ein Becken und von dort aus weiter in mehreren Strömen und über Kaskaden; kleine Wasserfälle und Pools laden zum Entspannen ein. Hunderte von Vogelarten bevölkern den Park.

Anfahrt mit Songthaew von Krabi bis fast nach Ao Luk (wer dem Fahrer Bescheid sagt, wird an der richtigen Stelle rausgelassen), von dort zu Fuß über die Straße 4039 zum Parkeingang. Einfacher geht es mit einem Tourveranstalter von Krabi aus.

Khao Phanom Bencha National Park

20 km nördlich von Krabi liegt dieser Park mit Wasserfällen, Höhlen und Wald. Der gleichnamige Berg ist der höchste Punkt der Umgebung (1350 m). Hauptsehenswürdigkeit ist der **Huay**

Toh-Wasserfall, der sich in mehrere große Pools ergießt.

Anreise von Krabi mit dem Auto die 411 stadtauswärts, dann auf den H4 links Richtung Phang Nga, kurz vor Erreichen des KM 108 rechts ab auf die 1016, in Ban Thap Prik rechts halten (nicht auf die 3023) und der Straße bis zum Ende folgen.

Krabi und Umgebung

Krabi-Stadt

Die überschaubare Hauptstadt der gleichnamigen Provinz präsentiert sich als ein beschaulicher Ort voller Märkte, Restaurants und freundlicher Leute. Für viele Besucher ist Krabi nur Durchgangsstation auf dem Weg zu einer der Inseln oder Strände, für die die Region berühmt geworden ist. Wer jedoch hier übernachtet, wohnt nicht nur preiswert in einem der einladenden einfachen Gästehäuser, sondern kann auch auf Nachtmärkten günstig und gut essen. Für viele sind eine oder mehrere Nächte in Krabi durchaus eine Alternative zu einer (teureren) Unterkunft am Strand: Ao Nang (s. S. 812) und Nopparat Thara (s. S. 815) sind einfach und schnell mit dem ständig verkehrenden Sammeltaxi zu erreichen, Rai Leh (s. S. 805) mit dem Longtail.

Die Stadt erstreckt sich am nach ihr benannten Fluss; an der Uferpromenade mit Bänken und einem kleinen Park lassen sich ein paar Stunden vertrödeln.

Am anderen Flussufer befinden sich etwas nördlich die beiden Berggipfel des **Khao Kanab Nam** („Hundeohren-Berg"), das Symbol der Stadt. Innen findet sich eine Höhle mit prähistorischen Malereien.

Gegenüber dem Chao Fah Pier, wo Longtails nach Rai Leh starten, liegt die mangrovenbewachsene Insel **Ko Klang** (s. S. 799).

Übernachtung

Die Zimmer in der unteren Preisklasse sind fast ausnahmslos mit Ventilator ausgestattet. Viele, v. a. die ganz preiswerten (ab 100 Baht), haben Gemeinschaftsbäder. Eindrücke und weitere Unterkünfte s. eXTra [2774].

Untere Preisklasse

Area 51 ⑥, 1/13–14 Soi Ruamjit, Maharat Rd., ✆ 075-630 257. Sechs einfache, etwas künstlerisch eingerichtete Zimmer. Im EG befindet sich eine beliebte lokale Radiostation; durch die Glastür sieht man den Moderator bei der Arbeit. ❷–❸

Good Dream Guesthouse ⑫, 83 Uttarakit Rd., ✆ 075-622 993, ✉ krabidream@gmail.com. Verschiedene Zimmer von kleinen fensterlosen Verschlägen bis zu größeren Räumen mit Balkon, einige mit TV; teils AC, teils Ventilator. Freies WiFi. ❶–❸

Grand Tower Hotel ㉑, 9 Chao Fah Rd., ✆ 075-622 322, ✉ warapon_s@hotmail.com. Das weiße Eckhaus mit nüchternem Interieur verfügt über geflieste AC- und Ventilator-Zimmer, die neben einem Bett auch noch über 2–3 Stühle und eine kleine Ablage/Schreibecke verfügen. ❷–❸

Lipstick Guesthouse ⑨, 20-22 Ruenruedee Rd. (Maharaj Soi 2), ✆ 075-612 392, ✉ lipstickb@hotmail.com. Saubere, preiswerte Zimmer mit Gemeinschaftsbad. Im EG serviert das Gusto Restaurant gute italienische Küche. ❶–❷

Phi Phi Andaman Legacy (Krabi) ⑰, 20/1 Chao Fah Rd. 400 Baht für ein prima Zimmer mit AC, Bad, TV und kleinem Balkon zur Straße sind wirklich nicht zuviel. ❷

Mittlere und obere Preisklasse

A. Mansion ⑳, 12/6 Chao Fah Rd., ✆ 075-630 511. Saubere, gepflegte Unterkunft mit 31 AC- und Ventilator-Zimmern, an denen es nichts auszusetzen gibt, außer dass ihnen das gewisse Etwas fehlt, das viele andere Plätze in Krabi aufweisen. ❸–❹

Schöne Zimmer mit Ruheoase im Garten

Chanchalay Guesthouse ㉒, 55 Uttarakit Rd., ✆ 075-620 952, 💻 www.chanchalay.com. Sehr beliebtes Guesthouse mit hübschen, hellblauen Zimmern mit Ventilator oder AC. Im Innenhof ein kleiner Garten. ❷–❹

Die Andamanenküste

Golden Hill Hotel ㉘, 16 Chamai Anusorm Rd., ✆ 075-623 651, 💻 www.krabigoldenhillhotel.com. Angenehmes, modernes Hotel mit komfortablen Zimmern und Pool. Deutliche Preisnachlässe in der Nebensaison von Mai bis Oktober. ❹–❺

Krabi City Seaview Hotel ㉖, 77/1 Kongkha Rd., ✆ 075-622 885, 💻 www.krabicityseaviewhotel.com. Moderne Zimmer am Flussufer, mit TV und Bibel zur Erbauung. ❸–❹

Krabi River Hotel ㉕, 73/1 Kongkha Rd., ✆ 075-612 321, ✉ krabiriver@hotmail.com. Am Flussufer liegt dieses Haus mit 20 Zimmern, die teureren haben einen Balkon mit Flussblick. ❸–❹

Thai Hotel Krabi ⑪, 7 Issara Rd., ✆ 075-611 474. Der Name ist Programm: In den 150 Zimmern wohnen hauptsächlich einheimische Reisende, darunter viele junge Leute. Langweilige Zimmer mit AC oder Ventilator; Minibar und bessere Ausstattung nur bei den teureren Zimmern, die recht geräumig sind. ❸–❺

Thara Guest House ㉗, 79/3 Kongkha Rd., ✆ 075-630 499. Gepflegte, saubere AC- und Ventilator-Zimmer; empfehlenswert die Zimmer zum Fluss mit großen Fenstern und schöner Gemeinschaftsterrasse. ❸–❹

Essen

Die beste Empfehlung für Freunde der lokalen Küche ist der **Nachtmarkt am Pier**, wo man gut und günstig speist und dabei den routinierten Köchen bei der Arbeit zusehen kann – beliebt bei Thais und Ausländern gleichermaßen. Los geht's bei Einbruch der Dunkelheit; Schluss ist, ebenso wie in den meisten Restaurants, gegen 22 Uhr. In der Saison wird zudem am Wochenende am frühen Abend in der Stadt ein **Food Market** aufgebaut.

Abdulloh Restaurant, 77 Maharat Rd. Schweinefleischfreies Moslem-Restaurant mit leckeren gebratenen „auf Reis"-Gerichten und einigen Curries; Teller 40 Baht.

Arun Restaurant, Chao Fah Rd., am Pier. West-östliche Speisekarte; gemütliches Interieur im alten Holzhaus mit elfenbeinfarben lackierten Holzwänden.

Baitoey Seafood, Vichit Rd., ✆ 075-611 509. Bei Einheimischen beliebtes Thai-Restaurant mit Meeresfrüchten und mehr (z. B. Frosch) in schöner Lage am Fluss. 🕒 10–22 Uhr, Küche 16–22 Uhr.

Blue Juice, 1/1 Chao Fah Rd., am Pier, ✆ 086-973 4412, ✉ bluejuicedivers@hotmail.com. Manchmal etwas lärmiger Travellertreff mit Bambusmöbeln und preiswerten West-Ost-Gerichten. Pool-Tisch. WiFi. Organisiert auch Tauchtouren und vermietet ein paar billige Zimmer.

La Panza, Old Chao Fah Pier, ✆ 089-472 7321. Gutes italienisches Restaurant am Pier mit hauchdünnen 30cm-Pizzen und vielen Spezialitäten der italienischen Küche zu reellen Preisen. Auch der Hauswein ist empfehlenswert.

Relax Coffee & Restaurant, Chao Fah Rd., am Pier. Preiswerte Thai-Küche und eine sehr umfangreiche Kaffeekarte mit diversen Frappés etc., die allerdings im Pappbecher serviert werden. 🕒 7.30–18 Uhr, die Küche schließt um 17 Uhr; Di Ruhetag.

The Maple Bar & Restaurant, Chao Fah Rd., am Pier. Etwas gehobenes Preisniveau, dafür länger geöffnet. Hat einen Pool-Tisch. WiFi. 🕒 10–1 Uhr.

Unterhaltung

Es gibt eine Handvoll kleiner Bars für einen Absacker nach dem Abendessen. Mobile Bars werden abends auf einigen Gehsteigen aufgebaut, so z. B. an der Chao Fah, Ecke Uttarakit Rd.

Jam Bar, Chao Fah Rd. Musikkneipe mit guter Anlage. Hin und wieder finden kleine Auftritte oder spontane Livesessions statt.

Joy Corner Bar, Samoson Rd. Beschallt abends mit lauter Musik die angrenzenden Unterkünfte mit.

Old Western Bar, Chao Fah Rd. Von sehr freundlichen Rasta-Thais betriebene Bar im Wildwest-Stil.

Sonstiges

Einkaufen

Srinakorn Supermarket, zentral gelegen an der Kreuzung Uthit, Issara Rd., hat eine recht große Auswahl und bietet auch ein paar Importwaren an. 🕒 bis spät abends.

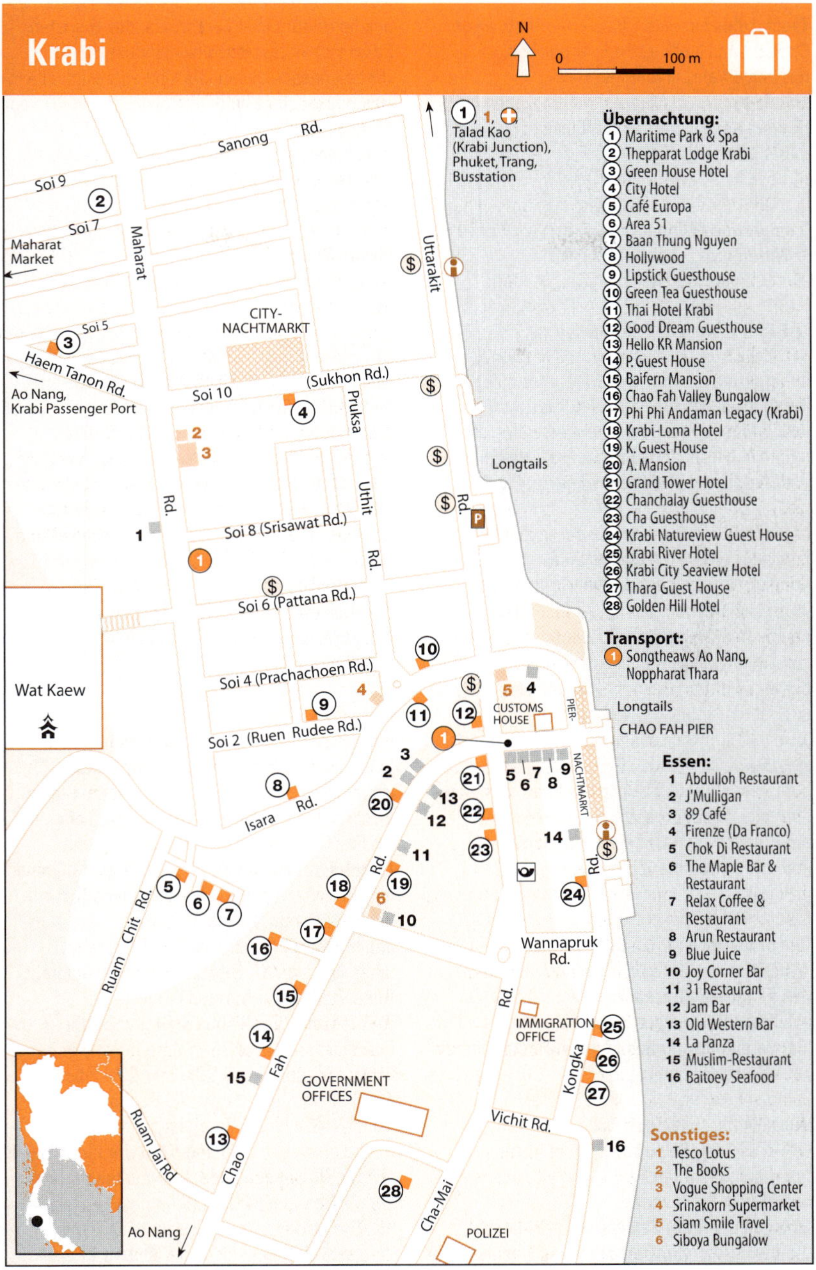

Die Andamanenküste

Tesco Lotus hat eine Filiale außerhalb, an der Straße zum Flughafen; der Airportbus (s. Nahverkehr) macht hier Halt.
The Books, 78-80 Maharat Rd. Englische Bücher, Karten und Sprachführer.
🕓 8–21.30 Uhr.

Immigration

Immigration Office, Uttarakit Rd., ✆ 075-611 097, 🕓 Mo–Fr 8.30–12 und 13–16.30 Uhr.

Informationen

TAT Office, Uttarakit Rd., am Fluss, ✆ 075-622 163. Hält Broschüren in einem unaufgeräumt wirkenden Büro bereit; das Personal ist freundlich desinteressiert und weiß wohl, dass die meisten Reisenden sich ohnehin in ihrem Guesthouse oder einem anderen Reisebüro beraten lassen.

Kochkurse

Zu einer beliebten Aktivität haben sich die Kochkurse entwickelt, die meist halbtags (morgens und nachmittags) abgehalten werden und nicht nur lehrreich sind, sondern auch noch von einem feinen, selbst zubereiteten Mahl gekrönt werden. Gekocht wird meist eine Reihe unterschiedlicher Gerichte, und die Rezepte gibt's als Souvenir obendrauf. **Siam Cuisine**, ✆ 075-662 065, ✉ krabisiamcuisine@yahoo.com. Bietet bis zu 3-tägige Kurse an, Buchung über alle Reisebüros. Der Transfer zur außerhalb in Saithai gelegenen Schule ist inbegriffen. Um die 1000 Baht.

Medizinische Hilfe

Das **Krankenhaus**, 325 Uttarakit Rd., ✆ 075-631 769, 611 210, hat einen recht guten Ruf. Einige **Apotheken** liegen im Stadtgebiet von Krabi, u. a. an der Issara Rd. nahe dem Pier; hier wird auch kompetent (in Englisch) beraten.

Post

Uttarakit Rd., ✆ 075-611 050, 🕓 Mo–Fr 8.30–16.30, Sa, So 9–12 Uhr.

Reisebüros

Eine große Anzahl Reisebüros, die sich als „Tourist Information" bezeichnen, kümmert sich um die Bedürfnisse durchreisender Touristen. Zudem ist an fast jedes Guesthouse ein Tour Office angeschlossen. Sie sind eigentlich alle zuverlässig und zuvorkommend. Bei Patrick von **Siam Smile Travel**, 4 Kongkha Rd., ✆ 075-623 158, 081-894 9137, 💻 www.siamsmiletravel.com, kann man sich auf Deutsch beraten lassen.
Aufenthalte auf Ko Siboya (s. S. 819) vermittelt **Siboya Bungalows**, ✆ 075-618 026, 081-979 3344, 💻 www.siboyabungalows.com, neben der Joy Corner Bar.

Nahverkehr

AO NANG und HAT NOPPARATH THARA, mit den **weißen Songthaews** alle 15 Min. von 7–22 Uhr für 50 Baht (nach 18 Uhr für 60 Baht) in 20 Min.; Start am 7-Eleven-Shop Maharat Rd., Ecke Soi 8; unterwegs kann zugestiegen werden, z. B. am Chok Di Restaurant Uttarakit, Ecke Chao Fah Rd.
Vom Stadtzentrum zum BUSBAHNHOF fährt ein **rotes Songthaew** für 20 Baht.
Der **Airportbus** pendelt zwischen Krabi-Stadt, AO NANG und FLUGHAFEN für 80–150 Baht.

Transport

Minibusse/Kombitickets

Minibusse werden von vielen Travellern als bequeme Reisemöglichkeit genutzt. Praktisch ist der Abholservice. Die angegebenen Preise sind Richtwerte und können je nach Gästehaus um 50–100 Baht differieren. Bei den **Joint-Ticket-Touren** nach Ko Pha Ngan und Ko Samui lassen sich nie genaue Vorhersagen über Reiseverlauf und -dauer treffen. Oft wird man bequem durchgeschleust.
BANGKOK, im VIP-Bus um 16 Uhr für 600 Baht, Ankunft nächster Morgen 6 Uhr.
HAT YAI, mit AC-Minibus um 7 und 11 Uhr für 350 Baht in 4 Std.
KHAO LAK und KHAO SOK, im AC-Minibus um 7 und 11 Uhr für 350 bzw. 400 Baht in 3–4 Std.
KO LANTA, mit dem Expressboot in der Hauptsaison um 10.30 und 13.30 Uhr für 350 Baht in 1 1/2 Std.; gegen Ende der Hauptsaison meist nur ein Boot um 11 Uhr.
KO PHA NGAN, mit AC-Bus und Fähre um 11 und 13 Uhr, Ankunft um 18.30 bzw. 21 Uhr,

oder mit AC-Bus und Nachtboot um 16 Uhr, Ankunft am nächsten Morgen 6 Uhr, für 600 Baht.
KO PHI PHI, mit dem Expressboot um 11 und 15 Uhr für 450 Baht in 1 1/2 Std.
KO SAMUI, mit AC-Bus und Fähre um 11 und 13 Uhr, Ankunft um 17.30 bzw. 19.30 Uhr, oder mit AC-Bus und Nachtboot um 16 Uhr, Ankunft am nächsten Morgen 5 Uhr, für 500 Baht.
PHANG NGA, mit AC-Minibus um 9, 11 und 13 Uhr für 350 Baht in 2 Std.
PHUKET-STADT und FLUGHAFEN, mit AC-Minibus um 9, 11 und 13 Uhr für 350 Baht in 3 Std.
PHUKET-STRÄNDE (Patong, Kata und Karon), mit AC-Minibus um 9, 11 und 13 Uhr für 400 Baht in 3 1/2 Std.
SATUN, im AC-Minibus um 7 und 11 Uhr für 550 Baht in 6 Std.
SUNGAI GOLOK, um 7 und 11 Uhr für 650 Baht in 8 Std.
SURAT THANI, mit AC-Bus um 11, 13 und 16 Uhr für 350 Baht in 3 Std.
TRANG, im AC-Minibus um 7 und 11 Uhr für 350 Baht in 2 Std.

Außerhalb des Landes:
KUALA LUMPUR, mit AC-Minibus und VIP-Bus (umsteigen) um 7 und 11 Uhr für 1000 Baht in ca. 15 Std.
LANGKAWI, mit AC-Minibus und Boot um 7 Uhr für 850 Baht, Ankunft 15 Uhr.
PENANG, im AC-Minibus um 7 und 11 Uhr für 700 Baht in 14 Std.
SINGAPORE, mit AC-Minibus und VIP-Bus (umsteigen) um 7 und 11 Uhr für 1400 Baht in ca. 17 Std.

Busse

Der **Busbahhof**, ✆ 075-611 804, liegt etwa 6 km nördlich des Zentrums. Ein **Songthaew** nach Krabi-Stadt kostet 30 Baht, nach Ao Nang 60 Baht; **Mopedtaxi** nach Krabi-Stadt 50 Baht. Die besseren Busse sind oft ausgebucht; hier empfiehlt es sich, das Ticket einen Tag vorher zu besorgen. 2.Kl.AC geht immer, aber ohne Sitzplatzgarantie.
BANGKOK, im 1.Kl.AC-Bus um 16 Uhr (620 Baht), 17 Uhr (920 Baht), 17.30 Uhr (600 Baht), außerdem im 2.Kl.AC-Bus um 7.30 und 16.40 Uhr für 460 Baht. Am bequemsten ist der VIP-24-Bus um 8, 16.20 und 17 Uhr für 920 Baht, Reservierungen unter ✆ 075-663 501.
PHANG NGA, ganztags stdl. ab 8 Uhr für 115 (1.Kl.AC-Bus) bzw. 90 Baht (2.Kl.AC-Bus) in knapp 2 Std.
PHUKET, um 5.50, 6.50 und 7.50 Uhr für 150 Baht. Zwischen 10.15 und 16.15 außerdem stdl. AC-Minibusse (150 Baht).
RANONG, im 1.Kl.AC-Bus um 6, 8.30 und 12 Uhr für 200 Baht in 6 Std.
TRANG, halbstdl. ab 6.20 Uhr 7 Busse (letzter 9.20 Uhr) für 120 Baht.

Weitere Ziele im Süden:
HAT YAI, im 1.Kl.AC-Bus ab 8.20 Uhr stdl. für 220 Baht in etwa 4 Std., im 2.Kl. AC-Bus um 8, 9.40, 10.45 und 16.40 Uhr für 170 Baht in 4 Std. zzgl. Essenspause.
PHATTALUNG, im gleichen Bus für 120 Baht in 3 Std.
Außerdem jeweils 2–3 1.Kl.AC-Busse vormittags nach PHATTALUNG für 160 Baht in 3 Std., SATUN für 220 Baht in etwa 5 1/2 Std., SONGKHLA für 240 Baht in 4 1/2 Std., SUNGAI GOLOK für 430 Baht in ca. 6 Std.

Boote

Ab **Chao Fah Pier** nach RAI LEH mit dem Longtail um 9.30, 11.30, 13.30 und bei viel Nachfrage auch um 16.30 Uhr für 150 Baht in 40 Min.
Ab **Krabi Passenger Pier**, Tharua Rd., etwa 7 km außerhalb (Songthaew ab/nach Krabi-Stadt 30 Baht, ab/nach Ao Nang 40 Baht):
KO JUM und KO LANTA, um 10.30 und 13.30 Uhr für 400 Baht in 1 1/2–2 1/2 Std.
In der Nebensaison gibt es nur ein Boot um 11.30 Uhr. Von Mai–Sep wird die Fähre ganz eingestellt. Gäste für Ko Jum werden unterwegs von Longtails aufgepickt.
KO PHI PHI, um 9, 10, 13.30 und 15 Uhr für 400 Baht in 1 1/2 Std., in der Nebensaison nur um 10 und 15 Uhr.
PHUKET, in der Saison mit dem Schnellboot um 11 Uhr für 300 Baht in etwas über 3 Std., oder mit dem Expressboot um 15.30 für 350 Baht in 2 Std.

Taxis ab Passenger Pier kosten nach KRABI-STADT 200 Baht, AO NANG und NOPPARAT THARA 400 Baht, zum FLUGHAFEN 400 Baht, KO LANTA PIER 2500 Baht, auf Wunsch auch bis nach HAT YAI oder SATUN für 4500 Baht.

Eisenbahn

Krabi hat keinen Anschluss ans Eisenbahnnetz; der nächste Bahnhof liegt 2–3 Busstunden entfernt in **Phunpin** bei **Surat Thani**. In den Reisebüros werden 2 Paketangebote (Joint Tickets; Songserm hat sich hier ein Monopol gesichert) für Nachtzüge nach BANGKOK verkauft: Mit dem Bus um 12.30 Uhr und einem Anschlusszug um 16.46 Uhr (Ankunft 4.45), 17.42 Uhr (Ankunft 5.05), 18.22 Uhr (Ankunft 5.35), 19.45 Uhr (Ankunft 8.05) bzw. mit dem Bus um 17.30 Uhr und den Anschlusszügen um 20.47 oder 21.07 Uhr (Ankunft zwischen 8 und 9) oder den späten Zügen um 23.08 und 23.19 Uhr (Ankunft nach 10). Längere Wartezeiten am Bahnhof einkalkulieren. Die Preise liegen zwischen 800 und 900 Baht. Kinder 120 Baht Rabatt.

Flüge

Der **Flughafen**, ✆ 075-636 541, liegt 20 km nördlich der Stadt am H4. Ein **Airportbus** verkehrt tagsüber zwischen Flughafen, Krabi-Stadt und Ao Nang, je nach Strecke 80–150 Baht. **Taxis** nach Krabi-Stadt ab Flughafen 350 Baht, nach Ao Nang 600 Baht und nach Klong Muang 900 Baht.

BANGKOK, Air Asia, ✆ 075-701 551, 💻 www.airasia.com, oder Thai Airways, ✆ 075-701 591, 💻 www.thaiair.com, jeweils 3x tgl.; Thai Airways Tickets ab 3870 Baht; Air Asia günstiger.

KO SAMUI, 3x wöchentl. (Di, Do, Sa) mit Bangkok Airways, 💻 www.bangkokair.com.

KUALA LUMPUR, 4x wöchentl. (Mo, Mi, Fr, So) mit Air Asia, 💻 www.airasia.com.

Ausflüge in die Umgebung von Krabi

Die Gästehäuser und Hotels in Krabi und an den Stränden vermitteln eine große Zahl an Ausflügen, Touren und Aktivitäten, die auf eigene Faust schwieriger zu organisieren wären. So wird man am Hotel abgeholt und auch wieder zurückgebracht. Die folgende Auflistung soll nur einen Überblick vermitteln; viele der Angebote lassen sich auch kombinieren. Nicht vergessen sollte man Kopfbedeckung, Sonnencreme, Schwimmzeug, Handtuch und Kamera (wasserdicht verstaut). Die angegebenen Preise sind Richtwerte und gelten pro Kopf; bei vielen Angeboten ist eine Mindestanzahl von 2–4 Teilnehmern nötig. In der Saison muss man sich darum jedoch keine Gedanken machen.

Touren zum Khao Phanom Bencha und Than Boke Khorani National Park (s. S. 792) startet man ebenfalls gut ab Krabi, entweder mit einem der vielen Touranbieter oder einem eigenen Fahrzeug. Die in Krabi erhältliche *Map of Krabi* (ISBN 0-2411-1285) ist für Selbstfahrer sinnvoll, da auf ihr sämtliche Ziele auch in Thai beschriftet sind.

Bootstouren

Verschiedene Touren führen zu den Inseln, Buchten und Stränden in der **Bucht von Phang Nga** bis hinauf zum James Bond-Felsen und zu den Inseln vor der Küste von Phuket. Fahrten in die Bucht führen meist auch zu abgelegenen Stränden und zu Höhlen; oft sind kleinere **Kajaktouren** inbegriffen.

Eine **Vier-Insel-Tour** beinhaltet einen Besuch am Hat Phra Nang mit seiner berühmten Höhle **Tham Phra Nang** (s. S. 804, Rai Leh), nach Ko Tup, die bei flachem Wasser über eine schmale, fotogene Sandbank mit einem vorgelagerten Inselchen verbunden ist, Ko Kai (Chicken Island), auf der ein emporragender Karstfelsen an einen hochgereckten Hühnerkopf erinnert, und Ko Poda mit seinen schönen Stränden und dramatischen Felsformationen.

Eine Fahrt zum **Ko Hong-Archipel** (s. S. 792) führt zu einer herrlichen Lagune auf der namensgebenden Hauptinsel, die auch über eine schöne Sandbucht verfügt. Dazu gibt's einen Stopp auf Ko Pakbia, wo ein Strand zum Schwimmen und Sonnenbaden einlädt, und einen Abstecher nach Ko Lading, einer Schwalbennest-Sammler-Insel, deren umgebende Korallenriffe sich gut zum Schnorcheln eignen.

Sehr beliebt sind Tagesausflüge nach **Ko Phi Phi** (s. S. 822); dort (preiswerte) Unterkunft zu finden, ist besonders in der Hauptsaison um die Jahreswende nicht leicht. Eine Tour fährt in zügigem Tempo alle Sehenswürdigkeiten ab: Maya und Monkey Bay, Hin Klang, Bamboo Islands und Phi Phi Don (vgl. S. 822, Ko Phi Phi).

Andere Touren führen auf bis zu **sieben Inseln**, darunter Ko Kai mit Sandverbindung zu Ko Tub, und kombinieren verschiedene der oben genannten Möglichkeiten; Schnellboote machen's möglich. Je nach Länge und Angebot reichen die Preise von 400–1800 Baht.

Ganz etwas anderes ist eine Fahrt nach **Ko Klang**. Mit kleinen, traditionellen Moslem-Siedlungen und dem hauptsächlich von Buddhisten bewohnten 250-Einwohner-Dörfchen Klong Prasong ist Ko Klang (22 m^2, 12 000 Einwohner) eine andere Welt und dabei nur 15 Bootsminuten von Krabi entfernt. Eine Tour auf die ländliche Insel kann am Chao Fah Pier organisiert werden und führt durch mangrovengesäumte Kanäle. Longtails kosten etwa 400 Baht pro Stunde, 700 Baht bei 2 und 1000 Baht bei 3 Stunden; angefahren werden Moslem-Dörfer, Höhlen und Fischfarmen. Wer will, kann auch die Vogelzüchter besuchen: Ko Klang ist berühmt für die Aufzucht von kleinen Singvögeln (Nok Krong Hua Juk), die in Käfigen gehalten überall in der Region zu sehen sind. Sie sind z. T. sehr wertvoll und kosten bis zu 100 000 Baht. Nur die Männchen singen, die Weibchen werden freigelassen. Oft genug kehrten sie freiwillig in ihre Käfige zurück – es geht wohl nichts über eine bekannte Umgebung und regelmäßige Mahlzeiten.

Dschungeltouren

Auf einer Dschungeltour wird meist der Emerald Pool (Sa Morakot; s. S. 802) besucht, ein kleiner See, zu dem ein Fußweg durch Kautschukplantagen führt. Die heißen Quellen sind ebenfalls Ziel, ebenso wie ein Besuch im Tigerhöhlen-Tempel Wat Tham Sua.

Eine andere Tour führt zu einigen Wasserfällen, die auch Pools zum Schwimmen haben. Oft ist hier Elefantenreiten mit inbegriffen. Um die 800 Baht.

Kajaktouren

Kajaktouren werden sowohl an einigen Inseln als auch an der Küste nördlich von Krabi im Mangrovenwald angeboten. Die Paddeltouren beim Dorf **Bor Thor** führen zu mehreren **Höhlen** mit verwunschenen Stalagmiten und Stalagtiten, die wie Skulpturen empor- bzw. herabwachsen. In der Tham Lod Yai führt ein Tunnel durch das Karstmassiv. In der großen Tham Pee Hua Toh sind die Wände mit prähistorischen Malereien geschmückt. In der großen Höhle, die mehrere Grotten enthält, soll ein sehr mächtiger Geist wohnen. Die wilde Landschaft um die Höhlen herum beleben einige Affenfamilien; wer Glück hat, kann sie in den Bäumen beobachten.

Rafting und ATV-Touren

Mehrere Kilometer im **Tonepariwat-Naturschutzgebiet** einen wild schäumenden Fluss im Schlauchboot herunterpaddeln – ein nasses Vergnügen für Abenteuerlustige. Es ist oft gekoppelt mit ATV-Fahrten: Mit dem Quad über Stock und Stein, durch Plantagen und Flüsse. Den 2–3 stündigen Fahrten geht jeweils eine kurze Einführung in die Bedienung des schweren, allradgetriebenen Spaßvehikels voran. Angeblich ist eine Unfallversicherung inbegriffen; man sollte sich erkundigen, ob diese auch für längere Krankenhausaufenthalte und Schäden am Gefährt ausreicht. Die Touren sind oft noch mit einem Besuch im Elefantencamp verbunden und auch mit Übernachtung möglich. 1200–2800 Baht.

Wat Tham Sua (Tigerhöhle)

Der Tigerhöhlen-Tempel ist eines der berühmtesten **Meditationskloster** im ganzen Land. Gegründet wurde er von Achaarn Jamnien Silasettho (geb. 1928) aus Nakhon Si Thammarat. Der Legende zufolge lebte der junge Mönch hier mit einem Tiger zusammen, der ihn bei seinen Meditationen besuchte. Heute erinnert eine Steinfigur am Eingang der Haupthöhle an das Tier, und der Meister ist umgeben von einem Gefolge von etwa 250 Mönchen und Nonnen, die hier Zuflucht vor der Betriebsamkeit der Welt gefunden haben.

Im Inneren der Tigerhöhle erinnern Nahaufnahmen menschlicher Eingeweide an die Vergänglichkeit allen Seins. Derart nachdenklich geworden, empfiehlt sich ein kleiner „Verdauungsspaziergang“: Bei guter Sicht unbedingt

UMGEBUNG KRABI

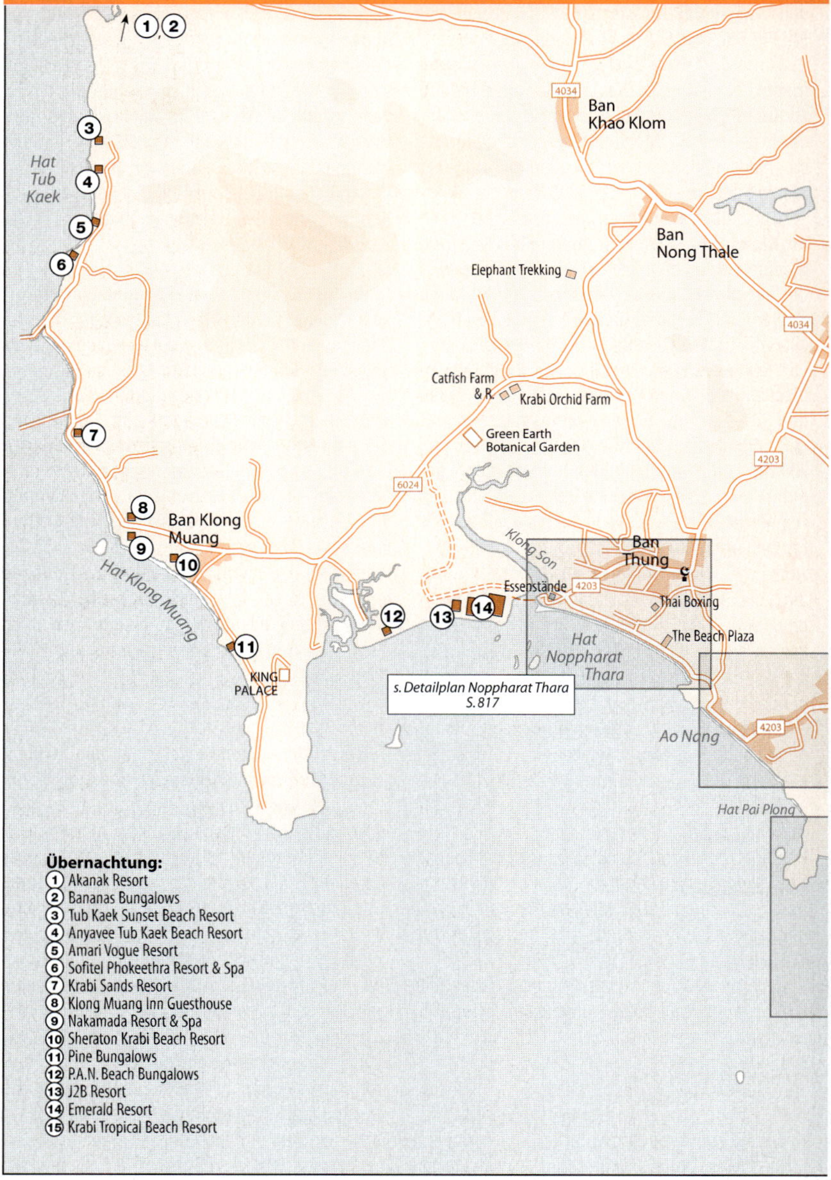

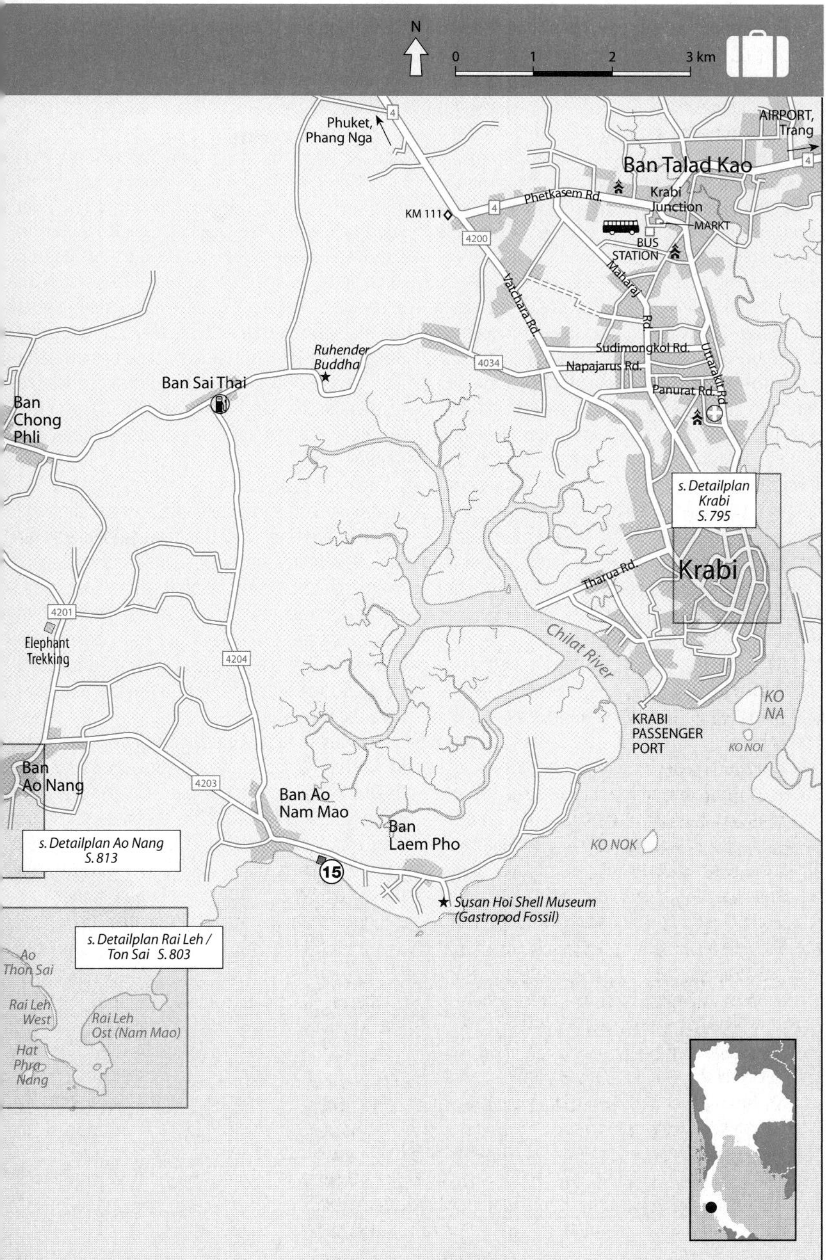
N
0
1
2
3 km
Phuket,
Phang Nga
AIRPORT,
Trang
Ban Talad Kao
Phetkasem Rd.
Krabi
Junction
KM 111
MARKT
BUS
STATION
Maharaj
Rd.
Vatchara Rd
Sudimongkol Rd.
Napajarus Rd.
Uttarakit Rd.
Panurat Rd.
Ruhender
Buddha
Ban Sai Thai
Ban
Chong
Phli
s. Detailplan
Krabi
S. 795
Krabi
Tharua Rd.
Chilat River
Elephant
Trekking
KO
NA
KRABI
PASSENGER
PORT
KO NOI
Ban
Ao Nang
Ban Ao
Nam Mao
Ban
Laem Pho
KO NOK
s. Detailplan Ao Nang
S. 813
15
Susan Hoi Shell Museum
(Gastropod Fossil)
s. Detailplan Rai Leh /
Ton Sai S. 803
Ao
Thon Sai
Rai Leh
West
Rai Leh
Ost (Nam Mao)
Hat
Phra
Nang
4
4200
4034
4201
4204
4203

empfehlenswert ist der beschwerliche Aufstieg über die 1273 z. T. hohen Stufen auf den Gipfel des Karstberges – die halbe Stunde stetiges Treppensteigen kann je nach Weltanschauung als Buße oder als Training betrachtet werden. Alternativ führt eine zweite, kürzere Treppe in ein wundervolles Tal mit Höhlen und mit riesigen Bäumen – der letzte primäre Tiefland-Regenwald, der in dieser Region, eingeschlossen von Berggipfeln, erhalten ist. In und um die Höhlen befinden sich viele *kutis* (Meditationszellen).

Anreise mit Songthaews ab Krabi für 20 Baht zur „Krabi Junction" genannten Kreuzung im Dorf Talat Kao. Dort muss man auf dem H4 in ein Fahrzeug Richtung Osten (Trang) umsteigen, um dann kurz vor KM 107 an der kleinen Polizeiwache wieder auszusteigen und mit einem Mopedtaxi (oder zu Fuß) die letzten 2 km bis zum Tempel zurückzulegen. Schneller geht es mit dem eigenen Leihfahrzeug, mit oder ohne Fahrer (wenn mit: die Länge der Wartezeit vorher festlegen!). Selbstverständlich ist im Tempelbezirk auf angemessene, Knie und Schultern bedeckende Kleidung zu achten.

Wat Klong Thom Museum und Sa Morakot

In diesem Tempel im Dorf Klong Thom werden Steinwerkzeuge, Keramik mit Tierornamenten und Bronzeteile ausgestellt, die bei archäologischen Ausgrabungen und Höhlenforschungen in der Region entdeckt wurden. Ihr Alter wird auf ungefähr 5000 Jahre geschätzt. Der Tempel liegt am H4 zwischen KM 69 und 70.

Eine Besichtigung lässt sich gut verbinden mit einem Besuch des smaragdgrünen Sa Morakot (Emerald Pool), dessen leuchtende Farbe besonders gut früh morgens und gen Sonnenuntergang wirkt. Eintritt 20 Baht. Anreise wie beim Museum über den H4 nach Klong Thom, dort allerdings auf die 4038 abbiegen, kurz darauf am Wegweiser rechts abbiegen und weiter der Beschilderung folgen. Unterwegs passiert man ein Hinweisschild, das zu einigen heißen Quellen führt.

Eingebettet ist der natürliche Warmwasserpool Sa Morakot in das **Khao Phra Bang Kram Wildlife Sanctuary**, bekannt für seine vielen gefiederten Bewohner. Vogelfreunde (denen das Gebiet unter dem Namen Khao Nor Chuchi auch geläufig ist) können übernachten im einfachen **Morakot Resort**, ❸.

Susan Hoi und Ao Nam Mao

Das Gastropoden-Fossil **Susan Hoi** ist ein Muschelfriedhof, der zwar weltweit gesehen etwas ziemlich besonderes ist (es gibt nur zwei weitere Fundstellen auf der Erde, nämlich in den USA und in Japan), aber als Ausflugsziel doch eher unspektakulär daherkommt. Man muss schon ziemlich genau hinschauen, um in der stark erodierten und von Wind, Wetter und Besucherfüßen glatt geschliffenen Oberfläche die Überbleibsel der Frischwassermuscheln zu entdecken, die hier vor 75 Mio. Jahren (andere Quellen sagen vor 40 Mio. Jahren) in einem Sumpf lebten.

Ein bisschen sumpfig ist die Gegend bis heute geblieben: So ist auch die sich östlich anschließende Nam Mao-Bucht weniger etwas für Strandliebhaber als für Gäste, die in einem noch einigermaßen ursprünglichen Umfeld ein paar ruhige Tage verbringen wollen. Am Meer laden Sand, Steine und Schlamm nicht gerade zum Baden ein – eine regelmäßige Longtail-Verbindung ins 15 Bootsminuten entfernte Rai Leh kann darüber hinweg trösten.

Es gibt einige Unterkünfte, darunter das **Krabi Tropical Beach Resort** ⑮, auch als KT Bay Resort bekannt, 194/13 Moo 2, ✆ 075-695 661, Karte S. 800/801. Die 15 Zimmer im 2-stöckigen, 2007 renovierten Reihenhäuschen überblicken den kleinen Salzwasserpool und den Strand. Die thai-deutschen Besitzer haben Kinder und freuen sich über Besuch mit Anhang: 2 Familienapartments mit Kochmöglichkeit und direktem Poolzugang stehen bereit. Thai-italienisches Restaurant. WiFi. Frühstück inkl. ❺–❻

Rai Leh

Die Halbinsel, auf der die beliebten Strände von Rai Leh (Ost und West, eXTra [2838]) liegen, ist durch hohe Kalksteinfelsen vom Festland abgetrennt – Longtails sind hier das Hauptverkehrsmittel und verbinden die Strände mit Krabi und Ao Nang. Auch Rai Leh selbst ist gekennzeich-

Rai Leh / Ao Ton Sai

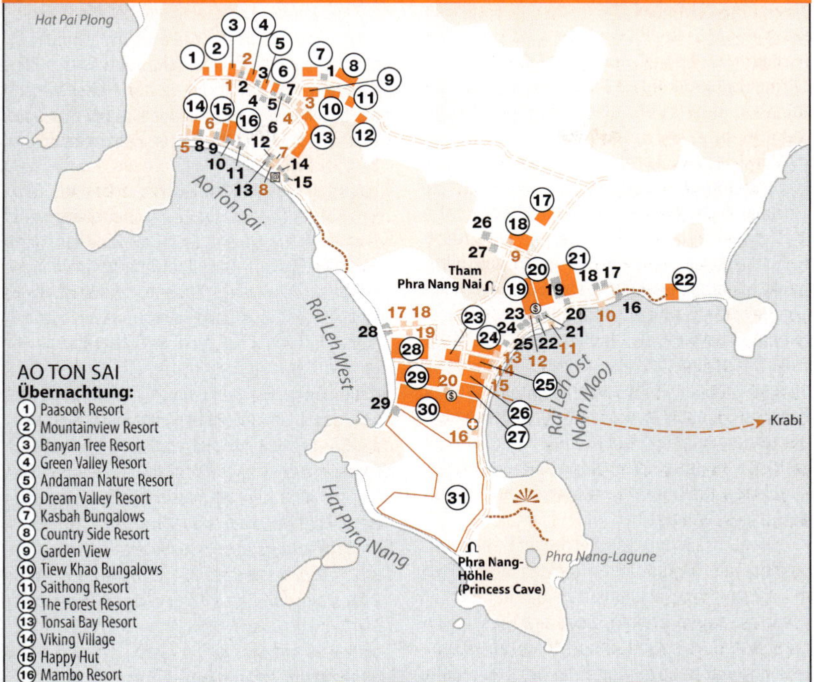

AO TON SAI

Übernachtung:

(1) Paasook Resort
(2) Mountainview Resort
(3) Banyan Tree Resort
(4) Green Valley Resort
(5) Andaman Nature Resort
(6) Dream Valley Resort
(7) Kasbah Bungalows
(8) Country Side Resort
(9) Garden View
(10) Tiew Khao Bungalows
(11) Saithong Resort
(12) The Forest Resort
(13) Tonsai Bay Resort
(14) Viking Village
(15) Happy Hut
(16) Mambo Resort

Essen:

1 Tali Leaf
2 The Sea of Love Real Coffee House
3 Mr. Pancake
4 Small World Bar
5 Dream Valley Restaurant
6 Pyramid Bar & Restaurant
7 Corner Restaurant
8 Viking Bar
9 No Name Bar
10 Mambo Restaurant
11 Chill Out Bar
12 Isan Foodstall
13 Kruie Restaurant
14 Tonsai Bay Restaurant
15 Freedom Bar

Sonstiges:

1 Ton Sai Rock
2 Batikschule
3 Climbers Special
4 Wee's Climbing School
5 Viking Climbers
6 Scuba Talent
7 Railay Diving
8 The Rock Shop

RAI LEH OST

Übernachtung:

(17) Railay Cabana
(18) Phurit Valley Resort & Highlands
(19) Diamond Cave Resort
(20) Railay Viewpoint Resort
(21) Diamond Private Resort
(22) Railay Garden View Resort
(23) Railay Princess Resort & Spa
(24) Anyavee Railay Resort
(25) Bhu Nga Thanu Resort & Spa
(26) Ya Ya Resort & Spa
(27) Sunrise Tropical Resort

Essen:

16 Lucky Restaurant & Last Bar
17 Mom's Kitchen
18 Skunk Bar
19 Rapala Restaurant & Bungalows
20 Lay Lay Restaurant
21 Chok'D Bar
22 Viewpoint Restaurant
23 Bamboo Bar
24 Joy Beach Bar
25 Sawadee Corner und Sawadee Restaurant
26 Stone Bar
27 Rock Bar

Sonstiges:

9 Railay Thai Cookery School
10 Buchladen
11 Thai'd up Climbing
12 N Joy Rock Climbing
13 Sea Cliffs
14 On Sight Rock Climbing
15 King Climbers
16 Tex Rock Climbing

RAI LEH WEST

Übernachtung:

(28) Railay Village Resort & Spa
(29) Sand Sea Resort
(30) Railay Bay Resort & Spa
(31) Rayavadee

Essen:

28 Flame Tree
29 Rayavadee Restaurant

Sonstiges:

17 Railay Divers
18 Hot Rock
19 Phra Nang Divers
20 Minimart

net von steil aufragenden Kalksteinfelsen – ein Eldorado für Kletterer. Höhlen durchziehen die Felsen, z. T. begehbar, wie die „Diamanthöhle" **Tham Phra Nang Nai**, die innen mit fantastisch funkelnden, kristallbewachsenen Stalagtiten-Formationen beeindruckt, oder die berühmte „Prinzessinnenhöhle" **Tham Phra Nang** am Südende des Hat Phra Nang, wo ein **Phallus-Schrein** zu einer viel besuchten Sehenswürdigkeit geworden ist. Die darüberliegende Höhle zu erklettern, geschieht auf eigene Gefahr (Taschen- oder besser Kopflampe mitbringen).

Der gleiche Karstfelsen, der die Phra Nang-Höhle birgt, kann auch bis zu einem **Aussichtspunkt** erklettert werden. Festes Schuhwerk und Trittsicherheit sind empfehlenswert, denn es geht steil bergauf; z. T. bieten Seile eine Steighilfe. Oben angekommen, können Mutige hinabsteigen zu einer verborgenen **Lagune** mitten im Fels. Das ist nicht ganz ungefährlich. Besonders am letzten Absatz machen viele kehrt. Das ist sicher eine gute Idee, denn mit einem verknacksten Knöchel den Rückweg anzutreten, dürfte eine Tortur sein.

Hauptattraktion und eher ungefährlich sind sowieso die **Strände**: weniger der Rai Leh Ost mit seinen Mangroven als vielmehr der Rai Leh West mit einem breiten, flach ins Wasser abfallenden Sandstrand ohne Steine und Korallen. Und dann ist da natürlich der traumhafte **Hat Phra Nang**. Er ist allerdings von Tagesausflüglern überschwemmt und bietet keine Wohnmöglichkeiten, außer man kann es sich leisten, im hier gelegenen Super-Luxus-Resort (ab 19 000 Baht) abzusteigen.

Rai Leh Ost

Hier legen die Longtails aus Krabi an, und bei schlechtem Wetter ist dies die einzig angefahrene Bucht. Rai Leh Ost hat an seinem südlichen Ende ein bisschen Sand; hier startet der Pfad zur Phra Nang-Höhle. Auf halbem Weg, an einer kleinen Sala (rechts), geht es links hinauf zum Aussichtpunkt und zur Lagune. Etwa die Hälfte des Rai Leh Ost ist von dichten hohen Mangroven bewachsen, deren Wurzeln sich bei Ebbe eindrucksvoll aus dem Watt erheben. Am nördlichen Ende befindet sich eine kleine Straße, an der Reisebüros, ein Kleidungsgeschäft, Kletterschulen, Tattooshops, Restaurants und Bars zu finden sind. Baden ist am gesamten Rai Leh Ost nicht möglich.

Das Hinterland des Rai Leh ist wegen des Baubooms der letzten Jahre nicht attraktiver geworden. Es gibt einige schöne Anlagen, doch die meisten Resorts, Restaurants und Geschäfte sind derart unbedacht gebaut, dass sich ein wenig schmeichelhaftes Bild ergibt. Und weil viele Rohre aus den Anlagen und Restaurants direkt in die Mangoven führen, stören die ungefilterten Abwasser vor allem bei Ebbe nicht nur empfindliche Nasen. Bei Flut sieht der Strand wesentlich schöner aus. Doch dann ist das Ufer an vielen Stellen so schmal, dass man nur nassen Fußes von einer Anlage zur nächsten gelangt.

Reisezeit und Preisniveau

Die **beste Reisezeit** für einen Aufenthalt in Rai Leh ist die Hauptsaison von November bis April. Dann funkelt das Meer türkisblau und die Sonne scheint. Ab April/Mai regnet es öfter, doch mit Glück ist auch in der Nebensaison bis Oktober das Wetter noch recht gut. Das Wasser ist jedoch in dieser Zeit meist rauer und nicht mehr klar.

Insgesamt ist das **Preisniveau** gehoben, um nicht zu sagen: zu teuer für den gebotenen Standard. Einige der teureren Anlagen sind ihren Preis wert. Das Publikum formiert sich hier immer mehr aus Pauschaltouristen. Wer günstig wohnen möchte, muss mit wenig Komfort rechnen und dafür viel Geld bezahlen.

In der Hauptsaison kostet ein einfachster Bungalow am Rai Leh Ost ab 700 Baht, die paar wenigen übrig geblieben günstigen Bungalows am Rai Leh West etwa 1500 Baht. Günstiger ist es in der benachbarten Bucht Ao Ton Sai (vgl. S. 808). Hier gibt es in der Hauptsaison einfachste Bungalows ab 500 Baht.

In der Nebensaison sind viele Zimmer nur noch halb so teuer. Dann kosten einfache Bungalows am Rai Leh Ost etwa 400 Baht und AC-Bungalows mit TV in Anlagen mit Pool um die 1000 Baht. Am Ao Ton Sai starten die ersten einfachen Hütten nahe des Strandes bei 200 Baht.

In der Hochsaison lohnt ein Aufenthalt hier, wenn man sich eine Unterkunft am nahen Rai Leh West nicht leisten will oder kann. Im Ost-Teil sind viele Anlagen noch bezahlbar.

Ein etwa 5 Minuten langer Fußweg führt nach Rai Leh West, wo ein herrlicher Sandstrand wartet. Über die Berge gelangt man über einen steilen Pfad in etwa einer halben Stunde zur Bucht Ao Ton Sai.

Übernachtung

Die einfachsten Bungalows bieten nicht mehr als eine einfache Matratze. Ein paar höherwertige Anlagen, die bereits in die Jahre gekommen sind, haben ein besseres Preis-Leistungs-Verhältnis – zumindest in der Nebensaison.
Alle Anlagen, die im Hang liegen, sind über steile Treppen zu erreichen. Das Gepäck wird auf Schienenwagen heraufgezogen und meist bis an den Bungalow gebracht.

Untere bis mittlere Preisklasse

Diamond Privat Resort ㉑, ✆ 075-621 729, 💻 www.diamondprivate-railay.com. Weitläufige Anlage im Hang fast am Ende der Bucht. Zimmer mit Ventilator oder AC im 2-geschossigen Reihenhaus und 8 große AC-Bungalows. TV, Minibar und Badewanne. Pool, Jacuzzi. Etwas in die Jahre gekommen. ❸–❺

Railay Viewpoint Resort ⑳, ✆ 075-621 686, 089-871 3372, 💻 www.viewpointresort66.com. 1- und 2-geschossige Steinhäuser im Hang; AC-Zimmer, einige mit Platz für eine kleine Familie. TV, Kühlschrank. Die preiswerten Ventilator-Zimmer sind nicht zu empfehlen. Pool, Kinderpool. Geldautomat. ❸–❻

Ya Ya Resort & Spa ㉖, ✆ 075-622 593, 💻 www.yayaresortrailay.com. Hinter dem vorgelagerten Restaurant liegen 3-geschossige Holzhäuser in einer tropischen schattigen Anlage. Schöne AC-Zimmer mit TV und Minibar. Spartanischer, muffig und klein sind jene mit Ventilator. Steile Treppenstufen. ❸–❺

Mittlere bis obere Preisklasse

Anyavee Railay Resort ㉔, ✆ 081-537 5517, 💻 www.anyavee.com. Stylische Anlage mit geschmackvoll in den Hang integrierten Bungalows. 2-geschossiges Haupthaus direkt am Pool. Geräumige Zimmer mit TV, Kühlschrank und Safe. ❹–❽

Bhu Nga Thani Resort & Spa ㉕, ✆ 075-819 451, 💻 www.bhungathani.com. Modernes Resort mit gehobenem Ambiente. Schöne Zimmer in 3-geschossigen weißgetünchten Steinhäusern. Alle mit TV und Blick aufs Meer. Vorne aufgeschütteter Sand, kleiner Pool. Poolvillen. Massagen und Spa. ❽

Sunrise Tropical Resort ㉗, ✆ 075-622 599, 💻 sunrisetropical.com. Schöne Anlage mit großen Zimmern in Bungalows und im 2-geschossigen Haus am Pool (abgetrennter Kinderpool). Zimmer ohne viel Schnickschnack, aber mit TV, Wasserkocher, Badewanne. Kostenpflichtiges WiFi. ❻–❽

Tolles Design in einfachen Hütten

Railay Garden View Resort ㉒, ✆ 085-888 5143, 💻 www.railaygardenview.com. Holz-Bambus-Bungalows im Hang, geschmackvolle Einrichtung mit dem gewissen Extra: Tisch, Schrank, Sitzkissen, schön gestaltete Badezimmer. Alle Zimmer mit Ventilator, Doppelbetten, ein Bungalow mit Platz für kleine Familien. Große Veranden, teils mit Blick aufs Meer. Der Eingang findet sich hinter dem Lucky Restaurant, ein paar Stufen hinauf. Inkl. Frühstück. ❸–❺

Im Hinterland

Phurit Valley Resort & Highlands ⑱, ✆ 084-096 4994. Einfache robuste Holz-Mattenbungalows mit Ventilator in einer kleinen Anlage mit viel Grün. Zudem AC-Zimmer in einem Reihenhaus. ❸–❺

Railay Cabana ⑰, ✆ 075-621 733. Mitten im tropischen Grün in einem Hochtal stehen einfache Holzbungalows recht eng beeinander. Moskitonetze. Zum Ao Ton Sai führt ein 20 Min. steiler Fußweg, zum Rai Leh Ost etwa 5 Min. Fußmarsch. ❸–❹

Railay Princess Resort & Spa ㉓, ✆ 075-624 356, 💻 www.krabi-railayprincess.com. Zwischen den beiden Rai Leh-Stränden. 3-stöckige Häuser in einem schönen Garten.

Große Zimmer mit AC, TV und Minibar. Großer Pool, Spa (nur in der Saison). Inkl. Frühstück. ❻

Essen und Unterhaltung

Chok'D Bar, nette recht große Bar auf 2 Etagen. Von oben toller Blick aufs Meer. Abends Livemusik.
Lucky Restaurant, am Nordende, großes überdachtes Restaurant. Sitzplattform mit Liegekissen und Blick in die Mangroven. Bei Flut toll, bei Ebbe nichts für empfindliche Nasen. Einfache Thai- und westliche Küche.
Mom's Kitchen, am nördlichen Ende. Auf Plastikstühlen im offenen Restaurant gibt es einfache Thai-Küche. Gute günstige Shakes. Die Pizza ist jedoch ungenießbar.
Rock Bar und **Stone Bar**, im Hinterland gelegene kleine Bars, an denen v. a. in der Saison viel gefeiert wird. Nette Atmosphäre inmitten der aufragenden Felsen.
Viewpoint Restaurant, gehört zum gleichnamigen Resort. Direkt am Mangrovenwald gelegen, etwas „gehobenes" Ambiente, recht hohes Preisniveau. Abends Barbecue mit frischem Fisch und teuren Seafood-Spießen.
Yam Yam Restaurant, neben dem Aufgang zu Rapala Restaurant & Bungalows. Einfaches Restaurant mit günstigen Preisen und recht guter Küche. Neben Thai-Gerichten auch lecker: Humus, Falafel und andere mediterrane Küche.

Aktivitäten

Klettern

Siehe auch Infos Kasten S. 808/809.
King Climbers, ✆ 075-662 096, 💻 www.railay.com, im Ya Ya Resort. Bekannte und beliebte Schule mit gutem Ruf und über 10 Jahren Erfahrung. Private Touren und 1–3 tägige Kurse. Wer will, kann sich filmen und fotografieren lassen. Kinderkurse ab 5 Jahren.
N Joy Rock Climbing, neben dem Diamond Cave Resort. Kurse für Anfänger und Fortgeschrittene. Erfahrene Kletterer können sich ihrem Können entsprechende Routen zeigen lassen oder Multipitch-Kurse absolvieren.
Tex Rock Climbing, ✆ 081-891 1528, ✉ tex.rock@hotmail.com. Neben der Erste-Hilfe-Station. Erste Kletterschule Krabis (seit 1990). Neben den üblichen Angeboten wie Touren, Kurse und Equipmentverleih kann man hier seine Schuhe reparieren lassen. Kurse bis zum Instructor. Kids-Kurse (ab 5 Jahre). 🕓 8–19 Uhr.

Kochkurse

Railay Thai Cookery School, ✆ 084-096 4994. Morgens von 8.30–13.30 Uhr und nachmittags von 14.30–19.30 Uhr. Die Kurse werden in einem kleinen offenen Haus beim Phurit Valley Resort angeboten. Jeder Teilnehmer hat seine eigene Kochstelle.

Tauchen

Krabi Divers, gehört zum Viewpoint Resort, ✆ 075-621 686, 💻 www.viewpointresort66.com. Angeboten werden Tagestouren in die Umgebung (tags und nachts) und mit Übernachtung (1–2 Nächte). Bei den längeren Touren geht es nicht nur nach Ko Phi Phi, sondern auch nach Hin Bida, Hin Daeng und Hin Muang. Zudem Ausbildungen nach PADI bis hin zum Divemaster.

Sonstiges

Geld

Geldautomat neben der Rezeption des Viewpoint Resort.

Internet

Neben dem Viewpoint Resort gibt es einen Internet-Shop, 2 Baht pro Min.

Medizinische Hilfe

Im Süden der Bucht neben dem Sunrise Tropical Resort gibt es eine kleine **Erste-Hilfe-Station**. Kleinere Wunden können hier versorgt werden; man wird beraten und kann in der angeschlossenen Apotheke ein paar Medikamente kaufen. 🕓 8.30–19 Uhr.

Transport

KRABI, mit dem Longtail um 9.30, 11.30, 13.30, 15.30 und 17.30 Uhr für 150 Baht, buchbar über die Reisebüros oder direkt am Ankerplatz vor dem Sunrise Tropical Resort. Den ganzen Tag kann man Longtails chartern, bei mindestens 6 Pers. 150 Baht p. P., Charter etwa 800 Baht.

Rai Leh West

An diesem Strand lockt wunderschöner weicher weißer Sand. Der Strand ist selbst bei Flut noch recht breit. Auch bei Ebbe kann man baden, wenngleich nicht immer schwimmen. In der Nebensaion ist es recht ruhig, nur wenige Sonnenhungrige liegen dann im Sand. Beide Seiten des Strandes sind von noblen Anlagen belegt, der Strand ist jedoch für alle zugänglich. Schön liegt man vor dem Railai Beach Club im nördlichen Abschnitt der Bucht (im Club selbst „members only"). Hier stehen am Rand sogar Mülleimer, und man findet Schatten unter Kasuarinen und an den Felsen.

In der Hauptsaison stören Ausflugsboote etwas die Idylle, denn dann ankern hier unzählige Longtails und Schnellboote. Dank eines abgegrenzten Bereiches belagern sie nur die Mitte des Strandes. Schwimmern, Badefans und Sonnenanbetern bleibt viel Strand an beiden Enden.

Übernachtung und Essen

Die Anlagen haben alle keine Bungalows direkt am Strand. Blick aufs Meer bieten hingegen die Restaurants. Das Preisniveau ist an diesem Strand selbst in der Nebensaison noch extrem hoch. Das gilt auch für das Essen: Hier muss man mit mäßiger Kost zu hohen Preisen rechnen. Im noblen **Restaurant** des **Rayavadee** ist es zwar noch teurer, aber dafür auch gut. Angenehm sitzt man auch im **Flame Tree** am Strand in den Shopping Arcaden. Hier gibt es Thai- und westliche Küche, Eiscreme, Kaffee und auch Alkoholisches.

Railay Village Resort & Spa ㉘, ✆ 075-622 578, 💻 www.railayvillagekrabi.com. Große Anlage mit „Spa"- und „Pool"-Villen; letztere mit Zugang zum Pool, erstere mit Outdoor-Jacuzzi. Kajakverleih (1 Std. 200 Baht, 1000 Baht pro Tag). ❼–❽

Rayavadee ㉛, ✆ 075-620 740, 💻 www.rayavadee.com. Luxushotel, dessen Bungalows sich über das gesamte Inland hinüberziehen und an die Strände Rai Leh West und Ost und zum Hat Phra Nang grenzen. Riesenpool. Weit über ❽

Liegen am Strand zum Sonnenuntergang

Railay Bay Resort & Spa ㉚, ✆ 075-622 570, 💻 www.krabi-railaybay.com. Langgezogene Anlage, die sich bis zum Rai Leh Ost erstreckt. Hinten die günstigsten Bungalows, in der Mitte private Villen, nahe des Strandes 2-geschossige Häuser mit Blick in die Berge. Geschmackvolle Ausstattung. 2 Pools, einer vorne am Strand, dort gibt's auch Liegen. Inkl. Frühstück. Minimarkt und Geldautomat. Spa am Strand. Kostenpflichtiges WiFi. Kajakverleih. ❻–❽

Aktivitäten

Klettern

Siehe auch Infos Kasten S. 808/809.

Hot Rock, in den Shopping Arcaden, ✆ 075-621 771, 💻 www.railayadventure.com. Unter schwedisch-thailändischer Leitung. Kinderkurse ab 7 Jahre. Lange etabliert, Kurse für Anfänger und Fortgeschrittene.

Tauchen

Phra Nang Divers, 💻 www.phranangdivers.com. Große Tauchbasis, etabliert seit 1992. Unterricht nach PADI. Viele Artikel zum Verkauf: Von der Maske bis zum Wetsuite kann man sich einkleiden. In der Nebensaison oft zu.

Railay Divers, ✆ 089-729 0885, Basis in den Shopping Arcaden (und auch am Strand Ao Ton Sai). Organisiert neben Tauchgängen v. a. Ausflüge für Schnorchler.

Sonstiges

Ein **Geldautomat** befindet sich beim **Minimarkt** des Railay Bay Resort auf halber Strecke zwischen West- und Oststrand, zudem gibt's einen Geldautomaten in der Einkaufspassage, die etwas großspurig **Shopping Arcaden** genannt wird. Hier kann man Souvenirs, Strandkleidung und Schmuck erstehen.

Transport

AO NANG, von hier fahren Longtails in 20 Min. Ab 7 Pers. für 80 Baht pro Mitfahrer, Charter ab 600 Baht. In der Nebensaison auch billiger.

17 HIGHLIGHT

Klettern in Rai Leh und Ao Ton Sai

Die Karstfelsen mit ihren Höhlen und fantastischen Steilwänden bieten herrliche Touren für Kletterfans. Um die 300 Routen können erklettert werden. Die Schwierigkeitsgrade reichen von 4 bis 9A. Einige Kletterschulen haben eigene Führer in Buchform (in Englisch) herausgebracht – empfehlenswert ist das Buch der King Climbers oder der Führer von Wee's Climbing.
Es gibt in Rai Leh sowie in der Ao Ton Sai zahlreiche Kletterschulen. Es lohnt, die Guides kennenzulernen und sich über die aktuellen Preise vor Ort kundig zu machen. Die meisten Schulen haben keine festen Telefonnummern, so dass man persönlich vorbeischauen muss (das gilt v. a. für jene in der Ao Ton Sai).
Die Schulen sind nahezu alle das ganze Jahr geöffnet. Da die Regenzeit an diesen Stränden meist recht schwach ausfällt, kann man eigentlich das ganze Jahr über klettern. Sollte es doch öfter zu Regenschauern kommen, wagt man sich eben nicht zu weit nach oben, sondern schult seine Fähigkeiten unten am Fels oder an den Balancierseilen, die hier überall aufgespannt sind.

Kosten und Kurse
Es gibt an allen Stränden Schulen, die Kurse für Anfänger und Fortgeschrittene bieten. Halbtageskurse für Anfänger kosten etwa 800 Baht, ebenso solche für Erfahrene, die nur einen Auffrischungskurs brauchen. Tageskurse kosten ab 1500 Baht. Wer richtig klettern lernen will, bucht einen 3-Tageskurs (etwa 6000 Baht). Auch für Kinder (ab 5, z. T. ab 7 Jahre) gibt es an einigen Schulen Kurse. Für Erfahrene gibt es Multipitch-Kurse: längere Routen, bei denen Stopps an „Pitch“ genannten Stationen im Hang eingelegt werden. Und wer auf Nummer sicher gehen will, macht einen Rescue-Kurs, bei dem die schlimmsten Szenarien durchgespielt werden (Tageskurs für 3500 Baht). Ein privater Führer, der erfahrene Kletterer auf einer Tour begleitet, kostet 3000 Baht für einen halben Tag und 5000 Baht für den ganzen Tag. Etwas ganz Besonderes ist das sogenannte „Deep Water Soloing“, bei dem man sich über tiefem Wasser an Überhängen versucht. Die Unterwasserwelt wurde vorher erkundet, so dass man beim Herunterfallen nichts zu fürchten hat außer einer erfrischenden Abkühlung: Klettern mit Spaßgarantie.

Ao Ton Sai

Die kleine Bucht Ao Ton Sai, eXTra [2773], ist ein Eldorado für **Kletterfans** – und das gilt nicht nur für die hier lebenden Affen, die durch den dichten Wald turnen. Direkt neben den Hütten ragen die steilen Klippen empor, an denen man das Freeclimben erlernen kann, die aber auch für erfahrene Kletterer viele spannende Routen bieten.

Die Bucht eignet sich bei Flut zum Schwimmen; je weiter sich das Wasser jedoch zurückzieht, desto flacher wird es. Bei extremer Ebbe ist die gesamte Bucht leer und Korallenschrott kommt zum Vorschein.

Das **Publikum** ist sehr jung, feiert gerne und ist sportlich veranlagt. Kaum jemand liegt einfach nur am Strand.

Einfachheit steht an diesem Strand vor Bequemlichkeit. Der Sport in der faszinierenden Natur der Karstfelsen und die lockere Atmosphäre sind die Attraktionen, die Stammgäste und Neulinge faszinieren.

Übernachtung

Einfache Hütten und Bungalows dominieren. Direkt am Strand gibt es keine Unterkünfte, viele liegen im Hinterland und ziehen sich weit den Hang hinauf. Nahezu alle Bungalows haben Ventilator. Wer weiter den Berg hinaufzieht, findet einfachste Hütten für recht wenig Geld; in der Nebensaison bereits ab 100 Baht, in der Hauptsaison kosten diese je nach Nachfrage ab 400 Baht. AC-Bungalows sind selten, in der Saison teuer, aber in der

Klettern ist ein Extremsport

Wer hier klettert, bekommt einiges geboten. Nicht nur ist es ein tolles Erlebnis, eine solche Steilwand erklommen zu haben: Der Ausblick auf das Meer und die Umgebung ist einzigartig. Man darf jedoch nicht vergessen: Klettern ist ein Extremsport! Unfälle sind nicht auszuschließen, und man muss Vorsicht walten lassen.

Vor der Buchung einer Tour sollte man sich immer noch einmal nach der Versicherung der Veranstalter erkundigen, sich über die Erste-Hilfe-Ausbildung der Führer schlau machen und die Ausrüstung checken. Poröse Seile oder Ösen sind nicht sicher! Selbst dann, wenn man schon unterwegs ist: Sollte man das Gefühl haben, dass die Guides nicht 100 % konzentriert sind, ist der Kurs besser abzubrechen. Klettern ist ein Risiko, und wer hier vom Fels stürzt, muss mit dem Schnellboot oder dem Helikopter ins Krankenhaus gebracht werden. Wer vorher die Ausrüstung und den Guide checkt, sich am Fels umsichtig verhält und seine Grenzen kennt und akzeptiert, wird auf jeden Fall jede Menge Spaß haben, sicher das ein- oder andere persönliche Abenteuer erleben

und zudem eine wahnsinnige Aussicht genießen können. Namen und Adressen der Schulen siehe bei den jeweiligen Stränden.

Nebensaison bezahlbar. Dann wohnt man hier für 1000 Baht.

Dream Valley Resort ⑥, ✆ 075-660 727, 💻 www.dreamvalleyresortkrabi.com. Im Hinterland gelegen. In Reihen den Berg hinauf stabile Holzhütten mit Mattenverkleidung, Ventilator, teils 2 Betten. Weiter oben im Haus Zimmer mit AC und etwas mehr Komfort und teils tollem Blick auf die Berge. Auch Zimmer mit Doppel- und Einzelbett. ❸–❺

Tonsai Bay Resort ⑬, ✆ 075-637 234, 💻 www.tonsaibayresort.com. Am südlichen Ende der Bucht. Vorne liegt das Restaurant, dahinter führt ein Pfad ins Hinterland zu den Bungalows. Versetzt als Einzel- oder Doppelbungalows im tropischen Garten, dahinter Reihenbungalows, angeordnet wie in einer amerikanischen Vorstadt. Alle mit AC, TV, Safe, die teureren mit Wasserkocher. Meist 24 Std. Strom. ❺–❻

Paasook Resort ①, ✆ 084-690 3190. Ganz im Norden nahe am Fels im Hinterland liegen leicht versetzt nette Häuschen aus Holzimmitat. Bett, Moskitonetz und Stühle, viele Fenster, sauberes Bad, große Veranda. Einige mit großem und zusätzlichem kleinen Bett. Davor weniger schöne Steinhäuschen mit wenig Licht. ❸–❹

Essen

Dream Valley Restaurant, vor dem gleichnamigen Resort. In der Saison gibt es hier von 7–10 Uhr ein leckeres Buffet für 150 Baht: Säfte, Früchte, Pancake, *fried rice*, Nudeln und Kaffee. Ebenfalls nur in der Saison wird der Pizzaofen

Hoch oben im Stelzenhaus

Banyan Tree Resort ③, im Hinterland. Der Eingangsbereich zu den Bungalows ist wenig einladend, doch die Bungalows selbst sind einen Besuch wert. Vorne stehen stabile, türkis bemalte, recht geräumige Holzhäuschen. Es folgen den wenig bewachsenen Hang hinauf einfache Mattenhütten. Ganz weit oben stehen dann große robuste Holzbungalows; ganz hinten auf extrem hohen Stelzen. Von deren Balkonen bietet sich ein toller Blick auf die Berge. Moskitonetz, große Betten, ansonsten kaum Einrichtung. Strom gibt's von 18–6 Uhr. Der Generator steht direkt hinter der Anlage, doch stört er die wenigsten Bewohner: „Der Ventilator ist viel lauter. Den Generator hört man nur beim Anlassen und oft fällt er nachts auch aus – dann ist es sehr ruhig." ❷–❹

angeworfen und Dream Pizza gebacken. Auch Barbecue gibt es in der Saison.
Kruie Restaurant, an der Ecke zur Straße ins Hinterland neben dem Tonsai Bay Resort. Offenes überdachtes Restauran. V. a. morgens beliebt, dann gibt es kräftigendes Müsli und Früchte. Gute Thai-Küche. 🕓 10–23 Uhr.
Mambo Restaurant, am Strand gelegen, recht gute Küche. Jeden Tag gibt es ein besonderes Gericht günstiger.
Pyramid Bar & Restaurant, auf einer erhöhten Plattform sitzt man auf Kissen, davor an Tischen. Geboten wird frisch gebrühter Kaffee und morgens auch Ciabatta und Kürbiskernbrot. Shakes und Lassi. Thai-Küche. Thai-Kochkurse auf Anfrage.
Tonsai Bay Restaurant, liegt direkt am Fels und am Meer. V. a. abends schön, wenn die Berge beleuchtet sind und die Feuertänzer ihr Können zeigen. Gute Küche, große Portionen, schneller Service. Kein Schweinefleisch.

Unterhaltung

Freedom Bar, gehört zum Tonsai Bay Resort. Liegt direkt neben den Kletterfelsen, die des Nachts wunderschön angestrahlt sind. Jeden Abend, auch in der Nebensaison, wird hier lange und laut gefeiert. Feuershows inklusive.
No Name Bar, einfache alteingesessene Bar am Strand. Cocktails, Musik und Sitzkissen auf Matten im Sand: Mehr braucht es nicht für eine gelungene Party jede Nacht.
Small World Bar, in dieser schön gestalteten Bar mit großem Außenbereich und überdachter Bar wird ab morgens bis abends für jeden Geschmack etwas geboten.

Aktivitäten

Batikkurse

In der **Batikschule** beim The Sea of Love Real Coffee House kann man in der Saison die Kunst des Batikens erlernen. Für 700 Baht erhält man Unterricht und nimmt anschließend ein Tuch und ein T-Shirt mit nach Hause.

Kajaktouren

Überall am Strand kann man sich Kajaks ausleihen und auf eigene Faust lospaddeln. Ein 2er-Kajak kostet für 4 Std. 300 Baht, für den ganzen Tag 500 Baht.

Klettern

Siehe auch Infos Kasten S. 808/809.
The Rock Shop, am Tonsai Bay Resort, ✉ sirichai_rockshop@hotmail.com. Kleine Kletterschule. Kurse für Anfänger und Fortgeschrittene. Touren. Equipmentverleih.
Ton Sai Rock, neben dem Banyan Tree Resort. Kleine Kletterschule mit angegliedertem Souvenirshop: Hier bekommt man nicht nur Bücher (u. a. auch Kletterbücher), sondern auch T-Shirts mit Motiven aus der Kletterwelt Krabis.
Viking Climbers, vorne am Strand im Norden der Bucht. Klettertrips für Anfänger und Fortgeschrittene. Buchladen. In der Nebensaison oft zu.
Wee's Climbing School, 💻 www.weesclimbingschool.com. Große, schön gestaltete Kletterschule an der Straße im Hinterland. Schulgelände mit viel Platz zum Üben, sitzen und sich austauschen. Bietet neben den üblichen Kursen von einem halben bis 3 Tagen auch Extratrips im Sonnenuntergang.
Verleih und Verkauf von Equipment. Ausbildung (auch auf Deutsch) nach den Richtlinien des Deutschen Alpenvereins. 🕓 8–22 Uhr.

Von Generatoren und lauter Musik

Strom gibt es meist nur nachts, manche Anlagen bieten bei voller Auslastung in der Hauptsaison auch 20–24 Std. Strom am Tag. Da die Energie von Generatoren erzeugt wird, dröhnt und brummt es an allen Anlagen. Nahe des Strandes ist zudem immer mit lauter Musik zu rechnen, und auch an der Straße dahinter ist in vielen Bars – v. a. in der Hauptsaison – immer was los. Kletterer, die nach einem anstrengenden Tag in der Steilwand und einem ebensolchen Abend in der Strandbar todmüde ins Bett fallen, stört das aber nicht.

Tauchen

Railay Diving, ✆ 089-729 0885. Im Tonsai Bay Resort. Kurse vom Open Water bis zum Rescue nach PADI. In der Nebensaison Tauchgänge bereits ab 2 Pers. Tagestrips mit 2–3 Tauchgängen auch nach Ko Phi Phi und die umliegenden Tauchgebiete.

Sonstiges

Geld

Es gibt keinen Geldautomaten an diesem Strand. Wer Bargeld braucht, muss nach Rai Leh.

Internet

Direkt am Strand Internet im **Diveshop** und vor dem **Tonsai Bay Resort** für 3 Baht pro Min., sofern es Strom gibt. In der Saison etwa von 8–10 Uhr, in der Nebensaison seltener. WiFi hat das **Country Side Restaurant** im gleichnamigen Resort.

Massage

Climbers Special, hinter Wee's Climbing School auf dem Weg nach Rai Leh West. Offenes Holzhaus. Neben Thai-, Öl- und Fußmassage (200–250 Baht) auch Nackenmassage und speziell auf die Problempartien von Kletterern zugeschnittene Specials (300 Baht). ⌚ 9–24 Uhr.

Minimärkte

Es gibt eine Reihe Minimärkte am Strand und im Hinterland. Geöffnet ist meist von morgens 9 bis gegen 22 Uhr am Abend. Die Preise sind recht hoch, man zahlt etwa doppelt so viel wie im Supermarkt auf dem Festland. Es lohnt also, sich dort mit den Lieblingsknabbereien einzudecken.

Transport

Alle Boote fahren auf Anfrage. Wenn wenig los ist, kann über die Preise verhandelt werden. Am besten fährt man zwischen 9 und 18 Uhr, danach wird es teurer.

AO NANG, mit dem Longtail ab 4 Pers. für etwa 100 Baht in 20 Min.; ab 7 Pers. zahlt jeder nur noch 80 Baht.

PHRA NANG, bei 7 Pers. 50 Baht p. P.

RAI LEH OST, mit dem Longtail für etwa 100 Baht bei 4–5 Pers., 80 Baht bei mind. 7 Pers. Zu Fuss läuft man etwa 30 Min. auf einer staubigen bzw. schlammigen Piste. Der Fußweg eignet sich nicht, wenn man Gepäck transportieren muss.

RAI LEH WEST, mit dem Longtail für 50 Baht ab 4 Pers.

Tagestouren nach KO PHI PHI, BAMBOO ISLANDS und zum KO HONG-ARCHIPEL, ab 8 Pers. etwa 3500 Baht p. P. Kürzere Trips in die Umgebung ab 1800 Baht.

Ao Pai Plong

Die Pai Plong-Bucht ist ein schmaler Landstreifen: Auf drei Seiten ragen Kalksteinfelsen in die Höhe, und auf der vierten lädt ein halber Kilometer Sandstrand zur Entspannung ein – allerdings nur den, der hier im luxuriösen **Centara Grand Beach Resort & Villas Krabi**, 💻 www.centarahotelsresort.com/ckbr, abgestiegen ist, das die Bucht komplett für sich belegt hat. So bleibt für die meisten nur ein Blick vom Longtail auf dem Weg vom Rai Leh zur Ao Nang. Wer es sich leisten kann, wird allerdings mit Urlaub vom Feinsten verwöhnt. ❽

Ao Nang

Ao Nang, **eXTra [2839]**, liegt etwa 20 km von Krabi-Stadt entfernt und ist der meistentwickelte Strand der Region. Der lange Sandstreifen ist mit einer hohen Mauer versehen und zum Baden wenig geeignet – eher ein Parkplatz für Longtails. Nur im nördlichen Abschnitt, zu Füßen eines malerischen Kalksteinmassives, drängen sich in der Hauptsaison die Gäste.

An der Strandpromenade liegen dicht an dicht Restaurants, Tauchshops und Touranbieter, die Trips auf die Inseln in der Bucht von Phang Nga (s. S. 791) anbieten – hier ist man voll auf Pauschaltouristen eingestellt, die in einer der größeren Anlagen wohnen. Neben gediegenem Luxus und Pauschalkomfort gibt es auch eine Reihe günstigerer Unterkünfte: hauptsächlich Zimmer in Gästehäusern in den Gassen hinter der Hauptstraße. Daneben etablieren sich einige neuere Boutiquehotels.

Unterkunft

Untere Preisklasse

Adams Bungalows ㉔, 25 Moo 2, ✆ 075-637 667. Im weitläufigen Garten hinter einem kleinen Restaurant liegen verschiedene Bungalows mit eigenen Veranden; neuere mit AC aus Stein, daneben ältere Holzbungalows mit Ventilator. Recht ruhig und durchaus eine Alternative zu einem Guesthouse-Zimmer. ❸–❹

Jinda Guesthouse ⑮, 247/6 Moo 2, ✆ 075-637 524. Einfaches kleines Guesthouse mit 14 schlichten Zimmern mit AC oder Ventilator; dazu 6 ganz einfache Ventilator-Zimmer, die für 300 Baht mit zu den billigsten Unterkünften am ganzen Strand gehören. Nette Leute. ❷–❹

Lavina House ⑪, ✆ 075-695 404. In einer kleinen Gasse hinter der Strandstraße gelegenes, gepflegtes Haus mit einfachen Ventilator- und besseren AC-Zimmern, z. T. mit Balkon. Keine Rezeption – im gleichnamigen italienischen Restaurant an der Straße fragen. ❷–❹

P.K. Mansion ⑬, 247/12-15 Moo 2, ✆ 075-637 431, ✉ pkmansion@hotmail.com. Empfehlenswertes Guesthouse mit gepflegten Zimmer mit Balkon, wahlweise AC oder Ventilator (nur 100 Baht Unterschied) mit TV und Kühlschrank im Stammhaus, dazu weitere Räume im neuen Anbau; etwas teurer, dafür gibt's modernere Ausstattung und ein bisschen Marmor im Bad. ❸–❹

Mittlere Preisklasse

Alis Hotel & Spa ⑤, 125 Moo 3, ✆ 075-638 000, 🖳 www.alisthailand.com. Boutiquehotel mit nordafrikanischen Stilelementen; kleine Balkone, Pool mit Blick bis zum Hat Nopparat Thara. Die Rezeption empfiehlt: Übers Internet buchen. ❺

Ao Nang Beach Resort ⑨, 142 Moo 2, ✆ 075-637 766, 🖳 www.aonangbeach.com. Mitten an der Strandstraße gelegene Anlage mit sauberen, z. T. recht geräumigen Zimmern; empfehlenswert die Suiten mit Seeblick. Pool. ❺

Ao Nang Cozy Place ㉗, 420/16-17 Moo 2, ✆ 075-695 616, 🖳 www.aonangcozyplace.com. Neues kleines Boutiquehotel nahe der Moschee mit schicken, dunkel möblierten, gefliesten Zimmern mit Safe, Flachbild-TV und Badewanne. ❹–❺

J. Guesthouse ⑯, 153/7 Moo 2, ✆ 075-661 161, 🖳 www.jmansionaonang.com. Sehr gepflegtes Guesthouse mit gut ausgestatteten Zimmern (bequeme Betten, TV, Kühlschrank, Safe). ❹

The Royal Nakara Ao Nang ③, 155/4-7 Moo 2, ✆ 075-661 441, 🖳 www.royalnakara.com. Neues Boutiquehotel in Hanglage (mit steilen Treppen); blitzsaubere, geflieste, dunkel möblierte Zimmer, z. T. Balkon mit Meerblick. Der Pool ist zwischen die Hauswände eingeklemmt, aber gut für eine Erfrischung. Sehr freundliches Personal. ❹–❽

Wanna's Place – Andaman Sunset Resort ⑧, 31 Moo 2, ✆ 075-637 484, 🖳 www.wannasplace.com. Steinbungalows mit bequemer Ausstattung und Badewanne in einer Gartenanlage mit Pool, daneben Hotelzimmer zur Straße hin. Insgesamt 44 Räume. WiFi. Thai-Schweizer-Leitung. Freundliche Atmosphäre. ❺–❻

White Sand Krabi ㉑, ✆ 075-695 345. Neues, modernes Boutiquehotel mit 86 geschmackvoll möblierten Zimmern mit Balkon und großem Flachbild-TV. Stilvolles Interieur. ❺–❻

Obere Preisklasse

Aonang Cliff Beach ⑳, 328 Moo 2, ✆ 075-626 888, 🖳 www.aonangcliffbeach.com. Sehr schickes Resort in moderner Thai-Bauhaus-Architektur. Die blitzsauberen, super

ausgestatteten Zimmer lassen keine Wünsche offen, was sie bei Preisen um die 20 000 Baht auch nicht sollten. ❽

Aonang Princeville Resort ⑫, 167 Moo 2, ☏ 075-637 971, 💻 www.aonangprinceville.com. Hochklassiges Wohnen ganz nah am Strand: 32 komfortabel ausgestattete Zimmer mit asiatischen Stilelementen gruppieren sich um einen Pool, dem einige Bäume Schatten verleihen. ❻

Golden Beach Resort ㉘, 254 Moo 2, ☏ 075-637 870, 💻 www.goldenbeach-resort.com. Luxuriöse Anlage in bester Lage am nördlichen Strandbereich, wo Sonnenbaden und Schwimmen möglich sind. Eine Alternative ist der große Pool. ❼–❽

Krabi Resort ⑦, 232 Moo 2, ✆ 075-637 030, 🖳 www.krabiresort.net. Historischer Boden: Dies war die erste Anlage am Ao Nang und gleichzeitig die erste Touristenunterkunft überhaupt in der Provinz Krabi. Was Anfang der 1980er-Jahre mit Bambushütten und Generatorstrom begann, hat sich zu einem großen, sehr gepflegten Resort entwickelt. Hotelzimmer, Poolvillas und Bungalows in einer Gartenanlage, die das Nordende der Bucht einnimmt. Es ist viel vom alten Baumbestand erhalten. ❼–❽

Krabi Tipa Resort ⑰, 121/1 Moo 2, ✆ 075-637 527, 🖳 www.krabi-tiparesort.com. Angenehmes Resort mit bequem ausgestatteten Zimmern, sehr schönen Teak-Bungalows und einer tollen, großen Pool-Landschaft. ❻–❽

Pakasai Resort ⑥, 88 Moo 3, ✆ 075-637 777, 🖳 www.pakasai.com. Über 100 bestens ausgestattete Zimmer und ein zum Schwimmen geeigneter Pool in einer beliebten, gepflegten Anlage. ❼–❽

Pavilion Queens Bay Krabi ④, 56/3 Moo 3, ✆ 075-637 611, 🖳 www.pavilionhotels.com. Hotelburg mit luxuriösen Zimmern zwischen 50 und 100 m², geschmackvoll im Thai-Stil ausgestattet. Pool auf mehreren Ebenen. ❼–❽

Thai Village Resort ①, 260 Moo 2, ✆ 075-637 710, 🖳 www.krabithaivillage.com. Luxuriöse Anlage, in der alles stimmt, nur der Name nicht; denn hier wohnt man eher in einem Palast als in einem Dorf. Einzig die Ausmaße könnten zur Rechtfertigung herangezogen werden. Durch die beeindruckende Lobby gelangt man zum Dorfplatz respektive Poolbereich. Die Architektur der Pavillons und der umliegenden Häuser mit den bestens ausgestatteten Zimmern ist geschmackvoll im Thai-Stil gehalten. ❽

Essen

Ao Nang Boat Noodle, neben Adams Bungalows, verschiedene einfache Thai-Gerichte, besonders gut: die Nudelsuppe mit kräftiger, dunkler Brühe und verschiedenen Einlagen zur Auswahl.

Ao Nang Cuisine, das älteste Restaurant am Platze, liegt an der Strandstraße und bietet u. a. leckere Seafood-Gerichte, z. B. gegrille Shrimps in Tamarindensauce. ⌚ 9–23 Uhr, die Küche schließt eine halbe Stunde früher.

Carnivore, 127 Moo 3, ✆ 075-661 061, 🖳 www.carnivore-thailand.com. Der definitive Platz für Steakliebhaber und andere Fleischesser. Lamm- und Rindfleisch aus Neuseeland und Australien. Der niederländische Chef zaubert auch gute Fischgerichte. ⌚ 11.30–22.30 Uhr.

Diver's Inn, 27/9 Moo 2, ✆ 075-637 297, Reservierungen unter ✆ 089-587 3533, 🖳 www.krabi-divers-inn.com. Deutsche und internationale Küche nicht nur für Taucher. In der Saison sitzt man schön auf der Dachterrasse. ⌚ 11–23.30 Uhr.

Jeseao Pizza & Pasta, Beach Rd., ✆ 075-695 497. Italienische Nudelgerichte mit hausgemachten Saucen und Pizzen aus dem Holzofen. ⌚ 11–23 Uhr.

K. R. Thaicuisine, preiswerte Option an der Strandstraße für nicht allzu anspruchsvolle Esser. Den Kaffee lieber nicht bestellen.

Soho Indian Food, große Auswahl indischer Gerichte, z. B. Lamm; dazu Seafood und Gegrilltes.

Ton Sai Restaurant, ✆ 081-979 6891. Beliebt wegen seiner guten Thai-Küche.

Wanna's Place, an der Strandstraße, alteingesessenes, beliebtes Restaurant mit lokaler und internationaler Küche. Schweizer Spezialitäten, z. B. Zürcher Geschnetzeltes an Weißweinsauce mit Rösti.

Unterhaltung

The Irish Rover, ✆ 075-637 607. Die größte Auswahl an Fassbieren weit und breit, dazu englisch-irische Küche in ordentlichen Portionen (u. a. *shepherds pie*, zubereitet mit Guinness) – diese Bar ist nicht nur bei Besuchern von der Insel beliebt. Die Küche ist bis Ladenschluss geöffnet. Wer Glück (oder Pech?) hat, wohnt beim Dinner außerdem einer Elvis-Liveshow bei. WiFi. ⌚ 10–1 Uhr.

The Last Fisherman, am Ostende des Strandes. Beliebte Bar für einen Drink am Abend. Ein Klassiker.

Sonstiges

Geld

Bis zum nächsten Geldautomaten sind es meist nur ein paar Schritte. Größere Transaktionen erledigt u. a. die **Siam Commercial Bank**, an der Straße nach Krabi gelegen. ⌚ Mo–Fr 8.30–16.30 Uhr.

Medizinische Hilfe

Ao Nang Clinic, Dr. Somboon, an der Straße nach Krabi links kurz vor der Moschee, ☏ 075-695 301. Bei kleineren Unfällen und Wehwehchen. ⌚ Mo–Fr 16–20 Uhr. Angeschlossen ist die **Ao Nang Smile Dental Clinic**, ☏ 075-695 303.
SSS Dekompressions-Kammer, an der Straße nach Krabi, ☏ 081-956 0120. Bei Tauchunfällen.

Nahverkehr

KRABI FLUGHAFEN, mit dem Flughafenbus für 150 Baht.
KRABI-STADT, mit den **weißen Songthaews** von früh morgens bis 22 Uhr für 50 Baht (abends 60 Baht) oder mit dem klimatisierten Flughafenbus für 80 Baht.
Für Ausflüge in die Umgebung eignen sich **Taxis** oder die preiswerteren **Tricycles** (Motorräder mit überdachtem Beiwagen), die am Nordende des Strandes starten:
GASTROPODEN-FOSSIL, für 600 Baht (hin und zurück).
HAT KLONG MUANG, für 400 Baht.
HAT NOPPARAT THARA, für 40 Baht.
HAT TUB KAEK, für 500 Baht.
LOKALE MÄRKTE in Ao Nang, Klong Haeng oder Ao Mam Mao für je 50 Baht.

Transport

Fähren

KO PHI PHI, um 9 Uhr für 400 Baht in 2 Std.
KO LANTA, um 10.30 für 450 Baht in etwas über 2 Std.
PHUKET, um 15 Uhr für 500 Baht in 3 Std.
Die Boote fahren oft auch am Pier am Nordende des Hat Nopparat Thara ab. Als Ziel- bzw. Abfahrtsort wird jedoch immer Ao Nang angegeben.

Longtails

RAI LEH / AO TON SAI, für 80 Baht p. P.
KO PODA / KO KAI (Tour), für 300 Baht p. P.
KO HONG, 2500 Baht pro Boot (max. 6 Pers.).
BAMBOO ISLANDS, für 3500 Baht pro Boot (max. 6 Pers.).
4-INSEL-TOUR, für 2000 Baht (max. 8 Pers.).

Hat Noppharat Thara

Wenige hundert Meter nördlich des Ao Nang schließt sich hinter einem kleinen Kap der rund 3 km lange Hat Noppharat Thara an, eXTra [2840]. Er ist deutlich weniger entwickelt als Ao Nang. Der Strand fällt flach ins Meer ab und ist für Kinder geeignet, die sich auch über die vielen Muscheln und Korallenstückchen freuen. Bei starkem Wellengang gibt es allerdings auch hier viele Brecher. Im Westen, kurz vor dem am Klong zurückversetzten Hafen, befindet sich ein lichter Kasuarinenwald – ein netter Platz fürs Picknick. An den Wochenenden finden sich viele Einheimische ein, die genau deshalb hierherkommen. Hier, nahe des Noppharat Thara National Park Headquarter, gibt es außerdem einige beliebte Seafood-Restaurants und günstige Essenstände.

Übernachtung

Die Unterkünfte liegen alle jenseits der Straße, viele sogar noch weiter im Inland. Wegen des eingängigeren und bekannteren Namens bezeichnen sich einige der hier liegenden Unterkünfte als „am Ao Nang liegend".

Untere und Mittlere Preisklasse

Aonang Buri Resort ⑫, 118 Moo 3, ☏ 075-637 499, 🖳 www.aonangburi.com. Hotelähnlicher, etwas eng wirkender Resortkomplex mit 70 Zimmern in 3 Gebäuden um einen Pool. Am Ostende nahe dem Ao Nang und somit einiger guter Restaurants gelegen. ❺–❻
Cashew Nut Bungalow ③, 96 Moo 3, ☏ 075-637 560, 081-081 8095. Einfache, aber saubere Steinbungalows in einer schattigen, etwas verwilderten Gartenanlage. Im Restaurant der freundlichen Moslem-Familie wird kein Alkohol ausgeschenkt. ❸–❹

Mit Familienanschluss

Laughing Gecko ④, 99 Moo 3, ✆ 075-661 152, 🖳 www.laughinggeckothailand.com. Beliebte Anlage mit vielen Stammgästen. Einfache Mattenbungalows mit eigenem Bad, dazu Betten im Dorm und ein größerer Familienbungalow mit 2 Zimmern. Weitere Familienbungalows sind geplant. Das Restaurant ist ein gemütlicher Treffpunkt; hier wird gemeinsam gegessen (abends gibt es Buffet mit einem Tagesgericht und ein paar Snacks), getrunken und oft auch musiziert. eXTra [2842] ❷–❹

Mild Bungalows ⑦, 148 Moo 3, ✆ 075-638 078, ✉ mildbungalow@yahoo.com. Relativ geräumige Zimmer in Steinbungalows mit mehreren Wohneinheiten; komplett ausgestattet mit Minibar, TV und Safe. Pool, der nur bedingt zu längerem Verweilen einlädt. Etwas teuer fürs Gebotene. ❺–❻

Sabai Resort ②, 79/2 Moo 3, ✆ 075-637 791, 🖳 www.sabairesort.com. Ordentliche Steinbungalows, wahlweise mit AC oder Ventilator, reihen sich ziemlich eng beieinander an gepflegten Wegen auf. Innen Kühlschrank und Schminktisch; einige Bungalows sollen mit Kabel-TV ausgestattet werden. Familienbungalows mit Küche. Restaurant mit Thai- und europäischen Gerichten. Pool. ❺–❻

Obere Preisklasse

Aquamarine Resort & Spa ⑥, 169 Moo 3, ✆ 075-661 577, 🖳 www.krabiaquamarineresort.com. Neues, kleines Resort mit gut eingerichteten Zimmern in Reihenhäusen, die im Karree um einen Pool angeordnet sind. Alle haben Flachbild-TV (internationale Nachrichtenkanäle), Wasserkocher, Minibar, Safe und eine kleine Badewanne. DVD-Player und Fahrräder können kostenlos entliehen werden. 5 Min. vom Strand. ❺–❼

Ayodhaya Suite Resort & Spa ①, ✆ 075-661 555, 🖳 www.hotelayodhaya.com. In der Mitte des Strandes liegt dieses pastellfarbene Märchenschloss im Stil eines Thai-Palastes. Die Zimmer sind luxuriös, beinahe prunkvoll-kitschig ausgestattet. Spa und Tourprogramme machen den Traumurlaub perfekt. ❽

Red Ginger ⑬, 168 Moo 3 ✆ 075-637 999, 🖳 www.redgingerkrabi.com. Schickes neues Boutiquehotel an der Soi 8, direkt hinter der Brücke am Ostende des Strandes. 68 bestens ausgestattete Zimmer und Suiten. Im EG einige mit direktem Poolzugang von der eigenen kleinen Veranda aus. ❽

Sala Talay Resort & Spa ⑪, 123 Moo 3, ✆ 075-810 888, 🖳 www.salatalay.com. Schickes, modernes Boutiqueresort mit 50 gepflegten Zimmern, Suiten und Penthäusern und viel Grün. Die Zimmer im EG haben direkten Poolzugang. ❻–❽

Essen und Unterhaltung

Leckere Seafood-Gerichte servieren die Restaurants am Westende des Strandes. Kleinere Snacks wie frittierte Tintenfische und anderes Meeresgetier am Spieß bereiten die Moslem-Frauen an ihren **Essenständen** ein paar Schritte weiter die Strandstraße hinunter zu.

Die **Deang Plaza** mittig des Strandes ist ein Karree voller **Bars** mit Namen wie „Kiss Me" und „Young Angel", selbst der kleine **Supermarkt** nennt sich „Young Girl Minimart". Dazwischen ist das übliche Angebot an Massagesalons und Tätowierstudios und ein paar Essenwagen mit gegrilltem Huhn mit Klebereis und anderen Kleinmahlzeiten.

Internationale Küche

A. One Restaurant, ✆ 075-637 305. Etwas teures Restaurant (*pad thai* für 120 Baht) mit Open-Air-Sitzbereich an der Straße und einer Speisekarte, die neben den klassischen westlichen und Thai-Gerichten auch ein paar Kinderteller (Huhn mit Pommes etc.) anbietet und sonntags ab 17 Uhr leckeres Röstfleisch serviert. Vorbestellung empfohlen.

De Carla, Sabai Resort, ✆ 075-637 791. Der italienische Betreiber des Sabai Resort serviert in seinem Restaurant solide Küche aus seiner Heimat, z. B. hausgemachte Gnocchi. Keine Pizza!

Pakarang, neben dem Sala Talay Resort, ✆ 075-810 888. Thai- und Seafood-Gerichte

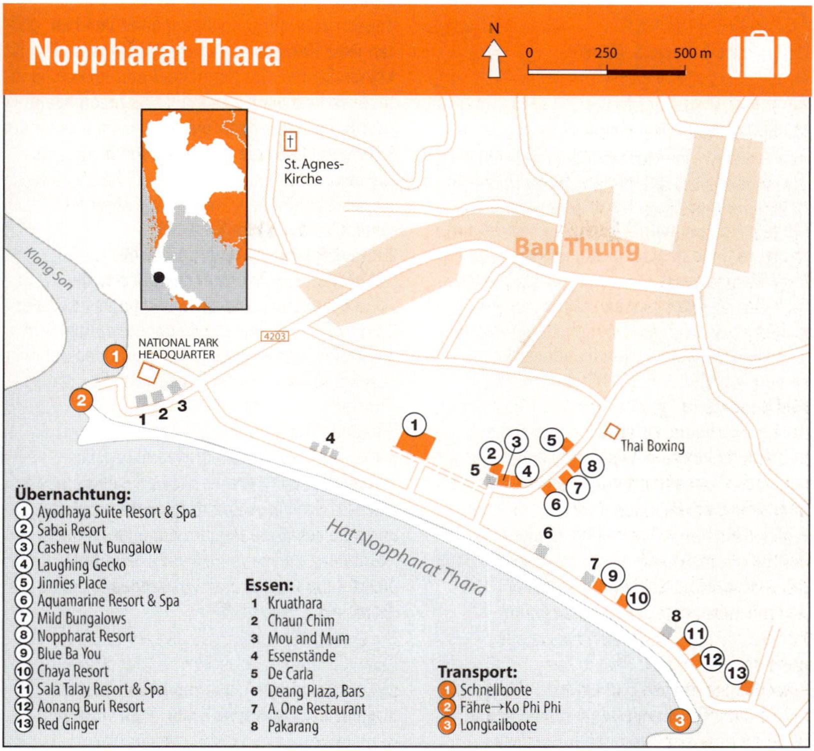

in schicker, gepflegter Atmosphäre. Dazu zaubert der Schweizer Chef tolle Cordon Bleus und andere europäische Gerichte. Gehobenes Preissegment, aber nicht überteuert. Zurückhaltendes, aufmerksames Personal. 🕓 17.30–23 Uhr.

Transport

Am Ostende des Strandes, wo die Straße eine Kurve um die Klippe beginnt, liegt der Anleger für die **Longtails** nach AO TON SAI und RAI LEH (um die 100 Baht bei 6–8 Pers. pro Boot).
An der Mündung des Klong Son-Flusses liegt der Pier für die **Fähre** nach KO PHI PHI (vgl. S. 815, Ao Nang, Transport). Außerdem parken hier viele weitere Longtails und **Schnellboote** für die überall am Ao Nang angebotenen Charterfahrten.

Hat Klong Muang und Hat Tub Kaek

Hat Klong Muang nördlich von Ao Nang und Nopparat Thara hat sich in den letzten Jahren zu einer teuren Adresse für alle entwickelt, die dem Touristentrubel in einem luxuriösen 5-Sterne-Resort entkommen wollen. Schon die Königsfamilie mochte den von tropischer Vegetation umgebenen Strand und errichtete einen Sommerpalast auf einem Hügel an der Südspitze. Für weniger betuchte oder adelige Gäste gibt es einige günstigere Unterkünfte. Die Resorts liegen direkt am flachen, mit Steinen durchsetzten Strand, und mangels anderem Zugang sind die vorgelagerten Strandabschnitte jeweils ziemlich privat. Zum Schwimmen ziehen die meisten Gäste den Pool vor. Weiter nördlich liegt der lange, friedliche Hat Tub Kaek mit einigen weiteren Luxusanlagen.

Übernachtung

Unterkünfte s. Karte S. 800/801

Hat Klong Muang

Klong Muang Inn Guesthouse ⑧, ✆ 075-495 314, 💻 www.klong-muang-inn.de. Die recht großen Zimmer mit Balkon gehören zu den preiswerteren Unterkünften in Klong Muang. Nur ein paar Fußminuten vom Strand. Restaurant mit deutscher Küche. ❺

Pine Bungalows ⑪, ✆ 075-644 332, 084-746 0992 (Ed), 💻 www.pinebungalow.com. Im südlichen Bereich am Strand gelegene Anlage mit vielen Bungalows verschiedener Preiskategorien mit AC und Ventilator. Für Ruhesuchende (die dann aber keinen der billigeren Bungalows an der Straße nehmen sollten). Vermittlung über die Reisebüros in Krabi, die auch den Transport organisieren. ❸–❺

Sheraton Krabi Beach Resort ⑩, ✆ 075-628 000, 💻 www.sheraton.com. Schickes Luxusresort in moderner Architektur, das einem die Entscheidung zwischen Pool und Businesscenter nicht leicht macht. ❽

Hat Tub Kaek

Amari Vogue Resort ⑤, 149 Moo 3, Nong Talay, ✆ 075-607 777, 💻 www.amari.com/vogue. 5-Sterne-Luxus im Lanna Thai-Design; überschaubare Größe mit 57 Zimmern, großer Spa-Bereich, 2 Restaurants. ❽

Tub Kaek Sunset Beach Resort ③, 109 Moo 3, Nong Talay, ✆ 075-628 600, 💻 www.tupkaek sunset.com. Bungalows und Villen in einer Anlage mit direktem Strandzugang, etwas preiswerter als die umliegenden 5-Sterne-Anlagen. ❼–❽

Sofitel Phokeethra Resort & Spa ⑥, ✆ 075-627 800, 💻 www.sofitel.com. Gediegene Topanlage der oberen Luxusklasse. Für die Gäste der 276 Zimmer steht ein 7000 m² großer Pool zur Verfügung. ❽

Ao Tha Len

Über den H4 Richtung Norden erreicht man die friedliche Bucht Ao Tha Len. Sie wird von den meisten Besuchern nur als Ausflugsziel eines Tagestrips wahrgenommen, denn von hier starten viele **Kajaktouren** in die Mangroven. Es gibt keinen Strand, der Sonnenanbeter locken könnte, doch wer ein paar Tage in Abgeschiedenheit und Ruhe verbringen möchte, kann von einem der Resorts aus die Gegend erkunden.

Übernachtung

Unterkünfte s. Karte S. 800/801

Akanak Resort ①, ✆ 075-623 449, 081-685 2354, 💻 www.akanakresort.com. 10 bequem ausgestattete Bungalows im Chalet-Stil mit TV, DVD (Videos an der Rezeption) und Kühlschrank; von den kleinen Veranden hat man einen herrlichen Blick in die Natur. Es stehen Fahrräder zur Verfügung. ❻–❼

Bananas Bungalows ②, 54 Moo 2, Ban Tha Lane, ✆ 086-947 2482, 💻 www.bananas-bungalows.com. Von Reisenden empfohlenes kleines, familiäres Resort weit ab vom Schuss – manche lieben genau dies, andere sehen woanders ein besseres Preis-Leistungs-Verhältnis. Wenige Bambusbungalows mit Gemeinschaftsbad. ❸

Touren

Gute Kajaktouren in die Bucht von Tha Len organisiert **Sea Kayak Krabi**, ✆ 075-630 270, 💻 www.seakayak-krabi.com, für etwa 1000–2000 Baht. Vor der Bucht liegt das Ko Hong-Archipel. Dorthin fährt man auf den Touren durch die Bucht von Phang Nga.

Hat Yao

Der südlich von Krabi gelegene Hat Yao („langer Strand") macht seinem Namen alle Ehre und erstreckt sich kilometerweit, perfekt für ausgedehnte Spaziergänge. Er ist von graubrauner Farbe und geht flach ins Meer über – also nichts für Schwimmer. Es entstehen einige Luxusanlagen und Villensiedlungen.

Übernachtung

Nantra De Deluxe Resort, ✆ 086-471 3693, 💻 www.nantradedeluxe.com. Mit gut ausgestatteten Luxusbungalows direkt am Strand. ❽

The Beach Boutique Resort und **The Sea House Resort** sind ähnlich gestaltete Anlagen mit wenigen (16 bzw. 9) ansprechenden Bungalows (die hier nicht ganz zu Unrecht „Villa" heißen); in der Nebensaion nur wenig günstiger. ❽

Vorgelagerte Inseln

Ko Si Boya

Ko Si Boya (Ko Siboya), südlich von Hat Yao, ist eine weitgehend unberührte Insel und Heimat einiger Moslem-Familien, die von Kautschukproduktion und Fischfang leben. Keine Sandstrände säumen die Ufer, und das flache Meer lädt weder zum Schwimmen noch zum Schnorcheln ein – kein Wunder, dass sich hierher kaum ein Tourist verirrt. Fast die einzigen Gäste sind Langzeittraveller, die sich in den wenigen Bungalows der Insel niedergelassen haben und hier ein Leben in Abgeschiedenheit (und ohne Internet) führen.

Übernachtung

Racha Resort, ✆ 081-083 9318. Einfache Bambusbungalows unter Palmen, etwa 2 km nördlich der Siboya Bungalows. ❸
Siboya Bungalows, ✆ 075-230 425, 💻 www.siboyabungalows.com. Alteingesessene Anlage mit 2 Dutzend Bungalows und einigen Häuschen in Gartenanlage. Restaurant. Kontaktbüro in Krabi (s. S. 796, Sonstiges, Reisebüros). ❷–❹

Transport

Die Anreise geschieht per Songthaew oder Bus (11 und 15 Uhr) ab KRABI (Maharat Rd.) nach NUEA KLONG (17 km), von dort per Songthaew oder Mopedtaxi zum PIER LAEM HIN (25 km). Dort weiter mit dem gecharterten Longtail (100 Baht oder mehr) oder der Fähre (30 Baht, 7.30 und/oder 11 Uhr: Abfahrtszeit in Krabi erfragen). Der Pick-up zu den Bungalows kostet 50 Baht. Damit er auch tatsächlich am Pier steht und einen erwartet, sollte man sich auf jeden Fall ankündigen bzw. vorbuchen!

Ko Jum / Ko Pu

Wenn es in dieser touristischen Ecke Thailands mit seinen Highlights Krabi (S. 793), Ko Phi Phi (S. 822) und Ko Lanta (S. 830) noch so etwas wie einen Geheimtipp gibt, dann ist es vielleicht Ko Jum. Im Süden an der Westküste breiten sich lange Sandstrände aus, die zum Spazierengehen wie geschaffen scheinen (wer Baden will, sollte je nach Strandabschnitt und Saison auf Steine und Seeigel achten), im Norden (wo die Insel Ko Pu heißt) herrscht eine rauere, bergige Landschaft mit kleinen Buchten vor. Die freundlichen Bewohner leben von Kautschukproduktion und Fischfang, bis die ersten Touristen kamen und ein Zubrot brachten – für manche Traveller, die immer wieder kamen, ein kleines Paradies.

Der Mangel an geregelter Elektrizität hat lange einen Boom verhindert – Generatoren wurden bei Sonnenuntergang angeworfen und um 23 Uhr wieder ausgestellt. Seit Frühjahr 2009 allerdings stehen Strommasten entlang der frisch verbreiterten Straßen und künden das Ende dieser Ära an. Sicherlich wird es noch einige Jahre dauern, bis sich das Gesicht der Insel total verändert hat – doch dass es das tun wird, ist abzusehen. Wer neugierig geworden ist, kann sich unter eXTra [2778] einen Eindruck verschaffen.

Übernachtung und Essen

Das Angebot an Unterkünften ist vielfältig: Von der einfachen Travellerhütte bis zum soliden kleinen Häuschen ist alles dabei. Gegessen wird meist in der eigenen Anlage oder auch mal beim Nachbarn. Wer einen Ausflug ins Dorf Ko Jum macht, findet dort am Pier ein nettes Restaurant. Einige kleine Strandbars öffnen je nach Saison in der Nähe der Anlagen. Fast alle Anlagen sind nur in der Saison von Oktober bis April geöffnet.

Ko Jum – Andaman Beach

Auch „langer Strand" genannt, erstreckt sich entlang der gesamten Südwestküste.
Andaman Beach Resort ⑭, ✆ 09-724 1544. Weitläufige Anlage mit etwas skurrilen, sauberen A-frame-Steinhäuschen, die zum Meer hin teurer sind. Dazu einige Familienhäuschen und ein Luxuszimmer mit Meerblick. ❹–❻

Baumhäuser am Strand – nur für Mutige

New Bungalow ⑱, Andaman Beach-Süd, ✆ 075-618 115, 089-726 2652, ✉ nbkohjum@hotmail.com. 2 romantische, nicht mehr ganz neue Baumhäuser am Strand, einige größere Bungalows vorne und 2 Reihen eng stehender, solider Holzbungalows hinten im Garten. Nebenan lockt die Coco-Bar zum Sundowner. ❷–❸

Joy Bungalow ⑰, Andaman Beach-Süd, ✆ 075-618 199, 089-875 2221, 🖳 www.kohjum-joybungalow.com. 30 unterschiedliche Bungalows und Häuser, teils aus Holz, teils aus Stein, von einfach bis komfortabel, in einer großzügigen Gartenanlage an einem schönen, flachen Strandabschnitt. ❹–❻

Woodland Lodge ⑯, am zentralen Strandabschnitt, ✆ 081-893 5330, 🖳 www.woodland-koh-jum.tk. 14 Bungalows in einer domestizierten Gartenanlage; große Bar und gepflegter Sitzbereich zum Strand hin. ❸–❹

Ko Jum – Golden Pearl Beach

Direkt nördlich schließt sich der Golden Pearl Beach an.

Golden Pearl Bungalow ⑪, ✆ 075-618 131, 083-389 5747. Hier gibt's 20 billige, einfache Bungalows mit eigenem oder Gemeinschaftsbad; vom Strand getrennt durch die staubige Hauptstraße, die hier am Nordteil des Strandes an die Küste stößt. Nebenan versprechen die großen Lautsprecherboxen der Fu Bar lärmige Nächte. ❶–❷

Koh Jum Lodge ⑬, ✆ 089-921 1621, 🖳 www.kohjumlodge.com. Hochklassiges Resort mit 16 hochwertig ausgestatteten Holzbungalows, Pool und gutem Restaurant. Ruhige Lage, schöner Strandabschnitt. ❻–❼

Ko Jum – Ao Si

Noch weiter nördlich schließt sich der Strand Ao Si an. Nur eine Reihe schwarzer Felsen trennt die kleine Bucht vom langen Süd-Strand.

Ao Si Bungalow ⑧, ✆ 081-747 2664, 082-289 4527, 🖳 www.aosibungalow.com. 8 gut ausgestattete Holzbungalows in steiler Hanglage mit tollem Blick über den Strand. ❷–❸

Jungle Hill Beach Bungalow ⑩, ✆ 081-968 9457, 🖳 wongsachol_u@hotmail.com. 4 gepflegte kleine Bungalows in ruhiger Lage auf einer steilen, bewaldeten Klippe; in den Bäumen leben kleine Affen. Das Restaurant liegt auf halbem Weg zum Strand runter. Ein weiterer Bungalow am Strand müsste ebenfalls inzwischen fertiggestellt sein. ❷–❸

Ko Pu – Hat Ting Ray

Die kleinen Buchten an der rauen Westseite von Ko Pu waren lange nur per Longtail zugänglich. Heute ermöglicht die neue, z. T. steile Küstenstraße einen Zugang auch von der Landseite, allerdings nur bei gutem Wetter und mit ausreichend Fahrpraxis.

Oon Lee Bungalows ⑥, ✆ 087-200 8053, 🖳 www.koh-jum-resort.com. 9 Bungalows der gehobenen Klasse an einem bewaldeten Hang. Geschmackvoll gestaltete Anlage. Ruhiger kleiner Strand. ❸–❺

Ting Rai Bay Resort ⑦, ✆ 087-277 7379, 🖳 www.tingrai.com. Mehr als ein Dutzend solide, gepflegte Holzbungalows an einem steilen Hang. Abends, wenn der Generator läuft, gibts sogar Internet. ❷–❺

Ko Pu – Hat Luboa

Der nördlichste Strand der Insel war lange das Ende der Straße, die um den Pu-Berg herumgeht. Die letzten Meter bis zu den Anlagen führen noch heute über den Strand.

Koh Pu Valley Resort ③, ✆ 081-077 9560, 🖳 www.kohpuvalley.com. Alteingesessene Anlage mit preiswerten, geräumigen Holz- und Steinbungalows am waldigen Hang. Abends tuckert der Generator. ❷–❹

Luboa Hut ②, ✆ 081-388 9241, 959 4576, 🖳 www.luboahut2008.com. 9 unterschiedliche Bungalows, zum Strand hin solide und neuwertig, nach hinten raus noch 22 einfachere Mattenbungalows. ❷–❹

Peace Paradise Resort ⑤, ✆ 085-692 9269. Vier große Holzbungalows verteilen sich in einer Gartenanlage am Südende des Strandes. ❸

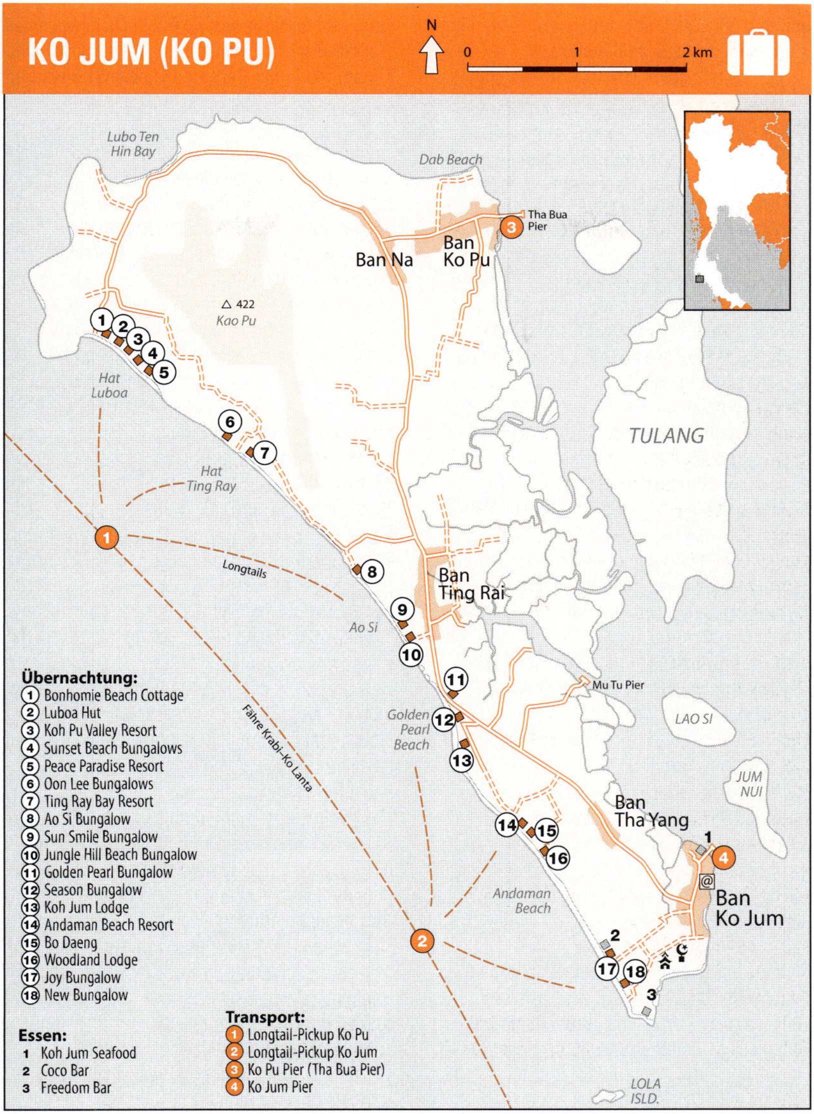

Sunset Beach Bungalows ④, ✆ 083-182 5142. Die schönen Holzbungalows sind geräumig und haben alle eine Veranda und ein Bad aus Natursteinen. Gepflegtes Waldstück, in dem noch Kautschuk geerntet wird. ❷

Sonstiges

Internet

Kaum eine Anlage verfügt bisher über einen Internet-Zugang. Ein erster Internet-Shop mit 3 Laptops hat sich in **Jum Village** (Ostküste) etabliert. Mit dem Ende des Generatorzeitalters dürfte sich die Lage bald ändern.

Mopedverleih

Einige Anlagen vermieten Mopeds für um die 300 Baht am Tag. Vorsicht: Im nördlichen Bereich (Ko Pu) muss, besonders an der Westküste, mit schwierigen Straßenverhältnissen gerechnet werden.

Transport

Die An- und Abreise geschieht meistens mit der täglichen Fähre, die Ko Lanta und Krabi verbindet – Longtails übernehmen den Transport zur jeweiligen Anlage. Es gibt 2 Treffpunkte auf See: Einer bedient die nördlichen Strände, einer die südlichen. Diese Verbindung gibt es nur in der Saison von November–April.
KO LANTA um 12 Uhr für 400 Baht in 1 Std.
KRABI zwischen 8.30 und 9 Uhr für 400 Baht in 1 Std.
Von den Piers der beiden Siedlungen Ban Pu und Ban Jum an der Ostküste fahren von Touristen selten genutzte lokale Fähren ans Festland: Von Ban Pu um 7.30, 8.30 und 13 Uhr für 50 Baht; von Ban Jum um 7.30 und/oder 7.45 Uhr für denselben Preis. Zielhafen ist LAEM KRUAT, von dort geht es weiter mit dem Minibus nach NUEA KLONG am H4 (70 Baht); dort umsteigen nach KRABI.

Ko Phi Phi

Ko Phi Phi weckt Südseeträume. Man stelle sich zwei Kalksteinmassive vor, wild zerklüftet, mit Dschungel und Kokospalmen bewachsen. Sie werden durch eine flache Landbrücke verbunden, die auf beiden Seiten eine halbrunde, schneeweiße Sandbucht formt. Im glasklaren Wasser, das in allen Blauschattierungen schimmert, sieht man die Korallen schon vom Ufer aus. Kein Wunder, dass Ko Phi Phi (ausgesprochen: Pi Pi) total vermarktet wurde. Nach dem Kinoerfolg von *The Beach* (s. S. 897), der 1999 hier gedreht wurde, kamen jährlich bis zu 400 000 Touristen, vor allem junge Leute auf die Partyinsel. Schon lange vor dem verheerenden Tsunami, der auf der Insel 691 Todesopfer und fast ebenso viele Vermisste forderte, war Ko Phi Phi kein einsames Traumziel mehr. Dennoch besitzt die Insel eine Magie, die junge Partyfreaks, Beach Boys und ehemalige Hippies ebenso anzieht wie Aussteiger und Pauschaltouristen, die mit Rucksäcken und Rollkoffern von den Booten strömen.

Ko Phi Phi besteht eigentlich aus zwei Inseln: die liebliche **Ko Phi Phi Don** mit den Unterkünften und die schroffe, unbewohnte **Ko Phi Phi Le** mit schönen Ausflugszielen. Ein Teil von Ko Phi Phi wurde 1983 in den 390 km² großen **Nopparat Thara–Ko Phi Phi Marine National Park** einbezogen, dessen Headquarter am Strand von Nopparat Thara (s. S. 815) bei Krabi stationiert ist.

Ban Laem Trong

Rings um das ehemalige moslemische Fischerdorf Ban Laem Trong hat sich auf dem etwa 200 m breiten Streifen zwischen der malerischen südlichen Ao Ton Sai und der seichten Ao Lo Dalam (Back Bay) ein ausgedehnter Touristenort mit allen Möglichkeiten entwickelt.

Die Bucht **Ao Ton Sai** ist wegen der zahlreichen Korallensteine im Westen und der Boote im Zentrum nicht zum Baden geeignet. Der **Hat Hin Khom** weiter im Südosten besteht aus rauen Felsen. Bei Ebbe zeigt sich hier ein Sandstrand. Am Ende des Strandes über die Felsen am Ufer und später am Hang entlang gelangt man in 30 Minuten zu Fuß zum Long Beach. Die seichte **Ao Lo Dalam** auf der anderen Seite der Landbrücke sieht bei Flut wunderschön und friedlich aus.

Aussichtspunkt

Wenn man einige Tage auf Ko Phi Phi verbringt, ist die Besteigung (20 Minuten) des **Viewpoint** ein absolutes Muss, denn nur aus der Vogelperspektive ist ein Überblick über die einmalige Form dieser wunderschönen Insel zu bekommen. Für Fotografen empfiehlt sich die Besteigung am Vormittag. Der breite, mit Betonstufen versehene Weg beginnt hinter dem Dorf. Von dem Felsen reicht der Blick bis zum nördlichen Kap der Insel. Ein schmaler Fahrweg führt zu einem zweiten, kleineren Viewpoint oberhalb des Dorfes.

Hat Yao (Long Beach)

Der schöne Hat Yao, übersetzt Long Beach , der vom Tsunami kaum betroffen war, reicht bis ans

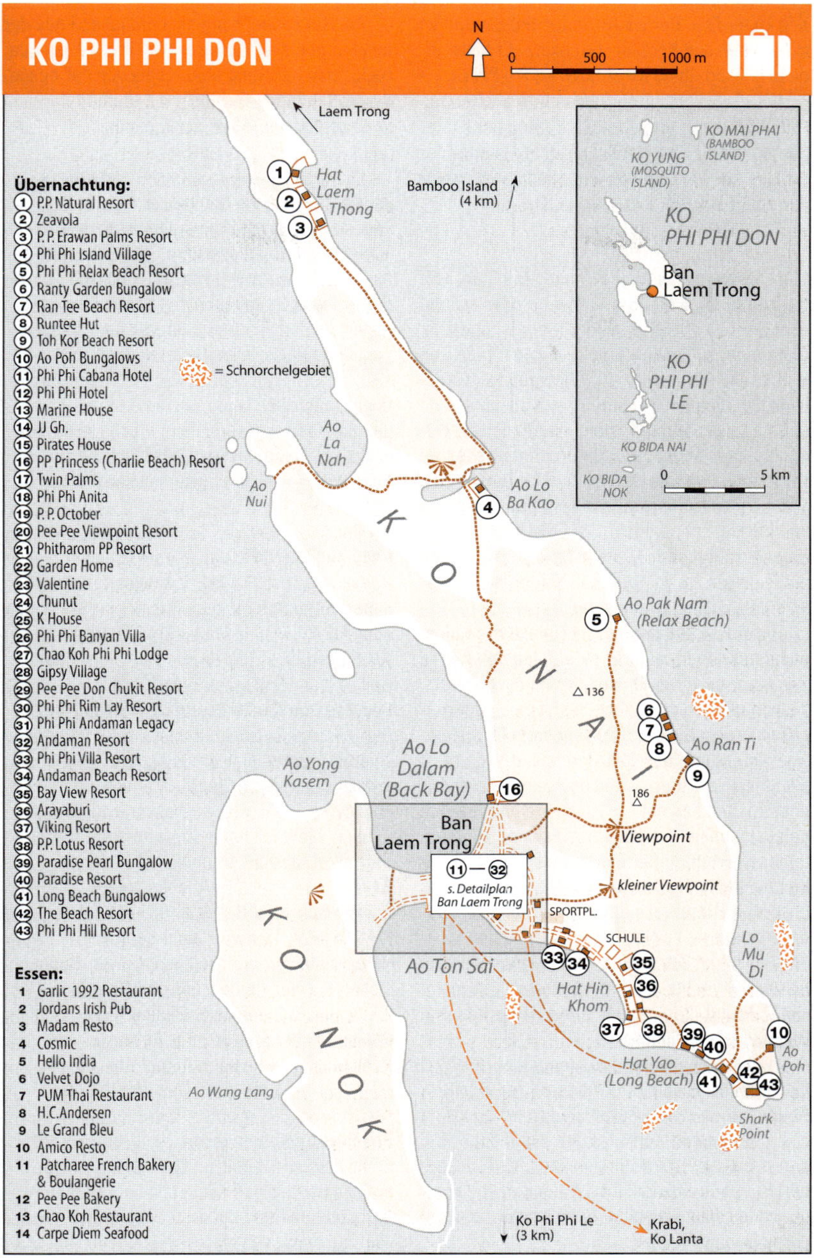
KO PHI PHI DON
N
0
500
1000 m
Übernachtung:
1 P.P. Natural Resort
2 Zeavola
3 P. P. Erawan Palms Resort
4 Phi Phi Island Village
5 Phi Phi Relax Beach Resort
6 Ranty Garden Bungalow
7 Ran Tee Beach Resort
8 Runtee Hut
9 Toh Kor Beach Resort
10 Ao Poh Bungalows
11 Phi Phi Cabana Hotel
12 Phi Phi Hotel
13 Marine House
14 JJ Gh.
15 Pirates House
16 PP Princess (Charlie Beach) Resort
17 Twin Palms
18 Phi Phi Anita
19 P. P. October
20 Pee Pee Viewpoint Resort
21 Phitharom PP Resort
22 Garden Home
23 Valentine
24 Chunut
25 K House
26 Phi Phi Banyan Villa
27 Chao Koh Phi Phi Lodge
28 Gipsy Village
29 Pee Pee Don Chukit Resort
30 Phi Phi Rim Lay Resort
31 Phi Phi Andaman Legacy
32 Andaman Resort
33 Phi Phi Villa Resort
34 Andaman Beach Resort
35 Bay View Resort
36 Arayaburi
37 Viking Resort
38 P.P. Lotus Resort
39 Paradise Pearl Bungalow
40 Paradise Resort
41 Long Beach Bungalows
42 The Beach Resort
43 Phi Phi Hill Resort
Essen:
1 Garlic 1992 Restaurant
2 Jordans Irish Pub
3 Madam Resto
4 Cosmic
5 Hello India
6 Velvet Dojo
7 PUM Thai Restaurant
8 H.C.Andersen
9 Le Grand Bleu
10 Amico Resto
11 Patcharee French Bakery & Boulangerie
12 Pee Pee Bakery
13 Chao Koh Restaurant
14 Carpe Diem Seafood
= Schnorchelgebiet
Laem Trong
Hat Laem Thong
Bamboo Island (4 km)
Ao La Nah
Ao Nui
Ao Lo Ba Kao
KO NAI
Ao Pak Nam (Relax Beach)
136
Ao Ran Ti
186
Viewpoint
kleiner Viewpoint
Ao Yong Kasem
Ao Lo Dalam (Back Bay)
Ban Laem Trong
11 — 32
s. Detailplan Ban Laem Trong
SPORTPL.
SCHULE
Ao Ton Sai
Hat Hin Khom
Lo Mu Di
Ao Poh
Hat Yao (Long Beach)
Shark Point
KO NOK
Ao Wang Lang
Ko Phi Phi Le (3 km)
Krabi, Ko Lanta
KO MAI PHAI (BAMBOO ISLAND)
KO YUNG (MOSQUITO ISLAND)
KO PHI PHI DON
Ban Laem Trong
KO PHI PHI LE
KO BIDA NAI
KO BIDA NOK
0
5 km

Kap Laem Poh. Der weiße, lange Sandstrand ist mit Steinen und Korallen durchsetzt. Er bietet eine tolle Sicht übers Meer nach Ko Phi Phi Le.

Von Ban Laem Trong erreicht man Hat Yao zu Fuß in einer guten halben Stunde (zu später Stunde starke Taschenlampe mitnehmen) oder bis zum Abend mit einem der ständig verkehrenden Longtails (s. S. 829, Transport).

Nördliche Buchten

Viele kleinere, teils unbewohnte Buchten, wie die **Lo Mu Di**, sind über Fußwege oder nur mit dem Boot zu erreichen und nette Ausflugsziele. Die kleine, ruhige **Ao Ran Ti** erreicht man von Ban Laem Trong über den Viewpoint mit Ausblick (30 Minuten, 330 Stufen) und anschließend auf einem schlechten Trampelpfad, der bei Regen schwer begehbar ist, durch interessanten Dschungel (weitere 30 Minuten). In der Ao Ran Ti kann man sich in kleinen Restaurants stärken und bei Flut schnorcheln. Bei Ebbe sind Wanderungen entlang der Küste möglich, sofern man die Gezeiten im Auge behält. Müde Wanderer können ein Longtail chartern.

Die **Ao Lo Ba Kao** mit ihrem 450 m langen, wunderschönen, aber flach abfallenden feinen Sandstrand wird von Kokospalmen gesäumt. Am südlichen Ende der Bucht lässt es sich gut zwischen Felsen und Korallen schnorcheln. Die einzige Unterkunft, das Pee Pee Island Village, ist allerdings sehr teuer. Zwischen seinen Personalunterkünften beginnt ein Dschungelpfad. Rechts gelangt man nur bei Ebbe nach einer nicht empfehlenswerten, gefährlichen Klettertour an der Küste entlang bis Ban Laem Trong. Links geht es über eine Holzbrücke am Dorf vorbei quer über die Insel zur Ao La Nah. Nach einer halben Stunde (1,5 km) ist 300 m hinter der Abzweigung ein Abstecher rechts zu einem weiteren Viewpoint mit Sicht auf die Ao La Nah, Ao Lo Ba Kao und Bamboo Islands möglich.

In der **Ao La Nah** türmt sich leider der Müll bis in die Kokosplantage hinein. Das Dorf der Seenomaden am äußeren Rand der Bucht ist z. T. über Felsen nur bei Ebbe zugänglich. Bei den ersten Hütten führt ein steiler Pfad über den Berg zur einsamen **Ao Nui** mit schneckenförmigen Felsen, Korallen, Mördermuscheln und vielen Fischen.

Am **Hat Laem Thong** am nördlichen Ende der Insel liegen drei Luxusresorts. Hier ist es zwar ruhig, man bekommt aber nichts von der besonderen Schönheit der Insel mit, dafür kann man auch bei Ebbe im Meer schwimmen.

Übernachtung

Auf der Landbrücke drängen sich große Touristenhotels mit Zimmern im modernen Thai-Design, kleine familiäre Gästehäuser und einfache Bungalows. In der Hauptsaison ist das Preisniveau recht hoch, über den Daumen gepeilt etwa doppelt so hoch wie an weniger populären Reisezielen. Generell empfiehlt es sich, vor dem Einchecken den Wasserdruck zu testen, nachzuschauen, wo ein Generator steht und die Abwässer versickern. Auch Unterkünfte in direkter Nachbarschaft zu Müllplätzen, Bars, Restaurants und Durchgangswegen meiden.

Ao Ton Sai

Chao Koh Phi Phi Lodge ㉗, am östlichen Dorfrand, ✆ 075-601 083. Insgesamt 20, im hinteren Bereich ruhigere Zimmer mit Ventilator oder AC, TV, Minibar, Restaurant, Pool, Internet, Wäscheservice, Touren und moslemischer Gebetsraum. Frühstück inkl. ❹–❻

Pee Pee Don Chukit Resort ㉙, ✆ 075-618 126. Die 40 Bungalows mit Ventilator oder AC stehen sehr eng, nur wenige direkt am Ufer. Frühstück inkl. Das Restaurant liegt z. T. etwas erhöht auf Felsen und direkt am Wasser, was abends für eine leicht kühlende Brise im Lokal sorgt. Herrliche Aussicht, freundliche Bedienung. ❺–❻

Phi Phi Banyan Villa ㉖, ✆ 075-611 233, 081-894 0624, 💻 www.phiphi-hotel.com. Hinter einem großen, heiligen Banyan-Baum stehen in einer kleinen, üppigen Gartenanlage 2-stöckige Reihenhäuser, Zimmer mit Wasserkocher, Balkon oder Terrasse; Pool, Massage, Restaurant und Bar. ❻

Ao Lo Dalam

Pee Pee Viewpoint Resort ⑳, ✆ 075-622 351, ✉ ppviewpoint@hotmail.com. Große Anlage entlang der felsigen Küste und im Hinterland am östlichen Rand der Bucht am Hang, 45 Bungalows, von teuren Häusern im Thai-Stil

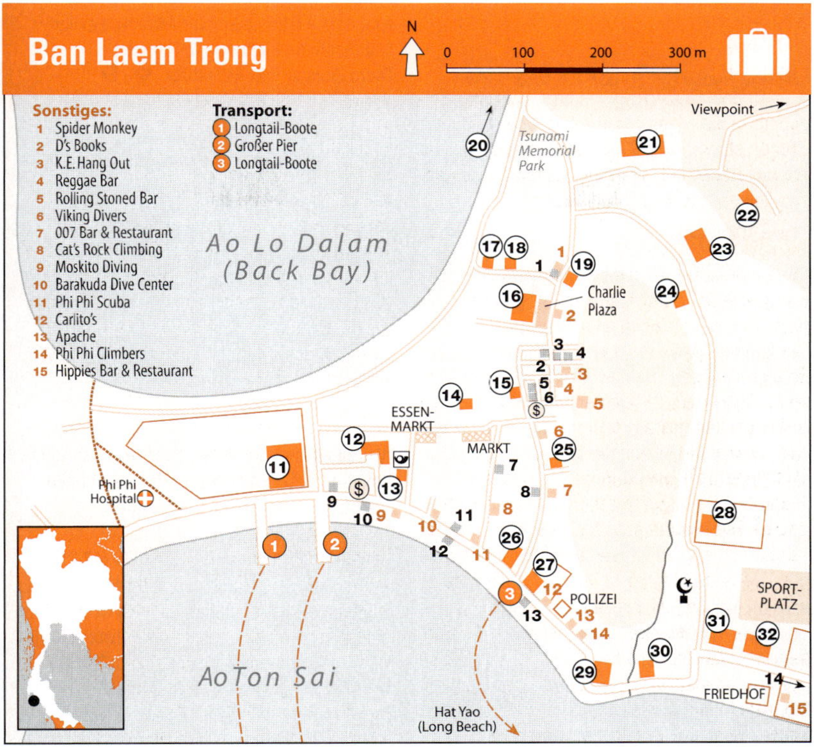

mit Balkon oder Zugang zum Garten bis zu einfachen Zimmern mit Ventilator. Vom Restaurant mit großer Terrasse toller Blick über die Bucht. Kleiner Pool, Tauchschule, Touren und Tickets. ❺–❼

Phitharom PP Resort ㉑, ✆ 075-601 122, 💻 www.phiphiresortphitharom.com. Über Treppen gelangt man vom Restaurant und von der Rezeption zu den Häusern am Hang. Auf 2 Stockwerken befinden sich bis zu 3 große, komfortable Zimmer mit Holzböden und geschmackvoller, hochwertiger Einrichtung. ❻

Twin Palms ⑰, ✆ 075-601 285, 💻 www.phiphitwinpalms.com. Hübsche, neue kleine Bambusbungalows mit Ventilator, etwas eng stehend. Das dazugehörige Strandrestaurant beschallt zumindest die vorderen Bungalows bis 2 Uhr nachts, was Partyfreunden aber egal ist. ❹

Im Dorf (Ban Laem Trong)

Chunut ㉔, ✆ 081-894 1026. In einem Garten oberhalb des Weges Bungalows im balinesischen Stil für Naturliebhaber. ❹

Garden Home ㉒, ✆ 081-894 3835, ✉ phiphigardenhome@hotmail.com. Von viel Grün umgebene Holzbungalows mit Ventilator. ❹–❺

JJ Guesthouse ⑭, ✆ 081-894 4304. 2-stöckiges Haus in einer ruhigen Gasse hinter dem moslemischen Essenmarkt, 19 Zimmer mit TV, Kühlschrank sowie einfache Hütten im Hof. ❹

Pirates House ⑮, ✆ 085-600 9842, 087-597 2563, ✉ konals@gmail.com. Modernes Guesthouse mit 9 kleineren und größeren Zimmern, die stylisch in grauem, unverputztem Beton gehalten z. T. etwas dunkel, z. T. boutique-mäßig wirken. Die teureren mit Balkon. Alle mit TV, Kühlschrank und Safe. ❹–❺

Stilvoll, preiswert und mittendrin

Marine House ⑬, ✆ 087-714 5683, 💻 www.marinehousephiphi.com. Mitten im Ort liegt dieses kleine 2-stöckige Boutique-Guesthouse, das mit seinen 13 gut ausgestatteten Zimmern in warmen Farbtönen und dem hübsch gestalteten Patio ein Tipp ist für alle, die auf dieser Insel urban wohnen möchten. eXTra [2852] ❺

P. P. October ⑲, ✆ 075-601 193, ✉ october_PhiPhi@hotmail.com. Kleines Guesthouse mit nett eingerichteten Zimmern mit Ventilator oder AC über einem Restaurant. ❹–❺
PP Princess (Charlie Beach) Resort ⑯, ✆ 075-601 166, 086-943 4151, 💻 www.ppcharlie.com, www.ppprincess.com. Großer Komplex mit neuen, anonymen Hotelzimmern in 2- bis 4-stöckigen Häusern. Zur Zeit der Recherche war ein weiteres Haus im Bau. ❹–❻

Hat Hin Khom

In einigen Bungalows östlich vom Dorf kann es wegen der Bars nachts recht laut werden. Die einfachen Hütten weichen zunehmend besseren Bungalows. Fast jeder verfügbare Platz ist bebaut.
Andaman Resort ㉜, ✆ 075-601 111, 💻 www.ppandamanresort.com. 40 kleine Zimmer mit Terrasse, teurere mit TV und Kühlschrank, und 5 Familienzimmer in einer neueren Bungalowreihe senkrecht zum Strand. ❺
Bay View Resort ㉟, ✆ 075-621 223, 💻 www.phiphibayview.com. 25 grüne, saubere Komfortbungalows in einheitlicher Ausstattung am Hang mit alten Bäumen. Wer die weniger teuren weiter oben bucht, sollte gut zu Fuß sein, um den steilen Weg hinab zum Restaurant am schönen Sandstrand zu bewältigen. Freundlicher Service, Frühstücksbuffet. Pool, Tauchschule, Tickets für die Weiterfahrt. ❺–❼
Phi Phi Villa Resort ㉝, ✆ 075-601 100. Neuere Bungalows von unterschiedlicher Größe mit Minibar, TV und Terrasse sowie teure Familienzimmer und einige ältere Hütten mit Ventilator. Restaurant. Große, Schatten spendende Bäume am Sandstrand, bei Flut malerisch mit Sicht auf Ko Phi Phi Le. Teure Zimmer inkl. Frühstück. ❺–❻

Auf dem Weg zum Hat Yao (Long Beach)

P.P. Lotus Resort ㊳, Hat Mapraw, ✆ 089-218 3332. Am Hang über einer kleinen Bucht mit Sandstrand neuere würfelförmige Häuser, mit Sonnendeck, teils mit Gemeinschafts-Du/WC, nachts Generatorstrom. ❸–❹
Viking Resort (Baan Thammachart) ㊲, ✆ 081-930 8866, 089-890 4966, ✉ suebtrakul@mgn.com. Am Hang über einem winzigen Strand Bungalows mit Gemeinschafts-Du/WC. Restaurant am Meer. ❹

Hat Yao (Long Beach)

Wer dem Nachtleben nicht viel abgewinnen kann und lieber abseits vom Trubel wohnen möchte, ist hier richtig. Die hiesigen Restaurants schließen bereits um 22 Uhr.
Long Beach Bungalows ㊶, ✆ 075-612 217. Hier gibt's 70 eng aneinander stehende Bungalows mit Ventilator. Riesiges Restaurant, in dem Tagesausflügler essen, Internet-Service, Massage. Sonnenschirmverleih am Strand. ❸–❹
Paradise Resort ㊵, ✆ 081-968 3982, 081-968 3989, 💻 www.paradiseresort.co.th. Große Anlage mit vielen unterschiedlichen Einzelbungalows für 2–4 Pers. Hübsche Zimmer mit Kühlschrank, geschmackvoll eingerichtete Familienzimmer im Thai-Stil und einfachere Zimmer mit Ventilator im hinteren Bereich. Nur nahe der Massage stehen einige Liegen und Sonnenschirme, ansonsten bieten Bäume Schatten, und Kinder haben viel Platz zum Austoben. ❺
Phi Phi Hill Resort ㊸, ✆ 075-618 203, 💻 www.phiphihill.com. Zu dem Resort oberhalb des Strandes führen eine lange, steile Treppe und ein Lastenaufzug hinauf. 50 geräumige, saubere Bungalows auf Stelzen mit Ventilator (Sunrise) oder AC (Sunset), TV und Kühlschrank. Schöne Aussicht auf die Bucht von Ban Laem Trong und aufs Meer, v. a. von der Terrasse des Restaurants aus. ❸–❺
The Beach Resort ㊷, ✆ 075-618 267. Die 20 Luxusbungalows mit großer Terrasse

stehen rings um einen kleinen Pool, die teuren direkt am Strand. Restaurant mit abendlichem Videoprogramm. ❻

Ao Poh

An der Südspitze, 10 Min. Fußweg von The Beach Resort über den Berg:

Ao Poh Bungalows ⑩, ✆ 081-089 1235. Nur 8 einfache Bambusbungalows mit Ventilator, Generatorstrom von 18–6 Uhr, Zelte für 400 Baht. Günstiges Restaurant und Kajakverleih. ❹

Ao Ran Ti

Mit dem Boot oder in 30 Min. zu Fuß vom Aussichtspunkt zu erreichen. Der Weg endet am südlichen Strand, der vom Hauptstrand durch Felsen getrennt ist. 3 Anlagen, 2 Restaurants und eine Bar befinden sich am Hauptstrand, zudem ein wegen Wasserproblemen geschlossenes Resort auf den Felsen und ein weiteres großes Resort am südlichen Strandabschnitt.

Ran Tee Beach Resort ⑦, ✆ 086-746 3297, 086-746 3961. Die 10 einfachen Bambusbungalows am Hang sind von unterschiedlicher Größe und Ausstattung mit Moskitonetz, teils mit Ventilator (nur nachts, wenn der Generator läuft) und Hängematten. Tagsüber einfache Gerichte im Restaurant, Buchausleihe, Bootstouren, Verleih von Schnorchelausrüstung. ❹

Ranty Garden Bungalow ⑥, ✆ 083-388 9415, am nördlichen Ende der Bucht am Strand. 4 solide rote Steinhäuser mit grünen Dächern mit Ventilator, Generatorstrom in der Nacht. ❹

Toh Kor Beach Resort ⑨, ✆ 081-731 9470, 085-884 7257. Eine große Bandbreite unterschiedlicher Häuser, von einfachen Hütten am Hang über der Felsenküste bis zu neueren komfortablen Bungalows mit kleinen Terrassen und 2 großen Betten für Familien. Generatorstrom von 18–6 Uhr. Im Restaurant große Portionen Thai-Gerichte, Kajaks und Schnorchelausrüstung zum Ausleihen, Touren und Bootstransfer zum Pier. ❹

Ao Pak Nam (Relax Beach)

Mit dem Boot oder in 45–60 Min. zu Fuß vom Aussichtspunkt zu erreichen. Das Resort teilt sich die Bucht mit einigen Seenomaden, die in der Saison Hütten am Ende des Strandes bewohnen. Ansonsten kommen höchstens ein paar Tagesausflügler hierher.

Phi Phi Relax Beach Resort ⑤, ✆ 081-083 0194, ✉ suteejansom@yahoo.com. Ganzjährig geöffnet, 16 neuere, einfache Bungalows mit Ventilator und Terrasse mit Liegen und Blick aufs Meer, auch Familienzimmer, Frühstück inkl. Generatorstrom von 18–4 Uhr. Am feinen, weißen Sandstrand eine Strandbar, Hängematten, Bänke und Liegen. Bootstransfer 600 Baht, für Gäste kostenloser Abholservice vom Pier. Reservierung erforderlich. ❺

Ao Lo Ba Kao

Nur mit dem Boot zu erreichen:

Phi Phi Island Village ④, ✆ 076-815 014, 076-214 918, 💻 www.ppisland.com. Luxuriöses 4-Sterne-Resort. 84 ruhige Holzbungalows im Thai-Stil auf Pfählen in einem Palmenhain am Strand, je nach Größe und Saison unterschiedliche Preise. Leser loben den super Service und tollen Strand. Pool, 3 Bars, Spa und Kino. Möglichkeiten zu Dschungelwanderungen, zum Segeln, Windsurfen, Schnorcheln und Fischen. PADI-Tauchkurse auch in Deutsch in kleinen Gruppen. ❽

Hat Laem Thong

Nur mit dem Boot zu erreichen:

P. P. Erawan Palms Resort ③, ✆ 076-236 411, 236 355, 💻 www.pperawanpalms.com. 21 große, mit viel Holz geschmackvoll eingerichtete Luxusbungalows mit Satelliten-TV, Internet-Zugang und Terrasse, Restaurant, Bar, Pool, Tauchbasis. ❼–❽

P. P. Natural Resort ①, ✆ 075-613 010, 💻 www.phiphinatural.com. 77 Zimmer in unterschiedlichen Bungalows mit Kühlschrank, Satelliten-TV, Bad mit Warmwasser und Balkon, außerdem einfachere Zimmer im Reihenhaus am Hang. Restaurant und Pool, Bars. ❻–❽

Zeavola ②, ✆ 075-621 334, 081-676 7317, 💻 www.zeavola.com. Das derzeit luxuriöseste Boutiqueresort auf der Insel. 48 Bungalows unter Palmen, die kaum Wünsche offen lassen, ab 18 000 Baht pro Nacht. Süßwasserpool,

Die Andamanenküste

Spa, Thai- und italienisches Restaurant mit hohem Preisniveau. ❽

Essen

Neben Thai-Gerichten werden Pizza, Nudeln, Steaks und andere westliche Favoriten zubereitet. Generell ist das Essen teurer als auf dem Festland, da alles mit dem Boot herangeschafft werden muss, und die Auswahl ist begrenzt. Mäßig sind die Mittagsbuffets in den großen Restaurants für Tagesausflügler. Beliebt und preiswert sind die mit Bananen oder vielen anderen leckeren Zutaten gefüllten Pancakes, Sandwiches und frischen Shakes von Straßenständen.

Die genannten Lokale befinden sich alle in Ban Laem Trong.

Amico Resto, nahe dem Pier, offeriert Pizza, Penne und Steaks, ab 150 Baht.

Carpe Diem Seafood, 2-stöckiges, relativ hochpreisiges Chill-out-Restaurant am Meer mit frischem Seafood und einer Bar.

Chao Koh Hibachi, gegenüber dem Chao Koh Restaurant, japanisches *all you can eat buffet* für 220 Baht mit Sushi und Sashimi bis zum Abwinken.

Chao Koh Restaurant, mit Bar und Barbecue, ist v. a. wegen seiner Lage direkt am Meer und dem frischen Seafood beliebt, aber teuer.

H.C.Andersen, 💻 www.phiphisteakhouse.com. Hier genießen v. a. skandinavische Urlauber ihre heimische Küche und Steaks.

Hello India, Küche vom Subkontinent, z. B. Lammgerichte ab 220 Baht.

Le Grand Bleu, kleines Restaurant an der Strandstraße; hier werden abends ab 18.30 Uhr west-östliche Menüs ab 150 Baht zubereitet.

Pee Pee Bakery, beliebtes Frühstückslokal, neben Thai-Gerichten auch Espresso, Baguette und leckere Kuchen.

PUM Thai Restaurant, 💻 www.pumthaifood chain.com. In dem überschaubaren, in Orange gehaltenen Thai-Restaurant mit einer offenen Küche und begrenzten Karte werden auch Kochkurse von unterschiedlicher Dauer veranstaltet.

Velvet Dojo, das Ecklokal mit Sicht auf die Vorbeiflanierenden ist ein guter Platz für einen frisch gebrühten Kaffee.

Unterhaltung

Die coolen Strandbars und großen Musikbars im Hinterland sind abends gut besucht.

Man sitzt auf Kissen am Sandstrand ebenso wie auf schweren Holzstühlen an edlen Hotelbars und genießt die große Bandbreite an Cocktails. Die romantischen Plätzchen am Strand sind zum Sonnenuntergang bei Urlaubern aller Generationen beliebt, während sich bis in die frühen Morgenstunden ein überwiegend junges Publikum in den Music Bars drängt.

In der **007 Bar & Restaurant** laufen DVDs, ein Hit ist natürlich *The Beach* (s. S. 897).

Einheimische sind v. a. im **Apache** zu finden, dessen Musik die ganze Bucht beschallt.

Carlito's, an der Strandstraße nahe dem Meer, war während des großen Tsunami-Clean-up der Treffpunkt der freiwilligen Helfer.

Hippies Bar & Restaurant, unter alten Bäumen am Strand, großes Restaurant und Matten auf dem Sand. Auf der Karte stehen Burger, Pizza, Pasta und Thai-Gerichte. Am Abend Tanz am Strand, zudem Veranstaltungen wie Half Moon Parties und Feuertänze.

Jordans Irish Pub, rustikaler Pub auf 2 Etagen. Die Wände sind mit den Kommentaren unzähliger Reisender verziert.

Die große **Reggae Bar** lockt ab 22 Uhr mit Thai-Kickboxen.

In der **Rolling Stoned Bar** wird manchmal Livemusik geboten.

Aktivitäten

Klettern

Mehrere Veranstalter bieten in der Saison halbtägige Anfängerkurse (650–1000 Baht), Tageskurse (1300–1500 Baht) und 3-tägige Fortgeschrittenenkurse (4500–5000 Baht) an den Felsen beim Ton Sai Village an. Darauf achten, dass eine Versicherung inbegriffen ist!

Cat's Rock Climbing, im Dorf, ✆ 081-787 5101, 💻 www.catsclimbingshop.com.

K.E. Hang Out, ✆ 081-958 1820, 💻 www.kehangout.com.

Phi Phi Climbers, an der Strandstaße, 💻 www.phiphiclimbers.com, und **Spider Monkey** nahe Princess Resort (S. 805).

Tauchen

Zahlreiche Tauchstationen auf Phi Phi bieten Tagesausflüge ab 2200 Baht für 2 Tauchgänge an. Auch von Tauchbasen auf Phuket werden 1- bis 2-tägige Tauchausflüge nach Ko Phi Phi organisiert. PADI-Open Water-Kurse für ca. 12 000 Baht.

Barakuda Dive Center, ✆ 075-601 006, 💻 www.phiphibarakuda.com. PADI 5-Sterne-Center unter dänischer und englischer Leitung. Tages- und Mehrtagestouren sowie Wracktauchen. Equipment gründlich checken!

Moskito Diving, ✆ 075-601 154, 💻 www.moskitodiving.com. Die erste 5-Sterne-Tauchschule auf Phi Phi ist auch nach dem Tod des Gründers Heinz Oswald aktiv.

Phi Phi Scuba, ✆ 075-612 665, 062-824 4421, 💻 www.ppscuba.com. Die Tauchbasis macht einen guten Eindruck und hat auch deutschsprachige Divemaster.

Viking Divers, ✆ 081-719 3375, 💻 www.vikingdiversthailand.com.

Sonstiges

Mittlerweile ist wieder alles auf der Insel zu finden, zahlreiche **Geldautomaten** ebenso wie eine **Post** und ein **Supermarkt**. Zudem gibt's **Apotheken** und 3 **Buchläden** sowie **Einkaufsarkaden** mit einem breiten Angebot an Textilien und Souvenirs (etwas teurer als in Bangkok).

Medizinische Hilfe

Kleines **Krankenhaus**, ✆ 086-745 0557, an der östlichen Ao Ton Sai.

Transport

Longtails

Vom Dorf zum HAT YAO (LONG BEACH) verkehren Boote für 80 Baht p. P., nach Sonnenuntergang 100 Baht oder Charter. Die Bootsleute verlangen dann bis zu 800 Baht für die 10-minütige Tour.

Zur AO RAN TI 200 Baht p. P., AO NUI 800 Baht und zur AO LA NAH 1000 Baht pro Boot.

Fähren

In der Nebensaison verringert sich die Anzahl der Fähren manchmal von 2 auf 1 pro Tag. Die Boote fahren vom großen Pier der Ao Ton Sai.

AO NANG (NOPPARAT THARA), um 15.30 Uhr für 400 Baht in 1 1/2 Std. Die Fähre macht am RAI LEH Halt, wo Longtails für die letzten Meter ans Ufer bereitstehen.

KO LANTA, um 11.30 und 14 Uhr für 350 Baht in 1 1/2 Std.

KRABI-STADT, um 9 und 14 Uhr für 400 Baht in 1 1/2 Std.

PHUKET, um 9.30 und 14.30, in der Hochsaison (um Weihnachten und Neujahr) auch öfter, für 350 Baht in 2 Std.

Rings um Ko Phi Phi Don

Eine lohnende Schnorchel- und Sightseeing-Fahrt um Ko Phi Phi Don mit dem Boot lässt sich auf eigene Faust organisieren (inkl. Schnorchelausrüstung, Mittagessen, Wasser, Früchte) oder bei einem der Reisebüros buchen. An der Ostseite der Insel gibt es Sandstrände mit mittelfeinem Sand, schön zum Baden.

Die **Bamboo Islands** sind nicht nur gut zum Schnorcheln, sie haben auch einen feinen, weißen Strand mit Schatten spendenden Kasuarinen. Man kann sie leicht umwandern. Am Nordende der **Ko Nok-Halbinsel** wächst Seefarn an den tiefen Stellen vor den steilen Felsen. An der Westseite gibt es Tropfsteinfelsen, aber keine Strände und keine Bademöglichkeit.

Bootsfahrten zur schroffen, südlichen Schwesterinsel **Ko Phi Phi Le** (auch: Ko Phi Phi Lay) mit interessanten Kliffformationen werden regelmäßig angeboten. Große Tourboote legen auch an der **Viking Cave** an. Hier werden pro Jahr etwa 200 kg Schwalbennester von 16 Männern unter Lebensgefahr gesammelt, immer 3 Monate Ernte – 3 Monate Pause. Chinesen, Hauptabnehmer der Schwalbennester, bezahlen an die Konzessionäre für ein Kilo 40 000–50 000 Baht, weil sie an die potenzfördernde und lebensverlängernde Wirkung der Nester glauben.

Die **Ao Pi Leh** wirkt wie ein tief eingeschnittener Fjord, der Blick zurück ziert viele Postkarten. Vor dem Felsen in der südlichen **Ao Lo Sanah** kann man gut Gerätetauchen. An den im Süden sichtbaren **Bida Islands** gehen die Einwohner von Ko Phi Phi auf Fischfang. In den steil aufragenden Felsen wurden dazu Bambusstangen bzw. Gerüste verankert, von denen sich die Fischer abseilen können.

Die liebliche **Maya Bay** wurde weltweit bekannt, als dort Anfang 1999 der Travellerroman *The Beach* (S. 891) von Alex Garland verfilmt wurde. Wer einen Strand wie im Film erwartet, wird enttäuscht sein. Vor allem nach heftigen Monsunstürmen im europäischen Sommer sammelt sich viel Unrat an. Wer mit einem gecharterten Longtail früh morgens anreist, kann die Bucht bis gegen 10 Uhr noch sehr idyllisch erleben. Die manchmal zu sehenden Wasserschlangen sind zwar höchst giftig, greifen aber normalerweise keine Menschen an. An der Westseite der Insel gibt es eine Unterwasserhöhle, darin leben große Fische und vor der Höhle Haie. Für den Eintritt in den Nationalpark werden an der Zufahrt zur Bucht 200 Baht verlangt.

Transport

Für eine Rundfahrt können Longtails am Pier, am Hat Yao (Long Beach) oder am Hat Hin Khom gemietet werden. Sie kosten für 2–3 Std. 1000 Baht und für einen ganzen Tag 1800 Baht, für ein komfortables Schnellboot muss man etwa das Doppelte zahlen. Schnorcheltouren und Inselrundfahrten mit Stopp in der Maya Bay werden von zahlreichen Resorts ab 2000 Baht pro Boot oder 500–700 Baht p. P. offeriert. Boote zu den Bamboo Islands 2000 Baht, Phi Phi Le 1200 Baht. Billige Schnorcheltouren stoppen nicht an den Stränden. Auch Tauchschulen nehmen Schnorchler mit.

Ko Lanta

Das Ko Lanta-Archipel besteht aus etwa 50 kleinen Inseln, von denen nur drei bewohnt sind. Fast 80 % dieses Gebietes ist als Nationalpark geschützt. Bekannt ist vor allem die namensgebende Insel Ko Lanta, die wiederum aus zwei Inseln besteht. Die nördliche nennt sich **Ko Lanta Noi**. Ihr Küstenstreifen ist mit vielen Mangroven bedeckt. Die südliche Insel, **Ko Lanta Yai**, ist gemeinhin das, was man unter „Ko Lanta“ versteht, eXTra [2853]. Ihre Sandstrände an der Westküste sind einfach nur fantastisch. Unter der Regentschaft Ramas V., also vor etwa 100 Jahren, bekam das Eiland seinen heutigen Namen.

Die ersten Siedler der Insel waren die Chao Leh, **Seenomaden**. Heute stellen sie nur noch 1 % der Bewohner. Heute zählt Lanta 20 000 Einwohner; die Häfte lebt auf Ko Lanta Yai, die andere Hälfte auf den Inseln Ko Lanta Noi und Ko Hai. Ca. 95 % der **Bewohner** sind moslemischen Glaubens, nur etwa 4 % Buddhisten (von denen der überwiegende Teil chinesischer Abstammung ist). Die Nachfahren der Seenomaden leben heute hauptsächlich im Süden von Ko Lanta Yai in Sang Ga-U. Sie sind sesshaft geworden, pflegen aber zum Teil noch ihre alten Traditionen.

Strandliebhaber finden an der **Westseite** touristisch gut erschlossene, lange, flache **Strände** mit weißem Sand, dazwischen noch ruhige Abschnitte und malerische Buchten, unterbrochen von einigen Klippen, vor. Viele Paare und Familien machen hier Urlaub. Sonnenschirmparaden findet man an den Stränden von Ko Lanta aber nicht, auch Jet-Skis werden nicht vermietet. Die **Ostseite** ist nicht zum Baden geeignet; hier ziehen sich weite Mangrovensümpfe durch die wattigen Ufer. Auf Ko Lanta gibt es Dank des Nationalparks noch Urwald – spannend für Wander- und Höhlenfans.

Die **beste Reisezeit** ist von Oktober bis Mai. Dann ist Hochsaison. Danach sucht die Regenzeit die Insel heim, die hier meist im Juli und August ihren Höhepunkt erreicht. Die Ostküste wird vom Monsun zu Beginn der Hauptreisezeit ab Oktober beregnet – doch dieser Regen ist weitaus weniger heftig.

Von **Ban Saladan**, wo alle Personen- und Autofähren ankommen, führen zwei geteerte Straßen entlang der West- und Ostküste. An der Westseite hinter Kantiang ist die Straße stellenweise nur noch eine Erdpiste und während der Trockenzeit eine staubige Angelegenheit.

Die **Unterkünfte** auf Ko Lanta sind vielfältig und reichen vom einfachsten Bambusbunglow bis zur luxuriösen 5-Sterne-Villa. Viele Hotelbesitzer holen ihre Gäste kostenlos vom Pier oder von den anderen Stränden ab. Außerdem bietet so gut wie jede Unterkunft die gängigen Touren und Weitertransporte an. Die Preise für Unterkünfte schwanken erheblich je nach Saison und

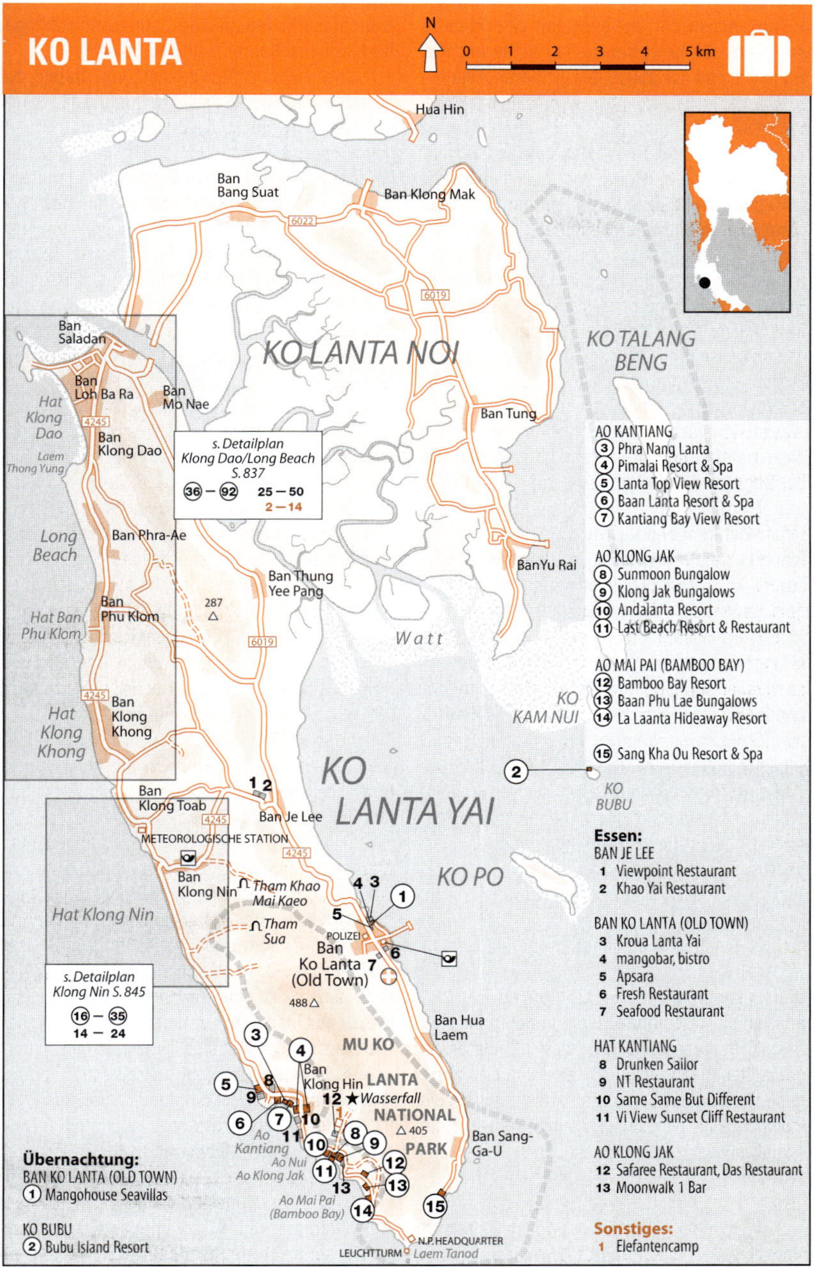
KO LANTA
N
0 1 2 3 4 5 km
Hua Hin
Ban Bang Suat
Ban Klong Mak
6022
6019
KO LANTA NOI
KO TALANG BENG
Ban Saladan
Ban Loh Ba Ra
Ban Mo Nae
Hat Klong Dao
4245
Ban Klong Dao
Laem Thong Yung
s. Detailplan Klong Dao/Long Beach S. 837
36 – 92 25 – 50 2 – 14
Ban Tung
Long Beach
Ban Phra-Ae
BanYu Rai
Ban Thung Yee Pang
287
Ban Phu Klom
Hat Ban Phu Klom
Watt
Ban Klong Khong
Hat Klong Khong
KO KAM NUI
KO LANTA YAI
KO BUBU
Ban Klong Toab
Ban Je Lee
METEOROLOGISCHE STATION
Ban Klong Nin
Tham Khao Mai Kaeo
KO PO
Hat Klong Nin
Tham Sua
POLIZEI
Ban Ko Lanta (Old Town)
s. Detailplan Klong Nin S. 845
16 – 35 14 — 24
488
Ban Hua Laem
MU KO LANTA NATIONAL PARK
Ban Klong Hin
Wasserfall
405
Ao Kantiang
Ao Nui
Ao Klong Jak
Ao Mai Pai (Bamboo Bay)
Ban Sang-Ga-U
N.P. HEADQUARTER
LEUCHTTURM
Laem Tanod
AO KANTIANG
3 Phra Nang Lanta
4 Pimalai Resort & Spa
5 Lanta Top View Resort
6 Baan Lanta Resort & Spa
7 Kantiang Bay View Resort
AO KLONG JAK
8 Sunmoon Bungalow
9 Klong Jak Bungalows
10 Andalanta Resort
11 Last Beach Resort & Restaurant
AO MAI PAI (BAMBOO BAY)
12 Bamboo Bay Resort
13 Baan Phu Lae Bungalows
14 La Laanta Hideaway Resort
15 Sang Kha Ou Resort & Spa
Essen:
BAN JE LEE
1 Viewpoint Restaurant
2 Khao Yai Restaurant
BAN KO LANTA (OLD TOWN)
3 Kroua Lanta Yai
4 mangobar, bistro
5 Apsara
6 Fresh Restaurant
7 Seafood Restaurant
HAT KANTIANG
8 Drunken Sailor
9 NT Restaurant
10 Same Same But Different
11 Vi View Sunset Cliff Restaurant
AO KLONG JAK
12 Safaree Restaurant, Das Restaurant
13 Moonwalk 1 Bar
Sonstiges:
1 Elefantencamp
Übernachtung:
BAN KO LANTA (OLD TOWN)
1 Mangohouse Seavillas
KO BUBU
2 Bubu Island Resort

Auslastung. In der Nebensaison sind Rabatte von bis zu 50 % verhandelbar. Während des Monsuns sind nur einige der größeren Anlagen geöffnet. Bei den hochpreisigen Resorts ist in der Regel ein Frühstück inbegriffen.

Ko Lanta Marine National Park

Ko Lanta Yai ist 27 km lang, aber nur 4 km breit. Berge mit bis zu 500 m Höhe finden sich im Süden. Sie sind noch mit ursprünglichem Regenwald bedeckt. Das war auch der Grund, warum der südliche Teil der Insel 1990 zum Nationalpark erklärt wurde. Dieser umfasst noch 15 weitere kleinere vorgelagerte Inseln und hat eine Fläche von insgesamt 134 km2.

Wer der westlichen Strandstraße Richtung Süden folgt, gelangt kurz hinter Ao Bamboo zum Parkeingang. Die Nationalpark-Gebühr beträgt 200 Baht, das Ticket ist ein Jahr gültig. Hinter dem Posten beginnt ein schöner, ausgeschilderter **Dschungelpfad**. Nach 300 m endet die asphaltierte Strandstraße beim Nationalpark-Büro, ✆ 075-660 711. Große Tiere leben hier nicht mehr, dafür putzige Eichhörnchen, urzeitliche Warane, verschiedene i.d.R. ungefährliche Schlangen und mehr als 100 Vogelarten. Auch hier lassen sich Wanderwege erforschen; zudem locken zwei einsame Strände: Hat Hin Nagam (Steinstrand) und Hat Tanod, ein einsamer Sandstrand.

Kleine **Zelte** für zwei Personen können im Nationalpark gemietet werden, zudem stehen **Bungalows** zur Verfügung. Ein kleines Café sichert die Grundversorgung. Es gibt Picknickplätze, Duschen und WC. Zum Zeitpunkt der Recherche waren weitere Bungalows, ein neues Restaurant sowie neue Toilettenanlagen im Bau. 🕓 Nationalpark 6–18 Uhr.

Reiseagenturen bieten **Touren** ab Ban Saladan mit Abholung im Hotel zum Nationalpark an, mit Stopp auf Ko Ha. Zuerst geht es mit dem Schnellboot in 30 Minuten zu den beeindruckenden Schnorchelmöglichkeiten an den fünf Inseln Ko Ha. Im Nationalpark gibt es ein Mittagessen am Strand mit anschließender Dschungelwanderung.

Aktivitäten

Auf Ko Lanta gibt es unzählige Möglichkeiten für Aktive: vom Kajakfahren über Wanderungen im Nationalpark, Tauch- und Schnorchelausflüge bis hin zu Inseltouren und Elefantenritten.

Sportlich sind Touren mit dem **Kajak**, zu mieten bei einigen Hotels an den Stränden. Tagesausflüge rund um Ko Talabeng und Ko Bubu (s. S. 847) ab 1000 Baht.

Auch **Segeln** wird auf Lanta angeboten. Ein Segelboot kann bei **Lanta Sailing**, ✆ 081-101 7440, 💻 www.lantasailing.com, gemietet werden. 12 000 Baht pro Tag für bis zu sechs Personen, halber Tag 8000 Baht. Sunset-Segeln und andere individuellen Wünsche werden wahr gemacht.

Empfehlenswert sind **Wanderungen** zu den Höhlen. Das Tunnelsystem der **Tigerhöhle** (Tham Sua) ist zwar nicht mehr Heimat wilder Tiger, aber dennoch sehenswert. Empfehlenswert mit Führer für 200 Baht. Eine Herausforderung ist die **Diamantenhöhle** (Tham Khao Mai Kaeo). Der Ausflug dauert ab dem Parkplatz etwa 2 Std. In der Höhle bestaunt man einige Räume mit fantastischen Stalaktiten und Stalagmiten und einen eiskalten Unterwasserpool. Enge Stellen zum Durchkrabbeln sind nur etwas für angstfreie Naturen. Für diesen Ausflug sind feste Schuhe nötig, da man etwas klettern muss. Als Tour in Verbindung mit Elefantenreiten für 1500 Baht. Wer nur mit Führer loszieht, zahlt 200 Baht pro Person.

Viel gebucht werden auch die **Inseltouren.** Von verschiedenen Anbietern gibt es zu ähnlichen Preisen Touren inkl. Mittagessen und Hin- und Rückfahrt zum Hotel. Die **3 Island Tour** führt zu den paradiesischen Inseln Phi Phi Don (s. S. 822), Phi Phi Le und Ko Bamboo mit Aussichtsmöglichkeiten, Höhlenerkundung, Schwimmen und Schnorcheln (ab 1300 Baht). Die **4 Island Tour** führt zum Schnorcheln nach Ko Hai (s. S. 852) und Ko Chuek. Weiter geht es zur Emerald Cave (Tham Morakot) auf Ko Muk (s. S. 854) und nach Ko Kradan (s. S. 856) zum Schwimmen oder Schnorcheln. Die meiste Zeit wird auf dem Boot verbracht. Ab 1300 Baht.

Natürlich gibt es auch auf Lanta **Elefantencamps**. Wer auf einem Dickhäuter reiten will, sollte eine Tour buchen, die durch bewaldete Natur führt und nicht nur zum nächsten Ausflugsrestaurant. Empfehlenswert sind am ehesten Ritte in den Nationalpark und zu den

Tauchen und Schnorcheln

Die Tauchgründe, die von Ko Lanta aus angesteuert werden, gehören mit zu den Besten in der thailändischen Andamanensee. Die interessantesten Tauchgänge führen zu folgenden Revieren:

Ko Bida mit Hin Bida, ein buntes Korallenriffe mit Höhlen und Überhängen, hier werden verschiedenste Rifffische, Leopard- und Riffhaie gesichtet. In den Anemonen leben die lustigen Clownsfische. Getaucht wird in 8–28 m Tiefe. Eignet sich für Anfänger und Fortgeschrittene.

Ko Ha (S. 857) besteht aus einer Gruppe von fünf Inseln, bei Ebbe bildet sich eine Lagune mit kleinem Sandstrand. Skorpion-, Löwen- und Engelsfische können hier beobachtet werden. Mit einer Tiefe von 3–8 m ideal für Anfänger und Schnorchler. Auch Grottentauchgänge werden hier durch Höhlen und eine Kathedrale durchgeführt.

Ko Phi Phi und angrenzende Felsengruppe Shark Point und Anemonenriff (S. 745) mit bis zu 30 m Tauchtiefe. Ko Phi Phi lohnt sich auch für Schnorchler.

Für erfahrene Taucher sind die Riffe **Hin Daeng und Hin Muang** (S. 857) mit ihren rot und violett bewachsenen Korallen tolle Tauchgebiete bei 15–35 m Tauchtiefe. Barrakudas, Wahlhaie und Mantas sind fast immer zu sichten.

Zum **Wracktauchen** geht es zum *King Cruiser I*, einem 1997 gesunkenen Fährschiff. Live-aboards stehen bei manchen Tauchbasen ebenfalls auf dem Programm.

Tauchsaison ist von November bis April, von Mai bis Oktober sind die Wellen zu stark. Im Gegensatz zu anderen Orten der Andamanensee sind auf Ko Lanta weniger Taucher anzutreffen, und so sind auch Touren meist individueller als an besser erschlossenen Taucherinseln.

Schnorcheln

Schnorchelausflüge zu den schönsten Buchten der Inseln Ko Phi Phi Don und Ko Phi Phi Le werden auch von Reiseagenturen ab 900 Baht angeboten. Viel gelobt wird der Ausflug nach Ko Rok (S. 857): mit dem Schnellboot in einer Stunde bis zu den Inseln Ko Rok Nok und Ko Rok Nai. Am schönen Strand des Nationalparks auf Ko Lanta gibt es Mittagessen. 1300 Baht.

Adressen

Die Basen der Tauchschulen befinden sich in Ban Saladan, doch wird man bei Buchung eines Kurses oder eines Trips von den Hauptstränden abgeholt und auch wieder dorthin zurückgebracht.

Blue Planet Divers, 3 Moo 1, ✆ 075-684 165, 💻 www.blueplanetdivers.net. 5-Star-PADI-Center mit allen Kursen bis zum Assistant Instructor, außerdem Freediving-Kurse. An Bord des zum Tauchboot aufgerüsteten Holzbootes ist viel Platz auf dem oberen Deck. Hier sind auch Kinder und Schnorchler willkommen.

Lanta Diver, ✆ 075-684 208, 💻 www.lantadiver.com. Skandinavisches PADI 5-Star-IDC-Center, auch mit deutschsprachigen Tauchlehrern. Individuelle Tauchplanung mit max. 4 Pers. pro Divemaster. Bietet Tagesausflüge und Live-aboards auf eigenem Boot. Tauchkurse bis zum Instructor.

Lanta-Diving-Safaris, ✆ 075-684 904, 💻 www.lanta-diving-safaris.com. Unter deutscher Leitung. Neben Tauchkursen nach PADI mehrtätige Tauchsafaris auf der *Flying Seahorse* mit 8 Kabinen für max. 15 Taucher.

Lanta Fun Divers, 22/3 Moo1, ✆ 089-291 4311, 💻 www.lantafundivers.com. Seit 10 Jahren auf Ko Lanta ansässig, unter deutscher Leitung von Uli und Louise. PADI Open Water-, Advanced- und Divemaster-Kurse, Nitrox-Tauchen. Mit dem eigenen Schnellboot sind die Tauchplätze zügig angefahren.

Lanta Scuba, 242 Moo 1, ✆ 075-684 531, 💻 www.lanta-scuba.com. Fahren je nach Anzahl der Taucher und Entfernung mit dem großen langsamen Boot oder dem Schnellboot. Nitrox-Kurse. Angebote auch für Schnorchler.

Höhlen. Ansprechende Touren zum Park kosten ab 2200 Baht.

Ban Saladan

Am Pier des kleinen Dorfes legen alle Boote an. In den wenigen Straßen drängen sich eine Unmenge Reisebüros, die Bootstickets und Touren verkaufen. Geschäfte mit Kleidung und Souvenirs, Restaurants, Lebensmittelmärkte, Banken und Tauchschulen sind hier ansässig.

Übernachtung

Sincere Guest House (36), ✆ 075-668 375, 💻 www.sinceresguesthouse.com, Karte S. 837. Auf den ersten Blick wirkt es wie ein weiteres an der Hafenstraße gelegenes Restaurant mit rückwärtiger Terrasse über dem Wasser. Erst auf den zweiten Blick erschließen sich die besonderen Details. Die 8 Zimmer mit AC oder Ventilator im EG sind klein, aber nett mit viel Holz eingerichtet. Überall findet man etwas Kunst oder außergewöhnlich gestaltete Objekte an den Wänden, der Decke oder auf der Holzterrasse. Schön sind die beiden Zimmer mit Meerblick. ❸–❹

Essen und Unterhaltung

An der Hafenstraße finden sich mehr als ein halbes Dutzend Seafood-Restaurants mit fangfrischem Fisch in der Auslage, alle mit Terrasse zum Meer und ähnlichem Angebot und Preisen. Wenn Fußball gezeigt wird, ist die **Bar Mary Ans** länger geöffnet.

Bar Racuda, auf der 1. Etage mit Blick auf das Straßentreiben, wird von Tauchern frequentiert. Cocktails und frisch gezapftes Chang-Bier. Für den kleinen Hunger Sandwiches. 🕓 ab 16 Uhr bis spät.

The Frog, ✆ 075-668 325, 💻 www.thefroglanta.com. Gehobene europäische Küche mit französischem Einschlag. Auf der Terrasse im 1. Stock oder im Garten sitzt man in einem schickem Ambiente. Der Weinkeller hinter der Glaswand ist sehenswert und die Weinpreise nicht exorbitant. 🕓 17–22 Uhr.

Mr. Pizza und Mr. Seafood. Hier kann man nach Herzenslust Pizza essen oder Seafood bestellen. Auch Hummer steht auf der Karte.

Sonstiges

Geld

Einige Geldautomaten; 3 Banken (u. a. Siam Commercial, Bangkok Bank) wechseln Reiseschecks. 🕓 Mo–Fr 8.30–15.30 Uhr.

Medizinische Hilfe

Ein Doktor ist im **Health Center** von 🕓 16.30–20.30 Uhr anwesend.

Moped- und Autovermietungen

Mopeds werden in den Unterkünften oder an der Straße für 250 Baht am Tag vermietet. Kleinwagen, Jeeps und Pick-ups können über Reisebüros und Hotels für 1200–2000 Baht pro Tag, je nach Modell, gemietet werden.

Polizei

Die **Polizeistation** liegt zwischen den beiden Piers in Ban Saladan, ✆ 075-684 236 oder ✆ 084-305 1991.

Post

An der Straße zu den Stränden, 🕓 Mo–Fr 8.30–16.30, Sa 9–12 Uhr.

Nahverkehr

Die **Songthaews** sind auf dieser Insel weiß und abends mit unübersehbar bunten Lämpchen über der Windschutzscheibe geschmückt. Sie fahren, sobald ein paar Passagiere an Bord sind, von Ban Saladan über Klong Dao, Hat Phra-Ae (Long Beach), Klong Khong und Klong Nin, von dort zur Ostküste über Ban Lanta bis nach Ban Sang-Ga-U im Süden (und wieder zurück).

Tuk Tuks stehen in Ban Saladan an der Ortsausfahrt in Richtung der Strände. Zwischen Ban Saladan und Klong Nin verkehren sie tagsüber alle paar Minuten und sammeln Passagiere auf. Die Fahrt zwischen benachbarten Stränden kostet etwa 50 Baht. Preis vorher aushandeln. Abends verkehren die Gefährte seltener und sind teurer.

An vielen Stränden, zumal an den abgelegeneren im Süden, sind **Taxi-Stände** zu finden; hier kann direkt ein Taxi oder Tuk Tuk bestellt werden.

Transport

Selbstfahrer

Ab Ban Hua Hin auf dem Festland (zwischen Krabi und Trang) mit der Autofähre nach Ko Lanta Noi übersetzen in 15 Min. für 20 Baht (mit Auto) oder 10 Baht (mit Moped), dann mit einer weiteren Autofähre nach Ko Lanta Yai in 5 Min. für 60 Baht (mit Auto) oder 30 Baht (mit Moped). Autofähren gehen laufend von 6–22 Uhr.

Minibusse

Minibusse, auf Ko Lanta **Minivans** genannt, fahren zwischen Ban Saladan und Hat Klong Nin, um dann mit der Autofähre zum Festland überzusetzen. Abholung im Hotel ist inbegriffen.
KRABI, stdl. zwischen 8 und 13 Uhr in etwas über 2 Std. für 250–300 Baht, je nachdem an welchem Strand zugestiegen wird.
TRANG, stdl. zwischen 8 und 15 Uhr in 2 1/2 Std. für etwa 300 Baht.
WEITERE ZIELE steuert man am besten von Krabi (bzw. Trang) aus an, vgl. S. 796, Krabi Transport und S. 850, Trang Transport.
In den Reiseagenturen auf Ko Lanta werden auch Joint Tickets zu allen größeren Reisezielen angeboten. Sie bedienen meist die billigste Transportvariante von Krabi aus und sind oft weder die bequemste noch die sicherste Möglichkeit, von A nach B zu kommen.

Boote

AO NANG, um 13 Uhr für 460 Baht in 2 Std., in der Saison (Okt–April) fährt auch morgens gegen 8 Uhr ein Boot.
KO HAI, mit dem Expressboot um 8.30 Uhr für 400 Baht in 1 1/2 Std., mit dem Schnellboot um 13 Uhr für 700 Baht in 1 Std.
KO JUM, mit der Krabi-Fähre um 8 und 13 Uhr für 400 Baht in 1 Std.
KO KRADAN, mit dem Expressboot um 8.30 Uhr für 400 Baht in 2 1/2 Std., mit dem Schnellboot um 13 Uhr für 900 Baht in 1 Std.
KO LIPE, mit dem Schnellboot um 13 Uhr für 1900 Baht in 3 Std., mit dem Expressboot um 10 Uhr für 1500 Baht in 5 Std.
KO MUK, mit dem Expressboot um 8.30 Uhr für 400 Baht in 2 Std., mit dem Schnellboot um 13 Uhr für 800 Baht in 1 Std.

Mangroventouren

Tourangebote von **Lanta Villager Eco Tourism**, ✆ 089-590 9173, führen zum Tung Yee Pang, einem intakten Mangrovengebiet an der Ostküste. In einem 2-stündigen Ausflug fährt man mit dem Longtail hindurch. Als Tagesausflug geht es noch zur kleinen Insel Ko Ung, einem Dorf auf Lanta Noi und zur Insel Talabeng mit der kleinen Kalksteinhöhle.

KO PHI PHI, um 8 , 11 und 14 Uhr für 400 Baht in 1 Std.
KRABI, um 8 und 13 Uhr für 400 Baht in 2 Std.
PHUKET, um 9.15 Uhr und 14.30 Uhr für 800 Baht in 2 Std.
RAI LEH, um 13.30 Uhr für 460 Baht in 1 1/2 Std.

Ostküste

Das kleine Dorf **Ban Ko Lanta**, einst Hafenstadt an der Seidenstraße zwischen China und Indien, ist heute das Verwaltungszentrum der Insel. Hier bezog auch vor etwa 100 Jahren der erste Gouverneur der Insel sein Verwaltungsgebäude, ein Holzhaus im Thai-Stil, welches noch heute in der Altstadt zu finden ist. Dort prägen chinesische Handelshäuser noch immer das Bild. An der Hauptstraße gibt es Geschäfte mit Dingen des täglichen Bedarfs und mehrere gute Fischrestaurants.

Der Blick von den rückwärtigen Stelzenterrassen mit ihren Anlegepiers auf die vorgelagerten Inseln Ko Kam Nui, Ko Bubu und Ko Po lädt zum Träumen ein. Schwimmen ist hier nicht möglich. Das Wasser zieht sich bei Ebbe sehr weit zurück. Sonntags findet neben dem großen Pier ein sehenswerter **Markt** statt.

Übernachtung

Mangohouse Seavillas ①, ✆ 075-697 181, Karte S. 831. Das über 100 Jahre alte ehemalige chinesische Handelshaus ist eine erlesene Herberge abseits der Touristenstrände.
Die 3 Zimmer mit großer Terrasse und Meerblick sind liebevoll restauriert. Schöne Bäder, z. T. Küche. TV. Zustellbetten für Kinder. Ventilator oder AC. ❺

Essen und Unterhaltung

Apsara, durch die Eingangshalle und die Küche geht es auf die kleine Terrasse mit 4 Tischen und Meerblick. Die 15 angebotenen Gerichte sind durchweg gut und preiswert.

Kroua Lanta Yai, **Fresh Restaurant** und **Seafood Restaurant**, alle mit großer überdachter Terrasse über dem Wasser und mit hübschen Pflanzen. Gute Auswahl an Gegrilltem, thailändischem und westlichem Essen. Ähnliche Preise.

Die schicke **mangobar+bistro** mit ihrem dunklen, stilvollen, kleinen Teakholzraum und der dezent beleuchteten Bar serviert westliches Essen wie Steaks und Burger, aber auch thailändisch.

An der asphaltierten Querstraße zwischen Ban Ko Lanta an der Ost- und Klong Nin an der Westküste liegen das **Viewpoint Restaurant**, ein hübsches, im Thai-Stil gehaltenes Restaurant mit Feldstecher auf der Terrasse, und das **Khao Yai Restaurant**, ✆ 075-697 244, ⌚ 8–21 Uhr. Beide bieten Thai-Gerichte mit tollem Blick über die Mangroven und die Inseln vor der Ostküste.

Sonstiges

Medizinische Hilfe

Das **Krankenhaus** befindet sich kurz hinter Ban Ko Lanta (Old Town), ✆ 075-697 017 oder 075-697 100. 24-Std.-Notdienst.

Post

Auf der Straße zum Pier, ⌚ Mo–Fr 8.30–16.30 Uhr, Sa 9–12 Uhr.

Südspitze

Hinter dem Seenomadendorf **Ban Sang-Ga-U**, deren einfache Holzhäuser nach und nach durch eine moderne Siedlung ersetzt werden, führt eine Sandpiste durch Dschungel an den Rand des Nationalparks bis zum **Sang Kha Ou Resort & Spa** ⑮, ✆ 081-443 3232, 💻 www.sangkhaouresort.com, Karte S. 831 – für Ruhesuchende die ideale Oase am Dschungelrand. An einem Hügel liegen 20 verschiedene, individuelle, große, liebevoll dekorierte Bungalows in Bootsform, als Steinhaus mit runden Kieseln außen und innen, im Thai-Stil oder als Baumhaus auf Baumkronenhöhe mit umlaufender Terrasse und darunter liegendem Bad. Ventilator oder AC. Restaurant mit Meerblick. Pool. Kein Sandstrand. Stattdessen glatte Steine. ❹–❻

Hat Kaw Kwang und Hat Klong Dao

Von Ban Saladan Richtung Süden schiebt sich nach 800 m eine kleine Landzunge in Form eines Büffelnackens (daher der Name Kaw Kwang) ins Meer. Während die Nordseite bei Ebbe Wattlandschaft bietet, hat die Südseite einen schönen weißen Strand. Bei Ebbe ist es möglich, zur kleinen Insel am Ende des Kaps hinüberzulaufen. An Kaw Kwang schließt sich direkt Hat Klong Dao an, ein breiter etwa 3 km langer weißer Sandstrand. Am südlichen Ende finden sich viele Steine und Muscheln im Sand. Das Meer ist ideal zum Schwimmen und besonders bei **Familien** beliebt. Auch für kleine Kinder eignet sich dieser Badestrand, da er erst nach ein paar Metern tiefer wird. Der Strand ist mit mehreren Stichstraßen von der Hauptstraße aus zu erreichen, entlang derer sich Geschäfte, Restaurants und weitere Hotels angesiedelt haben, s. eXTra [2857].

Übernachtung

Untere Preisklasse

Hans Bungalows ㊶, ✆ 075-684 152. Zwei Reihen einfachster, aber gemütlicher Bambushütten mit Palmdächern zwischen Bäumen, senkrecht zum Strand hinter dem Restaurant. Ventilator. Familiäre Atmosphäre, viele deutsche Langzeitreisende. Beliebtes Restaurant: mexikanisch, europäisch, thai und jeden Abend großer Grill mit Fisch und Fleisch. ❷–❸

Mermaid Beach Front Resort ㊾, ✆ 089-283 8053. In zweiter Reihe am Strand liegen 6 einfache, saubere Mattenbungalows mit Ventilator und großem schönem Bad sowie 4 AC-Steinbungalows. ❷–❹

Starwin Lanta Lodge ㊿, ✆ 075-684 105. Auf der anderen Straßenseite zurückversetzt, wenige einfache Matten- oder Steinbungalows unter hohen Palmen. Ventilator. Tropische Atmosphäre und eine gute Alternative, wenn es am Strand zu voll oder teuer ist. ❸

Mittlere Preisklasse

Ancient Realm Resort & Spa 55, ✆ 075-684 016, 💻 www.ancientrealmresort.

Klong Dao / Long Beach

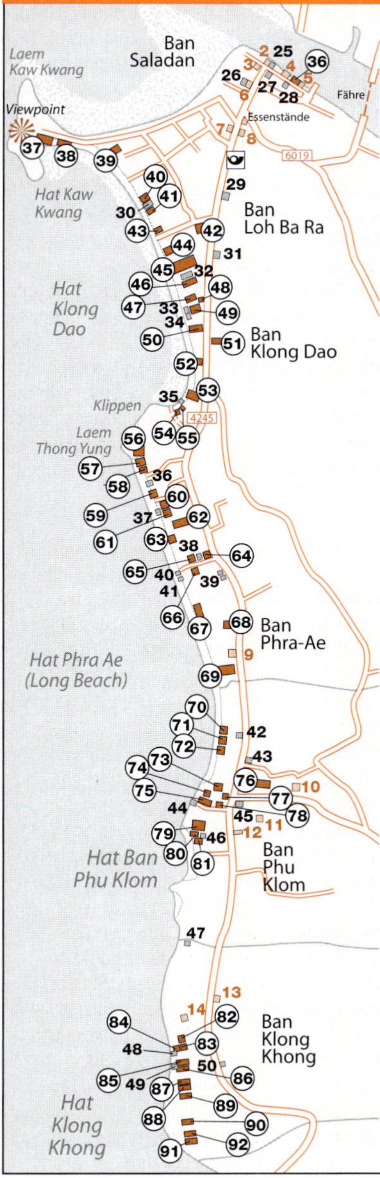

Übernachtung:

BAN SALADAN
36 Sincere Guest House

KAW KWANG
37 Kaw Kwang Beach
38 Twin Bay Resort

HAT KLONG DAO
39 Twin Lotus Resort
40 Sun, Fun & Sea Bungalow
41 Hans Bungalows
42 Lanta Scenic Bungalow
43 Royal Lanta Resort & Spa
44 Diamond Sand Palace
45 Southern Lanta Resort
46 Lanta Villa Resort
47 Chaba Lanta Bungalow
48 Merry Beach Resort
49 Banana Garden Home
50 Lanta Island Resort
51 Starwin Lanta Lodge
52 Mermaid Beach Front Resort
53 Andaman Lanta Resort
54 Time for Lime
55 Ancient Realm Resort & Spa

HAT PHRA AE (LONG BEACH)
56 Lanta Resort
57 Sayang Beach Resort
58 Seapearl Lanta Cottage
59 Lanta Sand Resort & Spa
60 The Beach Bungalows,OZone Bar
61 Blue Sky
62 Funky Fish Resort
63 Somewhere Else
64 Lanta Pearl Village Resort
65 Leaf House
66 Lantawadee Resort
67 Layana Resort & Spa
68 Papillon Resort
69 Lanta Casuarina Resort
70 Lanta Castaway Resort
71 Sanctuary
72 Thai House Beach Resort
73 Andaman Sunflower Resort
74 Nautilus Resort
75 Lanta Marina Resort
76 Lanta Garden Hill Resort & Appartements
77 Hutchieboat Bungalows
78 Lanta Angel Resort

HAT BAN PHU KLOM
79 Relax Bay
80 Sea Culture House
81 Andaman Bay Bungalows

HAT KLONG KHONG
82 Arena Bungalow
83 Moonwalk Lanta Resort
84 Green Garden Resort
85 Sea Sand Sun Bungalows
86 Where Else
87 Lanta Pavilion Resort
88 Bee Bee Bungalows
89 Lanta Family Resort
90 Nice'n Easy House
91 Fisherman's Cottage
92 Lanta Full Moon Bay View Resort

Essen:

BAN SALADAN
25 Mr. Pizza und Mr. Seafood
26 Bar Racuda
27 Bar Mary Ans
28 THE FROG

HAT KLONG DAO
29 German Bakery
30 Mookandabar
31 Lap Royet
32 Veed Vew Bar
33 Easy Bar
34 Banana Leaf Restaurant und Bar
35 Gong Grit Restaurant

HAT PHRA AE (LONG BEACH)
36 Suza Hut
37 Mr. Wee Pizzeria
38 iRie
39 Essenstände
40 San's Sunset Bar R., Klapa Klum Bar
41 Salinda Restaurant, Cafe, Friendly R., Elephant R.
42 Bobs Bar und Baan Lao R.
43 Opium Bar
44 Korner Bar
45 Faim de Loup

HAT BAN PHU KLOM
46 Independece Bar

HAT KLONG KHONG
47 Back Moon Bar
48 Gecko Lanta Bar
49 Green Chilli Restaurant, Mr. Wee Pizzeria, Hipo Bar
50 Green Leaf Cafe

Sonstiges:

BAN SALADAN
2 Lanta Diver
3 Blue Planet Divers
4 Lanta Sailing
5 Lanta Fun Divers
6 Lanta Scuba
7 Lanta-Diving-Safaris
8 Health Center

HAT PHRA AE (LONG BEACH)
9 Dr. Salarin Clinic
10 Happy Kids Kindergarten
11 Lanta Gym

HAT BAN PHU KLOM
12 Thai Boxing Stadium

HAT KLONG KHONG
13 Fresh Coffee-Used Books
14 Lanta Thai Cookery School

com. Aus Naturmaterialien gebaute großzügige Bambushütten im balinesischen Stil mit freundlich-bunten Dekorationen. Große Betten, offenes Bad. TV, DVD, Minibar, Kühlschrank. WiFi. ❺

Andaman Lanta Resort ㊾, ✆ 075-684 200, 💻 www.andamanlanta.com. Zur Straße hin einfache Zimmer in 2 Reihen, die Balkone jeweils gegenüberliegend. Blauweiße Bungalows gruppieren sich auf einer Rasenfläche weitläufig um den großen Pool. Separater Kinderpool und eine Kleinkinderspielfläche auf dem Rasen. ❺–❻

Banana Garden Home ㊾, ✆ 075-684 223, ✉ banana-garden-home@hotmail.com. Hinter dem Restaurant stehen in 3 engen Reihen gemütliche AC-Holzbungalows, selbst das Bad ist holzbelassen. Gutes Preis-Leistungs-Verhältnis. ❹

Chaba Lanta Bungalow ㊼, ✆ 075-684 118. Interessant und individuell gestaltet. Der Eingang ist mit Elefanten und einem Affenkopf aus Beton modelliert, auch die Bungalows sind alle unterschiedlich gestaltet. Bei den einfacheren sind die Wände mit Stoffbahnen bezogen, andere erinnern an eine Höhle. Felsimitate oder Bambusspiele verleihen ein wenig Privatsphäre zwischen den Hütten. Ventilator und AC. ❸–❺

Lanta Island Resort ㊿, ✆ 075-684 124, 💻 www.lantaislandresort.com. 60 weiße Steinbungalows zwischen viel Grün. Gefliest, Sitzmöbel, TV und Kühlschrank. Familienbungalows mit 2 Schlafzimmern. Rückwärtig ein Pool, separater Kinderpool. ❸–❺

Lanta Scenic Bungalow ㊷, ✆ 075-684 231, 💻 www.lantascenic.net. Nur wenige Meter vom Strand entfernt. 23 hübsche Steinbungalows, Ventilator oder AC, TV und Kühlschrank in 2 Reihen im Palmengarten. ❹

Southern Lanta Resort ㊺, ✆ 075-684 175, 💻 www.southernlanta.com. 100 Steinbungalows im Garten mit TV, Kühlschrank. Auch Familienbungalows. Großer Pool mit Rutsche am Strand. WiFi. ❹–❽

Time for Lime (54), ✆ 075-684 590, 💻 www.timeforlime.net. 8 Bungalows im Garten. Einfach, aber mit außergewöhnlichen Dekorationen aus Holz, Muscheln oder Blumen. ❹–❺

Obere Preisklasse

Royal Lanta Resort & Spa ㊸, ✆ 075-684 361, 💻 www.royallanta.com. Über ein Stegsystem verbunden, rechts und links mit vielen Bananensträuchern und Palmen bepflanzt, liegen sehr schöne Thaistil-Bungalows, edel möbliert. TV, Kühlschrank. Auch Familienbungalows. 2 Pools, Fitnesscenter. ❽

Twin Bay Resort ㊳, ✆ 075-668 277, 💻 www.twinbaylanta.com. Romantische grüne Anlage mit schönen Palmdachbungalows, innen mit viel Holz eingerichtet, TV, Kühlschrank. Wasserlandschaft mit großem Pool, separater Kinderpool, Jacuzzi. ❼–❽

Twin Lotus Resort ㊴, ✆ 075-607 000, 💻 www.twinlotusresort.com. Große, weitläufige Anlage. Im hinteren Bereich liegen die Standardzimmer. Zum Strand hin weiße Bungalows auf großer begrünter Fläche. Villen mit Außenbadewanne, große Fensterflächen. Pool. ❼–❽

Essen und Unterhaltung

Banana Leaf Restaurant und Bar, günstiges Restaurant mit sehr guter Thai-Küche am Strand, außerdem kann man in der Banana Bar auch noch entspannt etwas trinken.

Easy Bar, bei Gerd aus Nürnberg gibt es typisch deutsche Gerichte wie Rouladen oder Schnitzel.

German Bakery, im Ostfriesencafé von Ina und Horst gibt es verschiedene Brote und ein gutes Dutzend Kaffeesorten. Roggenbrote, Baguettes und Ciabattas werden liebevoll und reichlich belegt. Der Renner sind Leberwurstbrote. Zudem locken Käsekuchen und Nussecken. Meist deutsche Zutaten. 🕓 7–18 Uhr.

Gong Grit Restaurant, unter Palmen, im Thai-Haus oder in Sitzhütten. Breite Auswahl an thailändischen und europäischen Gerichten.

Lap Royet, ist auch bei den Thais eine beliebte Adresse, in gemütlichen Bambushütten gibt es Thailändisch zu günstigen Preisen.

Mookandabar, in der kleinen, bunt dekorierten Bar kann man an der Theke oder am Strand auf

Sitzmatten noch ein Bier oder einen Cocktail zu sich nehmen und manchmal den Feuerspielern zusehen.

Sonstiges

Geld

Mehrere Geldautomaten an der Hauptstraße, u. a. an der Tankstelle/7-Eleven.

Kochkurse

Time for Lime, 💻 www.timeforlime.net. 🕓 16.30–21 Uhr, außer Mo. Gekocht werden 5 Gerichte, das Menü ist für jeden Wochentag unterschiedlich, so ist für alle Geschmäcker etwas dabei. Ein „Zugucker" darf auch dabei sein. Zwischen dem 24.12. und 24.1. findet zusätzlich ein Morgenkurs um 11.30 Uhr statt. 1800 Baht.

Yoga

The Retreat, 📞 084-675 1094, 💻 www.lantayogameditation.com. Zentral am Hat Klong Dao gelegen bietet Annelie Ashtanga Yoga und Meditation für Anfänger. Ihr Ziel: Mit Körperarbeit beginnen und sich dann dem Geiste widmen. Das Retreat befindet sich hinter Chaba Lanta Bungalow.

Hat Phra Ae (Long Beach)

Südlich von Hat Klong Dao, durch ein paar Klippen getrennt, befindet sich der weiße breite Hat Phra Ae, eXTra [2854]. Der etwa 4 km lange Strand ist nur sporadisch mit Anlagen bebaut; noch gibt es lange unbebaute Abschnitte mit Kasuarinen. Im letzten Drittel wird der Strand durch einen Klong getrennt, der nur bei Ebbe zu durchschreiten ist. Dahinter ist der Sand mit Steinen durchsetzt. Große Korallenblöcke ragen bei Ebbe aus dem Wasser. Hier ist schwimmen nur eingeschränkt möglich. An der Straße liegen weitere Unterkünfte, Geschäfte, Bars und Restaurants. Der Strand eignet sich weniger für Kinder, da es hier schnell tief wird; für erwachsene Schwimmer ist es ideal.

Übernachtung

Untere Preisklasse

Andaman Sunflower Resort ⑦③, 📞 075-684 668, 💻 www.andaman-sunflower.com. Hübsche grüne Anlage mit vielen Blumen. Einfache Bambusbungalows mit Ventilator weitläufig verteilt. Die größeren Hütten haben ein romantisches Himmelbett und große Bäder. Kostenloser Kajak- und Mountainbikeverleih. WiFi. 30 m vom Strand gelegen. Deutsche Leitung (Norman). ❸–❹

Funky Fish Resort ⑥②, 📞 085-824 8408, 💻 www.funkyfish-lanta.com. Mattenbungalows der ganz simplen alten Bauart direkt hinter der Bar, weiter zur Straße 30 neue AC-Steinbungalows. An der Bar ist abends immer etwas los. Unter der Leitung des Deutschen Michael. ❷–❹

Hutchieboat Bungalows ⑦⑦, 📞 089-654 1083. Hinter dem Nautilus Resort liegen zwischen großen Bambussträuchern versteckt eine Handvoll einfacher Mattenbungalows auf Stelzen mit Ventilator. Ohne Restaurant. ❷

Lanta Marina Resort ⑦⑤, 📞 075-684 168, 💻 www.lantamarina.com. Tolle Bambusbungalows mit halbrunden, bis an den Boden reichenden Palmdächern. Ganz aus Naturmaterialien gefertigt (Bambusbett). Große Bäder. Hellhörig. Hängematte. An diesem Strandabschnitt ist Schwimmen aufgrund der vielen Felsen bei Ebbe schlecht, man kann aber 100 m weiter baden gehen. ❸–❹

Lanta Pearl Village Resort ⑥④, 📞 075-684 204, ✉ lantapearlbeachresort@yahoo.com. Unter hohen Bäumen, fast wie im Wald, stehen großzügig verteilt 4 Steinbungalows und viele große Matten-Holzhütten. Ganzjährig geöffnet. 50 m bis zum Strand. Ventilator oder AC. ❸–❹

Somewhere Else ⑥③, 📞 075-684 719. Schöne, einfache 8-eckige Holzbungalows unter hohen

Ausgefallene Architektur und familiär

Leaf House ⑥⑤, 📞 075-684 534. Mehrere kleine doppelstöckige Bungalows aus dunklem Holz rund um einen kleinen Garten. Sehr gemütlich, sehr klein, alle mit Terrasse oder Balkon, Ventilator und vielen schmalen tiefen Fenstern. Die Bäder im EG sind nach oben offen. Gemütliches Restaurant mit Theke. Wenige Meter zum Strand. ❷–❸

Von einfach bis gediegen

Thai House Beach Resort ⑦②, ✆ 075-684 289, 💻 www.thaihousebeachresort.net. Einfache Bambushütten mit Ventilator und Moskitonetz im rückwärtigen Teil. 2 geflieste Doppelsteinbungalows mit Meerblick oder tolle Thai-Holzhäuser mit AC, TV und Kühlschrank. Moonwalk Restaurant (🕓 7–23 Uhr) mit Strandblick. Wie überall am Strand relativ teuer, dafür ein ausgesucht höflicher und zuvorkommender Service. Ganzjährig geöffnet! Motorrad- und Autoverleih. ❷–❺

Palmen, großzügig auf dem Gelände verteilt. Alle mit Ventilator. Preis nach Größe und Strandnähe. ❷–❹

The Beach Bungalows und OZone Bar ⑥⓪, ✆ 089-729 2383. Einfache, saubere Mattenbungalows mit winziger Terrasse, einem winzigen tiefer gelegten Bad und Ventilator. Hängematte. Hier kann es in der Bar schon einmal lauter werden. ❷

Mittlere Preisklasse

Lanta Castaway Resort ⑦⓪, ✆ 075-684 851, 💻 www.lantacastaway.com. Hübsch dunkle Holzbungalows mit Ventilator und gemütlich eingerichtete AC-Steinbungalows mit TV und Kühlschrank in verschiedenen Größen. Morgens Yogakurs um 9.30 Uhr, 200 Baht. ❹–❻

Lanta Garden Hill Resort & Appartements ⑦⑥, ✆ 075-684 210, 💻 www.lantagardenhill.com. 54 Villen mit Haus-Charakter schlängeln sich den Berg hinauf. Alle mit Parkmöglichkeit vor der Tür, teils mit Küche und 2 Schlafräumen. Kleiner Pool an der Straße. Gegenüberliegend Hotel mit 20 Zimmern, alle mit Küche. Rabatte für Langzeitreisende oder diejenigen, die ihre Kinder in dem dahinter liegenden Kindergarten unterbringen. WiFi. ❺–❻

Lantawadee Resort ⑥⑥, ✆ 075-684 720, 💻 www.lantawadeeresortandspa.com. Die familiäre Anlage bietet sehr hübsche Holzbungalows in einem verwunschenen Garten mit vielen Bäumen und Sträuchern. Die Unterküfte sind z. T. über Stege zu erreichen. Offene Bäder. Wenige Meter vom Strand entfernt. Ventilator oder AC. ❸–❺

Sayang Beach Resort ⑥⑦, ✆ 075-684 156, 💻 www.sayangbeach.com. Schöne unterschiedlich gestaltete Bungalows in Holz oder Stein mit großen Terrassen, die in den Garten blicken. Innen mit Holzböden und Naturmaterialien. Das Restaurant bietet neben Thai- auch indisches Essen. Teils Ventilator, sonst AC. ❺–❻

Obere Preisklasse

Lanta Casuarina Resort ⑥⑨, ✆ 075-684 685, 💻 www.lantacasuarina.com. Zimmer im 2-stöckigen Hauptgebäude mit Meer- oder Straßenblick. Zudem eng stehende Gartenvillen rund um den Pool. Separater Kinderpool. WiFi. ❻–❽

Lanta Sand Resort & Spa ⑤⑨, ✆ 075-684 633, 💻 www.lantasand.com. Feine, mit kambodschanischen Figuren geschmückte Anlage. Gartenvillen in dunklem Holz, offene Terrassen mit Stoffbahnen. Luxuriöse, teils offene, bepflanzte Bäder. Im hinteren Bereich ein 3-stöckiges Hotelgebäude, EG-Zimmer mit Poolzugang. Kleine Kinderspielfläche. Im Garten ein weiterer Pool sowie Kinderpool. WiFi. ❽

Layana Resort & Spa ⑥⑦, ✆ 075-607 100, 💻 www.layanaresort.com. Luxusanlage mit 50 Thaistil-Villen, 6 davon am Meer. Elegant mit dunklem Holz eingerichtet, die Bäder mit Dusche und Badewanne, teils zusätzliche Außendusche. Minibar, TV, DVD. Große Liegeflächen rund um den grandiosen Pool, Spa, Jacuzzi, Sauna, Fitnessraum, Wein- und Cocktailproben, WiFi. Aufmerksames Personal. ❽

Essen und Unterhaltung

Die Bars des Strandes haben sich untereinander abgesprochen; reihum veranstalten sie an verschiedenen Tagen der Woche eine Party. Bis auf das Treiben im Funky Fish Resort und in der Opium Bar ist das Nachtleben eher unspektakulär.

Bobs Bar und Baan Lao Restaurant, gemütliches Restaurant mit guter thailändischer Küche und einer kleinen Bar. Freundliche Bedienung. Gute Isarn-Küche.

Faim de Loup, Boulangerie-Patisserie. Französische Frühstückswahl mit Latte Macchiato, Espresso und frischem Brot oder Croissants. Außerdem Kuchen, Salate und Quiches im Angebot. ⏲ 7.30–17 Uhr.
Korner Bar, an diesem Strandabschnitt die einzige Bar, am Ende des Strandes auf den Klippen gelegen. Relaxte, chillige Athmosphäre.
Mr. Wee Pizzeria, die erste der 3 Dependancen auf Ko Lanta, direkt am Strand. Gute Pizzen.
San's Sunset Bar Restaurant, großes Restaurant direkt am Strand, mit ganz vielen gemütlichen Sitzhütten, direkt daneben die **Klapa Klum Bar**.
Suza Hut, offenes Ambiente unter dem hohen Dach mit weißen und braunen Stoffbahnen. Gutes Seafood.
Am Strand haben das **Salinda Restaurant**, das **Café** mit dem immer gut gelaunten Gee, das **Friendly Restaurant** und das **Elephant Restaurant** ihre Tische aufgebaut. Die einfachen Restaurants stehen nebeneinander mit ähnlichem Angebot thailändischer und europäischer Küche zu ähnlichen Preisen. Nirgens kann man am Strand so günstig essen. Dahinter an der Hauptstraße gibt es noch viele einfache **Essenstände**, ebenfalls gut und preisgünstig.

Aktivitäten

Reiten

Ausritte vermittelt **Mr. Yat**, ✆ 089-021 1924, im Reisebüro hinter der Bar des Funky Fish Resort für 800 Baht pro Std.

Thaiboxen und Fitness

Lanta Gym, ✆ 075-684 847, 💻 www.lantagym.com. Wer will, kann sich hier mit Thaiboxen, an den Geräten des gut ausgestatteten Fitnesscenters oder im Yogakurs fit halten. ⏲ 8–20 Uhr.

Sonstiges

Geld

Geldautomaten befinden sich an der Hauptstraße.

Kinder

Hier gibt es den **Happy Kids-Kindergarten**, 38/2 Moo 2, ✆ 086-334 8038, 💻 www.lantahappykids.com. Kinder zwischen 2 und 6 Jahren werden von 8–16 Uhr betreut. Die Leiterin spricht englisch und auch etwas deutsch. 500 Baht am Tag inkl. 3 Mahlzeiten.
Bei wochen- oder monatlicher Buchung hohe Rabatte.

Medizinische Hilfe

Dr. Salarin Clinic, ✆ 075-684 522, ⏲ 15.30–21.00 Uhr, außer So.
An der Hauptstraße auf Höhe des Lanta Casuarina Resort.

Ban Phu Klom Beach

Durch ein kleines Kap vom Long Beach getrennt liegt dieser einsame Sandstrand mit den drei Unterkünften. Am einfachsten ist er von der Hauptstraße über einen Sandweg zu erreichen. Wer es noch ruhiger mag, kann zum Sonnen zu den südlicher gelegenen zwei unberührten Buchten weiterwandern.

Übernachtung und Essen

Alle Unterkünfte haben ein Restaurant und eine kleine Bar. Daneben gibt es am Strand noch die urige **Independece Bar** aus Schwemmholz.
Hier finden während der Hauptsaison ab und an Partys statt.
Andaman Bay Bungalows (81), ✆ 081-691 0889. Einfache Holz-Mattenbungalows in Reihe mit Ventilator. Direkt am Strand die Nong Bar. ❷
Relax Bay (79), ✆ 075-684 194, 💻 www.relaxbay.com. Die ungeteerte Straße über die Klippen führt zur ruhigen Anlage, die z. T. in den Hang gebaut ist. Große gelbe Matten-Steinbungalows mit gemütlicher, individueller Einrichtung weit auseinander stehend im tropischen Garten. Ventilator oder AC. Pool, Strandbar. Tauchbasis Lanta Diver (s. S. 833). ❹–❼
Sea Culture House (80), ✆ 075-667 147. Einfachste Mattenbungalows mit Bad direkt am Strand.
Viel gelobtes Restaurant mit günstiger Thai-Küche. ❷

Hat Klong Khong

Am Anfang des 3 km langen Strandes ist der Sand von etwas gelblicher Farbe mit einigen Steinen und Muscheln durchsetzt, um dann immer heller und feiner zu werden. Bei Flut verschwindet ein Großteil der Sandflächen. Vorsicht beim Schwimmen: Es droht Verletzungsgefahr durch vereinzelte Korallen, die bei Flut kaum zu erkennen sind. Bei Ebbe ragen sie aus dem Wasser. Für **Schnorchler** herrschen optimale Bedingungen. Zwischen den langen unbebauten Abschnitten liegt Naturstrand. Hier finden sich günstige Unterkünfte, die besonders bei **Rucksackreisenden** beliebt sind, dazu eine entspannte Atmosphäre und kleine Bars mit abendlichem Sonnenuntergang-Panorama. Eindrücke unter eXTra [2855].

Übernachtung

Arena Bungalow (82), ✆ 075-667 114.
Kleine Anlage im freundlichen Familienbetrieb. Matten- und Steinbungalows. Ventilator und AC. 20 m zum Strand. ❷

Bee Bee Bungalows (88), ✆ 081-537 9932.
Unter hohen Kokospalmen stehen Bambusbungalows; z. T. winzige Hütten mit Ventilator. Einige auf hohen Stelzen und mit tollem Blick von der Terrasse. Leseecke mit Büchern. Familiäre Atmosphäre. ❷–❹

Fisherman's Cottage (91), ✆ 081- 476 1529, 💻 www.fishermanscottage.biz. 11 außergewöhnlich gestaltete Bungalows mit Ventilator rund um einen Rasenplatz. verputzte Flächen oder Bambus, Matratzen auf Podesten, offene Bäder, hübsche Dekorationen, bemalte Wände. WiFi. ❸–❺

Green Garden Resort (84), ✆ 075-667 059.
Auf der einen Seite einer Rasenfläche einfache Mattenbungalows mit Ventilator, auf der anderen Seite AC-Steinbungalows. ❷–❸

Lanta Family Resort (89), ✆ 075-667 053.
Einfache Bambushütten und 5 Steinbungalows mit großer Fensterfront unter Palmen. Ventilator und AC. ❷–❺

Lanta Full Moon Bay View Resort (92), ✆ 075-667 145, 💻 www.lantafullmoon.com. Saubere Bambushütten mit Ventilator oder möblierte Steinbungalows mit AC, TV und Kühlschrank. Am Strand Pool und Kinderpool. Ganzjährig geöffnet. ❸–❺

Nice'n Easy House (90), ✆ 075-667 105, 💻 www.niceandeasylanta.com. Architektonisch ansprechend gestaltetes rundes weißes Haupthaus mit Bar und Billardtisch. Kleiner Pool. Die dahinter liegenden 9 Holzbungalows sind klein, aber fein eingerichtet mit Holzböden und -wänden sowie großem, offenem Bad. ❺

Im Kunstobjekt wohnen

Where Else (86), ✆ 075-667 173, 💻 www.lanta-where-else.com. Wunderbar auffällige Anlage mit Fahnen am Strand. Viele hübsch dekorierte Sitzgelegenheiten, lange Holztische und überladene Dekoration; 2 Theken mit Blumenornamenten. Hier entdeckt man immer wieder schöne Details. Die Bungalows aus Bambus und Matten im hinteren Teil sind zwar einfach, aber außergewöhnlich hübsch gestaltet. Ventilator, offene Bäder, Moskitonetz. Keine Hütte gleicht der anderen. Verschiedene Größen, eine mit interessanter Turm-Terrasse. Gutes, preisgünstiges Restaurant mit vielen Thai-Gerichten und ein paar indischen Spezialitäten. Gäste ganz unterschiedlichen Alters lieben die familiäre und entspannte Atmosphäre. WiFi. ❸–❹.

Essen und Unterhaltung

Alle Unterkünfte haben ein Restaurant, die meisten haben auch noch eine kleine Bar aus Treibholz gebastelt.

Back Moon Bar, neben dem Fluss, eine weitere Bar aus Schwemmholz und gute Alternative, um einen Drink zum Sonnenuntergang zu genießen.

Green Chilli Restaurant, **Mr. Wee Pizzeria** und **Hipo Bar** liegen nebeneinander am Strand. Leckere Curries im Green Chilli Restaurant; Mr. Wee mit der gewohnt guten Pizzaqualität.

Green Leaf Café, Frühstücksalternative mit Croissants und belegten Broten.

Sonstiges

Bücher

Fresh Coffee-Used Books, in dem an der Hauptstraße gelegenen Café kann man gemütlich einen Kaffee trinken und in gebrauchten, teils deutschen, Büchern schmökern. 🕒 7–22 Uhr.

Kochkurse

Lanta Thai Cookery School, 14/2 Moo 2, Ban Saladan, Hat Klong Khong, ✆ 087-311 3252, 💻 www.lantathaicookeryschool.com. In kleinen Gruppen werden aus einer Liste von 10 Gerichten 5 ausgewählt, unter Anleitung gekocht und natürlich gegessen. Morgenkurs 8.30–13 Uhr, Nachmittagskurs 13.30–18 Uhr. 1000 Baht.

Hat Klong Nin und weiter südlich

Hinter der Abzweigung zur Ostküste beginnt das Dorf Klong Nin mit einem tollen weißen Sandstrand. Das Meer ist ideal zum **Schwimmen**. Im Hinterland erheben sich die grünen Riesen des Regenwaldes. Rucksackreisende mit wenig Budet wohnen hier ebenso wie jene, die sich Luxus leisten wollen, **eXTra [2856]**. Rechts und links der am Strand verlaufenden Dorfstraße haben sich kleine Hotels, Geschäfte und Restaurants angesiedelt. Baustellen zeugen vom geplanten Wachstum des Ortes. Der kleine Hat Nui ist nur wenige hundert Meter lang. Hier gibt es keine Unterkunft, aber einen kleinen Erfrischungsstand. Tolle **Schnorchelbedingungen** für Aktive und viel **Ruhe** für Strandlieger.

Übernachtung

Untere Preisklasse

Chalee Barley's ㉘, ✆ 084-745 8360. Die Holzbungalows und das Restaurant mit überdachter Terrassenkonstruktion sind windschief, aber für viele ist gerade dieser Touch einladend. Der Preis der Einfachsthütten mit Bad ist unschlagbar an diesem Strandabschnitt. Familienbetrieb. ❷

Lanta Coral Beach Resort ㉞, ✆ 075-662 535. Zwischen Klong Nin und Kantiang 20 Stein- oder Bambusbungalows in einer Gartenanlage unter schattigen Bäumen, wenige Meter vom Strand entfernt. Ventilator, Warmwasser. Das Restaurant mit der Terrasse liegt über den Klippen. ❸–❹

Lanta River Sand Resort ⑱, ✆ 075-662 660, 💻 www.lantariversand.com. Für Ruhesuchende. Bambushütten mit Ventilator. Am Strand sind bei Ebbe viele Felsen. Das Restaurant liegt romantisch auf Klippen. Die hinten gelegenen günstigeren Mattenbungalows haben schon bessere Zeiten gesehen. ❷–❹

Nik's Garden Resort ㉓, ✆ 084-441 2900, 💻 www.lanta-niksgarden-resort.com. Ein großer Bungalow mit Strandsicht und dahinter im tropischen Garten kleine Zimmer im Reihenhaus. Kleines Restaurant, die Tische sind dank weißer Sonnenpavilions beschattet. Winzige Bar. Wohlfühlatmosphäre unter thai-französischer Leitung. ❸–❺

Mittlere Preisklasse

Andalay Boutique Resort ㉗, ✆ 075-662 699, 💻 www.andalaylanta.com. Feine neue Anlage mit 10 aneinander gebauten Bungalows parallel zum Strand in puristischer Optik. Innen edel in Holz eingerichtet. Kleiner Pool. Liegen am Strand. ❺

Clean Beach Resort ⑲, ✆ 075-662 652, 💻 www.cleanbeachresort.com. Gepflegte Anlage auf der Straßenseite. 4 einfache Mattenbungalows mit Ventilator gegenüber dem Pool, dahinter in 2 Reihen Steinbungalows mit AC, großen Fenstern, TV und Minibar. Restaurant am Strand. ❸–❻

Dream Team Bungalow ㉟, ✆ 075-662 552, 💻 www.dreamteamresort.com. Zwischen Klong Nin und Kantiang. 70 Bungalows und Zimmer mit Ventilator oder AC teils dicht nebeneinander. Die Anlage ist schön begrünt. Familien- und doppelstöckige Bungalows. Pool und Kinderpool mit Rutsche, Spielplatz. Schwimmen im Meer eingeschränkt durch flache Klippen im Wasser. ❹–❻

Février Resort ㉕, ✆ 075-662 618, ✉ lanta.fevrierresort@gmail.com. 2 gelbe neue Doppelbungalows jenseits der Straße, wenige Meter vom Strand Hübsch eingerichtet. Ventilator oder AC. Auch Bungalows mit Verbindungstür. WiFi. Inkl. Frühstück. Kostenlose Fahrräder. Verleih von Mopeds. ❹–❺

Lanta Miami Bungalow ㉚, ✆ 075-662 559, 💻 www.lantamiami.com. Schöne Anlage mit Holz-Stein-Bungalows mit großen weißen Bädern, entweder mit Strandblick oder im Garten. Ventilator und AC. Großzügiges halb offenes Restaurant am Strand. Kleine Bar. ❹–❺

Lanta Nature Beach Resort und Nature House ㉙, ✆ 075-662 604, 💻 www.lantanaturebeachresort.com. Kleine Anlage im Familienbetrieb mit rosafarbenen Bungalows senkrecht zum Strand sowie neue Zimmer auf der anderen Straßenseite in einem 2-stöckigen orangefarbenen Gebäude, wahlweise Ventilator oder AC. Am Strand ein Restaurant und große Dachterrasse. ❹

Otto Lanta Tour & Travel ㉑, ✆ 075-662 741. Die etwas andere Unterkunft: Hinter dem Reisebüro stehen 2 Steinbungalows mit AC und 4 moderne Dreieckshütten mit Ventilator.

Wer an der Straße entlangschlendert, kommt zu einem alten Bus, der hinter einer Mauer geparkt ist. Auch dieser dient als Übernachtungsplatz. Ventilator und AC. ❹–❺

The Narima ㉝, ✆ 075-662 668, 💻 www.narima-lanta.com. Zwischen Klong Nin und Kantiang. Geräumige Bungalows aus Bambus mit Palmdach. Große Holzterrassen mit Holzmöbeln und Hängematte in einer recht naturbelassenen Anlage. Pool und Jacuzzi im Hang mit Strandblick. Schwimmen ist im Meer nur zwischen den Felsen möglich. Tauchbasis, Jeep- und Mopedverleih. ❻

White Rock Resort ㉔, ✆ 075-662 721, 💻 www.lantawhiterock.com. Ansprechende Anlage auf der Straßenseite, wenige Meter vom Strand. In schattigem Grün stehen große rosafarbene Bungalows aus Holz und Stein mit ansprechender Einrichtung. Familienbungalows. Unter thai-schwedischer Leitung. WiFi. ❹–❺

Obere Preisklasse

Moonlight Bay Resort ⑯, ✆ 075-662 590, 💻 www.moonlight-resort.com. Am Privatstrand nördlich vor Klong Nin Beach. Durch die Anlage zieht sich malerisch ein Fluss, über den einige Terrassen der Bungalows liegen. Pool. Bei Ebbe viele freiliegende Steine im Meer. ❻–❽

Ravi Warin Resort ⑰, ✆ 075-607 400, 💻 www.rawiwarin.com. Große Exklusivanlage am Strand und in den Hang gebaut. Stilvolle Bungalows, Suiten bis zu 300 m2 mit eigenen Pools. Poollandschaft, ein Meerwasserpool im Meer, Wasserrutsche, 2 Restaurants, 2 Bars, Fitnesscenter, PADI 5-Star-Tauchbasis, Kleinkino, Kinderspielraum, Spa mit Sauna. WiFi. Bei Ebbe ragen am Strand Korallen aus dem Wasser. ❻–❽

Sri Lanta ㉜, ✆ 075-662 688, 💻 www.srilanta.com. Pool, Bar und Spa am Strand, dazu große Rasenfläche mit Liegen. Die stilvollen großen Thaistil-Holzbungalows liegen auf der anderen Straßenseite im Hang. Großzügig bepflanzt. Viel Privatsphäre. Große überdachte Terrassen mit Blick ins Grüne. ❼

Essen und Unterhaltung

Cook Kai Restaurant, uriges Holzrestaurant mit vielen Muscheldekorationen an der Hauptstraße. Gute Curries und Seafood.

Vor der Abzweigung nach Klong Nin liegen einfache moslemische Restaurants wie das **Hassin** oder **Cumpee**. Wenige Straßenstände haben sich ebenfalls angesiedelt.

Monaco Restaurant, Martin aus München hat sich vor seinem Privathaus eine erhöhte kleine Terrasse aus dunklem Holz am Strand geschaffen, auf dem er ein edel anmutendes Restaurant mit Bar betreibt. Spaghetti und Pizza zu gehobenen Preisen.

Otto Bar, gemütliches großes Holzrestaurant mit Palmendach und Strandblick. In der Mitte steht ein Billardtisch. Gute Auswahl an Thai-Gerichten, außerdem diverse Optionen für ein Frühstück. Etwas gehobene Preise.

Günstige Alternativen zu den teueren Strandrestaurants sind das **Rimtan Restaurant**, **Sow Sow** oder **Joy and Nee** in einer Garageneinfahrt. Hier werden auch typische Gerichte aus dem Isarn angeboten.

Roi Thai Restaurant, **Jai-Dee Bar** und **Louis Restaurant** liegen alle am Strand nebeneinander. Die Auswahl an thailändischen und europäischen Gerichten und die Atmosphäre und die Ausstattung sind ähnlich.

Siam Home Restaurant, bietet sich als Zwischenstopp für alle an, die mit dem Moped eine Inseltour unternehmen. In der wild bewachsenen Hütte gibt es u. a. eine Auswahl an Kuchen.

Simple House, liegt über einem kleinen, selbst in der Hochsaison oft einsamen Strand. Viele Stufen führen vom Hügel hinunter in eine runde Bar, die mit Liebe zum Detail gebaut wurde. Kalte Getränke und einige Thai-Gerichte.

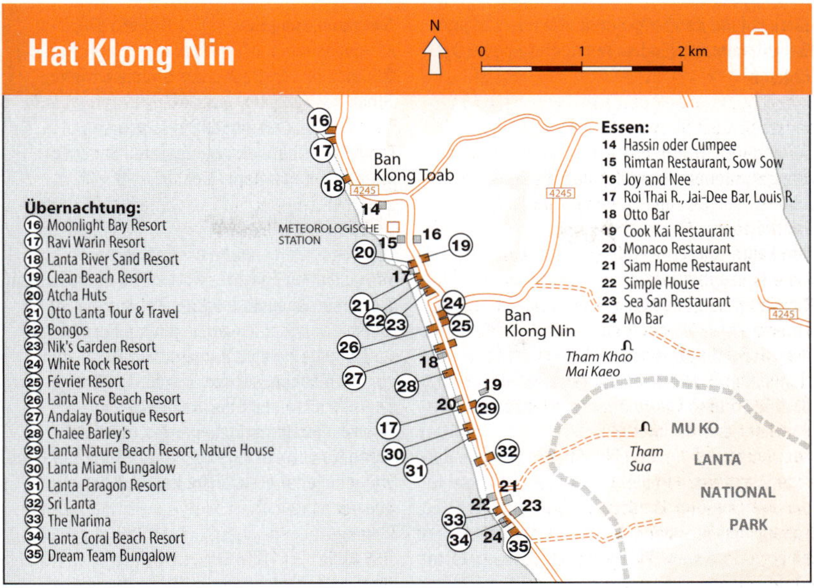

Hat Kantiang

Die wunderschöne, etwa 1 km lange sichelförmige Bucht lockt mit hellem feinen Sand. Das Meer ist hier ideal zum Schwimmen.

Lediglich bei Ebbe ragen an beiden Enden flache Felsen aus dem Wasser. Im Hintergrund erheben sich die Berge des Nationalparks mit dichtem Grün.

Übernachtung

Unterkünfte s. Karte S. 831

Baan Lanta Resort & Spa ⑥, ✆ 075-665 091, 💻 www.baanlaanta.com. In den Hang gebaute luxuriöse Thaistil-Teakholzbungalows, einige mit Meerblick, andere rund um den Pool. Restaurant am Strand. ❻–❼

Kantiang Bay View Resort ⑦, ✆ 075-665 049, 💻 www.kantiangbayviewresort.com.
20 eng stehende Bungalows am Strand. In den Bambushütten mit Ventilator, mit AC in den Steinbungalows, weitere im Hang jenseits der Straße. Volleyballnetz. ❸–❺

Lanta Top View Resort ⑤, ✆ 081-788 5578. Über eine steile, staubige Straße erreicht man den flachen, kahlen Gipfel des Hügels. Hier liegen das Restaurant und 2 Steinbungalows mit Fliesenboden.Weitere Hütten in Stein und in 2. Reihe in Bambus unter Bäumen. Ventilator. Für Mopedfahrer eine günstige Alternative. ❷–❹

Pimalai Resort & Spa ④, ✆ 075-607 999, 💻 www.pimalai.com. Riesige Luxusanlage im Hang oberhalb der Straße. Kinderpool, Spa, Fitnesscenter, Tauchbasis. ❽

Essen und Unterhaltung

Drunken Sailor, Thailändisches, Sandwiches und Burger zu fairen Preisen. Entspannung bieten Hängematten. Abends werden ab 19 Uhr Filme gezeigt.

Same Same But Different, ✆ 081-787 8670. Wunderschönes Restaurant unter hohen Bäumen direkt am Strand. Große runde Bar unter einem riesigen Runddach im Pagodenstil. Weitere teils überdachte gemütliche Sitzgelegenheiten mit liebevollen Dekorationen. Gehobene Preise.

Vi View Sunset Cliff Restaurant, kleines Restaurant am Ende der Bucht, bietet mit der Terrasse über dem Wasser einen fantastischen

Blick auf die Kantiang-Bucht. Wenige gängige Gerichte der thailändischen Küche zu günstigen Preisen.

Sonstiges

Geld
Ein Geldautomat ist an der Hauptstraße.

Ao Klong Jak

Die Straße von Hat Kantiang zur Ao Klong Jak ist teils asphaltiert. Die sichelförmige ruhige Ao Klong Jak hat einen weißen, breiten Sandstrand, am südlichen Ende spenden Bäume etwas Schatten. Das klare Wasser ist ideal zum Schwimmen. Den Namen verdankt der Strand dem 3 km entfernt gelegenen **Wasserfall**. Jenseits der Straße liegt ein Elefantencamp. Man kann auch auf eigenen Füßen die etwa einstündige Wanderung in den Dschungel am Flusslauf bis zum kleinen Wasserfall unternehmen. Zu sehen sind viele kleine Dschungelbewohner und eine große Anzahl Vögel. Am Fall selber wartet ein kühlender natürlicher Pool.

Am nördlichen Ende der Bucht entstand zum Zeitpunkt der Recherche eine weitere große Anlage mit Bungalows im Hang.

Übernachtung

Unterkünfte s. Karte S. 831
Andalanta Resort ⑩, ✆ 075-665 018, 💻 www.andalanta.com. Weitläufige Anlage unter Palmen mit unterschiedlichen Bungalows aus Holz oder Stein sowie Standardzimmern im 2-stöckigen Gebäude. Großer Pool mit Meerblick. Großzügiges, überdachtes Restaurant direkt am Strand. Kajakverleih. ❻
Klong Jak Bungalows ⑨, ✆ 075-665 016. Versetzt und verstreut liegen einfache Mattenbungalows mit Ventilator, mehrere Steinbungalows mit AC oder weit hinten Zimmer mit Balkon und Ventilator im 2-stöckigen weißen Gebäude. Die Atmosphäre ist familiär; Restaurant und Bar sind ein beliebter Treffpunkt. ❷–❹
Last Beach Resort & Restaurant ⑪, ✆ 081-088 1779. Nur 2 große Mattenbungalows mit Ventilator. Daneben ein hübsch mit Kokosnüssen dekoriertes Restaurant, Grillecke und Bar. ❹
Sunmoon Bungalow ⑧, ✆ 075-665 078, ✉ musasunmoon@hotmail.com. Verschiedene Bungalows verstreut unter Bäumen. Matte, Stein, mit Ventilator oder AC. Nan spricht sehr gut englisch und gibt der Anlage einen familiären Charakter. Restaurant mit großer Terrasse über einem Flüsschen. ❸–❹

Essen und Unterhaltung

Alle Unterkünfte haben ein Restaurant.
Am südlichen Ende des Strandes liegt außerdem die kleine **Moonwalk 1 Bar**. Die winzige Bar lädt mit Musik zu einem gekühlten Getränk ein (gemütliche Holzplattform mit Sitzkissen und kleinen Tischen; serviert werden Frühstück, Thai-Gerichte und Sandwiches).
Safaree Restaurant und das **Restaurant**, (ohne Namen) an der Hauptstraße sind 2 weitere einfache, aber gemütliche Restaurants mit Thai-Gerichten.

Ao Mai Pai (Bamboo Bay)

Die Straße zwischen Ao Klong Jak und Ao Mai Pai ist nicht asphaltiert und erfordert ein vorsichtiges Fahren. In der Trockenzeit ist es hier sehr staubig. Ao Mai Pai ist eine malerische kleine Bucht mit weißem Sandstrand – der letzte, bevor das Nationalpark-Gebiet beginnt. Im Hintergrund erhebt sich ein bewaldeter Hang. Im Wasser liegen einige größere Felsen, die bei Ebbe zu großen Teilen freiliegen und bei Flut schöne **Schnorchelmöglichketen** bieten. Am südlichen Ende der Bucht kann aber auch bei Ebbe geschwommen werden. Die Bucht ist **einsam**, nur mit drei auseinander liegenden Resorts bebaut.

Übernachtung und Essen

Unterkünfte s. Karte S. 831
Baan Phu Lae Bungalows ⑬, ✆ 075-665 100, 💻 www.baanphulae.net. Die familiäre Anlage besteht aus 6 einfacheren Mattenbungalows mit Ventilator, Palmendach und Terrassen am Strand unter Bäumen. 2 Doppelbungalows aus Holz auf Stelzen auf der anderen Straßenseite. AC, große Fenster mit Meerblick. Kochkurse. Freier Transport zur Anlage. ❹
Bamboo Bay Resort ⑫, ✆ 075-665 023, 💻 www.bamboobay.net. Gepflegte Anlage

Die Andamanenküste

mit 23 Bungalows, die die Bucht überblicken, z. T. oberhalb der Straße, aus unterschiedlichen Materialien wie Holz, Stein oder Matte. Familienbungalow für bis zu 8 Pers. Ventilator und AC. Restaurant und gemütliche Bar für einen Drink zum Sonnenuntergang. ❹–❺

La Laanta Hideaway Resort ⑭, ✆ 075-665 066, 💻 www.lalaanta.com. Neue Luxusanlage mit 20 Villen. Palmendach von außen und dunkles Holz und bemalte Wände innen. Großzügig, mit Terrasse, TV, Kühlschrank. 2 Pools mit Jacuzzi, die Strandbar ist toll zum Sundowner. WiFi. ❻–❽

Ko Bubu

Die kleine bewaldete Insel kann in 15 Minuten zu Fuß umrundet werden. Außer Strand und Meer (und einem Resort) findet sich hier nichts: Robinson-Leben pur. Nur die Tagesausflügler unterbrechen für wenige Stunden dieses Gefühl. Am Strand liegt das **Bubu Island Resort** ②, ✆ 075-618 066, Karte S. 831, mit 15 einfachen Mattenbungalows mit Ventilator, ❷–❸.

Anreise von Ban Ko Lanta (Old Town): Am Seafood Restaurant neben dem Pier ein Longtail mieten (Hin- und Rückfahrt 400 Baht für 1 Person, 700 Baht für 2 Personen).

Zwischen Trang und Satun

Trang

Die Stadt Trang ist ganz charmant. Was einen Aufenthalt hier zumindest für einen Tag lohnenswert macht, ist ein Besuch des großen überdachten Marktes in der Nähe des Bahnhofs sowie der **Nachtmarkt**. Dort kann man sich unters Volk mischen und das tägliche Leben dieser Stadt, in die sich nur wenige Touristen verirren, ganz nah erleben.

Trang hat 27 000 Einwohner, viele davon sind chinesischer Abstammung. Deren Einfluss ist deutlich spürbar; es gibt zahlreiche chinesische Läden und Restaurants. Wer sich in Trang genauer umschaut, sieht zwischen den neueren Häusern die vielen noch erhaltenen, alten **Holzhäuser**, die die Eleganz und den morbiden Charme des 19. Jhs. ausstrahlen. Die Stadt selbst ist noch weitaus älter, früher lag sie allerdings fast 2000 Jahre lang am Meer. Wegen der vielen Überflutungen wurde sie dann weiter ins Landesinnere verlegt. Ihre Bedeutung als Handelsstadt hat sie bis heute erhalten.

In Familienbetrieben wird hauptsächlich Kautschuk gewonnen und Kaffee angebaut – ein einträgliches Geschäft, so dass die Stadt derzeit recht wohlhabend ist. Nicht zuletzt war es auch dem Einfluss des Politikers Chuan Leekpai zu verdanken, der, als er 1992 Premierminister wurde, seiner Geburtstadt Gelder zufließen ließ.

Übernachtung

My Friend Guesthouse ⑨, 25/17-20 Sathani Rd., ✆ 075-225 447, ✉ myfriend_trang@yahoo.co.th. Schön gelegenes beliebtes Haus. Große AC-Zimmer mit TV. Angegliedert ist nebenan ein Internet-Café. ❸

PJ Guest House ⑧, 25/12 Sathani Rd., ✆ 075-217 500. Acht Zimmer mit Ventilator im 1. und 2. Stock mit Gemeinschaftsbad und WC; die äußeren haben Fenster, sonst zum Gang hin gelegen. Dachterrasse. Sauber und sehr familiär. Mrs. Joy spricht sehr gutes Englisch und vermittelt Touren, Tickets, Mietwagen, Fahrräder etc. ❶–❷

The Queens Trang ②, 85 Wisetkun Rd., ✆ 075-218 422. Große Zimmer mit Ventilator oder AC, TV und netten Möbeln wie Tisch und Stühle, Ablageflächen und neuen Bädern. Hier wohnt nur, wer sich nicht von der Eingangshalle abschrecken lässt. ❸

Thumrin Hotel ⑥, 99 Sathani Rd., ✆ 075-211 011, 💻 www.thumrin.co.th. 6-stöckiges Gebäude mit akzeptablen Zimmern; die einfachen mit Linoleumboden, die besseren mit Teppichboden und hübscheren Möbeln. Alle TV, einige mit Kühlschrank. WiFi. ❹

Thumrin Thana Hotel ①, 69/8 Trang Thana Rd., ✆ 075-211 211. Sehr gutes Hotel in Trang mit luxuriöser Lobby und (fast) allem, was das Herz begehrt: Etwa 300 gut ausgestattete Zimmer, großes Bad, Fahrstuhl, Terrasse, Pool, Coffeeshop, Restaurants, Fitnesscenter, Sauna, Bar, Autovermietung, WiFi. ❺

Wattana Hotel ③, 127/3-4 Praram 6 Rd., ✆ 075-218 184. Große Zimmer (Ventilator oder AC) mit TV und hübschen Muscheldekorationen in den Wänden. Im EG Karaoke. ❷–❸.

Essen und Unterhaltung

Der **Nachtmarkt** Center Point ist ein absolutes Highlight von Trang und an sich schon einen Besuch wert. Geboten wird ein grandioses Angebot an allem, was essbar ist: Fleisch, Innereien, Fisch, Muscheln, Tintenfisch, Süßes, Obst. Eine Spezialität Trangs ist die Thai-Variante des Spanferkels: Das Fleisch wird allerdings im Gegensatz zur uns bekannten Präsentationsart ganz klein geschnitten und auf Reis gegessen.

Khao Tom Pui, schräg gegenüber vom 7-Eleven. Helles Ecklokal ohne englisches Schild. Auf der englischen Speisekarte finden sich die üblichen Thai-Gerichte. Sehr beliebt bei den Einheimischen.

Das **Koh Teng Hotel Restaurant** befindet sich im UG des gleichnamigen Hotels. Offene Garküche mit Thai-, chinesischem und amerikanischem Essen. Beliebt zum Frühstücken.

Im **Muslim Restaurant** gegenüber vom Bahnhof gibt es kleine Thai-Portionen und einen hervorragenden Chai (Tee); günstig und beliebt bei der moslemischen Bevölkerung.

Das **Seabreeze Restaurant** ist ein hübsches Ecklokal mit Bambusmatten am Bahnhof. Im Angebot sind Frühstück, Burger, Thai-Küche, Steaks.

Tagsüber gibt es Fleischloses im **Vegetarian Restaurant.**

Wunderbar Restaurant, 💻 www.wunderbar-trang.com. Gute thailändische und europäische Küche (deutsch und englisch), außerdem importierter Käse und Wein. 🕓 ab 9 Uhr.

Cafés

Trang ist bekannt für gute Kaffee- und Kuchenspezialitäten, die es in Coffeeshops überall in der Stadt gibt. Statt *kafae* (meist Nescafé) wird dieser Kaffee *kopi* genannt.

Einige **Coffeeshops** öffnen gegen Abend entlang der Ratsada Rd.

Delish by Richy, Bakery and Restaurant, ein Hauch von Wiener Kaffeehaus in Trang: Backwaren, Torten, Suppen, Pasta, Steak und Thai in europäischem Flair.

Direkt am Bahnhof liegt die **Sin Ocha Bakery** mit dem aus der Gegend angebauten Kaffee; offenes Café, wo sich Einheimische und Touristen treffen.

Im **Thumrin Hotel** bietet die Bäckereikette **One more smile** Kuchen und mehr.

Vor dem Wattana Hotel steht ab mittags ein umgebauter **Kleinbus**, an dem Kaffee und Säfte verkauft werden.

Sonstiges

Feste

Dank der chinesischen Bevölkerung wird auch in Trang ein lautes und buntes **Vegetarian Festival** (s. S. 752, Phuket, Feste) gefeiert. Jedes Jahr im September/Oktober steht die Stadt für etwa 10 Tage Kopf. Mutige Männer durchbohren mit Speeren ihre Backen – oder tun zumindest so.

Medizinische Hilfe

Neben dem **Watanaphait Hospital** im Osten der Stadt gibt es ein **Krankenhaus für Tropenkrankeiten**, die auch einen Malariaschnelltest in 2 Std. durchführen.

Motorrad-/Auto-/Fahrradverleih

Selbsfahrer finden Angebote in den meisten Hotels, die fast immer Mopeds, oft Autos und z. T. Fahrräder vermieten. Auch die Reisebüros am Bahnhof haben ein entsprechendes Angebot: Mopeds kosten rund 250 Baht pro Tag und ein Auto 1500 Baht pro Tag. Fahrräder kann man bei PJ Guest House ausleihen.

Aktivitäten und Touren

Tauchen

Reisebüros und Touranbieter haben 2- bis 4-tägige Tauchtrips im Angebot. Ziele sind die vor Trang liegenden Inseln. Dazu zählen v. a. Ko Ha Yai, Ko Muk und Ko Rok. Auch die Felsen unter Wasser, Hin Muang und Hin Daeng werden angefahren.

Touren

Die meisten Touranbieter befinden sich direkt gegenüber dem Bahnhof. Dort reihen sich an die 10 Veranstalter aneinander. Das Angebot ist

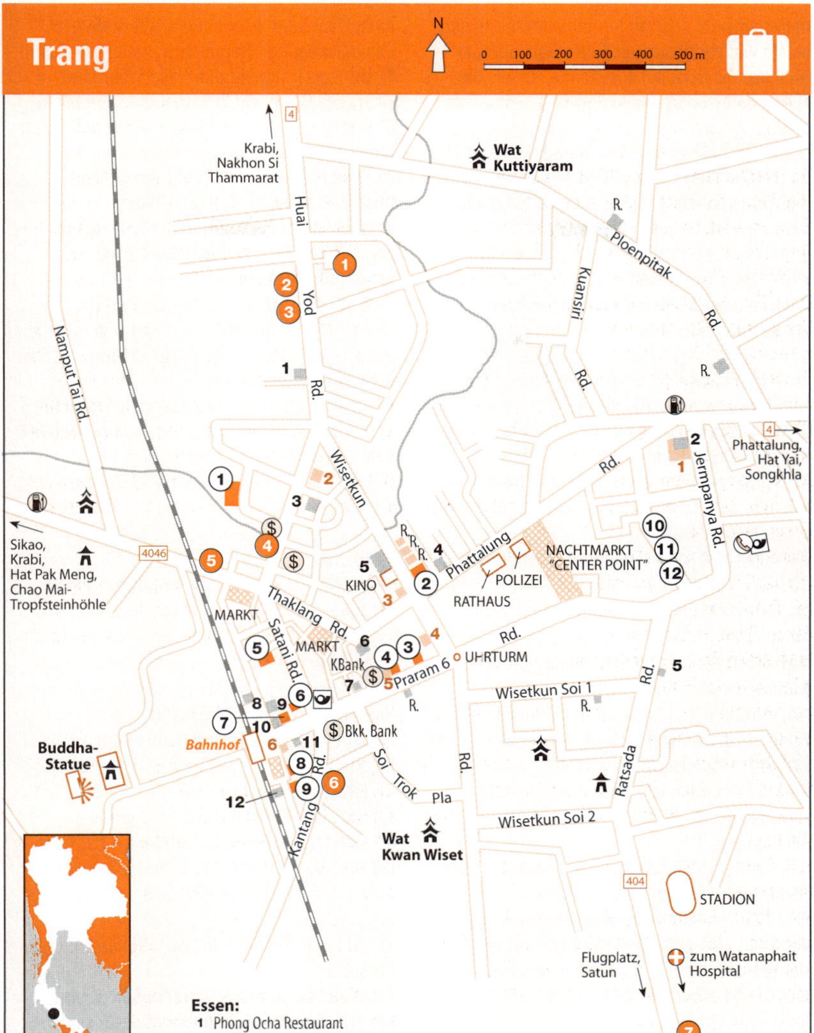

Essen:

1 Phong Ocha Restaurant
2 Siriban Shopping Center (KFC, The Pizza Company, Swensen´s Eis, Dunkin Donuts)
3 Essenmarkt
4 Vegetarian Restaurant
5 Coffee Shops
6 Delish by Richy
7 Khao Tom Pui Restaurant
8 Seabreeze Restaurant
9 Sam's Bar & Restaurant
10 Wunderbar Restaurant
11 Muslim Restaurant
12 Sin Ocha Bakery

Übernachtung:

1 Thumrin Thana H.
2 The Queens Trang
3 Wattana H.
4 Koh Teng H.
5 Station Inn
6 Thumrin H.
7 Sri Trang H.
8 PJ Gh.
9 My Friend Gh.

Sonstiges:

1 Siriban Shopping Center
2 Gong Si Pub & R.
3 Anis Shop
4 Buchladen
5 Trang Surathip
6 Tourbüros

Transport:

1 Bus Terminal an der Huai Yod Road
2 Taxis→Krabi
3 Minibus→Hat Yai
4 Bus→Nakhon Si Thammarat
5 Minibus→Pak Meng (Strand) und Surat Thani
6 Taxis→Kantang
7 Minibus→Satun, La Ngu, Palian

nahezu gleich. Viele bieten Tagestouren zu den Inseln und vermitteln auch den Transport per Minibus und Boot auf die Eilande, für alle die länger beiben wollen. Ein Resort kann man gleich mitbuchen, man wird auf der Insel aufgepickt. Beliebte Anbieter sind **Wunderbar Tours**, ✆, 075-214 563, 💻 www.wunderbar-trang.com, und **Trang Island Hopping Tour**, ✆ 05-211 457, ✉ trangislandhopping@gmail.com.

Transport

Innerhalb der Stadt fahren **Motorradtaxis** (ab 20 Baht) oder **Tuk Tuks** (ab 30 Baht).

Taxis und Busse

Abfahrt der großen Busse vom Busterminal an der Huai Yod Rd., Abfahrt der Minibusse und Sammeltaxis s. Karte S. 849.

BANGKOK, um 8 und 18.30 Uhr (520 Baht), 9.30 Uhr (670 Baht), 9.40, 17, 18.30 Uhr (670 Baht), 17.30 Uhr (780 Baht). 17 und 17.30 Uhr VIP-Bus (1040 Baht). Fahrzeit 12 Std.

BUTTERWORTH (Malaysia), mit AC-Bus nach HAT YAI und weiter mit dem VIP-Bus für 450 Baht.

HAT CHAO MAI, stdl. mit Minibus zwischen 7 und 17 Uhr für 70 Baht in 1 Std.

HAT PAK MENG, Minibusse stdl. zwischen 7 und 17 Uhr für 60 Baht.

HAT YAI, Minibusse stdl. von 7.50–17 Uhr für 110 Baht. Mit dem großen non-AC-Bus zwischen 6 und 16.30 Uhr alle 30 Min. für 100 Baht.

HAT YANG LING und HAT SAN, mit den Minibussen Richtung Hat Chao Mai.

HAT YAO, mit den Minibussen Richtung Hat Chao Mai. Nach Ansage wird man am Hat Yao abgesetzt.

KATANG, die Tour von 25 km kostet mit dem Taxi p. P. 40 Baht bei mind. 6 Pers.

KHAO LAK, mit dem Bus in etwa 4 1/2 Std. Richtung Krabi und Phuket bis Khok Kloi (220 Baht), dann Richtung Takua Pa umsteigen; Fahrzeit bis Khao Lak 1 Std. für 50 Baht.

KO SUKON, mit dem Bus für 30 Baht bis nach Yan Ta Khao und dann weiter mit dem Songthaew für 30 Baht bis zum Pier Laem Ta Se; von dort mit dem Longtail in 15 Min. (40 Baht p. P. bei mind. 5 Pers.), Chartern eines Bootes kostet 200 Baht. Eine andere Alternative ist das Versorgungs-Songthaew, welches tgl. um 11 Uhr von Trang bis zum Palian Pier fährt (1 Std., 70 Baht). Von hier mit dem Longtail für 50 Baht in 1 Std. bis Ko Sukon. Ab dem Anleger mit dem Motorradtaxi oder Pick-up zu den Resorts.

KRABI, PHANG NGA, PHUKET, mit Bus stdl. von 5.30–18.30 Uhr nach Krabi für 120 Baht in 2 Std., nach Phang Nga für 190 Baht in 3 Std. und Phuket für 260 Baht in 5 Std. Nach Krabi mit dem Minibus, ab 6 Pers. Für je 120 Baht.

NAKHON SI THAMMARAT, Abfahrt der Busse nahe Thumin Thana Hotel alle 30 Min. zwischen 5.30–17 Uhr für 50 Baht.

PAKBARA (über La-Ngu), 13.30 Uhr, 15.30 Uhr, 17.30 Uhr für 100 Baht in 2 Std.; von La-Ngu mit dem Songthaew nach Pakbara.

PATTHALUNG, alle 30 Min. für 70 Baht in 1 1/2 Std.

SATUN, mit AC-Bus um 13.30, 15.30 und 17.30 Uhr für 140 Baht in 2 Std.

SURAT THANI, Minibusse stdl. von 7–17 Uhr für 180 Baht.

Minibusse und Fähren (Kombitickets)

Die Preise gelten, sofern nicht anders vermerkt, für Kombitickets mit Minibus und Fähre. Abfahrtzeiten zwischen 9 und 11 Uhr.

KO BULON LAE, für 550 Baht.

KO HAI, für 450 Baht.

KO KRADAN, für 450 Baht.

KO LANTA, stdl. von 9–16.30 Uhr für 250 Baht.

KO LIBONG, mit Minibus nach Hat Samran, dann mit einem lokalen Boot nach Ko Libong für 250 Baht.

KO LIPE, für 700 Baht, mit dem Schnellboot für 850 Baht in 3 Std.

KO MUK, Abfahrt zum Hafen Kuan Tung Ku um 11.30 Uhr, Ankunft auf Ko Muk 13.30 Uhr für 350 Baht.

LANGKAWI, mit dem Bus nach Satun, mit dem Taxi zum Tammalang Pier und mit der Fähre nach Langkawi.

KO TARUTAO, für 500 Baht.

Eisenbahn

BANGKOK, s. S. 802/803, Fahrplan Südliche Bahnverbindungen. Eine gute Nacht versprechen der Zug um 13.20 Uhr (Ankunft 5.15), und der Zug um 17.20 Uhr (Ankunft 8.25). Sleeper 1. Klasse kostet 1280–1480 Baht; 2. Klasse 570–870 Baht, 3. Klasse 250–290 Baht.

Flüge

Der Flugplatz liegt etwa 5 km außerhalb. **Nok Air** fliegt 1x tgl. um 11.10 Uhr nach BANGKOK. Ankunft 12.35 Uhr für 2600 Baht inkl. Gebühren.

Umgebung von Trang

Die Provinz Trang mit ihrer kleinen namensgleichen Provinzhauptstadt ist für viele Reisende der Ausgangspunkt, um zu den zahlreich vorgelagerten Inseln und den angrenzenden schönen Stränden zu gelangen.

Vor allem die vorgelagerten Inseln der Region sind eine Reise wert: Einsamkeit, bizarre Kalksteinklippen und weißer Sand, soweit das Auge reicht, nahezu unberührte Unterwasserwelten und faszinierende Höhlen. Ab Trang sind fast alle diese Inseln erreichbar, auch wenn sie eigentlich zu den angrenzenden Provinzen gehören, z. B. Ko Hai in der nördlich gelegenen Provinz Krabi oder die inzwischen gut für den Tourismus erschlossene Ko Lipe im Tarutao National Park (Provinz Satun).

Weitaus weniger westliche Reisende als auf Ko Lipe trifft man auf den anderen Eilanden. Inseln wie Ko Kradan und Ko Hai hingegen sind fast nur von Touristen (und deren Dienstleistern) bewohnt; dort gibt es keine gewachsenen einheimischen Dörfer.

Die meisten Naturschönheiten der Provinz Trang gehören zum **Chao Mai National Park** (und kosten daher vielfach 200 Baht Eintritt am Tag). Der Park erstreckt sich über 120 km entlang der Küste und umfasst neun der insgesamt 47 vorgelagerten Inseln.

Nicht nur die Inselwelt der Andamanensee zieht Besucher an – auch zu Lande gibt es in der Provinz Trang einiges zu sehen. Naturfreunde finden im **Landesinneren** neben zahlreichen Wasserfällen natürliche wie ausgebaute Höhlensysteme in den Karstfelsen. Vogelfreunde kommen ebenfalls in dieser Gegend auf ihre Kosten.

Die beste **Reisezeit** auf den Inseln liegt zwischen Dezember und April. Wer die Natur um die Stadt Trang besuchen will, z. B. Wasserfälle, sollte in der Regenzeit oder kurz danach kommen, denn dann strömen die Fälle besonders eindrucksvoll.

Wasserfälle

Wer auf dem Weg von Trang zum Hat Pak Meng einen Wasserfall besuchen will, findet auf der Hälfte der Wegstrecke den **Ang Thong-Wasserfall**. Hier kann man eine Pause machen, picknicken und auch auf einem Elefanten reiten.

Eine **Reise entlang rauschender Fälle** verspricht die Route über den H4125, die nahe Trang (Richtung Patthalung vom H4 nach Süden) beginnt. Geführte Touren fahren meist erst zum **Lam Chan Bird Park**. Wer kann, sollte auf das traurige Schauspiel mit gefangen gehaltenen Tieren verzichten. Es folgt der **Sairung-Wasserfall**, der umrahmt von Regenwald mit kleinen Badeplätzen lockt. Am Wochenende ist es hier sehr voll. Weiter geht es zum 7-stufigen **Phraisawan-Wasserfall.** Besonders schön ist der Badepool der zweiten Stufe, in dem man sogar schwimmen kann. Abenteuernaturen berichten, dass die schwer zu erreichenden Stufen 3 und 7 lohnenswert sind. Einem E-Werk angeschlossen ist der **Lamplog-Wasserfall**. Wer dem Flusslauf folgt, kann in einem Naturschwimmbecken baden gehen, sollte jedoch Vorsicht walten lassen, da sich hier Felsen im Wasser befinden. Etwa 10 km vom Dorf Sam Yaek Palian entfernt befindet sich der bereits von Weitem zu sehende **Toneteh-Wasserfall** (Tontae). Am beliebten Ausflugsziel gibt's Stände mit erfrischenden Getränken und Übernachtungsbungalows. Nur ein kurzer Spaziergang von 10 Minuten führt zum Fuß des Falles mit 100 m Länge. In einem kleinen Pool kann man schwimmen und das strömende Wasser genießen. Der letzte Wasserfall dieser Tour wird am Dorfende von Ban Laem Som über einen 9 km langen Weg (in schlechtem Zustand) erreicht wird. Der **Chaopha-Wasserfall** beeindruckt mit 25 Terrassen, die je eine Höhe zwischen 5 und 10 m haben. Der Ausflug ist mit dem eigenen Fahrzeug möglich, mit dem Tuk Tuk

(300 Bath), dem Taxi (500 Baht) oder einer organsierten Tour (1000 Baht).

Höhlen

Zahlreiche Höhlen durchziehen die Karstfelsen rund um Trang. Einige sind Tempelhöhlen, deshalb sollte man sich angemessen kleiden.

Eine sehenswerte Höhle befindet sich nördlich des H4 zwischen Trang und Phattalung. Das Meditationszentrum der **Sumano-Tempelhöhle** befindet sich etwa auf Höhe von KM 34. Zu sehen sind Buddhafiguren und die chinesische Göttin Kuan Sin in einigen miteinander verbundene und ausgebaute Höhlen.

60 km nördlich von Trang liegt die Höhle **Tham Khao Pina**. Die Höhle ist auf sechs Ebenen ausgebaut und beherbergt zahlreiche Buddhafiguren. Einigen Reisenden ist sie zu überlaufen. Wenn dies der Fall ist, hat man den Weg nicht unbedingt umsonst zurückgelegt: Unweit gibt's auch noch das Höhlensystem **Tham Thale**.

Transport: Mit dem eigenen Gefährt auf dem H4 Richtung Krabi. Auf Höhe Huai Yod der Beschilderung zu den **Song Hong-Seen** folgen (schöner Platz zum Zelten). Nach etwa 11 km (kurz vor den Seen) befinden sich die Höhlen. Einfacher geht es mit einer organisierten Tour ab Trang.

In Kombination mit dem Besuch der Strände bietet sich ein Ausflug in die sehenswerte **Chao Mai-Tropfsteinhöhle** am gleichnamigen Strand an. Auf dem Weg dorthin kann man sich auch nach etwa 45 Minuten Fahrt (ab Trang) in den heißen Quellen absetzen lassen. Hier bieten die „Magic Hot Springs" zwei natürliche Becken, in deren heißem Wasser es sich herrlich entspannen läßt.

Wer auf die Insel Ko Muk fährt, sollte auch **Tham Morakot** (Emerald Cave) besuchen. Durch einen Höhlenzugang kommt man zu einem Strand, der von riesigen Felsen umschlossen ist (s. S. 854, Ko Muk).

Im Inneren des Berges Kob befindet sich die **Tham Le Khao Kob**. In englischer Übersetzung wird die Höhle „Sea Cave" genannt, da sie mit einem wasserführenden Kanal ausgestattet ist, auf dem Besucher in kleinen Booten eine Viertelstunde lang entlangfahren können. Die Räume der Höhle haben fantasievolle Namen wie „Elefantenhöhle", „Schlangenhöhle" oder „Hochzeitsraum". In der Regenzeit ist eine Tour nicht möglich. Wer unter Klaustrophobie (und sei es nur im Anfangsstadium) leidet, sollte hier auf keinen Fall hineingehen. Ein Boot kostet 200 Baht.

Ko Hai

Unter dem Schutz des **Ko Lanta National Park** steht diese kleine, nur etwa 5 km² große Insel. Am besten ist sie von Trang aus zu erreichen. Ko Hai, auch **Ko Ngai** genannt, ist mit Dschungel bewachsen und hat im Osten einen weißen, 3 km langen Sandstrand zu bieten. Bei Ebbe liegen im Norden viele Felsen über Wasser, und der Strand hier ist mit einigen Steinen durchsetzt. Schwimmen ist also nur bedingt möglich.

Über einen Dschungelpfad sind in 45 Minuten zwei weitere Strände zu erreichen: An der Südseite befindet sich eine Bucht und an der Südwestseite die 400 m lange **Ko Tong-Bucht**, ein Strand mit einem Resort und dem Nationalpark-Büro. Das Meer davor eignet sich prima zum Tauchen, Schnorcheln und Schwimmen. Oberhalb der Bucht auf dem Berg haben die Parkranger eine Zweigstelle: Hier kann man auch zelten. **Hochsaison** ist zwischen Januar und April. Die Insel ist aber immer einen Besuch wert, schon im Dezember wird das Wetter besser, und bis in den Juli hinein ist es meist schön. Wer Einsamkeit und Ruhe sucht, ist hier absolut richtig.

Übernachtung

Alle Anlagen haben ein Restaurant, und in der Regel ist im Preis ein Frühstück enthalten.

Oststrand

CoCo Cottage Resort ②, ✆ 087-898 6522, 💻 www.coco-cottage.com. In romantischer Anlage, durch die ein Flüsschen führt, liegen diese 25 Bungalows mit Ventilator oder AC aus Naturmaterialien wie Holz und Bambus. Große Terrassen. ❺–❽.

Koh Hai Fantasy Resort & Spa ⑥, ✆ 075-206 960, 💻 www.kohhai.com. Großes Resort mit Zimmern und Bungalows in gepflegter Gartenanlage. Alle Räume sind sehr geschmackvoll eingerichtet. Pool, Spa,

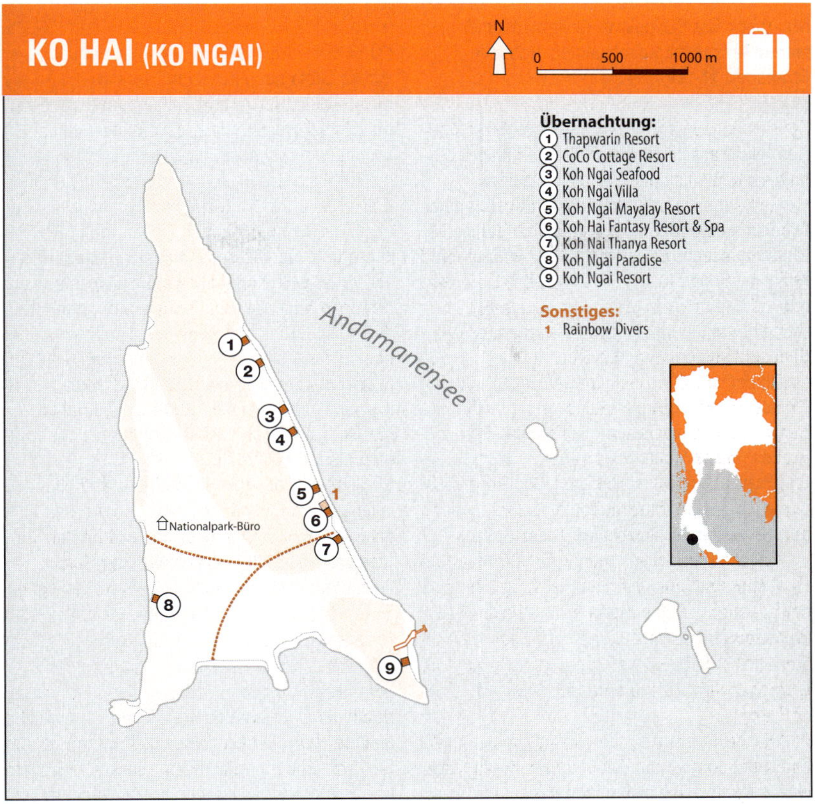

2 Bars, Internet, Reisebüro, Tauchbasis Rainbow Divers. ❺–❽

Koh Ngai Mayalay Resort ⑤, ✆ 086-475 0057. Großzügige Anlage mit mehreren großen, einfachen Holzbungalows mit Palmblätterdach und großen Fenstern. Alle Bungalows liegen im hinteren Bereich. Auffällig sind die 3 wunderschönen, pagodenartigen Massageplätze in der Mitte. Hübsche Strandbar. ❹–❻

Koh Ngai Seafood ③, ✆ 087-271 4354. Hier liegen 8 neue große Ventilator-Mattenbungalows mit Moskitonetz, Schminktisch und Bad unter hohen Kokospalmen im Halbkreis, alle mit Meerblick. Restaurant auch mit Tischen direkt am Strand. ❺

Koh Ngai Thanya Resort ⑦, ✆ 075-206 965, 💻 www.kohngaithanyaresort.com. Geschmackvolle Villen in dunklem Holz eingerichtet, Panoramafenster, Bad und zusätzliches Außenbad, Minibar. Pool mit Meerblick, Jacuzzi und Kinderpool. Yogakurse. ❻–❽

Koh Ngai Villa ④, ✆ 075-203 263, 💻 www.kohngaivillathai.com. 48 verschiedene Bungalows, die meisten einfache Mattenbungalows mit Ventilator, Moskitonetz und kleinem Bad ohne Waschbecken, verteilt auf einer großen Rasenfläche mit hohen Bäumen und rund um das Restaurant. Generatorstrom 18–6 Uhr. ❹

Thapwarin Resort ①, ✆ 075-218 261, 💻 www.thapwarin.com. Große Holzbungalows mit AC oder Ventilator, alle mit Warmwasser, Bambusdach und Panoramafenstern, teils mit

Meerblick. Die Bungalows stehen auf einer weiten Anlage mit Kokospalmen. Hübsche Strandbar. ❺–❽

Andere Strände

Koh Ngai Paradise ⑧, ✆ 075-216 420, an der Südwestseite. Holzbungalows am weißen Sandstrand in der Ko Tong-Bucht mit 18 recht schönen Zimmern, alle mit Meerblick. Nur in der Hauptreisezeit geöffnet. ❹

Koh Ngai Resort ⑨, ✆ 075-206 924, 💻 www.kohngairesort.com. Eine kleine, 200 m breite Bucht, etwas abseits des Ostrandes im Südosten gelegen, wird von diesem Resort eingenommen. 80 verschiedene Zimmer mit AC oder Ventilator, im Haus gelegen oder in Bungalows, in der Gartenanlage und im Hang. Großes Restaurant mit Blick über das Meer. Bar, Pool, Internet, Kajak- und Schnorchelverleih. Bei hoher Flut wird der recht hübsche Strand mit Sandsäcken befestigt. Anfahrt mit dem Boot zum hauseigenen Pier oder zu Fuß vom Oststrand bei Ebbe über die Steine, bei Flut nur über einen kleinen versteckten Pfad oberhalb der Felsen. ❺–❽

Aktivitäten

Schnorchelausflüge

Alle Resorts bieten Ausflüge in die Umgebung (teils mit Schnorchelausflug) an. Angefahren werden wahlweise **3–4 Inseln**: Ko Muk mit Besichtigung der Emerald Cave, Ko Kradan (s. S. 856) und/oder die vor Ko Hai gelegegenen kleinen Inseln Ko Ma und Ko Chuak. Kosten: 400–500 Baht, eine Tour wird ab 4 Pers. durchgeführt.

Wer nach **Ko Rok** (s. S. 857) auf einen Schnorcheltrip fahren will, zahlt 1200 Baht inkl. Nationalpark-Gebühr; die Tour wird ab einer Mitfahrerzahl von 12 Pers. durchgeführt.

Tauchen

Rainbow Divers, ✆ 075-206 962, 💻 www.rainbow-diver.com. Basis im Koh Hai Fantasy Resort. Führt im 5-Tages-Rythmus Tauchausflüge durch, u. a. zu den attraktiven Tauchplätzen bei Ko Rok, Ko Hai (s. S. 852), Hin Daeng und Hin Muang (s. S. 857). Ebenfalls im Angebot Nitrox-, Nacht- und Sunset-Tauchen. Ab 4500 Baht.

Transport

KO BULON LAE / KO LIPE, das Schnellboot von Ko Lanta nach Ko Bulon Lae und Ko Lipe hält auch auf Ko Hai am Pier des Koh Ngai Resort (Ostküste); von Ko Lanta kommend Ankunft 14 Uhr, für 1050 Baht bis Ko Bulon Lae und weitere 500 Baht bis Ko Lipe. Während der Nebensaison nur alle 2 Tage. Ankunft auf Ko Lipe um 16 Uhr. Tgl. zudem eine Fähre nach Ko Lipe um 11.30 Uhr für 1400 Baht in 4 Std.

KO KRADAN, entweder mit einem Charter-Longtail oder mit dem Boot gegen 13 Uhr für 400 Baht.

KO LANTA, Ankunft des Schnellbootes von Ko Lipe nach Lanta ca. 11 Uhr, für 700 Baht in 1 1/4 Std. Fähren nach Ko Lanta tgl. um 15 Uhr für 500 Baht in 1 1/2 Std.

LANGKAWI, Fähre um 11.30 Uhr für 1700 Baht in 6 Std.

TRANG, um 9 Uhr mit dem Longtail bis Pak Meng für 350 Baht, dann weiter bis Trang mit dem Minibus für 60 Baht.

Ko Muk

Ko Mook, wie diese Insel auch genannt wird, ist die drittgrößte Insel der Region. Sie gehört zum **Chao Mai National Park** und ist aufgrund der Nähe zum Festland schnell zu erreichen. Das mit Kautschuk-, Kokussplantagen und weiten Teilen mit Dschungel bewachsene Eiland besitzt drei schöne Strände: **Hat Yao**, **Hat Hua Laem** und **Ao Pangka**. Schwimmen ist überall an der zugänglichen Küste möglich.

Vor der Küste wächst Seegras, so dass es hier noch Dugongs gibt, die man allerdings nicht so einfach zu Gesicht bekommt.

An der Westseite befindet sich die sehenswerte Höhle **Tham Morakot (Emerald Cave)**, die etwa 50 m lang ist. Durch eine an einer Stelle komplett dunkle Höhle (eine wasserdichte Taschenlampe ist von Nutzen) gelangt man nach wenigen Metern an einen Strand. Die ehemals von Piraten als Versteck für Raubgut genutzte Bucht erinnert an das Innere eines Vulkans, so hoch ragen die umliegenden Felsen empor. Die Höhle ist mit dem Boot (z. B. mit einer gebuchten

Tour) oder mittels eigener Paddelarbeit im Kajak in 20 Minuten vom Hat Yao aus zu erreichen. Der Eingang ist sehr schmal, nur Kajaks und Schwimmer können ihn passieren. Viele Touristenboote von Ko Kradan, Ko Hai oder Ko Lanta fahren direkt zur Höhle. Die beste Zeit, die Höhle selbst zu erkunden, ist am späteren Nachmittag, wenn die Ausflugsboote nicht mehr da sind. Das beste Licht allerdings hat man zur Mittagszeit; dann reflektiert das Meer die einfallende Sonne und wirft funkelnde Spiegelbilder an die Felswände – ein Schauspiel, welches der Höhle ihren Namen („Smaragd") gab.

Fast alle **Übernachtungsmöglichkeiten** können von Trang aus vorgebucht werden, was in der Hauptsaison auch ratsam ist.

Hat Yao

Die große Bucht, auch Farang Strand oder Charlies Beach genannt, wird an einer Seite von einem malerisch großen Kalksteinfelsen begrenzt. Anfänglich ist das Wasser sehr flach, bei Flut ist auf jeden Fall schwimmen möglich. Der Strand hat feinen weißen Sand und ist bei Ebbe sehr weit. Stromversorgung gibt es zwischen 17 und 24 Uhr sowie zwischen 5 und 13 Uhr. Größere Resorts haben einen Generator und somit 24 Stunden Strom.

Hin und wieder ankern größere Ausflugsschiffe mit urlaubenden Thais vor dem Strand, die dann per Longtail an Land gefahren werden. Für sie baut das Koh Mook Charlie Beach Resort Tische und eine große Karaoke-Anlage auf – das beschert eine heitere Beschallung bis 24 Uhr.

Übernachtung

Koh Mook Charlies Beach Resort, ✆ 075-203 281, 💻 www.kohmook.com. Das Resort nimmt fast den ganze Strand ein. Einfache Mattenbungalows mit Ventilator sowie schicke Steinbungalows mit AC in mehreren Reihen am Strand. Pool, Restaurant, Strandbar, Internet, Minimarkt. Inkl. Frühstück. 24-Std.-Strom. Verleih von Schnorchelausrüstung und Kanus. Ab Mitte November bis März kleine Tauchschule. ❺–❻.

Mayow Thai Kitchen, hinter dem gleichnamigen Restaurant vermietet eine sympathische Familie 2 große Mattenbungalows mit Gemeinschaftbad, ruhig gelegen im Garten hinter Charlies Beach Resort. ❷

Mookies, ✆ 087-275 6533, ✉ mookiebrian@yahoo.com. 5 Min. vom Strand entfernt 6 weit auseinander liegende Zelte unter Palmdächern im Hang in einer Kautschukplantage. Komfortabel, da groß, mit Federkernmatratze, Licht und Ventilator. Sauberes Gemeinschaftsbad, Warmwasser, während es Strom gibt. ❷

Rubber Tree Bungalows, ✆ 075-215 972, 💻 www.mookrubbertree.com. Direkt hinter Charlie Beach Resort im Hang gebaut, liegen diese schönen orangenen Steinbungalows mit Ventilator oder AC zwischen Kautschukbäumen. Restaurant mit Blick auf die Bucht. Die Bungalows sind sauber gefliest mit großen Bädern. Inkl. Frühstück. ❹–❺

Sawasdee Resort, ✆ 081-508 0432. Die 12 Ventilator-Holzbungalows auf Stelzen sind direkt am Strand unter Bäumen. Einfache Ausstattung mit großem Bett und Bad. ❸

Essen

Neben den Restaurants der Resorts gibt es noch folgende Alternativen:

Hill Top Restaurant, 5 Min. Fußweg zum Strand Richtung Ostküste liegt dieses Restaurant mit hervorragender Thai-Küche. Die Besitzerin zeigt auch gerne, wie man Thai-Gerichte zubereitet. Einfach am Tag vorher Bescheid geben, was man gerne mag – dann wird zusammen gekocht.

Koyao Seafood, im Hang mit Blick auf den Strand, einfaches Restaurant mit großer Seafood-Auswahl.

Mayow Thai Kitchen, hinter Charlies Beach Resort, Thailändisch und tolle Curries, von netter Familie geleitet.

Ostküste

Die Strände der West- und Ostküste liegen rund 3 km auseinander. Vom Pier an der Ostküste kann man sich für 50 Baht mit dem Motorradtaxi zum Hat Yao bringen lassen.

Übernachtung

Emeraldo Creek, ✆ 085-690 5597. Nur 5 Min. Fußweg vom Pier an der Ostküste, gegenüber einem Fischerdorf. 3 Steinbungalows mit

Ventilator und Matratzen auf einem Holzpodest, Tisch, Stühle, offenes Waschbecken und abgeschlossener Raum mit WC, Urinal und Dusche. ❸

Koh Mook Garden Camping Tour, ✆ 075-211 372, rechterhand des Piers. In einer kleinen Bucht mit gelbem, etwas steinigem Sand gelegen, in der Hauptsaison geöffnete Anlage mit Bungalows und Zimmern im Reihenhaus. Auch zelten ist möglich. ❷–❸

Koh Mook Resort, ✆ 075-219 199, am Hang rechterhand des Piers. Verschiedene Holzbungalows im Hang mit Meerblick. In der Saison geöffnet. ❷–❸

Koh Mook Sivalai Beach Resort, ✆ 089-723 3355, 💻 www.komooksivalai.com. Vom Pier aus linkerhand auf einer Landzunge mit unglaublich feinem weißen Sand. Anlage mit 21 großen, luxuriösen Bungalows, fast alle mit Meerblick. Große Panoramafenster auf 3 Seiten, Terrassen, Holzboden und schöne Bäder. Pool, TV, DVD, Internet. Inkl. Frühstücksbuffet. ❻–❽

Sonstiges

Fahrradverleih am Pier 100 Baht pro Tag. **Kajaks** werden bei Charlies Beach Resort (S. 855) oder direkt daneben am Strand vermietet. Alle Unterkünfte verleihen **Schnorchelausrüstung**.

Transport

Die Longtails von Trang halten am Hat Yao am Fangyao Pier.

KO BULON LAE / KO LIPE, mit dem Schnellboot von Ko Lanta kommend um 14.15 Uhr in 1 Std. nach Ko Bulon Lae, für 500 Baht in 2 Std. nach Ko Lipe. Während der Nebensaison nur alle 2 Tage.

KO LANTA, Fähre um 11.30 Uhr ab Hat Yao für 500 Baht (zzgl. 50 Baht für die Longtails, die vom Strand an die Fähre fahren). Zudem mit dem Schnellboot von Ko Lipe kommend: um 10.45 Uhr für 900 Baht in gut 2 Std. Die Ausflugsboote, von Ko Lanta kommend, fahren zur Emerald Cave und halten auf telefonisch übermittelten Wunsch (jede Anlage kann dies übernehmen) am Hat Yao. Die Anfahrtzeiten wechseln aufgrund der Gezeiten. Je nach Wasserstand wird zuerst Ko Hai angefahren und dann Ko Muk und Ko Kradan oder anders herum.

TRANG, An- und Abreise am besten mit dem Kombiticket für 350 Baht: Abfahrt Ko Muk, Hat Yao um 9 Uhr, Ankunft in Trang um 10.30 Uhr, Ankunft Ko Muk 13.30 Uhr. Eine günstigere Alternative ist das Versorgungsboot, das morgens um 7.30 Uhr Ko Muk (ab Pier Ostseite) verlässt und gegen 12 Uhr von Kuan Tung Ku wieder nach Ko Muk zurückfährt. Minivans nach Trang warten am Pier für 200 Baht.

Ko Kradan

Diese Insel zeichnet sich neben traumhaften Stränden vor allem durch Wald, Kokosplantagen und Kautschukbäume aus. Zum größten Teil gehört Ko Kradan zum **Chao Mai National Park**, ein kleinerer Teil ist in Privatbesitz.

Der schönste Strand der Insel (glaubt man der Werbung des TAT: der gesamten Region) befindet sich auf der **Ostseite**. Hier stehen auch die Bungalowanlagen, die vor allem Ruhesuchende anlocken. Bei Flut ist der Strand im hinteren Bereich weitgehend überspült. Beim Nationalpark-Quartier ist dieser Strand breiter. Ob bei Ebbe oder Flut: Hier lässt es sich herrlich baden. Gut erhaltene Korallenriffe im Nordosten und im Süden und ein glitzerndes Meer laden Schnorchler zum Blick unter die Wasseroberfläche. Vor allem die südlichen **Unterwassergärten** sind einen Schnorchelausflug wert.

Der **Sunset Beach** im Westen der Insel ist eine kleine einsame Bucht, in der sich viel Treibgut sammelt, aber kaum jemals ein Tourist anzutreffen ist.

Übernachtung

Am südlichen Ende des östlichen Strandes liegt das Nationalpark-Büro. Dort können kleine **Zelte** für 150 Baht gemietet werden.

Kradan Beach Resort, ✆ 075-211 391, 💻 www.kradanbeachresort.com. Einfache Zimmer im Langhaus und 36 neue orangefarbene Steinbungalows. In 2. Reihe zum Strand mit Ventilator, vorne am Strand mit AC. Großes, ungemütliches Restaurant und kleine Strandbar. Inkl. Frühstück. ❹–❺

Kradan Island Hut Resort, ✆ 084-721 7275, 081-712 7727. In 2 Reihen einfache Mattenbungalows mit Bad parallel zum Strand, jeweils etwas versetzt, damit jeder Strandblick hat. ❹

Paradise Lost, ✆ 089-587 2409. Etwa 10 Minuten sind zu Fuß vom Hauptstrand zu überwinden, um zu diesem Dschungelparadies zu gelangen. Mehrere Bambus- oder Holzhütten liegen im Halbkreis am Wald um einen gepflegten Rasen, teils mit Gemeinschaftsbad. Ebenfalls Übernachtung im Langhaus (Dorm) möglich. 24 Std. Generatorstrom; etwas laut. Geleitet vom Amerikaner Wallis und seiner Frau. Das Essen ist vielfältig, aber nicht billig. Der Sunset Beach ist in 3 Min. zu Fuß zu erreichen. ❷–❹

The Sevenseas Resort, ✆ in Bangkok 02-250 4526, 💻 www.sevenseasresorts.com. Luxusanlage mit 24 raffiniert nobel, aber schlicht gestalteten Villen. Zu 3 Seiten geben Panoramafenster den Blick frei. Zudem große Terrassen. TV, DVD, Minibar, WiFi. Kühl gestalteter Poolbereich in Grau- und Holztönen. ❽

Transport

KO LANTA, KO MUK und KO HAI, um 12.30 Uhr, nach Ko Hai für 400 Baht in 2 1/2 Std.

TRANG, mit dem Kombiticket Longtail und Minibus um 9 Uhr für 450 Baht.

Ko Rok

Ko Rok gehört zum **Ko Lanta National Park** und befindet sich mitten in der Andamanensee, 40 km von der Küste entfernt. Die Natur ist hier scheinbar noch vollständig intakt – sowohl über als auch unter Wasser. Eine Attraktion sind die riesigen **Bindenwarane**, die an Touristen und Besucher gewöhnt sind und sich problemlos beobachten lassen.

Ko Rok besteht aus zwei Inseln: Ko Rok Nok und Ko Rok Nai. An den Stränden von **Ko Rok Nok** kann man herrlich schwimmen. Ein tolles Korallenriff gibt's im Süden der Insel. **Ko Rok Nai**, östlich von Ko Rok Nok gelegen, bietet nur einen Strand. Zwischen den beiden Inseln bildet ein Korallenriff einen Kanal – eine schöne Tauchstelle mit vielen Fischen. Das Meer um die Insel herum ist oft rau und hat schon vielen Fischern das Leben gekostet. Der am Strand stehende Schrein **Chao Mae Thapthim** wurde von den überlebenden Fischern gebaut, um die Geister versöhnlich zu stimmen. Auf dem Kap Laem Siam im Süden der Insel steht eine alte Stadtsäule, die zu Zeiten Ramas V. erbaut wurde und die damalige Grenze Thailands markierte.

Man erreicht Ko Rok mit einem gemieteten Boot vom Hat Pak Meng (nahe Trang) oder vom Ban Saladan Pier (s. S. 835). Die meisten kommen mit einer gebuchten Tour aus Trang mit dem Minibus und Schnellboot hierher (s. S. 848, Trang, Touren). Auch eine **Übernachtung** in guten Zelten ist möglich.

Hin Daeng, Hin Muang und Ko Ha

Knapp 25 km westlich von Ko Rok liegen diese beiden **Tauchfelsen**, die nur gerade so aus dem Wasser ragen. Die massiven Kalksteinfelsen gehören zu den Tauchplätzen, die Kennern zufolge Weltklasseniveau bieten. Hier gibt es zahllose Fische, wunderschöne Korallen und aufregendes Meeresleben hautnah. Man taucht mit Leoparden- und Walhaien, riesigen Rochen und Mantas. **Hin Daeng** bedeutet übersetzt „Roter Felsen", und er verdankt diesen Namen den hier wachsenden roten Weichkorallen. Hin Daeng ragt gerade mal 3 m aus dem Wasser heraus. Wer nicht weiß, wo er suchen soll, ahnt nicht, welche Unterwasserwelt sich hier verbirgt. Meist hat man mindestens 15 m Sicht, manchmal sogar bis zu 40 m, so dass sich das Gebiet gut für Unterwasserfotografie eignet. Angesteuert wird der Fels von geübten Tauchern, und manch eine Tauchsafari legt hier einen Stopp ein. **Hin Muang**, dessen Spitze 8 m unter (!) der Wasseroberfläche liegt, beeindruckt vor allem mit vielfältigem Korallenbewuchs und seiner steil abfallenden Südseite. Bis zu 60 m geht es hier in die Tiefe: eine der längsten Steilwände Thailands. Auch dieser Felsen verdankt seinen Namen, übersetzt „Violetter Felsen", den hier wachsenden Weichkorallen in eben dieser Farbe. Der Tauchplatz ist aufgrund der Tiefe nur etwas für Fortgeschrittene.

Ko Ha ist ebenfalls ein beliebter Divespot und auch unter dem Namen Zwillingskathedrale (Twin Cathedrals) bekannt. Die Insel liegt zwischen Hin Daeng und Ko Phi Phi. Wie ihr Name *(ha* = fünf) schon verrät, besteht sie eigentlich aus fünf kleinen Inseln. Hier werden oft Nachttauchgänge durchgeführt. Höhlentaucher haben auf Ko Ha Yai ihren Spaß. Hier locken zwei riesige Höhlen in einer Tiefe zwischen 10 und 14 m. In der Höhle kann man auftauchen und an der Höhlendecke Stalaktiten bestaunen. Bei Sonnenlicht sind einmalige Fotomotive möglich. Ein kleiner Strand lockt zusätzlich, und auch Schnorchler haben hier ihren Spaß.

Die **beste Tauchzeit** für beide Felsen und Ko Ha ist von November bis April/Mai. Das Wasser an der Oberfläche ist in der Regel recht unruhig. Tauchsafaris von Phuket brauchen fünf Stunden her, von Ko Phi Phi dauert die Anfahrt 2 1/2 Stunden; Touren auch ab Krabi, Ko Lanta und Trang buchbar.

Ko Sukon

Vor der Küste des Ortes Palian liegt die Insel Ko Sukon (auch Koh Sukorn). An der Südküste und Nordwestspitze erheben sich zwei dschungelbewachsene Hügel, sonst ist die Insel mit den drei Dörfern flach. Große Teile der bewirtschafteten Fläche sind mit Kautschukbäumen bepflanzt.

Im Norden liegt das größte Dorf **Siammai**, wo auch die Boote zum Festland abfahren. Hier gibt es ein paar Läden, Schulen und Moscheen. Auf den ausgebauten Straßen fahren nur wenige Autos. Wenn man überhaupt von Verkehr sprechen kann, dann wird dieser von Mopeds verursacht.

Die Strände auf der Insel haben alle eine graubraune Farbe. Strom gibt es von 9–14 sowie 17–24 Uhr. In der Hauptsaison schalten viele Resorts zusätzlich einen Generator ein, so dass Strom 24 Stunden gewährleistet ist.

Es gibt zwei Strände mit Übernachtungsmöglichkeiten. Auch im Dorf kann man wohnen. **Hat Lo Yai** liegt an der Westküste. Der Strand ist 500 m lang, mit recht feinem Sand und mit Muscheln und ein paar Steinen durchsetzt. Die Abschnitte zwischen den Resorts sind naturbelassen und daher oftmals mit Treibgut bestückt. Die einzige hochpreisigere Unterkunft befindet sich an der Nordwestseite am **Hat Lodalam**.

Übernachtung

Im **Dorf Siammai**, rechterhand des Anlegers, an einem recht weißen Strand, kann man in 5 etwas ungepflegten Bungalows einer namenlosen Anlage wohnen. ❷

Koh Sukorn Paradise ①, ✆ 086-817 558, 💻 www.kohsukornparadise.com. Verwunschene, grüne, hübsche Anlage mit 9 Holzbungalows mit Ventilator und Palmdach am weiten Hat Lodalam. Große helle Bäder, z. T. Badewanne. Kajakverleih. ❺

Koh Sukorn Resort ④, ✆ 075-207 692, 💻 www.kohsukornresort.com. Große Anlage mit 49 weißen, innen gefliesten Ventilator- oder AC-Bungalows. Einige mit Strandblick auf Lo Hat Yai, andere um den Hang gebaut. Sehr große Räume mit Bad und separatem WC. Schon etwas älter. ❹

Pawadee Guest House ③, ✆ 083-967 3088. An der Straße auf Höhe des Sukorn Cabana Resort, hinter dem Friseursalon. 3 Zimmer, nur mit Bett ausgestattet, im Haus in der oberen Etage. Bad und WC auf der unteren Etage. 10 Min. bis zur Bucht des Cabana Resort oder bis zum Hat Lo Yai. ❷

Sukorn Beach Bungalows ⑤, ✆ 075-207 707, 💻 www.sukorn-island-trang.com. In einem toll angelegten Garten stehen 20 Holzbungalows unterschiedlicher Ausstattung. Manche mit gefliesten Böden. Strandbungalows am Hat Lo Yai komplett aus Holz. Hinten steht zudem ein Langhaus; Zimmer mit Ventilator- oder AC. Geldwechsel, Internet, Moped-, Kanuverleih. Niederländische Leitung. Kostenloser Transport vom Pier. ❹–❺

Sukorn Cabana Resort ②, ✆ 075-255 894, 💻 www.sukorncabana.com. Das Resort liegt hinter dem Hat Lo Yai an 2 kleinen Privatbuchten und bietet 17 sehr schöne Holzbungalows mit Palmdach und Holzdielen. Ventilator oder AC, Kühlschrank, Schrank, Schreibtisch, großes Bad, Veranda. Gelegen in einer gepflegten Gartenanlage und im Hang. Alle Zimmer mit Meerblick. Restaurant, Massage. Kanu-, Moped- und Fahrradverleih. WiFi. ❹–❺

KO SUKON

Aktivitäten und Touren

Die Resorts organisieren fast alle **Schnorchelausflüge** zu den vorgelagerten Inseln Ko Lao Liang und Ko Takiang. Ein Ausflug kostet etwa 800 Baht p. P. Das Koh Sukorn Resort organisiert auch **Bootsausflüge** nach Ko Bulon mit Schnorchelmöglichkeit am vorgelagerten White Rock für 900 Baht p. P. oder nach Ko Kradan (S. 856) und Ko Muk in die Emerald Cave (S. 854) für 1250 Baht p. P.

Transport

TRANG, mit dem Boot um 7.30 Uhr zum Laem Ta Se Pier für 40 Baht, mit dem Songthaew für 60 Baht nach Trang. Eine andere Möglichkeit ist das Taxiboot (das fährt, sobald genug Passagiere da sind) zum Ta Se Pier, weiter mit dem Songthaew bis zur Hauptstraße und dann mit dem Minibus nach Trang.

Ko Petra National Park

Ko Petra ist die Hauptinsel des Ko Petra National Park und liegt in der Straße von Malaga. Das Gebiet umfasst 22 Inseln und ist seit 1984 Thailands 14. Meeresnationalpark.

Etwa 500 km² gehören zum Park; dazu zählen auch noch Strände vor Satun (am Südende Thailands), etwa der **Hat Rawai**. Bekannt ist der Ko Petra National Park vor allem wegen seiner vom Aussterben bedrohten **Meeresschildkröten**, die hier jedes Jahr zur Eiablage kommen.

Die Insel Petra hat aus der Luft betrachet die Form eines Schiffes. Sie ist mit viel Grün gesegnet, hat zerklüftete Kalksteinberge und im Osten einen schönen weißen Strand. Korallenriffe sind tolle Schnorchelreviere. Das Nationalpark-Büro des Ko Petra National Park befindet sich in der **Ao Nun**, 3 km vom Pier in Pakbara entfernt. Eintritt 100 Baht.

Ko Petra darf zwischen dem 1. Mai und dem 31. Oktober nicht angefahren werden.

Ko Bulon Lae

Die hügelige kleine Insel ist Teil des **Petra-Archipels** und ein Refugium für Ruhesuchende. Hier finden sich alle Altersklassen mit und ohne Kinder, um ein paar Tage auszuspannen. Manche bleiben länger als geplant: Der Grund ist neben günstigen Unterkünften der lange weiße Sandstrand im Osten, von Muschel-, Korallenresten und ausgebleichten Holzstämmen durchsetzt, umsäumt von Palmen und Kasuarinen, und ein intaktes Korallenriff direkt davor. Vor dem Pansand Resort etwa kann man im Riff Feuerfische und andere Meerestiere sehen. Ein Nachteil der Idylle ist die große Population von Sandflöhen, die sich hier ebenfalls sehr wohlfühlen.

Empfehlenswert ist die insgesamt einstündige Wanderung auf den Pfaden der Insel. Eine Kurzversion stellt der 20-minütige Weg vom Oststrand zur südlich gelegenen **Mango-Bucht** dar. Hier leben die **Seenomaden** (Chao Leh), und man kann sie bei ihrer Arbeit am Strand besuchen. Vor der Bucht befindet sich ein vielbevölkertes Korallenriff; es lohnt sich, auf diesem Ausflug Schnorchelsachen einzupacken. Wer gegen Abend unterwegs ist, kann an den Obstbäumen entlang der Wege **Flughunde** bei der Nahrungssuche beobachten.

Weniger sehenswert sind die beiden Buchten **Panka Noi** und **Panka Yai** im Norden. Hier befindet sich auch das Inseldorf. Auf den Wegen zwischen Strand und Dorf nachts unbedingt festes Schuhwerk anziehen: Schlangenbisse sind im besten Fall unangenehm.

Die beste **Reisezeit** ist zwischen November und Mai.

Übernachtung

Bulone Resort, ✆ 086-960 0468, 💻 www.bulone-resort.com. 26 große, geschmackvolle Holzbungalows (Ventilator) auf Stelzen am Nordende des Strandes. Weitläufig verteilt, teils direkt am Strand, teils dahinter, alle zwischen Palmen und Kasuarinen. Tisch, Nachttisch, Kofferablage, Moskitonetz. Schöne Details wie Sitzgelegenheiten auf der Terrasse sowie vor den Bungalows und Wäscheleinen daneben. Bäder mit Oberlichtern. Internet, Verleih von Kanus und Schnorchelausrüstung. Strom 18–6 Uhr. ❹

Chaolae Food and Homestay, ✆ 086-290 2519. Im Dorf gelegen, 100 m von der Panka Yai-Bucht. 8 hübsche Holzbungalows mit Ventilator, Kofferablage und Bad mit Hocktoiletten. ❷–❸

Jungle Hut, direkt hinter dem Dorf auf dem Weg zur Mango-Bucht. 13 einfache Mattenbungalows mit Bad. Restaurant. Dahinter liegen Kautschukplantagen ❷.

Marina, ✆ 081-598 2420, 💻 www.marina-kobulon.com. Hinter dem Bulone Resort gelegene Anlage im Hang. Die Bungalows sind effektvoll aus groben Holzstämmen gezimmert, ebenso die großen Betten (mit Moskitonetz). Massageplattform, kleiner Laden mit Kleidung und Toilettenartikeln. Gemütliches Restaurant mit niedrigen Tischen und Sitzkissen, 100 m bis zum Strand. Strom von 18–6 Uhr. ❸

Pansand Resort, ✆ 075-219 513, 💻 www.pansand-resort.com. Große Anlage am Nordende des Strandes. 27 große Holzbungalows mit Ventilator weit verstreut in einer Gartenanlage, einige direkt mit Strandblick. Dieser Strandabschnitt eignet sich bei Ebbe nicht zum Schwimmen (Felsen). Internet, Schnorchelausrüstungsverleih. Inkl. Frühstück. Strom 18–6 Uhr sowie 12–16 Uhr. ❹

School Bungalows, direkt neben der Schule, die sich von der Bootshaltstelle am Strand 100 m geradeaus befindet. Dort kann man auch nach Zelten fragen, die unter den Kasuarinen am Strand aufgestellt werden können. Die 6 Mattenbungalows mit Ventilator, in Reihe 20 m vom Strand entfernt, sind einfach mit Bett und Moskitonetz eingerichtet. Kein Restaurant. ❷

Sulaida, vermietet ein paar Mattenbungalows mit Ventilator und Bad, auf dem Weg ins Dorf. Tolles Essen. ❷–❸

Viewpoint Resort, ✆ 089-739 2714. Direkt hinter Marina auf dem Weg ins Dorf sowie hinunter zur Panka Noi-Bucht liegen verschiedenste Bungalows, teils im Thai-Stil, teils in Fachwerk- oder Mattenbauweise, Ventilator, Bad teils nach oben offen. Strom von 18–24 Uhr. ❸–❹

Essen

Chaolae Food, im Dorf vor den Holzhütten, eine Empfehlung der Stammgäste der Insel. ◷ ab Ende November zum Start der Saison bis zu deren Ende.

Fatima's Restaurant, direkt oberhalb der Mango-Bucht. Kleiner Imbiss mit 2 Tischen, leckerer Papayasalat mit Klebereis. Es gibt auch Hühnchen dazu oder auch einen Pancake.

Pin & Mooda Restaurant, Thai-Küche neben dem Viewpoint Resort am Hat Panka Noi. Gelobt werden die Cocktails. ◷ ab Ende November bis Ende der Saison.

Sulaida Restaurant, am Anfang des Dorfes hinter dem Viewpoint Resort links am Weg. Grandioser gegrillter Fisch. Auch die Curries und die ausgezeichnete Tom Yam sind definitv den Weg wert.

Aktivitäten

Schnorcheltrips auf eigene Faust kann man z. B. am Riff südöstlich des Pansand Resort unternehmen. Zu sehen sind Feuerfische, die man nicht nur zum Schutz der Tiere, sondern v. a. aus Eigennutz nicht berühren sollte. Unter guten Bedingungen auch Muränen und manchmal kleine Riffhaie.

Mr. Mooda vom Pin & Mooda Restaurant (falls geschlossen über Viewpoint Resort) fährt mit dem Longtail zu verschiedenen Plätzen und umliegenden Inseln, je nach Absprache: ein- oder mehrtägige Schnorchelausflüge (auch mit Angeln und nachfolgendem Verzehr der Beute) zu den Inseln Ko Bulon Don, Ko Bulon Mai Phai, Ko Bulon Rang, Ko Petra, Ko Tarutao, Ko Adang oder Ko Lao Liang. Die Insel Ko Bulon Don ist von Seenomaden bewohnt. Dort kann gezeltet werden. Ko Bulon Mai Phai ist unbewohnt, aber ebenfalls zum Zelten geeignet. Um Ko Petra kann nur geschnorchelt werden. Auf Ko Tarutao ist eine Übernachtung im Zelt möglich (200 Baht Nationalpark-Gebühr für Ausländer).

Das Bulone Resort vermietet **Kajaks**. In 1 Std. kann man die Insel umrunden und auch die Höhlen auf der Nordseite erkunden.

Transport

KO LANTA, mit dem Schnellboot jeden 2. Tag gegen 10 Uhr in 3 Std.

KO LIPE, mit dem Schnellboot jeden 2. Tag gegen 15 Uhr für 600 Baht in 1 Std.

KO MUK und KO HAI, mit dem Schnellboot Richtung Ko Lanta.

PAKBARA, mit dem Longtail um 9 Uhr für 350 Baht in 1 1/2 Std.

Ko Lipe

Die hügelige kleine Insel wurde bis vor ein paar Jahren nur von einigen abenteuerlustigen Individualreisenden besucht, denen die Ruhe, die pudrigen, feinen, weißen Strände und das klare Wasser mit den Korallenriffen gefielen. Mittlerweile kommen Touristen jeder Altersklasse für ein paar Tage vorbei, und die Anzahl der Bungalowanlagen (jeglicher Preisklasse) und der Strandbars schnellen in die Höhe. Vor allem Familien mit Kindern zieht es immer häufiger hierher.

Die Insel, die lange Zeit zum Taruatoa National Park gehörte, wurde vor vielen Jahren den Seenomaden **Chao Leh** von der thailändischen Regierung geschenkt. Eintritt ist daher nicht zu zahlen. Die meisten Chao Leh verspielten oder verkauften ihr Land, so dass nur noch wenige Bungalowanlagen den Seenomaden gehören. Etwa 500 Chao Leh leben in einem Dorf im Inselinneren, welches sich zwischen den Stränden und entlang des östlichen Strandes erstreckt. Traditionell sind die Chao Leh Seefahrer und Fischer. Viele versuchen jedoch mittlerweile mit dem Tourismus Geld zu verdienen, was nicht unbedingt immer Erfolg hat.

Ko Lipe liegt gegenüber von Ko Adang (s. S. 866) und misst an ihrer breitesten Stelle gerade mal 3 km, an ihrer schmalsten gar nur 400 m. Wer gut zu Fuß ist und die nicht erschlossene Westküste links liegen lässt, schafft in einem längeren Spaziergang von 3–4 Stunden eine Inselumrundung.

An drei Stränden finden sich Unterkünfte: am **Pattaya Beach** im Süden, am **Sunrise Beach** (auch Andaman Beach genannt) im Osten sowie am ruhigen **Hat Porn** (Sunset Beach) im Norden der Insel. Alle Strände sind über Fußwege miteinander verbunden und dank kurzer Entferungen leicht zu erreichen.

Übernachtung

Die Insel zieht immer mehr Touristen an, daher ist eine Reservierung bei einer Reise in der Hauptsaison ratsam. Während der Nebensaison sind nur wenige Anlagen geöffnet; dazu zählen das Bundhaya Resort, das Mountain Resort, das Castaway Resort und Pooh's Bungalows.

Pattaya Beach

Diese lange Bucht besticht durch ihren feinen weißen Sand. Zahlreiche Longtails ankern malerisch am Strand und in der Bucht – schwimmen ist daher nur bedingt angenehm. Hier haben sich viele Unterkünfte angesiedelt.

Batik Shop & Bungalows ⑱, 6 schön bunt bemalte Holzbungalows mit Bad rund um den Shop. Ohne Privatsphäre – aber am Strand, Kleinstterrasse davor. ❸.

Bundhaya Resort & Restaurant ⑲, ✆ 074-750 249, 💻 www. bundhayaresort.com. Unterschiedliche Villen, Bungalows und Zimmer mit Ventilator oder AC in einer Gartenanlage. Internet, Minimarkt, Souvenirshop, sehr gepflegt mit aufmerksamem Personal. ❸–❽

Cafe Lipe Bungalows ⑮, ✆ 086-969 9472, 💻 www.cafe-lipe.com. 5 hübsche Mattenbungalows hinter dem grün bewachsenen versteckten Restaurant. Gute Wahl. ❸

Daya Resort & Restaurant ⑭, ✆ 085-080 2087. Sieben hübsche Holzbungalows am Strand sowie ebensoviele direkt dahinter. Es folgen Reihenhauszimmer mit Veranden, außen hübsch bunt gestrichen, innen geflieste Böden. Die Einrichtung besteht nur aus einem Bett. Sehr beliebtes Restaurant mit Barbecue am Strand, tgl. frischer Fisch. ❸–❹

Lipe Resort ⑨, ✆ 086-940 7339. Große Anlage mit 100 Bungalows. Hübsche weiße Steinbungalows mit AC unter Bäumen sowie etwas verblichene Holzbungalows mit Ventilator. Minimarkt, Internet, 24-Std.-Strom. ❸–❺

Pattaya 2 (Song) Resort & Restaurant ⑰, ✆ 086-960 0418. Am Ende des Strandes in den Hang gebaute Bungalows, z. T. alte heruntergekommene Holzbungalows mit sehr einfachem Bad, z. T. neuere, alle mit direktem Blick in die Bucht. Teils abenteuerliche Treppenkonstruktionen den Hang hinauf. Großes, etwas ungemütliches Restaurant mit Neonlicht. Thai- und italienische Küche, inkl. Espresso und Tiramisu. Strom 17.30–8 Uhr. ❷–❹

Pink Resort ⑪, ✆ 081-598 3519. Hinter der Love & Peace Bar, mehrere sehr große Mattenbungalows mit Ventilator, Matratze auf dem Boden und einfachem Bad. 4 Steinbungalows (ebenfalls Ventilator) in weiß/orange, geflieste Böden. ❷–❹

Sanom Beach Resort ㉒, ✆ 087-630 7497. An einer kleinen Bucht mit weißem Strand zwischen Felsen gelegen, 6 einfache, aber saubere Holzbungalows mit Ventilator, entweder direkt am Strand, im Felsen oder am Hang. Zu Fuß zu erreichen vom Pattaya Song Resort hinter den oberen Bungalows vorbei. Betrieben von einer freundlichen Chao Leh-Familie. ❹

Seaside Resort ⑫, ✆ 084-033 8332, hinter dem hauseigenen Restaurant, 12 einfache Mattenbungalows mit Bad, aber ohne Waschbecken, sauber. Gute Wahl für den Preis. ❸

Sunrise Beach

Untere Preisklasse

Andaman Resort ①, ✆ 074-472 8017. Unterschiedliche Bungalows und Zimmer, alle mit Ventilator, teils sehr großzügig unter Bäumen verteilt. Der Strand ist sehr schmutzig, erst zum nebenan liegenden Mountain Resort hin wird er sauber. ❸

Gipsy Bungalows ⑧, ✆ 086-965 9116, schöne einfache Mattenbungalows mit winziger Terrasse. Tolles Außenbad mit Steinen und Grünpflanzen. 20 m vom Strand gelegen. ❸

Ossin Resort ㉕, ✆ 089-659 0833. Etwas im Dschungel zurückversetzt vom Strand. Einfache Bambusmatten-Bungalows inmitten tropischen

KO LIPE

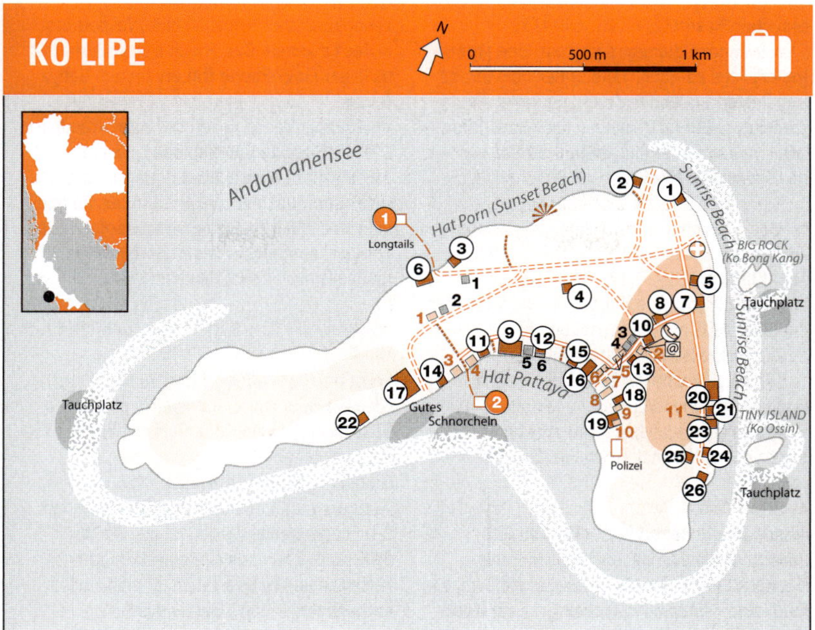

Übernachtung:

1. Andaman Resort
2. Mountain Resort
3. Anlage (im Bau)
4. Jack's Jungle Resort
5. Tarutao Cabana
6. Porn Resort & R.
7. Anlage (im Bau)
8. Gipsy Bungalows
9. Lipe Resort
10. Pooh's Bungalows
11. Pink Resort
12. Seaside Resort
13. Thai Hut Resort
14. Daya Resort & R.
15. Cafe Lipe Bungalows
16. Varin Resort
17. Pattaya 2 (Song) Resort & R.
18. Batik Shop & Bungalows
19. Bundhaya Resort & R.
20. Forra Bamboo Resort
21. Castaway Resort
22. Sanom Beach Resort
23. Coco Bungalows (im Bau)
24. Idyllic Resort
25. Ossin Resort
26. View Point Bungalow

Essen:

1. Jack's Jungle Bar
2. Flour Power Bakery
3. Mama's Café & R.
4. Kon Lay Thai Food
5. Nong Bank R.
6. Mitr Family Resort

Sonstiges:

1. Sabye Divers
2. Lotus Dive
3. Seaside Bar
4. Love & Peace
5. KLT Travel Shop
6. Ocean Pro Divers
7. Forra Dive
8. Barracuda Bar
9. Reggae Bar
10. Immigration
11. Castaway Divers

Transport:

1. Anleger der Lipe-Linie
2. Anleger der Speedboote und Fähren (Bundhaya und Adang Sea-Line)

Grüns im Hang (inkl. manchem Getier). Gute Atmosphäre. ❷

View Point Bungalow ㉖, ✆ 080-543 7956. Die 17 älteren Holzbungalows mit einfachem Bad sind steil in den Hang gebaut hinter dem letzten Felsen, kleine Privatbucht, Restaurant. ❷

Mittlere bis obere Preisklasse

Castaway Resort ㉑, ✆ 083-138 7472, 💻 www.castaway-resorts.com. Ausgefallene Holzbungalows, teilweise auf 2 Etagen mit langen Fenstern auch im Bad, großartige 2-stufige Holzterassen, WiFi, 24-Std.-Strom. ❻

Forra Bamboo Resort ⑳, ✆ 084-407 5691. Tolle große Mattenbungalows, mit Hecken von einander getrennt, so dass jeder seinen eigenen kleinen Garten hat. WiFi-Zone und Tauchschule direkt daneben. ❹

Idyllic Resort ㉔, ✆ 081-802 5453, 💻 www.idyllicresort.com. Am Südende des Sunrise Beach gelegene neue, hochwertige Anlage mit komfortablen, im modern-minimalistischen Design ausgestatteten Bungalows. ❼

Mountain Resort ②, ✆ 081-540 4163, 💻 www. mountainresortlipe.com. Eine große roße Anlage im Hang. Viele Stufen vom Strand zum Restaurant und zu den Bungalows (Ventilator oder AC), einige mit schönem Blick. 3 Bungalows am Strand, 24-Std.-Strom. Inkl. Frühstück. ❹–❺

Im Inselinneren

Zwischen Pattaya Beach und Sunrise Beach:
Thai Hut Resort ⑬, ✆ 081-808 1139. Hinter dem Restaurant neue Bungalows mit Ventilator und Bad mit Fenster, sehr sauber. ❹
Pooh's Bungalows & Restaurant ⑩, ✆ 074-750 345, 089-463 5099. Die 6 großen Bungalows haben Ventilator und neue Bäder. Beliebtes gemütliches Restaurant, Tauchschule Lotus Divers, Internet, Strom 6–3 Uhr. ❹

Hat Porn

Jack's Jungle Resort ④, ✆ 089-655 5651. Idyllischer Platz im Dschungel, 5 Min. zum Hat Porn/Sunset Beach. 8 neue Bungalows mit Ventilator, weitläufig zwischen Grün versteckt. Offenes Bad mit Pflanzen, Duschen mit Bambusrohr, Waschgelegenheit mit Dschungelblick. Gemütliche Atmosphäre mit Restaurant, Bar und Billiard. ❹
Porn Resort & Restaurant ⑥, nimmt fast die halbe Bucht des Hat Porn/Sunset Beach ein. Holzbungalows mit Ventilator, im Hang mit Meerblick zwischen den Bäumen gelegen. Teilweise sind die Bungalows von innen etwas ungepflegt. ❹

Essen und Unterhaltung

Kon Lay Thai Food, recht authentisches Thai- und Chao Leh-Essen an der Straße von Pattaya Beach ins Hinterland.
Mama's Café & Restaurant, auf dem Weg ins Inselinnere ab Pattaya Beach. Beliebtes Restaurant u. a. mit Chao Leh-Kost.
Nong Bank Restaurant, kleines Restaurant mit ein paar Tischen auch am Strand. Tolle Fruchtshakes und gute Thai-Küche.
Desweiteren finden sich noch einige Restaurants an der Straße zwischen Pattaya und Sunrise Beach, außerdem ein Pancake House und eine Kaffeebar.

Leser loben das Frühstück mit „Vollkornbrot" in **Jack's Jungle Bar**. Frisch Gebackenes gibt es in der **Flour Power Bakery** (neben Sabye Divers).
Am Pattaya Beach liegen mehrere Strandbars, z. B. die **Seaside Bar** oder das **Love & Peace**. Beide sehr hübsch mit viel Schwemmgut, wie Holz oder Muscheln, dekoriert. Außerdem trifft man sich in der **Barracuda Bar**. Der In-Treffpunkt der Insel am Pattaya Beach ist die **Reggae Bar**, ebenfalls mit viel Treibgut dekoriert.

Aktivitäten und Touren

Tauchen

Forra Dive, www.forradiving.com (Pattaya Beach und Sunrise Beach), bieten Tauchkurse, zudem Orientierungstauchen, Wracktauchen etc.
Ocean Pro Divers, ✆ 089-733 8068, 💻 www.oceanprodivers.net. Tagestrips mit 2 Tauchgängen in die Umgebung um die 3000 Baht. Benutzen ein großes Tauchboot. Auch Kurse. Weitere Tauchschulen sind **Lotus Divers** (Pooh's Bungalows), **Castaways Divers** (im gleichnamigen Resort) und **Sabye Divers**, 💻 www.sabye-sport.com.

Touren

Zu den umliegenden Inseln werden von fast jedem Resort Touren angeboten:
So geht es beispielsweise zu den Inseln des Tarutao National Park (S. 865), wie Ko Hin Ngam, Ko Jabang, Ko Rawi, Ko Butang und Ko Yang.
Der **KLT Travelshop**, ✆ 089-464 5854, 3 Büros auf Ko Lipe, bietet Touren an. Die Pauschaltouren kosten ab 550 Baht; wer Besonderes erleben will, zahlt mehr.

Sonstiges

Einkaufen

Auf dem geteerten Weg zwischen Pattaya Beach und Sunrise Beach gibt es fast alles, was der Reisende so braucht: Reisebüros, Internet, Souvenirs, Badebekleidung, Lebensmittel, Früchte, Secondhandbücher zum Tausch, Toilettenartikel, Friseure, Massagen oder Tatoos. Zudem entsteht dort gerade eine Einkaufsmeile mit vielen winzigen gemauerten Geschäften.

Geld

Es gibt weder Banken noch Geldautomaten auf Ko Lipe! Bargeld wechseln fast alle teureren Hotels, wie Bundhaya, Varin, Mountain oder Porn Resort. In Pooh's Bungalows & Restaurant gibt es Bargeld auf Kreditkarten oder Traveller Schecks gegen 5 % Gebühr.

Immigration

Direkt neben bzw. zum Bundhaya Resort gehörend. Hier wird vor der Abfahrt mit dem Schnellboot nach Malaysia das Thai-Visum ausgestempelt bzw. bei Ankunft aus Malaysia eingestempelt. Um die Passformalitäten zu erledigen, muss man um 13.30 Uhr am Immigrationsschalter des Bundhaya Resort sein.

Medizinische Hilfe

Das **Krankenhaus** befindet sich im Dorf am Strand am nördlichen Ende des Sunrise Beach.

Nahverkehr

Es gibt keine Autos auf der Insel und auch keine Leihmopeds. Entweder man geht die kurzen Wege zu Fuß oder nutzt eines der Longtails (50 Baht). Motorradtaxis mit Transportbeiwagen kosten um 100 Baht.

Transport

Die Schnellboote und Fähren der **Bundhaya** und **Adang Sea-Linie** halten in der Bucht vor Pattaya Beach an einer Plattform. Zu den 3 Stränden fahren dann Longtails zum Preis von 50 Baht. Die Boote der **Lipeh-Linie** halten am Hat Porn. **Tigerline**, 💻 www.tigerlinetravel.com, bietet ebenfalls Verbindungen an (aktuelle Abfahrtszeiten auf der Webseite).

KO ADANG, mit dem Longtail nach Absprache für 100 Baht.

KO LANTA (über KO BULON LAE, KO MUK und KO HAI), mit dem Schnellboot jeden 2. Tag um 9 Uhr für 1550 Baht bis Ko Lanta in 4 Std. (500 Baht bis Ko Bulon Lae).
Mit Tigerline um 10 Uhr in 4 1/2 Std.

KO TARUTAO, mit dem Schnelloot von Tigerline um 9.30 Uhr für 400 Baht in 1 Std.

LANGKAWI (Malaysia), mit dem Schnellboot tgl. vor dem Bundhaya Resort um 16 Uhr für 1200 Baht in 1 Std. Mit Tigerline um 15.30 Uhr.

PAKBARA, mit dem Schnellboot der Linien Forra Travel, Bundhaya oder Lipeh um 9.30 Uhr für 550 Baht in 1 1/2 Std. Manchmal fährt auch ein Schnellboot um 13.30 Uhr.
Tigerline fährt um 9.30 für 650 Baht.
Mit dem Fährboot von Adang Sea um 10 Uhr für 400 Baht in 3 Std.

TRANG, mit Tigerline um 10 Uhr auf dem Weg nach Ko Lanta.

Tarutao National Park

Dieser Nationalpark war das erste geschützte Gebiet Thailands (1974). Seit Beginn der 1980er-Jahre gehört der Park zu den Asean Heritage Parks, und seit dieser Zeit ist er auch durch die Unesco besonders geschützt. Der Name stammt vom malayischen *Tarotraw*, was ins Deutsche übersetzt soviel heißt wie „dort gibt es viele Inseln". Der Meerespark liegt im Südwesten Thailands und umfasst fast 1500 km^2 der Andamanensee, darunter 51 meist unbewohnte Inseln. Die größten Eilande sind Ko Tarutao, Ko Adang und Ko Rawi. Auf einigen Inseln wohnen Menschen, und auch Touristen können hier unterkommen, etwa auf **Ko Adang** und **Ko Tarutao**. Im Gebiet des Meeresnationalparks liegt auch die bekannte Insel **Ko Lipe** (s. S. 861). Sie wurde jedoch an die Seenomaden abgegeben und gehört daher nicht mehr zum Nationalpark. Eine Tour durch durch den Meeresnationalpark verspricht einsame Buchten, magische Tropfsteinhöhlen und vor allem Einsamkeit und Ruhe. **Hauptsaison** ist zwischen November und April. Von Mai bis Oktober haben nur wenige Resorts auf Ko Lipe geöffnet; die Schnellboote und Fähren fahren in dieser Zeit zwar regelmäßig, sind aber abhängig von der Wetterlage.

Informationen und Reservierungen für **Unterkünfte** der Nationalpark-Verwaltung auf Ko Adang und Ko Tarutao unter ✆ 074-783 485. Der Eintritt für den Nationalpark beträgt 200 Baht pauschal, unabhängig von der Aufenthaltsdauer.

Ko Tarutao

Ganz nahe an Malaysia (etwa 8 km) liegt mit gut 150 km2 (11 km lang und 26 km breit) die größte Insel des Nationalparks. Ein Großteil der Insel besteht aus Bergen. Das Nationalpark-Büro befindet sich im Nordwesten in der **Ao Pante Malaka**. Von hier führt ein 12 km langer Wanderweg bis zur östlich gelegenen **Ao Talu Wao**. Es geht vorbei an wunderschönen riesigen Bäumen, und manch ein Wandersmann hat schon einen Hornbill (Nashornvogel) zu Gesicht bekommen.

Vor der Küste schwimmen noch seltene Tiere, wie **Meeresschildkröten**, **Delphine** und **Dugongs**. Eine Fahrt mit dem Longtail rund um die Insel verspricht unglaubliche Momente, angelandet wird an den weißen Stränden des **Hat Mao** und den steinigen der **Ao Son**. Hier legen Schildkröten ihre Eier ab. Besucher können sich in den während der Saison geöffneten Imbisständen tagsüber verköstigen. Mehr Informationen beim Nationalpark-Büro, ✆ 074-729 002.

Übernachtung

Es gibt auf Ko Tarutao verschiedene Übernachtungsmöglichkeiten an der Nordwestküste der Insel, die vom Nationalpark-Büro verwaltet werden. Hier finden sich auch Restaurants und kleine Shops. Freunde der Zeltkultur können es sich im **Minizelt** für 230 Baht zzgl. 30 Baht Zeltmiete gemütlich machen. Etwas gediegener wohnt es sich in den Anlagen **Ta Boon** bzw. **Ta Baeg**: Hier gibt es ein Langhaus und einfache Holzbungalows mit Bad und großer Terrasse. Beide ❸

Eine weitere Anlage ist **Mo Lae**, sie befindet sich ca. 4 km vom Pier entfernt. Schöne Holzbungalows mit Bad und großen Fenstern in einer Gartenanlage unter Bäumen. Transport für 50 Baht mit dem Auto vom Pier. ❸

Von Gefangenen und Piraten

Wer 1938 auf diese Insel kam und hier wohnte, tat dies nicht freiwillig. Tarutao diente als Gefängnisinsel, und aus den Gefangenen gingen die späteren Piraten hervor, die die Gegend unsicher machten. Spätestens während des Zweiten Weltkriegs raubten sie zahlreiche Frachtschiffe – und zwar nicht nur die Gefangenen, sondern auch deren Bewacher. Die britischen Besatzer, die in Malaysia regierten, bereiteten dem Treiben mit siamesischer Erlaubnis ein Ende. Die folgenden 26 Jahre blieb die Insel unbewohnt. Heute kommen die Besucher freiwillig und können auch wieder hier schlafen.

Transport

Die Schnellboote und Fähren von/nach Pakbara (s. S. 868, Pakbara, Transport) halten auf Ko Tarutao.

Ko Adang

Wild bewachsene hohe Berge machen den Reiz dieser 30 km² kleinen Insel aus. Sie befindet sich 40 km westlich von Ko Tarutao. Der Name entstammt dem malayischen Wort für „Shrimps", denn es gibt rund um die Insel viele dieser Meerestierchen.

Wer gut zu Fuß ist und ursprüngliche Natur erleben will, macht sich (am besten mit Führer) auf den Weg zu den **Wasserfällen**, die auf Ko Adang das ganze Jahr über sehenswert sind. Man kann zwar nicht darin schwimmen, aber für eine Abkühlung ist der sich bildende kühle Pool allemal gut. Vom **Aussichtspunkt**, der heute den Namen „Chadeau Cliff" trägt, hatten einst schon die Piraten einen guten Blick auf das Meer. Heute genießen die Besucher ganz friedlich herrliche Sonnenuntergänge. Auch die Strände und die davor liegenden Korallenriffe harren der Erkundung.

Wer auch noch ein nächtliches Naturerlebnis anschließen will, mit Geräuschen, die man wahrscheinlich selten zuvor jemals gehört hat, der kann auf Ko Adang entweder im **Zelt** für 300 Baht übernachten oder in eines der Zimmer der **Ko Adang Bungalowanlage** einziehen. Hier gibt es am Strand hübsche Holzbungalows mit Ventilator und angeschlossenem Restaurant. Die Anlage liegt im Süden der Insel und aus manchen Zimmern hat man einen schönen Blick auf Ko Lipe. Strom 18–23 Uhr. ❸–❹

Transport: nach (und von) Ko Lipe für 100 Baht mit dem Longtail, ab Satun s. S. 870, Satun, Transport; oder mit einer organisierten Tour.

Weitere Inseln

Ganz nahe bei Ko Adang liegt die drittgrößte Insel, **Ko Rawi**, mit einer Fläche von 29 km². Neben totaler Einsamkeit gibt es hier tolle weiße Sandstrände und Korallenriffe. In der Hauptsaison wird zur Unterhaltung und Verköstigung auch eine Strandbar betrieben. Zudem kann man dann auch hier die Nacht verbringen: Eine **Übernachtung** im vier Personen fassenden Langhaus kostet 400 Baht. Auch zelten ist möglich. Während des 13.–15. Tages des sechsten und des zwölften Mondmonats feiern die Seenomaden ein **Bootsfest**.

Ko Yang ist ein perfektes Tauch- und Schnorchelrevier. Hierher kommen auch die organisierten Tauchboote, um die Hart- und Weichkorallen zu besuchen. **Ko Hin Ngam** ist eine kleine Insel ohne Strand, die aus tausenden rundgeschliffenen Steinen besteht. Jene, die vom Wasser befeuchtet sind, glänzen in der Sonne – ein seltsamer und seltener Anblick. Ein Schild warnt alle Besucher: Wer einen Stein von dieser Insel mitnimmt, dem wird Unglück zustoßen. **Ko Jabang** bietet an einem Pinnacle, der bis in 16 m Tiefe reicht, bis an die Oberfläche schöne Weichkorallen. Man erreicht die Inseln von Ko Adang mit dem Longtail oder einer gebuchten Tour.

Pakbara

Für die meisten Reisenden ist Pakbara nur der Umsteigeplatz in die Boote zu den Inseln Ko Lipe, Ko Bulon Lae oder Ko Tarutao bzw. um Richtung Malaysia oder in den Norden Thailands zu fahren. Der große **Hafen** und das rege Treiben am Vormittag, wenn die Boote abfahren oder ankommen, und die wenig schwimmgeeigneten Strände verleiten auch wirklich nicht gerade zum Bleiben. Wer dennoch ausharrt, erlebt abseits jeglicher Touristenpfade das Leben in einem moslemischen Dorf. Es bleibt nicht viel zu tun, außer am Strand herumzuschlendern und vorzüglichen Fisch oder andere Meerestiere in einem der Restaurants zu genießen.

Übernachtung

Die meisten Unterkünfte liegen an der Hauptstraße, die, vom Anleger aus geradeaus, parallel zum Strand verläuft.

Best House Resort, ✆ 074-783 058, nach 200 m vom Hafen auf der linken Seite. Etwas zurückversetzt in einer Gartenanlage. Recht hübsche, saubere Bungalows und Zimmer. Das Personal spricht englisch und ist sehr zuvorkommend. Restaurant, WiFi. ❸–❹

Diamond Beach Bungalow, ✆ 074-783 138. Etwa 500 m vom Hafen auf der rechten Seite. Gepflegte Anlage von der Straße zurückversetzt im Garten. Einfache Holzbungalows mit Ventilator und Bad oder neue, bunt gestrichene Steinbungalows mit AC. Restaurant mit gemütlichen Bambusssitzen direkt am Strand. Netter Platz, um den Sonnenuntergang zu genießen. ❷–❸.

Pakarang Resort (Grand Villa), ✆ 074-783 499. Etwa 600 m vom Pier hinter der Straßenkurve auf der rechten Seiten. 2-stöckiges Gebäude mit sauberen Zimmern im 1. Stock. Bad, TV. Restaurant. ❸

Essen

An der Hauptstraße gibt es mehrere Restaurants z. T. mit englischer Speisekarte und den dort gelisteten üblichen Thai-Gerichten. Besser und günstiger sind die Speisen, die in den Auslagen angeboten werden, häufig moslemische Küche.

Die meisten Restaurants am Hafen sind abends geschlossen. Eine Ausnahme ist **Khao Yai Fast Food** mit Frühstück, Shakes, Burgern, Sandwiches und Thai-Küche.

1 km vom Hafen entfernt auf der rechten Seite mit Strandblick liegt ein **Seafood-Restaurant** neben dem anderen, alle mit schönen

Wohnen am Strand

Die kleine Anlage **Pak Nam Resort**, ✆ 074-720 289, liegt am Bo Chet Luk-Strand, 10 km von Pakbara entfernt direkt an der Küste und verspricht absolute Ruhe. Von La-Ngu wird man auf Anfrage mit dem Taxi abgeholt, und auch von Pakbara kann man sich von einem Boot abholen lassen. Das Resort hat einfache A-frame-Hütten und gediegener ausgestattete Zimmer in Bungalows und im Reihenhaus. Moped- und Kajakverleih. ❸–❹

Gartenanlagen und seperaten überdachten Tischen.

Sonstiges

Geld

Am **Hafen** wechseln die meisten Reisebüros auch Geld. Außerdem kommt immer mal wieder ein **mobiler Geldautomat-Bus** vorbei, der bei unserem Besuch an der Hauptstraße 50 m vom Hafen auf der rechten Seite parkte.

Tarutao Nationalpark-Büro

Am Hafen liegt direkt das **Tarutao National Park Office**, ✆ 074-783 485. Hier kann man Informationen und Reservierungen für die Inseln Ko Tarutao, Ko Adang und Ko Rawi bekommen sowie die Nationalpark-Gebühr von 200 Baht entrichten. Auch Verkauf von Bootstickets.

Transport

Busse ab La-Ngu

Die Überlandbusse starten ab **La Ngu**, einer quirligen moslemischen Stadt mit einem großen, teils überdachten Markt, 10 km von Pakbara entfernt. In Pakbara gibt es keine Bushaltestelle. Bis La-Ngu fährt man mit dem **Songthaew** für 20 Baht.

TRANG, KRABI, PHANG NGA, PHUKET, von der Hauptstraße auf der linken Seite hinter der großen Abzweigung um 9, 11 und 13 Uhr. Nach Trang für 90 Baht in 1 1/2 Std., Krabi für 200 Baht in 4 Std., Phang Nga für 260 Baht in 5 Std., Phuket für 350 Baht in 7 Std.

HAT YAI, SATUN, der Bus startet stdl. am 7-Eleven auf der Hauptstraße. Zudem fährt ein weißer Minibus nahezu stdl. für 130 Baht nach Hat Yai.

Ab Pakbara Pier

Minibusse der Reisebüros **Andrew Tour**, ✆ 074-783 459, oder **Pakbara Travel**, ✆ 074-783 637, 🖳 www.pakbaratravel.com, fahren nach Ankunft der Boote aus Ko Lipe. Die Langstrecken werden auch hier von den öffentlichen Bussen übernommen, wobei die Reisenden entweder mit dem Minibus nach La-Ngu oder Trang transportiert werden und dort umsteigen müssen.

BANGKOK, mit dem Songthaew bis La-Ngu und dann mit dem Bus für 800 Baht in 14 Std.

HAT YAI, um 8.45, 9.45, 10.45, 11.45 und 12.45 Uhr für 150 Baht in 2 Std.

KO LANTA, mit Minibus und Boot für 450 Baht.

KRABI, mit Minibus für 400 Baht in 3 1/2 Std.

KUALA LUMPUR, mit Minibus und Bus für 650 Baht.

PENANG, mit Minibus und Bus für 450 Baht.

PHANG NGA, mit Minibus und Bus für 500 Baht in 4 1/2 Std.

PHUKET, mit Minibus und Überlandbus für 600 Baht in 5–6 Std.

SATUN, mit Minibus für 160 Baht in 1 Std.

SURAT THANI, mit Minibus und Bus für 500 Baht.

TAMMALANG PIER (zur Fähre nach LANGKAWI), mit Minibus für 300 Baht in 1 Std. Mit dem Taxi oft schneller für 800 Baht.

TRANG, um 8.45, 10.45, 12.45 und 14.45 Uhr für 200 Baht in 2 Std.

WANGPRACHAN (Visa Run), mit Minibus für 300 Baht. Mit dem Taxi für 800 Baht.

Boote

Die Schnellboote der Linien **Forra Travel**, **Lipeh Ferry** und **Bundhaya** fahren alle zur gleichen Zeit für das gleiche Geld.

KO BULON LAE, mit der Fähre für 350 Baht in 1/2 Std.

KO LIPE, um 11.30 und 13.30 Uhr für 650 Baht in 1 1/2 Std. Mit der Fähre Adang Sea Tour um 10.30 Uhr und 13.30 in 3 Std.

KO TARUTAO, mit dem Schnellboot um 11.30 und 13.30 Uhr (Richtung Ko Lipe) für 350 Baht in 1/2 Std. Mit der Fähre wie nach Ko Lipe um 10.30 und 13.30 Uhr für 250 Baht in 1 1/2 Std.

Satun

Bis 1929 gehörte Satun nicht zu Thailand, sondern fiel unter das Protektorat von Kedah und gehörte damit zu Malaysia. Erst dank eines Paktes mit den Briten wurde Satun unter siamesische Verwaltung gestellt. Heute ist Satun Provinzhauptstadt.

Satun liegt 973 km von Bangkok entfernt. Touristen erleben die kleine Stadt meist nur auf der Durchreise, wenn sie auf ihrem Weg nach Langkawi (Malaysia) am Pier einige Kilometer weiter südlich vom Bus ins Boot umsteigen.

Wer hierher kommt und bleibt, wird mangels Sehenswürdigkeiten selbst zu einer Attraktion: Die 28 000 Einwohner, vorwiegend moslemisch, wundern sich augenscheinlich, was ein Tourist hier sucht.

Zu sehen gibt es immerhin die **Mambang Matsayid-Moschee** mitten in Satun. Der Bau ist Treffpunkt und Mittelpunkt der Stadt, nicht wirklich etwas besonderes, doch wer sie aufsucht, findet Kontakt zur moslemischen Bevölkerung Thailands abseits aller Touristenpfade und ohne die Gefahren, die derzeit den tiefen Süden nahezu unbereisbar machen.

Neben Moslems wohnen in Satun Thais und Chinesischstämmige. Es gibt neben der Moschee auch einen chinesischen und natürlich auch einen buddhistischen Tempel, das 200 Jahre alte **Wat Chanathip Chaloem**. Dämonen bewachen die Eingänge, innen befindet sich ein Bronzebuddha.

Übernachtung

In Satun nächtigt man am besten in einem der Hotels. Diese haben oft TV und Fenster und sind etwas besser ausgestattet als die Gästehäuser. Generell ist der Standard eher niedrig.

On's Guesthouse ②, 49 Kuhaprawed Rd., ✆ 081-097 9783, ✉ onmarch13@hotmail.com. Ruhiges Guesthouse mit einfachen, sauberen Zimmern und familiärer Atmosphäre. In einer Seitengasse nahe des Flussufers, Kontakt über On's The Living Room. ❷

Pinnacle Satun Wangmai Hotel ①, 43 Satun Thane Rd., ✆ 074-711 607, 💻 www.pinnaclehotels.com. 108 Zimmer mit Ventilator oder AC, recht sauber, einfache Austattung. V. a. Malayen, die meisten davon geschäftlich unterwegs, steigen hier ab. Minibar, TV, manche Zimmer mit Badewanne. ❸–❺

Sinkiat Thani Hotel ④, 50 Burivanit Rd., ✆ 074-721 055. Mittelklassehotel mit großen Zimmern, einige mit Badewanne, alle mit Minibar und TV. Obwohl nicht mehr neu, gut in Schuss gehalten und sauber. Mit Blick auf die Berge wohnt man in den Zimmern der oberen Stockwerke. ❹

Ein Haus mit Geschichte

Über die Region kundig machen kann man sich im **Nationalmuseum**, ✆ 074-723 140, von Satun, auch als Kuden Mansion bekannt und als Guden Castle ausgeschildert. In einem Gebäude im Kolonialstil werden Gegenstände aus der Kultur und Geschichte der Region gezeigt. Zudem gewährt ein Besuch hier interessante Einblicke in die Geschichte des Tarutao National Park, als die Hauptinsel noch ein Gefängnis war. Das Haus, in dem sich das Museum befindet, wurde in den Jahren 1940–43 von den Japanern besetzt. Es heißt, hier haben sich führende Köpfe zur Planung des Anschlags auf Pearl Habour versammelt. 🕒 tgl. außer Mo und Di 9–16 Uhr, Eintritt 30 Baht.

Essen

Einen Versuch wert sind die Gerichte auf dem **Nachtmarkt**. Man sollte es nicht versäumen, etwas Moslemisches zu probieren. Für das gute Masaman-Curry wurde die Provinz sogar ausgezeichnet und darf das Curry als OTOP verkaufen.

Ein **chinesisches Nudelsuppen-Restaurant** mit einer kräftigen(den) dunklen Suppe liegt an der Satun Thanee, Ecke Samanta Pradit Rd. Schließt schon mittags. Wer Kurzgebratenes aus dem Wok bevorzugt, wird nebenan fündig.

On's The Living Room, tischt westliche Küche auf. Wer Pizza braucht oder Nudeln, findet hier etwas zu essen, es gibt auch Bier und Mixgetränke.

Sonstiges

Immigration

Die Immigration hat ihr Hauptbüro in der Stadt, 🕒 Mo–Fr 8.30–16 Uhr. Ein Besuch ist kaum nötig: Wer über die Grenze Wangprachan geht, bekommt seine Stempel am Tammalang Pier. 🕒 Grenze 6–17 Uhr

Internet

Ein Internet-Shop befindet sich in der Satun Thane Rd. nahe der Moschee. 20 Baht pro Std.

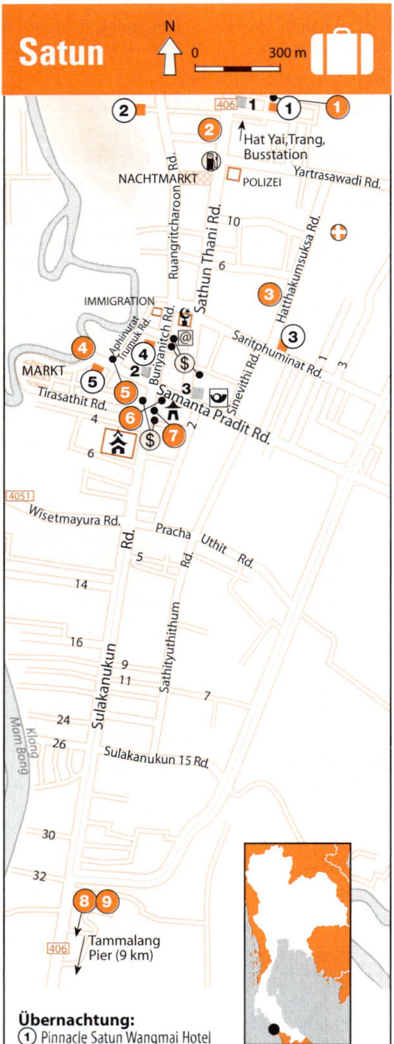

Übernachtung:

1. Pinnacle Satun Wangmai Hotel
2. On's Guesthouse
3. Udom Suk Hotel
4. Sinkiat Thani Hotel
5. Rian Thong Hotel

Essen:

1. Time Restaurant
2. On's The Living Room
3. Nudelsuppen-Restaurant

Transport:

1. Satun Travel & Ferry Service
2. Minibus Hat Yai
3. Bus Bangkok
4. Boote Kuala Perlis
5. Taxi Wangprachan, Thale Ban
6. Taxi Trang, Hat Yai
7. Pickup Tamalang Pier
8. Boote Langkawi
9. Busstation

Medizinische Hilfe

Das **Krankenhaus** der Stadt befindet sich etwas nördlich vom Zentrum nahe der **Polizeistation** an der Satun Thane Rd.

Reisebüros

Satun Travel & Ferry Service, 45/16 Satun Thane Rd., ✆ 074-711 453. Tickets zu den Inseln Ko Lipe, Ko Tarutao und Ko Adang und auch Fährtickets nach Langkawi. Minibusse. Weitere Reisebüros am **Tammalang Pier**; wer dort ankommt, kann direkt weiterbuchen; alle größeren Ziele bis nach Bangkok werden angeboten.

Transport

Busse

Die **Busstation** befindet sich etwas außerhalb, südlich der Stadt. Man kann aber auch in der Stadt in der Bureevanitch Rd. zusteigen.

BANGKOK, AC-Bus um 7.30, 14.30, 15 und 16.30 Uhr für 720 Baht, VIP-Bus um 16.30 Uhr für 1150 Baht in 15 Std.

HAT YAI, stdl. mit dem blauen Bus Nr. 7 für 60 Baht in 1 1/2 Std; Bus kann an der Satun Thane Rd. herangewunken werden.

KRABI, mit dem Phuket-Bus für 230 Baht in 5 Std.

LA-NGU, die Busse nach Phuket halten hier nach etwa 1 Std. Fahrzeit (40 Baht). Nach PAKBARA geht es von hier mit dem Pick-up weiter.

PHUKET, um 8.15, 10.15, 12.15 und 20 Uhr für 370 Baht in 8 Std.

TRANG, stdl. zwischen 6 und 16.30 Uhr für 90 Baht in 2 Std. Der AC-Bus nach Phuket hält auch in Trang (130 Baht).

Minibusse, Sammeltaxis und Songthaews

Je nach Saison und Reiseziel ändern sich die Abfahrtszeiten und -orte öfters; vorsichtshalber vor Ort überprüfen.

HAT YAI, stdl. Minibusse an der Satun Thane Rd. zwischen 6 und 17 Uhr für 100 Baht; außerdem Taxis gegenüber der Immigration (S. 869).

KRABI, mit Minibus (Satun Travel) um 11 und 16.30 Uhr für 450 Baht in 4 1/2 Std.

Aufstand in Thailands Südprovinzen

Die drei südlichen Provinzen **Pattani**, **Yala** und **Narathiwat** sowie Teile der Provinz **Songkhla** sind seit Jahren Schauplatz eines erbitterten Kampfes zwischen den Volksgruppen der buddhistischen Thai und der moslemischen Malaien; dabei fließt fast täglich Blut.

Das alte malaiische Sultanat Pattani wurde endgültig zu Beginn des 20. Jhs. in den entstehenden Thai-Staat integriert. Bis dahin stand es formal unter der Herrschaft Siams, ähnlich wie die malaiischen Sultanate Kedah, Perlis, Kelantan und Terengganu. Es folgte eine Periode der Zwangsassimilierung, die in vielerlei Hinsicht bis heute anhält. Das Verhältnis zwischen den eingewanderten Thai und den ansässigen Malaien war von Anfang an durch Unverständnis, Thai-Chauvinismus und brutale **Unterdrückung** geprägt. Thai-Beamte, die in den Süden versetzt wurden, empfanden ihre neue Arbeitsstelle als Verbannung. Bereits mit Beginn der Annektion gab es eine Widerstandsbewegung, die nach dem Zweiten Weltkrieg erstarkte. Im Jahr 2004 erreichte sie neue Dimensionen, nachdem bei einem Massaker der Polizei und des Militärs in Tak Bai 78 Moslems umgekommen waren. Nach einer Anschlagsserie in der Stadt Yala im Sommer 2005 rief die damalige Thaksin-Regierung den Notstand in den drei südlichen Provinzen aus. Mittlerweile erschießen radikale malaiische Moslems Mönche während ihrer morgendlichen Almosensammlung und Lehrer auf dem Weg in die Schule. Bomben explodieren auf öffentlichen Plätzen, und Minibusse werden unter Feuer genommen.

Von Besuchen in dieser Region raten wir dringend ab. Zwar sind bisher **Touristen** noch kein Ziel von Mordanschlägen gewesen, aber wer will schon als Kollateralschaden enden? Ein Anschlag auf ein auch von Ausländern bewohntes Hotel am 15. März 2008 mit Toten und Verletzten belegt, dass hier keinerlei Rücksicht genommen wird. Aktuelle Berichte über die Situation in den Südprovinzen findet man täglich in den beiden englischen Tagszeitungen *The Nation* und *Bangkok Post*. Weitere Informationen über die Entstehung und den Verlauf des Aufstandes unter 💻 http://en.wikipedia.org/wiki/South_Thailand_insurgency.

Die **Grenzübergänge** nach Malaysia in Betong und Tak Bai sind somit keine Optionen mehr. Der Grenzübergang **Wangprachan** ist in letzter Zeit populär geworden. Der Ort ist inzwischen das Ziel organisierter Visa Runs sogar aus Krabi oder von Ko Samui. Von Satun kostet eins der häufig verkehrenden Pick-ups 40–50 Baht einfach, ein Taxi 500–600 Baht hin und zurück. ⌚ Grenzübergang 7–18 Uhr.

Von Hat Yai aus erreichbar sind Padang Besar mit dem Zug, Grenzübergang ⌚ 7–21 Uhr, und Sadao mit dem Minibus für 50 Baht oder Taxi für 600–900 Baht hin und zurück, Grenzübergang ⌚ 7–18 Uhr. Nach Sungai Golok fährt von Hat Yai aus ebenfalls ein Zug. Touristen haben aber bereits wegen erhöhter Gefahr dafür keine Tickets bekommen. Auch mit dem Minibus ist Sungai Golok zu erreichen. Der Weg führt jedoch quer durch die Unruheprovinzen.

PAKBARA, mit Sammeltaxi für 300 Baht.
THALE BAN NATIONAL PARK, unregelmäßig mit dem Sammeltaxi für 50 Baht.
TRANG, mit Minibus (Satun Travel) um 11 und 16.30 Uhr für 250 Baht in 2 1/2 Std.
WANGPRACHAN (Grenze nach Malaysia), um 7 und 9 Uhr für 40 Baht bei genügend Mitfahrern; Abfahrt gegenüber vom Rian Thong Hotel. Mopedtaxis kosten für einen Weg 250 Baht. Wer also einen Visa Run macht, zahlt für die Hin- und Rückfahrt 400–500 Baht.

Boote

Die Boote nach Ko Lipe, Ko Adang, Ko Tarutao und Langkawi halten, starten und landen alle am **Tammalang Pier**, 9 km südlich von Satun. Mit dem Pick-up in 15 Min. für 20 Baht; Mopedtaxi 50 Baht. Am Hafen gibt es eine **Immigration**, die das Visum für Thailand ein- bzw. ausstempelt. Etwa 1 Std. vor Abfahrt der Fähre nach Langkawi fährt von Satun Travel ein Taxi für 30 Baht von Satun zum Pier.
KO ADANG und KO BULON LAE, 350 Baht.

KO LIPE (über KO TARUTAO und KO ADANG), um 12.30 Uhr für 700 Baht.
KUALA PERLIS, in der Saison mit dem Longtail für 150 Baht in 1 Std.; Abfahrt, wenn das Boot voll ist. Charterboot 1500. Bei genügend Wasser startet das Boot manchmal am Pier in der Stadt und fährt zur Immigration, bevor es auf die anstrengende Fahrt nach Kuala Perlis geht.
LANGKAWI, mit der Fähre um 9.30, 13.30 und 16 Uhr für 300 Baht (Kinder 230 Baht) in gut 1 Std. Ein Schnellboot geht um 8 Uhr und kostet 600 Baht.

Thale Ban National Park

Dieser Nationalpark ist der südlichste Park Thailands direkt an der malaysischen Grenze und besteht neben Bergen und Bäumen vorwiegend aus einer **Sumpflandschaft**. Der Park besteht seit 1980 und hat eine Gesamtausdehnung von knapp 200 km2. Hauptsehenswürdigkeit ist das zwischen den Bergen Khao Chin und Khao Mod Daeng liegende Tal mit Sumpfgebiet und dem **Süßwassersee**. Vor etwa 300 Jahren soll das Gebiet seine heutige Erscheinung angenommen haben, als der Legende zufolge die Erde für einige Monate ächzte und bebte. Nachdem das Gewackel und Geraune aufgehört habe, sei der See da gewesen.

Im Park stehen zwei **Informationszentren** für Touristen bereit, die alle Highlights des Parks beschreiben. Hier gibt's auch Ansprechpartner für Unternehmungen. Das Parkbüro befindet sich am See, das Headoffice nahe Wangprachan, ✆ 08-353 31710, ✉ thalebansatun@gotmail.com.

Übernachtungen sind in den 13 **Bungalows** des Nationalparks am See, ❸–❹, oder im **Zelt** möglich. Telefonische Vorbuchung der Bungalows ist ratsam, ✆ 02-562 0760. Campingausrüstung kann gemietet werden. Etwas zu essen gibt es hier auch, wochentags allerdings nur bis zum frühen Nachtmittag.

Die **beste Reisezeit** ist zwischen Dezember und Mai, dann ist es meist trocken. Im Februar ist es mit einer Durchschnittstemperatur von 27 °C relativ kühl. Im April wird es mit fast 40 °C sehr heiß.

Transport

SATUN, mit dem Sammeltaxi für 50 Baht.
Ab Park zwischen 10 und 15.30 Uhr zurück ins 30 km entfernte Satun. Oder mit dem öffentlichen Bus ab Khuan Satore.
In die entgegengesetzte Richtung geht es von hier auch nach HAT YAI. Nach KHUAN SATORE mit dem Minibus oder Mopedtaxi.

Anhang

Kleines Wörterbuch

Wenigstens ein paar Worte auf Thai sprechen zu können und das Bemühen zu zeigen, noch mehr lernen zu wollen – dies weckt spontane Sympathie und Neugier in den meisten Thais. Selbst mit einem Wörterbuch hat man große Schwierigkeiten, die Worte richtig auszusprechen. Neben den Tonhöhen, die Anfänger nie richtig treffen, muss man sich mit 44 unterschiedlichen Konsonanten und 32 Vokalen herumschlagen, die es zum großen Teil in unserer Sprache nicht gibt. Der folgende Grundwortschatz kann hierbei eine kleine Hilfestellung sein. Am besten lässt man sich die Wörter von einem Thai vorsprechen und versucht, sie nachzusingen.

Wer die Zahlen bis 1000 in Thai beherrscht, wird einen guten Eindruck machen – vor allem bei Taxifahrern und beim Handeln. Tonhöhen haben wir nicht angegeben. Die Aussprache-Umschrift der ausgewählten Worte basiert auf dem Deutschen.

Das Allerwichtigste

Jeder Satz erhält durch das Anhängen der obligatorischen Endung „khrap" (von Männern gesprochen) und „kha" (von Frauen gesprochen) einen höflichen Klang.

Willkommen! (Begrüßung)	*sawadie khrap / kha*	สวัสดีครับ/ค่ะ
Auf Wiedersehen	*pop gan mai*	แล้วพบกันใหม่
tschüs	*laa gon*	ลาก่อน
Viel Glück!	*dschok die*	โชคดี
Wie geht es?	*sabai die mai?*	สบายดีไหม
Mir geht es gut	*sabai die*	สบายดี
Das macht nichts!	*mai pen rai*	ไม่เป็นไร
danke (Männer/Frauen)	*kop khun khrap*	ขอบคุณครับ/ค่ะ
bitte (fordernd)	*prott*	โปรด
bitte (einladend)	*tschuhn*	เชิญ
Wie heißt du?	*dschüarai*	เธอชื่ออะไร
Ich heiße...	*dschüa*	ฉันชื่อ...
Wie alt bist du?	*ahju tao-rai*	เธออายุเท่าไหร
Woher kommst du?	*töh mah dschak tienai?*	เธอมาจากไหน
Wo wohnst du?	*ju tienai*	เธออยู่ที่ไหน
Was machst du?	*tham arai*	ทำอะไร
Sprichst du Thai?	*phuht thai daai mai?*	เธอพูดไทยได้ไหม
Ich spreche ein wenig Thai	*phuht thai nitnoi*	ฉันพูดไทยได้นิดหน่อย
Verstehen Sie?	*kao dschai mai?*	คุณเข้าใจไหม
Ich verstehe (nicht)	*pom (mai) kaodschai*	ฉันไม่เข้าใจ
Bitte sprechen Sie langsam!	*prott put cha cha*	โปรดพูดช้าๆ
Darf ich fotografieren?	*tai ruhpdai mai?*	ถ่ายรูปได้ไหม
Achtung!	*rawang*	ระวัง
Es tut mir Leid	*pom sia chai*	ฉันเสียใจ
Entschuldigung	*kao tott*	ขอโทษ
müssen	*tong*	ต้อง
können	*dai*	ได้
brauchen	*dongka*	ต้องการ
haben	*mih...*	มี

Personen		
ich (weiblich)	*ditchan / tchan*	ดิฉัน/ฉัน
ich (männlich)	*pom / kra pom*	ผม/กระผม
du, sie, ihr	*töh / khun / puak töh*	เธอ/คุณ/พวกเธอ
er, sie, es	*khao*	เขา
wir	*rao*	เรา
du, Sie bzw. Herr…	*khun*	คุณ
Junge	*dek phudschai*	เด็กผู้ชาย
Mädchen	*dek phujing*	เด็กผู้หญิง
Kind	*dek*	เด็ก
Freund	*püan*	เพื่อน
westl. Ausländer	*farang*	ฝรั่ง
Fragen		
wann	*möerai*	เมื่อไหร่
warum	*tammai*	ทำไม
was	*arai*	อะไร
wer, wen, wem	*krei*	ใคร
wie	*jangrai*	อย่างไร
wie viel(e)	*tao-rai*	เท่าไหร่
wo, wohin, woher	*tienai*	ที่ไหน
Antworten		
ja	*dschai*	ใช่
nein	*mai, plao*	ไม่/ปล่าว
nicht	*mai*	ไม่
gut	*die*	ดี
sehr gut	*die mak*	ดีมาก
nicht gut	*mai die*	ไม่ดี
sehr	*mahk mahk*	มากๆ
vielleicht	*bangti*	บางที
ein bisschen	*nitnoi*	นิดหน่อย
Eigenschaften		
allein	*kon dijo*	คนเดียว
billig	*mai päng*	ไม่แพง
gesund	*sabai*	สบาย
groß	*yai*	ใหญ่
gut, clever	*gäng*	เก่ง
kaputt	*pang*	พัง
klein	*leck*	เล็ก
krank	*mai sabai*	ไม่สบาย
kurz	*san*	สั้น
lang	*yao*	ยาว
mit	*gap*	กับ
müde	*nguang non*	ง่วงนอน
ohne	*mai mi*	ไม่มี

(zu) teuer	päng (pai)	แพงไป
viel	*yer*	เยอะ
wenig	*noy*	น้อย
Orientierung und Transport		
geradeaus	*trong pai*	ตรงไป
(nach) links	*(liao) sai*	(เลี้ยว) ซ้าย
(nach) rechts	*(liao) khwa*	(เลี้ยว) ขวา
Stopp!	*jut*	หยุด
Welche Straße ist das?	*thanon nih arai?*	ถนนนี้ชื่ออะไร
Welche Stadt ist das?	*müang nih arai?*	เมือนี้ชื่ออะไร
Wohin gehst du?	*pai nai?*	เธอจะไปไหน
Ich gehe nach…	*pai…*	ฉันจะไป......
Nein, ich will nicht gehen	*pom mai pai*	ฉันไม่ไป
Ich gehe schwimmen	*pai wainahm*	ฉันไปว่ายน้ำ
Bus	*rot meh*	รถเมล์
Busbahnhof	*sathani rot meh*	สถานีรถเมล์
Eisenbahn	*rot fai*	รถไฟ
Bahnhof	*sathani rot fai*	สถานีรถไฟ
Flugzeug	*krüang bin*	เครื่องบิน
Flugplatz	*sahnam bin*	สนามบิน
Boot	*rüha*	เรือ
Hafen	*tah rüha*	ท่าเรือ
Taxi	*teksi*	แท๊กซี่
Auto	*rot jon*	รถยนต์
Motorrad	*mohtöhsai*	มอร์เตอร์ไซค์
Fahrrad	*dschakrajahn*	รถจักรยาน
mieten	*tschau*	เช่า
Benzin	*bensin*	เบนซิน
Normalbenzin	*tammadah*	ธรรมดา
Super	*supähr*	ซุปเปอร์
Umwelt		
Stadt	*müang*	เมือง
Großstadt	*nakhon / müang yai*	นคร/เมืองใหญ่
Dorf	*mu bahn*	หมู่บ้าน
Berg	*doi*	ภูเขา/เขา
Kanal	*klong*	คลอง
Fluss	*mä nahm*	แม่น้ำ
Insel	*ko*	เกาะ
Strand	*haht*	ชายหาด/หาด
Bucht	*ao*	อ่าว
Wasserfall	*nahm tok*	น้ำตก
Höhle	*tam*	ถ้ำ
Straße	*thanom*	ถนน
Gasse	*soi*	ซอย
Wald	*pah*	ปา

Anhang

Übernachten		
Hotel	*rong rähm*	โรงแรม
Wo gibt es ein Hotel?	*rong rähm ju tienai?*	โรงแรมอยู่ที่ไหน
Zimmer	*hong*	ห้อง
Bett	*tiang*	เตียง
Schlüssel	*gun tschä*	กุญแจ
Moskito	*jung*	ยุง
Moskitonetz	*mung*	มุ้ง
Moskito-Coils	*ja gan jung*	ยากันยุง
Badezimmer	*hong nahm*	ห้องน้ำ
Toilette	*hong suam*	ห้องส้วม
Wo ist die Toilette?	*hong nahm ju tienai*	ห้องน้ำอยู่ที่ไหน
Toilettenpapier	*gadad schamla*	กระดาษชำระ
Seife	*sabu*	สะบู่
Handtuch	*pa set dua*	ผ้าเช็ดตัว
Essen und Trinken s. S. 56		
Einkaufen		
Wie viel kostet es?	*raka tao-rai?*	ราคาเท่าไร
Wie viel Baht?	*kih baht?*	กี่บาท
Wie viel möchten Sie?	*khun tong kahn tao-rai?*	คุณต้องการเท่าไร
kaufen	*süh*	ซื้อ
verkaufen	*khai*	ขาย
Es gibt…	*mie…*	มี
Es gibt nicht	*mai mie*	ไม่มี
Gesundheit		
Apotheke	*ran khai jah*	ร้านขายยา
Arzt	*mo*	หมอ
Durchfall	*tong ruang*	ท้องร่วง
Erbrechen	*adschian*	อาเจียร
Fieber	*kai*	ไข้
Krankenhaus	*rong payabahn*	โรงพยาบาล
Medizin	*jah*	ยา
wehtun	*dschep*	เจ็บ
Zeit		
Morgen	*tschao*	เช้า
Mittag	*tiang*	เที่ยง
Abend	*jen*	เย็น
Nacht	*klang khühn*	กลางคืน
heute	*wan-nie*	วันนี้
morgen	*prung-nie*	พรุ่งนี้
gestern	*müa wan-nie*	เมื่อวานนี้
Minute	*natie*	นาที
Stunde	*tschua mohng*	ชั่วโมง

Anhang

Tag	wan	วัน
Woche	*sapda / noeng athit*	อาทิตย์
Monat	*düan*	เดือน
Jahr	*bi*	ปี
jetzt	*däo-nie*	เดี่ยวนี้
später	*tie-lang*	ทีหลัง
noch nicht	*yang*	ยัง
schon / fertig	*läou*	แล้ว
Zahlen		
1	*nöng*	๑
2	*sohng*	๒
3	*sahm*	๓
4	*sie*	๔
5	*hah*	๕
6	*hock*	๖
7	*dschet*	๗
8	*bät*	๘
9	*gao*	๙
10	*sip*	๑๐
11	*sip et*	๑๑
20	*jie sip*	๒๐
21	*jie sip et*	๒๑
25	*jie sip hah*	๒๕
30	*sahm sip*	๓๐
40	*sie sip*	๔๐
100	*nöng roy*	๑๐๐
200	*sohng roy*	๒๐๐
1000	*nöng pan*	๑๐๐๐
10 000	*nöng müün*	๑๐๐๐๐
100 000	*nöng sähn*	๑๐๐๐๐๐
1 000 000	*nöng laan*	๑๐๐๐๐๐๐

Wichtige Reiseziele in Thai-Schrift

Ang Sila	อ่างศิลา
Ang Thong Marine National Park	หมู่เกาะอ่างทอง
Aranyaprathet	อรัญประเทศ
Ayutthaya	อยุธยา
Ban Chiang	บ้านเชียง
Ban Mae Hat	บ้านแม่หาด
Bang Pa In – Der Sommerpalast	พระราชวังบางปะอิน
Ban Phe	บ้านเพ
Bang Saen	บางแสน
Bang Sai	บำไทร
Bang Sak	บำสัก
Bang Saphan	บำสะพาน

Bangkok	กรุงเทพฯ
Betong	เบตง
Bhumipol-Staudamm	เขื่อนภูมิพล
Bung Kan	บึงกาฬ
Cha-Am	ชะอำ
Chaiya	ไชยา
Chaiyaphum	ชัยภูมิ
Chantaburi	จันทบุรี
Chiang Khan	เชียงคาน
Chiang Khong	เชียงของ
Chiang Mai	เชียงใหม่
Chiang Rai	เชียงราย
Chiang Saen	เชียงแสน
Chonburi	ชลบุรี
Chum Phae	ชุมแพ
Chumphon	ชุมพร
Damnoen Saduak	ดำเนินสะดวก
Doi Inthanon	ดอยอินทนนท์
Doi Khuntan National Park	สวนอุทยานดอยขุนตาน
Doi Tung	ดอยตุ
Fang	ฝาง
Goldenes Dreieck	สามเหลี่ยมทองคำ
Hat Yai	หาดใหญ่
Hua Hin	หัวหิน
Jae Sorn National Park	สวนอุทยานแจซอน
Kaeng Krachan National Park	สวนอุทยานแกงกระจาน
Kamphaeng Phet	กำแพงเพชร
Kanchanaburi	กาญจนบุรี
Khanom	ขนอม
Khao Lak	เขาหลัก
Khao Sam Roi Yot National Park	สวนอุทยานเขาสามร้อยยอด
Khao Sok National Park	สวนอุทยานเขาสก
Khao Yai National Park	สวนอุทยานเขาใหญ่
Khon Kaen	ขอนแก่น
Kong Chiam	โขงเจียม
Khung Wiman	คุงวิมาน
Klong Lan National Park	สวนอุทยานคลองลาน
Ko Bulon Lae	เกาะบูลอนเล
Ko Chang	เกาะช้าง
Ko Hai	เกาะไห
Ko Kood	เกาะกด
Ko Kradan	เกาะกระดาน
Ko Lanta	เกาะลันตา
Ko Libong	เกาะลิบง
Ko Lipe	เกาะหลีเป๊ะ
Ko Lone	เกาะโหลน
Ko Mak	เกาะหมาก
Ko Maphrao	เกาะมะพร้าว

Ko Mook/Ko Muk	เกาะมุก
Ko Nang Yuan	เกาะนางยวน
Ko Pha Ngan	เกาะพัน
Ko Phayam	เกาะพะยาม
Ko Phi Phi	เกาะพีพี
Ko Rayang	เกาะระยาง
Ko Rok	เกาะรอก
Ko Samet	เกาะเสม็ด
Ko Samui	เกาะสมุย
Ko Si Chang	เกาะสีชัง
Ko Similan National Park	อุทยานแห่งชาติเกาะสิมิลัน
Ko Siray/Ko Sire	เกาะสีเหร่
Ko Sukon	เกาะสุทร
Ko Surin National Park	อุทยานแห่งชาติเกาะสุรินทร์
Ko Tao	เกาะเต่า
Ko Tarutao	เกาะตะรุเตา
Ko Thalu	เกาะทะลุ
Ko Wai	เกาะหวาย
Ko Yang	เกาะยาง
Ko Yao Noi	เกาะยาวน้อย
Ko Yao Yai	เกาะยาวใหญ่
Korat (Nakhon Ratchasima)	โคราช
Krabi	กระบี่
Laem Mae Phim	แหลมแม่พิมพ์
Laem Ngop	แหลมงอบ
Laem Sadet	แหลมเสด็จ
Laem Son National Park	สวนอุทยานแหลมสน
Lampang	ลำปาง
Lansang National Park	สวนอุทยานลานสาง
Loei	เลย
Lopburi	ลพบุรี
Mae Hong Son	แม่ฮ่องสอน
Mae Sa Valley	แม่สาวัลเล่ย์
Mae Sai	แม่สาย
Mae Salong	แม่สลอง
Mae Sariang	แม่สะเรียง
Mae Sot	แม่สอด
Mu Ko Chumphon National Park	อุทยานแห่งชาติหม่เกาะชุมพร
Mu Ko Ra – Ko Phra Thong National Park	อุทยานแห่งชาติหม่เกาะระเกาะพระทอง
Mukdahan	มุกดาหาร
Nakhon Pathom	นครปฐม
Nakhon Phanom	นครพนม
Nakhon Sawan	นครสวรรค์
Nakhon Si Thammarat	นครศรีธรรมราช
Nam Tok Khlong Kaew National Park	อุทยานแห่งชาติน้ำตกคลองแก้ว
Nan	น่าน
Narathiwat	นราธิวาส
Nathon	หน้าทอน

Anhang

Nong Khai	หนองคาย
Padang Besar	ปาดังเบซา
Pai	ปาย
Pak Chong	ปากช่อง
Pakbara	ปากบารา
Pattani	ปัตตานี
Pattaya	พัทยา
Pha Taem	ผาแตม
Phang Nga	พังงา
Phattalung	พัทลุง
Phayao	พะเยา
Phetchaburi	เพชรบุรี
Phichit	พิจิตร
Phimai	พิมาย
Phitsanulok	พิษณุโลก
Phlio National Park	อุทยานแห่งชาติพลิ้โอ
Phrae	แพร่
Phu Kradung National Park	ภูกระดึง
Phuket	ภูเก็ต
Prachuap Khiri Khan	ประจวบคีรีขันธ์
Prasat Khao Phra Viharn	ปราสาทเขาพระวิหาร
Prasat Phanom Rung	ปราสาทพนมรุ้ง
Ramkhamhaeng National Park	สวนอุทยานรามคำแหง
Ranong	ระนอง
Ratchaburi	ราชบุรี
Rayong	ระยอง
Sadao	สะเดา
Sakon Nakhon	สกลนคร
Samphran	สามพราน
Samut Prakan	สมุทรปราการ
Samut Sakhon	สมุทรสาคร
Samut Songkhram	สมุทรสงคราม
Satun	สตูล
Sawankhalok	สวรรคโลก
Si Racha	ศรีราชา
Si Satchanalai	ศรีสัชนาลัย
Sichon	สิชล
Similan-Inseln	หมู่เกาะสิมิลัน
Songkhla	สงขลา
Soppong	สบปอง
Sri Nakharin National Park	อุทยานแห่งชาติศรีนรินทร์
Sri Phang Nga National Park	อุทยานแห่งชาติศรีพังงา
Sukhothai	สุโขทัย
Sungai Golok	สุไหงโกลก
Suphanburi	สุพรรณบุรี
Surat Thani	สุราษฎร์ธานี
Surin	สุรินทร์
Surin-Inseln	หมู่เกาะสุรินทร์

Anhang

Tak	ตาก
Tak Bai	ตากใบ
Taksin Maharat National Park	สวนอุทยานตากสินมหาราช
Takua Pa	ตะกั่วป่า
Tarutao National Park	สวนอุทยานเกาะตะรุเตา
Tha Li	ท่าลี
That Phanom	ธาตุพนม
Thaton	ท่าตอน
Thong Sala	ท้องศาลา
Trang	ตรึ๊
Trat	ตราด
Ubon Ratchathani	อุบลราชธานี
Udon Thani	อุดรธานี
Umphang	อุ่มผาง
Uttaradit	อุตรดิตถ์
Wangprachan	วังปราจัน
Wat Khao Sukim	วัดเขาสุกิม
Wat Phailom	วัดไผ่ล้อม
Wat Suan Moke	วัดสวนโมกข์
Yala	ยะลา
Yasothon	ยโสธร

Glossar

Viele Begriffe stammen aus den altindischen Sprachen Pali oder Sanskrit (Skt.). Bei der phonetischen Umschrift wurde auf die diakritischen Zeichen (z. B. für lange Vokale oder Nasalierungen) verzichtet.

Ao Bucht, auch Teil einer Ortsbezeichnung, z. B. Ao Nang

Apsara himmlische Tänzerin in der buddhistischen Tradition; auch bekannt in der hinduistischen Mythologie

Asana Körperhaltung in der buddhistischen Ikonografie

Asean (Association of Southeast Asian Nations) politischer und wirtschaftlicher Verband südostasiatischer Staaten

Asura Dämon aus dem Ramayana

Avalokiteshvara (Skt.) „Herr, der die Welt betrachtet"; Bodhisattva des Mitgefühls

Ban, Bang Dorf; tritt auch in vielen Ortsbezeichnungen auf, wie zum Beispiel in Bangkok oder Ban Chiang

Bodhi-Baum *Ficus religiosa,* heiliger Baum, unter dem Buddha zur Erleuchtung gelangte

Basrelief Flachrelief, bei dem die aus dem Stein gemeißelten Figuren oder Gegenstände nur ein wenig aus der als Hintergrund dienenden Fläche herausragen

Bodhisattva im Buddhismus ein Wesen, das die vollständige Erleuchtung erlangt hat, jedoch auf den Einzug ins Nirwana verzichtet, um den Menschen ebenfalls auf diese hohe Stufe zu verhelfen

Bot Pali *sima* = Ordinationshalle; das wichtigste Gebäude eines buddhistischen Klosters mit Heiligtum, in dem die Mönche auch ordiniert werden

Brahma Schöpfergott, eine der drei zentralen Gottheiten des Hinduismus

Brahmane Angehöriger der höchsten Kaste des Hinduismus, hinduistischer Priester

Buddha „Der Erwachte"; einer, der zur vollkommenen Erleuchtung gelangt ist

Busabok Holzthron mit gestaffeltem Dach; Sitzplatz eines Königs oder einer heiligen Statue

Chakra (Skt.) Rad; Symbol für die buddhistische Lehre und eines der Attribute von Vishnu

Chao fa Herrscherbezeichnung der Lue, Shan und Khuen

Chedi von Sanskrit *caitya* = Heiligtum; in Myanmar und Thailand Synonym für Stupa

Dharma Sanskrit-Bezeichnung für die buddhistischen Lehren; entspricht dem Pali-Wort *dhamma*

Doi Gipfel, der höchste des Landes ist der Doi Inthanon

Dvaravati Kunststil der Mon, die ab dem 6. Jh. in Thailand und Burma siedelten

Erawan dreiköpfiger weißer Elefant; Reittier von Indra; Symbol der königlichen Macht, Sanskrit *airavata*

Farang westlicher Ausländer

Frangipani *Plumeria rubra;* auch: Tempel- oder Pagodenbaum

Ganesh elefantenköpfiger Gott der Weisheit; Sohn von Shiva und Parvati

Garuda mythisches Wesen, halb Mensch, halb Vogel; das Tragtier von Vishnu

Hat Strand, z. B. Hat Sai Kao (White Sand Beach)

Headquarter Büro der Nationalparkverwaltung, in dem manchmal auch Touren gebucht werden können und Informationen erhältlich sind

Howdah Sitz auf dem Rücken des Elefanten

Indochina Kambodscha, Laos und Vietnam

Indra (Skt.) König der Götter und Beschützer des Ostens

Isarn Der Nordosten Thailands; auch: Isan, I-san, Isaan, E-sarn

Jataka ein Kanon von 550 Erzählungen aus den früheren Leben und Existenzen des Buddha; häufig im Innern von Tempeln bildlich dargestellt

Kala Gott der Zeit und somit des Todes und Verfalls, meist mit vorstehenden Augen und Klauen sowie ohne Unterkiefer dargestellt

Kali Die schwarze Göttin des Hinduismus mit einer Kette aus Schädeln, Verkörperung der dunklen Seite der Macht. Ihr werden in einigen Teilen Indiens immer noch Blutopfer dargebracht

Kapokbaum „Baumwollbaum" (liefert Polstermaterial u. a. für harte Matratzen)

Karma Sanskrit-Bezeichnung für das Verhältnis von Ursache und Wirkung; entspricht dem Pali-Wort *kamma*

Khao Berg, Hügel

Khmer die einheimische Bevölkerung Kambodschas (austauschbar mit „Kambodschaner") und zugleich Name ihrer Sprache

Kinnara (m), Kinniri (w) (Skt.) im Himmel lebende, halb menschliche, halb vogelartige Musikanten und Sänger

Klong Kanal

Ko(h) Insel

Krishna achte Inkarnation des Hindugottes Vishnu, seine menschliche Form

Kuti Mönchsunterkunft

Lak Muang Tempel für den Schutzgeist eines Ortes; Stadtsäule

Laterit rotbraunes Gestein, das in der Sonne härtet und zu widerstandsfähigem Baumaterial wird

Lingam phallisch geformte Steinsäule; Symbol für den Hindugott Shiva

Lokesvara Avalokitesvara; Bodhisattva des Mitgefühls und Erbarmens

Mae Chi „weiße Mutter", buddhistische Nonne

Mae Nam Fluss, die „Mutter des Wassers"

Mahabharata eines der beiden bedeutendsten altindischen Epen (das zweite: *Ramayana*); wichtige Quelle des Hinduismus; erzählt von den Auseinandersetzungen der Familienklane Kaurava und Pandava um die Macht im Norden Indiens

Mahout Elefantenführer

Mandapa (Skt.) zum Sanktuarium führende Vorhalle, manchmal separat stehend

Mekong Großer Fluss und Thai-Whisky, aus Reis gebrannt

Meru goldener Berg als Heimat der Götter, Zentrum des Universums in der hinduistisch-buddhistischen Kosmologie

Mit(t)hrapap Freundschaft

Muang befestigte Siedlung, Stadt

Mudra Hand- und Fingerhaltung in der buddhistischen Ikonografie

Mukhalingam Lingam mit ein oder mehreren Gesichtern

Naga mythische, oft vielköpfige Schlange, ein Schutz gewährendes Symbol

Nakhon Große Stadt

Nam Tok Wasserfall, manchmal auch Namtok

Nandi (Sanskrit) Tragtier Shivas, ein Stier

NGO (Non-governmental Organization) Nichtregierungsorganisation

Nirvana Sanskrit-Bezeichnung für das oberste Ziel im Buddhismus, Zustand der Loslösung von Begierden und Befreiung aus der Abfolge der Wiedergeburten; entspricht dem Pali-Wort *nibbana*

OTOP (One Tambon, One Product) Regierungsinitiative, die Produktion und Vertrieb einer regionalen Spezialität in ländlichen Regionen fördert

Pali Sprache, in der die buddhistischen Texte niedergeschrieben wurden; sozusagen „das Latein" des Theravada-Buddhismus

Parvati (Skt.) „Tochter des Himalaja"; Gemahlin von Shiva

Phra Sanskrit *brah* = heilig; wird als Ehrentitel von wichtigen Buddhastatuen, Tempeln und Personen verwendet

Prang Typ der thailändischen Stupa, entwickelt aus dem Tempelturm der Khmer

Prasat Sanskrit *prasada;* Turmheiligtum, Befestigung der Khmer

Puang Ma Lai Girlanden aus Jasmin, Orchideen und anderen Blumen, die als Opfergabe dienen.

Rahu Dämonisches Ungeheuer mit Monsterkopf ohne Leib, das Sonne und Mond verschlingt

Raksasa böser Geist, riesenhafter Dämon

Rama siebte Inkarnation des Hindugottes Vishnu und Held des Ramayana

Ramakien thailändische Version des altindischen Ramayana-Epos

Ramayana eines der beiden bedeutendsten altindischen Epen (das zweite: *Mahabha-rata*), das etwa um 300 v. Chr. verfasst wurde. Es erzählt die Geschichte von König Rama, einer Inkarnation des Gottes Vishnu, und seiner Gemahlin Sita

Sala Versammlungs- und Übernachtungshalle in einem Kloster

Samlor dreirädrige Fahrradrikschas mit überdachter Sitzbank

Sanskrit alte indische Literatursprache

Sangha der theravada-buddhistische Mönchsorden

Shiva gleichzeitig Zerstörer und Erneuerer; eine der drei zentralen Gottheiten des Hinduismus

Singha Sanskrit: Löwe, der die Tempeleingänge bewacht (vor allem in Nord-Thailand); auch Name für ein Thai-Bier

Sita Gemahlin des Rama im Ramayana, die nach Lanka entführt und wieder befreit wurde

Skanda hinduistischer Kriegsgott

Songkran thailändisches Neujahrsfest vom 13.–15. April

Songthaew gesprochen „song-täo", privat betriebener Kleinlaster zur Personenbeförderung

Soi Gasse

Stele senkrecht stehender Stein mit Inschrift

Stuck gut formbare und schnell härtende Masse aus Gips, Kalk, Sand und (Leim-) Wasser, die für Dekorationen an Ziegelbauwerken verwendet wird

Stupa (Skt.) ursprünglich Grabhügel. Monument zur Aufbewahrung von hoch verehrten buddhistischen Reliquien; ist auch Symbol für Buddha selbst; Synonym für That

Suvarnabhumi (Skt.) „Goldenes Land". Wird in Chroniken der Mon und Birmanen mit dem Mon-Reich in Verbindung gebracht, Name des Flughafens in Bangkok

Talat Markt

TAT (Tourism Authority of Thailand) Thailändisches Fremdenverkehrsamt, die Abkürzung wird auch von privaten Reisebüros missbraucht

Tham Höhle

Thanon Straße

That von *dhatu* (Skt.), „Reliquien", heute die Bezeichnung eines verehrten Stupas

Tipitaka (Pali) „drei Körbe"; die klassischen buddhistischen Schriften über *vinaya* (Ordensregeln), *sutta* (Lehrreden Buddhas) und *abhidhamma* (philosophische Erweiterung der Lehrreden)

Trimurti hinduistische Göttertrinität: Shiva, Vishnu und Brahma

Trishaw Fahrradrikscha, ein aussterbendes Nahverkehrsmittel

Tuk Tuk Nahverkehrsmittel: dreirädriger Motorroller mit überdachter Sitzbank

Unesco Organisation der Vereinten Nationen für Erziehung, Wissenschaft und Kultur. Auf ihrer Liste des Welterbes stehen auch einige Ziele in Thailand

Vishnu der Welterhalter; eine der drei zentralen Gottheiten des Hinduismus

Vihara (Pali und Sanskrit) wichtiger Sakralbau neben dem Bot

Vipassana Einsichtsmeditation; Geist und Körper im gegenwärtigen Zeitpunkt klar sehen

Wai traditionelle Begrüßung mit vor dem Oberkörper gefalteten Händen

Wat buddhistische Klöster und angeschlossene religiöse Bauwerke

Yaksha männliche Waldgottheiten, die Naturkräfte symbolisieren; der Ikonografie dienen sie als Tempelwächter, dargestellt mit vorquellenden Augen, Fangzähnen und grimmigem Blick

Yama Herrscher über die Unterwelt, Todesgott

Reisemedizin zum Nachschlagen

Allergien

Wer stark allergisch reagiert, sollte sich auch in Thailand vor einigen potenziellen Allergenen besonders in Acht nehmen: Meerestiere, Fischsoße (in jedem Essen enthalten), Geschmacksverstärker Glutamat (MSG), Quallen, verunreinigtes Meerwasser, Chlor im Swimming Pool oder Duschwasser, Massageöle, Räucherspiralen gegen Mücken, Duftstoffe der Aromatherapie, Luftverschmutzung …

Chikungunya-Fieber

Die vereinzelt auftretende Virusinfektion wird durch Mücken übertragen und kommt vor allem im Süden sowie auf Plantagen und Baustellen bei Wanderarbeitern aus den Nachbarländern vor. Sie verursacht Kopfschmerzen, Gelenkschmerzen, Übelkeit und Fieber. Die Symptome klingen nach einigen Tagen ab und sind normalerweise nicht tödlich.

Cholera

Die Cholera trat in den vergangenen Jahren mehrfach bei Flüchtlingen aus Myanmar in Mae Sot, im Nordosten sowie im Norden von Phuket auf. Die Cholera wird vom Bakterium *Vibrio cholerae* verursacht und durch direkten Kontakt mit infizierten Personen, deren Ausscheidungen oder durch verunreinigte Nahrungsmittel übertragen. Die Symptome – wässrige Durchfälle und Erbrechen – treten nach ein bis fünf Tagen auf und können schnell zur Dehydrierung führen. Wer erkrankt, muss sofort zum Arzt und die verlorene Flüssigkeit ersetzen. Wer auf eine saubere Umgebung und hygienische Nahrungsmittel achtet und nicht geschwächt ist, wird kaum gefährdet sein. Bei Aufenthalten über vier Wochen ist eine orale Impfung möglich (Dukoral) und sollte mit dem Reisearzt abgesprochen werden.

Denguefieber

Diese Viruskrankheit ist auf dem Vormarsch und tritt überall epidemieartig auf, am ehesten während der Regenzeit. Im Jahr 2008 wurden über 91 000 Fälle vor allem im Süden und in Zentral-Thailand gemeldet, von denen 0,1 % tödlich verliefen.

Das Virus wird durch die tagaktive *Aedes aegypti*-Mücke übertragen, die an ihren schwarzweiß gebänderten Beinen zu erkennen ist. Nach der Inkubationszeit von bis zu einer Woche kommt es zu plötzlichen Fieberanfällen, Kopf- und Muskelschmerzen, totaler Mattigkeit und Appetitlosigkeit. Beim Abklingen der Krankheit nach etwa drei bis fünf Tagen kann ein Hautausschlag am ganzen Körper auftreten. Bei dieser Erstinfektion klingen die Krankheitssymptome in der Regel nach ein bis zwei Wochen ab. Gefährlich kann die Krankheit bei einer Zweitinfektion werden. Dann kann es zu inneren und äußeren Blutungen kommen.

Wie bei der Malaria ist der Schutz vor Mückenstichen die beste Vorsorge. Es gibt keine Impfung oder spezielle Behandlung. Schmerztabletten, fiebersenkende Mittel und kalte Wadenwickel lindern die Symptome. Wegen ihrer gerinnungshemmenden Wirkung sollten keinesfalls ASS, Aspirin oder andere acetylsalicylsäurehaltige Medikamente genommen werden, da diese einen lebensgefährlichen hämorrhagischen Verlauf hervorrufen können. Wer befürchtet an Dengue erkrankt zu sein, sollte auf jeden Fall zum Arzt, besser noch ins Krankenhaus. Die Erreger sind nicht immer sofort nachweisbar. Um andere nicht zu gefährden, sollte man sich isolieren (z. B. im Krankenhaus oder unter dem Moskitonetz), um die weitere Übertragung durch Mücken zu verhindern. Erkrankte sollten zudem dafür sorgen, dass das Ansteckungsgebiet professionell ausgeräuchert wird.

Durchfälle

Verdorbene Lebensmittel, nicht kontinuierlich gekühlte Meeresfrüchte, zu kurz gegartes Rindfleisch, ungeschältes oder schon länger aufgeschnittenes Obst, Salate, kalte Getränke oder schlecht gekühlte Eiscreme sind häufig die Verursacher von Durchfällen. Vorsicht also am Buffet! Da auch Mikroorganismen im Wasser durchschlagende Wirkung zeigen können, sollte man nur abgefülltes Wasser aus Flaschen oder Wasserspendern trinken. Eis ist normalerweise hygienisch einwandfrei, solange es sich nicht um zerstoßenes Stangeneis handelt, das eigentlich nur zum Kühlen dient.

Eine Elektrolyt-Lösung, die verlorene Flüssigkeit und Salze ergänzt, reicht bei den meist harmlosen Durchfällen aus und wird auch in Thailand verkauft. Man kann sich selbst eine Lösung herstellen aus 4 gehäuften Teelöffeln Zucker oder Honig, 1/2 Teelöffel Salz und 1 l Orangensaft oder abgekochtem Wasser. Zur Not, z. B. vor langen Fahrten, kann auf Imodium, das die Darmtätigkeit ruhig legt, zurückgegriffen werden (aber nur in geringen Dosen, da die Ausscheidung von Krankheitserregern verzögert wird!). Wer Durchfälle mit Kräutertees lindern möchte, sollte sich einen Vorrat mitnehmen. Bei länger anhaltenden Erkrankungen empfiehlt es sich, einen Arzt aufzusuchen – es könnte auch eine bakterielle oder eine **Amöben-Ruhr** (Dysenterie) sein.

Geschlechtskrankheiten (Veneral Diseases)

Gonorrhöe und die gefährlichere **Syphilis** sind in Asien weit verbreitete Infektionskrankheiten, vor allem bei Prostituierten. Bei den ersten Anzeichen einer Erkrankung (Ausfluss/Geschwüre) unbedingt ein Krankenhaus aufsuchen.

Hauterkrankungen

Bereits vom Schwitzen kann man sich unangenehm juckende Hautpilze holen. Gegen zu starkes Schwitzen hilft Körperpuder. Für andere Erkrankungen sind häufig Kopf-, Kleider-, Filzläuse, Flöhe, Milben oder Wanzen verantwortlich, s. S. 93. Hitzepickel kann man mit Prickly Heat Powder behandeln. Gegen Kopfläuse hilft Organoderm, oder, falls man wieder in Deutschland ist, Nyda L.

Hepatitis

Hepatitis ist eine Infektion der Leber, die von verschiedenen Virus-Typen verursacht wird. Inzwischen sind Typen A–G bekannt. Für Reisende spielen vor allem die ersten beiden eine Rolle.

Die **Hepatitis A** wird durch verunreinigtes Wasser, Eis und Lebensmittel oral übertragen. Die Symptome ähneln am Anfang denen einer Grippe. Später kommt es zu einer Gelbfärbung der Haut, der Stuhl wird heller und der Urin dunkler. Einen guten Schutz bieten die Impfstoffe Havrix und Vaqta. Ob die Impfung notwendig ist, zeigt ein Antikörpertest.

Die schwere **Hepatitis B** wird vor allem durch Intimkontakt und Blut (ungenügend sterilisierte Nadeln bei Bluttransfusionen, Tätowierung, Piercen, Akupunktur) übertragen. Sie kann chronisch werden. Eine vorbeugende Impfung, z. B. mit Gen H-B-Vax, Engerix oder Twinrix (Kombi-Impfung), ist bei längeren Aufenthalten zu empfehlen.

HIV / Aids

In Thailand sind etwa 9,4% der Bevölkerung mit dem HIV-Virus infiziert. Jährlich sterben über 60 000 Menschen an Aids, vor allem in den Nordprovinzen. Stichproben ergaben, dass bis zu 90 % aller Prostituierten HIV positiv waren. Ein großer Teil der thailändischen Männer macht seine ersten sexuellen Erfahrungen mit Prostituierten. Deshalb wurde von der Regierung ein National Aids Comittee eingesetzt und die *100 %-Condom Campaign* propagiert, die Prostituierte verpflichtet, Kondome zu benutzen. Es bleibt fraglich, wie weit sie das ihren alkoholisierten Kunden klarmachen können. Unvorsichtigkeit ist schlimm genug, aber wer auch noch an „Sauberkeitsbescheinigungen" oder -beteuerungen glaubt, ist naiv.

Insektenstiche und -bisse

Insekten und Fliegen sind allgegenwärtig und manchmal eine wahre Plage. Auch in der heißen Jahreszeit lassen sie sich in Scharen von Lichtquellen und Wärme anlocken, doch die meisten sind eher lästig als gefährlich. Vorsicht ist vor Moskitos geboten, da sie gewisse Arten Dengue-Fieber und Malaria übertragen.

An einigen Sandstränden treten vor allem am späten Nachmittag und Abend **Sandfliegen** auf, deren gemeine Bisse sich erst einige Stunden später durch juckende, extreme Hautrötungen bemerkbar machen. Kratzen erhöht die Gefahr einer Entzündung, die mitunter erst nach einem Monat abklingt und hässliche Narben hinterlässt. Da sich die kleinen Plagegeister nur in begrenzten Bereichen aufhalten, sollte man sich von diesen Stränden fern halten. Zudem hilft Skin-So-Soft von Avon.

Flöhe und **Bettwanzen**, deren Bisse fürchterlich jucken können, verstecken sich bevorzugt in schmutzigem Bettzeug. Wanzenbisse bilden gewöhnlich eine säuberliche Linie. Nicht kratzen, sondern ein Antihistaminikum (Salbe) gegen Entzündungen auftragen. Besonders in Billig-Unterkünften sind immer wieder Traveller von Bettwanzen überfallen worden. Mehr s. S. 93, A–Z.

Auf dem Land sind viele Tiere von **Zecken** befallen, die sich in gesättigtem Zustand von ihrem Wirt fallen lassen und auf das nächste Opfer warten, dem sie ihre mit Haken besetzten Köpfe ins Fleisch bohren können, um Blut zu saugen. Es ist wichtig, sie vorsichtig zu entfernen, damit keine Haken stecken bleiben.

Blutegel sind vor allem zur Regenzeit im Dschungel eine Plage. Mehr s. S. 78, Kasten.

Japanische Encephalitis

Diese Virusinfektion, die zu einer schweren Hirnhautentzündung führt, wird durch nachtaktive Moskitos in Agrarregionen übertragen. Die Symptome umfassen Fieber, Kopfschmerzen, Nackensteife und Erbrechen. Die Vermeidung von Mückenstichen ist die beste Vorbeugung. Eine Impfung empfiehlt sich nur bei einem langen Aufenthalt in Reisanbaugebieten mit Schweinezucht. In Thailand ist ein Impfstoff erhältlich.

Malaria

Thailand gilt laut WHO als C-Land. Bis 2007 ging die Zahl der Fälle zurück, seither nehmen sie wieder zu. Die letzten Erkrankungen traten an der Grenze zu Myanmar (Mae Sot, Ko Chang, Trang) und Kambodscha (Trat, Ko Chang) sowie im Khao Sok National Park auf. Dennoch besteht für Touristen, die sich auf eingefahrenen Routen bewegen, ein sehr geringes Risiko.

Die Mücke *Anopheles*, die den Malariaerreger *Plasmodium falciparum* übertragen kann, sticht nachts zwischen Beginn der Dämmerung und Sonnenaufgang. Die beste Vorbeugung ist, nicht gestochen zu werden (**Expositionsprophylaxe**): Am Abend schützen helle Kleidung, lange Hosen, langärmlige Hemden, engmaschige lange Socken und ein Mücken abweisendes Mittel auf der Basis von DEET, das auf die Haut aufgetragen wird und die Geschmacksnerven stechender Insekten lähmt. Bewährt hat sich der Wirkstoff Permethrin, mit dem Kleidung und Moskitonetz eingesprüht werden. Er geht eine Verbindung mit dem Gewebe ein und bleibt wochenlang wirksam. Als bestes Mückenmittel auf dem deutschen Markt gilt das österreichische No Bite, alternativ kann man auf Autan family zurückgreifen. Einige Apotheken und Bioläden bieten sanftere Mittel an, die auf Zitronella- und Nelkenöl basieren.

Ist der Schlafraum nicht mückensicher (lückenlose Mückengitter an Fenstern und Türen), sollte man unter einem Moskitonetz schlafen. Am sichersten ist ein eigenes, mit Permethrin behandeltes Netz. Löcher verschließt man am besten mit Klebeband. Bei niedrigen Temperaturen in klimatisierten Räumen sind die Mücken zwar weniger aktiv, aber keineswegs ungefährlich.

Über die beste **medikamentöse Prophylaxe** ist immer wieder heftig debattiert worden. Allen Mitteln gemein ist, dass sie unangenehme Nebenwirkungen hervorrufen können. Zu den am häufigsten verschriebenen Präparaten gehören Lariam (Wirkstoff Melfloquin) und Malarone (Wirkstoff Atovaquon/Proguanil).

Wer sich in einem Gebiet ohne ärztliche Versorgung infiziert hat, kann zur Überbrückung mit einer Standby-Therapie mit Lariam, Malarone oder Riamet (Wirkstoff Artemether/Lamefantrin) beginnen. Wer aus Asien zurückkehrt und an einer nicht geklärten fieberhaften Erkrankung leidet, auch wenn es sich nur um leichtes Fieber und Kopfschmerzen handelt und erst Monate nach der Rückkehr auftritt, sollte dem Arzt unbedingt vom Tropenaufenthalt berichten. Die ersten Symptome einer Malaria können denen eines banalen grippalen Infektes ähneln.

Pilzinfektionen

Frauen leiden im feucht-warmen Klima häufiger unter Pilzinfektionen. Vor der Reise sollten sie sich entsprechende Medikamente verschreiben lassen. Eine Creme oder Kapseln sind besser als Zäpfchen, die bei der Hitze schmelzen. Ungepflegte Swimming Pools sind Brutstätten für Pilze aller Art.

Poliomyelitis (Kinderlähmung)

Selbst in Europa treten immer noch Epidemien auf. Die Grundimmunisierung gehört in Deutschland zu den Standard-Impfempfehlungen für Kinder und sollte – auch unabhängig von einer Asienreise – alle zehn Jahre aufgefrischt werden.

Schlangen- und Skorpionbisse, giftige Meerestiere

Die Angst vor **Schlangen** steht in keinem Verhältnis zur realen Gefahr, denn Giftschlangen greifen nur an, wenn sie attackiert werden. Gefährlich ist die Zeit nach Sonnenuntergang zwischen 18 und 20 Uhr, vor allem bei Regen. Einige Schlangen töten durch ein Blutgift, in diesem Fall benötigt man sofort ein Serum, andere töten durch ein Nervengift, dann ist außerdem eine künstliche Beatmung wichtig. Das Provinzkrankenhaus, in das der Betroffene schnellstens gelangen sollte, muss zudem sofort informiert werden, damit ein Arzt und das Serum beim Eintreffen bereit stehen.

Skorpionstiche sind in dieser Region generell nicht tödlich. Kräutertabletten und Ruhigstellen des Körperteils lindern den Schmerz, Wasserkontakt meiden. Normalerweise lassen die anfangs starken Schmerzen nach 1–2 Tagen nach. Auch die großen **Geckos** beißen, wenn sie sich bedroht fühlen. Die kleinen sind hingegen harmlos.

Durchaus real ist in den Tropen die Gefahr, mit nesselnden und giftigen Meerestieren in Kontakt zu kommen. Nur zwei Arten von Fischen können gefährlich werden: zum einen **Stachelrochen**, deren Gift fürchterliche Schmerzen verursacht, zum anderen **Steinfische**, die sehr giftige Rückenstacheln besitzen. Beide sind nur schwer vom Meeresboden zu unterscheiden. Beim Schnorcheln führt die Berührung von **Feuerkorallen** zu stark brennenden Hautreizungen, während giftige Muränen, Rotfeuerfische und Seeschlangen nur ganz selten gefährlich werden. **Seeigel** sind zwar nicht giftig, ein eingetretener Stachel ist aber sehr schmerzhaft und verursacht lang eiternde Wunden.

Wie überall auf der Welt breiten sich auch im Südchinesischen Meer und im Golf von Thailand vermehrt **Quallen** aus, so dass Badende immer häufiger ihre giftigen Tentakeln streifen. Gehen die schmerzhaften Bläschen nach der Behandlung mit hochprozentigem Essig, Cortisonspray oder säurehaltigem Pflanzenbrei nicht innerhalb einer Stunde zurück, muss ein Arzt aufgesucht werden. Menschen, die unter einer Allergie leiden, sind besonders gefährdet.

Sonnenbrand und Hitzschlag

Selbst bei bedecktem Himmel ist die Sonneneinstrahlung unglaublich intensiv. Viele Reisende treffen nur am Strand Vorkehrungen gegen Sonnenbrand und Hitzschlag, doch dies ist auch bei Touren durchs Hinterland unbedingt notwendig. Als wichtigste Schutzmaßnahmen empfiehlt es sich, regelmäßig Mittel mit hohem Sonnenschutzfaktor auf die Haut aufzutragen, Hut und Sonnenbrille zu tragen und tagsüber viel zu trinken.

Erschöpfungszustände bei Hitze äußern sich durch Kopfschmerzen, Übelkeit, Benommenheit und erhöhte Temperatur. Um die Symptome zu lindern, sollte man unbedingt schattige Bereiche aufsuchen und genügend Flüssigkeit zu sich nehmen. Erbrechen und Orientierungslosigkeit können auf einen Hitzschlag hinweisen, der potenziell lebensbedrohlich ist – deshalb muss man sich sofort in medizinische Behandlung begeben.

Tetanus (Wundstarrkrampf)

Verletzungen sind nie ausschließen, und Wundstarrkrampf-Erreger finden sich überall auf der Welt. Die Grundimmunisierung erfolgt über zwei Impfungen im 4-Wochen-Abstand, die nach einem Jahr aufgefrischt werden müssen. Danach genügt eine Impfung alle 10 Jahre. Am besten ist die Impfung mit dem Tetanus-Diphterie-(Td-)Impfstoff für Personen über 5 Jahre, um gleichzeitig einen Schutz vor Diphterie zu erhalten.

Thrombose

Eine Thrombose kann bei Bewegungsmangel auftreten, etwa bei längeren Flugreisen. Der verringerte Blutfluss, vor allem in den Beinen, kann zur Bildung von Blutgerinnseln führen, die, wenn sie durch den Körper wandern, eine akute Gefahr darstellen (z. B. Lungenembolie). Gefährdet sind vor allem Personen mit Venenerkrankungen oder Übergewicht, aber auch Schwangere, Raucher oder Frauen, die die Pille nehmen. Das Risiko reduziert Bewegung, viel trinken (aber keinen Alkohol) und notfalls Kompressionsstrümpfe der Klasse 1–2.

Tollwut

Theoretisch können alle Säugetiere mit dem Tollwut-Virus infiziert sein. Wer von einem Hund, einer Katze oder einem Affen gekratzt oder gebissen wird, muss sich sofort impfen lassen, da eine Infektion mit Tollwut sonst tödlich endet. Eine vorbeugende Impfung ist nur bei längerem Aufenthalt in ländlichen Gegenden oder bei vorhersehbarem Umgang mit Tieren sinnvoll.

Tuberkulose

Diese Infektion der Bronchien wird durch Tröpfchen übertragen, die infizierte Personen aushusten. In leichten Fällen heilt die Krankheit ohne Medikamente aus. In schweren Fällen können die Erreger die Lunge infizieren. In diesem Stadium leidet der Erkrankte an Fieber, Husten und manchmal Atemnot. Die Tuberkulose ist dann hochgradig ansteckend. Besonders gefährlich ist Tuberkulose für Säuglinge, weshalb für sie eine Schutzimpfung anzuraten ist.

Typhus / Paratyphus

Typhus ist nach Hepatitis A die häufigste „Tropen"-krankheit. Sie wird vom Bakterium *Salmonella typhi* verursacht und oral übertragen. Typische Symptome sind ansteigendes Fieber einhergehend mit einem eher langsamen Puls und Benommenheit. Später folgen eventuell Hautausschlag, Verstopfung oder Durchfall und Bauchschmerzen.

Empfehlenswert für Reisende ist die gut verträgliche Schluckimpfung mit Typhoral L. Drei Jahre lang schützt eine Injektion der neuen Typhus-Impfstoffe Typhim VI oder Typherix.

Unfälle

Allein auf der Urlauberinsel Phuket sind jährlich etwa tausend Touristen an Unfällen beteiligt. Die meisten passieren beim Motorradfahren (s. S. 88) unter Alkoholeinfluss. Um nicht von lautlos herabfallenden Kokosnüssen und Palmwedeln getroffen zu werden, sollte man sich vor allem nach Regenfällen von hohen Palmen in ungepflegten Palmenhainen fern halten.

Das **Bangkok Hospital**, Notruf ✆ 02-310 3456, mit Network Hospitals in allen Provinzen, verfügt über einen Flugrettungs-Notdienst. Es stehen Hubschrauber und Flugzeuge mit ausgebildetem Rettungspersonal zur Verfügung. In Bangkok gibt es Motorlance – ein Motorrad, das einen Notarzt schnell zum Unfallort bringt.

Vogelgrippe

Die Vogelgrippe trat erstmals 2003 bei Geflügel in Südostasien auf. Das unter frei lebenden Vögeln und Geflügel vorkommende Virus ist unter den Tieren hoch ansteckend und tödlich. Auf den Menschen kann es sich durch Kontakt mit infizierten Vögeln übertragen. In den meisten bekannten Fällen wurde das Virus von Vögeln auf Menschen übertragen. Nach Ansicht von Experten nehmen auch Fälle zu, in denen es von Mensch zu Mensch übertragen wird. Bisher wurden aber nur engste Familienmitglieder von betroffenen Personen infiziert. Die Symptome (Fieber, Halsschmerzen und Husten) ähneln denen der Grippe.

Seit 2004 haben sich in Zentral-Thailand mehrfach Menschen mit dem gefährlichen Vogelgrippevirus H5N1 infiziert und es kam in den ersten beiden Jahren sogar zu Todesfällen. Die Gefahr für Reisende ist bislang äußerst gering. Sie können sich schützen, indem sie den Kontakt mit Federvieh (und Schweinen) meiden, auf Besuche von Tiermärkten verzichten und Geflügelfleisch und Eier nur gut durchgegart essen. Ebenfalls ratsam ist es, sich häufiger die Hände zu waschen, insbesondere vor dem Essen. Da sich die Situation schnell ändern kann, sollte die aktuelle Lage vor Reiseantritt mit einem Arzt erörtert werden.

Wundinfektionen

Unter unhygienischen Bedingungen können sich schon aufgekratzte Moskitostiche zu beträchtlichen Infektionen auswachsen, wenn sie unbehandelt bleiben. Wichtig ist, dass jede noch so kleine Wunde sauber gehalten, desinfiziert und evtl. mit Pflaster geschützt wird. Antibiotika-Salben, in feuchtwarmem Klima noch besser Antibiotika-Puder, unterstützen den Heilprozess. In Thailand ist die entzündungshemmende Tinktur Calmine-D hilfreich, die überall erhältlich ist.

Wurmerkrankungen

Würmer können überall lauern: in rohem oder halbgarem Fleisch und Fisch, verunreinigtem Wasser oder auf Gemüse. Sie setzen sich an verschiedenen Organen fest und sind oft erst Wochen nach der Rückkehr festzustellen. Die meisten sind harmlos und durch eine einmalige Wurmkur zu vernichten.

Nach einer Reise in abgelegene Gebiete ist es sinnvoll, den Stuhl auf Würmer untersuchen zu lassen. Das wird auch dann notwendig, wenn man über einen längeren Zeitraum auch nur leichte Durchfälle hat.

Eine unangenehme Erscheinung sind **Lungen- und Leberegel**, die in rohem Süßwasserfisch, fermentierter Fischsoße und Schalentieren vorkommen können. Die Symptome hängen von der Schwere des Befalls ab. Bei Leberegeln kann es zu Fieber und Gelbsucht kommen, Lungenegel verursachen Husten (zum Teil mit rötlichem Auswurf), Fieber und Brustschmerzen. Die Diagnose erfolgt anhand einer Stuhlprobe. Die beste Prävention ist, auf rohe oder halbgare Süßwassertiere zu verzichten.

Bücher und Filme

Nicht jede Buchhandlung hat die folgenden Bücher über Thailand im Programm. Zudem sind einige nur noch secondhand zu bekommen. Buchhandlungen in Thailand, die Secondhand- und englischsprachige Bücher verkaufen, sind im Regionalteil gelistet. Deutschsprachige Bücher gibt es kaum. Eine weitere Quelle, die zudem nichts kostet, ist die Bibliothek des Goethe-Instituts in Bangkok. In Deutschland sind viele englischsprachige Titel über das Internet verfügbar. Wir helfen sie zu finden unter **eXTra [2812]**. Die **Schriftenreihe der Deutsch-Thailändischen Gesellschaft** 💻 **www.dtg-bonn.de** publiziert auch zu Themen, die über die Tagesereignisse hinaus von fachspezifischem Interesse sind. Umfangreiche deutsch- und englischsprachige Buchempfehlungen zu Thailand finden sich unter 💻 **www.thaibuch.de.**

Romane und Erzählungen

The Beach (Der Strand) (Garland, Alex; Goldmann, München 1999). Der britische Autor beschreibt in seinem viel beachteten Erstlingswerk die Traveller-Szene in der Khaosan Road und auf Ko Samui, ihr Leben und ihre Träume.

Der Jadereiter (Englisch: *Bangkok 8*), **Bangkok Tattoo** und **Der Buddhistische Mönch** (Englisch: *Bangkok Haunts*), (Burdett, John; Piper München 2007 / 2008). Deftige, mit viel Insider-Wissen gespickte, spannende Krimis, in denen der buddhistische Polizist Sonchai im Drogen- und Rotlichtmilieu von Bangkok ermittelt.

Haus der Geister (Moore, Christopher G., Unionsverlag, Zürich 2000). Ein Thriller von dem in Thailand lebenden und dort bereits viel beachteten englischsprachigen Schriftsteller um den Privatdedektiv Vincent Calvino, Drogen und das große Geld. Auch der im Bangkoker Nachtclub-Milieu spielende Roman **Nana Plaza** wurde 2001 übersetzt. **Stunde null in Phnom Penh** erhielt 2004 sogar den Deutschen Krimipreis. Wer Gefallen an dem teils recht deftigen Stil gefunden hat, kann weitere Krimis und Romane des Autors auf Englisch lesen. Einen Eindruck vom Autor vermittelt 💻 www.cgmoore.com.

Cyber Freundin (Neville, Allen; Bangkok Books, Bangkok 2008). In Thailand erschienene deutsche Übersetzung eines Romans, der im Rotlichtmilieu spielt und das beliebte Thema „Thai-Mädchen trifft Falang-Männer" aufgreift. Allerdings ist es in diesem Krimi durchaus spannend und informativ dargestellt. (Nur in Thailand erhältlich)

Ao Sane Thailand (Möhrle, Bernt; Books on Demand 2008). Auf Tatsachen basierender Roman, in dem versucht wird, auf einer Segeljacht von Phuket aus Haschisch nach Australien zu schmuggeln.

Das Erbe der Schwestern (Eastgate James, Caron; Knaur, München 2005). Die junge neuseeländische Autorin beleuchtet in ihrem unterhaltsamen Familienroman das Schicksal einer englisch-siamesischen Familie in Thailand über drei Generationen, das eng mit der Geschichte des Landes verwoben ist – eine nette Urlaubslektüre.

Die Unsichtbaren (van Loon, Karel G.; Aufbau Verlag, Berlin 2006). Ein erschütternder, einfühlsamer Roman über das Schicksal der Flüchtlinge aus Myanmar, basierend auf Interviews, die der holländische Bestsellerautor in den Lagern im thailändischen Grenzgebiet geführt hat.

Muschelprinz und Duftende Blüte (Manesse Verlag, Stuttgart 1997). Volkstümliche Liebesgeschichten aus Thailand, die zwischen dem 15. und 17. Jahrhundert in der Region Chiang Mai entstanden sind.

Siamesische Hunde (Blettenberg, Detlef; Pendragon Verlag, Bielefeld, Nachdruck 2009). Als Landeskenner hat der deutsche Entwicklungshelfer diesen spannenden Thriller mit vielen Fakten über das Leben in Thailand gespickt. Der Handlung liegen die geheimdienstlichen Aktivitäten von Jim Thompson zugrunde. Vom selben Autor ist außerdem der Roman **Farang** (2004) erschienen, der mit dem Deutschen Krimi-Preis ausgezeichnet wurde.

Joys Geheimnis (Anschel, Louis, Verlag der Kriminale, Berlin 2000). Nach einem Mord im Berliner Rotlichtmilieu führen die Ermittlungen Kriminalhauptkommissar Ludger Bruske auch nach Thailand, wo er einem Mädchenhändler auf der Spur ist.

Reise nach Thailand: Geschichten fürs Handgepäck (Ritscher, Kirsten; Werner, Heike; Unionsverlag, Zürich 2007). Eine Sammlung von Texten zeitgenössischer thailändischer Autoren auf Deutsch.

Sightseeing (Lapcharoensap, Rattawut, Kiepenheuer & Witsch, Köln 2006) Sieben facettenreiche Kurzgeschichten eines jungen thailändischen Autors über das moderne Alltagsleben jenseits der Sandstrände, humorvoll, präzise, tiefgründig und mit thailändischer Leichtigkeit beschrieben.

Das Goldriff / Teufelskreis Bangkok (Saul, John R.; Goldmann, München 2002). Sammelband. Interessant ist der im korrupten Milieu von Bangkok spielende Roman. (Vergriffen)

Kingdom of Make-Believe (Barrett, Dave; Village East Books, 1999). Nach dem Ende des Vietnamkriegs ereilt den amerikanischen Journalisten in der Midlife-Krise ein Hilferuf aus Bangkok, wo er schon bald in eine Liebesgeschichte mit einer Thai und ihrer Tochter sowie einen ungeklärten Todesfall verstrickt wird. (Vergriffen)

The Pirates of Tarutao (Adirex, Paul; Bangkok 1994). Historischer Roman über das Schicksal der Gefangenen auf der südthailändischen Insel Tarutao im Zweiten Weltkrieg. Interessant geschrieben, gut zu lesen. (Vergriffen)

Reise- und Erlebnisberichte

Geister der Gelben Blätter (Schoeneberg, M.G., King of Fools, München 2007. Der ehemalige Musiker von Ton Steine Scherben studiert Südostasienwissenschaften und begibt sich dann auf eine Reise durch Lanna und Laos, die bei den Mlabri, den Waldnomaden, endet. Leider nur als Hardcover erhältlich. Mehr auf seiner Website 💻 www.mg-schoeneberg.de.

Geschichten aus Thailand (Ruffert, Günther; Heller Verlag, Taufkirchen 2006). Amüsante Erfahrungsberichte und Anekdoten aus dem thailändischen Alltag. Auch als ebook und Hörbuch erhältlich. Vom gleichen Autor erschien 2007 **Farang in Thailand**. Weitere Anekdoten aus dem thailändischen Alltag.

In Buddhas Gärten. Eine Reise durch Vietnam, Kambodscha, Thailand und Birma (Farovik, Tor; Frederking & Thaler, München 2009). Der sozial engagierte Norweger ermöglicht auch einen Blick auf die politischen Zustände in der Region.

In Thailand leben. Geschichten und Artikel über das Leben in Thailand (Labudda, Gad; Thailandbuch Verlag 2006). Erheiternde und aufmunternde, nachdenklich und mitunter ein bisschen traurig stimmende Geschichten über Einwanderer.

Phi Phi Island. Ein Bericht (Haslinger, Josef; Fischer Taschenbücher, Frankfurt 2008). Der Autor, Schriftsteller und Professor für literarische Ästhetik, überlebte mit seiner Familie den Tsunami auf Ko Phi Phi.

Frei ist nur der Blick zum Himmel. Sieben Jahre Haft in Thailand (Gregory, Sandra u. a., Lübbe, Bergisch-Gladbach 2004). Eigentlich wollte sich Sandra mit dem Heroin nur den Rückflug nach London finanzieren, doch sie wird am Flugplatz geschnappt – ein fesselnder Tatsachenbericht.

Der Preis der Leichtigkeit. Eine Reise durch Thailand, Kambodscha und Vietnam (Altmann, Andreas; Frederking & Thaler, München 2008) Ein Schweizer reist mit leichtem Gepäck durch Südostasien und folgt seiner Intuition. Er beobachtet genau und berichtet auch in kleinen Details von Menschen, denen er begegnet.

People of Esarn (Sudham, Pira, Bangkok 2007, englisch). Erzählungen über das Leben in Nordost-Thailand. Vom gleichen Autor erschien 1989 **Monsoon Country**, das 2002 wieder neu aufgelegt wurde. (Nur in Thailand erhältlich.)

Geschichte und Gesellschaft

Thailand – a Short History (Wyatt, David; New Haven 2003). Ausgezeichnete Einführung in die Geschichte von der Vorzeit bis heute. Auf Englisch, aber gut verständlich geschrieben.

A History of Thailand (Baker, Chris, Phongpaichit, Pasuk; Yale University Press, Cambridge 2005). Die erste neue Geschichte Thailands seit vielen Jahren.

Thai Culture in Transition (Klausner, William J.; Bangkok 2002) Die ausgezeichnete kritische Einführung beschreibt den Wandel der sozialen Strukturen und der Mentalität des modernen Thailands. (In Thailand erhältlich)

Thaksin: The Business of Politics in Thailand (Phongpaichit, Pasuk; Baker, Chris; Silkworm Press, Bangkok 2005). Die erste kritische Auseinandersetzung mit dem reichsten Mann Thailands, seiner Biografie und seinem politischen Einfluss.

Die Nacht der Krokodile. Kinderprostitution in Bangkok (Botte, Marie-France; Mari, Jean-Paul; München 1996). In dem aufschlussreichen Sachbuch fasst die engagierte Autorin, eine belgische Sozialarbeiterin, ein heißes Eisen an. Sie weiß, wovon sie schreibt, denn ihrem Engagement ist es vor allem zu verdanken, dass die missbrauchten Kinder nicht länger totgeschwiegen werden. (Vergriffen)

Das siamesische Lächeln. Literatur und Revolte in Thailand (Kothmann, Hella; Neuer Isp Verlag, Karlsruhe 1994). Gedichte und Informationen zur Politik und Zeitgeschichte der 1970er- und 80er-Jahre.

Völker im Goldenen Dreieck (Lewis, Paul & Elaine; Stuttgart 1984 – vergriffen, in Thailand auf Englisch erhältlich). Umfangreiche, illustrierte Darstellung der Lebensbedingungen verschiedener Bergvölker, recht teuer und schwer.

Hilltribes of Thailand (Freeman, Michael; Bangkok 1989). Ein dünnes, großformatiges Buch mit hervorragenden Farbfotos. Die kurzen englischen Textpassagen gehen einfühlsam auf das Leben der Bergvölker ein. (in Thailand erhältlich)

Panorama. Thailands Bergvölker und Seenomaden. Unterwegs zu den Minderheiten Thailands (Thaewchatturat, Aroon und Vater, Tom, Reise Know-How, Bielefeld 2006) Eine bebilderte Beschreibung der ethnischen Minderheiten in Thailand. Auch in der Reihe KulturSchock als Taschenbuch erhältlich.

Thailand (Donner, Wolf; München 1996). Kompetent geschriebene, informative Abhandlung über den Naturraum, die Geschichte, Kultur, Wirtschaft und Gesellschaft des Landes. Erschienen in der Serie Beck'sche Reihe – Länder. (vergriffen)

Sympathie Magazine des Studienkreises für Tourismus 💻 www.sympathiemagazin.de, gibt es u. a. zu Thailand und auch zum Buddhismus.

Kunst und Kultur

Thai Culture, New Series (Hrsg.: The Fine Arts Department, Bangkok). Diese Reihe zu verschiedenen kulturellen Themen umfasst 25 farbige Broschüren, die leider nur selten in Museen verkauft werden.

Thai-Ramayana (Übersetzung der Fassung von König Rama I. durch M.L. Manich Jumsai, deutsch, englisch). Es gibt verschiedene Fassungen dieses Epos', das im gesamten süd- und südostasiatischen Raum bekannt ist. In die Thai-Version sind zahlreiche Märchen und Sagen Thailands eingearbeitet worden. Eine umfangreiche deutsche Übersetzung der indischen Ramayana-Version ist bei Diederichs, Köln 2004, erschienen. Eine besonders schöne englische Nacherzählung mit Bezug auf die Artus-Legende und Abbildungen der Wandmalereien im Wat Phra Keo hat J. C. Shaw 1988 bei D.K. in Bangkok veröffentlicht.

Die Kunst traditioneller Thai Massage (Asokananda – Brust, Harald; Bangkok 1993). Die Techniken der Ganzkörpermassage, mit Fotos und Zeichnungen. (in Thailand erhältlich)

Traditionelle Thai-Massage. NUAD - für Gesundheit und Entspannung. (Theelen, Rudolf; Goldmann, München 2006). Wer die Thai-Massage genossen hat und sich etwas näher mit den Techniken und der Wirkungsweise auseinandersetzen oder gar einzelne Handgriffe lernen möchte, findet in diesem Buch viele Anregungen.

Inside Thai Society: Religion, Everyday Life, Change (Mulder, Niels, Silkworm Press, Bangkok 2001). Informative, persönliche Studie eines Anthropologen für alle, die sich intensiver mit der Thai-Kultur auseinandersetzen möchten.

Kulturschock Thailand (Krack, Rainer; Reise Know-How, Bielefeld 2004). Informationen über Kultur und Gesellschaft der Thais. Auch als Hörbuch und Ebook erhältlich.

Land & Leute Thailand (Bolik, Rainer; Jantawat-Bolik, Siriporn; Polyglott, München 2003). In alphabetischer Reihenfolge wird in dem gut lesbaren Band der Polyglott-Reihe Hintergrundwissen über das Alltagsleben und die Kultur Thailands vermittelt.

Reisegast in Thailand (Aarau, Alice; Cooper, Robert & Nanthapa; Iwanowski Verlag, Dormagen 2009). Amüsant und locker geschrieben ist dieses Buch eine Hilfestellung, um die Verhaltensweisen der Thais zu verstehen und sich als Ausländer entsprechend zu verhalten. Titel der englischen Originalversion: **Culture Shock! Thailand**.

Thai Ways und **More Thai Ways** (Segaller, Denis; Washington 2006). Der seit Jahrzehnten in Thailand lebende US-amerikanische Dokumentarfilmer schreibt humorvoll und doch respektvoll über Sitten und Lebensweisen der Thai. (vergriffen)

Mäi pen räi. Tausend Tage Thailand (Fuhrer, Thomas, Traveldiary.de Reiseliteratur, Hamburg 2005). Bericht eines Reiseleiters über seine Erfahrungen und Begegnungen mit Einheimischen.

Natur

Birds of Thailand (Robson, Craig; Princeton 2002). Ein Vogelbestimmungsbuch mit 128 Bildtafeln und 950 Verbreitungskarten. (Englisch, in Thailand erhältlich)

A Field Guide to the Wild Orchids of Thailand (Vaddhanaphuti, Nantiya; Chiang Mai 1999). Beschreibung von 90 Orchideen mit Fotos. (Englisch, in Thailand erhältlich)

A Field Guide to the Flowering Plants of Thailand (McMakin, Patrick D.; Bangkok 1988). Beschreibung von 502 Blütenpflanzen mit Fotos. (Englisch, in Thailand erhältlich)

Marine Animals of Thailand (Majchacheep, Surin; Bangkok 1989). Wissenschaftliche Beschreibung und Nachschlagewerk über 371 Meerestiere, jeweils mit Foto. (Englisch, in Thailand erhältlich)

Fischführer Indischer Ozean. Rotes Meer bis Thailand (Debelius, Helmut; Tetra Verlag, Berlin-Velten 2001). Ein deutschsprachiges Fischbestimmungsbuch für Taucher und andere Interessierte.

Tauchreiseführer Thailand (Schneider, Frank; Kosmos Verlag, Stuttgart 2007). Deutschsprachiger Tauchführer aus der Kosmos-Reihe, in dem auf 200 Seiten die besten Tauchgebiete in Thailand – von den Similans bis Krabi – präsentiert werden.

Der unersetzbare Dschungel (Reichholf, Josef H.; BLV München, 1991). Verständlich geschrieben, auch für Neulinge in der Regenwald-Problematik geeignet. (Vergriffen)

Historische Beschreibungen

Viele historische Titel sind als Reprints bei White Lotus Press in Bangkok erschienen, 💻 www.thailine.com/lotus, und in Buchhandlungen in Thailand zu bekommen.

The Kingdom and the People of Siam (Bowring, Sir John; Reprint New York 1969). Zweibändiges, umfangreiches Werk, 1855 von einem englischen Diplomaten verfasst, der das Land bereiste.

Siam on the Meinam from the Gulf to Ayuthia (Sommerville, Maxwell; London 1897; Reprint Bangkok 1985). Reiseaufzeichnungen eines US-amerikanischen Professors, der Bangkok und den Menam Chao Phraya über Ayutthaya bis Zentral-Thailand bereiste.

A Narrative of a Residence in Siam (Neale, Frederick Arthur; London 1852; Reprint White Lotus, Bangkok 1986). Bericht eines Briten von seiner Reise nach Siam und seine Beobachtungen über die Kultur, Traditionen und das Rechtssystem des Königreichs.

1688 Revolution in Siam (Hutchinson, E.W.; Bangkok 1990). Memoiren von Pater de Bèze, einem Jesuitenpriester. Er beschreibt die ersten europäischen Versuche, das Königreich zu durchdringen.

Letters from Thailand (Botan; Seattle 2002). Die Geschichte eines Einwanderers aus China in den späten 40er-Jahren des vergangenen Jahrhunderts. Empfehlenswert. (Vergriffen)

Matahari. Stimmungsbilder aus dem Malayisch-Siamesischen Dschungel (Morgenthaler, Hans; Zürich 1987). Schweizer Abenteurer sucht 1917–1920 in Siam nach Bodenschätzen. (Vergriffen)

Bildbände

The Arts of Thailand (Van Beek, Steve & Invernizzi, Luca; Periplus Edition, North Clarendon 1999). Großformatiger Bildband mit fantastischen Bildern.

Panorama Thailand (Nink, Stefan; Flechsig Verlag, Würzburg 2009). Neuer Bildband im Breitformat mit Bildern zum Träumen.

Thailand. Land der Freien (Trummer, Paul, NZ Visitor Publications, Frankfurt 2009) Gewichtiger Bildband mit wunderschönen Bildern von Tempeln und anderen Kulturgütern.

Very Thai. Everyday Popular Culture (Cornwel-Smith, Philip, River Books, Bangkok 2005). Bildband über die farbenfrohe Alltagskultur der Thai von einem Landeskenner zusammengetragen.

The Thai House. History and Evolution (Chaichongrak, Ruenthai u. a., Bangkok 2003). Einer von mehreren Bildbänden, die die einmalige Architektur der aus Holz und Bambus erbauten traditionellen Wohnhäuser ästhetisch ansprechend präsentieren.

Thai Style (Invernizzi, Luca Tettoni u. a., Bangkok 2001) Dieser hervorragend fotografierte Bildband stellt herausragende Beispiele der Thai-Architektur, von der traditionellen Formgebung bis zum westlich beeinflussten Tropenhaus dar.

Classic Thai. Design. Interiors. Architecture. (Invernizzi, Luca Tettoni u. a., Periplus Edition, North Clarendon 2007) Der hervorragende Fotograf beeindruckt auch in diesem Band mit seinen Bildern zu Themen wie dem klassischen Thai-Haus, religiöser Architektur und Thai-Kunsthandwerk und Design.

Sprachführer und Wörterbücher

In Bangkoks Buchläden und in der Khaosan Road wird ein breites Sortiment an preiswerten Sprach- und Wörterbüchern verkauft. Außerdem gibt es:

Lonely Planet Sprachführer Thai (DuMont Reiseverlag, Stuttgart 2008) und **Hill Tribes Phrasebook of Southeast Asia** (Bradley, David, Melbourne 1999). Sehr gute Sprachführer mit Lautschrift und Thai-Schrift. Sie ermöglichen auch in ländlichen Gebieten eine (Lese- und Zeige-) Konversation und fordern die Gesprächspartner dazu heraus, Sprachlehrer zu spielen. Thai gibt es in deutscher Übersetzung, das Hill Tribe Phrasebook nur auf Englisch.

Thai, Rough Guides Phrasebook (Lexus, Rough Guides, London 2006) inklusive eines kleinen Audio-Files zum Runterladen auf den iPod. Nur auf Englisch.

Thai, Wort für Wort. Kauderwelsch (Lutterjohann, Martin; Reise Know-How, Bielefeld 2008). Das Buch gibt es auch auf CD und CD-ROM mit Aussprachetrainer.

Phuut Thai (Möller, Hans; Suriyanja, Wasana; Düsseldorf 2007) Deutsch-Thailändisches Wörterbuch mit deutscher Sprachausgabe, Textverarbeitung und Vokabeltrainer sowie Erläuterungen zur thailändischen Sprache. CD-ROM mit 13 000 Begriffen, einem elektronischen Wörterbuch und thailändischer Tastaturunterstützung für den PC, mehr Infos: 💻 www.phuutthai.com.

Kochbücher

Jahr für Jahr erscheinen neue Kochbücher auf dem Markt mit neuen oder umgeschriebenen Rezepten.

Thai-Küche. (Bastyra, Judy; Johnson, Becky; **Kaleidoskop im Christian Verlag,** München 2008) Umfangreiches Werk mit einer Warenkunde, Informationen über Essen in Thailand und natürlich vielen Rezepten.

Thailändisch Kochen (Cheepchaiissara, Oi; Neuer Umschau Verlag, München 2006). Deutsche Übersetzung des englischen Kochbuchs *Fresh Thai* mit 80 Rezepten für gesundes Essen.

Thai Food (Thompson, David, München 2002). Eine Liebeserklärung an die Küche Siams vom australischen Koch David Thompson, einem glühenden Verehrer der thailändischen Kochkunst. (Vergriffen)

Thailand. Kochen und genießen mit Originalrezepten (München 2004). Die Kochbuchautorin Margit Proebst hat zusammen mit Dara Spirgatis 90 Originalrezepte zusammengetragen. (Vergriffen)

Thai Street Food. Thailändische Garküche und ihre besten Rezepte (Bhumichitr, Vatcharin, Weil der Stadt 2003). Eine kulinarische Reise durch die Garküchen Thailands. Gerichte für den Anfänger sowie Anregungen für jeden, der sich bereits in der asiatischen Küche auskennt, mit Zutaten, die auch in einer deutschen Kleinstadt zu bekommen sind. (Vergriffen)

Reiseführer

Eine große Zahl von Reiseführern beschäftigt sich mit Thailand. Zudem gibt es eine ganze Reihe an Büchern für Auswanderer. Aus dem Angebot haben wir einige ausgewählt, die dieses Buch ergänzen können.

Richtig Reisen Thailand (Loose, Renate; DuMont Reiseverlag, Stuttgart 2009). Hintergrundinformationen über das buddhistische Land. Außerdem zahlreiche Fotos und Routentipps über die wichtigsten Reiseziele in Thailand.

Polyglott APA Guide Thailand (Rutherford, Scott u. a.; Polyglott Verlag, München 2003). Ein Reiseführer mit schönen Bildern und ausführlichen Routenbeschreibungen in Deutsch und Englisch. Wenig praktische Tipps!

Thailand. Kunst- und Reiseführer mit Landkarte (Clarac, A.; Stuttgart, 1979). Der umfangreichste Kunst- und Reiseführer selbst für Touren in abgelegene Regionen, allerdings nur für Selbstfahrer; praktische Preisangaben und Hinweise auf öffentliche Verkehrsmittel fehlen, es gibt keine Neuauflage.

National Parks and other Wild Places of Thailand (Elliott, Stephen; Cubitt, Gerald; New Holland Publishers, Australien 2006). Ausführliche Beschreibung aller Nationalparks, fantastische Fotos, viele praktische Tipps. Aufgrund des Formats als praktischer Wanderführer wenig geeignet.

Bangkok Inside Out (Ziv, Daniel, Sharett, Guy, 💻 www.equinoxpublishing.com, 2004) Die überaus ironische Betrachtungsweise der Hauptstadt ist in Thailand nicht richtig verstanden worden, weshalb das Buch verboten wurde. Die amüsante Lektüre ist dennoch auf dem Chatuchak-Wochenendmarkt und im Internet zu bekommen.

Exploring Chiang Mai (Hargreave, Oliver; Chiang Mai, 2003). In vielen Bildern ist Chiang Mai gut beschrieben, zahlreiche korrekte Karten und Routenbeschreibungen regen zu Ausflügen im Umkreis von 100 km an. (Vergriffen)

Around Lan-Na (Goodden, Christian; Halesworth, 1999). Ein akribisch recherchierter Führer zu den neuen Straßen entlang der Grenzen von Chiang Mai, Chiang Rai und Nan mit Burma und Laos. Eingewebt sind fesselnde Schilderungen über Begegnungen mit den Dorfbewohnern und kulturhistorische Abhandlungen über die Grenzregion. (Vergriffen)

Lanna. Thailand's Northern Kingdom (Freeman, Michael; River Books, Bangkok 2001). Ansprechend bebilderter Reiseführer zu den schönsten Tempeln im Norden Thailands.

A Motorcycle Guide to the Golden Triangle (Unkovich, David; Silkworm Press, Chiang Mai, 1999). Exakte Beschreibungen von Motorradtouren im Norden östlich von Chiang Mai. Sehr zu empfehlen. Neueste Infos und Karten 💻 www.gt-rider.com.

Kosmos NaturReiseführer Thailand (Kath, Andrea; Braun-Lüllemann, Jörg; Braun-Lüllemann, Annette; Kosmos Verlag, Stuttgart 2001). Auf 286 Seiten wird der Naturraum Thailands ausführlich dargestellt und mit farbigen Fotos und Karten illustriert. (Vergriffen)

Landkarten und Pläne

... über Thailand

Thailand Highway Map 1 : 1 100 000 (Roads Association of Thailand, Hrsg.; PN Map Center, Bangkok). Der zurzeit umfangreichste Straßenatlas Thailands in Thai und Englisch, brauchbar für Haupt- und Nebenrouten. Viele Stadtpläne. Leider ist der Ortsindex nur in Thai. Erscheint jährlich neu und ist nur in Thailand erhältlich.

Nelles Map Thailand 1 : 1 500 000 (Nelles Verlag, München). Sehenswürdigkeiten sind markiert, Grundlage ist eine topographische Karte mit angenehmem Maßstab. 9 Stadtpläne und Detailkarten.

thinknet Bilingual Map Of ... (ThinkNet Co.; Bangkok). Hervorragend recherchierte Serie von

Atlanten und Karten (auch digital) über Thailand und einzelne Regionen. Zweisprachig (Englisch/Thai) sind u. a. Karten zum Norden, Nordosten, Zentrum, Süden, zur Ostküste, eine Walk Map of Bangkok und Walk Map of Ayutthaya sowie diverse Mini Maps und digitale Karten erschienen. 💻 www.thinknet.co.th.

... über Bangkok

Latest Tour's Guide to Bangkok & Thailand. Brauchbarer Bangkok-Stadtplan mit eingezeichneten Busrouten, den es in vielen Gästehäusern und Buchläden in Bangkok zu kaufen gibt.

Bangkok & Vicinity A to Z Atlas (PN Map Center, Bangkok). 120-seitiger Stadtatlas, sehr detailliert und präzise, aber nur mit Thai-Straßenindex.

Nelles Map Bangkok 1 : 15 000 (Nelles Verlag, München). Mit einem Plan des Großraumes im Maßstab 1:75 000, mit Sehenswürdigkeiten, Hotels u. a.

Map of Bangkok (Chandler, Nancy). Grafisch hübsch gestaltete, handgezeichnete Karten von den interessantesten Märkten und Einkaufsvierteln mit eingezeichneten Geschäften, Restaurants, Sehenswürdigkeiten.

... über den Norden

Map of Chiang Mai (Chandler, Nancy). Änlich wie ihre Bangkok-Karte.

The Mae Hong Son Loop 1 : 375 000. The Golden Triangle 1 : 360 000. Mae Sa Valley 1 : 65 000 (GT Rider Ltd., Chiang Mai 2006, 2008, 2006). Drei exakt recherchierte Karten für Regionen im Norden, die bei Motorradfahrern beliebt sind, mit Straßenkategorien, Entfernungsangaben, ländlichen Gästehäusern und touristischen Attraktionen. Weitere Infos unter 💻 www.gt-rider.com.

Filme

Anna und der König (1999)
In dem in Thailand wegen Majestätsbeleidigung verbotenen Remake spielt Jodie Foster die Rolle der englischen Lehrerin Anna Leonowens am Hof von König Mongkut. Die Romanvorlage wurde bereits 1951 als Musical mit Yul Brynner und Deborah Kerr verfilmt. Das Beeindruckendste am Remake sind die Kostüme.

Bangkok Dangerous (2009)
Hollywood-Remake eines erfolgreichen thailändischen Films mit Nicolas Cage in der Hauptrolle. Der Auftragskiller Joe wird von der Thai-Mafia in Bangkok angeheuert. Als er einen Politiker umbringen soll, beginnt er zu zweifeln.

Die Brücke am Kwai (1957)
Mit sieben Oscars prämierter, von David Lean verfilmter Klassiker über das Leben im Kriegsgefangenenlager und den Bau der Brücke über den River Kwai während des Zweiten Weltkriegs. Mit Alec Guinness in der Rolle des Colonel Nicholson.

Ong-bak (2003)
In einem der erfolgreichsten Thai-Filme versucht ein junger Mann vom Land einen geraubten Buddhakopf in Bangkok wiederzufinden. Dort gerät er in eine Szene, die illegale Wettkämpfe und Wetten organisiert und wo er seine Fähigkeiten als Thai-Boxer unter Beweis stellt.

The Beach (2001).
Der Traveller-Roman des britischen Autors Alex Garland wurde auf Ko Phi Phi Le und im Khao Yai-Nationalpark mit Leonardo di Caprio in der Hauptrolle verfilmt.

Züge Richtung Norden

Zugnummer	RAP 111	SP EXP DRC 9	ORD 201	SP EXP DRC 3	RAP 109	SP EXP DRC 1	SP EXP 11	SP EXP 13	RAP 105	RAP 107	EXP 51
Klasse	**2-3**	**2**	**3**	**2**	**2-3**	**1-2**	**2**	**1-2**	**2-3**	**2-3**	**2-3**
Bangkok	07.00	08.30	9.25	10.50	14.30	18.00	19.20	19.35	19.50	20.10	22.00
Don Muang	07.52	09.14	10.31	11.40	15.19	18.46	20.07	20.23	20.33	21.01	22.49
Bang Pa-in	08.23	.	11.11	.	.	.	.	.	21.00	.	.
Ayutthaya	08.37	09.43	11.26	12.14	16.00	19.21	20.37	21.01	21.14	21.42	23.30
Lopburi	09.44	10.29	12.37	13.00	17.00	20.14	21.23	21.55	22.07	22.36	00.28
N. Sawan	11.27	11.38	15.03	14.07	18.36	21.33	22.31	23.24	23.36	00.03	02.07
Phitsanulok	14.14	13.19	17.50	16.06	20.44	.	00.23	01.34	02.05	02.49	04.20
Sawankhalok	.	.	.	18.00	.	.	.	.	.	.	.
Uttaradit	16.00	14.45	.	.	22.38	.	01.41	02.56	03.54	04.53	05.51
Lampang	.	18.11	.	.	02.41	04.21	05.29	07.00	.	.	10.10
Khun Tan	.	.	.	.	03.45	05.35	.	08.11	.	.	11.23
Lamphun	.	20.05	.	.	04.37	06.32	07.15	09.12	.	.	12.15
Chiang Mai	.	20.30	.	.	05.10	07.15	07.40	09.45	.	.	12.45

Zugnummer	SP EXP DRC 4	RAP 108	EXP 52	SP EXP 14	SP EXP 2	SP EXP DRC 10	ORD 202	RAP 106	RAP 112	SP EXP DRC 12	RAP 102
Klasse	**2**	**2-3**	**2-3**	**1-2**	**1-2**	**2**	**3**	**2-3**	**2-3**	**2**	**2-3**
Chiang Mai	·	·	14.50	16.30	17.55	21.00	·	·	·	08.45	06.45
Lamphun	·	·	15.13	16.54	18.18	21.18	·	·	·	09.13	07.14
Khun Tan	·	·	16.17	19.18	·	23.07	·	·	·	08.09	·
Lampang	·	·	17.23	19.00	20.10	23.01	·	·	·	10.54	09.15
Uttaradit	·	20.17	21.14	22.33	·	02.23	·	07.35	08.40	13.53	12.39
Sawankhalok	19.40	·	·	·	·	·	·	·	·	·	·
Phitsanulok	21.40	21.58	22.40	00.05	·	03.51	06.05	08.59	10.18	15.08	14.15
N. Sawan	00.04	00.33	01.16	02.01	02.34	05.23	08.39	10.52	12.52	16.52	16.11
Lopburi	01.27	02.16	02.50	03.32	04.04	06.30	11.04	12.27	14.48	18.05	17.40
Ayutthaya	02.13	03.14	03.49	04.40	05.13	07.21	12.18	13.28	16.04	18.53	19.14
Bang Pa-in	·	·	·	·	·	·	13.40	16.17	16.20	·	·
Don Muang	02.45	04.12	04.39	05.36	06.04	08.04	13.14	14.13	17.03	19.27	20.09
Bangkok	03.30	05.10	05.30	06.40	07.00	09.10	14.05	15.05	18.00	20.25	21.10

Langsame Personenzüge (ORD.), die auch in kleineren Orten halten, sind auf englischsprachigen Fahrplänen nicht gelistet.

Die Züge Richtung Nordosten fahren auf zwei verschiedenen Linien:
Die Ubon-Linie führt über Pak Chong, Korat und Surin,
die Nong Khai-Linie über Khon Kaen und Udon.
Nur die Sprinter Richtung Nong Khai fahren über Korat. Beide Linien halten in Ayutthaya und Saraburi.

Von Thung Song führt eine Stichlinie über Trang nach Kantang, südwestlich von Trang.
Eine weitere Stichlinie zweigt in Hat Yai ab und führt über Yala zur malaysischen Grenze (Sungai Golok).
Die Hauptlinie verläuft von Hat Yai über Padang Besar (Grenzort) nach Butterworth.

Der aktuelle Fahrplan im Internet unter www.railway.co.th/English/Time_HTML.asp

Züge Richtung Nordosten

Zugnummer	SP EXP DRC 21	RAP 135	EXP DRC 75	EXP DRC 71	ORD 233	RAP 145	EXP DRC 77	RAP 133	RAP 139	EXP 67	EXP 69	EXP DRC 73	RAP 141	RAP 143
Klasse	**2**	**2-3**	**2**	**2**	**3**	**2-3**	**2**	**2-3**	**2-3**	**1-2-3**	**1-2-3**	**2**	**2-3**	**2-3**
Bangkok	05.45	06.40	08.20	10.05	11.40	15.20	18.30	18.40	18.55	20.30	20.00	21.50	22.25	23.40
Ayutthaya	06.58	08.25	09.39	11.24	13.06	16.56	19.47	20.12	20.25	21.50	21.40	23.08	23.50	01.12
Saraburi	07.33	09.09	10.17	12.03	13.52	18.00	20.23	20.58	21.09	22.31	22.23	23.44	00.31	01.57
Pak Chong	08.55	10.52	.	13.25	15.22	19.44	21.37	.	22.46	00.18	.	01.01	02.19	04.04
Korat	10.02	12.12	.	14.27	16.50	21.15	22.48	.	00.07	01.33	.	02.00	03.34	05.25
Buri Ram	11.34	14.19	.	16.14	19.16	23.38	.	.	02.22	03.40	.	04.12	06.02	07.27
Surin	12.14	15.07	.	17.08	20.00	00.30	.	.	03.15	04.30	.	05.04	06.58	08.27
Ubon	14.20	18.20	.	.	.	03.35	.	.	06.15	07.25	.	.	10.20	11.50
Khon Kaen	.	.	16.20	.	.	.	02.10	04.15	.	.	05.05	.	.	.
Udon Thani	.	.	18.10	.	.	.	04.11	06.34	.	.	07.14	.	.	.
Nong Khai	.	.	.	.	.	.	05.05	07.35	.	.	08.25	.	.	.
Thanaleng	.	.	.	.	.	.	.	.	.	.	11.00	.	.	.

Zugnummer	RAP 144	RAP 142	SP EXP DRC 74	EXP 68	RAP 140	ORD 234	EXP DRC 72	RAP 136	RAP 146	SP EXP DRC 22	EXP DRC 78	EXP 70	RAP 134	EXP DRC 76
Klasse	**2-3**	**2-3**	**2-3**	**1-2-3**	**2-3**	**3**	**2**	**2-3**	**2-3**	**2**	**2-3**	**1-2-3**	**2-3**	**2-3**
Thanaleng	.	.	.	.	.	.	.	.	.	.	.	15.45	.	.
Nong Khai	.	.	.	.	.	.	.	.	.	.	.	18.20	19.15	06.00
Udon Thani	.	.	.	.	.	.	.	.	.	.	18.40	19.20	20.10	06.47
Khon Kaen	.	.	.	.	.	.	.	.	.	.	20.11	21.05	22.16	08.37
Ubon	15.05	16.50	.	18.30	19.30	.	.	07.00	08.45	14.50	.	.	.	.
Surin	17.59	19.31	20.25	20.59	22.02	05.10	07.55	09.39	11.30	16.41	.	.	.	.
Buri Ram	18.48	20.28	21.10	21.43	22.50	06.06	08.35	10.27	12.26	17.15	.	.	.	.
Korat	20.46	22.32	22.54	23.37	00.51	08.22	10.18	12.33	14.50	18.47	23.06	.	.	.
Pak Chong	22.29	00.03	00.26	01.27	02.24	10.09	11.27	14.00	16.35	.	00.43	.	.	.
Saraburi	00.19	01.48	02.10	03.04	04.13	11.51	12.41	15.45	18.05	21.06	02.35	03.22	04.51	14.54
Ayutthaya	01.14	02.37	02.54	03.55	05.25	12.40	13.17	16.37	19.05	21.46	03.15	04.23	05.50	15.30
Bangkok	03.15	04.25	04.35	05.50	07.30	14.15	14.50	18.40	21.00	23.15	05.00	06.25	08.00	17.10

Die wichtigsten Züge Richtung Osten

Zugnummer	ORD 275	ORD 283*	ORD 281	DRC 279	DRC 277
Bangkok	05.55	06.55	08.00	13.05	15.25
Chachoeng	07.51	08.59	09.13	14.21	16.44
Prachinburi	08.58	·	10.22	15.19	17.41
Kabinburi	09.48	·	11.10	16.12	18.20
Aranyaprat	11.35	·	·	17.35	·
Chonburi	·	09.49	·	·	·
Pattaya	·	10.35	·	·	·

Zugnummer	ORD 278	DRC 280	DRC 282	ORD 276	ORD 284*
Pattaya	·	·	·	·	14.21
Chonburi	·	·	·	·	15.21
Aranyaprat	·	06.40	·	13.55	·
Kabinburi	06.30	08.23	12.25	15.39	·
Prachinburi	07.19	09.21	13.13	16.33	·
Chachoeng	08.31	10.22	14.20	18.00	16.20
Bangkok	10.15	12.05	15.40	19.55	18.25

Alle Züge 3. Klasse, * verkehrt Mo–Fr

Züge Richtung Süden

Zugnummer	EXP SP DRC 43	DRC 261	RAP 171	EXP SP 35	EXP SP 37	RAP 169	EXP 83	RAP 173	RAP 167	EXP 85	EXP SP DRC 39+41257	ORD 259	ORD
Klasse	**2**	**3**	**2-3**	**1-2**	**1-2-3**	**2-3**	**1-2-3**	**2-3**	**2-3**	**1-2-3**	**2**	**3**	**3**
Bangkok	08.05	09.20	13.00	14.45	15.10	15.35	17.05	17.35	18.20	19.30	22.50	·	·
Thonburi	·	·	·	·	·	·	·	·	·	·	·	07.45	13.55
N. Pathom	09.17	10.37	14.42	16.08	16.39	17.17	18.29	19.09	19.51	20.54	00.03	08.53	14.54
Kanchanaburi.	·	·	·	·	·	·	·	·	·	·	10.25	16.19	·
Nam Tok	·	·	·	·	·	·	·	·	·	·	·	12.20	18.30
Ratchaburi	09.55	11.29	15.25	16.53	17.28	18.18	19.13	20.03	20.36	21.40	00.42	·	·
Phetchaburi	10.28	12.06	16.07	·	18.14	19.12	·	20.45	21.13	22.24	01.14	·	·
Hua Hin	11.11	13.00	17.10	18.21	19.08	20.11	20.43	21.37	22.02	23.19	02.08	·	·
Prachuap K.K.	12.08	·	18.25	·	20.27	21.37	·	22.56	23.17	00.45	03.27	·	·
Ban Krut	12.47	·	·	·	·	22.27	·	23.56	00.32	·	04.18	·	·
Chumphon	14.19	·	21.01	21.47	23.22	00.35	01.10	02.29	03.05	03.47	05.47	·	·
Lang Suan	15.08	·	22.12	·	·	01.54	·	03.38	04.08	04.52	06.48	·	·
Surat Thani	16.30	·	00.03	00.40	01.53	03.18	04.02	05.14	05.43	06.27	08.11	·	·
Thung Song	·	·	02.14	02.37	03.44	05.26	06.13	08.06	08.31	09.11	09.46	·	·
Trang	·	·	·	·	·	·	07.55	·	10.20	·	·	·	·
Nakhon Si Thammarat	·	·	·	·	·	·	09.35	·	10.35	·	·	·	·
Hat Yai	·	·	05.36	06.27	07.13	09.07	·	·	·	·	12.27	·	·
Yala	·	·	08.42	·	09.25	11.20	·	·	·	·	14.25	·	·
Sungai Golok	·	·	10.45	·	11.25	·	·	·	·	·	·	·	·
Padang Besar.	·	·	08.50	·	·	·	·	·	·	·	·	·	·
Butterworth	·	·	·	11.55	·	·	·	·	·	·	·	·	·

Zugnummer	RAP 174	EXP 168	SP EXP DRC 42+44	RAP 86	RAP 170	EXP 84	RAP 172	EXP SP 36	EXP SP 38	DRC 262	EXP SP DRC 40	ORD 260	ORD 258
Klasse	**2-3**	**1-2-3**	**2**	**2-3**	**2-3**	**1-2-3**	**2-3**	**1-2-3**	**1-2**	**3**	**2**	**3**	**3**
Butterworth	·	·	·	·	·	·	·	13.45	·	·	·	·	·
Padang Besar	·	·	·	·	·	·	17.15	·	·	·	·	·	·
Sungai Golok	·	·	·	·	·	·	11.30	·	14.20	·	·	·	·
Yala	·	·	14.55	·	12.10	·	13.18	·	16.06	·	·	·	·
Hat Yai	·	·	16.20	·	14.18	·	15.26	18.20	18.05	·	·	·	·
Nakhon Si T.	13.00	·	·	15.00	·	·	·	·	·	·	·	·	·
Trang	·	13.25	·	·	·	17.20	·	·	·	·	·	·	·
Thung Song	14.20	15.10	18.49	16.16	17.49	19.02	19.16	21.10	21.32	·	·	·	·
Surat Thani	16.46	17.42	20.25	18.22	19.45	20.47	21.07	23.08	23.19	·	10.40	·	·
Lang Suan	18.18	19.21	21.33	19.44	21.13	.	22.39	·	·	·	11.52	·	·
Chumphon	19.24	20.32	22.31	20.44	22.20	23.24	23.53	01.57	02.32		12.46		·
Ban Krut	21.21	·	·	·	·	·	·	·	·	·	14.24	·	·
Prachuap K.K.	22.30	23.27	00.47	00.04	01.34	·	02.49	·	05.06	·	15.04	·	·
Hua Hin	00.13	00.49	01.45	01.19	02.58	03.38	04.07	05.47	06.23	14.10	16.01	·	·
Phetchaburi	01.17	01.52	02.30	02.13	03.58	·	05.04	·	·	15.02	16.44	·	·
Rachaburi	02.09	02.38	03.06	02.57	04.47	05.22	05.56	07.24	08.02	15.47	17.32	·	·
Nam Tok	·	·	·	·	·	·	·	·	·	·	·	05.20	12.50
Kanchanaburi	·	·	·	·	·	·	·	·	·	·	07.19	14.44	·
N. Pathom	03.04	03.30	03.54	04.07	05.43	06.31	06.52	08.18	08.54	16.59	18.15	09.01	16.23
Thonburi	·	·	·	·	·	·	·	·	·	·	·	10.10	17.35
Bangkok	04.45	05.15	05.40	06.05	07.40	08.25	08.45	09.55	10.30	18.45	19.45	·	·

Index

Anhang

Anhang

Anhang

Die Gesichter Asiens
So vielfältig wie Ihre Wünsche
... und unsere Reisen!
reisefieber
reisefieber-reisen GmbH - Der Asien-Spezialist seit über 30 Jahren
Kleberstr. 6-8 · 63739 Aschaffenburg · Tel.: 06021-3065-30
eMail: info@reisefieber.net · www.reisefieber.net

I/J

K

Anhang

L

M

Anhang

www.bangkokair.co
Hong Kong
Shenzhen
Fukuoka
Hiroshima
Guilin
Chiang Mai
Xi'an
Sukhothai
Maldives
Yangon
Bangkok
Luang Prabang
Pakse
Singapore
Siem Reap
Krabi
Phnom Penh
Phuket
Samui
Ho Chi Minh City
Pattaya (U-Tapao)
Trat (Koh Chang)
Entdecken Sie die Vielfältigkeit von Asien mit
Bangkok Airways, Asiens Boutique Airline
skytrax WINNER 2007 WORLD AIRLINE AWARDS ASIA BEST REGIONAL AIRLINE
skytrax WINNER 2007 WORLD AIRLINE AWARDS BEST REGIONAL AIRLINE SOUTH EAST ASIA
Four Consecutive Years.
BOUTIQUE AIRPORTS
BOUTIQUE LOUNGES
EXCLUSIVE SERVICE
NEW FLEET
BANGKOK AIRWAYS-EUROPEAN REGIONAL OFFICE
Tel : 49 (69) 133 77 565/ 566 Fax : 49 (69) 133 77 567
E mail : info@bangkokairways.de
Bangkok Airways
ASIA S BOUTIQUE AIRLINE
Exclusive Service to Exotic Gems

Danksagung

Renate, Stefan und Mischa Loose

Wir danken Armin Hermann, O Pas und Poo (Sombat Prommacharee), Apple, Noi und Christa Jamamonu in Kanchanaburi, Pissamorn Senthong in Chiang Mai, Narisara in Lampang, Peter vom Orn's Bookshop in Chiang Rai, Uwe Löwel in Mae Sai, Alberto de la Paz in Chiang Rai, Peep, Plu, Pla und Paeng aus Bang Yai und den TAT-Mitarbeitern aus Lopburi, Ayutthaya, Kanchanaburi, Sukhothai, Phitsanuloke, Chiang Mai und Chiang Rai.
Wir danken auch der überaus hilfsbereiten Jane von der Bangkok Tourism Division, Tina Voermann und den vielen lustigen Taxifahrern in Bangkoks Straßen.

A. & M.Markand

Großen Dank an unsere Rechercheure Marion Meyers, Nicole „Niki" Sonderer und Petra Essensfelder & Matthias Kircher; und an Alexander „Sasch" Schindler für seinen Einsatz und den Rock'n'Roll-Spirit. Ein besonderes Dankeschön an Wieland aus Ranong für die vielen Tipps, Geschichten und einen tollen Kindergeburtstag.
Spezieller Dank an Michael Wendling von Chaloklum Diving (www.chaloklum-diving.com) für 1001 Gespräch und seinen tatkräftigen Einsatz; und an Nick Chapman für die Fotos.
Ein ganz herzlichen Dank natürlich auch an alle Leserbriefschreiber und an die wachsende stefan-loose.de-Community – die mit ihren Updates und ihren Fragen & Antworten im Forum zur Realisierung dieser Auflage beitrugen. Und an Georg S. Dirk (www.dirkmedia.de) für seine unermüdliche Arbeit an den technischen Strukturen, die dafür im Internet nötig sind.
Last not least ein ganz besonderes „Dankeschön, wir haben euch lieb" unseren beiden Söhnen Robin und Felix, die nicht nur auf vielen Recherchereisen dabei waren und sich wieder einmal als Reisekinder bewährten, sondern auch die vielen Stunden, Tage und Monate ertrugen, die wir danach am Computer tippen mussten.

Volker Klinkmüller

Nicht nur als äußerst informativ, sondern auch wohltuend und gesellig erwiesen haben sich die ausgedehnten Recherche-Gespräche mit Andreas (Andy) Müller vom Chez Andy in Korat, Johann Schumacher von Duans Restaurant in Khon Kaen, Thomas Leissner als Besitzer des Udon Thai House und seinem liebenswürdigen Stellvertreter Ronald sowie mit dem ebenso eloquenten Nobi, der in seinem gleichnamigen Restaurant den Kochlöffel schwingt. Auch in Thailand als Nordlicht strahlt der Hamburger Carsten Schittek, der sich in Nong Khai mit dem Markenzeichen Go Thasadej etabliert hat. Als besonders angenehm erwiesen hat sich die Zusammenarbeit mit Menschen aus der Region des Khao Yai Nationalparks, wobei an erster Stelle Alexander Buppha vom Moon River Resort zu erwähnen ist, aber auch Mr. Jay von der Wildlife Safari und Mr. Arjin (Äh) von der Garden Lodge.
Für engagierte Recherchehilfe in und um Chantaburi ist Thomas Ruprecht zu danken. Unverzichtbar für den Gehalt der Seiten über das Ko Chang-Archipel ist James Brunner vom Plaloma Cliff Resort gewesen, dessen Insiderwissen sich auf vielen Seiten widerspiegelt. Zu danken ist auch Carsten Wiegand vom Meals & More, Peter von der Thai Fun und Khun Rath von Kongoi Jungle sowie natürlich auch Micha(el) Winfried Weber, der von seinem Top Resort stets einen guten Überblick behält. Ebenfalls Dank gebührt Yodying Sudhidhanakul von Ko Mak, der – einer eingesessenen Familien-Dynastie entstammend – stets mit entsprechendem Hintergrundwissen erfreuen kann sowie dem hilfsbereiten Renè Müller vom Baan Sabaay und dem Taucher-Ehepaar Andy und Steffi Diez, die sich diese Insel als neue Heimat erwählt haben. Besonderer Dank richtet sich an Michael (Mike) Misic, der den unwiderstehlichen Reiz von Ko Kood schon vor vielen Jahren erkannt und als Recherchehelfer außergewöhnliches Engagement an den Tag gelegt hat.

Mit sinnvollen Tipps und Hinweisen zur Entstehung des Kapitels haben außerdem engagiert beigetragen Michael Froh aus Hamburg und Ralf-Josef Skrzypczyk aus Hildesheim sowie in besonderem Maß bzw. als geduldige Lektorin Dorit Aurich.

Alle Autoren danken ganz herzlich folgenden Leserbriefschreibern:
Ute Amberger, Martin Ballauff, Marina Baumann, Britta Barg, Helmut Bäumler, Christa Bleesing, Steffi Boll-Poulev, Steffi Brendel, Jürgen und Regine Brandstetten, Lukas Breuning, Dietlind und Michael Bruns, Bianca Buckenberger, Sonja Bunk, Guido Busch, Simone Dauenhauer, Jan Deventer, Christian Dietz, Verena Diezel, Kain und Christian Donaubauer, Birgit Dück, Frank Düsekow, Peter Fässler, Uwe Faulborn, Diana Fiebig, Nicole Fischer, Astrid Fischer-Willing, Eckart Foos, Michael Frick, Monja und Paul Fritze, Felix Gehrlein, Anita Gehring, Stefan und Gabi Geisenberger, Marion Gerstel, Frank und Brigitte Giebner, Hans Dieter und Irene Grimm, Norbert Hagemeister, Stefanie Hahn, Ralph Hanselmann, Lamduan Hauber, Andre und Isabelle Härmand, Wolfgang Heimpel, Jürgen Heintges, Jürgen Hennesen, Eric Hensel, Björn Jahner, Heiko Kahrels, Holger Kaps, Elly Kaspar, Martin Kath, Gabriele Keller, Lisa und Wolfram Kempf, Gabi Kerschbaummayr, Susanne Kirstein, Oliver Klein, Thorsten Knichel, Reinhard Knill, Ulla Knipper, Sabine Knoll und Anton Kraus, Ute Kolbeck, Michael Kress, Gabi und Bernd Kühbach, Hans-Joachim Kulschewski, Holger Lammert, Wiebke Lotz, Kontar Maya, Cornelia Mayer, Josef Meier, Heidi Mühlbach, Johannes Muhr, Thomas Müller, Martina und Dieter Ohlhauser, Alexandra Oßmann, Martin Otto, Kai Pattis, Julian Peise, Anette Pfeiffer, Sonja und Sabine Salomon, Jochen Schmidt, Ingo Schmitt-Reinholtz, Erwin Schnürch, Diana Schnüriger, Peter Schulte, Hendrik Schulz, Peter Schwendner, Natascha Siegl, Harald Spiller, Sonja und Herbert Sprinkart, Reinhard Stang, Kristina Terbrüggen, Erich und Kalaya Lingg Thongmee, Rolf Trowitzsch, Katharina Uhl, Martin und Heike Weinert, Ralph Weinmann, Alex und Stephanie Weinzierl, Ingrid und Jörg Weller, Matthias Weller, Thomas und Henriette Wernstedt, Karin Witting, Andreas Wolf, Kerstin Zettler, Bastian Zitscher.

Bildnachweis

Umschlag

Renate Loose: Titel, Wat Thaton, Thaton, Nordthailand
laif/Frank Heuer: Klappe vorn
Renate Loose: Klappe hinten

Farbteil

Renate Loose: S. 2
laif/Kurt Henseler: S. 3 (oben)
laif/Jeremy Horner/eyedea: S. 3 (unten)
Renate Loose: S. 4 und 5
iStockphoto/tomodaji: S. 6 (oben)
LOOK-foto/age fotostock: S. 6 (unten)
Renate Loose: S. 7
Renate Loose: S. 8
Renate Loose: S. 9
Renate Loose: S. 10
visum/Panos Pictures: S. 11
mauritius images/Photononsto: S. 12
Volker Klinkmüller: S. 13
Volker Klinkmüller: S. 14 (oben)
laif/Frank Heuer: S. 14 (unten)
laif/Hemispheres: S. 15
iStockphoto/Simon Gurney: S. 16
Volker Klinkmüller: S. 17 (oben)
mauritius images/age: S. 17 (unten)
Mario Weigt: S. 18
Volker Klinkmüller: S. 19
mauritius images/SuperStock: S. 20

Schwarz-Weiß

Volker Klinkmüller: S. 27, 29, 32, 41, 45, 463, 519, 715
Renate Loose: S. 33, 38, 41, 44, 101, 133, 225, 239, 259, 321, 873
A. & M. Markand: S. 579, 809

Impressum

Thailand
Stefan Loose Travel Handbücher
1. Auflage **2010**

Die in diesem Buch enthaltenen Angaben wurden von den Autoren nach bestem Wissen erstellt und vom Lektorat im Verlag mit großer Sorgfalt auf ihre Richtigkeit überprüft. Trotzdem sind, wie der Verlag nach dem Produkthaftungsrecht betonen muss, inhaltliche und sachliche Fehler nicht vollständig auszuschließen.
Deshalb erfolgen alle Angaben ohne Garantie des Verlags oder der Autoren. Der Verlag und die Autoren übernehmen keinerlei Verantwortung und Haftung für inhaltliche und sachliche Fehler.
Alle Landkarten und Stadtpläne in diesem Buch sind von den Autoren erstellt worden und werden ständig überarbeitet.

Gesamtredaktion und -herstellung
Bintang Buchservice GmbH
Zossener Str. 55/2, 10961Berlin
www.bintang-berlin.de
Redaktion: Dorit Aurich, Jan Haas, Gudrun Raether-Klünker, Jessika Zollickhofer
Karten: Katharina Grimm, Anja Krapat, Klaus Schindler
Grafisches Konzept: Groschwitz, Hamburg
Layout und Herstellung: Gritta Deutschmann, Anja Linda Dicke
Farbseitengestaltung: Anja Linda Dicke
Umschlaggestaltung: Anja Linda Dicke

Printed in Italy

Kartenverzeichnis

Legende

1 : 1.800.000

1 cm = 18 km

0 10 20 30 40 50 km

101 Autobahn mit Straßennummer	Flughafen, international
Schnellstraße	Flughafen, regional
Fernverkehrsstraße	Grenzübergang
Hauptstraße	Sehenswürdigkeit
Nebenstraße	Tempel
Hauptstraße, unbefestigt	Archäologische Stätte
Nebenstraße, unbefestigt	Museum
Fahrweg, Piste	Wasserfall
Fußweg, Pfad	Höhle
Eisenbahn	Aussichtspunkt
Bebaute Fläche	Bergbau
Nationalpark, Naturpark	Empfehlenswerter Badestrand
Marine Nationalpark	Sporttauchen
Gewässer	Gute Schnorchelmöglichkeit
Doi Tung *1420 m* Berggipfel	Hochseefischen
1462 m Höhenpunkt	S. 939 Seitenverweis

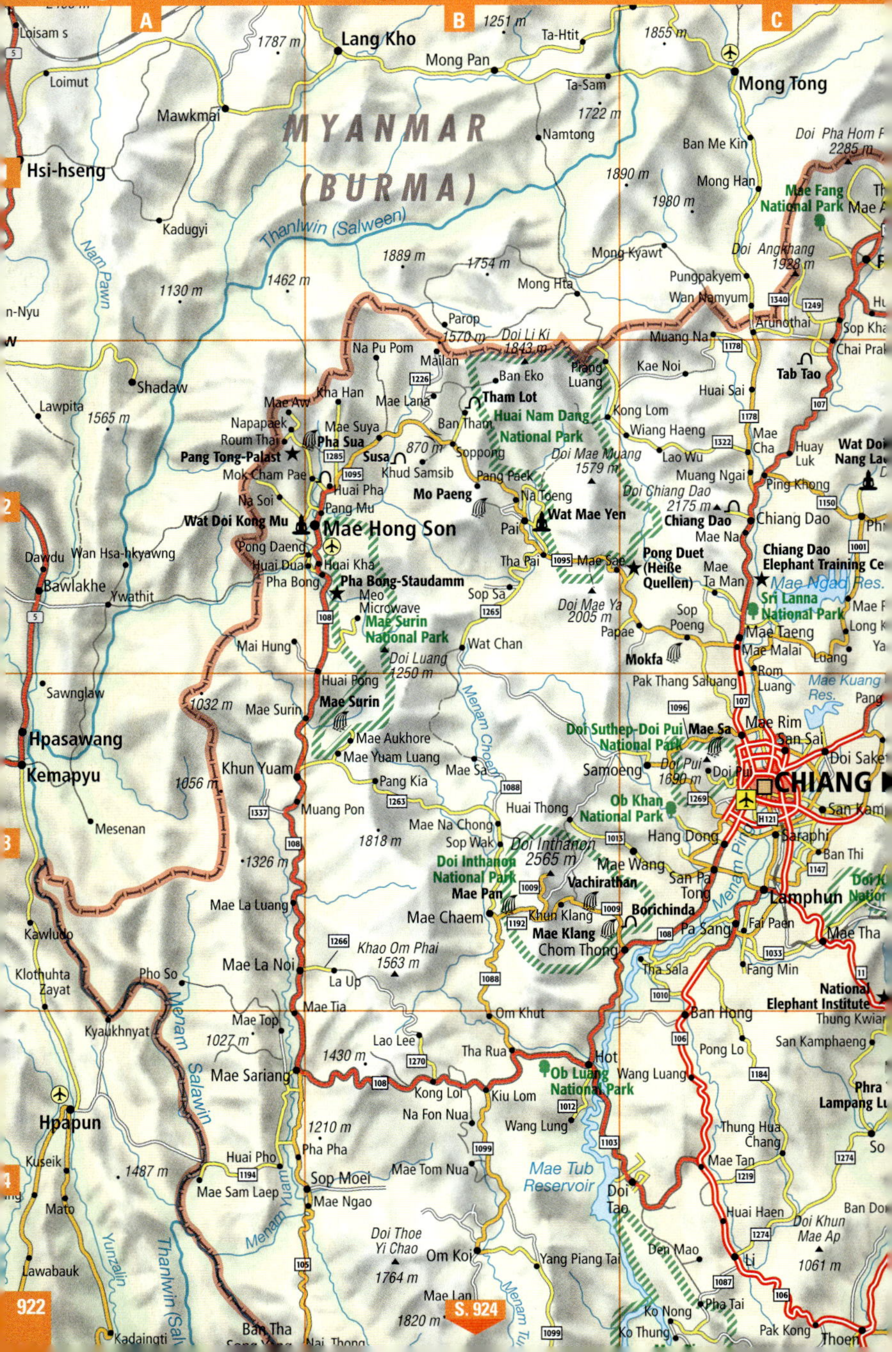
A
B
C
1
2
3
4
Loisam s
Loimut
Mawkmai
1787 m
Lang Kho
Mong Pan
1251 m
Ta-Htit
1855 m
Mong Tong
Ta-Sam
1722 m
Namtong
MYANMAR
(BURMA)
Hsi-hseng
Kadugyi
Ban Me Kin
Doi Pha Hom Pok 2285 m
1890 m
Mong Han
1980 m
Mae Fang National Park
Mae A
Thanlwin (Salween)
Nam Pawn
1889 m
1754 m
Mong Kyawt
Doi Angkhang 1928 m
1130 m
1462 m
Mong Hta
Pungpakyem
Wan Namyum
n-Nyu
Parop
1570 m
Doi Li Ki 1843 m
Arunothai
Sop Kha
Chai Prak
Muang Na
Kae Noi
Tab Tao
Na Pu Pom
Mailan
Ban Eko
Prang Luang
Shadaw
Kha Han
Mae Lana
Tham Lot
Huai Sai
Lawpita
1565 m
Mae Aw
Napapaek
Mae Suya
Ban Tham
Huai Nam Dang National Park
Kong Lom
Mae Cha
Roum Thai
Pha Sua
Wiang Haeng
Huay Luk
Wat Doi Nang Lae
Pang Tong-Palast
Susa
870 m
Soppong
Doi Mae Muang 1579 m
Lao Wu
Mok Cham Pae
Khud Samsib
Pang Paek
Muang Ngai
Huai Pha
Mo Paeng
Na Toeng
Doi Chiang Dao 2175 m
Ping Khong
Na Soi
Pang Mu
Chiang Dao
Chiang Dao
Wat Doi Kong Mu
Mae Hong Son
Pai
Wat Mae Yen
Mae Na
Pong Daeng
Dawdu
Wan Hsa-hkyawng
Huai Dua
Huai Kha
Tha Pai
Mae Sae
Pong Duet (Heiße Quellen)
Mae Ta Man
Chiang Dao Elephant Training Center
Bawlakhe
Ywathit
Pha Bong
Pha Bong-Staudamm
Meo
Sop Sa
Mae Ngad Res.
Microwave
Sri Lanna National Park
Mae Surin National Park
Doi Mae Ya 2005 m
Sop Poeng
Mae Taeng
Long
Mai Hung
Wat Chan
Papae
Mae Malai
Luang
Doi Luang 1250 m
Mokfa
Rom Luang
Mae Kuang Res.
Sawnglaw
Huai Pong
Pak Thang Saluang
Pang
1032 m
Mae Surin
Mae Surin
Menam Chaem
Mae Rim
Hpasawang
Doi Suthep-Doi Pui National Park
Mae Sa
San Sai
Mae Aukhore
Doi Saket
Kemapyu
Mae Yuam Luang
Samoeng
Doi Pui 1690 m
Doi Pui
CHIANG MAI
1056 m
Khun Yuam
Mae Sa
Pang Kia
Muang Pon
Huai Thong
Ob Khan National Park
San Kam
Mesenan
Mae Na Chong
Hang Dong
Saraphi
1818 m
Sop Wak
Doi Inthanon 2565 m
Ban Thi
1326 m
Doi Inthanon National Park
Mae Wang
San Pa Tong
Menam Ping
Vachirathan
Lamphun
Mae La Luang
Mae Pan
Borichinda
Mae Chaem
Khun Klang
Pa Sang
Fai Paen
Mae Tha
Kawludo
Mae Klang
Chom Thong
Khao Om Phai 1563 m
Mae La Noi
Klothuhta Zayat
Pho So
La Up
Tha Sala
Fang Min
National Elephant Institute
Mae Tia
Ban Hong
Om Khut
Thung Kwian
Mae Top
Kyaukhnyat
1027 m
Menam Salawin
Lao Lee
Pong Lo
San Kamphaeng
1430 m
Tha Rua
Hot
Mae Sariang
Ob Luang National Park
Wang Luang
Phra Lampang Lu
Kong Loi
Kiu Lom
Hpapun
Na Fon Nua
Wang Lung
1210 m
Thung Hua Chang
So
Pha Pha
Kuseik
Huai Pho
1487 m
Mae Tom Nua
Mae Tub Reservoir
Mae Tan
Mae Sam Laep
Sop Moei
Doi Tao
Mato
Mae Ngao
Menam Yuam
Huai Haen
Ban Do
Yunzalin
Thanlwin (Sal
Doi Thoe Yi Chao 1764 m
Doi Khun Mae Ap 1061 m
Om Koi
Yang Piang Tai
Den Mao
Lawabauk
Li
Mae Lan
Menam Tu
Pha Tai
1820 m
Ko Nong
Kadaingti
Ban Tha Song Yang
Nai Thong
Ko Thung
Pak Kong
Thoen

S. 924

D
E
F
Tachilek
Mae Sai
Muang Hi
Sob Ruak
(Goldenes Dreieck)
Tham Luang
Doi Tung
1420 m
San Thanon Tai
Mae Fah Luang
Thoed Thai
Mae Salong
Sam Yaek
Huai Khrai
Wat Phra That Pa Ngao
Chiang Saen
Mae Ngoen
Chiang Khong
Huai Yen
Ban Houei Sai (Huay Xai)
Nam Nhon
Nam Ngam
Pung
Donchai
Namthoung
1680 m
1470 m
Na Lae
Muang Houn
1534 m
Chantai
Navang
Nam Beng
LAOS
1681 m
Mokphang
Namko
Pakbeng
1935 m
Menam Khong (Mekong)
Thaxoang
1400 m
1451 m
Phadua
Mae Chan
Santisuk
Lorcha
Hot Springs
Pha Tai
Menam Kok
Huai Mae Sai
Bong Noi
Rong Wai
Mae Bong
Thung Ngiu
Sri Don Chai
Dan
Wiang Kaen
Pak Tha
Pha Udom
Menam Khong (Mekong)
1676 m
Kaen Nua
Pang Hat
Patang
Chom Phu
Pa Tan
Phu Chi Fa
1400 m
Khop
Pa Muang
CHIANG RAI
Wiang Chai
Phra Kaeo
Phaya Mengrai
Ta Luang
Doi Yao
1543 m
Huamuang
1338 m
Xianghon
Siphom
Nam Ngum
Ngeun
Kay
Hong Sa
Napong
Muang Han
Phalan
Huai Kon
Ngom Pao
Pop Ho
Phu Sam Sao
1969 m
Huai Khrai
Mae Lao
Pa Sak
Cham Bon
Thoeng
Ban Huak
Ban Kiuk
Phu Sang
Suan
Mae Suai
Huai Som
Muang Nga
Chiang Khian
Phan
Pa Ngae
Pa Daet
Phuang Phayom
Phu Sang National Park
Chiang Kham
Ban Ngob
Doi Luang National Park
Huai Ngiu
1739 m
Nam Min
Ban Hae
Lao Ri
Song Khwae
Thung Chang
Ban Dan
Phou Khe
2079 m
Nam Kout
Khun Nan National Park
Wang Kaew
Mae Chai
Rong Khu
Pa Fang
Chun
Ban Mai
Chiang Klang
Bo Yuak
Mae Khachan
Wat Analayo
Wang Nua
Dok Kham Tai
Baeng
Nanthaburi National Park
Nam Mong
Pua
Doi Phu Kha National Park
Bo Luang
Hot Springs
Phayao
Mun
Pong
Nam Puk
Pha Tang
Tha Wang Pha
Pa Tong
Silaphet
Tho
Pong Wang
Ban Hia
Doi Phu Nang National Park
Tha Fa Tai
Pha Kwang
Nam Yao
Mae Sanan
Doi Lang
1790 m
Huai Khian
Menam Wang
1360 m
Chiang Muan
Pi Nua
Song Khwae
Kiu Muang
Santisuk
Menam Nan
Ban Luang
Doi Luang
1162 m
Muang Chang Nua
Nam Pouy
Wat Fa Sawan
Wat Khao Noi
Nan
Ban Khwaeng
Ngao
Menam Yom
Mae Charim
1210 m
Nam Phun
1414 m
Chae Hom
1152 m
Pa Lao Klang
Saliam
Nam Pua
Wiang Sa
Huai Son
Nam Pun
Doi Khun Lan
1652 m
NBCA
Pha Thai
Pang Kho
Kiu Lom Reservoir
Na Rai Dieo
Wat Huai Rong Nai
Nam Phang Noi
Nam Phun
Nam Gnan
Cham Pui
Ban Bunnak
Song
Huai Rong
Pang Mon
Nam Muap
Nakhanyang
Pha Nang Koi
Huai Rong
Suvannaphum
Menam Nan
Rong Kwang
Na Noi
Doi Wa
1294 m
Lampang
Bo Bia
Mae Mo
Ban Paen
Nong Muang Khai
Si Nan National Park
1728 m
Tha Noe
1071 m
Nam Rin
Na Mo
Pak Lai
Mai
Long
Phrae
Na Mun
Pang Hai
Mae Tha
Nua Son
Pha Klong National Park
1241 m
Huai Noi Ka
Buamlao
Menam Khong (Mekong)
Mae Rang
Sung Men
Doi Khun Loet
1247 m
Pak Nai
Muang Chet Ton
1030 m
Fak Tha
Ban Khok
Buamthon
Mae Nam Yom
Den Chai
Doi Phaya Fo
1465 m
Sirikit Reservoir
1032 m
Vang Pa
Wang Chin
Dong Ya Thao
Nongpachit
Huaylot
Hat Rua
Na Pla Klang
Huai Ha
Tha Pla
Namphuk
Nam Man
Phu Suai Dao
2102 m
Nakok
Kenthao
Nam Heung
Nam Pat
Muangmo
Lap Lae
S. 925
Sak Yai National Park
Huai Dua
Bosan
UTTARADIT
S. 926

A
B
C
S. 922
S. 928
Kyaukhnyat
Mae Top
1027 m
Mae Sariang
Salawin
Lee
Tha Rua
Hot
Ob Luang National Park
Wang Luang
Ban Hong
Pong Lo
San Kamphaeng
Ko Kha
Phra That Lampang Luang
Kong Loi
Kiu Lom
Na Fon Nua
Wang Lung
Thung Hua Chang
Soem Ngam
1210 m
Pha Pha
Huai Pho
Mae Sam Laep
1487 m
Sop Moei
Mae Ngao
Mae Tom Nua
Mae Tub Reservoir
Doi Tao
Mae Tan
Huai Haen
Ban Dong
Doi Khun Mae Ap
1061 m
Li
Den Mao
Doi Thoe Yi Chao
1764 m
Om Koi
Yang Piang Tai
Mae Lan Noi
1820 m
Menam Tun
Yunzalin
Thanlwin (Salween)
Kadaingti
Ban Tha Song Yang
Nai Thong
Mae Ramoeng
Mae Salit
Pha Tai
Ko Nong
Ko Thung
Mae Ping National Park
Pak Kong
Thoen
Kum
Si Satchanalai National Park
Kwindala
Kamamaung
Thaungyin River
Khao Khun Mae Tun
1081 m
Huai Pu Ling
Mae Moei National Park
Mae Tun Noi
1240 m
Hin Lat
Menam Ping
Mae Phrik Bon
Mae Phrik
Pang A
Mae Chiang Rai Bon
Doi Ta Chi
1027 m
Pandawmi
Tha Song Yang
Bhumipol Reservoir
Sam Ngao
Shwegun
Hlaingbwe
2080 m
Mae La
1450 m
Mae Ok Hu
Menam Moei
Khun Mae Tho
Pak Thang Thuean
Windaye
Bayin Nyi
Paingkyon
Taungbaw
Pata Taung
1918 m
Wang Mo
Ban Tak
Pong Daeng
Wang Ta
Thong Fa
Doi Luang
1182 m
Pak Huai
Khao Nam Dip
Chidoing
Htilon
Kyettuywe
Mae Ramat
Thung Makham Pom
Hlaingbwe Chaung
344 m
Hpa-an
Mae Kasa
Taksin Maharat National Park
Pu Pae
TAK
Nawnglon
Dawna
Karen
Huai Bong
Mae Lamao
Doi Mu-soe Pass
Lan Thong
Lansang National Park
Naungsauk
Mae Sot
Musoe Chakhae
Menam Ping
Tha At
Mutkyi
Kawpalut
Sawhe
Myawaddy
Thebyugon
Zatabyin
Gyaing
Kyondo
Kawkareik
Lakhon
Wang Chao
Mottama
Kawbein
Hlaing-wa
Chedi Kho
1101 m
So O
MAWLAMYINE (MOULMEIN)
Kalwi
Kya-in
Lao Yang
Klong Wang Chao
Kampha
Bilgyun I.
Kyaikmaraw
Laungkaing
Samphala
Lo Kho
Tha Khun Ra
Phop Phra
Kyauktalon
Ataran
Winka
Wa Le
Pong Na Ron
Chaungzon
Mudon
Mulayit Taung
2080 m
1898 m
Khao Kha Khaeng
2152 m
Klong Lan National Park
Hintha I.
Abit
Kadonbaw
Kada
Taunggale
Mattharaw
Wa Khu Kho
Kyaikkami (Amherst)
Kwingale
Klong Lan
Tagundaing
Delor-Ki
Khun Nam Yen
Nipado
Kyain-Seikgyi
Winlon
Klo Tho
Mae Klong Mai
Mae Wong National Park
Thanbyuzayat
Natchaung
Khao Mamuang
1732 m
Nu Pho
Umphang
Setse
Kasat
Ti Lo Su
Tha Sai
Khao Mokochu
1960 m
Taling Sung
Mae Wong Reservoir
Zami
Haungtharaw
Danon
Sakangyi
MYANMAR (BURMA)
Kui Lor Thor
1085 m
Palatha
Zepala
Pueng Kueng
E-Karaja
Winkana
Menam Klong
Kha Ngae Ki
Klong Pho Reservoir
Peinnedaw
Ti Lo Le
Kalagauk I.
Taminseik
Yu Nai
1158 m
Thap Salao Reservoir
Kanin-kamaw
Ahta Taung
1156 m
Kawdwaut
Lamaing
Mezali
Mae Chan Tha
827 m
Range

D
E
F
S. 923
S. 926
S. 929
Phrae
Long
Sung Men
Den Chai
Pha Klong National Park
Ban Paen
Nong
Muang Khai
Nam Rin
Nua Son
Mae Rang
Mae Mo
1071 m
Dong Ya Thao
Hat Rua
Na Pla Klang
Huai Ha
Nam Man
Tha Pla
Doi Phaya Fo
1465 m
Doi Khun Loet
1247 m
1241 m
1728 m
Na Mo
Na Mun
Pak Nai
Sirikit Reservoir
1032 m
Fak Tha
Pang Hai
Huai Noi Ka
Muang Chet Ton
Ban Khok
Vang Pa
Nongpachit
Namphuk
Nakok
Phu Suai Dao
2102 m
Bosan
Muang Boten
Nakham
Phu Rua National Park
Na Haeo
Bo Bia
Pak Lai
Buamlao
1030 m
Buamthon
Huaylot
Kenthao
Muangmo
650 m
Namphok
Xanakham
Menam Khong (Mekong)
Nam Heung
Nam Hoi
A Hi
Nam Khaem
Tha Li
Kok Du
Khok Yai
Muang Lo
Phu Rua
Pak Man
San Tom
Si Nan Natio
Nam Pat
Sak Yai National Park
Huai Dua
Huai Kan Luang
Khao Mun Ram
1564 m
Bo Phak
Lao Kohok
Huai Pla Fa
UTTARADIT
Lap Lae
Wang Khapi
Tron
Thong Saen Khan
Ban Phae
Huai Khrai
Dan Mae Khan Man
Ban Rai
Sawankhalok
Si Nakhon
Phichai
Pak Phan
Khao Thong
1249 m
Na Lan Khao
Chat Trakan
Chat Trakan National Park
Suan Miang
Phu Kat
1468 m
Dan Sai
Khok Ngam
Na Long
Phu Luang
1571 m
Nong Bua
Pong Chi
Menam Pa Sak
872 m
Khok Klai
Nam Yen
Si Samrong
Sukhothai
Kong Krailat
Phrom Phiram
Lam Nam Khwae Noi
Na Nong
Nakhon Thai
Phu Hin Rongkla National Park
536 m
Wat Bot
Sap Phraiwan
Yaeng
Khao Huak
845 m
1746 m
Sila
Wang Kon Huat
Loei Wang
Lom Khao
Lom Sak
Nam Nao National Park
Phang Hoei Range
Khiri Mat
Bang Rakam
PHITSANULOK
Wang Tong
Menam Khek
Thung Salaeng Luang National Park
Pa Ya Kha
Nam Pat
Khao Kho
Khlong Chom Phu
Khlong Si Fan
Nam Len
Plaek
Lan Krabu
Sam Ngam
Bang Kratum
Noen Maprang
Tha Yiam
Nong Mae Na
Pa Daeng
Tha Phon
Na Ngua
Sak Lek
1350 m
Khao Ya Tai
PHETCHABUN
Huai Yai Nua
Sai Ngam
PHICHIT
Wang Sai Phun
Wang Suan
Nong Khla
Wang Fa Pha
Pho Prathap Chang
Wang Pong
Wang Chomphu
Nam Rom
Khao Yot Chi
1154 m
Tham Yai Chi
Kham Muat
Lon
Khlong Khlung
Khong Wilai
Nong Yang
Taphan Hin
Chon Daen
Noen
Khao Sai
Nam Phu Sanga
473 m
Tham Phra Thun
Rawing
Pho Thale
Thap Khlo
Dong Khui
Banphot Phisai
Ban Mun Nak
Wang Khon Sung
Wang Katha
Nong Lai
Khok Charoen
Tham Wua Daeng
Nong Phai
Nong Mai Kaen
Sai Thong National Park
Salak Bat
Dong Kanghan
Kao Lieo
Chumsaeng
Nong Bua
Nam Sat Klang
Menam Yom
Menam Nan
Menam Pa Sak
Nong Ben
Lat Yao
Wang Na
AKHON SAWAN
Bung Borabet
Tha Tako
Khao Hin Kling
Bung Sam Phan Nai
Nong Mai Kaen
Wichian Buri
Na Yang Klak
Wang Ai Pho
Phaisali
Wang Khoi
Krok Phra
Sawang Arom
Sawang Yai
Hua Phluang
Hua Thanon
Noe Chan
Samrong Chai
Phu Kham
Wang Phai
Takhop
Bamr

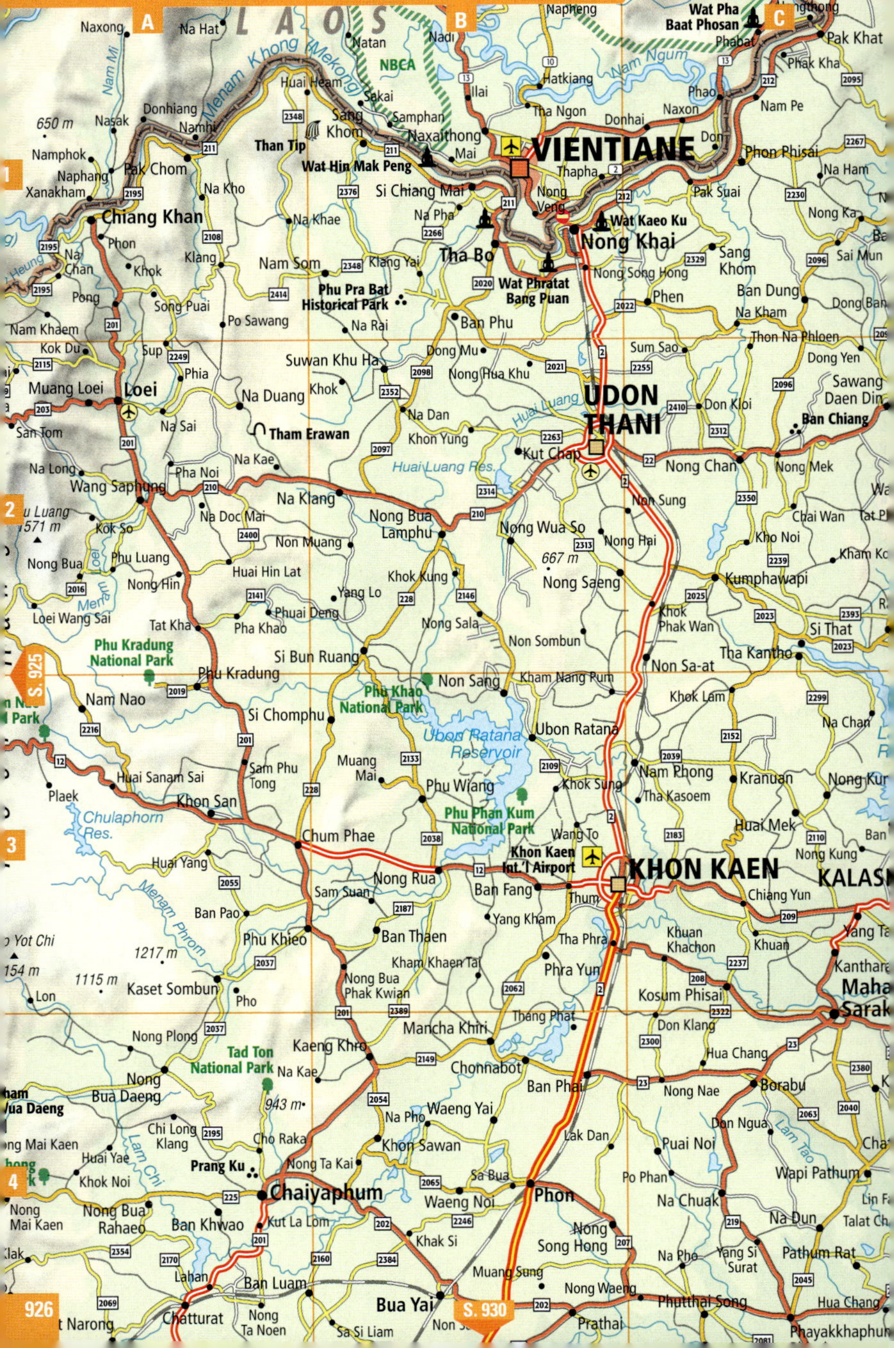
A
B
C
1
2
3
4
LAOS
VIENTIANE
UDON THANI
KHON KAEN
KALASI
Maha Sarak
Naxong
Na Hat
Natan
Nadi
Napheng
Tad Leuk
Tabok
Ban Veunthat
NBCA
Wat Pha Baat Phosan
Phabat
Pak Khat
Phak Kha
Hatkiang
Nam Ngum
Ilai
Sakai
Huai Heam
Menam Khong (Mekong)
Nam Mi
650 m
Nasak
Donhiang
Namhi
Namphok
Naphang
Xanakham
Pak Chom
Chiang Khan
Sang Khom
Than Tip
Wat Hin Mak Peng
Samphan
Naxaithong
Mai
Tha Ngon
Donhai
Naxon
Phao
Nam Pe
Don
Phon Phisai
Na Ham
Thapha
Si Chiang Mai
Na Kho
Na Khae
Na Pha
Nong Veng
Wat Kaeo Ku
Nong Khai
Pak Suai
Nong Ka
Sang Khom
Sai Mun
Phon
Khok
Na Chan
Pong
Klang
Nam Som
Klang Yai
Tha Bo
Wat Phratat Bang Puan
Nong Song Hong
Phen
Ban Dung
Na Kham
Dong Ban
Phu Pra Bat Historical Park
Song Puai
Po Sawang
Na Rai
Ban Phu
Nam Khaem
Kok Du
Sup
Phia
Dong Mu
Nong Hua Khu
Sum Sao
Thon Na Phloen
Dong Yen
Sawang Daen Din
Suwan Khu Ha
Khok
Na Dan
Muang Loei
Loei
Na Duang
Na Sai
Tham Erawan
Khon Yung
Don Kloi
Ban Chiang
San Tom
Kut Chap
Huai Luang
Huai Luang Res.
Na Long
Na Kae
Pha Noi
Wang Saphung
Nong Chan
Nong Mek
Na Klang
Nong Bua Lamphu
Non Sung
Na Doc Mai
Non Muang
Nong Wua So
Nong Hai
Chai Wan
Kho Noi
Khok So
571 m
667 m
Phu Luang
Nong Bua
Nong Hin
Huai Hin Lat
Khok Kung
Nong Saeng
Kumphawapi
Yang Lo
Menam Loei
Loei Wang Sai
Phuai Deng
Tat Kha
Pha Khao
Nong Sala
Khok Phak Wan
Si That
Non Sombun
Tha Kantho
Phu Kradung National Park
Si Bun Ruang
Phu Kradung
Non Sang
Kham Nang Rum
Non Sa-at
Nam Nao
Phu Khao National Park
Khok Lam
Si Chomphu
Ubon Ratana
Ubon Ratana Reservoir
Na Chan
Muang Mai
Sam Phu Tong
Nam Phong
Tha Kasoem
Kranuan
Nong Kung
Plaek
Huai Sanam Sai
Khok Sung
Phu Wiang
Khon San
Phu Phan Kum National Park
Huai Mek
Chulaphorn Res.
Chum Phae
Wang To
Khon Kaen Int.'l Airport
Nong Kung
Huai Yang
Nong Rua
Ban Fang
Thum
Chiang Yun
Sam Suan
Yang Kham
Ban Pao
Menam Phrom
Ban Thaen
Tha Phra
Khuan Khachon
Khuan
Yang Ta
Kanthara
Phu Khieo
Yot Chi
1217 m
154 m
Kham Khaen Tai
Phra Yun
1115 m
Kaset Sombun
Nong Bua Phak Kwian
Kosum Phisai
Lon
Pho
Thang Phat
Don Klang
Mancha Khiri
Nong Plong
Tad Ton National Park
Kaeng Khro
Hua Chang
Na Kae
Chonnabot
Nong Bua Daeng
Ban Phai
Nong Nae
Borabu
943 m
Wua Daeng
Na Pho
Waeng Yai
Don Ngua
Lam Tao
Chi Long Klang
Cho Raka
Lak Dan
Puai Noi
Nong Mai Kaen
Lam Chi
Khon Sawan
Huai Yae
Prang Ku
Nong Ta Kai
Sa Bua
Po Phan
Wapi Pathum
Khok Noi
Chaiyaphum
Phon
Na Chuak
Waeng Noi
Nong Mai Kaen
Nong Bua Rahaeo
Kut La Lom
Nong Song Hong
Na Dun
Talat Ch
Ban Khwao
Khak Si
Na Pho
Yang Si Surat
Pathum Rat
Lahan
Muang Sung
Ban Luam
Nong Waeng
Bua Yai
Phutthai Song
Hua Chang
Chatturat
Nong Ta Noen
Narong
Sa Si Liam
Non
Prathai
Phayakkhaphum
S. 925
S. 930

1 cm = 18 km
1 : 1.800.000
0 10 20 30 40 50 km
D
E
F
LAOS
Pak Kading
Paksa
Thana
Phonsi
Jaiporn
Sawat
Saomsanouk
Nakhua
Wat Phu Tok
Nong Chan
Nong Bo
Namsang
Khonsong
Phonhong
Phontan
Lak Sao
Phayat
Tha
Nam Theun
Col de Keo Neua
2286 m
Phuông Diê
Huông Khê
Phu Vua Wildlife Reserve
Ban Sam Yaek
Charoen Phon
Dong Bang
Vangdao
Nakhok
Boneng
Muangkhai
Nakai - Nam Theun
NBCA
Seka
563 m
Ban Phaeng
Menam Khong
(Mekong)
Laokha
Nong Bua Daeng
Sang
Ta Kla
Houayphipeng
1146 m
Nam Theun
2106
No Phra Chai
Khao Paeng
Lao Nai
Hin Bun
Nonghoy
Phu Hin Poun
Nakai
Rua Kham
797 m
Wanon Niwat
Si Songkhram
Chaiburi
Hin Bun Thai
NBCA
Nyommalat
Xiangdao
Akat Amnuai
Tha Uthen
Naden
Senph
Wang Muang
Phu Phan National Park
Na Wa
Na Nai
Kouanphayang
Mahaxai
Ban Phon Sawan
Nakhon Phanom
Tha Khaek
Talong
Phanna Nikhom
Na Phiang Mai
Kusuman
Thadua
Khang Hung
Wat Narai Cheng Weng
Nam Un Reservoir
Kham Kha
Phon Na Kaeo
Nong Saeng
Kham Phok
Muangba
Nakathang Thong
Nong Han Reservoir
Pla Pak
Xai Bua Thong
Sakon Nakhon
Chiang Su
Se Bangfai
Naphao
Renu Nakhon
Nakham
Kut Bak
Nong Bok
Thamkouan
666 m
Tong Khop
Khok Si Suphan
Na Nua
Phu Xang He
Kham Phoem
Tao Ngoi
Nadeng
Ang Kep Nam
Nam Phung
That Phanom
Pong
641 m
Na Kae
Hinsiou
Huai Hut National Park
Non Ngam
Noi
Phakkhagna
Kok Kok
Manao
Maha Chai
Sang Kho
Huai Bang Sai
Dong Luang
Xaibuli
Naxai
Met
Na Khu
Kan Luang Dong
Atsaphangthong
Na Yo
Khao Wong
Wan Yai
Nongkom
Uthomphon
Mueng Phalan
Somdet
Mukdahan National Park
Nong lan Thung
Khok Sung
Huai Phung
Kamcha-i
SAVANNAKHET
Yatthana
Kuchinarai
Mukdahan
Huay
Lak
168 m
Na Mon
Nong Sung
Dong Man
Napho
Champhon
Sam Kha
Khum Khi Yang
Xonbuli
Na Lao
Moei Wadi
Khok Klang
Nikhom Kham Soi
Na Kham Noi
Naphan
Tannon
Tang
Pho Chai
Nong Phok
Na Pho
Don Tan
Songkhon
Phon Tong
Kut Hae
Phu Pha Thoep National Park
Heuan Hin
Pakxong
Rong Kham
Kham
Dong Bang
Hong Saeng
Donadokmai Tai
Huahat
Chanuman
Kham Phakkut
Nong Mo
Non Prathai
Loeng Nok Tha
Somfo
Huai Sabaek
Nongbuatha
Thadua Nyai
Xebanghiang
306
Nong Fa
Kham Duai
Muang Kao
Bung Khieo
Roi Et
Kham Toei
Selaphum
Thawatchaburi
Kham Khon Ta
Kut Chum
Senangkhanikhom
Khemmarat
Na Waeng
Xenuan
Nonsavang
Khok Yao
Nong Hai Noi
Nong Phu
Bok
Lakhon Pheng
At Samat
Du Thung
Pa Tiu
Na Wa
Pho Sai
Muang Suang
Yasothon
Amnat Charoen
Khaopun
Menam Khong
(Mekong)
Pho Yai
Nikhom
Pla Khao
Samrong
Hua Thon
Phanom Phrai
Hua Taphan
Amnat
Don Muang
Kham Khuan Kaeo
Phana
Lam Sa Bok
Kham Ma Nai
Wa Ngam
Sang Tho Nok
Trakan Phutphon
Suwannaphum
Naem Thaeng
Lam Sieo Yai
Maha Chana Chai
Nong Chang Yai
Ku
Hua Dong
Na Tan
Si Muang Mai
Muang
Pha T National P
S. 931

A
B
C
S. 924
S. 934
Thanbyuzayat
Setse
Sakangyi
Natchaung
Kasat
Danon
MYANMAR
(BURMA)
Winkana
Peinnedaw
Kalagauk I.
Taminseik
Kawdwaut
Kanin-kamaw
Lamaing
Taungbyin
Nyigarok
Sonmarha
YE
(YAI)
Yethanok
Wa Kyun
992 m
Kumai
Yindein
Kyung Gyi I.
Tayoktaung
Meiktulagale
Natkyizin
Taungzun
Yapu
Migyaunglaung
Eindayaza
Kanbauk
Kaleinaung
Kyauksat
Zadi
Pachaung
Tokkyachaung
Heinze I.
Middle Moscos Islands
Paungchon Taung
1174 m
Dauklauk
Kalonta
Hermyingi
Nabule
Yebyu
Maungmagan I.
358 m
Maungmagan
Taungthonlon
Myitta
Thabawseik
Pagaye
DAWEI (TAVOY)
Launglon
Nyaungzin
Thayetchaung
Taungzin
Peinnedaw
Pawut
Laung Lon Islands
Thagyat Daw
Pyinbyugyi
Chaungwabyin
Zalut
Yange
Kadwe
Dawei (Tavoy) Point
Andamanen-see
Pe
Aw
Zinchaung
Palauk
Mezali
Phadaw
1298 m
Taungnyo Taung
Anambon Chaung
Debyu
1290 m
Paungsan Taung
522 m
Ahta Taung
814 m
1052 m
827 m
Megathat Chaung
Kyondaw
Payathonzu
Three Pagodas Pass
Ban Chedi
Sangkhlaburi
Wang Kha
Sukho
Khao Laem
Khao Laem Reservoir
Khao Tukala Pokana
1010 m
Thi Kai
Daichong Thong
National Park
Khao Laem Dam
Khao Dang
1209 m
Thong Pha Phum
Thong Pha Phum National Park
Pilok
Taling Daeng
Hot Springs
National
Huay Khamin
Khao Krabung
1024 m
Prang Kasi
Daowadung
Lin Tin
Park
Sai Yok National Park
1104 m
Sai Yok
Hellfire Pass
1209 m
Bilauktaung Range
1125 m
Myat Taung
1033 m
1564 m
Bong Ti
Bong Ti Pass
Tanintharyi
(Tenasserim)
849 m
1128 m
Myinmoletkat Taung
2074 m
Min-ngaw
Aungthawara
Chima
Munsali Taung
1158 m
Kunzon Taung
928 m
Khao Mamuang
1732 m
Nu Pho
Klong Mai
Umphang
Ti Lo Su
Tha Sai
Kui Lor Thor
1085 m
Palatha
Zepala
Pueng Kueng
E-Karaja
Ti Lo Le
Kha Ngae Ki
Yu Nai
1158 m
1156 m
Mae Chan Tha
Menam Klong
1811 m
1755 m
Menam Kwae Yai
1253 m
Mae Wong National Park
Khao Mokochu
1960 m
Taling Sung
Mae Wong Reservoir
Mae Wor
Klong Pho Reservoir
Thap Salao Reservoir
Khao Yai
1554 m
Esa
1530 m
Hin Lat
Sai Poe
Huai Kha Khaeng
1072 m
Srinagarind
Tha Yai
Srinagarind Reservoir
Ban Klang
Khao Huat
1177 m
Than Lot
Si Sawat
Khao Kamphaeng
1257 m
Tham Than Lot National Park
Phra That
Tha Kradan
Erawan National Park
1013 m
Tha Thung Na Reservoir
Bo Phl
Lawa
Khao Phang
Nam Tok
813 m
Menam Kwae Noi
Sai Yok
Wang Po-Viadukt
River Kwai Bridge
Kanchanab
Muang Sing
Ban Kao
Chorakhe Phuak
Dan Makham Tia
Muang Takua Pit Thong
Muang Ton Mamuang
Suan Phung
Kha
Khao Yai
1050 m
Phet
1143 m
1090
1288
323
3272
3199
3457
3445
3228
3512
3209
3087
3313
3480
3011
3086

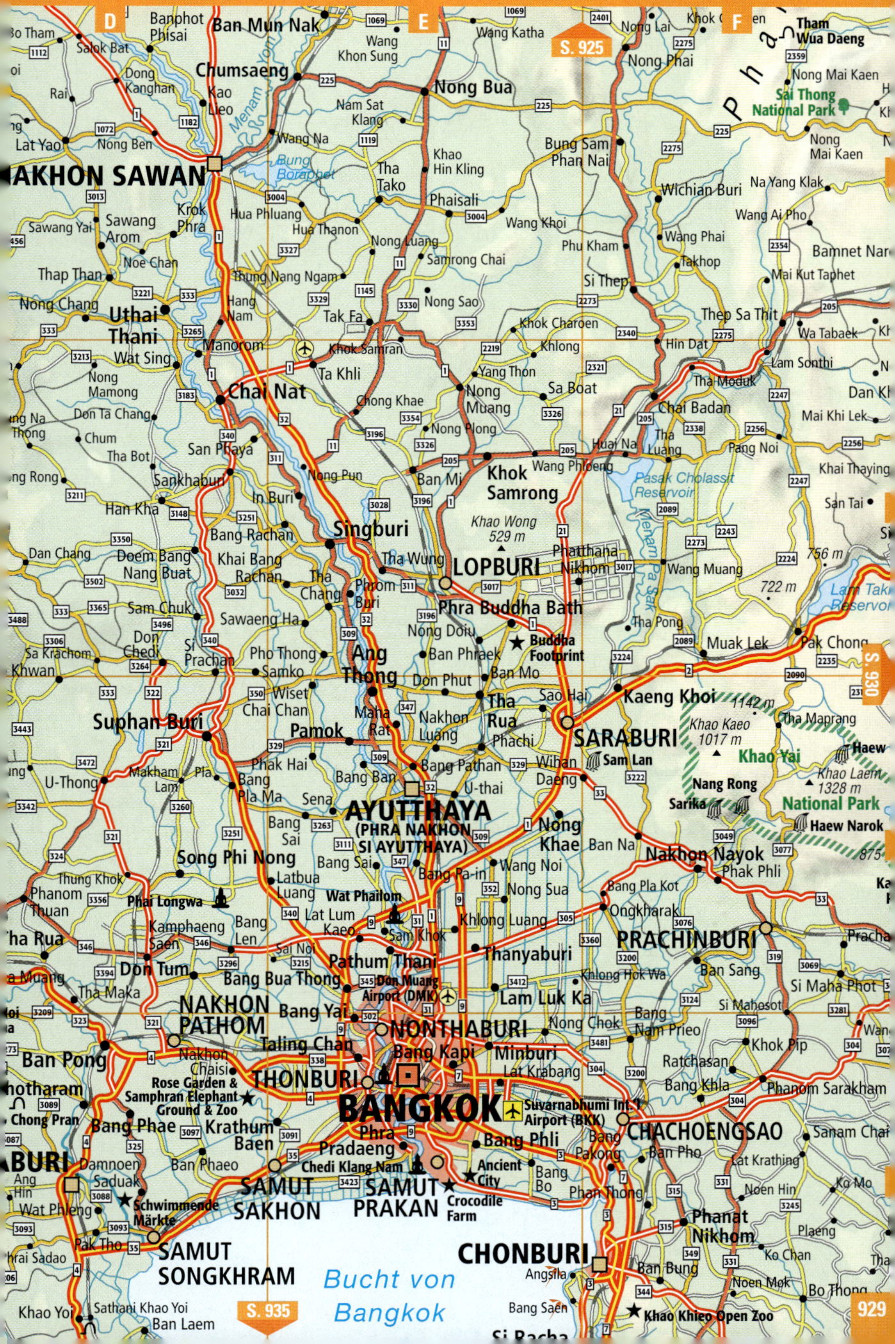
D
E
F
S. 925
S. 930
S. 935
Banphot Phisai
Ban Mun Nak
Wang Khon Sung
Wang Katha
Nong Lai
Tham Wua Daeng
Salok Bat
Dong Kanghan
Chumsaeng
Nong Phai
Nong Mai Kaen
Kao Lieo
Nong Bua
Sai Thong National Park
Nam Sat Klang
Menam Yom
Wang Na
Lat Yao
Nong Ben
Nong Mai Kaen
Bung Sam Phan Nai
Khao Hin Kling
Bung Boraphet
Tha Tako
AKHON SAWAN
Phaisali
Na Yang Klak
Wichian Buri
Krok Phra
Hua Phluang
Sawang Yai
Sawang Arom
Hua Thanon
Wang Khoi
Wang Ai Pho
Wang Phai
Bamnet Nar
Noe Chan
Nong Luang
Phu Kham
Samrong Chai
Takhop
Thap Than
Thung Nang Ngam
Si Thep
Mai Kut Taphet
Hang Nam
Nong Sao
Nong Chang
Uthai Thani
Tak Fa
Thep Sa Thit
Wa Tabaek
Khok Charoen
Manorom
Khok Samran
Khlong
Hin Dat
Wat Sing
Ta Khli
Yang Thon
Lam Sonthi
Nong Mamong
Chai Nat
Nong Muang
Sa Boat
Tha Moduk
Dan Kh
Chong Khae
Don Ta Chang
Chai Badan
Mai Khi Lek
Chum
Nong Plong
Tha Luang
Pang Noi
San Phaya
Huai Na
Tha Bot
Ban Mi
Khok Samrong
Wang Phloeng
Pasak Cholasit Reservoir
Khai Thaying
Sankhaburi
Nong Pun
In Buri
San Tai
Han Kha
Khao Wong 529 m
Bang Rachan
Singburi
Menam Pa Sak
Dan Chang
Doem Bang Nang Buat
Khai Bang Rachan
Tha Wung
LOPBURI
Phatthana Nikhom
Wang Muang
756 m
722 m
Lam Takhong Reservoir
Tha Chang
Phrom Buri
Sam Chuk
Phra Buddha Bath
Sawaeng Ha
Nong Doiu
Buddha Footprint
Tha Pong
Don Chedi
Si Prachan
Pho Thong
Ang Thong
Ban Phraek
Muak Lek
Pak Chong
Sa Krachom
Samko
Don Phut
Ban Mo
Khwan
Wiset Chai Chan
Maha Rat
Tha Rua
Sao Hai
Kaeng Khoi
1142 m
Tha Maprang
Suphan Buri
Pamok
Nakhon Luang
Phachi
SARABURI
Khao Kaeo 1017 m
Khao Yai
Haew
Phak Hai
Bang Pathan
Wihan Daeng
Sam Lan
Khao Laem 1328 m
U-Thong
Makham Lam
Pla
Bang Pla Ma
Bang Ban
U-thai
Nang Rong
National Park
Sena
AYUTTHAYA (PHRA NAKHON SI AYUTTHAYA)
Sarika
Haew Narok
Bang Sai
Nong Khae
Ban Na
Nakhon Nayok
875
Song Phi Nong
Bang Sai
Wang Noi
Phak Phli
Thung Khok
Latbua Luang
Bang Pa-in
Phanom Thuan
Phai Longwa
Wat Phailom
Nong Sua
Bang Pla Kot
Ongkharak
Kamphaeng Saen
Bang Len
Lat Lum Kaeo
Sam Khok
Khlong Luang
Prachinburi
Tha Rua
Sai Noi
Pathum Thani
Thanyaburi
Don Tum
Bang Bua Thong
Don Muang Airport (DMK)
Khlong Hok Wa
Ban Sang
Tha Maka
Lam Luk Ka
Si Maha Phot
NAKHON PATHOM
Bang Yai
Si Mahosot
NONTHABURI
Nong Chok
Bang Nam Prieo
Taling Chan
Ban Pong
Bang Kapi
Minburi
Khok Pip
Nakhon Chaisi
Ratchasan
Lat Krabang
Rose Garden & Samphran Elephant Ground & Zoo
THONBURI
Bang Khla
Phanom Sarakham
hotharam
BANGKOK
Suvarnabhumi Int. Airport (BKK)
CHACHOENGSAO
Chong Pran
Bang Phae
Krathum Baen
Phra Pradaeng
Bang Phli
Bang Pakong
Sanam Chai
Ban Pho
BURI
Damnoen Saduak
Ban Phaeo
Chedi Klang Nam
Ancient City
Lat Krathing
Ang Hin
SAMUT SAKHON
SAMUT PRAKAN
Bang Bo
Ko Mo
Wat Phleng
Schwimmende Märkte
Crocodile Farm
Phan Thong
Noen Hin
Phanat Nikhom
Plaeng
Pak Tho
SAMUT SONGKHRAM
Ko Chan
Hrai Sadao
CHONBURI
Angsila
Ban Bung
Bucht von Bangkok
Noen Mok
Bo Thong
Khao Yoi
Sathani Khao Yoi
Ban Laem
Bang Saen
Khao Khieo Open Zoo
Si Racha

A
B
C
S. 926
S. 929
S. 932
Chaiyaphum
Phon
Bua Yai
Prathai
Phutthai Song
Phayakkhaphum Phisai
Chum Phuang
Prasat Hin Phimai
Phimai
Ban Prasat
Prasat Phanom Wan
NAKHON RATCHASIMA (KORAT)
Buri Ram
SURIN
Krasang
Satuk
Khu Muang
Lam Plai Mat
Nang Rong
Prakhon Chai
Prasat Phanom Rung
Prasat Muang Tam
Chaloem Phra Kiat
Ban Kruat
Lahan Sai
Pakham
Soeng Sang
Khon Buri
Chok Chai
Pak Thong Chai
Sung Noen
Sikhiu
Dan Kwian
Nong Bun Nak
Nong Ki
Pak Thang
Lam Takhong Reservoir
Lam Phra Phloeng Res.
Haew Suwat
Haew Narok
Thap Lan
National Park
Pang Sida National Park
Khao Yai 849 m
Kaen Hin Phoeng
Phu Sam Ngam 949 m
776 m
875 m
Prachantakham
Kabin Buri
Sa Kaeo
Watthana Nakhon
Aranyaprathet
Poipet
Sisophon
Mongkol Borei
Thma Puok
Banteay Chhmar
Banteay Chhmar Protected Landscape
Lam Nang Rong Res.
Ta Phraya
Roneam Doun Sam Wildlife Sanctuary
Phnum Ampil 321 m
Khao Ta Ngok
Khlong Hat
Wang Nam Yen
Khao Chakan
Sarakham
Thammarat Nai 612 m
Khao Yai 777 m
Nong Ki
Mae Nam Mun
Lam Chi
Huai Nam Yen
Lam Sae

D
E
F
S. 927
S. 933
Roi Et
Thawatchaburi
Kham Khon Ta
Kut Chum
Khok Yao
Lam Se
Khemma
Nong Phu
Waeng
Nonsavang
Lakhon Pheng
Bok
Nong Hai Noi
At Samat
Du Thung
Pa Tiu
Na Wa
Amnat Charoen
Muang Suang
Yasothon
Nikhom
Khaopun
Pho Sai
Menam Khong
(Mekong)
Pho Yai
Hua Taphan
Pla Khao
Don Muang
Samrong
Hua Thon
Phanom Phrai
Amnat
Kham Khuan Kaeo
Phana
Kham Ma Nai
Ngam
Suwannaphum
Sang Tho Nok
Lam Sa Bok
Trakan Phutphon
Naem Thaeng
Menam Chi
Lam Sieo Yai
Maha Chana Chai
Kok
Nong Chang Yai
Na Tan
Si Muang Mai
Pha Taem National Park
Ku
Hua Dong
Menam Mun
Muang Sam Sip
Lao Suea Kok
Huai Mak Yai
Khuang Nai
Nong Tae
Nong Hin
Phung
Kho Wang
Na Khae
Rattanaburi
Rasi Salai
Tha Wari
UBON RATCHATHANI
Ubon Ratchathani Int.'l Airport
Tana Rapids National Park
Khong Chiam
Bung Bun
Phra Kao Kaeo
Phibun Mangsahan
Kaeng Dom
Nong Yang
Phu Noi
Kaeng
Yang Chum Noi
Sirinthon
Sanom
Som Poi
Lathai
Tha Lat
WARIN CHAMRAP
Uthumphon Phisai
Si Saket
Chong Mek
Om Phra
Ang Sila
Sirinthon Reservoir
Huai Thap Than
Kanthararom
Na Yia
Prasat Sikhoraphum
Thung Chai Yai
Samrong
Na Phiman
Sao Lao
Sikhoraphum
Samrong Thap
Huai Samran
Phayu
Nam Kliang
Non Sawang
Det Udom
Phu Xieng Nang
Non Khun
Thung Bua
Prang Ku
Wang Hin
Nong Ngu Luam
Bok
Kachai
Kradu
Benchalak
Chong Charoen
654 m
Non Saeng
Nong Om
Nong
Kan Chan
Si Rattana
Buntharik
Prahut
Kukhan
Phrai Bueng
Sam Yaek
Khok Thiam
Nduan
Sangkha
Thung Si Udom
Kham Bon
Nong Mek
Kantharalak
Phu Sing
Khun Han
404 m
Nam Khun
Bua Chet
Khok Tan
Samrong Kiat
Na Chaluai
Choeng
315 m
Don Ao
Nam Yuen
Houayxai
555 m
Chong Chom
Khao Phra Viharn
Phum Charon
Phu Chong Na Yoi National Park
671 m
Paksong
Khao Phanom Dongrak
402 m
462 m
Phra Phlai Pass
Phnum Bach 581 m
570 m
Phâang
Trâpeang Tau
Kouk
Khiam
Houay Phak
Phum Chang Krang
753 m
Vin-Tai
Bak Anlung
Tônlé Repow
Thahin
Anlong Veaeng
Choam Khsant
Kantuot Samraong
Romunh
Rumcheck
Stœng Sreng
Kulen Prum Tep
Char
Choam Sre
Anhcheang
104 m
Wildlife Sanctuary
Khnat
Kal
DSCHA
Trapeang Pring
Tbaeng Mean Chey
Mlu Prey
Svay Sa
Prasat
Sre Noy
Prasat Kaoh Ker
Kulen
Sangke
Kralaot
Chhuk
Chhok
Kouk Doung
Moreal
Phnum Kulen National Park
Trapeang Saang
Ta Siem
Kdak
Phum Boeng
Khvav
Thmea
Banteay Srei
Phnum Kulen
Svay Leu
Kbel Spean
309 m
Svay Chek
Leang Dai
Trayang
Prasat Trapeang Noem
Sdau
Tuol
Tbaeng
Boeng Mealea
Trach
Puok
Angkor Wat
Pring
Spi
Ta Seng
EM REAP
Damrei Koun
Prasat Bakan
Boeng Peae
Rolous
Popel
Wat Bakong
Prey Chhkar
Phnum Kraom
Dam Daek
Wildlife Sanctuary
Kampong Phluk
Ngvaeuy

A
B
C
S. 929
S. 935
AYUTTHAYA
(PHRA NAKHON SI AYUTTHAYA)
Nong Khae
Ban Na
Sarika
National Park
Haew Narok
Thap Lan
Nakhon Nayok
Phak Phli
875 m
Phu Sam Ngam
949 m
Kaen Hin Phoeng
Khao Yai 849 m
Huai Nam Yen
Pang Sida National Park
Bang Sai
Bang Pa-in
Wang Noi
Nong Sua
Bang Pla Kot
Ongkharak
Wat Phailom
Khlong Luang
Sam Khok
Thanyaburi
PRACHINBURI
Prachantakham
Kabin Buri
Khlong Phak Khom
Pathum Thani
Don Muang Airport (DMK)
Khlong Hok Wa
Ban Sang
Si Maha Phot
Lam Luk Ka
Si Mahosot
Phon
Nong Hin
Sa Kaeo
NONTHABURI
Nong Chok
Bang Nam Prieo
Khok Pip
Wang Thalu
Khao Duan
Bang Kapi
Minburi
Ratchasan
Lat Krabang
Bang Khla
Phanom Sarakham
Nong Talat
Watthana Nakhon
Sai Yoi
BANGKOK
Suvarnabhumi Int. Airport (BKK)
CHACHOENGSAO
Sanam Chai
Hin Rae
Khao Chakan
Phra Pradaeng
Bang Phli
Bang Pakong
Ban Pho
Lat Krathing
Sai Dieo
Phra Samut Chedi Klang Nam
Ancient City
Bang Bo
Ko Mo
Mai Sai Thong
SAMUT PRAKAN
Crocodile Farm
Phan Thong
Noen Hin
Phanat Nikhom
Plaeng
Huai Khrop
Wang Nam Yen
Wang Mai
CHONBURI
Ko Chan
Thammarat Nai
Khlong Ko
Wang Sombun
Bucht von Bangkok
Angsila
Ban Bung
612 m
Noen Mok
Bo Thong
Bang Saen
Khao Khieo Open Zoo
Khao Yai 777 m
Khao Daeng
Khao Ta
Si Racha
Ko Sichang
Khong Dara
Lum Bo Rae
Khao Soi Dao National Park
Nong Yai
Soi Dao
Ao Udom
632 m
Tha Cham
Khao Chamao National Park
Khao Sai Dao Nua 1556 m
Bo Win
Map Lang
Bung Sam Ngam
Bang Lamung
Naklua
Khao Chamao 1024 m
Khlong Kha
Nam Khun
Ko Phai
Pattaya
Wang Chang
Khao Chamao
Tham Lakhon
Pong Nam
Ko Lan
Pluak Daeng
Ko Rin
Jomtien
Chak Ngaeo
Nikhom Phattana
Khao Loi
Taphong
Wat Khao Sukim
Nooch Nong Village
Ao Bang Sare
Klaeng
Ban Talat
Sai Rang
Ban Chang
Ban Khai
Klong Thurian
Wang Saem
Ko Khram
Tao Than
RAYONG
Map Ta Put
Pak Nam
Makham
Khao Sra National Park
Sattahip
U-Tapao
Nam Tok
Phrak Khlong
Ban Phe
Chak Manao
Tha Mai
Takuan Beach
Kon Ao
Ko Thalu
Khung Wiman
CHANTABURI
Chak Yai
Ko Samaesan
Na Dan
Phliu
Ko Samet
Khlung
Ko Chuang
Khao Laem Ya - - Ko Samet Marine National Park
Laem Sing
Ko Proet
Tha Chi
Bang Kradan
Laem
Klong Son
Ko Chang
Hat Sai Kao
Klong Prao
Ko Chang Marine National Park
Ban
Ko Khlu
Golf von Thailand

D
E
F
S. 930
S. 931
K A M B O D S C H A
Thailand
Bara Nae
Lam Nang Rong Res.
Protected Landscape
Ampil
Kouk Khpuos
Phum Samraong
Kouk Mon
Kthom
Phââng
402 m
Trâpeang Tau
Kouk
Bak Anlung
Anlong Veaeng
Rumchek
Kulen Prum Tep Wildlife Sanctuary
104 m
Sa-ngae
Ta Phraya
Na Ngam
Banteay Chhmar
Thma Puok
Thnong Khang Cheung
Chong Kal
Ta Pên
Char
Stoeng Sreng
Treas
Non Sung
Svay Chêk
Soengh
Sarongk
Moung
Srah Chik
Svay Sa
Prasat
Sre Noy
Aranyaprathet
Poipet
Nimit
Chângha
Chob Veari
Tean Kam
Preah Netr Preah
Char Chhuk
Kouk Doung
Phnum Kulen National Park
Ta Siem
Sisophon
Ou Ambel
Samraong
Koy Maeng
Mongkol Borei
Kralanh
Sasar Sdam
Banteay Srei
Phnum Kulen 309 m
Kbel Spean
Svay Leu
Prasat Trapeang Noem
Boeng Mealea
Svay Chek
Leang Dai
Tbaeng
Ta Kong Krau
Ou Prasat
Lang Phnum Touch
Boeng Pring
Kampream
Puok
Angkor Wat
Trach
SIEM REAP
Damrei Koun
Phnum Ampil 321 m
Lôvéa
Chrouy Sdau
Ta Pung
Pou Treay
Phnum Kraom
Wat Bakong
Rolous
Popel
Prey Chhkar
Dam Daek
Bavel
Rung Chrey
Preaek Norint
Wat Aek
Kampong Phluk
Sangvaeuy
Ta Haen
BATTAMBANG
Ou Dambang Pir
Kouk Thlok Kraom
Chi Kraeng
Kampong Khleang
Kampong Kdei
Ta Ong
Kâmpâng Lei
Kamping Puoy
Boeng Tonle Sab
Snoeng
Samraong Kaong
Tbal Thnal
Reang Kesei
Kantueu Pir
Prey Touch
Pailin
Trêng
Doun Tri
Thipadei
Pang Rôloèm
Moung Ruessei
Koas
Phnum Chrâng 1164 m
Boeng Khtum
Srah Mkak
Chambak Meas
Srae Sdok
Khao Kaeo National Park
Srê Andong
Svay Doung Kaev
Kanhchor
Kampong Luong
Trapeang Chong
Svay Luong
Pousat
Krakor
Ta Sanh
Bo Rai
Dan Chumphon
Phnum Kran 1563 m
Prasat
Ta Lou
Thkoul Touch
Ponley
Thmei
Pech Changvar
Saming
Sre Peang
Veal Angkrong
Phnum Kravanh
Svay So
Chheu Tom
Noen Sung
Phnum Samkoh
Peam Prus
Stoeng Ménam
Chuor Phnum Kravanh
Chor
Kraeng Skear
Phnum Krachau 1618 m
Phnum Samkoh 1717 m
Kdol
Laem Klat
Chamrung
Mul
Phnum Ta Sam
Saphan Hin
Wildlife Sanctuary
Laem Sok
Klong Phang
Saingam Beach
997 m
Anlung Tnaot
Aoral Wildlife Sanctuary
Chieb
Kbal Tuek
Mai Si Yai
Mai Rut
Ban Chuen Beach
Ko Kradat
Stoeng Russei Chhrum
Snuol
Ao Salat
Khlong Yai
Puoch
Phum Roleak Kang Cheung
Trapeang Trapok
Sangkea Satob
Samraong
Phum Choam
Klong Chao
Ao Yai
Hat Lek
Neang Kok
Triet
Ta Sal
Kraviek
Koh Kong
Peam Krasoap Wildlife Sanctuary
Peam Krasoap

Andamanen-see
Mergui-Archipel
Investigator Passage
Nerchus Passage
MYANMAR
(BURMA)
MYEIK (MERGUI)
Palaw
Tanintharyi (Tenasserim)
Auckland Bay
Whale Bay
Kadan Kyun
Mali Kyun (Tavoy I.)
Kabosa I.
Tanintharyi (Tenasserim) Kyun
Elphinstone I.
Daung Kyun (Ross I.)
Saganthit Kyun (Sellor I.)
Kanmaw Kyun (Ketthayin I.)
Pyinzabu Kyun (Bentinck I.)
Letsok-aw Kyun
Lanbi Kyun (Sullivan I.)
Kapoh National Park
Wang Sai
S. 928
S. 936

= 18 km
1 : 1.800.000
0 10 20 30 40 50 km
BANGKOK
CHABURI
D
E
F
Elephant Ground & Zoo
Phae
Krathum Baen
Ban Phaeo
Saduak
Ang Hin
Wat Phleng
Schwimmende Märkte
Pak Tho
Phrai Sadao
SAMUT SAKHON
SAMUT PRAKAN
Chedi Klang
Bang Phli
Ancient City
Crocodile Farm
S. 929
SAMUT SONGKHRAM
Bucht von Bangkok
Pakong
Phan Thong
Lat Krathing
Noen Hin
Phanat Nikhom
Plaen
Ko Chan
CHONBURI
Angsila
Ban Bung
Noen Mok
Bang Saen
Khao Khieo Open Zoo
Si Racha
Ko Sichang
Khong Dara
Nong Ya
Ao Udom
Tha Cham
Bo Win
Map Lang
Bang Lamung
Naklua
Ko Phai
Pattaya
Ko Lan
Wang Chan
Pluak Daeng
Ko Rin
Jomtien
Chak Ngaeo
Nikhom Phattana
Khao Loi
Nooch Nong Village
Ao Bang Sare
Ban Chang
Ban Khai
RAYONG
Ko Khram
Tao Than
Sattahip
U-Tapao
Nam Tok
Map Ta Put
Phrak Khlong
Kon Ao
Ban
Takuan Beach
Ko Samet
Ko Samaesan
Ko Chuang
Khao Laem Ya - - Ko Samet Marine National Park
Khao Yoi
Sathani Khao Yoi
Ban Laem
Khao Luang
Nong Ya Plong
Phetchaburi
Chao Samran Beach
Hat Chao Samran
Ban Lat
Tha Yang
Hat Pak Tian
Tha Sik
Bang Ket
Cha-am
Hup Kaphong
Bang Sai Yoi
Huai Sai Tai
732 m
Menam
Hua Hin Int.'l Airport
Hua Hin
Nong Khon
Nong Phlap
Thap Tai
Pran Buri
Pran Buri Beach
Satu
Khao Noi
Pran Buri Reservoir
Nong Khaem Noi
Phraya Nakhon
Khao Sam Roi Yot National Park
Sam Roi Yot
Nong Sai
Sai
Laem Sala Beach
Khung Thanot
Khao Daeng
S. 932
Golf von Thailand
Yang Chum
Yang Chum Res.
Kui Buri
Sam Phraya Beach
Bo Nok
Wat Thung Mamao
Thung Mamao
Nikhom
Ao Noi Beach
324 m
PRACHUAP KHIRI KHAN
Ao Manao Beach
Nong Hin
Wang Duan
Hat Wanakon Marine National Park
Nong Hoi Siap
Thap Sakae Beach
Thap Sakae
Laem Kum Beach
Nong Khok
Kee Ree Wong Beach
Ban Krut Beach
Ban Krut
Ao Thonglang
Bang Saphan
Ao Bang Saphan
Mae Ram Pueng Beach
Suan Luang Beach
Ko Thalu
Saphan Noi
Had Bang Bird Beach
Ai Kaeo
Tham Thong Beach
S. 937

A
B
C
S. 934
S. 938
MYANMAR
(BURMA)
Andamanen-
see
Investigator Channel
Lord Loughborough I.
439 m
Pulo
850 m
Cavern I.
Pine Tree I.
St. Andrews Group
Parsons I.
Burma Banks
Macleod I.
Zadetkale Kyun (St. Lucas I.)
Zadetkyi Kyun (St. Matthew's I.)
Western Rocky I.
Than Kyun (Davis I.)
Dunkin I.
Aladdin Islands
Bruer I.
Christie I.
Auriol I.
Ko Surin Marine National Park
Ko Surin Nua
Ko Glang
Ko Surin Tai
Richelieu Rock
Ko Tachai
Ko Bon
Ko Ba-Ngu
244 m
Ko Similan Marine National Park
Ko Similan
Ko Payu
Ko Miang
Ko Payang
Hat Tun
Sungai Bati
Nalingchan
Marang
Sungai-I-nu
Maliwun
Champang
Hastings I.
Kampong Talok
Kraburi National Park
Kaw Thaung
Victoria Pt.
Ranong
Ko Sin Thai
Tha Mai
Ko Chang
Ko Phayam
Ngao National Park
Ngao
Phato
Raichakrut
Khlong Khong
Laem Son National Park
Bang Baen
Bang Baen Beach
Kapoe
Mu Ko Kam Yai
Na Kha
Bang Hin
Thung Na Kha National Park
Bang Kluai Nok
Suk Samran
Ngan Yong
Ko Ra
Hin Lad
Khura Buri
Si Phang Nga National Park
1395 m
Khao Lang Kha Tuk
718 m
Hin Kong
Ko Phra Thong
Thung Ong
Bang Daeng
Tam Nang
Khao Sok National Park
Khlong Chang
Bang Thong
Ko Kho Khao
Takua Pa
Talad Takua Pa
Bang Sak
Palm Beach
Bang Niang
Khao Lak
Khao Lak Beach
Pak Klong Plai Wa
Kapong
Khao Lak-Lamru National Park
1050 m
Thap Lamu
Thung Maphrao
Khao Lam Pi-Hat Thai Muang Nat. Park
Lam Pi
Thai Muang
Takua Thung
575 m
Khok Kloi
Tha Chat Chai
Tha Yu
Tham Lod
Sirinath Marine Nat. Park
Phuket Int.'l Airport
Ko Phuket
Thalang
Patong
Kathu
Karon
Kata
PHUKET
Laem Prom Thep
Rawai
Laem Phan Wa
Ao Tu Khun
Ko Yao Noi
Khao Phra Taeo Nat. Park
Bang Rong
Ko Yao Yai
Ao Bo Le
Ban Yai
Ko Tai
Khlong Bon
Ao Phang Nga Marine National Park
Tha Thong Len
Nong Lum Pho
Phang Nga
Ao Luk
Tham Lod
Tham Pung Chang
Yuan
Bang Ba
Kok Luat
Thap Put
Ta Saeng Na
296 m
Bang Hoi
Bencha
Song Phi Nong
Phanom
550 m
Ta Khun
Rat Tanikhom
Chiew Lan Reservoir
838 m
Na Dong
Khiri
Klong Saeng Wildlife Sanctuary
Khlong Yan
Vibhavadi
Chong Phli
Ao Nang
Krabi
Talad Kao
Krabi Int.'l Airport
Nua Klong
Hat Noppharat Thara Marine National Park
Thale Phuket
Ko Siboya
Ko Jum (Ko Pu)
Ko Hang
Klong Pring
Ko Phi Phi
Ko Phi Phi National Park
Laem Kruat
Bon Khuan
Klong Thom
Huai Sai Khao
Klong Phon
Sai Khao
Thung Noi
650 m
Phe La Tai
Lam Thap
Khok Han
Khao Phanom
Thung
Tham Sua
Khao Phanom Bencha National Park
Than Boke Khorani National Park
Tham Phet
Plai Phraya
Chai Buri
Ko Noi
Nam Dam
Bang Phai
Thon Nua
Wang Hin
Thung Yai
Phrasaeng
245 m
Tepha
Khian Sa
Menam Ta Pi
Na Rai
Na Pong
Phunphin
SURAT THANI
Hua Hang
Tha Se
Tha Chang
Wat Suan Moke
Chaiya
Mo Thai
Pak Mak
Te
Tha Chana
Pak Kiu
Tha Krachai
Don Thup
Kaeng Krung National Park
Khao Yai Mon
805 m
706 m
Huai Pho
Khan Thuli
Khao Te
Lamae
Khao Plai
Khlong Klang
Champun
Idon Phet
Khao Chok
K. Lang Suan
Tawan Chai
Na Bun
Lang Suan
Hat Yai
Pak Nam Lang Suan
Arunothai
Punyaban
Hot Springs
Isthmus von Kra
Klong Prao National Park
La-un
Thung Tako
Pak Nam Tako
Sai Ri Sawi
Sawi
Khao Thalu
Khao Faci
Tham Nam Lod Noi
Thap Chak
Lam Liang
484 m
Sai Ra
Bo Kha
Ao Thung Kha
Kraburi
Bok Krai
Nong Phak Bang
Thung Kha Tok
Pakchan River
Chum Saeng
Tham Rab Ro
Na Noi
Tha Sae
Pathiu
Khuan
Chumphon
755 m

D
E
F
S. 935
Beach
Ko Nang Yuan
Ko Tao
Mae Hat
Sai Ri Beach
Golf von Thailand
Chalok Lam
627 m
Ko Pha Ngan
Ko Wae Yai
Thong Sala
Tai
Hat Rin Beach
Big Buddha Beach
Choeng Mon Beach
Ko Sam Sao
Bo Phut
Ko Samui
Ko Samui Int.'l Airport
Nathon
635 m
Chaweng Beach
Taling Ngam
Lamai Beach
Hua Thanon
342 m
Phaluai
Ko Ta Phao
Chong Samui
Ko Tan
Donsak
Khao Noi
Bang Khu
Khanom
Nai Plao Beach
Thong Yi
Sichon
Khao Phra
Khao Yai
Tepha
Ton Liang
Huai Haeng
Nam Cha
Khlong Hin
Khlong Lung
Na Reng
Tha Sala
Khao Luang
Saphan Rang
Na Thap
1835 m
Phrom Khiri
Phrom Lok National Park
Wat Suthep Tharam
Ao Nakhon
Karom
NAKHON SI THAMMARAT
Chang Klang
Lan Saka
Sala Mi Chai
Pak Phanang
Thung Wat
Na Bon
Ko Thang
Nong Pu Kan
Ron Phibun
Chian Yai
Ban Pak Phraek
Song
Don Tro
Khot Thammarat
Chang
Bo Lo
Bang Khoei
Thung Lan
Hua Khai
Hua Sai
Phru Prap
Kapang
Menam Pak Phanang
Laem
Pak Khlong
Ratsada
Cha-uat
Mai Siap
Talat Nang Long
Khao Pu
Nong Pru
Thale Noi
Hua Sai
Sala Luang
Pa Phayom
Khuan Khanun
Thale Noi Bird Sanctuary
Khao Ya
S. 939
401
4010
4014
4142
4232
4215
4105
4186
4140
4141
4016
4012
4103
4102
4231
4194
4015
4238
4013
403
408
4094
41
4151
4116
4269
4018
4150
4163

A
B
C
S. 936
Lam Pi-Had
Thai Muang
Nat. Park
Thai Muang
Lam Pi
Takua
Thung
575 m
Phang Nga
Ao Luk
Tham Lod
Nong Lum Pho
Tham Phet
Boke Khorani
National Park
Khao Phanom Bencha
National Park
Thon Nua
Wang Hin
Thung Yai
Khok Sato
Nam Rop
Chawang
Chang Klang
Karom
Lan Saka
Thung Wat
Na Bon
Nong Pu Kan
Ron Phibun
Khok Kloi
Tha Yu
Tham Lod
Ao Phang Nga
Marine
National Park
Tha Thong Len
Tha Chat Chai
Sirinath Marine
Nat. Park
Phuket Int.'l Airport
Ao Tu Khun
Ko Yao Noi
Ban Yai
Khao Phra
Taeo Nat. Park
Thung
Khao Phanom
Khok Han
Tham Sua
Talad Kao
Krabi Int.'l Airport
Nua Klong
Lam Thap
Thung Song
Chang
Kapang
Phru Prap
Thung Lan
Chong Phli
Ko Tai
Ao Nang
Krabi
Phe La Tai
Bon Khuan
Thung Noi
Saiyat
Ko Phuket
Bang Rong
Thalang
Ko Yao Yai
Khlong Bon
Hat Nopparat
Thara Marine
National Park
Klong Thom
650 m
Ratsada
Huai Nang
Khao Pu
Mai Siap
Cha-uat
Patong
Kathu
Ao Bo Le
Karon
PHUKET
Thale Phuket
Ko Siboya
Laem Kruat
Huai Sai Khao
Nong Pru
Kata
Laem Phan Wa
Ko Jum
(Ko Pu)
Ko Hang
Klong Pring
Klong Phon
Huai Yot
Pa Phayom
Laem Prom Thep
Rawai
Ko Phi Phi
Ko Phi Phi
National Park
Sai Khao
Sai Yao
Tham Khao Pina
Khao Ya
Siban Phot
Cha Klong
Hua Hin
Na
Bo Muang
Wang Wiset
Lang Khao
Nam Phut
National Park
Suan No
Ko Phi Phi Leh
Bang Suat
Ban Saladan
Ko Lanta Noi
Sikao
Khlong Teng
Ko Racha Yai
Ao Phra-ae Beach
Ko Lanta
Ban Ko Lanta
Ton Chot
Khok Sai
Srinacarine
Ko Racha Noi
Ko Lanta Yai
Phru Chut
Hua Thanon
TRANG
Khao Chong
National Park
Ko Lanta
Marine National Park
Pak Meng Beach
Ko Ngai
(Ko Hai)
Kantang
Yan Ta Khao
Kongra
Sairung
Chang Lang
Had Chao Mai
National Park
Ko Muk
Prai Wan
Ko Kradan
Na
Nong Khan
Hat Yao Beach
Chao Mai
Andamanen-
Hat Samran
Toneteh
Ko Rok Nai
Ko Libong
Tung Yao
Ko Rok Nok
Hat Samran
Beach
Sam Yaek
Palian
Yong Sala
Ko Liang
Ko Sukon
Thung Wa
see
Thung Sa Bo
Nong Hoi Khong
Ko Petra
Thung Samet
Ko Petra
Marine National Park
La-Ngu
Ko Bulon Lae
Ban Pakbara
Khuan Tho
Ko Bulon
Tha Phae
Ao Pante
Tarutao
Marine
National Park
Ko Tarutao
Che Bilang
Ko Rawi
713 m
Ko Ta-Nga
Ko Adang
Ko Butang
Ko Lipe
Tamma
Straße von Malacca
Langkawi Sound
Padang Masirat
Pulau Langkawi
Kuah
P. Tuba
Underwater World
Pulau Singa Besar
Pulau Dayang Bunting

D
E
F
S. 937
SI THAMMARAT
ak Phanang
Ko Thang
Pak Phraek
Bang Khoei
Hua Sai
Pak Khlong
Sala Luang
Wat Pra Kho
Hua Yang
Kra Sae Sin
Phang Mai Phai
Khu Khut Waterbird Sanctuary
Sathing Phra
Hot Springs
Mai
Pak Phayun
Mamuang Ngam
Bo So
Khok Sak
Thale Sap Songkhla
Samila Beach
SONGKHLA
Khuan Niang
Bang Klam
Hua Thanon
Na Mom
Tha Saba
Hu Rae
HAT YAI
Hat Yai Int.'l Airport
Pak Bang Sakom Beach
Ratchadapisek Beach
Thachi Beach
Dalgapo Beach
PATTANI
Yaring
Pa Na Re
Nam Bo
Sai Buri
Chana
Khlong Pradu
Nong Chik
Thepha
Nam Khao
Khlong Ngae
Nathawi
Tha Khoi
To Non
Lam Pao Tai
Khok Pho
Chiang Hai
Yarang
Mayo
Mo Ma Wi
Saba Yoi
Sadao
Padang Besar
Dan Nok
Sathon
Khao Nam Khang National Park
Thung Yang Daeng
Wasukri Beach
Mai Kaen
Narathiwat National Park
Kapho
Bacho
NARATHIWAT
Taksin Rachaniwet Palace
Yin-Go
Manang Ka Yi
Niang
Yaha
Wat Kuhapimook
YALA
Kota Baru
Raman
Ruso
Pa Tae
Bala
Kabang
Rai
Khao Plai Than 642 m
Prakop
788 m
Bukit Kayu Hitam
Kangar
Changlun
Padang Sanai
Kodiang
Pandang Sira
Kuala Nerang
Durian Burong
Kuala Tekai
Bannang Sata
Ba Ngo
Bu Lo
Menam Sai Buri
Rangae
Sai Khao
Tak Bai
Bo Kho
Cho Ai Rong
Jitra
Anak Bukit
Pokok Sena
OR SETAR
MALAYSIA
Than To
1110 m
Si Sakhon
Bang Lang Reservoir
Chanae
Sungai Padi
Rantau Panjang
Sungai Golok
Kuala Kedah
Tanah Merah
Naka
Nami
Gula
Tokai
Pendang
Kubang Chenok
Kedah
Sukhirin
Waeng
Batu Karang
a Kangkong
a Sarang Semut
ungai Limau
Guar Chempedak
Gurun
S. Mudah
Chong
Tanjang Pari
G. Lang
Komo
Sip Paet
G. Ulu Titi Basah
1533 m
S. Perak
Bu Ke Ta
Kampung Nibong
To Mo
Yan
G. Jerai 1217 m
Sik
Jeniang
1145 m
Bedong
S. Lalang
Asam Jawa
Pengkalan Hulu
Betong
Batu Melintang
Jeli
Singkit Darat
Bagan Ulu
Bukit Selambau
Pulai
Baling
Kampung Lawar
Sungai
Golf von Thailand

922 / 923
924 / 925
926 / 927
928 / 929
930 / 931
932 / 933
934 / 935
936 / 937
938 / 939
Goldenes Dreieck
Mae Sai
Chiang Rai
Mae Hong Son
Chiang Mai
Lampang
LAOS
VIETNAM
Vientiane
Uttaradit
Udon Thani
Sukhothai
Phitsanulok
MYANMAR (BURMA)
Mae Sot
Khon Kaen
Umphang
Roi Et
Nakhon Sawan
Ubon Ratchathani
Lopburi
Nakhon Ratchasima (Korat)
Ayutthaya
Nam Tok
Kanchanaburi
Bangkok
Ratchaburi
Chonburi
Phetchaburi
Pattaya
Cha-am
Chantaburi
Hua Hin
KAMBODSCHA
Ko Samet
Trat
Ko Chang
Prachuap Khiri Khan
Ko Kood
Golf von
Chumphon
Thailand
Ko Tao
Ranong
Ko Pha Ngan
Ko Samui
VIETNAM
Surat Thani
Takua Pa
Khao Lak
Phang-Nga
Nakhon Si Thammarat
Krabi
Phuket
Ko Lanta
Andamanen-see
Songhkla
Hat Yai
Pattani
Ko Tarutao
Satun
Narathiwat
MALAYSIA